中国建设年鉴 2010

《中国建设年鉴》编委会 编

中国建筑工业出版社

图书在版编目(CIP)数据

中国建设年鉴 2010/《中国建设年鉴》编委会编. —北京：中国建筑工业出版社，2010.12
ISBN 978-7-112-12712-2

Ⅰ.①中… Ⅱ.①中… Ⅲ.①城乡建设-中国-2010-年鉴 Ⅳ.①F299.2-54

中国版本图书馆CIP数据核字(2010)第238072号

责任编辑：马 红 李 宁
责任设计：赵明霞
责任校对：王雪竹 赵 颖

中国建设年鉴 2010

《中国建设年鉴》编委会 编

*

中国建筑工业出版社出版、发行(北京西郊百万庄)
各地新华书店、建筑书店经销
北京天成排版公司制版
北京蓝海印刷有限公司印刷

*

开本：880×1230毫米 1/16 印张：48 插页：2 字数：1536千字
2011年1月第一版 2011年1月第一次印刷
定价：300.00元
ISBN 978-7-112-12712-2
(19967)

版权所有 翻印必究
如有印装质量问题，可寄本社退换
(邮政编码 100037)

编辑说明

一、《中国建设年鉴》由住房和城乡建设部组织编纂、中国建筑工业出版社具体负责编辑出版工作。内容综合反映我国建设事业发展与改革年度情况，属于大型文献史料性工具书。内容丰富，资料来源权威可靠，具有很强的政策性、指导性、文献性。可为各级建设行政主管领导提供参考，为地区和行业建设发展规划和思路提供借鉴，为国内外各界人士了解中国建设情况提供信息。本书具有重要的史料价值、实用价值和收藏价值。

二、本卷力求全面记述2009年我国房地产业、住房保障、城乡规划、城市建设与市政公用事业、村镇建设、建筑业和建筑节能与科技方面的主要工作，突出新思路、新举措、新特点。

三、本年鉴记述时限一般为上一年度1月1日～12月31日。考虑有些条目内容的实效性，如科技推广项目的发布，为服务行业需要，在时限上有所下延。

四、本卷内容共分八篇，分别是建设综述，各地建设，法规政策文件，重要文献，专题与研究报告，数据统计与分析，行业直属单位、社团与部分央企、2009年建设纪事。

五、我国香港特别行政区、澳门特别行政区和台湾地区建设情况未列入本卷。

六、本年鉴资料由各省、自治区住房和城乡建设厅，直辖市建委及有关部门，国务院有关部委司局，住房和城乡建设部各司局和直属单位，有关专业协会、学会等提供。稿件由供稿单位组织专人搜集资料并撰写、供稿单位负责人把关。

七、谨向关心支持《中国建设年鉴》的各地区、有关部门、各单位领导、撰稿人员和有关单位致以诚挚的感谢！

《中国建设年鉴2010》编纂委员会

主　任
　　郭允冲　住房和城乡建设部副部长
副主任
　　王铁宏　住房和城乡建设部办公厅主任
　　王珮云　中国建筑工业出版社社长
编　委
　　曹金彪　住房和城乡建设部法规司司长
　　冯　俊　住房和城乡建设部住房改革与发展司司长
　　侯淅珉　住房和城乡建设部住房保障司司长
　　唐　凯　住房和城乡建设部城乡规划司司长
　　王志宏　住房和城乡建设部标准定额司司长
　　沈建忠　住房和城乡建设部房地产市场监管司司长
　　陈　重　住房和城乡建设部建筑市场监管司司长
　　陆克华　住房和城乡建设部城市建设司司长
　　李兵弟　住房和城乡建设部村镇建设司司长
　　吴慧娟　住房和城乡建设部工程质量安全监管司司长
　　陈宜明　住房和城乡建设部建筑节能与科技司司长
　　张其光　住房和城乡建设部住房公积金监管司司长
　　何兴华　住房和城乡建设部计划财务与外事司司长
　　王　宁　住房和城乡建设部人事司司长
　　杨忠诚　住房和城乡建设部直属机关党委常务副书记
　　田思明　驻住房和城乡建设部纪检组副组长、监察局局长
　　沈元勤　中国建筑工业出版社总编辑
　　张志新　住房和城乡建设部办公厅副主任
　　王早生　住房和城乡建设部稽查办公室主任
　　刘士杰　中国建设报社社长
　　陈　淮　住房和城乡建设部政策研究中心主任
　　杨　榕　住房和城乡建设部科技发展促进中心主任
　　刘　灿　住房和城乡建设部住宅产业化促进中心主任
　　张兴野　住房和城乡建设部干部学院院长
　　赵春山　住房和城乡建设部执业资格注册中心主任
　　鞠洪芬　住房和城乡建设部人力资源开发中心主任
　　隋振江　北京市住房和城乡建设委员会主任
　　李晓光　北京市市政市容管理委员会主任
　　黄　艳　北京市规划委员会主任
　　刘小明　北京市交通委员会主任
　　李全喜　天津市城乡建设和交通委员会主任
　　尹海林　天津市规划局局长
　　吴延龙　天津市国土资源和房屋管理局局长
　　黄　融　上海市城乡建设和交通委员会主任
　　冯经明　上海市规划和国土资源管理局局长
　　刘海生　上海市住房保障和房屋管理局局长
　　程志毅　重庆市城乡建设委员会主任

张定宇	重庆市国土资源和房屋管理局局长	郑世海	宁波市建设委员会主任
朱正举	河北省住房和城乡建设厅厅长	李荣强	深圳市住房和建设局局长
王国正	山西省住房和城乡建设厅厅长	王芃	深圳市规划和国土资源委员会主任
李振东	内蒙古自治区住房和城乡建设厅厅长	王晓涛	国家发展和改革委员会固定资产投资司司长
张永刚	黑龙江省住房和城乡建设厅厅长	苏全利	铁道部建设管理司副司长
王正刚	辽宁省住房和城乡建设厅厅长	李华	交通运输部公路局局长
柳青	吉林省住房和城乡建设厅厅长	肖大选	交通运输部水运局副局长
杨焕彩	山东省住房和城乡建设厅厅长	祝军	工业和信息化部通信发展司副司长
宋瑞乾	山东省建筑工程管理局局长	饶权	文化部财务司司长
周岚	江苏省住房和城乡建设厅厅长	隋斌	农业部发展计划司司长
纪迅	江苏省建设工程管理局局长	孙继昌	水利部建设与管理司司长
谈月明	浙江省住房和城乡建设厅厅长	闫金	科学技术部社会科技发展司副巡视员
倪虹	安徽省住房和城乡建设厅厅长		
林坚飞	福建省住房和城乡建设厅厅长	陈锋	教育部发展规划司副司长
陈俊卿	江西省住房和城乡建设厅厅长	于德志	卫生部规划财务司副司长
刘洪涛	河南省住房和城乡建设厅厅长	张光辉	国家民航总局机场司司长
李德炳	湖北省住房和城乡建设厅厅长	于保安	国家广播电影电视总局计财司副司长
高克勤	湖南省住房和城乡建设厅厅长		
房庆方	广东省住房和城乡建设厅厅长	舒庆	国家环境保护部规划财务司司长
严世明	广西壮族自治区住房和城乡建设厅厅长	姚昌恬	国家林业局司长
		翁立新	国家海洋局副司长
李建飞	海南省住房和城乡建设厅厅长	王延祜	中国地震局规划财务司副司长
杨洪波	四川省住房和城乡建设厅厅长	张吉林	国家旅游局规划发展与财务司副司长
李光荣	贵州省住房和城乡建设厅厅长		
罗应光	云南省住房和城乡建设厅厅长	唐亮	中国气象局巡视员
陈锦	西藏自治区住房和城乡建设厅厅长	张驰	国家体育总局经济司副司长
李子青	陕西省住房和城乡建设厅厅长	赖刚	中国建筑工程总公司办公室副主任
李慧	甘肃省住房和城乡建设厅厅长	冯忠海	中国铁道建筑工程总公司办公室主任
匡湧	青海省住房和城乡建设厅厅长		
刘慧芳	宁夏回族自治区住房和城乡建设厅厅长	秦家铭	中国铁路工程总公司总经理
		陈云	中国港湾建设（集团）总公司副总经理
李建新	新疆维吾尔自治区住房和城乡建设厅厅长		
		张胜利	中国中煤能源集团公司副总经理
钟波	新疆生产建设兵团建设局局长	金克宁	中国化学工程集团公司总经理
张亚东	大连市建设委员会主任	郭志	中国水利水电建设集团公司史志办公室主任
汤吉庆	青岛市建设委员会主任		
阮跃国	厦门市建设与管理局局长	王中安	中国海洋石油总公司计划部总经理

吴　涛	中国建筑业协会秘书长		书长
周　畅	中国建筑学会秘书长	秦书星	中国建设职工思想政研会秘书长
顾文选	中国城市科学研究会秘书长	张允宽	中国建设工程造价管理协会理事长
刘　哲	中国建筑金属结构协会秘书长	王德楼	中国工程建设标准化协会秘书长
张　雁	中国土木工程学会秘书长	杨存成	中国安装协会秘书长
王子牛	中国勘察设计协会秘书长	林芳友	中国公园协会副会长
王　燕	中国城市规划协会秘书长	柳尚华	中国动物园协会副会长
马挺贵	中国建筑装饰协会会长	杨雪芝	中国风景园林学会秘书长
刘志琪	中国城镇供水排水协会常务副秘		

《中国建设年鉴2010》工作执行委员会

崔寿民	住房和城乡建设部办公厅综合处处长	朴　战	住房和城乡建设部政策研究中心办公室主任
毕建玲	住房和城乡建设部办公厅宣传信息处处长	李剑英	住房和城乡建设部科技发展促进中心综合财务处处长
姜中桥	住房和城乡建设部办公厅档案处处长		
赵锦新	住房和城乡建设部办公厅督办处处长	付海诚	住房和城乡建设部执业资格注册中心办公室主任
宋长明	住房和城乡建设部法规司综合处处长		
梁慧文	住房和城乡建设部住房改革与发展司综合处处长	黄天然	北京市住房和城乡建设委员会研究中心主任
刘　霞	住房和城乡建设部住房保障司综合处处长	郑勤俭	北京市市政市容管理委员会研究室副主任
郑文良	住房和城乡建设部城乡规划司综合处处长	陈建军	北京市规划委员会办公室主任
卫　明	住房和城乡建设部标准定额司综合处处长	王明浩	天津市城乡建设和交通委员会副总工程师
陈健容	住房和城乡建设部房地产市场监管司综合处处长	年继业	上海市城乡建设和交通委员会办公室主任
		徐国岁	上海市规划和国土资源管理局办公室副主任
逄宗展	住房和城乡建设部建筑市场监管司综合处处长	刘　虓	上海市住房保障和房屋管理局办公室主任
冯忠华	住房和城乡建设部城市建设司综合法规处处长	陈拥军	重庆市国土资源和房屋管理局综合处处长
		刘朝煜	重庆市城乡建设委员会办公室主任
顾宇新	住房和城乡建设部村镇建设司综合处处长	程才实	河北省住房和城乡建设厅科学技术处处长
赵宏彦	住房和城乡建设部工程质量安全监管司综合处处长	路长青	山西省住房和城乡建设厅办公室副主任
		孙雪松	内蒙古自治区住房和城乡建设厅办公室主任
王建清	住房和城乡建设部建筑节能与科技司综合处处长		
		张立志	黑龙江省住房和城乡建设厅办公室主任
姜　涛	住房和城乡建设部住房公积金监管司综合处处长	何永良	辽宁省住房和城乡建设厅办公室主任
		邢文忠	吉林省住房和城乡建设厅办公室主任
丛佳旭	住房和城乡建设部计划财务与外事司综合处处长	崔秀顺	山东省住房和城乡建设厅办公室主任
		杨洪海	江苏省住房和城乡建设厅办公室主任
王立秋	住房和城乡建设部人事司综合处处长	陈　航	浙江省住房和城乡建设厅办公室副主任
郭剑飞	住房和城乡建设部直属机关党委办公室主任	蔡新立	安徽省住房和城乡建设厅办公室主任
		练　欣	福建省住房和城乡建设厅办公室主任
韩　煜	住房和城乡建设部稽查办公室综合处处长	姚宏平	江西省住房和城乡建设厅办公室主任
李　迎	中国建设报社新闻中心主任	刘江明	河南省住房和城乡建设厅办公室主任

邱正炯	湖北省住房和城乡建设厅办公室副主任	魏 琪	文化部财务司处长
易小林	湖南省住房和城乡建设厅办公室主任	张 辉	农业部发展计划司投资处处长
黄维德	广东省住房和城乡建设厅办公室主任	赵东晓	水利部建设与管理司处长
黄小川	广西壮族自治区住房和城乡建设厅办公室主任	何革华	科学技术部社会科技发展司调研员
		林志华	教育部发展规划司处长
史贵有	海南省住房和城乡建设厅改革与发展处处长	刘 魁	卫生部规划财务司处长
		佟岱山	国家民航总局机场司处长
陈福忠	四川省住房和城乡建设厅政策与法规处处长	李 锋	国家广播电影电视总局计财司处长
		李春红	国家环境保护部规划财务司处长
毛家荣	贵州省住房和城乡建设厅办公室主任	刘跃祥	国家林业局处长
李发新	云南省住房和城乡建设厅办公室主任	苏玉娟	国家海洋局规划司
李进忠	西藏自治区住房和城乡建设厅办公室主任	韩志强	中国地震局规划财务司处长
		王晓宇	国家旅游局规划发展与财务司
倪 平	陕西省住房和城乡建设厅编志办负责人	缪旭明	中国气象局调研员
郭元乐	甘肃省住房和城乡建设厅办公室副主任	吕铁杭	国家体育总局经济司处长
薛长福	青海省住房和城乡建设厅办公室副主任	李成杨	中国建筑工程总公司办公室
刘 兵	宁夏回族自治区住房和城乡建设厅办公室干部	刘贤福	中国铁道建筑工程总公司办公室
		刘统畏	中国铁路工程总公司
陆青锋	新疆维吾尔自治区住房和城乡建设厅办公室	唐永胜	中国港湾建设（集团）总公司
		卢 骏	中国中煤能源集团公司
汪 洋	新疆生产建设兵团建设局办公室主任	李胜利	中国化学工程集团公司
刘兆明	大连市建设委员会办公室主任	冯有维	中国水利水电建设集团公司史志办公室
徐玉田	青岛市建设委员会办公室主任	赵 峰	中国建筑业协会办公室主任
陶相木	厦门市建设与管理局办公室主任	王平原	中国建筑学会办公室主任
袁布军	宁波市建设委员会办公室副主任	邹燕青	中国城市科学研究会办公室主任
赖宣尧	深圳市住房和建设局办公室副主任	吕志翠	中国建筑金属结构协会
刘 勤	国家发展和改革委员会固定资产投资司处长	蔡 蕾	中国城市规划协会办公室主任
		王毅强	中国建筑装饰协会副秘书长
王隽峰	铁道部建设管理司处长	李 佳	中国公园协会秘书处
周荣丰	交通运输部公路局处长	马桂芝	中国建设工程造价管理协会秘书长
李永恒	交通运输部水运局处长	傅彦荣	中国风景园林学会
王晓丽	工业和信息化部通信发展司调研员	蔡成军	中国工程建设标准化协会办公室主任

中国建设年鉴编辑部

主　　任：马　红

编　　辑：李　宁

地　　址：北京海淀区三里河路9号中国建筑工业出版社

邮　　编：100037

电　　话：010-58934311（兼传真）

电子邮箱：jsnj@cabp.com.cn

目　录

第一篇　重要活动

国务院常务会议通过2009年深化经济体制改革意见决定调整固定资产投资项目资本金比例 … 2
国务院常务会议提出遏制部分城市房价过快上涨势头 … 2
国务院常务会议强调节能减排与推动城乡统筹和地区协调发展 … 3
全国保障性安居工程工作会议在长沙召开 … 4
全国公共租赁住房工作会议在北京召开 … 4
城市和国有工矿棚户区改造工作座谈会在哈尔滨召开 … 5
全国城市和国有工矿棚户区改造会议在山西大同召开 … 6
第二届中国招标投标高层论坛在北京召开 … 7
全国住房和城乡建设工作会议暨住房和城乡建设系统党风廉政、精神文明建设工作会议在北京召开 … 7

第二篇　建设综述

一、住房城乡建设法制建设 … 12
二、房地产市场监管 … 12
三、住房保障建设 … 18
四、住房公积金监管 … 20
五、城乡规划 … 22
六、城市建设与市政公用事业 … 25
七、村镇建设 … 27
八、工程建设标准定额 … 31
九、建设工程质量安全监管 … 34
十、建筑市场管理 … 37
十一、建筑节能与科技 … 40
十二、住房城乡建设人事教育 … 42
十三、住房城乡建设稽查 … 57
十四、固定资产投资 … 60
十五、铁道建设 … 62
十六、公路建设 … 68
十七、水路工程建设 … 69
十八、农业建设投资 … 74
十九、环境保护工作 … 74
二十、通信业建设 … 78
二十一、民航建设 … 80
二十二、卫生基础设施建设 … 82
二十三、公共文化服务设施建设 … 84
二十四、水利建设 … 86
二十五、西部开发建设 … 88

第三篇　各地建设

北京市 … 92
天津市 … 102
河北省 … 114
山西省 … 124
内蒙古自治区 … 134
辽宁省 … 142
吉林省 … 144
黑龙江省 … 153
上海市 … 157
江苏省 … 173
浙江省 … 183
安徽省 … 189
福建省 … 203
江西省 … 216
山东省 … 227
河南省 … 233

湖北省	248	甘肃省	347
湖南省	258	青海省	357
广东省	272	宁夏回族自治区	359
广西壮族自治区	283	新疆维吾尔自治区	367
云南省	288	新疆生产建设兵团	376
海南省	295	大连市	380
重庆市	304	青岛市	388
四川省	311	宁波市	391
贵州省	319	厦门市	396
西藏自治区	323	深圳市	402
陕西省	328		

第四篇 法规政策文件

一、部令 …… 406
  住房和城乡建设部关于修改《房屋建筑工程和市政基础设施工程竣工验收备案管理暂行办法》的决定 …… 406
  中华人民共和国住房和城乡建设部令第2号 …… 406
二、国务院有关文件 …… 407
  财政部 住房城乡建设部关于加快推进太阳能光电建筑应用的实施意见
    财建〔2009〕128号 …… 407
  财政部 住房城乡建设部关于印发可再生能源建筑应用城市示范实施方案的通知
    财建〔2009〕305号 …… 409
  财政部 住房城乡建设部关于印发加快推进农村地区可再生能源建筑应用的实施方案的通知
    财建〔2009〕306号 …… 411
  国家发展改革委 住房城乡建设部关于做好城市供水价格管理工作有关问题的通知
    发改价格〔2009〕1789号 …… 413
三、综合类 …… 415
  住房和城乡建设部关于印发《关于进一步加强对中央扩大内需促进经济增长政策落实监督检查工作的意见》的通知
    建办〔2009〕31号 …… 415
  关于进一步加强对中央扩大内需促进经济增长政策落实监督检查工作的意见 …… 415
  关于加强稽查执法工作的若干意见
    建稽〔2009〕60号 …… 416
  住房和城乡建设部关于印发《住房和城乡建设部城乡规划督察员工作规程》的通知
    建稽〔2009〕86号 …… 418
  住房和城乡建设部城乡规划督察员工作规程 …… 418
  关于印发《住房和城乡建设部政府信息公开实施办法》的通知
    建办〔2009〕145号 …… 420
  住房和城乡建设部关于转发《财政部 国家发展改革委关于发布取消和停止征收100项行政事业性收费项目的通知》的通知
    建计函〔2008〕346号 …… 423
  住房和城乡建设部关于转发《国家级风景名胜区和历史文化名城保护补助资金使用管理办法》的通知
    建计函〔2009〕119号 …… 423
  财政部关于印发《国家级风景名胜区和历史文化名城保护补助资金使用管理办法》的通知
    财建〔2009〕195号 …… 424
  国家级风景名胜区和历史文化名城保护补助资金使用管理办法 …… 424
  关于推进一二星级绿色建筑评价标识工作的通知
    建科〔2009〕109号 …… 425
  关于建设部稽查办公室更名为住房和城乡建设部稽查办公室的通知
    建人〔2009〕24号 …… 427
  关于建设部机关服务中心等10家事业单位更名的通知
    建人〔2009〕25号 …… 428
  住房和城乡建设部关于建设部风景名胜区管理办公室更名为住房和城乡建设部风景名胜区管理办公室的通知
    建人〔2009〕48号 …… 428
  住房和城乡部办公厅关于完善住房和城乡建设领域个人执业资格行政审批审查有关工作的通知
    建办人〔2009〕13号 …… 429
  关于做好建筑业农民工技能培训示范工程工作的通知
    建人〔2009〕123号 …… 430
四、建筑市场监管类 …… 431
  关于进一步加强建筑市场监管与服务 保障扩大内需投资建设项目质量和效益的通知
    建市〔2009〕6号 …… 431

关于工程设计资质证书更换新证有关问题的通知
　　建办市函〔2009〕331号 …………… 433
关于印发《注册土木工程师（岩土）执业及管理工作暂行规定》的通知
　　建市〔2009〕105号 ………………… 435

五、工程质量安全监管类 ……………………… 437
关于贯彻实施《防震减灾法》加强城乡建设抗震防灾工作的通知
　　建质〔2009〕42号 …………………… 437
关于进一步加强建筑工程质量监督管理的通知
　　建质〔2009〕55号 …………………… 439
住房和城乡建设部关于切实做好全国中小学校舍安全工程有关问题的通知
　　建质〔2009〕77号 …………………… 441
关于印发《危险性较大的分部分项工程安全管理办法》的通知
　　建质〔2009〕87号 …………………… 442
住房和城乡建设部办公厅关于开展建筑安全生产"三项建设"的实施意见
　　建办质〔2009〕21号 ………………… 446

六、城乡规划与村镇建设类 …………………… 448
关于开展注册城市规划师续期换证工作的通知
　　建规函〔2009〕72号 ………………… 448
关于开展工程项目带动村镇规划一体化实施试点工作的通知
　　建村函〔2009〕75号 ………………… 451
住房和城乡建设部关于印发《城市总体规划实施评估办法（试行）》的通知
　　建规〔2009〕59号 …………………… 453
城市总体规划实施评估办法（试行） ………… 453
关于2009年扩大农村危房改造试点的指导意见
　　建村〔2009〕84号 …………………… 454

关于扩大农村危房改造试点建筑节能示范的实施意见
　　建村函〔2009〕167号 ………………… 456
关于建设全国扩大农村危房改造试点农户档案管理信息系统的通知
　　建村函〔2009〕168号 ………………… 457

七、城市建设类 ………………………………… 459
关于印发《城镇污水处理厂污泥处理处置及污染防治技术政策（试行）》的通知
　　建城〔2009〕23号 …………………… 459
关于印发《全国城镇生活垃圾处理信息报告、核查和评估办法》的通知
　　建城〔2009〕26号 …………………… 462
关于印发《数字化城市管理模式建设导则（试行）》的通知
　　建城〔2009〕119号 ………………… 464
关于修订《城市园林绿化企业资质标准》的通知
　　建城〔2009〕157号 ………………… 467
关于印发《中国国际园林博览会管理办法》的通知
　　建城〔2009〕286号 ………………… 469

八、住宅与房地产类 …………………………… 472
住房和城乡建设部关于修订《房地产交易与权属登记规范化管理考核标准》的通知
　　建房〔2009〕2号 ……………………… 472
住房城乡建设部　发展改革委　财政部关于印发2009～2011年廉租住房保障规划的通知
　　建保〔2009〕91号 …………………… 473
关于完善房地产开发企业一级资质核定工作的通知
　　建房〔2009〕101号 ………………… 475

九、标准定额类 ………………………………… 477
关于进一步加强工程造价（定额）管理工作的意见
　　建标〔2009〕14号 …………………… 477

十、2009年住房和城乡建设部公告目录 ……… 478

第五篇　重　要　文　献

在北方采暖地区供热计量改革工作会议上的
　总结讲话 …………………… 姜伟新　488
在2009年农村危房改造试点工作会上的讲话
　…………………………………… 仇保兴　489
园林城市建设的若干盲区与纠正之道
　…………………………………… 仇保兴　492
推进供热计量改革　促进建筑节能工作
　…………………………………… 仇保兴　495
发挥行政复议作用　促进住房城乡建设事业
　科学发展 …………………… 陈大卫　497

在住房城乡建设部安全生产管理委员会
　2009年第一次会议上的讲话 ……… 齐骥　502
在全国建筑工程质量安全电视电话会议
　上的讲话 …………………… 郭允冲　503
继往开来　锐意进取　努力开创工程质量
　监督管理工作新局面 ……… 郭允冲　507
加强安全质量标准化建设　全面提高建筑
　安全生产管理水平 ………… 郭允冲　514
进一步加强监管　严把超限高层建筑抗震
　设防审查关 ………………… 郭允冲　519

第六篇　专题与研究报告

一、专题 ················· 522
1. 汶川地震灾后恢复重建工作 ········· 522
2. 表彰奖励 ················ 527
　　2009年度中国建设工程鲁班奖（国家优质工程）
　　获奖名单 ··············· 527
　　第九届中国土木工程詹天佑奖获奖名单 ···· 533
　　2008年度全国优秀工程勘察设计奖获奖项目名单
　　 ·················· 536
　　2009年"中国建研院CABR杯"华夏建设
　　科学技术奖获奖项目名单 ········· 560
　　2009年国家园林城市、县城和城镇命名名单
　　 ·················· 567
　　2009年中国人居环境奖获奖名单 ······ 568
　　全国特色景观旅游名镇（村）示范名称（第一批）
　　 ·················· 568
　　2007年度全国优秀村镇规划设计 ······ 570
　　第三批国家重点公园名单 ········· 571
　　第六批国家城市湿地公园 ········· 571
　　2009年度全国物业管理示范住宅小区
　　（大厦、工业区）名单 ·········· 572

"新中国城市雕塑建设成就奖"评选获奖名单
　　 ·················· 576
　　全国建筑施工安全质量标准化示范工地名单 ·· 577
　　全国建筑施工安全质量标准化工作先进集体名单
　　 ·················· 584
　　全国建筑施工安全质量标准化工作先进个人名单
　　 ·················· 585
3. 科技目录 ················ 586
　　2009年全国建设行业科技成果推广项目目录 ·· 586
　　村镇宜居型住宅技术推广目录 ······· 590
　　既有建筑节能改造技术推广目录 ······ 599
二、研究报告 ················ 608
　　房地产短期市场调控和长期制度建设浅析
　　 ····· 住房和城乡建设部政策研究中心课题组 608
　　发展公共租赁住房是实现住有所居的重要途径
　　 ····· 住房和城乡建设部政策研究中心课题组 612
　　对于建筑节能经济激励政策的几点思考
　　 ····· 住房和城乡建设部政策研究中心课题组 616
　　我国农房建设管理面临的形势及发展趋向
　　 ········· 住房城乡建设部政策研究中心 620

第七篇　数据统计与分析

一、2009年城镇建设统计分析 ········· 626
　　2009年城市建设统计概述 ········· 626
　　2009年县城建设统计概述 ········· 628
　　2009年村镇建设统计概述 ········· 631
　　2009年城市化水平分析 ·········· 632
二、2009年建筑业发展统计分析 ········ 633
　　2009年建筑业基本情况 ·········· 633
　　2009年建筑业发展的特点 ········· 635
　　2009年建筑业特级、一级资质企业基本情况分析 639
　　2009年建设工程监理行业基本情况 ····· 643
　　2009年工程建设项目招标代理机构基本情况 ·· 647

2009年工程勘察设计企业基本情况 ······ 650
　　入选国际承包商225强的中国内地企业 ···· 654
　　入选全球承包商225强的中国内地企业 ···· 656
　　2009年我国对外承包工程业务统计分析 ··· 657
　　中国500强企业中的建筑业企业 ······ 659
三、2009年房地产市场发展统计分析 ······ 661
　　2009年房地产市场运行情况 ········ 661
　　2009年70个大中城市房屋销售价格指数分析 ·· 662
四、2009年行政应诉和行政复议案件统计分析 ··· 669
　　2009年行政应诉案件情况 ········· 669
　　2009年行政复议案件情况 ········· 672

第八篇　行业直属单位、社团与部分央企

一、行业直属单位、社团 ··········· 676
　　住房和城乡建设部科技发展促进中心 ····· 676
　　住房和城乡建设部住宅产业化中心 ····· 678
　　住房和城乡建设部执业资格注册中心 ···· 680
　　住房和城乡建设部人力资源开发中心 ···· 683
　　中国建筑工业出版社 ··········· 685

中国建筑学会 ··············· 686
中国建筑业协会 ·············· 689
中国房地产业协会 ············· 695
中国土木工程学会 ············· 698
中国建筑金属结构协会 ··········· 701
中国城市科学研究会 ············ 705

中国建筑装饰协会	708	二、中央企业	723
中国勘察设计协会	711	中国建筑工程总公司	723
中国建设监理协会	714	中国铁路工程总公司	726
中国安装协会	715	中国铁建股份有限公司	731
中国工程建设标准化协会	719	中国水利水电建设集团公司	735
中国公园协会	721	中国有色矿业集团有限公司	739

第九篇 2009年建设纪事

1~12月 …… 744

第一篇

重要活动

国务院常务会议通过2009年深化经济体制改革意见决定调整固定资产投资项目资本金比例

国务院总理温家宝4月29日主持召开国务院常务会议，讨论并原则通过《关于2009年深化经济体制改革工作的意见》，决定调整固定资产投资项目资本金比例，审议并原则通过《流动人口计划生育工作条例（草案）》。

会议指出，2008年以来，我国先后启动一些酝酿多年的改革，对提振市场信心和扩大内需发挥了积极作用，有力促进了经济社会发展。2009年是实施"十一五"规划的关键之年，也是进入新世纪以来我国经济社会发展最为困难的一年，改革发展稳定的任务十分繁重。必须把应对危机作为深化改革的契机，加大改革力度，既立足扩内需、保增长、调结构、惠民生，又着眼长远可持续发展，解决经济社会发展中的突出矛盾和问题，切实推进重点领域和关键环节改革，进一步推动形成有利于科学发展与社会和谐的体制机制，促进经济社会又好又快发展。

会议确定了2009年重点推进的改革任务。

为应对国际金融危机，调动社会和企业的投资积极性，扩大投资需求，调整和优化投资结构，会议决定，对现行固定资产投资项目资本金比例进行调整，降低城市轨道交通、煤炭、机场、港口、沿海及内河航运、铁路、公路、商品住房、邮政、信息产业、钾肥等项目资本金比例，同时适当提高属于"两高一资"的电石、铁合金、烧碱、焦炭、黄磷项目以及电解铝、玉米深加工项目的资本金比例。会议要求，金融机构要认真评估项目，在提供信贷支持和服务的同时，切实防范金融风险。

（摘自新华网北京2009年4月29日电）

国务院常务会议提出遏制部分城市房价过快上涨势头

温家宝总理2009年12月14日主持召开国务院常务会议，研究完善促进房地产市场健康发展的政策措施，全面启动城市和国有工矿棚户区改造工作。国务院常务会议要求在保持政策连续性和稳定性的同时，加快保障性住房建设，加强市场监管，稳定市场预期，遏制部分城市房价过快上涨的势头。国务院常务会议决定，用5年左右时间基本完成城市和国有工矿集中成片棚户区改造，有条件的地方争取用3年时间基本完成。

会议认为，为应对国际金融危机，国家采取了一系列促进房地产市场健康发展的政策。这些政策对于提振信心、活跃市场、促进住房消费和投资，实现保增长、扩内需、惠民生的目标发挥了重要作用。2009年以来，新建商品住房成交面积有较大幅度增加，保障性住房建设速度加快，380多万户低收入家庭解决了住房困难问题。但是，随着房地产市场的回升，一些城市出现了房价上涨过快等问题，应当引起高度重视。

为保持房地产市场的平稳健康发展，会议要求，按照稳定完善政策、增加有效供给、加强市场监管、完善相关制度的原则，继续综合运用土地、金融、税收等手段，加强和改善对房地产市场的调控。重点是在保持政策连续性和稳定性的同时，加快保障性住房建设，加强市场监管，稳定市场预期，遏制部分城市房价过快上涨的势头。一要增加普通商品住房的有效供给。适当增加中低价位、中小套型普通商品住房和公共租赁房用地供应，提高土地供应和使用效率。在保证质量的前提下，加快普通商品住房建设。二要继续支持居民自住和改善型住房消费，抑制投资投机性购房。加大差别化信贷政策执行力度，切实防范各类住房按揭贷款风险。三要加强市场监管。继续整顿房地产市场秩序，加强房地产市场监测，完善土地招拍挂和商品房预售等制度。加强房地产信贷风险管理。四要继续大规模推进保障性安居工程建设。力争到2012年末，基本解决1540万户低收入住房困难家庭的住房问题。

（摘自新华网2009年12月14日电）

国务院常务会议强调节能减排与推动城乡统筹和地区协调发展

国务院总理温家宝6月17日主持召开国务院常务会议，分析当前经济形势，研究部署下一阶段经济工作。

会议强调，巩固和发展企稳向好的形势，必须抓好以下七项工作：（一）进一步调整结构，大力培育和扩大消费需求，保持投资稳定增长，全面增强国内需求对经济增长的拉动作用。抓紧实施家电下乡、汽车下乡、农机下乡、家电汽车以旧换新等政策，引导住房消费和房地产市场平稳健康发展，积极发展旅游休闲消费，拓宽文化消费市场。认真落实中央投资计划，扎实做好项目建设各项工作。重视引导和扩大民间投资，破除垄断和限制。（二）进一步巩固农业基础地位，保持农业稳定发展。抓好"三夏"农业生产，认真落实小麦、稻谷最低收购价政策，切实做好粮油收储工作，确保农民增产增收。稳定生猪、肉禽和奶业生产，保持市场和价格基本稳定。加强防汛抗旱工作。（三）进一步发挥科技支撑作用，大力推进自主创新。抓紧出台重点产业调整和振兴规划配套实施细则，进一步推进企业技术改造、兼并重组和淘汰落后产能。加快实施科技重大专项。加强对中小企业融资担保、自主创新、技术改造、人才培养、市场拓展等方面的服务和支持。大力培育新兴产业和新的经济增长点。（四）进一步做好节能减排工作，大力发展环保产业、循环经济和绿色经济。抓好抓实节能减排重点工程建设、高效节能产品推广和循环经济试点工作，组织实施"节能产品惠民工程"，从严控制"两高"行业低水平重复建设。（五）进一步推动城乡统筹和地区协调发展，拓展新的发展空间。积极稳妥地推进城镇化。加强城镇基础设施建设，发展城市轨道交通，提高城镇的承载力。全面实施区域发展总体战略，鼓励各地充分发挥自身优势，积极拓展新的发展空间，培育新的经济增长地带。（六）进一步深化改革开放，增强经济发展的动力与活力。扎实推进已确定的各项重大改革，力争取得突破性进展。抓紧落实稳定外需的各项政策，尽快推出稳定和扩大利用外资的综合性政策，支持企业"走出去"。（七）进一步改善民生，加强社会保障体系建设，全面提高人的素质。把刺激经济增长与有效增加就业结合起来，着力抓好高校毕业生、农民工和困难群体的就业工作。尽快出台养老保险转移接续办法，做好新型农村养老保障试点工作，健全城乡社会救助制度。高度重视教育事业发展和人才队伍建设，加快制定教育中长期规划。抓紧落实已经出台的医药卫生体制改革方案，力争早见成效。

（摘自新华网2009年6月17日电）

全国保障性安居工程工作会议在长沙召开

2009年3月30日，全国保障性安居工程工作会议在湖南长沙召开。中共中央政治局常委、国务院副总理李克强出席会议并讲话，他强调，保障性安居工程事关群众特别是低收入群众的切身利益，事关经济社会发展。要认真贯彻中央的决策部署，坚持以人为本、执政为民，加快建设保障性安居工程，切实保障和改善民生，促进经济又好又快发展。

李克强说，住房是民生之要，住宅建设产业链长、关联度高。在当前形势下，推进保障性住房建设，既能增加各方投资、带动相关产业，又能刺激居民消费、促进民生改善，是应对国际金融危机、保持经济平稳较快发展的重要举措。必须从经济社会发展的大局出发，把保障性安居工程建设好。

李克强指出，保障低收入住房困难群众基本住房是政府的重要职责。要加快廉租住房建设，加大对城市和林区、垦区、煤矿等棚户区改造力度，扩大农村危房改造试点。要科学规划，加大资金投入，落实土地供应、税费减免、信贷支持等政策措施，公正、公平、公开地确定保障对象，加强全过程监督检查，确保工程质量和资金安全，把保障性安居工程真正建成民生工程、德政工程、阳光工程。

李克强说，保障性住房主要是为低收入住房困难群众提供基本住房。要科学界定保障性住房供应范围，切实让低收入住房困难群众得实惠。要进一步促进普通商品住房合理消费和供给。要采取多种方式，满足不同收入群体的住房需求。通过努力，形成多层次住房供应体系，使全体人民住有所居，促进房地产市场平稳健康发展，发挥好房地产业在国民经济中的支柱产业作用。

李克强最后要求，各地区各有关部门要加强领导，密切配合，开拓创新，扎实工作，实施好保障性安居工程，为全面建设小康社会作出新贡献。

会议确定，在国家支持下，3年内解决750万户城市低收入家庭、240万户林区垦区煤矿等棚户区居民的住房困难。2009年，这两块分别完成260万户和80万户。同时，扩大农村危房改造试点，2009年安排近80万户。

（摘自新华社3月31日电）

全国公共租赁住房工作会议在北京召开

全国公共租赁住房工作会议2009年6月11日在北京召开，中共中央政治局常委、国务院副总理李克强出席会议并讲话。他强调，要按照党中央、国务院的决策部署，坚持以人为本，立足国情，加快发展公共租赁住房，推动保障性安居工程建设，以适应群众基本住房需求。

李克强说，住房问题事关群众切身利益，发展公共租赁住房与建设廉租住房、改造棚户区等都是保障性安居工程的重要组成部分，是重要的民生工程。解决城市低收入家庭住房问题，受到了群众欢迎，同时促进了经济发展和社会和谐。发展公共租赁住房主要是解决城市中等偏下收入家庭住房阶段性需求，提供租金较低、户型较小的住所。这可以增加有效供给，优化住房结构，引导居民合理住房消费，不仅有利于遏制部分城市房价过快上涨，而且有利于调节收入分配、促进人才和劳动力有序流动、推进新型城镇化进程，体现了转变发展方式、调整经济结构的要求。

李克强强调，发展公共租赁住房，是一项复杂艰巨的任务，要坚持政府组织、社会参与，依法管理、市场运作。省级人民政府要负总责，市县政府抓落实，有关部门协作配合，把公共租赁住房纳入保障性安居工程建设规划，在投资、土地、财税、金融等方面加大政策支持力度；同时注意发挥市场机制作用，引导社会力量共同参与投资建设和运营，多渠道多方式筹集资金和房源。应当看到，这项工作还有一个探索过程，要鼓励各地在国家总体原则指导下，因地制宜，积极探索符合当地实际的公共租赁住房发展新模式。

李克强指出，发展公共租赁住房，要科学规划布局，按照保基本、保质量、可持续的要求，合理确定建设标准和租金水平，健全准入退出机制，加强监督管理，确保公共租赁住房工作公开透明、公正公平，把这一重要民生工程建成阳光工程、优质工程。他要求，各地区各有关部门要继续贯彻落实好国务院关于房地产市场调控的各项措施，为广大人民群众安居乐业创造良好环境。

会上，住房和城乡建设部部长姜伟新就有关文件作了说明。重庆市、江苏省、厦门市、青岛市政府负责同志介绍了探索发展公共租赁住房的经验。

国务院批准了住房城乡建设部、发展改革委、财政部、国土资源部、人民银行、税务总局、银监会等七部委《关于加快发展公共租赁住房的指导意见》。

各省、自治区、直辖市和计划单列市、新疆生产建设兵团负责人及有关部门负责人，各省会城市和部分地级城市负责人，中央国家机关有关部门负责人，中央金融企业以及部分主业中包含房地产开发经营的中央企业负责人共300多人参加了会议。

据有关部门介绍，2009年全国建成廉租住房以及经济适用住房、改造棚户区住房和农村危房共400余万套，2009年计划建设各类保障性安居工程住房700万套，其中包括公共租赁住房37万套。

（摘自新华网 2009年6月12日电）

城市和国有工矿棚户区改造工作座谈会在哈尔滨召开

2009年8月10日，城市和国有工矿棚户区改造工作座谈会在哈尔滨召开。中共中央政治局常委、国务院副总理李克强出席会议并讲话。他强调，要按照党中央、国务院的要求，加大保障和改善民生工作力度，有序推进棚户区改造，提高人民生活水平和质量，促进经济平稳较快发展。

李克强指出，棚户区基本上是我国工业化初期形成的简易住宅区，房屋破旧，环境很差。住在这里的职工群众多数是产业工人，长期以来为国家建设作出了贡献，但目前收入仍然较低。推进棚户区改造，是实施保障性安居工程的重要内容，也是实现住有所居目标的重要举措，对于增投资扩消费、保增长惠民生都具有重要作用。

会议强调对涉及近千万户居民的集中连片棚户区进行改造是一项政策性很强的工作，要从各地实际出发逐步加以推进。一是以保障群众基本住房为目的，使棚户区改造与廉租住房等建设有机结合。二是走中国特色城镇化道路，统筹规划，合理配建不同档次住房，避免贫困人口集中连片居住。三是坚持政府主导、市场运作，多渠道筹集建设资金，落实土地供应和税费支持政策，运用已有经验，不断完善办法。四是确保住房质量，精心施工，严格监管，让群众住得放心。五是量力而行、尽力而为，发挥制度和组织优势，带着感情去做，认真征询居民意见，以群众满意为标准，全过程和谐推进棚户区改造。同时，完善住房产权制度，使多数棚户区居民有恒产有恒心。

李克强还与参加会议的同志一起，实地考察了棚户区改造有关情况。在双鸭山市正在改造的南市棚户区，李克强走进棚户区居民家中，与当地群众亲切交谈，了解他们的生活、经济情况，关切地询问居民对棚户区改造的意见和建议。在哈尔滨棚户区改造在建项目群力新苑小区建设现场，李克强对哈尔滨市在棚户区改造上，着力打造民生工程、民心工程、民主工程的做法给予充分肯定。他强调，要把棚户区改造这一重大民生工程办成民心工程、民主工程，办成阳光工程、德政工程，使低收入群众住房得改善、生活添信心、发展有奔头。

据调查,全国城市国有土地上集中连片的棚户区住房约744万户,城市规划区外国有工矿(不包括林区、垦区和煤矿)棚户区住房约114万户,其中大部分是低收入家庭、退休职工和下岗职工家庭,有不少属于城市住房保障对象。按有关部门规划,把城市和国有工矿棚户区改造作为保障性安居工程建设的重要内容,在有条件的地方,争取用3到5年,逐步完成上述城市和国有工矿棚户区的改造。此外,国家已明确,加快落实和完善促进保障性住房建设的政策措施,争取用3年时间,解决240万户林区、垦区和煤矿棚户区居民的住房困难问题。

(摘自新华社北京2009年8月11日电)

全国城市和国有工矿棚户区改造会议在山西大同召开

2009年12月28日,全国城市和国有工矿棚户区改造会议在山西省大同市召开。中共中央政治局常委、国务院副总理李克强出席会议并讲话。他强调,要认真贯彻落实党中央、国务院的决策部署,全面启动并扎实有序推进城市和国有工矿等棚户区改造,加快保障性住房建设,把这一重大民生工程办实办好,促进经济社会又好又快发展。

会上,住房城乡建设部负责人对棚户区改造工作有关指导意见作了说明,北京、吉林、山西、江西、重庆及沈阳等地政府负责同志通报了情况,交流了经验。在认真听取大家的发言后,李克强作了讲话。他说,住房是民生之要,城市和国有工矿棚户区房屋破旧简陋、设施很差,还居住着近千万户家庭,绝大多数为低收入群体。实施棚户区改造,顺民意、惠民生,有利于扩内需、促发展、调结构,是一举多得的重大民生工程。

李克强指出,棚户区改造是保障性安居工程建设的重要组成部分。要力争在全国范围内用5年时间完成城市和国有工矿集中连片棚户区改造任务,有条件的地方可提前完成;国有林区垦区煤矿棚户区改造也要争取用3年时间完成。同时,加快推进廉租住房建设。

李克强强调,要坚持以人为本、执政为民,坚持把保障群众基本住房需求作为棚户区改造的根本目的,抓住重点环节,扎实有序推进。一是确保群众得到实惠,通过改造使困难居民住房条件有明显改善,使群众有恒产有恒心。二是确保资金及时到位,各类政府资金统筹安排统筹使用,引导社会资金投入改造。三是确保政策有效落实,减免相关税费,优先安排用地,以优惠的政策支持改造。四是确保改造规范有序,优先改造连片规模大、住房条件差、安全隐患重、群众要求迫切的项目,既尽力而为,又量力而行,防止借改造之名盲目大拆大建。五是确保操作过程公开透明、分配结果公平公正,尊重群众意愿,保障群众权益,防止滋生腐败,对各类侵犯群众利益、以权谋私的行为要依法查处,把棚改工程建成廉政工程、德政工程,把这一民生工程办成民心工程。

李克强说,棚户区改造有利于增加住房供应、改善供给结构,各级政府要切实承担起职责,做深入细致的工作,加大保障性住房建设力度,增加和改善土地供应,并运用财税、金融等杠杆,加强中小套型和中低价位住房建设,抑制投机性投资性需求,遏制部分城市房价过快上涨,保持房地产市场平稳健康发展,实现人民群众住有所居、安居乐业。

党中央、国务院有关部门负责同志,各省、自治区、直辖市政府负责同志及有关部门负责人,各计划单列市、新疆生产建设兵团及各省会城市负责同志参加了会议。

据调查,到2008年底,全国居住在各类棚户区中的家庭共1148万户,其中城市棚户区744万户,国有工矿棚户区238万户,林区和垦区棚户区166万户。这些家庭中,有681万户为低收入住房困难户,467万户为中等偏下收入住房困难户。有关部门介绍，2008年各类棚户区改造开工约170万户住房，2009年计划改造开工297万户住房。

（摘自新华网 2009.12.28 记者 谢登科 南婷）

第二届中国招标投标高层论坛在北京召开

第二届中国招标投标高层论坛2009年10月10日在北京召开。中共中央政治局常委、国务院副总理李克强出席论坛开幕式并致辞。他指出，重点建设和民生工程是推动经济增长和使人民群众共享发展成果的重要方面，为全社会瞩目。要在优化结构的同时完善体制机制，做到安全优质高效廉洁，促进经济平稳较快发展，真正惠及人民群众。

李克强说，新中国成立60年来特别是改革开放以来，中国社会主义现代化建设取得举世瞩目的成就。一大批基础设施、产业发展和社会事业项目建成投产，发挥了显著的经济社会效益。2008年以来，实施应对国际金融危机的一揽子计划，新增4万亿元投资，推进民生工程建设，已经取得初步成效。

李克强指出，随着经济增长和投资规模扩大，要把质量和效益放在更加突出的位置。当前应对国际金融危机，着力扩大内需特别是消费需求，需要继续发挥好投资拉动经济的作用。保持经济长期平稳较快发展，还需要筹划新的重点建设和民生工程。只有不断改善投资质量和效益，才能适应经济结构战略性调整的要求，适应人民生活质量提高的要求，适应未来发展和国际竞争的要求。这就需要从制度上更好地发挥市场配置资源的基础性作用，形成有利于投资健康发展的宏观调控体系。招标投标、政府采购等投资管理和资金使用制度，作为社会主义市场经济体制的一个有机组成部分，对于提高经济增长质量和效益具有重要作用。

李克强强调，安全和质量是一切工程项目的生命线，高效廉洁对于投资建设至关重要。无论是支撑发展、增强后劲的重点项目，还是面向基层、惠及群众的民生工程，都要按客观规律办事，加强规划论证，遵循建设程序，推进决策科学化民主化，提高信息公开性透明度，严格监督管理，严肃法规纲纪，预防和惩治腐败，保证施工安全，保证工程质量，保证投资效益，保证廉洁透明，服务于现代化建设，服务于人民群众。

李克强说，促进投资健康发展，根本上还是要靠改革开放。要深化投资等体制改革，维护公开公平公正、竞争有序的市场秩序，促进多种所有制经济共同发展，增强企业自主投资的活力，健全公共项目建设和运行机制。坚持互利共赢的开放战略，继续扩大对外开放，提高利用外资质量，创新对外投资方式，反对任何形式的投资和贸易保护主义，充分利用国际国内两个市场两种资源。

（摘自新华社北京10月10日电 记者 谢登科）

全国住房和城乡建设工作会议暨住房和城乡建设系统党风廉政、精神文明建设工作会议在北京召开

2009年1月9日，全国住房和城乡建设工作会议暨住房和城乡建设系统党风廉政、精神文明建设工作会议在北京召开。住房和城乡建设部部长姜伟新在会上作的《落实科学发展观 做好2009年住房和城乡建设工

作》报告中提出，2009年住房和城乡建设系统的总体工作思路是：高举中国特色社会主义伟大旗帜，以邓小平理论和"三个代表"重要思想为指导，深入落实科学发展观，认真贯彻党的十七大、十七届三中全会和中央经济工作会议精神，保经济平稳较快发展，促居民合理住房消费，保持房地产投资规模适度增长；更大力度加快保障性住房建设和保障体系建设；深化改革，加强住房政策等重大问题的研究，创新体制机制；努力提高工作质量和效益，推进住房城乡建设科学发展。会议要求，2009年住房和城乡建设系统要着力做好以下九方面工作：

一是，全面推进保障性住房建设。以实物方式为主，结合发放租赁补贴，解决260万户城市低收入住房困难家庭的住房问题；解决80万户住在煤矿、林区、垦区棚户区的住房困难家庭的住房问题；新增经济适用住房130万套。

二是，促进房地产市场健康稳定发展。认真贯彻落实国办发〔2008〕131号文件，在加大保障性住房建设力度的同时，进一步鼓励普通商品住房消费，进一步搞活住房二级市场和租赁市场；支持房地产开发企业积极应对市场变化，以合理价格促进销售；继续加强对房地产形势的监测分析；强化地方人民政府稳定房地产市场职责；继续深入整顿规范房地产市场秩序。

三是，进一步做好统筹城乡规划建设工作。加快规划审批工作，重点加强乡镇村庄规划编制和实施工作，完善城乡规划实施和监督管理，抓好农村危房改造试点工作。

四是，力争建筑节能取得新突破。制定建筑节能三年规划。全面推进新建建筑执行节能设计标准，推动既有居住建筑供热计量和节能改造。加大城镇供热体制改革力度。

五是，提高工程质量安全和建筑市场监管水平。完善质量安全责任机制，强化对住宅工程、城市轨道交通、大型公共建筑工程的巡查监管。完善招投标和个人执业资格制度。

六是，推动法制和工程标准建设。抓紧研究和启动住房保障、城市房地产管理、房屋征收与拆迁补偿等方面有关法律法规的起草工作，加快有关工程建设标准的制定工作。

七是，维护建设领域社会稳定。防止在城镇房屋拆迁中损害群众利益，促进住房城乡建设领域就业，稳定现有就业岗位，增强建设领域各类企业吸纳就业能力。

八是，认真做好汶川地震灾区重建相关工作。做好实施城乡规划、组织技术援助、加强工程监管等灾区重建工作。

会议还强调，要继续深入开展反腐倡廉和精神文明建设工作。

会议在总结回顾2008年工作时指出，2008年，住房和城乡建设系统以科学发展观为指导，坚决贯彻党中央、国务院的决策和部署，各项工作取得明显成效：

一是，为夺取抗震救灾斗争全面胜利做出积极贡献。迅速组织力量抢险救援；精心组织过渡安置房建设，建成过渡安置房68万余套，面积达1330万平方米；及时修订抗震设防分类标准和建筑抗震设计规范，编制完成国务院部署的灾区城镇体系、农村建设和城镇住房建设等三个专项规划。

二是，保障性住房建设取得突破性进展。基本实现了国发〔2007〕24号文提出的城市低保家庭住房困难户应保尽保的目标。

三是，房地产市场调控的针对性增强。2008年以来，进一步强化了对房地产市场形势的分析和监测，各地方、各部门落实中央的调控政策，房价快速上涨势头得到遏制。2008年12月，国务院办公厅发布了《关于促进房地产市场健康发展的若干意见》，明确了降低住房交易税费、调整个人住房贷款等政策措施。

四是，城乡规划管理取得新成效。扩大了规划督察员派驻范围，已向34个城市派驻了50名规划督察员；推进了中国和新加坡天津生态城的规划建设。

五是，建筑节能工作有所推进。2008年城镇新建建筑施工阶段符合节能标准的比例超过80%。北京、天津等12个示范城市，供热计量收费面积达2960万平方米。

六是，城乡建设管理水平有一定提高。2008年全国36个重点城市实际处理污水量、削减COD数量和运行负荷率分别比上年增加了约16.1%、15.7%和提高了5个百分点。

七是，工程质量安全和市场监管力度进一步加大。2008年全国建筑安全形势总体有所好转，建筑施工事故起数和死亡人数同比分别下降5.23%和2.27%。

八是，法制和标准建设步伐加快。2008年国务院颁布了《历史文化名城名镇名村保护条例》和《民用建筑节能条例》；住房和城乡建设部颁布了部门规章4部，批准发布标准143项。

九是，反腐倡廉和精神文明建设不断推进。

会议要求，各级住房城乡建设部门要统一认识，坚决做好保增长有关工作，加强队伍建设，分析研究重大问题，推进改革和创新。要紧密团结在以胡锦涛同志为总书记的党中央周围，求真务实，开拓创新，为实现我国经济社会又好又快发展作出更大贡献。

住房和城乡建设部党组成员、中央纪委驻部纪检组组长郭允冲在会上作了题为《深入贯彻落实科学发展观 努力开创住房城乡建设系统党风廉政建设和精神文明建设工作新局面》的报告。

郭允冲指出，2008年，住房城乡建设系统广大干部职工以邓小平理论和"三个代表"重要思想为指导，深入贯彻落实科学发展观，紧紧围绕中心工作开展党风廉政建设和精神文明建设工作，取得了明显成效：一是维护党的纪律，科学发展重大决策部署得到较好落实；二是贯彻《工作规划》，惩治和预防腐败体系建设扎实推进；三是强化教育引导，党员干部勤政廉政意识有所增强；四是开展治理商业贿赂、住房公积金、房地产市场秩序专项整治工作，进一步制约和规范权力运行；五是加强信访和案件查办工作，惩治腐败的威慑力有所增强；六是全面推进精神文明建设，干部职工文明素质和行业形象进一步提升；七是加强政风行风建设，群众满意度不断提高。

郭允冲指出，住房和城乡建设系统党风廉政建设、精神文明建设面临着新形势、新情况，对扩大内需，促进经济平稳较快增长政策落实情况进行有效监督检查，更是一项新课题、新任务。广大干部职工要认清形势，提高认识，进一步坚定做好工作的决心；要突出重点，抓住关键，全面推进住房和城乡建设系统党风廉政建设工作：

一是要准确把握特点，明确部机关、部直属事业单位、部属协会学会、地方住房和城乡建设系统"四个层面"不同工作重心；二是要重点抓好市一级住房城乡建设系统反腐倡廉工作；三是要重点抓好城乡规划、房地产开发、工程建设招投标、住房公积金四个行业反腐倡廉建设，要深化治理工程建设领域商业贿赂；四是要继续在宣传教育、制度建设、查办案件上下工夫；五是要强化对政治纪律执行情况、扩大内需促进经济平稳较快增长政策执行情况、组织人事工作纪律执行情况、住房城乡建设权力运行情况、党风廉政建设责任制和廉洁从政的监督检查，充分履行纪检和监察职能。

郭允冲强调，要围绕中心，服务大局，切实加强精神文明建设和行风政风建设：一是推动科学发展观学习实践活动不断深入，为科学发展观的贯彻落实提供服务；二是加强社会主义核心价值体系建设，加强思想理论教育、职业道德建设，加强和改进思想政治工作，提高思想道德素质；三是深化精神文明创建活动，努力提升全行业服务管理水平；四是立足防范，加强源头治理，开展矛盾纠纷排查，扎实推进平安建设，努力维护行业及社会和谐稳定；五是进一步加强政风行风建设，积极参与行风评议工作，推进12319服务热线建设，切实维护群众切身利益。住房和城乡建设部副部长仇保兴主持会议，住房和城乡建设部副部长陈大卫、齐骥出席了会议；各省、自治区建设厅厅长、纪检组长，直辖市建委及有关部门主要负责同志、纪检组长，计划单列市、副省级城市建委主要负责同志、纪检组长，江苏省、山东省建管局和新疆生产建设兵团建设局主要负责同志，中央有关部门有关局、室负责同志，国务院有关部门建设司（局）负责同志，总后基建营房部工程局负责同志，中国海员建设工会有关负责同志，以及部分城市（州）有关负责同志参加了会议。

会议还向江苏省昆山市等3个城市颁发了"中国人居环境奖"，向北京北二环城市绿化建设项目等26个项目颁发了"中国人居环境范例奖"，向第六批全国工程勘察设计大师颁发了荣誉证书。

（住房和城乡建设部新闻办公室 2009年1月9日）

第二篇

建设综述

一、住房城乡建设法制建设

【联合制定《社会消防安全教育培训规定》】 公安部、教育部、民政部、人力资源和社会保障部、住房和城乡建设部、文化部、国家广播电影电视总局、国家安全监管总局、国家旅游局联合制定的《社会消防安全教育培训规定》正式发布，于2009年6月1日起施行。

《社会消防安全教育培训规定》共6章37条，包括总则、管理职责、消防安全教育培训、消防安全培训机构、奖惩和附则，明确了公安、教育、民政、人力资源和社会保障、住房和城乡建设、文化、广电、安监、旅游、文物等部门的消防安全教育培训工作职责；针对不同的对象，分别规定了各级各类学校、居（村）民委员会、新闻媒体、公共场所、旅游景区、物业服务企业、建设工程施工等单位的消防安全教育培训工作职责和教育培训内容；依照《职业教育法》《民办教育促进法》，规定了消防安全专业培训机构设立的条件、程序；对地方各级人民政府有关部门及其责任人员、学校和单位以及消防安全教育培训机构，不依法履行消防安全教育培训工作职责的，分别规定了应当承担的法律责任。

【共同制定《对外承包工程资格管理办法》】 为规范和促进对外承包工程健康发展，国务院发布了《对外承包工程管理条例》（以下简称《条例》）。《条例》设专章规定了对外承包工程资格制度，以保证我国真正具有实施国际工程综合实力的企业参与国际竞争，增强我国企业在国际工程承包市场上的竞争力和良好信誉。为贯彻落实《条例》规定，规范对外承包工程资格管理，商务部总结多年来的管理实践经验，与住房和城乡建设部共同制定并发布了《对外承包工程资格管理办法》并于2009年11月1日起施行。

《对外承包工程资格管理办法》共七章二十七条，分别就对外承包工程资格条件、申请程序、《资格证书》管理、监督管理和法律责任等方面进行了详尽的规定。

根据对外承包工程业务实际，《对外承包工程资格管理办法》将对外承包工程的单位分为两类：工程建设类和非工程建设类，在注册资本、资质或业绩要求方面设定了不同的准入门槛。

《对外承包工程资格管理办法》还加强了对外承包工程资格的监督管理，规定商务主管部门负责对外承包工程资格的监督检查，会同建设主管部门对工程建设类单位的对外承包工程资格进行监督检查。商务部可视需要对对外承包工程的单位实行分级分类管理，同时加强行业自律。

《对外承包工程资格管理办法》的施行，将进一步促进对外承包工程资格管理的规范化和制度化，促进对外承包工程的健康发展，从而推动我国"走出去"的发展和扩大对外开放的进程。

【修改、重新发布《房屋建筑和市政基础设施工程竣工验收备案管理办法》】 为了加强房屋建筑和市政基础设施工程质量的管理，根据《建设工程质量管理条例》，2009年10月19日住房和城乡建设部修改、重新发布了《房屋建筑和市政基础设施工程竣工验收备案管理办法》。在中华人民共和国境内新建、扩建、改建各类房屋建筑和市政基础设施工程的竣工验收备案，适用本办法。

（住房和城乡建设部法规司）

二、房地产市场监管

【综述】 2009年，各级房地产主管部门以科学发展观为指引，全面贯彻党的十七大三中、四中全会精神，认真落实中央经济工作会议的决策部署，在加强房地产市场宏观调控、保持房地产市场健康发展、支持居民合理住房消费、完善房地产市场监管制度、着力解决物业服务及房屋征收拆迁中的突出问题、推进房地产法制制度建设等方面,取得了新的进展。

【房地产市场】 2008年四季度以后,国务院采取了一系列鼓励住房合理消费、加快保障性住房建设等政策措施,各地区各有关部门也及时实施了一系列的配套政策措施。在各地区、各有关部门的共同努力下,2009年,全国房地产市场企稳回升,新建商品住房成交面积大幅度增加,房地产开发投资稳步增长,保障性安居工程建设进一步加快,实现了促进住房消费、稳定房地产开发投资和拉动经济增长的目标,为保增长、扩内需、惠民生作出了重要贡献。但从第二季度以来,也出现了部分城市房价上涨过快、投资投机性购房增多等突出问题,引起社会广泛关注。

【房地产开发投资稳定增长】 据国家统计局数据,2009年全国房地产开发投资3.6万亿元,比上年增长16.1%。其中,住宅开发投资2.6万亿元,比上年增长14.2%。东部地区房地产开发投资21101.28亿元,同比增长12.3%;中部地区房地产开发投资7938.46亿元,同比增长24.6%;西部地区房地产开发投资7191.97亿元,同比增长19%。从月度累计投资数据看,3月以后全国增幅持续回升,9月以后投资增幅稳定在16%以上,但总体仍低于近5年的平均增幅(图1)。

2009年全国商品房新开工11.54亿平方米,比上年增长12.5%;其中东部地区新开工5.49亿平方米,同比增长6.3%;中部地区新开工3.26亿平方米,同比增长22.7%;西部地区新开工2.78亿平方米,同比增长14.5%。全国商品房施工面积32亿平方米,比上年增长12.8%;其中东部地区施工16.7亿平方米,同比增长7.6%;中部地区施工7.6亿平方米,同比增长20.1%;西部地区施工7.7亿平方米,同比增长18.4%。全国商品房竣工面积7亿平方米,比上年增长5.5%。其中东部地区竣工3.6亿平方米,同比下降1.9%;中部地区竣工1.7亿平方米,同比增长10.4%;西部地区竣工1.7亿平方米,同比增长19.6%。从各月情况看,全国商品房累计新开工面积同比增幅从10月开始止跌回升,累计施工、竣工面积持续增长。

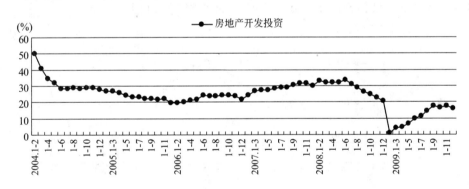

图1 全国房地产开发投资增幅

资料来源:国家统计局数据

【住房成交量及同比增幅均达历史新高】 据国家统计局数据,2009年全国商品房销售额达4.4万亿元,比上年增长75.5%;其中,东部地区销售额为3万亿,同比增长83.8%;中部地区销售额为0.65万亿,同比增长55.6%;西部地区销售额为0.76万亿,同比增长64.2%;上海、江苏、浙江、福建和贵州地区销售额均同比增长超过100%。全国商品房销售面积达9.37亿平方米,比上年增长42.1%。其中东部地区销售面积4.82万亿平方米,同比增长47.6%;中部地区2.18万亿平方米,同比增长32.9%;西部地区2.37万亿平方米,同比增长40.2%。全国商品住房销售额达3.8万亿元,比上年增长80%;销售面积达8.5亿平方米,比上年增长43.9%,均创下历史新高。

【房地产贷款增加较多】 据人民银行数据,2009年,主要金融机构房地产贷款新增2.05万亿元,占人民币新增贷款的21.3%,同比多增1.58万亿元。其中,房地产开发贷款新增5764亿元,同比多增4151亿元;个人购房贷款新增1.46万亿元,同比多增1.18万亿元。

从月度情况看,4月份开始,银行业主要金融机构个人购房贷款额度明显放大,1~5月新增量已超过2008年全年的个人购房贷款增量。6月开始新增个人购房贷款保持在每月1500亿元左右(图2)。

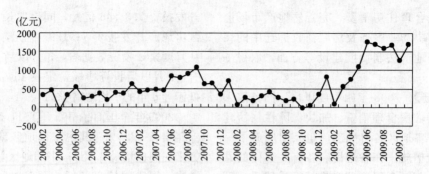

图 2　全国主要商业银行个人购房贷款月度增长情况
资料来源：中国人民银行数据

【房地产税收增加较多】 据国家税务总局数据，2009 年，全国房地产税收（含耕地占用税）完成 6943 亿元，同比增收 1073 亿元，增长 18.3%，高于税收总额增幅 9.2 个百分点；占同期税收收入的 11%，对增收的贡献率为 20.5%。与房地产交易相关的土地增值税、契税、房地产营业税、房屋转让个人所得税的税收收入，同比增幅分别为 33.9%、35.2%、38.6%、179.1%。

【部分城市房价上涨较快】 据国家统计局和国家发展改革委数据，2009 年 7 月开始，70 个大中城市新建商品住房价格同比止跌回升，且涨幅逐月扩大，12 月上涨 9.1%（图 3），涨幅比上月扩大 2.9 个百分点；其中广州、金华、深圳、海口、北京、湛江、温州、南京、宁波、杭州、天津、昆明和银川 13 个城市涨幅超过 10%；岳阳、上海、蚌埠、长沙、厦门、重庆、锦州、常德、北海、三亚、牡丹江、贵阳、大理、西宁、长春、无锡、遵义、南宁、西安、成都、南昌、济南和扬州 23 个城市涨幅在 5%～10%。70 个大中城市新建商品住房价格环比 3 月开始持续上涨，12 月上涨 1.9%（图 4），涨幅比上月扩大 0.4 个百分点。12 月，二手住房价格同比上涨 6.8%，环比上涨 1.0%。

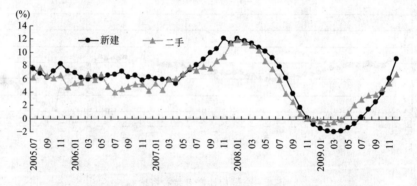

图 3　70 个大中城市新建商品住房、二手住房价格各月同比增幅
资料来源：国家发展改革委、国家统计局 70 个大中城市房价指数数据

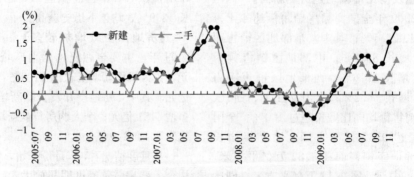

图 4　70 个大中城市新建商品住房、二手住房价格各月环比增幅
资料来源：国家发展改革委、国家统计局 70 个大中城市房价指数数据

二、房地产市场监管

【启动《城市房地产管理法》修订工作】 本届全国人大将《城市房地产管理法(修改)》列入立法规划一类项目。根据立法进程安排，启动了立法前期调研起草工作。2009年上半年，搭建立法工作班子，委托专家开展了多项专项课题研究，通过网上开设专栏等多种方式征求社会和行业意见，组织对上海、重庆、深圳、成都、厦门等地开展实地调研。在此基础上，初步形成了修订草稿。下半年，经在系统内广泛征求意见并多次修订论证，形成了《城市房地产管理法》(草稿)。《城市房地产管理法》的修订，在保留现行《城市房地产管理法》基本框架的基础上，充分吸收成熟的房地产管理工作经验，注意解决现实存在的突出问题，并考虑了与《城乡规划法》、《物权法》等相关法律的衔接。本次修订调整了法的适用范围，增加了房地产市场宏观调控措施，完善了对土地出让、房地产开发交易、房地产登记、房屋使用与维护及监督管理等方面的内容。

【健全和完善房屋登记制度】 一是研究起草了《房屋登记技术规程》。进一步明确房屋登记中业务办理的处理规则。二是配合最高人民法院开展了《关于审理房屋登记行政案件若干问题的规定》的调研，并就登记机构审查和赔偿等问题提出了积极的建议和意见。三是在认真办结多件有关登记行为的行政复议案件基础上，对登记机构在要件受理、业务审核、档案信息管理、制度建设等方面提出要求，指导北京等地出台规范性文件，有针对性地完善制度薄弱环节。四是为研究房屋登记中的相关问题，组织开展了《建筑物区分所有权》、《不动产登记条例》、《地下空间权利的登记》、《房地产登记赔偿制度》等相关课题研究。

【开展房屋登记审核人员培训考核工作】 一是印发《关于做好房屋登记审核人员培训考核工作(试行)的通知》，建立房屋登记审核人员考核、持证上岗制度。二是印发《关于做好房屋登记审核人员确认工作有关问题的通知》，指导各地开展房屋登记审核人员确认工作。三是针对地方在开展房屋登记审核人员确认工作中出现的政策把握不一致等问题，11月在长沙召开工作会议并印发《房屋登记审核人员确认工作有关问题的补充说明》，及时明确有关政策口径和工作要求，确保工作有序进行。

【继续推进房地产交易与登记规范化管理】 一是为适应新形势下房地产交易与登记工作的发展需要，印发了《关于修订〈房地产交易与权属登记规范化管理考核标准〉的通知》，新的考核标准较原标准进行了全面的修订，对登记机构的窗口建设、业务规范、信息系统、档案管理、制度建设、队伍建设等方面提出了更高的要求。二是5月在青岛召开全国房地产交易与登记规范化管理工作经验交流会，会上青岛、广州、杭州等城市交流了工作经验。会议回顾总结规范化管理工作，结合修订后的规范化管理考核标准，就下一步加强信息系统建设、深化动态管理、提高队伍整体素质、开展创新交流、加强部门间的协作配合等方面的工作提出明确要求。三是认定房地产交易与权属登记规范化管理先进单位。2009年全国共有19个省(自治区、直辖市)的37家单位申报了房地产交易与登记规范化管理先进单位，经实地检查、初审和公示，认定天津市北辰区房地产管理局等29家单位为房地产交易与登记规范化管理先进单位。

【加大力度解决房屋登记历史遗留问题】 10月，为加快解决历史遗留的房屋登记问题，在郑州市组织召开了全国部分城市房地产交易与权属登记有关问题研讨会，对如何解决历史遗留的房屋登记问题进行了深入研讨。会议交流了各地在推进解决历史遗留的房屋登记问题方面一些好的经验，强调大力推进解决房屋登记历史遗留问题工作的重要现实意义，并提出了下一步工作的重点。一是继续强化组织领导，建立协作机制，确保工作有序推进。二是明确工作原则和目标，力争在"十二五"期间基本解决历史遗留的房屋登记问题。三是深入研究分析，制定切实可行的具体政策措施。四是建立疏防结合、标本兼治的长效机制。五是加强政务公开，注重舆论宣传和引导。

【进一步加强房地产估价行业监管】 一是加强房地产估价机构动态监管。为切实加强对房地产估价机构和注册房地产估价师执业行为的日常监管，印发了《关于开展房地产估价报告检查工作的通知》(建办房函[2009]431号)，在全国范围内开展一级资质房地产估价机构房地产估价报告检查。对存在不合格报告的机构发出了整改意见书，要求其限期整改。对在下一阶段复检仍不合格的机构，将撤回其一级房地产估价资质。

二是加强房地产估价行业信用档案建设。截至2009年底，全国196家一级资质房地产估价机构及其4895名注册房地产估价师全部建立了信用档案，计入信用档案的估价项目信息已超过百万条，一级资质房地产估价机构通过信用档案公示的估价项目信息达到84万余条。

三是不断完善估价师考试注册管理工作。2009年，房地产估价师执业资格考试报名人数为17670

人，考试合格人数为1775人。在注册管理信息化方面，2009年，房地产估价师注册系统进行升级完善，房地产估价师的各类注册申请，目前已全部实现了网上办理。2009年，共完成注册审核9659人次，有9184人次通过了审核。截至2009年底，已批准初始注册的房地产估价师累计达34917人（注册有效期内的24340人）。

四是不断完善估价师继续教育工作。2009年，根据不同层次学员的差异化需求，对继续教育内容有针对性地进行规划和安排。形成了"多层次、分内容、全覆盖"房地产估价师继续教育培训课程体系。2009年，共举办了31期房地产估价师继续教育培训班，8000余名房地产估价师参加了面授培训，此外，另有8000余名房地产估价师参加了网络教育。其中，在甘肃、内蒙、云南等地举办了3期支持西部的继续教育培训班。

五是积极推进第二次房地产估价师资格互认。2009年，与香港测量师学会就如何推进第二次房地产估价师资格互认进行了积极磋商，初步确定了互认的规模和时间表。12月15日，召开了第二次内地与香港执业资格互认、注册、执业研究小组会议，与香港测量师学会就互认取得内地房地产估价师资格的香港测量师在内地注册执业问题等进行了交流。

【进一步加强房地产经纪行业监管】 对2009年初始注册的1162名房地产经纪人建立了信用档案。截止到2009年底，共有33113名房地产经纪人、14866个房地产经纪机构建立了房地产经纪信用档案。此外，北京、上海、天津、杭州、成都等城市各自建立了房地产经纪信用档案，地方信用档案多与房地产经纪机构备案、交易合同备案、网上签约相关联，有效调动了房地产经纪机构建立房地产经纪信用档案的积极性。

二是不断完善执业资格考试注册及继续教育工作。2009年度房地产经纪人执业资格考试报名人数为9793人，考试合格人数为1717人。截止到2009年底，共举办了8次全国房地产经纪人执业资格考试，1次认定考试，有182461人次参加考试，取得执业资格人数为34815人。2009年，房地产经纪人初始注册人数为1162人，续期注册为1310人。共506名房地产经纪人参加了面授培训，974名房地产经纪人参加了网络教育。

三是与香港地产代理专业资格互认取得了实质性进展。1月，中国房地产估价师与房地产经纪人学会和香港地产代理监管局在北京签署了《内地房地产经纪人与香港地产代理专业资格互认备忘录》。确定了内地房地产经纪人与香港地产代理专业资格互认的原则、步骤以及互认后内地房地产经纪人与香港地产代理的权利义务等。

【强化房地产交易市场管理 加强商品房预售资金监管】 一是明确监管原则。组织开展了预售资金监管机制、完善商品房预售制度等多项课题研究，提出了"因地制宜确定监管模式、灵活把握监管尺度、程序设计简便易行"的监管原则，确保商品房预售资金必须用于有关的工程建设。二是不断完善制度。在《城市房地产管理法》、《城市房地产开发经营管理条例》等法律法规的修订过程中，提出了增加有关预售资金监管的条款建议；积极与人民银行等部门沟通，加强配合，加快建立和健全预售资金监管机制。三是强化地方监管。指导地方出台预售资金监管办法，建立预售资金监管制度，明确监管机构和监管模式，完善预售监管措施。一些城市结合实际，不断探索预售资金监管工作，预售资金监管工作取得了一定成效。天津市出台了《房地产交易管理条例》和《新建商品房预售资金监管办法》，一些城市积极建立预售资金监管制度，根据监管主体不同，初步形成了政府监管、银行监管、第三方监管三种模式。一些城市与银行共同建立预售款监控和使用系统，实现了资金监管系统与房屋销售、交易等信息系统相关联，实现信息共享和数据同步。

【组织开展房地产行业非法集资风险排查】 按照处置非法集资部际联席会议的工作部署，在全国范围内组织开展了房地产行业非法集资风险排查，制定了风险排查的工作重点：一是任意分割拆零、向社会出售不能确定具体位置或不具备独立使用功能的房屋或特定空间；二是承诺售后高额返租、无风险保底回报或原价（增值）回购等诱导方式销售房地产；三是违规吸收社会公众资金，进行房地产开发。要求各地各级建设（房地产）主管部门要在各级处置非法集资联席会议的指导下，围绕重点进行排查，掌握房地产行业非法集资案件的数量、性质、发案特点、风险状况、危害后果等。排查工作历时8个月，北京、吉林、浙江、云南、宁夏、新疆、青海、湖南、天津9个省（市、自治区）共对9000多家房地产开发企业、房地产中介机构进行了风险排查，其他省（市、自治区）也对房地产行业进行了全面的风险排查，工作收到了较好成效。

【物业管理】 2009年，物业管理行业进一步健全物业管理法规体系，完善执法机制，规范服务行为，物业管理覆盖面逐步扩大、物业服务质量得到规范提高，切实维护了各方主体的合法权益，有效地改善了人居环境，提高了城镇管理水平，为实现"保增长、保民生、保稳定、促就业"的目标和庆祝中华人民共和国成立60周年做出了积极贡献。

一是深入贯彻《物权法》和《物业管理条例》，完善相关制度，监督指导天津、重庆、山东等地重新修订地方性法规，物业管理规范化、法制化建设取得重要进展。

二是制定《业主大会和业主委员会指导规则》，建立业主自我管理、自我约束机制，充分发挥街道办事处、乡镇人民政府、社区居委会的重要作用，与房地产主管部门形成合力，共同规范业主、业主大会及业主委员会的行为，切实维护业主的合法权益。开展《物业承接验收管理办法》（草案）的调研、拟定工作，严格规范物业承接验收的内容、程序，明确建设单位、物业服务企业、业主委员会等各方主体的责任和义务，减少和避免物业承接验收过程中产生矛盾和问题。

三是配合最高人民法院出台《关于审理建筑物区分所有权纠纷案件具体应用法律若干问题的解释》、《关于审理物业服务纠纷案件具体应用法律若干问题的解释》，并及时在本行业开展宣传和学习，建立通过司法途径有效解决建筑物区分所有权和物业服务纠纷案件的条件，为保护当事人的合法权益提供了良好的法律保障。配合公安部制定《保安服务管理条例》，加强对物业服务企业招用保安人员的监督管理，规范物业管理区域内秩序维护活动，维护社区的和谐稳定。

四是会同住房和城乡建设部精神文明办公室制定并颁布《物业管理文明行业标准》，在全行业大力开展文明行业建设，树立以人为本、优质服务、诚实守信的行业风气，营造良好的物业管理市场环境。

按照中央领导的批示，牵头组织研究建筑区划内信报箱的建设、验收和管理问题，提出了完善建设标准、严控施工质量、明确管理主体等措施建议，并向国务院办公厅作了专题汇报。

五是将旧住宅区整治改造和引入物业管理作为房地产领域关注民生、构建和谐的一项重要工作，深入调研深圳市宝安区城中村整治管理的开展情况，总结成功经验和做法并加以推广，在全国范围内进一步深入推进整治改造和后续管理工作。

六是牵头组织开展清理建设领域消费者权益的规定和收费工作，全面审查物业管理方面涉及消费者权益的有关规定，依法查处物业管理活动中的违法违规行为，重点整治物业服务企业乱收费、劣质服务等侵害消费者权益的行为。派专人赴山西省太原市督察处理"楼霸索要高额运输费"案件。

七是深入研究住宅专项维修资金管理的现存问题，针对维修资金用于既有建筑节能改造进行调研，并提出政策建议。开展维修资金有关情况的专项调研，摸清维修资金交存、管理、使用的实际情况，为进一步完善相关制度夯实基础。

八是扎实做好房屋安全鉴定、白蚁防治工作。协调解决房屋安全鉴定、白蚁预防行政事业性收费的问题。会同部标准定额司启动房屋白蚁预防施工技术规程的修订工作。

截至2009年底，全国物业服务企业总数超过5万家，从业人员约500万人（其中，近半数为劳务派遣人员），城镇物业管理覆盖面接近60%。物业管理行业已经成为改善人居环境、促进就业和推动经济社会协调发展的重要行业。

【房屋拆迁】 2009年，认真开展"信访积案化解年"活动，通过完善拆迁法规政策，加强拆迁管理，规范拆迁行为，健全拆迁信访工作机制，完善拆迁监管信息系统，开展矛盾纠纷排查化解，加强督查督办等措施，严肃查处拆迁过程中存在的违法违规行为，切实维护了人民群众的合法权益和社会的和谐稳定，确保了"两会"、十七届四中全会的顺利召开和中华人民共和国成立60周年庆祝活动的成功举行。

为从制度上预防和减少拆迁矛盾纠纷的发生，按照国务院常务会的精神，配合国务院法制办对《国有土地上房屋征收与补偿条例（草案）》（以下简称《征收条例》）进行论证修改。2009年8月和12月，先后在大连、北京召开了3次由被拆迁人、专家、拆迁人和拆迁实施单位参加的座谈会，广泛征求社会各界对《征收条例》的意见。同时，着手《征收条例》配套文件的研究制定工作。

按照中央联席会议的部署，认真开展"信访积案化解年"活动，切实解决人民群众最关心、最直接、最现实的利益问题。住房城乡建设部结合城镇房屋拆迁信访工作实际，在调查研究的基础上，下发了《关于开展城镇房屋拆迁信访积案化解工作的实施意见》，对城镇房屋拆迁信访积案化解的工作目标和重点、工作部署和时间安排、工作责任和考核机制进行了部署。为督导地方做好拆迁信访积案排查化解工作，先后到福建、吉林等地进行实地调研，督导检查信访积案化解工作，有力推动了信访积案化解工作的开展。

落实全国人大、国务院领导在《2009年3月群众给吴邦国委员长来信情况》上的批示，配合国办督查室对上海、天津、重庆、山东等7省（市）的9件拆迁信访案件进行了核查处理。会同地方有关部门对贵州贵阳、纳雍县，江苏宿迁，安徽芜湖，内蒙古呼和浩特、包头等地发生的拆迁事件进行了调查处理。

针对2009年重大活动多、敏感节点多的情况，进一步加大对重点时期、敏感阶段拆迁市场的监控，下发了《关于进一步加强城市房屋拆迁管理做好维护社会稳定工作的通知》，从加大力度化解拆迁信访积案、加强房屋拆迁市场监管、完善应急工作预案、落实化解包案责任、加强与新闻媒体的沟通五个方面对做好维护稳定和信访工作提出了要求。

《征收条例》出台后，政府将作为征收主体和补偿主体，以后在房屋拆迁领域中发生侵权渎职犯罪案件的概率将会增加，为了预防和减少拆迁领域渎职犯罪案件的发生，召开了由检察机关和房屋拆迁主管部门参加的座谈会，对拆迁领域易发生渎职犯罪的权属审核、补偿面积审核确定、权证登记审批、补偿协议签订、补偿安置等环节存在的突出问题进行了分析。现已委托有关单位对拆迁领域侵权渎职犯罪问题进行研究。

【积极开展汶川震后恢复重建】 在灾后城镇住房重建工作的推进中，认真贯彻落实国家相关政策，多措并举，确保了住房重建的顺利实施。

积极落实城镇住房灾后重建规划。指导四川、甘肃、陕西三省贯彻落实住房重建规划，制定具体的实施计划和政策措施。四川省先后颁布实施了《四川省人民政府关于进一步加快城镇住房重建工作的意见》（川府发电〔2009〕10号）、《四川省建设厅关于汶川地震灾区城镇安居住房建设管理的指导意见》（川建发〔2009〕5号）。甘肃省、陕西省也及时出台有关灾后城镇住房重建政策，确保了规划的顺利实施。

落实城镇住房灾后重建相关政策。灾区各地认真落实安居房、廉租房、住房灾后重建税费优惠等政策，积极组织建设安居房、廉租住房；对安居房项目免征城镇土地使用税，政府组织建设的安居房，所签订的建筑工程勘察设计合同、建筑安装工程承包合同等，免收印花税，对受灾居民购房的契税予以减免；对建设安居房、廉租住房及原址重建住房和加固住房，一律免收各项行政事业性收费和政府性基金。

积极争取信贷资金和对口援建支持。积极与国家开发银行等金融机构沟通，争取信贷支持。各商业银行对政府组织的住宅恢复重建项目给予了支持。此外，各对口支援省市也加大对住房重建方面的支持，积极帮助受灾省份推进灾后城镇住房重建。

截至2009年底，四川、甘肃、陕西三省城镇住房已重建27.08万套、2452.51万平方米，已加固141.73万套、13446.92万平方米。其中：四川省，已重建25.02万套、2321.44万平方米，已加固134.6万套、12924.75万平方米；甘肃省，已重建1.19万套、73.79万平方米，已加固3.75万套、309.27万平方米；陕西省，已重建0.87万套、57.28万平方米，已加固3.38万套、212.9万平方米。

（住房和城乡建设部房地产市场监管司）

三、住房保障建设

【综述】 2009年是加快保障性安居工程建设的关键一年。《政府工作报告》明确提出，加快落实和完善促进保障性住房建设的政策措施，争取用三年时间，解决750万户城市低收入住房困难家庭和240万户林区、垦区、煤矿等棚户区居民的住房问题。其中，2009年解决260万户城市低收入住房困难家庭和80万户林区、垦区、煤矿等棚户区居民的住房问题。国务院先后三次召开专题会议，研究部署保障性安居工程建设工作。各地区、各部门认真贯彻落实中央决策部署和全国保障性安居工程工作会议精神，加强组织领导，加大资金投入，完善相关政策，强化监督检查，确保保障性安居工程顺利实施。

【印发《关于推进城市和国有工矿棚户区改造工作的指导意见》进一步完善保障性住房制度体系】 为切实改善棚户区居民住房条件，扎实推进城市和国有工矿棚户区改造，经国务院同意，住房城乡建设部等5部门于2009年印发了《关于推进城市和国有工矿棚户区改造工作的指导意见》（建保〔2009〕295号），提出推进城市和国有工矿棚户区改造的总体要求和基本原则，明确推进改造工作的政

三、住房保障建设

策措施，要求各地多渠道筹措资金、加大税费政策支持力度、落实土地供应政策、完善安置补偿政策，用5年左右时间基本完成集中成片城市和国有工矿棚户区改造，有条件的地区争取用3年时间基本完成，特别应加快国有工矿棚户区改造，使棚户区群众的居住条件得到明显改善。

【全面启动国有林区、垦区棚户区（危旧房）改造】 农业部等相关部门联合制定印发《关于切实做好农垦危房改造工作的意见》（农垦函〔2009〕2号），提出争取用3年时间，完成垦区危房改造任务，在资金投入上实行中央补助、省地支持、垦区和职工合理负担，要求科学编制改造规划、加快项目实施、严格资金管理、严格建设程序、加强质量管理。国家林业局等部门联合制定印发了《关于做好国有林场危旧房改造有关工作的通知》（林计发〔2009〕135号），提出了林区危旧房改造的基本原则，明确了中央和省级政府补助、地方政府支持、林场和职工个人合理负担的资金筹集等支持政策，要求加强组织领导，密切部门分工合作，确保完成改造任务。国家林业局会同住房城乡建设等部门联合印发了《国有林区棚户区改造工程项目管理办法》（暂行）的通知（林计发〔2009〕192号），确保国有林区棚户区改造工程规划的各项目标的实现。

【建立健全保障性住房规划计划机制】 在各地调查测算基础上，经过自下而上和自上而下的论证过程，2009年，经国务院同意，住房城乡建设部、发展改革委、财政部印发了《2009～2011年廉租住房保障规划》（建保〔2009〕91号），明确2009～2011年廉租住房工作总体目标和年度任务，提出中央加大对财政困难地区廉租住房保障补助力度，省级政府要比照中央做法进行补助，市、县政府按规定渠道筹集资金、落实土地供应和各项优惠政策，多渠道筹措房源，要求各地落实目标责任制，确保工程质量和使用功能，严格准入退出管理。2009年，三部门印发了《2009年廉租住房保障工作计划》（建保〔2009〕40号）。国家发展改革委、财政部分别会同住房城乡建设部下达了中央预算内投资新建廉租住房项目补助计划、中央廉租住房保障专项补助计划；国家发展改革委、住房城乡建设部分别会同国家林业局、农业部拟定了林区、垦区棚户区改造项目计划，完善了相关政策；国家发展改革委下达了煤矿棚户区改造中央投资补助计划。

【加快保障性住房用地供应的落实与管理】 为认真贯彻全国保障性安居工程工作会议精神，切实做好保障性安居工程建设用地供应和管理，国土资源部印发《关于切实落实保障性安居工程用地的通知》（国土资发〔2009〕58号），进一步加强了保障性住房用地的供应管理工作。《通知》要求各地要根据全国保障性安居工程工作目标任务的分解情况和当地保障性住房建设规划计划，在年初已上报保障性住房用地供应计划的基础上，加快编制和修编2010～2011年和2009年保障性住房用地供应计划，分类确定城市廉租住房建设、林区、垦区、矿区棚户区改造和农村危房改造等三类保障性安居工程用地的供应标准、规模及时序，并落实到具体地块。

【继续加大对保障性住房和棚户区改造的资金投入力度】 2009年中央继续加大对保障性住房和棚户区改造资金投入力度。中央安排廉租住房补助资金330亿元（中央预算内投资补助资金200亿元，中央廉租住房保障专项补助资金130亿元）。中央下达林区、垦区、煤矿棚户区改造资金分别为22亿元、18亿元、40亿元。

【廉租住房和经济适用住房实施情况】 2009年全国新开工廉租住房199.2万套，比2008年增长了333%。截至2009年底，全国累计保障463.3万户，比2008年末增长59%。其中，租赁住房补贴356.7万户，同比增长58%；实物配租60.6万户，同比增长132%；租金核减38.6万户；其他方式7.4万户。

2009年全国经济适用住房新开工132.3万套，比2008年增长了14.35%。

【棚户区改造情况】 ① 林区棚户区改造。2008年四季度和2009年中央安排补助资金23.5亿元，补助林区棚户区改造15.7万户，改造计划投资92.7亿元。截至2009年12月底，已全部开工建设，完成投资60.6亿元，占计划投资的65.4%。其中，2009年补助项目完成投资54.8亿元，占2009年补助项目计划投资的63.2%。

② 垦区危旧房改造。2008年四季度和2009年中央安排补助资金19.5亿元，补助垦区危旧房改造25.8万户，改造计划投资153亿元。截至2009年12月底，已开工20.9万户，占补助总户数的81%；完成投资112.3亿元，占计划投资的73.4%。其中，2009年补助项目已开工18.9万户，占补助户数的79.4%；完成投资97.2亿元，占2009年补助项目计划投资的70.4%。

③ 煤矿棚户区改造。2008年四季度和2009年中央安排补助资金57亿元，补助煤矿棚户区改造51

万户，改造计划投资365亿元(据归口管理部门提供的基础设施投资数据，按照基础设施投资占建设总投资的1/3比例估算)。截至2009年12月底，已完成投资220.8亿元(据归口管理部门提供的基础设施完成投资数据估算)，占计划投资的60.5%。其中，2009年补助项目122.4亿元(估算值)，占2009年补助项目计划投资的50%。

(住房和城乡建设部住房保障司)

四、住房公积金监管

【开展利用住房公积金贷款支持保障性住房建设试点】 根据2009年《政府工作报告》和《国务院办公厅关于促进房地产市场健康发展的若干意见》(国办发〔2008〕131号)要求，经国务院同意，2009年10月14日，住房城乡建设部、财政部、国家发展改革委、人民银行、监察部、审计署、银监会联合印发了《关于印发利用住房公积金贷款支持保障性住房建设试点工作实施意见的通知》(建金〔2009〕160号，以下简称《实施意见》)。《实施意见》对试点目标原则、试点城市条件、资金使用方向、贷款风险防范、试点工作要求等方面做出了明确规定。

《实施意见》指出，试点目标是完善住房公积金制度，在确保资金安全的前提下，充分发挥住房公积金对保障性住房建设的支持作用，提高住房公积金使用效率，拓宽保障性住房建设资金来源，加快保障性住房建设，促进经济平稳较快增长，加快解决城镇中低收入家庭住房问题，推动实现"住有所居"目标。试点原则是严格控制贷款用途，实行专款专用；规范贷款审批程序，贷款资金实行封闭管理；加强风险管理，确保资金安全和保值增值，维护缴存职工合法权益；试点工作以城市为单位进行，由试点城市人民政府负总责。

《实施意见》规定，试点工作必须切实维护缴存职工合法权益，在优先保证职工提取和个人住房贷款、留足备付准备金的前提下，可将50%以内的住房公积金结余资金以有偿贷款的形式支持保障性住房建设。利用住房公积金闲置资金发放的保障性住房建设贷款，必须定向用于经济适用住房、列入保障性住房规划的城市棚户区改造项目安置用房、政府投资的公共租赁住房建设，严禁用于商品住房开发和城市基础设施建设。

《实施意见》明确，必须加强贷款管理，保证资金安全。一是设立资金监管账户，对贷款资金流动实行全程封闭管理。二是住房公积金管理中心对贷款项目进行严格评审，并提交试点城市住房公积金管理委员会审议、人民政府批准。三是住房公积金管理中心要加强贷前调查、贷中审查、贷后管理，切实防范贷款风险。四是落实贷款抵押，借款人必须以在建项目、房产或土地使用权足额抵押，不得重复抵押。五是规定试点城市政府承担落实偿还贷款的责任，确保贷款本息按时偿还。住房城乡建设部、财政部、国家发展改革委、人民银行、监察部、审计署、银监会各司其职，各负其责，密切配合，切实加强对试点工作的监督检查。对在住房公积金试点工作中出现违纪行为的，要依据有关规定，严肃追究有关领导和人员的责任；构成犯罪的，移送司法机关追究刑事责任。

【开展完善住房公积金制度专项课题研究】 2009年，国务院将《住房公积金管理条例》(以下简称《条例》)修订列入立法计划(二类)。为做好《条例》修订的前期研究工作，住房公积金监管司组织中国房地产研究会、中国社科院等研究机构，组成5个课题研究组，独立并行开展住房公积金制度研究，为修订《条例》提供理论基础和决策依据。同时，组织4个省级监管机构和47个管理中心，成立10个专题研究小组，对住房公积金制度定位、住房公积金资金属性、住房公积金决策机制、住房公积金管理机构性质、住房公积金存款和贷款利率、住房公积金增值收益政策、住房公积金流动性风险管理、住房公积金缴存扩面政策、住房公积金管理体制、住房公积金监督机制10个专题进行研究。

为做好专题研究工作，2009年12月24日至25日，住房公积金监管司召开了全国住房公积金专题研究工作布置会，10个专题组牵头单位和成员单位负责同志参加了会议。会议明确了专题研究的基本原则和具体要求，讨论和修改了各专题的研究框架。会议提出，住房公积金专题研究，要遵循强化住房保障功能、维护职工合法权益、保证资金安全完整、提高管理水平和服务效率、保证政策平稳衔接过渡的原则。各专题研究单位落实工作责任、充实人员力量、制订工作计划、深入研究论证。

【完善住房公积金统计上报制度】 为提高统计人员业务水平，做好住房公积金统计信息上报工作，住房公积金监管司于2009年4月12~29日，分别在成都、呼和浩特和芜湖举办了3期全国住房公积金统计业务学习班。各省、自治区、直辖市、新疆生产建设兵团的住房公积金监管机构和设区城市住房公积金管理中心的434名统计业务人员参加了学习。学习班邀请国家统计局、成都住房公积金管理中心和信息上报系统技术支持单位的相关专家授课，重点讲解统计法规制度、会计核算在统计中的应用、统计数据报送，住房公积金监管司对指标调整情况做了说明，对统计上报系统进行实操演练和答疑，与会人员就统计上报制度和住房公积金管理进行了发言交流。

为进一步规范全国住房公积金统计工作，确保统计上报数据的全面、及时、准确、有效，2009年8月10日，住房城乡建设部印发了《关于进一步规范住房公积金统计数据报送工作的通知》（建办金函[2009]691号），要求各地做好统计数据上报基础性工作，并对统计报表内容和上报时间提出了明确要求。同时，根据国家统计局批复的新的住房公积金统计报表，住房公积金监管司改进了全国住房公积金统计上报系统，增加了统计报表间的数据校验关系，有效提高了统计数据的准确性。

【开展住房公积金管理专项治理】 根据第十七届中央纪委第三次全会、国务院第二次廉政工作会议的总体部署和《国务院办公厅转发国务院纠正行业不正之风办公室关于2009年纠风工作的实施意见的通知》的要求，2009年4月10日，住房城乡建设部、国务院纠风办、监察部、财政部、人民银行、审计署、银监会联合印发了《关于2009年继续开展住房公积金管理专项治理工作的实施意见》（建金[2009]68号），明确了2009年开展专项治理的总体要求、主要任务、工作措施和工作要求。2009年专项治理工作的总体要求是：坚持依法治理、标本兼治、惩防并举、注重长效的原则，以查处和纠正违法违纪违规行为、健全监管机制、强化内部管理为重点，切实维护职工合法权益，确保资金安全，充分发挥住房公积金促进住房消费、支持保障性住房建设的作用。主要任务是：加强对住房公积金管理工作的监督检查；强化监管手段，提升监管能力；切实纠正损害国家和职工利益的突出问题，严肃查处各类违纪违法行为；完善住房公积金制度，提高综合服务水平。在各地自查自纠的基础上，2009年5月至12月，七部委组成联合检查组，对16个省（区、市）、40个设区城市专项治理工作进行了联合检查。

【印发住房公积金文明行业标准】 为规范住房公积金管理，提高管理效率和服务水平，保证资金有效使用和安全，树立住房公积金行业良好社会形象，2009年11月10日，住房和城乡建设部精神文明建设指导委员会印发《住房公积金文明行业标准》。主要内容包括：组织领导有力，创建成效明显；各项制度健全，管理工作规范；工作积极主动，业务绩效突出；风险防范能力强，资金安全完整；行风建设良好，服务优质高效；队伍建设加强，整体素质提高。

为推动住房公积金文明行业创建活动扎实有序开展，2009年12月7日，住房和城乡建设部办公厅印发《关于大力开展住房公积金文明行业创建活动的通知》（建办金函[2009]1025号，以下简称《通知》）。《通知》要求，各地要统一思想，充分认识开展住房公积金文明行业创建活动的重要意义；加强领导，落实创建活动责任，将文明行业创建活动融入住房公积金管理工作的整体布局；明确措施，通过宣传教育、建章立制、业务培训、技能竞赛、考核奖惩等手段，扎实推进创建活动；广泛动员，通过多种渠道和载体，深入做好文明创建活动的宣传工作；加强指导，及时总结创建活动开展情况和取得的经验，将住房公积金文明行业创建融入本地区文明创建活动。

【举办全国住房公积金系统领导干部培训班】 为培养住房公积金系统领导干部宏观思维与战略思维能力、提高住房公积金专业化管理水平、增强领导干部组织和管理能力、筑牢拒腐防变的思想道德防线，2009年7月6~11日，住房和城乡建设部与国家行政学院联合举办全国住房公积金系统领导干部培训班。参加培训的有全国27个省、自治区住房公积金监管机构负责人，320多个设区城市住房公积金管理中心主任，共362人。住房和城乡建设部副部长陈大卫出席开班仪式和结业式；中纪委、国务院纠风办、国家发展改革委、财政部、人民银行等有关部门的同志出席了开班仪式。中纪委驻住房城乡建设部纪检组长龙新南、审计署副审计长余效明亲自为学员授课。培训遵循理论知识与管理实践相结合、业务培训与廉政教育相结合、课堂教学与集中讨论相结合的组织原则，安排了12讲课程和2次集中讨论。12 讲课程包括宏观经济形势和调控政策、国外政策性住房金融、加强和改进住房公积金管理、住房公积金系统廉政建设、住房公积金审计监督、个人住房贷款风险管理等。2 次集中讨论，分别以防范住房公积金贷款风险和完善住房公积金制度为主题。

【调查研究排查问题】 近年来，住房公积金各项业务快速发展的同时，违法违纪案件也时有发生，骗提骗贷问题日趋突出，少数地区住房公积金流动性不足问题显现。为摸清各地住房公积金管理运行情况及存在问题，深入开展调查研究，通过发放调查问卷、实地察看、召开座谈会等多种形式，广泛了解各地管理机构设置、人员情况、制度建设情况、信息化状况等，在调研的基础上，起草了《关于加强住房公积金管理和监督工作的报告》，认真排查住房公积金制度运行中的突出问题，从制度设计、管理体制、监管机制、政策执行等多个层面剖析原因，明确了加强住房公积金管理监督的总体思路和政策措施。

2009 年 11 月 16 日至 19 日，住房公积金监管司分别召开了住房公积金监管工作座谈会和住房公积金管理工作座谈会，全面了解各地 2009 年住房公积金工作情况，分析存在的突出矛盾和问题。各省、自治区住房公积金监管机构负责人和直辖市、计划单列市、省会城市、新疆生产建设兵团住房公积金管理中心负责人参加了会议。

（住房和城乡建设部住房公积金监管司）

五、城 乡 规 划

【深入开展房地产开发领域违规变更规划、调整容积率问题专项治理】 为贯彻落实第十七届中央纪委第三次全会、国务院第二次廉政工作会议精神和《建立健全惩治和预防腐败体系 2008～2012 年工作规划》部署，住房和城乡建设部联合监察部认真开展了房地产开发领域违规变更规划、调整容积率问题专项治理工作。4 月 24 日，住房和城乡建设部、监察部在北京召开治理房地产开发领域违规变更规划、调整容积率问题专项工作电视电话会议，动员部署专项治理工作。5 月 7 日至 22 日，两部专项治理工作领导小组办公室组织 5 个调研组赴七个省市进行调研督导。6 月 10 日至 19 日，两部分三个片区组织召开了专项治理工作座谈会培训骨干。9 月 29 日，住房和城乡建设部在长沙市召开了专项治理自查情况交流会。11 月，下发了《关于深入推进房地产开发领域违规变更规划调整容积率问题专项治理的通知》，组织各地开展专项治理"回头看"，重点对自查自纠不深不细、整改不到位、案件查处不力等问题进行认真复查整改。

两部专项治理工作领导小组办公室制定了《关于举报件和案件线索管理暂行办法》，截至 2009 年底，已经梳理了四批 124 件案件线索，并先后组织了多个联合检查组对群众举报反映的多个地方的项目问题进行了初核，发现了一些违法违规并提出了处理意见。各地按照《通知》要求，从 5 月起开始组织自查自纠，对 2007 年 1 月 1 日至 2009 年 3 月 31 日期间领取规划许可的房地产开发项目进行梳理排查，并及时依法处理。各地自查自纠阶段工作基本结束。截至 2009 年 12 月 31 日，除西藏外，全国 30 个省（区、市）共自查房地产项目 73139 个（用地面积 447557 公顷），其中存在变更规划、调整容积率项目 8235 个，占自查项目总数的 11.26%；发现违规变更规划、调整容积率项目 1988 个（用地面积 5474 公顷），占自查项目总数的 2.72%，占变更规划、调整容积率项目数的 24.14%；通过自查自纠共补交土地出让金等 124.06 亿元，罚款 6.51 亿元，撤销规划许可 57 项。第二阶段，重点对 2009 年 4 月 1 日至 12 月 31 日领取规划许可的房地产项目进行清理检查。

【积极推进城市总体规划的审查报批工作】 根据《城乡规划法》的规定，国务院以国办函〔2009〕76 号确定 106 个城市的总体规划由国务院审批。2009 年 8 月，住房和城乡建设部下发了《关于落实〈国务院办公厅关于印发由国务院审批城市总体规划城市名单的通知〉有关工作的通知》（建规函〔2009〕200 号），要求城市人民政府加强对城市总体规划编制工作的领导和组织，以科学发展观为指导，坚持"政府组织、专家领衔、部门合作、公众参与、科学决策"的工作模式，提高城市总体规划编制的科学性。2009 年初开始，住房和城乡建设部先后组织专家对南京、贵阳、吉林等市的城市总体规划纲要进行了审查，将郑州、荆州、南宁、昆明、邯郸、唐山、保定、安阳、包头等市的城市总体规划送国家发展改革委等城市总体规划部际联席会议成员单位征求意见，召开了2次部际联席会议审议了武汉、深圳、湘潭、淮南等市的城市总体规划，将无锡、辽阳、拉萨市城市总体规划上报国务院并已经批准实施。

【推进《城乡规划法》配套法规体系建设】 开展《城乡规划法》配套法规体系建设，完成《城乡规划法规梳理研究》，确定了近期法规体系建设目标。送审了《违反城乡规划行为处分办法（送审稿）》、《省域城镇体系规划编制审批办法（送审稿）》；起草了《国务院审批的城市总体规划修改工作规则（初稿）》、《城乡规划编制单位资质管理规定（初稿）》等。同时还开展"城乡规划许可的重点内容研究"等课题研究，为下一步立法工作奠定基础。

【加强城市规划编制方法的基础研究】 为进一步改进和规范城市总体规划的编制工作，突出市域城乡统筹、综合交通体系规划、生态环境保护、历史文化遗产保护、基础设施和公共服务设施等民生工程的建设，为各地城市总体规划的编制工作提供更全面、深入、具体的指导，住房和城乡建设部规划司委托有关单位开展了《城市总体规划编制细则》总报告和现行城市总体规划总结评估、市域城乡统筹规划、历史文化遗产保护规划编制细则、市政工程和生态环境保护规划、综合交通体系规划5项专题研究工作。至2009年底，课题研究工作已全部完成。

为加强对控制性详细规划制定和实施管理工作的指导，住房和城乡建设规划司委托有关单位开展了《控制性详细规划编制和管理办法研究》课题研究工作，全面总结各地控制性详细规划编制和管理工作经验，为住房和城乡建设部研究制定符合《城乡规划法》要求和我国城市规划管理实际的控制性详细规划编制审批办法，提供工作基础。至2009年底，课题研究工作已全部完成。

【建立城市总体规划实施评估制度】 建立城市总体规划实施定期评估制度，制定下发《关于印发〈城市总体规划实施评估办法（试行）〉的通知》（建规〔2009〕59号）。要求各地定期对现行城市总体规划实施情况进行评估，督促城市人民政府落实城市总体规划，保证总体规划确定的各项强制性内容和城市长期发展目标的有效落实，及时制止违反规划的建设行为。同时定期检讨总体规划实施的效果，及时掌握城市发展变化的趋势，发现因发展条件变化导致的城市总体规划实施的偏差，合理调整规划实施的时序和步骤，适时修改完善城市总体规划。

【抓紧城市规划标准规范体系和具体标准的制定和修订】 城乡规划技术标准体系既是编制城乡规划的基础依据，也是依法规范城乡规划编制单位行为，加强政府和社会公众对规划制定和实施进行监督检查的重要依据。随着《城乡规划法》的贯彻实施，城乡规划标准体系的地位日益重要，必须采取切实有效的措施保证城乡规划标准体系制定工作高质量、高效率地推进。2009年，住房和城乡建设部抓紧修订《城乡规划技术标准体系》，并积极推进《城市用地分类和规划建设用地标准》等标准的制定和修订工作。

【启动历史文化名城名镇名村保护配套规章和技术规定的编制】 为了更好地执行《历史文化名城名镇名村保护条例》的有关要求，住房和城乡建设部规划司委托有关单位进行了《历史文化街区保护实施办法》、《历史文化名镇名村保护管理办法》和《历史文化名城名镇名村保护专家委员会工作规章》的拟定工作，通过建章立制使名城名镇名村的保护工作有序开展。

委托有关设计研究单位开展了《历史文化名镇名村保护规划编制办法》、《国家历史文化名城保护评估标准（试行）》、《历史文化名城保护规划编制办法》、《历史文化名城"十一五"规划总结及"十二五"规划编制》和《历史文化名镇名村"十一五"规划总结及"十二五"规划编制》等课题的研究。

【指导地方做好历史文化名城名镇名村申报工作】 2009年共有13个城市（县）向国务院提出了国家历史文化名城的申请。提出申请的市（县）有四川省会理县、江西省瑞金市、新疆维吾尔自治区伊宁市和库车县、山西省太原市、安徽省桐城市、江苏省宜兴市和泰州市、浙江省嘉兴市、山东省蓬莱市、广西壮族自治区北海市、广东省中山市、河北省蔚县。住房和城乡建设部规划司对于申报的城市（县）提出了进一步发掘历史文化价值和摸清历史文化遗存保存状况、完善相关保护规划编制等要求，并会同国家文物局组织专家赴四川会理县和江西瑞金市考察了历史文化名城申报工作，针对申报工作中存在的问题，提出了进一步的工作要求。

会同国家文物局下发了《关于组织申报第五批中国历史文化名镇名村的通知》。对申报的基本条件及工作程序、上报材料和上报时间等提出了明确要求。通过申报工作的启动，带动了地方历史文化资源的普查以及镇村保护规划的编制工作。

【利用国家专项资金补助历史文化名城名镇名村保护工作】 2009年中央预算内投资5844万元，补助了23个国家历史文化名城中历史文化街区的基础设施改造和环境整治；中央预算内投资4156万元，补助了20个中国历史文化名镇名村的基础设施改造和环境整治。

2009年财政部印发了《国家级风景名胜区和历史文化名城保护补助资金使用管理办法》，规范了历史文化名城补助资金的申报程序和使用要求。经过专家对申报项目进行评审，2009年的700万元专项资金，补助了13个历史文化名城保护规划的编制和部分历史建筑的维修。

【进一步督促地方做好名城保护工作】 就南京天津两市名城保护工作中存在的问题，会同国家文物局组织专家进行了现场调查，提出了改进的工作建议。通过调查指导，提高了地方对名城保护工作重要性的认识，完善了相关的保护规划。

【加强城镇化和区域性城镇体系规划研究】 一是加强城镇化战略的研究。针对国际金融危机形势下，出现东南沿海农民工大量返乡、经济内需拉动不足等情况，组织完成了《金融危机下我国城镇化发展面临的形势、任务和对策》研究。按照部里提出编制"城镇化推进三年规划"的任务要求，完成了《当前我国城镇化的若干问题和对策建议》报告，根据中央"三保一促"的新形势、新要求，进一步研究我国城镇化的发展趋势和当前的重点任务，提出了今后三年推动城镇化健康发展的具体措施。完成了中财办"十二五"城镇化课题研究任务，从我部职能出发，提出引导城镇化健康发展的对策建议。二是加强区域性城镇体系规划研究和宣传，整理完成了《全国城镇体系规划研究》、《京津冀城镇群规划研究》书稿，拟印刷出版。

【继续推进省域城镇体系规划工作】 一是继续做好省域城镇体系规划的审查工作。将广西、湖南城镇体系规划审查意见上报国务院，研究同意即将到期的福建、山东省修改城镇体系规划。二是为加强空间开发管制，推动省域城镇体系规划实施，完成了《区域空间开发管制研究》课题研究。

【推进生态城市建设等相关工作】 一是组织召开了中国和新加坡政府合作的中新天津生态城的多次会议。6月3日，住房和城乡建设部与新加坡国家发展部共同召开了中新天津生态城联合工作委员会第四次会议，审核了生态城城市设计方案。8月24日，由王岐山副总理和新加坡黄根成副总理联合主持，在新加坡召开了中新天津生态城联合协调理事会第二次会议。会议认为，一年来，在中新双方共同努力下，中新天津生态城项目建设加快推进并取得积极进展，生态城起步区全面开发建设的条件基本具备。在国际金融危机爆发、中新两国经济受到冲击的严峻形势下，生态城建设能在短时间取得这样的成绩，值得肯定。二是牵头各部委研究对中新天津生态城给予国家有关政策支持事宜。三是推进其他生态城市建设，将合肥市滨湖新区作为城市生态建设示范区。

【组织编写中组部组织干部培训教材《城乡规划与管理案例选编》】 根据中组部组织第三批干部学习培训教材《以科学发展为主题的系列案例选编》编写工作安排，组织开展《城乡规划与管理案例选编》编写工作。经过搜集案例线索、案例试写阶段、案例初稿编写阶段、案例统稿阶段、案例审议阶段等阶段。全书共23万余字，分别从城乡规划促经济社会整体发展、促进资源节约和环境保护、维护社会稳定和改善民生、保护文化和传统、促进城乡统筹和区域协调、优化基础设施保障城市安全六个方面编辑筛选整理出规划案例38个。2009年12月，书稿报中组部专家审查，并取得普遍好评。

【协调灾后恢复重建工作】 住房和城乡建设部规划司作为汶川地震灾后恢复重建协调工作住房城乡建设部联络员单位，积极协调部内各司局关于灾后恢复重建工作，组织召开北川新县城规划建设推进会，多次组织赴灾区进行调研。定期编辑印发《住房和城乡建设部汶川地震灾后恢复重建工作情况简报》，加强援建省和受援省的沟通，加强受灾地区相互之间的沟通交流，加强部门之间的沟通、配合，共同应对解决重建中出现的问题。

【配合相关部门，完成对土地利用总体规划、开发区升级等的审核工作】 住房和城乡建设部规划司配合国土资源部参与土地利用规划审查工作，完成了对北京、天津、重庆、杭州、武汉等市及内蒙古、四川等省（自治区）土地利用总体规划的审核意见。完成了近40个省级经济技术开发区升级为国家级经济技术开发区及6个综合保税区和保税港区设立的审核工作。

【配合国家发改委等做好相关区域性规划编制和政策制定】 配合国家发改委，赴黄河三角洲高效生态经济区、皖江城市带承接产业转移示范区、鄱阳湖生态经济区、广西壮族自治区和河南中原城市群等地方进行调研，参与规划制定和文件起草等工作。积极参与全国主体功能区规划编制的有关工作。

【举办"中国历史文化名镇保护与发展论坛"】 作为上海世博会的分论坛之一,2009年6月,在上海枫泾举办了"中国历史文化名镇保护与发展论坛"。宣传了历史文化名镇名村保护重要性和正确的保护方法,交流了各地历史文化名镇名村保护工作的经验,对此后的保护工作进行了部署,并通过《上海枫泾共识》。

(住房和城乡建设部城乡规划司)

六、城市建设与市政公用事业

【市政公用设施水平显著提高】 截至2009年底,全国用水普及率达96.13%,设市城市污水处理厂1214座,日处理能力9052.2万立方米,污水处理率达75.25%;城市用气人口3.44亿人,用气普及率达91.42%,人工煤气供应总量达到361.6亿立方米,天然气供应总量达到405.1亿立方米,液化石油气供气总量达到1340万吨;全国集中供热面积约38亿平方米;全国城市生活垃圾处理无害化处理设施已达567座,生活垃圾无害化处理量为11220.26万吨,无害化处理率达到71.3%;全国城市道路总长度为26.95万公里,道路面积48.39亿平方米,人均城市道路面积12.84平方米。至2009年底,已有10个城市拥有33条城市轨道交通运营路线,运营里程达837公里;全国城市建成区绿地面积133.8万公顷,城市公园绿地面积40.2万公顷,城市公园数量达到9050个,人均公园绿地面积10.66平方米,建成区绿地率34.13%,建成区绿化覆盖率38.22%。市政公用基础设施的快速发展有力地保障了人民群众生活需要和经济社会发展。

【城镇供热计量改革工作积极开展】 2009年10月在河北省唐山市召开北方采暖地区供热计量改革工作会议,住房和城乡建设部领导出席并作重要讲话,对推进供热计量改革工作做出全面部署和具体要求。联合有关部门发布了《供热计量技术规程》。

【城镇供水安全保障和节水工作力度进一步加大】 为规划和解决城市供水安全问题,准确掌握城市供水的水质状况,对全国设市城市和部分县城的4000多个水厂的源水水质、出厂水水质进行了普查,研究编制了《全国城市供水设施改造规划》;针对水质污染突发事件频发的情况,研究出台《城市供水系统应急净水技术指导手册》,完善应急净水技术措施,提出应对100余种污染物的应急净水技术方案;研究建立城市供水水质信息系统,采取跨区域、交叉互监的方式,加强全国重点城市水质督察和监管工作。

大力推进节水型城市建设,表彰了厦门等11个第四批国家节水型城市,组织开展了对天津等8个第二批"节水型城市"的复查工作;组织开展了以"加强节水减排,促进科学发展"为主题的"全国节约用水宣传周"活动,在部网站开辟了"全国城市节约用水宣传周"专栏。

【污水处理设施建设和运行的监管不断完善】 进一步完善"全国城镇污水处理信息系统",同时加强现场的督促检查,充分发挥"全国城镇污水处理信息系统"的监管作用,按季度发布了全国城镇污水处理设施建设与运行情况通报,落实信息月报、季度通报和整改督察制度;强化污水处理设施建设和运行的指导和监管,研究制定了《城镇污水处理工作考核暂行办法》,借助"全国城镇污水处理管理信息系统",建立了对污水处理设施建设、运行、管理的"量质结合"考核体系;配合国家发展改革委和财政部,与国家发展改革委、财政部等有关部门密切协作,利用"全国城镇污水处理管理信息系统",准确掌握在建城镇污水处理厂相关情况,为中央财政预算、"以奖代补"等资金使用提供参考依据。

【城市垃圾处理信息管理建设得到强化】 深入研究生活垃圾处理问题。与国家发展改革委共同完成了《国家发展改革委、住房和城乡建设部关于城市生活垃圾焚烧处理情况及对策措施建议的报告》;组织相关专家,分析研究国内城市生活垃圾处理的现状和存在的问题,完成《关于我国城市生活垃圾处理现状及对策的报告》。组织编写《生活垃圾处理技术指南》和《关于进一步加强城市生活垃圾处理设施建设和运营管理的意见》。组织有关专家复核审查了900多个中央投资垃圾备选项目。在全国试运行《全国城镇生活垃圾处理管理信息系统》,组织"全国城镇生活垃圾处理管理信息系统"培训,完善上报指标体系。印发《全国城镇生活垃圾处理信息报告、核查和评估办法》和《关于做好城镇生活垃圾处理信息报送工作的通知》。开展生活垃圾处理设施等级评定工作，对23个省（市、自治区）2006年后新建和未达标的156座生活垃圾填埋场进行了无害化等级评定和复核工作，印发《关于全国第二次生活垃圾填埋场无害化等级评定情况的通报》。扩大对外交往，参加甲烷国际市场化会议等国际会议，与世界固体废弃物协会（ISWA）等国际组织保持联系建立沟通机制，学习国外环卫行业发展的动向和先进管理经验。

【数字化城市管理试点工作有序开展】 印发《数字化城市管理模式建设导则》（试行）。不断加强对试点城市的组织、协调、宣传和监督指导力度，完成太原、张家港等9个试点城市的方案评审和系统验收工作。组织编制并颁布实施了《城市市政综合监管信息系统监管案件立案、处置与结案》。

【城市轨道交通快速发展】 我国城市轨道交通建设已进入快速发展时期，2009年，共完成广州、福州、昆明、大连、东莞、南昌、成都、合肥、青岛9个城市轨道交通建设规划的技术审查工作。组织起草了《城市轨道交通规划和建设管理办法》，进一步规范城市轨道交通的规划和建设工作。

【优先发展城市公共交通战略进一步落实】 举办"2009年中国城市无车日"活动，推动城市交通领域"节能减排"工作深入开展，活动得到了114个承诺城市的大力响应。联合公安部开展"畅通工程"和创建"平安畅通县区"活动，对南宁、贵阳、包头、湖州、烟台、荣成、鞍山、昆明、扬州9个城市道路交通管理等级复评情况予以通报，取消了贵阳、宜春两市的"模范管理水平"称号。2009年5月，对北京、天津、河北、山西、内蒙古五个省（区、市）的23个县区创建平安畅通县区情况进行了检查，与公安部等6部门联合下发《关于2008年度部级平安畅通县区创建评价结果的通报》，共有143个县区达到2008年度部级平安畅通县区创建标准。启动澳门轻轨项目技术援助前期工作。

【城镇人居生态环境进一步改善】 成功举办第二届中国人居环境高层论坛和新中国成立60周年成就展城乡建设专题展区展览，宣传推广交流在人居环境建设领域的做法和经验。以国家园林城市、县城、城镇创建活动为抓手，以改善人居环境、服务广大群众为出发点，积极推进节约型、生态型和功能完善型园林绿化建设。推进园林绿化达标评价管理制度建设，组织编制国家标准《城市园林绿化评价标准》和《公园设计规范》，印发了《城市园林绿化企业一级资质申报管理工作规程》。2009年对206家升级企业和21家就位整改企业的申报材料组织了审查，共核准城市园林绿化一级企业177家。成功举办第七届中国（济南）国际园林花卉博览会，研究出台了促进园博会可持续发展的《中国国际园林博览会管理办法》，评审确定了第八届、第九届园博会承办城市。命名了7个国家城市湿地公园和10个国家重点公园。有1个获得了中国人居环境奖，有34个项目获得了中国人居环境范例奖，城乡生态环境得到有效改善。

【加强了风景名胜区规划建设管理】 科学编制依法实施风景名胜区规划，严格监督风景名胜区的各项建设活动。2009年各地完成近60处风景名胜区总体规划编制工作，其中20多处上报国务院审批，有10处已经批准实施。组织审批一批风景名胜区详细规划。完成有关省上报的20多处涉及国家级风景名胜区的铁路、公路、索道等重大建设项目选址进行审查，有效规范了风景名胜区建设项目的管理。

【完善风景名胜区监管信息系统】 建立运行国家级风景名胜区监管信息管理平台，完善国家级风景名胜区监管信息数据库。继续推进了数字化景区试点建设工作。印发《关于做好国家级风景名胜区规划实施和资源保护状况年度报告工作的通知》，要求各国家级风景名胜区建立执行年度规划实施和资源保护状况报告制度。完成对4处国家级风景名胜区遥感监测核查工作，另对16处风景名胜区遥感图斑进行了前期核查。组织专家考核组对全国24个数字化景区建设试点单位进行了阶段性考核。通过加强监管信息工作，依托现代科技，不断提高保护监管和管理服务的工作水平。

【进一步加强风景名胜区遗产地保护工作】 加强了世界自然遗产、自然与文化双遗产的申报管理工作。五台山风景名胜区被联合国教科文组织以"世界文化景观"列入世界遗产名录。"中国丹霞"申报世界自然遗产工作稳步推进，已于2009年通过联合国教科文组织专家现场评估，做好国家级风景名胜区、国家遗产预备名录的申报管理工作。国务院审定发布了第七批国家级风景名胜区名单。住房城乡建设部公布了第二批22处国家自然遗产、自然与文化双遗产预备名录。

【加强风景名胜区执法监督检查】 按照《风景名胜区条例》规定，加大了资源保护的监管力度，严肃查处各类违法违规行为。组织力量对苏州"交通一号线车辆段"选址占用太湖风景名胜区用地、北武当山风景名胜区出让门票经营权、杭州吴山博物馆违规建设等行为依法进行了查处，对违法违规行为进行纠正。通过严格执法，加强监管，确保风景名胜区资源环境的完好无损，保障风景名胜区各项工作的顺利推进。

【法规制度建设进一步加强】 完成《城镇排水与污水处理条例（送审稿）》，起草《节水条例》；组织编制了《燃气管理条例》《城镇污水处理厂污泥处理技术规程》、《城镇供水设施改造技术指南》、《城市公园绿地管理办法》、《城市停车设施规划建设及管理指导意见》、《城市轨道交通规划和建设管理办法》；研究修订了《城市照明管理办法》《排入城镇公共下水道水质标准》、《城市绿化条例》、《城市园林绿化企业资质标准》。组织召开供水、供气、供热、污水处理、垃圾处理和东部、中部市政公用事业改革座谈会，研究起草了相关行业改革报告。

（住房和城乡建设部城市建设司）

七、村 镇 建 设

【综述】 2009年村镇建设行业按照党中央、国务院的总体部署，深入贯彻落实科学发展观，深入贯彻落实党的十七届三中全会决定和2009年中央1号文件精神，牢固树立和落实科学发展观，推动了生态文明背景下的城乡统筹协调发展，重点开展了扩大农村危房改造试点，推动了乡镇村庄建设规划工作，加大了对小城镇和村庄建设的指导，加强了村镇建设法规、部门规章和技术标准等制度建设，促进了城乡经济社会发展一体化新格局的形成。

【政策支持 推进扩大农村危房改造试点】 为解决农村困难群众居住安全问题，党的十七届三中全会提出要"加快农村危房改造"，《中共中央 国务院转发〈国家发展和改革委员会关于当前进一步扩大内需促进经济增长的十项措施〉的通知》（中发[2008]18号）进一步提出"扩大农村危房改造试点"，在2008年中央补助贵州省2亿元启动农村危房改造试点工作的基础上，2009年中央安排40亿元资金（含中央投资15亿元）开展扩大农村危房改造试点。住房城乡建设部会同国家发展改革委、财政部制定了《关于2009年扩大农村危房改造试点的指导意见》（建村[2009]84号），配合财政部、国家发改委出台了《财政部 国家发展改革委 住房城乡建设部关于下达2009年扩大农村危房改造试点补助资金的通知》（财社[2009]41、42号）。经过一年的工作，已基本形成了部门协作、住房城乡建设部主导农村危房改造工作机制，为今后农村危房改造及解决农村困难群众住房安全问题奠定了基础。

【扩大农村危房改造试点情况】 2009年扩大农村危房改造试点任务是支持陆地边境县、西部地区民族自治地方的县、国家扶贫开发工作重点县、贵州省全部县和新疆生产建设兵团边境一线团场79.4万农村贫困户完成危房改造，其中东北、西北和华北三北地区试点范围内1.5万农户结合农村危房改造开展建筑节能示范。试点补助对象重点是居住在危房中的分散供养五保户、低保户和其他农村贫困农户。危房是指依据《农村危险房屋鉴定技术导则（试行）》鉴定属于整栋危房（D级）或局部危险（C级）的房屋。补助对象和补助标准的审核与审批严格遵循公开、公平、公正原则，执行农户自愿申请、村民会议或村民代表会议民主评议、乡（镇）审核、县级审批的程序并每个环节进行公示。中央补助标准为每户平均5000元，在此基础上对东北、西北和华北等三北地区试点范围内农村危房改造建筑节能示范户每户再增加2000元补助。各地在确保完成危房改造任务的前提下，结合翻建新建、修缮加固等不同情况自行确定不同地区、不同类型的分类补助标准。农村危房改造以解决贫困农户最基本安全住房为目标，从严控制建筑面积和总造价，原则上C级危房以修缮加固为主，D级危房拆除重建。危房改造以农户自建为主。改造资金大部分由政府补贴的特困户，翻建、新建住房建筑面积原则上控制在40平方米以下，其他贫困户建房面积控制在60平方米以下。根据家庭人口规模，建房面积可适当调整。农房设计与建设应符合农民生产生活习惯、体现民族和地方建筑风格、传承和改进传统建造工法，推进农房建设技术进步。截至2009年底，扩大农村危房改造试点中央补助资金已全部下达到县，地方各级配套资金比例为126.4%，其中省级配套60.0%；

已开工73.6万户、开工率92.7%，竣工66万户、竣工率83.2%；建筑节能示范已开工12712户，开工率84.7%；竣工12165户，竣工率81.1%。

【全国农村危房改造农户档案管理信息系统建设】 为加强对扩大农村危房改造试点管理，及时掌握试点工作情况，住房城乡建设部建成并正式运行全国农村危房改造农户档案管理信息系统，实现及时把握情况，有效监督政策落实。7月印发了《关于建设全国扩大农村危房改造试点农户档案管理信息系统的通知》（建村函〔2009〕168号），11月印发了《农村危房改造农户档案管理信息系统运行管理规定》（建办村函〔2009〕959号），要求各地将享受中央和地方各级政府补助的农村危房改造农户档案将全部录入系统，实现中央和地方各级以信息化的方式直接、快捷监管到户。截至2009年底，20个省份开始了农户档案录入工作，共录入69.2万农户档案（享受中央补助农户62万户）。

【结合农村危房改造开展建筑节能示范】 为改善我国严寒和寒冷地区农村住房的保温隔热性能，提高室内舒适性，促进节能技术在农村住房建设中的应用，根据扩大农村危房改造试点指导意见要求，住房城乡建设部门在东北、西北和华北三北地区试点范围内结合农村危房改造开展建筑节能示范。住房城乡建设部制定了建筑节能示范实施意见和相关技术要求，明确建筑节能示范的技术要求；成立农房建筑节能技术指导组和12个专家小组，对三北地区11省（区）和新疆生产建设兵团开展对口技术指导；在黑龙江举办农房建筑节能培训和现场考察。同时，委托中国建筑科学研究院在征集全国农村节能住房建造实例的基础上编印完成《严寒和寒冷地区农房建筑节能实例选编（一）》，编写《严寒和寒冷地区农村住房节能技术导则（试行）辅导教材》初稿。

【扩大农村危房改造试点督促检查工作】 为指导和监督各地切实做好农村危房改造试点工作，2009年5月，住房城乡建设部在京召开全国扩大农村危房改造试点工作会议，部署试点工作和明确试点要求。9月上旬，住房城乡建设部要求各试点省份组织开展自查并提交自查报告。9月下旬，在北京召开扩大农村危房改造试点中期工作会议，通报各地进展情况和自查结果，明确下一步工作要求。10月下旬住房城乡建设部、国家发展改革委、财政部开展扩大农村危房改造试点情况抽查，先后对云南、广西、山西、湖南、河北等省区进行了抽查；对试点工作进展缓慢省区的住房城乡建设部门有关负责同志进行了约谈。12月，在京召开农村危房改造专题座谈会，听取各省工作进展情况汇报，提出下一步试点工作要求，进一步强调农村危房改造要优先帮助住房最危险、经济最贫困农户解决最基本安全住房问题。

【推动农房登记试点】 住房和城乡建设部下发《关于同意将吉林、浙江两省列为集体土地上房屋登记试点省的函》（建村函〔2010〕14号），要求试点省按照中央关于深化农村改革发展的要求，考虑农房登记的特殊性，依法自愿，统一平台，预留接口，抓紧调整完善试点工作方案，积极稳妥地推进试点工作；充分利用现有机构和人员，先各选取2～3个地级市试点，提出较为明晰的登记程序后再全面推开；严格执行国家收费规定，不增加农民负担。

【镇、乡和村庄规划】 住房和城乡建设部贯彻落实《城乡规划法》和十七届三中全会决定，完善镇、乡和村庄规划编制管理制度，督促地方抓紧编制镇、乡和村庄规划，加强县域镇村体系规划编制与实施，强化对农村居民点有序调整与优化的科学引导，注重改进规划编制方法，尊重基层实践，便于农民直接参与，成果直观易懂，全国村镇规划覆盖率逐年稳步提高。至2009年底，有1945个建制镇新编制了规划，全国建制镇规划覆盖率由2008年的84%提高到85%；有1171个乡新编制了规划，全国乡规划覆盖率由2008年的54%提高到58%；有4.2万个行政村新编制了规划，行政村规划覆盖率由2008年的39%提高到46%，有7.3万个自然村新编制了规划，自然村规划覆盖率由2008年的16%提高到18%。

各地普遍加大规划编制力度。北京市全年新编村庄规划1674个，累计编制村庄规划2803个，占全市应编规划村庄的75%以上。山西省全年共编制完成县域村镇体系规划18个，小城镇总体规划65个，村庄规划2000个。黑龙江省组织各县市筹集编制规划资金4397万元，编制完成10个县域村镇体系规划、86个小城镇总体规划及建设规划、1129个村庄建设规划。山东安排4000万元用于县域镇村体系规划、农村住房建设与危房改造规划、整村改造建设村庄详细规划编制。湖北省730个建制镇已全部完成了总体规划的编制工作；207个乡集镇中，有195个编制了乡规划；2.6万个建制村中，有1.5万个建制村编制了村庄规划。广东省安排1400万元省级村庄规划专项资金和300万元城乡规划培训经费。广西区安排1376万元，用于自治区重点镇规划修编以及乡规划编制补助，年内编制完成乡镇规划66个（其中重点镇7个），编制村庄规划2893个。四川省全年完成镇乡规划编制410个，完成村庄规划编制3560个。

【加强规划立法工作，推动村镇规划法制化进程】 住房和城乡建设部村镇建设司制定了《镇、乡、村庄规划编制办法》（征求意见稿）、《乡村建设规划许可制度实施细则》（讨论稿）等部门规章。针对当前村镇规划存在的问题，开展了《村镇规划实施保障体制机制》、《镇乡域规划编制方法》和《农村集体建设用地分类与规划标准研究》等课题研究。地方普遍加快了乡镇村庄规划领域的立法与修订工作。山西省制定了《城乡规划条例》，吉林省制定了《乡、村庄规划编制办法》和《县域镇村体系规划编制审批办法》，福建省起草了《实施〈中华人民共和国城乡规划法〉办法》，湖南省出台了《实施〈中华人民共和国城乡规划法〉办法》，广东省起草了《村庄规划建设管理条例》，新疆区出台了《自治区乡村建设规划许可证管理办法》等。

【推动工程项目带动村镇规划一体化实施试点】 为贯彻落实党的十七届三中全会精神，科学制定乡镇村庄建设规划，推动村镇规划的编制和实施，住房和城乡建设部决定从2009年起开展"工程项目带动村镇规划一体化实施试点"工作。4月下发了《关于开展工程项目带动村镇规划一体化实施试点工作的通知》（建村函［2009］75号），要求每省（区、市）选择2～3个试点村镇（一镇一村或一镇二村），通过规划整合各类工程项目和资金，以工程项目带动村镇规划的实施，探索村庄人居环境治理新机制。9月下发《关于印发工程项目带动村镇规划实施试点名单与报送试点调研材料的通知》（建办村函［2009］764号），确立北京市密云县西田各庄镇等34个镇（乡、团场）和北京市密云县河南寨镇山口庄村等37个村（屯）作为试点。住房和城乡建设部要求试点村镇要编制工程项目表，估算工程投资，明确资金渠道，编制近期建设规划和年度实施计划。规划编制的深度应达到工程项目立项的要求，突出产业发展、村镇内道路、供水、排水、垃圾等基础设施建设与整治以及农房建设等内容。根据当地农村急需解决的实际问题、资金能力、农民诉求等，试点村镇合理确定了工程建设项目的时序，提出项目实施可能的资金来源，包括各级政府的公共财政、银行贷款、社会资金、村级集体经济组织、农民自主投工投劳等，为各有关部门在农村涉农资金的整合提供了平台。

【组织全国优秀村镇规划设计评选】 2009年3月，住房和城乡建设部组织了2007年度全国优秀村镇规划设计评选。为使此次评选更加公平、公正、公开，以及更具权威性，住房和城乡建设部村镇建设司牵头成立了"全国优秀村镇规划设计奖评选专家委员会"，整个评选严格按初审、终审、复议程序，对收到全国24个省、自治区、直辖市及中国城市规划设计研究院192个报送项目总计进行了评审。最后评出2个一等奖（海南省三亚市凤凰镇槟榔、鹅仔村联片新农村规划，江西省宜春市高安市八景镇上保蔡家村新农村建设村庄整治规划与行动计划）、17个二等奖、35个三等奖，获奖率为28%。获奖项目在规划理论和方法上均有一定程度的创新，突出了对当地生态环境的保护，体现了鲜明的农村特色和地域特色。

【加快发展全国重点镇】 小城镇是城乡统筹的重要节点，承担着转移本地农村人口、聚集农村产业和解决当地农民就地城镇化的功能，是推进城乡一体化的重要载体。2009年住房和城乡建设部开展了对全国1887个重点镇的调查，组织召开全国重点镇部分镇长座谈会，广泛听取基层意见，研究支持重点镇发展的政策和措施，对小城镇的规划编制、产业发展、政策等方面进行了研究。

【全国特色景观旅游名镇（村）示范】 为充分挖掘村镇历史文化、风景名胜、民风民俗等资源，加大特色风貌和民族建筑保护力度，促进经济和社会协调发展，住房和城乡建设部会同国家旅游局联合开展了全国特色景观旅游名镇（村）示范工作，成立了"全国特色景观旅游名镇（村）研究中心"和"全国特色景观旅游名镇（村）示范工作"专家委员会，修改完善了《全国特色景观旅游名镇（村）认定标准（试行）》、《全国特色景观旅游名镇（村）认定办法（试行）》。2009年1月，住房和城乡建设部、国家旅游局联合下发了《关于开展全国特色景观旅游名镇（村）示范工作的通知》（建村［2009］3号）。2010年3月，住房和城乡建设部会同国家旅游局印发了《关于公布全国特色景观旅游名镇（村）示范名单（第一批）的通知》（建村［2010］36号），确定了第一批105个"全国特色景观旅游名镇（村）"。

【各地普遍重视小城镇健康发展】 各地在推动小城镇健康发展方面做了大量工作。天津市启动第三批示范镇试点建设，安排专项资金4000万元支持示范小城镇建设。吉林省组织实施"百镇建设工程"，印发了《关于"百镇建设工程"首批建设镇规划工作的指导意见》、《"百镇建设工程"首批建设镇规划编制审批暂行办法》。浙江省开展城乡一体化进程中的小城镇发展问题研究，安排1.2亿元资金建设镇级垃圾污水处理设施建设。安徽省积极帮助中心镇拓宽建设融资渠道，完善多元投资机制，全省212个中心镇建设投入突破190亿元。福建省制定《关于开展小城镇综合改革建设试点的意见》，确定了首批20个试点镇。广东省开展宜居城镇建设，出台《广东省宜居城镇、宜居村庄考核指标（2009~2012)》，确定了10个宜居城镇创建指导点。广西区从2009年开始开展城乡风貌改造工程，到2012年完成县城以上城市出入口、主干道可视范围城中村的"竹筒房"改造。海南省以创建生态镇（乡）为目标，省级安排资金1500万元，市县配套资金5781万元，完成陵水县新村镇等36个乡镇的基础设施和综合环境整治。四川省重点推进灾区35个镇乡的恢复重建，重建市政基础设施项目404个。贵州省安排小城镇基础设施补助资金1673万元，建设项目142个。陕西省级财政每年安排1亿元，支持陕南陕北的100个建制镇基础设施建设，制定《关于加快重点镇建设推进全省县域城镇化的意见》，确定了107个重点镇。宁夏区对24个重点建设的小城镇补助1930万元用于基础设施建设。

【加强村庄整治的技术指导】 为指导从点上的自然村庄整治向联片整治、面上整治、全县整治推进，探索以县域为单位全面推进村庄整治的有效途径，住房和城乡建设部加强了对46个县域村庄整治联系点的村庄整治工作指导，形成有序推进、防偏纠偏、长效维护、经费保障的村庄整治体制机制，加大了对出台的《村庄整治技术规范》的宣传力度，组织编写了《村庄整治技术手册》和《村庄整治技术规范图解手册》，委托相关单位开展了《村庄整治五年回顾》等课题，系统总结村庄整治几年来取得的成就，指导今后的村庄整治工作。到2009年底，全国已有13.6万个村庄开展了村庄整治，农村人居生态环境得到改善。

【各地深入推进村庄整治】 各地村庄整治工作深入推进。北京市启动了"百日整治靓京郊、清洁农村迎国庆"暨郊区环境百日综合整治活动，确定了20个环境优美乡镇、237个生态村。天津市综合创建101个文明生态村，按照60%的比例先期下达市级配套资金6083万元（完成验收后再下达其余40%）。内蒙古制定下发了《关于进一步改善农村牧区人居环境的指导意见》。辽宁省加强对村庄整治技术指导，组织编写了《辽宁省村庄环境整治技术指导手册》、《辽宁省村庄整治技术规程和验收标准》、《辽宁省村庄整治试点成果图集》，具体指导了各地的村庄整治工作。上海市在郊区基本农田保护地区滚动实施以基础设施建设和村容环境改善为主的村庄综合改造，全年共完成改造118个村，全面完成420个集体经济相对困难村村内3900余公里道路、2814座桥梁新改建工程。江苏省分片召开了五次村庄环境整治的现场推进会，分类推进村庄建设整治工作，全面完成201个省级村庄整治试点任务，全省投入资金11.9亿元，实际完成村庄环境整治试点1651个。安徽省确定了20个镇、30个村作为全省第一批农村清洁工程试点，投入资金4000多万元，加强环卫设施建设。福建省推进农村家园清洁行动，下发《关于进一步推动农村家园清洁行动的意见》，组织开展为期5个月的城乡结合部、城中村环境卫生专项整治行动。湖北省确定的"整县整镇实施村庄环境整治试点"的10县、4镇完成村庄整治项目投资4亿元，整治667个村。广东省确定了10个宜居城镇创建指导点和21个宜居村庄创建指导点，推进"万村百镇"整治工程，组织编制《广东省"万村百镇"整治技术指引》。广西区加快推进桂西北少数民族村寨防火改造工程，实施以水改、电改、灶改和寨改的"四改工程"。贵州省在高速公路沿线和世界自然遗产地周边、少数民族地区和农村危房改造集中点选择了355个村（村民组）开展村庄整治，补助整治经费6552.94万元。陕西省级财政拿出2000万元用于补助农村村庄道路建设，安排村镇整治项目补助资金2209万元，编写《陕西省农村村庄基础设施建设导则（试行）》和《陕西省农村住宅建设通用图集》等。

【统筹村镇污水垃圾治理】 住房和城乡建设部组织编制全国村镇污水治理规划和全国村镇垃圾治理规划，明确我国村镇污水和垃圾治理的中长期目标、基本原则、措施和近期的重点任务。在全国选取200个县、200个镇、200个村进行问卷和实地调查，组织开展统计公布村镇垃圾治理全覆盖县（市、区）的工作。组织村镇垃圾收集清运处理技术规程、村镇污水处理技术规程的制定，汇编全国村庄污水处理优秀案例，开展了农村污水处理设施运行现状评估等课题研究。加强小城镇供排水技术国际合作，开展中日小城镇供水技术交流与培训，推动日本JICA小城镇污水处理厂设计运行技术援助项目实施。组织开展亚行关于小城镇垃圾污水处理管理项目。落实"三湖"重点流域农村污水治理专项工作。组织江苏省、安徽省、云南省建设厅编制太湖、巢湖、滇池流域农村污水治理专项规划。组织开展三湖流域农村污水治理经济激励体制和污水处理技术指南研究，提出三湖流域农村污水治理经济激励政策和管理体制机制创新模式，对三湖流域不同地区的农村污水治理提供技术指导。

【各地继续加大村镇生活污水垃圾治理力度】各地为防治农村面源污染，改善村庄人居生态环境，普遍加强了农村垃圾、污水等生活污染的治理力度。江苏省组织编写《农村生活污水处理适用技术指南（2009版）》，完成苏中苏北地区50个村庄生活污水处理试点示范项目建设，加快乡镇生活垃圾收运体系建设，组织苏中苏北地区建设乡镇垃圾转运设施，苏中苏北地区建成100座垃圾中转站，苏南地区进一步完善城乡一体、辐射镇村的城乡垃圾收运体系，制定下发了《2009年农村生活垃圾分类收集处理试点示范工作方案》，因地制宜的选择生活垃圾分类减量化收集处理措施。浙江省出台了《浙江省城镇污水集中处理管理办法》，编印了《浙江省镇级污水处理知识手册》，全省106个镇建成生活污水处理设施，建设完成慈溪、德清、桐庐等一批垃圾无害化处理设施。河南省出台了《关于加强农村生活垃圾收集处理工作的意见》，2009年投资5个亿率先为全省874个建制镇各配建一套生活垃圾收集、压缩、中转和运输系统。重庆市稳步推进镇乡简易治污工作，印发了《关于做好镇乡简易治污工作的通知》，明确了各区县和市级相关部门职责；加快镇乡简易治污试点项目建设。

【抓紧修订《村庄和集镇规划建设管理条例》】《村庄和集镇规划建设管理条例》修订列入了国务院2009年二档立法项目。住房和城乡建设部组织全国力量，成立工作组、专家组和研讨组，加快推进条例修订。工作组组织《条例》修订稿起草，全面负责修订各项工作；专家组负责对《条例》修订重大问题进行把关，提出专家修订意见，参与修订稿起草；研讨组负责对修订稿专项问题进行研究，提出意见。工作组委托相关研究单位分章节对现行条例以及村镇建设的基础法律问题进行专题研究，同时在报纸和网络上公开征求修订建议。修订初稿完成后，工作组小组先后赴佛山、杭州、长春、常德等地开展立法调研，广泛听取地方的意见。2009年11月，在南宁召开座谈会，听取中农办、国务院法制办、农业部、国土部等部门意见。在管理体制上，修订重在构建在"三法"（城乡规划法、建筑法、城市房地产法）基础上的村镇建设法规体系，实现法规体系统一、分层组织实施，统筹协调的村镇规划建设管理体制与机制。在管理职责上，突出弱化管理，强化服务的新思路，加大政府农房建设管理和服务力度，明确政府改善农村人居环境的责任。在管理方式上，引入市场竞争，鼓励社会资金参与村镇公共设施和公益事业建设、运营和维护，确立公共设施和公益事业在村镇建设中的优先时序。

（住房和城乡建设部村镇建设司）

八、工程建设标准定额

【综述】 2009年，工程建设标准定额工作以实践科学发展观为统领，按照围绕中心、服务基层、转变职能的总体要求，以不断提高标准定额的科学性、合理性为主线，以工程建设标准体系、市场形成工程造价、政府投资建设标准制定为重点，突出住房保障、城市轨道交通、建筑节能减排、工程安全和城乡防灾、城乡规划、新农村建设、规范工程计价行为等一系列关系民生的重大问题，组织开展了291项标准的制定、修订，其中国家标准制定修订140项、行业标准82项、产品标准57项、政府投资建设标准20项、课题研究14项。截至11月30日，批准发布工程建设国家标准59项，工程建设城建、建工行业标准39项，政府投资建设标准17项；备案标准396项。

【完善标准体系，突出重点标准的制定修订】完成城乡规划、城镇建设、房屋建筑三项工程建设标准体系征求意见，开展城镇建设、房屋建筑产品标准体系的起草工作。继续开展城镇轨道交通工程和产品、建筑节能标准体系的编制工作。标准体系的研究和建立，进一步解决了标准项目的缺失、交叉及重复问题，有利于加强标准化工作的战略性、规划性。标准体系的逐步完善，起到了指导标准化工作有序开展，加强工作的方向性、主动性和计划性的效果。

住房保障方面：批准发布了《建筑设计术语标准》等，《住房公积金管理基础数据标准》等完成了征求意见稿，启动了《民用建筑工程信报箱设计规范》等一批标准的编制工作。**城市轨道交通方面：**批准发布了全文强制标准《城市轨道交通技术规范》等；完成了《城市轨道交通工程基本术语标准》、《地铁设计规范》等征求意见稿，启动了《城市轨道交通综合监控系统工程设计规范》等一批标准的编制工作。**建筑节能减排方面：**批准发布了《供热计量技术规程》、《公共建筑节能改造技术规程》、《太阳能供热采暖工程技术规范》、《钢铁企业节水设计规范》、《烧结砖瓦工厂节能设计规范》等标准，《民用建筑太阳能光伏系统应用技术规程》等已经报批，《工程施工废弃物再生利用技术规程》等完成了征求意见稿，启动了《民用建筑采暖通风与空气调节设计规范》、《光伏建筑一体化系统运行与维护规范》等一批标准的编制工作。**工程安全和城乡防灾方面：**批准发布了全文强制标准《城镇燃气技术规范》、《建筑抗震鉴定标准》、《建筑抗震加固技术规程》等，《建筑抗震设计规范》、《中小学校建筑设计规范》等完成了征求意见稿，启动了《城镇综合防灾规划标准》、《镇（乡）村抗震防灾规划标准》、《地铁工程施工安全评价标准》等一批标准的编制工作。**城乡规划方面：**批准发布了《城市水系规划规范》等，《城市用地分类与规划建设用地标准》完成了审查工作，《城市停车规划规范》、《城市环境保护规划规范》等完成了征求意见稿。**新农村建设方面：**组织开展《村庄规划标准》、《村镇生活垃圾收集运输技术规程》、《村庄污水处理设施技术规程》等标准的编制工作。

这些标准的编制，解决了工程建设活动中一些专业或环节缺乏标准指导的问题，达到了进一步完善工程建设标准体系，扩大标准覆盖面，引导和规范工程建设活动，增强标准对住房和城乡建设、工程建设服务能力的效果。

【**加强工程造价基础制度建设，进一步完善工程计价依据的编制工作**】 为建立工程造价确定与控制的约束机制提供了依据，承担了《建筑市场管理条例》中有关工程造价内容的条款起草工作；同时启动了《建筑工程施工发包与承包计价管理办法》（第107号部令）的修订工作。这两项工作均已完成初稿，取得了阶段性初步成果。起草工作重点是确立工程计价依据在政府投资工程中的法律地位，并建立工程量清单计价制度，招投标控制价制度，工程结算审查制度，工程经济纠纷调解和造价工程师和工程造价咨询企业的责任等项制度，有利于规范计价行为，对维护建筑市场秩序发挥重要作用。

为了进一步推行工程量清单计价，规范计价行为，2009年启动了国家标准《建设工程工程量清单计价规范》的修订工作，已完成征求意见稿，在全国各有关单位征求意见。为满足我国城市轨道建设的需要，结合各级工程造价计价定额管理分工，初步建立了符合城市轨道工程建设需要并满足市场要求的城市轨道工程计价体系；启动了城市轨道工程概算定额及工程费用编制规则的编制工作。

【**加快政府投资工程基础制度和依据建设，着力推进建设标准和方法参数的编制**】 围绕国家经济建设和社会发展及投资体制改革的需要，进一步完善为政府投资提供科学决策的基础制度和依据，规范政府投资项目的建设规模、项目构成、选址规划、建筑面积指标、建筑标准等，按照国家保增长、扩内需的要求，完成了疾病预防控制中心、救灾物资储备库、中短波发射台等公共服务设施建设标准；森林防火物资储备库、森林火情瞭望监测台、城市给水工程、生活垃圾转运站、生活垃圾卫生填埋工程、烟花爆竹批发仓库等基础设施建设标准；石油储备库、植物油库、输油和输气管道等资源能源设施建设标准；公安监管场所特殊监区、劳动教养管理所等政权建设的建设标准，共计15项建设标准。批准发布了煤炭建设项目经济评价方法。这些建设标准的发布实施解决了该类政府投资项目缺少统一的技术经济制度和指标的问题，促进了政府投资科学化和规范化管理，在保障政府投资建设达到最佳秩序、获得最佳效益，实现精细化管理、提高投资效益和政府行政能力等方面发挥了重要作用。

为贯彻落实中央政法委关于深化司法体制改革的意见，结合我国政法基础设施建设的实际情况，住房和城乡建设部会同国家发展和改革委员会下达了《关于抓紧开展政法基础设施建设标准编制和修订工作的通知》，组织最高人民法院、最高检察院、公安部、国家安全部等单位开展了人民法院法庭、检察院办案用房、公安机关业务技术用房、监狱等政法基础设施建设标准的编制和修订工作。通过建立和完善政法基础设施科学的建设标准体系，解决司法体制改革过程中政法基础设施不规范、不系统、超规模建设的问题，为加强政法基础设施建设投资建立科学的制度和依据。

进一步加强了建筑装修的研究，围绕社会反映大的某些党政机关办公楼贪大求洋、豪华装修等热点问题，专门组织开展了办公楼建设装修的专题调查研究工作，加快了《党政机关办公楼建设标准》编制工作，为中央从严控制楼堂馆所建设，加强办公楼装修管理等提供经济技术依据，满足办公楼投资决策的需要。

根据保障性住房的工作需要，加快了《保障性住房建设标准》编制工作，专门调查研究，提出报批稿，准备完成了提请住房和城乡建设部常务会审议的材料。

【强化标准项目管理的动态跟踪，建立工程造价信息发布和工程建设标准系统工作平台】 为发挥政府宏观决策和社会公共服务提供信息支撑，住房和城乡建设部标准定额司按照统一规划分步实施的部署，2009年5月建立了中国建设工程造价信息平台，并组织完成了近期工程造价信息建设工作方案，进一步完善了建筑人工成本信息发布标准及电子申报系统，并完成了2009年4个季度的建筑人工成本信息发布；启动并发布了上半年住宅工程造价指标的信息；2009年底陆续启动城市轨道工程造价信息发布工作。该项工作进一步推动了工程造价信息化建设，落实了住房和城乡建设部新的"三定"方案中负责组织工程造价信息发布的工作职责，发挥了各级工程造价管理机构公共服务的作用。

【落实造价管理行业工作经费，加强行业和队伍的管理】 根据财政部、国家发展改革委关于自2009年1月起取消和停止征收100项（包括定额测定费）行政事业性收费项目的通知要求，鉴于定额测定费是省（行业）级以下工程造价管理机构的主要工作经费来源，年初，各地各行业造价（定额）站在落实同级财政予以全额拨付工作经费中遇到了突出问题：一是定额站承担行政管理职能的法律法规依据不足；二是行业定额站没有同级财政来源。为了确保工程造价管理机构队伍稳定，指导各地、各行业落实财政拨付经费，对各地取消定额测定费后的有关情况进行了调查，利用定额站长会议进行了专题研究，完成了报部领导的专题报告，并印发了部文《关于进一步加强工程造价（定额）管理工作的通知》（建标〔2009〕14号），对各地落实工程造价（定额）工作经费起到了重要的指导作用；同时，组织召开了部分行业定额站站长座谈会，会后近20个行业归口部门（或行业协会）联合起草了请求财政部落实行业定额工作经费的报告。据了解，经过努力，全国省级和1/3地市级工程造价管理机构的经费基本落实；另外1/3的地市级机构经费在落实中，其余地市由于当地财政困难，尚需进一步落实。此外，行业定额站的工作经费尚需财政部协助解决。

在确保机构、人员稳定的基础上，组织完成了乙级工程造价咨询企业晋升甲级资质工作，共批准了148家企业资质升级。分三批组织并完成了2009年度造价工程师的初始注册工作。共有5100人进行了造价工程师初始注册。并办理了2000人次造价工程师注册证书变更手续。为了加强工程造价咨询服务的监管工作，加大对违法违规企业和个人的清除力度，组织制定了《工程造价咨询监管实施办法》，经广泛征求意见，现已完成了送审稿。组织建立了工程造价咨询信用档案信息管理系统，已起草了《工程造价咨询企业及专业人员信用档案信息管理办法》（初稿），并已完成了系统的初步设计，该系统经审查优化后，于2009年底前完成试运行。

【加强重点标准宣传贯彻和培训工作，开展标准定额的实施监督试点工作】 开展了标准实施监督检查。与住房和城乡建设部稽查办公室一起开展了浙江、黑龙江工程建设标准实施情况的检查试点工作，了解地方开展标准实施和监督检查的有关情况，为此后统筹开展标准实施监督奠定了基础。

开展国家标准《建设工程劳动定额》、《城镇燃气技术规范》、《建筑抗震鉴定标准》等重点标准规范的宣贯，参加培训的有关管理部门的人员1000多人。同时委托中国建筑业协会举办了工程建设强制性标准培训班，培训有关人员700余人。

为建立工程建设标准实施监督系统，开展了多次的调研和汇报，组织完成了工程建设标准实施监督研究课题，并经过了有关专家的验收。确定了在深圳、辽宁、上海等地进行试点的工作思路，并做了有关前期准备工作。

参加《建筑工程施工现场专业人员职业标准》等6项国家和行业标准的编制和审查工作，对有关标准实施中的问题进行了解释和答复。

参与了工程建设标准化条例的起草工作。2009年受理了两项"三新"项目，在国家清理行政许可项目工作中，保留了"三新"许可项目。

【全面落实100个创建城市目标，积极营造良好无障碍建设氛围】 为确保"十一五"无障碍建设总体目标的实现，全面推动100个创建全国无障碍建设城市开展无障碍建设和改造工作，组织国务院有关部门分6组开展无障碍建设中期检查，摸清情况、掌握底数，针对中期检查的问题，专门分别在青岛市、武汉市举办了两期全国无障碍建设培训，进一步探索建立我国无障碍建设的政府主导，全社会广泛参与的工作机制，进一步加强对创建全国无障碍建设城市的指导，全面提升我国无障碍建设水平及基层人员素质。组织制作无障碍建设公益广告，进一步加强无障碍建设理念的宣传，营造全社会关心支持无障碍建设的良好氛围。

为建立无障碍建设技术文件体系，组织有关专家学者编写出版了《无障碍建设指南》，受到广大技术人员和无障碍建设的工作者好评，与此同时，组织开展无障碍专门标准规范《无障碍设计规范》、《无障碍施工维护规范》的编制工作，下达给科研单位专门研究国际无障碍建设发展趋势，力争在无障碍软环境、设计理念上取得突破，为进一步发展无障碍建设储备力量、提供技术保障。

【**积极探索适应建设领域特点的认证模式，加大政府采信力度**】 为进一步提高建设领域认证的权威性，确保工程质量安全，在认真分析建设领域体系认证的企业现状的基础上，联合国家认监委研究和探索适应建设领域特殊要求的体系认证，把对质量体系通用要求的监管与行业特殊要求有机结合起来，已基本定稿。联合公告的发布，进一步规范建筑市场认证行为，成为建设领域更加直接、更为有效的管理模式。

为推动政府工程采信机制的建立，在总结现有的5家认证机构、实验室工作经验的基础上，与认监委共同提出实施国家推荐性认证的可能性，促进建设领域政府采信工作进一步发展。为建立和完善认证体系，2009年，提出了成立"中国建筑标准设计研究院认证中心"的申请，建立我国市政公用事业产品认证体系和工作机制，经多次协调、沟通和实地考察，已具备批准条件，待认监委按程序办理。这也为此后国家推行建筑节能减排和城镇供热体制改革等方面要求提供技术平台，进一步提高认证工作的推进力度，保障政府工程质量。

为积极探索适合我国国情的建设工程产品认证模式，明确建设领域认证管理方式，组织了康居认证中心和中国建筑科学研究院认证中心开展了"建设领域认证模式课题研究"，借鉴国际上通行认证模式的科学性、规范性、合理性，加强调查研究，把自愿性认证与强制性认证结合起来，进一步提高认证的权威性，规范行为，提高认证质量。

【**加强标准基础制度能力建设，大力推进工作机制的创新**】 积极推进《工程建设标准化管理条例》的起草制定，在相关部门发文征求各部门、各地意见的基础上，召开了有关部门、部分省市两个座谈会征求意见，走访国标委，进行修改完善。在起草条例过程中，研究讨论了标准化工作的有关制度、机制以及标准体制等问题，对进一步做好标准化管理起到了促进作用。

组织召开2009年度工程建设标准编制工作会议和编制管理工作会议，加强了对标准计划、程序、质量的管理。完成了《工程建设标准编制指南》，对2009年及以前下达计划的在编项目，加强了编制进度和质量管理。对报批项目，加大审核力度，并试点开展了专家审核工作。完成了2006年以前下达的标准制修订计划项目的清理，对未按时完成的在编项目进行了督促，推进标准的编制进展。下达了2001～2004年批准发布标准的复审计划。强化标准编制管理，解决标准编制的质量参差不齐问题，有利于加快标准审核进度；试点开展专家审核，有利于解决标准技术问题之间的交叉矛盾。

积极研究构建工程建设标准化工作技术支撑体系的方式，完成了《工程建设标准强制性条文》（房屋建筑部分）咨询委员会换届的准备工作，启动了《工程建设标准化管理技术支撑体系研究》课题。研究课题的启动，将解决技术支撑体系建立的理论依据和科学性、合理性问题；强制性条文咨询委员会换届准备工作，为下一步成立房屋建筑、市政基础设施和城乡规划三个强制性条文咨询委员会奠定了基础。

【**推进标准国际化战略**】 继续组织开展中国工程建设标准的英文版翻译工作，2009年发布14项工程建设标准英文版，启动了工程建设标准的国际化战略课题研究工作。该工作为实施"走出去"战略，提升我国工程建设企业的国际竞争力，起到了积极的推动作用。

（住房和城乡建设部标准定额司）

九、建设工程质量安全监管

【**综述**】 2009年是国务院确定的"质量和安全年"。工程质量安全监管行业认真学习实践科学发展观，贯彻落实党中央、国务院的总体部署，在重点抓好以下工作的同时，工程质量安全监管工作整体水平稳步提高。

根据中纪委统一部署，牵头组织工程建设实施和工程质量管理方面突出问题专项治理；

根据国务院安委会总体部署，做好房屋建筑与市政工程施工安全监管工作；

根据国务院办公厅总体部署，配合教育部实施全国中小学校舍安全工程；加强灾区恢复重建工程、城市轨道交通工程和住宅工程质量安全监管；修订完善建筑业技术政策。

【组织开展"质量和安全年"活动，加强工程质量监管工作】 保证建设工程质量，是国家扩内需、保增长政策措施有效实施，投资效益充分发挥，民生利益得以保障的基础。坚持"百年大计、质量第一"的方针，切实加强质量监管，取得积极成效。

修订和完善有关规章制度。为了加强工程质量监督管理，修订并发布了《房屋建筑和市政基础设施工程竣工验收备案管理办法》，完成了部门规章《房屋建筑和市政基础设施工程质量监督管理规定（送审稿）》，启动了《建设工程质量管理条例》以及《建设工程质量检测管理办法》的修订工作，同时着手开展了《建设工程质量法》的论证、起草工作。

【工程建设实施和工程质量管理突出问题专项治理】 认真落实中共中央办公厅、国务院办公厅《工程建设领域突出问题专项治理工作实施方案》和中央专项治理工作领导小组有关要求。针对工程建设项目后监管薄弱、转包和违法分包、建设质量低劣和质量责任不落实等突出问题，起草并以中央专项治理工作领导小组的名义印发了《关于加强工程建设实施和工程质量管理工作的指导意见》，明确了工作措施和自查标准。

【全国建设工程质量监督执法检查】 在各地全面自查的基础上，抽查了全国30个省、自治区、直辖市(除西藏外)的90个城市共180项在建工程，其中住宅工程103项(保障性住房33项)、公共建筑工程55项、市政桥梁工程22项，房屋建筑总面积为537万平方米。在13103项检查内容中，符合、基本符合、不符合项分别为8385、4212、506项，占总检查项的64.0%、32.1%、3.9%。检查共对50个违反工程建设强制性标准和存在质量安全隐患的工程项目下发了《建设工程质量监督执法建议书》。检查活动强化了工程建设各方主体质量责任的落实，推动了有关法律法规的贯彻执行。

【强化住宅工程质量监督管理工作】 随着人民群众对住房质量和居住品质要求的不断提高，进一步将住宅工程质量作为监管重点。按照《关于开展全国在建住宅工程质量检查的紧急通知》的要求，全国各地开展了在建住宅工程质量检查，住房和城乡建设部在全国建设工程质量监督执法检查中对各地自查情况进行了督查，并重点抽查了包括保障性住房在内的在建住宅工程质量。

在广泛试点的基础上，印发了《关于做好住宅工程质量分户验收工作的通知》，积极推进住宅工程质量分户验收制度，进一步规范分户验收的内容、依据、程序和组织实施。总结建设工程质量保险工作推行以来的经验，抓紧研究在房地产开发项目中推行工程质量强制性保险，以充分发挥市场在建设工程质量保证机制中的基础性作用。

【加强质量监督队伍建设工作】 确保监督队伍稳定，确保质量监督工作正常进行，不断提升质量监督水平。指导各地对工程质量监督机构和人员进行考核认定，按照《建设工程质量监督机构和人员考核管理办法》，严格质量监督机构和人员的资格认定，基本完成对全国质量监督人员的考核，实现持证上岗。

【认真处理工程质量投诉】 及时调查处理了一批社会影响较大的工程质量问题，2009年共受理并批转各地工程质量投诉45起，督促有关省市进行了妥善处理。按照李克强副总理的批示要求，调查了杭州市经济适用住房质量问题、江苏省常州市新北区春江镇居民楼晃动问题（"楼晃晃"）、四川省成都市"校园春天"住宅小区两居民楼倾斜相靠问题（"楼歪歪"）。对媒体集中反映的南京市"中兴大楼"附近居民房屋墙体开裂（"楼脆脆"）及北京市海淀区西三旗旗瑞家园等存在的质量问题，及时督促有关省市进行了调查处理，维护了人民群众的切身利益。

【灾区恢复重建工程质量监管指导】 全面贯彻落实党中央、国务院关于灾后恢复重建的方针政策和工作部署，多方面加强对灾区恢复重建工程质量监管的指导和支持。组织召开了地震灾区恢复重建工程质量管理经验现场交流会，明确要求在加大恢复重建力度的同时，一定要确保工程质量。

为解决灾区工程质量检测设备和技术人员严重不足、技术水平落后的困难，积极支持国家建筑工程质量监督检验中心等单位在灾区成立灾后重建实验室。开展了灾后重建工程质量检测技术培训班，提高一线检测人员的业务能力和技术水平，为确保恢复重建工程质量提供有力保障。灾区恢复重建得以有序展开，新材料、新技术、新工艺大量应用，一批规划设计水平高、施工质量好、抗震性能优异的建筑工程建成并投入使用，重建农房质量较震前有较大提高。

【工程质量宣传主题活动】 通过开展相关主题活动，积极引导社会各界重视和关心工程质量。与中宣部、国家质检总局等联合部署开展以"全员全过程全方位参与，全面提高质量安全水平"为主题的全国质量月活动。组织召开了全国工程质量监督工作会议暨质量监督25周年总结表彰大会。与深圳市人民政府联合主办了以"质量·民生·发展"为主题的第三届"中国建设工程质量论坛"。

【全面推进建筑安全标准化工作，安全管理再上新台阶】 绷紧安全生产这根弦，认真贯彻"安全第一、预防为主、综合治理"方针，牢固树立"安全发展"理念，深入开展"安全生产年"活动，进一步强化建筑安全生产监管力度，扎实推进本质安全目标的实现。2009年全国房屋建筑和市政工程事故起数与上年同比下降12.08%，死亡人数同比下降16.80%，总体形势比较稳定。

认真组织开展"三项行动"和"三项建设"活动。根据国务院安委会和国务院办公厅有关部署，召开了全国建筑工程质量安全电视电话会议。结合住房城乡建设系统实际，开展了建筑安全生产"三项行动"和"三项建设"活动，各地在活动中共排查项目19566个，排查出隐患133554项，其中已整改128879项，整改率达96.5%，促进了建筑安全生产形势持续稳定好转。

【加大建筑安全监管力度】 为更好地指导督促各地开展工作，分别对河南、湖南、陕西、四川、海南、云南和山西、吉林、甘肃、青海10个省区的建筑安全生产工作进行了督查。并对连续发生事故地区的住房城乡建设主管部门的领导和有关同志就加强建筑安全工作进行了约谈。根据国务院安委会的统一部署，组成国务院安委会督查组，对吉林和黑龙江省的安全生产工作进行了督查。参加了首都国庆60周年安保领导小组的临建设施安全监督组的工作，得到国庆安保领导小组有关领导的肯定。

针对一些地方不能及时报送安全生产事故的情况，进一步规范和强化了住房城乡建设系统和住房和城乡建设部事故报送工作。在春节、国庆等重大节假日和灾害天气前向各地提出防范应对要求，强化部内应急值守工作。新疆"7·5"事件后，及时要求各地切实提高认识，做好反恐防范工作。

【全面推进建筑施工安全质量标准化工作】 实现建筑安全形势持续好转，必须推进标准化管理，提高施工现场安全管理水平。认真贯彻落实国务院领导同志关于"加强安全质量标准化建设"的指示精神，制定印发《危险性较大的分部分项工程安全管理办法》和《高大模板支撑系统施工安全管理导则》，组织编制《建筑施工企业安全生产管理规范》、《施工安全生产技术统一规范》等国家技术标准。与全国总工会联合召开"建筑施工安全质量标准化现场会"，表彰一批建筑施工安全质量标准化示范工地。

【加强事故的调查、处理和统计工作】 根据事故调查报告，对2008年的全国建筑安全生产事故的行政处罚情况进行统计分析。对2家施工和2家监理企业实施停业整顿的处罚，对3名注册监理工程师和注册建造师实施吊销执业资格证书的处罚。参加央视新址工程"2·9"火灾事故调查工作；派员赴青海、湖南、天津、河北等地的事故现场了解情况，指导工作。组织编写《建筑施工安全事故案例分析》，对近几年的典型事故进行分析，以起到举一反三的效果。

【实施全国中小学校舍安全工程】 全国中小学校舍点多面广，排查鉴定和加固改造技术难度高、情况复杂，工作时间紧、任务重。抓紧进行工作部署，印发通知要求全国住房和城乡建设系统做好校舍安全工程工作；加快制定技术指导文件，明确了校舍达到重点设防类抗震设防标准的一系列技术要求，制定了《全国中小学校舍安全工程技术指南》，抓紧修订并及时发布了《建筑抗震鉴定标准》和《建筑抗震加固技术规程》，组织编制中小学校舍抗震加固标准图集，为校舍安全工程提供了技术支持；按照全国中小学校舍安全办公室统一部署，对口督查江苏省校舍安全工程工作。各地住房城乡建设系统积极行动，承担了校舍排查鉴定和技术培训阶段的主要工作，共组织2000余名专家参加检查工作，组织培训近200次，培训技术人员近4万人；在当前校舍加固改造和拆除新建阶段，承担着质量安全监督等重要任务。

【推进城乡建设抗震防灾基础性工作】 召开全国抗震办公室主任座谈会，印发《关于贯彻实施〈防震减灾法〉加强城乡建设抗震防灾工作的通知》，总结汶川地震工作经验，对各地工作提出指导意见。在建章立制方面，启动《建设工程抗御地震灾害管理条例》起草工作，开展《城乡建设防灾减灾"十二五"规划》、《建设系统破坏性地震应急预案》的制定和修订工作，夯实各项工作的制度基础。此外，建立了国家市政公用设施工程抗震设防专项论证专家库，认真组织"城市建设防灾减灾专家委员会"以及"全国建筑工程超限高层抗震设防审查委员会"有关工作，充分发挥委员会专家作用，为各项工作提供科学依据。

【加强城市轨道交通工程质量安全监督管理，防范技术风险】 城市轨道交通建设是有条件地区落实中央扩内需、保增长决策的重要措施。面对规模大、风险高、工期紧、人才缺等突出矛盾，注重处理好保证质量安全与加快建设进度的关系，加大监管力度，确保质量安全。

健全管理制度。贯彻落实温家宝总理有关批示精神，与国家发展改革委等七部委联合印发了《关于加强重大工程安全质量保障措施的通知》，要求城市轨道交通等重大工程严格执行合理建设周期，严格落实安全质量责任，全面提高基础保障能力。起草了《城市轨道交通工程质量安全管理条例》（初稿）和《城市轨道交通工程质量安全管理暂行办法》（征求意见稿），建立完善符合城市轨道交通工程特点的责任体系。

开展安全检查。组织开展了全国在建轨道交通工程安全生产大检查，推动各方质量安全责任的落实，北京、上海等18个城市组织对55条、1300多公里在建线路进行了全面自查；在此基础上，住房和城乡建设部对47个工程项目进行了抽查，（地下车站29个，区间隧道18个），涉及工程投资额约120亿元，在自查和督查中排查整改了一批质量安全隐患。印发《关于全国在建城市轨道交通安全生产和市场主体行为督查有关情况的通报》，促进各方主体改进和加强质量安全工作。

加强工作指导。及时了解杭州、广州、西安等地发生的地铁安全事故情况，督促各地严格事故处罚，如西安市对2008年底以后发生的三起地铁工程安全事故的责任单位进行了处罚，取消或限制有关责任单位在西安地铁工程市场的投标资格。组织开展了地铁工程监理人员质量安全培训，截至2009年底已培训地铁工程监理人员5000余名。撰写《关于地铁工程建设工期和造价有关问题的研究报告》和《关于全国城市轨道交通工程安全管理情况的调研报告》，引起了有关新建地铁城市建设主管部门的高度重视，并为相关法规制度的起草提供了依据。

【加快技术政策的研究制定与贯彻落实，提高建筑业发展水平】 制定和执行建筑技术政策，是提高建筑业自主创新能力的重要举措。针对我国工程技术发展不平衡、自主创新体系不健全的现状，以制定建筑业、工程勘察设计咨询业技术政策为主线，积极开展技术政策的监督执行评估制度和技术转移制度研究，通过修订更新建筑业10项新技术、新技术应用示范工程验收、勘察设计国优奖评选、国家级工法评审等工作推动技术进步，通过制定技术要点、编制标准设计图集、开展技术合作等促进技术应用和交流，不断推动技术进步，促进技术应用，为工程质量安全提供技术支撑。

【组织技术政策的研究制定和制度研究执行和评估】 完成《建筑技术政策框架体系研究报告》和《中国建筑技术政策总结与评估》，组织拟定《2010～2015年建筑业、勘察设计咨询业技术发展纲要》、《2010～2015年建筑业信息化技术发展纲要》，明确一段时期建筑业、勘察设计咨询业技术发展的目标和主要措施。开展技术政策监督执行及评估制度和工程设计技术转移制度研究。

促进技术进步与交流。组织修订《建筑业10项新技术（2010版）》，及时更新先进、适用的工艺和技术，开展了新技术应用示范工作。开展了全国优秀工程勘察设计奖评选，评选出287个获奖项目。完成了2007～2008年度国家级工法评审，评出417项国家级工法。

开展中日合作"建筑抗震技术人员研修"活动，3年内在日本培训150名抗震管理和技术人员，国内培训约5000名基层抗震管理和技术人员。

组织编制《建筑节能工程施工技术要点》，指导建筑节能施工。与商务部联合推进城市禁止现场搅拌砂浆工作，印发《关于进一步做好城市禁止现场搅拌砂浆工作的通知》，召开全国散装水泥工作会议暨城市禁现工作现场会，推动预拌砂浆在工程中的应用，促进建筑生产的节能减排。研究起草了《关于高层建筑发展情况的报告》。

编制工程建设标准设计。根据2009年国家建筑标准设计编制工作计划，编制完成了《中小套型住宅优化设计》、《民用建筑工程建筑初步设计深度图样》等33项国家建筑标准设计。

（住房和城乡建设部工程质量安全监管司）

十、建筑市场管理

【综述】 2009年，建筑市场管理工作围绕规范建筑市场秩序和服务企业、服务行业两条主线，健全法规体系，推进市场监管的长效机制建设，紧紧把握保障工程质量、安全生产和促进建筑业发展的目标，加大市场监管力度，努力营造统一开放、竞争有序的市场环境，促进建筑业又好又快发展。

【做好扩大内需投资建设项目的市场保障及社会稳定工作】 印发《关于进一步加强建筑市场监管与服务，保障扩大内需投资建设项目质量和效益的通知》（建市［2009］6号），督促指导地方建设主管部门增强服务意识，依法监管建筑市场，营造统一开放、竞争有序的建筑市场环境，为扩大内需投资建设项目提供有力保障和高效服务。

2009年春节、国庆期间，启动农民工工资拖欠突发事件应急预案，与北京及周边敏感地区建立联动机制，采取多种措施，维护社会稳定。

印发《关于对南通建工集团股份有限公司等39家单位拖欠行为批评处理情况的通报》（建办市函［2009］325号），对发生拖欠行为造成不良社会影响的39家单位进行全国通报，警示市场不良行为。

【大力推进建筑市场监管长效机制建设】 加强建筑市场监管法规建设，组织启动了《建筑市场管理条例》和《建设工程监理条例》起草工作，完成了十余项专题研究工作，形成了两个条例初稿。

进一步推进建筑市场信用体系建设，印发《关于进一步做好建筑市场不良行为信息上报工作的通知》（建办市函［2009］560号），实施定期通报制度，督促地方加大建筑市场不良行为信息采集和上报力度。

健全房屋建筑和市政工程施工招标投标制度建设，组织进行《房屋建筑和市政工程招标标准资格预审文件》和《房屋建筑和市政工程招标标准施工招标文件》征求意见与修改完善工作。

加强合同管理，组织开展施工合同管理现状调研，印发《建设工程施工合同管理座谈会会议纪要》（建市施函［2009］64号），指导地方加强合同履约监管，进一步遏制转包、违法分包、挂靠行为，组织修订工程总承包、工程监理、建筑事务所、工程设计合同示范文本。

【进一步完善建筑市场准入制度】 组织修订建设工程企业资质标准，加强个人注册执业制度建设，进一步完善建筑市场准入制度。在2008年标准修订工作的基础上，继续组织有关部门和行业协会修订《建筑业企业资质标准》和《工程勘察资质标准》，完成修订标准草稿。继续推进注册土木（岩土）工程师执业制度建设，印发《注册土木工程师（岩土）执业及管理工作暂行规定》（建市［2009］105号），实施注册土木工程师（岩土）的执业签字制度。为有效解决监理工程师多头管理、多头审批的问题，与有关部门多次协商，研究起草了《注册监理工程师统一管理方案》。为推进注册建筑师、勘察设计注册工程师取得监理工程师资格工作，多次召开论证会，听取各方面意见，起草了《建筑师、勘察设计注册工程师取得监理工程师资格论证报告》和《建筑师、勘察设计注册工程师取得监理工程师资格的通知》。

【企业资质审查】 2009年，勘察设计企业申报1937家、通过1619家，建筑业企业申报1321家、审批1091家，工程监理企业申报1760家、审批1644家，招标代理机构申报453家、审批446家，设计与施工一体化企业申报219家、审批190家。同时，加大虚假申报处罚制度，对企业不据实申报、弄虚作假骗取资质证书、伪造资质证书等问题及时处理，发出《建设部建筑市场资质举报核实督办通知单》267件，处理违法违规企业8家。

【个人执业资格审查】 2009年，共完成19批一级注册建造师注册审查工作，批准注册31914人次。完成了注册土木工程师（道路工程）的考核认定工作，共有2411人取得了注册土木工程师（道路工程）资格；实施了对一级建筑师、一级结构工程师和土木工程师（岩土）的注册审查工作。全年新增一级注册建筑师1424人、一级注册结构工程师2226人、注册土木（岩土）工程师702人。完成了19批19707人次的注册监理工程师的注册审查工作，其中批准注册15479人次。对监理工程师注册审核工作中发现的违法违规行为进行了处理，通报违规企业3家，对18人下达了《住房和城乡建设部行政处罚决定书》。会同人力资源社会保障部，组织开展了2009年度一级建造师、监理工程师执业资格考试工作，全国近40万人参加了一级建造师考试，考场有序，监管严密，社会反响良好。

【开展工程建设领域突出问题专项治理】 2009年7月，中共中央办公厅、国务院办公厅联合下发了《关于开展工程建设领域突出问题专项治理工作的意见》（中办发［2009］27号），决定用2年左右的时间，集中开展工程建设领域突出问题专项治理工作。部党组高度重视，迅速成立住房城乡建设部专项治理工作领导机构，制定下发《住房和城乡建设系统开展工程建设领域突出问题专项治理工作方案》（建市［2009］255号），指导住房城乡建设系统扎实有效地开展专项治理工作。

【推进行业发展】 组织编写《中国建筑业改革与发展研究报告(2009)》、《勘察设计行业年度发展报告(2008～2009)》，动态反映了行业改革发展状况，促进行业发展；组织启动中国建筑业发展"十二五"规划编制工作；组建住房和城乡建设部勘察设计行业战略发展专家咨询委员会，建立促进行业改革与发展的参谋咨询机构；组织召开"部分在京大型勘察设计企业负责人座谈会"和"全国勘察设计处长工作座谈会"，听取地方主管部门和企业对行业改革与发展的意见和建议；组织完成2008年度建设工程勘察设计、工程监理、工程招标代理机构统计汇总工作；继续组织开展《建筑工程设计与施工合理分工机制的研究》、《规范工程施工总分包活动的研究》、《建设项目投资方式与组织实施方式研究》、《促进我国建筑业经济增长的政策措施研究》等重点课题的研究工作，为以后制定政策和行业发展提供理论支持。

【加强对外交流合作工作】 会同商务部贯彻落实《对外承包工程管理条例》，研究制定了《对外承包工程资格管理办法》(商务部、住房和城乡建设部2009年第9号令)；协调建筑企业开展对外承包和劳务合作，做好日常有关对外开放的谈判和要约工作；组织完成了37名台湾地区部分知名资深建筑师的评估认定工作，促进两岸的合作交流，得到了国台办以及台湾建筑师界的高度评价；认真研究了取得内地建筑师、结构工程师资格的香港专业人士在内地启动注册的实施方案，推动了两地建筑行业专业技术人士的交流。

(住房和城乡建设部建筑市场监管司　撰稿人：逢宗展)

2009年建筑市场管理类文件目录

1. 关于进一步加强建筑市场监管与服务保障扩大内需建设项目质量和效益的通知(建市〔2009〕6号)

2. 关于印发《注册土木工程师(岩土)执业管理工作暂行规定》的通知(建市〔2009〕105号)

3. 关于印发《住房和城乡建设系统开展工程建设领域突出问题专项治理工作方案》的通知(建市〔2009〕255号)

4. 关于施工总承包特级资质有关问题的通知(建市函〔2009〕178号)

5. 关于2008年工程招标代理机构统计工作情况的通报(建办市〔2009〕40号)

6. 关于进一步做好工程建设实施和工程质量管理专项治理排查工作的通知(建办市〔2009〕47号)

7. 关于对《建筑业企业资质管理规定有关资质许可机关问题的复函》(建办市函〔2009〕283号)

8. 关于工程设计资质证书更新证有关问题的通知(建办市函〔2009〕331号)

9. 关于进一步做好建筑市场不良行为信息上报工作的通知(建办市函〔2009〕560号)

10. 关于对人防工程设计资质管理有关问题的复函(建办市函〔2009〕817号)

11. 关于2009年第三季度全国建筑市场不良行为信息上报情况的通报(建办市函〔2009〕913号)

12. 关于对《取得内地一级注册结构工程师互认资格的香港居民在粤注册执业管理办法》有关问题的复函(建办市函〔2009〕1101号)

13. 关于2008年建设工程企业资质审查情况的通报(建市资函〔2009〕8号)

14. 关于印发《住房和城乡建设部建筑市场监管司2009年工作要点》的通知(建市综函〔2009〕16号)

15. 关于印发《建筑业企业资质标准修订研讨会会议纪要》的函(建市施函〔2009〕11号)

16. 关于印发《刘宇昕同志在二级建造师考试工作座谈会上的讲话》的通知(建市施函〔2009〕31号)

17. 关于2009年度一级建造师资格考试相关工作的通知(建市施函〔2009〕43号)

18. 关于印发《坚持以科学发展观为指导积极稳妥地实施新特级资质标准的研究报告》的通知(建市施函〔2009〕48号)

19. 建设工程施工合同管理座谈会会议纪要(建市施函〔2009〕64号)

20. 关于印发《住房和城乡建设部建筑市场监管司司长王素卿同志在京大型勘察设计企业负责人座谈会上的讲话》的通知(建市设函〔2009〕33号)

21. 关于印发《住房和城乡建设部建筑市场监管司司长王素卿同志在全国勘察设计处长工作会议上的讲话》的通知(建市设函〔2009〕52号)

22. 关于印发《2009年建设工程监理统计工作会议纪要》的通知(建市监函〔2009〕98号)

十一、建筑节能与科技

【综述】 2009 年，建筑节能与科技工作以贯彻《节约能源法》、《民用建筑节能条例》为主线，以十一届二次人大会议政府工作报告提出的节能减排任务、《国务院关于印发节能减排综合性工作方案的通知》和国务院拉动内需促进经济平稳较快增长战略部署为重点，统筹兼顾，全面部署，加快科技创新，以科技为支撑全面推动建设领域节能减排。

1. 建筑节能

【新建建筑执行节能标准完成预定任务】 切实抓好新建建筑执行节能设计标准，加强《建筑节能工程施工质量验收规范》、《建筑节能施工监督导则》、《绿色施工导则》的宣传贯彻工作。研究起草民用建筑能效标识管理以及建筑节能统计、监测、考核体系实施方案。到 2009 年底，全国城镇新建建筑设计阶段执行节能强制性标准的比例为 99％，施工阶段执行节能强制性标准的比例为 90％，基本完成国务院提出的"新建建筑施工阶段执行节能强制性标准的比例达到 90％以上"的工作目标。

【北方采暖地区既有建筑节能改造取得新进展】 指导各地按照《关于推进北方采暖地区既有居住建筑供热计量及节能改造实施意见》和《北方采暖地区既有居住建筑供热计量及节能改造技术导则》的要求推进既有建筑供热计量和节能改造，发布了《北方既有居住建筑供热计量及节能改造项目验收办法》。截至 2009 年采暖季前，北方 15 省市已经完成节能改造面积共计 10949 万平方米，其中，2009 年完成改造面积 6984 万平方米，超额完成了国务院确定的 6000 万平方米年度改造任务。2009 年中央拨付奖励资金 12.7 亿元，用于对改造项目的补助。

【国家机关办公建筑和大型公共建筑节能监管体系建设进一步深入】 24 个示范省市以及部分非示范省市全面开展了能耗统计工作，完成国家机关办公建筑和大型公共建筑能耗统计 29359 栋，确定重点用能建筑 2647 栋，完成能源审计 2175 栋、公示 2441 栋。能耗监测平台建设试点稳步推进，深圳市能耗监测平台已经通过验收，北京市、天津市平台建设完成待验收。除中央财政支持的北京、天津、深圳三个试点城市外，江苏、浙江、广西、山东、山西、上海、重庆、青岛、宁波等省市自筹资金开展了能耗监测平台建设试点。

印发了《国家机关办公建筑和大型公共建筑能耗监测系统软件开发指导说明书》，制定中央级平台建设功能需求说明书，规范和指导各地数据中心建设。

【可再生能源建筑应用项目进展】 加强对正在实施的 371 个可再生能源建筑应用示范项目的管理，制定印发了《关于加强可再生能源建筑应用示范项目管理的意见》。经专业检测机构对示范项目检测评估，可再生能源利用效果较好，替代常规能源效益比较显著。

组织实施太阳能光电建筑应用示范项目。住房和城乡建设部会同财政部制定印发了《关于加快推进太阳能光电建筑应用的实施意见》、《太阳能光电建筑应用专项资金管理办法》、《太阳能光电建筑应用示范项目申报指南》。组织实施了 111 个太阳能光电建筑应用项目，总装机容量 91 兆瓦，中央补助 8.9 亿元。对于促进光伏产品建筑一体化应用，带动绿色能源产业发展起到了积极作用。

【城市和农村地区可再生能源示范开局良好】 住房和城乡建设部会同财政部制定发布了《可再生能源建筑应用城市示范实施方案》和《加快农村地区可再生能源建筑应用的实施方案》。确定了 21 个示范城市和 38 个农村地区县级示范，推进可再生能源建筑应用工作方式从抓单个项目转向抓区域整体，统筹兼顾城市与农村。截止到 2009 年底，全国太阳能光热应用面积 11.79 亿平方米，浅层地能应用面积 1.39 亿平方米，分别比 2008 年增长 14.2％、35.4％。光电建筑应用装机容量 420.9 兆瓦。实现突破性增长。

【依法加强建筑节能监管】 为考核《国务院关于印发节能减排综合性工作方案的通知》（国发[2007]15 号）、《国务院批转节能减排统计监测及考核实施方案和办法的通知》（国发[2007]36 号）确定的建筑节能工作任务落实情况，2009 年底组织开展了建筑节能专项检查，对各地落实节能目标、贯彻管理制度和执行节能强制性标准等进行考核评价，落实节能目标责任制。

【加强建筑节能培训和能力建设】 结合23个民用建筑能耗统计示范城市的工作，召开了民用建筑能耗统计研讨会；与德国外墙外保温质量联盟合作在北京、青岛、银川等城市开展了EPS板外墙外保温系统工程技术培训，组织编写了《EPS板外墙外保温系统工程技术培训教材》；组织召开了外墙外保温防火技术国际研讨会；在西藏开展了建筑节能和可再生能源在建筑中应用的研讨；在上海、重庆、广州、武汉、哈尔滨等城市开展了建筑节能标准培训，累计培训15000多人次。

2. 重大科技项目组织与管理

【组织实施"水体污染控制与治理"国家科技重大专项】 完善管理制度，重点开展"城市水环境整治"和"饮用水安全保障"两个主题实施计划编制和组织实施，组织编制了经费预算，签订了任务合同书，开展督查调研，落实示范工程和配套保障条件。

2009年，两个主题的13个项目91个课题全面启动，涉及中央财政专项资金14.9亿元。主要结合太湖、巢湖、海河、三峡库区四个重点流域城市及其他典型城镇治污工程，开展了污水处理厂升级改造、污水再生利用、管网系统优化、水环境修复、设施运营与监管等技术研究与示范；结合长江下游、黄河下游、珠江下游典型城市和村镇饮用水安全保障，开展饮用水水质监测、预警、达标改造和应急技术研究与示范。

40余项城市水污染控制与饮用水安全保障关键技术取得了突破性进展，正在应用于污水处理厂升级改造、自来水厂提标改造、供排水管网系统安全、城市水体生态修复等示范工程。多项研究成果为江苏省近300个污水处理厂改造工程，汶川地震重灾区部分城市，济南全运会和上海世博会的供水设施改造及水质监控预警应急工作提供了技术支持。

按照国务院《关于发挥科技支撑作用促进经济平稳较快发展的意见》精神，调整水专项2009年度实施计划，组织开展饮用水水质监测材料设备、城市污水处理厂污泥处理处置和资源化利用技术与设备的国产化开发和产业化研究。

启动了水专项"城市水环境整治"和"饮用水安全保障"两个主题"十二五"科技发展战略研究工作，研讨"十二五"的科技需求及组织实施方式。

【加强"十一五"国家科技支撑计划项目管理】 围绕《国家中长期科学和技术发展规划纲要》城镇化与城市发展领域的重点任务，对《国家中长期科学和技术发展规划纲要》执行情况进行自查评估，完成了评估报告；对我部组织实施的国家科技支撑计划项目进行中期检查，检查各项目进展，布置验收准备工作。

各项目（课题）取得了一批阶段性研究成果。在建筑节能与可再生能源利用、绿色建筑、建筑施工、城市基础设施建设和运行管理、城市人居环境质量保障等方面攻克了一批关键技术；研制出一批自主创新的新产品、新材料和新装备，获得百余项技术和发明专利；培养了一批科研骨干，形成了一支队伍。

【组织住房城乡建设领域"十二五"科技发展规划战略研究】 围绕城乡统筹规划与城镇土地高效可持续利用、城镇防灾减灾与应急体系、建筑节能与可再生能源利用、绿色建筑成套技术体系开发与应用、城市建设与运行管理数字化、村镇规划与建设等15个重点领域，开展了发展规划战略研究，明确科技发展目标、重点方向和任务。

3. 促进国际科技合作与交流

【积极参与推动建筑节能和供热改革】 组织《中外住房和城乡建设领域节能减排重点技术现状与发展趋势研究》，《城市建设与建筑业节能减排统计指标体系研究》，为制订建筑节能有关政策、开展技术研发提供了基础资料。

积极推动绿色建筑与低能耗建筑。与美国、德国、加拿大等国家探讨合作开展绿色建筑、零能耗建筑、被动式房屋的研究与示范。与美国能源部签署了《建筑与社区节能领域合作谅解备忘录》，拟以市长培训中心新建教学基地为依托开展相关研究与示范。与德国能源署合作在中国开展被动式房屋研究与示范。

结合世界银行/全球环境基金"中国供热改革与建筑节能项目"，组织开展了"中国供热条例研究—政策建议书"项目，支持大连、唐山、乌鲁木齐等城市开展热价研究。结合中德技术合作"既有建筑节能改造项目"，在天津、唐山等城市开展既有居住建筑基本情况调查和北方采暖地区主要城市既有居住建筑节能改造调查；在新疆、黑龙江、河南等地开展既有居住建筑综合节能改造经验与技术巡回宣讲活动。

【积极促进城乡可持续发展合作】 与联合国发展计划署（UNDP）及德国、美国、荷兰、英国、瑞典、新加坡、澳大利亚等组织和国家开展了生态城市与城乡可持续发展的合作。与UNDP共同策划"低碳生态城市项目",并争取获得全球环境基金-5期资金支持。与德国技术合作公司共同组织实施"中国城市可持续发展项目",选择昆明、百色和佛山等6个城市开展政策咨询、能力建设和合作试点。

【积极参与灾后恢复重建】 与UNDP合作开展地震灾区"灾后恢复重建和灾难风险管理"灾区民居建设项目。选择四川、陕西、甘肃等地震灾区的乡镇和农村为试点,开展农房重建调研,提出完善建筑废物循环利用的法规、政策和技术建议。为部分乡镇总体规划提供了技术咨询并编制了规划。对村镇建设管理人员和农村工匠进行了技术培训。利用项目经费,采用"以奖代补"的形式对青川县蒿溪回族自治乡的500多农户进行补助。

【积极开展应对气候变化工作】 根据国家应对气候变化工作的整体部署,开展了住房城乡建设领域利用清洁发展机制(CDM)推进建筑节能和城镇减排的研究,启动了应对气候变化战略与对策研究。积极参与"亚太清洁发展和气候新伙伴计划"及中欧气候变化伙伴关系计划,探讨提高能源效率和发展清洁能源,降低碳排放强度的方法和途径。

4. 行业科技管理

【大力发展绿色建筑】 组织召开"第五届国际智能、绿色建筑与建筑节能大会暨新技术与产品博览会"。印发了《关于推进一二星级绿色建筑评价标识工作的通知》和《一二星级绿色建筑评价标识管理办法》,召开了"绿色建筑评价标识推进会",委托具备条件的各省、自治区、直辖市、计划单列市开展所辖地区一二星级绿色建筑评价标识工作。委托上海、浙江、新疆、深圳等12个省市开展标识评价活动。

总结绿色建筑评价标识评审工作实践,完善了"绿色建筑设计评价标识"及"绿色建筑评价标识"实施方案,并编制印发了《绿色建筑评价技术细则补充说明(运行使用部分)》,进一步提高了评价技术文件可操作性。对地方绿色建筑评价标识评价人员进行了系统培训。

委托住房和城乡建设部科技发展促进中心和城市科学研究会会开展了"绿色建筑评价标准体系框架研究",初步搭建了绿色建筑评价标准体系框架的主体结构。

【加强对房屋墙体材料革新工作的指导】 为做好墙体保温、房屋墙体材料革新以及科技成果推广应用工作,印发了《关于征集〈墙体保温系统与墙体材料推广应用和限制、禁止使用技术公告〉提案的通知》,开展了《技术公告》的调研、研讨和技术目录的征集。

各地围绕落实《住房和城乡建设部、国家工商行政管理总局、国家质量技术建筑检验检疫总局关于加强建筑节能材料和产品质量监督管理的通知》,通过采取市场抽查、巡查和专项检查、建立材料产品备案、登记、公示制度,发布推广、限制和淘汰目录,建立舆论监督和考核评价机制等方式,初步建立起建筑节能材料和产品质量监管的长效机制,建筑节能材料和产品在生产、流通和使用环节存在的问题初步得到纠正,有效保证了建筑节能工程质量。墙体材料革新工作取得积极成效,管理体制进一步理顺,相关规章制度、标准规范体系进一步完善,新型墙体材料产量占墙体材料总产量的比重为61%,应用比例达到60%。

【规范住房和城乡建设部科技计划项目的管理】 制定印发了《住房和城乡建设部科学技术计划项目管理办法》,对部科技计划项目申报、审批、管理与验收,作了规范性要求,加强了科技计划项目的管理。

(住房和城乡建设部建筑节能与科技司)

十二、住房城乡建设人事教育

1. 重要纪事

【建设部稽查办公室更名为住房和城乡建设部稽查办公室】 2009年2月24日,住房和城乡建设部印发了《关于建设部稽查办公室更名为住房和城乡建设部稽查办公室的通知》。根据中央机构编制委员会办公室《关于住房和城乡建设部所属事业单位机构编制的批复》，原建设部稽查办公室划转住房和城乡建设部，并更名为住房和城乡建设部稽查办公室。

【建设部机关服务中心等10家事业单位更名】2009年2月24日，住房和城乡建设部印发了《关于建设部机关服务中心等10家事业单位更名的通知》和《关于建设部招待所等4家事业单位更名的通知》。根据中央机构编制委员会办公室《关于住房和城乡建设部所属事业单位机构编制的批复》，原建设部机关服务中心等14家事业单位划转住房和城乡建设部。

【建设部风景名胜区管理办公室更名为住房和城乡建设部风景名胜区管理办公室】2009年3月27日，住房和城乡建设部印发了《关于建设部风景名胜区管理办公室更名为住房和城乡建设部风景名胜区管理办公室的通知》。根据第十一届全国人民代表大会第一次会议批准的国务院机构改革方案和《国务院关于机构设置的通知》，原建设部风景名胜区管理办公室更名为住房和城乡建设部风景名胜区管理办公室。住房和城乡建设部风景名胜区管理办公室设在住房和城乡建设部城市建设司，由城市建设司司长兼任办公室主任，分管风景名胜区工作的副司长兼任副主任。

【建设部维护稳定办公室更名为住房和城乡建设部维护稳定办公室】2009年4月29日，住房和城乡建设部印发了《关于建设部维护稳定办公室更名为住房和城乡建设部维护稳定办公室的通知》。根据第十一届全国人民代表大会第一次会议批准的国务院机构改革方案和《国务院关于机构设置的通知》，原建设部维护稳定办公室更名为住房和城乡建设部维护稳定办公室。住房和城乡建设部维护稳定办公室设在直属机关党委，由直属机关党委常务副书记杨忠诚兼任办公室主任，副书记彭小平、副巡视员宋志军兼任副主任。

【建设部社会治安综合治理办公室更名为住房和城乡建设部社会治安综合治理办公室】2009年4月29日，住房和城乡建设部印发了《关于建设部社会治安综合治理办公室更名为住房和城乡建设部社会治安综合治理办公室的通知》。根据第十一届全国人民代表大会第一次会议批准的国务院机构改革方案和《国务院关于机构设置的通知》，原建设部社会治安综合治理办公室更名为住房和城乡建设部社会治安综合治理办公室。住房和城乡建设部社会治安综合治理办公室设在直属机关党委，由直属机关党委常务副书记杨忠诚兼任办公室主任，副书记彭小平、副巡视员宋志军兼任副主任。

【建设部精神文明建设指导委员会更名为住房和城乡建设部精神文明建设指导委员会】2009年4月29日，住房和城乡建设部印发了《关于建设部精神文明建设指导委员会更名为住房和城乡建设部精神文明建设指导委员会的通知》。根据第十一届全国人民代表大会第一次会议批准的国务院机构改革方案和《国务院关于机构设置的通知》，原建设部精神文明建设指导委员会更名为住房和城乡建设部精神文明建设指导委员会。

住房和城乡建设部精神文明建设指导委员会主任由中央纪委驻住房和城乡建设部纪检组组长郭允冲同志兼任，成员由部机关各单位、中央纪委监察部驻住房和城乡建设部纪检组监察局、住房和城乡建设部稽查办公室、中国建设报社的主要负责同志组成。住房和城乡建设部精神文明建设指导委员会下设住房和城乡建设部精神文明建设办公室，设在直属机关党委，由直属机关党委常务副书记杨忠诚兼任办公室主任，副书记彭小平、副巡视员宋志军兼任副主任。

【成立住房和城乡建设部离退休干部工作领导小组】2009年5月5日，住房和城乡建设部印发《关于成立住房和城乡建设部离退休干部工作领导小组的通知》，成立住房和城乡建设部离退休干部工作领导小组。住房和城乡建设部离退休干部工作组组长为齐骥副部长，成员为王铁宏、何兴华、王宁、杨忠诚、许中志、胡子健。住房和城乡建设部离退休干部工作领导小组办公室设在住房和城乡建设部离退休干部局，办公室主任由住房和城乡建设部离退休干部局局长许中志兼任。

【建设部科学技术委员会更名为住房和城乡建设部科学技术委员会】2009年5月6日，住房和城乡建设部印发了《关于建设部科学技术委员会、建设部引进国外智力领导小组、建设部台湾事务办公室更名的通知》。根据第十一届全国人民代表大会第一次会议批准的国务院机构改革方案和《国务院关于机构设置的通知》，决定将原建设部科学技术委员会更名为住房和城乡建设部科学技术委员会。住房和城乡建设部科学技术委员会下设住房和城乡建设部科学技术委员会办公室。

【建设部引进国外智力领导小组更名为住房和城乡建设部引进国外智力领导小组】2009年5月6日，住房和城乡建设部印发了《关于建设部科学技术委员会、建设部引进国外智力领导小组、建设部台湾事务办公室更名的通知》。根据第十一届全国人民代表大会第一次会议批准的国务院机构改革方案和《国务院关于机构设置的通知》，决定将原建设部引进国外智力领导小组更名为住房和城乡建设部引进国外智力领导小组。住房和城乡建设部引进国外智力领导小组下设住房和城乡建设部引进国外智力领导小组办公室，设在部计划财务与外事司

【建设部台湾事务办公室更名为住房和城乡建设部台湾事务办公室】 2009年5月6日，住房和城乡建设部印发了《关于建设部科学技术委员会、建设部引进国外智力领导小组、建设部台湾事务办公室更名的通知》。根据第十一届全国人民代表大会第一次会议批准的国务院机构改革方案和《国务院关于机构设置的通知》，决定将原建设部台湾事务办公室更名为住房和城乡建设部台湾事务办公室。住房和城乡建设部台湾事务办公室设在部计划财务与外事司。

【住房和城乡建设部政务公开领导小组及其办公室人员组成和工作分工调整】 为进一步深化政务公开工作，根据住房和城乡建设部人员变动情况，2009年6月10日，住房和城乡建设部印发了《关于调整住房和城乡建设部政务公开领导小组及其办公室人员组成和工作分工的通知》，对住房和城乡建设部政务公开领导小组及其办公室人员组成和工作分工进行了调整。住房和城乡建设部政务公开领导小组组长为副部长郭允冲，副组长为中央纪委驻部纪检组组长龙新南，成员为王铁宏、曹金彪、冯俊、侯淅珉、唐凯、王志宏、沈建忠、王素卿、陆克华、李兵弟、陈重、陈宜明、张其光、何兴华、王宁、杨忠诚、田思明、王早生、倪江波。

政务公开领导小组下设办公室作为办事机构。办公室设在住房和城乡建设部办公厅，主任为王铁宏，副主任为张志新。成员为住房和城乡建设部办公厅档案处、督办处、宣传信息处、电子政务处处长，部机关各单位综合处处长（办公室主任）。

按照全国政务公开领导小组提出的"党委统一领导、政府主抓、政府办公厅（室）组织协调、纪检监察机关监督检查"的要求，部政务公开工作分工为：部办公厅承担政务公开领导小组办公室日常工作，负责研究提出政务公开工作规划和计划；拟订和提出政务公开有关制度和办法；指导和监督检查住房和城乡建设系统政务公开工作；审核法规、文件、领导讲话、会议资料、监督检查等政府信息发布和公开的程序；指导部信息中心承担政务公开的门户网站技术服务工作等。部机关各单位按职能分工负责对法规、文件、领导讲话、会议资料、监督检查等政府信息是否可以公开、是否符合保密规定进行审查；落实本单位应公开的政务事项的公开工作；拟订和提出分管行业办事公开和信息公开的指导意见并监督实施。人事司负责政务公开奖惩工作。机关党委、中央纪委监察部驻住房和城乡建设部纪检组监察局（部党风廉政建设办公室）负责政务公开的监督检查工作。

【成立住房和城乡建设部出版社改制工作领导小组】 为贯彻落实《关于深化中央各部门各单位出版社体制改革的意见》，根据新闻出版总署《中央各部门各单位出版社转制工作基本规程》要求，2009年7月8日，住房和城乡建设部印发了《关于成立住房和城乡建设部出版社改制工作领导小组的通知》，成立住房和城乡建设部出版社体制改革工作领导小组，组长为副部长郭允冲，成员为王铁宏、曹金彪、何兴华、王宁、杨忠诚、田思明、王珮云、欧阳东、王理。住房和城乡建设部出版社体制改革工作领导小组下设办公室，作为办事机构。办公室设在人事司，主任为王宁。

【住房和城乡建设部治理商业贿赂领导小组及其办公室组成人员调整】 为贯彻落实中央治理商业贿赂领导小组关于深入推进治理商业贿赂专项工作的要求，进一步加强住房城乡建设系统治理商业贿赂工作，根据住房和城乡建设部机构设置和人员变动情况，2009年7月21日，住房和城乡建设部印发了《关于调整住房和城乡建设部治理商业贿赂领导小组及其办公室组成人员的通知》，对住房和城乡建设部治理商业贿赂领导小组及其办公室组成人员进行了调整。住房和城乡建设部治理商业贿赂领导小组，组长为部长姜伟新，副组长为副部长陈大卫、中央纪委驻部纪检组组长龙新南。成员为王铁宏、曹金彪、冯俊、侯淅珉、唐凯、王志宏、沈建忠、王素卿、陆克华、李兵弟、陈重、陈宜明、张其光、何兴华、王宁、杨忠诚、田思明、王早生。住房和城乡建设部治理商业贿赂领导小组办公室主任为王早生，副主任为王学军、彭小平，联络员为董红梅。

【建设部建设环境工程技术中心更名为住房和城乡建设部建设环境工程技术中心】 根据第十一届全国人民代表大会第一次会议批准的国务院机构改革方案和《国务院关于机构设置的通知》，2009年7月23日，住房和城乡建设部印发了《关于建设部建设环境工程技术中心更名的通知》，将原建设部建设环境工程技术中心更名为住房和城乡建设部建设环境工程技术中心。

【成立住房和城乡建设部城镇水务管理办公室】 为贯彻落实住房和城乡建设部"三定"规定，履行

住房和城乡建设部的职责，切实加强城镇水务管理工作，2009年10月9日，住房和城乡建设部印发了《关于成立住房和城乡建设部城镇水务管理办公室的通知》，成立住房和城乡建设部城镇水务管理办公室，不再保留建设部重点流域城市水污染防治领导小组及办公室。住房和城乡建设部城镇水务管理办公室设在住房和城乡建设部城市建设司，主要任务是在城市建设司的业务指导下，承担部有关城镇水务职责方面的具体工作。住房和城乡建设部城镇水务管理办公室主任由城市建设司分管负责同志兼任，副主任由部城乡规划管理中心负责同志和部城市建设司水务处处长兼任。

【住房和城乡建设部信息化工作领导小组及其办公室组成人员调整】 为进一步加强住房和城乡建设部信息化建设和计算机网络等安全保密工作，根据机构设置和人员变动情况，2009年12月16日，住房和城乡建设部印发了《关于调整住房和城乡建设部信息化工作领导小组及其办公室组成人员的通知》，决定对部信息化工作领导小组及其办公室组成人员进行调整。住房和城乡建设部信息化工作领导小组组长为部长姜伟新，副组长为副部长陈大卫，成员为王铁宏、曹金彪、冯俊、侯淅珉、唐凯、王志宏、沈建忠、陈重、陆克华、李兵弟、吴慧娟、陈宜明、张其光、何兴华、王宁、杨忠诚、许中志、王早生、胡子健、李晓江、倪江波、赵春山、刘佳福。信息化工作领导小组下设办公室，作为办事机构。办公室设在住房和城乡建设部办公厅，办公厅主任为王铁宏，副主任为张毅、郑立均、倪江波。成员为：赵锦新、毕建玲、姜中桥、王秀娟、刘育明、郭理桥、郝力、王毅、宋秀明、宋宪臣。

（住房和城乡建设部人事司　范婷）

2. 劳动与职业教育

【实施阳光工程村镇建筑工匠培训项目】 2009年，借中央加大农村危房改造和农房建设的良好契机，住房和城乡建设部与农业部经多次协商，在2009年阳光工程培训计划中单独列出了村镇建筑工匠培训项目，在河南、四川等中西部地区23个省（区、市）和新疆生产建设兵团，安排培训村镇建筑工匠计划88400人，这是行业培训项目在阳光工程中的首次突破。为做好村镇建筑工匠培训项目组织实施工作，住房城乡建设部人事司和村镇建设司共同印发了《关于组织实施阳光工程村镇建筑工匠培训项目的通知》（建办人函[2009]852号）以及《阳光工程村镇建筑工匠培训项目实施办法（试行）》。通知明确村镇建筑工匠培训对象为具有一定房屋施工经验的返乡农民工、在城市尚未找到工作的农民工以及建设类职业院校应届毕业生，重点培训安全常识、测量、砌筑、抹灰、木工等技术，培训时间不低于150个学时，实际操作训练时间不少于总培训时间的70％，参加培训的农民工考核合格后享受当地阳光工程培训补贴，并由当地县级住房城乡建设部门引导他们优先有序进入当地农房建设和农村危房改造工程市场。

【继续实施建筑业农民工技能培训示范工程】 住房城乡建设部在总结各地实施技能培训示范工程经验的基础上，经多次征求地方意见，并与人力资源社会保障部反复研究后，于2009年7月联合印发了《关于做好建筑业农民工技能培训示范工程工作的通知》（建人[2009]123号）及《建筑业农民工技能培训示范工程实施办法（试行）》，利用国家培训资金，对建筑业农民工开展技能提升培训。通知明确二级以上施工总承包企业或一级劳务企业为示范工程实施企业，培训对象为建筑企业在岗农民工和准备进入建筑企业就业的农村劳动者，培训内容包括安全知识、基础理论、技能训练，理论培训主要依托建筑工地农民工业余学校，技能训练原则上在施工现场组织进行，培训结束后，对考核合格者发给职业培训补贴，参加技能鉴定并取得初次职业资格证书的，发给职业技能鉴定补贴。

【举办职业技能大赛】 为培养和选拔行业高技能人才，住房城乡建设部人事司会同中国建筑业协会，举办了全国建筑业抹灰工职业技能大赛，通过大赛21名选手脱颖而出，荣获"全国住房和城乡建设行业技术能手"称号。为鼓励和支持开设住房城乡建设领域专业的职业院校加强对学生的技能训练，提高学生的生产操作技能和稳定就业能力，住房城乡建设部人事司联合教育部职业教育与成人教育司、中国建设教育协会在天津举办了2009年全国职业院校技能大赛中职组"广联达杯"建筑工程技术技能比赛。此次比赛是教育部和住房城乡建设部首次合作举办的全国职业院校技能大赛的分项赛事，比赛设建筑工程测量和建筑工程算量两个赛项，共有31个省（自治区、直辖市）和新疆生产建设兵团的295位选手参赛。经过激烈角逐，有29名选手荣获一等奖，59名选手获得二等奖，88名选手获得三等奖，21名指导教师受到了表彰。中央电视台、人民日报、新华网等10多家新闻媒体进行了宣传报道。住房城乡建设部人事司司长王宁在大赛开幕式后接受了新华社记者专访。

【建设职业技能培训与鉴定工作】 2009年5月，住房和城乡建设部办公厅印发《关于通报2008年全国建设职业技能培训与鉴定工作情况和安排2009年工作任务的通知》（建办人[2009]19号），对各地建设职业技能培训与鉴定工作任务完成情况进行了通报，并根据各地上报的计划，制定了2009年度工作目标。2009年是新世纪以来我国经济发展极为困难的一年，各地住房和城乡建设行政主管部门紧紧围绕中央保增长、调结构的部署，积极拓展培训方式，主动做好鉴定工作，全国建设职业技能培训与鉴定工作取得新进展。全年共培训1337496人，其中普工290023人，占21.68%；初级工491304人，占36.73%；中级工473419人，占35.40%；高级工76259人，占5.70%；技师和高级技师6491人，占0.49%。全年共鉴定888692人，其中初级工382620人，占43.05%；中级工437958人，占49.28%；高级工62545人，占7.04%；技师和高级技师5569人，占0.63%（详见表1）。北京（不含市政）、天津、河北、山西、内蒙古、辽宁、浙江、安徽、江西、山东、河南、湖南、广西、海南、重庆（不含市政）、四川、贵州、陕西、甘肃、青海、宁夏、新疆22个省（自治区、直辖市）超额完成或完成年度培训任务。同时，四川、湖南、天津、陕西、安徽、上海、江苏、山东、河南、江西、内蒙古、河北、浙江、重庆（不含市政）14个省（自治区、直辖市）培训总量均超过5万人，工作成效显著。

2009年全国建设职业技能培训与鉴定情况汇总表

（截止日期：2009年12月31日） 表1

地区（部门）		培训（人）	普工	初级工	中级工	高级工	技师高级技师	鉴定（人）	初级工	中级工	高级工	技师高级技师	机构及考评员配备情况		
													培训基地（个）	鉴定机构（个）	考评员（人）
合计		1337496	290023	491304	473419	76259	6491	888692	382620	437958	62545	5569	1347	1009	33957
比例%		100%	21.68%	36.73%	35.40%	5.70%	0.49%	100%	43.05%	49.28%	7.04%	0.63%	—	—	—
北京市建委	1	22423	153	20090	1222	681	277	20203	18175	1176	640	212	40	19	728
北京市市政管委	2	435		2	318	115		304	2	267	35			1	25
天津	3	85110	62653	18222	4011	131	93	9447	5213	4011	131	92	13	6	248
河北	4	53216	3764	20497	28851	89	15	42195	20213	21894	76	12	92	86	458
山西	5	16804	1314	4412	7730	3169	179	14591	4216	7392	2926	57	29	28	943
内蒙古	6	54314		39114	11982	3218		54314	39114	11982	3218		37	18	926
辽宁	7	46203		18536	21320	6347		46203	18536	21320	6347		49	27	691
吉林	8	11353	155	5524	3493	2171	10	9157	5375	3043	735	4	20	10	171
黑龙江	9	35000	3500	8000	21900	1600		31000	8000	21500	1500		44	14	716
上海	10	73971	39334	25734	6844	1676	383	29349	22146	5678	1174	351	35	26	569
江苏	11	73313	19236	21913	22801	8526	837	37112	15222	15716	5434	740	212	157	4022
浙江	12	51869	13444	13105	13708	11451	161	32017	9803	12457	9642	115	61	23	1089
安徽	13	81274	10281	29802	37382	2764	1045	53108	13931	35521	2676	994	49	26	595
福建	14	17865	1560	4620	8935	2750		15637	4303	8786	2548		20	10	2680
江西	15	60180		55000	4978	52	150	55500	52300	2998	52	150	13	13	1019
山东	16	64000		21000	31600	9600	1800	62500	20300	31500	9200	1500	70	92	6450
河南	17	60605	16148	17568	23494	3267	128	41626	12381	25591	3529	125	65	72	1186
湖北	18	20000	0	7000	9000	4000		17823	6659	7881	3283		32	25	307
湖南	19	91910	12716	12916	66250	28		79194	12916	66250	28		141	122	2900
广东	20	33325		13672	13261	6392		21414	9459	9411	2544		42	31	3200
广西	21	40110	3650	23560	12606	292	2	20558	9763	10521	272	2	21	19	385
海南	22	4514		4014	427		73	4514	4014	427		73	8	8	121
重庆市建委	23	50041		1539	48202	300		39246	1184	37924	138		67	65	1200
重庆市市政管委	24	119	33	21	36	19	10	67	17	22	18	10	2	2	15

续表

地区(部门)	序号	培训(人)	普工	初级工	中级工	高级工	技师高级技师	鉴定(人)	初级工	中级工	高级工	技师高级技师	培训基地(个)	鉴定机构(个)	考评员(人)
四川	25	95920	15372	40650	38642	1256		81305	35506	44987	812		99	69	902
贵州	26	6868		3587	3082	199		6868	3587	3082	199		15	1	440
云南	27	12977	8133	3074	1206	266	298	4057	2375	1200	233	249	2	2	83
西藏	28	0						0					1	1	16
陕西	29	81508	59597	10855	9835	1020	201	21372	10840	9470	918	144	24	3	922
甘肃	30	36500	16480	12770	6230	1020		10200	4600	5100	500		6	6	175
青海	31	6275		4600	1300	290	85	4480	3200	1000	270		4	2	65
宁夏	32	7994		6800	830	270	94	4917	4000	621	207	89	1	1	43
新疆	33	39000	1500	22107	11593	3200	600	17400	4570	9030	3200	600	30	23	602
新疆生产建设兵团	34	2500	1000	1000	350	100	50	1000	700	200	60	40	3	1	65

【修订建筑业砌筑工等8大工种职业标准】 为适应建筑业发展需要，住房和城乡建设部组织北京建工集团、浙江省建筑业协会等单位的专家，对建筑业砌筑工、混凝土工、钢筋工、管工、防水工、架子工、手工木工、精细木工8个职业标准进行了修订。为做好各职业标准的修订工作，4月在北京举办了标准编写人员培训班，为行业培养了一批国家职业标准编写方法专家；5月组织标准编写人员赴重庆等地调研，了解各职业活动在地区之间的差异；9月召开了各职业标准初审会，12月召开了终审会。

【农民工艾滋病防治宣传教育工作】 为了在行业农民工中普及艾滋病防治知识，提高他们的自我防护意识，在国务院艾滋病防治工作委员会办公室的支持下，实施了农民工防艾教育工程。在建筑工地农民工业余学校、建筑业农民工技能培训示范工程、阳光工程村镇建筑工匠培训的教材中增加了艾滋病防治的教育内容，大力开展行业农民工艾滋病防治宣传教育工作。为推动农民工防艾宣教工作的开展，在山西、广西、江西举办了防艾骨干教师培训班，培训农民工防艾骨干教师308人，为各地大规模开展农民工防艾培训提供了师资支持。同时，还组织进行了建筑业农民工防艾知识宣传教育模式课题研究，理清了农民工防艾工作思路。实施农民工防艾教育工程，是行业农民工预防和控制艾滋病的有效措施，对全国艾滋病防治工作开展具有重要意义。

【继续做好住房城乡建设行业农民工权益保护工作】 根据国务院农民工工作联席会议统一安排，由住房和城乡建设部部牵头，会同卫生部、人民银行、全国妇联组成督察组，就农民工就业创业管理服务、职业技能培训、维护合法权益等情况，由部总经济师李秉仁同志带队，于11月对山东省开展第三次农民工工作督察，住房城乡建设部人事司、质安司、稽查办同志参加了督察工作。住房和城乡建设部会同人力资源和社会保障部等有关部门印发了《关于开展农民工工资支付情况专项检查的通知》，并同多部门一起赴浙江、湖南等省（区、市）开展农民工工资支付专项检查和就业工作专项督察。

（住房和城乡建设部人事司 徐强）

3. 专业人才与培训

【领导干部和专业技术人员业务知识培训】 按照中央大规模培训干部要求，2009年，住房和城乡建设部机关、直属单位和社会团体共组织培训班230项，培训领导干部和专业技术人员49648人次。继续办好市长培训班，全国市长培训中心共组织2期市长培训班和4期专题研究班，共培训市长和领导干部191人次。支持西部地区住房城乡建设系统领导干部培训工作，协助青海省住房城乡建设厅举办全省城乡规划与住房建设领导干部培训班，培训各市（地、州）建设局主管领导及各县（市、区）政府主管领导65人；通过送教上门、定点培训的方式，为新疆免费培训城乡建设统计业务干部117人。

【重点支持定点帮扶地区住房城乡建设领导干部培训工作】 组织住房和城乡建设部干部学院、江苏省住房城乡建设厅为住房和城乡建设部定点帮扶的青海省黄南藏族自治州及尖扎、泽库等县举办二期领导干部培训班，免费培训城乡建设领导干部80余人。住房和城乡建设部和江苏省住房城乡建设厅承担学员学习期间的全部费用。

【举办三期越南建设系统领导干部培训班】 2009年,受住房和城乡建设部委托,住房和城乡建设部干部学院、全国市长培训中心共举办三期越南建设系统领导干部培训班,共培训越南建设系统领导干部50余人。

【定向培养住房和城乡建设系统公共管理硕士(MPA)】 2009年,住房和城乡建设部继续委托中国人民大学、清华大学在全国住房和城乡建设系统开展定向培养公共管理硕士(MPA)工作。中国人民大学培养方向为住房保障和城乡建设,清华大学培养方向为城乡规划与管理。

【住房和城乡建设领域个人执业资格制度建设情况】 按照《国务院办公厅关于印发住房和城乡建设部主要职责内设机构和人员编制规定的通知》(国办发〔2008〕74号)要求,住房和城乡建设部制定印发了《关于完善住房和城乡建设领域个人执业资格行政审批审查有关工作的通知》(建办人〔2009〕13号),明确了住房和城乡建设领域个人执业资格行政审批审查责任、分工和要求。实施注册土木工程师(岩土)执业签字制度,印发《注册土木工程师(岩土)执业及管理工作暂行规定》。推动注册公用设备、电气和化工工程师的注册工作,印发《关于开展注册公用设备、电气和化工工程师注册工作的通知》。

【住房和城乡建设领域个人执业资格考试及注册情况】 2009年,住房和城乡建设领域共举行注册建筑师、勘察设计注册工程师、建造师、监理工程师、造价工程师、房地产估价师、房地产经纪人、注册城市规划师8项执业资格考试(不含物业管理师),共53.6万人次参加考试。截止到2009年底,住房和城乡建设领域取得各类执业资格人员共73万人(不含二级),注册人数54.5万人,具体情况见表2。

住房和城乡建设领域执业资格人员专业分布情况表
(截止到2009年12月31日) 表2

行业领域	类别	专业	取得资格人数	注册人数
勘察设计业	(一)注册建筑师		21732	21327
	(二)勘察设计注册工程师	土木工程 岩土工程	10776	9284
		土木工程 水利水电工程	5964	—
		土木工程 港口与航道工程	1077	—
		土木工程 道路工程	2350	—
		结构工程	36349	35806
		公用设备工程	18209	—
		电气工程	13483	—
		机械工程	3458	—
		化工工程	4465	—
		冶金工程	1341	—
		采矿/矿物工程	1621	—
		石油/天然气工程	438	—
		环保工程	1873	—
建筑业	(三)建造师(一级)		242688	189157
	(四)监理工程师		165214	115870
	(五)造价工程师		109849	104670
房地产业	(六)房地产估价师		39360	34917
	(七)房地产经纪人		34815	21120
	(八)物业管理师		1119	—
城市规划	(九)注册城市规划师		13865	12386
合计			730046	544537

(住房和城乡建设部人事司 王柏峰)

4. 高等教育

【高等学校建筑学专业指导委员会第四届第五次会议召开】 2009年10月,全国高等学校土建学科建筑学专业指导委员会第四届第五次会议在重庆召开。专业指导委员会全体委员及顾问齐康院士,全国高等学校建筑学专业教育评估委员会副主任委员曹亮功,以及住房和城乡建设部人事司、中国建筑工业出版有关负责人参加会议。会议总结了本届专业指导委员会工作,并对下一届专业指导委员会工作提出建议。齐康院士就专业目录制定、提高学科质量、重视新办院系特色、确保专业学位质量、建筑学和城乡规划学科关系等作了发言。会上通报了2009年Revit杯第八届大学生建筑设计作业观摩和评选情况。本届大学生建筑设计作业观摩与评选活动共有73所学校(包括香港中文大学、台湾逢甲大学)参加,送交学生作业共484份、1302张,最终参评478份、1291张。经由来自全国多位知名教授和建筑师组成的评委会评审,共评选出来自48所院校的159份优秀作业,共计449张。获奖院校占参评院校的65.8%,优秀作业份数占总参评作业的33.3%。会议由重庆大学承办。

【高等学校城市规划专业指导委员会第二届第五次会议召开】 2009年9月,高等学校城市规划专业指导委员会第二届第五次会议在沈阳召开。专业指导委员会全体委员及顾问孟兆祯院士,住房和城乡建设部人事司、中国城市规划学会、辽宁省住房城乡建设厅有关负责人,以及来自全国高等院校城市规划专业的代表近200人参加会议。孟兆祯院士做了题为"浅谈城市的安全和规划的基点"的主题报告。会上,60所学校共254份学生"综合社会实践调查报告"以及46所学校共182份学生"城市设计作业"参加交流和评优。同时,举办了教师"教学方法研究论文"评优。会议期间,专业指导委员会围绕会议主题"城市安全·规划基点"、"高等学校城市规划学科本科指导性专业规范(讨论稿)"等方面议题进行了研讨。会议由沈阳建筑大学承办。

【高等学校土木工程专业指导委员会第四届第五次会议召开】 2009年10月,高等学校土木工程专业指导委员会第四届第五次会议在兰州召开。专业指导委员会全体委员,住房和城乡建设部人事司有关负责人参加会议。会议研究讨论了应用型土木工程专业标准和研究型土木工程专业标准,评选了专业指导委员会推荐教材,经全体委员讨论并投票决定李国强《建筑结构抗震设计》、莫海鸿的《基础工程》、龚晓南《地基处理》等3本教材作为"高等学校土木工程学科专业指导委员会推荐教材"。会议评选出2009年度土木工程本科生优秀创新实践成果奖,共产生特等奖2项,一等奖4项,二等奖7项,三等奖9项,鼓励奖14项。会议还就下一阶段专题教学研讨会、教学改革课题研究等进行了研究和布置。会议由兰州理工大学承办。

【高等学校建筑环境与设备工程专业指导委员会第四届第五次会议召开】 2009年8月,高等学校建筑环境与设备工程专业指导委员会第四届第五次会议在西安召开,专业指导委员会全体委员及有关高校代表参加会议。会议首先总结了2009年度专业指导委员会的有关工作。①4月27~29日,专业指导委员会在北京建筑工程学院举办了"教学方法研讨与青年教师工程培训会",全国68所高校的110余名青年教师参加培训;②7月14~17日,指导委员会与中国建筑工业出版社在内蒙古赤峰市共同组织了"建筑设备自动化"课程教学研讨会,江亿院士讲解了《建筑设备自动化》课程的教学思路和方法,任庆昌教授和安大伟教授分别介绍了《自动控制原理》、《暖通空调系统自动化》教材的内容和编写思路,与会50余名教师进行了研讨;③7月24~26日,2009年人工环境相关学科博导论坛在哈尔滨工业大学举行,25所高校的51名博导、教授出席了会议,与会代表就"人工环境科学与工程"学科发展方向展开了讨论。随后,会议对青年教师培训、专业教材建设,以及教改项目、建筑环境与设备工程本科专业规范和专业评估认证标准等事项进行了研究,并安排了下年度工作计划。最后,与会代表就课程体系、教学思想、教学方法改进展开了研讨。会议由长安大学承办。

【高等学校给水排水工程专业指导委员会第四届第五次会议暨全国给水排水工程(给排水科学与工程)专业相关学校院长(系主任)大会召开】 2009年8月,高等学校给水排水工程专业指导委员会第四届第五次会议暨全国给水排水工程(给排水科学与工程)专业相关学校院长(系主任)大会在长沙市召开。专业指导委员会全体委员及顾问李圭白院士、张杰院士,来自全国70所相关高校的代表,有关企业代表,以及住房和城乡建设部人事司、《中国给水排水》编辑部、中国建筑工业出版社有关负责人共140人参加了出席了会议。会议进行了给水排水工程专业教学改革成果经验交流,组织了本科生优秀科技创新项目、优秀毕业设计(论文)及优秀教改论文评选,总结了部分课程教学研讨会情况,并就下一年课程教学研讨会进行了安排,同时研究了教材建设和专业规范编制等有关工作。会议由湖南大学承办。

【高等学校工程管理专业指导委员会第四次会议召开】 2009年8月,高等学校工程管理专业指导委员会第四次会议在杭州召开。专业指导委员会全体委员及住房和城乡建设部人事司、中国建筑工业出版社有关负责人共30人参加了会议。会议重点研究了工程管理本科专业规范研制,并对《高等学校工程管理本科专业规范(稿)》提出具体修改意见。会议还研究了密切高等学校工程管理专业指导委员会与建设部高等教育工程管理专业评估委员会工作联动机制,以及工程管理专业规范与专业教育评估标准衔接等有关问题。会议由浙江大学承办。

【高等学校建筑环境与设备工程专业指导委员会智能建筑指导小组2009年工作会议暨第六届全国高等学校智能建筑教学与学术研讨会召开】 2009年8月,高等学校建筑环境与设备工程专业指导委员会智能建筑指导小组2009年工作会议暨第六届全国高等学校智能建筑教学与学术研讨会在济南召开。智能建筑指导小组全体成员、住房和城乡建设部人事司有关负责人,以及高等学校建筑环境与设备工程专业指导委员会主任委员朱颖心教授出席会议。会议首先总结了2008~2009年度智能建筑指导小组工作。①指导小组于2008年年底在广州召开了年度工作会议;②2009年4月24日,在江苏盐城工学院举办了"亚龙杯全国大学生智能建筑工程技能邀请赛";③继续推进"建筑电气与智能化"本科专业的申报工作,2008年有11所学校申报设置"建筑电气与智能化"专业,指导委员会向教育部推荐了其中8所并获得批准;④2009年8月7~8日,在山东建筑大学举行"智能建筑教学与学术研讨会",会议征集论文130余篇,收录论文106篇,已由中国建筑工业出版社出版。会议明确开展独立设置建筑电气与智能化专业的必要性、迫切性、可行性以及与相关学科的关系研究,并成立了研究小组。随后,与会代表就"建筑电气与智能化专业人才培养"、"建筑电气与智能化专业培养方案与计划、课程设置"、"建筑电气与智能化专业建设"、"建筑电气与智能化专业实验室/实训基地建设"、"建筑电气与智能化专业实践教学研讨"、"建筑电气与智能化专业学科建设"、"建筑电气与智能化专业创新型人才培养探讨"、"智能绿色建筑与建筑节能新技术"等方面进行了广泛的交流和研讨。会议由山东建筑大学承办。

【住房和城乡建设部组织研究论证调整高校建筑学一级学科及增设城乡规划学、风景园林学一级学科】 受国务院学位办委托,住房和城乡建设部按照国务院学位委员会、教育部《关于修订学位授予和人才培养学科目录的通知》(学位〔2009〕28号)要求,组织专家对调整高校建筑学一级学科和增设城乡规划学、风景园林学一级学科的必要性、可行性,以及学科归属门类的科学合理性进行了研究论证。2009年11月,住房和城乡建设部成立了三个学科论证报告起草小组,多次召集起草小组专家共同研究,广泛征求各方意见。12月21日,在北京组织召开"调整高校建筑学、增设城乡规划学、风景园林学一级学科论证报告评议会议",国务院学位办、行业主管部门、行业学协会,以及学科调整工学、农学门类专家组专家和有关高校、科研院所专家参加了会议。与会专家对学科的设置调整及其归属门类等问题进行了充分讨论,对论证报告给予肯定,并提出具体修改建议。起草小组根据专家意见对论证报告进行修改完善后报国务院学位办。

【第五届全国高等学校建筑学专业教育评估委员会成立】 第四届全国高等学校建筑学专业教育评估委员会到2009年任期届满。从2009年9月起,住房和城乡建设部开始酝酿新一届委员会组成人员。经初步酝酿、单位推荐、审查遴选等环节,2010年1月5日,住房和城乡建设部下发了《关于印发第五届全国高等学校建筑学专业教育评估委员会组成人员名单的通知》(建人函〔2010〕4号),组建新一届评估委员会,任期五年。委员会主任委员为清华大学朱文一教授,副主任委员为中国中元国际工程公司曹亮功教授级高级建筑师和东南大学王建国教授,委员26人,分别是(按姓氏笔画排序):孔宇航、王伯伟、王洪礼、卢峰、刘甦、庄惟敏、汤羽扬(女)、张玉坤、李子萍(女)、李志民、李保峰、汪恒、沈中伟、肖毅强、邹广天、周畅、孟建民、唐玉恩(女)、徐雷、桂学文、曹跃进、黄秋平、傅英杰、蒋伯宁、薛明及秘书长(由住房和城乡建设部人事司有关负责人担任)。

【高等学校土建类专业教育评估工作总体情况】 2008~2009年度共有31所高校的48个土建类专业点参加专业评估,其中8所学校和28个专业点为首次提出申请。经过各专业评估委员会全体委员通讯评审、现场考查和评议投票,决定通过这48个专业点的专业评估。截止到2009年5月,全国累计已有67所高校192个土建类专业点通过评估,在评估合格有效期内的191个,其中建筑学专业41个、城市规划专业24个、土木工程专业52个、建筑环境与设备工程专业23个、给水排水工程专业25个、工程管理专业26个,分别占全国设置专业点总数的19%、

16%、13%、20%、15%和7%。土建类专业教育评估国际交流与互认工作取得新进展。2009年4月,《建筑学专业教育评估认证实质性对等协议》(《堪培拉协议》)成员组织第二次全体会议在韩国首尔召开,全国高等学校建筑学专业教育评估委员会派遣代表团参加了会议。会议决定,《堪培拉协议》于2009年4月23日正式生效。该协议由中国、美国、加拿大、澳大利亚、韩国、墨西哥等国家建筑学专业教育评估认证机构及英联邦建筑师协会等国际组织发起成立,是国际上第一个关于建筑学专业教育评估认证的多边互认协议,其主要内容是:①签约各方相互承认对方建筑学专业教育评估认证体系具有实质对等性;②签约各方相互认可对方所作出的建筑学专业教育评估认证结论;③经签约成员评估认证的建筑学专业点,在专业教育质量等各主要方面具有可比性,达到签约各方相互认可的标准;④经任一签约成员评估认证的建筑学专业学位或学历,其他签约成员均予承认。

【高等学校建筑学专业教育评估工作】 2009年,全国高等学校建筑学专业教育评估委员会对中央美术学院、河北工业大学、内蒙古工业大学、昆明理工大学等4所学校的建筑学专业教育进行了评估。评估委员会全体委员对各学校的自评报告进行了审阅,于5月派遣视察小组进校实地视察。之后,经评估委员会全体会议讨论,做出了评估结论并报送国务院学位办。6月,国务院学位办下发了《关于批准中央美术学院等四所高等学校授予建筑学专业学位的通知》(学位办[2009]34号),批准中央美术学院、河北工业大学、内蒙古工业大学开展授予建筑学学士学位工作,昆明理工大学继续授予建筑学学士和开展授予建筑学硕士学位工作。2009年高校建筑学专业评估结论见表3。

截止到2009年5月,全国共有41所高校的建筑学专业点通过专业教育评估,受权行使建筑学专业学位(包括建筑学学士和建筑学硕士)授予权,其中有建筑学学士授予权的40所,有建筑学硕士学位授予权的21所。具体情况见表4。

【高等学校城市规划专业教育评估工作】 2009年,建设部高等教育城市规划专业评估委员会对中山大学、南京工业大学、中南大学、深圳大学、西北大学5所学校的城市规划专业进行了评估。评估委员会全体委员对各校的自评报告进行了审阅,5月派遣视察小组进校实地视察。经评估委员会全体会议讨论,做出了评估结论,见表5。

2009年昆明理工大学等4所院校建筑学专业评估结论　　　　表3

序号	学校	专业	授予学位	合格有效期		备注
				学士	硕士	
1	昆明理工大学	建筑学	学士、硕士	四年(2009.5~2013.5)	四年(2009.5~2013.5)	学士复评硕士首次
2	河北工业大学	建筑学	学士	四年(2009.5~2013.5)	—	复评
3	内蒙古工业大学	建筑学	学士	四年(2009.5~2013.5)	—	复评
4	中央美术学院	建筑学	学士	四年(2009.5~2013.5)	—	复评

高校建筑学专业教育评估通过学校和有效期情况统计表
(截止到2009年5月,按首次通过评估时间排序)　　　　表4

序号	学校	本科合格有效期	硕士合格有效期	首次通过评估时间
1	清华大学	2004.5~2011.6	2004.5~2011.6	1992.5
2	同济大学	2004.5~2011.6	2004.5~2011.6	1992.5
3	东南大学	2004.5~2011.6	2004.5~2011.6	1992.5
4	天津大学	2004.5~2011.6	2004.5~2011.6	1992.5
5	重庆大学	2006.6~2013.6	2006.6~2013.6	1994.5
6	哈尔滨工业大学	2006.6~2013.6	2006.6~2013.6	1994.5
7	西安建筑科技大学	2006.6~2013.6	2006.6~2013.6	1994.5
8	华南理工大学	2006.6~2013.6	2006.6~2013.6	1994.5
9	浙江大学	2004.5~2011.6	2004.5~2011.6	1996.5
10	湖南大学	2008.5~2015.5	2008.5~2015.5	1996.5

续表

序号	学校	本科合格有效期	硕士合格有效期	首次通过评估时间
11	合肥工业大学	2008.5~2015.5	2008.5~2015.5	1996.5
12	北京建筑工程学院	2008.5~2012.5	2008.5~2012.5	1996.5
13	深圳大学	2008.5~2012.5	—	1996.5
14	华侨大学	2008.5~2012.5	2008.5~2012.5	1996.5
15	北京工业大学	2006.6~2010.6	—	1998.5
16	西南交通大学	2006.6~2010.6	2008.5~2012.5	本科1998.5/硕士2004.5
17	华中科技大学	2007.5~2014.5	2007.5~2014.5	1999.5
18	沈阳建筑大学	2007.5~2011.5	2007.5~2011.5	1999.5
19	郑州大学	2007.5~2011.5	—	1999.5
20	大连理工大学	2008.5~2015.5	2008.5~2015.5	2000.5
21	山东建筑大学	2008.5~2012.5	—	2000.5
22	昆明理工大学	2009.5~2013.5	2009.5~2013.5	本科2001.5/硕士2009.5
23	南京工业大学	2006.6~2010.6	—	2002.5
24	吉林建筑工程学院	2006.6~2010.6	—	2002.5
25	武汉理工大学	2007.5~2011.5	—	2003.5
26	厦门大学	2007.5~2011.5	2007.5~2011.5	本科2003.5/硕士2007.5
27	广州大学	2008.5~2012.5	—	2004.5
28	河北工程大学	2008.5~2012.5	—	2004.5
29	上海交通大学	2006.6~2010.6	—	2006.6
30	青岛理工大学	2006.6~2010.6	—	2006.6
31	安徽建筑工业学院	2007.5~2011.5	—	2007.5
32	西安交通大学	2007.5~2011.5	—	2007.5
33	南京大学	—	2007.5~2011.5	2007.5
34	中南大学	2008.5~2012.5	—	2008.5
35	武汉大学	2008.5~2012.5	2008.5~2012.5	2008.5
36	北方工业大学	2008.5~2012.5	—	2008.5
37	中国矿业大学	2008.5~2012.5	—	2008.5
38	苏州科技学院	2008.5~2012.5	—	2008.5
39	内蒙古工业大学	2009.5~2013.5	—	2009.5
40	河北工业大学	2009.5~2013.5	—	2009.5
41	中央美术学院	2009.5~2013.5	—	2009.5

中山大学等5所大学城市规划专业评估结论　　　　表5

序号	学校	专业	授予学位	合格有效期 学士	合格有效期 硕士	备注
1	中山大学	城市规划	学士	四年(2009.5~2013.5)	—	复评
2	南京工业大学	城市规划	学士	四年(2009.5~2013.5)	—	复评
3	中南大学	城市规划	学士	四年(2009.5~2013.5)	—	复评
4	深圳大学	城市规划	学士	四年(2009.5~2013.5)	—	首次
5	西北大学	城市规划	学士、硕士	四年(2009.5~2013.5)	四年(2009.5~2013.5)	首次

截止到2009年5月,全国共有24所高校的城市规划专业通过专业评估,其中本科专业点23个,硕士研究生专业点12个。具体情况见表6。

【高等学校土木工程专业教育评估工作】 2009年,建设部高等教育土木工程专业评估委员会对北京交通大学、大连理工大学、上海交通大学、河海大学、武汉大学、兰州理工大学、河北工业大学、中南大学、长沙理工大学、天津城市建设学院、河北建筑工程学院、青岛理工大学12所学校的土木工程专业进行了评估。评估委员会全体委员对各校的自评报告进行了审阅,于5月派遣视察小组进校实地视察。经评估委员会全体会议讨论,做出了评估结论,见表7。

截止到2009年5月,全国共有52所高校的土木工程专业通过评估。具体情况见表8。

高校城市规划专业评估通过学校和有效期情况统计表

(截止到2009年5月,按首次通过评估时间排序) 表6

序号	学校	本科合格有效期	硕士合格有效期	首次通过评估时间
1	清华大学	—	2004.6～2010.6	1998.6
2	东南大学	2004.6～2010.6	2004.6～2010.6	1998.6
3	同济大学	2004.5～2010.6	2004.5～2010.6	1998.6
4	重庆大学	2004.5～2010.6	2004.5～2010.6	1998.6
5	哈尔滨工业大学	2004.5～2010.6	2004.5～2010.6	1998.6
6	天津大学	2004.6～2010.6	2000.7～2006.6	2000.6
7	西安建筑科技大学	2006.6～2012.6	2006.6～2012.6	2000.6
8	华中科技大学	2006.6～2012.6	2006.6～2012.6	本科2000.6/硕士2006.6
9	南京大学	2008.5～2014.5(2006年6月至2008年5月本科教育不在有效期内)	2008.5～2014.5	2002.7
10	华南理工大学	2008.5～2014.5	2008.5～2014.5	2002.6
11	山东建筑大学	2008.5～2014.5	—	2004.6
12	西南交通大学	2006.6～2010.6		2006.6
13	浙江大学	2006.6～2010.6		2006.6
14	武汉大学	2008.5～2012.5	2008.5～2012.5	2008.5
15	湖南大学	2008.5～2012.5		2008.5
16	苏州科技学院	2008.5～2012.5		2008.5
17	沈阳建筑大学	2008.5～2012.5		2008.5
18	安徽建筑工业学院	2008.5～2012.5		2008.5
19	昆明理工大学	2008.5～2012.5		2008.5
20	中山大学	2009.5～2013.5		2009.5
21	南京工业大学	2009.5～2013.5		2009.5
22	中南大学	2009.5～2013.5		2009.5
23	深圳大学	2009.5～2013.5		2009.5
24	西北大学	2009.5～2013.5	2009.5～2013.5	2009.5

北京交通大学等12所院校土木工程专业评估结论 表7

序号	学校	专业	授予学位	合格有效期	备注
1	北京交通大学	土木工程	学士	八年(2009.5～2017.5)	复评
2	大连理工大学	土木工程	学士	八年(2009.5～2017.5)	复评
3	上海交通大学	土木工程	学士	八年(2009.5～2017.5)	复评
4	河海大学	土木工程	学士	八年(2009.5～2017.5)	复评

续表

序号	学校	专业	授予学位	合格有效期	备注
5	武汉大学	土木工程	学士	八年(2009.5~2017.5)	复评
6	兰州理工大学	土木工程	学士	五年(2009.5~2014.5)	复评
7	河北工业大学	土木工程	学士	五年(2009.5~2014.5)	复评
8	中南大学	土木工程	学士	五年(2009.5~2014.5)	复评
9	长沙理工大学	土木工程	学士	五年(2009.5~2014.5)	首次
10	天津城市建设学院	土木工程	学士	五年(2009.5~2014.5)	首次
11	河北建筑工程学院	土木工程	学士	五年(2009.5~2014.5)	首次
12	青岛理工大学	土木工程	学士	五年(2009.5~2014.5)	首次

高校土木工程专业评估通过学校和有效期情况统计表

（截止到2009年5月，按首次通过评估时间排序） 表8

序号	学校	本科合格有效期	首次通过评估时间	序号	学校	本科合格有效期	首次通过评估时间
1	清华大学	2005.6~2013.6	1995.6	27	石家庄铁道学院	2007.5~2012.5（2006年6月至2007年5月不在有效期内）	2001.6
2	天津大学	2005.6~2013.6	1995.6	28	北京工业大学	2007.5~2012.5	2002.6
3	东南大学	2005.6~2013.6	1995.6	29	兰州交通大学	2007.5~2012.5	2002.6
4	同济大学	2005.6~2013.6	1995.6	30	山东建筑大学	2008.5~2013.5	2003.6
5	浙江大学	2005.6~2013.6	1995.6	31	河北工业大学	2009.5~2014.5（2008年5月至2009年5月不在有效期内）	2003.6
6	华南理工大学	2005.6~2010.6	1995.6	32	福州大学	2008.5~2013.5	2003.6
7	重庆大学	2005.6~2013.6	1995.6	33	广州大学	2005.6~2010.6	2005.6
8	哈尔滨工业大学	2005.6~2013.6	1995.6	34	中国矿业大学	2005.6~2010.6	2005.6
9	湖南大学	2005.6~2013.6	1995.6	35	苏州科技学院	2005.6~2010.6	2005.6
10	西安建筑科技大学	2005.6~2013.6	1995.6	36	北京建筑工程学院	2006.6~2011.6	2006.6
11	沈阳建筑大学	2007.5~2012.5	1997.6	37	吉林建筑工程学院	2006.6~2011.6	2006.6
12	郑州大学	2007.5~2012.5	1997.6	38	内蒙古科技大学	2006.6~2011.6	2006.6
13	合肥工业大学	2007.5~2012.5	1997.6	39	长安大学	2006.6~2011.6	2006.6
14	武汉理工大学	2007.5~2012.5	1997.6	40	广西大学	2006.6~2011.6	2006.6
15	华中科技大学	2008.5~2013.5	1997.6	41	昆明理工大学	2007.5~2012.5	2007.5
16	西南交通大学	2007.5~2015.5	1997.6	42	西安交通大学	2007.5~2012.5	2007.5
17	中南大学	2009.5~2014.5（2002年6月至2004年6月不在有效期内）	1997.6	43	华北水利水电学院	2007.5~2012.5	2007.5
18	华侨大学	2007.5~2012.5	1997.6	44	四川大学	2007.5~2012.5	2007.5
19	北京交通大学	2009.5~2017.5	1999.6	45	安徽建筑工业学院	2007.5~2012.5	2007.5
20	大连理工大学	2009.5~2017.5	1999.6	46	浙江工业大学	2008.5~2013.5	2008.5
21	上海交通大学	2009.5~2017.5	1999.6	47	解放军理工大学	2008.5~2013.5	2008.5
22	河海大学	2009.5~2017.5	1999.6	48	西安理工大学	2008.5~2013.5	2008.5
23	武汉大学	2009.5~2017.5	1999.6	49	长沙理工大学	2009.5~2014.5	2009.5
24	兰州理工大学	2009.5~2014.5	1999.6	50	天津城市建设学院	2009.5~2014.5	2009.5
25	三峡大学	2006.6~2011.6（2004年6月至2006年6月不在有效期内）	1999.6	51	河北建筑工程学院	2009.5~2014.5	2009.5
26	南京工业大学	2006.6~2011.6	2001.6	52	青岛理工大学	2009.5~2014.5	2009.5

【高等学校建筑环境与设备工程专业教育评估工作】 2009年,建设部高等教育建筑环境与设备工程专业评估委员会对西安建筑科技大学、吉林建筑工程学院、青岛理工大学、河北建筑工程学院、中南大学、安徽建筑工业学院6所学校的建筑环境与设备工程专业进行了评估。评估委员会全体委员对学校的自评报告进行了审阅,于5月派遣视察小组进校实地视察。经评估委员会全体会议讨论,做出了评估结论,见表9。

截止到2009年5月,全国共有23所高校的建筑环境与设备工程专业通过评估。具体情况见表10。

【高等学校给水排水工程专业教育评估工作】 2009年,建设部高等教育给水排水工程专业评估委员会对清华大学、同济大学、重庆大学、哈尔滨工业大学、武汉大学、苏州科技学院、吉林建筑工程学院、四川大学、青岛理工大学、天津城市建设学院10所学校的给水排水工程专业进行了评估。评估委员会全体委员对各校的自评报告进行了审阅,于5月派遣视察小组进校实地视察。经评估委员会全体会议讨论,做出了评估结论,见表11。

截止到2009年5月,全国共有25所高校的给水排水工程专业通过评估。具体情况见表12。

【高等学校工程管理专业教育评估工作】 2009年,建设部高等教育工程管理专业评估委员会对重庆大学、哈尔滨工业大学、西安建筑科技大学、清华大学、同济大学、东南大学、武汉理工大学、北京交通大学、郑州航空工业管理学院、天津城市建设学院、吉林建筑工程学院11所院校的工程管理专业进行了评估。评估委员会全体委员对各校的自评报告进行了审阅,于5月派遣视察小组进校实地视察。经评估委员会全体会议讨论,做出了评估结论,见表13。

截止到2009年5月,全国共有26所高校的工程管理专业通过评估。具体情况见表14。

西安建筑科技大学等6所院校建筑环境与设备工程专业评估结论 表9

序号	学校	专业	授予学位	合格有效期	备注
1	西安建筑科技大学	建筑环境与设备工程	学士	五年(2009.5~2014.5)	复评
2	吉林建筑工程学院	建筑环境与设备工程	学士	五年(2009.5~2014.5)	首次
3	青岛理工大学	建筑环境与设备工程	学士	五年(2009.5~2014.5)	首次
4	河北建筑工程学院	建筑环境与设备工程	学士	五年(2009.5~2014.5)	首次
5	中南大学	建筑环境与设备工程	学士	五年(2009.5~2014.5)	首次
6	安徽建筑工业学院	建筑环境与设备工程	学士	五年(2009.5~2014.5)	首次

高校建筑环境与设备工程专业评估通过学校和有效期情况统计表
(截止到2009年5月,按首次通过评估时间排序) 表10

序号	学校	本科合格有效期	首次通过评估时间	序号	学校	本科合格有效期	首次通过评估时间
1	清华大学	2007.6~2012.5	2002.5	13	中原工学院	2006.6~2011.6	2006.6
2	同济大学	2007.6~2012.5	2002.5	14	广州大学	2006.6~2011.6	2006.6
3	天津大学	2007.6~2012.5	2002.5	15	北京工业大学	2006.6~2011.6	2006.6
4	哈尔滨工业大学	2007.6~2012.5	2002.5	16	沈阳建筑大学	2007.6~2012.5	2007.6
5	重庆大学	2007.6~2012.5	2002.5	17	南京工业大学	2007.6~2012.5	2007.6
6	解放军理工大学	2008.5~2013.5	2003.5	18	长安大学	2008.5~2013.5	2008.5
7	东华大学	2008.5~2013.5	2003.5	19	吉林建筑工程学院	2009.5~2014.5	2009.5
8	湖南大学	2008.5~2013.5	2003.5	20	青岛理工大学	2009.5~2014.5	2009.5
9	西安建筑科技大学	2009.5~2014.5	2004.5	21	河北建筑工程学院	2009.5~2014.5	2009.5
10	山东建筑大学	2005.6~2010.6	2005.6	22	中南大学	2009.5~2014.5	2009.5
11	北京建筑工程学院	2005.6~2010.6	2005.6	23	安徽建筑工业学院	2009.5~2014.5	2009.5
12	华中科技大学	2005.6~2010.6	2005.6				

注:南华大学建筑环境与设备工程专业于2006年6月基本通过评估,有效期为有条件5年。根据《全国高等学校建筑环境与设备工程专业(本科)评估程序与方法》的有关规定,2008年评估委员会应对该校进行中期检查,但应该校要求,未能组织对其复查,故评估委员会于2008年5月做出决议,终止对该专业点原评估基本通过的结论。从2008年起(含2008年),该专业点本科教育不在评估合格有效期内。

清华大学等10所院校给水排水工程专业评估结论　　表11

序号	学校	专业	授予学位	合格有效期	备注
1	清华大学	给水排水工程	学士	五年(2009.5~2014.5)	复评
2	同济大学	给水排水工程	学士	五年(2009.5~2014.5)	复评
3	重庆大学	给水排水工程	学士	五年(2009.5~2014.5)	复评
4	哈尔滨工业大学	给水排水工程	学士	五年(2009.5~2014.5)	复评
5	武汉大学	给水排水工程	学士	五年(2009.5~2014.5)	首次
6	苏州科技学院	给水排水工程	学士	五年(2009.5~2014.5)	首次
7	吉林建筑工程学院	给水排水工程	学士	五年(2009.5~2014.5)	首次
8	四川大学	给水排水工程	学士	五年(2009.5~2014.5)	首次
9	青岛理工大学	给水排水工程	学士	五年(2009.5~2014.5)	首次
10	天津城市建设学院	给水排水工程	学士	五年(2009.5~2014.5)	首次

高校给水排水工程专业评估通过学校和有效期情况统计

（截止到2009年5月，按首次通过评估时间排序）　　表12

序号	学校	本科合格有效期	首次通过评估时间	序号	学校	本科合格有效期	首次通过评估时间
1	清华大学	2009.5~2014.5	2004.5	14	沈阳建筑大学	2007.5~2012.5	2007.5
2	同济大学	2009.5~2014.5	2004.5	15	长安大学	2008.5~2013.5	2008.5
3	重庆大学	2009.5~2014.5	2004.5	16	桂林工学院	2008.5~2013.5	2008.5
4	哈尔滨工业大学	2009.5~2014.5	2004.5	17	武汉理工大学	2008.5~2013.5	2008.5
5	西安建筑科技大学	2005.6~2010.6	2005.6	18	扬州大学	2008.5~2013.5	2008.5
6	北京建筑工程学院	2005.6~2010.6	2005.6	19	山东建筑大学	2008.5~2013.5	2008.5
7	河海大学	2006.6~2011.6	2006.6	20	武汉大学	2009.5~2014.5	2009.5
8	华中科技大学	2006.6~2011.6	2006.6	21	苏州科技学院	2009.5~2014.5	2009.5
9	湖南大学	2006.6~2011.6	2006.6	22	吉林建筑工程学院	2009.5~2014.5	2009.5
10	南京工业大学	2007.5~2012.5	2007.5	23	四川大学	2009.5~2014.5	2009.5
11	兰州交通大学	2007.5~2012.5	2007.5	24	青岛理工大学	2009.5~2014.5	2009.5
12	广州大学	2007.5~2012.5	2007.5	25	天津城市建设学院	2009.5~2014.5	2009.5
13	安徽建筑工业学院	2007.5~2012.5	2007.5				

重庆大学等11所院校工程管理专业评估结论　　表13

序号	学校	专业	授予学位	合格有效期	备注
1	重庆大学	工程管理	学士	五年(2009.5~2014.5)	复评
2	哈尔滨工业大学	工程管理	学士	五年(2009.5~2014.5)	复评
3	西安建筑科技大学	工程管理	学士	五年(2009.5~2014.5)	复评
4	清华大学	工程管理	学士	五年(2009.5~2014.5)	复评
5	同济大学	工程管理	学士	五年(2009.5~2014.5)	复评
6	东南大学	工程管理	学士	五年(2009.5~2014.5)	复评
7	武汉理工大学	工程管理	学士	五年(2009.5~2014.5)	首次
8	北京交通大学	工程管理	学士	五年(2009.5~2014.5)	首次
9	郑州航空工业管理学院	工程管理	学士	五年(2009.5~2014.5)	首次
10	天津城市建设学院	工程管理	学士	五年(2009.5~2014.5)	首次
11	吉林建筑工程学院	工程管理	学士	五年(2009.5~2014.5)	首次

高校工程管理专业评估通过学校和有效期情况统计

（截止到2009年5月，按首次通过评估时间排序）　　　　　　　　　　表14

序号	学校	本科合格有效期	首次通过评估时间	序号	学校	本科合格有效期	首次通过评估时间
1	重庆大学	2009.5～2014.5	1999.11	14	深圳大学	2005.6～2010.6	2005.6
2	哈尔滨工业大学	2009.5～2014.5	1999.11	15	苏州科技学院	2005.6～2010.6（2005年有条件通过，2007年复查通过。）	2005.6
3	西安建筑科技大学	2009.5～2014.5	1999.11	16	中南大学	2006.6～2011.6	2006.6
4	清华大学	2009.5～2014.5	1999.11	17	湖南大学	2006.6～2011.6	2006.6
5	同济大学	2009.5～2014.5	1999.11	18	沈阳建筑大学	2007.6～2012.5	2007.6
6	东南大学	2009.5～2014.5	1999.11	19	北京建筑工程学院	2008.5～2013.5	2008.5
7	天津大学	2006.6～2011.6	2001.6	20	山东建筑大学	2008.5～2013.5	2008.5
8	南京工业大学	2006.6～2011.6	2001.6	21	安徽建筑工业学院	2008.5～2013.5	2008.5
9	广州大学	2008.5～2013.5	2003.6	22	武汉理工大学	2009.5～2014.5	2009.5
10	东北财经大学	2008.5～2013.5	2003.6	23	北京交通大学	2009.5～2014.5	2009.5
11	华中科技大学	2005.6～2010.6	2005.6	24	郑州航空工业管理学院	2009.5～2014.5	2009.5
12	河海大学	2005.6～2010.6	2005.6	25	天津城市建设学院	2009.5～2014.5	2009.5
13	华侨大学	2005.6～2010.6	2005.6	26	吉林建筑工程学院	2009.5～2014.5	2009.5

（住房和城乡建设部人事司　王柏峰）

十三、住房城乡建设稽查

【组织开展案件稽查和专项检查】 认真做好党中央、国务院领导和部领导批示的案件的稽查工作，组织或参与27次案件稽查，涉及主管部门违规审批、建设单位违规开发建设、建筑工程存在质量安全问题、破坏历史文化名城、拖欠工程款等，全部按时完成调查并督促处理。

组织或参与了33次专项检查，包括廉租住房建设情况检查、住房公积金检查、建设工程质量监督执法检查、建设领域节能减排专项监督检查、在建城市轨道交通工程安全生产督察、工程建设强制性标准实施情况试点检查、风景名胜区综合整治、国家园林城市复查等。

【妥善处理投诉举报】 全年共受理举报571件，其中信件类162件，占33.7%；网络类409件，占66.3%。按照有关规定，对4件违法违规问题事实清楚、情节严重、性质恶劣、社会影响重大的举报件，进行了直接稽查；对200件违法违规问题事实清楚、情节较重、社会影响较大的举报件，做督办处理(转由省级住房城乡建设主管部门调查处理并要求在规定期限内反馈结果)；对301件违法违规问题事实清楚，但情节较轻、社会影响较小或涉及其他部门职责的举报件，做移送转送处理(转由省级住房城乡建设主管部门或其他部门调查了解并酌情处理)；对66件违法违规问题事实不清楚、未提供有效线索和证明材料，难以查证的，或已进入司法途径解决以及信访终结的，做存档备查处理。对转地方查处并要求报送处理结果的，加大督办力度，并对部分举报进行了实地督促检查，促使地方对违法违规问题依法处理到位。

按季度统计分析群众举报和稽查案件，及时发现违法违规苗头，总结规律，向部领导汇报，并向有关单位通报信息。

【全面推进稽查执法工作】 根据2月24日印发的《住房和城乡建设部〈关于建设部稽查办公室更名为住房和城乡建设部稽查办公室的通知〉》,职责范围由原来的城乡规划、房地产市场、建筑市场、风景名胜区4个领域扩大到住房保障、住房保障、城乡规划、标准定额、房地产市场、建筑市场、城市建设、村镇建设、工程质量安全、建筑节能、住房公积金、历史文化名城和风景名胜区12个领域,覆盖住房和城乡建设部所有业务范围。为适应新工作职责,5月15日,印发《关于住房和城乡建设部稽查办公室内设机构主要职责的通知》,内设处室由原来的4个处增加到5个,分别为综合处、稽查一处、稽查二处、稽查三处、城乡规划督察员管理处,全面落实稽查执法工作职责。

2月26~27日,在上海召开"住房城乡建设稽查工作座谈会",此次会议是建设稽查执法系统召开的首次全国性工作会,姜伟新部长对会议做出重要批示,陈大卫副部长作工作报告。

4月17日,印发《关于加强稽查执法工作的若干意见》(建稽〔2009〕60号),这是我国第一个关于住房城乡建设稽查工作的规范性文件,对稽查执法工作的性质、重要意义、工作思路、主要任务、基本要求等予以明确,对开创稽查工作新局面具有重要的现实意义。

组织修订《建筑市场稽查暂行办法》、《建设领域违法违规行为举报管理办法》和《建筑市场举报投诉受理工作管理办法》。

【创新稽查执法工作机制】 统筹协调住房和城乡建设部全年各项重点稽查执法工作。3月30日,印发《住房和城乡建设部2009年重点稽查执法工作方案》(建稽〔2009〕49号),对保障性住房建设、住房公积金管理、建筑节能和城镇减排、城乡规划实施、房地产和建筑市场秩序以及工程质量安全方面的稽查执法工作做了统筹协调,突出重点,体现了部中心工作的整体性,也有利于地方统筹安排全年工作。

建立集体研判机制,并贯穿于案件稽查的全过程。对稽查报告中提出的处理意见坚持集体研究决定,尤其是对违法违规行为的定性,主动与有关司局沟通,听取意见建议,必要时会同有关司局共同研究决定。

建立联动工作机制。与最高人民检察院、监察部、国土资源部、国家文物局等建立了日常工作联系机制,及时通报情况。主动与部内各司局沟通,联合开展建设稽查和规划督察。

【健全稽查执法机构】 督促尚未建立稽查机构的11个省级住房和城乡建设主管部门在新一轮机构改革中成立稽查机构。截至2009年底,全国已有北京市、天津市、上海市、重庆市、河北省、山西省、内蒙古自治区、黑龙江省、吉林省、辽宁省、江苏省、安徽省、浙江省、福建省、江西省、湖北省、广东省、云南省、贵州省、四川省、甘肃省、西藏自治区、宁夏回族自治区、新疆维吾尔自治区共24个省级住房城乡建设主管部门建立了稽查制度。其中,2009年成立的有7个,分别是广东省住房城乡建设厅执法监察局、湖北省住房城乡建设厅稽查执法处、云南省住房城乡建设厅城乡建设执法稽查处、内蒙古自治区住房城乡建设厅法规与稽查处、辽宁住房城乡建设厅稽查办公室、宁夏回族自治区住房城乡建设厅稽查办公室和西藏自治区住房城乡建设厅稽查特派员办公室。

7月,对全国地市级稽查执法机构的设置情况进行了摸底调查,形成《地级城市住房和城乡建设稽查机构设立情况报告》。我国共有地级设市城市283个,其中180个城市分别在建设、城乡规划、房地产(含住房保障和公积金)及园林绿化(含风景名胜区)等领域设立了稽查机构,共计289个(其中在4个领域均设立稽查机构的城市4个,在3个领域设立稽查机构的城市22个,在2个领域设立稽查机构的城市53个,在1个领域设立稽查机构的城市101个)。另有103个城市没有设立稽查机构,这其中又有32个城市将部分住房城乡建设系统的稽查职能划归城市综合执法机构。

【稳步推进城乡规划督察工作】 及时总结部派规划督察员工作经验,制定了扩大规划督察范围的工作目标,起草《部派城乡规划督察员派驻工作方案》。

完成第四批部派城乡规划督察员培训、派驻工作,使派驻城市从34个增加到51个,部派城乡规划督察员人数从51名增加到68名,实现了国务院审批城市总体规划的省会、副省级城市和历史文化名城全覆盖的目标。

在郑州、石家庄、昆明等28个城市开展了利用卫星遥感技术辅助城乡规划督察工作,发现了一批涉及总体规划强制性内容的可疑问题,有的已及时处理。

针对一些城市不按程序调整城市总体规划、控制性详细规划的行为发出督察建议,督促各地依法依规进行规划调整和审批。对一些地方出现的下放市级规划管理权到各类开发区、新区问题进行督察。2009年部派城乡规划督察员共向各地政府发出督察意见书5份，建议书38份，约见地方政府领导60余次，及时通报违规情况，促进了地方经济健康发展。

5月13日，印发《住房和城乡建设部城乡规划督察员工作规程》（建稽〔2009〕86号），进一步规范了部派城乡规划督察员工作标准与程序。

推动地方建立本地区的城乡规划督察制度。已有一批省（区）市建立了本地区的城乡规划督察制度，如河北、浙江、山西、成都等省市。

【组织各地督察员组开展工作】 加强与68名部派城乡规划督察员联系，及时接收、整理、分析和统计督察员报送的督察文书、工作简报、调查报告等各类文件材料，实时掌握51个派驻城市的规划督察工作动态，并定期汇总督察员工作进展情况。全年印发规划督察工作简报16期，向部领导报送督察工作签报37份。

通过组织培训，召开督察员座谈会以及给督察员邮寄《建设部文告》、领导讲话等文件资料，加强沟通交流，进一步提高督察员的综合素质。及时认真做好督察员的后勤保障工作。

【深入推进治理商业贿赂专项工作】 指导各地抓住容易发生商业贿赂的关键环节和重点岗位，拓宽举报渠道，排查案件线索，配合执纪执法部门查处了一批情节严重、涉案范围广、影响面大的商业贿赂案件。2009年全系统配合执纪执法机关查结商业贿赂案件139件，涉案金额上亿元，涉案人员229名。

印发《关于进一步做好查办商业贿赂案件季报工作的函》、《关于进一步做好住房城乡建设系统治理商业贿赂工作专报、简报报送工作的函》，指导全系统严格季报、专报、简报制度，及时反映工作情况，交流工作信息。住房和城乡建设部治理商业贿赂办公室全年向中央治贿办报专报1期、季报4期，印发简报16期。

要求各省级住房城乡建设主管部门把治理商业贿赂工作融入惩治和预防腐败体系建设，采取多种形式对干部进行法律法规教育、岗位廉政教育，提高广大公务员和企事业单位从业人员抵制商业贿赂的自觉性。据不完全统计，2009年全系统共组织治理商业贿赂教育培训240余次。

深入推进市场诚信体系建设。坚持把市场诚信体系建设作为治理商业贿赂、规范市场秩序的重要举措来抓，进一步加快房地产市场诚信体系建设。全年通过信用档案公示的房地产信息达到几十万余条。开通全国建筑市场诚信信息平台，对全国6100家勘察设计企业、22.7万家施工企业、6080家监理企业、4961家招标代理机构、和16.99万名一级注册建筑师建立了企业和个人信用档案。

强化联动机制建设。在部、省两级主管部门在与检察机关建立治理商业贿赂联动机制的基础上，与国土资源、监察、文物等部门建立了工作协调机制，协同推进有关工作。

【配合开展工程建设领域突出问题专项治理工作】 积极参与制订工作方案，参加部工程建设实施和工程质量专项治理协调组工作。2009年7月以来，受理相关领域举报63件。

【积极参与房地产开发领域违规变更规划调整容积率专项治理工作】 赴各地开展前期调研，协助拟定专项治理工作方案。参与制定《关于举报件和案件线索管理暂行办法》，负责治理办公室举报案件登记、处理和督办等相关工作，全年受理举报123件。其中发函督办64件，转办42件，并组织或参与了7件投诉举报的现场核查督办工作。

【研究建立住房公积金督察员制度】 会同住房公积金司研究建立住房公积金督察员制度，向部报送了《关于建立住房公积金督察员制度的意见》（送审稿）。

【加强管理，提高稽查执法队伍素质】 强化党员干部的思想作风、工作作风、学风、领导作风、生活作风建设，坚持民主集中制。对全体干部开展反腐倡廉的警示教育，要求大家在稽查工作中严格按制度和程序办事，坚持原则，秉公办事。

结合深入学习实践科学发展观活动，认真制定整改落实方案，把建设稽查工作中制约科学发展的突出问题和履行职责、服务群众中存在的有关问题作为整改重点，提出共22条具体整改措施。通过抓整改落实，健全和完善了制度，规范和促进了稽查工作。

修订完善了包括《案件稽查和专项检查工作程序》、《投诉举报处理工作程序》等16项工作制度，形成《住房和城乡建设部稽查办公室工作制度》，规范内部工作程序。

开展《我国城乡规划及历史文化名城保护违法违规行为稽查工作研究》、《住房公积金稽查执法体制机制研究》、《建筑工程招标投标违法违规行为稽查工作研究》、《城乡规划督察工作法律基础研究》、《城乡规划督察员工作手册研究》、《投诉举报信息系统研究》6个课题研究。同时，开展《住房城乡建设稽查执法工作手册》、《城乡规划督察工作手册》的编写。

在北京举办了2期"住房城乡建设稽查工作专

题培训班",来自全国15个省、自治区、直辖市的120多名从事建设稽查工作的人员参加了培训,提高了大家的业务能力和工作水平。

(住房和城乡建设部稽查办公室)

十四、固定资产投资

1. 中央投资项目建设进展顺利

中央投资集中用于加快保障性安居工程、农村基础设施和农村民生工程、重大基础设施、教育卫生等社会事业、节能减排和生态环保、自主创新和结构调整以及汶川地震灾后恢复重建。

【落实中央投资工作情况】 ①建立组织领导体系,加强统筹协调。成立新增中央投资协调小组,加强对中央投资的统一领导、统筹协调和督促检查;各省级人民政府相继建立扩大内需促进经济增长领导协调机制,对所属项目的投资安排、项目管理、资金使用、质量安全和实施效果负总责。各市县、项目单位层层建立责任制。发展改革部门统筹协调,编制并下达中央投资计划,财政、国土、环保、银行等部门各司其责、密切配合;监察、审计、发展改革、财政等部门负责监督检查。同时建立项目进展情况旬报制度,及时掌握项目进展和政策落实情况;针对影响中央投资项目实施中的主要问题,提出"三个百分之百"的工作要求,即地方配套资金要100%落实,项目要100%开工建设,检查中发现的问题要100%整改到位。

②建立政策支持体系,推进制度创新。为缓解地方配套资金困难,中央财政代理发行地方政府债券,明确要优先并集中用于中央投资项目的地方配套;国务院下发《关于调整固定资产投资项目资本金比例的通知》,及时调整固定资产投资项目资本金比例,缓解部分项目资本金压力;扩大企业债券发行规模,2008年四季度以来通过核准发行企业债券筹资4800亿元;发布实施《关于改进和完善中央补助地方投资项目管理办法的通知》,改进中央投资管理方式;对不符合扩内需保增长要求的有关规定和办法,提出调整和完善的意见。

③建立监督管理体系,加强项目监管。创新监督检查机制,由中纪委监察部牵头、有关部门为成员单位,成立中央扩大内需促进经济增长政策落实工作领导小组,组成24个中央检查组,对中央投资项目进行了三轮监督检查;加强审计、稽查和部门检查,重点对扩大内需中央投资计划执行、配套资金落实、建设进度、工程质量、资金拨付、项目财务等实施和效果进行审计、稽查和监督;各地区、各部门,国有银行和国骨企业集团组织开展自查自纠。这些监督检查工作有力地推动了中央政策的贯彻落实和中央投资项目的实施,及时发现和纠正了一些问题,提出整改建议,促进管理的规范完善,有效防范了重大违法违纪违规行为的发生。

在三大保障体系的推动下,中央投资项目建设进展顺利,总体情况较好。中央检查组三轮检查和专项审计结果表明,中央投资项目实施总体情况是好的,项目安排和资金使用基本符合中央规定的投向和要求,没有发现将中央投资用于"两高一资"、低水平重复建设和产能过剩项目,以及党政办公楼等楼堂馆所项目。

2. 重点领域建设情况及成效

【保障性安居工程建设】 基本建成各类保障性住房200万套,改造国有林区、垦区、煤矿棚户区和部分城市棚户区住房130万套,实施改造农村危房80万户,9.2万户游牧民实现定居。

【农村民生工程和农村基础设施建设】 解决6069万农村人口饮水安全问题,新增农村电网线路26.6万公里,新建和改造农村公路38万公里。新增500万农村沼气用户。建设大中型沼气工程1579处。新建及加固堤防2541公里,治理水土流失面积9677平方公里。

【重大基础设施建议】 京沪、哈大、石武、兰新等一批重大铁路项目进展顺利,新增铁路通车里程5557公里。国家高速公路网建设有序推进,新增公路通车里程9.8万公里。完成16个中西部支线机场和西部干线机场建设项目,城市电网改造有序推进。

【医疗卫生、教育文化等社会事业】 建成17171个基层医疗卫生服务机构、4522个基层计划生育服务项目。改造农村初中校舍面积670万平方米，建成中等职业学校和特殊教育学校校舍314万平方米。建成乡镇综合文件站5062个。

【节能减排和生态环境建设】 完成造林面积588.5万公顷。新增城镇污水日处理能力1330万立方米、城镇垃圾日处理能力5万吨。

【自主创新和结构调整】 中央投资支持的4441个重点产业调整振兴和技术改造以及一批自主创新和高技术产业化项目进展顺利，16个重大科技专项全面实施。

【汶川地震灾后恢复重建】 重灾区累计完成规划总投资的65.5%，农村住房重建任务基本完成，城镇住房重建加固全面展开，学校、医院和基础设施建设进展顺利，重灾城镇恢复重建加快。

2009年以来，中央投资直接增加了即期需求，有效带动了社会投资，促进了企业生产和就业稳定，在保增长、调结构、促改革、惠民生中发挥了重要作用。一是促进经济平稳较快发展。2009年，中央投资安排总量虽然不多，占全社会投资比例很低，但中央投资发挥了"四两拨千斤"的作用。在扩大内需中央投资的有力带动下，在拉动经济的"三驾马车"中，资本贡献率为9成，为2009年实现"保八"目标作出了重要贡献。二是加强和改善了民生。2009年中央投资用于民生领域和加强社会事业薄弱环节的投资占比超过50%，一大批保障性安居工程、农村水电路气房和教育、卫生等民生和公益工程建成使用，改善了人民群众急需的生产生活条件。三是加快了自主创新、结构调整步伐。中央投资安排重点产业调整振兴、十大节能工程、高技术产业化、环保和生态等方面的项目建设，重点向中西部地区倾斜，有效地推进了结构调整和发展方式的转变。四是为长远发展夯实基础。中央投资着眼于缓解基础设施的瓶颈制约，加快建设了一批铁路、交通、重大水利设施、城市电网改造等重要基础设施项目，为国民经济长期持续稳定发展奠定基础。

3. 全社会固定资产投资保持平稳较快增长

在中央扩大内需应对国际金融危机一揽子计划和相关政策措施的有力支持下，固定资产投资持续平稳较快增长，促进了经济企稳回升态势的形成和发展。2009年，全社会固定资产投资完成22.48万亿元，增长30.1%，增幅同比提高4.6个百分点。其中，城镇投资完成19.41万亿元，增长30.5%，增幅提高4.4个百分点；农村投资完成3.07万亿元，增长27.5%，增幅提高6个百分点。在投资较快增长基础上，投资结构继续优化，农业农村投资、教育卫生等社会事业投资以及环境保护投资增速较快，制造业投资增长平稳，区域投资增长协调性进一步增强。

【第一产业、第三产业投资增长较快，投资产业结构有所优化】 2009年，第一产业投资增长49.9%，第二产业投资增长26.8%，第三产业投资增长33%。第一产业、第三产业投资增速分别超过第二产业23.1和6.2个百分点，占城镇投资规模的比重均有所提高。

【农业、民生工程和基础设施投资保持较高增速】 2009年以来，中央投资注重向"三农"、保障性安居工程、卫生教育等民生和公益领域倾斜。在中央投资有力带动下，农业投资自年初一直保持较高增速。民生工程投资均有较大幅度增长，教育、卫生、社会保障和社会福利、文化等投资增幅同比提高27个百分点以上。基础设施投资增长42.5%，增幅提高19.3个百分点，其中铁路投资增长67.5%，公路、水利、环境、公共设施投资均增长40%以上。

【制造业投资增长较为平稳】 为应对国际金融危机对国内产业发展的不利影响，国家制定并组织实施了钢铁、汽车、造船、石化、轻工、纺织、有色金属、装备制造、电子信息、物流业十大产业调整振兴规划以及相关实施细则，促进产业转型升级、保持行业平稳发展。通用、专用、交运、电气等装备制造业投资增速均超过30%。钢铁、建材、有色、石化、化工5个"两高"行业投资未见速体反弹迹象，增长21.3%，增幅同比回落15.4个百分点。

【中西部地区投资增速加快，区域投资增长协调性进一步增强】 2009年以来，中央投资重点向中西部地区、革命老区、民族地区、边疆地区、贫困地区倾斜。在中央投资有力带动下，中西部地区投资继续保持较快增长，增速分别为36%和35%，中西部地区投资占城镇投资比重超过50%，比上年提高1.9个百分点。20个中西部省份中，投资增速在30%以上的有16个，其中四川、山西、湖南、广西、黑龙江5个省区增速超过40%。东部地区城镇投资增长23.9%，增速相对比较平稳。

【房地产开发投资持续回升，保障性安居工程顺利实施】 房地产开发投资自年初走出低谷后逐月回升，全年增长16.1%，房地产开发施工和竣工面积分别增长12.8%和5.5%，房屋土地开发和土地购置面积等先行指标降幅继续收窄。2009年，中央明确提出了保障性安居工程三年工作目标，成立保障性安居工程协调小组，有关部门和地方组织编制了规划计划、切实落实年度建设任务。保障性安居工程建设顺利实施，经济适用房投资继续保持较快增长，吉林、广东、北京、广西4个地区投资增速超过70%。

【施工项目和新开工项目投资增速较快】 2009年，全国施工项目计划总投资增长32.3%，增幅同比提高12.4个百分点。新开工项目计划总投资增长67.2%，增幅提高61.8个百分点。分地区看，全国有20个地区施工项目计划总投资增速超过30%，有6个地区新开工项目计划总投资增速超过100%。

【投资资金来源比较充足】 2009年，城镇投资到位资金21.83万亿元，增长37.6%，增幅同比提高17.6个百分点。其中国家预算内资金和国内贷款增长较快，分别增长53.7%和47.7%，增幅分别提高18.6和36.3个百分点。

4. 投资体制改革取得积极进展

【研究制定鼓励引导民间投资的政策措施】 为进一步激发经济发展的内生动力和活力，巩固经济向好回升势头，抓紧研究制定鼓励和引导民间投资的政策措施。2009年，国务院颁布实施了《关于进一步促进中小企业发展的若干意见》，要求切实加强和改善政府服务、继续落实财政对中小企业支持政策、切实解决小企业融资难问题、支持中小企业加快技术进步。

【根据宏观调控和转变职能需要，研究修订政府核准投资项目目录】 研究修订政府核准投资项目目录，进一步大幅缩减中央投资主管部门核准事项，扩大地方和部门核准权限。这既是扩大内需、促进经济平稳较快增长的客观需要，也是转变政府投资管理职能、减少微观事务管理、集中精力加强宏观调控的重要举措，有利于调动地方和企业积极性。

【贯彻落实投资体制改革决定要求，规范政府投资管理】 为进一步深化投资体制改革、加快转变政府投资管理职能，在深入调查研究，认真总结企业投资项目核准制、备案制推行情况基础上，研究核准和备案管理条例，对于把企业投资活动纳入法制化管理轨道、加快推进投资领域法治化进程具有重要作用。

【强化投资立法建设，研究政府投资条例】 为进一步规范政府投资行为、提高政府投资效益、充分发挥政府投资在保持经济平稳较快发展中的作用、抓紧研究政府投资条例，拟对政府投资的投资方式、决策程序、投资年度计划和建设实施等提出明确规定。2009年底，国家发展改革委会同有关部门研究草拟了《政府投资条例》上报国务院审批。

为有效预防和解决工程安全质量方面存在的突出问题，印发了《关于加强重大工程安全质量保障措施的通知》。为切实加强和规范中央投资概算调整管理，首次引进了审计监督，强调"先审计、后调概"、防止和解决超概算问题。扩大中央预算内投资项目代建制的试点范围，组织开展中央投资项目后评价试点工作。为改进和加强对投资中介服务机构的监管，修订了委托投资咨询评估管理办法，要求咨询机构切实按改革要求开展评估工作。

（国家发展和改革委员会固定资产投资司）

十五、铁 道 建 设

【综述】 2009年，铁路部门深入学习实践科学发展观，认真贯彻铁路建设新理念，全面落实质量、安全、工期、投资、环保、技术创新"六位一体"和"高标准、讲科学、不懈怠"要求，加快项目审批，强化建设组织，全面完成了2009年铁路建设任务。

【铁路建设取得巨大成就】 ①交付运营的铁路线路创历史新高，投产新线5557.3公里，其中客运专线2318.9公里，投产复线4128.8公里、电气化铁路8448.3公里；②完成铁路基本建设投资创历史新高，全年完成投资6005.64亿元，超过"九五"和"十五"铁路基建投资的总和；③完成主要实物工作量创历史新高，其中新线铺轨5461.4公里、复线铺轨4063.2公里，完成桥梁3225折合公里、隧道999折合公里、接触网21895条公里，新建客站104座；④开通运营线路品质创历史最好，全部新线均按设计速度开通，特别是世界上一次建成里程最长、运营速度最高的武广高速铁路开通投产，在国内外引起强烈反响；⑤施工安全创造新水平，每百亿元投资死亡0.73人，继续处于全国建筑业的较低水平，也低于铁路自身前几年的水平；⑥技术创新取得重要成果，郑西客专大断面黄土隧道修建技术、宜万铁路岩溶隧道"释能降压"技术成功解决了高风险隧道施工的世界级难题，大胜关大桥合龙和天兴洲大桥开通提升了我国桥梁建造技术水平。铁路建设完成投资持续大幅增长，有效带动钢材、水泥、机械制造等相关产业发展，提供了较多的就业岗位与机会，为我国成功应对国际金融危机影响、确保国民经济平稳较快增长作出了应有的贡献。

【建设项目组织管理不断加强】 建设项目不断增多，下大力抓好项目施工组织设计，优化资源配置，动态调整节点工期和控制工程，准确把握项目近期、中期和年度施工重点、难点、关键点，加大组织协调，搞好物资供应，确保所有在建项目正常推进。铁道部制定下发《铁路工程施工组织设计指南》，为科学编制施工组织提供了有力指导；各建设单位主要领导亲自上手抓指导性施工组织设计编制，提高了施工组织的质量和权威性。铁道部组织一年两次集中审查在建项目施组，依据审查结果指导建设单位切实解决征地拆迁、设计供图、方案稳定、工程措施、物资供应等方面的关键问题，武广高铁、京九电化等项目按期开通投产，京沪高速、哈大客专、沪宁城际等线下工程基本完成，京石、石武、兰渝、沪杭等项目进度加快，宜万铁路高风险隧道全部贯通，其他项目有序推进。武汉、长沙南等104座新客站投入使用，铁路现代化枢纽建设取得新成果。那曲物流中心竣工运营，强化了青藏铁路的辐射功能。2009年开通里程最长的是乌鲁木齐铁路局，仅新线就达876公里；完成投资最多的上海铁路局达911.4亿元。

【质量安全控制水平进一步提高】 在推行铁路建设标准化管理过程中，始终把工程质量摆在最重要、最突出、最关键的位置来抓，强化勘察设计、原材料质量等源头控制，加大检查监督和处罚力度，落实工程质量终身负责制和问责制，规范工程质量创优工作，在建设任务大幅增长的情况下，保证了主体结构没有大的缺陷、工程验收100%合格、开通速度达到设计速度目标值。新建遂渝铁路、成都北编组站、敦煌站综合工程获2009年鲁班奖。京津城际铁路等24项工程获2009年度火车头优质工程奖。2009年评选的新中国"百项经典暨精品建设工程"中共有11项铁路工程，其中5项是近年新建项目。各参建单位强化安全基础建设，落实安全生产费用，建立安全风险管理机制，认真开展安全生产"三项行动"、专项治理和大检查大反思等系列活动，以既有线、隧道、高空深水桥梁等施工和大型机械设备安全为重点，集中排查整治突出问题，收到良好成效。全年杜绝了重大和特别重大安全事故，每百亿元投资事故死亡人数比2008年下降了70%。

【标准化管理纵深推进】 切实加强铁路建设标准化管理基础建设，不断完善技术标准、管理标准和作业标准，推进依法建设、规范管理取得新成效。技术标准方面，在动态清理修订现行标准的同时，以建立高速铁路工程建设技术标准体系为重点，发布实施《高速铁路设计规范》等建设标准37项、通用参考图56套、造价标准6项，完成37项建设标准英文版翻译工作。管理标准方面，积极配合国务院法制办加快《铁路建设条例》立法进程，起草完成《铁路建设工程安全生产管理规定》，围绕完善设计配合、技术交底、现场管理、质量创优、责任追究、质量事故调查处理、工程质量与招投标挂钩、信用评价、施工监理等工作，制定下发了46个规范性文件；各建设单位结合实际，建立健全了一系列建设项目规章制度。作业标准方面，充分发挥政府部门的指导作用和建设单位的组织协调作用，以施工企业为主体，编制了成套的铁路工程施工作业指导书和作业要点示范卡片，形成了简明实用、覆盖各个专业的铁路工程作业标准。铁路建设"三大标准"已基本建立体系、配套齐全，为深入推进标准化管理、切实提高建设组织管理水平奠定了良好基础。

结合推行标准化管理，在施工企业大力倡导推行架子队劳务用工管理模式。

推行标准化管理收到了初步成效：铁路建设者的思想认识有了提高，标准成为习惯、习惯符合标准、结果达到标准的观念深入人心，靠标准化管理手段来提高企业管理水平、提高铁路建设水平的认识趋于统一；标准制订有进步，正朝着事事有标准的方向发展；现场的卫生清洁、文明施工、平面布局水平明显改善；质量、安全、工期、投资、环保、技术创新"六位一体"目标，尤其是安全质量目标的控制力稳步上升。

【和谐建设局面进一步发展】 党中央、国务院高度重视铁路发展，国家有关部门和各级地方政府大力支持、推动铁路建设，为大规模铁路建设提供了良好的政策环境。铁路系统充分发挥青藏铁路、京津城际铁路工程的示范效应，充分利用国际舆论的影响，与多个国家建立了修建高速铁路的合作意向，加快实施中国铁路"走出去"战略。加快推进铁路建设节能减排、环境保护等工作,在水源保护、植被保护、噪声振动防治、文物保护等方面做了大量工作。

(铁道部建设管理司综合处)

1. 2009年部分新开工项目

【南京至杭州铁路客运专线】 为促进区域经济社会发展,提高铁路运输能力和服务质量,完善路网结构,新建南京至杭州铁路客运专线。线路自南京站(不含)至杭州东站(不含)新建线路全长248.963公里;本线与南京南站京沪高速场联络线,上行线长2.625公里,下行线长2.418公里,其他相关工程;本线至杭州站联络线,上行线长2.803公里,下行线长4.850公里。工期4年。

工程于2009年4月4日开工建设。截至2009年底,全线完成投资93亿元,工程全面施工。开累完成路基土石方868万方,占设计的52.4%;特大桥50787延米,占设计的33.2%;大桥1331延米,占设计的37.2%;中桥52延米,占设计的9.9%;小桥121延米,占设计的1.6%;涵洞5417横延米,占设计的60.9%;隧道7637成洞米,占设计的28.2%;电力线路26.5公里,占设计的3%;房屋1508平方米,占设计的2.1%。

【杭州至宁波铁路客运专线】 新建杭州至宁波铁路客运专线。杭州东站(不含)至宁波站(不含),线路全长约149.89公里。全线运营长度约154.60公里。工期4年。

工程于2009年4月8日开工建设。截至2009年底,全线完成投资103亿元,线下工程施工。开累完成路基土石方41万方,占设计的25.7%;特大桥47263延米,占设计的38.7%;大桥2067延米,占设计的80.1%;中桥138延米,占设计的40.6%;小桥17延米,占设计的88.4%;涵洞208横延米,占设计的52.6%;隧道4383成洞米,占设计的34.7%。

【上海至杭州铁路客运专线】 上海至杭州铁路客运专线自上海虹桥站引出,经春申、松江、嘉兴、桐乡、海宁、余杭引入杭州东站。上海虹桥站(不含)至杭州东站(不含),新建线路长度153.49公里。全线运营长度158.77公里。建设工期4年。

工程于2009年4月1日开工建设。截至2009年底,全线完成投资163亿元,线下工程施工累完成路基土石方338万方,占设计的72.5%;特大桥118792延米,占设计的79.8%;中桥281延米,占设计的34.9%;小桥253延米,占设计的72.9%;涵洞2125横延米,占设计的89.8%;房屋810平方米,占设计的1%。

【武汉至黄石城际铁路】 为适应武汉城市圈"两型社会"综合配套改革试验区建设,推动武汉城市圈经济一体化进程,完善区域综合运输网络,促进区域经济社会又好又快发展,新建武汉至黄石城际铁路。线路自武汉站引出,经何刘、葛店、华容、鄂州至黄石南站。武汉站(不含)至大冶北站,线路建筑长度约91.7公里,运营长度约96.8公里。武汉枢纽南环线约25.1公里、联络线、流芳站和黄石地区相关工程。建设工期3年。

工程于2009年10月2日开工建设。截至2009年底,全线完成投资9.66亿元,线下工程施工。开工累计完成路基土石方62万方,占设计的6.4%;特大桥4383延米,占设计的8.6%;大桥42延米,占设计的1.4%;隧道50成洞米,占设计的0.8%。

【武汉至咸宁城际铁路】 线路自武黄城际铁路南湖东站引出,经庙山、沿十六潭路、既有京广线以东、武广客运专线以西引入咸宁市至咸宁南站。南湖东站(不含)至咸宁南站,线路建筑长度约77.04公里。建设工期2.5年。

工程于2009年3月26日试验段开工建设。截至2009年底,全线完成投资15.25亿元,线下工程施工。开工累计完成路基土石方395万方,占设计的35%;特大桥1595延米,占设计的4.7%;大桥1505延米,占设计的70.9%;小桥1664延米,占设计的41.7%;涵洞1364横延米,占设计的63.4%;隧道52成洞米,占设计的4%;正线铺轨42.6公里,占设计的27.5%;站线铺轨1.4公里,占设计的23%。

【武汉至孝感城际铁路】 新建武汉至孝感城际铁路自汉口站东咽喉引出,经塔子湖西路、天河机场至孝感东站。武汉枢纽汉口站至孝感东站,线路建筑长度约61.8公里。包括汉口站、动车所等相关工程。建设工期2.5年。

工程于2009年10月2日开工建设。截至2009年底,全线完成投资6.15亿元,线下工程施工。开工累计完成路基土石方8万方,占设计的3.5%;特大桥1081延米,占设计的2.2%。

【绵阳至成都至乐山铁路客运专线】 位于以成都为核心,绵阳、乐山为两翼的成都平原城市带内,沿线人口稠密,城镇化水平高,是四川经济发展最具活力的地区。为促进区域经济社会发展,提高铁路运输能力和服务质量,完善综合交通运输结构,建设绵阳至成都至乐山铁路客运专线。线路自江油,经绵阳、德阳、广汉、成都、彭山、眉山、夹江、峨嵋至乐山，正线全长约317公里，包括成都枢纽配套工程。建设工期4年。

工程于2009年7月6日开工建设。截至2009年底，全线完成投资60.1亿元，站前工程施工。开工累计完成路基土石方1150万方，占设计的32.2%；特大桥32546延米，占设计的21.4%；隧道1825成洞米，占设计的14.1%。

【西安至宝鸡铁路客运专线】 新建西安至宝鸡铁路客运专线自西安枢纽在建咸阳西站引出，经兴平、武功、杨陵、常兴、蔡家坡（五丈原）至宝鸡枢纽新宝鸡站，正线全长约138公里。另建设西安铁路枢纽、宝鸡铁路枢纽相关动车走行线及跨线联络线。建设工期为3.5年（含调试期）。

工程于2009年12月18日开工建设。截至2009年底，全线完成投资5亿元，征地拆迁，施工准备。

【锡林浩特至乌兰浩特铁路】 为促进内蒙古东部地区煤炭等矿产资源开发，完善区域铁路网布局，适应振兴东北老工业基地的需要，新建锡林浩特至乌兰浩特铁路。线路自锡林浩特北站引出，经西乌珠穆沁旗至霍林河站，利用既有通霍铁路至哈日努拉站，再经科尔沁右翼中旗、科尔沁右翼前旗引入芒罕屯站，沿既有白阿铁路增建第二线至乌兰浩特站。锡林浩特北至霍林河，新建正线长396.12公里。建设工期3年。

工程于2009年4月1日开工建设。截至2009年底，全线完成投资41.9054亿元，线下工程施工。开工累计完成路基土石方6547万方，占设计的98.5%；特大桥19523延米，占设计的69.3%；大桥5233延米，占设计的61.3%；中桥826延米，占设计的49.4%；小桥907延米，占设计的61.7%；涵洞20753横延米，占设计的80.8%；隧道6154成洞米，占设计的31%；站线铺轨12.8公里，占设计的13.5%。

【云南蒙自至河口铁路】 为促进云南省经济社会发展，加强我国与东南亚各国的联系，完善铁路网结构，新建蒙自至河口铁路。线路自玉（溪）蒙（自）铁路蒙自北站引出，经屏边至河口，蒙自北站（不含）至河口北站，正线全长141.4公里，含河口地区相关工程。新建蒙自北至开远支线30公里。建设工期4年。

工程于2009年7月1日开工建设。截至2009年底，全线完成投资8亿元，站前工程施工。开工累计完成路基土石方297万方，占设计的23.8%；特大桥1724延米，占设计的25.5%；大桥828延米，占设计的16.3%；中桥9延米，占设计的1.7%；小桥48延米，占设计的27.1%；涵洞1174横延米，占设计的25%；隧道6464成洞米，占设计的6.7%。

【衡茶吉铁路衡阳至井冈山段】 为促进井冈山革命老区经济发展，改善沿线交通运输条件，加快旅游和矿产资源的开发，新建衡茶吉铁路衡阳至井冈山段。线路自京广铁路衡阳枢纽衡阳北、新衡阳站引出，经安仁、茶陵、炎陵，至井冈山站与井冈山铁路接轨，吉井线井冈山站（含）至衡阳地区茶山坳站（含）正线全长约210公里；含引入衡阳地区相关工程。京九线吉安南站至吉井线井冈山站电气化改造工程，正线全长79.84公里；含吉安南疏解线。分文支线文竹站至醴茶支线茶陵站联络线工程，线路长约54公里。建设工期3.5年。

工程于2009年5月28日开工建设。截至2009年底，全线完成投资15.1亿元，站前工程施工。开工累计完成路基土石方1559万方，占设计的37.3%；特大桥3814延米，占设计的20.1%；大桥1796延米，占设计的10.6%；中桥407延米，占设计的24.9%；涵洞6283横延米，占设计的25.6%；隧道5435成洞米，占设计的13.6%。

【茂名至湛江铁路】 为促进粤西地区经济社会发展，强化湛江港疏港铁路通道，完善华南沿海地区铁路网，新建茂名至湛江铁路。线路自茂名东站西端接轨，向西南跨梅江、三丫江，设吴川站，经黄略镇后接入塘口站，利用既有黎湛线引入湛江站，预留接入湛江西站和东海岛支线引入条件。茂名东（含）至黄略新建双线77.05公里；新建黄略至塘口联络线上行4.93公里，下行3.59公里；黎湛线塘口（含）至湛江（含）现状电气化21.2公里；改建既有广茂线7.1公里，新建疏解线3.38公里。建设工期3年。

工程于2009年9月18日开工建设。截至2009年底，全线完成投资8.0123亿元，线下工程施工。开工累计完成路基土石方132万方，占设计的19.8%；特大桥2502延米，占设计的18%；大桥629延米，占设计的12%；中桥26延米，占设计的3.6%；涵洞951横延米，占设计的12.1%。

【赣州至韶关铁路】 为促进赣南、粤北地区经济社会发展，完善铁路网布局，新建赣州至韶关铁路。线路东起京九铁路南康站，经大余、南雄、始兴等县市，西至韶关站与京广铁路接轨。京九铁路南康站（含）至广铁路韶关站（含），新建正线长179.07公里；新建南康疏解线6.25公里、韶关疏解线8.78公里；赣州、韶关地区相关工程。建设工期

3年。

工程于2009年9月8日开工建设。截至2009年底，全线完成投资10.5亿元，线下工程施工。开工累计完成路基土石方449万方，占设计的8.3%；特大桥1048延米，占设计的7.7%；大桥1473延米，占设计的9%；中桥75延米，占设计的4.3%；小桥2延米，占设计的1.3%；涵洞2247横延米，占设计的11.4%；隧道1143成洞米，占设计的5%。

【南疆线野云沟至轮台段增建第二线】 为满足日益增长的客货运输需求，强化路网结构，发挥通道整体效益，促进新疆经济社会又好又快发展，对南疆线野云沟至轮台段增建第二线。南疆铁路野云沟至轮台站（含），线路全长约92.45公里。建设工期2年。

2008年10月16日，兰新铁路嘉峪关至阿拉山口电气化改造工程、南疆铁路库阿二线、库俄铁路、乌准铁路二期工程开工动员大会在新疆库尔勒举行。截至2009年底，全线完成投资3.6亿元，工程全面施工。开工累计完成路基土石方265万方，占设计的88.5%；大桥647延米，占设计的59.1%；中桥1061延米，占设计的56.1%；小桥390延米，占设计的80.5%；涵洞2863横延米，占设计的70.5%；通信干缆11.8公里，占设计的12%；自闭线路15.6公里，占设计的16.9%；电力线路14.7公里，占设计的15.9%；正线铺轨8.8公里，占设计的7.6%。

【武九铁路电气化工程】 为优化路网结构、提高运输质量、降低运营成本，适应国家能源结构政策调整，加快资源节约型、环境友好型交通运输体系建设，对武九铁路进行电气化改造。武东站至九里垄站215公里线路进行电气化改造，含九江地区相关工程。新建九江至庐山17.3公里客车联络线。建设工期2年。

电气化改造工程部分的建设单位是武汉、南昌铁路局；九江至庐山客车联络线及九江站配套改造工程部分的建设单位是昌九城际铁路公司。

武汉局管段工程于2009年1月15日开工建设；南昌局管段工程于2009年3月9日开工建设。截至2009年底，全线完成投资21亿元，工程全面施工。开工累计完成路基土石方214万方，占设计的100%；特大桥7037延米，占设计的81.9%；大桥1126延米，占设计的94.3%；小桥95延米，占设计的100%；涵洞702横延米，占设计的100%；隧道674成洞米，占设计的89.9%；通信干缆305.7公里，占设计的65.3%；通信站1站，占设计的100%；自闭线路62.3公里，占设计的19.5%；电气集中109站，占设计的27.8%；电力线路68.8公里，占设计的15.8%；接触网756.6条公里，占设计的67.9%；牵引变电所1个，占设计的50%；正线铺轨17.6公里，占设计的33.3%；站线铺轨10.2公里，占设计的92.7%；房屋8592平方米，占设计的98.7%。

【兰新铁路嘉峪关至红柳河段电气化改造】 为贯彻国家能源政策和环保要求，加强节能减排和生态环境保护，改善铁路沿线环境质量，加快资源节约型、环境友好型交通运输体系建设，优化路网结构，提高运输能力和服务质量，降低运营成本，发挥第二亚欧大陆桥通道的整体效应，增强新疆、甘肃与内地及周边国家的交流合作，促进社会经济可持续发展，对兰新铁路嘉峪关至红柳河段进行电气化改造。嘉峪关（含）至红柳河站（含）既有线长度约386公里。含嘉峪关地区、玉门南支线相关电化配套工程。建设工期2年。

建设单位是兰州、乌鲁木齐铁路局。

兰州局管段工程于2009年7月9日开工建设；乌鲁木齐局管段工程于2009年7月20日开工建设。截至2009年底，全线完成投资6亿元，工程全面施工。开工累计完成路基土石方95万方，占设计的84.9%；中桥292延米，占设计的98.3%；涵洞500横延米，占设计的85.1%；通信干缆164公里，占设计的30%；自闭线路10公里，占设计的4.5%；电路线路75公里，占设计的30.7%；接触网534.2条公里，占设计的47.7%；站线铺轨2.5公里，占设计的22.8%；房屋4890平方米，占设计的20.8%。

【京九铁路向塘西至东莞段电气化改造】 为适应国家能源政策调整和环保要求，优化路网结构，改善运输组织，提高运输能力和服务质量，实施京九铁路向塘西至东莞段电气化改造工程。京九铁路三江镇（不含）至东莞站（不含），正线全长821.525公里，以及相关枢纽地区电气化改造配套工程。建设工期2年。

工程于2009年12月1日开工建设。截至2009年底，全线完成投资3.7亿元，工程全面施工。开工累计完成路基土石方55万方，占设计的22.5%；大桥20延米，占设计的6.7%；中桥15延米，占设计的9%；小桥18延米，占设计的8.7%；涵洞316横延米，占设计的14.3%；通信干缆85公里，占设计的14.7%；自闭线路47.2公里，占设计的

15.5%；电力线路44公里，占设计的15.5%；接触网106.4条公里，占设计的4.4%；房屋500平方米，占设计的3.3%。

【银川火车站改造】 为改善银川市门户形象，进一步加快宁夏回族自治区和银川市经济社会发展，提高铁路运输装备现代化水平和旅客出行舒适度，实施银川火车站改造工程。银川站站房、天桥及无站台柱雨棚工程；站内通信、信息、电力、暖通、给排水等配套工程。新建东站房建筑面积29995平方米。建设工期1.5年。

工程于2009年5月18日开工建设。截至2009年底，全线完成投资9.63亿元，工程全面施工。开工累计完成路基土石方246.万方，占设计的100%；中桥1346延米，占设计的100%；涵洞227横延米，占设计的100%；接触网75.1条公里，占设计的100%；正线铺轨12.8公里，占设计的100%；站线铺轨42.9公里，占设计的100%；房屋30010平方米，占设计的50%。

【昆明枢纽扩能改造】 为促进云南省经济社会发展，优化完善云南铁路网布局，解决昆明枢纽中轴线运输能力瓶颈，实现点线能力协调，实施昆明枢纽扩能改造工程。读书铺至昆明东四线扩能工程，长约23.6公里及读书铺相关工程；读书铺（不含）至昆阳（含）增建第二线，长约39.3公里；昆明东编组站增建上行系统扩能工程、昆明东至小石坝长约6.8公里米轨改准轨并电气化工程，以及编组站扩建引起的相关疏解线工程；王家营西货场补强，新建桃花村铁路物流中心及温泉至桃花村货车联络线工程；小石坝机车、客车车辆检修中心。建设工期3年。

工程于2009年11月25日开工建设。截至2009年底，全线完成投资18.5亿元，施工准备。

【宁波铁路枢纽北环线】 为进一步完善宁波枢纽铁路网布局，实现地区内铁路客货分线运行，提高宁波枢纽运输效率和质量，强化快速路网作用，增强宁波港集疏能力，实现城市与铁路和谐发展，新建宁波铁路枢纽北环线。自红塘乡编组站沿既有镇海支线至沈家，跨甬江后线路折向西南与既有北仑支线并行，继续往南至云龙与在建的甬台温铁路接轨。新建北环线自红塘乡站（含）经沈家跨甬江，至甬台温铁路云龙站（含）正线长约40.19公里；新建DK28线路所至北仑线（K161线路所），联络线，长约1.4公里；新建沈家站至镇海支线联络线，长约3.1公里。建设工期4年。

工程于2009年12月30日开工建设。截至2009年底，全线完成投资1亿元，征地拆迁，施工准备。

（铁道部建设管理司工程管理处）

2. 2009年部分销号项目

【石太客运专线】 石太客专线路全长189.8公里。建设工期4年，另加调试期半年。2005年6月11日在太行山举行了开工动员大会。

工程于2008年12月31日投产。

【合肥至武汉铁路】 沪汉蓉通道合肥至武汉铁路，正线全长约317公里。建设工期4年。工程于2005年7月开工建设。

截至2009年底，工程除引入武汉枢纽外已投产。

【洛湛铁路永州至岑溪段】 新建铁路洛阳至湛江线永州至岑溪段，线路长约470公里。建设工期4年。柳州局管段于2004年12月15日开工。

全线于2009年7月1日投产。

【洛湛铁路岑溪至玉林段】 洛湛铁路岑溪至玉林段，岑溪站（不含）至玉林站（Ⅰ场），线路长96.6公里。建设工期安排按永州至玉林（茂名）同时建成考虑。工程于2005年10月开工建设。

全线于2009年7月1日投产。

【大理至丽江铁路】 大理至丽江铁路，自大理东站（含）至丽江站（含），正线长约164.4公里。建设工期3.5年。于2004年12月20日开工。

全线于2009年11月5日投产。

【乌西至精河增建二线】 兰新线乌鲁木齐西站（含）至精河站（含），全长约382公里。工程于2007年6月14日开工。

全线于2009年12月5日投产。

【焦柳线洛阳至张家界电气化】 洛阳枢纽焦柳铁路关林站（含）至襄樊站（含），既有正线全长约365公里；焦柳铁路襄樊站（不含）至张家界站（含），既有正线全长约467公里；漯宝线平顶山东站（含）至宝丰站（含），既有正线全长约37公里；鸦宜线鸦雀岭站（不含）至宜昌东站（不含）正线长约26公里。建设工期2年。郑州、武汉铁路局和广铁（集团）公司工程分别于2007年11月、10月19日和2008年5月18日开工建设。

工程于2009年12月31日投产。

【重庆集装箱中心站】 重庆集装箱中心站施工总工期按1.5年安排。工程于2008年1月25日开工建设。

工程于2009年12月28日投产。

（铁道部建设管理司工程管理处）

十六、公路建设

【公路建设基本情况】 截至2009年底，全国公路总里程达386.08万公里，比上年末增加13.07万公里。其中，国道15.85万公里，省道26.60万公里，县道51.95万公里，乡道101.96万公里，专用公路6.72万公里，村道183.00万公里。与上年末相比，国道里程增加0.32万公里，村道里程增加10.91万公里，农村公路增长迅速。

【公路技术等级和路面状况进一步改善】 全国等级公路里程305.63万公里，占公路总里程的79.2%，比上年末增加27.77万公里，提高4.7个百分点。其中二级及以上高等级公路里程42.52万公里，占公路总里程的11.0%，比上年末增加2.55万公里，提高0.3个百分点。按公路技术等级分，各等级公路里程分别为：高速公路6.51万公里，一级公路5.95万公里，二级公路30.07万公里，三级公路37.90万公里，四级公路225.20万公里，等外公路80.46万公里，分别比上年末增加0.48万公里、0.52万公里、1.55万公里、0.48万公里、24.75万公里和减少14.71万公里。全国有铺装路面和简易铺装路面公路里程225.25万公里，占总里程的58.3%，比上年末增加25.69万公里，提高4.8个百分点。按公路路面类型分，有铺装路面172.00万公里，其中沥青混凝土路面48.89万公里，水泥混凝土路面123.10万公里，比上年末分别增加25.51万公里、4.78万公里和20.73万公里；简易铺装路面53.25万公里，比上年末增加0.17万公里；未铺装路面160.83万公里，比上年末减少12.62万公里。

【公路密度】 全国公路密度为40.22公里/百平方公里，比上年末提高1.36公里/百平方公里。全国通公路的乡（镇）占全国乡（镇）总数的99.60%，通公路的建制村占全国建制村总数的95.77%，分别比上年末提高0.36个和2.91个百分点。

【高速公路、农村公路建设】 2009年底，湖北、重庆、甘肃、陕西和安徽五省全年新增高速公路通车里程均超过300公里。高速公路突破3000公里的省达到7个，分别是：河南（4861公里）、山东（4285公里）、广东（4035公里）、江苏（3755公里）、河北（3303公里）、浙江（3298公里）和湖北（3283公里）。

全国农村公路（含县道、乡道、村道）里程达到336.91万公里，比上年末增加12.47万公里。农村公路里程超过10万公里的省（区）为17个，分别是：四川（22.52万公里）、河南（21.82万公里）、山东（20.01万公里）、湖北（17.89万公里）、湖南（17.55万公里）、云南（17.37万公里）、广东（16.33万公里）、安徽（13.59万公里）、江苏（13.10万公里）、贵州（13.08万公里）、河北（13.08万公里）、陕西（13.02万公里）、内蒙古（12.61万公里）、黑龙江（12.58万公里）、江西（12.29万公里）、新疆（11.52万公里）和山西（11.24万公里）。

【公路桥梁、隧道总量继续增加】 2009年底，全国公路桥梁达2726.06万米/62.19万座，比上年末增加201.37万米/2.73万座。其中特大桥梁288.66万米/1699座，大桥981.90万米/42859座。全国公路隧道为394.20万米/6139处，比上年末增加75.56万米/713处。其中特长隧道82.11万米/190处，长隧道150.07万米/905处。

【公路建设投资显著增长】 2009年，全社会完成公路建设投资9668.75亿元，比上年增长40.5%。其中重点建设项目完成投资4321.35亿元，增长41.7%。全年公路建设完成投资超过400亿元的省有9个，分别是湖南（668.50亿元）、广东（589.34亿元）、山西（563.11亿元）、四川（539.01亿元）、浙江（492.61亿元）、河北（489.27亿元）、陕西（481.60亿元）、福建（454.78亿元）和湖北（412.27亿元）。

【重点建设项目】 浙江舟山连岛工程、上海崇明隧桥工程、贵州坝陵河大桥、湖北沪蓉西高速公路、陕甘两省宝鸡—天水公路、北京六环路、重庆绕城公路等一批重点项目建成通车，港珠澳大桥、九江长江公路大桥、映秀—汶川高速公路等一批重点项目开工建设。浙江嘉绍大桥、江苏泰州长江大桥、安徽马鞍山长江大桥等项目进展顺利。

【四川省公路基础设施灾后重建】 截至2009年底，四川省灾后交通基础设施恢复重建项目建成373个，占项目总数的77.2%，占年计划完成项目数的101.6%；累计完成投资547.43亿元，占规划期总投资的64.9%，占年计划完成投资的109.4%。其中，高速公路恢复重建项目共12个、1424公里，年底已完工广元至雅安、成都至邛崃、成都至彭州、成都至都江堰、都江堰至映秀、广元至巴中6个高速公路项目，棋盘关至广元公路、绵阳至遂宁公路等6个项目正在建设。全省高速公路、国省干线和重要经济干线、农村公路等均超额完成年度建设计划。

【加快重点项目建设进度】 加大项目前期工作力度，加快审批项目初步设计和施工许可，确保国家加快基础设施建设的战略部署落到实处。组织对部分省份公路建设的督查和指导，加强对泰州长江大桥、马鞍山长江大桥等重点项目的协调与监管。继续推进勘察设计典型示范工程活动，对大理至丽江高速公路进行典型示范工程咨询，对小勐养至磨憨公路建设成就进行总结，指导示范工程深入开展。

【进一步加强公路建设市场监管】 颁布《公路工程标准施工招标资格预审文件》和《公路工程标准施工招标文件》，调整充实评标专家库，进一步规范公路建设领域招投标工作；继续完善"全国公路建设市场信用信息系统"，组织召开诚信体系建设座谈会，研究制订《公路建设市场信用信息管理办法》和《公路施工企业信用评价规则》。

【完善规章制度】 印发《关于开展公路桥梁和隧道工程安全风险评估制度试点工作的通知》，组织开展风险评估试点工作，总结试点情况，为全面推行风险评估制度做好准备。印发《加强重点公路建设项目设计管理工作若干意见》，组织制定《特大桥梁设计文件编制办法》和《公路工程调整概算管理办法》，开展设计回访活动，提高设计质量。修订并发布《公路工程竣（交）工验收办法实施细则》，进一步规范工程竣、交工验收工作。

【组织召开公路施工企业与管理部门座谈会】 11月27日，组织施工、监理、设计单位及项目法人、省级交通运输主管部门等有关人员进行座谈，交流工作经验和存在的问题，谋划2010年公路建设工作。

【深入开展工程建设领域专项治理】 根据中央关于工程建设领域突出问题专项治理工作的总体要求和统一部署，印发《交通运输部开展工程建设领域突出问题专项治理工作方案》，要求各单位分解落实工作任务，以专项治理为契机，精心组织，深入排查，认真整改，进一步促进公路建设又好又快发展。

【召开全国农村公路建设现场会】 4月16~17日，在陕西西安召开全国农村公路建设现场会，国家发改委、财政部、中农办等有关部门及各省交通厅局负责同志参加会议。会议总结全国农村公路建设进展情况，分析存在的问题，交流农村公路建设养护管理经验，提出2009~2010两年的工作任务和工作要求。

【加强对农村公路建设的指导力度】 向国务院报送《关于进一步加强农村公路建设情况的报告》，及时将交通运输部贯彻落实德江副总理视察河南洛阳农村公路建设所作重要指示情况作了专题报告；向中央办公厅报送了《关于党的十七届三中全会决定涉及交通运输部事项实施进度安排的函》，全面汇报交通运输部加强农村公路建设和统筹城乡客运发展的有关情况。为指导各地做好农村公路建设，组织编印《农村公路建设管理重要文件汇编》。

【抓好第三批农村公路示范工程建设】 起草《第三批农村公路建设示范工程实施意见》，组织部党组成员到定点联系的第三批农村公路建设示范工程进行了现场调研工作，指导14个示范工程单位制定示范工程实施方案，组织有关单位和人员督促检查各示范工程的建设进展情况、资金筹集、质量监管体系和养护管理体制改革落实情况，促进示范工程取得实效。

【进一步加强公路工程质量安全监督】 在公路建设规模大、范围广、投资增幅大的背景下，坚持把握监督工作重点，强化监督手段，实施差别化监管，以高速公路和独立特大桥隧工程、灾后重建项目为重点，结合公路工程质量安全监管情况，对建项目从业单位质量管理行为、施工工艺、工程实体质量及安全生产管理等方面开展了工程质量安全督查工作。

（交通运输部公路局）

十七、水路工程建设

【加强水路建设行业管理，推动行业规章制度建设和管理创新】 （一）完成了重新修订的《交通部水运工程质量奖评选办法》的发布工作。

（二）交通运输部与国家发展改革委共同组织开展了《水运工程标准施工招标文件》的编写和发布工作。

（三）为进一步加强对支持系统建设的管理，完善支持系统建设的法律法规，适应建设体制的深化改革，理清审批程序，规范支持系统建设、管理行为，组织开展了《交通支持系统建设管理规定》（征求意见稿）的征求意见工作。

（四）为进一步加强对水路工程建设专家库及入库专家的管理，适应专家库管理的需要，在《水运工程评标专家和评标专家库管理办法》（交水发[2006] 333 号）的基础上，完成了《水运工程建设专家库及入库专家管理办法》（送审稿）的编写工作。

（五）继续深化水路工程设计委托审查咨询管理新模式。水路工程设计审查是提高工程设计质量、控制工程投资的关键环节，是政府履行行政管理的重要职责。随着港口管理体制改革和投资体制改革的不断推进和完善，为适应当前水路工程建设形势，我部在水路工程初步设计审批中进一步深化初步设计委托审查咨询的管理，全面贯彻落实《港口建设管理规定》和《关于加强水运工程设计审查管理工作的通知》的要求。

（六）全面开展沿海码头结构加固的改造工作。在开展秦皇岛港、镇江港、宁波港、佛山港、广州港、湛江港等码头加固改造试点工作的基础上，在全国沿海全面开展码头结构加固的改造工作。

（七）进一步加强水路工程建设项目信息管理。为进一步加强水路工程的建设管理，准确掌握水路工程的建设信息，科学指导行业发展，我部组织开发了"沿海港口建设项目信息报送系统"，并通过"沿海港口建设项目信息报送系统"和"内河航运建设项目信息报送系统"完成了 2009 年水路建设项目信息报送工作。

（八）继续开展项目代建制，积极推行设计、施工总承包试点及代建制试点研究工作。同时开展了对水运工程设计、施工总承包情况的调研工作，并完成了调研报告的编写工作。

（九）按照新发布的《交通部水运工程质量奖评选办法》的有关规定，开展了 2009 年度水运工程质量奖的评选工作。上海国际航运中心洋山深水港区三期工程等 15 个建设项目获得了 2009 年度交通运输部水运工程质量奖。

（十）按照《交通部水运工程优秀勘察奖和优秀设计奖评选办法》的有关规定，开展了 2009 年度水运工程优秀勘察奖和优秀设计奖评选工作。上海国际航运中心洋山深水港区二期工程等 7 个工程的勘察工作获得了 2009 年度交通运输部水运工程优秀勘察奖；广州港南沙港区二期工程等 14 个工程的设计工作获得了 2009 年度交通运输部水运工程优秀设计奖。

（水运局工程管理处　李永恒）

【进一步加强水路建设与支持系统建设项目的管理】 ① 进一步加强港口建设项目的管理。为适应国民经济快速发展和船舶大型化发展需要，我部以加强港口大型专业化码头建设、改善码头等级结构为重点，强化服务意识，认真履行行业管理职能，加快煤油矿箱四大货种专业化码头建设。先后组织完成了上海港外高桥港区六期工程等 50 个国家重点港口建设项目的初步设计审批工作。完成了青岛港原油码头三期工程等 18 个国家重点港口建设项目的竣工验收工作。

② 进一步加强航道建设的项目管理。完成了天津港大沽沙航道一期工程、长江下游土桥水道航道整治一期工程等 14 个国家重点航道建设项目的初步设计审批工作。完成了广州港出海航道二期工程、深圳港铜鼓航道工程和连云港港 15 万吨级航道扩建工程等 10 个国家重点航道建设项目的竣工验收工作。国家重点工程长江口深水航道治理三期工程通过采取新的工程措施，航道建设进展顺利。广州港出海航道三期工程、湛江港 30 万吨航道工程、营口港鲅鱼圈港区 15 万吨级航道工程和天津港 25 万吨级航道工程等项目按预定目标顺利建设。

③ 进一步加强支持系统建设项目的管理。完成了南海救助局阳江救助工作船码头工程等 58 个支持系统建设项目的初步设计审批工作。完成了北京海事卫星地面站备用天线新建工程等 27 个支持系统建设项目的竣工验收工作。

④ 进一步加强水路建设与支持系统建设项目招投标备案和开工备案的管理。按照国家有关管理规定，先后完成了 82 个水路建设与支持系统建设项目招投标备案和开工备案工作。

（水运局工程管理处　李永恒）

【水运建设市场监管】 根据《关于开展工程建设领域突出问题专项治理工作的意见》（中办发[2009] 27 号）、中央专项治理工作领导小组《工程建设领域突出问题专项治理工作实施方案》以及《交通运输部开展工程建设领域突出问题专项治理工作方案》（交监察发[2009] 457 号）、《公路水运工程建设领域突出问题专项治理工作分工安排》（厅监察字[2009] 202 号），结合实际，制定了《交通运输部水运局开展水运工程建设领域突出问题专项治理工作方案》，明确了治理工作的总体要求、工作措施和工作安排，重点从规范领导干部从政行为、严格履行项目建设程序、规范招标投标活动、加强工程建设项目管理、推进市场诚信体系建设和建设项目信息公开、加强物资采购管理等方面细化了工作措施，对开展治理活动作出了具体的安排。

组织部分政府主管部门、建设、设计、施工、监理等单位的代表分别召开了3个水运建设市场发展座谈会，听取各有关单位对当前水运建设市场发展的认识、存在的主要问题、市场准入管理、个人职业资格管理、诚信体系建设、招投标监管、市场监管等方面的意见和建议，进一步理清思路，找准对策，转变政府职能，有针对性的提出监管措施，促进水运建设行业健康有序发展。

结合中央扩大内需建设项目专项检查，对长江干线黑沙洲航道整治工程、张家洲航道整治工程、戴家洲航道整治一期工程、窑监航道整治一期工程、沙市航道整治一期工程、江乌航道整治一期工程、拦江矶炸礁工程等建设项目进行专项检查。继续推进水运建设项目管理绩效考核工作，对重庆港涪陵港区黄旗作业区一期工程、四川嘉陵江沙溪航电枢纽工程、淮河淮滨—三河尖（豫皖界）航运基础设施建设工程等3个项目进行绩效考核，并督办各省（市、区）及长江航务管理局按期完成绩效考核工作。通过市场督查，进一步强化了政府监管职能，规范了市场秩序，确保了水运工程建设质量、安全和建设市场的有序健康发展。

（交通运输部水运局建设市场建管处　李传光）

【严把资质审查关，进一步加强市场准入管理】
2009年，完成了新一轮水运工程施工企业资质等级标准的修订工作；完成了三批共19家设计企业、10家施工企业和10家监理企业的资质审查工作，其中有4家设计企业、2家监理企业未通过资质审查；完成了10家水运工程监理企业资质审查工作，其中有2家未通过资质审查；完成了11家监理企业的资质复查工作；完成了2批港航专业一级建造师注册审核工作，做好部属设计企业资质换证工作。在资质审查过程中，严格按照资质标准，对企业申报材料进行全面核查，通过政府网站公示，请工程所在地相关交通主管部门、质量监督机关或项目业主协查等多种方式重点核查申报企业业绩资料的真实性，并组织专家进行评审，将审查结果在政府网站进行公示，确保资质审查工作规范、公正、合理。

（交通运输部水运局建设市场建管处　李传光）

【加强招标投标管理，规范招标投标行为】　通过招标备案管理、市场督查、处理投诉举报等方式，进一步加强对工程招标投标活动的监督管理，规范招标投标行为，维护招标投标当事人的合法权益，营造公开、公平、公正的交易环境。继续做好《标准施工招标资格预审文件》、《标准施工招标文件》和《水运工程标准施工招标文件》的贯彻实施工作，统一招标投标规则，提高招标投标文件编制质量。加强对评标专家管理，通过专家库信息系统建设，专家抽取实现网络抽取、随机抽取和远程抽取。

（交通运输部水运局建设市场建管处　李传光）

【加强市场诚信体系建设，完善诚信奖惩机制】
按照《水运工程建设市场信用信息管理办法》（交水发［2008］510号）和《水运工程建设市场主要责任主体不良行为记录认定标准（试行）》（交水发［2008］511号）的规定，逐步开展对从事水运工程建设的建设单位、勘察设计单位、施工单位、监理单位和试验检测单位等主要责任主体的信用信息的采集等工作，同时加强对水运工程建设领域实行个人注册执业制度的各类从业人员的信用信息的管理工作，逐步建立和完善水运工程建设市场诚信体系建设，营造诚信奖惩机制。为做好信用信息的发布工作，正在抓紧开发水路建设市场诚信监测系统，逐步建立统一的信用信息平台，实现信用信息的互联互通和互享互用，完善市场监督机制。

（交通运输部水运局建设市场建管处　李传光）

【水运工程建设技术创新】　对水运建设行业中设计、科研、施工方面处于领先地位的有关单位开展了创新激励机制调研活动，了解行业在激励技术创新和促进创新成果推广应用机制方面取得的成绩和存在的问题，为完善水运工程技术创新相关政策提供了参考。

为推进我国水运工程工法的开发和应用，促进企业加大技术创新力度和技术积累，组织完成了2009年度水运工程工法的评审活动，共评审出"长线短线法匹配预制节段箱梁施工工法"等十项水运行业一级工法，并申报国家级工法。

为贯彻落实《关于港口节能减排工作的指导意见》，围绕集装箱、散货码头节能减排关键技术，集成港口企业、设计、科研、大专院校等单位科技资源和人才优势，组织开展了港口节能减排关键技术联合攻关工作，共研究确立19个联合技术攻关项目。其中，深圳盐田国际集装箱码头有限公司承担的"3E闸口集装箱自动消毒系统"和"集装箱门式起重机降频改造"完成了项目鉴定。

（交通运输部水运局技术管理处　郑清秀、王鹏飞）

【长江黄金水道建设】 2009年6月，交通运输部与沿江七省二市人民政府召开了长江水运发展协调领导小组第二次会议，联合签署了《关于合力推进长江黄金水道建设的若干意见》和《推进长江干线船型标准化实施方案》。国家新增9.5亿元预算内资金用于长江干线航道建设，落实了10亿元中央引导资金用于推进长江干线船型标准化。

2009年，长江黄金水道建设取得显著进展。国家新增的9.5亿元预算内资金主要用于长江干线中下游枝江—江口一期、牯牛沙一期、马当一期、土桥一期、江心洲—乌江一期5个新开工建设项目和沙市一期、戴家洲一期、窑监一期、张南上浅区、黑沙洲、太子矶水道拦江矶炸礁6个续建项目，各项整治工程建设加快推进，全年完成了中央预算内投资的98％以上。其他重点建设工程也有序推进，重庆航道局生产业务用房、信息化二期等工程已全部完工，扬中、丰都、泸州等综合码头建设加快推进。中下游周天、武穴等水道整治基本完成并发挥工程建设效益，改善航道里程380公里。在南浏段数字航道建设的基础上，完成了宜宾—鳊鱼溪、大埠街—磁湖口两段电子航道图生产制作，覆盖2688公里长江干线的电子航道图全面建成贯通。海事巡航搜救一期、三峡库区船舶交管系统、三峡坝区防污和监管救助基地建设、长航公安350兆无线通信网基本建成。嘉陵江、湘江、汉江、赣江等河流梯级渠化工程建设有序推进，湖北汉江引江济汉通航工程开工建设，江西赣江石虎塘航电枢纽工程建设进展顺利，湖北汉江催家营航电枢纽将实现三台机组并网发电。

长江干线航道维护标准进一步提高。芜南段航道维护水深非汛期由6.5米提高到7.5米，汛期由7.5米提高到9米，万吨级海轮可直达芜湖。长江中游宜昌—城陵矶段航道维护水深提高到了3.0米，标志着中游航道50多年不变的维护标准实现了历史性的突破。

全年，长江干线完成货运量13.3亿吨，同比增长9％；干线规模以上港口完成货物吞吐量11.3亿吨，同比增长11.7％；完成外贸货物吞吐量1.4亿吨，同比增长22％；完成集装箱吞吐量653万TEU，同比减少6.9％。三峡船闸通过货物6089万吨，同比增长13.4％；翻坝滚装车辆38.2万台次，折合运量1337万吨；三峡断面通过货物7426万吨，同比增长8.5％；圆满完成了三峡工程175米实验性蓄水通航保障工作。

(交通运输部水运局建设市场监管处
刘长俭 郭青松)

【内河水运建设项目绩效考核】 为加强基本建设项目管理，进一步提高各参建单位的自律与诚信意识，确保工程建设质量与安全、投资效益发挥，在2008年绩效考核试点工作的基础上，2009年开始全面推行内河水运工程建设项目的绩效考核。

各省级交通运输主管部门和长江航务管理局按照交通运输部年初印发的《关于布置2009年度内河水运工程建设项目管理绩效考核工作的通知》(厅水字〔2009〕36号)要求，加强宣贯培训，认真组织部署，严格绩效考核工作，在项目单位自查基础上，共对69个项目进行绩效考核工作检查，绩效考核检查项目覆盖航运枢纽、航道工程和港口工程。交通运输部水运局于2009年12月组织内河水运工程建设项目管理绩效考核工作组，分别对重庆港涪陵港区黄旗码头工程、四川嘉陵江沙溪航电枢纽工程、河南淮河淮滨至三河尖航运基础设施建设工程进行了建设项目管理绩效考核工作抽查，听取了主管部门、项目单位、勘察设计单位、施工单位、监理单位的绩效考核自查及检查工作汇报，检查了工程现场，查阅了有关工程建设资料，进行了绩效考核打分和意见交换。

(交通运输部水运局建设市场监管处
王九庆 郭青松)

【水运工程建设标准化进程加快】 至2009年底发布实施的水运工程建设技术标准有105项，其中国家标准3项，行业标准102项。另有行业专项标准6项，工程造价标准18项。

下达《2009年度水运工程建设标准编制计划》，根据《交通建设前期工作经费管理办法》和《交通建设发展前期工作经费管理办法实施细则》规定，与有关单位签订了7项新上项目合同。根据《水运工程建设标准管理办法》规定，召开2010年度水运工程建设标准项目立项评审会，确定《水运工程耐久性设计标准》等13项标准为2010年度水运工程建设标准新列项目。配合交通运输部财务司完成向财政部申报2010年度水运工程建设标准前期工作费工作。

完成10项标准制修订工作大纲审查和批复工作。10项标准工作大纲是：《水运工程岩土勘察规范》、《水运工程施工环境监理规范》、《水运工程施工图编制规定》、《水运工程建设定额体系表》、《水运工程概预算编制规定(沿海工程部分)》、《沿海港口建设工程投资估算指标及投资估算编制规定》、《水运工程定额编写规定》、《港口与航道水文规范》、《港口工程灌注桩设计与施工规程》、《港口工程嵌岩桩设计与施工规程》。

完成14项标准编制的成果审查工作。14项标准编制成果是：《港口工程结构可靠度设计统一标准》、《水运工程混凝土施工规范》、《海岸河口潮流泥沙模拟技术规程》、《真空预压加固软土地基技术规程》、《水运工程塑料排水板应用技术规程》、《液化天然气码头设计规范》、《海港集装箱码头设计船型标准》、《港口工程地基规范》、《海港集装箱码头建设标准》、《水运工程混凝土施工规范》、《港口岩土工程勘察规范》、《水运工程大体积混凝土温度裂缝控制技术规程》、《高桩码头设计与施工规范》、《港口工程荷载规范》。

完成8项标准的总校和发布工作。8项标准是：《渠化枢纽工程总体布置设计规范》、《液化天然气码头设计规范》、《重力式码头设计与施工规范》、《板桩码头设计与施工规范》、《三峡船闸设施安全检测技术规程》、《真空预压加固软土地基技术规程》、《水运工程塑料排水板应用技术规程》、《海港集装箱码头设计船型标准》。

（水运局技术管理处　胡明）

【2009年度交通运输部优秀水运工程咨询成果奖评选】 水运工程咨询工作是基本建设的重要组成部分，对水运工程项目的前期工作及投资决策等具有重要作用。为促进水运工程咨询工作水平的进一步提高，交通运输部水运局组织中国水运建设行业协会开展2009年度交通运输部优秀水运工程咨询成果奖的评选工作。经单位申报、专家评审、评审委员会审定及公示等程序，2009年交通运输部优秀水运工程咨询成果奖共评出一等奖7项、二等奖9项、三等奖10项（获奖项目和获奖单位附后）。并推荐一等奖和二等奖获奖项目参加2009年度优秀咨询成果奖的全国性评选，其中《日照港总体规划》和《上海港总体规划》两个项目获得全国优秀工程咨询成果奖一等奖，《厦门港海沧港区14号～19号泊位集装箱码头工程工程可行性研究报告》等5个项目获得全国优秀工程咨询成果奖二等奖。《上海市内河"一环十射"航道水系蓝线规划》等9个项目获得全国优秀工程咨询成果奖三等奖。

（水运局技术管理处　阚津）

【2009年度交通运输部水运工程优秀勘察奖和优秀设计奖评选】 根据水运工程优秀勘察奖和优秀设计奖评选的有关规定，交通运输部组织开展了2009年度水运工程优秀勘察设计奖和优秀设计奖评选工作，共有21个项目获奖。

上海国际航运中心洋山深水港区二期工程勘察、天津港南疆港区神华煤炭码头工程勘察、珠江航行水域勘察测量、广州港南沙港区二期工程勘察获得优秀勘察奖二等奖，福州港闽江北口水下地形测量、《2008奥帆赛竞赛海域》测绘工程、大连港30万吨级原油码头工程（沙坨子港址）勘察获得优秀勘察奖三等奖。广州港南沙港区二期工程设计、舟山港马迹山港区宝钢矿石码头二期工程、上海港罗泾港区二期工程、天津港北港池集装箱码头一期工程（A段）获得优秀设计奖一等奖，京杭运河常州市区段改线工程、华能玉环电厂卸煤码头和航道工程、中化格力港务有限公司石化公用码头工程、长江中游罗湖洲水道航道整治工程设计、汉江丹江口至襄樊河段航道整治工程设计获得优秀设计奖二等奖，湛江港散粮码头装卸储运工艺系统技术改造工程、京杭运河船闸扩建工程宿迁三线船闸工程、烟大铁路轮渡项目港口工程设计、三星重工业（宁波）有限公司二期自备码头工程、三峡坝区通航船舶服务区待泊锚地建设工程获得优秀设计奖三等奖。

本次获奖项目的勘察设计单位在工程勘察设计中主动进行技术创新，解决技术难题，采用新技术和新工艺，选用技术先进、节能环保的新设备和新材料，为工程建设奠定了坚实基础。

（水运局工程管理处　祝振宇）

【2009年度交通运输部水运工程质量奖评选】 根据水运工程质量奖评选的有关规定，交通运输部组织开展了2009年度水运工程质量奖评选工作。通过评选，上海国际航运中心洋山深水港区三期工程、上海港罗泾港区二期工程、广州港南沙港区二期工程、长江干线泸州纳溪至重庆娄溪沟航道建设工程、湘江航运开发株洲航电枢纽工程、舟山港马迹山港区宝钢矿石码头二期工程水工Ⅰ标段、长江下游张家洲南港航道整治工程、京杭运河常州市区段改线工程、赤水河（岔角～合江）航运建设工程、广州港出海航道二期工程、京杭运河皂河三线船闸工程、天津港北港池集装箱码头一期（A段）工程（水工）、日照港西港区集装箱码头一期工程、长江中游罗湖洲水道航道整治工程、洋浦港三期工程水工工程等15个项目获得2009年度交通运输部水运工程质量奖。

本次获奖项目的施工单位均建立了完善的质量保障体系，认真贯彻落实质量责任制，工程建设中能够积极采用新技术、新工艺、新设备和新材料，深入开展治理水运工程质量通病活动，较好地控制了工程质量。

（水运局工程管理处　祝振宇）

【启动《中国水运建设60年》编写工作】 为系统总结、大力推广60年来我国水运工程的建设技术、建设经验和创新成果，促进技术成果向现实生产力的转化，提高我国水运工程建设人员的整体技术水平，保证水运工程建设又好又快发展，同时展示我国水运工程建设的技术实力和巨大成就，为水运工程建设、装备制造企业"走出去"搭建平台，2009年交通运输部水运局启动了《中国水运建设60年》的编写工作。

本书分成就卷和技术卷。成就卷全面展示我国港口与航道工程建设的伟大成就和在港口与航道工程建设方面的设计、施工、科研和装备制造实力，以港口工程煤、油、矿、箱四大系统为重点，图片为主，图文并茂。技术卷以60年来的水运工程建设技术发展为主线，系统总结水运工程建设的技术发展历程、创新成果和经验教训，突出专业特点，力求系统性、实用性和可读性；以总结重大关键技术和创新成果为重点，并辅以典型工程应用实例；为行业技术和管理人员提供技术借鉴和专业指导，促进创新成果的转化和推广应用。

截止2009年底，已完成了《中国水运建设60年》编写工作大纲的初稿，预计2010年将初步完成本书的编写工作。

（交通运输部水运局技术管理处　郑清秀）

十八、农业建设投资

【综述】 2009年，按照中央一号文件关于"大幅度增加国家对农村基础设施建设和社会事业发展的投入，提高预算内固定资产投资用于农业农村的比重，新增国债使用向'三农'倾斜"的要求，国家共安排农业部建设投资236.16亿元，重点用于标准农田建设工程、新一轮"菜篮子"工程、草原建设与农业生物资源保护工程、全国农村废弃物资源利用工程、现代农业公共服务能力条件建设工程等5个方面建设。

【标准农田建设】 建设工程25.7782亿元。重点支持优质粮食产业工程、新增千亿斤粮食田间工程（大型商品粮基地）、油料生产基地、糖料生产基地、旱作节水农业示范工程、棉花生产基地、农垦天然橡胶基地和退耕还林地区基本口粮田建设等项目。

【新一轮"菜篮子"工程30亿元】 重点支持生猪标准化规模养殖场（小区）和奶牛标准化规模养殖场（小区）。

【现代农业公共服务能力条件建设】 建设工程60.7738亿元。重点支持动物防疫体系、植物保护工程、农产品质量安全检验检测体系、种植业种子工程、畜禽水产良种工程、渔政渔港工程、农业科技入户直通车、中央农业科技创新能力建设、中央农业推广服务条件建设、农垦公益性设施、农垦公检法设施和市场信息服务体系等项目。

【草原建设与农业生物资源保护】 草原建设与农业生物资源保护工程16.5971亿元。重点支持天然草原退牧还草工程、草原防火和农业生物资源保护工程等项目。

【全国农村废弃物资源利用】 全国农村废弃物资源利用工程80.9206亿元。重点支持农村沼气工程（包括户用沼气、养殖小区和联户沼气、大中型沼气工程和农村沼气乡村服务网点建设）和非粮食生物质能试点示范工程（包括藏区生活用能示范项目）。

除上述五类项目外，还支持了农垦危房改造、血吸虫病综合治理以及其他项目。

这些项目对于增强我国粮食综合生产能力，强化动植物疫病虫害防控能力，提升农产品质量检验检测和监管水平，改善农牧民群众和农场职工生产生活条件以及应对国际金融危机、保持经济平稳较快发展具有重要作用。

（农业部　撰稿人　罗东）

十九、环境保护工作

【综述】 2009年在应对金融危机过程中，党中央、国务院要求把加强环境保护作为应对国际金融危机的重要举措,加快发展节能环保等新兴产业,培育新的经济增长点。中央领导同志十分关心环保工作,2009年重要批示达410件。其中,胡锦涛总书记重要批示5件,吴邦国委员长重要批示5件,温家宝总理重要批示79件,李克强副总理重要批示145件,为做好环保工作进一步指明了方向。2009年,全国环保系统坚定不移地贯彻党中央、国务院关于环境保护的决策部署,坚持以探索中国环保新道路为主题,以做好国际金融危机形势下的环保工作为主线,以解决危害群众健康的突出环境问题为重点,参与宏观调控的水平进一步提高,污染减排取得明显成效,污染防治稳步推进,基础能力建设取得积极进展。

【环境保护参与宏观调控更加主动有效,为保增长调结构发挥重要作用】 抓好三件事:一是全力为保增长大局服好务,二是高度重视巩固环保成果防止污染反弹,三是从严控制"两高一资"、产能过剩和重复建设项目。

【严把项目环评关】 出台《建设项目环境影响评价文件分级审批规定》、《环境保护部建设项目环境影响评价文件内部审查程序规定》,明确划分中央和地方审批权限,规范和简化审批程序。对符合中央政策和环保准入要求的建设项目加快审批,2009年,环境保护部批复建设项目环评文件400个,总投资达2.7万亿元。对简单低水平重复建设、"两高一资"和产能过剩项目设置"防火墙",对总投资1904.8亿元的49个项目环评文件作出退回报告书、不予批复或暂缓审批的决定。对环评违法违规问题突出的金沙江中游水电开发、华能集团、华电集团以及山东省钢铁行业作出暂停建设项目环评审批的决定。

【有序推进规划环评】 出台《规划环境影响评价条例》,发布并实施《规划环境影响评价技术导则》。组织开展辽宁沿海经济带"五点一线"、江苏沿海地区及广东横琴重点开发区域规划环评。推动上海等30个重点城市开展轨道交通建设规划环评,国家112个煤炭矿区中的66个开展或正在开展规划环评,沿海25个主要港口中的10个完成规划环评。涉及15个省(区、市)的环渤海、海峡西岸、北部湾、成渝和黄河中上游能源化工区五大区域重点产业发展战略环评工作全面启动。完善规划环评与项目环评联动机制,将区域规划环评作为受理审批区域内高耗能、高污染项目环评文件的前提。

【开展高污染行业执法检查活动】 对2008年7月以来开工建设或投运的项目、造纸行业进行专项执法检查,查处未批先建项目1824个,没有落实环保"三同时"项目3167个,依法责令停止建设或停止生产,限期落实整改措施。

【污染减排取得明显成效,部分环境质量指标持续好转】 据初步测算,2009年全国化学需氧量和二氧化硫排放量继续保持双下降态势,二氧化硫"十一五"减排目标提前一年实现;国控断面Ⅰ—Ⅲ类水质比例为48.2%,同比上升0.5个百分点。全国地表水国控断面高锰酸盐指数年均浓度为5.1毫克/升,较2008年下降10.5%,较2005年下降29.2%。按年均值评价,113个环保重点城市空气质量达到或优于国家二级标准的比例为65.5%,同比上升8个百分点。重点城市二氧化硫年均浓度为0.043毫克/立方米,较2008年下降10.4%,较2005年下降24.6%。密切关注中国减排问题的美国,通过其全球卫星观测系统对我国减排情况进行观测和分析后认为,2007年下半年,中国二氧化硫排放量的确出现拐点,随后二氧化硫浓度呈现较大幅度下降。

【减排目标责任考核力度不断加大】 开展2008年度和2009年上半年各省(区、市)和五大电力集团公司减排核查,经国务院批准向社会发布核查结果。对两次核查中发现存在突出问题的河北沧州等8城市和天津陈塘热电厂等5家企业公开通报,责令限期整改;对2009年上半年减排进度较慢的8省(区)发出减排预警,约谈当地政府领导,进行督查指导,严格的考核问责引起强烈反响。各地纷纷创新招数,河北出台《减少污染物排放条例》,河南出台《水污染防治条例》;贵州出台《主要污染物总量减排攻坚工作行政问责办法》,对城市污水处理设施建设进度严重落后的市(州、县)政府领导进行诫勉谈话;广西对未按计划完成城镇污水处理设施建设的47位市(县)政府主要领导向全区发出通报;山东等省对未完成年度减排任务的市(县)主管领导给予行政记过或撤职处分;安徽、福建、江西、黑龙江等省对减排进展较慢的市(县)实行区域限批。

【减排工程建设和淘汰落后产能取得新进展】 2009年,新增污水处理能力1330万吨/日,2006年以来累计新增城市污水处理能力4460万吨/日。江苏、浙江、河南、广东等省实现县县建成污水处理厂,江苏、浙江着手编制镇级污水处理设施建设规划,江西、广西、湖北、辽宁等省(区)全面推进污水处理一县一厂建设。新增燃煤脱硫机组1.02亿千瓦,2006年以来累计新增燃煤脱硫机组总装机容量4.11亿千瓦,其中新增现役燃煤脱硫机组装机容量1.81亿千瓦。淘汰小火电装机容量2617万千瓦,"十一五"以来累计关闭6006万千瓦。分别淘汰炼铁、炼钢、焦炭、水泥和造纸等落后产能2110万吨、1640万吨、1809万吨、7416万吨和150万吨。治理设施运行监管不断强化。印发《关于加强城镇污水处理厂污染减排核查核算工作的通知》和《关于加强燃煤脱硫设施二氧化硫减排核查核算工作的通知》，对治污设施运行维护、台账档案、在线监测、中控系统建设、分散控制系统等进行规范。发布全国城镇污水处理厂和脱硫设施名单公告，接受社会监督。

【深入落实"让江河湖泊休养生息"，重点流域区域污染防治取得新突破】 2009年4月和7月，胡锦涛总书记两次就重点流域污染防治作出重要批示，充分肯定"休养生息"取得的成效。环境保护部召开全国环境保护部际联席会议暨松花江、淮河及黄河中上游流域水污染防治专题会议，推广经验，创新落实政策举措。《重点流域水污染防治专项规划实施情况考核暂行办法》已经国务院办公厅转发，重点流域省界断面水质考核制度全面建立，成为推动重点流域水污染防治的关键抓手。对重点流域水污染防治规划2008年度实施情况进行考核评估，经国务院同意后向全国进行通报。淮河、海河、辽河、巢湖、滇池、松花江、三峡库区及其上游、黄河中上游八个流域完成污染治理投资714.9亿元，占总投资的44.7%；建成项目1270个，占46.8%；在建项目785个，占28.9%。新增加总投资41.19亿元的101个松花江流域治污项目。九大湖库生态安全评估已经完成。城镇饮用水水源地环境状况调查进展顺利，首次明确了4000多个城镇集中式饮用水水源环境管理对象。

【开展上海世博会和广州亚运会空气质量保障情况调研】 在深入总结北京奥运环境质量保障成功经验的基础上，组织开展上海世博会和广州亚运会空气质量保障情况调研，对长三角、珠三角区域联防联控工作作出安排。上海、广州制定环境质量保障方案。积极稳妥应对甲型H1N1流感疫情，加强对医疗废物处理处置工作的指导。汽车和家电"以旧换新"污染防治工作稳步推进。建立上市公司环保核查后督察制度，城市环境综合整治定量考核工作向纵深发展，持久性有机污染物调查取得重要进展，危险废物利用处置和化学品管理工作不断加强。

【开展重金属污染综合整治】 2009年，环境保护部接报了陕西凤翔、湖南武冈、云南东川等12起重金属、类金属污染事件。这些事件致使4035人血铅超标、182人镉超标，引发32起群体性事件，全社会高度关注。同期，中石油位于陕西省华阴市一处成品油输油管道发生大量柴油泄漏流入渭河和黄河事故，中石油兰州石化石油化工厂发生爆炸事故，广东清远、江苏大丰发生铅污染事件。如果处置不当，将产生难以估量的后果。在李克强副总理直接领导下，环境保护部迅速进行布置，及时组织工作组和专家组赶赴现场，开展环境应急监测，确认污染程度和范围，协助地方政府开展事故调查和处置，救治4217名受害群众，责令关闭、停产44家污染企业，督促追究91名政府部门和企业责任人的责任，维护了社会稳定。召开"锰三角"地区环境综合整治工作座谈会，总结几年来环境整治取得的明显成效和经验做法，对下一步巩固和深化治理成果作出安排。同时，对12个省（区、市）197家电解锰企业进行综合整治。联合国务院九部门开展重金属污染企业专项检查，共检查企业9123家，查处环境违法企业2183家，取缔关闭231家，停产整治641家。国务院办公厅已批转《关于加强重金属污染防治工作的指导意见》，明确了重金属污染防治目标任务、工作重点及加大资金投入等保障措施。

【深入开展环保专项行动】 2009年4月，联合国家发展改革委等八部门，召开全国整治违法排污企业保障群众健康环保专项行动电视电话会议，进行全面部署。2009年，各地出动环境执法人员242万多人次，检查企业98万多家次，查处环境违法案件1万多件，挂牌督办2587件，119名责任人被追究责任。开展饮用水水源保护区后督察，检查饮用水水源地3177个，取缔关闭企业831家、直接排污口220个，拆除违法建设项目780个。开展扩内需保增长建设项目专项检查，对23个省（区、市）313家企业（项目）进行现场检查，查出62家企业（项目）存在的环境违法问题。开展长江环保执法行动。组织新中国成立60周年大庆环境安全大检查。开展规模化畜禽养殖场执法检查，共检查33000余家，依法查处环境违法问题19000多件，关闭禁养区内规模化养殖场1035家。出台《污染源限期治理办法（试行）》、《环境违法案件挂牌督办管理办法》、《关于规范行使环境监察执法自由裁量权的指导意见》、《环境行政处罚办法》等规范性文件。

【加强全过程环境应急管理】 2009年直接调度处理171起突发环境事件，同比增长26.67%。6月5日，开通"010-12369"环保举报热线。全国有2817个县级以上环保部门开通"12369"，成为环境投诉的主要渠道和环保为民的窗口。开展尾矿库安全隐患排查，建立了8000多座尾矿库信息数据库。对2006~2008年56起涉及饮用水安全的突发环境事件进行追踪调查。印发《关于加强环境应急管理工作的意见》，组建国家环境应急专家组，推进环境应急管理体系建设。

【"以奖促治"推动农村环保工作广泛开展，自然生态保护工作继续加强】 "以奖促治"是环境保护的一项重大政策创新，也是保障和改善民生的一项重要惠民工程。召开全国农村环境保护暨生态建设示范工作现场会，对深化"以奖促治"作出全面部署。国务院办公厅转发《关于实施"以奖促治"加快解决突出的农村环境问题的实施方案》，环境保护部会同财政部制定中央农村环境保护专项资金及项目管理办法，开展了重点省市督查。2009年中央财政投入农村环保专项资金10亿元，支持1460多个村镇开展环境综合整治和生态建设示范，900多万群众直接受益，带动各地农村环保投资近15亿元。解决了一批群众反映强烈的突出环境问题，许多村庄村容村貌明显改善。

【生态保护工作】 全国土壤污染状况调查完成30个省（区、市）数据接收入库和初步审核工作，获得470多万个实测数据和205万个野外样点环境信息数据。进一步深化生态建设示范区工作，生态文明建设试点有序进行。组织完成全国50个自然保护区的评估，经国务院批准新增国家级自然保护区16处。编制《第二批外来入侵物种名单》，物种资源调查和监管得到加强。

【三大工程成果丰硕，"十二五"环保规划前期工作进展顺利】 污染源普查、环境宏观战略研究、水专项是环境保护三大基础性战略性工程。2006年来，中央财政投入污染源普查经费8.62亿元，地方财政安排资金31.16亿元。全国共组织动员57万多人，调查工业源、农业源、生活源和集中式污染治理设施4大类普查对象592万多个。建立了污染源信息数据库，查清了主要污染物产生、处理和排放情况，掌握了农业源污染物排放情况，摸清了有毒有害污染物区域分布。普查主要成果已经国务院第一次全国污染源普查领导小组审议通过。

环境宏观战略研究顺利完成既定任务。这项研究对环境形势、环境问题成因的分析准确、揭示透彻，提出的对策举措具有很强的针对性和可操作性，研究的一项重大成果是提出探索中国环境保护新道路。

水专项进入全面实施阶段。所有项目和课题立项论证工作基本完成，启动32个项目，230个课题，占"十一五"拟启动课题的96.6%。大部分示范工程、配套工程和配套经费得到落实，部分项目和课题取得阶段性成果。

"十一五"环保规划执行情况中期评估基本完成。结果表明，"十一五"环保规划实施首次达到进度要求，部分指标超额完成，主要规划目标有望如期实现。召开"十二五"环保规划编制前期工作会议，在规划的指导思想、基本原则、主要目标、重点工程和政策保障等方面形成了基本思路。

【政策法制和基础能力建设深入推进，支撑环保事业长远发展】 截至2009年11月底，中央环保投入343亿元，其中环境保护部直接参与安排的中央环保专项、农村环保专项、污染减排专项、中央预算内基建投资等能力建设和环境治理投入共计49.31亿元。2007~2009年，累计安排减排"三大体系"建设资金60.6亿元，新建、改造、接入自动站（点）787个，配备监测执法设备110501台（套），配备交通工具（车、船、艇）6114辆（艘），配备信息设备31668台（套）。建成污染源监控中心306个，对12665家企业实施自动监控。国家环境信息与统计能力建设项目全面启动实施。

环境政策法制继续完善。重庆、云南等省（市）环境污染责任保险试点工作进展顺利，河北省立法纳入环境污染责任保险条款，湖南省发布推行环境污染责任保险的意见。绿色信贷政策不断深化，4万多条环保信息进入人民银行征信管理系统。组织拟定并向经济综合部门提供包含290余种产品的《"高污染、高环境风险"产品名录（2009）》。稳步推进环境税费政策改革，初步完成开征环境税研究报告。《废弃电器电子产品回收处理管理条例》和《放射性物品运输安全监督管理条例》相继出台。环境保护部机关办理行政复议案件73件，比上年增加87%。

科技支撑进一步强化。发布我国首个《环境保护技术发展报告》，化工、制药、冶金和化纤等行业污染减排多项关键技术取得突破，制定（修订）140余项国家标准，国家环保标准达到1200项。涉及火电厂氮氧化物、重金属污染和农村污染防治的多项技术标准制定工作进展较大。环境与健康部际协调机制初步建立。国家环境咨询委和科技委在重大环境决策中发挥重要作用。积极应对气候变化，提出温室气体监管能力与政策设计框架。

环境监测转型加快推进。发布了《关于进一步加强新时期环境监测工作的意见》、《先进的环境监测预警体系建设纲要》、《国家重点监控企业污染源自动监测数据有效性审核办法》和《主要污染物总量减排监测体系建设考核办法》。2009年7月1日起，向社会发布100个国家地表水水质自动监测站的实时监测数据。环境监测质量管理三年行动计划有序开展。召开全国跨界河流监测工作现场会，印发《国家边界水体监测方案》。2009年国控废水和废气排放企业年均达标率分别为78%、73%，同比增长12和13个百分点；污水处理厂年均达标率为70%，同比增长9个百分点。

宣传教育和国际合作扎实推进。印发《关于做好新形势下环境宣传教育工作的意见》，紧紧围绕"六·五"环境日、第十三届世界湖泊大会等重大会议活动和重点、热点问题，积极开展宣传，营造全社会关心支持和参与环境保护的良好氛围。精心组织新中国成立60周年筹展和中央组织庆祝活动的筹办工作。国际合作交流不断加强，认真履行国际环境公约。环境保护在中美、中日、中哈高层对话中的地位日益突出，中俄环保合作互信互利、全面务实，中日韩、中国—东盟环保合作进入新阶段，与联合国环境署合作进一步深化，与阿拉伯、非洲环保合作进一步加强。

【核与辐射安全监管体系建设】 2009年共审查通过各类核与辐射安全国家标准、导则和技术文件25件，对200余项核与辐射安全法规标准进行清理。纳入《国家监管能力建设"十一五"规划》的9个核与辐射安全监管项目，有6个已完成或正在实施。全国放射源监管数据库完成研发和系统功能测试，进一步严格核技术应用的安全监管，放射源各类事故较上年和多年平均水平下降50%以上。快速响应完成朝鲜核试验对我国影响的环境监测。妥善应对河南杞县和广州市发生的卡源事件。颁发4个核电项目8台机组建造许可证。核电机组安全运行，研究堆、核燃料循环设施未发生对环境有影响的安全事件。

（环境保护部规划财务司）

二十、通信业建设

【通信业建设概况】 2009年电信业完成固定资产投资3724.9亿元，同比增长26.1%，全国光缆线路长度净增148.8万公里，达到826.7万公里。其中，长途光缆线路长度净增3.9万公里，达到83.7万公里。固定长途电话交换机容量净增15.1万路端，达到1705.9万路端，局用交换机容量（含接入网设备容量）减少1643.8万门，现为49219.4万门，移动电话交换机容量净增27579.9万户，达到142111.2万户。基础电信企业互联网宽带接入端口净增2702.0万个，达到13592.4万个，全国互联网国际出口带宽达到866367Mbps，同比增长35.3%。

【通信建设市场管理】 坚持"服务于经济社会发展、服务于民生"的监管理念，认真学习领会科学发展观的实质和内涵，深入开展基层调研查找制约通信建设市场科学发展的突出问题；围绕建立良好通信建设市场秩序为目标，以"进一步规范通信建设招投标活动，创造公开、公平、公正市场竞争环境"为抓手，及时理清工作界面，找准工作定位，提高服务意识，坚持统筹兼顾。

【编制通信建设标准规范，规范通信企业的建设行为】 2009年通信工程建设标准编制工作侧重制定涉及工程质量安全、节能、环保、公共利益、电信基础设施资源共享等方面标准，有效地规范了通信企业建设行为，充分发挥了标准的政策引导性和推动性作用，促进了共建共享、节能减排等重大决策的贯彻实施，更好地实现全网的互联互通和保障网络质量及安全。①组织编制了《通信工程建设标准管理办法》、《通信工程建设标准编写规定》及《通信工程建设标准体系》等管理规定，着手研究通信工程建设标准的发展方向。制定了2009年通信工程建设标准编制计划；②发布并施行了《电信基础设施共建共享技术暂行规定》、《通信局（站）节能设计规范》、《通信工程建设环境保护技术暂行规定》等19项通信工程建设标准；为做好新的通信工程建设标准的贯彻实施工作，提高从业人员的法制意识和贯彻执行标准的自觉性，保证工程建设质量和安全，组织有关单位修订通信工程建设标准强制性条文宣贯教材，并组织31个省通信管理局、工程质量监督机构、电信运营企业及相关建设企业参加通信建设标准强制性条文宣贯会。

【规范通信建设项目招投标活动】 各电信运营企业大规模开展3G网络建设的招标，为进一步做好通信建设项目招投标管理工作，维护公平竞争的市场环境，2009年通过完善制度、健全机制、加强监督检查等措施，继续加强对3G等重要通信建设项目招投标活动的监管，提高招投标当事人的法律意识和法制观念，有效防止重要工程建设项目招投标活动中出现违法违规行为。组织有关单位和专家依据《招标投标法》等法律法规，全面梳理通信建设招投标管理中存在的问题，积极跟踪《招标投标法实施条例》制定进程，着手研究制定通信建设项目招投标管理措施，对原有规章制度进行修订；发布实施《通信建设项目施工招标文件范本》及《通信建设项目货物招标文件范本》，并积极组织《标准施工招标文件》以及通信行业招标文件范本的宣贯实施工作；组织开展全国通信建设项目招投标专项检查，针对企业部分招标流程与法律法规不一致、招投标程序不规范、低价中标造成质量与安全隐患等突出问题，要求企业限期整改；对电信企业3G工程项目的招投标过程进行跟踪、监督，同时着手研究建立重大项目跟踪机制、评标专家管理办法、备案管理机制等具体措施以及通信建设项目招标投标监管平台；组织有关单位着手研究建立工程建设市场信用体系，对其他专业部门建立工程建设市场信用体系情况进行调研，搜集整理了大量、丰富的资料；积极参与招标投标部际联席会议机制和招标投标高层论坛，增进与国家发展改革委等有关部门招标投标监督管理工作协作交流，促进企业依法开展招标投标活动。

【做好通信建设行政许可审查工作】 2009年遵循公开、公平、公正、高效、便民的原则，不断提高施行行政许可的质量和效率，确保通信建设从业队伍的质量。全年受理通信建设企业资质申请单位121家，经审查批准84家，降级2家，审查未通过35家；加强行政许可后续监管管理，建立健全举报投诉渠道，严格实行"有进有出"的动态管理机制，对发现弄虚作假或不符合标准的企业和个人一律不予批准；为规范和指导通信建设企业和个人开展通信建设行政许可活动，发布实施《工业和信息化部行政许可实施办法》（中华人民共和国工业和信息化部部令第2号）和《关于受理和审批通信建设行政许可项目有关具体问题的通知》（工信厅通〔2009〕98号），同时为统一思想、提高认识，做到审批工作的公平、公正、公开，组织对各省、自治区、直辖市通信管理局负责通信建设行政许可工作的人员进行培训；加强与有关部门的沟通协调，研究通信建设市场对外资开放的政策和措施，并组织起草了相关文件；为加强通信建设市场准入管理，杜绝工程转包和违法分包行为，确保通信工程质量和安全，印发了《关于清理通信建设工程转包和违法分包行为的通知》，对参与工程建设项目的单位和个人进行清理和整顿。

【通信工程质量监督】 进一步加大质量监督检查力度，规范建设主体质量行为，确保全网通信工程质量、提高网络的安全性和可靠性。认真贯彻落实国务院"质量和安全年"活动的各项部署，结合通信建设质量现状，下发了"关于加强通信工程质量管理，落实质量和安全年活动的通知"，要求各通信管理局、各运营企业统一思想，提高对通信工程质量重要性的认识，把2009年作为质量整治年，加强通信工程质量监管，强化企业质量安全主体责任，建立质量管理长效机制，推动通信工程质量诚信体系建设。通过开展"质量和安全年"活动，坚决遏制通信工程质量和安全重大事故的发生，确保全网通信工程质量。加强监督检查，落实"质量和安全年"工作要求。组织开展部、省质量监督联合检查工作，重点对6个省的电信运营企业通信工程进行检查，对发现的工程不执行强制性标准，设备、材料不合格，安全设施不到位，偷工减料，施工质量达不到规范要求等违规建设问题进行查处，对质量不合格工程，责令停工整顿；加强对通信工程质量管理制度和方法的研究。探讨新形势下通信工程质量监督新思路、新方法，建立适应行业发展需要的通信工程质量监管体系。组织召开通信工程质量监督管理工作座谈会，开展各省通信质量监督管理人员通信新技术、新业务和相关法律法规培训工作，进一步提高管理人员的执法水平和专业能力，提高依法监管、严格执法的能力；建立部、省两级通信建设质量通报制度，及时通报查出的问题及对违法违规行为的处理情况，总结、宣传好的经验，逐步建立适应行业发展需要的通信工程质量监管体系。

【通信网络抗震防灾管理】 通信网络抗震防灾工作是国家防震减灾规划总体发展战略的重要内容，汶川大地震后国家对铁路、交通、通信等生命线工程的抗震防灾工作提出了更高的要求。2009年为加强通信网络抗震防灾管理工作，贯彻国家防震减灾工作整体要求，以完善规章制度、加强标准宣贯、提高抗震意识为重点，发布实施《电信设备抗震性能检测管理办法》（中华人民共和国工业和信息化部第3号令），逐步完善通信网络抗震防灾有关规章制度，并使电信设备抗震性能检测管理工作有法可依；依据国家相关标准和规定，修订《电信建筑抗震设防分类标准》、《通信设备安装抗震设计图集》以及各类电信设备抗震检测标准，完善了通信网络抗震防灾标准体系，为抗震防灾工作提供技术依据；举办包括抗震防灾标准在内的标准强制性条文宣贯会，提高通信行业各企业抗震防灾意识；对传输、交换、电源、基站、接入和服务器网关设备进行电信设备抗震性能考核，2009年共核发82种型号电信设备抗震性能检测合格证。

【优秀设计和优质工程奖评选】 为鼓励通信建设、设计、施工、监理单位技术创新、提高工程质量，2009年推荐了部分获得工业和信息化部部级优秀通信工程设计奖和优质工程奖的项目参加国家级优秀设计和优质工程奖评选，其中，13项通信工程获得全国优秀工程勘察设计奖（金质奖2项，银质奖3项，铜质奖8项），1项通信工程获得国家优质工程银质奖。

（工业和信息化部通信发展司）

二十一、民航建设

1. 机场管理法规规章及技术标准

【《民用机场管理条例》】 2009年4月1日，国务院审定通过《民用机场管理条例》，并于2009年7月1日起正式施行。《民用机场管理条例》明确民用机场的定位是公共基础设施，进一步规范民用机场的建设与管理，积极、稳步推进了民用机场发展，保障民用机场安全和有序运营，并维护有关当事人的合法权益。

【修订《民用机场建设管理规定》】 为了适应民用机场工程建设过程中的变化，满足民用机场工程、民航空管建设工程及民航局直属单位建设工程的需要，对《民用机场建设管理规定》（民航总局令第129号）进行修订，计划2010年颁布实施。

【技术标准颁布下发】 主要包括《民用机场旅客航站区无障碍设施设备配备标准》（MH/T 5107—2009）、《民用机场道面评价管理技术规范》（MH/T 5024—2009）、《民用机场水泥混凝土道面设计规范》（MH/T 5014—2009）等。

2. 机场及配套设施建设

【重点建设项目】 2009年民航重点建设项目共25个，其中竣工的有天津滨海机场飞行区扩建工程、乌鲁木齐地窝堡机场扩建工程、上海虹桥机场扩建工程等3个项目；续建的有昆明新机场工程、合肥新机场工程、阿里机场工程、杭州萧山机场扩建工程、长沙黄花机场扩建工程、重庆江北机场飞行区扩建工程、东部地区和西部地区航路雷达管制工程、成都区域管制中心工程、西安区域管制中心工程9个项目；新开工的有成都双流机场扩建工程、西安咸阳机场扩建工程、西宁曹家堡机场扩建工程、南昌昌北机场扩建工程、深圳宝安机场扩建工程、广州白云机场扩建工程、拉萨贡嘎机场扩建工程、民航运行管制中心工程、沈阳区域管制中心工程、乌鲁木齐区域管制中心工程10个项目。

截至2009年底，3个计划竣工项目中，天津滨海机场飞行区工程已通过行业验收并投入使用，乌鲁木齐地窝堡机场扩建工程已全面竣工并通过了行业验收，上海虹桥机场将于12月底全面竣工。9个续建项目，昆明新机场、合肥新机场、阿里机场、杭州萧山机场扩建、长沙黄花机场扩建、重庆江北机场飞行区扩建、东部地区和西部地区航路雷达管制、成都区域管制中心、西安区域管制中心工程等进展顺利。计划新开工的10个项目中，成都双流机场扩建、西安咸阳机场扩建、西宁曹家堡机场扩建、南昌昌北机场扩建、深圳宝安机场扩建飞行区工程均已批复初步设计，并开工建设；广州白云机场扩建、深圳宝安机场扩建航站区工程正处于国家发改委项目核准阶段；民航运行管理中心、沈阳区域管制中心及乌鲁木齐区域管制中心工程预可行性研究报告获得批复，积极推进可行性研究报告报审工作；拉萨贡嘎机场扩建工程预可行性研究报告已评审，待国家发改委批复。此外，各地支线机场建设进度较快，东北管理局加大工作协调监管力度，区内有3个新建支线机场投入使用，5个续建支线机场项目在积极推进。

【其他建设项目】 2009年竣工的其他建设项目有满洲里机场、义乌机场航站区扩建工程，锡林浩特机场新建航站楼工程，新建伊春、大庆、鸡西、腾冲、玉树等支线机场工程，景德镇机场、九寨黄龙机场、大理机场、芒市机场、迪庆机场、邦达机场扩建工程，黄山机场、深圳机场国际候机楼工程，广州白云国际机场东三西三指廊及连接楼工程，南宁机场、伊宁机场飞行区改扩建工程等共计117个项目。

续建项目有新建二连浩特机场、阿尔山机场、河池机场、潮汕机场、固原机场工程，扩建南昌昌北机场站坪管线工程，厦门空管业务用房工程，张家界机场、丽江机场、阿克苏机场改扩建工程，桂林两江国际机场A380机型备降场扩建工程，深圳机场UPS亚太转运中心工程，嘉峪关机场航站区扩建工程等共计72个项目。

新开工项目有大连机场、长春机场、大同机场、洛阳机场、西昌机场、吐鲁番机场改扩建工程，运城机场、鄂尔多斯机场航站区扩建工程，无锡硕放机场飞行区改造工程，新建淮安机场、池州机场、博乐机场工程，徐州机场扩建工程，郑州机场站坪扩建工程，西双版纳机场跑道盖被工程，库车机场迁建工程等共计77个项目。

【机场规划管理】 2009年民航总局组织郑州新郑、南宁吴圩、沈阳桃仙、天津滨海、桂林两江、哈尔滨太平、长沙黄花等机场的总体规划审查，完成海口美兰、厦门高崎、西安咸阳、武汉天河、长春龙嘉、郑州新郑、南宁吴圩、天津滨海等机场总体规划的批复工作。按照授权和分工，民航各地区管理局对辖区内飞行区指标4D及以下机场的总体规划进行了审批。

民航局还参加了建设部城市规划部际联席会议，办理浙江省城镇体系规划部门审查意见，安阳、荆州、昆明、南宁、郑州、拉萨、唐山、银川、包头9个城市的城市总体规划部门审查意见。办理安徽、海南、重庆、广西、内蒙古、湖南、湖北、广东、贵州、河南、山东、山西、浙江等13个省、直辖市、自治区的土地利用总体规划部门审查意见。

3. 民航建设纪事

（1）1月19～20日，民航西南地区管理局组织了腾冲驼峰机场工程行业验收。该工程于2007年2月正式开工建设，2008年12月建成。机场跑道长2350米，航站楼面积3985平方米。2月16日，该机场顺利通航。

（2）1月21日，民航局与海南省人民政府联合批复海口美兰国际机场总体规划。

（3）2月9日，民航局与厦门市人民政府联合批复厦门高崎国际机场总体规划。

（4）2月26日，民航局批复西安咸阳国际机场总体规划。

（5）3月6日，民航局与湖北省人民政府联合批复武汉天河国际机场总体规划。

（6）3月23日，民航局与吉林省人民政府联合批复长春龙嘉国际机场总体规划。

（7）4月13～14日，民航局会同河南省人民政府有关部门组织郑州新郑国际机场总体规划审查。经审查，本次总体规划基本符合郑州新郑国际机场的实际，技术方案可行，同意通过审查。2009年6月25日，民航局与河南省人民政府联合批复该机场的总体规划。

（8）4月15～17日，民航局会同广西壮族自治区人民政府有关部门组织南宁吴圩国际机场总体规划审查。经审查，本次总体规划基本符合南宁吴圩国际机场的实际，技术方案可行，同意通过审查。2009年7月17日，民航局与广西壮族自治区人民政府联合批复该机场的总体规划。

（9）4月28～29日，民航局组织天津滨海国际机场第二跑道建设工程行业验收。天津滨海国际机场第二跑道建设工程是空客A380系列飞机总装线项目的重要配套项目，同时也是配合天津市建设滨海新区、发展国际临空产业区的重要项目。此次验收的内容包括飞行区及配套、助航灯光及供电、消防及安防、空管、概算及档案等工程。经验收认为，工程符合有关批准文件，工程各项技术指标均符合民航行业有关技术标准规范，达到设计要求，同意通过行业验收。

（10）5月25～27日，民航局会同辽宁省人民政府有关部门组织沈阳桃仙国际机场总体规划审查。经审查，此次总体规划基本符合沈阳桃仙国际机场的实际，技术方案可行，同意通过审查。

（11）6月5日，民航局会同天津市人民政府有关部门组织天津滨海国际机场总体规划审查。经审查，本次总体规划基本符合天津滨海国际机场的实际，技术方案可行，同意通过审查。2009年8月24日，民航局与天津市人民政府联合批复该机场的总体规划。

（12）6月20～21日，民航西北地区管理局组织玉树巴塘机场工程行业验收。该工程于2007年5月正式开工建设，2009年6月建成。机场飞行区指标4C，跑道长3800米，航站楼面积4258平方米。8月1日，该机场顺利通航。

（13）6月30日，民航局在郑州组织召开全国民航机场工作会议，国务院有关部门，省（区、市）人民政府，民航局有关司局，民航各地区管理局、监管局，机场，航空公司，相关企事业单位共计400多人参加了会议。这次会议是民航行业与各省市领导及有关部门有效沟通、充分交流、相互学习的重要盛会，为《民用机场管理条例》的贯彻实施打下坚实基础，为机场的发展指明方向，对机场的改革和发展产生深远影响。

（14）8月2～4日，民航局会同广西壮族自治区人民政府有关部门组织桂林两江国际机场总体规划审查。经审查，此次总体规划基本符合桂林两江国际机场的实际，技术方案可行，同意通过审查。

（15）8月13～14日，民航东北地区管理局组织大庆萨尔图机场工程行业验收。该工程于2008年7月开工建设，2009年8月建成。机场跑道长2600米，宽45米，航站楼面积1.37万平方米。9月1日，该机场顺利通航。

（16）8月18～20日，民航局会同黑龙江省人民政府有关部门组织哈尔滨太平国际机场总体规划审查。经审查，本次总体规划基本符合哈尔滨太平国际机场的实际，技术方案可行，同意通过审查。

（17）8月21～22日，民航东北地区管理局组织伊春林都机场工程行业验收。该工程于2008年7月开工建设，2009年8月建成。机场跑道长2300米，宽45米，航站楼面积2800平方米。8月27日，该机场顺利通航。

（18）9月28～29日，民航局组织乌鲁木齐地窝堡国际机场改扩建机场工程、供油工程行业验收。该工程是民航局和新疆维吾尔自治区"十一五"重点建设项目。此次验收的内容包括飞行区、航站区、货运区、公安消防、供油、概算及档案等工程。经验收认为，本工程符合有关批准文件，工程各项技术指标均符合民航行业有关技术标准规范，达到设计要求，同意通过行业验收。

（19）10月10～11日，民航东北地区管理局组织鸡西兴凯湖机场工程行业验收。该工程于2007年10月开工建设，2009年9月建成。机场跑道长2300米，宽48米，航站楼面积2446平方米。10月16日，该机场顺利通航。

（20）10月20～21日，民航局组织成都双流国际机场第二跑道和新航站楼建设工程飞行区工程行业验收。本次验收的内容包括场道、围场路、综合管廊、排水、助航灯光、供电、消防及安防等工程。经验收认为，本工程符合有关批准文件，工程各项技术指标均符合民航行业有关技术标准规范，达到设计要求，同意通过行业验收。

（21）10月28日，民航中南地区管理局组织佛山沙堤机场工程民用部分行业验收。本次验收的内容包括飞行区改造、航站楼改造、民航专业设备、通道设备、空管及供油等工程。11月18日，该机场正式通航。

（22）11月13日，民航局组织民航电子政务中心机房改造、运行监控系统及集中存储系统工程行业验收。本次验收的内容包括建筑及装修、设备及工艺、概算及档案等工程。经验收认为，本工程符合有关批准文件，工程各项技术指标均符合民航行业有关技术标准规范，达到设计要求，同意通过行业验收。

（23）12月9～11日，民航局会同湖南省人民政府有关部门组织长沙黄花国际机场总体规划审查。经审查，本次总体规划基本符合长沙黄花国际机场的实际，技术方案可行，同意通过审查。

（24）1～12月，民航局分别组织了甘肃陇南、青海德令哈、青海花土沟、四川宜宾、四川遂宁、四川泸州、重庆巫山、云南红河、贵州黄平、湖南衡阳、湖北十堰、海南博鳌、河北承德、江西上饶、烟台潮水、黑龙江抚远、吉林白城、吉林松原、内蒙古扎兰屯、内蒙古林西、新疆富蕴等21个新建、迁建机场的场址复查，其中已批复15个场址行业审查意见。

（国家民航总局机场司）

二十二、卫生基础设施建设

【健全基层医疗卫生服务体系建设进展顺利】
健全基层医疗卫生服务体系是国务院印发的医药卫生体制改革近期重点实施方案（2009～2011年）中五项重点工作任务之一。建设内容包括县级医院、中心乡镇卫生院、社区卫生服务中心和村卫生室业务用房建设及基本设备配置。

2009年，中央安排专项投资200亿元正式启动健全基层医疗卫生服务体系建设工作。列入本年中央支持的有986个县级医院（综合医院和中医医院）、3549个中心乡镇卫生院和1154个社区卫生服务中心。截至2009年底，这些项目的开工率为94%，32%的项目竣工交付使用。中央投资到位快、项目管理比较规范、工程进展顺利。

【社区卫生服务机构建设规划正式印发】 2009年10月13日，国家发展改革委、卫生部联合印发了《社区卫生服务机构建设规划》。规划确定，中央专项资金重点支持中西部地区业务用房缺口较大的社区卫生服务中心建设，兼顾东部的困难地区。中央专项资金支持范围以外的项目由地方根据实际情况，参照规划提出的标准，制定建设规划，确定投资规模，落实建设资金，完成建设任务。中央重点支持的建设项目总投资70.81亿元，其中中央专项安排41.50亿元，其余29.31亿元由地方安排。

2009年，国家安排专项投资20亿元，共支持1154个社区卫生服务中心开展业务用房建设。

【卫生系统扩大内需项目】 2008年第四季度开始，中央共安排新增投资248亿元用于支持17371个基层医疗卫生机构开展基础设施建设。其中，2008年第四季度安排了48亿元支持11682个农村卫生机构建设，2009年分3批安排200亿元支持986个县级医院、3549个中心乡镇卫生院和1154个社区卫生服务中心开展业务用房建设。据各地报告，截至2009年12月底，中央新增投资到位率94%，地方配套资金（含银行贷款）到位率57%，开工率97%，其中61%项目已经竣工。

卫生系统扩大内需项目取得了显著成效，一批崭新的乡镇卫生院、村卫生室和县级医疗卫生机构成为农村公共服务设施亮点，大幅度改善农村居民医疗卫生服务条件。同时，也为拉动内需促进经济增长发挥了积极作用。

【卫生部等3部委局印发5个基层医疗卫生机构建设指导意见】 2009年6月，卫生部会同国家中医药管理局、发展改革委联合印发了《县医院、县中医院、中心乡镇卫生院、村卫生室和社区卫生服务中心5个基层医疗卫生机构建设指导意见》。建设指导意见明确了5个基层医疗卫生机构的功能定位、建设内容、床位规模、建设和设备配备标准等内容，并对建设程序、建设管理等多个方面提出了具体要求，对于指导各地科学制定健全基层医疗卫生服务体系建设规划，合理确定建设项目和建设规模，全面提高项目建设水平和质量，实现基层医疗卫生服务机构达标建设目标具有重要意义。

【汶川地震灾区医疗卫生系统灾后恢复重建工作取得阶段性成绩】 2009年汶川地震灾区医疗卫生系统灾后恢复重建工作，截至2009年12月底，已开工项目1613个，占规划数1750个的92%；竣工1027个，占规划数的59%。落实资金133.21亿元，占规划投资146.88亿元的91%；已投入资金66.56亿元，占规划投资的45%。其中四川省已开工1316个，占规划数1423个的92%；竣工921个，占65%；落实资金117.21亿元，占规划投资128.26亿元的91%；已投入资金60.55亿元，占47%。甘肃省已开工206个，占规划数236个的87%；竣工61个，占26%；落实资金11.24亿元，占规划投资11.74亿元的96%；已投入资金2.2亿元，占19%。陕西省所有项目全部开工建设；竣工45个，占规划数91个的49%；落实资金4.76亿元，占规划投资6.88亿元的69%；已投入资金3.49亿元，占51%。

【汶川地震灾区医疗卫生系统恢复重建对口支援工作协调会议召开】 为研究解决汶川地震灾区医疗卫生恢复重建对口支援工作中存在的困难和问题，协调指导有关方面加快推进恢复重建工作，确保灾区尽早全面恢复医疗卫生服务秩序，卫生部于2009年7月29日在成都召开汶川地震灾区医疗卫生恢复重建对口支援工作协调会议。卫生部部长陈竺在会上指出，根据党中央、国务院关于恢复重建对口支援总体安排和卫生部工作要求，各对口支援省（市）卫生厅（局）以高度的责任感、紧迫感和使命感，从大局出发，全力以赴，积极为灾区卫生系统提供人力、物力、财力、智力等各种形式的支援，1年多来对口支援工作已经取得了重要进展和明显成效，基础设施建设进展顺利，业务支援有序进行，医疗卫生服务逐步恢复。

【全国医疗卫生系统开展危房排查处理】 2009年5月，卫生部部署各地按照属地化全行业管理和分级负责的原则，对本地区医院、血站、急救中心、疾病预防控制中心、妇幼保健院和卫生监督中心等全部医疗卫生机构开展危房排查处理工作。依靠专业机构，按照《危险房屋鉴定标准》、《建筑抗震鉴定标准》、《房屋建筑工程抗震设防管理规定》等标准、规范和规定的要求，采取查阅档案、实地踏勘和安全鉴定等方式，对所有业务用房、后勤及辅助用房等进行安全隐患排查。

【卫生系统工程建设领域突出问题专项治理工作启动】 2009年7月，中共中央办公厅、国务院办公厅联合印发《关于开展工程建设领域突出问题专项治理工作的意见》（中办发［2009］27号），决定用2年左右的时间，集中开展工程建设领域突出问题专项治理工作。专项工作重点是治理违背科学决策、民主决策的原则乱上项目、违法违规审批和出让土地、规避招标、虚假招标、质量和安全责任不落实以及领导干部利用职权插手干预工程建设等突出问题。

卫生部会同国家中医药管理局成立卫生系统工程建设领域突出问题专项治理工作领导小组,由副部长陈啸宏、中央纪委驻卫生部纪检组组长李熙任组长,成员由国家中医药管理局、卫生部规划财务司、中央纪委监察部驻卫生部纪检组监察局和卫生部项目资金监管服务中心的同志组成。卫生部会同国家中医药管理局制定并印发《卫生系统开展工程建设领域突出问题专项治理工作方案》,明确了专项治理工作的总体目标、治理范围、主要任务、工作安排和措施等。专项治理工作分为自查自纠、重点检查和整改落实三个阶段

【疾病预防控制中心建设标准正式颁布】 2009年10月,住房城乡建设部和国家发展改革委批准发布了《疾病预防控制中心建设标准》,并于2010年3月1日施行。

根据卫生部的申请,2004年2月原建设部下达了该标准编制计划。随后,卫生部规划财务司组织专家成立编制组开展标准制定工作,2005年12月完成征求意见稿,2006年7月完成送审稿,2008年8月完成报批稿。

标准的主要内容包括疾病预防控制中心建设规模、建筑面积指标和用地面积指标等。

该标准是我国第一个规范疾病预防控制中心建设的国家标准,是确定和审批疾病预防控制机构建设项目的重要依据。标准的施行进一步完善了我国卫生机构建设标准体系。

【开展《乡镇卫生院建筑标准设计样图》编制工作】 为指导各地做好乡镇卫生院建设工作,2008年11月住房城乡建设部下达《乡镇卫生院建筑标准设计样图》(以下简称《设计样图》)编制计划。卫生部规划财务司委托中国卫生经济学会组织编制组开展《设计样图》编制工作。征求意见稿于2009年6月完成,2009年11月完成送审稿。2009年12月,卫生部会同住房城乡建设部在京召开审查会议,对《设计样图》进行审查。

【印发《精神专科医院建筑设计方案参考图集》】 卫生部规划财务司会同疾病预防控制局组织具有类似项目设计经验的设计单位组成编制组,在广泛征求各省、自治区、直辖市卫生厅局和部分精神卫生临床及管理等方面专家意见的基础上,编制印发《精神专科医院建筑设计方案参考图集》。该图集提出了精神专科医院建筑设计要点,汇编了150床、300床和500床等不同规模精神专科医院设计方案各2~3个。

【中国疾病预防控制中心一期工程竣工】 2009年10月,中国疾病预防控制中心一期工程正式投入使用。

中国疾病预防控制中心一期工程位于北京市昌平区昌百路155号,占地面积54万平方米,总建筑面积76848平方米,主要包括有综合业务楼、传染病所科研楼、病毒病所科研楼、性艾中心科研楼、动物实验楼、公寓楼、后勤配套楼、食堂等19个单体。工程总投资67113万元,全部由中央预算内专项投资安排。该工程于2005年3月开工。

(卫生部规划财务司)

二十三、公共文化服务设施建设

【全国文化(文物)系统基本建设投资项目】 2009年,全国文化(文物)系统基本建设投资项目总数达到10173个,比上年增加5732个,增长129.07%;计划总投资达560.62亿元,计划施工面积(建筑面积)1309.01万平方米;本年完成投资额为120.46亿元,其中国家投资95.20亿元,国家投资占本年完成投资总额的79.03%。全国建成项目4925个,比上年增加3663个,增长290.25%;竣工面积339.9万平方米,比上年增加127.4万平方米,增幅达到60%。

【全国文化事业机构基建项目】 2009年,全国文化事业机构基建项目总数为9809个,比上年增加5614个,增长133.8%;计划总投资达367.9亿元,施工面积(建筑面积)1015.9万平方米,比上年增加267.4万平方米,增长35.72%;本年投资额为98.18亿元,其中国家投资64.63亿元,国家投资占本年资

金来源的比重为53.46%；本年完成投资额为81.67亿元，比上年增加37.21亿元，增长83.69%。全国文化基建建成项目4842个，比上年增加3667个，增长312.09%；竣工建筑面积284.08万平方米。

【公共图书馆建设】 在文化基建项目中，全国有185个公共图书馆建设项目，占项目总数的1.89%；公共图书馆建设面积占文化基建项目总面积的15.45%。图书馆国家投资占文化项目国家投资总数的15.60%，实际完成投资额占总数的15.29%。

全国有8958个群众艺术馆、文化馆、文化中心、乡镇综合文化站建设项目，占文化基建项目总数的91.30%；建设面积占文化基建项目总面积的36.50%；实际完成投资额占总数的29.26%。

【文物事业机构新建项目】 2009年，全国文物事业机构新建项目总数为364个（不含文物维修项目），比上年增加118个，增长47.97%；计划总投资达192.8亿元，比上年增加69.4亿元，增长56.24%；施工面积（建筑面积）293.09万平方米，比上年增加54.53万平方米，增长22.86%。本年投资额为54.79亿元，比上年增加24.79亿元，增长82.63%；其中国家投资30.57亿元，比上年增加13.77亿元，增长81.96%；国家投资占本年投资额的比重为80.26%。本年完成投资额为38.78亿元，比上年增加12.9亿元，增长50.31%。全国文物新建成项目83个，竣工面积55.86万平方米。

在文物新建项目中，全国有205个博物馆建设项目，比上年增加46个，增长28.93%，占项目总数的56.32%。博物馆建设面积197万平方米，占文物系统总数的53.58%。国家投资22.92亿元，占文物系统总数的74.98%；本年实际完成投资额32.04亿元，占文物系统总数的82.60%。2009年，全国44个博物馆项目建成，竣工面积31.6万平方米。

2009年国家对文化馆、图书馆、博物馆和乡镇综合文化站等文化基础设施建设的投入均有所增加，说明各地对博物馆、图书馆、文化馆（站）等公共文化服务基层设施建设非常重视，国家投资主要使用于能直接为广大人民群众提供公共文化服务的基层文化设施建设。

【县级和乡镇级文化事业机构基建项目】 2009年各级财政对县级图书馆、文化馆和乡镇综合文化站等基层文化设施建设的投入比上年大幅增加。在全国9809个文化（文物）事业机构基建项目中，县级和乡镇级文化事业机构基建项目共9166个，占全国文化事业机构基建项目总数的93.44%。其中，乡镇综合文化站建设项目共8829个。

乡镇综合文化站是我国公共文化服务体系的重要组成部分，是开展农村基层文化工作的重要阵地。对保障农民基本文化权益，促进农村经济社会协调发展起到了十分重要的作用。根据《全国"十一五"乡镇综合文化站建设规划》，"十一五"期间，中央计划投入39.48亿元补助全国2.67万个乡镇综合文化站建设项目，到"十一五"末，基本实现"乡乡有综合文化站"的建设目标。截至2009年底，中央已安排预算内投资21亿元，共补助全国1.27万个乡镇综合文化站建设项目。建成并投入使用的乡镇文化站，对于满足广大农民群众精神文化需求，保障基层群众文化权益发挥了重要作用。

【全国文化（文物）基建项目投资在亿元以上的筹建项目】 2009年，全国，在建项目62个，竣工项目12个。投资达亿元以上的文化（文物）设施筹建项目23个：广州文化广场、吉林省图书馆新馆舍建设工程、四川省图书馆新馆建设、云南大剧院（云南民族文化艺术中心）、云南省艺术学校校园改扩建、深圳艺术学校新址工程、太原市杏花岭区图书馆、太原市杏花剧场、太原市杏花岭区文化馆、中国美术馆二期扩建工程、黄冈市黄梅戏大剧院、晋江市文化中心、福建省图书馆少儿馆新建工程、北京奥运博物馆改造工程、黑龙江省博物馆新馆建设、武汉市辛亥革命博物院、贵州省博物馆、宜昌市昭君文化园、广州市南越王博物馆整治工程、广州市南越国史研究及保护中心、南昌市博物馆、济宁市微山湖博物馆、西安市姜寨遗址公园建设项目。

2009年，全国投资达亿元以上的文化（文物）设施在建项目62个，分别是广州歌剧院、广州图书馆、国家图书馆二期工程暨国家数字图书馆工程、河南艺术中心、湖北省图书馆新馆建设工程、郑州市图书馆新馆（市民文化中心）、滨州市文化中心、江西省大剧院、苏州市美术馆、湖南艺术职业学院新址、扬州市文化艺术中心、广东省立中山图书馆改扩建、鄂尔多斯文化艺术中心、河北省图书馆改扩建工程、江苏省美术馆、鄂尔多斯市新区文化艺术中心、四川艺术职业学院和盛校区、天津艺术职业学院新院址、莆田市莆仙大剧院、晋中市灵石县文化艺术中心、潮州市文化艺术中心、海南省文化中心、吉安市文化艺术中心、包头市图书馆、舟山市普陀大剧院、安徽艺术职业学院新校区二期工程、德州市宁津县文化艺术中心、滨州市邹平县文化中心、周口市文化艺术中心、普洱市民族大剧院、鄂尔多斯市鄂托克综合地质博物馆、大连市文化活动中心、福清市文化艺术中心、肇庆市图书馆新馆、惠州市文化中心、五家渠市文化中心、济南市艺术大厦、赤峰市博物馆、甘肃黄河剧院重建项目、天津市滨湖剧院、义乌市图书馆新馆、山东省博物馆新馆、广东省博物馆新馆、陕西省秦始皇陵遗址公园、云南省博物馆新馆、绍兴市鲁迅故里保护整治工程、西湖市民广场改扩建工程（新四军师改扩建工程）、洛阳博物馆新馆建设、四川省博物馆新馆建设、甘肃省莫高窟保护利用设施、宁波博物馆工程、广州市辛亥革命纪念馆、西安市乐游原历史文化公园、北京市八达岭景区二期升级改造工程、北京市八达岭景区基础设施改造工程、云南省西双版纳民族博物馆、黑龙江省渤海遗址保护工程、德州市博物馆、铜陵市博物馆（铜文化博物馆）、乌兰察布市博物馆图书馆大楼、鄂尔多斯市大路新区博物馆、汕头市博物馆新馆工程、浙江省省博物馆武林馆区和革命纪念馆陈列展览装修工程。

2009年，全国投资达亿元以上的文化（文物）设施竣工项目有12个，分别是：武汉琴台艺术中心二期音乐厅、福建大剧院、鄂尔多斯大剧院、东营市广饶县图书档案综合馆、大连市西岗区市民文化活动中心、湖南省群众艺术馆新馆、秦皇岛市文化广场、厦门市同安区文化中心、浙江美术馆、杭州碑林（孔庙）扩建工程、江西省文物库房、扬州中国雕版印刷博物馆。

【国家重点文化设施建设共落实资金6.59亿元】 2009年，国家级重点文化设施建设稳步推进，全年共落实基建投资65867万元。特别是落实了在奥林匹克中心区建设国家美术馆和非物质文化遗产展示馆暨中国工艺美术馆两个大型文化设施的征地选址工作，为全面履行政府职能、完善公共文化设施体系打下良好的基础。

国家博物馆改扩建工程完成结构施工，"复兴之路"基本陈列于9月25日在改扩建后的老馆北区顺利开展。中国国家话剧院剧场工程结构全部完成，开始装修和设备安装，计划2010年竣工。国家美术馆工程确定项目选址，完成了项目建议书的评审。中国非物质文化遗产展示馆暨中国工艺美术馆工程确定项目选址，编制完成项目建议书。中央歌剧院剧场工程正式启动，已完成项目建议书评审工作。

随着我国综合实力的日益提升和对外文化交流工作的不断开展，国家对海外文化设施建设的投入不断加大。法国巴黎文化中心新楼工程2008年8月完成，开始进行旧楼维修改造工作。曼谷中国文化中心完成地质勘察和初步设计。马德里、东京、乌兰巴托、莫斯科、新加坡等中国文化中心启动选址工作。

（文化部计划财务司）

二十四、水 利 建 设

【水利固定资产投资】 2009年，全社会共落实水利固定资产投资计划1702.7亿元（含南水北调143.0亿元），较上年增加6.1%。分投资来源看，中央政府投资657.1亿元，较上年增加0.8%；地方政府投资785.4亿元，较上年增加12.3%；利用外资3.5亿元，较上年减少80%；国内贷款192.1亿元，较上年增加7.9%；企业和私人投资37.5亿元，较上年增加21.0%；其他投资27.1亿元，较上年增加3.8%。分投资方向看，防洪工程建设投资744.2亿元，较上年增加12.1%；水资源工程建设投资732.6亿元，较上年增加2.6%；水土保持及生态环境保护投资66.4亿元，较上年减少20.7%；水电及专项工程投资159.5亿元，较上年增加12.1%。

全年共落实中央水利建设投资计划592亿元（不含小型农田水利建设中央财政专项补助资金45亿元），比上年增加166.61亿元，增幅达39.2%。其中：国家预算内拨款480亿元（含南水北调45亿元），较上年增加37.4%；水利建设基金12亿元，与上年持平；重点小型病险水库除险加固中央财政专项资金80亿元，较上年增加20%；中小河流近期治理20亿元。

全年正式施工的水利建设项目10715个，在建项目投资总规模7821亿元，较上年增加17.1%。当年中央投资的水利建设项目4593个，较上年增加26.1%，在建投资规模3340.6亿元，较上年增加2.2%。当年新开工项目5992个，比上年增加35.6%，新增投资规模2048.5亿元，比上年增加了一倍。

全年水利建设完成投资1894.0亿元，较上年增加805.8亿元，增幅达74.0%。其中，建筑工程完成投资1297.2亿元，较上年增加66.0%；各类安装工程完成投资113.4亿元，较上年增加68.2%；机电设备及各类工器具购置完成投资125亿元，较上年增加108.3%；其他完成投资(包括移民征地补偿等)358.4亿元，较上年增加99.9%。

在全部完成投资中，防洪工程建设完成投资674.8亿元，水资源工程建设完成投资866.0亿元，水土保持及生态工程完成投资86.7亿元，水电、机构能力建设等专项工程完成投资266.5亿元；七大江河流域完成投资1612.9亿元，东南诸河、西北诸河以及西南诸河等其他流域完成投资281.1亿元；东部、东北、中部、西部地区完成投资分别为625.1亿元、135.8亿元、555.6亿元、577.5亿元，占全部完成投资的比例分别为33.0%、7.2%、29.3%和30.5%。

在全年完成投资中，中央项目完成投资206.9亿元，地方项目完成投资1687.1亿元；大中型项目完成投资450.3亿元，小型及其他项目完成投资1443.7亿元；各类新建工程完成投资1169.7亿元，扩建、改建等项目完成投资724.3亿元。

全年水利建设项目部分投产项目1025个，全部投产项目5499个，共新增固定资产781.3亿元。全年完成投资新增固定资产1554.7亿元，固定资产形成率为82.1%。截至2009年底，在建项目累计完成投资4620.8亿元，投资完成率为59.1%，比上年上升1.5个百分点；在建项目累计新增固定资产3129.5亿元，固定资产形成率为67.7%，比上年增加2.1个百分点。

全年水利建设完成土方、石方和混凝土方分别为20.8亿立方米、2.7亿立方米、0.5亿立方米。至2009年底，在建项目计划实物工程量完成率分别为：土方59.7%、石方66.0%、混凝土方63.9%。

【重点水利建设】 大江大河治理：全年在建江河治理工程1027处，累计完成投资1089.6亿元，项目投资完成率65.1%。新增达标堤防长度4515公里，其中，一、二级堤防新增达标长度947公里。当年河道整治长度1788.5公里，完成1460.3公里。治淮骨干工程建设已累计完成投资96.7%，累计完成工程实物量97%以上。在19项治淮骨干工程中，已有13项竣工验收，17项全面完成，2项正在加快实施。启动太湖综合治理，开工建设太湖走马塘拓浚延伸工程；洞庭、鄱阳"两湖"治理二期、黄河下游及宁蒙河段治理、漳卫新河治理工程等重点项目进展顺利。

水库枢纽工程：全年在建枢纽工程334座，累计完成投资695.3亿元，项目投资完成率54.5%。其中，水库枢纽工程176座，累计完成投资477.3亿元，项目投资完成率52.2%。辽宁三湾、吉林哈达山、黑龙江桃山水库二期、福建仙游金钟、江西山口岩、四川永定桥等工程进展顺利；江西峡江、四川亭子口、贵州黔中、西藏旁多等工程已开工建设，形成新一轮骨干工程建设格局；当年在建病险水库除险加固工程3671座，累计完成投资461.2亿元，项目投资完成率67.8%；当年安排中央投资168亿元，用于大中型和重点小型水库除险加固任务，基本完成除险加固任务1314座。

水资源配置工程：全年在建各类水资源工程投资规模1282.2亿元，累计完成投资727.4亿元，项目投资完成率56.7%。南水北调东、中线一期工程主体工程有20项单项工程的67个设计单元工程开工建设，在建规模697.8亿元，累计完成投资389.4亿元，当年完成投资147.9亿元，在建项目进展顺利。辽宁锦凌、广西浔江补水等重大工程开工建设，吉林引嫩入白供水工程、海南大广坝水利水电二期(灌区)、甘肃引洮供水一期等工程建设顺利，润滇、泽渝等部分西南中型水库已建成，发挥效益。

农村水利：全年农村饮水安全工程在建投资规模583.8亿元，累计完成投资508.6亿元。当年新增农村饮水日供水能力601万立方米，解决7295万人的饮水安全问题。截至2009年底，农村饮水安全人口已达6.3亿人，农村自来水普及率达48.1%。中央安排76.6亿元用于大型灌区节水改造、节水灌溉示范项目及牧区水利试点为重点的农村水利设施建设，在建规模1193.3亿元，累计完成投资467.1亿元，当年完成投资194.8亿元。新增有效灌溉面积1533.1千公顷，新增节水灌溉面积2238.1千公顷。实施长江流域水利血防项目98项。当年安排中央投资15亿元，用于99处大型灌溉排水泵站更新改造。

农村水电：当年安排中央投资3亿元用于25个省(自治区、直辖市)和新疆生产建设兵团的424个水电农村电气化建设项目。当年安排小水电代燃料中央投资3亿元用于19个省(自治区、直辖市)和新疆生产建设兵团的108个项目。当年全国农村水电站建设共完成投资255亿元，新增电站1213座，投产发电设备容量380万千瓦。当年在建电站2069座，装机容量1290万千瓦。全国农村水电电网建设共完成投资46亿元，新增110千伏及以上变电站容量417万千伏安；新增35千伏变电站容量167万千伏安；配电变压器容量272万千伏安。新投产10千伏及以上高压线路2.6万公里，低压线路4.5万公里。

累计解决 80 万无电人口用电问题。

水土保持：全年水土保持及生态工程在建规模达 287.2 亿元，累计完成 185.1 亿元。全国新增水土流失综合治理面积 4.3 万平方公里，其中小流域治理面积新增 1.8 万平方公里。当年新增封育保护面积 2.5 万平方公里。实施 3200 条小流域水土流失综合治理，新建黄土高原淤地坝 210 座。当年新修水平梯田 412 千公顷，新增沟坝淤地面积 38 千公顷，新栽种水保林面积 1647 千公顷，新增种草面积 470 千公顷。长江上中游、黄河上中游、丹江口库区及上游、首都水源区、晋陕蒙砒砂岩区、京津风沙源、岩溶石漠化区、东北黑土区水土保持治理工程稳步推进。

【加强水利工程建设质量与安全管理】 以质量、安全及市场监管为重点，完善制度措施，严格市场准入管理，加强监督检查，水利建设行业监管力度进一步加大。启动《水利工程质量管理规定》、《水利工程质量监督管理规定》、《水利工程质量事故处理暂行规定》修订工作。印发《水利水电工程标准施工招标资格预审文件》和《水利水电工程标准施工招标文件》，规范资格预审文件和招标文件编制工作。开展了首次全国甲级水利工程质量检测单位资质审批工作。印发了《水利建设市场主体信用信息管理暂行办法》和《水利建设市场主体不良行为记录公告暂行办法》，着力解决水利工程建设市场主体信用意识薄弱和信用缺失问题。稳步推进水利工程建设领域诚信体系建设，构建全国水利建设市场主体信用信息平台。长江三峡工程、黄河小浪底工程、淮河入海水道近期工程、东深供水改造工程、引滦入津工程、北京密云水库 6 项工程荣获中华人民共和国成立 60 周年"百项经典暨精品工程"称号。海南三亚大隆水利枢纽工程、陕西金盆水利枢纽工程荣获 2009 年度鲁班奖，黄河小浪底水利枢纽工程荣获第九届詹天佑奖。加大在建工程安全生产监督检查力度，积极组织开展隐患排查和督查活动，全年未发生一起重特大质量和安全事故，全年未发生一起重特大质量和安全事故，发生一般安全生产事故 22 起，死亡 22 人，水利工程建设安全生产形势稳定。

【扎实开展水利工程建设领域突出问题专项治理工作】 中央作出在工程建设领域开展突出问题专项治理工作的重大决策部署后，水利部紧密结合水利实际，认真抓好贯彻落实。成立了以陈雷部长为组长的水利部治理水利工程建设领域突出问题专项工作领导小组，扎实推进水利工程建设领域突出问题专项治理工作有序开展。召开了全国水利工程建设领域突出问题专项治理工作视频会议，印发了《水利工程建设领域突出问题专项治理工作方案》和《水利工程建设领域突出问题排查工作方案》。加大对水利行业排查工作的指导力度，全力做好水利项目的问题排查，通过排查，查找出了一批突出问题，并初步纠正和整改了部分问题，严肃查处了一批违法违规案件，排查工作取得明显阶段性成效。针对排查发现的各类问题，注重长效机制建设，着力完善相关法规制度和技术标准体系。紧密结合水利实际开展专项治理工作，认真研究民生水利工程建设管理的特殊性和规律性，重点突破，出台切实有效的解决办法，全面提升民生水利工程的建设管理水平。

（水利部建设与管理司 撰稿人：咸波）

二十五、西部开发建设

【西部大开发进展】 2009 年，受国际金融危机冲击，西部地区经济社会发展遇到较大困难，主要经济指标增速明显下滑，超过 500 万农民工失业返乡。国务院及时召开西部地区开发领导小组会议，研究出台应对国际金融危机保持西部地区经济平稳较快发展的意见等一系列有针对性的政策措施。中央进一步加大了投入力度，全年西部地区完成全社会固定资产投资 49662 亿元，增长 38.1%，高于各地区加总平均水平 8.6 个百分点，其中，下达中央基本建设投资 1589 亿元，占投资总额的 43.2%。加大了财政转移支付力度，全年中央财政对西部地区转移支付 10058 亿元，增长 26.8%，占中央对地方转移支付总额的 44.1%。加大项目支持力度，全年新开工西部大开发重点工程 18 项，投资总规模达 4689 亿元。

这些政策有力地促进了西部地区经济企稳回升。

二十五、西部开发建设

初步统计，2009年，西部地区生产总值66868亿元，增长13.5%。实现地方财政收入6055亿元，增长17.4%；地方财政支出17549亿元，增长27.5%。实现社会消费品零售总额23039亿元，增长19.2%。规模以上工业增加值增长15.5%。进出口总额915亿美元，下降14.3%，但自11月来，单月外贸进出口额止跌回升。西部地区实际利用外商直接投资71亿美元，增长7.4%；利用国际金融组织贷款谈判签约额30亿美元，占全国的69%。城乡居民收入达到14213元和3817元，比上年分别增加了1242元和299元。

【重点工程进展顺利，基础设施进一步加强】 铁路建设步伐不断加快，精伊霍、大理至丽江、临河至策克等铁路以及郑州至西安客运专线建成通车，新增铁路营运里程2662公里，贵广、兰渝、南广、兰新第二双线等有序推进。国家高速公路网西部路段、西部开发公路干线、进藏公路和农村公路建设加快推进，新增高速公路通车里程2120公里。一批新建、改扩建机场加快建设。小湾、拉西瓦、瀑布沟等一批水电站相继投产，新增装机容量1000多万千瓦，溪洛渡、向家坝等水电站建设进展顺利，贵州黔中、四川亭子口、西藏旁多等大中型水利枢纽以及青海积石峡等水电站开工建设。西气东输二线西段工程建成通气。新增光缆线路44.8万公里，3G网络基本实现地级以上城市全覆盖。全年新增建设用地计划155万亩，保障了各类事业发展用地。

【生态建设扎实推进，环境保护力度加大】 落实巩固退耕还林成果规划，建设基本口粮田883万亩、经济林310万亩，安排配套荒山荒地造林和封山育林1159万亩。退牧还草稳步推进，安排围栏建设7885万亩、草地补播改良2351万亩。天然林保护、京津风沙源治理、三北防护林、青海三江源自然保护区生态保护和建设工程进展顺利，西南岩溶地区石漠化治理以及塔里木河、黑河、石羊河等重点流域综合治理有序推进，甘南黄河重要水源补给生态功能区生态保护与建设工程全面实施，完成水土流失综合防治面积3.12万平方公里。环境保护、地质灾害防治力度不断加大，甘肃省循环经济总体规划批复实施，滇池、三峡库区及其上游、黄河中上游等重点流域水污染防治规划进展顺利。安排西部地区重点节能项目325个，城镇污水垃圾处理设施建设项目249个，重点污染源治理项目75个，循环经济和资源节约示范项目29个。

【特色优势产业快速发展，产业结构调整步伐不断加快】 西部地区积极发展特色经济，培育出一批有一定竞争力、发展前景好、带动能力强的主导产业。农牧业产业化进程不断加快，甘肃马铃薯、云南茶叶、青海油菜、新疆棉花和西红柿、内蒙古牛羊等已经成为区域性品牌产品。宁东煤电基地建设进展顺利。新疆独山子1000万吨炼油100万吨乙烯、重庆蓬威百万吨级PTA技术装备国产化示范项目全面投产。广西木薯燃料乙醇一期工程投产并稳定运行，内蒙古伊泰煤间接液化示范项目试车成功。甘肃酒泉千万千瓦级风电基地、大唐内蒙古煤制天然气项目开工建设。重大装备制造研发设计、核心元器件配套、加工制造和系统集成的整体水平明显增强，航天航空、生物工程、新材料等高技术产业发展规模和水平不断提高，高技术产业总产值增长19.6%。自主创新能力增强，建设44个国家地方联合创新平台，认定17家国家企业技术中心。旅游产业加快发展，全年接待入境旅游人数1062万人，实现旅游外汇收入43亿美元，国内旅游快速增长。

【社会事业加快发展，基本公共服务水平稳步提高】 "两基"攻坚成果不断巩固，农村初中校舍改造工程力度继续加大，实施中等职业学校农村家庭经济困难学生和涉农专业学生免学费政策，招聘特岗教师3.7万人。基层医疗卫生服务体系建设加快推进，支持西部地区42所地市级重点中医院、434所县级医院、1317所中心乡镇卫生院以及386所社区卫生服务中心建设。继续保持低生育水平。社会保障体系覆盖范围继续扩大。西部地区基本养老、基本医疗、失业、工伤保险参保人数分别达到4250万人、8497万人、2306万人和2229万人。新型农村合作医疗基本实现全覆盖。新型农村社会养老保险试点工作有序开展，覆盖人口超过3000万人。住房保障全面推进，通过新建、改建等方式筹集廉租房81万套，新建经济适用住房37万套，支持近60万户农村贫困户家庭开展农村危房改造。公共文化服务体系不断完善，16万个20户以上已通电自然村实现通广播电视；支持1370个乡镇综合文化站建设。农村生产生活条件持续改善，解决了2170万农村人口的饮水安全问题，新增沼气用户200万户，新建农村公路5.3万公里，实施生态移民35万人，自然村通电话比重达到90.8%，乡镇通宽带比重达到93.6%。人才开发工作力度不断加大，干部交流工作取得明显成效，博士服务团、西部之光等工程稳步推进。农民创业促进工程加快推进。

【区域政策有序实施，区域协调发展取得新突破】 坚持以线串点、以点带面的空间发展模式，突出抓好重点地区和特殊困难地区发展，推动各类区域协调发展。《广西北部湾经济区发展规划》、《关中—天水经济区发展规划》全面实施，《成渝经济区区域规划》抓紧编制，三大重点经济区成为引领西部地区经济发展的重要高地。新疆天山北坡、呼包银等经济区对周边地区辐射带动作用不断增强。党中央、国务院关于支持西藏、新疆、青海等省藏区、宁夏、广西等少数民族地区加快发展的政策措施得到积极落实，5个民族自治区生产总值突破23000亿元，增速达到13.8%。扶贫开发投入力度不断加大，全年中央财政用于西部地区的扶贫资金达124亿元，占全国的64%。《陕甘宁革命老区振兴规划》编制工作稳步推进，延安、榆林、庆阳等革命老区发挥资源富集优势，着力打造国家能源基地。

【**体制机制改革不断深化，对外开放水平全面提升**】 国有企业改革取得积极进展，非公有制经济加快发展。西部地区积极承接产业转移，已有近20万家东部企业到西部投资创业。重庆、成都加快推进统筹城乡改革，进一步搞活农村经济。以西安为中心的统筹科技资源改革示范基地建设稳步开展。积极推进集体林权制度改革和相关配套改革。西部地区对外开放力度不断加大，深化与周边国家和地区合作，中国—东盟自由贸易区如期建成，深入拓展与上海合作组织、澜沧江—湄公河次区域合作。稳步开展中哈霍尔果斯国际边境合作中心建设，广西钦州保税港区通过国家验收。

【**灾后恢复重建进展顺利，经济社会发展基本恢复**】 四川、甘肃、陕西三省灾后恢复重建项目已开工34700多个、完工25600多个，完成投资6545亿元，占规划总投资的65.5%。农村居民住房重建已基本完成，城市居民住房重建加快推进。95%以上中小学生已在永久性校舍学习，其余学生于2010年春季学期搬入永久性新校舍。北川新县城，汶川、青川县城和映秀、汉旺等重灾城镇加紧建设。对口支援成效显著，已确定支援项目3424个、援建金额744亿元，其中3139个项目已开工建设，援建资金到位449亿元，1833个项目建成投入使用，部分对口支援省市已经基本完成原定三年的主要援建任务。

（国家发展改革委西部开发司）

第三篇

各 地 建 设

北 京 市

概 述

2009年，北京市城市建设完成社会固定资产投资4858.4亿元，同比增长26.2%；完成房地产开发投资2337.7亿元、同比上涨22.5%；商品房施工面积9719.1万平方米、同比下降2.9%，其中住宅施工面积5551.9万平方米、同比上涨0.2%；商品房新开工面积2246.6万平方米、同比下降3.9%，其中住宅1380.3万平方米、同比下降11.8%；商品房竣工面积2678.6万平方米、同比上涨4.7%，其中住宅1613.2万平方米、同比上涨15.3%。

开展国庆60周年服务保障活动，重点组织施工安全生产、合同履约、劳务费结算等专项检查和督查，深入排查建设和房地产管理领域存在的突出问题，推动行业和谐稳定发展。加快推进重点工程建设，建立扩内需项目绿色审批通道，大力推进项目落地开工，全面落实保增长任务。加大安居工程建设力度，完善保障性住房管理体系，建立由廉租住房、公共租赁住房、经济适用住房和限价商品住房组成的分层次的政策性住房供应体系，全力推进旧城风貌保护区房屋修缮，全面启动三片试点棚户区改造，继续实施"无城镇危房户"工程，多渠道解决群众住房问题。完善建筑市场监管和服务体制，加强建筑施工质量安全监管，加大施工现场行政执法力度，严格落实质量责任，创新建筑企业资质审批和动态核查制度，加强施工合同履约动态监管，深化招标投标"一站式"办公平台改革，全面推行电子辅助评标系统，推动建筑业稳定健康发展。继续推行劳务人员工资专用账户、实名制备案等措施，开展劳务人员普法维权培训5.6万人次，促进建筑业劳务队伍发展。加强房地产开发与交易监管，创新政策破解拆迁难题，明确市场化拆迁补偿评估机制，建立开发企业资质抽查制度和动态管理长效机制，完善房屋交易网上签约和信息公示制度，开展针对退房率高、雇托销售、延期交房等现象的综合执法检查和专项检查，加强房屋交易违规行为查处，组织房屋经纪机构专项整治，责令违规企业限期整改，推动房地产市场有序发展。完善物业服务市场准入和退出机制，落实物业纠纷调解联动机制，开展物业安全生产综合整治与普通地下室专项整治，全面改革物业服务项目创优达标评选方式，推动物业服务行业向现代服务业转型。加强节能建筑建设、既有建筑节能改造，推动可再生能源建筑应用、公共建筑节能监管，开展防水材料、塑料管材管件等使用情况专项检查，加快推广散装水泥和预拌砂浆使用，发布绿色施工规程，实现环境保护和提升建筑施工行业水平的双赢。积极探索农村整体改造建设服务的新机制，农宅的新建与改造全部采用节能、保温建材，改善村民居住环境。

一、住房保障

【概况】 不断完善住房保障政策体系，建立由廉租住房、公共租赁住房、经济适用住房、限价商品住房构成的政策性住房供应体系，供应方式从以售为主向租售并举平衡发展转变。加强住房保障工作组织领导，建立市、区、街（乡镇）三级住房保障机构，18个区县均设立住房保障管理机构，314个街道（乡镇）全部开设住房保障资格审核受理窗口。同时，不断完善"三级审核、两级公示"资格审核制度，实现住房保障资格审核系统与房屋交易、权属、住房公积金系统的对接，通过北京建设网、首都之窗和北京青年报发布住房保障信息，在门户网站住房保障专栏增加资格审核备案结果公示等查询信息，并合理调配各类政策性住房，邀请人大代表、新闻媒体等现场监督配租配售过程，保证房源分配规范透明、阳光操作。

【加大政策性住房建设、审核与配售力度】 截至2009年底，政策性住房建设规模累计2300万平方米，累计审核通过申请家庭14.6万户，其中廉租住房2.4万户、经济适用住房6万户、限价商品住房6.2万户。年度新建、收购政策性住房938万平方米，其中廉租住房20万平方米、公共租赁住房53万平方米、经济适用住房182万平方米、限价商品住房683万平方米；竣工政策性住房229万平方米，市政配套设施与住宅同步交用；审核通过申请家庭6.1

万户，其中廉租住房0.7万户、经济适用住房2.6万户、限价商品住房2.8万户，登记有意向租赁公共租赁住房家庭0.8万余户；共投放政策性住房10万套。

【完善廉租住房管理政策】 会同市民政部门印发《关于城市低收入住房困难家庭申请廉租住房有关问题的通知》，将廉租住房收入标准从人均月收入580元提高到697元，扩大廉租住房保障覆盖面，建立城市低收入家庭认定标准与廉租住房收入准入标准动态调整机制。会同市发展改革、财政部门印发《关于廉租住房实物配租管理若干问题的通知》、《关于廉租实物住房租金标准有关问题的通知》，将城市低收入家庭全部纳入实物配租范围，建立廉租住房租金标准确定及补贴新机制，明确廉租实物住房租金标准和补贴制定的具体方法和程序，由"暗补"变"明补"，实现廉租住房良性循环与可持续发展。

【廉租住房建设与配租情况】 2009年北京市在施建设廉租住房项目56个，开复工100.2万平方米，其中住宅93.4万平方米；新开工20.4万平方米，其中住宅19.9万平方米；竣工9.1万平方米，其中住宅8.3万平方米。截至2009年底，累计配租租金补贴家庭19641户，其中新增6254户；累计发放租金补贴资金3.07亿元，其中新增1.4亿元；本年摇号配租廉租实物住房1125套。

【公共租赁住房政策制定与建设情况】 8月，会同市发展改革、规划、国土等10部门联合发布《北京市公共租赁住房管理办法（试行）》，明确公共租赁住房的供应对象、房源筹集方式、审核配租和后期管理制度，进一步完善北京市住房保障体系，解决"夹心层"家庭住房困难。会同相关部门研究土地供应、公积金贷款、租金标准、税收优惠等政策，细化相关实施政策，积极推进公共租赁住房工作，明确公共租赁住房建设收购计划并落实项目，按照"分建统管"的原则，研究搭建统一运行管理平台，制定公积金委托贷款方案及相关税收减免政策。全市在施建设公共租赁住房项目11个，开复工52.5万平方米，其中住宅48万平方米，全部为新开工项目。

【经济适用住房建设与配售情况】 全市在施建设经济适用住房项目47个，开复工795.1万平方米，其中住宅628.7万平方米；新开工181.8万平方米，其中住宅149.1万平方米；竣工120.3万平方米，其中住宅98.2万平方米。全年宣武、朝阳、海淀等区县组织公开摇号配售经济适用住房6676套。

【限价商品住房建设与配售情况】 全市在施建设限价商品住房项目75个，开复工1445.5万平方米，其中住宅1212.4万平方米；新开工683.5万平方米，其中住宅615.3万平方米；竣工100.1万平方米，其中住宅82.8万平方米。全年东城、西城、宣武等区县组织公开摇号配售限价商品住房14151套。

【棚户区改造与旧城保护情况】 全面启动门头沟煤矿采空棚户区、通州老城棚户区和丰台南苑老镇棚户区改造工作，将三片改造项目列入市政府实事和折子工程，建设和收购定向安置房源160余万平方米，搬迁安置居民8600余户。同时，出台《北京旧城历史文化街区房屋保护和修缮工作的若干规定》，市政府安排10亿元专项资金，稳步推进旧城区房屋保护修缮工作，城四区修缮房屋33242间，涉及居民25101户。

二、住宅与房地产业

【加强房地产开发建设与监管】 制定《关于进一步推动开发项目开工促进房地产投资的工作方案》，建立市区建设主管部门项目协调联动机制，加大开发项目协调力度，确定4批102个项目纳入市政府绿色审批通道，分类分批指导协调，促进项目开工建设，并整合北京市行政许可、备案和资质核准等管理资源，完善房地产开发项目手册信息系统，加强开发建设全过程动态跟踪监测监管。同时，开展房地产市场秩序专项整治，坚决查处企业无资质开发、超期变更等违法违规行为，处罚开发企业45家、罚款114.5万元，市住房城乡建设系统执法工作平台记录违法行为79条、涉及企业64家；出台《北京市房地产开发企业资质抽查工作方案》，加强企业资质许可批后监督工作，抽查企业142家，责令存在问题的7家企业限期整改；建立开发企业资质动态管理长效机制，拟定每半年发布一次注销公告，保证资质审批流程的完整性，引导企业重视资质管理。截至年底，全市资质证书有效期内的房地产开发企业3164家，其中一级资质96家、二级265家、三级351家、四级1501家、暂定951家。

【创新政策破解拆迁难题】 印发《关于进一步做好北京市城市房屋拆迁安置和补偿工作的若干意见》，提出坚持政府主导拆迁，明确市场化拆迁补偿评估机制，加大房屋安置力度，坚持拆迁与住房保障工作结合，积极筹措经济适用住房、限价商品住房、定向安置房等房源，优先配租、配售困难家庭，解决重点工程建设、旧城修缮整治、人口疏散等方面拆迁安置需求，加大中央项目、重点工程、政策性住房等项目协调力度，推动依法、文明、和谐拆迁，保障重点项目落地和土地储备。全年新启动拆迁项目累计279个，拆迁房屋建筑面积1449.9万平方米，其中住宅60066户、建筑面积933.2万平方米。

【加强房地产交易市场动态监管】 针对投诉较多、问题较集中的11个房地产项目，开展综合执法检查，责令5个存在无证售房、延期交房等问题的项目立即整改；集中约谈告诫收取"诚意金"、未按期开盘或未网上认购、发布虚假楼盘信息的28家企业，通报企业违规行为并责令限期整改；深入开展延期交房专项治理，加强矛盾排查和化解工作，全市发现延期交房项目41个，奥运期间和奥运会后新增26个；开展房地产业非法集资风险排查，制订工作方案并成立专项领导小组，根据日常监管工作和房地产市场动态监管平台投诉情况，筛选出涉嫌非法集资的97个项目作为排查重点，各区县组织开发企业及代理销售机构自查76个项目，责令14个项目限期整改，市区建设房管部门逐一检查在售项目，涉及房地产企业199家，未发现非法集资行为。

【完善物业服务监管体系】 出台《北京市物业服务动态监管暂行办法》等规范性文件，完善物业服务市场准入和退出机制，落实物业纠纷调解联动机制，维护广大业主合法权益；开展物业安全生产综合整治，企业自查整改项目3501个、27000万平方米，区县建设房管部门督查项目1049个、8346万平方米；与市消防、卫生等部门组成联合检查组，开展普通地下室专项整治，区县排查普通地下室7037处次、1353.45万平方米，发现安全隐患1174处、170.87万平方米，要求限期整改消除安全隐患，关闭或暂停使用整改不达标的地下室；全面改革物业服务项目创优达标评选方式，由政府主导改为市物业协会组织，邀请媒体全程参与监督，赋予业主最终评判权，申报项目须经半数以上业主同意，首次引入五星级住宅项目公开答辩机制，项目负责人须接受业主代表、专家的随机提问并现场答辩，推动物业服务行业向现代服务业转型，全市155个项目获星级项目称号，其中27个五星级项目。截至年底，全市取得《物业管理企业资质证书》企业3052家，新增65家，其中一级103家、新增22家，二级251家、新增37家，三级2418家、新增41家，三级暂定280家、减少35家。同时，正式运行全市商品住宅专项维修资金管理系统，实现区县建设房管部门与市住房资金管理机构的业务有效衔接，加强市区建设房管部门对住宅专项维修资金的实时监管，并印发《北京市住宅专项维修资金管理办法》，调整和完善资金交存标准、使用程序等内容，实行资金统一管理和事权下放，初步形成住宅专项维修资金管理新体制，构建"市级监督指导，区县审批落实"工作机制，截至年底，全市归集专项维修资金222.45亿元、1158.68万户，其中本年度归集资金37.08亿元。

【严格房地产经纪与评估机构资质监管】 开展房屋租赁经纪机构专项整治，召开房地产经纪行业管理工作会和专项整治汇报会，组织1000余家机构自查自纠，对投诉较多或影响较大的40家机构开展综合执法检查，并组织房地产经纪人资格考试，进一步规范房地产交易行为。截至2009年底，北京市备案的经纪机构和分支机构4962家，其中经纪机构2309家、分支机构2653家，新增备案1070家，其中经纪机构415家、分支机构655家。同时，建立房屋估价报告定期抽查制度，进一步规范房屋估价机构行为，北京市具备房地产价格评估资质的机构143家（含外地在京分支机构2家），其中一级33家、二级25家、三级（含暂定）82家，军队系统内执业的3家；本年新增4家，升级为一级、二级资质各1家，10家暂定资质升级为三级资质，注销28家机构资质。

【公有住房出售与调整情况】 2009年，出售公有住房30818套、229.02万平方米，其中515家中央单位涉及住房6349套、51.58万平方米，737家市属单位涉及住房18495套、140.75万平方米，271家区属单位涉及住房5974套、36.69万平方米；其余为军产售房和部级售房备案。截至年底，北京市出售公有住房193.27万套，累计售房面积13053.92万平方米，占可售公房总量的87.16%，约有4004万平方米公房尚未出售。同时，各区县全年累计核准298家单位调整公有住房方案，涉及住房2818套、18.78万平方米，其中226家中央单位涉及住房1400套、10.91万平方米，54家市属单位涉及住房1355套、7.35万平方米，18家区属单位涉及住房63套、0.51万平方米。

【完善集资合作建房监管政策】 2009年，发布《关于集资合作建房项目房屋登记面积测量有关问题的通知》，调整集资建房面积测量政策；发布《关于办理集资合作建房售房备案和房屋登记有关问题的通知》，规范相关手续的办理程序和要件，明确超标面积登记办法；与市社团管理部门联合发布《关于加强北京市城镇住宅合作社管理工作有关问题的通知》，健全社员代表大会和理事会制度，重申合作社换届及更换法人程序，强调财务及会计管理规定的落实，并指导2家合作社完成换届选举。

【房改房售后专项维修资金及售房款管理】 2009年，审批215家单位支取房改房售后专项维修资金及售房款11178.26万元，主要为1445名职工发放住房补贴1769.18万元，为6646名职工发放提租补贴135.84万元，为12118名职工缴存公积金单位部分2610.84万元；更新改造电梯87部，粉刷楼房外立面11.1万平方米，维修屋面防水43.56万平方米，住宅楼平改坡改造0.09万平方米。

（北京市住房和城乡建设委员会）

三、城乡规划

【北京市地震应急避难规划编制完成】 由市规划委组织，市规划院联合地震相关部门及高校等研究机构共同编制完成。规划明确了避震疏散策略及相关规划技术标准，重点选址布局了市级中心避难场所及主要疏散通道，并制定出各区县和新城地区的专项规划指引图则，以指导区县和新城详细规划的编制。规划还对避难场所的利用管理措施进行了重点研究，突出了对避难场所平、灾结合、综合利用的特点。

【各类项目受理和审批情况】 2009年，市规划委共受理各类建设项目申报15987项，办结核发各类建设项目15862项，纳入市政府绿色通道审批项目共有1037项。在行政许可事项中，核发规划选址意见书953项，核定用地规模约15988公顷，核定建设规模约10030万平方米；核发建设用地规划许可1021项，许可用地规模约14646公顷；核发建设工程规划许可3665项，其中建筑工程规划许可2067项，许可建设规模约4950万平方米；市政工程规划许可1598项，许可道路管线165.91万延米。

【优化城市功能和布局】 市规划委配合有关部门超额完成1000亿土地储备和1300公顷土地供应任务。启动了位于顺义线、房山线、亦庄线、昌平线、大兴线5条轨道交通郊区线站点周边的19个土地储备项目，总用地规模928公顷，使轨道周边土地总建筑规模增加288万平方米。

【925万平方米保障性住房规划】 积极调整住房供应结构，通过按比例配建等方式，在基础设施条件、公共服务设施条件好的地区以及轨道交通沿线优先配置保障性住房，加快规划审批，完成了925万平方米保障性住房，50万平方米公共租赁房建设的相关规划工作。

【《北京城乡规划条例》实施】 2009年5月22日经北京市第十三届人大常委会第十一次会议审议通过，自2009年10月1日起施行。本条例共七章七十四条。1992年7月24日北京市第九届人民代表大会常务委员会第三十五次会议通过的《北京市城市规划条例》同时废止。这是北京市城乡规划建设和管理的一部地方性法规。《条例》的实施，为北京城市规划建设和管理工作，提供了有力地法律依据。《条例》贯彻落实科学发展观，坚持以人为本，体现"人文北京、科技北京、绿色北京"的理念。以协调城乡空间布局，改善人居和发展环境，促进经济、社会、人口、资源、环境全面协调可持续发展为目的，全面贯彻《城乡规划法》，对北京城乡规划工作提出了新要求。该《条例》根据国务院批复的《北京市城市总体规划》，依据《城乡规划法》城乡统筹的要求，结合北京市实际情况，明确了北京市城乡规划的制定、城乡规划的实施、城乡规划的修改、监督检查及法律责任等。

【市城建档案馆完成目标管理任务】 2009年，共接收、征集、整编入库各类档案7559项，27911卷。跟踪拍摄重点工程，形成照片档案12502张、声像资料1180分钟。接收入库缩微档案7566卷。接收照片档案10368张，录音、录像档案62盒，专题片3部。完成13万卷馆藏工程竣工档案和2915卷规划管理档案的著录、扫描和校核工作。为社会提供档案技术服务：缩微档案1273项，25000卷；复印还原图纸70000张；扫描胶片900卷，45万张。

【城建档案馆档案利用情况】 2009年，城建档案馆为国庆60周年指挥部、北京电视台、轨道交通建设公司以及建设单位、公检法机关、市规划委和社会各界为设计、管理、施工、诉讼等方面提供利用馆藏档案22930卷次，7380人次，提供利用声像档案照片1427张、视频300分钟。

【档案编研成果】 市城建档案馆完成《京华规划探源—周永源文集》的组稿、编辑、校核和组织审稿及印刷成书工作。编印了《2001~2008馆城建档案论文、科调研成果汇编》，编辑制作了17部声像专题片和电子相册，如：《明十三陵现状》、《胡同往事—南锣鼓巷》、《明城墙遗址旧状新貌》等，真实记录了北京的城市建设发展状况，丰富了声像档案内容。

【奥运工程档案归档的收尾工作】 随着国家体育场、北工大体育馆的工程竣工档案顺利接收进馆，第29届奥运会新建的11个奥运场馆的工程竣工档案全部接收进馆保存。接收了奥林匹克中心区多功能演播塔、中心区下沉广场、森林公园等配套设施、67项奥运市政管线工程以及27项奥运道路工程竣工档案。完成接收国家体育场、五棵松篮球馆、国家游泳中心等奥运工程照片、录音、录像档案。

【建筑通用图集修编情况】 根据建筑技术的最新发展,适应新规范的出台,市规划委完成了主要部分图集的修编工作。

(1)建筑通用图集:《08BJ2-2 框架填充轻集料砌块》《08BJ2-3 墙身—加气混凝土(砌块、条板隔墙)》《08BJ2-5 墙身—轻钢龙骨纸面石膏板》《08BJ2-6 墙身—轻钢龙骨增强纤维水泥板钢板石膏复合板隔墙》《08BJ2-8 混凝土小型空心砌块建筑构造》《08BJ2-9 外墙外保温》《08BJ3-1 外装修(1)》《08BJ3-2 外装修(2)》《08BJ4-1 内装修—综合》《08BJ4-2 内装修—柜台》《08BJ4-4 内装修—装饰木门》《08BJ6-1 地下工程防水》《08BJ7-2 钢梯》《08BJ10-1 庭院、小品、绿化》《09BJ13-4 钢质防火门窗 防火卷帘》《08BJ14-3 居住建筑室内装修》。

(2)建筑设备专项图集:《建筑卫生间同层排水系统》(09BSZ1-1)、《BZHC 玻璃钢化粪池选用及安装》(09BSZ3-1)。3、建筑电气通用图集:《电气常用图形符号与技术资料》(09BD1)、《低压配电装置》(09BD3)、《内线工程》(09BD5)、《照明装置》(09BD6)、《建筑设备监控》(09BD10)、《广播、扩声与会议系统》(09BD12)、《建筑物防雷装置》(09BD13)、《安全技术防范工程》(09BD14)、《综合布线系统》(09BD15)。

(北京市规划委员会)

四、建筑业

【加强施工安全和工程质量监管】 深入开展深基坑隐患排查、建设工程安全生产"三项行动"、施工现场消防安全"雷霆行动"等专项整治,加强施工质量安全监管,进一步完善市区两级施工现场质量安全网格化管理体系,加大施工现场行政执法力度,严格落实质量责任,重点做好轨道交通建设安全监管,实行工程质量终身负责制,新开地铁线路全部安装远程监控系统,北京市建筑安全质量情况总体处于受控状态。全年检查工地 64737 个,发现安全隐患 112881 条,限期整改 5364 起、停工整改 1014 起,针对发现的安全隐患,执行简易处罚 828 起、立案处罚 326 起、罚款 670.312 万元;发生安全生产事故 26 起、死亡 29 人,分别同比下降 18.75%和 17.14%。有 12 项工程获鲁班奖,7 项工程获"国家优质工程"银质奖;262 项工程获市结构"长城杯"奖,其中金质奖 100 项,银质奖 162 项;87 项工程获市竣工"长城杯"奖,其中金质奖 40 项,银质奖 47 项;80 项工程获装饰优质奖。此外,4 家企业获"2009 年度北京市工程建设质量管理先进单位"称号。

【严格建设行业从业人员资格管理】 全年完成建造师、监理工程师、造价工程师行政受理事项 18193 件。组织建筑企业主要负责人、项目负责人和专职安全员安全生产考核 27365 人、合格 20881 人,其中企业负责人考核 2467 人、合格 1687 人,项目负责人考核 9576 人、合格 7419 人,专职安全员考核 15322 人、合格 11775 人。开展关键岗位和职业技能鉴定考核,造价员统考 2 次 23813 人,其他关键岗位统考 3 次 9711 人,专场考试 4 次 759 人,组织赴外地考试 8 次 596 人,总计合格 21191 人;特种设备作业人员考核 5 次 7363 人,合格 4667 人;工人技师、高级技师考评 11 批 277 人,合格 212 人;建设职业技能岗位考核 33 批 4725 人,合格 4090 人。

【加强建筑企业资质动态监管】 改革与创新资质审批制度,下放审批权限,压缩审批时限,简化申报材料,提高服务效率,在全国建设系统率先执行工程业绩核查、企业资质申请公示等八项制度,逐步严格行业准入门槛,初步建立资质条件与市场行为、社会评价相结合的审批联动体制,并建立企业资质动态核查制度,加强资质许可批准后的监督,加大市场清出力度,注销未参加年检的建筑业企业资质 83 家,开辟电子、环保、钢结构、建筑幕墙等专业企业绿色审批通道,促进建筑业产业结构优化。截至年底,在北京市从事经营活动的 4 类建设工程企业 8265 家,其中建筑业企业 7316 家(市属 5880 家),同比增长 7.73%;工程监理企业 406 家(市属 278 家),同比降低 4.69%;招标代理机构 278 家,同比降低 8.55%;造价咨询企业 265 家,同比增长 2.32%。受理施工、监理、招标、造价 4 类企业资质申请事项 2691 项,其中新办资质 795 项,晋级 578 项,增项 259 项,复审资质 389 项,变更资质 688 项,审批通过 1537 项。

【加强工程招标投标监管】 深化招标投标"一站式"办公平台改革,进一步统一招标投标办理程序、规则,推进备案审核标准化,缩短备案时限,建立首问负责制、答疑公开制、定期会议制,加强队伍建设,并全面推行电子辅助评标系统,搭建数字化招标投标服务平台,推动行业自律和诚信建设。全年办理施工总承包招标项目 2818 项、中标价 1389 亿元,其中市招标投标机构办理 791 项、中标价 721 亿元,区县招标投标机构办理 2027 项、中标价 668 亿元;工程监理招标 1657 项、中标价 22.9 亿元;专业招标712项，中标价88.5亿元；材料设备招标450项，中标价46.7亿元。

【推进建筑市场信用体系建设】 继续执行《北京市建筑市场主体市场行为记录信息服务体系建设方案》，修改《北京市建设行业信用系统管理办法》、起草《信息发布和查询管理规定》，制定企业与人员良好信息采集标准，采集鲁班奖、詹天佑奖、长城杯等奖励表彰信息1297条，并与市法院系统建立协调机制，采集企业民事诉讼信息161条。同时，初步建立信息系统运行机制，以本委建设行业信息系统为基础，以建设工程交易机构信息系统为使用平台对外发布信息，整合并完善建筑业、房地产开发企业及其注册执业人员的市场行为信息记录档案，完成往年有关信息的采集、汇总工作。

【加强建设科技创新与管理】 颁布实施《村镇住宅太阳能采暖应用技术规程》、《施工现场齿轮齿条式施工升降机检验规程》、《房屋结构安全鉴定标准》等地方标准15项；当代万国城北区（当代MOMA）工程、中石化科研及办公用房工程、中国电影博物馆等8个项目通过"北京市建筑业新技术应用示范工程"验收，A380机库钢结构工程通过第六批国家级新技术应用示范工程评审验收；EVE轻质复合外墙板施工工法、多功能直立锁边铝镁锰合金金属屋面施工工法等16项市级工法通过国家级审定，超长水平玻璃肋及吊杆幕墙体系施工工法、异形截面轻质材料填充超厚大跨度预应力楼板施工工法、湿铺法双面自粘橡胶沥青防水卷材施工工法、吊轨式吊船施工工法等46项工法通过市级审定；完成国家体育场膜结构等关键施工技术研究、首都机场A380机库钢屋盖整体提升关键技术研究等重点科技成果鉴定27项。

【加强建材采购与供应备案管理】 2009年，在新建保障性住房工程中，继续实施建筑材料采购备案试点，完成14个区县、88个项目的2675个采购批次备案。同时，完成1167家企业、2216个产品的供应备案，取消379家企业、527个产品的备案资格。

【加强建材使用监管】 依据《北京市建设工程材料使用监督管理若干规定》，开展防水材料、塑料管材管件、旧城修缮改造建材等使用情况专项检查，抽样检测现场材料，市区两级建设主管部门检查项目185个，抽样检测建材实物332个，合格率76%，通报不合格建材生产企业15家。11月20日，结合北京市工作推动情况，制定《关于转发〈商务部、住房和城乡建设部关于进一步做好城市禁止现场搅拌砂浆工作的通知〉的通知》，扩大"禁现"区域范围，加强预拌砂浆供应企业备案管理，落实参建单位"禁现"责任，明确市区两级协调指导、信息报送制度，加大监督执法检查力度，新增多项违法处罚措施，并建立群众监督举报制度。

【开展课题研究与标准编制】 2009年，完成《北京市墙体材料预警指标体系研究》课题，建立北京市墙体材料价格预警模型，编制墙体材料市场预警数据库和应用软件；完成《北京市建筑排水塑料管道系统噪声扰民现状调查及解决方案》课题，建立建筑排水管道系统噪声测试室，编制《排水管道噪声检测室及测试方法》标准，开发出新型降噪塑料管材管件，推荐4种低噪声建筑排水管道组合，为绿色建筑的推广应用提供产品与技术支持。同时，编制《建筑地面防滑设计、施工、检验和验收技术规程》，该规程涉及公用、居住、工业等建筑以及地铁轨道交通、人行公用走道等建筑的地面防滑设计，确定防滑部位及防滑指标要求，并明确施工要点、防滑地面检验及验收方法；编制《散装干混砂浆运输车》国家行业标准，该标准技术指标符合国内行业发展要求，在国外先进经验的借鉴上，发展自身技术，经济合理，填补国内空白并达国际先进水平。

【注册人员管理】 2009年北京市规划委共完成北京市各类注册人员初始注册、变更注册、延续注册、更改补办注册等事项3600余项，其中一级注册建筑师注册事项、一级注册结构工程师、注册岩土工程师注册事项2681项，二级注册建筑师、结构师注册事项438件，集中受理注册城市规划师注册事项500余件。培训机构共培训注册建筑师、结构师6000余人次，培训规划师600余人。

【编写优秀村镇规划方案集】 2009年北京市规划委组织编写《北京市优秀村镇规划设计方案集》，重点介绍37项优秀村镇规划方案，广泛宣传优秀的规划方案和节能理念，有力推动了新农村建设。

【工程勘察获奖位列全国同业前茅】 首届全国工程勘察设计行业奖揭晓，市勘察院有限公司的北京银泰中心，北京五棵松文化体育中心、北京电视中心等9项工程获一、二等奖，单位获奖数量名列全国同业前茅。

【多项工程获三大理念优秀奖】 北京市2008工程建设指挥部表彰奥运工程及参与单位。市勘察院有限公司完成的5项工程勘察项目—国家体育场、北京五棵松文化体育中心、国家会议中心、北京奥林匹克中心区多功能演播塔、北京奥林匹克森林公园地源热泵勘察设计均为独家获奖。

【**首获北京公路学会科学技术奖**】 4月10日,市勘察院有限公司完成的"填土区道路、管线等线状工程加固质量综合检测方法研究"项目获得2008年度北京公路学会科技奖(三等奖),为本次获奖项目中惟一从事路基工程方面的研究课题。

【**完成多项北京当代十大建筑勘察**】 国庆60周年前夕,"北京当代十大建筑"评选结果揭晓。经核查统计,市勘察院有限公司完成或参与完成了国家体育场、国家大剧院、首都博物馆、北京电视中心、北京新保利大厦以及首都机场3号航站楼、北京南站、国家游泳中心、国家体育馆等9项工程勘察。

【**北京银泰中心获国家勘察金奖**】 10月30日,住房城乡建设发布2008年度全国优秀工程勘察设计奖公告,市勘察院有限公司完成的北京银泰中心获金奖;五棵松文化体育中心、建外SOHO地基处理及桩土应力比大型原位实验研究、奥林匹克公园森林公园3项工程获铜奖。

【**国家大剧院获全国勘察国庆大奖**】 11月25日,中国勘察设计协会工程勘察与岩土分会在京召开国庆60周年表彰颁奖大会,市勘察院有限公司完成的国家大剧院岩土工程勘察荣获十佳勘察与岩土工程大奖和自主技术创新企业奖。

【**北京勘察技术标准发展规划完成**】 《北京勘察技术标准体系及发展规划》(2008～2012年)项目通过专家评审。专家组认为市勘察院有限公司项目提交的研究报告资料齐全,完成了项目申报书中的考核目标,通过验收。

五、城市建设

2009年,全市共确定198项重点工程建设项目,其中续建87项,计划新开工111项、竣工56项,实际竣工46项,完成投资1189.33亿元,占年度计划97.39%。

【**交通设施项目**】 共确定46项重点工程,完成投资614.68亿元,其中轨道交通及配套16项、高速公路5条、城市道路21条、交通枢纽及配套3项、新农村街坊路硬化绿化工程1项。地铁4号线、京承高速三期(密云沙峪沟—市界)、京包高速(六环—德胜口)、西六环路(房山区良乡大件路—海淀区寨口)、北京南站外部路网工程、顺义区天北路(李天路—安华街)6项工程年内竣工。

【**民生保障项目**】 共确定29项重点工程,完成投资235.98亿元,其中8项医疗卫生设施、16项文化教育设施、1项保障性住房、1项社会福利项目、3项其他项目。友谊医院干部保健楼、中国现代文学馆二期及鲁迅文学院新址建设工程(朝阳区)、中国科技馆新馆3项工程年内竣工。

【**生态环境项目**】 共确定28项重点工程,完成投资105.77亿元,其中6项垃圾处理、14项水务治理、3项绿化工程、5项其他项目。安定垃圾卫生填埋场扩建工程、永定河(卢沟桥—三家店段)生态环境综合整治工程、延庆县再生水厂、门头沟区再生水厂、昌平新城昌平再生水厂、市四清环卫集团新址建设工程(朝阳区大屯乡)6项工程年内竣工。

【**现代产业项目**】 共确定54项重点工程,完成投资152.87亿元,其中15项生产性服务业、5项文化创意产业、11项高新技术产业、13项现代制造业、10项其他项目。天竺综合保税区建设工程、国际花卉物流港项目(一馆、一中心)、花博会物流港室外展区周边设施建设工程(一展)、北汽福田车用柴油发动机项目(昌平沙河)、6万吨/年EVA改造项目、海纳川模塑基地建设项目、房山世界地质公园博物馆及附属设施建设项目等工程年内竣工。

【**能源资源项目**】 共确定28项重点工程,完成投资53.04亿元,其中13项供热工程、10项输变电工程、1项热电工程、1项风电工程、2项燃气工程、1项其他项目。通州区城西5号区燃煤锅炉房整合工程、平谷区兴谷集中供暖改扩建工程、密云县新城城东北集中供热工程、延庆新城城南集中供暖工程、望京220千伏输变电工程、北京南站220千伏输变电工程、北京官厅风电场二期工程、市2009年绿色照明工程等工程年内竣工。

【**商业公建项目**】 共确定13项重点工程,完成投资27亿元,其中5项续建项目、8项新开项目。

【**北京13座雕塑获全国奖项**】 2009年,住房和城乡建设部公布2008年全国城市雕塑评选结果,北京共有13座雕塑获得奖项。其中,"奥林匹克公园中心区"系列雕塑和《民族大道景观雕塑》获得年度大奖,比利时赠送的《运动员之路》雕塑和连战赠送的《水袖》雕塑获得荣誉奖,"朝阳公园"系列雕塑、"奥运森林公园"系列雕塑、"国家体育馆"系列浮雕和《圣火传递》、《志愿者纪念碑》、《逐》、《扣篮》、《舞动的2008》等9件雕塑获得优秀奖。北京城市雕塑建设管理办公室获得"2008年度全国优秀城市雕塑建设项目优秀组织奖"。

【**北京接收国际捐赠雕塑**】 2009年,北京奥运建设展览馆接收了新加坡艺术家余振慈博士创作并捐赠的"同一个世界,同一个梦想"雕塑。该雕塑主体由奥运五环与和平鸽组成,高1.5米,采用不锈钢制作,底部为玻璃材质,刻有204个参赛国家和地区的国旗、区旗，表达了世界共享奥林匹克魅力与欢乐、共同追求人类和平的主题。

【地铁4号线艺术壁画建成】 地铁4号线宣武门站、西单站、西四站、动物园站、国家图书馆站、北京大学东门站、圆明园站、西苑站8个重点站台建设的11幅艺术壁画建成并通过验收。该系列壁画由中国壁画学会负责设计建设，主要反映了地铁沿线历史文化和人文特征，起到了宣传北京文化、打造人文乘车环境的作用。

【22件精品雕塑参展"精彩北京60年"】 为庆祝新中国成立60周年，展示北京60年来规划建设成果，北京举办了"精彩北京60年—新中国成立60年首都城市规划建设展"。展览选取了北京在不同历史时期建设的22件代表性雕塑，很直观地反映了北京不同时期文化建设情况，从艺术角度勾勒了北京城市发展轨迹。

【首届"社区雕塑创作营"在京开营】 为推动社区文化建设，打造社区艺术环境，首届"社区雕塑创作营"在位于海淀小营东路的专家国际花园小区正式开营。这是雕塑家首次以现场制作的形式，为社区创作雕塑作品，面对面向社区公众宣传雕塑艺术文化。此模式也为雕塑等高雅艺术进社区提供了方法上的借鉴。

【航空博物馆建成"英雄大道"雕塑区】 在航空博物馆建设了"英雄大道"雕塑区，新建11组主题雕塑、1组名为"利剑"的主雕和1组位于英雄广场的"蓝天魂"雕塑。"英雄大道"全长180米、宽24米，11组雕塑均采用青铜失蜡法精密铸造。"蓝天魂"雕塑采用花岗岩雕刻，和英烈墙、英模墙、誓言区共同组成了"英雄广场"。"利剑"主雕高40米，外表采用青铜锻造，剑锋直指苍穹，给人以"制胜空天"的信念。

【"新中国城市雕塑建设成就奖"揭晓】 住房和城乡建设部、文化部共同举办了"新中国城市雕塑建设成就奖"评选活动。全国共有60件雕塑作品获此殊荣，北京共有12件雕塑获此奖项，占获奖雕塑总数的五分之一。另有两件雕塑获得"提名奖"。

【首个二十四节气雕塑公园落成】 北京首个以二十四节气为主题建设的雕塑公园，在位于崇文区的南护城河边落成，并对公众开放。公园雕塑由二十四根汉白玉制作的"节气柱"组成，分为春、夏、秋、冬四组，每根柱高7.2米，刻有每个节气中具有代表性的花卉图案，以及节气历史等与节气有关的文字资料。

【"大通帆影"雕塑落户庆丰公园】 一组以"大通帆影"为主题、以"船"和"帆"为设计符号、以童年趣事为取材元素而创作的雕塑，在位于通惠河南岸的庆丰公园建成，成为了园内重要的人文艺术景观。该组雕塑重现了通惠河"北方秦淮"历史，与周围环境共同构成了"桃柳映岸"的生态景象。

（北京市住房和城乡建设委员会）

六、水务建设管理

【水文和水资源】 2009年，北京市平均降水448毫米，比2008年降水量638毫米减少30%，比多年平均值585毫米减少23%，为枯水年。全市水资源总量为21.84亿立方米，比多年平均37.39亿立方米少42%，其中地表水资源量为6.76亿立方米，地下水资源量为15.08亿立方米。入境水量为3.03亿立方米，出境水量为8.23亿立方米。截至年底，全市大中型水库蓄水总量13.54亿立方米，可利用来水量为3.49亿立方米。官厅、密云两大水库蓄水量为11.58亿立方米，可利用来水量为1.99亿立方米，其中密云水库蓄水10.39亿立方米，比2008年减少0.9亿立方米，水质保持Ⅱ类；官厅水库蓄水1.19亿立方米，比2008年减少0.4亿立方米，水质Ⅲ到Ⅳ类。平原区地下水平均埋深为24.07米，地下水位比上年末下降1.15米，地下水埋深继续下降。

【全年总供水量】 北京市总供水量35.5亿立方米，比2008年的35.1亿立方米增长0.4亿立方米。万元GDP水耗由上年的35.7立方米下降到32.78立方米，用水效率进一步提高，继续在全国保持领先水平。其中生活用水14.7亿立方米，环境用水3.6亿立方米，工业用水5.2亿立方米，农业用水12亿立方米。供水来源中，地表水为4.6亿立方米，占总供水量的13%；南水北调水2.6亿立方米，占总供水量的7%；地下水为21.8亿立方米，占总供水量的62%；再生水为6.5亿立方米，占总供水量的18.4%。

【水资源保护和管理】 北京市新建生态清洁小流域52条，面积575平方公里。全市累计完成生态清洁小流域治理128条，面积1592平方公里。山区640个村实现整村治污。治理后的小流域水质达到地表水Ⅲ类及以上标准。建成张坊水源地配套工程。新建潮白河、怀河应急水源。应急水源稳定开采，2009年内供水2.8亿立方米。实施跨省市水资源合作，利用南水北调工程成功地从河北黄壁庄、王快等水库向北京应急输水，2008年9月18日至2009年8月15日累计调水4.35亿立方米，北京累计收水

3.34亿立方米，2009年年内收水2.64亿立方米；从河北洋河、云州等水库向北京输水2000多万立方米。境内白河堡等水库向密云水库调水8000万立方米。

【南水北调工程建设】 北京市在完成南水北调中线干线北京段建设的基础上，加强了管理和保护，充分发挥已建工程效益，圆满完成了京石段应急调水任务，同时积极推进市内配套工程建设。南水北调北京段单位工程验收共计49项，已完成40项；合同项目验收28个。制定《北京市南水北调配套工程总体规划实施方案》，明确了工程建设时序，落实了建设责任主体。完成南干渠、大宁调蓄水库工程招标及合同签订工作，组织成立了现场管理机构，下达工程投资12亿元。征地拆迁工作全面开展，建立征地拆迁联络员工作机制，引入征地拆迁监理机制，积极推进配套工程征地拆迁，交付临时用地3.7万平方米，移植树木1497株。

【供水运行管理】 全市总供水量35.5亿立方米。其中城八区157204万立方米，远郊区197464万立方米。全市水厂122座，供水管道15514.5公里，年内更新改造505.3公里。完成自来水销售量106020.6万立方米，其中城八区87009.9万立方米。夏季北京市区供水量激增，最高日供水量达278.8万立方米，与2008年同比增加13%。这一水量为北京供水史上最高纪录，逼近市区295万立方米/日的供水能力。为国庆阅兵村提供专项水务保障，改造了长安街50年以上供水管线，对重点保障区域内管线、闸门进行风险评估，组建了警戒区保障队伍，严格管护。形成了严密的保障组织管理系统，制订了周密的保障方案和应急预案。

【排水管理】 北京市排水管道9344公里，其中城八区5277公里，郊区4067公里。污水排放总量136511万立方米，其中城八区91000万立方米，郊区45511万立方米。建成"排水管网设施监控系统"，对核心区域地下管网的连接点进行反恐监控，确保排水设施安全运行。对454条排水管线实施专项养护，更换"五防"井盖646套，改造立箅式雨水口1100套，升级改造工程完成投资8.16亿元。

【污水处理】 北京市污水排放总量13.65亿立方米，污水处理量10.97亿立方米，污水处理率80%。其中城八区85774万立方米，污水处理率达94%；郊区23948万立方米，污水处理率达51%。农村新建污水处理设施286处，其中涉及民俗旅游村和水源地村庄124个，新增污水日处理能力5000立方米。污泥处理处置取得新突破，清河污泥热干化项目和北京水泥厂污泥处置项目投入运行，污泥无害化日处理能力达到1600吨。

【水环境改善】 北京城市水环境管理标准到位、责任到位、监管到位，实行全天候巡查，随时维护，保持水面清洁。合理调度水源，补充河湖水量共3.6亿立方米，有效保障了环境用水需要。重点水域采用曝气措施，促进水体循环流动。

【再生水利用】 北京市再生水利用量64999万立方米，比上年增加5000万立方米，利用率达到60%。再生水已占全市总用水量的18%，连续两年成为北京市稳定可靠的新水源。清河二期、卢沟桥等再生水厂建设全面启动。完成门头沟再生水厂建设。延庆再生水厂建成投入使用。市区新建再生水管线25公里，扩大再生水绿地浇灌面积200万平方米。

【节水型社会建设】 北京市对29663个社会用水单位下达计划用水指标24.04亿立方米。按月监管，严格落实预警制度，全市累计发出预警22033户次。制定了年度用水计划和应对水资源紧缺的措施，其中包括工业、农业、宾馆饭店、学校、医院等不同行业用水的措施。北京公共场所基本普及节水器具，家庭节水器具普及率达85%以上。结合新农村建设，实施供水一户一表及管网改造工程，安装入户水表25万块，推进村镇供水向计量化、集约化迈进。创建节水型单位100个，建设节水型小区66个。配合市有关部门加快"三高"企业的退出步伐，全年超额完成50家"三高"企业的退出任务，节水近200万立方米。

【防汛应急体系建设】 北京市成功应对14次较强降水，应急指挥系统运行高效，防洪排涝等水利工程运行正常，山区没有出现险情，危旧房屋没有出现倒房塌房，城市运行总体平稳。对涉及60周年庆典活动广场、道路、大街、场所等重点部位进行隐患排查，安排3000多人进行盯守，组织制定排水等专项防汛保障预案10余项，防汛应急保障措施全部到位，确保了国庆60周年庆典活动顺利进行。年内确定积滞水点隐患79处，完成治理71处。完成知春桥排水改造工程、首都机场滑行东桥雨水泵站、红领巾立交桥雨水泵站、万泉河排水管线建设工程，排水标准明显提高，积水问题基本解决。

【水务服务管理】 北京市水务系统按照建设服务型政府的要求，不断规范行政管理，提高行政效率和服务水平。年内受理涉水行政许可事项2265件，全部在规定时限内办结，办理效率提高15%。办理人大代表和政协委员建议提案66件，受理政风行风热线、水务热线咨询10000多件,做到及时办理,服务到位,群众满意。解决了市属水管单位职能调整和经费管理这一困扰水务多年的问题。扎实推进水库移民后期扶持工作,共落实移民接收村扶持项目829项,年内发放扶助资金7783万元。

【水务规划】 北京市针对水务为全市经济社会发展服务的战略问题,组织编制了《2014年南水北调通水前水源配置方案》、《北运河水系综合治理规划》、《永定河绿色生态走廊建设规划》,经市委、市政府审议通过并开始实施。为保障首都的供水安全,制定了《2014年前南水北调通水前水资源配置方案》,确保2014年南水北调引水进京前首都水源安全。编制了《北运河流域水系综合治理规划(2009~2015年)》,从重点治理中心城区污染向统筹城乡污染治理转变;坚持综合治理,从分段分块治理向流域综合治理转变;坚持循环利用,从污水处理无害化向资源化转变。推广生态清洁小流域建设和管理的理念到大流域,建设"三个体系":流域水资源保护体系、流域水资源配置体系、流域防洪减灾体系。制定了《永定河生态走廊建设规划》,缓解水资源与水环境矛盾。

【水务法制建设】 北京市按照规范化、精细化管理的目标,水务制度体系建设取得新进展,启动了4项涉水立法项目。《北京市排水和再生水管理办法》2010年1月1日起施行;启动了《北京市节水奖励办法》立法调研;出台《北京市超定额超计划用水累进加价费征收使用管理办法》、《北京市水务行业有限空间作业安全生产规范》等行政规范性文件。编制了《北京市村镇供水管理指导意见》等指导文件;编制了《机井报废技术标准》、《中小河道治理规划导则》等标准。

(北京市水务局)

大 事 记

1月9日,北京北站新站房竣工,该项目位于西直门交通枢纽西环广场旁,总建筑面积2.1万平方米,建筑高度31.5米,地下2层,地上6层,地下一层为地铁、城铁、国家铁路的交换层。

2月2日,北京市住房城乡建设委制发《北京旧城历史文化街区房屋保护和修缮工作的若干规定(试行)》,自3月1日起实施。该规定进一步规范了北京市旧城历史文化街区房屋保护与修缮、胡同整治、市政基础设施改造和居民疏散等相关工作。

2月25日,市住房城乡建设委会同民政局印发《关于城市低收入住房困难家庭申请廉租住房有关问题的通知》,将申请廉租住房的家庭收入标准从人均月收入580元提高到697元,扩大廉租住房保障覆盖面,建立廉租住房收入标准与城市低收入家庭认定标准的动态调整机制。

3月18日,北京市举行海淀区四季青镇北坞新村暨北坞嘉园奠基开工仪式,该村地处城乡结合部地区,是全市首个开工建设的城乡一体化改革试点村,北坞嘉园项目占地22.5万平方米,总建筑面积33.75万平方米,提供房源1600余套,基本满足全村2900余人的回迁住房需求。

3月27日,第五届国际智能、绿色建筑与建筑节能大会暨新技术与产品博览会在京开幕,与会人员就国内外相关领域的最新成果及工作经验进行交流。

4月8日,北京市举行园林绿化工程交易并入建设工程发包承包交易场所的仪式,并发布第一个进场招标的园林绿化工程——陶然亭家境景区改造工程招标公告。

4月9日,住房和城乡建设部公布2008年中国人居环境奖和中国人居环境范例奖获奖名录,其中北京市奥林匹克公园环境建设项目和金融街片区绿化建设项目获人居环境范例奖。

5月22日,市住房城乡建设与工商行政部门联合发布《关于推行北京市建筑工程塑料管材管件采购合同等示范文本》。示范文本进一步明确产品执行标准、质量等级、争议处理办法等内容。

6月17日,北京、天津、河北三地建设主管部门在河北承德市签署《京津冀共同建筑市场合作协议》,标志着"三地"建筑市场一体化建设正式启动。

7月1日,北京市举行本年度首个限价商品住房——西三旗项目配售仪式,该项目可供房源4645套,其中廉租住房400余套。

7月28日,依据《北京市建筑长城杯工程评审管理办法》,北京市评出建筑结构"长城杯"工程262项,其中金质奖100项、银质奖162项,竣工"长城杯"工程87项,其中金质奖40项、银质奖47项。

7月31日,市住房城乡建设委印发全市统一制式的公共租赁住房申请轮候登记表格,北京市18个区县全面受理公共租赁住房登记业务。

8月7日,中国科技馆新馆工程通过竣工验收,该项目占地4.8万平方米,总建筑面积10.2万平方米,建筑高度45米,地下1层,地上4层,局部5层,建筑整体为单体正方形,外观呈"鲁班锁"

造型。

8月21日，市住房城乡建设委发布《北京市建筑业企业动态核查暂行办法》，该办法规定了核查的内容、方式和程序，旨在加强企业日常监督管理、推动企业资质管理向信用管理过渡。

9月18日，北京市举行首个公共租赁住房——朝阳区北苑南区项目开工仪式，标志着北京市公共租赁住房建设正式启动。市住房城乡建设委主任隋振江出席并讲话。

9月21日，北京市第二座"煤改电"工程——什刹海110千伏输变电工程竣工并投产送电，该工程位于西城区德胜门西南角，建筑面积0.56万平方米，新增变电容量200兆伏安，抗震强度8级。

9月24日，由北京日报报业集团与市建筑业联合会共同主办的"北京当代十大建筑评选活动"揭晓，在2000～2008年竣工投入使用、规模在5万平方米以上的单体房屋建筑工程（纪念性建筑除外）中，选出"北京当代十大建筑"，分别是：首都机场3号航站楼、国家体育场（鸟巢）、国家大剧院、北京南站、国家游泳中心（水立方）、首都博物馆新馆、北京电视中心、国家图书馆（二期）、北京新保利大厦和国家体育馆。

9月28日，地铁4号线竣工并通车试运营，该线连接丰台、宣武、西城、海淀4区，全长28.17千米，其中地下线长27.9千米，设24座车站，是继地铁5号线后贯穿京城南北的又一条地下交通大动脉，也是国内一次建成地下线最长的城市轨道交通项目。

10月18日，北京市举行国庆安保工作总结表彰会，其中市住房城乡建设委应急信访处、建管中心、住房保障办公室租售处被评为"国庆60周年安保工作先进集体"。

10月31日，国家会议中心整体改造工程通过竣工验收，该项目是国内建筑面积最大的现代化多功能会展中心，分为展览区（北区）和会议区（南区），能够满足大型会议、展览和酒店客房等多种需要。

11月16日，住房和城乡建设部公布2009年度中国建设工程鲁班奖（国家优质工程）获奖名单，其中北京市中石化科研及办公用房、北京电视中心等12项工程获奖；外埠由北京市企业承建的河南艺术中心、海南省博物馆获奖；境外由北京市企业承建的坦桑尼亚国家体育场获首个境外工程"鲁班奖"。

12月7日，国家工程建设质量奖审定委员会公布2009年度国家优质工程名单，其中北京市成府路道路工程、A380机库工程等7项工程获银质奖。

天 津 市

一、住房保障

【概况】 2009年是天津市落实住房保障五年规划的第二年，市委、市政府将住房保障工作列为年度20项民心工程的首要任务，不断完善住房保障制度，加大保障性住房投资建设力度，扩大住房保障政策覆盖范围，提高保障标准，全年向18万户中低收入家庭提供住房保障，超额完成年度工作计划的13%，使天津市在住房保障标准、受益面、保障性住房建设规模以及政府投资额等方面均居于全国前列。

2009年的工作与往年相比，主要特点有：一是加大了保障性住房建设规模，开工建设保障性住房788万平方米、11.3万套，完成工作目标的102%，建设量同比扩大了30%，为历年来建设规模最大的一年，保障性住房开工建设量占当年住宅建设总量的40%，为抑制房价过快增长、调整住房供应结构、拉动居民住房消费、促进房地产市场健康发展起到了积极作用；二是扩大住房保障政策覆盖面，将廉租住房实物配租范围由拆迁最低收入住房困难家庭扩大至全体享受低保和优抚待遇的住房困难家庭，实现了对最低收入住房困难家庭的全覆盖；三是各类租房补贴受益户数大幅增加，发放租房补贴6.7万户，超额完成全年目标的34%，同比增加了70%，其中廉租住房租房补贴新增3.7万户，同比增长了4倍。

【扩大住房保障政策覆盖面】 一是廉租住房实物配租：将配租范围由市内六区享受低保和优抚待遇且人均住房使用面积低于7.5平方米的拆迁"双困"家庭扩大到市内六区全体享受低保和优抚待遇的住房困难家庭，实现了对市区最低收入住房困难家庭的应保尽保，提前完成了国家提出的"到2011

年对城市低保住房困难家庭原则上通过实物配租方式解决住房问题"的目标要求。二是廉租住房租房补贴:将申请补贴的低收入标准由人均月收入低于600元提高到800元,住房困难标准由人均住房使用面积低于7.5平方米提高到9平方米。三是限价商品住房:为进一步拓宽中低收入家庭改善住房条件的渠道,将申购范围由具有中心城区非农业户籍、上年人均收入低于2.5万元且无住房的2人(含)以上家庭,放宽到具有市内六区、环城四区和滨海新区非农业户籍、上年人均收入低于3万元且住房建筑面积低于60平方米的家庭,以及男超过25岁、女超过23岁且上年收入在4.5万元以下的单人户。

【加大保障性住房建设力度】 一是廉租住房,通过从在建的经济适用房项目中收购和配建两种方式落实11.8万平方米、2026套,提前完成了2010年的建设任务。二是经济适用住房,开工建设明景家园等28个项目、552万平方米、8万套。三是限价商品住房,开工建设红旗农场等12个项目、164万平方米、2.1万套,超额完成了年度建设目标。为保证市场供应和平稳销售,满足群众购房需求,加快限价商品住房上市进度,推动华城丽苑、荔红花园、百合阳光、舒畅园、天房雅韵等11个项目上市销售,推出房屋1.7万套。全年累计发放购买资格证明1.5万户,到2009年底,已有1万余户家庭选购住房。四是租赁型经济适用房,采取新建和收购相结合的方式落实了60万平方米、1万套,其中,新建5个项目、35万平方米、6000套,使用商业银行贷款收购秋丽家园、秋怡家园、华明和双港新家园经济适用住房约4000套,为在天津市开展公共租赁住房探索奠定了基础。

此外,为加快推进保障性住房建设,多元化拓宽融资渠道,抓住国家支持建设保障性安居工程的有利契机,积极搭建银企合作平台,解决资金难题。2009年6月,与天房集团、天津信托等共同发起成立了全国首支保障房投资基金,促进了本市保障性住房建设。

【提升规范化管理水平】 会同市民政局出台了《天津市住房保障监督管理试行办法》,细化住房保障监督管理责任,按照市、区住房保障工作涉及的17项任务、23个监管环节,明确政策依据、责任部门、监管标准、监管方式及责任人,对全市住房保障政策执行、程序履行、动态管理、工程建设、专项资金使用及信访举报办理等重点环节实施监督管理。切实落实年审工作,对享受住房保障的家庭实行动态管理,通过检索住房保障管理系统、房屋产权产籍网、直管公产房网等,及时掌握享受保障家庭住房变化动态。对不再符合廉租住房保障条件的家庭予以退出,截至2009年底已追缴违规领取的补贴款近千户、93万余元。

按照兴国市长做好住房保障申请家庭收入核对工作的批示要求,在市人力社会保障局的支持下,实现了通过社会保险缴存信息系统自动核查申请家庭收入情况,现已核查3万余户,进一步增强了住房保障收入核对的准确性。建立了廉租住房小区周月巡查制度,编制质量安全巡查周月报表,及时解决存在的安全、维修、卫生等问题,加强了小区综合管理力度,提高小区管理服务水平。

【加强保障性住房工程监管】 进一步规范开发建设行为,将绿化、道路、水电、气热等市政配套以及商业、教育、医疗等服务设施作为用地条件,纳入土地出让或招投标合同管理,并强化证后监管,确保为群众创造良好的居住环境。加强勘察、设计、施工、监理、验收等过程管理,落实质量监督责任制,对在建项目抓好重点环节监管,开展专项检查,对已交付使用的项目,强化售后维修服务工作,进行跟踪调查。2009年7月至8月,由市国土房管局组织开展了全市保障性住房全面安全质量大检查,涵盖全市包括经济适用房、限价商品房和廉租住房在内,在建和已竣工的共103个项目,建筑面积1102万平方米的保障性住房;2009年11月,由市国土房管局、建设交通委和民政局三委局组成检查组对天津市保障性住房的建设计划、资金、优惠政策落实情况、工程设计及建设管理情况、配套工程落实情况,以及各区县年度工作目标完成情况、窗口建设、档案管理等方面进行了进行全面检查,使保障性住房成为群众的"满意工程、放心工程"。

【掌握保障性住房情况】 为系统掌握了中心城区中低收入家庭对保障性住房的需求情况,组织开展了市内六区、环城四区的非拆迁中低收入家庭住房需求情况调查,随机抽取11175个家庭,覆盖十区94个街道和1207个住宅小区,对科学预测保障性住房供需情况,确定政策覆盖范围起到重要作用。

二、住宅与房地产

【概况】 2009年,天津房地产业累计完成投资735亿元,同比增长12.5%。累计施工面积6069万平方米,同比增长13.9%。房地产新开工面积2555万平方米,同比增长4.7%。房地产竣工面积1902万平方米,同比增长4.9%。新建商品房累计实现销售1590万平方米,同比增长27%。房地产开发建设用地累计成交2330万平方米,同比增长54.7%。2009年,天津新建商品房平均售价为6886元/平方米,较上年上涨14%,其中,新建住宅平均成交价格为6605元/平方米,较上年上涨9.8%。

全年小城镇项目累计施工面积1008万平方米,同比增长93.8%,其中当年新开工面积632万平方米,同比增长75.6%。小城镇项目累计实现投资104.9亿元,同比增长130%,高于全市房地产投资增幅117.5个百分点。小城镇建设对各区县投资增长形成了明显拉动。各区县房地产开发累计实现投资176亿元,同比增长68.1%,高于全市平均增幅55.6个百分点。

【住房制度改革】 2009年,天津市公房出售收入归集2.5亿元,使用1.12亿元,余额1.38亿元,与上年同期基本持平。截至年末,公房出售收入累计归集72.3亿元,使用50.4亿元,余额21.9亿元。市、区机关和全额事业单位累计向16.5万名老职工发放住房补贴56.3亿元,市、区机关和全额事业单位为10.9万名在职老职工建立了补充住房公积金,归集5亿元。补充住房公积金、按月住房补贴和住房租赁债券全年归集16.4亿元,使用8.1亿元,余额8.3亿元,比上年同期分别增长46%、27%和69%。截至年末,补充住房公积金、按月住房补贴和住房租赁债券累计归集56.6亿元、使用28.8亿元、余额27.8亿元。

【房地产权属管理】 2009年,天津市完成各类房、地登记62.07万件,同比增长56.74%,涉及房屋建筑面积1.51亿平方米,土地面积735.29平方公里,均创历史最高水平,保证在登记量大幅增加的情况下,登记工作仍然平稳有序进行,实现国家房地产税收宏观调控政策在天津市的平稳过渡,为市国土房管局系统蝉联全市行政服务管理部门行风评议第一名作出贡献。全年办理抵押登记17.93万件、抵押贷款金额约2498亿元,同比增长110.94%和155.68%,为企业融资抵御金融危机、为群众贷款购房改善生活条件提供安全便捷的服务。

解决企业历史遗留登记发证难题。市国土房管局落实《国土房管部门开展"帮企业解难、助企业发展"服务年活动实施意见》,牵头成立了房地登记联合审批办公室,采取现场服务、跟踪协调、联合会审、缩短办事时限、减免登记费用等措施,创新思路,打破常规,解决企业历史遗留登记发证难题。为一商集团、劝华集团、旅游集团、百货大楼等100多家企业和单位解决了1400余处登记发证问题,建筑面积约4000万平方米,资产价值约250亿元。

解决群众购房后长期拿不到产权证的问题。2009年办理预告登记权利人入住满两年补录信息项目23个,建筑面积144万平方米,解决了1.15万户购房群众登记办证问题。从2003年到2009年,累计解决了11.2万户购房人长期拿不到产权证的问题,涉及1032.76万平方米。

【危陋房屋拆迁安置】 2009年,天津市拆迁房屋381.3万平方米、63100户、补偿金额288.49亿元,分别比上年同期增长48.7%、9.5%、87.2%。其中,住宅306.3万平方米、62437户、补偿金额259.58亿元;非住宅75万平方米、663户、补偿金额28.91亿元。全年拆迁危陋房屋200.2万平方米、42415户、补偿金额165.49亿元。其中,市区危陋房屋63.8万平方米、28865户、补偿金额88.08亿元;城中村136.4万平方米、13550户、补偿金额77.41亿元。定向安置经济适用房开工29个项目、552.05万平方米、80280套。其中,市区危陋平房拆迁定向安置经济适用房项目17个、205.71万平方米、32490套;基础设施拆迁定向安置经济适用房项目4个、42.04万平方米、5695套;城中村改造拆迁定向安置经济适用房项目8个、304.3万平方米、42095套。成立天津市保障住房建设投资有限公司,年内启动河北区小王庄、国印新村,红桥区铃铛阁、双环邨,河东区阳光里、河西区小海地小二楼6个危陋房屋拆迁项目,计划投入拆迁资金118亿元,涉及拆迁房屋87万平方米、2.66万户,其中,住宅63万平方米、2.64万户。截至年末,完成拆迁44.3万平方米、1.51万户,占56.8%,其中,住宅33万平方米、1.5万户,占全年市区危陋房屋拆迁总量的51.8%。

【房地产市场管理】 2009年,天津市完成房地产开发投资735.2亿元,同比增长12.5%,其中住宅投资494.9亿元,同比增长7.7%。全年成交各类房屋2730.3万平方米、1825.9亿元,同比增长93.9%和119.4%。其中,商品房成交1709.5万平方米、1239亿元,同比增长66%和94.7%(新建商品住宅1530.4万平方米、1080.8亿元,同比增长71.1%和111.8%);二手房成交1020.8万平方米(116362套)、586.9亿元,同比增长170%和199.4%(二手住宅915.9万平方米、531.5亿元,同比增长214.6%和224.3%),均达到了历史最高水平。全市商品住宅平均价格7462元/平方米(不含保障性住房),同比增长7.9%;二手房平均价格5804元/平方米,同比上涨3.1%。

完成房地产市场管理各项任务:制定《促进天

津市房地产市场发展措施》，涉及降低交易税费、放宽境外个人购房条件等，为市政府制定发布宏观调控政策提供有效建议；利用信息化手段提升审批管理水平，压缩商品房销售许可审批时限为3天，为商品房特别是关乎群众生活的保障性住房的及时上市提供支持；搭建房地产交易平台，举办2009年春季和秋季天津房地产交易会，推动各区（县）房管局举办拆迁现场咨询服务会、二手房推荐会等多种形式的交易会，促进管理职能向服务型转变；规范月度、季度、年度市场分析模式和内容，形成有总有分、有快报有专报的分析报告体系，开发房地产市场三维监控分析系统，通过"一张图"工程，对全市任意区域、任意空间实行动态监控，从而做到密切监测市场各环节的发展变化，有针对性地提出应对市场变化情况的有效措施；制定发布2009年房屋租赁市场指导租金、房地产市场交易指导价格。

【物业管理】 2009年，天津市新增物业管理面积1745.76万建筑平方米，其中住宅新增1566.18万建筑平方米（商品住宅区1115.9万建筑平方米，旧区450.28万建筑平方米），非住宅新增179.58万建筑平方米。截至年末，全市实施物业管理面积达到19717.9万建筑平方米，其中住宅17363.9万建筑平方米（商品住宅区13039.62万建筑平方米，旧区4324.28万建筑平方米），非住宅2354万建筑平方米。物业服务企业989家，物业管理行业从业人员近12万人。

修订出台《天津市业主大会和业主委员会活动规则》等7个配套办法；重新规范出台《天津市业主大会备案程序》等7个备案程序；制定公布《临时管理规约》等7个示范文本。天津市共有30个与《物业管理条例》配套的办法、备案程序和示范文本，搭建起新的物业管理法制框架，为依法行政、规范物业服务企业服务行为、引导业主依法维权、起到法制保障作用。

上调了普通住宅物业管理服务费政府指导价格标准。与市发改委联合对2003年出台实施的《天津市普通商品住宅小区物业管理服务收费管理办法》进行了修订，对各等级物业管理基本服务费政府指导价格标准进行了适当调整。明确了前期物业管理阶段物业管理服务费实行等级管理，由开发建设单位与物业企业从四个级别中直接协商选择某一等级的服务标准和收费标准；业主大会成立后，可以分单项跨等级选择组合服务标准和收费标准，实行菜单式收费模式，为业主提供质价相符的服务打开了政策瓶颈。下调了居民住宅小区电梯、二次供水、楼内照明用电价格标准。2009年11月20日，市发改委下发了《关于调整天津市电力销售价格的通知》（津价商〔2009〕232号），明确了"居民住宅区域内直接为居民生活服务的电梯、二次供水、楼内照明用电（经营性除外）统一调整为居民生活用电价格"。

开展达标创优活动。和平区同方花园、河东区海河大厦等20个项目被评为"天津市物业管理优秀项目"；和平区荣庆园、河西区人民检察院办公楼等82个项目被评为"天津市物业管理达标项目"，上京熙园等6个项目被评为"全国物业管理示范项目"。

【房屋安全使用管理】 2009年，天津市加强房屋安全普查工作。建立既有房屋安全使用长效管理机制，向市政府报送《关于近期危险房屋有关情况的报告》、《关于建立房屋应急解危抢修资金的工作意见》。开展既有房屋安全普查工作，建立全市既有房屋安全使用档案。完成395所学校、847幢、170万建筑平方米校舍的安全鉴定。开展房屋安全鉴定业务技能培训，加强鉴定机构规范化标准化建设。建设单位自管产房屋管理网络系统，做好既有房屋管理网络系统建设，为最终实现"以图管房"服务。

完成"平改坡"任务。编写《天津市既有建筑平屋顶改造构造图集》，全年完成沿街485幢、投影面积38万平方米住宅楼房"平改坡"任务。完成单位产、私产房屋解危修缮192万建筑平方米，完成危险房屋1746间、36867平方米，严重损坏房屋5326间、11万平方米危房修缮、加固工作。

（天津国土资源和房屋管理局）

三、城乡规划

【重点规划编制取得新成果】 空间发展战略规划奠定了城市未来格局。2009年，组织编制完成天津市空间发展战略规划，并经市委、市政府审议通过。"双城双港、相向拓展、一轴两带、南北生态"总体战略的确定，优化拓展了城市空间，对城市发展方向、空间布局结构等长远、重大问题做出了科学的展望和安排，对天津的经济社会发展、城乡建设、生态环境保护将起到重要指导作用，为天津未来发展规划了宏伟蓝图。

滨海新区城市空间发展战略、总体规划，临港工业区等九个功能区规划编制完成，基础设施和环境三年近期建设规划、滨海新区供热专项规划已批准实施。中新天津生态城、东疆保税港生活区、中心渔港、渤龙湖总部经济区等重点项目的规划编制取得了重要成果。

创新控制性详细规划编制方法。中心城区编制完成控规和土地细分导则，滨海新区完成2270平方公里控规全覆盖，环城四区控规方案已编制完成，其他区县的控规已取得阶段性成果。

【规划设计打造了一批城市新亮点】 城市设计导则塑造了鲜明的城市特色。率先在全国开展了城市设计导则、导引体系的探索与实践，对城市特色、建筑色彩、建筑高度、建筑顶部、玻璃幕墙、围墙、街道家具和店招牌匾整修等方方面面进行了研究，突出城市的品位、特色和风格，并出台了一系列的导则和导引，制定了《天津市规划建筑控制导则汇编》，进一步加强对建筑及景观设施建设的控制和引导。

新的城市亮点彰显了大气、洋气、清新、靓丽的城市风格。按照规划设计，津湾广场一期工程完工，以恢宏大气的风格，承接了海河两岸历史建筑的格调，成为富有高雅时尚气息的国际化商业聚集区；提升改造后的滨江道商业步行街，体现了百年商业街的历史品位和创新的时代风貌，元旦期间，到滨江道观光购物的游客达100万人次，充分体现了中心商业区的辐射功能；文化中心、梅江会展中心、海河教育园区、子牙循环产业园区已开工建设；西站交通枢纽工程开始进入主体施工阶段；于家堡、响螺湾项目全面开工建设；中心城区特色地区规划提升及重点地区天际线整治方案已基本完成。

【规划公开和规划宣传取得新突破】 两次规划公示引起强烈反响。按照市委、市政府的部署，天津市空间发展战略规划、文化中心、"一主两副"、于家堡、响螺湾等两批共8个规划设计方案，通过新闻媒体、规划展览馆展示等方式，公开向全市人民征求意见。两次公示期间，到规划展览馆参观的市民超过7万人次，共收到信件、电子邮件5203封、电话5049个、现场留言3778条，经过整理共形成意见5100余条。人民日报、中央电视台、香港大公报、联合早报等海内外新闻媒体刊登、播发新闻稿件2237篇（条）。两次规划公示活动的圆满完成。

规划展览馆成为了天津的城市名片。规划展览馆于2008年初开馆以来，已累计接待参观群众90余万人次，其中接待中央领导和有关部委领导6000余人次，市领导和有关单位1万余人次，本地团体32万人次。

政务公开力度进一步加大。继续深化和完善政务公开的内容、形式和方式，重点是在解决老百姓的切身利益、提高审批透明度上下工夫。修建性详细规划公示率、论证率、公告率、公布率和建设工程设计方案总平面图公布率、建设项目总平面图悬挂帅继续保持了六个"100％"。

【规划管理和服务】 城乡规划管理体制改革逐步深化，完成了全市城乡规划管理事权调整工作，局机关、10个规划分局的人员、机构、职能已全部到位。初步形成了具有特色的业务管理模式，即"一个平台、一套标准、二级监督、三级会审"体系，各分局、各区县局与市局的业务工作关系得到有效加强。

2009年，成立了确保和促进重大建设项目开工规划保障活动领导小组，制定了十六条服务措施，做到"承办一路绿灯，衔接一线贯通、审批一个会议、结果一次告知"，确保成熟项目快开工、促进一批项目能开工、策划推动一批项目早落地。

【保障区县发展】 区县示范工业园区等规划促进了各区县加快发展。围绕优化资源配置，实现集约发展，整合规划了子牙循环经济产业园等31个区县示范工业园区，在全市范围内形成一批规模适度、特色鲜明、环境优美、实力雄厚的高水平产业园。

编制完成了新农村布局规划、区县总体规划、总体城市设计和乡镇工业布局规划。武清、蓟县、宝坻、宁河、静海总体规划已经市政府正式批复。西青、津南、北辰、东丽总体规划正在进一步完善提升。完成了津南北闸口、北辰大张庄等11个镇和汉沽桥沽村规划方案深化工作。

【规划管理机制建设】 在2008年城乡规划管理系统全面通达的基础上，进一步整合资源、优化流程，取消了3个审批事项，合并了5个审批事项，办理时限由原来平均14个工作日缩减为9个工作日，时限缩减了36％。简化行政许可审批事项申报条件32项，并及时在全系统进行了推动落实。拟定了《天津市城乡规划管理事权调整方案》并全面组织实施，取得了较大进展，管理事权调整的目标基本实现。重新编印了《天津市城乡规划管理业务手册》《天津市城乡规划业务管理指导手册》《天津市城乡规划管理服务手册》《天津市城乡规划管理系统用户手册》，为业务管理的统一规范提供了保证。顺利推行一网通工程，基本实现了在统一的业务管理系统平台办理规划审批业务，实现了全市联网、规范管理、统一标准、全程监控、工作平台共用、信息资源共享、审批成果实时公开的预期目标，初步形成一体化管理机制。经过一年多的努力，初步形成了"一一三二"的管理构架，即："一个平台、一套标准、三级会审、二级监督"体系（见附1），各分局、各区县局与市局的业务工作关系得到有效加强。

【城乡规划编制计划管理】 为执行好《天津市

城乡规划编制年度计划管理暂行规定》，2009年年初，市规划局组织市各委办局、区县政府填报了2009年拟组织开展的规划编制项目，拟定了《天津市2009年度城乡规划编制计划》，并经市政府审查同意，于4月底批转执行。2009年度纳入全市城乡规划编制计划的规划共有43项（含指挥部的规划项目14项），包括海河中游地区总体规划等4项总规，中心城区及环城四区控制性详细规划等6项控规，中心城区地下空间利用规划等25项专项（业）规划，1项一般镇规划，7项城市设计。按照规划的审批等级分，报市政府审批的规划有20项，由市规划局及相关委局审批的有14项，由区县政府审批的有9项。纳入规划编制计划43项规划中，共分为109个小项，截至年底，报市政府审批的20项（24小项）规划中，有2项已经批复，5项已由市领导或组织单位审定，2项征求有关部门和专家意见，10项形成阶段成果，4项形成初步方案，1项没有开展工作。

市规划局及相关委局审批的14项规划中，有2项已经批复，1项上报政府待批，5项已由委局领导审定，2项征求有关部门和专家意见，1项形成阶段成果，2项形成初步方案，1项刚开展工作。区县政府审批的9项（71小项）规划中，有2项已经批复，3项已由区县领导审定，4项征求有关部门和专家意见，15项形成阶段成果，32项形成初步方案，15项刚开展工作。

【建设项目规划管理】 2009年建设项目管理确立以市局宏观管理为主的指导思想，全面下放审批权限，进一步转变工作作风，提高规划管理工作效率和行政效能，对规划分局业务案件、公文的办理严格控制办件时限，加大督办力度，对重点项目特事特办，要求分局缩短审批时限。全年房屋施工面积10192.58万平方米，增长11.3%；房屋竣工面积2837.52万平方米，增长10.7%。全市房地产开发投资735.18亿元，增长12.5%，商品房销售面积1590.02万平方米，增长27%，实现销售收入1094.85亿元，增长45.4%。市容环境综合整治成效显著，对滨江道商业街、天津市市容重点区域天际线整治等重点地区实施了景观提升，对主要城市节点、公共空间进行了综合整修，市容市貌焕然一新。大力推进高教园区等高校建设，海河教育园区全面开工建设。医疗卫生建设取得新突破，医大总医院二期、市中心妇产科医院、南开医院等建设加快。

【市政工程规划】 2009年按照市局的统一部署，全面加强规划协调服务，确保民心工程、保开工促开工项目的规划建设。全年共召开40次市政修详规审查会，对天宾商务中心项目、天津远洋大厦、天津文化中心等93个项目进行了审查，其中，涉及中心城区2009年上半年保开工建设的重点工程项目12项，包括：天津湾二期、津湾广场、合生国际大厦、红桥区大胡同地下人防工程等6项现代服务业项目；人民医院二期、二五四医院住院楼、张贵庄新市镇城中村改造、柳林还迁房等6项民计民生项目。涉及中心城区2009年下半年促开工建设的重点工程项目4项，包括：天河广场、天津市文化中心2项现代服务业项目及天津医院、胸科医院2项民计民生项目。

围绕全市20项重大交通项目、新20重大服务业项目和20项民心工程、市局120项重点项目以及申请国债资金项目，完成了一批重大市政基础设施规划设计方案的审查和审批工作，为天津市经济又好又快发展提供了优质高效的规划保障服务。

【区县规划业务督导】 重点对年初确定的"三个一批"项目、纳入市联合审批的重点项目，以及国家投资的重大项目等进行指导、协调、促办，督促各区县提高项目审批效率，做好重大项目的规划审批服务，确保了各项工作顺利开展。完善区县"一个平台、六项机制"建设。推动五区县落实"一网通"工作，使五区县业务案件网上办理率从51%上升到100%。采取多种方式帮助区县解决业务办理中的问题，不断提高区县管理水平。开展业务管理网上督查、重点项目备案和业务培训，集中进行业务管理检查，使区县业务管理不断规范化。

【测绘行政许可管理】 依法办理测绘行政许可事项52件次，其中国家基础测绘成果资料提供使用审批23件次，对外提供测绘成果审批7件次，测绘资质（乙、丙、丁级）审批14件次，测绘作业证审核1件次，地图编制审核7件次。出具国家秘密基础测绘成果资料使用证明函53个。

【测绘市场管理】 加强测绘质量监督管理，提高测绘产品质量。组织市测绘产品质量监督检验站制定了《天津市测绘成果质量监督检验技术方案》和《测绘单位技术、质量保证体系考核标准》，召开了测绘产品质量监督检验培训会。聘请了测绘专家参与检验。在原每单位抽取2个项目的基础上，2009年按作业范围各抽取2个项目，从2008年汇交测绘成果中随机抽取了212个测绘项目进行检验，同比增加47个项目。已有79家测绘单位上报检验成果资料175件，全部检验完毕，并适时召开检验结果发布会。

加大执法监察力度，规范测绘市场。为维护国家安全，根据国家测绘局等八部委关于开展地理信息市场专项整治工作安排，配合市局法监处起草下发了《关于天津市从事地理信息活动单位开展自查自纠工作的通知》（规测字［2009］534号），要求全市各测绘单位开展自查自纠工作，上交自查报告100份，占全部测绘单位的100%。并联合保密局、国家安全局、测绘产品质量监督检验站等单位和部门，先后对天津迪特科技发展有限公司、国家海洋信息中心、中铁隧道勘测设计院有限公司和天津市锦润信息科技有限公司等四家测绘资质单位进行了实地检查，未发现违法问题。

（天津市规划局）

四、建筑业

【概况】 2009年，天津市建筑业总产值继续保持高速增长。全市建筑业总产值达到1900亿元，实现增加值360亿元，同比增长27%，连续第四年增速保持在25%以上，高于天津市GDP增速。市属建筑业企业实现产值1422.56亿元，占建筑业总产值的86.82%，其中建筑业年产值达到10亿元以上的企业有37家，建筑业年产值1亿元以上的企业有234家。建筑业利税总额达到120亿元，签订合同额超过2000亿元。天津市企业在全国27个省市承揽有施工项目，全年完成外埠建筑业产值627亿元，同比增长25.4%。

建筑业企业规模和资质水平保持快速均衡发展。全年新增加建筑业企业232家，新增注册资本金4.78亿元，升级企业132家，增项企业105家。全市建筑业企业已达2238家，注册资本金达到265亿元。按资质划分：全市总承包企业360家，专业承包企业1394家，劳务分包企业484家。按等级划分（不含劳务企业）：全市特级企业7家，一级企业196家，二级企业415家，三级企业1073家，不分等级企业63家。

新批准建筑服务类企业37家，已有建筑业中介机构280家，其中监理企业74家，招标代理机构82家，工程造价咨询机构78家，工程项目管理公司46家。建设工程中介咨询服务业进入快速发展通道，工程监理企业开拓外埠市场的能力显著增强，工程咨询业累计实现经营收入52亿元。

天津市具有建筑工程类执业资格人员4.94万人。具有建造师执业资格的有2.38万人，其中一级建造师注册6931人、二级建造师注册1.69万人，具有三级项目经理执业资格的有8377人。具有建设工程造价执业资格的有1.4万人，其中具有国家注册造价工程师执业资格的1600人，具有国家注册造价员资格的1.24万人。具有建设工程监理执业资格的有3300人，其中具有国家注册监理工程师执业资格的2150人。具有天津市建设工程监理资格的1050人。

坚持开放市场，以引进优秀企业为原则，外埠建筑业企业进津备案共1388家，同比增长37.15%，其中特级企业129家，同比增长16.22%；一级企业284家，同比增长30.28%。外埠施工总承包企业477家，同比增长25.86%，专业承包企业618家，同比增加47.14%；劳务分包企业176家，同比增加30.37%；中介企业24家，同比增长14.29%。外埠管理人员进津备案3.54万人，同比增长27.16%。外埠建造师进津备案4133人，同比减少6.32%。

【建筑市场管理】 出台了建设工程投标资格审查、资信标评审、评标管理、招标投标违法违规曝光四项管理规定，统一了投标资格后审标准、条件和方法，统一了资信标内容，统一了评标程序。对市行政许可中心和建交中心的开标室、监控室进行改造，对评标室进行重建，满足市管项目招标的评标需要。实现了招标代理与评标专家分离；业主评委与专家库评委分离；投标企业与评标专家分离，使评标专家在不受干扰的情况下独立完成评标。并加大对违规招投标行为的处罚力度，使招标投标行为更加标准化、规范化。编制完成各专业工程基价，定期发布人工成本市场信息和工程造价指数，充分发挥标准定额对市场价格的指导、约束作用。全面实施《施工装备费计提办法》，施工装备费和安全措施费不纳入工程招投标竞价范围，确保安全施工和工程建设质量。

【建筑市场信用管理】 建成并正式启用了建筑市场信用管理平台，出台了《信用信息征集管理办法》，实现全市建设工程的报建、招投标、合同备案、施工许可和建筑业企业资质、从业人员资格、造价咨询、执法档案、工程结算备案等管理事项全部网上办理，建筑市场诚信信息能够互通、互用和互认，使建筑市场各方主体的市场行为完全置于阳光之下。信息平台累计归集企业良好信用信息2345条，不良信用信息315条，个人良好信用信息254条，已归集工程业绩1224条。

【劳务用工管理】 2009年，为把天津市建筑业农民工管理工作做好、做实、做到位，天津市坚持早动手、早准备、早安排，逐步建立完善预防农民工工资拖欠长效机制，全年建筑业农民工工资支付比例达到96%以上。为确保预防农民工工资拖欠长效机制落到实处，加大了对农民工管理制度不落实、拖欠农民工工资企业的处罚力度。对劳务用工管理不规范、用工制度未落实的218家企业记入企业信用档案，予以全市通报；对引发集体上访事件造成恶劣社会影响的16家企业列入"黑名单"，限制其市场准入资格，直至清出天津市建筑市场。

【落实建筑业农民工实名制管理】 天津市建筑业农民工约70万人，约占全市进城农民工总数的50%。为提高建筑业农民工管理水平，按照"谁用工，谁管理"的原则，明确总承包企业和劳务企业的管理职责，通过建立企业用工台账和设立劳务队长等多项制度，将建筑业农民工实名制管理纳入企业管理范畴，对建筑业农民工实行按身份实名管理，实现了建筑工人产业化管理。全市建筑业农民工实名制用工率达到98%以上。

【建立农民工工资预储账户制度】 2009年初，建立了农民工工资预储账户制度，并在天津市建设项目中推行。施工总承包企业负责设立专户，建设单位在基础、主体和装修三个不同部位开工前将劳务费打入专用账户。全年共有606个项目设立了农民工工资预储账户，有效遏制了用工单位拖欠劳务费行为的发生。

【完善农民工工资保证金制度】 对在天津从事建筑施工活动的企业全部收取保证金。按照企业的不同性质，确定不同的收取标准，施工总承包企业100万元，专业承包企业和劳务企业30万元。对上一年度未发生农民工工资拖欠行为的，实行减半收取；连续3年未发生拖欠或被评为本市诚信企业的，免收保证金；上一年度发生拖欠行为的企业，将被列入"黑名单"实施重点监管，并在本年度内加倍收取保证金。通过建筑业农民工保证金制度的实施，天津市全年拖欠农民工工资金额同比下降35%。

【建立解决劳务纠纷协调联动机制】 建立了联席会议制度，定期研究解决农民工不稳定因素，互通信息，积极化解矛盾，及时处理好建筑业农民工群访集访案件。全年天津市建筑业劳务费投诉中心共受理投诉325起，涉及拖欠金额9706万元，分别比上年下降33.5%和30%，其中群体上访案件18起，同比下降48.6%。共解决拖欠案件271件，涉及拖欠金额7291万元，较好地维护了建筑业农民工的合法权益。

【工程质量管理】 2009年，天津市建设工程质量管理通过抓好质量保障体系建设和完善，提高企业自律和创新能力，使建设工程质量始终处于受控状态。二级以上企业都通过了质量体系认证；开展法规、技术等多项内容的培训，全年培训质量管理人员6087人；建立不良行为企业责任追究制度，对23家企业进行了行政处罚；完善创优激励政策，对创出优质工程的56家企业给予奖励。

在加强施工质量监管工作中，采取4项措施：一是坚持以法律法规为依托，依法强化监管，出台《天津市住宅工程质量分户验收管理规定》、《建设工程质量责任书》等4个规范性文件。二是坚持施工现场样板引路，定期观摩交流经验，召开创优工程等3次现场会。三是坚持抓好质量通病治理，降低投诉率，质量投诉比上年下降26%。四是坚持开展以"三步节能"、建筑材料、深基坑、社会保障用房等质量安全为重点的专项治理，进行了16次专项检查。监督工程覆盖面达到100%。

【工程安全管理】 2009年，建设工程安全管理工作以健全监管机制，落实各级安全生产责任制度及安全行为管理为主线，强化安全文明施工管理，治理工程渣土洒漏，规范城区工地围挡，开展桥梁、隧道、深基坑安全防护设施，机械设备管理，应急预案管理，安全施工等专项治理。实施了建设、施工、监理企业签订质量安全生产责任书制度，落实三方主体质量安全生产责任目标制度、安全风险抵押金制度和保证金制度等，建立和完善了企业行为安全监督工作保障体系，加大了监管力度。建立了安全工作联席会制度，定期分析安全形势，不断加大监督力度。连续开展了两个百日安全大检查和专项治理活动，组织全市建设、设计、施工、监理企业开展查隐患、堵漏洞、建制度和创建安全质量标准化活动，取得了明显成效，使天津市安全形势持续好转，有效控制了安全事故的发生，百亿产值伤亡率低于全国平均水平。2009年，全市命名208个市级文明工地，树立49个文明施工样板工程。

【海河基础设施提升改造】 按照天津市委、市政府的决策要求，从2009年5月1～8月20日，全面完善和提升了海河两岸基础设施和景观水平。完成了30万平方米堤岸绿地改造，其中新增绿地面积12万平方米，栽植乔木4461株、新植花卉34万株，摆放花箱1534个。重点实施改造了君临天下、凯德大酒店、玉鼎大厦、万隆中心大厦4栋建筑外檐玻璃幕墙；调整了远洋大厦、天津湾水上运动世界等8栋高层宾馆写字楼的外檐色彩；对沿河55栋既有建筑进行综合整修。解决了石油楼、八分部军旅公寓等遗留多年的拆迁难点问题，为海河东路贯通创造了条件。重点解决堤岸破损，石材损坏、脱落，路面缺损等问题，累计修复破损堤岸3.53万平方米，重新油饰了两岸23公里护栏，调整两岸路灯617基。完成过河管廊盾构，将刘庄浮桥架空管廊切改沉河，对大光明桥架空管廊进行装饰装修。改造、完善两岸16公里的水线灯；增加31处绿化景观灯；强化建筑灯光夜景，在海河沿线可视范围内新建建筑灯光169栋；对沿岸25处在建工程设置了景观照明设施。

【重点工程完成情况】 2009年，天津市政府确定的市重点建设项目共77项，全年共完成投资1668.12亿元，占年计划的104%，比上年多完成投资571.17亿元。截至2009年底，临港造修船基地、津秦客运专线等8个项目基础施工，诺和诺德胰岛素灌装、地铁2号线和3号线、天津站交通枢纽等27个项目进行主体施工；渤海化工集团精细化工基地、金耀生物园、军电五期、数字电视大厦、盘山金碧国际旅游度假中心等12个项目进入设备安装或内外装修；百万吨大乙烯、北疆电厂、蓟港铁路扩能改造、空客A320飞机总装线及配套跑道、津汕高速天津段、蓟运河中新生态城治理等30个项目竣工投产或交付使用。

【勘察设计】 2009年，勘察设计行业全年实现产值270.3亿元，人均80万元。全市勘察设计单位共301家，其中甲级和乙级135家，占44.9%；国有独资及控股单位76家，占25.2%，民营企业72家，占23.9%，其他18家，占5.9%；按资质类别划分综合资质4家，占1.3%，建筑78家，占25.9%，市政21家，占6.9%，勘察27家，占8.9%，专项设计97家，占32.2%，设计事务所8家，占2.7%，其他行业（石化、机械、纺织、建材、铁路、水运、冶金等）66家，占21.9%。全市共有勘察设计从业人员3.40万人，其中专业技术人员2.64万人，占全行业的77.6%；高级职称9207人，占27.1%；一级注册建筑师545人，一级注册结构工程师898人。

全年评选出市"海河杯"优秀勘察设计奖136项，荣获全国优秀工程勘察设计奖17项，其中，天津华汇工程建筑设计有限公司、天津市建筑设计院和天津大地天方建筑设计有限公司联合设计的天津市东丽区华明示范小城镇工程荣获特等奖，天津市建筑设计院设计的中新天津生态城服务中心、天津市市政工程设计研究院设计的天津市海河两岸综合开发改造工程慈海桥工程、天津市勘察院完成的陈塘庄热电厂三期扩建工程等荣获金质奖。

五、城市建设

【概况】 2009年是天津城市建设大发展的一年。城建系统以科学发展观为指导，认真落实市委、市政府"保增长、渡难关、上水平"和"高起点规划、高水平建设、高效能管理"的工作要求，以推进20项重大交通和20项重大市政建设项目为重点，全面完成各项建设任务，基础设施承载能力显著提升，人居环境明显改善，城市面貌发生更大变化。

【建设投资保持较快增长】 全年完成市政建设投资901亿元，完成交通（含铁路）建设投资315.7亿元，完成房地产投资735.2亿元，三项合计达到1952亿元，占全市固定资产投资比重39%。全年新开工面积4600万平方米，累计在建规模突破8000万平方米，新开工量、建设规模创历史最高水平，实现了保增长的工作目标。

【重点工程建设进度加快】 以打造大通道、建设大枢纽、构建综合交通体系为重点，2009年安排20项重大交通和20项重大市政项目，合计256个子项，总投资规模2487亿元，完成投资534亿元。津汕高速天津段、天津港北港池集装箱码头（B段）、杂货码头二个4万吨级泊位、滨海国际机场第二跑道、蓟港铁路等一批工程投入使用。京沪高铁天津段、京津城际延长线、津秦客运专线和津港、津宁、国道112等高速公路进展顺利。地铁2、3、9号线和天津站、西站、文化中心、于家堡4座大型地下交通枢纽工程正在加紧建设。

【生态工程建设成效显著】 全面推进生态城市建设三年行动计划和水环境治理、小锅炉并网、城市路网建设计划。建成污水处理厂31座，新增污水处理能力45.6万吨/日，铺设排水管网634公里，完成了大沽排污河等28条河道治理，消灭了一批排水盲区，提升了中心城区排沥能力。拆除并网供热燃煤小锅炉112座，减少烟尘排放1882吨。新建、改造城市道路1200万平方米，新增城市绿化面积2800万平方米。供水、供气保障能力进一步增强，全市集中供热率达到94.5%，城镇污水处理率达到80%，生活垃圾无害化处理率达到90%。用100天时间完成海河上游绿化和夜景灯光提升改造，形成城市景观新亮点。

【房地产业保持平稳发展】 认真贯彻国家房地产宏观调控政策，出台《支持居民购房八项政策措施》和《关于促进天津市房地产市场健康发展若干意见》，取得明显成效。加大住房供应结构调整，中小户型普通商品房供应比重占70%以上。全年房地产新开工 2555 万平方米，累计在施面积达到 6069 万平方米，竣工 1902 万平方米，销售商品房 1590 万平方米。房地产开工量、竣工量、销售量呈增长趋势。全年各类保障性住房开工 788 万平方米，占住宅新开工量的 40％。外环线周边地区和区县新城建成了一大批节能环保型居住区。2009 年全市人均住房建筑面积达到 29.5 平方米，群众居住条件不断改善。

【建设市场秩序不断规范】 加强国有投资工程招投标管理，查处了一批规避招标、围标串标和工程转包违法行为。在全市施工企业中实行农民工实名制管理，建立了工资储备金制度，维护了农民工权益。多层次举办技术培训，培养了一大批技术能手。鼓励优秀企业资质升级，全市一级施工总承包和专业承包企业分别增加 26 家和 19 家。华北院、铁三院等 4 家单位获得国家勘察设计综合甲级资质。建筑业保持较快发展势头，全年完成建筑业总产值 1900 亿元，同比增长 27％，完成建筑业增加值 360 亿元，占全市 GDP 的 5％。

【建筑节能和科技创新快步发展】 颁布实施了中新生态城绿色建筑设计标准和评价标准。大跨度下弦不连续钢屋架吊装施工工法、水下不分散混凝土施工工法等 13 项被评为国家级工法，建（构）筑物顶升与平移技术、开启桥系统成套修复技术等 40 项新技术得到推广应用。中心城区、滨海新区、区县新城新建住宅全部实行三步节能设计，公共建筑实行二步节能设计。完成既有建筑节能改造 600 万平方米，对 156 栋大型公共建筑实行能耗分项计量。供热计量累计达到 1800 万平方米。住宅集团被住房和城乡建设部批准为国家住宅产业化基地。节能型墙体材料生产占市场需求的 70％。

【国有监管企业集团效益提升】 城投集团创新融资方式，全年融资 1200 亿元，保证了重大项目建设。天房集团扩大投资规模，开发面积达到 303 万平方米，比上年增长 13％。住宅集团实施多元发展战略，全年营业产值达到 63 亿元，新型建材研发取得新进展。自来水、燃气、公交和房信集团继续保持良好发展势头。市政建设集团投资兴建了团泊快速路等基础设施。建工、城建、建材集团等地方大型骨干企业和中建六局、中铁十八局、化四建等中央驻津企业在城市建设中发挥了重要作用。

【质量安全管理得到加强】 10 月 19 日组建了市质量安全管理总队，出台了建设施工 21 条禁令，使天津市质量安全形势进一步好转，全年百亿产值伤亡率低于全国平均水平。建工集团承建的空客 A320 总装线工程等 9 项工程获国家级优质工程奖。天津建院、华汇等 8 家设计单位获 17 项国家级优秀勘察设计奖。全市 141 项工程获海河杯优质工程奖，136 项工程获海河杯优秀勘察设计奖，208 个工地被评为市级文明工地。

【城市供热】 截至 2009 年底，天津市集中供热面积达到 2.02 亿平方米，其中居民住宅供热面积 1.48 亿平方米，占总供热面积的 74％，全市 210 多万户城镇居民享受集中供热，集中供热率达到 94.5％。按供热面积计算，燃煤锅炉供热比重为 71.7％，热电联产比重为 23.7％，地热、燃气等清洁能源供热比重为 4.6％。2009 年全市计量供热试点面积达到 1800 万平方米，其中计量收费面积 1300 万平方米。

天津市共有供热企业 249 家，其中国有企业 137 家，占总数的 55％，承担 80％的供热面积；民营企业 112 家，占总数的 45％，承担 20％的供热面积。完成了 45 万平方米老住宅供热补建任务，近 9000 户居民告别了靠小煤炉取暖的历史，享受了集中供热，为百姓造了福。

2008 年～2009 年两年并网供热燃煤小锅炉房 183 座，并网面积 1291 万平方米。小锅炉并入热电联产大型区域锅炉房后，能源利用率明显提高，共减少燃煤消耗 8.1 万吨，节电 124.5 万千瓦/时，预计每年可减排二氧化硫 3539 吨，减排烟尘 2543 吨。

2009 年，天津市连遭暴雪降温天气影响，极端最低气温达到 -21.5℃，超出了供热系统的设计能力。对此，供热单位采取全员上岗动态监控、全面提高一次管网供水温度、二次管网连续运行不间断、加强管网水力平衡调试、快速反应用最短时间排除局部故障以及压公建保民用等 6 项措施，保证了全市安全稳定供热。

【城镇供水】 截至 2009 年底，全市共有城市供水企业 31 个，其中公共供水企业 27 个，自建设施供水企业 4 个；全市综合生产能力 326.82 万立方米/日，加压泵站供水能力 35.74 万立方米/日，应急供水能力 9.58 万立方米/日；全市拥有供水管网 9925.14 公里，其中 DN600 毫米（含 DN600 毫米）以上管网 3036.40 公里；市自来水集团公司拥有供水管网 5160.28 公里，其中 DN600 毫米（含 DN600 毫米）以上管网 2289.57 公里。城市供水面积 1018.63 平方公里。

全年实际完成供水 5.95 亿立方米；售水量 5.01 亿立方米，其中生产用水 2.22 亿立方米、生活用水 2.20 亿立方米、服务行业用水 5942 万立方米。全市用水人口701.29万人，人均日综合生活用水量109.03升。

全年共安排供水设施建设项目24个，完成投资17.80亿元。铺设津南区北闸口镇DN50毫米~DN400毫米配水管道33.7公里，静海县大邱庄镇DN400毫米及以下管道37.2公里，临港工业区DN1400毫米供水管道34.5公里，团泊镇及大邱庄DN600毫米供水管道28公里。

供水水质监测机构抽验结果显示：全市供水企业出厂水水质九项指标综合合格率100%；供水管网水水质七项指标综合合格率99.8%，优于国家《生活饮用水卫生标准》规定的95%的要求。全市供水行业供水水质综合合格率为100%；管网漏水抢修及时率98%；入户维修及时率97%；计划停水公示率100%；抄表核收准确率99.62%；管网压力合格率100%，满足了全市各行业生产、商业经营和居民用水服务需求。

【燃气供应】 截至2009年底，天津市取得燃气经营许可的企业共100家，其中经营天然气企业21家，经营液化石油气企业79家。全市天然气用户233.72万户，其中民用户232.59万户；液化气用户41.27万户，其中民用户40.82万户。城区燃气普及率达到100%。市燃气集团有限公司拥有天然气管道7818公里，拥有天然气用户196.05万户，其中民用户达到195.17万户，工商用户达到8831户。全年天然气供气量达12.44亿立方米。

天然气全年供气量14.97亿立方米，其中向滨海新区供气量占全市供气量的44.65%，增长0.4个百分点。液化气全年供气量8.45万吨。全年新增天然气管道406.9公里，全市天然气管道长度达到1.02万公里，天然气储配站50座，调压设施2603个。天然气储气能力119万立方米。完成了列入市政府改善城乡人民生活20件实事之一的燃气旧管网改造工程，发展居民用户8.5万户。

开展了全市燃气经营企业落实《天津市城镇燃气供气服务管理标准》评价工作。燃气行业全部管道燃气经营企业和规模以上液化气经营企业参加了服务评价，7个企业被评为2009年度供气服务先进单位。

【轨道交通运营】 天津市投入运营的轨道交通设施有地铁一号线、津滨轻轨和开发区现代导轨电车（洞庭路试验线）3条线路。地铁二号线、三号线和九号线正在施工。截至2009年底，地铁1号线运营线路长26公里，拥有运营车辆116辆，年客运总量3555万人次，较上年增长11.62%，运行正点率达到99.73%，运行图兑现率达到99.92%。津滨轻轨运营线路长45公里，运营车辆116辆，年客运总量1730万人次，较上年增长8.64%，运行正点率达到99.96%，运行图兑现率99.99%。开发区单轨列车运营线路长8公里，共有运营车辆24辆，年客运总量近百万人次，运行图兑现率99.99%。

2009年，市轨道交通管理中心依据有关规定抓服务、保安全，全面开展了对全市轨道交通行业的监管服务工作：健全轨道交通管理中心各项规章制度，完善各项管理职能；狠抓安全管理，确保轨道交通运营安全，加强保护区管理，落实巡查制度，认真做好安全保护区内施工审批和监管工作；不断完善轨道交通各项应急预案，加强应急演练，全年组织开展各级别联合演练和专业演练共541次，参加人员近万人次；巩固奥运期间的管理成果，不断提升运营服务水平，抓好正点发车和运行图兑现率，确保列车运营间隔和运行平稳；以创建文明车站为抓手，不断提升车站的服务水平。地铁运营公司先后获得"全国工人先锋号"和"天津市五一劳动奖章"等荣誉。

【天津站交通枢纽工程】 工程以铁路天津站站房为中心，北至新兆路、"城市之光住宅区"南界、华兴道，东至新兆路、李公楼立交桥，南至海河，西至五经路地道、华龙道，规划占地总面积0.92平方公里。天津站枢纽的地面主体工程及部分地下设施、李公楼立交桥改建、海河东路地道已于2008奥运会前投入使用。截至2009年底，副广场地下换乘中心盖挖逆做施工已进行到地下四层，连接五经路地道已于2009年9月通车。

【西站交通枢纽配套市政公用工程】 工程位于市中心城区西北部，是海河经济发展带上游起点，是规划的重要的交通枢纽。西站交通枢纽配套市政公用工程东至河北大街，南至南运河，西至红旗北路，北至子牙河，总面积25.6万平方米。配套市政公用工程包含南、北广场地下工程、西青道下沉工程、复兴路立交桥工程等子项工程。截至2009年底，正在进行拆迁及桩基等结构施工。

【文化中心枢纽工程】 包括地下轨道交通工程和地下商业配套，地下轨道交通工程实施4座地下车站，总建筑面积6.97万平方米，另有3900米区间线路建筑工程；地下商业配套工程包括5.1万平方米商业店铺、1.2万平方米机动车停车场和1万平方米非机动车车库。截至2009年底，累计完成地连墙265幅，占总量的46.2%，累计完成抗拔桩849根，占总量的25.6%，累计完成立柱桩35根，占总量的3.5%。

【高速公路建设】 2009年，高速公路在建项目6项，分别是续建的京津高速、津汕高速、国道112线、津港高速、津宁高速、塘承高速。高速公路建设总长度为381.2公里。

【城市道路设施】 截至2009年底，市区共有城市道路1130条，总长度1072公里，面积2587万平方米，其中车行道1904万平方米、人行道683万平方米。与上年相比，总面积增加53万平方米。按照交通功能划分：快速路10条，长度45.6公里，面积199.4万平方米；主干线172条，长度354公里，面积1301.6万平方米；次干线256条，长度273.3公里，面积542.3万平方米；支路692条，长度398.6公里，面积543.6万平方米。市区里巷道路共2.47万条，长度1947公里，面积1019万平方米。

【风景名胜区建设管理】 盘山是国家级风景名胜区、首批国家5A级景区，也是天津市惟一的国家级风景名胜区。全年接待游客68万人次，旅游收入达到4000万元，成为蓟县乃至天津市旅游发展的龙头景区。2009年，盘山风景名胜区启动总投资1.2亿元的盘山大型生态停车场项目；在入胜索道停车场建成与景观协调的售货市场木屋600平方米，将景区内道路两侧的摊点全部纳入售货市场，实行统一规范管理；恢复重建了云罩寺罗汉殿，整理顶峰环境，使云罩寺景观更加完美；加大防火设施投入，举办防火应急演练，不断提高火情预防和救援能力，全年没发生任何火险火灾。

六、建筑节能与科技

【建筑节能】 2009年，天津市建筑节能工作积极推进绿色、循环、低碳理念，在新建建筑节能、既有建筑节能改造、国家机关办公建筑和大型公共建筑能耗监管、可再生能源在建筑中应用、计量供热、发展新型墙体材料和散装水泥、推广预拌混凝土和预拌砂浆、培育建筑能效交易市场等8个方面，全面推进建筑节能工作，取得了显著成效。

2009年建成三步节能住宅1500万平方米，累计建成节能住宅1.15亿平方米，占全市住宅总量的62%。完成1342万平方米既有居住建筑供热计量与节能改造任务。完成260栋国家机关办公建筑和大型公共建筑用能分项计量安装，实现能耗远程传输。可再生能源在建筑中的应用面积达到1200万平方米。大力推广新建住宅和公建项目计量供热，全年新增计量供热500万平方米，全市计量供热建筑总面积达到1800万平方米，实行计量收费1300万平方米。完成80项绿色和低能耗建筑试点示范项目。2008年~2009年全市集中供热煤耗下降到22公斤标煤/平方米，累计节约燃煤390万吨标煤，减少二氧化碳排放1053万吨。新型墙体材料生产能力达到70亿块标砖，新型墙体材料应用率79%。散装水泥使用率达到70%，比上年提高2个百分点。利用粉煤灰、炉渣、建筑垃圾等工业固体废物达550万吨，占全市固体废物生产总量的37%。开展建筑能效交易试点，在全国率先进行了第一笔建筑能效交易，交易合同节能量共计4500吨标煤，折合1.15万吨碳当量，为我国碳市场建设进行了有益的尝试。在建设部开展的全国建设领域节能减排监督检查工作中，天津市连续5年名列第一。

【建设科技】 2009年组织完成了省部级重点科研课题48项，其中3项科研成果达到国际先进水平、11项科研成果达到国内领先水平；天津永乐桥与摩天轮设计与施工等3项科研成果获市科技进步二等奖，空间索面独塔自锚式悬索桥设计与施工等8项科研成果获市科技进步三等奖，科技成果转化率达88%，居国内先进水平。

组织开展了38项工程建设地方标准复审和30项新地方标准编制工作。经过复审，确认继续有效的地方标准25项，需修订的地方标准11项，废止地方标准2项。颁布实施《中新天津生态城绿色建筑评价标准》、《天津市市政公路箱梁匝道桥设计暂行规定》等新编地方标准18项。

(天津市城乡建设和交通委员会)

大 事 记

1月12日，天津市公共交通调度服务中心建成并正式投入使用。

2月10日，召开天津市城市建设工作会议，部署2009年城建工作。

3月13日，召开天津市城市轨道交通建设工程调度会，推动地铁2、3、9号线建设，加快地铁5、6号线开工建设。

5月8日，天津市建设管理委员会更名为天津市城乡建设和交通委员会，并举行了揭牌仪式。

5月19日，组织全市250家建筑施工、工程监理企业参加全市安全生产工作会议。向各区县、各建设集团发出《进一步加强建设施工安全管理的紧急通知》。

6月1~30日，对全市建设项目进行安全抽查。

7月2日，召开全国建筑工程质量安全天津分会场会议。

8月13～16日，全国建设工程质量监督执法检查组对天津市进行了为期4天的检查。重点检查了市级建设行政主管部门工程质量监管情况、五方责任主体及检测机构的质量行为、执行国家法律法规和工程强制性标准情况等内容，并实地抽查了5项在施房屋建筑工程和1项桥梁工程。

9月22日，文化中心、会展中心两项工程开工建设。

9月25日，召开建设交通领域突出问题专项治理和质量安全工作会议，就进一步加强工程质量安全管理、遏制重大事故作了专项部署。

9月28日，津汕高速公路建成通车。

9月30日，五经路隧道工程实现通车。

10月19日，成立天津市质量安全监督管理总队。

11月8日，天津西站贵宾楼完成175米平移工程。

12月20日，会展中心2.6万吨主体钢结构全部安装完成，比计划提前10天。

12月30日，蓟港铁路扩能改造工程开通运营。

河 北 省

一、住房保障

【概况】 2009年，河北省加强住房保障制度建设，出台了《关于加快全省保障性安居工程建设的意见》和《河北省廉租住房保障办法》，强化政府的主导作用，全省累计解决36.04万户困难群众的住房问题（其中，城市低收入住房困难家庭23.8万户），分别为：廉租住房保障12.46万户，经济适用住房解决5.65万户，城市棚户区改造解决15.16万户（含5.68万户城市低收入家庭），农村危房改造解决2.76万户。开工建设廉租住房6.35万套，竣工1.26万套，完成投资31.75亿元。

【棚户区改造】 国有煤矿棚户区改造已经启动，大部分项目已完成选址、初设和概算编制工作；林区棚户区改造制订了实施方案；国有工矿棚户区、垦区棚户区改造，也做出了安排。各地积累了一些成功经验和做法，唐山市不断加大城市棚户区改造（危陋住宅区改建）力度，积极争取国家支持；石家庄、秦皇岛等市多渠道筹集廉租住房建设资金，增强了保障能力；邯郸市采取配建方式建设廉租住房，对未按规定配建廉租住房的开发项目，不予核发商品房预售许可证；邢台市试行多元产权建设廉租住房，拓宽了建设方式；承德市规范发展经济适用住房，实现了有效供应。

【住房公积金】 住房公积金监管工作不断加强，出台《河北省住房公积金管理办法》，缴存覆盖率达到85%，高于全国15个百分点；个贷率达到46.8%，提高了14个百分点。

二、住宅与房地产

【概况】 2009年，河北省房地产市场总体呈现投资增速较快、市场供应比较充足、商品房销售稳步回升、房价较平稳的健康发展态势。积极贯彻国务院办公厅《关于促进房地产市场健康发展的若干意见》和国家出台的促进房地产市场健康发展的有关政策以及河北省政府《关于促进全省房地产市场稳定健康发展的若干意见》，努力促进住房消费。

【优化投资环境】 认真执行河北省政府公布保留的行政审批、备案项目以及取消、停收、降低、放开收费标准、下放权限的收费（基金）项目目录，切实为企业做好服务。对保留的行政审批项目，简化程序，压缩办理时间。加快发展住房二级市场和租赁市场，加强市场信息沟通，提高中介服务水平，充分发挥供需信息媒介作用，向社会提供低成本的租售信息服务。发展中介服务市场，为房屋买卖、租赁提供便利条件。

【加强房地产市场监测分析】 每月对房地产形势进行分析，定期向社会公布房地产市场信息，引导合理的房地产投资和住房消费。随着国家和省拉动经济、扩内需、保增长以及促进房地产市场稳定健康发展各项政策逐步落实到位和省政府一系列优化房地产业发展环境文件的出台，2009年二季度河北省房地产市场开始"回暖"，各项指标逐步回升。

【房地产投资情况】 房地产开发投资增速较快，全省房地产开发完成投资1517.2亿元，同比增长39.9%（全国同比增长16.1%），占全省固定资产投资14.4%(全国比例为18.7%);其中,商品住房完成投资1218.3亿元,同比增长41.9%(全国同比增长14.2%)。11个设区市房地产开发完成投资均同比增长,其中衡水市增速最高,同比增长142.7%;廊坊和秦皇岛增速较低,分别同比增长13%和14.5%。下半年,全省房地产开发完成投资858.6亿元,较上半年增长30.4%。

【土地购置与开发情况】 房地产开发用地购置增加,2009年下半年土地开发速度加快。全省房地产开发购置土地2026.6万平方米,同比增长4.1%(全国同比减少18.9%)。承德、秦皇岛、唐山、保定、衡水和邢台6个设区市同比增长,其中衡水增速最高,同比增长208.7%;其余5个设区市同比减少,其中沧州增速最低,同比减少22.8%。下半年,全省房地产开发购置土地1199.3万平方米,较上半年增长45%,下半年增速较上半年增加97.3个百分点。全省完成开发土地面积1125.2万平方米,同比减少19.8%。石家庄、承德、唐山、保定、沧州、邢台和邯郸7个设区市同比减少,其中石家庄减少最多,同比减少48.5%;其余4个设区市同比增长,其中张家口增速最高,同比增长226.1%。下半年,全省完成开发土地面积625.3万平方米,较上半年增长25.1%,下半年增速较上半年增加39.4%。

【商品房开竣工情况】 商品房新开工面积快速增长,新开工6804.1万平方米,同比增长80.5%(全国同比增长12.5%);其中,商品住房新开工5832.3万平方米,同比增长75.7%。11个设区市商品房新开工面积均同比增长,其中衡水、石家庄、保定和邢台4个设区市增速较高,同比分别增长206.4%、170.3%、165.9%和140.7%,秦皇岛增速最低,同比增长3.4%。2009年下半年,全省商品房新开工4131.3万平方米,较上半年增长54.6%,下半年增速较上半年增加183个百分点。商品房竣工保持增长,竣工1896.4万平方米,同比增长14%(全国同比增长5.5%);其中,商品住房竣工1639.4万平方米,同比增长9.2%(全国同比增长6.2%)。张家口、秦皇岛、唐山、廊坊、保定、邢台和邯郸等7个设区市商品房竣工面积同比增长,其中邢台和邯郸增速较高,同比分别增长112.4%和107.4%;其余4个设区市同比减少,其中承德减少最多,同比减少10.7%。2009年下半年,全省商品房竣工1390.6万平方米,较上半年增长175%,下半年增速较上半年增加47.4个百分点。

【商品房销售情况】 商品房销售回升较快,2009年河北省商品房销售面积2849.1万平方米,同比增长27.7%(全国同比增长42.1%);其中商品住房销售2708.1万平方米,同比增长27.2%(全国同比增长43.9%)。11个设区市商品房销售面积均同比增长,其中秦皇岛和廊坊增速较高,同比分别增长51.6%和44.5%;衡水增速最低,同比增长1.5%。下半年,全省商品房销售1834.2万平方米,较上半年增长80.7%,下半年增速较上半年增加82.6个百分点。商品房价格小幅上涨。全省商品房平均销售价格为3306元/平方米,同比增长19%;其中商品住房平均价格3255元/平方米,同比增长18.7%。11个设区市商品房价格均同比增长,其中,石家庄增速最高,同比增长46%;邢台增速最低,同比增长4.3%。下半年,全省商品平均销售价格3499元/平方米,较上半年同比增长18.3%,下半年增速较上半年增加31.6个百分点。

【商品房空置情况】 商品房空置面积有所增加,但增幅趋缓。全省商品房空置379.2万平方米,同比增加118.3%,其中,空置一年以下的待销商品房175.5万平方米,占空置商品房比例为46.3%;商品住房空置298.9万平方米,同比增加165.0%。下半年,全省商品房空置面积增加97.4万平方米,较上半年减少9.9%。存量房成交比较活跃,2009年,全省设区市市区存量房成交面积810.6万平方米,同比增长89.5%;其中,存量住房成交734.9万平方米,同比增长103.7%。全省11个设区市市区存量房、存量住房交易同比均有增长,石家庄市、唐山市、廊坊市、沧州市、衡水市同比超过了100%。

三、城乡规划

【概况】 2009年,河北全省设区市按照省政府统一部署,积极开展"城乡规划年"活动,强力推进城市规划设计集中攻坚行动,编制完成控制性详细规划1707平方公里、专项规划372项、技术导则140项,基本实现了控制性详细规划全覆盖,初步建立了专项规划相衔接、法规制度和技术导则相配套的较为完善的城市规划体系,为下一步改造建设夯实了基础。

【规划水平提高】 基本完成中心城市空间发展战略规划,初步确立中心城市与周边县(市)一体化发展、同城化管理的格局,加快了向现代化城市迈进的步伐。引进国内外一流队伍110多家,承担了642个重点规划设计项目,规划设计市场全面开放,规划设计水平大幅提高。

【环京津卫星城市带发展规划】 河北省住房和城乡建设厅组织开展了环京津卫星城市带发展规划

编制；唐山、沧州两市在城市总体规划的基础上，深化完善了曹妃甸新区、沧州渤海新区规划，曹妃甸新城和黄骅新城建设步入快车道；廊坊、秦皇岛分别开展了燕郊新城空间发展战略规划、北戴河新区旅游产业发展与空间布局规划等重点专项规划。成功举办了京津冀城乡规划对接恳谈会，签署了京津冀两市一省城乡规划合作框架协议，促进了京津冀一体化规划。

【城乡规划立法】 加快省级立法，完成了《河北省城乡规划条例（草案）》起草工作，颁布了《河北省城市控制性详细规划管理办法》，印发了《河北省城市控制性详细规划备案工作规程》、《河北省城市控制性详细规划编制导则（试行）》等配套文件。大力推进规划体制机制创新，出台了《河北省人民政府关于创新机制提高规划设计水平的指导意见》，各市引进国内外一流规划设计机构参与省内规划设计，普遍建立了规划专家咨询和重大项目规划设计方案比选制度，健全规划展馆、展厅，促进了规划的公众参与。制定印发了《关于进一步强化城市规划执法责任的意见》，明确了规划执法主体和责任分工，建立根治违法建设的长效机制。改进规划行政审批，简化审批流程，切实提高了规划的审批效能。

四、建筑业

【概况】 2009年，全省建筑业继续保持快速发展。各地深入贯彻落实省政府《关于促进建筑业发展的实施意见》，积极制定配套政策措施，建筑业发展环境进一步改善。大力实施"提质增效、科技兴业和走出去"三大战略，围绕国家投资热点，积极推进企业结构调整。扶优扶强，支持骨干优势企业加快做大做强。全省建筑业完成总产值2489亿元，同比增长21.7%；实现增加值972.8亿元，增长20.1%，在全省GDP中所占比重达到5.7%；从业人员350.6万人，增长3.6%，约占全省就业总量的9%，其中，270多万为农村劳动力，成为河北省解决"三农"问题、增加农民收入的重要产业。

结构调整明显加快。全省建筑企业达7027家，增长15.4%。其中：总承包、专业承包和劳务分包企业为2427家、3439家和1161家，同比增加13.1%、15.2%和26.3%。一级以上承包企业达到277家，同比增加17.9%。扶优扶强作用明显，特级、一级和产值过亿元企业，分别由2004年的3家、110家、203家，增加到6家、273家和404家。

市场开拓取得较大突破。河北省企业开拓外埠市场省份达30个，出省施工企业达1000余家，完成产值650亿元，同比增长达30%以上；劳务输出人员达70万人次，为河北省带回收入达100亿元以上。新设立并启动了驻蒙建管处，开拓内蒙市场成效显著，在蒙企业近50家。大力推进京津冀建筑市场合作，与京津两市共同签署了《京津冀共同建筑市场合作协议》，为河北省企业开拓京津市场创造了良好条件。国外市场开拓成效显著，河北省企业承包国际工程营业额28.7亿美元，同比增长77%。

【建筑市场监管】 制度建设更加完善，制定了《河北省工程建设领域突出问题专项治理工作方案》、《河北省建设工程监理招投标管理办法》、《河北省建筑市场违法行为记分办法》。修订完善了《全省建筑市场预防腐败工作实施方案》、《河北省建设工程项目招标代理机构管理办法》。对房地产开发和固定资产投资项目审批条件进行了清理，有效缩短了施工许可和竣工验收的审批时限。

招投标监管方式进一步改进。制定了《关于改进和深化全省建筑工程招投标监督管理工作的指导意见》，适应房地产项目加快建设和工程项目分步实施需要，优化环节，压缩时限，超前服务。交易中心建设得到加强，进场交易项目数量和范围大幅提升，秦皇岛等市实现水利、交通等专业项目统一进场。

信息化建设深入推进，"招投标交易管理系统"和"计算机辅助评标系统"在全省推行。加强评标专家动态管理与评价考核，工程建设领域专项治理全面铺开，成功举办建筑市场与招投标高端论坛。

诚信体系建设加快，全面推行市场主体不良记录制度，为执法部门和市场主体提供违法行为信息服务5100余份。建立工程监理单位、招标代理机构及其主要从业人员的信用评价机制，制定了招标代理机构和人员行为行业规范。市场执法进一步加强。全省共稽查工程4857个，查处652件违法违规案件，公开曝光4起违规招投标案件。

进一步调整并规范了建筑领域农民工工资保证金制度，全省保证金存储额达6.3亿元，有效发挥了防范拖欠农民工工资作用。加强了建筑市场日常监管，组织开展两次防范拖欠专项检查，共检查工程3412项，对17个拖欠责任主体进行了行政处罚。解决重点投诉37件，涉及金额4346万元，较好地维护了农民工合法权益。

【工程质量监督】 2009年，河北省共监督抽测主体工程6918个，增加46.4%；下发整改通知4281份，增加29.1%；实施局部暂停施工481次，行政处罚项目10个，提交监督报告4923份。提高监管效能，探索创新监管方式，邢台市取消预约检查部位的监督方式，变静态管理为动态管理，解决了工程"停工待检"问题。

秦皇岛、石家庄、保定质量监督信息化建设成绩显著，沧州、邯郸市实行"三色通道"差别化监管。大力培育精品工程，先后召开工程质量现场观摩会，促进企业提高精品意识和管理水平。省内有1项工程获得鲁班奖，206项工程被评为省优工程，一批质量优良的三年大变样重点工程交付使用。分户验收制度全面推行，住宅质量得到较好保证。加强业务培训，编写了监督人员培训教材，队伍素质进一步提高。

【安全生产】 按照国家和省统一部署，认真开展"三项行动"和"三项建设"活动。加强长效机制建设，制定了《河北省建设工程安全生产监督管理办法》、《关于实行建设工程安全监督交底制度的指导意见》。

加强特殊时期、重点工程安全预警和监督检查，突出做好"三年大变样"建设项目安全监管。成功举办"安全在我心中"大型宣教活动，取得良好反响。组织召开事故分析会，研究安全生产规律性问题及对策。加强信息化建设，开发了安全监管、培训、考核等业务系统，实现安全管理程序化、标准化和规范化。

【工程标准和造价管理】 以建筑节能为重点，以市场需求为导向，编制完成《公共建筑节能设计标准》、《公共建筑节能构造》和《民用建筑节能检测标准》。拓宽标准编制领域，编制完成城市管理系列服务标准和建设工程安全文明管理等三十余项地方标准。

计价依据体系更加完善，编制了2009版《建设工程工程量清单编制与计价规程》。工程造价信息发布进一步强化，统一发布时间、周期、价格形式，建立了建材价格变动监测制度。造价监管力度加大，实现最高限价备案工作电子化，全力推行全过程造价管理，造价员的报考范围扩大到高校在校生，为高校毕业生就业创造了机会。

【勘察设计】 制定印发了《关于进一步推进全省建筑工程设计单位体制改革的意见》，深入推进设计单位改革。加强标志性建筑和精品建筑研究，制定了《河北省精品公共建筑建设指导意见》、《河北省精品公共建筑建设技术要点》。进一步开放设计市场，引进国内外高水平设计单位。积极创造条件，促进河北省设计单位同国内外高水平设计单位合作。搭建交流平台，成功举办"建筑设计创作高端论坛"系列讲座和城博会建筑设计高端论坛。会同省监察厅联合印发了《关于进一步改进房地产开发项目施工图审查工作的通知》，组织了全省勘察设计企业和施工图审查机构检查，并对11家企业做出责令整改和收回资质处理。加强中小学校舍改造加固技术指导，组建全省技术专家组，编制了《河北省中小学校舍安全工程排查实施细则》、《河北省中小学校舍安全工程鉴定实施细则》、《河北省中小学校舍加固设计实施细则》。

五、城市建设

【概况】 2009年，河北省省各地及有关部门以开展城镇面貌三年大变样工作为抓手，深入贯彻落实科学发展观，把加快城市改造建设作为应对金融危机、保持经济平稳较快发展的重要手段，统筹安排、强力推进，取得了显著成效。全省城市基础设施完成投资2515.7亿元，增长56.9%，拉动城镇投资增长12.2个百分点，其中城市市政基础设施完成投资838.06亿元，同比增长190%，是河北省城建史上规模最大、力度最强的一年，成为河北省保增长、扩内需的重要力量。以健全城市功能为重点，各地狠抓道路交通、供水排水、供热供气等基础设施改造建设，全省新建改造城市道路1800公里、各类桥梁150座，新增供热面积7500万平方米、供气能力30万立方米/日，城市综合承载能力不断提高。张家口市新建和改造城市道路110公里、跨河大桥10座，城市路网体系基本形成。石家庄市1年内完成对槐安路、裕华路、和平路、二环路等4条城市主要道路的升级改造，城市通行能力大幅提升。保定市对主城区内排水管网进行改造，新铺设排水管网3万多延米，基本实现了主城区雨污分流。组织开展"河北人居环境奖"和"中国人居环境奖"创建工作，各地普遍加大了宜居城市环境建设工作力度，谋划和实施了一批改善城市环境面貌的新项目，城市生态环境明显改观。全省申报项目15个，其中张家口清水河综合整治、廊坊市外环路绿化景观林带、迁安市三里河生态走廊项目已申报国家级人居环境范例奖。

【城建投融资体制改革】 为适应新形势下河北省实施城镇化战略和推进城市面貌三年大变样对城建资金投入的需求，解决城建投融资体制、机制和运作方面存在的诸多问题，完成了《河北省城市建设投融资体制改革与创新研究》课题成果。该成果对河北省城市建设投融资体制现状进行了深入分析，并借鉴国内其他省市先进经验，提出了河北省城市建设投融资体制改革的思路和政策建议，具有较强的针对性和指导意义，荣获2009年河北省社会科学基金项目优秀成果一等奖。以此为依据，省政府于2009年2月出台了《关于推进城市建设投融资体制改革的意见》（冀政〔2009〕33号），为构建政府主导、政企分开、社会参与、市场化运作的新型城市建设投融资体制，实现城市自然资源的资产化、存量资产的资本化、行政资源的一体化奠定了坚实基础。在国家扩内需、保增长，积极财政政策和适度宽松货币政策环境下，河北省首次以省政府名义提出城建投融资体制改革的意见，在全国引起强烈反响。各市认真落实省政府要求，重组或新成立了33家政府直管的城建投融资平台，积极探索融资新模式，大力引进境内外战略投资者。其中，张家口市组建了城投集团，将市土地储备中心相关业务职能、土地资产及部分国有存量资产一并纳入城投集团，并建立了较为完善的公司法人治理结构，基本实现了规范化的公司运作，具有较好的发展前景。2009年，各地通过城建投融资平台累计融集资金1472亿元，其中直接融资437亿元，占融资总额的29.7%，有力地保证了全省城市建设和城镇面貌三年大变样工作的顺利推进。

【园林绿化】 2009年，全省完成植树1143万株，建成综合性公园46处，新增游园112个、片林106个、创建省级园林式单位126个，新增园林绿地面积4700公顷。全省人均公园绿地面积达到9.6平方米，城市建成区绿地率、绿化覆盖率分别达到33%和39.4%，同比提高2.7和2.9个百分点。城市绿地系统规划日趋完善。各市结合三年大变样工作，开展了城市绿地系统专项规划攻坚行动，除沧州正在编制以外，所有设区城市均完成了绿地系统规划编制任务。邯郸市编制了《国家生态园林城市建设规划》、《城市绿地系统规划》、《主城区绿地绿线规划》、《主城区水系风景园林概念性规划》；唐山市坚持城郊一体绿化建设，加强矿山绿化修复建设、采煤塌陷区生态修复建设，初现"城市园林化、城郊森林化、道路林荫化、农田林网化、村庄花园化"的城市园林绿化新格局；承德也正按照建设国家园林城市的要求，完成了城市绿地系统规划修编，构建"山、水、城、园"交相辉映的城市园林绿化体系；秦皇岛市按照"大气+精细"和"文化+绿化"的内涵编制了城市雕塑系列规划、植物多样性配置规划、北戴河风景名胜区总体规划。城市生态屏障建设取得较大进展。各市结合当地实际，积极建设各具特色的生态防护体系。石家庄加快西北水系绿化及民心河二期工程建设，对北新城至五支渠18.15公里的河道沿线实施高标准绿化建设，完成绿化627万平方米，建成体育休闲公园、生态公园、水景公园、湿地公园，形成风景秀丽的绿化水系景观带，有效改善省会西北部和南部区域的生态环境；邯郸市按照"扩充绿量、提升品位、改善环境"的原则，重点实施元宝山、凤凰山和响堂山绿化建设；张家口市启动了第三期"增绿添彩"和生态涵养区工程建设，打造以周边荒山荒坡绿化为组团的城市大园林绿地布局。创建园林城市工作力度不断加大，承德、武安、乐亭创建国家园林城市（县城）通过专家组验收。

【污水和垃圾处理】 在河北省所有县级以上城市、县城全部建成污水处理厂和垃圾处理场。2009年继续对两厂（场）建设项目实行月通报制度，出台了《河北省城市污水处理费征收管理办法》、《河北省城市生活垃圾处理费征收管理办法》等一系列政策，建立了省级专项资金使用管理制度，安排了2009年度城市污水处理管网以奖代补资金和省级污水和垃圾处理项目以奖代补资金，并对建设项目进行了多次督导检查。截至2009年底，设施建设方面：全省目标责任状中共需建污水处理项目143个，建成109个（其中污水处理厂97座），占76.2%，其余34个项目全部开工；全省目标责任状中共需建垃圾处理场134个，建成68个，占51.5%，开工63个。两费征收方面：全省应开征污水处理费的市县为143个，已开征134个，占93.7%，未开征的9个；全省应开征垃圾处理费的市县为143个，已开征123个，占86%，未开征的20个。相比2008年底，全省新建成污水处理项目80个，垃圾处理场56座，污水和垃圾处理率达到75%和65%，分别提高了5个百分点。各县（市）在加大地方政府财政投入的基础上，创新经营理念、搭建融资平台、培育资本市场，通过积极引入社会资本、争取上级资金支持等多种渠道筹集建设资金，较好地解决了两厂（场）建设资金不足问题。邯郸市各县（市）通过多种渠道共筹措资金13.8亿元；秦皇岛市通过BOT方式直接融资近9亿元；沧州市各县（市）一年多共筹集建设资金5.78亿元；张家口市通过各种方式筹措资金4.89亿元；其他各市也都依据实际情况，创新筹资思路，多方筹措资金，有效地缓解了建设资金压力。同时，各地严格执行财务制度，强化了资金管理及使用，确保了资金使用安全。

【城市管理】 省政府出台了《关于进一步深化城市管理体制改革的意见》，第一个在全国省级政府的层面全力推进城市管理重心下移,赋予区级政府更大的权限,充分调动市、区、街各级参与城市管理的积极性,建立以市级为主导、区级为主体、街道为基础的城市管理体制,形成比较完善的"两级政府、三级管理、四级落实"的城市管理体系。同时,在所有设区市建立以数字化城市管理信息平台为基础的"网格化"城市管理新机制。出台了配套的《河北省网格式数字化城市管理实施细则(暂行)》,以及涉及城市道路桥梁、排水、园林绿化、环境卫生、供水、供气、供暖等的13个城市精细化管理系列服务标准。管理重心下移工作已全面展开,石家庄、唐山、秦皇岛、张家口已基本实现"重心在下"的模式,其他城市也在着手开展工作;数字化城市管理平台建设工作方面,石家庄、秦皇岛、唐山、廊坊已经建设完成并投入运行,其中石家庄市通过了住房和城乡建设部验收,其他城市均将于2010年7月1日前完成。

【旧城改造】 各设区市深入推进拆违拆迁,围绕项目建设、民生改善、环境治理搞拆迁,2009年拆迁面积4571.73万平方米,腾出土地7.4万亩,进一步优化了城市发展空间。启动城中村改造138个,完成52个,收储土地2万亩。改善旧住宅小区100个,完成改善面积582.4万平方米,受益居民86728户。竣工回迁安置房50599套,安置户数35637万户,回迁安置率达到45.3%。唐山震后危旧平房改造、保定市"三大片区"危陋住房改造、邯郸市五仓区棚户区改造等项目规模大、速度快,受到群众广泛赞誉。把大气和水质改善放在首位,大力实施污染减排工程,加强生态环境建设,城市环境质量持续好转。2009年,除石家庄、唐山外,其余9市空气质量稳定达到国家二级标准,所有设区市全年达到和好于二级天数均超过310天。设区市2009年外迁重污染企业任务全面完成,其中唐山市在完成2009年任务的基础上,列入2010年搬迁任务中的5家企业已搬迁3家。全省设区市新增园林绿地3716.3公顷,人均公园绿地面积达到9.6平方米,承德、秦皇岛、唐山、廊坊、邢台、邯郸6市提前完成三年目标。列入目标责任状的污水、垃圾处理设施全部开工,大部分设区市污水、垃圾处理率均提前完成了三年目标。按照"美观、安全、经济、节能、环保"要求,继续强力推进城市主要街道两侧既有建筑外观改造和街道景观环境整治,完成街道整治56条、既有建筑外观改造4290栋,打造了一批以廊坊金光道、石家庄裕华路、秦皇岛保二路为代表的示范工程。以提升建品品质为突破口,推动景观环境工程建设,石家庄滹沱河整治、唐山南湖公园、沧州体育中心片区、张家口清水河整治、承德武烈河生态文化长廊、邯郸赵王城遗址公园、衡水滏阳河整治、邢台七里河整治等项目,成为展示城市特色的亮点工程。

六、村镇建设

【新民居建设】 2009年,全省共确定1000个新民居建设省级示范村,截至年底,有980个村庄制定完成建设规划,964个村有了明显形象进度,其中766个已基本完成建设和改造任务。为指导各地做好农村新民居规划建设工作,省住房和城乡建设厅会同省农办制发了《河北省农村新民居规划建设指导意见》,之后又印发了《关于在农村新民居建设中推广应用建筑节能新技术新产品的通知》等文件,对示范村规划、新民居设计施工、村庄基础设施和环境建设等工作做出了安排部署。针对各地农村的实际情况和不同特点,对新民居建设进行分类指导,多次对全省农村新民居建设进展情况进行调研和督促检查;组织开展新一轮农村新民居设计巡回展,免费发放图集近万套;定期对新民居示范村规划建设情况进行统计汇总,掌握第一手情况和基础数据。各设区市、县(市、区)规划建设主管部门积极帮助示范村联系有资质的规划、设计、施工单位进行村庄规划和新民居的设计、施工,并加强现场巡回指导,保证工程质量与进度,以及新民居的新功能、新面貌,示范村的新设施、新环境。承德市根据本市特点编辑了《承德市新民居建筑设计方案》免费发放;市规划设计院编制新民居示范村规划,只收取成本费用。廊坊市创新规划理念,编制城乡统筹发展规划,指导村庄集中连片建设。

【村镇规划】 各市、县进一步提高对村镇规划的重视程度,不断加大村镇规划投入,强化工作指导,大力组织规划编制。各县(市)已基本编制完成期限到2020年的县域村庄空间布局规划,其中约60%的县(市)单独编制了县域村庄空间布局规划,40%的县(市)将县域村庄空间布局规划作为一个章节纳入了县城(城市)总体规划。推进镇、乡、村庄规划编制,全省城市规划区以外的779个建制镇、974个乡、41372个村庄,有511个建制镇、343个乡、13898个村庄完成了规划期限到2020年的规划修编(其中2008年完成的分别为87个、139个、3488个),分别占总数的65.6%、35.2%、33.3%。开展重点镇控制性详细规划编制,玉田县鸦鸿桥镇、南宫市段芦头镇、河间市米各庄镇等39个省级重点镇编制了控制性详细规划。为提高村镇规划水平，开展了村镇规划设计评优活动，104个项目参与了评比，其中31个项目被评为一、二等奖上报建设部参加评优。

【村镇建设】 2009年全省新建农民住宅2001.2万平方米，农民人均居住面积达到31.9平方米。全省村镇基础设施投资达到33.3亿元，新建道路1123公里、供水管道1979公里、排水管道460公里，村镇道路总长度达到1.47万公里，供水管道达到1.46万公里，排水管道2663公里。迁安、武安、霸州、正定等10个试点县(市)开展"户分类、村收集、乡(镇)转运、县(市)处理"的城乡一体化垃圾集中处理试点，取得了良好效果和有益经验。筛选确定3个镇5个村申报第三批中国历史文化名镇(村)，推荐11个镇(村)申报优秀国家特色景观名镇(村)。开展了农村新民居、"三集中"、村镇工程质量安全、河北省分区域农村住宅特色、城乡一体化垃圾集中处理等课题调研，提出工作建议和措施。开展了大规模多层次的村镇建设培训，提高了基层规划建设管理人员的法律意识、政策水平和工作技能。

【农村危房改造】 2009年国家下达河北省2.76万户的农村危房改造任务，其中建筑节能示范户1000户。对这项工作，省政府高度重视，多次专题听取汇报，研究工作安排和政策文件，并召开了全省农村危房改造试点工作动员会议，对工作实施进行了全面部署。

一是摸清底数。2009年初，河北省住房和城乡建设厅印发通知，组织各有关市和全省国家扶贫开发工作重点县，开展了农村危房调查摸底工作。2009年9月，又联合七个部门开展了全省保障性安居工程情况调研，再次对农村贫困户危房情况进行统计汇总，摸清了农村分散供养五保户、低保户和其他贫困户的危房底数(41.7万户)。

二是制定政策。根据河北省实际，印发了《河北省2009年开展农村危房改造试点的实施意见》，明确了农村危房改造工作的指导思想、目标任务、改造方式以及工作措施。改造实施中又先后印发了《关于建设全国扩大农村危房改造试点农户档案管理信息系统的通知》、《关于扩大农村危房改造试点建筑节能示范的实施意见》、《河北省农村危房改造试点建筑节能示范工程方案(试行)》等文件，完善了农村危房改造政策体系。

三是大力推进。开展了多次的工作培训和调度，充分利用全国扩大农村危房改造试点农户档案管理信息系统掌握工作情况、督导推进工作；积极申请国家和省资金支持，在国家安排河北省农村危房改造资金1.4亿元的基础上，反复协调，落实省级补助2780万元，并按时将资金拨付到市和财政直管县。各有关市、县建设部门积极争取地方党委、政府支持，认真制定工作实施细则，召开各层次动员、调度、培训会议，严格按政策规定确定改造户、建立档案，确保了农村危房改造工作扎实有序进行。沧州市精心组织，快速推进，到2009年底竣工率即达到90%；张家口市在农村危房改造中，积极开展建筑节能示范工作，取得了较好成效。全省确定农村危房改造户27664户，竣工20588户，占总数的75%。

【"三年大变样"工作】 2009年，面对极为复杂、极为严峻的经济社会发展形势，全省各级各有关部门深入学习实践科学发展观，以大力度推进城镇面貌三年大变样工作为抓手，改革创新求突破，攻坚克难抓落实，高水平、高质量地完成了全年各项任务，三年大变样五项基本目标总体完成2/3以上，石家庄完成了70%。省政府召开全省城镇化工作会议，对城镇面貌三年大变样工作进行再动员、再部署，省政府主要领导同志出席并作重要讲话；相继召开9次主管副省长出席的三年大变样工作调度会，多次得到省委书记张云川同志的高度评价。省政府印发了《关于加快壮大中心城市促进城市群快速发展的意见》(冀政〔2009〕115号)，在明确全省城镇化发展格局的基础上，具体提出了统筹中心城区与周边地区发展、推进环京津卫星城市带与京津全面对接、提升县城建设发展质量等举措，成为河北省城镇化发展的纲领性文件；出台了《河北省人民政府关于推进产业集聚加快城镇化进程的若干意见》(冀政〔2009〕117号)，明确了大力推进产业聚集，加快实施城镇化战略的基本原则、目标任务和政策措施，提出建设一批以电子信息、生物医药、新材料等为主的高新技术产业聚集区，一批以装备制造、钢铁深加工、石化等为主的先进制造业聚集区，一批以纺织服装、建材、食品等为主的传统优势产业聚集区，一批以现代物流、文化旅游等为主的现代服务业聚集区，优先配置要素资源，实施差别政策引导，完善配套支撑条件，搭建公共服务平台。充分发挥大工程、大项目的示范带动效应，谋划实施了156项对城市未来发展具有决定性意义的国庆献礼项目，投资大、进度快、质量优，极大地提升了河北省城市形象。建立协调联动机制，省委、省人大、省政府、省政协有关部门，先后联合开展了3次集中督导、检查活动，有力促进了三年大变样工作的落实。各类新闻媒体的协调合作，广泛宣传三年大变样重点工作和先进典型，在中央媒体发稿81篇，省部级媒体321篇(其中头版92篇)，积极以领导访谈、网友互动等形式，引导正确的舆论方向，营造了良好工作氛围。

【实施区域统筹发展】 加快壮大中心城市，统筹中心城市与周边地区发展，将一定范围内的县(市)和乡镇纳入中心城区统一规划、统一建设管理，初步确立一体化发展、同城化管理格局。石家庄在周边四县设立规划分局，同步推进"一城三区三组团"建设，为扩大城市规模和实力奠定了基础。以新城开发建设为带动，实施沿海城市发展战略，曹妃甸新区、渤海新区的区域增长极作用日益显现。不断强化与京津对接，涿州、三河、遵化等环京津卫星城顺势借力、加快发展，产业集聚能力显著增强。积极推进县城改造建设，加大督促检查力度，涌现出迁安、武安、张北、故城等一批功能提升快、面貌变化大的县(市)。

七、建筑节能与科技

【建筑节能立法】 《河北省民用建筑节能条例》正式颁布，2009年10月1日起开始施行，为建筑节能工作提供了法律依据。建筑节能地方标准、规程日益完善，《河北省公共建筑节能设计标准》、《既有居住建筑节能改造技术标准》、《民用建筑太阳能热水系统一体化技术规程》、《太阳能照明系统应用技术导则》相继编制完成，并正式颁布实施，为建筑节能工作提供了技术支撑。

【新建建筑节能监管】 印发《河北省住房和城乡建设厅关于宣传贯彻〈河北省民用建筑节能条例〉推进建筑节能工作的实施意见》和《关于进一步加强县(市、区)新建建筑节能工作的通知》，全面开展建筑节能培训工作，组织开展了既有建筑基本信息与能耗调查，秦皇岛、保定、邢台、辛集已完成调查工作。全省竣工节能建筑2146.34万平方米，施工图设计阶段全部达到节能设计标准，竣工验收阶段建筑节能标准执行率达96.6%。

【推动供热计量与节能改造】 及时明确全年改造任务，督促各市制定改造计划和实施方案。会同河北省财政厅下达2009年奖励资金6560万元，下发《关于调整全省"十一五"期间既有居住建筑供热计量及节能改造任务的通知》，新增700万平方米改造任务。截至年底，完成改造项目1185.5万平方米，累计完成1545万平方米。正在施工的改造项目528万平方米。河北省供热计量改革工作走在全国前列，热费制度改革全部完成，供热计量收费面积达1730万平方米，住房城乡建设部在河北省召开现场会，推广唐山、承德经验。

【推进可再生能源在建筑中一体化应用】 2009年，河北省列入国家可再生能源建筑应用示范项目8项，争取国家专项资金3308万元，累计列入国家示范项目20项，争取资金7337万元。下达省建筑节能示范项目20项，下达资金300万元，累计下达53项，下达资金800万元。唐山市和辛集市、宁晋县列入国家可再生能源示范城市和示范县。列入国家示范项目3项，争取前期补助金额613万元。截至2009年底，全省完成可再生能源在建筑中一体化应用建筑面积899.88万平方米，占竣工面积的39.74%。

【建筑能耗监测平台】 开展了全省机关办公建筑和大型公共建筑能耗监测平台建设。省住房和城乡建设厅办公楼、省建筑科学研究院办公楼，已安装用能分项计量和监测装置，实现能耗动态监测。制定全省机关办公建筑和大型公共建筑能耗监测平台建设方案，软件开发现已基本完成，正在进行调试。石家庄、唐山两个国家建筑能耗示范城市均已启动此项工作。

【建设科技】 全省共申报科研项目162项，从中筛选67项作为指令性计划下达，91项作为指导性计划下达。组织申报省科技厅、住房和城乡建设部科研计划项目及科技示范工程，列入省科技厅计划3项，列入住房和城乡建设部计划5项、科技示范工程项目2项。加强对科研项目的督导，组织对97项科研成果进行鉴定，其中"石家庄市古树名木资源调查及保护技术研究"等4项达到国际先进水平，"石家庄市园林生态系统安全的无公害保障技术研究"等44项达到国内领先水平，"工程项目网络管理系统研究应用"等46项达到国内先进水平。对廊坊国家"水专项"项目进行了指导，其"任务合同书"通过国家水专项专家组的审查；省科技厅已批准河北省岩土工程技术研究中心(设在河北建设勘察研究院有限公司)纳入河北省工程技术研究中心建设计划。82项科研成果获河北省建设系统科技进步奖，推荐省科技进步奖参评项目19项，其中，"城市与工程抗震防灾关键技术研究"获省科技进步一等奖，"低强度自密实混凝土性能与无振捣砌体房屋结构体系研究"获二等奖，"建(构)筑物整体移位技术研究"等8项获三等奖。

加强科技推广工作，重点推广了《清单计价与评标系统软件研究》等10项科技新成果，全年增收节支 4000 万元，科技成果转化率达 83%。下达省第十五批建筑业新技术应用示范工程计划项目 54 项。对 12 项建筑业新技术应用示范工程进行验收，这些工程均采用建筑业十项新技术中的 6 项以上，共节资降耗 3200 多万元，各项工程节资额约占工程总造价的 3.1%，社会效益显著。由河北建工集团、河北建设集团分别承担的住房和城乡建设部建筑业科技示范工程奥林匹克公园地下商业空间、首都机场 T3 航站楼商务办公楼，通过住房和城乡建设部组织的专家验收，采取新技术分别达到国内领先水平和国内先进水平。"2009 河北建设领域节能减排科技产品博览会"在石家庄成功举办。审定省级工程建设工法 50 项，申报国家级工程建设工法 46 项，12 项被评为国家级工程建设工法。

大 事 记

1月5日，省建设厅召开设区市规划局长座谈会，对提高规划审批效能、优化房地产发展环境进行专题座谈。

1月8日，由省建设厅主办的"河北建筑创作高端论坛"系列活动拉开帷幕。首期论坛邀请中国建筑学会副理事长、著名建筑专家和建筑理论家窦以德作了主题为"城市建筑形象的塑造"的讲座。相关规划建设管理部门负责人、部分规划设计单位负责人等 300 余人参加。

2月6日，《河北省建设系统规范行政处罚自由裁量行为办法（试行）》（冀建法〔2009〕49号）出台，2009年3月1日起施行。

2月14日，第二期河北建筑创作高端论坛举办。日本著名建筑师芦田恭正作了题为《打造城市高品质建筑》的讲座。相关规划建设管理部门负责人、部分规划设计单位负责人共 300 余人参加论坛。

2月16日，省政府出台《关于推进城市建设投融资体制改革的意见》（冀政〔2009〕23号）。

2月18日，省政府下发《关于公布保留的房地产开发行政审批和备案项目的通知》（冀政办〔2009〕4号）和《关于公布取消停收降低放开收费标准和下放权限的 41 项涉及房地产开发收费和基金项目的通知》（冀政办〔2009〕5号）。

2月19日，省政府出台《关于提高行政审批效能优化房地产业发展环境的意见》（冀政〔2009〕39号）。

2月20日，省建设厅、监察厅联合印发《关于公布〈河北省房地产开发项目行政审批流程示意图〉的通知》（冀监〔2009〕1号）。

2月23日，省建设厅出台《河北省建设工程质量投诉管理办法》（冀建法〔2009〕74号），对及时解决处理好每一起质量投诉，减少投诉纠纷提出具体要求。

2月24日，省政府印发《关于省政府机构设置的通知》（冀政〔2009〕46号），住房和城乡建设厅为 24 个省政府组成部门之一。

2月25日，省建设厅在石家庄组织召开全省规划局长座谈会，就《河北省城市和镇控制性详细规划管理办法（草案）》和如何提高规划行政审批效能进行座谈讨论。

2月26日，省建设厅出台《关于旧住宅小区改善工作的指导意见》（冀建房〔2009〕83号），明确了旧住宅小区改善工作的目标、内容和标准，以及资金筹措渠道、实施步骤等。

2月27日，省建设厅印发《关于认真贯彻落实省委省政府提高行政审批效能优化房地产业发展环境决策部署的通知》（冀建〔2009〕89号）。

3月13日，"中国可持续能源项目——河北省建筑节能及既有建筑节能改造政策技术研究"项目启动仪式在省住房和城乡建设厅举行。

3月18日，河北省住房和城乡建设厅举行揭牌仪式。厅长朱正举和石家庄市廉租住房保障户代表共同揭牌。

3月22日，《河北省城市建设投融资体制改革与创新研究》成果评审会议在京召开，与会专家对研究成果给予高度评价并一致通过。

3月23日，河北省第一个采用"交钥匙工程"模式管理的项目——平武县响岩镇中心小学正式开工，标志着河北省对口援建工作进入新阶段。

3月27日，省城乡规划委员会第八次全体会议在石家庄召开。副省长宋恩华出席会议并讲话。

3月29日，全省城镇面貌三年大变样廊坊现场调度会暨城市景观环境整治专题会议召开。

4月2日，省住房和城乡建设厅召开对口支援平武县龙安、南坝、响岩、平通四镇灾后重建规划审查会，就四镇规划深化完善情况征求专家及平武县委、县政府的意见和建议。

4月6日，省住房和城乡建设厅出台《关于印发〈河北省"城市洁净工程"行动计划实施方案〉的通知》（冀建城〔2009〕186号），提出从八个方面对城市市区市容环境卫生进行综合治理，实现城市面貌和人居环境的全面提升。

4月7日，省住房和城乡建设厅出台《行政审批绿色通道服务暂行办法》（冀建法〔2009〕185号），并于5月1日起施行。《办法》提出，将行政审批绿色通道制度列为省住房和城乡建设厅干部作风建设年活动的一项重要内容，加强效能监察，落实行政责任。

4月7日，省住房和城乡建设厅出台《问责暂行办法》（冀建监〔2009〕189号）。工作人员不履行、不积极履行或者不正确履行法定职责、效率低下、造成损失，损害管理相对人的合法权益，造成不良社会影响和后果的责任将被追究。

4月9日，全省城镇面貌三年大变样重点工程项目建设管理现场会召开。

4月13日，省住房和城乡建设厅下发《关于废止部分规范性文件的通知》（冀建法〔2009〕201号），对不符合当前新形势要求、不利于科学发展的现行规范性文件提出清理意见，共废止规范性文件54件，宣布失效13件。

4月23日，全省国家机关办公建筑和公共建筑节能管理工作座谈会召开。

4月24日，全省城市建设投融资银企对接会在张家口召开。各市城建投资公司与多家金融机构、咨询机构进行了项目对接和推介。

5月5日，由河北省对口援建的四川省平武县平通镇卫生院竣工并正式投入使用，这是河北省首个交付使用的援建项目。

5月16日，省政府出台《河北省城市控制性详细规划管理办法（试行）》（省政府令〔2009〕第4号）、《关于进一步深化城市管理体制改革的意见》（冀政〔2009〕113号）、《关于加快全省保障性安居工程建设的意见》（冀政〔2009〕114号）、《河北省人民政府关于加快壮大中心城市促进城市群快速发展的意见》（冀政〔2009〕115号）、《关于加快回迁安置房建设的意见》（冀政〔2009〕116号）、《关于推进产业聚集加快城镇化进程的若干意见》（冀政〔2009〕117号）。

5月18日，由河北省住房和城乡建设厅发起的京津冀城乡规划对接恳谈会召开。会上，京、津、冀规划主管部门签订了《关于建立京津冀两市一省城乡规划协调机制框架协议》，借此建立和完善京津冀三方在城乡规划方面的协商对话机制、协作交流机制、重要信息沟通反馈机制、规划编制单位合作与共同市场机制。

5月18日至21日，由省住房和城乡建设厅协调组织的"河北城市规划展"在廊坊国际会展中心展出。展示了各市城镇面貌三年大变样工程规划、优秀作品、标志性建筑方案，以及对外招标的规划项目。

5月19日，全省城镇化暨保障性安居工程工作会议在廊坊召开。会议强调，加快推进城镇化是推动河北科学发展的重大问题、关键问题，必须摆在全局和战略的位置来抓。要统一思想，明确目标思路，持之以恒地扎实推进，努力走出一条有河北特色的城镇化道路。省长胡春华、副省长宋恩华出席会议并讲话。

5月31日，河北省援建项目质量安全监督管理工作会议在平武县召开。

6月10日，省住房和城乡建设厅召开全省城市供水水质保障和设施改造项目申报工作会议。

6月16日，省住房和城乡建设厅印发《河北省农村新民居规划建设指导意见（试行）》，明确农村新民居建设规划、设计、施工等环节要求。

6月17日，京津冀三地在承德签署了《共同建筑市场合作协议》，标志着三地建筑市场一体化建设正式启动。住房和城乡建设部建筑市场监管司司长王素卿，北京市住房和城乡建设委员会主任隋振江、天津市城乡建设和交通委员会主任李全喜、河北省住房和城乡建设厅厅长朱正举，三地建设主管部门相关处室负责人以及三地试点企业代表参加会议。

6月18日，由河北省住房和城乡建设厅作为实施主体的平武县古城镇、水晶镇、阔达乡基础设施灾后恢复重建工程同时开工。

6月20日，全省城镇面貌"三年大变样"工作现场调度会在沧州召开。副省长宋恩华出席调度会并强调，全省各地要按照省委书记张云川日前对全省"三年大变样"2010年工作提出的总体要求，进一步抓深化、抓落实，不断将"三年大变样"工作推向新台阶。

7月1日，全省县级以上城市（含县城）城市市容环卫整治"百日攻坚行动"正式启动。

7月6日，河北住房城乡建设厅印发《河北省城市控制性详细规划编制导则（试行）》（冀建规〔2009〕381号）、《河北省城市控制性详细规划备案工作规程》（冀建规〔2009〕379号）。

7月16日，省委书记张云川，省长胡春华，省委副书记、石家庄市委书记车俊，副省长宋恩华到石家庄调研城镇面貌三年大变样工作。

7月21日，为规范房地产开发项目规划和设计图纸审查行为，进一步优化程序、提高效率，经省政府同意，省住房和城乡建设厅与省监察厅联合印发《关于房地产开发项目规划和设计图纸审查工作有关问题的通知》（冀建〔2009〕410号）。

7月24日，河北省住房和城乡建设厅《关于深入推进房地产开发项目行政审批制度改革的指导意见》（冀建法〔2009〕417号）印发。

7月27日，"2009中国城市发展论坛暨第二届河北省城市规划建设博览会"新闻发布会在北京钓鱼台国宾馆召开，副省长宋恩华出席新闻发布会并致辞。

7月30日，省十一届人大常委会第十次会议通过《河北省民用建筑节能条例》。

8月11日，《河北省建设科技项目管理办法》（冀建法〔2009〕442号）印发，2009年10月1日起施行。

8月15日，省政府办公厅转发省住房和城乡建设厅等部门《关于进一步加强城中村改造工作意见的通知》，明确城中村改造工作目标及政策措施。

8月18日，省新闻办、省统计局和河北住房城乡建设厅联合举行新闻发布会，公布2008年河北省城镇化发展统计监测数据。

8月19日，省住房和城乡建设厅、省发展和改革委员会、省财政厅联合印发《关于河北省2009年开展农村危房改造试点的实施意见》，明确农村危房改造试点工作目标任务、改造标准和方式，以及实施步骤等。

8月26日，由中国房地产研究会、省住房和城乡建设厅、保定市政府共同主办的"2009城镇住房保障与市场发展论坛"在保定召开。

9月17日，《河北省网格式数字化城市管理实施细则（暂行）》（冀建城〔2009〕505号）印发。

9月21日，全省城镇面貌三年大变样工作石家庄现场暨调度会召开。副省长宋恩华出席会议并强调，要继续深化城市管理体制改革，全面提高现代城市管理水平。

9月28日，省城乡规划委员会第九次全体会议在石家庄召开。会议审议并原则通过《河北省"数字规划"建设方案（草案）》、《河北省住房和城乡建设厅关于精品公共建筑建设指导意见》和《河北省精品公共建筑建设导引》，就《河北省城市景观建设技术导引》进行了研究讨论，通报了2009年城市专项规划工作进展情况。副省长宋恩华主持会议并就做好规划工作提出具体要求。

10月22日，住房和城乡建设部在唐山召开北方采暖地区供热计量改革工作会议。部长姜伟新、副部长仇保兴分别在会上讲话。省委常委、唐山市委书记赵勇，北京市副市长黄卫出席会议，副省长宋恩华在会上致辞。唐山市、承德市在会上作典型发言。

10月23日，全省城镇面貌三年大变样重点工作调度会在唐山举行。副省长宋恩华就如何贯彻落实住房和城乡建设部在唐山召开的北方采暖地区供热计量改革工作会议精神提出了具体要求。他要求各地充分认识建筑节能工作的重要性，强力实施建筑节能改造，扎实推进供热计量改革。

10月24日，主题为"公开透明、诚信规范"的建筑市场与招投标高端论坛在省住房和城乡建设厅举行。

11月27日，省住房和城乡建设厅、发改委、监察厅、民政厅等九部门联合发布《河北省廉租住房保障办法》，明确了廉租住房保障方式、保障资金及房屋来源、准入与退出条件等。《办法》将于2010年1月1日起施行。

12月2日，全省住房公积金管理工作观摩会暨住房公积金异地贷款合作协议签约仪式在邯郸举行。省内正常缴存住房公积金的职工在异地城市、城镇购房时，可在购房地申请个人住房公积金贷款，从而打破了原有住房公积金贷款的地域限制。

（河北省住房和城乡建设厅）

山 西 省

一、住房保障

2009年，山西省委、省政府高度重视保障性住房建设工作，省政府将保障性住房建设作为全省人民承诺办好的实事之一，并将保障性住房项目纳入省重点工程，作为应对国际金融危机、扩大内需、促进经济增长的重要措施。全省上下齐心协力，切实采取有效措施推进保障性住房建设。

【连续制定多项政策措施】 2009年，山西省出台了《山西省人民政府办公厅关于规范和加强政策性住房供应管理的通知》（晋政办〔2009〕31号）、《山西省人民政府关于鼓励和培育住房消费促进住宅和房地产业健康发展的若干意见》（晋政发〔2009〕11号）、《山西省人民政府办公厅关于认真贯彻全国保障性安居工程工作会议精神加快保障性安居工程建设的通知》（晋政办发〔2009〕97号），为进一步健全和完善住房保障政策体系，切实解决城市低收入家庭的住房困难提供了政策依据。

【积极筹措建设资金】 从国家争取廉租住房补助资金12.9281亿元。在省财政极为困难的情况下，对省内贫困县按照国家标准给予1∶1配套补助，共补助1.9545亿元。安排了4000万元的资金用于发放廉租住房货币补贴。

【积极拓展廉租住房资金筹集渠道】 将土地出让净收益用于廉租住房建设的比例，由不低于10%调整为不低于20%，还新增了市县财政预算外有关专项资金、清房补缴的超标价款、市县行政事业性收费等资金投入廉租住房建设。

【颁发保障性安居工程目标责任状】 李小鹏副省长代表省政府与各市政府颁发了保障性安居工程建设目标责任状。各市政府又与所辖县市、县市政府与项目单位签订目标责任书，层层分解任务，量化指标，明确责任。

【加强督促检查和指导】 通过月报通报制度、召开现场推进会议、组织督查检查、进行约谈等方式，有力地推动了保障性住房建设，确保了目标任务的顺利实现。2009年，山西省保障性住房共开工建设35.90万套、2119.03万平方米，开工率达139.63%。其中：廉租住房开工建设568.33万平方米、11.33万套。经济适用住房开工建设499.15万平方米、8.1万套。城市居民棚户区改造开工建设住房767.67万平方米、11.86万套。国有重点煤矿棚户区改造开工建设住房217万平方米、3.3万套。启动省属国有非煤矿山棚户区改造试点，开工建设住房6.8万平方米、1100套，兑现了省政府向全省人民所作的承诺。

二、住宅与房地产业

【房地产开发】 坚持把促进住宅与房地产业发展，作为抵御金融危机，保持经济平稳增长的重要措施，房地产开发投资较快增长，商品住房销售价格保持平稳。2009年，全省共完成房地产开发投资477.3亿元，比2008年同期增加了149.3亿元，增幅达45.5%，在全国排第1位。房地产开发投资占全国房地产开发投资总量的比重比2008年底提高了0.2个百分点，达到1.3%；占全省城镇固定资产投资的比重较2008年底提高了0.5个百分点，达到10.4%。完成城镇住宅投资612.8亿元，同比增长38.2%。住房价格保持基本稳定，商品住房平均销售价格为2566元/平方米，比全国低1911元/平方米，比中部地区低247元/平方米。商品住房销售价格增幅比全国低11.2个百分点，比中部地区低4.3个百分点。国家康居示范工程创建工作取得新突破，城镇居民住房水平明显提升。太原文渼苑和大同御景苑等7个项目相继通过了住房和城乡建设部住宅产业化促进中心组织的国家康居示范工程规划设计方案和可行性研究报告评审，列入了国家康居示范工程项目，创建国家康居示范项目总数达到13个，在全国排第5位。城镇居民人均住房建筑面积达到29.73平方米，比2008年提高1.69平方米。

【市场秩序】 针对部分新建住宅小区存在的"楼霸"垄断装修材料供应与搬运等情况，各市对新建住宅小区的"楼霸"进行了全面排查整治。共排查新建住宅小区116个，对存在非法吊装、搬运和买卖装潢材料的22个新建住宅小区进行了整治，配合公安机关抓捕"楼霸"违法犯罪人员35名，破获故意伤害、寻衅滋事、强迫交易等违法犯罪案件30余起，治理"楼霸"工作得到住房和城乡建设部的肯定。

【房地产交易与权属登记】 全省各市进一步建立健全房屋登记的操作流程，完善登记工作标准，依法简化房地产交易与权属登记程序，提高办事效率，推行房地产交易与权属登记一体化管理。开展了"房地产交易与权属登记规范化管理单位"创建工作，太原市房地产管理局、晋中市房地产交易中心、忻州市房地产交易中心被评为"全省房地产交易与权属登记规范化管理单位"。

【城市房屋拆迁】 认真落实城市房屋拆迁项目验收和信访接待登记、转办、督办制度，开展拆迁矛盾纠纷排查调处工作，拆迁信访批次和人次实现了"双下降"，上访批次和人次分别比2008年下降了18.2和15.2个百分点。省住房和城乡建设厅对节假日的拆迁信访工作进行专门部署，对赴省、进京上访预防和处置工作提出具体要求，印发了《关于做好全国"两会"期间拆迁信访工作的紧急通知》和《关于做好国庆期间信访接待工作的通知》，实现了全国"两会"期间和国庆期间的零上访。

【物业管理】 以培育新型产业为目标，以创建示范项目为动力，逐步扩大物业管理覆盖面，提升物业服务水平。2009年，全省物业管理覆盖率达到

45%，比2008年提高了0.9个百分点。太原和信广场和晋中田森佳苑等8个项目被评为全省物业管理示范项目。省住房和城乡建设厅下发了《关于促进物业服务业持续健康发展的意见》（晋建房字[2009]382号），进一步明确了发展物业服务业的基本原则、发展目标及具体措施，从开展旧住宅区整治工作，引导广大业主正确的物业消费观念，提升物业管理服务水平等方面提出了明确要求。

【住房制度改革和公积金管理】 进一步推进全省住房分配货币化实施和公有住房出售工作。2009年职工领取住房补贴人数新增加3072人（其中：省直单位新增726人），发放住房货币化补贴金额3577.92万元（其中：省直单位发放1305.48万元），处于全国中等水平。省住房和城乡建设厅不断加强住房制度改革的政策指导和咨询服务，协调接待群众来访近百人次，提供电话政策咨询170余次。同时，继续加快公有住房出售，有效地推进了住房商品化、社会化的进程。2009年，全省住房公积金缴存职工人数达到278.77万人，覆盖率为66.80%；新增住房公积金归集额106.79亿元，同比增长23.80%，归集总额达到491.07亿元；全年共为2.63万户职工发放个人住房贷款21.90亿元，同比增长27.31%，累计发放贷款总额为91.79亿元；全年提取廉租住房补助资金5878.59万元，提取总额达到1.19亿元。积极开展住房公积金管理专项治理工作，清理回收历史遗留的住房公积金逾期项目贷款、挤占挪用资金4244.77万元，占应清收总额的66.47%。

三、城乡规划

坚持发挥规划在城乡建设中的龙头作用，进一步加强了城乡规划的编制与实施，制定了特色城镇化评价指标体系，并组织对11个设区城市进行了初步评价；报请省人大颁布了《山西省城乡规划条例》，于2010年1月1日正式实施；编制完成了《太原经济圈规划》、《介孝汾城镇组群规划纲要》；完成了太原、晋城、临汾、运城4市的城市总体规划修编，《晋城市城市总体规划》已经省政府批复。围绕全省重点工程建设，为山西中南部铁路通道、大同至西安铁路客运专线（山西段）、黄陵至韩城至侯马铁路（山西段）、太原铁路枢纽西南环线等重点工程选址审批开辟了"绿色通道"。不断推进城市规划信息系统建设，委托上海数慧系统技术有限公司编制了《山西省城乡规划管理信息系统总体计划与建设规划》。积极参加城乡规划实施监督检查，根据住房城乡建设部统一部署，组织开展了房地产开发领域违规变更规划调整容积率问题专项治理工作，全省上下积极行动，对2007年1月1日至2009年3月31日期间领取规划许可证的房地产开发项目进行了清理，对违法违规行为进行了查处。累计自查项目3505个，自查用地面积14063.44万平方米，其中，调整容积率项目123个，补交规费收入8075.92万元，罚款4658.42万元，房地产开发领域变更规划调整容积率等违规行为得到有效遏制。

四、建筑业

【概况】 2009年，全省建筑行业按照省委、省政府"转型发展、安全发展、和谐发展"的决策部署，不断加大基础设施、民生工程建设力度，各级工程建设管理部门精心组织、积极实施，做好服务和保障工作，引导、扶持本省建筑企业参与省、市重点工程建设，建筑业继续保持了快速发展。截至年底，全省共有建筑业企业2468家，勘察设计企业609家，工程监理企业217家，招标代理机构146家，项目管理备案企业33家，基本形成了以施工总承包企业为主体，专业承包企业配套，劳务分包企业为基础，工程勘察设计、监理、招标代理机构为辅助的建筑业结构体系。全年完成建筑业总产值1772.80亿元，同比增长30.83%；实现建筑业增加值469.30亿元，同比增长28.80%；完成勘察设计合同额97亿元，同比增长44.8%。建筑业从业人员达到85万人，同比增长9.1%，占全省从业人员总数的5.2%；劳动生产率18万元/人，同比提高3.6%。建筑业对保障就业、拉动内需，促进全省经济企稳回升发挥了重要作用，作出了积极贡献。

【建筑市场管理】 为了更好地监管建筑市场，保障投资项目质量和效益，针对工程建设前期手续繁多、影响工程建设推进、部分工程在建设过程中监管缺失和监管不严等问题，省住房和城乡建设厅下发了《关于进一步加强工程建设监督管理工作的通知》（晋建建字[2009]207号），要求各级建设行政主管部门增强服务意识，提高办事效率，及时协调解决项目建设过程中出现的各种问题，做好跟踪服务和工程现场的质量安全监管。在工程冬季施工阶段，以省政府办公厅名义印发了《关于加强冬季施工管理确保工程建设顺利推进的通知》（晋政办函[2009]205号），明确了工程冬季施工的组织管理和监管重点。

初步建立起建筑、勘察设计、工程监理、招标代理机构及相关注册执业人员基本信息数据库。资质审批管理子系统基本建成，并对招标代理机构资格审批进行了网上同步报送和审批的试运行。完成了项目管理子系统需求研究。建立了不良信息记录平台，对发生不良行为的企业通过平台进行公示，做到诚信激励、失信惩戒，有效规范了企业的市场行为。

以资质管理为抓手，开展专项检查，实施动态考核，对不符合资质标准要求、不遵守法律法规、市场行为不规范的企业，公示其不良行为记录直至吊销资质证书，市场监管力度进一步加强。开展了建筑业、设计、监理企业和招标代理机构的动态考核，参加动态考核的四类企业共计3206家，依法注销了306家建筑业、9家设计、18家监理、22家招标代理机构的资质、资格，清退率分别占到同类企业的10%以上。组织开展了施工许可证专项检查，共检查在建项目2739个；实施了工程质量、安全综合执法检查，对发生建筑施工生产安全事故涉及的29个单位和27名个人进行了行政处罚。通过资质处罚和市场清出，建筑行业结构体系更趋合理，市场秩序更为规范。

【建筑工程质量】 2009年，按照省委、省政府的安排部署，全省住房和城乡建设系统开展了"质量安全年"活动。全省各地紧紧围绕"质量安全年"活动主题，充分利用网络、电视、广播、报纸和杂志等宣传手段，累计下发各种宣传单10万余份，组织各种形式的培训5000多人次，在电视、广播上共做专题节目13起，全面普及建设工程质量安全知识，营造了良好的社会氛围。进一步加强对工程重点部位以及地基基础、主体结构安全的监督检查，重点加强对大型公共建筑、市政桥梁工程、保障性住房工程及中小学校舍工程等直接涉及公共利益的监督管理工作。严格执行《质量通病防治细则》和《住宅工程分户验收管理办法》，逐步将消除工程质量通病活动延伸到整个工程建设领域。同时不断加强对各方质量责任主体行为的执法检查，强化对各方质量责任主体质量责任制的落实。全年全省有2项工程被评为国家"鲁班奖"工程，有39项工程获得省"汾水杯"称号，有72项工程申报省优良工程。全省工程质量验收合格率100%，竣工验收备案率达95.1%，全省未发生重大质量事故，工程质量水平稳中有升。

【建筑安全生产】 认真贯彻落实省委、省政府关于安全生产的一系列决策部署，坚持"安全第一、预防为主、综合治理"方针，认真建立完善各项规章制度，制定了山西省建设系统安全生产隐患排查治理工作制度、山西省建设系统重大隐患和等级事故举报制度等10项安全生产制度。以搞好安全生产专项整治为重点，深入开展"三项行动"，全面落实"八项制度"，全年开展了三个阶段的安全生产专项整治活动，共检查了1178家建筑施工企业、市政运营企业和2001项在建房屋建筑和市政工程，检查出重大隐患2284条，一般隐患9409条，下达行政执法建议书482份，对115家企业进行了重新分类，责令停工整顿的房屋建筑工程362项、市政工程50项。责令限期整改的房屋建筑工程982项、市政工程124项。依法加强安全监管的房屋建筑工程216项、市政工程181项。建立了事故约谈制度。省住房和城乡建设厅先后对山西建筑工程(集团)总公司、河南省建设厅驻山西省建筑管理处主要负责人进行了安全生产约谈，提请省政府对吕梁市政府进行了安全生产约谈。通过一系列扎实有效的工作，进一步推动了政府安全监管主体责任和企业安全生产主体责任的落实，完善了安全生产责任体系和事故预防控制体系，健全了隐患排查治理制度和事故责任追究制度，有效遏制了重特大事故，促进了全省建筑施工安全生产状况的平稳运行，全年未发生一起死亡6人以上的生产安全事故，市政运营事故起数为零，百亿元施工产值死亡率为1.33，较好地完成了省政府下达的安全生产指标任务。同时，坚持将安全培训与专项整治相结合，严格持证上岗。共组织举办三类人员培训班18期，培训人员达到10496人，合格9841人，合格率94%。

【解决拖欠工程款和农民工工资】 2009年，省住房和城乡建设厅配合省信访局、省人社厅等有关部门处理因拖欠工程款和农民工工资引发的群体性上访、突发性事件和典型案件6起；协助解决河北省清欠办要求帮助解决的拖欠农民工工资案件1起；全省共反映拖欠工程款和农民工工资问题299起，拖欠工程款(含劳务费)18569.69万元，经核查认定，共解决98起，解决拖欠的工程款(含劳务费)2165.39万元；其他201起进入司法程序。

【重点工程建设】 按照省委、省政府2009～2010年投资6500亿元，带动全社会投资10000亿元，加快重点工程建设的决策部署，2009年共确定省级重点工程项目12大类152项，年度计划投资总额1498.96亿元，各市确定市级重点工程2166项，年度计划投资总额1529.44亿元。截至年底，省级重点工程开工建设135项，其中，当年新开工48项，是近年来开工率最高的一年，累计完成投资1533.68亿元，同比增加1156.41亿元，增长3.1倍；市级重点工程累计完成投资2808.08亿元，为年度投资计划的162.9%，省市两级重点工程完成投资4041.76亿元，带动全省全社会固定资产投资完成4599.93亿元，重点工程完成投资占到全省城镇固定资产投资总额的87.9%，重点工程完成投资总额、完成投资率、完成投资增长率均创历史最高水平，成为拉动经济平稳较快增长名副其实的"火车头"。一大批公共基础设施、民生工程、产业结构调整和高新技术产业项目的开工建设和陆续建成，不仅有力发挥了投资拉动作用，有效促进了当前经济增长，而且大大改善了城乡统筹发展环境，推动了经济结构调整，增强了全省经济社会发展后劲。

备受全省人民关注的"省城十大建筑"全部开工建设，并按要求进度顺利推进。省四套班子领导多次亲赴施工现场视察指导，对工程建设给予了充分肯定，使广大建设者受到了极大的鼓舞。由省住房和城乡建设厅所属省工务局承建的山西体育中心等四项工程建设速度快、质量高，发挥了表率作用。

【工程招投标管理】 工程招标投标工作取得长足进步。2009年，全省进入建筑市场的招标工程2324个，其中房屋和市政基础设施建筑类2236项，应公开招标工程2236项，实际公开招标2236项，公开招标率100%。加强对评标专家的动态管理，健全各类评标专家库，建立起全省统一的包括7大类、66个专业共计3072名专家的评标专家库。加强对招标投标工作的监督指导，加强建设工程交易中心的建设，进一步完善评标规则，在晋城、长治等市开展了资格后审、异地抽取评标专家、工程量清单计价招标分部分项合价等试点工作，积累了经验，有效规范了工程招标投标行为。

【工程建设标准、造价管理和无障碍城市创建】 省住房和城乡建设厅修订了国家标准《屋面工程质量验收规范》、《屋面工程技术规范》和《地下防水工程质量验收规范》；审定了山西省工程建设地方标准《建筑工程质量检测管理规程》、《玻化微珠系统整体式保温建筑应用技术规程》、《仿瓷涂料》、《行道树栽植技术规程》、《蒸压粉煤灰砖建筑技术规程》、《烧结煤矸石多孔砖建筑技术规程》等10项地方标准，并报住房城乡建设部标定司备案。10月中旬和12月下旬，建筑节能系列标准各编制组召开了两次修订工作会议，开始全面修订山西省建筑节能系列标准。认真贯彻落实国家标准《建设工程工程量清单计价规范》，根据2008版《建设工程工程量清单计价规范》，完成了《山西省建设工程工程量清单计价规范实施细则》（草案）的修订工作，出台了《山西省建设工程造价信息动态管理办法》。对2005年《山西省建设工程计价依据》进行了修订。编制发布了《山西省建筑节能项目预算定额》、《山西省建设工程其他费用标准》，为合理确定和有效控制工程造价提供了指导性依据。各市造价管理部门认真执行有关信息的收集和发布制度，完成了材料信息价格的发布和工程造价指数的测算工作。省住房和城乡建设厅开发完成了工程造价指数配套计算的软件，并进行了测试。按照住房城乡建设部的要求，完成城市住宅成本信息的收集、整理、上报工作。全年共为165家工程造价咨询企业进行了资质延续换证资料审查工作。

积极开展无障碍建设城市创建工作，省住房和城乡建设厅会同民政厅、残联和老龄工作委员会办公室于2月中下旬对山西省太原、大同、长治、晋城和运城市创建"全国无障碍建设城市"进行了中期检查。5月底，召开了无障碍建设城市创建工作座谈会，进一步加大了无障碍建设城市的创建力度。

【建筑企业劳保费用统筹管理】 认真做好建筑业企业劳保统筹工作。2009年，全省共收缴建筑企业劳动保险费5.345亿元，同比增长14%，向建筑施工企业拨付劳动保险费3.228亿元，拨付率达到100%；向省困难施工企业调剂补贴劳动保险费4716万元。劳保费用的规范收缴和拨付保障了建筑企业参加社会保险的费用来源，对于推动建筑业深化改革、维护社会稳定发挥了不可替代的积极作用。深入推行工程担保制度，省住房和城乡建设厅连续两年印发了关于进一步推行工程担保、做好保证担保工作的通知，工程担保工作取得新的突破。全省共培育工程担保机构29个，累计承担担保项目近2600项，累计担保总额将近20个亿，担保行为、担保品种以及监管力度上都有了实质性的进展。

五、城市建设

【基础设施建设】 认真开展市政公用设施专项规划修编工作。报请省政府出台了《关于加快完善市政公用设施专项规划促进市政公用行业健康发展的通知》（晋政办函[2009]4号），对市政公用设施专项规划的内容、范围、编制要求、经费保障以及实施管理提出了明确要求。各市深入推进各项基础设施建设，切实加大城市道路、桥梁、绿化和供水、供气、供热等市政公用基础设施建设力度，全年全省共完成市政公用基础设施建设投资285亿元，同比增长75.3%，是"十五"期间总投资207亿元的近1.4倍，也是历史上投入最多的一年。截至2009

年底，全省城市污水处理率达到73.5%，同比提高2.1个百分点；城市生活垃圾无害化处理率达到55.3%，同比提高7.83个百分点；城市集中供热普及率达到78%，同比提高7.8个百分点；11个设区城市建成区绿化覆盖率同比提高1.45个百分点；城镇居民人均住宅建筑面积能达到29平方米，同比增加1平方米；农村居民人均住宅建筑面积达到26.31平方米，同比增加0.35平方米，以上指标均超额完成省政府下达的目标任务。续建的43座城镇污水处理厂全部建成，计划新建的28座全部开工，全省城镇污水处理率达到69%，同比提高5.41个百分点，完成新增生活COD减排量2.511万吨，同比提高17个百分点，为山西省超额完成国家下达的COD减排约束性指标承担了主要任务；续建的21座城镇垃圾无害化处理场全部建成，计划新建的28座全部开工，全省城镇生活垃圾无害化处理率达到37%，同比提高10个百分点。

【城市绿化】 编制印发了《山西省绿地系统规划编制纲要（试行）》等8个市政公用行业的专项规划编制纲要，各地按照要求积极开展修编工作。继续深入开展"创建园林城市"活动，城市绿化量继续增加，绿化水平不断提高，城市生态和人居环境质量得到了明显改善。全省共投入绿化资金43.9亿元，建成区（含县城）共新增绿化面积2148.85万平方米，完成年度任务量的124.97%；11个设区城市共新增绿化面积899.46万平方米，完成全年任务量的142.8%，城市绿化覆盖率平均提高了1.45个百分点；太原、侯马、潞城、武乡、怀仁被住房和城乡建设部命名为"国家园林城市（县城）"；介休、长子、襄垣、左权、古县被省政府命名为省级园林城市（县城）；新绛县古代园林公园被列为国家重点公园，全省40%的县（市）建成了至少一个具有生态文化特色的综合公园。

【宜居城市创建】 按照省政府《关于开展创建宜居城市活动的意见》的要求，报请省政府成立了山西省创建宜居城市领导组；将11个设区城市的创建工作列入了省政府年度责任目标，加大了对创建工作的推动力度。太原、朔州、侯马、孝义等城市成立了创建领导组，制订了工作方案，组织完成了自查，创建工作正在积极推进。同时，为更加科学合理地开展创建活动，组织建立了宜居城市创建评审专家库，完成了考核标准的修订工作。

【城市供热保障】 一是报请省政府下发了《关于认真做好2009年冬季全省城镇供热和解决农村取暖用煤问题的通知》等4个明传电报，省住房和城乡建设厅印发了《关于对全省城市供热监管工作进行考核的通知》等一系列文件，并建立了供热日报和通报制度，有力地强化了全省城市供热工作。各地也都按照要求采取了有力措施，确保温暖过冬，大同市还创新管理模式，实现了城市供热"全覆盖、全接管"。二是进一步推进供热价格改革。省住房和城乡建设厅与省物价局共同印发了《关于城市供热价格管理有关问题的通知》，对热价调整工作进行了具体的安排部署，规范了热价调整工作，明确了供热"两部制"热价的计算方法，并召开了全省供热计量收费工作座谈会。太原、阳泉、运城等城市已经出台了相关政策，并开展了供热分户计量试点工作。此外，从城市集中供热行业的长远发展考虑，组织起草了《山西省城镇集中供热管理办法》和《山西省城市集中供热发展规划》，提出了全省城市集中供热的发展目标和推进措施。

【城市供水节水和污水处理】 对全省170座城市（县城）自来水厂的供水水质进行了调查，编制完成了《2009～2012年城市供水水质保障和设施改造规划》；开发并试行了城市供水信息监管系统；制定了《山西省城市公共供水企业（单位）运行考核暂行标准》，有力保障了城市供水安全。此外，国家水质监测网太原监测站通过了国家的实验室资质认定，达到了新国标106项水质指标的检测能力。为进一步加强城市节水工作，提高用水效率，省住房和城乡建设厅与省发改委、省经委联合下发了《关于进一步加强城市节水工作的意见》，对全省城市节水规划、水价改革、宣传教育等工作提出了要求。出台了《山西省节水型城市申报与考核办法》和《山西省节水型企业（单位、校园、小区）考核管理办法》，启动了"省级节水型城市"和"节水型企业（单位、校园、小区）"创建活动，并开展了"节水宣传周"活动。

出台了《关于加快城镇污水处理设施建设和保障运行的通知》（晋政发〔2009〕35号），就设施规划建设、污水处理费征收、运行经费保障、提高设施管理水平、强化行业监管等方面提出了明确要求。制定了《山西省城镇污水处理企业运营考核评价标准》；举办了三期污水处理厂关键技术岗位培训，实行了持证上岗制度；建立了污水处理信息系统填报通报制度；对晋中、晋城、侯马、孝义、寿阳、榆社等四十余个市县进行了实地指导，有力提升了全省污水处理设施运行管理水平。召开了全省污水处理特许经营推进会，与北京、重庆两家公司签订了战略合作协议，太原、晋中、大同、侯马、灵石等市县的污水处理厂建设和运营都采取了BOT、TOT等合资合作方式,在特许经营方面迈出了实质性步伐。全省投入运行的82座污水处理厂,全年累计处理污水50786.37万吨,平均负荷率达到了68.9%。

【历史文化遗产保护】 认真贯彻实施《历史文化名城名镇名村保护条例》,不断加强城镇历史文化遗产保护工作,在对全省设市城市和县城历史文化遗存调查摸底的基础上,报请省人民政府公布了太谷、孝义、介休、左云为山西省历史文化名城,太原市南华门历史文化街区等14个街区为山西省文化街区。太原市积极申报国家历史文化名城,经省政府审查同意后已报国务院审批。平遥县编制了平遥古城保护控制性详细规划,实施了平遥古城范家街历史文化街区保护与利用工程。

【市容环卫】 召开了全省市容环卫工作会议,对市容环卫行业的工作进行了总结,对下一步工作进行了安排部署。省住房和城乡建设厅会同省总工会组织了全省环卫行业"清洁家园·迎接国庆"百日竞赛活动,举办了全省环卫行业先进模范代表座谈会和颁奖晚会,表彰了一批先进单位和个人。启用了"山西省城市环境卫生信息监管系统",加强了行业监管。积极探索垃圾处理收费方式改革,各市结合实际,采取直接收取、联合收取和委托代收等形式征收处理费用,使征收形式更加灵活主动。太原市委托煤气公司代收,征收率达到了90%。晋城市将垃圾处理费同水费捆绑征收,有效提高了征收率。

【市政设施运营安全】 开展了市政公用设施安全运营专项整治工作,制定了专项整治方案,召开了专题会议,进行了专项培训和专项检查,共抽查市政公用企业597个,依法取缔68个,停业整顿64个,有效改善了全行业安全生产运营状况。对城市供水、供气、供热、桥梁、公共交通的重大事故应急预案进行了修编;太原市、忻州市、晋中市和阳泉市的市政行业应急处置队伍在太原市进行了拉练,提高了应急处置保障能力。同时,在国庆、汛期、日食等特殊时期,省住房和城乡建设厅下发了《关于加强市政公用行业安全工作的紧急通知》等一系列文件,对加强全省市政公用行业的安全生产运营工作进行了安排部署和指导,确保了市政公用行业的安全稳定运营。

【风景名胜区管理】 报请省政府印发了《关于实施山西省风景名胜区体系规划的意见》,明确了风景名胜区管理的指导思想、发展目标和基本原则,对景区规划编制、资源保护和强化监管等方面提出了具体要求。印发了《关于做好风景名胜区和列入国家自然遗产暨自然与文化双遗产预备名录申报工作的通知》,完成了对运城市百梯山等9个景区申报省级风景名胜区的论证和审核工作。5个国家级景区的总规完成了省内评审;芦芽山、碛口景区的总规已上报省政府。同时加强了"一书两证"管理。五台山申遗工作历经5年时间,通过开展移民搬迁、拆迁整治、生态绿化、采矿区生态景观恢复等大量基础性工作及细致的组织申报工作,于2009年6月以文化景观列入世界遗产名录。五台山申遗成功,不仅有效促进了生态文化保护,而且大大提高了在全国和全世界的知名度,推动了旅游业发展和永续利用。恒山、芦芽山双双列入国家自然和文化双遗产名录,壶口列入国家自然遗产名录;壶关太行大峡谷等9个景区被命名为"山西省风景名胜区"。

六、村镇建设

【村镇发展概况】 截至2009年底,全省共有乡镇1196个,其中建制镇563个,乡633个。共有村庄48322个,其中行政村28167个。全省村镇现状用地总面积44.45万公顷。其中一般建制镇现状用地面积4.91万公顷(不含85个县级人民政府所在地镇和已纳入城市统计范围的区域),乡现状用地面积2.56万公顷,村庄现状用地面积36.4万公顷。全省村镇总人口2403.2万人,其中户籍人口2291.7万人,暂住人口111.5万人。

【村镇住宅建设】 2009年,全省用于村镇住宅建设的投资达98.8亿元,新建村镇居民住宅建筑面积1246万平方米,共有5.87万户居民建了新房,喜迁新居。新建村镇居民住宅的楼房建筑面积达1080万平方米,占新建住宅建筑面积的86.8%。截至年底,建制镇、乡集镇和村庄新建住宅建筑面积分别是159.9万平方米、75.3万平方米、1010.5万平方米。全省年末实有农村住宅建筑面积5.15亿平方米,人均住宅建筑面积达26.47平方米。村镇住宅建设已经从单纯追求数量增加逐步转变到注重质量水平的提高和功能的完善,并开始注重内外装修。村镇住宅建筑形式日渐丰富,有的地方逐步向多层公寓式住宅发展。一批规划布局合理、建筑形式新颖、设施配套齐全、环境整洁优雅的住宅小区相继建成,较好地改善了村镇居民的居住条件和居住环境。

【村镇基础设施建设】 2009年全省村镇建设投资共计183.9亿元,其中用于生产性建筑的投资达35亿元,新建生产性建筑面积329.38万平方米,建成了一批农业和乡镇企业急需的生产性设施，为农业和乡镇企业的发展创造了良好条件。用于村镇公共建筑的投资达 19.5 亿元，新建公共建筑面积 250 万平方米，村镇公用基础设施逐步配套，生产生活环境进一步改善。用于道路和自来水建设的投资达 17 亿元，已有 19910 个村镇的居民用上了比较清洁的自来水，受益人口达 1855.6 万人，自来水普及率达 77.2%，乡镇道路年末实有长度达到 8310 公里，均为宽度在 3.5 米以上的铺装道路。全省乡镇基本实现了通油路，行政村全部实现了通机动车。实有桥梁 1716 座，防洪堤长度达 1493 公里，全部建制镇、乡集镇和 95% 的村庄通了电，排水管道长度达 3010 公里，乡镇绿化覆盖面积达 15952 公顷，乡镇人均绿地面积达 16.1 平方米。日益加快的村镇基础设施建设，有力地支持了农村乡镇企业和全省农村经济的繁荣，为农村经济社会发展奠定了良好的基础。

【村镇规划】 2009 年共编制完成县域村镇体系规划 18 个、小城镇总体规划 65 个、历史文化名镇名村保护规划 38 个、新农村建设规划 2000 个。上述规划的编制，对县域经济和社会发展的空间安排，解决县域城镇布局、设施建设与资源开发的空间关系问题，合理确定县域城镇的等级规模、职能分工和空间布局，指导城镇科学发展，起到了积极促进作用，为科学配置县域资源、优化生产力布局、实现县域经济可持续发展奠定了坚实基础。

【小城镇建设】 不断加快特色小城镇发展，灵石县静升镇等 6 个村镇被住房和城乡建设部、国家旅游局公布为"全国特色景观旅游名镇名村"；天镇县新平堡镇等 30 个村镇被省政府公布为"山西省历史文化名镇名村"；古交市马兰镇等 6 个镇被省政府公布为"山西省园林城镇"。认真搞好建制镇绿化工作，截至年底，全省建制镇绿化覆盖率达到 21.9%，人居环境明显改善。积极利用好 1 亿美元亚行贷款，加强全省小城镇的基础设施建设。通过对各类特色小城镇加强政策引导、技术服务和资金支持，培育和扶持了一批布局合理、功能完善、特点鲜明、人居环境好、经济增长快的特色小城镇，对周边地区产生了较强的辐射带动作用。

【农村住房解困】 2009 年，省政府将农村危房改造列入承诺为人民群众办好的 10 件实事。省住房和城乡建设厅总结了 2008 年开展 3000 户试点的经验，加强领导，明确责任，通过农村危房调查、相关政策出台、科学制定目标、尽快落实资金等措施，进一步加大农村危房改造力度，全省共开展 20889 户农村危房改造，包括 29 个国定贫困县 13800 户（含建筑节能示范 500 户）和 58 个非国定贫困县 7089 户，增加社会总投资近 5.5 亿元，拉动国内生产总值增加 3.2 亿元。截至年底，共开工 20521 户，竣工 19836 户。建筑节能示范开工 500 户，竣工 500 户。农村危房改造工作的顺利实施，有力地推动了城镇化和和谐社会建设。

七、建筑节能与科技

【建筑节能】 加强建筑节能监管工作，省住房和城乡建设厅组织认定了 4 批、共计 365 项建筑节能技术（产品）。全年新建成可再生能源规模化应用建筑 363.86 万平方米，占新建建筑的 18%。中国煤炭博物馆被列入国家级太阳能光电与建筑一体化示范项目，临猗县被正式列为可再生能源建筑应用示范县，太原市被纳入可再生能源建筑应用示范后备城市。正式实施《建筑能效测评标识与标准》，启动建筑能效测评与标识工作，确定了五个建筑能效测评机构，晋中东升经济适用房建安小区 1♯ 住宅楼被评为建筑能效标识一星级建筑。按照省政府办公厅《关于 460 万平方米既有居住建筑节能改造省级配套奖励资金落实请示的会议纪要》要求，省级财政将按照中央财政的补贴标准（45 元/平方米）进行 1∶1 的配套补助。全年共开工既有居住建筑节能改造项目 78 个，共计 332 万平方米；已竣工项目 36 个，共计 120.6 万平方米。启动了省人大机关办公楼等 6 个省直机关办公建筑和大型公共建筑节能改造改造项目，共计 8.63 万平方米。编制了《山西省省直机关办公建筑和大型公共建筑节能监管体系建设项目可行性研究报告》，初步确定省环保厅等 7 个单位办公建筑作为首批监测试点。国家机关办公建筑和大型公共建筑节能能耗监测平台省级监测机构"政府办公建筑节能监测办公室"已经省编办批准成立，完成了软件开发、商务谈判、项目初选等工作。落实了平台建设首批资金 600 万和办公运行经费 30 万，完成了省级平台硬件设备及监测系统软件的采购安装及运行调试工作。争取国家专项资金 500 多万，太原理工大学和山西大学列入国家节约性校园建设示范，争取到专项资金 950 万。

省住房和城乡建设厅组织开展了"高能级强夯置换技术"8 项节能新技术课题研究。其中《建筑抗震加固与节能改造一体化研究》、《城市"窑居式"建筑自保温体系研究》被住房城乡建设部列入全国建筑节能新技术研究目录。将 2007～2008 年通过的省级工法进行汇总筛选，评出 42 项申报国家级工法。此外，向全省推广了混凝土预制拼装多用塔机基础研究应用等三个新技术新产品。省科技馆等四十项工程被列为山西省建筑业新技术应用示范工程。成功举办了"第三届山西绿色建设科技产品展览会"，共有100多个厂家、400余种产品参展，2万余人参观，收到良好效果。2009年全省节能建筑面积达到8100万平方米，共节约采暖能耗121.5万吨标准煤。

八、建设教育

【建设教育】 省住房和城乡建设厅积极组织参与山西省第三届职业院校技能大赛和2009年全国职业院校技能大赛；在阳泉召开了2009年全省建设行业职业技能培训鉴定工作会议，交流了工作经验，表彰了成绩突出的鉴定站和优秀考评员，总结安排了全年培训目标任务，一线操作人员职业技能培训鉴定共13543人；年底召开了专业技术管理人员培训机构负责人座谈会，进一步规范专业技术管理人员培训考核工作，共培训发证19525人。向住房和城乡建设部推荐绿色建筑评价标识专家委员专家人选；向省科技厅推荐山西省软科学研究人才库专家人选；选派3名住房和城乡建设部组织的"中日建筑抗震技术人员研修项目"研修人员；选派一名厅级干部参加了国家行政学院举办的城市管理行政执法专题研讨班。

【机构改革】 根据住房和城乡建设事业新的发展形势要求，按照省委、省政府关于省级政府机构改革的统一部署和《山西省人民政府机构改革方案》要求，结合住房和城乡建设部"三定"规定，原省建设厅组织专门力量在广泛深入调查研究和反复比较论证的基础上，提出了主要职责、内设机构和人员编制方案，并经省编委批准，由省政府印发实施。机构改革之后，新设立的住房和城乡建设厅，在职能定位上，由专业经济管理部门转向了民生和社会保障部门；在管理方式上，由过去直接管理房地产业、建筑业、市政公用事业转向了通过监管市场进行行业管理；在管理体制机制上，明确了机关和事业单位的职责划分原则，为开展事业单位分类改革，进一步明确事权，奠定了很好的基础。与原省建设厅相比，新的住房和城乡建设厅主要职责更为明确，内设机构更为合理，人员编制较多增加，完全符合国家和山西省机构改革的要求，更加适应政府管理方式的转变，更加适应新形势下住房和城乡建设事业又好又快发展的要求。

【党风廉政建设和精神文明建设】 省住房和城乡建设厅认真贯彻全省党风廉政建设干部大会和省纪委四次全会精神，召开会议对2009年党风廉政建设和精神文明建设工作进行安排部署，形成了坚持一个统领(以科学发展观统领建设系统反腐倡廉工作)，落实一个规划(认真落实建设系统建立健全惩防腐败体系工作实施办法)，强化四项监督(强化对中央、省扩大内需促进经济增长实施项目的监督，强化对建设系统贯彻落实科学发展观具体工作的监督，强化对重点工程的监督，强化对领导班子、领导干部的监督)，狠抓四个重点(城乡规划领域反腐倡廉建设，建设工程招投标活动的制度完善、监督制约，房地产市场秩序整治，住房公积金监管)的总体工作思路。同时，认真落实党风廉政建设责任制，积极推进惩防体系建设。制定了《中共山西省建设厅党组2009年党风廉政建设和反腐败工作任务分解意见》，将46项主要任务分解落实到厅领导班子9名成员、18个处室，形成了厅主要领导全面负责，班子成员主抓职责范围内的党风廉政建设，带头履行好"一岗双责"，各处室积极承担、党员干部广泛参与的工作格局，并配套制定了《省建设厅落实党风廉政建设责任制考核办法》(试行)。根据全系统担负的工作任务，下发了《关于进一步加强全省住房城乡建设系统落实中央和省扩大内需促进经济增长政策监督检查工作的意见》，促进了全系统中央和省扩大内需重点工程建设目标的顺利实施。深入开展"制度建设年"活动，治本抓源头工作扎实有效。制定出台了《山西省政府工程建设事务管理局承建重点工程廉政监督暂行办法》等法规制度，2009年全系统制定涉及反腐倡廉制度348项。继续开展住房公积金专项治理和"小金库"专项治理；房地产开发领域违规变更规划、调整容积率问题专项治理取得阶段性成果；治理商业贿赂专项工作取得阶段性进展；工程建设领域突出问题专项治理工作扎实起步，并于年底召开了全系统自查自纠阶段工作进展情况汇报会议，对全系统扎实开展专项治理自查自纠工作，进行了督促指导。狠抓政风行风和精神文明建设，认真举办政风行风听证对话会，不断加强行业监管、效能监察，深入开展精神文明创建活动，进一步提高行政效能、行业服务质量和水平。全系统有6个单位、1名个人受到中央、省、部精神文明表彰。

与此同时，省住房和城乡建设厅进一步加强厅直机关党建工作，对机关党的建设各项制度规定进行了全面梳理、清理，修订完善了党员学习培训、管理监督、扩大民主、联系服务群众等制度，促进了机关党建工作长效机制的完善。根据形势和任务的需要，对部分党支部委员进行了调整选配，新设立了工务局党支部。组织厅直系统20批80名处级干部参加了省直工委举办的"转型发展、安全发展、和谐发展"培训班。组织812名（其中592名是学生入党积极分子）入党积极分子参加了省直分校组织的入党前培训，全年共发展了190名党员（其中140名为学生党员、6名为重点工程一线人员）。组织全体党员隆重纪念中国共产党成立88周年，集中表彰了厅直系统一年来在"创先争优"活动和党风廉政建设工作中涌现出的21个先进党组织、158名优秀共产党员、18名优秀党务工作者和24名党风廉政建设先进工作者，通报了被山西省劳动竞赛委员会和省直劳动竞赛委员会表彰的1个"五一"奖状、25个奖章和9个记一等功的单位及个人。大力开展"加强党性修养弘扬良好作风"系列活动，组织开展了"爱党爱国牢记振兴中华民族使命；加强团结强化纪律改进机关作风；勤奋创新全力推进重点工程建设"主题活动，实地参观了太原卫星发射中心。组织开展了"走进建设工地，转变机关作风"主题活动，实地参观学习山西省科技馆、山西省图书馆、山西大剧院、山西体育中心和太原市火车南站等各项重点工程建设情况，努力将党建工作延伸到建设中心工作一线。为庆祝中华人民共和国成立60周年，组织开展了喜迎新中国60华诞、山西省住房和城乡建设成就展活动和丰富多彩的歌咏比赛、演讲比赛、成就展、爱党爱国主题教育、悬挂国旗、走访慰问等多项活动。

【信息化建设】 认真贯彻实施《中华人民共和国政府信息公开条例》和省政府信息公开有关规定，进一步加大政府信息公开力度，加强政府信息公开平台建设。省住房和城乡建设厅在厅门户网站政府信息公开专栏设置了"政府信息公开指南"、"政府信息公开目录"、"依申请公开政府信息公开年报"、"政府信息公开规定"等五个栏目，并及时更新。按照省政府统一的标准和规范要求，开发、建设了政府信息公开网上目录系统，对须公开的政府信息进行分类整理，建立索引目录，向公众公开，方便公众的查询和使用。为方便公众依法获取政府信息，建立了依申请公开网上受理平台，进一步完善了政府信息公开专栏的功能。2009年，省住房和城乡建设厅向省政府网站主动报送公开政府信息730条，在政府信息公开网站主动公开信息1091条；受理政府信息公开申请1件，未发生行政复议、行政诉讼及举报事件。同时，加强网站专题栏目建设，积极宣传山西省住房和城乡建设重点工作。增加了网站互动功能，增强了政府与公众的互动交流。2009年，网站访问量为60万人次，同比提高约20%，全年发布信息总量为3027条，同比提高约5.1%。

为推进行政审批制度改革，省住房和城乡建设厅开发了行政许可内部审批系统，完成了纳入省监察厅电子监察的三项行政许可事项相关网上行政审批系统开发工作。此外，开发完成城市供水信息监管系统及市容环卫信息监管系统，进一步加强了对市政公用行业的监管。

大 事 记

1月18日，省委常委、副省长李小鹏在北京会见了世界自然保护联盟保护地委员会负责人戴维·谢佩德、自然遗产专家吉姆·桑塞尔和联合国亚太经济社会代表刁鸣生，厅领导王国正、任在刚，省政府副秘书长韩和平，忻州市市长李平社及五台山风景区负责人参加会见，并就五台山申报世界自然和文化遗产等相关工作进行了座谈。

2月17日，省建设厅召开平遥古城范家街历史文化街区保护示范项目和平遥县域城乡体系规划研讨会。

2月24日，全省建设工作座谈会在太原召开。省委常委、副省长李小鹏出席会议并讲话。

2月27日，省委常委、副省长李小鹏出席山西省最大的保障性住房项目大同市保障性住房建设工程开工奠基仪式。

3月10日，省建设厅总规划师李锦生、省发改委副主任段进存出席赴川援藏农房重建技术指导人员动员培训会。

3月20日，在纪念依法治省工作十周年暨"法治山西"建设动员大会上，山西住房和城乡建设厅荣获"依法行政十佳单位"称号。

3月26日，财政部和世行项目官员一行七人来山西省检查世行支援五期（TCC5）子项目《山西省古村镇保护利用与减贫方略的研究》进展情况，并对项目进行专题指导。李锦生总规划师陪同检查。

4月15日，省委常委、副省长李小鹏出席省重点工程建设领导小组办公室组织召开的重点工程督查动员会，并做重要讲话。厅领导王国正、赵建宏参加会议。

6月19日，由住房城乡建设部科技司组织、山西省建设厅协办的"中德技术合作——既有建筑节能改造宣讲会"在太原召开。住房城乡建设部科技司韩爱兴副司长、厅总工程师郝培亮出席了宣讲会。

6月26日,第33届世界遗产委员会会议在西班牙塞维利亚召开,山西省五台山以文化景观被列入《世界遗产名录》。

7月1日,厅党组成员、副厅长闫晨曦出席全省保障性安居工程建设新闻发布会,省委宣传部新闻处处长张晋斌主持。

7月10日至22日,国家环保部污染减排核查组对山西省上半年污染减排情况进行了核查。由山西住房和城乡建设厅负责推进的全省城镇污水处理厂生活COD减排成效显著,实现了时间过半、任务过半。

9月1日,省委常委、副省长李小鹏为山西省住房和城乡建设厅成立揭牌。

9月27日,省住房和城乡建设厅举办"喜迎新中国60华诞山西省住房和城乡建设成就展",厅领导王国正、张立光、闫晨曦、郝培亮出席。

10月16日,《山西省城乡规划条例》(草案)论证会在省人大召开,会议邀请部分在并的省人大常委会组成人员出席。

11月24日,省委书记、省人大常委会主任张宝顺、省委副书记、省长王君等到省城十大建筑工地进行考察,厅党组成员、副厅长张立光陪同。

11月26日,《山西省城乡规划条例》经省十一届人大常委会第十三次会议正式通过,2010年1月1日正式生效。

(山西省住房和城乡建设厅)

内蒙古自治区

一、住房保障

【概况】 2009年,内蒙古自治区新建廉租住房项目共开工148个、42176套,其中获得中央预算内投资补助的廉租住房项目开工134个、36302套;未获得中央预算内投资补助的廉租住房项目开工14个、5874套。通过购买、改建及城市棚户区改造,完成8026套廉租住房。

全区共获得中央资金10.7亿元,其中,中央预算内投资补助资金6.4亿元,中央财政廉租住房保障专项资金4.2亿元。自治区安排廉租住房保障资金6500万元。

截至2009年底,全区住房公积金归集总额达到394亿元,归集余额为284亿元,缴存职工近151万人;贷款总额超过274亿元,贷款余额为167亿元,个贷率接近58%,已为37.88万职工提供了个人住房贷款。全区已经计提廉租住房建设补助资金1.15万元。

【确定廉租住房建设规划】 出台《内蒙古自治区2009~2011年廉租住房保障规划》,计划到2011年底对23万户包括旗县城区在内的城市人均住房建筑面积不足15平方米的低保家庭和人均住房建筑面积不足13平方米的低收入家庭实现应保尽保。把新建廉租住房和城市棚户区(危旧房)改造工作紧密结合,优先把低保家庭以外的棚户区低收入家庭纳入廉租住房保障范围内。

【多方面政策支持】 为确保廉租住房建设规划任务的完成,一方面拓宽资金来源渠道,通过新建、改建、收购、租用等形式,多渠道筹集房源,采取租售并举回笼一部分资金用于廉租房滚动开发建设;另一方面搭建融资平台,向银行申请贷款,解决资金配套不足的问题。采取以旗县(市、区)政府为廉租住房建设的责任主体,统一纳入自治区融资平台,采取"统一融资、委托代建、分项提款、统一还贷"的方式,为197个建设项目申请国家开发银行贷款20亿元。

【廉租住房信息建设】 对廉租住房保障信息管理系统的硬件系统进行了升级和更新,对软件系统也进行了改进,对操作人员进行了专门培训,完成了申请廉租住房保障家庭全部信息的录入工作。

【住房公积金监管】 不断推进住房公积金管理体制改革和创新,2009年5月,自治区政府成立住房公积金监督管理委员会,理顺了自治区与盟市管委会的关系,加强监管部门之间的协调配合,实现了全区住房公积金管理政策的统一。出台《内蒙古自治区住房公积金归集管理办法(试行)》、《内蒙古自治区住房公积金提取管理办法(试行)》和《内蒙古自治区住房公积金贷款管理办法(试行)》。全区各地结合工作实际,认真学习、深入贯彻自治区的

"三个管理办法",制定实施细则,统一工作标准,规范业务操作,规避资金风险,使全区的住房公积金管理和服务水平显著提高,各地住房公积金覆盖面不断扩大,"控高保低"缴存政策得到认真落实,制度受益面正在向低收入家庭扩展;财政欠补情况迅速好转,归集金额迅速增加,个贷力度进一步加大,个贷逾期率普遍下降,资金使用率保持较高水平;项目贷款和违规资金清收成效很大,应清收资金由3亿多下降到940多万元。

二、住宅与房地产业

【房地产市场运行情况】 2009年,内蒙古自治区房地产开发完成投资815.46亿元,比上年同期增长10.78%,增幅下降36.14个百分点,其中商品住宅开发投资573.82亿元,同比增长0.3%,增幅下降48.71个百分点;完成土地开发投资64.41亿元,同比增长27.21%,增幅下降39.64个百分点;全区商品房屋和商品住宅施工面积分别为8234.48和6265.62万平方米,同比增长19.53%和11.92%,增幅分别下降11.12和17.11个百分点;商品房屋和商品住宅竣工面积分别为2237.32和1886.04万平方米,同比增长32.67%和31.7%,增幅分别提高39.7和39.51个百分点;商品房屋和商品住宅销售面积分别为2463.01和2148.65万平方米,同比增长15.04%和15.13%,增幅分别提高12.47和11.99个百分点;全区商品住宅销售平均价格为2668元/平方米,每平方米同比上涨16.08%,环比增长2.74%。

【房地产市场秩序专项整治】 重点查处了未取得房地产开发资质或超越资质等级、违反规定跨地区进行房地产开发经营的行为;未取得商品房预售许可证擅自预售商品房或超范围预售商品房行为和商品房预售网上售房、网上签约、预售合同网上联机备案情况以及未实行网上售房或一房多售、未按时上报项目手册或项目手册填报不实、多头设立房地产开发企业等行为;未取得房屋拆迁许可证擅自拆迁行为和"两个最低保障"、"拆一还一"产权调换以及货币补偿标准的执行情况;违规挪用物业专项维修资金、利用住宅专项维修资金从事国债回购、委托理财或者将购买的国债用于质押、抵押担保等违法违规行为;收取交存的住宅专项维修资金是否按幢设账、专户存储、核算到户,住宅专项维修资金使用是否符合规定,开发建设单位和物业服务企业代收代缴的住宅专项维修资金移交给当地房地产行政主管部门等情况。对违法违规的行为主体进行行了行政处罚。委托自治区物业管理协会对全区物业管理行业的基本情况进行调查统计,为一步制定自治区物业管理行业政策奠定了基础。继续开展了物业管理项目创优达标活动。

【房地产市场信息系统建设】 全区房地产市场信息系统在全国率先全面实现了自治区、盟市、旗县三级联网。"住宅与房地产网"、"商品房预销售网络管理系统"、"房屋权属网络登记发证系统"、"房地产企业资质管理系统"、"房地产企业信用档案系统"、"房地产企业项目手册管理系统"和"拆迁评估专家委员会网络化工作系统"等7个信息系统,依托"内蒙古自治区住宅与房地产网"这一平台,覆盖自治区、盟市、旗县三级管理部门及各类所有房地产企业。

【房地产交易与登记】 全区各级房地产行政主管部门不断改进管理方式,建立健全监督管理机制,加大房地产交易与登记工作一体化、数字化、网络化建设力度,依托全区"商品房预销售网络管理系统"、"房屋权属网络登记发证系统"实现房地产信息资源共享,增强社会服务功能。通过网上售房、商品房预销售网上签约、预销售合同网上联机备案和网上登记发证工作,不断提高管理水平,优化公共服务,方便群众办事。对申报房地产交易与权属登记规范化管理单位的赤峰市房屋交易产权管理中心、鄂温克族自治旗房产管理局、新巴尔虎右旗房产管理所、乌拉特前旗房屋产权交易中心进行了验收与认定,对申报房地产交易与权属登记规范化管理先进单位的巴彦淖尔市房屋产权交易中心、杭锦后旗房屋交易与权属登记中心进行了考核验收和推荐工作。严格按照住房和城乡建设部《关于房屋登记审核人员确认工作有关问题的通知》要求,坚持公开、公平、公正的原则,开展了房屋登记官确认工作。

【物业服务企业监管】 按照《建设部办公厅关于开展物业管理行业专题调研的通知》(建办住房函[2008]508号)要求,委托自治区物业管理协会对全区物业管理行业的基本情况进行调查统计,摸清了基本情况以及行业发展中存在的难点和疑点问题,形成《关于自治区物业管理工作情况的调研报告》。对各盟市的住宅专项维修资金管理部门进行检查和审计,下发《关于进一步加强住宅维修资金管理的通知》(内建房[2009]162号),明确规定追回被挪用的住宅专项维修资金的期限和加强管理的措施,加强住宅专项维修资金管理。继续开展实施物业管理项目创优达标活动。自治区组织考评验收组对各盟市上报的创优达标项目进行了实地验收。

【房屋拆迁管理】 加强自治区房屋拆迁管理工作，维护拆迁当事人的合法权益，贯彻落实《内蒙古自治区人民政府办公厅关于进一步做好城市房屋拆迁工作有关事宜的通知》（内政办发［2008］66号）精神，经自治区人民政府同意并下发《关于认真贯彻落实内政办发［2008］66号文件的通知》（内建房［2009］116号），对全面建立城市房屋拆迁住房保障制度等工作制定了更详细规定；下发《关于关于做好城市房屋拆迁管理工作积极开展"迎国庆、保稳定"信访百日攻坚活动的通知》（内建房［2009］312号），将解决问题、教育疏导和困难救助有机结合，进一步加强房屋拆迁的组织领导，落实工作责任，完善领导包案、干部下访等制度，努力化解矛盾，推动房屋拆迁信访积案化解工作扎实开展。

【房屋评估】 加强对全区房地产估价机构和注册房地产估价师执业行为的日常监管，规范全区房地产估价市场秩序，提高房地产估价行业执业水平。开展全区房地产估价市场秩序专项检查，重点检查了房地产估价报告执行《房地产估价规范》、《城市房屋拆迁估价指导意见》、《房地产抵押估价指导意见》等技术规范和标准的情况，实施房地产估价报告完成质量和估价报告网上备案，提高房地产估价机构和注册房地产估价师的执业水平，规范估价行为，将估价机构业绩、估价报告网上备案情况以及估价机构和估价师行为计入信用档案向社会公示。完成2009年全国房地产估价师执业资格考试工作，为注册到期的房地产估价师办理了续期注册和房地产估价师、房地产经纪人初始注册申报工作。

【住宅全装修推广】 加大住宅全装修推广力度，积极引导房地产开发企业向社会销售全装修的商品房，逐步淘汰毛坯房，提高全区住房质量和品质。第八届中国国际住宅产业博览会开幕之际，在北京市召开全区住宅全装修工作座谈会议，部署全区住宅全装修工作，实地考察北京市全装修项目，邀请自治区已经进行住宅全装修的房地产开发企业介绍经验，参观第八届中国国际住宅产业博览会组织的展览。

三、城乡规划

【概况】 2009年自治区建设厅按照国家和自治区"保增长、保民生、保稳定"的总体要求，积极稳妥推进城镇化进程，实施城乡统筹发展，加快"城中村"改造步伐，改造43个"城中村"，8万多人受惠，城镇化率达到53.4%，比上年度提高1.7个百分点。把城市供热与给排水列入民生工程，督促和指导各地加快专业规划的编制和建设工作，完成4个城镇的供热规划、2个城市的绿地系统规划和1个城市的排水规划的论证工作。

【规划编制论证】 全区开始实施规划评估报告工作，凡是对城市总体规划或开发区规划修编，都要编制《总体规划实施情况评估报告》。2009年，对呼和浩特市、赤峰市、乌海市、霍林郭勒市、锡林浩特市的城市总体规划（修编）、呼伦贝尔市域城镇体系规划（修编）、内蒙古呼伦贝尔经济开发区（修编）、鄂尔多斯市物流园区的总体规划等8个城市的总体规划、体系规划、自治区级开发区规划进行技术论证和评估。召开《呼包鄂城镇群规划》领导小组成员单位会议，进一步完善《呼包鄂城镇群规划》的编制工作。

【违规专项治理】 在赤峰市召开全区规划局长座谈会，传达天津会议（住房和城乡建设部、监察部对房地产开发中违规变更规划、调整容积率问题开展专项治理工作会议）主要精神，听取了各盟市开展情况汇报，对违规变更规划、调整容积率问题开展专项治理进行了部署，组织开展了专项治理工作。制定《内蒙古自治区城乡规划管理突出问题专项治理方案》，对12个盟市审批的2024个房地产开发项目进行了审查。发现擅自改变土地使用性质的3个，擅自调整容积率指标的10个。主要涉及房地产开发企业未经城乡规划主管部门许可，擅自改变土地性质，擅自更改规划、提高容积率，违法超建加建房地产开发项目。对涉及违规项目的企业进行了处罚，并补交土地出让金。

【选址意见书与城建档案管理】 制定《内蒙古自治区建设项目选址规划管理办法》，于2009年10月1日开始实行。办理建设项目选址批复188个，并在建设网上进行公布。结合自治区城建档案工作的实际情况，颁布实施了《内蒙古自治区城乡建设档案管理办法》。配合住房和城乡建设部办公厅开展了对自治区贯彻实施《城市地下管线工程档案管理办法》、《关于加强中小城市城乡建设档案工作的指导意见》有关情况的检查和调研。

四、建筑业

【建筑企业资质管理】 完成《关于全区建筑业改革与发展问题的调查和思考》专题报告，对实现全区建筑业的可持续发展提出了建设性意见。向住房和城乡建设部申报一级资质企业20家，共21项资质，全区一级以上企业上升到62家。二级企业上升到了275家，建筑业企业总数上升到了1500多家。企业资质的升级和队伍的扩大，增加了参与市场竞争能力。全年全区建筑业产值952亿元，其中在区外完成37.29亿元，实现建筑业增加值608亿元。组织实施建造师注册和建筑业企业工法的评选上报工作，注册一级建造师600余名，二级建造师1800余名，全区累计注册一、二级建造师分别达到了2500余名和12800余名。申报国家级工法30余项，其中3项获得批准。开展建设工程鲁班奖（国家优质工程）评选推荐工作，向国家推荐鲁班奖3项，全部获准通过。

【外进建筑企业管理】 加强对外进队伍的备案管理工作，按照自治区政府内政办［2008］4号文件的要求，办理区外队伍入区备案施工登记391家，办理企业延期备案245家。

【工程质量管理】 组织各地开展质量通病专项治理，对全区商品混凝土生产企业的专项质量进行检查，对83家预拌混凝土生产企业的混凝土强度及砂、石、外加剂、掺和料等原材料进行抽样检测。开展全区工程质量督查工作，检查工程48项，建筑面积457814平方米，下发整改通知书和执法建议书409份，及时纠正违反强制性标准的问题。配合住房和城乡建设部对呼和浩特和包头进行了工程质量执法检查，对存在问题进行督查整改。下发《关于进一步加强全区农村牧区自建房屋工程质量安全管理工作的通知》。完成了全区质监机构和人员的考核工作，实现了地区性工程质量网络化管理。开展《房屋建筑工程技术资料管理规程》（DB 15/427—2005）修订及宣贯工作，完善工程技术资格管理，制定《住宅工程质量分户验收管理办法》，开始全面推行住宅工程质量分户验收制度。

【工程造价管理】 针对国家和自治区取消工程造价管理部门定额测定费的情况，制定《内蒙古自治区新一届计价依据的编制实施方案和工作计划》，于2009年7月1日起执行。采用网上和集中授课方式，培训造价师、造价员约6000人次；约20000名从业人员通过不同方式参加了继续教育。实施对咨询企业进行年检，加强对企业的资质管理并使之制度化，规范工程造价管理咨询机构和从业人员的行为，工程造价咨询企业和从业人员管理工作进一步加强。配合新一届计价依据编制工作，对定额生成排版计算机软件和工程计价软件进行了升级，建立了数据库，展开了计价依据配套使用的新计价软件研发。

【招投标监督管理】 全区各级建设行政主管部门和有关管理机构，依法加强对工程交易活动监督，以工程建设招投标监管为重点，加强资格预审、评标、开标、中标等环节的监管。加大行政执法力度，严厉打击规避公开招标、相互串通、明招暗定、签订"阴阳合同"等虚假招标行为。加强对转包、资质挂靠、违法分包等行为的治理。根据群众的投诉和举报，会同监察部门对一些违法违规行为进行了查处。出台《自治区建设厅关于进一步整顿和规范首府地区建筑市场秩序的意见》，提出了加强建筑市场监管与服务、保障扩大内需建设项目质量和效益的措施。在部分盟市开展无标底招标试点工作，由过去的招标设有标底，改为只设上下栏标价，取消了对标底的设置、审查和对中标结果的审批，试点取得了较好成效。

【有形建筑市场建设】 多方筹措资金，加大投入，加快有形建筑市场硬件建设，自治区交易中心配置电脑自动随机抽取、自动语音通知系统和电脑监控系统，做到监督人员与评标专家及工作人员互相隔离，保证了评标工作的公平、公正；各盟市也进行了不同程度的资金投入和设备建设。同时，健全和完善有形建筑市场工作规则、办事程序和内部制度，在全区实行中标结果公示和备案制度，对行政执法人员进行法制培训、业务培训和廉政教育，提高执法水平，加强对有形建筑市场的指导和监督。全区有形建筑市场增强了建设工程交易活动的透明度，服务功能进一步完善。全区当年报建工程实行招投标建设工程3617项，其中，公开招标2661项，公开招标率98.9%，邀请招标956项，邀请招标率100%。

【建筑安全生产】 以安全生产宣传教育、安全生产执法、安全生产治理三项活动和加强安全生产法制体制机制、安全生产能力、安全生产监管队伍三项建设为主线，在全区建设系统扎实有效开展"安全生产年"活动，层层分解目标，逐级签订责任状，进行拉网式安全隐患排查和复查。在全区开展了建筑安全文明施工标准化管理，加大对建筑起重机械设备管理，制定下发《内蒙古自治区建筑起重机械备案登记实施细则》，淘汰一批过期和不符合安全要求的起重设备，对进入施工现场前的安全防护用品普遍进行安全检测。10月份在鄂尔多斯市召开全区建筑施工安全质量标准化现场会。加强建筑企业安全生产许可证的动态监管，开展创建安全文明工地活动，促进建筑安全生产和文明施工。全区房屋建筑和市政工程未发生较大以上人员伤亡事故。

【勘察设计】 进一步加强超限高层建筑工程抗震设防管理，提高超限高层建筑工程抗震设防的安全性和可靠性，出台《内蒙古自治区超限高层建筑工程界定暂行规定》，在制度化建设方面迈出重要步伐。开展《建筑抗震鉴定标准》和《建筑抗震加固技术规程》培训，为校舍工程鉴定、检测和加固设计培训了技术骨干。编制《内蒙古自治区中小学校舍安全工程新建改扩建与加固技术导则》，为校舍建筑的新建、改扩建和加固提供政策、技术和管理指导。

【建设保障费与工资保障金管理】《内蒙古自治区建设工程筹集管理工作考核办法》、《关于实行建设工程社会保障费管理手册制度》、《建筑劳务分包企业建设工程社保费划拨调剂细则》、《建设工程社会保障费管理机构会计核算办法》和《建设工程社会保障费管理机构内部审计办法》相继印发实施，覆盖范围逐步扩大，全年参保人数达9.46万人。筹集收缴额继续增长，资金的收缴、使用、管理和划拨、调剂环节步入制度化轨道，公开、公正、透明的调剂模式基本建立。全区全年共收缴建设工程社会保障费8.79亿元，完成年度收缴目标的125.6%，收缴率达到96%，比2008年同期提高了2个百分点。全区共收缴农民工工资保障金32100万元，动用保障金197万元，为360多名农牧民工解决了工资拖欠问题，返还保障金11900万元。

【建设职业技能培训】 继续推进建筑业农民工技能培训示范工程，全区建设行业完成培训城乡劳动者5.3万多人，实现就业4.6万人以上，扶持创办建筑劳务企业197家，培育评选"促进就业示范企业"30个。提请自治区人民政府出台《农民工自治区人民政府办公厅关于大力发展建筑劳务分包企业促进农牧民劳动力转移并实现稳定就业的通知》，明确扶持发展劳务企业的优惠政策。与自治区劳动保障厅、扶贫办、财政厅联合印发《建设行业就业培训工作方案》，拟定《内蒙古自治区建设行业就业培训工作项目实施细则》，组织就业培训实施企业和培训机构申报认定工作。

五、城市建设

2009年，全区共完成城镇市政公用基础设施固定资产投资300亿元，同比增长8%。

【城镇供热】 自治区将城镇供热工作列入了全区2009年"十大重点民生工程"。全区旗县以上驻地城镇供热普及率达到45%左右，逐步形成了以热电厂和区域锅炉房为主，其他供热为辅的供热形式。全区共有规模以上供热企业、单位830多家，其中56家国有企业单位(27家热电企业)，其余为股份制或民营企业。组成联合调研组对部分盟市进行了调研，代自治区政府起草并下发《内蒙古自治区人民政府关于加强城镇供热工作的意见》，从城镇供热设施建设的指导原则、总体目标、热源结构优化、资金筹集、机制创新、政策优惠、计量改革和城镇低收入困难群体的供热补贴机制等加强供热行业监管诸多方面提出具体的政策措施，贯彻落实住房和城乡建设部"北方采暖地区既有建筑供热计量及节能工作现场会"精神，完成了《内蒙古自治区城镇供热管理条例》的起草工作。

【供热计量改革】 认真贯彻住房和城乡建设部"北方采暖地区既有建筑供热计量及节能工作现场会"精神，下发《内蒙古自治区关于可再生能源建筑应用示范项目实施供热计量收费制度的通知》和《关于加强全区供热计量改革工作的通知》，供热计量改革工作全面推进，新建、改扩建的居住建筑、实施既有建筑节能改造的项目开始实施供热计量收费，实行分室控制、分户计量收费，城镇低收入困难群众供热补贴机制逐步完善。

【城镇污水处理】 加强城镇污水处理设施建设与运行监管工作。按照国家减排工作总体要求和自治区"十一五"期末所有设市城市和旗县所在地城镇都要建有污水处理厂的建设任务，代自治区人民政府起草下发《关于进一步推进城镇污水处理设施建设的意见》，从污水处理设施建设工程进度、投融资渠道、优惠政策、工艺方案、改革城镇污水处理设施建设和运营的运行机制和管理体制、运行监管等方面提出了具体要求和政策措施，加强了全区城镇污水处理信息平台管理，较好地保证了在建污水处理设施建设进度和已建成污水处理设施的正常运行。全区通过自治区融资平台(内蒙古日信担保投资(集团)有限公司)共向国家开发银行提出城镇污水处理设施贷款项目109项，申请开行贷款49.3亿元。截至2009年底，全区共有52个城市建成污水处理厂63座，形成污水设计处理能力209.6万吨/日，全区在建污水处理厂33座，建设总规模为污水处理能力46.2万吨/日、污水管网1153公里。对以松花江流域为重点的部分地区的城镇污水处理及其配套设施的建设、运行情况多次进行督察，并在呼和浩特市召开专题会议研究解决。

【城镇垃圾处理】 建立了城镇垃圾处理项目信

息平台,在呼和浩特市开展城镇垃圾处理信息系统使用集中培训,进一步加强信息系统填报的指导和技术支持,提高了各盟市、旗县垃圾处理主管部门、重点城市(填)报责任人的操作水平,全区城市垃圾处理主管部门有关人员及各污水处理厂负责人参加了培训。截至2009年底,全区共有11个城市建成垃圾处理厂14座,总处理能力达到7119吨/日,在建垃圾无害化处理厂36座。

【城镇供水、排水】 组织全区设市城市和旗县所在地镇进行2009~2012年城镇供水水质保障和设施改造的规划项目申报工作,共筛选并上报规划项目324个,总投资估算126.07亿元。其中设市城市规划项目107个,投资估算66.35亿元,旗县规划项目217个,投资估算59.72亿元;供水厂改造项目79个,投资估算11.10亿元,设市城市规划项目31个,投资估算5.25亿元,旗县规划项目48个,投资估算5.85亿元;管网改造项目88个,改造管网总长度4767公里,投资估算33.19亿元,设市城市规划项目25个,投资估算15.35亿元,旗县规划项目63个,投资估算17.83亿元;供水监测能力建设项目75个,投资估算3.032亿元,设市城市规划项目25个,投资估算1.271亿元,旗县规划项目50个,投资估算1.761亿元;新扩建供水项目82个,投资估算51.46亿元,设市城市规划项目26个,投资估算33.03亿元,旗县规划项目56个,投资估算18.43亿元。

【水质水源监测】 组织呼和浩特市水质监测中心等有关水质监测单位,对全区所有设市城市和旗县所在地镇的城镇供水水质和水质检测能力进行了普查。普查结果表明,除呼和浩特、包头、赤峰等几个较大的城市基本具备国家要求的水质检测能力外,其他城市供水部门自身的水质检测能力普遍较差,特别是大部分旗县的供水部门,几乎不具备自身水质检测能力,城镇供水安全存在很大隐患,大部分地区城镇供水没有完全达到国家要求的生活饮用水卫生标准。

【园林城市创建】 进一步加强对全区城市园林绿化工作的指导和检查,各地把城市绿地保护和建设作为城市建设工作的重点,从城市园林绿化规划、建设管理、法制建设、创建园林城市、节约型园林绿化建设等方面,加大了建设和管理工作力度,城市绿化水平明显提高。包头市通过了国家园林城市复查,呼和浩特市、通辽市加强了国家级园林城市的创建工作,城市生态环境进一步改善。

【道路畅通工程】 以实施城市道路"畅通工程"工作为中心,与自治区公安厅共同加大了城市环境综合整治工作力度,全区各地对城市脏乱差的治理力度明显加大,对非法占用城市道路等市政公共设施行为得到有效控制。呼和浩特、包头、赤峰、通辽、鄂尔多斯等城市的道路建设步伐明显加快,城市交通、市容市貌明显改善。

【风景名胜区建设】 组织有关人员对扎兰屯风景名胜区的景区机构设置和职能情况、总体规划编制和实施情况、拆除违章建设情况、风景名胜区监管信息系统建设及标志、标牌设置情况进行了综合整治检查,协调有关部门进一步加快了景区信息系统的建设工作。景区管理机构由原来市建设局下设的风景名胜区管理处(副科级)升格为风景名胜区管理委员会(副处级)。

【城市安全生产和防汛】 全区城市建设系统的安全生产和防汛工作,全面落实以行政首长负责制为核心的安全生产和防汛救灾责任制,对部分城市的安全生产工作和防汛工作进行了检查。各地全部制定和完善了安全生产责任制和城市防汛应急预案,特别是切实加强了汛期城市排水设施的安全保障工作、防汛抢险队伍建设和物资保障工作,建立并严格执行汛期重点地区、重点市政公用基础设施的巡查制度,对全区建设系统的防汛工作进行了检查,及时清除各种安全隐患,确保了汛期城市市政基础设施的正常运行。对赤峰市发生的供水污染事件积极进行了跟踪处理,及时向住房和城乡建设部报送了相关信息。

【支援大邑县灾后恢复重建工作】 2009年3月内蒙古自治区人民政府与大邑县人民政府签署了《内蒙古自治区支援大邑县灾后重建协议书》,自治区支援大邑县灾后重建6个涉及民生和公益事业方面的项目,总投资40085万元,其中内蒙古援建30000万元。

六、村镇建设

【小城镇建设工作】 组织小城镇建设办公室成员单位完成全区小城镇建设调研工作和2009年度小城镇规划编制和工程设计奖的评选工作。完成了全国重点镇建设发展情况调查和年度小城镇建设奖励申报工作。根据《内蒙古党委、政府关于进一步推进农村牧区改革发展的实施意见》,完成《关于进一步改善农村牧区人居环境的指导意见》的调研起草和下发工作。对村镇建设管理人员进行培训,征集全国村庄整治优秀案例,组织有关单位和专家完成对《镇、乡和村庄规划编制办法(征求意见稿)》的修改。根据住房和城乡建设部的要求，完成了锡林郭勒盟太仆寺旗千斤沟镇、赤峰市松山区初头朗镇和老府镇小河沿村工程项目带动村镇规划一体化实施试点工作调研和数据库建设。

【农村牧区危房改造工程】 结合国家下达的年度危房改造计划，编制下发《内蒙古自治区农村牧区危房改造试点实施方案》、《内蒙古自治区农村牧区危房改造工程项目管理办法》、《内蒙古自治区农村牧区危房改造规划（2009年～2011年）》和《内蒙古自治区扩大农村牧区危房改造试点工程计划（2009～2010）》。对危房进行了排查和认定，确定农村牧区危房家庭户数572210户，危房总面积4189万平方米，与发改委、财政厅联合提出了具体贯彻实施意见并部署工作，指导各地按国家要求建立农村牧区危房改造试点农户档案管理信息系统。在国家对每户补助改造资金5000元的同时自治区本级财政安排资金1.45亿元，平均每户补助3888元，盟市旗县财政分别安排资金1.09亿元，平均每户安排2916元。会同自治区有关部门下达37400户（其中建筑节能示范户3500户）农村危房改造任务分解计划。

【游牧民定居工程】 制定《内蒙古自治区游牧民定居工程实施工作初步方案》，完成中央下达自治区的4000户建设任务，项目总投资1.73亿元，其中中央预算内资金安排1亿元，自治区配套0.4亿元，群众自筹0.33亿元。改善了约4000户居住在简陋蒙古包、土坯房、茅草房和没有自住房的牧民的生活环境。

【特色景观旅游名镇（村）、历史文化名镇申报】 与自治区旅游局共同组织开展全国特色景观旅游名镇（村）的申报和初评工作。经住房和城乡建设部、国家旅游局审定批准锡林郭勒盟多伦县多伦淖尔镇、赤峰市巴林左旗林东镇、克什克腾旗同兴镇和鄂尔多斯市伊金霍洛旗伊金霍洛镇等4个镇为全国特色景观旅游名镇。与自治区文物局共同组织了第五批中国历史文化名镇名村申报工作，向国家申报通辽市开鲁县开鲁镇参加中国历史文化名镇评选活动。

七、建筑节能与科技

【既有建筑节能改造】 自治区政府成立了建筑节能领导小组，把既有居住建筑节能改造工作列入"民生工程"和"为民办实事十大工程"，组织编写《内蒙古自治区居住建筑节能设计标准（DBJ 03—35—2008）》《内蒙古自治区公共建筑节能设计标准》（DBJ 03—27—2007），出台《内蒙古自治区人民政府关于大力开展节能工作的意见》。设计执行节能标准的比例达到100%，建筑施工执行节能标准的比例达到95%以上，严格执行了建筑节能50%的设计标准和新建居住建筑节能65%的设计标准。全年完成既有居住建筑节能改造515万平方米，同时向国家申报增加600万平方米既有建筑节能改造任务，安排了2.24亿元配套资金。部署了农村牧区危房改造试点建筑节能示范工作，各地成立农房建筑节能技术指导小组，组织编制《内蒙古地区农牧民住房节能改造技术方案（试行）》，积极开展本地区农房建筑节能示范的指导、检查、培训、推广普及和总结工作。

【可再生能源建筑应用】 赤峰市被列为可再生能源建筑应用示范城市，锡林郭勒盟太仆寺旗、乌兰察布市察右后旗、兴安盟阿尔山市可再生能源建筑应用示范市县，获得国家专项补贴共计12250万元。已有10个项目完工，其中5个示范项目完成检测工作，其余11个项目正在建筑主体施工和可再生能源建筑应用施工图设计。示范项目覆盖地域广，项目分布在7个盟市10个县；技术类型全面，太阳能热水、采暖和照明，水源、土壤源、污水源热泵，温泉余热利用、生物质能等综合利用技术及项目管理规范、资金管理严格。

【太阳能利用】 在建筑中广泛推广应用自治区丰富的太阳能资源，要求全区所有居住建筑必须设计太阳能应用，把太阳能热水作为新建建筑设计的组成部分，与建筑同步设计、同步施工、同步验收。呼和浩特市保全庄农贸市场光电建筑一体化等9个项目成为国家太阳能光电建筑一体化应用示范项目，累计示范10.628兆峰瓦，获得国家补助资金14340万元。

【办公建筑和大型公共建筑节能】 组织开展国家机关办公建筑和大型公共建筑节能监管体系建设，自治区建设厅、自治区机关事务管理局、财政厅、教育厅、发改委等部门组成自治区机关办公建筑、大型公共建筑和节约型校园建筑能耗监管体系建设及建筑能耗统计工作领导小组，办公室设在自治区建设厅。确定深圳市建筑科学研究院为内蒙古自治区大型公建节能监管体系建设的技术支撑单位，组织举办了培训会，将公共机构节能工作列入重点工作内容。自治区机关办公建筑能耗普查和统计工作已基本完成。在全区范围内广泛开展"节约型"校园建设，创建节约校园、绿色校园工程，由自治区建设厅、财政厅、教育厅联合制定《内蒙自治区高等学校节约型校园实施方案》，实施了自治区监测平台总台基础设施建设和自治区高等学校节约型校园能耗监测网络平台建设。

【能耗监管体系建设】 确定建筑能耗统计与审计对象，对自治区直属机关16栋政府办公建筑和呼和浩特市两所学校15栋建筑以及其他类型的30栋建筑进行了节能审计。启动了自治区建筑能耗监测平台建设工作，落实了自治区能耗监测数据中心建设场地，落实中央补助资金2982万元和自治区拨付550万元。各实施单位按照1∶1落实配套资金550万元。共落实配套资金930万元。自治区机关办公建筑和大型公共建筑和节约型校园资金总投入1300多万元。建立建筑能效测评总站机构，共配置工作人员40人。其中，教授级高工2人，高工9人。建立了建筑节能围护结构、暖通空调、可再生能源、检测评估、绿色生态建筑等五个实验室，完成了近30项建筑能效测评检验和评估工作。

【新材料与新技术示范推广应用】 组成可再生能源建筑应用示范项目管理办公室，组建可再生能源建筑应用专家委员会和绿色建筑专家委员会。全年完成推广登记项目290项，其中，保温隔热材料61项，供热计量装置11项，墙体材料12项，门窗材料8项，电线电缆39项，建筑结构体系2项，其他产品86项。编制印发《内蒙古建设工程新材料产品登记推广目录》。

【监管体系建设】 加强对示范项目的监督管理，各级均设立可再生能源应用项目管理专门机构。自治区成立由财政厅、建设厅组成的可再生能源建筑应用示范项目管理办公室，组建了自治区可再生能源建筑应用专家委员会，成立太阳能光电和可再生能源建筑应用两个专家组，并成立全区绿色建筑专家委员会，对全区可再生能源建筑应用示范项目跟踪指导和监管验收。各盟市建设、财政部门也参照成立了项目管理办公室。严格监管建筑节能工作实施全过程，严格执行"建设工程节能备案制度"、"开工许可制度"、"新产品（新技术）登记制度"、"竣工验收制度"、"节能建筑公示制度"等制度，确保建筑节能标准落到实处。对示范项目采用的设备和材料进行采购招标，对承担可再生能源示范项目的设计、施工、监理、检测和验收单位的资质进行严格审核认定。

【新技术示范推广应用】 太阳能等可再生能源在全区建筑中的应用示范工作的推进，为探索解决农村、牧区、林区等缺少供暖条件建筑的供暖、制冷和照明的新途径，为全区大面积的规模化推广应用奠定了基础。自治区太阳能、地热能、水能、温泉余热及污水源等多种类型的可再生能源在建筑应用示范的经验，为国家和自治区探索在北方严寒寒冷地区建筑利用可再生能源采暖、制冷和照明替代常规能源提供了借鉴依据。自治区可再生能源建筑应用示范推广工作的规模化应用示范，带动了全区太阳能、地源热泵等相关产业技术的快速发展。随着全区可再生能源建筑应用示范工作的推进，太阳能设备产业不断壮大，现已建立5个大型太阳能光电产品生产基地和1个可再生能源地源热泵产业化生产基地。太阳能、地源热泵等在自治区建筑中的综合开发利用，为国家和自治区制定完善可再生能源建筑应用政策法规、技术标准和技术规范提供了参考依据。

大 事 记

2月18、19日，自治区建设厅在呼和浩特市召开全区建设工作会议。

4月21日，全区房地产市场信息网络系统在全国率先实现自治区、盟市、旗县三级联网。

5月5～8日，自治区建设厅在呼和浩特市召开全区污水处理设施暨廉租住房建设项目申办国家开发银行贷款座谈会议。

7月15日，自治区建设厅印发《内蒙古自治区房地产企业信用档案建立维护管理办法》（试行）。

8月28日，自治区建设厅在呼和浩特市召开全区住房保障工作会议。

9月3日，住房和城乡建设部在呼和浩特市新城宾馆组织召开全国城市国有工矿棚户区改造工作座谈会与城市和国有工矿棚户区改造政策调研会。

9月3日，自治区建设厅印发《内蒙古自治区建设项目选址规划管理办法》和《内蒙古自治区建设项目选址研究报告编制导则》。

9月9日，自治区建设厅会同自治区发展和改革委员会、自治区财政厅印发《内蒙古自治区2009～2011年廉租住房保障规划》。

10月12日，自治区建设厅会同自治区发展改革委员会、财政厅、劳动厅、国土资源厅、科技厅、公安厅、地税局联合印发《内蒙古自治区优先发展城市公共交通的实施意见》。

10月13日，自治区建设厅印发《内蒙古自治区建设工程社会保障费筹集管理机构会计核算办法》。

10月16日，自治区建设厅召开全区建筑施工安全质量标准化现场会。

（内蒙古住房和城乡建设厅）

辽 宁 省

概 述

2009年，辽宁省建筑业增加值980.7亿元，按可比价格计算，比上年增长25.6%。具有建筑业资质等级的总承包和专业承包建筑企业共签订工程合同额4893.2亿元，比上年增长23.4%；实际施工的房屋建筑面积19652.5万平方米，增长34.5%；上缴税金133.5亿元，增长18.4%；实现利润104.6亿元，增长18.6%；全员劳动生产率176307元/人（按建筑业总产值计算），增长14.9%。房地产和建筑业增加值占全省GDP的比重超过十分之一；房地产开发、城建和村镇建设投资占全省固定资产投资比重超过四分之一；房地产和建筑业上缴税金占全省地税收入比重超过三分之一，占全省财政收入比重超过四分之一。

一、住房保障

认真实施全省住房保障三年规划，全年新增廉租住房实物配租5.98万户，发放租赁补贴3.92万户，廉租住房保障户数累计达到20.57万户；新增经济适用住房保障6.41万户，均超额完成年初《政府工作报告》确定的20万户和6万户目标。鞍山市将保障性住房建设与棚户区改造等有机结合，并创新保障方式，使不同层次困难家庭住有所居。营口市在廉租住房分配中确保公平、公开、公正，群众满意率100%，中央主要媒体多次予以报道。

二、住房公积金

【概况】 住房公积金异地贷款业务由中部8个城市扩展到全省14个市。全年归集住房公积金289.6亿元，同比增长23.4%；发放住房公积金个人贷款202.8亿元，同比增长109.5%；11.2万户家庭利用住房公积金贷款购置住房。沈阳、大连、朝阳、葫芦岛等市创新服务和监管模式，取得良好效果。

【省内公积金实现全省通用】 辽宁省14个城市共同签订了《住房公积金异地贷款合作协议》，根据协议，辽宁省内14个城市的居民通过公积金贷款可以实现在省内异地购房。申请异地住房公积金的贷款人，必须是在住房公积金缴存地住房公积金管理中心正常缴存住房公积金的职工。正常缴存住房公积金的职工如果选择异地购房，可以向购房所在地的住房公积金管理中心申请异地贷款，并执行当地住房公积金异地贷款政策；购房所在地的住房公积金管理中心负责贷款申请审核并办理抵押等担保手续。

三、住宅与房地产业

2009年，通过政策引导、优化环境、搭建销售平台等多种措施，使房地产业继续保持平稳健康发展态势。全年房地产开发投资2640.6亿元，比上年增长28.1%。其中，住宅投资1932.9亿元，增长22.4%；商业营业用房投资433.1亿元，增长44.1%。房屋施工面积18575.5万平方米，比上年增长24.6%；房屋竣工面积4037.3万平方米，增长5.5%。商品房销售持续活跃，商品房销售面积5375.1万平方米，比上年增长31.4%，其中，现房销售面积2065万平方米，增长21.4%；商品房销售额2168.3亿元，增长41.0%，其中，现房销售额755.8亿元，增长34.6%。超额完成年初《政府工作报告》确定的开发投资达到2400亿元、销售额增长15%目标。开工建设工业标准厂房2050万平方米，县城房地产开发面积达到1020万平方米，也均超额完成年初目标。沈阳、大连市场趋于稳定，鞍山、营口持续火热，抚顺、铁岭、葫芦岛异军突起。辽宁省房地产开发投资规模居全国第3位，销售面积居全国第6位，房价涨幅居全国第29位，已成为全国最好的房地产市场之一。

四、建筑业

【概况】 2009年，辽宁省建筑业发展实现新突破，出现高增长态势。全年完成建筑业总产值3372亿元，同比增长34.4%；增速同比上升15.1个百分点，居全国第3位，增幅在东部沿海省份中位居第一，总产值位于全国第9，比2008年上升1个位次。

实现增加值980.7亿元，同比增长22.7%，占全省GDP的比重达到6.5%。2009年初，提出用6年时间打造建筑业强省，并制订了2014年底要达到的具体目标：全省全社会建筑业年总产值突破1万亿元，建筑业增加值达到3000亿元，迈入全国前5名。为实现上述目标，辽宁省在财政税收、人才培养、企业科技创新、企业融资等方面出台了一系列政策措施对建筑业予以特殊扶持。

全省初步形成了以沈阳、大连为龙头，鞍山为建筑强市，抚顺、本溪、丹东、锦州、营口为建筑大市，再加上其他几个城市，形成了四个梯队格局，建筑企业数量明显增加，"引进"和"走出去"两大战略取得明显成效。冬季施工全面推进，树立了"辽宁建设无冬天"的新形象。全省建筑业企业数量达到5528家，较2008年6月增加了近200家。其中，特级企业9家，一级企业326家，二级企业1045家，基本形成了梯次合理、专业门类较为齐全的企业结构。建筑业企业实力明显增强，涌现出沈阳远大企业集团、中国三冶集团等一批具有较强竞争力和广泛影响力的龙头企业、骨干企业，外埠施工企业在辽宁省已成立子公司62家，其中特级企业25家、一级企业37家。2009年前5个月，外埠施工企业为辽宁省创造产值62.7亿元，占全省建筑业总产值的8.3%。

【沈阳成立国内首个"现代建筑产业园区"】
2009年4月19日，省会沈阳市在铁西区成立了国内首个现代化、生态型的现代建筑产业园区。该产业园地处沈阳西部工业走廊，规划面积50平方公里，分三期实施，一期启动区为12平方公里，园区规划有现代建筑机电产业、现代建筑机械及建材装备产业、现代建筑金属结构产业、现代建筑墙体四大产业。该园区将建设成为国家现代建筑产业的示范区，到2020年，园区面积将发展到50平方公里，产值达到5000亿元。现代建筑产业园区将面向国内、国际两个市场，以建筑工程机械及建材装备制造业、建材产品和建筑产品制造加工业为主业，实施龙头企业带动、科技支撑、商贸推动和建筑产业、建筑工程业及房地产业联动"四大战略"，走绿色发展、集群发展、创新发展道路。

【投资力度加大】 全省施工计划总投资亿元以上建设项目由上年的1831个增加到2332个，完成投资5038.4亿元，比上年增长19.9%。其中，新开工亿元以上项目由上年的832个增加到1064个，完成投资2114.5亿元，增长73.3%。纳入全省400项重点基础设施、高技术、工业结构调整和服务业建设项目，完成投资1856亿元。其中，投资在20亿元以上的主要工程项目有鞍钢鲅鱼圈新厂、红沿河核电、英特尔F68厂工程、盘锦华锦乙烯扩建和常减压蒸工程、中油辽河油气田开发工程、东北特钢大连基地环保项目、华能营口热电厂新建项目、大连中石油国际储备库项目、大连中远造船工业项目、大唐国际锦州热电厂建设项目等。

【工程质量和安全】 全面加强工程质量监管，工程竣工验收合格率达到100%，全年未发生较大以上质量事故，工程质量通病得到较好治理。2项工程获鲁班奖。沈阳、大连、大石桥市受到国家执法检查组通报表扬。辽宁省在全国工程质量监督工作会议上介绍了经验。通过严格监管，建设系统安全生产形势平稳向好，杜绝了较大以上生产安全事故，有效防范和控制了一般事故。全省房屋建筑和市政基础设施工程发生生产安全事故35起、死亡38人，同比分别下降16.7%和24%。本溪、阜新、辽阳、铁岭、葫芦岛5个市实现零死亡。

【安全员措施】 为及时了解和掌握建筑施工企业安全生产工作情况，交流安全生产工作经验，研究分析建筑施工企业安全生产中遇到的问题，促进全省建筑安全生产形势稳定好转，在省内注册的总承包特级、一级建筑施工企业和外埠入辽施工企业均要设立安全生产联络员。安全员负责收集、整理、传递本企业安全生产重要信息；分析企业安全生产形势，及时反馈本企业安全生产动态；提出改进本企业、本市或本省建筑安全生产监管工作的意见、建议；按时参加安全生产联络员会议，向企业汇报联络员会议精神，提出贯彻落实的建议、措施。

【造价管理】 2009年，辽宁省工程造价系统紧紧围绕省建设厅的中心工作，认真贯彻执行国家新规范，全面推行《辽宁省建设工程计价依据》；积极配合省委、省政府"辽宁建设无冬天"的经济战略，修编了《辽宁省建设工程冬期施工定额》，为辽宁省冬期施工结算的顺利进行提供了依据；修编《辽宁省房屋修缮计价定额》，解决辽宁省房屋修缮工程计价依据滞后而影响工程结算的问题；充分发挥工程造价机构监督管理和公共服务职能，进一步完善工程造价信息发布制度。

【评选公布辽宁省优秀勘察设计院院长名单】
为推动辽宁省工程勘察设计行业的繁荣和发展，激发工程勘察设计企业管理者的责任心和荣誉感，进一步提高辽宁省工程勘察设计水平，组织辽宁省优秀勘察设计院院长评选工作。最终评选中国建筑东北设计研究院有限公司冯晓明等39人为辽宁省优秀勘察设计院院长。

【评选公布辽宁省优秀青年建筑师名单】 为繁荣辽宁省建筑创作,培养优秀建筑设计人才,激励优秀青年建筑师进步创新,推动辽宁省建筑设计行业的发展,组织了辽宁省优秀青年建筑师评选工作。最终评选出中国建筑东北设计研究院有限公司陈志新等20人为辽宁省优秀青年建筑师。

五、城市建设

【概况】 城市市政公用基础设施建设投资达到590亿元,同比增长40%;村镇建设投资达到190亿元,同比增长16%。新建成垃圾处理场9座,新修城市道路1837公里、城市轻轨36公里,新建和改造供水管网2580公里、排水管网5277公里、燃气管网763公里、供热管网475公里,城市功能更加完善。昌图、桓仁、清原、喀左等一批县城,锦州沟帮子、大连后石村等一大批镇村建设改造也取得显著成绩。

【绿化和水系】 城市建成区植树造林1146万株,新建绿地2011公顷,其中公园绿地1093公顷。城市规划区综合整治河道119.2公里,净化美化水面59.7平方公里,新增水面1604.5公顷。铁岭、开原、桓仁被命名为国家园林城市(县城),营口、盘锦被命名为省级园林城市(县城),铁岭莲花湖湿地公园成为辽宁省首个国家城市湿地公园。全省国家园林城市(县城)达到7个,省级园林城市(县城)达到13个。丹东大孤山、盘锦田台庄镇申报国家级历史文化名镇,盘锦王家镇被命名为"全国特色景观旅游名镇"。村庄整治覆盖面已超过20%,沈阳方巾牛、大连鲍鱼岛、鞍山雷屯等6个村被确定为"全国村庄整治优秀案例"。全省城容村貌日新月异,人居环境质量进一步提升。

【城市建设步伐加快】 城市用水普及率由上年的96.89%提高到97.95%;供气普及率由上年的92.38%提高到92.69%;城市人均拥有道路面积由上年的9.95平方米增加到9.98平方米;人均公园绿地面积由上年的9.37平方米增加到9.67平方米;建成区绿化覆盖率由上年的38.06%提高到38.71%;污水处理率由上年的59.01%提高到60%;生活垃圾无害化处理率由上年的59.78%提高到59.89%。

【供暖】 及早动手抓储煤、收费和设备"三修",足额建立供暖专项调节资金。继续推进集中供热,拆除小锅炉328台。各市全部按时开栓供暖,面对严寒天气,保证了群众温暖过冬。铁岭市建立了供暖服务中心,葫芦岛市建立了覆盖全部供暖企业的远程数据视频监控系统。

六、建筑节能

【概况】 新建建筑设计阶段节能标准执行率达到100%,施工阶段达到98%以上,居全国领先水平。完成热泵技术应用面积1458万平方米,太阳能技术建筑应用面积482万平方米,既有居住建筑供热计量和节能改造756万平方米,均超额完成年初计划。沈阳市地源热泵应用面积居全国首位,大连、抚顺、本溪、盘锦等市可再生能源建筑应用工作也取得较好成效。

【为建筑节能出谋划策】 "2009年辽宁省暨沈阳市暖通空调专业委员会学术交流年会"在沈阳召开。此次会议由辽宁省建筑学会暖通空调专业委员会和沈阳市建筑学会采暖通风学术委员会主办,会议聚集了来自省内暖通空调行业的学术权威和知名中央空调生产厂家的代表。参会人员针对东北地区城镇建筑节能的问题进行了深入的探讨与交流。

(辽宁省住房和城乡建设厅)

吉 林 省

一、住房保障

【概况】 2009年省政府高度重视保障性安居工程,在全国率先启动了以城市棚户区、煤矿棚户区、林业棚户区、农村泥草房改造和廉租住房建设为主要内容的"五路安居"工程。各地政府和省直相关部门克服困难,合力攻坚,使全省保障性安居工作取得了显著成效,超额完成了各项目标任务。全年"五路安居"工程开工建设面积2949.50万平方米,总投资316.84亿元,使77.79万户、260万人受益。其中廉租住房开工建设9万户、面积394.77万平方米,租赁补贴发放33万户;城市棚户区(危旧房)改造拆迁10.66万户、692.94万平方米;煤矿棚户区改造开工建设面积229.17万平方米,3.81万户;农村泥草房改造开工建设面积 1527.20 万平方米，20 万户（农村危房改造试点开工建设面积 57.6 万平方米、9600 户）；林业棚户区改造开工建设面积 203.15 万平方米。通过实施"五路安居"工程，全省近十分之一人口的住房条件得到有效改善，初步建立了覆盖城乡的住房保障体系。

【加强组织领导】 省政府把保障性安居工程列入重点工作目标责任制，成立了省保障性安居工程领导小组，下设省安居办公室和三个推进组。省安居办充分发挥统筹协调作用，制订规划，开展检查验收，及时研究解决工作中遇到的问题。省建设、发改委、林业三个推进组牵头部门加大工作力度，认真履行职责；省财政、国土、民政、审计、监察、高法、税务、金融等部门密切配合，大力支持。各级地方政府及主管部门齐抓共管，团结一致抓落实。2009 年，国务院召开三次全国保障性安居工程工作会议，吉林省是全国惟一一个在三次会议上都作典型发言的省份，得到了李克强副总理及住房城乡建设部的充分肯定。

【完善制度保障】 出台了《吉林省城镇低收入住房困难家庭廉租住房保障办法》、《吉林省农村泥草房改造资金管理办法》、《关于国有林区棚户区改造实施意见》、《吉林省低收入家庭认定办法》、《关于为保障性安居工程提供司法保障和法律服务的指导意见》等 20 余部指导性、操作性强的政策文件，对项目管理、工程质量、房屋拆迁、土地供应、税费减免、资金使用、住房保障、档案建立等多方面工作进行规范。各地也出台了相应的配套政策，全省形成了健全完善、覆盖城乡的政策体系，有效破解了廉租住房建设、各类棚户区改造和农村泥草房改造中的难题，为"五路安居"顺利推进提供了强有力的政策支撑。

【拓宽融资渠道】 省发改委、财政、建设、林业等部门密切配合，争取国家补助资金 33.94 亿元；省政府克服财政压力，落实补助资金 24.4 亿元；各地通过采取减免各项行政事业收费与经营服务收费等措施，有效降低工程建设成本；在省投资集团、交通银行、开发银行等落实金融贷款 46 亿元，其中城市棚户区（危旧房）改造和廉租住房建设落实贷款 30 亿元，煤矿棚户区改造落实贷款 11 亿元，农村泥草房改造落实贷款 5 亿元；鼓励和引导开发企业、项目法人单位和居民个人出资。

【创新工作模式】 创造性地实施廉租住房按份共有产权，减轻了地方政府配套资金不足的压力，扩大了住房保障覆盖面，增加了保障对象财产性收入，为破解退出难和建后管理等问题开辟了新途径；率先在全国实施棚户区改造解决廉租住房，有效解决了棚户区低收入住房困难家庭的住房问题，让更多的住房困难群体得到实惠；农村泥草房改造探索出"泥草房和新式农居双推进"的新途径；林业棚户区改造探索出林场搬迁整合与生态还林相结合的新模式。

【深入宣传引导】 为全面做好宣传报道工作，省安居办会同省委宣传部下发了《关于印发全省保障性安居工程宣传方案的通知》，并由省政府新闻办主持召开新闻发布会，中央电视台、吉林卫视、香港凤凰卫视、吉林日报、中国建设报等 12 家新闻媒体两次深入到各市县，对"五路安居"工程进行实地采访和连续宣传报道。吉林日报开辟专栏，吉林电视台进行连续播报，2009 年 10 月 26 日，中央电视台《新闻联播》头条新闻以廉租住房"按份共有产权"和"棚改解决廉租住房"两项创新为重点，对吉林省"五路安居"工作进行了专题报道，给予了充分肯定和高度评价。

二、住房公积金

【概况】 2009 年，通过贯彻落实国务院《住房公积金管理条例》和国家有关政策、法规，认真履行行政监督职责，提高监管服务水平，促进了全省住房公积金事业发展。截至 2009 年末，全省累计归集住房公积金 493 亿元，归集余额达到 309 亿元，分别比上年增长了 25%、22%。累计向 20 万户职工家庭发放住房贷款 210 亿元，贷款余额 140 亿元，分别比上年增长 39%、37%。

【公积金专项治理工作】 根据住房和城乡建设部等七部门《关于 2009 年继续开展加强住房公积金管理专项治理工作的实施意见》，结合吉林省住房公积金管理的实际，推出了《2009 年在全省继续开展加强住房公积金管理专项治理工作实施方案》。各设区城市住房公积金管理中心（分中心）要结合业务工作运行，按照"岗位职责明晰、规范体现制约、操作落实程序、服务便捷顺畅"的要求作一次重新审视和修订。扎实推进住房公积金制度覆盖。以私营、民营和外资等非公有企业为重点，以"建、缴"分开为原则，认真解决"拒建、拒缴"问题。

三、住宅与房地产业

【房地产市场监管】 省住房和城乡建设厅起草了《进一步贯彻落实促进房地产市场发展的政策措施》，并下发各市州政府和省直相关部门征求意见。

制定下发《吉林省非住宅房屋拆迁补偿评估指导意见》，有效规范了全省非住宅房屋拆迁管理工作。起草的《吉林省房屋登记办法实施细则》，对处理无籍房等历史遗留问题，提出具体意见。

省住房和城乡建设厅制定出台并颁布实施《吉林省物业管理办法》，起草了《物业服务查验接收办法》、《物业专项维修资金管理办法》。省住房和城乡建设厅根据房地产交易月报统计数据、省统计局数据和中国人民银行长春中心支行数据，分析房地产市场形势，2009年形成房地产市场情况专报8期，供省委、省政府领导、省直相关部门和市州政府参阅。

根据住房和城乡建设部颁布的《城镇房屋拆迁管理规范化工作指导意见（试行）》和新修订的《房地产交易与登记规范化管理标准和先进标准》等文件要求，采取各地自检、省级抽检的方式，对各地房屋拆迁、房地产交易与登记工作进行规范化管理考核。

开展物业管理创优达标活动。完成全省物业管理小区（大厦）申报项目的检查验收，通过考评的25个项目已经过公示并授予"示范"、"优秀"小区（大厦）称号。复检全省共抽检了3个市（州）6个物业管理项目，全部通过检查。

省住房和城乡建设厅制定并下发了《吉林省房地产开发企业不良行为记录和公示办法的通知》，对房地产开发企业的不良行为种类、不良行为公示程序、不良行为的来源等内容进行了确定。在省住房和城乡建设厅网站上设置了专栏，对房地产开发企业的名称、法人姓名、注册资本金、资质证书编号等基本信息上网。并在网站上设置了建设市场不良行为公示专栏，对查实的房地产企业不良行为进行记录公示。

为进一步规范房屋登记行为，省住房和城乡建设厅下发了《吉林省房屋登记若干问题暂行规定》，对1984年1月5日前建设的房屋办理产权、分割出售的商业用房产权办理等情况进行了明确规定。

四、城乡规划

【城市总体规划】 省住房和城乡建设厅根据国家《城乡规划法》，认真做好设市城市总体规划审查和报批工作，先后完成了松原市城市总体规划成果的审批工作，以及吉林、通化、延吉、龙井、图们、公主岭等6个城市总体规划纲要的论证工作。与规划管理研究中心密切配合，共完成了四平、梅河口、珲春、桦甸、磐石等5个城市总体规划的修改论证工作。

随着国家扩大内需和对基础设施投资力度的不断加大，省住房和城乡建设厅结合国家《城乡规划法》不断完善和简化行政许可程序，严格审批时限。组织专家认真论证、科学决策，严格把好规划选址审批关。2009年共完成了省和国家核准的110个建设项目规划选址的审查论证工作，其中对88个建设项目核发了规划选址意见书，对22个建设项目提出了规划预选址意见。

省住房和城乡建设厅根据城市建设需要，大力推进城市控制性详细规划编制进度，全省大中城市的中心城区控详规覆盖率显著提升，已达70%。长春、通化和松原等地的控详规编制范围已基本实现中心城区全覆盖。为切实保证控详规编制质量，积极参与重点地区、重点地段控详规成果的技术审查，先后审查了长白山国际旅游度假区北区、松原市滨江新区的控制性详细规划。此外，与省文化厅配合完成了长春市五个历史文化保护街区的审查工作。

【城市规划监督】 2009年4月末省住房和城乡建设厅按照国家住房和城乡建设部等部委统一部署，在全省范围内开展了房地产开发领域违规变更规划、调整容积率问题专项治理工作；与省监察厅共同制定下发了《吉林省关于开展对房地产开发中违规变更规划、调整容积率问题专项治理工作实施方案》，成立了组织机构；《实施方案》及时在新闻媒体上进行了公示，公布了监督举报电话。对接到的15起群众举报案件及时进行了核查，对9起反映情况属实的违法案件依法进行了处理，对6起不存在违法行为的案件及时向举报人给予解答；与省监察厅共同举办了全省专项治理业务骨干培训班，全省各级建设（规划）、监察部门的负责人及300余名业务骨干参加了培训；会同省监察厅对长春、吉林等地开展的专项治理工作进行调研督导；全省共清查了1174个在2007年1月1日至2009年3月31日期间核发规划许可的房地产开发项目，对102个涉及变更规划、调整容积率的房地产开发项目进行了核查，其中有20个项目未履行法定程序，已对其作出了严肃处理。

五、建筑业

【建筑施工管理】 为解决吉林省建筑业产业规模小、体制机制不活，市场竞争力弱等问题，6月3日，经省政府批准省住房和城乡建设厅代省政府起草印发了《关于加快全省建筑业发展的若干意见》（以下简称若干意见），提出了吉林省中、短期的建筑业产业发展政策。《若干意见》对省内重点扶持企业实行所得税核定征收，增加信贷授信额度，为企业开拓市场提供信用担保。在政府投资的建设项目上推行代建制和投标资格预审制度，在同等条件下省内企业可优先中标。还配套出台了《关于进一步规范管理程序，优化建筑业发展环境的通知》。

以加强施工现场标准化管理为切入点规范施工现场从而规范建筑市场，实现两场联动。结合保证建筑业平稳较快发展的总体工作目标，发挥层级管理职能，在全省范围内开展施工现场检查，提高施工现场管理水平，引导企业优质、低耗、环保、文明施工，查处违规从业行为。强调承包人和项目经理的法律责任，查处恶意竞争和拖欠工程款等行为。规范施工合同的核心内容，消除不平等条款，严厉查处阴阳合同、虚假合同，维护建筑业企业合法权益。

加强层级管理和业务指导，严格实施施工许可证制度，建立施工许可证事后监督检查制度，建设工程纳入属地建设行政主管部门统一管理。规范外埠施工队伍的入境管理，坚决打击违法转包、挂靠行为。按照国家住房和城乡建设部159号令《建筑业企业资质管理规定》，实施企业资质的动态检查，健全完善行政监管与社会监督有机结合的建筑市场诚信机制，实行不良行为记录公示制度，优化建筑业发展环境。

加强对全省建筑业各层级从业人员的培训与管理，建立工程技术人员的基础数据库，鼓励人才的合理流动，完善建造师执业资格制度，落实《吉林省建造师注册管理实施细则》，实施建造师各类注册工作制度化、程序化、信息化管理。全省已注册建造师11444人，其中一级2646人，一级临时575人，二级5767人，二级临时2341人。完成6000名农民工培训和二级建造师考前培训，组织企业参加全国建筑业职业技能大赛，并获得三等奖。

【建设质量监督】 2009年是全面贯彻落实《吉林省建筑市场管理条例》年。在省政府《关于进一步加强工程质量意见》，省住房和城乡建设厅《工程建设监理管理规定》、《吉林省建设工程质量检测管理办法的实施细则》等文件的配合下，强化建筑市场监管，健全建筑市场管理机制，保证了建筑工程质量的有效控制。

为贯彻落实住房和城乡建设部《关于组织开展全国建设工程质量监督执法检查的通知》（建办质函[2009]340号），进一步加强工程质量监督执法工作，确保全省建筑工程质量，7月份开展了2009年全省工程质量监督执法检查，共检查工程项目64项，建筑面积136.3万平方米（其中住宅50项，建筑面积89.5万平方米、公建：14项，建筑面积：46.8万平方米），占全省在建工程的1.6%，下发质量监督执法告知书54份，停工整改通知单13份。

进一步开展工程质量检测机构专项检查。2009年对全省141家建筑工程、市政工程、建筑节能、地基基础等检测机构进行了全面检查，在检查中对有违法违规的检测机构均开出"建设工程质量检测监督执法告知书"，共计下发整改通知书91份。依据《建设工程质量检测管理办法》相关规定，取消松原市油建检测工程有限公司等三家检测单位资质；对长春晟鑫工程检测试验有限公司等12家检测机构作出停业整改处罚。

根据吉林省委省政府支援四川省黑水县灾后重建工作的整体部署和四川省阿坝州灾后重建新的目标任务要求，为确保四川省黑水县灾后重建项目建成放心工程、满意工程，应黑水县人民政府《关于请求吉林省支援建设工程与质量监督人员的函》的请求，经省住房和城乡建设厅领导批准，省质监总站于6月在全省抽调七名工程质量监督人员支援四川省黑水县灾后重建工作。他们克服高原反应和工作上的重重困难，在灾后重建的施工现场奋战了77天，全面完成了下达的各项质量监督工作任务。

【建设招投标管理】 省住房和城乡建设厅会同省监察厅，制定了《吉林省建设工程招标投标管理若干意见》；省住房和城乡建设厅配套制定了《吉林省建设工程评标专家管理暂行办法》、《吉林省房屋建筑和市政基础设施工程建设项目选择确定招标代理机构实施意见及方法（试行）》、《关于加强经评审的最低投标价法招投标监管的若干意见》、《两阶段评标法》和《关于在建设工程招标投标活动中对投标人投标资格限定的通知》。

省住房和城乡建设厅向省政府上报了《关于落实扩大内需促进经济平稳较快增长决策部署建立招投标"绿色通道"的报告》，以简化备案手续，促进项目招投标尽快实施。通过"绿色通道"，省住房和城乡建设厅与省政府政务大厅紧密配合，68项省管工程项目全部实行了公开招标。

配合省住房和城乡建设厅援建办，在四川省黑水县对口援建县人民医院、社会救助福利服务中心、高级中学教学楼和宿舍楼、雁江中学宿舍楼、吉林大道等项目的招标代理机构的选择中，试行通过招标方式选择确定招标代理机构，并在施工招标中试行《两阶段评标法》，进一步规范了招投标活动。

省住房和城乡建设厅依据国家发改委等九部委令第56号《〈标准施工招标资格预审文件〉和〈标准施工招标文件〉试行规定》，结合吉林省实际，制定了《吉林省房屋建筑和市政基础设施工程标准施工招标文件》。

省住房和城乡建设厅完成了吉林省建设工程评标专家认证和重新发证工作。新一届评标专家库在原有的房屋建筑、市政工程和经济大类的基础上，新增加了水利、铁路、电力、化工、冶金和林业类别，全省共有评标专家2631人。

【建设抗震防灾】 成立了以柳青厅长为组长的"全省中小学校舍安全工程排查鉴定工作领导小组"，建立了"吉林省中小学校舍安全工程工作网页"，印发了《关于做好全省中小学校舍安全工程工作的意见》（吉建办[2009]59号）。省住房和城乡建设厅还组织专家制定了《吉林省中小学校舍安全工程排查鉴定技术指南》、《吉林省中小学校舍安全工程加固改造技术指南》等文件，为校舍防震加固安全工作提供了技术上的支持与保障。为保证全省校舍安全工程的顺利展开和推进，培训相关行政管理人员、技术人员200名。

省住房和城乡建设厅邀请15名专家组成检查指导组在全省范围内开展中小学校舍安全工程排查鉴定抽查指导。同时，针对检查过程中发现的质量问题和地方工作进度，不定期印发"通报"和下发"督办整改函"，保证了在国家规定的时限前，全面完成了全省中小学校舍排查鉴定工作。在全省建设系统努力下，共排查鉴定中小学校舍7866所，建筑物3.2万栋，建筑面积2137万平方米。

为了加强对建筑工程设防质量工作中设计和建设单位的管理，保证建筑工程各方主体环节能够认真执行国家有关法律法规和国家强制性技术标准，在全省范围内开展抗震设防专项检查工作。共抽查了58家设计院，施工图审查机构14家；建设工程106项，建筑面积85.79万平方米。其中框架工程74项，面积67.57万平方米；砌体结构32项，面积19.86万平方米。针对存在问题较多的单位下发了5份行政执法建议书，要求当地建设行政主管部门督促设计单位、建设单位进行整改。

省住房和城乡建设厅完成《吉林省农村农居抗震结点构造通用图》初稿和《吉林省农村小学抗震设计详图》编制工作，选定了长春市双阳区鹿乡镇（30户）、榆树县延和乡（20户）、靖宇县（100户）抗震民居示范工程试点工作。榆树市抗震民居示范工程试点工作正在进行。双阳、靖宇县的试点项目已全部完成。

省抗震防灾办公室与省城乡规划设计研究院等单位发起的吉林省建设工程抗震协会已获省民政厅批准，正式成立。吉林省建筑学会工程抗震分会挂靠在吉林建筑工程学院设计院。

【建设安全管理】 全省有专职监管人员206名，其中大专以上学历168人，中级以上职称的103人。2009年3月省住房和城乡建设厅举办了全省建筑安全监督管理人员培训班。各市州建委（建设局）、各县（市）建设局安全监管部门负责人，中、省直建筑施工企业安全管理机构负责人，部分建筑施工企业的安全管理部门负责人240多人参加了安全培训。培训班特别邀请了国内建筑施工现场安全管理和起重机械设备管理资深专家现场授课。

省住房和城乡建设厅开展了全省建设行政主管部门安全监管人员安全生产知识竞赛活动，建立了安全生产联络员制度。

省住房和城乡建设厅制定并下发了《吉林省建设工程施工现场安全管理内业标准（暂行）》，统一规范了全省建设安全管理内业资料的填报、制作、存档，2010年初将上升为省级地方标准。

加强建筑起重机械设备管理。根据建设部《建筑起重机械设备安全监督管理规定》和《建筑起重机械设备备案登记办法》要求，结合吉林省的实际情况，进一步规范起重机械备案登记、安装告知、检测程序、使用等方面的工作，修订统一了检验检测内业资料和检测标准，实行了统一的牌照制，做到了一机一照，不仅避免了淘汰机型在施工现场的使用，而且便于全省起重机械设备的管理。全省已完成起重机械设备登记备案5822台，起重机械伤害事故逐年下降。

强化重大危险源管理。施工现场重大危险源是导致死亡、人身伤害、环境破坏、财产损失的根源。省住房和城乡建设厅对建筑施工现场重大危险源辨识评估、分阶段公示、制定重大危险源监控措施和制定重大危险源应急救援预案等提出了具体要求。同时要求各市州、县（市）建设行政主管部门要建立重大危险源备案制度，并针对施工的不同阶段，落实重大危险源监管责任，在施工现场显著位置予以公示。2009年建设部《危险性较大的分部分项工程安全管理办法》下发后，吉林省将危险性较大分部分项工程专项施工方案的编制审查作为安全监管工作的重点。

继续开展"局长示范工地"和"十佳安全员"评选活动，评选出8个"局长样板工地"、9个"局长优秀工地"、12个"局长达标工地"。评选省级建筑施工企业"十佳安全员"活动，评选结果将网上公示，并由省住房和城乡建设厅进行表彰。

针对突出问题，开展安全生产约谈。通化市建设就业建筑工程处、通化市第一建筑公司在白山市施工期间，施工现场存在较大安全隐患，又不服从当地管理部门管理。7月28日对上述两企业及吉林省北华监理公司、白山市监理中心有关负责人进行了安全生产约谈，并对通化市建设就业建筑工程处、通化市第一建筑公司分别给予吊销、暂扣安全生产许可证的处罚。

【建立事故分析制度】 2009年年初，省住房和城乡建设厅召开了建筑施工死亡事故分析会，对全年发生的13起死亡事故进行了重点分析和专家点评。2009年5月在安全生产督查中，与事故调查分析结合起来，对发生的6起死亡事故，做了深入的调研分析和专家点评，并在省住房和城乡建设厅网站上予以通报以警示全省。

为了落实住房和城乡建设部《关于集中开展建筑安全生产隐患排查治理和督促检查的通知》的精神，5月份省住房和城乡建设厅组成督查组，先后对通化、吉林、松原、白山，特别是重点对发生死亡事故的施工企业、施工现场进行了督查。共检查施工现场13个，检查出各类安全隐患和问题96项，完成整改83项，停工整改工地5个，对发生死亡事故的7家施工企业暂扣了安全生产许可证。

7月份的检查结果：延边朝鲜族自治州行政中心办公楼工程等22个施工现场达到优良工地标准，占受检工地总数的42％；珲春金厦时代广场工程等17个施工现场达到合格工地标准，占受检工地总数的33％；长春华恒建筑公司承建的经济适用房工程等13个施工现场为不合格工地，占受检工地总数的25％，这次检查共查出各类安全问题及安全隐患429项，均已完成整改。

对白山市鹏程建筑工程有限公司承建的白山市合兴购物配送中心工程、江苏南通六建建设集团有限公司承建的通化市龙湾会馆工程做出了停工整改的处罚，并在省住房和城乡建设厅网站公布。

【建设勘察设计管理】 省住房和城乡建设厅重新修订《吉林省工程建设勘察设计管理条例》工作已完成。根据国家有关政策和吉林省勘察设计市场管理工作的实际，对条例相关内容进行了修改、补充，主要增加了：诚信制度；合同管理；施工图审查；省优秀工程勘察设计项目评选；省优秀勘察设计大师评选；勘察设计行业统计等内容。

省住房和城乡建设厅转发住房和城乡建设部《加强工程勘察质量管理工作的若干意见》文件，针对吉林省工程勘察实际制定了《吉林省建设工程勘察现场见证管理办法》、《吉林省岩土工程试验室设备及人员配备标准》、《吉林省工程勘察大纲、详勘报告编制示范文本》、《吉林省工程勘察劳务人员培训上岗的通知》等规范性文件和标准。

依据建设部《房屋建筑和市政基础实施工程施工图设计文件审查管理办法》规定，完成了全省施工图审查管理机构的重新认定换证工作，对执业中违法违规的一家审图机构资质予以吊销。

省住房和城乡建设厅认真落实国家节能政策出台了《关于加强建筑设计节能管理工作的通知》，严格建筑设计节能标准的执行力度。根据检查情况，2009年全省县市级以上城市，新建居住和公共建筑设计，都严格按照年初《工程设计工作要点》规定，执行了65％和50％的设计节能标准。

颁发了《关于开展2009年度吉林省建筑工程勘察设计质量专项检查的通知》，对全省勘察设计市场主体行为和勘察设计质量包括：建筑节能、城市无碍设施建设等进行专项检查。

省住房和城乡建设厅组织了省优秀勘察、设计项目评选，87项工程分别获得了一、二、三等奖项，其中设计方案创作奖2项。积极推动工程建设标准化工作。围绕加快节能建筑地方标准和新型建材、节能墙体标准图集的推广应用，促进科技成果转化，共批准发布地方标准8项。

【加快推进信息化建设】 全省已有496家建筑勘察企业和16家审图机构的资质申报信息、承担业务情况、行业统计工作纳入信息化系统管理，各级设计管理部门可以随时了解全省勘察设计和施工图审查机构的情况，企业出省证明已实现网上办理。

六、城市建设

【城建档案】 2009年，全省地下管线管理、普查工作取得进展，长春市政府高度重视地下管线工程管理工作，发布了《关于加强地下管线工程施工许可管理的通知》，把地下管线施工纳入基本建设程序和工作流程，制定了全市地下管线工程开工许可办法和工作流程，规划局、建委等十一个相关部门建立了工作联动机制。在9个地市中，通化已完成普查，综合管理信息系统进入后期的正常运行，动态管理及时跟进；延吉市、四平市、松原市也相继完成了城市地下管线普查。松原市在普查中，查明各类管线节点28989个，探测管线长度1017公里，形成 1∶500 综合管线图 863 幅，各类专业管线 4556 幅。

【城市市政建设】 截至 2009 年末，城市道路累计长度 6939 公里；城市道路面积 11090 万平方米，其中人行道 2369 万平方米；城市桥梁 590 座，其中立交桥 116 座；城市道路照明灯 391912 盏，安装路灯的道路长度 4453 公里；城市防洪堤长度 841 公里，其中百年一遇标准 229 公里、五十年一遇 182 公里。人均城市道路面积 11 平方米。

【城市供水】 截至 2009 年末，累计城市供水综合生产能力 714 万立方米，其中地下水 72 万立方米；供水管道长度 8344 公里，年供水总量 96887 万立方米，售水量 72539 万立方米中生产运营用水 29477 万立方米、公共服务用水 14034 万立方米、居民家庭用水 26295 万立方米；用水人口 899 万人；城市人均生活用水量 123 升；城市生活用水普及率 89.1%。

【城市燃气】 截至 2009 年末，累计城市人工煤气日生产能力 92 万立方米；形成储气能力 130 万立方米；铺设供气管道长度 2296 公里；煤气年自制量 27402 万立方米，外购气量 2727 万立方米；煤气年供气量 17616 万立方米中销售气量 15506 万立方米，其中居民家庭用气 8745 万立方米；用气人口 167 万人。

城市天然气储气能力 68 万立方米；供气管道长度 3198 公里，居民家庭用气 12351 万立方米，用气家庭数 679932 户，用气人口 216 万人。城市液化石油气储气能力 19560 吨，供气管道长度 105 公里，年居民家庭用气 93094 吨，居民家庭用气户数 151 万户，用气人口 483 万人，城市居民生活燃气普及率 85.7%。

【城市集中供热】 截至 2009 年底，城市集中供热蒸汽供热能力 2642 吨/小时，其中热电厂供热 2089 吨/小时、锅炉房供热 553 吨/小时；蒸汽供热总量 2151 万吉焦，管道长度 472 公里。集中供热热水供热能力 25122 兆瓦，其中热电厂能力 7593 兆瓦、锅炉房能力 17529 兆瓦；年热水供热总量 13568 万吉焦，管道长度 8123 公里。城市集中供热总面积 27971 万平方米，其中住宅 21246 万平方米。

【城市排水和污水处理】 城市排水管道长度 7089 公里，年污水排放量 69697 万立方米。城市污水处理厂 19 座，处理能力 855 万立方米/日，其中二、三级处理量 40357 万立方米，城市建成区排水管道密度 6.0 公里/平方公里，城市污水处理率 64.3%。

【城市园林绿化】 截至 2009 年底，城市绿化覆盖面积 40432 公顷，其中建成区绿化覆盖面积 38823 公顷；园林绿地面积 9956 公顷；公园数 115 个，公园面积 4054 公顷。城市建成区绿化覆盖率 32.9%，建成区绿地率 28.7%，城市人均公园绿地面积 9.9 平方米。

【城市市容环境卫生】 城市道路清扫保洁面积 12027 万平方米，其中机械化清扫 2035 万平方米；垃圾处理量 452 万吨；粪便清运量 89 万吨，处理量 51 万吨；公共厕所 5229 座；市容环卫专用车辆设备总数 2338 辆。城市生活垃圾无害化处理率 45.1%。

【国家级风景名胜区】 国家级风景名胜区长春"八大部"——净月潭、吉林松花湖风景区、珲春市防川风景区、和龙市仙景台风景区的总面积为 817 平方公里，可供游览面积 168 平方公里；游人数量 173 万人次，其中境外游人 4 万人次；景区资金收入 12544 万元，其中：国家拨款 120 万元、经营收入 12424 万元（含门票 1823 万元），景区建设、经营资金支出 3063 万元，其中固定资产投资支出 218 万元，经营性支出 2844 万元。

【城市市政公用设施投资】 截至 2009 年底，本年完成投资合计 1684118 万元，其中城市供水 56791 万元，城市燃气 19924 万元，城市集中供热 146320 万元，城市道路桥梁 1026838 万元，城市排水 121002 万元，城市污水处理 84930 万元，城市防洪 14770 万元，城市园林绿化 77625 万元，城市市容环境卫生 46508 万元，城市垃圾处理 30053 万元；本年形成新增固定资产 1370675 万元。

【城市建设法规体系】 为了使立法工作更具有可操作性和时效性，吉林省住房和城乡建设厅与国家住房和城乡建设部法规司进行了沟通、了解上位法和立法工作进程，整理完成了全省住房和城乡建设法律、法规体系框架，使全省建设系统更清晰的掌握和了解现有涉及建设领域国家和省的法律、法规、规章体系，为建立和完善全省建设立法体系提出明确的立法工作目标。

【创新城建立法工作机制】 为加快吉林省住房和城乡建设厅立法工作的进程和对外协调与沟通，有利于行业规范有序又快又好发展，成立立法工作推进组，建立一套协调有序的立法工作推进机制。做好建设领域地方法规、规章的清理工作。制定了《吉林省住房和城乡建设厅关于地方性法规、规范性文件清理工作实施方案》。对实施的 11 部地方性法规提出清理初步意见并形成了专项报告报省人大。同时对本厅以往发布的 100 多个规范性文件进行全面清理。对 16 部不适应发展要求的规范性文件予以废止，并以厅《公告》的形式对外发布。保证了现有规范性文件的有效性和相关工作的连续性。

【城建立法协调】 2009年省住房和城乡建设厅共完成了72件立法协调件，在协调沟通过程中，坚持原则，既有效地保证了行业内管理相对人的合法权益，又保证了建设领域法律法规的合法地位，减少了不必要的审批环节，为全省建设项目和建设单位提供了良好的发展软环境。2009年省住房和城乡建设厅共受理行政复议案件45起，其中维持26起，终止17起，正在审理2起，处理历史积案2起。

七、村镇建设

【县城（镇）规划管理】 省住房和城乡建设厅召开2009年县（市）城镇村体系规划和省级推进村规划动员大会，部署规划编制工作。召开"百镇建设工程"首批试点镇规划工作会议，按照省政府的要求，部署首批试点镇规划工作。召开"百镇建设工程"首批试点镇现行规划审查会，对各镇现行规划进行针对性审查，重点落实"百镇建设工程"项目。

印发了《关于"百镇建设工程"首批建设镇规划工作的指导意见》和《关于"百镇建设工程"镇规划工作的指导意见》，规范和指导百镇规划的编制。组织编制印发了《吉林省"百镇建设工程"镇城镇建设规划编制审批办法》、《吉林省"百镇建设工程"镇控制性详细规划编制技术暂行规定》、《吉林省"百镇建设工程"镇市政基础设施专项规划编制技术暂行规定》和《吉林省"百镇建设工程"镇公共服务设施专项规划编制技术暂行规定》。

省住房和城乡建设厅对"百镇工程"首批25个建设镇的总体规划进行了两次集中审查。成了吉林省农村节能保温住宅建设的示范工作。在长春市劝农山镇东风新村和榆树镇郊，利用新研制成功的蜂窝混凝土制品作保温墙体和屋面板，建造了两座农宅并投入使用，已达到国家规定住宅性建筑达到节能50%~65%的要求。

【县城市政建设】 截至2009年底，累计县城道路长度1059公里；道路面积1517万平方米，其中人行道383万平方米；永久性桥梁累计100座，其中立交桥7座；道路照明灯盏数74903盏，安装路灯道路长度591公里；防洪堤长度146公里，其中百年一遇标准31公里，50年一遇标准90公里。

【县城排水和污水处理】 截至2009年底，县城排水管道长度886公里，污水排放量7433万立方米。县污水处理厂4座，二、三级处理厂3座；污水处理能力6.7万立方米/日，二、三级处理能力3.7万立方米/日；年污水处理总量586万立方米。县城建成区排水管道密度4.7公里/平方公里。

【县城供水】 截至2009年末，县城供水累计综合生产能力35万立方米/日，其中地下水每日供水能力9万立方米；供水管道长度1625公里；供水总量7167万立方米，其中售水量5075万立方米中生产运营用水855万平方米、公共服务用水746万立方米、居民家庭用水3174万立方米；用水人口116万人；县城人均生活用水量104升；县城生活用水普及率72.0%。

【县城燃气】 截至2009年末，县城人工煤气日生产能力1.8万立方米；形成储气能力2万立方米；铺设供气管道长度40公里；用气人口2万人。县城天然气截至2009年末储气能力4万立方米；供气管道长度32公里；总供气量42828吨，年居民家庭用气34778吨；用气人口14万人。县城液化石油气储气能力2905吨，供气管道长度105公里，年居民家庭用气34778吨，居民家庭用气户数151万户，用气人口483万人。县城居民燃气普及率57.8%。

【县城园林绿化】 截至2009年底，县城绿化覆盖面积6713公顷，其中建成区绿化覆盖面积4653公顷；县城园林绿地面积4572公顷，其中建成区3192公顷；公园绿地面积1456公顷；公园数33个，公园面积996公顷。县城建成区绿化覆盖面积24.5%，建成区绿地率16.8%，人均公园绿地面积7.5平方米。

【县城环境卫生】 截至2009年底，县城清扫保洁面积2360万平方米，其中机械化清扫165万平方米，处理量121万吨；粪便清运量28万吨，处理量17万吨；公共厕所932座；市容环卫用车辆设备总数446辆。

【县城市政公用设施投资】 截至2009年底，本年完成投资合计80746万元，其中县城供水5454万元，县城燃气3567万元，县城集中供热8578万元，县城道路桥梁33366万元，县城排水10047万元，县城污水处理8920万元，县城防洪108万元，县城园林绿化5190万元，县城市容环境卫生4661万元，县城垃圾处理3793万元，本年形成新增固定资产70538万元。

【村镇规划】 省住房和城乡建设厅召开全省村镇规划建设工作会议，印发了《关于贯彻〈吉林省人民政府关于加强村镇规划编制工作的意见〉的通知》，代省政府接受各市、县政府递交的村镇规划编制承诺书。

依据国家法规，起草了《吉林省村镇建设管理条例》（征求意见稿）；完成了建设部《村庄和集镇规划建设管理条例》中"村镇公共设施管理"专题的调研，形成"村镇公共设施管理"部分的法律条文。

印发《吉林省乡、村庄规划编制办法》、《吉林省县城镇村体系规划编制审批办法》。根据《吉林省人民政府关于加强村镇规划编制工作的意见》要求，组织完成了全省14个县（市）的县城镇村体系规划、2009年社会主义新农村建设100个省级推进村规划。

对2009年68个省级推进村规划、13个县（市）城镇村体系规划和2008年4个省级推进村规划进行了统一评审。

吉林省住房和城乡建设厅印发了《关于开展2009年度全省村镇规划检查的通知》和《关于对全省村镇规划建设管理情况进行检查的通知》。牵头组织了有建工、质监、招标、房产等处室参加的全省村镇规划建设管理大检查。

【村镇建设】 吉林省住房和城乡建设厅以《关于将吉林省列为农村危房改造试点范围的请示》（吉建文[2008]120号）、《关于推荐吉林省农安县等10个县（市）危房改造工程项目列入国家"扩大农村危房改造试点工程"试点县的请示》（吉建文[2008]121号）上报住房和城乡建设部。

长白县等15个县（市）被列入2009年全国"扩大农村危旧房改造试点工程"试点县（市）共争取危房改造9600户，其中节能示范户500户，改造资金4900万元。

2009年吉林省住房和城乡建设厅省煤矿棚户区和泥草房（危房）改造推进组办公室以省政府名义召开了全省危房改造动员大会暨危房鉴定相关知识培训大会。制定全省农村产权登记流程，规范产权登记行为。

吉林省住房和城乡建设厅制定《吉林省村镇房屋登记技术规范》，在全省范围内统一表式，统一登记流程。

八、建筑节能与科技

【概况】 吉林省住房和城乡建设厅组织制定了《吉林省建筑节能与发展应用新型墙体材料条例》，奠定了全面推进建筑节能的地方性法规基础。10月，下发了《吉林省建设领域节约能源工作方案》，成立了专项工作领导小组。

执行建筑节能设计标准，从设计和施工图审查入手，提高建筑节能水平与材料、产品质量；加强质量监督，全面开展建筑节能专项验收，对达不到建筑节能标准规定的新建建筑坚决不予验收备案、销售和使用。2009年，全省地级城市新建居住、公共建筑设计阶段执行节能标准率达到100%，施工阶段执行节能标准率达到99%以上。

【建筑节能改造】 全省安排既有居住建筑节能改造计划1312万平方米，其中，单独做外围护结构改造或包括外围护结构改造的综合节能改造面积达542万平方米以上。2009年吉林省完成既有居住建筑节能改造面积1385万平方米，争取国家奖励资金5.0亿元，带动地方投资3.6亿元。通过实施节能改造，每个采暖期可节约25万吨标准煤，减少温室气体排放65万吨。下发了《关于发布吉林省第五批建筑节能技术（产品）认定项目的通知》（吉建科[2009]8号），共有60余项产品（技术）列入目录中，在全省范围内推广使用。

2009年对于既有居住建筑节能改造地方配套资金财力不足的县市，省住房和城乡建设厅在推进这项工作与各地开展的小城镇建设、市容市貌整治等项工程结合起来，在节能改造的同时亮化城市，提升城市品位。如通化县，紧紧抓住国家政策扶持的难得契机，把县城区既有建筑供热计量及节能改造作为全县的重点工作之一，将把县城区所有的164万平方米既有居住建筑进行供热计量改造，实现全城物业管理。同时进行小区绿化、硬化，部分建筑平屋顶改坡屋顶，临街建筑外形改造、楼道粉饰等一系列工程。

吉林省住房和城乡建设厅决定2009年启动既有改造示范县（市）建设。将蛟河市、珲春市和通化县上报住房城乡建设部创建国家级既有居住建筑供热计量及节能改造示范县（市），并得到住房城乡建设部的批准。这也是全国惟一的创建国家级节能改造示范县（市）的省区。

【可再生能源利用】 按照国家住房城乡建设部、财政部《关于推进可再生能源在建筑中应用的实施意见》、《关于可再生能源建筑应用示范项目资金管理办法》及《关于加强可再生能源建筑应用示范管理的通知》要求，吉林省以太阳能热水系统和冷暖地源热泵中央空调系统为重点，完善地方标准，指导和规范地源热泵工程在吉林省的勘察设计、施工建设和质量验收管理，积极引导可再生能源建筑规模化、一体化、成套化应用。并力争将"太阳能热水系统与建筑一体化同步设计、同步施工和同步验收"上升到地方性法规层面。为推动太阳能热水系统在吉林省房屋建筑中的规模化应用，省住房和城乡建设厅印发了《关于加强太阳能热水系统推广应用和管理的通知》（吉建办[2009]44号），要求

"新建居住建筑设计时应考虑用户安装太阳能热水系统的条件"。

省住房和城乡建设厅申报2009年住房和城乡建设部科技计划项目36项,其中"中西方寒冷地建筑环境空间设计比较研究"等24个研究开发项目被列入计划中,占上报项目的66.7%;又联合吉林大学和吉林日昱新能源有限公司,申报省科技厅"北方地区太阳能、地热能和风能与建筑一体化关键技术";组织松原市、珲春市申报国家可再生能源应用试点示范城市(农村);申报吉林农业工程职业技术学院作为国家"绿色建筑示范工程"项目;组织吉林省光大实业集团有限责任公司等五个项目申报国家2010年建筑节能能力建设类中央投资储备项目。

【产业技术升级】 为重点推广适合吉林省省情的建设新技术、新产品、新工艺、新设备,推动产业技术升级。省住房和城乡建设厅制定下发了《关于下达2009年吉林省建设科技成果推广项目计划的通知》(吉建科〔2009〕16号)。科技成果推广包括"HS-ICF外墙外保温建筑节能体系"、"HS-EPS模块薄抹灰外墙外保温系统""LED系列节能灯"和"生物质成型燃料建筑供热技术"四项新技术。

【推荐国家级工法】 根据住房和城乡建设部《关于开展2007～2008年度国家级工法申报工作的通知》(建办质函〔2009〕52号)要求,为推进全省工程建设施工工法的开发和应用,促进企业技术积累和加大自主创新力度,提升全省工程建设整体施工技术管理水平和技术含量,2009年省住房和城乡建设厅组织了2007～2008年度的省级工程建设施工工法的评审工作。十三局集团有限公司《430m跨度上承式钢管混凝土拱桥双拱肋无风缆节段拼装工法》等20项工法通过吉林省工程建设工法专家评审委员会审核,评为省级工法。并推荐申报国家级工法。

【建筑节能专项检查】 为进一步提高全省建筑领域建筑节能的意识,督促在建工程严格执行建筑节能强制性标准,落实住房和城乡建设部关于建筑节能的政策措施,省住房和城乡建设厅抽调30多位专家组成5个检查组对全省九个地级城市及长白山管委会的在建项目进行了专项检查。以随机抽签的形式确定检查项目。检查采取查阅资料、设计图纸、现场取样、拉拔试验等方式。全省共检查工程项目105项,建筑面积69.8万平方米。共发出整改通知书77份。其中外墙饰面砖局部或全部拆除、外墙涂料返工重做的工程有25项,还有12项需进一步复测后再做处理决定。对外墙外保温墙体返工整改负有主要责任的29家开发建设单位提出通报批评,除对其违规行为作为不良记录予以公示外,视其整改情况给予相应的经济处罚;对外墙外保温墙体返工整改的负有其他责任的4家设计及审图机构、24家施工单位、14家监理单位和51人相关责任者提出通报批评,半年内将不再受理其单位资质增项及升级的申请,并禁止参与评优、评奖活动。对89家不合格的建材厂家的产品清退出场,并列入禁止使用材料目录,在各大媒体给予曝光。

(吉林省住房和城乡建设厅)

黑 龙 江 省

2009年,黑龙江省建设系统坚持科学发展观为指导,深入实施"八大经济区"和"十大民生工程",认真贯彻落实住房和城乡建设部、省委、省政府一系列重要指示,切实推进重点工作,全年完成城乡建设总投资935.8亿元,同比增长29%,房地产投资760亿元,同比增长35%,建筑业产值1342.4亿元,增加值510亿元,与上年相比分别增长29.5%和26%,城乡建设投资对全省经济增长起到了拉动作用。

一、房地产业

【房地产市场】 2009年,全省房地产市场快速发展,房地产市场供需两旺。全年完成:房地产投资563.9亿元,同比增长28.2%;新开工面积2985,同比增长33.2%,竣工面积1876万平方米,同比增长33.6%;商品房销售面积2015万平方米,同比增长35.6%。

【进一步发挥房地产业的支柱作用】 全年完成房地产开发投资563.9亿元,比上年增长28.2%,高于全国12.1个百分点,为2005年以来的最高增幅,增速在全国的位次由上年的第26位提升到第8位。2009年房地产投资占全省城镇固定资产投资的12%,房地产税收达到251亿元,占全省财政收入的24.2%。房地产业成为黑龙江省经济和社会发展的重要经济增长点，为"扩内需、保增长"提供了强大动力。

【房地产市场供需两旺】 全省房屋施工面积4520万平方米，同比增长25.2%；商品房新开工面积2985万平方米，同比增长33.2%；房屋竣工面积1876万平方米，同比增长33.6%。建成了哈尔滨"滨江新城"、"荣耀天地"、佳木斯"金港湾"、牡丹江"京江上城"等一批大型居民住宅小区。商品房销售面积2015万平方米，同比增长35.6%，销售额652.5亿元，同比增长55%，一改2008年观望气氛浓厚、销售低迷的局面，压抑一年之久的购房欲望得到了充分释放。有11个地市商品房销售实现较快增长，伊春、黑河增幅超过100%，鹤岗、佳木斯、牡丹江和绥化增幅50%以上。空置1~3年商品房面积同比下降8.2%。

【房地产开发和住宅建设结构不断优化】 全省完成住宅建设投资442.5亿元，同比增长44.3%，增速提高34.6个百分点，占房地产开发投资的78.5%，比上年提高7.8个百分点。住宅施工面积3692万平方米，新开工面积2430万平方米，分别同比增长27%和32%。普通住宅建设步伐加快，90~140平方米普通住宅完成投资167.3亿元，同比增长106%，占住宅投资的37.8%，同比提高11.3个百分点。

【房地产交易与登记规范化管理取得新进展】 黑龙江省在全国房地产交易与登记管理工作会议上作了经验介绍。省建设厅会同省质监局出台了全国第一个《房地产交易与权属登记信息系统数据标准》地方标准，得到了建设部领导的高度评价。全省加强房地产信息化建设、促进税收一体化管理工作稳步推进，省财政已向地级市拨付启动资金和向部分贫困县提供设备累计达到1500万元。各地通过狠抓规范管理、优质服务、健全制度，形成了较完整的制度管理体系；通过优化流程、创新管理、控制风险，工作质量和效率明显提高；通过加快推进"市带县"信息化建设，管理覆盖面不断扩大；通过完善设施，服务和办公环境得到明显改善。哈尔滨市启动抵押登记备案业务，推出八项服务新举措，促进了产权产籍管理工作提档升级，出台了《处理城市国有土地上房屋登记历史遗留问题工作实施方案》，权属登记历史遗留问题的解决有新突破。佳木斯市不断改进服务工作措施，全面优化房屋登记及税金征缴流程，大大提高了工作效率。

【城镇房屋拆迁管理进一步加强】 黑龙江省住房和城乡建设厅党组成立八个督察组，多次对各地市及农垦、森工总局进行督查，变上访为下访，协调解决了一批久拖未决的拆迁问题，全年到省拆迁上访批次和人次分别下降43%和61.5%。省厅会同省发改委下发文件，加强拆迁计划管理，合理确定拆迁规模，开展了拆迁市场房地产评估报告的专项检查，进一步规范评估行为，推进了合法、有序拆迁。各地紧密结合实际，坚持政策公开、补偿安置标准公开、办事程序公开、安置计划公开，规范拆迁实施行为，积极推进和谐拆迁、阳光拆迁，切实维护群众合法权益。哈尔滨市坚持以人为本，好中求快，创新措施，规范主体，强化管理，开创了有序拆迁工作新局面。七台河市运用政策、法律、经济、行政等手段，成功化解一批拆迁信访积案。齐齐哈尔和牡丹江市出台了符合本地区实际的拆迁政策，实现了拆迁信访量、裁决量、强制拆迁量历史最低。佳木斯和黑河市在拆迁面积超历史的情况下，拆迁信访量实现了大幅下降，群众满意率达到了98%以上。

【旧小区改造步伐加快，物业管理水平进一步提高】 深入开展了《物业管理条例》立法调研，形成了征求意见稿。积极推动物业管理纳入社区建设，重心下移，充分发挥街道办、社区居委会在社区物业管理中的作用，促进住宅小区物业管理工作和谐发展。大庆市围绕建立业主自治与物业企业专业管理服务相结合的物业管理新体制，不断强化企业资质监管、招投标市场监管、业委会行为监管，加快了物业管理工作社会化、专业化、市场化、法制化进程。鹤岗市出台了《关于物业管理星级服务实施办法》，提出了物业星级服务的全新思路，协调物价、公安联合进行评审验收，实现了物业管理服务升级。全面推进了国家级、省级物业管理示范项目建设和达标工程，哈尔滨市爱建滨江·润园等四个小区被评为国家级物业管理示范项目，齐齐哈尔市阳光花园等27个小区被评为省级示范项目。立足改善民生，全力推进城市旧小区改造工作。制定下发了《进一步加强旧小区整治改造工作的通知》，各地积极筹措资金，制定改造规划和实施方案，全力推进旧小区环境专项整治，初步达到了"改造成本最小化、改造效果最优化、群众利益最大化"的效果，改善了人居环境。双鸭山市政府高度重视，专门成立了旧小区改造工作领导小组，市级财政投资2400万元，改造住宅小区65个。大兴安岭地区建立完善了政府主导的投入机制、市场化运作的工程管理机制和部门联动的综合执法机制，推进了旧小区改造工作上台阶。

二、住房保障与住房公积金管理

【住房保障】 2009年,全省住房保障体系建设在全省13个地市、64个县(市)均建立廉租住房制度的基础上实行了政策创新,继《黑龙江省廉租住房保障办法》、《黑龙江省人民政府关于城市棚户区改造的实施意见》之后,各地相继出台了保障性住房建设配套政策,充实完善了全省住房保障政策体系建设。全省保障性住房建设又取得新成果:争取中央预算内投资10.9亿元、国家专项补助资金10.8亿元、省级财政资金支持廉租住房资金投入1.3亿元;全省完成保障户数417878户,完成了国家下达的保障任务;全省经济适用住房完成施工面积760万平方米、竣工面积370万平方米、59747套,完成投资75亿元;城市棚户区改造完成投资335.1亿元,施工面积1837万平方米,同比分别增长125.8%和85.3%。新建廉租住房开工建设面积503万平方米、104801套,完成投资44亿元;通过廉租住房租赁补贴途径为35万户困难家庭解决了住房问题。全省城镇人均住房面积达到25.13平方米,比上年增长1.18平方米。

【保障性住房建设】 截至2009年末,全省累计为29.44万户职工家庭发放个人住房贷款306.46亿元,同比增长57.85%,2009年累计从增值收益中提取廉租住房建设补充资金1.52亿元,支持廉租住房建设。

【住房公积金各项指标】 到2009年末,全省实际缴存职工人数256.6万人,比上年增加17.7万人,增幅7.44%。缴存额持续增长,全省缴存额133.96亿元,同比增加19.34亿元,增幅为16.87%;截至2009年末,全省住房公积金缴存总额为681.42亿元,同比增长24.47%;缴存余额为425.74亿元,增幅为16.37%。住房公积金个贷增速明显,全年为6.87万名职工发放个人住房贷款112.31亿元,占当年缴存额的83.84%,同比增加66.74亿元,增幅146.42%。

【公积金信息化管理】 各市(地)住房公积金信息建设平台不断完善,管理水平不断提升,截至2009年底有80%的住房公积金中心建立了住房公积金业务信息系统,并在不断地升级和完善。哈尔滨在全国同行业率先推行公积金特约委托收款和专用凭证付款业务,利用"网银系统"实现了对公积金账户的网上动态查询、监控,确保了资金的安全;同时人民银行个人征信系统、全市房屋产权交易系统以及公安部国家居民身份证中心实施联网,成为全国同行业第一家以网络接入个人征信系统的非银行单位,实现了资源共享,风险防范能力进一步提高。

【文明窗口服务】 大力加强了文明窗口服务活动,把文明窗口服务纳入公积金行业开展文明单位创建活动的重要内容,一些城市足不出户就能全面了解公积金政策,哈尔滨、大庆等城市开展了客服呼叫业务,对广大职工提出的疑难问题设专人统一解答,得到了良好的社会反响。

三、城乡规划与城市建设

【规划建设与实施】 2009年,全省滨水城市规划建设工作推动有力,取得突破性进展,全年共实施滨水规划建设项目145项,完成投资超过100亿元。及时快速核发了鸡西北方垃圾焚烧热电厂、500kV鹤岗输变电工程、500kV庆云—鸡西—林海输变电工程、龙煤集团七台河铁东矸石电厂、改建铁路滨绥线牡丹江至绥芬河段扩能改造工程、同江铁路大桥工程等9个大项目选址意见书。为绥芬河综合保税区、海林经济开发区、宾西经济开发区晋升国家级开发区提供规划服务,核定宝清、桦南、北安、安达、巴彦、绥棱、桦川、虎林、青冈等10个工业示范基地享受省级开发区政策,为区域经济保增长、促内需提供优质服务。

【第二轮省域城镇体系规划修编】 加快第二轮省域城镇体系规划修编进度,完成规划纲要编制;开展铁力市、伊春市等第四轮城市总体规划修编审查,编制完成控制性详细规划3.5万公顷。印发了《黑龙江省人民政府贯彻实施〈中华人民共和国城乡规划法〉加强城乡规划工作的意见》,组织起草了《黑龙江省城乡条例》(征求意见稿)、立法说明,并列入2010年全省立法计划。推进规划制度建设,深入开展房地产领域违规变更规划、调整容积率专项治理工作。

【城市建设与管理】 2009年,以"三优一绿"文明城市创建和"三供两治"工程建设为重点的市政公用基础设施建设全面推进,城市基础设施建设和管理再上新台阶。全省共完成城市基础设施投资147.85亿元,为年计划的104%,新增日供水能力65万吨,努力让人民群众喝上干净水;新建和改造供热管网6100公里,新增集中供热面积4000万平方米,拆除小锅炉房230多座,扒掉大烟囱230个,减少了烟尘排放,努力让群众住上暖屋子;新增城市天然气用户29万户,哈尔滨市95万户天然气置换工程全部完成;2009年新增城市污水日处理能力65万吨,提高了治污能力,全省有哈尔滨、齐齐哈尔、牡丹江、佳木斯、大庆、鸡西、伊春、绥化、黑河9

个市（地）建设了25座污水处理厂，列入松花江流域水污染防治规划的40个城市污水处理项目已全部开工建设，污水处理厂处理能力为189.80万立方米/日，污水处理率为55.57%；提高城市生活垃圾日处理能力2200吨；新增各类公园84个、新增公园面积2858公顷，植树2559.36万珠，新增建成区绿地5774.62公顷，新增苗圃1105.5公顷，城市建成区绿化覆盖率、绿地率分别增加2.1%和2%，社会全口径园林绿化投资55亿元，其中政府投资20亿元。五大连池申遗文本于9月30日由省政府正式上报国家主管部门，得到国际专家的肯定。

四、村镇建设

【泥草房改造】 2009年，全省村镇建设以农村泥草房改造为重点。省政府召开两次全省农村泥草房改造工作会议，部署推进泥草房改造工作，制定下发了《2009年全省农村泥草房改造实施方案》，省政府两次组织有关泥草房改造的调研、指导和督办工作，有效地推进了农村泥草房改造和村镇建设工作，取得了可喜的成绩。全省村镇建设总投资达183亿元，同比增长10.37%，增加17.2亿元，其中泥草房改造投资达137亿元，省政府还安排了1.6亿元泥草房改造补助资金。省级泥草房改造30个示范村和150个试点村，经过两年的努力示范村和试点村泥草房改造全部完成，住房条件、基础设施、村容村貌发生巨大变化，示范村和试点村泥草房改造分别完成4429户、11100户。全省完成22.2万农户改造泥草房、改造建筑面积1878万平方米的任务。

【县域村镇体系规划与基础设施建设】 组织编制10个县域村镇体系规划、86个小城镇总体规划和1129个村庄建设规划。其中完成国家下达的农村危房改造1.52万户。新建住房中节能省地型住宅达17.76万户，占新建房总数的80%。全省村镇基础设施达32亿元。村镇铺装砂石以上道路2860公里，其中铺装硬化道路1670公里，道路铺装率达到68%，新增自来水受益人口36万人，自来水普及率达56%。组织开展了环境综合整治活动，村容村貌普遍得到了变化，全省新增垃圾箱1.46万个，改建标准厕所1.56万座，石砌明沟暗渠1925公里，绿化850万株，新增绿地面积460万平方米，加强了服务与指导。省建设厅组织培训了130多名农村建筑节能人才，全省培训村镇建筑工匠及基层村镇建设管理人员达2600多人次。组织各地建设部门设计一批农村节能住房图纸，印制成册，免费送往农村共计6万册，为农民建房选用。

五、建筑业

【建筑业概况】 2009年，全年实现建筑业总产值1342.4亿元，增加值510亿元，与上年相比分别增长29.5%和26%，其中对外工程合同款144.4亿元，与上年相比增长1.2倍，建设工程质量和安全监管工作成效显著，组织开展全省建筑市场检查，共检查180家建筑施工企业、385项在建工程、依据建筑市场管理法律法规对43项工程的责任主体单位给予行政处罚，暂扣34家施工企业安全生产许可证。全省建筑业企业信用体系建设取得新的成效。全省共有1312家二级以上企业参加本年度信用评价，其中优秀企业75家占5.7%，良好企业315家占24%、合格企业868家占66.2%、不合格企业54家占4.1%。全省新建工程应招标工程3469项，工程投资额551.91亿元，实行招标工程3441项，中标金额519.91亿元，招标率达到99%，其中应公开招标工程1852项，全部进行公开招标。建设工程质量监督覆盖率达到98%，竣工合格率达到100%，事故发生率和死亡人数同比下降58.5%和50%。

【勘察设计市场管理】 登记在案勘察设计单位共372家，其中哈尔滨市共计203家，齐齐哈尔市32家，牡丹江市19家，佳木斯市19家，大庆32家，农垦总局22家，其余地市45家。涵盖了建筑、市政、电力、水利、交通、轻工、农林、石化、冶金、商物粮、广电等14个行业，缺少军工、机械、核工业、建材、铁道、民航、海洋行业的设计单位，市政行业的轨道交通专业设计资质在黑龙江省也是空白。各类甲级专业资质77家，乙级189家，丙级106家。

勘察设计行业从业人员登记在案10593人（为中级技术职称以上人员），总体从业人员应在两万人左右。已实行注册制度的专业为注册建筑师、注册结构工程师、注册岩土工程师，共计1949人；其中一级注册建筑师330人，二级建筑师678人，一级注册结构工程师581人，二级结构师192人，注册岩土工程师168人。

2009年黑龙江省勘察设计行业营业收入合计42.6亿元，其中工程勘察收入3.5亿元、工程设计收入24.2亿元、工程承包收入13亿元、技术服务及其他2亿元。以地区划分，哈尔滨和大庆各20亿左右，齐齐哈尔、牡丹江、佳木斯各4000万左右。以行业划分，建筑行业勘察设计收入占60%左右，其他行业占40%左右。其中大庆油田工程有限公司年营业收入9亿元以上，是黑龙江省惟一的工程设计综合资质甲级企业，建筑行业的，哈尔滨工业大学建筑设计研究院的年营业收入近2亿元。2009年的勘察设计行业营业收入比上年增加20%左右。

【勘察设计质量工作】 黑龙江省每年都在全省开展房屋建筑和市政基础设施工程勘察设计质量的检查工作。施工图审查环节是建设工程质量管理环节中重要的一环,黑龙江省截至2009年共有施工图审查机构29家,其中哈尔滨市共计9家,齐齐哈尔市2家,牡丹江市3家,佳木斯市2家,大庆3家,鸡西2家,农垦总局2家,黑河、双鸭山、绥化各1家。黑龙江省对各地市施工图审查机构加强管理,严格落实审查人员的资格认定,并下发了一系列实施细则,全面推进施工图行政审查的管理工作,加强政府对企业市场行为的监管,严格施工图审查合格书的发放,逐步规范了施工图审查市场。

六、建筑节能与科技

2009年,严格执行节能建筑审查和审批制度,对全省新建建筑实施了闭合式管理、一条龙把关,建筑节能标准执行率设计阶段达到100%,施工阶段达到98%;全省已建成节能建筑1.5亿平方米,新建建筑热计量装置安装在设计阶段基本达到100%;推进可再生能源建筑应用示范项目、太阳能光电建筑应用示范项目和节约型校园项目等9个,开展了可再生能源建筑应用示范市1个、示范县2个;既有居住建筑供热计量及节能改造工作进展顺利,对全省节能改造项目进行了逐项督办检查并在鹤岗市召开现场会交流经验,提出了要求,会同省财政厅下发国家奖励资金。全省完成"十一五"期间国家下达的1000万平方米既有建筑节能改造任务;太阳能热水系统与建筑一体化应用已达到500万平方米,地源和水源热泵供热应用面积达到300万平方米;加强对合同项目的跟踪管理及课题验收,编制了《黑龙江省可再生能源应用省级配套建设实施方案》,中法合作编制了《黑龙江省农村节能住宅设计指南》,13项优秀成果获2009年度黑龙江省城乡建设科学技术奖;完善了地方标准,编制了《黑龙江省工业节能厂房建设技术规程》等20多个地方标准,全省建筑节能技术标准体系建设处于全国领先地位;墙改"禁实"目标逐步落实,新型墙体材料广泛应用,实现了黏土砖产量控制在65亿标砖以下目标,全省新型墙体材料生产比重达到47%,建筑应用比重达到50%;开展建筑节能宣传周活动,提高了全民的节能意识。

(黑龙江省住房和城乡建设厅)

上 海 市

概 述

2009年,上海住房和城乡建设成绩显著。全年城乡基础设施建设围绕上海建设国际金融中心、航运中心国家战略和中国2010年上海世博会目标,积极推进实施。全年完成城乡基础设施投资2113.45亿元,同比增长21.9%,占全市社会固定资产总投资的40.1%。其中完成电力建设投资253.39亿元、交通运输978.24亿元、邮电通信122.66亿元、公用事业135.95亿元、市政建设623.21亿元;同比分别增长95.6%、16.6%、13.0%、20.5%和14.7%。世博会场馆工程主要项目"一轴四馆"和配套路网项目、中心城路网改造及新建路、人民路、西藏南路越江隧道工程年内相继完成;重要交通设施项目上海长江隧桥、申嘉湖高速、郊区环线东段、内环线浦东南段、机场高速公路、沪杭高速上海段改建、虹桥机场扩建、苏申外港线航道整治及轨道交通7号线、8号线二期、9号线二期、11号线北段一期等一批重大基础设施建成投运。全市轨道交通运营总里程达到355公里,高速公路网通车里程达到767.5公里,基本形成枢纽型、功能性、网络化体系。京沪高铁、沪杭高铁、虹桥综合交通枢纽、崇启通道等一批在建项目有序推进。重大工程建设安全、质量总体受控。落实房地产市场调控政策措施,加快保障性住房建设,全市完成房地产开发投资1464亿元,同比增长7.1%。对口支援四川都江堰灾后重建工作有序推进,62个交钥匙工程中已有40个项目竣工,完成预算总投资70%。

城市管理围绕迎世博600天行动计划,全面完成行动计划纲要明确的三大工程30项任务,全市市容市貌明显改观,市民生活、工作环境改善,得到群众拥护和社会认同。实施的高架、江河、交通干线、重要地点和世博周边等五大战役硬件建设基本完成。清洁建筑立面1亿多平方米,整治店招店牌8.8万多幅,综合整治架空线230公里,整治公路675公里,完成城市道路车行道、人行道整治面积1800万平方米,完成绿化整治、调整3648公顷。"城市清洁"行动和郊区"百镇千村"清洁保洁行动深入推进。户外广告、渣土处置、违法建筑、施工扰民等重点顽症整治取得积极成效,拆除和调整户外广告6.4万多幅,拆除违法搭建530万平方米。制定实施35项标准规范和25项法制保障项目。城市网格化管理覆盖全市所有区县,网格化案件结案率98%。城建热线"12319"全年受理市民来电超过40万件,同比上升37%,办结率97.5%。夏令热线满意度保持80%以上。继续深化新一轮公交改革,基本形成浦东、浦西两大主体板块和郊区"一区一骨干"的公交企业经营格局,行业公益性特征进一步突出,市场化运营机制进一步完善。全年优化调整公交线路260条,其中开辟城乡巴士50余条。公共交通在全市出行方式中所占比重超过29%,日均公共交通客运量达到1405万人次,同比增长4.6%;换乘优惠和老人免费乘车政策日均惠及市民276万人次,市民公交出行成本下降15%。

城乡环境建设保护和节能减排工作有序推进。年内加快实施上海第四轮环保三年行动计划,按期建成白龙港污水处理厂升级改造、扩容等项目,全市城镇污水处理率超过78%。严格执行新建建筑节能标准,完成既有建筑节能改造600万平方米,推进节能65%的居住建筑试点和可再生利用示范项目建设,完善政府办公建筑和大型公共建筑节能监管体系。推进交通运输节能减排工作,全年更新公交车3300余辆,国Ⅲ和环保车辆比例达到公交车辆总数的50%多。实施青草沙水源地、大型公共绿地、世博场馆配套绿化、外环林带、崇明东滩互花米草生态控制、西郊淀山湖湿地修复等生态环境建设项目。全年新增绿地1040万平方米,城市化地区绿化覆盖率超过38%。

旧区改造突出保障民生,加大工作力度。在前四年探索试点基础上,积极推进旧区改造动拆迁工作的事前征询、"数砖头加套型保底"、就近安置等新机制。全年拆除二级旧里以下危旧房屋100万平方米,开工建设经济适用房项目400万平方米。加快推进8个大型居住社区配套商品房建设,完善市政道路、公共交通、教育、卫生、商业等设施配套。颁布实施了《上海市经济适用住房管理试行办法》及配套文件,启动徐汇、闵行两区经济适用房配售工作试点。进一步扩大廉租住房政策受益面,全年新增受益家庭约1.4万户。研究制订单位租赁房建设和使用管理试行意见。完成年度市政府实事项目旧居住区综合改造、2000户农村低收入户危旧房改造工作,实施了1257万平方米高层旧住房、3274万平方米多层旧住房的综合改造,惠及居民200万人。实施旧住房"二次供水设施改造"5828万平方米,98万户居民直接受益。

一、住房保障

【动迁安置房(配套商品房)建设】 2009年,上海市动迁安置房(配套商品房)根据"服务旧区改造,服务重大工程、服务百姓安居"的原则,按照"开工一批、建设一批、储备一批"的要求,全年动迁安置房项目共认定地块70幅,规划用地面积约662.27万平方米,规划建筑面积982.63万平方米;完成土地招标67幅,供应土地约451.03公顷;实现新开工面积约836万平方米(其中市属项目新开工约310万平方米,区属项目新开工约526万平方米),竣工约448.57万平方米;总计搭桥供应房源约558万平方米;完成投资约207.93亿元,顺利推进了上海世博、高架、轨道交通等市重大市政、重点旧改项目动迁。

【经济适用住房建设】 2009年,根据"政府主导,市场运作,市区联手,定向供应"的原则,按照市委、市政府的部署,上海市经济适用住房建设项目再次被列入市重大工程,并确定了"2008、2009两年开工建设600万平方米经济适用住房"的目标任务。新开工项目主要分布在杨浦、宝山、闵行、青浦、嘉定、松江、虹口、普陀等区。2008、2009两年累计开工经济适用住房约605万平方米,可供预售面积约140万平方米,顺利完成市重大工程建设目标。

【大型居住社区建设】 2009年一季度,上海市对重点推进的大型居住社区原基地进行了拓展,研究确定了"以区为主、企业集团对口大基地"的建设机制,并成立了"上海市大型居住社区建设推进办公室(简称'市推进办')",上海市住房保障和房屋管理局作为市推进办成员单位及主要牵头单位,负责协调推进该项工作,按照"规划科学、配套健全、环境优良、工程优质"的目标要求积极推进,江桥、泗泾、浦江、周康航、曹路拓展基地于2009年二、三季度相继启动建设。

同时,按照市政、公建配套与住宅"同步规划、同步设计、同步建设、同步交付"的要求，通过广泛调研，在此基础上参与形成《关于推进上海市大型居住社区市政公建配套设施建设和管理若干意见》（沪府发〔2009〕44号），为配套建设全面展开打下了政策基础。截至2009年底，启动实施的大型配套公建项目共53项，约37.7万平方米；绿化项目11项、用地面积约21.3万平方米；启动建设河道驳岸约18.7公里。

【迎世博600天建筑整治】 为贯彻落实上海市迎世博加强市容环境建设和管理600天行动计划，上海市住房保障和房屋管理局牵头全面开展迎世博建筑整治工作，其中包括综合改造4400万平方米多层旧住房，综合整治1500万平方米高层旧住房，整修清洁9600万平方米建筑外立面。

迎世博建筑整治工作着眼于改善居住功能与整治建筑立面的结合，通过对旧住房屋顶墙面的修缮补漏、翻新改造，小区沟路、绿化的整治，各类管线（上、下水管、电线）的疏通更换以及对住宅内部公共部位的清理修缮等工作，解决居民的"急、难、愁"居住问题，从而保障房屋的基本居住功能和安全使用，改善了居民居住环境。自迎世博建筑整治启动伊始，截至2009年12月底，全市实施高层综合整治1510万平方米，竣工1297万平方米；清洁立面9771万平方米，竣工9514万平方米；多层综合改造4702万平方米，竣工4454万平方米。达到目标计划。

【进一步放宽准入标准，不断扩大廉租住房受益面】 研究制订进一步放宽廉租住房准入标准政策，经政府常务会议批准后，市政府下发《关于调整本市廉租住房准入标准继续扩大廉租住房受益面的通知》（沪府发〔2009〕56号），将廉租申请家庭收入准入标准从人均月收入800元以下调整到960元以下，家庭财产准入标准从9万元以下调整到12万元以下。国务院总理温家宝在有关材料上做出重要批示，认为上海不断放宽廉租住房准入标准的做法值得重视。

按住房城乡建设部统计口径，2009年上海市新增廉租住房受益家庭1.8万户，其中低收入家庭约占52%；截至2009年底累计廉租住房受益家庭达6.6万户，廉租住房受益面不断扩大。

【推行实物配租新机制，扩大实物配租保障范围】 在全市各区县全面推行实物配租新机制，进一步探索和健全相关运行管理机制；通过调查研究，制订下发廉租住房实物配租管理补充规定，进一步扩大了廉租实物配租保障范围。

【采取多种方式，大力筹措廉租实物配租房源】 通过配建、改建、收购等多种方式，大力筹措廉租实物配租房源，全年共新筹措廉租实物配租房源2100余套、11万平方米。

【制订廉租住房三年规划，确定2009年廉租住房工作任务目标】 为积极推进扩大廉租住房受益面工作，会同市建设交通委、发展改革委、财政局、规划国土资源局，制订下发了《上海市2009～2011年廉租住房保障规划》；市政府办公厅下发了《关于推进落实本市2009年廉租住房工作目标的通知》（沪府办〔2009〕80号）；会同市政府相关部门，对各区县廉租住房工作进行不定期检查和抽查，保证廉租工作年度目标落到实处。

【初步构建上海市经济适用住房政策体系】 在《上海市经济适用住房管理试行办法》制订工作基础上，根据市委、市政府工作要求，2009年初开展公开征询市民意见工作。在对市民反馈的意见建议进行了归纳汇总后，对《试行办法》进行了修改完善，会同市政府法制办再次征询各区县政府、市政府各有关部门修改意见，按程序上报市政府，经市政府第47次常务会议审议通过，于2009年6月24日颁布实施。

按照经济适用住房"管理、建设、供应、退出"四大机制要求，梳理出应制订的配套文件18件，以市政府专题会议纪要形式，明确配套文件的制订部门，加快建立上海市经济适用住房政策体系。2009年下半年制订并颁布了试点工作使用的《申请购买经济适用住房准入标准和供应标准（暂行）》、《申请、供应和售后管理实施细则》、《申请对象面积核查办法》、《申请家庭经济状况核对实施细则（试行）》、《经济适用住房预（出）售合同示范文本（2009年版）》等配套文件，保证经济适用住房申请、受理、审核、供应各项规定的试行有章可循。

【开展经济适用住房申请审核和轮候供应的试点工作】 《试行办法》颁布实施的同时，市政府确定在闵行、徐汇两区开展试点工作。为保证试点顺利开展，主要开展了以下方面工作：一是会同试点区筹措试点供应房源，并会同市物价部门核定首批供应房源的销售基准价格；二是指导试点区制订试点工作方案，推动街镇基层保障机构的筹建；三是拟订申请审核应用表式，委托专业机构研发摇号排序应用软件，经公证部门公证后封存等待启用；四是策划新闻宣传方案，开展政策解读、信息发布、情况通报工作，加强与媒体的沟通交流，营造了良好的舆论氛围。截至2010年1月17日，两试点区受理居民申请分别为1979户、587户，合计2566户。

二、住宅与房地产业

【新建住宅交付使用及质量管理】 2009年,上海市累计审核发放新建住宅交付使用许可证443件,计7262幢、2044万平方米。其中,上海市住房保障和房屋管理局发证45件,计334幢、189万平方米;区(县)局发证398件,计6928幢、1855万平方米。

依法行政,规范操作,加强了对区(县)局新建住宅交付使用审核发证工作的指导、监督和检查。组织开展全市交付使用执法检查,共抽查档案资料216件。制定出台了《上海市新建住宅交付使用许可规定》实施细则,强化了公建配套设施与住宅同步建设、同步交付的审核要求,并建立了高效、透明的新建住宅交付使用审核信息管理系统。

分批组织全市主要开发企业和各区(县)房管部门住宅建设管理人员,共327人进行了业务培训。培训内容聚焦交付使用管理、节能资金扶持、65％居住建筑节能标准、全装修建设管理、节能公示、新版"两书"、住宅性能认定等方面的最新政策解读;还邀请了市建交委、市建科院以及市房管局等相关文件编制单位的领导和专家负责主讲,促进了相关从业人员业务和管理水平的进一步提高。

继续推进新建住宅质量管理工作,要求各区(县)局加强对住宅开发企业质量行为的监管,着重制度建设、规范管理,研究修订了"新建住宅质量保证书"和"新建住宅使用说明书",进一步明确开发企业的主体质量责任和新建住宅的使用功能和维护要求。同时要求以开发企业以防治质量通病为重点,进一步加强建设全过程的质量管理工作,为新建住房交付使用和节能省地型"四高"小区的创建,打下可靠的质量基础。全年各区(县)局共对280个在建住宅项目进行了专项检查,比2008年增加6.4％。

【"四高"优秀小区建设】 根据《指导意见》的精神,以拓展"四高"优秀小区创建内涵为理念,实现"四高"优秀小区和住宅性能认定工作整合。上海市各区(县)房管部门积极开展创建节能省地型"四高"优秀小区工作,完成"2009年创建上海市节能省地型'四高'优秀小区"项目53个,建筑面积963万平方米,超额完成年初确定的创建50个小区的目标。其中12个项目,通过国家住房和城乡建设部2A级或3A级住宅性能认定的预审(终审)。各区(县)房管部门加强住宅建设全过程的监管与服务,引导开发企业在确保"四高"优秀小区工程质量、完善居住功能、增加科技含量的基础上,提高节能环保技术应用的集成度,徐汇苑等39个小区被命名为"2009年度上海市节能省地型'四高'优秀小区",切实发挥了创建项目的引领和示范作用。

同时,以"四高"优秀小区为载体,推进住宅产业现代化,在三湘四季花城、临港新城配套房、达安春之声花园、瑞安创智坊、中大九里德等小区开展试点,探索适合上海居住区的建筑一体太阳能、空气源热泵热水系统、地源热泵等可再生能源技术体系,并开展试点项目的后评估工作。

【房地产市场调控】 2009年,积极贯彻落实国家和上海市支持住房消费和房地产开发投资、加快保障性住房建设等政策措施,年初确定了全年房地产投资消费目标,按季度积极推进,加强全市住宅项目跟踪监测,促开工、促销售。在国家和上海市鼓励居民合理住房消费等政策措施综合作用下,上海市房地产业恢复发展较快,开发投资小幅增长,商品房成交面积同比大幅上升,保障性住房建设供应按计划推进,年初确定的房地产开发投资和新建商品房销售等目标均已超额完成。在应对国际金融危机过程中,房地产业对于提振信心、活跃市场、改善居民住房条件,实现保增长、扩内需、惠民生的目标发挥了积极和重要的作用。但2009年下半年,上海市也出现了地价、房价上涨过快的问题。2009年12月,国务院常务会议要求继续综合运用土地、金融、税收等手段,加强和改善对房地产市场的调控,上海坚决贯彻执行,12月29日,市政府办公厅转发了上海市住房保障和房屋管理局等五部门《关于本市贯彻国务院常务会议精神进一步促进房地产市场健康发展的实施意见》(沪府办发[2009]58号),从税收信贷政策调整、加大普通商品住房供应、加快推进住房保障、加强市场监管四方面采取措施,遏制地价、房价过快上涨。

【房地产开发投资】 2009年,上海市完成房地产开发投资1464亿元,同比上升7.1％,其中住宅投资919亿元,同比上升8.9％。房地产开发投资占全社会固定资产投资的27.8％。2009年1~12月房地产开发投资达到全年目标(1430亿)102％。

2009年全市新建住房新开工面积1721万平方米,同比下降2.3％;竣工面积1509万平方米,同比下降14.4％。

【商品房成交情况】 2009年上海市新建商品房销售面积3372万平方米,同比增长46.9％,其中新建商品住房销售面积2928万平方米,同比增长48.9％;2009年1~12月新建商品住房销售面积已达到全年目标(2300~2350万平方米)125%。

【商品住房价格情况】 2009年下半年以来,随着房地产市场的回升,市场供需矛盾加剧,上海市地价、房价上涨过快,据市统计局统计,2009年全年上海市新建商品住房价格指数累计环比为9.2%,存量住房价格指数累计环比为7.5%。

【加强房地产市场分析和调研】 继续加强房地产市场监测分析。一是每月跟踪分析房地产市场运行情况,重点分析市场存在的问题及原因,研究判定下一步市场走势,提出了加大保障性住房和大型居住社区建设开工力度、加大土地供应力度、突破土地供应"瓶颈"、加强开发项目跟踪管理和开展全市房地产市场秩序检查等措施预案,上报市委、市政府。二是开展区域房地产市场调研工作,由局分管领导带队,深入卢湾、普陀、宝山等区房管部门,调研区域房地产市场运行情况,详细了解区域房地产市场供求状况、后市判断、存在问题以及应对措施预案,并通过月报等市场分析报告及时报给领导决策参考。

加强课题、立法研究。一是受住房和城乡部委托,开展"修订《城市房地产管理法》相关问题研究"的课题研究,按时完成起草房地产法修订的框架任务,上报建设部房地产市场监管司;二是开展"房地产开发企业资质管理课题"研究,主要研究如何加强和完善房地产开发企业资质管理,房地产开发企业注册登记和备案,提高市场准入门槛、严格市场退出机制,建立健全资质等级与土地使用权招拍挂相挂钩的管理机制,为房地产企业资质管理立法提供依据。

【加强房地产市场监测和监管】 积极贯彻落实市政府关于促进房地产健康稳定发展的会议精神,促开工,促销售,稳房价,加强监测监管。一是建立和完善商品住房项目跟踪调查制度,组织区县全面核查已批未建、已建未售项目情况,建立"一地、一表、一档案",在此基础上掌握2009年度全市商品住房项目的上市数量和上市进度;细化项目调查、处理口径,特别是对已达预售标准未申请预售和已竣工未销售项目,分析原因,创造条件,促进上市销售。二是进一步规范商品房销售行为,促进上市销售,6月份印发《上海市商品房销售方案备案管理暂行规定》,加大对销售方案的审核,加强定价引导,同时重申3万平方米以下的楼盘必须一次上市,住房和城乡建设部对此予以充分肯定,已向全国转发。三是开展房地产市场秩序专项检查,9月份印发《关于开展房地产市场秩序专项检查的通知》,重点检查捂盘惜售、虚拟交易、哄抬房价等违规情况,以及外资购房情况。四是开展房地产开发企业资质梳理工作,对房地产开发企业进行全面梳理,重点梳理取得暂定资质超过一年的企业在建、在售项目情况。五是推进存量房交易资金监管试点工作,已在上半年会同银监部门进一步完善了监管方案,部分单位已开展试点。

【加强房屋租赁管理】 2009年,继续以整治"群租"工作为重点。上海市住房保障和房屋管理局作为牵头单位,在相关职能部门和各区县的支持配合下,充分发挥组织、指导和协调作用,推动整治工作不断深入,并进一步将整治"群租"与世博安保要求有机衔接,使整治工作上了一个新台阶,取得了明显成效。截至2009底,全市共整治"群租"11000多户,700多个住宅小区基本消除了"群租"安全隐患,圆满完成市综治委下达的三年整治任务。

同时,积极配合做好"两个实有"管理全覆盖工作,成立专项工作组,明确职责分工,抓好工作落实。2009年全力配合市公安局建立上海市实有人口信息管理系统二期工程,已多次向市公安局提供了全市已建三维建筑模型数据:4月提供了截止2008年底已建的模型数据共8000多个;8月又提供了最新覆盖郊区建成区的模型数据,并根据市公安局提供的户籍数据与房屋产权数据进行比对,将比对结果及时反馈市公安局。

【完善业主大会、业主委员会建设管理】 2009年,上海市政府转发了上海市住房保障和房屋管理局拟定的《加强业主大会、业主委员会规范化建设的若干意见》。进一步明确了业主、业主大会、业主委员会在物业管理中的权利义务,细化业主委员会成员条件,完善业主大会会议表决票送达方式,健全业主委员会备案手续完善业主委员会组建和换届办法,规范维修资金的使用和物业服务企业的选聘,进一步理顺政府各部门管理职责,强化对业主委员会的指导和服务,对进一步正确认识业主大会制度,完善业主委员会组建、换届和日常运作,夯实业主委员会运作基础,促进社区和谐起到积极的推动作用。

【开通962121物业服务热线】 2009年7月23日,上海市住房保障和房屋管理局在徐汇区康健社区广场举行了962121物业服务热线开通仪式,市建设交通委副主任、上海市住房保障和房屋管理局局长刘海生,新民文汇报业集团党委委员、新民晚报社党委书记吴芝麟、上海市住房保障和房屋管理局副局长黄永平，徐汇区人民政府副区长汤志平出席开通仪式。

全新开通的962121物业服务热线，面向全市10000余个居民住宅小区，服务上海市500万家庭，受理市民群众物业服务诉求。962121物业服务热线按照受理、派单、处置、反馈、回访、统计六个环节的闭合业务流程，对涉及物业应急维修服务和投诉咨询实行全过程监管。同时，通过运用现代统计分析手段，对物业服务企业的服务行为进行量化考核，考核的结果将纳入企业和从业人员的诚信档案，与物业服务企业的招投标、企业的资质管理、从业人员资格管理、评先创优等挂钩。

【探索建立文明居住长效管理机制】 针对当前居民住宅小区中存在的高空抛物、乱扔垃圾、宠物随地便溺、违法搭建、楼道堆物等不文明居住现象，上海市住房保障和房屋管理局以迎世博为契机，联合市文明办在上海市住宅小区中广泛组织开展"迎世博，建和谐家园，创文明小区"主题活动。在全市住宅小区广泛开展"文明居住大讨论"、"人人动手清洁家园"等活动；在东方网举办人大代表、政协委员参加的文明居住座谈会、文明居住网络调查、领导在线访谈等活动；在中国上海门户网站开展专家在线访谈活动；印制10万份文明居住调查问卷进社区调查等。系列活动的开展，引起了主流媒体和广大市民的普遍关注。

【深化物业服务窗口行业迎世博工作】 建立督查机制，加大检查力度。建立市、区县房管局、房管办事处三级督查队伍，开展物业服务质量和世博安保工作的监督检查。市局、区县房管局、房管办事处督查队（组）每月定期和随机督查住宅小区物业服务质量状况和世博安全防范工作落实情况，及时发现存在问题，督促落实整改措施，指导物业服务企业做好相关工作。上海市住房保障和房屋管理局组织巡查小组，两次抽查了19个区县1200余个居民住宅小区"四查制度"落实情况和物业服务质量状况，并对存在问题落实整改措施，对存在问题的物业服务企业发出整改通知书，对相关小区经理记分并记入小区经理诚信档案。

推行行业规范，规范服务行为。在全市住宅小区推行《上海市住宅物业服务规范》，上海市2400余家物业服务企业根据市房管部门的要求，将《上海市住宅物业服务规范》在10000余个住宅小区中予以公布，接受业主和使用人监督。

公开服务承诺，主动接受监督。根据迎世博，提升窗口服务行业服务水平的要求，制定了《上海市物业服务行业服务承诺》（以下简称《服务承诺》），要求上海市2400余家物业服务企业将《服务承诺》在10000余个住宅小区公布上墙，主动接受市民群众监督。

开展练兵比武，提升服务能力。根据市总工会有关要求，市局组织房管行业广泛开展比武练兵活动，通过多层次、全覆盖的比武练兵，激发物业服务行业广大干部职工服务世博、参与世博的热情，提升服务技能和服务水平，推动行业服务市民、服务世博能力的整体提高。在各区县广泛开展比武练兵活动的基础上，2009年10月17日，举行了上海市房管行业"世博杯"职业技能练兵比武总决赛，推动了物业服务窗口行业"迎世博"各项工作的落实。

开展住宅物业保安世博安保培训工作。根据世博安保工作的任务和要求，市局组织编写《住宅物业保安培训教程》，包括反恐怖基本知识、住宅物业消防安全常识和物业保安日常行为规范等三个方面的主要内容，于2009年9月中旬至12月，组织全市2400多家物业服务企业安保部门负责人、近10000个居民住宅小区物业保安主管共12000余人进行世博安保培训，提高住宅物业保安骨干队伍素质。同时，市局专门制作世博安保培训DVD教学光盘，下发各区县房管局，用于一般保安从业人员的培训。

开展物业服务窗口行业公众满意度测评。2009年，继续深入开展物业服务窗口行业公众满意度测评工作。测评范围覆盖全市实施物业管理的住宅小区，按照商品房、售后房和公房小区进行分类测评，并为各区县和物业服务企业提供测评报告，帮助企业不断提高服务水平。2009年全市物业服务社会公众满意度分值为81.5，比2008年下半年度上升0.32分。

【调整完善拆迁补偿安置政策】 为完善上海市城市房屋拆迁补偿安置政策，更好推动旧区改造工作，按照市领导统一要求，通过一年多的深入调研及试点，基本形成了"数砖头加套型保底"为主要内容的拆迁补偿安置新政策，并于2009年3月27日出台了《关于调整完善本市城市房屋拆迁补偿安置政策试点工作的意见（征求意见稿）》。在黄浦区开展"数砖头"试点的基础上，在杨浦、卢湾、闸北、虹口、静安等区扩大"数砖头"政策试点范围，并对已经进入收尾阶段的试点基地进行总结，同时，启动了《上海市城市房屋拆迁管理实施细则》的修订工作，对于一些不适合新情况新形势的条款进行修改，进一步完善拆迁政策法规体系。

【扩大试点旧改基地"事前征询制度"】 在旧区改造基地，为充分尊重居民意愿，对旧改地块实行"事前征询制度"。上海市住房保障和房屋管理局和市建交委联合下发了《关于开展旧区改造事前征询制度试点工作的意见》（沪建交联［2009］319号）。事前征询制从拆迁启动时引入民意，由居民决定是否动迁，并由居民参与拆迁补偿安置方案的制订；同时，签订附条件的拆迁协议，当签约率达到一定比例，协议生效。杨浦区、卢湾区、静安区、虹口区等新开旧改基地基本采取了事前征询制的做法，有效地增强居民的参与意识，增进了与居民的沟通，使拆迁建立在良性互动的基础上，许多基地第一天签约率就达到了30％以上，试点基地均在规定时间达到了生效比例，取得了良好的社会效果。

【实行拆迁补偿安置"结果公开"制度】 通过不断探索试点，并结合开展"创建规范拆迁示范点"活动，深化阳光拆迁，要求对拆迁补偿安置结果公开，各基地通过设置电子触摸屏、结果公示栏、张贴拆迁协议等方式，将每户居民的拆迁补偿结果实时反映，杜绝暗箱操作，让居民放心，加快了签约进度，减少了拆迁矛盾，营造了和谐的拆迁氛围，并与市监察局联合制定了《关于房屋拆迁补偿安置结果公开的实施意见》，将进一步在全市实行。

【加强拆迁监督管理】 通过开设"应届毕业生拆迁行业招聘专场"，严格培训、复训，提升拆迁行业水平素质。进一步加强对拆迁全过程的监管，查处违规违法行为，确保拆迁工作规范运作。

新制定了《上海市城市房屋拆迁单位管理实施办法》和《上海市房屋拆迁工作人员管理试行办法》，创立"记分制"管理办法，完善了拆迁单位和拆迁工作人员的准入、检查、考核、惩处机制，并对拆迁公司和拆迁工作人员实行网上公开管理，接受社会和广大市民的监督。

【提升信息化管理水平】 对全市在拆基地进行拆迁许可证换发工作，升级拆迁信息管理系统，将全市基地纳入信息管理系统，并对停滞基地进行梳理，全面监控在拆基地状况。同时，在卢湾区、虹口区探索试点"电子协议"，将拆迁基地居民信息全部纳入电脑光盘，通过电脑打印方式签约，进一步完善拆迁基地信息化管理，规范拆迁操作。

【完善第三方参与机制】 为创新拆迁模式，完善第三方评议制度，在拆迁基地设立由公信人士组成的监督评议小组，加强对拆迁工作的监督，确保拆迁行为依法，同时，开展"律师参与拆迁工作"。结合与市律师协会的《律师参与城市动拆迁工作的机制研究》课题成果，进行了大量的调研工作，并听取相关拆迁基地实践做法以及有关专家意见，形成了初步意见，并在杨浦区、闵行区进行试点。

【积极推进"迎世博"及重大工程拆迁】 2009年，上海市住房保障和房屋管理局对上海市拆迁停顿基地进行了梳理，重点整治56块停顿基地，完成整治32块，还剩余24块停顿基地。会同世博600办指挥部视察了浦东、卢湾、黄浦、徐汇等区的在拆基地，基本做到路通、垃圾清、拆房不扰民，得到了相关领导的肯定。同时，对全市重要路段在拆基地的"脏、乱、差"顽症进行了整治，通过以点带面，使在拆基地环境取得了明显的效果。此外，根据市府重点保证世博配套、轨道交通、重大市政项目的建设、旧改项目拆迁需要的要求，参与上述项目的前期协调工作，在符合有关法律法规的基础上，加快项目的拆迁审批速度，加大项目的推进力度。

【推进重点地块及成片旧区改造】 2009年，上海市、区相关部门认真贯彻落实市政府《关于进一步推进本市旧区改造工作的若干意见》精神，并积极指导各区县开展事前征询、数砖头加套型保底、结果公开等旧改新机制，同时重点推进闸北区"北广场"、黄浦区董家渡13A、15A等五大旧区改造重点地块，居民动迁工作取得重大突破。2009年，上海市中心城区共拆除二级旧里以下（认定旧式里弄房屋承重墙厚度为10寸，非承重墙厚度为5寸的为二级旧里）房屋100.4万平方米，动迁居民3.6万户。比2008年增加40％。

（上海市住房保障和房屋管理局）

三、城市建设

【概况】 2009年，上海市政基础设施建设管理突出推进枢纽型、功能性、网络化的体系和世博会配套项目建设。全年完成投资市政建设623.21亿元；同比增长14.7％。其中世博园区配套路网包括西藏南路、南车站路、内环线浦东段快速化改建工程等29个子项目；世博园区主要基础设施项目包括道路、集散广场、人行平台及综合广场、给排水工程、绿地工程、地下空间工程等74个子项目。各项工程顺利推进，并于年底基本完成。轨道交通7号线、8号线二期、9号线二期、11号线北段一期建成投入运营；10号线、13号线世博段即将投入运营，轨交运营里程超过350公里，计划世博前达到400公里以上。长江隧桥建成投入运营，浦东"两环两道"建成通车。虹桥综合交通枢纽和外滩快速通道工程主体完工，计划2010年3月份投入运营。服务长三角区域联动的重大市政交通基础设施建设顺利推进。上海至杭州铁路客运专线、长江西路越江工程、杭申线航道整治工程等一批项目开工建设；沪常高速公路(S26)新建工程、京沪高速铁路上海段、13号线轨道交通工程、军工路越江工程等一批工程加快推进；虹桥国际机场扩建工程、新建路和人民路越江工程、中环线浦东段等一批工程基本建成。

【**广中路虹口段拓宽工程完工**】 年初，经一年多施工建设的市区交通主干道广中路(俞泾浦至水电路段全长1346米)拓宽工程竣工。道路路幅由原先的14米拓宽至40至50米，双向6车道，两侧各设非机动车道，人行道也相应拓宽，沿线增设3处港湾式公交车站，架空线已全部入地，道路照明、绿化等同步更新实施。此项工程的实施，改善了该地区原先交通拥堵不堪的现象。

【**常德路综合改造工程基本完成**】 年底，市中心城区的常德路综合改造工程，基本完成道路拓宽、架空线入地、公用管线更新、外立面整治、灯光绿化景观改造等5项任务。常德路综合改造工程南起延安中路、北至安远路，路幅由原先的9米多宽拓宽为32米，设4快2慢6车道，沿线道路景观得到彻底改观。

【**申嘉湖高速公路上海段建成通车**】 2009年底，申嘉湖(杭)高速公路上海段道路建成通车。申嘉湖高速公路上海段工程东起浦东国际机场，接南进场道路，西至枫泾镇北部市界与浙江段道路相接，途经浦东新区和闵行、松江、青浦、金山5区，全长83.5公里，横贯上海市域中南部，是上海境内最长的东西向高速公路。工程总投资163亿元人民币，其中浦西段83亿元，闵浦大桥29亿元，浦东段51亿元。工程建设中突出环保理念，在黄浦江水源保护区沿线设置18座雨水沉淀池，路面雨水经沉淀池沉淀后集中排入水源保护区外的河道中。距居民区较近的路段严格进行环境影响评价，同步实施声屏障和隔声窗安装。申嘉湖高速公路上海段道路原名A15公路，前期研究起步于2003年，由浦东段、闵浦大桥和浦西段三部分组成，按120公里/小时车速设计，在嘉金高速立交桥以东设双向8车道，以西路段设双向6车道。浦东段道路主线长32.17公里，设枢纽互通式立交2座、互通式立交2座、部分互通式立交2座、分离式立交5座；闵浦大桥主线3.98公里，其中主桥1212米；浦西段道路主线长47.35公里，设枢纽互通式立交3座、互通式立交3座、部分互通式立交1座、预留互通立交出入口1对、单侧服务区1处。申嘉湖高速公路通车后，上海连接浙江的高速公路增加到4条，其余3条分别为沪昆高速公路(原沪杭高速公路)、沈海高速公路(原莘奉金高速公路)及沪渝高速公路(沪青平高速公路)。

【**闵浦大桥建成投用**】 年底，申嘉湖杭高速公路上海段跨越黄浦江的闵浦大桥，与道路工程同步建成通车。闵浦大桥是上海黄浦江上最大跨径、最大规模的桥梁，设计为双层公路斜拉桥。主桥建设中创造了双层斜拉桥主跨最长等多项桥梁世界纪录和自主创新成果。大桥边跨加劲梁采用桁架组合梁体系，结构形式新颖，具有很高的技术含量。闵浦大桥位于奉浦大桥与徐浦大桥之间，全长3982.7米，主桥全长1212米，一跨过江，主跨708米，是上海黄浦江上的第8座越江大桥。大桥上层为设计时速120公里的高速公路，桥面宽44米，设双向8车道，两侧设紧急停车带；下层桥面宽28米，为双向6车道的地方道路。大桥主塔为"H"形，塔高210米。大桥主跨主梁断面采用"倒梯形断面"的复杂结构，提高了钢材的利用率，使桥面受力更合理，体现工程建设经济性、安全性的统一。

【**上海长江隧桥建成通车**】 10月31日，上海长江隧桥工程建成通车。上海长江隧桥是上海长江隧道、长江大桥的统称，又称崇明越江通道、沪崇通道工程，是国家重点公路建设规划中上海至西安的组成部分。长江隧桥工程由长江隧道、长江大桥和地面连接道路组成，采用"南隧北桥"并预留轨道交通线路空间的建设方案，即以隧道形式穿越长江口南港水域，长约8.95公里，以桥梁形式跨越长江口北港水域，长约10.3公里，余为地面连接道路。工程南起浦东五号沟，经长江江底隧道直通长兴岛，再由长兴岛至崇明岛的大桥抵达明陈家镇，全长25.5公里，总投资126亿元。长江隧桥工程按高速公路标准设计，设双向6车道，设计荷载公路Ⅰ级，设计车速80至100公里/小时。长江隧道外径15米，分隔为上下两层，上层通行汽车，下层预留轨道交通空间。横跨长兴岛和崇明岛之间的上海长江大桥，主通航孔跨径730米，桥面预留轨道空间。工程于1993年启动前期研究，2003年2月经国务院批准立项，2004年8月国家批准项目可行性研究报告。2004年12月28日，上海长江隧桥工程正式开工。长江隧桥工程设计在满足功能需要的同时，充分考虑隧桥的防疲劳装饰、防眩目眼照明、雾灯诱导系统等细节。隧道进出口采用光过渡设计，光照度从进隧道前100米逐步递减，从出隧道前60米逐步增加，以增加行车安全安全。隧道内每隔25米设有一组泡沫水喷雾联用系统，隧道上下左右均设置应急通道。上海长江隧桥工程的建成通车，对改善长江口越江交通条件，优化上海交通网络体系，打通国家沿海交通通道，以及加快崇明生态岛建设，推动长三角地区经济社会发展具有重大意义。

【百年老桥外白渡桥完成大修】 4月11日凌晨4时，著名的上海百年老桥外白渡桥在完成大修，于前一日晚举行简短仪式后正式通车。外白渡桥位于苏州河下游河口，外滩黄浦公园西侧，前身为始建于1856年的木桥"威尔斯桥"，1876年，租界当局在其近侧建造木质浮桥，拆除威尔斯桥。1906年，为适应有轨电车的通行，租界工部局将此桥拆除，建造全钢结构的桥梁，并于1907年建成通车。桥上部结构为下承式简支铆接钢桁架，下部结构为木桩基础钢筋混凝土桥台和混凝土空心薄板桥墩，两孔跨径组合各52.12米，梁底标高5.75米，桥面铺设电车轨道。此即使用至今的外白渡桥。百年老桥承载着城市的荣辱，其交通功能已退居其次。2008年3月1日，上海正式启动对外白渡桥的迁移大修。4月6日，老桥桥身与桩基被分开，分南北两段桥面装上驳船，由拖船拖往上海船厂大修。上部结构大修包括纵横梁、桥面盆板的局部更换及补强加固，两侧人行道下的托架加固，钢桁架受力关键节点部件的更换并采取防腐措施，因撞击变形的部分部件的矫正，病害铆钉更换以及喷砂除锈和涂装工作等，修桥用钢215吨，更换铆钉6.3万个。大修以"修旧如旧"为原则，延续外白渡桥以铆钉工艺拼接钢板组成桥面的最大特色，使外表及工艺都实现"修旧如旧"。2009年2月25、26日两天，老桥在历时10个月的迁移大修后，分别被重新装上驳船运抵苏州河口，借涨潮之势安全越过新建的桥墩，完成复位。4月8、9、10日3天，外白渡桥在大修后通车前，先向市民开放3天，禁止车辆通行。

【苏州河桥梁大规模改造工程完工】 2009年内8月下旬启动的苏州河桥梁大规模整体综合整治工程，于10月底完成桥梁涂装，至年底基本完工。此次整治是苏州河桥梁有史以来第一次经历的大规模整体综合改造，涉及苏州河上乍浦路桥、四川路桥、山西路人行桥、浙江路桥、西藏路桥、乌镇路桥、新闸桥、成都路桥、恒丰路桥、普济路桥、长寿路桥、曹杨路桥、凯旋路桥、中山西路三号桥、强家角人行桥、古北路桥和真北路桥等17座桥梁。工程包括桥梁的外立面涂装、路面及人行道翻新、附属设施修补及美化，对苏州河东段的桥梁，同步实施增设夜景灯光和部分桥梁上的架空线入地等。此次大规模整修涉及苏州河上桥梁的一半以上，对交通有一定影响。施工部门加强与交警的协调，合理有序组织交通方案，尽量减少工程对市民出行的影响，同时将17座桥分3个标段错开施工，未出现大面积封桥施工。整治后，这批见证上海历史变迁的桥梁面貌焕然一新，使苏州河沿线更添浓郁的人文气息。与这批桥梁一并列入整治的，还有交通路立交、光新路立交、岚皋路立交、恒丰路立交和彭浦立交5座铁路立交桥。

【实施郊区农村村内道路建设和危桥改造】 2009年内，上海加紧实施郊区农村地区集体经济相对困难村的村内道路建设和危桥改造计划。截至年底，金山区完成道路建设686公里、改造危桥487座；松江区完成道路建设400公里、改造危桥400座；南汇区完区完成道路建设1079公里、改造危桥697座；奉贤区完成道路建设241公里、改造危桥317座；青浦区完成道路建设31公里、改造危桥55座；崇明县完成道路建设1378公里、改造危桥467座。

【浦东近年维修改造2000余座乡村危老桥梁】 浦东新区现有农村桥梁5533座，大多建于20世纪六七十年代，其中50%属危桥。近年来，新区每年平均投入8000万元，累计投入2.43亿元维修、改造农村桥梁2000余座。2009年共改造区、镇农村危桥500余座，其中70余座属经济薄弱村与偏远交界处河道上的桥梁，为历年最多。

【人民路、新建路两条隧道基本建成】 位于上海市中心城区黄浦江段的人民路、新建路两条隧道分别于年底基本建成。此两条隧道均为在建的外滩快速通道的组成部分。此前，两条隧道同时于11月20日试通车，以先期发挥其在越江交通方面的分流作用。人民路隧道全长2325米，为双管单层双向4车道，设计车速40公里/小时，限高4.3米。浦西在人民路河南路以西设主线出入口，在河南南路以东设有一组进出匝道。浦东在东昌路陆家嘴环路(原银城东路)以西设主线出入口，并设置一处西向北左转定向匝道，通过陆家嘴环路地道连接新建路隧道。人民路越江隧道位于上海市中心城区，连接浦西外滩、人民广场地区和浦东小陆家嘴地区，是两个CBD区域的重要连接通道。其建成有助于加强CBD区域的联系及分解延安东路隧道的交通压力。新建路隧道全长2355米，为双管单层双向4车道，设计车速40公里/小时，限高4.3米。浦西主线出入口位于周家嘴路以北、海伦路近海拉尔路，周家嘴路以南东余杭路设一进口匝道，唐山路近高阳路设一南向东定向出口匝道。浦东陆家嘴环路(原银城东路)东园路以北设主线出入口，东园路陆家嘴环路(原银城东路）以东设一进口匝道。新建路隧道的建成通车使北外滩和陆家嘴之间有了直接的联系通道。

【**轨道交通建设大面积丰收**】 2009年，上海市轨道交通建设获大面积丰收，一批共8条9段线路相继投入运营和进入调试即将开通。年内建成通车试运营的轨道交通线路为分别为轨道交通7号线、8号线浦东延伸段、9号线二期、11号线北段一期；实现车辆上线运行调试，计划2010年世博会前投入通车试运营的轨道交通线路分别为10号线、2号线东延伸段、2号线西延伸段、7号线北延伸段、13号线世博段。年内完成的轨道交通建设工程量，包括开工建设11号线北段二期、12号线、13号线一期3条新线的40座车站，完成在建线路轨道铺设232公里，8条线路、72座车站共60万平方米的"施工还路"，实施126个站点绿化恢复，以及衡山路、漕宝路等45座车站整容、整修和其他109座车站的整治。至2010年上海世博会前，全市轨道交通将形成由11条线路组成、总运营里程400公里，纵横交错、换乘便捷的基本网络，市民出行条件将得到极大改善。

【**虹桥枢纽市政配套工程基本建成**】 至年底，上海虹桥综合交通枢纽市政配套工程，经为期两年半的建设，道路、桥梁工程已基本建成，河道水系、绿化景观、雨污水系统等也累计完成总投资的85%，计划2010年3月全部竣工。虹桥枢纽高架系统将通过"南北分行、到发分离"的方式组织交通，实现快速集散。分布在虹桥交通枢纽规划区域26.34平方公里内的道路系统建成后，来自江、浙两省的车辆可通过S5、G42、G50、G60、S4、G15等高速公路及枢纽外围的崧泽高架和嘉闵高架道路，由西侧进出虹桥枢纽；来自上海市区的车辆可通过中环转北翟路，由枢纽北侧进出，通过延安高架接沪青平高速由枢纽南侧进出，以及通过中环线接漕宝路转嘉闵高架进出枢纽。虹桥枢纽核心区内，车流将以呈东西向分布的虹桥机场新航站楼和铁路虹桥站为轴线，形成南北分行的两个循环圈，各自分别形成高铁循环圈和机场循环圈。所形成的4个快捷交通"小循环"圈，使进出车辆实现"北进北出、南进南出、西进西出"的分流目标。结合虹桥综合交通枢纽建筑布局，采取出发与到达层分离设置。运送出发旅客的车辆安排在高架车道上停靠，旅客可直接进入航站和高铁出发站；到达旅客通过地面道路离开虹桥枢纽，在东、西交通广场上车。虹桥枢纽内设有13条公交线，分别到达铁路上海南站、上海站、世博园、上海西站和9个郊区。轨道交通可到达的线路，不重复设置公交线。虹桥综合交通枢纽市政配套工程除快速集散系统，还包括地面道路、河道水系、给水系统、雨污水系统、绿化、监控中心、电力系统、燃气系统、通讯系统、消防站、环卫等13类工程。地面道路共36条，长60.6公里。

【**完成架空线入地290公里**】 年内，上海完成迎世博600天行动计划的架空线综合整治共290公里，实施范围覆盖黄浦江（苏州河）、南北高架、延安路高架、内环高架两侧区域，世博园区周边区域的所有道路，内环线内的城市主、次干道及旅游景点、交通枢纽等道路。此项整治对改善沿线道路的市容环境，提升城市品质起到重要作用。

【**卢浦大桥获国际桥梁"杰出结构大奖"**】 5月11日，国际桥梁与结构工程协会向上海卢浦大桥颁发"2008年杰出结构大奖"。国际桥梁与结构工程协会自2000年起设立"杰出结构大奖"，专门授予全世界最具创新性的桥梁或建筑结构。该奖项设立9年以来，在全世界范围内共授予了10个建筑结构和8座桥梁，卢浦大桥是第一座获此殊荣的中国大桥。卢浦大桥与澳大利亚悉尼的海湾大桥一样，具有旅游观光的功能，于年内5月1日正式营业。游客可乘坐高速观光电梯直达50米高的桥面，沿大桥拱肋人行道拾级而上，走300多级台阶后登上100米高的拱肋顶端，在篮球场大小的观光平台上眺望浦江美景。

【**城市绿化和保护区管理概况**】 2009年是"迎世博"各项工作的全面推进的关键年，上海绿化和市容行业在推进事业发展、提升管理水平等方面都取得了较为明显的成效。重点推进大型公共绿地、世博会场馆区配套绿化建设，加快屋顶绿化、桥柱绿化等立体绿化建设。全市新建各类绿地1096公顷，其中公共绿地582公顷。积极推进外环生态专项建设，辰山植物园除温室部分基本建成。完成长江防护林等其他防护林二期工程建设工作，完成造林2.6万亩，实施封育1万亩。年内共新建在建外环林带91公顷。野生动植物保护管理和湿地和自然保护区管理进一步加强；绿化景观优化工作推进有力；公园品质切实提升；绿化便民服务不断深化；兴林富民取得新进展。

【**召开全市绿化市容系统工作会议**】 1月22日上午，上海市绿化和市容系统工作会议在市政府三楼会议室召开。对进一步做好绿化市容工作，提出三点要求：一是要统一思想，提高认识，加快推进机构融合，促进政府职能转变，强化为民服务。二是要抓住机遇,狠抓落实,高效完成600天行动计划各项任务。要做到"四个到位",即:思想认识要到位,工作力度要到位,社会动员要到位,责任落实要到位。三是解放思想,加快向服务型城管转变。突出"执法也是服务"的理念,坚持依法严格执法,加强队伍建设,提升队伍素质。会议对2009年全系统需要大力推进的六个方面重点工作做了全面部署。

【绿化市容全部行政审批事项实行统一受理】
围绕转变政府职能的要求,清理审批事项,优化审批程序,完成了79项行政审批事项清理,梳理取消、整合、归并了一批行政审批项目;推行"一口进、一出口、内网审批、一部门主办、并联会签、限时办结、结果公示"的局行政审批运行模式,优化管理流程,并加强审批后的监管工作,逐步解决以批代管、批而不管的问题。规范行政审批程序,增强审批运行透明度,将全部行政审批事项统一由局行政许可受理窗口受理并纳入局Bizshare多媒体平台发布系统,运用行政审批系统进行具体审批事项的操作运行。

【绿化市容科技引领作用凸显】 信息化管理手段在行业管理中得到强化。建成绿化林业网格化系统,并在全市范围运行。有序推进渣土卸点付费管理信息系统建设、迎世博600天城管执法信息化系统、生活垃圾物流信息系统等项目。完成国家林业局《江南地区适生牡丹的栽培与繁殖技术示范》等6个项目的验收工作;《上海市水源涵养林病虫害无公害防治技术研究》等13个项目完成论证;环保型混合电能高压冲洗车、后装垃圾车、扫路车等新能源车开发通过验收。《城市特殊环境绿化的植物资源选育及应用技术》等3个项目获得市科技进步奖等奖项。

【建立健全绿化林业行业管理标准体系】 完成了林业标准体系、园林绿化标准体系和上海市容环卫标准体系编制工作,建立了较为完备的行业管理标准体系,为推进行业标准化建设奠定了基础。完成《上海绿地维护定额》编制工作并试行,正式发布了《生态公益林建设技术规范》、《园林绿化过程施工质量验收规范》,完成了《园林绿化养护技术等级标准》(修编)等多项地方工程规范和地方标准报批稿。积极开展园林绿化养护定额编制,强化《公共图形信息符号设置规范》、《园林绿化植物废弃物处置技术规范》和《园林绿化过程施工质量验收规范》3个新颁布标准以及公共厕所规划、设计、保洁系列标准的宣传贯彻工作。

【绿化景观优化工作推进有力】 全市累计完成绿地整治2747公顷,绿地调整改造662公顷,立体绿化34公顷;更新行道树设施约4.4万套;完成老公园改造14座。同时对部分绿地景观面貌较差、绿地养护不到位的绿地进行了改造和整治,整治绿地250公顷,改造绿地214公顷。完成了西藏南路等进入世博园区11条主要通道的绿化景观优化方案,确定了"欢庆锣鼓"等11个花卉布置主题。地铁站点绿化恢复工作得到有序推进,基本完成了116个地铁站点和1个高架区间绿化的恢复方案的规划设计,8号线二期、11号线嘉定段、7号线等36个站已恢复绿化约38公顷。

【湿地和自然保护区管理进一步加强】 一是推进上海西郊淀山湖湿地修复工程,完成了一期工程可行性报告和环评报告的编制和上报,625亩湿地修复示范区工程基本完成,种植池杉270亩,其他水生植物120亩,改造现有养殖鱼塘92.4亩。二是南汇东滩滩涂促淤与湿地动态保护的关键技术与示范项目。已确定了实施区域,对工程进行前期设计与基础本底研究,并经过招投标程序确定了施工单位和工程监理单位,预计2010年初完成。三是编制完成《长江口湿地保护和合理利用对策研究报告》并组织专家评审;编制完成《上海湿地公园建设发展规划》。

四、世博会场馆及公共设施建设

【概况】 2009年,上海共安排市重大工程建设项目86项,其中公共设施建设主要围绕世博会场馆及配套项目建设,涉及包括市级医院综合楼、新校区项目和文化广场改造、上海东方体育中心建设等以改善民生为重点的社会事业项目,得到全面推进,取得大面积丰收。世博会场馆及配套项目建设年内成就显著。园区内中国馆、世博轴、世博中心、世博会主题馆、世博演艺中心及城市最佳实践区等永久建筑,浦东11个联合馆、42个租赁馆全部落成;43个外国国家和国际组织自建馆建设进入收尾阶段;浦西18个企业馆中17个馆完成土建施工进入装修布展。虹桥国际机场扩建工程及公务机基地一期工程于年内基本建成,于2010年3月如期投用。年内川气东送上海段一期工程竣工,二期工程基本建成。总投资12亿元,占地面积20万平方米的上海同步辐射光源工程经4年建设,于4月底全面建成开放。7月11日、9月25日,中国航海博物馆和上海天文博物馆二期改造工程分别建成并对外开放。东海大桥风电场首批3台机组正式并网发电。8月底,被列为

"上海市文物保护单位"受到重点保护的优秀近代建筑"外滩1号"完成封闭整修。12月29日,位于上海南翔镇的百年古园林古猗园改扩建项目基本完成,于2010年元旦开放。苏州河普陀区段建成全长10公里的水上旅游观光线。临港燃气电厂一期工程、竹园污水处理厂污泥处理工程、500千伏练塘工程等项目启动建设;东海大桥海上风电示范工程、500千伏漕泾输变电工程、苏州河环境综合整治三期、白龙港污水处理厂污泥处理工程、青草沙水源地工程等项目取得阶段性成果;500千伏静安输变电工程、北京西路至华夏西路电力隧道工程、中心城排水系统、竹园污水处理厂升级改造工程、辰山植物园项目和市区生活垃圾内河集装化转运系统等项目基本建成。

【世博园区工程建设完成逾九成】 年内,上海世博会园区工程建设完成建设任务的90%,其中永久性建筑"一轴四馆"中的中国馆、主题馆进入全面布展阶段,世博中心竣工,世博演艺中心正在进行内部精装修和机电安装。临时场馆中42个外国国家自建馆全部开工建设,32个完成结构施工进入装修布展阶段,42个租赁馆、11个联合馆已全部建成,具备向参展方交付布展条件。配套的世博公园、白莲泾公园、后滩公园基本建成。其余的园区出入口广场、停车场、公交车站、游乐场等项目以及高架步道电梯等设备安装调试、各片区场馆间场地铺装、景观安装等,计划于2010年3月底全面完成,为世博会4月中旬交付试运行奠定基础。

【上海世博中心项目竣工】 12月25日,上海世博会5座永久性大型公共建筑之一的世博中心项目竣工。这是我国惟一一座按照中国三星标准和美国LEED金奖双重控制执行的建筑面积最大的"绿色低碳公共建筑"。世博中心位于上海世博会规划围栏区B片区的世博公园内,南临世博大道,东至世博轴。项目占地面积6.65公顷,总建筑面积14.2万平方米,其中地上建筑面积10万平方米,地下建筑面积4.2万平方米。世博中心工程创造性地解决了节能、环保和减排等世界性难题,在绿色建筑的专项技术研究、应用、创新和集成方面,拥有自主知识产权,标志着中国在大型公共建筑的绿色低碳建筑技术集成方面达到的水平。世博中心大堂内设有高25米的室内水幕信息墙,设置近400平方米镂空的LED屏和500平方米的垂直绿墙。

【世博城市最佳实践区南市发电厂改建工程完工】 12月17日,世博会城市最佳实践区南市发电厂改建工程完工。上海世博会园区有30多万平方米的场馆由老建筑改建而成,将被用于展馆、临江餐馆、博物馆等。大规模改造利用老建筑,是此次上海世博会的特色之一。原南市发电厂主厂房长128米、宽70米、高50米,占地8970平方米,主厂房结构体系完好,内部有3台发电机组及大量附属设施,并拥有完整的取、排水系统。主厂房再生性改造保持原有的体形和高度,通过内部加层,将原4层结构改造成8层,楼层总建筑面积3.11万平方米,成为世博会主题展馆之一。该建筑内引入9项能源、生态建筑技术,以最大限度节约资源、保护环境、减少污染。9项能源、生态建筑技术包括江水源热泵技术、主动式导光技术、自然通风技术、中水处理回用技术、太阳能光伏发电技术、风能发电技术、建筑结构加固技术、绿色建材技术和智能化集成平台技术。

【上海光源工程全面建成开放】 4月29日,我国迄今为止最大的大科学装置和大科学平台——上海同步辐射光源工程,全面建成并对用户试开放。工程位于上海浦东张江高科技园区,由中国科学院与上海市共同向国家申请建造,于2004年12月25日开工,总投资12亿元,占地面积20万平方米,建设周期52个月。这项大工程立足于国家中长期科技发展战略,为生命科学、材料科学、环境科学、地球科学、物理、化学、信息科学等学科研究中不可替代的先进手段和综合科研平台。所涉及学科之多、应用领域之广,为其他大型科学装置无法比拟。上海光源工程为第三代同步辐射光源,在屋顶呈漂亮的鹦鹉螺状的圆形建筑内,建有1台电子直线加速器、1台全能量增强器及1台周长达432米的电子储存环,沿电子储存环外侧依次分布多条光束线和实验站等。其电子束能量具备国际先进水平,可同时向用户提供高品质的同步辐射光,覆盖从红外光到硬X射线的各波段。光源工程以其银灰色充满时代感的独特造型,体现光的闪亮与柔美,设计上寓意丰富科技内涵,同时充分采用先进节能技术。主体建筑由8组螺旋的起拱屋壳组成,打破屋顶、立面分界线,突出整体形态的流畅,与同步辐射光契合及与总平面渐开曲线呼应,塑造出强烈的动感曲线。主体建筑及综合办公楼一侧,增设一明镜般的浅水面,形成丰富的光影效果,轻盈且具层次感。工程地面、墙面和屋面均采用高性能保温材料、节能采光玻璃。工程投用后至年底,已取得一批重要科研成果,其中包括解析出40多个具有重要生物学功能的新蛋白质结构。

【上海天文博物馆完成二期工程竣工】 9月25日，上海天文博物馆二期改造工程竣工。天文博物馆二期新增一实一虚两座圆顶——科普圆顶室和星空之旅体验厅。科普圆顶室可全方位转动的半球形屋顶装有可开闭天窗，使室内天文望远镜受风均匀、免遭雨淋，360°观测无死角，直径35厘米的望远镜专事科普观测；星空之旅体验厅是国内首个可互动的天象厅，用互动式球幕模拟星空，路线"地球—太阳系—银河系—宇宙"。天文博物馆二期工程于2009年3月开工，7月15日建成并投入试运行。上海天文博物馆位于上海市松江区西佘山之巅，前身为法国天主教耶稣会建于1898年的法式优秀建筑佘山天文台，是中国最早的近代天文台。1962年更名为上海天文台佘山工作站，20年前工作重点逐渐转向文物保护和科普教育，1999年被定为全国科普教育基地。2004年，上海天文台佘山工作站以百年老台为基础，建成独具特色的上海天文博物馆。镇馆之宝是建于1900年的40厘米双筒折射望远镜，为我国最老的大型天文望远镜，曾两次观测过哈雷彗星，其"资历"在世界上也为数不多。博物馆园区设有星座广场、日晷、国际经度联测纪念碑等景点。

【中国航海博物馆建成开放】 7月11日，中国航海博物馆正式建成并对外开放。航海博物馆位于上海临港新城，占地面积24830平方米，建筑总面积46434平方米，于2006年10月8日开工兴建。博物馆建筑外型呈帆船状，馆内按门类分设五大馆、12个展区，设有球形天象馆、电影院和学术报告厅等，以实物、实物模拟、图片、文字、多媒体等手段，展示中国航海文化的历史演变，郑和下西洋时的"宝船"、世界最古老的航海罗盘等一一亮相。设立航海博物馆旨在弘扬中华民族灿烂的航海文明和优良传统，展示中国航海事业的发展历程及对世界航海科学发展的贡献，展示中国航海事业新技术、新成就，构建国际航海交流平台，加强与国际航运界的交往，以及普及航海知识，营造上海国际航运中心的文化氛围。

【东海大桥风电场首批机组并网发电】 9月4日，上海东海大桥风电场首批3台机组正式并网发电。此一项目标志我国海上风电产业走出了第一步。东海大桥风电场设计规模为34台3兆瓦机组，其余31台风机将于2010年上半年完成安装。东海大桥风电场位于连接上海陆域与洋山深水港的东海大桥东侧1至4公里处，距浦东新区岸线以南8至13公里海域，总装机容量102兆瓦，总投资23.65亿元。海域平均水深10米，海面以上90米高度内年平均风速每秒8.4米（相当于3级风），设计年发电利用小时数2624小时，年上网电量2.67亿度。东海大桥风电场建设，对我国可再生能源发展具有示范意义。风电场34台机组全部采用我国自主研发、国内单机功率最大的3兆瓦离岸型风电机组。其基础部分采用世界首创的风机高桩承台基础设计，增加风机的承载量、抗拔和防止水平位移；安装采用国内首创的海上风机整体吊装方法，以适应东海近海海域淤泥较深不适合移动平台作业的环境。

【"外滩1号"外立面完成修缮】 8月底，被列为"上海市文物保护单位"受到重点保护的优秀近代建筑"外滩1号"完成封顶整修。此幢因处于中山东一路1号而被称为外滩第一楼的建筑，建于1916年，原名麦克波恩大楼，由马海洋行设计，裕昌泰营造厂施工，占地面积1739平方米，建筑面积11984平方米，为7层钢筋混凝土框架架构。1939年大楼加高一层，变为8层楼，建成时为外滩最高建筑。因英国壳牌公司与荷兰皇家石油公司的子公司亚细亚火油公司长期租用大楼底层，此楼也称为亚细亚大楼。大楼建筑外观具有折中主义风格，东、南两个立面均为横三、竖三段式，其中下、上两段为巴洛克式造型，中段则体现现代主义建筑风格。正门4根爱奥尼克立柱，左右各二，上方为雕以花纹的半圆形券顶。此次修缮外墙保留经典的花岗石面砖砌，整体修缮保护面积7042平方米，方案经上海文物管理委员会专家研讨确定。大楼原有的两块壳牌公司抱柱（弧形铜牌），当年公司离开大楼时曾被一同拆走，现作为历史文物收藏于上海历史博物馆。1950年，亚细亚大楼由华东石油公司接管，1966年为房地产部门管理。1959年，上海市冶金设计院、上海市房地产管理局、上海市丝绸公司迁入办公。1996年，外滩区域房屋进行置换，大楼成为中国太平洋保险公司总部。

【古猗园改造完工】 12月29日，位于上海南翔镇的百年古园林古猗园改扩建项目,在不闭园情况下经1年施工,基本完成改造,于2010年元旦全面向游客开放。古猗园此次恢复改造的核心区域和改建重点为园内水木明瑟区域,根据清代童寯先生《江南园林志》记载内容予以实施。古猗园建园时为"十亩之园,五亩之宅"规模,当时建筑占了很大比重。此次改造拆除与古猗园无关的旧房和仓库,恢复水木明瑟、半风亭、藕香榭、柳带轩、古丰、清馨山房等建筑,与鹤寿轩、梅花厅等建筑连接在一起,建筑群层峦叠嶂、迂回曲折、古色古香,再现了古园历史风貌和神采。

【虹桥机场扩建工程基本建成】 至年底,上海虹桥国际机场扩建工程基本建成,并于2010年3月2日至3日顺利通过中国民航局组织的行业验收,于3月16日如期投用。至此,这项历时3年建设的工程全面告竣。虹桥机场扩建工程是上海世博会重点工程虹桥综合交通枢纽建设的重要部分。工程以2015年为目标年,按满足年旅客吞吐量4000万人次、货邮吞吐量100万吨、飞机起降30万架次的总体要求设计建设。主要包括新建一座总建筑面积36.26万平方米的航站楼、一条3300×60米的4E级平行跑道,以及货运、航管、供油等相关配套工程。扩建工程的建成启用,将为2010年上海世博会提供更好的航空服务保障。工程在功能策划、总体规划、设计施工、后期运营、区域开发等各个环节,强调节能和绿色的技术。通过采用365米近距跑道、3300米的跑道长度、将跑道入口内移300米及设置两条绕行滑行道,四管齐下有效控制飞机噪声、减少尾气污染排放。虹桥机场自1964年4月开始启用现有航站楼和跑道,到1999年9月浦东机场一期航站楼和跑道建成投入使用,35年间上海的机场一直仅有一座航站楼和一条跑道。浦东机场一期工程1997年10月全面开工,到虹桥机场扩建工程于2010年3月正式投入使用,上海两个机场在近13年间,建设完成了3座新航站楼、4条新跑道,现已拥有127万平方米航站楼、17.9公里长的跑道,分别是11年前的15.6倍和5.2倍。两大机场设计能力实现满足1亿人次年旅客运输量、520万吨年货邮吞吐量和79万架次年起降航班量的目标。

【虹桥国际机场公务机基地一期工程基本建成】 2008年12月5日开工建设的上海虹桥国际机场公务机基地一期工程,于年内基本建成。公务机基地拥有1座3100平方米的候机楼、1座4500平方米可停放4～5架中型公务机的机库,并能实现24小时全天候服务。虹桥机场将在世博会期间提供超过60个公务机机位供贵宾使用。虹桥机场公务机基地由上海机场集团投资兴建,2010年1月28日通过竣工验收,2010年3月17日通过民航行业验收。公务机基地规划分两期建设。首期工程建成投用,将满足年6000架次公务机的运营和保障能力。其后实施的二期工程,将根据业务发展需要再扩建机库和停机坪。该基地为国内第一个真正意义上具有全方位保障能力的公务机基地,可为2010年参观上海世博会的中外旅客,尤其是高端旅客提供更多的选择。上一年度上海虹桥、浦东两个机场公务机起降量达到2000架次,预计公务机年增长量为10%～15%。

【川气东送上海段工程基本建成】 年内,川气东送上海段一期工程竣工,二期工程基本建成。川气东送是国家重点建设工程,于2007年4月9日经国家核准,2007年8月31日正式开工。主要内容包括普光气田勘探开发、酸性气体处理及建设由四川达州至上海全长1702公里、途经8省市的长输管线,总投资626.76亿元,设计年输净化天然气120亿立方米,是我国继西气东输工程后又一项重大项目。工程规划在合理供应川渝用气的前提下,主要供应江苏、浙江和上海,兼顾沿线的湖北、安徽和江西。同步建设四川达州、重庆、江西、南京、常州、苏州等地的供气支线以及相应储气设施。上海段工程分两期实施,一期由城市管网青浦练塘首站至位于郊区环线松江(石湖荡)塔汇的分输调压站,与西气东输管线连接,全长14.1公里,经松江新浜、石湖荡两镇,于4月30日竣工。二期工程于6月底全线开工,规划由塔汇分输站沿申嘉湖(杭)高速公路至车墩高压站,沿嘉金高速公路向北至沪宁高速公路,于年内基本建成。川气东送工程按计划,于2010年3月29日全面建成投产。

【建成苏州河10公里水上观光线】 年内,苏州河普陀区段建成全长10公里的水上旅游观光线。苏州河全长125公里,流经普陀区的8个河湾一处一景,留有城市发展变迁的历史文脉。上海火柴厂、福新面粉厂、天厨味精厂等民族工业先驱企业都曾坐落于此段苏州河流域。经过13年环境综合治理,苏州河已告别昔日的脏黑臭,具备了发展水岸经济的基础。水上旅游观光线起点为梦清园1号码头,终点在长风生态商务区国际游艇码头。水上观光线看点主要为艺术桥梁、景观绿地和沿河夜景等。沿线设有上岸观光站点,重点为沿河博物馆带和创意园区带。依托苏州河沿岸旧式建筑、老式厂房将建成20个博物馆,已建成开放的有啤酒博物馆、丝绸博物馆、纺织博物馆、造币博物馆等。元代水工博物馆、成龙电影艺术馆等也在筹建中。

【生活垃圾内河集装化转运系统建成】 2009年底，上海市区生活垃圾内河集装化转运系统各工程项目基本建成。上海每年垃圾产生量在600万吨以上，其中市区500余万吨。垃圾处置急需减量化、资源化、无害化。传统的散装收集、水陆联运方式，对环境造成一定影响，不适应城市建设发展要求，内河集装化转运系统由此被正式立项。总投资近10亿，设计规模日均转运生活垃圾6300吨，同时预留应急及其他垃圾700吨的转运能力。系统以市区蕰藻浜码头、徐浦码头和老港码头为基地，建设环卫码头和中转站，将垃圾压缩装进专用密封式集装箱，利用蕰藻浜、黄浦江、大治河、清运河等内河航道网络，经车、船运至老港垃圾填埋场。至2010年世博会前，系统实现密封式集装化运输模式。

（上海市城乡建设和交通委员会）

五、市容环境

【概况】 2009年市容环境卫生管理和城管综合执法工作，紧扣迎世博600天市容环境各项任务，突出服务民生，勇于突破难点，重点区域环境得到优化，全市总体环境水平明显提升。在行业规划、法制、政策等管理基础性建设上取得了较大进展，公共服务供给能力进一步增强，长效管理的基础进一步夯实。组织编制并发布了《上海市绿化系统规划实施意见（2008～2010）》、《老港固体废弃物综合利用基地规划》、《黄浦江岸线码头规划》等一系列涉及行业长远发展的规划。积极开展立法制定的研究、储备工作，进行了《上海市城管执法条例》编制的研究工作；有关世博后流动广告、渣土垃圾等方面长效管理机制建设的立法研究已展开。城管执法规范化建设落实基层，执法成效进一步凸显。市容景观建设推进加快，生活垃圾处置基础设施建设逐项落地。市容环卫城管执法便民措施不断拓展，全市公共厕所建设与服务得到强化，所有环卫公厕实现免费开放。农村村容环境逐步提升；中小道路和重点水域环境水平不断改观；市容环境卫生责任区管理达标工作落实有效，居住小区生活环境得到切实改善，市民群众对行业工作的满意度不断提升。生活垃圾安全处置和基础设施建设逐项落地，全年处理生活垃圾710万吨，无害化处置率达到82.3%。

【区域性景观灯光建设取得新进展】 2月，经市政府办公厅批准实施《上海市中心城重点地区景观灯光发展布局方案》，市、区两级按照《布局方案》要求开展迎国庆60周年和迎世博的灯光建设。建设重点为中心城区，包括黄浦江及两岸、两条景观灯光环线以及人民广场及周边地区、南京路商业街等。黄浦、卢湾和浦东新区已完成了世博会园区进出的11条道路景观灯光建设方案的设计工作，并已着手实施。迎世博景观灯光各项建设任务取得积极进展，中心城区完成1800余幢楼宇灯光建设或改造。黄浦江两岸8处创意（动态）灯光建设顺利。提升环卫公共服务水平，新建压缩站89座，新建垃圾房207间、改建3472间，新建倒粪站11座、改建174座，新设废物箱1.23万只、更换1.62万只。其中二级旧里以下区域新建垃圾房20间、改建382间，新建倒粪站8座、改建174座。

【"清洁城市行动"扎实开展】 组织开展"迎五一"、"迎国庆"、"迎新年"清洁城市行动，集中力量，重点解决中小道路、集贸市场、城郊结合部等七个市容环境薄弱区域的脏乱问题，取得明显成果。一是重点区域环境脏乱现象得到改观。中环线内10个区七类环境薄弱区域的脏乱问题70%得到了有效的解决，环境污染点明显减少。中心城区乱设摊总数比2008年年底下降了31%；跨门营业比2008年年底下降了36%。二是环境脏乱治理效率得到提升。中心城区保洁管理服务已形成30分钟、2小时、24小时解决问题运行框架，基本实现了道路广场上出现纸屑、塑料袋等垃圾30分钟内清除，0.5平方米以下小堆垃圾2小时清除，大堆垃圾24小时内清除。三是城市保洁质量得到提高。有效消除了一批道路与街巷弄口、通道、无名街巷等区域保洁空白点，全市扩大保洁范围138万平方米。中心城区已有3300条段、2720公里的道路延长保洁时间，增加保洁人员2700多人，增加经费6650万元。四是城市市容环境管理能力得到增强。完善了市、区、街道（镇）三级督查机制、快速纠错整改机制，建立了市、区联动，条块结合，条条联手的治理格局，城市市容环境应急化解能力明显增强。

【铁路、轨道交通、国省道市容环境专项整治】 共清除暴露垃圾14.6万吨，规范摊亭棚3910只，拆除违法建筑8万平方米，清除"三乱"104.5万余处，整治围墙近329万平方米，清除水域及两岸垃圾2.8万吨，整治环卫等公共设施5944只。全年共完成两大机场、两座火车站、40个轮渡站、44个公交枢纽站、36个长途客运站的市容环境整治工作。清除暴露垃圾2万余吨，清除"三乱"4.3万处，粉刷清洗外立面33.9万平方米，调整拆除广告标牌1.5万块，整治店招店牌1.5万块，整治围墙6.4万米，拆除破棚简屋8723平方米，整治亭棚353只，增设更新环卫设施785只。

【中小道路和重点水域环境水平不断改观】 针对部分中小道路市容环境脏乱差的问题，开展对乱设摊、乱堆物、乱搭建、暴露垃圾、户外广告、非机动车乱停放、路面坑洼污浊、沿街建筑立面、店招店牌等方面的专项整治，有效改善了中小道路环境面貌。全市累计完成1159条中小道路整治，围墙修复149.5万平方米，立面粉刷624.8万平方米，摊亭棚整治22.8万平方米，店招店牌整治60万平方米，清除乱堆乱放4.3万余处，跨门营业取缔5.6万处，"三乱"消除133.7万余处。加强了黄浦江、苏州河水域和两侧陆域市容环境保洁，重点整治趸船168艘、支流河口204个。

【提升生活垃圾处理基础设施的环保水平】 加强市级处理设施的监管，提高处理质量，控制处理设施对周边环境的影响，确保生活垃圾处理设施安全、平稳运行。推进基础设施建设，建成江桥生活垃圾焚烧厂渗沥液处理扩建工程、老港填埋场四期渗沥液处理扩建工程、长宁田度环卫基地等设施；启动老港固体废弃物综合利用基地相关项目，基本建成老港填埋场西侧防污染隔离林工程，共建成隔离林1227亩；老港填埋场一、二、三期封场项目已开工建设；江桥生活垃圾焚烧厂技改扩能工程工艺技术方案正在进一步完善和优化。基本建成市区生活垃圾集装化转运系统和浦东800吨/日中转站。

【老港固体废弃物综合利用基地获批】 上海市发展改革委于2009年12月批复(沪发改环资〔2009〕104号)老港垃圾焚烧厂一期工程项目建议书。根据《老港固体废弃物综合利用基地规划》，该工程选址于该基地规划范围东南角，0号大堤以西，宣黄公路以北。项目占地面积约16.5公顷。按一次规划、分期实施，一期工程建设规模为日处理生活垃圾3000吨。部分共用设施按远期规模预留。工程主要内容包括：焚烧厂主厂房、垃圾进料、垃圾焚烧炉、余热锅炉、汽轮发电机组、烟气净化、飞灰处理、渗滤液处理等设施，以及配套的厂内道路、绿化、供水、排水、电气、自控、环保、在线监测、监控等附属设施。

【加强郊区镇级生活垃圾简易填埋场管理】 农村环卫设施改建有序推进。按照《本市郊区镇级生活垃圾简易填埋场管理办法》，年内关闭了3座镇级填埋场，组织2次专项检查，加强在用镇级填埋场管理，14座在用填埋场的日常管理水平明显提高，群众投诉减少。为切实解决农村外来人口集中居住区环卫基础设施不足、设备落后的问题，加快设施设备的改建速度，年内共完成281座公厕、270座垃圾箱房新建和改建工作。

【提升生活垃圾分类覆盖率】 世博周边区域居住区、广场道路及主要宾馆景点、交通站点已基本实现分类新方式全覆盖。年内新推进分类居住区2246个，累计达到3700余个，已覆盖到全市50％封闭式居住区，新增垃圾分类企事业单位1449个，道路近1200条(段)，公园、车站等380处，新配分类废物箱近2万组。建立了有害垃圾联单管理制度；完善并落实"废弃物管理告知单"制度，督促区县提升分类工作质量。

【分类回收"绿色账户"活动和"易纸行动"】 以社区居民为对象，开展了"绿色账户"活动，逐步形成了"专项回收日"制度，活动覆盖10个中心城区、77个街道、140多个居委的400余个小区，累计活动706场次，约10.2万人次参加，回收了有害垃圾924公斤，可回收物2611公斤，家用电子废弃物1258公斤；11月起以社会企业为对象，启动"易纸行动"，已有近70家企业报名参与，回收办公废纸4074公斤；以学校为对象，组织海报设计、创意征集、知识竞赛、绿色回收日等主题实践活动，活动覆盖230所中小学、幼儿园。为废弃物管理社会化机制的建立提供了有益实践。

（上海市绿化市容局）

六、建筑节能与科技

【节能省地型住宅建设】 2009年，上海继续加大节能省地住宅建设工作推进力度，发挥市新建住宅节能省地联席会议的协调作用，从构建管理机制体制入手，市、区两级推进落实《关于本市新建住宅节能省地发展的指导意见》。

以建筑节能与可再生能源利用为切入口，推进居住区节能。落实65％节能标准试点项目25万平方米，规模化可再生能源利用项目135万平方米，会市建交委颁发《关于在本市实施新建住宅建筑节能省地公示制度的通知》，积极推进节能省地公示制度。以中小套型住宅建设为重点，推进居住区节地。

重点做好对中小套型保障性住房的技术支持和服务，优化户型设计，增加单位土地的住宅套数产出率和空间的使用效率，在《上海市保障性住房三林示范基地建设导则》中明确住宅产业化、"四节一环保"技术应用等要求。以住宅全装修为突破口，推进住宅节材。通过各区(县)局落实《关于新建商品住宅落实全装修建设比例要求的通知》，真正抓住土地出让源头，全年完成征询住宅用地71块，落实在建装修项目75个，约415万平方米，颁发《关于加强本市住宅全装修建设管理的通知》《关于进一步完善本市全装修住宅建设管理程序的通知》《关于进一步完善基础台账，加强全装修住宅建设过程管理的通知》，加大对全装修住宅建设过程的监管力度。

【政策利用与制定】 积极利用《上海市经济信息化委、市发展改革委、市财政局关于组织实施2009年财政补贴高效照明产品推广工作的通知》等国家和地方的节能财政补贴政策。以提高水资源的循环利用率为目标，推进居住区节水。会同市水务局、市建交委颁发《关于本市加强新建住宅节约用水管理的意见》，推进节水型器具应用，规范人工水景观使用，倡导雨水和河道水利用。依托企业、行业协会和科研院所，完成《上海市节能省地型住宅适用技术应用指南》的编制印发。理顺住宅项目申报机制，落实《关于印发〈上海市建筑节能项目专项扶持暂行办法〉的通知》，全年共落实新建宅试点示范项目9个，总计约124万平方米，安排建筑节能专项扶持资金2114万元，较好促进开发企业积极性、主动性的提高。

（上海市城乡建设和交通委员会）

江　苏　省

一、住房保障

【概况】 2009年，江苏省住房保障与房改工作，认真贯彻落实《国务院关于解决城市低收入家庭住房困难的若干意见》、省委省政府《关于切实加强民生工作若干问题的决定》和《关于解决城市低收入家庭住房困难的实施意见》文件精神，紧紧围绕省委十届三次全会提出的"低保家庭住得上廉租房，低收入家庭住得上经济适用房，新就业人员租得起房"的总目标，积极创新工作方法，加大工作指导力度，狠抓《江苏省廉租住房保障办法》《江苏省经济适用住房管理办法》的贯彻，狠抓省委省政府年度住房保障目标任务的完成，全年共新增廉租住房1.3万套，新开工经济适用住房8.9万套，发放廉租住房租赁补贴5.1万户，均超额完成省政府确定的年度目标任务。全省实现了低保无房家庭申请廉租住房实物配租"应保尽保"，所有低保住房困难家庭、人均建筑面积10平方米及以下低收入家庭申请廉租住房租赁补贴"应保尽保"，部分城市已提前一年实现了低保住房困难家庭申请廉租住房实物配租"应保尽保"，不少市、县出现了"现房等人"的良好局面。

【下达2009年度住房保障实施计划】 根据全省住房保障三年行动计划明确的目标任务，下达2009年住房保障目标任务：全年共新增廉租住房12437套，新开工经济适用住房51477套，发放廉租住房租赁补贴42669户，实现申请廉租住房实物配租的城市低保无房家庭"应保尽保"，人均建筑面积10平方米及以下的低收入住房困难家庭申请廉租住房租赁补贴的家庭"应保尽保"，保证5万户符合规定条件的城市低收入住房困难家庭买得到经济适用住房。

【组织2008年住房保障目标任务考核验收】 省建设、发改、财政、国土、民政等部门下发通知，分别由省建设厅江里程书记、彭向峰副厅长、聂长兰巡视员和省国土厅王译萱副厅长、民政厅凌航副厅长带队，组成5个组，对全省13个省辖市和部分县（市、区）目标任务完成情况进行考核验收。

【加强年度目标任务督查督办】 建立形势分析、情况通报、领导约谈、专题督查等多种工作制度，每季度召开一次形势分析会，每月通报一次全省住房保障情况，对年度目标任务进展情况较慢的市住房保障主管部门负责同志、县人民政府分管领导进行集中谈话，对保障性住房建设未按序时进度要求完成任务的市、县进行现场督查督办。对筹集廉租住房套数和新开工经济适用住房套数双零的6个县（市）进行集中约谈，对14个达不到序时要求的县（市）下发督查函，对22县（市）整改情况进行现场督查督办。

【加大住房保障政策制度贯彻力度】 召开《江苏省廉租住房保障办法》和《江苏省经济适用住房管理办法》政府令的宣贯会，对出台背景、过程和内容进行具体讲解，对各地组织宣传、贯彻和落实工作做出具体部署。印发《关于做好2009年度住房保障标准调整工作的通知》，组织各市进一步健全完善住房保障政策和制度体系，调整公布2009年城市低收入家庭住房保障标准，核查住房保障底数。会同省民政厅等14个部门印发《江苏省城市低收入家庭认定办法》，对廉租住房、经济适用住房及其他社会救助工作中的城市低收入家庭的收入认定行为做出统一要求。

【进一步创新住房保障工作制度】 为提高住房保障制度的有效性，鼓励并组织各地积极创新住房保障实现方式，加快解决城市低保、低收入家庭住房困难和新就业人员租房难问题。常州市对符合购买经济适用住房的低收入住房困难家庭发放一次购房补贴，鼓励符合经济适用住房保障条件的家庭自主选购住房。苏州、无锡、常州、南通等市开展公共租赁住房建设试点，各类投资公共租赁住房建设已达到1000万平方米。泰州市加强廉租住房租赁补贴管理，为低收入住房困难家庭在银行建立补贴专户，确保保障家庭租赁补贴只能用于住房消费或积累住房消费能力，并通过担保公司给低收入家庭购买经济适用住房提供贷款担保，解决了低收入家庭购买经济适用住房贷款难的问题。苏州、泰州、淮安对保障性住房实行共有产权管理，允许保障家庭先行取得部分产权，减轻了保障家庭购买保障性住房的购房款支付的压力，激励保障家庭在3～5年内逐步回购全部产权。住房和城乡建设部、淮安市人民政府联合在淮安召开了首届保障性住房共有产权论坛，推广江苏省共有产权管理经验。

【组织开展了2008年度科学发展评价考核体系住房保障指标考核工作】 根据省委省政府《关于建立科学发展评价考核体系的意见》（苏发〔2008〕13号）、《江苏省科学发展评价考核工作组织实施办法》（苏发展综合办〔2008〕1888号）文件精神，召开全省住房保障专题会议，部署科学发展评价考核体系住房保障指标考核工作。研究制定"住房保障指标考核实施办法"，下发《关于报送2008年度科学发展评价考核住房工作评价考核数据的通知》，明确各项考核指标的具体量化内容。

【完成廉租住房资金专项检查】 根据省政府要求，省财政厅、省建设厅联合发文，组成两个检查组，对各地2008年度和2009年第一季度廉租住房资金筹集与使用情况进行专项检查。在检查考核的基础上，对2008年度省级财政廉租住房保障专项补助经费进行清算，将2008年度尚未拨付的廉租住房建设补助指标和窗口建设、信息系统奖励资金共8700万元下拨各地。

【组织开展住房保障标准调整工作】 专门下发通知，对2009年度住房保障收入标准、住房困难标准调整提出要求，即：2009年城市低收入家庭收入标准，应不低于当地2008年度人均可支配收入50%；住房困难标准，应在当地人均建筑面积的60%以下，15平方米至18平方米之间；保障面积标准，按照满足城市低收入家庭基本居住需求的原则，由市、县人民政府根据当地情况以户为单位确定。

【加强住房保障相关专题的研究】 在苏州工业园区召开公共租赁住房制度专题研究会，总结交流各地公共租赁住房管理的经验。配合省总工会开展了城镇低收入职工家庭住房保障状况调研，掌握了全省城镇低收入职工家庭的住房状况，何权副省长对调研报告做出批示。会同省建设工会开展了农民工住房状况和住房愿景问卷调查，有组织发放调查问卷1.2万余份。对张家港市经济适用住房政策、制度和规划、计划、建设、供给、保障管理经验，以及经济适用住房建设对房地产市场的影响和作用进行专题考察。

【配合审计部门开展住房保障审计工作】 配合审计署驻南京特派员办事处对南京、盐城市和省审计厅对全省其他11个市的住房保障工作进行审计，对审计署驻南京特派员办事处审计发现问题进行了协调。派员参与了审计厅组织的全省住房保障审计人员培训工作，提供了相关文件、资料和统计数据，协助审计部门完善了审计工作方案，对审计报告提出的问题组织各市进行了整改。

【开展全省住房保障管理系统升级工作】 根据住房保障管理系统的运行现状，组织厅住宅与房产业促进中心、系统开发单位、部分市县住房保障部门和住房保障服务窗口有关人员对升级需求进行了多次讨论，拟定升级方案，审定系统数据字典、统计表式、功能设置、版面设计，完成系统软件编制工作。全省住房保障管理系统得到住房和城乡建设部住房保障司的高度评价。

【加强住房保障统计和档案工作】 为及时掌握各地住房保障目标任务进展情况，专题举办住房保障统计员会议，以会代训，对住房保障统计工作提出具体要求，努力提高省、市、县（区）三级住房保障统计员的业务水平。每月召开统计会议，调度各地住房保障目标任务进展情况，审核各地统计数据，通报工作中存在的问题。加强了住房保障档案工作，研究制定了住房保障档案管理办法和档案归集标准，明确档案管理的具体要求，大力推进了住房保障基础性工作。

【住房制度改革】 2009年全年出售公房80.84万平方米、9.42亿元。截至年底，售房款余额55.27亿元；发放一次性住房补贴83.46万人，补贴金额184.42亿元。

二、住宅与房地产业

【概况】 2009年,为应对国际金融危机的影响,党中央、国务院审时度势,及时实施了积极的财政政策和适度宽松的货币政策,采取了一系列保增长、扩内需的政策措施。为促进房地产市场健康发展,国家和地方在金融、税收等方面都给予了一系列优惠政策,对于提振信心、活跃市场、解决低收入家庭住房困难问题、促进住房消费和投资,实现保增长、扩内需、惠民生的目标,发挥了重要作用。全省共实现房地产业增加值2025.22亿元,同比增长27.3%,占全省地区生产总值的5.95%,占全省服务业增加值的比重为14.94%,在全省地区生产总值12.4%的增长中,房地产业拉动了2.66个百分点;完成房地产开发投资3338.58亿元,同比增长9%,占全省城镇固定资产投资的23.64%;实现房地产业税收收入767.83亿元,同比增长39.6%,占全省税收收入的28.9%,占地方财政一般预算收入的23.78%,其中新增房地产业税收收入占地方财政一般预算收入新增总量的43.81%。至2009年底,全省城镇人均住房建筑面积为32.9平方米。

【房屋概况】 截至2009年底,全省城市实有房屋建筑面积为21.06亿平方米,其中:实有住宅建筑面积为11.88亿平方米,在住宅中,私有(自有)住宅的建筑面积为10.45亿平方米,住宅的私有化率达88%;成套住宅套数1039万套,住宅成套率为84.91%,成套住宅建筑面积10.08亿平方米,套均面积97平方米。本年房屋减少面积为2911.54万平方米,其中住宅减少面积为1973.06万平方米。

【房地产开发投资】 2009年,全省共完成房地产开发投资3338.58亿元,同比增长9%,占全国总量的9.2%,继续位居全国第一;分别占全社会固定资产投资和城镇固定资产投资的17.8%、23.64%,分别比2008年占比下降了2.55个和3.31个百分点;投资增幅分别低于全社会固定资产投资和城镇固定资产投资增幅15.5个和15.2个百分点。其中住宅投资2424.15亿元,同比增长5.6%。从全年变化看,上半年增幅逐月下降,1~7月增幅仅为3.9%,进入8月后呈逐步回升态势。

【商品房新开工、施工和竣工面积】 2009年,全省商品房新开工面积为9080.93万平方米,其中商品住宅为6978.45万平方米,同比分别下降9.3%和11.8%,增幅比2008年分别回落20.77个和18.68个百分点。商品房施工面积为29802.55万平方米,其中商品住宅为22657.26万平方米,同比分别增长5.7%和3.1%,增幅比2008年分别回落15.69个和15.32个百分点。全省商品房竣工面积为7706.55万平方米,其中商品住宅6226.75万平方米,同比分别增长14.9%和13.4%,增幅比2008年分别提高9.24个和7.04个百分点。

【商品房供应】 2009年,全省省辖市市区商品房和商品住宅累计批准预售面积分别为4598.98万平方米和3636.31万平方米,同比分别下降10.42%和8.12%。分区域看,商品房批准预售面积同比降幅苏中最深为17.85%,苏南次之为11.07%,苏北最小为4.45%;商品住宅同比苏南下降6.09%,苏中、苏北相近,降幅分别为11.36%和11.82%。至2009年底,全省省辖市市区商品房和商品住宅月末累计可售面积为4520.48万平方米和2241.42万平方米,同比分别下降23.58%和41.95%。分区域看,苏南、苏中、苏北商品房月末累计可售面积同比分别下降24.94%、19.62%和21.49%,商品住宅月末累计可售面积同比分别下降43.95%、31.1%和41.73%,三大区域商品住宅同比降幅均高于商品房。

【商品房销售】 2009年,全省商品房和商品住宅累计销售面积分别为9922.73万平方米和8775.69万平方米,同比分别增长83.3%和85.5%,销售量位居全国第一。据各市网上房地产统计,全省省辖市市区商品房和商品住宅实际登记销售面积累计分别为6477.73万平方米和5470.43万平方米,同比分别增长111.76%和119.15%。分区域看,苏南、苏中、苏北商品房销售面积同比分别增长114.07%、81.34%、125.63%。从全年的走势看,一季度商品房和商品住宅销售相对处于低谷,二季度快速回升,三季度高位盘整,第四季度受国家政策"末班车"效应影响呈火爆态势。2009年市场销售创历史最高水平。

【商品住房供销结构】 2009年,江苏省省辖市市区批准预售商品住房中90平方米以下占比为33.61%,比上年提高了13.46个百分点;144平方米以上占比为10.49%,比上年下降了11.26个百分点。实际登记销售商品住房中90平方米以下占比为29.35%,比上年提高了8.95个百分点;144平方米以上占比为11.88%,比上年下降了7.52个百分点。商品住宅呈现供不应求态势。2009年,全省商品住宅累计供销比为0.66,较上年下降了0.93个百分点。从不同面积段的供销比看,90平方米(含)以下供销比为0.86,90~144平方米(含)供销比为0.83,144平方米以上供销比为0.6。

【商品房成交价格】 2009年，全省新建商品房和商品住宅成交均价分别为4994元/平方米和4109元/平方米，同比分别增长21.5%和24.3%，在我国东部11个省市中，列北京、上海、天津、浙江、广东、海南、福建之后，排名第8位。据各市网上房地产统计，全省省辖市市区商品房和商品住宅成交均价分别为5964元/平方米和5704元/平方米，同比分别增长14.36%和18.27%。从全年走势看，成交均价除1、2月份有所下跌外，3月份以后快速上涨，10月份创历史新高。

【二手住房市场】 2009年，全省省辖市市区二手房和二手住宅累计成交面积分别为2782.02万平方米和2355.82万平方米，同比分别增长124.3%和196.66%。二手房和二手住宅累计成交均价分别为5468元/平方米 5667元/平方米，同比分别增长23.91%和24.47%。

【房地产贷款】 12月末，全省房地产贷款余额为7633.51亿元，同比增长49.37%，占全部贷款余额的比例为21.6%；贷款余额比年初增加2521.81亿元，同比多增1891.81亿元。其中：地产开发贷款余额为776.24亿元，比年初增加377.91亿元，同比多增356.51亿元，余额增速达96.81%；房产开发贷款余额为1767.57亿元，比年初增加245.17亿元，同比多增14.03亿元，余额增速达16.1%；个人住房贷款余额为4494.86亿元，比年初增加1782.71亿元，同比多增1445.75亿元，余额增速达65.73%。1～12月，全省向19.08万户职工家庭发放住房公积金贷款473.7亿元，同比增长了136.5%。12月末个贷比率为90.24%。全省住房公积金资金结余为158.14亿元。

【城镇房屋拆迁】 2009年，全省共许可拆迁房屋项目1023个，房屋面积2066.36万平方米、133763户，分别较2008年增加16%、60%、54%；其中，许可拆迁住宅面积1515.54万平方米、125566户，分别较上年增加69.3%、53.2%。实际完成（含往年结转）拆迁项目1290个、2034.89万平方米、127535户，分别较上年增长36%、46%、47%；其中，住宅房屋1446.03万平方米、110866户，分别较上年增加58.8%、35%。全省共受理的5145宗拆迁行政裁决案件，较上年下降1个点。加上往年结转的856宗裁决案件，共有6001宗裁决案件。通过裁决中调解，结案2597宗，较往年增加101%。下达了2940份裁决决定，较往年下降4个百分点。全省共下达强制拆迁决定250件，对其中的229户真正实施了强制拆迁。全省有14439户被拆迁住房困难户的住房条件，通过拆迁得到明显改善，其中8636户为低收入住房困难家庭。

三、城乡规划

【规划编制】 推进区域城镇体系规划编制。全面启动修编《江苏省城镇体系规划》，完成了调研和基础资料收集，明确了技术路线和纲要框架。完成了《苏南地区综合交通发展战略与规划研究》加快新一轮城市总体规划修编。批复了昆山市城市总体规划；南通、淮安2030年城市总体规划成果已分别上报国务院和省政府审批；南京、泰州、太仓、常熟总体规划纲要分别通过了审查和论证；扬州、宿迁、新沂等城市正在抓紧开展2030年城市总体规划修编。

【城市铁路综合客运枢纽规划工作】 省政府办公厅以苏政办发〔2009〕30号下发了省住房城乡建设厅与省交通厅起草的《关于加强铁路综合客运枢纽建设的意见》。省住房城乡建设厅联合省交通厅制定了《城市铁路综合客运枢纽规划编制要点》，为全省综合客运枢纽规划编制提供了技术依据和管理规范。

【加强历史文化保护的规划】 宜兴市等历史文化名城、黄桥、汾湖等历史文化名镇以及泰州城中历史文化街区编制完成了保护规划。南通市、荡口镇、溱潼镇、黄桥镇、严家桥村等历史文化名城、名镇、名村保护规划经省政府批准。

【强化重大建设项目选址规划服务】 省建设厅共核发重大建设项目选址意见书62份，其中主要是国家和省的各类重大基础设施项目，包括川气东送配套工程、高速公路、铁路、水利设施、城市饮用水和污水处理、垃圾处理等市政设施、电力设施、机场改扩建工程等。对尚在进行前期研究工作的项目发放预选址意见12份，并加强了规划控制引导和协调工作。

【加强各类开发区设立和扩区的规划审查】 做好各类开发区设立和扩大、调整区域的规划审查工作，确保开发区的选址和用地符合城市总体规划，要求开发区由城乡规划主管部门实行统一规划管理。对省政府交办的52件开发区审核事项提交了办理意见。

【历史文化保护规划实施监管】 为加强对省级名城历史文化街区保护整治的资金引导，省住房城乡建设厅会同省财政厅建立省级财政对历史文化街区保护的资金补助制度，制定下发了《江苏省历史文化街区保护专项资金管理办法》和项目申报指南开展了2009年度江苏省历史文化街区保护专项资金补助项目的申报和审查工作。完成了第五批中国历史文化名镇名村的审查。

【继续组织援助绵竹城乡规划编制】 在率先完成首批援助规划的基础上，进一步援助绵竹市编制城市总体规划等9项新的规划任务，其中绵竹市城市总体规划、江苏工业园区控制性详细规划、城东新区控制性详细规划、历史文化名城保护规划、城东新区行政办公区修建性详细规划等由省建设厅直接组织完成。

【城乡规划行业管理】 进行了2009年度江苏省建设系统优秀城市规划项目专业评选，评选出46项获奖城市规划项目，其中一等奖8项，二等奖15项，三等奖23项。

四、建筑业

【概况】 2009年江苏省建筑业总产值达到10582.88亿元，同比增长17.95%；企业营业额11554.58亿元，同比增长18.73%；年末从业人员551.41万人，同比增长10.16%；全行业实现利润435.33亿元，同比增长33.10%；技术装备率14888元/人，同比增长20.62%；劳动生产率186976元/人，同比增长8%；人均劳动报酬34100元/人，同比增长15.09%。

2009年，江苏建筑业完成的产值总量，继续保持在全国同行业中的领先地位。从业人数和建筑业总产值在全国各省、市、区名列第一，建筑企业总数、一级以上企业数量、企业营业额、利税总额等主要经济指标和荣获"鲁班奖"、国家级优质工程奖的工程项目，均在全国名列第一。

全省建筑企业上缴税金332.58亿元，同比增长21.91%；有50多个县（市、区）建筑企业上缴税金超过1亿元，其中最多的超过10亿多元。有相当数量的县市、乡镇，建筑业成为财政收入的重要支柱。全省建筑业吸纳城乡劳动力550余万，其中85%以上来自农村，农民从建筑业获得的收入约占全省农民纯收入的28%，苏中部分县（市、区）这一比例超过35%。

【区域建筑经济】 南京、南通、苏州、扬州、泰州五市建筑业总产值突破千亿元，占全省建筑业总产值的66%。其中，南通市达到2210亿元，该地区产业结构调整力度进一步加大，专业企业发展比往年明显加速。苏中、苏南建筑业继续发挥资金密集、技术密集、人才密集的优势，规模和效益同步提升。县级建筑经济总体态势稳健发展并有新的突破，海门、通州、江都三市（区）产值超过400亿元，其中海门市企业营业额达533亿元。全省建筑企业营业额超100亿元的县（市、区）由2008年的24个增加到28个，比上年增加4个，超过200亿元的达12个，比上年增加4个，其中突破300亿元的有5个，比2008年增加2个，海安市达到339.65亿元，如皋市达到309.6亿元。

【建筑业结构调整】 2009年，根据中央应对金融危机的一揽子措施和国家投资方向的变化，江苏省迅速出台临时性扶持措施，全省有104家大型总承包企业取得铁路、公路、港口、水利等210增项资质，为骨干企业涉足基础设施领域提供了准入资格。坚持以"调优调高"为基本取向，重视培育扶持高等级资质企业和经营特色明显、科技含量较高、市场前景广阔的专业企业。在全年审批的1237家企业中，专业企业达801家，占到审批总数64.80%，新批专业资质企业同比增加136%；专业企业完成产值3670多亿元，占产值总量36%，同比增加了3个百分点。基础设施和专业施工能力的快速增强已成为拉动建筑业逆势增长的最大引擎。

【建筑业科技进步】 2009年，江苏建筑业坚持以工程项目为载体，以典型示范为手段，建筑业10项新技术得到广泛应用，全省共有4项工程通过了全国建筑业新技术应用示范工程的验收，每平方米直接产生经济效益约45元。建立并通过有关部门认定的省级技术研发中心达31个，发明专利近300项，有54项工法被确定为国家级工法，其中8家特级企业同时拥有3项以上的国家级工法。132项工法被批准为省级工法。

【市场开拓】 先后与北京、上海、天津、山东、浙江等省市开展交流洽谈，签订合作协议。在巩固东部一线市场的同时，迅速向蕴藏巨大商机的西部市场和周边的二线城市拓展。进沪施工企业承接了15个世博会场馆总包工程，分包项目69个，合同总额超30亿元。全省共完成省外施工产值3872.26亿元，占到产值总量的36.59%，同比提高2个百分点。

【工程质量和安全生产】 认真执行工程质量法规和强制性标准，不断规范参建各方质量行为。大力推行精品工程战略，建立实施了工程质量报告制度和全省工程质量监督与检测联动机制，工程质量管理水平稳步提高。2009年，全省共获鲁班奖17项（含海外项目3项），国优工程奖15项，国家级优质工程奖数量创历年之最，继续保持全国第一。44项工程获国家级建筑工程装饰奖，占到全国获奖总数的13%。与此同时，237项工程获省内扬子杯，222项工程获省外扬子杯。深化了住宅工程质量分户验收工作，确保分户验收覆盖率、合格率全部100%。全省35个住宅小区被评为"住宅工程质量分户验收示范小区"，老百姓对住宅工程质量的投诉明显减少。全省共评选一等奖20项，二等奖30项，三等奖50项，优秀奖86项，其数量和水平都较2008年有所提高。

坚持以"安全活动年"活动为主线，深入开展安全隐患排查治理、安全生产"三项行动"、"三项建设"工作和"安全生产月"活动，有效促进了全省建筑施工安全生产形势明显好转。2009年，全省共发生建筑施工死亡事故46起，死亡59人，占全年控制目标数的49.17%，未发生一次死亡10人以上重、特大事故。与上年相比，事故起数下降了28.6%，死亡人数下降了50%，安全事故起数和死亡人数创本世纪以来历史新低。

【诚信体系建设】 2009年，江苏省先后制定出台了加强建筑市场管理、地铁工程建设管理、地基基础工程检测机构资质管理、建设领域拖欠农民工工资责任追究等一系列规范性文件。43家企业因拖欠农民工工资引发群体性事件而被限制市场准入，对36家企业的法人代表进行诫勉谈话，93名责任人被清出江苏建筑市场。制定出台农民工工资保证金管理办法，有效规范了民工工资保证金的管理。进一步加强企业资质的动态监管，依法撤回、注销不符合资质条件的企业1531家，有效规范了建筑市场秩序，确保公正公平。

【工程招投标监管】 认真贯彻国家九部委有关加强工程建设招投标监管工作意见，制定出台具体落实措施，进一步规范招投标市场，努力遏制围标串标行为。2009年，全省共发包工程项目24563个，采用公开招标发包项目13703个，公开招标率76.80%，公开招标金额同比增长18.61%。在全国率先开展建设工程远程异地评标，初步实现标书电子化、评委异地化、评标远程化和管理网络化。切实加强了评标专家库建设与管理，3661名评委通过审核进入资深专家库，3300多名专家参与了1185个项目的远程异地评标。招投标中介服务机构管理进一步强化，交易中心建设力度逐步加大。

【工程造价管理】 2009年，江苏省紧紧抓住2008国家计价规范的宣贯，明确了招标控制价调整系数。发布了《建设工程费用定额》、《江苏省房屋修缮工程计价表》、《抗震加固工程定额》、《建筑工程按质论价管理办法》等计价依据。指导开展造价咨询企业信用评价，全省93家企业被评为3A级企业，247家企业被评为2A级企业。加强对咨询企业动态监管，依法对25家不符合资质条件的企业下发了整改通知，撤回和注销了5家企业资质。全面实施不良行为记录和公示制度，对违法违规行为严肃查处。进一步加大了行业队伍的教育培训，完成了500余名造价师的初始注册培训和245名造价工程师的继续教育工作。

【工程建设监理】 2009年，省厅制定出台了《承担政府投资工程监理企业名录考核标准》，从源头上规范监理企业的市场行为，为政府投资工程储备了一批技术强、信誉高、服务好的监理企业。大力推进工程建设组织实施方式改革，制定出台创建工程项目管理企业的实施意见，工程项目管理的能力和水平得到提升。全省已建立政府投资工程集中代建机构31家，项目管理试点企业147家。

五、城市建设

【城市基础设施建设】 2009年，全省城市（县城）新增道路面积达到2483.76万平方米，城市人均拥有道路面积20.4平方米；县城人均拥有道路面积16.07平方米。全省新增供水能力87万立方米/日，新增县以上城市污水处理项目32个，新增污水处理能力100万立方米/日，新增污水收集主干网长度3500多公里。城市污水处理厂处理能力达到827.1万立方米/日，污水处理率85.44%，污水处理厂集中处理率65.54%；县城污水处理厂处理能力达到61.7万立方米/日，污水处理率66.63%，污水处理厂集中处理率48.10%。全省城市（县城）新增生活垃圾无害化处理能力3903吨/日，生活垃圾无害化处理能力达到4万吨/日，城市（县城）生活垃圾无害化处理率80.22%。

【城市轨道交通建设】 江苏省将城市轨道交通建设作为落实公交优先发展的重要举措，大力推进。到2009年底，南京、苏州、无锡等3个城市轨道交通建设进展顺利，常州市编制完成了城市轨道交通建设规划。全省已建成投运轨道交通的为南京市地铁1号线，长21.7公里，平均日运量近30万人次。在建轨道交通5个项目共计近110公里：南京市地铁2号线（长25.2公里）、1号线南延线（长23.5公里）、2号线东延线（长9.8公里）以及苏州市1号轻轨线（长25.7公里）、无锡市1号轻轨线（长30.48公里）。2009年全省城市轨道交通建设总投资90多亿元。

【人居环境奖获奖情况】 2009年，常州市公园绿地建设管理体制创新项目与镇江市西津渡历史文化街区保护与更新项目获得中国人居环境范例奖，无锡、江阴、宜兴、吴江、常熟等5个城市获得江苏人居环境奖，太仓市改善城区居民住房状况、扬州市城市管理、张家港市城市管理、宜兴市官林镇规划建设管理、常熟市辛庄镇小城镇建设、昆山市锦溪镇古镇保护、连云港市云龙山风景区生态景观修复等7个项目获得江苏人居环境范例奖。

【城市照明管理】 2009年全省城市照明建设继续高速发展，据不完全统计，2009年工程建设（含大修改造）工作总量超16亿元，维护工作总量超7亿元。截至2009年底全省共有路灯16万多盏，总功率超30万千瓦，城市照明用电总量超11亿度。各地继续加大高效电器产品和节能控制技术的推广力度，并加快节能灯具的改造。随着"十城万盏"活动的深入开展，以及国家六部委下发的《半导体照明节能产业发展意见》的贯彻落实，各地陆续开展了LED、太阳能等新型照明产品在道路照明中的应用。省住房城乡建设厅也适时印发了《江苏省城市道路照明LED应用技术导则》。

【市容管理】 全省继续开展江苏省市容管理示范路创建活动，共命名13条"江苏省市容管理示范路"。（海安县人民中路、姜堰市西大街步行街、昆山市人民北路、海门市解放路、宿迁市市府东路、泰州市青年北路、吴江市盛泽镇中心大道、盐城市解放南路、无锡市古竹路、连云港市海连中路、射阳县晨光路、淮安市淮海南路、镇江市龙吟坊商业街）。

【数字化城市管理建设】 全省各地通过实施数字化城市管理，城市管理水平进一步提升。全省已有南京、常州、南通、盐城、扬州、泰州、镇江、宿迁以及张家港、昆山、通州等11个城市建成了数字化城市管理平台，另有8个城市正在开展数字城管系统建设，9个城市已通过方案论证。数字化城管的深入推进，促进了城市管理走向精细化、长效化，增强了主动服务和快速处置能力，城市居民群众对城市管理的满意度大幅提升。

【公共交通】 继续推进实施公交优先发展战略。2009年全省城市公共交通投资达160多亿元，新增公交车辆5000标台、出租汽车700辆，更新公共汽车与出租汽车9000余辆。南京、苏州、无锡等城市的轨道交通以及常州、盐城、连云港等地快速公共交通系统（BRT系统）等一批公共交通重点工程稳步推进，苏州、连云港等地推进公交城乡统筹发展成效明显。继续组织开展了第三届城市无车日活动，全省已有11个城市做出公开承诺。

【城市燃气设施水平】 2009年，全省城市（县城）新增供气管道长度2709公里，天然气供气总量达到34.61亿立方米，液化石油气供气总量达到104.14万吨。城市用气人口2413万人，燃气普及率达到98.39%；县城用气人口459万人，燃气普及率达到93.3%。

【燃气设施建设】 2009年"川气东送"沿线城市天然气利用工程建设进展顺利，11个城市天然气利用项目中已有7个项目完成了初步设计审批，正在加紧施工建设中，其中常州、镇江、江宁等工程已竣工使用上了"川气"。2009年新建燃气管道2000公里、新增天然气用户20万户，超额完成了省政府目标任务新建燃气管道500公里、新增天然气用户10万户的目标。全省天然气的供应和调峰能力不断增强，新建了南京、盐城等一批天然气调峰储存站。

【燃气设施安全管理】 安全管理网络不断完善，南京、盐城等一些城市建立了市、县、乡镇三级管理网络，明确了管理职责，开展了多次检查整治，不少安全隐患得以整改，管道燃气居民用户的入户安检率逐年提高。2009年全省各地整治隐患2561处、拆除违建560处、取缔非法经营点600个、没收钢瓶3621只。

【燃气市场管理】 全省各地依据《条例》规定、规范性文件和会议精神，普遍加强了对燃气经营市场的监督管理，认真开展液化气经营许可证、供应许可证的发放和换证工作。特许经营管理制度得到了进一步落实，签订特许经营协议的企业在逐年增加，全省管道燃气企业89家中已有50家企业与政府或建设局签订特许经营协议，特许经营协议签订率为56.18%。政府的监管措施在不断完善，淮安市、扬州市对特许经营的燃气企业按照规定进行了中期评估，及时发现问题，取得了较好的监管效果。

【区域供水】 宁镇扬泰通和苏北地区区域供水规划实施工作进展顺利。2009年列入省政府工作目标的宁镇扬泰通和苏北地区区域供水规划实施任务如期完成，新增通水乡镇112个。

【城镇污水处理设施建设】 2009年，全省县以上城市新增污水处理项目32个，新增处理能力112万立方米/日，新增污水收集主干管网长度3500多公里。到2009年底，全省县及县以上城市实现污水处理设施全覆盖，建成投运县以上城市污水处理厂158座。城市污水处理厂处理能力达到784万立方米/日，污水处理率85.44%，污水集中处理率65.54%；县城污水处理厂处理能力达到66万立方米/日，污水处理率66.22%，污水处理厂集中处理率48.10%。

【太湖流域污水治理】 2009年，全省太湖流域累计完成污水处理工程建设投资123.6亿元，新增城镇污水处理能力95万立方米/日，建成污水收集管网达3000余公里，实现了建制镇污水处理设施全覆盖。全面完成城镇污水处理厂除磷脱氮提标改造技术攻关，出台了《江苏省太湖流域城镇污水处理厂提标建设技术导则（试行）》。列入《江苏省太湖流域水环境综合治理实施方案》中提标改造任务的169座城镇污水处理厂，累计有136座完成了除磷脱氮提标改造工作，其中2009年完成41座。

【淮河流域水污染治理】 积极推进实施淮河流域"十一五"水污染防治计划，2009年，淮河流域新增县以上城市污水处理项目8个，新增污水处理能力18万立方米/日。

【城市节水】 常熟、太仓、镇江、宜兴获得江苏省节水型城市称号。

【垃圾处理】 徐州（协鑫）、苏州（光大）二期、太仓（协鑫）二期、昆山（伟民）二期等4座垃圾焚烧发电厂以及金湖、高淳、溧水、高邮、江都等生活垃圾填埋场相继投运，新增垃圾无害化处理能力4000吨/日。无锡、苏州等市继续对垃圾填埋场进行技改扩容，常州市垃圾填埋场填埋气发电项目建成投运。铜山县、姜堰市等地依照国家新标准对老垃圾场实施了规范化封场。

【风景名胜】 截至2009年底，全省拥有国家级风景名胜区5处，分别是：太湖、南京钟山、扬州蜀岗—瘦西湖、连云港云台山和镇江三山。拥有省级风景名胜区18处，分别是：南京雨花台、夫子庙—秦淮风光带，苏州虎丘、枫桥，常熟虞山，镇江南山，句容和金坛交界的茅山，句容九龙山，南通濠河、狼山，姜堰溱湖，徐州云龙湖、艾山，新沂马陵山，盱眙第一山，建湖九龙口，宿迁骆马湖—三台山、古黄河—运河风光带。风景名胜区总面积约1500平方公里，占全省国土面积1.5%，基本涵盖了全省山水胜迹与风景名胜的精华，成为集游憩、休闲、审美、科教、生物多样性保护及维护生态平衡等功能于一体的游览胜地。

【园林绿化】 2009年，全省新增城市绿地面积4700公顷，新增公园绿地面积2500公顷。全省城市绿地率达37.68%，绿化覆盖率达41.26%，人均公共绿地达12.45平方米。截至2009年底，全省拥有国家园林城市（县城）25个，省级园林城市12个，国家文明风景旅游区1个，国家重点公园18个，国家重点湿地公园5个。国家级风景名胜区5个，省级风景名胜区18个。

【节约型园林绿化建设】 2009年，江苏省住房和城乡建设厅高度重视节约型园林绿化建设工作，加强对节约型园林绿化建设工作的指导。在城市园林绿化的建设中，积极推进以资源节约、减少消耗和浪费的较低成本，获取最大生态、社会与经济效益的建设模式。在规划设计、建设施工、养护管理等各个环节中，落实节约型园林绿化建设的各项措施。将节约资源的效益最大化原则有机地落实到园林城市、园林小城镇创建与生态园林城市试点工作中去，并作为城市园林绿化建设的重要考核指标。颁布《江苏省城市绿地系统规划编制纲要》。结合江苏省实际，提出江苏省贯彻《关于进一步加强和落实城市绿地系统防灾避险功能的通知》的实施意见，并完成全省城市绿地系统防灾避险能力现状评估。

【园林城市创建】 2009年，对南京等12个国家园林城市进行现场复查及指导，对开展创建江苏省园林城市活动的10个城市（县城）进行调研和指导。2009年，新增姜堰市、扬中市、新沂市、高邮市、盱眙县为省级园林城市（县城）。宿迁市、泰州市、金坛市、溧水县、高淳县、金湖县通过住房和城乡建设部考核，被命名为国家园林城市（县城）。

【生态园林城市试点】 积极推进南京、苏州等市6个生态园林城市试点课题项目的实施，探索实践节约型园林绿化的建设方式和途径，重点对南京、张家港市"生态园林城市"试点课题项目实施进展情况进行调研和指导。12月，国家生态园林城市创建工作座谈会在南京市召开，南京、苏州、扬州、张家港、昆山、常熟等6个试点城市在会上进行了典型项目交流。

【风景名胜区法规建设】 配合省人大有关部门，认真研究《江苏省风景名胜区管理条例》修改意见，并组织了立法调研活动。2009年5月20日，该《条例》经省十一届人大常委会第九次会议审议通过并颁布实施。指导完成了《苏州市风景名胜区管理条例》、《南京市夫子庙—秦淮风光带管理条例》和《南京市中山陵园风景区管理条例》草案的修改工作，其中，《苏州市风景名胜区管理条例》、《南京市夫子庙—秦淮风光带管理条例》已由省人大颁布实施。完成《南京市玄武湖景区保护条例（征求意见稿）》的修改工作。

【风景名胜区规划编制与审批】 完成对《太湖风景名胜区总体规划（修编）》的征求意见工作。组织对《夫子庙—秦淮风光带风景名胜区总体规划（修编）》的审查。完成《溱湖风景名胜区总体规划（修编）》的编制工作。指导邳州市艾山景区申报省级风景名胜区资源调查评估报告的编制。南京市中山陵被住房和城乡建设部列入国家自然与文化遗产预备名录。

【风景名胜区建设项目选址审批】 2009年，结合省行政权力网上运行信息系统相关工作，进一步规范风景名胜区建设项目选址审查审批程序，依法办理风景名胜区建设项目选址审批工作，完成玄武湖景区环境综合整治方案的审查批准工作。完成太湖、云台山、南山、茅山等景区建设项目的选址审批工作。

【风景名胜区建设监管】 认真贯彻实施国务院《风景名胜区条例》和相关法规，依法加强风景名胜区管理。2009年4月，下发了《关于进一步做好风景名胜区核心景区划定与保护工作的通知》，强化资源保护工作。对苏州枫桥风景名胜区"吴瀛园"违规建设情况进行调查处理。根据住房和城乡建设部的要求，对苏州"交通一号线车辆段"选址占用太湖风景名胜区用地情况进行调查处理。建立联席会议制度，定期协调处理茅山风景名胜区管理工作。

六、村镇建设

【概况】 2009年，全省有建制镇845个（不包括县城关镇和划入城市统计范围的镇），乡集镇100个，行政村15423个，村庄153383个。村镇总人口5474.97万人，其中暂住人口550.26万人。建制镇建成区面积2504.74平方公里，平均每个建制镇2.96平方公里；集镇建成区面积113.11平方公里，平均每个集镇建成区面积1.13平方公里。

【农村房屋建设】 2009年，全省村镇住宅竣工面积3781.70万平方米，实有住宅总建筑面积19.12亿平方米，全省村镇人均住宅建筑面积34.92平方米（含暂住人口）。全省村镇公共建筑建设总量与上年持平，竣工面积749.98万平方米，其中混合结构建筑面积721.70万平方米，占新建公共建筑总面积的96.23%。全省生产性建筑竣工面积达到3650.64万平方米，其中混合结构建筑面积3429.70万平方米，占新建生产建筑总面积的93.95%。

【村镇基础设施建设与园林绿化】 2009年，全省村镇市政公用设施建设继续保持稳步发展的势头，市政公用设施建设投资201.26亿元。全省乡镇年供水总量为12.99亿立方米，自来水受益人口1393.66万人，村庄用水普及率90.91%；乡镇排水管道长度1.67万公里，年污水处理总量3.48亿立方米。年底，全省乡镇实有铺装道路3.27万公里，小城镇镇区主街道基本达到硬化。全省乡镇拥有环卫机械数量8877辆，公共厕所1.12万座，村容镇貌进一步改观。建制镇绿地面积3.57万公顷，其中公园绿地面积6896.76公顷，人均公园绿地面积4.95平方米，绿化覆盖率为21.07%；集镇绿地面积1474.13公顷，其中公园绿地面积208.40公顷，绿化覆盖率为20.48%，人均公园绿地面积3.33平方米。

【村镇规划编制工作】 制定《重点中心镇控制性详细规划编制实施方案》，统一地块性质、面积限定、编制单位资质和编制技术要点等要求。以21个重点中心镇控制性详细规划和200个村庄规划编制为重点，有序推进村镇规划的编制工作。并由县（市、区）和省辖市村镇规划主管部门分别进行技术把关，达到论证深度后，统一组织召开专家论证会。通过全省各级村镇规划主管部门、项目所在镇村的共同努力，各项规划编制工作均已按期完成，整体上达到了项目验收考核要求。

【村庄建设整治工作】 2009年，全面完成201个省级村庄整治试点任务，共建设村内主次道路62公里，修建排水管道51公里，设置生活垃圾收运设施370套，新建公厕335座，增加公共绿地60万平方米，村庄的人居环境得到了明显改善，受到农民的普遍欢迎。各地根据实际情况，由点及面扩大村庄整治试点范围，全省实际完成村庄环境整治试点1651个，投入资金11.9亿元。完成10个特色显著的规划保留村庄建设整治工作，部分试点在整治中做到了防灾减灾、建筑节能、清洁能源利用等多种示范相结合。

【农村生活污水处理】 2009年，太湖流域需完成550个规划保留村庄的生活污水处理设施建设任务，苏中苏北地区需完成50个村庄生活污水处理试点示范项目建设。太湖流域加大投入，加快村庄生活污水相对集中处理设施建设步伐。苏中苏北地区精心挑选规模适当、基础条件相对较好、村民积极性较高的村庄开展试点示范项目建设。通过两轮现场指导，对项目实施全程跟踪并提供技术支持，帮助各地调整优化了工艺方案。在总结《农村生活污水处理适用技术指南（2008试用版）》使用情况的基础上，结合近年来农村生活污水治理工作进展，组织编写《农村生活污水处理适用技术指南（2009版）》，免费印发各地指导开展村庄生活污水治理工作。年末，太湖流域共完成1051个村庄的生活污水治理任务，投入资金8.03亿元；苏中苏北地区50个村庄生活污水处理试点示范项目全部建成。

【农村垃圾收运体系建设】 组织苏中、苏北科学制订乡镇垃圾中转站建设方案，加快乡镇垃圾转运设施建设，逐步构建"组保洁、村收集、镇转运、县(市)处理"的城乡统筹垃圾处理模式。指导苏南地区进一步完善城乡一体、辐射镇村的城乡垃圾收运体系,制定下发《2009年农村生活垃圾分类收集处理试点示范工作方案》,组织10个乡镇开展农村生活垃圾分类收集、就地减量、资源利用试点,积极探索农村生活垃圾分类收集和处理的有效途径,取得良好效果。2009年,苏中苏北地区完成84座乡镇垃圾中转站建设,另有16座正在积极组织建设;太湖流域完善了111个建制镇和1000个行政村的生活垃圾收运体系,投入资金9.13亿元。

七、建筑节能与科技

【概况】 2009年,江苏省严格贯彻落实《民用建筑节能条例》要求,建筑节能工作取得快速发展。全年新建节能住宅11343万平方米,节能公共建筑3448万平方米。截至2009年末全省累计建成节能建筑48457万平方米,节能建筑比例约为25.6%。累计节能约819万吨标准煤,减少二氧化碳排放约为1843万吨,相当于节电284亿千瓦时,节电量接近9座60万千瓦火电机组的年发电量。

【管理体制建设】 省政府制定颁布了《江苏省建筑节能管理办法》(第59号省政府令),于12月1日起实施,这是江苏省第一部专门针对建筑节能的政府规章。省政府办公厅转发了《关于推进全省节约型城乡建设工作的意见》(苏政办发[2009]128号),节约型城乡建设工作全面启动。省住房和城乡建设厅制定了《江苏省建筑节能目标责任考核办法(暂行)》、《2009年全省建筑节能工作考核评价工作计划》,组织7个考核组对省辖市建设系统推进建筑节能工作情况进行了全面考核,抽查了65项民用建筑工程。下发了《关于2009年全省建筑节能考核评价工作的通报》,对5项检查不合格项目进行了查处。

【新建建筑节能】 新建项目设计阶段100%达到建筑节能标准,竣工验收阶段执行建筑节能标准的比例由上年度96.26%上升到99.07%。采取了五项措施加强新建建筑节能闭合监管:一是在规划环节和方案设计审查环节进行严格把关,要求在编制城乡规划时,应当考虑利用自然通风、地形地貌、自然资源等节能因素。城乡规划主管部门依法确定的建设项目规划条件,应当包含节能要求。建设主管部门则按照《民用建筑节能条例》的要求,对项目设计方案中的建筑节能内容进行审核把关。二是继续推行建筑节能专项设计和施工图专项审查。从设计方案、初步设计文件、施工图设计文件三个方面明确了建筑节能要求。要求审图机构确定建筑节能专职审查人员,定期接受相关专业学习培训,确保审查质量。三是加强节能工程施工质量控制和竣工验收把关。严格执行编制建筑节能专项施工方案和专项监理细则的规定,对建筑节能材料实行进场复验,推行施工现场建筑节能信息公示制度,实施建筑节能工程质量专项验收。四是积极建立民用建筑能效测评标识制度。坚持把推进建筑能效测评标识作为完善建筑节能市场调节机制的重要内容,出台了《江苏省民用建筑能效测评标识管理实施细则(暂行)》,明确了能效测评标识机构认定、强制测评标识对象以及相关管理内容。确定了江苏省建筑节能中心、昆山市建设工程质量检测中心、南京工大建设工程技术有限公司等3家省级建筑能效测评标识机构。五是积极建立建筑能效信息公示制度。继续推行建筑节能信息现场公示制度,在施工现场出入口等显著位置公示在建工程节能措施情况。加强房屋销售环节的节能信息公示,在新版商品房买卖合同、住宅质量保证书和住宅使用说明书中增加了建筑节能相关内容。

【既有建筑节能改造】 确立了江苏省农林厅大厦、南京市建筑设计院办公楼等11项建筑节能改造项目,并在南京同仁医院集中供热水系统和中央空调系统节能改造中推行合同能源管理模式,探索节能改造市场运作的新路子。开展了既有住宅节能改造试点,各地采取了平改坡、增加围护结构保温措施、更换节能窗、统一安装太阳能热水器等多种形式的节能改造措施,全省既有住宅节能改造面积达36万平方米,超额完成了省政府确定的既有住宅节能改造30万平方米目标任务。

【可再生能源建筑应用】 积极响应国家发展太阳能光电建筑应用的战略举措,上报财政部、住房和城乡建设部184项220兆瓦太阳能光伏建筑应用项目,获批23项,占全国项目总数的1/5强,居全国第一。编制了《太阳能光伏与建筑一体化应用技术规程》地方标准,制定了《关于加强太阳能光电建筑应用示范项目管理的通知》,确保太阳能光电建筑应用项目实施效果。

积极开展可再生能源建筑应用城市示范和农村示范,制定了《江苏省可再生能源建筑应用城市示范省级配套能力建设实施方案》,南京、扬州、淮安等8个地级市和连云港赣榆等5个县申报国家示范城市和示范县,南京和赣榆获得批准。

继续实施可再生能源建筑应用工程示范,利用省级建筑节能专项资金新安排59项可再生能源建筑应用示范项目,补助项目经费5840万元。确立了42

项太阳能与建筑一体化设计安装项目，推广太阳能热水器4万多台。

加强可再生能源建筑应用科技支撑。江苏作为牵头省份联合浙江、上海等省六市共同承担了国家《长江流域可再生能源在建筑中应用规划研究》课题。南京、扬州、常州、苏州、淮安等地已经编制出《可再生能源建筑应用专项规划》。编制了《江苏省公共建筑节能设计标准》等18项建筑节能地方标准和标准设计图集。

【建筑节能监管体系建设】 机关办公建筑和大型公共建筑节能监管体系建设试点工作取得阶段性成果。省级机关、南京市、常州市共完成929栋建筑的基本信息调查及能耗统计工作，完成了137栋建筑和5所高校园区的建筑能源审计，公示了209栋建筑的能耗情况。

南京大学等4所高校申报了国家节约型校园建设示范，贯彻落实《关于推进高等学校节约型校园建设进一步加强高等学校节能节水工作的意见》和《关于印发〈高等学校校园建筑节能监管系统建设技术导则及有关管理办法的通知〉》。

制定出台了《江苏省机关办公建筑和大型公共建筑能耗统计管理试行办法》、《江苏省机关办公建筑和大型公共建筑能源审计管理试行办法》、《关于贯彻执行住房和城乡建设部〈国家机关办公建筑和大型公共建筑能耗监测系统相关技术导则、软件开发指导说明书〉等要求的通知》等规范性文件。

加快建筑能耗监测平台建设。确定了覆盖全省的建筑节能监测中心建设目标，建设方案经省发改委批准立项，计划分两期实施。省级建筑节能监测中心和南京、常州市、无锡市建筑节能监测中心等第一期建设任务已经启动。

继续推进机关办公建筑和大型公共建筑能耗分项计量安装工作。新确立71项建筑能耗分项计量装置安装项目，财政补助2181万元。

【建筑节能宣传】 注重加强《民用建筑节能条例》的宣传培训。省住房和城乡建设厅印发了《关于切实做好〈民用建筑节能条例〉贯彻落实工作的通知》，召开了条例宣贯电视电话会议，邀请住房和城乡建设部领导来江苏对条例进行解读和授课。全省各市县建设局、规划局、房管局、建工局、设计单位、施工单位、审图机构、质监站和省有关单位共1200多人参加了学习。

注重加强建筑节能宣传。在南京市图书馆举办了"大力推广建筑节能·积极发展绿色建筑"展览，面向社会开放两周时间，出版了《绿色建筑与建筑节能知识问答》向公众免费发放，在省政府网上与网民进行了主题为"建筑节能全社会共同的行动"的在线访谈活动，会省政府法制办召开了《江苏省建筑节能管理办法》新闻发布会，充分利用多种媒体，组织形式多样的宣传活动，形成了良好的社会氛围。

【推广节能省地型建筑以及绿色建筑】 省住房和城乡建设厅对城市化快速发展形势下如何做好节约型城乡建设工作进行了系统研究，出台了《关于推进节约型城乡建设工作的意见》，提出了推进城市空间复合利用、推进绿色建筑健康发展、推进绿色施工管理、推进住宅全装修等10大工程，编制了《江苏省节约型城乡建设百项适宜技术》。先后出台了《江苏省绿色建筑评价标准》、《江苏省绿色建筑奖评审办法》、《江苏省绿色建筑评价标识实施细则》等标准和规范性文件，举办了"推进建筑节能 发展绿色建筑"展览和第二届绿色建筑专题论坛，成立了江苏省绿色建筑工程技术研究中心、江苏省绿色建筑与节能专业委员会，评选出"无锡山语银城住宅小区"等6项绿色建筑创新奖项目。江苏省成为首批具备一二星级绿色建筑评价标识资格的省份。

（江苏省住房和城乡建设厅）

浙 江 省

概 述

2009年，在浙江省委、省政府的坚强领导和住房城乡建设部的精心指导下，以科学发展观为指导，深入实施"创业富民、创新强省"总战略，认真落实"标本兼治、保稳促调"各项措施，围绕中心，服务大局，以新型城市化为引领，以"两房推动发展"为重点，全省住房城乡建设事业各项工作取得了显著成绩。截至2009年底，浙江省城市化水平达到57.9%，比上年提高0.4个百分点；县城以上城市建成区面积为2532.35平方公里，其中设市城市为2033.32平方公里。

一、住房保障

【加快推进农村住房改造建设工作】 2009年6月12日，浙江省委、省政府召开全省城乡住房工作会议，成立省城乡住房工作协调委员会，出台《关于加快农村住房改造建设的若干意见》，明确了这项工作到2012年的目标任务，省政府与各市签订了《2009～2012年农村住房改造建设目标责任书》。9月8日至9日，省委、省政府又召开了全省农村住房改造经验交流会，总结交流各地实践经验，进一步加快推进全省农村住房改造建设。至年底，全省启动农村住房改造建设项目1530个，实施农村住房改造31.8万户，完成建设投资621亿元。同时，完成农村困难群众危旧房改造3.0093万户。

【加快建设保障性住房】 2009年初，省政府与各城市签订了住房保障目标责任书，浙江住房城乡建设厅会同省发改委、省财政厅对国家下达给浙江省的年度廉租住房保障计划任务进行了分解落实。至2009年底，全省69个市县新增廉租住房保障1.5万户，新开工廉租住房44.33万平方米，完成投资8.07亿元；经济适用住房新开工面积336.15万平方米。同时，新开工建设农民工公寓71.09万平方米，完成旧住宅区综合改造512.28万平方米，新建了一批人才公寓，为城市其他住房困难家庭改善了住房条件。至2009年底，基本实现低保标准为两倍以下城市低收入的住房困难家庭廉租住房"应保尽保"、基本满足家庭人均收入在当地城镇居民人均可支配收入6090元以下城市住房困难家庭购买经济适用住房需要"两个基本"的目标。住房公积金制度覆盖面稳步扩大，实缴住房公积金职工人数增加到327万人，全年住房公积金缴存额415亿元。发放住房公积金贷款金额300亿元，累计发放贷款金额1348亿元。通过发放住房公积金贷款，已经帮助70万余户职工改善了居住条件。

二、住宅和房地产业

【房地产市场主要经济指标平稳健康发展】 2009年3月，浙江省政府办公厅出台了《关于加强城镇住房保障促进房地产市场稳定健康发展的实施意见》。全省房地产开发投资稳步增长，房地产市场交易表现活跃，市场总体回暖向好。全年全省房地产开发完成投资2253.57亿元，同比增长11.4%；房地产业增加值1304.75亿元，占全省地区生产总值5.7%；房地产业税收331亿元，同比增长19.4%，占全省地税总收入的20.7%；商品房销售面积5525.38万平方米，同比增长84.7%。

【大力推进住宅产业化】 根据住房城乡建设部《关于公布天津天山水榭花都等14个住宅小区建设列入省地节能环保型住宅国家康居示范工程实施项目的通知》（建房函[2009]197号）、《关于山西大同御锦源等10个住宅小区建设列入省地节能环保型住宅国家康居示范工程实施项目的通知》（建房函[2010]11号），浙江省慈溪康鑫梵石花园、萧山桃花新村、衢州瑞宏阳光水岸列入"省地节能环保型住宅国家康居示范工程实施项目"。根据住房和城乡建设部《关于同意宝业集团股份有限公司、黑龙江省建工集团为国家住宅产业化基地的函》（建房函[2009]153号），宝业集团股份有限公司被评为"国家住宅产业化基地"。根据住房城乡建设部《关于公布2009年度全国物业管理示范住宅小区（大厦、工业区）验评结果的公告》（建房[2010]10号），杭州市春江花月、天堂软件园、庆春发展大厦、宁波市日湖花园、中石化宁波工程公司总部大楼、都市森林、高新区科技广场综合办公楼，浙江中银大厦等8个物业项目被评定为"2009年度全国物业示范住宅小区（大厦、工业区）"。

三、城乡规划

【部省合作联动推进新型城市化发展】 2009年9月14日在北京正式签署了《住房和城乡建设部与浙江省人民政府关于联动推进浙江新型城市化发展的意见》，根据合作意见，部省双方将利用各自条件、优势和资源等，从推进实施新型城市化战略、推进城乡区域统筹发展、推进城乡集约发展、推进城乡和谐发展、推进城乡创新发展等5个方面加强合作，为积极转变浙江城镇发展模式，提高城市化质量，推进新型城市化战略的深入实施创造了条件。

【完成《浙江省城镇体系规划（2008～2020年）》报批和《浙中城市群规划》方案编制工作】 《浙江省城镇体系规划（2008～2020年）》已由省政府上报国务院，建设部于2010年1月22日召开了部际联席会议进行审查并原则通过。《浙中城市群规划》已征求有关县市意见，并通过专家论证。

【加快推进县市域总体规划编制和报批工作】 全省所有县市都已完成县市域总体规划编制工作，其中兰溪、温岭和诸暨等10个县市的规划已经省政府批准实施，临海、奉化、义乌和景宁等38个县市的规划成果已上报省政府。部分县市开展了县市域总体规划的深化细化工作。

四、建筑业

【建筑业主要经济指标保持全国前列】 浙江省全年建筑业总产值突破9000亿元大关，达到9351亿元，同比增长16.3%；建筑业增加值1386亿元，同比增长13.6%，占全省GDP的6%；上缴税金280亿元，同比增长15.7%，实现利润总额250亿元，同比增长16.3%，主要经济指标继续保持全国前列。全年签订的合同额15922.2亿元，同比增长17.7%。其中：上年结转合同额6120亿元，本年新签合同额9802.2亿元。全年房屋建筑施工面积105436.2万平方米，同比增长13.7%。全年平均从业人数463.5万人，同比上年净增加就业岗位30万个左右。建筑业已经成为浙江经济的支柱产业，地区财政的重要来源，劳动就业的重要领域。

全省12个"建筑之乡"区域集群效应不断加强，继续在建筑业发展中发挥龙头带动作用。"建筑之乡"共完成产值4708.6亿元，占全省总数的50.35%。其中，出省施工产值2953.1亿元，占全省总数的68.31%，主要指标继续保持在全省50%左右的比重。全省共有等级资质建筑业企业6100多家，其中：特级企业40家，一级企业401家，特、一级企业数量居全国前列。

【积极实施建筑业"走出去"战略】 2009年初，省政府召开全省推进建筑业"走出去"发展工作会议，出台了《关于加快推进建筑业"走出去"发展的若干意见》，加大了对建筑业"走出去"发展的扶持力度，会议表彰了省建设投资集团、中天建设集团、浙江宝业建设集团、广厦建设集团等10家建筑业"走出去"发展工作先进单位。组织开展了建筑业"双服务"专项行动，下发了《关于进一步加强建筑市场监管与服务促进建筑业健康发展的若干意见》。9月份印发的《关于进一步加强建筑市场监管与服务促进建筑业健康发展的若干意见》，提出了20条帮扶企业应对金融危机、减轻企业负担的意见。11月，中国建筑业协会授予浙江省浙江宝业建设集团等15家企业为"全国建筑业先进企业"，吴建荣等18人为"全国建筑业优秀企业家"。

【加快建筑业发展方式转变】 积极优化和调整产业结构，不断提高企业整体实力，初步呈现了以总承包为龙头、专业为依托、劳务为基础的良好的组织架构。组织开展了2008年度省级工法评审工作，"逆作法施工皮带输送土方施工工法"等161项工法被评为浙江省2008年度省级工法，其中有56项被评为2007～2008年度国家级工法。组织起草了《建筑市场信用管理办法》，积极推进民工学校建设，进一步巩固清欠成果。全省建设工程应招标工程招标率和应公开招标工程公开招标率都达到100%。

【努力保持建筑质量安全形势稳定好转】 浙江住房城乡建设厅与各市建设部门签订目标，落实责任。组织开展了"三项行动"、"三项建设"为主要内容的安全生产年活动，深入开展了深化隐患排查治理、工程质量检测专项整治、安全生产月等活动。会同教育部门开展了中小学校舍安全工程整治工作，完成了全省中小学校舍的排查鉴定工作。全年共创全国建筑施工安全质量标准化示范工地10个，创浙江省建筑施工安全质量标准化示范工地34个，3家单位获得全国建筑施工安全质量标准化工作先进集体，13家单位被评为浙江省建筑施工安全质量标准化工作先进集体；4人获得全国建筑施工安全质量标准化工作先进个人，25人被评为浙江省建筑施工安全质量标准化工作先进个人。全年共评出"2009年度省建筑安全文明施工标准化工地"200项。全省建筑施工质量安全形势继续稳定好转，2008年全省建筑施工企业在房屋建筑和市政基础设施工程中共发生施工死亡事故51起，死亡62人，同比分别下降了28%和38%。其中较大事故2起，死亡10人，同比分别下降了50%和66%，各项指标较好地控制在省政府下达的目标责任内。

【充分发挥科技引领和技术创新作用】 组织申报省级建设科研推广项目140多项，67项列入2009年实施计划，组织建设科研项目验收79项，受住房城乡建设部、省科技厅等委托开展验收6项。组织开展了第三批浙江省省级企业技术中心（建设）认定工作，共有18家建筑业企业技术中心被认定为省级技术中心。获得国家优秀勘察设计7项，获得詹天佑奖1项，省科技进步奖一等奖、三等奖各1项。发布了《数字化城市管理部件和事件分类与立结案标准》等工程建设地方标准6项，发布了《太阳能热水系统设计与安装图》等图集3项，组织申报《复合地基基础设计规范》等国家、行业标准4项。

五、城市建设

【积极开展园林城市创建】 加大对园林城市创建和申报工作的调研指导力度。根据浙江省人民政府《关于命名省级园林城市的批复》（浙政函[2009]195号），桐庐县、建德市、武义县、龙游县、常山县被命名为"省级园林城市"。至2009年底，县城以上城市人均公园绿地面积10.66平方米，建成区绿化覆盖率37.18%，建成区绿地率33.64%。

【大力加强环境基础设施建设】 至2009年底，全省建成106个镇级污水处理设施，完成投资18亿元以上，新增城镇污水日处理能力74万吨；新建成慈溪、德清和桐庐等一批垃圾无害化处理设施，全年新增日处理能力2000吨。大力加强城市污水配套管网建设，新建县以上城市污水管网1218公里，完成投资28亿元。

【着力推进城乡供水一体化建设】 至2009年底，全省完成铺设各类供水管道约3750公里，改造各类旧管网约730公里，实施供水技术改造项目12个，完成投资约20亿元，全省新增城镇集中供水覆盖农村人口约144万人。

【加快推进"数字城管"建设】 省政府召开全省"数字城管"工作会议，出台《关于积极推进"数字城管"工作的实施意见》。全省已有50个市、县(市、区)开展"数字城管"工作，其中杭州、宁波等37个市、县(市、区)已投入运行。开展调研、组织编写《浙江省"数字城管"省级平台规划与建设方案》课题。省、市、区三级进一步建立健全重大质量安全事故、防台防汛、避灾场所布局等应急管理预案，切实提高全省住房城乡建设系统应急管理能力。

【稳步推进世行贷款城建环保项目】 在省级有关部门和项目所在县(市、区)的共同努力下，世行贷款钱塘江流域小城镇环境基础设施项目分别通过了世行的预鉴别、鉴别后续准备阶段的工作，为完成世行评估工作打下了基础。在建的世行贷款浙江城建环保项目经国家发改委、财政部批复同意，利用世行贷款余额2987万美元，新增宁波16万立方米/日的江南污水处理厂项目，修改的《贷款协议》、《项目协定》已经世行与财政部、省政府签署后生效。

【加强风景名胜区管理工作】 完成《浙江省风景名胜区管理条例》的调研报告。指导江郎山丹霞地貌捆绑申报世界自然遗产工作取得突破性进展，完成世界自然保护联盟专家的考察评估工作。完成了《浙江省风景名胜区体系规划》评审和"两江一湖"等6个国家级风景名胜区总体规划的修改工作，完成了三衢石林等9个省级风景名胜区的审查上报工作。依法开展风景名胜区建设项目选址许可工作，完成了西湖风景名胜区江洋畈生态公园等47个风景名胜区建设项目的选址审查。根据国务院《发布第七批国家级风景名胜区名单的通知》(国务院国函[2009]152号)，新昌天姥山风景名胜区为国家级风景名胜区。

【加强历史文化资源保护工作】 全面编制完成17座历史文化名城、第一和第二批共43处省级历史文化街区、村镇的保护规划。

六、建筑节能与科技

【深入推进建筑节能工作】 2009年全省组织实施省级建筑节能示范项目773万平方米，实施国家机关办公建筑和大型公共建筑用能监管77幢。继续全面实施新建建筑节能50%设计标准，逐步推进既有建筑节能改造，推进太阳能、地热能等可再生能源在建筑中的应用。一年来，浙江省共有10个太阳能屋顶发电项目(装机总容量11.2兆瓦)列入国家示范项目，宁波、建德和嘉善等市、县列入国家可再生能源建筑应用示范市、县，共争取国家补助资金2.515亿元。全面推动百条道路太阳照明计划和百万平方米地源(水源)热泵空调计划，已启动太阳能等低能耗照明道路11条，启动地源(水源)热泵项目21个建筑面积近35万平方米。

【全面推进污染减排工作】 2009年全省城镇污水处理厂污水处理总量达22.2亿吨，COD去除量达120.7万吨。组织编制了《浙江省城镇污水处理厂污泥处理处置设施建设规划》，下达了2009～2010年污泥处理设施建设任务。

七、依法行政

【继续强化立法工作】 《浙江省城乡规划条例》(草案)经省政府常务会议审议通过，省人大常委会已经一审。《浙江省建筑业条例》、《浙江省建设工程质量管理条例》、《浙江省建设工程监理条例》、《浙江省建设工程勘察设计管理条例》、《浙江省物业管理条例》等五个条例进行修订，已经省人大常委会批准。《浙江省城镇污水集中处理管理办法》已经省政府审议通过，于2010年1月1日起实施。《浙江省城镇廉租住房保障办法》和《浙江省经济适用住房管理办法》等一批政府规章按程序进行了修订，已上报省政府。

【努力化解行政争议】 至年底，浙江住房城乡建设厅共收到行政复议申请211件，受理200件。受理的案件中，已经做出行政复议决定、驳回行政复议申请决定和终止决定的186件，中止审理的4件。做出行政复议决定的案件中，撤销原具体行政行为的2件，其余均为维持。为维护社会稳定和有效化解行政争议，向有关被申请人发出了2份行政复议意见书。

【扎实推进"双服务"工作】 全力做好省委深

化"双服务"专项行动第七服务组的牵头工作，组织厅机关开展了推进镇级污水处理设施建设、建筑业转型升级、浙中城市群规划编制、农村住房改造建设等4个专题行动。协调组织省级相关部门开展环保、国土、医药等3次专题行动。

【认真办理提案建议】 2009年，省"两会"交办浙江住房城乡建设厅办理的建议提案共151件，其中省人大代表建议79件(含重点件1件)，省政协提案72件，全部按时完成，满意率100%，解决率70%以上。浙江住房城乡建设厅主办的《建立健全住房租赁制度，化解城镇住房难问题》(提案者为九三学社省委会)被省政协评为省政协十届一次会议以来优秀提案。浙江住房城乡建设厅主办的《关于加快培育"绿色建筑"，推动建筑节能的建议》(提出人为刘国红代表)被省委、省人大、省政府、省政协四家办公厅评为2008年度省人大代表建议优秀承办件。此外，认真完成政协提案办理民主评议工作。

【加快推进电子政务信息化工作】 按照省政府统一部署，通过整合原有门户网站资源，建成集指南、查询、申报、咨询和投诉为一体的一站式网上行政服务大厅，并通过数据交换平台实现与政务办理系统和电子监察系统的数据同步。建设完成浙江省农村困难群众住房救助管理系统、建设科研项目管理系统，以及全省建筑市场监督管理信息等系统。

【完成年度政府信息公开工作】 进一步加强厅门户网站建设，整合政府信息公开专栏页面及功能设置，确定机构职能、法规文件、工作动态、决策信息、行政执法、行业与市场管理、廉政建设和文明创建等8项公开类别27个子项，及时做好信息更新维护工作。一年来，通过门户网站主动公开政府信息156755条。办理依申请政府信息公开5件，通过在线咨询、政务通、电话等各渠道解答各类咨询21624件，还借助《浙江日报》、《中国建设报》、《都市快报》、《青年时报》、《浙江建设》、浙江在线、浙江电视台、浙江人民广播电台、等各类媒体、刊物，主动公开各类住房城乡建设系统政务信息逾400条。

【加强精神文明创建工作】 组织开展了职业道德建设主题活动，完成了《建设系统职业道德建设现大辩论及其对策》课题研究。组织开展了全省住房城乡建设系统劳模先进和抗震救灾事迹巡回报告活动。加强了文明行业创建工作，重点深化住房公积金行业创建文明行业工作，湖州市住房公积金管理中心等2个单位和金华市自来水公司等2个单位被授予和继续认定为全国住房城乡建设系统创建文明行业示范点。企业文化建设成效明显，浙江恒基建设发展有限公司被授予浙江省企业文化建设示范单位。加强了道德文化建设，提升了从业人员思想道德素质。

【全力抓好反腐倡廉教育和廉洁自律工作】 通过举办廉政教育报告会、参观廉政教育基地、观看违法违纪案例警示教育片增强党员干部特别是领导干部的廉洁从政意识。按照"两同时"的要求，严格落实党风廉政建设责任制，重点抓好各项牵头任务的落实。会同相关厅局制定下发了《2009年落实党风廉政建设责任制分工加强住房公积金监管工作方案》、《2009年落实党风廉政建设责任制分工认真治理城市房屋拆迁中损害群众利益问题工作方案》和《关于开展房地产开发中违规变更规划、调整容积率问题专项治理行动的通知》等党风廉政建设责任制三项牵头工作的方案，三项专项治理取得明显成效。

加大纠正行业不正之风力度，通过开展"两提高、两降低"效能建设主题活动和评创"群众满意基层站所"活动，进一步推进行政审批制度改革，促进了机关和基层单位工作效率和服务水平进一步提升，进一步健全科学管理制度，实现了机关公务支出和行政成本的降低，进一步创新服务方式和载体，帮助了企业和基层攻坚破难。通过努力工作，使一些损害群众利益的突出问题得到了解决，人民群众的满意度明显提升。

【加强和创新建设稽查工作】 贯彻落实《浙江省城乡规划督察办法(试行)》，制定《浙江省城乡规划督察员暂行规定》等配套政策文件，开展第一批省派规划督察员的选聘和派驻工作。出台《浙江省建设稽查管理暂行办法》，制定了《浙江省建设厅稽查工作规程》。制定《2009年重点稽查执法工作方案》，扎实开展专案专项稽查工作。

【着力维护社会稳定】 深入开展全省住房城乡建设领域矛盾纠纷排查化解工作，建立健全领导阅批、领办、督查、"厅领导每月信访接待日"制度，以及重要时段日报和周研判机制。全年全系统共办理信访件1.3万余件(批)，厅办理来信件1236件，接待来访291批，其中办理复查复核及要信等67件，办理省长、厅长信箱等网上信件1490件。

【加强建设人才引进培养教育工作】 指导厅直单位通过公开招聘、考核录用等形式引进各类人才82人，其中正高职称2人，副高职称2人，具有硕士研究生以上学历44人。经审定，2009年全省(不含杭州、宁波、绍兴施工专业)1292人获得建工专业高级专业技术资格，厅直单位有76人取得中初级专业技术资格，厅直单位有18人入选"151人才工程"

第三层次人才。在全国率先建立了"工程建设现场专业管理岗位人员网络考试管理平台",实现了命题、考试、阅卷等工作的智能化管理,杭州市首开试点工作。全省共完成砌筑工、钢筋工等各类工种技能培训5万余人次,完成初级、中级和高级技能等级鉴定的有3万余人次。完成西藏那曲建设局长培训班的组织工作,共有21名那曲地区建设系统的领导参加了学习。

大 事 记

1月7日,浙江省政府召开全省推进建筑业"走出去"发展工作会议,副省长陈加元、副秘书长施利民出席会议并讲话,浙江省住房和城乡建设厅厅长张苗根、副厅长樊剑平等参加。

1月15日,省政府发出《关于加快推进建筑业"走出去"发展的若干意见》。

1月19日,省政协召开常委会议,协商讨论《浙江省城镇体系规划2008~2020》有关事项,厅长张苗根参加。

2月20日,省政府召开全省建设工作暨推进"数字城管"工作会议,副省长陈加元、副秘书长施利民出席会议并讲话。

2月20日,厅召开全省建设系统党风廉政建设暨精神文明建设工作会议。省纪委常委、监察厅副厅长施彩华到会指导。

3月2日,总规划师周日良参加住房和城乡建设部召开的浙江省楠溪江等10处风景名胜区总体规划部际审查会议。

3月13日,厅长张苗根主持召开城乡建设深化改革对策务虚会,各处室(局)主要负责人参加。

3月13日,厅印发《关于认真贯彻落实浙江省规划督察办法(试行)的通知》、《浙江省建设稽查管理暂行办法的通知》。

3月16日,国家园林城市复查组检查杭州市,副厅长张文平陪同。

3月17日,厅和省人事厅联合印发《浙江省城乡规划督察员管理暂行规定的通知》。

3月18日,中国丹霞申遗办主任王晓良及丹霞申遗专家咨询组组长、昆明理工大学教授梁永宁一行2人来浙江省江郎山风景区指导工作,总规划师周日良陪同。

3月24日,中央文明办、住房和城乡建设部、国家旅游局联合召开表彰大会,公布了第二批全国文明旅游景区。浙江省普陀山、雁荡山、溪口—雪窦山风景名胜区被评为第二批创建全国文明旅游景区先进单位,杭州西湖风景名胜区保留首批全国文明旅游景区称号。

3月30日,国务院办公厅在湖南长沙召开全国保障性安居工程工作会议,副厅长贾宝林参加。

4月1日,省政府机构改革,组建浙江省住房和城乡建设厅,将省建设厅指导城市客运以外的职责划入浙江省住房和城乡建设厅,不再保留省建设厅。

4月7日,副省长陈加元听取保障性安居住房建设、农村危旧房改造和太阳能建筑一体化等方面工作汇报,厅长张苗根、副厅长贾宝林、张文平、应柏平参加。

4月11日,厅和省财政厅、省审计厅、省级机关事务管理局以及省监察厅联合印发《关于2009年落实党风廉政建设责任制分工加强住房公积金监管工作方案的通知》。

4月14日,副省长陈加元赴义乌市调研农村住房改造工作,副厅长张文平参加。

4月15日,浙江省住房和城乡建设厅正式挂牌。

4月23日,厅印发《关于认真落实省委办公厅省政府办公厅扩大县(市)部分经济社会管理权限的通知》,对涉及的81项扩权事项进行落实。

4月27日,副省长陈加元召开专题研究城乡住房工作会议,厅长张苗根、副厅长张文平、贾宝林参加。

4月29日,厅召开年度考核工作暨机构改革动员会。

5月6日,厅和省监察厅联合印发《关于开展房地产开发中违规变更规划、调整容积率问题专项治理行动的通知》。

5月13日,副省长陈加元赴江山市调研江郎山申遗工作,总规划师周日良参加。

5月15日,厅印发《建设工程工程量清单计价规范》GB 50500—2008附录浙江省补充内容。

5月15日,省委书记赵洪祝在浙江正泰太阳能科技有限公司召集新能源应用及产业发展座谈会,厅长张苗根参加。

5月24日,省委组织部在清华大学举办"新型城市化建设与经济转型升级"专题研讨班。

6月2日,住房和城乡建设部在成都市召开地震灾区恢复重建工程质量管理经验现场交流会,副厅长樊剑平参加。

6月4日,副省长陈加元在省委党校新校区举办"新型城市化建设与经济转型升级"专题研讨班做主题报告。

6月11日,省委、省政府出台《关于加快农村住房改造建设的若干意见》。

6月12日，省委、省政府在杭州召开全省城乡住房工作会议，省委副书记夏宝龙、副省长陈加元出席会议并讲话，省政府与各市政府签订了2009～2012年农房改造建设目标责任书。

6月17日，省委书记赵洪祝赴湖州调研农房建设、生态工作，厅长张苗根参加。

6月18日，厅召开《浙江省城乡建设志》编撰工作座谈会。

6月26日，教育部、住房和城乡建设部联合在天津举办2009年全国职业院校技能大赛中职组"广联达杯"建筑工程技术技能比赛。

6月29日，厅长张苗根在厅听取省建筑业行业协会会长赵如龙汇报2009年"鲁班奖"和"钱江杯"评选情况。107项建设工程被评为钱江杯奖（优质工程），16项建设工程获表扬。

7月6日，省委书记赵洪祝赴嘉兴调研农村住房改造建设工作，厅长张苗根参加。

7月8日，副省长陈加元赴舟山调研农村住房改造建设工作，副厅长张文平参加。

8月18日，纪检组长杨荣伟参加全国工程建设领域突出问题专项治理工作电视电话会议。

9月8日至9日，省委、省政府在湖州、嘉兴两地召开全省农村住房改造建设经验交流会，省委书记赵洪祝、省委副书记、省长吕祖善、省委副书记夏宝龙、副省长陈加元等省领导出席会议并讲话。

9月14日，在北京举行住房和城乡建设部与浙江省人民政府《关于联动推进浙江新型城市化发展的意见》签署仪式，省委书记赵洪祝、省长吕祖善和住房和城乡建设部部长姜伟新等部领导出席并讲话，厅长张苗根、副厅长贾宝林、总规划师周日良、副巡视员卓春雷等参加。

9月19日，在北京召开丹霞申遗国际专家来华正式考察汇总汇报会，总规划师周日良参加。

9月22日，厅印发《浙江省住房和城乡建设厅工作规则》。

10月22日，在和平会展中心和世贸中心举行浙江省第十六届房地产博览会开幕式，住房和城乡建设部副部长齐骥出席并致辞，省政府副秘书长、办公厅主任俞仲达宣布开幕。

11月9日，副厅长应柏平在厅召开浙江省住房和城乡建设事业"十二五"发展规划编制工作启动会议。

11月11日，中国建筑业协会在深圳召开2009年度中国建筑工程鲁班奖（国家优质工程）颁奖大会。浙江省有10项工程获奖，其中省内工程7项，省外工程1项，参建工程2项。

11月26日，中国建筑业协会授予浙江省浙江宝业建设集团等15家企业为"全国建筑业先进企业"，吴建荣等18人为"全国建筑业优秀企业家"。

12月15日，副省长陈加元召开会议，听取浙中城市群规划和保障性住房及房地产市场调控工作情况汇报，厅长张苗根、副厅长贾宝林、总规划师周日良参加。

12月31日，副省长陈加元在省行政中心召开专题会议，研究住房保障、棚户区改造和稳定规范房地产市场有关工作，厅长张苗根、副厅长贾宝林参加。

（浙江省住房和城乡建设厅）

安 徽 省

一、住房保障

【住房保障工作强力推进】 住房保障工作强力推进。认真贯彻落实省政府《关于加快实施廉租住房保障制度的通知》（皖政〔2009〕61号）和全省廉租住房建设现场会精神，努力扩大廉租住房建设规模，加快廉租住房建设进度，确保廉租住房建设质量，拓展廉租住房保障覆盖面。省政府决定从2009年起，用3年时间，基本解决全省现有35万户城市低收入家庭住房困难问题，安排16亿元省级财政专项资金，支持全省城镇廉租住房建设，2009年省政府下拨市县廉租住房建设专项补助资金10.1亿元。各地也积极安排专项资金用于廉租住房保障，工作力度之大史无前例。

【廉租住房建设积极性空前高涨】 大力推进以廉租住房为重点的保障性住房建设，廉租住房建设项目覆盖全省所有市县。全年新安排廉租住房项目237个，建筑面积330万平方米、约6.7万套，计划投资44.76亿元，其中争取中央预算内投资11亿元，位居全国第五位。2008～2009年，全省累计安排新建廉租住房项目457个，建筑面积504万平方米、10.3万套，总投资69.06亿元，其中中央预算内投资16.216亿元。到2009年9月底，457个新建廉租住房项目全部开工建设。截至2009年年底，全省累计完成廉租住房建设投资33.8亿元，占总投资的49%，竣工廉租住房130万平方米、2.6万套。

【廉租住房保障制度快速推进】 各地结合当地保障实际需求，进一步扩大保障面积，以实物配租、发放租赁补贴等方式，大力实施廉租住房保障制度，加快解决城市低收入家庭住房困难。全省所有城市（含县城）在对人均住房建筑面积低于10平方米的城市低保住房困难家庭做到廉租住房应保尽保的基础上，积极向低收入住房困难家庭拓展，有12.5万户城市低收入住房困难家庭享受了廉租住房保障，较上年度新增3.4万户。

【《安徽省廉租住房保障规划》出台实施】 经省政府同意，省住房和城乡建设厅会同省发展改革委、省财政厅，印发实施了《安徽省2009～2011年廉租住房保障规划》，切实贯彻党中央、国务院关于扩大内需，保持经济平稳较快增长的决策部署，分解落实省政府确定的三年保障目标任务，明确了保障对象、方式和标准，进一步落实房源筹措、资金筹集、土地供应和税费优惠等政策措施，加快推进廉租住房建设和住房保障制度实施。

【多类保障性住房建设齐头并进】 各地针对不同群体保障需求，结合当地实际，在大力推进廉租住房建设的同时，积极推进其他各类保障性住房建设，努力解决城镇居民住房困难问题。全年新开工经济适用住房21.5万平方米、3453套，竣工（筹集）经济适用住房64.8万平方米、8771套；城市和国有工矿棚户区改造开工面积986万平方米、住房13.3万套。

【安徽省廉租住房保障管理系统软件研发成功】 省住房和城乡建设厅厅会同省财政厅，委托宁国市在原有廉租住房保障信息管理系统基础上，经修改完善和不断改进，成功开发了"安徽省廉租住房保障管理系统软件"。系统涵盖了住房保障申请、审核、审批，及信息和数据汇总、查询和报送等日常管理功能，为下一步推进全省住房保障信息化管理进程，加强住房保障基础工作，提高管理水平，奠定了前期基础工作。

二、住房公积金

【概况】 2009年，全省住房公积金工作认真落实科学发展观，贯彻省委、省政府"保增长、保民生、保稳定"决策部署，积极应对金融危机，着力推进住房公积金制度，调整使用政策，大力发展业务，促进住房消费，加强住房保障，完善管理制度，提高服务质量，强化风险控制管理，资金运作安全有效，各项业务迅速发展，为改善中低收入家庭居住条件发挥了积极作用。

【主动融入大局，服务经济发展】 2009年安徽省住房公积金工作，围绕落实省委、省政府提出的"三保"决策部署，各地积极推进住房公积金制度，扩大实施面，结合地方实际，调整使用政策，放宽贷款条件，降低首付比例、增加贷款额度、延长贷款年限、放宽使用提取范围，使住房公积金制度成为地方政府，扩内需保增长，促进消费的重要政策措施，住房公积金业务也继续保持健康快速发展。

【扩大覆盖面】 住房公积金制度覆盖面不断扩大，受益职工不断增加。2009年住房公积金制度实施又有新的进展，截至12月底，开户人数达到292.39万人，实际缴存人数达255.3万人，分别比上年末增加18.25万人和8.54万人，同比增长6.66%和3.46%，按统计部门公布的上年城镇在岗职工人数测算，住房公积缴存率达到79.15%。

【资金归集额稳步增长、提取使用量不断加大】 住房公积金归集额持续稳步增长，再创历史新高，全年缴存住房公积金达到188.84亿元，同比增长22.23%；职工购房等提取109.11亿元，同比增长47.83%。截至12月底，全省累计归集住房公积金812.21亿元，提取364.69亿元，住房公积金使用率达到79.6%，比上年提高5.9%。

【贷款业务扩展快速，资产质量保持优良】 全年个人住房公积金新增贷款户数7万户，同比增长47.7%；发放贷款116亿元，同比增长81.2%；贷款余额275亿元，比上年增长38.4%；累计发放贷款409亿元，年末余额达275亿元，存贷比达61.6%，比上年提高7.4%。在加大贷款发放力度，完善贷款政策的同时，加强资金管理，资产质量继续保持优良状态，个人住房贷款逾期率一直处在0.2‰以下，远低于国家考核的1.5%指标规定。

【增值收益大幅增长，支持廉租住房建设力度加大】 通过资金有效运作，全年实现增值收益7.32亿元，同比增长51.87%；本年从增值收益中提取贷款风险准备金3.4亿元，同比增长55.1%，年末贷款风险准备金余额10.4亿元，充足率达3.7%。同时，提取廉租房建设补充资金1.80亿元，同比增长55.17%，2009年划转上缴财政部门廉租住房建设补充资金1.14亿元,同比增长44.30%,有力的支持了保障性住房建设。

【强化资金监管,顺利开展住房公积金管理专项治理】 按照国家七部委要求和省统一部署,继续开展加强住房公积金管理专项治理,围绕"推进业务发展,健全监管制度,加强内部管理,完善缴存政策,防范资金风险,维护群众利益,改进工作作风,提高服务质量"为重点,开展专项治理,落实各项工作措施,扩大制度覆盖面,强化资金监管,加强制度建设的同时,加大对历史遗留问题处理,强化内部管理,优化办事程序,提高服务水平上,取得新成效。

【积极支持保障性住房建设,做好住房公积金贷款试点工作】 开展利用住房公积金贷款支持保障性住房建设试点,有利提高住房公积金使用效率,拓宽保障性住房建设资金来源,加快保障性住房建设,解决城镇中低收入家庭住房问题,推动"住有所居"发展目标的实现,按照住房城乡建设部等七部门关于利用住房公积金贷款支持保障性住房建设试点工作的实施意见的要求,对照有关政策规定,分析了安徽省住房公积金管理和资金运作情况和有关市保障性住房建设等情况。经省政府同意,推荐淮南市作试点城市。淮南市按要求做好各项准备工作,制订的试点实施方案,已报国家有关部门,待审批后,组织实施。

三、住房和房地产业

【概况】 2009年,全省住宅与房地产业以科学发展观为指导,深入贯彻落实国家和省促进房地产市场健康发展的一系列政策措施,加强房地产市场的分析和分类指导,大力培育县域房地产市场,使安徽省房地产市场出现了企稳向好的积极变化,增强和发挥了房地产业对全省"三保"的作用和地位,实现了房地产开发投资与全社会固定资产投资、宏观经济等同步增长的目标。

【住房建设与房地产开发】 2009年,全省完成房地产开发投资1669.8亿元,其中住宅开发投资1175.6亿元,同比分别增长22.5%和16.2%,房地产开发投资总量居中部6省第1位、全国第7位。房地产开发企业购置土地面积1918.6万平方米、完成土地开发面积856.5万平方米,同比分别减少14.7%和43.6%。全省商品房施工面积14169.6万平方米,其中住宅11289.6万平方米,同比分别增长20.8%和20.2%;商品房新开工面积5285.7万平方米,其中住宅4191.0万平方米,同比分别增长15.3%和12.3%;商品房竣工面积2861.3万平方米,其中住宅2350.6万平方米,同比分别增长12.6%和10.5%。2009年,全省城镇居民人均住房建筑面积达到30.9平方米。房地产业交纳地税和土地成交价款达到414亿元,接近地方财政收入的50%。

【房地产市场】 2008年下半年到2009年年初,受全球性金融危机影响,全省房地产市场出现"量跌价滞"现象。2009年5月,省人民政府办公厅及时出台了《关于促进房地产市场健康发展若干意见》。2009年6月开始,全省商品房销售量连续7个月呈增长态势,全年商品房销售面积4053.9万平方米,其中商品住宅3669.4万平方米,同比分别增长45.5%和44.3%,商品房销售面积居中部6省第2位、全国第8位。2009年,全省商品房销售均价3400元/平方米,其中住宅3215元/平方米,同比分别增长15.3%和14.5%。房地产管理部门继续完善政务管理和服务平台建设,建立房地产开发项目全过程监管机制,认真执行房地产开发项目手册制度,加强房地产企业信用档案建设,加强房地产信息的披露,规范房地产开发建设行为。

【住宅产业现代化】 2009年,确定19个"安徽省节能省地环保型"住宅和公共建筑建设试点项目。这些项目已全部开工建设,超额完成了省政府确定的新增10个以上节能型建筑试点示范工程的目标任务。在全省组织开展了太阳能与建筑一体设计和使用竞赛,加大住宅建设领域绿色能源的使用效率。为了加快传统住宅产业的更新改造,推动住宅生产方式和增长方式的根本转变,促进住宅建设内在品质的提高,着手研究制定《安徽省住宅产业现代化发展规划》,规划草案已通过住房城乡建设部领导和专家的评审。

【房屋登记】 积极推进房屋登记官制度建设。根据住房城乡建设部的规定,严格按照房屋登记官的确认范围、条件、比例和程序等要求,完成了安徽省首批房屋登记官的确认和上报工作。大力开展农房登记发证工作。全省已有超过一半以上的市县不同程度地开始了这项工作,马鞍山市已完成所有自然村的平面图测绘和房屋分户图测绘工作,累计完成登记发证17545户,登记发证面积350万平方米,完成权属登记审核户数约占全市农房的55%。

【物业管理】 2009年10月23日,安徽省第十一届人民代表大会常务委员会第十四次会议修订了《安徽省物业管理条例》。新《安徽省物业管理条例》在总结以往经验的基础上,结合安徽省物业管理实际,对涉及物业的各个层面提出了新要求,填补了

《物权法》、《物业管理条例》一些法律原则框架下空白，具有很强的针对性和可操作性。它的颁布与施行，对维护物业管理市场秩序，规范物业管理活动，促进物业管理朝着更加健康、理性、规范化的方向发展，维护业主和物业服务企业的合法权益，改善人民群众的生活和工作环境，提升城市管理水平，促进和谐社区建设有着十分重要的意义，标志着安徽省物业管理在法制化轨道上迈入新的阶段，揭开了安徽省物业管理发展的新篇章。

【城镇房屋拆迁】 针对2009年国庆60周年等特殊政治形势和要求，进一步深入开展城市房屋拆迁矛盾纠纷大排查活动，加大城市房屋拆迁信访积案化解，完善房地产信访案件投诉受理制度，建立房地产信访案件处理责任问责机制，加强对房地产开发和销售行为的监督检查，严肃查处扰乱市场秩序的违法违规行为，促进社会的和谐稳定。

四、城乡规划

【城市总体规划】 在工业化、城镇化的"双轮"驱动下，安徽省城市经济社会全面发展，为适应区域性重大基础设施建设布局调整等新形势发展需求，充分发挥城市总体规划综合调控与引领作用，安徽省多数城市近年来提出了启动新一轮城市总体规划的修编。按照《中华人民共和国城乡规划法》要求，2009年省住房和城乡建设厅分别组织9市（六安、黄山、铜陵、安庆、巢湖、池州、马鞍山、亳州、宿州）总体规划的修编。截至2009年底，黄山、六安2市总体规划通过省城市规委会审查，即将报省政府常务会议审议；马鞍山市城市总体规划修改已经住房城乡建设部组织专家论证，现已上报住房城乡建设部；亳州、宿州2市进入城市总体规划规模论证报告编制阶段；铜陵、池州、安庆3市完成规划评估、规模核定等程序，进入大纲编制阶段；此外，淮南市城市总体规划于2009年9月15日经第三十六次部际联席会议原则通过，已进入待报国务院审批阶段。新一轮城市总体规划将有效缓解城市发展难题，为安徽省城镇化快速发展拓展了空间，为各市科学发展、跨越发展创造了前提条件。

【跨区域城镇体系规划】 合肥经济圈城镇系规划全面完成。2009年8月，中共安徽省委省政府下发了《中共安徽省委 安徽省人民政府关于加快合肥经济圈建设的若干意见》。《意见》要求"以经济圈发展规划纲要为指导，抓紧编制合肥经济圈城镇体系规划"。同时将合肥经济圈城镇体系规划列入《加快合肥经济圈建设近期若干重点事项分解表》。2009年在原有安徽省会经济圈城镇体系规划的基础上，结合实际，将淮南市和桐城市纳入规划编制范围，协调合肥等市组织编制了《合肥经济圈城镇体系规划（2008～2020）》，规划草案在征求了合肥、淮南等五市人民政府意见后，按照法定程序进行了公示，并按照公众参与的反馈意见进行了修改完善，报省政府审批。合肥经济圈城镇体系规划对提升合肥经济圈综合竞争力，培育安徽核心增长极和创新极，促进全省区域协调发展、加速安徽崛起具有重要意义。

全面完成了跨市域电网布局规划。根据安徽省国民经济和社会发展战略部署，以及各地电力负荷差异情况，由住房和城乡建设厅与省电力公司联合编制的《安徽省跨市域电网布局规划（2008～2020年）》经过征求地市政府、省直部门以及专家意见、省规委会审议等法定程序后，于2009年7月29日经省政府正式批准实施。该规划从省域空间管制的角度对高压电力廊道进行预留和控制，将电网规划纳入城乡规划的体系中，保证了电网建设所需要的用地和空间，实现了区域电力基础设施、高压电力廊道路径与城乡建设用地的有效衔接。

【重大项目选址】 优化流程，提高服务效能，全力支持重大项目早日落地。2009年，为积极应对全球经济危机，贯彻落实省委、省政府关于"保民生、保增长、保稳定"的相关政策，用好、用足国家4万亿的投资计划，省住房和城乡建设厅采取了一系列措施，积极优化重大项目选址程序，制定AB岗位制度，实行了重大项目规划选址业务会制度，形成了集体讨论、共同决策、一次性反馈的工作程序。同时，积极介入项目的规划选址前期论证过程，及时发现问题、提出建议，确保建设项目规划选址的科学性与及时性，为争取建设项目尽快落地创造了良好的条件。截至12月底，共核发了95个选址意见书（其中75个"861"项目），总投资达1372.25亿元。

【重大规划问题研究】 新形势下全省城镇化调研工作取得丰硕成果。2009年初，倪发科副省长就对"专题研究新形势下全省城镇化发展问题"作了具体部署。省住房和城乡建设厅在年初将"加快推进城镇化进程，探索具有地方特色的多元化城镇化道路"列入厅重点工作项目，制定了推进城镇化的工作方案，并分别组织和参加了一系列城镇化的省内外调研活动。在调查研究的基础上，起草了《中共安徽省委安徽省人民政府关于加快城镇化进程的若干意见（征求意见稿）》，征求了发改、土地、环保等部门意见，并会同省政府办公厅对意见进行了修改完善，已上报省政府。

促成合肥滨湖新区获批"城市生态建设示范区"。指导和帮助合肥市积极申报"城市生态建设示范区"并获得住房和城乡建设部的批准。合肥滨湖新区——城市生态建设示范区是安徽省惟一获得这项殊荣的城区，对合肥市建设生态宜居的园林城市有着积极的推动作用，有助于在全省和全国范围内积累城市生态建设的经验，推动低碳生态城市建设，探索建立切合实际的指标和技术标准，为总结和推广相关工作奠定基础。

【容积率专项治理】 全面开展容积率专项治理工作。为加强城乡规划系统廉政建设，提高城乡规划依法行政水平，根据住房和城乡建设部、监察部《关于对房地产开发中违规变更规划、调整容积率问题开展专项治理的通知》精神，按照国家专项治理工作的总体部署，住房和城乡建设厅会同省监察厅全面开展了全省容积率专项治理工作，共同成立了以省建设厅厅长倪虹同志为组长，有关分管领导为副组长的安徽省专项治理房地产开发中违规变更规划、调整容积率问题领导小组，建立了工作例会以及联系点制度，制定并印发了全省专项治理工作实施方案，规定了举报处理程序。同时组织各地开展了自查自纠，会同省监察厅召开了全省专项治理房地产开发中违规变更规划调整容积率问题自查自纠工作汇报交流会。组织开展了对部分省辖市的调研、督导工作，并对17个省辖市的专项治理工作进行检查，抽查部分房地产项目，认真总结专项治理工作经验，由于工作部署及时，措施有力，成效显著，此项工作得到国家住房和城乡建设部的肯定和表扬，对于减少安徽省城乡规划领域违法违规案件，提高城乡规划管理水平，建立相关管理制度具有重要意义。

【相关规划审查工作】 积极配合省国土厅做好《安徽省土地利用总体规划（2006～2020年）》的修编和全省各市县（区）土地利用总体规划大纲的审查工作，加强了土地利用规划与城市总体规划的衔接，为各地发展创造了条件。为积极推进皖江城市带承接产业转移示范区建设，省住房和城乡建设厅积极参加省发改委组织的全省开发区项目规划审查工作，为开发区规范科学建设提供智力支持。

【法规与制度建设】 为加快推进安徽省城乡规划管理依法行政进程，依据《中华人民共和国城乡规划法》，2009年省住房和城乡建设厅加快推进了《安徽省实施〈城乡规划法〉办法》立法进程，并制定了《安徽省城市建设工程规划核实暂行办法》（草案）、《安徽省临时建设规划管理办法》（草案）和《安徽省城乡规划违法违纪行为行政处分规定》（初稿）待审查批准。

五、建筑业

【概况】 2009年全省建筑业实现较快增长，全省建筑业产值2221.48亿元，比上年增长20%。全省实现建筑业增加值838亿元，占全省生产总值的8.34%。建筑业税收83.6亿元，占地方税收17.99%（不含教育费附加）。2009度"建筑业50强"企业总产值占全省的39.35%，比上年增长0.97%；实现利润占全省的32.64%，增长1.47%。产值超10亿元的企业由上年的24家增至37家，产值超20亿的企业有12家。

建筑企业资质不断提高，资质结构不断优化。2009年共审批二级建筑企业222家，共向住房城乡建设部申报一级建筑企业35家，被批准22家。截至2009年底，安徽省等级以上建筑业企业共4359家（含劳务企业），其中特级资质企业4家，一级企业650家，二级资质企业1332家，三级资质企业2373家。新增注册建造师3930人，其中一级建造师651人，二级建造师3279人；截至12月底，全省共有注册建造师27019人。

建筑业企业外向型经济水平进一步提升，全年新签订境外工程承包合同额9.7亿美元，比上年增长60%；完成境外营业额18.12亿美元，增长38.5%。

监理行业有新的发展，工程监理企业198家，新增综合2家，新增甲级6家，乙级15家，丙级11家，全行业工程监理人员19999人，增长20.77%，其中具有国家注册监理工程师2984人，新增285人，高中级技术职称人员10393人，占全员51.97%；监理企业全年承揽建设工程监理项目总投资额1586.67亿元，增长43.31%，实现工程监理业务收入11.59亿元，增长37.53%。24家单位申报的41个项目获得2009年度"黄山杯"参建奖。

【建筑业就业】 围绕"保增长、保民生、保稳定"工作，召开全省建筑业就业工作紧急动员大会，提出促进建筑业就业十项措施。中国建设报、建筑时报、安徽日报分别予以报道，省委书记王金山在住房和城乡建设厅呈报《中国建设报》头版头条报道安徽十项举措力促建筑业就业的签报上做出重要批示。期末建筑企业从业人员181万人，比上年增加31万人。

【建筑市场监管】 根据《关于开展建筑业企业资质监督检查工作的通知》要求，开展了建筑业企业资质监督检查工作，对建筑企业的资质等级、市场(信用)行为、质量和安全记录进行了重点核查。主持开发施工许可证网上申报监控系统，实现全省施工许可证发放动态监管，提高监管效能。

【劳务对接会】 在合肥古井体育馆成功举办"安徽省建筑劳务输出及企业合作对接会"。北京、上海、天津、江苏、浙江和新疆六省市建委及建筑管理部门负责同志、全国近百家知名特、一级建筑企业参加对接会，共签订劳务输出合同和企业合作协议211项，合同金额人民币23.46亿元、美元5000万元，签约劳务输出130036人。

【"徽匠"技能大赛】 弘扬"徽匠"精神，提高安徽省建筑劳务整体技能素质，推动劳务输出。7月28日，在合肥举办了安徽省第三届"徽匠"建筑技能大赛。芜湖市朱章海、阜阳市刘天龙、淮北市王艳召等三位职工分获全省抹灰工、砌筑工、钢筋工比赛第一名，荣获"徽匠状元"荣誉称号。2009年9月，安徽省两名参赛人员分获全国建筑业职业技能大赛二等奖和三等奖。

【建筑业发展】 起草报请省政府同意，印发了《安徽省人民政府办公厅关于加快建筑业发展的意见》，提出了加快建筑业发展的重要意义、指导思想和目标任务，就不断优化建筑业产业结构、大力扶持建筑企业发展、加快实施建筑业企业"走出去"战略、推进建筑业产品开发和科技创新、切实加强建筑业人才和队伍建设、完善建筑业管理体制等8个方面提出了政策意见和发展措施。

【清欠工作】 与省人力资源和社会保障厅等有关部门联合下发《关于开展农民工工资支付情况专项检查的通知》，开展农民工工资支付情况专项检查。全省17个市农民工工资支付保障金账户金额7.13亿元，为及时解决建设领域拖欠农民工工资问题，维护社会稳定，构建和谐社会提供了有力保障。

【勘察设计咨询】 截至2009年底，全省共有勘察设计单位437家，勘察设计从业人员2.62万人，其中高级职称6519人、中级职称8431人、初级职称5944人，具有各类注册执业资格的共4008人。

全省勘察设计行业全年实现营业收入146.8亿元，比上年增长30%；勘察设计人员人均营业收入56万元，比上年增加13万元。勘察设计单位上缴税金6.02亿元，全行业人均缴税1.4万元。

【工程质量安全】 2009年，全省住房城乡建设领域在全面完成省政府确定的年度目标任务的同时，全省建设工程质量安全形势保持了总体稳定。一是建设工程质量稳中有升。全省监督工程27688项，建筑面积19187万平方米，工程总投资1991亿元，分别比上年增长18.3%、42.4%和61.1%；竣工验收项目9311项，面积5951.7万平方米，竣工面积增长29.2%；办理竣工备案工程8925项。工程质量总体水平继续保持稳中有升，工程质量投诉占竣工验收备案数量的比例同比下降1.2%，未发生重大质量事故，未因质量问题发生群体性上访事件。二是建筑安全事故实现双下降。全年共发生建筑安全事故41起，死亡48人（其中，较大事故2起，死亡7人），与上年相比，事故起数下降了8.9%，死亡人数下降了7.7%。死亡人数占年度控制指标的82.7%。安徽省也是全国16个建筑安全事故死亡人数下降的省份之一。宿州、宣城、蚌埠等市全年实现了"零死亡"。

【建筑工程质量监管】 突出"保质量安全，促社会和谐"的监管重点，并加强对扩大内需、民生工程等项目的质量监管。将在建住宅工程质量检查和工程质量监督执法检查有机结合起来，开展了全省在建工程、民生工程包括中小学校舍安全工程的质量检查和质量监督执法工作的检查。省质安总站改进监督方式，首次推行季度巡查制度，提高监督巡查频次。全年巡查共抽查了14个市及所辖县的52项工程，下发了3份执法建议书、7份巡查整改意见书和2份巡查意见书。全省建设部门共记录公布323起工程质量不良行为记录。开展了住宅工程质量通病防治、工程质量检测行为专项治理以及住宅工程质量分户验收的研究和试点工作。

积极推进加强工程实施和工程质量管理专项治理工作。整个工作步骤分自查自纠、认真整改和巩固成果三个阶段实施，正在积极推进第一阶段的自查自纠工作。2009年已排查5000万元以上工程项目487个。

【积极开展"安全生产年"活动】 制定了一系列工作方案和制度，保证了全省建筑安全生产"三项行动"（执法、治理、宣传教育）和"三项建设"（法制体制机制、保障能力建设、安全监管队伍建设）的顺利开展。加大了动态监管的力度，严厉处罚安全事故责任单位与主要责任人，全年依法暂扣了25家建筑施工企业安全生产许可证，向外省发出事故通报函16份，对有关项目经理、项目总监和安全员等进行了严厉处罚。

【创新建筑安全检查和督查模式】 为落实国庆60周年庆祝活动期间全省建设领域的安全生产工作，倪虹厅长多次主持召开厅长办公会，研究创新安全监管模式，部署暗访督查活动。9月17日至21日，省厅组成8个暗访组，分别对合肥等8个市的建设领域安全生产情况进行了"暗访"。8个暗访组分别配备了摄像机、照相机等摄录工具,深入建筑施工现场和公用事业企业进行暗访,并将暗访中收集的资料、照片等制作成了影像片。9月28日至30日,由厅领导分别带队赴被暗访城市,召开暗访检查情况专题反馈会。

10月14日至17日,省厅又组织两个督查组,对合肥、淮北、六安、安庆和黄山等5市的隐患整改情况进行节后"回头看",对两家拒不整改安全隐患的施工企业依法实施了处罚。

【开展工程质量安全专项治理活动】 一是住宅工程质量通病防治活动初见成效。省质安总站组织相关质监机构,整合资源,启动了全省住宅工程质量通病防治活动。2009年全省受理工程投诉1540起,投诉量同比下降501起,切实扭转了工程质量投诉上升的趋势。二是高处坠落专项整治行动取得阶段性成效。经过7、8月两个月的重点专项整治,全省高坠事故频发势头得到遏制,8月份以后至年底5个月内,全省高坠事故仅发生4起,比上年同期下降77.7%;与2008年全年相比,全省高坠事故下降了26.9%。三是建筑用热轧光圆钢筋质量专项检查活动取得实效。针对建筑用热轧光圆钢筋二次加工使用问题,省厅在全省范围内组织开展了专项检查活动。对检查和督查中发现的问题,工程所在地建设主管部门责令施工单位对不合格钢筋进行退场处理,并按规定对相关责任单位和责任人进行调查处理。四是建筑安全生产警示教育效果显著。针对合肥市"10.4"模板坍塌和亳州市"10.15"市政道排工程塌方两起较大事故发生的主要原因以及对安徽省建筑安全生产工作带来的不利影响,省厅10月30日及时在合肥召开了全省建筑安全生产现场会。会议对安全事故案例进行了剖析,对安全质量标准化示范工地以及建筑安全监管方面一些好的做法、经验进行交流和总结,以对全省建筑安全生产工作起到警示和促进作用。

【健全标准体系,加大教育培训】 一是工程质量安全地方标准体系取得新的成果。省厅始终重视工程质量安全和抗震设计地方标准体系的编制工作,2009年先后颁布实施了《城镇桥梁安全鉴定技术规程》、《安徽省建筑工程资料管理规程》和《安徽省农村房屋抗震技术规程》等3部地方标准。二是建筑施工特种作业考核工作全面展开。省厅积极组织专业技术人员精心编写了建筑施工特种作业培训教材,8月份对全省各地推荐上来的建筑施工特种作业师资人员进行了培训考试,选拔了83名培训教师,在全省17省辖市建立了考核基地以及合肥和马鞍山2个起重类建筑施工特种作业人员实际操作考核基地,全年已办理建筑施工特种作业人员换证16312个,新发证954个,延期137个。三是质量监管基础普遍加强。省质安总站组织编印了《安徽省建设工程质量检查员考试大纲》,各地质监机构及驻京、疆、沪等办事处积极开展工程质量检查员岗位培训,由省质安总站统一提供试卷、派员监考和阅卷,并统一合格标准。2008年全省共有2303名从业人员通过培训考核,取得质量检查员资格。省质安总站还组织开展了商品混凝土企业检测试验人员的岗位培训考核工作,全省有669名预拌混凝土试验人员取得了试验人员岗位证书。四是质量安全监督水平明显提高。省质安总站组织三个考核小组,对全省12个省辖市及15个县的工程质量监督机构进行了复检考核。在住房城乡建设部召开的全国工程质量监督工作会议暨质量监督工作二十五周年总结表彰大会上,省厅作为先进单位与会交流发言,省质安总站、合肥市建筑质量安全监督站荣获全国先进工程质量监督机构称号,4位同志荣获全国先进工作者称号。另外,省厅历时一个月,分四期陆续对全省建设行政主管部门的600多名建设工程安全监管人员进行了系统的安全教育培训。

【创优和效能建设】 一是工程质量创优活动取得新的成果。全省创建鲁班奖工程1项,创"黄山杯"工程73项,省级建筑业新技术应用示范工程11项,省级工法38项。开展建筑技能大培训、大比武,创"徽匠"品牌活动,树安徽建筑业质量品牌。二是建筑安全质量标准化工作再上新台阶。全年创建省级安全质量标准化工地141个,示范小区3个,其中有3个工地荣获全国建筑施工安全质量标准化工作示范工地荣誉称号;2个单位荣获全国先进集体荣誉称号,3位同志荣获全国先进个人荣誉称号。三是行政审批和效能建设取得新的突破。简化审批程序,全面启动建筑施工企业安全生产许可证和"三类人员"安全生产考核合格证书行政许可网上申报和审批制度,2008年共办理建筑施工企业安全生产许可证513家;办理"三类人员"安全生产考核合格证书10981个。

重视质量投诉的受理和督办,全省质量监督机构共受理工程质量投诉1540起,办结1402起,办结率91%。其中省质安总站直接受理处理难度较大的质量投诉42起,办结32起,办结率76.2%,所有投诉都在规定时间内按程序进行了办理和答复。数起多年未解决的长期诉求,经认真督办得到圆满解决。

【应急管理】 积极应对强对流、暴雪、低温等恶劣天气，注重中博会、国庆60周年等敏感时期和重要时段安全生产督查和工程质量维稳工作，保证了建筑安全生产、市政公用事业运营和质量形势的总体稳定。

六、城市建设

【概况】 2009年，安徽城市建设领域紧紧围绕工业化、城镇化双轮驱动，紧扣"大建设、大发展、大环境"的主题，进一步解放思想，深入贯彻实践科学发展观，扎实推进和深入开展各项重点工作，继续加大城市基础设施和人居环境设施建设，在全省范围内掀起了城市大建设的新高潮，推动城市建设和管理工作又好又快发展。

【城市基础设施建设】 投资继续保持快速增长。全年完成城市基础设施投资总额超过468亿元，增幅达到37%。全年累计争取中央财政、省财政资金181184万元，创历史最好水平，为各市大建设提供坚强保障。其中，城镇污水处理设施获得中央扩大内需资金4.615亿元，获得中央财政污水管网以奖代补资金6.4664亿元，全省共有39个垃圾处理设施建设项目（包括新建、配套完善）获得中央预算内资金4.25亿元，获得城市公交燃油补贴中央财政专项资金8050万元，城镇供水项目争取国家第三批扩大内需资金1.982亿元。

城市综合承载能力显著增强。根据住房城乡建设部《全国城镇污水处理管理信息系统》统计数据，2009年全省城镇污水处理厂平均运行负荷率78.88%，比上年提高了2.31个百分点。全年集中处理污水8.3亿立方米，削减COD排放量16.5万吨，比上年增长了25%。全省城镇污水处理厂完成COD减排量3.04万吨，占全省总减排量的80%，比上年提高了近12个百分点，为安徽省完成国家下达的年度COD减排任务作出了突出的贡献。

城市基础设施水平普遍提高。全省新建成（含扩建）污水处理厂41座，新增污水处理能力101.5万吨/日，城市污水处理率80%；新增垃圾处理能力2040吨/日，生活垃圾处理率58%；天然气居民用户20万户。新增供水能力20万吨/日，新增供水管网长度732公里。人均城市道路面积15平方米，建成区绿地率32.5%，绿化覆盖率36%，人均公园绿地9.8平方米。其中城市污水处理率居全国第6位，中部第1位；人均城市道路面积指标居全国第8位，中部第1位。

【城市人居环境】 城市人居环境建设再创佳绩。坚持科学发展观，建立正向激励机制，体现安徽省城建领域正确的政绩观。大力推进改善人居环境项目建设，创建园林城市、人居范例奖工作取得实效，再创佳绩，喜获多项殊荣。新增国家园林城市1个（池州市），国家园林县城1个（歙县）。安徽省国家园林城市数量将达到8个。合肥市西南城区综合改造工程项目获得中国人居环境范例奖。歙县荣获省人居环境奖，淮南市采煤沉陷区综合治理等10个项目荣获省人居环境范例奖。通过有效的激励，科学的评价，奖励先进，鞭策落后。

重点推进城市污水处理垃圾处理设施建设。2009年是安徽省污水处理厂建设史上工作力度最大、建成数量最多、成就最为显著的一年，2009年新建成（含扩建）污水处理厂41座，新增污水处理能力101.5万吨/日以上，实现全省所有市、县都建成污水处理厂，新增污水处理能力100万吨/日的省政府年度工作任务（省委常委会重点工作）。

全省动工新建和改造的垃圾处理设施项目共计41个（26个县区、14个市），已基本建成15座无害化垃圾处理场，黄山、巢湖、六安、池州、马鞍山、亳州等6市城市生活垃圾填埋场全部通过了住房城乡建设部无害化等级评定考核，新增垃圾无害化处理能力2040吨/日。

积极拓展"西气东输"天然气利用工程。全省17个地级市中已有16个地级市转换为城市天然气，全年新增天然气居民用户20万户。黄山、桐城、庐江、无为、涡阳等市县城市天然气工程项目建成，"川气东送"沿线城市天然气利用工程各项前期准备工作就绪，部分地段项目已开工。大力推广和普及天然气在空调、公交车和出租汽车等领域的应用，全省一半以上城市公交车、出租汽车使用压缩天然气作为汽车燃料。

【城市管理】 扎实做好数字化城市管理试点工作。推进城市管理体制、机制创新，切实提高政府解决涉及人民群众利益的公共服务水平和管理效能。采取分步试点、科学引导、逐步全面展开的形式，重点推进被住房城乡建设部列入试点的合肥市、淮北市、铜陵市、芜湖市和黄山市5个试点城市的数字化城市管理实施工作。淮北、黄山市数字化城管建设取得阶段性成效；芜湖市、黄山市、铜陵市的数字化城市管理模式试点实施方案已经通过住房和城乡建设部组织的专家审查。芜湖市数字城管工作取得多项突破，另外，六安市、淮南市数字化城市管理方案通过住房和城乡建设厅和地方政府组织的专家评审，已经建成并开始试运行。

科学指导专项规划的编制。适应工业化、城镇化进程加快和城市建设水平不断提高的新形势，依据新一轮《城市总体规划》，科学指导全省城市供水、燃气、公交、绿地系统、污水和垃圾处理等城建行业专项规划的编制。全省各市抢抓扩大内需政策机遇意识显著增强，城建专业规划编制进程明显加快，绝大部分城市完成了新一轮城建行业专项规划的编制或修编工作，为后续项目建设及专项资金争取提供支撑和依据。

根据国家、省确定的城镇污水垃圾处理设施建设的目标和任务，会同省发展改革委、省环保局对《安徽省"十一五"城镇污水处理及再生利用设施建设初步方案》进行修订完善，补充污水处理厂、垃圾处理场（厂）、污水管网等新增项目、规模和主要建设内容。

加强城市公用设施安全运营监管工作。开展全省城市供水、供气、供热、桥梁、公共交通等市政公用基础设施安全隐患排查治理工作，开展城市供水的水质安全调查工作，扎实做好市政公用设施安全生产、稳定运行的各项工作。城镇道路桥梁、城镇供水、污水处理、垃圾处理、供气和公共交通等基础设施经受住了各种考验。2009年11月暴雪，合肥市城市燃气确保了城市居民用气需求安全，避免了天然气荒现象，得到李克强副总理的充分肯定。

创新城市节水管理工作。继续组织开展城市节水宣传周活动，提高全社会节水意识，促进全民节约用水。提高企业节水管理水平，推动企业节水技术进步，大力促进企业节约用水。合肥、马鞍山、黄山市积极开展创建节水型企业活动，向住房和城乡建设厅申报了省级节水型企业材料。指导黄山市创建国家节水型城市，2009年，住房城乡建设部、国家发改委批准黄山市为国家第三批节水型城市。

【风景名胜】 安徽省共有黄山、九华山、齐云山、天柱山、琅琊山、采石、巢湖、花山谜窟—浙江、太极洞、花亭湖等10个国家级风景名胜区和28个省级风景名胜区，各级各类风景名胜区面积占全省总面积的2.35%，是风景名胜资源大省、强省。2009年，安徽省认真贯彻执行国家有关政策法规，遵循"科学规划、统一管理、严格保护、永续利用"方针，强化风景名胜区的规划、建设、保护和管理工作，风景名胜事业得以持续、健康发展，风景名胜区的基础设施水平、旅游环境质量和管理服务水平逐步提升，进一步展示了安徽风景名胜区对外良好形象，为全省社会经济发展和对外开放作出了积极贡献。

【风景名胜区规划】 安徽省把各国家级风景名胜区总体规划编制作为工作的最重要内容紧抓不放，以充分发挥总体规划对风景名胜区建设、保护、开发、管理的指导作用。黄山、九华山、天柱山、琅琊山、齐云山、采石、花山谜窟—浙江等7个风景名胜区总体规划已经国务院批准实施；巢湖、太极洞、花亭湖风景名胜区总体规划已按照国家有关部委的意见修改完善并报国务院待批。

【景区、地段、节点详细规划】 2009年，安徽省住房和城乡建设厅积极组织各风景名胜区编制景区和重要节点、地段详规，住房城乡建设部正式批复九华山风景名胜区闵园景区详细规划。住房和城乡建设厅还组织审查了黄山西海饭店环境整治方案、九华山风景区白云地段修建性详细规划，九华河景观整治和保护规划、新罗大酒店建筑设计方案。

安徽省国家级风景名胜区必要的基础设施建设，其规划选址、方案设计等严格遵循《风景名胜区条例》，按规定程序履行报批手续。安徽省风景名胜区未出现违法建设、开发现象，规划的严肃性得到充分体现。

【风景名胜区项目建设】 2009年，重点推进风景名胜区项目建设，争取住房城乡建设部核准黄山西海地轨缆车项目、九华山花台索道、天台索道改建项目选址方案，合福铁路穿越巢湖风景名胜区段选址选线方案。

加快黄山钓桥景区建设和西大门（焦村）开发，实施北海、西海地段环境综合整治；九华山露天铜像工程建设稳步推进。做好天柱山青龙涧索道改建项目工作并按规定程序报批。完善琅琊山醉翁亭景区、齐云山月华街景区、采石风景区锁溪河环境综合整治。深化巢湖、太极洞、花山谜窟—浙江、花亭湖等风景名胜区核心景区环境整治。推进风景名胜区生活污水处理、垃圾处理设施建设。

【风景名胜区机构建设】 安徽省委、省政府对全省风景名胜区工作高度重视，成立黄山规划委员会和安徽世界遗产地保护委员会，办公室均设在省建设厅，省政府设立专项资金用于黄山等遗产地的保护管理工作。省编委批准设立安徽省风景名胜区管理办公室，行使行业管理职能，使省级管理机构得到强化。

安徽省10个国家级风景名胜区均设立了风景名胜区管理机构。其中：黄山、九华山、天柱山、琅琊山、齐云山、花山谜窟—浙江、巢湖、太极洞、花亭湖9个国家级风景名胜区成立了景区管理委员会，采石国家级风景名胜区成立了管理处。

【风景名胜区监管信息系统建设】 组织10处国

家级风景名胜区参加住房和城乡建设部在北京召开的风景名胜区监管信息系统及网络平台专题研讨会。就风景名胜区监管信息系统、数字景区建设、风景名胜区规划实施和资源保护状况年度报告等方面的内容进行了培训。

黄山、九华山等风景区作为国家级风景名胜区数字化建设试点单位，从编制专项规划入手，扎实推进监管信息系统建设，取得阶段性成果，通过住房和城乡建设部组织的全国24个试点数字景区验收，并获得住房城乡建设部专家验收组的好评。安徽省省级风景名胜区的监管信息系统建设也在推进之中。

【社会、经济效益】 2009年，黄山经复查确认继续保留荣誉称号的首批全国文明风景旅游区称号，九华山获得第二批全国文明风景旅游区称号，天柱山荣获第二批全国创建文明风景旅游区工作先进单位称号。

2009年，安徽省10处国家级风景名胜区接待超过1000万人次，同比增长超过20%，门票收入超过7亿元，同比增长15%以上，分别占全省53个重点监测旅游景区（点）的25%和50%以上。

七、村镇建设

【概况】 到2009年底，安徽省共有小城镇1262个，其中，县城以下建制镇906个，乡356个。在村镇建设工作中，安徽省认真贯彻落实党的十六大和十七大精神，坚持以科学发展观为指导，以村镇规划为抓手，以中心镇和示范镇建设为重点，以扩大投资为动力，以改善农村人居环境、提高农村居住质量为目标，扎实推进村镇规划建设管理各项工作，取得了显著成效，促进了全省新农村建设工作发展。

【小城镇规划】 开展小城镇总体规划修编，对乡镇行政区划调整、规划期满以及不适应建设需要的小城镇总体规划，及时开展修编。小城镇总体规划修编率达到92%，比2008年同期提高6个百分点。按照"因地制宜、注重适用"的原则，明确划定规划区域内的村庄重点，规定村委会驻地的中心村、结合工程项目的新建村和省新农村建设领导小组确定的示范村以及交通沿线、饮用水水源保护地、风景名胜区应编制规划。村庄规划编制完成率达到59%，比2008年提高18个百分点。

【小城镇基础设施建设】 2009年，安徽省村镇建设投入首次突破500亿元，为村镇建设事业的发展奠定了基础。到2009年底，安徽省村镇房屋建设投入396亿元，供水15亿元，道路桥梁55亿元，其他34亿元。村镇规划建设投入的增加，为保民生、保增长、促稳定作出了积极贡献。

小城镇环卫设施建设步伐加快。2009年，在"千村百镇示范工程"试点镇村中确定了20个镇、30个村作为全省第一批农村清洁工程试点，明确了三年目标和任务。各试点镇、村按照试点确定的任务，明确责任，强力推进工作，完成总投入4000多万元，加强环卫设施建设，加强农村卫生保洁工作。通过一年的努力，试点镇、村垃圾得到有效处理，实现了村容整洁的目标。

【农村危房改造】 在2009年国家扩大农村危房改造试点工作中，住房和城乡建设厅争取国家农村危房改造补助资金1.47亿元，筹集配套资金1.56亿元，完成3万户农村危房改造工作，24000多个分散供养的五保户、3200多个农村低保户和近2800户其他贫困户告别昔日居住的危房，实现住有所居、居有所安的夙愿。实施农村危房改造工程，带动了农民住房投入，扩大了农村消费。2009年国家补助安徽省农村危房改造资金1.47亿元，带动地方政府配套1.56亿元、群众自筹2.98亿元，农村危房改造还带动了电器、家具等消费。实施农村危房改造试点工作，农村贫困群众通过政府资助，居住安全得到保证，切身感受到社会的温暖，对党和政府的关怀充满感恩之情。安徽省农村危房改造与农村环境整治相结合、与改善困难群众生产条件相结合，贫困户危房相对集中的村庄，实行集中统一改造，编制村庄规划，配套建设农民生产生活必需的道路、供水等设施，村庄面貌发生了明显变化，促进了村容整洁。

【农村清洁工程】 2009年，住房和城乡建设厅运用"枪法理论"，在"千村百镇示范工程"中确定了20个镇、30个村作为全省第一批农村清洁工程试点。实施"农村清洁工程"试点的20个镇、30个村垃圾治理工作进展较快，2009年初确定的各项目标全部完成。新聘卫生保洁员857人，增设垃圾箱2485个，新建公共厕所126座，新建垃圾池464个，购置人力垃圾车626辆，购置垃圾运输车46辆，新建垃圾中转站19个，新建垃圾处理场19座，通过一年的努力，试点镇村环卫设施基本完善，保洁制度逐步建立，垃圾得到有序处理，居住环境明显改善，发挥了较好示范带动作用。

【农民居住区建设】 在村庄规划的引领下，各地结合省、市、县土地整理、塌陷区治理、地质灾害点治理等工程项目，共开工建设了1065个农民居住区。集中居住区内新建住房对生活污水处理、路灯、体育设施以及卫生医疗站等配套设施建设进行统筹安排，集中居住区内原有农民住房，开展以改水、改厕、改厨为主要内容的村容整治。农民集中居住区建设，改善了农民居住条件，促进了村容整洁，促进了土地整理工作。

【省级中心镇建设】 中心镇建设工作稳步发展，全省200个中心镇建成区面积759平方公里，中心镇平均建成区面积是一般镇的2.35倍；中心镇全部通上了自来水，建成区自来水普及率达83%；中心镇镇区道路铺装率达95%以上；中心镇镇区绿化覆盖率达21.8%。

中心镇建设的发展，有效地改善了中心镇生产和生活条件，优化了投资环境，促进了产业的集聚发展，提高了就近吸纳农村劳动力就业的能力。为发挥中心镇的示范带动作用，加大了中心镇经验和成效的宣传和推广，充分发挥中心镇对全省小城镇发展的引导和示范带动作用。

【"安徽省村镇建设十佳镇村"评选】 为进一步加快村镇建设步伐，努力打造一批旅游型、产业结构调整型、商贸型、工业发展型、重点工程带动型等典型镇、村，引导和带动全省村镇建设发展，2009年初，在全省开展了"安徽省村镇建设十佳镇"和"安徽省村镇建设十佳村"推荐评选工作，首次授予肥西县三河镇等十个镇为"安徽省村镇建设十佳镇"、淮北市烈山区烈山镇洪庄村等十个村为"安徽省村镇建设十佳村"称号，在全省产生积极影响。

【村镇建设机构】 委、省政府下发的《中共安徽省委安徽省人民政府关于实施扩权强镇的若干意见》明确：在试点镇设立规划建设管理分局，由试点镇政府和县级规划主管部门共同领导，以镇政府为主，并明确了建设分局的职能。

八、建筑节能与科技

【概况】 2009年，在省委、省政府的正确领导下，在住房城乡建设部的大力支持和指导下，全省建设系统以科学发展观为指导，深入贯彻落实"扩内需、调结构、保增长"的宏观政策，大力宣传贯彻《民用建筑节能条例》，围绕发展低碳经济试点的契机，充分利用部、省级在建筑节能方面的专项资金，突破难点，展现亮点，在建筑节能和建设行业科技创新方面取得显著成效。

【建筑节能】 各项节能政策得到落实，建立完善的建筑节能监管工作体系。为加强建筑节能工作，建设厅和各市建委均成立了节能工作领导小组，建立和完善了建筑节能工作体系，实施了目标责任制和考核制度。全省形成了组织健全、协调配合、齐抓共管、运行顺畅的建筑节能工作机制，为确保各项任务的落实提供了组织保障。年初，经厅党组研究，住房和城乡建设厅与省经委签订目标责任书，确定了四项工作目标。为确保完成建筑节能目标考核任务，住房和城乡建设厅制定并下发了《2009年安徽省建筑节能工作要点》、《安徽省建设厅2009年建筑节能管理工作任务分解表》，明确了厅机关各职能处室及有关厅直单位在2009年建筑节能工作中的任务和职责，对全省建筑节能工作任务及职责进行了分解，要求各市结合实际，提出本地区节能工作实施要点，并对完成情况实行考核。

为推动安徽省建筑节能工作的深入开展，省建设厅结合安徽省实际，组织编制了组织有关单位编制完成《安徽省建筑节能专项规划（2009～2011年）》、《安徽省可再生能源建筑应用发展规划》，提出了总目标和切实可行的保障措施。

节能法规标准体系逐步完善。为推动建筑节能工作的法制化、规范化、标准化，省建设厅起草完成《安徽省建筑节能管理办法》（送审稿），现已列入省政府实施类立法计划，将以政府令发布。结合实际，与国家节能标准相配套，陆续颁布了《安徽省公共建筑节能设计标准》、《安徽省居住建筑节能设计标准（夏热冬冷地区）》、《安徽省建筑与太阳能一体化技术标准》等11项建筑节能技术地方标准，以及《外墙外保温系统构造图集》等23项节能标准设计图集，发布了《安徽省建筑节能定额综合单价表》，《安徽省城市规划节能省地技术导则》、《安徽省民用建筑工程能效测评验收规程》已完成送审稿，形成了较为完善的建筑节能技术标准体系，基本满足了建筑节能工程实施的需要。

强化监督，开展了全省建筑节能专项大检查，顺利通过住房城乡建设部检查。2009年，由厅领导带队分六个组对全省建筑节能工作推进情况进行了专项监督抽查抽查了102个项目（公建40项、居住62项），下发了11份执法告知书，省建设稽查局依法强化了执法和整改工作。通过各市自查和省级抽查督查，对照标准，查摆问题，各市均采取了有针对性的整改措施，有力地推进了全省建筑节能工作。住房城乡建设部建设领域节能减排监督检查组对安徽省建筑节能工作给予充分肯定，2010年4月，住房和城乡建设部下发了《关于2009年全国建设领域节能减排专项监督检查建筑节能检查的通报》，安徽省列入通报表扬"省份"之列，合肥市列入通报表扬"城市"之列。

建筑可再生能源规模化应用和"绿色建筑"等

示范工作取得显著成效。积极倡导可再生能源在建筑中的应用。对部分城市住宅小区、大型公共建筑太阳能、浅层地能应用情况进行了调研，并开展了可再生能源规模化应用示范。已有14项工程列入省级建筑节能示范工程项目，9项工程列入"住房城乡建设部节能省地型公共建筑综合技术应用科技示范工程"等各类示范工程。安徽省"科学家花园"、合肥市"文化艺术中心剧院"等10个项目先后列入财政部、住房城乡建设部可再生能源建筑应用项目，争取国家资金支持6538万元。财政部、住房城乡建设部启动可再生能源建筑应用示范城市、示范县申报工作后，住房和城乡建设厅及时组织申报工作，制定《安徽省可再生能源建筑应用建设实施方案》。合肥、铜陵市、利辛县成功申报2009年可再生能源建筑应用城市示范及农村县级示范，争取资金补助1.48亿元。

加快了以"节能、节地、节水、节材和环保"为核心的绿色建筑发展，会同发改委、省经委联合开展了以"四节一环保"为核心的节能省地环保型（绿色建筑）住宅建设试点示范工作。全省共有四批53个项目被列入"省地节能环保型"住宅建设试点项目，全部进入实施阶段。合肥海顿公馆、黄山市"歙县·徽州御苑"项目列入住房城乡建设部"双百"工程绿色建筑并申请标识认定。

通过试点推进和政策资金扶持，带动了一批太阳能、地热等可再生能源利用技术的发展，节能技术的转化、示范引导和成果扩散作用日渐凸显。各地创建积极性大大增强，落户合肥经济技术开发区的全国首个政府引导型的"节能省地环保型"住宅产业化基地，现已全面进入节能产品、新型建材的研发和生产阶段。

机关办公建筑和大型公共建筑节能管理工作有突破。结合本省实际制定了《安徽省机关办公建筑和大型公共建筑节能体系建设工作实施方案》及其《分步实施计划》，印发了《关于做好政府机关办公建筑和大型公共建筑能耗统计和监管体系建设工作的通知》。积极争取省直机关事务管理局的支持，下发了《关于开展全省公共机构能耗监测统计报告工作的通知》，实施了《安徽省公共机构能耗统计报告表》报送制度。已完成对全省机关办公建筑和大型公共建筑的建筑面积、使用功能、结构形式、年度能耗总量等基本信息的调查统计工作。2009年，编制完成《安徽省国家机关办公建筑和大型公共建筑能耗监测平台建设实施方案》并组织实施。在合肥、铜陵、马鞍山、淮北4城市开展了首批试点，逐步开展能耗监测、能源审计和能效公示工作。力争"十一五"期末，实现机关办公建筑和大型公共建筑总能耗下降20%的目标。

积极开展了既有建筑节能耗统计和节能改造试点工作。为推动既有建筑节能改造工作的开展，组织有关高校在全省开展了《安徽省建筑能耗分析及节能措施研究》课题研究工作，开展能耗统计，摸清了全省建筑能耗现状，通过研究建立了具有可操作性的建筑能耗指标体系。在此基础上，结合实际，在省建科院办公楼、黄山市建设银行办公楼、中国人民银行黄山培训中心办公楼等项目中逐步开展了节能改造和节能监管体系建设试点，并进行可行性研究和投入收益比科学分析论证，形成了《安徽省建筑能耗调查与改造重点范围的调查报告》、《安徽省推进既有建筑节能改造试点工作研究报告》、《安徽省既有建筑节能改造技术调研报告》等，为推动全省既有建筑节能改造工作奠定了基础。

建筑节能技术研发和推广取得新进展。重视基础调查研究工作，完成了《安徽省建筑节能与新型墙材推广应用调研报告》、《安徽省建设领域可再生能源利用情况调研报告》、《关于政府办公及大型公建节能运行与管理研究报告》、《安徽省可再生能源建筑应用标准规范与技术集成调研报告》、《安徽省城市规划节能省地对策研究》、《安徽省大型公共建筑推行用能定额管理研究报告》、《关于节能服务机制建设工作调研报告》、《关于节能服务机制建设工作调研报告》等调研报告。

初步建立了节能技术体系框架。以节能、节地、节水、节材和环保为核心的绿色建筑技术为重点，开展了可再生能源建筑应用和自保温体系等多项研究，引导企业自主开发了"KX无机发泡自保温砌块"等保温节能材料，完善了新型围护结构技术。组织专家编制了《KX无机发泡复合保温砌块建筑构造专项图集》、《KX无机发泡复合保温砌块砌体技术导则》。加快了对太阳能技术的研究，研制出"与建筑一体化的全智能太阳能光热系统"、"GX自保温节能砌块及自保温墙体"等相关节能应用技术。省建设厅定期发布省级推广项目目录，同时加强民用建筑新建、改造过程中节能材料和产品的质量监督管理，全面施行建筑节能材料和产品的备案、登记、公示制度。举办了"安徽省建筑节能技术研讨会"、"可再生能源（水地源热泵）应用技术研讨会"等多项会议，承办了住房城乡建设部"华东地区建筑节能工程质量研讨会"，推动了节能新技术的推广应用及扩散。

宣传培训分层次有重点。2009年以来，充分利用电视、网络、报纸、杂志等媒介，加大《民用建筑节能条例》宣贯力度（政府目标任务），为建筑节能营造浓厚社会氛围和良好舆论环境。积极组织科研院所、建设行业管理人员参加住房城乡建设部组织的《民用建筑节能条例》宣贯培训班，提高了从业人员技术水平。并会同省财政厅、省经委、省政府法制办联合转发了住房城乡建设部、国家发改委、财政部、国务院法制办《关于贯彻实施〈民用建筑节能条例〉的通知》，要求各级建设、发改、财政、政府法制部门要充分认识贯彻实施工作的重要性，对照《条例》规定的职责和任务，结合本地实际，明确工作重点，制订工作计划，及时细化和落实《条例》的各项规定和要求，加快推进建筑节能工作。

组织开展了"太阳能与建筑一体化设计方案竞赛"，举办了"安徽省建筑节能技术研讨会"、"可再生能源（水地源热泵）应用技术研讨会"等多项会议，承办了住房城乡建设部、欧盟"建筑节能薄抹灰外墙外保温系统工程技术培训会"，推动了节能新技术的推广应用及扩散。

通过强化宣传培训，全社会的节能意识和建筑节能行业技术人员素质均有所提高，为建筑节能工作深入开展创造了有利条件。

【科技推广】 为加强全省推广项目的应用力度，引导建设行业技术创新，多次邀请国内外专家作新技术、标准讲座，积极组织各种形式的新技术新产品推广展示会，发布应用项目信息，充分发挥了科技先导作用。

积极组织建设科技项目研究开发工作。组织有关专家对安徽省自主开发的"液压拖拉法安装宽幅钢箱梁施工技术"、"城市河道底泥污染评价及其关键处理技术"、"eGeo智能静载仪SLd-1"等20多项新技术新产品进行了成果鉴定。组织"斜拉式吊杆多跨连续梁结构高镂空支模钢平台的施工技术"、"合肥市城中心村布点规划暨示范村建设规划"等6个项目申报住房城乡建设部2009年华夏建设科学技术奖。住房和城乡建设厅推荐的"皖南地区民居的气候适应性研究"、"夏热冬冷地区太阳能与建筑一体化技术研究"、"城市垃圾处理污染控制关键技术研究"等20多个科研项目，已被列为住房城乡建设部2009年科学技术项目计划，为历年来最多的一次。

为解决制约我国经济社会发展的重大水污染瓶颈问题，"十一五"期间国家将投入数十亿元人民币全面启动实施水专项。省建设厅、合肥、巢湖两市建设、规划部门，同济大学等有关单位成功申报的"国家水体污染治理重大科技专项"——"巢湖流域城市水污染控制及水环境治理技术研究与综合示范"、"重污染非稳定高风险淮河水源水质处理关键技术示范"项目，累计争取到1.28亿科技经费，各项工作正陆续开展，所有项目已经进入实施阶段。

九、依法行政

【概况】 2009年，城乡建设依法行政工作全面开展，卓有成效。城乡建设立法工作紧紧围绕省委、省政府重大战略部署，坚持服务"三保"，以全省建设工作的中心任务为着眼点；管理创新，通过完善行政许可事项、行政处罚和行政复议案例评析等三项分析活动，规范建设系统管理机关和执法单位的行政行为；学法普法，以"推进依法行政，服务安徽发展"为主题，认真部署开展法制宣传工作；严格执法监督，组织建设行政机关法制工作监督检查，组织行政处罚听证会，到地市开展行政执法调研；畅通社会监督渠道，坚持创新行政复议案件办理方式。

【立法】 2009年，住房和城乡建设厅列入省人大实施类立法项目1项：《安徽省物业管理条例》；论证类立法项目2项：《安徽省实施〈中华人民共和国城乡规划法〉办法》、《安徽省城市供水和节约用水管理条例》；列入省政府论证类规章修订项目1项：《安徽省建设工程安全生产管理办法》。

截至2009年底，各项立法项目均有进展。《安徽省物业管理条例》经过省人大组织的多次调研论证和向全社会征求意见，于2009年10月23日，经省第十一届人民代表大会常务委员会第十四次会议审议通过，公开发布，并于2010年1月1日起施行。其余三个立法项目的草案稿在年初正式上报省政府之后，已经进行了充分的调研论证和征集采纳意见工作。尤其是《安徽省实施〈中华人民共和国城乡规划法〉办法》，住房和城乡建设厅配合省法制办已进行了很充分的论证工作。

2009年全年共报送规范性文件前置审查3件，备案3件。共办理来自住房城乡建设部、国务院法制办、省人大、省政府法制办的立法征求意见稿85件，办理省政府法制办转来各市制定规范性文件备案审查稿21件，共计106件。

【学法普法】 省住房和城乡建设厅坚持以领导干部和公务员学法带动全系统学法。2009年，制订学习计划，把《国务院关于加强市县政府依法行政的决定》和《安徽省人民政府贯彻国务院全面推进依法行政实施纲要的意见》作为年度普法学习和宣传的重要内容，贯穿在党组中心组学习、公务执法人员培训、法制工作检查等各项活动中；还根据省政府法制办《关于做好依法行政宣传工作的通知》要求，以"推进依法行政，服务安徽发展"为主题，认真部署开展了对《全面推进依法行政实施纲要》和《城乡规划法》的宣传工作。

【规范执法】 坚持行政管理重大事项集体讨论决策、专家咨询论证、重大决策合法性审查等各项行政决策制度。按照省政府的要求，积极开展了行政审批权相对集中试点，成立了行政审批办公室，再一次清理了行政审批事项，向省加快县域经济发展领导小组提供了关于第二批下放县级经济社会管理权限工作的意见。经调整，住房和城乡建设厅确立了27项行政许可和6项非行政许可项目，其中新增一项行政许可项目，即建筑施工特种作业人员操作资格核准。此外还新增了2项便民服务项目，即出具安徽省住房和城乡建设厅企（事）业出省介绍信及信用证明。

针对建设行政主管部门日常发生大量的行政行为的特点，2009年住房和城乡建设厅在具体指导全省建设系统法制工作中，由点到面开展三项分析活动，即行政许可事项、行政处罚和行政复议案例评析活动，通过评析和反思，规范建设系统管理机关和执法单位的行政行为。

开展了行政处罚实施工作自查活动，根据行政执法案卷评查制度和标准要求，对厅机关和直属单位行政处罚实施情况、处罚案卷立卷和归档情况进行了认真检查和自我规范。

【执法监督】 为促进全省建设系统的依法行政工作的扎实推进，组织了对各市、县建设行政机关法制工作的监督检查，检查涵盖了法制机构建设，普法宣传教育，行政许可、审批，行政处罚，执法监督，行政法制监督，规范性文件制定和专项执法检查等各项依法行政相关内容。

严格厅机关行政处罚案件的审查工作，不仅从违法事实、工作程序、处罚依据等方面严格进行合法性审查，还认真对待当事人的陈述申辩，维护当事人的合法权益，体现住房和城乡建设厅行政行为的合法性和公平性。年内，针对一起拟吊销安全生产许可证的行政处罚案件，由法规处组织了一场公开的行政处罚听证会。召开此次听证会，保障了当事人享有陈述申辩权利，达到了使事实更清楚，证据更充分的目的，为住房和城乡建设厅下一步依法处罚合理裁量提供了更充分的证据。此次听证会作为依法行政的案例教育，还组织了厅领导和广大干部到会旁听。

严格执行行政执法责任追究制度。为了全面了解基层执法队伍和执法实践的基本情况，住房和城乡建设厅2009年先后对合肥、阜阳、安庆等10个市进行了行政执法调研，分三次召开了建设行政执法人员和稽查专家工作座谈会。

2009年，住房和城乡建设厅组织全省建设系统行政执法人员资格认证工作，坚持从严要求，人员资格由本单位审核，法制培训实行计划管理，分上、下半年两批次对全系统3000余名行政执法人员，进行法律知识培训和执法资格认证考试，考试合格率达到90%。全省39个市级建设执法队伍，122个县级建设执法队伍，共有2441人的建设行政执法资格得到确认。

按照政府信息公开的要求，住房和城乡建设厅自觉接受法律监督、民主监督、司法监督和其他多种形式的社会监督。截至2009年12月，共处理人民来信703件，接待群众来访161批654人次，着重查处了房屋拆迁、房地产交易和拖欠农民工工资等损害群众利益的行为，信访办结率在90%以上。2009年全年，住房和城乡建设厅认真办理人大代表议案、建议28件和政协委员提案29件，涉及城建、房地产、公积金、建筑、节能等与群众生活关系十分密切的民生问题，全部议案、提案等均在规定时间内办理完毕，答复率、满意率均达到100%。住房和城乡建设厅还及时调整厅信息公开工作领导小组成员，进一步丰富门户网站的内容。2009年以来，厅门户网站共发布各类信息13439条，其中公开的各类政府信息5007条，日信息更新量达40余条；先后受理问题咨询497条、厅长信箱212条、投诉举报207条，回复率均为100%。

【行政复议】 厅法制工作机构认真办理行政复议案件，坚持创新行政复议案件办理方式，在行政复议全过程中全面引入调解手段，力争化解矛盾，定纷止争。2009年，共收到行政复议申请22件，除2件之外，其余20件经过调解，均由当事人撤回了申请，有些案件还为基层解决了矛盾纠纷。为了达到定纷止争的目的，法规处工作人员做了大量深入细致的调解工作，如深入到阜阳、黄山等地就拆迁复议案件与申请人面谈、召开协调会，向申请人和行政机关讲解政策法规，分析形势，动之以情、晓之以理，让双方当事人能心平气和地进行沟通。通过这些调解工作，尽可能地为申请人挽回利益损失，同时动员地方行政机关尽可能地调动有效手段化解矛盾，也在一定程度上维护了政府机关的权威。

（安徽省住房和城乡建设厅）

福 建 省

概 述

2009年，福建省建设系统围绕海峡西岸经济区建设，致力保增长、保民生、保稳定，完成建设工作各项任务，推进建设行业持续较快发展。

保障性安居工程建设有新进展。廉租住房建设，2009年是投资最多、建设规模最大的一年，中央、省级累计安排廉租住房建设与保障资金10.36亿元。省政府分别召开全省2009～2011年廉租住房建设规划工作会议、全省保障性安居工程建设现场会和全省廉租住房保障工作电视电话会议。以省政府名义印发《福建省2009～2011年廉租住房保障规划》和《关于进一步加快廉租住房建设的指导意见》，省住房和城乡建设厅会同省发展和改革委员会、省财政厅联合下发年度廉租住房保障工作计划，各设区市相应制订规划和计划。全省新建廉租住房3.29万套，基本建成1.5万套，其中列入中央增投的145个廉租房项目2.7万套，累计完成投资12.3亿元，基本建成1.25万套、建筑面积60万平方米。经济适用住房完成投资18亿元，施工面积319万平方米，新开工面积90万平方米，竣工1.1万套。启动城市棚户区(危旧房)改造工作，各设区市编制2009～2011年城市棚户区(危旧房)改造规划，三年全省计划改造2800万平方米，福州等地棚户区(危旧房)改造取得进展。启动农村危房改造试点工作，开展专题调研，抽样调查农村危房现状，制定指导农村危房改造试点工作方案，选择3个县(市)开展改造试点。经济租赁住房建设取得突破，推动解决城市"夹心层"家庭住房困难。福州市一年内筹集经济租赁住房897套，新开工1000套、5万平方米。厦门市建设各类社会保障性住房2.5万套。住房公积金管理开展专项治理，会同有关部门出台住房公积金缴存提取等有关政策，全省新增住房公积金缴存总额150亿元，新增提取额94亿元，新增贷款124亿元，分别增长15.2%、49.5%和125%，全年发放住房公积金贷款5.1万户，有力支持职工住房消费。

房地产市场呈现回升态势。贯彻2008年10月省政府出台促进住房消费九条政策措施和2009年省政府贯彻落实国办发131号文的各项调控政策措施，活跃市场交易，促进住房消费和投资，应对国际金融危机。全省商品房销售和存量房交易总面积4787万平方米，交易总金额2170亿元，房地产完成投资1136亿元，缴纳税收223亿元，分别比增101%、139%、0.6%和28.5%，对全省地税增收总额贡献60%。房地产市场动态分析信息系统进一步完善，实现省级与福州、厦门、泉州、漳州等主要城市信息系统衔接。

节能减排，改善人居环境见成效。举办第3届"海峡绿色建筑和建筑节能博览会"，对接项目219项，总投资46亿元。实施《民用建筑节能条例》，成立福建省海峡绿色建筑发展中心，开展执行建筑节能标准专项检查和建筑能耗统计、审计工作，启动既有公共建筑节能改造。促进可再生能源应用，4个项目获得国家太阳能光电建筑应用资金补助，福州、厦门市列入国家"十城万盏"LED示范试点城市，福州市和武平县列入首批全国可再生能源建筑应用示范城市(县)，分别获得8000万和1800万元补助。南平市四期LED夜景工程竣工。建筑节能工作继续走在全国前列。城市污水垃圾处理设施建设，建成23座污水处理厂、3座垃圾焚烧发电厂和17个垃圾无害化处理场，以及污水处理配套管网733公里，城市污水、垃圾无害化处理率分别达75%、91%，COD减排1.95万吨，占全省COD减排量70%以上。对全省27座污水处理厂进行水质督查和运行评估，促进达标排放。编制完成《城市供水设施改造和建设规划》，起草《城镇供水企业安全运行管理标准》。完成城市LNG一期工程，福州、厦门、泉州、漳州、莆田5个城市完成LNG置换通气。启动城市LNG二期前期工作。开展全省管道燃气企业特许经营权检查和液化气供应站点督查，保证供气安全。"家园清洁行动"中，完成160个乡镇、2780个建制村垃圾治理，开展为期5个月的城乡结合部、城中村环境卫生专项整治，将垃圾治理任务列入市(县)长环保目标责任制考核内容，建立健全垃圾整治长效机制。推进公交优先，创建公交精品线路，开展评选优秀线路、优秀车组、优秀驾驶员活动。福州城区新增公交车704辆,公交车客运量达4.8亿人次;厦门新增公交车260辆。福州市轨道交通建设规划获国务院批准,地铁1号线开工建设;厦门市加快建设快速公交专用线,建成成功大道线,1、2号延伸线正在建设。福州"三坊七巷"历史文化街区等保护修复工作取得阶段性成效,13个名镇名村完成保护规划编制。泰宁"中国丹霞"申遗,9月通过国际专家考察评估。佛子山、宝山、白云山列入国家级风景名胜区。太姥山、冠豸山风景名胜区列入国家自然遗产预备名录。清源山通过国家4A级旅游景区检查评定。以省政府办公厅名义出台加强世界遗产和风景名胜区管理的规定,开展风景名胜区综合整治,杜绝新出让景区门票专营权,对已出让的进行整改。福州、厦门、泉州、漳州、三明通过部"国家园林城市"复查,沙县创建国家园林县城已上报建设部,长泰被命名为"省级园林县城"。

《海峡西岸城市群发展规划》编制工作完成,其他配套法规编修或完善。8月,《海峡西岸城市群发展规划》经省长办公会审议通过,10月经省委常委会审议并原则通过,进一步修改后上报建设部,12月获得批复。《福建省实施〈城乡规划法〉办法》经省政府常务会审议通过,提请省人大常委会审议批准。以省政府办公厅名义印发贯彻实施《城乡规划法》若干意见。启动《福建省省域城镇体系规划》修编工作。福州、泉州、莆田、龙岩、宁德、永安、建阳等城市开展总体规划修编,完成泉州、莆田、南平市总体规划纲要和泉州市总体规划成果的技术审查。漳州市编制《城市建设整体风貌特色规划》。福州、厦门、莆田、龙岩市编制抗震防灾专项规划。厦门泉州漳州龙岩城市联盟开展城际轨道系统和供水、污水垃圾处理协调发展等研究,福州、宁德、南平市围绕城市发展战略、规划整体协调,实现基础设施共建共享。村镇规划修编,有431个村镇规划经验收合格,评出47个优秀村镇规划成果,对规划验收合格的村镇实施"以奖代补"。

村镇住宅小区规划建设试点继续开展,新增18个省级村镇住宅小区建设试点、9个省级优秀小区。推动16个农村污水处理试点项目建设。开展全省村镇住宅设计方案竞赛活动,评出27个优秀方案。永安市贡川镇、云霄县下坂村、东山县马銮村和岱南村列为部规划一体化试点。推进乡村建设规划许可证发证工作,规范农村建房。在永安、石狮、漳州等三市开展农村集体土地房屋登记试点工作。

建筑业持续较快发展。全行业应对国际金融危机,抓住国家增加投资机遇,加强服务和引导,发挥驻外机构服务企业的作用,帮扶企业拓展市场,厦门、龙岩、永泰、惠安、上杭等市县出台相关扶持政策,帮助企业解决困难,促进建筑业持续较快增长。全年建筑行业完成总产值2422亿元,比增20%。其中省外产值822亿元,比增41%,占全省建筑业总产值38%;全省建筑业实现增加值894亿元,比增19%;转移农村劳动力100多万人;建筑业税收总收入90亿元,占全省地税总收入14.6%。

贯彻落实中央和福建省委省政府关于开展工程建设领域突出问题专项治理工作部署,创新完善招投标制度,全面推行合理造价区间随机抽取中标人办法,全年共有2917个施工招投标项目采用该办法,中标价合计128亿元,占施工招投标项目总数55%。逐步完善预选承包商名录管理办法,确定2009年度省级房屋建筑工程施工预选承包商82家。出台建筑工程设计招标文件(2009年版)示范文本,完善设计招投标专家库,规范专家管理。建立全省房建和市政工程招投标项目信息网上报送制度,组织开发网上远程评标系统,福州、泉州市率先建成电子招投标平台并投入试运行,厦门市不断创新评标办法,降低企业投标成本。加大市场清出力度,注销43家建筑业企业、16家工程造价咨询企业、34家工程监理企业资质和39家招标代理机构资格,责令163家企业限期整改。深入开展房地产开发违规变更规划、调整容积率问题专项治理,对2007年1月1日至2009年3月31日共1798项房地产开发项目进行清理检查,责令补交土地出让金、规费167846.33万元,随意变更规划、调整容积率的行为得到有效遏制。责令175家房地产开发企业整改,注销222家物业管理企业资质,查处25起房地产开发企业、物业服务企业违法违规行为。深刻汲取霞浦"10.30"事故教训,举一反三,标本兼治,加强制度建设,开展主体行为综合整治,坚决杜绝群死群伤事故发生。工程质量保持稳定,有2个项目获2009年度中国建设工程鲁班奖,3个项目获全国建筑施工安全质量标准化示范工地称号。加大对工程质量和安全生产违法违规行为的查处力度,全省共实施行政处罚198起,暂扣27家施工企业安全生产许可证。加强抗震防灾工作,确保学校、医院、大型公共建筑及超限高层建筑的抗震设计质量,福州、厦门、漳州、泉州、三明、莆田等城市完成既有建筑物抗震性能普查。

出台《城市房屋拆迁补偿安置工作的指导意见》,提高拆迁补偿安置标准;《福建省建设工程安全生产管理办法》以省政府令颁布实施；《福建省无障碍设施建设管理办法》、《福建省风景名胜区条例》上报或将上报省政府常务会议审议。福州市修订颁布《福州市城市公园管理办法》，厦门市出台《厦门市社会保障性住房管理条例》。省工程质量安全监督总站推行廉政承诺"一书一表"制度，进一步规范执法行为。组织自来水、公交、燃气等行业参加省第6届文明行业竞赛活动，有140个单位创建文明示范窗口，涌现出25个全国青年文明号、29个省级文明单位和一批国家级、省级先进单位和个人。省住房城乡厅连续五届被评为省级文明单位，连续两届被评为党建先进单位。

存在的问题和困难：城市规划建设管理水平不高，小城镇建设滞后，农村危房改造滞后，村镇规划建设等基层管理机构不健全，人员不适应新形势工作需要；住房保障管理机构不健全，配租缓慢；部分城市房价上涨过快，拆迁矛盾纠纷仍较突出，促进房地产市场健康发展任务繁重；建筑业发展质量有待提升，安全生产形势严峻，市场主体行为有待进一步规范，安全责任制有待进一步落实；推动工作落实的手段、办法不够多，工作机制不够完善等等。这些困难问题有待在新的一年里着力加以解决。

一、住房保障

【概况】 2009年，福建省保障性住房建设包括廉租住房、经济适用住房、经济租赁住房、限价商品住房建设和城市棚户区改造工作。组织编制完成解决城市低收入家庭住房困难发展规划和年度计划、廉租住房建设与保障发展规划和年度计划。从2009～2011年，福建省争取用三年时间，基本解决13万户城市低收入住房困难家庭的住房问题，其中建设廉租住房10万套，发放租赁补贴3万户。建立保障性住房统计报表制度、季度分析会制度，及时分析通报经济适用住房和廉租住房制度建设情况；建立项目跟踪制度，实行"一项目一档"（主要是"两表一图片"，即项目基本情况表、项目建设进度表，以及形象进度照片），及时跟踪督促工程进度，推动工作落实。此外，还开展廉租住房优秀设计方案评选，为各地提供优秀设计方案，减少审批环节，促进工程建设。全年开工新建廉租住房3.29万套，基本建成1.5万套，其中中央预算内投资项目145项、2.7万套，实现全面开工建设，基本建成1万套，超额完成年度计划全省廉租住房建设3.2万套，发放租赁补贴1万户的目标。至年底，全省累计有3.5万户享受廉租住房保障，其中实物配租1.6万户、租赁补贴1.9万户。经济适用住房建设较上年基本持平，完成投资18.3亿元，施工面积383万平方米，新开工面积140.7万平方米、15576套，竣工面积76万平方米、1.1万套。福州、厦门两市开展经济租赁住房建设，福州在原有社会保障房中筹集897套作为经济租赁住房，分布于5个项目，集中在福州市区南北三环路附近福湾和西园两大片区，安排承租224户；厦门社会保障性租赁住房建设，年度在建的有15个项目，总建筑面积182.58万平方米，约2.5万套，计划2010年前全部竣工，至年底全市共受理低收入家庭申请20224户，其中保障性租赁房17535户，经济适用住房2689户。累计完成5496户低收入住房困难家庭的配租配售工作。福州、泉州及部分县(市)实施限价商品住房建设，福州市实施19个项目，总建筑面积202.7万平方米、2.25万套，共对接拆迁项目60余个，安置房屋约9500套；泉州市建设4个项目，总建筑面积18.9万平方米、1950套，销售1317套。棚户区改造，组织各地编制三年规划和年度计划，9个设区市均完成编制。全年完成危旧房、棚户区拆迁改造355万平方米、2.83万户。

【廉租住房建设】 扩大保障范围，福建省规定原则上将人均收入在当地城市低保标准3倍以内、人均住房建筑面积13平方米左右的家庭，纳入保障范围。福州、厦门、泉州、莆田等地保障标准均超过省标准。福建先行先试，在全国率先推行廉租住房可租可售，并在晋江等4个城市开展试点。落实资金和用地，争取中央预算内新建廉租住房投资补助、中央廉租住房保障补助资金和地方代发债券资金，落实省级廉租住房保障专项补助资金，2009年全年共安排各项补助资金10.36亿元。各级地方政府筹措地方配套资金，基本满足全省保障性安居工程建设需要。对保障性住房用地优先安排，确保供应，单独下达用地供应计划140公顷。加强新建项目管理和监督检查，落实工作责任，严格遵守基建程序，按工程招投标、施工图审查、施工许可、质量监督和竣工验收备案等程序执行，并强化对各个环节的监督管理；重在落实，突出监督检查，配合中央督查组和国家有关部委对福建省廉租住房建设情况的检查和审计调查，发现问题及时整改；加强配合，协同推进，省住房城乡厅、发改委、财政厅等部门多次联合组织分片督查。针对督查过程中发现的问题，对9个建设进展滞后项目予以通报，分4批对13个未开工项目的县市领导进行约谈，发出整改通知书14份。省住建设厅主要领导还专门致函各设区市政府主要领导，督促各地加快工作进度。省住房城乡厅会同省监察厅等省直有关部门对上年度保障性住房建设情况进行责任制考核。

【规范保障性住房分配管理】 完善配套办法，各设区市均出台廉租住房和经济适用住房管理办法，明确廉租住房和经济适用住房供应对象、建设标准、户型结构、价格与租金控制、配租配售、上市交易、准入退出等政策。规范申请、审核、公示、复核、轮候、回购等实施流程。强化监督管理，加强过程监督和程序监督，强化行政监督，自觉接受群众监督，完善监督体系，配租配售一般由购房（配租）对象、政协委员、纪检监察部门现场监督。省住房城乡厅下发《福建省廉租住房与经济适用住房供应管理规范化流程的指导意见》。

【保障性安居工程建设】 在保障性安居工程建设中，廉租住房建设在本年度投资最多、建设规模最大，中央、省级累计安排廉租住房建设与保障资金10.36亿元。省政府先后召开全省2009～2011年廉租住房建设规划工作会议、全省保障性安居工程建设现场会和全省廉租住房保障工作电视电话会议。以省政府名义印发《福建省2009～2011年廉租住房保障规划》和《关于进一步加快廉租住房建设的指导意见》，省建设厅会同省发展和改革委、省财政厅联合下发年度廉租住房保障工作计划，各设区市相应制订规划和计划。全省新建廉租住房3.29万套，基本建成1.5万套。其中，列入中央增投的145个廉租房项目2.7万套，累计完成投资12.3亿元，基本建设1.25万套，建筑面积60万平方米。经济适用住房完成投资18亿元，施工面积319万平方米，新开工面积90万平方米，竣工1.1万套。启动棚户区（危旧房）改造工作，各设区市编制2009～2011年城市棚户区（危旧房）改造规划，三年全省计划改造2800万平方米；农村危旧房改造试点展开，制定指导工作方案，选择3个县（市）作为改造试点。经济租赁住房建设有突破，福州市一年内筹集经济租赁住房897套，新开工1000套共5万平方米。厦门市建设各类社会保障性住房2.5万套。

【住房公积金管理】 2009年全省住房公积金管理以确保资金安全为前提，以提高资金使用效率为重点，在扩面、个贷、资金安全等方面加大工作力度，积极推动各项业务的全面发展。同时，继续开展住房公积金管理专项治理工作，开展了打击骗取、骗贷住房公积金专项督查。会同省监察厅、人行福州中心支行联合下发《关于加强住房公积金提取管理有关问题的通知》，会同省财政厅、人行福州中心支行对住房公积金缴存、提取政策进行调整，适当放宽中央、外省市驻闽单位及其职工住房公积金缴存上限标准，调整了几种特殊情况的住房公积金提取政策，进一步规范了住房公积金的缴存、提取管理。全省住房公积金增值收益略有提高，城市廉租住房建设补充资金增幅明显。至年底全省住房公积金实缴人数179.90万人，覆盖率39.2%；归集总额达到794.61亿元，较年初增长23.28%，余额414.88亿元，较年初增长15.54%；累计提取额为379.73亿元，较年初增长33.03%；向42.04万户职工发放住房公积金贷款490.32亿元，较年初增长34.15%；余额279.07亿元，较年初增长39.13%；个贷使用率为67.3%；全省国债余额达31.73亿元，占缴存余额的比例为7.6%；全年住房公积金实现增值收益6.50亿元，同比增长3.67%。提取城市廉租住房建设补充资金达2.8亿元，同比增长6294万元，增幅高达30%。

二、住宅与房地产业

【概况】 2009年，为应对金融危机，国家和福建省政府在支持住房消费和房地产开发投资，加快保障性住房建设等方面，出台了一系列促进房地产市场健康发展的政策。这些政策对于提振信心、活跃市场、促进住房消费和投资，实现"保增长、扩内需、惠民生"的目标，发挥了积极和重要作用。一年里，房地产市场交易量成倍增长，开发投资止跌回升，保障性住房建设进一步加快。一是交易活跃，成交量成倍增长。全省商品房销售2991万平方米，同比增长107.2%；存量房交易1795.5万平方米，同比增长91.6%。房地产交易总金额2170亿元，同比增长139%。二是投资止跌回升。全省完成房地产投资1136.35亿元，同比增长0.6%，前11个月投资降幅逐月持续收窄，全年实现止跌回升；投资量占全省固定资产投资总额20%，投资增幅低于全省固定资产投资增幅20.4个百分点。三是土地市场交易活跃。随着住房交易量持续大幅回升，开发企业投资信心增强，土地出让市场从第二季度开始出现回暖，土地市场经过一年多调整后再次出现激烈竞拍场面，部分城市频现"地王"。全省全年住宅用地供应22617亩，同比增长148%，其中商品住房供应17602亩，同比增长225.6%。福州市区招拍挂出让成交1379亩，成交总价100.56亿元；厦门市共推出经营性用地地块60宗，成交60宗，成交总价296.50亿元。四是房地产税收增长。全省缴纳税收223.07亿元，同比增长28.5%，其中营业税征收76.83亿元，同比增长53.5%。但随着房地产市场回升，下半年部分城市出现房价上涨过快问题。据房地产交易部门合同备案数据，1月份福州、厦门、泉州市区新建商品住房每平方米交易均价分别为6190元、7412元、5145元，到12月，分别上涨到9150元、10695元、6550元。

【房地产调控】 2009年房地产调控政策措施得到有效落实。为应对金融危机，福建省住房和城乡建设厅未雨绸缪，积极应对市场，第一时间向省政府提出对策建议。2009年初省政府出台贯彻落实国办发131号的实施意见（闽政办〔2009〕25号），结合福建省实际，提出有针对性的政策措施。全省各级各部门认真贯彻国家和省政府促进房地产市场健康发展的政策措施，确保各地工作落实。首先，降低交易税费，加大对自住型和改善型住房消费的信贷支持力度，有效地拉动消费。其次，加快城市棚户区危旧房改造。再次，完善城市房屋拆迁配套政策，强化拆迁管理。同时，继续开展房地产中介经纪组织专项治理，规范房地产市场秩序。

【城市棚户区（危旧房）改造】 研究出台加快推进城市棚户区（危旧房）改造的政策措施，组织城市棚户区（危旧房）改造规划和年度计划编制工作，9个设区市全部完成2009～2011年度城市棚户区（危旧房）改造规划编制，加快推进城市棚户区改造。引导开发企业积极应对市场变化。组织房地产行业协会开展倡议活动、座谈等方式，引导开发企业调整经营策略，优化供应结构，合理定价。支持开发企业合理的融资需求，加强对骨干品牌企业跟踪服务，努力营造发展环境。加强房地产市场监测分析。完善月形势分析制度，加强政策效应的跟踪评估，积极做好政策研究和储备，保持市场稳定。加快省级房地产市场动态分析信息系统建设，实现省级与福州、厦门、泉州、漳州等主要城市信息系统衔接。

【房屋拆迁管理】 完善拆迁配套政策，省住房城乡厅出台《城市房屋拆迁补偿安置工作的指导意见》，提高拆迁补偿安置标准。强化拆迁重点环节听证制度，建立拆迁风险评估制度，从源头上减少拆迁信访问题产生。完善信访工作机制，建立厅长信箱投诉反馈制度、厅领导约访带案下访制度、处领导随时接访制度。加大拆迁纠纷调处力度。厅领导带案下访活动，努力化解矛盾纠纷，促进社会安定稳定。全年受理拆迁信访总量509件，比2008年下降10.3%，上访人数679人，下降19.6%，集体访和重复访人数分别为532、629人，分别下降34.2%、27.2%。

【规范房地产市场秩序】 厅组织专项检查，重点督查房地产经纪机构较集中的福州、厦门、泉州市，规范中介经纪服务行为。落实经纪机构备案制度，全省累计备案1699家中介机构。完善制度建设，会同省人事厅制定出台《福建省房地产经纪人协理从业资格制度暂行办法》和《福建省房地产经纪人协理从业资格考试实施办法》；制定并推广使用《存量房买卖居间合同》、《存量房买卖合同》和《存量房委托洽谈合同》经纪合同示范文本，进一步明确存量房交易各方的权利义务，保障当事人的合法权益。制定《福建省房地产估价报告文本质量评审标准（试行）》，加强注册房地产估价师管理。加强市场监管。省建设厅组织开展房地产开发项目的调查，进一步强化开发、建设和销售监管。对因金融危机影响的项目实施跟踪监管，防范项目开发过程中出现的矛盾和问题。组织房地产开发企业、物业企业资质年度检查，加大违法违规查处力度。全省责令175家房地产开发企业整改，注销222家物业管理企业资质，查处25家开发企业和物业服务企业违法违规行为。开展全省房屋登记机构行风作风建设。省厅积极推进全省房地产交易与权属登记规范化管理工作，南安市、霞浦县房屋登记机构被住房和城乡建设部评定为全国规范化管理先进单位，龙岩市房地产交易服务中心被评定为全省规范化管理单位。在永安、石狮、漳州等三市开展集体土地房屋产权登记发证试点，取得积极成效。

【物业管理】 加强物业管理制度建设，省住房城乡厅制定《福建省商品住宅专项维修资金使用暂行办法》，进一步加强住宅专项维修资金的归集、使用、管理。配合省物价局完善《福建省物业服务收费管理办法》，指导各地出台普通住宅物业服务等级标准及收费指导价。下发《关于加强物业管理小区安全防范工作的通知》，重点排查消防、安全隐患。推进物业管理示范项目建设。全省新增6个全国物业管理示范住宅小区，25个省级物业管理示范项目，累计全省有国家级64个、省级216个示范小区，通过以点带面，推动物业服务整体水平的提高。探索建立物业管理纠纷调解机制。在福州市开展试点，建立街道办事处（乡镇人民政府）社区物业管理纠纷调解机构，配备有一定专业知识和专业技能的专兼职人民调解员，努力构建和谐小区。

三、城乡规划

【概况】 2009年，全省城市规划系统重点围绕加快推进海西城市群建设和全面贯彻实施《城乡规划法》，按计划稳步推动城市规划工作。继续推进《海峡西岸城市群发展规划》编制，12月已获住房城乡建设部批准，并报送省人大常委会审议。经住房城乡建设部批准，正式启动《福建省省域城镇体系规划》修编工作。做好城市总体规划与土地利用总体规划的衔接，参与全省60多个市、县土地利用总体规划大纲审查。福州、泉州、莆田、龙岩、宁德、永安、建阳等城市开展总体规划修编工作。"全省县级城市规划建设研讨会"在泰宁县召开，探讨推进宜居县级城市建设，泰宁等10个县级城市受到表扬。全面贯彻实施《城乡规划法》，完善配套制度建设。起草《福建省实施〈城市规划法〉办法》，经省政府常务会议通过，提请省人大常委会审议；省政府办公厅下发《关于贯彻实施〈中华人民共和国城乡规划法〉的若干意见》（闽政办[2009]17号）；省住房城乡厅下发《关于进一步加强和规范开发区规划管理的通知》，明确开发区设立、扩区和升级条件及规划管理主体，为开发区管理理顺机制；跟踪《关于加强房地产开发项目容积率管理意见的通知》、《容积率计算规则（暂行）》、《城市规划公示公开暂行办法》、《建设工程规划条件核实指导意见》等相关规范性文件的实施情况；评估实施成效；深入开展房地产开发中违规变更规划、调整容积率问题专项治理工作；开展城市停车场规划建设专题调研，提出对策措施。开展新一轮福建省城乡规划专家库筹建工作，充分发挥专家在规划论证、评审等工作中技术把关作用。依托省城市规划学会主办多场全省城乡规划设计单位经验交流会，提高城乡规划编制水平。开展规划设计评优，共评选出一等奖4项，二等奖12项，三等奖19项，表扬11项。

【海峡西岸城市群发展规划及其他城市规划编制】 1月，经福建省长办公会议研究并原则通过《海峡西岸城市群发展规划（送审稿）》，根据省长黄小晶和省直部门、省人大意见，对文本作了修改；5月，该文本与《国务院关于支持福建省加快建设海峡西岸经济区建设的若干意见》进行对接修改，10月经省委常委会研究并原则通过，12月获住房城乡建设部批复。批复意见指出，这项规划的制定和实施是贯彻落实国务院意见的重大举措，对促进海峡西岸城市群协调发展，提升城市群综合承载和辐射带动能力，完善国家区域发展格局，促进海峡两岸交流合作和共同繁荣，具有重要意义。启动《福建省省域城镇体系规划》修编工作。组织起草《福建省省域城镇体系规划》修编评估报告，总结本省上一轮规划实施情况，提出本次规划修编主要内容。评估报告上报住房城乡部后，3月份得到正式函复，原则同意开展修编工作。制定修编工作方案，重点研究本次规划修编的组织形式、时间安排、委托单位的选择和经费预算等相关问题。工作方案上报省政府后，5月底副省长苏增添批示原则同意，并要求结合国务院海西"若干意见"开展规划编制工作。召开规划编制工作座谈会，确定由省城乡规划设计研究院、福州市城乡规划设计研究院和厦门市城乡规划设计研究院联合成立项目组，并于2010年年底前完成修编任务。年底前3家规划设计单位初步完成规划编制大纲。全省有福州、泉州、莆田、龙岩、南平、永安、建阳等7个城市开展城市总体规划修编工作。福州总规纲要通过部省联合专家审查，完成规划初步成果；5月和7月，省住房城乡厅组织专家和省直部门分别对莆田市、泉州和南平市总体规划纲要进行审查并原则予以通过；龙岩完成城市总体规划纲要；宁德完成基础资料收集，规划纲要方案在编；永安、建阳总体规划成果在编。

【房地产开发中违规变更规划、调整容积率问题专项治理】 4月，住房城乡建设部、监察部决定在全国范围内开展关于对房地产开发中违规变更规划、调整容积率问题开展专项治理工作。24日，福建省紧接着召开全省专项治理电视电话会议，对专项治理工作进行部署。《福建省开展房地产开发中违规变更规划、调整容积率问题专项治理工作方案》制定并下发各地执行，明确专项治理工作从4月到翌年12月，按动员部署、实施和巩固深化三阶段进行。7月1日，领导小组办公室在漳州召开全省专项治理工作座谈会，传达中央领导指示精神和全国专项治理工作座谈会精神，采取以会代训形式对开展专项治理工作的专业知识、政策要求及案件查处等进行培训，全省设区市、设市城市规划部门、监察部门80多位工作骨干与会。9月9日，在宁德召开规划工作座谈会，明确将专项治理工作纳入到国务院部署的建设工程领域突出问题的专项治理工作，对下一步深入开展这项工作以及更好地整改自查自纠阶段发现的问题提出要求。10月底至11月初，省住房城乡建设厅和监察厅联合检查组先后对全省9个设区市和8个县（市）的专项治理工作开展情况进行检查，共重点抽查94个建设项目，对是否依据控制性详细规划出让土地、规划许可期间是否违规变更规划、调整容积率和擅自违规调整容积率进行违法建设的案件查处、补缴土地出让金等进行行业内材料核实。

【城市联盟进展】 召开第7次厦泉漳龙城市联盟市长联席会议。会议听取了厦泉漳龙城市联盟第3届执行主席、漳州市副市长刘文标关于2009年度城市联盟工作报告，总结厦泉漳龙城市联盟工作开展情况并提出2010年城市联盟工作计划。会议还就《厦泉漳龙城市联盟城际轨道系统规划》、《厦泉漳龙城市联盟旅游发展对策建议》和《厦泉漳龙城市联盟供水、污水和垃圾处理项目协调发展研究》等3项规划研究成果进行审议。贯彻落实《国务院关于支持福建省加快建设海峡西岸经济区的若干意见》，结合五地市党政领导联席会议工作安排和厦泉漳龙城市联盟2009～2010年工作计划，召开厦泉漳龙四市城际轨道交通规划对接讨论会。多次召开闽东北一翼城市联盟工作座谈会，指导福州和宁德两市结合实施《闽江口城镇群发展规划》和《环三都澳区域发展规划》，围绕城市发展战略、规划整体协调、产业资源互补、基础设施共建等方面积极筹划，落实项目合作机制，积极筹备闽东北一翼城市联盟市长联席会议的召开。继续指导泉州、三明两市开展市域内城市联盟工作。

【历史文化名城保护与管理】 根据财政部下发的《国家风景名胜区和历史文化名城保护补助资金使用管理办法》，组织开展2009年历史文化名城保护补助资金申报，并会同风景办建立全省历史文化名城保护补助资金申报项目储备制度。积极申请历史文化名城和历史文化街区保护规划编制经费，用于每年补助2个国家或省级历史文化名城、历史文化街区保护规划的编制。继续跟踪指导"三坊七巷"历史文化街区的保护修复工作，多次组织有关领导、专家开展"三坊七巷"保护修复工作调研；参与对《三坊七巷文化商业业态策划方案》等相关保护规划的审查。继续跟踪落实2009年历史文化名城名镇名村保护设施建设国债投资资金，加强对资金使用情况的监管，并指导获得资金补助项目的落实。指导全省各设区市按期完成优秀近现代建筑的保护名录上报工作。

四、建筑业

【概况】 2009年，福建省全省建筑行业完成产值2522亿元，同比增长17.8%，其中总承包和专业承包企业完成建筑施工产值2204亿元，首次突破2000亿元，比增19.0%。全省实现全社会建筑业增加值898亿元，比增24.0%，占全省GDP的7.5%，为保增长做出重要贡献。全省建筑业税收总收入90亿元，比增13.5%，占全省税收总收入14.6%，其中营业税56亿元，占全省营业税21.21%；企业所得税17亿元，占全省企业所得税19.4%。全省房屋建筑施工面积21691万平方米，比增8.3%；其中新开工面积9704万平方米，比增11.5%。2009年全省新签工程施工合同额2495亿元，比增29.8%；施工合同额累计3966亿元，比增26.2%。8个"建筑之乡"完成建筑业总产值559亿元，占全省产值25.4%。

【建筑业改革与发展】 2009年，福建省住房城乡建设厅在惠安县召开全省建筑业工作会议，对建筑业企业把握机遇、应对危机、提升素质、规范行为进行动员部署，表彰一批中国建筑工程鲁班奖、省优质工程、省级文明工地的获奖企业以及建筑业"一先两优"的获奖先进企业、优秀个人。全省150多家高等级重点骨干企业参加会议，省级预选承包商代表宣读《倡议书》，郑重承诺并向全省建筑业企业同行发出倡议，自觉规范企业行为，诚信经营，确保工程质量安全，维护建筑市场秩序。实施"走出去"发展战略，拓展省外境外建筑市场，并取得新成效。全省出省施工企业达到638家，比上年增加138家，在全国各省份均有承接业务，完成省外产值842亿元，比增44.4%。全省具有对外工程承包资格企业28家，全年完成营业额1.75亿美元，新签合同24项，合同额1.45亿美元。8个"建筑之乡"县市完成省外产值342亿元，同比增长23.2%，占全省省外产值40.6%。重点骨干企业发挥主力军作用，全省产值排名企业总数10%以内的214家企业完成产值1517亿元，占全省产值68.8%。建筑业产值10亿元以上的企业51家，其中40亿元以上2家、30～40亿元3家、20～30亿元8家。全省完成省外产值超过5亿元的企业42家，完成省外产值459亿元，占全省省外产值55%，其中完成省外产值20亿元以上的企业2家、10～20亿元的19家。企业结构优化调整，截至年底全省建筑业企业共3163家，其中总承包企业1243家，占39.3%；专业承包企业1323家，占41.8%；劳务分包企业484家，占15.3%；设计施工一体化113家，占3.6%。全省完成改制企业15家，扶持重点骨干企业调增资质、晋升等级，拓宽业务范围，参与国家增投项目建设。全年新增一级企业34家，增项一级资质50家；新增二级企业71家，增项二级资质125家。全省总承包和专业承包二级以上（含二级）企业数量已占50.7%，专业配套趋于齐全，企业结构趋于合理。打造建筑业企业品牌，会同省统计局出台《福建省建筑业企业综合实力评比暂行办法》，评比公布2008年全省建筑业企业综合实力总承包30强、装饰装修10强、专业承包20强企业。省建筑业协会组织开展2008年度福建省建筑业先进企业、优秀经理和优秀项目经理评选活动，公布先进企业130家、优秀经理139人、优秀项目经理196人。推进建筑市场信用体系建设，修订出台建筑业企业、招标代理机构和工程造价咨询企业信用评价办法。福州市建设局、厦门市建设与管理局、泉州市建设局、龙岩市建设局和惠安县公用事业与建筑管理局、上杭县城乡规划建设局、永泰县建设局等7家单位被授予2009年度建筑业发展目标管理责任状先进单位；漳州市、三明市、莆田市、宁德市、南平市建设局和福清市、连江县、闽清县、龙海市建设局等9家单位为达标单位。

【建筑市场管理】 2009年，福建省政府办公厅转发省住房城乡建设厅、发改委、财政厅、监察厅《关于在房建和市政工程招投标中推行网上远程评标的工作方案》，组织开展全省推行网上远程评标工作。出台《省管建设工程项目招投标监督管理工作制度》，明确项目勘察、设计、施工、监理和货物招投标监管的招投标职责分工和监管内容。省住房城乡厅会同发改委、财政厅出台合理造价随机抽取中标人办法补充规定，进一步扩大合理造价随机抽取中标人办法适用范围，房建市政工程适用范围由单项合同估价800万元扩大到1500万元，单独发包的专业工程适用范围由300万元扩大到600万元。补充规定还结合实际进一步明确招标文件和预算造价的编制质量要求。出台《福建省房屋建筑和市政基础设施工程施工预选承包商名录管理办法》，由省住房城乡厅会同发改委、财政厅公布2009年度省级房屋建筑工程施工总承包预选承包商名录82家企业名单。全省房建和市政工程施工与货物招标项目5846项，中标价合计708亿元，较预算价下降11.4%，下降幅度总体合理，但部分设区市下降幅度仍较大。全省招标文件备案数5580项，招标文件纠正数1825条。全省共有2917个工程施工项目采用合理造价随机抽取中标人办法，占施工招投标项目总数55%，适用规模进一步扩大，中标价128亿元，基本没有投诉。全年全省2061个项目实施承包商预选制度，1025个项目实施招标代理比选制度。此外，加强企业资质动态监管，组织开展全省建筑业企业资质检查，按红、黄、绿三类实行差异化监管；开展建筑业企业资质检查和工程招标代理、造价咨询企业清理整顿，对不符合资质条件的企业撤回并注销相应资质资格，全年共注销57家建筑业企业资质、39家招标代理机构资格、16家工程造价咨询企业资质，责令152家建筑业企业、4家招标代理机构、7家工程造价咨询企业限期整改。进一步完善防欠长效机制，开展工程担保制度试点，全省有331项新开工的单项施工合同价1000万元以上房地产项目实施业主工程款支付担保和承包商履约担保，有1043项其他项目也实施支付和履约担保。推进建立建筑劳务分包制度，全省现有建筑劳务分包企业484家，全年共有1089个新开工项目实行劳务分包。省清欠办直接受理投诉举报69件，解决拖欠工程款和农民工工资6682万元，有效化解社会矛盾，切实维护群众合法权益。组织开展对2008年在建工程以及竣工项目的工程款和农民工工资支付情况排查清理工作，检查农民工工资支付情况，督促有关单位尽快落实资金，支付工程款和农民工工资。

【工程造价管理】 贯彻实施《建设工程工程量清单计价规范》（2008版），制定出台《贯彻〈建设工程工程量清单计价规范〉的实施意见》，取消暂估价，增加甲供材料费，规范综合单价调整行为，规范主要建筑材料价格风险承包管理；修订工程量清单计价表格和计价软件数据接口标准，重新颁布《福建省房屋建筑与市政基础设施工程造价电子数据交换导则》和《福建省房屋建筑与市政基础设施工程造价元素的属性值》。适应超高层建筑施工需要，编制超高层建筑超高降效、外墙翻转钢管脚手架等专项补充定额，调整超高层建筑工程垂直运输机械定额消耗量。针对大型施工机械重大危险源情况，根据《关于进一步加强建筑起重机械安全管理的若干意见》等规定，缩短折旧年限，增加大修理费用、人员配备及燃料动力消耗，调整建筑起重等大型机械台班计算办法，提高台班单价满足安全施工要求。开展计价依据编制前期工作，为适应福州地铁1号线建设，根据住房和城乡建设部城市轨道工程定额，制订工作方案，成立工作机构，着手开展地铁定额编制的各项前期工作。按照财政部、国家发改委关于公布取消和停止征收100项行政事业性收费项目的通知要求，自1月1日起取消"建设工程质量监督费"和"工程定额测定费"。调整《福建省房屋建筑和市政基础设施工程概算编制办法》和《福建省建筑安装工程费用定额》（2003版），取消工程质量监督费和工程定额测定费。省编委以闽委编办[2010]6号文，同意省造价总站经费渠道由经费自给改为财政核拨。全省71个造价管理机构中，50个已落实工作经费，12个已被批准为全额拨款。履行省管项目施工招投标监管职责，具体负责招标文件备案审查和投诉处理。全年省造价总站共受理132个项目招标文件备案和19件招投标投诉。履行公共服务职能，服务工程建设和管理。定期召开造价形势分析会，每季度对主要建筑材料及人工费用市场价格进行分析，评估其对工程造价的影响。缩短主要材料信息价格发布周期，福州等4个地市发布钢筋和水泥日供应价，其他地市按旬发布，及时反映市场行情。组织编辑《2009年福建省建筑节能材料信息价格》及《2009年福建省消防工程材料信息价格》,指导节能和消防工程计价。组织开发《人工和建筑材料信息价格管理系统》,实行网络输送,创新信息搜集和管理方式。组织2009年建筑专业造价员考试考务工作,全省4661名参加造价员资格考试,及格率23%。造价员继续教育和考试成绩查询实行网上操作,既方便考生也提高效率。

【工程质量管理】 全省工程质量安全水平总体平稳,处于受控状态。全省受监工程14942个,其中新报监督工程5356个,建筑面积5700.96万平方米,造价747.75亿元,已竣工验收工程4672个,一次性竣工验收合格率99.8%,未发生重大质量安全事故。其中省站直监工程83个,面积156.45万平方米。据统计,全省各级工程质量监督机构在日常监督检查和围绕建设行政主管部门开展综合整治、各类监督执法检查中,共发现工程质量隐患55693起,已落实整改55139起,整改率99%。还有554起新近发现的质量隐患正在落实整改中。(其中,结构工程隐患21050起,均已整改;装饰装修问题11297起,已整改11093起,整改率98.2%;重大使用功能和使用安全问题23346起,已整改22996起,整改率98.5%)。全省共发生建筑施工安全事故32起、死亡31人,建筑施工安全生产形势总体平稳。省总站和厦门市站2个质量安全监督机构、林宝钧等5人分别被住房城乡部评为2009年全国先进质量监督机构、先进工作者。此外,还有4个质量监督机构、10位监督人员被中国建筑业协会评为2009年全国先进质量监督机构、先进工作者。

五、城市建设

【行业指导与管理】 起草《福建省省级市政公用工程施工预选承包商管理办法》,并征求意见。编制完成《福建省城市饮用水供水设施改造和建设规划》和《自来水行业改革指导意见》。组织编制《城镇供水企业安全运行管理标准》(征求意见稿)和《福建省生活垃圾分类标准》。举办市政工程施工质量安全专业技术培训,集中培训各设区市质监站选送的质监、监理、施工等单位86名技术骨干人员,为各地市及企业即将开展的全面培训提供师资。确定由福州市勘测院研发设区市级的桥梁管理信息系统投入试运行,9个设区市本级桥梁档案基本建立。开展全省9个设区市和5个县(市)的出厂水新水质标准全部106项首次全分析检测,加强城市供水单位消毒剂使用管理,检查104家供水企业消毒剂种类、投加和安全管理等。委托省城市供水水质监测网对福州、厦门、泉州、龙岩、三明、南平监测站进行水质抽检,其中地表水水源水厂共抽检116份水源水,119份出厂水,109份管网水;地下水水源水厂共抽检15份出厂水和10份管网水。依据《福建省城镇污水处理厂运行管理标准》等规范标准,对全省27座污水处理厂进行水质督查和运行评估。结合督查和评估,规范污水处理厂运行管理,促使达标排放。推进环卫作业市场化规范运行和垃圾分类试点工作,283人取得环卫作业负责人岗位证书,评定甲级环卫作业企业8家、乙级企业5家、丙级企业19家。全省共有甲级环卫作业企业40家、乙级企业22家、丙级企业32家。组织城市垃圾填埋场无害化等级评定自查,上报7个垃圾填埋场,经住房城乡建设部组织专家现场检查考核评估全部达到Ⅱ级以上,其中龙岩市黄竹坑垃圾填埋场被评为Ⅰ级。餐厨垃圾分类收集处理,福州市已将方案上报市政府,厦门市在编项目招标文件,三明市的项目已建成投产。在燃气行业监督中,现场检查6家管道燃气制气厂(气化站)、9个液化气储配站,督促各地对逐一整改存在问题。此外,还抓紧修订《福建省管道燃气特许经营协议示范文本》,组织调查36个管道燃气项目特许经营情况,提出整改意见报送省政府办公厅并抓好落实。

【污水垃圾处理项目建设】 在污水垃圾处理项目建设中,全年完成26个污水处理厂、20个垃圾处理场项目建设。2009年底,全省建成污水厂71座,日处理能力302万吨,市县污水处理率达到70%,消减COD1.6万吨,占全省COD减排总量的61.7%以上;建成垃圾处理场51座,日处理规模1.73万吨,市县生活垃圾无害化处理率达到75%。污水、垃圾处理率均提前完成"十一五"全省60%的目标任务。为此,建立半月报制度,要求所有在建拟建项目主管部门每半个月将项目进展情况上报,实时掌握每个项目进度情况并向全省进行通报;加大现场督查力度,联合省监察厅等五部门进行全省城市污水、垃圾处理项目督查,通报问题,督促整改。配合省环保厅、省效能办对各设区市污染减排工作情况进行督查;建立项目约谈制度,及时向省政府提供项目后进县市名单,引起地方政府和投资业主、施工监理企业重视,加快进度;加强技术指导,在督查项目建设进度的同时组织技术专家现场指导服务,确保在建城市生活污水处理项目安全质量;多方筹资推动项目建设,省发展和改革委、省财政厅支持申报中央资金补助,中央6月代发行地方债券12.9894亿元专项用于污水管网建设,11月再安排以奖代补专项资金2.0616亿元专项用于污水配套管网建设。

【持续推进公交优先】 2009年,全省公交行业投入资金6亿元,新购公交车1500辆,新建公交场站20座,新增公交场站用地面积15公顷,创建公交精品线路14条。厦门市续建BRT工程成功大道专线,福州市地铁项目建设规划获国务院批准。组织各级公交主管部门、公交企业和省财政等相关部门,到上海、云南等地调研,学习公交行业管理体制、公交企业财务成本评价、财政补贴补偿机制等方面好的经验和举措;会同省交通厅开展城郊结合部和农村客运管理体制问题调研,研究城乡客运在管理体制、运行机制、经营方式等方面的一体化发展。继续开展公交"四优"创建活动,评选出省级优秀线路29条、优秀车组111个、优秀驾驶员115名、优秀乘务员48名;开展以节油降耗为重点的公交驾驶员技能竞赛,共有143名驾驶员参赛,有14人分获技术标兵和节油标兵称号;成立福建省建设行业职业技能鉴定站福州公交集团公司鉴定点,开展公交职工职业技能培训及等级认定,促进公交职工加强学习和交流,提高自身素质。再次争取省级财政3020万元支持福州市创建公交精品线路、更新车辆。争取国家燃油补助7858万元,并联合省财政从2008年的燃油补助结余款中安排3000万元用于公交企业新增车辆的燃油补助,保证公交企业正常运营。开展"福建省公交信息管理系统"建设,经各级公交主管部门、企业试运行,进入最后调试阶段。

【城市LNG项目建设】 加强城市天然气建设项目进度协调指导。多次现场检查门站、调压站建设进度,5个城市天然气项目建设进度正常。5个城市全部接气置换,置换中未发生重大生产安全事故。各市工程扫尾工作正在有序进行。批复建设青口、驿坂、朴里三对六组天然气汽车加气站,建设前期工作正在进行。调查近期管道燃气企业股权变更和管道燃气特许经营权管理情况。配合省发展和改革委编制《海峡西岸经济区天然气管网建设规划》,经省政府批复。协助泉港门站建设报批前期工作。

【城市雕塑建设】 根据住房城乡建设部、文化部《关于组织开展"新中国城市雕塑建设成就奖"评选工作的通知》(建办函[2009]27号)和全国城市雕塑建设指导委员会《关于组织推荐"新中国城市雕塑建设成就奖"评选项目的通知》(城雕委[2009]1号)精神,与省文化厅联合组织开展"福建省新中国成立以来城市雕塑建设成就奖"评选活动。收到各设区市规划局和文化局报送的城市雕塑作品204件。经专家三轮投票,共评出白鹭女神、林则徐雕像和妈祖雕像等30件作品,授予"福建省新中国成立以来城市雕塑建设成就奖",并报送建设部和文化部参与"新中国成立城市雕塑建设成就奖"评选活动,最终厦门郑成功雕像和福州林则徐雕像获"新中国城市雕塑建设成就奖"(全国共60名)。

【安全生产】 成都公交事件发生后,在第一时间部署全省公交安全大检查,并专项督查9个设区市和福清、石狮、建瓯等市、县的公交安全工作,检查15个公交企业、13个场站、30条线路、73辆公交车,确保城市公共交通安全运营。每次台风来临,适时启动应急预案,做到提前部署、精心组织、周密安排,对内河排涝站、排水泵站、地下通道、重大市政施工工地的防范工作进行实地检查,有效组织全省城建系统开展防汛抗台工作,保障城市基础设施正常运行。及时部署市政公用系统迎接国庆60周年有关工作,确保节日安定稳定。9月组织对全省市政公用行业安全生产进行重点抽查,抽查自来水厂13座、公交停车场(枢纽站)5座、制气厂3座、燃气设施36处。从而使全省城建各项工作有序运行。

六、村镇建设

【概况】 2009年,福建省村镇建设工作围绕海峡西岸社会主义新农村建设和城乡统筹发展的总要求,以开展农村家园清洁行动和加强村镇规划建设管理为工作重点,加快村镇规划修编,发挥村镇试点示范项目作用,引导农民科学建房,逐步改善全省农村人居环境,提高全省村镇规划建设管理水平。至2009年底,全省城市建成区外共有509个建制镇,317个乡,5个镇乡级特殊区域,64203个村庄(自然村);总人口2695.36万人,其中建制镇642.11万人,乡105.74万人,镇乡级特殊区域1.17万人,村庄(自然村)1946.34万人;年末实有房屋建筑面积110518.01万平方米,人均住宅建筑面积35.30平方米。建制镇人均道路面积11.17平方米,人均公园绿地面积3.08平方米,用水普及率84.92%,燃气普及率61.80%。

【村镇规划编制】 有序推进村镇规划修编,发挥省级村镇规划事业费"以奖代补"资金的效用,调动各地规划编制积极性。组织开展全省村镇规划编制成果验收评比,对2008~2009年共700项村镇规划编制成果(其中,镇乡131项,村庄569项)进行考核验收,共评审合格村镇规划编制成果431项(其中,镇乡96项,村庄335项),合格率达61.6%。组织村镇规划编制成果评比,评选出优秀获奖成果47项(其中,二等奖镇乡1项,村庄1项;三等奖镇乡乡20项，村庄25项）。重点给予验收合格的67个镇乡、176个村庄规划编制"以奖代补"专项补助。

【农村家园清洁行动】 农村家园清洁行动继续纳入省委、省政府为民办实事项目和市（县）长环保目标责任考核内容。2009年全省实际完成160个乡镇、2780个建制村的生活垃圾治理任务，超额完成省委、省政府下达的目标任务，并全面完成九龙江流域沿岸1公里范围内乡镇、村庄的垃圾治理。在东山县召开全省农村家园清洁行动现场会，省政府常务副省长张昌平、副省长洪捷序出席会议并讲话，会议表彰了2006~2008年农村家园清洁行动17个先进市县区、40个先进单位和146个先进个人。先后召开第五次、第六次省"家园办"主任会议。出台《关于进一步推进农村家园清洁行动的意见》。组织开展为期5个月的城乡结合部、城中村环境卫生专项整治行动。联合省直成员单位先后16次开展巡查督查，累计发放省级整改通知书22份。2009年全省列入为民办实事的乡镇、建制村配备保洁员9915人，建成垃圾处理场（站）197座，其中垃圾焚烧炉92座、垃圾填埋场15座、垃圾中转站90座，日处理垃圾3300吨。截至年底，全省累计通过验收合格乡镇624个，建制村7963个，占全省乡镇总数的67%和建制村总数的55%，建成乡镇垃圾处理场（站）670座，建设垃圾池4.59万个，配备垃圾保洁车2.1万辆、运输车748辆，聘请村镇保洁员3.57万人，日处理村镇垃圾约9000吨。

【村镇建设】 持续抓好村镇住宅小区试点规划建设，新增邵武市晒口街道办新丰村同青小区等18个小区作为第11批省级村镇住宅小区建设试点，授予光泽县止马镇福春小区等9个小区为第6批省级村镇住宅优秀小区，全省累计确定11批218个省级村镇住宅小区建设试点和6批40个省级村镇住宅优秀小区。开展工程项目带动村镇规划一体化实施试点，研究确定三明市永安市贡川镇、漳州市云霄县云陵镇下坂村、漳州市东山县马銮村为试点村镇，指导试点村镇制订试点实施方案，落实试点项目。组织开展村镇住宅设计竞赛，动员组织各级规划建设行政主管部门、建筑设计单位、高等院校师生和社会各界参与，共收到48家单位（或个人）报送的设计方案138份，评出二等奖4个、三等奖8个、鼓励奖15个。开展农村危房改造试点前期工作，研究确定选择泉州市晋江市、永春县、南平市光泽县、龙岩市长汀县等4个县（市）作为农村危房改造试点县（市），安排试点县（市）补助资金开展前期调查摸底和制订农村危房改造工作规划。参与《福建省实施〈中华人民共和国城乡规划法〉办法》起草、修改和调研工作，做好乡村建设规划许可证书的定制和发放。

【名镇名村保护】 加强历史文化名镇名村保护，组织引导有条件的村镇申报国家级历史文化名镇名村。联合省文化厅召开申报评审会，推荐宁德市蕉城区霍童镇、宁德市屏南县棠口乡漈头村等9个镇、8个村申报第5批中国历史文化名镇名村。截至年底，全省共有57个镇村（其中镇21个，村36个）获国家、省级历史文化名镇名村称号，其中12个镇村（3个镇、9个村）获国家级名镇名村称号。在省级村镇规划经费中列支名镇名村规划补助经费，全年完成5个镇、8个村的保护规划编制任务。创建特色景观旅游名镇（村），联合省旅游局开展评选申报工作，遴选莆田市湄洲镇、武夷山下梅村等20个各具特色的旅游村镇参加全国特色景观旅游名镇（村）综合考核，经住房和城乡建设部、国家旅游局联合评选，莆田市湄洲镇、永定县湖坑镇等2个镇确定为第1批全国特色景观旅游名镇。

七、建筑节能与科技

【概况】 2009年，福建省建设科技工作深入贯彻落实科学发展观，按照《国务院关于支持福建省加快建设海峡西岸经济区若干意见》的要求和全省建设工作总体目标，以建筑节能为重点，以试点示范为载体，以标准化建设为抓手，着力办好"海峡绿色建筑与建筑节能博览会"，全面推进建设行业科技进步，取得明显成效。全年有29个建设科技创新项目分别获部省级科技项目计划立项批准，有1个项目获省科技重大专项立项。全省建筑节能工作继续走在全国前列，连续三年受到住房城乡部通报表扬。新增可再生能源应用部级示范项目4个，福州和武平列入首批全国可再生能源应用示范城市和示范县。第三届海峡绿色建筑与建筑节能博览会，对接项目219项、总投资45.99亿元。组织编制并将于2010年7月实施的行业标准《施工现场临时建筑物技术规范 JGJ/T 188—2009》，得到工程院院士叶可明高度评价，认为该规范的编制达到国际先进水平。

【建设科技创新】 2009年，全省建设行业有《福州海峡国际会展中心工程若干关键结构技术研究》等17个项目获得省科技项目计划立项批准；《福建省地方特色古建筑文物保护加固技术研究》等12个项目获得部科学技术项目计划立项批准。《LED路灯的应用及芯片研发》列入省科技重大专项，获得300万元经费支持，该项目是福建省建设行业第2

次获省科技重大专项立项。同时，组织申报省建设科技项目35项（研究开发类26项，示范类9项）。全年共完成《不同震源引起的地震动及建筑结构振动反应的测试与研究》等5项建设科技项目成果评审，以及"生态透水砖"等3项新产品鉴定。全省建设系统有6项科技成果荣获省人民政府2009年度科学技术奖，其中二等奖2项、三等奖4项。此外，启动了福建建设科学技术奖的申报和推荐工作。

【建筑节能】 福建省建筑节能工作继续走在全国前列，已连续五年受到住房城乡建设部通报表扬。先后组织两次全省建筑节能专项检查。召开全省城市道路照明节能技术研讨会，邀请中国建科院教授李铁楠、复旦大学教授刘木清等国内知名专家宣讲城市道路照明节能设计标准。组织各设区市建设行政主管部门等相关单位骨干人员参加住房城乡部举办的《民用建筑节能条例》师资培训班学习。组织专家到全省各地巡回举办建筑节能相关标准和规范专题培训班，近2000名从业人员参加。开展建筑节能材料和产品备案工作，公布了4批121项备案项目。启动重大科技专项《福建省建筑节能关键技术研究和应用示范》，项目3个子课题研究工作进展顺利。成立海峡绿色建筑发展中心和绿色建筑节能委员会，创新性出台《福建省绿色建筑评价标准》，启动省一、二星级绿色建筑评价工作。批准2家省级民用建筑能效测评机构。全省共争取建筑节能资金1.24亿元，为历年之最，其中中央财政资金1.16亿元，包括太阳能光电示范项目1195万元，可再生能源应用示范城市和示范县9800万元，国家机关办公建筑和大型公共建筑能耗统计、能源审计600万元。省级节能资金825万元，其中节能专项经费265万元，省级建筑节能奖励项目560万元。全省9个设区市建筑能耗统计和审计工作，除厦门和福州完成外，其他7个设区市国家机关办公建筑、大型公共建筑、省直机关办公建筑和5所高校建筑的能耗统计和能源审计全面展开。此外，还开发了全省建筑能耗统计信息系统。

【科技成果示范工程和科技成果推广】 2009年全省新增可再生能源应用部级示范项目4个，包括省住房城乡厅办公楼50千瓦光伏屋顶、福州海峡会展中心168千瓦光伏并网发电、华安一中200千瓦太阳能光伏发电、厦门出口加工区办公楼500千瓦光伏并网系统。福州、武平列入首批全国可再生能源应用示范城市和示范县。全省有"方圆大厦太阳能光伏利用工程"等28项节能示范项目列入省级节能循环资金奖励计划。福州、厦门列入国家第1批"十城万盏"LED照明应用示范试点城市。下达"福州海峡国际会展中心"等省级建设科技示范工程9项，评审验收"福建医科大学附属协和医院外科病房综合楼"等4项省级示范工程，1项国内先进水平，3项国内领先水平。全省有5家建筑企业建立省级企业技术中心。完成2批甲控设备材料供应商名录的申报、推选和评审工作。举办以"节能减排降耗减灾，环保绿色和谐安全"为主题的第三届海峡绿色建筑与建筑节能博览会，设有可再生能源利用等11个展区，参展企业156家，参展推广新技术、新产品389项，参观人数达12.3万人次，对接项目219项、总投资45.99亿元。

【工程建设地方标准化】 组织编制行业标准《施工现场临时建筑物技术规范 JGJ/T 188—2009》（2010年7月1日实施），工程院院士叶可明为主任的标准审查委员会评价该规范的编制达到国际先进水平。指导省建筑设计研究院进行国标《岩土勘察安全规范》编制。全年共下达《建筑地基检测技术规程》、《太阳能光伏系统设计、安装与验收技术规程》等17部标准以及《太阳能与建筑一体化构造》等3部设计图集的制、修订计划。批准发布了《大树移植技术规程》、《混凝土中人工砂应用技术规程》、《城市生活垃圾分类标准》等9部地方标准以及《胶粉聚苯颗粒外墙保温隔热建筑构造》等5部标准设计图集。审定公布了"支护工程水泥搅拌土桩施工工法"等16项省级工法，其中7项为升级版工法。组织和指导有关施工企业申报国家级工法，共有"房屋建筑基础加固、纠偏锚杆桩施工工法"等7部工法被评定为2007~2008年度国家级工法。

大 事 记

1月6日，省政府召开全省2009~2011年廉租住房建设规划工作会议。制定并出台《福建省2009~2011年廉租住房保障规划》和《关于进一步加快廉租住房建设的指导意见》等指导性文件。

1月7日，副省长苏增添在全省建设工作会议上提出：2009年全省建设系统要着力实施项目带动、创新带动和服务带动，充分发挥建设行业优势，推动城乡建设发展模式转变。

1月7日，厦门市第13届人大常委会第13次会议通过《厦门市社会保障性住房管理条例》。

1月15日，省政府颁布施行《福建省"中国丹霞"自然遗产保护办法》。

2月14日，省政府出台《促进房地产市场健康发展的若干意见》。

2月，出台《关于进一步加强和规范开发区规划管理的通知》，明确了开发区设立、扩区和升级条件，及规划管理主体，理顺了开发区管理机制。

3月15~30日，对全省26座污水处理厂进行水质督查和运行评估，促进达标排放。

3月19日，经中央文明办、住房和城乡建设部、国家旅游局考核，武夷山、鼓浪屿被授予"全国文明风景旅游区"称号。

4月8日，省政府召开全省建筑工程安全生产电视电话会议，贯彻落实省政府第19次常务会议关于"安全事故各个环节都要举一反三"的要求，部署开展全省工程建设主体行为综合整治行动。

4月24日，省建设厅党组召开厅长办公会议，对省重点课题"增强海西中心城市集聚辐射能力的对策研究"调研工作方案进行专项研究，并原则同意，标志该课题调研工作正式启动。

4月，开展全省房地产开发领域违规变更规划、调整容积率专项整治工作。

5月15日，以省政府办公厅名义印发《关于进一步加快廉租住房建设的指导意见》。

5月23日，经福建省第11届人大常委会第9次会议批准，《厦门市社会保障性住房管理条例》从2009年6月1日起施行。条例对廉租住房、保障性租赁房、经济适用住房、保障性商品房以及其他用于保障用途的住房的规划与建设、建设资金筹集和使用、房屋申请与分配、管理和退出、违规责任等，做出明确规定。

6月2日，全省保障性安居工程建设现场会召开。此前成立了省保障性安居工程协调小组，明确相关部门职责。

6月3日，福州市轨道交通建设规划获得国务院批准，地铁1号线开工建设。

6月18日，举办第3届"海峡绿色建筑与建筑节能博览会"，参展项目389项，对接项目219项，总投资46亿元。

6月29日，省政府第29次常务会议通过《福建省建设工程安全生产管理办法》，自8月1日起施行。它是福建省第一部全面规范建设工程安全工作的地方性规章，进一步明确细化建设、勘察、设计、监理、检验检测、设备出租、施工等主体的安全生产责任。

8月6日，在全省开展为期2个月的住房公积金提取贷款专项检查工作，打击住房公积金提取、贷款过程中的骗取、骗贷行为，确保资金安全完整。

8月14日，以省政府办公厅名义印发《福建省2009~2011年廉租住房保障规划》。

8月22日，全省公交驾驶员岗位技能暨节能降耗竞赛在福州举行。共有143名选手参赛，其中卢闽等10位选手获"福建省建设系统公交驾驶员十大技术标兵"荣誉称号；邱维华等10位选手获"福建省建设系统公交驾驶员十大节油标兵"荣誉称号。

8月，《海峡西岸城市群发展规划》经省长办公会议审议通过。

9月9日，全省规划工作座谈会在宁德市召开。会上重点研讨了《福建省实施〈城乡规划法〉办法（征求意见稿）》，如何在城市规划管理中贯彻落实《国务院关于支持福建省加快建设海峡西岸经济区的意见》，及加快开发区规划管理等问题。

9月10日，住房城乡建设部公布第二批中国国家自然遗产、国家自然与文化双遗产预备名录，福建新增冠豸山、太姥山等2处国家级风景名胜区被列入国家自然遗产预备名录。至此，全省共有海坛、冠豸山、太姥山等3处国家级风景名胜区被列入国家自然遗产预备名录，清源山风景名胜区被列入国家自然与文化双遗产预备名录。

9月，全省农村家园清洁行动现场会在东山举行。省委常委、常务副省长张昌平、副省长洪捷序到会讲话，对农村家园清洁行动提出要求，对推进工作上新水平作了部署。会上总结了三年来全省农村家园清洁行动开展情况，表彰了三年来治理工作好、巩固成果突出的市县区及先进单位个人，与会者实地观摩了东山、云霄示范镇村。

9月，全面开展2009年度省级优秀城乡规划设计评选活动。评出优秀城乡规划设计项目56项，其中城市规划设计项目46项，村镇规划设计项目10项。

9月，泰宁"中国丹霞"申遗工作通过国际专家考察评估。

9月25日，福建省建筑建材职业教育集团成立。该集团以培养建筑建材一线高素质技能型人才，服务建筑建材行业发展为目标。

9月29日，会同省监察厅、人民银行福州中心支行联合下发《关于加强住房公积金提取管理有关问题的通知》。

10月，《海峡西岸城市群发展规划》经省委常委会审议通过。

10月，福建省新增两处国家级风景名胜区被列入国家自然遗产名录，即冠山和太姥山。至此，全省共有三处（包括海坛）国家级风景名胜区被列入国家自然遗产预备名录，一处（即清源山）国家级风景名胜区被列入国家自然与文化双遗产预备名录。

10月，福州市新榕城市建设发展有限公司"福州海峡会展中心"、省建设厅"光伏屋顶并网发电"和漳州市华安县一中"200KW 太阳能光伏发电系统"等 3 个项目被列入财政部、住房和城乡建设部 2009 年太阳能光电建筑应用示范项目。这 3 个项目的立项,对加快福建太阳能光伏产业和光电建筑一体化发展将起到重大示范引领作用。

10 月 27 日,印发《福建省建设工程质量安全动态管理办法(试行)》,建立工程项目有关责任单位和责任人质量安全动态考核管理制度,促进企业和现场管理人员责任落实。

出台《福建省商品住宅专项维修资金使用暂行办法》,加强商品住宅专项维修资金管理,保障住宅共用部位与设备的维修和正常使用。

11 月 30 日,出台《城市房屋拆迁补偿安置工作的指导意见》,提高拆迁补偿安置标准。

12 月 4 日,福州、武平列入国家可再生能源建筑应用城市示范及农村县级示范,分别获得 8000 万元和 1800 万元补助。

12 月,《海峡西岸城市群发展规划》获得住房城乡建设部批复。

12 月,2009 年村镇住宅设计方案竞赛结果揭晓。有 4 个方案获二等奖,8 个方案获三等奖。这些方案体现了村镇住宅特点和方特色,满足本省农村居民居住生活方式和对质量的要求。省建设厅选择体现福建各地民居特色的优秀方案,充实省级村镇住宅通用图集。

12 月 28 日,经国务院审定,福建佛子山、宝山、白云山等 3 处被列入第七批国家级风景名胜区名单。至此,全省共有国家级风景名胜区 16 处,省级 35 处,国家级数量位具全国第三。

12 月,对获得 2009 年度中国建设工程鲁班奖项目、全国建筑施工安全质量标准化示范工地、先进集体和先进个人、全国先进工程质量监督机构和先进工程质量监督工作者荣誉的项目、集体和个人进行了表彰。

(福建省住房和城乡建设厅)

江 西 省

概 述

2009 年,在江西省委、省政府的正确领导下,全省住房城乡建设系统广大干部职工,深入贯彻落实科学发展观,按照"三保一弘扬"的总体要求,积极应对国际金融危机的挑战,奋力拼搏,加快发展,为扩内需、调结构、保增长、惠民生,实现全省经济总体回升向好、逆势上扬做出了积极的贡献。省住房和城乡建设厅再次获省直单位机关党的工作特别优秀奖,获省直机关社会治安综合治理先进单位、定点包扶工作先进单位称号;厅机关及 6 个厅直单位获省直机关第六届文明单位称号。以城乡建设系统党员为骨干的江西援建四川省小金县现场指挥部党委,获全省先进基层党组织称号,并在全省"七一"表彰大会上介绍经验。全体江西援建小金人员荣获"致敬 2009 江西十大年度人物(团体)"。

【新型城镇化和城市规划工作取得重大突破】 2009 年,全省城镇化率达到 43.18%,较上年增加 1.82 个百分点,增幅高于全国和中部平均水平。省政府出台《关于进一步加强城乡规划工作的若干意见》,《江西省城乡规划条例》通过省政府常务会审议和省人大常委会一审。对全省房地产开发领域违规变更规划、调整容积率问题全面开展专项治理。编制完成《江西省城镇体系规划》纲要方案和 9 项专题研究。上饶、鹰潭、井冈山 3 市城市总体规划已经省政府批准,南昌市城市总体规划已上报国务院,抚州、吉安、赣州、宜春、萍乡、瑞金、瑞昌、贵溪 8 个城市修编的城市总体规划已上报省政府。江西省有三个项目获 2009 年全国优秀城乡规划设计奖,创历史之最。

【城市生态环境设施建设取得突破】 全省城市市政公用设施建设预计完成投资 330 亿元,增幅达 60% 以上。城镇污水集中处理率由 30% 提高到 60%,人均公园绿地面积、人均道路面积等指标全面提前完成"十一五"规划发展目标。全省市、县建成 100 座污水处理厂并投入运行,污水处理设计规模达到 272 万立方米/日。11 个设区市全部建成垃圾无害化处理设施,设市城市垃圾无害化处理率达 79.71%。出台全国第一个省级生态园林城市建设标准。吉安市、萍乡市、吉安县获得国家园林城市(县城)称号。

全省增加公园178个，总面积200多万平方米。各地初步形成了城市管理与城市规划、建设相互协调、相互促进的新机制。城管队伍"创品牌、树形象"活动深入推进，行风建设得到加强。

【保障性住房建设成效突出】 超额完成保障性住房建设任务。当年开工建设廉租住房5.72万套、经济适用住房59.5万平方米。江西省保障性住房建设管理经验在《国办信息》中全文刊载，并在全国城市和国有工矿棚户区改造工作会议上作大会经验交流。省政府出台《加快廉租住房建设实施方案》，建立保障性住房月报、周报制度和进展情况排名通报制度。城市棚户区改造初见成效。设区市中心城区完成城市棚户区拆迁建筑面积216.15万平方米，占计划的77%；完成投资58亿元以上。住房公积金管理更加规范。全省共有26万多户职工家庭利用住房公积金贷款购建住房。累计提取廉租住房建设补充资金5.1亿元。

【房地产市场监管不断强化】 房地产市场企稳回升。商品房销售面积2280.91万平方米，同比增长32.03%。商品房销售金额同比增长63.38%，房地产业地方税收72.63亿元，同比增长26%。商品房销售成本信息公示制度初步建立。2009年9月1日起在全国率先建立房地产开发销售信息公示制度。全省已发放销售许可证的在售楼盘有1300个左右，已公示相关信息的占97%，开局情况良好。市场管理更加规范。推进房地产市场监测信息系统建设。全省已有33个重点城市全面建成使用了新建商品房网上备案子系统，并实行了与省房地产市场信息监测系统互联互通。

【村镇规划建设管理成效显著】 实施村镇规划示范试点。确立20个乡镇和100个村庄作为村镇规划实施示范点，配合住房城乡建设部实施进贤李渡、赣县樟溪村、高安景贤村的镇（村）的工程项目，促进全省村镇规划实施水平提升。推进农村危房改造。江西省21个国家扶贫开发重点县列入农村危房改造试点范围。全省1.8万户农村危房改造任务全部完成，2010年春节前农户全部搬入新居，江西省经验由住房城乡建设部在全国推广。部署乡镇垃圾处理试点。对全省15个沿鄱阳湖重点县（市、区）区域性乡镇垃圾处理情况组织开展调研。指导帮助各地以卫生填埋、村收集、乡镇运送、县市处理等多种方式开展乡村垃圾处理试点。强化历史文化名镇名村保护。江西省已公布的中国历史文化名镇名村总数达15个，省级历史文化名镇名村67个，处于全国上游水平。

【建筑行业有序健康发展】 扶持建筑业做大做强。全省建筑业企业完成建筑业总产值1285亿元，比上年增长24.2%。井冈山革命博物馆新馆和江铜30万吨铜冶炼工程入选"新中国成立60周年百项经典及精品工程"，恒茂国际华城16号楼项目获"鲁班奖"，共有134个建设项目申报"杜鹃花奖"和省级优良工程，已通过专家评审。

推进建筑领域节能。推荐太阳能光电建筑一体化示范项目30个，5个项目获得国家资助。新余市、鄱阳县分别被列为国家可再生能源示范城市和示范县。积极参与世界低碳与生态经济大会暨技术博览会，并成功举办"建筑节能及新材料论坛"。

加强建筑工程质量安全监管。部署开展全省建筑施工"安全生产月"和"安全生产万里行"活动。全省共排查治理隐患企业或工程项目3882个，隐患8791项，重大事故隐患256项。

【切实加强风景名胜区管理】 龙虎山—龟峰申遗工作顺利推进，灵山申报国家级风景名胜区获得成功。11个国家级风景名胜区总体规划全部上报国务院，省级风景名胜区总体规划全部编制完成。国务院批准仙女湖、梅岭—滕王阁、井冈山风景名胜区总体规划。加快风景名胜区游客中心建设，庐山、井冈山风景名胜区成为全国文明风景旅游区。

【对口援建小金县示范工程基本完成】 江西住房城乡建设厅继续抽调干部16名，其中处级干部9名，牵头组建江西省对口支援四川小金县灾后重建现场指挥部，组织3000多名援建队伍，常驻川西高原，开展艰苦卓绝的援建工作。截至年底，江西省援建的所有示范工程项目基本完成，援建进度位于全国各省市前列，受到国家有关部委、受援地各级党委、政府和广大灾区群众的充分肯定和高度评价，展现了江西援建队伍特别能吃苦、特别能战斗、特别能奉献的良好形象，为确保三年任务两年完成打下了坚实的基础。

一、住房保障

【概况】 成立"江西省保障性住房建设领导小组"，省住房和城乡建设厅设立住房保障处，编制5人，处长、副处长各1人，各市、县房管局分别设立了相应的机构，承担保障性住房建设管理任务。

2009年，省政府下达全省新增廉租住房任务5.9万套，全省已开工建设廉租住房5.72万套。下达全省廉租住房租赁补贴任务为12.8万户，其中各设区市中心城区5.6万户；各县（市）7.2万户，全省已发放租赁补贴14.87万户，占任务量的116%，发放金额2.41亿元。其中各设区市中心城区已发放

6.53万户，占任务量的117%，发放金额1.4亿元；各县（市）已发放8.34万户，占任务量的116%，发放金额1.01亿元。下达各设区市中心城区经济适用住房建设目标任务100万平方米（其中：新建59.5万平方米）。

【发布《江西省加快廉租住房建设实施方案》】 编印《江西省廉租住房建设有关问题解答》辅导读本；确保了保障性住房的资金筹措和拨付：除中央投资补助资金外，省财政按每平方米200元给予配套资金补助，市、县通过土地出让净收益、住房公积金净收益、市、县财政预算安排自筹、国债转借地方资金和市、县自行融资。政策上对保障性住房给予了极大的支持，确保了项目用地和实行重点调度以及税（费）等优惠政策。

【制定保障规划】 省住房和城乡建设厅会同省发展改革委、省财政厅制定了《江西省2009～2011年廉租住房保障规划》，明确了未来三年江西省廉租住房建设总体目标和年度工作任务；配合省民政厅出台了《江西省城市低收入家庭认定实施办法》，会同省财政厅制定了《2009年廉租住房保障专项补助资金分配办法》，并按规定将资金落实到位。同时，还建立了保障性住房建设的目标责任考核制度，实行每周一报告、每月一调度、每季一督查。深入各市县保障性住房项目施工现场进行督导，及时协调解决相关问题。省保障性住房建设领导小组办公室每周将各地建设情况和进度排名通报全省，对进度落后的市县点名批评，责成提交书面报告，落实推进举措和时间要求。组织专门人员，实行分片包干督查，督促指导各地加快保障性住房项目建设进度，落实相关优惠政策。

【检查投诉情况】 对全省市、县廉租住房建设和经济适用住房建设项目办理："三证一书"情况进行了复核；对工程质量安全进行了检查。第三季度分两阶段（7月、9月）对全省保障性住房在建工程进行工程质量安全检查。检查表明，绝大部分在建工程质量水平保持平衡，未发生一起施工安全事故，检查结果呈报省政府办公厅，并向设区市房管局通报。实现省、市长投诉举报电话、信箱联动，全年江西住房城乡建设厅受理、处理省长手机工作处转来"经济适用住房和廉租住房"投诉举报件100余件，其中转设区市政府处理94件，通过省政府门户网站公布已调查处理的投诉举报件38件；直接通过网上回复、解答省长信箱来信32件。对受理的投诉举报做到件件有着落，事事有回音，使监督机制规范化、制度化。确保真正符合条件的家庭享受到住房保障政策，确保公平、公正、阳光操作。

【奖惩办法】 对全省保障性住房进行了考核验收，对验收中没有完成任务的市、县省保障性住房领导小组分别下达了抄告单，限时完成；对市县配套资金，及各项优惠政策的落实情况，多家部门积极协商解决；对已完成了保障性住房目标任务的市、县，根据其实际竣工建筑面积，根据《江西省经济适用住房建设奖励资金管理办法》和《2008年度保障性住房建设奖励资金分配办法》落实了奖励资金。为宣传、推广江西省保障性住房的工作成就和经验，江西住房城乡建设厅在省委党刊《当代江西》杂志上对推进经济适用住房建设和完善廉租住房的特色的典型经验进行了报道。配合摄影人员前往全省十一个设区市取景拍摄，编制"保障性住房在江西"一书，全年共编辑保障性住房建设《工作简报》27期，交流了各地先进经验和做法，推动了工作的开展。

二、住房公积金管理

【概况】 截至2009年底，全省现有住房公积金管理中心11个，分别为直属各设区市人民政府的副县级事业单位；直属于各设区市住房公积金管理中心的办事处（管理部）共89个，省直、铁路分中心2个，从业人员806人。全省有11个住房公积金管理委员会，履行当地住房公积金的决策职能，管委会成员259名，来自于建设、财政、人民银行、有关专家、工会、缴存单位及部分职工代表，管委会主任均由市政府分管领导担任。

截至2009年底，全省缴存住房公积金的在职职工167.54万人，累计归集住房公积金327.54亿元，归集余额240.37亿元；累计提取住房公积金87.17亿元；其中2009年，全省归集住房公积金74.72亿元，当年职工提取住房公积金29.21亿元，同比分别增长20.46%和75.66%；累计有26.06万户职工家庭利用住房公积金贷款购建住房，共发放个人住房贷款244.08亿元、贷款余额140.48亿元；个人住房贷款率58.44%，高于全国平均水平；其中2009年，全省为3.26万户职工家庭发放个人住房贷款53.96亿元，同比分别增长34.23%和73.15%。截至2009年末，全省提取风险准备金余额3.56亿元，同比增长69.52%；累计提取廉租住房建设补充资金5.11亿元，增长122.17%。住房公积金的住房保障功能正日益显现。

【住房公积金专项治理】 5月，省住房和城乡建设厅联合省直有关部门，集中时间，组织11个设区市开展了全省2009年住房公积金专项治理工作。一是切实纠正损害国家和职工利益的行为。各地把清理和纠正不建不缴、少缴漏缴、超标准缴存住房公积金等损害国家和职工权益的行为作为此次专项治理的一项重要工作来抓，不断提高住房公积金的覆盖面。二是加大逾期贷款的清收力度，确保资金安全。各地把清理回收个人住房逾期贷款工作作为防范资金风险、规范公积金管理的一项重要工作来抓。取得显著成效。三是提高了住房公积金服务水平。住房公积金管理中心是窗口单位，提高工作效率，强化服务意识，提高服务水平成为住房公积金管理的一项重要内容。全省各设区市管理中心、分中心以创建"青年文明号"、"文明单位"等方式，进一步完善住房公积金提取和贷款办法，优化业务流程，简化办事手续，改善服务质量，提高综合服务水平，让群众满意。南昌市住房公积金管理中心作为江西省惟一的单位，被评为全国住房和城乡建设系统文明行业示范点。

【对全省住房公积金管理工作进行监督检查】 6月，组织全省住房公积金业务督查专家组成员对11个设区市住房公积金管理中心、省直和铁路分中心以及部分县（市、区）办事处2008年的业务管理情况进行了现场督导检查。督查的内容包括住房公积金专项治理、审计问题的整改情况，住房公积金缴存情况，住房公积金提取情况，个人住房贷款发放情况，住房公积金贷款保证金管理情况，管理费用使用情况，个人住房贷款回收情况和国债管理是否规范等。专家组现场检查，当场指出存在的问题。对检查情况进行了通报，并要求在规定的时间内整改到位。纠正了违规行为，规范了住房公积金业务管理。

【为基层解决历史遗留问题】 为了解决个别地方住房公积金财政配套不到位的老大难问题，省住房和城乡建设厅分管领导亲自带队分别深入有关市县，与当地政府领导协商并提出要求，取得了较好效果。贵溪市政府落实财政欠配资金100万元，景德镇市、贵溪市均以政府纪要的形式作出承诺，未来不再发生新的拖欠，用2～3年时间解决历史遗留的欠配资金。

【协调、理顺设区市住房公积金管理体制】 省直单位机构改革完成后，设区市新一轮机构改革已经启动，为进一步理顺设区市住房公积金管理体制，协调省编办专门行文《关于恳请支持规范设区市住房公积金管理机构的报告》，宣传国家的有关政策规定，得到了有关部门的大力支持。

三、住宅与房地产业

【概况】 积极推进城市棚户区（危旧住宅区）改造工作，整顿规范房地产市场秩序，加强对房地产市场的引导和监测，全省房地产业呈现出持续、稳定、健康发展态势。房地产市场发展主要特点是：市场形势持续回暖，商品房和二手房成交量创历史新高、投资增速稳步提升、消费和投资信心显著加强，销售价格保持稳定。一是商品房销售量和二手房成交量持续回升，12月单月增长迅速。2009年12月单月全省商品房销售面积551.76万平方米，比11月单月销售面积增加368.93万平方米，环比增长202%；商品住宅销售面积511.21万平方米，比11月单月销售面积增加346.07万平方米，环比增长209%。2009年，全省商品房销售面积2280.91万平方米，同比增长32.03%；商品住宅销售面积2108.07万平方米，同比增长31.36%。商品住宅销售套数183493套，同比增长30.42%。全省二手住房成交86871套，同比增长109.02%；12月单月二手住房成交套数12745套，比11月多3382套，环比增长36.12%。二是商品房销售金额仍保持快速增长。2009年全省商品房销售金额602.80亿元，同比增长63.38%；商品住宅销售额530.56亿元，同比增长63.53%。商品房和商品住宅销售金额增幅分别均比上年同期增加92、93个百分点。三是房地产开发投资增速持续提升。3月份以来，全省房地产开发完成投资增速逐月提升，商品住宅完成投资从6月开始从负增长转为增长。1～12月房地产开发完成投资634.52亿元，同比增长15.8%，比1～11月提升0.1个百分点；商品住宅开发完成投资509.17亿元，同比增长14.06%，比1～11月提升1.76个百分点。四是商品房销售价格保持稳定。2009年，全省商品房综合平均销售价格2643元/平方米，在全国排第29位（比11月排名后移1位）、中部排第6位（与11月排名同），同比上升23.7%，在全国排第6位（比11月排名前移4位）、中部排第1位（比11月排名前移1位）。商品住宅综合平均销售价格2517元/平方米，比1～11月上升4.74%（1～11月为2404元/平方米），同比上升24.5%（比1～11月上升7.4个百分点）；商业用房综合销售价格4676元/平方米，同比增长16%；其他用房综合销售价格2699.74元/平方米，同比增长31%。

【城市棚户区改造】 组织开展了棚户区改造调查摸底，在认真调研论证和广泛征求各方面意见的基础上，制定了《全省城市棚户区改造计划》，经省政府领导同意，印发了《关于加快城市棚户区（危旧住宅区）改造的实施意见》。在萍乡市结合国有企业改制组织开展了城市棚户区改造试点。召开了全省城市棚户区改造工作座谈会，开展了城市棚户区改造拆迁补偿安置问题调研，以及棚户区改造与保障性住房相结合调研，建立了城市棚户区（危旧住宅区）改造进展情况月报制度。4月，国家发改委、住房和城乡建设部、财政部联合调研组对江西省城市棚户区、独立工矿企业棚户区改造工作进行了调研，认为江西"棚改"工作启动较早，走在全国前列。12月，国务院在山西大同召开全国城市和国有工矿棚户区改造工作会议，江西省在会上作经验交流发言。

【商品房成本信息公示】 7月，省住房和城乡建设厅会同省监察厅下发了《关于建立健全房地产开发销售信息公示制度的通知》，要求自2009年9月1日起，房地产开发企业应在商品房销售场所醒目位置和当地房地产行政主管部门网站分别公示：每平方米建筑面积商品住房平均成本、经批准的项目规划条件、项目规划总平面图、商品房价目表、销售进度信息、面积测绘报告等信息，让老百姓明明白白消费。8月21日，两厅联合召开了全省房地产开发领域违规变更规划、调整容积率问题专项治理暨建立健全房地产开发销售信息公示制度电视电话会议，对商品房信息公示工作进行了全面部署。为增强可操作性，两厅分别于11月、12月下发了《关于健全房地产开发销售信息公示制度的补充通知》、《关于进一步做好房地产开发销售信息公示工作的通知》，对公示工作进行了规范。

【房地产市场信息系统】 召开全省房地产市场信息系统建设现场会，部署新建商品房网上备案信息系统建设工作。确定了36个市、县作为全省房地产市场信息系统建设重点城市，与重点城市房管局签订了目标责任书，全面推行商品房预销售合同网上即时备案系统。组织专家对十一个设区市房地产市场信息系统第一阶段工作进行检查验收。全省已有33个重点城市全面建成使用了新建商品房网上备案子系统，并实行了与省房地产市场信息监测系统互联互通。积极把握房地产市场走势，加强市场分析监测。建立了全省房地产市场情况分析月报制度，每月对全省房地产市场形势进行分析，并向省政府报送市场形势分析报告和房地产开发有关数据。

【房地产行业非法集资风险排查】 及时下发通知，将房地产行业非法集资排查工作列入房地产市场秩序专项整治工作内容。各设区市房地产行政主管部门按照要求，制订工作方案，公布举报电话，对全省房地产行业中涉嫌非法集资或变相非法集资的行为进行全面的风险排查。在房地产企业自查的基础上，对房地产开发项目进行了全面检查。

【严肃查处房地产市场违法违规行为】 结合房地产市场专项整治，依法降低和注销了59家房地产开发企业资质，并在《江西日报》进行了公开曝光。

四、城乡规划

【概况】 至2009年底，全省城镇化水平达到43.18%，比2008年提高1.82个百分点。11个设区市均成立了城市规划委员会，由市委书记或市长亲自担任主任，具体研究解决城市规划发展和建设的重大问题。同时各地普遍实行了城市规划专家技术审查制度，对事关城市规划、建设和发展的重大问题，注意广泛听取专家和社会各界的意见，科学决策、民主决策的意识进一步加强。南昌、九江、景德镇、鹰潭、萍乡、上饶、新余、抚州、瑞金、贵溪、丰城、乐平、井冈山等13个市设立了一级规划局，赣州、宜春、吉安3个市设立了一级规划建设局，德兴、樟树、瑞昌3个市设立了二级规划局，吉安、宜春市设立了规划管理处，于都、寻乌、修水、武宁、上饶县、玉山、广丰、鄱阳、婺源、万年、余干、横峰、弋阳、上高、奉新15个县设立规划局，南昌、新建、进贤、安义、湖口、都昌、上栗、全南、定南、吉安、新干、吉水、永丰、泰和等14个规划建设局，共有规划管理人员上千人。全省现有南昌、景德镇、赣州市3个国家历史文化名城，吉安、井冈山、瑞金、九江市4个省级历史文化名城。

【《江西省城镇体系规划》调整修编】 经省政府同意，《江西省城镇体系规划》调整修编工作正式启动。3月省政府成立了由史文清副省长任总召集人，陈俊卿厅长、蔡玉峰副秘书长任召集人，省直有关厅局和11个设区市政府的分管领导为成员的《江西省城镇体系规划》调整修编工作联席会议。5月，史文清副省长主持召开了《江西省城镇体系规划》调整修编工作联席会议第一次全体会议，对《江西省城镇体系规划》调整修编工作进行了全面部署。5月底，规划编制任务直接委托中国城市规划设计研究院联合江西省城乡规划设计研究院编制。6~7月，规划编制组正式进场开展工作，在全省31个有关厅局和11个设区市了解规划编制的有关情况，收集有关规划基础资料。10月10日，江西住房城乡建设厅召集省内有关专家对规划方案初稿进行了讨论研究。11月15日，江西住房城乡建设厅召开厅长办公会议，并邀请了省内有关专家一起听取了规划方案汇报，进行了集体讨论研究。

【《关于推进江西省新型城镇化的若干意见》】 为充分发挥新型城镇化在统筹城乡和区域发展，促进资源节约和环境保护等方面的积极作用,推动鄱阳湖生态经济区建设和全省经济社会平稳较快发展。代省委、省政府起草了《关于推进江西省新型城镇化的若干意见》。并多次征求各设区市、省有关部门意见和进行修改。12月14日,史文清副省长主持召集26个厅局对修改后的《意见》进行讨论。年底前已正式完成送审稿并上报省政府。

【城镇化研究】 委托中国社科院和同济大学经济与管理学院对江西省"城镇化发展的战略思路进行专题研究"和"城镇化发展的总体思路和战略进行专题研究"。两院研究组分别于8、9月对江西省南昌市、九江市、抚州市三地进行了实地考察,并与省市有关部门进行座谈,收集有关规划基础资料。年底前已完成研究报告初稿。

【城乡规划法规制度建设】 一是积极加快江西省《城乡规划条例》立法工作。配合省人大财经委、省法制办厅赴山西、甘肃学习考察,对南昌、上饶、贵溪等市县进行调研,召开了有关部门协调会和专家论证会。根据调研、论证、协调中各方面提出的意见,对《条例》进行了39次修改。形成了报省政府常务会议讨论的《条例》草案。10月30日,省政府第二十七次常务会议研究通过《条例》草案。二是针对江西省城乡实施管理中存在的突出问题,结合江西省的实际,拟定了《江西省违反城乡规划行政责任追究办法(试行)》、《江西省规划条件管理办法》、《江西省城乡规划备案审查办法》、《江西省城乡规划公示办法》、《江西省建设工程规划核实管理暂行规定》等一系列的进一步贯彻实施《城乡规划法》和推进城乡规划管理的规范性文件。

【城乡规划编制】 5月,省政府制定出台了《江西省人民政府关于进一步加强城乡规划工作的若干意见》,明确了全省城乡规划工作的目标任务和工作措施。全省91个县(市)陆续启动了新一轮城市总体规划修编工作。省政府批准了上饶市、鹰潭市总体规划,赣州、吉安市、抚州、宜春、萍乡、瑞金市、贵溪、瑞昌等城市总体规划和赣州市历史文化名城保护规划已报省政府待批。组织召开了新余市、景德镇市、德兴市、万年县、上饶县、婺源县、崇义县城市总体规划纲要论证及技术审查工作,组织专家参加了兴国、龙南、分宜、芦溪县、莲花等县城市总体规划成果的评审工作。各地还结合本地实际,编制一大批专项规划,开展城市设计工作,为科学建设城市奠定基础。

【房地产专项治理】 根据住房和城乡建设部、监察部的统一部署,积极开展江西省房地产开发中违规变更规划、调整容积率等问题专项治理工作。召开了专项治理电视电话会议;成立了专项治理领导组织机构;举办了一期"专项治理活动"学习班;明确了"专项治理活动"的检查方案和内容,制定了检查手册。专项治理领导小组还对全省11个设区市和部分县市进行了专项治理工作的检查,对检查中发现的问题下发了整改通报。

【历史文化名城遗产保护和申报】 组织开展瑞金市申报国家历史文化名城工作,审查了瑞金市申报国家历史文化名城相关材料,并提出完善修改意见。国家历史文化名城考察组对瑞金市进行了实地的考察。组织有关部门和专家对赣州市、瑞金市历史文化名城保护规划和赣州市七里镇历史文化街区保护规划进行了评审。

【城市雕塑管理】 按照全国城市雕塑建设指导委员会的要求,开展了江西省"2008年度优秀城市雕塑建设项目"和"新中国城市雕塑建设成就奖"评选申报工作。

【注册规划师登记和培训工作】 按照国家住房和城乡建设部的统一部署,积极开展江西省注册城市规划师报名、初始、续期及变更注册登记工作。组织开展了全省注册城市规划师继续教育培训,完成了全省210人的初始、续期、变更及转换注册登记工作。

五、建筑业

【概况】 至2009年底,江西省共有各类建筑业企业2594家。按资质序列分:施工总承包1323家,占51%;专业承包企业1050家,占41.48%;劳务分包企业195家,占7.52%。按资质等级分:特级企业1家,一级企业156家(施工总承包94家,专业承包62家),二级企业626家(施工总承包417家,专业承包209家),三级企业1590家(施工总承包811家,专业承包779家),不分等级企业26家。

根据省统计局快报统计,2009年全省全社会建筑业增加值720.23亿元,占GDP比重9.49%。2009年全省有资质的建筑业企业完成建筑业总产值1285亿元,比上年增长24.2%;按建筑业总产值计算的劳动生产率17.04万元/人,比上年增长12.4%。企业在省外完成的建筑业总产值336.4亿元,比上年增长41.3%,全省建筑业企业施工面积达11910.71平方米,比上年增长11.6%,其中新开工房屋施工面积5432.8万平方米,比上年增长8.5%,竣工面积5690.51万平方米,比上年增长8.6%。

【工程建设领域突出问题专项治理】 按照中央和省委、省政府的部署,江西住房城乡建设厅成立了工程建设领域突出问题专项治理工作领导小组，并设办公室负责日常工作。印发了《江西省住房和城乡建设厅工程建设领域突出问题专项治理工作方案》，将专项治理的各项工作任务进行分解落实。积极配合省纪委起草《关于进一步加强几个重点领域预防腐败工作的决定》和《关于加强江西省工程建设实施和工程质量管理工作的意见》，拟制了工程建设领域突出问题专项治理自查自纠表格。编辑了专项治理工作简报4期，在全省建设系统和厅直各单位部署了专项治理工作。

【扶持建筑业企业做大做强】 组织总产值排前40位的省内施工总承包企业召开了全省抓住扩大内需机遇服务建筑企业发展座谈会，听取了各施工企业发展、市场开拓情况、发展战略思路及面临的困难、需要的政策扶持等意见，并邀请了省商务厅外经处负责同志介绍建筑企业参与对外工程承包有关政策，进一步推动江西省龙头企业加快发展。3月和5月，两次组织南昌县部分建筑业企业就改制问题进行座谈，并下发了《关于大力支持你县江西昌南建设工程集团公司改制的函》；11月率南昌县建设部门的同志赴浙江东阳学习考察建筑业改制的经验，并就江西中恒建设集团公司改制问题与有关部门进行了研讨，推动南昌县建筑业企业加快改制步伐。

【推动建筑企业科技进步】 积极组织开展建筑业新技术应用示范工程评审工作。鼓励企业提高自主创新能力，发展自己的专有技术和工法，提高企业的核心竞争力，加快转变增长方式。经专家评审并公示，江西住房城乡建设厅批准了内墙加气混凝土砌块粉刷施工工法等50项施工工法为省级建设工法，并有4项工法成功申报国家级工法。批准了8项省级建筑业新技术应用示范工程。

【强化建筑业行业管理】 全年为江西省施工企业出省承揽施工任务开具介绍信、办理出省登记等手续累计1000余家（次），办理外省施工企业进赣备案177家、外省监理企业进赣备案28家、外省施工企业进赣单项备案1725个、外省监理企业进赣单项备案102个。认真做好省管项目施工许可审批工作，全年共受理审批省管项目施工许可9项。继续开展清理拖欠工程款和农民工工资的工作，全年受理企业和农民工来函来访156起（人次），督促追回拖欠工程款和农民工工资1103万元，促进了社会的和谐与稳定。会同省统计局下发了《关于加强全省建筑业统计工作的通知》，举办了一期全省建筑业统计人员培训班，着力抓好建筑业统计工作。

【建造师注册工作】 2009年，全省共有597名一级建造师初始注册、153人增项注册获得住房和城乡建设部批准。经江西住房城乡建设厅审核1505人取得二级建造师注册证书，2905人取得二级建造师临时执业证书。会同省建设培训中心共培训企业自聘项目经理3000余人，已转为二级临时建造师1333人。到年底全省取得建造师注册证书人员总数达22798人（一级3543人，一级临时940人，二级7003人，二级临时11312人）。

【建筑业企业资质管理】 按照"扶优、扶强、做专、做精"的原则，积极扶持一批有条件的骨干建筑企业申报一级资质。共向住房和城乡建设部申报一级资质64家（次），到年底共有51家获得批准，其中主项升级的一级建筑业企业25家。共受理建筑业企业资质申请367家，共核准301家企业的资质申请，其中专业一级资质31家。参与了住房和城乡建设部《建筑业企业资质等级标准》的修订工作，组织有关人员对新拟定的《建筑业企业资质等级标准》提出了修改意见。承担了住房和城乡建设部《建筑市场清退机制框架体系研究》课题，开展调查研究，收集相关意见和资料，完成了课题报告的初稿报住房和城乡建设部。

【校舍安全工程】 按照省中小学校舍安全工程领导小组的部署，积极配合省教育厅组织开展全省中小学校舍安全工程，举办了一期全省中小学校舍安全工程鉴定技术培训班，下发了《关于切实做好全省中小学校舍安全工程有关工作的通知》，组织各市、县建设部门积极参与中小学校舍安全排查鉴定等具体工作。到年底江西省中小学校舍安全排查鉴定已基本完成，校舍新建与维修改造工作已经展开，校安工作在全国处于上中游水平。

【规范勘察设计市场】 对全省现有的施工图审查机构及人员进行了重新认定，调整了审查人员。组织开展了全省第十三次勘察设计"四优"评选活动。共有146个项目获奖，其中优秀工程设计（含城乡规划）113项（一等奖24项，二等奖41项，三等奖48项），优秀工程勘察26项（一等奖5项，二等奖10项，三等奖11项），优秀工程建设标准设计5项（二等奖4项，三等奖1项），优秀工程勘察设计计算机软件2项（一等奖2项），推荐获得一等奖的10个项目参加全国优秀勘察设计评选。另外，在住房和城乡建设部举办的2008年全国优秀工程勘察设计奖评选中江西省中国瑞林工程技术有限公司设计的山东阳谷祥光铜业400kt/a阴极铜（一期200kt/a）工程，获得全国优秀工程勘察设计金质奖。

【强化注册执业人员管理】 2009年全省新增注

册建筑师21人；注册工程师（结构、岩土、化工、电气、公用设备、水利水电、环保、港口航道等专业），基础考试合格214人，专业考试合格78人。

【外省勘察设计单位进赣备案制度】 为进一步加大勘察设计市场监管力度，对外省勘察设计单位严格执行进赣年度等级制度，对外省勘察设计企业在赣市场行为的专项检查和施工图设计文件审查备案等措施，有力规范了勘察设计单位各方主体的行为。

六、城市建设

【概况】 全省城市供水日综合生产能力636.59万立方米，供水总量12.82亿立方米；设市城市用水普及率97.94%，县城用水普及率89.36%；设市城市人均日生活用水量194.35升，县城人均日用水量130.37升。全省燃气用户329.5万户，用气人口1220.36万；液化石油气供气总量35万吨，用气人口946.6万人；人工煤所气供气总量3.8亿立方米，用气人口946.6万人，天然气供气总量8520万立方米，用气人口127.7万人；设市城市燃气普及率91.86%，县城燃气普及率75.14%。全省城市道路10298.4公里，面积1.77亿平方米，排水管道12558公里，城市路灯69.5万盏；设市城市人均道路面积12.08平方米，县城人均道路面积12.36平方米。全省城市绿化覆盖面积83398公顷，园林绿地面积65255公顷，公园绿地面积17392公顷，公园438个；设市城市建成区绿化覆盖率44.36%，绿地率41.14%，人均公园绿地面积11.48平方米；县城建成区绿化覆盖率37.69%，绿地率33.39%，人均公园绿地面积12.55平方米。全省各市、县均组建了城建监察（城管执法）支（大）队（南昌成立城市管理委员会，九江、抚州、新余成立了城市管理行政执法局）。全省有城建监察队员5600人，监察车辆2100辆（含摩托车等）。全省城市环卫行业清扫保洁面积14636万平方米，年清运垃圾575.62万吨，无害化垃圾填埋场17座，建有公共厕所3281座，其中三级以上公厕2167座；设市城市生活垃圾无害化处理率83.84%，县城生活垃圾无害化处理率23.62%。全省11个设区市15座污水处理厂运行正常，85座县（市）污水处理厂建成投入试运行，实现了县县建有污水处理设施的目标，设市城市污水处理率74.5%，污水集中处理率66.8%，县城污水处理率14.78%，污水集中处理率11.22%。

【省级园林城市创建工作】 3月，江西省政府办公厅《印发江西省园林城市（县城）评选办法和标准的通知》，提高了各项指标。各地积极开展创建工作，取得了很好成效。省政府命名抚州市、德兴市等4个城市为"江西省园林城市"，命名婺源县、浮梁县等10个县城为"江西省园林县城"，全省省级园林城市（县城）总数达到39个。

【申报国家园林城市】 积极组织动员开展国家城市（县城）创建工作，先后派出专家5次，指导帮助吉安市、萍乡市、吉安县创建工作，吉安市、萍乡市、吉安县被命名为国家园林城市（县城）。江西省国家园林城市（县城）总数达到9个。

【创建生态园林城市】 11月6日，省政府召开全省生态园林城市建设工作会议，吴新雄省长、胡幼桃省长助理出席会议并作重要讲话。省政府印发《关于开展创建生态园林城市活动的通知》，在全省开展生态园林城市活动，引领城市向生态建设方向发展，推进鄱阳湖生态经济区建设，各地积极响应，开展创建工作，新余市、宜春市、景德镇市向省政府提交了申请报告。

【生活垃圾无害化处理设施】 3月在南昌召开了城市生活垃圾无害化处理现场技术指导会，编印了《推进生活垃圾处理设施建设文件汇编》。全年开工建设生活垃圾卫生填埋场的县（市）有25个，分别是武宁县、浮梁县、乐平市、上栗县、芦溪县、都昌县、全南县、于都县、兴国县、石城县、瑞金市、南康市、吉安县、峡江县、余干县、广昌县、宜黄县、黎川县、丰城市、万载县、安福县、万安县、遂川县、永丰县、共青城，新增生活垃圾无害化日处理能力3500吨。

【污水处理设施建设任务】 创新思路，打破常规，提前调研、提前筹划、提商部署，严格按照省政府规定的时间节点，倒排工期，挂图作业，全面推进县（市）污水处理设施建设。加强协调、强化服务，充分发挥各级建设部门的管理和技术优势，及时帮助县（市）解决工程建设中遇到的重点难点问题，针对工程建设的业主、设计、施工、监理、造价、工程质量安全单位进行重点帮扶，开展现场技术指导和服务，同时注意以典型引路，科学组织施工，促进工程进度。为保证工程质量安全，多次开展对县（市）污水处理设施建设项目工程质量安全和进度的监督、检查，对发现的问题及时要求整改，成效显著，取得了85个污水处理厂工程建设没有发生一起质量安全事故的好成绩，为提前半年时间完成全省84个县（市）85座污水处理厂的建设任务奠定了良好的基础。

截至年末，用一年半的时间，全省84个县（市）85座污水处理厂（日处理污水能力105.55万立方米）和1354公里的截污干管全部建成投入试运行。为继续推进全省城镇污水处理配套设施建设,提高污水处理厂运行效率,印发了《关于进一步完善城镇排水设施建设加强污水处理厂运行监管的通知》,规范全省城镇污水处理设施的建设和运行。

七、村镇建设

【概况】 全省建制镇 668 个(不含县城关镇)、集镇 621 个、农场 35 个、村庄 161649 个(其中村委会 19215 个),村镇总人口 3714.7 万人,其中建制镇、集镇居住的人口 708.08 万人,占村镇总人口的 19.1%。各级建设部门村镇建设管理职能基本到位,省级村镇建设(规划)管理机构 1 个,市级村镇建设(规划)管理机构 19 个,县级村镇建设(规划)管理机构 129 个,乡镇村镇建设管理机构 1252 个;全省村镇建设(规划)管理人员 5048 余名。全省建设用地面积 657624 公顷,其中建制镇、集镇用地 151482.99 公顷;村镇建设总投资 2135065.88 亿元,其中住宅建设投资 1243289.4 亿元,占投资总额的 58.23%,公共建筑、生产性建筑和公用设施投资 891776.48 亿元,占投资总额的 41.77%。全省村镇实有住宅建筑面积 124367.16 万平方米,人均住宅建筑面积 34.78 平方米。村镇公用设施逐步完善,共有 602 个建制镇、476 个集镇、28 个农场、5479 个行政村建有集中供水设施。建制镇、集镇自来水厂日供水能力 177.5 万吨,村镇自来水受益人口 1065.72 万人,占村镇人口的 28.69%,建制镇自来水普及率 93.99%,集镇自来水普及率 76.8%。全省人均村镇道路面积 17.94 平方米,建制镇人均公共绿地 10.21 平方米,集镇人均公共绿地面积 9.76 平方米。建制镇、集镇、农场共有公共厕所 4097 座,环卫车辆 1854 辆。

【村镇规划】 一是抓好村镇规划编制完善工作。要求所有建制镇对已过期、指导性不强的总体规划进行修编,强化规划对小城镇建设的综合调控作用。同时,一些示范镇、重点镇还编制了专项规划、重要地段详细规划等。二是启动县(市)域镇村布局规划编制。大余、信丰、会昌等县基本完成县域镇村布局规划初步成果,兴国县投入近 60 万元,采取公开招标的形式聘请高水平的规划单位编制县域镇村布局规划。三是推进自然村规划编制。全省自然村规划编制覆盖率已达 60%,有些县的自然村规划编制覆盖率已达 100%,如浮梁县、新干县所有自然村都编制了村庄规划。四是做好了示范点村镇规划编制与实施工作。在全省选择 20 个乡镇、100 个村庄作为村镇规划编制与实施示范点。下发了《关于切实抓好示范点村镇规划编制与实施的通知》。

【小城镇建设】 提出了因地制宜、突出重点、示范引路、稳步推进的发展思路,把示范镇和重点镇建设作为全省小城镇建设的突破口和切入点。下发了《关于进一步加强重点镇规划建设管理工作的通知》,对 200 个重点镇、12 个省级示范镇建设实行重点指导、重点支持、重点倾斜,建立了重点镇规划建设联系汇报制度,实行优胜劣汰、动态管理。各市、县政府,特别是各示范镇、重点镇党委、政府高度重视,按照省厅提出的"一年一小变,三年一中变,五年一大变"的目标要求,坚持以规划为龙头,以基础设施建设为重点,以镇容镇貌整治为突破口,深入开展"五整治、三建设"活动,切实加大了重点镇、示范镇建设力度,取得了初步的成效。八景镇、永平镇、李渡镇、安源镇等一批示范镇带头开展整治活动,着力解决镇容镇貌脏乱差问题,镇区人居环境有了显著改善,已经成为全省小城镇建设学习、观摩、交流的基地,发挥了较好的示范和带动作用。各示范镇通过"五整治、三建设"活动的开展,小城镇规划建设管理工作上了一个新的台阶,极大地促进了当地经济的发展,萍乡市安源区安源镇、高安市八景镇、铅山县永平镇等示范镇全年的财政收入突破亿元大关,成为名符其实的经济强镇。

【农村危房改造试点】 2009 年国家安排江西省 21 个国家扶贫开发重点县共 1.8 万户农村危房改造任务,下拨补助资金 9000 万元。省财政在中央补助资金的基础上,安排 9000 万元资金进行配套,共计农房改造补助资金 1.8 亿元。截至 12 月 25 日,全省 1.8 万户农村危房改造已全部竣工,其中新建房屋竣工 14011 户,维修房屋竣工 3989 户,竣工率达 100%。按照国家和省政府提出的要求,提前完成了农村危房改造任务。

江西省农村危房改造工作起步早、行动快,7 月 6 日省政府就召开了全省农村危房改造工作会议,省政府吴新雄省长在会上做了重要部署,省委苏荣书记、省政府吴新雄省长多次做出重要批示。省政府成立了以史文清副省长为组长,发改、建设、财政、民政、扶贫等 16 个省直部门为成员单位的省农村危房改造改造工作领导小组。10 月 23 日至 24 日,在遂川县和上犹县召开了全省农村危房改造现场调度会。人民日报、新华社、中央电视台、中国建设报、江西日报等主要媒体连续报道江西省农村危房改造工作。

【村庄整治、名镇名村保护】 一是评选村镇"人居环境奖"。12 月,江西省有 12 个村庄被列为 2009 年度江西人居环境范例奖。二是历史文化名镇名村保护工作进一步加强。省住房和城乡建设厅会同省文物局组织申报第五批中国历史文化名镇名村。6月8日,省政府常务会议审议批准了江西省第三批历史文化名镇名村18个。同时,切实加强保护规划的编制工作,共投入保护规划编制经费补助200多万元,多数历史文化名镇名村的保护规划均已完成,历史文化资源得到了进一步的保护。12月在南昌召开了全省历史文化名镇名村工作会议,对第三批省级历史文化名镇名村进行授牌,并就下一步历史文化名镇名村保护工作提出了具体要求。组织专家对《江西省历史文化名镇名村保护规划编制与实施办法》进行修改。

【乡村垃圾处理】 按照省委苏荣书记的重要指示精神,多次开展农村垃圾无害化处理工作调研。组织专家对沿鄱阳湖15个重点县(市、区)进行了农村垃圾无害化设施建设的调研、摸底工作,草拟了实施方案、指导意见和编辑了文件汇编等。省清洁工程领导小组下发了《2009年度全省农村集镇垃圾无害化处理试点工作指导意见》,就抓好农村集镇垃圾处理提出了具体要求。

【扶贫包村】 落实省委部署认真抓好包扶贫困村工作,多次深入扶贫点调研,帮助解决实际问题,省住房和城乡建设厅被省委组织部评为包村工作先进单位,包村工作组组长被评为先进个人。注重特色和效果,开展对口支援少数民族地区经济发展工作,做到了规划先行,产业支撑,加大了基础设施的投入,少数民族村的面貌发生了较大的变化。

八、建筑节能与科技

【概况】 全省工程勘察设计单位共406家。其中,甲级企业63家;从业人员22184人,其中技术人员17882人(高级职称人员4621人,中级职称人员7282人,初级职称人员5498人);注册执业人员2882人,其中注册建筑师722人(一级195人,二级527人),注册结构工程师553人(一级379人,二级174人),注册土木工程师(岩土)126人,其他注册工程师1481人。建筑节能与科技工作始终贯彻国家的有关方针政策,围绕节能减排展开,结合江西省实际,大力推广全省建筑节能工作,推广先进技术,并不断完善技术标准规范体系。

【太阳能光电建筑应用示范项目与可再生能源应用示范城市、示范县】 为贯彻落实财政部、住房和城乡建设部文件要求,推进太阳能光电建筑应用,促进江西省光伏产业发展,组织各地市申报第一批太阳能光电项目,共有5个项目成为全国太阳能光电建筑一体化示范项目,得国家补助资金1亿元。另外,按照财政部、住房和城乡建设部文件要求,各设区市、县开展了申报国家可再生能源应用示范城市、示范县的相关工作,新余市、鄱阳县被评为全国可再生能源示范城市、示范县。

【建筑节能宣传】 为进一步动员社会各界积极参与资源节约型、环境友好型社会建设,组织了以"推广使用节能产品,促进扩大消费需求"为主题的2009江西省节能宣传周活动。

【江西省能效测评】 按照住房和城乡建设部有关文件要求,结合江西省实际,为加强江西省能效测评工作,批准江西省建筑科学研究院为江西省省级民用建筑能效测评结构。同时,加快江西省大型公共机构节能监管体系的建设,选取省级主要的公共机构作为试点。

【筹备世界低碳与生态经济大会暨技术博览会】 由国家七部委和省人民政府共同主办的首届世界低碳与生态经济大会暨技术博览会于11月18~21日在南昌圆满举行。住房和城乡建设部副部长仇保兴出席大会,并在"建筑节能与新材料专题论坛"上发表主旨演讲,邀请国内知名学者在论坛发表学术演讲。

大 事 记

2月6日,省政府召开会议专题研究《江西省加快廉租房建设实施方案》。吴新雄省长对《实施方案》予以了充分肯定,并对保障性住房建设提出"五个落实、三个注意、一个加强"的要求。

2月25日,省政府在南昌召开全省建设工作会议,省政府副秘书长蔡玉峰主持会议,史文清副省长到会作重要讲话,陈俊卿厅长作了工作报告。

4月21日,中国丹霞申报世界自然遗产工作会议在南昌召开。住房和城乡建设部城建司副司长李如生、中国联合国教科文组织全委会秘书处副处长遇晓萍、亚太地区世界遗产培训与研究中心主任蔡满堂、中国丹霞申遗专家梁永宁、彭华及湖南、广东、福建、江西、贵州、浙江等6省建设厅和崀山、丹霞山、泰宁、龙虎山、赤水、江朗山等6个遗产提名地的代表参加了会议。

5月7日,史文清副省长在省政府主持召开了《江西省城镇体系规划》调整修编工作联席会议第一次全体会议,陈俊卿厅长、曾绍平副巡视员参加了会议并分别发言。

5月12日,省政府在抚州市召开全省保障性住房建设工作现场会,吴新雄省长出席会议并讲话,史文清副省长主持会议。高浪副厅长在会上传达全国保障性安居工程工作会议精神。

5月26日下午，江西住房城乡建设厅和省监察厅共同组织召开了全省房地产开发中违规变更规划、调整容积率问题专项治理工作电视电话会议。史文清副省长作了重要讲话，省监察厅厅长汪毓华主持会议，陈俊卿厅长就专项治理工作进行了部署。

6月3日，全省县(市)污水处理设施建设现场会在武宁县召开，吴新雄省长出席会议并作重要讲话，史文清副省长主持会议，陈俊卿厅长率城建处负责人参加了会议。

经省政府同意，江西省已委托中国城市规划设计研究院和江西省城乡规划设计研究院共同对《江西省城镇体系规划》进行调整修编。6月初正式签订规划编制合同。30日，史文清副省长组织省直机关和各地市主要领导召开动员大会，标志着《江西省城镇体系规划》调整修编工作正式启动。

7月6日，全省农村危房改造试点工作大会在南昌召开，吴新雄省长作重要讲话，陈俊卿厅长在会上发言，欧阳泉华副厅长传达全国会议精神。7日，人民网、新华网、江西日报、中国建设报等主流媒体报道江西省农村危房改造试点工作大会消息。13日，住房和城乡建设部村镇建设司全文转发江西省农村危房改造试点工作进展情况汇报，充分肯定江西工作并向全国推广。

7月6～10日，省委常委、副省长陈达恒率队赴四川省小金县视察江西省对口援建工作，并给予了高度评价，同时慰问了对口援建现场指挥部的全体同志。陈俊卿厅长陪同视察。

7月9日，江西住房城乡建设厅会同省监察厅出台了《关于建立健全房地产开发销售信息公示制度的通知》，要求自9月1日起，房地产开发企业应在商品房销售场所醒目位置和当地房地产行政主管部门网站上公示每平方米建筑面积商品住房平均成本、经批准的项目规划条件等信息。

8月26日下午，吴新雄省长莅临江西住房城乡建设厅就加快推进廉租住房、经济适用住房建设和农村危旧房改造、城市棚户区改造等工作进入深入调研，并就"三房一改"、农房登记和生态园林城市建设等工作作出重要指示。

9月1日，国务院办公厅政务信息工作网以"江西省扎实推进保障性住房建设"为题，专题报道江西省保障性住房建设情况。

9月24日，吴新雄省长、史文清副省长、蔡玉峰副秘书长专门听取了欧阳泉华、高浪副厅长关于"三房一改"工作汇报，对江西住房城乡建设厅工作给予充分肯定。

10月22日，吴新雄省长对全省农村危房改造工作作出重要批示，充分肯定前一阶段工作取得的显著成绩。

10月22日下午，吴新雄省长主持召开了部分省直单位和设区市分管领导及有关专家学者参加的生态园林城市建设工作研讨会，欧阳泉华副厅长、王建平副厅长、曾绍平副巡视员及有关处室负责人参加了研讨会。

10月30日，省政府第二十七次常务会议审议通过了《江西省城乡规划条例》草案和《江西省生态园林城市评价标准(试行)》。

11月6日，全省生态园林城市建设工作会议在南昌召开。吴新雄省长出席会议并讲话，省委常委、南昌市委书记余欣荣出席会议。省长助理胡幼桃就全省生态园林城市建设工作进行了具体部署，省政府秘书长谭晓林主持会议。厅领导陈俊卿、欧阳泉华、王建平出席会议。

11月19日上午，由江西住房城乡建设厅具体承办的2009世界低碳与生态经济大会暨技术博览会建筑节能与新材料专题论坛在滨江宾馆隆重举行。

11月30日，省委常委、省纪委书记尚勇到江西住房城乡建设厅调研工作，考察了厅行政审批服务中心、信息中心，听取了陈俊卿厅长做的工作汇报，充分肯定了江西住房城乡建设厅工作所取得的成绩，就加快推进住房和城乡建设工作、加强反腐倡廉建设作了重要指示。

12月11日上午，苏荣书记电话指示，要求江西住房城乡建设厅用几天时间通过明察暗访、实地调查的方式，了解2009年以来各市县城市建设的进展情况，为近期召开的推进新型城镇化会议做准备。

12月1～2日，吴新雄省长就推进新型城镇化和"三房一改"工作到萍乡进行深入调研，副省长史文清、谢茹，省政府秘书长谭晓林、陈俊卿厅长、欧阳泉华副厅长随同考察调研。

12月15日，史文清副省长主持召开会议，就《廉租住房共有产权管理暂行办法(代拟稿)》征求省直有关厅局意见，陈俊卿厅长、高浪副厅长出席并讲话。

12月23日，史文清副省长应邀出席了在北京人民大会堂举行的世界遗产证书颁发仪式。江西省三清山、福建土楼、五台山、开平碉楼与村落、中国南方喀斯特5处世界遗产获得联合国教科文组织颁发的世界遗产证书。曾绍平副巡视员、上饶市政府廖其志副市长应邀出席。

12月27～28日，史文清副省长代表江西省在国务院组织召开的全国城市和国有工矿棚户区改造工作会议上,作了题为《突出重点、突破难点,加快推进保障性住房建设》的经验交流发言。陈俊卿厅长参加了会议。

12月31日上午,史文清副省长主持会议,专题研究棚户区改造资金工作,高浪副厅长率厅房地产市场监管处负责同志参加。

(江西省住房和城乡建设厅)

山 东 省

一、住宅与房地产业

【房地产市场调控】 稳定房地产市场成效良好。认真贯彻省政府2008年底出台的《关于促进全省房地产市场健康发展的实施意见》(鲁政办发〔2008〕73号),全省房地产开发和销售从3月份起逐月回升,投资和消费信心逐步增强,房地产市场增势强劲。全省完成房地产开发投资2428.7亿元,销售商品房6931.7万平方米,实现销售额2436.5亿元,比上年分别增长22.9%、38.3%、58.2%。房地产投资和消费的大幅度增长,扩大了内需,带动了相关产业,促进了财政增收。

【房地产市场监管】 房地产市场监测分析和专项整治工作扎实开展。省住房城乡建设厅和各市房地产主管部门对房地产形势坚持周调度、月分析,季度分析报告得到各级党政领导的充分肯定。房地产市场信息系统建设取得重要阶段性成果,淄博、烟台、潍坊、泰安4市顺利通过全国第2批50个试点城市验收,全省联网正加速推进。开展了房屋登记官确认和房地产交易与权属登记规范化单位考核,全面推行了房地产开发项目竣工综合验收备案和商品房预售资金监管制度,重点检查了在建并已进入预售环节的开发项目,开展了房地产行业非法集资风险排查,查处了一批开发企业和中介机构,61家企业被注销或降级。

【物业管理工作】 省人大颁布《山东省物业管理条例》并于5月1日起施行,为物业管理法制化、规范化奠定了坚实基础。一是编写《山东省物业管理条例》相关配套文件,逐步完善《条例》法规体系。二是举办了两期全省《山东省物业管理条例》宣传贯彻培训班,并就最高人民法院关于物权法的最新司法解释进行了讲解。三是为了使"菜单式"物业服务成为可能,从根本上改变现有物业服务模式,与山东省质量技术监督局合作课题——学校、工业区、商业、住宅区、医院物业管理服务规范和物业管理服务体系表等10项物业管理服务规范获得省技术监督局立项,已完成初稿编写。组织力量进行了2009年度全省17个申报国家物业管理示范项目预评和95个省物业管理优秀项目考评验收工作。

【《山东省物业管理条例》】 《山东省物业管理条例》于1月8日经省十届人大常委会第八次会议通过,并于5月1日起施行,标志着山东省物业管理迈入法制化轨道。该条例实现了多处制度创新:明确了专业经营设施设备的投资、产权、移交及维护责任地;明晰了物业管理区域内配套建筑的产权归属;建立物业质量保修金制度;推动物业管理与社区管理紧密结合;规范了车库和车位的使用管理。

【房屋权属登记管理工作】 根据国家《房屋登记办法》和《山东省物业管理条例》等法律法规,制定出台《山东省实施〈房屋登记办法〉细则》。该《细则》根据山东省房屋登记工作特点,对长期以来困扰房屋登记工作的难题,尤其是集体土地上的自建自用房屋登记等问题给予明确规定,为解决历史遗留问题提供政策依据。

【住宅产业化】 积极创建国家康居示范工程,泰安泰山新兴园等3个项目通过设计方案评审,24个项目通过初步设计预审,占全国总量的14%。烟台万华节能建材公司成为全国第十三个、山东省第三家的入选国家住宅产业化基地企业。5个系列产品通过国家住宅部品康居认证,累计达到16个系列,占全国的1/6。泰安奥林匹克花园等5个项目获2009年度广厦奖。

【保障性安居工程建设】 省政府召开了全省保障性安居工程和城市环境建设电视会议,省住房城乡建设厅召开了全省城市和国有工矿棚户区改造工作会议,安排部署了相关工作。省住房城乡建设厅会同省发改、财政部门制定下达了年度住房保障工作计划,编制了2009~2011廉租住房保障三年规划。所有市县上半年全部将廉租住房保障范围扩大到低收入住房困难家庭，年内新增廉租住房保障2万户，累计保障8万户。廉租住房中央预算内投资项目建设进展顺利，2008年和2009年度的238个项目全部开工，施工4.5万套、竣工4200套。经济适用房建设加速，完成投资60亿元，施工850万平方米，竣工5万套、370万平方米。城市和国有工矿棚户区改造明显加快，改造270万平方米，解决棚户区居民近4万户。住房保障资金落实较好。经积极争取，山东省被纳入廉租住房保障国家补助范围，2009年安排廉租住房建设中央预算内投资补助3.5亿元、廉租住房保障专项补助2.41亿元，省财政还专门拿出5000万元作为廉租住房奖补资金。组织廉租住房项目积极申请省重点项目调控资金贷款，共争取到2008年度贷款4.2亿元、2009年度贷款6.5亿元。各市县都安排了一定额度的财政资金和土地出让净收益款项专门用于住房保障。

【公积金管理】 公积金支持住房消费取得突破性进展。调整住房公积金个人贷款政策，降低首付比例，简化申报手续，放宽贷款条件，有力支持了城市居民住房消费。累计从住房公积金增值收益中，提取廉租住房建设补充资金12.9亿元。2009年全省缴存住房公积金290亿元，提取额达到130亿元，发放个人贷款223亿元，同比分别增长20%、31%、76%，住房公积金提取额和个人贷款额首次超过同期缴存额，个贷率同比提高9个百分点，达到52%，资金使用率明显提高。深入开展住房公积金专项治理，会同省监察、财政等部门对全省17市住房公积金管理中心进行了全面考核。

二、城乡规划

【编制区域性、战略性规划】 为优化全省城镇体系布局、统筹重大基础设施建设、科学推进城镇化进程，促进全省经济社会又好又快发展，在完成《黄河三角洲城镇体系规划》和《鲁南城镇带规划》的基础上，启动了《山东省城镇体系规划》修编工作。一是结合国家和省内经济社会发展实际，对《黄河三角洲城镇体系规划》和《鲁南城镇带规划》进行了深化完善，送有关专家审查，两项规划均已具备评审条件。二是经省政府、住房和城乡建设部分别批复同意，启动了《山东省城镇体系规划》的修编工作。三是按照省委、省政府部署和分工，完成了《山东半岛蓝色经济区城镇体系规划》编制工作。四是指导有条件的城市试点编制城乡统筹规划。淄博、东营、泰安、威海、日照、莱芜等17市、县编制了城乡统筹规划。

【城乡规划全覆盖】 按照省政府办公厅《关于推进城乡规划全覆盖进一步加强规划管理工作的意见》要求，加强对城乡规划全覆盖工作的督导，半年一调度，督导各地落实规划项目、编制资金和工作计划。各级政府和有关部门进一步明确职责、落实任务、强化措施，大力推进全省城乡规划全覆盖工作，以规划为依据，建成了一批精品项目。一是城市总体规划审批工作取得新进展。全省108个市县全部完成规划编制成果，70个市县的城市总体规划获省、市政府审批。省政府批复了济宁市到2030年的城市总体规划。二是各地普遍开展了城市近期建设规划和各类专项规划、专业规划编制工作。全省完成近期建设、综合交通、绿地系统、市政公用设施、公共服务设施等300余项规划，形成了一批高质量的成果。三是控制性详细规划覆盖率稳步提高。全省各市、县城市控制性详细规划覆盖率同比提高5%，济南、青岛、烟台、潍坊、泰安、莱芜、菏泽等35市、县实现了规划建成区控制性规划全面覆盖。

【规划容积率专项治理工作】 按照住房和城乡建设部、监察部房地产开发领域违规变更规划调整容积率问题专项治理工作要求，深入开展项目清理、自查自纠和整改工作，取得了阶段性成果。一是按照要求，全省各级都成立了专项治理工作领导小组，制定了工作实施方案。二是认真排查清理建设项目。全省共核查建设项目5013项，用地面积19443.69公顷。三是深入开展整改和自查自纠工作。全省共清理出违法违规变更规划、调整容积率的项目96项，用地面积351.96公顷。其中，17项撤销规划许可；未依法对规划调整进行听证26项，正在依法完善有关程序；建设单位违法建设项目53项，依法进行了查处，已收缴有关规费、罚款31617万余元。四是加强制度建设。省住房和城乡建设厅、监察厅联合制定实施了《山东省城市建设用地性质和容积率规划管理办法》，建立了集体会审、专家审查、批前公示、依法听证、广泛监督等相关制度，从制度上消除违规行为和腐败案件发生的土壤。五是加强督导检查，总结推广经验。

【城市规划法规和管理体系建设】 以《城乡规划法》为依据，学习兄弟省市经验，在进行初步调研的基础上，形成了《山东省城乡规划条例》（草案）。提请省政府法制办审查了《山东省城市规划违法违纪行政责任追究暂行规定》、《山东省派驻城市规划督察员试行办法》。起草了《山东省城乡统筹建设规划编制审批办法》、《山东省城市总体规划实施评估办法》、《山东省控制性详细规划技术导则》、《山东省城市公共停车场(库)设置规则》和《山东省城市建设项目配建停车泊位设置标准》、《山东省建设项目选址可行性研究报告编制导则》等规划标准和规范性文件,为城市规划建设管理提供依据。

【城市雕塑建设管理】 一是召开了全省城市雕塑工作座谈会,统一了思想认识,研究探讨了进一步推进全省城市雕塑工作健康有序发展的机制和措施,部署了近几年全省城市雕塑工作任务和2009年的工作重点。二是认真组织全省城市雕塑评优工作。组织了"2008年度山东省优秀城市雕塑建设项目评选"和"全国新中国城市雕塑建设成就奖山东省推荐评选"活动,并与山东省委宣传部、文化厅联合组织了"纪念建国六十周年山东省城市雕塑成就奖评选及论文竞赛"活动,促进新时期城市文化发展,提升城市软实力。三是为将城市雕塑建设项目评优工作纳入规范化、制度化轨道,调研起草了《山东省优秀城市雕塑建设项目评选办法》、《山东省城市雕塑管理办法》修订稿。四是与全国城市雕塑建设指导委员会、滨州市人民政府联合主办了庆祝新中国成立60周年全国城市雕塑展(滨州),并组织策划了山东展区,将山东省的优秀城市雕塑建设项目进行了专题展览,取得了良好效果。

【新型城镇化工作】 经积极争取、精心筹备,省委、省政府于11月3日召开了高规格的全省城镇化工作会议,姜异康书记作重要指示,姜大明省长作重要讲话,省人大、政协、纪委主要领导出席,各市党委政府、省直部门和中央驻济单位主要负责人参加。会上,省委、省政府出台了《关于大力推进新型城镇化的意见》(鲁发〔2009〕21号),确定坚持新型工业化、农业现代化、新型城镇化协调推进,走资源节约、环境友好、经济高效、文化繁荣、社会和谐,以城市群为主体,大中小城市和小城镇科学布局,城乡互促共进,区域协调发展的新型城镇化道路,解决了一些事关城镇化特别是建设事业健康发展的深层次问题,在全省上下引起很大反响。会后,东营、烟台、潍坊、威海、莱芜、临沂、德州、聊城、滨州9市召开市委常委扩大会,淄博、枣庄、日照3市召开市政府常务会,济南、青岛、济宁、泰安、菏泽5市召开政府专题会,传达贯彻会议精神,研究部署相关工作。济南、东营、烟台、济宁、威海、莱芜、聊城、菏泽等8市召开了全市城镇化工作会议,结合当地实际动员部署加快推进城镇化发展,其他城市也将召开大会,全省形成了加快推进新型城镇化的浓厚氛围。

【《关于大力推进新型城镇化的意见》】 为大力推进新型城镇化,省委省政府出台《关于大力推进新型城镇化的意见》,确定的发展目标是:到2012年,全省城镇化水平达到50%以上,山东半岛城市群达到60%以上,基本构建起支撑经济文化强省建设的城镇体系;到2020年,全省城镇化水平达到60%以上,山东半岛城市群达到70%以上。为此,未来全省将在科学构建城镇体系、大力增强城市经济实力、全面提升城市综合承载力、着力建设资源节约型和环境友好型城市、积极推进城乡一体化发展、创新城乡建设管理体制机制、加强推进新型城镇化工作的组织领导等七个方面,大力推进新型城镇化进程。

【历史文化遗产保护】 新增枣庄、滕州、文登3个省级历史文化名城,泰安、蓬莱历史文化名城保护规划获省政府批准。微山县南阳镇、惠民县魏集镇等6镇、3村申报了全国历史文化名镇、名村,滕州市滨湖镇、邹城市峄山镇、寒亭区西杨家埠村等9镇、3村参评全国特色景观旅游名镇、名村。

三、建筑业

【工程建设管理】 开展了工程建设领域突出问题专项治理,确保了扩内需项目质量安全和投资效益。规范了房屋和市政工程招投标,建立了招投标工作沟通协调机制,组建了资深评标专家分库,全省应招标工程实际招标率、应公开招标工程实际公开招标率均达到99%。建设工程交易中心服务功能更加完善,全年进入项目1.4万个,造价1637亿元。组织编制了国家标准1项、行业标准4项、地方标准10项,编制了山东省首部《建设工程概算定额》,加强了无障碍设施管理。加强了对建设监理、招标代理、工程造价咨询行业的管理,公开公平公正调解和处理工程经济纠纷,维护了建筑市场秩序。

【工程质量管理】 全年建筑企业完成建筑业总产值6800亿元,实现增加值1900亿元、利税145亿元,同比分别增长19.6%、19.5%、20.5%。对外承包工程持续快速增长,新签合同额85亿美元,完成营业额42.5亿美元,分别比上年增长28.4%和55.9%。牢固树立"百年大计、质量第一"的思想,坚持"质量兴业",不断完善"政府监督、企业自控、社会监理"的质量保证体系,深入开展"质量月"活动,全省工程建设没有发生大的质量事故。实施"精品带动"战略,开展勘察设计QC小组活动,不断完善政府监督、企业自控、社会监理的质量保证体系。全省6项工程荣获"鲁班奖"、7项工程荣获国优,评选"泰山杯"工程142项、"装饰泰山杯"工程55项,日照市水上运动项目被评为新中国成立60周年百项经典工程。在全国建设工作会议上,山东省介绍了工程质量安全管理经验。

【勘察设计和建设机械行业】 举办了第五届中国威海国际建筑设计大奖赛、山东省第四届装饰设计大赛,推行了勘察设计责任保险,全省勘察设计企业年营业收入达265亿元,利润21亿元,同比分别增长18%、14%。实行建设机械行业分类指导,组织评选行业名牌53个,全省建机行业实现年产值450亿元,同比增长15.8%。

【装饰装修】 为加强建筑装饰装修活动管理,保障建筑装饰装修工程质量和安全,维护公共利益和装饰装修活动当事人、利害关系人的合法权益,山东省出台了《山东省建筑装饰装修管理办法》(省政府令第208号),并于3月1日起正式实施。这意味着住宅和公共建筑装修将有法可依。该办法体现了五个特点:统一了管理职责、明确了管理内容、倡导了环保节能、彰显了人文关怀、加大了违规处罚力度。

四、城市建设

【迎全运城乡环境综合整治工作】 省政府先后两次召开专题电视会议,分管省领导进行动员部署,建立了14个省直部门和单位联席会议制度,印发了《全省迎全运城乡环境综合整治集中行动实施方案》,组织开展了城乡环境综合整治现场观摩督导活动。4月,省委、省政府召开了迎全运誓师动员大会,姜异康书记、姜大明省长作动员讲话,成立了由省委副书记刘伟任组长的筹办十一运工作领导小组,下设7个工作组,其中城乡建设和环境整治工作组,由郭兆信副省长任组长,省直10个部门为成员,工作组办公室设在省建设厅,具体负责城乡建设、环境整治、交通运输、环境保护等方面的调度联络工作。全省各地各有关部门认真贯彻落实省委、省政府的工作部署,紧紧围绕为十一运营造良好的赛事环境,展示山东改革开放成果、树立山东良好形象这一目标,精心组织实施城乡环境综合整治集中行动。通过一系列整治行动,各城市比赛场馆和接待场所周边环境整洁有序,主要商业街区面貌焕然一新,城市出入口环境明显改善,城市人居环境质量不断提升,城市特色更加鲜明。

【山东日照获联合国人居奖】 2009年10月6日,美国当地时间10月5日上午,联合国人居署"2009世界人居日活动及颁奖仪式"在华盛顿国家建筑博物馆举行隆重举行。中国山东省日照市因出色的人居环境和生态环境规划而荣获"联合国人居奖"殊荣。日照市多年来秉持生态建市的理念,大力发展循环经济,开展环境综合整治,积极推行可再生能源利用,取得了显著成效。全市民用建筑太阳能利用率达到了99%,在2007年荣获"世界清洁能源奖",这也是中国惟一的获奖城市;致力于滨海地区的规划建设,精心打造奥林匹克水上公园,塑造了别具一格的城市特色,水上运动之都初现雏形,把日照建设成为独树一帜的滨海度假胜地、生态宜居家园。

【城市基础设施建设】 各地以城市道桥、供排水、河道整治等为重点大规模进行城市基础设施建设,全省完成城建投资820亿元,同比增长41.6%,其中青岛、德州城市建设投资增幅超过100%,济南、淄博、济宁等市增幅超过50%。省住房城乡建设厅会同财政部门开展了城建投融资专题调研,规范了运作方式和做法。一批重点工程相继实施,济南奥体中心、大明湖新景区、二环东路高架路、小清河一期工程投入使用,潍坊白浪绿洲湿地公园、滨州颐园和蒲园改造及淄博猪龙河、泰安环山路、临沂青龙河、莱芜青草河、菏泽赵王河等综合治理工程全部竣工,青岛跨海大桥和海底隧道接线工程即将完工,青岛地铁、东营广利河整治提升、济宁北湖生态新城、聊城古城保护与改造、枣庄台儿庄古城复建等工程均已启动。

【园林绿化风景名胜区工作】 抓好园博园齐鲁园建设。齐鲁园作为山东省的集中展区,明确了"一市一园、组团建设"的原则,规划设置了历史文化城市展区、沿海城市展区、黄河流域城市展区共3个展区、17个展园。按照"齐鲁园早干、山东省先行"的总体要求,全省17个城市展园建设规模和水平较高,受到各界好评。创建园林城市走向深入,潍坊、泰安、临沂、章丘、肥城5市和广饶、沂源、平邑3县申报了国家园林城市、县城,枣庄、滨州等15个城市被命名为第四批"山东省园林城市"。会同有关部门防控美国白蛾,城镇园林和风景名胜区基本未遭侵害。结合迎全运和"好客山东"活动,风景名胜区环境面貌、资源管理、生态保护水平和接待能力都有新提高。

【城市供水工作】 一是确保全运会安全供水。下发了《关于进一步加强全运会期间城市供水安全工作的通知》,组织了供水消毒剂使用情况检查和安全供水督察,各城市都成立了"迎全运、保供水"指挥部,设立了水质检测小组和各类应急抢险队,确保城市供水水量充足水质合格,确保供水设备设施安全运行,确保对突发事件的快速有效处置。二是按照建设部的部署，召开了全省城市供水设施改造项目申报和供水水质调查工作会议，编制了"2009～2012年山东省城市供水水质保障和设施改造规划"。三是组织好全省水体污染控制与治理科技重大专项启动，确保了各项科研工作顺利实施。

【污水和垃圾处理水】 省政府出台了《关于加快城市生活垃圾处理设施建设的意见》，编制了《全省城市生活垃圾处理设施三年建设规划》和《山东省城市污水处理厂升级改造规划》。全省新增污水处理厂16座、处理能力58万吨/日，累计达到183座、835万吨/日，城市和县城污水集中处理率达到80%左右，共处理城市污水24.8亿吨，削减COD88.1万吨，分别比上年增长14.3%、20.9%；新增城市生活垃圾无害化处理场8座、处理能力2800吨/日，累计达到55座、2.9万吨/日，生活垃圾无害化处理率达到70%。

【《山东省城镇容貌和环境卫生管理办法》】 1月8日，《山东省城镇容貌和环境卫生管理办法》以省政府令第218号发布，并于3月1日施行。《办法》以创造整洁、优美环境，促进城镇文明建设，提高居民生活质量为立法宗旨，结合城镇容貌管理工作中出现的新情况，新问题，对城镇道路、临街建筑物、施工现场、户外广告、城镇照明等城镇容貌管理内容和环卫设施建设、生活垃圾、建筑垃圾管理等环境卫生管理内容进行了系统规范，实行了城镇容貌和环境卫生管理责任区制度，重点在城镇容貌管理的疏导方面、人性化执法等方面作了创新和探索，增强了《办法》的可操作性和地方特色。《办法》的发布和实施，对加强城镇容貌和环境卫生管理，造福人民群众，构建和谐社会，具有重要意义。

【城市供热和供气工作】 全省燃气热力行业得到较快发展，至年底，全省集中供热面积达到4.6亿平方米，集中供热普及率达52%；天然气用户发展到622万户，总供气量可达30亿方。省政府发出《关于加快推进城市供热节能工作的通知》（鲁政办发〔2009〕84号），供热系统节能技术改造全面启动，明确了全省供热行业的发展方向和奋斗目标，从2009年开始，力争利用3年时间，对全省热源、热网、热力站进行系统节能技术改造，将单位面积供热煤耗降到20公斤普通煤以下。开展了按实际用热量收费试点，威海、德州试点城市既有居住建筑分户控制率达到99%以上。热电联产集中供热系列节能技术被省政府评为"重大节能成果"。城市供气供热基本稳定。针对今冬暴雪骤冷天气，建立预热期制度，启动冬季供热用煤购储调运调度机制，大多数城市提前供暖。积极争取天然气气源，强化城市燃气市场调控，完善监管手段，加强冬季天然气供应情况调度，基本保证了城镇居民用气。

【城市管理】 城市管理水平大幅度提高。结合迎全运，各地都对占道经营、户外广告、渣土运输、建筑工地扬尘进行集中治理，市容环境大有改观。供水水质监管和城市防汛工作进一步加强，排水管线和环卫设施配套工作全面开展，烟台研发推广了地埋式垃圾箱，滨州实行了环卫机械化作业和生活垃圾移动式公交化收集。全省城市管理规范化、精细化、人性化、数字化步伐加快，12319热线成为百姓连心线。济南实行了道路保洁招投标和占道经营分级管理；青岛市政公用行业建立了以让群众满意为核心的服务考核体系和民生巡查长效机制，数字化城管系统通过国家验收，实现了12319热线全覆盖；莱芜开展了帮扶百家困难户创业就业、开辟农民进城绿色销售通道活动；城管执法"德州模式"被住房城乡建设部向全国推广。

【城建档案和地下管线信息管理】 把城建档案工作作为提高城乡规划建设管理水平的重要基础性工作，紧紧抓在手上。在青岛召开了各市城建档案馆长座谈会，到济南、青岛、枣庄、东营、烟台、潍坊、济宁、日照、滨州9市进行了实地调研，对所有市县进行了书面调查，基本掌握了全省城建档案工作现状和主要问题，研究提出了对策措施。针对淄博发生的工业蒸汽管线爆裂事故，印发了《关于切实抓好城市地下管线安全工作的紧急通知》（鲁建发〔2009〕8号），省政府办公厅印发《关于切实加强工业压力管道和城市地下管线安全管理的紧急通知》（鲁政办发明电〔2009〕55号），山东成为全国第一个在省域范围内建立城市地下管线安全监控机制的省份。在修订后的《山东省房地产开发项目综合验收备案办法》中，在全国首创了将城建档案作为开发项目验收的前置条件和必备要件的做法。印发了《关于做好农村住房建设与危房改造项目工程档案收集工作的通知》（鲁建村字〔2009〕8号），在全国开创了将农房工程质量责任制落实到档案管理中的先河。针对7市未在城建档案馆加挂城建档案管理机构牌子的情况，以政府机构改革为契机，以强化建设行政执法为依据，以厅名义向有关市建委、规划局发出通知，要求解决城建档案管理具体执法主体缺位问题，青岛、滨州两市已经解决。

五、村镇建设

【农房建设与危房改造】 着眼于扩大农村消费、改善农民居住条件、推动城乡一体化，省政府于2

月28日召开全省农村住房建设与危房改造工作会议,姜大明省长出席会议并讲话,省政府出台了《关于推进农村住房建设与危房改造的意见》(鲁政发〔2009〕17号),确定以城中村、城边村、乡镇驻地村、经济强村为重点,集中连片进行农房建设改造,同步配套基础设施和公共服务设施。省政府5月份3次召开调研座谈会,6月份下达年度计划,7月7日召开8000多人参加的电视会议,10月份省人大常委会又进行专题视察。各地结合实际积极开展工作,临沂、济宁、淄博、德州、威海及肥城、单县市县措施实、力度大、效果好。截至年底,总投资额1308亿元,整村改造村庄3757多个,在建完工共104万户,危房改造完成15万户,深受广大农民欢迎。这项工作成为山东应对国际金融危机、保增长惠民生的一大亮点,中央领导专门作出批示,国办《专报信息》、国研《决策参考》、央视《新闻联播》都予以专题报道。

【村镇基础设施建设】 结合农房集中建设和"百镇千村"建设示范活动,各地新建、改造了一大批村镇道路、供排水、照明、污水与垃圾处理设施,全省完成村镇建设投资1050亿元,同比增长57%;村镇自来水人口普及率85%,道路硬化率65%,同比分别提高6个、5个百分点;198个乡镇有了生活污水处理设施,淄博、威海、莱芜和胶州、莱山、寿光、诸城等市县建立了户集、村收、镇运、县处里的城乡一体化垃圾处理模式。

【村镇规划编制】 村镇规划工作明显加强。省财政安排4000万元村镇规划专项资金,各地均如期编制完成了县域村镇体系规划、农村住房建设与危房改造三年规划。开展中德合作,编制了肥城市石横镇、桓台县马桥镇、邹平县魏桥镇的详细建设规划。加强村镇规划管理,推行了村镇规划公示制度,镇驻地"一书两证"制度、乡与村庄规划许可证执行较好。

【历史文化名镇名村保护】 为了更好的挖掘山东省历史文化资源,保护好历史文化遗产,按照住房城乡建设部要求,组织济宁市微山县南阳镇、滨州市惠民县魏集镇、淄博市淄川区峨庄乡、日照市东港区涛雒镇、枣庄市滕州市官桥镇等6镇申报全国历史文化名镇,文登市高村镇万家村、淄博市周村区王村镇李家疃村、章丘市相公庄镇梭庄村3村,申报全国历史文化名村。

【特色景观旅游名镇(村)发展】 发展特色景观旅游示范镇(村),重在以旅游为突破口,带动新农村建设。发展特色景观旅游示范镇(村)旨在通过政策扶持等手段,重点支持和引导这些地方发展旅游经济,并从中总结经验教训,为村镇经济规范化发展提供样板。会同省旅游局,组织推荐滕州市滨湖镇、淄博市淄川区淄河镇、邹城市峄山镇、临朐县冶源镇、肥城市湖屯镇、沂水县院东头乡、长岛县南长山镇、莒县浮来山镇、即墨市温泉镇9个乡镇参加全国特色景观旅游名镇评选,推荐潍坊市寒亭区西杨家埠村、阳谷县阿城镇闫庄村、肥城市刘台村3个村参加全国特色景观旅游名村评选。

六、建筑节能与科技

【既有居住建筑供热计量及节能改造】 省政府将节能改造纳入节能减排考核指标,各地加大了工作力度。全省完成既有建筑节能改造1110万平方米,超额完成全年任务。省政府发出《关于加快推进城市供热节能工作的通知》(鲁政办发〔2009〕84号),供热系统节能技术改造全面启动,开展了按实际用热量收费试点,热电联产集中供热系列节能技术被省政府评为重大节能成果。

【可再生能源建筑应用】 组织举办了全省首届可再生能源建筑应用高层论坛,会同省经信委召开了全省太阳能与建筑一体化现场交流会议,编制了《山东省可再生能源建筑应用配套能力建设实施方案》,全省可再生能源建筑应用面积达到1800万平方米。威海、德州和沂水分别被列为国家首批可再生能源建筑应用示范城市、示范县,4个项目被列入国家首批太阳能光电建筑应用示范项目,共获得国家补贴1.76亿元。

【建设科技创新】 编制了省建设科技事业发展规划纲要(2010~2015),组建了近300名组成的省建设科技专家委员会,开展了首次"山东建设技术创新奖"评选活动。全系统37个项目列入住房城乡建设部科技计划,9个项目获省科技进步奖,其中省建科院"既有建筑节能改造成套技术研究"获一等奖。

【新建建筑节能和墙材革新】 编制实施了建筑节能三年规划,组织实施了19个示范工程,全省县城以上城市规划区新建建筑节能标准设计、施工阶段执行率分别达到100%、94%,建成节能建筑4500万平方米。开展了国家机关办公建筑和大型公共建筑能耗统计,淄博等6市成为全省节能监管体系建设示范市。基本实现县城以上规划区"禁实",启动了建制镇规划区"禁实",全年全省新型墙材生产和应用比例分别达到80%、96%。

(山东省住房和城乡建设厅)

河 南 省

一、住房保障

【概况】 2009年，河南省住房保障工作扎实推进。全省实施廉租住房保障25.29万户，其中，发放租赁补贴22.34万户，实物配租及租金核减2.95万户，全年发放租赁补贴资金3.24亿元。全年新开工经济适用住房项目143个，施工面积874.9万平方米，新开工面积510.6万平方米，竣工321.6万平方米，共4.1万套，累计完成投资54.3亿元。全省新开工廉租住房项目267个，开工面积491.6万平方米、共10.01万套，竣工面积133.8万平方米、共2.66万套，累计完成投资34.98亿元，受益人数8.77万人。

2009年，省财政安排2亿元专项资金对省辖市棚户区改造实行以奖代补政策。全省棚户区改造完成拆迁面积343万平方米，在建面积343.25万平方米，竣工面积260.53万平方米，完成投资87.99亿元，除省补资金外，市县政府共落实棚户区改造资金5.086亿元。

二、住房公积金

【概况】 2009年，河南省住房公积金归集力度逐步加大，全省住房公积金归集人数406.51万人，覆盖面达到58.75%。共归集住房公积金164.43亿元，增幅为17.25%；至2009年底，全省累计归集住房公积金758.81亿元，住房公积金增值收益累计提取廉租住房补充资金3.86亿元。2009年底，全省累计发放个人住房公积金贷款307.51亿元，同比增长43.97%，支持26.85万户城镇居民改善了住房条件。在18个省辖市中，住房公积金覆盖率最高的是鹤壁市，为78.6%；最低的是开封市，为38.18%。住房公积金个人贷率最高的是济源市，为96.48%；最低的是三门峡市，为9.73%。

三、城乡规划

【现代城镇体系规划研究】 2009年，为了更好地落实河南省委省政府确定的"加快构建现代产业体系、现代城镇体系、自主创新体系"的发展目标，河南省住房城乡建设厅组织力量对现代城镇体系发展的理论和实践经验开展了深入研究。通过总结世界城镇化发展的经验教训，把握现代城镇体系基本特征；结合基本省情特点，积极探索以大都市区理念经营省域空间，走出一条以不牺牲农业为代价，具有河南特色和资源环境约束下的城镇化道路，研究新时期全省城镇体系发展和中原城市群提升策略；优化交通体系结构框架，突出现代交通体系对构建现代城镇体系的支撑作用，构建河南特色的现代城镇体系布局模式。

【加快现代城镇体系相关规划的编制】 一是进一步完善深化了《河南省城镇体系规划》。按照徐光春书记"构建科学合理的城镇体系，引导城镇化又好又快发展"和郭庚茂省长"以郑州为中心，沿交通轴线打造半小时经济圈和一小时经济圈，相互依托、相互带动，构建现代城镇体系"的指示精神，省住房城乡建设厅组织规划编制人员对《河南省城镇体系规划》进行了修改，对城镇体系空间结构和布局等进行了重大调整和完善，并吸纳了国家14部委的意见和建议。在国务院审议通过《促进中部地区崛起规划》后，与《促进中部崛起规划》进行了衔接。在整个修改完善过程中，与土地、环保、产业、交通等相关规划进行了充分协调和对接。

二是城市总体规划修编工作基本完成。结合《城乡规划法》的颁布实施，引导各市县在新一轮的城市总体规划中，转变观念、更新理念，端正指导思想，完善规划内容，把城市总体规划的指导思想，由过去主要通过拉大城市框架、扩大城市规模转变到提高基础设施和公共产品供给能力，完善城市功能，增强产业、人口、各种要素的集聚能力和改善人居环境上来，引导城市发展由粗放型、外延式向集约型、内涵式转变。国务院审批总体规划的8个城市中，3个已经省政府审查同意上报到国务院待批，3个规划成果已编制完成，待省政府审查后报国务院审批，2个完成规划成果编制；省政府审批总体规划的30个城市中，省政府已批准12个，13个已通过专家审查，正在组织报批，其他5个城市规划成果已编制完成；城市总体规划、专项规划、详细规划编制进一步加快，全省85个县城（88个县城，扣除3个市县同城）的县城总体规划全部修编完成，年底全部编制完成。

三是加强产业集聚区的规划调控和引导。紧密结合全省城镇体系布局，按照"轴带集中"的原则，依托中心城市、县城和部分产业基础较好的小城镇，全省规划布局175个产业集聚区，分布在全省城镇体系的各级节点上，构成全省产业集聚区体系。把产业集聚区建成省内各城市的经济增长极，形成具有较强科技创新能力、现代产业集聚、循环经济全面发展的主体区域，成为以产带城，加快城镇化进程，构建现代城镇体系和中原崛起的主导力量。为促进产业集聚区加快发展，中共河南省委、河南省人民政府印发了《加快产业集聚区科学规划、科学发展的指导意见》，省直有关部门制定了产业集聚区考核指标体系，组织各地开展了《产业集聚区总体发展规划》、《产业集聚区空间发展规划》和《产业集聚区控制性详细规划》的编制工作。全省175个产业集聚区空间发展规划和控制性详细规划基本编制完成。

四是科学发展示范区规划有序推进。为提高城市科学发展、城产融合、城乡统筹、城际开放发展能力，发挥中心城市的要素集聚优势，促进要素资源在更大范围、更高层次上实现优化配置，推进生态共建和土地节约集约利用，条件较好的郑汴、洛阳、新乡、焦作、许昌等市科学发展示范区已经确定，并完成了郑汴新区、洛阳新区规划方案的国际招标工作，新乡、焦作、许昌等新区规划方案正在编制，真正把科学发展示范区建设成为现代产业集聚区、现代复合型功能区、城乡统筹改革发展先行区、环境优美宜居区、对外开放示范区和区域服务中心，为全省现代城镇体系发展提供支撑。

五是按照全省重大建设项目联审联批机制要求，全力服务重点项目建设。洛阳、许昌、商丘、焦作、三门峡等市采取简化手续、现场办公、送证上门等方式，加快项目的规划许可。全省重点建设项目选址意见书审批办结率达97.4%，建设用地规划许可率达93.7%，建设工程规划许可办结率达87%。

【推进交通基础设施建设】 郑焦、郑汴、郑州至机场三条城际铁路即将动工，郑徐客专、山西中南部铁路通道、新月增建第二双线、运三铁路以及宁西、孟平复线电气化改造等项目正抓紧开展前期工作；郑州铁路集装箱中心站、郑州火车站西出口、焦柳、新菏、京九铁路电气化改造等年内将陆续建成投运。郑州国际航空枢纽建设全面启动，市场开拓取得明显成效，新开通航线不断增加，洛阳、南阳机场改扩建进展顺利，商丘、明港军民合用机场项目前期工作已全面启动。

【促进城镇化与现代产业体系协同发展】 河南产业布局在宏观上的最基本特征和先天禀赋是产业与城镇、交通在空间上高度复合，越是高等级的交通通道、城市等级越高、产业越发达，这也是实施中心城市带动、实现工业化与城镇化互动的核心优势。在产业布局规划中，继承和利用这一特征和优势，在继续强化京广、陇海等传统产业带的同时，提升南太行、伏牛东等新兴产业带，积极培育黄淮、宁西等潜在产业带。以复合轴带为载体，促进产业集聚、人口集聚和基础设施提升三方面互动，构建现代产业体系和现代城镇体系。以科学发展示范区、产业集聚区和专业产业园区发展为重点，按照产城融合的理念，建设产业结构合理、吸纳就业充分、人居环境优美的现代城市功能区，以产带城，以产业集聚带动人口集聚，实现产业区与城镇互动与融合发展。

【中原城市群"三化"示范区上报国务院】 以推进工业化、城镇化和农业现代化科学发展为目标的中原城市群"三化"协调发展示范区已经报请中央待批。国家发改委、财政部、国土资源部、住房和城乡建设部、工信部、农业部等部门已组成联合调研组，对中原城市群"三化"协调示范区建设进行了实地调研。

【违规问题专项治理】 根据住房和城乡建设部、监察部统一部署，及时制定了《河南省开展房地产开发中违规变更规划、调整容积率问题专项治理工作实施方案》，明确工作阶段和目标任务。对2007年1月1日至2009年3月31日期间审批的所有房地产开发项目开展拉网式地清查，并重点对变更规划、调整容积率的项目进行深入检查。为保证自查自纠工作的有效开展，会同省监察厅及时对全省各市自查自纠进行了督促指导。全省共清查涉及变更规划、调整容积率的房地产项目1759个，查证落实违法违规项目56个。

【城市市政公用基础设施建设】 2009年，全省市政公用设施建设管理力度逐步加大，运营管理水平不断提高。已建成的140座城市污水处理厂全部实现稳定运行，达标排放。全省城镇污水处理厂实际处理污水量17.395万立方米，COD削减总量50.336万吨。全省建成的123座生活垃圾处理场投入使用，并达到无害化处理标准。建立健全城市饮用水快速抢修和应急保障体系，保证供水安全。对各类城市道路、桥梁、隧道、城市供水、排水、供气、供热单位、场所及设施等安全情况进行经常性检查，落实安全生产责任制。在基础设施建设过程中积极争取中央预算内投资资金，争取中央投资12.1亿元，支持了62个污水处理、50个垃圾处理、73个城镇供水等项目建设。加强城镇基础设施项目储备，会同有关部门组织各市上报两年内和"十二五"城市基础设施建设项目，项目储备总计1886项，总投资4553.58亿元。

2009年，以争创"市政工程金杯奖"活动为契机，在全省开展了市政公用工程质量安全检查工作。各省辖市共检查在建和已竣工市政公用工程855项。在此基础上，省住房和城乡建设厅组织检查组对159项工程进行了抽检。有98项工程被评为河南省市政公用优良工程，其中20项被评为"河南市政工程金杯奖"工程。郑州市中州大道综合整治工程荣获全国市政工程质量最高荣誉——中国"市政金杯示范工程"。

【城市公共客运交通】 2009年，全省各级建设主管部门和公交企业大力实施公交优先战略，努力营造有利于城市公共交通健康持续发展的政策环境，推进公交优先进程。截至2009年底，全省有14个省辖市相继出台了公交优先政策措施，提出了公交优先发展的目标任务和扶持政策，逐步加大对城市公共交通基础设施的建设力度。郑州市率先在全省建设了快速公交系统（BRT），提高了公共交通的运营效率。

【领导干部城市规划建设专题培训】 为深入研究和把握城镇化发展规律、增强城市规划建设管理能力、推动全省城镇化水平再上新台阶，省委省政府、住房和城乡建设部、国家行政学院联合举办"河南省第一期领导干部城市规划建设专题培训班"。国家行政学院党委书记、常务副院长魏礼群，住房和城乡建设部副部长郭允冲，省委副书记陈全国，省委常委、组织部长叶冬松，省政府副省长张大卫，国家行政学院教务长杨克勤等参加开班仪式。魏礼群、郭允冲、陈全国发表重要讲话。各省辖市市长、建委主任、县级市市长、副市长共79人参加培训。此次培训主要是城乡规划建设专业理论培训，安排了我国城镇化与城乡统筹、现代城市治理的理念与能力、城市规划与实施、历史遗产保护与生态城市建设、城市住房保障体系等内容，并实地考察了江苏省及其南京市、扬州市、苏州市的规划建设经验。通过学习对于全省构筑科学合理的城镇体系，提高全省城乡规划建设水平，建设复合城市、紧凑城市、生态城市，构建"一极两圈三层"的中原城市群战略格局，走出一条符合河南省省情的城镇化发展道路，必将起到重要作用。

四、村镇建设

【概况】 2009年，河南省共有建制镇787个，乡948个，行政村44186个。村镇户籍总人口8301.77万人，其中建制镇建成区1031.68万人，占村镇总人口的12.43%；乡建成区人口567.49万人，占村镇总人口的6.84%；村庄人口6700万人，占村镇总人口的80.71%。全省建制镇建成区面积1683.3平方公里，平均每个建制镇建成区占地2.14平方公里，人口密度6129人/平方公里；乡建成区974.12平方公里，平均每个乡建成区占地1.03平方公里，人口密度5826人/平方公里。

【村镇规划】 2009年，全省除郑州市2个市辖区、洛阳市5个市辖区、平顶山4个市辖区共11个市辖区不需要编制村庄布局规划外，其余147个县（市、区）全部编制了村庄布局规划。建制镇总体规划累计完成733个，占所统计建制镇总数的93%；乡规划累计完成777个，占所统计乡总数的82%；有规划的行政村23712个，占所统计行政村总数的54%。2009年，全省村镇规划编制投入资金1.69亿元。

【村镇建设】 2009年，全省村镇建设总投入336.26亿元。其中，村镇住房建设投入191.92亿元，公共建筑投入37.98亿元，生产性建筑投入56.42亿元，公共设施投入49.94亿元。分别占村镇建设总投入的57.07%、11.30%、16.78%和14.85%。

2009年，全省村镇房屋竣工建筑面积4867.71万平方米，其中住宅3421.82万平方米、公共建筑558.28万平方米、生产性建筑887.61万平方米。2009年底，全省村镇实有房屋建筑面积270251.28万平方米，其中住宅242089.67万平方米，占89.58%；公共建筑13334.27万平方米，占4.93%；生产性建筑14827.34万平方米，占5.49%。全省村镇人均住宅建筑面积29.88平方米，其中建制镇建成区人均住宅建筑面积29.84平方米，乡建成区人均住宅建筑面积29.73平方米，村庄人均住宅建筑面积30.06平方米。市政公用设施建设在建制镇、乡建成区内，年末实有供水管道23740公里，排水管道6442公里，排水暗渠3452公里，铺装道路18916公里，铺装道路面积13945万平方米，公共厕所6405座，生活垃圾中转站874个。建制镇建成区用水普及率77.12%，人均日生活用水量73.55升，排水管道密度3.86公里/平方公里，人均铺装道路面积9.43平方米，人均公园绿地面积0.38平方米；建成区用水普及率66.53%，人均日生活用水量66.10升，排水管道密度3.49公里/平方公里，人均铺装道路面积9.29平方米，人均公园绿地面积0.32平方米。全省37.89%的行政村有集中供水，用水普及率44.1%，人均日生活用水量52.97升，10%的行政村通公交车或客运班车，25%的行政村对主要道路进行了硬化，5%的行政村有生活垃圾收集点，农(居)民生产生活环境得到较大改善。

五、住宅与房地产业

【概况】 2009年，河南省房地产业得到了快速发展，居住环境明显改善，全省房地产开发投资规模逐年加大，年平均增速在40%以上，全省完成房地产开发投资1553.76亿元，在全国排第9位，同比增长28.9%，占全社会固定资产投资的比重为11%。全年共有4个住宅小区(大厦)获得全国物业管理示范小区(大厦)称号，35个住宅小区(大厦)获全省物业管理示范优秀小区(大厦)称号。全年全省总承包和专业承包建筑业企业正在施工的房屋建筑面积为24421.12万平方米，新开工面积为14649.86万平方米，分别比上年增长11.2%和11.8%。房屋建筑竣工面积为11137.98万平方米，比上年增长8.2%，房屋建筑竣工率达到45.6%。

【房地产业健康发展】 认真贯彻落实国务院办公厅印发的《关于促进房地产市场健康发展的意见》和省建设厅印发的《关于促进全省房地产业平稳健康发展的若干意见》，指导各市结合当地实际采取有针对性的措施，及时总结推广各地好的经验和做法，大力宣传国家、省、市出台的各项政策措施及其成效，合理引导消费预期，营造良好的舆论氛围，增强消费信心，促进全省房地产业持续健康发展。

【积极开展"企业服务年"活动】 下发了《河南省住房和城乡建设厅关于开展房地产企业服务年的通知》，围绕落实优惠政策、规范涉企审批行为、规范涉企收费行为、规范房地产市场秩序、督查保障性住房建设等方面，积极为企业开展服务，切实减轻企业负担，帮助企业解决生产经营中的困难和问题，着力为企业排忧解难。在资质审批、商品房预售、房屋抵押登记、产权登记等方面为企业开辟绿色通道，符合条件的随报随批。进一步加大金融对房地产业的支持力度。积极与省政府金融办联系，积极帮助各商业银行与房地产开发企业建立银企对接平台，为58房地产开发企业融资60亿元，筛选城中村改造项目45个，共41家参与城中村改造的开发企业，积极向金融部门推荐，引导金融机构加大对城中村、城郊村信贷资金投放与支持力度，已达成融资意向38亿元。

【深入开展房地产行业经营环境综合治理工作】 根据《河南省2009年"两转两提"和优化经济发展环境工作意见》的总体部署，与省监察厅联合开展了全省房地产行业经营环境综合治理工作，省住房城乡建设厅印发了《河南省综合治理房地产行业经营环境工作实施意见》，并多次召开各省直部门和部分相关部门参加的联席会议，重点对郑州、开封、洛阳、南阳4个省辖市及部分县进行了督查，对涉及房地产行业的行政审批和收费进行了双向清理。全省共累计完成自查的行政审批项目494项，经过汇总筛选，去掉重复的项目，涉及房地产行业的行政审批项目共52项，涉及行政审批部门14个。累计完成自查的行政事业性收费项目591项，经过汇总筛选，去掉重复的项目，涉及各类收费项目67项，其中行政事业性收费26项，政府基金7项，经营服务性收费21项，其他收费13项。涉及16个部门。根据各市自查报告及实地调研，形成了《全省综合治理房地产行业经营环境情况汇报》，报省优化办审核。

继续推进房地产交易权属登记规范化管理，平顶山、新郑两市被住房和城乡建设部认定为全国房地产交易与权属登记规范化管理先进单位，新安等11个县被认定为房地产交易与权属登记规范化管理单位，年底全省规范化单位和先进单位的比例达78.5%。

认真做好拆迁稳定工作。一是认真开展拆迁矛盾纠纷排查化解，维护社会稳定。为确保全国"两会"期间社会稳定，不发生来自河南的干扰，3月3日，省住房城乡建设厅印发了《河南省住房和城乡建设厅关于做好全省城市房屋拆迁信访工作维护社会稳定的通知》，要求全省建设主管部门认真贯彻落实通知精神，正确把握当前形势，继续开展矛盾纠纷排查化解，认真做好房屋拆迁信访评估工作，加大力度解决拆迁信访遗留问题。全国"两会"期间，全省未发生因拆迁引发的群体性赴京上访事件，为"两会"的顺利召开创造了良好的社会环境。二是加大对拆迁信访突出问题进行专项督查力度。截至10月底，全省共发生拆迁赴京上访54起，178人次，与2008年同期相比基本持平，其中集体访12起，

106人次，占上访总量的59.55%；重复访20起，66人次，占上访总量的37.08%。总体来看，河南省城市房屋拆迁信访批次在全国排名第十二位，比2008年下降2名；信访总量排名全国第十位，比2008年下降3名；河南省住房城乡建设厅在住房和城乡建设部信访积案数由第3名降至第15名，信访工作各项排名已进入住房和城乡建设部先进行列，工作成效显著。平顶山市房地产管理局、新郑市房地产管理局获"全国房地产交易与权属登记规范和管理先进单位"称号。

六、建筑业

【概况】 2009年，河南省建筑业发展较快，主要生产指标再创历史新高。2009年，全省建筑业产业规模继续扩大，创造了产业规模新的历史高点。全省总承包和专业承包建筑业企业完成建筑业总产值突破3000亿元，达3560.64亿元，增速达到26.1%，超额完成省政府年度责任目标。完成省外产值867.30亿元，比上年增长26.1%，占总产值的比重达到24.4%，比2008年提高0.3个百分点。全年对外承包工程、劳务合作和设计咨询业务新签合同额17.00亿美元，比上年增长23.9%；营业额17.90亿美元，增长40.2%。建筑业对GDP的贡献率明显提高，全社会建筑业增加值1110.23亿元，比2008年增长19.1%，扣除价格因素实际增长21.3%，占GDP的比重为5.7%，比2008年提高0.6个百分点。建筑业对GDP的贡献率为9.9%，比2008年提高6.7个百分点。

【同行业排行名次平稳】 全省建筑业呈现出持续快速增长的态势，建筑业已成为全省国民经济增长的重要支柱产业。继2007年河南省建筑业总产值连续3年居全国第7位，占全国的比重比2008年提高了0.1个百分点。全年建筑业总产值增速高于全国平均水平3.8个百分点，居全国第13位。在中部地区排名第一位，增速排在第3位。

【对经济社会发展的贡献进一步增大】 全年通过建筑业完成的固定资产投资达7243.65亿元，占全省城镇固定资产投资的63.24%。郑西客运专线、河南煤化赵固一矿等一批重大项目建成投用，郑州城市轨道交通一号线一期工程等重点建设项目开工建设，河口村水库等一批项目前期工作取得积极进展。全年新增主要生产能力：大中型煤矿原煤开采900万吨，发电装机容量408万千瓦，11万伏及以上输变电线路1988公里。年末铁路通车里程3926.60公里，高速公路通车里程4860公里。

【中原城市群建筑业发展在全省占主导地位】 全年中原城市群建筑施工企业完成建筑业总产值1320.93亿元，占全省建筑业总产值的62.3%，黄淮地区完成建筑业总产值315.37亿元，占全省的15.2%，豫北地区完成建筑业总产值282.67亿元，占全省的13.6%，豫西豫西南地区完成建筑业总产值185.54亿元，占全省的8.9%。中原城市群建筑业发展在全省的支撑地位日益凸现。

【劳动生产率稳步提高】 全年全省总承包和专业承包建筑业企业按建筑业总产值计算的全员劳动生产率为177214元/人，比上年增长26.0%，增速同比提高12.0个百分点。预计全年实现利润、税金双双突破100亿元，分别达到115亿元、117亿元，分别比上年增长23.8%和18.5%。

【建筑业从业人员结构变化】 全年全省总承包和专业承包建筑业企业从业人员达到199.46万人，比上年增长0.9%。其中，工程技术人员为29.24万人，比上年增长9.4%；一级建造师为1.24万人，比上年增长2.3%。从构成来看，工程技术人员和一级建造师的增速超过了全部从业人员的增长速度，所占比重分别比上年提高1.2个和0.01个百分点。

【建筑业产业结构趋于合理】 全省建筑业企业在市场竞争日益激烈的环境中，不断改革创新，整合优势资源，拓展经营思路，转变经营模式，形成了以总承包为龙头，专业承包、劳务分包为支撑的较为合理的建筑业企业结构，建筑业企业竞争力明显增强。从完成产值规模来看，2009年，全省建筑施工企业完成建筑业总产值超过亿元以上的企业达到600家，比上年增加116家，完成产值2739.93亿元，比上年增长35.1%，占全部产值的70.0%。其中超过5亿元的95家，比上年增加12家，完成产值1716.23亿元，比上年增长38.7%，占全部产值的48.2%；超过10亿元的48家，比上年增加10家，完成产值1400.77亿元，比上年增长53.8%，占全部产值的39.3%；超过20亿元的22家，比上年增加9家，完成产值1028.74亿元，比上年增长93.2%，占全部产值的28.9%。

【建筑业规模效应凸显】 2009年，17家特级企业完成853.67亿元，329家一级企业完成1167.76亿元，1485家二级企业完成880.28亿元，2295家三级及以下企业完成659.23亿元。特级、一级、二级、三级及以下完成的产值分别占24.0%、32.8%、24.7%、18.5%。但这些级别的企业个数分别占全部企业的0.4%、8.0%、36.0%、55.6%。特级和一级企业完成的建筑业总产值占56.8%，企业个数仅占8.4%，规模效应显现。

【建筑业行业类别分布】 2009年在有资质的建筑业企业中，房屋和土木建筑工程建筑业企业2110个，建筑安装业企业584个单位，建筑装饰业企业1084个，其他建筑业企业348个，分别占全部企业个数的51.1%、14.2%、7.6%、10.8%。完成产值分别为3088.93亿元、296.25亿元、72.6亿元、103.15亿元，分别占全部企业个数的86.7%、8.3%、2.0%、2.9%。随着房地产市场的快速发展、铁路建设投资力度的加大，这两个建筑行业完成产值明显增加。2009年，房屋工程建筑完成产值达到1625.92亿元，占全部产值的45.7%；铁路、道路、隧道和桥梁工程建筑完成产值1134.56亿元，占全部产值的31.9%。

【国有和中央部属企业骨干作用继续发挥】 2009年，有资质的国有及国有控股企业361个，比上年减少1个，完成建筑业总产值1489.06亿元，比上年增长38.6%，高于全部企业产值增速12.5个百分点，占全部企业产值的比重达到41.2%。全员劳动生产率达到35.2万元/人，增长53.2%，高于全部企业增速9.2个百分点；中央部属企业仍是行业的主力军，65个企业完成产值1110.84亿元，增长53.3%，高于全部企业产值增速27.2个百分点，占到全部产值的31.2%。全员劳动生产率达到50.2万元/人，增长53.2%，高于全部企业增速27.2个百分点。

【建筑业科技创新成效显著】 积极组织引导企业开展建设工程科技创新，组织开展建筑业工法、新技术示范工程应用评审申报。2009年，由河南六建建筑集团有限公司和海南卓典高科技开发有限公司完成的《新型螺杆灌注桩施工工法》获国家一级工法。由中铁十五局集团有限公司完成的《CFZ—1500型冲击反循环钻机钻孔桩施工工法》、河南省第五建筑安装工程(集团)有限公司和河南国安建设集团有限公司完成的《聚丙烯(PP—R)管道制作安装工法》、中铁隧道集团有限公司完成的《条形基础盖控逆作施工工法》、《城市地下工程微振爆破工法》、《饱和动水砂层TSS管固砂堵水注浆工法》获国家一级工法(升级版)。由河南六建建筑集团有限公司和河南省第二建筑工程有限责任公司完成的《新型柔性防水套管制作与安装工法》、河南省第一建筑工程集团有限责任公司和河南国基建设集团有限公司完成的《玻璃钢外模异型混凝土结构施工工法》、河南省第二建筑工程有限责任公司和河南六建建筑集团有限公司完成的《筒仓上部钢结构滑模托带施工工法》、中铁二十五局集团有限公司和河南国安建设集团有限公司完成的《索梁体系无站台柱雨棚钢结构安装工法》、河南泰宏房屋营造有限公司和新蒲建设集团有限公司完成的《种植屋面施工工法》、河南泰宏房屋营造有限公司和河南红旗渠建设集团有限公司完成的《复杂纹饰混凝土装饰板幕墙施工工法》、河南省第五建筑安装工程(集团)有限公司和中国建筑第七工程局有限公司完成的《面砖效果真石漆施工工法》、郑州市第一建筑工程集团有限公司和河南省第一建筑工程集团有限责任公司完成的《内置保温混凝土结构工程施工工法》、河南红旗渠建设集团有限公司和山东聊建金柱建设集团有限公司完成的《模块化同层排水节水系统安装工法》、河南泰宏房屋营造有限公司和河南国基建设集团有限公司完成的《纤维混凝土与既有混凝土粘结施工工法》、河南国安建设集团有限公司和河南省第五建筑安装工程(集团)有限公司完成的《自行车赛场倾角13°~43°渐变赛道施工工法》、平煤建工集团有限公司完成的《立井施工过流沙层整体液压钢板桩帷幕技术施工工法》、河南六建建筑集团有限公司和新蒲建设集团有限公司《电厂锅炉基础直埋螺栓定位》、中国石油天然气第一建设公司完成的《多筒体自提升塔架式火炬安装工法》、湖南省第四工程有限公司和河南国基建设集团有限公司《深基坑微型钢管桩和喷锚网联合支护施工工法》、河北建工集团有限责任公司和新蒲建设集团有限公司完成的《超高墙体单侧模施工工法》获国家二级工法。由河南三建建设集团有限公司承建的洛阳市交通信息中心防汛抗旱调度中心暨档案大楼、河南六建建筑集团有限公司承建的洛阳钼业国际大厦工程和郑东新区CBD商务中心顺驰广场工程获国家新技术应用示范工程，13项工程被评为省级新技术应用示范工程。

将国有资金投资或以国有资金投资为主体的建设项目作为监督重点，相继制定了招投标工作程序、综合计分、综合费率、合理低价、工程量清单、无标底评标定标办法等，建立和完善资格预审制度，最大限度地减少利用资格预审限制和排斥潜在投标人现象的发生。加强对招投标重点环节和中标后合同履行情况监管，认真受理举报投诉案件，严肃查处非法分包、转包等违法违规问题。加大对市场各方主体的监管力度，严格推行市场准入和清出制度，严厉打击招投标中的规避招标、串标围标、提供虚假业绩等不良行为。对招标代理机构开展专项治理，先后取消44家招标代理机构资格；建立健全招标代理市场公信力评估机制，由招标人、监管部门和参与评标的专家代表对代理工作的各个环节进行评估，将评估结果记入招标代理机构信用信息系统，作为企业年检和晋级的重要参考，较好地促进了招标代理市场的规范运行。对评标专家建立了考核、评价、准入、清出等制度，对全省分散的市、县两级评标专家库按属地、专业进行资源整合，建立了专业门类齐全的评标专家库，较好地解决了评标专家资源不足问题。基本建立了专家评标公正度评价制度和专家信用评价档案，详细记载了专家评标的具体情况，加强了评标专家的动态管理。联合监察、检察、财政、审计等部门，对国有、政府投资项目的资格预审、专家抽取、开评标等关键环节实施监督，开展建设工程执法检查活动，进一步净化了建筑市场环境。

全省建设工程交易中心不断完善服务功能，为建设工程招投标活动提供了设施齐全、服务规范的场所，有效地促进了建筑市场的规范运作。积极拓展有形建筑市场服务范围，使之涵盖工程总承包、勘查设计、项目管理、施工、监理、货物采购等工程交易的全部领域。积极推广郑州市交易中心星级化服务模式，提升有形建筑市场服务质量和信息化建设水平。充分开发利用交易工程中积累的造价信息，为投标人自主合理报价提供参考依据。积极推进网上报名、网上招标、网上投标和计算机辅助评标，实现了交易中心信息系统全省联网。最大限度的减少了人为因素对招投标的干扰，最大限度的体现了公开、公平、公正原则，最大限度的满足了交易各方主体的需求。

【建设工程质量监督管理】 2009年，全省建设工程质量监督工作基本上处于受控状态，工程建设强制性规定执行较好，工程项目参建各方的内部质量保障体系日益健全，全省建设工程质量行为进一步规范，尤其是住宅工程质量进一步提高，全省整体工程质量较为稳定。

2009年全省新开工工程5217项，建筑面积4807.26万平方米，在建工程10202项，建筑面积9868.24万平方米，竣工工程4820项，建筑面积3876.75万平方米。2009年新办理监督登记工程30项，建筑面积48.14万平方米，造价6.55亿元；受监在建工程94项，建筑面积204.95万平方米，工程造价27.17亿元。竣工工程88项，建筑面积186.91万平方米，工程造价40.32亿元。

完善建设工程质量监督管理程序，明确质量监管重点。建立标准化监督管理模式，经过修改、完善，通过四类表格架起沟通参建单位方便、快捷的通道；根据现在劳务层的情况，要求各单位加强对工程的质量预控和过程控制；加强监督参建单位质量保证体系和质量管理体系运行情况；要求施工单位和监理单位编制和审批有指导性、针对性的施工方案、技术交底，重点监督强制性规定在工程中的贯彻落实；加大对结构工程、节能工程的监督抽查力度，严格监督地基基础、主体结构、建筑节能工程的验收；加强对检测单位的现场监管，完善检测单位进场备案制度。

加大工程质量执法力度，实行差异化管理，提高监管实效。在工程质量监管中严格按照《建设工程质量管理条例》、《建设工程质量监督工作导则》的要求，以工程建设相关法律法规为准绳，以工程建设强制性标准为依据，对工程实行抽查和巡查。建立省管工程施工、建设、监理企业的质量保证能力和诚信管理档案，在监管过程中，实行差异化管理；严格监督交底制度，明确参建各方的质量责任，并对建筑节能工程，住宅分户验收实施专项交底；加强对工程关键工序、重点部位的抽查、巡查。

在工程质量抽查、巡查中，重点对违反法律、法规、强制性标准规定进行检查，及时发现和消除质量隐患，制止和纠正违规违章行为。根据工程施工的动态性，建立违法事件及时上报制度。全年对在监工程召开施工现场检查讲评会346次，监督交底会29次，下发整改通知书346份，提出质量问题2449条，工程局部停工通知13份，发出督办通知书4份，出具监督报告46份，不良行为记录告知书2份，工程不具备使用条件通知1份。

【对关键工序、重点部位强化监管】 在对施工现场的检查中：重点检查涉及结构安全和使用功能的关键部位、节点；严格检查强制性规定的贯彻落实情况；检查施工图设计审查过程中提出的问题在施工过程中的落实情况；重点检查涉及人身安全、使用功能、室内环境污染控制等的施工质量；严把地基基础、主体结构、节能工程验收关、竣工验收关。

【加强对创优工程的监督和指导】 省直管工程大多建设规模较大，质量标准高，企业创优意识强。深入施工现场召开由建设单位参加的创精品工程研讨会；要求总承包单位对整体工程做好全面质量监控，做到统一做法，统一标准；要求对细部节点做好详细质量监控；依靠科技进步，积极推动新技术、新工艺在省直管工程上的应用。

【做好工程质量监督执法巡查】 开展了全省建设工程质量监督综合执法检查，共对全省18个省辖市、17个县(市)进行了检查。配合省政府移民办公室,对全省安置的三峡移民安置房的工程质量进行了检查。对全省7个市(县)12个点进行了质量检查,面积10万平方米。

【加强工程质量监督机构考核】 对濮阳等12个省辖市所属的南乐县等32个县级工程质量监督机构进行了实地考核。分别对各级建设工程质量监督机构进行社会评议,随机抽检工程质量监督档案及资料,考核工程质量监督机构对参建各方质量行为的监管情况。二是考核执行国家建设工程法律、法规和地方有关规定的情况,建设工程质量监管覆盖率,参建各方质量行为、建设工程实体质量的监管情况等。

【处理工程质量投诉】 全省共受理建设工程质量投诉187起,已处理166起,占总数的88.77%,正在处理21起,占总数的11.23%。从工程质量投诉问题类别分:涉及观感功能的开裂、空鼓问题的共90起,占总数的48.13%;涉及使用功能渗漏的共54起,占总数的28.88%;涉及几何尺寸偏差的共9起,占总数的4.81%;其他问题的34起,占总数的18.18%。

【工程质量奖】 全省共有80项工程获河南省建设工程"中州杯"奖,3项工程获"中州杯"银奖。全省共有14项装饰工程获河南省建设工程"中州杯"奖(省优装饰工程)。由北京建工集团有限责任公司承建的河南艺术中心、河南六建建筑集团有限公司承建的中石化华北分公司科研办公楼工程获2009年度中国建设工程鲁班奖(国家优质工程)。由深圳市建筑装饰(集团)有限公司承建的河南艺术中心音乐厅室内装饰装修工程,洛阳大为装饰工程有限公司承建的洛阳地矿大厦综合酒店1~4层室内装饰装修工程,洛阳新德亿装饰工程有限公司承建的中信重工机械股份有限公司"青年公寓"1~3层内装、亮化工程和19~20层内装及设备、家具配套装饰装修工程,河南红革玻璃幕墙装饰工程有限公司承建的中国一拖技术中心科研楼室外幕墙工程获全国建筑工程装饰奖。由北京建集团有限责任公司、中国航空规划建设发展有限公司、沈阳远大铝业工程有限公司等承建的河南艺术中心工程,水利部小浪底水利枢纽建设管理局、黄河勘测规划设计有限公司、中国水利水电第七工程局有限公司等承建的黄河小浪底水利枢纽工程获第九届中国土木工程詹天佑奖。住房和城乡建设部授予郑州市工程质量监督站、安阳市建筑工程质量监督站、南阳市建设工程质量监督站"全国先进工程质量监督机构"的称号,魏焕义、齐杰、杜德培、李占杰"全国先进工程质量监督工作者"称号。郑州市工程质量监督站、郑州市市政工程质量监督专业站、开封市建筑工程质量监督站、洛阳市建筑工程质量监督站、平顶山市建设工程质量监督站、焦作市建设工程质量监督站、新乡市建筑工程质量监督站、濮阳市建设工程质量监督站、漯河市建设工程质量监督站、三门峡市建设工程质量监督站、商丘市建筑工程质量监督站、周口市项城市建设工程质量安全监督站、驻马店市建设工程质量监督站、济源市建筑工程质量监督站荣获群众满意的基层站所,受到了省政府的表彰。

【强化建筑安全生产管理】 2009年,全省建筑安全生产管理以提高安全管理水平、遏制和减少重特大生产安全事故为目标,以安全隐患排查和专项整治工作为重点,不断加大建筑安全监督执法力度,狠抓主体责任落实,着力提高全员安全素质,强力推进安全质量标准化工作,建筑安全生产形势保持了总体稳定,趋向好转的发展态势。相继召开了全省建筑安全生产工作会议、全省建筑起重设备备案工作会议、省直管工程建筑安全生产会议、全省建设安全监督站(科)长会议,研究部署抓好建筑安全生产工作的措施和办法,有力地推动了安全生产工作的深入开展。省住房城乡建设厅印发《关于进一步加强建筑安全生产工作的紧急通知》、《关于贯彻省委省政府全省安全生产电视电话会议精神认真做好建筑行业安全隐患排查的紧急通知》和《加强冬季建筑安全生产工作的通知》。

2009年,全省共发生建筑施工生产安全事故11起,死亡15人;与2008年同期相比,事故起数减少12起,下降了52.17%;死亡人数减少13人,下降了46.43%,实现了事故起数和死亡人数"双下降"。住房和城乡建设部、中华全国总工会授予由焦作市宏程工程建设有限责任公司施工的焦作煤业集团综合楼工程、河南三建设集团有限公司施工的河洛钟灵小区4号楼工程、河南天工建设集团有限责任公司施工的南阳市淯龙苑商住小区3号商住楼工程、河南省第一建筑工程集团有限责任公司施工的顺驰·中央特区5号地7~15号楼工程"全国建筑施工安全质量标准化示范工地"称号;授予郑州市建设安全监督站、新乡市建筑工程管理处、焦作市建设委员会"全国建筑施工安全质量标准化工作先进集体"称号;授予刘洪、牛福增、岳延峰、张新中"全国建筑施工安全质量标准和工作先进个人"称号。

【提高建筑安全监管水平】 强化安全目标考核。

为进一步强化建筑安全目标管理，省住房城乡建设厅开展了建筑安全生产承诺书制度，18个省辖市建委(局)向省住房城乡建设厅递交了年度建筑安全生产承诺书。省住房城乡建设厅抽调了30多名建筑安全业务骨干，组成了6个考核组，对18个省辖市建委2009年建筑安全生产进行了考核，并对考核情况进行了通报。全省初步形成了一级监督一级、一级对一级负责、上下联动、各负其责的建筑安全生产责任体系和目标考核机制。

对建筑安全实施差异化管理，把工作重点向薄弱环节和关键环节倾斜。对不同安全保证能力的企业、不同类型的工程、不同地区的工程，实施不同强度、不同深度的监督管理。对工程量较大、建筑安全管理落后、发生事故较多的地区实施重点督导，对开发区工程、都市村庄工程等管理薄弱的区域进行重点检查，对深基坑、高大模板支撑、塔吊等危险性较大的工程和易发生事故的关键部位进行重点监控。

加强建筑安全巡查，强化层级监管。省住房城乡建设厅组织了5次建筑安全巡查，对18个省辖市和30多个县(市)建筑安全工作进行督促检查，共检查施工现场288个，发现不安全问题和事故隐患2233条，下达隐患整改通知书268份，停工整改通知书29份。全面实施建筑安全信用公示、监督和失信惩戒制度，及时录入、公示市场主体建筑安全信用情况，通过资质管理、市场准入、招标投标、施工许可、安全监督、表彰评优等环节，强化综合监管，实现了"市场"与"现场"联动。

【安排部署开展"安全生产年"活动】 结合建设行业特点，省住房城乡建设厅印发《河南省建设行业"安全生产年"活动实施方案》，明确建设行政主管部门、建筑施工企业10项和8项具体活动内容。推进"法制保安"和"机制强安"。积极做好《河南省建设工程安全生产管理条例》立法调研，修订完善了《河南省建设工程安全监理导则》。并研究制定有关落实企业安全生产责任、安全文明施工措施费管理等配套措施，推进安全生产管理的制度化、经常化、规范化。

强化"科技兴安"。积极推广建筑施工安全新技术、新设备、新工艺和新材料，省住房城乡建设厅对40余项新技术应用示范工程进行了表彰奖励，有62项新技术、新工艺被评定为省级工法。为提升建筑施工安全管理的科技水平，提高政府监管效率，完善建设工程安全生产监督管理信息化系统，通过试点，开始在全省逐步推广使用施工现场数字化远程监控技术，郑州、新乡、商丘等市已相继开展此项工作，收到良好效果。四是全面推行建筑施工安全质量标准化。

为强化河南省援建四川江油市的工程项目安全生产工作，省住房城乡建设厅编印《援建工程安全文明施工标准化实施指南》，在四川江油市召开援建工程质量安全工作会议，对做好援建工程安全标准化工作提出了要求。随着安全质量标准化工作的不断深入，全省建筑施工现场的面貌有了很大改观，安全防护水平有新的提高，全省有168个工程项目获"省安全文明工地"称号。

强化服务意识。省住房城乡建设厅印发《关于在建筑行业开展企业服务年活动的通知》，要求各级建设行政主管部门创新服务方式、落实服务措施、提高服务质量，积极帮助企业解决实际困难。并组织工作组，到施工企业现场办公，对企业提出的困难和问题，进行了现场答疑和具体指导。各省辖市成立了安全咨询服务队，深入基层宣讲安全生产知识，帮助企业分析诊断安全生产存在的问题和薄弱环节，指导企业建立完善安全生产管理制度。

【开展建筑安全生产"三项行动"】 成立了以主管厅长为组长的河南省建筑安全生产"三项行动"活动领导小组，结合建筑行业特点，印发《河南省建筑安全生产"三项行动"实施方案》，并建立全省建筑安全生产"三项行动"信息月报制度。在全省组织开展了施工现场临时用电安全专项整治，要求各地明确安全隐患排查责任，完善隐患排查机制，加大隐患排查治理力度，把安全管理的重点放在消除大隐患、防范大事故上，确保整治工作取得实效。并针对地铁工程高风险、高难度、多隐患的施工特点，对郑州地铁工程质量安全监管工作进行了专题调研督查，从体制、机制、程序、管理和技术等方面对确保工程质量安全提出了具体要求。全省各级建设主管部门深入开展隐患排查，并根据事故的多发类型，积极开展安全专项整治，据统计，全省共排查建筑施工企业3544家，工程项目11171项，排查一般隐患42822项，其中已整改41878项，整改率为97.8%；排查治理重大事故隐患330项，已整改317项，整改率为96.06%。

河南省住房城乡建设厅印发《河南省建筑施工隐患排查治理督查行动实施方案》，要求各地建设主管部门强化对本地区的建筑施工隐患排查治理情况的督促检查，省辖市、县(市)建设主管部门抽查本地企业在建工程比例分别不低于30%和50%。市级督查覆盖所有县（市、区），县级督查覆盖所有乡（镇），督查工作每月至少1次，每次督查时间不少于6天。省住房城乡建设厅成立督查组，分别于9月和12月，对各地开展建筑安全隐患排查工作情况进行了督查。

强化宣传教育，提高从业人员安全素质。省住房城乡建设厅印发《关于全省建设系统组织开展2009年"安全生产月"活动的通知》，组织全省建设系统以"安全生产月"活动为契机，广泛宣传安全生产的方针政策、法律、法规和安全生产的意义。据统计，各地在安全生产宣传教育活动中，共组织召开新闻发布会或新闻专访23次，各类新闻报道84篇。省住房城乡建设厅在"安全生产月"期间，组织开展了"五个一"（企业法定代表人讲一次安全生产课，开展一次应急救援预案演练，组织一次安全事故隐患举报活动，进行一次全员安全培训教育，开展一次送安全下基层活动）的活动。

严格行政许可，在安全生产许可证审核及延期工作中，把资料审查与现场抽查有机结合，特别对发生过事故、受到通报批评、有过不良行为记录的企业予以重点审查，共吊销了61家不具备安全生产条件的建筑施工企业安全生产许可证；对发生安全生产事故的企业，一律予以暂扣安全生产许可证，并重新进行安全生产条件核查。

同时，强化责任追究，严格按照"四不放过"原则，对2008年以来已结案的事故企业及责任人进行了处理，分别给予12家施工企业、24名项目负责人、33名安全生产管理人员、12名项目总监停止招投标、吊销或暂扣安全生产考核证书等处罚。

印发《关于严厉查处打击建筑施工领域安全生产违法违规行为的紧急通知》，在全省组织开展了一次严厉查处打击建筑施工领域安全生产违法违规行为专项行动，消除了一批严重的安全生产隐患，对一些突出的违法违规行为进行了严厉打击，取得了明显的震慑效果。全省共进行建筑安全执法1186起，其中查出未办理施工许可证和安全报监手续的579起，占48.82%；无安全生产许可证从事施工的21起，占1.77%；对安全隐患拒不整改的261起，占22.01%；无证上岗的215起，占18.13%；抗拒安全执法检查的25起，占2.11%；其他非法违法行为的85起，占7.17%。

【建筑劳务输出成效显著】 2009年，全省建筑劳务工作认真贯彻省委、省政府发展劳务经济，加快建筑业发展的重大战略决策，以全省建筑企业出省施工和建筑劳务队伍输出为中心。全年出省施工人数118万人，创劳务收入116亿元，分别比2008年增加了6万人和14亿元，同比分别增长5.4%和11.7%。

出省"建筑豫军"成效显著。至2009年底，全省共有建筑施工企业7489家，比2008年增加665家，建筑施工企业的竞争力明显增强，形成了一批信誉高、效益好、施工能力强、市场竞争优势明显的总承包企业，全省各地也培育了一批具有专业特色、品牌效应的专业承包、劳务分包企业。林州市、获嘉县、沈丘县的建筑施工，长垣县的防腐、保温施工，平舆县的防水施工已在全国形成了品牌。河南长垣的防腐队伍在全国的市场占有率达80%以上，项城的防水企业在全国的市场占有率达54%。

进一步扩大输出地区，传统的阵地如北京、天津、山西进一步巩固；2008年9月成立内蒙建管处后，2009年发展迅速，进入的队伍超过6万人；西南建筑市场有重大突破，有大量的建筑队伍进入四川，还有一部分队伍进入云南和贵州市场。

队伍素质和施工能力有新的提高。安阳、新乡、濮阳、商丘、信阳、周口、驻马店7市全年在省外承包工程15255项，比2008年增加771项，工程总造价401亿元，比2008年增长63亿元。承接的工程个数和工程总造价同比增长5.4%和18.6%。在省外承接大包工程7034项，造价211亿元，同比增长34%和15%。全省出省队伍在省外创长城杯、海河杯、汾水杯等省市级优良工程967项，创优面积639万平方米。

积极主动地开展对内、对外全方位的建筑劳务合作与交流，搭建各种形式的合作平台，促成外省进豫企业、中央驻豫企业、省内大企业与河南省建筑劳务基地的劳务合作。积极组织出省施工队伍组建劳务企业，共为出省施工的55家劳务企业申报办理了劳务资质和安全生产许可证，为15家出省施工的劳务企业申报办理了安全生产许可证延期手续，确保出省施工企业的需要。

参加河南农民工风采展览展示活动。组织了河南省20多家在京施工企业的3000多名建筑工人参加了省委、省政府在北京农业展览馆举办的"河南农民工风采展览展示活动"。充分展示了河南"建筑豫军"的良好风貌，扩大了河南建筑劳务的影响。

并积极为出省劳务企业服务。共为外出施工企业办理出省施工介绍信830多封，诚信证明400多份，注册备案登记表1200多份，协助上千家出省施工企业在当地办理了注册备案登记手续，组织700

多家出省施工企业在输入地进行了年度检验。为河南建筑劳务输出牵线搭桥。省住房城乡建设厅与江苏省建工局和江苏9家特级企业代表同濮阳、封丘、睢县、商城4个劳务基地县建设主管部门的负责同志和3个劳务企业代表在郑州召开了两省建筑业合作暨劳务洽谈会，会上江苏省施工企业代表同河南省劳务基地县的负责同志就劳务用工进行了洽谈，双方现场签订了5.2万人的劳务用工协议，促进了全省建筑劳务输出。为在天津参加当地考试的7名河南建造师解决了回省注册问题，在山西施工的18名建造师解决了急用建造师证问题。

全力维护河南建筑劳务企业和民工的合法权益。全年各驻外建管处共排解和处理纠纷共30多起，为河南建筑劳务企业和民工追讨工程款和民工工资4000多万元。北京建筑处排解和处理涉及河南省劳务企业的经济纠纷14起，涉及金额2585万元，为河南省劳务企业和民工挽回巨额经济损失。

河南省住房和城乡建设厅与中共河南省委宣传部、省文明办、省人力资源和社会保障厅共同印发了《关于继续开展为当地做贡献、为河南添光彩，争创外出文明诚信企业，争创豫籍优秀务工创业人员活动的通知》，12月，省委宣传部、省文明办、省人力资源和社会保障厅、省住房和城乡建设厅授予安阳市永恒建筑安装有限责任公司等10家企业为"河南外出文明诚信企业"，授予开封市建京建筑劳务有限公司史松国、濮阳市民丰建筑公司丁献波等40名建筑劳务人员为"豫籍优秀外出务工、创业人员"荣誉称号。

【勘察设计行业管理】 2009年，全省勘察设计企业总数达698家，其中甲级115家、乙级316家、丙级267家，企业总数比2006年的578家增加了20.7%；从业人员达5.2万人，同比增加4%；各类注册人员7466人，同比增加40.7%，其中，国家一级注册建筑师508人、一级注册结构工程师959人、注册土木工程师（岩土）311人、其他注册土木工程师1618人；据初步统计2009年完成勘察设计营业收入162元，同比增长105%，4年来年均增长21%，高于同期全社会固定资产投资总额增长速度，有4家单位进入全国勘察设计百强行业。

2009年，共获全国工程勘察设计金质奖3项、银质奖2项、铜质奖5项。这些工程建设项目的建设充分反映了河南省勘察设计咨询业技术能力和设计水平，展现了全省勘察设计咨询业改革开放、锐意创新的崭新风貌。经过全省勘察设计行业的不懈努力，全省有中国石化洛阳石油化工集团总经理阎少春、河南省水利勘测设计有限公司董事长兼总经理翟渊军、中讯邮电咨询设计院有限公司董事长兼总经理韩志刚、原河南省化工设计院有限公司董事长兼总经理杨志敏荣获全国勘察设计行业"十佳现代管理企业家"称号。

【勘察设计质量管理】 2009年，全省市场整顿成效显著，诚信体系建设不断完善。印发了《省外勘察设计企业进豫承接业务登记管理暂行办法》。全省共受理了进豫承接业务登记301项次，经审查办理准许登记259项次，一些违规挂靠、出卖图签、信誉不良的企业被清除出了河南省勘察设计市场。在全省工程勘察与岩土行业诚信评估工作的基础上，对全省设计行业全面开展诚信评估工作，全省198家乙级以上资质的设计企业参与评估，经过省辖市建委推荐，同业专家评审，共评出AAA级信用企业97家、AA级信用企业57家、A级信用企业32家、B级信用企业10家。在《河南省社会主义新农村住宅设计图集（2006年版）》的基础上，省住房和城乡建设厅与省南水北调库区移民办公室配合，在全国开展了《河南省南水北调丹江口库区移民新村设计方案图集》的征集工作。为充分发挥工程建设标准定额的基础性保障作用，河南省主持完成了国家标准《建筑工程室内环境污染控制规范》的全面修订工作，制定发布了10项适应全省实际情况的地方标准；在全省全面实施了工程量清单计价模式，为建立由政府宏观调控、市场有序竞争形成工程造价的新机制发挥了重要作用。

【工程建设标准定额】 2009年，全省加快建立健全工程建设标准体系，扎实推进工程量清单计价改革，完善造价信息服务，加强工程造价咨询企业监管和执业人员管理。配合省有关职能部门转发国家标准58项、行业标准86项，为全省工程建设各方和从业人员提供了经济技术法规依据。组织制定了《蒸压粉煤灰砖建筑技术规程》、《现浇泡沫混凝土墙体技术规程》、《石膏自保温外墙砌块砌体技术规程》、《粘贴法施工保温装饰板外墙外保温技术规程》、《城市供水"一户一表"管道工程水力检测及验收技术规程》、《建筑钢结构防腐蚀技术规程》、《建筑工程混凝土设备基础施工及验收规程》、《既有建筑幕墙安全性鉴定标准》、《河南省建设工程施工现场管理标准》等9项河南省地方标准，主持编制了国家标准《建筑工程室内外环境污染控制规范》和行业标准《建筑钢结构防腐技术规程》，参与完成了国家标准《工程建设标准实施评价标准》的制定。

在全省深入贯彻了《建设工程工程量清单计价

规范》和《河南省建设工程工程量清单综合单价(2008)》，编制完成了《河南省仿古建筑工程计价综合单价(2009)》、《河南省统一施工机工台班费用定额(2009)》、《河南省建设工程工程量清单综合单价(2008)综合解释》；完善了全省现行建设工程计价标准和依据，满足了全省工程建设各方计价定价的需求。

组织完成建筑工程人工费信息价格和城市住宅建设工程造价信息的测算和发布，建立了高层、小高层工程造价指数模型，工程造价信息网络建设进一步完善。完成了《河南省建设工程造价指数》信息发布系统，建立相应软件应用系统，收集符合标准格式的工程计价数据，建立不同时期、不同地区的工程造价指数发布平台。

在严格资质标准和程序的基础上，完成了3家甲级工程造价咨询单位的初审，报请批准27家乙级工程造价咨询资质，按时完成976名造价工程师的初始注册和变更注册，对全省3741名注册造价工程师进行了继续教育和执业培训，大大提高了注册造价工程师的业务水平。

【建筑装饰装修】 2009年，全省建筑装饰装修工作取得显著成绩。全年共实现产值900亿元，上缴利税75亿元，同比分别增长11.11%和13.33%。全省共有装饰装修资质企业1854家，其中施工专业承包资质企业1284家（一级资质24家，二级资质525家，三级资质735家）、设计资质企业111家（甲级资质1家，乙级资质108家）、设计施工一体化资质企业459家（一级资质5家，二级资质159家，三级资质295家），年末从业人员达到约50万人。

以保持全省装饰装修业平稳较快发展为主题，提高效能，服务企业，优化审批流程，取消"工程定额测定费"、"建设工程质量监督费"。完善了装饰装修政策法规体系，认真贯彻《河南省建筑装修装饰管理办法》，推行《河南省家庭居室装饰装修工程施工合同》，编辑出版了《河南省建筑装饰行业管理文件汇编及政策解读》，印发《关于在全省装修装饰行业实行从业人员持证上岗制度的通知》、《关于开展建筑装修使用的室内装修装饰材料专项执法检查的通知》等，为全省装修装饰业的发展提供了政策依据。

强化装修装饰质量安全监管。探索实施省、市二级监管办法，加大省管装修装饰工程的监管力度。全年共发放施工许可办理通知单50余份，质量监督手续30余项，受理安全生产许可证申报企业资料128家，延期申报材料306家，评选了60余项优良工程，审核装修装饰企业188家。

解决装修装饰监督工作经费。与省编办、省财政厅进行沟通，省编办于9月印发了《关于省装修装饰行业管理办公室变更经费形式的通知》，由自收自支改为全额预算管理，其他均不变。省财政厅对经费进行了追加，保障了履行装修装饰市场监管的职能。

【清理拖欠工程款和农民工工资】 2009年，以"清理剩余拖欠，完善落实长效机制，解决信访突出问题，确保社会稳定"为重点，加大清理拖欠工程款和农民工工资的工作力度，成效显著。

认真贯彻落实住房城乡建设部印发的《关于做好农民工工资支付工作的通知》，要求各市进一步完善投诉处理机制，制定应对突发事件的应急预案，落实应急资金。印发了《关于加强房地产项目工程款和农民工工资支付工作的通知》，通知要求对发现存在的拖欠农民工工资行为，各市要严格按照"用工单位负直接责任，总承包单位全面负责"的原则，及时采取有力措施予以妥善解决，确保社会稳定。

采取有效措施，切实做好农民工就业工作。一是加强政策指导和引导，对使用河南省农民工超过一定数量、促进河南省农民工就业有较大贡献的本省和外省建筑企业、劳务企业给予优惠政策。二是积极组织建筑劳务推介，组织建筑劳务基地县与河南省境内施工的大中型建筑企业、建筑劳务企业劳务推介会，促进建筑劳务基地县、大型劳务企业与劳务用工大省的大型建筑企业开展劳务合作，实现用工单位和建筑劳务输出单位的直接对接，提高农民工务工的组织化程度。三是开展省际建筑劳务协作，主动加强与建筑业大省建筑行政主管部门的沟通联系，创造条件，签订协议，尽快形成建筑劳务战略合作伙伴关系，促进河南省建筑劳务出省出境，带动全省建筑劳务队伍提升素质和水平。四是鼓励农民工创业，推动建筑劳务带头人兴办建筑劳务企业，允许个人独资企业或合伙企业申办建筑劳务企业资质。对建筑劳务基地县下放建筑劳务企业审批权限，大力推动劳务基地县建筑劳务企业发展，形成一批有特色、有品牌、有竞争力的建筑劳务企业。

采取果断措施，解决农民工工资拖欠问题。下发督办通知，将领导批示案件和排查的疑难案件作为重点案件分发各市，要求各地加大督办力度，限期上报结果。实行"约谈"制度，对拖欠问题较为突出的县、区，采取约谈主管领导，督促对拖欠案件的协调督办力度,并对周口市川汇区、西平、睢县、方城等县(区)主管清欠工作的副县(区)长进行逐个约谈,促进了拖欠问题的妥善解决。对不积极处理工资拖欠问题,导致民工集体或越级上访的单位,下发拟处罚告知单,要求限期解决。全年共下发拟处罚告知单26份,现场约谈30余家企业,使绝大多数拖欠案件都得到了很好的解决。清理拖欠与信用体系建设相结合,建立拖欠工程款和农民工工资公示系统,将不及时解决拖欠问题的建设单位、施工企业、劳务作业队负责人的名字等情况定期记录,并进行公示,约束企业拖欠行为的发生。已有200多家拖欠单位和个人被记入公示系统。

认真组织摸排,加大房地产行业清欠力度。要求各市对在建项目尤其是房地产、都市村庄(城中村)改造等项目中,农民工工资保障金的缴纳以及相关行政许可的办理、农民工工资拖欠等情况进行逐项排查。实行省、市联动加大协调督办力度,促进问题妥善解决。六是会同劳动保障、公安、工会等部门组成联合执法检查组,对农民工工资支付情况进行为期1个月的专项检查,对重点行业、重点区域以及检查中发现的问题,进行跟踪调查处理。

多项政策并举,认真处理省信访领导小组转办案件。一是将"双清欠工作"与省委维稳办开展的维护社会稳定工作紧密结合,要求各市清欠办建立三个台账,即省领导交办的信访案件台账,各级信访部门转办的信访案件台账,本级受理投诉案件台账。针对问题突出的地区和个案,采取"一对一"的方式专人负责,通过督查督办等措施督促拖欠单位清偿欠款,对于造成恶劣社会影响的拖欠单位,采取更为严厉的处罚措施。省住房和城乡建设厅印发了《关于对严重拖欠农民工工资的施工企业进行严肃处理的通报》,对经省、市清欠办多次督办但拖欠民工工资问题仍得不到妥善解决的山西老区建设有限公司、中航长城工程建设有限公司采取了清除出河南建筑市场的处罚,并暂停河南安基建筑劳务有限公司、中冶京唐建设有限公司、湖北大悟盛兴劳务有限公司在河南省境内工程建设招投标活动,直至拖欠问题得到妥善解决。二是采取媒体集中曝光和跟踪问效相结合,加大对"老赖"案件的曝光力度。通过媒体曝光了山西老区建设有限公司、中航长城工程建设有限公司、河南安基建筑劳务有限公司、中冶京唐建设有限公司、湖北大悟盛兴劳务有限公司5家拖欠民工工资的施工企业,有效促进了拖欠案件的解决。三是为防止大规模的群体上访和恶性事件发生,快速解决突发事件,维护社会稳定,制定下发了应急方案,并要求各市相应建立应对突发事件的应急预案,完善了投诉举报处理网络,向社会公布举报投诉受理地点和电话,保证信息渠道畅通。

已受理各类投诉案件560余起,登记在册260起,涉及金额约1.63亿元。并建立了统分结合的案件处理机制,对于政府拖欠案件,责成各级政府认真督办;对于交通、水利、教育等系统拖欠案件,转交有关部门处理;对已进入司法渠道的投诉案件交由省高院直接督办;对经多次督办仍然未得到妥善解决的案件,采取现场督办、约谈当事人等措施使部分案件得到了妥善解决。

清防并重,加强长效机制建设。一是积极协调国土局、财政局等清欠联席会议成员单位,做好关于建立建设领域工程款和农民工工资防欠工作机制的实施意见的落实。二是积极开展建设领域工程担保。全省实行担保的工程项目已达589个,担保金额达8.21亿元。三是全面做好河南省建筑市场信用信息记录和公示管理办法的贯彻落实,对各市和各扩权县负责施工许可、市场监督、市场交易等工作的人员进行集中培训。已有300多家单位的良好或不良行为被公示。四是对农民工工资保障金的收取实行差别化管理。为减轻农民工工资保证金对企业造成的资金压力,规定近3年无拖欠记录的建筑施工企业,可一次性缴纳50万元应急资金,不再按项目收缴农民工工资保证金。全省农民工工资保障金已累计缴存10.6亿元,农民工工资保障金对解决拖欠工资问题和稳定社会秩序发挥了重要作用。如郑州思达国际数码港项目,因拖欠大量民工工资,导致投诉人围堵,影响社会稳定;新乡市新盾嘉苑住宅小区项目,因拖欠500余万元民工工资,导致约300名民工围堵。经省、市清欠部门多次协调,通过启用农民工工资保障金等措施保持了社会稳定。五是建立农民工维权公告牌制度。全省已设计"建筑领域农民工维权须知"公告牌约2.7万多块,农民工的法制观念和维权意识显著提高。六是大力发展劳务企业。全省已发展建筑劳务企业1600多家,并建有劳务基地18个,吸纳农民工80余万人。并从开展的建筑工程劳务分包专项检查情况表明,全省特级、一级建筑企业使用有资质的劳务分包队伍已达90%以上。

七、建筑节能与科技

【为企业服务和科技管理工作取得新进展】 7家

建筑企业荣获"省级工程技术研究中心"称号，13家企业的技术中心得到了省发改委、财政厅等四部门的联合认定。为推动河南省建筑企业的技术创新，提升特一级企业的核心竞争力，帮助企业扩大市场占有份额，在2008年初优选了13家特一级建筑施工企业纳入了省住房城乡建设厅的技术中心培育计划。通过省住房城乡建设厅的指导和培育，结合企业自身努力，部分企业已初步达到省部级技术中心的基本条件。省住房城乡建设厅积极与省科技厅、省发改委等相关部门沟通协调，得到了相关单位的支持。2009年6月，申报省科技厅验收的9家企业，已有河南省第一建筑工程集团有限公司等7个企业技术研究中心通过省科技厅组织的专家评审，并已正式批准建立"企业技术研究中心"。另外由省住房城乡建设厅培育的13家特级、一级建筑企业的"企业技术中心"，7月初也得到省发改委、财政厅等四部门的联合认定，为全省特级建筑业企业的资质就位及健康顺利发展奠定了良好的基础。

【建设科技成果推广应用取得新成就】 为进一步加大建设科技成果推广应用力度，通过企业申报、专家评审，组织了30项科技成果进行了推广；完成了56项省建设科技进步奖项的评审，这也是近几年参加省建设科技进步奖评审最多的一年，其中一等奖23项，二等奖25项，三等奖8项。

【建设科技试点示范取得新成效】 共批准18项工程（建筑面积85多万平方米）列入省建设科技示范项目计划，组织验收7项建设科技及建筑节能专项示范工程，面积89万平方米，通过使用新技术，直接经济效益3000多万元，科技成果的直接贡献达7%以上。积极推进低能耗绿色建筑试点示范，全省有6项低能耗建筑、1项绿色建筑列入住房和城乡建设部2009年"双百"试点示范计划。开封市九鼎颂园18号楼低能耗示范建筑的节能率达到70%以上，被住房和城乡建设部能效测评标定为"两星"绿色建筑。通过科技示范，既调动了企业科技工作的积极性，也推动了建设科技成果在工程建设中的广泛应用。

【建筑节能】 2009年，全省建筑节能目标是节约标准煤55万吨，全年完成节约标准煤57万吨，全年超额完成目标任务。全年新增节能建筑2994万平方米，其中省辖市2298万平方米，县（市）696万平方米。全省新建建筑设计阶段节能标准执行率连续两年达到100%，施工阶段标准执行率达94%以上，比2008年度提高了3个百分点，比建设部确定的90%的目标，提高了4个百分点。同时，既有居住建筑供热计量和节能改造取得进展。"十一五"期间，国家分配河南省360万平方米的既有居住建筑供热计量和节能改造任务，经过努力，至2009年底，全省共组织近300万平方米的改造项目，占国家分配河南省任务的83%。按标准完成改造任务142万平方米，占国家分配河南省任务的40%。鹤壁、安阳如期完成改造任务。郑州、安阳、鹤壁、开封等7个城市累计选取935.05万平方米居民住宅和公共建筑进行了热计量收费试点工作。

【可再生能源建筑应用取得突破】 全省2007~2008年批准的21个列入财政部、建设部试点示范项目，已有5个完工待国家组织验收，其他项目进展顺利。通过国家带动，地方推动，全省规模化、规范化可再生能源建筑应用取得了重大突破，累计达600多万平方米。通过年度建筑节能专项检查，总体认为郑州、鹤壁、开封、洛阳4个城市对建筑节能工作目标明确、领导重视、责任落实、措施得力、成效明显；南阳、许昌2个城市工作扎实、发展较快、进步较大。鹤壁市获"全国可再生能源建筑应用示范市"称号。

【新型墙体材料发展情况】 2009年，全省新型墙材革新工作再上新台阶，全年新增新型墙材生产线86条，总产能达52亿标准砖，单线平均产能达6000万块标准砖，比2008年高出1500万块标准砖，较好地完成了各项工作任务。按照第116号省政府令的要求，组织科研单位编制发布了《河南省住房和城乡建设厅关于严格控制非黏土烧结类制品掺配黏土的有关规定》，修订完善了《河南省新型墙体材料确认管理办法》，省住房城乡建设厅印发了《河南省"禁黏"试点城市验收办法》，会同省国土资源厅、省发展改革委制定了黄河滩区黏土砖厂整顿规范实施意见和产业布局规划，促进了整顿规范工作的有效开展。

【促进新型墙材产业升级】 2009年全省新型墙材建筑开工面积约4500万平方米，占房屋开工量的比例达到96%，同比提高5个百分点。新型墙材产量达到330亿标砖，占墙材总量的比例为85%。集承重、保温于一体的新型墙材引领发展方向，如平顶山市研发的节能夹心复合墙产品已在40万多平方米的建筑工程中得到应用，并取得初步经验；新密市的河南和信新型建材公司已成功研制烧结煤矸石保温砖，待标准完善后即可批量生产。洛阳中冶重工机械生产的全自动液压粉煤灰制砖机科技含量较高，市场发展前景十分广阔；开封欧帕自动化有限公司研发的切坯机占据国内70%的市场份额，并远销20多个国家，为提升河南省新型墙材装备水平发挥着重要作用。

八、建设教育

【加强建筑业农民工技能培训】 2009年，继续把加强农民工技能培训作为2009年教育培训工作中的一项重要工作，按照"围绕中心，突出重点，严格标准，力求实效"的工作思路。积极落实建筑业农民工技能培训示范工程。省住房城乡建设厅与省人力资源和劳动保障厅印发了《关于做好河南省建筑业农民工技能培训示范工程工作的通知》，全省有18个市地承担了建筑业农民工技能培训56650人的培训任务。

进一步拓展建设行业职业技能鉴定工作。根据省政府第17号令和全省职业技能培训的需要，进一步拓展了建设行业职业技能鉴定工作，在巩固原有土建、安装、供水、市政、园林等行业职业技能鉴定的基础上，2009年又拓展到全省装修装饰行业，在全省装饰装修行业全面实施从业人员持证上岗制度，并实现了在河南省装修装饰行业从事特殊工种的从业人员持证上岗比例达100%，其他工种的从业人员及关键岗位管理人员持证上岗比例达60%的目标。

2009年与省人力资源和劳动厅共同下发了《关于建设行业2009年技师考评有关问题的通知》，落实了2009年建设行业技师、高级技师考评工作。共有23个工种的63名技师、17个工种的62名高级技师，经过理论培训考试、实操鉴定和答辩，并经建设行业技师、高级技师考评委员会评审，取得任职资格。四是加强与其他部门联合，多方争取培训资金。加强与农业、劳动、艾滋病防治工作办公室等部门联合，积极筹措资金，用于建筑业农民工进行技能培训和继续教育培训。与农业厅联合，利用"阳光工程"资金对新进入建筑业农民工进行转移就业培训；与艾防办联合，利用艾滋病防治资金举办了多期艾滋病防治知识师资培训班，并在建筑工地农民工学校采用播放光盘等形式对建筑工地上的农民工进行防艾滋病宣传教育；还对村镇建筑工匠进行了技能培训，又与劳动部门联合，利用就业专项资金，培训建筑业农民工5万余人。

充分发挥各类培训机构的作用，大力推进建筑工地农民工业余学校建设，从施工技能、质量安全、维护权益、职业道德等方面提高培训的针对性和实效性。组织全省建设企事业单位中的施工、材料、安全、劳资、计划、机械、资料、测量、试验、物业管理等管理人员进行集中培训，共有4.8万多人参加培训考试，并取得了"建设企事业单位专业管理人员岗位证书"。为加强建设职业技能鉴定工作，规范职业技能鉴定站管理，对持有建设行业2005年考评员和高级考评员胸卡和证书的人员进行考核并换发新证。开展《建筑节能工程施工质量验收规范》的宣贯培训。加强关键岗位管理人员证书复检。把参加继续教育的人员统一录入"河南省建设行业从业人员信息管理系统"，实行网上实时查询。

【强化建设系统领导干部培训】 为了进一步加强城乡建设工作，解决城乡建设存在的突出问题，提高城市化和城市现代化水平，提升领导干部战略决策水平，杜绝在城市建设中乱拆、乱建、重复建设造成社会资源浪费现象，加快培养专家型、复合型、经济型管理人才，2009年，与住房和城乡建设部、国家行政学院联合举办了城市规划与建设知识专题培训班，对全省18个省辖市、20个县级市的市委书记、市长、分管城建工作的副市长和省辖市城建局长共79人进行专题培训。

【加大了装修装饰从业人员培训力度】 针对装修装饰业发展快、各地发展不均衡、从业人员持证上岗率低的特点，把培训工作的重心转移到引导培训方向、培育培训市场、研究培训模式、实施培训指导、规范培训行为、提供培训服务。全年共举办培训班13期，培训人员1787人，上报材料1937份，颁发证书2385个。

【工程检测人员培训】 依据《河南省建设工程检测人员管理办法》，对全省检测从业人员上岗证书2009年底到期的人员组织了继续教育培训，共举办培训21期，3000多人。根据《河南省建设工程质量见证取(送)样程序与人员管理办法》，共举办3期见证取(送)样培训，培训4000多人。

【工程检测机构考核】 对25家29项新申报的检测机构进行审查与现场考核。组织专家对2008年检测资质动态考核未进行现场考核的检测进行现场考核，共56家65项。四是全省垃圾处理场作业设备全部配置到位。全省需配备作业设备的116个市、县，分别与郑州宇通集团、洛阳一拖集团签订采购合同，作业设备全部配置到位，并投入垃圾填埋场的作业运行。

（河南省住房和城乡建设厅）

湖 北 省

概 述

2009年是湖北省城乡基础设施投入多、城镇居民住房保障力度大、市政设施水平提高快、城乡面貌变化显著的一年。

住房保障力度持续加大。廉租住房建设加快，全省新开工廉租住房项目146个，建筑面积243万平方米，新增廉租住房保障17.2万户，总投资32.53亿元。经济适用住房制度得到改进和规范，全省经济适用住房开工328.05万平方米，竣工267.17万平方米，解决了3.07万户低收入家庭的住房问题。棚户区改造和农村危房改造取得初步成效。全省启动棚户区改造25个，面积63万平方米。农村危房改造圆满完成了国家下达湖北省的2.36万户改造任务。公积金支持住房保障和住房消费的作用进一步增强。

规划编制工作不断深入。区域规划编制与研究取得新的进展。全面实施《武汉城市圈"两型"社会建设空间规划》，完成了《鄂西生态文化旅游圈生态建设规划》的编制，深化和启动了《长江经济带城镇布局规划》等区域规划的编制工作。城乡总体规划编制试点稳步推进。仙桃市、鄂州市城乡总体规划通过评审，随州、黄冈、荆门等城市总体规划的修编(修改)、审查或报批工作已完成。严格规划管理基本制度，认真开展了房地产开发中违规变更规划、调整容积率的专项治理和突出问题排查，查处违法违规调整项目315项，补交规费和罚款1.6亿元。

城市基础设施建设力度继续加大。修订了"楚天杯"创建《考核办法》和《考核标准》，建立年度考核指标季报和不定期检查制度，使创建工作常态化。各地以"楚天杯"创建为抓手，不断加大基础设施建设力度，积极开展城市环境综合整治，一大批功能性、生态性基础设施相继建成。全年完成市政公用基础设施投资428亿元，城市功能得以提升，居住环境明显改善。省级风景名胜区三年综合整治考核验收。评比命名省级园林城市(县城)10个、省级园林式单位70家、园林绿化优质工程37项。

城市管理水平不断提高。积极推进城市环境综合整治，加大违法建设查处力度，城市市容环境面貌得到较大改善。坚持依法行政、文明执法，推进管理重心下移，在抓基层、打基础、促长效方面取得较好成效。注重城市管理体制研究，加强执法队伍建设，全省城市管理和队伍建设水平较过去有了长足进步。按照"机构设置科学化、人员编制标准化、执法保障规范化"的要求，在襄樊、咸宁等地进行了城管执法队伍规范化建设试点工作，全省6个城市的城管机构确定为政府工作部门。

新农村建设扎实推进。全省730个建制镇基本完成总体规划编制任务，207个乡集镇有195个完成规划编制任务，2.6万个建制村有1.5万个编制了村庄规划。全年完成村庄整治项目投资13.2亿元，完成了2200个村的村庄环境整治。仙洪试验区、鄂州城乡一体化、省级旅游名镇和旅游名村创建工作、南水北调移民新村建设均取得明显成效。

建设领域节能减排积极推进。全年新建成污水处理厂49座，设市城市污水处理率达到70%，提前一年实现"十一五"规划目标。全年新建成并通过省级无害化评定垃圾处理场6座，城市生活垃圾无害化处理率达到40%。省人大颁布了《湖北省民用建筑节能条例》。建筑能效测评标识工作启动，省级和武汉市建筑能耗监测平台建成并运行。各市州城区建筑节能标准设计阶段执行率达到99.7%，竣工阶段执行率达到92.1%。"禁实"、"禁现"成效明显。列入国家第三批限时"禁实"的8个城市城区"禁实"率达到100%。新型墙材应用占墙材总量比例较三年前增加了一倍，达到70%。水泥散装率达到42%。各市州主要城区商品混凝土得到全面推广使用。

房地产业平稳发展。2009年湖北省房地产业发展在应对金融危机中发挥了重要作用。全年房地产开发完成投资1200亿元，同比增长30%。在投资上升的同时，投资结构进一步优化，中小套型普通商品房住房投资增长较快。建筑业保持良好发展态势，建筑业企业规模和综合实力不断增强，全年建筑业总产值超过3409亿元，实现增加值650亿元，上缴税收120亿元。16家建筑企业入选湖北百强企业，建筑业在全省经济社会中的支柱产业地位日益突出。勘察设计行业营业收入294.69亿元，比上年增长19.45%，其中工程勘察收入在全国排名第一。抗震防灾专项规划编制工作进展顺利。无障碍设施建设水平不断提高，武汉市无障碍设施建设经验在全国推广。

行业安全得到强化。组织开展了城市供水水质专项调查和全省燃气设施运行安全、供水单位消毒剂使用管理专项检查，保障了城市供气、供水安全。继续开展节水型企业（单位）创建活动，大力推进节约用水，评定节水型企业（单位）50个。加强对城市在建桥涵、轨道交通等重大基础设施的监督管理，保证了工程质量安全总体受控。建筑安全生产形势总体平稳。全面开展了"三项行动"和"三项建设"活动，有效消除了安全隐患。全省建筑施工安全事故同比下降28%，死亡人数下降38.2%，实现了安全生产责任目标。

切实维护建设领域和谐稳定。各地认真开展拆迁矛盾纠纷和积案排查化解活动，探索合理化补偿机制，加大还建安置力度，避免了群体性事件和恶性案件的发生。维护农民工权益，认真做好拖欠民工工资案件的调查处理工作，有效防治了建筑领域发生新欠行为。净化施工环境，积极组织平安建筑工地、平安住宅小区创建活动。

党风廉政建设进一步加强。认真贯彻中纪委十七届三次会议和省纪委九届四次全会精神，坚持标本兼治、综合治理、惩防并举、注重预防。坚持把党风廉政建设和反腐败工作摆在重要位置，与业务工作一起部署，一起落实，一起检查。制定了非经营性政府投资项目"代建制"规定和住房公积金管理规范，"三公一金"专项治理效果明显。按照省委、省政府统一部署，深入开展"作风建设年、能力建设年"活动，立足岗位，结合实际，查找问题，认真整改。按照"减程序、减时限、减费用"，"零障碍、低成本、高效率"的要求，进行了行政审批事项清理，行政审批事项由75项缩减为25项，减少三分之二，行政审批时间在原法定期限的基础上缩减了三分之一，实施了行政许可事项网上审批，并不断完善"重点工程绿色通道"，主动上门服务重大项目建设，受到社会好评。

一、住房保障

【住房保障】 湖北省政府工作报告将廉租房建设纳入年度十件实事之一。2009年初召开了廉租房建设电视电话会议，全面部署住房保障工作。各地建立了住房保障工作机构和实施机构，基本形成了市、区、街道三级网络的工作格局。开展了城市低收入住房困难家庭摸底调查，制定了2009～2011年廉租住房保障规划和年度计划，设立了廉租住房保障服务窗口。出台了系统的政策和规范性文件，完善了实施住房保障操作程序和操作办法，建立了严格的申请、审核、公示制度，制定廉租住房准入和退出、出售以及后期管理的相关政策，确保住房保障工作的公平、公开、公正。加大政策扶持力度。在廉租住房建设上，各级政府实行了一系列的扶持和优惠政策。省级财政对省内37个享受西部政策的县市和神农架林区廉租住房建设给予200元/平方米的投资补助；各地实行了廉租住房建设用地绿色通道，对廉租住房建设行政事业性收费实行减免，据不完全统计，各地减免行政事业性收费、政府基金、服务性收费多达40余项。建立了保障性安居工程建设进展情况通报制度，定期向社会公众通报工作进展情况，接受社会监督。棚户区改造和旧城区综合治理工作取得初步成效。全省城市棚户区（旧城区）700多个，房屋建筑3000多万平方米，居民家庭48万户，其中低收入家庭30万户。2009年全省启动棚户区改造25个，40多万平方米。武汉市青山区桃园、凤凰山片棚户区、黄石大冶铁矿工矿棚户区、丹江口库区土坯房棚户区等改造项目，都取得了较好的效果。启动了黄石市公共租赁住房建设试点工作。黄石市成立了非盈利性政府住房投资公司——众邦住房投资公司，公司将采取独资或者投资合作与入股的形式支持公共租赁住房建设，通过市场运作、腾地发展以及公共租赁住房租金收入、出售公共租赁住房收益，回收投入资金。试点工作得到住房和城乡建设部的肯定和支持，并将黄石市纳入国家公共租赁住房试点城市。保障性住房建设的金融合作取得初步进展。通过积极争取，湖北省保障性住房建设得到国家开发银行支持，合作的框架性协议正在拟订。

【住房公积金】 公积金支持住房保障和住房消费的作用增强。缴存人数快速增加，保障范围不断扩大。截至2009年12月末，全省职工个人住房公积金账户数达392万户，扣除封存因素，正常缴存337.06万户，较2008年底分别增长39.53万户和21.75万户，增幅分别达11.2%、6.9%，保障覆盖率突破70%。资金归集额较快增长。全省新增住房公积金167.22亿元，较2008年增加20亿元，增幅为13.5%，累计归集住房公积金827.05亿元。住房公积金个人贷款发放大幅增加。共发放住房公积金个人贷款 123.19 亿元，较 2008 年增加 70.9 亿元，增幅达 135.6%，支持 6 万户职工解决了住房问题。

二、住宅和房地产业

【房地产市场】 认真贯彻落实扩大住房消费、稳定市场的政策措施，发挥房地产业对经济增长的拉动作用。全省各级房地产主管部门在认真贯彻落实国家稳定房地产市场政策的基础上，结合当地实际积极采取措施稳定市场、促进消费。武汉、襄樊、黄石、荆门、咸宁等地先后制定了贯彻意见，对促进居民住房消费起到了积极作用。省住房城乡建设厅在调查分析房地产市场运行形势的基础上，每月向省委、省政府报送了房地产市场形势分析报告，为领导决策提供了依据。房地产开发投资持续增长。湖北省全年房地产开发完成投资 1200 亿元，同比增长 34.5%。全省房地产开发投资占城镇固定资产投资的比重不断提升，由上半年的 13.8%提高到 15.9%。在投资上升的同时，投资结构逐步优化，中小套型普通商品房和保障性住房投资增长较快。90 平方米以下住房完成投资占住宅投资的 28.2%，同比增长 142.5%；高档住房完成投资占住宅投资的 4.8%，同比下降 10.2%。商品房销售面积逐步回升。国家和省市相继出台的税收、信贷优惠政策有效促进了湖北省自住型和改善型住房消费，全省商品房屋销售面积为 2718 万平方米，同比增长 40%，比销售面积最高的 2007 年还多近 200 万平方米。商品房销售价格基本稳定。上半年，由于资金流动性充裕、通胀预期及投资性需求入市等多个因素的刺激，多数城市商品房销售价格有所上涨。进入 6 月份，商品房平均销售价格上涨到 3801 元/平方米，达到历史最高水平。在严格把关二套房信贷政策的引导下，商品房销售价格有所回落并渐趋稳定，销售均价保持在 3600 元/平方米左右，12 月全省商品房平均销售价格为 3531 元/平方米，同比增长 17.3%。

【市场监管】 加强房地产市场监管，规范开发企业行为。各地继续深入贯彻落实房地产市场宏观调控政策，认真开展房地产市场秩序和交易秩序专项整治，重点对违法开发、无证销售、合同欺诈、虚假广告、恶意炒作、违法拆迁等行为进行了查处。湖北省房地产主管部门配合相关部门对武汉鑫龙翔房地产代理有限公司、武汉金正茂中介公司涉嫌非法集资的情况进行了调查处理。6 月，全省召开房产局开发科长座谈会，布置了 2008 年开发企业资质年检工作，并以资质管理为抓手，强化企业诚信体系建设，规范房地产开发和销售行为，强化商品房预（销）售资金和住宅维修资金监管。积极推进房地产市场信息系统建设，强化信息披露。各地按照住房城乡建设部的要求加快建立健全房地产市场信息系统，完善房地产市场动态监测机制，提高房地产市场监管水平。武汉、黄石、襄樊、宜昌、十堰、荆门、孝感等城市已建成了房地产市场信息系统，实行商品房预销售合同网上登记备案制度，规范商品房合同备案注销、更名工作，为居民提供快捷、便利的服务。宜昌、襄樊继武汉市后被住房和城乡建设部确定为房地产市场预警预报试点城市，两市房地产市场信息系统 5 月份顺利通过住房和城乡建设部的验收，宜昌市房地产信息系统还被评为了优秀。

【住宅产业化】 在促进房地产市场稳定发展的同时，各地以申报国家康居示范工程、广厦奖和住宅性能认定为抓手，着力提升住宅品质。武汉、黄石、襄樊三个城市的 7 个项目已列入国家康居示范工程范畴，有 16 个项目已通过商品住宅性能认定，有 5 个项目被评为"广厦奖"。2009 年，黄石市宏维山水名城项目顺利通过国家康居示范工程验收，十三排棚户区拆迁还建点通过国家康居示范工程预审。武汉市长城·坐标城、华清园和万科高尔夫城市花园三期等项目获得了 2009 年"广厦奖"称号。通过组织实施国家康居示范工程建设，钢结构技术、地温空调采暖热水系统、地板采暖技术、新风系统、外挂式聚苯板墙体保温技术、中水循环系统等多项成套技术运用于实际，住宅的科技含量、功能质量、环境质量和工程质量全面提高。在康居示范工程和住宅性能认定工作的带动下，房地产开发企业住宅生产建设方式逐步转变，武汉、黄石、襄樊等城市大多数项目已采用经过认证的部品建筑产品、外墙保温隔热技术等，省地节能环保型住宅在消费者中的认可度也逐渐提高，为推进湖北省住宅产业化奠定了良好的工作基础。

【城镇房屋拆迁】 积极应对金融危机，合理确定拆迁规模。2009 年，在国家为应对国际金融危机，扩大内需的形势下，各地加大了城镇基础设施和重要工程项目的投入，拆迁规模较往年有一定幅度增加。为避免拆迁规模的大起大落和工作的平稳推进，省住房城乡建设厅进一步加强了拆迁计划管理，全省各地本着总量控制、保障重点、量力而行的原则，合理确定拆迁规模。2009 年全省实际完成拆迁面积约 490 万平方米，与金融危机发生前的 2007 年基本持平，有效减缓了住房被动性需求，为落实中央宏观调控政策和城市建设健康有序发展做出了积极贡献。为确保拆迁工作的平稳顺利推进，全省各地在探索合理化补偿机制、加大安置房建设、解决低收入家庭拆迁安置补偿问题等方面取得了明显成效。加大安置房建设力度，切实解决安置房源。各地根据年度拆迁计划，合理配建经济适用房和安置房的建设数量，将低收入拆迁户纳入廉租住房制度覆盖范围，积极发展住房二级市场，满足被拆迁户产权调换需求。坚持市场价评估原则，合理确定安置补偿标准，解决拆迁购房价差不合理问题。多渠道解决低收入家庭的拆迁安置补偿问题。积极做好拆迁信访工作，维护社会稳定。针对近年来拆迁信访中反映的突出问题，各地完善了拆迁纠纷矛盾排查调处机制，落实责任单位和责任人，大力开展矛盾纠纷排查化解工作，及时解决群众反映的问题和合理诉求，积极稳妥地解决拆迁历史遗留问题，认真做好集体上访的疏导工作，有效防止了拆迁大规模群体性事件和恶性案件的发生。2009年，各地继续下大力做好拆迁信访积案的化解工作，进京上访总量有所减少，在全国排位后移，全年共排查化解拆迁信访积案19件，结案19件，化解息访的14件，达74%，结案未息访5件（3件为法院终审案），全省没有发生因拆迁问题引发的大规模群体性事件和恶性案件，维护了社会稳定。

【物业管理】 加强物业管理行业法制建设。随着《物权法》和《物业管理条例》的深入学习贯彻，省住房和城乡建设厅加强了全省物业管理行业的法制建设。8月，组织全省物业管理行业对新的法律法规和国家高法颁布的两部司法解释《关于审理建筑物区分所有权纠纷具体应用法律若干问题的解释》、《关于审理物业服务纠纷案件应用法律若干问题的解释》进行了学习和交流，并请省内专业律师进行宣讲。全省二级以上资质的物业企业，80%以上聘请了法律顾问。加强住宅专项维修资金管理。上半年，分片召开全省物业科长座谈会，督促各地认真贯彻落实国家《住宅专项维修资金管理办法》及湖北省的有关规定，由向开发商和购房者双边征缴改为只向购房者单边征缴维修资金，尽快将有关政策调整到位。黄石等地还对新旧政策执行中，因标准不一致引起的矛盾进行妥善处理，保证了这项工作的平稳过渡。到年底，全省缴交住宅专项维修资金超过60亿元（武汉市占了33亿元），并出现新房销售征缴率超90%的良好局面。积极探索物业管理新途径。12月，全省物业管理部门在咸宁召开会议，积极探索对老旧小区物业管理的新途径，并把武汉、宜昌、鄂州等市较好的做法在全省进行了总结交流。全省在2009年"五一"前基本上淘汰了白蚁防治的非环保药物，并接受了全国白蚁防治中心的验收检查，受到好评。

【房地产中介】 加强房地产中介收费监管。2009年初，省住房和城乡建设厅就规范湖北省房地产抵押贷款收费问题进行调研，向省政府报送了《关于规范湖北省房地产抵押贷款收费建议的报告》。针对中介评估行业存在的不规范收费，建议省物价部门会同有关部门对企业抵押贷款收费项目进行清理，规范收费项目和标准。商业银行及其工作人员不得以任何形式向房地产评估机构收取中间业务费、业务协作费、回扣及具有类似性质的不合理或非法费用。规范房地产中介机构管理。要求各市、县实现评估机构与房产管理部门完全意义上的脱钩。建立健全中介市场的准入和退出机制，鼓励企业竞争，放宽中介机构省内设立分支机构的限制。建立健全职业诚信要案和职业道德标准，完善行业自律性约束机制。定期对评估机构的执业情况进行通报，增加行业的透明度，继续深入开展房地产经纪机构备案制度和交易资金监管工作。不断提升从业人员业务水平。2009年全省499人参加房地产估价师考试，214人参加房地产经纪人考试。房地产估价师合格人员45人，房地产经纪合格人员24人。核准房地产估价师注册332人，其中初始注册45人，变更注册198人，延续注册89人。核准房地产经纪人注册40人，其中初始注册18人，变更注册2人，延续注册20人。在全省开展了房地产估价报告质量大检查，对房地产估价报告质量有问题的机构，由专家当场纠正。同时对房地产估价机构的档案管理和信息化建设现场指导，取得良好成效。

【房地产交易与权属登记】 为进一步加强房地产交易与权属登记规范化管理，省住房和城乡建设厅对2008年申报规范化管理的9家单位进行了验收，同时做好2009年规范化管理先进单位的创建申报工作。荆州房屋产权管理处和荆门房地产市场管理处被住房和城乡建设部评为了房地产交易与权属登记规范化管理先进单位。不断优化房产系统政务环境。为方便广大人民群众办理房地产权属登记，各地房产主管部门认真做好行政许可事项的"一站式"服务，制定了房产办证指南，简化办事程序、缩短办事时限。各地房屋登记机构已将房屋所有权的登记时限调整为5～6个工作日，比规定的办结时限缩短了24～25个工作日。武汉市国土房产局还开展了"服务效能创建年"活动，为有关单位和企业有针对性发送了"服务指南手册"，在局交易登记中心和汉阳区房产局两个单位开始推行"两证齐发"的试点工作,取得较好效果,得到人民群众的好评。按照新的《房屋登记办法》的要求,为提高湖北省从事房地产交易与权属登记人员的从业素质,举办了全省《房屋登记办法》培训班,对全省600多名骨干进行了培训,取得良好效果。认真做好全省房屋登记官的审核确认和申报工作,提高了房地产交易与权属登记审核人员的素质和能力档次。

三、城乡规划

【区域协调与城乡统筹】 根据省委实施"两圈一带、双轮驱动"的区域发展新战略构想,在完成《武汉城市圈"两型"社会建设空间规划》的基础上,又相继组织或协调开展了《长江经济带城镇布局规划》、《汉江流域城镇发展研究》、《武汉新港空间发展规划》等区域规划编制、研究和审查工作。加强区域重大基础设施建设项目选址管理。加快基础设施建设是湖北省扩大内需拉动经济增长的重要措施,为切实保障湖北省重大基础设施项目的顺利建设,对区域重大建设项目的选址管理,并在具体工作中做到特事特办急事快办,为湖北省区域经济社会协调发展做出了积极贡献,共依法核发了"西气东输淮武支线湖北省段管道线路"、"湖北咸宁大畈核电站"、"福银高速公路十天联络线湖北省段建设项目"、"荆州至岳阳铁路(湖北段)工程"、"国电青山热电有限公司申请办理'上大压小'(2 * 350MW)热电联产工程"等18个区域重大基础设施项目的选址意见书或意见。城乡总体规划编制试点工作稳步推进。仙桃和鄂州城乡总体规划试点工作取得了积极进展。4月,《仙桃城乡总体规划》获省政府批准,成为湖北省第一个获得批准实施的城乡总体规划;8月,《鄂州市城乡总体规划纲要》通过专家评审,建设部城乡规划司唐凯司长亲临评审会指导工作;"支持武汉城市圈建立城乡一体化规划体系试点工作,对鄂州、仙桃的试点工作给予指导和支持"等城乡统筹内容纳入住房和城乡建设部和湖北省合作备忘录。通过仙桃和鄂州在城乡统筹思路、规划引导模式、"两型"社会示范、土地供需平衡、居民点整理、和城中村改造等方面的探索并总结,为城乡总体规划编制的提出了新理念新方法。

【规划编制与实施管理】 在进一步规范城市总体规划修改评估、纲要、成果审查和县城规模核定工作基础上,完成《随州市城市总体规划》、《黄冈市城市总体规划》、《荆门市城市总体规划》、《枣阳市城市总体规划》、《松滋市城市总体规划》、《广水市城市总体规划》等城市总体规划修编(修改)、审查或报批等工作,以及团风、红安、鹤峰等县城规模论证;协助支持咸宁市开展城市发展战略研究;积极与住房城乡建设部衔接黄石市城市总体规划修改评估。组织完成了《荆州历史文化名城保护规划》审查工作。武汉、襄樊、随州、钟祥等城市依城市总体规划、历史文化名城保护规划以及城市紫线划定,开展了历史文化街区、风貌区保护等相关规划的编制工作,逐步形成了较为完善的历史文化名城保护规划体系,武汉市编制的《汉口原租界风貌区青岛路历史文化街区保护规划》获得了2007年度全国优秀城乡规划设计项目二等奖。《城乡规划法》明确了控制性详细规划在城乡规划实施管理中的核心地位并提出了新的要求,在"全省控制性详细规划编制与实施"调研基础上,2009年召开了"全省控制性详细规划工作研讨会"。各地普遍重视控制性详细规划的科学性、规范性及可实施性,加大了推进控制性详细规划编制、审批与实施衔接力度。宜昌市控规编制从关注民生出发,针对不同地段制定适宜的刚性控制和弹性管理的措施,合理确定控规指标,提高土地利用率;荆州市在控规编制前,先研究和编制控规导则,对每个控制单元的编制提出宏观引导,有效避免控规编制的盲目性,保证编制控规时,不脱离总体规划的总体要求。

【规划管理制度化建设】 以增强法规操作性为目标,积极稳妥做好《湖北省实施〈城乡规划法〉办法》草拟工作。通过调研、考察以及不同层次的研讨的基础上,及时向省人大汇报关于《湖北省实施〈城乡规划法〉办法》立法的起草准备工作等情况,拟在城乡统筹、机制创新、程序管理、监督检查等方面作为立法重点,并增强其操作性。加强规划制度建设,积极抓好配套性规章的制定和修订工作。按照《城乡规划法》的要求,对现有的6项省级行政审批事项进行了全面清理,并开展行政处罚自由裁量标准的细化,并及时下发地市征求意见,召开专家座谈会完善标准。同时,各地规划部门也为落实《城乡规划法》,抓紧做好地方配套性规章制度的制定和修订工作,地方城市规划实施管理制度建设取得积极进展,重点加强了规划核实、违法查处、容积率管理等方面相关制度制定,《黄石市建设工程竣工规划核实(验收)制度》、《襄樊市市区中心城区村(居)民建房管理暂行办法》、《孝感市控制和查处违法建设办法》、《荆门市中心城区控制和查处违法建设办法》、《鄂州市主城区商业门店设置管理办法》相继由当地人民政府批准实施。加强"一书两证"集中统一管理,探索城市规划年度实施报告制度。"一书两证"制度是城市规划实施管理的核心,为严格城市规划"一书两证"证书发放领取与管理,维护城市规划行政许可的法定权威性,在实现了全省"一书两证"证书统一印制、统一编号、统一发放、统一公示的"四统一"管理基础上,进一步优化了证书管理系统,同时结合建设部关于城市总体规划实施评估工作的要求,在武汉、黄石、赤壁等城市开展了基于"一书两证"行政许可数据分析的城乡规划实施报告试点工作,并拟在全省设市城市中逐步推行。

【建设用地容积率专项检查】 住房和城乡建设部、监察部根据房地产开发领域违规变更规划、调整容积率等问题联合发出了《关于加强建设用地容积率管理和监督检查的通知》,省住房城乡建设厅和省监察厅及时成立"湖北省房地产开发领域违规变更规划、调整容积率问题专项治理工作领导小组",制定了《湖北省房地产开发领域违规变更规划、调整容积率问题专项治理工作方案》。通过工作部署、自查自纠、全面检查、督查指导、总结分析等五个阶段,组织各市(州)、林区对辖区内房地产开发中违规变更规划、调整容积率问题进行自查自纠,全省自查项目2407项,其中涉及违规调整315项,补交了规费近亿元,严肃了规划的权威性。同时针对房地产领域以政府文件、纪要或领导默许调整或有些部门不按法定程序办理有关手续,既成事实后要求规划部门调整的情况(占25%),特别是开发商、设计单位擅自违建调整的容积率比较严重的现象(占52.6%),从制度建设着手,要求各地进一步完善制度、完善机制,切实解决现行体制及行政管理中存在的漏洞和薄弱环节,采取有效措施,完善规划部门内控制度,并加强与国土、城管、房产、公安等部门的协调配合,建立部门齐抓共管机制。《十堰市城市建设用地容积率规划管理暂行办法》、《仙桃市国有建设用地容积率管理和监督检查办法》等相继出台,《黄石市城市规划用地容积率调整管理办法》已提交市人民政府待发布。湖北省在近期全国房地产开发领域违规变更规划、调整容积率问题专项治理自查情况交流会上,受到了两部表扬。

【规划编制单位品牌创建】 针对规划编制单位技术力量的较大差异,加强了分类指导,促进规划编制工作向纵深发展。各地不断深化城镇体系规划和城市总体规划,全省控制性详细规划、城市设计、生态保护、历史文化街区保护等专业规划数量和质量有了较大提高,《武汉市生态框架保护规划》、《武汉市(都市发展区)整体城市设计》、《襄阳古城控制性详细规划》等具有代表性一批规划在近期开展的湖北省2008年度湖北省优秀城乡规划设计评选中获得好评,湖北省近年在全国优秀城乡规划设计奖评审中,获奖数也始终位于全国前列。

四、建筑业

【建筑业发展】 2009年,全省建筑业企业总量不断增加,共有建筑业企业7375家,从业人员约180万,全年建筑业总产值3409亿元,实现增加值650亿元,上缴税收120亿元。根据省政府《关于为大企业提供直通车服务若干规定(试行)》精神,将36家优势建筑业企业纳入湖北省第二批享受直通车服务企业名单。落实对全省110家高等级资质建筑业企业的重点培育指导,对优势建筑企业坚持优先培育,提供优质快捷的一站式服务,通过扶优扶强政策,淘汰弱小,引导产业结构进一步优化。中央企业中建三局、中交二航局、中铁大桥局以及湖北地方企业如新八集团、武汉建工、山河集团等一批湖北省骨干企业施工产值同比均有较大幅增长。部分专业企业承接大型专业工程的能力明显增强,武汉凌云装饰、黄冈华夏窑炉、黄石殷祖古建、一冶钢构等都承接了2亿元以上的专业工程项目。建筑业企业规模和综合实力增强。在2009湖北百强企业评比活动中,湖北省16家建筑企业入选百强名单,占16%,仅次于制造业和商业,而中国500强中建筑企业仅占6.4%,充分体现了湖北省建筑企业正在异军突起,在湖北省经济社会中的地位日益突出。"走出去"战略发挥重要作用,建筑业优势企业品牌效应逐步显现。全年在境外市场共计完成产值23亿美元,全国排名第六。全省对外承包工程新签合同额与完成营业额均创历史同期最高水平。葛洲坝集团承接的利比亚旧城改造项目,合同金额达到4.06亿美元;十五冶承包的缅甸达贡山镍矿项目,合同额2.2亿美元;武汉凌云装饰公司承接的科威特哈马拉大厦项目,合同额4762万美元。另外,中冶南方还承接了俄罗斯MMK钢厂的设备供货安装项目,中铁大桥局承接了澳大利亚的项目,这标志着湖北省对外承包工程除传统的亚非、中东市场,还成功进入了欧洲、大洋洲市场。湖北省对外承包工程项目已遍布全球60多个国家和地区。

【建筑市场监管】 建立全省工程招标代理机构统计制度。按照省人大常委会统一部署,开展了贯彻落实招标投标法的执法情况检查,全年招标率和应公开招标工程公开招标率均达到100%;开展了全省建筑市场秩序的全面调查，及时掌握全省建设工程建筑市场管理情况。进一步规范建筑市场工程建设各方主体市场行为，全省共受理涉及建筑市场违法分包和违规招投标交易的案件230起，纠正查处市场违规行为190起，整顿和维护了建筑市场秩序。开展了建筑业企业资质监督检查，全省共检查建筑业企业1061家，共有120多家企业经过资质监督检查不合格被淘汰。对11家申报资质企业的弄虚作假行为，按有关规定进行了通报批评和处罚。启动了诚信信息平台建设。健全建筑市场诚信体系，加强对建筑市场各方主体的监管，营造诚实守信的市场环境，启动了建筑市场诚信行为上报系统的建设，开发完成市场信息采集和市场行为公示功能，并在湖北建设信息网上正式开通该平台运行。在省公安厅部署开展除"五霸"百日集中行动中，全省打掉了一批扰乱建筑市场的"行霸"、"地霸"团伙，深入开展了平安建筑工地、平安新建住宅小区创建活动，严打砖砂石霸，整治工地治安环境。积极维护农民工权益和社会稳定，有效防治建筑业领域发生新欠行为，做好拖欠民工工资案件的调查处理工作，积极维护了建筑市场和社会的和谐稳定。开展"四送活动"，在施工现场为农民工发放维权书籍，努力维护农民工合法权益。大力推动湖北省建筑工地农民工业余学校创立、普及，提高农民工整体素质，印发了《湖北省房屋建筑工地农民工业余学校考评暂行办法》。全省全年建筑施工现场共建农民工业余学校523所，培训20多万人。

【工程质量监管】 全省共监督工程14573项，受监工程面积11251万平方米，监督覆盖率99.9%，竣工工程4345项，面积3267.1万平方米，工程竣工验收合格率100%，备案工程4059项，面积3075.2万平方米。多渠道解决工程质量监督工作经费，确保监督队伍稳定。质量监督费取消后，及时向省政府及有关部门汇报情况，争取支持，稳定队伍，尽量减少因取消收费对质量监督工作产生不良影响，积极引导各地争取当地政府批准继续收取监督费等多种形式，解决监督机构的工作经费，确保了监督工作顺利开展。抓好影响民生工程的质量，开展工程质量监督检查。2009年是我国工程质量监督管理制度实施25周年，省住房城乡建设厅及时下发了《关于进一步加强全省建设工程质量监督管理工作的通知》（鄂建[2009]44号文），全面部署了总结25年来质量监督管理工作经验，扎实做好2009年的工程质量监督管理工作。为了加强预拌商品混凝土质量的监督管理，在广泛征求意见的基础上制定出台了《湖北省预拌商品混凝土质量监督管理暂行办法》。编制出台《湖北省建设工程检测管理规程》和《湖北省建设工程检测设备自校规程》两个地方标准。组织专家着手编制《湖北省住宅工程质量通病防治技术规程》地方标准。积极开展了全省工程建设"质量月"活动，全面部署工程质量大检查工作，下发了《关于开展建设工程质量巡查活动的通知》和《关于开展全省建设工程质量检测工作检查的通知》；三是实施工程质量创精品活动。与省质量兴省领导小组办公室联合下发了《关于进一步抓好工程质量精品创建工作的若干意见》，建立了优质优价，"扶强扶优"的创优激励政策。推进了全省工程质量创优工程，继续开展了省优工程评审活动，共有327项工程获省建筑结构优质工程奖，155项工程荣获省建筑优质工程（楚天杯），获"鲁班奖"3项、"国优奖"3项，向各地推荐了9项观摩工程，工程质量创优水平显著提高。

【安全生产监管】 全省共发生建筑施工安全事故18起，死亡21人，未发生较大事故，较之上一年度同期（25起34人），事故起数下降28%，死亡人数下降38.2%。顺利实现省政府安全生产责任目标。出台了《湖北省房屋建筑和市政基础设施工程安全监督办法》，出台湖北省《建筑施工现场安全防护设施技术规程》和《建筑施工现场安全生产管理规程》两个地方标准，修订了《湖北省建筑工程安全文明施工现场（楚天杯）评审办法》，完成了《湖北省房屋建筑施工现场文明施工管理办法》；继续实施安全生产责任目标管理，对2008年全省建设工程安全生产管理目标完成情况进行了考核，并与各地签订了2009年安全生产责任状。按照住房城乡建设部和省政府的要求，制定并下发了《湖北省开展建设系统安全生产"三项行动"的工作方案》和《关于开展全省建筑安全生产"三项建设"的实施意见》，在全省建设系统全面部署了"三项行动"和"三项建设"工作。继续开展安全文明施工现场观摩活动，继续开展省级安全文明施工现场评审活动，共有174个施工现场被评为省级安全文明施工现场。21项工程获全国2008年度"AAA"级安全标准化现场，3家监督机构、4名监督从业人员、4项工程被住房和城乡建设部评为安全质量标准化工作单位、个人和示范项目。省住房城乡建设厅与省消防总队联合开展了在建工程消防安全专项治理督查。针对全国在建城市轨道交通工程事故频发的形势，下发了《在建城市轨道交通工程安全生产监督检查工作方案》。开展了全省安全生产监督检查，全省各地在检查和抽查中共下达限期整改通知书1018份，责令停工整改通知书112份，其他执法文书181份，消除了一大批安全隐患，保持了全省建筑施工安全生产稳定态势。

【勘察设计】 积极推进勘察设计资质管理信息化工作，在全省勘察设计企业中推广使用了《勘察设计资质管理办公平台》，结合资质换证工作开展了企业数据备案。资质管理方面，按照住房和城乡建设部统一要求，开展了全省工程设计资质证书换证工作。全年共受理资质核定、升级、增项、延续（转正）等共310项，其中报部审核资质148项，省厅审批资质162项；为企业办理资质证书变更事项共184项，刻制、更换出图章502枚。全省共有勘察设计企业602家，其中甲级143家，乙级245家，丙级205家。从业人员57316人。全年行业营业收入294.69亿元，比上年增长19.4%，人均营业收入51.42万元，比上年增长6.95%。强化勘察设计质量管理。进一步加强工程勘察设计施工图审查管理工作。办理施工图审查机构资格12家（认定1家、转正8家、升级1家、增项3家），认定审查人员资格125人，重新认定了全省超限高层建筑工程施工图审查人员37人。全年共通过房屋建筑工程施工图审查项目4263个，建筑面积3328.5万平方米，纠正违反强制性标准13105条，杜绝重大安全隐患601处；通过市政基础设施工程施工图审查项目419项，纠正违反强制性标准203条。修订并升级了《湖北省建设工程设计审查信息管理系统》，编制了《湖北省建设工程设计审查信息管理系统操作手册》，举办了新版软件培训班，培训120人次。在湖北日报开展了2008年勘察设计企业综合实力"十强"和2008年新当选4位勘察设计大师的整板宣传。开展了2009年度湖北省工程建设（勘察设计）优秀QC小组成果评选活动，评出2009年度湖北省工程建设（勘察设计）优秀QC小组27个，其中有7个获国家优秀QC小组奖。指导省勘察设计协会下发了《关于开展2009年度湖北省勘察设计行业优秀工程勘察设计评选活动的通知》；开展了2009年度湖北省勘察设计企业综合实力10强评选活动。

【工程监理】 全省共有工程监理企业212个，其中，综合资质1个，甲级70个，乙级71个，丙级70个，从业人员18290人。2009年全行业营业收入11.59亿元，比上年增长20.13%。开展了全省工程监理企业资质证书换证工作，共受理资质申报244家。组织开展了全省工程监理专项检查，抽查了开工在建的房屋建筑及市政公用项目95个，促进了工程监理质量与市场管理。开展了2006年《注册监理工程师管理规定》实施以来湖北省第一次注册监理工程师继续教育工作，举办培训班16期，培训注册监理工程师3000余人。组织全省工程监理员资格考试，报考1365人，考试合格956人。全省现有注册监理工程师4751人，省级监理工程师3387人，工程监理员3024人。

【建筑节能】 省人大颁布了《湖北省民用建筑节能条例》。建筑能效测评标识工作启动，省级和武汉市建筑能耗监测平台建成并运行。和法国开发署历时三年完成了既有建筑节能改造融资机制研究，并召开了国际研讨会。各市州城区建筑节能标准设计阶段执行率达到99.7%，竣工阶段执行率达到92.1%。可再生能源建筑应用向规模化发展，全省新增太阳能光热系统建筑应用718.9万平方米，太阳能光电建筑应用6.94兆瓦，地源热泵建筑应用56万平方米。"禁实"、"禁现"成效明显。列入国家第三批限时"禁实"的8个城市城区"禁实"率达到100%。新型墙材应用占墙材总量比例较3年前增加了一倍，达到70%。水泥散装率达到42%。各市州主要城区商品混凝土得到全面推广使用。全省16个市、州、直管市中心城区"禁现"工作已达标，全省建有商品混凝土搅拌站174座，生产能力6990万方。开展在城市城区施工现场禁止搅拌砂浆工作，转发了商务部、住房和城乡建设部《关于进一步做好城市禁止现场搅拌砂浆工作的通知》，分二批在武汉、黄石等五个城市启动禁止现场搅拌砂浆工作，武汉市现已有19家商混凝土站具备预拌砂浆的生产和供应能力，其中1家已具备35万吨干粉砂浆生产能力，黄石、襄樊、荆门等市正在筹建砂浆企业。开拓农村散装水泥市场，对农村推广散装水泥实施扶持政策，全省农村散装水泥使用（供应）网点有815个。

【建设科技】 积极申报全国可再生能源应用城市示范和农村地区示范，武汉、襄樊、钟祥、鹤峰4个城市获批，共获批补助资金1.06亿元。修订了《湖北省建筑节能示范工程（小区）管理办法》，组织示范项目专项检查和调研。抽选专家对全省部省级建筑节能示范项目进行了专项检查，共检查了11个城市、61个示范项目，同时对各地2005年以来的市、县级建筑节能示范项目的基本情况进行了一次全面调查摸底。武汉市万科香港路8号、楚天传媒大厦、泰跃·金河等5个项目已经通过验收，金都·汉宫、泰跃·金河、巢·NEST3个示范项目进行了能效测评，分别获得三星和二星建筑能效标识。国家批准湖北省2008年度可再生能源建筑应用示范项目6个，补助资金1744万元；国家太阳能光电建筑应用示范项目5个，总装机容量8080kW；申报2010年建筑节能能力建设类中央投资储备项目8个；申报谷城县堰河新村节能抗震示范项目为部"农村住房节能案例"。组织科技研发推广。住房城乡建设部批准湖北省科技项目计划17项；开展省级建设科技成果鉴定12项，产品鉴定24项，推广新技术61项。

【工程建设标准化管理】 湖北省出台《埋地塑料排水管道工程技术规范》、《城市规划信息系统空间数据标准》、《瓶装液化石油气供应站（点）安全检查标准》、《建筑施工现场安全生产管理规程》、《武汉城市圈低能耗居住建筑设计标准》等5项非强制性地方标准。开展了7项省工程建设地方标准清理工作。开展了"中南标"35项标准设计图集的计划立项论证工作，其中新编建筑外遮阳等图集15项、修编民用多层砖房构造等图集20项。组织召开中南标结构图集审查会，通过了混凝土多孔砖房结构构造等3项图集、现浇混凝土空心楼盖等5项图集初步设计。根据住房和城乡建设部、民政部、全国老龄委、中国残联办公厅（室）等四部门开展创建全国无障碍建设城市中期检查要求，国家中期检查组抽查了湖北省武汉、宜昌的无障碍建设工作情况，检查组充分肯定了湖北省的创建全国无障碍建设城市工作，并在住房和城乡建设部中期检查分析会上给予了表扬。10月份湖北省组织武汉、宜昌、襄樊、黄石市建委相关人员赴上海南京等5个城市开展了学习考察活动。在全省范围内积极开展新一轮《城市抗震防灾专项规划》的编制工作，宜昌、十堰、孝感3市完成了规划编制并通过了省住房城乡建设厅组织的技术评审，黄石、咸宁2市的专项规划已编制完成。

五、城市建设

【城镇规划建设管理】 修订了《湖北省城镇规划建设管理楚天杯创建考核办法》，对考核周期、考核方式、考核范围、考核内容和标准等进行了重大调整和完善，加大了对包括城镇环境综合整治等在内的重要涉民事项考核分值权重。6月18日召开了"全省城镇规划建设管理楚天杯创建工作推进会"，组织宣传贯彻《新办法》，并对新一轮"楚天杯"创建活动进行了安排和部署。同时建立了"楚天杯"年度考核指标季报和不定期检查制度，加强了创建工作常态化管理。

【市政工程】 全省全年新（改、扩）建城市道路665.7公里、城市桥梁38座、排水管网660公里、供水管网450公里、燃气管道600公里，建成区绿化覆盖率达到37.9%，绿地率达到31.54%，人均公共绿地面积7.98平方米。完成市政公用基础设施投资428亿元，提升了城市功能，改善了居住环境。

【城市污水处理设施】 全年新建成污水处理厂49座，设市城市污水处理率达到70%，提前一年实现"十一五"规划目标。全省累计处理污水94962万立方米，COD削减16.88万吨，占全省新增COD削减总量的50%以上，分别较上年增加16.7%和26%。组织编印《湖北省城镇污水处理厂运营管理指南》，制定下发《湖北省城镇污水处理厂运行监管办法》，并组织开展排水及污水处理设施运行安全培训，培训技术骨干约300余人次。组织5轮实地督查，开展丹江口、三峡库区项目检查2次，督查面覆盖全省所有县市在建和未开工项目。组织开展全省污水处理建设项目工程质量专项检查和排水及污水处理设施运行安全大检查，覆盖全省所有在建项目和16个市州19个县（市、区）。完善约谈和通报制度。省政府对污水处理设施建设相对滞后的20个县市政府负责人进行集体约谈，每月定期以《污水处理工作简报》和政府网站通报全省设施建设和运行情况。全年编发《简报》10期，通报5期。积极争取建设资金。争取国家第二批拉动内需资金3.16亿元、以奖代补资金8.54亿元，审核下达第三、四批以奖代补资金8.3857亿元。全省77个县市中，除新设立的随县外，均已开征污水处理费，其中75个县市执行了0.8元/吨的征收标准。

【城市生活垃圾无害化处理】 11个垃圾处理项目获国家1.55亿元建设资金支持；新开工垃圾处理项目27个，在建垃圾处理项目提高到43个（含2008年续建项目16个）。建成垃圾处理项目12个，其中7个通过省级无害化等级评定，新增垃圾无害化处理能力142.9万吨/年，生活垃圾无害化处理率由2008年的27.11%提高到2009年的40%以上。编印《湖北省城市生活垃圾处理设施建设指南》，组织举办垃圾处理设施建设专题讲座。建立健全垃圾处理月报制度、通报制度、检查督办制度，组织对部分县市的62个垃圾处理项目进行了2轮实地检查督办，对前期准备工作缓慢、迟迟不能按期开工的15个项目在厅网站进行了公开曝光，对获国家拉动内需资金支持的项目进行了通报。加大对已建成垃圾处理项目无害化等级评估工作的力度，全年共有7个垃圾处理场通过省级无害化等级评估。根据《关于印发〈垃圾处理收费方式改革试点工作指导意见〉的通知》，武汉、黄石、潜江3市积极稳妥地开展了城市生活垃圾处理收费方式改革试点工作。3个试点城市的工作调查研究、改革成本核算、试点实施方案等工作已基本完成。

【城管执法】 城管执法工作进一步强化。起草了《关于加强全省城管执法工作的意见》，并在广泛征求各方面意见。对武汉、襄樊等城市创新城市管理手段和方法，实行网格化管理的经验进行了总结，汇编下发《湖北省城市网格化管理初级教程》，推进网格化管理的实施。按照住房和城乡建设部要求，总结、汇报了武汉市推行数字化城市管理经验。根据省政府要求，研究制定了《全省城管执法队伍建设试点方案》，选定襄樊、咸宁、老河口市和通山县4个市县作为试点城市，并在黄冈组织召开试点工作会议，按照"机构设置科学化、人员编制标准化、执法保障规范化"要求，启动了城管执法队伍建设试点工作。全省6个城市的城管机构确定为政府工作部门。

【风景区综合整治】 省级风景名胜区三年综合整治工作全面完成，并按照规定组织了考核验收。组织专家对环"一江两山"交通沿线景观工程建设进行了实地踏勘，研究提出了山体修复方案。召开了全省风景名胜区综合整治工作总结暨鄂西生态文化旅游圈建设会议，表彰了12家先进单位和38个先进个人，交流推广了典型经验。加强了对西气东输十堰干线管道穿越武当山项目、武汉至黄石城际铁路穿越东湖风景区选线方案、武汉大东湖水网改造、武当山五龙宫索道建设、随州烈山建设项目、武神公路改扩建工程、武当山南岩至五龙索道项目等7大景区重点项目的技术指导和政策支持。省政府成立了湖北省三峡风景名胜区总规编制协调领导小组，启动了三峡景区总规编制工作。组织专家完成了恩施腾龙洞申报国家级风景名胜区的现场考核。开展武当山数字化景区试点工作。

【园林绿化】 全省15个地市基本完成城市绿地系统规划编制。枣阳、钟祥等21个县市也已启动或完成了绿地系统规划修编工作。黄石、襄樊等10个城市还编制了生物多样性保护规划，城市绿化体系规划日趋完善。通过实施"3515"工程，各地以节约型园林建设为主线，充分利用地域特色，增加绿化投入，大力实施点、线、面、环等重点工程绿化配套建设，城市绿地量和绿化水平有了大幅提高。截至2009底，全省城市建成区绿地率、绿化覆盖率、人均公共绿地面积、公园绿地面积，分别达到31.54%、36.5%、7.68平方米和16.46万平方米，较"十五"期末分别增长2%、2%、1.4平方米和0.39万平方米，均位居中部六省第二位，在全国27个内陆省份排位上，由"十五"期末的中等水平跃居到中上水平。在不断增加城市绿地量、改善城市环境的同时，不少城市坚持高标准、严要求，积极组织开展园林城市创建活动，着力提升城市品位，创建成果不断扩大。2009年，全省共有10个市县荣获省级园林城市称号。十堰、襄樊、武汉、宜昌4个国家级园林城市，顺利通过住房和城乡建设部复查验收，鄂州市成功跻身国家园林城市。全省共有36个市县进入了园林城市（县城）行列，其中国家级园林城市（县城）9个，总数位居全国第五位。

【行业安全监管】 组织开展《湖北省燃气行业服务规范》宣贯培训；研究制定《瓶装燃气经营站（点）安全检查标准》，并纳入了2009年地方标准；启动《湖北省燃气安全管理办法》和《燃气场站安全检查标准》编制工作；下发《关于在全省燃气系统组织开展燃气安全检查、分析、整改"三个一遍"工作的通知》，用3个月的时间，组织对全省燃气企业和燃气主管部门安全管理检查、分析、整改一遍，保证了全省供气安全。制定《湖北省水质督察管理办法》，建立健全全省城市供水水质公告制度，定期发布水质公告；组织开展全省城市供水水质专项调查和供水单位消毒剂使用管理专项检查；按照住房和城乡建设部的部署和要求，完成《2009~2012年全省城市供水水质保障和设施改造规划》编报；对纳入国家扩内需的19个新（改、扩）建供水项目不定期实施检查督办，加强技术指导。积极推进节约用水，制定《湖北省节水型企业（单位）申报与考核办法》，规范节水型企业（单位）创建活动。按照《武汉城市圈一卡通专项改革实施方案》，实现了"一卡通"在武汉市地铁、机场高速、商场、报刊零售等7个行业的跨行应用。加大对重大基础设施安全监管力度，组织对武汉地铁和轨道交通建设等项目进行了专项安全检查。

六、村镇建设

【村镇规划编制】 完成了仙洪试验区村庄规划。仙洪试验区407个建制村均已完成了村庄规划，2009年扩区新增的328个建制村的村庄规划编制任务也已基本完成。2009年启动整治的500个村均完成了村庄规划编制任务。

【村庄环境整治】 推进村庄环境整治。列入全省推进村庄环境整治试点的10个县（市、区）和4个镇，完成了村庄环境整治实施方案明确的建设项目。

全年启动了667个村的村庄整治，完成村庄整治项目投资21840万元。开展污水处理试点项目建设。2009年仙洪试验区已开工建设的7个污水处理厂，已完成土建工程施工，进入设备安装调试阶段；完成4个村级污水处理站的主体工程施工，村庄排水沟渠建设有序进行。

【旅游名村创建】 按照省委、省政府关于全省旅游名村创建工作的要求，对各地申报创建旅游名村的单位基础设施条件及前期工作情况进行调研、抽查和初审，形成《湖北省旅游名村创建单位名单》，并由省发改委、省住房城乡建设厅、省旅游局联合下发了《关于下达全省旅游名村创建任务的通知》（鄂发改社会〔2009〕1099号），确定了100个旅游名村创建单位，并按每村5万元补助标准，共下达旅游名村创建补助资金500万元。各地旅游名村创建正按照有关要求组织实施。

【农村危房改造】 国家三部委下达湖北省23600户农村危房改造年度任务，同时下拨补助资金1.18亿元，每户补助5000元。各级政府高度重视农村危房改造工作，抽调精干力量，严格筛选危房改造对象，统一建设面积和标准，健全档案制度，规范操作程序，加强技术服务，严格质量与安全管理，农房改造工作顺利完成年度目标。

【试点中心镇建设】 根据省委、省政府"按照小城市建设规模，在试验区改造建设一批中心镇，使其成为县域的副中心，为农民的稳定转移提供载体"的要求，省住房城乡建设厅进行专项部署，进一步加大工作力度，增强工作专班力量，细化工作方案，赴试点中心镇进行深入调研后，选定仙桃张沟镇、洪湖峰口镇、监利白螺镇为试点中心镇，并确定对口联系处室，确保各项工作落到实处。经充分调研并与试验区三县(市)、镇党委、政府进行认真研究后，制定了《推进仙洪试验区试点中心镇建设实施方案》。各试点中心镇按照建设小城市的总体目标，重新定位经济社会发展战略和发展规模，对原有的城镇总体规划进行了必要的调整、修编。

（湖北省住房和城乡建设厅）

湖 南 省

概 述

2009年是新世纪以来湖南省经济发展较为困难的一年，面对席卷全球的金融危机，湖南省住房和城乡建设系统坚决贯彻落实党中央、国务院和湖南省委、省政府的决策部署，全力推进新型城镇化，努力做好保增长、保民生、保稳定的各项工作，取得了重点建设投资增长36.2%、房地产开发投资增长13.5%、市政基础设施投资增长42%、住房保障及污水垃圾处理设施建设等民生投入增长287.5%、建筑业产值增长20.6%、建设工程质量安全事故死亡人数下降28.8%的"五增长、一下降"的骄人成绩；城市化率达到43.8%，连续7年增速超过全国平均水平。

【住房保障工作成效显著】 2009年3月底，全国保障性安居工程工作会议在湖南省召开，全省各地成立保障性安居工程领导班子和工作机构。省政府办公厅转发省建设厅、省发改委、省财政厅、省国土资源厅《关于进一步加快廉租住房建设的意见》；省建设厅会同有关部门联合印发《湖南省2009～2011年廉租住房保障规划》，明确湖南省3年总体建设目标和年度工作任务。湖南省争取中西部地区廉租住房建设补助资金20.75亿元，省财政安排专项资金2.7亿元，全省各地共投入廉租住房资金41.3亿元，339个新建廉租住房项目全部开工建设，新建、购买、改建等新增廉租住房7.43万套，新增租赁住房补贴7.29万户；新建经济适用住房1.64万套，发放经济适用住房补贴11.7亿元。全省廉租住房累计保障28.55万户。21个试点县计划改造危房2.18万户，实际竣工2.3万户。全年归集住房公积金128.4亿元，发放个人住房贷款109.1亿元；全省累计缴存总额和贷款总额分别达到618.4亿元和357.2亿元，累计提取廉租住房建设补助资金8.5亿元。

【房地产市场健康发展】 2009全年完成开发投资1084亿元，同比增长13.5%，占全社会固定资产投资的14.1%；完成税收244亿元，占全省地方财政收入的近30%。商品住房销售面积突破3500万平方米,同比增长32.3%;销售额941.6亿元,同比增长54.0%,占社会消费品零售总额的19.2%。商品住房价格稳中有升,全省商品住宅销售均价2532元/平方米。检查落实省"两办"18号文件精神,市场监管强化,吊销12家非法集资开发企业资质,改善房地产投资和消费环境。依法规范拆迁行为,全省未发生恶性拆迁事件。

【城镇污水和生活垃圾处理设施建设强力推进】 2009全年完成投资98亿元,为2008年的5倍,新建成投入运行或试运行污水处理厂75座,新增日处理能力181.8万吨,形成COD年削减能力13.3万吨,新增运营项目个数和管网长度全国排名第一。组织召开2次全省性会议进行部署督促,开展3次现场督查和考核验收,请省政府领导出面约谈2轮,下发通报6次,采取多家新闻媒体曝光、邀请省人大领导视察、组织若干个专家组长年在市县指导、提前建成投产给予适当奖励等一系列措施。全年完成垃圾无害化处理设施建设投资10亿元,同比增加5.9亿元。2009年底,全省共建成投产城镇污水处理厂81座,生活垃圾无害化处理场20座,总处理能力分别超过390万吨/日和1.15万吨/日,县城以上城市污水处理率和生活垃圾无害化处理率分别达到48%和40.3%。城市道路、管网、绿化等基础设施相继建成。新批国家级风景名胜区5个。"中国丹霞"申遗项目通过国家提名关、材料预审关和专家实地考评关,崀山风景名胜区基础设施水平得到全方位提升。

【建筑节能工作扎实开展】 湖南全省设区城市建成区内设计阶段节能强制性标准执行率达100%,施工阶段达91.3%,同比分别提高5个和30个百分点。2个项目列入国家太阳能光电建筑应用示范项目,2个项目获批国家级绿色建筑示范项目,株洲市、衡东县成为国家可再生能源建筑应用示范市(县),共争取建筑节能国家补助资金8000万元。开展建筑能耗统计、能源审计和能效公示工作;开展建筑节能、地源热泵、太阳能应用规划的调研和编制工作。工程建设工法、新技术示范工程和企业技术中心建设等技术创新工作取得重大进展。

【重点建设迈上新台阶】 2009全年完成投资突破1000亿元大关,达1230亿元,重点建设投资增长36.2%,对全省经济增长贡献率超过10%。开辟前期审批"绿色通道",参与铁路、高速公路、电力等项目前期工作,完成娄怀、洞新、郴宁3条高速及长株潭城际铁路、沪昆铁路客运专线项目途经风景名胜区的建设选址和规划选址工作。解决武广新长沙站交叉施工等110多个项目建设中的问题,并为10个重点项目争取出台了专项优惠政策。开通"湖南省重点建设网"和"重点建设监控管理系统",部分项目通过网络实施监控管理,重点项目建设质量水平提升,全省重点建设工程平均优良率80%以上,全年未发生一起重大质量安全事故。

【建筑业与勘察设计业快速增长】 湖南全省建筑业完成总产值2650亿元,省外完成产值648亿元,实现增加值867亿元,上缴税收119亿元;勘察设计完成初步设计投资额710亿元、施工图投资额1100亿元;全省建筑劳务发展到267万人,实现劳务收入211亿元,分别占全省劳务总量和总收入18%和20%。建筑市场和工程质量及施工安全监管强化。市场方面,加强施工图审查管理,推进勘察现场见证制度落实;建立工程建设违法违规行为举报制度,全面引入社会监督机制;项目、企业及执(从)业人员监管信息平台完善;不良行为记录公示制度继续实施,全年公示418家企业不良行为记录;新颁发《湖南省建设工程工程量清单计价办法》,投标保证金集中监管制度建立;劳保基金统筹管理强化。质量安全方面,理顺监管职能,争取省政府办公厅批转《关于切实做好建筑工程质量安全工作的意见》;落实质量安全责任制,开展4次全省性督查,通报和约谈部分主管部门;严格监督执法,59家责任主体和96名从业人员受行政处罚。全年发生建筑施工安全事故39起,死亡52人,同比分别下降25%和28.8%。4项工程获鲁班奖、50项工程获芙蓉奖、173项工程获省优质工程奖,工程质量一次验收合格率达97.4%,年度鲁班奖获奖数量为历年之最。推动农民工培训,兴建农民工学校2000余所,培训26万人,完成职业技能培训鉴定7万人。

【城乡规划和村镇建设工作取得新进展】 参与长株潭"两型社会"试验区建设。开展城市总体规划修编,湘潭市城市总体规划即将获国务院批准实施。抓好重大规划编制工作,"3+5"城市群城镇体系规划获原则性通过。建设项目规划选址强化,全年共核发100余个建设项目规划选址意见书,涉及投资近3000亿元,完成全省县城以上城市污水和生活垃圾处理设施建设,以及长沙地铁、桃花江核电站等一批重点项目选址。加大小城镇建设力度,开展示范镇(村)、重点镇中间阶段考核评估和"两型乡镇"试点,会同旅游部门组织全国和省级特色景观旅游镇(村)评选活动。村镇规划编制工作加强,90%以上的建制镇、65%以上的乡完成本轮总体规划修编。注重历史文化资源保护，开展第五批中国历史文化名镇名村申报工作。强化规划实施监督，扩大城乡规划监察员派驻范围，开展房地产开发领域违规变更规划、调整容积率问题专项治理，全省共自查项目1887个，补交规费和罚款1.64亿元。

【法制建设、党风廉政建设和精神文明建设取得积极成效】《湖南省实施〈中华人民共和国城乡规划法〉办法》、《湖南省民用建筑节能条例》和《湖南省紫鹊界梯田梅山龙宫风景区保护条例》经省人大审议通过施行。政务公开和依法行政大力推进，行政许可事项、服务事项和非许可行政审批事项在省政府门户网站和湖南建设网上公布。行政复议和行政执法加强，市场主体的合法权益切实维护。落实党风廉政建设责任制和推进惩防体系建设任务，与业务工作一同部署、一同检查、一同落实。组织国庆60周年活动，开展廉政文化"三进"活动和文明行业、文明城市、文明村镇创建工作。信息化建设、城建档案管理、老干、信访、应急、综合治理、建议提案承办、计划生育等工作都有新进展。

一、住房保障

【概况】 2009年，湖南省廉租住房当年共筹融资43.91亿元，竣工筹集廉租住房445.55万平方米、93775套。经济适用住房完成投资24.11亿元，竣工174.28万平方米、21328套；发放经济适用住房购房补贴11.7亿元，购房15476套。截至12月底，全省新增廉租住房保障户数17.34万户（实物保障8.08万户、租赁补贴9.26万户），正在实施保障达到30.63万户，（实物保障11.36万户、发放租赁补贴19.27万户）。

【制度建设】 2009年9月，省政府召开湖南省城市保障性住房建设和农村危房改造工作会议，贯彻落实3月底李克强副总理出席并作重要指示的全国保障性安居工程工作会议精神，周强省长、韩永文副省长到会并作重要讲话，全面部署湖南省廉租住房建设和农村危房改造工作；印发《湖南省2009~2011年廉租住房保障规划》，出台《关于进一步加快廉租住房建设的意见》和《关于湖南省2009年农村危房改造试点的指导意见》。在文件中重点明确了资金筹措的途径，减免29项行政事业性收费和政府性基金及10项经营服务性收费项目，建立廉租住房建设申报审批绿色通道，强调监督管理，加大行政问责力度。

【资金落实】 一是积极争取中央廉租住房补助资金。2009年，中央共下达湖南省廉租住房补助资金20.75亿元，专项用于廉租住房的新建、收购、配建等以及城市低收入住房困难家庭的租赁住房补贴发放。二是省财政建立"以奖代补"廉租住房专项资金。2009年安排3.0亿元（含农村危房改造3000万元）。三是督促市州和县市区落实财政预算、土地出让净收益、住房公积金增值净收益等资金筹措渠道。筹集到位资金20.23亿元。四是创新筹融资模式。如：衡阳市本级采取由市城建投资公司成立具备资质的房地产开发公司向省农行贷款融资1.4亿元建设廉租住房，政府与城建投签订回购合同，房屋建成后交房产局分配管理；永州、娄底、邵阳等市探索试行"共有产权"方式筹集资金；湘阴县、津市市以建设方先垫资建设，验收合格后，再由财政分期付款，解决政府短期内投入不足的难题；汉寿县采取政府供应地块，同时建设商品房和廉租住房，以商品房开发部分收取的土地出让金、税收、规费等有关费用作为地方政府配套资金投入廉租住房建设。

【房源筹集】 长沙市通过加大棚户区改造力度、定向收购廉租住房、在农民保障性安置房项目中配建廉租住房等方式加大房源筹集力度；郴州市将商品房小区配建廉租住房的比例提高到3‰~5‰，并积极探索廉租住房与棚户区改造、危旧房改造、房地产开发相结合的建设模式；湘潭市、岳阳市政府与企业联手定向共建廉租住房；衡阳市探索"租售并举"的建设方式；桃江县收购闲置房屋和毗邻直管公房的私房，实行集中连片改造，建设廉租住房。

【督查协调】 加强工程进度调度，每月调度一次，严格按时间节点推进，确保形成实物工作量；建立廉租住房旬报表制度；全年组织三次保障性住房建设和两次农村危房改造情况督查。永文副省长亲自带队到市州进行督办。基本形成定期督办、定期通报、年终考核、全过程监督的工作机制。

【培训宣传】 组织住房保障工作培训班，对全省住房保障工作人员进行住房保障统计及信息化管理工作培训；组织全省参加住房和城乡建设部举办的城市低收入家庭住房保障规划及新建廉租住房项目相关政策及监督管理培训班；在电台、电视台制作播放住房保障工作系列专题，在《湖南日报》刊登"居者有其屋—湖南省将如何解决低收入家庭的住房问题"等专题文章。

二、住房公积金

【概况】 2009年，湖南省新增公积金缴存职工

29.23万人，同比增长10.25%；归集公积金128.38亿元，同比增长21.1%；发放个人住房贷款109.13亿元，同比增长95.14%；实现增值收益8.13亿元，同比增长62.93%；提取廉租住房建设补充资金3.8亿元，同比增长123.53%。归集总额和余额分别达到618.39亿元和329.4亿元，个贷总额和余额分别达到401.59亿元和248.1亿元。资金安全运作，资产质量进一步提高，住房公积金制度的社会公益性功能进一步发挥。

【加大宣传工作力度】 2009年是《住房公积金管理条例》在全国颁布实施10周年，省住房公积金监管办印发《关于开展住房公积金管理条例颁布10周年宣传活动的通知》，全省住房公积金系统按照省住房公积金监管办的统一部署，开展一系列覆盖面广、形式多样的宣传活动，做到"报纸有文章、电视有影像、电台有声音、网站有专栏、现场有活动"。全省通过开展广泛深入的宣传活动，住房公积金制度影响进一步扩大。

【积极促进住房消费】 2009年，为支持职工购建住房，促进湖南省房地产市场平稳健康发展，全省调整住房公积金使用政策，修订下发《湖南省住房公积金提取管理办法》和《湖南省住房公积金个人住房贷款管理办法》及三个配套规定。放宽提取、个贷条件，提高贷款额度，延长还款期限，刺激住房消费。全年购建住房提取住房公积金39.6亿元，住房公积金个人住房贷款109.13亿元，提取与个贷两项合计用于住房消费达148.73亿元。

【继续开展专项治理】 2009年，根据住房和城乡建设部等7部门的部署，住房和城乡建设厅会同省监察厅、省财政厅等7部门联合下发《湖南省2009年继续开展加强住房公积金管理专项治理工作方案》。省监察厅、纠风办、住房和城乡建设厅、财政厅、审计厅联合下发《关于切实加强住房公积金监管有关问题的通报》，各市州政府和管委会认真落实专项治理各项工作。各市州专项治理领导小组进一步明确相关成员单位的工作责任，加强各成员单位的协调和联动，强化工作措施，采取督查督办、责任追究等方式，加大专项治理工作力度。通过专项治理，2009年全省共收回项目贷款和挤占挪用资金1776.66万元，郴州市"两案"损失已追缴弥补到位，娄底市违规购买国债损失已弥补6000万元，剩余部分已落实补损计划。同时，财政供养人员住房公积金财政配套补贴工作进一步改善，单位应缴不缴公积金和个人住房贷款不还的问题得到有效纠正，内部管理进一步规范，监管措施进一步落实。

【切实推进规范管理】 湖南全省把2009年作为"内控体系建设年"，加强内部管理。进一步完善内控机制建设，健全各项规章制度，规范个贷、支取、财务等业务管理。充实稽核力量，规范稽核程序，扩大稽核广度，延伸稽核深度，加大问责力度。增强风险意识，启动风险评估工作。加强信息化建设，全省住房公积金已基本实现信息化管理。

【着力提升服务水平】 湖南全省把"优质服务"作为2009年的一项重点工作，开展了全省住房公积金服务工作满意度调查。积极开展文明创建活动，加强服务创新，创新服务品种，增加服务种类，不断提高服务质量与服务水平。同时，加强队伍建设，继续推进中层干部聘任制、轮岗交流制、公开招考制。注重教育培训，坚持廉政教育与业务培训两手抓。

三、住宅与房地产业

【房地产开发投资稳步增长】 湖南省共完成房地产开发投资1084.7亿元，突破了千亿大关，增长13.5%，其中民间投资967.5亿元，增长15.4%。投资额占全省固定资产投资比重为14.1%，占比下降2.8个百分点，居中部第四位、全国第十五位。

【房地产用地需求萎缩，出让价格下跌】 湖南省供应房地产用地2660.5公顷，下降18.9%，占全省建设用地总量40.5%。房地产用地出让价格下跌，平均单价为638元/平方米，同比下降14.4%。进入四季度后，土地市场开始升温，供应964.1公顷，环比三季度增长237%，平均单价环比三季度上升3.3%。

【房地产信贷快速增长】 截至2009年12月底，全省金融机构房地产贷款余额1537.5亿元，增长39.0%，增速提高20.7个百分点，高于全省贷款平均增速3.4个百分点。房地产贷款余额占全省贷款余额比重为16.1%，占比提高0.5个百分点。从贷款投向看，开发贷款投放较缓，贷款余额424.4亿元，增长16.6%；个人购房贷款高速增长，贷款余额883.0亿元，增长53.2%；政策性贷款快速回升，贷款余额230.2亿元，增长42.3%。房地产信贷质量进一步好转，开发贷款不良贷款比例5.2%，比年初下降1.6个百分点，低于全部贷款不良率1.9个百分点；购房贷款不良率维持较低水平，为1.0%。

【商品房供应呈现恢复性增加】 商品房施工面积1.37亿平方米，增长28.1%，其中住宅1.13亿平方米，增长29.3%。新开工面积5312.8万平方米，增长25.6%，其中住宅4410.9万平方米，增长

23.2%。竣工面积 2965.2 万平方米，增长 23.9%，其中住宅 2500.5 万平方米，增长 22.6%。

【住房消费强劲增长】 商品房销售面积达 3513.7 万平方米，增长 32.3%，完成销售额 941.6 亿元，增长 54%。销售面积、销售额创历史新高，销售面积居中部第三位、全国第十位；销售额占全省社会消费品零售总额的 19.2%，同比提高 4.4 个百分点。其中住宅 3262.3 万平方米，增长 35.2%，完成销售额 826.1 亿元，增长 61.9%。

【房价稳中有升，商品房空置面积减少】 商品住宅销售均价 2532 元/平方米，仅为全国均价的 56.6%，位于全国第二十六位，涨幅低于全国涨幅 5.3 个百分点。全省商品房空置 458.7 万平方米，减少 0.7%，其中，空置 1~3 年的 289 万平方米，减少 7.2%。

【企业家信心和企业景气指数上升】 受政策利好、商品房旺销的影响，房地产企业家信心指数和房地产企业景气指数逐季上扬，全省房地产市场在景气空间运行。四季度房地产企业家信心指数达到 120.6 点，同比上升 42.2 点，环比上升 5.5 点；房地产企业景气指数达到 125.8 点，同比上升 36.7 点，环比上升 7.7 点。

【房地产税收迅速增长】 全省房地产业共完成税收 244.1 亿元，同比增长 29%，增速比全省财政总收入增速高 14.5 个百分点。房地产税收占全省财政总收入的比重为 16.2%，占比提高 1.8 个百分点；占全省地方财政收入的比重为 28.9%，占比提高 2.7 个百分点；占全省地税收入的比重为 43.0%，占比提高 4.1 个百分点。

四、城乡规划

【概况】 2009 年底，全省总人口 6900.20 万人，城镇人口 2980.89 万人，城镇化水平为 43.2%，比上年提高 1.05 百分点，与全国城镇化平均水平的差距缩小到 3.4 个百分点。全省有 100 万人以上的特大城市 1 个，50 万~100 万人的大城市 6 个，20 万~50 万人的中等城市 9 个，20 万人口以下的小城市 13 个；共有小城镇 1057 个，其中县城 72 个，县以下建制镇 985 个。

【重大战略】 一是积极推进新型城市化。认真落实全省新型城市化工作会议精神和《中共湖南省委、湖南省人民政府关于大力推进新型城市化的意见》，组织拟定《湖南省新型城市化考核评价办法》。

二是加快构建长株潭"3+5"城市群。组织南京大学规划设计院和省城市规划设计研究院联合编制《湖南省"3+5"城市群城镇体系规划》，发挥规划在城市群建设中的统领作用，引导构建"一区三圈一带四轴、轴线整合、极点联动"的空间结构。10 月 23~24 日，省政府组织召开《湖南省"3+5"城市群城镇体系规划纲要》审查会并原则通过规划纲要。

三是积极投入长株潭"两型社会"改革试验区建设。按照建设"两型社会"、统筹城乡一体发展的要求，督促组织长沙市、株洲市对国务院批准的《长沙市城市总体规划》、《株洲市城市总体规划》的实施绩效进行综合评估，明确调整、优化和提升的方向，为下一步城市总体规划修编工作做准备。其中，《长沙市城市总体规划》、《株洲市城市总体规划》评估报告已上报住房和城乡建设部审定，《湘潭市城市总体规划》获国务院批准实施。组织启动长株潭"两型社会"五个示范区规划的编制工作，下发规划编制要点。

【重大会议】 一是召开省规委第二次全体成员会议。7 月 23 日，周强省长主持召开省规委第二次全体成员会议，成员单位主要负责人参加会议。会议形成纪要（湘府阅［2009］79 号），明确要求所有乡镇必须设置乡镇规划建设管理机构，决定从 2009 年起建立全省历史文化资源保护专项资金，决定建立省市共管的长株潭城市群绿心功能区规划管理机制。

二是召开全国房地产开发领域违规变更规划、调整容积率问题专项治理工作会议暨规划处（局）长座谈会。9 月 28~30 日，住房和城乡建设部在长沙组织召开全国房地产开发领域违规变更规划、调整容积率问题专项治理工作会暨规划处（局）长座谈会，交流近期城乡规划工作情况、存在问题、经验教训，以及各地房地产领域违规变更规划调整容积率问题专项治理工作中出现的情况和问题，部署下阶段工作。全国各省、自治区建设厅规划处长，直辖市、省会城市、计划单列市规划局长参加会议。湖南省在会上就全省城乡规划工作和专项治理工作做典型发言。

【城乡规划编制】 不断完善规划编制体系。按照新型城市化和"两型社会"建设要求，部分城市着手启动新一轮城市总体规划修编工作，规划编制重点逐步向村镇体系规划、乡镇规划、村庄规划转移。2009 年底，全省控制性详细规划覆盖城市规划建设区达 85% 以上，85% 以上的建制镇编制完成了镇总体规划，60% 的乡编制完成了乡规划。

加强重点规划编制工作。协调做好全省机场规划工作，会同省机场管理集团公司完成黄花国际机场总体规划修编成果，会同省机场管理集团公司组织编制湖南省民用机场布局规划，会同长沙市政府组织编制长沙航空城概念规划；牵头组织编制省731办基地详细规划，督促规划设计单位先后提交了3次设计方案，经组织专家审查并报梅克保书记审定，已批准实施；贯彻落实周强省长在永州调研时的指示精神，组织开展江永县上甘棠村、女书园普美村及道县濂溪故里楼田村等三个古村落的保护规划编制工作，先后两次组织专家现场考察并审查保护规划，设计单位已编制完成规划成果。

组织开展全省城乡规划优秀设计评选活动。按照建设部的有关要求，组织开展2009年度全省城乡规划优秀设计评选活动，以提高规划编制的科学性，提高全省城乡规划设计的整体水平。共评选出一等奖5个，二等奖10个，三等奖18个，表扬奖14个。

【城乡规划实施管理】 制定出台《湖南省实施〈城乡规划法〉办法》。迅速启动《湖南省实施〈中华人民共和国城乡规划法〉办法》的调研和制定工作，期间共召开有关座谈会16次，收集整理有关方面意见2000多条，开展省内外调研20多次，前后修改50余稿。9月，省第十一届人民代表大会常务委员会第十次会议审议通过《湖南省实施〈中华人民共和国城乡规划法〉办法》。因出台时间较早且具有较强的可操作性，被湖北、山东等许多兄弟省借鉴，并在全国性会议上专门介绍经验。

开展城乡规划管理体制课题研究。针对湖南省乡镇规划建设管理无机构、无经费、无人员的三无状态，委托湖南行政学院完成《湖南省城乡统筹规划管理体制改革》课题研究成果，提出湖南省实施《城乡规划法》、改革和完善现行规划管理体制、建立城乡统筹和区域协调的新型规划管理体制的政策建议。课题研究成果提交省城乡规划委员会第二次全会审查。

开展"房地产开发中违规变更规划、调整容积率问题"专项治理。按照住房和城乡建设部、监察部《对房地产开发中违规变更规划、调整容积率问题开展专项治理工作的通知》精神，会同省监察厅制定《关于对房地产开发中违规变更规划、调整容积率问题开展专项治理工作方案》。全省14个市州及部分县市共自查项目1887个，总用地面积18986.33公顷，补交规费14948.11万元，罚款1457.41万元；其中13个地级市自查项目1467个，总用地面积18553.09公顷，补交规费14916.55万元，罚款1308.35万元，无撤销规划许可的项目。9月，会同省监察厅分四个检查组对全省13个地级市的专项治理工作自查自纠情况进行检查，重点对其中变更规划调整容积率的498个建设项目进行抽查，共抽查案卷115个，抽查率达到30%。结合湖南省城乡规划工作实际，制定《关于加强建设用地容积率监管，切实推进城乡规划廉政建设的通知》、《湖南省规范城乡规划管理工作指导意见》等，重点解决违反法定权限和程序擅自改变城乡规划、改变土地用途问题以及在房地产开发中违规调整容积率等突出问题，切实纠正城乡规划领域中的违法违规行为。

强化建设项目规划选址。进一步梳理和规范建设项目规划选址程序，加强对省管项目的规划选址管理，全年共核发100余个建设项目的规划选址意见书，涉及总投资近3000亿，总用地近95000亩。特别是简化程序，集中办理了全省县城垃圾、污水处理设施和沪昆高速铁路、长沙地铁、800kV特高压、比亚迪汽车城等一批重点项目选址工作，在保增长、扩内需、调结构中发挥了先导作用，作出突出贡献。

【小城镇和新农村建设】 开展农村危房改造试点工作。对全省农村危房进行调查摸底，全面了解湖南省农村危房有关情况；组织制定《湖南省农村危房改造试点三年规划（2009～2011）》、《湖南省2009年农村危房改造试点实施方案》；积极争取国家1.09亿元专项补助资金，同时协调落实地方配套资金等。

开展"两型乡镇"试点。根据省委省政府"两型社会"建设的总体要求，选取位于大河西先导区的岳麓区莲花镇作为全省"两型城镇"试点，采取多种方式加大支持力度，通过试点示范，加快推进长株潭"两型社会"试验区建设。组织编制"两型社会"示范镇建设工作方案，实现城镇空间规划、土地利用规划、生态环境保护规划和产业发展规划"四规合一"，全面启动农房和集镇提质改造，加快基础设施建设工作，每年安排200万元支持莲花镇建设，并积极争取省、市、区交通、建设、环保、林业等有关部门对口扶持项目落户莲花镇，通过向银行信贷融资和对外招商引资等方式来筹措资金，共筹措资金达3000多万元，莲花生态休闲酒店等一批项目也落户莲花镇。

开展示范镇（村）、重点镇中间阶段考核评估。为确保全省小城镇特别是14个示范镇、14个示范村和104个重点镇2006～2010年建设目标任务的全面实现，3月，分五组对全省14个市州示范镇（村）及部分重点镇的规划、建设、管理工作开展中间阶段考核评估，总结成绩，查找存在的问题，并明确下一步工作思路和整改措施。组织开展全国特色景观旅游镇(村)评选活动。上半年，按照住房和城乡建设部、国家旅游局的要求，与省旅游局联合开展了特色景观旅游名镇(村)评选活动。对全省各市(州)申报的81个镇(村)，经专家审查、现场复核、评委会评选和公示，确定23个镇(村)为湖南省特色景观旅游名镇(村)，并推荐其中11个镇(村)申报全国特色景观旅游名镇(村)。

【历史文化资源保护】 组织开展历史文化名镇名村申报工作。会同省文物局组织开展历史文化名镇名村的申报工作，共收到申报资料46份，其中申报中国历史文化名镇名村9个，申报湖南历史文化名镇名村37个。经专家审阅申报资料、观看申报光碟、现场考察，组织将符合条件的邵阳市绥宁县寨市镇等2个镇，郴州市永兴县高亭乡板梁村等6个村上报建设部和国家文物局申报中国第五批历史文化名镇名村；对申报湖南第三批历史文化名镇名村的镇村分别提出初审意见。

加强历史文化资源保护的监管。会同省文物局制定下发《关于进一步加强历史文化名城名镇名村保护的意见》，从保护规划编制、核心区和建设控制地带的控制要求、保护标志的设立、历史建筑的挂牌、保护资金投入、监督检查等方面对全面加强历史文化名城名镇名村保护做出严格规定，规范全省历史文化资源保护工作。组织到中国历史文化名镇—望城县靖港镇开展历史文化保护专项督察，提出年底前编制完成古镇保护规划的工作要求，并对不符合古镇风貌及保护要求的亲水平台、吊脚楼建设项目分别提出整治和停工决定。

五、建筑业

【概况】 2009年完成总产值2505亿元，同比增长18.4%；实现增加值867.8亿元，同比增长20.7%，高出全省GDP增幅7.1个百分点，占全省GDP由上年的5.9%上升到6.7%；实现利税总额276亿元，同比增长28%，其中上缴税金118.89亿元，同比增长14.8%。5项工程获鲁班奖，50项工程获芙蓉奖，173项工程获省优质工程奖，工程质量一次竣工验收合格率继续保持100%。

【质量安全监管】 推进制度建设。规范监管工作，出台《关于进一步加强建筑市场监管的通知》、《湖南省建筑施工安全文明示范工程管理办法》等文件；针对监管薄弱环节，出台《湖南省建筑工程施工重大危险源安全管理实施细则》、《湖南省危险性较大的分部分项工程专项施工方案专家论证管理办法》、《湖南省建筑起重机械安全管理办法(试行)》等规范性文件。以省政府办公厅名义下发《关于切实加强城乡建筑工程质量和施工安全监管工作的通知》，会同省纪委等八部门联合下发《关于防止和遏制领导干部违反规定插手干预工程项目建设的暂行规定》及转发《省建设厅等部门关于切实做好建筑工程质量安全工作的意见》。

创新监管方式。建立社会监督举报制度。制定出台《湖南省工程建设违法违规行为社会监督管理办法(试行)》，明确举报和受理内容、程序、处理时限、举报方式和奖励标准。2009年共受理工程建设违法违规行为社会监督举报24起，全部进行核查处理，社会反应良好。完善信息化监管手段。加大"湖南省建设工程项目监管信息平台"和"湖南省工程建设企业及执(从)业人员资信平台"的信息录入力度，全省在建项目和工程建设企业的信息录入量达到70%以上。通过信息平台运行，逐步建立健全工程项目以及施工、监理、检验检测、招标代理、造价咨询等单位及执(从)业人员的基础数据库，对项目、企业和个人的基础信息逐步实施动态监管。

加强层级监督考核。修订完善《湖南省建筑市场监督执法工作考核办法》，与各市州建设主管部门签订了安全生产责任状，开展半年一次的层级监督执法考核，并对7个市州建设主管部门给予红牌或黄牌警告。各市州建设行政主管部门也对所辖市、县、区建立了相应的层级监督考核制度。开展问责性约谈。根据层级监督考核情况，对存在突出问题的7个市州建设主管部门的主要负责人及其领导班子，进行了约谈，有力地促进了市州主管部门重视和加强建筑市场监督执法工作。

扎实开展质量安全集中督查。2009年共组织开展5次全省集中督查，重点检查各市州建设行政主管部门及其质量安全监督机构和人员监管履责情况，同时抽查工程项目285个，发现质量安全隐患和违法违规行为646项，责成下发停工通知24份，限期整改通知53份。根据督查情况，及时向全省进行通报，对监管工作中存在的薄弱环节和突出问题及时提出整改要求。同时还向5个县市政府发函，要求对其建设主管部门质量安全工作进行督促整改。面对严峻的质量安全形势，市州建设主管部门加大日常监管力度，实行了季度性督查办法，认真组织开展各项检查活动，组织各类检查126次，检查项目2041个，下发隐患整改通知书4180份，停工整改通知书638份，消除生产安全隐患13000多条。

强化了监督执法。对2009年发生的每一起建筑施工生产安全事故，都认真组织专人到现场调查，深入了解事故发生的原因，提出处理意见。各地对省厅提出的处罚意见，按"四不放过"的原则对责任主体及相关责任人员进行严厉处罚。针对全年发生的39起事故，全省共吊销2家施工企业的安全生产许可证，暂扣48家施工企业的安全生产许可证，对9家施工和监理企业进行停业整顿，吊销8人的注册执业资格证书，收回88人的安全生产考核合格证书；加大建筑市场不良行为公示力度，全省公示438家责任主体和269名责任人员不良行为记录，并通过网络对外发布。

【招投标监管】 招投标活动逐步规范，与湖南省财政厅联合出台《关于规范全省建设工程项目投标保证金管理的通知》和《关于进一步规范工程建设项目投标人资格审查工作的意见》，加强招标文件审查备案，及时纠正设置门槛、排斥潜在投标人的行为，严肃查处招标人、投标人以及招标代理机构的违法行为。2009年湖南省建设工程招标项目共3668个，总金额为400多亿元，占全省固定资产投资的5.6%。省管工程项目办理招标备案手续的有281个，其中公开招标232个，邀请招标49个，总招标金额约为53.8亿元。通过招标选择合适的承包商，同时降低造价约2%左右，节约国有投资资金9个多亿。

【工程造价管理】 加强了工程造价管理，积极开展建设工程消耗量标准调整工作，调整工程消耗量标准近20项，收集整理统一解释问题50条，补充定额85项。完善人工工资动态调整制度，及时调整发布建设工程人工工资单价，并对2010年的人工工资单价进行测算，提出动态调整标准。全面推行清单计价方式，制定颁发《湖南省建设工程工程量清单计价办法》。加大工程造价纠纷行政调解力度，客观、公正地做好计价依据的解释工作，全年共受理工程造价纠纷300余起，解答问题600余个。

【劳保统管理】 充分发挥劳保基金统筹调剂作用，在全国率先建成劳保基金实时监管网络，联合湖南省财政厅下发《关于进一步规范建筑行业劳保统筹积累调剂金使用的通知》，规范劳保基金财务管理和会计工作。2009年全省共收取劳保基金11.07亿元，拨付建筑企业劳保基金5.6亿元，从劳保基金积累调剂金拨出专款1.6亿元，支持企业补交养老保险金，有力地推动建筑企业改制进程。

【外埠市场】 2009年，湖南省建筑业外拓力度进一步加大，省外完成产值持续增加，达到648亿元。省外区域市场进一步得到巩固和发展，在泛珠三角区域、长三角区域和环渤海区域三大既有优势市场继续稳步发展的基础上，又开拓包括重庆、四川、云南、贵州四省的西南市场，外拓产值达152亿元，占外拓总产值的23.5%，成为外拓新增长点。境外市场拓展方面，在严峻的国际经济形势下仍然取得小幅增长，对外承包工程完成营业额10.78亿美元，同比增长2.24%。特别是湖南建工集团、中国水电八局、湖南路桥建设集团等一批老字号国有企业展现出复杂环境下拓展境外市场的能力，仅这3家企业实现境外市场营业额3.82亿美元，超过全省境外营业额的三分之一。

【建筑劳务经济】 2009年在沿海发达地区农民工大量回流的严峻形势下，湖南省建筑业吸纳农民工就业267万人，占全省劳务总人数的18%；创建筑劳务收入210.8亿元，同比增长10%，占全省劳务总收入的20%，对全省促就业、保稳定做出了突出贡献。加强农民工技能培训和工资保障工作，积极开展建筑工地农民工学校创建工作，全省规模以上的工程项目设立农民工学校2000余所，培训农民工26万余人；制定《2009～2012年建筑业农民工骨干培训计划》，举办劳务企业管理人员培训班和作业队长培训班，培训农民工骨干约13100人。切实维护农民工权益，对133个项目民工工资保障金进行了核查，严肃查处了拖欠和克扣农民工工资行为，对宏润建设集团等25家拖欠和克扣农民工工资的建筑业企业进行通报处理，将8家外省企业清出湖南省建筑市场。

六、城市建设

【概述】 2009年，湖南省有设市城市29个（其中：地级市13个，县级市16个），县城（区）75个（县级区：南岳区、洪江区、大通湖区）。市县城区人口1793.74万人、暂住人口164.87万人，其中设市城市城区人口1115.67万人，暂住人口73.53万人；县城人口678.07万人，暂住人口91.34万人。全省设市城市城区面积3630.07平方公里，其中建成区面积1238.54平方公里；县城面积2112.92平方公里，建成区面积790.11平方公里。全年共完成市政公用基础设施固定资产投资512.7亿元，同比增长41.7%，分别占同期全省GDP、全社会固定资产投资的3.96%和6.66%。

【城市供水】 2009年，全省市县投入资金8.9亿元用于供水设施建设。全社会供水综合生产能力

（含部分自建供水）为1341.2万立方米/日，年供水总量24.2亿立方米，用水普及率91.1%。其中设市城市全社会供水综合生产能力为910.9万立方米/日，用水普及率94.8%，城市人均日生活用水量229.5升。为大众增强节水意识，开展了全省城市节约用水宣传，全面启动节水型城市创建工作，长沙县成功创建为湖南省第一个"节水型城市"。

【市政工程建设】 2009年底，全省市县城区道路总长12960公里，道路面积23786万平方米，人均城市道路面积12.14平方米，桥梁1065座，路灯59.2万盏，完成道路桥梁固定资产投资243.7亿元。其中设市城市道路总长8196.8公里，道路面积14967万平方米，人均城市道路面积12.59平方米，桥梁565座，路灯42.3万盏，完成道路桥梁固定资产投资209.1亿元。

【城市公共交通】 2009年底，全省市县共有公共汽车14651辆，出租汽车32931辆，营运线路网长度7712公里，客运总量39.6亿人次。在全省推广使用环保节能公交车和出租汽车，长株潭共投放191台新能源混合动力车，为全省公交行业低碳发展迈出了重要一步。

【城市燃气】 2009年底，全省市县人工煤气供应总量8.98亿立方米、天然气供应总量10.36亿立方米、液化石油气供气总量35.01万吨，燃气普及率77.6%。其中设市城市人工煤气供应总量8.98亿立方米、天然气供应总量9.58亿立方米、液化石油气供气总23.59万吨，燃气普及率85.6%。

【城市园林绿化】 2009年底，全省市县建成区绿化覆盖面积6.5万公顷、园林绿地面积5.7万公顷，建成绿化覆盖率和绿地率分别为31.97%和28.04%，人均公园绿地面积7.57平方米。其中设市城市建成区绿化覆盖面积4.53万公顷、园林绿地面积4.07万公顷，建成区绿化覆盖率和绿地率分别为36.6%、32.8%，人均公园绿地面积8.47平方米。"创园"工作又获新突破，2009年湘潭市获得"国家园林城市"称号，全省"国家园林城市"增加到5家；桂阳县获"省级园林城市（县城）"称号，全省"省级园林城市（县城）"增加到9家。长沙市烈士公园成功获批"国家重点公园"。

【市容环境卫生】 2009年底，全省市县城区道路清扫面积18071万平方米，机械化清扫面积6197万平方米，生活垃圾年清运量为903.05万吨，市容环卫专用车辆2706台，公共厕所4141座。其中设市城市城区道路清扫面积11628万平方米，机械化清扫面积5555万平方米，生活垃圾年清运量为511.94万吨，市容环卫专用车辆1803台，公共厕所2894座。

【污水和生活垃圾处理】 2009年底，全省共有污水处理厂87座，日处理能力416.4万立方米，累计处理污水7亿立方米，占全国的2.51%，从2008年的第17位上升至第13位，新增污水处理规模和新增管网长度增速均在全国列第一位。设市城市污水处理率59.2%，超年初"为民办实事"目标4.2个百分点。

全省共建成生活垃圾无害化处理场20座，无害化处理能力11507吨/日。其中设市城市16座，县城4座。全年设市城市生活垃圾无害化处理量341.9万吨，无害化处理率66.6%，超年初"为民办实事"目标2.6个百分点。

【世界遗产与风景名胜】 2009年，由湖南省牵头开展的"中国丹霞"申报世界遗产工作通过国家提名关、材料预审关、实地考察评估关。成功申报1处国家自然遗产，5处国家级风景名胜区，4处省级风景名胜区。全省国家级风景名胜区达16处，居全国第三位，风景名胜区总数达53处，规划面积6177平方公里，占全省国土面积3%。完成6处国家级风景名胜区总体规划报批工作。

七、勘察设计

【概况】 2009年湖南全省共有勘察设计企业511家，从业人员37982人，完成初步设计投资额1181.05亿元、建筑面积7213万平方米，同比分别增长22.8%、30.2%；完成施工图设计投资额1401.4亿元、建筑面积10060万平方米，同比分别增长15.1%、21.2%。科技活动费用支出3.9亿元，同比增长2.6%；科技成果转让收入4.9亿元，同比增长32.4%；企业累计拥有专利282项，比上年底增加1.4%。完成营业收入137.4亿元，同比增长35.4%；人均营业收入36.19万元，同比增长34%；营业税及附加5.4亿元，同比增长28.6%；利润总额15.5亿元，同比增长24.6%。

【行业发展】 从市场准入、资质管理入手，强化企业调整结构，转变增长方式。一是做大做强，实施走出去战略。中国水电顾问集团中南勘测设计研究院、中冶长天国际工程有限公司、化工部长沙设计研究院等一批大型勘察设计企业，大力实施总承包和"走出去"战略；多数市州电力设计院也将主要市场开拓到省外，拓展了外埠市场，探索出了湖南勘察设计行业在省外更大的发展空间。二是拓展服务新领域。年内新批节能、环保设计资质7家，市政、水利、电力设计资质8家。企业及时获得相关设计资质，赢得了业务，占领了市场。2009年工程总承包收入69.1亿元，同比增长72.8%。省建筑设计院、中机国际工程设计研究院等骨干企业，抓准市场调整的时机，打破了省外高端设计企业对湖南省机场、医院等大型公共建筑设计的垄断。

【质量安全】 一是加强技术标准宣传贯彻。为促进勘察设计企业建立健全内部质量保证体系，提高勘察设计企业质量和水平，召开全省《建筑工程设计文件编制深度规定(2008年版)》宣贯会，各设计企业技术负责人、专业负责人以及施工图审查机构技术负责人参加。结合纪念汶川地震一周年，组织召开全省建筑工程抗震标准(2008版)宣贯会，全省各设计企业、施工图审查机构的注册结构工程师近千人参加。组织各类技术人员继续教育、培训学习2600余人次。

二是加强初步设计审查把关。共审批长沙黄花国际机场新航站楼相关配套设置、省纪委办案用房、常德沅江西大桥等重点工程、市政、环保项目75项，在确保质量安全的同时，促进各个建设项目社会效益、经济效益和环境效益的统一。

三是充分发挥施工图审查的质量抓手作用。勘察设计单位施工图送审第一次审查合格率达到78.9%(全国勘察60.51%、设计37.6%)。对第一次审查合格率低于50%且违反工程建设标准强制性条文的勘察设计企业予以通报，并依据有关规定给予不良行为记录。对全省29家施工图审查机构进行一次全面检查，检查情况在全省进行通报。通过初步设计和施工图审查，切实加强节能设计把关，全省节能设计达到100%。通过备案，有效掌握全省勘察设计及施工图质量现状。

四是狠抓勘察现场见证制度的落实。全省已全面实施勘察现场见证制度，这项制度已被广大业主认知和接受，实施整体效果良好。《中国建设报》12月5日以整版篇幅对湖南省勘察现场见证制度的实施情况进行了报道。在此基础上，对见证制度的实施展开了全省调研，掌握了见证过程中的翔实情况。

【规范市场】 进一步加强资质动态管理。重点整治企业注册执业人员和主要技术骨干非法挂靠、不履行执业行为，对有关企业和人员进行严肃处理，全省勘察设计行业触动很大，规范市场见到实效。切实规范设计招标秩序。严格对建设单位或招标代理机构的招标公告、招标文件审查，共监管建设工程方案设计招标30多项。采取开标前一小时随机抽取评标专家的方式，切实提高评标委员会的公信度，促进优秀设计方案在公平、公正的评选中脱颖而出。按中国勘察设计协会要求，开展湖南省工程勘察与岩土行业"诚信单位"复评和新申报单位初评，13家复评企业全部合格，新申报勘察诚信企业8家。

【行政审批】 2009年共审查勘察及设计施工一体化设计资质304项，核准资质284项，其中新审核通过企业23家，增项20项，升级31项，完成甲级设计资质换证110家、乙丙级设计资质换证100家，一季度建设部全国报部审批资质核准情况通报，湖南省报部资质审批通过率达到90%以上。

一是规范勘察设计资质审批程序。明确办理流程、审批时限和申报材料要求，增加会审环节，对资质审批全过程进行完善。审批时限由以前3个月一批缩短为2个月一批，提高工作效率。审查结果上网公示，方便企业按专家审查意见补正申报材料。启动全省工程勘察设计企业网上资质申报审查平台，对企业基本信息数据、资质证书、技术人员、项目业绩等情况进行备案，建立全省工程勘察设计企业基础数据库。充实调整工程勘察设计资质审查专家库，增加地市建设行政管理部门从事勘察设计行业管理和资质管理多年的行政干部比例。

二是规范建设工程初步设计审批程序。明确审批时限、批复条件和材料清单，明确划分审查责任。加强审批过程服务，积极支持业主争取建设资金，确保相关重点项目按期开工。

三是进一步下放初步设计审批权限。在下放三年行动计划审批污水处理项目的基础上，全省93个城镇生活垃圾无害化处理设施建设项目下放市州审批初步设计和施工图审查备案。进一步明确有关审查程序和审查要点，加强技术指导，确保工程质量。

【校安工程】 按国家和省里的要求，积极开展全省中小学校舍安全工程技术指导及工程质量监管。加强学习培训，参加全国中小学校舍安全工程调度及培训会；二批次专家参加国家《建筑抗震鉴定标准》、《建筑抗震加固技术规程》培训；120名建筑工程设计和施工图审查机构技术负责人参加湖南省校安工程技术封闭培训；开展中小学校舍安全工程排查鉴定培训，各市州建设局驻校安办副主任及技术人员参加。向全国校舍安全工程专家库推荐工程管理、工程造价、结构工程等方面专家。组织开展全省中小学校舍安全工程省级督查，全面完成湖南省校舍安全排查鉴定工作，在全国校安工程进度中处于领先。

【执业注册】 2008年共组织2352人次参加各类继续教育培训，办理延续注册1067人次、初始注册

108人次、变更注册253人次、注销注册30人次。截至2009年底，勘察设计行业共有各类注册执业人员共计3065人。其中，一级注册建筑师407人，二级注册建筑师1213人；一级注册结构工程师850人，二级注册结构工程师289人，注册岩土工程师306人。另外，未实行注册但已获取执业资格证书的共计1426人。其中，注册化工工程师151人，注册电气工程师400人，注册公用设备师（给排水、暖通空调、动力）432人，注册土木工程师（港口与航道）16人，注册采矿/矿物工程师83人，注册土木工程师（水利水电）90人，注册冶金工程师92人，注册机械工程师113人，注册环保工程师49人。

【项目评优】 组织2009年度湖南省优秀工程勘察设计项目评选，共申报项目205个，评选出一等奖18奖、二等奖31奖、三等奖44奖、表扬奖15项。通过创先评优活动，营造良好的社会氛围，有效调动勘察设计企业和广大设计人员技术创新的积极性，促进勘察设计质量水平提高。

八、建筑节能与科技

【概括】 2009年，湖南省建筑节能与科技及标准化工作，紧扣新型城市化战略和两型社会建设大局，抢抓机遇，按照有所为、有所不为的工作思路，坚持夯实基础，重点突破的原则，以建筑节能工作为主线，以贯彻落实《民用建筑节能条例》和制定《湖南省民用建筑节能条例》为契机，转变观念、转变职能、转变方式，在着力健全政策法规体系，优化管理工作平台，提升技术支撑能力，强化重点项目和示范工程组织管理等方面，狠抓落实，整体推进建筑节能、建设科技计划管理、工程建设地方标准化和建筑业企业技术创新工作，为实现湖南省建筑节能与科技工作的后发赶超奠定了基础。

【统筹规划，健全法规政策支撑体系】 加快建筑节能地方性立法进程。《湖南省民用建筑节能条例》自2月20日省人大常委会正式立项，到11月27日省人大正式通过，经历三个阶段，历时仅九个月，是省人大近年来通过的一部耗时短、投入少、质量高的地方性法规。《条例》共八章四十四条，是一部结合湖南省实际，反映我国建筑节能前沿发展要求，涵盖建筑节能全过程的地方性法规，在很多重大问题方面取得了突破，它必将对湖南省建筑节能工作产生积极而又深远影响。

组织开展了"湖南省建筑节能专项规划"、"湖南省地源热泵建筑应用发展规划"和"湖南省太阳能建筑应用发展规划"的编制。三大规划第一次系统提出未来一段时间湖南省建筑节能和可再生能源建筑应用的发展思路和政策框架，为湖南省建筑节能有效推进和可再生能源在建设领域的广泛应用提供了行动指南。

全面梳理近年来各项相关政策。汇编2004～2009年的建筑节能相关法律、法规和规范性文件，为《湖南省民用建筑节能条例》出台后制定湖南省建筑节能相关规范性文件，奠定基础。

充分发挥标准的技术政策引导作用。组织开展1项标准修订（《湖南省居住建筑节能设计标准》）和3项标准（《重晶石防辐射混凝土应用技术规范》、《湖南省公共建筑节能设计标准》、《湖南省绿色建筑评价标准》）、4项技术规程（《轻集料混凝土多孔砖建筑技术规程》、《预拌砂浆生产与应用技术规程》、《陶粒混凝土小型空心砌块建筑技术规程》、《城市二次供水设施技术规范》）的编制。其中《重晶石防辐射混凝土应用技术规范》已完成向住房和城乡建设部的报批工作，是湖南省惟一一部由湖南省厅作为主编单位的国家标准。

【提高效能，优化管理工作平台】 进一步规范日常管理，制定并出台《湖南省建筑节能示范工程管理办法》、《湖南省地方工程建设标准管理办法(试行)》、《湖南省工程建设工法管理办法(试行)》以及《湖南省建筑业新技术应用示范工程管理办法(试行)》等规范性文件，优化工作流程，简化办事程序，提高工作效率。

为确保省政府绩效评估指标任务顺利完成，拟草《湖南省建筑节能年度工作考核评估办法》，并会同相关处室对全省组织开展建筑节能专项检查。据统计，全省2009年共完成新建节能建筑面积2030万平方米，城市城区内新建建筑设计阶段节能强制性标准执行率达到100%，较上年提升5%，施工阶段达到94%，较上年提升34%。

为加强建筑节能材料市场监管，组织开展建筑节能材料、产品质量现状调研，正与相关部门衔接，研究提出监管工作方案和监管措施。

【整合资源，提升技术创新能力】 开展科研攻关，强化科学技术支撑作用。采取外扩内收的策略，对外最大限度的争取住房和城乡建设部以及省科技厅等单位科技项目立项，2009年共有7个项目列入住房和城乡建设部科技计划，7个项目列入省科技厅科技计划，其中4个项目列入省科技厅重点科技计划，为湖南省厅近年来列入省部计划最多的一年。对内则在经费有限的情况下，与相关处室密切配合，将涉及厅中心工作和重点工作的关键、共性、瓶颈技术问题作为重点支持领域，在整合资源的基础上，集中"人、财、物"开展重点项目科研攻关。

开展适宜湖南地区的建筑节能技术路径的研究，探索建立具有湖南特点的建筑节能材料和产品体系。已组织对建筑通风、遮阳、屋顶绿化、墙体自保温、建筑节能现场检测、太阳能、地源热泵建筑应用、绿色建筑评价等技术开展科研攻关。湖南大学、长沙理工大学等单位已成功研发轻集料混凝土、陶粒混凝土等墙体自保温技术。同时，还向省内外征集相关建筑节能技术、材料和产品，对于比较成熟且符合湖南特点的技术和材料、产品向全省推广应用。

开展建筑行业省级企业技术中心认定、施工法评审和新技术应用工程示范，并取得喜人成绩，受到广大建筑业企业的好评。2009年会同省经委批准成立12家省级企业技术中心，全省11家特级建筑业企业全部成立了省级企业技术中心；向住房和城乡建设部推荐申报国家级工法评审40项，其中14项被评为国家级工法，通过率为35%，远高于全国平均水平，并接受申报省级企业工法163项；组织申报建筑业新技术应用示范工程23项，审查批准列入2009年创建计划15项。

【加强监管，凸显项目示范效应】 抢抓机遇，积极申报国家示范项目。"中南院科技综合大厦A座太阳能光电建筑应用示范工程"、"中国电子科技集团公司第四十八所58kW太阳能建筑一体化并网示范光伏发电系统"列为国家2009年太阳能光电建筑应用示范项目，示范功率114.84kWp；保利·麓谷林语、长沙太阳星城项目获批国家级绿色建筑示范项目，示范面积168万平方米。株洲市和衡东县获批国家可再生能源建筑应用示范市（县）。

抓好国家机关办公建筑和大型公共建筑节能监管平台建设，组织湖南大学、省建科院等单位开展了省本级国家机关办公建筑能耗监管和统计工作，研究制定建筑物能源消耗统计、审计和公示制度，为湖南省建筑能耗监管工作全面铺开做好前期准备。

配合相关部门对已立项的国家可再生能源建筑应用示范项目进行巡查，加强监管，并组织有关人员对示范工程考察学习，提高示范工程的示范效应。

九、人才教育

【概况】 2009年，湖南省建设人才工作以科学发展观和科学人才观为指导，创新工作思路，完善工作机制，强化指导服务，较好地完成了全年任务，建筑农民工培训工作取得了重点突破。一年来，共创建农民工学校903所，依托农民工学校培训约11万人，完成建设职业技能培训鉴定71577人，实施技能就业培训13398人，开展建筑劳务企业经营管理人员、施工作业队长、班组长等农民工骨干培训13100人。

【农民工培训工作实现新突破】 为进一步推动农民工培训工作的开展，制定"湖南省2009年至2012年建筑业农民工骨干培训计划"，明确至2012年培训农民工骨干10万人，并组织免费培训了290名劳务企业经营管理人员和4000多名施工作业队长。开展《建筑劳务企业经营管理人员培训研究》、《建筑施工作业队长培训研究》、《建筑施工作业班组长培训研究》和《建筑业农民工技能培训指导性教案开发》等课题研究，课题初步研究成果已在部分地区和培训班试用。组织参加全国建筑业职业技能大赛活动。在2009年建筑业职业技能大赛中，全国21名选手获得"全国住房和城乡建设行业技术能手"称号，湖南省3名选手获此殊荣，获奖总数全国第一；组织参加全国职业院校技能大赛，湖南省选送的5名选手获得2金2银1铜的好成绩，参赛获奖率全国第一。

【专业技术人才队伍建设取得新成效】 为了改革技术职称评审，完善人才选拔机制，在总结近几年人才评价工作经验基础上，开展土建高级专业技术职务任职资格评审课题研究，并将《湖南省土建工程专业高级专业技术职务任职资格评审办法》课题成果应用于2009年评审实践中，得到省人事厅的充分肯定，社会反应良好。同时，初中级专业技术职改工作继续推行"以考代评"，着力拓宽土建工程专业技术人才成长通道。全省2009年度土建工程专业报考初中级22257人，报考高级1582人。通过统考，6675人获得初中级专业技术职务任职资格，491人通过了高级职称考试评审，5680人获得专业技术管理岗位资格证书。

【安全生产教育培训取得新进展】 组织建筑企业三类人员安全生产培训考核和建筑起重机械特种作业人员培训考核。并对"三类人员"安全生产知识考试内容、方法和形式进行改革。全年共完成建筑施工企业"三类人员"培训考核12716人，完成建筑起重机械特种作业人员培训考核7300人。

【建设行业高校毕业生专场招聘会成功举办】 2009年4月26日举办湖南省建设行业高校毕业生专场招聘会。并会同省人事厅、省教育厅就招聘会召开新闻发布会。省内建设行业245家单位参展，提供就业岗位5200多个，涉及建筑工程、市政施工、城市规划、建筑设计、园林绿化、物业管理等多个专业。

近2万名毕业生进场应聘,约200多名毕业生现场签订了聘用合同。截至2009年5月底,有3500多名高校毕业生通过招聘会与用人单位签订就业协议。招聘会的成功举办在促进高校毕业生就业的同时,为行业招才、选才和用才搭建了平台。

十、重点工程

【概况】 2009年湖南全省组织建设重点项目176个,计划年度投资1100亿元。全省重点建设提前一个月完成年度目标任务,年度完成投资1230亿元,为年计划的111.8%,比2008年同期净增327.1亿元,增长36.2%,投资总额、完成计划比例均创近五年新高。重点建设投资约占全社会投资的16%,对全省经济增长的贡献率超过10%。

【调结构,产业结构进一步优化】 中联重科灌溪建筑起重机械生产基地技改、南车株洲电力机车公司技改、湘钢宽厚钢板项目、涟钢产品结构调整及薄板深加工、衡钢产品结构调整、湘电集团长沙水泵厂搬迁工程、华磊光电LED项目一期、株硬集团棒材深加工生产线改造、全创科技一期、泰格林纸、稀土金属研究院新材料研发、江山生物医药研发生产基地一期等23个产业项目建成投产或部分投产。金天钛业钛锭加工、常德卷烟厂"芙蓉王"生产线技改、益阳晶鑫等项目进入试生产。产业项目在节能减排方面成果丰硕。全省最大烧结机烟气脱硫配套工程在湘钢投入使用,每年可减少二氧化硫排放8000多吨。涟钢利用炼钢余热余能发电每年可减排二氧化碳等温室气体30万吨以上。亚新科柴油共轨泵电控燃油喷射系统产业化项目建成后,每年可减少汽车尾气颗粒排放5000吨,节约100万吨柴油。

【强基础,基础设施进一步夯实】 武广铁路客运专线建成通车;焦柳铁路洛张电气化改造工程全线竣工,已具备开通条件;杭长、娄邵、石长等铁路项目顺利开工建设,全省铁路营业里程达3486公里。衡炎、邵永高速公路建成通车,湖南省高速公路通车里程达2227公里;溆怀、凤大、炎汝等15条高速公路按期开工,在建高速公路里程3493公里。湖南省第一条地铁——长沙地铁2号线动工建设;芙蓉大道长潭段、红易大道顺利通车,城陵矶新港一期工程投入运营。全省抗冰救灾骨干电网、武广铁路客运专线配套供电工程、湘南500kV骨干网架建成。湖南电信升级改造,长株潭成为全国惟一实施升位并网的城市群。黑糜峰抽水蓄能电站2台机组、清水塘电站4台机组、金竹山发电厂扩建二期等并网发电,新增电力装机100万千瓦。

【惠百姓,民生建设进一步加强】 农村公路建成里程24376公里;新建、改造农网线路19268公里;完成386个农村卫生院项目建设;农村通信扶贫工程实现800个自然村信号覆盖;农村饮水安全工程竣工2997处,解决307万人饮水不安全问题;完成375座病险水库除险加固。社会项目建设进一步加快,省青少年活动中心竣工开园;中南大学等高校扩建项目基本建成,共新增建筑面积92.2万平方米,可新招学生4.2万人;省湘雅医院等卫生项目建成,共新增建筑面积33.6万平方米,新增床位3251个。城市污水和生活垃圾处理设施建设进展顺利,2009年计划建成的70个污水项目全面完成,相继投产或试运行;9个垃圾处理项目投入试运营,在建项目15个。

【带动作用大步提升,社会效益凸显】 武广铁路客运专线通车拉动湖南省GDP增长超过1%,可带动沿海上千个产业项目转移。2009年湖南省高速公路建设完成投资465亿元,带动湖南省GDP增加约1400亿元。重点建设对钢材、水泥、机械需求急骤增加,刺激相关产业发展,全年拉动消费近500亿元。社会效益佳。湘鄂粤三省近1亿人受惠武广铁路客运专线,武汉至广州用时缩短7个多小时。1200多万用户受惠长株潭通讯升位并网,一年可节省话费3亿元。重点建设促进居民就业和群众增收。全省在建高速公路提供就业岗位10万余个,建成后还将为运输服务业提供工作岗位上万个。李文食品桔罐生产线扩建项目建成后,每年通过原料收购可直接为邵阳农民增收2.2亿元。创新成果多。神州光电研制出高效彩色太阳能发电系统,已被上海世博会中国馆采用。湖南移动公司通过电子商务基地建设,建成全国惟一的全网手机支付平台。长湘高速公路被交通运输部列为"两型"科技示范工程,推广应用了公路边坡柔性支护技术等10项技术成果。

【综合管理不断加强,建设亮点纷呈】 工程管理规范化。武广铁路客运专线湖南段采用"小业主,大咨询"管理模式,实现了整个建设过程有序可控。中联重科提出"限额设计、清单计价、量化监理"管理方法,保证质量和进度的前提下,工程造价节约20%左右。施工质量精细化。全省重点建设工程平均优良率在80%以上,在建高速公路实行精细化管理,建立健全三级质量保证体系,汝郴、永蓝等高速公路工程管理和质量受到交通运输部督查组的好评。安全监管常态化。开展"质量安全年"活动,开通"湖南省重点建设网"和"重点建设监控管理系统",全年重点建设未发生一起重大质量安全事故。郴宁高速公路等部分项目通过网络进行实时监控管理,确保安全施工。省电力公司开展"安全生产无违章年"活动,保持连续13年职工零伤亡的记录。省人民医院医疗急救外科大楼项目被中国建筑业协会授予"AAA级安全文明标准化诚信工地"。劳动竞赛多样化。省总工会、省重点办开展重点建设劳动竞赛活动。岳阳长炼原油劣质化和油品升级改造工程、黄花机场扩建工程、吉茶高速公路等很多项目单位踊跃参赛,开展丰富多彩的竞赛活动,建设进度进一步加快。廉政建设制度化。吉怀高速公路加强廉政制度建设,建立副科级以上干部廉政档案。省交通职院与检察院开展合作共建,确保新校区建设的顺利推进。

【合力推动重点建设科学发展】 省委、省政府重视重点建设工作,将其作为湖南省战危机、扩内需、保增长的主战场,全力推进。省政府分别召开全省重点建设工作会议、省重点建设领导小组会议,进行专题研究部署;抓住国家扩大内需,出台一揽子经济刺激计划契机,突出抓好高速公路、铁路建设,积极与交通运输部、铁道部等部委开展部省合作,促进多个项目提前批复和上马;组建湖南省公路交通建设投资公司,解决高速公路建设资金问题;出台铁路建设优惠政策,为铁路加快发展提供保障;组织召开9次高速公路协调会、5次铁路联席会议;继续实行高速公路、铁路项目前期工作目标责任考核制度,抓重要节点进行调度。成功实现长株潭三市通信一体化。协调配合,形成合力。省发改委、省国土资源厅、省交通运输厅等部门建立联动机制,开辟前期工作"绿色通道",推进高速公路、铁路审批工作。省住房和城乡建设厅完成娄怀高速、洞新高速、郴宁高速、长株潭城际铁路、沪昆铁路客运专线等项目途经风景名胜区的建设选址和规划选址工作。省经信委、省财政厅、省环保厅、省水利厅、省林业厅、省劳动保障厅等单位主动向国家有关部委汇报,加快审批进度。省纪委、省监察厅在36条高速公路设立优化环境联系点,推动化解大量环境问题。省公安厅要求各级公安机关加大对阻工、强买强卖等案件打击力度,营造良好的治安环境。省审计厅对14条高速公路进行跟踪审计,提出多项合理化建议,促进项目单位进一步节省工程造价,规范资金管理。各市州抓重点、攻难点、推亮点,全力保障重点建设环境。项目协调服务全面提质。省重点办全年共组织召开各类协调会82次、调研49次、督查25次,共解决110多个项目建设中的问题。紧扣"服务经济增长,改善民生保稳定"作风建设主题,组织高速公路、电力、铁路3个活动小组,深入施工一线,厦蓉高速公路湖南段征地拆迁等10个问题已全部解决。

【衡炎高速建成通车】 衡炎高速主线全长114.188公里,按高速公路双向4车道标准设计,概算投资49.1亿元,于2006年9月开工建设,建设工期3年。2009年12月26日衡阳至炎陵高速公路建成通车。衡炎高速公路与衡阳至大浦高速公路大浦互通相接,起于大浦互通一期工程终点,终于炎陵县分路口。路线途经衡阳市的衡东县、株洲市的攸县、茶陵县和炎陵县。它的建成通车,把"红色摇篮"井冈山、国家级森林公园桃源洞、炎帝陵、南岳衡山等著名旅游景点串联起来,对大力改善沿线地区发展环境,综合开发沿线旅游资源,推动沿海地区产业向内地转移,推进社会主义新农村建设,带动地方科学跨越发展,都具有十分重要的意义。

【邵永高速建成通车】 邵永高速全长111.129公里,于2006年开工建设,概算投资52.76亿元。邵永高速按四车道高速公路标准建设,全线采用双层改性沥青混凝土路面,设计速度为100千米/小时。2009年11月30日湖南省投资规模最大、线路最长的由民间资本独资建设的高速公路建设项目邵永高速公路正式通车。邵永高速通车之后,从邵阳市区出发到永州市区将由3个半小时缩短到90分钟,标志着湖南省高速公路通车总里程达到了2112公里。

【武广铁路客运专线开通运营】 武广铁路客运专线是我国《中长期铁路规划》中京广高速铁路的重要组成部分,于2005年6月开工建设。线路纵跨鄂湘粤三省,运营里程1069公里,设计时速350公里,是目前世界上一次建成里程最长、运营速度最快的高速铁路。线路北起武汉站,途经咸宁、岳阳、长沙、株洲、衡阳、郴州、韶关、清远等市,南到广州南站,共设15个车站。武广高铁开通运营后,武汉至广州全程运行时间将由11个小时缩短到3小时,长沙到广州直达仅需2个小时,武汉城市圈、长株潭城市群和珠三角城市群有机连为一体,跨区域间的"同城化"时代有望得以实现。

2009年12月26日武广铁路客运专线正式开通运营,开通运营后,时速350公里的列车使广州至武汉的时间由10小时缩短到3小时,能满足旅客对快速、安全、舒适、便捷和准时的要求,满足人民群众出行的需要。实现武广铁路客货分线运输,将极大地释放既有京广铁路的运输能力，有效缓解铁路对煤炭、石油、粮食等重点物资运输的瓶颈制约，有效提高全国铁路网的整体运输能力、提升我国高速铁路建设水平，加速我国铁路现代化的进程。

武广铁路客运专线的开通运营，对于珠江三角洲经济从劳动密集型传统产业向资金密集型现代工业转化，"泛珠三角"区域各省区经济结构互补，促进鄂湘粤及周边地区的合作，推动区域经济协调发展，在世界经济进入低碳时代，促进我国社会资源节约和环境保护，进一步促进我国经济社会又好又快发展具有极为重要的意义。武广铁路客运专线对于我国加快实施铁路"走出去"战略，大力增强我国战略地位和国际影响，振奋民族精神，激发建设和谐社会、加快中华民族复兴之路的信心，具有重要而深远的意义。

(湖南省住房和城乡建设厅)

广 东 省

概 述

【概况】 2009年，广东省住房城乡建设系统围绕改善人居环境，推进宜居城乡建设工作，宜居城乡建设七个重点领域中的城中村改造、"万村百镇"整治工程、城镇保障性安居工程、垃圾处理设施建设、珠三角绿道网建设等五个项目打包列入2010年的省重点工程项目；围绕扩内需促增长，构建与经济社会发展水平及不同收入群体相适应的住房供应和保障体系，保持房地产业平稳健康发展；围绕统筹城乡发展，创新城乡规划体系，推进城乡一体化和粤港澳区域协调发展；围绕建筑业发展，强化建设工程管理，全省施工质量一次验收合格率98.7%，建筑施工死亡人数低于广东省政府下达的安全生产控制指标；围绕支持灾区恢复重建，加快对口援建汶川工作，体现广东形象和广东水平；围绕转变机关作风，加强政风行风建设和法制建设，机关作风建设有新气象。

【城乡人居环境水平提高】 广东省研究确定珠三角绿道建设、"三旧"(旧城镇、旧厂房、旧村庄)改造、"万村百镇"整治、保障性住房、垃圾及污水处理设施建设、重点新区建设、步行系统及滨水空间建设等建设宜居城乡七个重点领域，相关内容纳入广东省宜居城乡建设和扩内需促发展的工作部署。确定3个宜居城市、10个宜居城镇、21个宜居村庄创建指导点和1400个省级村庄规划试点。2009年，全省城镇垃圾无害化处理率为67%，比上年提高2个百分点；城镇生活污水处理率达62%，提高6个百分点。全省村庄规划覆盖率达37%，提高2.5个百分点。有3000多个村庄编制规划，开展整治。汕头、梅州、韶关3个市被评为国家级园林城市，东莞市塘厦镇被评为国家级园林城镇。被评为中国历史文化名镇的镇、村累计达19个，数量居全国前列。

【住房发展与住房保障】 2009年，广东省完成房地产开发投资2961.3亿元，占全社会固定资产投资比例为22.2%；商品房销售面积7035.9万平方米，同比增长45.8%；商品房销售额4585.9亿元，同比增长59.2%，均创历史新高。房地产业税收达560.4亿元，同比增长24.9%，占全省地税收入的20.8%。房地产业税收增长对广东地税收入增长贡献率高达64.2%。自2009年起，广东省住房保障覆盖面在实现城镇低保住房困难家庭廉租住房保障应保尽保的基础上，全面扩大到城镇低收入住房困难家庭。全年通过实物配租、租赁补贴、租金核减等方式，对新增3.5万户城镇低收入住房困难家庭实施廉租住房保障。

【建筑业和建筑节能】 2009年，广东省建筑业完成总产值3620.6亿元，比上年增长20.8%；完成建筑业增加值1060.3亿元，增长14.9%；完成利税总额561.6亿元，比上年增长98.3%。有6项工程获"鲁班奖"，91项工程被评为"省优良样板工程"，114项工程被评为"省安全生产文明施工优良样板工地"，23项工程获"省建设工程金匠奖"，281项工程被评为"市优良样板工程"，507项工程被评为"市安全生产文明施工优良样板工地"。广东省获评国家级工法15项；省建筑业新技术示范工程22项；被评为全国建筑业先进企业13家；有14人获得全国建筑业优秀企业家，1492人通过建筑专业职称评审，

3.2万名技术工人通过考核并取得资格证书。广东省是全国最先大规模开展建筑能源审计的省份之一，广州、佛山、东莞、中山、珠海、惠州6个试点城市开展建筑能源审计。有3个绿色建筑示范工程和4个低能耗建筑示范工程被列为国家级示范工程。广东省新建城镇房屋应用新型墙材建筑比例超过83%，高于全国平均水平。全省使用散装水泥4605万吨，同比增加574万吨，增长14.2%，使用量居全国第五名，散装水泥使用率45.9%，列全国第九名，实现节约标准煤105.8万吨，减少粉尘排放46万吨，减少二氧化碳排放275万吨，减少二氧化硫排放0.9万吨等，取得综合经济效益27亿元。

【对口援建汶川】 按照中央和广东省委、广东省政府的工作部署，广东省住房和城乡建设厅开展对口支援汶川灾后建设工作，组织全省300多名规划师赴灾区现场开展县域村镇体系规划、各乡镇总体规划及重点地区详细规划、城市设计等多层次的援建规划工作，指导各对口援建市有序开展灾区恢复重建工作。截至2009年底，广东省援建项目已开工697个，竣工408个，开工率和竣工率分别为98%、58%；累计到位援建资金55.6亿元，已完成投资51.4亿元。在加快进度的同时，还多次组织工程质量安全监督检查组赴现场对援建项目进行检查，保证工程质量和施工安全；派遣63名专业技术人员，分三批次赴汶川县指导灾后农房重建工作，顺利完成约1.7万户农房的重建技术指导。围绕"新家园、新希望"的主题，广东省住房和城乡建设厅与广东省援建办、四川省汶川县政府联合主办"广东省对口支援汶川县灾后恢复重建规划设计成果展"，通过图片、模型及文字等多种形式，重点反映广东省对口支援汶川县灾后恢复重建规划设计成果以及可持续发展思路和理念，展示广东对口援建汶川工作成效。2009年12月3日，广东省委书记汪洋率领广东省党政代表团在汶川县参观"广东省对口支援汶川县灾后恢复重建规划设计成果展"，高度评价广东省住房城乡建设系统的援建工作体现了广东形象和广东水平。

【行政许可制度改革】 广东省住房和城乡建设厅推进行政许可制度改革，2009年5月，根据《省建设厅委托实施行政许可事项》（省政府第128号令），正式将厅机关实施的房地产开发企业二级及以下资质核准等8项行政许可事项依法委托给全省各地级以上市建设行政主管部门实施。建立"三库一平台"（企业库、人才库、标准库和行政审批网络平台）管理服务系统，大部分企业资质实现网上申报。成立行政许可管理处，承办省住房和城乡建设厅直接实施和审查上报住房城乡建设部的企业资质、个人执业资格类行政许可事项的审批、核准、审核、备案和变更工作。

【法制建设进展】 2009年8月，广东省政府批准设立省住房和城乡建设厅执法监察局，主要职责是：监督住房和城乡建设法律法规、标准的执行，指导、监督、协调全省住房和城乡建设综合行政执法工作，承办住房和城乡建设领域重大纠纷和案件的有关工作，组织检查和处理相关违法违规行为。《广东省物业管理条例（修订）》于2009年3月1日起正式施行。《广东省燃气管理条例（修订）》进入广东省人大常委会第二次审议。《广东省城乡规划条例》、《广东省民用建筑节能条例》等新制定项目完成起草工作。广东省住房和城乡建设厅联合省司法厅、省普法办在全省建设系统开展"建筑安全生产年"普法活动。

【政风行风建设】 广东省住房城乡建设系统开展民主评议政风行风工作，省住房和城乡建设厅聘请全省各地住房和城乡建设行政主管部门41名机关作风监督员，参加两期省、市、县三级联动的"民声热线"活动。全系统涌现出一批全国精神文明建设工作先进单位和全国住房城乡建设系统思想政治工作先进单位。惠州市规划建设局等3个单位获"全国住房城乡建设系统创建文明行业示范点"；湛江市市政园林局等4个单位被中央文明委授予"全国精神文明建设工作先进单位"称号；江门市规划局等3个单位获得"全国住房城乡建设系统思想政治工作先进单位"称号。

一、住房保障

【概况】 至2009年底，广东省已累计实施廉租住房保障8.5万户，其中实物配租3.4万户，提供经济适用住房8万套，有效地促进住房保障工作。2009年，新增对3.55万户城镇低收入住房困难家庭实施廉租住房保障，其中实物配租1.58万户，租赁补贴1.97万户；新增对1.26万户符合经济适用住房条件的低收入住房困难家庭提供经济适用住房；全省筹集公共租赁住房1667套，开工建设1.21万套。广东省完善外来务工人员住房保障工作，各地通过在工业园区及工业用地基本上规划配套建设向外来工出租的集体宿舍，探索建设"外来工公寓"建设模式，大力培育和发展包括城中村在内的住房租赁市场，让外来务工人员根据需要租住合适的住房等多种渠道改善外来务工人员居住条件。

【住房保障规划编制】 按照《珠江三角洲地区改革发展规划纲要(2008~2020)》的要求,各地加快住房保障规划编制工作。广州、深圳、佛山、江门等市积极组织有关单位编制保障性住房建设规划(2009~2011年)。广东省住房和城乡建设厅会同省财政厅按照《珠江三角洲地区改革发展规划纲要(2008~2020)》的要求,对广东省基本住房保障均等化专题进行研究,制定2009~2020年广东省基本住房保障均等化规划。广东省住房和城乡建设厅会同省财政厅,对广东省住房保障一体化专题进行研究,对2009~2020年广东省近期和中长期如何实现住房基本住房保障区域一体化、城乡一体化工作提出目标、政策和措施。

【住房保障体系和制度建设】 广州、深圳、东莞等地积极探索住房保障体系建设,初步形成廉租住房、经济适用住房、公共租赁住房、限价商品房等住房保障体系。广州对符合经济适用住房保障条件又买不起住房的家庭提出经济租赁房的保障理念,深圳市起草《深圳市住房保障条例》,东莞市实行住房保障城乡一体化。

【住房保障机制建设】 2009年2月18日,在全省建设工作会议上,省长黄华华与地级以上市市长签订《广东省2009年度解决城镇低收入家庭住房困难目标责任书》。3月,广东省政府办公厅印发《广东省解决城镇低收入家庭住房困难工作目标责任考核办法》。8月,省住房和城乡建设厅印发《广东省解决城镇低收入家庭住房困难工作目标责任考核量化评分细则》。省住房和城乡建设厅会同省监察厅、财政厅、国土资源厅、民政厅、物价局等部门组织一次全面检查,对工作落后的地区开展三次专项督查。11月26日,广东省政府批准建立广东省保障性安居工程工作联席会议制度。

【住房保障专项补助资金】 2009年3月,广东省政府办公厅出台《关于促进广东省房地产市场平稳健康发展的若干意见》,省财政2009~2011年每年安排2亿元专项补助资金,用于广东省经济欠发达地区廉租住房保障资金的补助。省财政厅、省住房和城乡建设厅联合修订《广东省城镇廉租住房保障省级专项补助资金管理办法》,对城镇廉租住房保障省级补助资金的补助范围、用途、资金申报、分配、下达、拨付、监督管理等进行规范。

【住房保障管理信息系统建设】 以韶关市为试点,大力推进住房保障管理信息系统建设,把住房保障管理信息系统建立和完善作为解决城镇低收入家庭住房困难目标责任考核的一项重要内容。至2009年底止,全省60%的地级以上市(含所辖县、区)建立住房保障管理信息系统,初步实现城镇低收入住房困难家庭档案管理、保障性住房项目建设管理、保障性住房房源管理、住房保障工作动态管理、住房调查管理、计财统计管理、公共信息服务的信息化管理。

二、住宅与房地产业

【概况】 2009年,广东省完成房地产开发投资2961.32亿元,比上年增长1个百分点。广东省商品房销售面积7035.89万平方米,增长45.84%。商品房销售额4585.93亿元,增长59.24%。其中,商品住房销售面积6556.64万平方米,增长49.75%,商品住房销售额4173.72亿元,增长65.67%。房地产业完成增加值2412亿元,增长19.60%。房地产贷款余额11899.6亿元,比年初增加2797亿元,占本外币贷款余额的26.73%。

【限价商品住房】 广州市自2006年11月在全国率先采取"双限双竞"方式公开出让限价商品住宅用地。2009年建设完成1720套限价商品住房,申请人数7393户,保障人数1719户。截至2009年,广州市已销售限价商品住房7555套,并计划在2010~2012年继续推出1.2万套限价商品住房。限价商品住房有利于帮助中等收入家庭解决首次置业问题。

【"粤十五条"出台】 2009年3月3日,广东省政府出台《关于促进广东省房地产市场平稳健康发展的若干意见》(粤府办〔2009〕16号),提出加大保障性住房建设力度、进一步鼓励普通商品住房消费、支持房地产开发企业积极应对市场变化等促进广东房地产市场健康发展的15条政策措施,被简称"粤十五条"。

【房地产博览会】 2009年5月15日,在广东省住房和城乡建设厅指导下,广东省、广州市房地产行业协会共同组织广东—广州房地产博览会,20余家大型房地产开发企业通过现场展销楼盘的方式促进群众购房。

【房地产市场专项整治与监督】 从2009年9月中旬开始,各级建设、房管部门迅速采取行动,通过公开举报投诉电话、广泛宣传、开展企业自查和部门巡查相结合的方式,开展房地产开发企业违规收取购房意向金、定金专项整治工作,纠正和查处一批违规行为。在全省各城市开展房地产市场运行情况调研,督促各市房地产主管部门认真贯彻落实中央调控房地产市场各项政策。

【物业管理】 新修订的《广东省物业管理条例》

于2009年3月1日起实施。广东省住房和城乡建设厅发出《关于做好新修订的〈广东省物业管理条例〉贯彻实施工作的通知》、《关于开展物业管理行业行风整治工作的通知》。于2009年6~7月在全省范围内开展物业管理行业行风整治工作，对8423个物业管理项目开展检查，处理相关矛盾纠纷174宗，解决业主大会成立难、部分物业服务企业存在违规利用物业共有部分经营、违规收费等热点问题。开展物业管理示范项目评比工作，评出35个省物业管理示范项目，13个国家物业管理示范项目，分布在全省9个市，包括住宅、写字楼、商场、政府、学校、法院、图书馆、地铁站等各种类型的物业。

【房地产产权登记】 2009年11月在广州召开房地产登记簿建设工作验收会，对20个地级以上市和1个县登记簿系统进行讲评和验收。启动《广东省城镇房地产权登记条例》修订工作。2月转发建设部的《房地产交易与权属登记规范化管理考核标准》，广州市天河区、深圳市、韶关市3个登记机构获得住房城乡建设部规范化管理先进单位认定。开展"房屋登记官"审核确认工作，6月上旬在江门举办房地产登记实务操作学习班。

【住宅产业化】 开平天富豪庭（一、二、三期）、深圳万科城（四期高层）通过住房城乡建设部住宅产业化促进中心2A级商品住宅性能认定，开平天富豪庭获得2009年"广厦奖"。广东省房地产行业协会与广东省建筑科学研究院牵头，联合招商地产、珠海格力、佛山瑞安等企业共同开展"节能型工业化住宅建筑技术应用示范"课题研究，推动广东省住宅工业化发展。

三、城乡规划

【珠三角绿道网规划建设】 2009年8月，广东省住房和城乡建设厅会同省委政策研究室向广东省委提交《关于借鉴国外经验，率先建设珠三角绿道网的建议》，制作绿道建设宣传专题片，得到汪洋书记的肯定，作出"建设两道工程，实现科学发展"的指示，将绿道建设摆在和轨道交通建设同等重要的位置，并对珠三角绿道网规划建设提出"一年基本建成，两年全部到位，三年成熟完善"的工作要求。广东省住房和城乡建设厅组织编制完成《珠江三角洲绿道网总体规划纲要》（送审稿）。该纲要明确广东省从2010年起全面铺开珠三角绿道网规划建设工作。

【宜居城乡建设政策实施】 2009年，广东省住房和城乡建设厅组织开展国内外建设宜居城市的理论、政策和实践研究，撰写《国内外宜居城乡建设的研究、政策与实践》。起草并提请广东省委、省政府办公厅印发《关于建设宜居城乡的实施意见》，推动全省宜居城乡建设。牵头开展宜居城乡建设考核的前期准备工作。组织制定《广东省创建宜居城乡工作绩效考核办法（试行）》、《广东省宜居城镇、宜居村庄、宜居社区考核指导指标（2009~2012）》、《广东省人民政府办公厅关于开展宜居城乡创建活动考核工作的通知（代拟稿）》等文件，报请省政府批准同意后印发各地实施。联合南方日报、中国建设报、粤建网等媒体广泛开展建设宜居城乡宣传报道和问卷调查活动。

【城乡规划管理】 广东省住房和城乡建设厅完成东莞市域城镇体系规划，惠州、江门等市城市总体规划，茂名、潮州、惠来等市县城市总体规划纲要的审查工作，并上报省政府审批。推进《揭阳市城镇体系规划（2008~2020）》、《乐昌市城市总体规划（2008~2020）》的纲要评审工作。组织完成对汕头、河源、四会、高要、增城、廉江、乐昌、云浮、揭阳、连州10个城市总体规划实施评估的审查工作，形成较为完备的城市总体规划实施评估审查制度，提升规划实施效果。开展珠三角规划督察员巡察，衔接好与部派规划督察员工作，协助安排部派第四批规划督察员的就任。组织开展全省房地产开发领域违规变更规划调整容积率问题专项治理工作，维护城乡规划的权威性，保障群众合法权益。参与省产业转移工业园认定的审查工作和第四、五批省示范性产业转移工业园竞标候选园区的评选工作，参与"双转移"有关配套政策制定和"双转移"目标责任考核评价工作。2009年完成对佛山（云浮）产业转移工业园等13个产业转移园的规划认定工作。加强和完善重大建设项目规划选址的管理工作，全年依法核发54个重大建设项目规划选址意见书。配合做好各类专项规划的审查工作，就韶关市区等13个土地利用规划修改方案提出审查意见，为增城工业园区等3个园区升级转型出具审查意见。

【城乡规划编制】 落实《珠三角地区改革发展规划纲要》，编制《珠三角地区城乡规划一体化规划》，确定"迈向基于低碳生态模式的城乡区域一体化发展道路"的规划思路，提出一系列有针对性的保障机制和措施。联合港澳编制《共建优质生活圈专项规划》和《环珠江口宜居湾区建设重点行动计划》，共同打造"亚太地区最具活力和国际竞争力的城市群"。广州、河源、云浮等市展开"三规合一"的探索和尝试，为建立全省空间规划协调机制，形成以国民经济和社会发展规划为依据，城乡规划和土地利用规划为支撑的"三规合一"的空间规划体系，发挥城乡规划的综合统筹作用、推进城乡基本公共服务均等化创造经验。组织编制《广东省城市"三旧"改造规划及年度实施计划编制要点》，明确"三旧"改造规划的编制内容、深度规定、成果要求等。加强与国家有关部门的沟通协调工作，推进《广东省城镇体系规划》的报批工作。《粤东城镇群协调发展规划》的编制工作取得初步成果。

【城乡规划研究】 开展"粤港一体化发展战略规划调研"，形成《粤港一体化发展战略规划调研报告》并上报广东省政府，有关内容纳入《粤港合作框架协议》。经国务院港澳办和粤港澳三地政府同意，广东省住房和城乡建设厅、香港发展局和澳门运输工务司三方在"一国两制"框架下，通过"粤港城市规划及发展专责小组"和"粤澳城市规划及发展专责小组"两个合作平台，首次合作开展的策略性区域规划研究——《大珠江三角洲城镇群协调发展规划研究》修成正果，粤港澳三地政府10月28日在澳门联合举行成果发布会。根据广东省政府关于开展"促进港澳经济长期繁荣稳定与发展"专题调研的工作部署，组织开展"构建绿色大珠三角优质生活圈"专题调研，完成《"构建绿色大珠三角优质生活圈"专题调研报告》并上报省政府。

【新型城镇化发展调研】 广东省住房和城乡建设厅修改完善《广东省城镇化发展监测与评估指标体系》，探索建立一套有效检验和评价广东各地城镇化发展状况和水平的综合评估指标体系。制定《关于开展推进城市化促进扩大内需问题研究的工作方案》。开展推进城镇化扩大内需调研，对深圳、东莞、肇庆、云浮等地进行实地调研，形成专题调研报告和《关于加快推进城市化促进扩大内需问题研究报告》。组织开展并完成省"十二五"规划前期研究课题之《提高城镇化发展质量专题研究》。参与起草《中共广东省委广东省人民政府关于实施扩大内需战略的决定》，将加快中心城市和城镇群发展、城中村改造、新城区建设、区域绿道网建设、公共空间系统化建设等内容纳入省委、省政府重大决定中。对肇庆高要市重视整体规划的经验做法进行调研总结，形成《充分发挥城乡规划的先导统筹作用，积极稳妥地推进广东省城镇化进程——高要市开展整体规划工作的调研报告》。

【历史文化名城、街区保护】 广东省住房和城乡建设厅与省文化厅联合开展广东省第二批历史文化街区、名镇、名村评选活动，认定历史文化街区8个。开展全省特色风貌街区整饰或建设工程调查工作。

四、建筑业

【概况】 2009年，广东省纳入质量安全监督的工程达30969项，其中，建筑工程总建筑面积为28874.7万平方米，市政工程总长度达1389747延米。实行招标工程项目12474项，工程造价2888.6亿元，其中公开招标工程10893项，工程造价2549.8亿元。全省有资质的施工总承包和专业承包建筑业企业3769家，从业人员约174万人。广东省建设系统发生施工生产安全事故50起（其中较大事故4起），死亡65人。广东省住房和城乡建设厅完成内设机构调整改革，撤销勘察设计处和基本建设处，组建建筑市场监管处。为协调解决工程款及农民工工资拖欠问题，广东省住房和城乡建设厅发出《关于启动应对建筑农民工工资拖欠突发事件应急预案的通知》。

【招投标管理】 2009年，广东省住房和城乡建设厅先后颁布《广东省建设工程标准施工合同范本（2009版）》，从2010年1月1日起施行，《广东省房屋建筑和市政基础设施工程施工评标办法》、《广东省建设工程项目招标中标后监督检查办法》。同年，在广州、深圳试行网上招标投标办法，以信息手段防止围标、串标、暗箱操作，对公开、公平、公正进行招投标作有益探索和尝试。

【工程监理】 广东省各地建设管理部门加强对建设工程监理的管理，开展一系列日常检查和专项检查，对建设监理活动进行规范。依然存在工程项目监理招标不规范、监理收费偏低、监理工作流于形式以及监理工程师严重不足等突出问题。广东省住房和城乡建设厅于2009年8月4日发出《关于加强工程监理管理促进监理行业健康发展的通知》，要求各地严格执行国家监理收费，强化对监理招标投标的管理，规范工程质量安全的监理工作，加强对监理人员的培训，进一步规范监理市场，促进监理行业健康发展。

【新技术应用示范工程及工法】 2009年全省评选出22项工程作为广东省2008年度新技术应用示范工程，评选出132项施工工法作为2007~2008年度的省级工法，有15项被审定为国家级工法。通过对新技术应用示范工程评选和施工工法评选，推动广东省建筑工程施工采用新技术、新工艺、新工法、新材料，提高工程质量和施工效率。

【建设工程质量】 2009年，广东省住房和城乡建设厅开展全省建设系统建设工程质量监督站考核工作。全省有121个建设工程质量监督站考核合格，包括省质安监总站、20个地级以上市和100个县（市、区）工程质量监督站。9月组织全省开展建筑施工"质量月"活动。公布近5年广东省工程质量创优企业的排行榜，在广州亚运城综合体育馆工程施工现场与广州市建委联合召开全省工程质量现场观摩暨工程质量创优经验交流会。5~7月在全省范围内组织开展对在建的公共建筑、市政基础设施和住宅工程的质量执法检查。各地级以上市建设行政主管部门共抽查在建工程1292项，发出整改通知书569份，停工通知书4份，局部停工通知书24份。广东省住房和城乡建设厅于7月下旬派出5个督查组，对珠海、东莞等10个地级市进行督查，抽查30项在建工程，发出10份执法建议书。配合住房城乡建设部督查组对广东省建筑工程质量进行抽查，促进工程建设各方主体落实质量责任，消除质量隐患。广东省工程质量监督机构全年发出质量整改通知单18982份，停工和局部停工令1548份，受委托对责任主体的违法行为实施行政处罚15宗。

【建筑钢材专项检查】 2009年3月，广东省住房和城乡建设厅组织开展全省建筑钢材专项检查。各地级以上市建设行政主管部门共抽查在建工程1728个，抽查钢筋9673组，合格9431组，不合格242组，合格率为97.5%。对发现有不合格建筑钢材的工地，当地都按规定扩大范围进行抽检，并对不合格钢材作出处理。抽查广州、佛山、深圳、东莞、惠州、中山6个市的22个在建工程，抽查不同规格钢筋68组，合格率达100%。

【住宅工程质量分户验收】 广州、东莞、佛山、中山、江门、韶关、肇庆、湛江等市重视推进住宅工程质量分户验收工作。广州市制定《广州市住宅工程质量分户验收管理办法》，全面推进住宅工程质量分户验收工作；韶关市在总结试点经验的基础上，从2009年7月1日起在市区全面推行住宅工程质量分户验收，至2009年底有6个房地产开发项目、1268套住宅实行分户验收。

【施工安全生产】 2009年，广东省住房和城乡建设厅与各地级以上市建设局（建委）签订施工安全管理目标责任书。各市每季度召开施工安全例会，提出解决突出问题和加强安全管理的措施。执行安全生产约谈警示制度，对事故多发、安全监管薄弱地区建设局领导和事故频发、安全问题突出的施工企业负责人进行约谈。年内，深圳市住房和建设局约谈20多家企业。继续推进建筑工人"平安卡"管理制度，至2009年底，全省接受安全教育和考核的建筑工人达82万人，持"平安卡"上岗作业的人数超过78万人。开展建筑施工"安全生产年"活动。全年组织开展建筑施工安全生产大检查6次，专项检查3次。据不完全统计，全省检查工程15237项，发出限期整改通知书5865份、停工和局部停工通知书643份。广东省各地建设行政主管部门严格执行《广东省建设厅建筑工程安全生产动态管理办法》，全年动态扣分共计10887条。东莞市建设局重视运用量化扣分加强监管，对存在安全生产违规违法行为的538项在建工程进行量化扣分。

【安全生产许可证制度】 2009年广东省住房和城乡建设厅受理1294家施工企业安全生产许可证申请，916家企业获审查通过，通过率为70.8%，在审查中坚持对申请企业随机进行实地抽查。同时，不断强化对取得安全生产许可证的施工企业和安全考核合格证的"三类人员"的管理，对2009年发生生产安全事故或严重降低安全生产条件的36家本省施工企业依法做出暂扣安全生产许可证30~60天的行政处罚，暂停79名项目负责人、专职安全员、总监理工程师的上岗执业，并对发生生产安全事故或严重降低安全生产条件的10家省外施工企业，提请其发证机关依法暂扣安全生产许可证。

【建筑起重机械和特种作业人员管理】 2009年，广东省住房和城乡建设厅提请省安委办牵头召开建筑起重机械管理工作协调会，加强与省质量技术监督局等部门的沟通与协调。同时，将建筑起重机械作为施工安全大检查的重点内容。12月东莞市台商大厦工地塔吊坍塌事故发生后，广东省住房和城乡建设厅立即组织全省开展建筑起重机械专项检查，并重点督查广州、东莞、佛山等8个市，随机抽查64项在建工程，对11项安全隐患较突出工程的建筑起重机械责令暂时停止使用和限期整改，并强制拆除2台存在重大安全隐患的塔吊。深圳"12·28"塔吊事故发生后，广东省住房和城乡建设厅又部署全省开展建筑起重机械安全的专项整治。建筑起重机械登记管理制度全面推进，启用《广东省建筑起重机械安全管理信息系统》，录入全省大批已登记的建筑起重机械信息以及广东省取得操作资格证的特种作业人员信息。全面开展建筑施工特种作业人员考核发证工作并严格实施持证上岗，截至2009年底，全省取得操作资格证的特种作业人员达34077人。

【施工应急救援管理】 广东省基本构建全省施工应急救援管理框架，建立全省建筑工程质量安全抢险专家库、抢险队伍、抢险设备信息库。各地级以上建设行政主管部门也构建市级应急抢险管理框架，组建以本地区大中型建筑施工企业为骨干的工程抢险专业队伍，并开展应急救援演练。如佛山市建设局于2009年7月组建佛山市房屋建设工程抢险救援队；阳江市建设局于2009年6月在富地小区工地组织300多人参加应急救援演练。

【"安全生产月"活动】 "安全生产月"活动期间，广东省各级建设行政主管部门向社会发放大量宣传资料，接待市民咨询超过2000人次，分期分片组织施工、监理企业管理人员参加《高大模板施工规范》、《危险性较大工程专项方案论证办法》等业务培训。广东省住房和城乡建设厅委托省建筑安全协会组织施工、监理企业的技术负责人、项目负责人500人，在广州市召开全省安全生产、文明施工样板工地现场观摩会。

五、城市建设

【概况】 2009年，广东省城市建设完成固定资产投资777.26亿元。城市燃气普及率96.45%，自来水普及率97.70%，人均道路面积12.63平方米，全省设市城市建成区绿地率36.53%，建成区绿化覆盖率40.75%，人均公共绿地面积12.27平方米。广州白云山总体规划获得住房城乡建设部批准通过。广东省住房和城乡建设厅组织协调省公安厅、地税局完成丹霞山首期整治拆迁任务；争取住房城乡建设部、国家发改委及有关部门的支持，落实丹霞山申请世界遗产专项资金4489万元。4月14日，广东省人民政府第十一届30次常务会议审议通过《广东省丹霞山保护管理规定》，自2009年6月1日起实施。

【污水垃圾处理】 2009年底，广东省建成污水处理厂239座，比上年新增64座。建成垃圾无害化处理设施39座，其中填埋场22座，焚烧厂17座，比上年新增2座；2009年中央预算内投资支持广东省10个城镇污水垃圾处理设施建设项目计5450万元；广东省住房城乡建设厅组织召开全省环卫工作会议，编制并颁布《广东省城市环境卫生作业预算定额》、《广东省生活垃圾焚烧处理项目建设运营管理指引》；广东省住房和城乡建设厅组织建立全省城镇生活垃圾处理管理信息系统，全面掌握全省生活垃圾清运处理情况和在建垃圾处理场的建设情况。组织16个督察小组，对历年省治污保洁专项资金补助的100多个项目进行全面检查，强化省治污保洁专项资金绩效评价工作。建立以信息系统为基础的每月信息报送制度和现场督查制度为基础的垃圾处理设施全年督查制度。

【园林城市创建】 汕头、韶关、梅州获"国家园林城市"称号，东莞市塘厦镇获"国家园林城镇"称号。广东省国家园林城市数量达16个，国家园林城镇2个。

【城市供水安全保障】 广州、深圳、东莞等城市实施国家"水体污染控制与治理"科技重大专项的"珠江下游地区饮用水安全保障技术集成与综合示范项目"正式启动。组织开展全省城市供水水质专项检查，检查范围覆盖全省设市城市和县城（县城所在地）以上的所有公共供水企业，重点检查水源和出厂水水质，保障城镇供水水质安全。

【市政桥梁安全检查】 广东省住房和城乡建设厅组织对全省3000多座城市桥梁开展安全检查，重点检查市县桥梁养护维修管理制度建立情况、年度养护维修资金落实情况、检测评估制度的执行情况、桥梁信息管理系统建设及技术档案管理情况等。

六、村镇建设

【宜居村镇创建】 2009年，广东省财政安排1000万元宜居城乡规划和试点工作经费，其中400万元作为宜居城镇、宜居村庄创建试点指导工作经费。全省确定10个宜居城镇创建指导点和21个宜居村庄创建指导点。

【村庄规划和建设】 广东省财政安排省级村庄规划专项资金1400万元，开展1400个省级村庄规划试点工作。各市、县也推进村庄规划编制。2009年，全省共编制村庄规划3300个，村庄规划覆盖率37%，比上年提高2.4个百分点。省治污保洁专项资金6000万元，进一步提高其对村镇垃圾处理设施建设的资金补助比例。广东省住房和城乡建设厅、省文明办组织开展社会主义新农村住宅设计竞赛，收到参赛作品212个。

【中心镇建设】 广东省住房和城乡建设厅、省发改委、省国土资源厅联合做好新增中心镇的审查工作，新增7个中心镇。核定广州市花都区花东镇等2个中心镇的建设用地规模。2009年底，全省277个中心镇中，已核定62个中心镇的建设用地规模，占22.4%。

【历史文化名镇、名村】 2009年底，广东省有8个镇获得中国历史文化名镇称号，11个村获得中国历史文化名村称号。广东省住房和城乡建设厅、省文化厅在全省开展第二批广东省历史文化名镇、名村评选活动，共7个镇、15个村获得第二批广东省历史文化名镇、名村称号：中山市南朗镇、中山市黄圃镇、佛山市顺德区龙江镇、东莞市虎门镇、东莞市石龙镇、梅州市大埔县百侯镇、韶关市南雄市珠玑镇、广州市天河区珠吉街珠村、珠海市香洲区南屏镇北山村、汕头市澄海区莲下镇程洋岗村、佛山市南海区西樵镇上金瓯松塘村、韶关市仁化县石塘镇石塘村、韶关市南雄市乌迳镇新田村、梅州市梅县水车镇茶山村、梅州市兴宁市石马镇刁田村、江门市蓬江区棠下镇良溪村、江门市台山市斗山镇浮石村、湛江市雷州市龙门镇潮溪村、肇庆市怀集县大岗镇扶溪村、肇庆市广宁县北市镇大屋村、肇庆市德庆县官圩镇金林村、清远市佛冈县龙山镇上岳古围村。

【村镇规划建设管理人员培训】 广东省住房和城乡建设厅举办10期全省村镇规划建设培训班，包括一期历史文化名镇（村）的保护专题班，免费培训县、镇一级村镇规划建设管理人员及试点村村干部近1200人。各市也积极开展各种形式的培训约6000人。

七、勘察设计咨询业

【概况】 2009年，广东省勘察设计单位1596家，其中行业设计单位928家，专项设计单位668家；928家行业设计单位中，甲级249家、乙级382家，丙级292家，丁级5家。勘察设计从业人员62131人，其中高级职称11594人，中级职称21611人，初级职称16338人；一级注册建筑师1287人，一级注册结构工程师2154人，二级注册建筑师1854人，二级注册结构工程师510人；中国工程院院士3名，国家级勘察设计大师8名。施工图审查机构77家，其中一类41家，二类36家；建筑类58家，市政类5家，建筑、市政综合类14家。共有施工图审查人员1368人。2009年，全省勘察设计企业完成工程勘察设计合同额116.24亿元，其中工程勘察合同额18.56亿元、工程设计合同额97.68亿元。

【设计管理创优】 2009年，广东省获省级优秀工程勘察设计奖54项，其中一等奖7项，二等奖14项，三等奖33项。严格组织实施大中型建设工程项目的初步设计审查。组织审查省属大中型工程初步设计项目122多项，主要包括亚运会场馆、湛江生物质发电厂、贵广铁路、南广铁路、韶赣铁路以及穗莞深、莞惠、广肇、广清城际轨道交通等重点工程项目。进一步加强施工图审查管理。制定印发《关于进一步加强施工图审查管理工作的指导意见》，解决审查管理工作的重点与难点问题。加强信息化管理，研究拟定施工图审查管理信息系统建设框架，为实现施工图审查网络管理与信息传递，即时掌控全省施工图审查情况奠定基础。

【繁荣设计创作】 广东省住房和城乡建设厅组织举办繁荣建筑设计创作高峰论坛，促进建筑设计创作、交流。全省第二届规划设计行业发展论坛在深圳举行，500余人参加以"多彩建筑、活力城市"为主题的盛会，包括主论坛和"设计之都"、"绿色城市"、"创新发展"三个分论坛。中国工程院院士、全国工程设计大师等十多位专家学者进行主题发言。各行业代表就规划、建筑设计中的招标投标、人才引进、绿色建筑、行业管理、深港合作、创新发展等热门话题进行热烈的互动探讨。组织开展全省优秀建筑设计作品展示活动，组织开展以"三个一"为主线的建筑设计作品展示活动，即组织一场专题报告会、举办一次作品展示会、组织开展一系列宣传和社会评价活动。组织开展优秀设计论文评选工作。在全省范围内组织开展优秀工程勘察设计论文评选活动，推动广东省工程勘察设计理论学术交流，繁荣建筑创作。

【建筑节能设计】 2009年，广东省继续加大实施《节约能源法》和《民用建筑节能条例》、《公共机构节能条例》的宣贯力度。按照国家和省有关节能减排的工作要求，进一步完善建筑节能设计政策措施，加强对节能设计过程监管，督促指导施工图审查机构严格按照建筑节能强制性标准对送审的施工图设计文件进行审查。积极推进建筑节能设计示范项目建设，推进太阳能建筑设计一体化。组织开发建筑节能设计计算软件，拓展编制节能设计标准图集，改进节能设计技术手段。

【校舍安全工程】 根据广东省政府中小学校舍安全工程领导小组的工作部署，配合牵头单位省教育厅组织开展全省中小学校舍安全工程排查鉴定、加固工作。省住房和城乡建设厅印发《关于切实做好全省中小学校舍安全工程有关工作的通知》，贯彻落实中央和省对该项工作的要求，印发《关于公布可供中小学校舍安全工程技术鉴定选择的广东省甲、乙级建筑工程设计单位的通知》，举办《建筑抗震鉴定标准》和《建筑抗震加固技术规程》培训班，组织设计单位编写中小学校舍抗震加固方案，加强对校舍安全工程的技术指导。

八、建设科技和建筑节能

【建设科技成果】 2009年，广东省完成建设科技成果鉴定159项，其中"复合地层中盾构法建设地铁地表沉降规律研究"达到国际领先水平,"汶川县城房屋震损评定与震害分析研究"等4项达到国际先进水平,"南方地区外墙外保温砂浆抗裂与防渗施工技术研究"等98项达到国内领先水平,"建筑设备及管线等电位联结集成施工技术研究"等43项达到国内先进水平,"南方地区外墙外保温砂浆抗裂与防渗施工技术研究"等11项达到省内领先水平,"复合型轻质隔墙施工技术"达到省内先进水平,"PKPM建筑节能设计分析软件PBECA2008"通过鉴定。全省建设系统有15个项目获国家华夏建设科学技术奖,其中"基于IFC标准的建筑工程4D施工管理系统的研究和应用"等3项获得一等奖,"建筑结构通用分析与设计软件GSSAP"等4项获得二等奖,"建筑遮阳节能技术基础与应用研究"等8项获得三等奖;有14个项目获省科学技术奖,其中"广州大学城集约化建设中节能、环保、数字技术的集成应用"获一等奖,"采用PVB封装的新型光伏建筑一体化组件及系统的研制、产业化与应用"等5项获二等奖,"档案库房墙体热工与节能研究"等8项获三等奖。发布推广16项省建设行业技术成果推广项目。

【建筑节能】 2009年,广东省建筑节能立法工作得到推进。《广东省民用建筑节能条例(送审稿)》报广东省政府审定,广东省人大已将该条例纳入2010年立法计划项目。《广东省政府机关办公建筑和大型公共建筑节能监管体系相关标准及导则》、《广东省绿色建筑评价标准》和《广东省建筑节能工程施工质量验收管理软件》正在编制。完成全省21个地级以上市2171栋国家机关办公建筑和大型公共建筑基本信息及能耗统计工作。广州、佛山、东莞、中山、珠海、惠州6个试点城市开展能源审计工作,完成80多栋建筑的能源审计。认定广东省建筑科学研究院等4家省级民用建筑能效测评机构。深圳市国家机关办公建筑和大型公共建筑能耗监测平台于2009年5月通过国家住房城乡建设部验收,华南理工大学国家机关办公建筑和大型公共建筑能耗监测平台于同年6月份通过预验收,能耗监测达到全国领先水平,奠定全省开展大面积能耗监测工作基础。广东省节能专项资金支持建筑节能领域16个项目,财政支持资金263万元,其中拨付80万元作为建筑节能监管体系建设专项工作经费。财政部给予广东省150万元能耗统计、审计补助资金,用于全省国家机关办公建筑和大型公共建筑能耗统计、审计等工作。广东向财政部、住房城乡建设部推荐申报11个太阳能光电建筑应用示范项目,其中珠海东澳岛文化艺术中心及综合楼光伏建筑一体化改建工程等3个项目获批。深圳市成为首批国家可再生能源建筑应用全国示范城市,获得财政部资金补助8000万元(首期到位4800万元)。广州亚运城综合体育馆等3个绿色建筑示范工程和广东全球通大厦(新址)等4个低能耗建筑示范工程被住房城乡建设部批准为国家级示范工程。

【建设工程标准】 2009年,广东省发布《广东省建筑节能工程施工质量验收规范》、《建筑门窗幕墙玻璃隔热膜节能设计、施工及验收规程》、《建筑节能材料能效评价及检测技术规程》、《纸蜂窝墙板轻质墙体工程技术规程》、《城市地下空间开发利用规划与设计技术规程》、《土钉支护技术规程》、《软瓷建筑装饰工程技术规程》7项建设行业地方标准,使建筑设计、施工等各项工作有章可循。《封闭式垃圾自动收集系统施工与验收规范》等12项建设地方标准立项。

大 事 记

1月20日,中央文明委授予惠州市规划建设局和湛江市市政园林局(建设系统推荐)、惠州市公用事业管理局和湛江市房产管理局(广东省推荐)为"第二批全国精神文明建设工作先进单位"。

2月18~19日,广东省建设工作会议在广州召开。总结全省建设系统2008年工作,部署2009年工作。会上黄华华省长与各地级以上市长签订《广东省2009年度解决城镇低收入家庭住房困难目标责任书》。房庆方厅长与各地级以上市建设局局长签订《2009年度建筑施工安全管理目标责任书》。

2月19~20日,全国建筑安全生产联络员第十次会议在东莞召开。住房城乡建设部质量安全司副司长王树平,广东省建设厅党组成员、副巡视员李新建等出席会议并作讲话。会议学习贯彻落实全国安全生产工作会议、全国建设工作会议精神和党中央、国务院领导关于加强安全生产工作的讲话精神,回顾总结2008年建筑安全生产工作,分析当前建筑安全生产形势,研究部署2009年工作。

2月20日,广东省建设厅与香港发展局、澳门运输工务司经友好协商后,签订《"大珠江三角洲城镇群协调发展规划研究"补充研究合作协议书》,确定粤港澳三方共同进一步开展"大珠三角规划研究"。

2月24日,全国工程造价管理工作会议在深圳召开。全国各省、直辖市、自治区的造价站长参加会议。住房城乡建设部标准定额司司长王志宏作讲话，广东省建设厅党组成员、副巡视员李新建出席会议。

2月26日，广东省建筑业管理与施工安全工作会议在广州召开。会议传达省委十届四次全会和全省建设工作会议精神，总结2008年建筑业管理与施工安全工作，研究部署2009年工作，表彰2008年清理拖欠工程款先进单位和个人。

3月1日，广东省人大修订出台的《广东省物业管理条例》开始实施。《条例》对广东省物业管理中存在的热点问题，提出针对性解决措施。

3月3日，广东省政府出台《关于促进广东省房地产市场平稳健康发展的若干意见》，提出加大保障性住房建设力度，进一步鼓励普通商品住房消费、支持房地产开发企业积极应对市场变化等促进全省房地产市场健康发展的15条政策措施。

3月4日，广东省建设厅派遣60多名专业技术人员，分三批赴四川省汶川县指导地震灾后农房重建工作。

3月16日，广东省建设厅组织全省各地申报广东省首批10个"宜居城镇"创建指导点。

4月3日，广州、佛山、东莞、珠海、江门、中山、肇庆、惠州等珠三角八城市签订《广东省珠江三角洲公积金贷款合作协议》。从5月1日开始，八市缴存职工在珠三角八城市中任一城市购房，可参照当地政策向当地公积金中心申请购房贷款，实现公积金互贷。

4月7日，由广东省建设厅、深圳市规划局及深圳市勘察设计行业协会联合主办的第二届规划设计行业发展论坛在深圳举行。

4月9日，由四川省建设厅、广东省建设厅、阿坝州人民政府、中国建筑科学研究院主办的映秀镇灾后恢复重建国际研讨会在成都召开。四川省政府副省长黄彦蓉、住房城乡建设部总经济师李秉仁、四川省建设厅厅长杨洪波、广东省建设厅副厅长李台然出席映秀镇灾后恢复重建国际研讨会。美国、日本、台湾、加拿大、意大利、新西兰、德国7个国家和地区的知名专家和周福霖院士、何镜堂院士、中国建筑科学研究院、清华大学、同济大学、天津大学等在建筑、规划、抗震、生态环境等方面的国内权威等260余人参加会议。研讨会达成共识，吸收国际先进的技术和经验用于映秀镇灾后恢复重建的工作，并将其推广到阿坝州乃至四川的灾后恢复重建工作。

4月9日，广东省建设厅在广州组织召开2009年全省城建档案馆工作会议。全省各地级以上市城建档案馆负责人参加会议，总结、交流各地经验，研究探讨城建档案工作面临的问题、困难与对策。

4月14日，广东省人民政府第十一届30次常务会议通过并正式发布《广东省丹霞山保护管理规定》，该规定自2009年6月1日起正式施行。

4月24日，广东省建筑节能工作会议在深圳召开。住房城乡建设部建筑节能与科技司巡视员武涌、广东省建设厅副厅长李台然等领导出席会议并作讲话。会议总结2008年全省建筑节能工作情况，研究部署2009年建筑节能工作。

5月1日，广东省建设厅与文化厅联合开展第二批广东省历史文化街区、名镇、名村评选活动。

5月15日，广东省建设厅组织全省各地申报广东省首批10个"宜居村庄"创建指导点。

5月20日，广东省建设厅印发《关于组织开展全省优秀建筑设计作品展示活动的通知》，全省优秀建筑设计作品展示活动展开。

5月20日至26日，广东省房地产开发领域违规变更规划调整容积率问题专项治理工作领导小组分赴广州、珠海、惠州和清远市进行调研和督导。通过听取汇报、调阅档案卷宗、实地察看现场等方式，全面、详尽地掌握各地房地产项目中容积率等规划指标的管理现状，以及开展专项治理工作的有关情况。

5月25～28日，广东省建设厅副厅长李台然一行前往青岛进行繁荣建筑创作专题调研。

5月27～30日，广东省建设厅党组成员、副巡视员李新建一行前往汶川县13个乡镇，与广东省援建工程建设人员座谈，并会同广东省对口支援汶川工作组检查援建工程的质量安全情况。

6月10日，广东省建筑节能协会成立大会在广州召开。广东省建设厅厅长房庆方、住房城乡建设部建筑节能与科技司巡视员武涌等出席会议并作讲话。广东省建筑节能协会正式成立。

6月16日，广东省住房公积金管理工作座谈会在东莞召开。广东省建设厅党组成员、副厅长陈英松出席会议并作讲话。会议总结全省2008年度住房公积金管理工作情况，研究部署2009年住房公积金管理工作。

6月17日，广东省建设厅、香港发展局和澳门运输工务司在中山市联合组织召开粤港城市规划及发展专责小组第五次会议和粤澳城市规划及发展专责小组第二次会议，广东省建设厅副厅长蔡瀛、香港发展局常任秘书长杨立门、澳门运输工务司主任黄振东出席会议。会议原则通过"大珠江三角洲城镇群协调发展规划研究"《总报告（送审稿）》成果，完成三方对《大珠江三角洲城镇群协调发展规划研究》约定的审查程序。同时，粤港澳三方达成共识，共同组织开展《共建优质生活圈专项规划》，打造"亚太地区最具活力和国际竞争力的城市群"。

7月1日，以企业信息库、人才信息库、法规标准信息服务系统及行政服务平台为一体的广东省建设系统"三库一平台"管理服务信息系统正式启动运行。

7月14～18日，广东省建设厅和广东省对口支援四川省汶川县恢复重建工作组、四川省汶川县规划建设局组成联合检查组，对广东省以"交钥匙"方式援建的汶川县10个乡镇的学校、卫生院和公共服务设施等33个项目的工程质量安全进行抽查。

7月23日，广东省建设厅组织专家在佛山市南海区对《广佛同城化城市规划》中的《桂城芳村周边地区整合规划》及《广州新客站周边地区整合规划》初步成果进行研讨。

7月30日，全省住房建设质量工作会议在珠海市召开。会议分析广东省当前住房建设质量形势，交流提高住房质量的经验，部署全省住房建设质量管理工作。广东省建设厅党组成员、副厅长陈英松出席会议并作讲话。

8月10日，通过《南方日报》刊载打造珠三角6条区域绿道的规划设想，引发广泛热议。

8月12～13日，厅党组成员、副厅长陈英松率检查组对茂名市解决城镇低收入家庭住房困难工作进行检查。

8月27日，广东省人民政府办公厅印发《广东省住房和城乡建设厅主要职责内设机构和人员编制规定》（粤府办〔2009〕87号），组建广东省住房和城乡建设厅，为省人民政府组成部门，设14个内设机构，核定机关行政编制90名，后勤服务人员数14名。广东省住房和城乡建设厅机构改革随之推进。

9月7日，《珠江三角洲地区一体化规划》编制工作会议召开。广东省住房和城乡建设厅就相关工作向省政府汇报，得到省长黄华华的充分肯定。《珠三角地区城乡规划一体化规划》形成初步成果。

9月21日，广东省住房和城乡建设厅颁布《广东省建设工程标准施工合同》（2009版）。该版本将于2010年1月1日期施行。

9月24～26日，丹霞山迎接世界自然保护联盟（IUCN）专家格里姆·沃博伊斯博士和禹卿植博士的实地考察评估。

9月27日，广东省副省长林木声主持召开全省建设宜居城乡工作联席会议。会议组织省直有关部门研究讨论《广东省创建宜居城乡工作绩效考核办法（试行）》（送审稿），就省直各部门提出的意见进行讨论。

10月12日，广东省机构编制委员会办公室批复《关于明确珠江三角洲城际轨道交通工程项目质量安全监督管理部门的函》，明确由广东省住房和城乡建设厅承担珠江三角洲城际轨道交通工程项目质量安全监督管理职能。

10月21～23日，厅党组成员、副厅长陈英松一行对梅州市2009年解决城镇低收入家庭住房困难工作目标责任落实情况进行检查。

10月28日，广东省住房和城乡建设厅与香港发展局、澳门运输工务司在澳门联合举行《大珠江三角洲城镇群协调发展规划研究》成果发布会。作为中国第一个跨不同制度边界的空间协调研究，《大珠江三角洲城镇群协调发展规划研究》成果的发布，标志着三地在区域与城市规划领域开展的首次合作研究取得完满成功，标志着三地以"构建协调可持续的世界级城镇群"为目标的区域发展合作迈出实质性的步伐。

11月5日，建筑专业工程师职称评审会议在广州市召开。申报人数257人，通过人数222人，通过率为86％。

11月11日，广东省住房和城乡建设厅举行揭牌仪式。广东省副省长林木声出席揭牌仪式并代表省政府致辞。广东省住房和城乡建设厅印发《广东省住房和城乡建设厅建筑工程安全生产动态管理办法》。该办法从2010年1月1日起实施。

11月17日，建筑专业教授级高级工程师职称评审会议在肇庆市召开。申报人数94人，通过人数59人，通过率为62％。

11月27日，广东省住房和城乡建设厅和广东省对口支援四川省汶川县恢复重建工作组、四川省汶川县规划建设局再次组成联合检查组，对汶川县11个乡镇的援建项目进行质量安全检查，共抽查卫生院、居民安置房、文化活动中心和市政桥梁等24个公共服务设施项目。

12月4日，全省环境卫生工作会议暨广东省环境卫生协会五届二次会员大会在江门鹤山市召开。会议听取和审议协会2008～2009年度工作报告，表彰全省环卫先进单位、先进个人，并向广东省被评为全国第二批Ⅰ、Ⅱ级的生活垃圾处理无害化填埋场颁发证书。

《广东省住房和城乡建设厅关于房屋建筑和市政基础设施工程施工评标的管理办法》和《广东省住房和城乡建设厅建设工程招标中标后监督检查的办法》（修订稿）正式颁布施行。

12月19日，全国建设领域节能减排监督检查第九组对广州、深圳、珠海、佛山等市的建筑节能工作，城市污水处理以及垃圾处理等情况进行专项监督检查。检查组肯定广东省建设领域节能减排工作取得的成绩。

12月24日，住房城乡建设部印发《关于对〈取得内地一级注册结构工程师互认资格的香港居民在粤注册执业管理办法〉有关问题的复函》和《关于对〈取得内地一级注册建筑师互认资格的香港居民在粤注册执业管理办法〉有关问题的复函》，批复广东省住房和城乡建设厅，同意允许香港取得执业资格互认的建筑师、结构工程师在粤先行注册执业。

（广东省住房和城乡建设厅）

广西壮族自治区

概　　述

2009年，广西壮族自治区建设系统在自治区党委、自治区人民政府以及住房和城乡建设部的正确领导下，深入学习实践科学发展观，着力加快城镇化进程和各项建设事业发展，着力加强城乡规划建设管理，着力保持建设经济强劲的增长势头，取得了显著的成绩。

全区房地产业、市政公用设施建设和村镇建设完成投资1654亿元，首次突破1500亿元大关，占全区全社会固定资产投资的29%，对全区固定资产投资增长的贡献率达25%。其中，房地产业完成投资936亿元，市政公用设施建设完成投资538亿元，两项合计完成投资1474亿元，超额30%完成自治区下达的年度投资任务；村镇建设完成投资180亿元。房地产业、建筑业缴纳地税131.2亿元，占全区地税收入的比重由2008年的36.7%提高至42.4%。

城乡特色塑造实现新跨越，城镇化持续快速健康发展。城镇化水平由上年的38.2%提高到40%，保持最好最快的发展势头，提前一年完成"十一五"城镇化发展目标，城乡规划综合指导作用增强，中心城市承接项目落地能力提高。务实推进南宁"中国水城"建设，为全区做好"水文章"工作迈出坚实的步伐。城乡风貌改造一期工程全面完成，得到群众的普遍认同和自治区领导的高度评价，蓝天、白云、青山、绿树、碧水、红瓦的壮乡特色得到凸显，成为统筹城乡发展、强化城乡规划建设的重要载体。

城镇污水生活垃圾处理设施建设实现新跨越，城乡人居环境进一步改善。全区"十一五"后三年城镇污水生活垃圾处理设施建设项目投资187.2亿元，到2009年底，全区城镇污水集中处理能力达40%，城镇垃圾无害化处理率达56%，比上年提高10个百分点，进入全国中等水平。

保障性住房建设实现新跨越，"住有所居"阶段性成效显著。2009年首次牵头实施农村危房改造工程，完成农村危房改造8.3万户，占全国农村危房改造任务总量的10.38%，超过全区2000～2008年农村危房改造量的总和。加大廉租住房保障力度，完成廉租住房建设投资19.62亿元，新开工建设廉租住房3.34万套、竣工5896套；以租赁补贴、实物配租等形式实施廉租住房保障10.83万户，首次超过10万户大关，超额完成国家和自治区下达的任务。经济适用住房等政策性住房投资首次超过100亿元，达到103亿元。

一、住房保障

【廉租住房保障工作】　全区共落实廉租住房保障资金34.87亿元，其中中央和自治区财政专项资金分别为10.1亿元和4.26亿元。自治区人民政府将廉租住房保障工作列入为民办实事项目，与各市签订廉租住房保障工作责任状，加强组织协调、督促检查；各地切实加强领导，抓好廉租住房保障规划编制，做好保障性住房户型设计竞赛和工程安全质量管理，落实配套资金、项目用地和政策措施，加快推进项目建设，努力扩大保障覆盖面。

【政策性住房建设】　2009年，广西规范经济适用住房管理、加快危旧住房及棚户区改造工作得到加强。完成经济适用住房投资45亿元、竣工2.39万套；完成市场运作方式建设住房投资39.5亿元，累计竣工项目190个、住房2.55万套；完成危旧住房改造投资18.3亿元。

【住房公积金】 全区住房公积金事业保持良好发展态势。参加住房公积金缴存的职工182万人，覆盖率为69%，归集住房公积金122亿元，同比增长20%；累计归集住房公积金536亿元，余额为289亿元；发放住房公积金个人住房贷款74亿元，同比增长76%；委托贷款余额182亿元，占归集余额的63%，同比增加8个百分点；逾期率为3.7‰，贷款质量优良。

【农村危房改造】 2009年，广西全区争取国家下达农村危房改造任务8.3万户、中央财政补助资金4.15亿元，自治区财政安排配套资金4.15亿元。全区各地高度重视，完善工作机制，落实配套资金，把好对象确定、建设标准、资金管理关。年内，农村危房改造开工82161户、竣工63661户，分别占计划的99.35%和98.14%。

【少数民族村寨防火改造】 以水改、电改、灶改和寨改为主要内容的少数民族村寨防火改造工程，总投资8.22亿元，惠及13.4万户59万人。自治区建设厅自2009年4月接手牵头此项任务后，与有关城市建委签订责任状，抓紧调整实施方案，制定技术导则和标准，完善相关制度，加强督查和指导；各有关市县建设部门克服困难加快进度。全区有931个村寨开工建设，超出开工计划34%；竣工404个村寨，竣工率达到58.1%。

【建安劳保费】 2009年收缴建安劳保费8.56亿元，同比增长38.29%；加强建安劳保费调剂，惠及企业204家、职工11.62万人，有力地支撑建筑业的改革发展。

二、住宅与房地产业

【房地产市场】 2009年，全区认真贯彻落实国家促进房地产市场健康发展的方针政策，及时出台《关于大力促进房地产市场健康发展的指导意见》等政策措施，增强投资和消费信心；积极推进房地产信息管理系统建设，维护房地产市场交易秩序，把握市场发展趋势，强化房地产市场监管，促进全区房地产市场健康稳定发展。全区房地产市场运行平稳，商品房平均销售价格保持平稳增长态势。2009年，全区房地产开发完成投资813.7亿元，同比增长29.7%；商品房施工面积8346.1万平方米，竣工面积1441.6万平方米，同比分别增长21.4%和15%；商品房销售面积2383.8万平方米，销售额777.2亿元，同比分别增长34.8%和55.6%；商品房平均售价3260元/平方米，同比增长15.4%；全区房地产开发投资总量排全国第18位，排西部12省区第5位。桂林市家乐房地产公司开发的公园－绿涛湾项目、广西中强置业投资公司开发的中强—普罗旺斯项目、南宁市振宁开发公司开发的振宁翠峰居住小区获全国房地产开发项目综合类大奖——广厦奖。

三、城乡规划

【加快编制北部湾经济区城市规划】 北部湾经济区各城市总体规划修改修编全面启动，北海、防城港、钦州、崇左等城市总体规划完成修编或修改，并获自治区人民政府批复实施；南宁、玉林市城市总体规划分别上报国务院、自治区人民政府待批。南宁国际物流、商贸和加工制造基地，以及钦州保税港区、北海铁山港工业区、防城港企沙工业区、凭祥综合保税区等依法纳入相关城市总体规划。《广西北部湾经济区城镇群规划纲要》完成编制，上报住房和城乡建设部审批。

四、建筑业

【建筑市场监管】 2009年，全区进一步整顿规范建筑市场秩序，组织开展7次全区建筑市场大检查，共检查工程161项，对31家施工企业、20家监理企业、19家检测机构做出了停业整改的处罚，对不符合建筑业企业资质条件的102家企业做出了撤回资质证书的处理。加强招标投标监管，全面推行新标准施工招标资格预审文件和标准施工招标文件使用工作，开展了全区招标代理机构和工程造价咨询企业专项检查。加强建筑工程质量监管，认真治理工程质量通病，开展在建住宅、城市桥梁和污水垃圾处理工程质量等专项检查；组织工程质量创优活动，广西建工集团五公司承建的名都大厦、柳州市众鑫建筑公司承建的柳州市妇幼保健院门诊综合楼分获国家建筑工程鲁班奖；74项建筑工程获自治区优质工程。加强建筑施工安全生产监管，开展安全生产"三项行动"、"三项建设"和安全生产月等活动，排查建筑工程项目4899个，排除一般隐患6486项、重大隐患156项；全区受监的建筑工程共发生施工伤亡事故18起、死亡19人，未发生一次伤亡3人及以上的较大事故，死亡人数同比有所下降。如期完成对全区2.8万所、6000多万平方米中小学校舍的安全工程排查，并对其中4000多万平方米的校舍进行安全和抗震鉴定。

【工程勘察设计质量监管】 加大动态监管力度，实现行业审批、监管并重。加强对施工图审查机构的监管，严肃查处施工图审查活动的各种违法违规行为。继续抓好超限高层建筑工程抗震设防工作，调整了超限高层建筑工程抗震设防审查专家委员会。加强广西建设系统防震减灾工作，明确城市规划、勘察设计、建设施工、市政基础设施、村镇民居等防震减灾要求。开展2009年度广西优秀工程勘察设计奖评选，评选出三等奖以上奖项202项。

五、城市建设

【中心城市带动战略】 以推进南宁五象新区、柳州柳东新区、桂林临桂新区建设为重点，加快中心城市新区规划建设，着力壮大规模，健全功能，增强辐射作用。南宁市加大交通枢纽、路桥和环境治理项目建设，推进五象新区核心区和"中国水城"规划建设；柳州市以市带县、以城带乡，重点打造"一小时经济圈"和"两小时经济带"；桂林市加速临桂新区建设；钦州市依托港口开发和临港工业发展，加快推进白石湖商务区、茅尾海休闲居住区基础设施建设；防城港市加快构建以行政中心区为核心，南临港口、北接防城、东至企沙、西连东兴的城市主体框架；北海市围绕"东拓南进北联"，构建"一带两湾"新格局；梧州市实施"工业和项目带动"城市发展战略；贵港市重点打造"桂东经济走廊"工业经济带，以工业化推动城镇化发展；百色市抓住纪念百色起义80周年的机遇，推进一批城市基础设施项目建设。年内，全区农村劳动力进入城镇就业新增80.67万人，农民工返乡后实现重新就业278万人。

【城镇基础设施建设】 2009年全区市政公用设施预计完成投资538亿元，超额34.5%完成年度投资任务；全年共获得中央和自治区财政资金36.06亿元，建设投资进展顺利。年内，全区城镇基础设施建设各主要指标与上年相比，人均城市道路面积11.58平方米，增加0.72平方米；城市燃气普及率77.38%，增加0.3个百分点；城镇生活垃圾无害化处理率56%，增加10个百分点；污水集中处理能力达40%，人均公园绿地8平方米，增长7%。

【村镇规划建设】 编制完成乡镇规划66个、村庄规划2893个；恭城县莲花镇南山桥屯等3个村屯被列入住房和城乡建设部的工程项目，带动了村镇规划一体化试点。开展历史文化名镇名村和全国特色景观旅游名镇（村）示范评选，加强历史文化名镇名村保护。2009年，全区乡镇建成区规模扩大60平方公里，新建农房超过3000万平方米。

【"城乡清洁工程"】 2009年，继续深入实施"城乡清洁工程"。以开展第七届"南珠杯"竞赛活动为载体，把整治"脏乱差"与解决民生问题结合起来，推动市政环卫市场化改革，开展"数字城管"和农贸市场建设，探索建立城市管理的长效机制。以新中国成立60周年大庆为契机，开展全区城乡环境集中整治大行动，推进城市"穿衣戴帽"工程，开展城市绿化美化。在具体工作中，注重加强指导服务，狠抓项目进度，加大协调和督查力度，城乡环境进一步改善，城市品位不断提升。

【城乡风貌改造】 2009年7月，自治区党委、自治区人民政府决定，用三年左右时间在全区开展以改造"竹筒房"为主要内容的城乡风貌改造，2009年在南宁至百色高速公路沿线等组织实施一期工程。建设部门作为牵头单位，会同有关地方和部门坚持一把手负责制，落实目标责任，注重科学规划，凸显地方特色，在抓好房屋外立面改造的基础上，突出抓好53个综合整治村屯的规划、道路硬化与排水沟等10项标准件建设；自治区各有关部门积极调整年度预算，各市县努力配套资金，帮建企业踊跃捐款捐物，共筹措3.12亿元集中投入；坚持开拓创新，建立纵向到底、横向到边、"三级六方联动共建"的工作机制。一期工程在纪念百色起义80周年大庆前竣工，取得了良好的综合效应。

【污水生活垃圾处理】 大力推进城镇污水生活垃圾处理设施建设。逐级签订责任状，形成主要领导亲自抓、分管领导具体抓的工作格局。积极争取中央投资，加大地方财政投入，全年获得中央污水垃圾处理项目资金6.9亿元、自治区财政投入4.6亿元；发挥投融资平台作用，抓好国家开发银行70亿元贷款的落实。加强项目管理，实行并联审批和一站式服务，健全项目集中联合审批常态化工作机制。严格施工管理，统一设计污水处理设施，明确工程进度重要节点界定标准，强化工程质量监管。加强督促检查，严格责任追究，对建设缓慢的市县进行约谈和通报批评。全区城镇污水垃圾处理设施项目199项，总投资187.2亿元，建成30项，在建121项，完成投资62亿元，有效地改善了区内的生态环境，河池市的区域限批获环保部解除，来宾市拟被采取的区域限批获得暂缓。

【建筑节能】 2009年建筑节能40万吨标准煤，超额21%完成自治区下达的任务。新建建筑强制性标准执行率，在设计阶段达100%，在施工阶段为90%。全区完成1487栋建筑的能耗统计、155栋建筑的能源审计、84栋建筑的能效公示、30栋机关办公建筑和大型公共建筑的分项计量设备安装，以及自治区级建筑节能数据中心建设，"国家机关办公建筑与大型公共建筑的节能监管体系建设"走在全国前列。可再生能源在新建建筑中的应用超过125.6万平方米，钦州市、恭城县被列为全国可再生能源利用示范城市和示范县，获得4800万元资金支持。发布《地源热泵系统工程技术规程》等一批地方标准，节能减排、绿色建筑标准制定进入先进省（区）行列。推进墙体材料革新，发挥墙改政策的导向作用，开展墙改节能减排督查和整治，加快淘汰落后砖瓦产能和禁用实心黏土砖，发展节能环保新型墙材。全区新型墙材产量110亿块标砖，占墙材总量的44%。村镇建设推广应用新型墙体材料试点步伐加快。

六、重大项目建设

【"项目建设年、服务企业年、党组织服务年"活动】 抓好自治区重大项目的协调、服务和管理，创新规划建设管理机制，在重大项目选址、规划许可、初步设计、施工图审查、工程质量监管等方面提供一流服务；加强重大项目规划选址管理，采取并联方式，同步推进重大项目选址规划论证、规划修改，确保重大项目规划许可在规定期限内得到批复，大批重大项目依托城市规划如期落地。

【重点工程建设】 年内组织自治区统筹推进的在建重点工程项目协调会41次，重点解决了西电东送架空线路阻工，贵港、崇左两市污水管网下穿铁路工程和南广铁路征地拆迁等方面遇到的问题等。自治区重大公益性项目（自治区政府行政中心、广西城市规划展示馆、广西美术馆、广西铜鼓博物馆）以及北海冠岭项目的规划、勘察、设计等工作取得重大进展，部分项目于2009年底开工建设。完成广西参与2010年上海世博会工作方案、广西馆展示设计方案，以及世博会广西网上展馆展示与建设方案等，有条不紊地做好各项布展工作。

大 事 记

1月

5日 自治区建设厅召开信访维稳工作座谈会。

20日 全区城镇污水生活垃圾处理设施建设工作会议在南宁召开。

21日 自治区建设厅召开深入学习实践科学发展观活动第二阶段（分析检查阶段）总结暨第三阶段（整改落实阶段）动员大会。

2月

2日 自治区建设厅召开全区农村危房改造调研会。

8日 国家部委联合调研组在钦州市召开广西沿海钦北防片区城镇化工作座谈会。

8～9日 国家部委联合调研组城镇化小组到防城港市进行专题调研和考察。

23日 全区建设工作会议在南宁召开。会议总结了全区2008年建设工作，对2009年的工作进行部署。

24日 全区建设系统党风廉政建设工作会议在南宁召开。

3月

10日 自治区建设厅组织召开研讨会，就规范《广西居住建筑节能设计标准》进行探讨。

12～13日 住房和城乡建设部人力资源开发中心副主任杨彦奎、人事司劳动与职业教育处副处长路明、人力资源开发中心培训部主任程洪在自治区建设厅人教处副处长朱宏斌的陪同下，到广西城市建设学校考察调研。

15日 由广西建设厅、广西房地产业协会主办的广西房地产诚信活动启动仪式在南宁举行，标志着以"信心09·服务09"为主题的广西房地产诚信活动正式启动。

17日 全区建筑安装工程劳动保险费管理工作会议在南宁召开。

全区住房公积金管理工作会议在宜州召开。

31日 全区建设系统工会工作会议在北海举行。

4月

1日 全区建设工程管理工作会议召开。

2～3日 自治区建设厅组织对"城市建设工程档案管理信息系统"项目和"广西城市规划、建设与服务数字化工程——城市房地产预警系统"项目进行验收。

14日 2010年上海世博会广西馆展示设计方案审查会在南宁举行。

16日 住房和城乡建设部法规司司长曹金彪等领导率住房和城乡建设部门法规处处长座谈会代表到南宁市城市管理监督中心考察工作。

16～17日 全国住房城乡建设部门法规处处长座谈会在南宁召开。

21日 广西绿色建筑节能中心、广西建筑节能技术重点实验室在广西建设职业技术学院挂牌成立。该中心和实验室将致力于推广绿色建筑节能、科技创新以及建立公共服务平台。

30日 自治区主席马飚，自治区党委常委、自治区常务副主席李金早，自治区副主席高雄，自治区政府秘书长王跃飞等领导来到自治区建设厅，听取了自治区重大公益性项目、北海冠岭项目的规划建设工作汇报。

5月

6日 2010年上海世博会广西联络小组办公室在南宁召开广西参与2010年上海世博会专项资金计划安排及使用管理工作会议。

8日 全国人大环境与资源保护委员会主任委员汪光焘到自治区建设厅视察。

11日 全区保障性安居工程和农村危房改造试点工作会议在柳州召开。

13日 2009年全区城乡建设档案工作会议在南宁召开，就2009年及以后一段时期广西城建档案管理工作进行研究和部署。

14~15日 自治区建设厅在南宁组织召开2009年全区城建监察工作会议。

15日 住房和城乡建设部住房公积金监管司综合处处长姜涛一行到广西调研指导，并就住房公积金业务管理考核办法问题召开了座谈会。

20~21日 全国勘察设计处长工作座谈会在广西柳州召开。

26日 自治区建设厅、监察厅共同召开治理房地产开发领域违规变更规划调整容积率问题专项工作会议，对专项治理工作进行动员部署。

31日 自治区人大组织区内的十几名专家对《广西壮族自治区实施〈城乡规划法〉办法》（草案）进行了立法论证。

6月

5日 全区"百个危旧房改住房改造项目与代建企业"对接培训会在南宁召开。

10日 自治区建设厅在柳州召开了全区房地产交易与登记规范化管理工作经验交流会。

18~19日 由住房和城乡建设部、监察部主办，广西建设厅、监察厅、南宁市规划局承办的中南、西南片区房地产开发领域违规变更规划调整容积率问题专项治理工作座谈会在南宁召开。

7月

2日 自治区建设厅组织召开全区2009年上半年建设领域经济运行分析会。

8日 自治区建设厅召开广西建设系统思想政治工作先进表彰大会。

10日 自治区建设厅在南宁召开全区城市公共交通安全工作会议。

13日 由自治区建设厅组织的评审组对柳州市"百里柳江——市区河段综合治理项目"申报中国人居环境（范例）奖工作进行评审。

14日 自治区建设厅组织召开2009年县城建筑节能工作会议。

20日 全区房地产市场分析与住房保障工作座谈会在自治区建设厅召开。

24日 全区"城乡清洁工程"上半年工作汇报会在南宁召开。

8月

3日 自治区建设厅召开危旧房改住房改造规划工作座谈会。

5日 自治区建设厅在南宁主持召开工作布置会，部署开展城乡风貌改造一期工程前期工作。

13日 青海省住房和城乡建设厅姚宽一副厅长一行到自治区建设厅考察调研电子政务及信息化建设情况。

24日 自治区建设厅组织召开评议会，对《广西南宁市"中国水城"规划建设指导意见》进行评议。

9月

1日 自治区出台《关于城乡风貌改造一期工程的实施意见》。

5~8日 全国建设工程质量监督执法检查第12组对广西进行检查。

11日 全国建筑业职业技能大赛抹灰工决赛在山东省济南市长清区落幕，广西年轻选手祝平辉喜获一等奖，创下广西参加该类比赛的最好成绩。

21日 自治区重点工程——南宁大桥举行通车庆典活动。

25日 由广西建筑科学研究设计院制作的《广西能耗动态检测系统软件开发项目》通过验收。这是继深圳后，全国第二个通过验收的项目。

10月

12日 自治区人民政府在南宁召开全区廉租住房保障工作座谈会。

13日 第五届西部省区建安劳保费管理工作研讨会召开。

21日 广西建设厅副厅长周卫在南宁会见了前来参加第六届中国—东盟博览会的俄罗斯区域发展

部部长助理格沃兹杰夫·斯韦特拉娜一行,双方就共同关心的住房、建筑、设计等问题交换了意见,并就俄罗斯代表团草拟的《合作意向书》达成了口头合作意向。

11月

3日 全区燃气管理工作会议在南宁召开。

5日 以自治区党委组织部常务副部长宋晓天为组长的调研组一行9人,在建设厅多功能厅召开座谈会,就进一步深化干部人事制度改革征求意见和建议。

6~8日 住房和城乡建设部村镇建设司司长李兵弟到自治区检查农村危房改造工作。

9~10日 《村庄和集镇规划建设管理条例》(国务院令第116号)修订工作座谈会在南宁召开。

15日 《广西壮族自治区人民政府关于进一步理顺市与城区权责关系的意见》出台。

16日 召开广西(南宁)廉租住房建设情况汇报会,自治区建设厅向住房和城乡建设部的领导汇报了有关情况。

17日 全区农村危房改造试点一期工程扩大实施范围工作会议召开。

自治区建设厅召开广西少数民族村寨防火改造工作会议,研究部署下一阶段少数民族村寨防火改造工作。

2009年广西深基坑支护技术研讨会在南宁召开。

广西市长协会第五届分管城建副市长工作会议在钦州市召开。

北海冠岭项目和自治区重大公益性项目领导小组成员单位在自治区建设厅召开全体成员会议,通报了北海冠岭项目和自治区重大公益性项目的进展情况,并部署了下一步的工作。

全区建设工程质量安全监督工作会议暨质量监督工作二十五周年总结表彰大会在南宁召开。

《广西壮族自治区实施〈中华人民共和国城乡规划法〉办法(草案)》提交自治区十一届人大常委会第十一次会议二次审议。

25日 全区建设系统文明行业创建及政研工作会议在贵港召开。

26日 广西建设厅和宁夏住房和城乡建设厅在南宁召开座谈会。

12月

1日 全区城乡风貌改造工作现场会召开。

10日 全区城市照明管理工作座谈会在南宁召开。

11日 全区房地产交易与登记规范化管理"市带县"试点工作,在柳州市房屋登记管理中心启动。

14日 住房和城乡建设部到广西检查住房城乡建设领域节能减排工作,就住房城乡建设领域节能减排工作到广西开展专项监督检查。

15日 南友高速公路扶绥段城乡风貌改造工程启动。

18日 2009年全国建设领域节能减排监督检查广西反馈会在南宁召开。

23日 自治区住房和城乡建设厅召开会议,传达全国住房和城乡建设工作会议暨党风廉政、精神文明建设工作会议精神。

(广西壮族自治区住房和城乡建设厅)

云 南 省

一、住房保障

【概况】 2009年,云南省住房和城乡建设厅认真贯彻中央和省委、省政府的重大决策和部署,牵头会同有关部门加强指导,完善政策,注重落实,全力推进全省城镇保障性住房建设和农村保障性安居工程建设。全省保障性住房建设总体布局已全面展开,整体推进工作体系已逐步建立,政策措施日益完善,从根本上有效解决城乡困难群众住房问题的基础更加坚实。

【全省农村民居地震安全工程建设暨危旧房改造现场会在腾冲召开】 2009年3月29~30日,省人民政府在保山市腾冲县召开全省农村民居地震安全工程建设暨农村危旧房改造现场会。主要任务是贯彻落实科学发展观,突出以人为本思想,抓住中央扩大内需、加强保障性住房建设的有利时机,以农村民居地震安全工程为重点,全面推进云南省农村危旧房改造建设,切实保障农村群众住房安全，提高广大人民群众的居住质量。省委副书记、省长秦光荣出席会议并讲话，副省长孔垂柱主持会议，省政府秘书长丁绍祥出席会议。会议表彰了2008年全省农村民居地震安全工程建设先进单位。会议期间，与会代表实地考察了腾冲县农村民居加固改造和拆除重建现场，并作了交流发言。

【省政府召开全省保障性安居工程建设专题会议】 2009年4月28日，省政府在省住房城乡建设厅召开全省保障性安居工程建设专题会议，主要任务是传达和贯彻全国保障性住房工作会议精神，讨论《云南省人民政府关于进一步加快保障性安居工程建设的实施意见》，研究部署云南省推进保障性安居工程建设的有关工作。省住房和城乡建设厅汇报了云南省保障性住房建设的有关工作情况，省委副书记、省长秦光荣作了题为《加快统筹，加大力度，加快进度，全面推进云南省保障性安居工程建设》的讲话。副省长孔垂柱，刘平，省直有关部门领导出席会议。

【保障性住房建设工作听证会在昆明召开】 2009年6月26日，省政府在昆明召开保障性住房建设工作听证会，就准备出台的《云南省人民政府关于进一步加快保障性安居工程建设的实施意见》中，有关廉租住房建设的相关问题公开听取群众意见和建议。会议由刘平副省长主持，包括相关部门人员、人大代表、政协委员、有关专家和廉租住房保障对象代表。就"廉租住房建设方案"、"廉租住房申报程序和分配办法"、"廉租住房租金确定原则"、"住房租赁补贴核定和申请、审核、发放办法"等重大问题提出的修改完善的具体建议和意见。

【省保障性住房建设工作领导小组成立】 为加快推进全省保障性住房建设工作，并明确领导机构和责任，云南省成立了由省委副书记、省长秦光荣任组长的省保障性住房建设工作领导小组，孔垂柱、刘平副省长任副组长，分别负责农村、城镇障性住房建设工作。住房城乡建设、发展改革、财政、民政、民族工作、国土资源等各有关职能部门为成员。办公室设在省住房和城乡建设厅。各地也参照省政府领导小组成立了相应组织机构。

【全省保障性住房工作会议在昆明召开】 2009年8月15日，省人民政府在昆明召开全省保障性住房工作会议。主要任务是深入贯彻落实全国保障性安居工程工作会议，推进城市和国有工矿棚户区改造工作座谈会议精神，总结经验，全面部署，加快云南省保障性住房建设工作。省委副书记、省长秦光荣出席会议并作了题为《统筹兼顾，合力推进，确保全面完成全省保障性住房建设工作任务》的重要讲话。省人大常委会副主任杨保建、省政协副主席王学智、省政府秘书长丁绍祥等省领导出席会议。全省16个州市政府及建设部门领导，以及省直有关部门领导和全省主要企业负责人等200余名代表参加会议。会前，与会同志对昆明市子君村保障性住房建设项目、西山区翠峰花园小区、安宁市棚户区改造等保障性住房建设项目进行了实地考察，学习和借鉴了昆明市推进保障性住房建设的成功经验。会议由副省长刘平主持。

【城镇保障性住房建设取得阶段性成果】 2009年，云南省住房和城乡建设厅多方筹集配套资金并及时下达中央和省级补助资金26.1亿元，住房城乡建设部等三部委下达给云南省的83030套廉租住房建设投资项目累计完成投资49.1亿元，占投资总额的90%；收购、回购6714套，提前开工5000余套，通过城市和工矿企业棚户区改造、市场开发等多种渠道筹集18720套，超额完成省政府确定的年内完成投资额60%以上和筹集11万套廉租住房的目标任务。云南省廉租住房制度政策创新及所取得的成绩，受到了国务院及有关领导的充分肯定。加大经济适用住房建设管理力度，在建经济适用住房3万余套、280万平方米，已竣工1.8万套，完成投资25亿元。指导各地推进城市、工矿企业棚户区改造工作，2009年实施的320多万平方米棚户区改造工程进展顺利。省住房城乡建设厅认真指导各地做好农民工创业新居建设试点工作，积极配合有关部门做好垦区、林区、煤矿采空区和华侨农林场危旧房改造工作，尽可能扩大了保障性住房制度的覆盖面。

【全省农村民居地震安全工程完成20.2319万户】 2009年，云南省计划完成20万户农村危房加固改造和拆除重建任务，各地实际完成20.2319万户，（其中加固改造14.0465万户、拆除重建6.1854万户），计划落实1118个乡镇13508个自然村；省级下达补助资金88000万元。各州市自行配套4085.4万元、县级投入4896.74万元，农民自筹359619.71万元，银行贷款35716.29万元，社会投入1181.7万元，整合资金36370.03万元；农民投工投劳2907万个，培训技术人员和农民工匠13538人次。

【农村危房改造示范工程有序推进】 2009年，云南省住房城乡建设厅在纳入扩大农村危房改造试点地区的16个州市101个县共抓了17个省级和102

个州市级工程质量示范工程，实现了在每个州市抓1个工程质量示范工程、每个州（市）在每个县（市、区）抓1个工程质量示范工程的工作目标。示范工程主体结构施工期间，省、州市建设部门分别组织专家，对设计、施工、材料等主要环节进行了现场技术指导。

【农村危房改造工程竣工18277户】 按照国家扩大农村危房改造试点工作的安排，在对全省农村住房情况进行调查统计的基础上，拟定了云南省农村危房改造及地震安居工程规划，2009年计划完成30万户并分两批下达了建设任务和补助资金，其中地震安居工程20万户、农村危房改造10万户。按照"提标扩面"的要求，省政府加大了资金支持力度，拆除重建补助标准由每户5000元提高到10000元，增强了各级政府工作的积极性。至2009年底，全省农村危房改造工程竣工18277户，完成投资8.03亿元。

二、住宅与房地产业

【概况】 2009年云南省住房城乡建设厅会同各地、各有关部门认真落实国务院和省政府促进房地产市场健康发展的一系列政策措施，积极发展和促进住房消费，加大对房地产开发投资督导力度，完善房地产重大项目跟踪服务机制，加强房地产市场营销指导，进一步规范房地产管理，全省房地产开发投资和商品房销售实现了较快增长，房地产市场总体运行稳定，全年房地产开发投资完成737.46亿元，超额完成省政府确定的目标任务。

【全省房地产工作会议在昆明召开】 2009年10月27日，全省房地产工作会议在昆明召开。全省16个州市建设部门领导、部分房地产开发企业负责人以及省直有关部门参加会议。省住房城乡建设厅党组书记叶建成、厅长罗应光、副厅长陈锡诚出席会议并讲话。

【房地产开发投资突破700亿元大关】 2009年，云南省全省实际完成房地产开发投资737.46亿元，投资规模较上年增长了179.87亿元；投资增速同比增长32.3%。住宅开发投资在房地产开发投资中继续保持主导地位，住宅开发投资552.96亿元，同比增长30.5%，占房地产开发投资的比重为75.0%。其中90平方米以下住宅开发投资97.43亿元，同比增长35.5%。办公楼和商业营业用房高于房地产开发总投资的增速，实现较快增长，办公楼开发投资18.91亿元，同比增长55.8%。商业营业用房开发投资80.52亿元，同比增长40.4%。其他开发投资85.07亿元，同比增长32.2%。云南省房地产开发投资规模占全国总投资的比重为2.0%，在全国31个省、区、市中排第20位，较上年上升1位。房地产开发投资增速高于全国平均增速16.7个百分点，在全国排第7位，较上年上升2位。

【商品房供应量持续增长】 2009年，云南省商品房施工面积为6837.88万平方米，同比增长27.2%；新开工面积为2820.84万平方米，同比增长30.3%；竣工面积为1680.56万平方米，同比增长59.9%，保持了持续快速增长。

【商品房销售面积较快增长】 商品房销售逐步实现由负增长到持续较快增长的转变。随着政策效应的逐步显现，在二手房市场和全国商品房市场的传导等综合因素作用下，6月末，云南省商品房销售建筑面积扭转了自2008年5月以来持续负增长的局面，首次实现正增长。7、8、9月商品房销售建筑面积增速逐月加快，到9月末达到31.7%，并在随后三个月巩固和保持了30%以上的较快增速。截至12月末，云南省商品房销售建筑面积达到2229.95万平方米，同比增长35.7%；商品房销售额达到653.53亿元，同比增长48.4%。商品房空置面积为199.48万平方米，同比增长43.9%。商品住宅空置面积为126.05万平方米，同比增长66.1%。空置面积的增长表明云南省商品房市场总体上仍呈现供略大于求的运行态势。

【二手房交易持续活跃】 2009年，云南省昆明市二手房交易持续较快增长，于12月达到成交峰值。在国务院和省政府鼓励和支持住房消费的政策作用下，自2008年11月份以来，二手房市场交易持续活跃，成交量不断放大。根据昆明市房屋产权交易中心的备案数据显示，截至12月末，昆明全市二手房交易面积达到594.25万平方米，同比增长173.6%。特别是12月，在国务院明确从2010年1月1日起调整个人住房营业税优惠政策征免时限2年改5年的政策刺激下，昆明市二手房单月成交量达到了66.05万平方米，创下年初以来单月交易量的新高。

【房屋销售价格趋稳回升】 根据对国家发展改革委和统计局发布的2009年全国70个大中城市房屋销售价格指数显示，昆明市与大理市房价同比涨幅接近全国平均涨幅，截至12月，全国70个大中城市房价同比涨幅和环比涨幅分别为7.8%和1.5%；昆明市分别为8.2%和0.4%；大理市分别为6.2%和0.5%。昆明市与大理市房价变化情况基本与全国70个大中城市的变化趋势相一致，呈现逐步回升的态势。

【商业房贷质量进一步提高】 全省商业性房地产贷款余额达1253亿元，同比增长49.8%，贷款余额占全省各项贷款余额的14.3%，比上年末提高1.5个百分点。全省房地产开发贷款余额达346.8亿元，同比增长59.9%。全省个人购房贷款余额达904.1亿元，同比增长45.6%。全省商业性房地产贷款不良额和不良率分别为17.9亿元、1.4%，较上年末分别减少13.9%、下降1.1个百分点，贷款质量进一步提高。

【房地产开发的拉动作用日益显现】 2009年，云南省房地产开发投资对拉动城镇固定资产投资增长做出较大贡献，占城镇固定资产投资比例17.9%，对城镇固定资产投资增长的贡献率达14.0%，拉动全省固定资产投资增长4.6个百分点。全年全省共完成房地产税收129.53亿元，同比增长26.4%，占全省地税部门组织地方税收入的26.2%，已成为地税收入的主要支柱之一。

【房地产市场秩序进一步规范】 2009年，为切实维护房地产市场各方的合法权益，进一步建立规范有序的市场秩序，人行昆明中支和省银监局加强信贷管理和监督，在加大信贷支持的同时，降低了信贷风险，提升了贷款质量。国土资源部门加强闲置土地的清理，按要求完善土地出让金的缴存管理，土地市场进一步规范。省住房和城乡建设厅坚持不懈地抓好房地产市场秩序专项整治工作，进一步净化市场环境。同时针对市场中存在的问题，着重抓好规范性文件的研究制定工作，印发实施了《关于加强商品房项目质量监督管理的规定》、《关于加强房地产开发企业资质管理的有关规定》和《商品房预售资金监管办法》3个规范性文件，为解决当前云南省房地产市场运行和行政管理工作中存在的一些突出问题提供了具有可操作性的政策依据。

【云南房地产加强与境外交流合作】 9月10～15日，2009中国房地产（澳门）论坛暨国际房地产融投资洽谈会（澳门房地产博览会）在澳门举行。云南省住房和城乡建设厅党组书记叶建成等5人赴澳参会，积极与澳门地产发展商会座谈，拜访了澳门房屋局和澳门投资促进局，对全面了解全国房地产行业的动态、发展趋势，建立与澳门地产发展商会以及其他地区同行间的友好合作关系，展示云南独特优越的居住和投资环境，寻求多方合作契机，共谋发展，促进云南房地产与境外同行间的交流与合作，推进云南省房地产业的健康、快速发展起到了积极的促进作用。

【住房公积金监督管理得到加强】 2009年，根据住房和城乡建设部等七部委《关于2009年继续开展加强住房公积金管理专项治理工作的实施意见》、省政府纠风办《关于印发2009年纠风工作实施意见的通知》精神，由云南省住房和城乡建设厅牵头在全省范围内继续深入开展加强住房公积金管理专项治理工作，各州市管理中心按省里的统一部署对住房公积金管理、使用效益、风险防范等各项工作进行了全面深入的监督、检查、整治。截至2009年底，云南省住房公积金归集总额628.19亿元，较2008年同期增长了27.18%；归集余额380.75亿元，较2008年同期增长了21.24%；个人贷款余额221.03亿元，同比增长33.77%；累计为513411户家庭发放了住房公积金贷款，住房公积金运用率达到58%，为促进住房消费发挥了积极作用。

【公积金异地贷款业务试行】 2009年云南省住房城乡建设厅下发了《关于开展云南省住房公积金异地贷款指导意见》（云建金[2009]430号），在全省范围内积极推进住房公积金异地贷款业务，以进一步加强云南省各州市住房公积金贷款合作，充分发挥住房公积金在住房保障上的制度优势。

三、城乡规划

【概况】 2009年，云南省住房和城乡建设厅以坚持科学发展观、构建和谐社会为目标，全面贯彻落实《城乡规划法》，着力强化城市规划宏观指导和调控作用，扎实开展城乡规划效能监察工作，积极安排部署和开展全省房地产开发领域违规变更规划、调整容积率问题专项治理工作。帮助指导基层规划部门开展工作，不断提高城乡规划工作质量。

【城乡规划管理日趋法制化】 2009年，正式启动了《云南省域城镇体系规划》、《云南省历史文化名城名镇名村名街保护体系规划》的编制及《滇西城镇群规划》前期工作，完成了《云南省域综合交通走廊及跨境区域规划》，基本完成《滇中城市群规划》成果。办理和完成了文山、丘北、富民、河口、弥勒、墨江、宁蒗等县城总体规划纲要及发展规模的审查工作。会同省财政厅下发《关于进一步推进城乡规划编制工作的意见》和《云南省城市规划编制项目及省级补助专项资金管理暂行办法》，推动云南省城乡规划管理工作日趋规范化、制度化和法制化。

【蒙自县新安所等6个镇村申报国家历史文化名

镇、名村】 云南省住房和城乡建设厅完成保山、通海、保山金鸡、大理荷村、蒙自新安所等历史文化名城、名镇、名村保护规划的审查；开展了《云南省历史文化名城名镇名村名街保护体系规划》的前期编制工作；开展了保山市水寨村等8个镇村申报省级历史文化名镇名村的审查工作；完成了蒙自县新安所等6个镇村申报国家历史文化名镇、村的审查申报工作。

【城乡规划行政责任追究制施行】 云南省城乡规划督察办公室紧紧围绕建立和完善城乡规划监督和城乡规划评估两个制度这条主线，积极开展工作。结合城市规划审查、受理群众举报等方式，对有关城市的规划执行情况进行了监督检查，特别是加强了历史文化名城保护的监督检查和指导。下发了《关于进一步规范云南省城市总体规划编制、修改和审批的通知》和《关于开展城乡规划评估工作的通知》两个文件，进一步规范了编制、修改和审批城市总体规划的行为。制定了《云南省违反城乡规划行政责任追究制度》，明确了行政责任追究范围，以及行政责任划分和追究程序。规范了"三湖"滨湖地带规划行政许可行为。对昭通市、景洪市、陆良县、文山县、禄丰县、澄江县等13个城市的规划开展了评估工作。对个别城市未经规划评估即开展城市总体规划修改的行为进行了及时纠正。

【6881个自然村完成建设与整治规划】 云南省住房城乡建设厅组织全省各地制定了村庄规划编制10年工作方案，并进行了方案比选。组织开展了规划设计评优活动，印发了《关于开展2009年度省级优秀村镇规划设计评选活动的通知》（云建村[2009]524号）。获奖方案推荐申报"全国优秀城乡规划设计奖"。2009年加大村镇规划编制推进力度，已有2个县有县域村镇体系规划、3个县有县域村庄整治布点规划；846个乡、镇有总体规划及乡镇区建设规划；342个镇、乡有近期建设规划；6881个自然村编制完成了建设与整治规划。加强村镇规划实施管理，严格规范乡村规划许可制度，在全省集体土地上发放了乡村建设规划许可证。

四、建筑业

【概况】 截至2009年12月底，云南省共有建筑施工企业3045家，其中特级资质的2家，一级以上资质企业118家（总承包56家，专业承包62家），二级企业878家（总承包463家，专业承包405家），三级企业1862家（总承包972家，专业承包890），劳务企业159家，无等级26家。监理企业152家，其中甲级17家，乙、丙级135家。2009年，云南省建筑业迎来历史性的发展机遇，建筑业产值达到1179.16亿元，同比增长30%，占GDP的比重达到8.0%；建筑业增加值达到492.04亿元，同比增加25.7%。

【云南省建筑业发展大会在昆明召开】 2009年9月23日，省人民政府在昆明召开云南省建筑业发展大会。主要任务是总结成绩，表彰先进，研究部署下一步推动全省建筑业又好又快发展的工作。省委副书记、省长秦光荣出席会议并作题为《抓住机遇 深化改革 努力促进云南建筑业又好又快发展》的重要讲话。省政协副主席倪慧芳、住房城乡建设部总经济师李秉仁、省政府秘书长丁绍祥等领导出席会议。省直有关厅局，各州（市）、县（市、区）政府及建设部门领导，有关企业负责人等700余名代表参加会议。会议由刘平副省长主持。会议还表彰了中国水电顾问集团昆明勘测设计研究院蔡绍宽等100名个人和云南建工集团总公司等50家企业。

【建造师执业资格管理制度全面实施】 认真做好云南省建筑施工企业、监理企业和从业人员的资格审查、培训考核及注册工作。全年共完成450名一级建造师初始注册初审，变更注册350余人，7532名二级建造师的初始注册，500余名注册监理工程师初始注册。至年底，全省共有注册建造师30939人（其中一级3023人，二级27916人）、建造员7500人，全国注册监理工程师1309人。

【"安全生产年"活动成绩斐然】 全省各级住房城乡建设行政主管部门紧紧围绕"安全生产年"各项工作和建筑施工安全生产控制目标，切实加强领导，狠抓工作落实，进一步加大监督执法力度。在建筑业产值较上年增加近300亿元的情况下，建筑施工事故得到有效控制，事故和死亡人数总量分别比2008年下降18.8%和27.8%，较好地实现了全省年度建筑安全生产控制目标。安全生产执法行动中，省住房城乡建设厅依法暂扣了对事故发生负有主要责任的24家施工企业的安全生产许可证，吊销了1家安全生产问题严重的施工企业的安全生产许可证，吊销了3名执业人员的安全生产考核证书。收回了安全质量标准化达标检查不合格的41家施工企业的安全生产许可证，并最终吊销了经整改仍不达标的8家企业的安全生产许可证。全年培训考核"三类人员"11389名；培训安全监理人员1103名，其中专职安全监理工程师268名；培训各类技术工种30000余人。先后派出9个督查组、先后4次对各地开展

"安全生产年"工作情况进行督查、检查,累计抽查在建项目88个、建筑面积552万平方米,全省共检查在建工程项目4200余个,排查安全隐患21586条,整改20808条,整改率达96.4%。充分发挥建工险承保公司的辅助管理作用,云南省建工险承保公司共理赔建筑施工意外伤害案1301起、金额1967.75万元。配合昆明市建筑安全监管机构,完成对195个施工企业工地的43287名农民工安全教育培训和1558名企业法人及主管安全生产负责人的安全培训。向施工作业人员免费发放了30余万册《建筑安全知识读本》,为2000家施工企业免费订阅《建筑安全》杂志。

【工程质量监督管理不断加强】 云南省进一步加强工程质量监督执法检查力度,结合全国建设工程质量监督综合执法检查要求,从5月份开始,云南省组织开展了全省建设工程质量安全执法检查,各地按要求认真对辖区内的建设工程进行执法检查。7月按住房和城乡建设部工程质量安全电视电话会议的要求,云南省组织两个检查组对昆明、曲靖、玉溪3个州、市的20项在建重点工程、住宅工程、保障性住房工程进行了抽查。9月,接受了住房和城乡建设部对云南省的工程质量监督执法检查。全省共监督10042项,面积8245万平方米,较2008年增加39.6%,其中:受理新报监7385项,面积4749万平方米;竣工验收3922项,面积2414万平方米;全年办理工程竣工验收备案工程3150项,建筑面积2200万平方米。研究制定了《云南省住房和城乡建设厅关于加强建筑幕墙、外窗工程质量监督管理的通知》;着手修订《云南省建筑工程质量优良等级评定管理办法》;起草了《云南省工程质量监督管理规定》、《云南省建设工程质量检测管理办法》。为加强工程质量监督工作的信息交流,进一步加强对全省建设工程质量监督的业务指导和协调工作,推动云南省工程质量监督事业的发展,于2009年12月成立云南工程质量监督协会。

【勘察设计行业稳步发展】 2009年3月,省人大审议通过了《云南省建设工程勘察设计管理条例》,并于2009年5月1日施行。2009年云南省勘察设计行业共完成营业收入79.4亿元,人均营业收入30万元,较2008年增长35%。按照建设部新颁布的设计资质分级标准,2009年全省共完成550家设计单位资质换证,审核批准了新办资质23家、增项12家、升级8家。组织相关部门及专家完成初步设计审查71项,审查面积126万平方米,项目投资额76亿元;完成施工图审查12842项,建筑面积4630万平方米,项目投资额734亿元;完成了945人勘察设计注册师的注册管理工作,组织了全省3290名注册建筑师及各类勘察设计工程师执业资格考试考务工作。

【招投标市场进一步规范】 2009年,全省建设工程评标专家库入库专家有2466名,按《云南省建筑市场管理条例》要求,共办理云南省管工程项目报建115件,投资总额199.2791亿元,共办理施工许可证123件,合同价款258.98亿元,建筑面积195.54万平方米。办理招标人自行招标备案审查1项。招标备案登记918项,其中公开招标844项,邀请招标74项,应公开招标率达到100%。全年累计中标额186.83亿元。全省共有144家招标代理机构,其中甲级27家,乙级86家,暂定级31家。依法受理并查处或回复招投标有效举报投诉7件。

五、城市建设

【概况】 2009年,云南省住房城乡建设工作在云南省委、省政府的正确领导和住房城乡建设部的大力指导下,坚决贯彻落实中央应对国际金融危机的一系列政策措施,根据"做强大城市、做优中小城市、做特乡镇、做美农村"和"坚持规划、突出特色、保证质量"的要求,紧紧围绕省委、省政府的中心工作,化危为机、勇抓机遇,坚定信心保增长、坚持不懈保民生、坚定不移保稳定,突出推进保障性住房建设,积极推动城乡统筹发展,努力加大生态文明建设力度,全省城镇化水平达到34%。云南省住房城乡建设事业取得了显著的成绩,为促进全省经济平稳较快发展和社会和谐稳定做出了突出的贡献。

【回良玉副总理视察云南省农村民居地震安全工程建设】 2009年1月,国务院副总理回良玉对云南省农村民居地震安全工程建设情况进行了视察并给予了高度评价,强调这是坚持以人为本、科学主动防灾减灾、惠及子孙后代的好事,要求务必要按照中央部署统筹推进,确保质量,既提高防灾减灾能力,又提高群众生活水平。3月4日,回良玉副总理在国务院办公厅简报《云南大力实施农村民居地震安全工程》一文上做出重要批示:"云南、新疆等地的经验要认真总结,并商有关部门加大支持力度,在扩大内需中进一步推进这一造福于民并有一举数得之效的工作。"

【全省住房和城乡建设工作会议在昆明召开】 2009年2月13日,省人民政府在昆明召开全省住房和城乡建设工作会议。主要任务是贯彻全国住房和城乡建设工作会议精神，总结2008年全省住房城乡建设情况，安排部署2009年工作。省人大副主任程映萱、省政府副省长刘平等省领导出席会议。16个州市政府分管领导、建设（规划）局长等400余名代表参加会议。刘平副省长作题为《认清形势，攻坚克难 推动全省住房和城乡建设工作迈上新台阶》的讲话，充分肯定了住房城乡建设工作成绩，要求全省住房城乡建设系统践行"三个代表"重要思想和科学发展观，为建设富裕民主文明开放和谐云南作出新贡献。

【云南省城镇治污设施建设现场会在昆明、红河召开】 2009年12月2～3日，省人民政府在昆明市宜良县、石林县和红河州弥勒县召开全省城镇污水生活垃圾处理设施建设现场会议，认真总结、分析了全省城镇治污项目建设取得的成绩、经验及存在问题，安排部署了未来一个时期全省治污设施建设的工作任务。省城镇治污领导小组成员单位领导、各州市人民政府分管领导及治污办负责人等80余名代表参加会议。云南省人民政府副省长刘平出席会议并讲话。会议由云南省人民政府副秘书长王俊强主持。会议期间，与会领导和代表对昆明市宜良县、石林县和红河州弥勒县的城镇治污项目建设情况进行了参观考察。

【全省城镇污水和生活垃圾处理率突破60%】 云南省城镇污水生活垃圾处理设施建设领导小组办公室出台了《云南省城镇污水生活垃圾处理设施工程进场原材料、半成品质量管理规定的通知》、《云南省城镇污水生活垃圾处理设施工程质量监督管理实施细则》和《云南省城镇污水生活垃圾处理设施工程竣工验收和竣工验收备案管理实施细则》等管理办法，加快城镇污水垃圾处理设施建设步伐。至年底，列入省级规划的248个项目中，已有170个项目开工建设，其中57个项目已进入试通水或试运营阶段，全省城镇污水处理率达到60%，生活垃圾无害化处理率达到61.9%。全省城市综合供水能力达到445.6万吨/日，供水普及率达到91.17%，燃气用气人口达到700万人，建成区绿化覆盖面积达到29456公顷，建成城市道路7994公里。

【建管并重的城建理念基本形成】 云南省住房城乡建设厅对全省340余家城市园林施工企业和200余家城市园林设计企业的申报资质等级进行了审查核定，换发新证并统一编号，进一步规范了城市园林绿化企业资质管理工作。协助组织编制《云南省创建园林城市近期（2009年～2015年）规划》。全省共有489家单位申报云南省园林单位，180家小区申报云南省园林小区。组织相关部门和专家组成考评组，对景洪市、玉溪市、石林县、弥勒县、安宁市青龙镇申报2009年国家园林城市、国家园林县城和国家园林城镇进行了省内考评，并推荐景洪市、玉溪市、石林县、弥勒县、青龙镇申报2009年国家园林城市（县城、城镇）。加快推进数字城市管理和"12319"建设事业服务热线工作，开展全省城建监察执法人员统一着装和执法车辆外观统一工作，全省城建监察执法队伍达到172支。

【国家千万资金助云南省建筑节能】 云南省住房城乡建设厅联合省财政厅积极组织有关单位申报可再生能源建筑应用示范和实施工作，并对上报的材料进行了认真的筛选、评审及排序，推荐出3个示范城市（昆明、丽江、曲靖）和5个示范县城（宣威、石林、景洪、大姚、陆良）上报财政部、住房和城乡建设部。根据住房和城乡建设部要求，对云南省墙体材料革新工作管理机构设置、法规法制建设、标准规范建设、新型墙体材料的发展规划、工作目标和任务，重点发展的新型墙体材料产品和技术、新型墙体材料专项基金的征收、返退和使用等方面取得的经验和存在的问题等进行了调研，并提出了进一步推进墙体材料革新工作的意见和建议。根据《财政部关于下达2009年太阳能光电建筑应用示范补助资金预算的通知》（财建〔2009〕554号），云南省4个项目得到审批，补贴光电装机容量为4018.6KWp，补助额度5770万元，至年底已下达预算4039万元。

【风景名胜区规划管理快速推进】 云南省住房和城乡建设厅完成了滇池、建水、阿庐、普者黑国家级风景区总体规划和西双版纳总体规划修编上报工作。组织开展了石林国家级风景名胜区总体规划修改备案工作。上报大理鸡足山、腾冲热海、腾冲云峰山等4个国家级风景名胜区详细规划到住房和城乡建设部审批。积极做好昆玉铁路、成贵铁路、龙瑞高速公路、石林太阳能发电站试验示范项目、梨园电站、龙盘电站等涉及风景名胜区规划管理的省内重大建设项目的协调工作。制定完成《云南省省级风景名胜区总体规划报批管理规定》和《云南省省级风景名胜区总体规划编制办法》。开展对《云南省风景名胜区管理条例》的修订工作。

【全省中小学校舍安全排查鉴定工作圆满完成】 云南省住房和城乡建设厅先后派出26个技术指导组、300多人次，赴16个州市现场指导，并组织协调省属院校及相关部门广泛参与，对口帮扶，现场培训指导，共完成排查鉴定中小学校舍20022所、133654幢、5359.22万平方米。通过排查鉴定，摸清了云南省现有中小学校舍安全基本状况，其中A级即达到安全标准校舍23100幢、1917.32万平方米，占校舍总面积的35.77%；B级和C级即需要加固改造，累计28429幢、1613.24万平方米，占校舍总面积的30.1%；D级即需要拆除重建校舍82125幢、1829.36万平方米，占总面积的34.1%；圆满完成了云南省中小学校舍排查鉴定任务。

【云南省建设系统抗震三支应急队伍组建完成】 云南省住房和城乡建设厅根据《云南省全面加强预防和处置地震灾害能力建设10项重大措施实施方案》（云政办发〔2008〕140号）的通知精神，组建了建设系统三支应急队伍，并纳入省政府应急序列。一是200人的地震应急鉴定评估专家队；二是以昆明、曲靖、玉溪、楚雄等中心城市专业队伍组成的市政基础设施地震应急抢险维修队；三是以建工集团等大型机械化施工队伍为主的地震应急机械化救援队，并制定和完善了各种预案及保障措施，以确保云南省抗震救灾工作实现指挥畅通、行动迅速、救援及时、保障有力的目标。

【抗震设防管理再上新台阶】 云南省住房和城乡建设厅在全省建设系统（行政、勘察设计、施工、管理）开展了《建筑工程抗震设防分类标准》、《建筑工程抗震设计规范》、《建筑工程抗震鉴定标准》、《建筑工程抗震加固规范》培训活动，举办培训班15期计15000人次。受理建筑工程抗震设防专项审查263项，其中办理初审事项101项，办理审批事项162项，审批限时办结率100%，首问首办率100%，无受理投诉情况。

【参与上海世博会工作推进顺利】 云南省住房和城乡建设厅完成上海世博会云南馆展示方案设计并通过组委会评审，确定了云南馆施工总承包单位及网上世博会开发建设单位，开展了文化演艺活动策划筹备工作，全面推进了云南馆施工及会期运营筹备工作。

【村镇建设管理日益规范】 云南省住房和城乡建设厅全面落实科学发展观，继续加强村镇规划的龙头作用，加强村镇住房建设管理力度，村镇人居环境有了新的改善。2009年底，全省小城镇（不含城关镇以及和城区连接的安宁市温泉镇、麒麟区三宝镇、双江县沙河乡等15镇3乡）共1155个，比2008年减少20个；村庄13.2723万个，比2008年减少了1437个，其中村民委员会13194个，比2008年增加了338个；村镇总人口3704.3868万人，比2008年减少62.2632万人；小城镇建成区面积8.45万公顷。

【云南旅游小镇建设稳步发展】 2009年，新增的旅游小镇按法定程序推进总体规划、集镇建设规划、历史文化名城（镇、村）保护规划、旅游小镇保护与开发利用规划、旅游规划和旅游小镇战略性规划编制工作。截至2009年11月底，已有48个旅游小镇完成了规划编制，50多个旅游小镇完成了《小镇经典——云南》的摄制工作，50余家企业进入全省60个旅游小镇中45个旅游小镇开发建设。

（云南省住房和城乡建设厅）

海 南 省

概 述

2009年，是海南省住房和城乡建设系统应对国际金融危机、克服困难、奋力作为的一年，也是全省住房和城乡建设事业取得重大突破的一年。一年来，全省住房和城乡建设系统广大干部职工，认真贯彻落实中央关于"保增长、保民生、保稳定"的战略部署，紧紧围绕省委、省政府的重点工作，坚持用科学发展观指导实践，进一步解放思想、开拓创新、扎实工作，较好地完成了各项工作任务，给省委、省政府交了一份满意的答卷。

保障性住房建设进展顺利。全省全年计划新建保障性住房（含廉租住房、经济适用住房、农垦棚户区改造）78552套、502.6万平方米，实际新建70465套、534.1万平方米，改造农村危房3200户。

房地产业创历史新高。全省房地产全年计划投资200亿元，实际完成投资287.9亿元，同比增长44.3%（其中11个省重点旅游房地产项目计划投资53.45亿元，实际完成投资114.3亿元）；施工面积

1992.78万平方米，竣工面积368.5万平方米，分别增长32.8%、19.3%；商品房销售面积570.77万平方米，同比增长54.5%；房地产业相关税收收入70.9亿元，占地税总额的46.89%。上述主要指标均创历史新高，房地产业继续成为拉动全省经济增长的主动力。

建筑业产值实现大幅增长。全省建筑业完成产值130亿元，同比增长42%，增加值38亿元，占地税总额的25.3%，继续成为全省第二产业的龙头和主要税收来源。

规划编制成绩突出。在全国率先编制完成全省新农村建设总体规划、房地产发展战略及中长期规划、市县公共照明专项规划、海南省太阳能建筑应用发展规划等四项省级规划。这些规划的编制实施，对全省经济社会发展将产生重大影响。

环境综合整治取得前所未有的成效。组织开展建省以来规模最大、涉及面最广、措施最得力、整治最彻底的环境综合整治活动，为国际旅游岛建设提供了优美的城乡环境，得到省委、省政府和社会各界的充分肯定。三亚市被评为"国家卫生城市"。

垃圾处理设施项目建设全部完成年度计划任务。全省全年计划建成17个垃圾处理设施项目。截至2009年底，全部项目已完工并投入试运行，全省垃圾无害化处理率达到70%，提前一年完成"十一五"规划目标。

建筑节能和新材料应用加速推进。全省900项建筑工程应用新产品、新材料，建筑面积达1000多万平方米；太阳能热水系统建筑应用面积达600万平方米，同比增加165万平方米。海口市、三亚市新建的12层以下住宅以及有热水需求的公共建筑太阳能热水系统利用率明显提高。

截至2009年底，全省房地产业、建筑业、垃圾无害化处理率、城乡居民住房面积等多项指标均提前超额完成建设事业"十一五"规划目标。

一、住宅和房地产业

【商品房建设】 2009年，海南省房地产开发投资完成287.9亿元，同比增长44.3%。其中，住宅投资261.78亿元，占房地产开发投资总额的90.93%；办公楼投资1.5亿元，占0.52%；商业营业用房投资11.61亿元，占4.03%；其他投资13.01亿元，占4.52%。全省商品房施工面积1992.78万平方米，同比增长32.8%，其中本年新开工面积804.99万平方米，同比增长35.4%。商品房竣工面积368.51万平方米，同比增长19.3%，其中商品住宅竣工面积343.32万平方米，同比增长28%。

【商品房销售】 全省商品房销售面积560.34万平方米，同比增长50.5%，销售金额351亿元，同比增长73.2%，其中商品住宅销售面积544.89万平方米，同比增长51.9%，销售金额342.99亿元，同比增长75.7%。

【房地产市场管理】 完成《海南省房地产业发展战略与中长期规划（2008～2020）》编写和专家评审工作，上报省政府规划委员会审议。为规范房地产权属登记工作，推进房屋登记官制度，省住房城乡建设厅根据住房城乡建设部有关文件要求，组织开展全省房屋登记官上报和审核工作。

【物业管理】 2009年，根据省人大立法计划安排，继续对《海南省住宅区物业管理条例》进行修改。省住房城乡建设厅组织有关领导、专家、专业人员对当前海南省物业管理状况进行调研，重点调研物业管理分布较为的密集海口、三亚、琼海等地。于2009年8月形成了《海南省经济特区物业管理条例（送审稿）》，并上报省政府法制办。为进一步强化物业服务企业信息化管理，省住房城乡建设厅还完成了物业服务企业信用档案管理系统开发工作。根据《建设部修改关于修订全国物业管理示范住宅小区（大厦、工业区）标准及有关考评验收工作的通知》的规定，省住房城乡建设厅组织各市、县积极开展物业管理优秀住宅小区（大厦）管理项目考评工作，2009年度全省有3个项目获评省优秀住宅小区（大厦），其中，海口获评海南省优秀住宅小区（大厦）的有邮政嘉园，三亚获评海南省优秀住宅小区（大厦）的有蓝色海岸、时代广场等到物业项目。为进一步提高物业服务从业人员素质，提升服务质量，省住房城乡建设厅开展多形式、多层次的讲座及培训，对企业管理人员及一线从业人员进行相关法律知识讲座和技能培训，全年共有971人次参加各种讲座及技能培训。

截至2009年底，全省的物业服务企业已发展到了703家，管理的建筑面积超过4895万平方米，占城镇房屋建筑面积的42%，物业管理项目超过1283个，从业人员已超过63000人，占全省第三产业从业人员的4.4%，2009年物业服务主营业收入9.87亿元，2009年全省物业服务行业主收入扣除物耗增加值约占8.5亿元，占全省GDP480亿元的1.77%。不仅如此，海南省的物业管理的类型已从单一的住宅管理发展到写字楼、酒店、商厦、学校、医院、工厂、机场等多种物业管理类型，物业服务区域已从主要集中在海口、三亚，发展到琼海、文昌、澄迈、儋州、定安、保亭、陵水、五指山等市县。

【公积金管理】 2009年末海南住房公积金总归集量突破百亿元。截至2009年12月底，全省累计缴存住房公积金总额104.9亿元。缴存余额64.1亿元。全省城镇在岗职工人数75.3万人，实际缴存职工人数34.57万人，缴存覆盖率为45.9%。2009年发放个贷90154万，个贷总额22.35亿元，个贷余额16.97亿元，个贷率为26.48%；2009年提取11.1亿，累计提取总额40.8亿元，提取率为38.9%；使用率为55.5%。个贷逾期额149.44万元，逾期率为0.088%；购买国债余额0.44亿元；扣除必要的备付金外，沉淀资金为33.86亿元。

海南省确定儋州市为利用住房公积金贷款支持保障性住房建设试点城市，并正式向国家上报试点方案，提出利用住房公积金贷款支持保障性住房建设试点申请。

二、城乡规划

【城乡规划编制】 2009年，重点抓好省域城乡规划和有关市县城市总体规划、重点旅游区规划的编制工作。《海南省社会主义新农村建设总体规划》已经省政府批准实施，《海南省城乡经济社会发展一体化总体规划》完成规划成果；三亚市和儋州市城市总体规划修编纲要基本完成，五指山市城市总体规划修编工作启动。继续抓好重点景区、沿海重点区域规划编制工作，编制完成文昌木兰湾、东方高坡岭、临高马袅湾、乐东尖峰岭、陵水吊罗山、五指山风景名胜区等总体规划。年内，省政府批准同意万宁神州半岛地区总体规划（调整）、乐东黎族自治县龙栖湾旅游度假区总体规划、临高角风景名胜区（滨海旅游度假区）总体规划、屯昌木色湖风景名胜区总体规划等一批总体规划，促进了旅游景区的发展建设。推进全省主题公园建设，文昌航天主题公园控制性详细规划已完成规划成果，陵水黎安主题公园已完成总体规划初步成果。完成陵水香水湾旅游度假区B区、龙沐湾国际旅游度假区核心区、文昌铜鼓岭国际化生态旅游区月亮湾片区、博鳌亚洲论坛核心区、屯昌县木色湖风景名胜区、陵水清水湾旅游度假区C区、南丽湖风景名胜区（北区）等控制性详细规划和香水湾富力旅游度假区、清水湾雅居乐A16—1区、兴隆百果度假庄园、保亭七仙岭神仙湾温泉度假山庄、山钦湾山崖海景国际社区（08、09地块）、福湾椰树林国际公馆等10多个项目的修建性详细规划的评审工作。各市县城区控制性详细规划的全覆盖工作稳步推进，澄迈县金马片区，东方市工业园南、北片区，屯昌县城西南片区等一批控制性详细规划均已编制完成。组织编制了三亚市保平村、定安县高林村、文昌市十八行村历史文化名村保护规划和琼海市阳江镇双举岭村、东方市江边镇白查村等一批具有历史特色的村庄规划。

【城乡规划管理】 针对海南省城乡规划管理中存在的问题，按照"创新特区体制机制，推动海南科学发展"要求，2009年4月12日由海南省人民政府颁布实施了《海南省人民政府关于进一步加强城乡规划管理工作的通知》，提出了进一步加强控制性详细规划编制、提高规划审批效率、严格城乡规划修改程序、推行城乡规划管理政务公开等多项措施。7月24日，海南省第四届人大常委会第十次会议审议通过了修订完成的《海南省城乡规划条例》，并于10月1日起开始实施。继续加强城乡规划督察工作，组织海南省城乡规划督察组完成了对东方市、五指山市的城乡规划督察工作。按照住房和城乡建设部、监察部的要求，海南省住房和城乡建设厅与海南省监察厅联合开展房地产开发领域违规变更规划调整容积率问题专项治理工作，成立了省专项治理房地产开发领域违规变更规划、调整容积率问题工作领导小组办公室，对2007年1月1日至2009年12月31日期间领取规划许可，且存在违规变更规划、调整容积率问题的房地产项目进行清查。全省共清查房地产项目780宗，其中调整容积率、变更用地性质的161宗，存在违规问题的69宗，共补交规费18130.6万元，罚款820.9万元。通过对各项目施工现场进行实地踏勘、不定期召开座谈会，按月统计投资情况等形式，开展对海口美丽沙、海口世纪海港城、文昌铜鼓岭、博鳌千舟湾、万宁神州半岛、万宁石梅湾、陵水清水湾、陵水香水湾、三亚海棠湾、三亚湾二线（三亚湾新城）、乐东龙沐湾等11个省重点旅游房地产项目的跟踪服务和督促指导工作。2009年11个省重点旅游房地产项目累计完成投资约114.3亿元，完成年度投资计划的213.9%。加强规划实施服务工作，做好昌江核电厂、儋州峨蔓风电场（二期）工程、海口至屯昌中线高速公路、华能东方电厂二期工程等重大建设项目，以及文昌迈号220kV输变电工程等十多项电力工程项目的选址工作，核发建设项目选址意见书，为项目尽快开工建设提供服务。6月30日，海南省城市规划协会召开第二次会员代表大会，选举产生了新一届协会理事、常务理事及理事长、副理事长、秘书长，并审议通过了《海南省城市规划协会章程》。

【《海南省社会主义新农村建设总体规划》获华夏建设科学技术奖】 继《海南城乡总体规划》获得2007年度华夏建设科学技术奖二等奖后,《海南省社会主义新农村建设总体规划》又获得2009年度华夏建设科学技术奖三等奖。

【《鹿回头》获"新中国城市雕塑建设成就提名奖"】 12月,由海南省三亚市选送的雕塑项目《鹿回头》获得由住房和城乡建设部、文化部联合主办的"新中国城市雕塑建设成就奖"提名奖。

【园林绿化建设】 2009年,全省城市(县城)建成区绿地面积达到9729公顷,绿化覆盖面积达到11477公顷,城市(县城)建成区绿地率达到32.70%,绿化覆盖率达到38.58%,人均公园绿地面积9.64平方米。

【道路、桥梁与公共照明建设】 2009年全省城市道路总长1789公里,桥梁182座,立交桥7座。全省城市公共照明灯15.6万盏,安装路灯的道路长度1379公里。完成了全省所有市、县公共照明专项规划编制工作。海南省是全国惟一按要求完成所有市、县公共照明专项规划编制工作的省份。积极推动绿色照明试点项目实施,海口新大洲大道风光互补路灯等绿色照明项目已竣工投入运行。

【燃气工程建设】 2009年,全省城镇居民气化率为81.980%,管道燃气用户数达到20.3万户,年供气量约1.28亿立方米,日均供气量约35万立方米。其中,居民用户用气量占18.9%,工商用户用气量占81.1%。全年液化石油气供应量约12.5万吨、液化天然气供应量约278.4吨,压缩天然气汽车加气供气量约9846万立方米。全年新建城市天然气管道129.3公里,累计建设城市天然气管道超过1425公里;建设完成1座液化天然气汽车加气站。全年新建项目投资约7569万元,改造项目投资约400万元。

【环卫设施建设】 截止到2009年底,全省续建垃圾处理项目21个(三亚市项目已完工)。其中,完工项目15个(儋州、万宁、东方、五指山、白沙、临高、定安、保亭、陵水、屯昌、昌江等垃圾填埋场项目、琼海垃圾焚烧厂项目、三亚、洋浦、澄迈垃圾转运站项目),在建项目5个(海口垃圾焚烧厂BOT项目、海口垃圾转运项目、乐东、琼中垃圾填埋场项目、三亚转运),前期工作阶段项目1个(文昌垃圾焚烧厂项目完成招标工作)。新增无害化处理设施能力1498吨/日,实现全省垃圾无害化处理设施能力达到70%的目标。全省21个垃圾处理设施建设项目审批建设总投资为14.58亿元。累计实际完成建设投资8.29亿元,占概算总投资的56.9%,占一期政府投资的78.7%。

根据省政府与各市县政府签订的《城镇污水垃圾处理设施建设目标责任书》要求,经省政府同意,省垃圾处理设施建设工作领导小组办公室组织对全省2008~2009年度城镇生活垃圾处理设施建设责任目标完成情况进行考核。根据考核结果,按照《海南省城镇生活垃圾处理设施建设督查考核办法》第十一条规定,省政府对三亚市、东方市、儋州市、屯昌县、昌江县、琼海市、保亭县、五指山市、万宁市等9市县予以通报表扬,对文昌市予以通报批评。

为确保建成后的生活垃圾处理设施稳定、规范运营,实现省委、省政府确定的海南省生活垃圾无害化处理目标,省政府于2009年10月下发了《关于加强生活垃圾处理设施运营管理的通知》(琼府[2009]67号),并于同月举办了全省城镇污水和生活垃圾处理设施运营管理领导干部培训班,加强各市县政府生活垃圾处理设施运营知识,提高运营管理水平。

【环境综合整治】 2009年,为了配合海南建设国际旅游岛,省委省政府决定举全省之力大力开展环境整治,整治的范围覆盖全省城乡。7月17日,省委省政府联合专门召开了环境整治工作电视电话会议,在全省动员部署开展整治工作,省委书记卫留成、省长罗保铭分别就加强环境整治工作发表了重要讲话,为在全省全面开展环境整治工作起到了极大的推动作用。7月25日,全省举行了"建设国际旅游岛,万人清扫大行动"活动,该项活动得到了省委省政府四套班子领导的支持,省委书记卫留成、省长罗宝铭等省四套班子领导以及驻海口有关部队领导在海口参加了活动。据统计,全省各市县参加活动的人员总计达17万人。制定并印发了《海南省人民政府关于加强全省环境卫生工作的决定》、《海南省人民政府办公厅转发省住房和城乡建设厅贯彻海南省人民政府关于加强全省环境卫生工作的决定实施方案的通知》等与环境整治工作有关的专业性管理办法、导则、标准和文件。

三、建筑业

【建筑施工企业】 2009年海南省有建筑施工企业338家,其中施工总承包企业156家(一级企业19家,二级企业79家,三级企业58家),专业承包企业170家(一级企业29家,二级企业73家,三级企业61家,无等级企业7家),劳务分包企业12家。

全年完成建筑业总产值133亿元。

【建筑市场管理】 为减轻企业税负，扶持企业发展，协调税务部门调整建筑施工企业按包干方式缴纳所得税的税率，由当前建安工作量的3.0%下调至2.0%以下。在借鉴外省相关做法的基础上出台解决由建筑施工企业缴纳建材采购发票税、建筑专业分包企业特别是劳务分包企业重复纳税等不合理问题的政策措施。按《海南省住房城乡建设厅关于进一步加强和改进房屋建筑和市政基础设施工程招标投标管理工作的意见》（琼建管[2009]37号）要求，加大对资格审查、评标办法和程序、评标专家行为等影响招投标公正性重点环节的监管力度，同时推进招标投标工作的"网络化"，降低投标成本，提高效率，减少人为因素，杜绝"人情标"，加强评标专家库建设和管理，制定统一的评标专家分类标准。采用信息化手段，提高管理水平。通过建立建筑市场监管信息系统，采集和分析工程建设项目、建筑市场有关企业和专业技术人员的信息，实现对建筑市场主体行为、工程建设项目流程的动态监管，增强各级建设行政主管部门制定政策、做出重大决策的科学性和针对性，从而更加有效地对市场进行监管。同时，通过信息化手段的应用增强建筑活动的透明性，为政府部门和社会公众提供互动的平台。

【工程质量】 2009年全省建筑工程竣工验收合格率100%，工程未发生重大质量事故，施工质量保持良好势头。开展工程建设领域突出问题专项治理工作，成立领导小组，制定具体工作方案，部署市县开展自查自纠工作。加强保障性住房工程监督管理，制定具体监督方案，实行每月督查制度。2009年5月组织召开全省廉租住房工程项目监理单位负责人和项目监理负责人会议。分析总结全省廉租住房工程施工现场监理的情况和存在问题，加强施工现场监理，提高工程监理水平和监理效能。开展全省建设工程质量监督执法检查，主要对建设、施工、监理、检测等主体质量行为和施工现场工程实体质量进行检查。共抽查在建工程45项，建筑面积135万平方米。对查出的126项质量问题和隐患及时进行整改。加强工程质量管理，打造精品工程。有37项（其中市政工程项目6项）建筑工程被评为2009年度海南省建筑工程"绿岛杯"工程，其中海南省博物馆工程被评为国家"鲁班奖"工程。

【施工安全】 2009年全省建筑施工安全生产总体态势基本平稳。全年共发生12起一般建筑施工生产安全事故，死亡12人，事故起数和死亡人数均比2008年有所增加。4月开展建筑工程安全文明施工措施费用落实情况专项检查，抽查了文昌、琼海、万宁、定安等11个市县，进一步促进安全文明施工措施费的落实。召开海南省建筑安全生产联络员第一次会议，通报安全生产形势，部署下一步工作。建立建筑起重机械备案登记制度。颁布实施《海南省建筑起重机械备案登记管理办法》（试行），加强对建筑起重机械的动态监管，对进入施工现场的建筑起重机械设备与安装实行登记备案管理，完善市场准入机制。实施建筑施工企业安全生产许可证的动态监管，对发生事故的8家施工企业安全生产许可证予以暂扣处罚，对8家企业的安全生产条件进行了核查。深入推进建筑施工安全质量标准化工作。海口金域广场和三亚凤凰岛国际养生度假中心3、4、5号楼被住房城乡建设部评选为全国建筑施工安全质量标准化示范工地。组织专家编制出台《海南省建设工程安全文明施工示范图集》，建立工程施工现场安全生产文明施工省级标准。

【工程抗震】 出台相关政策文件，支持中小学校舍安全工程开展工作。省住房城乡建设厅印发了《关于转发〈全国中小学校舍安全工程实施细则〉等三个配套文件的通知》（琼建设[2009]140号），联合教育厅印发了《全省中小学校舍抗震安全排查鉴定加固设计工作指导意见》（琼建科[2009]151号），从政策上具体指导海南省校舍安全工程开展工作。连续举办三次校舍安全工程培训班，为相关单位提供技术支持。分别在海口组织召开了三次校舍安全工程培训班，为校舍安全工程的排查鉴定、加固设计和施工提供了指导性意见。并组织直属单位海南省设计院的专家配合教育厅参与省属学校综合防灾排查工作，从10月13日至22日共排查近40所学校，为省属学校开展下一步的鉴定和加固设计提供了准确的技术资料。根据全国校安办的要求，组织海南省建设系统参加每月的全省校舍安全工程的现场调度会，并从勘察、建筑、结构、监理和定额等专业选10名专家作为海南省校舍安全工程专家上报全国校安办。还联合教育厅于12月29日在海口组织召开了全省校舍安全工程加固设计研讨会。

【工程造价管理】 2009年，在省法制办和厅法规处的支持帮助下，《海南省建设工程造价管理办法》在多次征求相关厅局及各市县的意见后，经反复修改完善，在年底姜斯宪副省长主持的专题研究会议上通过；配合做好省政府、省人大、省政协办公楼新、扩建项目的代建工作，先后完成项目概、预、结算53项，涉及金额逾5亿元。同时对2005年《海南省建筑工程综合定额》部分子目进行了修改、调整。编制完成了2005《海南省市政园林工程综合定额（市政工程部分）》双壁波纹管补充定额共35个子目；全年共发行《海南工程造价信息》期刊12期，发布各类建材单价136311项。在2009年中国建设工程造价管理协会组织的工程造价管理类期刊评比中，本站两位同志获评"优秀编辑"；对在2006年度取得"全国工程建设造价员"执业资格证书、注册满3年的1018名造价员进行续期登记；全年举办新定额交底暨工程量清单计价宣贯培训班3期，造价员考前培训班1期，受训人数分别达到1602人和416人。

【建设标准管理】 2009年，完成《海南省城乡环境卫生质量标准》、《海南省城乡容貌标准》两项地方标准的报备工作。举办4期工程建设标准强制性条文培训班，共764人参加培训，累计历年参加该项培训的从业人员达到6040人次。

四、村镇建设

【小城镇建设】 2009年主要完成的工作如下：一是开展创建文明生态镇（乡、村、农场）试点，打造一批具有热带海岛特色风情的村镇。认真贯彻中共海南省委宣传部、省文明办和省住房城乡建设厅《关于深入开展环境综合整治创建文明生态镇（农林场）的意见》（琼宣联[2009]3号），以改善村镇人居环境为重点，省财政投入建设资金1190万元，各地配套资金和社会投入近3000万元，重点抓好37个镇（农场、村）的环境整治和文明生态镇创建工作初见成效。同时指导每个市县至少抓好一个创建文明生态镇（乡）示范建设试点。加强与财政部门协调配合，抓好示范镇（乡）建设资金监管和整合，严格专款专用，重点建设和改造一批与群众生活密切相关的道路硬化、排水设施、人行道、路灯、绿化、环境卫生设施及户外公共活动场所等建设项目，进一步提升小城镇人居环境。推动万宁市礼纪"华润希望小镇"示范点的规划和建设。把该项目建设成为海南省旅游度假区等成片开发建设项目中解决农民搬迁安置及长远生计、建设高水平小城镇、促进农业产业化和社会全面协调可持续发展的示范项目。二是完成了《礼纪镇建设总体规划》和《华润希望小镇项目建设修建性详细规划》编制工作，协助开展希望小镇整体产业规划及帮扶方案调研。三是继续抓好文昌市文教镇、陵水县新村镇、琼中县长征农场（长征镇）创建"文明生态镇"示范试点工作。省级财政安排150万元，市县财政及其他社会资金配套超过500万元，按照"功能合理、配套完善、交通有序、环境良好、特色鲜明的生态宜居小城镇"的目标，文教镇投资78万元完成沿江南路精品街道改造，沿江南路全长234米，宽12米。2是投入25万元改造沿江南二街和文化小广场；投资250万元进行沿江北路路面及排污工程改造；投入260万元开展文教过境街道立面改造，城镇面貌焕然一新。新村镇以建设国家级中心渔港和清水湾开发区"绿城"项目建设为契机，以南湾猴岛等资源优势为依托，打造"滨海旅游中心小城镇"。按照统一规划、统一管理的要求建设长征农场（长征镇），探索场、镇结合小城镇基础设施和公共服务设施共建共享新路子。

【村庄建设】 海南省根据住房和城乡建设部和国家旅游局《关于开展全国特色景观旅游名镇（村）示范工作的通知》（建村[2009]3号）和《海南省社会主义新农村建设总体规划》的要求，开展特色景观旅游名镇、名村示范工作。并向住房和城乡建设部和国家旅游局申报了海口市演丰镇、石山镇、新坡镇、遵潭镇遵潭村，三亚市崖城镇、凤凰镇槟榔河村，万宁市兴隆华侨农场，儋州市兰洋镇、中和镇和五指山市的水满乡，作为海南省突出发展旅游产业的全国特色景观旅游名镇（村）示范。同时抓好海南省国家历史文化名镇：三亚市崖城镇、文昌市铺前镇、儋州市中和镇和定安县定城镇的规划保护和开发利用工作，发展旅游村镇，打造海南乡村旅游景点，使之成为海南省国际旅游岛建设的组成部分，推进新农村建设。按照"千村示范万村整治"要求，配合省文明办等单位抓好文明生态村创建创建工作。重点抓好东方市四更镇英显村人工湿地生活污水处理设施和市政道路、排水、园林绿化等。2009年英显村投入38万元扩建、硬化村庄道路长2100米，宽2.5米，同时完成1500米排污设施建设；投资20万元建设一期人工湿地生活污水处理设施；完成种植200棵环村树等绿化美化等一批环境综合整治工作。

【农村危房改造】 根据住房和城乡建设部、国家发展和改革委员会、财政部的《关于2009年扩大农村危房改造试点的指导意见》（建村[2009]84号），3200户农村困难群众的危房改造试点任务，中央安排海南省的1600万元，海南省住房和城乡建设厅制定了《海南省2009年农村危房改造试点实施方案》和《海南省农村危房改造资金管理方法》等，整合民宗、民政、残联和地震等部门危房改造资金，落实市县政府配套资金，在陵水、五指山、琼中、保亭、东方、白沙、乐东、昌江八个试点市县开展农村危房改造工作。年内全部完成中央下达的农村危房改造3200户任务。

【历史文化名镇名村申报】 根据住房和城乡建设部、国家文物局《关于组织申报第五批中国历史文化名镇名村的通知》，将三亚市崖城镇保平村、文昌市会文镇十八行村、定安县龙湖镇高林村申报了第五批中国历史文化名村。

五、勘察设计

【勘察设计市场管理】 实行工程勘察设计质量动态管理制度，对全省勘察设计质量进行抽查，对存在的问题及时整改，完善勘察设计质量监督管理。根据《建设工程勘察设计管理办法》（建设部令115号）及《关于加强工程勘察质量管理工作的若干意见》（建质〔2008〕231号），印发了《关于进一步加强工程勘察质量与市场管理的通知》（琼建科〔2009〕148号），进一步加强勘察质量与市场管理，确保工程质量安全。为加强海南省建设工程施工图（勘察）设计文件审查专家的管理，规范施工图（勘察）设计文件审查行为，保证技术性审查质量，保障施工图（勘察）审查工作有效地进行，确保建设工程审查质量，印发了《关于加强海南省建设工程施工图（勘察）设计文件审查专家管理的通知》（琼建设〔2009〕34号）。

2009年，为认真贯彻落实全国"质量和安全年"的各项工作部署及住房和城乡建设部建筑工程质量安全电视电话会议精神，省住房城乡建设厅开展全省的深基坑支护工程检查。

【勘察设计质量管理】 2009年，继续加强监督检查，严格查处违法勘察设计，加大执法工作力度，重点对工程勘察设计质量抽查、审查，提高勘察设计质量。全省共抽查103家勘察设计企业（含2008年在海南省承接工程的34家外省勘察设计企业）在琼承接的建设工程勘察设计项目139项，其中工程勘察34项，建筑工程设计93项，市政及专项设计12项。分别组成四个专家组，依据国家现行工程勘察设计标准、规范及行政法规，对所抽查项目分别从市场管理、质量管理及专业技术3方面进行严格检查，并对建筑节能设计、工程抗震、无障碍设计、工程消防设计等进行重点专项审查。从检查情况来看，海南省勘察设计质量合格率达到98%，执行勘察设计市场招投标制度到位率65%，建立诚信制度的勘察设计单位达90%。

为建立全省勘察设计文件审查机构信息系统，加快推进施工图设计（勘察）审查领域的动态实时监管工作，省住房城乡建设厅印发了《关于建立施工图设计（勘察）审查信息系统的通知》，并组织邀请软件开发单位5月20日在海口开展了系统培训及软件安装运行工作。通过该套系统实现对勘察设计行业信息的发布、质量信息的管理、不良信息的管理、审查机构的管理、项目监管以及审查信息的数据统计汇总等功能，并对审查机构的审查过程进行实时监管。

【工程抗震】 2009年，为贯彻落实《国务院办公厅关于印发全国中小学校舍安全工程实施方案的通知》（国办发〔2009〕34号）及省政府专题会议精神，协助省教育厅开展中小学校舍危房改造和危房抗震加固改造工作，于6月30日在海口市组织举办了全省中小学校舍安全抗震鉴定加固工作培训班，为科学做好海南省中小学校舍安全工作打好基础。印发了《2009年城乡建设抗震防灾工作指导意见》（琼建设〔2009〕62号），明确目标，加强工程抗震管理工作，强化城市抗震能力，提高村镇防灾和抗震水平，保障人民生命财产安全。继续牵头做好海南省建设工程抗震安全隐患排查工作。印发了《关于开展第三阶段建设工程抗震安全隐患排查工作的通知》（琼建设函〔2009〕36号），并在海口组织了全省的培训班，在完成全省学校建筑和卫生医疗建筑抗震安全隐患排查的基础上，做好市政公用设施的排查工作。对城市桥涵及其设施、城市给排水设施、城市供油气设施等进行了详细的抗震安全隐患排查，经过督导验收，全省共排查桥梁（含人行天桥）244座；加油气站181座，面积64913平方米；供水厂（含污水处理厂）109座，面积116927平方米。

【无障碍设施建设】 为认真贯彻《中共中央国务院关于促进残疾人事业发展的意见＞的通知》（中发〔2008〕7号），根据《中国残疾人事业"十一五"发展纲要》、《无障碍建设"十一五"实施方案》和住房和城乡建设部等四部办公厅《关于开展创建全国无障碍建设城市工作的通知》要求，省住房城乡建设厅、省民政厅、省残联、省老龄委组成联合检查组对海南省申报创建全国无障碍建设城市的海口市与三亚市进行检查。

六、建筑节能与科技

【建筑节能工作】 2009年，继续做好5个示范项目的跟踪落实工作，根据《财政部 建设部关于加强可再生能源建筑应用示范管理的通知》(财建[2007]38号)要求，省住房城乡建设厅带队并组织了海南省5个可再生能源示范项目共15家单位参加了验收工作片区会。会议明确了示范项目检测验收要求以及各项目建设责任主体的职责，以确保示范项目进度、质量和示范效果。根据财政部、住房城乡建设部的申报要求，省住房城乡建设厅联合省财政厅起草了《关于组织申报2009年全国可再生能源示范城市的通知》(琼财建[2009]1293号)、《关于组织申报2009年全国可再生能源示范县的通知》(琼财建[2009]1294号)，并联合起草了《关于报送可再生能源建筑应用示范城市和示范县材料的报告》(琼建科[2009]156号)，将海南省海口、三亚、文昌、万宁、陵水5个市县的申报材料上报，共获得财政部2009年可再生能源建筑应用城市示范及农村县级示范补助资金共2000万元，用于支持海南省文昌市、陵水县明后两年的可再生能源建筑应用示范工作，两个市县将相应增加太阳能建筑应用面积约137万平方米，可年节约标准煤0.5万吨，节电1592万千瓦时，减排二氧化碳约1.6万吨，年拉动社会投资约6000万元。

认真落实《海南省住房城乡建设厅关于推广应用太阳能热水系统与建筑一体化技术的通知》(琼建设[2006]243号)、《省发改厅 省住房城乡建设厅关于加快太阳能热水系统推广应用工作指导意见的通知》(琼发改交能[2008]28号)、《海南省人民政府办公厅转发省发展和改革委员会、建设厅、科技厅〈关于推动海南省太阳能规模化利用的实施意见〉的通知》(琼府办[2008]135号)的执行情况，在建筑项目施工图审查等方面严格把关，确保海南省新建12层及以下住宅和有热水需求的公共建筑的太阳能热水系统安装使用。

2009年，根据住房和城乡建设部的统一部署，继续开展国家机关办公建筑和大型公共建筑能耗统计、能源审计、能效公示工作。省住房城乡建设厅组织完成了2008年度及2009年上半年的国家机关办公建筑和大型公共建筑能耗统计工作，共抽样调查了615栋国家机关办公建筑和大型公共建筑。在统计的基础上，省住房城乡建设厅抽调了省内15家建筑设计院派出技术人员按照《国家机关办公建筑和大型公共建筑能源审计导则》开展培训后进行能源审计工作，完成了60栋建筑的能源审计，形成了60套审计报告，并在《海南日报》上进行审计结果公示。

开展2009年建筑节能专项检查工作，组织专家对海口、三亚、琼海、儋州、文昌、万宁、陵水、五指山8个市县的建设、房产、规划等主管部门建筑节能开展情况，并抽检了在建民用建筑项目98个(含房产销售项目50个)，建筑面积442万平方米，涉及75家建设单位、43家设计单位、3家审查机构、59家施工单位和45家监理单位等参建责任主体。从检查来看，海南省新建建筑在施工图设计阶段执行节能强制性标准比例已达到100%，施工验收阶段执行比例为85%。配合做好2009年全国建设领域节能减排监督检查，主要对建筑节能、垃圾处理、污水处理三方面进行了监督检查，抽查了海口、三亚、文昌共16个在建建筑工程和5个垃圾污水处理场项目，对设计及施工现场方面存在的问题也给出了相应的改进措施，进一步推动海南省建筑节能的发展。

积极组织并参加建筑节能新技术新产品等展览活动。一是组织海南省建设领域施工图审查专家和有关单位等80余人参加3月住房和城乡建设部等6部委"第五届国际智能、绿色建筑与建筑节能大会暨新技术与产品博览会"；二是组织了海南省绿色环保建筑节能材料、新型节能墙体材料、太阳能等20多家有关企业参加6月份在海口南亚广场开展节能新技术产品推广应用展示，并印发了1000本《建筑节能知识手册(三)》及《海南省建筑节能、太阳能等可再生能源建筑应用新技术新产品汇编》等建筑节能知识手册在节能宣传周期间进行宣传。三是积极派员参加11月份在江西南昌举办的由国家发改委、科技部、工信部、财政部、环保部、住房城乡建设部、国资委、江西省政府等共同主办的首届世界低碳与生态经济大会暨技术博览会。

【建设科技】 2009年，为抓好海南省建设科技课题研究，提高建设工程科技水平，研究制定了《海南建筑节能实用技术》、《海南省居住建筑节能设计标准实施导则》、《建筑外遮阳构件技术图集》、《海南省绿色建筑评审实施细则》、《海南热带建筑文化元素集》、《海南近代建筑研究》、《海南省勘察设计行业中长期发展规划》等课题研究。

七、建设系统教育培训

2009年，海南省住房城乡建设厅和城乡建设厅按照省委工作部署，积极推进人才强省战略，突出抓好公务员队伍、专业技术队伍和职业技能队伍"三支队伍"建设。

【城乡规划建设管理培训】 为提高市县建设系统主管部门领导和乡镇书记镇长的业务素质，举办了1期由各市县建设系统行政主管部门领导、部分乡镇书记镇长、少数企业单位人员参加的培训班，共92人。培训主要采取课堂授课形式，邀请住房和城乡建设部吴建平巡视员等领导和南京大学王红扬教授进行了讲课，省住房城乡建设厅李建飞厅长讲授了城乡规划和管理、党风廉政建设、安全生产管理等内容，省住房城乡建设厅机关5个业务处室处长（主任）结合工作实际进行了讲授，省委组织部部务委员郝玉群参加了开班典礼并作讲话。

【人才引进和培养】 为解决全省建设行业专业技术人才队伍紧缺和当前大学生就业困难等问题，省住房城乡建设厅根据李建飞厅长指示，3月中下旬组织厅机关和部分企业同志到东北三省参加了哈尔滨工业大学等五所高等院校的毕业生供需见面会。有500多名大学生填写了到海南工作的意向表，并有100多名大学生与企业建立了联系，达成了意向。在积极引进外地人才的同时，还充分发挥本地大专院校的优势，搞好现有人才的培养提高工作，主要表现为与海南大学、海南职业技术学院、海口经济职业技术学院等院校联系，帮助在校大学生搞好上岗前的培训，让大学生毕业前能拿到岗位证书，以利于就业；积极支持哈尔滨工程大学海南函授站招收海南省在职人员参加学历教育，在校学生428人，已有389人取得大专或本科学历；还协助省建设教育协会与济南大学签订协议，创办济南大学海南函授站，为全省建设人才的培养再搭建一个平台。

【专业技术队伍建设】 年初制定了《海南省住房城乡建设厅2009年建设教育培训计划》，确保教育培训的计划性。加强了对专业技术人员的教育培训，指导省建设培训中心等单位举办了以新知识、新理论、新技术为主要内容的继续教育培训班，培训人员11138人次；举办了各类管理岗位培训班，参加人员共4326人。为配合搞好专业技术资格评审和促进海南省专业技术学术水平，上半年组织了专业技术论文评审工作，共有892篇论文参加了评审。同时还制定了《海南省建设工程系列正高级专业技术资格评审条件（试行）》（待进一步完善），进一步调动广大建设工程专业技术人员的工作积极性。

【技能人才队伍建设】 根据住房和城乡建设部《建筑施工特种作业人员管理规定》（建质[2008]75号）和《关于建筑施工特种作业人员考核工作的实施意见》，结合海南实际，制定了《海南省建筑施工特种作业人员考核管理实施细则（试行）》。组织一线操作人员特种岗位和普通岗位的培训和鉴定工作，培训鉴定人员1374人次。

【建设系统执业注册管理】 2009年，海南省建设培训与执业资格注册中心共受理各类注册师初始、变更、增项、延续、注销等登记注册1782人次，办结1743人次，及时办结率为97.8%；举办了注册建筑师、注册结构工程师、注册建造师、注册造价师、注册监理工程师、注册房地产估价师等继续教育培训班12期，共2854人；为培养更多的海南建设行业高级人才，提高注册师考试通过率，从全国聘请知名学者、专家、教授前来海南开设考前培训班，使海南建设行业注册师考试通过率较之以往有了大幅提高。

八、政策法规

【概况】 2009年，针对建设行业发展中出现的新情况、新问题，按照突出重点、统筹兼顾的原则，及时向立法机关提出立法建议，进一步健全了海南省建设法规体系。根据省人大常委会、省政府确定的2009年立法规划，起草了有关城镇市容市貌管理、物业管理、城市规划管理、建筑节能管理等方面的法规规章。进一步完善建设行政执法监督制度和机制，全面推行执法责任制，加强层级监督和专门监督，加强行政复议工作，提高行政监督效能。开展"法律进机关"工程，提高依法行政观念，增强依法行政能力，促进各级建设行政主管部门工作人员特别是各级领导干部，善于运用法律手段解决和处理好建设领域的矛盾和问题。

【制定《海南省城乡规划条例》】 2009年7月24日经海南省第四届人民代表大会常务委员会第十次会议通过《海南省城乡规划条例》，2009年10月1日起施行。该条例体现了"全省统一规划、整体布局"的规划建设思路以及"建设国际旅游岛"的目标要求，作出许多创新性的规定。一是确立了具有海南特色的城乡规划体系。将海南城乡总体规划、国有农场规划、省重点景区、沿海重点区域以及国家或省人民政府批准设置的开发区、产业园区、成片开发区域的规划都列为海南省的法定规划；二是增加了对城市设计的规定。城市设计关系到城市建筑景观风貌塑造，建设国际旅游岛，对城市空间形态、建筑景观、风貌特色都提出了更高的要求。三是体现城乡一体化规划建设管理原则，将城乡规划建设管理延伸到村镇。

【开展"五五"普法工作】 深化普法教育，落实行政执法责任制，是促进全系统依法行政，落实科学发展观，实现全省建设事业"十一五"规划目标的重要保障。2009年下半年，认真组织实施了

"法律进机关"工程活动,引导全厅各级领导干部和公务员熟悉与掌握履行职责所需要的法律知识,进一步增强领导干部和全体公务员的法律意识,推进全厅工作的制度化、规范化建设。

【规范性文件备案审查】 继续做好对规范性文件制定与备案登记工作,认真做好规范性文件的法律审核,加强对抽象行政行为的监督。全年对厅发布的7件规范性文件进行了备案登记,内容包括工程建设地方标准、桥梁检测管理、建设安全生产管理等方面,这些规范性文件均严格依照法定程序向省政府申请规范性文件备案登记,获得备案登记后才印发实施。

【做好建设系统行政复议工作】 认真贯彻执行《中华人民共和国行政复议法》和《中华人民共和国行政复议法实施条例》,确保行政救济渠道畅通。坚持以事实为依据,以法律为准绳,依法办理行政复议案件,维护公民、法人和其他组织的合法权益。2009年受理复议案件32件,审结28件,4件依法办理了中止手续。案件涉及规划管理、房屋拆迁、房屋产权登记、物业管理等方面。

【地方性法规清理】 按照省人大常委会要求,开展地方性法规清理工作,对《海南省人大常委会关于加强重点景区沿海重点区域规划管理的决定》等10个由海南省住房城乡建设厅起草实施的地方性法规提出清理意见,八件建议保留,一件建议修改,一件建议废止,工作成果得到省人大有关领导的肯定。

(海南省住房和城乡建设厅)

重 庆 市

一、住房保障

【构建五种住房保障模式】 2009年重庆建立了廉租住房、经济适用房、危旧房和棚户区改造安置房、城中村改造安置房、农民工公寓5种住房保障方式。全年住房保障成效显著,新建廉租住房265万平方米,廉租住房保障家庭达到14.3万户,实现了低保家庭全覆盖;新建经济适用房326万平方米,通过经济适用住房、危旧房和棚户区改造安置房、城中村改造安置房,分别解决了12.7万户、27.1万户、0.2万户家庭的住房困难;建设农民工公寓130万平方米,改善了进城务工人员的居住条件。廉租住房保障工作得到国家肯定,九龙坡华福家园廉租住房小区模型入选了"新中国成立60周年"成就展。

【全力推进城中村改造】 2009年在三个区县、八个城中村开展了城中村改造试点工作。涉及农村集体土地面积2052亩,完成农村房屋拆迁268万平方米,完成年度目标任务量的141%,安置3812人,累计完成投资29.5亿元。从试点情况来看,通过城中村改造改善了居民住房条件,提升了土地使用价值,均实现了溢价收入,并在改造村启动了山体育公园、绿地广场公园及道市政工程建设改善了城市环境。

【稳步推进主城区危旧房拆迁工作】 重庆以"切实改善民生"为中心,以实现社会和谐稳定发展为根本,以完善工作机制为保证,抓好以主城区危旧房为主的城市房屋拆迁工作。2009年重庆市共发放拆迁许可证308个,批准拆迁8.12万户,641.1万平方米,实际拆迁6.96万户,564.8万平方米,同比增长43.2%和18.2%,加上自拆项目,全市共计拆迁房屋8.4万户,750万平方米。共安置6.90万户(其中:货币安置3.72万户,产权调换3.18万户),安置面积593.4平方米,同比相比分别增长41.9%和16.5%。

主城区危旧房拆迁工作顺利完成。2009年主城区共计核发拆迁许可证197个,批准拆迁6.60万户、465.1万平方米,同比增长43.6%和32.5%。实际拆迁房屋5.56万户、406万平方米,同比增长30.4%和2.4%,加上自拆项目,主城区共计拆迁房屋7万户,591.2万平方米。全年,主城区共计批准危旧房拆迁项目128个,涉及5.54万户、345.8万平方米;实际拆迁4.74万户、297.8万平方米。加上自拆项目、部分无证房屋拆迁以及上年已拆项目结转的统计量,主城区已拆迁危旧房项目5.8万户、473万平方米,其中拆迁危旧房5.1万户、405万平方米。2009年主城各区政府共计团购了2.5万套商品房、经济适用房和二手房对被拆迁群众进行安置,所购买的房源区位、环境优越，基础设施配套完善，被拆迁人在享受居住面积增加的同时，住房品质大幅提升。

【加快主城居住区综合整治】 按照"完善基本功能、配套基础设施、美化居住环境、规范小区管理、提升城市品质、建设宜居城市"的总体目标，从2009年到2012年，重庆计划用4年时间，通过综合执法和工程整治相结合的方式，完成主城区范围内1.29亿平方米综合整治任务，涉及109万户、334万人。

2009年完成整治面积1287万平方米，比计划超出18.1%，其中工程治理项目34个、130万平方米（比计划的86万平方米超出51.2%）。完成投资3.4亿元，综合执法项目93个1157万平方米。整治工作受益群众达11.8万户，惠及36万人。经过一年多的综合整治，让全市人民看到明显的变化。主城各区三个方面得到提升：一是通过打造社区人文景观，小区植大树，改善人居环境；通过更换临街中空隔音窗，增设街边花园、建筑小品和健身设施；通过配套厨卫设施等，解决了旧住宅区房屋住用功能问题方式提升群众生活质量。二是整合独立单体楼，融合中西风格；结合和谐社区建设，完善社区生态、人文景观，增添健身设施和公共广场，提升社区居住品质。三是以改善商圈购物环境为中心，打造时尚城区形象；发掘抗战历史文化、传承坡式传统建筑风格；秉承"人文关怀和节能环保"理念，构造特色的街区风貌，提升城市形象。

【住房公积金】 2009年重庆归集住房公积金71.17亿元，增长19.3%，累计归集351.19亿元；163.11万职工建立住房公积金制度，覆盖率为71.0%。2009年提取住房公积金37.77亿元，2009年发放个贷26.61亿元，分别占年归集额的53.1%和37.4%；截至2009年底，累计提取174.20亿元，累计发放公积金个贷148.01亿元，二者合计占累计归集额的91.8%。住房公积金增值收益提供城市廉租住房补充资金4865.85万元，累计提供16297.34万元。住房公积金在保障了职工购房和全市廉租房建设方面起到了积极作用。

（重庆市国土资源和房屋管理局）

二、城乡规划

【规划构建国家中心城市】 积极争取国家部委支持，《全国城镇体系规划》首次把重庆提升为五大国家中心城市之一。开展《西三角地区规划合作发展——空间布局与重庆战略应对》研究，积极推进《成渝城镇群协调发展规划》工作。着眼优化中心城市空间布局，完成主城扩城规划。开展《重庆市城乡总体规划》实施评估和局部修改工作，形成评估报告和局部修改初步方案。高起点做好两江新区、西永综合保税区、两路寸滩保税港区规划。完善"三基地、四港区"物流中心规划，优化中央商务区及现代服务区规划。高起点规划西部国际会展中心，进一步强化重庆金融、物流、会展中心以及交通枢纽的国家战略职能。大力推进产业园区规划，开展成渝、渝万城际铁路和郑渝、渝昆等铁路前期选线规划研究。

【创新统筹城乡规划体系】 完成主城八区分区规划，促进各区错位发展，优势互补。开展主城进入"二环时代"规划研究，组织新城市拓展新区控规约100平方公里。加快控规编制与管理制度创新，继续推进控规编制改革试点。完成台资信息产业园等一批重要地区街区层面控规编制工作。扩大主城区村规划编制试点。加强对主城区农村建设用地流转使用规划对策研究，积极探索农村建设用地规划利用新机制。完成九龙坡区千秋村规划编制试点，为促进规划向农村地区延伸做出了积极探索。

【城市特色风貌塑造】 全力推进主城两江四岸城市设计工作，编制完成10个片区的城市设计和控规整合方案，进一步落实了各片区的功能定位、综合交通、城市风貌等。高起点打造主城"两江四岸"滨江地带，推进滨江地区项目策划和落地实施工作，加快两江四岸公共环境示范项目的实施，推进溉澜溪、弹子石等片区风貌塑造，提升滨江地区城市形象。精心打造冉家坝景观大道、南岸黄桷古道等一批城市景观长廊。加快街道和建筑外立面整治规划导则制定工作。推进市群众艺术馆、重庆国际马戏城、巾帼园等文化设施规划实施。开展历史文化名镇、历史街区和工业遗产建（构）筑评估、报批工作。启动巴南东温泉镇、酉阳后溪镇等一批历史名镇、街区的风貌保护规划工作。推动鱼洞老街、重钢工业遗址博物馆等重点历史文化项目规划。完成工业遗产总体规划评审与利用规划设计导则编制工作。

【"宜居重庆"规划】 深化二环时代居住聚集区规划，开展公共租赁房屋规划试点。推进危旧房、城中村改造规划实施，完成2009、2010年危旧房改造规划工作，加快推进主城区55个"城中村"规划编制工作。完成江北石子山等三个"城中村"试点村改造规划编制。加强廉租房和经济适用房规划服务。大力增加城市开敞空间，完成主城区城市广场规划和近期绿地建设规划工作。启动"四山山麓"规划设计导则。加强组团隔离带、四山地区管制与协调，推动主城区城市广场规划和都市区近期绿地建设规划实施。

【"畅通重庆"规划】 推出了主城区综合交通专项规划、快速路网调整规划、轨道交通线网调整规划、果园港黄谦港用地及外部交通规划、成渝城际铁路线路规划等一批交通规划成果。组织形成内环高速路及周边路网改造方案、重要地区交通改善规划方案、公交站场用地规划方案等专项规划成果。大力推进主城区综合交通发展战略，空港枢纽综合交通规划、铁路第三客站综合交通规划、畅通重庆交通评价考核指标体系等数十项研究成果。全力保障轨道交通和过江大桥以及交通枢纽工程等近40项重点交通项目规划实施。支持做好沿江港口码头建设和黔江机场、巫山旅游支线机场的规划工作。主动做好沪汉渝蓉客运专线等重大铁路的规划工作。

【强化区县城统筹城乡能力】 严格落实区县总体规划，引导绿地、水资源保护地区以及城镇防洪设施、重大基础设施有序实施。报请市政府出台了《关于进一步规范区县城市总体规划评估修改工作的通知》，31个区县完成了城市总体规划实施评估工作，江津等区县完成了总体规划局部修改工作。完成黔江、酉阳和荣昌等区县城乡总体规划审批和双桥区、彭水县等区县城乡总体规划审查工作。指导渝东北16个区县完成了特色工业园区和加工贸易梯度转移重点承接地的规划工作。指导区县做好重要项目建筑设计，推出一批广场、绿地、公园等公共项目和旅游酒店等公共服务设施精品。开展了23个区县37个重要地区城市设计项目。

【大力推进村镇规划】 加快推进全市村规划编制工作，不断提高乡村规划覆盖面。推进交通干线沿线、主要河流沿岸等重点区域的村风貌整治，加强对居民村落的规划指引，提升新农村建设规划水平。切实加强对区县、镇乡政府规划工作指导。引导区县深化城市细节设计，加大对市政建筑的设计指引。注重小城镇风貌控制与设计。指导完成95个中心镇规划、石柱黄水等5个镇城乡总体规划以及1112个村规划编制工作。

【规划科学决策】 优化完善规划内部运行管理机制。深化行政审批制度改革，抓好《并联审批规划环节实施办法》的实施。注重发挥市规委会专家咨询会的咨询、辅助、决策作用，制定专家咨询会工作制度。加强专委会组织工作，全年召开专家咨询会36次，对100余个重大规划项目进行高层次的专家咨询。建立并运行规划专家智能抽取通知系统。组织开展规划科研工作，评审科研项目30项。加强规划科学研究，市规划院博士后工作站挂牌成立，市勘测院成为国家自然科学基金依托单位，市地理信息中心成功申报重庆市地理空间信息工程技术研究中心。

【规划法制建设】 经过历时五年的修订、论证，新的《重庆市城乡规划条例》于2009年9月25日经市人大常委会审议通过。新《条例》出台成为全市规划法制建设的大事，走在了全国前列。推进《条例》宣传贯彻实施。全面开展《条例》宣传培训，提升依法行政能力。编印完成《重庆市城乡规划条例导读》、《重庆市城乡规划条例释义》，修订完成《贯彻落实〈重庆市城乡规划条例〉操作手册》。引导《条例》宣传培训向区县、镇乡延伸。做好《条例》实施衔接工作，对近十年来制定的181件规范性文件进行全面清理，提出了继续适用、修订或废止的建议。完成《规划行政许可公示听证暂行规定》等15项立法工作。

【规划依法行政】 积极开展规划公众参与，依法组织规划公示、听证，创新建立控规公告定期发布机制。执行政务信息公开有关规定，依法受理公开申请。大力倡导规划公众参与，注重吸纳人大、政协以及社会各方意见建议。加强行政复议和司法应诉，改革行政复议委员会工作模式，完善快速反馈机制。用好政策法规检索系统暨城乡规划典型案例查询子系统平台，建立典型案例分析制度化机制。

【规划监督检查】 主城区拆除违法建筑130余万平方米。推进主城区住宅小区违法建设专项整治，拆除违法建筑3.2万余平方米，社会各界反响热烈。严格按照新《条例》规定，建立违法建设查处长效机制。推进无违法建设社区创建活动。强化规划监督检查，出台《重庆市城乡规划督察员管理办法（试行）》，开展督察员赴区县巡察或短期派驻，指导整改或依法纠正区县违反城乡规划的有关问题。加大规划监察案件监管以及查处力度，完善规划批后跟踪管理机制。开通行政审批电子监察系统。加强关键环节和重点领域权力运行规范监督。扎实开展全市房地产开发领域违规变更规划、调整容积率问题专项治理。

【基础测绘】 开展统筹城乡新农村测绘保障服务研究，初步确定了统筹全市城乡基础测绘发展的基本框架。积极构建全市统一的现代测绘基准体系，完成重庆市独立坐标系统原点改造，基本建成全市连续卫星定位综合服务系统二期，覆盖范围达2.87万平方公里。启动全市1∶500数据库二期建设，完成都市区1000平方公里1∶2000数字线划图和数字正射影像图。获取覆盖主城区、万州、城口、荣昌等地的高分辨率卫星影像4271平方公里，覆盖三峡库区航空影像9358平方公里。在国家测绘局和财政部支持下，城口、秀山和云阳获得国家边远地区、贫困地区基础测绘补助项目安排。

【测绘行政管理】 出台《重庆市遥感发展规划》。组织编制全市《地理空间信息内容及要素代码标准》、《地理空间信息数据库建设技术规范》。健全测绘监察工作机制，成立测绘执法支队，强化测绘执法能力。整顿和规范地理信息市场，集中检查178家单位，全市地理信息市场秩序明显好转。开展2009年测绘专家西部行。组织全市测绘职业技能选拔赛，重庆市代表队在全国首届测绘职业技能比赛中，获得工程测量职业技能竞赛团体第一名和个人总分第一名等优异成绩。加大行业对外交流与宣传，建成测绘子网站，编制出版《测巴渝山水、绘重庆宏图》大型画册。

【测绘信息化建设】 全力推进三峡库区综合信息空间集成平台建设，完成4.47万平方公里的各种比例尺数据处理与建库，提前启动了政府宏观决策等应用示范系统建设。继续推进重庆市地理信息三大平台建设，重点建成全市地理信息共享交换系统，已与十余个市级部门签订了共建共享协议，建立了30余个政务图层的共享交换。基本建成全市应急平台应用示范系统，首次在国内实现多部门分布业务联动应急一张图，系统已在市政府应急办试运行，并在武隆铁矿乡鸡尾山滑坡抢险救灾中发挥了重要作用。积极开展数字永川地理空间框架建设试点项目，推动重庆市数字城市信息管理工作。

【测绘服务经济社会】 做好重大项目的测绘保障，完成两江新区等重要拓展区数字高程模型373平方公里，测绘完成主城区55个"城中村"1∶500地形图14.37平方公里，推进大学城、茶园新区等新开发组团约2000平方公里的地下管线普查工作。全方位参与轨道交通、道路桥梁等重大基础设施测绘服务保障。加强地理信息社会化服务，创新推出沙盘地图，编制出版《重庆市主城区影像地图》（2010版）、《重庆旅游指南》等一大批社会服务产品，深入推进"一镇（乡）一图"试点工作，满足了镇乡经济社会发展需求。

三、建筑业

【房屋建筑产业发展基本平稳】 继续发挥经济支柱作用。建立房地产开发项目动态过程管理体系，逐步实现网络化管理。创新信用建设工作，得到住房和城乡建设部、中房协高度肯定。完善房地产行业信息披露制度，及时、准确地发布市场信息，引导房地产市场持续健康发展。本土房地产开发企业实力不断增强，龙湖、金科等企业相继上市，加速拓宽市外市场。完成配套费征收标准的调整，配套费征收管理工作有序开展。

【建筑业勘察设计业平稳较快发展】 进一步规范专业分包和劳务分包企业发展，建筑业产业结构和行业组织结构逐步趋于合理。建筑市场持续活跃，工程发包和交易量增幅明显。建筑质量安全生产形势保持稳定，安全文明施工和扬尘控制进一步强化，西永微电子产业园标准厂房一期A栋工程获得鲁班奖。加大行政执法力度，会同相关部门依法查处擅自施工和违规超建违法行为。成功举办城镇建筑设计高端论坛和当代中国建筑创作论坛，促进设计繁荣。加强初设审查和施工图管理，强化建筑抗震监管和建筑消防安全，确保居住安全。

【走出去工程】 对外投资取得新成果，承建了重庆市最大的海外融资项目—苏丹国家干线公路建设任务。建设领域对外交流合作呈现新局面，成功组织重庆市首次领导干部赴港开展城市建设培训，推动《渝港建筑服务合作意向协定》具体实施，建立渝港双方互派人员培训长效机制。大力推进智力引进工作，成功举办"世博论坛·宜居重庆建设"活动，为吸收国内外先进理念搭建了良好平台。

（重庆市规划局）

四、住宅与房地产业

2009年，重庆在全国率先提出房价收入比6.5的调控目标，加强房地产用地调控，完善房地产价格调控机制，积极实施引导房地产市场平稳发展的适应性政策，进一步规范房地产市场秩序。

【房地产市场秩序进一步规范】 一是规范房地产开发企业商品房预售信息披露行为。重庆出台了《重庆市商品房预售信息监控管理规定》加强对商品房预售信息的监控管理，规范房地产开发企业对商品房预售信息的披露，减少商品房预售人与预购人因信息不对称导致的商品房预售矛盾。同时，制定了《重庆市房地产开发企业商品房预售信息制作规范》，明确了房地售房现场必须设置《购房特别提示公示栏》、《证件公示栏》、《面积价格公示栏》、《信息查询处》四个方面的内容。加大对开发企业未取得商品房预售许可证售房收款，不及时为购房者办理合同登记备案或房地产权证，不执行商品房预售网上签约、联机备案等违法违规行为查处力度。

二是规范商场农贸市场办公用房权属分割行为。重庆市人民政府办公厅印发了《关于加强商场农贸市场办公用房权属分割行为管理的通知》，规范了房地产开发企业和房屋权利人对商场、农贸市场、办公用房的权属分割行为，保护广大购房者的合法权益，维护房地产市场秩序。

三是建立在建楼盘的售前监管制度。针对2009年以来个别房地产开发企业在未取得预售许可证的情况下，以发放VIP卡等方式积蓄客户、收取预定款等违法行为，市国土房管局制定规范性文件要求全市各级房地产交易监管部门应高度重视对在建楼盘的售前监管，密切注意市场销售信息，预防违法违规销售行为的发生。依照有关法律法规和《重庆市城镇房地产交易监督管理办法》的规定，采取行政限制措施，依法给予处罚。

四是开展房地产市场监管专项检查。重庆市国土房管局于2009年10~11月对重庆22个区县房地产市场监管工作开展专项检查。同时加强多部门协作配合，逐步建立起房地产市场共同监管机制。房地产开发企业未取得商品房预售许可证违法销售的行为得到有效遏制；商品房销售网上签约、联机备案制度得到全面推行；商品房销售现场证件公示制度得到深入执行；房地产违法广告行为明显减少。

此外，加强房地产开发企业诚信体系建设。为促进全市房地产行业健康发展，规范房地产市场秩序，塑造"诚信企业·责任地产"的企业品牌效应，构建"公平正义、诚实守信"的房地产市场交易环境，2009年开展了重庆市第三届诚信房地产企业评选。评选活动历时半年，五十佳诚信房地产企业从123家申报企业中经层层评审筛选产生。通过诚信房地产企业评选带动和加强了全市房地产企业诚信建设。

【重庆房地产市场活跃健康】重庆房地产市场经过2008年下半年至2009年初的短暂调整之后，在全国率先复苏，全年实现V型反转，重新回到活跃的局面。一年来，重庆建立了土地成本评估机制，防止虚增土地成本，2009年主城区平均地价房价比为16.1%，低于全国主要城市的平均水平。

一是房地产市场强劲复苏。2009年，重庆房地产交易量大幅增长，全市共销售商品房3639.94万平方米，同比增长58.3%。其中，商品住房3372.54万平方米，同比增长63.5%。房地产市场强劲复苏，拉动消费明显增长。全年住房消费带动家具销售增长67.5%，家电销售增长25.5%，建筑及装潢材料销售增长37.0%。

二是房地产开发投资提速。全市完成房地产开发投资1238.91亿元，同比增长25.0%。从趋势看，房地产投资增速呈现加快之势，由年初的7.6%，逐渐提高到25.0%，特别是下半年，提速趋势更加明显。与同期全市固定资产投资增速相比，房地产开发投资低6.5个百分点；房地产开发投资占全市固定资产投资的比重为23.3%，较上年同期降低1.9个百分点。全市房屋施工面积13052.6万平方米，同比增长12.1%；房屋新开工面积降幅逐月收窄，并在11月由负转正，到年底同比增长8.7%，总量达到3813.68万平方米。

三是二手房交易表现活跃。2009年，二手房交易表现活跃。全市共成交二手商品房1722.21万平方米，同比增长95.6%，其中，二手住房1517.07万平方米，同比增长114.6%，增速大幅提升，均为近几年最高点。从主城区看，营业税征收政策调整带动大量"次新住房"入市，较好地填补了同期新开发商品住房的供应不足，二手住房市场呈现出加速发展之势，成交量逐步放大，成交均价逐月攀升。

四是房地产企业资金较充裕。2009年，三大因素支撑房地产开发企业资金充裕。首先，央行执行较为宽松的货币政策，房地产贷款稳步增加。2009年底，全市金融机构房地产开发贷款余额达到761.07亿元，同比增长17.1%，比年初增加111.23亿元；个人住房贷款余额达到1331.49亿元，同比增长51.1%，比年初增加450.44亿元。其次，商品房销售速度快，价格上涨，资金加速回笼。全市商品房成交额达到1279.57亿元，同比增长84.8%。第三，政府积极引导和推动，房地产企业融资能力增强。全市房地产开发企业资金来源2202.67亿元，同比增长41.2%，其中，本年到位资金1848.30亿元，同比增长48.7%。

【重庆主城区房地产市场呈现供不应求的态势】一是主城区商品住房量明显放大。2009年，主城区共销售商品住房2061.54万平方米，同比增长90.1%，月均销量达172万平方米，与2007年持平。从单月销售情况分析，主城区商品住房销量在3月份突破

200万平方米，至10月份，受秋季房交会带动，达到历史最高点，378.74万平方米。同期，主城区新批准1548.85万平方米商品住房上市预售，512.69万存量商品住房得到消化，供销比由2008年底的1∶0.61上升至1∶1.33，累计可售面积由2008年底的1110.12万平方下降到655.61万平方米，市场供求矛盾也由供过于求转变为供不应求。

二是主城区商品住房价格较快上涨。2009年，主城区商品住房建筑面积成交均价4179元/平方米，同比增长9.0%。从趋势看，上半年房价上涨较为平稳，下半年明显提速。2009年，主城区住房消费明显升级。别墅、花园洋房继续热销，销售面积约占商品住房总成交面积的10%以上。知名开发企业提供的高品质住房受到欢迎，龙湖、金科、中海、富力、恒大五大开发商的销量约占市场总销量的7.89%。

三是非主城区居民购房比例上升。2009年，主城区商品住房销售中，主城区居民购房面积占45.0%，比上年同期下降4.5个百分点；市外购房者购房面积占10.7%，与上年同期基本持平（10.6%）。本市其他区县居民在主城区购房面积占44.2%，比上年同期提高4.1个百分点，达到近几年最高点。从单月数据分析，其他区县居民在主城区购房面积占比，2月比1月大幅提高，此后，一直在45%上下高位运行。

【区域性中心房地产市场加速发展】 2009年区县房地产投资加快，区域性中心城市房地产市场活跃。2009年，万州、涪陵、黔江、永川、江津、合川六个区域性中心城市，共完成房地产开发投资135.10亿元，比上年增长32.9%，增速高于全市7.9个百分点，高于主城区10.0个百分点，在全市房地产投资完成额中占一成，较上年提高了0.7个百分点。区域性中心城市作为全市房地产梯度发展的重要衔接区域，正发挥越来越重要的传导作用。区域中心房地产市场需求旺盛，价格涨幅大于主城。2009年，区域性中心城市房地产发展在一批品牌开发企业的带动下进入规模化、小区化、配套化阶段。如恒大地产在江津开发建设恒大·金碧天下，东海集团在合川开发建设东海·滨江城等。大批高品质楼盘的推出，既提升了所在地房地产开发品质，又刺激了市场需求。全年区域性中心城市共成交商品住房532.62万平方米，同比增长92.1%，占全市商品住房销量的25.8%，比上年提高0.3个百分点；商品住房成交均价为2304元/平方米，同比上涨22.3%，涨幅高于主城区13.3个百分点。

【物业管理】 主城区已有329个项目3850万平方米，通过招投标方式选聘物业服务企业，其中2009年有92个项目，近1050万平方米。全市各区县物业行政主管部门累计归集和代管商品房物业专项维修资金75.60亿元，其中2009年归集21.10亿元。截至2009年底，重庆市具有资质的物业服务企业共有1612家，其中国家一级34家，二级166家。全市住宅物业管理覆盖率达69.1%，主城区覆盖率达86%，提高了市民的居住质量。

（重庆市国土资源和房屋管理局）

五、城市建设

【概况】 2009年在重庆市委、市政府的坚强领导下，重庆市城乡建设委员会积极应对国际金融危机和国内经济调整带来的严峻挑战，围绕保增长、保民生、保稳定，扎实推进各项建设工作，服务全市发展大局，圆满完成规划建设管理工作会议确定的各项任务。宜居、畅通重庆建设拉开序幕、成效显现；城镇化进程进一步加快，全市城镇化率提高1.6个百分点，达到51.59%；主城区危旧房完成改造447万平方米，煤矿棚户区完成改造70万平方米；重点工程完成投资1620亿元；房地产开发完成投资1239亿元；建筑业实现总产值1887亿元；"远郊区县城建设专项资金"项目扎实推进；巴渝新居建设和农村危旧房改造超额完成年度任务；积极推动住房城乡建设部与市政府签署合作备忘录；对口援建四川崇州项目如期实现封顶。

【全面展开"宜居重庆"建设】 加速实施主城区危旧房和煤矿棚户区改造。启动164个片区的拆迁工作，完成市委市政府下达的危旧房拆迁攻坚任务，为降低建筑密度、改善公共空间、提升城市形象奠定了基础。坚持让利于民，购置安置房176万平方米、24780套，启动33个新建安置房项目，共计239万平方米、34198套。被拆迁人安置后户均面积达到90.32平方米，增加59.4%，改善了一大批低收入群众的居住条件。通过银行贷款、招商、财政资金、信托融资、资金放大作贷等方式，筹集到位改造资金209.54亿元。加快拆危建绿步伐，建设集中绿地132.46公顷，建成一批绿化亮点工程。市人大专项评议给予"决策符合科学发展观，是落实'314'总体部署的重大举措之一，深得人心，人民群众满意和拥护"的总体评价，满意度测评为100%。加快推进中央下放煤矿棚户区改造，完成年度目标任务。城中村改造、居住区综合整治等工作稳步推进。

注重历史文化，突出主题特色，广场建设初见成效。主城区建成江北城中央绿化广场、巴南市政广场等12个城市广场、26.6万平方米。这些广场建设拓宽了城市开敞空间，提供了避灾场所，为广大市民搭建了休闲娱乐、情感交流的平台，被称之为城市的"大客厅"、群众的"大舞台"。全面摸底调查主城区架空线，编制架空线下地规划，石灰市、人和街架空线下地开工实施。公园绿地、文化设施、商业设施建设加快推进。

【全面推进"畅通重庆"】 城市轨道交通建设步伐加快，完成投资71亿元。一号线朝天门至沙坪坝段实现全线隧道贯通，沙坪坝至大学城段土建开工建设；三号线一期工程隧道基本贯通，三号线二期工程全面开展土建工程建设，三号线南延伸段试验段土建动工；六号线一期采用TBM掘进机进行隧道施工，这在国内城市轨道交通建设中尚属首创，标志着重庆市轨道交通建设技术水平到达了一个新的高度。轨道交通二、三、六号线延伸段工程前期工作顺利开展，正积极完善国家相关行政审批手续。

城市道路基础设施建设推进顺利。嘉悦嘉陵江大桥、慈母山隧道、渝南分流道等36个续建项目顺利推进，东水门、千厮门大桥、机场南联络道等16个项目全部按计划开工建设。其中，朝天门长江大桥、快速路一横线西政校段、何家梁立交等20个项目完工通车。

【重点工程实施】 重点工程建设投资增长40.5%，占年度预期投资的104.5%，同比提高4个百分点。新开工高速公路241公里，续建736公里，完工412公里，高速公路通车里程达1577公里，覆盖32个区县。新开工铁路207公里，续建652公里，完工100公里，铁路运营里程达1200公里。大力推进江北机场三期、黔江舟白机场、寸滩二期、草街航电枢纽等项目建设。这些重点项目的开工和投用，为扩大内需，推动全市经济化危为机、逆势而上提供了强力支撑。

六、村镇建设

【加大城乡统筹建设力度】 "远郊区县城建设专项资金"实施项目68个，其中续建19个、新建49个，完成投资31.7亿元，已有20个项目顺利完工，一批优秀设计项目脱颖而出。这些项目的建成，提升了城区形象、完善了城市功能，成为群众娱乐休闲的好去处、展示城市形象的新窗口。

【中心镇和示范镇建设投入加大】 积极总结、推广小城镇风貌改造经验，提高小城镇设计建设水平。历史文化名镇名村保护工作得到加强，又有4个小城镇获得国家级历史文化名镇称号，总数达到13个。举办寻找"最具活力小城镇评选"活动，宣传推介小城镇建设。

农房建设进展顺利，制定《康居农房建设管理暂行办法》，加强巴渝新居建设和农村危旧房改造计划、资金、质量、安全管理。积极争取国家将重庆市14个区县纳入全国扩大农村危房改造试点区县范围，争取到专项补助资金1亿元。建设巴渝新居3.7万户，改造农村危旧房4.1万户，均超额完成各3万户的年度目标任务。建成了一大批住着舒适安全，看着协调美观的康居农房，农房建筑风格更加鲜明，农村人居环境得以改善，深受农民群众欢迎。

七、建筑节能与科技

【建筑节能】 扎实开展节能初步设计专项审查和建筑能效测评，新建建筑节能监管力度不断加强。完成动态监测试点，初步搭建动态能耗监测平台，重庆市既有建筑节能管理工作再获国家重大支持。可再生能源建筑应用示范项目稳步推进，启动可再生能源建筑应用城市级示范建设。培育具有自主知识产权的墙体自保温体系、节能彩钢门窗等相关产业，建筑节能地方产业初具规模。

【建设科技】 建设科技发展取得新进步，淘汰或限制使用22种落后技术，认定新技术46项，积极培育有实力、具有地方资源特色的新技术企业。建筑技术研究不断加强，全面推进水源热泵科技支撑计划、节能与废弃物综合利用等科研项目，申报国家专利11项，组织制定发布工程建设地方标准13项，主编或参编国家标准和行业标准26项，8项成果获得市科技进步奖，科研成果得到较好推广应用。

【建筑教育】 以惠农工程为重点，全面推进建设教育培训工作，加强对培训全过程的监管，免费培训农民工2万人。举办建筑技能大赛，激发广大从业人员学习知识、提高技能的积极性。依托建筑工地农民工业余学校，实施技能人才提升培训，在岗农民工素质得到提高。免费培训建筑劳务经理，提高务工带头人能力水平。开展专业技术管理岗位统考改革，提升一线管理人员综合素质。

（重庆市城乡建设委员会）

四 川 省

一、住宅与房地产业

【灾后城镇住房重建】 截至2009年底,全面完成省委、省政府确定的目标任务。全省城镇住房重建累计已开工25.02万套,开工率96.55%。其中,已完工16.98万套,完工率65.55%。受损住房维修加固累计已开工134.67万套,开工率99.86%。其中,已完工133.21万套,完工率98.77%。

一是制订完善政策。草拟了《四川省人民政府关于进一步加快城镇住房重建的通知》,进一步细化了城镇住房重建的目标任务,明确了市(县)政府和省级有关部门的职责。省建设厅还印发了有关城乡住房重建、保暖过冬等方面的多个文件。

二是加强督导调研。为督促各地加快工作进度,做到月月下基层、周周报报表,指导县(市)抓紧落实重建政策,参与研究解决具体困难的问题。并及时向省委、省政府上报工作进度,提出相关工作建议。

三是积极开展"百日攻坚"。为加快重建工作进度,省建设厅草拟了城乡住房"百日攻坚"工作方案,积极参与各工作组督查、指导工作。

【住房保障制度建设】 全面完成廉租住房工作计划。2009年,省政府下达廉租住房工作计划为:新增房源10万套,发放租赁补贴19万户。截至年底,全省已完成房源筹集任务8.7万套,占计划的87%。其中:新建开工5.85万套,改建、公房转化和政府长期租赁筹集2.85万套。全省已完成超过19万租赁补贴对象的审核认定工作,至12月底,发放19.58万户,超过省政府下达目标的3%。

【大力实施城市棚户区改造】 根据省政府要求,2009年城市棚户区改造工作先在21个市(州)政府所在城市实施,启动3.95万户城市棚户区居民住房改造,占21个市(州)政府所在城市棚户区居民总数19.7万户的20%。至年底,21个市(州)政府所在城市已启动5.78万户城市棚户区居民住房的改造工作,超省政府下达目标任务的46.24%。

一是制订工作规划,经省政府批准出台《四川省棚户区改造工程实施方案》,完成21个(州)政府所在地棚户区改造三年计划,协同省发改委、省林业厅等部门完成国有林区、独立工矿区等单位的棚户区改造规划工作;二是抓好工作落实,为使各项政策、规划得到有效落实,省建设厅及时召开会议传达贯彻,做到工作部署,按时完成各类住房保障统计报表的上报,协同省财政厅分配下达有关廉租住房和棚户区改造资金;三是加强调研督查,积极开展对各在建廉租住房项目的督查,重点督促项目开工、工程施工质量、建设资金到位;学习借鉴甘肃、云南、福建等兄弟省市经验,形成调研报告上报省政府;四是组织从业人员培训,对住房保障从业人员进行培训,全省参加培训人员共计400余人。

【房地产市场】 2009年,全省房地产市场持续回暖,房地产开发投资稳步回升,商品房交易活跃,对全省国民经济和社会发展发挥了重要作用。至年底,全省完成房地产开发投资1372.05亿元,同比增长6.8%,占年度计划的115%;房屋施工面积为16793.27万平方米,增长12.5%。其中,新开工面积为4384.69万平方米,增长3%;商品房销售面积6054.09万平方米,增长72.92%。

【监管制度建设】 2009年,主要制定了市场交易制度、物业服务收费管理、房屋维修资金监管、企业清出以及房屋登记确认等监管制度。

【监管措施】 一是指导各地出台促进房地产市场健康发展的政策措施,2008年11月底,省建设厅及时组织各地认真学习《关于促进房地产市场平稳健康发展的若干意见》,研究制定贯彻落实意见,到2009年3月底,全省21个市(州)除甘孜、阿坝两州外已全部出台了促进本地房地产市场健康发展的实施意见;二是着力增强投资者和消费者信心,通过召开新闻发布会,积极宣传政策,优化办事流程,提高行政效能,举办房地产交易展示会,改善市场交易环境,构建诚信交易平台等措施,有效恢复了投资者和消费者信心;三是加强市场监测分析,针对房地产市场变化较快的情况,坚持对市场运行情况进行跟踪监测分析,实行月月有简报,季季有分析,及时向省委、省政府上报,提出对策建议；四是制发规范性文件，健全相关监管制度，2009年，省建设厅先后印发了《四川省住宅专项维修资金管理细则》《关于进一步规范建筑区划内水费收缴及相关问题的通知》《转发建设部商品房销售备案管理暂行规定的通知》等文件，健全了相关制度；五是认真落实日常监管制度，根据有关法规规定，全省注销了192家超过规定时限仍未换证的房地产开发企业资质，有效防止了"空壳公司"现象；查处了达州市安信房地产评估公司违规执业问题。

二、住房公积金管理

【概况】 全省公积金2009年缴存200亿元、同比增长25%，缴存总额到达931.24亿元、缴存余额565.15亿元、缴存职工370.47万人、覆盖率达72%。

【规范缴存工作】 全省共纠正了4.5万人的超标缴存，落实了"控高保低"的缴存政策。纠正了2784个单位不建或欠缴公积金行为，新增缴存单位2118个、职工10余万人。达州市政府印发了《在全市全面推进住房公积金制度的意见》，遂宁、巴中、凉山等市(州)政府专门出台文件，对各类缴存单位规范缴存行为作出了明确的时间限定，并纳入政府目标考核。乐山市加强了公积金与相关部门的信息共享，德阳市加大公积金执法力度，促进和规范公积金缴存。自贡、广安等市妥善解决困难企业缴存，纠正缴存基数低于最低工资标准问题。宜宾市缴存单位建立了公积金督导员制度，成都市将公积金制度建立情况纳入区(市、县)财政供养单位购置公务用车的前置条件，并积极推进农民工、农村集体经济组织建立公积金制度。

【加强风险管理】 各公积金中心共制定完善近200项规章制度，强化了内控机制。达州市政府以政府令的形式颁布实施住房公积金归集、提取等实施细则，广安市建立了资金使用审批体制，内江市建立了四方关联账户定期稽核制度，攀枝花市认真规范抵押贷款办法，乐山市、甘孜州加强了资金使用率高位运行的风险防范，南充市实现了各归集点核算系统联网运行，绵阳市健全了贷款管理台账，自贡市建立了公积金中心与分支机构的联系人制度，眉山、巴中等市着力加强贷后管理，资阳市开展了对资金使用效益的审计考核，成都、德阳等市加大了内部审计和稽核力度，泸州、凉山、阿坝等市(州)规范机构设置、完善公积金业务管理信息系统，保证了资金安全。专项治理期间，全省查处骗提骗贷案件23起、挽回资金损失194万元，贷款逾期率大幅下降。各市(州)采取发放公积金"银联卡"、开展贷款"一站式"服务、开通全省统一的"96319"服务热线等措施，改进作风、简化手续、提高效率，切实解决群众反映的贷款难、提取难等问题，社会满意度明显提高。成都公积金中心及14个管理部门全面实行贷款"一站式"服务，办理贷款业务时间由15个工作日缩短到2小时左右。攀枝花、绵阳、内江、甘孜等市(州)积极推广公积金"争联卡"，广元、巴中等市实行"阳光操作"，眉山、资阳等市认真执行限时办结制，方便了缴存职工。

【加强了管委会工作】 各公积金管委会健全了会议制度，严格议事决策程序，主动公开信息，自觉接受社会监督，较好履行了决策职责。各市(州)管委会在专项治理期间普遍召开了多次会议，眉山市出台了《住房公积金增值收益管理暂行办法》，南充市强化了管委会独立决策职能，达州市明确了必须经管委会全体会议审议事项、建立了重大事项报告制度。成都公积金管委会组织委员到省内外调研，督促公积金中心和各分中心执行统一政策制度，实行信息共享。乐山、自贡等规范开展了向社会公布决策信息，增强了决策的透明度。

【加强监管工作】 全省撤销违规账户17个，泸州、南充、凉山等市(州)认真解决地方财政匹配资金不到位问题，共收回历年欠配资金9205万元。德阳、眉山、资阳、南充、巴中等市收回14个单位自行归集管理的公积金1.2亿元，保证了公积金安全完整。达州、南充、甘孜等市(州)积极开展业务培训，宜宾、阿坝等市(州)解决了公积金中心办公用房、增加了人员编制，促进了队伍建设。

【落实灾区公积金优惠政策】 2009年，全省公积金用于灾区受灾房屋的加固、维修、购建房提取50多亿元。为促进灾后重建住房安置，省建设厅对地震形成的公积金不良贷款进行广泛调研和深入论证，起草了地震灾区住房公积金不良贷款重组和减免的政策措施，已向国家有关部门报送了方案，进入审批程序，待批复后尽快启动实施。

【监管工作】 省建设厅进一步落实工作责任，增强了监管力量。出台了相关文件，完善了监管制度。采取多种措施，增强了监管手段。形成了联合工作机制，增强了监管合力。一是完善了全省联网的公积金监管信息系统，并与人民银行征信系统实现了信息共享。二是建立了审计检查制度，联合省财政厅、省审计厅对部分公积金中心进行审计或专项财务检查，发现问题及时纠正。三是建立了报告通报制度，对各市（州）进行调研、督查，并向省政府报告监管情况，向全省发出情况通报。四是完善了公积金行政监督决定书、建议书、督办函制度，对违纪违规行为责成整改。五是与省监察厅建立了预防合作机制，加大对违纪违规责任人的处理力度，有效遏制了公积金管理中的职务犯罪，省公积金监管力度明显增强。2009年公积金个贷逾期率仅为0.03%，风险准备充足率约为3%，确保了公积金安全运行。

三、城乡规划

【城乡规划编制和审查】 积极指导地震灾区做好灾后恢复重建城乡规划实施工作。为推进地震灾区城乡重建工作有力、有序、高效进行，按照省政府统一部署，在指导地震灾区按期完成了重灾县、镇乡、村庄重建规划编制或修编的基础上，组织完成了极重灾县城、建制镇重建规划的审查报批工作。为推进城镇科学重建规划的审查报批工作，着力做好极重灾区城镇规划实施的指导工作。完善城乡规划体系，完成了省域"四大城镇群"中成都平原连绵区、川南城镇密集区、攀西城镇发展区规划成果以及川东城镇发展区规划纲要的编制工作，推进《成渝城镇群协调发展规划》的编制，组织完成了16个市、县总体规划审查，报请省政府批准了7个市、县总体规划。在规划选址方面，完成了26个省以上重大建设项目规划选址。

【规划设计】 加强对灾后重建规划实施的指导，省政府下发了《四川省地震灾区灾后恢复重建公众参与的通知》，组织召开了北川新县城灾后重建推进协调会和映秀镇灾后重建国际研讨会，征求国内外知名专家院士对灾后重建的意见与建议，进一步明确了北川新县城和映秀镇灾后重建的指导思想；加强对青川、汶川等极重灾区城镇规划和城市设计的指导。省建设厅组织专家组多次深入重点城镇检查规划实施，为各地城镇规划设计工作把脉，确保科学规划、提高规划设计质量；按照国家发改委和省政府的工作部署，认真组织开展了灾后重建中城镇体系、住房、农村建设三个专项规划的中期评估工作，为下一步重建工作提供依据；组织有关部门和专家编制了《地震遗址规划范围方案》，为省政府申报四川国家地震遗址公园工作提供了有力保障。

【历史文化名城名镇名村保护】 2009年，省建设厅继续加大历史文化建筑保护力度，在部分城市开展了历史建筑的挂牌保护工作。成都市对全市近现代建筑进行了普查，在普查基础上编制了《成都市优秀近现代建筑保护规划》，有31处被确定为优秀近现代建筑，并公布了第一批17处保护建筑。阆中市在实施保护规划过程中，对三十二个民居院落实行了挂牌和分级保护。按照《历史文化名城名镇名村保护条例》的规定，在全省各市、县组织开展了历史文化街区核定工作，省政府分三批公布了阆中、会理、蓬安、宜宾、泸州等城市的12个历史文化街区，进一步明确了历史文化街区的保护范围和保护重点。

为配合全省城乡环境综合整治工作，改善城镇风貌，突出地方特色，省建设厅及时下发了《四川省城镇风貌规划编制技术导则（试行）》，指导各地切实搞好城镇风貌规划的编制，以规划为指导，将城市的自然山水、历史文化和重要节点、标志性建筑等统筹安排整体打造，提升城市形象。都江堰、松潘、宜宾李庄镇、自贡仙市镇、雅安上里镇等先后编制并实施了风貌规划，营造了与名城镇一脉相承的景观环境，促进了各地城镇风貌的塑造。

【城乡规划监督】 一是根据《城乡规划法》提出的要求，深化四川省城市规划督察工作，派驻规划督察员制度由注重对地级以上城市规划督察向县级市、镇和乡村延伸，逐步实现全省城乡规划督察全覆盖，2009年派驻城市规划督察员新发出督察意见书35份，保障了规划的有效实施。二是按照建设部、监察部的统一部署，在全省组织开展了房地产开发领域违规变更规划、调整容积率问题专项治理，并和省监察厅共同组成了检查组分赴成都、遂宁、广安、达州、自贡、资阳、攀枝花等地检查容积率治理专项工作，坚持标本兼治、注重治本、完善制度、规范程序、严明纪律、加强监管，全面推进城乡规划依法行政。2009年，各级纪检、监察和规划建设部门依法查处全省18个地级以上城市违法违规变更规划或调整容积率项目56个，其中涉及调整用地性质6个、调整容积率49个，依法依规作出了补交规费共计1199.14万元和总共661.61万元罚款的处理，对没有整改到位的限期进行整改。共受理举报11件，已核查7件，受处分8人，移送司法机关7人，受组织处理1人。

【新型城镇化建设】 积极推进四川省工业化城镇化联动发展，通过对沿海地区城镇群发展的调研，学习兄弟省市的宝贵经验，四川省建设厅提出了推进新型城镇化的调研报告和实施意见。在对即将组织开展的"十二五"规划中,协调相关部门共同研究,开展了四川省"十二五"的城镇化专项规划的研究工作。按照中央和省委经济工作会议的要求,提出了四川省加快推进城镇化发展的思路与对策。

四、建筑业

【**建筑业完成情况**】 2009年,全省完成建筑业总产值2098亿元,同比增长27.6%;实现建筑业增加值657亿元,同比增长20.2%;施工面积达21496万平方米,同比增长10.7%;建筑业从业人员较去年增加了20%。全省建筑业总产值突破了3000亿元。

【**工作措施**】 一是立足灾后重建,加强服务。2009年,省建设厅加大了对援建省(市)的联系和协调力度,协助援建省(市)解决在援建过程中遇到的问题。为解决黑龙江省在援建剑阁县过程中提出技术力量不足问题,省建设厅专程赴剑阁县了解情况,争求黑龙江省的意见,帮助解决了技术人员不足问题。按省政府要求,对由港澳地区援建的100多个项目实施业主组织了项目法定建设程序知识培训,下发了《关于做好港澳地区援助项目建设实施中服务与监管工作的通知》,对加快援助项目建设进度,保障援助项目的质量和效益起到了积极作用。同时,积极配合灾区政府加快重建工作进度,9月15日,组织召开了映秀灾后重建施工单位动员大会,向参建企业宣讲重建意义和要求,推动灾区重建进度。

为积极扶持省内建筑业企业参与灾后重建,省建设厅及时下发了《关于积极扶持四川省建筑业企业参与灾后恢复重建工作的通知》,提出了各地政府组织实施的基础设施、公用事业等工和项目在同等条件下应优先选择省内建筑业企业特别是灾区建筑业企业参与建设。并适当放宽地震极重灾区建筑业企业资质增项、升级标准,积极鼓励和扶持重灾区建筑劳务企业参与灾后重建。针对灾区建筑企业项目管理人员缺乏的现状,省建设厅又出台扶持政策,对重灾区1674名业绩突出的建造员通过考核认定为二级临时建造师,这一做法得到了灾区建筑企业和主管部门的好评。

【**专项治理**】 2009年,城乡环境综合治理工作是建设厅的中心工作之一。按照省委、省政府开展城乡环境综合治理的工作部署的要求,为了全面推动城乡环境综合治理工作,进一步提高四川省建筑施工现场管理水平,省建设厅制定了《四川省规范建筑工地管理专项行动实施方案》和《规范建筑工地管理专项行动考核办法》等文件,明确了规范建筑工地管理专项行动的工作内容、工作目标、工作步骤、工作标准及工作要求。

开展整治非法用工打击犯罪专项行动。按照人力资源和社会保障部等9部委《关于开展整治非法用工打击违法犯罪专项行动的通知》和省劳动和社会保障等十部门《关于开展整治非法用工打击违法犯罪专项行动的通知》要求,在7月份开展了以整治建筑领域非法用工打击违法犯罪专项行动,重点开展了查处在建工地存在非法用工、强迫劳动、限制人身自由、故意伤害以及恶意克扣和拖欠农民工工资等违法犯罪行为。在专项行动中,共检查在建建筑工地3556个、涉及农民工69.6万人,补签劳动用工合同9万余份,22个项目停工整改,解决拖欠农民工工资870万元。

认真开展工程建设领域突出问题专项治理工作。按照中共中央办公厅、国务院办公厅《关于开展工程建设领域突出问题治理工作的意见》精神,结合全省建设系统实际对此项工作进行了安排部署,下发了《四川省建设系统开展工程建设领域突出问题专项治理工作方案》和《关于加强工程建设实施和工程质量管理工作实施意见》,组织召开了全省电视电话会,针对治理工程建设项目标后监管薄弱、转包和违法分包、履行施工监理责任、建设质量低劣和质量责任落实等突出问题进行了统一安排,着力解决工程建设实施和工程质量管理的突出问题。

【**产业结构调整**】 灾后恢复重建和扩大内需投资建设项目的实施是四川建筑业面临的两大发展机遇。国家实施的几万亿的基础设施和灾后重建项目主要集中在铁路、公路、机场、水利和市政等方面。针对这一特点,省建设厅围绕提高企业市场竞争力,积极调整建筑业产业结构,引导和扶持以房屋建筑为主的建筑业企业调整经营思路,找准企业发展的切入点,整合现有技术人力、资源等生产要素积极拓展铁路、公路、水利、机场、电力、市政、通信等基础设施业务,形成综合承包能力。2009年,全省土木建筑新签订合同增长率高于房屋工程新签订合同的增长率,产业结构调整效果明显。

【**动态监管**】 2009年,省建设厅对全省取得资质证书的建筑业企业进行了全面清理核查,对上年度存在的市场违法违规行为和不满足资质条件要求的638家建筑企业列为2009年度全省重点监督复查企业，并明确列入重点监督复查的企业在半年内不得申办资质增项或升级事项。6月，按规定对四川省艺华建筑装饰工程有限公司等459家未取得《安全生产许可证》的建筑施工企业吊销了资质证书，进一步规范了建筑市场秩序。12月，对51家连续三年重点监督复查不合格的建筑业企业吊销了资质。为了使重点监督工作规范化、制度化、制定了《四川省建筑业企业重点监督管理暂行办法》。

【诚信体系建设】 建立建筑业企业信用评价机制。在《四川省建筑市场责任主体不良行主记录管理暂行办法》的基础上，在全省建筑业企业中推行《建筑业企业信用评定暂行办法》和《建筑业企业信用手册》，把企业的基本情况、企业的良好行为用《手册》形式记录，并根据企业的市场行为、经营能力、财务能力、质量安全管理以及社会信誉等状况对企业每年评定信用等级。用评定信用等级的方式，促进建筑业企业诚信经营，通过建立企业信用评价机制，实现对建筑业企业资质的动态管理。

推进工程担保制度。工程担保制度对构建信用体系，规范建筑市场秩序及预防工程款和农民工工资拖欠都有积极作用。配合住房城乡建设部在全省范围内开展了推进工程担保的调研工作，较为全面地了解和掌握了全省工程担保市场的运行状况。为培育担保市场，规范担保人才市场行为，省建设厅对36个专业担保中心进行了审核备案。

解决拖欠问题。受金融危机影响，从2009年下半年开始，工程款和农民工工资拖欠现象有所抬头，拖欠投诉上访案件明显增强，对社会稳定产生了极其不利的影响。至年底，全省共受理拖欠投诉案件386件，协调解决拖欠工程款3亿多元，解决拖欠农民工工资1.3亿元。全省未发生一起大规模群体事件，确保了社会稳定。同时，进一步加大查处力度，对有拖欠行为58家建设单位和建筑施工企业进行了通报，并按不良行为的记录规定实行了网上扣分，对福建来宝建筑工程开发有限公司等3个省外建筑企业作出清除四川建筑市场的处理。

【外省入川建筑企业管理】 省建设厅制定出台了《关于进一步完善省外建设类企业入川从事建筑活动管理的通知》，制作了有防伪功能的新版《备案证》。同时进一步完善了备案程序和内容，从2009年5月1日起，不再办理单项投标介绍信登记手续。对省外建设类企业入川承担对口援建省（市）负责组织建设的地震灾后恢复重建的工程项目，凭中标通知书或承包合同以及企业的相关证照可直接到项目所在地的建设行政主管部门登记备案。对灾后恢复重建和成都地铁、成都垃圾发电厂等重点工程和特殊项目，允许单项项目入川备案。

【实施中小学校舍安全工程】 为贯彻国务院、省政府关于用3年时间在全国、全省范围内实施中小学校舍安全工程的精神，省建设厅起草和下发了《关于开展全省中小学校舍建筑安全排查鉴定、加固重建工作实施意见》等政策文件相关；举办了"全省中小学校舍安全排查鉴定加固技术及管理培训班"，对开展全省中小学校舍安全工程排查鉴定和加固工作进行了动员和部署。与中国建科院联合举办了新标准《建筑抗震鉴定标准》和《建筑抗震加固技术规程》宣贯培训班，成立了全省中小学校舍安全技术指导组，排查16763所，原址重建6703所，异地重建776所。

【勘察设计行业改革】 认真做好企业的改企建制调查和指导。对21个地方州2009年上半年改企建制进展情况进行了调查汇总，全省尚有189家勘察设计单位未改企，占全省的6.2%，对四川省公路设计院、四川省纺织设计院、四川省煤炭设计院、四川省冶金设计院、四川省化工设计院、四川省教育设计院等单位的改企建制工作进行具体的指导，并积极协调其单位的业务主管部门解决改制中的问题。

支持和大力发展有自主知识产权和技术优势的大型勘察设计集团，2009年，水电成勘院和西南电力院进入国家"工程设计综合甲级资质"的行列，全省共有5家企业取得了工程设计综合甲级资质，位居全国第二，勘察设计行业的整体水平和市场竞争力有显著提高。

【市场和企业的动态监管】 建立动态的、更加符合市场需求的勘察设计市场和质量监管机制，2009年对10家设计单位、2家审图机构进行了停业整顿。制定了"四川省工程勘察与岩土行业诚信单位评估实施细则"开展了四川省工程勘察与岩土行业诚信评估。

【牧民定居及帐篷新生活行动计划】 组织编制了《牧区帐篷设施设计图集》，解决10万户牧民帐篷内生活设施的改造和更新，使所有牧民家庭能够用上帐篷内新生活的设施。组织编制了《四川省牧民定居点居住建筑设计方案图集》，组织和参与29个省级规划设计试点工作和12个市对口援建29个县、293个牧民定居点、2.2万户、10万人的规划设计工作。

【保障性住房设计】 组织开展全省保障性住房设计方案的竞赛，共收到参赛作品110个，评出一等奖4项。二等奖6项，三等奖10项，优秀奖13项。已将部分优秀设计方案汇编成图集，供各地地选用。

【"三房"改造设计】 参与彝族"三房"改造，组织编制了《四川省彝区"三房"改造建筑设计方案图集》，共收集19个优秀方案。

【执业注册及"四优"评选】 贯彻实施了《注册土木工程师(岩土)执业及管理工作暂行规定》。完成了注册岩土工程师继续教育工作。重新修订完善了《四川省工程勘察设计"四优"评选管理办法》、《四川省工程勘察设计"四优"评选标准》，并对2009年度四川省工程勘察设计"四优"评选工作进行了部署。

五、城市建设

【城乡环境综合治理】 2009年，省政府下发了《关于全面开展城乡环境综合治理的决定》、《全省城乡环境综合治理工作"五市十县百镇千村环境优美示范工程"实施方案》等文件；省城乡环境综合治理工作领导小组印发了《关于全面推进全省城乡环境综合治理工作的意见》等文件。

省建设厅加强与省直各相关部门的联系，组织开展了城乡环境综合治理"攻坚月"行动，并以治理"五乱"为重点，集中开展城乡垃圾收运处理、规范广告设置和摊点摆放、规范车辆停放、治理交通公路沿线环境卫生、开展爱国卫生运行、加强环境保护监测监管等14个专项治理行动，以及城乡环境综合治理"进机关、进企业、进学校、进社区、进家庭、进村社、进景区"活动和"专项治理月"活动等工作。

认真做好城乡环境综合治理工作会议的筹备工作，制作各类影像专题片进行广泛宣传。组织召开了"全省城乡环境综合治理电视电话会议"等10次全省城乡环境综合治理相关会议。

建立健全城乡环境综合治理工作社会投诉受理处置制度，开通"028-84412345"和"96198"城乡环境综合治理工作热线，及时受理和处置社会各界对"脏、乱、差"等问题的投诉，并建立交办制度、将投诉交由有关责任单位限期进行处置。2009年处理全省各类投诉300余件。

建立了各地城乡环境综合治理工作进展情况报送制度，及时了解和掌握各地、各部门治理工作的进展情况，通过编发简报、反映进展、宣传典型，为省委、省政府领导决策提供参考。2009年已制发简报65期(总第81期)，省委领导对其中的26期作了重要批示。其中一期简报在四川省建设厅门户网站上点击次数近3000次。

【城乡环境综合治理垃圾收运处理专项行动】 牵头制定《四川省建设厅"城乡垃圾清运处理"、"规范建筑工地管理"专项行动工作方案》，明确专项行动的工作目标、工作内容和工作步骤。建立"城乡垃圾清运处理"专项治理行动的周报制度，组织专人汇总面上情况，及时反映动态。

【灾后恢复重建工作】 组织编制《四川省地震灾区市政公用基础设施灾后恢复重建实施规划》和《中央预算内投资市政公用基础设施项目汇总表》，指导39个国家极重灾和重灾县(市、区)、12个省级灾区县(市、区)完成了《市政公用基础设施灾后恢复重建实施方案》。同时，健全统计制度，有力推进灾后恢复重建。

【城市园林绿化建设】 进一步贯彻落实国务院关于加强城市园林绿化建设的通知和四川省人民政府关于加强城市园林绿化的意见，按照住房和城乡建设部以及省政府关于开展创建园林城市的要求，紧紧抓住以"拆墙透绿"专项整治活动月为主题的城乡环境综合整治工作，开展创建园林式单位、园林式小区和园林城市活动。实施创建园林城市向下辐射，广泛开展创建省级园林城镇、园林村庄工作。以创建园林城市、园林城镇工作为重要抓手，大力推进全省城市园林绿化建设，改善了全省人居环境质量。

在全省城乡环境综合治理过程中，建设厅组织实施了全省城乡环境综合整治"拆墙透绿"专项行动。完成了泸州市、仪陇县、大英县、新津县等城市(或县城)的四川省园林城市(县城)考核验收，泸州市和仪陇县、大英县已经被省政府分别命名为"四川省园林城市"和"四川省园林县城"称号，新津县待省政府批准后命名。

完成郫县安德镇和友爱镇，广安协兴镇，宜宾市李庄镇，大邑县花水湾等城镇的"四川省园林城镇"的考核验收和命名工作；完成了眉山市丹棱县兴隆村、梅湾村、龙滩村和广元市苍溪县将军村、狮岭村等首批"四川省园林村庄"的评定考核工作。

配合住房和城乡建设部完成了成都市、广安市、都江堰市的国家园林城市复查工作；受配合住房和城乡建设部委托完成了乐山市、峨眉山市、绵阳市国家园林城市复查工作。

完成了攀枝花市、眉山市、德阳市、遂宁市、广元市、崇州市以及丹棱县、双流县、金堂县、长宁县、岳池县等11个城市（或县城）的四川省园林城市（或园林县城）的复查工作。

完成了成都、峨眉山、乐山、仪陇、泸州、广安、眉山、金堂、岳池、丹棱、广元、长宁、大英等城市的绿地系统规划修编与评审工作；完成了峨眉山、遂宁、大英生物多样性保护规划和遂宁、广元、长宁等城市防灾避险绿地系统规划的评审工作。

分别完成了遂宁市创建国家园林城市、金堂县创建国家园林县城、安仁镇创建国家园林城镇的申报工作。

完成了全省81家"省级园林式单位"和52家"省级园林式居住小区"的评选命名，完成了60家"省级园林式单位"和4家"省级园林式居住小区"的复查工作，加强了园林城市的细胞工程建设。

组织有关专家，开展了蓬溪县、阆中市、南充市、资阳市、内江市、彭山县、达州市、大竹县等市县创建园林城市现场指导工作和武胜县四川省园林县城的授牌工作。

重视技术研究，推动科学管理。组织有关专家研究并制定了《四川省城市防灾避险绿地规划导则》、《四川省园林城镇标准》和《四川省园林城镇申报与评选办法》，为推动全省园林城镇创建和指导全省园林绿化、尤其是灾区城市园林绿化科学重建奠定了基础，提供了技术保障。参与了住房和城乡建设部《城市园林绿化市场管理规定》，和《城市园林企业资质标准》修订工作；参加了第七届中国（济南）国际园艺花卉博览会。

【省级风景名胜区综合整治】 2009年全面启动全省省级风景名胜区综合整治工作。经各市州推荐，共确定了朱德故里琳琅山等16处省级风景名胜区为首批试点单位，按照工作计划将于2010年底完成首批试点单位的省级风景名胜区综合整治工作。

【修订《四川省风景名胜区管理条例》】 按照国务院《风景名胜区条例》的相关规定，结合四川实际，省建设厅组织开展了《四川省风景名胜区管理条例》的修订，已经过省政府的审查和省人大的一审程序，并已进入省人大的二审调研，预计2010年5月颁布实施。对风景名胜区和城市园林绿化相关法规进行修订和完善，加强对风景名胜区和城市园林绿化的保护和利用的监管力度，做到有法可依，依法行政。

六、村镇建设

【以规划带动小城镇和新农村建设】 2009年全省完成镇乡规划编制410个，村庄规划编制3560个。完成小城镇建设投资180亿元，村庄建设投资500亿元。截至2009年底，已完成投资34亿元，园区入住企业40户，其中竣工投产企业19户，实现产值40亿元。南充市加大小城镇基础设施建设投入力度，2009年，全市458个乡镇全部都修建了垃圾填埋场或中转站。德阳市罗江县金出镇加大工业区的建设，启动了工业区内1.2平方公里的道路供水、供电、供气等基础设施建设，加大招商力度，聚集了金麒麟、泉发钢构等21家国内著名品牌企业，成为了该市承接产业转移的重要基地，充分发挥了区域重点镇的集聚、辐射、带动作用。成都安仁镇打造全国独一无二的"中国川菜产业化园区"，新繁镇10000亩的家具产业园区和600亩的泡菜产业园区带动了城镇快速发展。

【建设试点工作】 2009年，全省开展了250个社会主义新农村规划建设试点和300个省级村庄人居环境治理试点，带动了地方各级新农村规划和村庄人居环境治理的村庄约3000个。

【灾后恢复重建工作】 2009年，完成了39个重灾县（市、区）的村镇体系规划编制或修编，以及631个乡镇、2043个村庄的重建规划编制，在规划编制过程中，强化了防震减灾专项规划的内容，对避让地震断裂带、泥石流、滑坡等地质灾害隐患点进行了科学规划，确保了农房重建安全；在规划设计上，突出了优化布局，注重特色风貌塑造等新思路，充分体现了"三突破，三提高"的要求。

各地在总体规划的指导下，严格按照"四注重、四提升"的要求，重点推进灾区35个镇乡的恢复重建，35个重点镇的恢复重建需重建市政基础设施项目404个，已开工272个，占总数的61.39%，完工61个，完成投资29.7亿元，占总投资的57.7%；已竣工的城镇道路200.98公里，占需重建道路的46.31%，在建城镇道路114.72公里，占需重建道路的26.43%，竣工水厂（供水设施）18个，占需重建的48.65%，在建水厂（供水设施）16个，占需重建的43.24%。为确保2010年9月前，映秀、汉旺两个极重受灾镇建成城镇基本框架，形成城镇基本功能，其他33个镇乡基本完成重建主体任务。

【民生保障工程】 2009年，省委、省政府作出对293个牧区定居点、2.23万户（10.631万人）实施牧民定居点建设的决策。在选址过程中，严格按照《牧民定居行动计划2009年度实施方案》、《四川藏区牧民定居行动计划总体规划》及"三靠"原则（即靠近公路、靠近集镇、靠近县城）的要求，进行快速科学选址。在规划过程中，省建设厅迅速出台了4个导则和一系列技术政策文件，组织了定居点规划的对口支援工作，成立了定居点规划专家督导组，进行分片责任包干，并配合省富民安康办举办了优秀规划设计展。2009年至2012年的1493个牧民定居点规划设计任务已完成，2009年计划建设的牧民定居点全部开工，已完工2万户，解决了9.6万人的定居问题。

【农村危房和彝区"三房改造"】 2009年，国家将四川省54个县（其中民族县43个、国家重点帮扶贫困县11个）纳入了扩大农村危房改造试点范围，并对3.4万户给予了户均5000元，共计1.7亿元补助经费。此项工作由建设部门牵头，省建设厅会同相关部门及时制定了《四川农村危房改造工作方案》，《四川省建设厅关于加强农村危房改造规划和建设工程质量安全工作的通知》。

【民生工程】 按照"百姓安居工程"的职责分工，省建设厅配合有关部门解决了2万户农村特困群众的住房困难和5000户地质灾害避险搬迁安置工程。各地切实按照目标任务的要求，履行好建设部门的职能，配合民政部门为2.6万户特困群众安置工程进行了规划选址和工程验收，超过目标任务的26%，配合国土部门为5204户特困群众安置工程进行了规划选址和工程验收，超过目标任务的4.1%。

【城乡环境综合治理】 2009年在全省启动了300个省级村庄人居环境治理试点，省建设厅出台了《关于推荐上报新农村村庄人居环境治理试点村的通知》，落实了试点资金。对列为农村人居环境治理的试点村纳入了民生工程的目标考核，通过试点带动了约3000个村的人居环境治理。宜宾市组织编印了《宜宾市新农村村庄污水处理设施通用图集》，并在全市农村开展推广和应用。成都市以保护农村传统特色社区方式推进农村集中居住，科学合理地规划新农村环境特色布局，保护和发展传统川西平原林盘民居风貌，整治美化农房22500户，建筑面积645万平方米，改造房屋4495栋。全市国道、省道、县道及高速公路两侧农房风貌整治已全部完成，推进农村民居风貌整治上台阶。遂宁市蓬溪县文梵村结合农村环境治理，整体推进农村风貌治理，统一修建铁路建设拆迁、农村危房改建项目，共计34户，配套建设沼气、自来水等公共设施。巴中、广安等地在全市80%的村社配备了专职保洁人员，切实做好日常保洁工作。德阳什邡市在全市733个农村集中建房点全面推进"供气、排污、道路、沼气、供电、光纤"的"六进村工程"，改善了农村人居环境。广元市集中1个月时间，以灾后重建农房的建筑风格和外观色彩为重点，打造了5个符合本地民族风格和传统风貌的灾后农房重建特色风貌示范点，带动全市范围内特别是干线公路、旅游线路、风景名胜区和城镇周边重建农房特色风貌的塑造工作。

【历史文化名镇（名村）保护工作】 2009年开展了第四批省级历史文化名镇（名村）的评选和第五批全国历史文化名镇（名村）的申报工作。评选出自贡市贡井区艾叶镇等15个镇（村）为第四批省级历史文化名镇、名村，完成了宜宾市屏山县龙华镇等8个镇（村）申报第五批全国历史文化名镇名村的申报推荐工作。

【风景名胜区灾后恢复重建和监督管理】 一是加快风景名胜区灾后重建规划编制与审查，指导受灾景区的灾后重建工作。完成了龙门山、白龙湖、光雾山—诺水河、黄龙、四姑娘山、剑门关、九寨沟、卡龙沟—达古冰川、乾元山等风景名胜区灾后重建规划的编制与评审工作；二是完成了天仙洞、夔王山、雷波马湖、小相岭—灵光古道风景名胜区总体规划以及竹海风景区青龙湖景区详细规划的编制与评审工作；三是项目论证和方案审查，先后完成了剑门关关楼灾后恢复重建评审论证及剑门关景区剑门关关楼恢复重建工程初步设计方案的评审，鸡冠山—九龙沟风景名胜区范围和布局调整论证，成都大熊猫繁育研究基地都江堰大熊猫野放研究中心项目队风景区和自然遗产地影响论证，青城后山停车场片区综合治理工程设计方案，都江堰—青城山老君阁恢复重建设计方案，都江堰—青城山清溪园扩展工程设计方案，竹海观光车停车场规划方案，峨眉山雷洞坪寺院，峨眉山金叶宾馆修建性详细规划等15个方案评审工作。

【重大基础设施建设工程前期论证】 先后完成了成渝高速公路复线（四川境）对龙泉花果山风景名胜区影响论证，南部—成都高速公路对云顶石城风景名胜区影响论证，巴中至桃园高速公路对光雾山—诺水河风景名胜区的影响论证，新建铁路川藏线成都至朝阳湖段对朝阳湖风景名胜区的影响论证，城口—万源快速公路穿越八台山风景名胜区影响论证，广南高速公路穿越剑门蜀道风景名胜区昭化景区的影响论证，成都—兰州铁路穿越黄龙国家级风景名胜区（住房和城乡建设部已批复）、千佛山省级风景名胜区影响论证、兰成原油管道穿越佛爷洞线路论证，新建铁路成都至贵阳线乐山至贵阳段对越溪河风景名胜区专题论证与批复，新建铁路成都至重庆客运专线项目对龙泉花果山风景名胜区影响专题论证、西成客专铁路对剑门蜀道风景名胜区（广元段）及广元城市影响专题论证（住房和城乡建设部已批复）、省道303线巴郎山隧道穿越四姑娘山风景名胜区影响论证、成昆铁路成都至峨眉段扩能改造工程对峨眉山风景名胜区、自然文化遗产及峨眉山城市影响专题论证、雅安—南京北1000kV交流特高压变电工程对华蓥山风景名胜区影响等15个专题论证，其中需由住房和城乡建设部批复的成兰铁路、西成客专已经由住房和城乡建设部批复，其余可由省里批复的基本完成了相应的批复手续，为按时完成以"7+2"铁路为主的交通等重大基础设施建设工程的国家立项和开工等工作提供了保障。

（四川省住房和城乡建设厅）

贵 州 省

一、住宅和房地产业

【概况】 贯彻落实国家扩大内需政策，房地产业宏观调控加强，贵阳市金阳新区房地产激励措施成效显著。2009年，贵州省房地产开发投资保持较快增长，销售面积、销售额大幅增长。全省完成房地产开发投资369.69亿元，同比增长18.8%，其中，商品住宅完成投资248.01亿元，同比增长26.9%，占房地产开发投资比重67.1%。房屋竣工面积1210.86万平方米，同比增长68%。其中，住宅竣工面积1028.48万平方米，增长74.7%，占房屋竣工面积比重84.9%。全省商品房销售面积1619.25万平方米，同比增长78.3%，商品房销售额467.81亿元，同比增长120.2%。房地产业完成投资443.78亿元，占城镇固定资产投资总额的21.3%；房地产业增加值125.03亿元，占全省GDP的3.21%。廉租住房租售并举继续推进，城镇低收入家庭住房保障不断加强。

【房地产市场监管加强】 房地产市场秩序专项整治深入开展，重点对房地产开发过程中规划许可、施工许可、开发建设等环节突出问题进行整治，对房地产开发项目手册制度执行、土地取得、规划审批、商品房预销售以及投诉处理等情况进行检查。《贵州省省外房地产类企业入黔管理暂行办法》等规定出台。对《房屋登记办法》贯彻执行情况进行督查，房地产交易与登记进一步规范。拆迁计划管理加强，拆迁信访积案化解效果明显。物业管理质量不断提高，累计有5个项目获"全国物业管理示范项目"称号，有30个项目获"省级物业管理示范项目"称号。

【住房保障成效明显】 《贵州省2009～2011年廉租住房保障规划》印发，城市、乡镇和独立工矿区非农业户口家庭人均住房建筑面积15平方米以下低收入家庭28.2万户纳入保障规划。提出2009～2011年棚户区改造规划，计划三年基本解决9.42万户城市和国有工矿棚户区住房困难家庭的住房问题（其中，以廉租住房方式解决6.74万户，以经济适用住房等方式解决2.68万户）。廉租住房出售政策得到完善，廉租住房销售对象、出售价格、售后管理及产权界定等问题进一步明确。绝大多数市县出台廉租住房出售办法，16个县（市、区）累计出售廉租住房14.54万平方米，2740套，回笼资金9718.05万元。全省新建（筹集）廉租住房8.46万套，租赁补贴新增发放2.67万户。严把经济适用住房购房资格审查和上市交易关，新建经济适用住房144.08万平方米。廉租住房共有产权模式获中央领导及住房城乡建设部肯定。

【住房公积金监管不断加强】 住房公积金专项治理继续开展，管委会会议制度和决策制度不断完善，日常管理进一步规范。六盘水市所属大型企业自行管理的住房公积金整体移交市级统一管理。追回遵义市、毕节地区等地被挤占挪用的住房公积金及利息2010万元。全省住房公积金缴存职工人数156.25万人，覆盖率达75.30%；累计归集245.47亿元，较上年增加33.95%；累计向15.93万户职工家庭发放个人贷款164.55亿元，较上年增加54.11%；个人住房贷款余额125.05亿元，较上年增加55.26%，个贷率达到76.32%，远超全国平均水平，跃居全国前五名。

【《贵州省城镇房地产开发经营管理条例》出台】《贵州省城镇房地产开发经营管理条例》2009年1月7日经贵州省第十一届人民代表大会常务委员会第六次会议通过，自2009年5月1日起施行，共8章68条。

二、城乡规划

【概况】《贵州省城市和镇控制性详细规划编制与实施管理暂行办法》等规定出台，安顺等城市规划管理技术规定修订完善。贵阳市城市总体规划报省政府待转国务院审批，毕节、大方、思南等市县总体规划报省政府待批。安顺市城市总体规划经省城规委审查通过，遵义、铜仁、凯里、平坝等12个市县总体规划评审通过。瓮安、龙里两县总体规划经省政府批复实施。完成小城镇总体规划62个。社会主义新农村建设村庄整治及农村危房改造基本做到规划先行。贵阳市城市路网得到完善，南环线、北京西路、黔灵山路、甲秀南路、水东路、机场路等相继建成，贵阳市交通拥堵状况得到一定缓解，贵阳市城市空间实现较大拓展。

【城镇规划实施监管加强】房地产开发领域违规变更规划、调整容积率问题专项治理成效明显。全省查处房地产项目违规调整用地性质36起，违规调整容积率140起。督察员派驻轮换调整完成，下发督察意见书、建议书32份。抓好重大基础设施项目选址方案比选论证，核发选址意见书65份。兴义市城市规划信息化建设成效明显。

【《贵州省城乡规划条例》出台】《贵州省城乡规划条例》2009年9月25日经贵州省第十一届人民代表大会常务委员会第十次会议通过，自2010年1月1日起施行，共6章57条。

三、建筑业

【概况】贵州省住房城乡建设厅将省级直接监管的省属项目按属地委托市（州、地）实施监管，出台《贵州省勘察设计企业、施工图审查机构不良记录管理办法》，搭建招投标市场主体信用管理和发布平台，建筑市场秩序逐步规范。与省工商局联合出台《关于修改〈贵州省省外勘察设计施工监理企业入黔管理规定〉的通知》（黔建施通[2009]342号），省外企业入黔管理工作进一步加强。发布全省房屋建筑和市政工程勘察、设计、监理、施工招标项目资格预审文件和招标文件标准文本，工程量清单招标工作稳步推进。《关于加强城乡建设抗震设防工作的意见》出台，建立市政公用设施抗震专项论证专家库，超限工程抗震设防专项审查有效开展。《贵州省工程勘察土工试验室分类标准》出台，考核公布工程勘察土工（岩土）试验室17家。省属国有勘察设计、施工单位改革改制进一步推进。建筑业劳务合作得到强化。工程建设领域突出问题专项治理扎实开展。预防拖欠工程款长效机制进一步落实。建安劳保费征收上解、调剂补助有序开展。

【标准化、科技创新及推广转换工作扎实推进】发布《喀斯特地区灌木护坡施工技术规范》，编制完成《贵州省城市园林养护技术规程》、《贵州省园林地被植物应用规范》及《节能断桥铝合金门窗》、《住宅卫生间同层排水管道安装构造（TTC型）》。将17个软科学、科技开发和示范工程项目列入省建设科技计划项目。"山砂成套技术在土木工程中的开发与应用"获省科技进步二等奖。建设科技成果转化和应用工作取得实效，新增22个建设领域新技术推广项目。加强对高强耐水石膏砖等重点推广项目的监督、指导和服务。征集、上报《贵州省建设领域第一批限制或禁止使用技术目录》。验收评审第六批国家级、省级建筑业十项新技术示范工程应用成果。

【墙体材料革新和建筑节能监管加强】修订出台《贵州省新型墙体材料专项基金征收和管理办法》，墙体革新基金征缴、返还、结算工作有序开展。印发《关于进一步做好新型墙体材料认定管理工作的通知》，新增认定91家墙材厂、119个新型墙材产品，累计生产规模达71亿块标准砖。印发《关于在全省农村危房改造中推广使用新型墙体材料的通知》，在农村危房改造中逐步禁止使用实心黏土砖和实心页岩砖。出台《贵州省2009～2011年建筑节能专项规划》、《关于建筑节能设计相关问题的指导意见》、《关于进一步加强新建建筑节能监管工作的通知》，修订实施《贵州省居住建筑节能设计标准》，加强设计、施工阶段执行节能标准监管，开展建筑节能专项督查，新建建筑节能标准执行率进一步提高。国家机关办公建筑和大型公共建筑节能监管体系建设继续推进，可再生能源规模化利用不断拓展。贵阳景怡园地下水源热泵空调建筑应用示范项目进入监测验收阶段，全省地热应用建筑面积累计200万平方米。贵阳国际会展中心绿色建筑示范工程实现省内绿色建筑零的突破。城市路灯节电改造逐渐推开。全省新建建筑节能8万吨标准煤的目标完成。

【工程质量和安全】 扎实开展安全生产"三项行动"。2009年，贵州省查处安全生产违法违规行为827起，开展4次安全生产执法行动和督查行动，核查25家企业和49位管理人员的安全生产条件和管理能力，对4家企业和9人作不良行为记录，限制11家省外企业入黔开展业务。大力开展预防高处坠落事故专项整治、冬季专项行动和隐患排查行动，取得明显成效，排查在建项目1434个，下发限期整改通知书277份，停工整改66个项目，整改隐患3702条。加强宣传教育培训，积极开展"全国安全生产月"活动，培训建筑施工企业"三类人员"和建造员、安全监理人员、省外入黔企业管理人员等11446人，全省建设系统培训从业人员17867人。切实加强安全生产"三项建设"，《贵州省建筑起重机械安全监督管理实施细则》、《贵州省建设工程安全生产事故隐患排查治理实施细则》等安全生产长效机制相继建立和完善。举办全省建筑安全生产事故应急预案演练，建立应急专家和物资储备数据库。大力推动安全监督机构建设，培训安全监督人员155人。积极开展建筑工程安全质量标准化建设，20个在建项目被评选为文明样板工地。

全省房屋建筑和市政工程建设中，发生生产安全事故20起，死亡22人，较上年事故起数减少5起，少死亡5人，分别下降20%和18.5%，连续三年获得省政府安全目标考核厅局第一名和"先进单位"称号。开展3次全省建筑工程质量执法检查，对没有认真履行质量职责的予以通报批评和记不良行为记录。继续整顿和规范建筑工程质量检测行为，出台《贵州省加强建筑工程质量监督管理实施方案》、建设工程试验报告格式和加强试验员监督管理方面的规定，建立建设工程质量安全专家库，加强保障性住房和城市基础设施工程质量监督管理，全省未发生重大质量事故，工程质量处于受控状态。

【获得鲁班奖项目】 省人大常委会省政府办公楼获2009年度中国建设工程"鲁班奖"称号。由贵州省建筑设计研究院设计、中铁二局第一工程有限公司承建和贵州省省级政府投资工程项目代建中心代建的贵州省人大常委会省政府办公楼获2009年度中国建设工程"鲁班奖"(国家优质工程)。

【黄果树杯工程】 19项工程获2009年度贵州省"黄果树杯"优质施工工程称号。具体为，房屋建筑工程12项：贵州省民主党派和政协委员活动中心、贵州省委办公业务大楼、贵阳中医二附院医技综合楼、贵阳市金阳医院门急诊楼、国家高速厦蓉线贵州境水口(黔桂界)至都匀段监控中心工程、黄平县行政中心办公楼、安顺市公安局指挥中心大楼、芳洲大厦、贵州烟草科研实验大楼第一标段科研实验大楼、遵义市汇川区行政办公中心、六盘水太阳商业广场、毕节地区行政办公中心。专业工程7项：沪瑞国道主干线(贵州境)镇宁至胜境关高速公路项目第26合同段、盘南电厂4×600MW燃煤机组工程、220kV三棵树(开怀)变电站工程、贵州毕节东华热电工程、贵州开磷30万吨/年合成氨变压吸附脱碳装置安装工程、兴义市民航路二期第二标段、惠水县白果新区两桥一路工程。

【建筑安全文明施工样板工地】 二十家工程获2009年度贵州省建筑安全文明施工样板工地称号。具体为：黔灵小区C1-C3栋住宅楼工程、绿地联盛国际1、2、3号楼工程、保利温泉酒店工程、贵州百灵天台山GMP生产线中提取车间和前处理车间工程、贵阳卷烟厂易地技改项目联合工房(二标段)工程、安顺市龙泉路住宅小区2号楼工程、毕节龙景苑A、B栋工程、贵阳卷烟厂易地技改项目联合工房(一标段)工程、安顺市环境监测与信息中心大楼工程、中国铝业遵义800kt/a氧化铝工程公司办公楼工程、六盘水市医疗集团市人民医院综合住院楼工程、贵州红阳机械(集团)公司新综合厂房工程、银湖星城三号楼工程、遵义市国投大厦工程、六盘水市德远城中湾畔5号楼工程、遵义金旭城上城十、十一座工程、贵阳市人民警察职业教育培训中心工程、雷山县行政中心综合办公楼工程、南垭路经济适用住房工程、水榭花都工程。此外，7家工程获2009年度贵州省建筑安全文明施工表扬工地。具体为：铜仁职业技术学院图书馆工程、都市龙庭C栋工程、双阳经济适用小区一期工程、遵义海关综合业务楼工程、贵阳亨特国际广场二期3、4、5号及裙楼、地下室工程、山水黔城高六区8号楼工程。

四、城市建设

【概况】 贵州省县城以上(含县城)城市污水垃圾处理设施建设力度加大。完成城镇基础设施项目预审查意见130项，基本解决建设规模过度超前、工艺不合理等问题。园林绿化工作持续推进，城市绿化率不断提高。开展县城以上城镇供水水质监测及公示。推广应用新型燃气二甲醚为城镇生活燃料。对贵阳、遵义创建全国无障碍建设示范城市情况进行中期检查和指导，全省无障碍设施建设稳步推进。贵阳市南明区数字化城市管理工作成效显著。

【城市生活污水垃圾处理设施建设】 贵州省共建成污水处理厂78座(2009年内建成57座,设计处理能力155.35万吨/日)。截至2009年底,建成正式运行的有14座,试运行的有21座,通水调试的有43座。2009年全省累计处理污水量1.8亿吨,城镇污水处理率达到41.42%,较上年提高10.24个百分点,化学需氧量(COD)累计削减2.8万吨,较上年增加削减量0.77万吨。全省共建成15个生活垃圾无害化处理场,在建30个,38个待开工,垃圾无害化处理率达到38.72%,较上年提高3.14个百分点。

【风景名胜】 贵州省共拥有国家级风景名胜区18处,总数并列全国第一位。《贵州省风景名胜区详细规划编制报批管理办法(试行)》出台,实施效果良好。组织编制并评审通过织金洞、舞阳河国家级风景名胜区总体规划修编及一批详细规划。完成11个国家级风景名胜区网上推介。"醉·美贵州 避暑天堂"上海世博会贵州馆场馆建设和布展工作有序推进。世界自然遗产申报管理工作取得实效。

【五个风景名胜区经国务院审定公布为第七批国家级风景名胜区】 2009年12月28日,国务院发布第七批国家级风景名胜区名单,贵州省平塘风景名胜区、榕江苗山侗水风景名胜区、石阡温泉群风景名胜区、沿河乌江山峡风景名胜区、瓮安江界河风景名胜区5个风景名胜区列入。

【世界自然遗产申报管理工作加强】 赤水丹霞列入我国2010年世界自然遗产申报项目。指导督促赤水编制实施《赤水丹霞申遗综合整治方案》,接受了IUCN(国际自然保护联盟)专家实地评估考察,赤水资源禀赋得到充分肯定。"中国南方喀斯特"荔波世界自然遗产地保护与管理成效显著,保护项目专项规划及核心区部分人口外迁方案获省政府肯定。"中国南方喀斯特"世界自然遗产第一届年会在荔波召开,荔波遗产地与美国猛玛洞结为姊妹公园。

五、村镇建设

【概况】 核发《乡村建设规划许可证》、《建设工程竣工规划认可证》5000余套。各地投入小城镇基础设施建设资金共计6亿元,改扩建小城镇道路200公里,绿化小城镇公共场地18万平方米。遵义县虾子镇、威宁县黑石头镇、大方县雨冲乡等特色小城镇示范带动作用凸显。大方县城关镇、锦屏县茅坪镇、湄潭县永兴镇等历史文化名镇及贞丰县老城历史文化街区保护规划通过评审。

【历史文化名镇、历史文化名村】 第三批省级历史文化名镇和第一批省级历史文化名村公布。2009年10月14日,贵州省公布第三批省级历史文化名镇和第一批省级历史文化名村名单。6个第三批省级历史文化名镇为:清镇市卫城镇、赤水市大同镇、正安县安场镇、道真自治县洛龙镇、盘县城关镇、松桃自治县寨英镇。18个第三批省级历史文化名村为:花溪区石板镇镇山村、花溪区马铃乡凯伦村、乌当区新堡乡王岗村、遵义县新舟镇沙滩村、凤冈县绥阳镇玛瑙村、务川自治县大坪镇龙潭村、西秀区大西桥镇鲍屯村、从江县丙妹镇岜沙村、从江县高增乡小黄村、雷山县大塘乡新桥村、贵定县盘江镇音寨村、三都自治县都江镇怎雷村、荔波县瑶山乡懂蒙村、贞丰县者相镇纳孔村、毕节市大屯乡三官村、黔西县钟山乡猫山村、威宁自治县石门乡石门坎村、江口县太平乡云舍村。

【社会主义新农村建设村庄整治推进】 坚持"先规划、后建设,无规划、不建设"原则,编制完成村庄整治规划565个。在贵遵、遵崇、贵黄、贵毕等高速公路沿线,龙宫风景区、荔波世界自然遗产地周边、少数民族地区和农村危房改造集中点选择了355个村(村民组)开展村庄整治示范,高速公路沿线农房整治成效尤其显著,少数民族地区特色民居得到有效保护。

【农村危房改造成效明显】《贵州省农村危房改造工程党政领导干部问责办法》、《贵州省农村危房改造资金管理暂行办法》、《加强农村危房改造工程项目专项资金监管工作方案》等规定出台,农村危房改造资金整合意见印发,省直部门农危房改造联系点制度建立。贵阳市(全部10个县、市、区)、余庆县、湄潭县、龙里县"整县(市)推进"有序开展。2008年12月启动的"扩大试点"3.25万户5月底完成。出台《贵州省农村危房改造工程总体规划方案(2009~2016年)》,规划期内拟基本完成全部192.48万户农村危房改造任务。2009年全省完成农村危房改造21.59万户,超额完成了国家下达的16万户年度任务。

(贵州省住房和城乡建设厅)

西藏自治区

一、住房保障与房地产

【廉租住房和周转房建设】 2009年，根据国家和西藏自治区扩大内需、促进经济平稳较快增长的有关精神，西藏各级住房和城乡建设部门抢时间、抓工期、赶进度、保质量，进一步加大保障性住房建设，各项建设项目进展顺利。编制完成全区廉租房和基层周转房3年建设规划；按照国家补助、自治区统筹、地市县配套的方式，在全区71个县建设廉租住房4236套，建筑面积31.45万平方米，完成投资3.2亿元；全区七地（市）共建周转房7045套，建筑面积43.63万平方米，投资6.9亿元；会同有关部门下达租赁住房补贴专项资金4940万元，解决城镇一人户和二人户低收入家庭11902户、18297人的住房困难问题。根据自治区政府在拉萨市开展经济适用房建设试点的有关部署，住房和城乡建设厅积极协调拉萨市开展经济适用住房前期调研和政策研究工作。

【住房公积金管理不断加强】 会同监察、审计、财政、人民银行等有关部门深入开展住房公积金专项治理，使住房公积金管理制度更加健全，管理行为更加规范。积极筹建并开通了全区住房公积金网络管理系统，强化了住房公积金的监管力度，增强了住房公积金使用的安全性，努力保障缴存人的合法权益。2009年5月1日，根据国家和自治区保增长、保民生、促消费的总体要求，西藏适时提高了住房公积金的贷款额度，延长了贷款年限，增强了干部职工购买住房的支付能力。截至2009年底，西藏共有15.3万人建立住房公积金账户，累计归集住房公积金64.5亿元，较2008年同期增长22.39%；累计发放住房公积金贷款2.04万笔，发放贷款金额22.6亿元，较2008年同期增长37.8%。全区住房公积金使用率达58.59%。

【房地产业平稳发展】 认真贯彻落实国务院、自治区人民政府关于促进房地产市场健康发展的意见，促进了房地产市场的企稳回升，保持了市场总体稳定发展，为扩内需、保增长发挥了重要作用。全年房地产开发投资15.75亿元，比上年增长14.2%。房地产开发施工房屋面积145.92万平方米，比上年增长1.0%；竣工房屋面积45.98万平方米，下降16.2%；商品房销售面积63.26万平方米，下降5.1%。2009年末全区城镇居民人均居住面积达到33.83平方米，比2008年增加了0.83平方米。居住类住房价格与上年持平。

二、城乡规划

【城乡规划编制进度加快】 2009年，西藏各级政府和城乡规划管理部门高度重视城乡规划编制工作，多渠道筹措编制经费，规划编制工作取得较好成绩。《西藏自治区城镇体系规划》已经西藏自治区人大审议通过，修改后上报国务院审批。《拉萨市总体规划》已经国务院批准实施，拉萨市各片区控制性详细规划及各专项规划已经编制完成。阿里地区、那曲地区城市总体规划和部分县城、重点城镇总体规划，八一镇控制性详细规划、泽当镇控制性详细规划、那曲中心城区控制性详细规划已经编制完成。部分城镇的交通、供水、消防等专项规划编制工作也在有序推进。康马、江孜、安多、墨脱、申扎县已完成或正在进行第二轮县城总体规划的修编。

【城乡规划监管不断加强】 西藏各级城乡规划管理部门克服人员少、任务重等困难，加大对规划实施的执法巡查力度，对房地产开发中违规变更规划、调整容积率等问题开展了专项治理，促进西藏房地产业的健康发展。对各类违规行为做到早发现、早制止、早纠正、早处理，使违反城乡规划法的行为得到及时纠正，城乡规划实施的监督管理进一步得到加强。

三、建筑业

【建筑业在国民经济中的支柱产业地位更加巩固】 2009年，西藏建筑业实现增加值103.52亿元，比上年增长24.9%。建筑业增加值占西藏生产总值（GDP）的23.5%、占第二产业增加值的76.1%。

【建筑市场秩序进一步好转】 针对建筑市场存在的突出问题，西藏自治区各级住房和城乡建设部门积极组织开展了一系列专项治理活动，以企业资质就位为抓手和突破口，清理了一批建设行业不达标企业，注销工程设计企业9家、施工企业89家、工程监理企业6家、造价咨询企业6家，截至2009年底全区共有建筑施工企业561家。为切实从招投标源头加强整顿和规范建筑市场秩序，组织对全区建设工程招标代理机构所代理的建设项目从招标程序、内业资料等方面进行检查，抽查工程建设项目144项、招标代理机构22家，针对发现的问题，及时制定下发政策文件，规范房屋建筑和市政工程招投标行为，有效地遏制了违法违规行为，市场秩序进一步规范。

【建筑工程质量不断提高，安全生产生产形势总体稳定】 2009年，西藏进一步加强施工图审查工作，不断扩大审查覆盖面，从工程设计源头上减少工程质量安全隐患；开展了工程质量专项大检查活动，加强对工程建设见证取样和施工现场建材的检验检测，严把工程材料进场关，保证工程质量，工程竣工验收一次性合格率达98%。西藏各级住房和城乡建设部门组织开展了"安全生产月"、建筑安全生产"三项行动"和安全生产专项治理活动，落实各方主体安全生产责任，及时发现和排除安全隐患，有效遏制了安全生产事故的发生，使全年建筑安全生产伤亡事故和伤亡人数均控制在规定指标范围。

【灾后重建】 为完成当雄地震灾后重建任务，西藏住房城乡建设厅组织编制了《当雄地震灾后农牧民居住建筑恢复重建技术导则》、《当雄地震灾后农牧民居住建筑加固技术导则》等图集和技术标准，为灾后重建和民房抗震加固工作奠定了坚实基础。

【开展了农牧民安居工程抗震加固工作】 积极配合教育部门认真抓好中小学校舍安全排查与鉴定工作。西藏住房和城乡建设厅组织有关专家编制了《西藏农牧民住房设计通用图集》、《砌筑工施工技术基础知识》等图集和技术标准，切实做好农牧民安居工程抗震加固工作。组织专业人员深入全区各乡村开展中小学校舍安全排查与鉴定工作，完成560万平方米的排查与鉴定任务，为西藏中小学校舍开展抗震加固和重建工作提供了第一手资料。

【积极开展农牧民工建筑技能培训和技能鉴定工作】 西藏自治区住房城乡建设厅积极开展农牧民工建筑劳动技能培训工作，对1700名农牧民工进行了建筑实用技能培训，并对300名农牧民工进行了建设职业技能鉴定，为鉴定合格的154名农牧民工颁发了《国家职业技能等级证书》，实现了西藏农牧民工职业技能鉴定零的突破，为促进农牧区富余劳动力向建筑业转移积累了经验。

【清理拖欠民工工资工作成效显著】 2009年，经过西藏各级住房和城乡建设部门共同努力，共协调解决民工工资1877.72万元，拖欠民工工资易发多发的势头得到有效遏制。为从源头杜绝和减少拖欠纠纷发生，拟草并经西藏自治区人民政府批转全区执行了《关于进一步预防和解决拖欠工程款和拖欠民工工资纠纷工作的意见》，联合有关部门制定下发了《关于建立农牧民工工资保证金制度的通知》，建立了从源头预防拖欠民工工资发生的长效机制，对切实维护了广大民工的合法权益，促进住房和城乡建设行业的稳定发展具有重要而积极的作用。

四、城市建设

2009年，西藏自治区住房城乡建设系统积极探索具有中国特色西藏特点的城镇化道路，因地制宜推进城镇化进程。城镇规模、结构和布局有所改善，辐射力和带动力逐步增强。城市经济保持良好的发展势头。城镇基础设施和环境进一步完善。城镇居民生活明显改善，各项社会事业蓬勃发展。

【城镇基础设施建设加快】 2009年，全区住房城乡建设系统紧紧抓住中央扩大内需的良好机遇，积极开展项目申报和建设工作，一大批城镇道路、供水、排水、垃圾处理、污水处理等市政建设项目付诸实施。拉萨市完成了25个重点市政基础设施建设项目。日喀则市环城路改造工程、泽当镇9条路段改扩建工程、八一镇"贡布印象"建设工程、那曲镇迎宾路、环城路等建设项目相继完工。那曲镇集中供暖项目、给水系统改扩建项目、排水及污水处理项目前期工作进展顺利。昌都污水处理厂已投入使用、拉萨污水处理厂开工建设、其他地(市)污水处理厂项目可行性研究报告全部编制完成。各城镇道路、供水管网已初具规模，各城镇基本完成供水设施建设，供水普及率达到了72%，燃气普及率达到了60%，城镇绿化率达到了23%，医疗、教育、游乐等公共服务设施逐步配套，综合服务能力有较大幅度的增强。

【城镇管理水平逐步提高】 西藏各级住房和城乡建设部门以园林城镇、卫生城镇、文明城镇创建为载体，较好地对城镇"脏、乱、差"等影响城镇形象的问题进行了综合治理，使城镇环境、市容市貌、居住与生活条件得到较大改善，城市品质得到不断提高，城镇管理逐步规范。2009年4月，拉萨市被西藏授予首个自治区级园林城市。

【历史文化名城保护和风景名胜区工作取得突破进展】 2009年，格拉丹东、纳木错、土林-古格三个国家级风景名胜区申报工作取得实质性突破，三处风景名胜区已被列入国家自然遗产名录库。格拉丹东、纳木错被国务院列入国家级风景名胜区。萨迦镇被住房城乡建设部和国家文物局命名为国家级历史文化名镇。

【城镇化水平逐步提高】 截止到2009年底，西藏共有2个设市城市、71个县城、140个建制镇，城镇建成区面积约190平方公里。全区城镇居住人口69.03万人，城镇化率从2008年的22.6%增长到23.8%，提高了1.2个百分点。城镇登记失业率为3.95%。

五、建筑节能与科技

为推进《西藏自治区民用建筑采暖设计标准》和《西藏自治区居住建筑节能设计标准》的贯彻执行，2009年西藏自治区住房和城乡建设厅会同相关部门制定出台了《关于贯彻落实财政部、住房和城乡建设部〈关于推进太阳能光电建筑应用的实施意见〉的意见》和《关于进一步推进西藏自治区墙体材料革新和推广建筑节能的通知》。组织申报那曲地区尼玛县牧民户用太阳能发电项目、拉萨市政府办公楼、政府会议中心屋顶光伏并网示范应用项目，落实国家补贴资金455万元。邀请国内外专家组织召开"建筑节能与再生能源建筑应用交流会"，对指导西藏建筑节能工作产生积极地指导意义。开展民用建筑节能材料和产品备案工作，完成西藏自治区建设科技委员会的前期筹备工作。在西藏"两房"建设中单列建筑节能资金，推进建筑节能工作。

六、依法行政

【加强法制建设，推进依法行政】 制定《西藏自治区人民政府关于创建自治区级园林城市（县城）的实施意见》和《西藏自治区级风景名胜区审查办法》，并经西藏自治区人民政府批准实施。完成《西藏自治区住公房公积金管理实施细则》、《西藏自治区党政机关事业单位周转房建设管理暂行办法》和《西藏自治区经济适用住房管理办法》等法规的草拟修改和补充完善工作。对西藏住房和城乡建设厅1996年至2009年期间制定印发的规范性文件进行全面清理。各地市住房和城乡建设部门认真贯彻落实依法行政的各项规定，深入推进依法行政，使管理程序更加规范，管理手段更加科学。

【加强人才队伍培训，提高工程技术人员素质】 西藏各级住房和城乡建设部门积极整合各种教育资源，采取多渠道、多层次的培训方式，切实加强全区建设系统人才队伍建设。住房和城乡建设厅积极协调区党委组织部、区党校、行政学院多次举办城乡建设与管理方面的培训班，积极与上海同济大学建立长期合作关系，开通远程网络教育，加强与住房和城乡建设培训学院的联系，举办工程技术培训班，不断丰富培训方式，加快人才培训步伐，提高队伍的综合管理素质。同时组织各地（市）、县建设系统干部到住房和城乡建设厅挂职锻炼，加强对基层干部培养，提高业务素质。日喀则和那曲地区充分利用对口援藏省市的资源，采取"送出去、请进来"的办法加大对本系统干部职工的培训，取得了较好成效。

【加强廉政建设，推动政务公开】 为大力推行廉政制度建设，从源头上预防和治理腐败，西藏住房城乡建设厅制定出台《西藏自治区建设系统十条规范》。西藏各级住房和城乡建设部门通过认真贯彻落实"十条规范"，深入推进建设系统党风廉政建设和干部作风建设，使西藏各级住房城乡建设系统广大党员和干部职工的思想认识得到进一步提高，责任意识、服务意识、开拓创新意识得到进一步增强，促进了机关作风的转变和各项工作的顺利开展。同时，进一步加大政府信息公开力度，推进西藏自治区建设网管理平台建设，初步实现多项业务网上申报，提高了工作效率、推进了政府信息化建设。

2009年，在各级住房和城乡建设部门的共同努力下，西藏住房城乡建设工作取得了较好成绩，但是仍面临一些问题和困难，主要表现在：住房保障体系需要进一步完善，城乡规划实施需要进一步规范，城乡建设管理水平需要进一步提高，建筑市场监管需要进一步强化，安全生产管理需要进一步加强。这些问题需要西藏各级住房城乡建设部门深入调查研究，认真加以解决。

【开展工程建设领域突出问题专项治理工作】 根据国家和西藏自治区的部署要求，为有效治理城乡规划、建筑和市政工程建设领域中存在的突出问题，确保工程建设领域市场交易行为和行政权力的规范运行，结合实际，制定出台了《工程建设领域突出问题专项治理工作实施方案》等文件，西藏各级住房和城乡建设部门正按照有关要求，深入开展专项治理工作。

大 事 记

1月8~9日，西藏建设工作会议在拉萨召开，全面总结回顾了2008年全区建设工作，研究分析了全区建设工作面临的新形势、新情况、新问题，对2009年工作做出部署。会议还表彰了2008年度全区建设系统先进集体、先进工作者和抗击当雄仲巴地震抗震救灾工作先进集体、先进工作者。

1月8日，西藏建设厅在拉萨首次组织召开全区建设系统纪检监察工作会议。

1月8日，出台《西藏自治区建设系统系统十条规范》，进一步从制度上杜绝腐败行为发生，努力树立建设系统良好作风形象。

1月11~13日，自治区建设厅组织举办拉萨市地震灾后恢复重建培训工作会议，对拉萨市7县（市）相关负责人共120人进行技术培训。

1月20日，区建设厅召开厅系统2008年度工作总结表彰大会，全面总结厅系统2008年度工作，表彰2008年度先进集体、优秀公务员和先进工作者。

2月12日，《拉萨市城市总体规划（2009~2020）》经住房城乡建设部组织的部际联席会议第三十五次会议审查通过。

2月15日，西藏建设厅向各地市印发《当雄地震灾后农牧民居住建筑恢复重建技术导则》。该《导则》是为指导当雄地震灾后重建工作，由建设厅组织编写，经区设计院及有关专业人员编制完成，分总则、基本要求、生土结构房屋、石木结构房屋、木结构房盖五部分。在民房重建的场地、地基、基础、一般规定、结构构件、结构材料、房盖等方面提出相应要求和技术指导标准。

2月17日，区建设厅进行科学实践科学发展观活动群众满意度测评，测评结果显示，群众满意度为98.41%。

2月18日，全区周转房和廉租住房建设工作会议在拉萨召开，确定2009年将投资3.48亿元在全区建设4236套廉租房，重点向基层倾斜。区建设厅党组书记、副厅长王亚蔺同志代表自治区"两房办"与各地市行署（政府）分管专员（市长）签订了目标责任书。

3月1日，各地市重点市政工程项目陆续开工（复工）。

3月2日，《拉萨市城市总体规划（2009~2020）》通过住房和城乡建设部部长常务会议审议。

3月5日，区建设厅、区发改委、区财政厅联合审查批复实施2009年度日喀则地区、山南地区、林芝地区、昌都地区、那曲地区和阿里地区县级廉租房建设项目。

3月15日，青藏铁路那曲物流中心建设工程复工。

3月25日，区建设厅组织召开隆重纪念西藏民主改革50周年座谈会，并隆重庆祝第一个西藏百万农奴解放纪念日。

3月26日，山南地区召开地区建设工作会议，总结2008年该地区建设工作，对2009年工作进行安排。

3月30日，昌都地区召开地区建设工作电视电话会，全面总结该地区2008年度建设工作，对2009年工作进行部署。

4月7日，拉萨市被自治区授予西藏首个园林城市荣誉称号。

4月9~10日，区建设厅副厅长石振明带领专家组深入当雄地震灾区灾后重建施工现场进行质量抽检和技术指导。

4月15日，经自治区人民政府常务会议研究同意，区建设厅、区财政厅联合下发文件，明确从2009年5月1日起，全区住房公积金最高贷款额度双职工从20万元提高到30万元（单职工从15万元提高到20万元），贷款最长年限从5年延长至8年。

4月20日，西藏自治区房地产业协会正式成立。西藏自治区房地产协会作为具有法人资格的非营利性的社会团体，是西藏房地产业联合自治组织。它的成立，标志着西藏房地产业从政府宏观调控、政策引导的单一发展模式走向政府宏观引导与行业自律并举的模式。经民主选举，袁超任西藏自治区房地产业协会第一届会长。

4月30日，拉萨市污水处理厂开工建设。

5月8日，拉萨市对布达拉宫周边环境进行综合整治。

5月13日，自治区副主席孟德利赴当雄县视察地震灾后重建工作进展情况。自治区建设厅厅长陈锦同志陪同视察。

5月20日，由安徽省援助的山南地区建设局工程质量监督检测中心实验楼动工建设。

5月20日，自治区副主席孟德利赴山南地区浪卡子县视察地震房屋受损情况。自治区建设厅厅长陈锦同志陪同视察。

5月26日，由自治区建设厅组织举办的西藏城镇特色研讨会在拉萨召开。自治区副主席孟德利同志出席会议并讲话，自治区建设厅厅长陈锦、副厅长卢英方同志出席会议。

2009年6月20日，自治区建设厅组成5个工作组，在拉萨市开展建筑市场"三项行动"综合执法大检查活动，共检查拉萨市96个在建项目、4家商品砼生产企业、5个钢筋加工点、23家砼预制构件场（点）、2家新型墙体材料厂，对检查中发现的问题进行限期整改。

6月25日，自治区建设厅副厅长石振明带领相关技术人员，对拉萨市当雄县格达乡、尼木县续迈乡地震灾后恢复重建工程及曲水县达嘎乡在建农牧民安居工程进行实地检查，提供技术指导。

6月28日，北京市住房城乡建设委投资70余万元援建的西藏自治区建设工程交易招投标网络系统开通运行。该系统包括评标专家管理、专家抽取、语言通知、语言留言、短信通知、评标专家指纹门禁、评标监控、录像控制和监控室监控显示控制以及电视屏幕信息显示等功能，搭建了数字化、信息化和现代化的工程建设交易平台。

7月1日，住房城乡建设部党组成员、纪检组长龙新南带领国务院西藏社会经济发展情况调研组第九组（城乡建设组）赴西藏开展为期一周的调研，全面考察调研西藏城乡建设情况。

7~8月，全区开展校舍安全大检查活动。

7月15日，自治区建设厅保密委员会与厅系统干部职工签订《保密承诺书》。

7月21日，自治区建设厅、自治区发展改革委、自治区财政厅、自治区国资委、自治区环保局、自治区质监局组织召开座谈会，深入贯彻执行节约能源法和民用建筑节能条例座谈会，部署做好西藏建筑节能工作。自治区建设厅副厅长主持会议并进行工作部署。

7月28日，全区住房公积金网络管理系统培训班在拉萨开班。自治区建设厅党组书记、副厅长王亚蔺出席开班仪式并讲话。

7月30日，西藏自治区建筑电视教育中心开通阿里地区建筑远程教育培训系统，并向阿里地区赠送了相关设备。

7月30日，山南地区康珠园电梯公寓小区成立山南地区第一个业主委员会。

8月10日，自治区建设厅在拉萨与厅系统对口援藏干部派出单位召开座谈会，确定加强与对口单位进行长期交流与合作。

8月11日，自治区副主席孟德利视察拉萨市、达孜县周住房和廉租房建设工地，对拉萨市进一步做好"两房"建设工作提出要求。区建设厅党组书记、副厅长王亚蔺同志陪同视察。

8月1日，建筑节能与可再生能源建筑应用交流会在拉萨举行。该交流会由住房和城乡建设部建筑节能与科技司和中德技术合作公司主办，西藏自治区建设厅与拉萨市建设局承办。自治区建设厅厅长陈锦、副厅长卢英方出席会议。

8月10日，自治区建设厅组成三个工作组，对全区廉租房和周转房建设管理情况进行专项检查。

8月20~25日，西藏自治区房地产业协会和四川省房地产业协会联合举办"2009年拉萨雪顿节西藏房地产论坛暨房地产展销会"。

9月3日，日喀则地区行署、上海市规划和国土资源管理局联合举办日喀则地区首届城乡建设规划管理专题研修班。自治区建设厅党组成员、纪检组长王瑞田出席开班仪式并讲话。

9月5日，自治区建设厅和区监察厅联合对西藏房地产开发中违规变更规划、调整容积率进行专项治理。

9月18日，《拉萨市主城区街景改造工程设计方案》经专家审查通过。

9月20日，自治区建设厅在拉萨组织开展农牧民工建筑技能现场考核鉴定工作，努力解决农牧民进入工程施工领域的"瓶颈"制约。

9月25日，拉萨市纳金大桥工程可行性研究报告获国家发展改革委批复。大桥总长1.28公里，设计采用城市主干道标准，双向六车道，项目估算总投资3.76亿元。

9月30日，《拉萨市北京中路地下人行通道工程初步设计方案》通过专家评审。

10月15日，自治区建设厅组织开展全区党政机关事业单位周转房普查建档工作，通过近3个月的努力，摸清西藏周转房基本现状。

10月20日，纳木错、格拉丹东-长江源、土林-古格三个项目被住房和城乡建设部正式列入第二批《中国国家自然遗产、国家自然与文化双遗产预备名录》。

10月30日，根据自治区主席向巴平措的指示精神，自治区建设厅、财政厅、发展改革委组织召开《拉萨市北京中路地下人行通道工程设计、施工技术方案》专家论证会，原则通过该方案。自治区副主席孟德利出席论证会并讲话。

11月2日，全区廉租住房和周转房建设管理工作座谈会在拉萨召开，通报全区"两房"建设进展情况，听取各地市工作进展情况汇报，部署进一步加强全区"两房"建设管理。区建设厅党组书记、副厅长王亚蔺同志出席会议并讲话。

11月11日，《阿里地区城市总体规划（2008~2020）》经自治区政府常务会议审议通过实施。

11月11日，《西藏自治区城镇体系规划（2008~2020）》经自治区政府常务会议审议原则通过，要求在公开征求意见建议和修改完善基础上，提交自治区人大审议。

11月20日，自治区建设厅联合自治区发展改革委、财政厅、国资委、质监局、环保局等部门下发通知，要求进一步加快推进墙体材料革新和推广节能建筑。

11月23日，自治区住房和城乡建设厅挂牌成立。自治区党委常委、自治区常务副主席白玛赤林出席揭牌仪式并揭牌。自治区人大常委会副主任周春来、自治区副主席孟德利、自治区政协副主席刘庆慧出席揭牌仪式。

12月8日，《西藏自治区城镇体系规划（2008~

陕 西 省

概 述

2009年，陕西省住房城乡建设事业紧紧围绕省委、省政府的总体部署，辛勤工作，努力奋斗，各项工作进展顺利，保民生、保增长、保稳定、扩内需成效显著。全年全社会固定资产投资6553.39亿元，比上年增长35.1%。其中，城镇固定资产投资6194.86亿元，增长37%；农村固定资产投资358.83亿元，增长9.3%。全年城镇人口1640.8万人，占43.5%，乡村人口2131.2万人，占56.5%。全省城镇居民人均可支配收入14129元，比上年增加1271元，增长9.9%；人均消费支出10706元，增长9.6%。城镇居民人均住房建筑面积27.92平方米，居住设施不断完善。农村居民人均纯收入3438元，比上年增加302元，增长9.6%；人均生活消费支出3349元，比上年增长12.4%。农村居住人均住宅建筑面积达27.53平方米，竣工住宅面积1894.10万平方米，比上年下降15.5%。2009年末，省住房和城乡建设厅被省政府授予2008～2009年度陕西省政务督查工作先进单位、2009年度安全生产先进单位和2009年度保障性安居工程建设先进单位等荣誉称号。

一、住房保障

【概况】 2009年，陕西省大力实施保障性安居工程。落实扩内需、惠民生方针见到实效。截至2009年底，全省建设或收购廉租住房399.7万平方米、7.79万套，完成年度任务的142.7%和139.2%，完成投资46.7亿元。建设经济适用住房701.3万平方米，完成年度任务的117.47%，完成投资96.6亿元。改造棚户区264.1万平方米，完成任务的123.6%，完成投资60.8亿元。年末，省政府对在全省保障性安居工程建设中取得突出成绩的西安市雁塔区人民政府等12个县（区）政府，省住房和城乡建设厅等8个建设管理部门予以通报表彰。

【建立健全廉租住房保障制度，积极争取国家政策支持】 2009年初，与各市人民政府签订廉租住房工作目标责任书，市政府与县区签订廉租房目标责任书，建立自上而下的工作机制。参加全国保障性安居工程电视电话会议，起草《陕西省住房和城乡建设厅关于贯彻落实全国保障性安居工程工作会议的请示》，配合省财政厅专员办进行廉租房专项检查，配合国家审计署对宝鸡、西安廉租住房进行资金审计，向省委督察室报送《陕西省建设厅关于报送廉租住房项目落实情况的报告》（陕建字〔2009〕2号）。与省发改委联合向国家发改委和住房城乡建设部报送《关于报送陕西省2009年新建廉租住房新增中央投资建议计划的请示》（陕发改前期〔2009〕88号），参与组织在全国"两会"期间省政府与住房城乡建设部的会谈，报送《陕西省住房和城乡建设厅关于上报省政府与住房和城乡建设部会谈会议纪要（代拟稿）的请示》（陕建字〔2009〕35号），争取住房城乡建设部对陕西保障性住房建设的支持。督促各市做好2010年廉租住房投资补助计划草案和项目储备编报工作。办理人大、政协关于住房保障方面的建议、提案7份。

【确定全省2009～2011年廉租住房保障规划】 根据国家住房和城乡建设部、发展改革委、财政部、住房和城乡建设部《2009～2011年廉租住房规划》，由陕西省住房和城乡建设厅、陕西省发展改革委、陕西省财政厅联合以陕建发〔2009〕197号文件下发关于印发《陕西省2009～2011年廉租住房保障规划》的通知，确定陕西省从2009年起到2011年三年共建设或收购廉租住房26万套、1300万平方米，计划投资156亿元。

【召开保障性安居工程建设现场会，落实中央扩内需促增长政策措施】 2009年8月12日，省政府在安康市召开了全省保障性安居工程现场会，会议代表们参观了安康市保障性住房建设和棚户区改造情况，会议传达了全国保障性安居工程工作会议以及推进城市和国有工矿棚户区改造座谈会精神，通报了全省保障性住房建设情况，对全省住房保障目标任务进行了分析。省委常委、副省长洪峰出席会议并作了重要讲话。全省保障性住房协调小组成员单位负责人，各设区市主管市长和发展改革、建设（房产）财政，各县（区）主管县（区）长等180人参加了会议。会上李子青厅长就保障性住房和城市棚户区和国有工矿棚户区改造工作进行了安排和部署。省发展改革委、省财政厅主管领导相继作了发言。

【省委、省政府成立联合督察组对全省保障性安居工程进行督查】 从2009年9月7日开始，省委、省政府组成联合督查工作组，对各设区市、杨凌示范区以及21个县区实地督查全省保障性安居工程建设情况，督查主要采取听取汇报、查阅文件、走访住户、逐项查看项目等方法进行，督查发现：全省保障性安居工程建设能紧紧围绕中省保民生、保稳定、保增长的决策部署，各项工作平稳推进。各级党委、政府高度重视此项工作，逐级签订目标责任书，健全工作机制，细化目标任务和措施；保障程序规范，做到了公开、公平、公正。

【逐县逐项目检查廉租住房建设情况】 根据《住房和城乡建设部关于对保障性住房规范化管理工作进行检查的通知》（建办保函[2009]811号）精神和《省发展改革委、财政厅关于对民生八大工程实施情况进行检查的通知》（陕发改社会[2009]1403号）要求，省住房和城乡建设厅于10月12日赴各县区逐项目对全省廉租住房建设情况进行检查，重点检查中央投资项目规模、占地面积、总投资、中央补助资金、省财政配套资金、市财政配套资金、县（区）自筹资金、实际投入资金和形象进度等情况。检查发现，全省中央投资廉租住房项目开工率达到百分之百、配套资金到位百分之百、对存在问题的整改达到百分之百。

【实行"以奖代补"奖励政策】 2009年11月11日，陕西省财政厅、住房和城乡建设厅、发展改革委联合以陕财办[2009]112号文件印发《陕西省关于加快推进保障性住房工作的意见》，确定陕西省计划从2009年起用3年时间解决现有26万户（包括棚户区、筒子楼改造）城市低收入住房困难家庭的住房问题。各市、县政府是廉租住房建设的责任主体，要切实履行职责，确保3年规划任务的按期完成。对完成2009年度廉租住房保障目标任务的市、县政府，省财政通过"以奖代补"给予一次性奖励补助。按各市、县廉租住房目标任务户数的20%，每1套（50平方米）1万元的奖励标准，预拨奖励资金。奖励资金由市、县政府统筹用于廉租住房中的改购建项目。年终根据省住房和城乡建设厅的综合考核结果，对未按期完成任务和其他不符合奖励条件的市县，省财政将通过结算予以相应扣减。新建廉租房省级配套部分根据国家计划和现有补助标准实施，其余部分由市、县政府筹措解决。

【公房出售及二级市场交易】 2009年陕西省公房出售有新的发展。到年底，全省已批准出售公有住房12900万平方米，144.01万套，占应出售的98%，全省公有住房产权私有化比例为90%以上，已售公房均已建立"大修维修基金"和"物业管理基金"。住房二级市场交易活跃。全省累计办证面积8076.84万平方米，累计二级市场交易面积1624.44万平方米，17.63万套。住房分配货币化逐步推行。省级单位住房分配货币化实施方案，经省委、省政府批准已经进入实施阶段，省级单位已建立了干部职工住房档案。农村房屋权属登记工作不断深入，指导各设区市继续贯彻执行《陕西省建设厅关于农村房屋权属登记有关问题的通知》。到年底，全省农村房屋权属登记17527户，528.05万平方米。

二、住房公积金

【概况】 2009年，认真贯彻国务院《住房公积金管理条例》，加强宣传，规范管理，健全制度，严格监督，安全运行，全省住房公积金管理工作进展顺利。截至2009年12月底，陕西全省住房公积金缴存人数270.34万人，占城镇在岗职工的81.42%，其中，党政机关事业单位财政供养人员全部建立了住房公积金。缴存总额534.64亿元，缴存余额332.09亿元；累计向18.55万人发放住房贷款157.4亿元，贷款余额110.41亿元，全省住房公积金使用率上升为65.20%；当年实现增值收益5.4亿元，累计提取廉租住房补充资金1.3亿元，住房公积金为改善职工居住条件发挥了重要作用。年末，陕西省住房和城乡建设厅下发《关于2009年度住房公积金管理工作考核情况的通报》，经考核评定，西安市、榆林市、延安市、铜川市、咸阳市、渭南市住房公积金管理中心6个单位被评为2009年住房公积金管理优秀单位；宝鸡市、汉中市、安康市、商洛市、杨凌示范区住房公积金管理中心5个单位被评为2009年住房公积金管理良好单位。

【加大宣传和执法力度，住房公积金扩面工作取得新进展】 住房公积金制度是一项涉及千家万户的社会保障性事业。为让群众充分了解住房公积金制度，2009年初，起草《全省住房公积金归集额和个贷总额双双突破"百亿"》（建设厅《工作要情》2009第2期）上报下发。2009年2月25日，以陕建发［2009］24号文件下发《关于纪念〈住房公积金管理条例〉颁布十周年开展宣传月活动的通知》，集中在全省大力开展住房公积金宣传月活动。制定下发《住房公积金宣传月活动实施方案》，分3期在《陕西日报》上对住房公积金缴存范围、贷款办法和程序等政策进行广泛宣传。先后利用网络、电视、各种报刊媒体宣传报道住房公积金政策300余次，印发《住房公积贷金贷款指南》10万份，宣传资料15万册。各市举办了住房公积金政策培训班，对缴存单位住房公积金联络员、经办人员进行培训，提高其业务素质。通过宣传，各级领导、相关部门和群众对住房公积金制度的认知度大大提高，职工维权意识进一步增强，群众住房贷款消费观念逐步转变。在加强宣传的同时，各地住房公积金管理中心不断加大行政执法力度，全省累计发出催建催缴通知3万余份，依法对20余家应建未建住房公积金制度的企业进行处罚和起诉。通过催缴催建，累计为300家非公有制单位、3137人建立了住房公积金。

西安市从政府层面力推住房公积金扩面，市政府召开了全市住房公积金专项执法动员大会，组织财政局、人行西安管理部等20个部门有关领导组成专项执法检查组，以非公有制单位为重点，在全市开展住房公积金专项执法检查，督促三资企业、民营企业等非公有制企业建立住房公积金制度。榆林市聘请律师和法律顾问，加大执法力度，规范执法行为，依法催缴住房公积金。2009年，全省新增缴存单位3858个、职工23.9万人，同比增长9.6%。归集住房公积金125.2亿元，完成年度计划的15.6%，同比增长25.2%，住房公积金覆盖面进一步扩大。按照限高保低的原则，进一步规范了住房公积金缴存基数和缴存比例。延安、铜川、渭南3市对住房公积金缴存基数进行了规范，将职工津贴和补贴按规定纳入缴存基数；省直机关事业单位财政供养人员住房公积金缴存基数和缴存比例的调整工作积极推进。

【放宽使用条件，住房公积金使用率进一步提高】 陕西省住房公积金系统认真贯彻《陕西省人民政府关于进一步加强住房公积金管理提高使用率的意见》（陕政发［2009］16号），放宽使用条件，着力提高住房公积金使用效率。一是扩大支取范围，对低收入家庭职工支付房租、遇特大灾害以及职工购建房屋提取配偶、父母、子女住房公积金给予适当政策放宽。全年为27.2万名职工购房、建房等提取住房公积金55.43亿元，占年度缴存总额的41.5%，较上年度增长3个百分点；二是降低贷款条件，各住房公积金管理中心进一步简化贷款程序，降低贷款条件，贷款业务快速发展，2009年向6.29万户职工发放住房公积金贷款51.89亿元，贷款人数增加2.3倍，贷款总额增加1.73倍。截至2009年底，榆林、安康、铜川、商洛4个设区市住房公积金个贷率超过60%，高于全国平均水平；三是创新担保方式和贷款品种，部分市住房公积金管理中心开展了缴存职工联保、工资卡担保业务和组合贷款业务。西安住房公积金管理中心引入担保竞争机制，承办住房公积金贷款担保公司由2005年的1家增加到5家。咸阳市开展了低收入家庭住房贴息贷款业务，利用住房公积金增值收益300万元，对低收入家庭贷款购房给予补贴。全省住房公积金使用率较上年度提高了5个百分点。

【开展专项治理，住房公积金监管工作进一步加强】 按照住房和城乡建设部等七部门《关于2009年继续开展加强住房公积金管理专项治理工作实施意见》要求，全省住房公积金系统认真开展专项治理活动，并以省委、省政府"五项重点工作"联合检查为契机，进一步完善监管机制，加大监管力度。会同省财政厅、审计厅、人行西安分行等部门，建立了省住房公积金联席会议制度，形成了住房公积金监管工作四个制度：一是年度住房公积金审计制度，审计部门每年都对住房公积金管理使用情况进行审计，并将审计结果通过当地主流媒体向社会公布；二是定期通报制度，坚持每季度对全省住房公积金管理使用情况进行汇总分析，并对存在的问题和工作进度情况进行通报；三是考核评比制度，按照《陕西省住房公积金管理工作考核实施办法》，坚持每年对住房公积金管理工作和业绩进行考核；四是住房公积金数据报备制度，省厅监管处通过网上信息系统，按月对各市住房公积金主要业务数据备案，及时掌握全省住房公积金运行情况。通过开展住房公积金专项治理工作，住房公积金行政监督力度进一步加大，住房公积金管理机构调整工作得到推进，咸阳、汉中两个市的县区管理机构基本理顺。个别县住房公积金空挂账问题得到制止，共纠正了7个单位自建自管公积金7651.47万元，当年共清收项目贷款3851.5万元，审计指出的问题大部分得到整改。

【利用住房公积金贷款支持保障性住房建设】按照住房和城乡建设部等七部门《关于利用住房公积金贷款支持保障性住房建设试点工作实施意见》精神，省住房和城乡建设厅会同省财政厅、省发展改革委、人民银行西安分行、省监察厅、省审计厅、陕西银监局等部门，对符合试点条件城市进行调研筛选，通过对有关城市房地产市场、保障性住房建设和需求以及住房公积金存量资金等情况进行全面摸底，向省政府推荐上报了试点城市及《试点工作方案》。省政府已确定西安为试点城市，并上报国家待批，试点工作的前期准备工作有序展。一是依据《试点工作方案》进一步完善了利用住房公积金贷款支持保障性住房建设实施细则。指导西安公积金中心对保障性住房项目贷款条件、贷款程序、贷后管理等进行了细化；二是对在建和拟建保障性住房项目规模、设时序、资金需求等情况进行前期调研，在调研的基础上制定了资金规划并进行了项目筛选，初步拟定利用住房公积金贷款20亿元，支持经济适用住房项目12个，建设规模558万平方米；三是建立和完善了试点工作监管机制。省级建设、财政、发改委、人民银行、审计、银监局等部门进一步明确了试点工作各自职责分工，建立了住房公积金贷款支持保障性住房项目报备制度。委派专人参加建设部组织的试点监管系统的开发与业务培训工作，加强试点工作的全过程监管。

【加强行业廉政建设和队伍建设，服务意识得到增强】 全省住房公积金系统认真学习实践科学发展观，断划化内部监督机制，加强反腐倡廉教育，落实廉政建设的项规定。2009年共组织召开了3次住房公积金管理中心主任座谈，组织各市住房公积金管理中心主任参加全国住房公积金系统领导干部培训班学习，领导干部管理素质得到进一步提高。各市组织开展各种业务培训班65期，培训各类管理人员3600人次，住房公积金系统队伍整体素质得到提升，服务意识和管理水平明显提高。群众满意度有所提高，住房公积金业务办理时间进一步缩短。

三、住宅与房地产业

【概况】 2009年，陕西省房地产调控政策和措施有效落实，为陕西保增长、扩内需、惠民生作出了贡献。全年房地产开发完成投资943.73亿元，同比增长23.8%，占城镇投资的比重为14.4%。商品房销售建筑面积2086.97万平方米，比上年同期增长37.7%；商品房屋销售额672.72亿元，增长49.1%。城镇居民人均住房面积达到27.8平方米，居住设施不断完善；农村竣工住宅面积1894.10万平方米，比上年下降15.5%。住房二级市场交易面积1760.28万平方米，18.9万套，同比分别增长31.07%和37.42%。成功组织举办第八届陕西住宅产业博览会，西安、宝鸡、咸阳、汉中等7个城市实现了商品房买卖网上签约和销售合同联机备案，在西安、汉中开展了商品房预售资金监管试点，宝鸡市房地产市场信息系统建设达到建设部优秀标准。房屋产权产籍管理制度日益完善，物业管理工作进一步加强，住宅专项维修资金缴存、使用管理更加规范，创建国家级物业管理示范小区7个，省级物业管理示范小区23个。大力实施保障性安居工程，落实中省扩内需、惠民生方针见到实效。

【市场宏观调控】 进一步加强房地产市场监管。2009年2月23日，省建设厅以陕建发〔2009〕16号文件下发《关于实行商品房销售人员持证上岗制度的通知》，决定根据《商品房销售管理办法》（原建设部第88号令）精神，在全省实行商品房销售人员岗位培训持证上岗制度。2009年2月24日以陕建函〔2009〕60号文件下发《关于开展房地产市场调研的通知》，拟于2月下旬至3月上旬对全省房地产市场开展一次调研活动，以解决当前房地产市场存在的突出问题，促进全省房地产业健康稳定发展。以陕建发〔2009〕22号文件下发《关于对杨凌金泰置业有限公司违法行为进行处罚的通报》，对杨凌金泰置业有限公司和宝鸡万利商贸有限公司杨在金雅都花园小区违法建设，严重侵害广大业主的合法权益的行为进行了行政处罚。2009年5月5日，以陕建发〔2009〕65号文件下发关于印发《房地产开发中违规变更规划调整容积率问题专项治理工作方案》的通知，努力做好全省房地产开发中违规变更规划、调整容积率等问题的专项治理工作。2009年6月25日，省住房和城乡建设厅、省监察厅房地产开发领域违规变更规划调整容积率问题专项治理工作领导小组办公室下发《关于贯彻落实两部房地产开发领域专项治理天津会议精神的通知》，深入推进全省房地产开发领域违规变更规划、调整容积率问题专项治理工作。规范城镇房屋拆迁行为，积极排查化解拆迁安置纠纷矛盾。全年处理城市房屋拆迁信访52件，办理省联席办交办案件9件。加强房地产经纪管理。组织全省各市县完成了房屋登记官的推荐审核工作，全省负责房屋登记的机构编制总人数3558人，市县上报总人数653人，经审核符合房屋登记官确认条件的574人。迎接住房和城乡建设部检查组对宝鸡市房地产交易登记规范化管理进行实地检查，组织进行全省房地产估价师、经纪人资格考试。成功组织和举办了陕西省第八届住宅产业博览会，以"关注市场，促进和谐，稳定发展"为主题，紧扣当前市场环境，全力围绕和谐、文明和规范的房地产市场，促进房地产业稳定发展。展会期间实际成交量 265 套,意向成交量 900 多套,成交额约 1.2 亿元,观展人数超过 15 万次,在社会产生了积极的影响。

【物业服务管理】 2009 年初,配合贯彻 2009 年 5 月 1 日起施行的《陕西省物业管理条例》,制定出台《陕西省〈住宅专项维修资金管理办法〉实施细则》、《陕西省物业保修金管理办法》、《陕西省业主大会议事规则》、《陕西省物业服务合同》和《陕西省业主管理规约》规范性文件。2009 年 7 月 27 日以陕建发〔2009〕130 号文件下发关于印发《新建住宅物业保修金管理办法》(试行)的通知,9 月,与省人大法工委组织在西安召开了《陕西省物业管理条例》宣传贯彻系列活动。协助指导各设区城市组织好《条例》的宣传贯彻活动,配合宝鸡市政府组织由区、县、街道办、派出所、社区居委会等 500 多人参加的《条例》宣贯大会,真正使条例落实到最基层。组织省级物业管理示范小区(大厦)的考评和国家级物业管理示范小区(大厦)的推荐。年底,省住房和城乡建设厅组织对各市 2009 年申报的 29 个陕西省物业管理示范住宅小区(大厦)进行了考评验收,并将考评结果进行通报。西安紫薇臻品小区等 18 个物业管理项目达到了"陕西省物业管理示范住宅小区"标准,被评为 2009 年度陕西省物业管理示范住宅小区;西安金泰财富中心大厦等 4 个物业管理项目达到了"陕西省物业管理示范大厦"标准,被评为 2009 年度陕西省物业管理示范大厦;西安西京工业园达到了"陕西省物业管理示范工业区"标准,被评为 2009 年度陕西省物业管理示范工业区。陕西省西安市兴乐园、西安市城市风景·夏日景色、西安市长庆泾渭苑小区、榆林市神东大柳塔北小区、咸阳市金泰·丝路花城 4 个小区被评为 2009 年度全国物业管理示范住宅小区;陕西省中国人民银行西安分行高新办公楼、西安市广丰国际大厦被评为 2009 年度全国物业管理示范大厦。

【信息系统建设】 2009 年 3 月 16 日,以陕建发〔2009〕30 号文件下发《关于进一步推进房地产市场信息系统建设有关问题的通知》,要求明确房地产市场信息系统建设计划、落实房地产市场信息系统建设要求、严格系统建设验收考核,进一步推进房地产市场信息系统建设工作。8 月 20 日,在宝鸡市召开了全省房地产市场信息系统建设经验交流现场会,会上西安、宝鸡、铜川分别介绍了第一阶段房地产市场信息系统建设工作经验并做了系统演示,其他城市对各自的信息系统建设工作进展作了汇报。9 月 1 日,以陕建发〔2009〕156 号文件下发《关于全省房地产市场信息系统建设工作进展情况的通报》,《通报》指出,西安、宝鸡作为全国房地产市场信息系统建设试点城市,顺利通过建设部组织的第一阶段综合考核验收,其中宝鸡市达到全国"优秀"标准;铜川市在 2008 年底通过了省上组织的验收;安康市已完成系统测试和人员培训,正式投入使用;咸阳、汉中的交易部门在原有交易业务管理系统基础上基本实现了新建商品房网上签约。年底,全省 7 个城市实现了商品房买卖网上签约和销售合同联机备案,2 个城市开展了商品房预售资金监管试点。

四、城乡规划

【概况】 2009 年,坚持以科学发展观为指导,紧紧围绕建设西部强省、加快推进城镇化进程的战略目标,城乡规划引领作用显著增强。全省三大区域规划即《关中城市群建设规划》、《陕北能源化工基地城镇体系规划》、《陕南地区城镇群建设规划》和《西咸一体化建设规划》全面实施,落实《关中—天水经济区发展规划》,编制《西安国际化大都市城市发展战略规划》并经省政府审议通过。各设市城市新一轮总体规划修编正在进行,83 个县(市)城乡一体化建设规划编制全面启动。完成 209 个镇(乡)、2230 个村庄建设规划编制任务,镇(乡)总体规划覆盖率达到 88%。完成 92 个重大建设项目选址,涉及煤炭、电力、化工、铁路、高速公路等行业,保证了全省重点项目建设快速有序实施。

【重点区域规划】 2009 年,重点突出区域性规划的编制与实施。1 月 3 日,省政府以陕政发〔2009〕2 号文件下发陕西省人民政府关于印发《关中城市群建设规划》的通知;4 日,以陕政发〔2009〕3 号文件下发陕西省人民政府关于印发《西咸一体化建设规划》的通知;5 日,以陕政发〔2009〕4 号文件下发陕西省人民政府关于印发《陕南地区城镇体系规划》的通知,对关中、陕南、陕北三大区域规划批复实施。在三大区域规划批复实施的基础上,加强对西安都市圈发展的指导,组织编制了《西安国际化大都市城市发展战略规划(2009~2020 年)》,并于 11 月 2 日经省政府第 26 次常务会议审议并原则通过。12 月 31 日,省政府以陕政发〔2009〕73 号文件下发《陕西省人民政府关于印发西咸新区规划建设方案的通知》,旨在加快推进西咸一体化建设,着力打造西安国际化大都市。

【城市总体规划修编】 进一步加强对咸阳、杨凌、延安等城市新一轮总体规划修编工作的指导,组织专家分别对《宝鸡市城市总体规划（2009～2020）》、《渭南市城市总体规划纲要（2009～2020）》《汉中市城市总体规划（2009～2020）》、《安康市城市总体规划（2009～2020）》和《杨凌城乡总体规划》进行评审并原则通过。指导各设区市对所辖县城的总体规划进行评估，对其不适应县域城镇化发展和当前经济社会发展需要的总体规划进行了修编。

【城乡一体化建设规划】 积极开展县域城乡一体化建设规划编制工作。按照《陕西省城乡规划条例》的规定，将城乡一体化建设规划作为一项法定规划，陕西走在了全国前列。6月5日，省住房和城乡建设厅以陕建发〔2009〕94号文件下发关于印发《城乡一体化建设规划编制办法》（试行）的通知，指导各市县开展编制工作。年底，全省已有延安宜川县、安康石泉县等22个县（市）编制完成城乡一体化建设规划。加快推进乡镇规划和村庄规划编工作，全年编制完成209个镇乡总体规划，镇乡规划覆盖率达到88%。对列入省级重点镇的107个建制镇总体规划和申报百镇建设的385个建制镇总体规划进行了技术审查。编制完成2274个行政村建设规划，使得村庄规划覆盖率达到54%。宝鸡市突出城乡规划布局，对2008年完成的9县3区的村庄布点规划提交市规划委员会进行评审。同时按照产业发展区、村民住宅区、文化教育区、公众服务区四个主要功能区的建设要求，认真编制和完善了全市327个村庄的建设规划，做到了科学性与超前性相结合，为新农村建设和农村生活垃圾集中处理提供科学指导。

【县域城镇化建设】 牵头做好全省加快县域城镇化工作。一是搞好县域城镇化建设调研。按照省政府的统一安排，省住房和城乡建设厅组织有关人员对全省县域城镇化问题进行深入调研，形成了《关于加快城乡居民住房和基础设施建设扩大内需的调研报告》和《关于加快全省县域城镇化建设的研究报告》，为加快推进全省县域城镇化建设，有效应对金融危机提供决策依据。二是做好全省县域城镇化分会有关筹备工作。3月31日至4月1日，省委省政府召开了全省县域经济工作会议，省住房和城乡建设厅具体负责筹备县域城镇化分会工作，组织有关处室完成了《陕西省加快县域城镇化发展纲要》文件和领导讲话稿的起草，圆满的召开了全省县域城镇化分会，省政府于3月27日以陕政发〔2009〕21号文件下发了《陕西省人民政府关于印发加快县域城镇化发展纲要的通知》。三是加快推进重点镇建设工作。8月31日以省政府陕政发〔2009〕52号文件下发《陕西省人民政府关于加快重点镇建设推进全省县域城镇化的意见》。为贯彻落实《陕西省加快县域城镇化发展纲要》和全省重点镇建设工作会议精神，省住房和城乡建设厅会同有关厅局对全省107个重点镇总体规划和项目逐个审查，确定1142个项目。9月27日，省政府在户县余下镇举行了全省重点镇项目建设启动仪式，推动了重点镇建设工作的展开。11～12月，省住房和城乡建设厅对全省107个重点镇的建设工作进行检查，并通报了各市2009年城乡规划编制完成情况。

【规划宣传活动】 9月份，在新中国成立60周年前夕，省住房和城乡建设厅积极做好建国60周年辉煌陕西有关城镇化专题宣传工作，并在《陕西日报》、陕西电视台等媒体进行全省城镇化建设专题宣传，效果较好。11月1～5日，第十六届中国杨凌农高会在陕西杨凌召开，省住房和城乡建设厅积极组织参展活动，以发展县域经济、构建关中城市群、加强小城镇建设为主题，集中展示了西安国际大都市、关中城市群、重点镇建设等规划方案，得到了各级领导和社会各界的极大关注，被第十六届中国杨凌农高会组委会授予优秀组织奖和优秀展示奖。

【规划法规建设】 3月26日，省第十一届人民代表大会常务委员会第七次会议通过《陕西省城乡规划条例》并于7月1日起施行。同日，省第十一届人民代表大会常务委员会第七次会议还审议通过了《陕西省乡村规划建设条例（修正）》。为配合实施《陕西省城乡规划条例》，省住房和城乡建设厅制定并下发了《城乡一体化建设规划编制办法》，并于12月31日以陕建发〔2009〕232号文件下发关于印发《建设项目选址意见书管理办法》的通知和以陕建发〔2009〕233号下发关于印发《建设用地容积率管理规定》（试行）的通知，为实现城乡规划编制和管理的标准化提供了依据。

【规划技术审查】 加强对规划编制的技术审查和评优工作。组织有关专家分批对关中和陕南、陕北地区报送的385个建制镇总体规划进行了审查，其中320个建制镇总体规划通过审查（包括关中地区176个镇、陕南地区79个镇和陕北地区65个镇）。按省政府对重点镇建设的要求，会同有关厅局对全省107个重点镇的规划进行技术审查，为推动全省县域城镇化进程奠定良好发展基础。

【规划执法检查】 按照住房和城乡建设部、监察部的有关要求和部署，在全省房地产开发违规变更规划调整容积率问题专项治理领导小组的指导协调下，积极开展专项治理工作。根据工作要求，制定了省级专项治理工作方案和《陕西省建设用地容积率规划管理规定（试行）》，并下发各市贯彻执行。各市也结合自身实际，成立领导小组及工作机构，制定了专项治理工作方案，对有关规定进行了梳理和清理。省专项治理工作领导小组办公室通过报刊、网络等媒体，及时向社会公布了专项治理举报电话、举报邮箱，发现问题，掌握情况。对群众投诉案件逐一进行登记、整理，建立办理档案，并及时发函至相关市区转办调查，省城乡规划委员会督查办对调查过程进行跟踪督办，案件均已有回复。根据全省实际，容积率专项治理工作已并入工程建设领域突出问题专项治理活动之中。

【规划资质管理】 做好城乡规划编制单位资质核定工作，2009年共受理9家规划编制单位的资质申请和4家单位的变更申请。按照住房和城乡建设部《关于开展注册城市规划师续期换证工作的通知》（建规函[2009]72号）要求，根据《注册城市规划师注册登记办法》和《关于进一步做好注册城市规划师注册登记管理工作的通知》要求，开展全省注册城市规划师续期换证和初始注册登记工作。到年底，全省共有66家城乡规划编制单位，其中甲级资质5家，乙级资质41家，丙级资质20家；注册城市规划师212人。

【项目选址管理】 全年共核发重大建设项目选址意见书92份，涉及煤炭、电力、化工、铁路、高速公路、管线等行业。在办理建设项目选址意见书过程中，规范审批程序，提高办事效率，积极贯彻落实省委省政府提出的"扩内需、保增长、调结构"的目标，为全省重点工程建设项目做好前期服务工作。

【规划设计评优】 开展优秀城乡规划设计评选活动。12月20日以陕建发[2009]223号下发《关于2008~2009年度优秀城乡规划设计评选结果的通报》，共评出优秀城乡规划设计一等奖3项、二等奖7项、三等奖10项、表扬奖12项。其中由陕西省城乡规划设计研究院设计的靖边能源化工综合利用产业园区控制性详细规划、西安市城市规划设计研究院设计的大明宫地区保护改造总体规划和西安建大城市规划设计研究院设计的三原柏社古村落保护与发展规划荣获一等奖。省建设厅组织获二等奖以上的奖项上报建设部参加全国优秀城乡规划设计评优活动，以提高全省城乡规划设计的整体水平和在全国规划界的影响力。

【表彰规划先进】 年末，陕西省住房和城乡建设厅下发《关于表彰2009年度陕西省城乡规划编制工作先进单位的通报》，对在城乡规划编制工作中作出突出成绩的西安市规划局、咸阳市城乡建设规划局、铜川市城乡建设规划局、汉中市城乡建设规划局等4个先进单位予以表彰。同时下发《关于确定2009年度全省村镇规划建设示范村镇的通报》，授予周至县终南镇等10个镇为全省规划建设示范镇，高陵县泾渭镇雷贾村等31个村为全省规划建设示范村，并对全省规划建设示范镇，给予8万元的奖励，对示范村给予5万元的奖励，主要用于村镇规划编制和基础设施建设补助。

【城市雕塑评选】 3月，按照《关于组织开展"新中国城市雕塑建设成就奖"评选工作的通知》（建办函[2009]27号）文件要求，组织西安、咸阳等市的城市雕塑管理部门积极参加评选。12月1日，住房和城乡建设部、文化部以建规[2009]281号文件下发《关于公布"新中国城市雕塑建设成就奖"获奖名单的通知》，共有60个城市雕塑项目获得"新中国城市雕塑建设成就奖"、40个城市雕塑项目获得"新中国城市雕塑建设成就提名奖"。其中陕西省西安市的《丝绸之路》获得新中国城市雕塑建设成就奖；西安市的《秦统一》、《诗魂、诗峡组雕》获得新中国城市雕塑建设提名奖。6月，按照全国城市雕塑建设指导委员会《关于报送2008年度城市雕塑建设情况和2008年度优秀城市雕塑建设项目评选资料的通知》（城雕委[2008]008号）的文件要求，组织相关单位参加评选，经省级初审后报国家城雕委13座（组）雕塑，其中西安市的《泛舟》获年度大奖，西安市《游春图》、《曲江民俗》和延安市"红都瓦窑堡、闻名将军县"系列雕塑获优秀奖，省住房和城乡建设厅荣获优秀组织奖。

五、建筑业

【概况】 2009年，陕西省建筑业发展异军突起，全年资质以上建筑业企业（含勘察设计）完成建筑业总产值3089.3亿元，同比增长38%，在全国排名第13位；实现建筑业增加值998亿元，同比增长43%，占全省生产总值10%以上；建筑企业在省外完成产值820亿元，同比增长45%，在全国建筑业跨省经营中排名第5位；建筑业劳动生产率22.3万元/人，在全国排名第4位；建筑业从业人数达160万人，其中吸纳农村富余劳动力135人，成为全省转移农村剩余劳动力，增加农民收入的重要渠道。2009年末，全省具有资质以上的建筑业企业达5018家（未含勘察设计），各类工程监理、工程造价、招标代理、工程质量检测等中介机构813家。工程质量稳步提高，安全事故大幅减少。全年共发生建筑施工安全生产事故12起,死亡14人,与上年度相比,事故起数下降2起,下降了14.3%,死亡人数下降6人、下降了30%,未发生一次死亡3人以上的较大生产安全事故,建筑行业从业人员万人死亡率仅为0.095。全年创建中国建设工程"鲁班奖"(国家优质工程)5项,创建国家优质工程银质奖5项,创建省优"长安杯"工程48项,创建省级文明工地198项,通过省级工法53项。

【建筑业强县试点】 继续推进建筑业强县试点工作。8月5日,省住房和城乡建设厅在西安召开了建筑业强县试点及部分民营建筑业企业座谈会,进一步推进建筑业强县试点工作。9月28日,以陕建函〔2009〕464号下发《关于加强建筑业强县试点工作的通知》,决定从2009年开始,对建筑业强县试点工作表现突出的每年由省建设厅进行命名和表彰,并进行一定的物质奖励;要求建筑业强县每年新成立劳务企业2家,扶持一家以上总承包企业升为二级,争取到2012年扶持一家施工企业升为总承包一级企业;建筑业强县建筑业增加值年增长率不低于20%;加大对建筑业强县扶持服务力度。12月3~12日,对10个建筑业试点县进行了考核。12月23日,陕西省住房和城乡建设厅以陕建发〔2009〕225号下发《关于对建筑业强县试点考核工作的通报》,对全省建筑业强县试点工作进行了充分肯定。全省建筑业强县试点工作的基本特点是:一是各试点强县积极制定建筑业发展政策措施。二是各试点县建筑业增加值大幅增长,每个试点县增加值增长率分别超过20%。三是各建筑业试点强县积极支持企业资质升级,扶持本区域企业做大做强。四是各建筑业试点县企业积极参加"省级文明工地"及"长安杯"的评选。

【优秀建筑业企业评选】 11月27日,省住房和城乡建设厅以陕建函〔2009〕537号文下发《关于开展陕西省优秀建筑业企业评选活动的通知》,进一步加快全省建筑业健康快速发展,鼓励企业做大做强。2010年1月6日,陕西省人民政府以陕政函〔2010〕4号文件下发《关于表彰陕西省先进建筑企业的通报》,《通报》指出,2009年,全省建筑业总产值超过3000亿元,建筑业已成为陕西重要的支柱产业之一,在吸纳农村剩余劳动力、促进城乡和谐发展中发挥了重要作用。一大批优秀建筑企业紧抓机遇,勇于开拓,树立了良好的形象和口碑。为鼓励先进,省政府决定,对陕西建工集团总公司等20家先进建筑企业予以通报表彰。

【建筑业统计】 4月28日,陕西省住房和城乡建设厅以陕建函〔2009〕196号文件下发了《关于开展建筑业企业基本经营情况调查的通知》,坚持对企业营业额、利润、税金、建筑业总产值、增加值、人员状况实行月报制度,获取第一手资料为做大做强全省建筑业,制订行业发展规划提供依据。5月6日,召集各设区市建设行政主管部门有关科室负责人、省级大型建筑业企业负责人及中央驻陕大型建筑业企业负责人,在西安召开建筑业企业基本情况调查工作布置会,并对调查摸底工作进行布置。要求全省建筑业企业在每月5号前将上一月的《建筑业企业基本经营情况调查表》报当地建设行政主管部门,同时将有关数据通过企业资质电子身份认证锁上报到陕西建设网。对不及时上报和不上报《建筑业企业基本经营情况调查表》的建筑业企业,将在全省通报批评,停止办理建筑业企业资质及安全生产许可证相关手续,停止办理企业注册人员相关手续,不允许参加评优评奖,并记录进建设系统诚信档案黑名单。6月份,省建设厅与省建设信息中心联合开发建立了《陕西省建设行业统计信息系统》网络库,本系统的建立为建筑业企业每月上报《建筑业企业基本经营情况调查表》提供了快速上报平台。同时委托省建筑装饰协会负责对建设行业统计系统的管理、监督和报表的审批工作。《陕西省建设行业统计信息系统》自开发使用以来,约有40%的建筑业企业能按照要求每月及时上报本企业数据,年末上报率达到50%以上。

【资质资格管理】 根据建设部《关于印发〈建筑业企业资质管理规定实施意见〉的通知》(建市〔2007〕241号)精神,在做好建筑业企业资质延续工作的基础上,继续对建筑业企业资质进行延续考核。1月12日,陕西省住房和城乡建设厅以陕建函〔2009〕514号文件下发《关于对建筑业企业资质进行延续考核的通知》,对全省2009年12月31日到期的由省建设厅核准的建筑业企业资质进行延续考核。本次资质延续重点考核企业是否按月在陕西建设网上认真填报《建筑业企业基本经营情况调查表》,是否有违法违规行为及其他不良行为记录。延续考核依主项资质为准。延续考核结果分为合格、基本合格和不合格。延续考核合格,其企业资质有效期往后顺延五年;延续考核基本合格,有效期往后顺延一年;延续考核不合格,重新核定其资质等级,达不到最低资质等级标准的,取消资质。未参加本次延续考核的企业,在资质有效期届满后,注销建筑业企业资质。到年末,共对962家建筑业企业资质进行了延续考核。

扶持民营建筑企业发展。全年有58家民营建筑业升为一级企业。并有15家民营建筑企业年产值超10亿元，其中2家民营建筑业企业产值过20亿元。

实施品牌战略。通过资质整合，着力提升全省建筑企业资质等级，全年有297家建筑业企业升为二级，76家建筑业企业升为一级。到年末，全省累计建筑业企业共5018家（含中央在陕企业），其中，按资质等级划分特级企业6家，一级企业691家，二级企业1443家，三级及不分等级企业2878家；按专业类型划分总承包企业2084家、专业承包企业2123家、劳务企业811家。

加强建筑施工企业安全生产许可证和"三类人员"安全生产考核管理。全年受理申请建筑施工企业许可证企业955家，其中审查通过考核合格和延期申请合格企业835家；受理申请审查通过建筑施工企业三类人员安全生产许可证书考核人员15959人，其中考核合格和延期合格人员14666人。到年末，全省累计建筑施工企业许可证合格企业3105家，建筑施工企业"三类人员"考核合格人员51736人。

规范外省进陕施工企业市场行为。6月4日，以陕建函[2009]259号文件下发《关于对外省进陕建筑业企业开展专项检查的通知》，进一步加强建筑市场管理，规范省外进陕施工企业市场行为。12月8日，以陕建函[2009]567号文件下发《关于对省外进陕建筑业企业进行年度审核的通知》，从2009年12月10日至2010年1月10日对省外进陕建筑业企业登记证书进行了延期审核，共有320家外省进陕建筑业企业审核合格。

【省际交流与合作】 6月10日，陕西、江苏两省建筑业合作框架协议在西安签署，陕西省住房和城乡建设厅副厅长许龙发和江苏省建筑工程管理局高学斌局长分别在合作框架协议文本上签字。协议提出要进一步加强两省在建筑业领域的交流与合作、互设办事机构、支持对方建筑业企业到本辖区内从事与其资质相符的相关业务、支持建筑劳务输出与输入、进入双方辖区的建筑业企业从业人员资格证书、职业岗位证书及培训合格证书予以互认等。9月10日，在古都西安举行"江苏建筑业优势企业西北推介会"，江苏30家优势建筑企业在会上精彩亮相，博得了陕西、甘肃、宁夏、青海四省区建设部门和广大建设单位的青睐。10月份，组织省内部分大型建筑业企业高层管理人员赴江苏省考察学习。学习江苏省建筑业改革发展的先进经验、建筑业企业的先进管理方法、政府支持建筑业发展的政策措施、国有建筑业企业改制重组的主要做法以及民营建筑业企业的先进管理经验等。

【工程招投标管理】 加强招投标规范化管理。2月6日，以陕建发[2009]15号文件印发《陕西省房屋建筑和市政基础设施工程施工招标投标管理办法》，并配套制定《房屋建筑和市政基础设施工程施工招标代理机构管理细则》、《房屋建筑和市政基础设施工程施工招标投标违法违规行为记录公告管理暂行办法》、《房屋建筑和市政基础设施工程施工招标投标档案管理暂行办法》等规范性文件。12月14日，省住房和城乡建设厅以陕建函[2009]585号文件下发进一步规范建筑工程方案设计招转发国家住房和城乡建设部《关于印发建筑工程方案设计招标投标管理办法》的通知，标投标活动，确保建筑工程方案设计质量，体现公平有序竞争，节约社会资源。

开展以招标代理机构和招标投标监管机构为重点的执法检查活动。1～2月，组织力量对西安地区甲级招标代理机构进行专项检查，7～8月，与省监察厅联合对2008年以来全省房屋建筑和市政基础设施工程施工招标投标工作开展执法检查活动，在各市区自查自纠的基础上，组成两个检查组对西安、宝鸡等8个城市进行重点检查，并将检查情况向省政府作了专题报告。

加强有形建筑市场信息化建设。自1999年以来，全省已建成22个有形建筑市场，省、市、县三级有形建筑市场网络化建设基本形成。2009年又搭建"建设工程招投标管理信息平台"，实现全省招标投标信息资源的共享。全年由省招标办直接监管的房屋建筑和市政基础设施工程项目159个，同比增长50%，建筑面积234.41万平方米，招标交易金额51.88亿元，节约资金2.35亿元，节资率4.34%。2010年1月19日，建设厅省住房和城乡以陕建发[2010]15号文件下发《关于表彰2009年度全省建设工程招标投标监督管理机构规范化管理工作和建设工程发包承包交易中心规范化服务工作先进单位的通报》，决定授予西安市建设工程招标投标管理办公室、咸阳市建设工程招标投标管理办公室、延安市建设工程招标投标管理办公室、汉中市建设工程招投标管理办公室、榆林市建设工程招标投标管理办公室5个单位为2009年度全省建设工程招标投标监督管理机构规范化管理工作先进单位荣誉称号；授予西安建设工程交易中心、宝鸡市建设工程交易中心、安康市建设工程发包承包交易中心、商洛市建设工程交易中心、渭南市建设工程招标投标有形市场5个单位为2009年度全省建设工程发包承包交易中心规范化服务工作先进单位荣誉称号，并予以通报表彰。

【工程造价管理】 2月19日，陕西省建设厅以陕建函〔2009〕55号文件转发《宝鸡市城乡建设规划局关于对建设工程招标控制价和竣工结算资料备案的通知》，进一步规范建设工程计价行为，加强工程工程造价管理。3月5日以陕建函〔2009〕81号转发建设部《关于进一步加强工程造价（定额）管理工作的意见》，进一步明确工程造价（定额）管理机构职责，确保工程造价（定额）管理工作的连续性、稳定性，发挥工程造价（定额）工作在工程建设行政管理中的作用。修编《陕西省建设工程工程量清单计价规则》从2008年11月开始启动，到2009年11月历时一年，已经省住房和城乡建设厅审核通过并印制。完成了全年实物工程量人工单价的收集、整理、测算和发布工作，及时为建设工程提供计价咨询和造价信息服务。加强全省工程造价信息网建设和服务工作，对合理确定和有效控制工程造价起到了积极作用。

【建筑劳保统筹】 2月26日，在西安召开全省建筑行业劳保统筹管理工作座谈会，总结和安排部署年度劳保统筹管理工作，11个市（区）统筹办负责同志参加了会议。6月17日，全省建筑行业劳保统筹管理工作分析会议在西安召开，对2009年上半年劳保统筹管理工作进行分析总结。7月22日，省统筹办召开全省劳保统筹《拨付审核手册》培训会议，决定从年9月1日起，在陕西省建筑行业推行《劳保费拨付手册》管理，进一步加强全省建筑业劳保统筹管理、提高劳保费拨付管理水平。7月29日，省建筑行业劳保统筹办转发《关于对〈延安市人民政府法制办关于转呈子长县法制办关于建筑业劳保统筹费缴纳的请示〉的复函》的通知，进一步规范建筑行业劳保费用收缴管理工作。9月10日，根据省住房和城乡建设厅《关于进一步推动建筑业劳保费用统筹管理工作的意见》精神，省建筑行业统筹管理办公室在对全省纳入劳保费统筹管理的企业进行清理、核对、通告的基础上，对长期没有劳保费项目返还、连续多年没有进行年检，或有名无实至今不与统筹机构联系的58家企业，按照通告精神和有关规定，取消其劳保费统筹资格。这些企业未来如再次要求纳入劳保费统筹范围的须重新申请和登记。年末，全省共收缴建筑行业劳保统筹费6.31亿元，占年度目标任务的137%。向企业拨付劳保费5.02亿元，其中离休金专项6120万元，困难补贴3176万元，推进了建筑企业的改革发展和行业稳定工作。年底，西安市城乡建设委员会、宝鸡市城乡建设规划局、铜川市城乡建设规划局、渭南市城市建设管理局、汉中市城乡建设规划局、延安市城乡建设规划局、榆林市城乡建设局、杨凌示范区规划建设局被省住房和城乡建设厅评为2009年度全省建筑行业劳保统筹工作先进集体；西安市城乡建设委员会、咸阳市城乡建设规划局、安康市城乡建设局、商洛市城乡建设局被评为2009年度全省建筑行业劳保费收缴管理突出贡献单位。

【对外承包工程与劳务合作】 2009年对外承包工程业务新签合同额37864万美元，完成营业额61944万美元，分别占全省总额的95.9%和97.8%；外派劳务人员1375人，较上年同期减少2646人，期末在外2414人。对外劳务合作全年新签合同额1634万美元，完成营业额1423万美元；外派各类劳务人员960人，较上年同期减少460人，期末在外4155人。年末，全省拥有对外承包工程企业30家，外派劳务企业15家。

【建设监理】 2009年，陕西工程监理行业管理工作有新的进展。

开展全省工程监理企业资质证书换证。根据建设部部令158号《工程监理企业资质管理规定》，2009年7月2日，陕西省住房和城乡建设厅以陕建发〔2009〕109号文件下发《关于开展全省乙、丙级工程监理企业资质证书换证工作的通知》，对全省乙、丙级工程监理企业按照新的资质标准进行核定换证。审核上报并经住房和城乡建设部批准，全省有55家甲级监理企业换发了新的资质证书；有188家乙、丙级监理企业换发了新的资质证书。

抓好全国监理工程师职业资格考试。积极配合省人事厅抓好全国监理工程师职业资格考试。全年全省通过全国监理工程师执业资格考试合格人员382人，累计通过全国监理工程师执业资格考试合格人员3770人，合格率10%。

搞好注册监理工程师继续教育。根据陕西省建设厅《转发注册监理工程师继续教育暂行办法和有关文件的通知》（陕建发〔2007〕28号）精神以及中国建设监理协会有关部署要求，2009年继续依托省建设监理协会加强组织与协调，充分发挥西北工业大学土木与建筑工程学院、西安建筑科技大学继续教育学院、长安大学建筑工程学院3个培训单位的积极性，共举办全省注册监理工程师继续教育培训班8期，培训注册监理工程师1485人；另配合中国电力建设企业协会、中国轻工业协会等4个专业协会培训174人，共计培训1659人，占应参加培训人员的69%。

加强监理项目服务管理。把监理项目管理作为监理管理工作的重中之重，严把项目现场工作质量及综合考核关，涌现出一批典型项目管理先进典型。陕西建筑工程建设监理公司在5·12地震灾后恢复重建项目－宁强县天津医院门诊急诊住院综合楼工程监理上，采取提高认识，认真负责地履行好企业的社会责任等措施，确保了工程监理目标的顺利实现。12月25日该工程通过竣工预验收并被授予为陕西省建设工程"特别长安杯奖"（省优质工程）。汉中市工程建设监理公司全力以赴投入到灾后重建监理工作之中，通过卓有成效的努力，圆满完成上级下达的宁强县金山寺小学工程监理任务，被授予"全国建设监理行业抗震救灾先进集体"。陕西百威建设监理有限公司陕西兵器建设监理咨询公司、陕西省工程监理公司在中国延安干部学院工程项目监理中，提高认识，增强责任感，做好现场监理创优管理工作，取得了良好的经济效益和社会效益。该工程获陕西省工程建设"长安杯"奖（省优质工程）和中国建筑工程"鲁班奖"。陕西华建工程管理咨询有限责任公司积极创新工程项目管理服务工作，在省市重点建设项目西安大明宫遗址保护工程项目上实施一体化项目管理服务，收到了很好的经济效益和社会效益。

充分发挥行业协会积极作用。切实加强对行业协会工作的指导与协调。省建设监理协会自1997年2月成立以来，积极协助政府主管部门在规范文件的调研起草、监理企业资质的专家评审、监理资质年检、监理人员的岗前培训和继续教育培训、监理人员上岗、企业的改制等方面做了大量的工作，在行业自律、行业发展等方面的作用明显增强，成为全省监理企业和监理从业人员之家，有会员单位218家，较好的发挥了行业协会的参谋助手和桥梁纽带作用。经省住房和城乡建设厅和省民间组织管理局推荐并报民政部审核，年末陕西省建设监理协会被民政部授予为"全国先进社会组织"称号。

【装饰装修】 2009年，陕西建筑装饰行业努力践行科学发展观，规范行业行为，进一步促进全省建筑装饰行业健康发展。共克时艰，引导企业树立战胜金融危机的信心和决心；做好全省建筑装饰优质工程、优秀设计项目的复查和评选工作，全年评选省建筑装饰优质工程20项，优秀建筑装饰设计项目8项；围绕行业实际，努力做好服务管理工作。经企业申报，向中装协申报高级幕墙设计师4人、设计师20人、考核认定初级设计师4人；组织申报陕西省建筑装饰行业优秀企业家7人；推荐并被中装协评为2009年度全国建筑幕墙50强企业3家，荣获全国建筑装饰行业AAA级信用评价企业1家，荣获全国建筑装饰行业杰出女性2人，荣获全国建筑装饰行业功勋人物称号4人。

【质量安全专项治理】 夯实安全生产目标责任制。在年初召开的全省建设工作会议上，李子青厅长分别与各市（区）建设规划局（建委）等有关单位负责人签订了2009年建筑施工安全生产目标责任书，各市（区）建设规划局（建委）也将安全生产目标责任逐级分解到施工企业、作业班组和人员，把安全生产目标责任落实到了生产第一线。

积极开展建筑施安全生产"三项行动"和"三项建设"活动。4月28日，以陕建发[2009]58号下发《关于做好近期建筑施工安全管理工作的通知》和以陕建发[2009]59号下发《关于开展建筑施工安全生产"三项行动"的实施意见》，8月7日，又以陕建发[2009]118号文件下发《关于建筑安全生产"三项建设"的实施方案》，全面部署和安排全省开展建筑施工安全生产执法行动、治理行动、宣传教育"三项行动"和法制体制机制建设、保障能力建设以及监管队伍"三项建设"活动，成立了工作领导小组，制定了具体的工作方案，召开了有各地建设行政主管部门150多人参加的动员大会，各市（区）也结合当地实际对这两项工作进行了部署与安排。4月和11月分别组织和开展全省春季、秋季建筑施工安全生产执法检查。执法检查共涉及11个市区、18个县（市、区）的134个工地，建筑面积276余万平方米、涉及施工企业133家、监理单位121家。共下发执法通知单86份，在全省通报批评8个工程项目，对7家施工企业予以行政罚款，分别停止18名建造师及8名监理工程师执业资格1年，将3家外省企业清除出陕西建筑市场。加强隐患排查治理行动。将隐患排查与"三项行动"、"三项建设"紧密结合，共排查治理涉及企业4533家，排查一般隐患8534项，其中已整改8184项，整改率95.9%；排查治理重大事故隐患110项，其中已整改消号110项，整改率100%。

开展"安全生产月"和"质量月"活动。5月8日以陕建发[2009]72号文件下发了《关于开展2009年住房和城乡建设系统"安全生产月"活动的通知》，集中在6月开展了"关爱生命、安全发展"为主题的"安全生产月"活动；8月31日，以陕建发[2009]151号文件下发了《关于开展2009年全省建设系统"质量月"活动的通知》，集中在9月开展了以"全员全过程全方位参与,全面提高质量安全水平"为主题的"质量月"活动,并按照工作安排集中开展了宣传咨询日活动。共计发放宣传资料和宣传册近80000余份,展出安全生产宣传牌900余块,悬挂条(横)幅8500多条。西安市采取一系列积极有效措施,完善安全生产管理机制,开展安全生产专项治理活动,努力提高全行业的安全生产素质,全市建筑安全生产工作取得了显著成绩。全年共发生建筑施工安全生产事故16起,死亡18人,其中高处坠落事故死亡9人,坍塌事故死亡5人,物体打击事故死亡2人,触电事故死亡2人,有7名企业管理人员被追究刑事责任。2010年1月20日,省住房和城乡建设厅以陕建发〔2010〕17号文件下发《关于表彰2009年度建筑施工安全生产先进单位的通报》,决定对全年未发生建筑施工安全生产死亡事故、创建省级文明工地个数达标的宝鸡市城乡建设规划局、铜川市城乡建设规划局、安康市城乡建设局、商洛市城乡建设局予以通报表彰。2010年1月22~23日,在省政府召开的全省安全生产工作会议上,省住房和城乡建设厅被授予2009年度"安全生产先进单位"荣誉称号。

【工程建设工法评定】 2009年,根据建设部《工程建设工法管理办法》,继续在全省开展省级工程建设工法评定工作。2月28日,省住房和城乡建设厅以陕建函〔2009〕54号文件转发住房和城乡建设部办公厅《关于开展2007~2008年度国家级工法申报工作的通知》。随后,经企业申报、专家评审,省住房和城乡建设厅评审委员会审核,陕西建设网公示,11月6日,省住房和城乡建设厅以陕建发〔2009〕192号文件下发《关于公布2009年度省级工法的通知》,将53项陕西省2009年度省级工程建设工法予以公布,有效期6年。其中土木工程类12项、安装工程类10项、房屋建筑工程类31项,并从中向住房和城乡建设部推荐国家级工法20项。10月28日,住房和城乡建设部以建质〔2009〕162号通知公布2007~2008年度国家级工法名单,审定417项为2007~2008年度国家级工法。陕西省获国家级工法11项。

【创建文明工地】 自1997年全省开展创建文明工地活动至今已13年。13年来,始终坚持"以人为本,以质量为核心,以安全为重点,以科技创新为动力,全面提升建筑施工综合管理水平为目的"开展创建文明工地活动。通过不懈的努力,全省创建文明工地水平年年有进步,建筑施工安全质量标准化建设不断提高。10月27日,全省第13次建设工程文明施工现场会在西安隆重召开,为推进进省创建文明工地工作的全面展开,此次大会还特设了汉中分会场。来自全省建设行政主管部门、建设工程质量安全监督机构、建设单位、房地产企业、监理企业、施工企业以及厅直有关单位的1000多名代表参加了会议,会议通过形势分析、表彰先进、交流经验、现场观摩等方式,极大地调动了各市区和各企业创建文明工地的积极性。2009年创建省级文明工地198个。10月27日,住房和城乡建设部和中华全国总工会以建质〔2009〕258号文件发出《关于表彰全国建筑施工安全质量标准化示范工地先进集体先进个人的通报》对93个建筑施工安全质量标准化示范工地、61家先进集体和93名先进个人予以通报表彰。陕西有3个工程获建筑施工安全质量标准化示范工地受到表彰,分别是:西安法士特汽车传动有限公司研究院项目、西安千禧国际广场、钛及钛合金工程技术中心—工程中心3个工程获建筑施工安全质量标准化示范工地表彰;陕西省榆林市建设工程质量安全监督中心站荣获建筑施工安全质量标准化示范先进集体表彰;陕西省建设工程质量安全监督总站任占厚、陕西省西安市建设工程质量安全监督站彭万仓、陕西省宝鸡市建设工程质量安全监督站孙晓斌荣获得先进个人表彰。到年末,全省累计创建省级文明工地2122个,其中4个工地获得国家级文明工地称号,18个工地获得全国建筑施工安全文明工地之最,25个工地荣获全国建设工程项目AAA级安全文明标准化诚信工地的荣誉称号。

【《质量管理条例》修订】《陕西省建设工程质量管理条例》于1996年12月26日经陕西省第八届人民代表大会常务委员会第二十四次会议通过;2004年8月3日经陕西省第十届人民代表大会常务委员会第十二次会议修订;2009年11月26日陕西省第十一届人民代表大会常务委员会第十一次会议再次修订通过,并从2010年3月1日起施行。修订后的《陕西省建设工程质量管理条例》改名为《陕西省建设工程质量和安全生产管理条例》,是陕西省建设工程质量和安全生产方面的一部重要地方法规。《条例》共9章、92条,规定对使用不合格材料的,将处工程合同价款2%以上、4%以下罚款;造成建设工程质量不符合规定的质量标准的,负责返工、修理,并赔偿因此造成的损失;情节严重的,由省建设行政主管部门责令停业整顿,降低资质等级或者吊销资质证书。

【人才建设】 2009年,积极实施人才战略,全省建筑类注册执业人员数据库不断加强和完善。年末，全省共有建筑类国家级注册执业人员 36820 人。其中：一级建筑师 4777 人、一级临时建筑师 1137 人；二级建筑师 15173 人、二级临时建筑师 7627 人；造价工程师 1813 人、建筑师 1274 人、结构工程师 1326 人、岩土工程师 371 人、房地产估价师 608 人、监理工程师 2411 人、城市规划师 195 人、房地产经纪人 111 人。另有陕西省三级项目经理 8000 余人，省级监理工程师 3569 人。

【震后恢复重建】 2009 年，在党中央、国务院的高度重视和省委、省政府的坚强领导下，全省 5·12 地震灾后恢复重建工作取得了重大成果。全省 40 个受灾县灾后恢复重建累计完成投资 219.33 亿元，占项目总投资的 62%。其中 4 个重灾县完成投资 192.48 亿元，占项目总投资的 63%；全省灾后恢复重建 4162 个项目已开工 2478 个，开工率 60%，其中已完工 1741 个，完工率 42%。农村住房、天津对口援建项目率先完成。农村房屋维修加固 24.12 万户已经全部完成，倒塌和严重受损需重建 12.1416 万户全部完工。天津对口援建宁强、略阳两县 9 大类、295 个项目全部竣工，部分学校、医院已投入使用。城镇住房和学校、医院等公共服务设施恢复重建进展迅速。城镇住房维修加固 3.3822 万户全部完成，与廉租房和经济适用房统筹建设的新建房屋已经重建 1.0691 套，占规划任务的 98%。4 个重灾县学校 419 个项目已开工 398 个，开工率 95%；其中完工 299 个，完工率 71%，完成项目总投资的 60%。医疗卫生机构 731 个项目已开工 688 个，开工率 94%；其中已完工 599 个，完工率 82%，完成项目总投资的 63%。加上文化体育、就业和社会保障等，公共服务设施项目已开工 1456 个，开工率 65%；其中完工 1119 个，完工率 50%。农村、城镇、交通等基础设施建设加快实施。城镇体系 86 个项目已开工 42 个，开工率 49%；完成投资 4.67 亿元，占项目总投资的 36%。农村建设 772 个项目已开工 510 个，开工率 66%；其中已完工 351 个，完工率 45%；完成投资 6.61 亿元，占项目总投资的 67%。交通、能源、水利等基础设施建设 122 个项目已开工 90 个，开工率 74%；其中完工 51 个，完工率 42%；完成投资 13.93 亿元，占项目总投资的 77%。

六、村镇建设

【概况】 2009 年，全省村镇总人口 2709 万人，建制镇 907 个，乡 672 个，村民委员会 27461 个，自然村 72445 个。本年度全省村镇建设重点突出了县域城镇化建设。在关中百镇和陕南陕北各 50 个镇建设的基础上，省政府新确定了 107 个重点镇，由省市财政注入资本金，市县搭建融资平台，建设县域副中心。重点镇规划编制审查工作全部完成，1142 个建设项目已审核确定，69 个项目开工建设，完成道路、给排水等基础设施建设投资 3.69 亿元。关中百镇和陕南陕北各 50 个镇的基础设施建设项目已建成 22 个，在建 97 个，完成投资 4.3 亿元。关中地区村庄道路建设完成项目 284 个，建成道路 418 公里，完成投资 1024 亿元，村内主干道硬化率从 2007 年的 55.4% 提高到现在的 76.1%。到年底，全省建制镇人口密度 4994 人/平方公里，人均生活用水量 58.56 升，用水普及率 64.89%，燃气普及率 15.72%，人均道路面积 8.06 平方米，污水处理率 1.72%，人均公园绿地面积 0.49 平方米，绿化覆盖率 6.87% 生活垃圾处理率 40.1%。

【重点镇建设】 3 月 25 日，省政府以陕政函 [2009] 39 号文件下发《陕西省人民政府关于表彰关中地区城镇建设工作先进单位的通报》，决定对在 2008 年关中地区城镇建设工作中作出突出贡献的省住房和城乡建设厅、周至县哑柏镇人民政府等 16 个部门和单位予以通报表彰。3 月 27 日，省政府以陕政发 [2009] 21 号文件下发《陕西省人民政府关于印发加快县域城镇化发展纲要的通知》。4 月 1 日，全省县域经济发展工作会议城镇化分会在西安召开，具体安排部署了推进县域城镇化工作。4 月 14 日，省建设厅以陕建发 [2009] 50 号文件下发《关于组织申报全省 100 个重点镇的紧急通知》，要求各设区市建委、规划建设局，杨凌示范区规划建设局抓好 2009 年关中百镇和陕南陕北各 50 个建制镇的项目建设，并尽快推荐全省 100 个重点镇，报请省政府确定。重点镇推荐的标准是，除县城所在镇之外的镇域生产总值超过 3 亿元，地方财政收入超过 500 万元，生产总值增幅连续 3 年在 15% 以上的建制镇；镇域人口 3 万人以上，镇区居住人口 5000 人以上、建成区面积 1 平方公里以上的建制镇；铁路、公路、航空等交通便捷的建制镇；具有独特文化旅游、矿产资源，产业发展有潜力的建制镇。随后，省建设厅按照《陕西省人民政府关于印发加快县域城镇化发展纲要的通知》和 2009 年省政府第六次常务会议要求，组织专家对各设区市申报的 225 个建制镇实地考察，向省政府提交了 110 个重点镇名单。这些重点镇将被赋予县级管理权限，可设独立财政、独立融资，增强建制镇对县域经济发展的带动力。8 月 14 日，省建设厅以陕建发 [2009] 138 号文件下发

《关于对全省重点镇规划和建设项目审查有关问题的通知》，会同有关部门，对重点镇规划和建设项目进行了审查。同日，省政府以陕政函〔2009〕112号文件下发《陕西省人民政府关于公布全省重点镇名单的通知》，对确定的107个重点镇予以公布，其中西安市13个，宝鸡市12个，咸阳市11个，铜川市5个，渭南市13个，延安市12个，榆林市12个，汉中市10个，安康市10个，商洛市8个，杨凌示范区1个。9月27日上午，随着陕西省委常委、副省长洪峰的一声令下，全省确定的107个重点镇部分镇建设项目在西安户县余下镇正式启动，全省共计48个镇的75个项目也在之后正式开工建设。10月19日，全省村镇科长（处长）重点镇建设工作座谈会在西安召开，会议的主要内容是反馈重点镇规划和建设项目的初步审查情况。各市对重点镇建设工作情况进行交流，包括重点镇领导组织机构设立、配套资金落实、相关政策落实等工作进展情况，工作中存在的问题和困难以及下一阶段工作的设想和建议，并对下一阶段全省重点镇工作进行安排部署。年末，全省有设区市10个，国家级农业高新技术产业示范区1个，县级市3个，建制镇907个，其中县城镇80个，省级以上开发区24个，城镇建成区面积达1937.01平方公里，实际居住在城镇人口1640.8万人，总体城镇化水平为43.60%，县域城镇化水平为34.5%，全省形成了大中小城市和小城镇共同发展的格局。

【百镇建设】 百镇建设是陕西省委、省政府确定的"关中率先发展，陕北跨越发展，陕南突破发展"战略的重要部署。2009年省政府投入2亿元，在继续推进关中百镇建设的基础上，支持陕南、陕北各发展50个重点镇，多渠道引导资金投向重点城镇，争取用3~5年形成全省县域经济新的增长点。省住房和城乡建设厅会同省财政厅制定下发了《关中百镇和陕南、陕北百镇建设项目申报指南》，组织专家对385个建制镇总体规划进行审查，审核建设项目381个，其中关中204个，陕南102个，陕北75个，总投资26.04亿元；按照《陕西省关中地区小城镇建设专项资金管理暂行办法》，会同省财政厅组织专家审查，通过项目276个，其中关中160个，陕南62个，陕北54个。2009年安排项目200个，其中关中100个，陕南50个，陕北50个，项目总投资10.75亿元，其中省安排补助资金2亿元，市配套资金1.99亿元，县级配套资金1.97亿元，镇自筹4.80亿元。其中67个建制镇已经进入全省重点镇建设。

【农村危房改造】 2009年国家安排全省农村危房改造建设项目3.1万户，补助资金1.57亿元，其中建筑节能示范户1000户，补助资金200万元。到年底，全省3.1万户农村危房改造建设项目全部落实，省级配套资金5890万元足额下达，2.87万户已开工建设，2.1万户竣工，占年度计划的68%，完成投资7.26亿元。在陕北和关中的严寒、寒冷地区建成农村建筑节能示范点31个，1616建筑节能示范户开工建设，1219户竣工，占年度计划121%。市县两级落实配套资金0.65亿元。此外，发改、民政、扶贫等部门解决了3.2858万户群众安全住房问题。全年实际实施6.3858万户农村危房改造和农民安居工程，大大加快了全省农民安居工程步伐。

对农村危房进行调查。6月15日，省住房和城乡建设厅、省发展和改革委员会、省财政厅以陕建函〔2009〕277号文件下发转发住房和城乡建设部 国家发展和改革委员会 财政部《关于2009年扩大农村危房改造试点的指导意见》的通知，要求对农村危房进行一次认真细致的调查，在基础调查的基础上，以市为单位组织编制农村危房改造规划和实施方案，提出2009年农村危房改造计划，并上报省住房和城乡建设厅、省发改委、省财政厅。全省48个国家级扶贫开发重点县（不含宁强、略阳两县）农村困难群众危房共有24.58万户（D级：12.25万户，C级：12.33万户），其中：分散供养的五保户1.86万户；低保户9.31万户；其他农村贫困户13.41万户。

制定农村危房改造试点工作实施方案。9月18日，省住房和城乡建设厅省发展和改革委员会 陕西省财政厅省民政厅以陕建发〔2009〕167号文件下发关于印发《陕西省2009年农村危房改造试点实施方案》的通知《实施方案》对全省国家扶贫开发重点县农村危房现状、农村危房改造试点指导思想、目标任务、基本原则、农村危房改造试点范围和对象农村危房改造试点补助标准、基本要求保障措施、组织领导等作了明确规定。

建立农村危房改造试点工作联席会议制度及保障措施。由省住房和城乡建设厅牵头，省发改委、财政厅、民政厅等部门为联席会议成员，定期召开会议，协调研究解决实施中的各项工作和问题。编制下发《陕西省2009~2012年农村危房改造规划》。明确了改造方式和建设标准。规范了审核程序，实行农户自愿申请，村民会议或村民代表会议民主评议，乡（镇）审核，县级审批，并建立健全公示制度。加强了建筑节能和技术指导，成立陕西省农村危房改造建筑节能示范技术指导小组，专职负责农房建筑节能示范指导、检查和培训工作。建立了信息报告制度，农村危房改造实行一户一档。强化了资金管理，实行专款专用，以防止截留、挤占和挪用。

汶川地震灾后农房重建任务基本完成。到年底，全省地震灾后农村民房建设已开工12.1362万户，竣工12.1008万户，占重建任务的99.6%，一般损坏房屋的修缮任务于2008年底全部完成。台湾援建宁强、略阳地震受灾群众的185户永久性轻钢结构住房也已全部竣工。

【农村村庄道路建设】 年初，全省农村村庄道路计划建设400公里，总投资为11920万元。省级财政安排2000万元，共安排关中地区五市一区47个县区建设项目284个。12月9日，省住房和城乡建设厅以陕建发〔2009〕218号文件下发《关于对关中地区村庄道路建设项目进展情况的通报》，督促各设区市加快建设进度，力争年底前全面完成村庄道路任务。到年底，全省年初安排的284个项目已全部建成，完成投资12406.44万元，到位资金11788.44万元，完成农村村庄道路418.4公里，占计划的105%，带动了关中地区农村村庄道路建设5000多公里。

【"千村百镇"建设整治】 年初，在全省建设工作会上省住房和城乡建设厅与11个市、区签订"千村百镇"建设整治目标责任书，明确全年全省重点建设整治149个镇、1205个村。年中，按照省委《关于贯彻落实落实中共中央〈关于推进农村改革发展若干重大问题的决定〉的实施意见》要求，组织完成并向省委报送了《关于统筹城乡规划、促进土地规模化集中经营的工作方案》《加快编制村镇规划的工作方案》《加快县域和中心镇污水处理、垃圾处理设施及消防安全设施建设的工作方案》和《推广农村垃圾"户分类、村收集、乡（镇）转运、县处理"方式工作方案》等四项任务的实施方案。年底，根据全省"千村百镇"建设整治目标任务书考核标准，在各市自查推荐的基础上，结合平时掌握情况和年终检查，省住房和城乡建设厅授予周至县终南镇等10个镇为全省规划建设示范镇，高陵县泾渭镇雷贾村等31个村为全省规划建设示范村，并对全省规划建设示范镇给予8万元的奖励，对示范村给予5万元的奖励，主要用于村镇规划编制和基础设施建设补助。全年安排全省村镇建设投资近200亿元，其中省级财政安排村镇整治项目补助资金2209万元。省内主要国省道、河流沿线及风景名胜区周边村庄整治成效显现，4000多个村庄村容村貌显著提升。千阳县垃圾处理模式在宝鸡、户县、阎良、临潼、高陵、汉阴等市县全面推广。免费向全省建设系统和各乡镇发放《陕西省农村村庄基础设施建设导则（试行）》和《陕西省农村住宅建设通用图集》4426套。拍摄完成新中国第一部指导农民科学建房的科教电影《徐老三的新房》，并以10095放映场次位居全国农村电影科教片类第一名。组织34个镇（村）申报全国特色景观旅游名镇（村）。在住房和城乡建设部和国家旅游局于2010年3月10日公布的"全国特色景观旅游名镇（村）示范名单（第一批）的通知"中，陕西省蓝田县汤峪镇、宁强县青木川镇、礼泉县烟霞镇袁家村3个村镇榜上有名。上榜理由分别为：蓝田县汤峪镇：太白山国家森林公园核心地段，以温泉著名。宁强县青木川镇：有大量保存完好、风格迥异的古街、古祠、古栈道、古建筑群等历史古迹，青木川自然保护区。礼泉县烟霞镇袁家村：关中农业文化，唐太宗昭陵景区核心地段。

七、勘察设计

【概况】 2009年，陕西省勘察设计企业实现产值280亿，同比增长30%；勘察设计企业出省承揽业务264项，同比增长76%。5家勘察设计企业收入进入全国50强，11项勘察设计工程获国家优秀金质奖，陕西历史博物馆等4项工程被评为新中国成立六十周年"百项经典及精品工程"。

【行业管理】 召开全省勘察设计工作座谈会。6月16日，在西安召开全省勘察设计处长（科长）和抗震办主任工作座谈会，总结了自2005年全省勘察设计工作会议以来取得的成绩，分析了当前存在的问题及未来的工作重点，听取了各地市建设行政主管部门对勘察设计行业管理和抗震设防管理工作的意见和建议，并对下一步全省勘察设计工作做了部署和安排。

加强勘察设计单位资质管理。4月30日以陕建发〔2009〕63号文件下发《关于加强省外勘察设计企业进陕登记备案管理的通知》，进一步规范全省勘察设计市场，确保建设工程质量。6月12日，以陕建发〔2009〕98号文件下发《关于开展工程设计资质证书更换新证工作的通知》。为顺利完成换证工作，举办了两期"工程设计资质标准宣贯及换证培训班"，受理换证申请230项。通过"调整企业规模，强化市场监管，实施人才兴业"战略，使全省勘察设计单位更具市场竞争力。经积极推荐和大力协调，在全国首批47家获得国家住房和城乡建设部颁发的涵盖全部勘察设计21个行业的工程设计综合甲级资质中陕西有4家设计单位,占获得此次证书总数的近10%。

开展廉租房优秀设计方案的征集和评选。2月13日,以陕建函〔2009〕51号《关于征集廉租住房优秀设计方案的通知》,在全省设计行业开展了廉租房优秀设计方案的征集和评选工作。5月19日以陕建发〔2009〕77号文件下发《关于公布全省廉租住房优秀设计方案的通知》从全省参评的83套方案中评出15套优秀设计方案印刷300册发放到全省各市县,并在陕西建设网上网免费供下载,用于指导全省廉租房建设工作,为全省廉租房建设工作提供技术支持。

加强勘察设计行业成果宣传。开展了2009年度陕西省勘察设计行业发展报告暨勘察设计行业成果宣传活动。以"转机制、练内功、强行业、促发展"为主题,从12月16日至18日连续三天在陕西日报显著版面上,以专访稿件1篇和新闻稿件3篇为铺垫,分别对11项金奖项目、22家勘察设计骨干企业和36名杰出的勘察设计行业代表进行了全面报道,向社会展示了全省勘察设计行业取得的阶段性辉煌成果

【质量管理】 开展施工图专项检查。6月15日以陕建发〔2009〕100号文件下发《关于开展全省施工图审查检查工作的通知》,从6月22～28日,组织4个检查组分赴全省各设区市进行施工图审查工作检查。9月25日,陕建发〔2009〕171号下发关于2009年全省施工图审查工作检查情况的通报,《通报》指出根据《关于开展全省施工图审查工作检查的通知》(陕建发〔2009〕100号),省厅于2009年6月下旬组织检查组对全省2008年度施工图审查及监管工作情况进行了检查,2008年度全省施工图审查机构共审查工程建设项目3104个,审查面积2229.5万平方米,查出并纠正勘察设计单位违反工程建设标准强制性条文3233条、一般性条文14574条,有力地保证了工程建设勘察设计质量。检查组在各市(区)施工图审查机构自查和建设主管部门检查的基础上,对全省施工图审查工作的监督管理、审查机构的办公场所、审查制度、人员管理、质量管理等进行了全面检查,并抽查审查项目108个。进一步强化了执行国家、行业和地方标准的力度,保证了建设工程的质量和安全。

积极推进勘察设计质量保险制度。为解决了业主和设计单位的后顾之忧,积极推进勘察设计质量保险制度,使设计方案更加优化,新技术、新工艺、新设备等在项目中大量使用,全年共办理单项保险61项,年度保险82项。

【行业评优】 开展全省优秀工程设计和勘察评选活动。7月10日,以陕建发〔2009〕121号文件下发《关于开展陕西省第十五次优秀工程设计(建筑、市政类)和第十三次优秀工程勘察评选活动的通知》开展了陕西省第十五次优秀工程设计(建筑、市政类)和第十三次优秀工程勘察评选活动,11月17日,以陕建发〔2009〕202号文件下发《关于公布陕西省第十五次优秀工程设计(建筑、市政类)和第十三次优秀工程勘察评选结果的通报》《通报》,指出,根据《陕西省优秀勘察设计奖评选办法》,组织了陕西省第十五次优秀工程设计及第十三次优秀工程勘察奖的申报和评选活动。通过专业评审和"陕西省优秀勘察设计评选委员会"审定,共批准陕西省第十五次优秀工程设计(建筑、市政)一等奖22项,二等奖18项,三等奖29项,表扬奖10项;陕西省第十三次优秀工程勘察一等奖10项,二等奖12项,三等奖25项,表扬奖11项。并对各获奖项目所属单位应对获奖项目给予奖励,奖励标准为:一等奖5000元,二等奖3000元,三等奖2000元,表扬奖1000元。

组织推荐全国优秀工程勘察设计参评项目。10月29日,由中国建筑业协会联合11家行业建设协会共同举办的新中国成立60周年"百项经典暨精品工程"发布会在人民大会堂隆重举行。发布会上,向荣获百项经典暨精品工程的建设、设计、施工、监理单位颁发了奖杯、奖牌和荣誉证书。陕西获此殊荣的工程有陕西历史博物馆、延安革命纪念馆、中国延安干部学院、秦始皇兵马俑博物馆4项,均由陕西建工集团总公司承建。11月9日,国家住房和城乡建设部公布了2008年度全国优秀工程勘察设计奖获奖项目名单,经专家评审,确定东海大桥工程设计、青藏铁路多年冻土区工程地质勘察等287项工程勘察设计获2008年度全国优秀工程勘察设计奖。其中金质奖49项,银质奖97项,铜质奖141项。陕西省获金质奖11项、银质奖8项、铜质奖5项,进一步凸显了陕西作为勘察设计大省的地位和实力。陕西获金奖的单位和项目分别是:西北电力设计院设计的750kV官亭～兰州东输变电工程;西北电力设计院和山东电力工程咨询院共同设计的华电国际邹县电厂四期扩建工程;中国水电顾问集团西北勘测设计研究院设计的黄河公伯峡水电站工程设计;华陆工程科技有限责任公司设计的烟台万华聚氨酯股份有限公司16万吨/年MDI工程;中铁第

一勘察设计院集团有限公司设计的青藏铁路格尔木至拉萨段工程总体设计；中国建筑西北设计研究院有限公司设计的黄帝陵祭祀大院（殿）工程；中铁第一勘察设计院集团有限公司和中国建筑设计研究院共同设计的青藏铁路拉萨站站房；中国新时代国际工程公司和西安高压电器研究所有限责任公司共同设计的西安高压电器研究所大容量试验室三期工程；中铁第一勘察设计院集团有限公司设计的青藏铁路多年冻土区工程地质勘察；西安长庆科技工程有限公司参与设计的西气东输管道工程岩土工程勘察；西北电力设计院和陕西省电力设计院参与设计的国家电网公司输变电工程典型设计。年末，中国勘察设计协会公布2009年度全国优秀工程勘察设计行业大奖。陕西共有10项工程获奖，其中西北综合勘察设计研究院大华纺织有限公司场区病害工程勘察项目获全国优秀工程勘察设计行业一等奖，中华世纪城二期工程勘察、西安雁塔国际文化广场（包含西安地裂缝勘察项目）获得全国优秀工程勘察设计行业三等奖。

【抗震设防】 加强抗震设防管理。1月16日，陕西省建设厅以陕建函〔2009〕21号文件转发住房和城乡建设部《关于建筑工程抗震设防烈度有关问题的复函》，准确把握了建筑工程抗震设防标准，确保灾后重建资金的合理有效使用。4月22日，以陕建发〔2009〕53号文件下《关于贯彻实施防震减灾法，进一步加强建设工程抗震设防管理的通知》，要求各级建设行政主管部门要以吸取汶川地震经验教训，以全面贯彻实施防震减灾法为契机，不断加强建设工程抗震设防管理机构和队伍建设，强化建设工程抗震设防管理，全面提高陕西建设工程抗震防灾能力。

指导地震灾区开展灾后恢复重建。积极动员工程勘察设计、施工、监理企业和工程技术人员深入地震灾区，为地震灾区提供技术、设备、人力和资金支援；及时为灾区灾民建房免费提供设计图集和抗震设防技术要点，帮助灾民建设既适用又美观、经济、抗震和节能的房屋；加强对灾后重建质量的鉴定检查，会同省教育厅、卫生厅、地震局等部门开展了对全省地震灾区医疗机构、学校教育和农村灾民建房质量检查，确保了灾后恢复重建工程的质量；开展农村民居抗震设防示范村试点工作，完成106个抗震设防示范试点村的1860个示范户的建设。举办农村民居抗震设防技术培训班11期，培训农村抗震技术骨干4600余人。

【标准建设】 4月23日，省住房和城乡建设厅、省质量技术监督局以陕建发〔2009〕48号文件下发《关于发布陕西省工程建设标准〈城镇道路和建筑物无障碍设施施工质量技术规程〉的通知》，《通知》指出，由西安市市政设计研究院和西安市建筑设计研究院主编的《城镇道路和建筑物无障碍设施施工质量技术规程》，已经省住房和城乡建设厅组织有关部门和专家审定通过，批准为陕西省工程建设地方标准，编号为DBJ 61—52—2009，依据《陕西省工程建设地方标准化工作管理办法》，现予以发布，自2009年5月1日起实施。6月29日，住房和城乡建设部标准定额司建标标备以〔2009〕85号文件批复《关于同意陕西省地方标准〈村庄规划技术规范〉和〈城镇道路和建筑物无障碍设施施工质量验收规程〉备案的函》，将《村庄规划技术规范》和《城镇道路和建筑物无障碍设施施工质量验收规程》两项标准作为"中华人民共和国工程建设地方标准"备案，其备案号为：J11421—2009。为推进建筑节能减排工作，批准立项和发布了《太阳能热水系统》、《09系列建筑标准设计》等45项建筑标准设计图集，3项标准列入国家标准的编制计划。加强标准的推广和应用力度。对全省83个县（市）分管城镇建设的副县长和全省107个重点镇的分管副镇长开展了《陕西省农村基础设施建设技术导则》的培训，增强了县、镇长保护村庄自然生态环境的意识，推动了全省农村人居环境整治工作。

【城市无障碍建设】 1月7日，陕西省建设厅、陕西省民政厅、陕西省残疾人联合会、陕西省老龄工作委员会办公室联合转发《关于开展创建全国无障碍建设城市检查工作的通知》（陕建函〔2009〕7号），按照《创建全国无障碍城市工作标准》，对被建设部、民政部、中国残联、全国老龄委确定为全国无障碍建设示范城市的西安市、宝鸡市、榆林市的无障碍建设工作进行了专项检查，进一步推进了全省城市和建筑物无障碍设施建设工作。2月24日，以陕建函〔2009〕61号文件下发《关于开展创建全国无障碍建设城市中期检查工作的通知》，于3月2~10日对全省各设区市无障碍建设情况进行了专项检查。

八、建筑节能与科技

【概况】 2009年，全省建设科技工作有新的进展。全年投入建设科技经费719万元，评定陕西省建设新技术示范工程共计49项，其中8项获得全国建筑新技术应用示范工程奖；评定工程建设工法53项，其中获国家级工法11项；推荐建设科技成果项目3项，其中"工程结构隔震基础理论及关键技术研究"、"沥青路面老化行为与再生技术研究"两个项目分别获得陕西省2009年度科学技术一、三等奖。此外，"建筑气候与节能设计基础及应用研究"、"湿陷性黄土地基强夯处理工法YJGF105－2006（一级）"两个项目分别获得建设部2009年"中国建研院CABR杯"华夏建设科学技术二、三等奖。全省建设教育突出职业技能培训教育、专业人员继续教育和领导干部培训，坚持多渠道、多形式、个性化，促进了建设行业的健康发展。

【建筑节能与墙体材料改革】 全省在城市禁止使用实心黏土砖方面取得了显著成效。全省新型墙体材料产量达到56亿块标准砖，占墙体材料总量的54%，同比增长3%，新型墙体材料年产值达到27亿元，实现利税4.1亿元，为社会提供劳动岗位1.3万个，节约土地2万亩，节约能源49.3万吨标准煤，利用工业废渣184万吨，减少废气排放4.2万吨，取得了较大的经济和社会效益。全省新型墙体材料推广应用面积2730万平方米，推广应用比例达到91%。投资7400万元，完成了13个新型墙体材料生产示范线项目建设。建筑节能工作成效明显，全省新建节能建筑竣工面积2151万平方米，设区市新建建筑达到节能标准的比例为90%。确定省级太阳能光热光电建筑一体化示范工程7个，实施农村推广新型墙体材料节能建筑试点示范项目12个。既有建筑节能改造稳步推进，全省组织实施完成既有建筑节能改造项目56个，建筑面积50万平方米，节约能源2974万吨标煤。年末，宝鸡、汉中、延安、榆林市墙改办被省住房和城乡建设厅表彰为2009年度全省墙体材料改革目标责任考核优秀单位。

【推进可再生能源建筑应用】 组织实施国家可再生能源建筑应用示范工作。西安都市之门、西京医院消化医疗楼、咸阳博尚新都、商洛市江南住宅小区、杨凌示范区永丰嘉苑等10个项目被列为国家可再生能源应用示范项目（建筑面积222.02万平方米），获得国家财政资金支持示范项目的实施，带动了地（水）源热泵技术在陕西省建设工程中的应用，使浅层地热能、城市污水等低品位再生能源应用在建设工程中的应用快速普及，并已形成规模化效应。陕西宾馆、法门寺展览馆、商洛全兴园等项目相继建成并投入运行，每年可节约能源6.5万吨标准煤，减排二氧化碳16.1万吨、二氧化硫1300吨。积极组织市县申报国家可再生能源建筑应用示范城市和示范县，上报示范城市4个、示范县3个。推动太阳能光热光电应用工作。根据财政部办公厅、住房城乡建设部办公厅《关于印发太阳能光电建筑应用示范项目申报指南的通知》（财办建[2009]34号），9月1日，省住房和城乡建设厅、陕西省财政厅以陕建发[2009]155号文件下发《关于太阳能光热建筑一体化应用示范工作的通知》。9月2日，省财政厅、省住房和城乡建设厅以陕财办建[2009]285号文件下发《关于印发省级太阳能光电建筑应用示范项目申报指南的通知》，在全省组织实施太阳能光电建筑一体化、太阳能照明示范项目建设，拓日新能源和碧辟佳阳加工区两项太阳能光电建筑工程列入国家第一批示范项目。编制发布太阳能热水系统选用与安装图集（2009TS001）。

【建设科技新技术应用示范工程】 全年共评定陕西省建设新技术示范工程共计49项，其中8项获得全国建筑新技术应用示范工程奖，分别是：第四军医大学西京医院消化病医疗楼（陕西省第五建筑工程公司）、都市之门工程（中天建设集团有限公司第五建设公司）、陕西彬长矿区基地办公楼（陕西省第六建筑工程公司）、西安交通大学第二附属医院医疗综合楼（陕西省第三建筑工程公司）、陕西花旗实业有限公司环保示范项目（陕西航天建筑工程公司）、西港国际大厦（中天建设集团有限公司第五建设公司）、秦苑·帝都古建大厦（咸阳古建集团有限公司）、法门寺合十舍利塔（陕西建工集团总公司）。

【工程结构隔震基础理论及关键技术研究】 该项目主要完成单位是：西安建筑科技大学、长安大学、西部建筑抗震勘察设计研究院、北京交通大学、西安达盛隔震技术有限公司。主要完成人是：姚谦峰、刘健新、李子青、张耀、黄炜、王阿萍、赵歆冬、盛明勇、张荫、常鹏、李皓。本项目自主研发了三种隔震系统，并对其进行了全面、系统深入的理论与应用研究。主要解决的关键技术包括：摩擦滑移隔震技术研究；自阻尼叠层橡胶支座隔震技术研究；钢球滚动隔震技术研究；桥梁减（隔）震技术研究；工程结构减（隔）震技术应用研究。该研究成果具有很好的减震防灾效果，使建筑物的抗震可靠度得到大幅度提高，同时减低了工程的全寿命总造价，体现出明显的经济及社会效益，具有广阔的推广应用前景，为我国房屋建筑、公（铁）路桥梁及生命线等土木工程结构减震防灾开辟了新的途径。该研究项目获得2009年度陕西省科学技术一等奖。

【沥青路面老化行为与再生技术研究】 该项目主要完成单位是：西安市市政设施管理局、长安大学。主要完成人是：王德信、薛健、芦军、雷涛、吴犇、魏华、邓晓青、马创举、刘文、马先锋、蒋曦。本项目在国内外已有研究成果的基础上，主要针对沥青路面的老化行为和再生技术展开研究，探索沥青混合料的老化机理和再生机理，研究老化沥青混合料和再生沥青混合料对路面性能的影响，解决沥青路面再生的材料配合比设计、施工工艺，为沥青路面热再生技术应用提供指导。课题组通过室内外试验并结合理论分析，对沥青路面的老化行为及热再生技术进行了系统深入的研究，对沥青路面再生技术推广应用具有重要的理论意义和实用价值。该项目获得2009年度陕西省科学技术三等奖。

【建筑气候与节能设计基础及应用研究】 该项目主要完成单位是：西安建筑科技大学。主要完成人：杨柳、刘加平、李昌华、胡冗冗、何泉、刘艳峰、董宏、刘大龙、祁飞、朱新容。该项目获得2009年'中国建筑设计研究院CADG杯'华夏建设科学技术奖二等奖。

【湿陷性黄土地基强夯处理工法 YJGF 105—2006（一级）】 该项目主要完成单位是：陕西建工集团总公司、陕西省建筑科学研究院。主要完成人：师管孝、高宗祺、陆建勇、张昌叙、田立奇。该项目获得2009年华夏建设科学技术奖三等奖。

全省建设教育突出职业技能培训教育、专业人员继续教育和领导干部培训，坚持多渠道、多形式、个性化，促进了建设行业的健康发展。

九、建设教育

【职业技能培训与鉴定】 3月9日，省建设厅以陕建发〔2009〕33号文件印发《关于加强全省建设行业技能培训和高技能人才工作的意见的通知》，成立陕西省建设行业高技能人才工作领导小组，由李子青厅长任领导小组组长，领导小组办公室设在厅人事处，并要求各市建设主管部门成立相应的机构领导这项工作，做好岗位培训相关工作。5月14日，住房和城乡建设部以建办人〔2009〕19号文件下发《关于通报2008年全国建设职业技能培训与鉴定工作情况和安排2009年工作任务的通知》，对包括陕西在内的11个省（自治区、直辖市）超额完成年度建设职业技能培训与鉴定工作任务给以通报表彰。4月14～19日，由榆林市建设职业技能培训中心组织，陕西省建设工程监督总站和榆林市建设工程监督中心站配合，共同举办了建筑业特种作业人员岗位培训。榆林市、区属建筑，市政公用及公路等施工企业和在榆的市外施工企业共200多家800多人接受参加了培训学习。陕西省建筑设备与门窗管理协会根据建设部《建筑施工特种作业人员管理规定》的通知和省建设厅《关于开展建筑施工特种作业人员安全考核工作的通知》精神，积极协助建设行政主管部门在全省范围开展建筑施工特种作业人员操作资格证书培训、考核和发证工作，培训7期，考核合格人员1263名。陕西省建设工程质量安全监督总站全年考核培训建筑施工特种作业人员6629人。积极做好2009年全省建设系统培训机构的报批和培训计划的编制工作。全年组织培训建设企事业单位管理人员66400人，完成建筑类一线操作人员职业技能鉴定13400余人。

【建筑施工企业"三类人员"安全生产合格教育】 2009年积极与各地市建设行政部门联系，分赴咸阳、商洛、延安、汉中等地为一线职工送教上门；组织优秀教师为铁路职工大学、陕建集团总公司的一线管理人员授课并解答学员提出的问题。全年共培训建筑施工企业"三类人员"安全生产知识培训11135人，继续教育4462人，均超额完成年初制定的培训任务，并为9153人颁发了《安全生产合格证书》，为4462人颁发了继续教育证书。

【领导干部培训】 按照全省县域经济工作会议精神的要求，制定县镇两级领导干部加快县域城镇化发展专题培训的实施意见，计划用两年时间，通过专题培训班的形式把全省80个县、100个重点镇的领导干部轮训一遍。抓好领导干部知识更新。全年先后选送4名厅级干部赴党校和延安干部学院及国家行政学院学习，选派5名处级干部到三校基地学习，选派20名中青年干部参加人社部在浙江行政学院举办的"城乡规划与建设"对口培训班，选派8名科级干部赴省行政学院学习。组建2个赴国外考察团，4名厅级干部和30名处级干部赴美国、欧洲等地进行学习考察。抓好城镇领导干部培训。11月至12月，在干部教育基地西安建筑科技大学，组织对83名分管县域城镇化工作副县长和107名重点镇镇长分两期进行了培训，并于11月26日组织全省各县主管城建的副县长赴浙江义乌市进行学习考察城镇化工作，12月5至9日，组织全省重点镇镇长赴浙江省分水镇、横村镇和乌镇进行新农村建设学习考察。抓好专业技术人员培训。组织专业技术人员继续教育200人，其中高级职称47人，中级职称103人，初级职称50人。

【专业人员继续教育】 11月30日，陕西省住房和城乡建设厅人事处、西安建筑科技大学继续教育学院联合下发《关于举办从事建设行业专业技术人员继续教育培训班的通知》，决定从即日开始对全省企事业单位中从事建设行业的初、中、高级专业技术人员进行继续教育培训，通过继续教育培训，使专业技术人员了解和掌握专业技术方面的新理论、新技术、新方法和新信息。陕西省建设监理协会根据建设部、中国建设监理协会和省建设厅关于开展注册监理工程师继续教育培训班的有关通知要求，充分发挥西北工业大学土木与建筑工程学院、西安建筑科技大学继续教育学院、长安大学建筑工程学院3个培训单位的积极性，先后举办注册监理工程师继续教育培训班8期，培训注册监理工程师1485人；另协助中国轻工业协会等3个专业协会培训174人，共计培训1659人，占应参加培训2411人的69%。通过组织和开展继续教育培训工作，提高了全省注册监理工程师的业务素质和执业水平，适应了当前拓展工程监理业务和工程监理事业发展的需要。

【农民工教育培训】 根据各地推荐意见，通过扶持发展了一批品牌窗口式教育基地，着力打造全省阳光工程十大优势培训专业。全年全省阳光工程前期项目培训45000人，重点县就地就近培训40000人，省级优势专业培训12800人、农民工创业培训400人，共计98200人。另外根据国家阳光工程村镇建筑工匠培训计划，全省有2000名工匠列入全国阳光工程村镇建筑工匠培训计划。继续做好建筑工地创建农民工业余学校工作。全年在建筑工地创建农民工业余学校495所，全省建筑工地创建业余学校累计达1065所，培训农民工99850人。

（陕西省住房和城乡建设厅）

甘 肃 省

概　述

2009年，面对国际金融危机冲击和国内复杂严峻的经济形势，甘肃省住房城乡建设工作在省委、省政府的正确领导和住房城乡建设部的指导下，坚持以科学发展观统揽工作全局，认真学习宣传贯彻党的十七大和十七届三中、四中全会以及省委十一届七次全委扩大会议精神，全面落实省委"四抓三支撑"的发展战略，紧紧围绕"保增长、调结构、惠民生、保稳定"的中心工作，抢抓国家扩大内需的难得机遇，承担并圆满完成了量大面广、政策性强的民生工程，为全省经济增长、普惠民生和社会稳定做出了突出贡献。

一、住房保障

【廉租住房保障】 全面超额完成保障任务。2009年，甘肃省政府发放廉租住房补贴11.8万户，新建廉租住房150万平方米。省住房和城乡建设厅会同省发展改革委、财政厅，共同争取到国家廉租住房保障资金14.069亿元，较2008年的6.5458亿元增长1.15倍。其中，中央财政廉租住房租赁补贴资金5.269亿元，中央预算内投资廉租住房建设项目补助资金8.8亿元。2009年新开工建设廉租住房4.86万套、232.23万平方米，同比分别增长286%、261%。

2007年以来，国家对甘肃投入廉租住房保障资金累计达21.749亿元，其中，中央财政廉租住房租赁补贴资金8.2011亿元，中央预算内投资补助资金13.5479亿元。截至2009年底，全省已累计保障12.58万户、40.3万人，其中租赁补贴11.95万户、实物配租3874户、租金核减2494户。

落实保障责任。2009年2月，省政府召开全省建设工作会议，根据国家住房和城乡建设部、发改委、财政部下达的2009年廉租住房保障任务，对全省14个市州的廉租住房保障任务进行了分解，省委常委、常务副省长冯健身代表省政府与各市州政府签订了《2009年廉租住房保障目标管理责任书》；省住房和城乡建设厅制定了《2009年廉租住房保障工作实施方案》，进一步明确了保障任务、责任落实、工作进度、完成时限、筹资办法等措施，坚持定期检查分析，督促落实，从制度上确保了全年任务的落实。为加快廉租住房建设项目进度，省政府召开了全省保障性安居工程工作电视电话会议，对全省保障性安居工程工作进行了全面部署，对廉租住房建设提出了要求。

探索廉租住房共有产权管理模式。甘肃省住房和城乡建设厅把保发展、保民生、保稳定的决策部署和完善廉租住房保障制度、加快廉租住房建设结合起来，着眼解决政策层面和改善城市低收入家庭住房困难的突出问题，结合全省保障性住房制度和实际工作情况开展调研，形成了《甘肃省实施廉租住房共有产权管理的指导意见》（以下简称《指导意见》）初稿。此稿广泛征求了各市州政府及其建设（房管）部门、住房公积金管理中心以及省发展改革委、省财政厅、省民政厅、省国土资源厅等省直有关厅局的意见，并在全省建设工作会议期间进行了专题讨论和修改。向国家住房和城乡建设部、发展改革委、财政部汇报，充分吸收了国家部委的指导意见。4月29日，省政府办公厅正式下发《甘肃省人民政府办公厅批转省建设厅关于实施廉租住房共有产权管理指导意见的通知》（甘政办发〔2009〕73号），各市州积极响应，相继也出台了廉租住房共有产权管理的相关实施细则。通过"共有产权"管理，可缓解各级政府廉租住房建设资金不足的压力，形成"投资－建设－销售（回笼资金）－再投资"的资金良性循环。同时，能够加快廉租住房建设，从根本上改善保障对象的住房条件。

该《指导意见》出台后得到了住房和城乡建设部、国家发改委、财政部和中央学习实践科学发展观活动检查组、中央扩大内需检查组的充分肯定，住房和城乡建设部给予了高度评价。2009年8月，住房和城乡建设部住房保障司在甘肃兰州召开了廉租住房共有产权现场专题调研会，全国住房和城乡建设部门和财政部的相关司也派人参加了会议。

开展廉租住房建设项目督查。针对廉租住房项目建设中管理不够规范的问题，省住房和城乡建设厅制定并督查落实了《甘肃省建设厅廉租住房建设项目督查工作方案》，主要采取市州定期自查和省厅督查的方式，对近三年列入中央预算内投资计划的廉租住房建设项目、各地用中央财政和省财政廉租住房租赁补贴专项资金结余部分购买或改建的廉租住房项目进行专项督查。重点检查中央政策措施是否落实到位，项目建设前期管理及项目审批手续是否完善，组织实施工作中的项目法人责任制、招标投标制、合同管理制、工程监理制，以及工程质量监督和竣工验收备案工作执行情况，这些措施促进了整改工作。3~4月，各市州和县市区对中央扩大内需投资项目检查组在全省廉租住房建设项目检查中提出的问题作了集中整改落实，在11月份中央检查组第二轮检查中得到了肯定。

统一规范和优化廉租住房设计。为了进一步规范和指导廉租住房项目建设工作，2009年上半年，省住房和城乡建设厅组织建筑专家，根据国家住宅设计规范，结合全省廉租住房建设实际，编制了《甘肃省廉租住房设计方案图集》（以下简称《图集》），经省建筑设计科学研究院、省城乡规划设计研究院等专家评审后印发各市州和县市区住房保障部门。该《图集》立足国家规定的基本住房保障标准，充分利用基本住房保障的最低空间尺度，提出了20多种可选设计方案，全面体现了以人为本的设计理念，科学合理地安排分室功能、设施布局和建筑面积，确保安全、卫生和使用方便，在坚持节能、节地、节水、节材的基础上，积极推广新技术、新工艺、新材料、新设备在廉租住房中的广泛运用。

【经济适用住房建设】 2009年完成投资27.24亿元，当年施工面积212.34万平方米，竣工142.37万平方米、1.683万套；当年销售面积270.11万平方米、2.318万套；

【住房公积金管理】 2009年初，省政府与各市州政府签订了《二〇〇九年甘肃省住房公积金业务发展相关目标责任书》，要求全省住房公积金缴存余额达到22%的增长率，缴存余额应达到230亿元；个贷余额增长率达到26%，个贷余额达到54亿元；增值收益达到0.8%，提供城市廉租住房建设补助资金5167万元。2009年底，全面完成了年初确定的目标责任，全省住房公积金缴存余额达到27%的增长率，缴存余额达到240.55亿元；个贷余额增长率为61%，个贷余额达到70.53亿元，个贷率为29.32%；增值收益率为1.33%，当年增值收益2.85亿元，城市廉租住房建设补充资金余额累计7954万元。全省14个市州、86个县市区全部建立了公积金制度。各公积金管理中心从强化外部监管和健全内部管理制度入手，全面落实规范化、精细化管理，确保资金的安全运营。

2009年，针对兰州、天水、白银、武威和酒泉市2006年度住房公积金归集、管理和使用方面存在的9个方面的18个具体问题，下发了《甘肃省人民政府办公厅关于认真整改住房公积金归集管理使用有关问题的通知》，要求各地政府高度重视，明确责任，强化措施，按期整改落实。省住房和城乡建设厅会同监察厅、财政厅组成工作组，分赴各地督促落实。

2009年4月，住房和城乡建设部等七部门下发了《关于2009年继续开展加强住房公积金管理专项治理工作的实施意见》，甘肃省政府和各市州政府及时成立了"甘肃省住房公积金管理专项治理工作领导小组"，制订了实施方案，开展了专项治理工作。

省住房和城乡建设厅转发了建设部《关于对部分地区2009年住房公积金管理专项治理工作进行检查的通知》，明确了检查内容、组织方式和实施步骤，对专项治理工作进行了具体安排，提出了要求，并先后3次会同省监察厅对全省住房公积金专项治理工作进行了现场督查、考核。2009年底，省政府对全省住房公积金管理情况作了全面考核，平凉、定西、白银、庆阳市和甘南藏族自治州住房公积金综合管理水平稳定提高，专项治理工作成效显著，个人贷款率快速增长，增值收益对廉租住房建设的投资投入比2008年增加1倍，为当地廉租住房建设和经济社会发展做出了积极贡献，受到国务院纠风办及住房和城乡建设部检查组的充分肯定。为鼓励先进，进一步促进廉租住房保障和住房公积金管理工作，省政府对庆阳等9个市州和秦州区等25个县市区政府及平凉市住房公积金管理中心等5个市州住房公积金管理中心给予了通报表彰。

【棚户区改造】 2009年，白银市政府先行开展了城市和国有工矿棚户区改造试点工作。棚户区改造受到党中央的高度重视，温家宝总理、习近平副主席、李克强副总理先后做出了重要批示。省委书记陆浩、省长徐守盛也对白银市棚户区改造工作提出了明确要求。省政府成立了白银棚户区改造领导小组，对棚改工作进行了安排部署。省级财政向白银市政府拨付500万元资金，棚改工作正式启动。

二、房地产业

【市场调控】 为应对国际金融危机对房地产市场的冲击，2008年12月5日，甘肃省人民政府办公厅下发了《关于促进房地产业平稳健康发展若干政策措施的通知》（甘政办发〔2008〕161号），出台了鼓励和支持房地产业平稳较快发展的八项政策措施。一是严格执行国家已经出台的支持房地产业发展的有关财政、税收、信贷等优惠政策。二是加大廉租住房建设和政府责任考核力度。切实提高各级政府廉租住房配套资金的到位率。2008年地方财政预算没有安排廉租住房建设资金的，要在2009年的财政预算安排中予以追加。三是加快经济适用住房建设，增加经济适用住房供应。争取年底完成经济适用住房200万平方米、投资45亿元。免收城市基础设施配套费等行政事业性收费和政府性基金。要优先安排廉租住房和经济适用住房建设用地，并在申报用地指标时单独列出，保证土地供应。四是对人均住房面积未达到当地人均水平而购买第二套改善型普通自住房的，契税降至1%，暂免征印花税、土地增值税，首付比例降低至20%，贷款利率的下限可扩大为贷款基准利率的0.7倍。五是个人对外销售取得产权超过两年的普通住房，暂不承担营业税。六是住房公积金最高贷款额度由20万元提高至30万元，并简化审批程序。七是建筑面积90平方米以下比例达到总面积70%以上的政策，由项目内平衡调整为区域内、时段内平衡。八是金融危机期间，暂缓土地增值税预征和清算。

为进一步了解政策效应，加强房地产市场调控，2009年初，省住房和城乡建设厅组织召开了房地产开发企业负责人座谈会，传达了徐守盛省长和冯健身副省长的批示，通报了国家和省上已出台的优惠政策，听取了部分房地产开发企业负责人对已出台政策和未来房地产市场发展的意见和建议。10月20日和22日分别在天水市和兰州市，召集20余家大型房地产企业、房地产行业主管部门以及发展改革、国土、规划、物价、地税、金融等部门的负责人召开座谈会，共同分析研究房地产市场形势和走势，寻找影响行业发展的问题及其原因，征求了他们对有关政策的意见和建议。在对市场调查分析的基础上，结合房地产行业各个方面的意见和建议，提出了对甘肃房地产市场形势分析判断的意见和下一步的政策建议。通过一系在有利于房地产市场平稳健康发展的政策和举措，有力地促进了甘肃房地产市场迅速回暖。

截至2009年底，全省房地产开发完成投资204.14亿元，同比增长19.59%。商品房空置面积181.12万平方米，比上年同期有所增加。12月份，兰州市房屋销售价格同比上涨5.2%，环比上涨0.8%（全国70个大中城市房屋销售价格同比上涨7.8%，环比上涨1.5%）。

【市场监管】 根据住房城乡建设部等八部委《关于开展房地产市场秩序专项整治的通知》（建稽〔2007〕87号）和建设部、监察部《关于加强房地产调控政策执行情况监督检查的通知》（建住房〔2008〕127号）要求，继续在全省开展房地产市场专项整治活动，有效遏制违规开发建设的行为，市场秩序进一步好转。全省共发现违法违规的房地产开发项目51个，查处51项；违法违规的房地产开发企业45个，查处45个；违法违规的房地产中介机构7个，查处7个；违法违规的其他房地产相关机构2个，查处2个。全省共吊销、注销87家房地产开发企业资质，其中兰州市处理了长期停业、无故不参加年检的24家中介机构及14家分支机构房地产中介。结合房地产市场专项整治工作，进一步修订、完善了房地产市场管理相关规章制度,堵塞了制度上存在的漏洞。

全面贯彻落实住房和城乡建设部《房屋登记办法》和《房屋登记簿管理试行办法》,结合实际研究提出了贯彻意见。转发了住房和城乡建设部《关于做好房屋登记审核人员培训考核工作(试行)的通知》(建房[2009]61号)和《关于做好房屋登记审核人员确认工作有关问题的通知》(建办房函[2009]535号),安排部署了全省房屋登记管的申报、审核、培训工作。组织开展了全省房屋登记审核人员的培训,开展了房屋登记官的申报和审核工作,对提高房屋登记审核人员的业务素质和政策水平,促进房屋登记审核规范化起到了积极的推动作用。

协调各地财政落实房地产市场信息系统建设资金,指导各地房地产管理部门建立健全房地产市场信息系统,加强人才培养和软件开发,为房地产数据统计、市场分析提供基本、基础条件。

按照住房和城乡建设部《关于在房地产行业开展非法集资风险排查有关工作的通知》(建房函[2008]272号),《甘肃省处置非法集资联系会议关于非法集资风险排查有关工作的通知》和全省《房地产行业非法集资风险排查方案》要求,继续组织开展全省房地产行业非法集资风险排查工作,全省共发现两起违规集资案件,1件及时作了纠正,另1件正在协调处理。

【物业管理】 在原《甘肃省物业管理暂行办法》的基础上修订起草了《甘肃省物业管理办法(草案)》,并印发全省征求意见,同时结合反馈意见进一步修改完善后提交省政府法制办审议,为正式出台《甘肃省物业管理办法》做了大量的基础性工作。2009年,在兰州、庆阳举办了物业服务岗位培训班,各企业相关从业人员360余人参加了培训。继续按照《甘肃省住宅小区物业管理服务等级暂行标准》和《甘肃省物业服务基准价和浮动幅度(暂行)》,加强对物业服务的管理和监督的同时,各市州分别组织有关物业报务企业到天庆等在省内较为规范、成熟的物业企业学习交流,提高了企业服务能力和水平。

截至2009年底,全省物业服务企业达到876家,从业人员约39356人,服务项目达4128个,管理面积达9524.72万平方米,其中住宅项目2691个,管理面积6213.72万平方米(5万平方米以上的住宅小区736个,管理面积3989.11万平方米)办公楼项目902个,管理面积2024.48万平方米;商品营业用房项目393个,管理面积866.15万平方米;工业仓储用房项目107个,管理面积189.3万平方米;其他项目16个,管理面积231.07万平方米。

三、城乡规划

【管理机制】 针对甘肃省城乡规划管理中存在的权威性不够、科学性不足、严肃性不强的问题,为进一步强化省、市(州)城乡规划管理工作,省住房和城乡建设厅向省委、省政府提出了关于城乡规划体制机制创新的建议;结合制定《甘肃省城乡规划条例》,进一步加强省级监督,对加强各级政府参与总体规划编制的前期研究工作,落实控制性详细规划的评估备案制度,建立城乡规划许可纠错制度,完善城乡规划修改机制,建立城乡规划管理人员培训的长效机制,进一步增强城乡规划的城乡统筹和区域统筹能力,要求各级党委、政府把城乡规划编制与管理工作情况纳入对下一级党委、政府的班子考核和年度工作考核体系,按照《中华人民共和国城乡规划法》的要求,建立城乡规划财政专项经费,调整和完善城乡规划管理机构,确保规划管理部门的专业管理人员不少于总编制的一半以上。

【法制建设】 以实施《中华人民共和国城乡规划法》为契机,起草完成了《甘肃省城乡规划条例》及相应的配套文件。为认真贯彻落实《中华人民共和国城乡规划法》的规定和要求,全面改进和完善城乡规划管理体制,进一步提高管理水平。省住房和城乡建设厅从2008年初开始着手起草《甘肃省城乡规划条例》(以下简称《条例》),并在反复征求意见和修改的基础上,经省政府常务会讨论和省人大常委会两次审议,于2009年11月27日甘肃省第十一届人民代表大会常务委员会第十二次会议通过,2010年1月1日起施行。该《条例》针对各地在城乡规划管理中突出存在的"重审批、轻编制"问题,规定了规划编制的前期研究、规划纲要的审查、各层次规划的组织编制、强制性内容以及规划条件。进一步明确了建设用地规划许可证、建设工程规划许可证的许可目的和许可内容,规范了收件审查行为,剥离了不属于规划审批法定前置条件的行政门槛,重点加强了建设用地规划许可管理及规划条件的制定,简化了建设工程规划许可的程序,建立了建设项目竣工规划验收制度;规范了建设项目规划选址的分级管理制度,以提高重大项目规划布局的科学性和规范性;建立健全乡、村规划管理制度和城乡规划向农村延伸的机制。

为更好地实施《甘肃省城乡规划条例》,省住房和城乡建设厅还起草下发了《甘肃省城乡规划制定管理办法》和《甘肃省城镇规划管理技术规定》，对实施《条例》的关键性条文及立法背景作了说明，提出了实施要求。

【规划管理】 为争取国务院出台支持甘肃经济社会发展的政策，根据省政府安排，省住房和城乡建设厅配合国家部委联合调查组城乡建设和土地利用专题组，对兰州、白银、酒泉、嘉峪关、临夏、甘南等市州进行了实地调研。审批完成了天水市城市总体规划、马蹄寺风景名胜区总体规划，并对陇南市城市总体规划、庆阳市城市总体规划大纲进行了审查。举办城乡规划管理专题研究班，对各市州分管城乡规划的领导及规划局（住房和城乡建设局）的负责人进行了培训。开展了兰白经济圈城际铁路规划及酒嘉城市空间一体化规划研究。参与了兰新铁路客运专线、兰州铁路枢纽等项目的可行性研究审查。按照《中共中央办公厅、国务院办公厅印发〈关于开展工程建设领域突出问题专项治理工作的意见〉的通知》（中办发[2009]27号）及住房和城乡建设部、监察部《关于对房地产开发中违规变更规划、调整容积率问题开展专项治理的通知》（建规[2009]53号），对城乡规划管理中，房地产开发领域实施城乡规划、执行国家标准情况进行了督查。

四、建筑业

【企业管理】 建筑业企业。2009年，共评审核准建筑业企业资质210家。其中：经市州评审申报备案的新设立企业117家，增项32家，改制分立企业5家，升级56家。截至2009年底，全省共有建筑业企业2373家，其中：特级1家，一级298家，二级759家，三级1315家；总承包855家，专业承包1236家，劳务企业282家；从业人员约86.3万。累计完成建筑业总产值约1375亿元，占全社会固定资产投资完成数的56.7%，实现建筑业增加值319.73亿元，占全省GDP的9.45%，其中，省内等级以上施工企业完成建筑业总产值约780亿元。

工程监理企业。依据住房和城乡建设部新的《资质标准》，分两次对全省原有的160家监理企业共386项资质进行了重新就位。截至2009年底，已有118家监理企业取得共201项资质，完成原资质的71%。其中：30家监理企业经住房和城乡建设部批准取得63项甲级资质证书，完成原甲级资质的130%；经省厅审核批准，有52家乙级企业取得95项资质，完成原资质的86%；有31家丙级企业取得43项资质，完成原资质的40%。有47家监理企业共98项资质未进行就位。

劳务分包企业。2009年，全省新成立劳务分包企业38家，其中：一级12家、二级12家、无级14家。全省劳务分包企业达到282家。

招标代理机构。2009年，共审核办理10家新申请工程招标代理机构暂定级资格。全省招标代理机构达到86家，其中：甲级4家、乙级52家、暂定级30家。共有从业人员5075名，代理工程建设项目总投资额合计206.13亿元，营业收入合计6.12亿元。

【建筑市场管理】 2009年，共有582家（次）省外建筑企业进甘肃参加投标备案，其中有21家企业中标，工程造价达865921.85万元。全省有367家（次）建筑企业到全国15个省市自治区和出国参与工程投标，其中在外省中标92家（次），工程造价达378511.13万元；国外中标16家（次），工程造价达99348.6万元。

省住房和城乡建设厅对全省持有等级以上的建筑业企业进行了全面核查，共抽查企业104家，检查在建工程项目28个，总建筑面积392702.45平方米，总投资189065.72万元，涉及建设单位28家，施工单位28家，监理单位23家；抽查二级及以上建造师1834名，特种作业人员证件2761本；抽查招投标情况63项，累计中标价63965.99万元，总建筑面积456508平方米，涉及施工企业38家。针对有关单位和企业人员对相关政策掌握不够、企业发展不均衡、建造师数量不足、专业单一、特种作业人员持证上岗率低、劳务企业不适应市场需求等问题，及时督促相关部门指导企业进行整改。针对全省建筑企业经营管理现状，出台了《关于加快甘肃省建筑业企业发展的若干意见》，为进一步推动全省建设事业又好又快发展奠定了基础。委托建筑业联合会组织评审推荐上报了2007~2008年度甘肃省国家级工法30项。经国家评审获国家级工法5项，评审省级工法36项。

【工程造价管理】 编制完成了《甘肃省建筑抗震加固工程预算定额》和与之配套的地区基价、《甘肃省建筑维修工程预算定额》、《甘肃省安装工程维修预算定额》、《甘肃省市政工程消耗量定额地区基价》，修订完善了《甘肃省建设工程费用定额》并下发执行。新的费用定额以规范规费管理为主线，坚持既有利于建筑业的发展，又能合理确定和有效控制工程造价的原则，按照现行国家有关法律法规和相关政策对竞争性费用和不可竞争性费用进行了明确界定。制定下发了与《甘肃省建设工程造价管理条例》相配套的《甘肃省工程造价专业人员执业资格管理办法》、《甘肃省工程造价成果文件编制和审核执业管理办法》、《甘肃省工程造价咨询企业管理办法》、《甘肃省建设工程材料价格编制管理办法》、《甘肃省建设工程预算定额及地区基价编制管理办法》、《甘肃省建设工程概算定额及地区基价编制管理办法》、《甘肃省建设工程工程量清单计价管理办法》、《甘肃省建筑安装工程规费计取管理规定》等文件。对甘肃建筑职业技术学院工程造价专业毕业生试行全国建设工程造价员执业资格证书试点工作，作了统一测试，首批98人取得全国建设工程造价员执业资格证书。

【工程招标投标管理】 全省累计发包各类房屋建筑和市政基础设施工程2341个，工程总造价192.23亿元，与2008年相比净增79项近10亿。其中，实行招标工程2227个，工程评标控制指标总价190.66亿元，中标总价188.44亿元，中标总价与评标控制指标总价相比，节约2.22亿元，平均降低1.16%。其中依法应当公开招标工程2070个，实际公开招标工程2070个，占100%；依法邀请招标工程157个，实际邀请招标工程157个，工程总造价32.04亿元；依法直接发包工程114个（主要是施工企业自建自用、保密工程），占报告期发包工程总数的4.87%，直接发包工程总造价3.79亿元，占报告期发包工程总造价的1.97%。进入省有形建筑市场招标工程594个，工程评标控制指标总价87.31亿元，中标总价86.30亿元，中标总价与评标控制指标总价相比，节约1.01亿元，平均降低1.12%。工程个数与2008年相比增加61.41%，工程总造价与2008年相比增加78.49%。其中依法应当公开招标工程531个，实际公开招标工程531个，达到100%，工程总造价63.88亿元；依法邀请招标工程63个，工程总造价22.42亿元；完成合同备案550余份。

起草印发了《甘肃省房屋和市政基础设施工程工程量清单评标办法》，《甘肃省房屋和市政基础设施工程招标投标资格预审管理办法》，《甘肃省房屋建筑和市政基础设施工程标准施工招标文件（采用工程量清单计价方式）》（征求意见稿），《甘肃省房屋建筑和市政基础设施工程标准施工招标文件（采用定额计价方式）》（征求意见稿），《甘肃省房屋建筑和市政基础设施工程投标保证金专户银行集中缴纳管理办法》和《甘肃省建设工程招标代理机构诚信管理办法》（征求意见稿）。制订了各类房屋建筑和市政基础设施工程招标投标计算机管理三年规划，更新了评标专家库。

【工程质量安全管理】 全省建设工程实体质量安全基本处于受控状态。2009年，全省各级监督站共监督工程5575项，建筑面积3743.24万平方米，工程造价约487.96亿元，监督覆盖率95%。由中铁21局承建、中铁21局集团第二工程有限公司及第四工程有限公司参建的敦煌站综合工程；由金川集团工程建设有限公司承建的金川1.4万吨选矿磨浮系统扩能技术改造工程荣获中国建设工程鲁班奖（国家优质工程）。甘肃省建设工程安全质量监督管理局被住房和城乡建设部表彰为"全国先进工程质量监督机构"。

印发了《关于开展全省建设工程安全质量监督执法检查的通知》、《关于开展全省在建住宅工程质量检查的紧急通知》和《关于对全省预拌商品混凝土质量检查的通知》，对全省建设工程安全质量和全省预拌商品混凝土企业进行了执法监督检查；核发了18家检测机构的资质，对全省167家工程质量检测机构的运行情况进行了全面检查；组织完成了全省灾后重建项目、拉动内需项目、省重点项目工程质量的专项检查，由监督管理机构指定检测单位，对重要材料和关键部位结构安全进行监督抽检，抽检结果作为竣工验收依据。编制印发了《甘肃省农村房屋建设质量验收标准》和《农房建设基本知识手册》，给农村建房提供基础保障。邀请国家有关桥梁标准编制专家，对全省建设工程质监机构及施工、监理、检测、建设等单位的200多人进行了桥梁质量通病和市政工程质量管理知识的培训。

全省建设系统开展了"安全生产年"活动、"三项行动"和"三项建设"活动，以及建筑工程安全生产隐患排查和执法检查及安全应急演练。省住房和城乡建设厅对全省城市供水、供热、供气及排水和污水处理及城市公园、城市桥梁管理、市政设施管理、园林管理等企业安全生产情况进行了集中检查。开展了防灾减灾宣传活动，制定了《甘肃省建设安全事故应急预案》。

五、城市建设

【基础设施】 以城市污水、垃圾处理设施为重点的基础设施建设步伐进一步加快。2009年，全省城市污水处理、垃圾处理、道路、集中供热等城市基础设施项目全年预计完成投资71.73亿元左右，比2008年的51.65亿元增加20.08亿元，同比增长39%。中央关于扩大内需促进经济增长的政策出台后，省住房和城乡建设厅积极安排部署，组织编制并及时向国家申报了城市基础设施建设项目计划，2008~2009年甘肃省列入国家扩大内需城市基础设施项目有城镇污水处理工程18项,城市生活垃圾处理工程33项,城市供水管网改造工程2项,贫困县及缺水县城供水工程11项,重点镇道路及排水工程12项。这些项目批准总投资19.8亿元,中央投资已下达12亿元。年底前全部开工建设,当年完成投资约7.3亿元。截至2009年底,全省设市城市城区道路面积达6017.5万平方米,人均拥有道路面积11.29平方米;城市日供水能力397.37万吨,用水人口477.92万人,用水普及率为89.66%;城市污水日处理能力115万吨,污水处理率61.26%;城市集中供热面积9601.8万平方米;城市天然气用气人口389.3万人,用气普及率73.03%;城市生活垃圾无害化处理率32.37%。

兰州市城区污水全收集管网建设工程(含西固污水处理工程配套管网项目)范围涵盖了兰州市近郊四区,投资估算8.64亿元(可行性研究阶段批复投资额),铺设城区雨污水管网总长度为365.38公里(雨水111.41公里,污水253.97公里),建设污水提升泵站5座。到2009年底,已完成全部前期工作。因全面实施将涉及兰州市现有70%的道路路面开挖和恢复,将对市区交通带来很大的压力,因此计划分三年实施,2009年共计完成62.24公里管网的敷设任务。

【城市管理】 城市环境综合整治向纵深发展。为提高城市运行效率,改善城市环境质量,优化城市发展空间,在调查研究的基础上,借鉴兄弟省(自治区)的经验,下发了《甘肃省人民政府关于进一步加强城市管理工作的意见》(甘政发〔2009〕37号)。各地认真贯彻落实,其中酒泉、陇南、定西、兰州等城市结合当地实际出台了具体落实的文件。

继续推进城市园林和生态建设。指导各城市加快生态园林城市建设,大力改善人居环境,加大城市绿化建设的投入,使城市建成区公共绿地建设向多层次绿化结构发展。全省设市城市人均公共绿地面积7.99平方米,建成区绿地率27.32%,基本达到"十一五"规划目标要求。在认真评审的基础上,积极向住房和城乡建设部推荐申报华亭县为国家园林县城,张掖市城北湿地公园为国家城市湿地公园,均被住房和城乡建设部评审批准并正式命名。

实行数字化城市管理试点工作。以全国第三批数字化管理试点城市白银市白银区为样板,指导兰州市城关区建设数字化城市管理信息系统,并通过了住房和城乡建设部组织的专家组验收。12月12日,由甘肃省信息化工作办公室、甘肃省住房和城乡建设厅、中国电信甘肃分公司联合召开了"甘肃省数字化城市管理现场会"。2009年,兰州市安宁区、金昌市金川区、定西市安定区、酒泉市肃州区、武威市凉州区、平凉市崆峒区、陇南市宕昌县、临夏州和政县等8个区(县)积极准备,提出了拟建设数字化城市管理信息系统的意向。天水市秦州区积极准备,力争2010年上半年达到验收标准。

积极推进城镇化进程。为贯彻落实中央经济工作会议提出的推进城镇化和促进城乡经济社会发展一体化的要求,稳步推进全省城镇化进程,省住房和城乡建设厅确定将天水、酒泉、庆阳、定西4个城市及榆中、靖远、永靖、崆峒等四个县(区)分别作为推进城镇化试点的城市和县区。同时确定从省级城镇化建设专项资金补助计划中,每年给每个试点城市安排补助资金150万元,每个试点县(区)安排补助资金100万元,连续补助3年。到2009年末,天水市城镇化水平达到28.8%,比上年度提高0.55个百分点;酒泉市城镇化水平达到58.02%,比上年度提高0.71个百分点;庆阳市城镇化化水平达到27.16%,比上年提高1.4个百分点;定西市城镇化水平达到13.84%,比上年度提高1.11个百分点;榆中县城镇化水平达到24%,比上年度提高1个百分点;靖远县城镇化水平达到23.3%;永靖县城镇化水平达到21.7%,比上年度提高1个百分点;崆峒区城镇化水平达到50%,比上年度提高1个百分点。

继续推进城镇供热体制改革。一是按照住房和城乡建设部要求,及时推荐上报了榆中县城城镇供热计量改革示范经验。二是为贯彻落实北方采暖地区供热计量改革工作会议精神,交流城镇供热计量改革工作经验,进一步推动全省城镇供热计量工作,11月,在兰州召开了全省城镇供热计量改革工作会议。三是为充分挖掘现有供热设施的潜力,提高城镇供热效率,省政府办公厅下发了《关于加快城镇供热计量改革工作的意见》(甘政办发〔2009〕240号)。

六、村镇建设

【概况】 全省建制镇378个,集镇760个,村庄82383个,年末公共建筑7125.08万平方米、生产性建筑4716.01万平方米;村镇供水设施698个,供水综合能力54.2万吨/日;排水管道总长度876.22公里;村镇道路总长度5512.37公里;农村人口2153.36万人。

【村镇规划编制】 一是重点抓了全省100个重点镇和100个重点村规划编制和修编工作。二是抓了新一轮新农村建设试点的村镇规划编制工作。全面完成了2009年省委确定的为期三年的3个市11个县中的42个乡镇、386个村的建设规划编制工作,有力地指导了新一轮全省新农村建设试点工作。

同时,按照住房城乡建设部的安排部署,开展了《甘州区乌江镇镇域规划编制研究》和《榆中县连搭乡乡域规划编制研究》等工作。2009年,住房和城乡建设部下达甘肃两个课题后,省住房和城乡建设厅委托兰州大学城市规划设计研究院和兰州市城市规划设计研究院分别开展两个课题研究。这两家规划设计单位已完成专题报告和成果的初稿,并在2010年1月住房和城乡建设部召开的乡镇域规划编制试点技术座谈会上作了汇报,按计划2011年4月底将全面完成课题研究。

【村镇建设管理】 继续指导小城镇按照"一路二水三市场四通讯"建设时序、村庄建设按照"一水二路三气四厕"建设时序搞好建设。在指导好全省村镇建设面上工作的同时,重点抓了三个方面工作:一是全省100个重点镇基础设施和公共服务设施建设;二是全省农村危旧房改造集中点的基础设施建设工作;三是地震灾区农宅和村镇基础设施建设工作。

省住房和城乡建设厅会同省文物局下发了《关于做好甘肃省申报第五批中国历史文化名镇名村工作的通知》(甘建函〔2009〕94号),组织完成了华池县南梁乡、通渭县榜罗镇、榆中县金崖镇、永登县红城镇和景泰县寺滩乡永泰村4镇1村中国历史文化名镇名村申报工作。

按照住房和城乡建设部《关于开展全国特色景观旅游名镇名村示范工作的通知》(建村〔2009〕3号),省住房和城乡建设厅、省旅游局下发了《关于转发〈关于开展全国特色景观旅游名镇名村示范工作的通知〉的通知》(甘建村〔2009〕142号),组织完成了临潭县冶力关镇、新城镇,秦安县陇城镇、武山县滩歌镇、景泰县中泉乡龙湾村全国特色景观旅游名镇名村示范工作。

为进一步贯彻落实住房和城乡建设部《关于建设全国扩大农村危房改造试点农户档案管理信息系统的通知》精神,规范和健全村镇建设统计报表制度,切实做好2009年度全省村镇建设统计年报工作及扩大农村危房改造试点管理的信息化工作。11月11日、12日,在兰州举办了全省村镇建设统计与农村危房改造试点管理信息系统培训班。各市州村镇建设局(建委)村镇科长、各县市区村镇统计人员共120余人参加了培训。根据住房和城乡建设部要求,为加强村镇建筑工匠培训,提高从业人员业务水平,更好地推进以农村危房改造为主要内容的村镇建设工作,省住房和城乡建设厅成立了阳光工程村镇建筑工匠培训领导小组,积极协调省农牧厅等相关部门完成了国家分配甘肃的2000名农村个体工匠培训任务。

【农村危旧房改造】 全面超额完成农村危旧房改造任务。2009年,甘肃省委省政府决定实施21.3万户农村危旧房改造,省级财政每户补助4000元,共计8.52亿元。中央财政下达甘肃省农村危房改造补助资金1.84亿元(共3.62万户,户均补助5000元。其中1500户节能示范户,每户再补助2000元),用于全省国扶贫困县、少数民族县等39个试点县市区。中央和省级财政合计下达全省各地农村危旧房改造资金10.36亿元。

甘肃省住房和城乡建设厅会同省发展改革委、省财政厅制订了《关于落实2009年国家扩大农村危房改造试点工作的实施意见》,对国家危房改造实施范围、补助标准和实施原则等提出了要求。明确国家扩大农村危房改造与甘肃省实施的21.3万户农村危旧房改造一并实施(即:"国家扩大农村危房改造试点补助资金用于2009年甘肃省实施的21.3万户农村危旧房改造中试点县的农村低保、五保及其他农村贫困户。在甘肃省每户补助4000元的基础上,农村低保、五保及其他农村贫困户再户均补助5000元"),并将生活最困难、住房最危险的贫困户作为国家农村危房改造的首选,低保户、贫困户等困难群体约达到改造总户数的17%。2009年底,全省累计完成8170个集中规划点,其中,集中建设在20户以上的点完成67406户、20户以下的点完成127912户,分散建设17682户。实际开工建设217271户,占全年计划任务的102%。竣工验收合格216444户,占全年计划任务的101.62%(兰州市计划内631户由于建设多层楼房尚未竣工),全面超额完成任务,农房质量总体水平有明显提高,基本达到抗震设防要求,初步探索出了一条农村住房节能的路子,达到了一定的节能效果。

多举措推动农村危旧房改造工作。为顺利完成农村危旧房改造任务,省住房和城乡建设厅及时将任务分解下达各市州。在年初召开的全省建设工作会议上,省委常委、常务副省长冯健身对全省农村危旧房改造工作提出了明确要求,并代表省政府与各市州政府签订了《2009年农村危旧房改造目标责任书》。各级党委、政府高度重视、加强组织领导,靠实责任,强化措施,狠抓落实,逐级建立了农村危旧房改造工作机制，为全面完成农村危旧房改造任务奠定了良好的基础。

一是加强组织领导，落实目标责任。各市州分别成立了政府分管领导为组长的农村危旧房改造工作领导小组，制定了《农村危旧房改造实施方案》，层层签订了目标责任书，明确了县市区政府及乡镇的责任。由建设部门牵头，发改、财政、审计、监察、国土、民政等部门密切配合，负责农村危旧房改造工作的统筹协调，分工协作，及时研究解决工作实施中出现的新情况、新问题，完善政策和措施。各乡镇实行领导包片、干部包村责任制，任务靠实，责任到人。

二是坚持规划先行，科学组织实施。对改造户数较多的集中建设点首先编制规划，统筹协调整合道路、供水、沼气、环保、扶贫开发、改厕等建设项目。坚持因地制宜、分类指导，集中建设与分散建设相结合。对位于乡镇规划区的危旧房改造，与乡镇建设相结合，依据乡镇总体规划，合理布局、综合配套；对基础条件较好的行政村，打破村、社界线，统一规划，整村实施。

三是加强技术指导，确保农房改造质量。为了做好农村危旧房改造技术服务，省住房和城乡建设厅编制下发了《甘肃省农村危旧房改造工程建设管理办法》、《甘肃省农村危旧房改造工程建设技术导则》、《甘肃省村镇建设标准设计图集》、《甘肃省村镇建设结构构造图集》、《农房建设基本知识手册》和《甘肃省农村房屋建设质量验收标准》等及时送发到建房农户手中。各地建设行政主管部门还组织专业技术力量，设计了多套农宅单体方案免费发放给农户，并加强督促检查，提高建房农户质量安全意识。对集中连片改造建设和农民住宅小区建设，严把规划关、设计关、资质关、材料关，认真落实项目招投标制、工程监理制、合同管理制、竣工验收备案制等措施，确保了农村危旧房改造工程建设的质量安全。

四是整合各类资金，加大扶持力度。各地在资金十分紧张的情况下，按照渠道不变、用途不变的原则，多方筹措资金，加大资金整合力度，将农村危旧房改造与生态移民、牧民定居、易地搬迁、新农村建设等项目结合起来，整合水利、交通、林业、农业、文体、电力、通讯等方面的项目资金，制定扶持措施，千方百计加大投入，通过项目建设，借力推动农村危旧房改造工作，提高了资金使用效率。

五是规范审核程序，健全建档立卡。各地高度重视建档立卡工作，始终坚持按照"一申二评三核四批"（农民自愿申请、村民会议民主评议、乡镇审核、县级审批）的程序确定危旧房改造对象。实行农村危旧房改造"一户一档"制度，完善农户危旧房改造申请、政府补助审批表、改造前后住房照片对比等危旧房改造建档立卡资料，对危旧房改造工作进行全程跟踪管理，确保对象核实无误、资金配套及时、资金管理规范、运行公正透明，保证危旧房改造公平、公正、合理实施。

农村危旧房改造取得明显的社会效益和经济效益。甘肃是一个经济欠发达的农业省份，农村经济发展相对滞后，农业人口占总人口的比重达67.85%。根据当前的经济和社会发展现状，在全省实施21.3万户农村危旧房改造工程是落实党中央"保增长、惠民生、调结构、保稳定"的重大举措，充分体现了执政为民的理念，体现了党和政府对"三农"问题的关注和对广大农民群众的深切关怀，深受广大农民群众的普遍欢迎。实施农村危旧房改造工程，促进农民住房条件改善，使农村面貌发生了较大变化，取得了明显的社会效益和经济效益，改善了农民居住环境，提升了农民生活质量，提高了农房工程质量，集约节约了土地资源，有效地缓解了农村富余劳动力就业压力，为农民群众节省了大量资金，拉动了内需增长。

七、建筑节能与科技

【科技工作】 省住房和城乡建设厅继续组织科技攻关项目的申报和立项工作，完成科技攻关141项；积极协调产学研的结合，帮助多方筹措科技经费，做好新上和接转科研项目的实施工作；组织专家对科技示范工程前期的培育，施工过程中的检查和竣工后的示范工程验收全过程进行指导，协调解决项目进程中的有关技术问题；对已完成的20余项科技攻关成果和施工创新技术作了技术成果鉴定；对省建设科技示范项目进行了立项评审和实施指导，并对已完成的3个示范工程项目进行了验收。组织全省建设科技进步奖的项目申报和评审工作，评出省建设科技进步奖43项（其中一等奖17项，二等奖14项，三等奖12项）；推荐省科技进步奖12项。

【教育培训】 进一步规范教育培训管理工作，开展了多形式的教育培训，全年共计培训40918人，其中，施工企业专业管理人员培训11718人，质量管理人员培训7319人，物业管理及房地产人员培训641人，特种设备操作人员8164人，业务培训239人，职业技能培训1200人，安全教育培训11637人。

整合培训机构，编制培训教材，加强师资力量，加大了建设行业特种作业人员持证上岗工作的培训力度。根据住房和城乡建设部、人力资源和社会保障部《关于做好建筑业农民工技能培训示范工程工作的通知》（建人［2009］123号），结合建设行业实际，制定了措施，以全省二级以上建筑施工总承包企业为实施主体，开展对建筑业企业签有劳动合同的在岗农民工进行培训。突出建筑业"阳光工程"（中央和省级财政专项经费支持，由培训机构免费对农村富裕劳动力进行的培训）的特色，对农村富裕劳动力进入建设行业的人员进行培训。截至2009年底，累计培训人员12000人。继续推动农民工业余学校工作，累计创建农民工业余学校86所。

【管理体制机制建设】 进一步加强对建筑节能工作的组织领导，促进建筑节能工作协调机制的完善，健全建筑节能监管和执法检查等制度；制定了《2009~2011年甘肃省建筑节能三年规划》；针对全省供热计量和农房建设节能技术问题，在积累相关科研成果及经验的基础上，结合甘肃实际，编制印发了《甘肃省民用建筑集中采暖供热计量技术规程》和《甘肃省严寒和寒冷地区农村住房节能技术指南》。

【新建建筑节能管理模式】 推行建筑节能闭合式管理模式，继续加强建设行政主管部门对工程建设全过程的监督管理，严把设计、施工图审查、施工许可、现场监管和验收备案等关口，使全省新建建筑执行节能标准设计阶段达到100%，工程实施阶段达到95%以上。对新建项目（包括固定资产项目）的建筑节能，从项目规划、设计、施工、验收各环节均纳入法定的建设程序管理，在建筑设计中规定了建筑节能设计专篇，设计审查中设有建筑节能专项审查，并严格按照国家强制性节能标准、规范实施，推动新开工建筑项目实行民用建筑节能质量监督专项备案制度。

根据住房和城乡建设部有关要求，组织甘肃省建筑科学院等4个单位申报民用建筑能效测评机构，对建筑的能源利用效率进行测评和标识。2009年，兰州"鸿运润园"住宅小区被评为甘肃省高新技术企业，同时被省科技厅批准为建筑节能和绿色住宅研究中心。

【既有建筑节能改造】 按照建设部的总体部署，甘肃省在"十一五"期间要完成既有居住建筑供热计量及节能改造350万平方米。为此，省住房和城乡建设厅研究编制了《2009~2010年甘肃省建筑节能规划》，制定了《甘肃省既有居住建筑供热计量及节能改造实施方案》，对全省节能改造工作做了详细的部署，提出了具体要求。截至2009年底，全省开工在建的项目约266.5万平方米（其中榆中县30万平方米改造任务通过验收），占任务总量的76%。

2009年，在兰州市榆中县进行既有居住建筑供热计量及节能改造外保温技术与建筑一体化试点，为既有居住建筑节能改造探索经验并取得相应的数据，为下一步指导全省工作奠定了基础。组织专家对既有居住建筑供热计量及节能改造的计量装置系统进行了技术论证，在通过榆中供热站进行运行测试的基础上，通过专家论证并择优选取了4家供热企业为供热计量技术依托单位。在建筑节能试点的基础上，继续在既有居住建筑节能改造、可再生能源应用、新农村住宅建设方面进行深入研究，申报兰州市榆中县为全国建筑节能示范县；着手开展对国家机关办公建筑和大型公共建筑节能耗统计和能源审计工作。

【可再生能源推广应用】 甘肃省实施的国家可再生能源示范项目5个，其中应用地源热泵技术供暖130万平方米，太阳能光热应用面积280万平方米，财政部经核查批准拨款4188万元，已按项目预拨到位50%可再生能源专项资金共计2094万元。2009年，国家批准白银市靖远县为可再生能源示范县。

大 事 记

2月13日，全省建设工作会议在兰州召开。

6月19日，省建设厅会同陇南市人民政府，召开了灾后重建项目勘察设计协调对接会议。会议旨在为灾后重建项目与勘察设计单位提供业务联系的信息平台；促进重建项目尽快落实勘察设计单位；倡导勘察设计单位及时提供优质服务，全力支持陇南灾后重建工作，加快灾后重建项目勘察设计步伐。

7月1日，甘肃省建设厅更名为甘肃省住房和城乡建设厅。

7月3~4日，全省农村危旧房改造暨村镇建设现场会议在平凉市召开。会议的主题是总结交流全省农村危旧房改造和村镇建设工作，分析研究工作中的困难和问题，重点解决农村危旧房改造的结构安全问题，进一步深化思想认识，强化工作措施，确保圆满完成农村危旧房改造任务。

7月14~20日，全国人大常委会副委员长陈昌智率领全国人大调研组到甘肃就保障性住房建设情况进行专题调研。

11月2~4日，省住房和城乡建设厅举办"城乡住房规划和建设专题研究班"，邀请中国城市规划设计研究院、清华大学、西安建筑科技大学、深圳市规划设计院、四川省城乡规划设计研究院等国内著名城市规划设计研究的专家，就城乡规划决策中的公众参与、区域规划、城市形象与城市特色、城乡一体化建设、城市总体规划与总体设计、历史文化名城保护等。

11月10日，省住房和城乡建设厅在兰州召开全省城镇供热计量改革工作会议。会议的主题是贯彻住房和城乡建设部北方采暖地区供热计量改革工作会议精神，交流城镇供热计量改革工作经验，研究部署全省城镇供热计量改革工作。

11月16～17日，住房和城乡建设部党组书记、部长姜伟新深入学习实践科学发展观活动联系点——榆中县三角城乡，进村入户，详细了解基层学习实践科学发展观活动及生产、生活等情况。甘肃省委书记、省人大常委会主任陆浩，省委副书记、省长徐守盛等领导在兰州会见了姜伟新一行。

（甘肃省住房和城乡建设厅）

青 海 省

2009年，在青海省委、省政府的正确领导和住房城乡建设部的指导支持下，全省住房城乡建设系统认真贯彻落实科学发展观，紧紧抓住国家拉动内需和支持发展的良好机遇，努力克服诸多困难，采取有效措施，狠抓落实，较好地完成了全年工作任务，全省住房城乡建设事业保持了良好的发展态势。

城镇保障性住房建设取得新成效。全省新开工各类城镇保障性住房2.39万套，超目标任务1.39万套；累计发放住房租赁补贴1.16亿元；对8平方米以下城镇低收入住房困难家庭实现了应保尽保。

房地产业和建筑业发展取得新突破。全省住宅与房地产业完成投资88.3亿元，同比增长40%。其中房地产开发投资完成72.9亿元，同比增长44.6%；商品房销售面积196.4万平方米，同比增长63.5%。全省建筑业增加值完成105亿元，同比增长18.6%。

城镇发展水平得到新提高。全省城镇化率达到41.9%，同比增长1个百分点；完成了23平方公里城镇控制性详细规划、10个城镇总体规划、11个乡集镇建设规划编制任务；一批事关城镇发展的垃圾、污水处理等市政基础设施项目建成运营。

科技创新和建筑节能取得新发展。全省城镇新建建筑节能标准执行率达到90%以上。国家及省级26个可再生能源建筑应用示范项目进展顺利，累计投资9538万元。

新农村村级规划与环境整治取得新进展。协调落实以奖代补资金2000万元；完成500个村庄规划编制；协调、配合有关部门实施农村危房改造1.68万户、游牧民定居工程2.57万户。

【住房保障】 着力改善民生，切实解决城乡居民住房困难问题。全省住房城乡建设行业把保障性安居工程建设作为拉动经济之需、改善民生之要、政府应尽之责，扎实推进保障性安居工程建设。一是明确目标任务，完善配套政策。印发了《2009～2011年廉租住房保障规划》。各地分别编制了保障性安居工程建设规划。各工作指导小组制定了《加快推进城镇和国有工矿棚户区改造指导意见》等7项政策措施，确保了保障性安居工程建设顺利实施。二是积极争取国家支持，加大投入力度。全省保障性住房建设共投资24.6亿元，其中争取中央资金12.7亿元，省级配套资金7亿元，各地配套资金4.9亿元。三是落实目标责任，强化监督管理。加强目标责任管理，形成了省级指导、州地协调、县级政府负责实施的工作机制。加强监督检查，确保了工程项目的质量安全。四是积极落实土地、税费等各项优惠政策。各地优先安排建设用地，落实优惠政策，加快了建设进度。五是住房公积金监管得到进一步加强。全省已累计归集住房公积金147亿元，发放个人贷款80.7亿元，住房公积金使用率达59.9%，有力地支持了全省住房建设。

【住宅与房地产业】 着力优化发展环境，促进房地产业健康发展。各地住房城乡建设主管部门及时采取应对金融危机措施。会同省发改委等部门及时出台《关于促进房地产市场健康发展的意见》，在加快保障性住房建设、降低税费、信贷支持、调整住房供应结构、优化发展环境等方面提出了一系列措施，对于促进青海省房地产市场健康发展起到了积极作用。加强房地产行业基础性工作研究，制定了《青海省城镇商品房预售款监管办法》等。重点开展了全省房地产市场秩序专项整治工作，对海东、海西等地区房地产开发建设、交易、物业管理等实施了全过程监督检查，严肃查处各种违法违规行为。改进和加强房屋拆迁管理，建立了拆迁信访评估和领导包案制度，规范拆迁工作。物业服务市场化程度得到提升，物业服务覆盖面达到50%。

【城镇规划】 着力统筹城乡发展，认真做好各类规划的编制和实施工作。按照统筹城乡发展的要求，积极推动城镇化进程。一是加大城镇规划编制力度。加强城乡区域发展研究，开展了《青海省城乡经济社会一体化规划》等编制工作。启动了三市和部分城镇总体规划修编工作。二是城乡规划效能监察深入推进。开展了城乡规划实施评估工作和房地产开发领域违规变更规划、调整容积率问题专项治理。对西宁、海东、海南等地建设项目执行规划情况进行了重点检查。三是加强城乡规划管理制度建设，起草完成了《青海省城乡规划"一书三证"管理办法》。

【城镇基础设施建设】 着力完善城镇功能，加大城镇市政公用基础设施建设力度。积极争取中央新增城镇生活垃圾处理设施建设项目15项，总投资2.85亿元，其中中央预算内资金7640万元，已建成11项。全年城镇生活垃圾无害化处理率达到65%，西宁市沈家沟生活垃圾填埋场（二期）、尹家沟生活垃圾填埋场被住房城乡建设部评定为I级生活垃圾无害化处理企业。全省新开工建设城镇生活污水处理厂12项，设计日处理规模18.6万吨，全年城镇生活污水集中处理率达到45.8%。《青海省市政公用事业特许经营管理条例》经省人大通过颁布施行。与省发改委、财政厅共同实施了一批旅游、交通节点等重点城镇环境治理和规划建设项目。开展了县以上城镇供水水质专项监测工作。深入推进城镇供热体制改革，召开了全省城镇供热计量改革工作会议，明确了目标和任务。创建宜居、园林城镇取得新进展，西宁市获得"国家卫生城市"称号，德令哈市、互助和贵德县城被评为第三批省级园林城市（县城）。出台了《关于加强城市机动车公共停车设施建设管理的工作意见》，对加强城镇公共停车设施规划、建设和管理，规范机动车停车收费和服务等方面提出了明确要求。

【建筑业】 着力工程质量安全监管，加快建筑业和勘察设计咨询业发展。一是加快骨干建筑企业培育。制定了《关于促进青海省优势建筑企业加快发展的政策措施》，开展了首次全省建筑业优势企业评选活动。二是加强建筑市场监管。认真开展工程建设领域突出问题专项治理工作。通过开展企业业绩考核工作，有31家企业及招标代理机构被注销资质，24家省外企业清出青海省建筑市场。三是加强工程质量监管。开展了全省建筑工程质量执法检查、预拌商品混凝土企业和工程质量检测机构专项整治。工程质量一次交验合格率达到90.5%。四是强化安全监管。开展了预防坍塌、高坠事故为重点的建筑施工安全专项整治工作，各级建设行政主管部门共检查工程项目1612项，整改隐患2595个，下发整改通知书213份。全年安全生产事故控制在指标以内。五是规范勘察设计市场管理。4家工程设计企业被注销资质，22家给予停业整顿等处理。完成建设工程项目初步设计审查139项，建筑面积126.8万平方米，投资额72.9亿元，施工图审查1863项，建筑面积1143.4万平方米，投资额185.7亿元。

【新农村建设】 着力服务引导，推进社会主义新农村建设。实施了村庄环境整治，加强了村庄规划和环境整治工作的管理与指导。村庄环境整治基础设施建设"填平补齐"项目基本完成，农村"六乱"现象得到有效治理。进一步加强农村危房改造试点和牧区游牧民定居工程建设的指导协调工作。开工建设45套游牧民定居新型建筑结构体系和新型墙材示范项目。编制了《青海省游牧民定居点设计推荐图集》和《青海省乡镇机关办公用房设计方案》。

【建设科技】 着力科技创新，推进建筑节能和新型墙材发展。一是加强和完善政策法规和标准。出台了《青海省民用建筑工程推广应用太阳能热水系统管理规定》、《青海省新型墙体材料专项基金征收使用管理实施细则》、《青海省无障碍设施建设使用管理规定》，组织编制了可再生能源建筑利用、既有建筑节能改造十二五规划和《青海省低层建筑平板主动式太阳能采暖工程技术规程》等6个地方标准。二是积极争取国家资金支持。西宁市和尖扎县列入国家可再生能源建筑应用示范城市（县）及青海省机关办公建筑和大型公共建筑能耗监测平台等项目，共获得国家8428万元的资金支持。三是加大新建建筑节能标准实施和既有建筑节能改造力度，全省城镇新建建筑执行建筑节能50%设计标准达90%以上，实施既有建筑节能改造25.41万平方米，超额完成了年度改造任务。四是可再生能源建筑应用取得突破性进展。国家及省级可再生能源建筑应用示范项目进展顺利，部分项目已完工，达到了预期的示范效果。五是新型墙体材料和散装水泥得到推广，新型墙体材料应用率达65%以上，完成散装水泥供应量134万吨，增长25.2%。

宁夏回族自治区

概　述

2009年，宁夏住房和城乡建设行业认真贯彻落实中央和自治区"保增长、保民生、保稳定"的决策部署，抢抓中央扩大内需促进经济增长的机遇，大力实施中心城市带动战略和沿黄城市带发展战略，坚持高起点规划，高标准设计，高质量建设，高水平管理，积极推进城市集群发展、城乡统筹发展，全面完成了住房和城乡建设各项目标任务。城市化进程加快推进，黄河金岸建设全面启动，全区城市化率达到46.5%；塞上农民新居建设和农村危房危窑改造两大工程成果丰硕，全年建成"塞上农民新居"新村55个，抗震节能示范农宅600多户，综合整治旧村283个，改造完成农村危房32543户；住房保障工作成效显著，新建和筹集廉租住房28125套，对3.29万户城市低收入家庭实施了住房保障，完成城市和国有工矿棚户区改造4705户；房地产业加快平稳发展，房地产业开发完成投资162.7亿元；建筑安全质量水平实现新提高，建筑业总产值首次突破200亿元大关；城镇减排和建筑节能取得明显成效，建筑节能实现23.5万吨标煤；争取国家支持取得显著成果，争取到国家各类项目资金达10亿多元。住房城乡建设工作得到了自治区党委、政府的充分肯定和社会的高度评价，在自治区政府效能目标管理考核中，自治区住房和城乡建设厅荣获自治区效能目标管理考核优秀等次一等奖。"塞上农民新居"建设、农村危房改造、抗震示范工程建设和住房保障工作等走在了全国的前列，为全区经济社会跨越式发展做出了积极的贡献。

一、住房保障

【概况】 2009年，自治区人民政府下达建设廉租住房8125套，建设经济适用住房100万平方米。到年底，全区开工建设廉租住房23625套，购买、改造、租赁廉租住房4500套，完成城市棚户区改造4705户，建设经济适用住房139万平方米。通过实物配租、租金补贴、租金核减等方式，对全区人均住房面积不足13平方米的3.29万户城市低收入住房困难家庭实施了保障，超额完成了自治区人民政府向社会承诺的保障性住房建设目标。

【住房保障工作取得明显成效】 宁夏深入开展城市低收入家庭住房调查工作，编制了2009～2011年廉租住房建设规划和年度计划，将保障范围和标准由城市人均住房面积不足10平方米的低保家庭扩大到人均住房面积13平方米以下的城市低收入家庭，使更多的城市住房困难家庭享受到了住房保障。出台了《关于进一步加强保障性安居工程建设的意见》、《城市低收入家庭住房保障工作规范》等文件，进一步完善了住房保障政策体系。制定了《宁夏住房保障工作责任制考核办法》，建立了部门联席会议制度，加大监督检查力度，有效地推动了住房保障工作的开展。

严格执行在新建普通商品房和经济适用房中配建廉租房制度，在规划、设计、土地招拍挂中设置了配建的前置性、约束性条件，使配建制得到了有效落实，争取到中央廉租住房预算内投资补助资金4.8亿元，廉租住房专项补助资金3.04亿元。在中央每平方米补助400元的基础上，自治区从地方债券中安排5.1亿元，按每平方米400元的标准对廉租住房建设资金给予了配套，使宁夏廉租住房建设补助资金每平方米达到了800元，有力地促进了廉租住房建设。

二、住宅与房产业

【房地产业平稳健康发展】 起草并向自治区人民政府报送了《关于促进房地产业平稳健康发展的若干意见》（以下简称《意见》）。2009年1月11日，自治区人民政府第24次常务会议审定通过了《意见》，1月17日正式印发执行。《意见》对加快保障性住房建设、支持房地产开发建设、推动住房消费和优化市场发展环境等方面做出了明确规定。自治区各有关部门和五市认真贯彻自治区《意见》，及时制定出台落实《意见》具体配套措施，加大保障性住房建设力度，支持房地产开发企业增加投资，鼓励居民住房消费。银川、石嘴山、吴忠、固原、中卫五市人民政府结合当地实际，相继制定印发了实施意见和配套政策，将扶持房地产健康发展的政策规定具体化。同时，全区各级政府积极采取有效措施，通过举办房地产博览会、展销会、推介会等形式，组织房地产开发企业集中展示企业形象，展示精品楼盘和开发项目，让利销售，增加吸引力，提高办事效率，缩短办事时限，在鉴证、贷款等方面为居民购房提供便利，有力地推动了房地产业平稳健康发展，全年完成房地产开发投资162.7亿元，同比增长38.4%；商品房销售775.3万平方米，同比增长50.6%。超额完成了自治区人民政府确定的房地产开发投资90亿元的目标，为促进全区固定资产投资增长和经济增速做出了积极贡献。

【整顿规范房地产市场秩序】 按照自治区党委、政府的要求，根据国家和自治区有关法律法规规定，自治区住房和城乡建设厅在全区组织开展了清理整顿房地产开发企业专项活动，重点检查了暂定资质企业、限制项目开发企业、2008年度B级信用企业和外地进宁开发企业，依法查处房地产开发企业违反基本建设程序开发建设、超越资质等级开发、违规拆迁、发布虚假广告、囤房惜售、哄抬房价、面积缩水、一房多售、合同欺诈等违法违规行为。共查处违法违规行为68件，下发限期整改通知书8份，通报批评38家企业，罚款87.2万元，注销了有违法违规行为的20家房地产开发企业，宁夏房地产市场秩序进一步规范，房地产开发企业结构进一步优化，促进了房地产业平稳健康发展。

【开展房地产企业诚信建设年活动】 在"诚信建设年"活动中，各市县房地产主管部门和房地产开发企业结合本地实际，采取有效措施，推动"诚信建设年"活动深入开展。自治区住房和城乡建设厅、工商局、国土资源厅等八部门联合印发了《宁夏回族自治区房地产开发企业信用信息管理细则》，组织开展了房地产开发企业信用等级评定，并召开了全区房地产企业诚信建设大会，对连续两年获得AA级的23家开发企业和2家评估机构命名为全区房地产诚信企业，增强了企业的诚信意识。组织房地产企业发起《诚信宣言》，发布了《诚信公约》，严格自律，依法经营，公平竞争，诚信服务，恪守职业道德，遵守市场规则。开展了全区"3·15和谐社会，诚信房产"主题宣传日活动，大力弘扬诚信守法的风气，积极营造诚信激励、失信惩戒的市场环境，引导企业加强房地产行业信用体系建设。

【深入开展房地产估价市场整顿规范活动】 制定印发了《关于整顿规范房地产估价市场秩序工作方案》，成立了整顿规范房地产估价市场秩序工作领导小组，召开了全区房地产估价市场整顿规范动员大会，认真组织开展全区房地产估价市场整顿规范专项行动。查处了一批违法违规行为，注销了2家评估企业资质，全区房地产估价市场秩序明显好转，宁夏房地产估价机构和从业人员的执业素质和职业技能有了新提高。印发了《关于加强房地产估价管理的意见》，从规范房地产估价市场秩序、加强房地产估价机构资质管理、提高估价人员职业道德和执业水平、加强房地产估价市场监督管理等方面做出了明确规定，要求各级房地产管理部门和房地产估价机构、估价人员严格执行国家和自治区有关房地产估价管理的法律法规和政策规定，健全体制，完善机制，严格监管，规范行为，依法加强房地产估价市场监督管理，健全完善房地产估价诚信建设管理制度，推动房地产估价市场健康稳定发展。

【规范和加强物业服务管理工作】 组织召开了全区物业服务管理现场观摩会，通过现场实地观摩、播放专题片、多媒体演示等形式，交流推广各地物业服务管理先进经验，研究讨论物业服务管理行业的热点、难点问题，进一步加强和改进全区物业服务管理工作。开展了物业服务企业资质情况和市场行为专项检查，严格市场准入与清出制度，加大对管理水平低、收费不规范、社会形象差的企业的清理整顿工作力度，把严重损害居民群众利益的企业及时清出市场。大力推行物业管理项目招投标活动，努力创造公开、公平、公正的市场环境，提高行业的整体水平和企业竞争能力，为物业服务管理健康发展奠定了坚实基础。印发了《关于进一步规范和加强物业服务管理工作的意见》，从理顺物业服务管理体制、保障业主公共设施和服务用房合法权益、提高物业服务市场化专业化水平、依法归集使用住宅专项维修资金、加强物业服务市场监督管理等方面做了明确的规定。

【规范商品房销售行为】 会同自治区工商局、物价局、人民银行银川中心支行联合印发了《宁夏回族自治区商品房销售管理暂行办法》，对商品房预售、现售、价格备案、预售资金监管、销售合同及广告管理等做出了明确规定，要求房地产开发企业严格遵守商品房预售许可和现售备案制度，凡达到预售条件的商品房，必须及时申请预售，并一次性将全部许可房源公开对外销售，不得捂盘惜售。要求各级房地产管理部门要切实加强房地产市场监督管理，加大市场巡查力度，定期对商品房销售和信访投诉处理等情况进行检查，依法查处房地产开发企业违法销售商品房、炒卖房号、哄抬房价、捂盘惜售、囤积房源等行为；会同商业银行加强对商品房预售资金的监管，确保预售资金用于该项目建设；会同物价部门严格执行商品房销售价格、成本备案和明码标价制度，加强对商品房销售价格和开发建设成本审查；会同工商部门加强对商品房销售合同和宣传广告的监督管理，及时发现和查处合同欺诈、违规宣传等行为，维护广大消费者的合法权益。

【积极开展住宅性能认定】 自治区住宅产业化促进中心会同住房和城乡建设部住宅产业化促进中心组织了住宅性能认定评审会，组织区内外知名专家对宁夏八个住宅项目进行了性能认定评审。对八个申报住宅项目逐一进行了评审，经过专家组审查，银川"建发·宝湖湾"、银川"凯威·观湖壹号"、石嘴山"塞上水乡"、吴忠"东方秦韵"、吴忠"阳光娇子"、吴忠"城市花园"、中卫"紫荆花城"等7个项目经被定为2A级。"中房·丽景湖畔"和"正丰·馨和苑"项目荣获全国住宅与房地产业最高奖——广厦奖。

【开展房地产管理部门规范化建设活动】 印发了《关于进一步加强全区房地产管理部门规范化建设的意见》，在全区房地产管理部门开展了规范化建设活动。各市县房地产管理部门高度重视，积极行动，制定方案，扎实开展规范化建设活动，有力地促进了房地产管理工作科学化、制度化、规范化。住房和城乡建设厅对提出创建规范化建设达标申请的吴忠市房地产管理局、平罗县房管所，采取听取工作汇报、查阅基础资料、征求相关部门意见、现场实地考察、对照考核标准逐项打分测评等方法进行了实地考核。

【全区住房公积金异地购房贷款政策启动实施】 根据自治区党委、政府关于公积金贷款购房"同城化"的要求，自治区住房制度改革领导小组印发了《全区住房公积金异地购房贷款的实施意见》，并于9月1日在银川召开了全区住房公积金异地购房贷款启动大会，银川、石嘴山、吴忠、固原、中卫5市住房公积金管理中心和自治区住房资金管理中心共同签署了《全区住房公积金异地购房贷款合作协议书》，全区住房公积金异地购房贷款正式启动实施。截至12月31日，全区陆续受理职工异地购房贷款申请200余户，发放异地购房贷款4179万元。

【开展公积金管理专项治理工作】 从6月开始，宁夏各级政府、有关部门和住房公积金决策、管理机构，坚持依法治理、标本兼治、惩防并举、注重长效四项原则，以查处和纠正违法违规行为、健全监管机制、强化内部管理为重点，堵塞监管漏洞，维护资金安全，改进工作作风，提高服务水平，扎扎实实开展了住房公积金管理专项治理工作，取得显著成效。截至12月31日，全区实缴住房公积金职工41.17万人，比上年底增加4.45万人；住房公积金归集总额达到147亿元，归集余额87.5亿元，分别比上年底增长27%和22%；住房公积金贷款总额达到79.5亿元，余额41.4亿元，分别比上年底增长33.7%和30%，个贷率为47.3%，累计贷款户数102725户，贷款逾期率由上年同期的2.1‰降到1.2‰，下降率为43%。

三、城乡规划

【加强城市规划编制工作】 深入贯彻落实《城乡规划法》，积极开展城市总体规划、控制性详细规划和各专项规划编制，为全区经济社会发展发挥调控引导作用。高起点、高标准编制完成了《沿黄城市带（群）发展规划》，并通过了自治区党委常委会议审定，为推进宁夏城镇化进程和统筹城乡发展提供了科学依据。根据《沿黄城市带发展规划》要求，启动了沿黄城市总体规划修编和10个产业规划的编制，完成了银川市、中卫市、灵武市、青铜峡市、永宁县、贺兰县、中宁县等沿黄8个城市总体规划修编和沿黄城市带产业、信息、公路交通、旅游发展4个专业规划的编制，城镇控制性详细规划覆盖面进一步提高。

【积极推进村镇规划编制】 开展了全区16个重点小城镇建设规划的编制工作，完成了平罗县渠口乡、惠农区红果子镇、燕子墩乡、中卫市兴仁镇、中宁县大战场乡、贺兰县常信乡、西夏区镇北堡镇、兴庆区通贵镇、青铜峡邵岗镇等14个小城镇规划编制并通过审查。结合"塞上农民新居"建设和农村危房改造工作，编制完成了《全区农村危房改造三年规划》，完善了4700多个村庄建设规划，实现了村庄规划全覆盖。

【深入开展城乡规划效能监察】 加强城乡规划管理，严格规划执行，建立了规划听证、审批公示制度，派出了规划督察员，加大对擅自变更、调整规划行为的处罚力度，确保了规划的严肃性和权威性。在全区认真开展了房地产开发中违规变更规划、调整容积率问题专项治理工作，对2007年1月1日至2009年3月31日期间各城市完成规划许可的所有房地产项目进行了逐一清理，共清查房地产项目384项，发现存在违法违规问题的房地产项目18个，用地面积82.06公顷，其中涉及变更用地性质的4项，调整容积率的8项，依法对违法违规行为进行了处理，坚决制止和纠正了各市县擅自变更规划、调整容积率的行为，促进了房地产业健康发展。

四、建筑业

【加强招投标市场监督管理】 针对建设工程招投标领域长期存在的规避监管、场外交易、虚假招标、围标串标及代理服务不规范等"顽症"，自治区住房和城乡建设厅采取有力措施，深入开展治理整顿，进一步规范全区建设工程招投标市场秩序，提高建设工程招投标管理水平。先后印发了《宁夏房屋建筑和市政基础设施工程施工招标投标管理办法》、《宁夏有形建筑市场管理办法》、《关于进一步加强全区房屋建筑和市政基础设施工程项目招标投标行政监管工作的意见》、《宁夏回族自治区工程建设项目招标代理管理办法》、《宁夏房屋建筑和市政基础设施项目工程量清单招标投标暂行办法》和《宁夏房屋建筑和市政基础设施项目招标投标定标管理办法》等6个规范性文件，进一步完善了建设工程招投标管理规章制度。在宁夏建设工程交易中心建设了计算机辅助评标系统，使用计算机辅助评委完成清标、比较、分析等工作，进一步提高了评标的准确性和工作效率，确保了评审程序的科学性和计算统计的准确性。建立了招标、建管、质监联席工作机制，加强部门沟通，整合监管资源，联动执法，加大对规避招标、场外交易等重大违法违规行为的处罚力度，注销了7家招标代理机构从业人员的资格，有效遏制了资质挂靠、围标、串标等违法违规行为，进一步规范了全区建设工程招投标市场秩序，建设工程进场交易率达到98.3%以上，建设工程招投标管理水平显著提高。

【整顿和规范建筑市场秩序】 对全区建筑总承包企业、专业承包企业、招标代理机构、监理企业、工程质量检测机构和预拌混凝土企业资质条件和质量安全保证体系建设情况进行了全面检查。对建筑施工企业和监理企业的资质条件、市场行为、质量和安全保证体系建设等情况进行全面复查，将检查结果、企业不良行为、事故单位、违法违规情况向全区通报，公开曝光，将不良行为记入诚信档案。注销了市场信誉差、质量和安全生产保证体系不健全的建筑施工总承包企业19家，监理企业5家，专业施工企业10家，起重设备安装企业3家，实现了质量安全管理与市场准入相结合，建筑市场秩序进一步规范，建筑业结构进一步优化，初步构建起以大型骨干企业为龙头、特色专业分包企业为支撑、劳务企业为基础的建筑生产新格局。建立健全了建筑施工许可证、建筑施工企业安全生产许可证审查制度、"三类人员"特种作业人员培训考核管理制度、事故隐患处置与事故处理制度、建筑工程生产安全事故、重大事故隐患约谈制度、危险性较大工程安全措施备案管理等制度，完善了建筑施工企业安全生产许可证新申办、延期、发生安全事故需暂扣安全生产条件审核工作流程和标准、建设工程安全生产监理责任落实检查标准、建筑工程安全报监、起重机械备案、建筑起重机械安装（拆卸）告知、使用登记办理流程，进一步健全和完善了管理体系，促进了建筑业健康发展，全年完成建筑业产值250.2亿元，超额完成了年初确定的120亿元的目标。

【加大外省进宁企业的监管力度】 制定印发了《区外进宁建筑施工企业管理办法》和《关于进一步加强区外进宁建筑施工企业备案管理的通知》等文件，加强对区外进宁建筑施工企业的管理，对不符合质量安全保证体系条件、严重围标挂靠扰乱宁夏建筑市场秩序、发生质量安全事故、屡次记载不良行为的进宁企业，坚决清出宁夏建筑市场。实行了外省进宁企业在宁夏成立分公司的管理办法，规范了区外进宁企业的市场行为，维护了建筑活动各方主体的合法权益。在全区组织开展了外省进宁施工、监理企业在建工程项目综合检查，对区外进宁企业的建筑市场行为、施工企业安全生产、施工企业质量管理、监理企业安全管理和质量管理等方面存在的突出问题进行了全面检查，共检查外省进宁施工企业38家、监理企业10家。责令23家外省进宁停业整顿，9家被记载不良行为记录，对情节严重的16家清出宁夏建筑市场，三年内不得进入宁夏建筑市场从事建筑活动。对存在问题较多、且整改不到位或拒不整改的外省进宁建筑施工、监理企业,依据有关法律法规,将执法建议书函告企业注册地省(直辖市、自治区)级建设行政主管部门,同时上报住房和城乡建设部对该企业进行处罚和记录不良行为,进一步规范了外省进宁企业的市场行为,促进了建筑业健康有序发展。

【加强建设工程质量监管】 建立了建设工程质量监督执法巡查制度、质量监督和检测信息平台及网络管理系统,组织开展了争创"鲁班奖"活动,实行联动执法机制,加强工程质量监督管理。认真组织开展了"西夏杯"优质工程评选、安全质量标准化"示范工地"等争先创优活动。在2010年全区建筑管理工作会议上表彰了长庆油田银川生产指挥中心、宁夏博物馆、神华宁煤安全生产指挥中心、宁夏科技新馆、太中银铁路DK697+043.41跨石中高速公路特大桥、宁夏大坝电厂三期扩建工程6号机组主厂房工程、共享天地综合楼等7项工程2009年度"西夏杯"金奖工程,吴忠市交警支队车管业务综合大厅、石嘴山市公安局应急指挥中心联体楼1#2#3#、宁夏大学图书实验综合楼、吴忠市图书馆、固原汽车站主站房、海宝福星苑105#住宅楼、塞上骄子15#住宅楼、六盘山红军长征纪念亭改扩建工程、艾伊水郡31#楼、自治区农牧厅综合服务中心、石嘴山市大武口新区黄河街道路工程等11项工程2009年度自治区"西夏杯"优质工程建设单位,以及2009年度建筑施工质量和安全管理先进单位和个人,在2009年全区建设工程质量安全标准化示范工地现场观摩会上表彰了24个自治区级标准化示范工地,充分发挥典型示范引路作用。全区工程质量稳步提升,工程验收合格率达到了100%。住房和城乡建设厅被国家住房和城乡建设部、中华全国总工会授予全国建筑施工安全质量标准化工作先进单位。

【强化建筑安全生产管理】 严格落实安全生产责任制,制定了《建筑施工企业项目经理安全违规记分办法》和《建筑工人安全操作规程》,进一步健全和完善了各项安全管理制度;深入开展了安全生产宣传教育、安全生产执法、安全生产治理"三项行动"、隐患排查和建筑起重机械设备等专项整治活动,加大对违法违规行为的处罚力度,全面加强安全生产法制体制机制建设、安全生产保障能力建设、安全生产监管队伍建设"三项建设",有效防范和遏制了建筑工程较大安全事故的发生,取得了连续9年无重大事故发生的好成绩。组织开展了"三安"(安全帽、安全带、安全绳)使用专项整治活动,对银川市辖区所有建筑工程施工现场安全防护用品使用情况进行了专项整治检查。共检查471项单位工程,覆盖面积占银川市工程数量的62.6%。对施工现场不戴安全帽、高空作业不佩戴或不正确使用安全带的131名施工作业人员涉及的41家施工单位(项目部)依法进行处罚。开展了重大危险源和重大安全隐患专项治理,对全区的建筑起重机械从备案、安拆告知、使用登记、实体安全状况以及参见各方的履职情况进行了专项检查治理,共抽查工程项目78个,单体工程196个,涉及施工单位57家、监理单位35家、安装单位19家,累计检查塔吊212台、物料提升机32台、施工电梯5台,发放隐患整改通知书15份,停工通知书21份,并对3台不符合安全使用条件以及3台属国家明令禁止使用的塔吊责令拆除,有效地遏制了事故的发生。

【加强诚信体系建设】 建立了建筑施工总承包企业和监理企业、执业人员、工程业绩三大基础数据库,开通了宁夏建筑业信用网,将建设工程各方责任主体的业绩、不良行为计入企业诚信档案,对发生事故的责任单位通过媒体曝光,对建筑业诚信排序在宁夏日报上公布,积极营造诚信激励、失信惩戒的市场环境。依托"宁夏建筑业信用网",建立了全区统一的招标投标信用评价机制和失信惩戒制度,将建筑企业的资质、执业资格人员的业绩、诚信等信息录入建筑市场信用体系平台,建立和完善企业信用资料库,公开企业招标投标违法行为记录,构建以信用评价为核心的招标投标诚信体系,发挥信用信息在资格审查、中标人推荐和确定等活动中的基础性作用,促进企业自律,努力构建阳光透明、诚实守信的招投标市场竞争环境。

【开展农民安全培训月活动】 2009年4月开展了农民工岗前安全教育培训月活动,促使施工企业承担起社会责任,实现农民工先培训后上岗目标。共创建农民工业余学校122所,对1.6万名农民工进行了培训,对1313名"三类人员",1176名特种作业人员进行了考核,安排农民工就业5万名,进一步提高了农民工业务素质和安全意识。

【建筑劳保基金收缴力度加大】 2009年,全区劳保基金共收缴劳保基金21363万元,首次突破2亿元,比上年多收缴6880余万元,两年内实现了劳保基金收缴额翻番。其中银川市劳保基金管理办收缴11233万元,比上年多收5300万元。自治区劳保基金管理办还清缴历年拖欠的劳保基金1850万元。全区按照规定程序实行网上公开拨付管理,共为145

家企业拨付和调剂拨付劳保基金 9399 万元，解决了 1.2 万多名职工养老保险费问题。

五、城市建设

【城市化进程加快推进】 坚持以规划为龙头，以产业为支撑，以基础设施建设为突破口，以提高城市的综合承载能力和竞争力为着力点，大力实施中心城市带动战略和沿黄城市带发展战略，加快以银川市为中心的沿黄城市带（群）建设，促进人口聚集、产业聚集和城市功能完善，大力推进城市化进程，全区城市化率达到 46.5%，城市承载力和辐射力进一步提高。

【城市基础设施建设步伐加快】 完成城市市政公用设施投资 56 亿元，建成了一批城市道路、供排水、供热、供气等市政基础设施项目。开工建设了 10 座污水处理厂和 6 座垃圾无害化处理场，实现了全区每个市县都有污水、垃圾处理厂（场）的目标。吴忠市、青铜峡市、中宁县滨河新区建设加速推进，石嘴山市"三馆一中心"、吴忠市"两馆一中心"、中卫市体育馆、博物馆、宁夏职业教育园区、青铜峡人民医院等一批教育、文化、科技、医疗公共建筑和城市地标性建筑建设进展顺利，部分设施已投入使用。城市综合服务功能不断完善，承载力和辐射带动力进一步增强，全区城市建成区绿化覆盖率和绿地率分别达到 36.8% 和 34.3%，人均公共绿地面积 12.7 平方米。

【城市管理水平进一步提高】 开展了城市管理年、城乡环境综合整治、"明珠杯"竞赛等活动，大力实施绿化、美化、亮化、净化和特色化"五化"工程，加大城乡环境综合整治力度，对城中村、城乡结合部、主要街道等重点部位进行了综合整治，城市人居环境有了显著改善。银川市建设改造了一批特色街区、样板街道；石嘴山市深入推进城市综合管理执法工作，城市管理水平有了新的提高；吴忠市做活"道路、水系、绿化、特色"四篇文章，滨河生态水韵城市初具规模；固原市实施了城乡建设"五大工程"，改善了城乡环境；中卫市建成了香山湖、腾格里生态湿地等一批生态绿化工程，城市面貌焕然一新。大力开展国家级、自治区级园林城市（县城、镇）、中国人居环境奖创建活动，中卫市被自治区政府命名为自治区园级林城市，青铜峡市被命名为国家级园林城市，彭阳县被命名为国家级园林县城，银川市中山公园荣获第三批国家重点公园称号。申报了银川市中国人居环境奖，中卫市黄河湿地生态项目中国人居环境范例奖。

【城市公用设施安全运行】 厅印发了《关于做好城市市政公用设施安全隐患排查暨防范恐怖袭击工作的紧急通知》，要求全区各级建设主管部门切实加强城市供水、燃气等重要市政公用设施和风景名胜区、公园、广场等公共场所的隐患排查和安全防范工作。全区各级住房城乡建设主管部门按照住房和城乡建设厅的安排部署，积极组织隐患排查和反恐防范工作，加强了水源地、水厂、燃气贮配站、加气站等的安全检查和防范保护，重要场所安装了电子监控设施和报警装置，重要部位、重要设施安排了专人负责，严格实行 24 小时值班制度和安保制度，加强了对陌生人员和可疑人员进入厂区审查。为确保各地防范措施落实到位，住房和城乡建设厅对银川、石嘴山、吴忠、固原、中卫市的供水安全运行暨反恐防范工作进行了暗访，下发了《关于全区城市供水安全运行暨反恐防范工作暗访情况的通报》，对思想认识不高、安全防范工作落实不到位的单位进行了通报批评。

【沿黄城市带（群）建设全面启动】 各市县人民政府和自治区各有关部门认真落实《沿黄城市带（群）发展规划》和自治区沿黄城市带（群）建设启动大会精神，按照自治区人民政府下发的《关于加快推进沿黄城市带（群）发展的实施方案（2009～2012 年）》的要求，迅速掀起了沿黄城市带（群）建设的高潮，奋力打造黄河金岸。截至年底，黄河大堤全线基本贯通，开工建设了黄河楼、青铜古镇、黄河书院、枸杞博物馆、世界穆斯林城、黄河小镇等一批标志性工程，建成了灵武枣博园、中卫腾格里湿地生态项目和 10 多个沿黄滨河新村。

六、村镇建设

【"塞上农民新居"建设和农村危房改造成效显著】 2009 年，宁夏回族自治区人民政府计划全区建设"塞上农民新居"新村 20 个，综合整治旧村 200 个，改造农村危房危窑 5 万户（住房和城乡建设系统 2.5 万户）。按照自治区党委、政府的安排部署，自治区住房和城乡建设厅抢抓国家扩大农村危房改造试点的机遇，积极争取国家将宁夏列入全国农村危房改造试点省区，争取到补助资金 9800 万元，自治区对"塞上农民新居"和农村危房危窑改造每户补助 5000 元，建设轻钢结构、轻型墙体材料的抗震节能农宅每户补助 1 万元，为"塞上农民新居"和农村危房改造两大工程建设提供了资金保障。

制定了《宁夏农村住宅抗震技术指导图解手册》、《新农村住宅设计和施工图集》、《农村危房改造工作导则》等一系列技术规范，严格执行抗震设防标准，加强建设管理，确保了农宅建设质量。吴忠市充分尊重农民意愿，采取农民自主选择户型、自主选择施工队伍、农民全过程参与管理，极大地调动了农民建房的积极性。中卫市积极筹措资金，从商业银行贷款1个亿对农村危房改造进行补助，改造农村危房1.2万户。青铜峡市领导重视，措施得力，农房建设特色明显，标准高、质量好，建成示范村15个、3000多户。贺兰县大力实施"五改"工程，为新建和整治改造的村庄配备了卫生保洁员，村庄环境整治成果得到巩固。惠农区首创了农村廉租房制度，为解决农村贫困群众住房走出了一条新路子。平罗县突出村庄改造、村庄整治、新型农宅建设三个重点，推进城乡一体化发展。隆德县坚持农村危房改造与产业发展相结合，高标准打造六盘山农家乐生态旅游新村，使改造后的农房成为宁夏南大门的一道靓丽风景。盐池县按照"临城、靠路、近水"的思路，将危房改造与产业发展、务工移民相结合，既解决了农民居住问题，又为发展创造了条件。金凤区积极推广抗震新技术、新结构、新材料，建设轻钢结构抗震新型农宅150多户，为全区提供了示范。永宁县、中宁县、灵武市、泾源县、彭阳县等集中建设新村，统一规划建设道路、供排水、电力、通讯等基础设施，综合整治旧村环境，农村生产生活条件有了很大改善。自治区农垦局大力实施农垦系统安居富民工程，创造了职工安居乐业的生活环境。

截至年底，全区建成"塞上农民新居"新村55个，6000多户；综合整治旧村283个，13727户。完成农村危房改造32543户，惠及5.2万多群众，超额完成了自治区人民政府年初确定的各项任务。《中国建设报》在头版头条位置发表了题为"住房保障工作从城市走向农村—宁夏'塞上农民新居'全区推进"的文章，对宁夏在"塞上农民新居"建设、农村危房改造和抗震示范农居建设中所取得的成绩及做法和经验向全国进行了宣传报道。

【小城镇建设加快推进】 在对全区小城镇进行摸底调查的基础上，制定了2009年小城镇建设项目计划，向各市、县(区)拨付了2009年小城镇建设专项补助资金1930万元，加快推进小城镇建设。截至年底，建设集镇道路30多公里，供排水管道20多公里，新建公共绿地8.6万平方米，完成投资1.48亿元，有效发挥了小城镇对农村的辐射带动作用。原州区张易镇、同心县王团镇、平罗县渠口镇建设特色明显，基础设施齐全，综合功能完善，市场活跃，对周边农村起到了很好的带动作用。青铜峡市邵岗镇、石嘴山市惠农区红果子镇和泾源县泾河镇列为全国项目带动村镇规划一体化试点小城镇。

【大力推广抗震节能示范农宅】 借鉴国内外抗震农宅建设的经验和做法，组织技术人员研究开发了符合宁夏实际的抗震新材料、新技术和新结构体系，在全区示范建设了轻钢结构、轻型复合保温墙体材料的抗震农宅和学校。2009年，结合塞上农民新居"建设、农村危房改造"，住房和城乡建设厅在全区大力推广轻钢结构、轻型墙体复合材料抗震节能农宅，切实提高农村住房的抗震防灾能力，确保人民群众生命和财产安全。截至年底，建设抗震节能农宅600多套，做到了抗震安全、节能保温、经济实用、功能齐全。

七、科技节能

【节能减排取得新进展】 全面实施建筑节能审查与认定评审制度，建立健全从工程设计到竣工备案的建筑节能全过程监管机制，严格执行建筑节能50％的强制标准，积极推进65％节能示范工程，全区新建建筑设计阶段执行节能标准率为100％，新建节能建筑占新建建筑总量的95％以上。加快推进既有建筑供热计量和节能改造，完成了150万平方米节能改造任务。启动实施了国家级可再生能源利用示范工程建设，制定了宁夏十二层以下民用建筑全面推广应用太阳能热水系统管理办法和标准图集，编制完成了《政府办公建筑和大型公共建筑节能监管体系建设方案》。积极争取国家资金支持，将宁夏发电集团和吴忠中小企业孵化基地2个项目列为国家太阳能光电建筑一体化应用示范项目，海原县列入国家第一批可再生能源建筑应用示范县。加快新型建材研究，开发节能环保新材料，生产新型墙体材料16.2亿标砖，节约土地2558亩，节能23.5万吨标煤，对全区节能目标贡献率达17.4％，超额完成了目标任务，被自治区人民政府评为全区节能减排先进单位。

【最大节能新材料项目】 宁夏最大的新型建筑材料生产重点工程—中国节能投资公司投资1.2亿元建设的固原烧结制品项目，在固原市原州区头营镇马园村奠基。该项目依托固原境内优质的黏土、粉煤灰等资源优势，采用新技术和新工艺生产环保、节能的新型建筑材料，年生产多孔砖1.2亿块、机制瓦6000万片，年可节约危房危窑改造成本上千万元，节约标煤上万吨。该项目填补了宁南地区无环保新型建材的空白，将为全区新农村建设、生态移民、危房危窑改造提供建筑材料。

【开展城乡既有房屋建筑抗震安全性能普查】 成立了城乡房屋建筑抗震安全普查工作领导小组，制定了《全区农村住房抗震性能普查鉴定工作方案》、《全区城镇既有建筑抗震安全排查工作方案》，在全区开展了城乡房屋建筑抗震安全普查工作。自治区住房和城乡建设厅开发了全区城乡既有房屋建筑抗震性能普查鉴定数据库管理系统，建立城乡既有房屋建筑基础数据库和自治区、市、县三级住房信息管理系统平台，实现全区城乡既有房屋建筑数据统一、信息共享、资源共享。

大 事 记

1月1日，《宁夏回族自治区廉租住房和经济适用住房保障办法》正式开始实施。

1月11日，自治区人民政府召开第24次常务会议，审议通过了《关于促进房地产业平稳健康发展的若干意见》。

1月17日，自治区人民政府印发了《关于促进房地产市场平稳健康发展的若干意见》。

1月20日，全区城乡建设工作会议在银川召开。会议传达学习了全国住房和城乡建设工作会议精神，总结了2008年住房和城乡建设工作，安排部署了2009年住房和城乡建设系统的工作任务，表彰了2008年度"塞上农民新居"建设、城乡环境综合整治先进市、县和"明珠杯"城市规划建设管理和援建甘肃天水市过渡安置房建设先进集体和先进个人。

2月2日，自治区党委第5次常委会议审定通过了《宁夏沿黄城市带（群）发展规划》。

2月2日，自治区人民政府召开第25次常务会议，审议通过了《宁夏回族自治区房屋建筑抗震设防管理办法》，3月10日起施行。

2月13日，全区促进房地产业健康发展新闻发布会暨房地产企业诚信建设动员大会在银川召开。会议宣传贯彻了自治区人民政府《关于促进房地产业平稳健康发展的若干意见》，中房集团银川房地产开发有限公司等25家企业被命名为全区房地产诚信企业，对房地产企业诚信建设工作进行动员部署，召开了新闻发布会，自治区副主席李锐出席并回答了记者提问。

2月15日，在自治区人民政府第三次全体（扩大）会议上，住房和城乡建设厅荣获自治区人民政府2008年度效能目标管理考核政府组成部门组一等奖。

3月9日，全区建筑管理工作会议在银川召开。会议总结了2008年建筑管理工作，通报了2008年建筑安全生产事故处理情况和整顿规范建筑市场秩序工作开展情况，表彰了2008年度建筑施工质量和安全管理先进单位和个人，表彰了"西夏杯"优质工程获奖单位，部署了2009年全区建筑管理工作，自治区住房和城乡建设厅与五市建设局签订了安全生产目标责任书。

4月3日，自治区住房和城乡建设厅在石嘴山市召开了全区城乡建设档案工作现场会。会议传达了全国城建档案工作会议精神，总结了2008年全区城建档案工作，对2009年城建档案的收集管理利用、信息化建设、城市地下管线档案管理等工作进行了安排部署。

4月7日，住房和城乡建设部通报了2008年中国人居环境奖获奖城市（项目）名单，宁夏石嘴山市北武当生态建设项目获得"中国人居环境范例奖"。

4月14日，国家住房和城乡建设部召开农村危房改造座谈会。宁夏住房城乡建设厅和中卫市在座谈会上介绍了农村危房改造工作的做法和经验。

4月24日，自治区人民政府第33次常务会议研究通过了《关于加快推进沿黄城市带发展的实施方案（2009～2012）》，对沿黄城市带建设近期发展主要任务进行了全面部署。

5月19日，自治区人民政府出台了《关于进一步加强保障性安居工程建设的意见》，对全区保障性安居工程建设任务、资金筹措办法、补助标准、职责分工进行了明确规定，为全区保障性安居工程建设提供了政策保障。

5月31日，自治区人民政府在银川举办2009首届中国西部（银川）房地产创新发展高峰论坛，自治区副主席李锐、中国房地产业协会会长宋春华出席论坛并分别作了重要讲话和专题报告。

6月10日，国家住房和城乡建设部、发展改革委、财政部将宁夏列入全国农村危房改造试点省区，并下达扩大农村危房改造试点补助资金9800万元。

6月16日，自治区级建筑施工安全质量标准化工地观摩会在银川市水木清苑工程施工现场召开，全区建设系统1200多人参加了会议。

6月26日，全区城市低收入家庭住房保障工作会议在银川召开，全区各市县（区）政府分管领导和建设（房管）、发改、财政部门的负责同志，自治区相关部门负责人参加了会议。

7月9～10日，自治区组织城市化工作暨沿黄城市带发展领导小组各成员单位和沿黄各市县（区）负责同志，实地观摩督查了沿黄城市带建设情况。

7月23日，自治区住房和城乡建设厅组织召开全区物业服务管理现场观摩会，通过现场实地观摩、播放专题片、多媒体演示等形式，交流推广各地物业服务管理先进经验，研究讨论物业服务管理行业的热点、难点问题，进一步加强和改进全区物业服务管理工作的办法和措施。

8月16日，国家住房和城乡建设部副部长仇保兴在自治区党委常委、银川市委书记崔波，自治区人民政府主席助理屈冬玉，住房和城乡建设厅厅长刘慧芳的陪同下，对宁夏住房和城乡建设工作进行了考察。

8月18～21日，国家住房和城乡建设部稽查办公室主任王早生为组长的全国建筑工程质量监督执法检查第五组，在自治区住房和城乡建设厅副厅长马占林、总工程师郑德金的陪同下，对宁夏建筑工程质量进行了监督执法检查。

9月1日，全区住房公积金异地购房贷款启动大会在银川召开。银川、石嘴山、吴忠、固原、中卫5市住房公积金管理中心和自治区住房资金管理中心共同签署了《全区住房公积金异地购房贷款合作协议书》，宁夏住房公积金异地购房贷款正式启动实施。

9月10日，以"'黄河金岸'建设与城市发展"为主题的上海世博会宁夏城市论坛在银川隆重召开。

9月23日，自治区住房和城乡建设厅委托中国建筑建科院国家工程质量监督检验中心进行的宁夏轻钢抗震节能体系示范农宅抗震性能振动台检验（动态特性探查试验及抗震性能试验）取得圆满成功。

9月30日，自治区十届人大常委会第12次会议审议通过了《宁夏回族自治区建设工程造价管理条例》，11月1日起正式施行。

10月10日，自治区副主席李锐、自治区政协副主席解孟林在住房和城乡建设厅、财政厅、民政厅、经济和信息化委、国资委负责人的陪同下，对宁夏轻钢结构抗震节能体系示范农宅振动台试验情况和宁夏富宁投资集团有限公司建筑节能材料生产进行了调研。

11月3日，自治区住房和城乡建设厅制定印发了《关于进一步规范和加强物业服务管理工作的意见》，提出了进一步理顺物业服务管理体制机制、引导物业服务企业向市场化专业化方向发展、全面开展创建示范项目优质服务活动、有序推进旧住宅小区综合整治、加强住宅专项维修资金归集使用、加强物业服务市场监督管理等十条措施。

11月23日，自治区住房和城乡建设厅会同自治区物价局、工商局、中国人民银行银川支行等有关部门制定印发了《宁夏回族自治区商品房销售管理暂行办法》，规范房地产市场行为，促进房地产业健康发展。

12月18日，在全国住房和城乡建设工作会议上，宁夏扩大农村危房改造工程获得全国扩大农村危房改造先进省（区），并进行了经验交流。

（宁夏回族自治区住房和城乡建设厅）

新疆维吾尔自治区

2009年是极不平凡的一年。面对"7·5"严重暴力犯罪事件和国际金融危机的不利影响，新疆住房城乡建设系统坚持以科学发展观统领工作全局，坚决贯彻中央和自治区"保稳定、保增长、保民生"的各项决策部署，团结进取、真抓实干，住房城乡建设事业发展取得新成绩，为自治区经济社会发展做出了积极贡献。

一、住房保障

【概况】 2009年实际完成廉租房建设投资36亿元，开工建设廉租住房8.66万套，其中竣工3.45万套。投资1.1亿元，购买、改建廉租住房2496套。全年发放租赁补贴2.22亿元，新增发放租赁补贴7.3万户。乌鲁木齐市、伊犁哈萨克自治州、喀什地区、阿克苏地区、塔城地区、哈密地区、巴州、博州、昌吉回族自治州建设规模超过了年度计划。其中喀什地区建设规模超过了中央下达投资计划的50%。

2009年，全区完成经济适用住房建设投资17.7亿元，新建经济适用住房1.4万套，可保障1.4万户城市低收入住房困难家庭；开工建设国有困难企业解危解困房16.6万平方米，可解决2188户国有企业"双困"职工家庭的住房困难。

截至2009年底，新疆累计投资37.83亿元，建设廉租住房9.03万套（竣工3.81万套）；投资1.1亿元购买、改建廉租住房2496套，发放廉租住房租赁补贴1.27亿元，保障家庭8万户/次；投资43.3亿元，建设经济适用住房，保障了3.8万户城镇低收入住房困难家庭；建设解危解困房1.18万套，解决了1.18万户国有困难企业"双困"职工的住房问题，城镇居民人均住房建筑面积24.6平方米。

【自治区保障性安居工程】 2009年，自治区人民政府对自治区住房保障工作成绩显著的伊犁哈萨克自治州、塔城地区、博尔塔拉蒙古自治州、乌鲁木齐市、哈密地区、巴音郭楞蒙古自治州、阿克苏地区、喀什地区等8个地州市，伊宁市、库尔勒市、喀什市、和田市，乌鲁木齐市的天山区、沙依巴克区、水磨沟区，新源县、尼勒克县、和布克赛尔县、托里县、福海县、青河县、温泉县、奇台县、吉木萨尔县、伊吾县、轮台县、和静县、库车县、拜城县、温宿县、乌恰县、伽师县、泽普县、岳普湖县、墨玉县等27个县（市、区）予以表彰。由自治区住房保障领导小组采取"以奖代补"的形式予以奖励，奖励资金全部用于廉租住房建设。

【住房公积金管理】 2009年，新疆住房公积金覆盖率82.36%。全区归集住房公积金86.02亿元，累计归集总额476.78亿元，比年初增长22.01%。累计为职工购建房等原因支取住房公积金181.25亿元，住房公积金归集余额295.52亿元，比年初增加41.98亿元。

全区累计为27.77万户职工发放个人住房公积金贷款202.89亿元，比年初增加57.09亿元，增长39.16%；个人住房公积金贷款余额126.8亿元，个人贷款余额占缴存余额的比例42.91%。截至2009年底，累计提取廉租住房建设补充资金4.35亿元，已上交财政部1.63亿元。

累计归集住房资金32.44亿元，其中住房资金29.46亿元、住房维修基金2.98亿元。审批使用住房资金25.99亿元（新建住房15.49亿元，住房维修1.79亿元，退房3.07亿元，其他5.64亿元）。到年底，住房资金余额6.22亿元（维修资金1.56亿元，售房及集资款4.66亿元）。

【住房公积金专项治理】 通过专项治理，全区各地纠正不建、不缴住房公积金人数29986人，追缴金额6433.05万元；清理纠正骗提、骗贷住房公积金人数19人，追回资金128万元，共纠正超标准缴存住房公积金人数3124人，涉及金额354.448万元；回收以个人名义发放的住房公积金项目贷款11408.2万元。

二、住宅与房地产业

【城镇房屋建设】 2009年，新疆城镇实有房屋建筑面积32989.47万平方米，比上年增加1609.52万平方米。其中住宅建筑面积20239.76万平方米，比上年增加842.83万平方米，非住宅建筑面积12749.71万平方米，比上年增加766.69万平方米，成套住宅建筑面积18107.18万平方米，住宅成套率89.46%。人均住宅建筑面积24.62平方米，增加0.61平方米。

2009年新疆城镇房屋结构：钢结构632.48万平方米，钢混结构3788.82万平方米，混合结构8432.61万平方米，砖混合结构15398.68万平方米，砖木结构2475.04万平方米，土木结构2261.84万平方米；单层房屋10286.41万平方米，多层房屋20387.81万平方米，高层2314.25万平方米。

【房地产开发经营】 新疆列入统计部门统计范围的房地产开发企业1159家，商品房屋开发投资完成235.88亿元，比上年增加7.25亿元，增长3.17%，商品房屋施工面积3064.41万平方米，增加425.35万平方米，其中新开工面积1718.17万平方米，增加14.31万平方米。商品房屋竣工面积1032.72万平方米，减少16.57万平方米，其中住宅竣工面积900.87万平方米，减少42.53万平方米。实现商品房屋销售面积1406.55万平方米，增加452.2万平方米，其中销售住宅面积1326.67万平方米，增加440.32万平方米。截至年底，全区商品房屋空置面积419.83万平方米，增加30.13万平方米，其中住宅空置面积254.36万平方米，增加8.55万平方米。

【新疆首届网上房交会】 2009年12月15日，乌鲁木齐市房产管理局在房产大巴扎网站主办的新疆首届网上房地产交易展示会开幕。网上房交会，在乌鲁木齐尚属首次，参展的近百家楼盘品种有多层、电梯公寓、别墅、商业、写字楼等，及上千条二手房房源信息都将在网上公布。本次房交会首次运用360度全景虚拟楼盘网络实景展示、沙盘视频售楼，彰显了网络在资源整合、快速传播、轻松快捷方面的优势。

【首次调查外来务工人员住房】 2009年9月29日，新疆住房和城乡建设厅在新疆首次大规模地开展城市外来务工人员家庭住房状况调查，调查以城市外来务工人员家庭为单位进行，同时具备家庭成员均非本市（县城）城镇户籍人员和从事务工活动或生活5年以上；家庭成员均办理了由公安机关核发的暂住证和在现居住地无自有产权住房，进一步完善城市住房保障体系。

【城镇房屋拆迁】 2009年新疆维吾尔自治区房屋实际拆迁面积358.35万平方米,比上年增加175.83万平方米,其中住宅228.21万平方米,比上年增加78.98万平方米,行政裁决拆迁120件(行政裁决面积2.54万平方米),比上年行政裁决拆迁增加35件(行政裁决面积增加2.3万平方米),强制拆迁面积9.48万平方米。

【城镇房屋权属登记管理】 2009年,新疆城镇房屋权属登记总建筑面积31452.6万平方米,比上年增加1580.71万平方米,其中住宅登记建筑面积19341.04万平方米,住宅登记率95.56%;非住宅登记建筑面积12111.56万平方米,非住宅登记率94.99%;全年国有土地上登记总建筑面积10209.21万平方米,其中所有权登记6467万平方米,初始登记2609.24万平方米,转移登记2222.84万平方米,变更登记898.09万平方米,注销登记736.83万平方米(含拆除登记185.08万平方米),抵押权登记2856.01万平方米,预告登记1020.69万平方米,其他登记75.23万平方米。国有土地上登记总件数534477件,其中所有权登记289214件,初始登记78905件,转移登记208140件,变更登记23591件,注销登记35688件(含拆除登记7844件),抵押权登记127534件,预告登记106701件,其他登记11028件。

【物业管理】 2009年,新疆有物业服务企业733家,比上年增加88家,从事物业服务人员4.66人,比上年增加0.9万人,接受委托物业服务项目5496个,比上年增加2467个,物业管理房屋总建筑面积13631.68万平方米,比上年增加1075.86万平方米,占房屋总建筑面积的41.32%;物业管理住宅总建筑面积11401.45万平方米,比上年增加1779.03万平方米,占住宅建筑面积56.33%,比上年增长6.72%;2009年物业服务企业营业总收入125471.37万元,比上年增加1431.37万元,物业服务营业成本119959.67万元,比上年增加2679.67万元,营业税金及附加8538.81万元,比上年增加1347.84万元,营业利润亏损-3027.11万元,比上年增加亏损2600.1万元。全区接受委托物业服务项目6496个项目,成立业主委员会并备案有528个,占9.61%。

【住宅专项维修资金】 2009年自治区城镇房屋(住宅)累计归集住宅专项维修资金255311.91万元,其中已累计申请使用12450.9万元,现有住宅专项维修资金余额242861.01万元。

【考评自治区物业管理优秀住宅小区】 2009年9月11~10月20日,新疆住房和城乡建设厅组织人员对乌鲁木齐市、克拉玛依市和昌吉回族自治州申报2009年"自治区物业管理优秀住宅小区(大厦、工业区)"23个项目进行考评验收。其中克拉玛依市独山子区锦园小区等20个物业服务项目得分在90分以上,符合自治区物业管理优秀住宅小区(大厦、工业区)标准和考评细则的要求。

三、城乡规划

【总体规划】 2009年,巴音郭楞自治州城镇体系规划、克拉玛依市城市总体规划、图木舒克市城市总体规划、吐鲁番市新区总体规划、阿克苏地区的库车化工园区总体规划、阿勒泰地区的吉木乃口岸总体规划和塔克什肯口岸总体规划经自治区人民政府正式批准。自治区人民政府同意设立阿克苏工业园区、阿克苏拜城重化工工业园区、兵团温州工业园区(玛纳斯县境内)。截至年底,新疆有4个地州的城镇体系规划和23个城市、68个县完成了新一轮总体规划修编任务,城镇控制性详细规划覆盖率达到70%以上。乌(乌鲁木齐)昌(昌吉)一体化稳步实施,克拉玛依、库尔勒、石河子、伊宁、喀什、阿克苏、哈密等区域中心城市快速发展、辐射带动作用明显增强。全区城镇化率达39.85%。

【巴音郭楞蒙古自治州城镇体系规划】 2009年12月15日,新疆维吾尔自治区人民政府批准实施了《巴音郭楞蒙古自治州城镇体系规划(2009~2025)》,该规划是《城乡规划法》和《自治区实施〈城乡规划法〉办法》颁布实施以来的第一个由自治区人民政府批准实施的城镇体系规划。规划要求将各类开发区、工业园区用地纳入城镇建设用地统一规划管理,逐步建立以库尔勒市为中心,以和静县、轮台县、若羌县为副中心,形成各类城镇空间布局合理、功能互补、基础设施完善、生态环境良好的城镇体系。

【召开库车历史文化名城保护规划审查会】 2009年12月24日,新疆维吾尔自治区住房和城乡建设厅召开库车历史文化名城保护规划审查会。对《库车历史文化名城保护规划》、《库车历史文化街区保护规划》(2008~2025年)进行审查。

【历史文化名城】 2009年7月1日,伊宁市被新疆维吾尔自治区人民政府批准为自治区历史文化名城。伊宁市位于伊犁河谷中部,处在丝绸北道的交通枢纽位置,是新疆最早的三个设市城市之一。截至2009年底,新疆有喀什市、吐鲁番市、特克斯县3座国家历史文化名城。库车县、巴里坤县、伊宁市3座自治区级历史文化名城。

四、建筑业

【概况】 2009年,新疆列入统计部门统计范围的

993家等级建筑施工企业完成建筑业总产值791.38亿元，完成建筑业增加值162.73亿元。全年房屋建筑施工面积5151.6万平方米，其中本年新开工面积3560.54万平方米。房屋建筑竣工面积2517.79万平方米，其中住宅1485.15万平方米、厂房159.84万平方米、办公用房193.7万平方米、商业居民服务业用房138.38万平方米、文化教育业用房361.84万平方米、医疗用房69.01平方米、科研用房5.69万平方米、其他104.19万平方米。企业期末从业人数48.18万人，计算劳动生产率的平均人数45.56万人，按建筑业总产值和建筑业增加值计算的劳动生产率分别为173714元/人和35721元/人。2009年，建筑企业总收入795.89亿元，其中工程结算收入778.81亿元，实现利税总额42.21亿元（其中利润总额15.65亿元）。有亏损企业324家，亏损额39534.1万元。

【建筑业保持快速发展，工程质量安全水平有所提高】 建筑企业经营结构不断优化，经营范围逐步拓宽，企业竞争力进一步增强。全年完成建筑业总产值791亿元，同比增长25.76%，实现增加值163亿元，同比增长20.79%。《建设工程工程量清单计价规范》稳步推行，工程招投标监督管理得到加强，建筑市场秩序有所好转。勘察设计行业体制改革与创新取得新成绩，勘察设计市场监管力度加大，勘察设计质量不断提高。

【工程质量监督】 2009年，全年共检查施工企业675家、工程项目7050个，查处未办理施工许可等手续的项目56个、无证上岗61人，建筑市场环境进一步净化。建立了建筑企业信用管理系统，及时在网上发布建筑企业信用信息，全年共发布建筑市场不良行为信息20项。对907家建筑施工企业的资质情况进行了核查，要求153家不达标企业限期整改。各级质量监督站共计监督房屋及市政基础设施工程11017个（不含兵团），监督总面积5087.51万平方米，监督覆盖率近100%。签发整改通知书5679份，局部停工通知1038份。被录入不良行为记录的质量责任主体和机构209个。全年共受理建设工程质量投诉案件729起，结案705起，结案率96.7%。组织开展了先进工程质量监督机构和个人评选活动，乌鲁木齐市建设工程质量监督站等21个单位被评为"自治区先进工程质量监督机构"，43位同志被评为"自治区先进工程质量监督工作者"。深入开展工程质量监督执法检查和工程质量专项治理工作，住宅分户验收制度全面推行，住宅工程质量明显提高。各地共培育"样板工程"230项，创建"优质工程"85项，全区共有39个建设项目被评为2009年度新疆建筑工程"天山奖"。

【建设工程招标投标】 2009年初，新疆维吾尔自治区建设厅建设工程招标投标开通了"新疆建设工程招标投标网"，公布了招投标的业务流程，研发试运行了"建设工程招标投标网上报名系统"，并将巴州和吐鲁番地区纳入试点范围。成立了新疆维吾尔自治区工程建设领域突出问题专项治理工作领导小组办公室。下发《自治区住房和城乡建设系统工程建设领域突出问题专项治理工作实施方案》，在住房和城乡建设系统集中开展工程建设领域突出问题专项治理工作。查处建筑企业规避招标、虚假招标、围标串标、转包和违法分包等违法违规案件。对全区建设工程招标代理机构近一年来开展工作情况进行全面的检查，针对部分招标代理机构存在的人员管理混乱、出借资质证书等违规行为，进行专项执法检查，全年，共清出违规招标代理机构9家，新增招标代理机构17家，由乙级降为暂定乙级招标代理机构企业4家，由乙级升为甲级企业1家。受理了15起矛盾纠纷的情况反映及投诉。接纳入库报名单位283家并发放了身份验证锁，发布网上招标公告820个，发布网上中标公示116个，接受网上投标报名330余次。2009年，自治区建设工程招标投标共完成招标工程总个数236项，中标总造价52220万元；建筑施工招标159项，中标总造价45049万元；施工监理招标75项，中标造价7026万元；设备招标2项，中标造价145万元。

【建设工程安全生产】 2009年，全年共开展建筑安全生产执法行动217次，排查治理一般隐患35629项，重大隐患269项，其中列入治理计划的重大隐患31项，暂扣安全生产许可证的企业15家，责令停工整改的项目235个，责令限期整改的项目792个，全区共发生建筑安全事故13起，死亡14人，事故起数与上年持平，安全生产形势总体平稳。2009年12月，国家住房和城乡建设部授予新疆建工集团四建承建的新疆医科大学第一附属医院第二病房楼施工现场、新疆三联工程建设有限责任公司承建的克拉玛依石化工业园区生产指挥中心施工现场被评为"全国建筑施工安全质量标准化示范工地"，乌鲁木齐市建设工程安全监督站被授予"全国建筑施工安全质量标准化工作先进集体"，克拉玛依质量安全监督站站长陶友等2人被授予"全国建筑施工安全质量标准化工作先进个人"，全区共有218项工程获自治区安全生产文明工地。

【建工集团参建的青藏铁路项目获百项经典暨精品工程】 2009年10月，在国家建筑业协会、国家水利工程协会、国家铁道工程建设协会等12个协会举办的新中国成立60周年"百项经典暨精品工程"评选中，兵团建工集团参建的青藏铁路项目名列其中。青藏铁路项目由50余家单位共同完成。兵团建工集团作为新疆一家参建单位，承建的21标段全长42.95千米，地处青藏高原腹地那曲河谷地段，平均海拔4600米。

【新疆建筑工程天山奖】 2009年，经新疆建筑工程天山奖评审委员会评审，新疆建工集团第一建筑工程有限责任公司承建的新疆金风科技股份有限公司研发检测中心等39项工程获2009年度新疆建筑工程天山奖。

【建设系统应急管理】 2009年，新疆住房和城乡建设厅完善了应急救援队伍和专家库，建立了应急信息报送和档案管理制度，加强应急预案编制和培训，先后组织开展了施工现场基坑坍塌事故应急救援演练，重大危险源定期排查、动态监控和预警机制初步形成，应急响应处置能力增强。

【抗震安居工程】 2009年，新疆竣工抗震安居房38.2万户，超额完成年计划35万户的建房任务。完成的38.2万户抗震安居房中，农村完成27.2万户，城镇完成11万户，又有146.2万各族群众喜迁新居。拆除危房26.5万户，抗震安居工程竣工率达到100%。截至2009年，新疆城乡抗震安居工程建设投入资金共计464亿元，其中，国家投入17.85亿元，自治区配套14.1亿元，群众自筹396.05亿元，地县筹集13.5亿元，社会帮扶5.2亿元，银行贷款17.3亿元，新建抗震安居房227.7万户，有980万群众住进抗震安居房，其中农村新建抗震安居房175.7万户，有802万农牧民入住新房。南疆三地州有93.2万户贫困户、五保户、低保户住进了抗震安居房。

【抗震排查】 2009年，自治区城乡重要建(构)筑物抗震防灾工程排查工作全面完成，全区共完成抗震排查面积3385万平方米，已完成鉴定抗震面积1525万平方米，根据不同年代和建筑结构预测需要抗震加固改造面积1721万平方米。全区完成抗震加固改造投资40亿元，开工学校、医院抗震加固改造项目4957个，595.82万平方米，已竣工项目4531个，竣工面积539.28万平方米。乌鲁木齐市、克拉玛依市、伊犁哈萨克自治州、博州、巴州、昌吉回族自治州、塔城地区、哈密地区、阿勒泰地区超额完成年度任务，超额完成42万平方米。

【重点项目完成情况】 2009年，新疆重点项目建设完成投资1000亿元，其中新开工重点项目45项。一批重点河流水利枢纽工程、引水干渠工程竣工投运；还有一批山区控制性水利枢纽、大中型病险水库除险加固工程、塔里木河流域综合治理、大型灌区节水改造、土地开发整理工程等重点项目正在加速建设。新疆重点流域综合治理已初见成效，天然林保护、平原绿化、荒漠植被恢复等重大生态工程建设已全面完成。

【行业法制和工程标准建设取得新进展，行政服务效能进一步提升】 《自治区实施〈城乡规划法〉办法》已经自治区人大批准实施，《自治区乡村建设规划许可管理办法》、《自治区建筑工程施工评标规则》等7件规范性文件发布实施，住房和城乡建设行业法制体系进一步完善。行政执法工作得到加强，一批违法违规行为得到查处。工程建设地方标准体系逐步完善，《预拌砂浆应用技术规程》发布实施，完成了《液化天然气(LNG)汽车加气站设计与施工规范》等6项企业标准备案登记工作，为促进住房城乡建设事业集约发展提供了技术支撑。

五、城市建设

【城建固定资产投资】 2009年，新疆21个设市城市、66个县城市政公用设施建设完成固定资产投资1290785万元，比上年增长55.66%，其中设市城市完成1055138万元，增长63.92%。按投资领域分：供水136775万元，集中供热137429万元，燃气72750万元，道路桥梁438966万元，排水137150万元，防洪4815万元，园林绿化183746万元，环境卫生32230万元，其他146924万元。2009年新增固定资产961393万元。

【喀什老城区改造】 2009年2月，总投资70多亿的喀什市老城区危旧房改造综合治理工程全面启动。喀什市老城区危旧房改造工程项目选定老城区核心区亚瓦格街道18号片区、吾斯塘博依街道W-15片区、库木代尔瓦札街道W-31片区、恰萨街道E-28、E-30片区五个片区作为统拆统建多层楼房的试点区陆续开工建设。11月25日，喀什市老城区危旧房改造五个试点区统拆统建多层楼房工程557套房屋竣工，首批145户居民喜迁新居。

【数字化城市管理】 2009年5月1日，乌鲁木齐市数字化城市管理系统正式投入运行。乌鲁木齐市数字化城市管理系统投资2350万元，于2009年3月建成，该系统在160多平方千米的城区统一受理城区管理投诉，数字化管理担负起应急指挥协调、城市视频监测等职能。乌鲁木齐市数字化城市管理建设范围包括天山、沙依巴克区、新市区、水磨沟区等四个中心城区和经济技术开发区、高新技术开发区等两个开发区共160多平方千米。

【5城市、1城区、3县城获自治区园林奖】 2009年4月23日,在乌鲁木齐市昆仑宾馆召开的自治区2007~2008年度城市建设"天山杯"竞赛和创建"园林城市"活动表彰大会上。五家渠、阜康、阿勒泰、吐鲁番、博乐5个城市被自治区人民政府授予自治区级园林城市,授予分别奖励20万元。尼勒克、尉犁、阿瓦提3个县城被授予自治区园林县城,克拉玛依市乌尔禾区为自治区园林城区,分别奖励15万元。截至2009年底,新疆已有自治区园林城市7个、城区6个、县城14个、村镇2个。全区城市建成区绿化覆盖率达31.10%,绿地率达27.07%,人均公园绿地面积8.44平方米。

【2城市、3县城获国家园林城市(县城)】 2009年,国家住房和城乡建设部命名重庆市等41个城市为国家园林城市,重庆市荣昌市等31个县城为国家园林县城。新疆的伊宁市、哈密市、新源县、哈巴河县和沙湾县榜上有名。截至年底,新疆已有国家园林城市7个、县城5个。

【无障碍城市建设】 2009年4月27日,新疆维吾尔自治区无障碍建设领导小组决定成立自治区无障碍建设领导小组办公室。对克拉玛依市、石河子市、乌鲁木齐市的创建城市无障碍建设组织管理、城市道路、公共建筑、交通设施、特殊设施、居住小区配套建设无障碍设施进行检查。乌鲁木齐市重点对中山路、红山路、新华南北路、人民路、延安路、新民路、和平路、解放南北路、友好路、北京路等已建、在建道路以及桥梁主干道,进行盲道专项建设。克拉玛依市对克拉玛依区、独山子区、白碱滩区养老院、福利院、残疾人康复中心、医院等建筑进行了建设与改造。石河子市投入187万元,对福利中心老年公寓、天勤、军垦、爱德等养老机构进行无障碍设施改造时,对建筑物出入口进行了坡化处理、安装了无障碍电梯、专门设置了无障碍厕所和厕位等,为老年人的居住和生活提供了便利。

【城市供水】 2009年,新疆设市城市、县城新增自来水供水能力20.27万立方米/日,新增自来水管道439.14千米。综合生产能力475.20万立方米/日,供水管道总长10363.07千米,年供水总量90411.98万立方米,用水人口860.55万人,用水普及率95.90%,人均日生活用水133.85升。其中设市城市综合生产能力371.53万立方米/日,供水管道长6092.12千米,年供水总量75215.42万立方米,用水人口608.79万人,用水普及率99.03%,人均日生活用水148.74升。县城综合生产能力103.67万立方米/日,供水管道4270.95千米,年供水总量15196.56万立方米,用水人口251.76万人,用水普及率89.11%,人均日生活用水97.82升。

【水源地保护工程】 2009年4月11日,新疆天山源水管理经营有限公司投资约为4000万元,在西山水源地生态恢复建设与土地节水灌溉综合开发示范区内,综合开发建设4200亩荒地和撂荒、弃耕地的生态保护与土地节水灌溉工程。

【新疆首家水主题展览馆】 2009年12月22日,克拉玛依建成新疆首家以水为主题的科学展览馆。该科学展览馆位于克拉玛依市白碱滩区的文化科技大厦。总投资500多万元,展厅面积700多平方米。分为水与地球、水与生命、水与文明和水与发展四个展区。

【城市集中供热】 2009年,新疆设市城市、县城新增集中供热能力蒸汽、热水1334.17兆瓦。累计供热能力蒸汽1680吨/小时,热水22944兆瓦,集中供热管道长度7100千米。年供热总量蒸汽1326万吉焦,热水19684万吉焦。集中供热面积20584.1万平方米,其中住宅14570.8万平方米。设市城市累计供热能力蒸汽1354吨/小时,热水18307兆瓦,年供热总量蒸汽1144万吉焦,热水15758万吉焦,集中供热管道长度5466千米,集中供热面积17072.5万平方米,其中住宅12190.3万平方米。县城供热能力蒸汽326吨/小时,热水4637兆瓦,年供热总量蒸汽182万吉焦,热水3926万吉焦,集中供热管道长度1634千米,集中供热面积3511.6万平方米,其中住宅2380.5万平方米。

【城市燃气】 2009年,新疆设市城市、县城新增天然气管道长758.76千米,新增天然气储气能力115.41万立方米。全区累计天然气管道长7494.22千米,年天然气供气总量120892.81万立方米,用气人口457.61万人。人工煤气管道长134千米,人工煤气生产能力2556万立方米/日,储气能力29万立方米,年供气总量931300万立方米,用气人口6万人。液化石油气储气能力17636.30吨,供气管道长82.12千米,年供气总量112125.77吨,用气人口280.91万人。全区燃气普及率83.00%。拥有天然气汽车加气站116座、液化气汽车加气站65座。其中设市城市天然气储气能力159.88万立方米,供气管道5998.01千米,供气总量104498.23万立方米,用气人口382.26万人;人工煤气生产供应全在设市城市内,液化石油气储气能力9705.00吨,供气管道81.81千米,年供气总量81999.13吨,用气人口160.75万人,设市城市燃气普及率89.34%。县城天然气供气管道1496.21千米,天然气储气170.24万立方米,供气总量

16394.58万立方米，用气人口75.35万人；液化石油气储气能力7931.30吨，年供气总量30126.64吨，用气人口120.16万人，燃气普及率69.20%。

【公交线路智能化管理】 2009年9月27日，乌鲁木齐公交市公交集团在乌鲁木齐21条公交线路上的876辆公交车实现了智能化管理。车辆安装GPS智能调度系统后，每辆公交车行驶情况将显示在调度中心电子屏幕上，通过运用GPS智能调度系统的"分段限速和车距车隔准点运行自动监控""集中调度""电子签单"等相关功能，可对线路运行适时监控，及时掌握各公交车运行以及各站点停靠情况，不仅缩短了客流量大路段的乘客候车时间，而且减少了车辆扎堆同时进站的问题。同时还将降低乌鲁木齐公交车营运成本，实现运营效能最大化。

【城市道路桥梁】 2009年，新疆设市城市、县城新建扩建道路299.83千米，新建扩建道路面积391.74万平方米，新增桥梁3座。全区累计道路长7758.5千米，道路面积12166万平方米，人均拥有道路面积13.56平方米；拥有桥梁764座，其中立交桥38座，路灯513665盏。其中设市城市道路4939.7千米，道路面积7714.6万平方米，人均拥有道路面积12.55平方米，桥梁358座，其中立交桥33座，路灯359381盏。县城道路2818.8千米，道路面积4451.4万平方米，人均拥有道路面积15.76平方米，桥梁393座，路灯154284盏。

【全国市政金杯示范工程】 2009年2月2日，中国市政工程协会中市协(2009)1号文件表彰了上海市浦东新区五洲大道新建工程等62个项目为2008年度全国市政金杯示范工程，新疆的呼图壁县世纪园工程、吉木萨尔县北庭园工程、乌鲁木齐市东外环（东大梁—碱泉一街）道路工程、巴楚县城市道路友谊北路世纪大道工程、克拉玛依市石化工业园区东三街道路及配套系统工程等5个项目榜上有名。

【城市排水及防洪】 2009年，新疆设市城市、县城新增排水管道369.56千米，新增污水处理能力3.67万立方米/日，污水排放量53628万立方米，共有排水管道6156千米，排水管道密度4.82千米/平方千米。有污水处理厂54座，达到二、三级处理的44座，污水处理能力236.20万立方米/日，年污水处理总量38647万立方米，污水处理率72.06%。防洪堤496千米，达到百年一遇标准的38千米，达到50年一遇标准的189千米。其中设市城市污水排放量44357万立方米，共有排水管道4081千米，排水管道密度5.10千米/平方千米；有污水处理厂27座，达到二、三级处理的23座，总污水处理能力167.80万立方米/日，年污水处理总量33436万立方米，污水处理率75.38%，防洪堤261千米。县城污水排放量9271万立方米，共有排水管道2075千米，排水管道密度4.35千米/平方千米；有污水处理厂27座，达到二、三级处理的21座，总污水处理能力68.40万立方米/日，年污水处理总量5211万立方米，污水处理率56.21%。

【城市园林绿化】 2009年，新疆设市城市、县城新增园林绿地面积1180.16公顷。设市城市、县城绿化覆盖面积58162公顷，建成区绿化覆盖面积42778公顷；绿地面积49610公顷，建成区绿地面积37793公顷；公园绿地面积7813公顷；拥有公园219个，公园面积4302公顷，人均公园绿地8.71平方米，比上年增长3.20%；建成区绿化覆盖率33.48%，建成区绿地率29.58%。其中设市城市建成区绿化覆盖面积42617公顷，建成区绿化覆盖面积29055公顷；绿地面积36359公顷，建成区绿地面积26207公顷；公园绿地面积5201公顷；拥有公园129个，公园面积3146公顷，人均公园绿地8.46平方米；建成区绿化覆盖率36.30%，建成区绿地率32.74%。县城绿化覆盖面积15545公顷，建成区绿化覆盖面积13723公顷；绿地面积13251公顷，建成区绿地面积11586公顷；公园绿地面积2612公顷，拥有公园90个，公园面积1156公顷，人均公园绿地9.25平方米；建成区绿化覆盖率28.75%，建成区绿地率24.27%。

【中国人居环境奖获奖情况】 2009年4月7日，国家住房和城乡建设部经专家考察评审和社会公示，并报中国人居环境奖领导小组批准，决定授予"北京市奥林匹克公园环境建设项目"等32个项目"2008年中国人居环境范例奖"，新疆的伊宁市南市区历史文化遗产保护项目和布尔津县生态保护与城区绿化建设项目榜上有名。

【申报世界自然遗产】 初步确定将喀纳斯、天山天池、赛里木湖三个风景名胜区捆绑以新疆高山湖泊名义，计划用3到5年时间，完成申报世界自然遗产工作。新疆高山湖泊项目由喀纳斯湖、天山天池、赛里木湖和喀拉库勒湖捆绑组成，项目总面积超过4600平方千米，其中喀纳斯湖约占45%。以海拔排列，4个高山湖泊从高到低依次为：喀拉库勒湖3360米、天山天池1910米、喀纳斯湖1370米、赛里木湖1080米。4个高山湖泊展示了干旱区冰川、雪原、高山、河流、湖泊、森林、草原、湿地等山地综合自然景观以及浓郁独特的游牧民族风情。

【首座地下遗址博物馆】 2009年10月1日，库车县在县友谊路地下10米左右深的晋十六国时期砖室墓原址上开工建设新疆首座地下遗址博物馆。博物馆建筑面积为4000多平方米，总投资4000万元。

【城市环境卫生】 2009年，新疆设市城市、县城道路清扫保洁面积10877万平方米，市容环卫专用车辆设备总数1889辆，实现机械化道路清扫保洁面积2906万平方米，机械清扫率26.72%；生活垃圾年清运量514.54万吨，生活垃圾处理量414.58万吨，处理率达到80.57%；拥有无害化垃圾处理厂13座，无害化处理能力5360吨/日，无害化处理总量180.81万吨；粪便清运量11.95万吨，处理量7.30万吨，处理率61.09%；有公共厕所3022座，达到三级以上1604座。其中设市城市道路清扫保洁面积7016万平方米，市容环卫专用车辆设备总数1374辆，实现机械化道路清扫保洁面积2229万平方米，机械清扫率31.77%；生活垃圾年清运量298.23万吨，生活垃圾处理量279.74万吨，处理率93.80%；拥有无害化垃圾处理厂13座，日无害化处理能力5360吨，无害化处理总量180.81万吨；粪便清运量4.80万吨，有公共厕所1902座，达到三级以上1163座。县城道路清扫保洁面积3861万平方米，市容环卫专用车辆设备总数515辆，实现机械化道路清扫保洁面积677万平方米，机械清扫率17.53%；生活垃圾年清运量216.31万吨，生活垃圾处理量134.84万吨，处理率62.34%；粪便清运量7.15万吨，有公共厕所1120座，达到三级以上441座。

六、村镇建设

【村镇规划】 截至2009年底，新疆有县城（区）以外的独立建制镇162个（列入统计范围的154个）乡（乡政府所在地）617个（列入统计范围590个，24个乡列入城市统计报表中）。行政村8884个，村庄14214个（自然村），乡镇级特殊区域69个。全区村镇总人口1234.26万人，其中独立建制镇人口74.44万人；乡人口139.74万人；村庄人口1011.44万人，镇乡特殊区域人口8.64万人。建制镇建成区面积24278公顷；乡建成区面积45247.20公顷；村庄用地面积274338.87公顷，镇乡级特殊区域现状用地面积3456.47公顷；全区累计编制建制镇总体规划144个；编制乡（集镇）总体规划436个，编制行政村建设规划3283个；编制镇乡特殊区总体规划36个；全区乡镇建立村镇建设管理机构509个；配备村镇建设管理人员1406人，其中专职管理人员663人。

【村镇建设投资】 2009年，新疆村镇建设投资总额为110.8亿元，其中住宅建设投资66.85亿元，占投资总额的60.3%；公共建筑投资14.65亿万元，占投资总额的13.2%；生产性建筑投资9.02亿元，占投资总额的8.14%；市政公用设施投资20.25亿元，占投资总额的18.28%；在市政公用设施投资中，供水投资0.41亿元，道路桥梁投资11亿元，排水投资0.34亿元，园林绿化投资0.72亿元，环境卫生投资0.43亿元。

【村镇房屋建设】 2009年，新疆村镇竣工住宅建筑面积1272.26万平方米，其中混合结构以上的住宅建筑面积678.45万平方米，占竣工住宅建筑面积的53.33%。年末实有村镇住宅总建筑面积22779.13万平方米，其中混合结构以上的7667.82万平方米。占年末住宅建筑面积的33.67%；本年竣工公共建筑面积158.96万平方米，其中混合结构以上的134.48万平方米，占竣工公共建筑面积的84.59%；年末实有公共建筑面积2829.92平方米，其中混合结构以上的1779.02万平方米，占年末实有公共建筑面积的62.86%；本年竣工生产性建筑面积86.93万平方米，其中混合结构以上的49.47万平方米，占本年竣工生产性建筑面积的56.90%；年末实有生产性建筑面积2278.39万平方米，其中混合结构以上的1186.19万平方米，占年末生产性建筑面积的52.06%。建制镇、集镇、村庄和镇乡特殊区域人均住宅建筑面积分别达到23.21平方米、23.30平方米、23.41平方米和18.28平方米。

【村镇市政公用设施】 截至2009年底，新疆有公共供水设施953个，其中建制镇中有227个，乡（集镇）中有665个，镇乡特殊区域有61个；独立建制镇、集镇、镇乡特殊区域和村庄用水普及率分别达到81.10%、73.54%、72.84%和68.19%。全区本年新增铺装道路长度3004.66千米，其中建制镇新增道路长度86.42千米，乡新增道路长度293.24千米，镇乡级特殊区域新增道路长度9.14千米，村庄新增道路长度2612.86千米；全区独立建制镇绿化覆盖面积3203.48公顷，其中公园绿地面积209.402公顷，人均公园绿地面积3.19平方米。全区独立建制镇有污水处理厂8个，排水管道长度301.46千米，年污水处理总量为65.61万立方米；乡（集镇）有污水处理厂9个，排水管道长度52.78千米，年污水处理总量50.80万立方米。独立建制镇有环卫专用车辆152辆，年清运垃圾13.15万吨，有公共厕所583座；乡有环卫专用车辆175辆，年清运垃圾36.24万吨，有公共厕所1186座；集中供水的行政村5797个，占全部行政村比例65.25%；有生活垃圾收集点的行政村1547个，对生活垃圾进行处理的行政村804个。独立建制镇、镇乡特殊区域用气人口分别达10.87万人、8.05万人和0.97万人，燃气普及率分别为14.61%、6.18%和11.24%。

【首个小城镇生活污水处理厂】 2009年12月11日，由乌鲁木齐市建设局负责设计的乌鲁木齐县水西沟镇闸滩村小城镇分散型污水处理厂开工建设。污水处理厂日处理水量为300吨，可满足4200余人的生活污水排放，是新疆首个小城镇分散型污水处理示范项目。

七、勘察设计

【勘察设计】 2009年，新疆纳入统计报表报送范围的自治区勘察设计企业205家，其中甲级54家，占26.34%；乙级105家，占51.22%；丙级42家，占20.49%，丁级4家，占1.95%。全区勘察设计企业从业人员17740人，其中具有高级职称人员4525人，占从业人员总数的25.51%；中级职称人员5621人，占从业人员总数的31.69%；具有各类注册执业资格的人员3423人，占从业人员总数的19.3%。全区勘察设计企业营业收入达45.73亿元，比上一年度增长26%，其中工程勘察收入6.54亿元，增长18%，工程设计收入18.99亿元，增长23%；营业成本34.21亿元，比上一年度增长25%。

【征集廉租房设计方案】 2009年5月31日，新疆维吾尔自治区住房和城乡建设厅在全区开展了廉租住房优秀设计方案征集活动，"细胞"等3个方案获得一等奖；"廉租小高"等6个方案获得二等奖；"多浪佳苑"等12个方案获得三等奖；"廉租康居"等15个方案获得优秀奖。

八、建筑节能与科技

【新技术应用示范工程】 2009年，新疆住房和城乡建设厅建立了7项新技术应用示范工程。其中绿色建筑1项、低能耗（节能70%）建筑2项，太阳能光电建筑应用示范项目2项，可再生能源建筑应用示范城市2个，上述项目均被批准立项为国家级示范工程。这些项目分别为新疆康达实业集团有限公司承担的"库尔勒市康都时代花园住宅小区"绿色建筑示范项目、新疆冠农天府房地产开发有限公司承担的"库尔勒市冠农公园联邦小区"低能耗建筑示范项目、新疆喀什噶尔河流域管理处承担的"新疆喀什噶尔河流域管理处水利花园小区"低能耗建筑示范项目、新疆特变电工房地产开发公司承担的"昌吉市特变电工太阳能光电建筑应用示范"项目、新疆硅业公司承担的"太阳能光电建筑应用"示范项目、"吐鲁番可再生能源建筑应用"示范城市、"昌吉市可再生能源建筑应用"示范县城。

【科技计划项目】 2009年，经国家住房和城乡建设部审定批准，新疆有4个项目被列为住房和城乡建设部2010年科技计划项目，分别是乌鲁木齐市建委承担的"乌鲁木齐市示范项目评估和总结"项目、新疆康达实业集团有限公司承担的"库尔勒市康都时代花园住宅小区（居住与公共建筑）"绿色建筑示范工程、新疆冠农天府房地产开发有限公司承担的"库尔勒市冠农公园联邦小区（居住与公共建筑）"低能耗建筑示范工程、新疆喀什噶尔河流域管理处承担的"新疆喀什噶尔河流域管理处水利花园小区（居住与公共建筑）"低能耗建筑示范工程。

【可再生能源建筑应用示范工作】 2009年，新疆已建及在建的可再生能源建筑应用项目685万平方米，全部建成并运行后，每年将形成节约标准煤17.86万吨，减排烟尘0.041万吨，二氧化碳46.35万吨，二氧化硫2.51万吨的能力。上述项目中，经国家批准立项的示范项目11项，建筑面积150万平方米，示范城市2个（吐鲁番市和昌吉市），建筑面积230万平方米，国家补助资金1.78亿元。示范项目分别应用了太阳能生活热水、太阳能供暖、地下热源热泵供暖制冷、土壤源热泵供暖制冷、污水源热泵供暖制冷、太阳能光伏发电及干空气能制冷等技术。

【建筑节能】 截至2009年底，全区已建成节能建筑约9300万平方米，每年将形成节约标准煤173万吨，减排烟尘6.07万吨、二氧化碳461.18万吨、二氧化硫4.16万吨的能力。继阿克苏地区2008年新建居住建筑率先实施节能65%技术标准后，克拉玛依市、库尔勒市、乌鲁木齐市也先后实施了节能65%的设计标准，已建成1035万平方米节能65%居住建筑。全区设市城市民用建筑（居住建筑和公共建筑）已全面执行节能50%的设计标准。全区已累计完成既有居住建筑供热计量及节能改造682万平方米，占700万平方米改造任务的97.43%，每年将形成节约标准煤10万吨，减排烟尘0.44万吨，二氧化碳33.82万吨，二氧化硫0.31万吨的能力。根据财政核定的改造面积，国家已下达1.6586亿元的奖励资金。

【建筑节能新技术示范试点工程落户阜康】 2009年6月15日，新型复合保温墙体现场生产复合、砌筑上墙技术展示会在阜康"时代新居"住宅小区召开，新型复合保温墙体项目已向国家住房与城乡建设部申报"十一五"国家科技支撑计划重点项目"可再生能源与建筑集成技术应用示范工程"，并被自治区住房和城乡建设厅列入2008年度自治区建设行业新技术示范试点工程。

【供热企业节能减排】 供热企业20余家单位进

行了脱硫除尘设备改造，累计投资 2052 万余元。2008～2009 年采暖期较 2007～2008 年采暖期相比，44 家集中供热企业供热面积增加了 690 万平方米，但燃煤消耗量却减少了 13.5 万吨原煤（合 10.38 万吨标煤），单位煤耗也由 31.16 公斤标煤/平方米降至 29.84 公斤标煤/平方米，并节水 29.76%，节电 13.5%，减少 SO_2 排放量 1512 吨、粉尘排放 540 吨。

【绿色建筑推动住宅产业升级】 2009 年 6 月 17 日，新疆华源集团的华源·博瑞新村住宅小区项目通过国家住房和城乡建设部住宅产业化促进中心及自治区住房和城乡建设厅共同组成的住宅性能评定专家组的认定等级为 2A 级。2009 年 11 月 12 日，被国家住房城乡建设部住宅产业化促进中心、中房协联合授予"2009 年度中国广厦奖"。华源·博瑞新村住宅小区项目是新疆首个获得建设部批准实施的"绿色建筑示范工程"项目。

【电热采暖】 2009 年 3 月 10 日，新疆职业大学在一栋公寓楼和一栋综合楼、建筑面积约 16175 平方米，投入运行发热电缆供暖系统。2009 年，乌鲁木齐市第 32 小学教学楼试点工程。改造时，建设单位将散热器全部改装为电暖器片，并实行电脑集中控温。试运行期间，室内平均温度达 23℃。2009 年，乌鲁木齐电热采暖面积达 10.9 万平方米。

【地源热泵工程】 2009 年 1 月 16 日，新疆电力科学研究院的地源热泵项目系统投入运行，成为新疆首个土壤源热泵工程。该项目作为建设部第三批可再生能源建筑应用示范项目投运后，冬夏季运行状况均良好。2008～2009 年冬季建筑室内温度可达 18～24℃，采暖期运行费用为 13.4 元/平方米，远低于乌鲁木齐市集中供热单位面积收费标准；夏季制冷费用为 1.2 元/平方米，远低于乌鲁木齐市直燃式溴化锂机组夏季制冷费用。

【新产品鉴定】 2009 年，新疆住房和城乡建设厅分别对乌鲁木齐金玉德油田物资有限工程生产的"M 型热辐射节能地暖模块"、新疆西部建设股份有限公司生产的"膨烷基引气剂"、策勒县新型建材有限责任公司生产的"普通混凝土小型空心砌块"、库尔勒市兆广工贸有限责任公司生产的"建筑保温砂浆（ZG 无机活性墙体保温隔热材料）"等 4 项新产品进行了鉴定，上述 4 项产品均通过鉴定，可以批量生产。

九、建设教育与培训

【建设职工教育培训】 2009 年，新疆建设职工教育培训全年累计完成各类培训 74111 人次。其中，各类岗位培训新取证人数 13607 人；岗位继续教育培训（考核验章、换证）11718 人；施工企业"三类人员"安全考核 4136 人次；建造员考试 146 人；造价员补考 259 人。完成建设职业技能岗位培训和农村劳动力转移培训 39000 人（其中：职业技能鉴定考核 17400 人，初级工 4570 人、中级工 9030 人、高级工 3220 人、技师、高级技师 650 人）。

举办 5 期全疆建设行业试验员继续教育培训班，1192 人参加培训并取得试验员继续教育证书，举办了全疆建设行业试验员新取证培训班，1141 人（次）参加培训（其中，A 类 278 人；B 类 502 人；D 类：221 人；F 类：140 人）。

举办园林绿化、花卉高级工、技师培训班，220 人经培训考核取得高级工和技师证书。举办两期全疆建设行业职称评定前的继续教育培训班，参加人数近 900 人。

举办了两期全疆《住房公积金财务管理、公积金归集信贷》管理人员培训班，380 人参加培训。举办了两期贯彻实施《中华人民共和国城乡规划法》培训班，全疆各地、州、市重点县、镇、乡的管理规划工作的领导和业务骨干、村镇助理员 212 人参加了培训。举办了 8 期《建筑抗震加固关键施工技术》培训班，培训人数达 1200 人，学员辐射全区 82% 的市县。

（新疆维吾尔自治区住房和城乡建设厅）

新疆生产建设兵团

一、住房保障

【概况】 2009 年保障性住房建设是兵团历年来建设规模最大、投入资金最多、产生效果最好的一年，集中连片的住在小区规划建设，极大地改善了职工群众的住房条件，改变了城镇面貌和环境，有力地推进了团场的城镇化进程。2009年，新疆建设兵团将保障性住房建设列为"十大工程"和"十件实事"的首要任务，并超额完成兵团2009年保障性住房建设8万户的工作目标。

2009年，兵团各类保障性住房共计开工建设81287户，开工面积603万平方米，完成总投资60.49亿元，其中：廉租住房开工64158户，开工面积462万平方米，完成投资44.2亿元；其他保障性住房17129户，开工面积141万平方米，完成投资16.29亿元。兵团保障性住房共计竣工63553户，竣工面积478万平方米，竣工完成投资55.65亿元，其中：廉租住房竣工50357户，占开工户数的78%，竣工面积359万平方米，完成投资40.3亿元；其他保障性住房竣工13196户，占开工户数的77%，竣工面积119万平方米，完成投资15.35亿元。

2009年，兵团认真贯彻落实国家经济适用住房有关政策规定，继续加大经济适用住房建设力度，2009年实际完成建筑面积71.79万平方米，完成总投资8.9亿元，竣工住房9108套。

【保障性住房质量监管】 制定了《2009年兵团保障性住房工程防治质量通病强制措施》、修订出台了《兵团住宅工程质量分户验收核查办法》和《关于进一步加强建设工程施工技术资料管理工作的通知》，有效提高了保障性住房的工程质量，切实维护了百姓的利益。

二、住房公积金

【归集情况】 截至2009年12月，全兵团个人住房公积金账户数为22.1万户，累计归集住房公积金34.5亿元，2009年归集额为7.0亿元，完成年计划5.5亿元的127.3%，比2008年同期的5.4亿元增加了1.6亿元，增长28%。

【支取情况】 截至2009年12月，累计支取额为11.4亿元，占住房公积金归集总额的33%，2009年支取额为2.6亿元，完成年计划1.7亿元的152.9%，其中购买、建造、翻建、大修自住住房支取1.2亿元，占46%；离退休支取0.6亿元，占23%；偿还购房贷款本息0.3亿元，占11%。

【贷款情况】 截至2009年12月，累计发放个人住房公积金贷款16253户，贷款总额为10.5亿元，占住房公积金归集总额的30.4%。2009年发放个人住房公积金贷款2228户，金额为2.5亿元，完成年计划1.6亿元的156.2%，比上年同期1.6亿元增加了0.9亿元，增长58%。贷款逾期率0.008‰，贷款风险准备金充足率为6.3%。

【购买国债情况】 截至2009年12月，国债余额为3.08亿元，占住房公积金归集余额的13%，其中：凭证式国债2.83亿元，证券交易所市场2487.64万元，2009年新增凭证式国债1.55亿元。

【收支情况】 2009年住房公积金业务收入5641万元，业务支出3639万元，实现增值收益2002万元。

三、住宅与房地产业

【房地产开发建设】 2009年，兵团加大对农牧团场城镇基础设施投入力度，团场基础设施明显改善，土地和房地产升值，掀起了房地产开发和住房建设的热潮，2009年兵团房地产开发完成总投资10.77亿元，施工面积100.6万平方米，已竣工面积78.68万平方米。截至2009年底，共开发各类房屋1403.23万平方米、累计完成投资140多亿元，其中兵团范围完成1216.14万平方米、115亿多元。共有国有独资、国有控股、民营房地产开发企业87家，年末资产总计达35.57亿元，从业人员1300多人。

【房屋拆迁】 2009年，兵团各级建设（房产）部门严格执行《城市房屋拆迁管理条例》等法律法规，加强房屋拆迁管理工作，严格控制拆迁规模。2009年实际拆迁125万平方米，在控制规模以内。在拆迁管理工作中，加强了对损害群众利益问题重点案件的督查力度，依法严肃查处房屋拆迁中的违法违规行为，切实维护群众利益。2009年共接待群众来信来访41批（次），174人次，较往年有大幅下降。

【房地产产权产籍管理】 2009年，全兵团房产登记总件数在2.35万件，初始登记1.1万余件，交易和抵押登记1.13万件，其他登记0.12万件。2009年，登记总面积347.22万平方米，初始登记总面积157.61万平方米，转移登记面积62.3万平方米，拆除登记面积127.31万平方米，房屋登记总建筑面积5680万平方米。共发放所有权证、共有权证、他项权证等证书2.59万件。

加强《房屋登记办法》理解适用与房屋权属登记规范化管理培训，全兵团近200人作为房屋登记官申请人员上报住房和城乡建设部，获批准后将成为兵团第一批房屋登记官，为在兵团推行房屋登记审核人员持证上岗制度，提高房屋登记工作人员的业务素质打下了坚实的基础。

四、城乡规划

2009年，兵团各师师域城镇体系规划编制完成，团场城镇总体规划全面覆盖，团域体系规划逐步开展，居住区控制性详细规划得到加强，工业园区规划水平不断提高。城镇规划在调整发展布局、完善城镇功能、合理利用土地、促进经济发展、改善居住环境等方面的综合调控作用日益加强。

2009年，结合保障性住房建设，加强了居住区规划管理工作，全面提高了住宅小区的建设质量和水平，团场城镇面貌得到较大改善。作为兵团建设环保局学习实践科学发展观的重要成果之一，出台了《关于加快石河子市等四个城市发展的意见》，对兵团城市功能定位、发展方向和实现途径进一步明确。编制完成了覆盖兵团4个城市和北屯，5个师部独立城区及135个农牧团场所在城镇的《2009～2012年城市供水水质保障和设施改造规划》。印发了《建设项目选址规划管理实施办法》，对规划选址工作进行规范，实行分级审批、分级管理。

五、建筑业

【概况】 2009年，全社会建筑业完成产值221亿元，同比增长26%；完成增加值55亿元，同比增长17%；承揽任务354亿元，同比增长20.6%。开展了以"抓管理、降成本、增效益、保增长"为主要内容的建筑业管理年活动，强化了建筑施工质量安全监管，加大了建筑企业经济运行调控力度，建筑业整体竞争力不断增强，发展态势良好，支柱产业地位进一步稳固，成为兵团经济增长重要支撑，为新疆、兵团经济社会建设作出了重要贡献。

行业集中度进一步提高。以兵团建工集团、一师塔里木、七师北方等企业为代表的龙头企业集团初步形成，兵团建工集团已连续四年成为全球最大225家国际承包商之一。新疆北新路桥建设股份有限公司成功上市，成为西北地区第一家上市的路桥施工企业。

科技进步力度不断加大。兵团建工集团"竖向加厚混凝土穿孔"施工工法获国家一级工法，结束了兵团建筑企业没有国家一级工法的历史，兵团建筑企业的规模、能力、实力和影响力进一步增强。

【"走出去"战略】 兵团建工集团、各师直属建筑企业、团场建筑企业积极开拓兵团以外建筑市场，相继承揽了一大批自治区和国内外工程项目。兵团建工集团承揽了兰新铁路第二客运专线工程，合同额达18.8亿元，在海外承揽工程任务累计达80亿元。兵团勘测设计规划研究院积极拓展国际市场，在塔吉克、安哥拉等国实施多元化开发，取得较好的效果。

【建筑市场管理】 认真开展工程建设领域突出问题专项治理工作。成立了工程建设领域突出问题专项治理工作领导小组，制定了实施方案和工作措施，编印了工作简报。组织兵团各级开展了2008年以来建设工程项目清理和自查排查，加大了对建设工程项目违规问题的查处力度。结合工程建设强制性标准试点检查工作和"建筑业"管理年活动，对各师项目建设情况进行监督检查，促进了工程质量安全水平的提高。

调整了市场管理的相关政策规定，及时出台了《关于加强兵团保障性住房建筑节能工作的意见》等9个文件，同时，建立了建设工程项目招标管理"绿色通道"，在保证执行基本建设程序基础上合理缩短了项目招标前的运作周期，为拉动内需项目顺利实施提供服务保障。

为保证招标投标活动"公开、公平、公正"进行，提高投资效益，印发了《关于进一步规范建设工程招投标活动的通知》，继续推行《兵团建设工程项目工程量清单施工招标评标规则（试行）》，加强程序性监管，健全工程交易市场规则，进一步规范了各方主体和主要环节的行为。2009年，兵团共完成招标项目1161项，中标总额为57.37亿元，招标率100%，其中乌鲁木齐地区完成了施工和监理招标40项，中标金额2.4亿元。

【工程监理】 2009年，兵团共完成监理项目1719个，实现产值2.26亿元，同比增长162%。新疆昆仑工程监理有限责任公司现已成为全国监理企业20强单位，是新疆数百家监理公司中规模最大、行业资质范围最齐全的龙头监理企业。

【标准定额】 2009年，采取多种方式组织开展工程建设标准的宣传贯彻活动。对工程建设强制性标准实施情况进行了检查，并积极推进《工程建设标准实施现状及政策建议研究》课题研究工作。2009年，积极推行2008工程量清单计价规范，落实计价管理，加强工程造价计价行为的监管工作，制定严格控制工程造价的措施，有效控制工程造价虚高的现象。为维护建设工程承发包双方的合法权益，加强了对建材价格变动情况的跟踪、分析和预警，及时公布主要材料价格的变动信息，提供信息指导。

【安全生产年活动】 2009年，加大了安全生产执法力度，继续深化建筑安全生产隐患排查治理和专项整治，加强对重点师、重点企业、重点工程和事故多发师、企业和项目以及隐患整改不力单位重点督查和抽查，开展执法行动271次，其中工程项目未办理施工许可和安全报监手续的50次，建筑施工企业"三类人员"及特种作业人员无证上岗的221

次。排查治理隐患企业/项目合计442家共1811个工程，其中排查一般隐患6093项，已整改5849项，整改率为96%；排查重大隐患20项，已整改消号20项，整改率为100%。在安全生产治理行动和宣传教育行动中建筑施工安全质量标准化企业创建数量457家，达标数量367家；在应急救援预案与演练中制定应急救援预案数量457个，施工现场进行现场演练的数量253个；组织宣传安全生产教育活动97次，参加人数达43600人；组织召开新闻发布会18次，安全生产新闻报道篇目达60篇。

按照兵团建设系统2009年"安全生产月"活动方案，共张贴宣传标语和悬挂安全生产宣传条（横）幅两万余条，出板报、墙报千余块，散发宣传单万余张，张贴宣传画千余幅，企业举办多期培训班，参加人数达28000余人次，组织专项安全检查，共查出事故隐患千余条，隐患整改率达96%。

【文明工地活动】 以创建"文明工地"为载体，通过典型示范，积极引导、激励建筑施工企业增加安全生产投入，积极改善职工的生活和作业环境，极大地改变了施工现场"脏、乱、差"的面貌，有效防止和杜绝了重大事故的发生。2009年，各师共申报兵团"文明工地"92项，较2008年增加了近25%，创兵团级"文明工地"55项，申报全国AAA级安全文明标准化工地5项。

【安全质量标准化活动】 按照住房和城乡建设部的要求，在兵团建设系统继续开展安全质量标准化活动。随着施工现场安全达标活动的不断深入开展，促使兵团建筑安全工作逐步由过去传统的经验管理模式，向规范化、标准化和制度管理的模式转变。据2009年安全达标验收结果分析，等级内企业施工现场安全合格率基本达到100%。

【安全培训】 2009年先后举办了安全知识强化培训、施工企业管理人员安全再教育和安全员取证培训班，学习人数近千人。同时，继续推动"农民工夜校"工作在施工现场的全面深入开展，解决了农民工初次上岗教育培训和日常安全教育培训等难题，促进了建筑工人自觉遵章守法，提高了自我保护能力。

【创建优质工程活动】 2009年，授予兵团建工集团一建承建的新疆移动公司乌鲁木齐北京路机房楼等26项工程授予"昆仑杯"（兵团优质工程）荣誉称号。

【防震减灾】 2009年，围绕震害预防、地震应急等防震减灾工作体系，不断加强制度建设，抓好防震减灾规划建设、地震应急预案建设，组织地震应急救援、开展地震灾害损失调查与评估以及开展兵团地震工作联络员制度建设与培训、防震减灾知识宣传与普及，广大职工群众的防震减灾意识和抗御地震灾害的能力不断增强，2009年，全国"十五"数字地震观测网络项目兵团地震政务信息系统分项工程建设进展顺利，实现了对中国地震局政务信息和公文的接收和处理。

【建设项目管理】 2009年，对建设项目审批工作的原则、要求及审批时限作了明确规定和具体要求，开辟了项目审批"绿色通道"，同时下放项目审批权限，缩短了审批时间，促进了建设项目快速实施，进一步加快了兵团建设项目审批速度和审批效率。2009年，共组织审查各类建设项目初步设计文件50余项，下发批复文件45项，批复总建筑面积22.5万平方米，批复总投资73.2亿元。同时，会同其他相关部门，对兵团各师及直属单位"十五"期间以来已完工未验收的社会事业及基础设施类建设项目进行竣工验收，共完成竣工验收728项。

六、村镇建设

2009年，按照兵团城镇化发展的实际，适时编制城镇基础设施规划，成功争取到国家资金支持，一批规划内项目列入国家实施项目。同时与兵团财务局共同努力，争取以奖代补奖励资金4257余万元，进一步完善了兵团城镇环境基础设施建设。组织2009年团场城镇建设"昆仑杯"竞赛活动，25个团场开展"昆仑杯"竞赛试点活动，为不断提高城镇管理水平和全面开展此项工作奠定了良好基础。

2009年，按照国家扩大农村危房改造试点工作的指导意见的精神，积极主动争取国家补助资金5000万元。结合兵团近年来实施危旧住房改造的经验，按照把实事办实和注重引导、修缮为主、综合配套、完善功能，突出特色的基本要求，与有关部门制定了《兵团农牧团场连队危房改造实施方案》，通过分解任务，召开现场会，加强信息通报，开展重点指导等措施狠抓落实，基本完成9800户的改造任务。按照开展"百连示范，千连整治"活动要求，积极探索，大胆尝试，突出兵团连队危房改造和连队居民点的建设特色，着重抓好60个示范连队居民点建设。部分已取得明显实效，连队居民点的面貌大为改观，职工的居住水平有了进一步的提高。

七、建筑节能与科技

【建筑节能】 兵团2009年新建707万平方米节能建筑，新建建筑设计阶段执行节能50%标准比率达到100%，施工阶段执行比率达98%以上。在此基础上，在农一师、农八师相继开展建筑节能 65%标准的试点工作，为"十二五"提高建筑节能标准做了准备。2009年，兵团累计完成既有居住建筑节能改造85万平方米，提前完成兵团"十一五"既有居住建筑节能改造100万平方米任务。同时结合2009年农村危房改造实施，选取了2000户约18万平方米的连队居住建筑进行节能改造示范，连队居住建筑节能改造的启动，使兵团初步实现了既有居住建筑节能改造由城镇向连队（农村）扩展延伸。

2009年，兵团可再生能源建筑应用已扩展到8个师13个项目，面积达到41万平方米。组织申报了8个国家可再生能源建筑应用城市和农村的规模化示范项目，兵团可再生能源建筑应用推广工作开始呈现由点及面、从无序到有序的历史性转变。

【建设科技】 在住房和城乡建设部建筑节能与科技司的支持下，联合部分师、大学和企业开展了《建设系统抗御暴风雪灾害对策研究》《被动式太阳房应用技术研究》和《工程建设标准实施现状及政策建议研究》等3个课题的研究工作，其中《建设系统抗御暴风雪灾害对策研究》课题即将完成。课题研究工作的开展促进了兵团建设领域科研工作技术队伍的发展壮大，也填补了兵团建设领域的一项空白。按照住房和城乡建设部的部署，编制上报了2009~2011年《兵团建筑节能专项规划》，为建筑节能有序发展奠定了基础。

（新疆生产建设兵团建设局）

大 连 市

概 述

2009年，大连市新增建筑企业77家，其中总承包企业2家、专业承包企业29家、劳务分包企业46家。至年底，全市共有建筑业企业1945家，其中主项总承包企业560家，专业承包企业992家，劳务分包企业393家，分别占28.8%、51%、20.2%。从资质等级上分，全市1552家总承包和专业承包企业中，特级企业5家、一级企业75家、二级企业311家、三级企业1161家。

全市有一级建造师2310人，其中注册一级建造师1647人，一级临时建造师663人，分布在全部10个专业中除矿业工程外的建筑工程、公路工程、铁路工程、民航机场工程、港口与航道工程、水利水电工程、市政公用工程、通信与广电工程、机电工程9个专业。全市有二级建造师4670人，其中注册二级建造师3743人，二级临时建造师927人，分布在全部6个专业中除矿业工程外的建筑工程、公路工程、水利水电工程、市政公用工程、机电工程5个专业。

全市建筑业总产值962.6亿，其中建筑工程产值862.7亿元，安装工程88.8亿元，其他11.1亿元，各自所占比例与上年基本一致。建筑业缴纳地税34.68亿元，比上年增长8.1%，占全市地税收入的11.2%。建筑业企业劳动生产率逐步提高，按施工产值计算的劳动生产率为16.5万元/人，比上年增长5.9%。建筑业利润总额51.1亿元，比上年增长62%，产值利润比5.3%。

全市房屋建筑施工面积6387万平方米，比上年增长16.5%，其中新开工3598万平方米，增长20%；实行投标承包的面积占全部施工面积的96%，与上年持平。全市建筑业企业出省施工产值97.4亿元，比上年增长34%。

一、住宅与房地产业

【住宅产业化】 2009年，大连市住宅产业化进程进一步加快。新建住宅项目中，万科魅力之城等六个项目（总建筑面积129.5万平方米）通过大连市城乡建设委员会组织的大连市环境友好型住宅示范项目审查，被确定为2009年大连市环境友好型住宅示范工程。"颐和香榭"等4个环境友好型住宅示范工程通过市建委考核验收。

大连市的成品住宅建设市场日趋成熟，涌现出亿达房地产、大有房地产等一批进行产业化装修的施工企业。亿达房地产、万科房地产、大有房地产等房地产企业都提出新建住宅80%以上建设成品住宅的目标。"万达公馆"等2个项目（近10000套住宅）被列为大连市成品住宅示范工程。至2009年底，全年开工建设的成品住宅（含示范工程）累计近2万套。

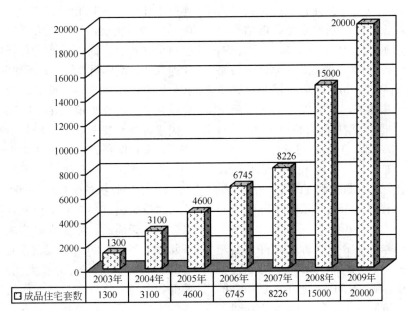

大连市2003~2009年成品住宅套数

住宅智能化示范工程得到进一步推进。大连万达中心等7个项目被大连市城乡建设委员会确定为2009年住宅智能化示范工程。金广集团正式与"鸟巢"弱电总承包商、世界500强企业美国霍尼维尔签约，共同打造本市首个集成式智能化住宅，签约总额3000万元。

【**粉煤灰综合利用**】 2009年，大连市14家电厂（1家在建）和企业自备电厂、集中供热锅炉房粉煤灰产出总量265万吨，利用总量236万吨，粉煤灰综合利用率为89%，其中13家电厂粉煤灰产出量215万吨，利用量186万吨，利用率86.5%。

【**散装水泥供应量突破600万吨**】 2009年，大连市散装水泥供应量继2007年突破400万吨、2008年突破500万吨，突破600万吨，达到656.7万吨。全市水泥散装率70.1%。预拌混凝土完成1299万立方米（含高速铁路150万），使用散装水泥约550万吨，废弃物综合利用量73.4万吨；商品砂浆供应量4.4万吨，废弃物综合利用量1672吨。禁止现场搅拌砂浆工作已在市内四区、高新技术园区和开发区全面推行。2009年，全市农村使用散装水泥115.1万吨，创历史新高。通过发展和推行散装水泥利用，可节约标准煤5.1万吨，节电4727万千瓦小时，节约木材21.7万立方米，节水788万吨，减少水泥损失29.5万吨，减少水泥粉尘排放2757吨，创综合经济效益2.95亿元。

【**建筑勘察设计管理**】 2009年，大连市城乡建设委员会加强建筑勘察设计管理，不断增强建筑勘察设计行业发展能力。组织开展全市工程勘察设计质量大检查，抽查建设项目30项。起草《大连市工程勘察设计单位诚信评估办法》和《诚信评估评分细则》，进一步完善勘察设计行业诚信体系建设。加强勘察设计单位资质动态管理，重点对182家勘察设计单位的人员状况、业绩、质量等方面进行全面检查。组织开展了大连市优秀勘察设计项目评选，96个项目获大连市优秀勘察设计项目奖，占参赛项目的49%。在辽宁省优秀工程勘察设计项目评选中，大连市共有70个项目获奖。全年建筑勘察设计行业完成营业额26亿元，比上年增长15%。

【**工程质量监督管理**】 2009年，大连市建设工程质量监督站进一步加强工程质量监督管理，建设工程质量有新的提高。当年，全市在建工程的地基基础、主体结构质量安全达到100%的目标。新投入使用工程100%无渗漏、透寒质量通病问题，比上年提高10个百分点。分户验收一次通过率达到96.6%，比2008年提高1.6个百分点。在建工程墙体保温方式100%达到建筑节能设计标准及本市相关文件要求。应监理工程监理覆盖率实现100%的目标，检测数据准确率、检测合同注册备案率、预拌混凝土合格率等指标均实现100%的目标，竣工验收备案率达到98.7%，比上年提高2.7个百分点。

全年监督在建单位工程977项，建筑面积1253.5万平方米。其中新受理注册单位工程278项，总建筑面积345.3万平方米；上年结转699项，建筑面积908.2万平方米。完成监督验收主体工程438项，建筑面积667万平方米；监督竣工验收单位工程267项，建筑面积386.6万平方米；备案单位工程

323项，建筑面积287.6万平方米。组织全市进行冬期施工、冬期混凝土、抗震结构安全、钢结构工程、幕墙工程、质量通病防治6个质量专项检查，共组织检查单位工程3982项，建筑面积3314.8万平方米，下达整改通知书986份。组织开展全市建筑工地建材产品质量执法检查，对1028项单位工程进行专项检查，主要建筑材料钢筋的合格率为97.6%；日常监督抽查钢筋255批，合格率98.3%，比上年提高8.1个百分点。对申报优质主体结构工程的18个单位工程进行评比，总建筑面积117.6万平方米；对8项新技术示范工程进行考核，总建筑面积78.4万平方米。

全年共受理建设工程质量投诉115件。截至2009年底，办结113件，办结率98.26%，投诉总量比上处下降5%。因工程质量问题引起的上访事件明显减少，其中集体上访量下降3%、非正常上访下降20%、群体性事件发生量下降了40%。

【建筑业安全生产管理】 2009年，大连市城乡建设委员会进一步加强建筑行业安全管理规章制度建设，以市建委文件形式下发建筑安全生产管理文件30个，进一步完善建筑工程安全生产管理制度，规范各级建设行政主管部门的建筑工程安全监督管理工作。市建委利用全市建筑安全发展和奖励基金为市、区建筑安全监督管理站购置、发放35套安全检测设备。协调相关部门和领导，为市、区两级安全监督管理部门配备建设安全监管和应急抢险车辆18台。

进一步加强建筑施工现场安全生产监督管理工作，先后开展全市跨年度和新开工工程安全生产大检查，建筑工程春季、秋季、冬季三次安全生产大检查，"哈、长、大"三市联合检查，大连市建筑施工安全专项整治，建筑安全防护用品专项整治和安全隐患排查治理工作。共检查在建工程465项，受检建筑面积632万平方米，发现各类问题和隐患6246条，下达安全限期整改指令书141份、责令停工整改指令书5份，安全隐患整改率100%。市建筑安全监督管理站联合市慈善总会、市计生委积极开展为农民工免费体检、组织慰问演出等关爱农民工活动，为6000名农民工进行体检及免费治疗。落实市建委《关于做好防暑降温工作保证一线施工人员安全健康的通知》精神，要求施工单位合理调配作业时间，避免高温时段室外作业。

2009年内，在省住房和城乡建设厅对全省建筑安全生产进行的大检查中，大连市受检5个在建工程项目，总成绩列全省第一。在哈尔滨、长春、大连三市建设安全联检活动中，有17项工程获得金牌、11项工程获得银牌。大连市建设工程集团有限公司承建的大连铜管乐器厂及周边地块改造工程和大连九洲建设集团有限公司承建的水木华庭1#楼工程被国家住房和城乡建设部评为全国建筑施工安全质量标准化示范工地。在住房和城乡建设部召开的全国建筑施工安全质量标准化工作表彰会上，大连市建筑安全监督管理站被评为全国建筑工程安全管理先进集体。

【建设行政执法工作进一步加强】 2009年，大连市建设执法监察支队坚持从宣传教育入手，逐步打开工作新局面，加强行政执法力度。先后向企业下发《关于开展2009年建筑市场和燃气行业执法检查的通知》500余份，并在大连建设网上予以发布，敦促各市场主体自查自纠，尽快补办相关手续。深入施工现场及石油液化气站发放《建筑市场法律法规告知书》、《燃气行业法律法规告知书》600余份，接待群众咨询1000余人次。对134个建设工程项目进行执法检查，下达限期整改通知书423份，发现各类问题隐患1490余条，现场纠正456项违章行为。对120家限期整改不到位或拒不整改违法行为的单位给予行政处罚；对27个石油气储罐站、35个燃气工程项目、82家燃气具生产厂家及经销商、175台次石油液化气运输车辆进行执法检查。通过执法检查，发现燃气行业各市场主体存在安全隐患700余处，下达限期整改通知书87份，对31个违法行为主体进行行政处罚。

【建设工程劳保费收缴再创历史新高】 2009年，大连市建设工程劳动保险费用管理办公室收缴建筑企业劳动保险费用6.1亿元，增长22%，收缴额创历史新高；收缴农民工工资保证金1.05亿元。向建筑企业拨付劳动保险费2.42亿元，837家次建筑业企业及建筑劳务公司受惠。拨付农民工"两险"2257万元，对建筑业农民工实行工伤、基本医疗补助111.7万人次。截至年底，全市建筑业企业参保人数6万人，参保金额7.1亿元；参加工伤、基本医疗保险10.8万人，参保金额3279万元。市建设工程劳动保险费用管理办公室通过稽查，催收历年应缴未缴建设工程劳动保险费1.2亿元。

二、建筑业

【获奖工程】 2009年，由大连阿尔滨集团有限公司承建，大连红太装饰工程公司和珠海市建筑工程有限公司联合参建的大连明珠8号、9号楼及地下室工程获2009年度国家优质工程金质奖（中国建设工程鲁班奖);由东软集团(大连)有限公司承建,大连大众联合机电工程有限公司等单位参建的东软国际软件园(河口园区)一期A组团工程项目获2009年度国家优质工程银质奖。大连长兴岛临港工业区兴港大厦,大连医科大学基础医学院、科研中心、行政办公楼,大连东软国际软件园(河口园区)一期J组团等35项工程获2009年度辽宁省建设工程世纪杯(省优质工程)。大连金州区阳光家园1号、2号楼及地下室,大连理工大学西山5号、6号、7号学生宿舍,大连椒金山街道矿北棚户区地块改造项目D区11号、12号楼等66个工程项目获2009年度辽宁省优质主体结构工程奖。

【工程招投标管理】 2009年,大连市建筑行业完成建设工程招标2277项,招标总额366.02亿元。其中,市内四区813项,招标额155.72亿元,分别比上年增长10.8%、19.7%。通过设立预算控制价(或拦标价)、制定科学合理的评标办法,提高投资效益,国有720个项目中标价比预算控制价节约资金12.36亿元,其中市财力550个项目节约财政资金9.3亿元。建设工程交易中心共接待入场交易项目795项,年交易额220.2亿元,分别比上年增长14.55%、66.7%。

大连市城乡建设委员会完善大连市建设工程招投标网上办公系统,主要业务实现网上办理。当年网上备案项目525项,发布招标公告2297条,招标文件备案729项,中标公示920条,项目负责人网上锁定2300余人次,中标结果备案793项,打印并核发中标通知书753项。大连市市内四区招投标活动全面实行IC卡管理,实现刷卡报名和开标前IC卡刷卡验证。全年发放企业加密锁1565家,经审核后发放IC卡1155家,其中建筑业企业908家,监理企业88家,设计企业62家,招标代理企业40家,建设类企业30家,勘察企业18家,造价企业9家。审核并发放项目负责人IC卡5245张。大连市城乡建设委员会全年查处建设工程招投标违法违规行为12起,下达行政处理告知单24份,对其中9家情节严重的投标法人停止投标资格;对20项未办理招标而违法开工项目进行行政处罚。大连市城乡建设委员配合省住房和建设厅对全市58家招标代理机构进行代理机构资格延续和年度评价,合格53家,吊销资格5家。全年新增招标代理机构10家,原招标代理机构中有2家合并为1家。截至年底,全市共有招标代理机构62家,其中甲级11家,乙级26家,暂定级25家。招标代理机构中的各类注册人员及中级以上工程技术人员达800余人。全市评标专家库达到65个专业,评标专家达到2713名。全年累计抽取各类专家1670项7629人次,其中为区市县远程抽取评标专家337项1348人次。

【工程建设预算和造价管理】 2009年,大连市工程造价管理处进一步加强工程造价管理法规建设,以政府令的形式出台了《大连市建设工程造价监督管理规定》,完成了《大连市建设工程合同备案管理规定》和《大连市建设工程竣工结算备案管理规定》初稿。全面贯彻执行《建设工程工程量清单计价规范》和《辽宁省计价依据》,编写《〈建设工程工程量清单计价规范〉千问千答》(上册),制定下发《2009年度施工企业规费计取标准核定的通知》。完成16家造价咨询企业资质注册、晋升工作。截至年底,全市有甲级咨询企业16家、乙级咨询企业38家。大连市工程建设造价管理处被评为辽宁省文明优质服务单位和辽宁省社会治安综合治理先进单位。

大连市工程预算管理处全年累计完成大连国际会议中心工程、大连市体育馆工程等重点工程项目的工程造价编审工作186项,编审工程总造价46.27亿元。受理572家施工企业规费计取标准申报,追缴施工企业欠缴的工程定额测定费1300多万元。全年解决造价纠纷160余人(次),解答合同咨询、疑难问题3000余人(次),涉及工程造价30多亿元。办理建设工程施工合同备案1247份,合同造价137.5亿元;办理合同担保158项,担保合同价款66.7亿元。累计完成8796人造价从业人员资格管理工作,审核、上报、发布工程材料价格信息共计4.9万余条。2008年成立的大连仲裁委员会建设经济仲裁中心全年受理的合同纠纷11件,涉及标的额2570万元,选择仲裁方式解决争议的合同造价为26亿元,占备案合同19%,比上年提高7个百分点。

三、城市建设

【概况】 2009年,大连市按照现代化城市功能的要求,抢抓国家"保增长、扩内需"的机遇,加大城市基础设施建设力度。当年安排城建项目109个,项目总投资601亿元,是本市城市建设历史上重大项目数量最多、投资额度最大的一年。2009年,大连市在联合国环境规划署和世界公园协会联合举办的国际花园城市竞选评比活动中获得国际花园城市桂冠,大连软件园获国际花园社区金奖。

【道路交通建设】 城市道路桥梁建设完成投资16.2亿元。实施东联路、迎客广场立交桥建设,改造东北路南段立交桥,新建西北路绿波小区人行天桥、五惠路地下通道,拓宽改造了太原街、胜利路西段和凌水路，实施了星展街道路打通工程，增加道路面积31.5万平方米，维修改造城市道路183条次、66.3万平方米。5月8日，202路到旅顺延伸工程开工，至年底，完成桥梁下部64个桩基础、桥墩和上部300米箱梁工程。7月25日，城市地铁工程开工，海事大学、华南广场两个实验段开始施工，学苑广场站至海事大学、中华广场至泉水等10个标段开工建设。实施公路建设项目1443公里，其中大连境内规划856.2公里。新建643.9公里海滨公路于9月全线贯通。长兴岛疏港路项目完成征地动迁、路基、桥梁和隧道工程，路面工程完成30%。大连湾疏港路项目桥梁工程完成总量的30%。庄河至盖州、皮口至炮台高速公路征地动迁工作基本完成。普通公路升级改造力度加大，新改建普通公路190公里，新建农村公路500公里。机场三期扩建项目工程初步设计工作完成，停机坪扩建一期工程完工。

【城市基础管网建设】 城市燃气设施建设实施18项，完成投资61亿元。城市污水处理厂及排水设施建设实施13项，总投资4.7亿元。完成马栏河、自由河下游水体景观改造，河道景观和两岸生态环境明显改善。建成国内首家日处理能力600吨的夏家河污水处理厂，年减少甲烷排放4000吨。城市环境卫生设施建设力度进一步加大，新型垃圾储运体系建设全面启动，中心城区建设41个移动式垃圾压缩站，非物业小区完成1.33万个地埋式垃圾桶安装，市内四区取消了四成以上的垃圾待运点，梭鱼湾生活垃圾运转站、拉树房生活垃圾焚烧厂、毛茔子填埋厂四期工程等中转与末端处置工程建设正在全力推进。

【文化体育基础设施建设】 位于东港区建筑面积达13.2万平方米的大连国际会议中心（2008年11月开工），完成地上工程量的40%，完成投资5亿元。位于朱棋路与岭西路交汇处占地80万平方米、建筑面积53万平方米的大连体育中心项目各个场馆单体设计工作有序推进，体育馆和体育场单体施工图完成，体育馆工程地上五层主体工程完工，网球场、运动员训练基地、棒球场、媒体中心、游泳馆等工程完成前期工作。位于中山路与市场街交汇处，建筑面积约20000平方米的市民健身中心开工建设。位于中山路民生街的人民剧场工程完成保护加固和两层土建工程。

【生态宜居城市建设】 通过一系列环境综合整治，城市环境得到明显改善。城市空气质量优级天数达到115天，创大连市有检测历史以来最好纪录。饮用水源水质达到国家饮用水标准，海水水质保持稳定，符合国家相应区标准。污染减排任务全部完成，化学需氧量减排4%，二氧化硫减排6%，两项指标提前一年完成国家下达的"十一五"减排任务。完成华能大连电厂等8座燃煤电厂和9家供热企业大型锅炉实施脱硫工程建设，燃煤电厂脱硫率达到96.8%。继续开展拆炉并网工作，中心城区拆除锅炉103台、烟囱64根。建成投运"简易工况法"机动车尾气检验线24条。加强海洋环境保护，规范入海口排污管理。制订污水处理厂运行管理办法，规范污水处理厂管理。积极推进大连生态工业园区建设，与日本北九州市签署合作协议。启动搬迁企业污染土壤环境评价和修复工作。农村环境保护工作扎实推进，在全国率先建立农村环境保护目标责任制。农村生活污水和垃圾处理示范工作进一步落实，建成18项乡镇生活污水、垃圾示范工程，启动22个项目建设。公园绿地建设迈出新步伐。全年落实园林绿化项目18项，完成投资1.4亿元。对植物园进行了升级改造，新增了垂钓、健身、观景等设施。在森林动物园辟出20万立方米绿地，改造成白云雁水、西山揽胜2个健身公园。续建滨海路人行木栈道东段，总长度达到20.99公里，成为全球最长的木栈道。改扩建石门山公园等一批公园、广场。全市新增绿地面积150万平方米、公共绿地面积192万平方米，种植彩叶树种2万株，栽植各种乔灌木41万株、鲜花330万株，城市绿化覆盖率达到44.5%，人均公共绿地面积增至12.3平方米。

【城市建设创新能力】 东联路建设首次采用放大墩帽圆柱形桥墩、鱼腹式钢筋砼连续箱梁结构和金属防撞护栏，全线摊铺了世界最先进的高粘度排水降噪沥青混凝土，桥梁整体实现了安全美观、节能降噪。胜利路、太原街改造首次同步使用4种新工艺，采用了"雨水收集渗透、弱电共同管沟、信号标识同杆架设和铺设排水降噪"，实现了修复地下生态、避免道路重复挖掘、减少视觉污染和有效降低噪声等环保效应。中山路（五惠路）地下通道建设首次采用浅埋暗挖工艺，安装了节能环保变频电梯和监控装置，解决了施工期间交通正常运行与行人安全的矛盾。景观河道改造利用污水处理厂处理后的中水进行水体置换，改善了周边环境，节省了深海排放费用。夏家河污泥处理厂建设的多项技术、社会化运营方式、污泥集中式处理等均属国内首创。城市管理考核首次分3个层面展开，实现了管理考核的科学化、制度化、常态化。

城市管理。适应城市动态管理特点，不断加大城市规范化和法制化管理力度，市容市貌不断改善。

市政府将城市管理纳入区市县政府绩效考评内容，全年实施综合考核10次，专项考核62次。开展"市容环境综合整治200天行动"，先后与各事业单位、沿街商户签订"门前三包"责任状6万余份，整治各种城市管理顽症1万多个，清理野广告31万余处，对工地围挡破损、车辆洒漏等违章行为开展专项整治。实施环保专项治理，开展环渤海10个经济开发区、饮用水源地等9个专项执法检查，对4家违法企业实施公开督办，全年查处各类违法企业637家，妥善解决松辽化工厂等一批企业的污染问题。严格规范管理，集约使用土地和矿产资源。市政府与涉农区、市、县签订了《耕地保护责任书》，出台《大连市征收集体土地程序》、《大连市人民政府关于加强土地管理促进节约集约用地的通知》，进一步完善拆迁管理各项制度。在中心城区实施东联路、胜利路等21个旧城区改造项目，拆除各类房屋189万平方米，拆迁户数1.6万户，拆除各类违章建筑26.1万平方米。通过实施集约用地，全年挖潜存量用地13.8万平方米，约占土地供应量的50%。挂牌成立大连市矿产权交易中心，首批8个采矿权公开挂牌出让。

【大连市获国际花园城市桂冠】 2009年10月13日（捷克时间10月12日），2009"国际花园城市"全球总决赛暨颁奖晚会在捷克比尔森市政府会议中心举行。联合国环境规划署专员、全球国际花园城市竞赛委员会秘书长阿兰·史密斯先生宣布，将本次竞赛的压轴大奖"E类（100万人口以上的城市）城市第一名"大连市以最高分力压迪拜、利雅得、多伦多等世界名城，摘得联合国环境规划署与国际公园协会联合授予的"国际花园城市"称号。这是大连市继1999年获联合国人居奖、2001年获联合国环境署全球环境500佳称号之后，10年之内第三次因人居建设和城市管理的杰出成就而登顶世界领奖台，也是大连市在城市建设和管理领域获得的最高荣誉。同日举行的国际花园社区评选中，大连软件园以在城市环境、产业提升、打造科技新城等绿色产业方面做出的积极探索和贡献，获国际花园社区金奖，实现13年来中国北方地区进军国际花园社区"零的突破"。

【城市轨道交通建设稳步推进】 2009年7月6日，《大连市城市轨道交通建设规划》获国务院办公厅批复。根据轨道交通线网规划，大连市中心城区共规划9条轨道交通线路（含已建成的大连火车站至金石滩的3号线），全长262.9公里。经反复研究论证，大连市人民政府提出利用3年半到4年的时间，完成地铁1号、2号线建设，线路总长度67.62公里，设车站50座。其中，地铁1号线由东海公园至河口，线路长25.06公里，设车站20座；地铁2号线由姚家经西安路、机场、新体育中心至南关岭，线路长42.56公里，30座车站。为推进城市地铁项目建设，市政府成立大连市地铁建设指挥部和大连市地铁有限责任公司。7月25日，大连市地铁工程建设项目奠基暨试验段工程开工仪式在大连市中山区港湾广场举行，省委书记张文岳、省政府省长陈政高专程来连参加奠基仪式。8月，1号线的学苑广场到海事大学段、2号线的泉水到中华路段两个试验段正式开工。至年底，1号、2号线50座车站区间共26个标段的土建施工和监理招标分四阶段全部完成，确定土建施工单位20家，土建施工监理单位18家。地铁1号、2号线工程详勘及物探工作已经完成。累计完成工程地质勘察钻孔3605个，完成钻探总进尺99359延长米；完成水文地质钻孔172个，钻探总进尺5553延长米。完成地铁沿线管线物探面积59平方公里，标定调绘管线总长度1284公里。

【城市建设"五个一"、"三个一"工程】 2008年12月31日，市政府办公厅下发了《关于印发大连市城市建设"五个一"工程实施方案的通知》，决定在市内四区、开发区、高新园区实施"开发改造一片旧城区、新建一座停车场、改造建设一个菜市场、新建一处市民健身场所、改造提升一条路街环境"的"五个一"工程；在其他区市县实施"开发改造一片旧城区、改造建设一个集贸市场、改造提升一条路街环境"的"三个一"工程，以不断完善城市功能，提高市民的生活质量。当年，全市"五个一"、"三个一"工程共实施项目113个，安排投资56.03亿元，完成投资31.6亿元。77个项目已完工，36个跨年度实施的开发改造旧城区项目已按完成项目落实论证工作，部分项目已实施拆迁和开工建设。

"五个一"工程共落实项目72个，计划投资40.62亿元，完成投资16.48亿元。开发改造旧城区项目24个（为跨年度项目），计划拆除旧区建筑面积34.54万平方米，总投资34.55亿元，有6个项目已完成拆迁（4个已开工建设），拆迁面积10.08万平方米，完成投资10.4亿元。其余四个项目共计48个全部完工，分别为：新建停车场23座，总面积17.14万平方米，停车泊位5492个，总投资2.76亿元；新建市民健身场所8处，总规模46.79万平方米，总投资0.27亿元；改造集贸市场8个，总规模6.15万平方米，总投资0.9亿元；改造路街9条，总长度30.8公里，总投资2.14亿元。

"三个一"工程共落实项目共计29个，计划投资15.02亿元，完成投资14.73亿元。开发改造旧城区项目12个（为跨年度项目），计划拆除旧区建筑面积23.85万平方米，总投资11.82亿元，完成拆迁面积21.8万平方米并已开工建设，完成投资11.56亿元。其余项目共计17个全部完工，分别为：改造集贸市场8个，总规模6.09万平方米，总投资0.87亿元；改造路街9条，总长度18.56公里，总投资2.3亿元。

金州区、庄河市、瓦房店市、长海县参照"五个一"投资3851万元建设的8个停车场（总停车泊位852个，总投资1916万元）和4个市民健身场所（总规模16.2万平方米，总投资1935万元）已全部完工。

【城市供热】 2009年，大连市市内四区、及高新园区共有专业供热单位146家，供热总建筑面积1.25亿平方米，其中，住宅供热面积8864万平方米，非住宅供热面积3590万平方米。城市集中供热面积1.13亿平方米，其中热电联产供热面积3629万平方米，区域锅炉房供热面积7659万平方米；分散锅炉房供热面积1166万平方米。全市供热厂（站）829座，其中热电厂7座（企业自备热电厂2座），区域锅炉房134座，分散锅炉房242座，二次换热站446座，供热主次管网总长度达到3837.9公里。城市集中供热普及率89.7%，城市住宅供热普及率99.79%。2009～2010年采暖期计划用煤333万吨，实际用煤380万吨；应收采暖费27.7亿元，实收27.2亿元，收费率98.2%；市集中供热办公室受理群众信访177件，电话投诉14371人次，网上投诉、咨询696件，群众咨询、投诉处理答复率100%，群众满意率98%以上。

【供热投诉渠道进一步顺畅】 2009年，大连市集中供热办公室对市民供热投诉服务中心的受理程序进行了升级和完善，安排18人分三班受理投诉。加强投诉中心工作人员的管理，安排专人每天5次将投诉情况通过供热信息交流平台及时转至相关单位及时处理。市、区供热办工作人员电话回访投诉办理情况，对市民投诉量较多、问题集中的单位，召开专题会议，并安排专人现场督促解决问题。对上级和省民心网市民投诉转办件，以督办件形式下发供热单位，限时以书面形式上报办理结果。认真做好信访接待室和网上市民投诉处理答复工作。针对上个供热期出现的各种问题，市集中供热办公室梳理确定出影响供热质量和群众投诉较多的重点、难点问题19个，采取分片包干、责任到人、跟踪督导的方法加大解决力度，截至10月末，全部解决。

【供热设施维修按期完成】 2009年，全市计划投入设施维修改造资金2.95亿元，截至11月15日供热开始前，实际完成3.01亿元，完成率102%。计划完成供热管网改造200公里，实际完成206公里，完成计划103%。完成新增供热面积463万平方米，解决居民无暖气设施10.8万平方米，分别完成计划的193%和108%。全年拆除大小锅炉房63座，锅炉86台，实现集中供热面积276万平方米。

【供热质量制度保障有力】 2009年，大连市城乡建设委员会制定下发《大连市供热质量保证金管理暂行规定》，明确因供热单位的责任造成供热质量问题的经济处理办法，对上一供热期供热质量差、群众投诉多的9家供热单位，提高供热质量保证金收取标准。市集中供热办公室进一步修订《大连市供热运行标准》，制定下发《大连市供热单位检查考核暂行办法》，加强对供热单位的约束和督导。发挥和调动区政府、街道、社区三级属地化供热管理网络的积极性，实行辖区包片巡检制度，并在各街道、社区设立供热管理专干1名，监督供热企业的供热质量。市集中供热办公室根据气象台严寒天气预报，下发关于应对严寒天气的紧急通知，要求各供热单位严格执行供热运行标准，保证供热时间。市、区两级供热办会同各街道、社区供热专干对供热站点进行检查和考核，发现问题及时协调解决。市、区政府及供热单位分别制定《城市供热应急抢修预案》，市政府建立以主管副市长为组长的供热应急工作领导小组，组建抢修队伍15支，确保一般故障在8小时内、较大故障在24小时内恢复供热。

【供热补贴核定发放工作顺利完成】 2009～2010年采暖期，大连市针对煤炭价格逐年上涨，供热成本增加，居民采暖费价格未作调整的实际情况，由市财政先期拨付资金1.23亿元，继续对供热企业承担居民住宅供热面积予以补贴。大连市集中供热办公室积极组织做好供热企业补贴面积的核定和发放工作，下发《关于做好城市供热面积核定统计工作的通知》。市、区市县供热办组成核查组对供热企业供热面积进行核查，对供热企业先期核定居民住宅面积（建筑面积）已按1元/平方米发放的，加发0.4元/平方米，对新增供热面积按1.4元/平方米发放，并重新核算收取供热企业质量保证金。保证城市困难群体居民的冬季采暖，向市内四区2.7万户符合采暖费补贴条件的"三类困难家庭"补贴资金2630万元。其中，低保户1.7万户，补贴1820万元；低收入家庭（边缘户）1100户，补贴90万元；其他困难居民家庭9080户，补贴720万元。

【燃气行业管理进一步加强】 2009年，大连市城乡建设委员会进一步规范燃气行业市场秩序，加强行业管理和基础设施建设。组织换发《大连市燃气企业资格证书》167家，先后组织1183人次对市内四区242个厂（站）进行检查，现场解决燃气运行和管理问题61个。注重燃气行业基础设施建设，全年共发展煤气用户3.5万户，新建煤气管网15.2公里，改造地下老旧煤气管网14.5公里，平均日供气量81.4万立方米，年供应总量2.54亿立方米，比上年增长5.8%。截至年底，全市共有煤气用户72.9万户，其中居民用户72.3万户，工商业用户6700户；地下城市煤气管网2016公里。

【联合收费工作进一步拓展】 2009年，大连市公用事业联合收费处全年代收费总金额达15.3亿元，比上年增加2000万元。其中，代收水费1.2亿元，用户78万户，增加2万户；代收电费6.8亿元，用户86万户，增加3万户；代收煤气费2.12亿元，用户54.2万户，增加1.2万户；代收房租费4455万元，用户6.9万户，减少2000户；代收物业费758万元，用户3.85万户，增加5200户；代收采暖费4.37亿元，用户26万户，增加2万户。联合收费处在完善收费网点现金缴费工作的同时，与大连银联公司合作，开通多家银行卡电子化缴费方式，有中信银行借记卡电话银行、网银、多媒体终端缴费，浦东银行借记卡电话银行、网银、ATM、手机银行缴费，民生银行网银、ATM缴费，大连银行贷记卡批扣缴费。全年受理电子化缴费1.8万笔，金额420万元。

四、建筑节能与科技

【建设科技研究成果丰硕】 2009年，大连市城乡建设委员会组织大连理工大学、大连工业大学等科研院所申报省部级建设科技项目15项，滑动模板施工混凝土模强精度控制研究、维护结构缺陷的红外检测技术研究、可降解的硬质聚氨酯泡沫材料的研究等项目陆续通过建设部评审。组织本市建设科技项目31项，落实20项，城市房地产健康发展评价体系等一批高端项目参与国家住房和城乡建设部的评审。针对建筑质量通病引进建筑防水、建筑智能化等先进技术，开展硅树脂防水涂料等研究，以科技提升行业技术水平。完成北方科学发展示范城市生态建筑研究工作，开始进行"十二五"规划研究，形成生态城市规划纲要，初步摸底调查有意向从事绿色生态建筑的企事业单位。红星海世界观项目申报国家光伏电池建筑应用示范工程。组织全市范围的建筑科技技术说明会、推广会16次，包括压力管道抗应急技术、建筑智能技术、静电抗渗透防水技术、新型功能涂料等。利用大连建设科技网转发建筑新标准46个，及时将标准变化公告建设、设计、施工、监理单位，结合建筑人才培训，对部分重要标准进行集中宣传，《绿色建筑导则》《地面辐射供暖规程》等国家、省级标准在本市得到及时落实。先后组织建筑智能化、绿色建筑、循环经济技术推广会议6次。

【建筑节能管理】 2009年，大连市累计建成节能建筑4200余万平方米，每年可节约标准煤近48万吨，减排二氧化碳18万吨、二氧化硫5.5万吨、粉尘5.5万吨、灰渣11万吨。全市备案新型墙体材料生产企业143家，生产能力66.05亿标块，实际产量27.95亿标块，新型墙体材料应用率达到100%。新型墙体材料广泛应用，全年节约土地4612.2亩，节约标准煤17.3万吨，减排二氧化碳7.8万吨、二氧化硫0.4万吨。

大连市城乡建设委员会推进《民用建筑节能条例》的贯彻实施，先后通过报纸、电台等媒体宣传条例的具体内容，并制作电视专题片。做好民用建筑节能审查备案工作，全年有24个项目271个单体工程进行了节能备案。推进可再生能源利用，太阳能光热和光电技术，海水源、污水源、地源等热泵技术，风能发电技术快速发展。新建的多层住宅大部分实行太阳能热水器与建筑工程同步设计、统一安装、一体化完成，中、小高层住宅应用壁挂式太阳能热水器已组织多个示范工程项目，全市一体化安装太阳能热水器约300万平方米。全年完成太阳能热水器应用项目19个，建筑面积81万平方米。全市规划海水源热泵供热供冷区域13个，涉及供热供冷面积1100万平方米。截至年底，已开工建设11个项目，实现供热供冷面积200.6万平方米。星海湾商务区水源热泵一期工程、大连热电集团北海热电厂再生水利用一期工程、大窑湾港区海水源热泵三期工程通过大连市城乡建设委员会和大连市财政局验收评估，热泵机组运行稳定，供热供冷效果良好。全年组织太阳能光电应用示范项目10项，太阳能路灯、太阳能庭院灯、太阳能室内照明等工程在全市已成推广趋势。其中，颐和香榭等4个住宅小区项目共计500余套光伏照明灯、大连雄伟保健品公司厂房3000平方米光电一体化设计安装应用已完成，"红星海·世界观"5万平方米、大连理工大学能动学院2.5万平方米、大连国际合作大厦8000平方米、大连储能技术工程研究中心5900平方米、大连泰瑞太阳能电站1.5万平方米地下停车场及公建办公楼光电照明应用项目正在建设中。对建筑节能材料和新型墙体材料进行备案管理,涉及建筑节能的墙体材料、高效钢筋、水泥制品等11个品种771个产品。

(大连市建设委员会)

青 岛 市

一、住宅与房地产业

【民生住房建设】 新开工"两改"项目12个,建成安置房2.5万套、232.5万平方米,回迁项目25个,回迁居民2.4万户;筒子楼改造完成60栋,旧住宅区整治完成6片,惠及居民13188户;河马石租赁住房项目12栋楼全部竣工。

【行业扩需】 一是帮助企业融资106.7亿元,其中为25个"两改"项目落实贷款78.2亿元。二是积极开展项目招商。组织多次银企推介会、项目推介会、实地考察等活动,促进大企业和重点项目的对接、洽谈与合作。29家大企业参与了43个开发规模10万平方米以上项目的开发建设。三是放宽配套费收费政策,减轻企业负担。共为90多个项目办理了城市基础设施配套费减缓免手续,其中包括50多个重点项目、"两改"项目,共缓缴配套费6亿多元。四是成功举办春季房博会、秋季住交会,促进了住房消费。

【拆迁工作】 创新四个一工作法,加强对拆迁评估机构的监管,强化专家提前介入,提高拆迁评估规范化水平;筹建市拆迁评估协会工作进展顺利。对24个拆迁改造项目核发了房屋拆迁许可证,拆除房屋建筑面积106万平方米,拆迁居民1.2万户。推进快速路三期、地铁试验段、新疆路高架桥等市重点建设项目拆迁工作,促进重点建项目。通过实行阳光拆迁、和谐拆迁,维护了拆迁居民的正当权益,促进了社会稳定和经济发展。

【配套建设】 完善配套项目代建管理模式,创新配套建设运行机制,优化了各环节管理程序;建立配套资金月度拨付制度、定期巡查制度、周例会制度等,强化内部机制运行协调和督查力度,层层分解落实责任目标,实行责任到人。突出抓好"两改"等重点项目的配套建设,确保项目按时回迁。出台了《青岛市新建住宅配套教育设施建设管理办法》,从根本上解决了幼儿园产权不清问题。2008年的20个配套项目已完工19个;2009年的27个配套项目已开工9个,完工4个;完成17个遗留项目的移交工作。

【房地产企业管理】 规范开发企业资质管理,组织开展全市房地产企业资质等级核定工作。不断完善配套项目代建管理模式,创新配套建设运行机制,优化了各环节管理程序;建立配套资金月度拨付制度、定期巡查制度、周例会制度等,强化内部机制运行协调和督查力度。出台了《青岛市新建住宅配套教育设施建设管理办法》。创新四个一工作法,加强对拆迁评估机构的监管,强化专家提前介入,提高拆迁评估规范化水平。全市房地产开发完成投资481.2亿元,同比增长29%。

二、城市建设

【重点工程项目建设】 道路建设方面,海底隧道青岛端接线、快速路三期工程、环湾大道拓宽改造工程、海湾大桥青岛端接线等一批对提升城市功能发挥重要作用的道路交通项目顺利推进;重庆路快速路工程、新疆路快速路工程前期各项工作扎实开展。区域配套建设方面,重点加快浮山新区基础设施配套建设,完成了第二实验初级中学建筑主体工程和劲松一路、同兴路等一批道路配套项目,正积极推进合肥路等5处规划学校的前期工作。河道整治方面,李沧区、四方区、市北区实施了10条河道(段)综合整治工程,累计完成投资6.1亿元,明显改善了河道沿岸城市环境,有效带动了周边区域经济发展。海泊河综合整治工程荣获山东人居环境范例奖。

【市区重点区域建筑渣土清运】 组织投入1万多人次,对10多年来在市区长期堆积的87处建筑渣土进行清运,累计运输20多万车次,清运渣土总量达1035万立方米。

【市区铁路两侧环境综合整治】 制定了铁路沿线综合整治方案,组织进行了景观设计,建立了督查考核推进制度。全年组织铁路沿线各区共拆除违章建筑、乱搭乱建4.2万平方米,粉刷楼房墙体41

万平方米，植树绿化47万平方米，清运垃圾6.9万吨，残墙、断壁房屋维修3.2万平方米，整修道路5.4万平方米，河道清淤9.1万平方米。

【胶州湾湾口海底隧道青岛端接线工程】 该工程南接海底隧道，北接快速路三期，主要包括四川路、云南路主线隧道、台西三路、团岛二路进（出）口匝道。其中，四川路主线隧道长约1621米，高架桥长约452米；云南路主线隧道长约1662米，高架桥长约577米；台西三路匝道隧道部分长215米；团岛二路匝道隧道部分长340米。桥梁工程自2009年6月份开工建设，具备施工条件的下部结构已全部完成，云南路4、5号主桥、四川路1、2号主桥和广州路2号匝道桥完成箱梁混凝土浇筑，其他工程完成各类专业管线迁改和铺设18千米；拆迁工作完成3562户居民和92家非住宅，拆除各类房屋16万平方米，外运建筑垃圾12.8万立方米。

【东西快速路三期工程】 该工程东端自胶州路—长清路口，沿现状沧口路、市场三路以高架形式跨过胶济铁路后接入莘县路，南端在山西路与隧道接线工程对接，北端在上海路接入规划新疆路快速路，工程东西方向全长898米，南北向全长1138米。工程内容主要包括东西快速路高架、莘县路立交和莘县路高架三部分。该工程莘县路立交跨铁路段四联桥梁，为结合青岛市火车站改造已于2008年5月施工完成，剩余工程于2009年6月29日全面开工建设。

三、村镇建设

2009年，青岛市开工建设农村住房7.9万户，超过计划9.8%；竣工72087户，超过计划28.7%；完成农村危房改造8638户，圆满完成了年初制定的工作目标。其中村庄改造完成45718户；农村经济适用房建设完成8754户；农民分散建房17615户。

四、建筑节能与科技

有10项成果获得2008年度青岛市科技进步奖，16项建设科技成果通过了市科技成果鉴定并有10项达到国际先进水平以上水平，12个项目获得建设部科技计划立项。《青岛市民用建筑节能条例》顺利出台。联城、海岸锦城等10个可再生能源建筑应用项目开工。完成140万平方米的既有居住建筑供热计量及节能改造。建设30个国家机关办公建筑和大型公共建筑建筑能耗监测终端。完成"禁粘"建筑约1010万平方米，新建节能建筑约920万平方米，散装水泥生产280余万吨，共节能22.3万吨标准煤，节约土地0.2万亩，减少二氧化碳等废气排放40.2万吨，利废175.1万吨，直接经济效益过亿元。

五、建筑业

【建筑企业管理】 具有资质的建筑业企业共计1228家。其中，施工总承包企业359家，专业承包企业505家，劳务分包企业364家。施工总承包企业中具有特级资质的企业4家，占1.1%，一级资质的企业41家，占11.4%，二级资质的企业133家，占37.1%，三级资质的企业181家，占50.4%。规模企业继续扩大，结构进一步优化。2009年共有10家二级企业晋升为一级，33家三级企业晋升为二级，新办企业资质27家。

【"双卡"管理全面推行】 全市共启用"双卡"近15万套。大力实施招标过程电子化、招标项目明细化、专家队伍层次化、全程监察网络化"四化"建设，应招标工程招标率和应公开招标工程公开招标率均达到了100%；重点规范工程质量管理制度和流程，建立"量化评鉴"机制。创新解决质量通病治理难题，破解工程质量投诉难课题，结构工程、竣工工程质量验收合格率均为100%；创新推行建筑施工安全生产"模式"化管理，安全生产保持平稳态势；以"青岛市建设工程款和农民工工资网上月报系统"和合同标识制度为平台，建立了全市建设领域清欠工作的长效机制；研究制定了鼓励建筑施工企业外出施工的"双五条"措施，有效推动了建筑市场重心外移，埠外产值大幅增长。全市建筑业完成产值475.2亿元，同比增长9%。

【勘察设计企业管理】 全市有勘察设计单位182家，其中甲级单位43家，乙级单位65家，丙级单位19家，专项资质单位50家，设计施工一体化单位5家，勘察设计从业人员10346人，各类注册人员1269人，其中一级注册建筑师168人。组织开展勘察设计市场大检查，将建筑节能设计和工程抗震设防列入重点，省建设厅给予高度评价。健全完善了行业诚信评价长效机制，市场主体诚信水平明显提升。建立了信息上报及公共信息披露制度，施工图审查在质量监管中的作用更加凸显，共完成新建工程施工图审查项目512项，审查建筑面积1160余万平方米。勘察设计招投标工作步入正轨，全市共有195项勘察设计项目进行了招投标。勘察设计行业共完成合同额约34.4亿元，同比增长7%；实现营业收入30.1亿元，同比增长3.3%。

【建材企业管理】 水泥生产企业加快技术升级和产业结构调整，《青岛市预拌砂浆生产和使用管办法》、《青岛市建设工程材料管理规定》正式发布实施，城市禁止现场搅拌砂浆工作步伐加快，建材产品监管力度逐步加大。推广使用人工砂，开展海砂淡化试点工作。加强对节能材料认定检测、节能材料常规检测和建筑材料备案检测工作，经济效益初现。

六、城市建设

【概况】 2010年，全市建成区新改建绿地面积87.7公顷，实现绿化覆盖率43.23%，绿地率37.55%，人均公园绿地面积14.54平方米。顺利通过了"国家园林城市"复查，成功获得2010年第九届中国(国际)赏石展和第三届山东省园林绿化博览会承办权。

【城市园林规划】 根据创建"国家生态园林城市"和《青岛2008~2020年发展规划纲要》的要求，结合市十三届人大五次会议《关于加强全市绿化"绿线"管理的议案》的办理，完成了七区二批"绿线"划定工作，划定513处绿地，面积共3871公顷。编制完成了《青岛市城市绿地系统规划》、《青岛市城市绿地系统防灾避险规划》、《浮山生态公园总体规划》和《太平山中央公园总体规划》。新编技术标准2部，修编8部。编制完成《青岛市城市绿地系统规划》，二批"绿线"划定513处绿地，面积3871公顷。浮山生态公园和太平山中央公园规划方案编制完成，太平角公园荣获山东人居环境范例奖，中山公园游乐场进行了升级改造，城区义务植树活动栽植各类树木120多万株。全市建成区新增绿地面积91.6公顷，实现绿化覆盖率43%，绿地率37.3%，人均公园绿地面积14平方米。

【全市园林绿化新特色】 青岛市南区开展绿化环境整治，做到主要道路鲜花簇拥，景点绿树有型，山头彩叶成林；市北区以精品特色、生态特色、社区特色为导向，求新、求绿、求靓，全面推进园林绿化工作；四方区以打造"宜商、宜居、宜创业、充满活力的滨海新区"为目标，加大绿化设施建设力度，城区生态环境明显改善；李沧区本着"高档次、高标准、人性化"的建设思路，打造城市精品，着力实现城区园林景观的新突破；城阳区创新园林建设理念，倾力打造"花海城区"主题，形成了色彩斑斓的景观效果；崂山区大力实施"增色添绿"工程，基本实现了"四季常青、三季有花"的绿化景观；黄岛区实施"绿色图章"制度，力争做到"审批一件特色方案，建设一处精品工程"。即墨市坚持生态功能与美化功能相统一，大力加强城区道路绿化和公园绿地建设；胶州市按照规划设计一流、施工质量一流、环境绿化一流的标准，着力营造"水在城中、城在林中、三河环绕、古韵悠长"的园林城市格局。胶南市加大投入，基本形成了"城在林中、楼在树中、人在绿中"的绿化格局；莱西市开展省级"园林城市"创建工作；平度市围绕突出重点，抓好"一园两路"，实现现代山水田园秀美宜居城市的总体目标；保税区形成了"一心、一带、两轴、四点"的绿化布局，达到"区在林中，路在绿中，人在景中"的要求；高新区按照"三大、一高"标准进行园林、湿地的规划建设。

【浮山建设管理】 市政府专门下发了《关于太平山中央公园及浮山生态公园规划建设问题的会议纪要》([2009]124号)，对土地租赁等政策进行了调整。启动了"浮山香苑"生态景观建设试点，新增了两条防火通道，对3.2公顷绿地进行了改造，加强了浮山的绿线管理。

大 事 记

2月19日，青岛市园林绿化工作会议在市级机关会议中心召开，市建委主任汤吉庆在会议中指出：明确一个目标，突出三项重点，实现园林绿化新突破。

2月24日，全市勘察设计工作会议在青岛市八大关宾馆小礼堂举行。

3月7~9日，国家园林城市复查组组长、国家住房和城乡建设部原总规划师陈晓丽一行对青岛进行复查。

3月12日，省委常委、青岛市委书记阎启俊及党政军领导在胶州湾四方区段参加义务植树活动。

3月，市建委被山东省建设厅、山东省委省政府信访局联合表彰为"山东省建设系统信访工作先进单位"。

4月12日，中山公园、植物园免费开放一周年。

4月17日，青岛市机构编制委员会《关于市政工程安全生产监管机构编事宜的批复》(青编字[2009]11号)同意市政养管处更名为青岛市市政工程管理处，加挂青岛市市政工程安全监督站牌子，实行一个机构，两块牌子。

5月18日，全国墙材革新一届二次年会及技术论坛在青岛举行。本次年会由中国资源综合利用协会墙材革新工作委员会主办，发改委、住房城乡建设部、工信部等部门派员参加了会议。

6月18日，青岛市政府副市长胡绍军、城市园林局局长吴勇、加拿大驻华使馆商务参赞马小龙出席中山公园"中加友好木结构景观示范工程"竣工揭幕仪式暨"中加友好林"栽种仪式。

7月17日,在青岛国际会展中心1号馆召开了"2009青岛国际建筑设计高峰论坛",由青岛市建委主办,青岛市勘察设计协会、青岛市建筑设计研究院股份有限公司、青岛海宸国际会展公司具体承办。

8月6日,副市长胡绍军代表青岛市政府与五市三区政府及相关部门签订2009年既有居住建筑供热分户计量目标责任书。

8月29日,青岛市第十四届人民代表大会常务委员会第十二次会议审议通过了《青岛市民用建筑节能条例》。

10月26日,经市政府同意,市建委、市工商局、市质监局共同印发了《青岛市建设工程材料管理规定》(青建发[2009]171号),就建设工程材料的备案、经营使用和监督管理进行了规范。

10月27日,第五届中国(青岛)国际建筑材料及装饰材料博览会和第三届中国(青岛)国际建筑节能及可再生能源应用博览会在青岛国际会展中心开幕。

11月5日,为加强全市城建档案行政管理,对城市建设档案等相关工作进行监督、检查、指导,青岛市机构编制委员会以青编办字[2009]127号批准,市城市基本建设档案馆加挂城市建设档案管理处牌子。

11月13日,青岛市人民政府关于印发《青岛市预拌砂浆生产和使用管理办法》的通知颁布执行,为加快推进青岛城市禁止现场搅拌砂浆、使用预拌砂浆奠定了基础。

11月28日,青岛市城市园林局局长交接,杨湧同志任青岛市城市园林局党委书记、局长。

12月16日,海湾大桥青岛端接线工程开工建设。

12月27~29日,由住房城乡建设部城建司副司长刘贺明带队的全国建设领域节能减排专项检查第四检查组到青岛检查,山东省住房和城乡建设厅副厅长宋守军陪同检查。

(青岛市建设委员会)

宁 波 市

一、住房保障

【完善住房保障政策体系】 2009年5月,宁波市制定出台了《宁波市限价房管理办法(试行)》,鄞州区、北仑区、镇海区、东钱湖、慈溪市、奉化市、宁海县等都相继制定出台了限价房管理办法,其中宁海县率先新开工建设6.5万平方米、718套限价房项目,北仑区通过货币补贴实施限价房保障100户,慈溪市利用现有的保障房源推出销售限价房110套等。在原廉租房、经济适用房、经济租赁房等保障形式基础上,限价房保障政策有效实施,构建起了以廉租房、经济适用房、经济租赁房、限价房为主要内容,非成套房改造和老小区整治同步推进的"租、售、改"三位一体的多层次城镇住房保障体系。宁波市住房保障在准入标准上,以人均建筑面积低于18平方米为住房面积标准,以家庭人均年收入低于城镇居民人均可支配收入45%、60%、80%作为廉租房、经济适用房(经济租赁房)、限价房保障对象收入标准,形成了科学合理的梯度住房保障体系。

【扩大廉租住房保障范围】 2009年,在全市范围内开展了新一轮廉租房扩面工作,将保障对象收入标准从人均年收入低于城镇居民人均可支配收入的30%放宽到低于45%(住房面积标准仍为人均建筑面积低于18平方米)。至2009年底,廉租住房扩面工作圆满完成,实现符合保障条件家庭申请一户解决一户,做到"应保尽保"。全市廉租住房累计保障家庭达到13095户,在保9405户,其中2009年新增户数4799户,是历年新增户数最多的一年。奉化、余姚、北仑等地已将保障范围扩大到人均可支配收入60%,提前实现廉租住房与经济适用房并轨。

【加大保障性房源筹措力度】 2009年各县(市)、区继续采取多种形式落实保障房源,加快新建房源建设步伐。全市实现新开工建设(或落实)廉租房3.3万平方米,经济适用房30.45万平方米,限价房18万平方米,人才公寓1.8万平方米,农民工公寓21.5万平方米。全市推出销售经济适用房7146套,其中市三区4938套,为历年之最。江北洪塘4个地块经济适用房项目建成,2个在建地块项目加快推进,全市第一个开工的宁海限价商品房项目19幢单体住宅主体工程已全部完成。

【住房公积金支持职工住房消费作用明显】 制定下发了《关于调整2009年度宁波市市区住房公积金缴存基数的通知》，对职工住房公积金缴存比例和基数进行了调整，将单位和职工住房公积金正常缴存比例由原来的8%~12%调整为5%~12%，将缴存基数下限由原按社会职工上年月平均工资60%调整为按最低工资标准。全市全年新增缴存职工100063人，全市历年累计建账人数达78.26万人，实际缴存人数为54.57万人，同比增长6.42%，覆盖率达到67.76%。随着房地产交易量的回升，住房公积金个贷业务活跃，全市全年住房公积金归集61.25亿元，实现增值收益3.14亿元，发放贷款43.63亿元，为14642户城镇居民购房提供了资金支持。

【住房分配货币化进一步推进】 继2008年全市各县（市、区）全面实行住房分配货币化制度后，各地住房补贴审批发放工作稳步推进。2009年，全市发放老职工住房补贴6591人，补贴金额1.84亿元；发放新职工住房公积金补贴3891人，金额4055万元。截至2009年底，全市累计发放老职工住房补贴111792人，金额41.70亿元；累计发放新职工住房公积金补贴27121人，金额2.84亿元。

【旧住宅区改造进一步有序推进】 市中心城区两级政府共投资1.318亿元，完成整治老小区22个，面积175.68万平方米，涉及居民2.1万余户。启动非成套房改造13.9万平方米，市中心城区已累计完成非成套房改造约190万平方米，占需要改造总量的90%。

二、城市建设

【"中提升"战略进一步深化】 2009年，按照宁波市委市政府"保增促调"总体部署和"快重准实"工作要求，"中提升"战略（"中提升"是宁波市委、市政府在"十一五"时期对于宁波市发展的一个战略规划，指中心城区发展水平的提升）。十大区块开发进度明显加快，八大系统建设稳步推进，全年共完成投资460多亿元，完成拆迁建筑面积250万平方米，其中十大区块完成投资241亿元，完成住宅、非住宅拆迁150万平方米。东部新城门户区、和丰创意广场等30多个重大项目启动建设，和义大道、世纪东方广场等20多个项目建成投用，部分区块初具形象，一批在建项目加快推进。截至2009年底，"中提升"战略已有90多个重大项目陆续开工建设，60多个重大项目先后建成投用，累计完成投资超过1500亿元。

【城市市政基础设施建设步伐加快】 全市共完成城市市政公用设施建设固定资产投资165.1亿元，其中中心城区124.19亿元。中心城区"五路四桥"、绕城高速连接线、机场快速干道等重大项目快速推进。"五路四桥"项目完成年度投资31.3亿元，拆迁工作进入扫尾阶段，通途路西段、城庄路、湾头大桥建成通车，青林湾大桥及江北引桥建成，6座大型立交中5座主体结构基本完成，外滩大桥、明州大桥、东外环-南外环立交分别完成总工程量的64%、58%、70%。11条绕城高速连接线全部开工建设，完成年度投资26亿元。机场快速干道全线开工建设，中山路以北段完成总工程量的45%，中山路以南段正在主体结构施工。此外，姚隘路、粮丰街、云霞路、铁路限价房北侧道路、和义路、中医院南侧道路、中兴路公交专用道等道路相继建成通车，银晨国际、松下国际、香格里拉、宁动地块、洪塘经济适用房等区块周边配套道路全面完工，中心城区新建道路面积57万平方米。和义路地块停车场、庆丰桥停车场等公共停车场建成投用，共建成泊位1209个。

【生态基础设施加快建设日益完善】 宁波市生化处理厂一期工程通过综合验收，并投入运营，其日处理粪便500吨、餐厨垃圾100吨。江南污水处理厂土建基础工程和设备招标工作按期完成，累计完成总工程量的65%。安排补助3000万元用于市三区垃圾中转站建设，日处理能力200吨的江北谢家垃圾中转站、日处理能力500吨的双杨垃圾中转站开工建设。日处理能力150吨的滨江垃圾中转站正在开展前期工作。同时，中心镇污水处理设施建设力度加大，至2009年底，春晓污水处理厂一期已建成通水，慈城、周巷、逍林、观海卫、马渚、泗门污水管网工程已基本建成，西周污水处理厂一期土建工程基本完成并进入设备安装调试阶段，长街、西店、坎墩污水处理厂已开工建设。

三、住宅与房地产业

【房地产市场快速复苏发展】 2009年，在一系列调控政策作用下，宁波房地产市场信心得到恢复，住房需求有效释放。全市房地产开发共完成投资375亿元，同比增长21.7%，其中住宅投资238亿元，同比增长22.5%。在全省11个地区中，宁波市房地产开发投资额和增幅均居第二位。全市商品房新开工812万平方米，同比增长6.3%，其中住宅502万平方米，同比增长2.9%；全市商品房竣工面积665万平方米，同比下降14.5%，其中住宅422万平方米，同比下降23.5%；截至2009年底，全市商品房施工面积3104万平方米，同比增长1.5%，其中住宅1912万平方米，同比下降2.8%。全年市区商品房成交

57201件、563万平方米、560亿元，同比分别增长108％、115％和147％，其中住宅成交35395件、405万平方米、429亿元，同比分别增长105％、107％和157％；二手房成交48020件、492万平方米、338亿元，同比分别增长201％、116％和165％，其中住宅成交41054件、361万平方米、282亿元，同比分别增长230％、234％和301％。2009年宁波市房价同比涨幅逐月上升，从1月的0.5％上升到12月的7.5％，12月份综合房价涨幅在全国35个大中城市中排第11位，在70个城市中排第15位。其中新建商品住房销售价格同比涨幅为11.7％，二手住房销售价格同比涨幅为5.7％。从环比看，全年综合房价环比涨幅中间高、两头低，6月份为最高达到1.6％，随后几个月明显回落（最低为0.3％），其中二手住房从9月份以来持续4个月环比涨幅都为0。

【"数字房产"一期系统正式投入试运行】 "数字房产"一期项目自2006年3月启动实施以来，着重研发了房产房屋登记管理、房产档案管理、房产测绘成果管理、房产基础测绘、房产项目测绘、房产GIS、房产市场信息发布与统计分析、房产信息系统综合管理平台、业务办公模块等9个子系统，同时完成了15万卷档案扫描及关联、约295平方公里的基础数据整理、2000幢房屋的项目测绘数据整理。该项目通过采用GIS、楼盘表、条形码、数码照相、指纹识别、虚拟档案等多项技术手段，实现权属登记、交易、测绘、档案的数字化、一体化管理，达到了管理信息化、交易快捷化、发证准确化等目标。

【存量房交易资金托管服务试点】 试点服务对象为宁波立得、南天房产等自愿参与存量房交易资金托管服务的客户，试运行期间共办理存量房交易资金托管服务13笔，托管资金783万元。该试点工作充分尊重存量房交易习惯，实现了还贷、按揭贷款审批、过户一条龙服务，并帮助购房者有效规避风险，保证了购房交易资金安全。

【房屋安全监管和住房解危力度不断加大】 6月中下旬，在全市范围内开展了城镇危旧房屋专项排查活动，全市共存在危房306幢、建筑面积16.78万平方米。按照危房纠偏解危属地原则，全年共解除危房253处、建筑面积14.2万平方米。

【房屋拆迁管理不断规范】 进一步完善拆迁补偿政策，制订出台历史文化街区保留建筑保护搬迁补偿安置办法及市区城市房屋拆迁低限标准等配套政策，严格拆迁许可证核发，规范拆迁裁决行为，较好把握加快拆迁进度与维护社会和谐稳定之间关系。2009年全市实际拆迁建筑面积达568万平方米，其中城市拆迁158万平方米，农村拆迁410万平方米，中心城区总拆迁量达430万平方米，湾头区块、长丰区块、月湖西区、轨道交通1号线等一批重点项目拆迁取得实质性突破。

【新修订《宁波市住宅小区物业管理条例》出台】 6月26日，宁波市第十三届人民代表大会常务委员会第十七次会议审议通过了新修订的《宁波市住宅小区物业管理条例》；9月28日，浙江省第十一届人民代表大会常务委员会第十三次会议批准该条例于2010年1月1日起正式实施。

【加快物业管理相关配套政策完善】 为切实保障物业小区各方权益，加快制订完善《宁波市房屋专项维修资金管理办法》等11个配套政策文件，不断完善政策体系，强化物业监管，提高行业管理水平。

【物业管理水平不断提高】 截至2009年底，宁波市共有物业管理企业232家，其中一级资质企业15家，二级资质企业18家，管理项目达1525个，面积9900万平方米。经考评，全市共有中石化宁波工程公司总部大楼、日湖花园、科技广场综合办公楼、都市森林、宁波博物馆、维科·水岸心境等6个小区（大厦）被评为全省物业管理示范小区（大厦）；共有18个小区（大厦）获得2009年度宁波市物业管理示范小区（大厦）称号，17个获得宁波市物业管理优秀小区称号。

【第十四届住博会顺利举办】 10月30～11月2日，第十四届中国宁波国际住宅产品博览会在宁波国际会议展览中心举行。展会以"信心地产"主题，设房产、金融、家装、建材、家具、建筑节能、门窗管道、厨具、陶瓷卫浴、油漆涂料、信息家电、家纺布艺、太阳能十三大展区，品牌4000余种。展出面积5.5万平方米，展位3300余。期间举办了"中提升"战略展示、2009宁波市住宅开发项目"人居环境奖"评选、城市土地推介暨招拍挂出让活动、房地产商会2009年会等活动。

四、建筑业

【建筑业扶持政策得到完善】 制定出台了《关于加快建筑业转型发展提升发展的若干意见》及《关于印发宁波市优秀建筑业企业和企业家评选表彰办法的通知》、《关于印发宁波市加快建筑业转型发展提升发展的若干措施的通知》、《关于加强金融创新服务建筑业发展的指导意见》、《关于加快培育宁波市建筑业企业"走出去"人才的通知》等11个配套文件，从税收、信贷、融资、资质晋升等方面进行重点支持，进一步优化了行业发展环境，增强了企业发展信心。

2009年全市共完成建筑业总产值1043.6亿元，省外产值345.4亿元，实现利税总额82亿元，同比分别增长13.2%、13.2%、40.5%。积极开展企业资质晋升指导工作，截至2009年底，宁波市共有建筑业企业1054家，其中特级6家，一级83家；招标代理机构共61家，其中甲级8家，乙级15家；勘察设计企业共130家，其中甲级31家，乙级59家；工程监理企业共54家，其中甲级25家，乙级22家。

【建筑质量安全监管进一步强化】 2009年，建设部全国工程质量安全标准化现场会在宁波召开，全市建筑业企业荣获鲁班奖4项，詹天佑奖1项、国优工程2项，省优工程18项、省市标化工程89项，创近年之最，市安全质量总站被评为全国建筑工程安全监督先进单位，宁波国际金融中心建设工程被授予全国标准化示范工地。

【建筑市场秩序进一步规范】 2009年，在市区范围内对涉及总投资近41亿余元的28个项目实施了标后评估，对203人次的评标专家评标行为做出了后评估结论，向28名评标专家发放了监督意见书。通过标后评估工作，认真查找评标专家在评标过程中的违规违纪行为，依法查处评标专家的违法行为，对不胜任本职工作、不符合评标专家要求的人员暂停直至取消其评标专家资格，促进了评标专家公平、公正地履行职责。同时，着手组建资深评标专家库，进一步完善评标专家和评标专家库管理制度，加强评标专家培训和考核，不断强化评标专家动态管理。制订宁波市房屋建筑和市政设施工程劳务分包管理、建设工程施工现场关键岗位人员管理办法，劳务分包和施工现场管理不断加强。严格资质管理制度，加强对各类建筑业企业资质资格等级标准及市场行为进行监督检查。

【农民工工资管理力度加大】 修订了建筑业企业人工工资支付担保统筹管理办法，进一步完善建筑领域务工人员工资清欠长效机制和工资纠纷快速处理应急机制，强化了农民工工资发放监督检查，全市共受理工资拖欠纠纷138起，均得到及时有效解决。

【宁波博物馆获中国建筑工程鲁班奖（优质工程）】 宁波博物馆建设工程位于宁波鄞州区首南中路1000号，建筑面积30325平方米，建筑高度为23.98米，框架结构，局部地下一层，地上三层。工程于2006年8月31日开工，2008年9月27日竣工，是宁波市惟一的综合性博物馆。工程由鄞州区城市建设投资发展有限公司代建，中国美术学院风景建筑设计研究院设计，宁波高专工程建设监理有限公司监理，浙江省二建建设集团有限公司总承包，一次性验收合格，2008年被评为钱奖杯优质工程，2009年9月被中国建筑业协会评为中国建筑工程鲁班奖（优质工程）奖。

【宁波科技广场综合办公楼获中国建筑工程鲁班奖（优质工程）】 宁波科技广场综合办公楼位于宁波市国家高新区，地下1层，地上12层，框剪结构，建筑高度为49.85米，总建筑面积42820平方米，工程于2006年11月2日开工，2008年9月28日竣工。2009年8月17日至18日经中建协组织的专家组复查，被评为2009年度鲁班奖工程。工程建设单位为宁波高新区开发建设有限公司，设计单位为宁波市建筑设计研究院有限公司，施工单位为宁波建工股份有限公司，监理单位为宁波广天建通工程管理有限公司。

【两项工程获国家优质工程奖】 宁波万华年产16万吨MDI工程（国家优质工程金质奖）参建单位为浙江省二建建设集团有限公司和龙元建设集团股份有限公司；宁波市第六医院住院楼扩建工程（国家优质工程银质奖）承建单位为宁波建工股份有限公司。

【24个工程被评为浙江省建筑安全文明施工标准化工地】 宁波市中医院迁建工程、天润商座、金海大酒店、姚江医院综合用房、宁波帮博物馆工程、万盛商务大厦、宁波院士路移动通信枢纽大楼、宁波东部新城中心商务区B-4商务楼工程、名汇东方（新天地南侧1号地块）、江北姚江新都、爱伊美办公大楼、慈溪市公共卫生服务中心、象山城东市场工程、杉杉国际商务大厦、宁波市港航服务中心、宁波真汉子大厦工程、宁波香格里拉大酒店、东部新城B-2地块、宁波市俊鸿置业有限公司商务楼、宁波市交通行政服务中心、银亿上上城Ⅱ标段、明一综合商务大楼、雷虎（宁波）科技有限公司NB新厂（一）期工程、东部新城中心商务区B—8地块商务楼项目Ⅰ标段等24个工程被评为浙江省建筑安全文明施工标准化工地。

五、建筑节能与科技

【可再生能源建筑应用示范城市成功获批】 宁波从全国100余个申报城市中脱颖而出，成为省内惟一首批入选全国可再生能源建筑应用示范城市。宁波市申报的宁波太阳能电源有限公司"1000kW屋顶光伏发电工程"和东方日升新能源科技有限公司"日升500kW太阳能光伏并网发电项目"成功获批国家级太阳能光电建筑应用示范项目。

【建筑节能政策、措施、标准进一步完善】 编制完成了《宁波市建筑节能管理办法》（草案），提交市政府法制办。同时，组织相关科研单位完成了《宁波市地源热泵系统建筑应用技术导则》（试行）、

《宁波市民用建筑太阳能热水系统与建筑一体化设计、安装及验收实施细则》(试行)等4部配套标准、规程和图集的制定和编集。印发了《转发关于加快推进太阳能光电建筑应用的实施意见等文件的通知》，促进了宁波市可再生能源建筑应用的发展。

【建筑节能示范试点工作全面推开】 宁波第一医院原地扩建暨国际医疗保健中心、宁波书城1号楼、宁波段塘公交停车场候车楼、东部新城中央商务区B-4地块商务楼、东部新城中央商务区B-2地块商务楼、江北湾头安置房一期、宁波商会国贸大厦、慈溪市环境监测监控中心、华润慈溪中央公园南地块/北一期等9个项目列入省2008年建筑节能示范项目。慈溪市行政办公中心能耗监测系统、宁波工程学院行政中心能耗监测系统、宁波工程学院1号、2号教学楼能耗监测系统、宁波大学包玉刚图书馆4号、6号楼能耗监测系统、宁波大学研究生楼能耗监测系统、宁波市建设委员会培训中心能耗监测系统、郎官大厦能耗监测系统、宁波大学安中大楼能耗监测系统、江北区政府甬江街道办公楼能耗监测系统等9个项目被列为2008年度省级国家机关办公建筑和大型公共建筑节能管理及能耗监测示范项目。

【国家机关办公建筑和大型公共建筑能耗监测体系建设大力推进】 积极开展对宁波大市区范围内的国家机关办公建筑和大型公共建筑能耗普查，并就247栋建筑的2008年能耗情况进行统计分析，编制了《宁波市国家机关办公建筑和大型公共建筑2008年度能耗统计报告》。积极开展与清华长三角研究院、宁波大学和宁波工程学院等科研院所的合作，选取了市建委培训中心、慈溪市行政中心、宁波市政府大院、宁波市工程学院、郎官大厦、宁波市波特曼大酒店等40余幢建筑进行能耗监测系统试点安装，着力打造符合国家技术规范并具宁波特色的能耗监测平台。市建委培训中心、慈溪市行政中心、宁波工程学院等10幢建筑的能耗数据已接入信息中心与清华长三角研究院、宁波市工程学院联合开发的"宁波市国家机关办公建筑和大型公共建筑能耗监测平台"。成立了宁波市国家机关办公建筑和大型公共建筑能源审计小组，对宁波市政府、宁波市海关、宁波市国税局、宁波市中信银行和天一豪景办公楼等10幢建筑进行了能源审计。

【建设培训教育硕果累累】 2009年，市建委培训中心共举办各类培训班150余期，培训14999人次。其中国家二级建造师考前辅导培训班1个，培训111人；施工现场管理人员培训班50个，培训5109(其中县(市)区3109人)人；培训工人初、中、高级职业资格培训6个工种388人；工程技术人员继续教育培训班6个，培训733人次；"三类人员"延期和考前培训50期，培训5734人；晋升建工、城建系列初、中级专业技术职务任职资格考前培训班15个，培训789人；其他培训班22个2138人次。建设职业技能鉴定站共开展现场鉴定40场次，鉴定初、中、高级工近3376人次。

大 事 记

1月15日，全市住房与城乡建设工作会议在万豪大酒店召开，市人大常委会副主任姚力、市人民政府副市长苏利冕等参加了会议。市建委主任虞银花代表党工委作了题为《迎难而上抓机遇会战攻坚求突破努力推动宁波市住房与城乡建设事业又好又快发展》的工作报告。

1月20日，全市建筑业工作会议在宁波富茂大酒店隆重召开。省建设厅副厅长樊剑平、省建筑业管理局副局长叶军献，市安监局副局长刘平等出席了会议。市建委总工程师倪炜作了题为《创新管理机制，加大扶持力度，全面推进建筑业持续健康发展》的工作报告。

3月6日，宁波市绕城高速连接线项目银团贷款正式签约。本次签约贷款涉及的绕城高速连接线共11条，涵盖江北、北仑、镇海、鄞州、东钱湖等地，总长约68公里，总投资约79.9亿元，市、区两级按"五五"比例出资，共建共享。

3月24日，宁波惟一一处大型元代建筑遗址——永丰库遗址公园正式向市民开放。该遗址是我国首次发现的大型仓库遗址、我国最大的元代单体建筑遗址，也是宁波历史文化名城的重要的标志性遗址。

3月27日，全省建设档案工作座谈会在宁波鄞州召开，省建设厅、各设区市及部分县城建档案馆(处)负责人参加会议。

3月30日，位于宁海县跃龙街道辛岭甬临线北地块的限价房项目正式开工建设，成为宁波市各县(市)、区中第一个动工建设的限价房项目。该项目总投资约1.95亿元，建设面积6.45万平方米，可建造住房718套，套型面积为60～80平方米，预计2010年底前建成交付使用。

4月1日，全市范围内新核准销售的商品房楼盘启用新版《浙江省商品房买卖合同》，用了8年多的2000年版商品房买卖格式合同正式退出历史舞台。

4月12日，2009中国(宁波)商业地产中提升高峰论坛暨中国(国际)品牌商家与地标商业项目洽谈交流会在宁波国际会议展览中心举行。活动共吸引了 72 家国内外知名商家参加，其中世界 500 强企业达 10 家。

4 月 13 日，宁波"数字房产"一期系统正式投入试运行。项目重点研发了房产房屋登记管理、房产档案管理、房产测绘成果管理、房产基础测绘、房产项目测绘、房产 GIS、房产市场信息发布与统计分析、房产信息系统综合管理平台、业务办公模块等 9 个子系统。

4 月 17 日，市委副书记、市长毛光烈在宁海县召开全市保障性住房建设现场会。会上毛市长强调，要把改善城乡困难居民基本住房作为保民生、扩内需、保增长、促转型的突破口来抓，加快建设限价房，推进农房改革与建设。

4 月 28 日，市建委召开建筑工程质量安全大检查及节前安全生产专项检查动员部署会。

5 月 12 日，宁波城区内第一条规模较大、较为完整的公交专用道——中兴路公交专用道正式启用。该项目于 2007 年 10 月动工，2008 年 11 月 13 日正式完工。

5 月 27 日，洪塘经济适用房一期首批拆迁安置房交付使用，该批拆迁安置房共 417 套，主要用于江北区拆迁户的安置。

6 月 20 日，采用国际上较为先进的透水沥青工艺的香格里拉大酒店周边豫源街全线通车。该项技术的使用在宁波市城市道路建设中尚属首例。

6 月 23 日，宁波市机场快速干道项目银团贷款正式签约。

6 月底，省重点工程、宁波"中提升"战略的重大配套城建项目之一——江南污水处理厂正式进入全面动工兴建阶段。该项目总投 7.5 亿元，设计规模为日处理 40 万吨污水，建成后服务面积约 230 平方公里。

7 月 6 日，宁波市区正式启用 2008 版房产证。

7 月 25 日，宁波市在全市范围内实施住房公积金异地贷款政策。

9 月 14 日，中兴路公交专用道改建工程通过综合验收。该工程是宁波市实施的第一条公交专用车道工程，道路全长 3748 米，设计车速 25 公里每小时。

10 月 22 日，《关于加快建筑业转型发展提升发展的若干意见》（甬政发〔2009〕80 号）正式施行。在该若干意见中，宁波市明确提出要大力扶持建筑企业转型发展提升发展。

12 月 4 日，省级建筑节能示范项目宁波市建委培训中心既有建筑节能改造工程顺利通过专家验收。该项目集新建建筑与既有建筑节能于一体，节能改造科技含量高，既使用了外墙、屋顶、墙体、窗户的高科技材料，又将太阳能热水系统与空气热源系统巧妙结合，并采用了太阳能发电系统，具有典型的推广价值。

12 月 5 日，宁波市建委、宁波市新农村顾问团建设交通分团联合在市建委培训中心举办新农村优秀住宅建筑设计方案评优活动。经对市勘察设计协会推选的 21 个方案进行评审，最终评定了 10 个最优秀的农村住宅建筑设计方案，汇编成《宁波市农村住宅优秀设计方案集》，发放到各县（市）、区农村，免费供农民建房选用。

12 月 8 日，首届宁波市历史文化名城保护日系列庆祝活动暨《"名城宁波"保护与发展成果展》开幕式在天一阁秦氏支祠隆重举行。

12 月 21 日，市三区 4938 套经济适用房正式开始申购。

12 月 22 日，通途路机场路到环城西路高架桥工程开工，这是"五路四桥"中最后开工的一个单体项目，标志着"五路四桥"工程进入收官阶段。

12 月 25 日，宁波市建筑业务工人员服务中心揭牌成立。

12 月 27 日，全国住房城乡建设领域节能减排专项监督检查浙江反馈会在宁波市召开。

（宁波市建设委员会）

厦 门 市

概 述

2009 年，厦门市各项建设事业平稳较快开展，基本完成年度预期目标。全市建筑市场健康发展。2009 年，厦门市通过实施先评后随机抽取的评标办法，有效提高招投标效率；实施企业年度投标保证金制度，切实减轻企业负担；规范施工招标文件审查工作，执行中标候选人投标文件公示制度，建立招投标投诉处理集体研究机制；加强对建筑业企业资质管理，试行民工安保卡管理制度，建筑市场信用体系建设更趋完善，效果显著。同时加大清欠力度，全年清理解决被拖欠工程款9815.3万元（其中涉及农民工工资3578万元）。

全市建筑施工安全生产形势保持平稳，建立重大危险源管理制度，遏制了较大等级及以上安全事故发生，所发生的一般安全死亡事故起数和死亡人数同比下降44.4%；全市工程质量处于受控状态，创优意识有所增强，建设品质不断提高，1个工程获得2009年度中国建设工程鲁班奖，32个工程评为"闽江杯"奖，196个单位工程评为"市优工程"；文明施工得到进一步推进，1个工地被评为"全国建筑施工安全质量标准化工地"，65个工地被评为"省级文明工地"。组织起草《厦门市建设工程材料管理办法》、《厦门市物业管理若干规定》、《厦门市建设项目行政审批集中办理办法》（已出台实施）。组织起草部分规范性文件，同时做好规范性文件的清理工作。

一、住房保障

【概况】 全年累计动工建设社会保障性住房项目16个，总建筑面积约188万平方米，住宅25536套，竣工11786套，全年完成投资8.7亿元，累计完成投资60亿元。完成岛内思明、湖里两区第二批357户经济适用住房的选房配售，完成首批保障性商品房申请户审核、公示工作，有174户取得购房资格。完成华侨大学414套周转住房的购房交房手续办理。组织厦门大学两批次共143户经市人事局审核确认的人才房申请户办理购房手续，并在年底前办理首批47户购房户交房手续。有效顺了2009年安置房建设资金渠道，促成新竣工安置房项目15个，房源12460套，建筑面积约162.3万平方米，完成投资23亿元，累计完成投资77.1亿元。积极推动了湖边水库片区上湖、洪塘安置房、火车（新）站片区安置房等项目建设，满足拆迁安置需求。

【社会保障性住房建设】 2009年，厦门市在2008年开工16个项目的基础上继续推进社会保障性住房建设。累计动工建设社会保障性住房项目16个，总建筑面积约188万平方米，住宅25536套，全年竣工住宅11786套，具体为：高林居住区（部分地块）4169套、观音山公寓938套、集美滨水小区（1号、2号地块）1976套、湖边花园A区2512套、五缘公寓一期616套、古楼公寓735套、海新花园390套，累计完成投资约60亿元。2009年，保障性住房项目建设取得良好成效。一批保障性住房项目及建设工作者获得了有关部门的表彰和表扬，如市政建设开发总公司代建、建安集团有限公司的湖边花园B区A标获全国建筑施工安全质量标准化示范工地称号，为全市惟一一家，也是全省仅有的三个建设项目之一。住宅建设集团代建、鹭恒达建筑公司施工的高林居住区3号地块Ⅱ标6幢住宅施工质量优良，通过省质量安全协会审核，并推荐省优称号；合道工程设计集团有限公司设计的高林居住区1-17号楼、3-19楼被省住房和城乡建设厅评为2008～2009年福建省优秀廉租住房设计方案。住宅建设集团代建保障性住房小区万景公寓荣获市政府颁发的"厦门市2005～2008年度重点建设优胜项目"称号。此外，特房集团代建的湖边花园A区1、2标段以及住宅建设集团代建的万景公寓等一批项目获得市优称号。为做好社会保障性住房项目的维保工作，减少住户投诉，市建管局制定了保障性住房项目维修保修机制，明确业主、代建、监理、物业单位在交房及保修期间的工作职责。

【保障性住房配售管理工作】 2009年全市共受理申请3056户，其中保障性租赁房2484户、经济适用住房162户、保障性商品房46户、教师等公务人员115户、各类人才249户。通过"五级审查、二级公示、多部门协查"的资格审核机制，累计完成9888户申请户的审核公示工作，其中保障性租赁房8275户，经济适用房1439户，保障性商品房174户，共取消1492户不符合条件申请户的轮候号。

2009年，厦门市社会保障性住房工作更加突出以人为本，实现对低保困难家庭住房保障的"应保尽保"，对残疾、孤寡等特殊申请家庭实行适当优先分配，累计完成5496户低收入住房困难家庭的配租配售工作，其中保障性租赁房4222户，经济适用住房1274户。

【《厦门市社会保障性住房管理条例》实施】 2009年1月7日，厦门市第十三届人大常委会第十三次会议审议通过了《厦门市社会保障性住房管理条例》，于6月1日正式实施，这是全国第一部社会保障性住房地方法规。根据条例内容，修订《厦门市保障性商品房配售管理办法》、《厦门市经济适用住房配售管理办法》，并经市政府重新颁布实施。《条例》从规划与建设、申请与分配、售价与租金、使用管理、退出和法律责任等方面对社会保障性住房工作做了全面规定。通过《条例》的制定，对原已实施的保障性住房工作好的做法，以法规形式固定下来，同时强化了政府住房保障的责任，并对一些制度进行完善和补充，推动社会保障性住房工作法制化、规范化、长期化。

【安置房建设】 2009年全市安置房项目共95个，总建筑面积约1074万平方米，安置房源约88000套，总住宅面积约873万平方米。其中：新竣工项目15个，安置房源12460套，建筑面积约162.3万平方米；在建项目44个，安置房源36122套，建筑面积约461.71万平方米（其中2009年新开工项目7个，安置房源6411套，建筑面积约87万平方米）；前期项目36个，安置房源39417套，建筑面积约450万平方米。项目总投资约264.4亿元，累计完成投资约77.1亿元，全年完成投资23亿元。积极推动了湖边水库片区上湖、洪塘安置房、火车（新）站片区安置房等项目建设，满足拆迁安置需求。

二、住宅与房地产业

【概况】 截至2009年底，全市房地产企业243家，比上年减少5.45%。其中：内资180家，比增1.12%；外资63家，同比减少19.23%。按资质等级划分：一级12家，二级11家，三级45家，四级112家、暂定资质63家。全市房地产开发完成总投资294.59亿元比上年减少9.07%，其中：国内企业完成投资259.54亿元占总投资的88.10%，外资企业完成投资35.05亿元占总投资的11.90%。商品房建设投资额126.95亿元，占总投资的43.17%；土地购置费160.8亿元，占总投资的54.68%。

商品房在建面积2378.24万平方米，比上年减少13.48%。其中：商品房住宅在建面积1464.63万平方米，同比减少14.93%，占总在建面积的61.58%；商品房办公楼184.23万平方米，比增16.87%，占总在建面积的7.75%；商品房商业营业用房157.91万平方米，同比减少3.85%，占总在建面积的6.64%；其他用房571.47万平方米，同比减少18.97%，占总在建面积的24.03%。

商品房新开工面积252.67万平方米，同比减少40.06%。其中：商品房住宅新开工面积148.53万平方米，同比减少47.45%，占总新开工面积的58.78%；商品房办公楼36.73万平方米，占总新开工面积的14.54%；商品房商业营业用房28.99万平方米，比增145.68%，占总新开工面积的11.47%；其他用房38.42万平方米，同比减少64.56%，占总新开工面积的15.21%。

商品房竣工面积715.82万平方米，比增15.76%。其中：商品房住宅竣工面积479.14万平方米，比增28.08%，占总竣工面积的66.93%；商品房办公楼25.38万平方米，同比减少61.57%，占总竣工面积的3.55%；商品房商业营业用房竣工面积40.81万平方米，同比减少27.59%，占总竣工面积的5.70%；其他用房170.49万平方米，比增39.88%，占总竣工面积的23.82%。

房地产项目空置面积为162.32万平方米，比增155.34%，其中：商品房住宅空置面积50.64万平方米，占总空置面积的31.20%；办公楼空置面积35.57万平方米，占总空置面积的21.91%；商业营业用房空置面积21.55万平方米，占总空置面积的13.28%；其他用房空置面积54.56万平方米，占总空置面积的33.61%。从空置的时间分类，具体为：待销房地产项目（空置时间一年以内）为84.32万平方米，滞销房地产项目（空置时间一年以上、三年以下）为69.36万平方米，积压房地产项目（空置时间三年以上）为8.64万平方米。

三、建筑业

【概况】 2009年，厦门市672家建筑业企业共完成建筑业总产值544.89亿元（含本市企业在外地完成产值188.32亿元）。其中本市建筑业企业362家，完成建筑业产值350.29亿元（含本市建筑业企业在外地完成的产值188.32亿元），占建筑业总产值64.29%；非本市注册建筑业企业310家（其中省外建筑业企业148家），完成产值194.60亿元，占建筑业总产值35.71%。有67家企业到省外拓展业务，省外产值为100.14亿元。全年房屋建筑施工面积5580.27万平方米，各类房屋新开工面积1951.73万平方米，房屋建筑竣工面积1247.81万平方米。2009年，全市共新设立建筑业企业46家，其中总承包9家，专业承包15家，劳务分包12家，设计施工一体化10家。资质升级16家，三级升二级的7家，二级升一级的9家。全年有建筑业企业555家，其中施工总承包142家，专业承包274家，设计施工一体化30家，劳务分包109家。非本市注册在厦备案的企业有348家，其中总承包290家，专业承包56家，设计施工一体化2家。

【安保卡制度】 2009年，市建管局针对建筑行业劳动用工特点和建筑施工企业需求，与建设银行厦门分行合作开发了厦门市建设工程安保卡信息管理系统，该系统主要包括在厦建筑从业人员的个人基本信息、务工信息、从业经历信息、职业和安全培训信息、工资支付信息、计生信息的记录和查询，即为每个在厦建筑从业人员建立了一份电子务工档案。安保卡既是建筑从业人员的从业卡，又是其务工的合法权益保障卡。

【评标办法改革顺利推进】 2009年7月，厦门市《经评审的最低投标价中标办法》正式印发实施。从2008年11月以来，为解决原先的评标办法产生投诉多、定标效率低、投标人恶意压价等问题，市建管局组织人员着手研究经评审最低投标价中标办法的改革方案，并于2009年1月开始试行。

【厦门市清欠工作有效开展】 2009年，厦门市清欠工作主要围绕三个方面开展工作，并取得显著成绩。一是加强机构建设。对市清欠办领导班子和工作人员进行调整补充，聘请律师作为顾问，同时加强对软、硬件设施的建设，有力地保障了清欠工作的正常开展。二是建立奖惩机制。对19个工程款和工资支付工作先进单位、34名先进个人进行了表彰，并将其记入了建筑市场良好行为记录。加大惩处力度，将发生拖欠工程款和农民工工资问题的单位列入重点监管对象、对发生拖欠工资问题又不能及时妥善处理的施工企业，调高了其工资保证金缴交的系数，对情节严重的企业，撤销在厦资质备案。三是加强过程监管，市清欠办与市造价站密切联动，每月定期对在建工程施工合同的履约行为执行情况进行监督检查。

【招投标业务】 2009年，厦门市完成施工类招标项目659项，总控制价167.28亿元，总中标价152.94亿元(其中：施工类公开招标项目563项，总中标价138.80亿元；邀请招标项目96项，总中标价14.14亿元)；设计招标项目44项，总中标价1.56亿元；监理招标项目87项，总中标价2.29亿元；材料设备招标项目57项，总中标价3.1亿元。与2008年相比施工类招标项目减少219个，总控制价减少54.92亿元，总中标价减少45.41亿元。采用合理低价随机抽取法的施工招标项目331个，总控制价13.55亿元，总中标价13.22亿元。

【试行年度投标保证金应急措施】 厦门市施工招投标中的投标保证金原先实行单项工程缴交的做法，根据《工程建设项目施工招标投标办法》(七部委30号令)的规定："单项工程的投标保证金一般不超过投标总价的百分之二，但最高不得超过八十万元人民币"。厦门市建设管理局从2009年4月15日起对全市施工企业试行年度投标保证金制度，适用范围为进入厦门市有形建筑市场的施工招标项目。符合试行范围的施工企业按相关规定预先向市建设工程交易中心投标保证金专户按年度一次性缴交规定数额的投标保证金，投标人凭市交易中心出具的年度投标保证金收讫证明可参加交存期内在厦门市有形建筑市场的投标活动，无须再按项目缴交投标保证金。

【工程质量与安全监督工作】 截至2009年11月30日，厦门市工程质量安全监督站监督工程2401个，建筑面积1927.6万平方米，总投资489.5亿元。全年该站新受理监督申报669个单位工程、总面积472.9万平方米、总投资118.85亿元；受理开工备案760个单位工程、总面积551.9万平方米、总投资139.65亿元；高大模板专项备案60个，专项验收21次。受理结构验收1712个(次)，竣工预验收监督923个(次)，受理1003个单位工程竣工质量验收监督，建筑面929.38万平方米、总投资174.64亿元。受理建筑起重机械产权备案共2327台，其中塔吊934台，施工电梯1393台；受理使用登记共745台，其中塔吊308台，施工电梯437台；受理安装告知506次，拆卸告知167次。市管建设工程质量安全和文明施工监管总体形势较好。建设工程质量水平得到稳步提高，竣工工程100%通过验收，一次性通过率92.3%。

【获奖工程】 2009年，厦门海关业务办公楼工程获得中国建设工程鲁班奖(国家优质工程)。由厦门市建安集团有限公司承担施工的厦门市湖边花园B区A标工程获"全国建筑施工安全质量标准化工作示范工地"，有3个项目获国家级"AAA安全文明工地"，有65个工地被评为"省级文明工地"，有265个工地被评为"市级文明工地"。32个工程被评为"闽江杯"(省优质工程)，196个单位工程被评为"市优工程"。此外，厦门市援建四川彭州的5个中小学全部获得"天府杯"(四川省优质工程)、"芙蓉杯"(成都市优质工程)和四川省、成都市"安全文明标准化工地"荣誉；3个医院全部获得四川省、成都市"优质结构工程奖"和四川省、成都市"安全文明标准化工地"荣誉。

【厦门市开展深基坑工程重大危险源专项督查】 开展深基坑工程重大危险源专项督查，及时发现并消除全市建设工程深基坑重大危险源，确保施工安全。市质安站以科室为单位组成检查组。共组织监督人员35人次，安全督导专家32人次，对17个重点工程的深基坑施工状况进行全面督查。经督查，合格的工程6个，不合格的8个，部分回填或停工的3个，发出《督查意见书》11份，对施工现场未按规定作好施工和安全防护，深基坑工程存在较大安全隐患，未按要求整改反馈的4个工程的责任单位通报批评，并记录不良行为。

【质量月活动】 2009年9月，市建管局围绕"全员全过程全方位参与，全面提高质量安全水平"

的主题，开展专项检查及其他系列"质量月"活动。一是通过现场观摩会的举办，很好地取到以点带面的作用，促进工程各参建主体建立有效运转机制。二是加强现场监督检测严把质量关。市质安站在"质量月"期间加大抽检力度，重点抽检钢筋原材共32组，机械连接件5组，电渣压力焊共5组，路面取芯检测21点，商品砼强度试块1组，水泥3组，防水卷材1组。三是加强质量通病控制提升质量水平。"质量月"期间，市质安站对全部申请验收的住宅工程楼板和钢筋保护层厚度进行抽检，其中楼板厚度114个部位514个点，钢筋保护层16个构件。

【安全生产月活动】 根据国家、省、市有关部门开展2009年"安全生产月"活动的统一部署，市建管局精心部署，创新形式举办了一系列主题活动：举办建设安全生产摄影展，宣传"关爱生命、安全发展"的活动主题；开展塔吊操作、施工电梯安拆、挖掘机操作、电工操作等四项面向一线建筑工人的安全技术操作竞赛活动，提高厦门市建筑行业的安全生产管理水平，特别是一线建筑工人的安全技术操作技能；充分发挥相关协会的作用，由厦门市建筑行业协会、厦门市建设监理协会联合举办"建设工程系列讲座"；与市安监局、市总工会、市消防支队等单位联合举行全省首次超高层在建工程火灾救援演练。

【建立市区两级监督机构监管联动体系】 实施工程质量安全监督联动措施：统一监督人员学习培训制度、统一监督工作考核制度、建立监督人员交流平台、整合全市工程监督资源实现资源（技术、装备、人员）共享、建立全市工程监督信息网实现全市工程监督信息共享。

【成立建设工程安全专项施工方案论证专家库】 为规范危险性较大的分部分项工程安全专项施工方案专家论证工作，确保安全专项施工方案具有可行性、针对性和科学性，积极防范和遏制建筑施工生产安全事故的发生，根据住房和城乡建设部印发的《危险性较大的分部分项工程安全管理办法》，制定了《厦门市建设工程安全专项施工方案论证专家库管理办法》。确定了第一批建设工程安全专项施工方案论证专家，其中：深基坑论证专家69名，模板工程及支撑体系论证专家108名，起重吊装及安装拆卸工程论证专家17名，脚手架工程论证专家89名，拆除爆破工程论证专家10名，建筑幕墙安装工程论证专家32名，钢结构、网架和索膜结构安装工程论证专家35名，人工挖孔桩工程论证专家112名，地下暗挖工程论证专家14名，顶管工程论证专家14名，水下作业工程论证专家8名。

【建筑材料备案管理】 2009年征收新型墙体材料专项基金4251.5万元；共返退408个工程的新型墙体材料专项基金4543.9万元；全年使用预拌混凝土766.58万立方米，消耗水泥184.34万吨、碎石919.9万吨、砂536万吨、粉煤灰50.66万吨、矿粉37.56万吨、外加剂5.31万吨；建筑节能产品认定5批共39个产品，新型墙材产品认定2批共32个产品。完成325个门窗、幕墙工程的单项监督检查登记工作，其中门窗工程总面积88.39万平方米，幕墙工程总面积23.33万平方米，总造价合计4.77亿元。

【瑞景公园项目荣获詹天佑金奖】 2009年12月，特房集团旗下厦门建坤实业发展有限公司、厦门洪文居住区开发有限公司等单位开发建设的"瑞景公园"项目获得2009中国土木工程詹天佑奖优秀住宅小区金奖，并成为福建省惟一一家获此殊荣的住宅小区。

【建设项目行政审批效率提高】 2009年厦门市建设管理服务中心共收件18780件，办结18505件，提前办结率58%，实现零逾期。退补件率同比下降2.49%、5.26%。在重点工程审批中厦门市继续实施代办服务、规范前期手续补退件行为、严格联合验收等做法，加快审批进程。认真贯彻实施《厦门市建设项目行政审批集中办理办法》规定，对施工图审查备案、施工合同备案等10个事项实现当场办理，同时加快电子政务建设，逐步对建设项目实行网上审批，有效节约人力物力。2009年市建管局行政许可事项办理处共收件4797件，办结4551件（提前办结率91%，同比高4个百分点），接受各类咨询2.5万人次。积极做好网上审批电子监察协调工作，优化审批流程，实现政务公开。

【勘察设计管理】 受理勘察设计企业资质申请31家、单项备案169件。做好勘察设计市场监管工作，共检查42个工程项目的勘察设计单位和施工图审查机构行为；开展持续、不定期的工程勘察作业现场质量安全专项检查工作，共检查23个工程，对存在问题3个工程严令整改；完成厦门行政区域内建设的房屋建筑和市政基础设施工程施工图审查备案707项；完成勘察设计合同备案738项，合同总金额33231.23万元。积极参加各类工可、方案、规划、环评报告的评审，组织初步设计技术论证工作。

【重点项目投资】 2009年，厦门市共安排重点建设项目147个，其中岛外项目111个，占总项目数的76%；年度计划投资446亿元，其中岛外项目计划投资336.4亿元；全年共完成投资324亿元，其中岛外项目完成投资248.1亿元，分别占年度计划投资的72%和73%，完成情况为近几年较高，岛内外一体化建设初见成效。市管省在建重点工程项目共44项52个，预备项目1项1个，年度计划总投资157.3亿元，全年完成投资186.5亿元，完成年度计划投资的118.5%。

四、城市建设

【城市管理水平持续提升】 不断完善园林绿化施工行业管理，开展创建全国无障碍建设城市工作，落实厦门市入选上海世博会城市最佳实践区案例。以创建全国文明城市为契机，会同有关部门开展重大活动市容保障、重点地段市容整治、夜景灯光管理、停车场建设与管理、主要道路（成功大道、环岛干道、仙岳路）两侧景观整治等工作。通过创建，成功获得"国家节水型城市"荣誉称号，进一步完善计划用水管理模式，提高计划指标管理效率，全面开展水平衡测试，强化管水员培训，提高节水工作水平。

【第六届厦门人居展】 2009年6月，第六届厦门人居展在厦门国际会展中心举行。本届人居展由"中国（厦门）国际建筑节能博览会"、"厦门人居环境建设成就展"和"厦门房地产精品及家居生活展"三大部分构成。"2009中国（厦门）国际建筑节能博览会"作为本届人居展的重要组成部分，共有100多家国际国内品牌企业和机构展示数百种最新节能技术与产品，供专业观众和市民朋友现场参观、体验。

【创建全国无障碍建设城市工作】 2009年，市建管局按照国家四部委下发的《关于创建全国无障碍建设城市的通知》要求，向厦门市政府提交了《厦门市创建全国无障碍建设城市实施方案》，为创建工作提供指导；建议市政府调整了"创建全国无障碍建设城市领导小组组成人员"；成立"厦门市无障碍建设技术指导专家组"，承担厦门市无障碍的规划、施工、改造和特别环境无障碍设施的技术指导、服务和检查的工作；结合迎接全国城市公共文明指数测评，先后组织全市各有关单位开展了2次无障碍设施自查自纠工作，1次无障碍设施抽查工作，督促各有关部门做好无障碍设施的维护。

五、村镇建设

【新村建设取得成效】 20个重点村的首批补助资金（8285.15万元）计划已下达到位，重点开展村内道路建设、排水排污沟（管）、垃圾收集点等项目建设，包括20个重点村的村内道路105.743公里、排水排污沟（管）150.79公里、砌筑挡土墙6.8792万立方、路灯1660盏、垃圾收集点323个、垃圾转运车辆176辆、篮球场54个、健身器材71套、修缮改造文化活动室37个，并对村庄实施环境整治、房前屋后硬化、绿化、美化。各村已基本完成工程招投标工作，已建设道路38.7公里，管沟52.9公里、完成挡土墙建设2.58万立方，环境整治、绿化、美化等项目建设正同步推进。家园清洁行动持续深入开展，汀溪新城镇建设试点方案逐步完善，各项前期工作进展顺利。

【农村"家园清洁行动"】 2009年厦门市确定了新民镇、西柯镇、五显镇、洪塘镇、马巷镇5个镇为年度省级家园清洁行动示范镇，40个家园清洁行动重点村。结合新村建设和旧村改造项目的开展，全年安排建设清洁楼10座、临时垃圾转运站15座、垃圾收集点106处，购置人力保洁车114辆、垃圾运输车8部、垃圾容器1930个，投入196万元组织开展镇区、村庄环境整治。截至年底，10座清洁楼全部进入招投标阶段，15座临时垃圾转运站投入使用7座、开工建设8座，垃圾收集点全部开工建设，垃圾运输车、人力保洁车、垃圾容器等环卫设施采购配置到位，镇区或村庄环境整治已按计划全部进行。

六、建筑节能与科技

【概况】 2009年完成居住建筑节能设计审查备案217项，建筑面积265.2万平方米；公共建筑538项，建筑面积310.0万平方米。完成全市民用建筑节能专项验收备案804项，建筑面积1048.6万平方米。在全国率先完成低碳城市规划，并建立直观的规划模型；完成厦门市264幢机关办公建筑和大型公共建筑能耗普查统计工作；出台实施《厦门市绿色建筑评价标识管理办法》；组织全国可再生能源建筑应用示范项目和光电示范项目的申报、实施和验收工作；编辑《厦门市建筑节能》宣传画册；加强建筑材料备案管理，推进墙材革新，开展建筑材料专项整治工作；大力推广新材料新技术在建筑中的应用，提高建筑节能水平。

【新建建筑节能工作】 2009年，厦门市贯彻执行建筑节能施工图审查与备案制度，完成居住建筑节能设计审查备案217项，建筑面积265.2万平方米；公共建筑538项，建筑面积310.0万平方米。严格实施《建筑节能工程施工质量验收规范》，新建建筑竣工验收阶段执行建筑节能率100%以上。累计完成全市完成民用建筑节能专项验收备案804项，备案民用建筑面积1048.6万平方米。

【建筑节能监管体系建设】 2009年，厦门市继续加快国家机关办公建筑和大型公共建筑节能监管体系建设。完成70栋各类公建的能源审计，50栋建筑的能效公示。建设大厦、假日海景酒店、机场候机楼、国际会展中心、天虹商场5栋代表性建筑建立了能耗监测平台。根据能耗基线值（将全市建筑按照规模和使用功能分为18类，每一类根据全国24个试点城市的能耗统计数据和南方地区的气候特点，确定了能耗基线值），厦门市确定了首批重点节能改造建筑67栋。市建管局对列入首批节能改造单位发出了节能改造告知函，敦促其进行科学改造。2009年，银行中心大厦与德国西门子，厦门天虹商场与深圳建科院、江头电信与GE公司联合开展节能改造试点。

（厦门市建设与管理局）

深 圳 市

概 述

2009年，深圳市住房和建设行业健康有序发展。全年共安排建设保障性住房2.57万套，完成建筑业总产值1088.3亿元，同比增长8.92%，建筑业增加值234.03亿元，按可比价计算增长23.1%，同比增长22.6个百分点，占全市GDP2.85%，同比增长0.35个百分点。全员人均劳动生产率36.32万元，同比增长5.2%，人均增长1.8万元。前十名企业占市场份额的33.7%，同比增长了11个百分点。通过推广节能措施、节能改造、太阳能利用，全年建筑节能量达58.2万吨标准煤，同比增长42.6%，相当于减少二氧化碳排放186.24万吨。通过推广散装水泥、预拌混凝土、预拌砂浆和新型墙材，节省木材21.45万立方米、水780万立方米、水泥163.5万吨，节地3426亩，利用工业废料131万吨，减少粉尘排放2.73万吨。2009年引入物业管理住宅区317个，建筑面积3919万平方米，受惠人口205万，全市引入物业管理住宅区累计达2732个，建筑面积近3亿平方米，人口近1000万人，特区内住宅区物业管理实现全覆盖，特区外原农村社区物业管理覆盖率达到88%。全年新增管道天然气用户7.4万户，总数达到96万户；建设高压天然气管道19公里，中压66公里，管网总长度达到2650公里。共有三个工程获鲁班奖，一个工程获"全国建筑施工安全质量标准化示范工地"称号；深圳市企业开发的工法有4项获国家级工法，24项获省级工法；深圳市被确定为国家级可再生能源建筑应用示范城市。

一、住房保障

2009年，深圳市加大保障性住房建设投入，加强保障性住房管理。年内，建立完善包括廉租房、经济适用房、公共租赁房在内的多层次住房保障政策体系，推进住房公积金管理制度设计、银行招标、机构设置等前期准备工作。加快推进保障性住房建设，通过政府投资、商品房配建、地铁上盖、向企业购买等多渠道多形式筹集房源，新增保障性住房建设用地30万平方米，安排建设保障性住房2.57万套，完成保障性住房建设投资约26.9亿元。加强保障性住房租售管理，完成首批2648户保障性住房租售工作，启动第二批保障性住房申请的受理。落实高层次人才住房服务政策，受理319位高层次专业人才住房补贴申请。

二、建筑业

【有形建筑市场管理】 2009年，深圳市继续加强有形建筑市场管理。年内，推行优质优价机制，中标价相对标底平均下浮13.86%，节约国有资金及政府投资近100亿元。实行投诉黑名单制度、技术方案暗标评审制度、项目经理锁定制度、分包明示制度等，进一步规范各方主体行为。推行分时段投诉受理、全年度工程担保等措施，提高招标投标效率。建立招标投标联席会议规则及招标投标案件移送办法，严格执行资格后审、同类工程经验设置"菜单化"等制度，预防和打击围标串标等违法违规行为。

制定设计招标、货物招标、项目代建招标管理办法，推进工程招标统一交易平台、统一政策措施、统一监督管理。全年进入有形建筑市场交易的项目共3499项，涉及中标价531.8亿元。成立招标投标顾问委员会和咨询委员会，提高重大问题科学决策水平。实行评标专家公示、评标旁站监督、评标质量反馈等制度，强化评标专家考核管理。推广电子评标和网上投标，电子自动评标系统作为"科技防腐"主题，入选北京"辉煌六十年——中华人民共和国成立60周年成就展"。

【服务重大项目建设】 2009年，深圳市住房和建设局认真贯彻落实市委市政府"服务年"活动的部署，加强重大项目创新服务。成立重大项目服务领导小组，深入基层和企业，为企业现场解决困难和问题。开足绿色通道，对重大项目实行提前介入、上门服务，提前办结率达100%。创新工作机制，取消投标报名环节、试行批量招标等，施工招标周期比以往缩短了50%以上，工程造价结算审查时限缩短了三分之一。全面取消工程质量监督费、定额测定费，减轻企业负担8700万元。在全市重大项目审批绩效测评中，市住房和建设局测评成绩每月均名列第一，自开展测评以来，累计已有35个月全市排名第一。轨道交通、大运工程等共188个重大项目顺利推进，特别是轨道交通项目通过探索实践BT、设计施工总承包、BOT等管理模式，建设进度明显加快，实际完成年度投资212亿元，为年度投资计划的112%，其中5号线完成年度投资计划的163%。

【工程质量安全和文明施工】 2009年，深圳市质量安全和文明施工处于可控状态。年内，完善质量安全制度，制定地下暗挖、深基坑、起重机械等重大危险源的管理办法。创新质量安全管理机制，建立完善包括信息报送与反馈、第三方监测、引入专家管理、监督抽检、分级监管、施工安全文明措施费清单计价、优质工程奖励等创新举措。强化现场监管，组织开展各种专项检查活动。

【甘肃对口援建】 2009年，深圳市住房和建设局积极参与援建工作。制定《灾区恢复重建固定资产投资项目管理办法》等配套文件。直接援建项目累计完成18个，占全部援建任务的85%，较原计划提高了5个百分点，为2010年上半年全面完成援建任务打下了良好基础。

【物业管理】 2009年，深圳市全力推进物业管理进社区工作，超额完成市政府提出的工作目标，引入物业管理住宅区317个，建筑面积3919万平方米，受惠人口205万，全市引入物业管理住宅区累计达2732个，建筑面积近3亿平方米，人口近1000万人，特区内住宅区物业管理实现全覆盖，特区外原农村社区物业管理覆盖率达到88%。加强物业专项维修资金的追缴、使用和管理，全市累计收缴1814个物业项目专项维修资金48.46亿元，市物业专项维修资金信息管理系统(一期)正式投入使用。

【建筑行业管理与和谐行业建设】 2009年，深圳市大力加强建筑行业管理及和谐行业建设工作，取得明显成效。推动10家具有一定实力的企业发展成为兼具设计和施工能力的企业集团。组织19家建筑企业开展总部企业认定工作。支持建筑装饰、幕墙、钢结构等传统优势产业实施"走出去"战略，建筑装饰行业完成产值500亿，在外地完成产值达387亿，有33家企业入围全国装饰企业百强，洪涛装饰成功上市。加强深港两地建筑产业合作，与惠州、东莞建设主管部门共同签署紧密合作框架协议，推进珠江口东岸城乡建设一体化进程。

实施建筑工人关爱行动。免费为建筑工人提供平安卡培训，2009年共发放平安卡16万张，全市累计发放平安卡已达30万张。建立劳务工工资代为支付制度，保障建筑工人合法权益，共清理拖欠工程款1.1亿元，清理拖欠工人工资近4000万元，涉及工人3123人。在97个建筑工地推广配备一个大食堂、一个医疗室、一个洗浴室、一个阅览室、一个娱乐室"五个一工程"，组织开展"十大文明示范工地"评选。

【工程造价管理】 年内，加强建筑市场价格波动情况监测，定期编报建筑市场价格简报，推进价格信息网上发布工作，增强价格信息准确性和及时性。组织编制设计施工总承包等合同示范文本。制定《深圳市非财政性国有资金投资建设工程造价审查办法》，规范造价审查方法、审查内容和审查时限，审减造价9510.69万元。

三、建筑节能与科技

【建筑节能与绿色建筑】 2009年，深圳市建筑节能和绿色建筑工作取得新突破。新建建筑100%符合节能标准，既有建筑节能改造全面启动。国家机关办公建筑和大型公共建筑节能监管平台一期建设通过国家验收。53个绿色建筑示范项目、光明新区绿色建筑示范区建设稳步推进。深圳市被确定为国家可再生能源建筑应用示范市。全国首部建筑资源循环利用地方性法规——《深圳市建筑废弃物减排与利用条例》颁布实施，完成修订《深圳市预拌混凝土和预拌砂浆管理规定》，全面推广应用预拌混凝土和预拌砂浆。设立建筑节能专项发展资金，2009年安排资金3000万元。

【建设科技】 2009年,深圳市大力推进建设科技创新。年内,开展设计施工一体化试点,起草《关于推进建筑工业化的实施意见》,全面启动建筑工业化相关技术标准编制,推进建筑预制构配件、部品的工厂化生产和现场装配。推进企业工法关键技术创新和施工工艺标准工作。以实施"金建工程"为契机,将建设管理的各个方面纳入数字化管理,实现信息实时监控,资源互通共享。开展数字化工地试点,利用信息化手段对深基坑工程进行远程动态监控与预警。对于地铁工程等重大质量安全工程项目,试行数字化模拟分析。

(深圳市住房和建设局)

第四篇

法规政策文件

一、部　　令

住房和城乡建设部关于修改《房屋建筑工程和市政基础设施工程竣工验收备案管理暂行办法》的决定

中华人民共和国住房和城乡建设部令第2号

《住房和城乡建设部关于修改〈房屋建筑工程和市政基础设施工程竣工验收备案管理暂行办法〉的决定》已经部常务会议审议通过现予发布，自发布之日起施行。

住房和城乡建设部部长　姜伟新
二〇〇九年十月十九日

住房和城乡建设部关于修改《房屋建筑工程和市政基础设施工程竣工验收备案管理暂行办法》的决定

住房和城乡建设部决定对《房屋建筑工程和市政基础设施工程竣工验收备案管理暂行办法》（建设部令第78号）作如下修改：

一、名称修改为"《房屋建筑和市政基础设施工程竣工验收备案管理办法》"。

二、第五条第一款第（三）项删去"公安消防"。

三、第五条第一款增加一项"（四）法律规定应当由公安消防部门出具的对大型的人员密集场所和其他特殊建设工程验收合格的证明文件"。

四、第五条第二款修改为"住宅工程还应当提交《住宅质量保证书》和《住宅使用说明书》"。

五、第九条修改为"建设单位在工程竣工验收合格之日起15日内未办理工程竣工验收备案的，备案机关责令限期改正，处20万元以上50万元以下罚款"。

此外，对部分条文的文字作相应的修改。

本决定自发布之日起施行。《房屋建筑工程和市政基础设施工程竣工验收备案管理暂行办法》根据本决定作相应的修正，重新发布。

房屋建筑和市政基础设施工程竣工验收备案管理办法

（2000年4月4日建设部令第78号发布，根据2009年10月19日《住房和城乡建设部关于修改〈房屋建筑工程和市政基础设施工程竣工验收备案管理暂行办法〉的决定》修正）

第一条　为了加强房屋建筑和市政基础设施工程质量的管理，根据《建设工程质量管理条例》，制定本办法。

第二条　在中华人民共和国境内新建、扩建、改建各类房屋建筑和市政基础设施工程的竣工验收备案，适用本办法。

第三条　国务院住房和城乡建设主管部门负责全国房屋建筑和市政基础设施工程（以下统称工程）的竣工验收备案管理工作。

县级以上地方人民政府建设主管部门负责本行政区域内工程的竣工验收备案管理工作。

第四条　建设单位应当自工程竣工验收合格之日起15日内，依照本办法规定，向工程所在地的县级以上地方人民政府建设主管部门（以下简称备案机关）备案。

第五条 建设单位办理工程竣工验收备案应当提交下列文件：

（一）工程竣工验收备案表；

（二）工程竣工验收报告。竣工验收报告应当包括工程报建日期，施工许可证号，施工图设计文件审查意见，勘察、设计、施工、工程监理等单位分别签署的质量合格文件及验收人员签署的竣工验收原始文件，市政基础设施的有关质量检测和功能性试验资料以及备案机关认为需要提供的有关资料；

（三）法律、行政法规规定应当由规划、环保等部门出具的认可文件或者准许使用文件；

（四）法律规定应当由公安消防部门出具的对大型的人员密集场所和其他特殊建设工程验收合格的证明文件；

（五）施工单位签署的工程质量保修书；

（六）法规、规章规定必须提供的其他文件。

住宅工程还应当提交《住宅质量保证书》和《住宅使用说明书》。

第六条 备案机关收到建设单位报送的竣工验收备案文件，验证文件齐全后，应当在工程竣工验收备案表上签署文件收讫。

工程竣工验收备案表一式两份，一份由建设单位保存，一份留备案机关存档。

第七条 工程质量监督机构应当在工程竣工验收之日起5日内，向备案机关提交工程质量监督报告。

第八条 备案机关发现建设单位在竣工验收过程中有违反国家有关建设工程质量管理规定行为的，应当在收讫竣工验收备案文件15日内，责令停止使用，重新组织竣工验收。

第九条 建设单位在工程竣工验收合格之日起15日内未办理工程竣工验收备案的，备案机关责令限期改正，处20万元以上50万元以下罚款。

第十条 建设单位将备案机关决定重新组织竣工验收的工程，在重新组织竣工验收前，擅自使用的，备案机关责令停止使用，处工程合同价款2%以上4%以下罚款。

第十一条 建设单位采用虚假证明文件办理工程竣工验收备案的，工程竣工验收无效，备案机关责令停止使用，重新组织竣工验收，处20万元以上50万元以下罚款；构成犯罪的，依法追究刑事责任。

第十二条 备案机关决定重新组织竣工验收并责令停止使用的工程，建设单位在备案之前已投入使用或者建设单位擅自继续使用造成使用人损失的，由建设单位依法承担赔偿责任。

第十三条 竣工验收备案文件齐全，备案机关及其工作人员不办理备案手续的，由有关机关责令改正，对直接责任人员给予行政处分。

第十四条 抢险救灾工程、临时性房屋建筑工程和农民自建低层住宅工程，不适用本办法。

第十五条 军用房屋建筑工程竣工验收备案，按照中央军事委员会的有关规定执行。

第十六条 省、自治区、直辖市人民政府住房和城乡建设主管部门可以根据本办法制定实施细则。

第十七条 本办法自发布之日起施行。

二、国务院有关文件

财政部 住房城乡建设部关于加快推进太阳能光电建筑应用的实施意见

财建〔2009〕128号

各省、自治区、直辖市、计划单列市财政厅（局）、建设厅（委、局），新疆生产建设兵团财务局、建设局：

为贯彻实施《可再生能源法》，落实国务院节能减排战略部署，加强政策扶持，加快推进太阳能光电技术在城乡建筑领域的应用，现提出以下实施意见：

一、充分认识太阳能光电建筑应用的重要意义

（一）推动光电建筑应用是促进建筑节能的重要内容。随着我国工业化和城镇化的加快和人民生活水平提高，建筑用能迅速增加。我国太阳能资源丰富，开发利用太阳能是提高可再生能源应用比重，调整能源结构的重要抓手。城乡建设领域是太阳能光电技术应用的主要领域，利用太阳能光电转换技术，解决建筑物、城市广场、道路及偏远地区的照明、景观等用能需求，对替代常规能源，促进建筑节能具有重要意义。

（二）推动光电建筑应用是促进我国光电产业健康发展的现实需要。近年来，我国光电产业呈现快速增长态势，目前已经成为世界第一大太阳能电池生产国，有一批具有国际竞争力和国际知名度的光电生产企业，已形成具有规模化、国际化、专业化的产业链条。但目前国内市场需求不足，过度依赖国际市场，加大了市场风险，在一定程度上影响了产业发展。推动光电建筑应用，拓展国内应用市场，将创造稳定的市场需求，促进我国光电产业健康发展。

（三）推动光电建筑应用是落实扩内需、调结构、保增长的重要着力点。推动光电在城乡建设领域的规模化、专业化应用，可以有效带动高新技术及节能环保领域的资金投入，可以促进建材、化工、冶金、装备制造、电气、建筑安装、咨询服务等多个产业实现调整升级，对于实现产业结构调整，促进经济增长方式转变，扩大就业，具有十分重要的现实意义。

二、支持开展光电建筑应用示范，实施"太阳能屋顶计划"

为有效缓解光电产品国内应用不足的问题，在发展初期采取示范工程的方式，实施我国"太阳能屋顶计划"，加快光电在城乡建设领域的推广应用。

（一）推进光电建筑应用示范，启动国内市场。现阶段，在条件适宜的地区，组织支持开展一批光电建筑应用示范工程，实施"太阳能屋顶计划"。争取在示范工程的实践中突破与解决光电建筑一体化设计能力不足、光电产品与建筑结合程度不高、光电并网困难、市场认识低等问题，从而激活市场供求，启动国内应用市场。

（二）突出重点领域，确保示范工程效果。综合考虑经济性和社会效益等因素，现阶段在经济发达、产业基础较好的大中城市积极推进太阳能屋顶、光伏幕墙等光电建筑一体化示范；积极支持在农村与偏远地区发展离网式发电，实施送电下乡，落实国家惠民政策。

（三）放大示范效应，为大规模推广创造条件。通过示范工程调动社会各方发展积极性，促进落实国家相关政策。加强示范工程宣传，扩大影响，增强市场认知度，形成发展太阳能光电产品的良好社会氛围；促进落实上网分摊电价等政策，形成政策合力，放大政策效应；将光电建筑应用作为建筑节能的重要内容，在新建建筑、既有建筑节能改造、城市照明中积极推广使用。

三、实施财政扶持政策

国家财政支持实施"太阳能屋顶计划"，注重发挥财政资金政策杠杆的引导作用，形成政府引导、市场推进的机制和模式，加快光电商业化发展。

（一）对光电建筑应用示范工程予以资金补助。中央财政安排专门资金，对符合条件的光电建筑应用示范工程予以补助，以部分弥补光电应用的初始投入。补助标准将综合考虑光电应用成本、规模效应、企业承受能力等因素确定，并将根据产业技术进步、成本降低的情况逐年调整。

（二）鼓励技术进步与科技创新。为激励先进，将严格设定光电建筑应用示范的标准与条件。财政优先支持技术先进、产品效率高、建筑一体化程度高、落实上网电价分摊政策的示范项目，从而不断促进提高光电建筑一体化应用水平，增强产业竞争力。

（三）鼓励地方政府出台相关财政扶持政策。将充分调动地方发展太阳能光电技术的积极性，出台相关财税扶持政策的地区将优先获得中央财政支持。

四、加强建设领域政策扶持

各级建设主管部门要切实履行职责，把太阳能光电建筑应用作为建筑节能工作的重要内容，完善技术标准，推进科技进步，加强能力建设，逐步提高太阳能光电建筑应用水平。

（一）完善技术标准。各级建设主管部门要大力推动建筑领域中有关太阳能光电技术应用的国家相关技术标准的贯彻和执行，并结合本地实际，积极

研究制定太阳能光电技术在建筑领域应用的设计、施工、验收标准、规程及工法、图集，促进太阳能光电技术在建筑领域应用实现一体化、规范化。各光电企业也应要制定本单位产品在建筑领域应用的企业标准，提高应用水平。

（二）加强质量管理。各地建设主管部门要加强对太阳能光电技术应用项目的质量管理，在项目建设过程中，依据国家法律法规和工程强制性标准加强监督检查和指导，对不符合现行有关标准或不能实现项目预期节能目标的要责令改正。

（三）加强光电建筑一体化应用技术能力建设。各级建设主管部门要充分依托相关机构，做好光电建筑应用示范项目的技术支撑工作；要积极为光电生产企业、设计单位、施工企业提供公共服务，整合各方面力量，推动太阳能光电生产、设计、施工三者有效结合，提高光电建筑一体化应用能力。

各地应建立推进太阳能光电技术在建筑领域应用的工作协调机制，切实加强对推进光电建筑应用工作的领导。财政、建设等相关部门要加强组织领导和统筹协调，依托现有的建筑节能机构，由专门人员具体负责，抓紧制订光电建筑应用实施规划以及具体实施方案，协调项目实施工作，解决推进工作中的问题，及时总结经验进行推广。

中华人民共和国财政部
中华人民共和国住房和城乡建设部
二〇〇九年三月二十三日

财政部 住房城乡建设部关于印发可再生能源建筑应用城市示范实施方案的通知

财建〔2009〕305号

各省、自治区、直辖市、计划单列市财政厅（局）、建设厅（委、局），新疆生产建设兵团财务局、建设局：

根据《可再生能源法》，为落实国务院节能减排战略部署，加快发展新能源与节能环保新兴产业，推动可再生能源在城市建筑领域大规模应用，财政部、住房城乡建设部将组织开展可再生能源建筑应用城市示范工作。为指导开展示范工作，我们制定了《可再生能源建筑应用城市示范实施方案》。现予印发，请遵照执行。

附件：可再生能源建筑应用城市示范实施方案

中华人民共和国财政部
中华人民共和国住房和城乡建设部
二〇〇九年七月六日

附件：

可再生能源建筑应用城市示范实施方案

为贯彻国务院关于节能减排战略部署，深入做好建筑节能工作，加快可再生能源在城市建筑领域应用，将开展可再生能源建筑应用城市示范（以下简称城市示范），现提出如下实施方案。

一、充分认识开展城市示范的重要意义

近年来，财政部、住房城乡建设部组织实施的可再生能源建筑应用示范工程，取得良好的政策效果，可再生能源建筑应用技术水平不断提升，应用面积迅速增加，部分地区已呈现规模化应用势头。为进一步放大政策效应，更好地推动可再生能源在建筑领域的大规模应用，将组织开展可再生能源建筑应用城市级示范。开展城市示范，有利于发挥地方政府的积极性和主动性，加强技术标准等配套能力建设，形成推广可再生能源建筑应用的有效模式；有助于拉动可再生能源应用市场需求，促进相关产业发展；有利于促进实现"保增长、扩内需、调结构"的宏观调控目标。

二、示范城市申请条件、申请程序及审核确认

（一）申请示范城市应具备的条件。申请示范的城市是指地级市（包括区、州、盟）、副省级城市；直辖市可作为独立申报单位，也可组织本辖区地级市区申报示范城市。

1. 已对本地区太阳能、浅层地能等可再生资源进行评估，具备较好的可再生能源应用条件。

2. 已制定可再生能源建筑应用专项规划。

3. 已制定近2年的可再生能源建筑应用实施方案（编写提纲见附1），详细说明在今后2年可以实施的项目情况，做到项目落实，并说明项目基本情况，包括工程应用的技术类型、应用面积、实施期限等，并填写《可再生能源建筑应用工程项目备案表》（详见附2）。

4. 在今后2年内新增可再生能源建筑应用面积应具备一定规模，其中：地级市（包括区、州、盟）应用面积不低于200万平方米，或应用比例不低于30%；直辖市、副省级城市应用面积不低于300万平方米。

新增可再生能源建筑应用面积包括新增的新建（含改扩建）建筑应用可再生能源的面积以及既有建筑改造中应用可再生能源的面积，具体将根据不同技术类型应用面积计算确定，计算公式为：新增可再生能源建筑应用面积＝太阳能热水系统建筑应用面积×0.5＋地源热泵系统建筑应用面积×1＋太阳能供热制冷系统建筑应用面积×1.5＋太阳能与地源热泵结合系统建筑应用面积×1.5。地源热泵包括土壤源热泵、淡水源热泵、海水源热泵、污水源热泵等技术。

可再生能源建筑应用比例指2年内新增可再生能源建筑应用面积与新建（含改扩建）建筑面积之比。

5. 可再生能源建筑应用设计、施工、验收、运行管理等标准、规程或图集基本健全，具备一定的技术及产业基础。

6. 优先支持已出台促进可再生能源建筑应用政策法规的城市。

（二）示范城市申请程序。

1. 申请示范的城市财政、住房和城乡建设部门编写实施方案，经同级人民政府批准后报送省级财政、住房和城乡建设部门。

2. 省级财政、住房和城乡建设部门对各市申报材料进行汇总和初审后，择优选择备选城市，并于每年5月31日前联合上报财政部、住房和城乡建设部（2009年申报截止日期为8月31日）。每个省（自治区、直辖市）申请示范的地级市原则上不超过3个。

（三）示范城市审核确认。财政部、住房城乡建设部组织对各地上报的申报材料进行审查，综合考虑项目落实程度、今后2年内推广应用面积、技术先进适用性、城市能力具备条件、机制创新实现程度等因素，选择确定纳入示范的城市。对于逾期上报的城市示范申请，将不予受理。

三、中央财政支持"城市示范"的方式及有关要求

（一）综合考量，切块下达。对纳入示范的城市，中央财政将予以专项补助。资金补助基准为每个示范城市5000万元，具体根据2年内应用面积、推广技术类型、能源替代效果、能力建设情况等因素综合核定，切块到省。推广应用面积大，技术类型先进适用，能源替代效果好，能力建设突出，资金运用实现创新，将相应调增补助额度，每个示范城市资金补助最高不超过8000万元；相反，将相应调减补助额度。

（二）创新机制，放大效应。各地应创新补助资金使用方式，立足引导社会资金投入，充分发挥市场机制，可综合采用财政补助、贷款贴息、以奖代补、资本金注入、设立种子基金等方式，放大资金使用效益。补助资金主要用于工程项目建设及配套能力建设两个方面，其中，用于可再生能源建筑应用工程项目的资金原则上不得低于总补助的90%，用于配套能力建设的资金，主要用于标准制订、能效检测等。

（三）分批拨付，追踪问效。中央财政补助资金分三年拨付，第一年，根据城市申报应用面积等因素测算补助资金总额，按测算资金的60%拨付补助资金；后两年根据示范城市完成的工作进度拨付补助资金。

（四）加强考核，严格监管。各地财政、住房城乡建设部门要切实加强对补助资金的管理，建立考核机制，确保资金使用规范、安全、有效。财政部会同住房城乡建设部对示范城市进行检查，对没有完成申报应用面积或节能效果未达到预期目标的，将相应扣减财政补助资金，对城市示范开展较好的省市，下一年度将予优先支持。

四、城市示范技术及管理保障措施

各地要切实履行职责，把实施城市示范作为建筑节能工作的重要内容，完善技术标准，推进科技进步，加强能力建设，逐步扩大应用规模，提高应

用水平。

（一）加强规划引导。各地住房城乡建设主管部门要会同有关部门，对本地区太阳能及浅层地能资源分布和可利用情况进行充分论证或评估，制定专项发展规划，指导技术应用。对浅层地能热泵技术，要切实把握不同热泵技术推广的适用性和可行性，坚持适度发展，合理布局，避免盲目性和对资源的非合理利用。各地在实施既有建筑节能改造、城中村改造、棚户区改造等工作中，应统筹考虑可再生能源应用。

（二）完善技术标准。各地住房城乡建设主管部门要大力推动有关太阳能光热技术及浅层地能热泵技术应用的国家相关技术标准的贯彻和执行。省级住房和城乡建设部门要结合本地实际，积极研究制定相关的设计、施工、验收标准、规程及工法、图集。各太阳能光热产品生产企业应积极开发标准化、通用的太阳能光热系统组件，提高建筑一体化应用水平。各浅层地能热泵设备生产企业应积极研发高效率、具有自主知识产权的热泵设备。

（三）加强产品设备质量监督。各地住房城乡建设主管部门应会同有关部门规范太阳能光热及浅层地能产品、设备建筑应用市场，强化市场准入，研究建立相关应用产品、设备的认证标识体系，加大对产品、设备性能的检测力度，确保产品质量。

（四）加强项目质量管理。各地住房城乡建设主管部门要加强对太阳能光热技术及浅层地能热泵技术应用项目的质量管理，在项目的设计、施工、监理、验收等环节，依据国家法律法规和工程强制性标准加强监督检查和指导，对不符合现行有关标准或不能实现项目预期节能目标的要责令改正。北方采暖区新建及既有建筑节能改造应用可再生能源的项目，应同步推进分户供热计量。要建立项目评估机制，省级住房城乡建设部门要负责组织对辖区示范城市可再生能源建筑应用项目进行能效检测，住房城乡建设部将委托专门的能效测评机构进行抽检。要加强对项目的跟踪，指导项目加强运行管理，提高利用效率。

（五）强化技术支撑服务。各地住房城乡建设主管部门要充分依托相关机构，做好太阳能光热技术及浅层地能热泵技术应用项目的技术支撑工作，形成可大规模推广应用的技术、标准及产品体系，整合各方面力量，推动太阳能光热技术及浅层地能热泵技术生产、设计、施工三者有效结合，提高应用水平。要积极培育能源服务市场，采取合同能源管理等方式推进太阳能及浅层地能应用技术的推广。

财政部 住房城乡建设部关于印发加快推进农村地区可再生能源建筑应用的实施方案的通知

财建［2009］306号

各省、自治区、直辖市、计划单列市财政厅（局）、建设厅（委、局），新疆生产建设兵团财务局、建设局：

根据《可再生能源法》，为落实国务院节能减排战略部署，加快发展新能源与节能环保新兴产业，深入推进建筑节能工作，财政部、住房城乡建设部将以县为单位，实施农村地区可再生能源建筑应用的示范推广，引导农村住宅、农村中小学等公共建筑应用清洁、可再生能源。为指导开展示范推广工作，我们制定了《加快推进农村地区可再生能源建筑应用的实施方案》。现予印发，请遵照执行。

附件：加快推进农村地区可再生能源建筑应用的实施方案

中华人民共和国财政部
中华人民共和国住房和城乡建设部
二〇〇九年七月六日

附件：

加快推进农村地区可再生能源建筑应用的实施方案

农村地区太阳能等可再生能源资源丰富，具备良好的建筑应用条件，建筑节能潜力巨大。为加快推进农村地区可再生能源建筑应用，现提出以下实施方案：

一、充分认识加快农村地区可再生能源建筑应用的重要意义

近年来，随着我国城镇化进程不断加快和居民生活水平的提高，农村地区建筑用能迅速增加，尤其北方地区农村建筑采暖以生物质能源为主的模式，正逐渐被以煤炭等化石能源为主的模式所替代，农村建筑节能形势严峻。广大的农村地区太阳能、浅层地能等可再生能源资源丰富、应用条件优越、发展空间巨大。在农村地区加快推进可再生能源建筑应用，可节约与替代大量常规化石能源；可以加快改善农村民房、农村中小学、农村卫生院等公共建筑供暖设施，保障与改善民生；可以带动清洁能源等相关产业发展，促进扩大内需与调整结构。

二、因地制宜，确定农村地区可再生能源建筑应用的重点领域

各地要结合当地自然资源条件、客观实际需要、经济社会条件等因素，因地制宜地确定推广应用重点。近阶段国家重点扶持的应用领域是：

1. 农村中小学可再生能源建筑应用。结合全国中小学校舍安全工程，完善农村中小学生活配套设施，推进太阳能浴室建设，解决学校师生的生活热水需求；实施太阳能、浅层地能采暖工程，利用浅层地能热泵等技术解决中小学校采暖需求；建设太阳房，利用被动式太阳能采暖方式为教室等供暖。

2. 县城（镇）、农村居民住宅以及卫生院等公共建筑可再生能源建筑一体化应用。

三、以县为单位，实施农村地区可再生能源建筑应用的示范推广

为积极稳妥地推进可再生能源在农村地区的推广应用，实行以县（含县级市区，下同）为单位整体推进，并先行示范，分期启动，分批实施。示范县应满足相关条件，并按要求组织申报。

（一）示范县应具备的条件。

1. 具备较好的可再生能源应用条件，已制定本地区可再生能源建筑应用整体规划。

2. 已制定本地区可再生能源应用实施方案（编写提纲详见附1）。实施方案要详细说明今后两年内可再生能源推广应用的工作内容，要做到详实具体，项目落实，并说明建设项目的基本情况，包括可再生能源应用的技术类型、应用面积、实施期限等，填写《农村地区可再生能源建筑应用工程项目备案表》（详见附2）。

3. 今后2年内新增可再生能源建筑应用面积应具备一定规模，新增应用面积原则上不低于30万平方米。对于辖区人口较少、规模较小的县，可适当降低面积要求。

4. 以在农村中小学的推广应用为重点。推广应用可再生能源的学校应是在中小学布局结构调整中予以保留的学校，具备较完善的办学条件，校园布局规划合理，建筑保温隔热性能较好，有生活热水、采暖等需求。

5. 项目建设资金落实。详细说明项目建设资金需求、筹措渠道等情况。

6. 对可再生能源建筑应用项目的建设、运营及服务有成熟的解决方案。对在农村中小学等公共建筑推广应用可再生能源，鼓励依托技术力量较强的单位，采取建设管理运营一体化的模式，以确保工程质量和实施效果。

（二）示范县的申报。省级财政、住房和城乡建设主管部门负责本省示范县的申报组织工作。县级财政、住房和城乡建设主管部门编写本地区农村可再生能源应用申报材料，并向上级部门提出申请。省级财政、住房和城乡建设主管部门在对申报材料汇总和初审后，择优推荐示范县，并于每年5月31日前联合上报财政部、住房和城乡建设部（2009年申报截止日期为8月31日）。每年每省（自治区、直辖市）申报示范县原则上不超过4个。

（三）示范县审核确认。财政部会同住房和城乡建设部，根据前期工作开展情况、实施方案详实程度、建设资金落实情况、示范推广效应等因素选择确定示范县，将优先选择符合国家支持重点领域、项目落实情况好、推广应用面积大、推广技术类型先进适用的县。对于逾期上报的示范申请，将不予受理。

四、实施中央财政扶持政策

中央财政对农村地区可再生能源建筑应用予以

适当资金支持。

(一) 补助资金的核定。2009年农村可再生能源建筑应用补助标准为：地源热泵技术应用60元/平方米，一体化太阳能热利用15元/平方米，以分户为单位的太阳能浴室、太阳能房等按新增投入的60%予以补助。以后年度补助标准将根据农村可再生能源建筑应用成本等因素予以适当调整。每个示范县补助资金总额将根据上述补助标准、可再生能源推广应用面积等审核确定。每个示范县补助资金总额最高不超过1800万元。

(二) 补助资金的拨付。中央财政将上述核定的补助资金一次性拨付到省，由省级财政按规定拨付到示范县，示范县负责将补助资金落实到具体项目。

(三) 补助资金的监管。各地财政、住房城乡建设部门要切实加强对补助资金的管理，建立考核机制，确保资金使用规范、安全、有效。省级财政、住房城乡建设部门要督促示范县严格按照上报的实施方案执行。财政部将会同住房城乡建设部对地方工作实施情况进行检查，对没有完成上报工作任务或节能效果达不到预期目标的，将抵扣今后该省专项补助资金；对示范效果好的省份，下一年度将予优先支持。

五、切实加强对农村地区可再生能源建筑应用示范推广管理

各地要切实履行职责，财政、住房城乡建设部门必须高度重视，密切配合、统筹安排，扎扎实实地做好项目建设，确保示范工作顺利实施，达到预期效果。

(一) 加强统筹协调。省级住房城乡建设、财政部门应对辖区示范县太阳能及浅层地能资源分布和可利用情况、应用可再生能源的需求情况进行充分论证，制定专项规划，指导示范工作开展。在农村中小学推广应用可再生能源要与农村中小学布局调整规划、全国中小学校舍安全工程、农村中小学危房改造工程、农村寄宿制学校建设工程、中西部农村初中校舍改造工程等相结合，其他项目也要与现有政策充分结合，避免浪费。

(二) 强化建设标准控制。示范推广工作要坚持"经济、适用、安全"原则，严禁不切实际的高标准超标准建设。各省级住房城乡建设主管部门应结合本地实际，推行标准化应用模式，提出系列应用技术方案，并配套制定相关标准规范、工法、图集，指导工程建设。

(三) 加强项目质量管理。各地住房城乡建设主管部门要加强对工程建设的质量管理，在项目的设计、施工、验收等环节，依据国家法律法规和工程强制性标准加强监督检查和指导。要高度重视工程质量安全，确保建设与使用安全，设计、施工、监理人员应经过培训，技术水平应满足岗位要求。要建立项目评估机制，委托专门机构对应用效果进行评估。要加强对项目的跟踪，指导项目加强运行管理。相关设施建成后要采取有效措施，确保系统安全、高效和长久的运行。

(四) 加强技术指导。各地住房城乡建设主管部门要充分依托相关机构，做好示范推广技术指导工作，整合太阳能、浅层地能应用设备生产企业、科研单位、勘察设计单位、施工企业等各方面专业力量，推动与示范推广工作相关的生产、勘察、设计、施工等环节有效结合，提高应用水平。

(五) 认真总结经验。各级财政、住房城乡建设部门要及时总结示范推广工作经验，妥善解决示范推广过程出现的问题，完善相关政策，为下一步全面推广奠定良好基础。要广泛宣传示范推广工作取得的成效，扩大影响，努力营造有利于推进农村地区建筑节能和可再生能源应用的社会氛围。

附：1. 农村地区可再生能源建筑应用实施方案编写提纲（略）

2. 农村地区可再生能源建筑应用项目备案表（略）

国家发展改革委　住房城乡建设部关于做好城市供水价格管理工作有关问题的通知

发改价格[2009]1789号

各省、自治区、直辖市发展改革委、物价局、住房城乡建设厅，海南省水务局，北京、天津、上海市水务局，重庆市市政管委：

近期，部分城市相继出台了城市供水价格调整方案，对于促进节约用水和水污染防治，缓解供水和污水处理单位的运行困难，保障城市供水和污水处理行业健康发展起到了积极作用。但也有少数地方因调价方案和调价程序不完善，宣传解释工作不到位，群众反映强烈。为确保水价调整工作的规范有序，现就有关问题通知如下：

一、明确水价调整的总体要求。当前，水价调整的总体要求。一是要以建立有利于促进节约用水、合理配置水资源和提高用水效率为核心的水价形成机制为目标，促进水资源的可持续利用。二是要统筹社会经济发展和供水、污水处理行业健康发展的需要，重点缓解污水处理费偏低的问题。要充分考虑社会承受能力，合理把握水价调整的力度和时机，防止集中出台调价项目。三是要切实做好宣传解释工作，争取社会的理解与支持，确保水价调整工作的平稳实施。

二、严格履行水价调整程序。一是加大成本监审力度。要加强对城市供水定价成本的监审，完善成本约束机制，促使供水企业加强内部管理和强化自我约束，切实加大水费收缴力度，严格控制人员的不合理增长，着力降低管网漏损，抑制不合理的成本支出。二是依法履行听证制度。水价调整方案的制定和出台，要充分听取社会各方面的意见，加强与听证参加人及社会各界的沟通，提高水价决策的透明度。三是合理确定水价调整时机和力度。各地要统筹考虑本地区水价调整工作，区分轻重缓急，合理把握水价的调整节奏和调整幅度，水价矛盾积累较大的地区，要统筹安排，分步到位。

三、完善水价计价方式。一是积极推行居民生活用水阶梯式水价和非居民用水超定额加价制度。具备条件的地区，要尽快实施居民生活用水阶梯式水价制度，合理确定不同级别的水量基数及其比价关系，减少水价调整对低收入家庭的影响，提高居民节水意识。对非居民生活用水，要继续实施超定额累进加价制度。二是尽快对环卫、绿化等市政公用设施用水实行计量计价。实施按用水量计取水费，促进节水和降低供水企业产销差。三是适当确定各级水量间的差价。实行阶梯式水价和超定额加价的城市，可在合理核定各级水量基数的情况下，适当扩大各级水量间的价差，促进节约用水。

四、理顺水价结构。一是简化水价分类。要按照"补偿成本、合理收益、促进节水和公平负担"的原则，综合考虑当地各类用水的结构，逐步将现行城市供水价格分类简化为居民生活用水、非居民生活用水和特种用水三类。其中，非居民生活用水包括工业、经营服务用水和行政事业用水等。特种用水主要包括洗浴、洗车用水等，特种用水范围各地可根据当地实际自行确定。二是突出调整重点。污水处理费偏低的地区，调整城镇水价时要优先调整污水处理费标准。同时，要综合考虑供水和污水处理单位的运营情况，着力解决供水和污水处理行业发展面临的问题，促进供排水行业协调发展。三是理顺再生水与城市供水的比价关系。各地要加大再生水设施建设的投入，研究制定对再生水的生产使用的优惠政策，努力降低再生水使用成本。再生水水价的确定，要结合再生水水质、用途等情况，与自来水价格保持适当差价，鼓励再生水的使用。具备条件的地区，要强制部分行业使用再生水，扩大再生水使用范围。

五、做好对低收入家庭的保障工作。为避免调价对低收入家庭产生较大影响，各地在调整水价时要充分考虑低收入家庭的承受能力。要根据水价调整的影响，对低收入家庭因地制宜地采取提高低保标准、增加补贴等多种方式，确保其基本生活用水，保障其基本生活水平不降低。

六、加强宣传解释。要充分认识做好宣传解释工作的重要性，将宣传解释工作贯穿于水价调整的全过程。要拟定详细和便于社会理解的宣传方案，采取多种方式，向群众充分解释当前水资源和水污染治理面临的形势，加大节水和污水处理力度的紧迫性，供水及污水处理单位运行面临的困难，对低收入家庭的照顾措施，以及政府在供水及污水处理等方面的投入和补贴政策等相关措施，全面阐述水价调整的必要性，正确引导社会舆论，为推进水价改革创造良好的社会氛围。

水价调整涉及面广，社会影响大。各级价格、建设主管部门要在当地党委、政府的领导下，审慎决策，密切配合，精心组织，周密安排，把握水价调整时机，统筹考虑与其他价格改革的衔接，加强跟踪调查和指导，稳妥地做好水价调整工作，确保水价调整平稳实施。各地执行中遇到的问题和情况，请及时向国家发展改革委、住房城乡建设部反映。

国家发展和改革委员会
住房和城乡建设部
二〇〇九年七月六日

三、综 合 类

住房和城乡建设部关于印发《关于进一步加强对中央扩大内需促进经济增长政策落实监督检查工作的意见》的通知

建办〔2009〕31号

各省、自治区建设厅,直辖市建委及有关部门(建设局),山东省、江苏省建管局,新疆生产建设兵团建设局;部机关各单位、直属各单位、部管各社会团体:

现将《关于进一步加强对中央扩大内需促进经济增长政策落实监督检查工作的意见》印发给你们,请结合本地区、本部门实际认真贯彻执行。有关情况和建议,请及时报住房和城乡建设部。

附件:关于进一步加强对中央扩大内需促进经济增长政策落实监督检查工作的意见

住房和城乡建设部
二〇〇九年三月三日

关于进一步加强对中央扩大内需促进经济增长政策落实监督检查工作的意见

党中央、国务院为有效应对国际金融危机对我国经济带来的不利影响,出台了一系列扩大内需、促进经济平稳较快增长的政策措施,并且高度重视确保扩大内需、促进经济增长政策措施贯彻落实和管好用好建设资金。中央专门成立了由中央纪委、监察部牵头的中央扩大内需促进经济增长政策贯彻落实检查工作领导小组,中央纪委下发了《关于加强监督检查保证进一步扩大内需促进经济增长重大决策部署贯彻落实的通知》(中纪发〔2008〕35号)等一系列重要文件,并组织了24个检查组到全国各地检查落实情况。各级住房城乡建设主管部门,一定要按照中央的要求,认真履行职责,加大工作力度,切实把监督检查工作贯穿到落实扩大内需、促进经济增长政策措施工作的各个环节,确保建设资金安全、透明、高效管理和使用。为此,提出以下意见:

一、加快工作进度,落实项目安排

各级住房城乡建设主管部门要严格按照国家关于下达2008年、2009年中西部财政困难地区新建廉租住房、污水和垃圾处理设施建设项目、重点流域水污染治理项目新增中央预算内投资计划的要求,以及扩大农村危房改造试点工程和少数民族地区游牧民定居工程等工作安排,会同有关部门积极主动做好中央投资补助资金分配和项目安排工作,抓紧分解下达项目投资计划,落实建设项目配套资金。要增强责任感和紧迫感,在保证质量和建设资金安全的前提下,加快项目实施进度,确保中央新增投资按规定落实到位，尽快形成实物工作量。

二、强化项目管理，确保工程质量和安全

各级住房城乡建设主管部门要认真做好项目的组织实施工作。严格项目前期管理，完善项目审批手续；严格落实项目法人责任制、招标投标制、合同管理制、工程监理制；严格控制廉住房套型建筑面积标准，最大套型不得超过50平方米；严格按照"厂网并举、管网先行，污泥处置和再生水利用与污水处理设施建设统筹考虑"的建设原则，防范可能出现的规模过大、管网不配套、污滤处置不落实等问题；加强对项目建设进度、资金投入等情况的动态监管，强化施工图设计文件审查、竣工验收备案工作；严格执行《建设工程质量管理条例》、《建设工程安全生产管理条例》和《关于加强廉租住房质量管理的通知》（建保［2008］62号），加强对工程质量安全的监督执法检查，切实落实项目建设、勘察设计、施工、工程监理等单位的质量安全责任和义务，确保建设工程质量和安全。

三、加强监督，严格纪律，确保扩大内需促进经济增长政策的落实

要按照科学发展的要求和中央的有关规定，根据住房城乡建设行业的特点，对项目实施和资金管理使用实行全方位、全过程监督检查。要重点围绕中央政策措施是否落实到位、项目建设是否符合中央规定的投向、工程建设是否依法合规进行、资金管理使用是否规范合理有效、工程建设是否安全合格等5个方面开展监督检查。要严格执行财务管理制度，加强资金管理，做到专户储存，分账核算，专款专用。要广泛接受各方面的监督，确保建设资金的管理和使用在阳光下进行。要把开展监督检查与严格执行领导干部廉洁自律有关规定结合起来，紧紧抓住工程建设招标投标、物资采购和资金管理使用等关键环节，从严查处在项目实施和资金分配使用中弄虚作假、索贿受贿、贪污私分、截留克扣、挪用挤占等违纪违法行为。对因失职渎职致使中央政策措施得不到落实、造成严重后果的，要依据有关规定，综合运用组织处理、纪律处分等手段，严肃追究相关责任人或领导干部的责任。

四、加强领导，落实责任

为加强对中央扩大内需、促进经济增长重大决策部署落实情况监督检查工作的组织领导，部成立住房和城乡建设部扩大内需促进经济增长政策落实监督检查工作领导小组。部党组成员、驻部纪检组组长郭允冲同志任组长，领导小组成员由相关司局和部门的负责同志组成，领导小组办公室设在驻部监察局。领导小组负责对住房城乡建设系统落实中央扩大内需促进经济增长政策措施监督检查工作的组织协调和指导工作，针对突出问题组织开展检查和调查研究，提出有效对策措施和工作建议。

各省（区、市）住房城乡建设主管部门要在地方党委、政府的领导下，统筹协调，建立健全相应的监督检查领导机构和工作机制，认真履行监管职责，根据中央扩大内需促进经济增长总体安排与进度，结合工作实际，以多种方式开展监督检查工作。

各级纪检监察机构要充分发挥组织协调作用，畅通信息渠道，形成上下联动的监管合力，在住房城乡建设系统形成覆盖完整、衔接紧密的监督体系，确保建设项目和建设资金高效、安全、廉洁，为扩大内需促进经济平稳较快增长作出贡献。

关于加强稽查执法工作的若干意见

建稽［2009］60号

各省、自治区住房和城乡建设厅，直辖市建委及有关部门，新疆生产建设兵团建设局：

为深入贯彻实施国务院《全面推进依法行政实施纲要》，加大住房城乡建设稽查执法工作力度，严厉打击违法违规行为，促进住房城乡建设事业科学发展，现对加强稽查执法工作提出以下意见。

一、加强稽查执法工作的意义

（一）工作性质。住房城乡建设稽查执法是指各级住房城乡建设主管部门依据相关法律法规，对住

房城乡建设活动各方主体行为依法监管，以及对各级住房城乡建设主管部门依法监督过程中，对违法违规行为进行稽核调查、检查处理的活动，是住房城乡建设行政执法和行政监督的重要内容。

（二）重要意义。加强稽查执法工作，是实践"三个代表"重要思想、贯彻落实科学发展观、构建社会主义和谐社会的重要内容，是推行依法行政、创新体制机制、整顿规范市场秩序的重要举措，是转变政府职能，建立决策、执行、监督相协调工作机制的必然要求，是加强党风廉政建设、维护人民群众切身利益的有效手段。近年来，住房城乡建设系统深化执法体制改革和机制创新，推动开展稽查执法工作，对遏制违法违规行为发挥了明显作用。但必须看到，我国正处于经济社会和城镇化快速发展的关键时期，违反城乡规划、违法违规开发建设、破坏风景名胜区资源等问题仍呈多发态势，住房城乡建设系统规范市场秩序的任务还很重。加大稽查执法工作力度，有利于强化住房城乡建设主管部门的监管职能，形成决策科学、执行顺畅、监督有力的行政管理体制，确保各项政策制度落到实处；有利于实现监管关口前移，有效预防、及时发现和纠正违法违规行为，把矛盾化解在基层和萌芽状态，减少违法违规行为带来的负面影响和经济损失；有利于及时解决影响人民群众生活的热点难点问题，化解社会矛盾，维护社会和谐稳定；有利于强化对权力的制约和监督，规范行政权力运行，促进住房城乡建设事业科学发展。

二、加强稽查执法工作的工作思路和主要任务

（三）工作思路。以邓小平理论和"三个代表"重要思想为指导，深入贯彻落实科学发展观，紧紧围绕住房城乡建设系统中心工作，将稽查执法工作与行政监管有效衔接，覆盖住房城乡建设主要业务领域。进一步强化预防为主的理念，从注重法律法规制定向法律法规制定和执法监督并重转变，从注重对违法违规行为的事后查处，向注重事前预防、事中监督、事后纠偏转变，实现全过程协同执法和闭合管理，将建设活动主体行为纳入法制化轨道，有效预防和遏制违法违规行为，维护法律法规的严肃性。

（四）主要任务。组织对城乡规划、住房保障、房地产市场、住房公积金、建筑市场、标准定额、工程质量安全、建筑节能、城市建设、村镇建设、历史文化名城、风景名胜区、城镇减排等方面的违法违规问题实施稽查。组织城乡规划督察员对城市总体规划、历史文化名城保护规划、省域城镇体系规划及风景名胜区规划实施情况进行监督检查。完善稽查执法制度，形成分级负责、层级指导、协作配合的稽查执法工作体系，建立健全发现及时、查处有力、指导顺畅的工作机制。完善稽查执法信息系统，受理、处理住房城乡建设领域违法违规投诉举报。

三、加强稽查执法工作的基本要求

（五）加强对稽查执法工作的组织领导。各地要结合实际，将加强稽查执法工作列入重要议事日程。已建立稽查执法制度的，要进一步完善职能和工作机制，不断推进稽查执法工作；暂未建立稽查执法制度的，要积极争取当地政府和编办、人事、财政等部门的支持，确立稽查执法工作机构和人员，落实稽查执法工作责任。

（六）强化稽查执法制度建设。各地要结合本地实际制定稽查执法工作制度，保障稽查执法工作的全面开展。稽查执法工作要覆盖住房城乡建设主管部门的主要业务范围，注重全方位、全过程监督。要根据稽查执法工作的性质和特点，制定相应的案件稽查、专项检查、投诉举报受理和处理等工作制度，实现稽查执法工作标准化、规范化。

（七）建立协同预防工作机制。各地要围绕中心任务强化预防和监督，通过稽查执法工作体制机制创新，实现关口前移。各地稽查执法机构要及时与有关业务主管部门沟通稽查执法工作信息，分别依法限制存在违法违规问题的城市或项目的评优评奖资格，依法限制存在违法违规问题的企业或个人申报有关资质资格。对性质恶劣的，要依法撤销其有关资质、资格或奖励。

（八）严格案件稽查和专项检查。各地要在其职责范围内，通过领导批办、相关部门和单位移送、受理投诉举报和直接发现线索等途径，认真做好案件稽查。组织或参与对住房保障、城乡规划、节能减排、住房公积金、市场秩序等方面违法违规行为的专项检查。完善案件督办工作机制，对转交下级相关部门稽查的案件，要落实稽查工作责任、明确办结时限；对未按要求及时办结或查处不力的，要采取派员实地督办、书面通报等方式强化督办效果。

（九）建立集体研判工作机制。各地在案件稽查过程中，要认真研究稽查任务，提出稽查工作要求，并组织力量实施稽查。对违法违规行为的定性要会同有关业务主管部门进行集体研究，综合分析案件发生的背景和因素，充分听取有关方面的意见和建

议后，运用行政许可、行政审批、行政处罚等手段进行依法惩治，对情节严重、构成犯罪的，依法移送司法机关追究刑事责任。

（十）强化违法违规警示震慑作用。各地要加强与有关人民政府、执纪执法机关、组织人事部门、国有资产监管机构以及新闻媒体的信息交流，及时通报有关违法违规案件查处情况，强化部门联动，形成对市场行为、权力运行制约和监督的工作合力。充分利用各类市场诚信信息平台和新闻媒体，对市场主体的违法违规行为公开曝光，充分发挥违法违规警示震慑机制的治本功能。

（十一）建立违法违规预警预报制度。各地要定期逐级上报稽查执法工作动态、重大违法违规案件的稽查处理情况、投诉举报受理和处理情况等，建立全国稽查执法信息共享机制，实现稽查执法信息互通互连、资源共享。各地稽查执法机构要定期对群众投诉举报和稽查案件进行统计分析，及时发现违法违规苗头和规律，对问题多发地区、领域和环节，分别采取约谈、告诫、督导检查等方式进行预警。

（十二）加强稽查执法工作研究。各地要加强对稽查执法工作的分析研究，通过处理投诉举报和案件稽查，系统分析住房城乡建设领域违法违规问题的发生特点和规律，深入研究稽查执法工作。认真查找行政监管中的薄弱环节和漏洞，提出改进监管工作、完善法规政策的意见建议，并强化督促和跟踪，确保各项整改措施落到实处。

（十三）加强稽查执法队伍建设。各地要严把稽查执法工作人员进门关。要定期组织法律法规和业务知识培训，针对突出问题组织开展稽查执法工作专题研究，不断提高工作人员的政治素质和业务水平。要强化稽查执法队伍作风建设，严肃纪律，完善内部考核机制，依法公开稽查执法工作信息，逐步开展稽查执法绩效评价工作，进一步规范稽查执法行为，防止滥用稽查执法权力，提高稽查执法工作效能。

（十四）加强层级指导和监督。上级住房城乡建设主管部门要加强对下级住房城乡建设主管部门的指导和监督，建立健全稽查执法工作制度，规范案件稽查和专项检查工作程序，建立稽查执法信息交流系统，加强稽查执法队伍建设。对跨地区的或涉及本部门工作人员的重大案件，下级住房城乡建设主管部门可申请上级住房城乡建设主管部门组织稽查。

中华人民共和国住房和城乡建设部
二〇〇九年四月十七日

住房和城乡建设部关于印发《住房和城乡建设部城乡规划督察员工作规程》的通知

建稽〔2009〕86号

各省、自治区住房和城乡建设厅，直辖市规划局（委），住房和城乡建设部各城乡规划督察员（组）：

为规范住房和城乡建设部城乡规划督察员工作，根据《中华人民共和国城乡规划法》有关规定，我部对《建设部城乡规划督察员（组）试点工作暂行规程》（建稽〔2007〕80号）进行了修订。现将修订后的《住房和城乡建设部城乡规划督察员工作规程》印发给你们，请贯彻执行。

住房和城乡建设部
二〇〇九年五月十三日

住房和城乡建设部城乡规划督察员工作规程

第一条 为加强对国务院审批的城市总体规划、国家级风景名胜区总体规划和有关方面批准的历史文化名城保护规划的监督管理，规范住房和城乡建设部城乡规划督察员工作，根据《中华人民共和国城乡规划法》的有关规定，制定本规程。

第二条 本规程适用于住房和城乡建设部城乡规划督察员工作。

第三条 本规程所称城乡规划督察员（以下简称"督察员"）是指由住房和城乡建设部派驻指定城市执行城乡规划督察任务的工作人员；城乡规划督察组（以下简称"督察组"）是指由若干督察员组成的工作小组。

第四条 住房和城乡建设部稽查办公室（以下简称"部稽查办"）负责城乡规划督察员管理工作。

第五条 督察员主要对下列事项进行督察：

（一）城市总体规划、国家级风景名胜区总体规划和历史文化名城保护规划的编制、报批和调整是否符合法定权限和程序；

（二）城市总体规划的编制是否符合省域城镇体系规划的要求，是否落实省域城镇体系规划对有关城市发展和控制的要求；

（三）近期建设规划、详细规划、专项规划等的编制、审批和实施，是否符合城市总体规划强制性内容、国家级风景名胜区总体规划和历史文化名城保护规划；

（四）重点建设项目和公共财政投资项目的行政许可，是否符合法定程序、城市总体规划强制性内容、国家级风景名胜区总体规划和历史文化名城保护规划；

（五）《城市规划编制办法》、《城市绿线管理办法》、《城市紫线管理办法》、《城市黄线管理办法》、《城市蓝线管理办法》等的执行情况；

（六）国家级风景名胜区总体规划和历史文化名城保护规划的执行情况；

（七）影响城市总体规划、国家级风景名胜区总体规划和历史文化名城保护规划实施的其他重要事项。

第六条 督察员履行职责应当遵守以事实为依据、以法律法规及法定规划为准绳的原则，忠实履行督察工作职责，不妨碍、不替代当地政府及其规划主管部门的行政管理工作。

第七条 督察员的主要工作方式：

（一）列席城市规划委员会会议、城市人民政府及其部门召开的涉及督察事项的会议；

（二）调阅或复制涉及督察事项的文件和资料；

（三）听取有关单位和人员对督察事项问题的说明；

（四）进入涉及督察事项的现场了解情况；

（五）利用当地城乡规划主管部门的信息系统搜集督察信息；

（六）巡察督察范围内的国家级风景名胜区和历史文化名城；

（七）公开督察员的办公电话，接收对城乡规划问题的举报。

第八条 督察员使用的督察工作文书包括《住房和城乡建设部城乡规划督察员督察建议书》（以下简称《督察建议书》）和《住房和城乡建设部城乡规划督察组督察意见书》（以下简称《督察意见书》）。督察工作文书应以有关法律、法规、政策、强制性标准以及经过批准的城乡规划为依据，说明被督察对象违反相关法律法规、城乡规划等的具体内容和条文，并提出整改意见。

《督察建议书》和《督察意见书》稿纸由住房和城乡建设部统一印制。

第九条 督察员发现涉及督察事项的违法违规行为或线索时，应及时报告所在督察组。

（一）对情节较轻的违法违规行为或对规划实施影响较小的问题，应起草《督察建议书》，报督察组组长同意，由督察员加盖印章并签字后向相关城市人民政府发出，抄送其同级人大常委会、省级城乡规划主管部门，并抄报部稽查办。

（二）对情节较重的违法违规行为或对规划实施影响较大的问题，督察组应集体研究起草《督察意见书》并报部稽查办。部稽查办商相关司局并报部领导批准，再由督察组组长加盖印章并签字后向相关城市人民政府发出，抄送其同级人大常委会和省级城乡规划主管部门。《督察意见书》须明确要求被督察对象在 20 个工作日内向督察组反馈意见。

（三）对于情节严重的违法违规行为或对规划实施造成重大影响的问题、需要住房和城乡建设部直接查处的，督察组应及时向部稽查办提交书面报告。

第十条 督察工作文书的跟踪督办：

（一）《督察意见书》必须跟踪督办，《督察建议书》由督察组组长视情况决定是否跟踪督办。

（二）对列入督办范围的督察工作文书，应密切跟踪并及时收集有关情况向部稽查办报告。

第十一条 定期报告和年度总结：

（一）督察员应每月向督察组报告督察工作情况。

（二）督察组应每季度向部稽查办书面报告督察组工作情况。

（三）督察员与督察组应每年总结督察工作情况，报部稽查办。

第十二条 督察员开展工作时应主动出示《中

华人民共和国城乡规划监督检查证》。

第十三条 本规程由住房和城乡建设部稽查办公室负责解释。

第十四条 本规程自公布之日起施行。2007年3月20日发布的《建设部城乡规划督察员（组）试点工作暂行规程》同时废止。

关于印发《住房和城乡建设部政府信息公开实施办法》的通知

建办〔2009〕145号

部机关各单位，部直属各单位：

《住房和城乡建设部政府信息公开实施办法》已经8月20日部常务会议审议通过。现印发给你们，请遵照执行。

中华人民共和国住房和城乡建设部
二〇〇九年八月三十一日

住房和城乡建设部政府信息公开实施办法

第一章 总 则

第一条 为推进和规范住房和城乡建设部政府信息公开工作，保障公民、法人和其他组织依法获取政府信息，提高政府工作透明度，促进依法行政，依据《中华人民共和国政府信息公开条例》和有关法规、规定，结合住房和城乡建设部工作实际，制定本办法。

第二条 本办法适用于住房和城乡建设部机关及其授权或者委托的事业单位、社会团体（以下简称部机关）在履行管理职能和提供公共服务过程中，依法向社会公众以及管理、服务对象公开相关政府信息的活动。

本办法所称政府信息，是指部机关在履行职责过程中制作或者获取的，以一定形式记录、保存的信息。

第三条 住房和城乡建设部政务公开领导小组负责领导和协调部政府信息公开工作，审定相关制度，研究解决信息公开工作中的重大问题。

部政务公开领导小组办公室（以下简称部公开办）负责部机关政府信息公开的日常工作，具体职责是：

（一）具体承办部机关的政府信息公开事宜；

（二）组织维护和更新部机关公开的政府信息；

（三）组织编制部机关的政府信息公开相关制度、政府信息公开指南、政府信息公开目录和政府信息公开年度报告；

（四）组织部机关各单位对拟公开的政府信息进行保密审查；

（五）部机关规定的与政府信息公开有关的其他职责。

第四条 政府信息公开应当作为住房和城乡建设部的一项基本工作制度，部机关各单位主要负责人负责对本单位政府信息公开工作进行组织领导，综合处长或办公室主任负责本单位政府信息公开相关事宜的具体组织协调工作。

第五条 部机关公开政府信息，应当遵循公平、公正和便民的原则。

第六条 部机关应当及时、准确地公开政府信息。部机关发现影响或者可能影响社会稳定、扰乱社会管理秩序的虚假或者不完整信息的，应当通过部新闻办公室发布准确的政府信息予以澄清。

第七条 部机关应当建立健全政府信息发布协调机制。各单位拟发布涉及部内其他司局、国务院有关部门、地方住房城乡建设行政主管部门或其他行政机关的政府信息，应当与有关行政机关进行沟通、确认，保证发布的信息准确一致。

部机关各单位发布政府信息依照国家有关规定需要批准的，未经批准不得发布。

第二章 公开的内容和范围

第八条 根据工作实际，住房和城乡建设部应当主动公开下列政府信息：

（一）机构职能类：部机关机构设置、工作职责及联系方式；

（二）部门规章类：住房和城乡建设部制定或者联合其他部门制定的部门规章；

（三）发展规划和产业政策类：住房和城乡建设事业中长期发展规划，有关专项发展规划，产业政策、发展战略，以及依法应当公开的部工作计划等；

（四）管理政策类：部机关制定印发的规范性文件；

（五）行政执法监督类：部机关作出的行政处罚决定书，行政处罚、行政复议、普法的有关制度规定；

（六）行政许可类：行政许可的事项、依据、条件、数量、程序、期限以及申请行政许可需要提交的全部材料目录及办理情况；

（七）工程建设标准规范类：发布工程建设标准规范的公告；

（八）统计数据类：依法应当公开的住房和城乡建设行业相关统计数据信息；

（九）工作动态类：依法应当公开的工作动态信息。

第九条 除本办法第八条规定的主动公开的政府信息外，公民、法人和其他组织根据自身生产、生活、科研等特殊需要，可向住房和城乡建设部申请获取相关政府信息。

第十条 下列信息不予公开：

（一）可能危及国家安全、公共安全、经济安全和社会稳定的；

（二）涉及国家秘密、商业秘密、个人隐私的；但是，经权利人同意公开或者不公开可能对公共利益造成重大影响的涉及商业秘密、个人隐私的政府信息，可以予以公开；

（三）与申请人生产、生活、科研等特殊需要无关的；

（四）法律、法规规定不得公开的信息。

第十一条 部机关各单位在拟公开政府信息前，应当依照《中华人民共和国保守国家秘密法》以及其他法律、法规和国家有关规定，对拟公开的政府信息进行保密审查。

第三章 主动公开的方式和程序

第十二条 对属于主动公开范围的信息，应当采取符合该信息特点、便于公众及时准确获得的以下一种或几种方式予以公开：

（一）住房和城乡建设部门户网站；

（二）中国建设报；

（三）住房和城乡建设部文告；

（四）新闻发布会、新闻通气会、记者招待会；

（五）中央主要新闻媒体。

其中，住房和城乡建设部门户网站是信息公开的主渠道。

第十三条 属于主动公开范围的政府信息，应当自该政府信息形成或者变更之日起20个工作日内予以公开。法律、法规对政府信息公开的期限另有规定的，从其规定。

第十四条 主动公开政府信息应当按照下列程序进行：

（一）部机关各单位在政府信息印制完成后5个工作日内，填写《拟主动公开政府信息签批单》（附件一），经主要负责人核签后，附上正式文本和定稿后的电子版，送部公开办。公开重大或敏感信息，主办单位应当报部领导批准；

（二）部公开办按照《住房和城乡建设部政府信息公开目录》和国务院办公厅关于政府信息公开数据库的有关规定进行分类、编码、标注后，送部信息中心；

（三）部信息中心按照部公开办的要求，认真核对文稿后，将政府信息上传至部门户网站"信息公开专栏"。

第十五条 以规章形式发布的政府信息，由法规司在规章印制完成后15个工作日内，将规章文本及其电子版送部公开办，部公开办分类、编码、标注后，由信息中心上传至部门户网站"信息公开专栏"。

第十六条 工程建设标准、定额管理信息，由标准定额司按照工程建设标准管理的有关规定予以公开。

第四章 依申请公开的方式和程序

第十七条 申请人申请获取政府信息，应当采用书面形式，按照要求填写并提交《住房和城乡建设部政府信息公开申请表》（见附件二）；采用书面形式确有困难的，申请人可以口头提出，由部公开办代为填写政府信息公开申请。

申请表包括下列内容：

（一）申请人的姓名或者名称、联系方式；

（二）申请公开的政府信息的内容描述；

（三）申请公开的政府信息的形式要求。

《住房和城乡建设部政府信息公开申请表》可以到住房和城乡建设部指定场所领取或自行复制，也可以从住房和城乡建设部门户网站下载。

第十八条 部公开办收到申请后，应当进行审查，对符合要求的，予以受理。对要件不完备、内容不具体或没有按要求提交有效身份证明或其他证明材料的，待申请人补齐后再予受理。

第十九条 部公开办收到政府信息公开申请，能够当场答复的，应当当场予以答复；不能当场答复的，应当自收到申请之日起15个工作日内予以答复；如需延长答复期限，应当告知申请人，延长答复的期限不得超过15个工作日。

申请公开的政府信息涉及第三方权益，需要征求第三方意见，或者根据需要应当征求国务院有关部门、地方住房城乡建设行政主管部门或其他行政机关意见的，征求意见所需时间不计算在上述期限内。

第二十条 对申请人提出的政府信息公开申请，按照以下程序办理：

（一）部公开办对信息公开申请进行登记；

（二）部公开办根据信息内容和部机关各单位分工确定主办单位，在3个工作日内将《政府信息公开申请转送单》（见附件三）和《依申请公开政府信息审查表》（见附件四）送主办单位；

（三）主办单位一般要在7个工作日内，对政府信息公开申请提出处理意见，经单位主要负责同志核签后送部公开办；

（四）部公开办在5个工作日内根据主办单位处理意见答复申请人。

第二十一条 部机关各单位对申请公开的政府信息提出是否公开意见时，应根据不同情况分别进行处理：

（一）已经公开的，应说明公开的方式和途径；

（二）可以依申请公开的，按规定程序予以公开；

（三）属于不予公开范围的，应当说明理由；

（四）申请公开的政府信息中含有不应当公开的内容，但是能够作区分处理的，应当向申请人提供可以公开的信息内容；

（五）涉及商业秘密、个人隐私，公开后可能损害第三方权益的，应当书面征求第三方意见；第三方不同意公开的，不得公开。但是，不公开可能对公共利益造成重大影响的，应当予以公开，并将决定公开的政府信息内容和理由书面通知第三方；

（六）涉及国务院有关部门、地方住房城乡建设行政主管部门、其他行政机关及其他司局的，主办单位应当书面征求相关部门或单位意见。

第二十二条 部公开办在部机关各单位答复意见的基础上，根据下列情况对申请人分别作出答复：

（一）属于主动公开范围的，应告知申请人获取该政府信息的方式和途径；

（二）可以依申请公开的，应按照申请人要求的形式予以提供；无法按照申请人要求的形式提供的，可以通过安排申请人查阅相关资料、提供复制件或其他适当形式提供；

（三）属于不予公开范围的，应当告知申请人并说明理由；

（四）依法不属于本行政机关公开或者该政府信息不存在的，应当告知申请人，对能够确定该政府信息的公开机关的，应当告知申请人该行政机关的名称、联系方式；

（五）申请内容不明确的，应当告知申请人作出更改、补充。

第二十三条 部机关依申请提供政府信息，除可以收取检索、复制、邮寄等成本费用外，不得收取其他费用，不得通过其他组织、个人以有偿服务方式提供政府信息。

收取检索、复制、邮寄等成本费用的标准，按照国务院价格主管部门会同国务院财政部门制定的标准执行。

申请公开政府信息的公民确有经济困难的，经本人申请、部公开办负责人审核同意，可以减免相关费用。

第五章 附　则

第二十四条 已经移交中央档案馆的政府信息的管理，依照有关档案管理的法律、行政法规和国家有关规定执行。

第二十五条 对于同一申请人就同一内容反复提出公开申请的，部公开办可以不重复答复。

第二十六条 政府信息公开工作所需经费应当纳入部年度预算，以保障政府信息公开工作的正常开展。

第二十七条 部机关各单位违反《中华人民共和国政府信息公开条例》和本办法规定，有下列情形之一的，由住房和城乡建设部政务公开领导小组给予批评教育并限期整改；情节严重的，对机关各单位直接负责的主管人员和其他直接责任人依法予以处分；构成犯罪的，依法追究刑事责任：

（一）不依法履行政府信息公开义务的；

（二）不及时更新公开的政府信息内容、政府信息公开指南和政府信息公开目录的；

（三）违反规定收取费用的；

（四）通过其他组织、个人以有偿服务方式提供政府信息的；

（五）公开不应当公开的政府信息的；

（六）违反《中华人民共和国政府信息公开条例》和本办法规定的其他行为的。

第二十八条 本办法由住房和城乡建设部政务公开领导小组负责解释。

第二十九条 本办法自印发之日起实施。

住房和城乡建设部关于转发《财政部 国家发展改革委关于发布取消和停止征收 100 项行政事业性收费项目的通知》的通知

建计函〔2008〕346 号

各省、自治区建设厅，直辖市建委，天津市、上海市、重庆市国土房管局，江苏省、山东省建管局，新疆生产建设兵团建设局，部执业资格注册中心，部人力资源开发中心，国务院有关部门工程定额管理、工程质量监督等有关机构：

现将《财政部 国家发展改革委关于公布取消和停止征收 100 项行政事业性收费项目的通知》（财综〔2008〕78 号，以下简称《通知》）转发你们，请遵照执行，并按要求积极配合财政、机构编制等有关部门，认真做好建设系统 6 项收费取消后相应工作的经费保障，保持工作的连续性、稳定性。

一、"城市房屋拆迁管理费"、"工程定额测定费"、"建设工程质量监督费"是各级建设行政主管部门和有关单位依法履行相应行政管理职能的经费。收费取消后，应主动协调同级财政等部门，按照《通知》"由同级财政预算予以保障"的规定解决。

二、"注册土木工程师（岩土）注册证书工本费"、"注册土木工程师执业印章工本费"取消后，有关自收自支事业单位核发证照所需要的经费支出，按照《通知》"通过安排其上级行政主管部门项目支出予以拨付"的规定解决。

三、"人力资源开发中心收取的协调调入调出争议费"取消后，有关财政补助事业单位开展相应工作的经费支出，按照《通知》"通过部门预算予以安排"的规定解决。

四、各有关单位要认真测算 2009 年相关工作所需经费，主动与同级财政部门或上级行政主管部门协商做好经费申请和安排，确保相关管理工作的正常运行。

住房和城乡建设部
二〇〇八年十二月五日

住房和城乡建设部关于转发《国家级风景名胜区和历史文化名城保护补助资金使用管理办法》的通知

建计函〔2009〕119 号

各省、自治区住房和城乡建设厅，直辖市建委：

现将《财政部关于印发〈国家级风景名胜区和历史文化名城保护补助资金使用管理办法〉的通知》（财建〔2009〕195 号）转发给你们，请做好国家级风景名胜区和历史文化名城保护补助资金的申报和使用管理工作。

附件：财政部关于印发《国家级风景名胜区和历史文化名城保护补助资金使用管理办法》的通知

（财建[2009]195号）

住房和城乡建设部
二〇〇九年六月三日

财政部关于印发《国家级风景名胜区和历史文化名城保护补助资金使用管理办法》的通知

财建[2009]195号

各省、自治区、直辖市财政厅（局）：

为规范和加强国家级风景名胜区和历史文化名城保护补助资金的使用管理，提高资金使用效益，我们研究制定了《国家级风景名胜区和历史文化名城保护补助资金使用管理办法》，现印发你们，请遵照执行。

附件：国家级风景名胜区和历史文化名城保护补助资金使用管理办法

财政部
二〇〇九年五月四日

国家级风景名胜区和历史文化名城保护补助资金使用管理办法

第一条 为规范和加强国家级风景名胜区和历史文化名城保护补助资金的使用管理，提高资金使用效益，特制定本办法。

第二条 国家级风景名胜区和历史文化名城是国家宝贵的自然和文化遗产。根据《风景名胜区条例》（国务院令第474号）、《历史文化名城名镇名村保护条例》（国务院令第524号）有关规定，中央财政对国家级风景名胜区和历史文化名城保护安排专项补助资金，用于国家级风景名胜区和历史文化街区的规划编制等工作。

第三条 国家级风景名胜区和历史文化名城保护补助资金使用范围：

（一）国家级风景名胜区保护补助资金使用范围：

1. 风景名胜区规划编制、世界遗产保护整治和申报等工作。

2. 景区内绿化、林木植被、古树名木的保护。

3. 景区内古迹维修、休息场所、安全措施的修建；道路、路灯、环境卫生、导游标志、防灾避险等公共设施的维护与建设。

（二）历史文化名城保护补助资金使用范围：

1. 历史文化街区保护规划编制。

2. 历史文化街区核心保护范围内历史建筑的修缮。

第四条 国家级风景名胜区和历史文化名城保护补助资金申报程序：

（一）国家级风景名胜区保护补助资金申报程序：

1. 专项资金补助项目由风景名胜区管理机构或风景名胜区所在地人民政府会同当地财政部门向省级建设行政主管部门和财政部门申报。

2. 省级财政部门会同同级建设行政主管部门审核、汇总上报财政部和住房城乡建设部。

3. 申报的专项资金补助项目应附项目批准文件。

4. 各省（自治区、直辖市）申报的专项资金补助项目原则上每年不超过2个（国家级风景名胜区达10处以上的省份原则上不超过3个）。

（二）历史文化名城保护补助资金申报程序：

1. 专项资金补助项目由项目所在地县级以上城

乡规划主管部门会同当地财政部门向省级建设行政主管部门和财政部门申报。

2. 省级财政部门会同同级建设行政主管部门审核、汇总上报财政部和住房城乡建设部。

3. 申报历史文化街区保护规划编制专项资金补助项目的，该街区已在历史文化名城保护规划中划定，经省（自治区、直辖市）人民政府确定公布；项目申报应附经依法批准的历史文化名城保护规划，并在规划图中标明申请资金补助的历史文化街区的位置和范围。

申报历史文化街区核心保护范围内历史建筑修缮专项资金补助项目的，该修缮设计方案应由具有相应资质的规划设计单位提出，且修缮设计方案经县级以上城乡规划主管部门组织专家审查通过；项目申报应附经批准的历史文化街区保护规划，并在规划图中标明拟修缮建筑的位置和范围。

4. 各省（自治区、直辖市）申报的专项资金补助项目原则上每年不超过1个。

第五条 国家级风景名胜区和历史文化名城保护补助资金申报时间：

各省（自治区、直辖市）财政部门和建设行政主管部门应于每年5月底前，将专项资金补助项目申报文件上报财政部和住房城乡建设部。

第六条 住房城乡建设部会同财政部组织有关专家对各省级财政部门和建设行政主管部门申报的专项资金补助项目进行审查，并提出审查意见。

第七条 住房城乡建设部根据专家组审查意见，分别提出本年度国家级风景名胜区和历史文化名城保护补助资金分配方案，并于7月底前报送财政部。

第八条 财政部根据住房城乡建设部报送的国家级风景名胜区和历史文化名城保护补助资金年度分配方案，审核并分别下达国家级风景名胜区和历史文化名城保护补助资金支出预算，同时抄送住房城乡建设部、财政部驻各省（自治区、直辖市）财政监察专员办事处。

第九条 各地财政部门应及时将专项补助资金核拨给项目单位。

第十条 专项补助资金支付管理按照财政国库管理制度有关规定执行。

第十一条 国家级风景名胜区和历史文化名城保护补助资金必须专款专用，同时应与地方财政部门安排的预算内资金及其他资金配套综合使用，以提高使用效益。

第十二条 补助资金项目单位要自觉接受上级有关部门的指导和监督检查。

专项补助资金项目由当地建设行政主管部门负责监督实施并组织验收；专项补助资金使用情况接受财政部驻各省（自治区、直辖市）财政监察专员办事处、地方财政部门、审计部门的检查监督。

第十三条 各省（自治区、直辖市）建设行政主管部门会同财政部门于每年1月底前，将上年度专项补助资金使用情况上报住房城乡建设部和财政部。

第十四条 本办法由财政部负责解释。

第十五条 本办法自印发之日起执行。

关于推进一二星级绿色建筑评价标识工作的通知

建科〔2009〕109号

各省、自治区住房和城乡建设厅，直辖市、计划单列市建委（建设局），新疆生产建设兵团建设局，有关单位：

为贯彻落实《国务院关于印发节能减排综合性工作方案的通知》精神，充分发挥和调动各地发展绿色建筑的积极性，促进绿色建筑全面、快速发展，提高我国绿色建筑整体水平，现将大力推进一二星级绿色建筑评价标识工作有关事项通知如下：

一、有一定的发展绿色建筑工作基础，依据《绿色建筑评价标准》制定出台了当地绿色建筑评价相关标准的省、自治区、直辖市、计划单列市，均可开展本地区一二星级绿色建筑评价标识工作。

二、开展绿色建筑评价标识工作的省（区、市）要有能够具体承担绿色建筑评价标识管理工作的机构，有绿色建筑评价标识的技术支撑单位，并成立开展绿色建筑评价标识评审的专家委员会。

三、我部委托住房和城乡建设部科技发展促进中心承担全国绿色建筑评价标识的日常管理和三星级绿色建筑评价标识的评审组织工作。各省（区、市）住房城乡建设主管部门负责本地区一二星级绿色建筑评价标识工作，并选择确定绿色建筑评价标识的日常管理机构、技术依托单位，组建评价专家委员会，加强对评价标识机构、组织和评价标识工作的监督管理。

四、绿色建筑评价标识的标志和证书，由我部监制，规定统一格式和内容。各省（区、市）评定的一二星级绿色建筑评价标识应报我部备案，由我部对标志和证书统一编号管理。部科技发展促进中心负责提供标志和证书的统一式样。

五、拟开展绿色建筑评价标识工作的省（区、市）住房城乡建设主管部门，可根据《一二星级绿色建筑评价标识管理办法（试行）》（见附件）的要求提出申请，并提交承担绿色建筑评价标识日常工作的管理机构、技术依托单位和专家委员会构成等基本情况。经我部确认后开展绿色建筑评价标识工作。

附件：一二星级绿色建筑评价标识管理办法（试行）

中华人民共和国住房和城乡建设部

二〇〇九年六月十八日

一二星级绿色建筑评价标识管理办法（试行）

为充分发挥和调动各地发展绿色建筑事业的积极性，鼓励各地开展绿色建筑评价标识工作，促进绿色建筑在全国范围内快速健康发展，根据《绿色建筑评价标识管理办法（试行）》，制定本办法。

第一条 住房和城乡建设部负责指导全国绿色建筑评价标识工作和组织三星级绿色建筑评价标识的评审，研究制定管理制度，监制和统一规定标识证书、标志的格式、内容，统一管理各星级的标志和证书；指导和监督各地开展一星级和二星级绿色建筑评价标识工作。

第二条 住房和城乡建设部选择确定具备条件的地区，开展所辖区域一星级和二星级绿色建筑评价标识工作。各地绿色建筑评价标识工作由当地住房和城乡建设主管部门负责。

第三条 拟开展地方绿色建筑评价标识的地区，需由当地住房和城乡建设主管部门向住房和城乡建设部提出申请，经同意后开展绿色建筑评价标识工作。

第四条 地方住房和城乡建设主管部门可委托中国城市科学研究会在当地设立的绿色建筑专委会或当地成立的绿色建筑学协会承担绿色建筑评价标识工作。

第五条 申请开展绿色建筑评价标识工作的地区应具备以下条件：

（一）省、自治区、直辖市和计划单列城市；

（二）依据《绿色建筑评价标准》制定出台了当地的绿色建筑评价标准；

（三）明确了开展地方绿色建筑评价标识日常管理机构，并根据《绿色建筑评价标识管理办法（试行）》制定了工作方案或实施细则；

（四）成立了符合要求的绿色建筑评价标识专家委员会，承担评价标识的评审。

第六条 各地绿色建筑评价标识工作的技术依托单位应满足以下条件：

（一）具有一定从事绿色建筑设计与研究的实力，具有进行绿色建筑评价标识工作所涉及专业的技术人员，副高级以上职称的人员比例不低于30%；

（二）科研类单位应拥有通过国家实验室认可（CNAS）或计量认证（CMA）的实验室及测评能力；

（三）设计类单位应具有甲级资质。

第七条 组建的绿色建筑评价标识专家委员会应满足以下条件：

（一）专家委员会应包括规划与建筑、结构、暖通、给排水、电气、建材、建筑物理等七个专业组，每一专业组至少由三名专家组成；

（二）专家委员会设一名主任委员、七名分别负责七个专业组的副主任委员；

（三）专家委员会专家应具有本专业高级专业技术职称，并具有比较丰富的绿色建筑理论知识和实践经验，熟悉绿色建筑评价标识的管理规定和技术标准，具有良好的职业道德；

（四）专家委员会委员实行聘任制。

第八条 具备条件的地区申请开展绿色建筑评价标识工作，应提交申请报告，包括负责绿色建筑评价标识日常管理工作的机构和技术依托单位的基本情况，专家委员会组成名单及相关工作经历，开展绿色建筑评价标识工作实施方案等材料。

第九条 住房和城乡建设部对拟开展绿色建筑评价标识工作的申请进行审查。

第十条 经同意开展绿色建筑评价标识工作的地区，在住房和城乡建设部的指导下，按照《绿色建筑评价标识管理办法（试行）》结合当地情况制定实施细则，组织和指导绿色建筑评价标识管理机构、技术依托单位、专家委员会，开展所辖区域一二星级绿色建筑评价标识工作。

第十一条 开展绿色建筑评价标识工作应按照规定的程序，科学、公正、公开、公平进行。

第十二条 申请绿色建筑评价标识遵循自愿的原则，申请单位提出申请并由评价标识管理机构受理后应承担相应的义务。组织评审过程中，严禁以各种名义乱收费。

第十三条 各地住房和城乡建设行政主管部门对评价标识的科学性、公正性、公平性负责，通过评审的项目要进行公示。

第十四条 省级住房和城乡建设主管部门应将项目评审情况及经公示无异议或有异议经核实通过评定、拟颁发标识的项目名单、项目简介、专家评审意见复印件、有异议项目处理情况等相关资料一并报住房和城乡建设部备案。通过评审的项目由住房和城乡建设部统一编号，省级住房和城乡建设主管部门按照编号和统一规定的内容、格式，制作颁发证书和标志（样式见附件），并公告。

第十五条 绿色建筑评价分为规划设计阶段和竣工投入使用阶段标识。规划设计阶段绿色建筑标识有效期限为一年，竣工投入使用阶段绿色建筑标识有效期限为三年。

第十六条 住房和城乡建设部委托住房和城乡建设部科技发展促进中心组织开展地方相关管理和评审人员的培训考核工作，负责与各地绿色建筑评价标识相关单位进行沟通与联系。

第十七条 住房和城乡建设部对各地绿色建筑评价标识工作进行监督检查，不定期对各地审定的绿色建筑评价标识项目进行抽查，同时接受社会的监督。

第十八条 对监督检查中和经举报发现未按规定程序进行评价，评审过程中存在不科学、不公正、不公平等问题的，责令整改直至取消评审资格。被取消评审资格的地区自取消之日起1年内不得开展绿色建筑评价标识工作。

第十九条 各地要加强对本地区绿色建筑评价标识工作的监督管理，对通过审定标识的项目进行检查，及时总结工作经验，并将有关情况报住房和城乡建设部。

第二十条 本办法由住房和城乡建设部负责解释。

关于建设部稽查办公室更名为住房和城乡建设部稽查办公室的通知

建人［2009］24号

各省、自治区建设厅，直辖市建委及有关部门，新疆生产建设兵团建设局，部机关各单位、直属各单位，部管社会团体：

根据中央机构编制委员会办公室《关于住房和城乡建设部所属事业单位机构编制的批复》（中央编办复字［2009］14号），原建设部稽查办公室划转住房和城乡建设部，并更名为住房和城乡建设部稽查办公室。

住房和城乡建设部稽查办公室的主要职责是：

1. 组织对住房保障、城乡规划、标准定额、房地产市场、建筑市场、城市建设、村镇建设、工程质量安全、建筑节能、住房公积金、历史文化名城和风景名胜区等方面违法违规行为的专案稽查，提出处理意见；

2. 组织或参与对住房保障、城乡规划、标准定额、房地产市场、建筑市场、城市建设、村镇建设、工程质量安全、建筑节能、住房公积金、历史文化名城和风景名胜区等方面违法违规行为的专项稽查，提出改进工作意见；

3. 会同有关司局负责城乡规划督察员制度的实施，组织住房和城乡建设部派驻城乡规划督察员监督检查国务院审批的城市总体规划、历史文化名城保护规划、省域城镇体系规划和国家级风景名胜区规划实施情况；

4. 拟订住房和城乡建设部派驻城乡规划督察员管理制度，负责住房和城乡建设部派驻城乡规划督察员的日常管理工作，指导地方住房和城乡建设行政部门派出城乡规划督察员工作；

5. 建立并管理建设稽查监督举报系统，受理投诉举报；

6. 建立建设稽查统计系统，定期公布建设稽查工作情况；

7. 拟订建设稽查规则和稽查特派员管理制度，负责稽查特派员的日常管理工作；

8. 指导地方住房和城乡建设行政部门的稽查工作；

9. 承办住房和城乡建设部交办的其他事项。

中华人民共和国住房和城乡建设部
二〇〇九年二月二十四日

关于建设部机关服务中心等10家事业单位更名的通知

建人〔2009〕25号

各省、自治区建设厅，直辖市建委及有关部门，新疆生产建设兵团建设局，部机关各单位、直属各单位，部管社会团体：

根据中央机构编制委员会办公室《关于住房和城乡建设部所属事业单位机构编制的批复》（中央编办复字〔2009〕14号），原建设部机关服务中心等10家事业单位划转住房和城乡建设部，名称改冠住房和城乡建设部。具体如下：

原建设部机关服务中心（对外工作需要时可使用建设部机关服务局的图章），更名为住房和城乡建设部机关服务中心（对外工作需要时可使用住房和城乡建设部机关服务局的图章）；

原建设部人力资源开发中心，更名为住房和城乡建设部人力资源开发中心；

原建设部信息中心，更名为住房和城乡建设部信息中心；

原建设部科技发展促进中心，更名为住房和城乡建设部科技发展促进中心；

原建设部城乡规划管理中心，更名为住房和城乡建设部城乡规划管理中心；

原建设部执业资格注册中心，更名为住房和城乡建设部执业资格注册中心；

原建设部住宅产业化促进中心，更名为住房和城乡建设部住宅产业化促进中心；

原建设部政策研究中心，更名为住房和城乡建设部政策研究中心；

原建设部标准定额研究所，更名为住房和城乡建设部标准定额研究所；

原建设部干部学院，更名为住房和城乡建设部干部学院。

中华人民共和国住房和城乡建设部
二〇〇九年二月二十四日

住房和城乡建设部关于建设部风景名胜区管理办公室更名为住房和城乡建设部风景名胜区管理办公室的通知

建人〔2009〕48号

各省、自治区建设厅，直辖市建委及有关部门，新疆生产建设兵团建设局：

根据第十一届全国人民代表大会第一次会议批准的国务院机构改革方案和《国务院关于机构设置

的通知》(国发〔2008〕11号)，原建设部风景名胜区管理办公室更名为住房和城乡建设部风景名胜区管理办公室。

住房和城乡建设部风景名胜区管理办公室设在住房和城乡建设部城市建设司。由城市建设司司长兼任办公室主任，分管风景名胜区的副司长兼任副主任。

住房和城乡建设部
二〇〇九年三月二十七日

住房和城乡部办公厅关于完善住房和城乡建设领域个人执业资格行政审批审查有关工作的通知

建办人〔2009〕13号

各省、自治区住房和城乡建设厅，直辖市建委及有关部门，国务院有关部门有关司局，有关行业协会，部机关各单位，部直属有关单位、部管有关社团：

为加快推进行政审批制度改革，切实转变政府职能，按照住房和城乡建设部"三定规定"的要求，现就完善住房和城乡建设领域个人执业资格行政审批审查有关工作通知如下：

一、住房和城乡建设领域个人执业资格行政审批，直接关系人民生命财产安全和社会公共利益，各地区、各单位要进一步提高认识，按照《行政许可法》等法律法规的规定，切实做好个人执业资格行政审批审查工作。

二、住房和城乡建设领域个人执业资格行政审批，是指具备法定条件的专业人员，根据有关规定，提出注册申请，由住房和城乡建设部或其授权机构对合格者作出的行政审批决定。个人执业资格行政审批的审查，是指在审批决定前，依据执业资格注册的有关条件，对申请人的申报材料进行审查。

三、住房和城乡建设部人事司会同有关业务司局组织制定住房和城乡建设领域个人执业资格标准，协调执业资格考试工作。有关业务司局负责制定执业资格注册管理办法、审批执业资格行政许可事项、实施执业注册人员的行业管理。

四、住房和城乡建设部不再承担个人执业资格行政审批前的审查工作，审查工作交由住房和城乡建设部执业资格注册中心和有关部管社团负责：

（一）一级注册建筑师、勘察设计注册工程师、一级建造师、注册城市规划师注册执业资格的审查工作，由住房和城乡建设部执业资格注册中心（全国注册建筑师管理委员会秘书处、全国勘察设计注册工程师管理委员会秘书处、全国城市规划师执业制度管理委员会办公室）负责；

（二）监理工程师注册执业资格的审查工作，由中国建设监理协会负责；

（三）造价工程师注册执业资格的审查工作，由中国建设工程造价管理协会负责；

（四）房地产估价师注册执业资格的审查工作，由中国房地产估价师与房地产经纪人学会负责；

（五）物业管理师注册执业资格的审查工作，由住房和城乡建设部执业资格注册中心会同中国物业管理协会负责。

五、各省、自治区住房和城乡建设厅，直辖市建委及有关部门受理本地区、本部门住房和城乡建设领域个人执业资格的注册申请，并负责初审。初审完成后，将初审意见和有关申请材料送交承担相应注册执业资格审查工作的住房和城乡建设部执业资格注册中心或有关社团。

六、住房和城乡建设部执业资格注册中心和有关社团接收各地建设行政部门送交的注册申请，并进行审查。按照有关分工，凡需转由国务院水利、铁道、交通、工业与信息化、民航、环保等部门及机械、电力、化工等行业协会审查的专业工程注册建造师、勘察设计专业注册工程师的注册申请，住房和城乡建设部执业资格注册中心应将有关材料转相应单位进行审查，住房和城乡建设部执业资格注册中心不再进行复审。

各审查单位要在规定时限内完成审查工作。住房和城乡建设部执业资格注册中心和有关社团应及时将审查结果报送住房和城乡建设部有关业务司局。要逐步完善网上执业资格注册管理信息系统，提高审查工作效率。

七、承担注册执业资格审批工作的全国注册建筑师管理委员会、住房和城乡建设部，根据有关单位的审查结果，按照规定的时限和程序进行审批，依法作出行政许可决定。

八、承担注册执业资格审查工作的单位要建立健全并严格执行审查工作各项规章制度，明确审查工作要求，规范审查工作程序。住房和城乡建设部有关业务司局要加强对负责审查工作单位的指导和监督。

九、个人注册执业资格行政审批审查工作经费纳入财政预算。各单位不得向申请注册人员收取费用。

十、本通知自发布之日起执行。

住房和城乡建设部办公厅
二〇〇九年四月十日

关于做好建筑业农民工技能培训示范工程工作的通知

建人〔2009〕123号

各省、自治区、直辖市住房和城乡建设厅（建委、建管局）、人力资源和社会保障（劳动保障）厅（局），新疆生产建设兵团建设局、劳动保障局：

为认真贯彻落实《国务院关于做好当前经济形势下就业工作的通知》（国发〔2009〕4号）和《财政部、人力资源社会保障部关于就业专项资金使用管理及有关问题的通知》（财社〔2008〕269号）、《人力资源和社会保障部、财政部关于进一步规范农村劳动者转移就业技能培训工作的通知》（人社部发〔2009〕48号）精神，促进农民工稳定就业，住房和城乡建设部、人力资源和社会保障部决定继续实施建筑业农民工技能培训示范工程（以下简称示范工程）。现将有关事项通知如下：

一、充分认识实施示范工程的重要意义

建筑业是吸纳农村劳动力转移就业的重要行业。目前，全国建筑业约有农民工3200万人，占建筑业从业人员总数的85%，占全国外出务工农民工总数的1/4，已经成为建筑产业工人的主体，为经济社会发展作出了巨大贡献。但建筑业农民工就业状况不稳定、技能水平低等问题尚未得到根本解决，迫切需要加大财政投入力度，落实企业责任，创新培训方法，健全培训机制，推进建筑业农民工培训和就业工作。当前形势下，实施示范工程对提高建筑业农民工技能水平，促进就业，增强其稳定就业能力，保证工程质量和安全生产，促进社会和谐稳定具有十分重要的意义。各地住房城乡建设、人力资源社会保障部门要从战略高度认识实施示范工程的重要意义，将示范工程作为农村劳动者转移就业技能培训工作的重要内容，统筹安排，精心组织，扎实做好各项工作。

二、切实加强对示范工程的组织领导

示范工程政策性强，涉及面广，工作复杂。为统筹协调、有力推动示范工程各项工作，住房和城乡建设部、人力资源和社会保障部于2008年成立了全国示范工程工作小组，统一负责全国示范工程的指导和监督工作。各地住房城乡建设、人力资源社会保障部门要在当地政府的领导下，成立相应组织领导机构，加强协调，明确职责，形成合力，充分调动建筑业企业、培训机构和农民工个人的积极性，切实加强组织领导，确保示范工程顺利开展并取得实效。

三、认真做好示范工程组织实施工作

各地住房城乡建设、人力资源社会保障部门要按照《建筑业农民工技能培训示范工程实施办法（试行）》（见附件）要求，结合当地实际情况，制定实施方案，认真做好组织实施工作。示范工程实施主体以建筑企业为主，培训对象原则上以自愿参加培训的建筑业在岗农民工为主。各地住房城乡建设部门要会同人力资源社会保障部门，按照相关要求确定示范工程实施单位，指导实施单位制定培训计划并按要求开展培训工作，加强对培训全过程的管理和监督。各地人力资源社会保障部门要积极配合、大力支持住房城乡建设部门，加强业务指导和沟通协

调，保证示范工程规范运作，并按有关规定从就业专项资金中给予相应职业培训和鉴定补贴。各地住房城乡建设、人力资源社会保障部门要认真研究解决工作中存在的实际问题，有关情况及时报告。

请各地将实施示范工程的企业名单和培训人数落实情况，于2009年8月30日前报全国示范工程工作小组（住房和城乡建设部人事司负责工作小组的日常工作）备案，2009年年底前将工作进展情况报全国示范工程工作小组。

全国建筑业农民工技能培训示范工程工作小组

四、建筑市场监管类

关于进一步加强建筑市场监管与服务 保障扩大内需投资建设项目质量和效益的通知

建市〔2009〕6号

各省、自治区建设厅，直辖市建委，新疆生产建设兵团建设局：

为积极应对国际经济环境对我国经济的不利影响，党中央、国务院做出了进一步扩大内需保持经济平稳较快发展的重大决策，大力推进民生工程、基础设施、生态环境建设和灾后重建。为保障扩大内需投资建设项目的质量和效益，现就进一步加强建筑市场监管与服务提出如下要求：

一、统一思想，加强服务

（一）统一思想，认真落实。民生工程、基础设施、生态环境建设和灾后重建等建设项目的质量和效益关系到广大群众的切身利益和国家发展的长远大计。各地住房和城乡建设主管部门要高度重视，加强领导，把思想和行动统一到中央的决策和部署上来，要坚持以科学发展观为指导，按照"加强服务、依法监管、创新机制、促进发展"的原则，增强服务意识，认真履行建筑市场监管职责，不断完善建筑市场监管方式，努力营造统一开放、竞争有序的建筑市场环境，为扩大内需投资建设项目提供有力保障和高效服务，促进经济平稳较快发展。

（二）积极协调，提高行政审批效率。各地住房和城乡建设主管部门要积极与发展改革、国土、规划、环保等相关部门协调沟通，合理安排项目立项、土地、规划、环境评价、招标投标、施工许可等审批工作，建立扩大内需投资建设项目快速审批通道，在保证质量的前提下，简化手续、缩短时限，确保工程项目尽早开工建设。

（三）加强指导服务，改进管理方式。各地要采取有效方式做好相关项目的对口咨询、靠前服务和跟踪指导，完善信息化服务，及时协调解决项目建设过程中出现的各种问题；要加强对扩大内需投资建设项目招投标活动的法律咨询和指导服务；简化非国有投资项目招投标的环节；合理缩短中小型项目的招标时限；鼓励采用工程总承包、全过程项目管理等招标模式；充分发挥有形建筑市场服务功能，推行网上招标备案、投标报名、电子标书及计算机辅助评标等信息化服务手段，提高招标效率，加快工程建设进度。

（四）加大政策扶持力度。各地住房和城乡建设主管部门要会同财政、税务等部门认真落实建筑业税收有关政策规定，根据建筑行业的总体税赋和实际盈利水平，结合本地区实际情况，按规定程序合理核定征收范围和标准，解决建筑业企业重复纳税问题，减轻企业负担，促进企业发展。

二、依法监管，保障建设项目质量和效益

（五）严格基本建设程序。建设项目必须坚持先勘察、后设计、再施工的原则，进一步落实项目法人责任制、招标投标制、工程监理制、合同管理制。

建设单位应当保证工程建设前期各项手续合法有效，严格履行项目报建、用地许可、规划许可、招投标、施工图审查、施工许可或开工报告、委托监理、质量安全监督、工程竣工验收备案和工程技术档案移交等法定建设程序，保证工程建设的合理周期和费用。各地要切实防止借口加快建设、不履行法定建设程序情况的发生。

（六）严格市场准入清出制度。建设工程企业必须在资质许可范围内从事相关建设活动，严禁无资质或超越资质等级和业务范围承揽业务，注册执业人员要强化法律责任。各地要进一步加强企业资质动态监管，建立注册执业执法检查制度，对不满足资质标准、存在违法违规行为、发生重大质量安全事故的企业，以及出租、出借、重复注册、不履行执业责任等行为的企业和执业人员，要及时依法撤销或吊销其资质、资格，清出建筑市场。

（七）遏制虚假招标和串通招投标行为。各地要加强招投标中的围标、串标治理，整治招标代理机构串通招标人或投标人操纵招标投标等违法违规行为，抓住典型案例严肃处理；加强评标专家管理，建立培训、考核、评价制度，规范评标专家行为，健全评标专家退出机制；建立市场价格指数发布和风险防范机制，加强中标合同价格和工程结算价格跟踪管理，坚决制止不经评审的最低价中标做法。

（八）加强合同履约管理。各地要加强对工程总承包、施工总承包、专业承包、劳务分包以及勘察、设计、监理、项目管理等合同的履约管理，对合同中违反法律法规的内容要及时指出和纠正；建立健全合同履约监管机制，将合同履约监管与质量安全监督相结合，重点查处转包、挂靠、违法分包工程、签订阴阳合同等违法违规行为；强化对合同重大变更的备案管理，及时掌握合同履约情况，减少合同争议的发生。

（九）严格工程监理制度。依法必须实行监理的建设项目，建设单位必须委托具有相应资质的监理单位进行监理；未经监理工程师签字，建筑材料、构配件和设备不得在工程上使用或安装，不得进入下一道工序的施工；监理单位要落实项目总监负责制，严格按照法律、法规、合同以及技术标准、设计文件实施监理，按照规定监理程序开展监理工作，保证工程项目监理人员专业配套、人员到位，确保监理工作质量。

（十）严格建筑节能监管。建设单位要严格遵守国家建筑节能的有关法律法规，按照相应的建筑节能标准和技术要求委托建设项目的规划设计、开工建设、组织竣工验收。设计、施工、监理单位及其注册执业人员，要严格按照建筑节能强制性标准进行设计、施工、监理。国家机关办公建筑和大型公共建筑，建成后应进行建筑能效专项测评，凡达不到工程建设节能强制性标准的，有关部门不得办理竣工验收备案手续。

（十一）加强施工现场监管。各地要尽快建立工程项目数据库，与企业资质、执业人员数据库形成统一的信息管理平台，实现市场与施工现场监管信息的及时联通，实施全过程、全方位闭合管理，提高监管的有效性；严肃查处中标企业不履行合同及投标承诺，随意变更施工现场负责人及主要管理人员等违法违规行为。要严格落实施工现场总承包单位负责制，总承包单位对所承包工程的施工质量、安全生产和由其分包工程的工程款拨付、分包单位劳务用工、农民工工资发放等方面负总责。总承包或专业承包单位必须依法分包工程，严禁将工程分包给不具备相应资质的企业。建设单位直接发包的专业工程，建设单位应当负责协调、督促专业承包单位接受总承包单位的管理并支付相应的管理费用，保证施工现场统一管理，否则建设单位应承担相应的责任和后果。

（十二）进一步规范工程款支付行为。各地要严格施工许可环节审批，防止建设资金不到位的项目开工建设；要结合施工合同履约监管，建立对建设资金、商品房预售款使用情况的监督机制，督促建设单位按照合同约定支付工程款，规范工程款结算行为，加快建立由相关政府部门推动，仲裁机构和法院等部门联动的快速裁决机制，及时解决合同争议问题。逐步建立农民工身份识别、劳动技能培训、从业记录、工资发放等信息的管理制度，为规范劳务用工、解决劳务纠纷提供有效的依据和手段；配合劳动保障部门加大执法检查力度，规范劳动合同订立、履行，严肃查处违法用工、拖欠农民工工资等行为。

三、创新机制，促进行业健康发展

（十三）建立健全信用机制。各地要加快建筑市场信用体系建设，收集有关企业、执业人员的违法违规、合同履约等市场行为信息和银行、工商、税务等部门的相关信用信息，建立全面、动态的信用档案；健全信用信息发布、查询制度，并通过网络、新闻媒体向社会公示守法诚信以及严重违法违规的企业和执业人员名单，引导市场主体选择诚信的合作者，构建依法守信的市场信用环境。对建筑市场违法违规行为的处理，各地除按时在省级建筑市场信用信息平台公布外，还应在公布之日起7日内，按规定上报住房和城乡建设部，在全国建筑市场诚信信息平台上公布。

（十四）加快推行工程担保制度。各地要加大工程款支付担保和承包商履约担保工作力度，积极培育工程担保市场，加强对担保机构的资信管理，健全担保机构备案、保函保管等制度，有效防止虚假担保等问题；要将工程担保与信用机制相结合，实施信用差别化管理，提高违法违规企业的工程担保额度，加大其违约失信成本，充分发挥经济手段调节、规范市场的作用。

（十五）加快建筑业产业结构调整。各地要结合当前经济形势，坚持以市场为导向，统筹规划本地区建筑业发展，指导企业调整产业结构。政府和国有投资工程要积极推行工程总承包、工程项目管理等组织实施方式，促进企业调整经营结构；支持大企业做大做强、中小企业做精做专，形成大中小企业、综合型与专业型企业互相依存、协调发展的产业结构，适应国家投资体制和建设项目组织实施方式改革的要求。

（十六）充分发挥行业协会作用。住房和城乡建设领域各行业协会要加强自身建设，改进工作方式，深入开展调查和相关政策研究，反映行业诉求，充分发挥桥梁和纽带作用；要建立自律约束机制，完善行业管理，规范会员行为，维护公平竞争的市场环境；要坚持服务理念，积极组织开展有关学习、交流、咨询、培训等活动，提高企业和从业人员素质，促进对外交流，推动企业开拓国际市场。

中华人民共和国住房和城乡建设部
二〇〇九年一月六日

关于工程设计资质证书更换新证有关问题的通知

建办市函〔2009〕331号

各省、自治区住房和城乡建设厅，直辖市建委、北京市规委，江苏省、山东省建管局，新疆生产建设兵团建设局，国务院有关部门建设司（局），总后基建营房部工程管理局，有关中央企业：

根据《建设工程勘察设计资质管理规定实施意见》（建市〔2007〕202号）（以下简称《实施意见》），自2010年4月1日起，所有旧版工程设计资质证书作废。为确保新旧资质证书的平稳衔接，本着简化程序，方便企业的原则，我部将组织开展工程设计资质证书更换新证工作。现将有关事项通知如下：

一、更换范围

凡按《工程勘察分级标准和工程设计资质分级标准》（建设〔2001〕22号，以下简称原《标准》）核准，且仍在有效期范围内的工程设计资质证书（包括行业、行业部分、主导工艺、专项、专业事务所、综合事务所资质以及前述各类暂定级资质），均按照《工程设计资质标准》（建市〔2007〕86号，以下简称新《标准》）要求及《新旧工程设计专业资质与设计类型对照表》（见附件1）中所列对应关系更换新版证书。

二、申报材料

（一）工程设计专项资质证书按《关于工程设计专项资质换证工作的通知》（建市资函〔2008〕34号）办理。

（二）工程设计行业资质、行业部分资质以及专业事务所资质（暂定级除外）申请更换新证书按《实施意见》第四十三条第一款办理，包括：

1.《工程设计资质申请表》及电子文档（含《企业基本信息表》）；

2. 企业法人、合伙企业营业执照副本复印件；

3. 原工程设计资质证书副本复印件；

4.《工程设计资质申请表》中所列非注册人员近一个月的社保证明材料（此材料由初审部门依据《工程设计资质换证工作中主要专业技术人员社保情况审查要求》（见附件2）负责审核，根据不同情况，明确签署同意核发有效期一年证书、同意核发有效期五年证书或不同意的具体审核意见。社保证明材料不需报送我部)。

(三)主导工艺设计资质(暂定级除外)、综合事务所资质核定建筑行业(建筑工程)甲级资质按《实施意见》第四十三条第三款办理,包括:

1.《工程设计资质申请表》及电子文档(含《企业基本信息表》);

2. 企业法人、合伙企业营业执照副本复印件;

3. 原工程设计资质证书副本复印件;

4. 企业负责人、主要技术负责人或总工程师的身份证明、任职文件、毕业证书、职称证书等复印件,主要技术负责人或总工程师提供"专业技术人员基本情况及业绩表";

5.《工程设计资质申请表》中所列注册专业执业人员身份证明复印件、加盖执业印章的注册证书复印件;

6. 新《标准》要求的其他非注册人员的身份证明、毕业证书、职称证书,与企业依法签订的劳动合同主要页及近一个月的社保证明等复印件,主导专业的非注册人员还需提供"专业技术人员基本情况及业绩表"。

(四)各类工程设计暂定级资质转正按《实施意见》第四十四条办理,包括:

1.《工程设计资质申请表》及电子文档(含《企业基本信息表》);

2. 企业法人、合伙企业营业执照副本复印件;

3. 原工程设计资质证书副本复印件;

4. 企业负责人、主要技术负责人或总工程师的身份证明、任职文件、毕业证书、职称证书等复印件,主要技术负责人或总工程师提供"专业技术人员基本情况及业绩表";

5.《工程设计资质申请表》中所列注册专业执业人员身份证明复印件、加盖执业印章的注册证书复印件;

6. 新《标准》要求的其他非注册人员的身份证明、毕业证书、职称证书,与企业依法签订的劳动合同主要页及近一个月的社保证明等复印件,主导专业的非注册人员还需提供"专业技术人员基本情况及业绩表";

7. 满足新《标准》要求的企业业绩证明材料,包括:工程设计合同主要页的复印件;建设单位(业主)出具的工程竣工、移交、试运行证明文件,或工程竣工验收文件的复印件。

(五)如企业因注册名称、注册资本、注册地址、经济性质、法定代表人或合伙人发生变化,或因企业合并、分立、改制和重组需变更资质证书内容的,除按本通知提供有关材料外,还需按《实施意见》和《关于建设工程企业发生改制、重组、分立等情况资质核定有关问题的通知》(建市〔2007〕229号)等相关规定提供材料。

(六)《外商投资建设工程设计企业管理规定》(建设部 外经贸部令第114号,以下简称114号部令)实施以后的取得工程设计资质的外商投资企业,除按本通知提供有关材料外,应根据114号部令的规定,提交《外商投资企业批准证书》、外方投资者所在国或地区从事工程设计的企业注册登记证明及业绩证明等相关材料。

三、有关要求

(一)凡符合新《标准》规定资质的企业,按《新旧工程设计专业资质与设计类型对照表》换领新版资质证书,同时原工程设计资质证书必须全部交回本次换证机关统一销毁。

(二)自本通知下发之日起,工程设计资质换证工作按本通知相关规定执行,暂时达不到新《标准》要求的资质,企业应在2010年1月31日前提出换证申请。按原《标准》核发的全部工程设计资质证书(含暂定级),自2010年4月1日起自行失效。

(三)企业应按照《工程设计资质申请表》要求的内容如实填报换证申请,企业法人代表应在申请表上签字承诺对所申报材料的真实性负责。我们将对企业申报内容在我部网上建设工程企业申报资质信息公开栏中公布(住房和城乡建设部网站主页→建筑市场→建设工程企业申报资质信息公开栏),接受社会监督。凡未满足新《标准》中主要专业技术人员等基本标准条件、注册人员重复注册及申报前一年内有重大质量安全事故责任的企业将不予许可;对于网上公布期间有举报投诉的企业,将予核查。如发现企业存在弄虚作假等违规行为的,除不予许可外,还按有关规定处理。

(四)根据《建设工程勘察设计资质管理规定》(建设部令第160号),各省级住房和城乡建设主管部门负责许可的各类工程设计资质证书更换新证工作的具体实施程序和材料要求由各省住房和城乡建设主管部门参照上述简便原则,依法确定。

工程设计资质证书更换工作是一项政策性很强的工作,请各有关单位高度重视,认真组织,保证工作顺利进行。在工作执行中如有任何问题,请及时与我部建筑市场监管司联系。

中华人民共和国住房和城乡建设部办公厅
二○○九年四月十三日

关于印发《注册土木工程师(岩土)执业及管理工作暂行规定》的通知

建市〔2009〕105号

各省、自治区住房和城乡建设厅，直辖市建委，北京市规划委，国务院各有关部门建设司、新疆生产建设兵团建设局、总后基建营房部工程局，有关中央企业，有关行业协会：

为尽快实施注册土木工程师(岩土)执业管理制度，落实专业技术人员的法律责任，保障岩土工程项目的质量和安全，我部组织制定了《注册土木工程师(岩土)执业及管理工作暂行规定》。现印发给你们，请认真贯彻执行。执行中有何问题和建议请及时与我部建筑市场监管司联系。

中华人民共和国住房和城乡建设部
二〇〇九年六月十日

注册土木工程师(岩土)执业及管理工作暂行规定

为顺利实施注册土木工程师(岩土)执业管理制度，落实专业技术人员的法律责任，保障岩土工程项目的质量和安全，对注册土木工程师(岩土)执业及管理工作规定如下：

一、实施时间及范围

(一) 自2009年9月1日起，凡《工程勘察资质标准》规定的甲级、乙级岩土工程项目，统一实施注册土木工程师(岩土)执业制度。

(二)《工程勘察资质标准》规定的丙级岩土工程项目是否实施注册土木工程师(岩土)执业制度，由各省级住房和城乡建设主管部门根据本地区实际情况研究决定。

二、执业范围

注册土木工程师(岩土)可在下列范围内开展执业工作：

(一) 岩土工程勘察。与各类建设工程项目相关的岩土工程勘察、工程地质勘察、工程水文地质勘察、环境岩土工程勘察、固体废弃物堆填勘察、地质灾害与防治勘察、地震工程勘察。

(二) 岩土工程设计。与各类建设工程项目相关的地基基础设计、岩土加固与改良设计、边坡与支护工程设计、开挖与填方工程设计、地质灾害防治设计、地下水控制设计(包括施工降水、隔水、回灌设计及工程抗浮措施设计等)、土工结构设计、环境岩土工程设计、地下空间开发岩土工程设计以及与岩土工程、环境岩土工程相关其他技术设计。

(三) 岩土工程检验、监测的分析与评价。与各类建设工程项目相关的地基基础工程、岩土加固与改良工程、边坡与支护工程、开挖与填方工程、地质灾害防治工程、土工构筑物工程、环境岩土工程以及地下空间开发工程的施工、使用阶段相关岩土工程质量检验及工程性状监测；地下水水位、水压力、水质、水量等的监测；建设工程对建设场地周边相邻建筑物、构筑物、道路、基础设施、边坡等的环境影响监测；其他岩土工程治理质量检验与工程性状监测。

(四) 岩土工程咨询。上述各类岩土工程勘察、设计、检验、监测等方面的相关咨询；岩土工程、环境岩土工程专项研究、论证和优化；施工图文件审查；岩土工程、环境岩土工程项目管理咨询；岩土工程、环境岩土工程风险管理咨询；岩土工程质量安全事故分析；岩土工程、环境岩土工程项目招标文件编制与审查；岩土工程、环境岩土工程项目投标文件审查。

(五) 住房和城乡建设主管部门对岩土工程专业规定的其他业务。

三、执业管理

(一) 注册土木工程师(岩土)必须受聘并注册于

一个建设工程勘察、设计、检测、施工、监理、施工图审查、招标代理、造价咨询等单位方能执业。未取得注册证书和执业印章的人员，不得以注册土木工程师（岩土）的名义从事岩土工程及相关业务活动。

（二）注册土木工程师（岩土）可在规定的执业范围内，以注册土木工程师（岩土）的名义在全国范围内从事相关执业活动。

注册土木工程师（岩土）执业范围不得超越其聘用单位的业务范围，当与其聘用单位的业务范围不符时，个人执业范围应服从聘用单位的业务范围。

（三）注册土木工程师（岩土）执业制度不实行代审、代签制度。在规定的执业范围内，甲、乙级岩土工程的项目负责人须由本单位聘用的注册土木工程师（岩土）承担。

（四）注册土木工程师（岩土）应在规定的技术文件上签字并加盖执业印章（以下统称"签章"）。凡未经注册土木工程师（岩土）签章的技术文件，不得作为岩土工程项目实施的依据。

（五）注册土木工程师（岩土）执业签章的有关技术文件按照"注册土木工程师（岩土）签章文件目录（试行）"（详见附件1）的要求执行。省级住房和城乡建设主管部门可根据本地实际情况，制定注册土木工程师（岩土）签章文件补充目录。

（六）勘察设计单位内部质量管理可继续采用国家推行和单位现行的质量管理体系，实行法人负责的技术管理责任制。注册土木工程师（岩土）承担《勘察设计注册工程师管理规定》规定的责任与义务，对其签章技术文件的技术质量负责。

（七）注册土木工程师（岩土）在执业过程中，应及时、独立地在规定的岩土工程技术文件上签章，有权拒绝在不合格或有弄虚作假内容的技术文件上签章。聘用单位不得强迫注册土木工程师（岩土）在工程技术文件上签章。

（八）注册证书和执业印章是注册土木工程师（岩土）的执业凭证，由注册土木工程师（岩土）本人保管和使用，其聘用单位不得以任何名义代为保管。

（九）注册土木工程师（岩土）在注册有效期内完成的主要项目须填写《注册土木工程师（岩土）执业登记表》（详见附件2），在申请延续注册时报省级住房和城乡建设主管部门。

（十）注册土木工程师（岩土）在注册有效期内调离聘用单位，应按照相关规定办理变更注册后方可执业。

（十一）注册土木工程师（岩土）注册年龄一般不得超过70岁。对超过70岁的注册土木工程师（岩土），注册部门原则上不再办理延续注册手续。个别年龄达到70岁，但身体状况良好、能完全胜任工作的注册土木工程师（岩土），由本人自愿提出申请，经省级住房和城乡建设主管部门批准，可以继续受聘执业。

（十二）注册土木工程师（岩土）办理退休手续后，可受聘于一个单位继续执业。受聘于原单位的，原执业印章继续有效；受聘于其他单位的，须提供退休证明和同新聘用单位签订聘用合同，并办理变更注册后方可执业。

（十三）县级以上住房和城乡建设主管部门负责对本行政区域内注册土木工程师（岩土）的执业活动进行监督检查，并依据国家有关法律、法规和《勘察设计注册工程师管理规定》对违法违规行为进行处罚。

（十四）执业管理其他有关规定按照《勘察设计注册工程师管理规定》执行。

四、过渡期有关规定

为稳妥推进注册土木工程师（岩土）执业管理制度的实施，自2009年9月1日至2012年8月31日期间，可按以下规定执行。

（一）勘察设计单位从事的甲级、乙级岩土工程项目的项目负责人、项目审核人或审定人等岗位中，至少须有1人具备注册土木工程师（岩土）资格，并在规定的技术文件上签章。

（二）暂未聘用注册土木工程师（岩土）但持有工程勘察设计资质的单位（以下简称"聘用单位"），可与能满足单位资质与个人注册执业资格要求的单位（以下简称"协作单位"）签订《注册土木工程师（岩土）人员外聘协议书》（以下简称《外聘协议书》），由协作单位指派其注册土木工程师（岩土）对相关岩土工程项目进行执业活动。外聘费用由双方协商确定。注册土木工程师（岩土）不得以个人名义与外聘单位签订《外聘协议书》。

凡规定的技术文件须经协作单位指派的注册土木工程师（岩土）签章后方可生效和交付。上述项目在提交技术成果文件时，应同时提交《外聘协议书》复印件。

聘用单位必须依法从事建设工程活动，严格执行工程建设强制性标准，并对岩土工程项目的质量负责，注册土木工程师（岩土）对其签章的岩土工程项目承担执业责任。

（三）对于已持有工程勘察设计资质的单位，《工程勘察资质标准》、《工程设计资质标准》中规定配备的注册土木工程师（岩土），在资质审核时可按具有高级专业技术职称人员的数量要求进行认定。首次申请资质、增项资质和升级资质的单位，须满足《工程勘察资质标准》、《工程设计资质标准》要求的个人注册执业人员标准条件。

五、工程质量安全监管类

关于贯彻实施《防震减灾法》加强城乡建设抗震防灾工作的通知

建质〔2009〕42号

各省、自治区建设厅，直辖市、计划单列市建委及有关部门，新疆生产建设兵团建设局：

修订后的《中华人民共和国防震减灾法》将于2009年5月1日正式施行。根据中国地震局、国家发展改革委、住房城乡建设部、民政部、卫生部、公安部《关于贯彻实施中华人民共和国防震减灾法的通知》（中震发〔2009〕37号）的总体部署和要求，为使各地建设系统更好地贯彻实施《防震减灾法》，做好城乡建设抗震防灾工作，现将有关工作要求通知如下：

一、进一步提高认识，认真学习宣传《防震减灾法》

地震是严重威胁人类安全的自然灾害，具有突发性强、破坏性大、危害面广、难以预测等特点。我国是全球大陆地震最为活跃的地区之一，2008年我国的地震活动数量多、分布广、震级高、损失重，除汶川特大地震给四川、甘肃、陕西、重庆、云南等地造成重大损失之外，新疆、西藏、云南、青海、甘肃等地还发生了15次破坏性地震。据预测，未来一个时期我国地震形势仍然十分严峻，人民群众生命财产安全和经济社会发展面临着地震灾害的潜在威胁。

防御与减轻地震灾害是保护人民生命和财产安全，促进经济社会可持续发展的重要工作，涉及地震监测预报、地震灾害预防、地震应急救援、地震灾后过渡性安置和恢复重建等多项工作内容。《防震减灾法》明确指出，地震工作主管部门和经济综合宏观调控、建设、民政、卫生、公安以及其他有关部门要在各级政府的统一领导下，按照职责分工，各负其责、密切配合，共同做好防震减灾工作。

各地住房和城乡建设主管部门要增强紧迫感和责任感，加强对城乡建设抗震防灾工作的领导，加大对修订后的《防震减灾法》的学习、宣传力度，进一步提高工程建设各方责任主体的法律意识，做好城乡建设抗震防灾工作。

二、贯彻《防震减灾法》，健全和落实城乡建设抗震防灾管理制度

防震减灾工作，实行预防为主、防御与救助相结合的方针。各地要结合《防震减灾法》的实施，深入贯彻《房屋建筑工程抗震设防管理规定》、《市政公用设施抗灾设防管理规定》、《城市抗震防灾规划管理规定》、《超限高层建筑工程抗震设防管理规定》等部门规章和《建设系统破坏性地震应急预案》，制定切实可行的实施办法，落实城乡建设抗震设防的各项管理措施。

要结合当地实际情况，积极研究新形势下加强房屋建筑和市政公用设施抗震设防管理工作的体制、机制，适时将成熟的城乡建设抗震防灾管理制度以法规、规章的形式确立下来，推动地方抗震防灾法规体系建设，进一步提高城乡建设抗震防灾工作的法制化、规范化水平。

要在加大普法力度的同时，加强管理队伍建设，加大执法监督力度，定期对建设系统实施《防震减灾法》和相关法律、法规和部门规章的情况进行检查，对违法、违规行为进行查处，不断强化依法行政能力和水平。

三、新建、扩建、改建工程必须严格按照工程建设标准进行抗震设防

历次国内外震害表明，新建、扩建、改建工程的抗震设防是防御与减轻地震灾害最积极、最有效的手段。修订后的《防震减灾法》明确规定：新建、扩建、改建建设工程应当达到抗震设防要求，学校、医院等人员密集场所的建设工程应当按照高于当地房屋建筑的抗震设防要求进行设计和施工。现行《建筑抗震设计规范》等工程建设强制性标准提出了建设工程达到抗震设防要求的技术措施；现行《建筑工程抗震设防分类标准》将学校、医院等人员密集场所的建筑工程抗震设防类别提高到重点设防类。这些规定是对《防震减灾法》上述条款的具体落实。各地要严格按照相关工程建设标准，加强建设工程的抗震设防管理，相关地方标准不能与国家标准相抵触。

在新建、扩建、改建工程中，建设单位要对建设工程抗震设计、施工的全过程负责，设计、施工、工程监理单位要对相应的抗震设计、施工质量负责。设计单位要按照抗震设防要求和工程建设强制性标准进行抗震设计，施工单位应当按照施工图设计文件和工程建设强制性标准进行施工，建设单位、施工单位应当选用符合施工图设计文件和国家有关标准规定的材料、构配件和设备，工程监理单位应当按照施工图设计文件和工程建设强制性标准实施监理。

对超限高层建筑工程，建设单位要在初步设计阶段报请省级建设主管部门组织开展抗震设防专项审查；对按照《市政公用设施抗灾设防管理规定》要求应做抗震专项论证的市政公用设施，建设单位应当在初步设计阶段组织专家进行抗震专项论证。施工图审查机构要把抗震设防作为设计审查的重要内容，严格按照工程建设强制性标准和抗震设防专项审查、抗震专项论证结论进行施工图审查。

四、继续做好现有工程的抗震鉴定与抗震加固工作

震加固是提高现有工程抗震性能的重要措施。修订后的《防震减灾法》扩大并进一步明确了应进行抗震性能鉴定，并采取必要的抗震加固措施的建设工程范围，要求对未采取抗震设防措施或者抗震设防措施未达到抗震设防要求的重大建设工程，可能发生严重次生灾害的建设工程，具有重大历史、科学、艺术价值或者重要纪念意义的建设工程，学校、医院等人员密集场所的建设工程和地震重点监视防御区内的建设工程，进行抗震性能鉴定，并采取必要的抗震加固措施。

各地住房和城乡建设主管部门要在当地人民政府的领导下，积极开展既有房屋建筑和市政公用设施的抗震性能普查，切实加强抗震加固工作。要在保证原有抗震加固经费渠道的同时，不断总结经验，积极探索符合社会主义市场经济形势的既有工程抗震设防管理与抗震加固的新思路。

五、强化城市抗震防灾规划和镇、乡、村防灾规划的编制与实施工作

修订后的《防震减灾法》明确提出，城乡规划应当根据地震应急避难的需要，合理确定应急疏散通道和应急避难场所，统筹安排地震应急避难所必需的交通、供水、供电、排水等基础设施建设。

城市抗震防灾规划和镇、乡、村庄防灾规划是城乡规划的专业规划，是城乡建设抗震防灾的重要指导性文件。编制和实施抗震防灾规划和镇、乡、村庄防灾规划是提高城乡综合抗震能力的有力保障。各级住房和城乡建设行政主管部门要根据《城乡规划法》和修订后的《防震减灾法》的有关要求，进一步贯彻落实《城市抗震防灾规划管理规定》和《市政公用设施抗灾设防管理规定》中关于编制与实施城市抗震防灾规划和镇、乡、村庄防灾规划的规定，加快城市抗震防灾规划和镇、乡、村庄防灾规划的编制和修编工作。有条件的城市，要充分利用地理信息系统等先进技术，按照建设数字城市的要求，积极开发建立城市数字抗震防灾系统。

要把城市抗震防灾规划和镇、乡、村庄防灾规划纳入城乡规划一并实施。在推动规划实施过程中，要特别重视地震应急疏散通道和应急避难场所建设，以及重大工程和易产生严重次生灾害工程的规划选址。市政公用设施的布局与设置应当满足抗震和震后迅速恢复供应的要求，防止发生重大次生灾害。要通过规划的实施，切实提高城乡综合抗震防灾能力。

六、加强城乡统筹，提高村镇建设抗震防灾能力

长期以来，农村房屋特别是农民住房抗震设防

一直是薄弱环节。各地住房和城乡建设主管部门要在当地人民政府的领导下，进一步加强对农村基础设施、公共建筑、中小学校、统建住宅和其他限额以上工程的抗震设防管理，严格要求按现行工程建设标准进行抗震设计和施工，杜绝无证设计、无设计施工和无抗震措施工程。

要积极组织开展农村民居实用抗震技术的研究和开发，推广达到抗震设防要求、经济适用、具有当地特色的建筑设计和施工技术。要加强宣传指导，加大对《镇（乡）村建筑抗震技术规程》的宣贯力度，积极开展基层工匠技术培训，通过编印农民住房通用图集、建房知识读本（挂图）和示范工程建设，向农民普及建设技术与抗震知识，引导农民建房时加强抗震设防措施，逐步提高农村村民住宅抗震设防水平。

各级住房和城乡建设行政主管部门一定要以贯彻实施《防震减灾法》为契机，加强抗震管理机构和队伍建设，强化抗震防灾管理工作，特别要加强对新的住房和城市基础设施工程建设项目和灾区恢复重建项目的抗震设防监管，为促进我国经济平稳较快增长，提高我国城乡建设的抗御地震灾害综合能力做出应有的贡献。

中华人民共和国住房和城乡建设部
二〇〇九年三月十九日

关于进一步加强建筑工程质量监督管理的通知

建质〔2009〕55号

各省、自治区住房和城乡建设厅，直辖市建委，江苏省、山东省建管局，新疆生产建设兵团建设局：

今年以来，随着国家"扩内需、保增长"投资项目的实施，工程建设规模不断扩大，对工程质量提出了更高的要求。为认真贯彻落实国务院关于开展"质量和安全年"活动的部署和全国住房和城乡建设工作会议精神，加强质量监督管理，落实质量责任，提高建筑工程质量水平，现就今年进一步加强建筑工程质量监督管理工作通知如下：

一、工作目标

扎实开展加强建筑工程质量监督管理的各项工作，进一步贯彻"百年大计、质量第一"的方针，促进工程建设各方主体质量责任意识普遍提高；进一步健全企业质量保证体系，严格落实质量责任，强化质量过程控制，有效防范和遏制重大质量事故；进一步完善政府质量监管体系，加强监管队伍建设，提高监管效能，促进建筑工程质量的稳步提升。

二、主要内容

（一）加强法规制度建设

1. 健全法规体系。抓紧建设工程质量法的研究，起草《城市轨道交通工程质量安全管理条例》和《建设工程抗御地震灾害管理条例》，修订《房屋建筑和市政基础设施工程施工图设计文件审查管理办法》、《建设工程质量检测管理办法》、《房屋建筑工程质量保修办法》等部令，进一步建立和完善质量保险、施工图审查、质量检测、竣工验收、质量保修等监督管理制度。各地住房城乡建设主管部门要结合本地实际，建立健全相应的管理制度。

2. 提高住宅工程质量。制定《住宅工程质量分户验收技术要点》，加快推行住宅工程质量分户验收制度，确保住宅工程结构安全和使用功能质量。

3. 推行工程质量保险制度。制定《关于在房地产开发项目中推行工程质量保证保险的若干意见（试行）》，加快推进住宅工程质量保险工作，强化住宅工程质量保障机制。

4. 加快质量诚信体系建设。做好工程质量各方责任主体和有关单位不良记录管理工作，加强对从业单位和人员的质量不良记录管理，探索实行差别化质量监管机制。通过通告、公示等方式对不良行为主体进行信用惩戒，通过市场约束增强各方责任主体的质量责任意识。

（二）加强监管队伍建设

1. 改革质量监督管理机制。制定《房屋建筑和市政基础设施工程质量监督管理规定》，明确质量监督机构的职责和定位，规范监督程序和内容，转变监管方式，强化监督巡查和抽查，缓解工程建设规模不断扩大与质量监督力量不足的矛盾。

2. 明确质量监督重点。制定《建筑工程质量监督要点》，进一步明确对各方责任主体质量行为监督和工程实体质量监督的重点，规范质量监督行为。

3. 严格监督机构和人员的考核。按照《建设工程质量监督机构和人员考核管理办法》，严格质量监督机构和人员的资格认定，2009年完成对全国质量监督人员的考核，实现持证上岗。

4. 加强继续教育。分片区举办质量监督人员培训班，认真组织学习有关法律法规、《建筑工程质量监督要点》和工程建设强制性标准，提高监督人员执法水平，提高监管效能。

5. 保障监督工作经费。各级住房城乡建设主管部门要努力争取财政经费预算对质量监督费的保障支持，确保监督队伍稳定，确保质量监督工作正常运行，确保质量监督水平不断提升。

（三）加强执法监督检查

1. 组织开展全国工程质量监督执法检查。检查重点为在建公共建筑、市政基础设施和保障性住房工程。检查的主要内容包括：一是各地贯彻落实《建设工程质量管理条例》、《建设工程勘察设计管理条例》等有关法律法规、部门规章和工程建设强制性标准的情况；二是开展超限高层建筑工程抗震设防审查的情况，开展工程质量检查或巡查、抽查的情况，对工程质量事故及违法、违规行为的处理情况；三是建设、勘察、设计、施工、监理等各方责任主体和施工图审查、质量检测等有关单位以及项目经理、总监理工程师等执业人员，执行国家法律法规和工程建设强制性标准的情况；四是工程实体质量情况。

2. 各地住房城乡建设主管部门要结合本地区建筑工程质量实际情况，认真做好工程质量监督执法检查的组织实施工作。在组织企业自查的基础上，通过随机抽查、巡查的方式加强监督检查，对查出的质量问题和隐患，特别是抗震设防质量问题，要及时督促整改，对检查中发现的违法违规行为，要依法进行处罚。通过检查，对本地区建筑工程质量的总体情况进行认真分析研究，总结经验，找出差距，特别要针对"扩内需、保增长"投资项目的质量管理，查找存在的问题并提出相应的整治措施。

3. 在各地组织自查的基础上，住房和城乡建设部于5月份对15个城市开展在建地铁工程质量安全专项检查；8～9月份组成检查组，携带相关检查仪器和设备，分两批对全国30个省、自治区、直辖市（西藏除外）开展工程质量监督执法检查，检查结束后向全国通报。

（四）加强灾区恢复重建工作

1. 加快推进灾区恢复重建。按照中央"灾后重建要加大力度，加快进度"的要求，相关省市要针对灾后重建工作时间紧、任务重、涉及面广等特点，认真组织，精心建设，充实质量监督力量，扎实做好质量管理工作，为加快推进恢复重建工作提供有力保障。

2. 保证恢复重建工程质量。5月份在四川召开援建工程现场会，总结交流和推广各援建省市在加强质量监督、保证援建工程质量方面好的经验和做法，加强对汶川地震灾区恢复重建工程和援建工程的监督检查和分类指导。

3. 开展质量检测技术服务。充分发挥国家建筑工程质量监督检验中心的作用，为灾区恢复重建工程和维修加固工程提供高水平的检测服务。举办检测技术人员培训班，提高灾区检测技术水平，严格质量把关，预防质量风险。

（五）推动质量总结提升工作

1. 9月份召开全国工程质量监督工作会议暨质量监督工作25周年总结表彰大会。总结实施工程质量监督制度25年来取得的成绩，表彰一批先进工程质量监督机构和个人，研究部署今后一段时期工程质量监管工作。

2. 11月份举办第三届中国建设工程质量论坛。以"质量、民生、发展"为主题，以地铁工程质量管理、建筑抗震技术、结构安全性和耐久性为重点，为政府、企业及专家学者等提供一个共商工程质量管理工作的高端对话平台，促进和深化各地工程质量管理工作的交流与合作，推动我国工程质量管理的理论创新与技术发展。

3. 组织丰富多彩的质量宣教活动。各地要结合本地区情况，积极开展形式多样、内容丰富的质量宣教表彰活动，大力宣传建筑工程质量管理工作的典型经验和先进事迹，营造全社会重视工程质量的氛围，进一步提高质量责任意识，促进建筑工程质量水平的提升。

4. 充分发挥企业提升质量的主体作用。督促企业认真执行《工程建设勘察企业质量管理规范》、《工程建设设计企业质量管理规范》和《工程建设施工企业质量管理规范》，积极开展全员质量意识和质量管理教育培训活动，在全体员工中牢固树立"质量第一"的思想。推动广大企业进一步健全质量保证体系，强化质量过程控制，走"质量兴企"的道路。

三、工作要求

（一）加强组织领导。各级住房城乡建设主管部门要高度重视，加强领导，精心组织，结合本地实际尽快制定具体实施方案，认真做好进一步加强建筑工程质量监督管理的工作部署和落实措施。各有关单位主要负责人要切实履行第一责任人的责任，明确工作目标，确保责任到位、工作到位。各省、自治区、直辖市住房城乡建设主管部门于5月5日前将贯彻落实"质量和安全年"要求、加强建筑工程质量监督管理的具体方案报我部工程质量安全监管司。

（二）坚持统筹协调。各级住房城乡建设主管部门要把进一步加强建筑工程质量监督管理工作与各地人民政府"质量和安全年"活动部署相结合，与今年质量工作部署相结合，与日常管理工作相结合，进一步完善规章制度，建立健全长效机制，深入推动建筑工程质量监管各项工作。

（三）组织全员参与。建设、勘察、设计、施工、监理、施工图审查、质量检测等有关单位要有组织、有针对性、有步骤地推进各项工作，充分发挥提升质量的主体作用，履行质量主体责任，切实加强全员、全过程、全方位质量管理。

（四）突出工作重点。各级住房城乡建设主管部门要针对重点地区、重点企业、重点工程和重点环节存在的质量问题，开展重点督查，加大行政执法和处罚力度，严肃查处各方主体的违法违规行为。发现问题要及时下达整改通知，对重大质量隐患要实行挂牌督办、跟踪落实。

（五）加强监督检查。各级住房城乡建设主管部门要制定和落实工作责任制，加强监督检查，及时总结推广典型经验，及时研究解决突出问题，务求各项工作落到实处，确保建筑工程质量水平上新台阶。各省、自治区、直辖市住房城乡建设主管部门将加强建筑工程质量监督管理的工作总结于12月上旬报我部工程质量安全监管司。

中华人民共和国住房和城乡建设部
二〇〇九年四月十三日

住房和城乡建设部关于切实做好全国中小学校舍安全工程有关问题的通知

建质〔2009〕77号

各省、自治区住房和城乡建设厅，直辖市、计划单列市建委及有关部门，新疆生产建设兵团建设局：

最近，国务院办公厅下发了《关于印发全国中小学校舍安全工程实施方案的通知》（国办发〔2009〕34号），明确提出要突出重点，分步实施，经过一段时间的努力，将中小学校建成最安全、家长最放心的地方。各地住房和城乡建设主管部门要充分认识实施这项工程的重大意义，认真做好各项工作。现就有关问题通知如下：

一、高度重视校舍安全工程工作

校舍安全直接关系广大师生的生命安全，关系社会和谐稳定。实施校舍安全工程意义重大，影响深远。把中小学校舍建成最安全、最牢固、让人民群众最放心的建筑，住房和城乡建设系统有义不容辞的责任。住房和城乡建设系统广大干部职工，一定要从贯彻落实科学发展观的高度，从对党、对人民、对历史负责的高度，认真做好全国中小学校舍安全工程的各项工作。

二、严格程序标准，加强技术指导，强化监督检查，确保质量安全

确保质量安全是中小学校舍安全工程的核心。要严格执行工程建设程序和标准，加强技术指导，强化监督检查，确保中小学校舍安全工程质量和建筑施工安全。

（一）严格执行法定建设程序和工程建设标准

实施校舍安全工程要认真执行基本建设程序，严格执行工程建设程序，要坚持先勘察、后设计、再施工的原则，建设、鉴定、检测、勘察、设计、施工、监理等单位都必须严格执行《建筑法》、《城乡规划法》、《防震减灾法》、《建设工程质量管理条

例》、《建设工程安全生产管理条例》等有关法律法规。要实行项目法人责任制、招投标制、工程监理制和合同管理制。鉴定、检测、勘察、设计、施工、监理等单位以及专业技术人员，应当具备相应的资质或资格。

实施校舍安全工程的建设单位和鉴定、检测、勘察、设计、施工、监理等各方责任主体，要严格遵守工程建设强制性标准，全面落实质量责任。施工图审查单位要严格按照工程建设强制性标准对校舍加固改造或新建施工图设计文件进行审查。

（二）积极做好技术指导和技术支持

各地住房和城乡建设主管部门要切实加强对本地区校舍排查鉴定、加固改造以及新建工程的技术指导和技术支持。要针对校舍建筑结构类型、当地工程地质条件和房屋加固改造工程的特点，积极开展对本地区工程技术人员和一线管理人员的培训和指导。要分别制定校舍排查鉴定、加固改造和新建工程的技术指导及技术培训的工作方案。特别要做好技术力量不足或边远落后地区的技术培训和技术指导工作。

（三）强化工程质量安全监督检查

各地住房和城乡建设主管部门及其委托的工程质量安全监督机构，要把校舍安全工程作为本地区工程质量安全监督的重点，加大监督检查力度，督促各方责任主体认真履行职责。要制定具体质量安全工作方案，建立有效工作机制，依法加强对本地区校舍新建和加固工程各个环节建筑活动的监督管理。要切实加强对校舍新建和加固工程的建设、鉴定、检测、勘察、设计、施工、监理等各方主体执行法律法规和工程建设标准行为的监督管理，严肃查处违法违规行为。要督促相关单位认真做好施工安全工作，特别重视校舍加固改造时学校师生的安全，制定详细的教学区与施工区隔离等安全施工方案，确保师生绝对安全。

三、加强领导，落实责任

做好校舍安全工程，使命光荣，任务艰巨，责任重大，必须切实加强组织领导、落实责任。各地住房和城乡建设主管部门要把校舍安全工程作为当前和今后一个时期的一项重点工作，列入重要议事日程，按照当地人民政府的统一部署和安排，与当地教育、发展改革、财政、国土资源、水利、地震等部门加强沟通和协作，加强住房和城乡建设系统内部的协调配合，精心组织，周密安排，加强人员配备，层层落实责任，把工作做细做实，真正把校舍安全工程建成"放心工程"、"安全工程"。

住房和城乡建设部
二〇〇九年五月三日

关于印发《危险性较大的分部分项工程安全管理办法》的通知

建质〔2009〕87号

各省、自治区住房和城乡建设厅，直辖市建委，江苏省、山东省建管局，新疆生产建设兵团建设局，中央管理的建筑企业：

为进一步规范和加强对危险性较大的分部分项工程安全管理，积极防范和遏制建筑施工生产安全事故的发生，我们组织修定了《危险性较大的分部分项工程安全管理办法》，现印发给你们，请遵照执行。

中华人民共和国住房和城乡建设部
二〇〇九年五月十三日

危险性较大的分部分项工程安全管理办法

第一条 为加强对危险性较大的分部分项工程安全管理，明确安全专项施工方案编制内容，规范专家论证程序，确保安全专项施工方案实施，积极防范和遏制建筑施工生产安全事故的发生，依据

《建设工程安全生产管理条例》及相关安全生产法律法规制定本办法。

第二条 本办法适用于房屋建筑和市政基础设施工程（以下简称"建筑工程"）的新建、改建、扩建、装修和拆除等建筑安全生产活动及安全管理。

第三条 本办法所称危险性较大的分部分项工程是指建筑工程在施工过程中存在的、可能导致作业人员群死群伤或造成重大不良社会影响的分部分项工程。危险性较大的分部分项工程范围见附件一。

危险性较大的分部分项工程安全专项施工方案（以下简称"专项方案"），是指施工单位在编制施工组织（总）设计的基础上，针对危险性较大的分部分项工程单独编制的安全技术措施文件。

第四条 建设单位在申请领取施工许可证或办理安全监督手续时，应当提供危险性较大的分部分项工程清单和安全管理措施。施工单位、监理单位应当建立危险性较大的分部分项工程安全管理制度。

第五条 施工单位应当在危险性较大的分部分项工程施工前编制专项方案；对于超过一定规模的危险性较大的分部分项工程，施工单位应当组织专家对专项方案进行论证。超过一定规模的危险性较大的分部分项工程范围见附件二。

第六条 建筑工程实行施工总承包的，专项方案应当由施工总承包单位组织编制。其中，起重机械安装拆卸工程、深基坑工程、附着式升降脚手架等专业工程实行分包的，其专项方案可由专业承包单位组织编制。

第七条 专项方案编制应当包括以下内容：

（一）工程概况：危险性较大的分部分项工程概况、施工平面布置、施工要求和技术保证条件。

（二）编制依据：相关法律、法规、规范性文件、标准、规范及图纸（国标图集）、施工组织设计等。

（三）施工计划：包括施工进度计划、材料与设备计划。

（四）施工工艺技术：技术参数、工艺流程、施工方法、检查验收等。

（五）施工安全保证措施：组织保障、技术措施、应急预案、监测监控等。

（六）劳动力计划：专职安全生产管理人员、特种作业人员等。

（七）计算书及相关图纸。

第八条 专项方案应当由施工单位技术部门组织本单位施工技术、安全、质量等部门的专业技术人员进行审核。经审核合格的，由施工单位技术负责人签字。实行施工总承包的，专项方案应当由总承包单位技术负责人及相关专业承包单位技术负责人签字。

不需专家论证的专项方案，经施工单位审核合格后报监理单位，由项目总监理工程师审核签字。

第九条 超过一定规模的危险性较大的分部分项工程专项方案应当由施工单位组织召开专家论证会。实行施工总承包的，由施工总承包单位组织召开专家论证会。

下列人员应当参加专家论证会：

（一）专家组成员；

（二）建设单位项目负责人或技术负责人；

（三）监理单位项目总监理工程师及相关人员；

（四）施工单位分管安全的负责人、技术负责人、项目负责人、项目技术负责人、专项方案编制人员、项目专职安全生产管理人员；

（五）勘察、设计单位项目技术负责人及相关人员。

第十条 专家组成员应当由5名及以上符合相关专业要求的专家组成。

本项目参建各方的人员不得以专家身份参加专家论证会。

第十一条 专家论证的主要内容：

（一）专项方案内容是否完整、可行；

（二）专项方案计算书和验算依据是否符合有关标准规范；

（三）安全施工的基本条件是否满足现场实际情况。

专项方案经论证后，专家组应当提交论证报告，对论证的内容提出明确的意见，并在论证报告上签字。该报告作为专项方案修改完善的指导意见。

第十二条 施工单位应当根据论证报告修改完善专项方案，并经施工单位技术负责人、项目总监理工程师、建设单位项目负责人签字后，方可组织实施。

实行施工总承包的，应当由施工总承包单位、相关专业承包单位技术负责人签字。

第十三条 专项方案经论证后需做重大修改的，施工单位应当按照论证报告修改，并重新组织专家进行论证。

第十四条 施工单位应当严格按照专项方案组织施工，不得擅自修改、调整专项方案。

如因设计、结构、外部环境等因素发生变化确需修改的，修改后的专项方案应当按本办法第八条重新审核。对于超过一定规模的危险性较大工程的专项方案，施工单位应当重新组织专家进行论证。

第十五条 专项方案实施前，编制人员或项目技术负责人应当向现场管理人员和作业人员进行安全技术交底。

第十六条 施工单位应当指定专人对专项方案实施情况进行现场监督和按规定进行监测。发现不按照专项方案施工的，应当要求其立即整改；发现有危及人身安全紧急情况的，应当立即组织作业人员撤离危险区域。

施工单位技术负责人应当定期巡查专项方案实施情况。

第十七条 对于按规定需要验收的危险性较大的分部分项工程，施工单位、监理单位应当组织有关人员进行验收。验收合格的，经施工单位项目技术负责人及项目总监理工程师签字后，方可进入下一道工序。

第十八条 监理单位应当将危险性较大的分部分项工程列入监理规划和监理实施细则，应当针对工程特点、周边环境和施工工艺等，制定安全监理工作流程、方法和措施。

第十九条 监理单位应当对专项方案实施情况进行现场监理；对不按专项方案实施的，应当责令整改，施工单位拒不整改的，应当及时向建设单位报告；建设单位接到监理单位报告后，应当立即责令施工单位停工整改；施工单位仍不停工整改的，建设单位应当及时向住房城乡建设主管部门报告。

第二十条 各地住房城乡建设主管部门应当按专业类别建立专家库。专家库的专业类别及专家数量应根据本地实际情况设置。

专家名单应当予以公示。

第二十一条 专家库的专家应当具备以下基本条件：

（一）诚实守信、作风正派、学术严谨；

（二）从事专业工作15年以上或具有丰富的专业经验；

（三）具有高级专业技术职称。

第二十二条 各地住房城乡建设主管部门应当根据本地区实际情况，制定专家资格审查办法和管理制度并建立专家诚信档案，及时更新专家库。

第二十三条 建设单位未按规定提供危险性较大的分部分项工程清单和安全管理措施，未责令施工单位停工整改的，未向住房城乡建设主管部门报告的；施工单位未按规定编制、实施专项方案的；监理单位未按规定审核专项方案或未对危险性较大的分部分项工程实施监理的；住房城乡建设主管部门应当依据有关法律法规予以处罚。

第二十四条 各地住房城乡建设主管部门可结合本地区实际，依照本办法制定实施细则。

第二十五条 本办法自颁布之日起实施。原《关于印发〈建筑施工企业安全生产管理机构设置及专职安全生产管理人员配备办法〉和〈危险性较大工程安全专项施工方案编制及专家论证审查办法〉的通知》（建质〔2004〕213号）中的《危险性较大工程安全专项施工方案编制及专家论证审查办法》废止。

附件一：危险性较大的分部分项工程范围

附件二：超过一定规模的危险性较大的分部分项工程范围

附件一

危险性较大的分部分项工程范围

一、基坑支护、降水工程

开挖深度超过3m（含3m）或虽未超过3m但地质条件和周边环境复杂的基坑（槽）支护、降水工程。

二、土方开挖工程

开挖深度超过3m（含3m）的基坑（槽）的土方开挖工程。

三、模板工程及支撑体系

（一）各类工具式模板工程：包括大模板、滑模、爬模、飞模等工程。

（二）混凝土模板支撑工程：搭设高度5m及以上；搭设跨度10m及以上；施工总荷载10kN/m² 及以上；集中线荷载15kN/m及以上；高度大于支撑水平投影宽度且相对独立无联系构件的混凝土模板支撑工程。

（三）承重支撑体系：用于钢结构安装等满堂支撑体系。

四、起重吊装及安装拆卸工程

（一）采用非常规起重设备、方法，且单件起吊重量在 10kN 及以上的起重吊装工程。

（二）采用起重机械进行安装的工程。

（三）起重机械设备自身的安装、拆卸。

五、脚手架工程

（一）搭设高度 24m 及以上的落地式钢管脚手架工程。

（二）附着式整体和分片提升脚手架工程。

（三）悬挑式脚手架工程。

（四）吊篮脚手架工程。

（五）自制卸料平台、移动操作平台工程。

（六）新型及异型脚手架工程。

六、拆除、爆破工程

（一）建筑物、构筑物拆除工程。

（二）采用爆破拆除的工程。

七、其他

（一）建筑幕墙安装工程。

（二）钢结构、网架和索膜结构安装工程。

（三）人工挖扩孔桩工程。

（四）地下暗挖、顶管及水下作业工程。

（五）预应力工程。

（六）采用新技术、新工艺、新材料、新设备及尚无相关技术标准的危险性较大的分部分项工程。

附件二

超过一定规模的危险性较大的分部分项工程范围

一、深基坑工程

（一）开挖深度超过 5m（含 5m）的基坑（槽）的土方开挖、支护、降水工程。

（二）开挖深度虽未超过 5m，但地质条件、周围环境和地下管线复杂，或影响毗邻建筑（构）物安全的基坑（槽）的土方开挖、支护、降水工程。

二、模板工程及支撑体系

（一）工具式模板工程：包括滑模、爬模、飞模工程。

（二）混凝土模板支撑工程：搭设高度 8m 及以上；搭设跨度 18m 及以上；施工总荷载 15kN/m² 及以上；集中线荷载 20kN/m 及以上。

（三）承重支撑体系：用于钢结构安装等满堂支撑体系，承受单点集中荷载 700kg 以上。

三、起重吊装及安装拆卸工程

（一）采用非常规起重设备、方法，且单件起吊重量在 100kN 及以上的起重吊装工程。

（二）起重量 300kN 及以上的起重设备安装工程；高度 200m 及以上内爬起重设备的拆除工程。

四、脚手架工程

（一）搭设高度 50m 及以上落地式钢管脚手架工程。

（二）提升高度 150m 及以上附着式整体和分片提升脚手架工程。

（三）架体高度 20m 及以上悬挑式脚手架工程。

五、拆除、爆破工程

（一）采用爆破拆除的工程。

（二）码头、桥梁、高架、烟囱、水塔或拆除中容易引起有毒有害气（液）体或粉尘扩散、易燃易爆事故发生的特殊建、构筑物的拆除工程。

（三）可能影响行人、交通、电力设施、通讯设施或其他建、构筑物安全的拆除工程。

（四）文物保护建筑、优秀历史建筑或历史文化风貌区控制范围的拆除工程。

六、其他

（一）施工高度 50m 及以上的建筑幕墙安装工程。

（二）跨度大于 36m 及以上的钢结构安装工程；跨度大于 60m 及以上的网架和索膜结构安装工程。

（三）开挖深度超过 16m 的人工挖孔桩工程。

（四）地下暗挖工程、顶管工程、水下作业工程。

（五）采用新技术、新工艺、新材料、新设备及尚无相关技术标准的危险性较大的分部分项工程。

住房和城乡建设部办公厅关于开展建筑安全生产"三项建设"的实施意见

建办质〔2009〕21号

各省、自治区住房和城乡建设厅、直辖市建委、江苏省、山东省建管局，新疆生产建设兵团建设局，中央管理的建筑企业：

为深入落实"安全生产年"各项工作要求，国务院安委会研究制订了《关于进一步加强安全生产法制体制机制建设的实施方案》、《关于进一步加强安全生产保障能力建设的实施方案》、《关于进一步加强安全生产监管监察队伍建设的实施方案》。根据《国务院安委会关于印发安全生产"三项建设"实施方案的通知》（安委〔2009〕4号）要求，结合住房城乡建设系统实际，现就加强建筑安全生产"三项建设"提出如下实施意见。

一、指导思想和工作目标

深入贯彻落实科学发展观，坚持"安全第一、预防为主、综合治理"工作方针，切实加强建筑安全生产"三项建设"。要进一步加强建筑安全生产法制体制机制建设，制定修订一批法规、规章和标准规范并贯彻实施，加强基层各级建筑安全监管机构建设，督促企业认真落实安全生产主体责任，为构建建筑安全生产长效机制，实现建筑安全生产形势的稳定好转提供有力的法制体制机制保障；要进一步加强建筑安全生产保障能力建设，充分发挥政府部门的引导推动作用和企业的安全生产责任主体作用，加强建筑安全生产应急救援体系建设，推进安全生产技术改造与科技进步，为提高建筑安全生产管理水平和事故预防与应对能力提供保障；要进一步加强建筑安全监管队伍建设，以提高建筑安全监管队伍执行力和公信力为主线，以提高队伍整体素质为目标，努力建设一支政治坚定、业务过硬、作风优良、恪尽职守、勤政为民、清正廉洁的建筑安全监管队伍，为实现全国建筑安全生产形势持续稳定好转提供有力的保障。

二、主要工作

（一）建筑安全生产法制体制机制建设

1. 制定修订建筑安全生产法律法规，完善建筑安全生产法制体系建设。根据我国建筑安全生产工作实际，对《建设工程安全生产管理条例》的实施情况进行调研，提出修改建议报告；对《建筑施工企业主要负责人、项目负责人和专职安全生产管理人员安全生产考核管理暂行规定》进行修订，并上升为部门规章；研究起草《高大模板支撑系统施工安全管理导则》，规范高大模板支撑系统施工过程的安全管理工作；编制《建筑施工企业安全生产管理规范》、《施工安全生产技术统一规范》等国家标准及其他相关行业标准，为加强建筑安全监管工作提供技术保障；继续全面推进安全质量标准化工作，并及时认真做好调查研究，总结工作经验，建立健全企业开展安全质量标准化的激励机制。我部今年将对各地建筑施工安全质量标准化工作取得明显成效的集体、工地及有关人员进行表彰，激励各地不断提高建筑安全管理水平，推动建筑施工安全质量标准化建设的深入开展。

2. 认真落实建筑安全生产监管职责，完善建筑安全生产监管体制建设。各地住房城乡建设主管部门要结合地方政府机构改革，明确安全生产综合监管部门和住房城乡建设主管部门在建筑安全生产监管工作中各自所负的职责，理顺综合监管和专业监管职责的关系。在当地政府的统一领导下，各负其责，密切配合，提高安全监管效能。要建立健全领导干部安全生产责任制，实行"一岗双责"，住房城乡建设主管部门的主要负责人为本部门职责范围内建筑安全生产工作的第一责任人，对建筑安全生产工作负全面领导责任。要着力加强建筑安全监督机构建设，充实基层建筑安全监管力量，切实解决基层建筑安全监督机构监管力量不足、执法不到位等问题。

3. 建立健全建筑安全生产工作机制，提高建筑安全生产监管效能。各地住房城乡建设主管部门要进一步健全安委会全体会议、专题会议、联络员会议等工作机制，充分发挥安委会及其办公室在信息交流、综合分析、拟定对策等方面的作用，认真履行安委会办公室监督检查、综合协调的职责，督促检查安委会会议决定事项落实情况，并认真抓好安全生产业绩考核。要继续指导推进企业落实建筑安全生产主体责任，依法对企业落实法定代表人负责制、完善安全生产管理制度等情况实施监督，严格执法检查。要督促企业法定代表人切实履行企业安全生产第一责任人的职责，层层建立安全生产责任制，把安全生产主体责任落实到每个环节、每个岗位、每个人员。要建立完善建筑生产安全事故信息管理机制。进一步完善生产安全事故上报制度和事故统计分析制度，确保事故统计分析准确及时。要建立健全事故举报处理制度，加大对瞒报、迟报、谎报事故的处理力度。要健全完善事故查处和责任追究机制。坚持"四不放过"的原则，认真查处建筑生产安全事故，严肃追究事故责任人的责任，依法查处事故涉及的失职、渎职等行为。

（二）建筑安全生产保障能力建设

1. 加强建筑安全生产应急救援体系建设，提高事故预防与应对能力。各地住房城乡建设主管部门要继续加强建筑安全生产应急救援体系建设，进一步完善各项应急预案，并结合建筑安全生产形势的发展和变化及时更新应急救援预案。要指导督促建筑施工企业完善企业和工程项目的应急预案，特别是要针对不同事故类别的要求制定相应的应急预案。企业和施工现场应根据实际情况配备必要的应急救援设备，定期开展应急救援演练。

2. 加快推进建筑安全生产科技进步，提高建筑安全生产科技含量和装备水平。各地住房城乡建设主管部门要根据建筑安全技术发展的实际情况，限制和淘汰落后工艺、设备、技术，推广应用先进适用的技术和设备，实现安全防护措施和用具定型化、工具化和标准化；要加大科技投入，加强与大专院校、科研院所和骨干企业的合作，研制开发先进的技术、设施并促进其产业化；要针对本地区事故多发类型和重大危险源，有针对性地进行安全科技课题立项研究；要大胆探索创新，借鉴国际经验，改革传统工艺、技术和设备，促进建筑安全科技不断发展进步。

3. 加大建筑安全生产投入，确保安全保障能力建设。各地住房城乡建设主管部门要加大与同级政府相关部门的协调力度，积极研究制定有利于建筑安全生产的经济政策，加大建筑安全生产保障能力建设的投入力度，确保应急队伍建设、建筑安全科技开发和建筑安全生产先进技术示范与推广应用。

要督促建设单位按照有关要求及时支付文明施工安全防护措施费用，施工单位及时足额使用文明施工安全防护措施费用，加强施工现场安全防护，减少伤亡事故的发生。

（三）建筑安全生产监管队伍建设

1. 加强政治理论学习，提高思想政治素养。各地住房城乡建设主管部门要加强政治理论学习，坚持用中国特色社会主义理论体系武装头脑、指导实践、推动建筑安全监管工作的开展。要把深入学习实践科学发展观活动变成经常性教育，不断提高贯彻落实科学发展观的自觉性和坚定性。要认真抓好学习实践活动整改方案的落实，着力解决影响和制约建筑安全发展的突出问题以及群众反映强烈的问题。要积极营造学习研讨、探索求真的风气，提高建筑安全监管人员参与安全教育培训的积极性和主动性。

2. 加强业务知识学习，提高履职能力。各地住房城乡建设主管部门要进一步解放思想，认真贯彻落实上级主管部门各项工作部署和要求。安全监管人员要认真学习钻研建筑安全生产相关法律法规和技术标准等业务知识，提高专业知识水平；要深入基层单位、深入施工企业，深入施工现场，了解掌握建筑安全生产实际情况；要认真分析研究新形势下建筑安全生产工作规律和特点，加强对建筑安全发展重大问题、安全形势进行战略性、前瞻性、系统性研究，及时把研究成果转化为开拓创新的思路与决策。

3. 加强建筑安全生产执法，强化作风建设。各地住房城乡建设主管部门要积极创新建筑安全监管方式，总结借鉴好的经验和做法，提高安全监管水平。要严格规范执法行为，坚持依法行政，加大执法力度。要在内部机构设置、工作流程设计方面，加强对权力的约束，防止滥用权力或不作为。要建立严格的执法程序，行政许可、执法决定、行政处罚等事项都要坚持依法依规，集体研究决定。要积极推进政务公开，规范办事程序，提高办事效率。要健全民主评议制度，设立行风热线，加强社会监督和舆论监督。要加强与有关部门的沟通协调，优化和改善监管执法环境。要加强反腐倡廉建设，秉公用权、廉洁从政，严格执行国家反腐倡廉的规定要求。

三、工作要求

（一）加强组织领导。各地住房城乡建设主管部门要充分认识加强"三项建设"的重要性，认真组织，加强领导。要结合本地实际，制定具体实施方案，明确工作目标，切实把工作做深、做细。要认真研究把握安全生产规律，完善和落实治本之策，提高安全生产保障能力，加强安全监管队伍建设，建立健全建筑安全生产长效机制。

（二）坚持统筹协调。要把"三项建设"与"安全生产年"活动有关工作结合起来，统筹建筑安全生产法制体制机制建设、建筑安全生产保障能力建设和建筑安全生产监管队伍建设，使"三项建设"相互促进、协调推进。要统筹建筑安全生产执法行动、建筑安全生产宣传教育行动和建筑安全生产治理行动等"三项行动"，为扎实开展好"安全生产年"活动奠定坚实基础。

（三）加强部门沟通。各地住房城乡建设主管部门要在当地政府及安委会的统一领导下，加强与相关部门的沟通协调。要按照有关法律法规的规定，各司其责，相互配合，形成整体合力，提高安全监管效能。要注意发挥专家、学者等专业人士的作用，充分利用社会资源，共同做好推进建筑安全生产"三项建设"工作。

（四）加强监督检查。各地住房城乡建设主管部门要切实加强对"三项建设"开展情况的监督检查。重点检查建筑安全生产法制体制机制建立健全情况、建筑安全生产保障能力建设情况、建筑安全监管队伍的建设及提高建筑安全生产执法效能等情况。要及时研究、协调解决工作中出现的问题，确保"三项建设"活动取得实效。

住房和城乡建设部办公厅
二〇〇九年五月三十一日

六、城乡规划与村镇建设类

关于开展注册城市规划师续期换证工作的通知

建规函〔2009〕72号

各省、自治区住房和城乡建设厅，直辖市规划局（委）：

为贯彻《城乡规划法》、《行政许可法》及《建设部关于纳入国务院决定的十五项行政许可的条件的规定》（建设部令第135号）等法律法规及有关文件要求，经研究决定，开展注册城市规划师续期换证工作。现将有关事项通知如下：

一、续期换证范围和组织实施

全国凡持有到期的《中华人民共和国注册城市规划师注册证书》（以下简称《注册证书》）、《中华人民共和国注册城市规划师登记证书》（以下简称《登记证书》）并符合续期换证条件的人员，均可提出续期注册登记申请，经审查合格的人员可获得新的《注册证书》或《登记证书》。

《注册证书》、《登记证书》续期换证工作由住房和城乡建设部城乡规划司负责组织实施，具体工作委托全国城市规划执业制度管理委员会（以下简称国家注册机构）负责，其办事机构设在住房和城乡建设部执业资格注册中心。省、自治区住房和城乡建设厅、直辖市规划局（委）负责本行政区域内注册城市规划师《注册证书》、《登记证书》续期换证的初审工作，具体工作可指定一个注册管理机构负责（以下简称省级注册机构）。

《注册证书》、《登记证书》由住房和城乡建设部统一印制。

二、续期换证条件

（一）取得《注册证书》或《登记证书》满三年人员。

（二）已完成《注册城市规划师继续教育实施办法》（见附件1，可在www.pqrc.org.cn下载）规定的继续教育必修课和选修课学时的人员。

（三）由所在单位证明在岗从事城乡规划编制或管理工作的人员。

三、申请材料目录及要求

（一）《注册城市规划师续期注册申请表》或《注册城市规划师续期登记申请表》。其电子表格可登陆住房和城乡建设部网站办事大厅 www.cin.gov.cn 在线填写后打印两份，并加盖单位公章和申报人员签名。

（二）《注册城市规划师继续教育登记手册》或有关部门出具的完成继续教育的证明。

（三）身份证复印件、原有《注册证书》或《登记证书》原件。

（四）省、自治区住房和城乡建设厅、直辖市规划局的初审意见。

四、续期换证工作程序

（一）凡申请续期注册、登记的人员按续期换证条件对照检查，符合条件的应按要求准备申请材料，经本单位同意后，按照属地管理的原则，由所在单位将申报人员材料报省级注册机构。

（二）省级注册机构核对证明材料原件，报省、自治区住房和城乡建设厅、直辖市规划局进行初审。省、自治区住房和城乡建设厅、直辖市规划局将初审结果进行公示，应向未通过审核的申请人员说明理由。

（三）省级注册机构将省、自治区住房和城乡建设厅、直辖市规划局意见及初审的全部人员（未通过人员应注明原因）名单汇总表及两份个人申请表寄（送）国家注册机构。

（四）国家注册机构对申请材料进行核实并汇总后，报住房和城乡建设部城乡规划司。

（五）城乡规划司审查批准后，向合格的注册登记人员换发新的《注册证书》、《登记证书》。未通过审核的可以申诉（申诉材料寄：住房和城乡建设部执业资格注册中心注册城市规划师管理办公室；邮政编码：100037 地址：北京海淀区甘家口 21 号楼

电话 010-68318837）。

五、时间安排

（一）2009 年 5 月 30 日前，申请续期换证人员按本通知的要求将申报材料报所在省级注册机构。

（二）2009 年 7 月 30 日前，省级注册机构按本通知四（三）要求将申报材料寄（送）国家注册机构。

（三）2009 年 9 月 30 日前，国家注册机构将核实情况及有关材料报住房和城乡建设部城乡规划司。

（四）2009 年 11 月 30 日前，城乡规划司完成续期换证工作。

六、其他事项

（一）申请续期换证的人员和所在单位应按规定的时间和要求如实进行申报。申报材料不属实的，初审或审批部门可视情节，按规定做出处理。

（二）参加审核工作的人员要认真负责地按要求开展工作，要坚持原则，不徇私情、严格执行廉政建设的各项规定，确保换证工作公正、有序地进行。

（三）凡申报办理变更或转换且已到期需续期换证人员，两项业务合并办理，申报人员填写《注册城市规划师变更申请表》或《注册城市规划师注册/登记转换申请表》，申报程序不变。

（四）本次续期换证工作结束后，新的需要续期换证的人员应在注册登记有效期满前 3 个月提出申请。

（五）新换证的《注册证书》、《登记证书》继续沿用统一编号，其编号为：GH＊＊＊＊＊＊＊＊＊＊＊＊＊。

（编号说明：第 1-2 位：类别；第 3-6 位：注册年度；第 7-8 位：注册地区；第 9-13 位：注册人员顺序号）

附件：1.《注册城市规划师继续教育实施办法》

2.《全国注册城市规划师注册登记信息管理系统》操作说明（略）

中华人民共和国住房和城乡建设部
二〇〇九年四月七日

附件 1：

注册城市规划师继续教育实施办法
（暂行）

第一条 为了提高城市规划行业专业技术人员的素质，促进城市规划事业科技进步，根据《关于建设部机关直接实施的行政许可事项有关规定和内容的公告》（建设部第 278 号公告）和《注册城市规

划师注册登记办法》(建规〔2003〕47号)第六条要求以及国家关于专业技术人员继续教育的有关文件精神,制定本办法。

第二条 注册城市规划师继续教育旨在适应城市规划领域发展的需要,及时了解和掌握国内外城市规划在编制设计、技术管理等方面的动态,使注册城市规划师的知识和技能不断得到更新、补充、拓展和提高,以完善其知识结构。

第三条 参加和接受继续教育是专业技术人员的权利和义务。凡通过注册城市规划师注册或登记的人员以及延时申报注册登记的人员均应参加继续教育,完成规定的学时。

第四条 全国城市规划执业制度管理委员会(以下简称全国管委会)负责全国注册城市规划师继续教育的组织、管理工作;制定继续教育必修课的教学大纲及教学计划,组织编写、审查教材;组织必修课的师资培训。各省、自治区、直辖市城市规划执业制度管理部门(以下简称省级主管部门)负责本地区注册城市规划师继续教育的组织、管理工作,制定继续教育选修课的课程计划及落实必修和选修课的培训工作。

第五条 注册城市规划师继续教育的培训机构,必须符合全国管委会规定的条件,由省级主管部门审批,报全国管委会备案。

第六条 注册城市规划师每年参加继续教育的时间累计不得少于40学时,三年注册登记有效期内不得少于120学时,其中40学时为必修,80学时为选修,可一次计算,也可累计计算。

第七条 注册城市规划师继续教育的学时计算方法如下:

(一)在注册登记周期内,参加考题设计和审题工作的全国注册城市规划师执业资格考试命题专家组成员,以及负责有关注册城市规划师执业制度政策标准的制定和参加注册城市规划师执业资格考试指定参考教材编写的人员可相当于完成本注册登记周期内的必修课和选修课学时。

(二)在注册登记周期内参加全国注册城市规划师执业资格考试人工阅卷一次,可相当于完成继续教育80学时(必修课40学时、选修课40学时)。在注册登记周期内连续参加两次或两次以上全国注册城市规划师执业资格考试人工阅卷的人员相当于完成一个注册登记周期的全部继续教育120学时。

(三)凡参加全国管委会组织的必修课师资培训并从事继续教育必修课教学工作的人员,相当于完成其注册登记周期内继续教育必修课和选修课学时。

(四)由省级主管部门负责的继续教育必修课和选修课程培训,按实际有效学时计算。

(五)参加国际或全国的专业学术会议,参加省级以上规划学会、协会举办的规模不少于50人的学术年会,按实际有效学时计算,计为选修课学时(不得超过40学时)。

(六)在国家一级及国际刊物发表专业学术论文一篇,第一作者相当于完成选修课20学时,第二、第三作者相当于完成选修课10学时;在省级刊物发表专业学术论文一篇相当于完成选修课10学时。

(七)国家二级以上出版社出版发行城市规划专著或最新城市规划技术译著5万字以上,相当于完成选修课20学时;5万字以下相当于完成选修课10学时。

第八条 全国管委会负责统一印制《注册城市规划师继续教育登记手册》,由各省级主管部门发放。注册城市规划师继续教育培训考核合格后,省级主管部门须在手册相应栏目中填写内容并盖章;等同于选修内容的论文、著作,由各省级主管部门审核后,填入继续教育手册;专业学术会议、学术年会由举办单位出具证明,由各省级主管部门核准,填入继续教育手册;参加考题设计和阅卷工作人员以及负责有关注册城市规划师执业制度政策标准的制定和参加注册城市规划师执业资格考试指定参考教材编写的人员由全国管委会办公室统一出具证明,由各省级主管部门核准,填入继续教育手册。

第九条 各省级主管部门必须加强对继续教育培训机构的管理,定期进行教学质量检查、评估。对培训质量差、执业人员反映问题多、长期不开展培训工作的培训机构取消继续教育培训资格。全国管委会对各省继续教育培训机构的培训工作进行监督,并针对各省培训机构的教学计划进行不定期抽查,对抽查不合格并未及时整改以及举报问题经查属实的培训机构,全国管委会保留撤销其注册城市规划师继续教育培训资格的权利。

第十条 为保证注册城市规划师继续教育质量,建立稳定的高水平的师资队伍,全国管委会规定授课师资的基本条件,强化师资培训制度,未经师资培训不能参与继续教育必修课的培训授课。对缺乏师资条件的地区,全国管委会可协助地方主管部门组织师资在该地区进行培训。

第十一条 注册城市规划师所在单位应重视注册城市规划师的继续教育工作，有责任督促其参加继续教育，并为其参加继续教育创造必要的条件。

第十二条 注册城市规划师要遵守继续教育的有关规定，服从所在单位的安排，接受有关主管部门的检查考核。

第十三条 本实施办法由全国城市规划执业制度管理委员会负责解释。

第十四条 本实施办法自发布之日施行。

关于开展工程项目带动村镇规划一体化实施试点工作的通知

建村函〔2009〕75号

各省、自治区住房和城乡建设厅，北京市规划委、农委，天津市农委、规划局，上海市建设交通委，重庆市建委、规划局：

为贯彻落实党的十七届三中全会精神，推动乡镇村庄规划的编制和实施，我部决定从2009年起开展"工程项目带动村镇规划一体化实施试点"工作。现将《关于开展工程项目带动村镇规划一体化实施试点的工作要求》（以下简称《要求》）印发给你们，并要求如下：

请各地按《要求》精心选择推荐试点村镇，原则上每个省（区、市）选择2~3个试点村镇（一镇一村或一镇二村），可优先选择我部县域村庄整治联系点的村镇。请于2009年4月底前，将试点村镇名单与试点工作方案报我部村镇建设司。试点村镇名单经审核同意后，各地应立即组织调研，并将调研报告于今年6月底前送部村镇建设司。

请各地将负责试点工作的人员名单和联系方式告我部村镇建设司。试点工作中的经验和问题，请及时与我部联系。

附件：《关于开展工程项目带动村镇规划一体化实施试点的工作要求》

中华人民共和国住房和城乡建设部
二〇〇九年四月九日

附件：

关于开展工程项目带动村镇规划一体化实施试点的工作要求

一、试点工作目的

为贯彻落实党的十七届三中全会精神，科学制定乡镇村庄建设规划，推动村镇规划的编制和实施，住房和城乡建设部决定从2009年起开展"工程项目带动村镇规划一体化实施试点"工作。通过规划整合各类工程项目和资金，以工程项目带动村镇规划的实施。试点工作要在总结基层依靠自身力量，改善农村人居环境经验的基础上，提出创新村镇规划制定和实施的方法和机制。

二、试点主要内容

（一）统筹选择试点单位。每个省要在现有工作基础上，通过调研，选取2~3个点（一镇一村或一镇二村），作为部级试点。试点选定采取自主申报、定向选取、统一下达的方式。所选村、镇应有较强的经济实力和产业支撑，地方政府重视村镇建设工作，部门支农资金投资比较集中，村民参与积极性较高，村镇已开展基础设施如村路、供水、污水、垃圾、北方地区农房节能改造以及农村危房改造等各类项目建设。试点村、镇已有规划或正在编制规划。

（二）编制试点村、镇规划。试点村镇规划编制的深度应达到工程项目立项的要求。规划编制要贯彻落实上位规划，与现有土地利用总体规划等相关规划做好协调与衔接。规划内容上要突出产业发展、村镇内道路、供水、排水、垃圾等基础设施建设与整治以及农房建设等内容。试点村、镇规划要编制工程项目表，估算工程投资，明确资金渠道，编制近期建设规划和年度实施计划。

（三）落实项目实施路径。首先按工程项目性质分类。主要为基础设施类、公共服务设施类、农村危房改造类、生态环保类等。即(1)基础设施类。包括户户通道路工程（村镇内道路）、便民沟工程（房前屋后排水沟）、村镇内沟塘治理工程、便民桥工程（南方水网密布区）、村镇污水处理设施工程、村镇垃圾处理工程等。(2)公共服务设施类。包括村镇综合服务中心工程、便民健身活动工程、敬老养老设施工程、义务教育工程、文化建设工程（图书室）、便民超市等。(3)村镇农村危房改造类。(4)生态环保类。包括绿化及生态建设工程、环保治理工程、空心村治理工程等。其次，列出工程项目库。要根据当地农村急需解决的实际问题、资金能力、农民诉求等，确定工程建设项目。要对列出的小项目进行打捆整合，形成与各级政府支持帮扶资金对应的项目包。第三，提出项目实施的资金来源建议。要明确每个项目包可能的资金来源——各级政府的公共财政、银行贷款、社会资金、村级集体经济组织、农民自主投工投劳等。规划要为各有关部门在农村涉农资金的整合提供平台。

（四）推动项目规划实施。要按照有关法律法规，依据经批准的规划，加强建设项目立项与规划管理。围绕建设项目（村镇内道路、污水、排水、垃圾和农房建设等）选址、建设用地及建设工程规划管理，通过核发项目选址意见书和规划许可证，规范规划的实施管理。要从注重目标的蓝图导向转向注重问题的过程协调，组织农民参与规划实施。要建立健全监督检查制度，及时发现和纠正规划编制和实施过程中存在的各种问题。

三、进度安排与基本要求

4月底前，各省确定试点单位。试点所在县(市)要根据经济、社会发展的需要制定切实可行的试点工作方案，包括试点目标、内容、步骤、项目情况、资金来源、政策措施以及检查验收的工作计划等。试点工作方案要报省住房城乡建设厅批准并报住房城乡建设部村镇建设司备案。

6月底前，完成规划编制和试点调研。省住房城乡建设厅组织试点规划审查和试点调研。调研报告内容包括所选试点村镇经济社会概况、试点村镇基础设施和农房等建设情况、建设资金来源、规划工程项目库及其实施等，以及地方通过项目带动村镇规划实施方面的实践、存在的问题和措施建议。调研报告6月底前报部。

8~12月，按规划组织实施。

12月底前，上报年度试点工作总结，形成阶段性成果。

四、试点工作保障措施

（一）部省共同指导试点。住房城乡建设部确定的试点，同时也是省、地(市)、县的试点。各级政府主管部门要加强组织领导，认真部署试点工作，及时总结交流经验，协调解决遇到的困难和问题，加强指导和协调。

试点所在县(市)政府要统筹协调、督促检查工作进展，指导规划实施。试点所在县(市)要建立健全村镇规划管理机构，指派专人落实试点工作。

试点所在乡镇政府的主要领导要亲自抓。要制定切实可行的试点工作规划和年度计划，经审定后认真组织实施。

（二）健全工程项目带动规划一体化实施试点工作机制。试点所在县(市)建设规划行政主管部门要加强规划的持续跟踪研究，定期对工程项目带动村镇规划实施一体化的工作情况进行评估，根据评估结果，提出修改完善试点工作的建议，推动试点自我完善。

（三）加大资金投入。地方各级财政要支持试点规划编制，多方筹措试点建设项目实施资金。村镇规划建设部门要配合有关部门做好"城市维护建设税新增部分主要用于乡村建设规划、农村基础设施建设和维护"的落实，优先用于试点村镇的项目建设，吸纳和引导各类建设资金有序投入村镇规划建设。

（四）建立联系、汇报、奖惩等试点工作制度。试点所在县(市)要加强与各级主管部门的联系，及时汇报试点工作进展情况和下一步工作计划。省住房城乡建设厅要组织对试点工作的检查。住房城乡建设部将适时召开试点工作经验交流会。

住房和城乡建设部关于印发《城市总体规划实施评估办法(试行)》的通知

建规〔2009〕59号

各省、自治区住房和城乡建设厅，直辖市规划局(委)，计划单列市规划局，新疆生产建设兵团建设局：

为了做好城市总体规划实施评估工作，我们依据《城乡规划法》有关规定，制定了《城市总体规划实施评估办法(试行)》，现印发给你们，请结合当地实际情况执行。

对城市总体规划实施情况的评估，是城市人民政府的法定职责，也是城乡规划工作的重要组成部分。各地必须认真组织开展城市总体规划实施评估工作，切实发挥城市总体规划对城市发展的调控和引导作用，促进城市全面协调可持续发展。

住房和城乡建设部
二〇〇九年四月十六日

城市总体规划实施评估办法(试行)

第一条 为加强城市总体规划实施评估工作，根据《中华人民共和国城乡规划法》第四十六、四十七条的规定，制定本办法。

进行城市总体规划实施评估工作，应当依据本办法。

第二条 城市人民政府是城市总体规划实施评估工作的组织机关。

城市人民政府应当按照政府组织、部门合作、公众参与的原则，建立相应的评估工作机制和工作程序，推进城市总体规划实施的定期评估工作。

第三条 城市人民政府可以委托规划编制单位或者组织专家组承担具体评估工作。

第四条 城市总体规划的审批机关可以根据实际需要，决定对其审批的城市总体规划实施情况进行评估。

前款规定的评估的具体组织方式，由总体规划的审批机关决定。

第五条 城市人民政府应当组织相关部门，为评估工作的开展提供必要的技术和信息支持。各相关部门应当结合本行业实施城市总体规划的情况，提出评估意见。

第六条 城市总体规划实施情况评估工作，原则上应当每2年进行一次。

各地可以根据本地的实际情况，确定开展评估工作的具体时间，并上报城市总体规划的审批机关。

第七条 进行城市总体规划实施评估，可以根据实际需要，采取切实有效的形式，了解公众对规划实施的意见和建议。

第八条 进行城市总体规划实施评估，要将依法批准的城市总体规划与现状情况进行对照，采取定性和定量相结合的方法，全面总结现行城市规划各项内容的执行情况，客观评估规划实施的效果。

第九条 城市人民政府应当及时将规划评估成果上报本级人民代表大会常务委员会和原审批机关备案。

国务院审批城市总体规划的城市的评估成果，由省级城乡规划行政主管部门审核后，报住房和城乡建设部备案。

第十条 规划评估成果由评估报告和附件组成。评估报告主要包括城市总体规划实施的基本情况、存在问题、下一步实施的建议等。附件主要是征求和采纳公众意见的情况。

第十一条 规划评估成果报备案后，应当向社会公告。

第十二条 城市总体规划实施评估报告的内容

应当包括：

（一）城市发展方向和空间布局是否与规划一致；

（二）规划阶段性目标的落实情况；

（三）各项强制性内容的执行情况；

（四）规划委员会制度、信息公开制度、公众参与制度等决策机制的建立和运行情况；

（五）土地、交通、产业、环保、人口、财政、投资等相关政策对规划实施的影响；

（六）依据城市总体规划的要求，制定各项专业规划、近期建设规划及控制性详细规划的情况；

（七）相关的建议。

城市人民政府可以根据城市总体规划实施的需要，提出其他评估内容。

第十三条　城市人民政府应当根据城市总体规划实施情况，对规划实施中存在的偏差和问题，进行专题研究，提出完善规划实施机制与政策保障措施的建议。

第十四条　城市人民政府在城市总体规划实施评估后，认为城市总体规划需要修改的，结合评估成果就修改的原则和目标向原审批机关提出报告；其中涉及修改强制性内容的，应当有专题论证报告。

城市总体规划审批机关应对修改城市总体规划的报告组织审查，经同意后，城市人民政府方可开展修改工作。

第十五条　省级城乡规划行政主管部门负责本行政区域内的城市总体规划实施评估管理工作，对相关城市的城市总体规划实施评估工作机制的建立、评估工作的开展、评估成果的落实等情况进行监督和检查。

第十六条　住房和城乡建设部负责国务院审批城市总体规划的实施评估管理工作，根据需要，可以决定对国务院审批城市总体规划的实施评估工作的情况进行抽查。

第十七条　没有按照规定进行城市总体规划实施评估的，上级城乡规划行政主管部门可以责令纠正。

经审查，报备案的评估成果不符合要求的，原审批机关可以责令修改，重新报备案。

第十八条　各地可以依据《城乡规划法》和本办法的要求，制定符合本地实际的评估工作办法或者实施细则。

第十九条　县人民政府所在地镇、垦区、森工林区、独立工矿区小城镇总体规划的实施评估工作，可以参照本办法执行。

关于 2009 年扩大农村危房改造试点的指导意见

建村〔2009〕84 号

各有关省、自治区、直辖市住房城乡建设厅（建委）、发展改革委、财政厅（局），新疆生产建设兵团建设局、发展改革委、财务局：

为贯彻落实党中央、国务院关于加快农村危房改造和扩大试点的要求，做实做好扩大农村危房改造试点工作，提出以下指导意见。

一、明确指导思想、目标任务与基本原则

（一）指导思想。深入贯彻落实科学发展观，按照中央保民生、保增长、保稳定的总体要求，以解决农村困难群众的基本居住安全问题为目标，开展农村危房改造试点，改善农村困难群众生活条件，推动农村基本住房安全保障制度建设。

（二）目标任务。2009 年扩大农村危房改造试点的任务是完成陆地边境县、西部地区民族自治地方的县、国家扶贫开发工作重点县、贵州省全部县和新疆生产建设兵团边境一线团场约 80 万农村贫困户的危房改造。其中，东北、西北和华北等三北地区试点范围内 1.5 万农户，结合农村危房改造开展建筑节能示范。在今年扩大试点的基础上，总结经验，完善制度，制定中长期规划，逐步解决农村贫困户的危房问题。

（三）基本原则。开展农村危房改造，要因地制宜，量力而行，从当地经济社会发展水平出发，科学合理编制农村危房改造规划和年度计划；要突出重点，厉行节约，帮助贫困危房户改造建设最基本的安全、经济、适用、节能、节地、卫生的农房，防止大拆大建和形象工程；要坚持农民自主、自愿，政府引导、扶持，落实地方责任，中央适当补助；要整合资源，规划先行，加强相关惠农支农政策衔接；要规范程序，严格管理，坚持公开、公平、公正。

二、加强规划编制与资金筹集

（四）编制规划。各地要按照《农村危险房屋鉴定技术导则(试行)》，组织专业人员开展农村危房调查。省级住房城乡建设、发展改革、财政等部门要按照本指导意见和有关文件要求，组织编制农村危房改造规划和实施方案，将改造任务细化分解落实到市、县、乡，并报住房城乡建设部、国家发展改革委、财政部备案。

（五）资金筹集。农村危房改造资金以农民自筹为主，中央和地方政府补助为辅，并通过银行信贷和社会捐赠等多渠道筹集。地方各级财政要将农村危房改造资金纳入年度预算计划，调整支出结构，增加扩大农村危房改造试点所需资金。各试点县要整合资源、统筹规划，将抗震安居、游牧民定居、自然灾害倒损农房恢复重建、贫困残疾人危房改造、扶贫安居等与农村危房改造有机衔接，提高政策效应和资金使用效益。要鼓励和引导社会力量为农村危房改造提供捐赠和资助。要通过制定贴息、担保等政策措施，促进金融机构为农户提供危房改造贷款。2009年中央将安排40亿元补助资金，并根据试点地区农村农户数、农村危房数、地区财力差别等因素进行分配，由财政部会同国家发展改革委、住房城乡建设部联合下达。

三、合理确定补助标准和补助对象

（六）补助标准。各地要从当地农村经济社会发展水平和财力状况的实际出发，参考农村危房改造方式、成本需求和补助对象自筹资金能力，合理确定补助标准。中央补助标准为每户平均5000元，在此基础上，对东北、西北和华北等三北地区试点范围内农村危房改造建筑节能示范户每户再增加2000元补助。各地可在确保完成改造任务的前提下，结合翻建新建、修缮加固等不同情况自行确定不同地区、不同类型的分类补助标准。

（七）补助对象。扩大农村危房改造试点补助对象重点是居住在危房中的分散供养五保户、低保户和其他农村贫困农户。危房是指依据《农村危险房屋鉴定技术导则(试行)》鉴定属于整栋危房(D级)或局部危险(C级)的房屋。

（八）审核程序。按照公开、公平、公正原则，规范补助对象和补助标准的审核、审批程序，实行农户自愿申请、村民会议或村民代表会议民主评议、乡(镇)审核、县级审批。建立健全公示制度，补助对象基本信息和各审查环节的结果要在村务公开栏公示。县级政府要组织做好与经批准的危房改造农户签订合同或协议工作。

四、落实农村危房改造建设的基本要求

（九）改造方式。拟改造农村危房属整栋危房(D级)的应拆除重建，属局部危险(C级)的应修缮加固。重建房屋原则上以农户自建为主，农户自建确有困难且有统建意愿的，地方政府要发挥组织、协调作用，帮助农户选择有资质的施工队伍统建。要以分散分户改造为主，危房改造比较集中并具备一定条件的村庄，可实施村庄规划、危房改造、基础设施配套一体化推进，整村整治。

（十）建设标准。农村危房改造要在满足最基本居住功能和安全的前提下，控制建筑面积和总造价。改造资金大部分由政府补贴的特困户，翻建、新建住房建筑面积原则上控制在40平方米以下，其他贫困户建房面积控制在60平方米以下。建房面积可根据家庭人口规模适当调整。农房设计建设要符合农民生产生活习惯、体现民族和地方建筑风格、传承和改进传统建造工法，推进农房建设技术进步。

（十一）村庄规划。改造户数较多的村庄，必须编制村庄规划，统筹协调整合道路、供水、沼气、环保、扶贫开发、改厕等建设项目，提高项目建设的效益与效率，以危房改造带动村庄人居生态环境改善。陆地边境一线农村危房改造重建以原址翻建为主，确需异址新建的，应靠紧边境、不得后移。

（十二）建筑节能。东北、西北和华北等三北地区农房建筑节能示范是危房改造试点的重要内容，要点面结合，同步推进。每个试点县至少要安排一个相对集中的示范点(村)，有条件的县要每个乡镇安排一个示范点(村)。各地要尽可能采用当地材料和适用技术，研究开发符合农村实际的节能房设计与工法，优化采暖方式，推进可再生能源利用。对研发生产农房建筑节能材料，具有良好社会、经济、环境效益的企业，要落实好现行的税收、融资、贴息等优惠政策。要组织农村建筑工匠和农民学习节能技术和建造管理，做好宣传推广。

五、规范项目管理

（十三）资金管理。扩大农村危房改造试点资金

要专款专用，分账核算，并按有关资金管理制度的规定严格使用，健全内控制度，执行规定标准，严禁截留、挤占和挪用。要定期对资金的管理和使用情况进行监督检查，发现问题，及时纠正，严肃处理。问题严重的要公开曝光，并追究有关责任人员的责任，涉嫌犯罪的，移交司法机关处理。

（十四）技术服务。地方住房城乡建设部门要组织技术人员深入农村了解情况，编制安全、经济、适用的农房设计图集和施工方案，免费发放给农户参考。要组织技术力量，对危房改造施工现场开展质量安全巡查与指导监督。要组织协调主要建筑材料的生产、采购与运输，并免费为农民提供建筑材料质量检测服务。县级住房城乡建设部门要开设危房改造咨询窗口，面向农民提供危房改造技术服务和工程纠纷调解服务。完善乡镇建设管理机构。加强农村建筑工匠培训和管理。各地住房城乡建设部门要根据实际情况组织验收。

（十五）档案与产权登记。农村危房改造要一户一档，规范管理。农户危房改造申请、政府补助审批表、改造前后住房资料等要整理归档。有条件的地区要推进农村危房改造信息化建设，不断提高规范化、制度化、科学化管理水平。改造后农户住房产权归农户所有，并根据实际做好产权登记。

（十六）信息报告。省级住房城乡建设部门要会同省级发展改革、财政部门于今年7月初将改造计划、改造进度、竣工情况、资金安排，以及于明年1月初将年度总结报告报住房城乡建设部、国家发展改革委和财政部。各地要组织编印农村危房改造工作信息，将建设成效、存在问题和有关建议等以简报、通报等形式，定期或不定期报送三部委。

（十七）监督检查。年度计划完成后，省级住房城乡建设部门要及时牵头组织对工程实施情况进行检查，并在一个月内提交检查报告报住房城乡建设部、国家发展改革委和财政部备案。住房城乡建设部、国家发展改革委和财政部将组织进行抽查。

六、加强组织领导和部门协作

（十八）落实地方责任。扩大农村危房改造试点工作，实行地方政府负责制，按属地进行管理。改造项目实行计划、任务、资金、目标、责任"五到省"，即项目工程建设的计划下达到省、任务落实到省、资金拨付到省、目标和责任明确到省。地方政府负责编制改造规划、组织项目实施、落实地方投入、监管工程质量、整合利用各方资源，合理安排工作人员和工作经费等。

（十九）部门协作。扩大农村危房改造试点工作涉及面广、政策性强、工作量大，各级地方政府要加强领导，成立由政府领导挂帅、各职能部门参与的协调工作领导小组，明确分工，密切配合。各地住房城乡建设、发展改革和财政部门，要在当地政府领导下，会同民政、民族工作、环保、交通运输、水利、农业、卫生、扶贫、残联、国土资源、监察、审计等有关部门发挥职能作用，共同推进农村危房改造试点工作。

中华人民共和国住房和城乡建设部
中华人民共和国国家发展和改革委员会
中华人民共和国财政部
二〇〇九年五月八日

关于扩大农村危房改造试点建筑节能示范的实施意见

建村函〔2009〕167号

河北省、山西省、内蒙古自治区、辽宁省、吉林省、黑龙江省、陕西省、甘肃省、青海省、宁夏回族自治区、新疆维吾尔自治区住房和城乡建设厅，新疆生产建设兵团建设局：

按照《关于2009年扩大农村危房改造试点的指导意见》（建村〔2009〕84号）开展农房建筑节能示范的要求，落实《财政部、国家发展改革委、住房城乡建设部关于下达2009年扩大农村危房改造试点补助资金的通知》，加强对农房建筑节能示范项目的指导和管理，提出以下实施意见。

一、目标任务

农房建筑节能示范是东北、西北和华北地区农村危房改造试点的重要内容，年内要结合农村危房改造试点完成上述地区1.5万户农房建筑节能示范项目。

各地要通过示范项目的实施,开发符合当地实际的农房建筑节能适宜技术,研究提出本地区设计、建材、施工等方面的节能措施和工作指南,建立面向农村居民及技术人员的宣传、技术指导、工匠培训等农房建筑节能推广机制。

二、基本原则

突出重点,力求实效。农房建筑节能示范项目的重点是墙体、门窗、屋面、地面等农房围护结构的节能措施,要利用有限的资金,采取最有效的措施,尽可能地改善农房的热舒适性。

因地制宜,易于推广。要根据各地地理和资源条件,尽量选取当地材料,传承和改进传统建筑节能措施,尊重农民生产生活习惯,因地制宜地采用技术经济合理的节能技术。要降低造价,施工简单,易于推广。

三、实施要求

(一)成立技术指导小组。我部组织科研单位和大专院校成立部级农房建筑节能专家组,实施对示范省(自治区)的对口技术指导,各地要做好对口指导的衔接工作。对口技术指导的具体要求另行通知。省、市、县三级住房城乡建设部门要成立农房建筑节能技术指导小组,负责本地区农房建筑节能示范的指导、检查和培训工作。请各地于今年8月15日以前将省级技术指导小组负责人和联系人名单报我部。

(二)制定技术方案。省级住房城乡建设部门要参照《严寒和寒冷地区农村住房节能技术导则(试行)》(建村〔2009〕115号),组织科研单位制定并指导地方编制农房建筑节能示范技术方案,以指导节能示范项目的实施。省级住房城乡建设部门应在今年8月底前编制完成技术方案并报我部。

(三)用好补助资金。为农房建筑节能示范所增加的中央和地方补助资金,应主要用于墙体、门窗、屋面、地面等农房围护结构的节能措施,如增加外墙外保温、使用节能墙体材料、铺设屋面保温层、更换节能门窗等。

(四)加强巡查指导。各地住房城乡建设部门要加强对示范项目施工现场的巡查和指导,并组织好示范项目竣工后的验收工作。对典型示范农房,可进行节能检测。

(五)做好宣传推广。各地住房城乡建设部门要将典型节能示范案例报我部,要通过组织参观示范农房、组织干部和技术人员下乡宣传、利用各类媒体宣传、发放建筑节能科普材料等,向广大农村居民宣传建筑节能的意义和益处,并开展针对示范地区乡镇干部和农村建筑工匠的建筑节能知识和技能培训。

四、监督检查

各地住房城乡建设部门要制定农房建筑节能示范的监督检查办法,组织开展本地区的监督检查。年底要对农房建筑节能示范开展情况进行全面检查总结,检查总结材料作为农村危房改造年度总结报告的一部分,于明年1月初报住房城乡建设部、财政部和国家发展改革委。各地农房建筑节能示范工作的完成情况将作为下一年度工作任务分配的参考。同时,我部将不定期组织检查,对农房建筑节能示范工作存在严重问题的,将通报批评。

中华人民共和国住房和城乡建设部
二〇〇九年七月二十一日

关于建设全国扩大农村危房改造试点农户档案管理信息系统的通知

建村函〔2009〕168号

各有关省、自治区住房和城乡建设厅,重庆市城乡建设委员会,新疆生产建设兵团建设局:

为加强对扩大农村危房改造试点管理,及时掌握试点工作情况,根据住房城乡建设部、国家发展改革委、财政部《关于2009年扩大农村危房改造试点的指导意见》(建村〔2009〕84号),决定组织开展全国扩大农村危房改造试点农户档案管理信息系统建设。现就有关事项通知如下：

一、明确目标

完善农村危房改造农户档案制度，推进农户档案信息化，是加强农村危房改造试点管理的一项十分重要的基础性工作。要通过建立农村危房改造试点农户档案管理信息系统，按户登记、动态录入危房改造农户数据，实现对危房改造农户相关信息的快速查询、汇总数据的实时生成和有关统计指标的动态分析，及时掌握试点工作进展，有效监督政策执行情况，为完善相关政策提供依据。

二、基本原则

坚持信息资源共享原则。中央和地方均可按使用者权限共享信息资源，实现对相关数据的快速查询、统计汇总和动态分析，各地不必再单独建设系统。

坚持格式统一原则。各地要按照全国统一格式填报数据，增强各级数据的可汇总性和可比性，确保相关数据的利用价值。

坚持纸质档案表与信息化需求相一致原则。纸质档案表是信息化的基础和前提，保持纸质档案表与信息化需求的一致性，减少重复统计、重复填报。

坚持实时动态原则。有条件的地方，要将纸质档案表实时录入农户档案管理信息系统，随时补充、随时完善，不必等项目竣工后一次性录入。

三、完善农村危房改造农户纸质档案制度

各地推进农村危房改造试点要同步建立农村危房改造农户纸质档案管理制度，实行一户一档，确保批准一户、建档一户。危房改造农户纸质档案必须包括档案表、农户申请、公示、审批、协议等相关资料。根据农村危房改造管理的实际需要和有关方面意见，我部确定了农户档案管理信息系统需录入的35项数据，并据此制作了全国扩大农村危房改造试点农户纸质档案表样表（见附件一）及填报要求（见附件二）。省级住房城乡建设部门要参照样表，按照只可增加、不可减少填报数据的原则（对于非建筑节能示范地区，建筑节能示范有关数据项除外），制定省级格式统一的农村危房改造农户纸质档案表，并在危房改造实施中严格执行，确保全部危房改造农户及时、如实填报纸质档案表。

四、建立及时准确的农村危房改造农户纸质档案表信息化录入制度

为推进农村危房改造农户档案管理信息化，我部已委托部信息中心，针对农村危房改造农户纸质档案表必须包含的35项填报数据，开发操作便捷、具有快速查询、数据统计汇总与分析等功能的全国扩大农村危房改造试点农户档案管理信息系统。该系统设计完成并正式运行后，省级住房城乡建设部门要组织和督促本地区县级以上住房城乡建设部门，及时准确地将农村危房改造农户纸质档案表录入管理信息系统，完成纸质档案表的信息化上报。相关数据录入系统后，各地可按使用者权限使用查询、统计汇总与分析等功能。有关全国扩大农村危房改造试点农户档案管理信息系统的开通时间、录入、上报、使用、管理等具体事项另行通知。

五、加强组织领导

完善农村危房改造农户纸质档案制度和建设全国扩大农村危房改造试点农户档案管理信息系统，是保障农村危房改造试点顺利开展的一项基础工作，也是考核各地试点绩效的重要内容。农村危房改造农户档案管理工作量大、技术性强，各地要高度重视，加强组织领导，加大人力物力投入。全国扩大农村危房改造试点农户档案管理信息系统开发完成后，我部将组织开展必要的技术培训与技术指导，并委托部信息中心负责维护系统和提供相关技术咨询。省级住房城乡建设部门要做好组织协调和督促指导工作，积极争取有关方面的支持和配合。县级、地市级住房城乡建设部门要投入必要的人力和物力，指派专人负责农村危房改造农户纸质档案管理和信息系统录入校核工作。

七、城市建设类

关于印发《城镇污水处理厂污泥处理处置及污染防治技术政策(试行)》的通知

建城[2009]23号

各省、自治区、直辖市建设厅(建委、市政管委、水务局)、环保局、科技厅(委)，计划单列市建委(建设局)、环保局、科技局，新疆生产建设兵团建设局、环保局、科技局：

为推动城镇污水处理厂污泥处理处置技术进步，明确城镇污水处理厂污泥处理处置技术发展方向和技术原则，指导各地开展城镇污水处理厂污泥处理处置技术研发和推广应用，促进工程建设和运行管理，避免二次污染，保护和改善生态环境，促进节能减排和污泥资源化利用，住房和城乡建设部、环境保护部和科学技术部联合制定了《城镇污水处理厂污泥处理处置及污染防治技术政策(试行)》。现印发给你们，请结合本地区实际认真执行。

各地住房城乡建设、环保和科技行政主管部门应密切合作，加大投入，加强污水处理厂污泥处理处置新技术研究开发和推广转化工作。实施过程中如遇有关问题，请将意见告住房城乡建设部城市建设司和环境保护部科技标准司。

附件：城镇污水处理厂污泥处理处置及污染防治技术政策(试行)

中华人民共和国住房和城乡建设部
中华人民共和国环境保护部
中华人民共和国科学技术部
二〇〇九年二月十八日

附件：

城镇污水处理厂污泥处理处置及污染防治技术政策(试行)

1. 总则

1.1 为提高城镇污水处理厂污泥处理处置水平，保护和改善生态环境，促进经济社会和环境可持续发展，根据《中华人民共和国环境保护法》、《中华人民共和国水污染防治法》、《中华人民共和国固体废物污染环境防治法》、《中华人民共和国城乡规划法》等相关法律法规，制定本技术政策。

1.2 本技术政策所称城镇污水处理厂污泥(以下简称"污泥")，是指在污水处理过程中产生的半固态或固态物质，不包括栅渣、浮渣和沉砂。

1.3 本技术政策适用于污泥的产生、储存、处理、运输及最终处置全过程的管理和技术选择，指导污泥处理处置设施的规划、设计、环评、建设、验收、运营和管理。

1.4 污泥处理处置是城镇污水处理系统的重要组成部分。污泥处理处置应遵循源头削减和全过程控制原则，加强对有毒有害物质的源头控制，根据污泥最终安全处置要求和污泥特性，选择适宜的污水和污泥处理工艺，实施污泥处理处置全过程管理。

1.5 污泥处理处置的目标是实现污泥的减量化、稳定化和无害化；鼓励回收和利用污泥中的能源和资源。坚持在安全、环保和经济的前提下实现污泥的处理处置和综合利用，达到节能减排和发展循环经济的目的。

1.6 地方人民政府是污泥处理处置设施规划和建设的责任主体；污泥处理处置设施运营单位负责污泥的安全处理处置。地方人民政府应优先采购符合国家相关标准的污泥衍生产品。

1.7 国家鼓励采用节能减排的污泥处理处置技术；鼓励充分利用社会资源处理处置污泥；鼓励污泥处理处置技术创新和科技进步；鼓励研发适合我国国情和地区特点的污泥处理处置新技术、新工艺和新设备。

2. 污泥处理处置规划和建设

2.1 污泥处理处置规划应纳入国家和地方城镇污水处理设施建设规划。污泥处理处置规划应符合城乡规划，并结合当地实际与环境卫生、园林绿化、土地利用等相关专业规划相协调。

2.2 污泥处理处置应统一规划，合理布局。污泥处理处置设施宜相对集中设置，鼓励将若干城镇污水处理厂的污泥集中处理处置。

2.3 应根据城镇污水处理厂的规划污泥产生量，合理确定污泥处理处置设施的规模；近期建设规模，应根据近期污水量和进水水质确定，充分发挥设施的投资和运行效益。

2.4 城镇污水处理厂新建、改建和扩建时，污泥处理处置设施应与污水处理设施同时规划、同时建设、同时投入运行。污泥处理必须满足污泥处置的要求，达不到规定要求的项目不能通过验收；目前污泥处理设施尚未满足处置要求的，应加快整改、建设，确保污泥安全处置。

2.5 城镇污水处理厂建设应统筹兼顾污泥处理处置，减少污泥产生量，节约污泥处理处置费用。对于污泥未妥善处理处置的，可按照有关规定核减城镇污水处理厂对主要污染物的削减量。

2.6 严格控制污泥中的重金属和有毒有害物质。工业废水必须按规定在企业内进行预处理，去除重金属和其他有毒有害物质，达到国家、地方或者行业规定的排放标准。

3. 污泥处置技术路线

3.1 应综合考虑污泥泥质特征、地理位置、环境条件和经济社会发展水平等因素，因地制宜地确定污泥处置方式。污泥处置是指处理后污泥的消纳过程，处置方式有土地利用、填埋、建筑材料综合利用等。

3.2 鼓励符合标准的污泥进行土地利用。污泥土地利用应符合国家及地方的标准和规定。污泥土地利用主要包括土地改良和园林绿化等。鼓励符合标准的污泥用于土地改良和园林绿化，并列入政府采购名录。允许符合标准的污泥限制性农用。

3.2.1 污泥用于园林绿化时，泥质应满足《城镇污水处理厂污泥处置 园林绿化用泥质》（CJ248）的规定和有关标准要求。污泥必须首先进行稳定化和无害化处理，并根据不同地域的土质和植物习性等，确定合理的施用范围、施用量、施用方法和施用时间。

3.2.2 污泥用于盐碱地、沙化地和废弃矿场等土地改良时，泥质应符合《城镇污水处理厂污泥处置 土地改良泥质》（CJ/T 291）的规定；并应根据当地实际，进行环境影响评价，经有关主管部门批准后实施。

3.2.3 污泥农用时，污泥必须进行稳定化和无害化处理，并达到《农用污泥中污染物控制标准》（GB 4284）等国家和地方现行的有关农用标准和规定。污泥衍生产品应通过场地适用性环境影响评价和环境风险评估，并经有关部门审批后方可实施。污泥农用应严格控制施用量和施用期限。

3.3 污泥建筑材料综合利用。有条件的地区，应积极推广污泥建筑材料综合利用。污泥建筑材料综合利用是指污泥的无机化处理，用于制作水泥添加料、制砖、制轻质骨料和路基材料等。污泥建筑材料利用应符合国家和地方的相关标准和规范要求，并严格防范在生产和使用中造成二次污染。

3.4 污泥填埋。不具备土地利用和建筑材料综合利用条件的污泥，可采用填埋处置。国家将逐步限制未经无机化处理的污泥在垃圾填埋场填埋。污泥填埋应满足《城镇污水处理厂污泥处置 混合填埋泥质》（CJ/T 249）的规定；填埋前的污泥需进行稳定化处理；横向剪切强度应大于 $25kN/m^2$；填埋场应有沼气利用系统，渗滤液能达标排放。

4. 污泥处理技术路线

4.1 在污泥浓缩、调理和脱水等实现污泥减量化的常规处理工艺基础上，根据污泥处置要求和相应的泥质标准，选择适宜的污泥处理技术路线。

4.2 污泥以园林绿化、农业利用为处置方式时，鼓励采用厌氧消化或高温好氧发酵（堆肥）等方式处理污泥。

4.2.1 厌氧消化处理污泥。鼓励城镇污水处理厂采用污泥厌氧消化工艺，产生的沼气应综合利用；

厌氧消化后污泥在园林绿化、农业利用前，还应按要求进行无害化处理。

4.2.2 高温好氧发酵处理污泥。鼓励利用剪枝、落叶等园林废弃物和砻糠、谷壳、秸秆等农业废弃物作为高温好氧发酵添加的辅助填充料，污泥处理过程中要防止臭气污染。

4.3 污泥以填埋为处置方式时，可采用高温好氧发酵、石灰稳定等方式处理污泥，也可添加粉煤灰和陈化垃圾对污泥进行改性。

4.3.1 高温好氧发酵后的污泥含水率应低于40%。

4.3.2 鼓励采用石灰等无机药剂对污泥进行调理，降低含水率，提高污泥横向剪切力。

4.4 污泥以建筑材料综合利用为处置方式时，可采用污泥热干化、污泥焚烧等处理方式。

4.4.1 污泥热干化。采用污泥热干化工艺应与利用余热相结合，鼓励利用污泥厌氧消化过程中产生的沼气热能、垃圾和污泥焚烧余热、发电厂余热或其他余热作为污泥干化处理的热源；不宜采用优质一次能源作为主要干化热源；要严格防范热干化可能产生的安全事故。

4.4.2 污泥焚烧。经济较为发达的大中城市，可采用污泥焚烧工艺。鼓励采用干化焚烧的联用方式，提高污泥的热能利用效率；鼓励污泥焚烧厂与垃圾焚烧厂合建；在有条件的地区，鼓励污泥作为低质燃料在火力发电厂焚烧炉、水泥窑或砖窑中混合焚烧。

4.4.3 污泥焚烧的烟气应进行处理，并满足《生活垃圾焚烧污染控制标准》(GB 18485)等有关规定。污泥焚烧的炉渣和除尘设备收集的飞灰应分别收集、储存、运输。鼓励对符合要求的炉渣进行综合利用；飞灰需经鉴别后妥善处置。

5. 污泥运输和储存

5.1 污泥运输。鼓励采用管道、密闭车辆和密闭驳船等方式；运输过程中应进行全过程监控和管理，防止因暴露、洒落或滴漏造成的环境二次污染；严禁随意倾倒、偷排污泥。

5.2 污泥中转和储存。需要设置污泥中转站和储存设施的，可参照《城市环境卫生设施设置标准》(CJJ 27)等规定，并经相关主管部门批准后方可建和使用。

6. 污泥处理处置安全运行与监管

6.1 国家和地方相关主管部门应加强对污泥处理处置设施规划、建设和运行的监管；污泥处理处置设施运营单位(以下简称运营单位)应保障污泥处理处置设施的安全稳定运行。

6.2 运营单位应严格执行国家有关安全生产法律法规和管理规定，落实安全生产责任制；执行国家相关职业卫生标准和规范，保证从业人员的卫生健康；应制定相关的应急处置预案，防止危及公共安全的事故发生。

6.3 城镇污水处理厂、污泥运输单位和各污泥接收单位应建立污泥转运联单制度，并定期将记录的联单结果上报地方相关主管部门。

6.4 运营单位应建立完备的检测、记录、存档和报告制度，并对处理处置后的污泥及其副产物的去向、用途、用量等进行跟踪、记录和报告，相关资料至少保存5年。

6.5 地方相关主管部门应按照各自的职责分工，对污泥土地利用全过程进行监督和管理。污泥土地利用单位应委托具有相关资质的第三方机构，定期对污泥衍生产品土地利用后的环境质量状况变化进行评价。污泥处理处置场所应禁止放养家畜、家禽。

6.6 地方相关主管部门应加强对填埋场的监督和管理。填埋场运营单位应按照国家相关标准和规范，定期对污泥泥质、填埋场场地的水、气、土壤等本底值及作业影响进行监测。

6.7 污泥焚烧运营单位应按照国家相关标准和规范，定期对污泥性质、污泥量、排放废水、烟气、炉渣、飞灰等进行监测。污泥综合利用单位还需对污泥衍生产品的性质和数量进行监测和记录。

7. 污泥处理处置保障措施

7.1 国务院有关部门和地方主管部门应加强污泥处理处置标准规范的制定和修订，规范污泥处理处置设施的规划、建设和运营。

7.2 地方人民政府应进一步提高污水处理费的征收力度和管理水平，污水处理费应包括污泥处理处置运营成本；通过污水处理费、财政补贴等途径落实污泥处理处置费用，确保污泥处理处置设施正常稳定运营。

7.3 各级政府应加大对污泥处理处置设施建设的资金投入，对于列入国家鼓励发展的污泥处理处置技术和设备，按规定给予财政和税收优惠；建立多元化投资和运营机制，鼓励通过特许经营等多种方式，引导社会资金参与污泥处理处置设施建设和运营。

关于印发《全国城镇生活垃圾处理信息报告、核查和评估办法》的通知

建城〔2009〕26号

各省、自治区建设厅，直辖市市政管委（市容委），新疆生产建设兵团建设局：

为了贯彻落实《国务院关于印发节能减排综合性工作方案的通知》（国发〔2007〕15号）要求，加强对城镇生活垃圾处理设施建设和运行的管理与监督，住房和城乡建设部制定了《全国城镇生活垃圾处理信息报告、核查和评估办法》，现印发给你们，请认真贯彻执行。执行中的有关情况请及时与我部城市建设司联系。

附件：全国城镇生活垃圾处理信息报告、核查和评估办法

中华人民共和国住房和城乡建设部
二〇〇九年二月二十四日

附件：

全国城镇生活垃圾处理信息报告、核查和评估办法

第一条 为加强城镇生活垃圾处理设施建设和运行的管理与监督，落实节能减排目标要求，根据国家有关法律法规规定和工作要求，制定本办法。

第二条 组织实施全国城镇生活垃圾处理设施建设、运行的信息报告、核查、评估等工作，适用本办法。

本办法所指城镇生活垃圾处理设施（项目），是指设市城市（含区）、县城生活垃圾填埋场、堆肥厂、焚烧处理厂及其他处理方式的处理（场）（以下简称"生活垃圾处理厂"）及生活垃圾中转站。

第三条 住房和城乡建设部负责"全国城镇生活垃圾处理管理信息系统"（以下简称信息系统）的平台建设，负责全国城镇生活垃圾处理项目建设和运营的信息分析、总体评估和通报工作，对各地相关工作进行指导、监督和专项督察。

住房和城乡建设部信息中心负责信息系统的建设、维护和升级，以及上报信息汇总分析和用户服务等工作。

各省、自治区、直辖市住房城乡建设（环卫）行政主管部门负责组织实施本行政区城镇生活垃圾处理的信息报告的督促、核查工作，并利用信息系统对本地区城镇生活垃圾处理情况进行分析和评估。

各城市和县人民政府的住房城乡建设（环卫）行政主管部门负责本地区城镇生活垃圾处理项目建设信息的统计、整理和上报，以及生活垃圾处理运营信息报告的核实和督促工作。

第四条 城镇生活垃圾处理设施建设、运行的信息报告、核查、评估等工作应当坚持全面覆盖、责任明确、上下联动、实事求是的原则，做到信息准确、渠道畅通、报送及时、核查规范、评估科学、调控有力。

第五条 信息系统的主要内容包括：

（一）城镇生活垃圾处理信息。重点报告城镇生活垃圾厂数量、生活垃圾转运站数量、生活垃圾清运量、处理量、处理方式、生活垃圾处理收费和运营投入等情况。

（二）规划、在建项目信息。重点报告规划项目规模、规划投资、进度以及已开工建设项目设计规模、处理方式、建设进度等情况。

（三）已投入运营项目信息。基本信息包括生活垃圾处理厂基本情况、处理方式、生活垃圾处理费标准等。运行信息包括垃圾处理量、渗滤液处理量、运行天数、运行成本等。

第六条 城镇住房城乡建设（环卫）行政主管部门负责城镇生活垃圾处理信息和在建项目信息的报告。城镇生活垃圾处理信息为月报，于每月10日前报送上月的信息，在建项目建设信息为季报，于每

季度第一个月 10 日前报送上季度的信息。

城镇生活垃圾处理设施运营单位负责已投入运行项目信息的报告工作。项目运行信息为月报，于每月 10 日前报送上个月的信息。

省级住房城乡建设（环卫）行政主管部门应于每月 15 日前，完成对报送信息的核准工作，并在每年的 7 月 20 日和 1 月 20 日前，分别完成本地区内的城镇生活垃圾处理半年度和全年度评估上报工作。

城镇生活垃圾处理项目建设和运营信息报告的具体格式、内容，按照《全国城镇生活垃圾处理管理信息系统说明书》执行。

住房和城乡建设部信息中心负责对上报信息进行汇总分析。

第七条 各级住房城乡建设（环卫）行政主管部门和城镇生活垃圾处理项目运营单位应落实责任，明确专人负责信息报告工作。要按照"谁填报，谁负责；谁主管，谁落实"的原则，确保上报信息的及时、全面、准确。

住房和城乡建设部信息中心应做好系统维护，及时解决系统使用中出现的问题，提高系统使用效率。

第八条 各级住房城乡建设（环卫）主管部门要加强对城镇生活垃圾处理设施建设和运营信息的核查，核实信息的真实性、准确性，对信息中反映的问题及时进行督查，限期整改。

对生活垃圾渗滤液处理进行重点核查。各设市城市和县住房城乡建设（环卫）行政主管部门应建立或委托具有认证资格的监测机构，进行定期检测。

第九条 住房和城乡建设部将根据国家总体部署和工作进展情况，组织实施全国范围的或重点地区的城镇生活垃圾处理专项检查。

省级住房城乡建设（环卫）主管部门应建立核查工作制度，完善核查工作体系，并根据各地工作进展和国家要求组织对本区内的生活垃圾处理设施建设和运营情况进行不定期检查。

第十条 发挥行业协会的作用，组织城镇生活垃圾处理行业的交流和检查，开展运营单位绩效评价工作，建立行业自律和激励机制。

第十一条 在信息报告、核查的基础上，对城镇生活垃圾处理设施建设和运行情况及时做出全面评估。

评估的内容包括：根据规划，评估城镇生活垃圾处理设施建设进度、资金到位、政策落实等情况；根据国家规范、标准，评估生活垃圾处理设施运行的质量和效益。通过评估，总结经验，发现问题，提出对策。

第十二条 主要评估指标：

（一）城镇生活垃圾处理设施建成率：指已建成的城镇生活垃圾处理项目的数量/本辖区内规划确定的应建项目数量；同时对各地城镇生活垃圾处理设施建设的总体情况进行评估。以省、自治区、直辖市以及城市、县为评估单位。

（二）城镇生活垃圾无害化处理率：城镇生活垃圾处理厂无害化处理的生活垃圾总量占城镇生活垃圾清运量的百分比。以省、自治区、直辖市以及城市、县为评估单位。

（三）城镇生活垃圾处理设施运行情况：城镇生活垃圾无害化处理厂的运行总经费（含固定资产折旧）以垃圾处理厂为评估单位。

（四）城镇生活垃圾处理费收费标准，收费金额占运行经费的比率。以城市、县为评估单位。

第十三条 通过评估，对各省、自治区、直辖市，或重点流域、重点地区的城镇生活垃圾处理设施建设和运营情况进行排序；对生活垃圾处理设施运行情况做出简要绩效评价；对工作中出现的先进典型进行总结，对存在的共性问题进行分析，并提出整改建议。

第十四条 城镇生活垃圾处理设施建设和运营情况评估结论每半年通报一次。

根据通报，各级地方住房城乡建设（环卫）行政主管部门应当做出分析与说明，并向同级人民政府做出报告。

第十五条 住房和城乡建设部将评估情况及时与国家相关部门沟通，评估结论将作为国家对城镇生活垃圾处理项目支持的依据。对项目建设进度快、质量好、运营效果好的项目，住房和城乡建设部将建议相关部门予以资金和技术支持。

第十六条 存在以下问题的，由上级主管部门予以通报批评，必要时可向责任单位下发整改通知，限期进行整改。

（一）城镇生活垃圾处理设施建设进度慢，城镇生活垃圾无害化处理率低、生活垃圾处理费不能及时足额拨付的市、县。

（二）不按照本办法要求及时、准确报送数据或谎报、瞒报数据的生活垃圾处理运营单位。

第十七条 直接责任单位和相关部门应对整改通知进行专门研究，拿出具体措施和意见，并将整改情况向通知发出单位做出书面汇报。

对问题突出的地区或项目，有关主管部门应当组织进行专项督察。

第十八条 对于整改不力，造成严重影响和后果的，由上一级主管部门会同有关等部门对有关责任单位和责任人实施责任追究。

第十九条 本办法自颁布之日施行。

关于印发《数字化城市管理模式建设导则(试行)》的通知

建城［2009］119号

各省、自治区住房和城乡建设厅，北京、重庆市政管委，上海市城乡建设交通委，天津市市容委，新疆生产建设兵团建设局：

自2005年建设部开展数字化城市管理新模式试点工作以来，各试点城市按照试点工作要求和有关标准，积极开展工作，一些非试点城市也主动加入到试点行列，在全面提升城市综合管理效能等方面取得了明显成效。各地还将数字城管向城市管理的各个领域延伸，采取服务外包等城市化运作方式，改善了城市环境，创造了就业机会，试点工作取得了宝贵经验。为规范数字城管推广工作，针对试点工作中系统建设兼容性差、运行时效低、盲目超前、资金浪费等问题，我部组织编写了《数字化城市管理模式建设导则(试行)》，现印发给你们，请结合本地区实际参照执行。执行中有何问题和建议，请及时反馈我部城市建设司。

数字化城市管理模式建设导则(试行)

前 言

自2005年在全国推广数字化城市管理新模式(以下简称数字城管)以来，数字城管实现了城市管理从粗放到精细、从静态到动态、从开环到闭环、从分散到集中的转变，全面提高了城市管理水平。

数字城管探索建立了监管分离的双轴心管理体制，创建了将城市管理对象精确定位的万米单元网格法和城市部件事件管理法，建立了科学的城市管理工作流程和绩效评价机制，构建了一个适应新体制、新方法和新机制的集成化城市管理信息平台，是对城市管理体制、机制及管理手段的重大变革和创新。

为更好地推广数字城管的基本经验，提高系统建设质量和效益，确保数字城管建设健康发展，特制定本导则，以指导和规范各地数字城管建设工作。

总则

推进数字城管建设，要坚持以人为本，科学发展。各地要以提高城市管理水平为出发点，以城市管理问题为导向，以群众满意为标准，构建数字城管系统；数字城管系统建设要注重适用性、可拓展性和可兼容性，为实现数字城管可持续发展奠定基础。

推进数字城管建设，要坚持标准、循序渐进。各地要结合本地经济社会发展水平和城市管理需要，贯彻执行部颁行业标准和技术指南，合理确定管理模式和管理范围，科学制定建设方案；建设数字城管应统筹规划，分步实施，经济欠发达城市可从最基础城市管理做起，重点理顺机制、体制，引进先进管理理念和管理方式，逐步完善数字城管软硬件系统，逐步扩大覆盖范围和管理领域，建设适应当地发展水平、经济实用的数字城管。

推进数字城管建设，要注重实效，坚持创新。数字城管在提升问题发现能力的同时，需要加大处置资源的数量，提升处置资源的质量，在提升问题处置能力上求实效；建设数字城管系统，必须重视推动改革和完善城市管理机制，建立监督和管理分开、问题发现及时、处置标准明确、监督考核相对独立的城市管理机制。

推进数字城管建设，要坚持群众参与，科学评价。要将市长公开电话和12319服务热线与数字城管有机结合，引导群众积极参与城市管理；要建立科学有效的考核评价体系，科学运用系统数据，为科学决策提供依据；积极推进将数字城管考核结果纳入政府的绩效考核、行政效能监察体系，充分发挥群众监督、舆论监督作用，不断提高管理水平。

推进数字城管建设，要整合资源，厉行节约。按照勤俭办一切事的原则，整合现有各类信息化资源，实现设备、信息系统的共建共享，减少各类不必要的形象装备；要开放市场，公开招标，在确保系统安全保密的前提下，可以通过设备租用、委托建设等形式开展系统建设，减少数字城管一次性投资；要积极采用先进实用和性价比合理的技术模式和硬件配置，以降低数字城管建设的技术成本。要合理配置数字城管系统运行的维护资源，建立稳定可信的运行维护模式，可选择外包服务、租用托管等形式降低运行维护成本，保证运行安全稳定。

1. 建设内容

数字城管建设的核心应包括四个方面。

机制创新是实施数字城管的核心。应建立独立的监督制度、量化的处置制度、量化的考核制度和长效考核制度等。

高效监督是实施数字城管的根本。明确一个隶属政府综合部门相对独立的监督和考核部门是数字城管建设的有力保证。

标准贯彻是实施数字城管的基础。全面贯彻数字城管的相关标准是建设、运行数字城管的规范化基础。

技术集成是实施数字城管的保障。在体制、机制、标准巨大变革的背景下，只有采用数字化集成技术，才能保证和维持数字城管体制、机制改革成果和标准的贯彻，实现新体制机制环境下的城市管理高效率。

1.1 组织体系建设

按照监督考核相对独立的原则，数字城管建设应明确隶属于政府的相对独立的综合协调部门，完成城市管理监督考核职责。将分散的政府各职能部门的监督考核职能，集中到与处置职能脱钩的监督考核部门中，实现城市管理问题的处置和监督考核的职责分离，为建立独立的监督考核机制奠定必要的组织基础。

按照城市管理问题处置资源下放的原则，将分散在城市各职能部门和设区城市区级政府的处置资源(包括人、财、物、事)尽量直接配置到市和区以下的基层执行单位，为发挥处置资源的最大时效和提高基层处置能力，奠定必要的物质基础。

1.2 制度体系建设

监督制度建设。按照《城市市政综合监管信息系统 管理部件和事件分类、编码及数据要求》(CJ/T 214)标准规定，制定《城市管理部件、事件监督手册》，构建以问题发现、核查结案为核心内容的城市管理问题监督制度体系，以确保城市管理问题高位独立监督的客观性和科学性。

处置制度建设。按照《城市市政综合监管信息系统 城市管理部件事件立案、处置和结案》(CJ/T 315)标准规定，制定《城市管理部件、事件处置(指挥)手册》，构建以处置职责重新确认、处置结果规范、处置时限精准为核心内容的城市管理问题处置执行的制度体系，以保证城市管理问题各处置责任部门的职责清晰、结果规范。

考核制度建设。按照《城市市政综合监管信息系统 绩效评价》(CJ/T 292)标准规定，制定《城市管理综合绩效考核办法》，以标准化的处置结果统计数据为依据，构建对各执行部门和监督机构的考核制度体系，形成一个监督轴驱动多部门组成的处置轴，全面提升处置效率的核心动力机制。

长效机制建设。在城市现行管理体制下，积极推进将数字城管考核结果纳入到城市有关部门的绩效考核、行政效能督察或干部考核等制度体系，以保证监督、处置、考核机制长期发挥效能。

1.3 信息系统建设

按照《城市市政综合监管信息系统技术规范》(CJJ/T 106)标准规定，建设数字城管中心机房、网络基础设施、信息安全体系、数据库系统和地理信息系统等基础软硬件平台。

按照《城市市政综合监管信息系统技术规范》(CJJ/T 106)标准规定，建设监督中心受理子系统、协同工作子系统、地理编码子系统、监督指挥子系统、综合评价子系统、应用维护子系统、基础数据资源管理子系统及数据交换子系统。

按照《城市市政综合监管信息系统 监管数据无线采集设备》(CJ/T 293)标准规定，进行城管通硬件的选型和采购，建设城管通监管数据无线采集子系统。

1.4 基础数据建设

按照《城市市政综合监管信息系统技术规范》(CJJ/T 106)标准中规定的关于城市地理空间定位的基本数据需求，建设以城市大比例尺地形图、正射影像图等基础地理信息为主要内容的城市基础地理信息数据库。

按照《城市市政综合监管信息系统　单元网格划分与编码规则》(CJ/T 213)标准规定，编制本地区单元网格划分与分类编码工作方案，并建设基于城市基础地理信息的单元网格数据库。

按照《城市市政综合监管信息系统　管理部件和事件分类、编码及数据要求》(CJ/T 214)标准规定，编制本地区管理部件和事件分类、编码及数据要求和数据普查工作方案，并建设基于单元网格数据库的管理部件和事件数据库。

按照《城市市政综合监管信息系统　地理编码》(CJ/T 215)标准规定，编制本地区地理编码数据普查工作方案，并建设基于城市基础地理信息的城市地理编码数据库。

1.5　专职队伍建设

信息采集员。各地应根据区域大小、城市管理问题发生密度等实际情况，采用自管或市场化管理等方式，组建规模适当的专职信息采集员队伍。负责日常城市管理问题的信息采集、核实核查和各类专项普查工作。

呼叫中心坐席员。各地应结合当地需求配备呼叫中心坐席员。负责受理领导批示、信息采集员上报和社会公众举报的城市管理问题，并进行审核、立案、批转、授权结案等工作。

指挥中心派遣员。各地应结合当地需求配备指挥中心派遣员。负责将监督中心立案后批转的案卷派遣到相应的专业部门，对专业部门的案件办理情况进行协调督办。

2. 项目管理

2.1　项目管理组织

成立数字城管建设领导小组，负责项目重大事项的决定，确定数字城管体制机制的建设，落实项目建设资金，协调项目各相关单位的协作关系，决定项目组成员的调整。及时听取项目建设过程的进展情况，对项目的执行情况进行宏观监督和指导。

明确项目负责人，负责整个项目建设全过程的所有管理职责，保证项目总体进度和各组工作质量和进度，定期向领导小组汇报进展情况及需要确认的重大事项。

设立管理组，负责数字城管队伍建设，编制各岗位管理制度，包括监督手册、指挥手册、评价指标体系等，并组织培训。设立系统组，负责项目的系统运行环境和应用系统建设和协调，包括网络布署、硬件配置、数据库建设、系统软件配置和应用软件研发，信息安全系统建设等工作。设立数据组，负责协调、收集和整理基础地理框架数据，进行单元网格划分、部件和地址数据普查入库工作。

2.2　项目实施步骤

明确责任，组织实施。成立项目建设领导小组、明确责任分工，制定项目实施工作计划。

项目立项、编制方案。编制"可行性研究报告、需求分析报告和实施方案"，完成项目立项和招投标工作，确定项目各承建单位。

组建队伍，制订制度。由管理组牵头，组建监督中心、指挥中心和监督员队伍，并编写相关工作制度和《城市管理部件、事件监督手册》，《城市管理部件、事件处置(指挥)手册》，《城市管理综合绩效考核办法》。

数据普查，系统搭建。由数据组牵头，进行数据普查和数据库建设工作。由系统组牵头，进行系统网络配置，软硬件系统和设备采购、安装、调试，应用软件系统研发和实施，城管通硬件采购和软件研发等工作。

人员培训，编制手册。由管理组、系统组牵头，编制《各岗位用户培训手册》、《监督员培训手册》及《系统管理员培训手册》，对系统岗位人员进行业务培训、技术培训。

系统测试，投入运行。由管理组、系统组牵头，进行系统测试、试运行和正式运行。

档案整理，系统验收。对项目建设过程中的相关文档资料进行整理，存档，并组织系统的验收。

3. 验收评价

3.1　组织体系

有明确的隶属政府的独立城市管理综合协调、监督和考核部门，同时实现了处置资源尽量直接配置到市和区以下的基层执行单位。

3.2　基本制度

建立并执行了比较完善的监督制度、处置制度、考核制度，形成了考核制度的长效机制。

3.3　信息系统

建设了基础软硬件平台系统，以及监管数据无线采集子系统、监督中心受理子系统、协同工作子系统、地理编码子系统、监督指挥子系统、综合评价子系统、应用维护子系统、基础数据资源管理子系统及数据交换子系统等。

3.4　基础数据

建设了以城市大比例尺地形图、正射影像图等基础地理信息为主要内容的城市基础地理信息数据库；编制了本地区单元网格划分与分类编码工作方案，并建设了基于城市基础地理信息的地理单元网格数据库；编制了本地区管理部件和事件分类、编码及数据要求和数据普查工作方案，并建设了基于地理单元网格数据库的管理部件和事件数据库；编制了本地区地理编码数据普查工作方案，并建设了基于城市基础地理信息的城市地理编码数据库。

3.5 专职队伍

组建了与本地监督区域、问题发生密度相适应的信息采集、呼叫中心和协调指挥的专职队伍。

3.6 运行效果

数字城管系统经过一定周期的运行，城市管理部件、事件的监督发现和处置执行达到合理的数量，监督执行部门运作协调，考核评价制度基本发挥作用，信息系统运行稳定可靠，城市总体面貌发生明显改变等。

3.7 文档资料

机制体制建设文档。包括项目建设、组织机构、人员队伍和运行管理相关的政府文件和管理制度等文档。

建设过程文档。包括系统集成、数据普查、应用系统开发、软硬件采购、网络建设、信息安全体系、场地机房装修、监理等全过程技术文档。

总结汇报文档。针对验收评价的主要内容，集中反映项目概况、建设过程、组织体系建设、制度体系建设、信息系统建设、基础数据建设、运行实际效果的综合汇报文档。

关于修订《城市园林绿化企业资质标准》的通知

建城〔2009〕157号

各省、自治区住房和城乡建设厅，北京市园林绿化局，天津市建设交通委、市容和园林管理委员会，上海市绿化和市容管理局，重庆市园林事业管理局，新疆生产建设兵团建设局，总后营房工程局：

为规范城市园林绿化市场行为，加强城市园林绿化市场监督管理，引导城市园林绿化市场健康发展，我们对《城市园林绿化企业资质标准》进行了修订。现将修订后的《城市园林绿化企业资质等级标准》印发给你们，请遵照执行。原《城市园林绿化企业资质标准》（建城〔2007〕27号）同时废止。

中华人民共和国住房和城乡建设部
二〇〇九年十月九日

城市园林绿化企业资质等级标准

一、一级资质

（一）资质标准

1. 注册资金且实收资本不少于2000万元；企业固定资产净值在1000万元以上；企业园林绿化年工程产值近三年每年都在5000万元以上。

2. 6年以上的经营经历，获得二级资质3年以上，具有企业法人资格的独立的专业园林绿化施工企业。

3. 近3年独立承担过不少于5个工程造价在800万元以上的已验收合格的园林绿化综合性工程。

4. 苗圃生产培育基地不少于200亩，并具有一定规模的园林绿化苗木、花木、盆景、草坪的培育、生产、养护能力。

5. 企业经理具有8年以上的从事园林绿化经营管理工作的资历或具有园林绿化专业高级技术职称，企业总工程师具有园林绿化专业高级技术职称，总会计师具有高级会计师职称，总经济师具有中级以上经济类专业技术职称。

6. 园林绿化专业人员以及工程、管理、经济等相关专业类的专职管理和技术人员不少于30人。具有中级以上职称的人员不少于20人，其中园林专业高级职称人员不少于2人，园林专业中级职称人员不少于10人，建筑、给排水、电气专业工程师各不少于1人。

7. 企业中级以上专业技术工人不少于30人，包括绿化工、花卉工、瓦工（或泥工）、木工、电工等相关工种。企业高级专业技术工人不少于10人，其中高级绿化工和/或高级花卉工总数不少于5人。

（二）经营范围

1. 可承揽各种规模以及类型的园林绿化工程，包括：综合公园、社区公园、专类公园、带状公园等各类公园，生产绿地、防护绿地、附属绿地等各类绿地。

2. 可承揽园林绿化工程中的整地、栽植及园林绿化项目配套的500平方米以下的单层建筑（工具间、茶室、卫生设施等）、小品、花坛、园路、水系、喷泉、假山、雕塑、广场铺装、驳岸、单跨15米以下的园林景观人行桥梁、码头以及园林设施、设备安装项目等。

3. 可承揽各种规模以及类型的园林绿化养护管理工程。

4. 可从事园林绿化苗木、花卉、盆景、草坪的培育、生产和经营。

5. 可从事园林绿化技术咨询、培训和信息服务。

二、二级资质

（一）资质标准

1. 注册资金且实收资本不少于1000万元；企业固定资产净值在500万元以上；企业园林绿化年工程产值近三年每年都在2000万元以上。

2. 5年以上的经营经历，获得三级资质3年以上，具有企业法人资格的独立的专业园林绿化施工企业。

3. 近3年独立承担过不少于5个工程造价在400万元以上的已验收合格的园林绿化综合性工程。

4. 企业经理具有5年以上的从事园林绿化经营管理工作的资历或具有园林绿化专业中级技术职称，企业总工程师具有园林绿化专业高级技术职称，总会计师具有中级以上会计师职称，总经济师具有中级以上经济类专业技术职称。

5. 园林绿化专业人员以及工程、管理、经济等相关专业类的专职管理和技术人员不少于20人。具有中级以上职称的人员不少于12人，其中园林专业高级职称人员不少于1人，园林专业中级职称人员不少于5人，建筑、给排水、电气工程师各不少于1人。

6. 企业中级以上专业技术工人不少于20人，包括绿化工、花卉工、瓦工（或泥工）、木工、电工等相关工种。企业高级专业技术工人不少于6人，其中高级绿化工和/或高级花卉工总数不少于3人。

（二）经营范围

1. 可承揽工程造价在1200万元以下的园林绿化工程，包括：综合公园、社区公园、专类公园、带状公园等各类公园，生产绿地、防护绿地、附属绿地等各类绿地。

2. 可承揽园林绿化工程中的整地、栽植及园林绿化项目配套的200平方米以下的单层建筑（工具间、茶室、卫生设施等）、小品、花坛、园路、水系、喷泉、假山、雕塑、广场铺装、驳岸、单跨10米以下的园林景观人行桥梁、码头以及园林设施、设备安装项目等。

3. 可承揽各种规模以及类型的园林绿化养护管理工程。

4. 可从事园林绿化苗木、花卉、盆景、草坪的培育、生产和经营，园林绿化技术咨询和信息服务。

三、三级资质

（一）资质标准

1. 注册资金且实收资本不少于200万元，企业固定资产在100万元以上。

2. 具有企业法人资格的独立的专业园林绿化施工企业。

3. 企业经理具有2年以上的从事园林绿化经营管理工作的资历或具有园林绿化专业初级以上技术职称，企业总工程师具有园林绿化专业中级以上技术职称。

4. 园林绿化专业人员以及工程、管理、经济等相关专业类的专职管理和技术人员不少于10人，其中园林专业中级职称人员不少于2人。

5. 企业中级以上专业技术工人不少于10人，包括绿化工、瓦工（或泥工）、木工、电工等相关工种；其中高级绿化工和/或高级花卉工总数不少于3人。

（二）经营范围

1. 可承揽工程造价在500万元以下园林绿化工程，包括：综合公园、社区公园、专类公园、带状公园等各类公园，生产绿地、防护绿地、附属绿地等各类绿地。

2. 可承揽园林绿化工程中的整地、栽植及小品、花坛、园路、水系、喷泉、假山、雕塑、广场铺装、驳岸、单跨10米以下的园林景观人行桥梁、码头以及园林设施、设备安装项目等。

3. 可承揽各种规模以及类型的园林绿化养护管理工程。

4. 可从事园林绿化苗木、花卉、草坪的培育、生产和经营。

四、三级资质以下

三级资质以下企业只能承担50万元以下的纯绿

化工程项目、园林绿化养护工程以及劳务分包，并限定在企业注册地所在行政区域内实施。具体标准由各省级主管部门参照上述规定自行确定。

五、相关注释

（一）省级主管部门：指省、自治区住房和城乡建设厅和直辖市园林绿化主管部门。

（二）工程造价：以竣工造价为准。

（三）综合性工程：指工程建设内容除园林绿化植物栽植、整地外，至少含两种下列内容的园林绿化工程：园林绿化项目配套的500平方米以下的单层建筑（工具间、茶室、卫生设施等）、小品、花坛、园路、水系、喷泉、假山、雕塑、广场铺装、驳岸、园林景观人行桥梁、码头以及园林设施及设备安装项目等。单纯的绿化项目和绿化管理养护项目，如公路绿化、厂区绿化养护等，一律不算作综合性工程。

（四）园林景观人行桥梁：桥梁设计以游客通行和园林景观效果为主，设计负载在250公斤/平方米以下，并只限应急车辆通行的单跨桥梁。

（五）建筑专业：包括建筑、工民建和土木工程专业。

（六）园林专业：指与园林绿化工程规划、设计、施工及养护管理相关的专业，包括园林（含园林规划设计、园林植物、风景园林、园林绿化等）、园艺、城市规划、景观、植物（含植保、森保等）、风景旅游、环境艺术等专业。

（七）专业人员资格的认定：专业技术人员所学专业、职称证书专业原则上应与标准要求的专业一致，其他情况按下列原则认定：

1. 申报人员所学专业与标准要求专业不一致，但职称证书专业与标准要求专业一致，则按照其职称证书专业认定。

2. 申报人员所学专业与标准要求专业一致，但职称证书专业与标准要求专业不一致，经考核其个人工作经历符合要求的（中级职称人员需从事相关专业工作6年以上；高级职称人员需从事相关专业工作10年以上。），按照其所学专业认定。

3. 申报人员职称证书上未注明专业的，按照其毕业证书专业认定。

4. 申报人员毕业证书专业、职称证书专业都与标准要求专业不一致，但就业后从事标准要求专业的脱产学习至少一年，并取得相应结业证书的，经考核其个人工作经历符合要求的（中级职称人员需从事相关专业工作6年以上，高级职称人员需从事相关专业工作10年以上），按照结业证书专业认定。

5. 申报人员毕业证书专业、职称证书专业都与标准要求专业不一致，且达不到上述认定要求的，一律不予认定。

关于印发《中国国际园林博览会管理办法》的通知

建城〔2009〕286号

各省、自治区住房和城乡建设厅，北京市园林绿化局，上海市绿化和市容管理局，天津市城乡建设和交通委员会，天津市市容和园林管理委员会，重庆市园林事业管理局，新疆生产建设兵团建设局，总后营房部工程局：

自1997年在大连市举办首届中国国际园林花卉博览会（以下简称"园博会"）以来，园博会已发展成为扩大国内外园林绿化行业交流与合作，展示园林绿化新成果，传播园林文化和生态环保理念，引导技术创新，推动资源节约型社会和环境友好型社会建设，促进社会经济与人口、资源、环境协调发展的有效抓手，受到城市园林绿化行业的广泛重视和社会各界的普遍关注。为规范园博会的申报、组织实施与维护管理，促进园博会可持续发展，我们制定了《中国国际园林博览会管理办法》，现印发给你们，请遵照执行。

中华人民共和国住房和城乡建设部
二〇〇九年十二月十五日

中国国际园林博览会管理办法

第一章 总 则

第一条 为了做好中国国际园林博览会（以下简称园博会）的组织管理工作，规范园博会申办、组织实施与维护管理，保障园博会各项活动正常有序开展，特制定本办法。

第二条 举办园博会立足于弘扬生态文明，引领行业发展，旨在扩大国内外园林绿化行业交流与合作，展示园林绿化建设、管理的最新成果，传播园林文化和生态环保理念，引导技术创新，推动资源节约型社会和环境友好型社会建设，促进社会经济与人口、资源、环境协调发展。

第三条 园博会坚持生态优先、传承文化、节约环保、规模适度、鼓励创新、永续发展的原则。

第四条 园博会由住房和城乡建设部、承办城市所在省（自治区）人民政府共同主办。住房和城乡建设部可邀请国家相关部门参与主办或协办。

由中国风景园林学会、中国公园协会、承办市所在省（自治区）住房和城乡建设行政主管部门及其城市人民政府共同承办。

直辖市承办时，城市人民政府作为主办方之一，其城市园林绿化主管部门为具体承办单位。

遵守园博会举办宗旨和办会原则的国内外城市、团体、企事业单位、个人按自愿原则依法参加园博会各项活动。

第五条 园博会一般每2年举办一次，会期3至6个月。

园博会一般包括室外展和室内专题展。室外主要展示国内外造园艺术以及园林绿化新技术、新材料、新成果等，室内主要展示各类园林艺术作品、奇石、插花、盆景等。展会期间应结合展会主题和行业发展需要，组织高层论坛、学术研讨、技术与商贸交流、特色文化艺术展示、展演等系列活动。

第六条 园博会倡导办会方式创新。鼓励国内外企业、团体、社会组织、个人以适当形式参与园博会建设和运营。

住房和城乡建设部对在园博会建设、运营期间有突出贡献的参展方进行表彰。

第七条 园博会会徽是一个"花"字的变体，其黄、红、蓝三部分分别为C、Y、B三个字母，是"CHINA"及"园博"汉语拼音字母的缩写，又分别代表植物的果、花、叶；会旗是以园博会会徽为图案的白色旗帜；会歌是《七彩的梦》。

吉祥物由承办城市负责征集和初审，报园博会组委会审定。

第二章 申 办

第八条 符合本办法规定条件的城市人民政府自愿申办园博会。

第九条 申办城市应为国家园林城市，其园林绿化机构和职能明确，并曾参加4届以上住房和城乡建设部主办的园博会展园建设。

申办城市应科学选择园博会展园（以下简称园博园）建设用地，园博园用地原则上应为城市绿地系统规划确定的规划绿地，园区范围内作为城市公共绿地保留的部分不得少于50公顷。

园博园建设用地不属于城市绿地系统规划确定的规划绿地的，需在园博会开幕之前将其作为城市公共绿地保留的部分纳入城市绿地系统，划定保护绿线，并按绿线管制要求向社会公示。

应建设或提供满足园博会需要的主展馆和主会场，主展馆和主会场以及园博会相关配套设施的用地范围和建设规模，在满足园博会需要的前提下，由承办城市自行确定。

应为举办园博会提供交通设施、市政基础设施、环境、服务和资金投入等方面的保障。

第十条 园博会采取隔届申办方式。住房和城乡建设部于每届园博会开幕前部署下下届园博会的申办工作，并在当届园博会闭幕前确定下下届园博会承办城市。

第十一条 在住房和城乡建设部规定的申办期限内，城市人民政府自愿向住房和城乡建设部提出园博会申办申请，并提供省（自治区）人民政府同意意见、省（自治区）人民政府住房和城乡建设行政主管部门审核意见、申办城市政府承诺书和申办报告等文件。

直辖市人民政府直接向住房和城乡建设部提出申办，并提供城市政府承诺书和申办报告等文件。

每届园博会每个省（自治区）只能确定一个城市参加申办。园博会原则上不在同一省（自治区、直辖市）内连续举办。

第十二条 申办期限截止后，住房和城乡建设部组织评审委员会对申办城市进行综合评审。

评审委员会对申办报告进行审查，听取申办城市陈述，通过打分、投票确定3个以内候选城市。

评审委员会对候选城市进行实地考察，考察意见上报住房和城乡建设部。

第十三条 住房和城乡建设部根据评审委员会考核意见，研究确定并公布承办城市。

第十四条 承办城市不得变更申办报告和政府承诺书的重大内容；因不可抗拒原因需要改变的须提前报经住房和城乡建设部批准。

第三章 筹办和运营

第十五条 住房和城乡建设部是园博会的第一主办单位，主要职责包括：

组建园博会组委会。

组建专家委员会，授权并监督专家委员会开展工作。

组织全国园林绿化行业支持、参与园博会工作。

第十六条 园博会组委会由主办方和承办方的相关领导组成，统筹领导园博会筹办和运营工作，下设办公室作为日常办事机构。

园博会组委会的主要职责包括：审定园博会组织实施方案、园博园总体规划。审定园博会开幕式、闭幕式方案、组织评奖办法。

听取园博会筹办期间各项工作进展情况报告，及时协调解决筹办过程中的有关问题。

组织召开园博会新闻发布会。

第十七条 承办城市所在省（自治区）人民政府作为园博会的第二主办单位，主要职责包括：

对承办城市提供相关指导服务，督促承办城市兑现政府承诺、按期完成园博会筹办和运营各项工作。

负责协调与园博会相关的各有关部门之间的关系。

直辖市主办时，主要职责包括：

兑现政府承诺；对具体承办单位提供相关支持与服务，按期完成园博会筹办和运营各项工作；负责协调与园博会相关的各有关部门之间的关系。

第十八条 承办城市在主办方领导下，完成园博会筹办和运营工作。主要职责包括：

组织制定园博会组织实施方案，编制园博园总体规划及展后园博园运行维护、保护管理及发展利用方案，并报园博会组委会审定后组织实施。

成立专门的筹办机构，具体负责园博会筹办和运营工作。组织实施园博会相关建设工程，并组织对建设项目的竣工验收，对参展单位建设工程实施竣工验收备案。

负责保障园博会筹办和运营经费；负责积极配合专家委员会的各项工作；提供能满足园博会需要的交通、市政基础设施和其他公共服务设施。

负责园博会筹办和运营期间安全保障工作。

设置专门的组织管理机构，负责园博园内所有资产的后续管理，采取有效措施保证其可持续发展与利用。

协调参展单位参展工作，督促工作进度并监督质量，为参展单位提供必要的服务和后勤保障。

第十九条 专家委员会遵照住房和城乡建设部的要求，对园博会筹办和运营工作进行指导和服务。主要职责包括：

参与园博会相关专业技术方案的评审。

对园博会筹办和运营过程以及重点工作进展进行指导、服务和评估。

第二十条 参展经费原则上由参展城市、有关单位自行承担。

参展城市、有关单位和个人的参展方案须报组委会办公室审定，并严格按照组委会审定的参展方案组织实施，保质、保量、按时完成。

参展城市、有关单位和个人需及时将实施计划及工作进度报送组委会办公室备案。各展园施工建设的工程监理由展园建设城市、单位和个人自行负责。

第二十一条 中国风景园林学会、中国公园协会负责组织园博会期间学术论坛、学术年会等活动，协助承办城市做好园博会的宣传推介工作；协助承办城市邀请相关国际组织和专家参加园博会。

各省（自治区、直辖市）相关行业学（协）会应积极组织业内专业技术与管理人员参加园博会期间的各类专业技术活动。

第二十二条 园博会招展工作应当在园博会开幕前一年完成；园博园基础绿化工程，应当在开幕式前半年完成；园博会其他建设工程，应当在开幕式前一个月完成。

第四章 后续管理

第二十三条 对于各城市、单位、个人投资建设的室外展园的处置，应由承办城市与其建设方通过协议进行约定。园博会闭幕后，承办城市应严格遵照园博园运行维护、保护管理及发展利用方案实施管理，对不宜长期保留的室外展园，承办城市应商其建设单位同意后拆除。

第二十四条 园博会闭幕后，承办城市应将园博园纳入城市公园管理体系，按照相关的标准规范及《关于加强公园管理工作的意见》（建城〔2005〕17号）严格管理。

住房和城乡建设部对园博园的保护管理进行监

督检查。

第五章 附 则

第二十五条 本办法自发布之日起执行，由住房和城乡建设部负责解释。

第二十六条 原建设部发布的《中国国际园林花卉博览会申报管理办法》（建城〔2007〕140号）自本办法发布之日起废止。

八、住宅与房地产类

住房和城乡建设部关于修订《房地产交易与权属登记规范化管理考核标准》的通知

建房〔2009〕2号

各省、自治区建设厅，直辖市房地局（建委）：

随着《物权法》、《房屋登记办法》的施行，对房地产交易与登记规范化管理工作提出了新的要求。为进一步强化政府服务职能，提高管理水平，改善窗口服务，我们对2002年发布的《房地产交易与权属登记规范化管理考核标准》（建住房〔2002〕251号）进行了修订。现将修订后的《房地产交易与登记规范化管理标准》和《房地产交易与登记规范化管理先进标准》（以下分别简称《一般标准》和《先进标准》）印发给你们，并就有关事项通知如下：

一、各省、自治区、直辖市住房和城乡建设（房地产）行政主管部门负责认定房地产交易与登记规范化管理单位，并报住房和城乡建设部房地产市场监管司备案。住房和城乡建设部房地产市场监管司负责认定房地产交易与登记规范化管理先进单位。

二、申报房地产交易与登记规范化管理先进单位的，应当被认定为房地产交易与登记规范化管理单位三年以上（含三年）。各省、自治区、直辖市住房和城乡建设（房地产）行政主管部门上报规范化管理先进单位原则上每年不超过3个，申报材料应于每年的3月31日前上报。

三、对申报房地产交易与登记规范化管理先进的单位，住房和城乡建设部房地产市场监管司将组织有关专家对照《先进标准》逐条进行实地检查，并对检查结果进行通报。符合《先进标准》的，将按照《房地产交易与权属登记规范化管理考核办法》的规定进行认定。

四、房地产交易与登记规范化工作实行动态管理。对房地产交易与登记规范化管理单位和规范化管理先进单位进行不定期抽查，发现不能保持相应标准的，责令其限期改进；改进后仍达不到要求的，由认定部门撤销其相应称号。

房地产交易与登记规范化管理单位和规范化管理先进单位有效期为五年。有效期届满或规范化管理标准进行调整后，可申请复检，经复检符合相应标准的，继续保留其称号；经复检不符合相应标准的，责令其限期整改，整改后仍达不到要求的，由认定部门撤销其相应称号。未申请复检的单位，相应称号不予保留。

五、各省、自治区、直辖市住房和城乡建设（房地产）行政主管部门要加强对本地区房地产交易与登记规范化管理工作的指导和管理，认真制定本地区规范化管理工作规划，不断促进和提高本地区房地产交易与登记规范化管理水平。同时，要认真做好本地区规范化管理先进单位的验收和上报工作，要组织专家进行实地查看，加强资料审核，确保申报情况真实，认真出具验收报告。

六、2009年房地产交易与权属登记规范化管理工作继续按《房地产交易与权属登记规范化管理考核标准》（建住房〔2002〕251号）执行，2010年起按修订后的新标准执行。房地产交易与登记规范化管理先进单位认定的程序与方法、材料报送、公布时间等继续按照《房地产交易与权属登记规范化管理考核办法》的规定执行。

请各地区将工作中遇到的新情况、新问题，及时告我部房地产市场监管司。

附件：1.《房地产交易与登记规范化管理标准》
2.《房地产交易与登记规范化管理先进标准》（略）

住房和城乡建设部
二〇〇九年一月六日

住房城乡建设部 发展改革委 财政部关于印发 2009～2011 年廉租住房保障规划的通知

建保〔2009〕91号

各省、自治区、直辖市人民政府，国务院有关部门：

《2009～2011年廉租住房保障规划》已经国务院同意，现印发给你们，请认真贯彻执行。

住房和城乡建设部 国家发展和改革委员会 财政部
二〇〇九年五月二十二日

2009～2011年廉租住房保障规划

住房城乡建设部 发展改革委 财政部

近年来，各地区、各有关部门把解决城市低收入家庭住房困难作为改善民生的重要内容，不断完善政策，健全制度，加大投入，全国各市、县基本建立了以廉租住房为主要内容的住房保障制度，解决城市低收入家庭住房困难工作取得了积极成效。但从总体上看，廉租住房建设还处于起步阶段，截至2008年底全国还有747万户城市低收入住房困难家庭，亟需解决基本住房问题。为统筹安排廉租住房建设，根据党中央、国务院关于扩大内需、促进经济平稳较快增长的决策部署和温家宝总理在十一届全国人大二次会议上所作的《政府工作报告》、《国务院关于解决城市低收入家庭住房困难的若干意见》（国发〔2007〕24号）、《国务院办公厅关于促进房地产市场健康发展的若干意见》（国办发〔2008〕131号）精神，制定本规划。

一、指导思想和基本原则

（一）指导思想

全面贯彻党的十七大精神，以邓小平理论和"三个代表"重要思想为指导，深入贯彻落实科学发展观，按照保增长、保民生、保稳定的总体要求，加大廉租住房建设力度，着力增加房源供应，完善租赁补贴制度，加快建立健全以廉租住房制度为重点的住房保障体系，促进民生改善和社会和谐。力争经过几年的努力，使城市低收入住房困难家庭的住房条件得到明显改善。

（二）基本原则

1. 统筹规划，分年实施。综合考虑经济社会发展水平、城市低收入住房困难家庭数量、住房困难程度、住房支付能力和财政承受能力等因素，确定保障目标和任务，有计划、有步骤地组织实施。

2. 量力而行，适度保障。我国是发展中的人口大国，正处于城镇化快速发展时期，对保障性住房的需求较大。廉租住房保障水平要统筹考虑政府的保障能力和城市低收入住房困难家庭的实际需要，坚持以满足基本住房需要为原则。

3. 省级负总责，市、县抓落实。建立住房保障绩效评价和考核制度，实行目标责任制管理，省级人民政府对本地区廉租住房保障工作负总责，市、县人民政府具体负责廉租住房房源筹集、配租和租赁补贴发放工作。

4. 地方加大投入，中央加大支持。市、县人民政府要通过财政预算等方式，多渠道筹措廉租住房保障资金。省级人民政府要建立廉租住房专项补助资金制度。中央财政对财政困难地区加大资金支持力度。

二、总体目标和年度工作任务

（一）总体目标

从2009年起到2011年，争取用三年时间，基本解决747万户现有城市低收入住房困难家庭的住房问题。其中，2008年第四季度已开工建设廉租住房38万套，三年内再新增廉租住房518万套、新增发放租赁补贴191万户（各省、自治区、直辖市和新疆生产建设兵团任务分解见附表）。进一步健全实物配租和租赁补贴相结合的廉租住房制度，并以此为重点加快城市住房保障体系建设，完善相关的土地、财税和信贷支持政策。

（二）年度工作任务

1. 2009年，解决260万户城市低收入住房困难家庭的住房问题。其中，新增廉租住房房源177万套，新增发放租赁补贴83万户。

2. 2010年，解决245万户城市低收入住房困难家庭的住房问题。其中，新增廉租住房房源180万套，新增发放租赁补贴65万户。

3. 2011年，解决204万户城市低收入住房困难家庭的住房问题。其中，新增廉租住房房源161万套，新增发放租赁补贴43万户。

三、保障方式和保障标准

（一）保障方式

通过新建、购置和改造等方式筹集房源，同时继续实施租赁补贴制度，多渠道、多方式解决城市低收入住房困难家庭的住房问题。新建廉租住房采用统一集中建设和在经济适用住房、普通商品住房、棚户区改造项目中配建两种方式，以配建方式为主。

（二）保障标准

廉租住房保障对象是城市低收入住房困难家庭，具体条件由市、县政府确定。廉租住房保障标准控制在人均住房建筑面积13平方米左右，套型建筑面积50平方米以内，保证基本的居住功能。租赁补贴额根据当地平均市场租金、家庭住房支付能力合理确定。

四、政策措施

（一）多渠道筹措资金

1. 中央加大对财政困难地区廉租住房保障补助力度。2009年廉租住房建设中央补助标准为：西部地区400元/平方米，中部地区300元/平方米，辽宁、山东、福建省的财政困难地区200元/平方米。

2. 省级人民政府要比照中央的做法，加大对本地区财政困难的市、县建设（包括购置、改造）廉租住房和发放租赁补贴的资金投入。各地可根据实际情况，统筹使用中央下拨的预算内投资补助和廉租住房保障专项补助资金。

3. 市、县人民政府按照国家有关规定多渠道筹集廉租住房保障资金。市、县财政要将廉租住房保障资金纳入年度预算安排。住房公积金增值净收益要全部用于廉租住房建设。要采取有效措施，保证土地出让净收益用于廉租住房保障的比例不低于10%。

4. 对符合贷款条件的廉租住房建设和棚户区改造项目，商业银行要加大信贷支持力度。

（二）落实土地供应和各项优惠政策

各地区要根据廉租住房保障规划和年度计划，统筹安排廉租住房用地计划，优先安排建设用地，落实支持廉租住房建设的各项税费优惠政策，切实加大政策支持力度，确保如期开工建设。新建廉租住房主要在经济适用住房、普通商品住房和城市棚户区改造项目中配建，配建的具体比例，由市、县人民政府根据当地经济适用住房、商品住房建设和城市棚户区改造规模，以及实物配租廉租住房需要量等因素确定。配建廉租住房的套数、建设标准、回购价格或收回条件，要作为土地划拨或出让的前置条件，并在国有建设用地划拨决定书和国有建设用地使用权出让合同中明确约定。廉租住房项目要合理布局，尽可能安排在交通便利、公共设施较为齐全的区域，同步做好小区内外市政配套设施建设。

（三）结合城市棚户区改造多渠道筹措房源

城市棚户区（危旧房）内低收入住房困难家庭较为集中，推进城市棚户区改造有利于大范围解决低收入家庭的住房困难，改善城市环境，促进社会和谐稳定。各地区要加大城市棚户区改造力度，加强相关的政策支持。城市棚户区改造要坚持政府主导、群众参与、市场运作的原则，与廉租住房建设结合起来进行，统筹安排廉租住房、经济适用住房和普通商品住房建设，优先解决城市棚户区低收入住房困难家庭的住房问题。

五、监督管理

（一）落实目标责任制

省级人民政府对本地区廉租住房保障工作负总责，要明确市、县人民政府廉租住房保障工作的年度目标责任，并加强监督考核。市、县人民政府要根据省级人民政府的统一部署，明确具体措施，健全住房保障工作机构，切实做到规划到位、资金到位、政策到位、监管到位，确保分配公平。住房保障所需工作经费由同级财政预算安排解决。

（二）确保工程质量和使用功能

要严格执行工程招投标、施工图审查、施工许可、质量监督、工程监理、竣工验收备案等建设程序，加强审批管理，严格执行国家有关住房建设的强制性标准，确保廉租住房建设项目工程质量。同时，建立行政审批快捷通道，缩短审批时限，确保按期实现工程建设目标。要按照发展省地节能环保型住宅的要求，推广新技术、新材料和新工艺。有关住房质量和使用功能等方面的要求，应在建设合同中予以明确。

（三）严格准入退出管理

要完善保障性住房申请、审核、公示、轮候、复核、退出制度，健全社区、街道和住房保障部门三级审核公示制度，建立规范化的收入、财产和住房情况审查制度，形成科学有序、信息共享、办事高效、公开透明的工作机制。要严肃工作纪律，坚决查处弄虚作假、以权谋私等违法违规行为。

（四）加强监督检查

住房城乡建设部会同有关部门抓紧建立健全廉租住房保障工作考核机制，加强对各地区廉租住房保障制度建设和本规划实施情况的监督检查。重点检查廉租住房年度计划执行情况，包括建设用地落实、资金使用和建设工程质量，以及目标任务完成情况等。

各省、自治区、直辖市和新疆生产建设兵团要根据本规划，制订（修订）本地区2009~2011年廉租住房保障规划，并于2009年7月1日前报住房城乡建设部、发展改革委、财政部备案。

关于完善房地产开发企业一级资质核定工作的通知

建房〔2009〕101号

各省、自治区住房和城乡建设厅，直辖市建委（房地局）：

为进一步落实中央关于规范行政许可行为的精神，严格房地产市场准入，结合《关于建设部机关直接实施的行政许可事项有关规定和内容的公告》（建设部公告278号，以下简称278号公告）实施以来的有关情况，现就完善房地产开发企业一级资质核定行政许可工作的有关事项通知如下：

一、严格做好一级资质企业初审工作

根据《房地产开发企业资质管理规定》（建设部令第77号），房地产开发企业一级资质由省、自治区、直辖市人民政府住房和城乡建设（房地产）行政主管部门（以下简称省级主管部门）初审。省级主管部门要切实负起责任，严格审查，重点做好以下工作：

（一）规范申报材料。按照资质申报的有关要求，认真核验企业申报材料，确保材料齐备、清晰、有效、规范。对于不符合要求的，不予受理。

（二）明确初审意见。按照资质管理规定的要求，认真履行初审职责，对申报材料是否真实、是否符合法定条件等进行审查，明确提出同意或者不同意的初审意见，并在《房地产开发企业资质申报表》中注明。不同意的，应说明原因；有特殊事项的，需专函说明。

（三）提高工作效率。严格遵守《行政许可法》规定的期限要求，按时完成初审工作，并及时报住房和城乡建设部。

二、调整和规范申报事项

（一）关于一级资质申报。在278号公告基础上，对申报材料作如下调整（调整后的具体材料目录及要求见附件）：

1. 将提交原资质等级证书副本原件，调整为提交资质等级证书正、副本复印件，原件在领取新证时提交。

2. 增加已竣工项目和在建项目的有关证明材料。

3. 规范材料复印件盖章。提交材料复印件的，应当经过核验并盖章。根据具体材料和各地实际情况，可选择下列方式之一盖章：

（1）由政府部门核发的许可、备案材料，加盖相应部门公章或业务专用章；由政府部门出具的文件，加盖相应部门公章；由社会机构出具的材料，加盖该机构公章；企业内部的文件资料，加盖企业公章。

（2）省级主管部门核验材料后，在复印件上加盖"经核对与原件相符"的行政许可专用核验章。

（3）地方城建档案管理机构在对相关存档资料核验无误后，在复印件上加盖该机构公章或查档业务专用章。

复印件盖章位置原则上应在原盖章位置附近，盖章要清晰。复印材料不得涂改，原件确有涂改的，复印件要在原涂改位置加盖相应印章。

（二）关于一级资质延续。房地产开发企业申报资质延续时，应参照一级资质申报的要求提交资料，经省级主管部门初审后，在一级资质证书有效期届满30日前向住房和城乡建设部提出延续申请。在有效期届满前未提出延续申请的，住房和城乡建设部不再受理延续申请，并依据《行政许可法》第七十条的规定办理一级资质行政许可注销手续。

（三）关于一级资质变更。因企业名称、法定代表人、注册资本等资质登记事项发生变更而申请资质变更的，房地产开发企业应当根据具体变更事项提交资质证书、企业法人营业执照副本、公司章程、股东会决议、拟变更事项的证明文件等材料，经省级主管部门初审后报住房和城乡建设部。有关申请材料的具体内容和要求参见住房和城乡建设部网（http://www.mohurd.gov.cn）上公示的企业资质变更受理审核内容清单，资质证书提交和材料盖章的要求参照前述关于一级资质申报的规定。

三、加强一级资质企业管理

（一）加强动态监管。加强对一级资质企业开发项目的全过程监管，特别是在《房地产开发项目手册》报送、商品房预（销）售合同联机备案、预售款监管、信用档案建立等方面，要发挥一级资质企业的示范带头作用。对于存在严重违法、违规行为的一级资质企业，省级主管部门要及时查处，并提出有关资质处理意见报住房和城乡建设部。

（二）完善评审信息公开制度。对于一级资质的申报和延续，住房和城乡建设部将及时向社会公示评审结果，对其中审批未通过的附相关原因说明。

（三）严格资质证书管理。各地房地产开发主管部门要加强对房地产开发企业资质证书的管理，严肃查处开发企业涂改、出租、出借、转让、出卖资质证书等行为。

附件：房地产开发企业一级资质申报材料目录及要求

中华人民共和国住房和城乡建设部
二〇〇九年六月九日

附件：

房地产开发企业一级资质申报材料目录及要求

一、材料目录

（一）房地产开发企业资质申报表

（二）房地产开发企业资质等级证书正、副本复印件

（三）企业法人营业执照副本复印件

（四）公司章程原件或复印件

（五）企业验资报告和上年度财务报告（附审计报告）原件或复印件

（六）企业法定代表人、高级管理人员的任职文件和身份证的复印件，企业工程技术、财务、统计等业务负责人的任职文件、职称证书（执业资格证书）和身份证的复印件，符合规定数量的建筑、结构、财务、房地产及有关经济类的专业管理人员的劳动合同或社会保险缴纳凭证、职称证书（执业资格证书）和身份证的复印件

（七）近三年房地产开发统计年报基层表复印件

（八）近三年房地产开发项目资料复印件（按项目组卷）：

1. 已竣工项目，须提供项目的投资计划批准（备案）文件、国有土地使用权证、建设用地规划许可证、建设工程规划许可证、建筑工程施工许可证、商品房预售许可证及建设工程竣工验收备案文件

2. 在建项目，按项目实际进度提供项目的投资计划批准（备案）文件、国有土地使用权证、建设用地规划许可证、建设工程规划许可证、建筑工程施工许可证、商品房预售许可证等文件，并附项目进度说明。

（九）已竣工项目提供《房地产开发项目手册》复印件和《住宅质量保证书》、《住宅使用说明书》（按项目组卷）样本或复印件以及相关执行情况报告；在建项目提供《房地产开发项目手册》复印件（按项

目组卷)以及相关执行情况报告。

二、有关要求

(一)申报材料要书写(填写)规范、印鉴齐全、字迹清晰;复印件必须清晰、可辨,不得提交扫描件,必要时可提交原件。

(二)要规范材料复印件盖章。提交材料复印件的,应当经过核验并盖章。根据具体材料和各地实际情况,可选择下列方式之一盖章:

1. 由政府部门核发的许可、备案材料,加盖相应部门公章或业务专用章;由政府部门出具的文件,加盖相应部门公章;由社会机构出具的材料,加盖该机构公章;企业内部的文件资料,加盖企业公章。

2. 省级主管部门核验材料后,在复印件上加盖"经核对与原件相符"的行政许可专用核验章。省级主管部门核验章参考样式:

经核对与原件相符	
×××省住房和城乡 建设厅核验章	审核人:×××

3. 地方城建档案管理机构在对相关存档资料核对无误后,在复印件上加盖该机构公章或查档业务专用章。

复印件盖章位置原则上应在原盖章位置附近,盖章要清晰。复印材料不得涂改,原件确有涂改的,复印件要在原涂改位置加盖相应印章。

(三)申报材料只需报1套,上报后一律不再退还。请省级主管部门和企业根据需要做好有关材料的备份、存档等工作。

(四)申报材料装订要求:

1. 材料目录(一)项单独放置,不和其他资料合订。

2. 综合卷:材料目录(二)、(三)、(四)、(五)、(六)、(七)项和(九)项中的《房地产开发项目手册》、《住宅质量保证书》和《住宅使用说明书》的执行情况报告并成综合卷。内容多的,可分册装订,并在封面上注明。

3. 业绩卷(项目资料按单个项目组装):

(1)近3年已竣工项目:材料目录(八)项中的"1. 已竣工项目"资料及(九)项中的《房地产开发项目手册》、《住宅质量保证书》和《住宅使用说明书》样本;

(2)在建项目:材料目录(八)项中的"2. 在建项目"资料。

业绩卷的近3年已竣工项目业绩和在建项目业绩分别装订,并在封面上注明。

4. 综合卷、业绩卷采用A4纸装订成册,软封面封底,每卷应有标明页码的目录,逐页编写页码。综合卷中技术人员的劳动合同或社会保险交纳凭证、职称证书(执业资格证书)、身份证的复印件等证明材料应按《房地产开发企业资质申报表》中所列企业在册有职称专业人员名单顺序装订。

(五)新核准的一级资质房地产开发企业在领取资质证书时,须提交全国资质一级房地产开发企业信用档案联络员(2人)登记表(表格样式在住房和城乡建设部网站http://www.mohurd.gov.cn"诚信体系"栏目中下载),并领取房地产企业信用信息管理系统软件。

九、标准定额类

关于进一步加强工程造价(定额)管理工作的意见

建标[2009]14号

各省、自治区建设厅,直辖市建委(建设交通委),新疆生产建设兵团建设局:

当前,随着中央扩大内需、促进经济平稳较快发展决策的落实和相关投资的到位,工程建设投资规模将会出现较快的增长,进一步加强工程造价(定额)管理,提高投资效益,显得更加重要和紧迫。为了进一步明确工程造价(定额)管理机构职责,确保工程造价(定额)管理工作的连续性、稳定性,发挥工程造价(定额)工作在工程建设行政管理中的作用,现提出如下意见:

一、进一步加强工程造价(定额)管理工作

工程造价管理是工程建设管理的重要组成部分,是政策性、技术性、经济性很强的工作。工程定额是工程造价管理的核心,是合理确定和有效控制工程项目投资的主要基础。它为建设项目评估决策、政府宏观调控投资规模以及监管市场定价提供依据。各地建设行政主管部门要按照国务院领导同志关于"进一步加强标准定额工作,加强造价管理,充分发挥标准定额的引导和约束作用"的要求,切实加强领导,进一步加强工程造价(定额)管理工作。

二、进一步明确工程造价(定额)管理机构的职责

工程造价管理一直是国务院建设行政部门的重要职责。长期以来,各地工程造价(定额)管理机构受本地建设行政部门委托,承担了工程造价(定额)的行政管理职责,为发挥资金投入的最大效益,维护工程建设各方的合法权益,做了大量的基础工作,对促进我国工程建设健康发展发挥了重要作用。各地建设行政部门在事业单位改革中,应按照转变政府职能的要求,加强市场监管和公共服务,明确定位工程造价(定额)机构的职责,更好地发挥工程造价管理对工程建设活动的引导和约束作用。

三、积极协调有关部门,落实工作经费

涉及工程造价(定额)的行政事业性收费项目被取消后,各地建设行政部门应按照《财政部国家发改委关于公布取消和停止征收100项行政事业性收费项目的通知》(财综〔2008〕78号)中"有关部门和单位依法履行行政管理职能或核发证照所需要的经费,由同级财政预算予以保障"的规定,主动协调同级财政部门、机构编制部门并取得他们的支持,认真做好取消收费后工程造价(定额)相应工作的经费保障,确保管理工作正常运转。

中华人民共和国住房和城乡建设部
二〇〇九年二月一日

十、2009年住房和城乡建设部公告目录

住房和城乡建设部关于珠海市仁恒星园一期等住宅小区通过A级住宅性能认定的公告
  (第101号)
住房和城乡建设部关于发布行业产品标准《居住区DCN控制网络通信协议》的公告
  (第103号)
住房和城乡建设部关于城市园林绿化一级企业资质就位审查结果的公告
  (第105号)
住房和城乡建设部关于公布第一批国家级民用建筑能效测评机构的公告
  (第107号)
住房和城乡建设部关于发布行业产品标准《电采暖散热器》的公告
  (第109号)
住房和城乡建设部关于发布行业产品标准《建筑反射隔热涂料》的公告
  (第110号)
住房和城乡建设部关于发布行业产品标准《城市道路清扫面积测算方法》的公告
  (第111号)
住房和城乡建设部关于发布行业产品标准《IC卡膜式燃气表》的公告
  (第112号)
住房和城乡建设部关于发布国家标准《烟囱工程施工及验收规范》的公告

（第118号）

住房和城乡建设部关于发布国家标准《跨座式单轨交通设计规范》的公告
（第119号）

住房和城乡建设部关于发布国家标准《水泥工厂设计规范》的公告
（第120号）

住房和城乡建设部关于发布国家标准《古建筑防工业振动技术规范》的公告
（第121号）

住房和城乡建设部关于发布国家标准《石油化工建(构)筑物抗震设防分类标准》的公告
（第122号）

住房和城乡建设部关于发布国家标准《城市容貌标准》的公告
（第129号）

住房和城乡建设部关于发布国家标准《地下水封石洞油库设计规范》的公告
（第130号）

住房和城乡建设部关于发布国家标准《纺织工业企业环境保护设计规范》的公告
（第131号）

住房和城乡建设部关于发布国家标准《给水排水管道工程施工及验收规范》的公告
（第132号）

住房和城乡建设部关于发布国家标准《给水排水构筑物工程施工及验收规范》的公告
（第133号）

住房和城乡建设部关于发布国家标准《煤矿井下排水泵站及排水管路设计规范》的公告
（第134号）

住房和城乡建设部关于发布国家标准《煤矿主要通风机站设计规范》的公告
（第135号）

住房和城乡建设部关于发布国家标准《冶金工业岩土勘察原位测试规范》的公告
（第136号）

住房和城乡建设部关于发布行业标准《游泳池给水排水工程技术规程》的公告
（第138号）

住房和城乡建设部关于发布行业标准《建筑施工碗扣式钢管脚手架安全技术规范》的公告
（第139号）

住房和城乡建设部关于发布行业标准《城市桥梁工程施工与质量验收规范》的公告
（第140号）

住房和城乡建设部关于发布行业标准《城市夜景照明设计规范》的公告
（第141号）

住房和城乡建设部关于发布国家标准《航空发动机试车台设计规范》的公告
（第142号）

住房和城乡建设部关于发布行业标准《建筑门窗玻璃幕墙热工计算规程》的公告
（第143号）

住房和城乡建设部关于发布行业标准《建筑照明术语标准》的公告
（第144号）

住房和城乡建设部关于发布行业产品标准《预制双层不锈钢烟道及烟囱》的公告
（第145号）

住房和城乡建设部关于发布行业产品标准《桥梁缆索用高密度聚乙烯护套料》的公布
（第146号）

住房和城乡建设部关于发布行业产品标准《住宅轻钢装配式构件》的公告
（第147号）

住房和城乡建设部关于发布行业标准《环境卫生图形符号标准》的公告
  （第 148 号）
住房和城乡建设部关于发布行业产品标准《混凝土试模》的公告
  （第 149 号）
住房和城乡建设部关于发布行业产品标准《混凝土标准养护箱》的公告
  （第 150 号）
住房和城乡建设部关于发布行业标准《城市道路清扫保洁质量与评价标准》的公告
  （第 151 号）
住房和城乡建设部关于发布行业产品标准《燃气用非定尺不锈钢波纹管及接头》的公告
  （第 152 号）
住房和城乡建设部关于发布行业标准《蒸压加气混凝土建筑应用技术规程》的公告
  （第 153 号）
住房和城乡建设部关于发布国家标准《工程结构可靠性设计统一标准》的公告
  （第 156 号）
住房和城乡建设部关于发布国家标准《工业建筑可靠性鉴定标准》的公告
  （第 157 号）
住房和城乡建设部关于发布国家标准《飞机库设计防火规范》的公告
  （第 158 号）
住房和城乡建设部关于发布国家标准《医药工业洁净厂房设计规范》的公告
  （第 159 号）
住房和城乡建设部关于发布国家标准《电子信息系统机房施工及验收规范》的公告
  （第 160 号）
住房和城乡建设部关于发布国家标准《电子信息系统机房设计规范》的公告
  （第 161 号）
住房和城乡建设部关于发布国家标准《混凝土结构耐久性设计规范》的公告
  （第 162 号）
住房和城乡建设部关于发布国家标准《石油化工静设备安装工程施工质量验收规范》的公告
  （第 163 号）
住房和城乡建设部关于发布国家标准《焊管工艺设计规范》的公告
  （第 166 号）
住房和城乡建设部关于发布国家标准《石油化工全厂性仓库及堆场设计规范》的公告
  （第 167 号）
住房和城乡建设部关于发布国家标准《油气输送管道线路工程抗震技术规范》的公告
  （第 168 号）
住房和城乡建设部关于发布国家标准《隔振设计规范》的公告
  （第 169 号）
住房和城乡建设部关于发布国家标准《煤炭工业供热通风与空气调节设计规范》的公告
  （第 170 号）
住房和城乡建设部关于发布国家标准《钢制储罐地基基础设计规范》的公告
  （第 171 号）
住房和城乡建设部关于发布国家标准《地下工程防水技术规范》的公告
  （第 172 号）
住房和城乡建设部关于发布《民用建筑设计通则》等 44 项工程建设标准（英文版）的公告
  （第 177 号）
住房和城乡建设部关于发布行业产品标准《箱式无负压供水设备》的公告

(第 183 号)

住房和城乡建设部关于发布行业产品标准《垃圾填埋场压实机技术要求》的公告
(第 184 号)

住房和城乡建设部关于发布行业产品标准《城镇供水营业收费管理信息系统》的公告
(第 185 号)

住房和城乡建设部关于发布行业产品标准《水处理用人工陶粒滤料》的公告
(第 186 号)

住房和城乡建设部关于发布行业产品标准《钢塑复合压力管》的公告
(第 187 号)

住房和城乡建设部关于发布行业产品标准《建设事业 CPU 卡操作系统技术要求》的公告
(第 188 号)

住房和城乡建设部关于发布行业产品标准《稳压补偿式无负压供水设备》的公告
(第 189 号)

住房和城乡建设部关于发布行业产品标准《建筑给水水锤吸纳器》的公告
(第 190 号)

住房和城乡建设部关于城市规划编制单位资质认定的公告
(第 191 号)

住房和城乡建设部关于发布国家标准《煤矿瓦斯抽采工程设计规范》的公告
(第 192 号)

住房和城乡建设部关于发布国家标准《水利水电工程地质勘察规范》的公告
(第 193 号)

住房和城乡建设部关于发布国家标准《3～110kV 高压配电装置设计规范》的公告
(第 194 号)

住房和城乡建设部关于发布国家标准《地热电站岩土工程勘察规范》的公告
(第 195 号)

住房和城乡建设部关于发布国家标准《电力装置的继电保护和自动装置设计规范》的公告
(第 196 号)

住房和城乡建设部关于发布国家标准《橡胶工厂环境保护设计规范》的公告
(第 197 号)

住房和城乡建设部关于发布国家标准《隔热耐磨衬里技术规范》的公告
(第 198 号)

住房和城乡建设部关于发布国家标准《油气输送管道跨越工程施工规范》的公告
(第 199 号)

住房和城乡建设部关于发布国家标准《电子工业洁净厂房设计规范》的公告
(第 200 号)

住房和城乡建设部关于发布国家标准《视频显示系统工程技术规范》的公告
(第 201 号)

住房和城乡建设部关于发布国家标准《微电子生产设备安装工程施工及验收规范》的公告
(第 202 号)

住房和城乡建设部关于发布国家标准《并联电容器装置设计规范》的公告
(第 203 号)

住房和城乡建设部关于发布国家标准《煤炭工业矿区总体规划规范》的公告
(第 204 号)

住房和城乡建设部关于第六批全国工程勘察设计大师名单的公告
(第 211 号)

住房和城乡建设部关于发布国家标准《石油化工企业设计防火规范》的公告
（第 214 号）

住房和城乡建设部关于发布国家标准《石油化工建设工程施工安全技术规范》的公告
（第 215 号）

住房和城乡建设部关于 2008 年第二批城市园林绿化一级企业资质审查结果的公告
（第 217 号）

住房和城乡建设部关于乙级工程造价咨询企业晋升甲级资质的公告
（第 223 号）

住房和城乡建设部关于发布行业标准《建筑外墙清洗维护技术规程》的公告
（第 231 号）

住房和城乡建设部关于发布行业标准《建筑砂浆基本性能试验方法标准》的公告
（第 233 号）

住房和城乡建设部关于发布国家标准《地源热泵系统工程技术规范》局部修订的公告
（第 234 号）

住房和城乡建设部关于发布行业标准《供热计量技术规程》的公告
（第 237 号）

住房和城乡建设部关于发布行业标准《生活垃圾焚烧处理工程技术规范》的公告
（第 238 号）

住房和城乡建设部关于发布行业标准《生活垃圾焚烧厂运行维护与安全技术规程》的公告
（第 239 号）

住房和城乡建设部关于发布行业标准《建筑陶瓷薄板应用技术规程》的公告
（第 240 号）

住房和城乡建设部关于发布行业标准《城市轨道交通引起建筑物振动与二次辐射噪声限值及其测量方法标准》的公告
（第 241 号）

住房和城乡建设部关于发布行业标准《湿陷性黄土地区建筑基坑工程安全技术规程》的公告
（第 242 号）

住房和城乡建设部关于发布行业产品标准《建筑遮阳产品操作力试验方法》的公告
（第 246 号）

住房和城乡建设部关于发布行业产品标准《建筑遮阳产品机械耐久性能试验方法》的公告
（第 247 号）

住房和城乡建设部关于发布行业产品标准《建筑外遮阳产品抗风性能试验方法》的公告
（第 248 号）

住房和城乡建设部关于发布行业产品标准《建筑遮阳篷耐积水荷载试验方法》的公告
（第 249 号）

住房和城乡建设部关于发布国家标准《城市轨道交通技术规范》的公告
（第 250 号）

住房和城乡建设部关于发布国家标准《钢铁厂工业炉设计规范》的公告
（第 251 号）

住房和城乡建设部关于发布国家标准《铝加工厂工艺设计规范》的公告
（第 252 号）

住房和城乡建设部关于发布国家标准《油气输送管道跨越工程设计规范》的公告
（第 253 号）

住房和城乡建设部关于发布国家标准《金属切削机床安装工程施工及验收规范》的公告
（第 254 号）

住房和城乡建设部关于发布国家标准《机械设备安装工程施工及验收通用规范》的公告
（第 255 号）
住房和城乡建设部关于发布国家标准《聚酯工厂设计规范》的公告
（第 256 号）
住房和城乡建设部关于发布国家标准《化工建设项目环境保护设计规范》的公告
（第 257 号）
住房和城乡建设部关于发布国家标准《石油化工可燃气体和有毒气体检测报警设计规范》的公告
（第 258 号）
住房和城乡建设部关于发布国家标准《锻压设备安装工程施工及验收规范》的公告
（第 259 号）
住房和城乡建设部关于发布国家标准《化工企业总图运输设计规范》的公告
（第 260 号）
住房和城乡建设部关于发布国家标准《腈纶工厂设计规范》的公告
（第 261 号）
住房和城乡建设部关于发布国家标准《太阳能供热采暖工程技术规范》的公告
（第 262 号）
住房和城乡建设部关于发布国家标准《微灌工程技术规范》的公告
（第 263 号）
住房和城乡建设部关于发布国家标准《锅炉安装工程施工及验收规范》的公告
（第 264 号）
住房和城乡建设部关于发布行业产品标准《城镇污水处理厂污泥处置农用泥质》的公告
（第 268 号）
住房和城乡建设部关于发布行业产品标准《城镇排水设施气体的检测方法》的公告
（第 269 号）
住房和城乡建设部关于发布行业产品标准《水井用硬聚氯乙烯(PVC-U)管材》的公告
（第 270 号）
住房和城乡建设部关于发布行业标准《城镇燃气室内工程施工与质量验收规范》的公告
（第 271 号）
住房和城乡建设部关于发布行业标准《三岔双向挤扩灌注桩设计规程》的公告
（第 273 号）
住房和城乡建设部关于发布行业标准《城市快速路设计规程》的公告
（第 274 号）
住房和城乡建设部关于发布第一批民用建筑能效测评标识项目的公告
（第 276 号）
住房和城乡建设部关于发布行业标准《城乡用地评定标准》的公告
（第 278 号）
住房和城乡建设部关于发布行业标准《建筑排水金属管道工程技术规程》的公告
（第 279 号）
住房和城乡建设部关于发布行业产品标准《混凝土含气量测定仪》的公告
（第 280 号）
住房和城乡建设部关于公布 2008 年度第二批"绿色建筑设计评价标识"项目名单的公告
（第 281 号）
住房和城乡建设部关于发布行业产品标准《混凝土抗渗仪》的公告
（第 282 号）
住房和城乡建设部关于发布行业产品标准《混凝土试验用振动台》的公告

（第283号）

住房和城乡建设部关于发布行业产品标准《混凝土碳化试验箱》的公告
（第284号）

住房和城乡建设部关于发布行业产品标准《混凝土抗冻试验设备》的公告
（第285号）

住房和城乡建设部关于发布行业产品标准《混凝土试验用搅拌机》的公告
（第286号）

住房和城乡建设部关于发布行业产品标准《混凝土坍落度仪》的公告
（第287号）

住房和城乡建设部关于发布行业产品标准《维勃稠度仪》的公告
（第288号）

住房和城乡建设部关于发布国家标准《建筑基坑工程监测技术规范》的公告
（第289号）

住房和城乡建设部关于发布国家标准《地下及覆土火药炸药仓库设计安全规范》的公告
（第290号）

住房和城乡建设部关于发布国家标准《城镇燃气技术规范》的公告
（第291号）

住房和城乡建设部关于发布国家标准《猪屠宰与分割车间设计规范》的公告
（第298号）

住房和城乡建设部关于发布国家标准《民用建筑设计术语标准》的公告
（第302号）

住房和城乡建设部关于发布国家标准《矿山电力设计规范》的公告
（第303号）

住房和城乡建设部关于发布国家标准《固定消防炮灭火系统施工与验收规范》的公告
（第304号）

住房和城乡建设部关于发布国家标准《建筑施工组织设计规范》的公告
（第305号）

住房和城乡建设部关于发布国家标准《人民防空工程设计防火规范》的公告
（第306号）

住房和城乡建设部关于发布国家标准《纺织工业企业职业安全卫生设计规范》的公告
（第307号）

住房和城乡建设部关于发布国家标准《冶金露天矿准轨铁路设计规范》的公告
（第308号）

住房和城乡建设部关于发布国家标准《麻纺织工厂设计规范》的公告
（第309号）

住房和城乡建设部关于发布国家标准《大体积混凝土施工规范》的公告
（第310号）

住房和城乡建设部关于发布国家标准《棉纺织工厂设计规范》的公告
（第311号）

住房和城乡建设部关于发布行业标准《自流平地面工程技术规程》的公告
（第312号）

住房和城乡建设部关于发布行业标准《公共建筑节能改造技术规范》的公告
（第313号）

住房和城乡建设部关于发布国家标准《岩土工程勘察规范》局部修订的公告
（第314号）

住房和城乡建设部关于发布行业产品标准《建设事业非接触式 CPU 卡芯片　技术要求》的公告
（第 315 号）
住房和城乡建设部关于发布行业产品标准《城市轨道交通直线电机车辆通用技术条件》的公告
（第 316 号）
住房和城乡建设部关于发布行业产品标准《建筑外墙用腻子》的公告
（第 317 号）
住房和城乡建设部关于发布行业产品标准《建筑排水管道系统噪声测试方法》的公告
（第 318 号）
住房和城乡建设部关于发布行业产品标准《城市轨道交通直线感应牵引电机技术条件》的公告
（第 319 号）
住房和城乡建设部关于发布国家标准《建筑抗震鉴定标准》的公告
（第 322 号）
住房和城乡建设部关于发布国家标准《铁路工程抗震设计规范》局部修订的公告
（第 329 号）
住房和城乡建设部关于发布行业标准《补偿收缩混凝土应用技术规程》的公告
（第 331 号）
住房和城乡建设部关于发布行业标准《建筑施工土石方工程安全技术规范》的公告
（第 332 号）
住房和城乡建设部关于发布行业产品标准《建筑用曲臂遮阳篷》的公告
（第 333 号）
住房和城乡建设部关于发布行业产品标准《建筑用遮阳天篷帘》的公告
（第 334 号）
住房和城乡建设部关于发布行业产品标准《建筑用遮阳软卷帘》的公告
（第 335 号）
住房和城乡建设部关于发布行业产品标准《建筑用遮阳金属百叶帘》的公告
（第 336 号）
住房和城乡建设部关于发布行业产品标准《内置遮阳中空玻璃制品》的公告
（第 337 号）
住房和城乡建设部关于发布行业标准《建筑抗震加固技术规程》的公告
（第 340 号）
住房和城乡建设部关于发布行业标准《燃气工程制图标准》的公告
（第 345 号）
住房和城乡建设部关于发布行业标准《体育建筑智能化系统工程技术规程》的公告
（第 346 号）
住房和城乡建设部关于发布行业标准《建筑玻璃应用技术规程》的公告
（第 347 号）
住房和城乡建设部关于发布行业标准《城镇污水处理厂污泥处理技术规程》的公告
（第 348 号）
住房和城乡建设部关于发布国家标准《泵站更新改造技术规范》的公告
（第 357 号）
住房和城乡建设部关于发布国家标准《高炉煤气干法袋式除尘设计规范》的公告
（第 358 号）
住房和城乡建设部关于发布国家标准《城市水系规划规范》的公告
（第 359 号）
住房和城乡建设部关于发布国家标准《灌区规划规范》的公告

（第361号）

住房和城乡建设部关于发布国家标准《钢铁企业节水设计规范》的公告
（第362号）

住房和城乡建设部关于发布《煤炭建设项目经济评价方法与参数》的公告
（第366号）

住房和城乡建设部关于发布行业产品标准《家用燃气灶具陶瓷面板》的公告
（第367号）

住房和城乡建设部关于发布行业产品标准《生活垃圾采样和分析方法》的公告
（第368号）

住房和城乡建设部关于发布行业产品标准《城市市政综合监管信息系统监管案件立案、处置与结案》的公告
（第369号）

住房和城乡建设部关于发布行业产品标准《城镇污水处理厂污泥处置　水泥熟料生产用泥质》的公告
（第370号）

第五篇

重要文献

在北方采暖地区供热计量改革工作会议上的总结讲话

(2009年10月22日)

姜伟新

一、提高认识，统一思想，高度重视，进一步推进供热计量改革工作

实施供热计量改革，是贯彻落实党中央、国务院确定的节能减排战略任务的重要措施之一，是一件关乎我国长远利益、关系全局的大事，也是关系广大群众切身利益的好事。据初步测算，仅对既有建筑实行供热计量改造，并实行按用热量计价收费，就可以节能20%左右。唐山市在进行围护结构节能改造的同时，进行供热计量改造，并实行计量收费，节能达到40%多。搞好供热计量改革工作的关键是领导重视。唐山市既有建筑节能走在了全国城市的前列，主要是市委书记高度重视，亲自挂帅。大家回去以后，要认真学习借鉴先进经验，把建筑节能、供热计量改革工作进一步抓好抓实。

二、扎扎实实地做好供热计量改革工作

第一，要继续按照政府主导、市场运作、供热企业主体、用户配合的原则，不断创新机制，完善配套政策，推进北方采暖地区建筑节能工作。第二，从现在开始，所有城市特别是地级以上城市都要全面推进供热计量改革工作。按照《节约能源法》、《民用建筑节能条例》的规定，做到所有新建建筑供热计量不欠新账，既有建筑供热计量改造大力推进。天津市在新建建筑供热计量工作方面走在了全国的前列，像天津市这样新建建筑供热计量工作做得好的地方，要在进一步提高工作质量的基础上，加大对既有建筑供热计量改造的工作力度。既有建筑供热计量改造工作做得好的地方，如河北唐山等地方，也要在提高工作质量、扩大改造规模的同时，加大新建建筑供热计量的工作力度。在搞好住宅建筑供热计量工作的同时，也要大力推进公共建筑供热计量。住房城乡建设部将配合国务院机关事务管理局、中央直属机关管理局、总后基建营房部在公共建筑的建筑节能和供热计量改革方面迈出新的步伐。第三，住房城乡建设部将配合或会同财政部、国家发改委、国家质检总局继续采取鼓励先进的办法，从政策和资金上支持各地开展供热计量改革工作。财政部、国家发改委在北方采暖地区建筑节能工作，特别是供热计量改革工作方面，给予了大力的支持，今后还会给予大力的支持。第四，要特别注意研究供热计量改革具体实施中一些具体的政策，包括资金的支持、价格的确定、热计量表的质量以及购置的途径方式等。第五，住房城乡建设部将会同财政部、国家发改委、国家质检总局，继续加强配合，形成合力。财政部和我部研究，计划在北方地区选1~2个城市进行全面的城市总体建筑节能试点。明年上半年开展调研，提出方案。在推进供热计量改革的同时，进行城市总体建筑节能的改造试点。

建筑节能不仅是经济问题，也是一种文化，只有那些有胸怀有长远眼光的人，才能够对这个问题真正认识到位，实实在在地推进这项工作。

三、认真做好北方采暖地区今冬明春的供热工作

现在已是10月下旬，各地将陆续进入采暖期，要切实做好冬季供热的准备工作。特别是建设系统要对今年供热用煤储备情况、供热设备状况等进行全面检查，保证按期供热。要制定完善供热应急预案，在机构、机制、应急措施、资金保障等方面都作出科学合理的安排，确保在出现异常情况下的供热安全。要切实解决生活困难家庭的供热问题，确保社会稳定。（本文略有删节）

（姜伟新为住房和城乡建设部部长。北方采暖地区供热计量工作会议2009年10月在河北省唐山市召开）

在2009年农村危房改造试点工作会上的讲话

（2009年5月13日）

仇保兴

同志们：

今天几个部委一起召开2009年农村危房改造试点工作会，主要是学习贯彻中央对于农村危房改造及扩大试点工作的要求，部署今年的工作。

今年，中央在2008年末支持贵州省级危房改造试点2亿元的基础上，再拿出40亿元，补助改造近80万户农村危房。国家对农民住房改造建设这么大的投入，在建国以来是第一次。中央资金的补助范围，经过反复的论证、协商，扩大到了中西部950个县，将近全国县(市)总数的1/2。当然，我国农村危房量大面广，改造任务十分艰巨，危房改造应该是一个长期的战略，所以今年的工作仍只立足于试点范围的扩大。大家要充分认识到做好试点年工作的重要性，如果试点年的工作出现偏差，将会影响到三年工作计划的制订和中央资金的后续投入。

当前，我国上下正在积极应对全球金融危机的挑战。在中央和地方财政资金都非常困难的情况下，国家启动了农村危房改造工程项目，希望通过这项工作能够解决农村贫困农民住有所居的问题。中央领导同志对这项工作寄予很大的期望。在农村，有"三座大山"的问题是贫困农民仅靠自己的力量难以解决的。一是疾病问题，农民得了重病后生活会非常困难，所以现在要进行医疗保障的城乡一体化改革；二是住房问题，少数农村贫困户可能一辈子都住不上比较坚固实用的房子，有的就是搭个棚子，居住条件非常恶劣；三是自然灾害，一旦遇到自然灾害，一些农户可能就要返贫。国家推动医疗保障城乡一体化和农村危房改造工作，在当前应对金融危机挑战之际会产生"一石三鸟"的作用：一是搬掉"三座大山"的前两座，让老百姓得到了实惠；二是能增加内需，拉动经济增长；三是进一步推动农村民生问题的改善。

必须充分认识农村危房改造工作的重大意义，要踏踏实实地把工作做好，兢兢业业地把好事办实，让中央满意，让老百姓满意。要坚决克服过去和现在新农村建设当中出现过的问题，不要让老毛病重犯。我们在多次会议上都强调，社会主义新农村建设是中央提出的重大方针，但不少地方的实践却出现了各种各样的问题。原因在于，社会主义新农村建设中的"新"，让不少基层领导误读误解：以为新农村就是要将村庄建成崭新的面貌。这是一个巨大的误区。如果我们在农村危房改造中再出现急于求成、搞形象工程，就会把好事办坏，农村危房改造工作恐怕也难以继续深入下去。所以这次会议首要的是解决统一思想的问题。

一、做好农村危房改造及试点工作的几项基本原则

今年的这项工作，要具体把握好以下五个原则。

第一点，一定要按照最贫困、最危险的原则来严格确定补助改造对象。要把农村危房补助改造的对象框定在比较小的范围之内。这个对象必须同时符合两个条件：一是经济上最困难的农户，比如农村低保户、五保户；二是居住在最危险的房子中，按照《农村危险房屋鉴定技术导则(试行)》，经鉴定属于整栋危房(D级)或局部危险(C级)房屋的。这两个条件必须同时满足。如果仅仅是房子很破，但不是最贫困的农户，就不能被列为补助对象。大家不要为了好开展工作，为了领导参观方便，就搞一个村一个村的整村改造。这样做是滥用和浪费中央补助资金，要犯大错误。

农村危房改造绝对不能搞普惠制。我们为什么请民政部门帮助把关？原因是确定补助改造对象，民政部门的资料比较准确。建设部门要尊重兄弟部门多年工作中积累的经验。少数地方，一些本来有能力建房修房的农户，一听说中央有补助就停下不建了。本来有能力修房的也不修了，把"等靠要"思想暴露到了极致。搞普惠制势必会激发农民的等待、观望情绪，推迟自行的房屋改造和建设。如果是这样，那这个政策就起反作用了，反而遏制内需了。一些老少边穷地区本来就有这种"等靠要"的思想，搞普惠制会进一步助长"等靠要"，让艰苦奋斗靠边站。还有的地方觉得政府补助资金比较缺，

又急于出形象,就擅做主张,改为补助经济实力中等的农户改造住房,觉得这样做短期内容易出形象效果。但这些做法,跟中央政策的精神背道而驰,是完全错误的。

有些地方确定补助对象的工作做得比较好。例如,由民政部门确定对象并且全部上网。农户姓名、家庭人口、房子改造前的照片等一系列的材料都在网上公布,改造以后的照片可以对号入座。上网了之后人人都可以查询,等于信息公开,可接受社会监督。如果这样做了,国家部委和地方监察部门随时可以核查改造的对象情况。

第二点,按照最基本的原则严格控制建设标准。实施农村危房改造解决的是最困难农民最基本的居住安全问题,而不应理解为帮助困难农户全面改善居住条件。为什么新建翻建住房标准确定为40平方米,而不是60平方米?道理就在这里。我们主张,政府补助主要用来建一个较小面积、安全的框架结构平房。40平方米,每间20平方米,可建两间。今后有钱了上面再加盖一层,再有钱了两边接出去。农村习惯上都是这样做的,先做最基本的基础。维修加固的农房可将面积扩大到60平方米,但是新建的要控制在40平方米以内。

这次我们提供图纸就是提供一个框架图纸,至于以后农民怎么盖难以预测。跟以往的操作方法不一样。对于D级危房,我们要推荐的是单层框架图纸,特别在地震活动区域要推荐有圈梁构造的框架房,让农民一看就明白的框架图纸,与当地农民传统建房程序完全一致。以往的做法是发整套的设计图纸,让改造农户按这个图纸建房子,这样做容易犯搞"跑步进共产主义"的老毛病,是绝对要防止的。通过推荐的框架图纸,让老百姓自力更生一次性地建成40平方米的框架,至于框架里面是填充砖头、木头还是土坯、稻草砖,由老百姓自己选择。以后顶上加盖、两边建配房那也是农民自己的选择。过早的提供全套的图纸农民也看不懂,也没有钱去那样做,更不是这次农村危房改造要做的事情。

大家要注意在建设标准上不能走过了头。面积偏大或者建设标准要求太高,都可能导致农民借高利贷盖房子,使贫困农民进一步陷入贫困的漩涡。这个错误以前曾经犯过。北方某地急于出形象,县里、乡里干部要求农民房子必须要往高里盖,要建楼。但农民的经济能力只能盖到一层,结果在干部的强制要求之下建了很危险的"单坯墙"。"单坯墙"被风一吹,倒下来是要砸死人的。这里要再次强调,用有限的资金解决最困难农户最基本的居住安全问题,不能搞条件扩大化,对象扩大化。

第三点,结合当地的实际确立改造的方式。传统工艺,传统风格,传统建材,这是农民建房最容易接受的。要用传统的农村个体建筑工匠,避免采用城市里的施工队伍帮助农民加固、维修危房。要尊重传统、地方、民族风格。西北地区农民传统上住窑洞里,不顾实际地要让农民从窑洞里搬出来是不对的。上次去延安考察,从窑洞里搬出来的农民向我们反映,在根据县里的要求搬出窑洞后,仅冬季取暖费就增加了3倍,一户农民一年最起码多支出1000~1800块钱,取暖费增加了,政府也不可能给予补贴。相反,外面的旅游者却住进了窑洞,当地旅游公司把农民窑洞收购后,改造成宾馆接待外面的游客。这种不切实际的做法给农民造成了很大损害。

农民跟市民不一样。市民有文化,有组织,信息又通,如果干部布置错了他们自己就会纠正,或者不理睬。但农民却经常成为错误政策的受害者。过去的人民公社大办食堂,农业学大寨,小四清,农业机械化都犯了错误,但农民没有能力纠正,就要受害。在这个问题上一定要保持清醒的头脑。

第四点,坚决贯彻原址就近就地改造的方式。《关于2009年扩大农村危房改造试点的指导意见》要求结合村庄规划和基础设施建设推进农村危房改造。但是,村庄规划和基础设施建设是长远的工作,这里要强调坚决贯彻原址加固,就地重建,就近翻建的方式,坚决防止趁机撤村并镇,大拆大建。在这点上,干部们有两个思想误区:第一个误区是农村危房改造一定要让领导考察参观时能看得见"新村形象",所以就把危房都集中在一起重建。搞危房改造是惠及最困难的农民,而不是光顾着让干部看着舒服,否则就是指导思想错误。第二个是把农民集中起来,把零散的村庄合并,还美其名曰节约了宅基地,有利于增加耕地面积。这些干部可能是没有当过农民,没有在农村呆过。真正当过农民的人都知道,农房边上的庭院是产出最高的,农民用来种蔬菜、种果树等,它相当于农民的冰箱。零星的宅基地如果没有了,农民庭院经济不存在了,收入也会相应减少。农民不同于城市居民,买菜都去小市场。如果把零星宅基地都变成了一排排农房,前后都是道路,这对农民实际上是损失。

农村的生产空间、生活空间、生态空间是重合的。农地、农房在空间上是合二为一的,合二为一的模式最节约。如果一定要把农房集中,搞成城市建设模式,让生产空间跟居住空间分离,这不仅导致农民生产生活成本大大提高，而且也使循环经济无法形成，这是非常不明智的做法。为什么农户要分散居住？传统农居，院子旁边可以养两头猪，剩菜剩饭可以喂猪，院子邻近农田，猪粪还可就近还田用作肥料，形成一个微型循环圈。农房集中后破坏了原有的系统，农村就不再是循环经济模式了。在这方面，一些干部在认识上有巨大的误区。北方有的地方把农村的危房改造搞成撤小屯建大屯，这就走错了方向，不属于这次农村危房改造补助的范围。我们再三告诫大家，在这些问题上绝对不能犯这一类的错误。

原址就近就地改造还涉及边境一线农房改造的问题。今年的试点范围包括了全部边境县，边境县的危房改造如果出现了让农民下山或者从边境一线退回来的情况，要通报批评。所有国家都有边境安全方面的法律并鼓励农民到边境一线、到荒凉的小岛上居住。边境线上是否有村庄、有人居住是涉及领土完整、国防安全的问题，是国家民族生存命脉所系。最近西沙群岛的领土争议日趋激烈。如果这些小岛上原来都有我们的居民居住，怎么会有现在的问题？过去黑龙江的珍宝岛事件，如果有哪怕一户居民在岛上居住，也不会发生此类冲突事件。有些干部不知道边境安全的重要性，认为这些边远地区基础设施配套难度很大，打着推进城市化的旗号，鼓励农民搬出来。如果没有这样的国家安全意识，就不是一个称职的县委书记。发达国家在这方面都有法律规定居民和村庄不能从边境线后撤并给予经济补助，因为这涉及国家领土安全问题。对此，有些干部思想还缺少这根弦，需要强化这方面的意识。

为什么农村危房改造强调要通过规划来统筹？规划是统筹手段，有了合理的村庄规划，县一级单位的统筹能力就强了。通过规划统筹就是要在危房改造过程当中，主动的通过村庄建设规划协调水利、民政、农业、交通、卫生等等部门的资源，统筹推进危房改造中的改水、改厕、沼气池建设等工作，把为最贫困农户办的好事办得更好。因此，文件里要求统筹这些资源，这对做好农村危房改造工作是非常重要的。

第五点，三北地区一定要高度重视建筑节能示范工作。我国农村的生活用能近年来急剧增加，尤其是北方地区冬季取暖的能耗占到生活耗能的80%。在这方面，城市和农村的情况类似。三北地区建筑面积仅占全国建筑总量的10%，但城市、村镇冬季取暖占整个建筑能耗的40%。所以这次在农村危房改造中，要推进农房建筑节能的示范工作，提倡使用草砖、草板、水泥空心砌块等对改造的农房进行节能保温处理。三北地区改造费用高一些是必要的，因为要改造贫困农户住房的节能性能，长远看也是为他们节约开支。这些贫困农户自己没有能力进行节能改造，冬天室内的温度仅有零上5度左右，这样的室温下感觉会非常冷。与南方相比，北方的气候条件下对建筑节能保温的要求更高。通过草板、草砖等改造提高农房的保温性是一项有益的探索。

一些地方的试点表明，农房通过草砖、草板、水泥空心砌块、聚苯乙烯板等节能材料进行改造后，在保持室内温度不变的情况下平均每户一个采暖季可以节约两吨标准煤。例如，北京郊区农户改造前每个采暖季最多用8吨煤，改造以后大大地节约了耗煤量，普遍可以节约2吨左右标准煤。按照现在的价格，2吨标准煤相当于每户每年节省开支约1000元。因此，在这个问题上确实要多加重视。

二、下一阶段要抓紧做的几项工作

为了贯彻好前面讲的五项原则，下一阶段要抓紧做好四项工作：

第一项，抓紧编制本年度农村危房改造规划。会后，各地都要根据指导意见的要求，抓紧核查符合条件的农村贫困农户危房底数，制订好今年农村危房改造规划和实施计划，并在6月20日前上报住房城乡建设部、发展改革委、财政部。三部委在6月底将要对各地规划进行检查。各地注意不要按自己报的数，而要按中央下达的计划数去编制规划。比如今年的计划试点县是改造占需改造农户总数10%左右的农村最贫困且居住危房农户，但如果地方提出要改造15%，超出部分的补助资金由地方承担，中央将不会给予补贴。要防止"改造数量越多越好"的错误认识。我国现在还是发展中国家，如果自行规划确定一个巨大的改造数量，那将超出国家现有的财力。在这个方面，绝对不能犯基本错误。以前各地上报基本农田时有过教训，一些地方报了很大的数字，把盐碱地、滩涂地都报成了基本农田，结果没法落实，这个教训不要忘记。

第二项，抓紧落实配套资金。今年中央拿出40个亿，地方配套资金的规模也会相应更大。今年又是近年地方财政最困难的一年，土地出让金、税费收入都是负增长。在这种情况下，地方资金配套难度极大。各地制订农村危房改造规划和计划时要充分考虑这一困难。凡是不能落实地方配套资金的，中央补助就不予安排。过去有些地方通过把项目做大套取中央资金。例如，污水处理厂本来是建5万吨的规模，上报的规模却变成20万吨，中央补贴的一半实际就够整个工程的造价了。省级相关部门要认真核查，避免这类问题的发生。地方一定要落实好配套资金。

第三项，抓紧落实技术服务工作。农房改造加固要采用地方工艺、地方工匠，要就地取材。各地要做好工匠培训和技术服务、指导工作，要结合历史文化名村，特色景观旅游村的建设推进这项工作。加强农村个体建筑工匠的培训、管理和建设技术力量的组织调集是做好这项工作的重中之重。有些单位农房改造大量发放花花绿绿的图纸，这种做法是不可取的。做好农村危房改造工作，不能简单套用富裕户新建住房模式，套用城市人的思维。农村危房改造要坚持本地材料、本地风格、本地工艺，要建设农民最需要、最基础的房子。

第四项，加强对农村危房改造的督促检查。督促检查就是要查是不是符合前面说的五个原则。各地要定期组织对项目实施情况的跟踪检查，对照改造农户的原有资料进行过程跟踪。要在网上开辟专门的网站，把改造农户的相关材料补充进去，材料中起码要包括三张照片，一张是改造前的，一张是建设中的，再有一张是改造完成后的。这种方式有利于接受各方面的监督。对发现的问题要及时整改。三部委也将在下半年对各省的督促检查工作进行抽查，对于疏于管理、进度缓慢、配套资金不到位的要进行通报批评，对不符合前面说的五个原则的更要通报批评并限期纠正。这次抽查的结果将与2010年的中央补助计划挂钩，我们绝对不能犯过去经常犯的低级错误。要贯彻落实好中央危房改造工作的精神，为下一步持续推进农村危房改造奠定基础。

最后，我非常诚恳地希望大家全力做好这项工作。建设部门这次牵头抓这项工作，一定要避免犯过去非常容易犯、已经犯过的错误。不能再一心想着搞大工程，不能搞把成片村庄推倒重新建设、集中建设，不能再一心想着出新面貌，迎合地方主要领导的个人偏好。这些都是非常低级的错误，非常浪费的做法，这次一定要注意避免。这次如果哪个地方再犯了这类错误，有关责任人就要引咎辞职。当然我希望不会出现一个人辞职。希望大家共同努力把这项工作做好，把好事做得更好。

谢谢大家。

（仇保兴为住房和城乡建设部副部长）

园林城市建设的若干盲区与纠正之道

（2009年9月22日）

仇保兴

今天在座的各位都是来自一线的园林绿化工作者，深知园林绿化作为城市惟一具有生命力的基础设施，也是最重要的民心工程之一，在城市建设中所处的基础性地位。自1992年我部开展园林城市创建以来，园林城市创建已发展成为各级城市政府切实改善人居环境、优化投资环境、提高城市综合防灾能力、提升城市综合吸引力的一个有力抓手，也是我们推动城市园林绿化建设由只重绿量增长的粗放模式向质量兼顾的生态模式转化，促进城市可持续发展的一个得力举措，是新时期城市建设与发展的内在要求，也是建设城市生态文明的一个有效载体。但是，当前我国的园林城市建设过程中出现了一些盲区和错误的做法。如何识别这些盲区和错误，以及如何有效应对、如何及时纠正，是城市园林绿化工作中迫切需要解决的问题。

一、园林城市建设中存在的盲区

1. 盲目砍伐行道树来拓宽道路。不少城市的行道树都非常矮小，短时间内难以发挥行道树应有的作用。行道树主要有五种功能：遮荫、吸尘降噪、吸污、美化环境、降低热岛效应。最为重要的是，树冠大的行道树可以为人行道和自行车道提供极好的庇荫，非常有利于市民和游人步行、骑自行车等绿色出行。但是，有的城市对此考虑不周，在拓宽道路时随意砍伐行道树，不仅破坏了前人留下的生态资源，还造成了绿色交通出行率下降、污染加剧、城市热岛效应上升等。实际上，城市建设与发展过程中应当尽量把行道树保留下来，如果确需拓宽道路，应采取在马路中间保留原有行道树作为分车带等措施来避免砍伐或移植对绿化造成破坏，这样一来还可以造就绿树成荫的道路美景。

2. 盲目置换城市中心区的公园绿地，导致城市热岛效应加剧。这种情况在许多城市都有发生。据观测，有的城市夏天最热的时候，由于中心城区绿地的减少，热岛效应大幅增加，温度最高的地段甚至高出城市郊区平均温度8℃以上，导致空调耗电量大增。可见，城市中心区的绿地在降低热岛效应上的作用要比城市外围的绿地大得多，其综合功能也是城市外围绿地所无法取代的。自2007年以来，我部先后批准命名了北京颐和园等46个国家重点公园，就是为了更好地保护这些城市公园。我们给"国家重点公园"授牌，就是要提醒大家这些公园是不能随便挪位置的，并让全社会予以监督，让全体市民就近享受这些中心绿地。尤为重要的是在人口稠密的城中心，公共绿地是无法替代的避灾场所。我国三分之二的大城市都处在地震活动较频繁的地带，从这一角度看，必须要无条件永久保留这些中心绿地。但正因为城市中心地价高昂，特别要警惕的是开发商以郊区绿地来置换中心公园的绿地来搞开发。

3. 盲目更换城市绿化树种和行道树。有些城市出现的"一任书记或一任市长一任树种"，等于把种树变成了种菜，十分荒唐、后果又十分可怕。有些城市历史很悠久却见不到大树，古老的城市却只能见到非常小的树，就是频繁更换树种的结果，也是无知的见证。大家想一想，如果北京市不保留毛白杨，南京市不保留悬铃木，这两个城市的园林绿化还有特色吗？甚至根本谈不上绿化、美化了。因此，城市园林绿化树种作为城市的地方特色标记之一，需要根据当地的自然环境、气候条件等慎重选择，不可随意更换，否则会造成巨大的经济浪费、遭受后人的耻笑甚至大自然的报复。

4. 盲目移植所谓的名贵树种，在园林绿化中实行"去本地化"。前段时间，因受某些热门影视作品的影响，曾有不少城市领导盲目推崇椰子树和榕树，不切实际的大量引种，以营造所谓的"南国风光"，结果因气候不适、管理不善等因素导致大量死亡，而且造成原有的生长了几十年、有着高大树冠的本地树种消失，损失巨大且难以弥补。这种盲目拷贝南方城市景色的做法，不仅破坏了城市自身的绿化特色，也使园林绿化所创造的社会、经济和生态三方面的效益受到破坏。

5. 盲目地密植单一树种。因缺乏专业性行业管理，有些城市将园林绿化简单等同于植树造林，公园绿地建设时盲目追求数量，像种毛竹一样种植乔木，导致道路两旁密密麻麻的都是单一树种，既不能体现园林文化艺术内涵，还影响树木的正常生长发育而大批死亡，造成极大的经济浪费和景观破坏。

6. 忽视立体绿化。随着城市化进程的快速推进，城市人均土地资源越来越紧缺，大力发展立体绿化是节约型园林绿化建设的必由之路，也是园林城市评价标准内容之一。立体绿化不仅能够丰富城市园林景观层次，还能大大减少热岛效应，尤其在夏天能极大地降低建筑空调的电力消耗，是一种非常值得提倡的、也是城市园林绿化建设中必须要认真加以推广的绿化方式。

7. 重建设轻养护。总结各地城市园林绿化的经验，园林绿化必须是"三分栽种七分管养"，这就决定了城市园林绿化必须实行严格的树木保护和砍伐审批管理。特别是城市绿地系统规划和城市绿线管理，是城市园林绿化的纲领，必须放在首要位置。有些城市忽视了绿地系统规划的法律强制性；有些城市根本没有按要求划定绿线，规划绿地指标无法落到实地；有些城市园林绿化执法不力，对移植或砍伐园林树木不实施严格审批，审批人员不到现场察看调查，砍伐时也不去监督，结果导致大量不应该砍的树被砍伐。在国外，砍伐园林树木的审批管理非常严格，不仅要经过层层审核与批准，而且获准后的砍伐只允许专业绿化部门来执行。同时，砍伐费十分高昂。比如在欧洲，砍伐胳膊粗的一棵树（直径不到10公分）就要支付200多欧元的砍伐费。故此，我们的一些驻外使馆如波恩市原我国驻德使馆，在建设时因不得不避开自己大院中的园林绿化树木，而使使馆的建筑主体变得弯弯绕绕的。其实，普通老百姓都深知严格保护多年生长得来的高大乔木的重要和必要，相反，在一些领导干部眼里，名木古树和高大乔木并不重要，保护树木的意识非常淡漠。

8. 盲目地随意修剪树冠。某城市河道两边生长多年的柳树一夜之间全部被"砍头"。大家都知道，即使是再生能力很强的柳树，一旦被"砍头"，重新长成树冠最少也得3到5年。经调查发现，该城市的园林树木砍伐由多个部门管理，每个部门都有权审批，这是完全不应该的。

以上这些典型的盲区和错误做法，大家一定要认真总结，要汲取教训；特别是园林绿化主管部门要坚决拒绝这些错误做法,并及时向上级领导或主管部门反映。

二、如何防止和纠正这些错误的趋向

那么如何积极应对、如何有效防止这样的错误?又怎样从制度和机制上予以保障科学发展观在城市园林绿化过程中落实呢?

1. 既要加强法制建设,又要强化城市园林绿化组织管理机构建设,保障园林绿化管理机构的稳定和行业管理的专业到位

1992年颁布实施的《城市绿化条例》中没有明确的罚则,已不适应城市园林绿化建设与发展需要。我们将尽快组织修订《城市绿化条例》、制定出台《城市公园绿地管理办法》等,并完善绿色图章制度,严格绿线管制,不断健全法制管理,加大惩处力度,使城市政府不敢随意变更绿地、商家不敢占用绿地、单位或个人砍不起树,切实保护现有的园林绿化成果。

同时,要稳定城市园林绿化组织管理机构,强化园林绿化管理职能,加强从规划设计、施工建设到养护管理全过程的专业化管理与指导服务,切实改变城市绿地植物层次结构单薄、植物品种单一、景观单调、缺乏文化和艺术内涵等不良现状,杜绝在公园里按造林模式打方格种树、截头修剪行道树、河道治理时如水利工程般建硬质驳岸等。城市绿化必须彰显城市绿化的园林特色,并实现城市绿地保护生物多样性、科普教育、陶冶情操、防灾避险等综合功能。

2. 既要扩大城市园林绿化面积,又要在保护的基础上有效增加城市中心区的绿地面积,并大力推广立体绿化

在城市绿化过程中,既要扩大整个城市的绿化面积,又要保留并拓展城市中心绿地,积极发展立体绿化。许多人只认识到房地产的高价值,以为将城市中心绿地置换到郊区,增加城市中心建设面积对城市发展有好处,实则不然!城市中心绿地在减少热岛效应、改善人居环境、美化城市等方面的作用是不可取代的。即使只从房产价值来核算,上面的认识也是错误的。以美国纽约曼哈顿的中心公园为例,有专家通过计算机模拟测算,结果表明,如果把这片绿地全部开发成房产,整个周边地区的房产价值反而要大幅下降。正是因为中心公园这片绿地的存在,大大提升了周边地区的环境质量、景观效果和生活品质,使得房产价值大幅上升,所以说城市园林绿地的价值决不能用短期的眼光来核算。

3. 既要认真编制和落实绿地系统规划,又要调动基层积极性,大力推进从下而上的园林单位创建

通过城市规划,特别是绿地系统规划,统筹公园、湿地、河湖滨绿地、避灾场所、公共空间等等绿地单元,连点成线、成片,有利于城市局部小气候环境改善和野生动物迁徙,是城市生态建设最主要的载体。同时,要采取积极有效措施,切实保护原有的小型湖泊、河沟、绿地、树林、公园等。产权所属单位如确实要对原有成片林地开发建设,必须经过严格审批,因为这些林地长了几十年,是无可取代的。所有基层社区,包括行政单位、企业、居民小区、商店、学校等等都要"见缝插绿",推行立体绿化,广置花木盆景。广泛参与"园林单位"创建工作,"从下而上"地搞好园林城市创建深化工作。

4. 既要"见缝插绿",又要严格"树木更新"与"移栽"的审批管理

《城市绿化条例》第21条规定:"任何单位和个人都不得损坏城市树木花草和绿化设施。砍伐城市树木,必须经城市人民政府城市绿化行政主管部门批准,并按照国家有关规定补植树木或者采取其他补救措施"。审批工作人员一定要到现场察看,如果确需移栽或砍伐,必须要有园林绿化主管部门工作人员现场监督,同时要提前十五天公开告示所有相关单位和周边居民。《城市绿线管理办法》第10条规定:"城市绿线范围内的公共绿地、防护绿地、生产绿地、居住区绿地、单位附属绿地、道路绿地、风景林地等,必须按照《城市用地分类与规划建设用地标准》、《公园设计规范》等标准,进行绿地建设"。第11条规定:"城市绿线内的用地,不得改作他用,不得违反法律法规、强制性标准以及批准的规划进行开发建设"。《城市绿化条例》、《城市绿线管理办法》等相关法规对城市绿地保护作出了严格规定,目的在于为子子孙孙留下城市中宝贵的绿地空间。

5. 既要弘扬传统园林文化,提高造园艺术,又要结合防洪、避灾、旅游、生态、节能减排等来统筹城市绿地建设

巴西的库里蒂巴市原来经常发生洪灾,自从一个学规划专业的市长上任后,变原来修高堤坝抗洪防灾的理念为拆除高坝、恢复原来河道两边的绿地和湿地,使通过城市的河流截面面积大大提高,从而降低了通过城市的洪水水位,这个城市因此摆脱了洪水的困扰。不仅如此,河道两边还成了非常漂亮的园林和休闲去处,可谓是一举两得。而我国许

多城市园林绿地功能单一,防洪不能兼做公园,公园没有防洪功能。实际上一些城市一般每年只有一到两次洪水,洪水来时漫过河道两边绿地的时间也只有一、二天甚至几个小时,退洪后还相当于为这些公园天然地施了一次肥,所以完全可以做到防洪与绿化互不干扰,甚至相得益彰。

6. 既要持续增加绿地面积,又要紧密结合城市基础设施"就形绿化"

温家宝总理曾明确指出,园林绿地是城市中惟一有生命的基础设施。它们与其他城市基础设施之间就如牙床与牙齿之间的关系,应该是相互衬托,相互补充的。在这方面,新加坡这个美丽国家的园林绿化做法值得借鉴。新加坡街头树木的树冠都特别大,即使是十个车道的道路,两边的树冠也能够相互交叉闭合,使得夏天地面的温度大大降低,不仅行人得益,而且柏油道路寿命大大延长。同时,新加坡的高架桥中间都留有一到两米的缝隙,这是当年李光耀先生特别提议的。这样做的目的是使阳光能够透过高架桥中的缝隙照射到地面,保障高架道路下小型绿地公园草木的健康生长。尤为可贵的是,该市所有的水泥构件都披上了爬藤花草等,使这些冷冰冰的基础设施变得充满生机与活力了。城市园林绿化要特别借鉴新加坡的经验,注重细节,尽可能地为广大人民群众提供更多更好的城市园林绿地空间。国家园林城市、国家重点公园的评选标准都要求园林绿化要因地制宜,要发扬我国传统园林文化,合理配植树木花草,并通过造园手法赋予亭台楼阁、小桥流水、假山叠石以诗情画意,达到虽由人作,宛若天成的意境。中国传统园林师法自然,建筑与园林浑然一体,它的妙处及所体现的东方文化的生态理念,是世界上任何其他园林艺术所不及的。我们应该珍惜这份宝贵遗产并发扬光大,与城市的其他基础设施进行合理对接与配合,硬质的、无生命的基础设施披绿装添五彩,让园林绿化这个有生命的基础设施在城市的每个角落都能发挥美容师、节能器和环保卫士的作用。

(在第七届中国(济南)国际园林花卉博览会"生态·文化·发展"高层论坛的讲话)

推进供热计量改革 促进建筑节能工作

(2009年10月22日)

仇保兴

一、工作进展情况

从工作进展的方面来看,供热计量改革工作取得了三个方面的进展。

一是供热计量收费初见成效。目前开展供热计量的城市有40多个,已安装供热计量和温控装置的建筑面积达到2亿平方米,实现热计量收费面积4600多万平方米。尽管数量不大,但是实践证明,凡是实行供热计量收费的供热企业都在不同程度上节约了能源,凡是实施了供热计量的用户都节省了热费,计量收费得到了用户的支持。如天津市仅部分实施供热计量改革,就实现供热系统节能10%~15%,70%以上用户节省了热费,节费额8%~15%;榆中县实现供热系统节能26%,94.7%的用户节约了热费,节费额18.3%左右。

二是供热计量政策体系进一步健全。2003年以来,我部与国家发展改革委、财政部等部门下发了一系列政策文件,明确了供热计量改革的目标、任务、内容、措施和配套政策等。《供热计量技术规程》、《建筑节能工程施工质量验收规范》等国家技术标准都将安装供热计量和温控装置列为强制性条文。所以说,供热计量在国家层面的政策和标准上逐步健全。

三是既有居住建筑供热计量及节能改造的任务逐步推进。按照国务院《关于印发节能减排综合性工作方案的通知》要求,"十一五"期间北方地区应完成1.5亿平方米的既有居住建筑供热计量及节能改造任务。目前已完成及正在实施改造项目的总面积为1.06亿平方米,占"十一五"期间任务的70%。虽然任务非常艰巨,但为改造后下一步实施供热计量收费奠定了基础。

从取得的经验方面看,有四点值得总结。

一是强化政府主导作用,将供热计量纳入政府考核指标。如河北省将供热计量改革作为对基层干部工作实绩的重要考核内容。新疆维吾尔自治区住房城乡建设厅将供热计量完成情况列入城市建设"天山杯"竞赛考核评价体系。唐山市将供热计量与节能改造工作列入市委、市政府年度考核指标体系，市委书记亲自抓。所辖各县市区主要领导为供热计量与节能改造工作第一责任人，实行属地管理。形成了家家有任务，层层抓落实的良好局面。全市今年新建建筑已全部同步安装了供热计量和温控装置，现有的既有非节能居住建筑 2200 万平方米计划用三年时间全部完成。这些经验说明，只要领导重视，下定决心，发挥主导作用，供热计量改革就能顺利推进。

二是创新管理体制，把住新建建筑供热计量关。各地在做到新建建筑供热计量不欠新账的工作中，不断创新管理体制。天津市以商品房入住证供热证明为载体，从新建建筑规划、建设、销售到供热等环节，建立了一整套的供热计量监管体系，把住了新建建筑供热计量关。河北省将供热计量改革列入地方性法规。于今年 10 月 1 日实施的《河北省民用建筑节能条例》，明确要求实行集中供热建筑应当配套建设分户计量系统，并安装温度调控装置。凡没有安装供热计量及温控装置的新建建筑将不得通过验收，不得交付使用，不得给予供热。这些经验充分说明，只要建设主管部门严把设计、施工图审查、施工、监理、竣工验收等环节，新建建筑供热计量装置完全可以做到不再欠新账。新建建筑供热计量装置欠账的责任在建设系统。建筑是否节能是建筑质量的一项重要性能。过去建设质量验收部门忽视了对建筑能耗的验收，使得一些热效率非常低下的建筑也通过了验收备案，这是对人民的失职，对环境的失职。

三是落实实施主体责任，发挥供热企业主力军作用。刚才承德市热力集团就介绍了这方面很好的经验，自 2008 年他们主动筹资 2000 多万元对 20 万平方米既有居住建筑进行了供热计量改造，对 16 万平方米实施了远程抄表系统改造。通过供热计量和节能改造，热力集团实现系统节能 16%，还大大降低了成本。北京市热力集团对 299 座热力站进行了改造，安装热量表 310 台，对 2000 万平方米公共建筑实行计量收费，取得了很好的效果。这些经验都说明，实施供热计量，供热企业可以节约能源，降低成本，扩大供热面积，这是供热企业生存发展壮大的必由之路。今后在城镇基础设施公用事业改革方面，凡是供热效率高、主动进行改革的企业，完全可以跨城市进行承包。而那些长期不进行供热计量改革、畏缩不前、拿国家可持续发展当儿戏的企业负责人，就要让他们感到下岗的压力。

四是创新资金筹措模式，建立热计量改造投资偿还机制。甘肃省榆中县是国家级贫困县，该县供热站创新既有居住建筑供热计量改造资金模式，采用"资金共同筹措、利益共同分享"的方法，引导用户分担改造费用，分享节能效益。对困难户暂不交纳改造费用的，改造费用全部由供热站先垫付，计量收费节省下来的热费由用户和供热站五五分成，偿还前期的投入。这就是节能服务公司和合同能源管理的模式。这样做既缓解了资金筹措难题，又降低了能源消耗。承德市采用合同能源管理的模式对 26 家公建用户 30 多万平方米开展供热系统节能改造，并安装热计量表和远程调控设备，进行供热计量收费。能源服务公司和用户按比例分享供热计量产生的节能收益，实现了系统节能 20% 以上。供热计量改革上有国家资金奖励，下有市场机制，中间缺的就是决心和创新。

二、存在的主要问题及原因分析

从当前存在的主要问题看，主要有三个方面。

一是新建建筑热计量设施欠账严重。虽然《节约能源法》、《民用建筑节能条例》都明确规定，新建建筑和经节能改造的既有建筑应当实行计量收费。这是法律要求的，违法就应受处罚。目前很多违法的单位和个人并没有受到处罚，所以各地执行的效果并不理想。目前只有天津市、唐山市、承德市等少数城市做到了新建建筑供热计量设施不欠新账。而大量的新建建筑没有安装供热计量和温控装置，或者安装的是一次性、供验收用、质量非常低劣的供热计量和温控装置，根本无法实施供热计量收费。

二是既有居住建筑供热计量改造进展缓慢。2008 年北方地区完成既有居住建筑节能改造近 4000 万平方米，供热计量改造只完成 2100 万平方米。大部分既有居住建筑只进行了外围护结构的节能改造，而没有进行供热计量改造。有些地方只安装了楼栋热量表，没有安装分户供热计量和温控装置。实施节能改造后，室内温度高了，只好开窗放热，导致节能改造不节能，百姓行为节能也不节钱。有些地方选用了不符合供热计量技术标准规范要求的计量装置，为以后计量收费留下了纠纷隐患。有的地方甚至在室内安装一个温度表，实行所谓的按温度表"计量"，其实根本无法实现能耗监测和分户计量收费。

三是供热计量收费不到位。目前北方地区 132 个地级以上城市中只有 20 多个城市出台了供热计量价格和收费政策。大多数城市没有计量热价，使得符合条件的新建建筑和既有建筑无法实施供热计量收费。有些地方即使开展了供热计量收费，但总体上还只是处于试点阶段，"试点"、"探索"、"模拟"成为忽悠上级领导的新名词。有的城市供热计量面积少，分布散，系统节能效果差。有些地方计量收费方法不规范，将"按用热量、分户计量"收费变成了"按楼计量、按面积分摊"收费，挫伤了用户行为节能的积极性。

从原因方面来看，也有三个方面。

首先是认识不到位。有些地方政府领导没有充分认识到供热计量改革的重要性和紧迫性，担心供热计量改革影响社会稳定，认为供热只要不出乱子就行了。有的错误认为搞供热计量节能还不如搞热源管网改造节能效果大。事实证明，开展供热计量改革的地方不仅不会影响社会稳定，还会改善民生、实现节能、促进供热行业可持续发展。而不进行热计量收费，就不能实现行为节能，无法提高用户节能意识，也不利于下一步建筑节能改造。

唐山市、榆中县既有建筑供热计量改造主要由政府承担。改造后，用户因为节约了能源，每户退费就达到了400元。用户节能的积极性被大大调动，主动集资安装双层玻璃，进行外墙保温。建筑材料使用期一般都在25年以上，节能改造如果个人投资4000元的话，不到10年就可以收回来，经济上完全划算。如果把外墙保温、门窗节能改造和计量改造同步进行，节能率可以达到50%，计量收费后，用户退费就会从400元变成800元。但是如果没有计量改造和计量收费，建筑节能的良性循环就无法形成。

其次是监管不力。新建建筑供热计量和既有建筑供热计量改造设施欠账严重的主要原因就是在规划、设计、施工图审查、施工、监理、质量监管、验收，特别是质量监管和验收两个环节上缺乏有效监管，责任追究不明确。有些单位和地方虽然安装了供热计量设施，但收费管理机制不健全，没有落实供热企业对计量表的选型、购置、维护、管理、计量收费等方面的责任，供热计量收费工作进展缓慢。目前供热计量装置基本上还是由开发商自行购买、安装，而开发商为节约成本，往往选用的是不合格的计量装置。市场上一度出现了质量合格的热计量表卖不出去，不合格的却能卖出去的怪现象。众所周知，电表是电力公司安装的，水表是自来水公司安装的，燃气表是燃气公司安装的，而唯独热量表是开发商安装的。这是违背常识的事情。

再次是企业不积极。相当大的一部分供热企业对供热计量改革持消极态度。刚才天津同志在发言中明确指出，当前，推行计量改革的阻力主要来自供热单位。这句话道出了事实真相。当然，供热企业也有实际困难。一方面，实施供热计量要投入成本，对原来的设备、管网进行改造更新，如果不采取能源合同模式，就得供热企业增加投入。另一方面，实施供热计量后，企业会增加运营成本，比如增加了抄表工作量。再者，有些供热企业的管理和技术水平不高，达不到供热计量收费的要求。但是，供热企业不积极的根本原因是只看到了短期的企业收益下降，而没有看到供热计量对降低供热成本、提高自身竞争力、实现企业可持续发展的长远利益。比如承德市、榆中县仅通过计量改造以后，实现了节能20%～30%，唐山实现了节能50%。在原来供热能力没有增加的情况下，供热面积增加了20%～30%，成本大大降低。从这些经验教训来看，供热体制改革应以供热计量改革为核心，而许多城市的此项改革没有抓住此项关键。事实证明，不实施供热计量改革，用户就没有节能的积极性，节能改造没有产生节能效益，供热体制改革等于"白改"；如果用户室温不可调、热收费不计量，所有的节能改造都等于"空改"，因为，室温过高，用户只可开窗放热。所以说，用热户如果节能不节钱的话，那么企业就不节耗，城市就不节能，环境就不减污，形成了恶性循环。分户供热计量改革是要消除这种"白改"、"空改"。

（本文为仇保兴同志在北方采暖地区供热计量改革工作会议上的讲话选登）

发挥行政复议作用　促进住房城乡建设事业科学发展

陈大卫

这次会议的主要任务是，贯彻党中央、国务院关于行政复议工作的要求，总结近年来住房城乡建设系统行政复议工作的经验，提高对新形势下做好行政复议工作重要意义的认识，提出加强行政复议工作的措施,发挥行政复议在化解行政争议、推进依法行政、促进社会和谐稳定中的重要作用。姜伟新部长十分重视行政复议工作,明确指出"行政复议工作是重要的制度保障工作,我们部要认真抓好。"下面,我讲几点意见。

一、住房城乡建设系统行政复议工作取得了明显成效

住房城乡建设系统行政管理工作涉及面广,与群众利益密切相关,房屋拆迁、房屋登记、信息公开、城乡规划、质量安全等社会热点领域多,伴随着建设热潮,行政争议也在逐年增多。行政复议是把解决群众利益诉求纳入制度化、规范化、法制化轨道的重要制度。多年来各级住房城乡建设行政复议机关按照党中央、国务院要求,严格执行《行政复议法》和《行政复议法实施条例》,认真办理行政复议案件,建立健全相关配套制度,加强行政复议机构和队伍建设,做了大量扎实工作,取得了明显成效:

(一)有效化解了大量行政争议。一是化解行政争议数量多。据统计,建设系统2005~2008年间,通过行政复议化解的行政争议约8000件。上海市房管局年均办案达249件。天津、重庆市房管局、北京市建委、江苏省建设厅和部机关办案年均在百件以上。湖南、浙江、福建等省建设厅办案数量增长较快,近4年年均增长约20%。二是案件办理质量不断提高。各级住房城乡建设行政复议机关严格依法办案,综合运用和解、调解等多种手段,分清是非、明确责任、化解矛盾。大多数省建设厅4年来办理的案件,没有引起行政诉讼和上访。福建、陕西等省建设厅办理的行政复议案件,没有一起被法院撤销或变更。广西玉林市建设规划委办理的83起案件中,有15起被当事人起诉到法院,法院维持率为百分之百。三是平等对待行政机关和利益诉求人。江苏、河南省建设厅,重庆市政管委等许多单位在办案中,只要发现行政行为违法,就及时敦促有关部门自觉纠错。四是引导群众以理性合法方式表达利益诉求。贵州、海南、内蒙古等省(区)建设厅,发现被复议的具体行政行为正当而相对人不理解等情况,通过耐心解释说明使群众心悦诚服地接受。天津、北京市建委,上海市建交委对不属于行政复议范围的申请,都认真作出解释,告知不受理申请的理由和依法解决问题的途径。

(二)切实维护了人民群众的合法权益。一是注重维护人民群众的申请权。北京市建委专设行政复议接待场所,有2名律师和2名工作人员负责日常接待,开通了网上申请行政复议专用邮箱。湖北省武汉、宜昌、襄樊等城市建设部门,公布了行政复议联系电话,推行为民服务代理制,方便申请人。部机关对于行政机关不能证明申请人超过法定申请期限的,都予以立案受理。二是切实维护人民群众合法权益。山西省建设厅依法撤销了某建设局的行政处罚并退回申请人罚款,申请人非常感动,说没想到行政复议真能为老百姓找回公平。上海市房管局通过被申请人做拆迁人工作,将行动不便的老人安置到方便楼层,解决了拆迁裁决争议。浙江省金华市6住户因在建工地影响其通风、采光,申请对规划许可行政复议,经市规划局现场踏勘和调解,仅用3天就解决了争议。山东、新疆建设厅重视行政复议案件中反映出的制度建设问题,促成了山东省城市房屋拆迁管理条例的修订和新疆维吾尔自治区城市房屋权属登记条例的制定。三是努力树立复议为民的良好形象。广东、宁夏、甘肃等建设厅坚持在行政复议工作中"见面一句问候、进门一杯热水、待人一片真情、办事一腔热情、出门一声再见"。

(三)有力促进了住房城乡建设部门依法行政。一是通过及时纠正违法或者不当的具体行政行为,保障和监督行政机关依法行使职权。据统计,近4年来,全国各级住房城乡建设行政复议机关,通过撤销、变更、确认违法、责令履行义务等方式直接纠错的比例约为16%;通过撤回申请、和解、调解等方式结案间接纠错的比例约为18%。两者相加,纠错比例占申请行政复议总量的34%左右。二是通过落实行政复议意见书和建议书制度,提高行政机关依法行政能力和水平。各级住房城乡建设行政复议机关在办案中,对具体行政行为存在瑕疵但不足以撤销或变更,或发现相关管理制度存在漏洞的,在维持决定同时,制发行政复议意见书或建议书,指出存在的问题并督促改正。某市建委在收到部针对房屋登记管理存在问题的行政复议建议书后,立即整改,制定了规范性文件堵塞漏洞。三是通过约谈、点评等方式,提高行政机关工作人员和执法人员依法行政意识。福建省建设厅通过重大行政复议案件约谈制度,对违法情节较重或者群体性申请行政复议案件,约谈相关领导及执法人员,指出具体行政行为存在的问题,提出改进措施;北京市建委,安徽、河北、黑龙江等省建设厅坚持行政复议案件年度分析制度,每年下发行政复议案件分析报告,点评行政行为,提出依法行政的对策建议。

(四)不断完善了行政复议工作机制。各地住房城乡建设行政复议机关在总结实践经验基础上,积

极探索工作机制创新。一是注重完善行政复议工作制度。上海市建交委和规划局、重庆市规划局、吉林省建设厅等许多单位都制定了行政复议工作规程,详细规定了行政复议受理、审查、决定的程序,规范了行政复议机构、相关业务机构及其工作人员的办案行为。二是注重创新行政复议审理机制。四川省建设厅坚持法律顾问全过程参与案件审理,加强现场踏勘、拍照取证,认真核实情况。江苏和福建等省建设厅、天津市房管局等单位,对事实不清、争议较大的案件,组织人大常委会、政府法制办、法院的专家集体讨论。北京市建委对案情复杂、社会关注的重要案件进行当面审理、公开听证。三是注重运用和解、调解等手段化解争议。河北、浙江、云南等省建设厅坚持逢案必调(解),许多争议在立案前就得到化解。江西和辽宁等省建设厅、重庆市房管局等单位在案件审理过程中,积极促成调解,妥善解决了一些长期未决的争议。

(五)逐步加强了行政复议能力建设。各级住房城乡建设行政复议机关认真落实国务院有关要求,健全行政复议机构,增加编制,改善工作条件。江苏和福建等省建设厅、北京市规委、天津市规划局等单位,在保障行政复议机构编制的同时,还选拔优秀人才充实到行政复议队伍中。黑龙江、山西、河南、贵州等省建设厅和重庆市建委等单位,将行政复议经费列入机关预算,充分保障相应设施设备。广西、新疆、四川、青海等省(区)建设厅加强了行政复议工作培训,重视提高队伍素质。

总的看,住房城乡建设部门各级领导对行政复议工作越来越重视;人民群众对行政复议制度的了解和信任程度不断提高,越来越多地运用行政复议依法维护自身合法权益;社会各界对行政复议在化解行政争议、推动依法行政、促进社会和谐稳定中的重要作用更加关注,住房城乡建设系统行政复议工作局面越来越好。这些成绩凝聚着住房城乡建设系统各级领导和广大行政复议工作人员的心血与汗水。我谨代表部党组,向同志们致以崇高的敬意!

在肯定成绩的同时,我们必须清醒地看到面临的问题:一是有的领导对行政复议工作还不够重视,对通过行政复议法律制度解决行政争议还缺乏必要了解,还不善于运用行政复议手段解决矛盾和问题。二是有的地方对受理行政复议申请不够积极,致使相当一部分行政争议的处理仍游离于法定渠道之外。三是行政复议程序不够规范,制度不够健全,办案质量有待进一步提高,行政复议决定的权威性和公信力需要进一步加强。四是一些地方行政复议机构不健全、编制不到位、经费无保障、队伍不稳定、素质也不够高。对此,必须高度重视,采取切实措施加以解决。

二、统一思想,深化认识,切实增强做好行政复议工作的责任感

党中央、国务院高度重视行政复议工作。党的十六届六中全会作出的《中共中央关于构建社会主义和谐社会若干重大问题的决定》,明确提出要"完善行政复议制度";国务院《全面推进依法行政实施纲要》,将行政复议工作作为全面推进依法行政、建设法治政府的重要内容之一;中办、国办《关于预防和化解行政争议健全行政争议解决机制的意见》,强调要加强和改进行政复议工作,努力把行政争议化解在基层、化解在初发阶段、化解在行政程序中。国务院继 2006 年 12 月召开全国行政复议会议进行工作部署之后,今年 2 月又召开全国行政复议工作经验交流会,马凯国务委员作了重要讲话,进一步明确了行政复议工作的方向和要求。

我们一定要认真学习、深刻领会、贯彻落实党中央、国务院关于行政复议工作的要求和部署,认清行政复议工作面临的新形势和新任务,提高对加强行政复议工作重要意义的认识,围绕中心,服务大局,去研究、把握和推进行政复议工作。

(一)加强行政复议工作,是促进经济平稳较快发展的迫切需要。当前,中央应对国际金融危机的一揽子政策措施效果正逐步显现,我国经济增速一度明显下滑趋势得到遏制,经济形势总体上企稳向好。但国际国内不确定因素仍然很多,经济回升基础还不稳定、不巩固、不平衡,我们仍处在保增长、保民生、保稳定的关键阶段。在经济社会发展面临挑战的时候,影响社会稳定的各种不确定因素和行政争议也会增多。行政争议专业化程度越来越高,争议类型越来越复杂。能否有效解决行政争议,妥善化解矛盾纠纷,关系到经济能否平稳较快发展。行政复议是解决行政争议、化解矛盾的法定机制,简易便民、高效率、不收费、方式多样,实践证明能够解决实际问题。为实现"保增长、保民生、保稳定"的目标,需要通过行政复议"定纷止争、案结事了",妥善处理相关利益关系,促进社会和谐。各级住房城乡建设部门要把行政复议放在工作大局中去审视,切实增强及时解决行政争议的责任感,树立依法解决行政争议的基本理念,充分发挥行政复议化解矛盾、保护权利、纠正错误、教育引导的功能,为经济社会发展营造良好环境。

（二）加强行政复议工作，是维护人民群众合法权益的重要途径。随着我国经济社会全面发展和民主法治进程的加快，人民群众依法维权意识不断提高，行政复议制度已成为人民群众监督政府的重要制度，其核心是维护人民群众的合法权益。通过行政复议，直接倾听申请人诉求，有利于解决他们最关心、最直接、最现实的利益问题；通过平等对待行政机关和利益诉求人，有利于防止和纠正行政机关损害群众利益的行为；通过协调各方意见，有利于正确把握和处理不同利益群体之间的关系；通过行政管理相对人的直接参与，有利于保障人民群众在行政管理过程中的知情权、参与权、表达权和监督权。

各级住房城乡建设部门要坚持以人为本，复议为民，引导群众通过行政复议解决问题，围绕那些群众关切的利益问题去开展行政复议工作，用群众听得懂、看得见、容易接受的方式去推进工作，努力做到权为民所用、情为民所系、利为民所谋，依法、公正、高效地解决行政争议，把促进和改善民生落到实处。

（三）加强行政复议工作，是维护社会稳定的必然要求。我国正处于全面建设小康社会的新阶段，随着经济结构、分配体系的调整，往往会引起社会关系变化和利益格局变动，导致社会矛盾多发。许多矛盾纠纷已经并将继续以行政争议形式反映出来。加强行政复议工作，将相当一部分行政纠纷解决在初发阶段、化解在基层，有利于减少群众集体上访、特别是非正常上访，防止群体性事件发生，防止各类矛盾升级。

近年来，住房城乡建设系统因行政争议不能得到及时有效解决，引发群众集体上访和群体性事件时有发生。这既与我国经济社会发展历史阶段有关，也与我们的依法行政水平有关；既是长期问题的积累，也有当前工作的原因。

我们要树立信心，直面困难，勇于破解难题。要始终把有效化解矛盾、促进社会和谐稳定作为行政复议工作的重要出发点和落脚点，把提高行政复议案件办理质量放在首位，把是否有效化解矛盾作为衡量行政复议案件办理质量的重要标准，以维护社会公平正义。

（四）加强行政复议工作，是促进行政机关严格依法行政的重要手段。行政复议制度是加强行政机关层级监督的重要制度。通过行政复议，上级行政机关可以直接纠正下级行政机关因决策失误引发的行政争议，促进其提高科学民主决策水平；及时纠正下级机关行政执法中违法或者不当行为，对带有普遍性的问题及时提出改进建议，促进其提高执法水平；通过对下级机关复议案件涉及的规范性文件审查，及时发现存在问题，促进其提高制度建设水平。同时，行政复议的过程，也是法制宣传教育的过程，可以增强全社会的法制意识，营造依法行政的社会基础。

各级住房城乡建设部门要把行政复议工作与全面推进依法行政紧密结合起来，通过行政复议强化行政机关及工作人员有权必有责、用权受监督的理念，不断提高依法行政的能力和水平。要把是否善于运用行政复议制度处理好行政管理中产生的矛盾和纠纷，作为衡量依法行政能力和自身建设水平的重要尺度。要树立这样一种观念：行政机关通过行政复议主动纠错，促进和谐，不仅不会影响政府形象，而且是努力建设人民满意政府的体现。

三、突出重点，真抓实干，努力开创行政复议工作新局面

根据国务院今年2月召开的全国行政复议工作会议精神，当前和今后一段时期，住房和城乡建设系统行政复议工作的总体思路是：以邓小平理论和"三个代表"重要思想为指导，全面贯彻党的十七大精神，以科学发展观为统领，以复议为民为宗旨，以公平正义为准则，以促进社会和谐为目的，全面提升行政复议能力，充分发挥行政复议作用，促进住房城乡建设事业科学发展。要着力抓好以下重点工作：

（一）进一步畅通行政复议渠道，积极受理行政复议案件。行政复议渠道是否畅通，是行政复议制度能否发挥作用的前提。要认真检查本部门是否存在复议渠道不畅的问题，疏通进口，敞开大门，积极受理，不允许以任何理由或借口把符合法定要求的复议申请挡在门外。

要正确处理信访、投诉、举报、控告与行政复议的关系。结合住房城乡建设系统行政复议工作实际，以下情况的复议申请都应当依法受理：以信访答复的形式作出新的具体行政行为被申请行政复议的；申请人不服投诉处理决定申请行政复议的；不能证明申请人已经超过行政复议申请期限的；经审查不能证明申请人与具体行政行为不具有利害关系的。

对依法确实不属于行政复议范围或者应当通过其他途径解决的事项，除依法不予受理外，要耐心解答群众的诉求和疑惑，告知申请人解决问题的途

径，把工作做细做实，不能简单一推了之。例如，对信访处理意见不服申请行政复议的，应当告知申请人依照信访条例的规定申请复查、复核；对举报、控告处理决定不服申请行政复议的，应当告知申请人按照举报、控告的相关规定表达诉求；对行政复议决定不服申请行政复议的，应当告知申请人可以依法向人民法院提起行政诉讼。上级住房城乡建设部门要加强对行政复议受理活动的监督，及时纠正无正当理由不受理的行为，切实解决行政复议"告状难"的问题。

（二）着力提高行政复议案件办理质量和效率，努力做到"定纷止争、案结事了"。提高行政复议案件办理质量，是做好行政复议工作的关键。在办案中要努力做到政治上维护大局、法律上无懈可击、维护群众权益合法合理。要制定和完善行政复议工作规程，规范案件受理、审查、决定等程序，完善案件集体讨论、征求专家意见等制度，进一步提高案件办理的透明度，防止暗箱操作、偏听偏信，保证案件受理有据、审理有序、裁决合法。

在案件审理中，既要严格依照法定职责、法定程序受理、审理行政复议案件，又要尽可能方便当事人，提高办案效率，提供优质服务；既要公正裁决，坚决纠正违法或者不当的具体行政行为，不搞官官相护，姑息迁就，对一些案情复杂的行政复议案件，又要善于运用和解、调解等方式妥善处理，不能简单地撤销或者维持；既要重视审查具体行政行为是否合法，也要审查其是否适当（明显不当的，要对被复议的具体行政行为予以变更）；既要保护当事人合法权益，也要维护公共利益，处理好个体与群体、局部与全局、当前与长远的关系，要使每一件行政复议裁决都能够成为经得起历史检验的"铁案"。

解决行政争议的效率是行政复议制度的生命力所在。在当前形势下，提高办案效率尤其重要。要建立激励机制，充分激发和调动行政复议工作人员的积极性、主动性和创造性；按行政复议程序办事，少走弯路；在办案过程中，要统筹考虑，未雨绸缪，在做好当前环节工作时，要为下一环节做好调研或材料准备；不断提高行政复议工作信息化水平，为保证行政复议办案质量和效率提供技术支持。

（三）努力创新行政复议工作机制，不断增强行政复议的公信力和权威性。一是注重灵活运用书面审理、实地调查、公开听证等多样化审理方式。要区别行政争议案件的繁简程度，对事实清楚、争议不大的案件，可以书面审理为主；对事实不清、争议较大的案件，要认真核实情况，充分听取专家和有关各方意见；对案情复杂、社会关注的重要案件，还要采取当面审理、公开听证等方式。二是注重和解、调解，实现结案方式的多样化。要弘扬"和为贵"的传统文化，通过和解、调解，促进当事人与行政机关的相互理解和信任。行政复议机关进行调解，要遵从自愿、合法的原则。三是认真落实行政复议意见书和建议书制度。要善于通过行政复议意见书和建议书，及时提出改进工作、规范执法、纠正错误、加强管理的意见建议，有关行政机关要将落实情况及时向行政复议机关报告。行政复议机构在办案中发现群众反映强烈的问题或有突发事件苗头的，应及时向上级机关报告。

（四）大力加强行政复议能力建设，为做好行政复议工作提供组织保障。健全的工作机构和高素质的工作队伍，是履行好行政复议职责的必要条件。一是要按照《行政复议法实施条例》规定、国务院领导同志讲话要求和实际工作需要，抓紧配备、充实和调剂专职行政复议人员，切实保证一般案件至少有2人承办、重大复杂案件有3人承办，保证行政复议机构的办案能力与工作任务相适应。按照条例规定，复议机关负责法制工作的机构就是本机关的行政复议机构。还没有设立专门法制机构的，请参会同志回去后向党组汇报，并争取编办乃至党委、政府的支持，依法加强行政复议机构建设。二是要按照《行政复议法》的规定，将行政复议活动所需经费列入机关预算，由财政予以保障。尽管法律有明确规定，一些地方落实得并不好，希望主管领导予以关注，帮助解决。三是要改善行政复议工作条件。行政复议工作中要接待大量群众，有的要调查取证、现场勘验，有的要当面审理、公开听证，行政复议机关要为行政复议机构提供必要的接待场所，配备办案必需的技术设备。四是要不断提高行政复议人员的政治素质，强化其政治意识、大局意识、法制意识和责任意识；不断加强行政复议人员的作风建设，树立求真务实、团结协作、严谨细致、清正廉洁的工作作风；不断提高行政复议人员的业务能力。行政复议人员不仅要学习《行政复议法》，还要重视学习相关的实体法，确保准确适用法律。

（五）加强行政复议工作指导和宣传工作，确保行政复议工作整体推进、协调发展。通过工作座谈会等方式，总结交流工作经验，研究行政复议工作中的共性问题。定期组织对行政复议人员的培训。落实行政复议统计报告制度、行政复议工作状况分析报告制度，组织编写行政复议典型案例汇编。及时研究答复地方的咨询和请示。各省、自治区、直辖市住房城乡建设部门也要结合实际,加强对基层的指导和监督,帮助他们解决自身难以解决的实际问题。

让群众了解行政复议制度,是发挥行政复议制度作用的重要基础。各级住房城乡建设部门要采取群众喜闻乐见的形式,宣传行政复议制度的基本知识、特点和优势、成效和经验,引导人民群众更多地选择行政复议渠道反映诉求,努力营造依法解决行政争议的良好社会氛围。

各级住房城乡建设行政复议机关要加强领导,把行政复议工作摆在本机关工作更加突出的位置,列入重要议事日程,积极加以推进;要支持和督促行政复议机构依法办理行政复议案件,研究解决行政复议工作中遇到的困难和问题。

我想特别强调从源头上预防和减少行政争议的问题。住房城乡建设系统产生行政争议的重要原因,是一些部门的决策和执法行为离依法行政的要求还有不少差距:行政决策程序和机制不够科学民主;有法不依、执法不严、违法不究现象时有发生;一些行政机关工作人员依法行政的观念还比较淡薄,依法行政的能力和水平还有待进一步提高。我们一定要按照中央的要求,坚持标本兼治,加强科学民主决策,严格依法行政,自觉接受监督,最大限度地从源头上预防和减少行政争议。

同志们,行政复议工作是新形势下推进住房城乡建设的一个重要方面,在促进经济发展、构建和谐社会中发挥着越来越重要的作用。我们任务艰巨,使命光荣,责任重大,一定要深入贯彻落实科学发展观,统一思想、提高认识、振奋精神、扎实工作,努力开创行政复议工作的新局面,为实现住房城乡建设事业科学发展做出新的更大贡献!

(本文为陈大卫副部长在住房城乡建设系统行政复议工作会议上的讲话)

在住房城乡建设部安全生产管理委员会 2009年第一次会议上的讲话

(2009年2月18日)

齐骥

一、扎实做好2009年安全生产管理工作

今年是新中国成立60周年,也是落实中央扩内需、保增长一系列政策措施的关键一年。进一步维护住房城乡建设领域安全生产良好环境,具有更加突出的意义,是当前各级住房城乡建设主管部门十分重要的任务。近期,党中央、国务院领导同志对安全生产工作做出了一系列重要指示。2008年中央经济工作会议,对今年的安全生产工作做出了专门部署。国务院安委会召开了全国安全生产电视电话会议,部署了在2009年开展"安全生产年"活动,明确了"三项行动"和"三项建设"要求。我们要认真学习贯彻党中央、国务院关于安全生产工作的重要指示和决策,结合住房城乡建设系统实际,采取有力措施,坚决落实国务院安委会工作部署,推动住房城乡建设领域"安全生产年"活动的深入开展。

(一)以完善体制为基础,切实落实监管责任。张德江副总理的讲话中指出,管理和监督不到位是一些地区和行业重特大事故多发的重要原因。我部去年刚刚完成了机构改革和职能调整,地方建设主管部门的职能因地方政府机构改革目前正处在调整期。无论职能如何调整,做好安全监管工作始终是政府部门不容推卸的责任。根据新"三定"规定的我部职责,经部常务会议讨论通过,《住房城乡建设部安全管理委员会工作规则》和《住房城乡建设部事故灾难应对工作规程》已经印发,对部内司局安全管理职责分工和工作程序做了进一步明确和完善,各单位要严格遵照相关规定执行。部安办在征求各成员单位意见的基础上,还将印发今年的部安委会安全工作措施分工意见,请各单位认真对照落实,主要负责同志要亲自抓,负总责。各成员单位要加强协调配合,不推诿,不扯皮,确保工作落到实处。部安办要进一步做好综合协调工作。同时,各成员单位要根据安全监管职责分工,加强对各地住房城乡建设主管部门的指导督促，建立起纵向到底、横向到边的安全监管体系。

（二）以隐患治理为重点，加大监督检查力度。加强安全生产监督检查，督促各方主体落实安全生产主体责任，是现阶段推动安全监管工作的重要手段之一。去年，我们组织了建筑施工安全隐患治理"百日督查"活动和全国建筑工程质量安全督查，取得了较为明显的成效，得到了地方的支持与配合。近期，国务院办公厅下发了《关于进一步加强督促检查切实抓好工作落实的意见》，强调了加强督促检查工作的意义，就建立健全督促检查工作制度、改进督促检查工作方式方法、加强督促检查工作的组织领导提出了要求。我们要认真贯彻国务院办公厅有关意见精神，进一步加强和改进安全生产监督检查工作。今年，要以防范高支模、脚手架和起重机械安全事故为重点，继续深入开展建筑安全隐患排查治理工作。要针对各地地铁工程、保障性住房工程大量开工建设的情况，着重加强对此类民生工程质量安全的检查，特别是要把在建地铁工程安全隐患排查放在更加突出位置。要建立健全督查工作机制，由相关责任司局牵头，也可由部安委会组织有关司局开展联合检查。要严明督查标准，加大执法力度，督促隐患的及时整改。要认真总结分析督查结果，着力从制度层面研究解决问题。

（三）以能力建设为抓手，提高安全管理水平。要推进安全法规标准建设，抓紧出台《燃气管理条例》等法规规章，制定《地铁工程施工安全评价标准》、《城市轨道交通地下工程风险管理规范》等地铁工程急需标准，组织编制城镇燃气输配系统、建筑给排水系统运行等安全评价标准。要推进从业人员安全生产能力建设，进一步提高安全培训的针对性，当前要抓紧开展15个城市在建地铁工程监理人员安全知识培训，切实提高风险控制能力。要推进安全管理信息化建设，指导地方收集掌握地下管网情况，建立健全地级以上城市桥梁安全信息数据库。要推进安全科技建设，继续加强安全科技研究，鼓励企业增加安全科技投入，支持有关科技成果的转化和应用。要推进事故灾难处置应对能力建设，进一步健全应急管理机制，完善应急预案，指导地方依托骨干企业，建立建筑工程和市政设施抢险专业队伍，做好应急物资、设备、资金等保障工作。

二、加强"两会"期间安全管理工作

今年"两会"将于3月3日起召开。确保"两会"期间住房城乡建设系统安全生产形势稳定，是当前各级住房城乡建设主管部门极为紧迫的任务。当前，要重点做好以下几项工作：

一是狠抓重点地区的安全管理工作。抓紧开展对2008年发生重大事故和安全事故上升幅度较大地区的安全层级督查，督促这些地区在"两会"期间采取有力措施，防范和遏制建筑安全生产事故，此项工作由质量安全司负责。二是对"两会"期间住房城乡建设系统安全工作进行预警和提醒，指导和督促各地加强施工安全和供水、燃气等市政公用设施运行安全管理，防止发生重特大安全事故，此项工作由质量安全司、城建司等负责。三是加强"两会"期间值守和应急处置工作。"两会"期间将安排部安委会成员单位有关负责同志周末值班，在值守期间要保证联络畅通，并按照事故灾难应对工作规程做好相关工作，此项工作由部安办（质量安全司）牵头组织协调，各成员单位密切配合。

同志们，2009年安全生产工作面临着新的挑战，责任重大，任务艰巨。让我们认真总结经验教训，扎实工作，努力推动住房和城乡建设系统安全生产形势稳定好转，为新中国成立60周年和中央保增长、扩内需政策措施的落实做出新的贡献。（本文略有删节）

（齐骥为住房和城乡建设部副部长）

在全国建筑工程质量安全电视电话会议上的讲话

（2009年7月3日）

郭允冲

同志们：

这次全国建筑工程质量安全电视电话会议的主要任务是，贯彻落实党中央、国务院领导同志近期关于加强质量安全工作的重要指示，通报当前全国建筑工程质量安全形势,安排部署在建住宅工程质量检查和建筑安全生产隐患排查治理的相关工作,积极防范和有效遏制建筑工程质量安全事故的发生,促进全国建筑工程质量安全形势的稳定好转,为促进经济社会平稳较快发展创造良好的质量安全环境。

下面,我讲四点意见:

一、建筑工程质量安全形势不容乐观

今年以来,各级住房城乡建设主管部门认真贯彻落实党中央、国务院关于加强质量安全生产工作的一系列决策部署和重要指示精神,坚持用科学发展观统领建筑工程质量安全工作全局,以深入开展"质量安全年"活动为主线,强化质量安全监管,大力推进建筑安全生产执法、治理和宣传教育"三项行动",加强建筑安全生产法制体制机制、建筑安全生产保障能力和建筑安全监管队伍"三项建设",做了大量艰苦细致的工作,有力的推动了各项建筑工程质量安全措施的落实,全国建筑工程质量安全形势保持了稳定好转的态势。据统计,2009年1月1日至6月30日,全国房屋建筑与市政工程共发生安全生产事故257起、死亡306人,事故起数和死亡人数分别比去年同期降低21.41%和21.74%。其中一次死亡3人以上的较大事故10起,死亡46人,事故起数比去年同期下降33.33%,死亡人数比去年同期下降14.81%。下面,我通报一下全国17个地区的建筑安全生产事故死亡人数比去年同比下降的情况。先说明一下,这个统计的数字可能不完全准确,但是说明了一种趋势,一个大概的情况,待确切的统计数字出来以后,我们将正式发文通报。这17个地区分别是:辽宁、北京、天津、江苏、上海、湖北、贵州、陕西、新疆、重庆、浙江、福建、黑龙江、内蒙古、河南、河北、云南。这些事故死亡人数下降的省市千万不能自满,这只是证明过去,不能代表明天、后天,还要再接再厉,继续加强建筑工程质量安全工作。

在充分肯定成绩的同时,我们必须清醒的看到,建筑工程质量安全生产形势仍不容乐观,反映在两个方面:一是部分地区建筑工程质量安全形势严峻。据统计,截至6月30日,全国有12个地区建筑安全生产事故死亡人数上升,分别是:宁夏、山西、吉林、四川、海南、青海、湖南、山东、甘肃、安徽、广西、广东。二是较大及以上事故仍时有发生。今年以来,全国有8个地区发生一次死亡3人以上的较大事故,其中山西2起、广东2起、湖南1起、青海1起、山东1起、江苏1起、浙江1起、河南1起。特别是下列几起事故在社会上造成了比较严重的影响:

2009年3月19日,由青海筑祥地基工程有限公司承建的青海西宁佳豪广场基坑支护工程发生基坑边坡坍塌,造成8人死亡。据事故的初步分析,主要原因是施工现场安全管理混乱,施工单位对存在的重大安全隐患没有按照当地建设主管部门的要求及时停工整改,最后导致事故的发生。

2009年5月17日,由湖南南岭民爆工程有限公司承建的湖南省株洲市红旗路高架桥拆除工程,施工人员在拆除作业时,部分桥体突然发生垮塌,造成9人死亡,16人受伤。据事故的初步分析,主要原因是施工单位在拆除作业时,未能充分考虑到大桥的整体情况,对其中部分桥墩爆破引起大桥整体结构和承重能力变化的可能性估计不足。施工单位未对拆除作业区域及时进行封闭也是造成人员伤亡的重要原因。事故发生后,温家宝总理、李克强副总理先后作出重要批示,强调要切实加强建筑工程质量安全工作。

2009年5月18日,由中冶集团华冶资源开发有限责任公司承建的天津碱厂搬迁改造工程热电站项目2标段安装工程一幢在建烟囱,施工过程中因压缩气囊发生爆炸,造成现场作业的施工人员12人死亡,11人受伤。据事故的初步分析,该事故发生的主要原因是施工人员在内套筒施工作业时,因违章作业,导致压缩气囊发生爆炸。

2009年6月27日,上海闵行区"莲花河畔景苑小区"一栋在建的13层住宅楼发生整体倒塌,造成1名施工人员死亡。"莲花河畔景苑"房地产开发项目由上海梅都房地产发展有限公司投资兴建,共由11幢住宅楼组成。发生事故的是7号住宅楼,建筑总高度43.9m,建筑面积6451m^2。事故发生时,该住宅楼结构已完工,正在进行装饰装修。项目的勘察单位为上海协力岩土工程勘察有限公司,总体设计单位为浙江当代建筑设计研究院有限公司,桩基及基础部分设计分包单位为上海源规建筑结构设计事务所,施工总承包单位为上海众欣建筑有限公司,监理单位为上海光启建设监理有限公司。事故原因正在进一步调查中。

另外,我将今年1~6月份发生的较大及以上事故情况和企业连续发生两起一般事故的情况进行通报。(略)

上述事故的发生反映了当前建筑工程质量安全工作存在着不少亟待解决的问题,主要表现在以下几个方面:

一是思想认识不够到位。一些地区住房城乡建设主管部门和一些企业没有真正树立安全发展的理念,没有处理好质量安全、效益、发展之间的关系,

没有把质量安全工作真正摆在首要的位置来抓，工作不到位，措施不落实。如2008年11月15日，浙江杭州地铁一号线发生的坍塌事故，造成21人死亡。据初步了解，施工单位中铁四局集团第六工程有限公司忽视安全管理，为赶进度，冒险超挖土方，且存在施工现场监测工作不到位等问题。

二是建筑市场秩序尚待规范。一些建设项目未办理施工许可、质量安全监督等相关手续就擅自开工建设，规避政府主管部门监管。不少工程项目在建设过程中存在着抢工赶工、任意压缩合理工期的现象。如2008年10月10日，山东淄博刘家村住宅楼工程发生的塔吊倒塌事故，造成工地临近的一幼儿园5名儿童死亡，2人受伤。据调查，该工程建设单位为刘家村村委会，施工单位为淄博嘉隆建筑安装有限公司，项目在未办理施工许可、质量安全监督等法定建设手续的情况下就擅自开工建设。

三是部分施工企业质量安全管理薄弱，安全生产投入严重不足，施工现场管理混乱；一些建设单位未按照有关规定拨付安全生产措施费用，忽视质量安全管理；部分监理单位不认真履行法定的安全监理职责，对现场事故隐患不及时作出应有处理。如2008年4月30日，湖南长沙上河国际商业广场工程发生一起模板支撑系统坍塌事故，造成8人死亡，3人受伤。据初步了解，该工程施工单位湖南长大建设集团股份有限公司对施工现场安全管理混乱，对高大模板工程未按规定编制安全专项施工方案就进行施工，对施工人员安全教育不到位。监理单位长沙工程建设监理有限责任公司违规组织项目监理部，虚设项目总监，安排无监理执业资格的资料员从事现场监理工作，对发现的事故隐患没有及时督促施工单位整改。

四是部分地区建设主管部门和质量安全监督机构对本地区质量安全管理薄弱环节和存在的主要问题了解把握不够，一些地方政府主管部门的质量安全监管责任不落实，监管力度不够。在机构设置、工作体制机制方面还不能适应当前建筑工程质量安全工作的需要。如2008年10月30日，福建霞浦迪鑫阳光城工程发生的施工升降机坠落事故，造成12人死亡。据初步了解，当地建设主管部门对该项目发放施工许可证时把关不严，且日常安全监管不到位，对发现的重大隐患没有及时督促施工企业整改到位。

这些问题说明，一些地区的政府相关主管部门和建设、施工及监理等工程建设各方责任主体在思想认识、履行职责和加强建筑工程质量安全管理工作方面，还存在薄弱环节，有待进一步改进和加强。各地住房城乡建设主管部门和有关方面要进一步提高认识，自觉增强责任意识，切实履行监管职责，特别是事故多发地区要认真反思工作的不足，采取切实有效的措施，把建筑工程质量安全工作切实抓紧抓好。

二、进一步提高做好建筑工程质量安全工作重要性的认识

建筑工程质量安全事关人民生命财产安全，事关社会和谐、事关改革发展大局，事关党和政府形象。做好当前的建筑工程质量安全工作，创造良好的质量安全环境，对于应对国际金融危机冲击，保持经济平稳较快发展，具有特殊意义。这不仅是一项重要的经济工作，也是一项重要的政治工作。党中央、国务院高度重视质量安全工作。胡锦涛总书记在中央经济工作会议上强调："食品药品安全和生产安全事关人民群众生命、事关社会稳定、事关国家声誉，必须高度重视"。温家宝总理在对湖南株洲"5.17"事故的批示中指出，"各项民生工程和基础设施建设都要高度重视安全和质量。百年大计，质量第一、安全第一，要贯彻始终。"党中央、国务院领导同志的重要讲话和批示，深刻阐述了做好质量安全工作的重要性。当前，全国各地都在加快推进工程建设进度，工程建设规模进一步扩大，建筑工程质量安全工作面临着更大的挑战。在这种形势下，做好建筑工程质量安全工作尤为重要。如果建筑工程质量安全形势出现大的波动，势必会给保增长、保民生、保稳定决策部署的贯彻落实和建筑行业的健康发展带来不利影响。进一步加强建筑工程质量安全工作，有效防范和遏制质量安全事故的发生，既能为加快工程建设营造良好的环境，又能为提高投资效益、促进民生改善，促进经济平稳较快发展，提供可靠的质量安全保障。

建筑工程质量安全工作至关重要，我们必须以对党负责，对人民负责，对历史负责的态度，保持高度的责任感，不能有丝毫的粗心和麻痹。建筑工程质量安全是永恒的话题，今天不出事故不等于明天不出事故，明天不出事故不等于后天不出事故。什么时候不重视，什么时候放松监管，什么时候疏于管理，什么时候就有可能发生事故。因此质量安全必须年年讲、月月讲、天天讲，必须警钟长鸣，常抓不懈。

三、认真做好在建住宅工程质量检查和建筑安全生产隐患排查治理工作

为认真贯彻落实《国务院安委会关于集中开展安全生产隐患排查治理和督促检查的通知》精神，我部结合建筑工程质量安全工作实际，已于近日先

后下发了《关于开展全国在建住宅工程质量检查的紧急通知》和《关于集中开展建筑安全生产隐患排查治理和督促检查的通知》。为了做好相关工作，我再重点强调以下六点要求：

（一）明确目标任务，强化责任落实。各地住房城乡建设主管部门要充分认识开展在建住宅工程质量检查和建筑安全生产隐患排查治理工作的重要意义，要按照《关于开展全国在建住宅工程质量检查的紧急通知》和《关于集中开展建筑安全生产隐患排查治理和督促检查的通知》要求，明确工作目标、任务和工作部署。主要负责同志要切实担负起领导责任，分管负责同志要切实履行职责，加强督促指导工作。要把在建住宅工程质量检查和建筑安全生产隐患排查治理与日常的建筑工程质量安全工作有机地结合起来，坚持不懈，一抓到底。按照"排查要认真、治理要坚决、成果要巩固"的要求认真做好隐患排查治理工作。各地要根据本地区实际，制定内容具体、重点突出、可操作性强的在建住宅工程质量检查和建筑安全生产隐患排查治理实施方案，明确内容、要求和职责，确保在建住宅工程质量检查和建筑安全生产隐患排查治理工作扎实有效的开展。

（二）突出重点，认真排查治理隐患。各地住房城乡建设主管部门要按照两个《通知》要求，采取措施，进一步加强在建住宅工程质量检查和建筑安全生产隐患排查治理工作。要强化督查力度，加强对重点环节的监督检查。一是将在建住宅工程质量作为检查的重点，包括各类保障性住房和商品住房和农房建设；二是重点检查在建住宅工程的实体质量情况，特别是工程地基基础和主体结构的勘察、设计及施工质量。对建设、勘察、设计、施工、监理等责任主体和施工图审查、质量检测等有关单位及项目经理、项目总监等执行国家法律法规和工程建设强制性标准的情况都要进行检查；三是重点检查工程项目中涉及的脚手架、深基坑、建筑起重机械、高大模板等危险性较大的分部分项工程安全专项施工方案的制定、论证和执行落实情况；四是重点检查施工现场安全隐患排查治理、消防安全管理和应急管理制度的建立及落实情况。

（三）做好两个结合，共同推进检查工作。各地住房城乡建设主管部门要紧密结合"三项行动"、"三项建设"等活动，深入开展在建住宅工程质量检查和建筑安全生产隐患排查治理工作。通过开展建筑安全生产执法、治理、宣教行动，重点解决施工现场存在的各类质量安全隐患和问题。通过开展在建住宅工程质量检查和建筑安全生产隐患排查治理，进一步加强和提高企业的质量安全保障能力；提高建筑质量安全监管队伍执法水平和履行职责的能力。要把在建住宅工程质量检查和建筑安全生产隐患排查治理工作和深入开展的"三项行动"、"三项建设"有机结合起来，相互促进，共同推进。

（四）规范建筑市场，为建筑工程质量安全工作提供良好的市场秩序。建筑工程质量安全管理是一个系统工程，许多工程质量安全事故与建筑市场行为不规范有直接的关系。因此仅仅靠解决"现场"的问题是远远不够的，必须强化"市场"与"现场"的联动，从招投标、资质审批、施工许可等多个环节加以把关。要严厉打击围标、串标、虚设招标，转包、违法分包等违法违规行为。通过整顿规范建筑市场，将市场行为严重不规范和不符合质量安全生产基本条件的企业彻底清出建筑市场，形成一个公平、有序、规范的市场环境，最终实现确保建筑工程质量安全的目的。

（五）加大查处力度，严厉打击违法违规行为。要重点查处建筑工程质量安全工作中存在的违法违规行为。一是严厉查处未办理质量安全监督、施工许可等法定建设手续，擅自从事施工活动的行为和责任主体；二是严厉查处施工企业无施工资质证书、无安全生产许可证、企业"三类人员"无安全生产考核合格证书、特种作业人员无操作资格证书进行施工活动的行为和责任主体；三是严厉查处拒不执行政府及建设主管部门下达的停工整改的行为和责任主体。同时，对于发生事故的责任单位和责任人，要按照"四不放过"和实事求是、依法依规的要求，严肃查处。要按照《建筑法》及《建设工程安全生产管理条例》、《建设工程质量管理条例》等有关规定，该降低资质等级的降低资质等级，该吊销资质证书的吊销资质证书，该暂扣吊销安全生产许可证的暂扣吊销安全生产许可证，该罚款的罚款，该清出市场的清出市场。让那些不重视质量安全工作，安全隐患比较多，多次发生事故的责任单位和责任人得到应有的处罚，真正让他们感受到切肤之痛，也起到以儆效尤的作用，起到保护先进，抨击落后的作用。

（六）及时上报信息，加强数据统计分析。根据国务院安委会办公室通知的要求，为更好的反映在建住宅工程质量检查和建筑安全生产隐患排查治理工作的开展情况，各省级住房城乡建设主管部门要按照要求于7月30日前将本地区开展工作的有关情况及时上报我部工程质量安全监管司，以利于下一步隐患排查相关数据的统计分析工作。

另外，借这个机会再强调一下关于规范住房城乡系统安全生产事故报告的问题。对于较大及以上事故发生后,各地区建设主管部门除要严格按照国务院《生产安全事故报告和调查处理条例》和我部印发的《关于进一步加强房屋建筑和市政工程生产安全事故报告和调查处理工作的若干意见》(建质[2007]257号)有关规定,及时做好事故上报和事故调查处理工作外,对重大和特别重大事故,以及敏感地区、敏感时间发生的事故或者可能演化为特别重大和重大事故的情况,省级住房城乡建设主管部门一定要在事故发生后3个小时内将事故有关情况以书面形式传真上报到我部。对于情况不够清楚、要素不全的特别重大和重大事故,要及时核实、补充内容后续报。情况紧急、性质严重的事故,可先电话报告,了解核实情况后及时以书面形式上报。

为了及时了解掌握各地建筑工程质量安全隐患排查治理和督促检查工作情况,在7月至9月期间,我部将开展建筑工程质量安全督查,具体安排将另行通知。

四、研究创新建筑工程质量安全工作思路

第一,从事故总量来看,一些建筑业大省也是事故大省。建筑业大省同时也是经济大省、科技大省,建议这些建筑大省要在质量安全方面多下功夫,充分发挥经济、技术和管理的优势,加大质量安全科技研究和投入力度,不断改进建筑工程质量安全工作,减少事故发生,比如江苏、浙江等地区。

第二,从百亿元产值死亡率来看,一些建筑业大省这个数字并不高,少的省份只有0.66,而一些西部欠发达地区却比较高,最多的达到12左右,差距较大。对百亿建筑业产值死亡率较高的这些省份也要根据他们的实际情况,认真查找原因,采取切实有效的措施,降低事故死亡率,比如青海、贵州、海南、宁夏等地区。

第三,从发生建筑安全生产事故比较多的部位和环节来看,主要有深基坑、高处坠落和建筑起重机械设备等方面。我们要从勘察、设计、建设、施工、监理等各个环节进行深入分析,找出事故易发多发的原因,对症下药,切实减少事故发生。

第四,建议各地区对一些比较典型的事故进行深入剖析,认真分析事故发生的原因,提出有效对策和建议,并形成事故调查分析报告或案例分析,分发给有关部门和相关企业,以利于举一反三,让大家吸取事故教训,有针对性采取质量安全措施,防止类似事故的发生。

第五,要定期对发生事故的情况进行通报,特别是对发生较大及以上的事故和连续发生事故的地区和企业进行通报,以利于各地区及企业及时吸取事故教训,起到警示借鉴作用。部里和各地区要尽快建立完善此项制度。

第六,各地要认真研究如何加大对违法违规行为和一而再、再而三发生事故的企业的处罚办法,加大对违法违规行为和发生事故的相关企业的处罚力度,切实提高企业建筑工程质量安全意识。

同志们,做好建筑工程质量安全工作,责任重大,任务艰巨。让我们在党中央、国务院领导下,深入贯彻落实科学发展观,进一步提高认识,落实责任,强化措施,扎实做好在建住宅工程质量检查和安全生产隐患排查治理工作,有效防范和遏制事故的发生,以建筑工程质量安全工作优异成绩,迎接新中国成立60周年!

(郭允冲为住房和城乡建设部副部长。本文略有删节)

继往开来 锐意进取 努力开创工程 质量监督管理工作新局面

(2009年10月22日)

郭允冲

同志们:

今年是我国实行工程质量监督制度25周年。今天我们在这里召开全国工程质量监督工作会议暨质量监督工作25周年总结表彰大会,会议的主要任务是：认真贯彻落实中央领导同志关于工程质量工作的一系列指示精神，全面总结25年来我国建设工程质量监督管理工作取得的经验和存在的问题，交流各地工程质量监管工作的经验，研究部署今后一个时期建设工程质量监管工作，进一步认清形势，明确方向，坚定信心，以扎实的工作推动我国建设工程质量水平再上新台阶。刚才，天津、辽宁等省市分别作了大会发言，介绍了许多好的经验，可以起到互相交流、互相促进的作用。同时，对全国先进工程质量监督机构和先进个人进行了表彰，在这里我对获得荣誉的机构和个人表示祝贺。下面，我讲三个方面意见：

一、工程质量监督管理工作取得的成绩和经验

1984年，国务院颁发《关于改革建筑业和基本建设管理体制若干问题的暂行规定》，提出在全国推行工程质量监督制度，由此开启了由政府实施工程质量监管的新的历史阶段。25年来，伴随着改革开放的伟大进程，我国工程质量监管工作走过了临危受命、艰苦创业、完善提高和不断开拓前进的光辉历程，监管制度从无到有，监管队伍从小到大，监管能力从弱到强，工程质量监管工作在深化改革中逐步完善，在加快发展中不断加强，逐步走上了一条科学化、规范化发展的道路，成为我国工程建设管理的重要组成部分和政府管理工作不可或缺的有效手段。具体表现在三个方面：一是建立了多层次的、内容比较全面的工程质量法规制度体系。完善了以《建筑法》、《建设工程质量管理条例》、《建设工程勘察设计管理条例》等法律法规为核心，以有关勘察质量管理、施工图设计文件审查、竣工验收备案、质量检测、质量保修等为部门规章和规范性文件的质量法律法规体系，为工程质量管理提供了有效的制度保障。二是建立了一支机构健全、结构合理的工程质量监督队伍。目前，全国住房和城乡建设系统共有工程质量监督机构2659个，人员41941人，其中中高级以上专业技术人员占监督人员总数的60%以上。此外，铁路、交通、水利、军队等14个行业还设有质量监督机构2000余个，人员2万多人。三是完善了覆盖全面、科学公正的工程质量监管体系。除农民自建低层住宅和临时性建筑外，绝大部分限额以上建设工程都纳入了正常的工程质量监管范围，监管手段从最初的眼看、手摸，发展成为现在的各种现代化仪器、信息化技术广泛应用，备案制、质量巡查等多种监管模式的实行和推广，使监管工作更加公正高效。

工程质量监管工作实施的25年，也是我国工程建设飞速发展、质量水平稳步提升、人民群众居住条件不断改善的25年。国家重点工程及大型基础设施工程质量技术水平提高显著，一大批"高、深、大、难"的工程在质量方面取得大的突破，如青藏铁路、三峡水利工程、小浪底水库、西气东输工程、高达492米的上海环球金融中心、奥运主场馆"鸟巢"、全长36公里的世界最长公路跨海大桥——杭州湾大桥等工程高质量地建成并投入使用，代表了当今世界的先进水平。一般民用建筑工程质量始终处于受控状态，重大质量事故总体上得到有效遏制，同时质量水平也在不断提升，住宅工程质量通病治理成效明显，涌现了一大批技术先进、质量精致的精品工程，人民群众居住的安全性和舒适度大幅提高。从1987到2008年，共评选出中国建设工程鲁班奖（国家优质工程）1315项，集中代表了我国工程质量的发展和进步。实践证明，政府对工程质量实施监管，为确保工程建设质量和效益、遏制重大工程质量事故、保障我国国民经济的持续健康快速发展发挥了重要作用。

这些成绩的取得，是各级政府和建设主管部门认真贯彻党中央国务院要求、高度重视、加强领导的结果，是工程质量监督管理系统认真贯彻质量第一的方针、坚持科学发展的结果，更是质量监督管理战线上广大干部职工努力工作、不懈奋斗的结果。25年来，大家认真贯彻执行国家有关工程质量监管的法律法规和标准规范，忠实履行监管职能，兢兢业业，埋头苦干，为我国工程质量监督管理工作的发展和工程质量水平的提高作出了重要贡献，功不可没。在此，我谨代表住房和城乡建设部对辛勤工作在工程质量监督管理战线的同志们表示衷心的感谢和诚挚的慰问！

回顾总结25年来工程质量监管工作的实践历程，我们高兴地看到，各地创造了不少好的做法，积累了许多宝贵经验。主要表现在以下五个方面：

（一）注重法规建设，促进工程质量监管工作逐步走上法制化轨道

在实施工程质量监管过程中，各地、各部门坚持制度先行，注重建章立制，结合本地区、本部门的实际出台了一系列工程质量管理的规章制度和规范性文件，并着力加强工程质量标准、规范和技术规程的建设，形成了较为完整的法规制度和技术标准体系，使全国工程质量监管工作逐步纳入到有法可依、有章可循的法制化轨道。许多省市以地方条例的形式出台了建设工程质量管理的地方法规，为

本地区工程质量监管工作提供了基本的法制保障。辽宁省为确保棚户区改造工程质量，专门下发了《关于进一步加强棚户区改造工程质量监督管理工作的意见》等多个规范性文件。四川省针对新技术、新工艺的应用，先后编制了《四川省建筑工程施工工艺规范》等地方标准90余项，标准设计图集200余项。石油天然气工程质量监督总站针对石油天然气工程建设特点，组织编制了200万字的《石油天然气工程质量监督工作程序指导手册》，对规范质量监管工作、提高质量监管水平起到了重要作用。

（二）强化队伍建设，保障监管工作的有效实施

各地始终把加强队伍建设、努力提高监管队伍素质作为一项重要工作来抓，一方面加强考核，严格资质资格认定；另一方面着力加强监管人员的继续教育、业务培训和职业道德教育，努力提高监管队伍的业务水平和综合素质。湖北省结合实际制定了监督机构和人员考核办法，运用信息技术等手段加大考核工作力度，至今已进行了三轮考核，进一步提高了监管队伍的能力和水平。天津市建立了监督人员评议制度，成立评议小组，定期抽取一定数量的工程作为实例，对监督人员的工作进行分析评议，收到了良好效果。福建省在全省开展工程质量监督工作评议活动，由工程建设责任主体从工程质量、服务态度、工作质量、廉政建设等四个方面对监督人员进行评价，强化了监督人员的责任意识和服务意识。电力工程质量监督总站狠抓人员培训和培养，专业技术人员数量在三年内翻了一番，具有监督资格的人员数量达到监督机构总人数的90%以上。

（三）落实质量责任，健全工程质量保证体系

《建设工程质量管理条例》及有关法规中，明确了建设、勘察、设计、施工、监理等责任主体和施工图审查、工程质量检测等有关单位的质量责任。在实际工作中，各地以落实质量责任为目标，扎实推进各项基础性工作，着力构建工程质量保证体系。安徽省颁布了《安徽省建设工程质量管理办法》，强化了建设单位等有关各方的质量责任，加强了对工程所有者质量权益的保护，进一步完善了工程质量责任体系。海南省制定了《质量兴省工作实施方案》，工程质量目标更加明确，对企业建立质量责任制和质量保证体系提出要求，把质量责任落实到第一线，落实到每一个项目。山东省通过大力提供政策引导和技术支持，促进建筑企业完善管理制度，健全管理体系，目前全省已有90%的企业通过了国家质量体系认证，质量自控水平逐年提高。浙江省下发了《浙江省建设市场不良行为记录和公示暂行办法》，对存在不履行基本建设程序、违反工程建设强制性标准等违法违规行为的企业和个人计入不良行为记录，并在政府网站上公示，进行信用惩戒。

（四）创新监管方式，提高工程质量监管工作效能

各地在工作中不断探索和实践，形成了很多质量监管的新思路、新方法、新手段，监管方式方法日益完善，监管效能不断提高。江苏省2002年在全国率先实行工程质量巡查制度，逐步完善了三级巡查体系，监管力度不断增强。北京市建立了施工过程巡回抽查和工程竣工验收同步监督相结合的方式，把监管重心放在施工过程随机巡回抽查上，提高了监管工作的权威性和威慑力。上海市针对重大危险源、事故多发和质量通病等重点环节，采用样板引领以及对差企业、差工地和危险性较大的分部分项工程实施重点监管的差别化管理手段，大力提升监管效率。湖南省积极理顺体制、规范自身，推动信息化建设，启动和完善了全省统一的"建设工程项目监管信息平台"和"工程建设企业及执（从）业人员监管信息平台"，对项目、企业和个人的基础信息实施有效动态管理。

（五）开展宣传贯彻活动，增强全社会工程质量意识

各地通过积极开展"质量月"等形式多样的主题活动，加大舆论宣传力度，引导社会各界重视工程质量、关心工程质量。通过开展各种形式的创优活动，增强企业创精品工程的意识，特别是鲁班奖等全国性奖项的评选，在全国营造创优意识更强、施工质量更好的浓厚氛围，促进了全国工程质量水平的整体提升。新疆维吾尔自治区在两年一次的城市建设"天山杯"竞赛活动中，将工程质量监管工作列为重点考核内容之一，有力提高了各级政府和社会各界对工程质量的重视程度。陕西省积极引导企业开展创优工作，专门下发了《关于建立创建优质工程和文明工地激励机制的通知》，建立健全激励机制，促进企业自觉加强质量管理，提高质量水平。

以上简要总结了25年来我国工程建设质量监管工作取得的成绩和经验。肯定成绩，总结经验，也是为了鼓舞士气，进一步增强我们做好工程质量监管工作的信心。

二、工程质量监管工作面临的问题和形势

在看到成绩的同时，我们也要清醒地认识到，工程质量监管工作还存在不少问题，主要体现在以

下"四个不到位":一是质量意识不到位。一些地区没有牢固树立科学发展、以人为本的思想和质量第一的方针,不能正确处理加快工程建设与确保工程质量之间的关系,片面追求经济指标和建设速度,对质量工作重视不够、投入不足。部分参与工程建设的企业和个人也没有把质量工作摆在重要位置,责任意识不到位,致使质量工作不落实。如一些工程特别是有些重点工程、开发区工程,违反基本建设程序,不办理施工许可、不进行施工图设计文件审查即开工建设,甚至不办理质量监督手续,脱离监管。二是市场行为规范不到位。在建筑市场过度竞争、诚信评价体系不健全的情况下,建设单位搞虚假招标,随意压低工程造价、压缩合理工期;勘察、设计、施工单位转包、违法分包、挂靠现象普遍;监理、检测等单位恶性竞争,甚至置法律法规于不顾,一味迎合委托方的不合理要求,害人害己。如有的工程存在项目经理挂名现象,一个项目经理同时从事多个项目的管理工作;有的工程建设单位擅自更改设计方案和施工组织方案,迫使监理单位在不合格文件上签字。如果这种局面不能从根本上改变,就很难保证建设队伍的素质,很难净化工程建设的环境,很难提高工程建设的质量。三是质量责任落实不到位。有的建设单位不履行法定质量管理的职责,有的施工总承包企业质量管理存在漏洞,相关分包企业和人员责任不落实,有的项目监理单位形同虚设,根本不能发挥对工程质量的控制作用。在2009年8~9月份开展的全国建设工程质量监督执法检查中,总共抽查了90个城市的180项在建工程,总的检查情况是比较好的,但是也发现了大量违反工程建设法律法规和强制性标准的问题。如有的工程勘察深度不足,设计计算存在缺漏项;有的工程施工控制不严格,胀模、裂缝等质量通病大量存在;有的工程混凝土回弹强度不达标,甚至不按设计图纸施工,存在质量安全隐患。检查组对50个问题比较严重的项目下发了《建设工程质量监督执法建议书》,占到受检工程近三分之一。这说明我们的企业在质量管理方面还存在不少漏洞和薄弱环节,责任落实不到位的问题还比较突出,必须引起高度重视。四是质量监管不到位。客观上,由于基本建设规模大幅度增加,工程质量监管力量严重不足,大部分地区尤其是大中城市的人均监督面积已从90年代初的3万m^2增加到当前的50万~100万m^2,同时工程质量监督费的取消也使部分地区监督工作的开展受到影响。但另一方面一些监管人员履行职责时执法不严,对违法违规行为姑息迁就,使质量监管的威慑力打折扣,起不到应有的作用。前不久,我们对2008年全国建设工程质量责任主体行政处罚情况进行了统计,一些地区的执法力度明显不够,执法不严比较普遍,一些地方对质量安全事故没有严格处理,有2个省全年的处罚起数甚至为0。上述这些问题,已成为阻碍我国工程质量水平提高的重要因素,我们一定要高度重视,认真研究,切实加以解决。

当前,我国正处在全面建设小康社会的关键时期,面对各种新情况、新问题,工程质量监管工作面临着严峻的形势和挑战。改革开放特别是进入新世纪以来,随着我国国民经济的快速发展、城镇化进程的加快推进,工程建设经历了一个大发展、大建设的时期,2008年全国房屋建筑施工总面积为47.4亿m^2,达到2000年的3倍多。2008年,为抵御国际金融危机对我国经济的不利影响,党中央、国务院出台了一系列扩大内需、促进经济增长的政策措施,决定两年内增加投入并带动地方投资4万亿元,重点用于民生工程、基础设施和生态环保项目建设。按照有关规划,在保障性住房方面,要用三年左右时间解决全国1000万户城市住房困难家庭的住房问题,还要进行林区、农垦区、煤矿棚户区约240万户住房的改造;在城市轨道交通方面,目前在建线路约1317公里,到2015年还将规划建设2495公里,总投资近1万亿元。随着这些措施的落实和相关资金的到位,一大批建设项目在各地陆续兴建,建设规模出现较快增长,呈现出量大、面广、点多、线长、周期短的特征,且工程项目的技术难度越来越大,施工工艺越来越精,标准规范越来越严,质量要求越来越高,工程质量风险和隐患不可忽视。

同时,随着经济的发展和人民生活水平的提高,老百姓不再满足有房住即可,而是对生活品质、住房质量和使用功能有了更高的期望。保证工程质量特别是住房质量直接关系民生,这既是人民群众的呼声,又是党中央、国务院的要求。一直以来,中央高度重视保障民生,近来更是多次强调在加快工程建设的同时一定要确保工程质量。温家宝总理在今年的政府工作报告中明确指出:"我们的每一分钱都来自人民,必须对人民负责。所有建设工程都要坚持百年大计、质量第一,给子孙后代留下宝贵财富。"李克强副总理最近在第二届中国招投标高层论坛上致辞时强调:"安全和质量是一切工程项目的生命线。无论重点建设,还是民生工程,都应以对国家、对人民、对历史高度负责的精神,把安全和质量摆在首位。"确保工程质量,不仅是建设问题、经济问题，也是政治问题和民生问题，是贯彻落实党中央、国务院要求，坚持以人为本、执政为民的重要体现，是实现保增长、调结构、惠民生目标的重要保证。

因此，工程质量监管工作必须紧跟形势，必须加大力度，必须全力以赴，稍有不慎，工程质量就可能存在局部失控的危险，人民生命财产安全就会受到危害，党和政府的形象就会受到影响，我们就有可能成为历史和人民的罪人。最近发生的几起比较大的质量安全事故，以及一些工程质量问题的出现已经给我们敲响了警钟。2009年6月27日，上海市"莲花河畔景苑小区"一栋在建楼房整体倒塌，给住房城乡建设系统造成了非常不好的影响；8月份，杭州市几个经济适用房项目出现大面积质量问题，引起了业主的强烈不满，还有其他几个地方发生的质量问题，受到了新闻媒体和社会各界的广泛关注，中央领导同志多次做出批示。这些事件的教训都非常深刻，大家一定要引以为戒、举一反三，切实引起高度重视，切实增强忧患意识，切实加大监管力度，坚决遏制此类事件的再次发生。

总之，我国工程质量监管工作正处在一个关键阶段，既有了进一步做好工作的条件和基础，又面临复杂的矛盾问题和制约因素，可以说是机遇和挑战并存，希望和困难同在。我们一定要正确认识、准确把握当前的新形势、新问题，进一步统一认识、坚定信心，以新理念催生新举措，以新举措促进新变化，以新变化带动新发展，全面推进和加强工程质量监管的各项工作，确保我国工程建设的全面协调可持续发展，确保工程质量再上一个新台阶。

三、切实抓好今后一段时期工程质量管理工作

今后一段时期，要以十七大精神为指导，全面贯彻落实科学发展观，坚定不移地贯彻工程建设"百年大计、质量第一"的方针，以转变政府职能为前提，以落实建设活动各方责任为重点，以创新工程质量管理机制为保障，认真抓好工程质量管理的保障体系建设、体制机制建设、人才队伍建设和质量责任制建设，努力开创科学高效、保障有力的工程质量管理工作新局面。

（一）进一步加强质量保障体系建设，夯实工程质量管理基础

质量保障体系的建设和完善，是工程质量管理的一项基础性工作，也是做好工程质量管理工作的前提和保证，必须高度重视，扎实推进，要着力完善四个体系。一是要完善法律法规体系。要利用修订《建设工程质量管理条例》和相关部门规章的契机，进一步加强调查研究，不断改进和完善施工图审查、质量监督、质量检测、竣工验收备案、质量保险等各个环节的管理制度。按照权责一致的原则，进一步强化建设单位特别是房地产开发企业的质量责任，合理界定工程监理以及施工图审查、质量检测等中介机构的责任，强化勘察、设计、监理等注册执业人员的个人责任。二是要完善质量保证体系。引导企业认真贯彻《工程建设勘察企业质量管理规范》、《工程建设设计企业质量管理规范》和《工程建设施工企业质量管理规范》，推进勘察、设计、施工企业质量管理自律机制建设，进一步完善"企业自控、监理检验、业主验收、政府监督、社会评价"的质量保证体系。三是要完善人才技术保障体系。进一步完善注册建筑师、结构师、建造师、监理工程师等各类注册执业人员的管理制度，全面推进人才队伍建设。建立健全教育培训机制，提高从业人员准确应用工程建设标准的能力，特别要加强对农民工等一线操作人员的培训和关键岗位的考核，全面提升行业质量意识和整体水平。加快建立完善技术创新机制，坚持自主创新与引进消化吸收再创新并重，坚持研究开发高新技术与推广应用先进适用技术并重，坚持技术创新与促进科研成果向现实生产力转化并重，为提升工程质量提供技术支撑。四是要完善质量诚信评价体系。通过开展质量信用评价，充分发挥市场和社会对工程质量行为的约束作用，不断提高企业加强质量管理的意识和自觉性。进一步强化不良行为记录管理工作，建立统一的诚信信息平台和诚信评价标准，健全诚信奖惩机制，通过公告、公示进行信用惩戒和社会监督，作为政府监管的有效补充。进一步加强宣传教育工作，充分发挥新闻媒体和社会舆论对工程质量的监督作用。

（二）进一步健全质量责任追究制度，强化工程质量责任意识

确保工程质量有关法律法规和技术标准的有效执行，关键是使工程建设的每个参与者都能时刻牢记肩负的质量责任，始终做到各履其职、各负其责。一是要落实各方主体的质量责任。企业是工程建设的主体，要明确建设单位对工程质量负全面责任，勘察、设计、施工、监理等单位以及质量检测、施工图审查等有关机构按照法律规定和合同约定，对工程质量承担相应责任，同时工程各参建单位的法定代表人要对工程质量负领导责任。要多管齐下，通过严格责任追究，严格执法处罚，督促企业严格

落实质量责任;通过评奖创优,健全激励机制,引导企业主动落实质量责任。二是要强化工程质量的监管责任。各级建设主管部门及工程质量监管机构,应对本地区、本行业的工程质量负监管责任。在推动工程质量监管工作标准化和规范化的同时,要规范和加强对工程质量监管机构和人员的问责制,对于在质量监管工作中玩忽职守、滥用职权、失职渎职的,要严肃追究其监管责任。三是要强化工程质量终身责任制。工程项目在设计使用年限内,工程各参建单位的法定代表人、工程项目负责人、工程技术负责人、注册执业人员,要按各自职责对工程质量负终身责任。如果出现质量问题,无论其在什么岗位、担任什么职务,都要依法追究相应责任。四是要研究落实行政问责制。各级政府和建设主管部门的有关负责同志对工程质量负领导责任。凡因工作失职,致使本地区、本行业发生特别重大质量事故,造成重大损失或者恶劣影响的,要按照中央最近下发的《关于实行党政领导干部问责的暂行规定》,严格追究领导干部的领导责任,认真按规定的问责内容、问责程序进行行政问责。

(三) 进一步加强监管队伍建设,提高工程质量监管能力和水平

监管队伍是实施工程质量监管的主体,监管队伍的能力和素质,直接决定着监管工作的水平和成效。要把建设一支作风优良、素质过硬的监管队伍作为一项长期任务,坚持不懈,抓实抓好。一是要切实做好工程质量监督经费保障工作。随着国家取消建设工程质量监督费,大部分地区面临工程质量监督经费的保障问题。这里要特别强调一下,工程质量监管工作履行的是政府行政管理职能,工作经费必须按照国家要求由同级财政预算予以保障。部里正在与财政部做进一步沟通,推动质量监督工作经费的落实。也希望仍未解决这一问题的地区,建设主管部门要切实重视起来,抓紧向同级财政争取经费保障。要采取有效措施,确保思想不乱、队伍不散、工作不断,绝不能因一时的经费困难影响工程质量监管工作的正常开展。二是要严格工程质量监督机构和人员的考核。坚持从规范监管行为和保证人员基本素质出发,认真贯彻执行《建设工程质量监督机构和人员考核管理办法》,结合本地实际,制定具体考核制度,严格监督机构和人员的资格认定,确保人员素质。考核不合格的机构,要限期整改,考核不合格的个人,坚决不能从事质量监督工作。三是要加强工程质量监管人员的教育培训。重点抓好对一线监管人员有关法律法规、技术标准、业务知识和专业技能的培训,着力提高业务水平。同时要强化法治教育和精神文明建设,增强服务意识、责任意识和法制意识,提高依法行政能力,努力造就一支业务精湛、行为规范、执法有力、廉洁奉公的高素质监管队伍,全面提高工程质量监督执法水平。

(四) 进一步创新监管方式方法,提高监督管理效能

完善工程质量监管方式方法,必须与工程质量内在的规律结合起来、必须与工程建设形势的发展结合起来,必须与行政管理体制的改革结合起来,大胆创新,稳妥推进。一是要全面推行质量巡查机制。逐步建立以质量巡查为主要手段、以行政执法为基本特征的工程质量监管模式,不断加大工程质量巡查力度,提高监管工作的权威性和公正性。二是要继续推进分类监管和差别化监管。与质量巡查模式相适应,积极推行分类监管和差别化监管,突出对质量管理较薄弱项目的监管,突出对重点工程和老百姓关注的民生工程的监管,突出对质量行为不规范和社会信用较差的责任主体的监管,将有限的监管力量用到最需要的地方,最大限度地发挥监管队伍的作用,提高监管工作的主动性和有效性。三是要建立市场与现场联动的监管机制。将工程质量现场监管与招投标、施工许可、资质资格管理结合起来,从多个环节严格把关。探索实行市场和质量监管部门的联合执法机制,构建资源共享平台。强化"市场"与"现场"的联动,营造公平、有序、规范的建筑市场环境,为工程质量提供保证。四是要利用信息化手段实行科学监管。以网络为支撑,强化信息化管理手段,提高工作效率和监管实效。加大投入,逐步建立健全统一的政务电子平台,实现信息共享,全面加强对工程项目、参建企业和从业人员等基本信息、违法违规行为和不良记录的管理,提高监管工作的科学性和规范性。五是要探索实施工程质量保险制度。建立工程质量保险制度,对于保证工程质量、提高投资效益、保护广大人民群众的切身利益、维护政府形象和社会安定等都有着积极的作用。要在各地工程质量保险工作试点的基础上,及时总结经验,不断完善推广。探索实行住宅工程质量强制性保险,通过市场化的经济手段,落实企业质量责任。

(五) 进一步突出监管工作重点,促进工程质量稳步提升

根据工程质量工作实际和存在的突出问题,进一步突出重点,加大对薄弱环节和重点领域的监管

力度。一是要加大对住宅工程特别是保障性住房质量监管力度。各地要针对保障性住房建设特点，制定专项质量监督方案，调整充实监管力量，加大监督巡查力度，部里也将适时开展针对保障性住房质量的专项督查。全面推行住宅工程质量分户验收制度，虽然目前各地都开展了这项工作，但还不够均衡，力度有大有小、进度有快有慢，必须统一要求、加快进度，争取在两年内使分户验收覆盖面达到百分之百。完善工程质量投诉处理制度，探索用市场化和法制化的手段，建立解决质量投诉和纠纷机制。二是要认真开展工程建设领域突出问题专项治理工作。深入贯彻中办和国办《关于开展工程建设领域突出问题专项治理工作的意见》和《工程建设领域突出问题专项治理工作实施方案》要求，用两年左右的时间，着重解决工程建设项目标后监管薄弱、转包和违法分包、不认真履行监理责任、建设质量低劣和质量责任不落实等突出问题。要采取有力措施，突出抓好落实建设单位责任、落实施工总承包单位责任、规范监理企业和监理人员行为等专项治理工作。三是要强化对重点工程和薄弱环节的监管。要加强对深基坑、超高层、大空间结构等技术难度较大、危险源较多工程的监管，特别是对当前问题比较突出的地铁工程，要切实提高风险意识，着力完善风险评估制度，逐步开展初步设计文件安全专项审查，落实危险性较大分部分项工程的专项方案论证制度，提高监控量测水平，保证质量安全。要重点检查工程地基基础和主体结构的勘察、设计及施工质量，确保主体结构安全。要采取有效措施，建立防范低于成本价中标和擅自压缩合理工期的机制，保证工程合理工期和造价。

（六）进一步加大监督执法力度，规范各方主体质量行为

客观地说，目前工程质量方面的法律法规和技术标准还是比较健全的，之所以还有这么多的质量问题，还会发生质量安全事故，与一些地区监督执法力度不够有较大关系。现在主要的问题不是无法可依、无章可循，而是有法不依、有章不循、执法不严、违法不究。因此，必须切实加强督促检查，加大执法检查的力度。一是要进一步规范监督检查工作。监督检查是保证工程质量的有效手段。各地要完善日常与重点相结合的检查机制，促进执法检查的制度化和常态化，加大监督检查的力度和频次，持续开展各类综合检查和专项督查活动。同时要进一步优化监督检查指标体系，使检查项目更加规范化，更具可操作性，确保检查工作落到实处、取得实效。二是监督检查要认真仔细。监督检查一定要认认真真，绝不能走马观花，更不能搞形式主义。开展监督检查工作，本来就是为了发现问题、研究问题、解决问题，就是为了发现各个环节、各项制度、各个方面的漏洞和薄弱环节，就是为了发现质量隐患、及时消除隐患。如果检查马马虎虎、走走过场，发现不了任何问题，还不如不要检查。三是监督检查要严格执法。对违法违规行为一定要铁腕执法、严肃处理。对于不重视质量工作、发生质量事故的责任单位和责任人，要按照有关规定，该通报的通报，该罚款的罚款，该降级的降级，该清出市场的清出市场，让违法违规的单位和个人感受到切肤之痛，真正做到有法必依、执法必严、违法必究。只有这样，我们的监督执法才有威慑力，才能真正起到规范各方主体质量行为的效果。今后，部里要对各地的执法处罚情况进行通报。

虽然这次召开的是质量会议，11月中旬我部还要召开建筑施工安全质量标准化现场会，还要专门讲安全生产问题，但我还是要在这里强调一下安全生产问题。质量与安全本来就是一个整体。安全生产事关人民生命财产安全，事关社会和谐，事关改革发展大局，事关党和政府形象。我们必须以对党、对人民、对历史负责的态度，保持高度的责任感和使命感，不能有丝毫的大意和麻痹。

尽管2009年以来的全国建筑安全生产形势总体比较稳定，1～9月份全国房屋建筑和市政工程事故起数与去年同比下降21.07%，死亡人数同比下降19.11%，但是仍不容乐观，全国有11个地区发生了一次死亡3人以上的较大事故，同时有部分地区的事故出现了反弹，山西、宁夏、湖南、四川、吉林、江西、海南、安徽、河北、广东等10个地区与去年同期相比均有不同程度的上升。对此我们不能有丝毫的放松。目前已进入第四季度，尤其是年底这段时间，也是事故的多发易发时段，希望各地建设主管部门要保持高度的警惕，切实采取有力有效措施，积极防范和遏制安全生产事故的发生，保持建筑安全生产形势的稳定好转，为促进经济平稳较快发展创造有利的社会环境。

同志们！回顾过去，工程质量监管工作走过了硕果辉煌的25年，展望未来，在全面建设小康社会和构建社会主义和谐社会的进程中，工程质量监管工作肩负着光荣而艰巨的历史使命。让我们紧密团结在以胡锦涛同志为总书记的党中央周围，深入贯彻落实科学发展观，始终坚持"百年大计，质量第一"的方针，继往开来，锐意进取，以更加坚定的

信心和更加扎实的工作，为我国工程建设质量水平再上新的台阶、为社会主义现代化建设作出更大贡献！

谢谢大家！

（本文为郭允冲在全国工程质量监督工作会议暨质量监督工作25周年总结表彰大会上的讲话）

加强安全质量标准化建设　全面提高建筑安全生产管理水平

（2009年11月13日）

郭允冲

同志们：

今天，我们在宁波市召开全国建筑施工安全质量标准化现场会，会议的主要任务是贯彻落实国务院关于加强安全质量标准化建设的精神，总结推广各地开展建筑施工安全质量标准化好的做法和经验，进一步推进建筑施工安全质量标准化工作，促进全国建筑安全生产形势的持续稳定好转。刚才，我们与中华全国总工会联合表彰了建筑施工安全质量标准化工作的先进集体、先进个人和示范工地。浙江省住房城乡建设厅、上海市城乡建设交通委和中国建筑股份有限公司作了经验介绍，讲得很好，希望大家认真学习借鉴。下面，我讲三点意见：

一、建筑施工安全质量标准化工作取得明显成效

2004年，国务院《关于进一步加强安全生产工作的决定》提出，要把安全质量标准化作为加强安全生产的一项重要基础性工作，在全国所有工矿、商贸、交通运输、建筑施工等企业推广。我部于2005年8月在青岛组织召开了建筑施工安全质量标准化管理现场会，对建筑施工安全质量标准化工作提出要求。2005年12月，我部制定下发了《关于开展建筑施工安全质量标准化工作的指导意见》，全面部署了建筑施工安全质量标准化工作，明确了指导思想，确定了工作目标，提出了具体措施。各地按照要求，结合实际情况，积极推进建筑施工安全质量标准化工作。2007年，我部对上海市建筑施工安全质量标准化工作进行了专题调研，系统总结了上海的经验，形成报告并印发各地学习，有力推动了建筑施工安全质量标准化工作的开展。

几年来，在各级住房城乡建设主管部门和广大建筑企业的共同努力下，建筑施工安全质量标准化工作取得了显著成效。据初步统计，自2005年以来，全国共创建省级建筑施工安全质量标准化示范工地24000多个。建筑施工安全质量标准化工作，既促进了各地住房城乡建设主管部门安全监管水平的提高，也促进了建筑施工企业安全生产水平的提高。同时，这几年不断完善安全生产法规制度建设和强化安全生产监督检查力度，有力促进了全国建筑安全生产形势的持续稳定好转。事故起数和事故死亡人数逐年下降。这些工作成绩的取得，是党中央、国务院正确领导的结果，是住房城乡建设系统广大干部职工共同努力、不断奋斗的结果，也与中华全国总工会等部门的大力支持分不开。在此，我谨代表住房城乡建设部，向在座的各位同志并通过你们向全国的建筑安全生产工作者表示衷心的感谢！

回顾几年以来的实践，建筑施工安全质量标准化工作的经验，主要有以下五个方面：

（一）加强组织领导，认真开展工作

一是领导高度重视。各地住房城乡建设主管部门高度重视安全质量标准化工作，都成立了由主管安全生产的领导任组长，各专业职能部门为成员的安全质量标准化工作领导小组，强化了对安全质量标准化工作的组织领导。二是提高思想认识。各地区通过加大宣传力度，使建筑从业人员进一步认识到建筑施工安全质量标准化工作的重要意义。我部2005年在青岛召开安全质量标准化现场会后，许多地区及时组织建筑安全管理人员到青岛学习观摩青岛安全管理的先进经验。通过学习观摩，进一步增强了做好建筑安全质量标准化工作的信心。三是坚持齐抓共管。各地住房城乡建设主管部门在开展的

建筑施工安全质量标准化工作中，得到了工会等有关部门的大力支持，形成了齐抓共管、协调配合的工作局面，有力地推动了工作的开展。2006年我部与全国总工会联合下发了《关于进一步改善建筑业农民工作业、生活环境，切实保障农民工职业健康的通知》，要求各地积极采取措施，加强建筑施工安全质量标准化工作，进一步改善建筑施工人员的作业、生活环境，提高建筑施工现场的安全生产管理水平。同时，我们还与工会组织一起多次开展安全生产监督检查工作，指导督促各地做好建筑安全生产工作。这次表彰工作也得到了全国总工会的大力支持。在此，我们表示衷心的感谢。

（二）完善相关制度，确保工作落实

各地住房城乡建设主管部门结合实际情况，制定了相关的政策措施，为建筑施工安全质量标准化工作的开展提供了法规及制度保障。如广东、甘肃、海南等地制定了本地的建筑施工安全质量标准化工作实施意见，提出了具体要求，对进一步规范和推动安全质量标准化工作的开展打下了良好的基础。浙江省为更好地开展工作，专门制定了《建筑施工安全检查标准的实施意见》，从工程涉及的各类脚手架、模板工程、三宝四口、施工用电、建筑起重机械设备等主要环节入手，专门作出详细的规定和要求，细化和量化了相应的检查标准，并作为全省建筑施工安全质量标准化工地检查评审的依据，确保安全质量标准化工作落到实处。中国化学工程集团公司从本企业的安全生产实际出发，制定了企业内部的安全质量标准化管理制度，形成了比较完善的安全生产管理保障体系，为企业开展安全质量标准化工作，提供了制度保障。

（三）严格工作考核，发挥典型作用

各地在推进建筑施工安全质量标准化工作中，通过加强考核，提高了企业做好这项工作的主动性和积极性。一是严格考核。陕西省结合本地开展创建文明工地和安全达标工地的经验，建立了严格的考核制度，督促施工企业完善安全生产管理制度，积极推进建筑安全质量标准化工作。对考核不合格的企业除了通报批评外，并将其所施工的工地列入重点监管范围。二是考核覆盖全过程。上海市在开展的建筑施工安全质量标准化达标工地评选中，针对建筑行业特点，从工程发包到施工过程都有相应明确要求。如在工程发包阶段，招标人应在招标文件中要求投标人做出创建标准化工地承诺，并将其作为评标条件之一，未按要求编制的招标文件，招标监管部门不予备案；在办理工程质量安全监督手续时，要求建设单位提交该工程创建质量标准化工地的工作方案，否则不予审查。三是发挥典型引路的作用。黑龙江省选择一些安全生产管理基础工作好的工地，严格按照建筑施工安全质量标准化示范工地的要求，打造成样板工地，并及时召开由建设主管部门、施工企业、监理企业相关人员参加的标准化工地现场观摩会。他们通过样板先行、典型示范，逐步扩展了安全质量标准化工地范围，有力地推动了全省建筑施工安全质量标准化工作的开展。

（四）加大科技投入，增强保障能力

各地在推进建筑安全质量标准化工作中，注重加大科技投入，有力地促进了建筑施工现场安全管理水平的提高。一是逐步实现安全防护设施标准化。北京市鼓励建筑施工企业积极采用工具化、定型化、装配化、标准化的安全防护设施，如工具式电梯井安全防护门、标准配电箱、具有企业特色的工地大门、标识标牌和安全通道等，不仅美观，而且便于安装、利于管理，还可以重复使用，避免了材料的浪费。二是运用信息技术提高监管效能。青岛市结合本地实际，开发了建筑施工现场远程监控系统，通过该系统可同时对多个施工现场进行全过程、全方位的实时监控，可实现与施工现场的直接对话，及时指出施工现场存在问题，有针对性地进行指导和管理，持续改进现场管理。通过这一系统实现了监管方式的跨越，有效地解决了监管人员不足的问题，明显提高了监管效能，形成了施工现场、施工企业、主管部门三位一体、高度联动、实时监控的有效管理体系。三是注重采用先进适用的设备。陕西省积极引导建筑施工企业，在施工现场使用节水型洗车设备、节水型厕所、节能型建筑材料、灯具、太阳能照明、洗浴等，既节约了能源，也减少了环境污染。

（五）注重教育培训，提高人员素质

各地在推进建筑安全质量标准化工作中，通过加强安全教育培训，增强从业人员安全生产意识，提高了现场作业人员的安全生产技能，为建筑施工安全生产稳定好转奠定了坚实的基础。如北京市、重庆市、江西省等地先后制定出台了相关措施，要求企业在建筑施工现场建立业余学校，组织农民工在休息期间参加安全生产知识教育培训，切实提高农民工安全生产意识和安全技能。中国建筑股份有限公司制作了高处坠落、物体打击、机械伤害等八个方面的影像教材。在施工人员进场三级安全教育中，通过观看安全教育片，很直观地提醒教育施工人员在施工中应注意的安全事项和要避免的不安全行为，以及发生事故所产生的严重后果等。这种安全培训教育方式的直观化、影像化、趣味化、知识化，效果十分明显，工人们普遍乐于接受，达到了开展安全教育培训的预期目的。

在肯定成绩的同时，我们也必须清醒地认识到，建筑施工安全质量标准化工作仍存在一些不足之处。一是思想认识滞后。有的地区对开展建筑施工安全质量标准化工作认识不够，态度不积极、不认真，工作敷衍了事。上级部门来检查了，就动一动，检查一过，仍恢复原态。这种态度使建筑施工安全质量标准化工作难以取得实效。二是工作开展不平衡。有些地区不够重视建筑施工安全质量标准化工作，开展工作不力，安全生产管理水平低下。有些地区的不同类型项目间，建筑施工安全质量标准化工作存在着明显差距，如重点项目、大项目明显较好，各项工作普遍到位；而郊区县项目、小项目往往工作尚未覆盖，有较多问题和隐患。三是有的地区建筑市场环境不太好。有的地区建筑市场不够规范，建设单位在发包过程中过分压低中标价格，致使施工单位缩减安全防护设施装备购置费用，或者购买价格较低质量低劣的替代品，造成施工现场难以按照标准采取安全防护措施，影响建筑施工安全质量标准化工作顺利开展。对上述问题，我们务必引起高度重视，采取有效措施加以改进解决，把建筑施工安全质量标准化工作做实做好。

二、学习借鉴大庆油田安全生产管理经验，积极推进建筑施工安全质量标准化工作

建筑施工安全质量标准化工作是一项基础性、长期性的工作。我们经过几年的努力，取得了一定的成效。如何在现有的基础上，按照国务院关于加强安全质量标准化建设的要求，进一步推进建筑施工安全质量标准化工作，不断促进建筑安全生产水平的提高，是需要我们认真思考研究的一个课题。我想结合前段时间到大庆油田检查的情况，谈谈自己的体会。今年9月中旬，按照国务院安委会的要求，我带队对黑龙江省安全生产工作进行督查。其中，大庆油田的安全生产管理工作给我留下了非常深刻的印象。他们对安全生产从理论上进行了认真研究，从实践上进行了系统总结，形成了科学、精细、严密的安全理念和人性化的安全文化。例如有一个石油化工企业——十六联合站，长期严格坚持精细的安全管理，做到了全站9个危险爆炸区、4个重点防火区，4128天未发生一次大小事故。这是非常不容易的，尤其对于石油加工企业来说，工厂内各类危险因素非常多，稍不注意就可能导致事故的发生。他们能够做到十多年未发生事故，这和长期坚持的严格安全管理工作是分不开的。还如1205钻井队，坚持"一人把关一处安，众人把关稳如山"，"任何事故都是可以预防的"理念，实现了连续9000天无安全生产事故。大庆的安全管理经验可概括为"人性、标准、精细"。所谓"人性"，就是把人的安全放在第一位，安全生产不是简单的、强制性的提要求，而是尊重人、实行人性化管理，通过加强安全生产文化和家庭亲情等方面的宣传教育，变"要我安全"为"我要安全"，使大家自觉做好安全生产工作。大庆油田化工有限公司轻烃分馏分公司在每个工作岗位设置了"您的安全是全家人的牵挂"亲情合影照片，交接班时播放"安全嘱托录像"，形成了多方位的安全教育友好界面，时刻提醒在岗职工注意安全，并鼓励全体职工甚至家属自觉查找隐患、消除隐患，确保安全工作落到实处。所谓"标准"，就是针对生产管理中每一个环节、每一个程序、每一个过程都制定详细的标准规范，并认真按照标准规范操作，做到"标准记于心，规范立于行"。大庆化工集团轻烃分馏公司提出的口号是"生产运行标准化、岗位操作标准化、安全管理标准化、基础资料标准化"，以标准化保障安全生产。不仅如此，他们还要求在重要岗位和关键环节，必须做到一人操作、一人监督，操作人员必须得到监督人员确认安全无误后才能进行操作，确保没有隐患。这与铁道系统实行的"一呼二应三确认"做法是一致的，核心都是保证绝对安全。所谓"精细"，就是工作实行精细、严密、科学的管理，将规章制度细化落实到每个单位、每个项目、每个环节、每台设备、每个人员，实现全方位、全要素、全过程的精细管理覆盖。大庆化工集团轻烃分馏公司总结提炼了"精细交接、精细操作、精细巡检、精细维护、精细检修"的"五精"管理经验，使员工在工作中做到了"设备构造台台清楚、仪表性能件件熟悉、工艺流程处处明白、操作标准条条牢记、问题处理回回准确"。1205钻井队推行"四到四不"工作法，要求职工做到眼到——该看见的地方必须看到，不漏一处；手到——该摸到的部位必须摸到，不遗一处；腿到——该走到的地方必须走到，不少一处；心到——该想到的地方必须想到，不忘一处。这些都充分体现了他们的精细、严谨的工作作风。

大庆油田的安全生产管理经验对于我们做好建筑安全生产工作具有很好的学习和借鉴意义。虽然建筑安全生产管理与石油安全生产管理的对象和过

程有所不同，但是安全管理的基本思路和理念应是一致的。从实际情况看，不仅大庆油田的安全生产搞得好，而且整个大庆市的安全生产工作、大庆市的建筑安全生产工作搞得都很好，除了交通事故较多外，其他事故包括建筑安全事故发生率都远远低于全国水平。我认为，正是由于大庆油田先进的安全生产管理带动了整个大庆市的安全生产工作。进一步做好建筑安全质量标准化工作，应认真学习借鉴大庆油田的安全管理经验：一是要加强建筑施工企业安全文化建设，培养企业从业人员爱岗敬业的精神。优秀的企业文化是企业优良传统、进取精神、和谐氛围与良好风气的集中体现，是在工作实践中培养出来的，是全体员工共同遵循的价值体系、共同遵守的行为准则、自觉认同的管理理念。要指导企业建立符合实际情况的安全文化，培养企业职工在安全生产工作中树立爱岗敬业、超越自我的精神，通过各种安全教育培训和其他措施，把法规要求、技术规范、操作规程、纪律约束、岗位安全责任等融合于岗位生产活动的全过程，使各项安全生产管理制度达到固化于制，企业的安全理念、安全价值观达到固化于心，安全生产基本设施、安全生产基本条件达到固化于形。二是要将人性关怀融入到安全管理工作中。要督促企业坚持"以人为本"的原则，不仅要切实改善建筑工人特别是农民工的施工作业环境和生活条件，还要高度关注建筑工人特别是农民工的身体健康和心理健康，要为建筑工人特别是农民工提供更全面的安全生产保障和安全生产技能培训，切实提高建筑工人特别是农民工安全生产自觉意识和安全生产技能。三是要指导督促建筑企业建立完善安全管理的规范和标准。要督促企业建立起覆盖企业安全生产各方面、贯穿企业经营管理全流程的安全质量标准化建设工作机制。企业要从基层开展"自下而上"的安全质量标准化建设，发动一线员工，集思广益，对自己的工作经验和优秀成果进行总结，凝练成标准；然后再与企业"自上而下"的标准化建设相结合，从而使企业的各项标准更加符合实际，有效实用，不断提高标准化建设水平。四是要鼓励倡导建筑施工企业实行安全生产精细化、严密化管理。精细化、严密化的管理要求企业安全生产活动中的每一个行为、每一个操作、每一句话都要有规范和标准。每个员工都要严格遵守这种规范，从而使企业的基础运作更加规范化和标准化。精细化、严密化的控制，要求企业安全管理工作的运作要有规定流程，要有计划、审核、执行和回顾的过程，每一个过程、每一个操作都必须

确认安全无误后才能进入下一过程，控制好这个过程可以大大减少工作失误，杜绝管理漏洞，使企业形成自上而下的积极引导和自下而上的自觉响应相结合的常态式安全管理模式。

希望各地住房城乡建设主管部门结合本地实际情况，认真学习借鉴大庆油田安全管理的理念和经验，研究解决建筑施工安全质量标准化工作中存在的不足，指导督促企业进一步加强建筑施工安全质量标准化工作，不断提高建筑施工现场安全生产管理水平。部里将组织力量对大庆安全生产管理经验进行系统总结，用于指导全国建筑安全生产工作。

三、认真做好下一阶段建筑安全生产管理工作

今年的建筑安全生产形势总体继续保持稳定好转态势，事故起数和死亡人数均呈下降趋势。但我们也要清醒地看到，有些地区事故起数和事故死亡人数与去年同比有所反弹，在一些地区较大事故还时有发生，建筑安全生产形势仍然不容乐观，我们不能放松警惕，希望各地住房城乡建设主管部门要继续加大力度，全力做好建筑安全生产工作。

（一）提高认识，进一步增强安全生产责任感和使命感

安全生产事关人民生命财产安全，事关社会和谐稳定，事关改革发展大局，事关党和政府形象。党中央、国务院历来高度重视安全生产工作，胡锦涛总书记在十七届四中全会的讲话中明确提出"要加强安全生产工作"，温家宝总理多次强调"各级领导干部要树立'抓经济发展是政绩，抓安全生产也是政绩'的思想观念"。我们要深刻领会中央领导的指示精神，充分认识做好建筑安全生产管理工作的极端重要性，以对人民负责、对党负责、对历史负责的态度，保持高度的责任感和使命感，兢兢业业、扎扎实实地做好建筑安全生产管理工作。当前正值全国按照党中央、国务院"保增长、保民生、保稳定"的决策部署，全力应对国际金融危机的关键时期，在这种形势背景下，做好建筑施工安全生产管理工作意义尤其重大。我们要树立和强化政治意识、大局意识、责任意识和忧患意识，采取切实有效的措施，坚决防范和遏制建筑安全生产事故发生，保持建筑安全生产形势稳定，为加快工程建设营造良好的安全环境，促进经济平稳较快增长和民生改善。

（二）加强监管，认真落实两个主体责任

各地住房城乡建设主管部门要认真落实监管主体责任，切实加强安全监管，严厉打击规避招标和在招投标中弄虚作假，违法转包、分包工程业务，

无证或越级承接工程业务,以及围标串标、违反法定建设程序,违反工程建设强制性标准等违法行为。工程建设各方主体要认真落实安全生产主体责任。建设单位要严格按照法定建设程序,择优选择勘察、设计、施工和监理单位,要确保合理工期,及时足额拨付安全生产费用,提供符合要求的工程资料,不得明示或暗示施工单位购买、租赁、使用不符合安全施工要求的材料、安全防护用具、机械设备、施工机具及配件、消防设施和器材;勘察设计单位要严格按照法律法规和标准规范进行设计,对施工安全生产要求进行详细说明,加强施工安全生产状况跟踪检查,对地质勘察资料和设计文件承担责任;施工单位要严格按照设计和工程建设标准组织施工,贯彻落实各项安全生产管理规定,建立健全安全生产管理制度,加强作业人员安全生产教育培训,防范安全生产管理事故发生;监理单位要严格按照合同约定认真履行监理职责,监理人员要熟悉掌握建筑安全生产相关的法律法规和技术标准,严格实施施工现场安全监理。

(三) 加大力度,积极做好事故处理工作

一是要积极参与事故调查处理工作。各地住房城乡建设主管部门要按照《生产安全事故报告和调查处理条例》要求,在当地人民政府的统一领导下,认真组织或参与建筑安全生产事故的调查处理工作。在事故调查中,要充分发挥住房城乡建设主管部门的作用,依据国家建筑安全生产相关法律法规,对事故相关责任单位和责任人员提出处理意见或建议。二是要加强事故结案及上报工作。各地住房城乡建设主管部门要加强与有关部门的沟通,支持协助事故调查组工作,及时了解事故处理情况,争取在规定的期限内及时结案。在事故调查报告批复后,对于处罚权限在本部门的,应当及时处理。对处罚权限不在本级部门的,应当在收到事故调查报告批复后15个工作日内,将事故调查报告、结案批复、本级住房城乡建设主管部门对事故有关责任单位和责任人的处理建议等,报送有相应职责权限的住房城乡建设主管部门。三是要进一步加大事故查处力度。要把违反法定建设程序、任意压缩合理工期、不执行工程建设强制性标准等违法违规行为和发生质量安全事故的作为查处的重点。对于不履行职责,不落实责任,导致发生安全生产事故的责任单位和人员,要按照"四不放过"的原则,依法依规严肃查处,绝不能走过场,绝不能心慈手软,绝不能姑息迁就,该降级的降级,该清出市场的清出市场,该吊销有关证照的吊销证照,该罚款的罚款,切实起到以儆效尤的作用。我认为,严格执法只有好处,没有坏处。表面上看,严格执法、严肃处罚可能使有的地方和单位不好受,可能丢面子,但每查出一个问题、消除一个隐患,就可能少出一个安全事故,就可能少死几个人。对发生事故的,如果不严肃处罚的话,责任单位、责任人就没有切肤之痛,他们继续不重视安全生产,继续扰乱建筑市场,继续发生事故,继续死人,后患无穷。因此我们必须依法依规严肃处理责任单位和责任人。四要是切实加强事故统计分析工作。对本地区发生的建筑安全生产事故特别是较大及以上事故,要进行深入剖析。通过加强事故统计分析及研究工作,力求找出事故发生的特点和规律,积极探索防范事故的措施和对策,从而进一步减少建筑安全生产事故的发生。

(四) 巩固提高,深入做好建筑安全"三项行动"

今年,按照国务院"安全生产年"的工作部署,我部结合住房城乡建设实际,组织开展了建筑安全生产"三项行动"工作。各地高度重视"三项行动"工作,积极行动、密切配合,取得了阶段性成效。建筑安全生产"三项行动"的开展,有利于提高建筑施工企业的安全管理水平,有利于促进建筑安全生产形势的稳定。我们要在认真总结前一阶段工作的基础上,针对发现的问题提出相应对策措施,强化对重点领域、重点时段、重点部位、重点内容的监督检查力度,进一步做好建筑安全生产"三项行动"工作。各地要按照我部《关于做好建筑安全生产"三项行动"情况报送工作的通知》要求,及时将本地区全年建筑安全生产"三项行动"的工作总结情况上报,为这项工作画上一个圆满的句号。

(五) 再接再厉,确保建筑安全生产形势持续稳定好转

距年底还有40多天时间,新年元旦和春节很快就要到了,做好这段时间的安全生产工作,对确保全年建筑安全生产形势稳定尤为重要。过去的经验教训提示我们,越是在节假日期间,越是不能放松警惕。各地住房城乡建设主管部门和建筑企业不能有丝毫麻痹和放松,特别要针对冬季施工特点,采取有效措施,加强对施工现场的塔吊、脚手架、深基坑、用电线路等重点部位和环节的安全检查,及时消除各种隐患。同时要加大对城市轨道交通和拆除工程的安全监管力度,特别是城市轨道交通工程,大多在城市中心地带,且地下管网线路比较复杂,一旦发生事故,将会造成很大损失和影响,有关地区一定要予以高度重视,切实加大监管力度,确保生产安全。

同志们，做好建筑安全生产工作，任务艰巨，责任重大。我们要深入贯彻落实科学发展观，更加扎实有效地推进建筑施工安全质量标准化工作，全面提高建筑施工安全生产管理水平，保持建筑安全生产形势持续稳定好转，为国民经济又好又快发展作出应有的贡献。

（本文为郭允冲在全国建筑施工安全质量标准化现场会上的讲话）

进一步加强监管　严把超限高层建筑抗震设防审查关

（2009年12月8日）

郭允冲

一、超限高层建筑工程抗震设防管理工作成效显著

自1998年设立超限审查制度以来，我国的超限高层抗震管理工作有了长足的发展，取得了明显成效。

（一）管理制度日趋完善。依据《行政许可法》，国务院颁布了《对确需保留的行政审批项目设定行政许可的决定》，超限审查制度是其中一项保留的行政许可。我部制定了《超限高层建筑工程抗震设防管理规定》以及审查技术要点、审查办法等部门规章和规范性文件，明确了超限审查的范围、程序、技术要求、全国委员会的工作职责、行为规范等等，各地也通过地方立法、制定地方标准等形式，逐步把超限审查工作法规化、制度化，形成了比较完善的、符合《行政许可法》要求的超限审查管理体系。

（二）超限审查工作取得了明显的成效。一是为保障城市公共安全发挥了重要作用。超限建筑大多是大型公共建筑，有的还是所在城市的标志性建筑，如国家体育场、上海环球金融中心和正在建设的上海中心大厦等。通过超限审查，对这类建筑的设计加以完善，提高了抗震可靠度，特别是及时纠正、制止了一些设计公司不符合抗震设计原则的设计。二是通过超限审查，一些前沿的工程抗震新技术得到了实际应用，实践经验不断积累，促进了我国抗震设计规范的改进和完善。三是参加超限审查的国内高水平的专家在审查的同时，把先进的技术和理念带到相关设计单位，起到了交流和促进的作用，提高了我国高层建筑的整体设计水平。四是超限审查在保障超限建筑抗震安全的同时，也对一些不合理的设计提出了优化意见，为国家节约了资源。

二、认清形势，进一步做好超限高层建筑工程抗震设防审查工作

党中央、国务院对防灾减灾工作非常重视。胡锦涛总书记在2008年10月8日全国抗震救灾总结表彰大会上指出："提高防灾减灾能力，是保护人民生命财产安全、保卫改革开放和社会主义现代化建设成果的必然要求"，"要坚持兴利除害结合、防灾减灾并重、治标治本兼顾、政府社会协同，全面提高全社会对自然灾害的综合防范和抵御能力"。2000年、2004年国务院两次发出了关于加强防震减灾工作的通知，提出了到2020年我国抗御地震灾害能力达到中等发达国家水平的奋斗目标。对照党中央、国务院的要求和抗震工作形势的需要，我们肩上的任务还很重，需要我们再接再厉，以对国家和人民高度负责的态度，继续做好各项工作。

（一）清醒认识当前抗震工作的严峻形势。2008年，四川汶川发生了8.0级特大地震，造成了大量人员伤亡，直接经济损失8000多亿元，是新中国成立以来震级最高、受灾面积最广、救灾难度最大的地震。据今年初国务院防震减灾联席会议通报，我国已经进入地震活跃期。今年以来发生了多次地震：5月21日，新疆喀什叶城发生5.2级地震；6月30日，四川德阳绵竹发生5.6级地震；7月9日，云南楚雄姚安发生6.0级地震；8月28日，青海海西州发生6.4级地震；11月2日，云南大理宾州发生5.0级地震；11月28日，四川德阳什邡发生5.0级地震。抗震工作形势相当严峻。

（二）认真把握我国高层建筑的发展趋势。随着经济的发展和建筑技术的进步，我国的高层建筑发展很快，呈现出以下几个特点：一是建筑高度越来

越高,各地竞相设计建造"全国第一"、"亚洲第一"乃至"世界第一"的高层建筑;二是高层建筑分布范围广,近年来不仅是中心城市、大城市,一些中等城市也开始建造超高层或者体型复杂的大型公共建筑;三是很多项目选用国外设计师的设计方案,但其中许多建筑师来自非地震区,缺乏抗震设计经验。这些都增加了我们超限审查工作的难度。

(三)进一步加强超限审查管理力度。当前,各地对超限审查工作的重视程度和管理力度很不平衡,个别地区漏审现象比较严重,有的地区的超限工程甚至到工程竣工验收时,才申请进行补审,审查意见无法落实。下一步,要进一步加强这方面的监管,一是部里开展执法检查时,要加强对超限工程的监督检查;二是要加强对施工图审查机构的监管,超限工程没有进行专项审查的,不能进行施工图审查;三是要加大超限审查的政策宣传力度,很多漏审的工程都是由于业主和设计单位对超限审查政策的不了解造成的,我们很多专家都是各地设计行业的领头人,希望大家在各种场合积极宣传、贯彻国家关于超限审查的政策,共同努力做好超限高层建筑抗震设防审查工作。

(本文为郭允冲在全国超限高层建筑工程抗震设防审查专家委员会第四届委员会第一次全体会议上的讲话,本文有删节)

第六篇

专题与研究报告

一、专　　题

1. 汶川地震灾后恢复重建工作

【胡锦涛总书记听取中规院北川新县城总体规划汇报】 2009年5月11日，胡锦涛总书记在四川省省委书记刘奇葆、住房和城乡建设部部长姜伟新和绵阳市市委书记吴靖平等陪同下视察了北川新县城建设，听取了中国城市规划设计研究院对北川新县城总体规划的汇报，并接见了北川新县城规划设计人员代表。中规院李晓江院长向总书记汇报了北川县灾后重建规划工作过程，新县城选址论证，县域城镇体系规划，新县城总体布局，地震受灾群众和征地拆迁农民安置区规划和安居住房设计，山东产业园区详细规划等。胡锦涛总书记详细了解了规划的永昌河绿化公园休闲带的规划情况、水文条件等。胡锦涛总书记对中规院的援建工作给予充分肯定，并提出了殷切希望和明确要求："北川新县城的重建第一要科学规划，第二要精心设计，第三要加快建设，第四要保证工程质量。"随后胡锦涛总书记接见了50位北川新县城规划建设工作人员。

【派遣技术人员指导受援地区农房重建】 根据住房和城乡建设部《关于派遣技术人员指导汶川地震灾后农房重建的通知》（建村函〔2008〕290号）的要求，截至2009年1月7日，19个对口援建省市中17个向村镇建设司上报了派遣技术人员指导受援地区农房重建工作进展情况。北京、河北、山西、辽宁、黑龙江、浙江、江西、山东、河南、湖北、湖南11省市在本省（市）对口援建指挥部统一领导下，派出专家和技术人员赴对口支援县对农房重建进行技术指导。

天津市、吉林省经与当地协商没有派技术人员参与农房重建技术指导工作，直接提供援建资金支持当地农房重建。江苏省下发《关于派遣专业技术人员指导绵竹市城乡住房重建工作的通知》，要求各援建指挥组负责所在镇乡的住房重建技术指导工作。

【截至2009年1月4日灾区城镇住房重建工作基本情况】 四川、甘肃、陕西三省高度重视城镇住房重建工作，召开专题会议进行安排部署，城镇住房重建工作全部启动。据统计，三省需要重建城镇住房42.8万套，加固住房148万套。截至2009年1月4日，已完成重建住房6.43万套，加固住房35.31万套，分别占重建任务的15％和24％。三省通过对受损住房的安全鉴定、修复、加固和拆迁清理工作，综合考虑破坏程度与房屋结构性能、使用年限、加固成本等因素，对受损住房提出处理方案。认真落实对受损房屋的补助政策，城镇住房补助资金已下发到灾区各地，正在开展受灾居民逐户核实工作。三省在确保工程质量的前提上，抓紧水、电、道路等配套工程建设，同时，积极调整重建规划，对具有开工条件的项目组织实施建设。

【住房城乡建设部重点关注学校医院恢复重建】 根据国务院汶川地震灾后恢复重建工作协调小组领导批示，1月7~10日，住房城乡建设部参加了由国家发改委牵头，教育部、卫生部共同组成的调研组，赴四川省灾区对学校、医院恢复重建有关情况进行了调研。在调研中通过和江苏省援建指挥部的座谈，了解他们在学校、医院恢复重建中，除了对学校、医院的硬件建设给予了大力支持外，还对灾区学校医院的教学水平、医疗水平的提高有很大的帮助。在学校建设方面，江苏省的每一个市对口支援绵竹县的一个乡（镇），支援市的重点学校和灾区学校结成姊妹校，利用寒暑假把灾区的教师送到江苏培训，同时也有计划的安排江苏的优秀教师到灾区学校挂职任教，这些老师很快都成了灾区学校的学科带头人，大大提高了灾区学校的教育水平和质量。在医疗机构的恢复重建过程中，江苏省也选派了大量的专家到灾区乡镇的卫生院去坐诊，不仅方便解决了农民进城看病的问题，大大降低了市级大医院的门诊量，同时也是灾区乡镇医院的医疗水平有了大幅度的提升。

【编制实施村庄重建规划】 四川省成都市贯彻国家和四川省有关灾后重建工作部署，按照统筹城乡的经验做法，结合农村产权制度改革和"拆院并院"土地整理的方式，在充分尊重民意的前提下，及时组织实施汶川地震农村地区灾后恢复重建村庄重建规划。

切实做好村庄重建选址工作 在灾后农村聚居点和农村住房选址过程中，坚持深入灾区，走村入户，在充分了解、反复研究当地资源，广泛征求群众意见的基础上，充分尊重民意，严格遵循"安全、省地"原则，着眼有利发展、方便生产生活，注重顺应自然、体现特色，经地质灾害评估、实地测绘后，在确保符合规划前提下予以科学选址。

自主选择重建模式 由于受灾群众的家庭经济条件参差不齐，在深入调查研究的基础上，充分考虑到受灾群众的实际困难，提出农村住房重建的六种模式，供受灾群众自主选择，确保重建工作的有效推进。**一是原址重建**。在符合规划和地质灾害评估要求的前提下，利用原有宅基地，由农户按现行建筑规范自己重建。**二是统一规划集中自建**。按照统一规划的布点，按"拆院并院"补偿标准对参与集中自建的农户给予补偿后，由农户自建。**三是统一规划统一建设**。对规划确定的农村新型社区和集中居住点，实行统一规划、集中建设。**四是自愿搬迁异地安置**。对有创业能力、自愿举家搬迁的农户，允许自愿放弃宅基地异地另行安居置业。**五是社会资金开发重建**。按照重建规划，经2/3以上村民同意，在建设用地不增加、耕地不减少的情况下，可由集体经济组织对建设用地进行综合整理，集中使用，也可引入社会资金或与他人联建方式，进行综合整理和产业开发。**六是维修加固受损住房**。对维修后尚可使用的房屋，按照住房受损程度给予适当补助，维修加固继续使用。由于住房重建组织形式的多样化，且兼顾了不同收入农户家庭的实际情况，并实行自主选择，成都市灾后住房重建的政策措施受到广大群众拥护，重建工作推进顺利。

科学编制村庄重建规划 按照城乡统筹的思路，统一制定规划编制标准。及时制定了《成都市农村地区规划建设技术导则》和《农村地区建筑布局和环境设计图集》，明确提出了村庄重建规划要充分体现与产业、经济相结合的发展性；体现建筑风貌的多样性；与自然环境的相融性；实现基础设施和公共设施的共享性。在编制村庄规划前，有关部门再次在充分听取受灾群众意见，要根据农村安置点的自然条件、发展基础，组织住房规划设计，形成了从10余户到上千户不同规模、聚散结合的规划布局体系和规划设计方案。

确保村庄恢复重建严格按规划实施 建立了市级领导、市级部门与重点乡镇和安置点对口联系制度，统筹协调、指导督促重建工作。同时抽调一批业务骨干组建督导队伍，深入灾区乡镇，指导督促住房重建严格按规划方案和建筑施工图实施，并及时协调解决重建中的各类问题，加快重建进度，确保重建质量。

【**中日专家再次研讨灾后重建问题**】 由中国城市规划学会、日本社会事业大学、日本灾害复兴学会和四川省城乡规划设计研究院共同主办的"第二次中国四川大地震住宅·生活复兴中日学术交流圆桌会议"于2008年12月27～29日在成都召开。来自中日双方的10多位专家作了学术报告。中国城市规划学会理事长周干峙院士、四川省建设厅邱建总规划师、四川省城乡规划设计研究院樊晟院长等出席了研讨会。

与会专家交流了中国和日本地震灾后复兴的经验，认为灾后重建是非常复杂的长期性的系统工程，除了住宅、学校、医院等物质层面的重建，还有居民生活信心、社会关系、社会结构等非物质层面的重建。社会工作在灾后临时安置和灾后重建的过程中尤为重要，应该成立由灾害专家、城市规划师、社会工作者和志愿者组成的专门组织，在政府和受灾居民之间起到桥梁的作用。住房的重建特别是农村住房的重建应该与新农村建设与城市化进程结合起来。重建过程中应注意对当地历史文化和建筑特色的保护，调动当地居民的积极性，恢复工农业生产，提升生存能力。同时指出灾区当地的中小企业在提供就业和稳定社会方面具有重要作用。会议期间中日专家考察了绵竹和都江堰灾区。

【**汶川地震恢复重建进展情况现场巡查和经验交流会**】 为督促汶川地震灾后恢复重建工作进度，了解各对口援建省市工程进展情况、交流经验，建立对口援建信息的上报制度，2月16～20日，住房和城乡建设部在成都组织召开汶川地震恢复重建进展情况现场巡查和经验交流会。参加会议的有部规划司、房地司、城建司、村镇司、质量司、计财司和四川、甘肃、陕西三省及各援建省、市建设规划部门的约60名代表。参会人员首先赴汶川县漩口镇和映秀镇、都江堰市向峨乡、绵竹市汉旺镇和遵道镇等灾区城镇乡村现场巡查，调研了解灾后重建情况；在经验交流会上，听取了四川、甘肃、陕西三省和四川省重灾区六市州的情况介绍，各援建省对重建工作进行了经验交流。

①恢复重建进展情况。从现场巡查及会议代表交流的情况看，恢复重建工作取得了很好的进展和成效，经过半年多的援建工作，首批援建项目基本

已经落实，第二批援建工程正在有序开展。在整个援建过程中，建设系统发挥了至关重要的作用，主要体现在及时进行规划编制、完成了房屋质量鉴定、提供住房重建技术指导和进行工程质量安全监督等方面。四川灾区除映秀镇城区、北川县城搬迁地等少数几个拟重建的地点尚在进行前期工作外，各受灾地区已开始大规模建设活动。各地对灾区学校医院援建热情较高，农房建设进展较快，其中，四川省到2008年底，全省重建农房开工已达到109.4万户，是需重建总数的86.6%，其中已竣工56.3万套，达到需重建总数的44.6%，受损农房全部完成维修加固工作。城镇住房加固或重建工作因业主多、意见分歧大而难于开展，进度很慢。截至2月18日，四川省已加固城镇住房完成率26%，新建城镇住房完成率4.7%；甘肃省已加固完成率11.8%，新建完成率15.4%；陕西省已加固完成率68.1%，新建完成率13.64%。

② 存在主要问题。**一**是城镇住房确权及恢复重建面临困难较多，甚至对损毁房屋的建筑垃圾清运都存在权益争论，造成城镇住房恢复重建进展缓慢。城镇住房重建抗震设防要求高，投资额大，群众自筹重建资金部分比例较高。**二**是加快恢复重建进度客观上造成建材价格上涨快，人工取费高。**三**是常规建设程序无法满足恢复重建周期要求。**四**是农村住房建设质量有待提高。农房建设缺乏技术指导和建筑工匠，一些农房建设不按施工图要求进行，存在安全隐患。**五**是基础设施和公建配套设施投入相对较少。一些地方道路、电力、通信、给排水等没有和学校、医院、住房建设同步落实。

③ 工作建议。参会代表对住房和城乡建设部主动协调各方面，促进恢复重建工作的信息交流和健康发展予以高度赞扬，并提出建议：**一**是针对目前许多援建项目为加快进度，存在突破现行规定程序要求的问题，希望加强相关调研、指导，根据恢复重建特殊时期的实际情况，提出实事求是的项目审批操作办法，把握住援建项目工程管理工作。**二**是希望加强对灾区定额造价标准的研究指导，为灾区恢复重建项目最终造价的核算和审计提供依据。**三**是希望对廉租房建设项目给予更多资金支持，提高补助标准。**四**是加大对农村住房建设的技术支持力度，保障住房质量安全。

【《国家汶川地震灾后重建城镇体系规划》指导各级城镇、风景名胜区、历史文化名城的灾后恢复重建工作顺利进行】《国家汶川地震灾后重建城镇体系规划》的编制工作以中国城市规划设计研究院成都工作组为核心，由绵阳、德阳、成都、阿坝、广元、雅安各地规划工作组积极配合完成。成都工作组首先制定规划编制大纲及技术要求，各地规划组提供来自灾区前线的灾损资料及城镇重建规划内容。在此基础上，成都规划组通过灾损及重建资料汇总分析、相关规划梳理、实地踏勘调研，进行汶川地震灾后重建城镇体系规划的编制工作。

2008年8月12日，《国家汶川地震灾后恢复重建总体规划》正式公开征求意见。9月12日，工作组在建设部城乡规划司领导的带领下，根据经国务院常务会议审议并原则通过的恢复重建总体规划，进一步修改完善城镇体系规划的有关内容，10月28日，《国家汶川地震灾后重建城镇体系》专项规划正式公示。

《国家汶川地震灾后重建城镇体系规划》明确了用三年左右时间完成城镇恢复重建的主要任务，使城镇布局得到优化，功能得到恢复或提高，防灾减灾能力得到加强，人居环境得到改善，主要公共服务设施和基础设施达到或超过灾前水平的城镇恢复重建目标。确定了城镇恢复重建的类型、城镇人口与用地规模，以及城镇住房、公共服务设施、市政公用基础设施、历史文化名城名镇名村、风景名胜区、城镇地质灾害治理与综合防灾体系的恢复重建要求、标准和规模，进行了城镇重建资金估算和筹措，提出了规划实施的政策建议。

在地震灾区紧急开展的灾后重建工作中，《国家汶川地震灾后重建城镇体系规划》发挥重要的作用，指导着各级城镇、风景名胜区、历史文化名城的灾后恢复重建工作的顺利进行。

【《绵竹市灾后重建规划》编制完成】 中国城市规划设计研究院绵竹抗震救灾工作组编制完成《绵竹市灾后重建总体规划》、《绵竹市灾后重建村镇体系规划》、《绵竹市灾后重建农村建设规划》、《绵竹市灾后重建城乡住房规划》、《绵竹市重灾乡镇重建选址论证报告》和《绵竹市中心城区和汉旺镇重建规划》等一系列灾后重建规划。

【《什邡市北部四镇灾后重建总体规划》编制完成】 根据国务院《汶川地震灾害范围评估报告》，什邡在极重灾区10个县（市）中排名第4位，受损较重。中国城市规划设计研究院对口支援工作组在2008年6~8月，完成了4个镇区及镇域31个行政村（314个村民小组）的灾后重建总体规划。

【《汶川地震灾区风景名胜区灾后重建规划》编制完成】 该项规划从2008年6月10日始，至2008年8月11日完成，历时2个月。在现场野外调研与座谈的基础上，对风景名胜区的受灾情况从分类、分级、综合评价三个方面进行了详细评估，把握风景名胜区的受灾范围、类型与程度，针对受灾情况提出了风景区恢复重建分类对待、成立新的景区景点、设立龙门山脉自然遗产地等10个方面的思路与计划，用于指导灾区风景名胜区的灾后重建工作及下层次灾后重建规划的编制。

【《青城山-都江堰风景名胜区灾后恢复重建规划》编制完成】 青城山-都江堰风景名胜区是地震中受灾最严重、最典型的风景名胜区之一。恢复重建规划的重点一是要准确评估风景名胜区的灾损情况，二是明确灾后恢复重建思路与各项任务内容，三是整合各灾后恢复重建专项规划，四是统筹灾后恢复重建规划与灾前风景名胜区总体规划的落实情况，指导风景名胜区科学有序、近远结合进行恢复重建。日前已通过方案汇报，正赶制评审成果。

【完成《北川唐家山（禹里）风景名胜区风景资源调查评价报告》】 根据《汶川地震灾区风景名胜区灾后重建规划》提出，作为北川唐家山（禹里）申报国家级风景区依据。北川县在这次地震中形成了北川老县城遗址、唐家山堰塞湖等新的风景资源，具有很高的风景价值和科研价值。该报告随同其他申报文件目前已由四川省政府报送国务院。

【完成《北川县禹里乡历史文化名镇及老街保护规划》】 北川县禹里乡是以大禹故里、汉羌融合的美文化、红色文化为历史文化名镇。禹里地处极重灾区，地震后又被唐家山堰塞湖淹没，场镇绝大多数砖房、砖混房屋震损成为危房，但传统木结构房屋保存较为完好，主要分布在老街上，延续长达1000余米，经调查，其中约有60%的房屋可以不落架加固后继续使用。

2008年9月21～29日，中国城市规划设计研究院禹里项目组进行了现场踏勘，调查了老街房屋和城墙遗迹等历史遗迹，现场划定保护区划和城镇总体发展设想，与滨州市规划院和山东省规划院协调了保护规划和总体规划、详细规划的协作关系，第一时间编制了《禹里场镇传统木构建筑灾后重建实施导则》以通俗易懂的语言和图片，向群众解释风貌保护和木结构加固的技术要求，指导老街的抗震加固过冬安置工作。

规划围绕保护好老街和控制好城镇总体风貌、山水格局的保护目标，考虑近期居民的过冬安置等实际问题和禹里长远发展的要求，协调大规模重建和禹里保护的关系，进行保护区划、用地功能、道路格局、绿化景观等规划编制工作。发掘了历史文献，提出风貌建设应按照禹里地方羌族文化的独特特色，延续老街原有的地籍关系和院落格局，维持社会结构的稳定等详细内容。

北川县政府启动禹里乡申报中国历史文化名镇工作，规划的第一阶段已经实施，老街261户441人中已有218户403人住进了维修加固后的房屋。

【住房和城乡建设部对四川省灾区村镇规划和农房建设情况进行检查】 2月下旬，住房和城乡建设部组织两个专家组对四川省都江堰、彭州、汶川、茂县以及什邡、绵竹、北川、青川8个灾区县（市）村镇规划和农房建设情况进行了检查，实地考查了19个居民点的村镇和农房建设情况、查阅相关规划资料和建设档案、走访普通农户，并与县（市）政府、建设局以及乡（镇）和村的负责同志进行座谈，发放和收回了村镇规划及农房和村庄基础设施建设情况的调查表。经专家组讨论后形成的检查报告已上报国务院汶川地震灾后恢复重建工作协调小组，并抄送恢复重建工作相关省建设厅。

【映秀灾后恢复重建国际研讨会在成都召开】 为做好映秀镇灾后恢复重建，把映秀镇建设成为抗震建筑的示范区、防灾减灾的示范工程和民族特色精品小城镇，4月8日下午，映秀镇灾后恢复重建国际研讨会在成都召开。

此次会议由四川省建设厅、广东省建设厅、阿坝州政府、中国建筑科学研究院主办。四川省政府副省长黄彦蓉，住房和城乡建设部总经济师李秉仁，联合国亚洲防灾减灾中心负责人铃木弘二出席会议并分别致辞。周锡元院士担任会议学术委员会主任，周福霖院士、何镜堂院士和来自中国建筑科学研究院、清华大学、同济大学等科研院校的专家学者，以及来自美国、日本、加拿大、意大利、新西兰、德国、中国台湾等国家和地区的知名专家共260余人参会。

会议为期两天，专家们赴映秀镇进行了实地考察，对映秀镇灾后恢复重建工作中的规划设计、抗震防灾减灾、生态环境恢复以及现代建筑抗震新技术新材料新工艺应用进行了研讨。

【台湾援建陕西省宁强县青木川镇轻钢结构农房重建工程项目协调会在京召开】 2009年5月31日上午，住房和城乡建设部在北京组织召开台湾援建陕西省宁强县青木川镇轻钢结构农房重建工程项目协调会。青木川镇长沙坝青钢房安置点规划用地52.95亩，安置建房140户140套，项目资金1433.8万元。通过援建方、设计方、施工方、建设方的共同努力，该项目于2008年12月20日开工建设，已完成土地征用及平整和33户的基础施工，建成半成品5套。

会议由住房城乡建设部村镇建设司李兵弟司长主持，海峡两岸关系协会综合局、住房城乡建设部村镇建设司、中央纪委监察部驻住房城乡建设部纪检组监察局、审计署建设审计局、住房城乡建设部稽查办公室、陕西省省委督查室、陕西省住房城乡建设厅、陕西省汉中市规划局等部门有关同志以及台湾大学、陕西省宁强县人民政府、西安建筑科技大学、上海万通工程营造有限公司等项目援助、受援、设计监理及承建施工单位代表30余人参加会议。

【北京加强农房建设技术指导 推动什邡农房、城镇住房重建工作齐头并进】按照住房和城乡建设部加强汶川地震灾后农房重建指导工作的有关要求，北京市住房和城乡建设委从北京市12个区县建委选派的第二批12名农房建设技术干部于2009年5月26日到达什邡市，他们经过短期培训后将分配到什邡市农房重建任务较重的镇担任镇长助理，重点指导和协助做好农村永久性住房重建工作。此前，由北京市住房和城乡建设委从12个区县建委选派的第一批12名农房建设技术干部已圆满完成了援建任务返回北京。

【地震灾区恢复重建工程质量管理经验现场交流会在成都召开】2009年6月，住房和城乡建设部在成都召开地震灾区恢复重建工程质量管理经验现场交流会。住房和城乡建设部副部长郭允冲出席会议并做重要讲话，工程质量安全监管司司长陈重主持会议，四川省副省长黄彦蓉致辞。来自四川、陕西、甘肃的住房和城乡建设厅负责人及工程质量监管相关人员，重灾区市、州建设主管部门负责人，北京、上海、浙江等20个省市援建前线指挥部和住房城乡建设厅相关部门负责人，及总后营房部的代表，共110多人参加了会议。

会议的主要任务是全面落实党中央、国务院关于灾后恢复重建的方针政策和工作部署，总结回顾一年来灾区恢复重建工程质量管理工作，交流各地好的经验和做法，研究部署下一阶段的恢复重建工程质量监管工作，进一步统一思想，坚定信心，以实际行动贯彻落实胡锦涛总书记在出席纪念四川汶川特大地震一周年活动时的讲话精神，切实保证恢复重建工程质量。与会代表参观了上海市援建的都江堰市医疗中心和都江堰市胥家九年制学校及四川重建的都江堰市体育馆。四川、甘肃、陕西、北京、上海、浙江、山东、江苏、广东等九省市的代表在经验交流中发言。

【做好基础设施规划，推进灾后重建工作】基础设施建设是灾后重建不可或缺的重要内容。5·12汶川特大地震后，市政规划、设计、建设贯穿了整个抗震救灾全过程。地震发生后，中国城市规划设计研究院（中规院）立刻奔赴灾区现场，开展灾情调查，现场踏勘，与相关部门尤其是发改局和规划建设局密切合作，编写各种基础设施灾损和重建计划报表的填写、组织各单位编写本单位的重建规划报告等，提供了大量的技术援助和事务性工作。

为了给北川新县城市政设施建设、管理提供全方位的支持，2009年5月中规院协助地方进行了燃气特许经营方面的研究，对项目规模、场址选择、技术方案、投资估算、资金筹措、效益风险等进行了详细分析研究，完成了《北川新县城燃气特许经营项目建议书》。

2009年7月，中规院编制《北川新县城综合防灾规划》，落实了人防、消防、防洪、抗震、避难场所、疏散通道和应急指挥中心的建设用地和建设指标，为建筑设计提供防灾技术条件。

中规院还编制了作为新县城一部分的安昌片区（以前一个镇区）的基础设施改造与建设规划，并纳入安昌片区总体规划，通过了专家评审，很快将投入实施。在中规院青川县详细规划中，进行了场地土方计算和供排水、电力电信、燃气管线等市政工程规划设计。一年来，中国城市规划设计研究院规划完成了大量的市政规划前期工作，为灾区顺利恢复建设提供了技术支撑。

【甘肃省灾后农房重建工作进展】为保障甘肃省"汶川5·12地震"房屋倒塌农户住房重建工作有力、有序、有效开展，帮助受灾群众早日重建家园，甘肃省坚持农户自建、政府补助、部门帮扶、社会捐助的重建原则，积极推进灾后农房重建工作。

截至2009年10月，陇南市19.58万户重建户已全部开工，竣工14.94万户，占重建总户数的76.29%，其中徽县、成县、西和、礼县4个县重建任务已全部完成；22.82万维修户于去年底全部完工。全市累计完成灾后重建投资98.36亿元。

【10月28日在北川新县城规划建设推进协调会】住房和城乡建设部副部长、国务院汶川地震灾后恢复重建协调小组副组长仇保兴同志于10月28日在北川新县城规划建设推进协调会上作了总结讲话，对下一步推进北川新县城规划建设提出了具体要求。讲话对其他受灾地区的灾后恢复重建同样具有指导性和借鉴意义。

一、专 题

2. 表彰奖励

2009年度中国建设工程鲁班奖（国家优质工程）获奖名单

住房和城乡建设部　中国建筑业协会

（排名不分先后）

工程名称： 北京电视中心
承建单位： 北京建工博海建设有限公司
　　　　　　北京城建建设工程有限公司
参建单位： 北京市机械施工有限公司
　　　　　　北京市设备安装工程有限公司
　　　　　　沈阳远大铝业工程有限公司
　　　　　　北京市建筑工程装饰有限公司
　　　　　　北京菲尼有限公司
　　　　　　深圳市三鑫幕墙工程有限公司
　　　　　　江苏沪宁钢机股份有限公司

工程名称： 中石化科研及办公用房
承建单位： 北京建工集团有限责任公司
参建单位： 中山盛兴股份有限公司
　　　　　　北京市建筑工程装饰有限公司
　　　　　　北京建工一建工程建设有限公司
　　　　　　上海新丽装饰工程有限公司
　　　　　　苏州金螳螂建筑装饰股份有限公司
　　　　　　北京汇铸建筑安装工程有限公司
　　　　　　石化盈科信息技术有限责任公司
　　　　　　北京市机械施工有限公司
　　　　　　江苏沪宁钢机股份有限公司

工程名称： 北京地铁五号线
承建单位： 北京市政建设集团有限责任公司
　　　　　　中铁隧道集团有限公司
　　　　　　北京城建集团有限责任公司
　　　　　　中铁十六局集团有限公司
参建单位： 中铁十四局集团有限公司
　　　　　　中铁一局集团有限公司
　　　　　　中铁电气化局集团第一工程有限公司
　　　　　　中国铁路通信信号上海工程有限公司
　　　　　　北京建工集团有限责任公司
　　　　　　中铁二局股份有限公司
　　　　　　中铁三局集团有限公司
　　　　　　中铁四局集团有限公司
　　　　　　中铁十七局集团有限公司
　　　　　　中铁十八局集团有限公司

工程名称： 小红门污水处理厂工程
承建单位： 北京市市政四建设工程有限责任公司

工程名称： 数字北京大厦
承建单位： 中建三局建设工程股份有限公司
参建单位： 中建三局第一建设工程有限责任公司
　　　　　　中建三局装饰有限公司
　　　　　　中建三局东方装饰设计工程有限公司
　　　　　　中建钢构有限公司

工程名称： 对外经济贸易大学图书信息中心
承建单位： 江苏省建工集团有限公司
参建单位： 南通市通东建筑发展有限公司
　　　　　　江苏省国立建设发展有限公司
　　　　　　江苏省建工集团钢结构工程有限公司
　　　　　　江苏省建工集团装饰工程有限公司

工程名称： 林萃公寓
承建单位： 江苏江都建设工程有限公司

工程名称： 空客A320飞机中国总装线项目总装厂房
承建单位： 天津市建工工程总承包有限公司
参建单位： 天津市机电设备安装公司
　　　　　　天津美图装饰设计工程有限公司
　　　　　　霍高文建筑系统（广州）有限公司　新荣国际商贸有限责任公司　上海华艺幕墙系统工程有限公司联合体

工程名称： 天津市大港区津滨大厦
承建单位： 天津三建建筑工程有限公司
参建单位： 北京江河幕墙股份有限公司
　　　　　　天津宇达建筑工程有限公司
　　　　　　天津华惠安信装饰工程有限公司
　　　　　　天津中发机电工程有限公司

工程名称：天津市土地交易市场
承建单位：天津住宅建设发展集团有限公司
参建单位：天津华惠安信装饰工程有限公司
　　　　　天津市地质基础工程公司
　　　　　天津峰成建筑装饰工程有限公司
　　　　　泰豪科技股份有限公司

工程名称：河北建设服务中心
承建单位：河北建工集团有限责任公司
参建单位：河北省安装工程公司
　　　　　石家庄常宏建筑装饰工程有限公司

工程名称：鄂尔多斯市中心医院病房楼
承建单位：内蒙古兴泰建筑有限责任公司
参建单位：深圳市建筑装饰(集团)有限公司

工程名称：呼和浩特白塔机场扩建工程航站楼工程
承建单位：河北建设集团有限公司
参建单位：珠海市晶艺玻璃工程有限公司
　　　　　北京中航空港建设工程有限公司
　　　　　泛华工程有限公司

工程名称：内蒙古博物院(馆)
承建单位：江苏省苏中建设集团股份有限公司

工程名称：太原机场改扩建工程航站楼工程
承建单位：山西建筑工程(集团)总公司
参建单位：山西第八建筑工程有限公司
　　　　　山西省工业设备安装公司
　　　　　山西六建集团有限公司
　　　　　上海宝冶建设有限公司
　　　　　上海华艺幕墙系统工程有限公司

工程名称：大连明珠8号　9号楼及地下室工程
承建单位：大连阿尔滨集团有限公司
参建单位：大连红太装饰工程公司
　　　　　珠海市建筑工程有限公司

工程名称：沈阳海关业务设施楼
承建单位：中建三局第二建设工程有限责任公司
参建单位：苏州金螳螂建筑装饰股份有限公司
　　　　　北京江河幕墙股份有限公司
　　　　　中国建筑装饰工程有限公司

工程名称：哈尔滨工程大学图书馆
承建单位：黑龙江省第一建筑工程公司

工程名称：大庆石化分公司120万吨/年延迟焦化装置技术改造项目
承建单位：大庆石化建设公司

工程名称：地质科研综合楼
承建单位：哈尔滨市第一建筑工程公司

工程名称：上海同步辐射光源工程
承建单位：上海市第七建筑有限公司
参建单位：上海市安装工程有限公司
　　　　　上海市机械施工有限公司
　　　　　上海华艺幕墙系统工程有限公司
　　　　　江苏沪宁钢机股份有限公司

工程名称：东银中心
承建单位：上海市第二建筑有限公司
参建单位：浙江诸安建设集团有限公司
　　　　　沈阳远大铝业工程有限公司
　　　　　上海健尔斯装饰工程有限公司

工程名称：上海海事大学临港新校区一期建设工程——图文信息中心
承建单位：上海市第五建筑有限公司
参建单位：上海兆祥建筑装饰有限公司
　　　　　广东省第二建筑工程公司
　　　　　上海美特幕墙有限公司

工程名称：仁恒河滨城二期A标
承建单位：龙信建设集团有限公司

工程名称：南通大学附属医院综合病房楼
承建单位：江苏南通二建集团有限公司
参建单位：江苏启安建设集团有限公司

工程名称：江苏省建设管理综合楼
承建单位：江苏江中集团有限公司
参建单位：苏州柯利达建筑装饰工程有限公司
　　　　　苏州金螳螂建筑装饰股份有限公司
　　　　　广东省工业设备安装公司

工程名称：江苏移动通信枢纽工程
承建单位：南通四建集团有限公司
参建单位：南京国豪装饰安装工程有限公司
　　　　　深圳市文业装饰设计工程有限公司
　　　　　深圳市美术装饰工程有限公司

工程名称：苏州出入境检验检疫综合实验楼
承建单位：苏州第一建筑集团有限公司
参建单位：南通四建集团有限公司

一、专　题

　　　　　　苏州金螳螂建筑装饰股份有限公司
　　　　　　重庆西南铝装饰工程有限公司

工程名称：江苏广电城
承建单位：江苏顺通建设工程有限公司
参建单位：中建工业设备安装有限公司
　　　　　　沈阳远大铝业工程有限公司

工程名称：南京会议展览中心会议中心
承建单位：南通新华建筑集团有限公司
参建单位：上海宝冶建设有限公司
　　　　　　沈阳远大铝业工程有限公司
　　　　　　苏州金螳螂建筑装饰股份有限公司
　　　　　　深圳城市建筑装饰工程有限公司

工程名称：侵华日军南京大屠杀遇难同胞纪念馆扩建工程
承建单位：南京大地建设(集团)股份有限公司
　　　　　　通州建总集团有限公司
参建单位：南京环达装饰工程有限公司
　　　　　　南京深圳装饰安装工程有限公司

工程名称：浙江新昌农村合作银行综合楼
承建单位：浙江中成建工集团有限公司
参建单位：浙江中南建设集团有限公司
　　　　　　五洋建设集团股份有限公司

工程名称：宁波博物馆建设工程
承建单位：浙江省二建建设集团有限公司
参建单位：浙江省二建建设集团安装有限公司
　　　　　　浙江新中源建设有限公司
　　　　　　浙江森晟建设有限公司

工程名称：杭州高新产业大楼
承建单位：中天建设集团有限公司
参建单位：中天建设集团浙江安装工程有限公司
　　　　　　浙江华天装饰工程有限公司
　　　　　　浙江中南建设集团有限公司

工程名称：宁波科技广场综合办公楼
承建单位：宁波建工股份有限公司
参建单位：宁波建乐建筑装潢有限公司

工程名称：杭州市委党校迁建项目Ⅰ标段
承建单位：歌山建设集团有限公司
　　　　　　浙江大华建设集团有限公司

工程名称：浙江保罗大酒店
承建单位：标力建设集团有限公司
参建单位：浙江中信设备安装有限公司
　　　　　　浙江圣大建设集团有限公司
　　　　　　浙江中南建设集团有限公司

工程名称：天元商务大厦
承建单位：天元建设集团有限公司
参建单位：山东天元安装工程有限公司
　　　　　　山东天元装饰工程有限公司

工程名称：滨州医学院附属医院病房综合楼
承建单位：山东滨州城建集团公司
参建单位：中国电子系统工程第二建设有限公司

工程名称：卓亭广场
承建单位：莱西市建筑总公司
参建单位：北京江河幕墙股份有限公司
　　　　　　青岛安装建设股份有限公司

工程名称：济南卷烟厂易地技术改造项目联合工房
承建单位：济南一建集团总公司

工程名称：桓台县人民医院病房楼
承建单位：山东齐泰实业集团股份有限公司

工程名称：滕州市北辛商务组团工程
承建单位：滕州市建筑安装工程集团公司

工程名称：淮南市体育文化中心比赛馆
承建单位：中建四局第六建筑工程有限公司

工程名称：福建医科大学附属协和医院外科病房综合楼
承建单位：福建建工集团总公司

工程名称：厦门海关业务办公楼
承建单位：中建七局第三建筑有限公司
参建单位：沈阳远大铝业工程有限公司
　　　　　　厦门东方设计装修工程有限公司

工程名称：恒茂国际华城16号楼
承建单位：上海殷行建筑有限公司
参建单位：中山盛兴股份有限公司

工程名称：河南艺术中心
承建单位：北京建工集团有限责任公司
参建单位：沈阳远大铝业工程有限公司
　　　　　　广东金刚幕墙工程有限公司

河南天马装饰工程有限公司
中国装饰有限公司

工程名称： 中石化华北分公司科研办公楼
承建单位： 河南六建建筑集团有限公司

工程名称： 武汉天河机场航站区及配套设施扩建工程航站楼工程
承建单位： 中建三局建设工程股份有限公司
参建单位： 中建钢构有限公司
北京中航空港建设工程有限公司
天津瑞科建设工程有限公司
深圳市宝鹰建设集团股份有限公司
湖北高艺装饰工程有限公司

工程名称： 湖北省肿瘤医院新建住院大楼
承建单位： 山河建设集团有限公司
参建单位： 湖北高艺装饰工程有限公司
深圳市美术装饰工程有限公司
湖北兴亚特环境技术工程有限公司
深圳市特艺达装饰设计工程有限公司

工程名称： 武汉市第三医院综合病房大楼
承建单位： 新八建设集团有限公司
参建单位： 武汉东安冷气设备成套工程有限公司
武汉东安冷气设备成套工程有限公司
湖北吉安工程技术有限公司

工程名称： 中建大厦
承建单位： 中建五局第三建设有限公司
参建单位： 中建（长沙）不二幕墙装饰有限公司
中建五局建筑装饰有限公司
中建五局工业设备安装有限公司

工程名称： 金色屋顶（住宅楼）
承建单位： 湖南高岭建设集团股份有限公司

工程名称： 火星北路浏阳河大桥工程
承建单位： 湖南省建筑工程集团总公司
湖南顺天建设集团有限公司

工程名称： 中南大学湘雅三医院外科病房楼
承建单位： 湖南省第五工程有限公司
参建单位： 湖南省工业设备安装有限公司
湖南天禹设备安装有限公司

工程名称： 广州科学城综合研发孵化区B组团
B2-B3标土建 水 电及周边配套工程
承建单位： 广东浩和建筑有限公司
参建单位： 中国建筑装饰工程有限公司

工程名称： 河源市广播电视中心一期工程
承建单位： 汕头市潮阳建筑工程总公司
参建单位： 广东新隆基建筑工程有限公司

工程名称： 特美思广场
承建单位： 深圳市第一建筑工程有限公司
参建单位： 深圳市同大机电设备安装有限公司
深圳瑞和装饰工程有限公司
深圳市科源建设集团有限公司
深圳市特艺达装饰设计工程有限公司

工程名称： 商业 住宅楼（珠江新城L9地块，自编A1 A2 B1 C1～3栋）
承建单位： 汕头市建安（集团）公司
参建单位： 广东正升建筑有限公司

工程名称： 名都大厦
承建单位： 广西建工集团第五建筑工程有限责任公司

工程名称： 柳州市妇幼保健院门诊保健综合楼
承建单位： 柳州市妇幼保健院门诊保健综合楼
参建单位： 浙江新东阳建设集团有限公司

工程名称： 海南省博物馆
承建单位： 北京建工一建工程建设有限公司
参建单位： 深圳市泰然铝合金工程有限公司

工程名称： 攀枝花新钢钒股份有限公司轨梁厂万能生产线工程
承建单位： 中冶实久建设有限公司
攀钢集团冶金工程技术有限公司

工程名称： 商鼎国际
承建单位： 四川省第三建筑工程公司
成都市第一建筑工程公司
参建单位： 四川泰兴装饰工程有限责任公司

工程名称： 西永微电子工业园标准厂房一期A栋
承建单位： 中冶建工有限公司
亚翔系统集成科技（苏州）股份有限公司

工程名称： 贵州省人大常委会省政府办公楼
承建单位： 中铁二局第一工程有限公司
参建单位： 佛山市兴发幕墙门窗有限公司

一、专　　题

工程名称：新建中共云南省委机关办公大楼
承建单位：云南工程建设总承包公司
参建单位：珠海兴业幕墙工程有限公司
　　　　　　常泰建筑装潢工程有限公司
　　　　　　深圳市博大装饰工程有限公司
　　　　　　云南劳斯特科技产业有限公司

工程名称：省委西院综合楼
承建单位：陕西建工集团总公司

工程名称：西安电子科技大学新校区公共教学楼群行政楼与图书馆
承建单位：陕西省宝天建筑工程有限公司
　　　　　　江苏江都建设工程有限公司
参建单位：江苏华江建筑工程有限公司

工程名称：陕西彬长矿区办公基地办公大楼
承建单位：陕西省第六建筑工程公司
参建单位：西安飞机工业装饰装修工程股份有限公司

工程名称：敦煌站综合工程
承建单位：中铁二十一局集团有限公司
参建单位：中铁二十一局集团第二工程有限公司
　　　　　　中铁二十一局集团第四工程有限公司

工程名称：金川1.4万吨选矿磨浮系统扩能技术改造
承建单位：金川集团工程建设有限公司

工程名称：西宁750kV变电站
承建单位：青海送变电工程公司
参建单位：江苏省江建集团有限公司

工程名称：新建遂宁至重庆铁路
承建单位：中铁四局集团有限公司
　　　　　　中铁八局集团有限公司
　　　　　　中铁十八局集团有限公司
参建单位：中铁二局股份有限公司
　　　　　　中铁三局集团有限公司
　　　　　　中铁五局(集团)有限公司
　　　　　　中铁七局集团有限公司
　　　　　　中铁十二局集团有限公司
　　　　　　中铁十三局集团有限公司
　　　　　　中铁十五局集团有限公司
　　　　　　中铁十六局集团有限公司
　　　　　　中铁十七局集团有限公司
　　　　　　中铁十九局集团有限公司
　　　　　　中铁二十局集团有限公司
　　　　　　中铁二十三局集团有限公司
　　　　　　中铁电气化局集团有限公司
　　　　　　中铁建电气化局集团有限公司
　　　　　　中铁一局集团有限公司

工程名称：新建成都北编组站
承建单位：中铁五局(集团)有限公司
　　　　　　中铁八局集团有限公司
　　　　　　中铁十七局集团有限公司
参建单位：中铁二局股份有限公司
　　　　　　中铁三局集团有限公司
　　　　　　中铁十一局集团有限公司
　　　　　　中铁十四局集团有限公司
　　　　　　中铁二十三局集团有限公司
　　　　　　中铁二十五局集团有限公司

工程名称：龙门黄河大桥
承建单位：中铁大桥局股份有限公司
参建单位：中铁大桥局集团第三工程有限公司
　　　　　　中铁大桥局集团第一工程有限公司

工程名称：国家图书馆二期工程暨国家数字图书馆工程
承建单位：中铁建工集团有限公司
参建单位：中铁建工集团北京安装工程有限公司
　　　　　　中铁建工集团北京装饰工程有限公司
　　　　　　深圳恒福临建筑装饰设计工程有限公司

工程名称：沪蓉国道主干线石忠高速公路方斗山隧道
承建单位：中国中铁股份有限公司
　　　　　　中铁隧道股份有限公司
参建单位：中铁隧道集团一处有限公司

工程名称：中国铁建大厦
承建单位：中铁建设集团有限公司
参建单位：中铁二十二局集团电气化工程有限公司
　　　　　　北京侨信装饰工程有限公司

工程名称：上海国际航运中心洋山深水港区二期工程
承建单位：上海港务工程公司
　　　　　　中交上海航道局有限公司
　　　　　　中交第三航务工程局有限公司

工程名称：浙江浙能乐清电厂一期2×600MW工程

承建单位：浙江省二建建设集团有限公司
浙江省火电建设公司
参建单位：浙江天地环保工程有限公司

工程名称：北京太阳宫燃气热电冷联供工程
承建单位：浙江省火电建设公司
参建单位：中建一局集团第二建筑有限公司
中天建设集团有限公司

工程名称：国电泰州电厂一期工程
承建单位：江苏省电力建设第三工程公司
江苏省电力建设第一工程公司
参建单位：北京国电龙源环保工程有限公司

工程名称：山东泰安抽水蓄能电站
承建单位：中国水利水电第四工程局有限公司
江南水利水电工程公司
参建单位：中国水利水电第十二工程局有限公司
中铁十四局集团有限公司
中国水利水电第一工程局有限公司

工程名称：海南省大隆水利枢纽工程
承建单位：中国葛洲坝集团股份有限公司
北京城建建设工程有限公司
参建单位：中国水电基础局有限公司
北京振冲工程股份有限公司

工程名称：西安市黑河金盆水利枢纽工程
承建单位：中国水电建设集团十五工程局有限公司

工程名称：首钢京唐钢铁公司焦化工程
承建单位：中冶京唐建设有限公司
中冶成工建设有限公司

工程名称：太钢新建150万吨不锈钢炼钢工程
承建单位：中冶天工建设有限公司
参建单位：山西钢铁建设(集团)有限公司

工程名称：浦钢搬迁项目COREX炼铁工程主体单元
承建单位：上海宝冶建设有限公司

工程名称：中国石油大厦
承建单位：中建一局集团建设发展有限公司
参建单位：北京江河幕墙股份有限公司
北京恒信建筑工程有限责任公司

苏州金螳螂建筑装饰股份有限公司
中程科技有限公司
北京金雅装饰工程有限公司

工程名称：上海交通大学体育馆
承建单位：中国建筑第二工程局有限公司
参建单位：上海太阳膜结构有限公司
上海市建筑装饰工程有限公司
上海美特幕墙有限公司

工程名称：中国凤凰大厦
承建单位：中建四局第一建筑工程有限公司
参建单位：深圳市晶宫设计装饰工程有限公司
中建四局安装工程有限公司

工程名称：星河发展中心
承建单位：中国建筑第五工程局有限公司
参建单位：中建五局工业设备安装有限公司
深圳海外装饰工程有限公司
深圳市建筑装饰(集团)有限公司
深圳市科源建设集团有限公司

工程名称：灵山胜境三期工程梵宫建筑
承建单位：中国建筑第八工程局有限公司
参建单位：深圳市洪涛装饰股份有限公司
上海市建筑装饰工程有限公司
苏州金螳螂建筑装饰股份有限公司
中建工业设备安装有限公司
上海市园林工程有限公司

工程名称：哈尔滨医科大学门诊保健大楼
承建单位：中国建筑第八工程局有限公司
北京城建建设工程有限公司
参建单位：深圳市科源建设集团有限公司
哈尔滨长城新奥智能网络工程有限公司

工程名称：空军2701工程场道工程
承建单位：中国航空港建设第十工程总队

工程名称：解放军第三○七医院新建医疗综合楼
承建单位：中铁建工集团有限公司
北京城建建设工程有限公司
参建单位：宁波建工集团有限公司北京分公司
北京天龙装饰公司

第九届中国土木工程詹天佑奖获奖名单

中国土木工程学会　北京詹天佑土木工程科技发展基金会

工程名称：北京电视中心
参建单位：北京建工博海建设有限公司
　　　　　北京城建建设工程有限公司
　　　　　北京市建筑设计研究院
　　　　　北京建工集团有限责任公司
　　　　　北京城建集团有限责任公司
　　　　　北京市建筑工程研究院
　　　　　北京电视台
　　　　　北京市机械施工有限公司
　　　　　北京市建筑工程装饰有限公司

工程名称：北京飞机维修工程有限公司 A380 机库
参建单位：北京长城贝尔芬格伯格建筑工程公司
　　　　　北京市机械施工有限公司
　　　　　中国航空规划建设发展有限公司

工程名称：北京新保利大厦
参建单位：中国建筑股份有限公司
　　　　　北京新保利大厦房地产开发有限公司

工程名称：中国电影博物馆
参建单位：北京韩建集团有限公司
　　　　　北京市建筑设计研究院
　　　　　中国电影博物馆业主委员会
　　　　　中建钢构有限公司

工程名称：青岛国际帆船中心
参建单位：青建集团股份公司
　　　　　青岛海川建设集团有限公司
　　　　　青岛平建建筑安装股份有限公司
　　　　　北京市建筑设计研究院
　　　　　青岛东奥开发建设集团有限公司
　　　　　青岛理工大学建设工程监理咨询公司

工程名称：天津奥林匹克中心体育场
参建单位：天津六建筑工程有限公司
　　　　　天津市建工工程总承包有限公司
　　　　　天津市建筑设计院
　　　　　天津天奥体育产业有限公司
　　　　　天津市建筑科学研究院
　　　　　天津中发机电工程有限公司
　　　　　江苏沪宁钢机股份有限公司

工程名称：广州维多利广场
参建单位：广州市第二建筑工程有限公司
　　　　　广州市城市建设开发有限公司
　　　　　广州城建开发设计院有限公司
　　　　　广州城建开发工程咨询监理有限公司
　　　　　广东强盛建设工程有限公司
　　　　　珠海兴业幕墙工程有限公司

工程名称：武汉体育中心体育馆
参建单位：中国建筑第八工程局有限公司
　　　　　中建工业设备安装有限公司
　　　　　武汉市建筑设计院
　　　　　北京远达国际工程管理有限公司

工程名称：河南艺术中心
参建单位：北京建工集团有限责任公司
　　　　　中国航空规划建设发展有限公司
　　　　　沈阳远大铝业工程有限公司
　　　　　浙江东南网架股份有限公司
　　　　　广东金刚幕墙工程有限公司

工程名称：国家工商行政管理总局行政学院
参建单位：广东省第一建筑工程有限公司
　　　　　国家工商行政管理总局行政学院
　　　　　深圳奥意建筑工程设计有限公司

工程名称：胶济铁路青岛客站改造工程
参建单位：济南铁路局
　　　　　中铁十局集团有限公司
　　　　　中铁二院工程集团有限责任公司
　　　　　中铁工程设计咨询集团济南设计院
　　　　　山东济铁工程建设监理有限责任公司

工程名称：上海铁路南站

参建单位： 上海铁路局
上海市第七建筑有限公司
华东建筑设计研究院有限公司
上海建科建设监理咨询有限公司
中铁二十四局集团有限公司
合肥中铁钢结构有限公司

工程名称： 重庆长江大桥复线桥
参建单位： 重庆桥梁工程有限责任公司
重庆城建控股(集团)有限责任公司
林同棪国际工程咨询(中国)有限公司
重庆市城市建设投资公司
重庆市建筑科学研究院监理公司

工程名称： 北京丰北路(三环路～四环路)改扩建工程
参建单位： 北京市市政工程设计研究总院
北京市公联公路联络线有限责任公司
北京市市政一建设工程有限责任公司

工程名称： 重庆菜园坝长江大桥
参建单位： 中铁大桥局股份有限公司
重庆市城市建设投资公司
中铁山桥集团有限公司
招商局重庆交通科研设计院有限公司
林同棪国际工程咨询(中国)有限公司
中国船级社实业公司
重庆育才工程咨询监理有限公司
重庆市勘测院

工程名称： 北京至天津城际轨道交通工程
(含北京南站改扩建工程)
参建单位： 京津城际铁路有限责任公司
铁道第三勘察设计院集团有限公司
中国铁道科学研究院
中铁十七局集团有限公司
中铁二局集团有限公司
中铁六局集团有限公司
中铁十八局集团有限公司
中铁大桥局股份有限公司
中铁四局集团有限公司
中铁二十二局集团有限公司
中铁株洲桥梁有限公司
北京中铁房山桥梁有限公司
中铁电气化局集团有限公司
中国铁路通信信号集团公司
铁四院(湖北)工程监理咨询有限公司

天津新亚太工程建设监理有限公司
北京中铁诚业工程建设监理有限公司
北京铁建工程监理有限公司
中铁第一勘察设计院集团有限公司
西安铁一院工程咨询监理有限责任公司
北京铁研建设监理有限责任公司
北京铁路局北京南站工程建设指挥部
中铁建工集团有限公司
北京赛瑞斯国际工程咨询有限公司
深圳市南利装饰工程有限公司

工程名称： 合肥至南京铁路(含襄滁河大桥)
参建单位： 合宁铁路有限公司
中铁第四勘察设计院集团有限公司
中铁四局集团有限公司
中铁二局集团有限公司
中铁三局集团有限公司
中铁二十四局集团有限公司
上海华东铁路建设监理有限公司
合肥市重点工程建设管理局

工程名称： 遂渝铁路无砟轨道综合试验段
参建单位： 中铁二院工程集团有限责任公司
成都铁路局
中国中铁股份有限公司
中国铁道科学研究院
中铁八局集团有限公司
中铁五局(集团)有限公司
中铁十八局集团有限公司

工程名称： 成都北编组站工程
参建单位： 中铁二院工程集团有限责任公司
铁道部工程设计鉴定中心
成都铁路局
中铁八局集团有限公司
北京全路通信信号研究设计院

工程名称： 渝湛国道主干线高桥(粤桂界)
至遂溪高速公路
参建单位： 广东渝湛高速公路有限公司
广东省公路勘察规划设计院有限公司
广东华路交通科技有限公司
广东省长大公路工程有限公司
广东省高速公路有限公司

工程名称： 苏州绕城高速公路(西南段)

一、专　　题

参建单位：苏州市高速公路建设指挥部
　　　　　　上海市城市建设设计研究院
　　　　　　苏州市交通设计研究院有限责任公司
　　　　　　苏州交通工程集团有限公司
　　　　　　中交二公局第三工程有限公司
　　　　　　中铁二十局集团第一工程有限公司

工程名称：黄河小浪底水利枢纽
参建单位：水利部小浪底水利枢纽建设管理局
　　　　　　黄河勘测规划设计有限公司
　　　　　　小浪底工程咨询有限公司
　　　　　　中国水利水电第七工程局有限公司
　　　　　　中国水利水电第十一工程局有限公司
　　　　　　中国水利水电第十四工程局有限公司
　　　　　　小浪底水利水电工程有限公司

工程名称：湖北清江水布垭水电站
参建单位：湖北清江水电开发有限责任公司
　　　　　　长江勘测规划设计研究有限责任公司
　　　　　　中国葛洲坝集团股份有限公司
　　　　　　江南水利水电工程公司
　　　　　　中国水利水电第十四工程局有限公司
　　　　　　长江水利委员会长江科学院
　　　　　　中国水利水电科学研究院

工程名称：上海港罗泾港（二期）
参建单位：上海国际港务（集团）股份有限公司
　　　　　　中交水运规划设计院有限公司
　　　　　　上海港务工程公司
　　　　　　上海远东水运工程建设监理咨询公司

工程名称：京杭运河常州市区段改线工程
参建单位：江苏省常州市航道管理处
　　　　　　江苏省交通规划设计院有限公司
　　　　　　同济大学建筑设计研究院有限公司
　　　　　　江苏省科佳工程设计有限公司
　　　　　　苏州市路达工程监理咨询有限公司
　　　　　　江苏育通交通工程咨询监理有限公司
　　　　　　江苏润通交通工程监理有限公司
　　　　　　常州市交通建设监理咨询有限公司
　　　　　　常州市航务工程有限责任公司
　　　　　　中铁十九局集团第二工程有限公司
　　　　　　中铁四局集团第二工程有限公司
　　　　　　路桥华南工程有限公司
　　　　　　江苏恒基路桥有限公司
主要参建单位
　　　　　　中铁二十四局集团有限公司
　　　　　　中交第二航务工程局有限公司
　　　　　　中交三航局第三工程有限公司
　　　　　　苏州大通工程建设有限公司
　　　　　　江阴大桥工程有限公司
　　　　　　江苏常鑫路桥工程有限公司
　　　　　　中铁二十局集团第一工程有限公司

工程名称：深圳天然气利用工程
参建单位：深圳市燃气集团股份有限公司
　　　　　　中国市政工程华北设计研究总院
　　　　　　中国市政工程西南设计研究院

工程名称：深圳笔架山水厂改扩建工程
参建单位：北京市市政工程设计研究总院
　　　　　　深圳市利源水务设计咨询有限公司
　　　　　　深圳市水务（集团）有限公司
　　　　　　湛江市第一建筑工程公司
　　　　　　中建三局第二建设工程有限责任公司

工程名称：常州快速公交一号线
参建单位：常州市公共交通集团公司
　　　　　　常州市市政工程管理处
　　　　　　常州市铁路建设处
　　　　　　北京城建设计研究总院有限责任公司
　　　　　　青岛海信网络科技股份有限公司
　　　　　　江苏常隆客车有限公司
　　　　　　江苏惠民汽车配件制造有限公司

工程名称：苏州天辰花园住宅小区
参建单位：苏州市地产开发经营有限公司
　　　　　　苏州市建筑设计研究院有限责任公司
　　　　　　苏州园林设计院有限公司
　　　　　　江苏南通二建集团有限公司
　　　　　　苏州美瑞德建筑装饰有限公司
　　　　　　苏州金鼎建筑装饰工程有限公司

工程名称：天津华明示范小城镇·绿色家园住宅小区
参建单位：天津市滨丽建设开发投资有限公司
　　　　　　天津市城市规划设计研究院
　　　　　　天津华汇工程建筑设计有限公司
　　　　　　天津城建设计院有限公司

2008年度全国优秀工程勘察设计奖获奖项目名单

中华人民共和国住房和城乡建设部

金质奖(49项)

项 目 名 称：华能玉环电厂 2×1000MW 燃煤工程
主要完成单位：华东电力设计院
　　　　　　　浙江省电力设计院
主要完成人员：陈胜明　赵　虎　陈仁杰　沈又幸
　　　　　　　施刚夜　申松林　叶勇健　雷友坤
　　　　　　　金黔军　王洁如　王振宇　张　飚
　　　　　　　李盖英　陈　斌　高　玮

项 目 名 称：750kV 官亭～兰州东输变电工程
主要完成单位：西北电力设计院
主要完成人员：薛更新　胡　明　李勇伟　杨　林
　　　　　　　李志刚　项力恒　张小力　张玉明
　　　　　　　胡建民　马侠宁　朱永平　王虎长
　　　　　　　穆华宁　吴利军　郎旭海

项 目 名 称：贵州乌江洪家渡水电站工程设计
主要完成单位：中国水电顾问集团贵阳勘测设计研究院
主要完成人员：杨泽艳　湛正刚　吴基昌　文亚豪
　　　　　　　罗光其　张晋秋　冉懋鸽　慕洪友
　　　　　　　颜义忠　赵继勇　席灿勇　李晨阳
　　　　　　　王　勇　谢民峰　陆一婷

项 目 名 称：华电国际邹县电厂四期扩建工程
主要完成单位：西北电力设计院
　　　　　　　山东电力工程咨询院
主要完成人员：朱　军　周以国　张元秀　潘　军
　　　　　　　钟晓春　张晓江　赵春莲　姚友成
　　　　　　　杨平正　袁萍帆　潘　苏　陈瑞克
　　　　　　　张素芳　候宪安　朱云涛

项 目 名 称：黄河沙坡头水利枢纽工程
主要完成单位：中水北方勘测设计研究有限责任公司
　　　　　　　宁夏水利水电勘测设计研究院有限公司
主要完成人员：杜雷功　席燕林　高玉生　吴芝辉
　　　　　　　王小青　李天骄　哈岸英　王仲仁
　　　　　　　王永珍　李晓燕　时铁城　王艳娥
　　　　　　　张泽太　洪海涛　余伦创

项 目 名 称：山西霍州煤电(集团)有限责任公司方山选煤厂
主要完成单位：中煤国际工程集团北京华宇工程有限公司
主要完成人员：李明辉　刘文欣　蔡国华　王志锋
　　　　　　　孙卫东　刘立文　房　华　孟建青
　　　　　　　闫小国　张春辉　张仲立　董大鸿
　　　　　　　郭　光　李振民　刘明钢

项 目 名 称：黄河公伯峡水电站工程设计
主要完成单位：中国水电顾问集团西北勘测设计研究院
主要完成人员：安盛勋　王君利　陈念水　吴曾谋
　　　　　　　黄天润　雷　曙　周　恒　张曼曼
　　　　　　　李玉杰　春光魁　沙　莉　杨白银
　　　　　　　匙召君　陆　希　赵桂芝

项 目 名 称：西气东输管道工程
主要完成单位：中国石油天然气管道工程有限公司
　　　　　　　中国石油工程设计有限责任公司西南分公司
主要完成人员：董鲁生　向　波　董　旭　陈庆勋
　　　　　　　史　航　张文伟　郭艳林　秦兴述
　　　　　　　王贵涛　陈　静　王福胜　陶　平
　　　　　　　徐志强　钟小木　邬俊华

项 目 名 称：烟台万华聚氨酯股份有限公司 16 万吨/年 MDI 工程
主要完成单位：华陆工程科技有限责任公司
主要完成人员：孙恪慎　丁　勇　董文胜　朝　源
　　　　　　　高建红　刘蓉平　郎春生　侯远航
　　　　　　　史特兴　朱逸斋　唐苏伦　张津苾
　　　　　　　郭卫疆　屈艳莉　高　锴

项 目 名 称：中国石化股份有限公司洛阳分公司

一、专　题

连续重整装置技术改造工程 70 万吨/年连续重整装置改造
主要完成单位：中国石化集团洛阳石油化工工程公司
主要完成人员：徐又春　杨宝贵　郭劲鹤　刘德辉
　　　　　　　彭世浩　刘贵平　曹　蜀　吴　宇
　　　　　　　刘　卉　周俊轩　韦艳梅　李维中
　　　　　　　王　君　唐剑仑　沙永复

项 目 名 称：大庆敖南油田产能建设工程
主要完成单位：大庆油田工程有限公司
主要完成人员：李杰训　耿作孝　李玉春　娄玉华
　　　　　　　李晓华　韩淑菊　满秀红　夏　蓉
　　　　　　　李红岩　赵楠楠　王　林　张雪琴
　　　　　　　王鸿庆　刘玉华　苗书杰

项 目 名 称：青藏铁路格尔木至拉萨段工程总体设计
主要完成单位：中铁第一勘察设计院集团有限公司
主要完成人员：李金城　何华武　冉　理　王争鸣
　　　　　　　李　宁　薛新功　刘　文　包黎明
　　　　　　　李伟奇　倪　平　邱道成　冯德泉
　　　　　　　卢昌仁　周文俊　孙士云

项 目 名 称：南京长江第三大桥
主要完成单位：中交公路规划设计院有限公司
主要完成人员：孟凡超　崔　冰　许春荣　冯良平
　　　　　　　彭宝华　周海涛　许　航　王　麒
　　　　　　　董　萌　张　克　易绍平　曾　宇
　　　　　　　陈晓东　查雅平　晏　宇

项 目 名 称：湖南省常德至张家界高速公路
主要完成单位：湖南省交通规划勘察设计院
主要完成人员：彭建国　刘义虎　彭　立　许第慧
　　　　　　　张作刚　谢承安　周　旭　刘利群
　　　　　　　陈　政　裴　浪　穆　程　黄向京
　　　　　　　刘　榕　易震宇　高元柳

项 目 名 称：西藏林芝民用机场工程
主要完成单位：中国民航机场建设集团公司
主要完成人员：刘荣鸿　王智远　曾　敏　刘学源
　　　　　　　姚　远　张雅丽　郭　涛　张桃明
　　　　　　　孙　涛　邓　亮　熊京忠　程小川
　　　　　　　林建平　高　勇　孙　俊

项 目 名 称：宁波康鑫化纤股份有限公司年产 20 万吨四釜聚酯工程
主要完成单位：中国纺织工业设计院
主要完成人员：许贤文　崇　杰　李利军　李　莉
　　　　　　　姜　平　陈念椿　崔福涛　谭　燕
　　　　　　　刘国辉　陈雅芬　应　明　丁贵智
　　　　　　　薛垂平　崔仁鲜　陈　强

项 目 名 称：东莞南玻超白光伏电子太阳能玻璃生产线工程
主要完成单位：中国建材国际工程有限公司
主要完成人员：彭　寿　施纯仁　吴　晓　方　强
　　　　　　　陆　莹　梅红锦　胡　岩　张国红
　　　　　　　丁玉祥　汪舒生　陶　金　胡万钧
　　　　　　　段　谦　王　巍　张云光

项 目 名 称：中芯国际(上海)公司技改项目 12 英寸芯片生产线工程
主要完成单位：信息产业电子第十一设计研究院有限公司
主要完成人员：赵振元　王毅勃　朱　琳　何　武
　　　　　　　孙　明　江元升　张家红　李　骥
　　　　　　　肖劲戈　姚　虹　程建中　谢志雯
　　　　　　　冼　峰　黄琦玲　杜　杰

项 目 名 称：中国移动长途汇接网五期工程
主要完成单位：中国移动通信集团设计院有限公司
　　　　　　　中讯邮电咨询设计院
主要完成人员：张同须　吕红卫　冯　征　吕振通
　　　　　　　金　毅　周　维　石晓萍　沈　涛
　　　　　　　丁凤军　张　奎　王　钢　樊　林
　　　　　　　孙　媛　李宏伟　卜忠贵

项 目 名 称：中国电信 CN2 网络工程
主要完成单位：广东省电信规划设计院有限公司
　　　　　　　华信邮电咨询设计研究院有限公司
主要完成人员：张瑞虹　苏远超　周振勇　涂永胜
　　　　　　　胡湘威　章建聪　刘郁恒　程　烨
　　　　　　　冯福锋　陈力行　左　骅　林叶锋
　　　　　　　金　涛　宋媛媛　宋汇星

项 目 名 称：苏州博物馆新馆
主要完成单位：苏州市建筑设计研究院有限责任公司
　　　　　　　贝聿铭建筑师及贝氏事务所
主要完成人员：宋希民　顾柏男　任　松　焦寒尽
　　　　　　　戴雅萍　耿光华　施　茵　陆国琦
　　　　　　　唐韶华　沈丽芬　钱沛如　李艳红
　　　　　　　陈　苏　周玉辉

项 目 名 称：黄帝陵祭祀大院(殿)工程
主要完成单位：中国建筑西北设计研究院有限公司

主要完成人员：张锦秋　高朝君　杜　韵　张小茹
　　　　　　　陈初聚　吴　琨　贾俊明　赵凤霞
　　　　　　　殷元生　杜　乐　刘亚丽

项目名称：上海旗忠森林体育城网球中心
主要完成单位：上海建筑设计研究院有限公司
　　　　　　　总装备部工程设计研究总院
　　　　　　　株式会社环境设计研究所(日本)
主要完成人员：魏敦山　赵　晨　林颖儒　智　浩
　　　　　　　乐照林　王　谨　脱　宁　徐晓明
　　　　　　　龚奎成　陈国亮　陆　乐　李剑峰
　　　　　　　温庆林　菜　淼　万　全

项目名称：乐山大佛博物馆
主要完成单位：华南理工大学建筑设计研究院
主要完成人员：陶　郅　孙　蕾　陈向荣　吕英谨
　　　　　　　陈天宁　陆　兢　舒宣武　孙文波
　　　　　　　吴倩芸　龚模松　梁仲宪　黄晓峰
　　　　　　　王学峰　张　毅　周华忠

项目名称：青藏铁路拉萨站站房
主要完成单位：中国建筑设计研究院
　　　　　　　中铁第一勘察设计院集团有限公司
主要完成人员：崔　愷　单立欣　朱炳寅　宋　力
　　　　　　　潘云钢　金　健　李俊民　夏树威
　　　　　　　张　晔　顾建英　连　荔　李存东
　　　　　　　张玲玉　守　义　骆友增

项目名称：中国电影博物馆
主要完成单位：北京市建筑设计研究院
　　　　　　　美国 RTKL 国际有限公司
主要完成人员：柯　蕾　张　宇　孙　勃　朱洪昊
　　　　　　　盛　平　甄　伟　韩兆强　姚赤飙
　　　　　　　马　键　李志东　马　涛　刘　国
　　　　　　　陈彬磊

项目名称：清华大学医学院
主要完成单位：清华大学建筑设计研究院
主要完成人员：关肇邺　刘玉龙　胡　珀　付　昕
　　　　　　　姜娓娓　李　果　王增印　贾昭凯
　　　　　　　徐　青　蔡芝凤　王　磊

项目名称：东海大桥工程
主要完成单位：上海市政工程设计研究总院
　　　　　　　中铁大桥勘测设计院有限公司
　　　　　　　中交第三航务工程勘察设计院有限
　　　　　　　公司

主要完成人员：林元培　卢永成　邵长宇　阮春生
　　　　　　　高宗余　李振岭　夏　军　丁建康
　　　　　　　杜　萍　汤　伟　张　敏　张剑英
　　　　　　　袁建兵　艾伏平　周　红

项目名称：国家体育场
主要完成单位：中国建筑设计研究院
　　　　　　　赫尔佐格与德梅隆建筑师事务所(瑞士)
　　　　　　　奥雅纳工程顾问(香港)有限公司
主要完成人员：李兴钢　任庆英　秦　莹　范　重
　　　　　　　谭泽阳　尤天直　郭汝艳　丁　高
　　　　　　　王　健　王玉卿　邱涧冰　胡纯炀
　　　　　　　赵　红　黄雅如　唐　杰

项目名称：国家游泳中心
主要完成单位：中建国际(深圳)设计顾问有限公司
　　　　　　　中建总公司
　　　　　　　PTW 建筑设计-培特维建筑设计咨询
　　　　　　　(上海)有限公司
　　　　　　　奥雅纳工程咨询(上海)有限公司
主要完成人员：赵小钧　傅学怡　郑　方　毛红卫
　　　　　　　弋洪涛　王　敏　商　宏　郑　权
　　　　　　　施永芒　邢　民　顾　磊　赵书义
　　　　　　　平　川　董　青　李志涛

项目名称：国家体育馆
主要完成单位：北京市建筑设计研究院
　　　　　　　北京城建设计研究总院有限公司
主要完成人员：王　兵　康晓力　覃　阳　龚京蓓
　　　　　　　黄　春　陈晓民　付毅智　冯　阳
　　　　　　　陈金科　王鸿莲　朱国庆　席　红
　　　　　　　朱忠义　李　武　罗　辉

项目名称：五棵松体育馆
主要完成单位：北京市建筑设计研究院
主要完成人员：胡　越　顾永辉　邰方晴　齐五辉
　　　　　　　范　珑　胡又新　沈　莉　薛沙舟
　　　　　　　甘　虹　罗　靖　陈　莉　申　伟
　　　　　　　高　峰　闫　锋　张燕平

项目名称：西安高压电器研究所大容量试验室
　　　　　三期工程
主要完成单位：中国新时代国际工程公司
　　　　　　　西安高压电器研究所有限责任公司
主要完成人员：王征庆　刘祥云　臧成发　金嘉方
　　　　　　　廖　明　刘德汉　何建民　邱宝安

一、专　　题

　　　　　　　　李小静　余小军　顾　梅　李仙娥
　　　　　　　　刘龙开　朱力鹏　包　戈

项 目 名 称：成都飞机设计研究所歼十飞机研制保障条件建设项目
主要完成单位：中国航空工业规划设计研究院
主要完成人员：许柏涛　陈　刚　霍　霁　姚建军
　　　　　　　　王　玮　杨　妹　李海莉　金来建
　　　　　　　　苏碧萍　岳　笛　潘　茜　杨立红
　　　　　　　　杨丽莉　王勇传　李艳华

项 目 名 称：马钢股份公司"十一五"技术改造和结构调整500万t/a钢铁联合工程设计
主要完成单位：中冶华天工程技术有限公司
　　　　　　　　马钢设计研究院有限责任公司
　　　　　　　　中冶南方工程技术有限公司
　　　　　　　　中冶京诚工程技术有限公司
主要完成人员：高海建　肖　白　毛一平　韩忠礼
　　　　　　　　胡文超　张立功　蔡长生　杜　斌
　　　　　　　　钱海帆　赖青山　范昌梅　高成云
　　　　　　　　叶　军　程学祥　陈建辉

项 目 名 称：武汉钢铁集团公司第二硅钢片厂工程设计
主要完成单位：中冶南方工程技术有限公司
主要完成人员：项明武　邵远敬　钱　斌　曹　阳
　　　　　　　　余耀波　徐跃民　胡立华　梁　立
　　　　　　　　周玉倩　邓永华　程慧芝　梅　冬
　　　　　　　　李明芬　翁利民　郭　旻

项 目 名 称：太原钢铁（集团）有限公司三号高炉易地大修工程设计
主要完成单位：中冶赛迪工程技术股份有限公司
主要完成人员：杜　社　伍积明　盛苏云　张　涛
　　　　　　　　徐　坚　邹忠平　李书本　胡显波
　　　　　　　　杨　兵　程　琳　毕芙蓉　田　敏
　　　　　　　　刘亦寿　徐小刚　刘居柱

项 目 名 称：山东阳谷祥光铜业400kt/a阴极铜（一期200kt/a）工程
主要完成单位：中国瑞林工程技术有限公司
主要完成人员：姚素平　袁剑平　廖祚洗　吴润华
　　　　　　　　赵　欣　周　青　黄永青　文辉煌
　　　　　　　　刘志刚　周丽霞　陈美孙　丁志强
　　　　　　　　章颂泰　袁正明　胡小明

项 目 名 称：青藏铁路多年冻土区工程地质勘察
主要完成单位：中铁第一勘察设计院集团有限公司
主要完成人员：楼文虎　孟祥连　刘争平　刘为民
　　　　　　　　魏州泉　高延平　王申平　刘双进
　　　　　　　　舒　磊　黄　凯　钱伟平　李　响
　　　　　　　　胡力学　刘　义　张　华

项 目 名 称：西气东输管道工程岩土工程勘察
主要完成单位：中国石油天然气管道工程有限公司
　　　　　　　　中国石油集团工程设计有限责任公司西南分公司
　　　　　　　　中国石油集团工程设计有限责任公司北京分公司
　　　　　　　　大庆油田工程有限公司
　　　　　　　　新疆时代石油工程有限公司
　　　　　　　　中油辽河工程有限公司
　　　　　　　　西安长庆科技工程有限公司
主要完成人员：郭书太　刘振谦　王玉洲　高剑锋
　　　　　　　　陈光联　邵景林　李束为　闵　军
　　　　　　　　耿生明　郭东文　姜　龙　胡树林
　　　　　　　　李贵鹏　代云清　刘翔宇

项 目 名 称：北京银泰中心
主要完成单位：北京市勘察设计研究院有限公司
主要完成人员：张在明　沈小克　周宏磊　孙保卫
　　　　　　　　李　立　孙长斌　王　峰　李胜勇
　　　　　　　　姚旭初　王军辉　陈昌彦　王金明
　　　　　　　　高文明　谢昭辉　张学平

项 目 名 称：上海浦东国际机场二期飞行区工程勘察监测　检测
主要完成单位：上海岩土工程勘察设计研究院有限公司
主要完成人员：顾国荣　金宗川　莫群欢　韩国武
　　　　　　　　胡世华　张晓沪　张银海　郭春生
　　　　　　　　陈　杰　魏亚玉　黄凤荣　朱陆贵

项 目 名 称：四川省华能小天都水电站工程勘察
主要完成单位：中国水电顾问集团成都勘测设计研究院
主要完成人员：冷鸿斌　李文纲　杨　建　巩满福
　　　　　　　　黄润太　葛东海　陈卫东　杨建宏
　　　　　　　　宋胜武　朱可俊　徐绍明　孙　云
　　　　　　　　王　旭　蔡仁龙　王明念

项 目 名 称：京津城际高速铁路精密工程控制测量
主要完成单位：铁道第三勘察设计院集团有限公司

主要完成人员：何华武　苏全利　王长进　刘　成
　　　　　　　孟宪军　全玉山　孙永利　石德斌
　　　　　　　铁骊山　毕东风　陈　兴　周世弘
　　　　　　　阎海波　韩祖杰　刘其振

项　目　名　称：国家体育场（鸟巢）精密施工测量技术研究与实践
主要完成单位：北京城建勘测设计研究院有限责任公司
　　　　　　　北京城建集团有限责任公司
　　　　　　　北京建筑工程学院
主要完成人员：秦长利　马海志　王晏民　马全明
　　　　　　　朱　光　马尧成　王荣权　陈大勇
　　　　　　　王思锴　龙正武　刘增希　董伟东
　　　　　　　耿长良　李　华　李芳凝

项　目　名　称：国家电网公司输变电工程典型设计
主要完成单位：国家电网公司
　　　　　　　中国电力工程顾问集团公司
　　　　　　　江苏省电力设计院
　　　　　　　四川电力设计咨询有限责任公司
　　　　　　　北京电力设计院
　　　　　　　华东电力设计院
　　　　　　　辽宁电力勘测设计院
　　　　　　　陕西省电力设计院
　　　　　　　上海电力设计院有限公司
　　　　　　　北京国电华北电力工程有限公司
　　　　　　　河南省电力勘测设计院
　　　　　　　中南电力设计院
　　　　　　　西北电力设计院
主要完成人员：李一凡　郭日彩　张　强　梁政平
　　　　　　　李金宝　李喜来　王　静　陈志荣
　　　　　　　褚　农　赵庆斌

项　目　名　称：北京奥运会残奥会开闭幕式表演设备控制软件研究
主要完成单位：总装备部工程设计研究总院
主要完成人员：周凤广　孔宪旺　肖力田　田广军
　　　　　　　方志刚　刘基顺　王媛丽　王俊伟
　　　　　　　董　强　向日华

项　目　名　称：北京市限建区规划
主要完成单位：北京市城市规划设计研究院
主要完成人员：何　永　王　飞　谈绪祥　杜立群
　　　　　　　龙　瀛　刘　欣　王希希　倪　锋
　　　　　　　胡卓伟　苑希民　韦京莲　高鹏杰
　　　　　　　夏恒霞　卢　丽　薛　康

项　目　名　称：1112工程
主要完成单位：海军工程设计研究局
主要完成人员：张立强　张　琥　李贺青　曹　文
　　　　　　　陈　敏　李忠平　夏其昌　易显顺
　　　　　　　王建平　田海波　荆　勇　丁建兴
　　　　　　　韩炳辰　王卫君　王全胜

银质奖(97项)

项　目　名　称：西北与华中联网背靠背换流站工程
主要完成单位：中南电力设计院
主要完成人员：梁言桥　向长征　程　超　杨　明
　　　　　　　陈　俊　饶　冰　韩　琦　尹洪江
　　　　　　　李莎莎　刘丽娜　毛永东　谭　静
　　　　　　　张巧玲　陈　东　曹　磊

项　目　名　称：浙江国华宁海电厂（4×600MW）工程
主要完成单位：浙江省电力设计院
主要完成人员：沈又幸　袁勤勇　朱瑞燕　李　琪
　　　　　　　童建国　朱国荣　张卫灵　程　慧
　　　　　　　孙文波　徐菊华　方伟定　许　伟
　　　　　　　张　骏　邱纪龙　沈聪儿

项　目　名　称：临淮岗洪水控制工程
主要完成单位：中水淮河规划设计研究有限公司
　　　　　　　安徽省水利水电勘测设计院
主要完成人员：胡兆球　孙业文　方国材　段红东
　　　　　　　张国龙　王力理　楼明达　张友祥
　　　　　　　赵永刚　杨　中　申　芳　成　银
　　　　　　　陈仁连　胡　嵩　冯立孝

项　目　名　称：淄博矿业集团唐口矿井
主要完成单位：煤炭工业济南设计研究院有限公司
主要完成人员：何芳现　赵　南　郭小平　戴良发
　　　　　　　杨庆铭　孙新城　付　超　李永斌
　　　　　　　宋恩民　付廷顺　刘慧云　郭宝德
　　　　　　　宋秀索　张荣营　吴兵锐

项　目　名　称：国电电力大同第二发电厂二期扩建工程
主要完成单位：北京国电华北电力工程有限公司
主要完成人员：朱大宏　雷平和　谢　滨　刘　利
　　　　　　　彭红文　刘军良　柴靖宇　王欣刚
　　　　　　　李红军　何　民　周　军　曾小超
　　　　　　　马占芳　赵焕国　李　和

项　目　名　称：三峡（宜都）至上海（华新）±500kV高压直流输变电工程

一、专　　题

主要完成单位：中南电力设计院
　　　　　　　华东电力设计院
　　　　　　　浙江省电力设计院
　　　　　　　东北电力设计院
　　　　　　　湖北省电力勘测设计院
　　　　　　　西北电力设计院
　　　　　　　北京国点华北电力工程有限公司
　　　　　　　西南电力设计院
主要完成人员：梁言桥　张鹏飞　高　选　俞敦耀
　　　　　　　王光平　曾　静　薛春林　胡文华
　　　　　　　汪　雄　朱天浩　张国良　唐　焱
　　　　　　　张芳杰　马志坚　杨志军

项　目　名　称：四川白马1×300MW循环流化床示范电站工程
主要完成单位：西南电力设计院
主要完成人员：周大吉　苑　奇　辛晓光　罗晓康
　　　　　　　杨　强　冯　颖　郑　强　侯克让
　　　　　　　代利文　李绍仲　王　忠　伍晓伦
　　　　　　　易礼容　孙　斌　周丽萍

项　目　名　称：桐柏抽水蓄能电站工程设计
主要完成单位：中国水电顾问集团华东勘测设计研究院
主要完成人员：姜忠见　张春生　郑齐峰　陈顺义
　　　　　　　文　洪　彭六平　李　骅　冯仕能
　　　　　　　朗玲芳　黄　可　周　杰　曹　平
　　　　　　　张　帆　王　红　陈美丹

项　目　名　称：罗平—百色500千伏紧凑型送电线路工程
主要完成单位：西南电力设计院
主要完成人员：王　劲　宋培庆　郭跃明　梁　明
　　　　　　　肖　兵　肖洪伟　苏启阳　黄　兴
　　　　　　　唐　巍　游　健　王永刚　刘翰柱
　　　　　　　郑　勇　郑　旺　魏德军

项　目　名　称：铁法煤业(集团)有限公司三台子二井
主要完成单位：中煤国际工程集团沈阳设计研究院
主要完成人员：丛德俊　宋冠军　施佳音　谢　林
　　　　　　　李常文　郭连生　张占彪　张纯全
　　　　　　　苗建卫　杨国强　梁德波　韩春友
　　　　　　　李　平　黄劲松　侯炳才

项　目　名　称：秦山二期核电核岛和核岛BOP工程
主要完成单位：中国核电工程有限公司(原核工业第二研究设计院)
　　　　　　　中国核动力研究设计院
主要完成人员：李晓明　倪武英　闵元佑　邢　继
　　　　　　　王长东　姜　宏　张敬才　赵　侠
　　　　　　　吴　明　黄　云　于凤云　易洁宜
　　　　　　　黄思伟　武红兵　信天民

项　目　名　称：500kV宣城变电所工程
主要完成单位：安徽省电力设计院
主要完成人员：姚志鹏　王志毅　许　瑜　陈京华
　　　　　　　徐曙光　杜和颂　李　涛　穆　弘
　　　　　　　姚　明　洪宝骅　王　俐　徐　波
　　　　　　　张蔼蕾　陈　立　董江戎

项　目　名　称：四川华能小天都水电站工程设计
主要完成单位：中国水电顾问集团成都勘测设计研究院
主要完成人员：郝元麟　陈五一　李良方　郑声安
　　　　　　　余　挺　王仁坤　王寿根　蒋登云
　　　　　　　叶发明　刘　丁　徐　威　马　耀
　　　　　　　胡小红　刘朝清　汤雪峰

项　目　名　称：江苏利港电厂三期工程
主要完成单位：东北电力设计院
主要完成人员：汪建平　王勇人　王志宽　宋景阳
　　　　　　　方　联　许桂琴　夏洪涛　禹成淑
　　　　　　　王　喆　刘亚凤　常爱国　范长春
　　　　　　　杨士海　孙建平　殷海洋

项　目　名　称：武汉市江堤整险加固工程
主要完成单位：湖北省水利水电勘测设计院
　　　　　　　武汉市城市防洪勘测设计院
　　　　　　　武汉市水利规划设计研究院
主要完成人员：李文峰　徐　平　孙国荣　吕善功
　　　　　　　王怀清　姚晓敏　沈培芬　王述明
　　　　　　　王业蛟　万桉平　张汉云　郑　杰
　　　　　　　李丽波　丘汉明　明　玮

项　目　名　称：上海中信国健药业有限公司
主要完成单位：中国石化集团上海工程有限公司
主要完成人员：周　瑜　王新华　汪征飚　林　栋
　　　　　　　顾继红　项志铉　李安康　钱桂珍
　　　　　　　汪移山　倪　杰　钱皓炜　丁红星
　　　　　　　刘　缨　郭　琦　张炜兴

项　目　名　称：茂名80万吨/年乙烯改扩建工程30万吨/年聚丙烯装置
主要完成单位：中国石化工程建设公司

主要完成人员：王子宗　戚国胜　苏　洪　李烨英
　　　　　　　张　巍　杨　俊　朱向暄　李　芳
　　　　　　　岳　平　华　朋　韩　箐　马　颖
　　　　　　　郭建伟　王晓莉　柯志雄

项 目 名 称：青海碱业90万吨/年纯碱工程—高原地区超大规模纯碱厂的设计
主要完成单位：中国天辰工程有限公司
主要完成人员：娄保华　袁学民　李相福　胡书亚
　　　　　　　张丽娟　张成利　李艳霞　王文彦
　　　　　　　张　锦　施晓敏　姜秀君　元丽娟
　　　　　　　冷维佳　曹建伟　李荣辉

项 目 名 称：中海壳牌—南海石化工程南海乙烯项目
主要完成单位：中国寰球工程公司
主要完成人员：宋少光　黄　文　胡继勇　张学恭
　　　　　　　王　勇　张一兵　李耸峰　张荣钢
　　　　　　　林德馨　吴　帆　李　慧　王　炜
　　　　　　　焦胜林　曲　华　朱为明

项 目 名 称：中国石化海南炼油化工有限公司310万吨/年催化原料预处理装置（RDS）
主要完成单位：中国石化工程建设公司
主要完成人员：孙丽丽　李　浩　范传宏　徐　松
　　　　　　　张迎恺　叶向东　郑华东　林淑兰
　　　　　　　唐丹蓉　麻豁然　王树国　郑学鹏
　　　　　　　许研冰　刘晓霞　顾比伦

项 目 名 称：忠县—武汉输气管道工程
主要完成单位：中国石油天然气管道工程有限公司
主要完成人员：赵　蕊　赵桂英　李广群　陈文国
　　　　　　　周　青　王　彦　程梦鹏　李晓云
　　　　　　　王　刚　韩红蕾　刘长清　李　刚
　　　　　　　黄留群　李　欣　田　勇

项 目 名 称：四川美丰化工股份有限公司合成氨装置优化节能技改工程（600吨氨/日）
主要完成单位：中国成达工程有限公司
主要完成人员：覃大振　马记明　董岱峰　许　斌
　　　　　　　冯友茵　王时川　宋　尧　刘　斌
　　　　　　　兰　兰　刘群世　高良宏　青丽霞
　　　　　　　孙　怡　胡善达　刘建鹏

项 目 名 称：上海国际航运中心洋山深水港区一期工程
主要完成单位：中交第三航务工程勘察设计院有限公司
　　　　　　　中交上海航道勘察设计研究院有限公司
主要完成人员：李树国　程泽坤　浦伟庆　黄明毅
　　　　　　　邱毅平　徐　元　朱林祥　张谷明
　　　　　　　阮春生　乐　凌　徐伯勤　李　玉
　　　　　　　姚建新　朱虎成　汪正国

项 目 名 称：润扬长江公路大桥
主要完成单位：江苏省交通规划设计院有限公司
　　　　　　　北京建达道桥咨询有限公司
主要完成人员：吴寿昌　郑明珠　韩大章　明图章
　　　　　　　杨高中　吴国民　陈　颐　董学武
　　　　　　　王立新　单宏伟　张健康　吴洪峰
　　　　　　　李　正　刘　鹏　李　强

项 目 名 称：烟台至大连铁路轮渡工程
主要完成单位：铁道第三勘察设计院集团有限公司
　　　　　　　上海船舶研究设计院
　　　　　　　中交第四航务工程勘察设计院有限公司
主要完成人员：何华武　米　隆　王俊峰　张西泽
　　　　　　　刘为群　苏　伟　陈伟国　朱启汉
　　　　　　　李凤芹　李荣华　王汝凯　刘长和
　　　　　　　裘治杰　陆治平　谢华东

项 目 名 称：秦皇岛港煤五期工程
主要完成单位：中交第一航务工程勘察设计院有限公司
主要完成人员：祝世华　顾　俊　路小璐　常雪峰
　　　　　　　季则舟　郑厅厅　许建刚　孙秋萍
　　　　　　　许恩明　陈思周　邹　湧　龚小红
　　　　　　　冯海燕　习春华　商　青

项 目 名 称：北京至珠海国道主干线粤境高速公路小塘至甘塘段
主要完成单位：中交第二公路勘察设计研究院有限公司
　　　　　　　北京交科公路勘察设计研究院有限公司
主要完成人员：廖朝华　程　平　胡江顺　李爱民
　　　　　　　朱光仪　程汉宁　刘红明　马俊峰
　　　　　　　余泽新　魏赤军　徐邦凯　殷瑞华
　　　　　　　孟黔灵　翁德平　吴　炎

项 目 名 称：荆州长江公路大桥工程设计
主要完成单位：湖北省交通规划设计院
主要完成人员：詹建辉　裴丙志　付克俭　宋继宏

一、专　　题

　　　　　　　　姜友生　董松年　任　飞　陈杏枝
　　　　　　　　严少波　吴文武　岳　磊　干学军
　　　　　　　　熊武竣　陈少章　张定明

项目名称：上海-西成昆航路改造工程
主要完成单位：上海民航新时代机场设计研究院有限公司
主要完成人员：郑涓鑫　王　斌　吴　军　林朝敏
　　　　　　　　黄建明　黄家珍　马　赛　米　军
　　　　　　　　吴新勇　许世冲　任绪秋　温　乐
　　　　　　　　原杰斌　曾晓玲　汤集俊

项目名称：包茂高速公路秦岭终南山特长隧道综合工程设计
主要完成单位：中铁第一勘察设计院集团有限公司
　　　　　　　　重庆交通科研设计院
主要完成人员：刘培硕　梁文灏　赵秋林　薛新功
　　　　　　　　杨沛敏　侯久望　李凌志　段晓宏
　　　　　　　　蒋树屏　魏军政　王会琴　王青录
　　　　　　　　康华刚　马　瑛　但三君

项目名称：东莞市大岭山森林公园工程综合集成设计
主要完成单位：广东省岭南综合勘察设计院
主要完成人员：刘志武　陈汉坤　刘凯昌　陈钰皓
　　　　　　　　廖树东　容友鹏　李俊英　雷庆祥
　　　　　　　　陈雄伟　郭盛才　房仕钢　杨庆局
　　　　　　　　苏继承　梅　盛　刘培兴

项目名称：南宁糖业股份有限公司伶俐糖厂日榨6000吨技改工程
主要完成单位：中国轻工业南宁设计工程有限公司
主要完成人员：曾文强　江　文　曾如中　陈怡萍
　　　　　　　　梁夏军　潘新华　蔡　明　徐　红
　　　　　　　　龙起娟　陈　坚　张晓晖　詹晓霞
　　　　　　　　朱世联　林　燕　熊　侃

项目名称：浙江易邦生物技术有限公司兽用生物制厂
主要完成单位：国内贸易工程设计研究院
主要完成人员：张彦芬　王庆林　黄　静　王　鹏
　　　　　　　　王艳红　申广辉　夏　坤　王立刚
　　　　　　　　俞　萌　熊　斌　田　莉　赵全华
　　　　　　　　司　彪　梁利明　钱四顺

项目名称：广东省阳东绿源人造板有限公司13.5万立方米/年高密度纤维板设计

主要完成单位：福建省林业勘察设计院
主要完成人员：刘其松　刘忠辉　林　宏　杨　彬
　　　　　　　　黄增寿　刘林烟　陈国强　宋剑林
　　　　　　　　吴松然　陈　琳　朱　昀　陆淑芳
　　　　　　　　吴慧敏　宋小玲　洪林

项目名称：中金数据中心北京一期工程
主要完成单位：世源科技工程有限公司
主要完成人员：赵青扬　朱可义　白桂华　张大光
　　　　　　　　肖　君　孙世芬　冯　伟　孙慧芹
　　　　　　　　王凌霞　张　宇

项目名称：中国电信高品质传输网络建设工程
主要完成单位：中讯邮电咨询设计院
主要完成人员：王光全　尹祖新　程　保　何　磊
　　　　　　　　陈文雄　李　燕　王义涛　彭云贵
　　　　　　　　金海澜　余银凤　谢　歆　杨　伟
　　　　　　　　袁秀森　刘　刚　郭晓非

项目名称：首都机场东区塔台工程
主要完成单位：北京时空筑诚建筑设计有限公司
　　　　　　　　中国民航建设集团公司规划设计总院
主要完成人员：王振军　娄　宇　刘嘉嘉　朱亚杰
　　　　　　　　姜志勇　张会明　矫金广　郭珍珍
　　　　　　　　彭玉翠　王　峰　张文勇　蒋怀中
　　　　　　　　车爱明　顾　超　宋燕萍

项目名称：辽宁移动EGPRS网络扩容工程
主要完成单位：中国移动通信集团设计院有限公司
主要完成人员：胡恒杰　翟长友　吴玉东　邱　巍
　　　　　　　　胡曼丽　李　琴　李　继　刘宝昌
　　　　　　　　杜　蔚　汪晓蕾　黎　丹　张　华
　　　　　　　　谢东菁　陈东旭　程福宇

项目名称：中国电信长途软交换试商用网工程广东湖北等十省新建长途软交换设备工程
主要完成单位：广东省电信规划设计院有限公司
主要完成人员：王隽峰　曾石麟　严　冬　白　冰
　　　　　　　　吴英娜　王庆辉　王继伟　柯行斌
　　　　　　　　郑建飞　严益强　曾志群　李宝文
　　　　　　　　李　军　彭　巍　崔文博

项目名称：上海天马微电子公司4.5G TFT-LCD项目
主要完成单位：世源科技工程有限公司
主要完成人员：金洪杰　李泽华　李志伟　陆小娟
　　　　　　　　何利铭　纪晓雯　戴　兵　廖国期

　　　　　　　　江　蓉　马新民　黄立勤　邹英杰
　　　　　　　　赵东亚　程代代　闫振瑞

项 目 名 称：清华科技园科技大厦
主要完成单位：清华大学建筑设计研究院
主要完成人员：庄惟敏　巫晓红　鲍承基　贺小岗
　　　　　　　　刘玖玲　张晓阳　杨大强　李文虹
　　　　　　　　姚卫国　张　暐　冬宇辉　张　挺
　　　　　　　　唐　海　沈小钧

项 目 名 称：天津美术学院美术馆
主要完成单位：天津大学建筑设计研究院
主要完成人员：张　颀　张　键　吴　放　罗　迪
　　　　　　　　王湘安　侯　钧　胡振杰　张　阳
　　　　　　　　王　勇　郑　宁　刘　樯　刘　恒
　　　　　　　　曹治政　丁永君　蔡　节

项 目 名 称：首都博物馆新馆
主要完成单位：中国建筑设计研究院
　　　　　　　　法国AREP建筑设计公司
主要完成人员：崔　愷　崔海东　汤　钧　李宝明
　　　　　　　　任庆英　张瑞龙　范　重　郭汝艳
　　　　　　　　靳晓红　关文吉　张　力　孙成群
　　　　　　　　李俊民　黄雅如　张　晔

项 目 名 称：丽江悦榕酒店
主要完成单位：云南省设计院
主要完成人员：李光熙　罗文兵　陈文斌　陈玉婕
　　　　　　　　刘　键　李　斌　王茂珍　王　莉
　　　　　　　　王宏伟　徐　峰　方泰生

项 目 名 称：北京大学附属小学新建教学楼及宿舍楼
主要完成单位：中国航空工业规划设计研究院
主要完成人员：杨洪生　李齐生　杨　妹　刘　茵
　　　　　　　　张　端　林其静　王　锋　谷淑英
　　　　　　　　岳　迪　唐洪杰　吴　磅　张　超
　　　　　　　　李梅英

项 目 名 称：东莞松山湖科技园区图书馆
主要完成单位：天津华汇工程建筑设计有限公司
主要完成人员：周　恺　章　宁　王鹿鸣　张　伟
　　　　　　　　左克伟　郭书普　林　蓓　周　鹏
　　　　　　　　李松深　杨　琳　曾永捷　张月洁
　　　　　　　　陈　哲

项 目 名 称：凯宾斯基三亚酒店
主要完成单位：北京市建筑设计研究院海南分院
　　　　　　　　美国WATG设计公司
主要完成人员：解　钧　谭耀辉　李　军　王立新
　　　　　　　　时雅洁　甄　伟　秦锦红　李晓志
　　　　　　　　赵占岭　何晓东　刘　双　姜顺姬
　　　　　　　　刘　倩　沈　玲

项 目 名 称：乔波冰雪世界滑雪馆及配套会议中心
主要完成单位：清华大学建筑设计研究院
主要完成人员：庄维敏　张　葵　杜　爽　梁增贤
　　　　　　　　姚　虹　杨彩亮　李青翔　王　岚
　　　　　　　　刘　程　陈矣人　华　君　白喜录
　　　　　　　　孙熙琳

项 目 名 称：广州市越秀区解放中路旧城改造项目一期工程
主要完成单位：华南理工大学建筑设计研究院
主要完成人员：何镜堂　刘宇波　张振辉　何正强
　　　　　　　　陈晓虹　梁玮健　刘建平　方小丹
　　　　　　　　林瑶明　林　凡　曾宪武　王　峰
　　　　　　　　陈欣燕　杨翔云

项 目 名 称：广州体育馆
主要完成单位：广州市设计院
　　　　　　　　法国巴黎机场公司（ADP）
主要完成人员：郭明卓　李子刚　陈卫群　周　定
　　　　　　　　胡妙杰　门汉光　周名嘉　屈国伦
　　　　　　　　汤　华　常　煜　胡月萍　罗　蜀
　　　　　　　　黄　频　邹　军　刘程辉

项 目 名 称：合肥政务文化新区政务综合楼
主要完成单位：深圳市建筑设计研究总院有限公司
主要完成人员：孟建民　侯　军　刘琼祥　王丽娟
　　　　　　　　朱建群　李　茜　张　文　邓立平
　　　　　　　　李　欣　邵仁记　尹胜文　吴莲花
　　　　　　　　麦旋威　陈　坚　林聪颖

项 目 名 称：大唐芙蓉园
主要完成单位：中国建筑西北设计研究院有限公司
主要完成人员：张锦秋　党春红　王　军　杜　韵
　　　　　　　　贝英红　张小茹　贾俊明　张　军
　　　　　　　　薛　洁　杨淑丽　韦孙印　曹逸明
　　　　　　　　高永新　万　宁　马　牧

项 目 名 称：深圳万科十七英里深圳
主要完成单位：深圳华森建筑与工程设计顾问有限公司
　　　　　　　　许李严建筑师有限公司（香港）
主要完成人员：肖　蓝　韩新明　张良平　任　旭
　　　　　　　　周小强　石苏生

一、专　　题

项　目　名　称：福州大学新校区图书馆
主要完成单位：华南理工大学建筑设计研究院
主要完成人员：陶　郅　郭　嘉　陈子坚　陈天宁
　　　　　　　郭远翔　劳晓杰　柯　宇　王学峰
　　　　　　　黄晓峰　王　钊　周华忠

项　目　名　称：商务部办公楼改造
主要完成单位：北京市建筑设计研究院
主要完成人员：党辉军　董晓煜　陈彬磊　李　婷
　　　　　　　乔群英　王　毅　贾燕彤　王　权
　　　　　　　张　翾　韩　宇　张　曼　王思让
　　　　　　　胡　英　范　利　张砚玲

项　目　名　称：重庆鸡冠石污水处理厂工程
主要完成单位：上海市政工程设计研究总院
主要完成人员：张　辰　顾建嗣　王宇尧　杨玉梅
　　　　　　　王　瑾　贺伟萍　赵海金　陈　忠
　　　　　　　杜　炯　彭春强　王仙宝　李英琦
　　　　　　　高　武　王锡清　王　敏

项　目　名　称：上海滨江森林公园
主要完成单位：上海市园林设计院
　　　　　　　阿特金斯顾问（深圳）有限公司上海分公司
主要完成人员：朱祥明　任梦非　张栋成　庄　伟
　　　　　　　秦启宪　梅晓阳　还洪叶　王钟斋
　　　　　　　江　卫　陈惠君　杨　军　陈彦楠
　　　　　　　韩莱平　周乐燕　刘晓嫣

项　目　名　称：海河综合开发起步工程基础设施建设—大沽桥桥梁工程
主要完成单位：天津城建设计院有限公司
　　　　　　　林同棪国际（重庆）工程咨询有限公司
主要完成人员：邓文中　韩振勇　张振学　井润胜
　　　　　　　蒋中贵　汤洪雁　崔志刚　洪　全
　　　　　　　任国雷　张显杰　侯　清　马振栋
　　　　　　　刘爱明　孙　杰　马慧兰

项　目　名　称：深圳市笔架山水厂扩（改）建工程
主要完成单位：北京市市政工设计研究总院
　　　　　　　深圳市利源供水设计咨询公司
主要完成人员：高士国　鄢燕秋　刘雨生　冯立平
　　　　　　　伊　勇　强百详　廖凤京　宋奇叵
　　　　　　　金学赤　黄年龙　冯　霞　张　炯
　　　　　　　单晓竣　何纯提　王　睿

项　目　名　称：2008奥运会北京射击馆
主要完成单位：清华大学建筑设计研究院
主要完成人员：庄惟敏　祁　斌　汪　曙　张　红
　　　　　　　叶　青　侯建群　汤　涵　沈敏霞
　　　　　　　王　岚　徐京晖　刘建华　贾昭凯
　　　　　　　戴德慈　王　磊　武　毅

项　目　名　称：北京奥林匹克公园（B区）奥运村
主要完成单位：北京城建设计研究总院有限责任公司
　　　　　　　北京天鸿圆方建筑设计有限责任公司
　　　　　　　澳大利亚PTW设计公司
主要完成人员：刘　京　刘　安　贺奇轩　胡　嘉
　　　　　　　喻　晓　董更然　孙　明　肖　燃
　　　　　　　王德荣　袁环宇　安卫华　李　丹
　　　　　　　金　焱　范兆楠　唐少文

项　目　名　称：数字北京大厦
主要完成单位：中国建筑标准设计研究院
　　　　　　　都市实践（北京）建筑设计咨询有限公司
主要完成人员：林　琳　朱　锫　田　琪　郁银泉
　　　　　　　刘国友　孙颖慧　冯忠国　黄祖凯
　　　　　　　李立晓　宋文晶　范学信　古　晏
　　　　　　　渠　谦　李雪佩　孙　兰

项　目　名　称：北京奥林匹克公园（B区）国家会议中心击剑馆　国际转播中心（IBC）和主新闻中心（MPC）
主要完成单位：英国罗麦庄马设计公司
　　　　　　　北京市建筑设计研究院
　　　　　　　中国中元国际工程公司
　　　　　　　中广电广播电影电视设计研究院
主要完成人员：潘子凌　焦　力　金　洁　谢　欣
　　　　　　　臧文远　杨金红　张　徐　朱　鸣
　　　　　　　韩　巍　张　杰　石　鹤　王保国
　　　　　　　王力刚　张　野　沈　玲

项　目　名　称：奥林匹克公园中心区市政配套工程
主要完成单位：北京市市政工程设计研究总院
主要完成人员：聂大华　李　艺　刘旭东　王乃震
　　　　　　　陈　东　朱　江　李　萍　李　东
　　　　　　　杜传金　张　宁　孙宏涛　刘慕清
　　　　　　　何　彬　金丽萍　罗　凯

项　目　名　称：中国兵器工业集团公司多管远程火箭弹建设项目
主要完成单位：五洲工程设计研究院

主要完成人员：张国辉　耿振江　陈晓文　高艳秋 　　　　　　戴光昭　李昭文　马志伟　姜桂兰 　　　　　　康成斌　于锡金　杨　巍　王桂萍 　　　　　　王渊文　王力涛　王学柱	刘春霆　薛尚铃　黄　钊　刘　惠 　　　　　　杨文琦　刘居柱　蒋　政　王　凤 　　　　　　巩婉峰　王志平　袁　斌

项 目 名 称：中国东方电气集团公司出海口基地大型先进核电关键装备自主化制造工程
主要完成单位：中国联合工程公司
主要完成人员：郭杭锋　甘军明　鄢　磊　丁国栋
　　　　　　郝常青　宓红烈　陆荣海　霍祖权
　　　　　　傅青峰　王奇峰　汪兆甲　祝丽蓉
　　　　　　黄晓耘　沈瑞宏　蒋　峻

项 目 名 称：沪东中华(集团)有限公司船坞接长及配套设施技术改造
主要完成单位：中船第九设计研究院工程有限公司
主要完成人员：詹根林　姜乃峰　陈　钢　汪贵平
　　　　　　李华梅　王星球　王友村　黄元跃
　　　　　　黄　勍　蒋　衡　杨浩俊

项 目 名 称：宝山钢铁股份有限公司1880mm热轧带钢工程设计
主要完成单位：中冶赛迪工程技术股份有限公司
主要完成人员：李广军　杨　渝　余　海　赵建明
　　　　　　杨文琦　王惠川　王　泳　王忠明
　　　　　　王　靖　刘国辉　高亚平　汪明伦
　　　　　　樊志刚　王建平　张　翼

项 目 名 称：首钢迁钢400万吨/年钢铁厂炼铁及炼钢二期工程设计
主要完成单位：北京首钢国际工程技术有限公司
主要完成人员：何　巍　张福明　黄　晋　董双良
　　　　　　邓少泉　潘忠勤　顾国文　毛庆武
　　　　　　刘彭涛　袁文兵　姚　轼　崔辛超
　　　　　　张　建　黄忠泽　冯术勋

项 目 名 称：首秦4300mm宽厚板轧机工程设计
主要完成单位：北京首钢国际工程技术有限公司
主要完成人员：李春生　王丙丽　任会明　袁文兵
　　　　　　王兆村　刘芦陶　宋道锋　张玉庆
　　　　　　周　宇　何　磊　王德平　王万玉
　　　　　　黄铁钢　何其佳　张彦滨

项 目 名 称：太原钢铁(集团)有限公司150万吨/年不锈钢炼钢工程设计
主要完成单位：中冶赛迪工程技术股份有限公司
主要完成人员：杜　社　周可为　吴燕萍　丁小林

项 目 名 称：鞍钢集团鞍山矿业公司大孤山选矿厂480万吨/年氧化球团建设工程设计
主要完成单位：中冶北方工程技术有限公司
主要完成人员：董　涛　孙立旻　檀为义　任　伟
　　　　　　王明霞　邱　辉　周月娥　王　群
　　　　　　孙晓梅　张忠波　王　波　王长宏
　　　　　　孙海波　刘纯鹏　林　宇

项 目 名 称：太原钢铁(集团)有限公司新建450m² 烧结机及原料场工程设计
主要完成单位：中冶长天国际工程有限责任公司
主要完成人员：陈乙元　周　宏　梁段萍　尹力军
　　　　　　朱健雄　谭克强　胡　臻　郭　清
　　　　　　李　强　周　人　周　献　丁玉玲
　　　　　　王付其　梅文胜　周胜良

项 目 名 称：金川集团有限公司铜冶炼节能降耗综合技术改造工程
主要完成单位：中国恩菲工程技术有限公司
主要完成人员：尉克俭　陆志方　刘玉和　邵剑辉
　　　　　　林晓芳　王树亮　董四禄　刘玉强
　　　　　　冯晓梅　德　强　陆金忠　鲍　巍
　　　　　　常全忠　许小满　张　晋

项 目 名 称：湖南柿竹园有色金属有限责任公司2000t/d多金属选矿技术改造工程
主要完成单位：长沙有色冶金设计研究院
主要完成人员：秦奇武　马士强　陈典助　李晓东
　　　　　　黄光洪　陈正军　黄易柳　彭雪清
　　　　　　陈思孝　周　理　雷云生　张挺敏
　　　　　　李　理　桂鹤鸣　袁　兵

项 目 名 称：盘南电厂新建工程岩土工程勘察
主要完成单位：西南电力设计院
主要完成人员：杨坤明　李　中　曹卫东　郝群岩
　　　　　　孟小奇　俞天源　罗显刚　毛光明
　　　　　　丁国勇　王祥生　王亚非　李建卫
　　　　　　黎泽文　周　超　余　团

项 目 名 称：北京市基础地理空间框架基准体系建设
主要完成单位：北京市测绘设计研究院
主要完成人员：杨伯钢　张凤录　陈品祥　王　磊
　　　　　　刘英杰　陈　倬　侯庆明　程　祥

一、专　题

　　　　　　段红志　朱照荣　陈延武　张　学
　　　　　　臧　伟　吴　斌　王　攀

项 目 名 称：首钢迁钢 2160mm 热轧项目主厂房
　　　　　　及附属设施岩土工程勘察、设计及施工工程
主要完成单位：中勘冶金勘察设计研究院有限责任
　　　　　　公司
　　　　　　北京爱地地质勘察基础工程公司
主要完成人员：杨书涛　庄桂成　李　强　王哲英
　　　　　　张士鹏　吴胜元　王　敏　解西成
　　　　　　魏尚军　耿连昶　刘海刚　曾力娟
　　　　　　阎国瑞　刘来新　王春和

项 目 名 称：广西信发铝电有限公司靖西厂址岩
　　　　　　土工程勘察与治理工程
主要完成单位：河北建设勘察研究院有限公司
主要完成人员：聂庆科　梁金国　王英辉　张全秀
　　　　　　梁书奇　田鹏程　周文生　郅正华
　　　　　　贾向新　张开伟　杨海宾　魏建明
　　　　　　曲朝雷　芦利军　张龙起

项 目 名 称：天铁冷轧薄板工程主厂房工程
主要完成单位：天津市勘察院
主要完成人员：王永建　董士伟　周玉明　吴永红
　　　　　　任大龙　王　华　路　清　卢　奕
　　　　　　马建国　付晓斌　张玉涛　黄厚平
　　　　　　李文春

项 目 名 称：北京顺义奥林匹克运动会水上公园
　　　　　　岩土工程勘察及堆山试验检测
主要完成单位：中兵勘察设计研究院
主要完成人员：化建新　樊夏平　张清利　项　勃
　　　　　　李世梅　宁俊栋　李广信　金　焱
　　　　　　雷　恒　宁少锋　马大岩　姜　泉
　　　　　　张钦喜　汤厚杰

项 目 名 称：2319 工程接收站岩土工程勘察
主要完成单位：空军工程设计研究局
主要完成人员：周虎鑫　闵志强　许亚东　周立新
　　　　　　黄晓波　赵柏毅　羊远新　魏　桦
　　　　　　李　峰　焦会强　梁孟华　邓春梅
　　　　　　李志宏　李玉宏　常书义

项 目 名 称：深港西部通道一线口岸区岩土工程
　　　　　　勘察填海及地基处理工程设计
主要完成单位：深圳市勘察研究院有限公司
　　　　　　深圳市工勘岩土工程有限公司
主要完成人员：李荣强　沈孝宇　周洪涛　王贤能
　　　　　　张欣海　邓文龙　丁国贵　张喜珠
　　　　　　于　芳　张运标　高健康　白李妍
　　　　　　李清明　胡景文　袁　新

项 目 名 称：深圳会展中心场地详细阶段岩土工
　　　　　　程勘察（原名为深圳会议展览中心）
主要完成单位：深圳市勘察测绘院有限公司
主要完成人员：丘建金　张先亮　熊金安　张文华
　　　　　　刘官熙　张旷成　吴建斌　徐国希
　　　　　　邱　林　蔺　宏　付素蓉　易宙子
　　　　　　李克亮　劳作优　陈安平

项 目 名 称：郑州国际会展中心岩土工程勘察
主要完成单位：机械工业勘察设计研究院
主要完成人员：张苏民　郑建国　夏玉云　张　炜
　　　　　　张玉守　胡双节　王瑞海　廖燕宏
　　　　　　周志红

项 目 名 称：郑州北郊水源地地下水动态及环境
　　　　　　地质监测（开采评价）
主要完成单位：河南省郑州地质工程勘察院
主要完成人员：邓晓颖　王现国　贾杰华　石钦周
　　　　　　焦红军　王志刚　顾翔宇　陈付申
　　　　　　侯　丰　侯怀仁　牛树敏　王　利
　　　　　　黄维萍　罗　园　宋会香

项 目 名 称：黄河沙坡头水利枢纽工程地质勘察
主要完成单位：中水北方勘测设计研究有限责任公司
　　　　　　宁夏水利水电勘测设计研究院有限公司
主要完成人员：杜雷功　高玉生　杨计申　洪海涛
　　　　　　刘满杰　乔东玉　席燕林　边建峰
　　　　　　杨玉春　刘　拥　程汝恩　魏树满
　　　　　　韩基冠　姜冰川　韩治国

项 目 名 称：黄河公伯峡水电站工程勘察
主要完成单位：中国水电顾问集团西北勘测设计研
　　　　　　究院
主要完成人员：万宗礼　马福祥　张应海　王德兴
　　　　　　王志硕　白金玉　赵永革　王林维
　　　　　　马学奎　杨平青　季法强　陈奇珠
　　　　　　李治民　王小兵　冯文彦

项 目 名 称：750kV 官亭—兰州东送电线路测量工程
主要完成单位：西北电力设计院
主要完成人员：陈亚明　李凤亮　宋志勇　朱宏波

全晓萍　赵浩鹏　雷建中　王海亮
麻松岩　聂　亮　李旭阳　陈　卫
马均本　杨　林

项 目 名 称：西气东输管道工程测量
主要完成单位：中国石油天然气管道工程有限公司
中国石油集团工程设计有限责任公司——西南分公司
长庆科技工程有限公司
现大庆油田工程有限公司
新疆时代石油工程有限公司
现中油辽河工程有限公司
中国石油集团工程设计有限公司北京分公司
主要完成人员：王福东　陈瑞良　程仲元　姚宏军
肖德仁　李　玮　何　军　陈　联
高　波　张洪波　郭铁民　万忠海
汤永富　郭先锋　贾英智

项 目 名 称：05J909 工程做法
主要完成单位：中国建筑标准设计研究院
主要完成人员：范学信　曹颖奇　顾伯岳　刘明军
程明瑞　蒋卫真　陈　梅　孙满予
沈　舒　郭　景

项 目 名 称：公路桥梁上部结构通用图
主要完成单位：交通部专家委员会
中交公路规划设计院有限公司
中交第一公路勘察设计研究院有限公司
中交第二公路勘察设计研究院有限公司
湖南省交通规划勘察设计院
中交桥梁技术有限公司
主要完成人员：王　玉　鲍卫刚　余培玉　杨耀铨
彭　立　张喜刚　李　军　金晓宏
沈苏平　刘丽萍　杨沪湘　冯鹏程
葛胜锦　王崇汉　陈长海

项 目 名 称：西部地区公路地质灾害监测预报系统软件
主要完成单位：贵州省交通规划勘察设计研究院
主要完成人员：龙万学　马平均　张　林　刘　扬
罗　强　任　仁　许湘华　漆贵荣
吴　俊　孔纪名

项 目 名 称：CFD 风电工程软件—测风数据验证与评估软件
主要完成单位：中国水利水电建设工程咨询公司
北京木联能软件技术有限公司
主要完成人员：王民浩　易跃春　李伟宏　王霁雪
张曙光　郭雁珩　陈　竞

项 目 名 称：公路勘察设计一体化系统
主要完成单位：福建省交通规划设计院
主要完成人员：郭建端　彭　培　杨尚海　张必胜
陈　云　苏　擎　林春水　江典川
吴超凡

项 目 名 称：重庆市城乡总体规划(2007～2020 年)
主要完成单位：重庆市规划设计研究院
重庆市城市交通规划研究所
主要完成人员：扈万泰　苏自立　刘　利　韩列松
卢　涛　周　涛　何　波　陈治刚
易　峥　何　杨　高志刚　祝　烨
傅　彦　田　野　董戈娅

项 目 名 称：128-8 工程 0806 构筑物
主要完成单位：二炮工程设计研究院
主要完成人员：谈可可　潘越峰　费允锋　马晓纲
邢韶聪　杨池华　肖军浪　范根辉
赵谊颂　张晨峰　韩国燕　董　威
王然江　贾新永　张德洋

铜质奖(141 项)

项 目 名 称：常熟发电厂二期(2×600MW)工程
主要完成单位：西北电力设计院
主要完成人员：曹永振　朱　军　程　政　钟晓春
杨月红　阎欣军　唐科歧　杨平正
姚友成　刘俊义　徐　述　田　锦
王宏斌　王丽筠　刘　壮

项 目 名 称：500kV 利港三期至锡东南送电线路工程
主要完成单位：华东电力设计院
主要完成人员：张鹏飞　吴建生　王宝清　方　波
王贵年　叶鸿声　董　骏　钱广忠
张克宝　赵　峥　袁青云　章　怡
廖宗高　何　江

项 目 名 称：500kV 增城至莞城Ⅱ回输变电工程
主要完成单位：广东省电力设计研究院
主要完成人员：廖　毅　李敏生　黄志秋　陈辉祥
张章亮　张生国　潘春平　金晓华
朱敏华　房向日　朱海华　林　明
游复生　唐　峦　谭寓龙

项 目 名 称：丰城矿务局曲江井
主要完成单位：江西省煤矿设计院
主要完成人员：汪明远　万伟民　饶建人　罗会淼
　　　　　　　王知宇　曾建国　王福平　袁安辉
　　　　　　　胡红宇　李　钢　谢玉珍　章启兴

项 目 名 称：浙江大唐乌沙山发电厂（4×600MW）
　　　　　　工程
主要完成单位：浙江省电力设计院
主要完成人员：朱瑞燕　沈又幸　童建国　钱海平
　　　　　　　李　琪　徐　翔　徐红波　卞　卡
　　　　　　　臧群峰　陶　涌　许　伟　顾　澎
　　　　　　　邱纪龙　曾上将　吴建国

项 目 名 称：500kV 玉环—台南输电线路工程
主要完成单位：浙江省电力设计院
主要完成人员：胡吉磊　李国跃　应建国　姚耀明
　　　　　　　徐建国　朱天浩　金红明　马　蕾
　　　　　　　冯　炳　乐军耀

项 目 名 称：山西潞安矿业（集团）有限责任公司
　　　　　　司马矿井工程设计
主要完成单位：煤炭工业太原设计研究院
主要完成人员：翟建中　李宏达　耿建平　任林怀
　　　　　　　王立斌　王建强　王连生　杜彦彪
　　　　　　　苏成彪　刘世成　王宏云　刘晓勇
　　　　　　　史建恩　钟引明　曹长海

项 目 名 称：国能单县生物发电工程
主要完成单位：山东电力工程咨询院有限公司
　　　　　　国核电力规划设计研究院
主要完成人员：王宝柱　张元栋　王雷鸣　谢忠泉
　　　　　　　胡训栋　侯　振　孙立刚　朱启振
　　　　　　　纪长旗　卢　静　徐爱东　史本宁
　　　　　　　尹　骁　黄慧群　高　政

项 目 名 称：那兰水电站工程设计
主要完成单位：中国水电顾问集团昆明勘测设计研
　　　　　　究院
主要完成人员：李　云　李　娟　冯业林　钱　康
　　　　　　　卫　玲　钟　铮　王远亮　严铁军
　　　　　　　孙怀昆　白宗喜　魏亮亮　李素兰
　　　　　　　艾　京　李建锋　杨加明

项 目 名 称：山西省横泉水库枢纽工程
主要完成单位：山西省水利水电勘测设计研究院
主要完成人员：孙万功　卢天杰　李效勤　刘小梅
　　　　　　　李杜元　郝满仓　王建峰　张凌峰
　　　　　　　张玉民　董建莉　乔　立　王增国
　　　　　　　张庆保　马银珍　张红云

项 目 名 称：凤凰山—咸宁—昌西 500kV 输变电工程
主要完成单位：中南电力设计院
　　　　　　西北电力设计院湖北省电力勘测设计院
主要完成人员：高　选　胡　明　苏　威　钟西岳
　　　　　　　唐　焱　程　志　薛　勤　卢　炜
　　　　　　　张青海　顾　群　王开明　董　明
　　　　　　　江卫华　但　刚　何　勇

项 目 名 称：山东潍坊发电厂二期工程
主要完成单位：山东电力工程咨询院有限公司
　　　　　　国核电力规划设计研究院
主要完成人员：张元栋　宫俊亭　臧　柯　王　锋
　　　　　　　刘　菊　徐爱东　张乐川　姜军海
　　　　　　　翟慎会　王雷鸣　李　临　黄慧群
　　　　　　　徐士倩　孙　文　李　宁

项 目 名 称：华能洮北风电场一期工程设计
主要完成单位：中国水电顾问集团西北勘测设计研究院
主要完成人员：廖元庆　宋　臻　王化中　申宽育
　　　　　　　董德兰　徐　俊　李云虹　李　勇
　　　　　　　刘　玮　胡永柱　黄　勇　李振作
　　　　　　　秦　炜　畅彩娥　李　宏

项 目 名 称：招徕河水利水电枢纽工程
主要完成单位：湖北省水利水电勘测设计院
主要完成人员：李海涛　李瑞清　刘克传　万志刚
　　　　　　　王　力　张西安　胡新益　熊红明
　　　　　　　王云鹏　杨仕志

项 目 名 称：肥城矿业集团梁宝寺矿井
主要完成单位：中煤国际工程集团南京设计研究院
主要完成人员：邓星利　陈元艳　林鸿苞　黄　忠
　　　　　　　李兰霞　李定明　沈建辉　魏　武
　　　　　　　陆桂玖　张亦园　吴志弘　翟炳祥
　　　　　　　殷同伟　张世和　阎复志

项 目 名 称：福州可门火电厂一期工程
主要完成单位：福建省电力勘测设计院
　　　　　　西南电力设计院
主要完成人员：林一文　卓郑炜　熊显彬　刘　勇
　　　　　　　唐　田　毛永龙　赖文德　何　册
　　　　　　　王振彪　严能彪　黄　玮　姜文瑾
　　　　　　　陈孝端　江　忠　程景云

项 目 名 称：花都—博罗500kV送电线路工程
主要完成单位：中南电力设计院
主要完成人员：周献林　吴庆华　谢帮华　程　志
　　　　　　　曾连生　包永忠　江卫华　郭　念
　　　　　　　骆雪梅　谢　星　廖　凯　康　励
　　　　　　　段松涛　张平朗　朱　焰

项 目 名 称：重庆江口水电站工程设计
主要完成单位：中水东北勘测设计研究有限责任公司
主要完成人员：云宪义　陈玉夫　王行本　金正浩
　　　　　　　崔忠慧　杨光华　杨成祝　李润伟
　　　　　　　于生波　马志强　史有富　刘　荣

项 目 名 称：神木电厂—忻州—石家庄北Ⅰ Ⅱ回
　　　　　　　500kV输变电工程
主要完成单位：中南电力设计院
　　　　　　　东北电力设计院
　　　　　　　河北省电力勘测设计研究院
　　　　　　　江苏省电力设计院
主要完成人员：吴庆华　谷仁川　孙建龙　周　卫
　　　　　　　赵全江　傅　光　李　翔　王作民
　　　　　　　魏利民　郭　念　张福生　杨　艺
　　　　　　　杜继平　周　专　李金喜

项 目 名 称：张家港华兴电力有限公司2×
　　　　　　　390MW燃机工程
主要完成单位：江苏省电力设计院
主要完成人员：卢建彬　高嘉梁　吴利涛　梁文军
　　　　　　　刘劲松　朱庆东　李剑峰　胡华强
　　　　　　　吴怡卫　高永星　刘明涛　黄诗坚
　　　　　　　陈建华　宋坤林　李麟章

项 目 名 称：福建穆阳溪周宁水电站工程设计
主要完成单位：福建省水利水电勘测设计研究院
主要完成人员：谢德瑞　陈敏岩　施志群　韦传恩
　　　　　　　李贤海　陈培宁　沈永洪　卢汉林
　　　　　　　王例珊　张裕平　卓文仁　林鸿光
　　　　　　　柯文忠　许秋声　郑守纲

项 目 名 称：土耳其TTK煤矿提升系统工程设计
主要完成单位：中煤国际工程集团南京设计研究院
主要完成人员：刘晓群　孙焕捷　吴志弘　魏　武
　　　　　　　井士娟　梁志萍　逯鸿飞　由胜武
　　　　　　　于为芹　蒋　涛　荆炜华　李兰霞
　　　　　　　阎复志　张世和　周　波

项 目 名 称：冀宁管道工程
主要完成单位：中国石油天然气管道工程有限公司
　　　　　　　大庆油田工程有限公司
主要完成人员：王冰怀　曲慎扬　王福胜　王学军
　　　　　　　戴　仲　苑利钗　孙洪全　司利旋
　　　　　　　袁　泉　李铁军　韩冬梅　王新坤
　　　　　　　宋庆煜　樊志红　孙　淼

项 目 名 称：仪征—长岭原油管道工程
主要完成单位：华东管道设计研究院
主要完成人员：边荣霞　郭敏智　李桂成　万　军
　　　　　　　王乃和　李　凯　张微波　刘　凯
　　　　　　　张建国　马建强　汪　嘉　洪启林
　　　　　　　耿云鹏　崔海丽　韩桂花

项 目 名 称：南京红宝丽股份有限公司20万吨/
　　　　　　　年异丙醇胺装置
主要完成单位：赛鼎工程有限公司
　　　　　　　化学工业第二设计院宁波工程有限公司
主要完成人员：陈发挥　隋保友　刘佩绅　颜焕敏
　　　　　　　郭仁君　周　剑　吴泽安　沈洪飞
　　　　　　　温雪莲　徐　斌　刘明亮　张国富
　　　　　　　张志明　王爱兵　刘　霞

项 目 名 称：土耳其贝帕札里（BEYPAZARI）天然
　　　　　　　碱矿溶解采矿工程
主要完成单位：化工部长沙设计研究院
主要完成人员：戢良鹏　马平杰　陈　新　杨新春
　　　　　　　吴国平　柳克庄　韩一斌　李永丽
　　　　　　　李秀学　张庆红　廖鹏飞　刘小力
　　　　　　　曾全满　刘卫平　莫崇晟

项 目 名 称：齐鲁72万吨/年乙烯改扩建工程苯
　　　　　　　乙烯装置改造
主要完成单位：山东齐鲁石化工程有限公司
主要完成人员：丛　林　于美红　孙学波　刘善兵
　　　　　　　郭东荣　郭章顺　刘　静　马振明
　　　　　　　吕文久　张　平　卞丽芸　张　鑫
　　　　　　　藤祥梅　陈洪志　董　霞

项 目 名 称：抚顺石化分公司60万吨/年酮苯脱
　　　　　　　蜡装置改造工程
主要完成单位：中国石油集团工程设计有限责任公
　　　　　　　司抚顺分公司
主要完成人员：王福军　杜喜研　沈　虹　梁宣甫
　　　　　　　白雪峰　王　蕾　刘见阳　赵海波
　　　　　　　王丽英　董柏屹　金宝轩　尹英焕

　　　　　　　　任艳彬　李　宏　舒　虹

项 目 名 称：苏州胶囊有限公司搬迁工程
主要完成单位：中国医药集团重庆医药设计院
主要完成人员：黄　梅　黄　欢　何华平　谭　毅
　　　　　　　王　凌　蒋　彬　张　卫　夏崇福
　　　　　　　陈　航　李达志　陈学明　陈为华
　　　　　　　李永胜　李志良　黄　磊

项 目 名 称：中石化齐鲁分公司丁/辛醇装置技术
　　　　　　改造项目
主要完成单位：中国石化集团上海工程有限公司
　　　　　　　华陆工程科技有限责任公司
主要完成人员：陈柯达　楮以健　山秀丽　印立峰
　　　　　　　周惠萍　刘文光　丁正根　沈惠明
　　　　　　　严　峰　侯　程　何战柱　蒋　波
　　　　　　　陈　纪　顾　颖　陆　明

项 目 名 称：塔河油田 300×104t/a 原油产能建设
　　　　　　工程
主要完成单位：胜利油田胜利工程设计咨询有限责
　　　　　　任公司
主要完成人员：于良俊　李亚云　彭建萍　刘庆砚
　　　　　　　张　华　高延飞　韦　盛　李剑峰
　　　　　　　李　强　杨金章　陈　红　梁秀爽
　　　　　　　王志强　魏贻民　王丽芬

项 目 名 称：上海杉杉科技有限公司宁波分公司年
　　　　　　产800吨锂离子电池炭负极材料项目
主要完成单位：上海寰球石油化学工程有限公司
主要完成人员：余荣鑫　陈美娟　钱　蕾　吴　平
　　　　　　　赵　杰　徐春香　蔡全富　黄明军
　　　　　　　周兆麟　马青松　卢武胜　张旅夏
　　　　　　　周祖鸿　陈国民　蔡大来

项 目 名 称：中国石化集团海南炼化续建项目码
　　　　　　头工程
主要完成单位：中交第四航务工程勘察设计院有限
　　　　　　公司
主要完成人员：杨孟愚　卢永昌　张金成　李伟仪
　　　　　　　历　萍　杨云安　孙红彦　吴菊仙
　　　　　　　黎维祥　韩国军　贾　镇　刘从山
　　　　　　　王志超　林宏杰　黄炎潮

项 目 名 称：遂渝铁路无砟轨道综合试验段
主要完成单位：中铁二院工程集团有限责任公司
主要完成人员：何华武　周孝文　朱　颖　颜　华

　　　　　　　李海光　魏永幸　刘明君　姚　力
　　　　　　　杨　岗　孙利琴　鄢　勇　余颜丽
　　　　　　　潘自立　田春香　张建华

项 目 名 称：济源至焦作高速公路
主要完成单位：河南省交通规划勘察设计院有限责
　　　　　　任公司
主要完成人员：徐　强　苏沛东　刘东旭　杨　磊
　　　　　　　宋新安　胡征宇　郑　梅　朱长青
　　　　　　　吴盛伟　朱　平　杨成才　王建生
　　　　　　　张　涯　刘　蕊　王玲玲

项 目 名 称：广州南部快速路海心沙大桥
主要完成单位：广东省公路勘察规划设计院有限公司
主要完成人员：梁立农　曹卫力　黎　军　卢绍鸿
　　　　　　　谢智敏　卢维华　黎　敏　何　海
　　　　　　　姜启珍　罗剑平　陈达章　刘桂红
　　　　　　　曾宇彤　陈潮锐　魏开波

项 目 名 称：深圳港盐田港区三期工程
主要完成单位：中交第三航务工程勘察设计院有限
　　　　　　公司
主要完成人员：程泽坤　蒋乐群　邱毅平　陈夏波
　　　　　　　吴志良　范忆平　姚建兴　邬丽萍
　　　　　　　张银苗　缪德浩　沈觉明　汪正国
　　　　　　　郭瑞隆　史济辰　赵　弢

项 目 名 称：黄骅港一期工程
主要完成单位：中交第一航务工程勘察设计院有限
　　　　　　公司
　　　　　　　中交水运规划设计院有限公司
主要完成人员：杨希宏　杨桂樨　朱恩宗　燕太祥
　　　　　　　尹锡泽　乐金荣　罗　刚　宋海良
　　　　　　　周汝林　张志平　邢　军　朱　浩
　　　　　　　时常明　黄顺玲　吴　剑

项 目 名 称：武汉绕城公路线羽村至豹四榭段
主要完成单位：中国公路工程咨询集团有限公司
　　　　　　　武汉市公路勘察设计院
主要完成人员：何　斌　刘聪和　胡　盛　贾国杰
　　　　　　　张江亭　蔡小稚　张　春　张新来
　　　　　　　王　燕　徐晓松　周红萍　骆寿权
　　　　　　　文　兵　贺　敏　张汉龙

项 目 名 称：国道205线滨州黄河公路大桥
主要完成单位：中交公路规划设计院有限公司
　　　　　　　山东省交通规划设计院

主要完成人员：	吴明远　孟凡超　李守善　徐国平 孔海霞　许春荣　徐　麟　万珊珊 齐向军　武晋荣　庞颂贤　李怀峰 王仁贵　崔　冰　左　慧

项　目　名　称：改建铁路大秦结两亿吨扩能改造工程
主要完成单位：铁道第三勘察设计院集团有限公司
　　　　　　　北京全路通信信号研究设计院
　　　　　　　中铁电气化勘测设计研究院有限公司
　　　　　　　中铁二院工程集团有限责任公司
主要完成人员：耿志修　孙树礼　王　稳　俞祖法
　　　　　　　牛会想　潘继军　姜春林　秦宝来
　　　　　　　范建国　宋　兵　韩鲁斌　邸士萍
　　　　　　　刘　新　吴铁民　赵庆坤

项　目　名　称：浙赣铁路电气化改造工程
主要完成单位：中铁二院工程集团有限责任公司
　　　　　　　中铁第四勘察设计集团有限公司
主要完成人员：何华武　朱　颖　敖云碧　许佑顶
　　　　　　　郑天池　乐　重　周世林　李朝阳
　　　　　　　高柏松　陈华军　何志工　高　超
　　　　　　　尚寒春　张　浩　陈德伟

项　目　名　称：上海浦东国际机场二期飞行区配套设施工程
主要完成单位：中国民航机场建设集团公司
主要完成人员：李　强　刘海迅　韩黎明　姜昌山
　　　　　　　牧　彤　姚荣学　潘　建　孙　涛
　　　　　　　冯　德　庞雪峰　杨思坤　静恩波
　　　　　　　葛惟江　王则青　张存虎

项　目　名　称：鲁泰纺织股份有限公司年产5000万米高档色织布生产线项目
主要完成单位：山东纬剑工程设计有限公司
主要完成人员：蔡　剑　李　斌　周云祥　李　靖
　　　　　　　白念悦　李天然　赵恩堂　程登峰
　　　　　　　葛瑞梁　王　平

项　目　名　称：阿联酋联合水泥公司10000t/d水泥熟料生产线工程
主要完成单位：成都建筑材料工业设计研究院有限公司
主要完成人员：吴　宏　陈　涛　杜秀光　李国秀
　　　　　　　陈　波　任　刚　刘　晖　廖　智
　　　　　　　何明生　栗晨香　王向明　徐　敏
　　　　　　　万敬泰　方　斌　高　迎

项　目　名　称：山东恒安纸业有限公司生活用纸工程
主要完成单位：中国轻工业长沙工程有限公司
主要完成人员：黄民基　肖明胜　任荣旺　刘声远
　　　　　　　张保强　陈大勇　姜立红　刘桂芳
　　　　　　　杨　洋　刘剑东　谢德兴　鞠秀连
　　　　　　　刘元刚

项　目　名　称：上海金枫酿酒有限公司年新增4万吨新型高品质营养黄酒技术改造项目
主要完成单位：中国海诚工程科技股份有限公司
主要完成人员：郦　胜　张耀安　徐　洁　张　蕾
　　　　　　　陈　缨　徐乐燕　余宁川　顾　方
　　　　　　　陈声懿　王建平　余东宁　靳　滨
　　　　　　　王晓芬　李明城　曹幸白

项　目　名　称：长沙市城市生态圈浏东公路绿色走廊景观与造林设计
主要完成单位：国家林业局
　　　　　　　中南林业调查规划设计院
主要完成人员：但新球　黄　琰　卢　立　吴群山
　　　　　　　吴南飞　舒　勇　周光辉　熊智平
　　　　　　　贺东北　吴协保　周湘红　唐国林
　　　　　　　易继军　杨政刚　寻　辉

项　目　名　称：昆明第二长途电信枢纽楼
主要完成单位：华信邮电咨询设计研究院有限公司
主要完成人员：汤静波　胡若彦　金　均　陈诗浩
　　　　　　　陆　晖　杜国平　黄坚佐　康　伟
　　　　　　　黄旭光　胡　毓　马　德　潘庆瑶
　　　　　　　张　毅　张　引　刘秋明

项　目　名　称：四川移动2006年新建软交换机工程
主要完成单位：中讯邮电咨询设计院
　　　　　　　江苏省邮电规划设计院有限公司
主要完成人员：昌振通　张振文　邢向晖　朱　燕
　　　　　　　杨　慧　张　韬　吕　靖　胡　祎
　　　　　　　辛荣寰　周　巍　王铁兰　朱　冀
　　　　　　　巫　江　唐　海　李　辉

项　目　名　称：中国网通东亚环球（EAC）光缆登陆青岛工程
主要完成单位：中国移动通信集团设计院有限公司
主要完成人员：高军诗　麻小龙

项　目　名　称：广东移动业务运营支撑系统（BOSS）一期工程
主要完成单位：广东省电信规划设计院有限公司
主要完成人员：蒋思军　刘清宇　左　骅　姚招平

一、专　题

　　　　　　　　李洪海　冯福锋　李　梅　苏远超
　　　　　　　　陈新敏　何振州　殷致云　杨鹤鸣
　　　　　　　　刘雪勇　严益强　郑建飞
项 目 名 称：2005年中国网通北京计费账务在线数据保护系统新建工程
主要完成单位：北京电信规划设计院有限公司
主要完成人员：郭丽华　向　磊　朱炳文　李新鹏
　　　　　　　　戴　辉

项 目 名 称：中环半导体超快恢复高压硅堆高技术产业化示范工程
主要完成单位：信息产业电子第十一设计研究院有限公司
主要完成人员：张文志　姜士兰　王小红　杜　嵘
　　　　　　　　夏双兵　韩永元　陈孝林　俞　澜
　　　　　　　　龚小兵　张小武　杨先勇　谭　梅
　　　　　　　　张鹏飞　陈　渊　吴秀凤

项 目 名 称：河南移动GSM网九期扩容工程
主要完成单位：中讯邮电咨询设计院
　　　　　　　　河南省信息咨询设计研究有限公司
　　　　　　　　河南省邮电规划设计院
主要完成人员：任国旭　孙　红　冯　毅　黄冬青
　　　　　　　　李战升　许世峰　吕振通　王志全
　　　　　　　　肖　杰　何小山　赵玉凤　祝　琳
　　　　　　　　曹　恒　许　波　祁澎泳

项 目 名 称：中国电信网管及维护等中心机房工程
主要完成单位：中讯邮电咨询设计院
主要完成人员：林伟杰　关　磊　贺　晓　薄伟杰
　　　　　　　　张德科　程　序　张海峰　陈艺菲
　　　　　　　　熊　磊　张　琪　李其亮　吴文莉
　　　　　　　　海继良　王　伟　Dirk Heller

项 目 名 称：西安西岳6英寸集成电路生产线项目
主要完成单位：世源科技工程有限公司
主要完成人员：李培彬　秦学礼　吴晓明　牛光宏
　　　　　　　　肖红梅　张航科　刘书兴　高彩芬
　　　　　　　　王　鹏　吴晓斌　戴　兵　张晓敏
　　　　　　　　韦学群　李　杰　张冬梅

项 目 名 称：2004年北京通信新建宽带综合业务传送网工程
主要完成单位：北京电信规划设计院有限公司
主要完成人员：杜　伟　孙改霞　叶健洁　王　智
　　　　　　　　于　冰　陆　捷　王素雯　张志国

　　　　　　　　王　颖　刘志增　肖　然　李孝众
　　　　　　　　侯振宇　马　强　阎　鹏
项 目 名 称：北京市高级人民法院审判业务用房
主要完成单位：北京市建筑设计研究院
主要完成人员：张江涛　徐全胜　王国庆　祁　跃
　　　　　　　　王　威　李海瀛　郭明华　莫　斌
　　　　　　　　宋丽芳　甘　明　张　翀　虞　朋
　　　　　　　　董相立　刘　苹　刘　侃

项 目 名 称：天津"五一阳光·皓日园"居住小区
主要完成单位：天津华汇工程建筑设计有限公司
主要完成人员：周　恺　江　澎　张　伟　刘晓楠
　　　　　　　　谢增祥　谢文辉　董文广　郭恩健
　　　　　　　　胡国好　黄　健　田书伟　刘　扬
　　　　　　　　朱　元　曾永捷　王佃瑞

项 目 名 称：公安部办公楼
主要完成单位：中广电广播电影电视设计研究院
主要完成人员：吴纯举　林方亮　王　暐　詹叶青
　　　　　　　　马家骏　林长海　裘建东　向　荣
　　　　　　　　于象玉　张俏梅　陈　红　张宏军
　　　　　　　　孙建海　侯卫华　张　华

项 目 名 称：清华大学美术学院
主要完成单位：北京市建筑设计研究院
　　　　　　　　帕金斯&威尔公司
主要完成人员：钟永新　王　戈　方志萍　陈　威
　　　　　　　　薛慧立　石　鹤　任　红　张　杰
　　　　　　　　汪云峰　杨　帆　鲁馨宜　刘　越
　　　　　　　　钱　宇　王　盛　栗继明

项 目 名 称：松江新城方松社区文化中心
主要完成单位：同济大学建筑设计研究院
主要完成人员：周　峻　张晓光　张　颖　鞠永健
　　　　　　　　邵　喆　邵晓健　巢　斯　石　优
　　　　　　　　姜文辉

项 目 名 称：中山市文化艺术中心
主要完成单位：中建国际(深圳)设计顾问有限公司
主要完成人员：庄　葵　刘人健　田　铙　董彦章
　　　　　　　　伍　凌　杨庆伟　吴　知　丁瑞星
　　　　　　　　李晓航

项 目 名 称：金融街B7大厦
主要完成单位：中国建筑设计研究院
　　　　　　　　美国SOM国际建筑设计有限公司

主要完成人员：崔海东　张　燕　张军英　李宝明
　　　　　　　王　载　任庆英　李　鸣　邵　筠
　　　　　　　郭汝艳　靳晓红　关文吉　蔡　玲
　　　　　　　孙成群　李俊民　黄雅如

项 目 名 称：卫生部北京医院老北楼重建工程
主要完成单位：中国中元国际工程公司
主要完成人员：黄锡璆　谷　建　刘　颖　丁　建
　　　　　　　郭春雷　赵　杰　林向阳　奚传栋
　　　　　　　袁利平　王　健　李无畏　王圣男
　　　　　　　蒋　清　蒋天阳　庄大伟

项 目 名 称：中软昌平科技园 1 号 2 号研发楼
主要完成单位：中国建筑设计研究院
主要完成人员：曹晓昕　孙　雷　毕　磊　刘　鹏
　　　　　　　李京沙　张　青　王亚东　路建旗
　　　　　　　程　珠　沈晓雷　刘松华　张海波
　　　　　　　王大庆　陶　涛　李超英

项 目 名 称：杭州西湖博物馆
主要完成单位：浙江大学建筑设计研究院
主要完成人员：余　健　沈济黄　曾　勤　黎　冰
　　　　　　　王　雷　沈　金　金振奋　裘　涛
　　　　　　　刘晓梅　卢德海　曹志刚　杨国忠
　　　　　　　孙文通　吴超凡　王林忠

项 目 名 称：郑州新郑国际机场航站楼改扩建工程
主要完成单位：中国建筑东北设计研究院有限公司
主要完成人员：任炳文　王洪礼　周文连　刘　战
　　　　　　　杨海荣　燕　翼　吴一红　隋庆海
　　　　　　　申豫斌　王晓光　曲　杰　何延治
　　　　　　　兰品贵　朱宝峰　徐良鸥

项 目 名 称：浙江省电力生产调度大楼
主要完成单位：浙江大学建筑设计研究院
主要完成人员：董丹申　黎　冰　陈　建　倪　剑
　　　　　　　裘　涛　秦从律　方璐群　杨　毅
　　　　　　　李　平　卢庆新　周建炉　丁　德
　　　　　　　刘晓梅　杨国忠　孙文通

项 目 名 称：北京市人民检察院新建办公业务用房
主要完成单位：中国建筑设计研究院
主要完成人员：曹晓昕　朱荷蒂　王力波　王则慧
　　　　　　　李京沙　张　青　王苏阳　王雅萍
　　　　　　　张建宇　周　蔚　潘云钢　肖晓丽
　　　　　　　詹　红　曹　莹　张　晔

项 目 名 称：中关村国际金融中心
主要完成单位：中国建筑设计研究院
　　　　　　　美国 KPF 建筑师事务所
主要完成人员：汪　恒　郭红军　苏　童　周　宇
　　　　　　　胡纯炀　申　林　王春光　李万华
　　　　　　　杨东辉　丰　涛　沙玉兰　贾京花
　　　　　　　杨宇飞　白红卫　张晓菲

项 目 名 称：德胜科技大厦（德胜尚城）
主要完成单位：中国建筑设计研究院
主要完成人员：崔　愷　逄国伟　刘爱华　施　泓
　　　　　　　邢燕丽　刘继兴　陈　琪　杨宇飞
　　　　　　　白红卫　李　力　崔　莉　谢　悦
　　　　　　　周　宇　李慧琴　曹　清

项 目 名 称：北京华贸中心办公楼
主要完成单位：华东建筑设计研究院有限公司
　　　　　　　美国 KPF 建筑师事务所
主要完成人员：徐维平　姜　华　邹　瑾　华小卫
　　　　　　　王学良　苏　夺　金大算　蔡增谊
　　　　　　　刘　毅

项 目 名 称：清华大学专家公寓二期
主要完成单位：清华大学建筑设计研究院
主要完成人员：庄惟敏　鲍承基　李文虹　李　铀
　　　　　　　冬宇辉　张　挺　郭天明

项 目 名 称：天津市第三十一中学及中营模范小学
主要完成单位：天津华汇工程建筑设计有限公司
主要完成人员：周　恺　李宏宇　侯广明　魏　薇
　　　　　　　郭书晋　师　颖　黄晓刚　刘　扬
　　　　　　　晏　华　孙晓宁　朱　元　王　宏
　　　　　　　谢增祥　毛玉龙　周　峰

项 目 名 称：天津大学第 25 教学楼
主要完成单位：天津大学建筑设计研究院
主要完成人员：张繁维　杨昌鸣　宦　新　李　涛
　　　　　　　马海民　王丽文　张在方　洪再生
　　　　　　　丁永君　蔡　节　顾志宏　张　波

项 目 名 称：南京奥林匹克体育中心
主要完成单位：江苏省建筑设计研究院有限公司
　　　　　　　HOK 设计公司
主要完成人员：仓慧勤　李戈兵　江　兵　任家骥
　　　　　　　姜月林　廖　杰　周友根　秦玲玲
　　　　　　　吴春良　李　青　汤荣广　方玉妹
　　　　　　　夏卓平　陈礼贵　周海新

一、专　题

项　目　名　称：心家·泊(滨江北斗)
主要完成单位：福建省建筑设计研究院
主要完成人员：蔡锦华　原滔　黄汉民　黄建英
　　　　　　　郑锦义　柯宇青　周羚　陈侃
　　　　　　　卢伟煌　林卫　谢进国　蒋天旗
　　　　　　　林峰

项　目　名　称：北京新保利大厦
主要完成单位：总装备部工程设计研究总院
　　　　　　　美国SOM建筑结构设计事务所
主要完成人员：侯军祥　徐原平　尹华钢　王乐文
　　　　　　　谢德强　陈洪琪　王辉　丁立平
　　　　　　　李志强　刘杰　李茂峰　郭涛
　　　　　　　白忠新　周霞　黄咏政

项　目　名　称：丰北路(三环—四环)改扩建工程
主要完成单位：北京市市政工程设计研究总院
主要完成人员：包琦玮　贾引　董全喜　何维利
　　　　　　　马树田　张坤　阴存欣　孙宏涛
　　　　　　　倪珊　邵恒　马汉东　蔡芸
　　　　　　　胡腊云　许琳　刘峰

项　目　名　称：罗湖口岸/火车站地区综合改造工程
主要完成单位：深圳市北林苑景观及建筑规划设计院有限公司
　　　　　　　深圳市市政设计研究院有限公司
主要完成人员：何昉　陈宜言　千茜　蔡明
　　　　　　　王涛　徐波　Kevin Shanley
　　　　　　　黄任之　章锡龙　陈少华　王少峰
　　　　　　　王织平　杨如轩　曹益宁　王永旗

项　目　名　称：静园虚廊园
主要完成单位：苏州园林设计院有限公司
主要完成人员：匡振鹍　贺风春　朱红松　王英鹰
　　　　　　　宋晓燕　席时友　倪艺　周志刚

项　目　名　称：上海市复兴东路越江隧道
主要完成单位：上海市隧道工程轨道交通设计研究院
主要完成人员：乔宗昭　陈鸿　曹伟飚　王曦
　　　　　　　叶蓉　黄巍　蒋卫艇　冯爽
　　　　　　　邵臻　李美玲　张毅　朱祖熹
　　　　　　　孟静　沈蓉　彭子晖

项　目　名　称：昆山市区域供水第三水厂工程
主要完成单位：中国市政工程中南设计研究院
主要完成人员：李树苑　赵翔　蒋卫列　吴瑜红
　　　　　　　王雄　王文生　孙海鹏　魏耀宏
　　　　　　　冯琼　郑春燕　刘海燕　王鑫
　　　　　　　范筠　曾为华　华勇

项　目　名　称：重庆菜园坝长江大桥工程
主要完成单位：重庆交通科研设计院
　　　　　　　林同棪国际(重庆)工程咨询有限公司
主要完成人员：韩道均　邓文中　孙峻岭　刘孝辉
　　　　　　　蒋中贵　王福敏　李海鹰　邹云
　　　　　　　刘安双　罗强　杨家玉　任国雷
　　　　　　　杨春　伍波　李涛

项　目　名　称：山东省烟台市生活垃圾综合处理工程
主要完成单位：中国市政工程东北设计研究院
主要完成人员：刘志刚　赵海　陈淑华　王鲲
　　　　　　　薛昆　赵奇　李耐风　杨静
　　　　　　　吴禾佳　赵燕平　杨建国　程亚杰
　　　　　　　周威　白辘韬　陈国宁

项　目　名　称：奥运村再生水冷热源及管线工程设计
主要完成单位：中国建筑设计研究院
　　　　　　　北京市市政工程设计研究总院
主要完成人员：宋孝春　关文吉　王玉卿　劳逸民
　　　　　　　李萍　夏树威　张亚立　张晔
　　　　　　　王立波　何彬　郑颖　刘燕军
　　　　　　　韦航　王雅萍　王芳

项　目　名　称：北京奥林匹克公园网球中心
主要完成单位：中建国际(深圳)设计顾问有限公司
　　　　　　　澳大利亚百翰年建筑设计有限公司
主要完成人员：郑方　吕强　傅学怡　毛红卫
　　　　　　　宋晓蓉　满孝新　许月　张海宇
　　　　　　　汪嘉懿　刘文捷　宗菲　戴曦玲
　　　　　　　Andrew Cortese　Lawrence Nield
　　　　　　　Glenn Scott

项　目　名　称：奥林匹克公园多功能演播塔
主要完成单位：中国建筑设计研究院
主要完成人员：崔愷　秦莹　傅晓铭　张军英
　　　　　　　康凯　张汝冰　周旭梁　任祖华
　　　　　　　范重　刘先明　付永彬　朱跃云
　　　　　　　关文吉　李超英　曹磊

项　目　名　称：青岛国际帆船中心
主要完成单位：北京市建筑设计研究院
　　　　　　　澳大利亚COX集团
主要完成人员：文跃光　解钧　徐浩　李伟政
　　　　　　　李晓志　庄钧　唐佳　王竞

周　恬　　万红宇　　李志东　　赵占岭
何晓东　　陈太玲　　张瑞松

项　目　名　称：2008奥运会老山自行车馆
主要完成单位：中国航天建筑设计研究院（集团）
　　　　　　　广东省建筑设计研究院
主要完成人员：窦晓玉　　李振华　　吕　琢　　崔玉明
　　　　　　　林小强　　刘亚军　　李桢章　　程晓光
　　　　　　　李恺平　　胡金鑑　　权　新　　陈建飚
　　　　　　　苏兆英　　韩庆华　　陈乃华

项　目　名　称：北京2008顺义奥林匹克水上公园
主要完成单位：北京天鸿圆方建筑设计有限责任公司
主要完成人员：李　丹　　侯宝永　　陈海丰　　曹泽新
　　　　　　　金　焱　　王　京　　李　炜　　王建东
　　　　　　　赵文琪　　唐少文　　王晓静　　郑　洋
　　　　　　　张宏伟　　李　思　　那　苓

项　目　名　称：广州本田汽车有限公司24万辆整车
　　　　　　　项目
主要完成单位：东风设计研究院有限公司
主要完成人员：康立华　　曾庆洪　　黄运财　　陈建伟
　　　　　　　张海波　　李文英　　李长征　　李大军
　　　　　　　钦志相　　聂一波　　张会燕　　蔡　晓
　　　　　　　夏贤幺　　佟志春　　沈　山

项　目　名　称：沈阳飞机设计研究所全机电磁兼容
　　　　　　　性试验室
主要完成单位：中国航空工业规划设计研究院
主要完成人员：陈　刚　　王　玮　　褚洁达　　许柏涛
　　　　　　　裴永忠　　赵海鹏　　谢哲明　　刘　芳
　　　　　　　张景林　　魏　旗　　杨丽莉　　张俊杰
　　　　　　　苏碧萍　　潘　茜　　李力军

项　目　名　称：021工程建设项目
主要完成单位：北方设计研究院
主要完成人员：聂振邦　　赵惠卿　　武洪琳　　刘晓燕
　　　　　　　韩险峰　　张海波　　杜惠博　　王晓鹏
　　　　　　　柳秀导　　李建民　　桑　丹　　李满庭
　　　　　　　薛江洪　　奚　晶　　于　巍

项　目　名　称：中国第一汽车集团公司无锡柴油机
　　　　　　　厂CA6DL柴油机技术改造项目
主要完成单位：机械工业第九设计研究院
主要完成人员：康来明　　于　涛　　陆　鑫　　罗咏南
　　　　　　　李华峰　　李华香　　张继伟　　董　健
　　　　　　　王鹏远　　任文立　　冯晓梅　　闫　哲

程志忠

项　目　名　称：南非纽卡斯尔2号焦炉改造工程设计
主要完成单位：中冶焦耐工程技术有限公司
主要完成人员：蔡承祐　　刘洪春　　李　超　　姜德玉
　　　　　　　陈健炜　　王乐平　　郭　林　　印文宝
　　　　　　　毛建伟　　孙秉侠　　孙思伟　　李永明
　　　　　　　张晓波　　高文杰　　郑　伟

项　目　名　称：攀钢集团成都钢铁有限责任公司
　　　　　　　Φ340连续轧管机组工程设计
主要完成单位：中冶赛迪工程技术股份有限公司
主要完成人员：余维江　　王嘉禄　　曾良平　　刘　树
　　　　　　　王　奎　　杨大元　　罗宏伟　　穆　东
　　　　　　　罗德金　　伊新平　　彭　坚　　关　岩
　　　　　　　高景荣　　李安全　　张　春

项　目　名　称：鞍钢2150炼钢—连铸—连轧工程设计
主要完成单位：鞍钢集团设计研究院
主要完成人员：吴振国　　白　莉　　卢仲海　　荣　锋
　　　　　　　王爱国　　陈学勇　　宋　刚　　李继宏
　　　　　　　徐　军　　涂咏梅　　姚宇峰　　侯希航
　　　　　　　杨　昱　　张彤宇　　陈广延

项　目　名　称：津西大H型钢轧钢工程设计
主要完成单位：中冶华天工程技术有限公司
主要完成人员：陈道明　　卢　勇　　金持平　　朱　军
　　　　　　　白金顺　　何家宝　　罗　森　　黄泽铭
　　　　　　　芮　斌　　杨兰侠　　王兰郁　　张桂营
　　　　　　　林　萍　　许　伟　　沐贤春

项　目　名　称：酒泉钢铁（集团）有限责任公司炼钢转
　　　　　　　炉大型化改造工程设计（不锈钢工程）
主要完成单位：中冶东方工程技术有限公司
主要完成人员：王世喜　　王小功　　李仰东　　王玉宽
　　　　　　　王艳彪　　王　捷　　刘国平　　闻　名
　　　　　　　石红勇　　廖美萍　　刘广文　　陈圣鹏
　　　　　　　张喜凤　　张乃凤　　王晓安

项　目　名　称：天津钢铁集团有限公司3200m³高炉
　　　　　　　工程设计
主要完成单位：中冶京诚工程技术有限公司
主要完成人员：李林芳　　张友奎　　全　强　　张建梁
　　　　　　　张传波　　贾　京　　胡崇莉　　高月利
　　　　　　　丁少宏　　任爱英　　安学良　　王梅生
　　　　　　　王越涛　　李学金　　吕宇来

一、专　题

项 目 名 称：唐山国丰钢铁有限公司 1450mm 中
薄板坯连铸连轧（ZGSP）工程设计
主要完成单位：中冶东方工程技术有限公司
主要完成人员：章虎润　冀中年　章　昕　范思碧
　　　　　　　王定洪　李淑华　王　冶　朱丹蒙
　　　　　　　刘立钧　刘晓勇　郭文军　朱向前
　　　　　　　陈基平　魏来生　张乃林

项 目 名 称：武汉钢铁股份公司第二冷轧薄板厂
工程设计
主要完成单位：中冶南方工程技术有限公司
主要完成人员：项明武　邵远敬　廖砚林　文铁军
　　　　　　　赵　海　蔡　丹　杨　军　余华胜
　　　　　　　叶青波　李　敏　丁　煜　邓志刚
　　　　　　　谢德华　肖　萍　盛梦兆

项 目 名 称：山东冠洲股份有限公司 1450mm 八
辊冷连轧工程设计
主要完成单位：中冶京诚工程技术有限公司
主要完成人员：李龙男　李鸿波　陈南宁　季安珊
　　　　　　　贾大朋　张景智　贾庆春　成计民
　　　　　　　李一臣　江东海　丁殿凯　朱正华
　　　　　　　曲亚平　吴春玲　崔丙宇

项 目 名 称：太原钢铁（集团）有限公司 150 万吨／
年不锈钢冷轧工程设计
主要完成单位：太原钢铁（集团）设计院（有限公司）
主要完成人员：曹天勇　郝德锐　张志刚　李建明
　　　　　　　魏　勇　肖小华　高晔明　梁丙志
　　　　　　　王立群　白泽华　胡　捷　李争喜
　　　　　　　梁晓杰　秦红梅　东　晔

项 目 名 称：兰州铝业股份有限公司大型预焙槽
电解铝技改工程
主要完成单位：沈阳铝镁设计研究院
主要完成人员：杨晓东　李　宁　贾瑞学　孙康健
　　　　　　　范大庸　朱佳明　杨昕东　刘　敬
　　　　　　　周东方　曲永刚　戈广金　蒋　文
　　　　　　　姜兴东　袁一新　蔡红敏

项 目 名 称：贵州金兴黄金矿业有限责任公司紫
木凼金矿扩建工程设计
主要完成单位：长春黄金设计院
主要完成人员：纪　强　张清波　张维滨　张广篇
　　　　　　　汪　丹　张基娟　周桂香　华铁军
　　　　　　　唐抒梅　甄建军　张礼学　卞明军
　　　　　　　李卫东　张永贵　韩建秋

项 目 名 称：北京五棵松文化体育中心
主要完成单位：北京市勘察设计研究院有限公司
主要完成人员：张在明　沈小克　周宏磊　唐建华
　　　　　　　孙保卫　李　立　李根义　侯东利
　　　　　　　沈　滨　李正平　陈昌彦　郑　瑶
　　　　　　　王军辉　王　峰　朱志刚

项 目 名 称：成都航天科技大厦基坑工程
主要完成单位：中国建筑西南勘察设计研究院有限
公司
主要完成人员：康景文　赵　翔　朱赫宇　颜光辉
　　　　　　　王　成　符征营　王亨林　崔同建
　　　　　　　陈　麟　贾　鹏

项 目 名 称：陕西国华锦界煤电工程厂区岩土工
程勘察与试验
主要完成单位：西北电力设计院
主要完成人员：刘厚健　刘志伟　隋国秀　杜智斌
　　　　　　　张　轩　范崇宾　李党民　张希宏
　　　　　　　赵春莲　张　安　任卫东　刘富亭
　　　　　　　侯寿贵　张国平　武　云

项 目 名 称：北京建外 SOHO 四期地基处理工程
及桩土应力比大型原位实验研究
主要完成单位：北京市勘察设计研究院有限公司
主要完成人员：杨素春　吴民利　赵林江　王　坚
　　　　　　　程铁峰　吴亚丽　张　勇　徐善强
　　　　　　　范铁强　刘长青　张全益　朱国祥
　　　　　　　李根义　耿一然　朱志刚

项 目 名 称：桐柏抽水蓄能电站工程勘察
主要完成单位：中国水电顾问集团华东勘测设计研
究院
福建华东岩土工程有限公司
主要完成人员：周会信　单治钢　张　宁　吴火才
　　　　　　　胡建勋　何海源　余朝庄　李郁春
　　　　　　　江全福　顾文莲　乔　峰　王美玲
　　　　　　　江承任　张圆标　刘克勤

项 目 名 称：国家大剧院施工测量技术研究与实践
主要完成单位：北京城乡勘测设计研究院有限责任
公司
上海市机械施工有限公司
主要完成人员：秦长利　宋敏华　马海志　金　淮
　　　　　　　王荣权　马全明　马尧成　陈大勇
　　　　　　　张　晶　严玉龙　杨　强　王思锴
　　　　　　　熊琦智　张广伟　耿长良

项 目 名 称：福州太平洋广场
主要完成单位：福建省建筑设计研究院
主要完成人员：刘俊龙　丁胜生　林大丰　董金荣
　　　　　　　刘宏岳　林本铨

项 目 名 称：北京华贸中心
主要完成单位：建研地基基础工程有限责任公司
主要完成人员：滕延京　马　骥　张　震　张东刚
　　　　　　　刘国安　冯　禄　唐　伟

项 目 名 称：湖南省邵阳至怀化高速公路雪峰山
　　　　　　隧道工程地质勘察
主要完成单位：湖南省交通规划勘察设计院
主要完成人员：王跃飞　刘义虎　彭建国　彭　立
　　　　　　　李　军　黄　辉　胡惠华　丁国华
　　　　　　　吴建宁　龚道平　黄　戡　傅　励
　　　　　　　李桂生　陈韶光　刘海鸿

项 目 名 称：湖北省大冶市大红山矿业有限公司
　　　　　　帷幕注浆防治水工程
主要完成单位：湖北中南勘察基础工程有限公司
主要完成人员：张怀庆　何成应　祝世平　何世达
　　　　　　　刘世义　王顺培　胡文榜　熊祖堂
　　　　　　　王伏春　杨相茂　毛跃先　葛于钻
　　　　　　　王伙财　任勇华　曾夏生

项 目 名 称：上海铁路南站工程勘察与测试
主要完成单位：上海岩土工程勘察设计研究院有限公司
主要完成人员：许丽萍　顾国荣　池跃升　吴伟锋
　　　　　　　陈丽蓉　陈　波　梁元中　黄永进
　　　　　　　唐　坚　郭春生　陈　晖　孟庆俊

项 目 名 称：郑州至开封城市通道公路工程下穿京港澳
主要完成单位：高速顶推箱涵岩土工程勘察与监测
　　　　　　河南省交通规划勘察设计院有限责任公司
主要完成人员：王　丽　张晓炜　高晓燕　巩　安
　　　　　　　刘国华　杨　锋　张贵婷　楚　斌
　　　　　　　刘文娟　王　瑞　安枫垒　苏东明
　　　　　　　张　倩　张　浩　简　捷

项 目 名 称：渝怀铁路乌江峡谷工程地质勘察
主要完成单位：中铁二院工程集团有限责任公司
主要完成人员：韩　康　王　科　杨红兵　肖道坦
　　　　　　　喻洪平　杨世福　陈　松　龙清亮
　　　　　　　王　毅　曹化平　周树齐　王青川
　　　　　　　段高勤　杜宇本　何秋林

项 目 名 称：河北国华黄骅发电厂工程岩土工程勘测
主要完成单位：北京国电华北电力工程有限公司
主要完成人员：刘朝安　王　毓　方　锐　孟庆辉
　　　　　　　富长城　高文龙　刘　颖　李彦利
　　　　　　　刘京义　龚　斌　湛　川　贾　剑
　　　　　　　曾吉文　闫洪军　刘书山

项 目 名 称：中石化（仪征）15万立方米大型浮顶油罐地基与基础监测
主要完成单位：胜利油田胜利工程设计咨询有限责任公司
主要完成人员：荆少东　刘　杰　王　强　张卫明
　　　　　　　王连好　邹积山　王占元　马学东
　　　　　　　张向峰　徐帅陵　雷中华　侯　方
　　　　　　　胡升瑞　傅　玉　王　镇

项 目 名 称：北京奥林匹克公园森林公园
主要完成单位：北京市勘察设计研究院有限公司
主要完成人员：孙保卫　王　峰　张在明　姚旭初
　　　　　　　韩　华　毛向阳　李云耀　王慧玲
　　　　　　　张学平　王维理　赵焕庆　李根义
　　　　　　　李　军　郝春英　陈爱新

项 目 名 称：浙江国华宁海发电厂工程
主要完成单位：浙江省电力设计院
主要完成人员：邵长云　陈天明　朱伟江　童建国
　　　　　　　方伟定　吴建国　余智恩　任　涛
　　　　　　　姜庆泉

项 目 名 称：中环世贸中心第一标段土方　降水　护坡　垫层工程
主要完成单位：建设综合勘察研究设计院
　　　　　　北京综建科技有限公司
主要完成人员：孙华波　王世岐　赵　刚　李耀刚
　　　　　　　周载阳　朱登伦　王　曦　武爱乔
　　　　　　　尹德胜

项 目 名 称：广西百色水利枢纽主坝工程勘察
主要完成单位：广西水利电力勘测设计研究院
主要完成人员：米德才　黄国展　罗继勇　张新兴
　　　　　　　闫九球　付文华　梁天津　玉华柱
　　　　　　　张丽萍　朱启荣　林栋材　孙士安
　　　　　　　李国平　韦友道　蒋井源

一、专　　题

项 目 名 称：四川阿坝州草坡河沙牌水电站工程勘察
主要完成单位：中国水电顾问集团成都勘测设计研究院
主要完成人员：施裕兵　王旭红　陈卫东　杨　建
　　　　　　　李文纲　江显忠　吴大勇　葛东海
　　　　　　　王国庆　陈淑芬　刘义彬　刘克远
　　　　　　　邵宗平　张安川　张旭飙

项 目 名 称：丝绸之路新疆段重点文化保护项目—龟兹佛教文化区基础文物信息采集与信息管理系统建立
主要完成单位：建设综合勘察研究设计院
主要完成人员：郑书民　梁　涛　周建波　李海明
　　　　　　　李　琼　李秋英　张　浩　彭晓江
　　　　　　　张　炎　王尚冶　飞　丁　军
　　　　　　　胡　松　周俊召

项 目 名 称：国家体育馆岩土工程　工程勘察项目
主要完成单位：北京城建勘测设计研究院有限责任公司
主要完成人员：金　淮　刘志强　高文新　刘付海
　　　　　　　刘润平　谢　峰　黄溯航　李书君
　　　　　　　何翠香　黄茂祥　李　莉　程长生
　　　　　　　刘满林　王　伟　高美素

项 目 名 称：FG01-05 防空地下室结构 FD 01-02 电气设计
主要完成单位：中国建筑标准设计研究院
　　　　　　　上海市地下建筑设计研究院
　　　　　　　北京市建筑设计研究院
主要完成人员：张瑞龙　于晓音　郭　莉　刘　俊
　　　　　　　萧　蕤　毛世荣　方　磊　孙　兰
　　　　　　　徐　迪　徐学民

项 目 名 称：91SB12-1 自动灭火工程
主要完成单位：中国中元国际工程公司
主要完成人员：黄晓家　王永利　孙　巍　丁晓珏
　　　　　　　李晶晶　赵印涛　刘慧敏

项 目 名 称：调度运行可视化系统
主要完成单位：广西电力工业勘察设计研究院
　　　　　　　广西电网公司河池供电局
主要完成人员：马玉林　黎天珠　黄　伟　黎　健
　　　　　　　颜永红　袁西强　王庆红　黄启哲
　　　　　　　张　婧　莫凤芝

项 目 名 称：涵洞计算机设计成图系统
主要完成单位：重庆市交通规划勘察设计研究院
　　　　　　　重庆航运建设发展有限公司
　　　　　　　重庆市交委质监站
　　　　　　　重庆市交通委员会
主要完成人员：刘炳林　姚小松　钟明全　徐生明
　　　　　　　陈伯奎　彭兴国　岳　顺

项 目 名 称：钢结构计算机辅助设计软件
主要完成单位：中国石化工程建设公司
主要完成人员：陈瑞金　杨　栋　朱春田　刘洪坤
　　　　　　　马宏伟　肖从真　刘华锋　冯丽娟

项 目 名 称：CAXA 实体设计 2008
主要完成单位：北京数码大方科技有限公司
主要完成人员：白俊涛　肖　旭　郭瑞军　韩承祥
　　　　　　　苏军辉　宋智广　江涌涛　王朝峰
　　　　　　　李长凯　冯荣坦

项 目 名 称：奥林匹克公园市政工程综合规划
主要完成单位：北京市城市规划设计研究院
主要完成人员：苏云龙　陈蓬勃　李　英　陈景丽
　　　　　　　孙燕琳

项 目 名 称：北京奥林匹克森林公园规划设计
主要完成单位：北京清华城市规划设计研究院
主要完成人员：胡　洁　吴宜夏　吕璐珊　尹　稚
　　　　　　　佟庆远　荣浩磊　段进宇　朱育帆
　　　　　　　姚玉君　张　艳　李　薇　刘　辉
　　　　　　　尤　斌　邹梦成　刘海伦

项 目 名 称：拉萨市城市总体规划(2007～2020 年)
主要完成单位：江苏省城市规划设计研究院
主要完成人员：张　泉　袁锦富　李侃桢　胡海波
　　　　　　　刘志超　叶兴平　杨　晔　王海勇
　　　　　　　丁志刚　张　伟　宋玉璋　王伟杰
　　　　　　　吴　蔚　华海荣　陈燕飞

项 目 名 称：5 米立式风洞
主要完成单位：总装工程设计研究总院
主要完成人员：周凤广　谭　锋　张　平　陈方明
　　　　　　　王爱新　赵立柱　郭隆德　刘正章
　　　　　　　雷向阳　张　清　任建平　张宗国
　　　　　　　王迎东　戴要胜　刘全胜

2009年"中国建研院CABR杯"华夏建设科学技术奖获奖项目名单

一等奖

项 目 名 称： 中国西部小城镇环境基础设施经济适用技术识别 集成与示范
主要完成单位： 重庆大学
中国市政工程西南设计研究院
主要完成人员： 何 强 李彦春 龙腾锐 李百战
彭绪亚 蒋绍阶 翟 俊 方俊华
蔡珍红 张 智 柴宏祥 汪立飞
李永红 梁建军 白华清

项 目 名 称： 中国西部小城镇环境基础设施经济适用技术识别 集成与示范
主要完成单位： 重庆大学
中国市政工程西南设计研究院
主要完成人员： 何 强 李彦春 龙腾锐 李百战
彭绪亚 蒋绍阶 翟 俊 方俊华
蔡珍红 张 智 柴宏祥 汪立飞
李永红 梁建军 白华清

项 目 名 称： 基于IFC标准的建筑工程4D施工管理系统的研究和应用
主要完成单位： 清华大学
北京城建集团有限责任公司
广联达软件股份有限公司
山东高速青岛公路有限公司
广州珠江新城西塔项目施工总承包工程项目部
主要完成人员： 张建平 李久林 刁志中 胡振中
吴大鹏 叶浩文 姜言泉 张 洋
韩 冰 宋振宇 梁 雄 卢 伟
孙 强 周 毅 邱世勋

项 目 名 称： 中国科学技术史·建筑卷
主要完成单位： 中国建筑设计研究院
主要完成人员： 傅熹年

项 目 名 称： 高层建筑地基基础变刚度调平设计方法与处理技术
主要完成单位： 建研地基基础工程有限责任公司（中国建筑科学研究院地基基础研究所）
主要完成人员： 刘金砺 迟铃泉 张 武 王 涛
刘金波 高文生 朱春明 杨生贵

项 目 名 称：《城市轨道交通工程项目建设标准》
主要完成单位： 北京城建设计研究总院有限责任公司
建设部地铁与轻轨研究中心
北京市基础设施投资有限公司
北京市轨道交通建设管理有限公司
北京市市政工程设计研究总院
北京全路通信信号研究设计院
上海申通轨道交通研究咨询有限公司
上海隧道工程轨道交通设计研究院
上海市城市建设设计研究院
广州市地下铁道总公司
主要完成人员： 沈景炎 秦国栋 郑 毅 俞加康
孔繁达 于 波 申大川 周 建
徐明杰 李国庆 杨秀仁 于松伟
宋 毅 丁建隆 毕湘利

项 目 名 称：《建筑节能工程施工质量验收规范》GB 50411—2007
主要完成单位： 中国建筑科学研究院
广东省建筑科学研究院
河南省建筑科学研究院
山东省建筑设计研究院
北京振利高新技术有限公司
宁波荣山新型材料有限公司
哈尔滨天硕建材工业有限公司
江苏仪征久久防水保温隔热工程公司
及时雨保温隔音技术有限公司
深圳金粤幕墙装饰工程有限公司
主要完成人员： 宋 波 张元勃 杨仕超 栾景阳
于晓明 金丽娜 孙述璞 王 虹

　　　　　　　李爱新　许锦峰　史新华　应柏平
　　　　　　　顾福林　张广志　韩　红

二等奖

项　目　名　称：拉萨市城市总体规划(2007～2020)
主要完成单位：江苏省城市规划设计研究院
主要完成人员：张　泉　袁锦富　李侃桢　胡海波
　　　　　　　刘志超　叶兴平　杨　晔　王海勇
　　　　　　　丁志刚　张　伟

项　目　名　称：国家体育场室内环境关键技术研究
主要完成单位：中国建筑设计研究院
　　　　　　　清华大学建筑技术科学系
　　　　　　　中广电广播电影电视设计研究院
主要完成人员：潘云钢　丁　高　李兴钢　张文才
　　　　　　　王　健　李先庭　陈怀民　吴德绳
　　　　　　　马国馨　邱涧冰

项　目　名　称：濒海地区高性能混凝土结构耐久性关键技术与应用
主要完成单位：上海市建筑科学研究院(集团)有限公司
主要完成人员：俞海勇　王　琼　徐　强　邓咏梅
　　　　　　　张　贺　施钟毅　於林峰　赵　磊
　　　　　　　单卫良　鞠丽艳

项　目　名　称：钢—混凝土组合结构在桥梁工程中的应用试验研究
主要完成单位：四川省交通厅公路规划勘察设计研究院
　　　　　　　佛山市公用事业管理局
　　　　　　　西南交通大学
　　　　　　　路桥华南工程有限公司
　　　　　　　长沙理工大学
主要完成人员：牟廷敏　杨小晶　范碧琨　孙德原
　　　　　　　梁　健　李德钦　赵人达　田仲初
　　　　　　　刘　炜　蒋自强

项　目　名　称：应对水源突发性污染的城市供水应急处理技术研究
主要完成单位：技术研究
　　　　　　　清华大学
　　　　　　　北京市自来水集团有限责任公司
　　　　　　　上海市供水调度监测中心
　　　　　　　广州市自来水公司
　　　　　　　深圳市水务(集团)有限责任公司
　　　　　　　无锡市自来水总公司
　　　　　　　济南市供排水监测中心
主要完成人员：张　悦　张晓健　陈　超　王　欢
　　　　　　　张素霞　陈国光　王建平　卢益新
　　　　　　　周圣东　贾瑞宝

项　目　名　称：建筑机电设备开放式通信协议
主要完成单位：中国建筑设计研究院
　　　　　　　全国智能建筑技术情报网
　　　　　　　亚太建设科技信息研究院
主要完成人员：欧阳东　吕　丽　张文才　李陆峰
　　　　　　　孙鸢飞

项　目　名　称：建筑结构通用分析与设计软件GSSAP
主要完成单位：广东省建筑设计研究院
　　　　　　　深圳市广厦软件有限公司
主要完成人员：焦　柯　吴文勇　陈　星　童慧波
　　　　　　　何锦超　李鸿辉　蔡晓宝　欧妍君
　　　　　　　赖鸿立　林扑强

项　目　名　称：软弱地层地铁车站连续自控化气压沉箱技术研究
主要完成单位：上海市城市建设设计研究院
　　　　　　　上海申通轨道交通研究咨询有限公司
　　　　　　　同济大学
　　　　　　　上海轨道7号线发展有限公司
　　　　　　　上海市基础工程公司
主要完成人员：白廷辉　徐正良　王益群　温玉君
　　　　　　　彭芳乐　袁　芬　沈红　周国祥
　　　　　　　刘　晨　徐　瑾

项　目　名　称：中国古典建筑设计软件的开发
主要完成单位：建研科技股份有限公司
主要完成人员：陈岱林　姜　立　赵景学　刘连民
　　　　　　　任燕翔　于贵有　张　雷　张凯利
　　　　　　　王建锋　熊志坚

项　目　名　称：GB/T 21086—2007《建筑幕墙》
主要完成单位：中国建筑科学研究院
　　　　　　　中国建筑标准设计研究院
　　　　　　　广东省建筑科学研究院
　　　　　　　深圳中航幕墙工程有限公司
　　　　　　　深圳三鑫玻璃技术股份有限公司
　　　　　　　中信渤海铝业幕墙装饰有限公司
　　　　　　　上海斯米克建筑陶瓷有限公司
主要完成人员：何星华　姜　仁　顾泰昌　杜继予

石民祥　闭思廉　王德勤　姜　红
刘晓东　王双军

项 目 名 称：盾构法隧道施工与验收规范
主要完成单位：住房和城乡建设部科技发展促进中心
北京城建集团有限责任公司
中铁隧道集团有限公司
上海隧道工程股份有限公司
北京城建地铁地基市政工程有限公司
北京城建勘测设计研究院有限责任公司
北京城建建材工业有限公司
主要完成人员：张庆风　王　甦　万姜林　朱海良
梁　洋　华　东　叶慷慨　魏新良
秦长利　蔡亚宁

项 目 名 称：建筑气候与节能设计基础及应用研究
主要完成单位：西安建筑科技大学
主要完成人员：杨　柳　刘加平　李昌华　胡冗冗
何　泉　刘艳峰　董　宏　刘大龙
祁　飞　朱新容

项 目 名 称：河南艺术中心超大异形曲面钢结构及装饰
主要完成单位：幕墙施工技术研究与应用
北京建工集团有限责任公司总承包部
主要完成人员：翟培勇　杨秉钧　原　波　朱文键
郑　直　王　兴　任光洁　高连奎
杨　威　路　强

项 目 名 称：索支穹顶钢屋盖施工成套技术研究
主要完成单位：中建工业设备安装有限公司
中国建筑第八工程局有限公司
东南大学
主要完成人员：肖绪文　张成林　郭正兴　刘力群
吴聚龙　毕水勇　郭显亮　田启良
叶家邦　陈　静

项 目 名 称：外加剂对商品混凝土体积稳定性的影响及控制技术研究
主要完成单位：中国建筑科学研究院
主要完成人员：赵霄龙　郭延辉　郭京育　张仁瑜
薛　庆　刘　岩

项 目 名 称：城市污水除磷脱氮工艺的效能改进与工程化应用
主要完成单位：国家城市给水排水工程技术研究中心
中国市政工程华北设计研究总院

主要完成人员：郑兴灿　颜秀勤　张秀华　阚薇莉
吴凡松　李成江　郑一宁　孙永利
白月芬　温汝青

项 目 名 称：小城镇规划及相关技术标准研究
主要完成单位：中国城市规划设计研究院
浙江大学
中国土地勘测规划院
华南理工大学
北京工业大学
中国建筑设计研究院
广东省城乡规划设计研究院
主要完成人员：汤铭潭　谢映霞　沈　迟　王士兰
郑伟元　张肖宁　马东辉　张　全
李永洁　王宝刚

项 目 名 称：北京射击馆工程综合技术
主要完成单位：中国建筑第二工程局有限公司
中建二局第三建筑工程有限公司
清华大学建筑设计研究院
主要完成人员：李景芳　倪金华　杨发兵　申　明
沈凤云　秦国岩　杨　国　罗琼英
张巧芬　徐　烨

项 目 名 称：纤维增强桥面粘结防水层的开发与应用
主要完成单位：上海市城市建设设计研究院
上海汇城建筑装饰有限公司
主要完成人员：黄锦源　傅若梁　芮浩飞　丁佳元
黄　东　吴　刚　马鲜妮　史　乐
钟小军　朱　波

项 目 名 称：北京城市土地使用与交通协调发展研究
主要完成单位：北京市城市规划设计研究院
主要完成人员：郑　猛　盖春英　张朝晖　周　乐
李　伟　高　扬　刘　欣　张晓东
杨　贺　殷　丽

项 目 名 称：超长特大盾构隧道水下深埋防水关键技术
主要完成单位：上海市隧道工程轨道交通设计研究院
同济大学
上海长江隧桥建设发展有限公司
主要完成人员：朱祖熹　陆　明　雷震宇　张　萍
范欣荣　邵　臻　孙　威　张　勇
周顺华　孙　峻

项 目 名 称：《民用建筑能耗数据采集标准》

主要完成单位：深圳市建筑科学研究院有限公司
　　　　　　　重庆大学城市建设与环境工程学院
　　　　　　　清华大学建筑学院
　　　　　　　湖南大学土木工程学院
　　　　　　　大连理工大学土木水利学院
　　　　　　　广州市建筑科学研究院有限公司
　　　　　　　中国建筑科学研究院
主要完成人员：刘俊跃　付祥钊　魏庆芃　马晓雯
　　　　　　　李念平　端木琳　任　俊　周　辉
　　　　　　　闫增峰　张蓓红

三等奖

项　目　名　称：推进供热计量的政策和技术措施研究
主要完成单位：中国建筑科学研究院
　　　　　　　住房和城乡建设部科技发展促进中心
主要完成人员：宋　波　刘　晶　郝　斌　林　泽
　　　　　　　张　景

项　目　名　称：建筑遮阳节能技术基础与应用研究
主要完成单位：华南理工大学
主要完成人员：孟庆林　张　磊　赵立华　马京涛
　　　　　　　王珍吾

项　目　名　称：超细碳酸盐岩粉高性能混凝土研究与应用
主要完成单位：北京恒坤混凝土有限公司
　　　　　　　北京恒坤高新建材有限公司
主要完成人员：段雄辉　何涌东　于鸣新　汪小年
　　　　　　　汪恭胜

项　目　名　称：岩体基坑地下室抗浮关键技术研究
主要完成单位：青建集团股份公司
　　　　　　　青岛理工大学
主要完成人员：张同波　王　胜　于德湖　程道军
　　　　　　　张明禄

项　目　名　称：给水用抗冲改性聚氯乙烯(PVC-M)管材
主要完成单位：河北宝硕管材有限公司
主要完成人员：勾　迈　高长全　张俊君　王　辉
　　　　　　　王海燕

项　目　名　称：广东科学中心抗震和防风防火技术研究与应用
主要完成单位：广州大学
　　　　　　　广东省建筑科学研究院
　　　　　　　中国建筑科学研究院
　　　　　　　广东科学中心筹建办公室
主要完成人员：张季超　杨仕超　周　云　易和
　　　　　　　仝　玉

项　目　名　称：广州大学城中心区体育场大跨度钢结构关键技术研究与应用
主要完成单位：广东省建筑设计研究院
　　　　　　　东南大学
　　　　　　　广东省高教建筑规划设计院
　　　　　　　华南理工大学
主要完成人员：李恺平　廖旭钊　郭正兴　周　飞
　　　　　　　徐郁峰

项　目　名　称：历史风貌建筑评估保护改造关键技术与示范
主要完成单位：上海市建筑科学研究院(集团)有限公司
　　　　　　　上海江欢成建筑设计有限公司
　　　　　　　上海城投永业置业发展有限公司
　　　　　　　上海市工程结构新技术重点实验室
主要完成人员：朱　雷　许清风　江欢成　李向民
　　　　　　　程之春

项　目　名　称：赛道大面积防渗消浪及大方量劣质赛道弃土的研究与应用技术
主要完成单位：北京建工一建工程建设有限公司
主要完成人员：张　纲　程　彦　杨　耀　王　妍
　　　　　　　杨素珍

项　目　名　称：建筑模网混凝土技术
　　　　　　　大连理工大学
主要完成单位：浙江伟发钢网制造有限公司
主要完成人员：王立久　骆东伟　王宝民　曹明莉
　　　　　　　任铮钺

项　目　名　称：特色清水混凝土综合技术研究与应用
主要完成单位：中建三局建设工程股份有限公司
　　　　　　　中建商品混凝土有限公司
　　　　　　　中建三局第一建设工程有限责任公司
主要完成人员：张　琨　袁世伟　黄　刚　曾运平
　　　　　　　赵虎军

项　目　名　称：节能建筑的综合评估与检测技术研究
主要完成单位：福建省建筑科学研究院
　　　　　　　福建省抗震防灾技术中心
　　　　　　　中国建筑第七工程局第三建筑公司

福建省建设科技促进中心
主要完成人员：赵士怀　黄夏东　王云新　卢文英
　　　　　　　胡达明

项 目 名 称：夹心墙与塑料钢筋拉结件研究开发与应用
主要完成单位：沈阳建筑大学
主要完成人员：张延年　刘　明　汪青杰　吴　献
　　　　　　　徐春一

项 目 名 称：面发热碳晶基材制备技术及在建筑采暖中的应用
主要完成单位：哈尔滨工业大学
　　　　　　　元硕碳晶技术（上海）有限公司
　　　　　　　吉林建筑工程学院
主要完成人员：谭羽非　白　莉　赵金辉　伍悦滨
　　　　　　　陈家新

项 目 名 称：既有建筑节能改造成套技术研究
主要完成单位：山东省建筑科学研究院
主要完成人员：李明海　王薇薇　王　昭　许红升
　　　　　　　潘晶晶

项 目 名 称：低温热水地面辐射采暖与不同采暖方式技术经济比较试验研究
主要完成单位：中国建筑科学研究院
　　　　　　　LG化学
　　　　　　　东营市安居工程建设指挥部（东营市经济适用住房建设领导小组）
主要完成人员：宋　波　徐　伟　于声远　柳　松
　　　　　　　李珍馥

项 目 名 称：AMCI迁移型防腐阻锈剂的合成工艺与工程应用研究
主要完成单位：北京市建筑工程研究院
主要完成人员：贺　奎　王二坡　王万金　夏义兵
　　　　　　　李海峰

项 目 名 称：绿色高性能混凝土（GHPC）强度增长机理及其现场检测新技术研究
主要完成单位：山东省建筑科学研究院
主要完成人员：崔士起　孔旭文　谢慧东　王金山
　　　　　　　裴兆贞

项 目 名 称：盐渍土地区地基处理强夯加排水桩（DPD强夯法）试验研究
主要完成单位：建研地基基础工程有限责任公司

青海盐湖工业集团有限公司
中国建筑技术集团有限公司青海分公司
主要完成人员：杨　军　陈耀光　彭芝平　王玉祥
　　　　　　　连镇营

项 目 名 称：环保型节能型可视可控旋挖扩底桩和咬合桩综合技术
主要完成单位：上海市隧道工程轨道交通设计研究院
　　　　　　　上海申通地铁集团有限公司
　　　　　　　同济大学
　　　　　　　浙江鼎业基础工程有限公司
主要完成人员：陈文艳　宋　博　廖少明　刘纯洁
　　　　　　　吴凤仙

项 目 名 称：脉冲高能量密度等离子体制备新型盾构机刀具涂层技术及应用研究
主要完成单位：中国科学院物理研究所
　　　　　　　北京市市政工程研究院
主要完成人员：杨思泽　王世高　冯文然　刘赤子
　　　　　　　吕国华

项 目 名 称：我国轨道交通首座四线换乘枢纽站结构改扩建综合技术
主要完成单位：上海市隧道工程轨道交通设计研究院
　　　　　　　上海隧道工程股份有限公司
　　　　　　　上海申通地铁集团有限公司
主要完成人员：高英林　宋　博　陈少波　曹文宏
　　　　　　　于　宁

项 目 名 称：DDSK-1大断面隧道多导坑施工断面扫描组合成型控制系统研究
主要完成单位：北京市市政工程研究院
主要完成人员：李东海　刘　军　孔　恒　叶　英
　　　　　　　萧　岩

项 目 名 称：天津站地下车场与海河东路隧道通风模式研究
主要完成单位：天津市市政工程设计研究院
　　　　　　　天津大学
　　　　　　　天津城投建设有限公司
主要完成人员：李建兴　凌继红　邢金城　衡光琳
　　　　　　　林国真

项 目 名 称：开口式正交异性钢板梁在现代悬索桥上的应用研究
主要完成单位：上海市城市建设设计研究院
　　　　　　　中铁大桥勘测设计院有限公司

一、专　题

　　　　　　　同济大学土木工程防灾国家重点实验室
　　　　　　　上海市远东国际桥梁建设有限公司
主要完成人员：周　良　徐恭义　宋锦忠　周建诚
　　　　　　　芮浩飞

项 目 名 称：四吊点同步提升开启桥计算机控制系统
主要完成单位：天津市市政工程研究院
　　　　　　　天津市海顺交通工程设计有限公司
　　　　　　　天津市松江集团有限公司
主要完成人员：王丽荣　白繁义　王勉忠　曹立明
　　　　　　　经　纬

项 目 名 称：城市生活垃圾填埋场封场及填埋气体利用技术研究
主要完成单位：深圳市环境卫生管理处
　　　　　　　清华大学
　　　　　　　深圳市玉龙坑固体废弃物综合利用中心
主要完成人员：梁顺文　王　伟　吴学龙　刘泽华
　　　　　　　姜建生

项 目 名 称：高氨氮有机废水新型生物脱氮技术研究
主要完成单位：深圳市下坪固体废弃物填埋场
　　　　　　　香港科技大学
主要完成人员：孟　了　梁顺文　陈　石　王克虹
　　　　　　　陈光浩

项 目 名 称：国家城市供水水质预警系统与保障机制研究
主要完成单位：中国城市规划设计研究院
主要完成人员：邵益生　边　际　李　琳　顾薇娜
　　　　　　　牛　晗

项 目 名 称：污水处理厂污泥后处置技术途径的研究
主要完成单位：天津市市政工程设计研究院
　　　　　　　天津大学
　　　　　　　南开大学
主要完成人员：赵乐军　王洪云　王秀朵　闫澍旺
　　　　　　　王玉秋

项 目 名 称：小城镇人居环境和资源利用研究
主要完成单位：中国建筑设计研究院
　　　　　　　中国建筑标准设计研究院
　　　　　　　中国土地勘测规划院
　　　　　　　北京交通大学
主要完成人员：李　宏　詹　谊　王　静　朱晓宁
　　　　　　　袁中金

项 目 名 称：海南省社会主义新农村建设总体规划
主要完成单位：海南省建设厅
　　　　　　　南京大学
　　　　　　　海南巨方规划设计有限公司
主要完成人员：李建飞　宋　祎　刘钊军　郝书文
　　　　　　　王红扬

项 目 名 称：北京市中心城工业用地整体利用规划研究
主要完成单位：北京市城市规划设计研究院　清华大学建筑学院
主要完成人员：陈　军　刘伯英　李　匡　李　瑞
　　　　　　　杨　浚

项 目 名 称：合肥市域中心村布点规划暨示范村建设规划
主要完成单位：安徽省城乡规划设计研究院
　　　　　　　合肥市规划局
主要完成人员：胡厚国　王爱华　杨建辉　宁　波
　　　　　　　刘复友

项 目 名 称：上海市地下道路网规划研究
主要完成单位：上海市政工程设计研究总院
　　　　　　　同济大学
主要完成人员：俞明健　陈小鸿　董丕灵　周　鸣
　　　　　　　李开国

项 目 名 称：《房地产市场信息系统技术规范》
主要完成单位：上海市房屋土地资源信息中心
主要完成人员：张小宏　蔡顺明　宋　唯　马　韧
　　　　　　　潘兰平

项 目 名 称：《建筑与小区雨水利用工程技术规范》GB 50400—2006
主要完成单位：中国建筑设计研究院
　　　　　　　北京泰宁科创科技有限公司
　　　　　　　北京市水利科学研究所
　　　　　　　北京建筑工程学院
主要完成人员：赵世明　赵　锂　王耀堂　杨　澎
　　　　　　　刘　鹏

项 目 名 称：《绿色建筑评价标准》GB/T 50378—2006
主要完成单位：中国建筑科学研究院
　　　　　　　上海市建筑科学研究院(集团)有限公司
　　　　　　　中国城市规划设计研究院
　　　　　　　清华大学城市建设研究院
主要完成人员：王有为　韩继红　曾　捷　杨建荣
　　　　　　　方天培

项 目 名 称：建设事业集成电路(IC)卡应用技术
主要完成单位：中外建设信息有限责任公司
　　　　　　　建设部IC卡应用服务中心
主要完成人员：王　毅　林　宇　马　虹　申绯斐
　　　　　　　王　辉

项 目 名 称：天津市二次供水工程技术标准
主要完成单位：天津市供水管理处
主要完成人员：张迎五　章崇伦　潘冠军

项 目 名 称：湿陷性黄土地基强夯处理工法 YJGF 105—2006（一级）
主要完成单位：陕西建工集团总公司
　　　　　　　陕西省建筑科学研究院
主要完成人员：师管孝　高宗祺　陆建勇　张昌叙
　　　　　　　田立奇

项 目 名 称：ZLJ5161TCXE3多功能型除雪车
主要完成单位：长沙中联重工科技发展股份有限公司
主要完成人员：彭南兴　李　珍　张　涛　刘昌林
　　　　　　　邓昌宝

项 目 名 称：数字苏州公共服务平台
主要完成单位：苏州市城市规划编制（信息）中心
主要完成人员：高苏新　蒙立坤　李林燕　宋　斌
　　　　　　　李　宏

项 目 名 称：深圳市基本生态控制线违法建设遥感动态监测
主要完成单位：深圳市规划国土房产信息中心
主要完成人员：唐岭军　杨成韫　黄永胜　林文娟
　　　　　　　成建国

项 目 名 称：立交桥自动除雪系统
主要完成单位：北京市环境卫生设计科学研究所
主要完成人员：吴文伟　徐毅刚　刘　竟　齐志强
　　　　　　　张海兵

项 目 名 称：深圳市地质地理信息系统
主要完成单位：深圳市勘察测绘院有限公司
主要完成人员：王双龙　纪晓东　沈　颖　南　凌
　　　　　　　丘建金

项 目 名 称：天津市市区防汛调度信息系统的研究
主要完成单位：天津市排水管理处
主要完成人员：孙连起　穆浩学　张俊生　王令凡
　　　　　　　周里智

项 目 名 称：大底盘高层建筑基础设计方法及软件研究
主要完成单位：建研科技股份有限公司
主要完成人员：朱春明　顾维平　张志远　边保林
　　　　　　　陈岱林

项 目 名 称：广州市建设委员会政务办公及服务一体化系统
主要完成单位：广州城市建设信息中心
主要完成人员：梁文谦　娄东军　唐柱鹏　吴兵福
　　　　　　　叶　斌

项 目 名 称：城市历史文化遗产规划与保护数字化技术研究
主要完成单位：福州市规划设计研究院
主要完成人员：陈　硕　石　旭　黄登峰　曹有新
　　　　　　　陈　亮

项 目 名 称：既有建筑能效评估技术研究与应用
主要完成单位：上海市房地产科学研究院
主要完成人员：林　驹　赵为民　施嘉霖　古小英
　　　　　　　苑　麒

项 目 名 称：建筑节能措施的经济分析研究及BEED软件分析模块开发
主要完成单位：建设部科技发展促进中心
　　　　　　　北京怡好思建筑科技发展有限公司
　　　　　　　天津建科建筑节能环境检测有限公司
　　　　　　　天津标准化办公室
主要完成人员：张小玲　谭清淑　张庆风　李　萍
　　　　　　　刘幼农

项 目 名 称：上海轨道交通7号线项目规范化管理研究与应用
主要完成单位：上海建科建设监理咨询有限公司
主要完成人员：周红波　何锡兴　蔡来炳　高文杰
　　　　　　　姚　浩

项 目 名 称：节能省地型住宅建设的研究
主要完成单位：上海市房地产科学研究院
　　　　　　　上海市住房保障和房屋管理局住房建设监管处
主要完成人员：顾弟根　李娟娟　施嘉霖　赵为民
　　　　　　　张立新

项 目 名 称：农民工纳入城镇住房保障体系的研究
主要完成单位：上海市房地产科学研究院
主要完成人员：庞　元　董佳懋　李　东　何晓玲
　　　　　　　范冬梅

2009年国家园林城市、县城和城镇命名名单

中华人民共和国住房和城乡建设部

国家园林城市(41个)

重庆市
河北省承德市
河北省武安市
山西省太原市
山西省潞城市
山西省侯马市
辽宁省铁岭市
辽宁省开原市
江苏省宿迁市
江苏省泰州市
江苏省金坛市
浙江省台州市
浙江省平湖市
浙江省海宁市
安徽省池州市
江西省萍乡市
江西省吉安市
山东省潍坊市
山东省临沂市
山东省泰安市
山东省章丘市
山东省肥城市
河南省三门峡市
河南省安阳市
河南省商丘市
河南省平顶山市
河南省巩义市
湖北省鄂州市
湖南省湘潭市
广东省韶关市
广东省梅州市
广东省汕头市
广西壮族自治区柳州市
四川省遂宁市
云南省昆明市
云南省玉溪市
云南省景洪市
陕西省西安市
宁夏回族自治区青铜峡市
新疆维吾尔自治区哈密市
新疆维吾尔自治区伊宁市

国家园林县城(31个)

重庆市荣昌县
重庆市云阳县
河北省乐亭县
山西省怀仁县
山西省武乡县
辽宁省桓仁满族自治县
吉林省抚松县
江苏省溧水县
江苏省高淳县
江苏省金湖县
浙江省海盐县
安徽省歙县
福建省沙县
江西省吉安县
山东省广饶县
山东省沂源县
山东省平邑县
河南省修武县
河南省夏邑县
河南省桐柏县
四川省金堂县
云南省石林彝族自治县
云南省弥勒县
甘肃省华亭县
陕西省凤翔县
陕西省千阳县
陕西省麟游县
宁夏回族自治区彭阳县
新疆维吾尔自治区新源县

新疆维吾尔自治区沙湾县
新疆维吾尔自治区哈巴河县

国家园林城镇(5个)

江苏省江阴市新桥镇

山东省肥城市石横镇
广东省东莞市塘厦镇
四川省成都市大邑县安仁镇
云南省安宁市青龙镇

2009年中国人居环境奖获奖名单

中国人居环境奖

浙江省安吉县

中国人居环境范例奖

1. 北京市什刹海历史文化保护区环境整治项目
2. 北京市门头沟区樱桃沟村新农村建设项目
3. 天津市华明示范小城镇建设项目
4. 天津市海河两岸宜居家园工程项目
5. 上海市浦东新区生态环境改善项目
6. 重庆市南岸区南山街道宜居城镇建设项目
7. 重庆市湖广会馆历史文化遗产保护及周边环境整治项目
8. 河北省廊坊市绿色生态走廊建设项目
9. 河北省迁安市三里河两岸环境整治建设项目
10. 山西省晋城市煤层气综合利用工程
11. 内蒙古呼伦贝尔市弘扬民族文化塑造草原风情城市项目
12. 黑龙江省哈尔滨市群力新区生态环境建设项目
13. 吉林省长春市棚户区改造工程
14. 辽宁省铁岭市莲花湖湿地生态恢复工程
15. 山东省淄博市周村古商城历史文化遗产保护项目
16. 江苏省常州市公园绿地建设管理体制创新项目
17. 江苏省镇江市西津渡历史文化街区保护与更新项目
18. 安徽省合肥市西南城区环境综合整治项目
19. 浙江省金华市改善居民住房项目
20. 浙江省上虞市曹娥江两岸环境综合整治项目
21. 福建省南安市西溪两岸生态环境建设项目
22. 河南省嵩县生态保护及城市绿化建设项目
23. 湖北省鄂州市居民住房改善项目
24. 湖北省神农架木鱼镇特色小城镇建设项目
25. 广东省梅州市龙丰垃圾填埋场CDM综合治理项目
26. 广东省肇庆市星湖湿地生态保护与环境整治项目
27. 广东省惠州市两江四岸人文与生态环境建设项目
28. 广西柳州市柳江环境整治项目
29. 广西北海市银滩改造与生态保护项目
30. 云南省昆明市莲花池公园环境整治项目
31. 四川省成都市青白江区生态保护及城市绿化建设工程项目
32. 陕西省西安市曲江新区人居环境建设项目
33. 宁夏中卫市开发保护黄河湿地资源项目
34. 新疆沙湾县绿化建设项目

全国特色景观旅游名镇(村)示范名称(第一批)

中华人民共和国住房和城乡建设部　中华人民共和国国家旅游局

北京市

门头沟区斋堂镇

延庆县八达岭镇
大兴区庞各庄镇

怀柔区雁栖镇
昌平区兴寿镇木厂村

天津市
西青区杨柳青镇
蓟县渔阳镇

河北省
平山县西柏坡镇
清苑县冉庄镇
怀安县左卫镇
迁安市大崔庄镇白羊峪村

山西省
灵石县静升镇
五台县台怀镇
永济市蒲州镇
介休市龙凤镇张壁村
祁县东观镇乔家堡村
阳城县北留镇皇城村

内蒙古自治区
多伦县多伦淖尔镇
巴林左旗林东镇
克什克腾旗同兴镇
伊金霍洛旗伊金霍洛镇

辽宁省
大洼县王家镇

吉林省
珲春市敬信镇
集安市太王镇
敦化市雁鸣湖镇
长白山二道白河镇
桦甸市红石砬子镇

黑龙江省
漠河县北极乡北极村

上海市
青浦区朱家角镇
崇明县竖新镇前卫村

江苏省
昆山市周庄镇
吴江市同里镇
江阴市徐霞客镇
常熟市沙家浜镇
宜兴市湖㳇镇
苏州市吴中区木渎镇
姜堰市溱潼镇
常熟市支塘镇蒋巷村
苏州市吴中区越溪街道旺山村

浙江省
奉化市溪口镇
湖州市南浔区南浔镇
温岭市石塘镇
舟山市普陀区桃花镇
庆元县举水乡月山村
兰溪市诸葛镇诸葛村

安徽省
黟县西递镇
黟县宏村镇
肥西县三河镇
绩溪县瀛洲乡龙川村

福建省
莆田市湄洲镇
永定县湖坑镇

江西省
婺源县江湾镇
浮梁县瑶里镇
横峰县葛源镇
铜鼓县大塅镇
高安市新街镇贾家村
吉水县金滩镇燕坊村

山东省
滕州市滨湖镇
长岛县南长山镇
阳谷县阿城镇闫庄村

河南省
禹州市神垕镇
镇平县石佛寺镇
西峡县丹水镇
淅川县荆紫关镇
郏县广阔天地乡
嵩县车村镇

湖北省
神农架林区木鱼镇
宜昌市夷陵区三斗坪镇

湖南省
龙山县里耶镇
韶山市韶山乡韶山村
永兴县高亭乡板梁村

广东省
惠东县巽寮镇
珠海市金湾区平沙镇
中山市三乡镇
东莞市虎门镇

广西壮族自治区
 昭平县黄姚古镇
 兴安县兴安镇
 龙胜各族自治县和平乡龙脊村

海南省
 万宁市兴隆华侨农场
 五指山市水满乡

重庆市
 北碚区静观镇
 荣昌县路孔镇
 奉节县兴隆镇

四川省
 合江县福宝镇
 雅安市雨城区上里镇
 成都市龙泉驿区山泉镇
 仪陇县马鞍镇

贵州省
 余庆县大乌江镇
 松桃县寨英古镇

云南省
 建水县临安镇
 大理市喜洲镇
 丽江市古城区束河古镇
 昆明官渡区官渡古镇
 景洪市嘎洒镇曼景法村
 丘北县双龙营镇普者黑村

陕西省
 蓝田县汤峪镇
 宁强县青木川镇
 礼泉县烟霞镇袁家村

甘肃省
 榆中县青城镇

青海省
 海晏县西海镇

新疆维吾尔自治区
 吉木萨县北庭镇
 和静县巴音布鲁克镇
 新源县那拉提镇

新疆生产建设兵团
 农二师乌鲁克镇
 农七师共青城镇

2007年度全国优秀村镇规划设计

一等奖(2个)

江西省宜春市高安市八景镇上保蔡家村新农村建设村庄整治规划与行动计划
海南省三亚市凤凰镇槟榔、鹅仔村联片新农村规划

二等奖(17个)

北京市海淀区苏家坨镇管家岭村村庄规划
山西省阳泉市义井镇小河村历史文化名村保护规划
北京市延庆县八达岭镇旧村改造A区—营城子村一村带三村详细规划
北京市村庄体系规划
江苏省镇村布局规划
浙江省温州市乐清市北白象镇温州大桥工业园区村企共建社会主义新农村规划
山东省青岛市即墨市龙泉镇东西蒋戈庄村村庄规划
湖北省武汉市黄陂区蔡店乡刘家山村村庄规划
广东省广州市海珠区黄埔村黄埔直街 盘石大街重点地段保护规划
广西壮族自治区柳州市三江县侗族自治县程阳八寨保护与发展建设规划
重庆市永川区青峰镇社会主义新农村建设规划
中国历史文化名镇(村)评价指标体系研究
《广东省村庄整治规划编制指引》及试点规划
北京市房山区青龙湖镇总体规划(2005~2020年)
广东省广州市增城市新塘镇总体规划(2005~2020年)
河北省邯郸市武安市域村庄空间布局规划
广东省中山市南蓢镇翠亨村历史文化保护规划

三等奖(35个)

安徽省巢湖市无为县二坝镇总体规划
北京市通州区西集镇镇域规划(2006~2020年)

河北省村庄空间布局规划研究
山西省吕梁市汾阳市杏花村镇总体规划
辽宁省沈阳市东陵区祝家树莓农业经济区区域规划
辽宁省阜新市阜新蒙古族自治县泡子镇村镇规划
（2005～2020年）
江苏省常州市金坛市薛埠镇总体规划
浙江省嘉兴市嘉善县西塘镇城镇总体规划
山东省淄博市村镇体系规划
广东省深圳市城中村（旧村）改造总体规划纲要
（2005～2010年）
北京市顺义区北务镇道口村村庄规划
北京市房山区张坊镇穆家口村村庄规划
山西晋中市灵石县夏门镇夏门历史文化名村保护规划
江苏省徐州市丰县大沙河镇陈庄村村庄建设规划
江苏省镇江市丹阳市延陵镇九里村村庄建设规划
浙江省衢州市开化县何田乡禾丰村村庄整治规划
浙江省台州市温岭市石塘镇前红特色村建设规划
安徽省滁州市凤阳县小岗村新农村建设规划
北京市农村居民点合理布局研究
北京市房山区窦店镇总体规划（2005～2020年）

江苏省常熟市梅李镇总体规划（2005～2020年）
广东省广州市花都区炭步镇总体规划
云南省楚雄彝族自治州姚安县光禄镇总体规划修编
上海市金山区金山现代农业园区（廊下镇）总体规划
内蒙古自治区巴彦淖尔市乌拉特后旗前山地区新农村发展规划（2006～2020年）
江苏省盐城市东台市溱东镇草舍村村庄建设规划
湖南省韶山市韶山乡韶山村村庄规划
湖南省益阳市社会主义新农村建设赤江咀示范片建设规划
四川省成都市双流县黄龙溪镇历史文化名镇保护规划（2006～2020年）
云南省大理白族自治州国家级历史文化名城喜洲古镇保护规划
北京市顺义区大孙各庄镇吴雄寺村村庄规划
北京市历史文化资源整合调研
山西省古村镇普查
安徽省六安市寿县合庙小学教学楼
江西省赣州市乡村规划与建设研究

第三批国家重点公园名单

中华人民共和国住房和城乡建设部

北京市中山公园
北京市景山公园
北京市香山公园
北京市紫竹院公园
北京市陶然亭公园

重庆动物园
银川市中山公园
柳州市柳侯公园
长沙市湖南烈士公园
新绛县绛守居园池公园

第六批国家城市湿地公园

中华人民共和国住房和城乡建设部

浙江省台州市鉴洋湖城市湿地公园
河南省平顶山市平西湖城市湿地公园
河南省平顶山市白鹭洲城市湿地公园
贵州省贵阳市花溪城市湿地公园

甘肃省张掖市城北城市湿地公园
辽宁省铁岭市莲花湖城市湿地公园
黑龙江省哈尔滨市群力城市湿地公园

2009年度全国物业管理示范住宅小区（大厦、工业区）名单

中华人民共和国住房和城乡建设部

全国物业管理示范住宅小区（59个）

项目名称：北京市通用时代国际中心公寓
管理单位：国贸物业酒店管理有限公司

项目名称：北京市天通东苑　北苑　中苑
管理单位：北京方佳物业管理有限公司

项目名称：北京市万科紫台家园
管理单位：北京万科物业服务有限公司

项目名称：上海市长堤花园别墅
管理单位：上海明君物业管理有限公司

项目名称：天津市上京熙园
管理单位：广东康景物业服务有限公司

项目名称：天津市天房美域兰庭·华庭
管理单位：天津市天房物业管理有限公司

项目名称：天津市桃花园·山澜乡韵
管理单位：天津万事兴物业服务集团有限公司

项目名称：重庆市东和春天
管理单位：重庆东和花园物业管理有限公司

项目名称：重庆市华宇西城丽景
管理单位：重庆华宇物业服务有限公司

项目名称：重庆市阳光世纪城
管理单位：重庆洋世达物业管理有限公司

项目名称：河北省石家庄市卓达星辰花园
管理单位：河北卓达物业服务有限公司

项目名称：河北省石家庄市裕翔园
管理单位：石家庄恒辉物业服务有限公司

项目名称：河北省秦皇岛市兴龙尚府
管理单位：秦皇岛兴龙物业服务有限公司

项目名称：辽宁省沈阳市东油馨村
管理单位：沈阳双龙物业管理有限责任公司

项目名称：辽宁省沈阳市新湖·北国之春—中国印象
管理单位：沈阳新湖物业管理有限公司

项目名称：辽宁省沈阳市东方威尼斯花园
管理单位：沈阳银基物业有限公司

项目名称：辽宁省营口市新港小区
管理单位：营口港物业管理有限公司

项目名称：辽宁省盘锦瀚新花园
管理单位：盘锦瀚新物业管理有限公司

项目名称：吉林省松原市望湖花园（一期）
管理单位：中国石油吉林油田公司江南物业管理公司

项目名称：黑龙江省哈尔滨市爱建滨江·润园
管理单位：哈尔滨菱建物业管理有限公司

项目名称：黑龙江省大庆市奥林国际公寓（D区）
管理单位：大庆达源物业管理有限公司

项目名称：黑龙江省大庆市龙东小区
管理单位：大庆油田矿区服务事业部

项目名称：江苏省南京市玉兰山庄
管理单位：南京仁恒物业管理有限公司

项目名称：江苏省南京市皇册家园
管理单位：深圳市莲花物业管理有限公司

项目名称：江苏省徐州市滨湖花园
管理单位：徐州市深振业物业管理有限公司

项目名称：浙江省杭州市绿城·春江花月
管理单位：浙江绿城物业管理有限公司

一、专　题

项目名称：浙江省宁波市日湖花园
管理单位：宁波银亿物业管理有限公司

项目名称：浙江省宁波市雅戈尔·都市森林
管理单位：宁波雅戈尔物业服务有限公司

项目名称：安徽省合肥市大溪地·现代城(一期)
管理单位：合肥百协物业管理有限公司

项目名称：安徽省安庆市雨润·秀水华庭
管理单位：安徽润家物业管理有限公司

项目名称：福建省福州市三盛·巴厘岛
管理单位：伯恩(福建)物业管理有限公司

项目名称：福建省厦门市国贸阳光小区
管理单位：厦门国贸物业管理有限公司

项目名称：福建省厦门市联发新天地
管理单位：厦门联发(集团)物业服务有限公司

项目名称：山东省青岛市瑞源·名嘉城小区
管理单位：青岛瑞源物业管理有限公司

项目名称：山东省淄博市少海花园
管理单位：山东伟明物业管理有限公司

项目名称：山东省昌邑市豫园小区
管理单位：昌邑市民安物业管理有限公司

项目名称：山东省泰安奥林匹克花园
管理单位：泰安华新物业管理有限责任公司

项目名称：山东省临沂市沂河花园—开元·上城
管理单位：临沂市现代物业发展有限公司

项目名称：河南省郑州市鑫苑·中央花园
管理单位：河南鑫苑物业管理有限公司

项目名称：河南省濮阳市宇通·九天城
管理单位：郑州通达物业管理有限公司

项目名称：河南省济源建业森林半岛小区
管理单位：河南建业物业管理有限公司

项目名称：湖南省长沙市星城世家
管理单位：长沙市长房物业管理有限公司

项目名称：湖南省湘潭市金侨中央花园
管理单位：湘潭金世纪物业发展有限公司

项目名称：湖南省株洲市碧玉花园(一期)
管理单位：株洲宏达物业管理有限责任公司

项目名称：广东省广州市万科城市花园(一期)
管理单位：广州市万科物业服务有限公司

项目名称：广东省广州市云山诗意·人家
管理单位：广州方圆物业管理有限公司

项目名称：广东省深圳市鸿景园
管理单位：深圳市鸿荣源物业管理有限公司

项目名称：广东省深圳市高尔夫大宅
管理单位：深圳骏高物业服务有限公司

项目名称：广东省珠海市华发国际花园
管理单位：珠海中珠物业管理服务有限公司

项目名称：广西壮族自治区南宁市保利·凤翔花园
管理单位：南宁保利物业服务有限公司

项目名称：广西壮族自治区柳州市华林君邸
管理单位：柳州市华林物业服务有限公司

项目名称：四川省成都市蜀郡
管理单位：成都中铁蜀郡物业管理有限公司

项目名称：四川省乐山市嘉州花城
管理单位：乐山花城物业服务有限公司

项目名称：云南省昆明市世纪俊园小区
管理单位：云南俊发物业服务有限公司

项目名称：陕西省西安市兴乐园
管理单位：西安锦江物业服务有限公司

项目名称：陕西省西安市城市风景·夏日景色
管理单位：西安高科物业管理有限责任公司

项目名称：陕西省西安市长庆泾渭苑小区
管理单位：中国石油天然气股份有限公司长庆油田
　　　　　分公司矿区服务事业部

项目名称：陕西省榆林市神东大柳塔北小区
管理单位：神华集团神府东胜煤炭有限公司物业
　　　　　公司

项目名称：陕西省咸阳市金泰·丝路花城
管理单位：陕西金泰恒业物业管理有限公司

全国物业管理示范大厦(59个)

项目名称：北京奥运大厦
管理单位：北京奥运大厦物业管理中心

项目名称：北京市海油大厦
管理单位：中海实业公司

项目名称：北京新保利大厦
管理单位：上海保利物业酒店管理有限责任公司

项目名称：北京市中国美术馆
管理单位：北京航腾物业管理有限责任公司

项目名称：北京市方正大厦
管理单位：北京方诚物业经营管理有限公司

项目名称：北京市中国银行国际金融研修院(北京)
管理单位：新中物业管理(中国)有限公司

项目名称：北京市博大大厦
管理单位：北京东光物业管理有限公司

项目名称：北京市金隅嘉华大厦
管理单位：北京金隅物业管理有限责任公司

项目名称：上海银行大厦
管理单位：上海东湖物业管理公司

项目名称：上海市中国农业银行数据中心
管理单位：上海明华物业公司

项目名称：上海市外滩中国银行大楼
管理单位：上海中慧物业管理有限公司

项目名称：上海深水港商务广场
管理单位：上海新世纪房产服务有限公司

项目名称：上海市徐汇苑大厦
管理单位：上海航新物业管理有限公司

项目名称：上海交通大学电子信息与电气工程学院楼
管理单位：上海紫泰物业管理有限公司

项目名称：上海市东缆(张江)基地
管理单位：上海陆家嘴物业管理有限公司

项目名称：上海市绿地和创大厦
管理单位：上海科瑞物业管理发展有限公司

项目名称：天津市丽晶大厦
管理单位：天津市君怡物业管理有限公司

项目名称：天津市眼科医院
管理单位：深圳市明喆物业管理有限公司

项目名称：天津市泰达医院
管理单位：深圳市明喆物业管理有限公司

项目名称：重庆市海王星科技大厦
管理单位：重庆渝高物业管理有限责任公司

项目名称：河北省秦皇岛市港口医院住院楼
管理单位：秦皇岛修多物业服务有限公司

项目名称：内蒙古自治区鄂尔多斯市创业大厦
管理单位：深圳市明喆物业管理有限公司

项目名称：辽宁省高级人民法院智能大厦
管理单位：辽宁金秋玫瑰物业管理有限公司

项目名称：辽宁省大连希望大厦
管理单位：戴德梁行房地产咨询(大连)有限公司

项目名称：辽宁省大连中银大厦
管理单位：新中物业管理(中国)有限公司

项目名称：辽宁省大连远洋大厦(B座)
管理单位：大连远洋物业管理有限公司

项目名称：黑龙江省大庆市委市政府办公大厦
管理单位：大庆府民物业管理有限公司

项目名称：江苏省南京置地广场
管理单位：南京仕邦物业管理有限公司

项目名称：江苏省通州市行政中心
管理单位：上海海鸿福船物业管理有限公司

项目名称：浙江省杭州市天堂软件园
管理单位：浙江耀江物业管理有限公司

项目名称：浙江省杭州市庆春发展大厦
管理单位：杭州滨江物业管理有限公司

项目名称：中国石化集团宁波工程有限公司总部大楼
管理单位：宁波市亚太酒店物业管理有限公司

项目名称：浙江省宁波市科技广场综合办公楼
管理单位：宁波永成物业管理有限公司

项目名称：浙江中银大厦
管理单位：新中物业管理（中国）有限公司

项目名称：安徽省蚌埠市经济开发区投资大厦
管理单位：蚌埠市置信物业有限公司

项目名称：安徽省蚌埠市龙子湖公园
管理单位：安徽万都物业有限公司

项目名称：福建省漳州市电信大厦
管理单位：漳州闽龙物业服务有限责任公司

项目名称：山东省公安厅办公楼
管理单位：山东中房物业管理公司

项目名称：山东省滕州市政务中心大楼
管理单位：济南济发物业有限责任公司

项目名称：山东省东营市东营区政府行政办公中心
管理单位：上海科瑞物业管理发展有限公司

项目名称：山东省潍坊市高新大厦
管理单位：山东明洁物业管理有限公司

项目名称：山东省威海海悦国际公寓
管理单位：威海大厦物业服务有限责任公司

项目名称：菏泽市新矿集团新巨龙公司综合办公楼
管理单位：新矿集团泰兴物业管理有限责任公司

项目名称：河南省郑州市凯旋门大厦
管理单位：郑州宾至新世纪物业服务有限公司

项目名称：湖南省电力调度通信大楼
管理单位：湖南电力物业有限公司

项目名称：广东省广州海关新业务技术综合楼
管理单位：广东省华侨物业发展公司

项目名称：广东省广州市越秀城市广场
管理单位：广州城建开发物业有限公司

项目名称：广东省广州市发展中心大厦
管理单位：中海物业管理广州有限公司

项目名称：广东省广州市广电科技大厦
管理单位：广州广电物业管理有限公司

项目名称：广东省中共深圳市委党校
管理单位：深圳市中航物业管理有限公司

项目名称：广东省深圳市航天大厦
管理单位：深圳市航天物业管理有限公司

项目名称：广东省深圳市少年宫
管理单位：深圳市大众物业管理有限公司

项目名称：广东省深圳市宝安区行政中心
管理单位：深圳市龙城物业管理有限公司

项目名称：南宁第二长途电信枢纽大楼
管理单位：广西盛信物业管理有限公司

项目名称：四川省成都高新国际广场（D E座）
管理单位：成都华昌物业发展有限责任公司

项目名称：云南中烟工业公司办公大楼
管理单位：云南博园物业管理有限公司

项目名称：云南华能澜沧江水电公司集控中心大厦
管理单位：云南澜沧江物业管理有限公司

项目名称：陕西省中国人民银行西安分行高新办公楼
管理单位：西安新兴物业管理有限公司

项目名称：陕西省西安市广丰国际大厦
管理单位：陕西广丰物业管理有限公司

全国物业管理示范工业区（3个）

项目名称：重庆市长安汽车工程研究院
管理单位：重庆海泰物业管理有限公司

项目名称：博世汽车部件（长沙）有限公司工业园区
管理单位：湖南精诚物业管理有限公司

项目名称：广西中烟工业有限责任公司南宁工业园区
管理单位：海南新成海物业综合管理有限公司

"新中国城市雕塑建设成就奖"评选获奖名单

成就奖（60项）

北京市：《人民英雄纪念碑浮雕》
南京市：《南京大屠杀纪念馆扩建工程组雕—"家破人亡""逃难""冤魂·呐喊""和平"》
上海市：《宋庆龄塑像》
广东省深圳市：《开荒牛》
山西省吕梁市：《刘胡兰纪念像》
北京市：《庆丰收组雕》
上海市：《鲁迅塑像》
北京市：《和平少女》
江苏省南京市：《雨花台烈士就义组雕》
广西壮族自治区桂林市：《红军突破湘江纪念碑》
广东省广州市：《五羊石像》
江苏省淮安市：《周总理像》
河北省唐山市：《李大钊像》
吉林省长春市：长春世界雕塑公园
广东省广州市：《艰苦岁月》
北京市：《中国人民抗日战争雕塑园抗战组雕》
上海市：《蔡元培像》
上海市：《陈毅塑像》
湖南省韶山市：《毛泽东同志铜像》
广东省广州市：《广州起义主题组雕》
甘肃省兰州市：《黄河母亲》
香港特别行政区：《竹谱》
北京市：《孙中山雕像》
北京市：《全民皆兵 陆海空组雕》
北京市：《朱自清像》
北京市：《郭沫若纪念像》
上海市：《知识大道组雕》
江苏省常州市：《大江东去》
河北省石家庄市：《走向胜利》
黑龙江省牡丹江市：《八女投江》
重庆市：《歌乐山烈士纪念碑》
山东省青岛市：《蒲松龄像》
北京市：《中国现代文学馆组雕》
上海市：《龙华烈士陵园组雕》
福建省厦门市：《郑成功像》
澳门特别行政区：《盛世莲花》
北京市：《风凌霄汉》
黑龙江省哈尔滨市：《哈尔滨防洪胜利纪念塔》
陕西省西安市：《丝绸之路》
江苏省淮安市：《天人合一——老子》
江西省南昌市：《八一广场军史浮雕》
北京市：《丰功伟绩组雕》
广东省广州市：《广州解放纪念像》
广东省广州市：《走向世界》
辽宁省大连市：《九一八残历碑》
广东省广州市：《欧阳海》
香港特别行政区：《紫荆花》
上海市：《东方之光》
北京市：《永恒的回旋》
辽宁省沈阳市：《胜利向前》
天津市：《平津战役纪念碑组雕》
山西省：《九运呈祥》
浙江省湖州市：《湖笔群雕》
福建省福州市：《林则徐像》
山东省青岛市：《五月的风》
湖南省湘潭市：《乡情历史人物组雕》
辽宁省大连市：《苏军烈士纪念碑》
四川省雅安市：《中国工农红军强渡大渡河纪念碑》
辽宁省抚顺市：《雷锋纪念馆系列组雕》
广东省珠海市：《珠海渔女》

提名奖（40项）

北京市：《卓玛》
北京市：《王府井街区组雕》
陕西省西安市：《秦统一》
陕西省西安市：《诗魂 诗峡组雕》
吉林省长春市：《时空组雕》
山东省青岛市：《青岛东海路系列组雕》
广东省深圳市：《邓小平像》
河北省秦皇岛市：《医圣张仲景像》
四川省眉山市：《苏东坡像》
江苏省南京市：《南京长江大桥桥头组雕》
河南省安阳市：《岳飞像》
甘肃省银川市：《民族团结碑》
安徽省铜陵市：《丰收门》
西藏自治区拉萨市：《高原之宝》

河南省新乡市：《河南东方文化街群雕》
云南省昆明市：《红军渡江纪念碑》
内蒙古包头市：《敕勒魂》
海南省三亚市：《鹿回头》
新疆维吾尔自治区乌鲁木齐市：《庆丰收》
广东省深圳市：《深圳人的一天》
湖北省武汉市：《祝融观星》
吉林省四平市：《四平解放纪念碑》
四川省阿坝藏族羌族自治州：《四川汶川特大地震国家纪念碑——"汶川时刻""四川汶川特大地震记事浮雕墙"》
四川省成都市：《活水公园系列组雕》
青海省格尔木市：《亲情》
天津市：《抗震纪念碑》

天津市：《四海同心》
上海市：《五卅运动纪念碑》
广东省广州市：《钢琴》
辽宁省大连市：《群虎》
青海省西宁市：《开拓》
贵州省贵阳市：《抗争》
安徽省铜陵市：《起舞》
内蒙古鄂尔多斯市：《崛起的鄂尔多斯》
广西壮族自治区北海市：《潮》
吉林省长春市：《碰撞与融合》
天津市：《怒潮》
湖南省郴州市：《拼搏》
湖北省宜昌市：《长江三峡截流纪念环境雕塑》
浙江省杭州市：《志愿军》

全国建筑施工安全质量标准化示范工地名单

北京轨道交通大兴线 01 标段
建设单位：北京轨道交通建设管理有限公司
施工单位：北京住总集团
项目经理：常江
监理单位：北京中铁诚业工程建设监理有限公司
总监理工程师：房安民

北环中心 5 号办公楼 7 号办公楼 6 号商业楼
建设单位：北京阳光金都置业有限公司
施工单位：北京城建六建设工程有限公司
项目经理：郭克社
监理单位：北京华兴建设监理咨询有限公司
总监理工程师：王其伟

弘善家园 25 号住宅楼等四项工程
建设单位：北京市崇文区城市建设开发公司
施工单位：北京建工四建工程建设有限公司
项目经理：孙忠
监理单位：中国建筑设计咨询公司
总监理工程师：赵泽九

北京市轨道交通大兴线工程土建施工 04 合同段
建设单位：北京市轨道交通建设管理有限公司
施工单位：北京市政建设集团有限责任公司

项目经理：王武京
监理单位：北京铁研建设监理有限责任公司
总监理工程师：彭新平

天津市大港区第五中学教学楼工程
建设单位：天津市大港区教育局
施工单位：天津三建建筑工程有限公司
项目经理：马长河
监理单位：天津市图南建设工程监理有限公司
总监理工程师：马根弟

天津市地铁 3 号线铁东路站工程
建设单位：天津地下铁道总公司
施工单位：天津第二市政公路工程有限公司
项目经理：付全鸿
监理单位：天津市华盾工程监理咨询有限公司
总监理工程师：王雁序

富裕广场三期工程
建设单位：天津市富裕房地产公司
施工单位：天津市建工工程总承包有限公司
项目经理：王梦缘
监理单位：天津市国际监理公司
总监理工程师：胡宗国

保定市迎宾小区三期 4 号住宅楼
建设单位：保定市北方房地产开发有限公司
施工单位：保定建业集团有限公司
项目经理：任培农
监理单位：保定建设工程监理有限公司
总监理工程师：王占良

唐山供电公司生产办公综合楼
建设单位：华北电网有限公司唐山供电公司
施工单位：唐山建设集团有限责任公司
项目经理：张金维
监理单位：北京华联建设集团有限公司
总监理工程师：张凤和

秦皇岛市妇幼保健院新建病房综合楼工程
建设单位：秦皇岛市社会公益项目建设管理中心
施工单位：秦皇岛兴龙建设工程有限公司
项目经理：何强
监理单位：京兴国际工程管理公司
总监理工程师：闫慧

山西省图书馆工程
建设单位：山西省政府工程建设事务管理局
施工单位：中铁十七局集团建筑工程有限公司
项目经理：冯清晋
监理单位：山西省建设监理有限公司
总监理工程师：张志峰

朔州师范专科学校教学楼
建设单位：朔州市教育局
施工单位：山西六建集团有限公司
项目经理：程永盛
监理单位：朔州市建设监理公司
总监理工程师：李渊斌

华德中心广场 I 标段
建设单位：太原华德利达房地产开发有限公司
施工单位：山西四建集团有限公司
项目经理：李彦春
监理单位：山西建同建设工程监理有限公司
总监理工程师：焦力

乌拉特中旗新区综合服务中心
建设单位：乌拉特中旗隆富源投资发展有限公司
施工单位：内蒙古经纬建设有限公司
项目经理：张有江
监理单位：内蒙古万和工程建设监理有限公司
总监理工程师：刑双健

内蒙古巨华国际大酒店
建设单位：内蒙古巨华房地产开发集团有限公司
施工单位：内蒙古巨华集团大华建筑安装有限公司
项目经理：王巨焕
监理单位：呼和浩特建设监理咨询有限公司
总监理工程师：赵文枝

水木华庭 1 号楼工程
建设单位：大连经济技术开发区松原房地产开发公司
施工单位：大连九洲建设集团有限公司
项目经理：张东燊
监理单位：哈尔滨工大建设监理有限公司
总监理工程师：王晓燕

大连铜管乐器厂及周边地块改造工程
建设单位：大连良运房地产开发有限公司
施工单位：大连市建设工程集团有限公司
项目经理：王维
监理单位：大连房屋建设监理有限公司
总监理工程师：王立辉

抚顺矿务局总医院门急诊医技综合楼工程
建设单位：抚顺矿务局总医院
施工单位：抚顺中煤建设(集团)有限责任公司
项目经理：李入阁
监理单位：抚顺市金鼎建筑监理有限责任公司
总监理工程师：李树仁

辽宁体育训练中心(柏叶基地)足球学校公寓
建设单位：辽宁省省直工程项目管理办公室
施工单位：东北金城建设股份有限公司
项目经理：张伟
监理单位：辽宁方园建设项目管理有限公司
总监理工程师：李新辉

延边州行政中心办公楼 B 区工程项目
建设单位：延边州行政中心工程指挥部办公室
施工单位：长春建设股份有限公司
项目经理：胡景财
监理单位：吉林双利工程建设监理有限公司
总监理工程师：南昌松

长春电力集团有限公司综合楼
建设单位：长春电力集团有限公司
施工单位：长春新星宇建筑安装有限责任公司

项目经理：张学军
监理单位：吉林省建华工程项目管理有限公司
总监理工程师：于永泉

保利松北住宅小区一期
建设单位：黑龙江保利澳娱房地产开发有限公司
施工单位：保利建设开发总公司黑龙江分公司
项目经理：李文成
监理单位：哈尔滨亿汇建设项目管理有限公司
总监理工程师：朱松陵

你好荷兰城 A 区三标段
建设单位：黑龙江你好房地产开发有限公司
施工单位：黑龙江东辉建筑工程有限公司
项目经理：王立军
监理单位：黑龙江中阳建设监理有限责任公司
总监理工程师：郭昕

黑龙江东方学院第二教学楼 B 栋
建设单位：黑龙江东方学院
施工单位：哈尔滨大东集团股份有限公司
项目经理：赵成
监理单位：哈尔滨东信建设工程监理有限责任公司
总监理工程师：张建华

海富城市花园二期工程
建设单位：上海富润房地产发展有限公司
施工单位：上海城建建设实业（集团）有限公司
项目经理：马剑峰
监理单位：上海海龙工程技术发展有限公司
总监理工程师：马悦雄

上海文化广场改造工程
建设单位：上海文化广场有限公司
施工单位：上海国际建设总承包有限公司
项目经理：顾文虎
监理单位：上海海龙工程技术有限公司
总监理工程师：黄明华

上海轨道交通 10 号线上海图书馆站
建设单位：上海市轨道交通十号线发展有限公司
施工单位：上海城建（集团）公司
项目经理：徐经纬
监理单位：上海建浩工程顾问有限公司
总监理工程师：钱粹

杨浦区河间路 107 街坊保障性住房项目
建设单位：上海市杨浦区住房保障中心
施工单位：中国建筑股份有限公司（上海）
项目经理：张少骏
监理单位：上海住远建设工程监理有限公司
总监理工程师：於国宽

江苏省委党校新校区新建学员宿舍楼
建设单位：江苏省省级机关房屋建设中心
施工单位：南通四建集团有限公司
项目经理：孙建明
监理单位：江苏三益建设监理有限公司
总监理工程师：王瑞萍

太仓港区商务办公用房 1 号—4 号楼工程
建设单位：太仓港港口开发建设投资公司
施工单位：苏州二建建筑集团有限公司
项目经理：陈锡恩
监理单位：浙江江南工程管理股份有限公司
总监理工程师：许太宗

扬州大学新校区图书馆
建设单位：扬州大学
施工单位：江苏扬建集团有限公司
项目经理：汪祖成
监理单位：扬州市建苑监理有限公司
总监理工程师：谈凯平

江苏阳光事业学府华庭 30 号—34 号楼
建设单位：江苏阳光置业发展有限公司镇江分公司
施工单位：镇江明兴建筑安装工程有限公司
项目经理：王地明
监理单位：镇江市华普建设监理有限责任公司
总监理工程师：贾建鸿

丽水文化艺术中心
建设单位：丽水市城市建设投资有限责任公司
施工单位：中天建设集团有限公司
项目经理：厉夏秋
监理单位：浙江工程建设监理公司
总监理工程师：王韬

金晖广场
建设单位：浙江金越房地产开发有限公司
施工单位：浙江宝业建设集团有限公司
项目经理：朱先康
监理单位：绍兴市工程建设监理有限公司
总监理工程师：张晓阳

宁波国际金融中心Ⅰ标段
建设单位：宁波东部新城开发有限公司
施工单位：浙江省二建建设集团有限公司
项目经理：周志君
监理单位：宁波高专建设监理有限公司
总监理工程师：徐梓炘

杭政储(2004)43号地块B4 B5楼
建设单位：杭州金基房地产开发有限责任公司
施工单位：广厦建设集团有限责任公司
项目经理：黄益良
监理单位：浙江江南工程管理股份有限公司
总监理工程师：吴小富

芜湖融汇中江广场西区H幢工程
建设单位：芜湖融汇置业有限公司
施工单位：安徽鲁班建设投资集团有限公司
项目经理：汪锡武
监理单位：安徽省建设监理有限公司
总监理工程师：林华明

浙商创业大厦B号楼
建设单位：安徽浙商置业投资有限公司
施工单位：安徽凯源建设集团有限责任公司
项目经理：周义国
监理单位：安徽华夏建设监理有限责任公司
总监理工程师：陈勇

阜阳农电嘉禾苑3号住宅楼
建设单位：安徽电力阜阳农电有限责任公司
施工单位：安徽天筑建设(集团)有限公司
项目经理：孔祥友
监理单位：阜阳市安信建设监理有限公司
总监理工程师：郝学远

福建省残疾人体育康复就业培训中心建设工程
建设单位：福建建工集团总公司(代建)
施工单位：福建六建建设集团有限公司
项目经理：李峻
监理单位：福建省工程咨询监理有限公司
总监理工程师：林家明

厦门市湖边花园B区A标
建设单位：厦门市住宅建设办公室
施工单位：厦门市建安集团有限公司
项目经理：吴清山
监理单位：北京中联环建设工程管理有限公司
总监理工程师：任国庆

福州市三坊七巷保护改造第一坊二期
建设单位：福建闽长置业有限公司
施工单位：福建二建建设集团公司
项目经理：鲍丹宇
监理单位：福建天正建筑工程咨询监理事务所
总监理工程师：郑行翔

南昌绿地中央广场B区
建设单位：上海绿地集团江西申江置业发展有限公司
施工单位：浙江环宇建设集团有限公司
项目经理：李立
监理单位：上海海达工程建设咨询有限公司
总监理工程师：郎洪春

九江东磁丽景湾花园A区工程
建设单位：横店集团九江东磁房地产有限公司
施工单位：中天建设集团有限公司
项目经理：吴子祥
监理单位：江西中昌工程咨询监理有限公司
总监理工程师：李子华

九江市中医医院(南院)一期工程
建设单位：九江市中医医院
施工单位：浙江省东阳第三建筑工程有限公司
项目经理：王敏刚
监理单位：江西中昌工程咨询监理有限公司
总监理工程师：何晓晗

隆河水岸6号楼工程
建设单位：青岛那鲁湾置业有限公司
施工单位：莱西市建筑总公司
项目经理：孙有建
监理单位：青岛公信建设监理有限公司
总监理工程师：谷善增

山东省环境监控综合楼
建设单位：山东省环境保护厅
施工单位：山东天齐置业集团股份有限公司
项目经理：王继平
监理单位：山东省监协建设监理中心
总监理工程师：万宪义

中润华侨城五组团68号楼
建设单位：山东中润集团淄博置业有限公司
施工单位：山东万鑫建设有限公司

项目经理：张建光
监理单位：淄博建鲁工程建设项目管理公司
总监理工程师：李忠东

威海市神道口社区改造一期工程
建设单位：威海市华威房地产开发公司
施工单位：威海国际经济技术合作股份有限公司
项目经理：郑德君
监理单位：威海市顺通建设监理有限公司
总监理工程师：曲晓宁

焦煤集团综合楼
建设单位：焦作煤业（集团）有限责任公司
施工单位：焦作市宏程工程建设有限责任公司
项目经理：毋树东
监理单位：河南工程咨询监理有限公司
总监理工程师：李献忠

河洛钟灵小区 4 号楼
建设单位：洛阳天舟置业有限公司
施工单位：河南三建建设集团有限公司
项目经理：刘德民
监理单位：中机十院国际工程有限公司
总监理工程师：张建伟

南阳市涓龙苑商住小区 3 号商住楼
建设单位：南阳市涓阳房地产开发有限责任公司
施工单位：河南天工建设集团有限公司
项目经理：王天庆
监理单位：中机十院国际工程有限公司
总监理工程师：杜文波

顺驰·中央特区 5 号地 7 号—15 号楼
建设单位：郑州客属房地产有限公司
施工单位：河南省第一建筑工程集团有限责任公司
项目经理：李群虎
监理单位：河南建达工程建设管理公司
总监理工程师：苟亚斌

湖北省第二地质大队科研综合楼
建设单位：湖北省第二地质大队
施工单位：恩施兴州建设工程有限责任公司
项目经理：张彦胜
监理单位：恩施自治州同欣工程建设监理咨询有限公司
总监理工程师：唐孝政

创世纪广场
建设单位：武汉世纪环球投资有限公司
施工单位：新八建设集团有限公司
项目经理：廖华勇
监理单位：北京东方华太建设监理有限公司
总监理工程师：肖洪钧

华中国电大厦工程
建设单位：武汉新国电投资发展有限公司
施工单位：中建三局建设工程股份有限公司
项目经理：程淘
监理单位：武汉宏宇建设监理有限责任公司
总监理工程师：秦永祥

怡安花园 3 号商住楼
建设单位：黄石市祥瑞新家园房地产开发有限公司
施工单位：湖北江天建设集团有限公司
项目经理：彭宜夏
监理单位：武汉工程建设监理咨询有限公司
总监理工程师：曹昌业

友阿大厦
建设单位：湖南星城房地产有限公司
施工单位：中建五局第三建设有限公司
项目经理：唐德文
监理单位：湖南省华誉建设工程监理有限公司
总监理工程师：赵太明

湖南省人民医院医疗急救外科大楼
建设单位：湖南省人民医院
施工单位：湖南省第六工程有限公司
项目经理：刘兆荣
监理单位：中机国际工程设计研究院
总监理工程师：彭亮

福林小区暨勘察设计业务楼
建设单位：湖南福林房地产开发有限公司
施工单位：湖南顺天建设集团有限公司
项目经理：骆金辉
监理单位：湖南省汇林工程建设监理有限责任公司
总监理工程师：杨文伟

广州市亚运城运动员村 3 区工程
建设单位：广州市重点公共建设项目管理办公室
施工单位：广州工程总承包集团有限公司
项目经理：李中庆
监理单位：广州市广州工程建设监理有限公司
总监理工程师：陈燕

深圳大运中心项目Ⅰ标段(主体育场)工程
建设单位：深圳市建筑工务署
施工单位：中国建筑第八工程局有限公司
项目经理：张旭东
监理单位：浙江江南工程管理股份有限公司
总监理工程师：张兴年

广州万科金域蓝湾 B9—B13 栋
建设单位：广州市鹏万房地产有限公司
施工单位：中天建设集团有限公司
项目经理：应龙治
监理单位：广州宏达工程顾问有限公司
总监理工程师：周流兴

中山市中医院另址新建项目(一区)工程
建设单位：中山市中医院
施工单位：汕头市建安(集团)公司
项目经理：陈明训
监理单位：中山市建监理有限公司
总监理工程师：窦洪年

广西五建柳州市前锋路职工集资楼1号—7号楼工程
建设单位：广西建工集团第五建筑工程有限责任公司
施工单位：广西建工集团第五建筑工程有限责任公司
项目经理：彭辉
监理单位：广西宏基工程监理有限责任公司
总监理工程师：蒙世利

广西水电科学研究院高层住宅楼
建设单位：广西水电科学研究院
施工单位：广西建工集团第二建筑工程有限责任公司
项目经理：黄凯海
监理单位：广西大通建设监理有限公司
总监理工程师：李毅宇

海口市金玉广场Ⅰ期Ⅰ区
建设单位：海口市城市投资建设有限公司
施工单位：海南盛达建设工程集团有限公司
项目经理：庄松青
监理单位：西北信诚监理公司
总监理工程师：刘宇宏

三亚凤凰岛国际养生度假中心3号 4号 5号楼
建设单位：三亚凤凰岛发展有限公司
施工单位：中天建设集团有限公司
项目经理：杨章权
监理单位：浙江江南工程管理股份有限公司
总监理工程师：肖建林

锦江区牛沙路北侧攀成钢厂区拆迁安置房工程三标段
建设单位：成都恒锦旧城改造投资建设有限责任公司
施工单位：四川省晟茂建设有限公司
项目经理：张礼平
监理单位：四川康立项目管理有限责任公司
总监理工程师：周世柱

锦江城市花园二期1号 2号 6号楼及地下室工程
建设单位：成都深合能房地产开发有限公司
施工单位：成都市第四建筑工程公司
项目经理：吴国荣
监理单位：四川精正建设管理咨询有限公司
总监理工程师：王小靖

绵阳市中心医院改扩建第三期
建设单位：绵阳市中心医院
施工单位：四川省第六建筑有限公司
项目经理：沈蜀建
监理单位：绵阳市久远建设监理咨询有限公司
总监理工程师：赵毅

江安县体育中心体育场 馆及配套工程
建设单位：宜宾市投资集团房地产开发有限公司
施工单位：四川省第十一建筑有限公司
项目经理：段茂林
监理单位：四川元丰建设项目管理有限公司
总监理工程师：江远夫

东海岸B区(1号 2号楼)
建设单位：重庆东海房地产开发(集团)有限公司
施工单位：重庆拓达建筑工程有限公司
项目经理：黄明刚
监理单位：重庆新鲁班工程监理有限公司
总监理工程师：王祥

国际社区一期一区—1A标段工程
建设单位：重庆嘉江房地产开发有限公司
施工单位：重庆第三建设有限责任公司
项目经理：王渝
监理单位：重庆公诚建设监理有限公司
总监理工程师：陈宗义

重庆上邦国际社区二期(B2组团)工程
建设单位：重庆腾翔实业有限公司
施工单位：北京金港机场建设有限责任公司

项目经理：戴宗阔
监理单位：重庆渝海建设监理有限公司
总监理工程师：张伟

贵州省民主党派和政协委员活动中心
建设单位：贵州省省级政府投资工程项目代建中心
施工单位：贵州建工集团总公司
项目经理：吴辉
监理单位：贵州三力监理有限公司
总监理工程师：魏威

金旭城上城综合大楼
建设单位：遵义金旭房地产开发有限责任公司
施工单位：贵州省冶金建设公司
项目经理：刘学军
监理单位：贵州百盛监理有限公司
总监理工程师：杨思勇

云南亚广影视信息传媒中心事业核心区Ⅰ标
建设单位：云南亚广传媒发展有限公司
施工单位：云南省第三建筑工程公司
项目经理：陈云周
监理单位：云南恒丰工程建设监理有限公司
总监理工程师：陈新安

曲靖市圣庭·花屿小区
建设单位：曲靖市圣庭房地产开发有限责任公司
施工单位：云南中浩建设工程有限公司
项目经理：李光霆
监理单位：云南青山工程监理咨询有限公司
总监理工程师：方建华

林芝地区人民医院综合住院楼
建设单位：林芝地区人民医院
施工单位：西藏明旺建筑工程有限公司
项目经理：刘谋礼
监理单位：湖北时代监理公司西藏分公司
总监理工程师：腾永忠

阿里地区人民医院住院楼工程及附属工程
建设单位：阿里地区卫生局
施工单位：阿里地区改则县永诚建筑建材有限公司
项目经理：陈荣楷
监理单位：西藏诚信建设监理有限公司
总监理工程师：肖军

西安法士特汽车传动有限公司研究院项目工程
建设单位：西安法士特汽车传动有限公司
施工单位：陕西建工集团第二建筑工程有限公司
项目经理：曾军社
监理单位：西安四方建设监理有限公司
总监理工程师：周建新

西安千禧国际广场工程
建设单位：西安千禧国际置业有限公司
施工单位：陕西建工集团第七建筑工程有限公司
项目经理：贾宏斌
监理单位：陕西林华建设工程项目管理有限公司
总监理工程师：王金龙

钛及钛合金工程技术中心—工程中心工程
建设单位：宝鸡钛业股份有限公司
施工单位：陕西省第十一建筑工程公司
项目经理：余明生
监理单位：陕西中安工程管理咨询有限公司
总监理工程师：张玉才

兰州外语职业学院教学实验楼
建设单位：兰州外语职业学院
施工单位：兰州二建集团有限公司
项目经理：张建宁
监理单位：兰州黄河工程监理有限公司
总监理工程师：刘贻胜

甘肃省质量技术监督局综合楼
建设单位：甘肃省质量技术监督局
施工单位：甘肃第四建设集团有限责任公司
项目经理：闫汝刚
监理单位：甘肃工程建设监理公司
总监理工程师：叶习哲

西宁750千伏变电站扩建工程
建设单位：青海省电力公司
施工单位：青海送变电工程公司
项目经理：张全安
监理单位：青海智鑫电力建设监理有限公司
总监理工程师：李顺来

青海大学附属医院住院部综合楼
建设单位：青海大学附属医院
施工单位：中天建设集团有限公司
项目经理：张国荣
监理单位：青海百鑫工程监理咨询有限公司
总监理工程师：李宁

宁夏银行办公大厦
建设单位：宁夏银行股份有限公司
施工单位：宁夏建工集团第八分公司
项目经理：李国宁
监理单位：建研凯勃监理公司
总监理工程师：武广

中房富力城 A、B、D 座综合楼
建设单位：中房集团银川房地产开发有限责任公司
施工单位：启东建筑集团有限公司
项目经理：赵辉
监理单位：宁夏巨正建设监理有限公司
总监理工程师：苏志军

克拉玛依石化工业园区生产指挥中心工程
建设单位：克拉玛依市城投工程建设项目管理有限责任公司
施工单位：新疆三联工程建设有限责任公司
项目经理：朱江龙
监理单位：新疆天麒工程项目管理咨询有限责任公司
总监理工程师：杨毅

新疆医科大学第一附属医院第二病房楼
建设单位：新疆医科大学第一附属医院
施工单位：新疆建工集团（有限）责任公司四建
项目经理：罗新平
监理单位：新疆昆仑监理有限责任公司
总监理工程师：王军

新疆医科大学第一附属医院职工高层住宅楼
建设单位：新疆医科大学第一附属医院
施工单位：兵团建设工程集团第一建设安装工程有限责任公司
项目经理：秦继攀
监理单位：新疆兴教监理有限公司
总监理工程师：刘玉智

全国建筑施工安全质量标准化工作先进集体名单

北京市西城区建筑工程安全质量监督站
北京市昌平区建设委员会
北京市崇文区建设委员会
天津大港区建设管理委员会建设工程安全监督管理站
天津市和平区建设工程质量监督站
河北省沧州市建设工程安全生产监督管理办公室
河北省邢台市建筑施工安全监督管理站
山西省临汾市建设工程质量安全监督站
山西省晋中市建设局
内蒙古自治区兴安盟建设局
辽宁省大连市建筑安全监督管理站
辽宁省阜新市建筑安全监督站
辽宁省营口市建筑施工劳动安全监察站
吉林省延边朝鲜族自治州住房和城乡建设局
黑龙江省七台河市建设局
黑龙江省鹤岗市建设局
上海市建设工程安全质量监督总站
上海市长宁区建设工程质量安全监督站
上海市静安区建设工程安全监督站
江苏省徐州市建设局
江苏省常州市建筑业安全监督站
江苏省淮安市建筑工程管理局
浙江省宁波市建筑工程安全质量监督总站
浙江省嘉兴市秀洲区规划与建设局
浙江省永康市建设局
安徽省马鞍山市建委
安徽省宿州市建设委员会
福建省厦门市建设工程质量安全监督站
福建省晋江市规划建设与房产管理局
江西省南昌市建筑行业安全管理监督站
江西省九江市建筑工程安全生产监督管理站
山东省济南市工程质量与安全生产监督站
山东省青岛市建筑工程管理局
山东省潍坊市建筑工程施工安全监督站
河南省郑州市建设安全监督站
河南省新乡市工程管理处
河南省焦作市建设委员会
湖北省宜昌市建设工程安全监督站
湖北省黄石市建筑行业安全监察站
湖北省武汉市武昌区建筑管理站
湖南省直属工程质量安全监督站
湖南省岳阳市建设局

广东省珠海市建设局		贵州省六盘水市建筑工程安全监督站	
广东省东莞市建设工程安全监督站		云南省德宏州建设局	
广东省佛山市顺德区建设局		西藏自治区建设厅	
广西壮族自治区桂林市规划建设委员会		陕西省榆林市建设工程质量安全监督中心站	
海南省海口市建设工程质量安全监督站		甘肃省兰州市建筑安全监督站	
重庆市涪陵区建设委员会		青海省乐都县建筑工程质量监督站	
重庆市江北区建设工程安全管理站		宁夏回族自治区住房和城乡建设厅	
四川省巴中市建设工程质量安全监督站		新疆维吾尔自治区乌鲁木齐市建设工程安全监督站	
四川省达州市建设工程质量安全监督站		新疆生产建设兵团建设工程安全监督总站	
四川省凉山州建设工程质量安全监督站			

全国建筑施工安全质量标准化工作先进个人名单

陈卫东	北京住房和城乡建设委员会施工安全管理处	王炳炎	江苏省无锡市建设局
曾 勃	北京市建设工程安全质量监督总站	郭志刚	江苏省南通市建设局
陆闻宇	北京市朝阳区建设委员会	季金华	江苏省连云港市建设局
张 柏	北京市密云县建设委员会	张继红（女）	江苏省盐城市建设局
顾文武	天津市城乡建设和交通委员会	林 炼	浙江省温州市建筑工程安全监督站
张继东	天津市建设安全监督管理站	李 骞	浙江省台州市建筑工程管理处
陈建利	天津市南开区建设管理委员会	田 兵	浙江省江山市建筑工程安全监督站
那建兴	河北省建设工程安全生产监督管理办公室	吴立新	浙江省杭州市经济技术开发区建设局
王志来	石家庄市建设工程安全生产监督管理站	洪建华	安徽省宣城市建设安全监察站
王树东	河北省唐山市建筑工程施工安全监督站	王 飞	安徽省亳州市建筑市场管理处
吕栋楠	山西省建筑安全监督站	汤立佳（女）	安徽省淮南市建筑管理处
赵安全	山西省太原市建筑安全监督管理站	卢海东	福建省泉州市建设工程安全监督站
郭东顺	山西省运城市建设局质量安全科	彭冬水	福建省龙岩市建设局
李 智	内蒙古自治区建筑安全监督总站	沈旭初	福建省云霄县建筑安全监督管理站
傅 玉	内蒙古自治区包头市建设委员会	徐 晶	江西省建设工程安全质量监督管理局
李长凯	辽宁省住房和城乡建设厅工程质量安全监管处	熊 新	江西省南昌市建筑行业安全管理监督站
王敏杰	辽宁省沈阳市城乡建设委员会	毛宗水	江西省九江市建筑工程安全生产监督管理站
柳洪杰	辽宁省大连市建筑安全监督管理站	夏 永	山东省日照市建筑工程管理处
郭跃庚	辽宁省辽阳市建筑安全监督管理站	林 涛	山东省烟台市建设局
于显铁	吉林省住房和城乡建设厅安全生产监督管理处	罗洪富	山东省临沂市建设安全工程质量监督管理处
魏兆仁	吉林省吉林市建设工程安全监督站	胡其勇	山东省滨州市建筑施工安全监督站
丁喜富	黑龙江省大庆市建设局	刘 洪	河南省住房和城乡建设厅建筑管理处
许跃春	黑龙江省佳木斯市建设局	牛福增	河南省建设安全监督总站
毕淑杰（女）	黑龙江省黑河市建筑安全监督管理站	岳延峰	河南省洛阳市建设工程安全监督站
陶为农（女）	上海市建设工程安全质量监督总站	张新中	河南省商丘市建设委员会
董 伟	上海市徐汇区建设工程质量安全监督站	邢元星	湖北省十堰市建设工程管理处
陆忠华	上海市浦东新区建设工程安全质量监督署	易 山	湖北省荆门市建筑安全生产监督管理站
梅志农	上海市电力建设工程安全质量监督中心站	夏和平	湖北省恩施土家族苗族自治州建筑安全监督站

郭国成	湖北省随州市建筑工程质量和安全监督站	岳光兵	贵州省贵阳市建筑安全监督检查站
易松柏	湖南省邵阳市建筑工程管理局	侯 甘	贵州省遵义市建筑安全监督管理站
刘福高	湖南省娄底市建设局	张 明	云南省建设工程安全监督站
蔡德熹	湖南省衡阳市建筑工程安全监督站	卢 唯	云南省红河州建设工程安全监督站
刘桂强	广东省中山市建设局	任占厚	陕西省建设工程质量安全监督总站
陈映业	广东省惠州市施工安全监督总站	彭万仓	陕西省西安市建设工程质量安全监督站
周健生	广东省广州市番禺区建设工程安全监督站	孙晓斌	陕西省宝鸡市建设工程质量安全监督站
高 强	广东省深圳市龙岗区建筑施工安全监督站	杨 帆	西藏自治区山南地区建设局
黎旭标	广西壮族自治区建设工程质量安全监督总站	雷 科	西藏自治区昌都地区建设局
		郝联成	甘肃省定西市建筑管理总站
刘江帆	广西壮族自治区桂林市规划建设委员会	马继成	甘肃省临夏州建设工程安全监督站
罗宗标	海南省海口市建设工程质量安全监督站	杨 文	青海省建筑施工安全监督总站
谢克兰(女)	海南省三亚市规划建设局	罗昌生	青海省海北州建设工程质量安全监督站
李隆方	四川省德阳市建设工程质量安全监督站	乔进喜	宁夏回族自治区银川市建筑行业管理处
高顺成	四川省眉山市建设工程质量安全监督站	霍岩宏	宁夏回族自治区吴忠市建设局
张 涛	四川省成都市双流县建设工程施工安全监督站	曹德明	新疆维吾尔自治区巴音郭楞州建设工程安全监督站
赵兴强	四川省阆中市建设工程质量安全监督站		
唐晓荣	重庆市建设工程施工安全管理总站	陶 友	新疆维吾尔自治区克拉玛依市建设工程安全监督站
杨治洪	重庆市南岸区建设委员会		
唐 利	重庆市渝北区建筑安全管理站	李成德	新疆生产建设兵团建设工程有限责任公司

3. 科技目录

2009年全国建设行业科技成果推广项目目录

项目名称：ZJ-K型无机保温板系统
证书编号：2009001
完成单位：绍兴市中基建筑节能科技有限公司

项目名称：内外热反射墙体无机保温隔热系统
证书编号：2009002-1
完成单位：森冠(北京)环保科技有限公司
证书编号：2009002-2
完成单位：新疆赛普森纳米科技有限公司

项目名称：弹性反辐射隔热涂料
证书编号：2009003
完成单位：佛山市福派涂装系统有限公司

项目名称：玻璃用透明隔热涂料
证书编号：2009004-1
完成单位：森冠(北京)环保科技有限公司

证书编号：2009004-2
完成单位：新疆赛普森纳米科技有限公司

项目名称：泡沫混凝土应用技术
证书编号：2009005
完成单位：驻马店市永泰建筑节能材料设备有限公司

项目名称：大规格建筑陶瓷薄板
证书编号：2009006
完成单位：广东蒙娜丽莎陶瓷有限公司

项目名称：50型铝合金节能平开窗
证书编号：2009007
完成单位：广东伟业铝厂有限公司

项目名称：自动节能温控阀
证书编号：2009008
完成单位：北京中通诚益科技发展有限责任公司

项目名称：非开挖用PE实壁排污管

一、专　题

证书编号：2009009
完成单位：浙江尤尼克管业有限公司

项目名称：JMT 型无负压给水设备
证书编号：2009010
完成单位：北京精铭泰工程技术开发有限公司

项目名称：智慧型无负压稳流给水设备
证书编号：2009011
完成单位：上海连成（集团）有限公司

项目名称：常时无源电阻式直读水表
证书编号：2009012
完成单位：宁波龙康智能仪表有限公司

项目名称：非接触式 IC 卡智能气表
证书编号：2009013
完成单位：河南新天科技有限公司

项目名称：智能 IC 卡电表
证书编号：2009014
完成单位：河南新天科技有限公司

项目名称：住宅厨房卫生间变压防风式排风道
证书编号：2009015
完成单位：唐山市丰润区黄家屯宏兴建材加工厂

项目名称：STCC 污水处理及深度净化技术
证书编号：2009016
完成单位：武汉新天达美环境科技有限公司

项目名称：城市粪便处理工艺及成套设备技术
证书编号：2009017
完成单位：北京世纪国瑞环境工程技术有限公司

项目名称：DataSER 建筑能耗分析系统
证书编号：2009018
完成单位：北京中创立方软件有限公司

项目名称：政府基建项目管理系统
证书编号：2009019
完成单位：广东同望科技股份有限公司

项目名称：彩色透水混凝土
证书编号：2009020
完成单位：北京近山松城市园林景观工程有限公司

项目名称：水泥基渗透结晶型浓缩剂防水技术
证书编号：2009021
完成单位：北京城荣防水材料有限公司

项目名称：水泥基渗透结晶型掺合剂防水技术
证书编号：2009022
完成单位：北京城荣防水材料有限公司

项目名称：给水用高密度聚乙烯管材
证书编号：2009023
完成单位：浙江铭仕集团有限公司

项目名称：高压喷射扩大头锚杆
证书编号：2009024
完成单位：深圳钜联锚杆技术有限公司

项目名称：住宅厨卫防火型变压式排气系统
证书编号：2009025
完成单位：住房和城乡建设部政策研究中心厨房卫生间研究所

项目名称：奥米矿物纤维在水泥混凝土和沥青混凝土中的应用
证书编号：2009026
完成单位：甘肃富利达矿业有限公司

项目名称：生活垃圾消解处理技术
证书编号：2009027
完成单位：烟台润达垃圾处理环保股份有限公司

项目名称：聚氨酯保温装饰一体化复合板
证书编号：2009028
完成单位：营口沃飞斯节能科技有限公司

项目名称：金属保温装饰板
证书编号：2009029
完成单位：北京北海建材有限公司

项目名称：JZ-C 无机保温浆料外墙保温系统
证书编号：2009030
完成单位：南阳天意保温耐火材料有限公司

项目名称：低导热系数纤维增强硅酸钙板
证书编号：2009031
完成单位：宁波易和绿色板业有限公司

项目名称：多功能墙布
证书编号：2009032
完成单位：江苏常州龙贝化工新材料有限公司

项目名称：缓粘结预应力综合技术

证书编号：2009033
完成单位：中国京冶工程技术有限公司

项目名称：**WSBAC-008 自粘防水卷材**
证书编号：2009034-1
完成单位：深圳市卓宝科技股份有限公司
证书编号：2009034-2
完成单位：苏州卓宝科技有限公司

项目名称：**WSP 自粘防水卷材**
证书编号：2009035-1
完成单位：深圳市卓宝科技股份有限公司
证书编号：2009035-2
完成单位：苏州卓宝科技有限公司

项目名称：**埋地排水用钢带增强聚乙烯（PE）螺旋波纹管**
证书编号：2009036
完成单位：四川森普管材股份有限公司

项目名称：**埋地用聚乙烯（PE）双壁波纹管**
证书编号：2009037
完成单位：贵州森瑞管业有限公司

项目名称：**聚乙烯塑钢缠绕排水管**
证书编号：2009038
完成单位：华瀚科技有限公司

项目名称：**玻璃纤维增强塑料夹砂管**
证书编号：2009039
完成单位：南京众泰玻璃钢管道有限公司

项目名称：**玻璃纤维增强塑料夹砂管材及管件**
证书编号：2009040
完成单位：昊华中意玻璃钢有限公司

项目名称：**HZZG 远程控制智能泵站成套供水设备**
证书编号：2009041
完成单位：杭州华孚环境工程技术有限公司

项目名称：**无负压(无吸程)管网增压稳流给水设备**
证书编号：2009042
完成单位：青岛三利中德美水设备有限公司

项目名称：**管网叠压智能供水设备**
证书编号：2009043
完成单位：郑州水业科技发展股份有限公司

项目名称：**生物空气净化机**
证书编号：2009044
完成单位：常州陈天生生物科技有限公司

项目名称：**喷射式空气负离子净化器**
证书编号：2009045
完成单位：鞍山市大奥功能离子科技有限公司

项目名称：**边坡柔性生态防护技术**
证书编号：2009046
完成单位：东莞金字塔绿色科技有限公司

项目名称：**生物接触氧化法污水处理技术**
证书编号：2009047
完成单位：湖北科亮生物工程有限公司

项目名称：**污泥高压脱水干化设备**
证书编号：2009048
完成单位：北京格林兰德环保科技有限公司

项目名称：**全自动钢筋捆扎机**
证书编号：2009049-1
完成单位：巨匠建设集团有限公司

证书编号：2009049-2
完成单位：桐乡市嘉程电子机械有限公司

项目名称：**铝合金电力电缆**
证书编号：2009050
完成单位：安徽欣意电缆有限公司

项目名称：**自复式过欠电压保护器**
证书编号：2009051
完成单位：乌鲁木齐市神安实业有限公司

项目名称：**湘源控制性详细规划 CAD 系统**
证书编号：2009052
完成单位：长沙市勘测设计研究院

项目名称：**湘源修建性详细规划 CAD 系统**
证书编号：2009053
完成单位：长沙市勘测设计研究院

项目名称：**住宅厨卫防火型变压式排气系统**
证书编号：2009054
完成单位：北京都龙科技发展有限公司

项目名称：**WHG 管网无负压稳流增压供水设备**
证书编号：2009055

完成单位：潍坊华立供水设备有限公司

项目名称：XPS 保温装饰板系统
证书编号：2009056
完成单位：江苏国联科技有限公司

项目名称：AJ 砌筑与抹灰无机保温砂浆及墙体自保温系统
证书编号：2009057
完成单位：武汉奥捷高新技术有限公司

项目名称：烧结复合保温砖
证书编号：2009058
完成单位：江苏启秀房地产有限公司

项目名称：热水空调两用机
证书编号：2009059
完成单位：厦门源惠科技有限公司

项目名称：QEM 热量分摊系统（准恒流焓差法热量分摊分配系统）
证书编号：2009060-1
完成单位：山东联强节能科技有限公司
证书编号：2009060-2
完成单位：温州联强电子科技有限公司

项目名称：住宅厨卫防火型变压式排气系统
证书编号：2009061-1
完成单位：中国房地产及住宅研究会住宅设施委员会
证书编号：2009061-2
完成单位：北京瑞建智业厨卫技术研究中心

项目名称：钢制柱式椭圆凸型散热器
证书编号：2009062
完成单位：唐山大通金属制品有限公司

项目名称：钢铝压铸复合柱翼型散热器
证书编号：2009063
完成单位：山东邦泰散热器有限公司

项目名称：高压铸铝散热器
证书编号：2009064
完成单位：旺达集团有限公司

项目名称：R001A 系列铝制柱式散热器
证书编号：2009065
完成单位：宁波宁兴金海水暖器材有限公司

项目名称：仿木复合地板
证书编号：2009066
完成单位：唐山金三顺装饰材料有限公司

项目名称：湿铺法弹性体改性沥青防水材料（WP-SBS）
证书编号：2009067-1
完成单位：深圳市卓宝科技股份有限公司
证书编号：2009067-2
完成单位：苏州卓宝科技有限公司

项目名称：RFA 阻燃型聚合物改性沥青防水卷材
证书编号：2009068
完成单位：北京东方雨虹防水技术股份有限公司

项目名称：RSA 耐盐碱型聚合物改性沥青防水卷材
证书编号：2009069
完成单位：北京东方雨虹防水技术股份有限公司

项目名称：水泥基渗透结晶型防水涂料
证书编号：2009070
完成单位：福建省宁德市建工防水材料工程有限公司

项目名称：给水用抗冲改性聚氯乙烯（PVC-M）管材及管件
证书编号：2009071
完成单位：福建亚通新材料科技股份有限公司

项目名称：140 系列单元式幕墙
证书编号：2009072
完成单位：广东伟业铝厂有限公司

项目名称：多点锁闭结构铝合金门窗五金系统
证书编号：2009073
完成单位：青岛立兴杨氏门窗配件有限公司

项目名称：塑料门窗内平开下悬五金系统
证书编号：2009074
完成单位：国强五金集团有限公司

项目名称：建筑门窗多点锁闭五金系统
证书编号：2009075-1
完成单位：佛山市合和建筑五金制品有限公司
证书编号：2009075-2
完成单位：东莞市坚朗五金制品有限公司

项目名称：附着式电动施工平台（MC36/15）
证书编号：2009076
完成单位：北京星河模板脚手架工程有限公司

项目名称：RQL 立式医疗废物焚烧炉
证书编号：2009077
完成单位：宜昌市九天环保科技有限公司

项目名称：BT 模式在城市轨道交通项目建设中的应用
证书编号：2009078
完成单位：北京市基础设施投资有限公司

项目名称：轨道交通换乘车站改扩建技术
证书编号：2009079
完成单位：上海市隧道工程轨道交通设计研究院

项目名称：AM 工法：全液压可视可控旋挖扩底灌注桩施工技术
证书编号：2009080-1
完成单位：上海市隧道工程轨道交通设计研究院

证书编号：证书编号：2009080-2
完成单位：上海塔奇实业有限公司

证书编号：证书编号：2009080-3
完成单位：浙江鼎业基础工程有限公司

项目名称：浅埋单拱大跨双侧洞法暗挖车站设计与施工技术
证书编号：2009081
完成单位：北京市政建设集团有限责任公司

项目名称：小间距长距离双线隧道防护设计与盾构施工技术
证书编号：2009082-1
完成单位：北京市轨道交通建设管理有限公司

证书编号：2009082-2
完成单位：北京住总市政工程有限责任公司

证书编号：2009082-3
完成单位：北京城建设计研究总院有限责任公司

证书编号：2009082-4
完成单位：中国矿业大学（北京）

项目名称：轨道交通 35kV 供电系统国产化 C-GIS 设备关键技术
证书编号：2009083-1
完成单位：南京地下铁道有限责任公司

证书编号：2009083-2
完成单位：沈阳高压成套开关股份有限公司

项目名称：城市轨道交通乘客信息系统（PIS）
证书编号：2009084-1
完成单位：北京市轨道交通建设管理有限公司

证书编号：2009084-2
完成单位：中国铁道科学研究院电子计算技术研究所

项目名称：地铁车站建设安全及风险控制技术
证书编号：2009085
完成单位：上海申通轨道交通研究咨询有限公司

项目名称：地铁及地下工程建设安全监控系统
证书编号：2009086
完成单位：华中科技大学

项目名称：远程在线招投标操作管理系统
证书编号：2009087
完成单位：上海神机软件有限公司

项目名称：HTWG 无负压给水设备
证书编号：2009088
完成单位：新乡恒通泵业有限公司

村镇宜居型住宅技术推广目录

住房和城乡建设部建筑节能与科技司 科学技术部农村科技司（2010 年 5 月 21 日）

项目名称：农村基础设施建设技术
技术性能：本技术从设计、施工方面为农村道路桥梁及交通安全设施、给水与排水工程、垃圾收集及处理、粪便处理及生活用能等基础设施建设与整治工程提供技术指导，具有良好的适用性和实用性，对当前村镇基础设施建设具有较好的指导作用。
适用范围：适用于村庄的基础设施建设及现有基础设施的整治项目相关的设计、施工、监理及管理工作。

技术咨询单位：西安建筑科技大学

项目名称：城市郊区新市镇与中心村规划编制技术
技术性能：该技术明确了村庄居住规划的原则和主要内容，通过合理确定人均建设用地与单项建设用地指标及住宅建筑面积指标，并对住宅建造形式和村民居住点的建设方式、公共服务设施体系、历史文化与风貌景观的传承和塑造、市政公用设施的配置做了规定，确保村镇居住区建设的科学性、合理性和规范性。
适用范围：适用于经济较发达地区的村镇规划编制。
技术咨询单位：上海市城市规划设计研究院

项目名称：城市郊区新市镇与中心村规划编制技术
技术性能：该技术明确了村庄居住规划的原则和主要内容，通过合理确定人均建设用地与单项建设用地指标及住宅建筑面积指标，并对住宅建造形式和村民居住点的建设方式、公共服务设施体系、历史文化与风貌景观的传承和塑造、市政公用设施的配置做了规定，确保村镇居住区建设的科学性、合理性和规范性。
适用范围：适用于经济较发达地区的村镇规划编制。
技术咨询单位：上海市城市规划设计研究院

项目名称：村庄规划与设计
技术性能：该技术通过多项指标的控制，鼓励村庄建设多层公寓住宅，并合理配置村庄公共服务设施和基础设施，保留历史文化传承，引导村民集中居住，从而节省村庄建设用地，达到促进农村产业发展、提高村民居住生活条件、提升农村文化品位、延续乡土特色的目的。
适用范围：适用于村庄规划设计与建设整治。
技术咨询单位：江苏省住房和城乡建设厅、江苏省城市规划设计研究院、江苏省村镇建设服务中心

项目名称：轻钢木塑板材村镇住宅建设技术
技术性能：该技术以工厂化生产的机械（挤压式）轻质多孔木塑条板作为填充墙板，以轻钢结构（C型钢、H型钢）作为结构体系，经现场组装而成，施工周期短、造价合理，据有较强的适用和实用价值。
适用范围：适用于村镇住宅建设。
技术咨询单位：北京恒通创新木塑科技发展有限公司

项目名称：低层新型装配整体式房屋体系
技术性能：该体系采用混凝土空心砌块和预应力叠合板作为墙体和楼板材料，并按照构造要求设置构造柱、圈梁，具有施工速度快、节约建筑原材料、保温性能好等特点。
适用范围：适用于抗震设防烈度8度以下，建筑高度不超过9m的住宅。
技术咨询单位：湖南大学

项目名称：板-柱-轻钢房屋体系
技术性能：该技术采用工厂化生产和装配化施工，采用H型钢及矩形钢管组合成钢结构骨架，将混凝土外墙挂板、隔墙板、屋面板及保温材料分别安装于钢结构骨架上，形成板-柱-轻钢结构建筑体系，降低了钢材用量，具有抗震性能好、节能效果好、性价比高、整体重量轻等特点。
适用范围：适用于村镇低层住宅。
技术咨询单位：中国建筑材料科学研究总院

项目名称：节能轻质复合板组合房屋
技术性能：该房屋采用焊接方式将板式复合保温构件与轻钢结构连接，形成墙梁柱复合受力体系，具有节能、环保、抗震、施工速度快等特点，实现住宅建筑的工业化、标准化和装配化。
适用范围：适用于低层村镇住宅，抗震设防烈度不超过8度。
技术咨询单位：北京绿华园科技有限公司

项目名称：板式结构住宅体系
技术性能：该体系是以集承重、保温隔热、隔声等功能为一体的墙板、屋面板，预应力叠合楼板（或钢筋混凝土现浇楼板）为主要承重构件，以构造柱和圈梁为主要节点，现场装配而成的住宅体系，具有施工速度快、保温节能等特点。其中板构件采用镀锌钢丝制成三维空间网架，中间填充阻燃型EPS（或岩棉），具有较好的保温作用。
适用范围：该结构体系适用于抗震设防烈度8度及8度以下的低层居住建筑。
技术咨询单位：华声（天津）国际企业有限公司

项目名称：村镇双保温节能住宅

技术性能：该住宅采用双保温空心模块，中间灌注混凝土作为墙体，具有保温隔热性能好，抗震性好，建造成本低等特点。
适用范围：适用于低层建筑。
技术咨询单位：沈阳建筑大学、沈阳云霄新型建材有限公司

项目名称：轻钢抗震节能住宅
技术性能：该住宅采用薄壁型钢柱与三角形钢桁架屋盖结构体系，采用工厂焊接，现场螺栓连接，施工方便；檩条采用连续檩；墙体采用钢丝网架水泥聚苯乙烯夹芯板。整体抗震性能好，并具有良好的保温隔热性能。
适用范围：适用于低层建筑。
技术咨询单位：宁夏建筑设计研究院有限公司

项目名称：冷弯薄壁型钢住宅结构体系
技术性能：该项目对冷弯薄壁型钢结构住宅进行了构造的标准化和产品化研究，提出了组合墙体抗剪承载力设计方法、楼盖振动控制方法，同时提出了考虑板组相关作用和畸变影响的承载力计算方法，并形成了工业化生产技术。该住宅体系具有自重轻、施工周期短、综合效益好等特点，适宜于工厂制作、现场拼装，节能减耗。
适用范围：适用于低层建筑。
技术咨询单位：湖南大学

项目名称：建筑模网保温技术
技术性能：该技术是在由镀锌钢板网、加劲肋和折钩拉筋构成的三维开敞式空间网架内浇筑混凝土构成的建筑模网混凝土结构体系。当建筑有保温要求时，在钢板网与加劲肋之间放置相应厚度的聚苯乙烯板，构成建筑模网节能保温体系。其中，混凝土中粉煤灰用量可达50%～70%。该体系采用现场装配和浇筑相结合的方式，结构整体性好，同时加快了施工进度，缩短工期。
适用范围：适用于抗震设防烈度8度及8度以下地区的各类建筑。
技术咨询单位：浙江伟发钢网制造有限公司

项目名称：拼装式保温模板钢筋混凝土住宅
技术性能：该住宅体系将开口式的中空保温模块经现场拼装后形成完整的模板系统，再将混凝土灌入已经配筋的保温模板之间，形成连续的格构式钢筋混凝土墙体。该体系具有内外双保温层、重量轻、安装方便、免拆模等等点。
适用范围：适用于低层及多层住宅。
技术咨询单位：东南大学、南京旭建新型建筑材料有限公司、上海大道包装隔热材料有限公司

项目名称：先张法预应力离心混凝土空心方桩
技术性能：该产品采用预应力离心成型，兼具混凝土方桩和高强预应力混凝土管桩优点，受力性能与承载能力良好，并节省混凝土用量。预应力配筋采用PC钢棒，充分发挥钢材的强度，从而节省钢筋用量。采用高速离心成型工艺生产，使桩体具有更好的耐久性，能适应更复杂的土体要求。
适用范围：适用于软土地区多层建筑。
技术咨询单位：上海中技桩业股份有限公司

项目名称：北方寒冷地区农村镇既有住宅围护结构节能改造技术
技术性能：该技术利用外墙外保温模塑聚苯板薄抹灰保温体系和外墙外保温模塑聚苯板复合保温浆料保温体系对墙体进行改造；通过更换中空双玻塑钢保温门窗和建造被动式太阳能暖廊对门窗进行改造，从而达到村镇住房节能改造的目的。
适用范围：适用于寒冷地区村镇既有住宅外墙体、门窗节能改造。
技术咨询单位：北京市建筑设计标准化办公室

项目名称：严寒地区新型节能住宅多元化设计技术
技术性能：该技术提升了村镇住宅的功能，完善了住宅的功能空间，同时采用稻草板作为围护结构的保温材料，节能环保。房屋拆除后稻草板可用于制作饲料或肥料，可循环利用。
适用范围：适用于严寒地区农村院落式低层住宅建设
技术咨询单位：哈尔滨工业大学

项目名称：室内气态污染物检测技术
技术性能：该技术针对甲醛、氨、TVOC、氡、苯及苯系物等威胁人类健康的常见室内气态污染物，结合建筑工程室内空气污染物

一、专　题

的实验室检测技术和方法，包括取样、样品制备、分析方法、分析步骤及结果处理，建立了符合国家标准和行业规范的室内空气污染物检测技术和标准化方法，从而为室内空气质量检测提供有效、可靠的技术支持。

适用范围：适用于室内空气污染物和建筑材料的挥发性气态污染物的检测。

技术咨询单位：河南省建筑科学研究院有限公司

项目名称：吸声涂料

技术性能：该产品是以多种经改性处理的多孔轻质天然矿物材料为吸声骨料，以粘结性和弹性较好的树脂作为粘结材料，辅以耐久性好的颜填料配制而成的厚质吸声涂覆材料，具有优良的吸声性能，能降低环境的噪声污染。

适用范围：适用于建筑内外墙表面，特别适用于剧院、商场、会场等室内墙面。

技术咨询单位：中国建筑材料科学研究总院

项目名称：建筑内墙环保系列涂料

技术性能：该系列涂料是以超低VOC乳液为成膜物质，以高效无机抗菌剂、吸附催化净化材料及多孔矿物为功能材料，以多种环保的无机粉体为填料配制而成，可分别满足用户抗菌、净化、调湿等多种功能要求，并具有良好的装饰性和施工性。

适用范围：适用于建筑内墙装饰装修。

技术咨询单位：中国建筑材料科学研究总院

项目名称：屋面防水防渗技术

技术性能：该技术通过对屋面防水构造的改进，在柔性卷材防水层上增设屋面圈梁、女儿墙和结构柱，并在防水层上采用刚性构造与圈梁连接，从而有效的解决建筑渗漏问题。

适用范围：适用于建筑屋面改造，特别适用于建筑屋面进行种植屋面节能改造。

技术咨询单位：深圳市长久防水种植屋面科技有限公司

项目名称：绿色植被屋面施工技术

技术性能：该屋面包括保温隔热层、找平层、普通防水层、耐根穿刺层。通过营养土配制和植被选择与维护，解决屋面绿化防水等问题，具有屋面负荷低、施工速度快等特点。

适用范围：适用于建筑屋面工程。

技术咨询单位：南通万通建设工程有限公司、南通五建建设工程有限公司、南通光华建筑工程有限公司、如东县建筑人才技术文化交流研究发展中心

项目名称：可再生能源利用集成技术

技术性能：该技术由保温隔热外围护结构、可再生能源利用、节能设备应用、智能化控制技术四部分组成，通过利用木质保温墙体和屋面；智能化太阳能采暖通风系统实现室内采暖；水蒸发制冷空调设备用于夏季降温；地源热泵系统辅助冬季采暖和夏季降温；太阳能发电系统产生电能，最大限度的利用可再生能源，达到建筑低能耗。

适用范围：适用于建筑节能改造，特别适用于太阳能资源丰富的地区。

技术咨询单位：苏州皇家整体住宅系统有限公司

项目名称：户用太阳能发电系统

技术性能：该系统可配置不同规格的太阳能电池板，利用太阳电池吸收一定波长的太阳光，将光能直接转变成电能输出，解决边远无电地区用电问题。

适用范围：适用于太阳能资源丰富地区，特别适合无电力输送网络的地区。

技术咨询单位：深圳市拓日新能源科技股份有限公司

项目名称：太阳能采暖/热水系统

技术性能：该系统由太阳能集热系统、辅助能源保障系统、低温热水地板辐射采暖系统/风机盘管系统及生活热水供应系统组成。太阳能集热系统为直接加热强制循环系统，由集热器、循环水泵及储热水箱等组成，采用机械排空的方式防冻。辅助能源保障系统在连续阴雨天气或其他特殊供暖需求太阳能集热系统无法保障时启动辅助能源系统，以满足建筑物的供热需求。

适用范围：适用于外墙和屋面采取保温措施的建筑物采暖系统及热水供应。

技术咨询单位：北京九阳实业公司

项目名称：新型平板式太阳能热水器

技术性能：该热水器采用的集热器利用磁控溅射设备和工艺生产，外壳一次性成型，提高

了集热器的热效率和保温效果；集热板内部采用纯铜水管、盖板为 4mm 厚钢化玻璃，可承压、耐空晒，使用寿命长，并可制成适用于各种建筑物安装的形状。集热器可采用双工质，添加防冻液可在低温下热水器不胀管裂管。

适用范围：适用于太阳能资源丰富地区。
技术咨询单位：深圳市拓日新能源科技股份有限公司

项目名称：全数字智能太阳能热水系统
技术性能：该系统将太阳能光热系统与建筑一体化结合，分为集热、控制、运行和储热四大部分，并通过全数字智能控制实现人性化功能。该系统具备集热器防破损装置、集热器导流装置和冷水顶水时的冷水缓冲技术，从而提高了系统的安全性和热水的利用效率。
适用范围：适用于太阳能资源丰富地区。
技术咨询单位：合肥泰格可再生能源开发有限公司

项目名称：村镇住宅主被动结合太阳能空气采暖技术
技术性能：该技术将发展相对成熟的被动式太阳房技术和太阳能空气集热器或建筑构件型太阳能集热部件等新发展的空气集热技术相结合，提高了太阳能采暖的经济性和可靠性，有效改善采暖区村镇住宅冬季室内舒适性。
适用范围：适用于太阳能资源丰富的北方采暖地区。
技术咨询单位：中国建筑科学院

项目名称：山区村镇微型和小型水力发电系统
技术性能：该系统由信息管理系统、组装式引水系统、水轮发电机系统和稳压系统组成，机组效率高，供电质量好，可为广大具备水资源的偏远山区提供安全、低价、高效、清洁的能源。
适用范围：适用于富集微、小水能资源的山区的微型小型水电工程。
技术咨询单位：中国农业大学

项目名称：村镇住宅太阳能热水供热采暖技术
技术性能：该技术利用与太阳能热水集热器，在辅助热源的帮助下为住宅提供生活热水和采暖。该技术优先利用太阳能作为供热采暖热源，夜间或连续阴雨天时利用辅助热源，有效保障住宅的生活热水供应和住宅冬季室内舒适度。
适用范围：适用于太阳能资源丰富地区建筑采暖系统及热水供应。
技术咨询单位：中国建筑科学院

项目名称：秸秆气化供暖技术
技术性能：该系统将秸秆集中气化处理，然后将燃气分散供应到用户端，以热水为热媒加热"炕"实现供暖，提高了资源的利用效率和系统的安全性。系统包括秸秆气化机组、燃气输配系统、户内燃气系统三部分。系统适用于以自然村为单元，规模为数十户至数百户农村居民，供气半径在 1km 以内。
适用范围：适用于有较丰富的秸秆来源的村镇住宅。
技术咨询单位：同济大学

项目名称：建筑门窗多点锁闭五金系统
技术性能：该系统采用标准 C 型或 U 型槽口，可实现门窗的多边多点锁闭，并在同一开启扇上实现二种开启方式。具有单点控制、操作方便、产品标准化和系列化、应用范围广，可全方位调整，承重力强、安装简便等特点。
适用范围：适用于各种建筑工程。
技术咨询单位：东莞市坚朗五金制品有限公司

项目名称：节能塑料门窗
技术性能：该产品具有良好的保温隔热和耐老化性能，平开窗气密性能、水密性能达到 5 级以上，推拉窗气密性、水密性达到 4 级以上。
适用范围：适用于各种建筑工程。
技术咨询单位：福建亚太建材有限公司

项目名称：钢塑复合型材及门窗
技术性能：该产品采用彩色涂层钢板或不锈钢型材与塑料复合而成的型材加工而成，具有强度高、保温隔热性能好、耐久性好等特点。
适用范围：适用于各种建筑工程。
技术咨询单位：重庆华厦门窗有限责任公司

项目名称：水泥基聚苯颗粒保温浆料
技术性能：该产品是由粉煤灰与复合硅酸盐、聚苯乙烯泡沫颗粒并添加聚丙烯纤维及多种外加剂复合而成，具有导热系数低、软化系数高、耐水性好、粘结力强、抗冲击性能好等特点。

适用范围：夏热冬冷地区和夏热冬暖地区混凝土和砌体结构外墙。

技术咨询单位：南京臣功节能材料有限责任公司

项目名称：**模塑聚苯板薄抹灰外墙外保温系统**

技术性能：该系统是由聚苯板、胶粘剂、锚栓、抹面胶浆和耐碱网格布及涂料组成，具有良好的保温隔热性能和耐候性。

适用范围：适用于建筑外墙保温工程。

技术咨询单位：南京臣功节能材料有限责任公司

项目名称：**模塑聚苯板外墙外保温装饰系统**

技术性能：该系统采用无机改性高聚物树脂为粘结主体，添加水泥等填料和特种助剂分别制成粘结胶和柔性抗裂防水抹面胶，并按相关技术规程将模塑聚苯板粘贴在外墙面，在柔性抗裂防水抹面层上再配套所需装饰层。具有粘结强度高、复合可靠、施工简便、系统配套性好等特点。

适用范围：适用于建筑外墙保温工程。

技术咨询单位：深圳市嘉达高科产业发展有限公司

项目名称：**聚苯颗粒保温浆料外墙外保温系统**

技术性能：该系统采用以聚苯颗粒保温材料为主体，以无机改性高聚物树脂为粘结剂，添加水泥等填料和特种助剂配制成具一定强度的柔性防水保温浆料，分层施工于墙体，再用渗透型抗裂弹性防水材料抹面，最后配套装饰层。具有粘结强度高、复合可靠等特点。

适用范围：夏热冬冷地区和夏热冬暖地区混凝土和砌体结构外墙。

技术咨询单位：深圳市嘉达高科产业发展有限公司

项目名称：**模塑聚苯板薄抹灰外墙外保温系统**

技术性能：该技术并对影响界面剂性能的因素及技术性能进行了相关研究，提出了对涂料、面砖、水刷石三种基层处理办法，确保系统连接可靠。

适用范围：适用于涂料、面砖、水刷石墙面的既有建筑节能改造。

技术咨询单位：山东秦恒科技有限公司

项目名称：**模塑聚苯板薄抹灰外墙外保温系统**

技术性能：该体系是由聚合物粘结砂浆、模塑聚苯板、高柔性聚合物抹面砂浆、耐碱网布、柔性腻子和有机硅饰面涂料，按一定施工工艺形成的集保温隔热装饰于一体化的外墙保温装饰体系。

适用范围：适用于建筑外墙保温工程。

技术咨询单位：富思特制漆（北京）有限公司

项目名称：**模塑聚苯板薄抹灰外墙外保温系统**

技术性能：该系统利用阻燃型模塑聚苯板为保温材料，用高性能粘结砂浆将其粘贴于外墙外表面，外覆以镀锌钢丝网加锚栓或耐碱玻璃纤维网格布，用聚合物树脂粉末改性的干混砂浆罩面，最后配套饰面层。

适用范围：适用于建筑外墙保温工程。

技术咨询单位：北京建筑材料科学研究总院有限公司

项目名称：**水泥聚苯模壳格构式混凝土墙体**

技术性能：该墙体采用以水泥、聚苯颗粒、外加剂等制成的模壳砌块和配套板块为模板，在横竖的孔洞内布置钢筋并现浇混凝土构成格构式墙体，具有保温、隔声、耐火、建筑成本低等优点。

适用范围：适用于建筑墙体保温。

技术咨询单位：沈阳春宸新型建筑材料制造有限公司

项目名称：**耐碱玻璃纤维网布**

技术性能：该产品由耐碱玻璃纤维网格布机织而成，具有足够的经、纬向强度、化学稳定性好、耐碱性能突出等特点。

适用范围：适用于外墙外保温系统。

技术咨询单位：余姚市蜘蛛网玻纤厂

项目名称：**轻骨料保温浆料外墙外保温系统**

技术性能：该系统分别以玻化微珠和胶粉聚苯颗粒浆料作为保温材料，直接施工于外墙表面形成一个整体，外覆以镀锌钢丝网加锚栓（瓷砖饰面）或铺贴耐碱玻璃纤维网格布（涂料饰面），用聚合物树脂粉末改性的干混砂浆罩面，饰面层为面砖或涂料。

适用范围：适用于外墙外保温系统。

技术咨询单位：北京建筑材料科学研究总院有限公司

项目名称：**泡沫混凝土节能保温材料**

技术性能：该泡沫混凝土材料是以普通硅酸盐水泥、

发泡剂、集料和水为主要原料,使用泡沫混凝土专用设备,经混合搅拌,发泡,混泡等工艺均匀混合,使得水泥基胶凝材料附着在泡沫液态膜之上,并经15~60分钟凝结固化,形成的多孔状泡沫混凝土材料。材料具有轻质、防火、隔热、隔音等优点。

适用范围：适用于建筑屋面保温、找坡等部位。

技术咨询单位：河南华泰建材开发有限公司

项目名称：膨胀玻化微珠保温砂浆

技术性能：该技术采用膨胀玻化微珠及粘结剂等材料配置成单组份保温砂浆,具有良好的保温隔热性能、防火和耐老化性能等特点。

适用范围：适用于我国夏热冬暖、夏热冬冷地区的内、外墙保温。

技术咨询单位：北京华伟佳科技有限公司

项目名称：隔热涂料无机保温砂浆外墙外保温系统

技术性能：该系统由基层墙体、玻化微珠保温砂浆层、抗裂砂浆护面层和隔热涂料外饰面层组成。玻化微珠保温砂浆为A级不燃材料。隔热涂料具有较高的太阳光反射比和半球发射率,在夏热冬冷和夏热冬暖地区夏季具有一定的隔热效果。

适用范围：适用于夏热冬暖、夏热冬冷地区外墙。

技术咨询单位：森冠(北京)环保科技有限公司、新疆赛普森纳米科技有限公司

项目名称：无机保温砂浆

技术性能：该砂浆是将膨胀玻化微珠添加水泥、胶粉和纤维素后混合制成干粉型无机保温砂浆,具有保温隔热、粘结强度高、耐候性能佳、防火等特点。

适用范围：适用于我国夏热冬暖、夏热冬冷地区的内、外墙保温。

技术咨询单位：上海复旦安佳信功能材料有限公司

项目名称：无机保温砂浆

技术性能：该砂浆以玻化微珠为保温功能填料,配以可再分散乳胶粉、聚丙烯腈抗裂纤维、憎水剂等制成,具有防火性能好、抗压强度高、与多种基面的粘结性能好等特点。

适用范围：适用于我国夏热冬暖、夏热冬冷地区的内、外墙保温。

技术咨询单位：深圳市嘉达高科产业发展有限公司

项目名称：无机保温装饰一体化外墙外保温系统

技术性能：本系统采用的保温装饰一体化型材是以改性膨胀珍珠岩作为保温层,以钙微粉、矿物纤维和纳米硅等材料作为饰面层,经压制而成。该型材直接粘贴于建筑外墙,并用勾缝剂勾缝,形成集保温与装饰一体化的外墙外保温系统。系统具有阻燃、保温隔热、抗压性能好等特点。

适用范围：适用于建筑外墙保温工程。

技术咨询单位：南阳天意保温耐火材料有限公司

项目名称：玻璃用透明隔热涂料

技术性能：该产品是以水性聚氨酯乳液为基料,以纳米级氧化锡锑(ATO)为隔热功能材料,配以特种助剂和其他组分制成。该产品具有与玻璃附着力强、良好的漆膜硬度、耐磨性和耐擦洗性,较高的可见光透射比和较低的太阳辐射总透射比,可在不影响室内采光的情况下,取得良好的隔热节能效果。

适用范围：适用于夏热冬暖地区和部分夏热冬冷地区建筑的门窗、玻璃幕墙、玻璃顶棚等。

技术咨询单位：森冠(北京)环保科技有限公司、新疆赛普森纳米科技有限公司

项目名称：水性热反射隔热外墙涂料

技术性能：该产品是以耐候性优良的乳液为基料,以低导热系数的空心材料、具有反尖晶石结构材料,纳米。

适用范围：材料为功能材料,辅以耐酸耐碱的颜填料及一定量的助剂配制而成,具有热反射隔热功能和装饰功能。

技术咨询单位：适用于夏热冬暖地区和部分夏热冬冷地区建筑的外表面。

中国建筑材料科学研究总院

项目名称：低导热系数纤维增强硅酸钙板

技术性能：该硅酸钙板采用水泥、石灰、石英粉、硅藻土等为原料,利用纸浆纤维、玻璃纤维等作为增强材料,经制浆、成坯、蒸养、表面砂光、漆面处理等工序制成的不含石棉成分的新型轻质板材。该板具有导热率低、耐火极限高、变形率低等优点。通过在板材表面喷涂氟碳漆等饰面材料,不仅具有装饰功能而且可以提高板材的防水性能。

适用范围：适用于建筑墙体面板。
技术咨询单位：宁波易和绿色板业有限公司

项目名称：**钢丝网架聚苯乙烯夹芯板**
技术性能：该夹芯板以阻燃型聚苯乙烯发泡板为板芯，双面或单面覆以冷拔钢丝网片，双向斜插丝焊接而成的三维空间网架轻板。使用时外层抹砂浆保护层，具有自重轻、强度高、隔音、抗震、防水、防火、耐冻融的特点。
适用范围：适用于建筑物内外墙、屋面等部位。
技术咨询单位：山东龙新建材股份有限公司

项目名称：**环保型蜂窝墙板**
技术性能：该墙板通过调整无卤阻燃剂配方，对蜂窝纸板夹层结构、夹层与面板的结合结构进行改进，并在表面复合镀锌钢板制成。该墙体具有节材节能，阻燃，施工方便，装饰性好的特点。
适用范围：适用于村镇住房（框架轻钢结构）中分隔墙和围护墙。
技术咨询单位：佛山市顺德区东南海业环保材料有限公司

项目名称：**墙体砌筑、抹面砂浆添加剂**
技术性能：该产品是以特种固化剂为主体，添加钙粉或工业废渣配制而成的粉末状混合物。与水泥、细砂、水合理配制而成的砌筑或抹面砂浆，具有粘结强度高、抗裂性能好、保水性较好等特点，符合环保要求。
适用范围：适用于建筑墙体砌筑、抹面用砌筑砂浆或抹面砂浆的配制。
技术咨询单位：泰安市托马斯环保建材有限公司

项目名称：**砌块夹芯保温复合墙体技术**
技术性能：该砌块夹芯复合墙的内叶墙采用190mm厚的标准承重砌块，外叶墙采用90mm厚的装饰砌块，中间是50mm厚聚苯板和20mm厚空气层，内抹灰为10mm混合砂浆，双叶墙都生根于圈梁上，使用拉结筋网片进行拉结。该复合墙总厚度360mm，集承重、装饰与保温功能于一体，具有自重轻、施工速度快、抗震性能好的优点。
适用范围：适用于寒冷地区和夏热冬冷地区居住建筑、公共建筑外墙。
技术咨询单位：河南省建筑科学研究院有限公司、平顶山福星现代建材有限公司

项目名称：**自保温节能砌块**
技术性能：该砌块以工业废渣为主体骨料，添加保温材料，与胶凝材料经科学配比配制而成。集保温隔热、隔音等功能于一体。在构造上砌块内外两侧长短型竖孔错位排列，并填充保温材料，在砌筑时块体相连两端的孔槽辅以保温砂浆形成柱体灰缝，在减少冷（热）桥现象的同时提高了保温性能。
适用范围：适用于抗震设防烈度不大于7度的框架结构填充墙体。
技术咨询单位：安徽皋新建材有限公司

项目名称：**隔热外墙砌块**
技术性能：该砌块以水泥、粉煤灰、石屑等为主原料制成，具有隔音效果好、耐火性强、抗剪性高、保温隔热等特点。在砌块上留有三排孔半盲孔，方便水电管线安装施工，并且不影响墙体强度。
适用范围：适用于建筑外墙。
技术咨询单位：扬州市广厦新型建材有限公司

项目名称：**自保温节能型轻质砌块**
技术性能：该产品以粉煤灰、河砂、石灰、工业废石膏等工业废料和天然材料为原材料，通过发气、蒸压养护等工艺生产而成。在工程应用时，以砌筑保温砂浆进行墙体砌筑，并用聚氨酯保温材料解决框架结构梁柱部位的"热桥"问题，形成外围护保温隔热体系，具有节能效果好的特点。
适用范围：适用于寒冷及夏热冬冷地区建筑外墙围护结构。
技术咨询单位：河南省建筑科学研究院有限公司、河南省澳科保温节能材料技术开发有限公司

项目名称：**混凝土模卡砌块**
技术性能：该砌块以砂石为骨料，水泥为胶结料，掺加工业废料和其他添加剂经压制而成。该砌块设有榫头，砌筑时不用砂浆，靠企口连接叠砌后用轻集料混凝土灌浆，提高了施工速度和墙体整体刚度。
适用范围：适用于抗震设防烈度不大于7度地区的

建筑填充墙。

技术咨询单位：上海钟宏科技发展有限公司

项目名称：节能环保型混凝土砌块

技术性能：该砌块是以硅砂、水泥、石灰等为主要原料，经过压蒸养护而成的多气孔混凝土砌块。具有轻质高强、保温隔热、隔音、耐久性好等特点。

适用范围：适用于抗震设防烈度8度以下（包括8度）地区框架结构建筑的填充墙。

技术咨询单位：日照易通新型建材科技有限公司、山东农业大学

项目名称：节能型烧结页岩空心砖

技术性能：该产品以页岩为主要原料，掺入部分煤粉、锯末作为内燃料，经烧结而成。产品设置的条形手抓孔和端面凹槽，有利于提高墙体的整体性。

适用范围：适用于建筑墙体。

技术咨询单位：重庆金诺建材有限公司

项目名称：黄河淤泥制承重多孔砖

技术性能：该产品以黄河淤泥为原材料，添加粉煤灰颗粒和拌合料烧制而成，具有就地取材，环保利废、节约资源等特点。

适用范围：适用于沿黄河中下游地区建筑承重墙体。

技术咨询单位：郑州大学

项目名称：混凝土复合保温砖

技术性能：该保温砖由内叶块、保温体、外叶块和拉结件组成，内叶块采用可承重的多孔砖（混凝土多孔砖或烧结多孔砖）。该保温砖的强度等级为MU10，容重不大于$1400kg/m^3$。

适用范围：适用于建筑承重墙体。

技术咨询单位：上海奥伯应用技术工程有限公司

项目名称：寒地粉煤灰混凝土实心砖及多孔砖

技术性能：该产品以粉煤灰、电石渣、水泥、砂为原材料，掺加防冻剂，经轮碾搅拌，压制成型，蒸压养护制得，具有环境效益好、技术成熟，实施成本低等特点。

适用范围：适用于严寒地区建筑墙体。

技术咨询单位：牡丹江光明新型墙体材料有限公司

项目名称：混凝土路面透水砖

技术性能：该产品以少量水泥及大掺量工业废料（如粉煤灰、矿粉等）作为主要胶凝材料，与一定级配的骨料配合，并加入聚合物及表面活性剂等化学改性材料配制而成。该产品具有透水性好、环境效益好、技术成熟易实施等特点。

适用范围：适用于市政道路、广场、园林景观、小区道路等。

技术咨询单位：福建省建筑科学研究院

项目名称：现浇泡沫混凝土墙体保温技术

技术性能：该泡沫混凝土是以硅酸盐水泥或普通硅酸盐水泥为无机胶结料，粉煤灰作掺加料，砂为骨料，掺入有机发泡剂制成的轻质混凝土。泡沫混凝土经现场发泡、浇筑而成的墙体具有整体性能好、轻质、保温隔热等特点。

适用范围：适用于抗震设防烈度为8度及8度以下地区多层建筑以及高层建筑的填充墙，但不得由于以下部位：建筑防潮层以下（地下室的室内填充墙除外）；长期浸水或经常干湿交替的部位；受化学浸蚀的环境，如强酸、强碱或高浓度二氧化碳的环境；经常处于80℃以上的高温天气。

技术咨询单位：河南省建筑科学研究院有限公司、驻马店市永泰建筑节能材料设备有限公司

项目名称：单过硫酸氢钾饮用水消毒粉

技术性能：该产品是由单过硫酸氢钾、氯化钠、十二烷基硫酸钠等原料配置成的复合粉状药剂。该产品在固态时化学性质稳定，具有较好的存储安全性。当产品溶于水后，通过系列反应产生新生态氧、过氧化氢自由基、羟基自由基、微量次氯酸等多种具有极强的氧化性的活性成分，从而对水中的微生物有较强的灭活作用，达到氧化消毒净化水质的目的。

适用范围：适用于自来水、中小型集中式供水及分散式供水的消毒处理。

技术咨询单位：成都润兴消毒药业有限公司

项目名称：外镀锌内涂塑管件

技术性能：该管件在采用热熔法，在管件内壁涂覆改性LDPE塑膜，解决了涂塑膜质量问题，保证塑膜附着力$\geq 100N/cm^2$，伸长率$\geq 500\%$，ESCR$\geq 1000h$，抗拉强度$\geq$

10MPa。同时由于在管件内壁及管口端部2.5～3扣内螺纹上均涂有塑膜，保证在施工时进退一两扣，不出现塑膜损坏或剥落现象，从而解决外镀锌内涂塑钢管连接口处管件腐蚀的问题，保证了管件密封性能。

适用范围：适用于建筑给水管道系统的连接。应用条件：外镀锌内涂塑钢管不得采用套丝机套丝，以免内涂塑层发热起泡。

技术咨询单位：河北建筑工程学院

项目名称：铝合金衬塑复合管

技术性能：该产品是外层为铝合金材料，内层为食品级塑料管道，经线性预应力工艺复合而成的一种双层结构的铝塑复合管道。该管道结合了金属管道和塑料管道的优点，具有刚性强、强度高、耐腐蚀、卫生性能好等特点。

适用范围：适用于建筑给水管道系统。

技术咨询单位：北京航天凯撒国际投资管理有限公司

项目名称：新型组合式复合生物滤池技术及组合工艺

技术性能：该工艺利用生物滤池及人工湿地对生活污水进行处理。生活污水经预处理后提升至组合式复合生物滤池，与其中的生物膜进行充分接触，使得部分污染物被吸附降解；滤池出水经沉淀后再进入人工湿地系统，在填料—土壤—植物共同作用下进一步去除有机物、氮和磷，出水达到《城镇污水处理厂污染物排放标准》GB 18918—2002一级B标准后排放。该工艺采用模块化设计、具有不需曝气，运行省能等特点。

适用范围：适用于污水量较小、水质水量变化较大的村镇生活污水、景观水、湖泊水等的处理与回用。特别适用于冬季温暖湿润的南方地区。

技术咨询单位：上海交通大学

既有建筑节能改造技术推广目录

住房和城乡建设部建筑节能与科技司科学技术部农村科技司（2010年5月21日）

项目名称：可再生能源利用集成技术

技术性能：该技术由保温隔热外围护结构、可再生能源利用、节能设备应用、智能化控制技术四部分组成，通过利用木质保温墙体和屋面；智能化太阳能采暖通风系统实现室内采暖；水蒸发制冷空调设备用于夏季降温；地源热泵系统辅助冬季采暖和夏季降温；太阳能发电系统产生电能，最大限度的利用可再生能源，达到建筑低能耗。

适用范围：适用于建筑节能改造，特别适用于太阳能资源丰富的地区。

技术咨询单位：苏州皇家整体住宅系统有限公司

项目名称：光伏并网工程技术

技术性能：该系统由太阳能电池组件、逆变控制设备、升压系统和支架系统等设备组成。通过对光伏支架系统的模块化设计和加工，使光伏电池支架与屋面的有效结合；利用逆变设备实现的并网发电，并对并网逆变器的运行状态和数据进行不间断监测，保证运行安全。该技术完善了太阳能光伏并网发电技术，达到规范化应用的目的。

适用范围：适用于太阳能资源丰富地区，且建筑屋面具有一定的承载能力。

技术咨询单位：北京天恒华意科技发展有限公司

项目名称：户用太阳能发电系统

技术性能：该系统可配置不同规格的太阳能电池板，利用太阳电池吸收一定波长的太阳光，将光能直接转变成电能输出，解决边远无电地区用电问题。

适用范围：适用于太阳能资源丰富地区，特别适合无电力输送网络的地区。

技术咨询单位：深圳市拓日新能源科技股份有限公司

项目名称：**太阳能采暖/热水系统**
技术性能：该系统由太阳能集热系统、辅助能源保障系统、低温热水地板辐射采暖系统/风机盘管系统及生活热水供应系统组成。太阳能集热系统为直接加热强制循环系统，由集热器、循环水泵及储热水箱等组成，采用机械排空的方式防冻。辅助能源保障系统在连续阴雨天气或其他特殊供暖需求太阳能集热系统无法保障时启动辅助能源系统，以满足建筑物的供热需求。
适用范围：适用于外墙和屋面采取保温措施的建筑物采暖系统及热水供应。
技术咨询单位：北京九阳实业公司

项目名称：**新型平板式太阳能热水器**
技术性能：该热水器采用的集热器利用磁控溅射设备和工艺生产，外壳一次性成型，提高了集热器的热效率和保温效果；集热板内部采用纯铜水管、盖板为4mm厚钢化玻璃，可承压、耐空晒，使用寿命长，并可制成适用于各种建筑物安装的形状。集热器可采用双工质，添加防冻液可在低温下热水器不胀管裂管。
适用范围：适用于太阳能资源丰富地区。
技术咨询单位：深圳市拓日新能源科技股份有限公司

项目名称：**全数字智能太阳能热水系统**
技术性能：该系统将太阳能光热系统与建筑一体化结合，分为集热、控制、运行和储热四大部分，并通过全数字智能控制实现人性化功能。该系统具备集热器防破损装置、集热器导流装置和冷水顶水时的冷水缓冲技术，从而提高了系统的安全性和热水的利用效率。
适用范围：适用于太阳能资源丰富地区。
技术咨询单位：合肥泰格可再生能源开发有限公司

项目名称：**地源热泵热回收机组**
技术性能：该地源热泵（SDRS-440S/B）采用三个套管式换热器实现一机三用，利用浅层地能资源实现空调供冷、供暖及供生活热水三种功能，并在原地源热泵空调机组系统的基础上，增加热回收装置，将空调机组制冷时产生的热量全部用来进行热回收，具有较好的节能效果。
适用范围：适用于民用建筑及公用建筑空调系统及热水供应。
技术咨询单位：江苏辛普森新能源有限公司

项目名称：**地源热泵系统**
技术性能：该技术的主要是利用贮存在地球表面岩土层或地下水中的低焓热能作为冷源或热源，为用户提供夏季空调、冬季供暖以及全年生活热水。其技术中的地源热泵埋管换热桩装置在建筑物基础自身的灌注桩里面设置地源热泵U型埋管，再通过U型管里的水循环取用地热。
适用范围：适用于全年室外平均气温处于10~20℃地区的建筑空调系统及热水供应。
技术咨询单位：同济大学、南京丰盛新能源科技股份有限公司

项目名称：**中水源热泵系统**
技术性能：该系统地表淡水资源及中水资源作为冷热源，通过热泵回收其中的热能作为建筑热源的系统，同时被提取热量后的中水供建筑卫生及小区绿化等使用，汇集输送至污水处理厂（站），提高水资源利用率。
适用范围：适用于地表淡水资源丰富和有中水源地区的建筑空调系统。
技术咨询单位：杭州地源空调研究所有限公司

项目名称：**锅炉房适量供热调节技术**
技术性能：本技术主要通过在集中供热系统的热源和热网上安装自动控制装置，使得热源的供热量随着室外温度和用户末端的需求而变化，实现适量供热；与此同时，热网输送热量时采用变流量技术，降低热网的输送能耗。
适用范围：适用于严寒及寒冷地区新建、改建及既有锅炉房的运行调节，适用条件：燃煤、燃气锅炉房供热的中小型热网。热网循环泵应该配置变频调速设备，间连或直连的热力站应该具备调节能力，无热力站的采暖用户应该配置热计量和用户调节设施。
技术咨询单位：哈尔滨工业大学

项目名称：**供热采暖系统计量与调控用智能动态平衡控制阀**
技术性能：该阀利用微压差流量虚拟测量技术，采

用高级APID算法动态控制低阻型电动控制阀开度，阀芯采用π型结构，并配以集成控制模块，根据实时参数自动调节阀门，实现动态压差（流量）的自动平衡与智能控制，具有电动调节、温度/温差控制、动态流量平衡等功能。

适用范围：适用于集中供热地区供热采暖系统计量改造工程、换热站节能改造和二次网平衡调控系统改造。

技术咨询单位：杭州浙大人工环境工程技术有限公司

项目名称：超声波热能表

技术性能：该热能表采用超声波测流量技术，通过对探测器和信号的改进，以及采用专用单片机微处理器，提高了测量精度、降低了产品成本，具有较高的防堵性能和抗干扰性能。

适用范围：适用于集中供热、中央空调等热（冷）计量。

技术咨询单位：山东力创智能仪表有限公司

项目名称：供热采暖计费节能控制系统

技术性能：本系统主要由远程监控计算机（服务器）、管理软件、网络数据采集器、楼栋热量表、热能当量计量控制器（含三通通断阀）、室内无线温控器组成。通过远程计算机监控、本地化的数据采集、计量实现了集中供暖，分户热计量。

适用范围：适用于集中采暖收费和节能控制。

技术咨询单位：北京海林节能设备股份有限公司

项目名称：准恒流焓差法热量分摊分配系统

技术性能：该系统由楼栋总表、温度采集处理器、智能热分配器、单元仪表和管理软件等组成，利用热计量的原理和和建筑物中安装好的供热管网阻尼相对固定而流量相对稳定的概念，以每户供暖用热水的温差和流量比例作为分配楼栋总热量的依据，使得热量分配更为科学合理。

适用范围：适用于建筑采暖系统分户热计量。

技术咨询单位：山东联强节能科技有限公司

项目名称："流量温度法"热力分配系统

技术性能：该系统由热能总表、流量热能分配器、用户查询器、温度采集器（有线/无线）、管理软件等组成，采用流温法分配系统，利用流量比例系数、温差值和热能总表数据，通过网络传输数据进行用户用热量的计算，省去了分户流量计，避免供暖系统水质影响，使得热分配更加科学。

适用范围：适用于建筑采暖系统分户热计量。

技术咨询单位：北京众力德邦智能机电科技有限公司

项目名称：用户热量分配系统

技术性能：该系统由中心站、楼栋热量表、信号协调器、测温终端、阀门组成，住户可在相关设置的温度值范围内设置室内温度，从而控制耗热量，同时设备可随时显示该住户的累计耗热量，并对该住宅的温度进行采集和传输。

适用范围：适用于建筑采暖系统分户热计量。

技术咨询单位：深圳市丰利源科技有限公司

项目名称：基准室温的流量温度热分配技术

技术性能：该技术结合建筑物热量计量与热费分摊，用流量控制器将用户的流量固定，通过测量每户的供回水温度（或回水温度），计量每户消耗的当量热量。在热费分摊模型中引入初始条件修正，计量结果可实现同一栋建筑物内，相同面积用户，达到相同温度时，交相同热费的热计量目标。

适用范围：适用于建筑采暖系统分户热计量。

技术咨询单位：哈尔滨工业大学

项目名称：多栋建筑联合热计量的温度分配方法

技术性能：该方法根据采暖系统的特点，将建筑物进行分类，在每类的建筑中设置多栋建筑联合热量计量总表，每户设置温度传感器，分别测量每户的室内温度，通过有线或者无线方法，将采集的数据送到联合分配模块或计算中心，按照规定的热量分摊公式，对联合计量的建筑物进行热量分配。

适用范围：适用于建筑采暖系统分户热计量。

技术咨询单位：哈尔滨工业大学

项目名称：集成型多功能铝合金门窗

技术性能：该产品采用专用安装附框，解决了门窗与附框、附框与墙体预埋件连接易渗漏水的问题，是一种具有遮阳、隔音、安全以及保温隔热功能的建筑外窗遮阳一体化系统。

适用范围：适用于各种建筑工程。
技术咨询单位：深圳市富诚幕墙装饰工程有限公司

项目名称：节能塑料门窗
技术性能：该产品具有良好的保温隔热和耐老化性能，平开窗气密性能、水密性能达到5级以上，推拉窗气密性、水密性达到4级以上。
适用范围：适用于各种建筑工程。
技术咨询单位：福建亚太建材有限公司

项目名称：钢塑复合型材及门窗
技术性能：该产品采用彩色涂层钢板或不锈钢型材与塑料复合而成的型材加工而成，具有强度高、保温隔热性能好、耐久性好等特点。
适用范围：适用于各种建筑工程。
技术咨询单位：重庆华厦门窗有限责任公司

项目名称：节能型隔热铝合金门窗
技术性能：该产品采用高性能隔热铝合金铝型材加工而成，选配不同构造的中空玻璃，可以满足各种建筑的需要。抗风压性能可达5.0kPa，气密性能＜0.8m³/m·h，水密性能＞350Pa，保温性能可达到1.9W/m²·K。
适用范围：适用于各种建筑工程。
技术咨询单位：江苏宇马铝业有限公司

项目名称：建筑门窗多点锁闭五金系统
技术性能：该系统采用标准C型或U型槽口，可实现门窗的多边多点锁闭，并在同一开启扇上实现二种开启方式。具有单点控制、操作方便、产品标准化和系列化、应用范围广，可全方位调整，承重力强、安装简便等特点。
适用范围：适用于各种建筑工程。
技术咨询单位：东莞市坚朗五金制品有限公司

项目名称：合成树脂幕墙
技术性能：该幕墙是以合成树脂为主要成分，加入颜料、体质颜料和其他组分，分别配成腻子、中层涂料和面层涂料，经多道工序施工而成，具有粘结强度高、防水抗裂、耐候性能好等特点。
适用范围：可应用于建筑外墙的装饰。
技术咨询单位：深圳市嘉达高科产业发展有限公司

项目名称：现场喷涂硬泡聚氨酯外墙外保温系统
技术性能：该系统由界面层、现场喷涂硬泡聚氨酯保温层、界面砂浆层、胶粉聚苯颗粒保温浆料找平层、玻纤网增强抹面层和涂料饰面层组成。硬泡聚氨酯为热固性材料，燃烧性能B2级，导热系数不大于0.024W/(m·K)。保温层为连续喷涂，防水性能好。
适用范围：适用于不同气候区特别是寒冷、严寒地区建筑外墙保温。
技术咨询单位：南京臣功节能材料有限责任公司

项目名称：硬质全水型聚氨酯泡沫
技术性能：该技术以棉籽油为主要原料制备聚醚多元醇，并加入其他添加剂制得组合聚醚，以水为发泡剂，靠水和异氰酸酯反应生成的CO_2发泡，替代了传统的能破坏臭氧层的CFC化合物。该技术减少了对石油的依赖，保护了环境，并保证得到的聚醚多元醇具有高官能度和较低凝固点。
适用范围：适用于建筑物外墙、屋面保温。
技术咨询单位：淄博联创聚氨酯有限公司

项目名称：硬泡聚氨酯保温装饰一体化外墙外保温系统
技术性能：该系统由一体化板、胶粘剂、塑料膨胀锚栓、固定件、泡沫嵌缝条和密封胶等材料组成。其中，一体化板单位面积质量≤20kg/m²，采用保温隔热性能好，燃烧性能为B2级的聚氨酯为保温材料，经工厂预制生产，质量稳定。
适用范围：适用于不同气候区特别是寒冷和严寒地区建筑外墙保温。
技术咨询单位：万华节能建材股份有限公司

项目名称：硬泡聚氨酯复合板薄抹灰外墙外保温系统
技术性能：该系统由硬泡聚氨酯复合板、胶粘剂、塑料膨胀锚栓、耐碱玻纤网格布、抹面胶浆、柔性腻子和饰面涂料等材料组成。复合板采用保温隔热性能好，燃烧性能为B2级的聚氨酯作为保温隔热材料，两面复合玻纤网聚合物砂浆薄覆面层，采用工厂预制，密度均匀，质量稳定。
适用范围：适用于不同气候区特别是寒冷和严寒地区建筑外墙保温。
技术咨询单位：万华节能建材股份有限公司

项目名称：硬泡聚氨酯保温装饰一体化复合板
技术性能：该复合板以高绝热性能的聚氨酯为保温材料，采用工厂发泡工艺将装饰面层与聚氨酯粘结为一体，是一种保温效果突出的建筑外墙保温复合板。该工艺提高了板材刚度降低了装饰面层厚度，节省面材。安装时取消了装饰幕墙用龙骨，节省了钢材。
适用范围：适用于建筑外墙外保温工程。
技术咨询单位：营口沃飞斯节能科技有限公司

项目名称：喷涂硬泡聚氨酯屋面外墙保温技术
技术性能：该技术以异氰酸酯和多元醇为主要原料，在发泡剂、催化剂、改性剂、阻燃剂、抗老化剂等多种助剂的作用下，通过专用高压喷涂设备均匀混合喷涂，现场发泡形成的高分子聚合物保温材料。保温层拥有连续致密的表层及闭孔率高达95％以上的互联壁高强度蜂窝结构，复合防护面层后防水性能好。
适用范围：适用于既有建筑屋面和外墙保温。
技术咨询单位：江苏久久防水保温隔热工程有限公司

项目名称：模塑聚苯板外墙外保温装饰系统
技术性能：该系统采用无机改性高聚物树脂为粘结主体，添加水泥等填料和特种助剂分别制成粘结胶和柔性抗裂防水抹面胶，并按相关技术规程将模塑聚苯板粘贴在外墙面，在柔性抗裂防水抹面层上再配套所需装饰层。具有粘结强度高、复合可靠、施工简便、系统配套性好等特点。
适用范围：适用于建筑外墙保温工程。
技术咨询单位：深圳市嘉达高科产业发展有限公司

项目名称：聚苯颗粒保温浆料外墙外保温系统
技术性能：该系统采用以聚苯颗粒保温材料为主体，以无机改性高聚物树脂为粘结剂，添加水泥等填料和特种助剂配制成具一定强度的柔性防水保温浆料，分层施工于墙体，再用渗透型抗裂弹性防水材料抹面，最后配套装饰层。具有粘结强度高、复合可靠等特点。
适用范围：夏热冬冷地区和夏热冬暖地区混凝土和砌体结构外墙。
技术咨询单位：深圳市嘉达高科产业发展有限公司

项目名称：模塑聚苯板薄抹灰外墙外保温系统
技术性能：该技术并对影响界面剂性能的因素及技术性能进行了相关研究，提出了对涂料、面砖、水刷石三种基层处理办法，确保系统连接可靠。
适用范围：适用于涂料、面砖、水刷石墙面的既有建筑节能改造。
技术咨询单位：山东秦恒科技有限公司

项目名称：模塑聚苯板薄抹灰外墙外保温系统
技术性能：该系统是由聚苯板、胶粘剂、锚栓、抹面胶浆和耐碱网格布及涂料组成，具有良好的保温隔热性能和耐候性。
适用范围：适用于建筑外墙保温工程。
技术咨询单位：南京臣功节能材料有限责任公司

项目名称：模塑聚苯板薄抹灰外墙外保温系统
技术性能：该体系是由聚合物粘结砂浆、模塑聚苯板、高柔性聚合物抹面砂浆、耐碱网布、柔性腻子和有机硅饰面涂料，按一定施工工艺形成的集保温隔热装饰于一体化的外墙保温装饰体系。
适用范围：适用于建筑外墙保温工程。
技术咨询单位：富思特制漆（北京）有限公司

项目名称：模塑聚苯板薄抹灰外墙外保温系统
技术性能：该系统利用阻燃型模塑聚苯板为保温材料，用高性能粘结砂浆将其粘贴于外墙外表面，外覆以镀锌钢丝网加锚栓或耐碱玻璃纤维网格布，用聚合物树脂粉末改性的干混砂浆罩面，最后配套饰面层。
适用范围：适用于建筑外墙保温工程。
技术咨询单位：北京建筑材料科学研究总院有限公司

项目名称：水泥基聚苯颗粒保温浆料
技术性能：该产品是由粉煤灰与复合硅酸盐、聚苯乙烯泡沫颗粒并添加聚丙烯纤维及多种外加剂复合而成，具有导热系数低、软化系数高、耐水性好、粘结力强、抗冲击性能好等特点。
适用范围：夏热冬冷地区和夏热冬暖地区混凝土和砌体结构外墙。
技术咨询单位：南京臣功节能材料有限责任公司

项目名称：轻骨料保温浆料外墙外保温系统
技术性能：该系统分别以玻化微珠和胶粉聚苯颗粒浆

料作为保温材料，直接施工于外墙表面形成一个整体，外覆以镀锌钢丝网加锚栓（瓷砖饰面）或铺贴耐碱玻璃纤维网格布（涂料饰面），用聚合物树脂粉末改性的干混砂浆罩面，饰面层为面砖或涂料。
适用范围：适用于外墙外保温系统。
技术咨询单位：北京建筑材料科学研究总院有限公司

项目名称：**改性酚醛外墙外保温系统**
技术性能：该系统由砂浆粘结层、改性酚醛保温板保温层、抹面砂浆复合网格布防护层及饰面层组成。该系统采用的改性酚醛保温板防火性能好，保温隔热。
适用范围：适用于不同地区建筑外墙。
技术咨询单位：北京莱恩斯高新技术有限公司

项目名称：**隔热涂料无机保温砂浆外墙外保温系统**
技术性能：该系统由基层墙体、玻化微珠保温砂浆层、抗裂砂浆护面层和隔热涂料外饰面层组成。玻化微珠保温砂浆为A级不燃材料。隔热涂料具有较高的太阳光反射比和半球发射率，在夏热冬冷和夏热冬暖地区夏季具有一定的隔热效果。
适用范围：适用于夏热冬暖、夏热冬冷地区外墙。
技术咨询单位：森冠（北京）环保科技有限公司、新疆赛普森纳米科技有限公司

项目名称：**无机保温砂浆**
技术性能：该砂浆是将膨胀玻化微珠添加水泥、胶粉和纤维素后混合制成干粉型无机保温砂浆，具有保温隔热、粘结强度高、耐候性能佳、防火等特点。
适用范围：适用于我国夏热冬暖、夏热冬冷地区的内、外墙保温。
技术咨询单位：上海复旦安佳信功能材料有限公司

项目名称：**无机保温砂浆**
技术性能：该砂浆以玻化微珠为保温功能填料，配以可再分散乳胶粉、聚丙烯腈抗裂纤维、憎水剂等制成，具有防火性能好、抗压强度高、与多种基面的粘结性能好等特点。
适用范围：适用于我国夏热冬暖、夏热冬冷地区的内、外墙保温。
技术咨询单位：深圳市嘉达高科产业发展有限公司

项目名称：**膨胀玻化微珠保温砂浆**
技术性能：该技术采用膨胀玻化微珠及粘结剂等材料配置成单组份保温砂浆，具有良好的保温隔热性能、防火和耐老化性能等特点。
适用范围：适用于我国夏热冬暖、夏热冬冷地区的内、外墙保温。
技术咨询单位：北京华伟佳科技有限公司

项目名称：**水性热反射隔热涂料**
技术性能：该涂料以丙烯酸乳液为主要成膜物，以空心微珠、氧化金属粉为主要功能材料，经分散、砂磨、滚碾等工艺制备而成。涂膜耐洗刷性、耐沾污性优于《建筑外表面用热反射隔热涂料》（JC/T 1040—2007)行业标准性能要求。
适用范围：适用于夏热冬暖地区和部分夏热冬冷地区建筑的外表面。
技术咨询单位：浙江时进节能环保涂料有限公司、浙江省建筑科学设计研究院有限公司

项目名称：**水性热反射隔热外墙涂料**
技术性能：该产品是以耐候性优良的乳液为基料，以低导热系数的空心材料、具有反尖晶石结构材料，纳米材料为功能材料，辅以耐酸耐碱的颜填料及一定量的助剂配制而成，具有热反射隔热功能和装饰功能。
适用范围：适用于夏热冬暖地区和部分夏热冬冷地区建筑的外表面。
技术咨询单位：中国建筑材料科学研究总院

项目名称：**玻璃隔热涂料**
技术性能：该产品以无机改性聚氨酯分散体为基料，以氧化锡锑（ATO）为隔热功能材料，产品在玻璃上干燥后可形成一层透明涂膜，能够有效的阻隔太阳光中的红外线，具有遮蔽系数小，隔热性能好的特点，且成本低生产加工工艺简单。
适用范围：适用于夏热冬暖地区和部分夏热冬冷地区建筑的门窗、玻璃幕墙、玻璃顶棚等。
技术咨询单位：深圳市嘉达高科产业发展有限公司

项目名称：**玻璃用透明隔热涂料**
技术性能：该产品是以水性聚氨酯乳液为基料，以

纳米级氧化锡锑（ATO）为隔热功能材料，配以特种助剂和其他组分制成。该产品具有与玻璃附着力强、良好的漆膜硬度、耐磨性和耐擦洗性，较高的可见光透射比和较低的太阳辐射总透射比，可在不影响室内采光的情况下，取得良好的隔热节能效果。

适用范围：适用于夏热冬暖地区和部分夏热冬冷地区建筑的门窗、玻璃幕墙、玻璃顶棚等。

技术咨询单位：森冠（北京）环保科技有限公司、新疆赛普森纳米科技有限公司

项目名称：外墙隔热涂料

技术性能：该产品是以纯丙乳液为基料，以空心陶瓷微珠和红外发射粉体为隔热功能材料配制而成。对可见光及红外线都有较高的反射，并能够以长波的型式向外辐射表面的热量。

适用范围：适用于夏热冬暖地区和部分夏热冬冷地区建筑外表面。

技术咨询单位：深圳市嘉达高科产业发展有限公司

项目名称：幕墙装饰保温板

技术性能：该保温板是以挤塑聚苯乙烯泡沫板为基材，采用专用耐老化胶与增强硅酸钙板、氟碳饰面层复合而成的保温型装饰材料，可通过粘锚固定于外墙外表面，对建筑物起隔热保温和装饰作用。

适用范围：适用于建筑外墙外保温工程。

技术咨询单位：江苏宏天地装饰工程有限公司

项目名称：无机保温装饰一体化外墙外保温系统

技术性能：本系统采用的保温装饰一体化型材是以改性膨胀珍珠岩作为保温层，以钙微粉、矿物纤维和纳米硅等材料作为饰面层，经压制而成。该型材直接粘贴于建筑外墙，并用勾缝剂勾缝，形成集保温与装饰一体化的外墙外保温系统。系统具有阻燃、保温隔热、抗压性能好等特点。

适用范围：适用于建筑外墙保温工程。

技术咨询单位：南阳天意保温耐火材料有限公司

项目名称：金属压花面复合保温板保温体系

技术性能：该体系采用的复合保温板是由金属饰面层、粘结层、保温层及铝箔背衬材料复合而成。其中面层为0.45mm镀铝锌钢板喷涂高耐候聚酯氟碳涂层；保温层为挤塑聚苯板（或模塑聚苯板、硬泡聚氨酯板）等材料，背层为镀铝防水膜。采用插接口镶入式构造连接，通过机械锚固法固定在基层墙面，并利用阴角、阳角、连接件、扣边、窗套、装饰线条等装配构件形成保温装饰一体化的复合墙体。该体系实现产品、配件的标准化生产，施工简便，质量可控，综合造价合理。

适用范围：适用于无长期台风地区建筑外墙保温工程。

技术咨询单位：北京奇佳联合新型建材有限公司

项目名称：钢丝网架聚苯乙烯夹芯板

技术性能：该夹芯板以阻燃型聚苯乙烯发泡板为板芯，双面或单面覆以冷拔钢丝网片，双向斜插丝焊接而成的三维空间网架轻板。使用时外层抹砂浆保护层，具有自重轻、强度高、隔音、抗震、防水、防火、耐冻融的特点。

适用范围：适用于建筑物内外墙、屋面等部位。

技术咨询单位：山东龙新建材股份有限公司

项目名称：现浇泡沫混凝土墙体保温技术

技术性能：该泡沫混凝土是以硅酸盐水泥或普通硅酸盐水泥为无机胶结料，粉煤灰作掺加料，砂为骨料，掺入有机发泡剂制成的轻质混凝土。泡沫混凝土经现场发泡、浇筑而成的墙体具有整体性能好、轻质、保温隔热等特点。

适用范围：适用于抗震设防烈度为8度及8度以下地区多层建筑以及高层建筑的填充墙，但不得由于以下部位：建筑防潮层以下（地下室的室内填充墙除外）；长期浸水或经常干湿交替的部位；受化学浸蚀的环境，如强酸、强碱或高浓度二氧化碳的环境；经常处于80℃以上的高温天气。

技术咨询单位：河南省建筑科学研究院有限公司、驻马店市永泰建筑节能材料设备有限公司

项目名称：低导热系数纤维增强硅酸钙板

技术性能：该硅酸钙板采用水泥、石灰、石英粉、硅藻土等为原料，利用纸浆纤维、玻璃纤维等作为增强材料，经制浆、成坯、蒸养、表面砂光、漆面处理等工序制成的不含石棉成分的新型轻质板材。该板

具有导热率低、耐火极限高、变形率低等优点。通过在板材表面喷涂氟碳漆等饰面材料，不仅具有装饰功能而且可以提高板材的防水性能。

适用范围：适用于建筑墙体面板。

技术咨询单位：宁波易和绿色板业有限公司

项目名称：耐碱玻璃纤维网布

技术性能：该产品由耐碱玻璃纤维网格布机织而成，具有足够的经、纬向强度、化学稳定性好、耐碱性能突出等特点。

适用范围：适用于外墙外保温系统。

技术咨询单位：余姚市蜘蛛网玻纤厂

项目名称：屋面防水防渗技术

技术性能：该技术通过对屋面防水构造的改进，在柔性卷材防水层上增设屋面圈梁、女儿墙和结构柱，并在防水层上采用刚性构造与圈梁连接，从而有效的解决建筑渗漏问题。

适用范围：适用于建筑屋面改造，特别适用于建筑屋面进行种植屋面节能改造。

技术咨询单位：深圳市长久防水种植屋面科技有限公司

项目名称：绿色植被屋面技术

技术性能：该屋面包括保温隔热层、找平层、普通防水层、耐根穿刺层。通过营养土配制和植被选择与维护，解决屋面绿化防水等问题，具有屋面负荷低、施工速度快等特点。

适用范围：适用于建筑屋面工程。

技术咨询单位：南通万通建设工程有限公司、南通五建建设工程有限公司、南通光华建筑工程有限公司、如东县建筑人才技术文化交流研究发展中心

项目名称：电磁波辐射污染控制技术

技术性能：该技术是利用具有电磁波吸收功能的保温砂浆涂抹于建筑外表面，增强建筑物对电磁波的吸收性能，降低电磁波能量。该技术施工简单，成本低，吸波频带宽，具有保温效果。

适用范围：适用于电磁辐射强的区域建筑外表面。

技术咨询单位：中国建筑材料科学研究总院

项目名称：幕墙门窗热工性能计算软件

技术性能：该软件具有玻璃光谱数据库管理、玻璃系统光学热工性能计算、框二维传热有限元分析计算、整窗和整幅幕墙热工性能计算、自动生成计算报告等功能，符合《建筑门窗玻璃幕墙热工计算规程》（JGJ/T 151—2008）要求。

适用范围：适用于建筑幕墙门窗热工性能计算。

技术咨询单位：广东省建筑科学研究院

项目名称：夏热冬暖地区居住建筑节能设计计算软件

技术性能：该软件采用指标法或权衡判断法计算建筑耗能量和参照建筑耗能量，可供设计、施工图审查等单位使用。

适用范围：适用于夏热冬暖地区居住建筑的节能设计。

技术咨询单位：建研科技股份有限公司

项目名称：采暖居住建筑节能设计计算软件

技术性能：该软件具有建筑物围护结构检查、耗热量和耗煤量计算等功能，同时可按北京标准进行计算检验，利用参照建筑对比法进行建筑节能设计计算，可供设计单位、施工图审查等单位使用。

适用范围：适用于采暖地区居住建筑的节能设计。

技术咨询单位：建研科技股份有限公司

项目名称：夏热冬冷地区居住建筑节能设计软件

技术性能：该软件根据《夏热冬冷地区居住建筑节能设计标准》（JGJ 134—2001）和各地的实施细则，采用指标法或权衡判断法计算建筑耗能量和参照建筑耗能量，完成建筑物的节能综合指标计算或权衡判断，可供设计单位、审图单位和项目审批单位使用。

适用范围：适用于夏热冬冷地区居住建筑的节能设计。

技术咨询单位：建研科技股份有限公司

项目名称：既有建筑节能改造工程技术

技术性能：该技术根据寒冷地区气候条件，提出既有建筑节能改造基本要求，包括改造规划原则、改造技术重点和施工中要注意的问题，从外墙外保温、节能门窗、屋面保温隔热、楼梯间隔墙、局部热桥处理、空调系统改造升级（包括可再生能源的利用）、冷热计量改造、管网热平衡改造、照明节能、电梯运行节能等方面提出了适合寒冷地区气候特征的既有建筑

一、专　题

节能改造技术方案。
适用范围：适用于最冷月平均温度0～-10℃地区的公共建筑、居住建筑的外墙、屋面、门窗、空调系统节能改造。
技术咨询单位：河南省建筑科学研究院有限公司、鹤壁市建设局

项目名称：**既有建筑节能改造技术**
技术性能：该成套技术包括节能检测技术和计算机动态模拟技术，对建筑的安全性及热工性能和能耗状况进行实地检测和分析研究，为节能改造可行性判定、改造方案设计和节能效果评价提供的技术支持。具体该造技术包括外墙外保温、屋面保温、地源热泵系统和光伏发电照明，以及具有能量回收功能的新风机组和地温实时监控技术，达到室内可调控、地温可监控的目标，实现建筑节能。
适用范围：适用于严寒地区、寒冷地区、夏热冬冷地区既有民用建筑围护结构和采暖空调系统改造。
技术咨询单位：山东省建筑科学研究院

项目名称：**供热采暖系统水处理技术**
技术性能：该技术通过往供热采暖热水循环系统投放具有防腐、阻垢、除锈和育膜保护等功能的防腐阻垢剂，除去系统锈垢，并在铁表面生成保护膜，从而防止设备腐蚀，达到降低设备维修率和失水率，保护供热设备和管网，延长使用寿命，起到节能降耗、提高经济效益目的。
适用范围：用于热水锅炉、小型蒸汽锅炉、工业冷却循环水系统。
技术咨询单位：上海昱真水处理科技有限公司

项目名称：**喷射式高效热交换装置**
技术性能：该装置利用处于临界温度、临界压强以及临界速度状态下的蒸汽作为热源，通过喷射、收缩及扩散等过程，将具有一定计算容积比的蒸汽与水在混合室直接混合，形成单相热水，用于供暖。与传统的板式热交换器比较，具有体积小、重量轻、换热效率高等特点。
适用范围：适用于热电联产供热方式的热交换系统。
技术咨询单位：大连应达实业有限公司

项目名称：**毛细管辐射空调末端成套技术**
技术性能：该成套技术为毛细管辐射空调末端的工程应用技术。其中包括采用毛细管辐射空调末端的系统设计、毛细管辐射空调末端施工及毛细管辐射空调末端系统的验收。作为一种低能耗系统，毛细管技术具有节能、减少运行费用、和保护环境等优点。
适用范围：适合于新建建筑和既有建筑节能改造。
技术咨询单位：同济大学

项目名称：
技术性能：分户式热湿分控机组
该设备具有制冷、制热、除湿功能，其特点在于双蒸发器、单蒸发温度，在一套空调系统中同时存在与空气换热的蒸发器和与水换热的蒸发器，分别用以控制室内温湿度，能以户为单元，具有分室调节的灵活性，能效高，可靠性强等优点。
适用范围：适用于高热高湿地区，要进行热湿环境控制，有制冷、制热、除湿需求的住宅。
技术咨询单位：同济大学、青岛海信空调有限公司

项目名称：**高负荷地下渗滤污水处理复合技术**
技术性能：该技术采用地下高负荷渗滤＋人工湿地处理技术处理生活污水，通过长期处理试验，合理构造人工滤层，并配置相应自检系统，提高了运行效果和安全保障。该工艺具有占地少，不改变土地用途，受气候条件影响小，能耗低，适用范围广的特点。
适用范围：适用于小规模的生活污水处理。
技术咨询单位：中国科学院广州地球化学研究所

项目名称：**条纹步道石**
技术性能：该产品以建筑废弃物、水泥、砂子、石子及添加剂为原料制作而成的铺地用步道石，加工成型后具有石材质感效果。产品具有适技术成熟、实施成本低、节能利废等特点。
适用范围：适用于广场、停车场、小区道路、人行便道等。
技术咨询单位：建德市新世纪装饰材料有限公司

项目名称：**木材仿古（免涂饰）及防腐防护技术**
技术性能：该技术建立了木质结构材安全设计的理

论模型，提出了新木材仿古工艺、木材防腐返新工艺和多项防虫防蛀技术和废弃木循环利用技术，可替代传统油漆用于木质工程材料安全保障，环境、经济、社会效益明显。

适用范围：适用于建筑木材防护。

技术咨询单位：浙江芳华文化艺术有限公司

项目名称：城乡单相供电技术

技术性能：该技术提出了单、三相配电的低压电网模型，得出了最佳的单、三相供电负荷矩和最大负荷，可提高配电质量，降低配电线路损耗，有效提高配电质量和用户端电压质量，具有良好的经济和社会效益。

适用范围：适于农村中、低压用电建设与改造。要求最大负荷矩不超过800kW·km、最大负荷不超过400kW。

技术咨询单位：中国农业大学

项目名称：新型隔声屏障

技术性能：该技术以泡沫铝为吸声隔声材料，采用T型圆弧顶部吸声装置和竖直共振腔型吸声结构，具有变截面和较厚的共振腔，对中低频噪音吸声效果好，同时具有较宽的吸声宽频，具有良好的降噪能力，在高度不增加的情况下显著提高隔声屏障降噪效果，降低道路在人口集中的居住区所产生的交通噪声。

适用范围：适用于公路两侧道路噪声控制。主要适用条件：风力小于十级。

技术咨询单位：中国建筑材料科学研究总院

项目名称：点滴流量计量水表

技术性能：该产品在普通旋翼式水表上增加流量计量方式转换装置，通过感应量仓控制装置来实现计量方式的转换。水表在常规流量运行时，按速度计量；在点滴流量运行时，按称重计量，从而使水表具备了微流量可以计量的功能。

适用范围：适用于供水户用抄表收费系统。

技术咨询单位：北京华世金阳智能科技有限公司

二、研究报告

房地产短期市场调控和长期制度建设浅析

住房和城乡建设部政策研究中心课题组

2004年以来，针对房地产市场的波动，特别是这次为应对金融危机，出台了比较多的政策，这其中短期的市场调控政策居多，这是非常必要的。第一，房地产市场的健康发展关乎宏观经济运行的大局，在目前的经济形势下，确保房地产市场的稳定发展，可以从扩大内需、拉动投资和促进就业等几方面加快宏观经济走出困局，扭转经济增速下滑的趋势。第二，房地产市场调控可以发挥看得见的手的作用，通过政策引导市场行为，避免市场的大幅波动。第三，解决低收入居民的住房困难问题。

除了短期市场调控政策之外，长期制度建设对房地产市场健康发展起着更为重要的作用。长期制度建设的加强有助于房地产市场更好地发挥看不见的手的作用，也能够为市场调控政策建立更为有效的传导机制。因此，房地产政策既要针对短期市场波动进行调控，也要着眼于建立维系长期可持续发展的制度环境。

纵观近一年的房地产政策，其中的短期市场调控政策包括积极的贷款政策、交易环节税收的减免、加大住房投资建设力度等。在部分短期市场调控政策中，兼顾了一些长期的制度建设，如住房保障制度建设、市场供应结构调整、降低流转环节的税收等。也有一些政策是着眼于长期制度建设的，如已着手开展试点的REITs等。还有一些长期制度建设应适时推出，包括二手房市场和住房租赁市场的完善、房地产税制改革和商品房预售制度的改进等。

一、市场短期调控是当前房地产政策的重点

房地产政策的调整与宏观经济走势和宏观经济政策调整之间密切相关。2008年初，实行"双防"的宏观经济政策，也就是"防止经济增长由偏快转为过热，防止价格由结构性上涨演变为明显的通货膨胀"。年中，"双防"政策调整为"一保一控"，即"保持经济平稳较快增长，控制物价过快增长"。直到11月，经济增长出现下滑，"一保一控"的政策调整为"保增长、扩内需、调结构"。**房地产调控政策也随宏观经济政策调整而变化。**2008年前三个季度，仍延续2007年从紧的房地产政策，从第四季度开始，为应对宏观经济的困局和房地产市场波动，房地产调控政策发生了方向性的改变，由从紧的政策转为利用金融、税收等政策手段，稳定市场预期，加大对自住型和改善型住房消费的支持力度、稳定房地产投资规模等。这些短期市场调控政策包括以下几方面。

第一，加大力度支持住房消费和房地产开发企业的合理融资需求。

降息的货币政策环境为房地产贷款松了绑。2008年，为抵御国际经济环境对我国的不利影响，货币政策做出了方向性调整，由"从紧"转为"适度宽松"。从9月起，连续五次下调存贷款基准利率，连续四次下调存款准备金率。存款基准利率由4.14%下调至2.25%，贷款基准利率由7.47%下调至5.31%。货币政策的大环境为房地产开发融资和购房贷款提供了整体上较为宽松的条件。

调整贷款的首付和实行优惠利率，加大对住房消费的支持力度。对购房者的贷款支持主要以下两点：一是降低首付。最低首付款比例调整为20%；二是实行贷款利率优惠。将商业性个人住房贷款利率的下限扩大为贷款基准利率的0.7倍；下调个人住房公积金贷款利率，各档次利率分别下调0.27个百分点。对已贷款购买一套住房但人均面积低于当地平均水平，再申请购买第二套普通自住房的居民，比照执行首次贷款购买普通自住房的优惠政策。

适度加大对开发企业的融资支持。对开发企业的贷款政策由从紧调整为"支持合理融资需求"。加大对中低价位、中小套型普通商品住房建设特别是在建项目的信贷支持，对有实力有信誉的房地产开发企业兼并重组提供融资和相关金融服务。

第二，减免交易环节税收，鼓励购买普通商品住房。

在2008年第四季度，对个人购房和售房环节涉及的契税、印花税、土地增值税和营业税进行了不同程度的减免。一是下调契税税率。对个人首次购买90平方米及以下普通住房的，契税税率暂统一下调到1%；二是暂免征收印花税。对个人销售或购买住房暂免征收印花税；三是暂免征收土地增值税。对个人销售住房暂免征收土地增值税。四是减免转让环节的营业税。对住房转让环节的营业税，暂定一年实行减免政策。其中，将现行个人购买普通住房超过5年（含5年）改为超过2年（含2年）转让的，免征营业税；将个人购买普通住房不足2年转让的，由按其转让收入全额征收营业税，改为按其转让收入减去购买住房原价的差额征收营业税。

第三，安排4000亿中央财政投资用于保障性安居工程建设，稳定房地产投资。

为应对宏观经济的困局，中央政府出台了4万亿元的三年投资计划，实现扩大内需十项措施的相关工程建设。保障性住房投资建设成为4万亿元投资的第一项。2008年首次安排4万亿投资的投向时，决定其中的2800亿元用于保障性安居工程，2009年又对部分投向的投资额进行了调整，在保障性安居工程建设方面增加了1200亿元，总计为4000亿元投资，占4万亿元的比例达到10%。这4000亿元住房投资对于稳定房地产投资起到了重要的作用。

二、房地产长期制度建设得到了一定程度的推进

2004年房地产市场调控以来，房地产政策尽管针对短期市场调控的比较多，但其中的部分政策措施同时也解决了一些长期制度建设的问题，或是体现了长期制度建设的基本方向。此外，一些长期制度建设也得到了积极地推进。

第一，住房保障制度建设得到了积极推进

在短期市场调控的应对措施中，住房保障制度既是缓解市场供应结构性问题、解决低收入家庭住房问题的有效手段，又是长期制度建设的重要举措。

2007年出台的24号文件构建了住房保障政策后续发展的基本框架，2008年逐步落实24号文件提出的一系列措施。**一是明确提出住房保障的目标。**

2009~2011年，将增加200多万套的廉租住房、400多万套的经济适用住房，另外还有220多万户林业、农垦、矿区的棚户区的改造。按照规划提出的工作目标，3年解决747万户低收入家庭住房困难，加上目前已解决的住房困难的200多万户低收入家庭，全国1000万户低收入住房困难家庭的住房问题将基本得到解决。**二是促进保障性住房建设的配套措施加快制定。**包括保障性住房的税收减免政策等。根据《关于廉租住房经济适用住房和住房租赁有关税收政策的通知》，廉租住房经营管理单位、房地产开发商、个人等主体在符合相关条件的情况下，可以获得营业税、房产税、城镇土地使用税、土地增值税、印花税、契税以及所得税等方面的优惠。**三是中央财政投资促进保障性住房建设。**增加投资属于短期调控手段，保障性住房建设作为扩大投资规模的政策输入点，短期措施起到了促进长期制度建设的作用。

第二，调整市场供应结构一直是房地产市场调控的主旋律之一

2004年房地产市场调控以来，调整市场供应结构一直是调控的主要目标之一，是平衡市场供求和化解社会矛盾的重要着力点。供应结构合理化才能保持市场的可持续发展，使绝大部分家庭的住房需求可以通过市场来满足，符合市场化的基本方向。目前调控市场供应结构的措施主要包括用行政手段调整市场供应结构的90/70政策、引导市场需求和供给的差别性税收和金融政策等。

第三，降低流转环节的税收，促进住房资源的合理配置

在目前的调控政策中，对商品房流转环节的税收实行减免，这些减免政策虽然是有期限的，但体现了长期制度建设的方向。目前我国的房地产税制是流转环节的税负较高，不利于住房资源的合理流转和配置，持有环节税负偏低，不利于住房资源的高效利用。因此，降低二手房交易环节的税负，促进住房资源的良性流动和合理配置，体现了房地产税收制度改革的基本方向。

第四，发展REITs，拓宽房地产直接融资渠道

一般来说，房地产开发企业的融资渠道主要包括银行贷款、上市融资、发行企业债券、基金等。目前房地产开发过分倚重于银行贷款的状况没有根本上的改变，要拓展对房地产开发企业的直接融资渠道，如房地产信托投资基金（REITs）。2008年12月3日，国务院明确提出"开展房地产信托投资基金试点，拓宽房地产企业融资渠道"。

长期以来，我国房地产开发企业开发商业地产往往采取与住宅开发同样的模式，即通过分割出售的方式收回商业地产的投资。由于多个小业主的产权持有模式，对商业地产后期的运营管理带来诸多不利。

采取REITs方式进行直接融资主要适合有稳定现金流收益的持有型商业地产。REITs是针对商业地产开发运营的一种成熟的融资方式，可以为我国商业地产开发运营寻找到一种长期稳定的融资渠道，有利于健全我国商业地产开发和融资模式。REITs一方面可以为开发企业提供开发投资资金退出的渠道，另一方面可以为投资者提供获取商业地产投资收益的投资渠道，这对于培养一个健康、成熟的商业地产市场是有着积极的意义的。由于REITs青睐产权清晰、物业资产保值性好，物业管理服务好的商业资产，促进商业地产开发质量和运营质量的提高。这种商业地产长期稳定的融资渠道的建立，能够引导商业地产市场的长期稳定的投资行为，是促进商业地产市场健康发展的重要制度。

国外的REITs以投资现存物业为主，是由其基础资产状况决定的，即开发的物业所占比重较小，现存物业的比重较大，这同国外房地产发展已处于成熟阶段有关。考虑到我国目前房地产市场处于增量快速增长阶段，我国REITs的起步参与房地产开发不可避免。但如何规避开发风险是要引起足够重视的。建议在REITs起步阶段应做出规范性的规定，将参与开发阶段投资的比例控制在一定范围之内，如规定REITs资产中，持有现存物业资产的比例不低于70%。

三、房地产的长期制度建设还应继续重视和推进

我国房地产市场出现波动时，短期调控政策用得多，但仅依靠短期政策调控房地产市场也存在一定的弊端，如没有一个稳定的制度环境，不利于形成市场主体成熟的行为规范和预期；长期政策短期化的现象也比较多，如通过频繁调整税收政策来调节市场行为。短期政策用得多，是由于房地产市场运行的制度建设滞后于房地产市场的发展、长期制度不健全的不得已之选。

一个完善的房地产市场运行制度，应能够使市场各参与主体，包括购房者、开发企业等形成稳定的市场预期和规范的市场行为，当市场出现失衡状态时，市场自身的调节机制能够发挥作用，而不是当市场发生波动时，只能靠看得见的手，即政府的政策干预对市场进行调控。

房地产市场的长期制度建设目标应着眼于以下

几个方面：一是市场供求关系自我平衡调整机制能够发挥作用；二是规范政府行为，建立稳定的制度手段，剔除不合理的政策成本；三是完善市场结构，市场的成交量、市场风险与市场结构密切相关，只有形成合理的市场结构，才可能使风险在各市场主体之间进行恰当地配置。

以下长期制度建设对于建立市场的自我调整机制、规范政府行为，完善市场结构至关重要，应适时推进。

第一，完善住房市场体系，特别是二手房市场和住房租赁市场

2009年的政府工作报告中提出加快发展二手房市场和住房租赁市场，是完善住房市场体系的关键举措。二手房市场、住房租赁市场和新建商品房市场共同构成了住房市场体系，改善居住条件的目标不能都从新建商品房市场实现，完整健全的市场体系对房地产市场的稳定和发展有着十分重要的意义。二手房市场和住房租赁市场的政策重点包括两个方面：**一是培育市场。在培育二手房市场方面，**通过一定的金融和税收政策支持，鼓励对二手房的需求，目前减免二手房转让环节的营业税政策，起到了释放二手房市场需求的积极作用。**在培育住房租赁市场方面，**主要的着力点在于运用政策手段，培育租赁市场的供给和需求，核心是让业主愿意将房产出租。调整目前以住房购买为核心的住房政策导向，出台鼓励住房租赁市场发展的政策，特别是调整目前抑制租赁住房供给的税收政策，同时引导住房租赁需求，平衡购买和租赁之间的比例关系。**二是规范市场。**核心是建立规避经纪机构道德风险的交易制度和监管制度。通过一套完善的制度安排，以及政府的有效监管和行业的自律管理，建立诚信、高效的二手房市场、住房租赁市场。尤其要对房地产经纪机构和经纪人的行为进行法律和行业自律约束，保障买卖双方、租赁双方通过经纪机构提供居间服务进行交易时利益不受侵犯。

第二，开征物业税有利于房地产市场消费和投资行为的理性化，促进市场结构的调整

开征物业税，即降低流转环节的税负，增加使用环节的税负，使住宅使用成本提高，市场对住宅户型的需求将会相应地进行调整。在使用的过程中要逐年交税，所以购房者会从自己的实际需求出发，不会盲目追求大户型的房子，将会增加对中小户型的需求量。在我国人地矛盾较大的情况下，可以有效提高住房资源的利用效率。同时，由于城市基础设施的变化，比如修路、修地铁等，会带动周边地区房地产的升值，由于物业税是按照反映房地产市场价值的课税评估价值计征，需要交纳的税额会提高，就会使租用者、所有者考虑是否需要继续用这块地方还是需要换个地方，有利于房地产资源的合理配置。开征物业税可以抑制房地产市场投机性购房行为。在购房"门槛"下降而使用成本提高的情况下，加大炒楼者的投资成本，炒楼的风险会因此而增大，同时房产升值所带来的收益则会因物业税而减少，可有效抑制房地产市场中存在的一些非理性的购房投资行为。

第三，在市场条件和政策条件适宜的前提下逐步取消商品房预售制度的融资功能

我国的商品房预售制度有着融资功能，即预售收取全部房价款，预售成为开发企业的主要融资渠道之一。预售制度成为商品房开发融资手段是由于房地产市场发展初始阶段融资渠道单一的客观条件形成的。预售制度所起到的融资作用对房地产市场的起步发展有着重要的作用和积极的意义，但随着房地产市场的进一步发展，预售制度的弊端越来越凸显出来。对商品房预售制度的政府监管没有到位，预售资金的使用缺乏有效的监督，本应由开发企业承担的市场风险被全部转嫁给消费者，同时购房者还承担着开发企业的信用风险。因此，从房地产市场的长期发展来看，在条件适宜时应取消商品房预售制度的融资功能。

取消商品房预售制度的融资功能需要一定的市场环境和政策环境。一方面是市场环境。从目前的市场供求关系角度看，现房销售具备了一定的实施条件。如果在供不应求的市场环境下，取消商品房预售制度的融资功能可能加剧市场供不应求的状况，导致市场供求关系更加失衡。另一方面是政策环境。目前我国房地产资金筹集仍以间接融资渠道为主，未来应积极拓展房地产直接融资渠道，为取消商品房预售制度的融资功能创造制度条件。在市场和政策条件同时具备时，可考虑取消商品房预售制度的融资功能，即购房者在购买预售房时只需支付定金，只有在住房交付后，开发企业才能从银行得到购房者的首付款和按揭贷款。

目前，可以采取过渡性的措施，改进商品房预售制度。一是加强预售资金监管制度建设，确保预售资金只能用于有关的工程建设。二是提高可采取预售制度销售的开发企业的门槛。建立商品房预售制度的市场准入制度，只有对自有资金、资质、信用记录等符合要求的开发企业才可以以预售方式进行房屋销售。

（执笔人：浦湛）

发展公共租赁住房是实现住有所居的重要途径

住房和城乡建设部政策研究中心课题组

当前,解决好广大低收入家庭的住房问题也已成为各级政府工作的重点和难点。尤其是2008年以来,国家投入了大量的资金建设保障性住房,各级地方政府积极探索适合本地实际情况的住房保障模式,加大力度改善城镇低收入家庭的住房困难状况,促进房地产业的和谐健康发展。公共租赁住房正是伴随着中国房地产业的迅速发展、住房保障制度的不断完善而兴起的一种有效解决低收入家庭住房问题的保障性住房。

一、公共租赁住房的基本概念与主要特征

公共租赁住房是指投资者(政府或企业等)持有房源,并将这些房屋以低于市场价的方式租给特定人群。其租金水平高于廉租住房,低于商品房。公共租赁住房属于保障性住房,但又不同于福利制度下的低房租公房,也不同于企业的职工宿舍,从共性来看,属于廉租住房的一种形式,只是保障范围更广泛。

公共租赁住房与其他以销售为主的保障性住房最大的区别在于产权归属性不同。公共租赁住房的产权归政府或相关机构、企业所有,不归居民个人所有。其目的是用低于市场价或者承租者承受起的价格,向低收入家庭出租住房,以改善这部分群体的住房困难状况。当低收入家庭收入发展变化时,有严格的退出机制。从各地的实践看,目前的公共租赁住房的保障对象以城镇户籍人口中的中低收入家庭为主,包括新就业职工,特别是新毕业的大学生以及一些特殊群体等。其未来发展目标将涵盖城市的各类夹心层家庭和外来流动人口。

公共租赁住房具有五大基本特征:一是体现出政府的干预性,公共租赁住房是在政府的公共政策下,由政府直接负责提供或政府主导下的公共机构、企业提供的保障性住房;二是需求对象的限制性,因其是保障性住房,其保障对象具有严格的准入标准;三是非营利性,不论是政府直接负责建设还是企业承担开发建设,都不以营利为目的;四是租赁价格的优惠性,公共租赁住房的出租价格低于一般的市场价;五是退出的灵活性,当中低收入家庭住房和收入水平发生变化时,政府可随时停止发放补贴,退出程序简便易操作。

公共租赁住房的房源主要来自新建和收购两种方式。即各级地方政府组织新建一些公共租赁住房,同时,也可以在已开发的商品房或存量住房中收购一些房源。

二、发展公共租赁住房的必要性

从世界各国的住房保障经验来看,租赁型公共住房将成为我国公共住房政策的重要组成部分,有效解决当前住房制度所面临的阶段性困境。目前,已有北京、天津、深圳、厦门和常州等城市进行公共租赁住房试点工作。公共租赁住房的最大优点是覆盖人群广泛,可根据补贴标准灵活调整,并且补贴对象明确、操作透明,适于建立退出机制。

大力发展公共租赁住房有利于尽快缓解保障性住房供应不足的突出问题。 我国目前的住房市场发育尚不完全,尤其是保障性住房的供应结构与需求存在较大偏差。存量住房中的中小户型大部分为上个世纪留存的平房、简易楼房和旧楼房,随着各地危改拆迁的不断推进,这部分低价位房源日益减少。与此同时,我国每年城市化新增城市人口约1000万左右,而城市新增建设用地又受到严格控制。在这种人多地少的矛盾冲突下,如果将所有中低收入群体都推向市场,将必然导致住房市场价格的进一步提升,带来更多的人买不到房、住不起房。因此,在房价上涨,住房短缺的时期,加大力度供应实物形式的保障房是非常必要的。增加租赁型公共住房比重将是有效解决住房短缺问题的有效途径之一。可以说,租赁型公共住房更符合我国现阶段低收入群体的住房需求。

大力发展公共租赁住房有利于多层次解决各类低收入群体的住房需求。 当前,保障性住房的需求潜力较大:随着土地市场化配置进程下住房价格的上涨,许多低收入群体穷其一生也不可能买得起房,只能以较低的租金价格支付住房使用权;低收入群

体中有相当比重的人群职业特征为产业工人、商业服务业人员和个体经营户，这部分群体对居住场所的选择往往跟随工作地点的变动而迁移，体现出较强的流动性，因而中短期的租赁型公共住房更符合其住房要求，并有助于减少生活、出行的附加成本；部分住房困难的低收入群体是刚进入社会的毕业学生或打工白领，这部分群体处于暂时性的购买力不足阶段，需要过渡性的租赁型公共住房以满足短期内的居住需求。因此，作为完善的住房市场，建立健全一个稳定的、规模化的公共租赁市场是非常必要的。如上海浦东张江科技园推出了面向就业者的青年公寓，只要是大专以上学历、与科技园内企业签订一年以上劳动合同且在上海无住房的年轻人，就可申请租房。每人在公寓最多只能住3年，单房租金888元。南京也针对大学毕业生推出了青年公寓。

厦门的公共租赁住房起步较早，制度相对完善，运作比较规范，保障规模较大。 根据厦门政府规定，公共性租赁住房的面积一般为70平方米左右，住户自己按每月每平方米17.6元的价格通过银行向市公共房屋管理中心缴纳房租。这些房租的七成随后会返还给住户。例如，厦门市的汪秀娟全家年收入超过了3万元，既不符合申请廉租房的条件，但又买不起商品房，一家4口长期挤在42平方米的单位宿舍里。现在，汪秀娟已住进75平方米的厦门社会保障性租赁房。目前，厦门市已有2433户享受到了公共租赁住房带来的实惠。厦门的保障性租赁房就是温家宝总理在政府工作报告中提出的"公共租赁住房"。这些保障性住房由政府出资建设，租住的家庭或个人只要满足租赁条件就可长久租住，但不可转租他人。当租住户的年收入高出保障性租赁住房条件时，住户可以选择搬出或租金全部由自己缴纳。

厦门市在户籍、收入、资产和住房四个方面设定了准入条件。这四个条件分别是：一户家庭中申请人和共同申请人的家庭成员均应具有厦门市城镇户籍，且至少一人取得厦门市户籍已满3年；人均建筑面积不超过12平方米；3人及以下户家庭年收入不高于5万元，4、5人户不高于6万元；6人以上户不高于7万元；申请人家庭资产不高于家庭年收入的4倍。达到以上条件的市民，就可以申请保障性租赁房。目前，厦门的保障性租赁住房只适用于有厦门户籍的人口，而对于刚毕业到厦门落户的大学生和外来务工人员并不能享受这一政策。

深圳市则率先扩大了保障范围，将保障对象延伸至五类人群：一是低收入户籍家庭；二是产业园区户籍或者非户籍单身人员，通过各类产业园区建设及升级改造中集中配套建设的公寓、宿舍予以解决；三是符合缴纳社保年限等条件的非户籍低收入家庭；四是归国留学生、医生和教师等国内外引进人才，在公共租赁住房中划出一部分房源作为人才公寓向符合相关条件的人才出租，符合条件者还可通过住房分配货币化方式解决住房问题；五是机关事业单位新录用人员的周转用房。

大力发展公共租赁住房有利于弥补租赁市场发展滞后的问题。 当前，城镇居民在改善住房条件时，都选择了购房而非租房。这虽然有中国传统习俗因素影响，但还有一个重要原因就是租赁市场缺乏稳定性保障。低收入家庭仅靠市场个体提供的租房市场在租金和租赁期限等方面都存在很大的随意性。因此，需要政府以制度化的模式提供租赁型的公共住房弥补中长期租赁市场的空缺。

公共租赁住房概念的提出，现实意义在于帮助"夹心层"家庭解决了住房难的问题，而其更广泛的意义，则在于国家保障体系将同时向"非低收入群体"和流动人口理念的转变。这样的转变，其出发点是政府把保障范围扩展到所有不能通过市场解决住房问题的家庭，包括已成为城市常住人口的外来务工人员。即，致力于通过公共租赁住房帮助各类群体解决住房难题。

三、国际经验及对我国的借鉴意义

从各国的经验来看，几乎所有市场经济国家，包括英国、美国、瑞典、新加坡等不同类型的国家，都按照"市场——救济型"，或按"市场——福利型"的二元政策导向来实现"居者有其屋"的住房发展目标。即在经济起飞的初期，住房严重短缺，主要由政府主导来解决住房问题；当社会主要群体的住房问题解决之后，实施市场化为主渠道，但对低收入家庭的住房保障一直存在并形成稳定的社会制度。虽然中国的国情和当前的发展背景与其他国家存在较大差异，不适宜简单地照搬国外的公共住房政策，但从一些国家的住房保障实践和相对成熟的公共住房制度中，可以在公共住房模式选择、建设方式、分配以及管理制度等方面获得很多值得借鉴的宝贵经验。

1. 国外的主要住房保障形式

国外住房保障形式主要有三种：一是政府直接投资建设出租房，即公共住房；二是政府通过干预房价，保证低价位住房供应；三是政府直接分配住房保障资金，提供中低收入者的住房消费资金。

不仅各国住房保障形式不同，即使同一国家，在不同时期、不同发展阶段，所实施的保障政策也不同；这种差异根源于不同的社会历史环境和经济发展阶段，是由政府干预目标、住房供求环境和政府财政支持能力决定的。不同的方式各有利弊，可交替使用，并且需要根据社会经济状况和住房供需关系的变化不断进行调整。

2. 通过公共租赁住房实现"人人有房住"的发展目标

为保障无力购房者的住房需求，国外在制定公共住房政策时普遍重视公共租赁住房的发展，为最低收入者提供"托底性"保障。普遍面对的是低收入群体，还有一些特殊岗位群体，如公务员、警察、消防队员等。一般采取轮候制，是一种过渡性的保障方式。各国租赁住房的比例都相当可观。以英国为例，在比例约30%的租赁住房中，20%左右是政府提供的公共租赁住房，10%为私人租赁住房。英国政府把持续供应可负担住宅列为重要的施政目标，在伦敦2004年的新规划中，要求中心区新增房屋的1/4为可负担用房。美国的一些州政府对申请房租补贴的低收入家庭限定的房屋租金标准为700美元以下。根据法律规定，租房家庭只需支付其收入的1/3左右作为房租，剩余部分由政府付给房东。

法国则是依靠企业（组织）联合体（主要是HLM）提供廉租住房。HLM组织内共有850多个单位，其中有低租金住房机构293家，低租金住房股份有限公司324家。HLM主要职责是直接建设住房和改建旧房为公共住房后再低价出租。法国国会每年通过预算安排住房资金，支持"低租金住房"建设，在每套"低租金住房"中政府资金占5%；其余95%建设资金，由加入HLM的企业从住房基金中以优惠利率（4.2%，商业贷款利率则高达10%）贷款开发建设。HLM房屋开发商所交的税仅为5%，低于一般房地产开发商，这样建造的低租金住房，按35年返还计算，其租金水平为市场租金水平的1/3～1/2。法国规定低租金住房最低标准为建筑面积35平方米，HLM的房屋租金仅为家庭收入的10%。

3. 建立行之有效的公共租赁住房管理体系

在公共住房制度比较成熟的国家，都有一套行之有效的专业管理体系，这个管理体系由不同的机构组成，这些机构从功能上可以划分为决策层和执行层。决策层指负责制定政策和长期发展计划，负责与计划、财政、金融、土地、法律、建设等部门的协调运作。执行层来具体落实公共住房建设和运行。例如，韩国设立了国家住房政策审议委员会，作为公共住房的决策协调机构。执行层为建设交通部，下设韩国住房住宅公社和大韩土地开发公社，专门负责建造面向中低收入阶层的出租公房。

4. 通过完善的制度确保公共住房分配的公平性

公共住房属于社会公共资源，是政府福利的表现形式，其能否公平合理地分配，直接关系到公共住房政策实施的效果，国外在公共住房分配方面有两点很重要的经验：一是明确公共住房是为最需要的人提供的住房保障；二是只有建立科学、完善的准入和退出机制，才能保证公共住房分配的公平性。国外的公共住房政策基本都是以法律形式出现的，公共住房体系的建立也得益于法律的强力保障。在美国、日本、新加坡等国家，公共住房立法都是国家大法。

5. 借鉴国际经验，大力发展公共租赁住房

很多国家在制定住房目标和发展规划时，都把中低收入群体的住房问题放在突出位置；在政策的制定上，重视对需求人群的市场细分，针对不同的人群实施相应的策略，从而在最大程度上实现社会效益和经济效益的相统一；在相关住房政策颁布时，一旦缺乏法律上的支持，立法机关就会迅速地进行相关立法工作，细化政府的责任、义务和权力，同时也明确了住房政策的具体操作规则，使得政策有法可依、有法可行；西方国家市场经济高度发达，政府倾向于在现有的市场框架下寻求解决住房问题的最优方法，并且在这个过程中，政府利用多种手段多管齐下，从不同方面来支持制定的住房发展战略，如普遍运用了税收、补贴、配套设施建设等措施，而从结果上看，这些措施的运用对该国住房市场的发展可谓起到了良好的推动作用；重视租赁方式在解决住房问题中的作用。对社会出租住房的需求程度，本质上依赖于住房存量如何恰当地满足社会住房的需求。缺乏租赁价格合理的房屋是提供社会租赁住房的一个重要原因。因此，与住房补贴制度相比，许多国家已将社会出租住房作为一项重要的住房保障措施。但国外有完善的准入审查和退出制度，家庭收入诚信公开透明，这些都是实施公共租赁住房的关键。

四、当前公共租赁住房存在的主要问题

由于我国公共租赁住房刚刚起步，在不断完善的进程中也显现出一些突出问题，主要表现在以下三点：

1. 制度法规体系尚不健全

目前国内仅深圳、厦门等几个城市推出了公共租赁住房管理办法，从国家层面上来看，还缺乏统一规范的法规制度或指导意见。而公共租赁住房的资格审核和后续管理将是一项非常复杂的工程，即使从目前各地已出台的相关管理办法也有许多需要改进的地方。另外，各地建设标准差异较大，缺乏统一的约束性，如有些地方规定只有40平方米，有些地方建设标准则达到90平方米。

2. 覆盖人群相对较窄

以北京市为例，公共租赁住房只限于已通过政策房审核的家庭。广州、深圳和厦门的覆盖人群也是针对城镇户籍人口。这主要是由于公共租赁住房刚刚起步，正处于摸索阶段，而最需要住房保障的流动人口还被排除在保障之外。如，常州市对公共租赁房准入限制为：符合申请条件的低收入住房困难家庭必须无房、具有常州市市区城市常住户口且实际居住三年以上、家庭人均年收入低于上年度市区人均可支配收入的80%；符合以上条件且年满35周岁的单身人士也可申请。同时，公共租赁住房保障将实行年审制度，对已经享受公共租赁住房政策的低收入住房困难家庭及新就业人员的收入、人口、住房等变动情况进行年审。年审后不符合公共租赁住房保障范围者应当退出。常州市首批投入试点的公共租赁住房为200套。

3. 紧金短缺，房源供给严重不足。按照厦门市的规划，在未来几年将投入136亿元建设45000套保障性租赁住房，基本解决夹心层无房户的住房难题。按照覆盖40%户籍人口的目标，可以全覆盖中低收入家庭。但由于面临着资金短缺、来源渠道不明确等问题，保障计划难以落实。在北京市的规划中，仅有两块公共租赁住房用地，总建筑面积不到26万平方米。由于房源筹集不足，北京市的公共租赁住房一再延期登记时间。土地收益流失、资金来源不足以及管理复杂是公共租赁住房供应短缺的主要原因。

4. 维护成本较高，政府后续补贴较多。公共租赁住房对政府的管理效率提出了更高要求，同时，由于政府持有房源，后续的维护、更新改造以及管理方面等都需要投入大量的人力、物力和财力，这些都应在公共租赁住房计划中有充分的考虑。

五、公共租赁住房的发展前景

目前我国城乡居民人均住房面积已经接近30平方米，总体来看，城乡住房严重短缺时代已经基本结束，城镇住房自有率已超过70%。但是，房价高涨、普通居民支付能力下降，现有保障性住房无法满足各类低收入家庭住房需求等问题日益突出。适合各种收入阶层的、易灵活调整的公共租赁住房具有良好的长远发展前景。

1. 建立长效保障机制，缓解供需矛盾

从过去量大面广的以出售为主的经济适用住房、限价房向公共租赁住房转变，与廉租住房一道，共同构成保障性住房的供应体系。

对于大城市、特别是特大型城市，人口增长与土地资源紧缺的矛盾将是长期共存的。以销售为主的保障性住房供应模式，导致政府手中缺乏持续稳定的保障性房源，每年都要迫于低收入家庭的住房需求压力大量开工建设保障性住房。但随着中心城区、近城区可供土地的日益减少，保障性住房只能越建越远，势必会脱离低收入家庭的实际需求，引发新的社会矛盾，给政府住房保障造成两难的境地。

发展公共租赁住房，可以有效缓解土地供应紧张的矛盾，保证政府拥有大量流动性房源，长期来看，可形成可持续性的住房保障供应链。

2. 完善保障制度，满足低收入家庭住房需求

公共租赁住房租金应根据家庭收入水平，住房的地段、面积和质量，分别确定不同的租金标准，在房源之间形成合理的级差，确保不同收入家庭享受相应的比较公平合理的政府补贴。收入较高家庭，自身承担的房租相对较高，政府补贴较少，收入较低的家庭，自身承担的房租较低，享受的政府的补贴较多。随着家庭收入的变化，政府可以灵活多变地调整补贴额度，重新划分个人和政府应负担的租金标准，有利于各类中低收入家庭享受到住房保障这一惠民政策。

3. 强化政府的调控作用，促进企业参与市场化运作

充分利用政府手中的经济杠杆，引入企业参与公共租赁住房的建设，通过税收、土地、金融等配套政策，鼓励并调节参与企业的利益分配，即建立和完善市场调节和政府保障相结合的保障性住房供应体系。政府也可通过市场化购买、租赁等方式获取房源，一方面可减少政府的寻租空间，另一方面也活跃了住房二级市场。实际上，广州已经有开发商开始探索公共租赁住房模式。国内首例由开发商出资、探索解决低收入人群居住问题的项目万汇楼已开业，市民只需要450元/月就可以租到30~40平方米的公寓，这是广东省建设厅批准的由广东省企业投资面向低收入群体租赁住房试点项目。

公共租赁住房的后续管理也是将要面临的一个重大难题。政府成立专门机构进行管理容易导致退回到过去公房管理模式上，管理效率低，服务态度差。完全交给社会化物业管理公司，又容易带来双方的利益冲突。因此，公共租赁住房的物业管理宜采取在政府主导和监督下，市场化运作，政府监督，政府的维修和管理补贴应补在明处，接受社会监督。

4. 发展政策性住房金融，拓展资金来源渠道

在英国的住房改革中，专业金融机构即住房协会对为社会住房建设筹集资金方面起到了重要的促进作用。在我国，不论是调整住房公积金的定位和资金使用方向，还是新建立政策性住房金融机构都已日益迫切。未来的政策性住房金融机构的主要责任将是向中低收入居民家庭提供优惠的低息住房贷款，同时，向公共租赁住房开发建设单位提供长期信贷资金支持，解决资金来源瓶颈问题。

5. 循序渐进，做好公共租赁住房的规划和前景设计

我国当前正处于城镇化和工业化快速发展阶段，公共租赁住房将有广阔的发展空间。在条件成熟时，逐步把公共租赁住房的保障范围扩大到城市非户籍家庭。但其发展也应本着循序渐进的原则，稳步推进，避免急于求成带来一系列的后续问题。首先是在获取土地上，要对公共租赁住房用地给以较大的优惠政策，合理选址。因其面向城市低收入家庭，流动性较强，宜建在交通顺达，位置相对较方便的区域。其次应合理规划，以建设小套型住房为主。按照节约用地的要求，确定适当的住房建设套型面积、建筑形态和建筑容积率。在兴建保障性住房小区时，力求做到自成体系，同时做好各项配套设施的建设，如商店、学校、医院以及其他生活服务设施，加强小区的绿化、道路建设，特别要重视防止出现重建设轻管理的问题。

（执笔人：文林峰）

对于建筑节能经济激励政策的几点思考

住房和城乡建设部政策研究中心课题组

目前，全世界建筑能耗占能源总消费量具有相当的比重。在我国，建筑能耗在能源总消费量中所占的比例达到30%左右。我国既有(存量)房屋建筑约有400亿平方米以上，其中绝大部分是高耗能建筑。我国的外墙、屋顶、窗户的传热系数是发达国家的2～5倍，单位建筑面积采暖能耗是目前发达国家标准的3倍以上。从建筑面积的绝对量上看，我国每年新建成的房屋达到20亿平方米以上，超过各发达国家年建成建筑面积的总和。但使人忧心的是，目前我们还在大量地建造着非节能建筑，长此以往，建筑能耗过大的问题会更加突出，加剧我国能源短缺的矛盾。建筑节能的严峻现状的症结除了全社会对于建筑节能重要性的认识严重不足、建筑节能的相关科学研究、产品开发还不够充分等原因之外，政府对于建筑节能的市场失灵部分管理不力，缺乏经济激励政策，没有形成建筑节能的市场机制和政策环境是非常重要的原因。加强对于建筑节能经济激励政策的研究，完善建筑节能政策体系仍是我们必须重视的重要工作。

一、建筑节能经济激励政策的内涵和在政策体系中的地位

建筑节能经济激励政策属于国家公共政策的范畴。**即用国家和地方政府的政策制定权力，以经济利益关系的调整和刺激为核心手段，促进相关主体积极主动采取措施，实现建筑节能目的的相关政策及其政策体系。**从激励成本投入的角度来讲，既有中央、地方政府投入的公共资金，也包括由社会团体和组织、个人出资用于公共建筑节能目的的准公共资金，由政府政策带动的各方主体出于自身利益的投入，政策作用下经济主体在利益关系调整中的利润增减等；从激励形式来看，既有对于建筑节能效果显著的产品、技术、工艺、工作等的研发者、制造生产者、使用者、工作从事者、突出贡献者予以的经济奖励、利益倾斜等经济刺激，也包括为推动建筑节能政府对于单位和个人施行的财税政策、金融政策、政府预算投入政策等。因此，**经济激励政策决不能仅仅理解为奖励，更为准确的含义是国家用于建筑节能的公共投入和利益调整的手段及**

举措。

那么，如何很好地制定和发挥建筑节能经济激励政策作用，例如经济激励政策的特征是什么，经济激励政策和其他的节能促进手段如何选择或搭配使用，在什么条件下选择使用强制性标准，什么情况下选择使用经济激励政策？经济激励政策是否具有动态特征，在不同的发展阶段激励政策的作用重点是否应有不同？在当前阶段，在什么环节和领域使用经济激励政策？如何以最少的投入获得最好的效果？明确这些问题，是有效制定经济激励政策的必须。

二、建筑节能经济激励政策的制定难度

建筑节能经济激励政策的制定和运用具有一些特点，这些特点使得其制定和运用具有相当的难度。

1. 经济激励政策作用对象有多种选择。 既可以是人的观念和意识，又可以是产品、技术或工艺；既可以是政府，也可以是企业；既可以是单位，也可以是个人；即可以是生产者，也可以是消费者；既可以作用于业主，也可以作用于房屋开发商，设计施工承包方，还可以作用于建材、部件、部品生产商、中介服务机构等。

2. 建筑节能效果的衡量有多种选择。 既可以用中间节能效果衡量，又可以用建筑产品最终节能效果衡量；在确定的激励主体条件下，经济激励既可以基于效能，又可以基于成本；既可以鼓励某类产品、工艺、技术的应用，又可以用于淘汰落后用能方式。

3. 经济激励政策可采用的工具据有多种选择。 包括：税收减免、加速折旧、开征能源税、贴息贷款、现金回扣补贴、奖金发放、政府采购、抵押贷款、科研资助、收费、中介机构扶持、自愿协议等。

4. 不同时期建筑节能的突出障碍不一样。 在经济发展的不同阶段和建筑节能技术应用的不同时期，影响建筑节能的困难和问题不同，如在我国经济改革发展的初期，对于建筑节能的重要意义的认识就存在严重不足；在欧美发达国家，当前的主要问题是建筑节能的政策能够得到全面深入的实施。因此，在一个国家的不同时期，所针对的建筑节能的突出障碍会发生变化。

5. 激励力度的把握技术性很强。 经济激励政策有的是倡导性的，方向性的；有的是补贴性的，保障其能够投入运营和不亏损；有的是补偿性的，即对长期付出的一种补偿；有的是引导性的。激励政策效果预测困难更加增添了采用的难度。

6. 部门协调难度很大。 多部门制定经济激励政策，存在着统一对政策的认可，做出有效政策的问题、决策方向的整合问题、力度适合性调整及其相互协调问题，尤其是经济激励政策，是国家经济手段决策部门、专业技术部门高度配合的产物。在我国，部门之间的政策协调是一个非常重要但在处理起来常常被忽视的问题。

鉴于经济激励政策的多选择性、不确定性和应用灵活性，制定有效的经济激励政策是具有难度的事情。

三、国际经验借鉴

多年来，发达市场经济国家在建筑节能事业中采用了丰富多样的经济激励政策[1]，如美国有现金返还、税收减免和低息贷款，尤其是对新建的节能住宅、高效建筑设备等都实行减免税收政策。欧盟成员国集体批准限制全球温室气体排放的《京都议定书》。提出了包括开征能源税、税收减免、补贴、投资信贷和建立投资银行信贷等规范性的财政政策。如英国所有用户的电费中都包含有化石燃料税，税额为 2.2%，用于可再生能源发电的补贴；法国为能源效率技术的研究、开发和示范项目提供补贴；对于保温和供暖设备以及高效锅炉的安装减免所得税；德国对于热电联产效率超过 70% 的予以免税。对节能、高能源效率、使用可再生技术的设施进行安装和普及的，均可获得低息贷款。对住宅等各个领域的能源生产和能效技术的研究、开发和示范提供补贴，最高可达投资的 35%。节能型灯具免征消费税；荷兰对可持续建筑房主和建筑项目提供绿色抵押贷款。人们对绿色基金进行投资时，其利息可免交所得税；丹麦对含硫量超过 0.05% 的矿物燃料征税，对燃油、天然气、煤和电征收碳税等。

概括发达国家建筑节能经济激励政策的做法和实践，可以得到如下启示：**一是这些国家非常重视建筑节能，已经建立了比较成熟的建筑节能评价标准和政策体系；二是发达国家十分重视财税政策在建筑节能经济激励政策中的运用，尤其是大量使用税收手段，根据抑制和鼓励的方向，分别采取增税、减税、免税的不同政策；三是建筑节能经济激励政策偏重于节能最根本问题、最终效果和行为鼓励；四是采用以遏制使用和浪费能源促进节约能源，取之于能源使用，用之于节能事业，达到经济上开源，又能保证节能事业的支出。**

---

[1] 我国鼓励节能的财税政策研究；财政部财政科学研究所

四、我国制定建筑节能经济激励政策的策略和方法

（一）制定策略

根据我国现阶段建筑用能的国情和建筑节能的客观规律，在经济激励政策作用的领域选择上，建议采取如下策略：

1. 对于公众观念意识养成的投入重于实体产品。 即要充分认识公众节能意识的培养和形成的重要性，在广泛存在的能耗成本不足以约束耗能行为的情况下，广大民众的节能意识是决定着最终节能效果的工作。通过对于观念意识养成工作的经济激励，加强全社会的建筑节能培训、教育、舆论、社会风气改善工作，使对建筑节能的追求成为公众的自觉追求，这是推进建筑节能最为重要的环节。例如，根据北京市的平均收入水平，一个双职工家庭电力电费支出，在高耗能的情况下，相当于月收入的4.7%，节省型的大约只占到1.18%，对于中高收入的家庭，所占比例更低。在能源价格不变的情况下，由于能源支出占到收入的比重过低，不足以起到激励的作用。因此，建筑节能重在广大人民群众节能意识的培养。

2. 制度和技术创新重于后续建造生产。 所谓基础工作，是指建筑节能技术、产品、政策、规划的研发制定工作，没有这部分的先期投入，建筑节能将是无源之水、无本之木。经济激励政策一方面应当加大对于制度创新和建筑节能技术的投入，建立建筑节能研发基金或者重点课题的年确定资助制度；另一方面，应当着重于建筑节能效果显著的技术、工艺、产品，对于发明者、研发者、建筑节能政策性、制度性的创新予以重奖。

3. 市场失灵领域重于市场机制作用领域。 经济激励应当关注于建筑节能工作中市场失灵的领域。例如节能效果显著但研发、制造、建造成本不能够依靠市场得到补偿的产品、工艺、技术等。这样的工作政府不仅要保证投入，还要予以奖励。

4. 障碍环节重于其他环节。 在现实中可以看到，一些建筑节能工作中长期难以解决的问题，成为推进建筑节能的卡脖子环节。经济激励政策应当作用于克服这些关键障碍。形成障碍的关键环节可能是节能技术、也可能是节能产品推广、标准执行或政府监管等，经济激励政策应当着重于解决阻碍建筑节能技术和产品采用的关键环节。

5. 总体节能效果重于局部先进程度。 对于推广应用范围大、节能效果显著的技术、产品、工艺、设备给予激励，技术虽然先进，但应用范围有限，或者大范围推广有困难的不作为经济激励的重点。

6. 节能关键领域重于一般领域。 如使激励政策更多地作用于建筑围护结构、供热空调系统、可再生能源应用、建筑照明节能等。在这些方面的研发生产应当是激励政策关注的重点。

7. 注意政策的扩散性和带动性。 由于经济激励政策需要支出公共成本，因此，必须注意做到用最少的钱办最有效的事，发挥"四两拨千斤"的作用。

概括如上思想，目前我国建筑节能的经济激励应当在培育节能意识、鼓励材料、工艺、技术、产品的创造性开发、鼓励节能技术应用、鼓励超节能标准；鼓励大面积生效；鼓励攻克节能障碍等方面发挥重要作用。

（二）制定方法

在制定建筑节能经济激励政策时应当注意：

1. 建筑节能经济激励政策与强制性节能标准结合使用。 由于建筑节能的特殊性，强制性节能标准在建筑节能工作中发挥着更为直接有效的作用，经济激励政策要发挥更好的效果，必须与强制性技术标准配合使用，尤其在强制性标准的实施环节。强制性标准能够解决的节能问题，就可以不使用经济激励政策。但是超节能强制标准、在大的区域或行业范围执行强制性标准状况优良则可以予以经济激励。此外，对于不能够实施强制性标准的，实行举报有奖，促进强制性标准的全面实施。

2. 建筑节能经济激励政策与法规制度结合使用。 在经济激励政策独立地发挥作用的同时，经济激励政策与法规制度可以结合使用，一方面，经济激励政策应当促进法规制度的建立和完善，另一方面，经济激励政策也要通过法规制度确定其内容并使其常规化。

3. 发挥财税政策的作用。 财税政策具有规范、施行范围大、作用对象众多、政策力度大、激励作用强的特点，我国在建筑节能方面财税政策严重不足，应当借鉴发达国家的经验，建立科学有效的建筑节能财税政策体系。

4. 使经济激励政策具有较强的动态性。 应当始终围绕建筑节能的突出障碍，设计经济激励政策，即在不同的时期，部分激励政策会保持稳定，部分激励政策就要取消或调整，也可能会增加一些新的激励政策。政策成熟一个推出一个，不求一步到位。如我国太阳能光电示范项目的补助标准在2009年补助标准的基础上，以后年度的补助标准将根据太阳能产业的发展状况进行适当调整。

5. 应当注意经济激励政策作用点和力度。 经济

激励政策应在关键的环节有效发力且力度恰当。作用环节不对、力度太大，浪费公共财税资源；力度太小，无效果，同样产生浪费。在一定的时期，国家可以大致确定建筑节能经济激励支出的总量，在总量一定的情况下，选择激励对象和力度。应在大范围的工作基础和工作成果之上再采取激励手段。

6. 近期和中长期的经济激励政策相结合。 经济激励政策可分为近期政策和中长期政策；近期在于意识，在于基础工作；远期在于节能建筑、技术和产品。

7. 临时性激励政策和持续激励政策相结合。 经济激励政策还可分为临时性激励政策和持续性激励政策；既有以示范项目、节能活动、推广为目标的短期政策、有条件政策，也有持续激励的政策。

8. 中央、地方、社会多激励主体相结合。 形成政府民间相结合全社会的激励政策氛围和体系。中央在于方向、引导；地方可以根据本地建筑节能工作的具体需求，选择激励重点，给予相关主体以激励；社会各方应当根据本组织的能力，选择重点加以激励。

9. 激励性政策和限制性政策相结合。 限制性政策和经济上的惩处也是经济激励政策的一部分。即经济激励政策既有鼓励，也有限制；既有奖励，也有惩处；既有减税减费，也有增税增费。

五、建筑节能经济激励政策的应有内容

近2～3年的建筑节能经济激励政策的重点应当放在：

近期建筑节能经济激励政策的重点主要应当放在制度、标准、测试评价、工作体系、服务体系的建立方面，在这一时期，国家应当更多地增加这方面的工作资金投入，完善建筑节能的必要规制设立、基础研发体系、开通资金筹措渠道等。

1. 法规、标准制定和制度建设方面。(1)完善建筑节能法规、标准及监管资源配备；(2)建筑节能工作规划。部署建筑节能的主要工作，统筹各方面的工作部署，实现各部门工作的衔接；(3)建立建筑节能激励政策框架，建筑节能激励政策体系基本固定，对象变动。

2. 建筑节能的常规需要资金的制度化筹措方面。包括：(1)建立建筑节能研究基金，用于支持建筑节能的开创性研究；(2)建立建筑节能奖励基金。分国家级和省部级奖励；(3)设立可再生能源发展专项基金；(4)建立"既有建筑节能改造专项基金"，用以启动和引导既有建筑节能改造工作的开展；(5)设立城市热网改造专项基金，引导北方城市热网改造；(6)研究设立建筑能源消费税的问题等。

3. 完善建筑节能工作体系及中介服务方面。包括建筑节能工程、技术、产品、材料的申报、调查和确认程序，以及测试、鉴定、评价制度的建立完善，政府公益性机构、中介服务组织的发育发展。

4. 增强全社会建筑节能意识方面。国家拨出专门的建筑节能宣传、培训、教育经费，用于相应项目、活动的支出。充分利用媒体、广告、互联网等多种手段，制造舆论、宣传政策，传播知识、表彰先进，形成氛围，使节能意识深入人心。

中长期的经济激励政策的主要内容有：

从中长期来看，建筑节能经济激励政策应当逐步成熟，做到常规、合理、规范，且更多地采用财税手段。

1. 制定节能建筑标准，评定节能建筑，推出"节能之星建筑"标识，凡是达到相应节能标准的建筑，给予相应标识，并适量减免应缴契税。

2. 国家设立以项目、产品、企业、个人为激励主体的建筑节能效益卓著奖，奖励研发、生产、应用主体。该项大奖由国家财政出资，重在提高全建筑节能的意识，造成建筑节能的氛围。

3. 借鉴发达国家经验，设立二氧化碳排放税、建筑垃圾税、建筑能源消费税、资源特别消费等税种，通过这些税种的设立，一方面筹集建筑节能的研发、激励资金，一方面遏制能源、资源浪费的建筑的建造和使用。

4. 对于技术成熟、能够广泛应用，节能效果巨大的建筑节能技术给予补贴或减免税，以推动这些技术的推广应用，诸如国家已经推出的光电建筑的财政补贴激励。

5. 具有显著节能效果但依靠市场力量生产、使用、推广有障碍的节能技术、产品、施工工艺、材料。重点在于新型节能墙体建筑材料、认证合格的节能门窗、建筑保温(隔热)材料等的研制、推广和使用。提出减免税收的节能标准，由企业自主申报，按照标准核定给予相应税收激励。

6. 利用公共财政和市场力量结合，组织开展建筑可用可再生能源资源调查，研究制定和公布建筑可用可再生能源产业发展指导目录。制定和完善可再生能源技术和产品标准，建立可再生能源产品监测和认证体系。对于建筑可再生能源利用系统设计、设备、工程研制方、生产厂、开发商，根据既定的建筑节能标准，给予减免税、退税或者奖励。

7. 推动既有建筑及城市热网的节能改造，包括保温隔热改造、供热计量改造、供热分户控制改造、

国家应当给予改造资金补贴及限期改造激励和奖励，使既有建筑业主享受到节能改造的好处，调动既有建筑业主的节能改造积极性。同时，开展节能关键技术示范，启动低能耗、超低能耗及绿色建筑示范工程。在公共设施、饭店商厦、居民住宅中推广采用高效节能产品。

积极研究和采用建筑节能经济激励政策，对于能源、资源都相对匮乏的我国，是一项非常迫切和重要的工作，积极投入力量，加强研究，拿出科学有效的方案，尽快推动实施，扭转我国建筑能耗居高的局面，意义重大。

（执笔人：李德全）

我国农房建设管理面临的形势及发展趋向

住房城乡建设部政策研究中心

住房是与农民最直接、最现实、最迫切的利益息息相关的重要民生问题。近年来，伴随着农村经济社会的全面发展，社会主义新农村建设的扎实推进，各地均不同程度地掀起了农房建设新的高潮。2008年底、2009年，党中央国务院在进一步扩大内需、促进经济增长的一揽子重大决策部署中，决定分别补助2亿元、40亿元实施的"贵州省级农村危房改造试点工程"与"扩大农村危房改造试点工程"。在此背景下，聚焦我国农民住房建设服务与管理现状，对其面临的形势与当前的主要任务进行系统梳理和总结，既是贯彻落实党中央国务院保就业保增长保稳定决策部署的具体行动，也是丰富和发展新农村建设理论、稳步推进中国特色城镇化进程的有益尝试。

一、改革开放30年来我国农房建设成就显著

住房是农民实现"安居"和"乐业"的基础性条件。与城市住房相比，农房承载有更多的内容和功能：一是兼具生活资料和生产资料双重特性，既是农民遮风避雨、安身立命的重要生活设施，又是从事"农家乐"休闲旅游、发展小作坊和手工业的直接或间接场所。二是成为农民最重要的资产形式和获得财产性收入的主要依托，不少地方农民通过将居住自用的房屋用于发展生产、经营服务业和出租，在实现农房价值明显升值的同时，也带动了生产利润、经营收益以及租金等不同形式资产性收入的快速增加。三是农民基本福利保障的实现形式，在现行的"一户一宅"宅基地使用权制度框架下，农房与宅基地一起确保农民"住有所居"基本权利能够实现，并为农民家庭提供生产、生活的双重保障。

改革开放30年来，我国农民住房建设取得了令世人瞩目的成就：人均住房面积逐年快速增长，农民主要依靠自身力量基本解决了居住问题。在改革开放初期的1980年，我国农民人均住房建筑面积仅9.4平方米，砖木结构所占比率不足20%。1990年、2000年农民人均住房建筑面积依次发展到12.2平方米、24.4平方米；20世纪80年代、90年代，农民人均住房面积年均增幅分别为4.8%、7.2%。其中，1980~1984年期间、1990~1994年期间，农民人均住房面积年均增幅分别达到20.7%、13.7%。这两个时期形成了分别以扩大住房面积和提高住房质量为特征的、我国农房建设的第一、二次高潮。住房与城乡建设部统计资料显示：2000年以来，全国新建、翻建住房农户每年在300万户以上，农房竣工建筑面积保持了每年5~6亿平方米的较高水平；2008年底农民人均住房建筑面积近29.4平方米；永久性和半永久性结构农房所占比例超过90%。我国农房建设进入第三个快速发展时期。

一直以来，除了绝对规模相对较小的集中供养五保户、大型水利工程移民、生态移民的住房，由国家、地方政府或农村集体经济组织出资建造或助建外，农房绝大部分由农民自筹资金、自主修建。以"一户一宅"为特征的农村宅基地所有权制度设计，是农民住房基本权利得以实现的制度基础。宅基地使用权为社会福利性质，以"户"为单位平均分配；由农民依据其集体成员身份无偿取得、无偿占有、无偿使用；只能在农村集体经济组织内部转让，不能抵押和上市交易。农民依法取得宅基地后，依据自建、自有、自管、自用的原则建设住房。国家通过立法保障农户可以无偿取得宅基地使用权，进而确保其能够以相对较低的成本和代价建造起基本够自己和家庭居住使用的住房，实现和维护其

"居者有其屋"的基本权利。

二、我国农房建设管理与服务面临的形势严峻

目前来看，受公共财政投入长期不足、集体经济实力逐步弱化等多种因素长期影响，我国农民住房在数量上明显增长、总体质量状况显著改善的同时，也面临着危房仍然量大面广、新建住房质量安全隐患问题不小等问题与矛盾，给我国农房建设管理体制机制的建立健全带来严峻挑战。

第一，部分农村困难群众的危险住房改造任务艰巨。在我国农民住房总体状况显著改善的同时，因为长期缺乏政策方面的优惠安排，而主要由农民依靠自身力量去解决的缘故，各地农村还普遍存在困难群众住房简陋破烂、防灾与安全水平低、居住舒适度差等问题。比如，东北地区广泛分布的泥草房，地基失陷、墙体歪闪、屋顶变形塌落现象普遍；西北地区多数土坯房、石头房，不同程度存在基础不均匀沉降、墙体开裂、主体倾危问题；西南地区的茅草房、杈杈房、石板房，大部分建造年代已久，柱梁朽烂不堪，主体结构岌岌可危；华北、华中、华南、华东等经济相对发达地区农村，危房呈散点状零散分布。这些危险农房建造年代久远、长期失养失修，除了少数已经闲置外，多数仍由五保户、低保户、因灾因病因学返贫户等农村低收入困难群众居住使用，这些困难农户既无能力建造满足安全居住要求的新房，也基本无能力自主改造修缮危险住房。

第二，不少地方新建翻建农房质量安全隐患突出。我国农房建设缺乏有效的行业监管和行政管理，一些地方农房建设管理与服务体制机制严重滞后于农房建设发展的现实需要，新建翻建农房的质量安全只能依靠农民的自控自律。《建筑法》中关于质量安全的规定并不适用于农民自建低层住宅的建设活动，不少乡镇在机构改革中撤销了村镇建设管理机构。农民建房除了按照土地利用规划和村庄建设规划要求，在占地面积和房屋间距方面受到一定限制外，在建筑功能、空间布局、层数层高、建材使用以及质量监控、施工安全等很多方面缺乏有效约束。随着标高层高日益高企，建筑体量更加庞大，施工难度不断增加，农民自建住房在结构安全、施工质量等方面存在的问题和矛盾变得十分突出：一是农村缺乏规范的有形建筑市场，加之农民质量意识淡薄，建房都是自请泥瓦匠，或由个体包工头或农民自发组织的"工匠班"承建，这些农村个体工匠没有经过严格的质量安全和技术培训，无任何技术证书和施工证书，房屋质量安全得不到保障；二是不少农民在建房时不采用符合设计规范要求的设计施工图纸，靠农民自己比划、凭经验自行决定，有的使用的建筑材料不符合国家技术标准规范，存在明显质量问题，抗震、抗灾能力低，这样建造出来的房屋在适用性、耐久性、安全性、与环境的协调性等方面都存在较大的随意性；三是农村新建房屋完工后，没有安检部门进行验收，缺少必要的监控，房屋抵御各种灾害的能力低下。

第三，村庄人居生态环境尚难与农民住房条件同步改善。我国农村经济的持续发展带来的收入不断增加、资产快速积累，引发农民更新住房热情的不断高涨。但是，在村民集体组织弱化及政府规划建设管理难以深入农村的情况下，不少地方出现村庄规划滞后、建设管理弱化及村庄整治不力的问题，导致农房建设基本成为农民个体行为，村庄基础设施配置和人居生态环境状况不能同步改善，农民居住舒适度难以实质提高。一方面，农房空间布局零散。一些地方农民随心所欲在房前屋后、人行通道等空地，甚至耕地上乱搭乱建，平房、楼房相互交错，颜色各异、高低参差，严重制约农民住房整体功能发挥。还有一些地方农房依河靠路"一"字或"非"字蔓延建设，既不利于配套基础设施，也破坏了村庄整体布局。有新房无新村、有新村无新貌现象在各地非常普遍，部分地区还形成了"空心村"，严重影响村容村貌、损害公共环境。另一方面，污水横流、垃圾遍地的现象非常普遍。多数农村与农房配套的基础设施和公共服务设施建设不能同步实施，新建农房缺少上下水，村内公共卫生整治管护、改厕与粪便无害化处理、废弃物收集转运等滞后。上述原因导致，当前仍然有不少村庄的垃圾随意堆放，生活污水主要靠自然蒸发，公共卫生状况很差，人居环境整体落后。

三、加强农房建设管理与服务的任务艰巨

我国农民住房建设在取得巨大成就的同时，由于公共财政投入不足、观念技术落后、规划建设管理的缺位以及相关引导和激励政策的不足等原因，面临着困难群众住房安全缺乏保障、新建农房质量安全存在隐患、农民居住舒适度提高缓慢等突出问题。解决这些问题，要求通过加强农房建设的管理与技术服务，探索建立并逐步完善农村住房安全保障制度、农村住房建设制度和村庄人居生态环境持续改善机制。

第一，建立健全困难农户居住安全保障制度。近年随着国家各项支农惠农政策的逐步落实、城乡

最低生活保障制度的建立和趋于完善、收入水平的持续稳步提高以及基础设施建设的逐步加快，包括困难群众在内的农村居民的衣、食、行等基本生活条件有了显著改善。此时，探索建立针对五保户、低保户、低保边缘户及因灾因病返贫农户等困难群体的住房救助、帮扶和保障的制度框架，切实帮助农村困难群众解决居住安全的问题，就成为既符合逻辑推理又契合现实需要的必然选择。当然，要做好解决农村困难群众住房安全问题工作，必须全面理解"住房安全"的三项内涵。一是必须通过补助改造、建设农村公屋、集中供养等方式，解决好农村困难家庭有房可住的问题。二是提供必要的技术援助和服务，保证困难农户新建、翻建、维修的住房在规划选址、结构设计、材料选择、施工质量等方面符合相应的技术标准和质量安全要求。三是保证农村困难群众的住房有比较合理的功能设计，达到"适宜居住"要求。显而易见，"住房安全"的内涵决定了要有相对健全的农房建设管理与技术体系作为支撑。

第二，完善农民住房建设制度的根本在于加强农房建设管理与技术服务。住房作为基本民生问题，是乡村建设与发展必须长期面对的主题。在社会主义新农村建设中依据各地实际，建立健全农房建设制度，这既是农村经济社会发展的客观需要，也是世界各国发展经验昭示的普遍规律。只有以制度为保障，不断加强建设管理和技术服务力度，才能实现以下目标：引导农民建房从单纯追求数量，向更加注重品质、更加注重适居宜居等质量方面要求的方向转变；保证农民新建住房安全、适用、经济、美观，既能有利生活、方便生产，还能具备节地、节能、节材、环保等多方面优点；确保新建农房能够反映合理保护并传承发展传统民居所具有的乡土特色、地域特色和民族特色的价值取向。

第三，引导各地建立持续改善农村人居生态环境的体制机制。村庄内部集体性公共基础设施如道路、供水、污水、环卫等，具有公共产品或准公共产品属性，是支撑农村经济社会发展、提升农民生活质量最基本的硬件条件。只有通过加强监督管理和服务，切实改善农村基础实施状况和人居生态环境，才能防止各地出现有新房无新貌、农民居住质量提高缓慢的问题。当前及今后一段时期，在公共财政应有的积极帮扶、支持下，各地应依靠农房建设管理与服务体制的创新，引导动员农户及社会力量，在改善农户住房条件的同时，做好推进村庄生活污水和垃圾治理，提高村庄安全与防灾水平，保护村庄的乡土、地域和民族特色等工作，形成市场经济大环境下我国农村人居生态环境的改善机制，通过制度建设保障农民不仅能够增加住房面积而且可以提高居住质量。

四、对策与建议

在社会主义新农村建设过程中，合理规范农民建房行为，切实保障农民住房的质量安全，引导农民建设技术先进、经济合理、结构安全、功能完备、节地环保、适居宜居、实用美观的住房，全面提高农民居住质量，是我国农房建设管理与服务面临的重要任务。基于此，就如何加强我国农房建设管理与服务，本文提出以下对策建议：

第一，完善制度，逐步解决农村困难群众住房安全问题。应以国家实施扩大农村危房改造试点工作为契机，在建立和完善城镇低收入群众住房保障体系的同时，着手解决农村困难群众住房安全问题。明确工作目标和任务，将农村危房改造纳入到地方经济社会发展计划及各级政府重要日常工作中，制订改造规划和年度改造计划。要创新思路，积极探索动员和引导社会力量参与保障农村困难群体住房安全的工作机制，制订相关实施方案。充分利用公共财政投入向改善民生方面倾斜的有利时机，各级地方各级财政都要将农村危房改造资金纳入年度预算计划，增加资金投入。加强技术服务和建设监管，组织技术力量开展质量安全巡查与指导监督，面向农民提供危房改造技术服务和工程纠纷调解服务。要组织协调主要建筑材料的生产、采购与运输，并免费为农民提供建筑材料质量检测服务。加强农村劳动力素质培训，帮助困难群众提高就业技能和整体素质、拓宽稳定就业的渠道，以在改善其居住条件的同时帮助其稳定经济来源。

第二，创新机制，逐步完善农民住房建设管理的制度体系。在《城乡规划法》相关条文的基础上，推进《村庄和集镇规划建设管理条例》的修订完善，建立以"一法一条例"为基础的村镇建设管理法规体系。研究制定农房建设的管理实施细则、农房建筑标准、质量安全控制指标体系，逐步规范农民建房行为。制定农民住房的建筑面积引导标准，探讨对农户超面积建房、违法占用耕地建房、违反规划随意建房等行为的法律及经济约束机制。推进农房建设管理体制改革，充实县乡两级的村镇规划建设管理力量，恢复乡镇一级规划建设管理机构。恢复农村工匠管理制度，加强对农村个体工匠的职业技能培训，有条件的地区要推行农村个体工匠的职业资格审查与认证制度，推进建筑工匠持证上岗并加强日常管理。推进农村有形建筑市场的形成，组建适合农房建设的咨询服务机构，建立针对农房建设的监管体系。加大对农民户籍流转、跨村安置、宅基地流转等体制性、制度性问题进行探索和研究，探索建立引导农房有序流转的制度框架。

第三，强化措施，加强农民住房建设的技术服务和质量安全管理。鼓励有资格的建筑师、建造师、监理工程师等工程技术人员、大专院校师生、建筑科研机构的人员积极投身新农村建设，充实和加强农民住房设计技术力量。依托现有乡镇质监站、安监站的组织体系，建立农房建设监管的组织机构，认真抓好新农村房屋建设过程管理、全方位控制，采取有效措施，强化农房建设质量安全监管力度。落实先设计后施工原则，完善农房选址意见书和开工许可证制度（即"一书一证"制度），加强对农民住房建设选址的安全把关，对地震、台风多发区的农民住房设计安全审查，防止农民在地震断裂带及滑坡、泥石流易发地段建房。加大对农村建材市场的检查和监管力度，重点要加强对流入施工现场的钢材、水泥等建筑材料的抽检，为农民建设适居宜居住房提供物质条件。

第四，落实责任，缓解农房建设和村庄基础设施配置的资金约束。农民住房改造或新建应坚持以农户出资为主，相关单位帮扶、社会援助、信贷支持为辅，走多形式、多渠道资金筹集之路。继续加大对新农村建设的资金投入力度，并从中划出专门部分用于对农民住房建设支持。加大公共财政对农村公共设施和基础设施的投入力度，完善村庄的交通、上下水、电等配套基础设施，改善农民居住生活条件。按"政府主导、财政扶持、市场化运作"的原则，建立农房政策性保险体系，降低自然灾害引起农房毁损后农民财产损失程度。推进农村房屋产权登记，在明晰产权的基础上对农民发放房屋所有权证，建立和健全农村房屋的评估、抵押、流转机制，切实解决农民建房和发展生产中资金短缺而又缺乏有效抵押担保的难题。加大信贷支持力度，完善农房贷款风险分散补偿机制，为农民住房建设贷款开辟绿色通道。

（执笔人：刘李峰）

第七篇

数据统计与分析

一、2009年城镇建设统计分析

2009年城市建设统计概述

【概况】 2009年末,全国设市城市654个,比上年减少1个,其中地级城市283个,数量与上年相同,县级城市367个,比上年减少1个。城市城区人口34068.9万人,比上年增加597.8万人;城区暂住人口3605.4万人,比上年增加88.2万人。城区面积17.55万平方公里,比上年减少0.26万平方公里;其中建成区面积3.81万平方公里,比上年增加0.18万平方公里。城市建设用地面积3.87万平方公里,比上年减少0.04万平方公里。

城市维护建设资金收入与支出 2009年全国城市维护建设资金收入6727.69亿元,比上年增加1111.27亿元。收入的具体分布情况如图7-1-1所示。2009年全国城市维护建设资金支出5927.07亿元,比上年增加918.73亿元。按用途分类的支出分布情况如图7-1-2所示,按行业分类的支出情况如图7-1-3所示。

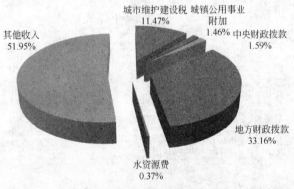

图7-1-1 2009年全国城市维护建设资金收入的分布情况

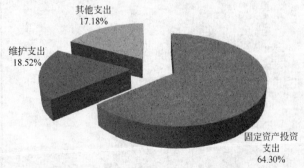

图7-1-2 2009年全国城市维护建设资金支出按用途的分布情况

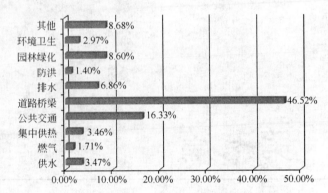

图7-1-3 2009年全国城市市政公用设施建设固定资产投资的行业分布情况

【城市市政公用设施固定资产投资】 2009年城市市政公用设施固定资产完成投资10641.5亿元,比上年增加3273.3亿元。城市市政公用设施固定资产完成投资总额占同期全社会固定资产投资总额的4.74%,占同期城镇固定资产投资总额的5.49%。全国城市市政公用设施建设固定资产投资的行业分布如图7-1-3所示,其中,道路桥梁、公共交通、园林绿化分列前三位,分别占城市市政公用设施固定资产投资的46.52%、16.33%和8.60%。

2009年城市市政公用设施建设固定资产投资来源合计10938.1亿元,比上年增加3660.7亿元。其中,本年资金来源10477.6亿元,上年末结余资金460.4亿元。本年资金来源的具体构成,如图7-1-4所示。

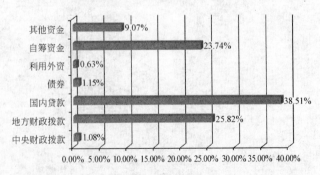

图7-1-4 2009年全国城市市政公用设施建设固定资产投资本年资金来源的分布情况

全国城市市政公用设施投资新增固定资产5814.1亿元,固定资产投资交付使用率54.6%。主要新增生产能力（或效益）是：供水日综合生产能力968万立方米，天然气储气能力623万立方米，集中供热蒸汽能力3045吨/小时，热水能力14349兆瓦，道路长度9188公里，轨道交通运营线路长度264公里，排水管道长度1.58万公里，城市污水处理厂日处理能力781万立方米，城市生活垃圾日处理能力2.4万吨。

【城市供水和节水】 2009年，全国城市供水综合生产能力为27046.8万立方米/日，供水管道长度510399公里，供水总量496.7亿立方米，其中，生产运营用水166.8亿立方米，公共服务用水63.1亿立方米，居民家庭用水169.6亿立方米，用水人口3.6亿人，用水普及率96.12%，比上年增长1.39%；人均日生活用水量176.58升。2009年，城市节约用水62.9亿立方米，节水措施总投资19.8亿元。

【城市燃气和集中供热】 2009年，全国城市人工煤气供应总量361.6亿立方米，天然气供气总量405.1亿立方米，液化石油气供气总量1340.0万吨。用气人口3.44亿人，燃气普及率91.41%，比上年增长1.86%。2009年末，全国城市蒸汽供热能力9.3万吨/小时，热水供热能力28.6万兆瓦，集中供热面积38.0亿平方米，比上年增长8.78%。

【城市轨道交通】 2009年末，全国有10个城市已建成轨道交通线路条数33条，长度837.46公里，车站数558个，其中换乘站116个，配置车辆数4697辆。全国有28个城市在建轨道交通线路条数81条，长度1991公里，车站数1342个，其中换乘站306个。

【城市道路桥梁】 2009年末，全国城市道路长度26.91万公里，道路面积48.19亿平方米，其中人行道面积10.59亿平方米。人均城市道路面积12.79平方米，比上年增长0.58平方米。全国城市共有桥梁51068座，其中立交桥3480座。全国城市防洪堤长度34698公里。

【城市排水与污水处理】 2009年末，全国城市共有污水处理厂1214座，污水处理厂日处理能力9052万立方米，排水管道长度34.4万公里。城市年污水处理总量279亿立方米，城市污水处理率75.25%，比上年增长5.09%，其中污水处理厂集中处理率65.79%。

【城市园林绿化】 2009年末，城市建成区绿化覆盖面积149.4万公顷，建成区绿化覆盖率38.22%，比上年增长0.85%；建成区园林绿地面积133.8万公顷，建成区绿地率34.17%，比上年增长0.88%；公园绿地面积40.2万公顷，人均公园绿地面积10.66平方米，比上年增长0.95平方米。

【国家级风景名胜区】 2009年末，全国共有208处国家级风景名胜区，统计了其中198处，风景名胜区面积8.1万平方公里，可游览面积3.4万平方公里，全年接待游人4.6亿人次。国家投入34亿元用于风景名胜区的维护和建设。

【城市市容环境卫生】 2009年末，全国城市道路清扫保洁面积44.7亿平方米，其中机械清扫面积14.2亿平方米，机械清扫率31.8%。全年清运生活垃圾、粪便1.79亿吨。每万人拥有公厕3.15座，比上年增长0.03座。

2000～2009年全国城市建设基本情况见表7-1-1。

2000～2009年全国城市建设基本情况　　　　表7-1-1

指标	年份	2000	2001	2002	2003	2004	2005	2006	2007	2008	2009
年末城市数	（个）	663	662	660	660	661	661	656	655	655	654
♯直辖市	（个）	4	4	4	4	4	4	4	4	4	4
♯地级市	（个）	259	265	275	282	283	283	283	283	283	283
♯县级市	（个）	400	393	381	374	374	374	369	368	368	367
年末城区人口	（亿人）	3.88	3.57	3.52	3.38	3.41	3.59	3.33	3.36	3.35	3.41
年末城区暂住人口	（亿人）							0.40	0.35	0.35	0.36
年末建成区面积	（平方公里）	22439	24027	25973	28308	30406	32521	33660	35470	36295	38107
市政公用设施固定资产年投资总额	（亿元）	1890.7	2351.9	3123.2	4462.4	4762.2	5602.2	5765.1	6418.9	7368.2	10641.5
年供水总量	（亿立方米）	469.0	466.1	466.5	475.3	490.3	502.1	540.5	501.9	500.1	496.7
♯生活用水量	（亿立方米）	200.0	203.6	213.2	224.7	233.5	243.7	222.0	226.4	227.4	233.4
用水普及率	（%）	63.9	72.3	77.9	86.2	88.9	91.1	86.7	93.8	94.7	96.1

续表

指标 \ 年份		2000	2001	2002	2003	2004	2005	2006	2007	2008	2009
人工煤气年供气量	(亿立方米)	152.4	136.9	198.9	202.1	213.7	255.8	296.5	322.5	355.8	361.6
天然气年供气量	(亿立方米)	82.1	99.5	125.9	141.6	169.4	210.5	244.8	308.6	368.0	405.1
液化石油气年供气量	(万吨)	1053.7	981.8	1136.4	1126.4	1126.7	1222.0	1263.7	1466.8	1329.1	1340.0
年末供气管道长度	(万公里)	8.9	10.0	11.4	13.0	14.8	16.2	18.9	22.1	25.8	27.3
燃气普及率	(%)	45.4	60.4	67.2	76.7	81.6	82.1	79.1	87.4	89.6	91.4
年末集中供热面积	(亿平方米)	11.1	14.6	15.6	18.9	21.6	25.2	26.6	30.1	34.9	38.0
年末公共交通运营车数	(万辆)	22.6	23.1	24.6	26.4	27.9	31.3	31.6	34.8	36.7	
每万人拥有公交车辆	(标台)	5.3	6.1	6.7	7.7	8.4	8.6	9.0	10.2	11.1	
年末出租汽车数量	(万辆)	82.5	87.0	88.4	90.3	90.4	93.7	92.9	96.0	96.9	
年末道路长度	(万公里)	16.0	17.6	19.1	20.8	22.3	24.7	24.1	24.6	26.0	26.9
年末道路面积	(亿平方米)	23.8	24.9	27.7	31.6	35.3	39.2	41.1	42.4	45.2	48.2
人均道路面积	(平方米)	6.1	7.0	7.9	9.3	10.3	10.9	11.0	11.4	12.2	12.8
污水年排放量	(亿立方米)	331.8	328.6	337.3	349.2	356.5	359.3	362.5	361.0	364.9	371.2
污水处理率	(%)	34.25	36.43	39.97	42.39	45.67	51.95	55.67	62.87	70.66	75.25
年末排水管道长度	(万公里)	14.2	15.8	17.3	19.9	21.9	24.1	26.1	29.2	31.5	34.4
年末建成区绿化覆盖面积	(万公顷)	63.2	68.2	77.3	88.2	96.3	105.8	118.2	125.2	135.6	149.4
年末建成区绿地面积	(万公顷)	53.1	58.3	67.0	77.2	84.3	92.7	104.1	111.0	120.8	133.8
建成区绿化覆盖率	(%)	28.4	28.4	29.8	31.2	31.7	32.5	35.1	35.3	37.4	38.2
建成区绿地率	(%)	23.7	24.3	25.8	27.3	27.7	28.5	30.9	31.3	33.3	34.2
人均公园绿地面积	(平方米)	3.7	4.6	5.4	6.5	7.4	7.9	8.3	9.0	9.7	10.7
年末国家级风景名胜区个数	(个)	119	119	151	151	177	187	187	187	187	208
生活垃圾年清运量	(万吨)	11819	13470	13650	14857	15509	15577	14841	15215	15438	15734
粪便年清运量	(万吨)	2829	2990	3160	3475	3576	3805	2131	2506	2331	2141
每万人拥有公厕	(座)	2.74	3.01	3.15	3.18	3.21	3.20	2.88	3.04	3.12	3.15

注: 1. 自2006年起，人均指标与普及率指标按城区人口和暂住人口合计为分母计算，以公安部门数据为准。
2. "年末城区人口"指标2005年及以前年份为"年末城市人口"。
3. "人均公园绿地面积"指标2005年及以前年份为"人均公共绿地面积"。
4. 公共交通客运管理职能划交通运输部，自2009年度起我部不再统计相关内容。

(住房和城乡建设部计划财务与外事司　哈尔滨工业大学)

2009年县城建设统计概述

【概况】 2009年末，全国有县城1636个，据其中1617个县、13个特殊区域及144个新疆生产建设兵团师团部驻地统计汇总，县城人口1.23亿人，暂住人口1120万人，建成区面积1.56万平方公里。

【县城维护建设资金收入与支出】 2009年全国县城维护建设资金收入1382.02亿元，比上年增加408.37亿元。收入的具体分布情况如图7-1-5所示。2009年全国县城维护建设资金支出1318.29亿元，比上年增加399.08亿元。按用途分类的支出分布情况如图7-1-6所示，按行业分类的支出情况如图7-1-7所示。

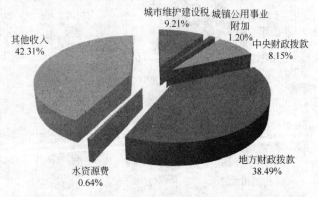

图7-1-5　2009年全国县城维护建设资金收入的分布情况

一、2009年城镇建设统计分析

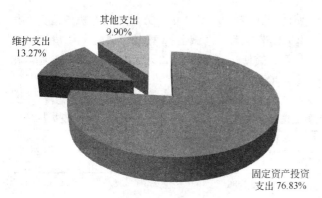

图 7-1-6　2009年全国县城维护建设资金支出按用途的分布情况

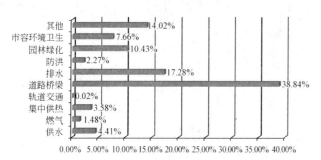

图 7-1-7　2009年全国县城维护建设资金支出按行业的分布情况

【县城市政公用设施固定资产投资】 2009年，县城市政公用设施固定资产完成投资1681.4亿元，比上年增加535.3亿元。全国县城市政公用设施建设固定资产投资的行业分布如图7-1-8所示，其中，道路桥梁、排水、园林绿化分列前三位，分别分别占县城市政公用设施固定资产投资的41.06%、18.18%和13.25%。

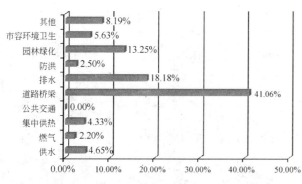

图 7-1-8　全国县城市政公用设施建设固定资产投资的行业分布

2009年县城市政公用设施建设固定资产投资来源合计1682.9亿元，比上年增加556.2亿元。其中，本年资金来源1662.1亿元，上年末结余资金20.8亿元。本年资金来源的具体构成，如图7-1-9所示。

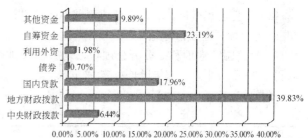

图 7-1-9　全国县城市政公用设施建设固定资产投资本年资金来源的分布

全国县城市政公用设施投资新增固定资产1372.3亿元，固定资产投资交付使用率75.7%。主要新增生产能力（或效益）是：供水日综合生产能力143万立方米，天然气储气能力200万立方米，集中供热蒸汽能力1024吨/小时，热水能力6527兆瓦，道路长度4947公里，排水管道长度7606公里，污水处理厂日处理能力468万立方米，生活垃圾无害化日处理能力1.2万吨。

【县城供水和节水】 2009年，全国县城供水综合生产能力为4775万立方米/日，供水管道长度148578公里，全年供水总量85.6亿立方米，其中生产运营用水24.6亿立方米，公共服务用水9.7亿立方米，居民家庭用水38.5亿立方米。用水人口1.12亿人，用水普及率83.72%，比上年增长2.13%。人均日生活用水量118.6升。2009年，县城节约用水2.3亿立方米，节水措施总投资2.01亿元。

【县城燃气和集中供热】 2009年，全国县城人工煤气供应总量1.8亿立方米，天然气供气总量32.2亿立方米，液化石油气供气总量212.6万吨。用气人口8248万人，燃气普及率61.66%，比上年增长2.55%。2009年末，全国县城蒸气供热能力1.7万吨/小时，热水供热能力6.2万兆瓦，集中供热面积4.81亿平方米，比上年增长28.61%。

【县城道路桥梁】 2009年末，全国县城道路长度9.5万公里，道路面积15.98亿平方米，其中人行道面积4.0亿平方米，人均城市道路面积11.95平方米，比上年增长0.74平方米。全国县城共有桥梁14693座，其中立交桥466座。全国县城防洪堤长度11877公里。

【县城排水与污水处理】 2009年末，全国县城共有污水处理厂664座，污水处理厂日处理能力1411.7万立方米，排水管道长度9.63万公里。县城全年污水处理总量27.36亿立方米，污水处理率41.64%，比上年增长10.06%，其中污水处理厂集中处理率35.11%。

【县城园林绿化】 2009年末，全国县城建成区绿化覆盖面积36.54万公顷，建成区绿化覆盖率

23.48%，比上年增长 1.96%；建成区园林绿地面积 28.59 万公顷，建成区绿地率 18.37%，比上年增长 1.47%；公园绿地面积 9.2 万公顷，人均公园绿地面积 6.89 平方米，比上年增长 0.77 平方米。

【县城市容环境卫生】 2009 年末，全国县城道路清扫保洁面积 12.4 亿平方米，其中机械清扫面积 1.7 亿平方米，机械清扫率 13.7%。全年清运生活垃圾、粪便 0.88 亿吨。每万人拥有公厕 2.96 座，比上年增长 0.06 座。

2000～2009 年，全国县城建设基本情况见表 7-1-2。

2000～2009 年全国县城建设基本情况　　　　表 7-1-2

指标	年份	2000	2001	2002	2003	2004	2005	2006	2007	2008	2009
年末县个数	（个）	1674	1660	1649	1642	1636	1636	1635	1635	1635	1636
年末县城人口	（亿人）	1.42	0.90	0.89	0.92	0.96	1.00	1.10	1.16	1.19	1.23
年末县城暂住人口	（亿人）							0.09	0.10	0.11	0.11
年末建成区面积	（平方公里）	13135	10427	10496	11115	11774	12383	13229	14260	14776	15558
市政公用设施固定资产年投资总额	（亿元）		337.4	412.2	555.7	656.8	719.1	730.5	812.0	1146.1	1681.4
年供水总量	（亿立方米）	59.4	57.8	56.8	60.6	65.4	67.7	74.7	79.5	82.6	85.6
#生活用水量	（亿立方米）	31.0	32.7	33.9	36.3	39.5	40.7	40.7	44.9	46.8	48.5
用水普及率	（%）	84.8	76.5	80.5	81.6	82.3	83.2	76.4	81.2	81.6	83.7
人工煤气年供气量	（亿立方米）	1.7	2.1	1.2	0.7	1.8	3.0	1.3	1.4	1.5	1.8
天然气年供气量	（亿立方米）	3.3	4.4	6.4	7.7	11.0	18.1	16.5	24.5	23.3	32.2
液化石油气年供气量	（万吨）	110.8	127.6	142.4	174.5	188.9	185.9	195.0	203.2	202.1	212.6
年末供气管道长度	（万公里）	0.6	0.7	0.9	1.0	1.2	1.5	2.0	2.5	3.1	3.9
燃气普及率	（%）	54.4	44.6	49.7	53.3	56.9	57.8	52.5	57.3	59.1	61.7
年末集中供热面积	（亿平方米）	0.7	0.9	1.5	1.7	1.7	2.1	2.4	3.2	3.7	4.8
年末公共交通运营车数	（万辆）	2.3	2.6	3.4	3.3	3.8	4.0	3.9	4.6	4.7	
每万人拥有公交车辆	（标台）	2.2	1.9	2.5	2.5	2.8	2.9	2.6	3.1	3.0	
年末出租汽车数量	（万辆）		8.8	11.1	12.4	16.1	16.1	16.9	18.7	20.2	
年末道路长度	（万公里）	5.0	5.1	5.3	5.8	6.2	6.7	7.4	8.4	8.9	9.5
年末道路面积	（亿平方米）	6.2	7.7	8.3	9.1	9.9	10.8	12.3	13.4	14.6	16.0
人均道路面积	（平方米）	11.2	8.5	9.4	9.8	10.3	10.8	10.3	10.7	11.2	12.0
污水年排放量	（亿立方米）	43.2	40.4	43.6	41.9	46.3	47.4	54.6	60.1	60.3	65.7
污水处理率	（%）	7.55	8.24	11.02	9.88	11.23	14.23	13.63	23.38	31.58	41.64
年末排水管道长度	（万公里）	4.0	4.4	4.4	4.4	6.0	6.0	6.9	7.7	9.6	
年末建成区绿化覆盖面积	（万公顷）	14.3	13.8	14.8	17.0	19.3	21.0	24.7	28.8	31.8	36.5
年末建成区园林绿地面积	（万公顷）	8.6	9.5	10.3	12.0	13.0	15.8	18.9	22.0	25.0	28.6
建成区绿化覆盖率	（%）	10.9	13.3	14.1	15.3	16.4	17.0	18.7	20.2	21.5	23.5
建成区绿地率	%	6.5	9.1	9.8	10.8	11.7	12.3	14.0	15.4	16.9	18.4
人均公园绿地面积	（平方米）	4.71	3.88	4.32	4.83	5.29	5.67	4.98	5.63	6.12	6.89
生活垃圾年清运量	（万吨）	5560	7851	6503	7819	8182	9535	6266	7110	6794	8085
粪便年清运量	（万吨）	1301	1709	1659	1699	1256	1312	710	2507	1151	759
每万人拥有公厕	（座）	2.21	3.54	3.53	3.59	3.54	3.46	2.91	2.90	2.90	2.96

注：1. 自 2006 年起，人均指标与普及率指标按城区人口和城区暂住人口合计为分母计算，以公安部门的户籍统计和暂住人口统计为准。
　　2. "人均公园绿地面积"指标 2005 年及以前年份为"人均公共绿地面积"。

（住房和城乡建设部计划财务与外事司　哈尔滨工业大学）

2009年村镇建设统计概述

【概况】 2009年末，全国共有建制镇19322个，乡（苏木、民族乡、民族苏木）14848个。据16881个建制镇、13886个乡（苏木、民族乡、民族苏木）、667个镇乡级特殊区域和271.4万个自然村（其中村民委员会所在地56.75万个）统计汇总，村镇户籍总人口9.44亿。其中，建制镇建成区1.38亿，占村镇总人口的14.6%；乡建成区0.328亿，占村镇总人口的3.5%；镇乡级特殊区域建成区0.029亿，占村镇总人口的0.3%；村庄7.70亿，占村镇总人口的81.6%。

2009年末，全国建制镇建成区面积3.13万平方公里，平均每个镇建成区占地185公顷，人口密度5214人/平方公里（含暂住人口）；乡建成区0.76万平方公里，平均每个乡建成区占地55公顷，人口密度4661人/平方公里（含暂住人口）；镇乡级特殊区域建成区854平方公里，平均每个镇乡级特殊区域建成区占地128公顷，人口密度3796人/平方公里（含暂住人口）。

【规划管理】 2009年末，全国有总体规划的建制镇14387个，占所统计建制镇总数的85.2%，其中本年编制1946个；有总体规划的乡8048个，占所统计乡总数的58.0%，其中本年编制1171个；有总体规划的镇乡级特殊区域412个，占所统计镇乡级特殊区域总数的61.8%，其中本年编制59个；有规划的行政村260457个，占所统计行政村总数的45.9%，其中本年编制42393个。2009年全国村镇规划编制投入达30.66亿元。

【建设投入】 2009年，全国村镇建设总投入9615亿元。按地域分，建制镇建成区3619亿元，乡建成区471亿元，镇乡级特殊区域建成区125亿元，村庄5400亿元，分别占总投入的37.6%、4.9%、1.3%、56.2%。按用途分，房屋建设投入7831亿元，市政公用设施建设1784亿元，分别占总投入的81.4%和18.6%。

在房屋建设投入中，住宅建设投入5202亿元，公共建筑投入874亿元，生产性建筑投入1755亿元，分别占房屋建设投入的66.4%、11.2%、22.4%。

在市政公用设施建设投入中，供水242亿元、道路桥梁782亿元、排水198亿元、园林绿化131亿元、环境卫生113亿元，分别占市政公用设施建设总投入的13.6%、43.8%、11.1%、7.3%、6.3%。

【房屋建设】 2009年，全国村镇房屋竣工建筑面积9.73亿平方米，其中住宅6.76亿平方米，公共建筑0.93亿平方米，生产性建筑2.04亿平方米。2009年末，全国村镇实有房屋建筑面积347.8亿平方米，其中住宅291.4亿平方米，公共建筑23.9亿平方米，生产性建筑32.5亿平方米，分别占83.8%、6.9%、9.3%。

2009年末，全国村镇人均住宅建筑面积30.88平方米。其中，建制镇建成区人均住宅建筑面积32.11平方米，乡建成区人均住宅建筑面积28.79平方米，镇乡级特殊区域建成区人均住宅建筑面积27.47平方米，村庄人均住宅建筑面积30.76平方米。

【公用设施建设】 在建制镇、乡和镇乡级特殊区域建成区内，年末实有供水管道长度48.26万公里，排水管道长度12.32万公里，排水暗渠长度5.92万公里，铺装道路长度31.55万公里，铺装道路面积22.57亿平方米，公共厕所15.05万座。

2009年末，建制镇建成区用水普及率78.3%，人均日生活用水量98.9升，燃气普及率43.4%，人均道路面积11.2平方米，排水管道暗渠密度4.99公里/平方公里，人均公园绿地面积1.92平方米。乡建成区用水普及率63.5%，人均日生活用水量79.5升，燃气普及率18.3%，人均道路面积10.9平方米，排水管道暗渠密度3.01公里/平方公里，人均公园绿地面积0.84平方米。镇乡级特殊区域建成区用水普及率82.4%，人均日生活用水量80.8升，燃气普及率36.8%，人均道路面积14.0平方米，排水管道暗渠密度3.80公里/平方公里，人均公园绿地面积2.99平方米。

2009年末，全国49.9%的行政村有集中供水，4.9%的行政村对生活污水进行了处理，35.0%的行政村有生活垃圾收集点，17.7%的行政村对生活垃圾进行处理。

2000～2009年，全国建制镇建设基本情况如表7-1-3所示。

2000～2009年全国建制镇建设基本情况　　　　表7-1-3

指标 \ 年份		2000	2001	2002	2003	2004	2005	2006	2007	2008	2009
年末建制镇个数	（万个）	2.03	2.04	2.06	2.02	2.00	1.95	1.94	1.92	1.92	1.93
年末统计建制镇个数	（万个）	1.79	1.81	1.84		1.78	1.77	1.77	1.67	1.70	1.69
年末镇建成区面积	（万公顷）	182.0	197.2	203.2		223.6	236.9	312.0	284.3	301.6	313.1
年末实有住宅建筑面积	（亿平方米）	27.0	28.6	30.7		33.7	36.8	39.1	38.9	41.5	44.2

续表

指标 \ 年份		2000	2001	2002	2003	2004	2005	2006	2007	2008	2009
人均住宅建筑面积	（平方米）	22.6	22.7	23.2		24.1	25.7	27.9	29.7	30.1	32.1
年供水总量	（亿立方米）	87.7	91.4	97.3		110.7	136.5	131.0	112.0	129.0	114.6
＃生活用水	（亿立方米）	37.1	39.6	42.3		49.0	54.2	44.7	42.1	45.0	46.1
用水普及率	（％）	80.7	80.3	80.4		83.6	84.7	83.8	76.6	77.8	78.3
人均日生活用水量	（升）	102.7	104.0	105.4		112.1	118.4	104.2	97.1	97.1	98.9
年末实有道路长度	（万公里）	21.0	22.8	24.3		27.5	30.1	26.0	21.6	23.4	24.5
年末排水管道长度	（万公里）	11.1	11.9	13.0		15.7	17.1	11.9	8.8	9.9	10.7
年末公园绿地面积	（万公顷）	3.71	4.39	4.84		6.01	6.81	3.3	2.72	3.09	3.14
年末人均公园绿地面积	（平方米）	3.0	3.4	3.5		4.2	4.6	2.4	1.8	1.9	1.9
年末公共厕所	（万座）	10.3	10.7	11.2		11.8	12.4	9.4	9.0	12.1	11.6

注：1. 2003 年无全国汇总数据。
2. 2006 年执行新的报表制度，数据与以往年度不可对比。

（住房和城乡建设部计划和财务外事司　哈尔滨工业大学）

2009 年城市化水平分析

【我国城市化进程】　随着经济持续平稳较快的增长，我国城市化进程加快，城市化率（即城市人口占总人口比重）不断提高，根据《中国统计年鉴》2010 年的统计数据，我国的城市化率已从 2000 年的 36.2％提高到 2009 年的 46.59％，处在世界中等收入国家的水平。图 7-1-10 给出了我国 1949 年以来的城市化率变化曲线。

图 7-1-10　1949 年以来全国城市化率变化情况

我国各地区的城市化率　表 7-1-4 给出了 2009 年我国各地区的城市化率。从表 7-1-4 可以看出，有 14 个省、自治区、直辖市的城市化率高于全国平均水平，有 17 个省、自治区、直辖市的城市化率在全国平均水平以下。

2009 年我国各地区的城市化率　表 7-1-4

排序	地区	总人口（万人）	城镇人口数	比重（％）
1	上海	1921	1702	88.60
2	北京	1755	1492	85.00
3	天津	1228	958	78.01
4	广东	9638	6110	63.40
5	辽宁	4319	2607	60.35
6	浙江	5180	2999	57.90
7	江苏	7725	4295	55.60
8	黑龙江	3826	2123	55.50
9	内蒙古	2422	1293	53.40
10	吉林	2740	1461	53.32
11	重庆	2859	1475	51.59
12	福建	3627	1864	51.40
13	海南	864	424	49.13
14	山东	9470	4576	48.32
	全国	133474	62186	46.59
15	宁夏	625	288	46.10
16	湖北	5720	2631	46.00
17	山西	3427	1576	45.99
18	陕西	3772	1641	43.50
19	湖南	6406	2767	43.20
20	江西	4432	1914	43.18
21	河北	7034	3025	43.00
22	安徽	6131	2581	42.10
23	青海	557	233	41.90
24	新疆	2159	860	39.85
25	广西	4856	1904	39.20
26	四川	8185	3168	38.70
27	河南	9487	3577	37.70
28	云南	4571	1554	34.00
29	甘肃	2635	860	32.65
30	贵州	3798	1135	29.89
31	西藏	290.03	69.03	23.8

数据来源：2010 年中国统计年鉴。

【城市化率的区域分布】 我国东部地区的城市化率最高,达到56.96%。东部11省、自治区、直辖市中,上海、北京、天津、广东、辽宁、浙江、江苏的城市化率分别列在前7位;福建、海南、山东分别列在12至14位;只有河北略低,列在第21位。我国中部地区的城市化率居中,达到44.18%。中部8省中,城市化率较高的黑龙江在全国列第8位、吉林列第10位;湖北、山西列在第16、17位,湖南、江西、安徽分别列在第19位、20位和22位;河南最低,列在第27位。我国西部地区的城市化率最低,为39.42%。西部12省、自治区、直辖市中,城市化率较高的内蒙古在全国列第9位、重庆列第11位;宁夏、陕西列在第15、18位,青海、新疆、广西、四川分别列在第23至26位;云南、甘肃、贵州、西藏分别列在后4位。

(哈尔滨工业大学)

二、2009年建筑业发展统计分析

2009年建筑业基本情况

2009年在国家积极财政政策的推动下,建设领域投资规模不断扩大,建筑业呈现良好的发展态势。

投资拉动建筑业产值迅速增长 为应对国际金融危机严重冲击,党中央、国务院果断决策,实施了积极的财政政策和适度宽松的货币政策,迅速推出扩大内需促进经济增长的十项措施,加快民生工程、基础设施、生态环境建设和灾后重建,实施了两年新增4万亿元的投资计划。具体投资结构如表7-2-1所列。

"4万亿元"投资结构　　　　表7-2-1

投资方向	投资额（万亿元）	所占比例（%）
铁路、公路、机场和城乡电网建设	1.80	45
地震重灾区的恢复重建	1.00	25
农村民生工程和农村基础设施	0.37	9
生态环境	0.35	9
保障性安居工程	0.28	7
自主创新结构调整	0.16	4
医疗卫生和文化教育事业	0.04	1

数据来源:国家发改委网站。

中央投资拉动全社会固定资产投资增速加快,2009年全社会固定资产投资为22.4846万亿元,比2008年增长30.1%,增幅同比提高4.2个百分点。中央投资带动重点领域投资明显加快,基础设施(包括铁路运输业,道路运输业,管道运输业,装卸搬运和其他运输服务业,邮政业,电信和其他信息传输服务业,水利、环境和公共设施管理业)投资4.1913万亿元,比2008年增长44.3%。城镇新开工项目计划总投资15.1942万亿元,比2008年增长67.2%。全年房地产开发投资3.6232万亿元,比2008年增长16.1%。其中,商品住宅投资2.5619万亿元,增长14.2%;办公楼投资0.1378万亿元,增长18.1%;商业营业用房投资0.4172万亿元,增长24.4%。投资大幅度增长产生工程建设的强劲需求,自2000年起我国建筑业总产值保持快速增长态势,年平均增长速度保持在22%左右,见图7-2-1。2009年全国建筑业企业(具有资质等级的总承包和专业承包建筑业企业,不含劳务分包建筑业企业,以下同)完成建筑业总产值7.5864万亿元,比2008年增加1.3827万亿元,增长22.3%,增速加快0.8个百分点。建筑业整体发展态势良好。

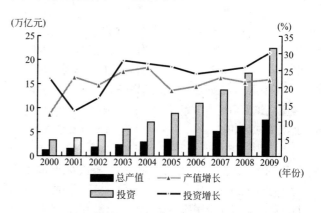

图7-2-1　2000~2009年全社会固定资产投资、建筑业总产值及增长速度

【建筑业对国内生产总值贡献突出,企业经营效益稳步提高】 2009年国内生产总值(GDP)33.5353万亿元,比2008年增长8.7%。全社会建筑业实现

增加值 2.2333 万亿元，比 2008 年增加 3590 亿元，增长 18.2%。

从 1979～2009 年建筑业增加值在 GDP 中的比重总体呈平稳增长态势，历年相差不大。1993 年曾出现波峰，建筑业增加值占 GDP 比重为 6.4%。随后逐步下降，到 2009 年再创新高，达到 6.66%，为 30 年来的最高值，见表 7-2-2。建筑业对国民经济增长贡献突出。

1979～2009 年建筑业增加值占全国 GDP 比重情况 单位：% 表 7-2-2

年度	建筑业增加值占全国 GDP 比重	年度	建筑业增加值占全国 GDP 比重
1979	3.5	1995	6.1
1980	4.3	1996	6.2
1981	4.2	1997	5.9
1982	4.1	1998	5.9
1983	4.5	1999	5.8
1984	4.4	2000	5.6
1985	4.6	2001	5.4
1986	5.1	2002	5.4
1987	5.5	2003	5.5
1988	5.4	2004	5.4
1989	4.7	2005	5.5
1990	4.6	2006	5.5
1991	4.7	2007	5.5
1992	5.3	2008	5.7
1993	6.4	2009	6.7
1994	6.2		

数据来源：国家统计局《2009 年国民经济和社会发展统计公报》，2009 年《中国统计年鉴》。

2009 年全国建筑业企业实现利润 2663 亿元，增长 21.0%。其中，国有及国有控股企业实现利润 697 亿元，增长 23.9%。企业经营效益持续稳步提高。

【房屋建筑施工面积持续增长，实行投标承包的房屋建筑面积逐年扩大】 2009 年全国房屋建筑施工面积为 58.73 亿 m²，比 2008 年增加 5.68 亿 m²，增长 10.7%。其中，新开工面积 29.44 亿 m²，比 2008 年增加 2.31 亿 m²，增长 8.5%；实行投标承包面积为 48.79 亿 m²，比 2008 年增加 4.91 亿 m²，增长 11.2%。2009 年全国房屋建筑竣工面积为 22.96 亿 m²，比 2008 年增加 0.6 亿 m²，增长 2.7%。从 2000～2009 年全国房屋建筑施工面积持续增长，见图 7-2-2。实行投标承包的房屋建筑面积逐年扩大，2009 年实行投标承包面积占总房屋建筑施工面积的 83.1%，比 2008 年提高 0.6 个百分点。从 2003～2009 年实行投标承包的房屋建筑面积平均年增长 16.8%，见图 7-2-3，建筑市场竞争更为规范化。

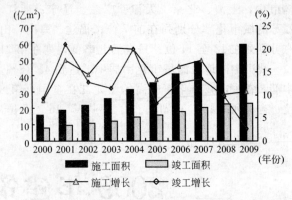

图 7-2-2 2000～2009 年全国建筑业企业房屋建筑施工面积、竣工面积及增长速度

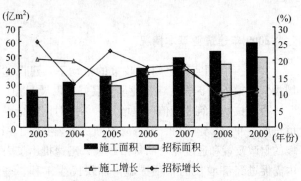

图 7-2-3 2003～2009 年全国建筑业企业房屋建筑施工面积、实行招标承包面积及增长速度

【建筑业企业新签合同额大幅增长】 2009 年建筑业企业新签合同额 84898.61 亿元，比 2008 年增加 18529.78 亿元，增长 27.9%，增幅提高 3.8 个百分点。从 2004～2009 年建筑业企业新签合同额逐年增长，平均年增长率达到 23%，见图 7-2-4。2009 年建筑业企业新签合同额增幅继续加大，高于年平均增长率 4.9 个百分点。

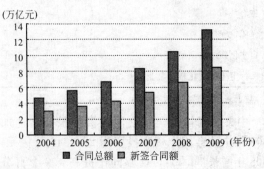

图 7-2-4 2004～2009 年全国建筑业企业合同总额与新签合同额

【建筑业企业数量减少，从业人数增加，劳动生产率持续增长】 到 2009 年底全国建筑业企业为

二、2009年建筑业发展统计分析

68283个，比2008年底减少2812个。建筑业企业数量在连续三年小幅增长之后，2009年首次回落。企业数量虽然减少，但规模扩大、实力增强，逐步形成"金字塔"型的行业组织结构。全国建筑业企业中国有和国有控股建筑业企业数量为7295个，比2008年减少225个。2009年国有和国有控股建筑业企业数量占全国建筑业企业总数的10.7%，与2008年的12.3%、2007年的13.3%相比，所占比例呈逐年减少的趋势。

2009年全国建筑业企业从业人数为3597.35万人，比2008年同期增长8.5%，从业人数连续多年稳定增长。其中，国有和国有控股企业从来人数为791.8万人，占全部从业人数的22%，见图7-2-5。

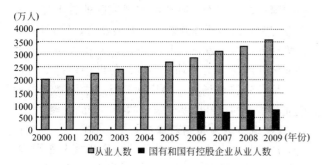

图7-2-5 2000～2009年全国建筑业从业人数及2006～2009年国有和国有控股企业从业人数

改革开放30年来随着国家基础设施建设和城乡一体化进程的加快，建筑业对劳动力的需求持续增长，建筑业从业人员数量稳步增加，建筑业从业人员占全社会从业人员的比重也逐年递增。1979年建筑业从业人员约980万人，约占全社会从业人员的2.8%。到2009年，建筑业从业人员达到3597.35万人，约占全社会从业人员的4.62%。这也反映出我国建筑业仍为劳动密集型产业，工业化水平还较低，需要通过科学管理和技术创新来进一步提高工业化水平。

2009年全国建筑业企业按建筑业总产值计算的劳动生产率为18.2647万元/人，比2008年增长12.9%，增速比2008年提高3.6个百分点。其中，国有和国有控股企业按建筑业总产值计算的劳动生产率为27.5319万元/人，比2008年增长23.8%，高于全国平均水平。

【对外经济合作发展增速减缓，但竞争力增强】 建筑业通过对外承包工程、劳务合作以及咨询设计3种方式，大大地推动了我国对外经济合作的发展。

2009年我国对外承包工程业务（包括咨询设计）完成营业额777亿美元，与2008年相比增长37.3%，增速降低2.1个百分点。新签合同额1262亿美元，与2008年相比增长20.7%，增速降低14.1个百分点。截至2009年底我国对外承包工程累计完成营业额3407亿美元，签订合同额5603亿美元。

2009年我国对外劳务合作完成营业额89.1亿美元，与2008年相比增长10.6%，增速回落8.5个百分点。新签合同额74.7亿美元，比2008年下降1.2%。全年派出各类工程劳务人员39.5万人，比2008年下降7.5%。2009年末在外各类劳务人员77.8万人，较2008年末增加3.8万人。截至2009年底我国对外劳务合作累计完成营业额648亿美元，累计合同额674亿美元，累计派出各类劳务人员502万人。

受国际金融危机影响，我国建筑业对外经济合作发展增速减缓。但通过近些年的发展，我国建筑业企业的国际竞争力明显增强，2009年对外承包工程营业额仍有较大增长，保持了近10年来的良好发展势头。进入全球225强承包商的企业数量稳步上升，由2000年的34家发展到2009年的50家。进入225强的我国企业总营业额由2000年的47.7亿美元发展到2009年的356.3亿美元。国际建筑市场份额逐年扩大，市场占有率由2000年的4.6%发展到2009年的9.15%。分析其主要原因，一是我国政府加大了对企业开拓海外市场的支持力度，通过增加资金投入、扩大信贷额度、简化审批程序等支持企业走出去。二是我国对外承包工程企业积极进取，不断提高设计施工水平，注重品牌建设，通过增强综合竞争力争取到更多的市场机会。

（住房和城乡建设部计划财务与外事司
中国建筑业协会）

2009年建筑业发展的特点

【发展差异加大，竞争日益激烈，强者恒强】 我国建筑业仍存在发展不均衡，各省、市、自治区差距进一步扩大，如江苏、浙江、山东、北京等地建筑业总产值持续稳定增长，而甘肃、西藏等地总产值增长缓慢。

2009年各省、市、自治区建筑业总产值排序情况，见表7-2-3。从表7-2-3可以看出，2009年建筑业总产值排名前6位的仍然是江苏、浙江、山东、北京、上海和广东。与2008年不同的是，北京由排名第6位跃升为第4位，广东由排名第4位变为第6位。这6个省、市、自治区建筑业总产值占全国建筑业总产值的47.01%（与2008年的48.5%相比略有下降）。其中，排名在首位的江苏省建筑业总产值首次突破10000亿元大关，位居次席的浙江省建筑业总产值也逼近10000亿元。这两省建筑业总产值占全国建筑业总产值的25.7%，约占全国建筑业总产值的1/4。建筑业总产值超过3000亿元的还有河南、湖北、辽宁、四川4省，它们在2008年的产值均为2000多亿元。排在第11～15位的是湖南、河北、陕西、安徽、福建5省，他们的总产值均超过2000亿元，其中，陕西省产值增长较大，比2008年同期增长40.1%。

2009年各省、市、自治区建筑业总产值排序　表7-2-3

排序	省、市自治区	总产值（亿元）	占比例（%）
1	江苏	10181.30	13.42
2	浙江	9350.97	12.33
3	山东	4578.31	6.03
4	北京	4059.76	5.35
5	上海	3827.84	5.05
6	广东	3666.71	4.83
7	河南	3560.94	4.69
8	湖北	3409.02	4.49
9	辽宁	3373.84	4.45
10	四川	3289.08	4.34
11	湖南	2504.92	3.30
12	河北	2489.15	3.28
13	陕西	2312.99	3.05
14	安徽	2269.70	2.99
15	福建	2162.29	2.85
16	重庆	1887.16	2.49
17	天津	1808.46	2.38
18	山西	1772.80	2.34
19	黑龙江	1327.06	1.75
20	江西	1285.00	1.69
21	云南	1179.16	1.55
22	吉林	1151.75	1.52
23	内蒙古	952.06	1.25
24	广西	926.95	1.22
25	新疆	760.57	1.00
26	甘肃	576.38	0.76
27	贵州	508.65	0.67
28	宁夏	259.21	0.34
29	青海	201.08	0.27
30	海南	142.75	0.19
31	西藏	87.96	0.12

数据来源：国家统计局《2009年建筑业企业生产情况统计快报》。

2009年建筑业总产值前15位的省、市、自治区也是2008年建筑业总产值排名前15位，显示出强者恒强的特点。从地域分布看，这些建筑强省（市、自治区）主要集中在东南沿海地和中西部经济快速发展地区。

2000年以来江苏、浙江、山东、北京、上海和广东这6省市始终排在前6位，且前两位始终是被江苏和浙江所占据，并与排在其后的山东、北京等省市建筑业总产值差距逐渐拉大。江苏、浙江两省相互比较，2000～2006年浙江建筑业总产值均高于江苏，而自2007年起江苏省建筑业总产值则超过浙江省，并且逐渐拉大差距，2009年更以830.33亿元之多领先。

按照东部、中部、西部3个区域划分，从2000年以来东部地区建筑业总产值始终占全国建筑业总产值的60%以上，中部地区与西部地区建筑业总产值相差不大，各在20%上下。

为提高产业整体规模经济水平，解决发展不均衡的问题。一方面，应鼓励东部地区的骨干建筑业企业与中西部地区建筑业企业开展联合、联营活动，优势互补，共同发展。另一方面，要积极协助中西部地区开展建筑劳务输出活动，帮助中西部地区进一步培育建筑市场，完善机制，促进中西部建筑业企业竞争力的提升以及建筑业的持续健康发展。

【建筑市场分布相对集中】 大规模投资对工程建设产生强劲支持，受固定资产投资地区分布影响，建筑市场分布也相对集中。2009年全国固定资产投资前10位的省市中，除河北和安徽外，其他8省市建筑业总产值均排名在前10位，见表7-2-4。其中，固定资产投资排名第1位和第2位分别是江苏和山东，固定资产投资分别达到18598.70亿元和18392.01亿元。这两省建筑业总产值分列第1位和第3位。

2009年全国固定资产投资排名前10位与其建筑业总产值排序对比表　单位（亿元）　表7-2-4

省、市自治区	固定资产投资	投资排位	建筑业总产值	产值排位
江苏	18598.70	1	10181.3	1
山东	18392.01	2	4578.31	3
河南	12924.53	3	3560.94	7
广东	12667.25	4	3666.71	6
辽宁	12064.47	5	3373.84	9
河北	11873.52	6	2489.15	12
四川	10492.37	7	3289.08	10
浙江	10306.92	8	9350.97	2
安徽	8595.02	9	2269.7	14
湖北	7585.90	10	3409.02	8
上海	5142.17	17	3827.84	5
北京	4573.38	23	4059.76	4

数据来源：国家统计局《2009年建筑业企业生产情况统计快报》。

二、2009年建筑业发展统计分析

值得关注的是，北京市、上海市固定资产投资虽然不高，但建筑业总产值排名在第4位和第5位，说明这两市完成产值中有相当一部分是在外省市完成的，企业对外拓展能力较强。河北、安徽、内蒙古、江西等省、市、自治区虽然固定资产投资规模较大，但本省建筑业总产值并不高，说明这些省区开放度较高，外省市施工队伍进入较多。

【建筑业发达地区继续保持较强的发展潜力】 2009年全国建筑业新签合同额近84898.61亿元。各省、市、自治区建筑业新签合同额排序和占比情况，见表7-2-5。与2008年相比，2009年前8位中江苏、浙江位置互换，北京、上海位置互换，北京由第6位升至第3位，上海由第3位降至第6位。四川由第10位跃升到第7位，湖北由第7位降至第9位，其他省位置不变。前6位省市新签合同额达39742.97亿元，约为全国新签合同额的47%。其中，江苏和浙江仍然保持排名前两位，两省建筑业企业新签合同额占全国的23.5%。北京2009年新签合同额跃居第3位。建筑业发达地区继续保持较强的发展潜力。

2009年各省、市、自治区建筑业新签合同额排序 表7-2-5

排序	省、市自治区	新签合同额（亿元）	占比例（%）
1	江苏	10190.14	12.00
2	浙江	9802.25	11.55
3	北京	5636.00	6.64
4	广东	4765.83	5.61
5	山东	4699.71	5.54
6	上海	4649.04	5.48
7	四川	4587.64	5.40
8	河南	3902.94	4.60
9	湖北	3716.31	4.38
10	辽宁	3332.85	3.93
11	湖南	3079.29	3.63
12	安徽	2765.95	3.26
13	河北	2618.35	3.08
14	福建	2454.57	2.89
15	陕西	2419.62	2.85
16	天津	2386.31	2.81
17	山西	1949.48	2.30
18	重庆	1918.87	2.26
19	江西	1331.71	1.57
20	云南	1310.61	1.54

续表

排序	省、市自治区	新签合同额（亿元）	占比例（%）
21	黑龙江	1271.82	1.50
22	吉林	1191.82	1.40
23	广西	1120.17	1.32
24	内蒙古	982.92	1.16
25	新疆	813.74	0.96
26	甘肃	636.55	0.75
27	贵州	624.48	0.74
28	宁夏	286.85	0.34
29	青海	223.24	0.26
30	海南	145.22	0.17
31	西藏	84.31	0.10

数据来源：国家统计局《2009年建筑业企业生产情况统计快报》。

【建筑业从业人数多的地区，建筑业劳动生产率普遍偏低】 2009年各省、市、自治区建筑业从业人员数量排序情况，见表7-2-6。从表7-2-6可以看出，2009年全国建筑业从业人员超过100万人的省、市、自治区共13个，与2008年持平；它们建筑业从业人员占全国建筑业从业人员总数的78.5%。其中，建筑业从业人员超过200万人分别是江苏、浙江、山东、四川。

2009年各省、市、自治区建筑业从业人员数量排序 表7-2-6

排序	省、市自治区	从业人数（万人）	占比例（%）
1	江苏	560.96	15.59
2	浙江	477.90	13.28
3	山东	286.46	7.96
4	四川	217.82	6.06
5	河南	199.46	5.54
6	广东	170.93	4.75
7	安徽	143.07	3.98
8	湖北	138.95	3.86
9	辽宁	137.23	3.82
10	湖南	137.08	3.81
11	福建	121.51	3.38
12	河北	116.83	3.25
13	重庆	115.65	3.21
14	陕西	88.36	2.46
15	上海	75.87	2.11
16	江西	72.75	2.02

续表

排序	省、市自治区	从业人数（万人）	占比例（%）
17	云南	65.95	1.83
18	山西	65.93	1.83
19	北京	56.31	1.57
20	内蒙古	49.89	1.39
21	广西	48.90	1.36
22	黑龙江	45.64	1.27
23	甘肃	43.32	1.20
24	天津	39.04	1.09
25	吉林	33.59	0.93
26	贵州	33.13	0.92
27	新疆	22.83	0.63
28	海南	11.67	0.32
29	青海	9.49	0.26
30	宁夏	7.03	0.20
31	西藏	3.67	0.10

数据来源：国家统计局《2009年建筑业企业生产情况统计快报》。

2009年各省、市、自治区建筑业劳动生产率排序情况，见表7-2-7。从表7-2-7可以看出，建筑业劳动生产率（按建筑业总产值计算）最高的是上海、天津、北京市。2009年建筑业劳动生产率提高幅度较大的省、市、自治区有西藏、重庆、吉林、河北、黑龙江，分别提高49%、33.9%、33%、29%和27.3%。值得关注的是，湖北省2009年建筑业劳动生产率有较大幅度降低，由2008年的19.3189万元/人降低到2009年的15.8872万元/人，降低17.8%。江苏省2009年建筑业劳动生产率也小幅下降，由2008年的17.4742万元/人降低为16.8468万元/人。

2009年各省、市、自治区建筑业劳动生产率排序 表7-2-7

排序	省、市自治区	劳动生产率（万元/人）	排序	省、市自治区	劳动生产率（万元/人）
1	上海	34.0948	10	吉林	18.6807
2	天津	32.5246	11	湖南	18.0145
3	北京	24.9693	12	新疆	17.8816
4	陕西	22.3008	13	河南	17.7214
5	山西	21.8438	14	辽宁	17.6307
6	广东	21.2859	15	云南	17.1458
7	浙江	20.1730	16	江西	17.0354
8	河北	19.1669	17	西藏	17.0216
9	广西	18.7833	18	江苏	16.8468
19	青海	16.5665	26	山东	14.9095
20	重庆	16.4296	27	海南	13.6780
21	福建	16.2194	28	四川	13.4132
22	黑龙江	16.2007	29	内蒙古	12.9986
23	安徽	15.9925	30	宁夏	12.6608
24	贵州	15.9654	31	甘肃	12.2810
25	湖北	15.8872			

数据来源：国家统计局《2009年建筑业企业生产情况统计快报》。

建筑业从业人员超过100万人的13个省、市、自治区中，仅有广东、浙江、河北、湖南4个省的建筑业劳动生产率超过18万元/人，多数建筑业从业人员数量较多的地区建筑业劳动生产率低于全国平均值。因此，建筑业仍是传统劳动密集型产业，依然存在着效率低下、发展质量不高的问题，迫切需要转变发展方式，提高发展质量。

【建筑市场更为开放，跨省施工强者更强】 2009年各省、市、自治区跨省完成建筑业总产值近22470亿元，比2008年增加5563.34亿元，跨省完成建筑业总产值占当年全国建筑业总产值的29.6%。2009年各省、市、自治区跨省完成建筑业总产值排序情况，见表7-2-8。从表7-2-8可以看出，跨省完成建筑业总产值，居于前3位的是浙江、江苏和北京，这3个省市跨省完成的建筑业产值占全国跨省完成建筑业产值的45.5%。

2009年各省、市、自治区跨省完成的建筑业产值排序 表7-2-8

排序	省、市自治区	跨省完成产值（亿元）	占比例（%）
1	浙江	4322.93	19.24
2	江苏	3521.01	15.67
3	北京	2375.03	10.57
4	上海	1172.25	5.22
5	湖北	1126.85	5.01
6	河南	867.30	3.86
7	福建	821.57	3.66
8	陕西	814.89	3.63
9	山西	792.55	3.53
10	四川	748.64	3.33
11	广东	715.94	3.19
12	河北	714.93	3.18
13	湖南	647.92	2.88

续表

排序	省、市自治区	跨省完成产值（亿元）	占比例（%）
14	天津	626.70	2.79
15	山东	577.94	2.57
16	辽宁	493.02	2.19
17	安徽	487.79	2.17
18	江西	336.40	1.50
19	重庆	335.47	1.49
20	吉林	254.52	1.13
21	黑龙江	133.28	0.59
22	贵州	121.80	0.54
23	云南	87.63	0.39
24	甘肃	86.65	0.39
25	广西	84.36	0.38
26	青海	68.55	0.31
27	内蒙古	66.29	0.30
28	新疆	45.44	0.20
29	宁夏	20.23	0.09
30	海南	2.08	0.01
31	西藏	0.00	0.00

数据来源：国家统计局《2009年建筑业企业生产情况统计快报》。

2009年各地区建筑业"外向度"（跨省完成的建筑业总产值占本省、市建筑业总产值的比例）排序，见表7-2-9。排名前5位的地区是北京、浙江、山西、福建和陕西。

2009年各省、市、自治区外向度排序　表7-2-9

排序	省、市自治区	外向度	排序	省、市自治区	外向度
1	北京	58.50	17	吉林	22.10
2	浙江	46.23	18	安徽	21.49
3	山西	44.71	19	广东	19.53
4	福建	38.00	20	重庆	17.78
5	陕西	35.23	21	甘肃	15.03
6	天津	34.65	22	辽宁	14.61
7	江苏	34.58	23	山东	12.62
8	青海	34.09	24	黑龙江	10.04
9	湖北	33.05	25	广西	9.10
10	上海	30.62	26	宁夏	7.80
11	河北	28.72	27	云南	7.43
12	江西	26.18	28	内蒙古	6.96
13	湖南	25.87	29	新疆	5.97
14	河南	24.36	30	海南	1.46
15	贵州	23.95	31	西藏	0.00
16	四川	22.76			

数据来源：根据国家统计局《2009年建筑业企业生产情况统计快报》计算。

2009年建筑业特级、一级资质企业基本情况分析

根据住房和城乡建设部《建筑业特、一级企业快速调查统计快报》，对全国实际报送报表的4059个特级、一级资质建筑业企业进行统计分析。

【按企业专业类别分析】 2009年各专业类别总承包企业新签合同额均有增长。其中，房屋建筑工程仍然高居榜首，铁路、公路、市政公用工程紧随其后。这与国家基本建设投资走向一致。各类施工总承包企业的建筑业总收入大幅增长，企业效益有所提高。发展最快的施工总承包企业分布在公路、铁路、市政公用工程等领域，总产值、总收入和利润都有较快增长，但应收工程款也相应大幅增长，应引起有关方面的重视。

2009年各类特级、一级施工总承包企业建筑业总产值34939亿元，比2008年增加7206亿元，增长26%，增速大幅回升，扭转了增速回落的方向，增长速度提高8.3个百分点。房屋建筑施工面积为26.8231亿m²，比2008年同期增加2.8442亿m²，增长11.9%。各类特、一级施工总承包企业中建筑业总产值增幅最大的前3位是铁路工程、公路工程和市政工程施工总承包企业，见图7-2-6。房屋建筑工程施工总承包企业建筑业总产值增长率高于2008年，达到20.5%，发展趋势良好，但低于建筑业特、一级企业的平均增长率5.5个百分点。

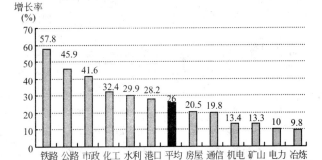

图7-2-6　2009年各类特级、一级施工总承包企业建筑业总产值增长率排序

在各类特级、一级施工总承包企业中，建筑业总产值排在前4位的是房屋建筑工程、公路工程、铁路工程和市政公用工程，分别达到18454.7亿元、3286.1亿元、2925.6亿元和1647.7亿元，见图7-2-7。值得关注的是，在12个总承包类别中铁路和公路工程施工总承包企业的建筑业总产值增长率分别从2008年的第4位和第10位跃升到2009年第1位和第2位；水利水电工程施工总承包企业建筑业总产值增长率从2008年的第11位跃升为第5位；化工石油和通信工程施

工总承包企业建筑业总产值增长率从 2008 年的第 1 位和第 2 位下降到 2009 年第 4 位和第 8 位。

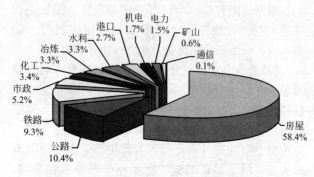

图 7-2-7　2009 年全国特级、一级施工总承包企业完成建筑业总产值比例图

可见，国家计划两年增加"4 万亿"投资中很大份额资金已投入铁路、公路、水利等基础设施建设。国家固定资产投资方向在一定程度上决定着建筑业产值的增长领域。

与此相对应，在 60 个类别的专业承包企业中，铁路铺轨架梁工程、铁路电气化工程、航道工程、建筑防水工程、桥梁工程的专业承包企业建筑业总产值增长较快，有 8 个专业的建筑业总产值出现负增长，但下降幅度不大，均小于 25%，见表 7-2-10。

按专业类别分类的一级专业承包企业总产值对比表　表 7-2-10

专业分类		建筑业总产值（亿元）		
		2009 年	2008 年	同比增长（%）
60 个专业类别合计		3332.6513	2778.8500	19.9
其中：增长较快专业	铁路铺轨架梁工程	90.9931	47.1830	92.9
	铁路电气化工程	35.5610	19.1433	85.8
	航道工程	21.8199	12.2924	77.5
	建筑防水工程	13.0821	7.8479	66.7
	桥梁工程	149.4471	90.2436	65.6
其中：负增长专业	水工金属结构制作与安装	0.2837	0.3752	-24.4
	炉窑工程	6.3623	8.3378	-23.7
	环保工程	1.5901	1.9672	-19.2
	冶炼机电设备安装工程	1.2914	1.4478	-10.8
	海洋石油工程	72.8437	79.6855	-8.6
	堤防工程	12.6571	13.5626	-6.7
	机场空管及航站楼弱电系统工程	0.2071	0.2090	-0.9
	机场场道工程	5.4532	5.4870	-0.6

数据来源：住房和城乡建设部《2009 年 1～12 月建筑业特、一级企业快速调查统计快报》。

公路、铁路、市政建设等特级、一级企业新签工程承包合同额增幅较大。2009 年特级、一级建筑业企业新签合同额 42783 亿元，比 2008 年同期增加 8776 亿元，增长 25.8%。在施工总承包企业中，公路工程施工总承包企业新签合同额增长最快，其次是市政公用工程和铁路工程施工总承包企业。增幅最小的是冶炼工程施工总承包企业，见图 7-2-8。预计 2010 年在上述领域的建筑业产值仍将以较高速度增长。

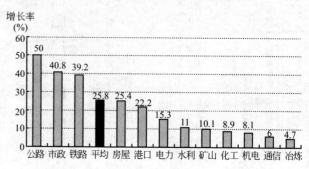

图 7-2-8　2009 年各类特级、一级施工总承包企业新签合同额增长率排序

在专业承包企业中，新签合同额增长的专业类别有 30 个，其中，4 个专业工程增幅最高，分别是体育场地设施工程、水工金属结构制作与安装工程、公路路面工程、爆破与拆除工程专业承包企业。新签合同额有 15 个专业类别出现负增长，其中，机场场道工程新签合同额下降幅度最大，降幅达 77.8%。其他专业下降幅度均小于 40%，见表 7-2-11。

按专业类别分类的一级专业承包企业新签合同额对比表　表 7-2-11

专业分类		新签工程承包合同额（亿元）		
		2009 年	2008 年	同比增长（%）
60 个专业类别合计		3565.6698	3149.9526	13.2
其中：增长较快专业	体育场地设施工程	4.9253	0.9995	392.8
	水工金属结构制作与安装	0.5981	0.1451	312.2
	公路路面工程	60.5575	32.3923	87.0
	爆破与拆除工程	27.1164	14.6639	84.9
	堤防工程	5.0000	3.0000	66.7
其中：负增长专业	机场场道工程	1.9619	8.8398	-77.8
	机场空管及航站楼弱电系统工程	0.1677	0.2748	-39.0
	水利水电机电设备安装工程	5.4771	7.7410	-29.2
	环保工程	1.9668	2.6223	-25.0

数据来源：住房和城乡建设部《2009 年 1～12 月建筑业特、一级企业快速调查统计快报》。

二、2009年建筑业发展统计分析

各类特级、一级施工总承包企业建筑业总收入大幅增长，企业效益有所提高。2009年建筑业特级、一级企业的建筑业总收入为34044亿元，比2008年同期增加6708亿元，增长24.5%。各类施工总承包企业建筑业总收入全部实现正增长，增长最快的是铁路工程施工总承包企业；其次是公路工程施工总承包企业；增幅最小的是冶炼工程施工总承包企业。见图7-2-9。

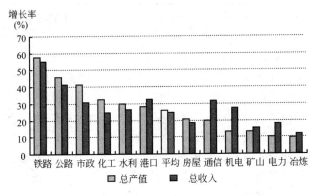

图7-2-9　2009年各类特级、一级施工总承包企业建筑业总收入与总产值增长率比较

【各类施工总承包企业效益普遍提高】 各类施工总承包特级、一级企业实现利润总额864亿元，比2008年增加206亿元，增长31.4%；实现工程结算利润1608亿元，比2008年增加245亿元，增长18%。各类施工总承包企业中，利润总额增长最快的是化工石油工程和通信工程施工总承包企业，增长率分别为266.2%和218.6%；工程结算利润也分别增长92.8%和100.7%。

在60个专业承包工程类别中有5个专业的施工企业总收入下降，分别是环保工程、炉窑工程、堤防工程、隧道工程、城市及道路照明工程，下降的专业类别比2008年减少5个，下降幅度也比2008年小，总体尚好。见表7-2-12。

按专业类别分类的一级专业承包企业总收入对比表　表7-2-12

专业分类		企业总收入（亿元）		
		2009年	2008年	同比增长（%）
60个专业类别合计		3537.1067	2905.6303	21.7
其中：增长较快专业	铁路电气化工程	38.9694	20.6696	88.5
	铁路铺轨架梁工程	90.7098	48.7466	86.1
	建筑防水工程	13.3025	8.2098	62.0
	公路路面工程	50.6028	32.2646	56.8
	土石方工程	82.6223	52.9435	56.1

续表

专业分类		企业总收入（亿元）		
		2009年	2008年	同比增长（%）
其中：负增长专业	环保工程	1.9293	2.6378	-26.9
	炉窑工程	6.6872	8.5160	-21.5
	堤防工程	12.6571	13.5626	-6.7
	隧道工程	32.5552	34.1868	-4.8
	城市及道路照明工程	4.5341	4.5682	-0.7

数据来源：住房和城乡建设部《2009年1～12月建筑业特、一级企业快速调查统计快报》。

【企业应收工程款大幅度增长】 2009年建筑业特级、一级企业应收工程款比2008年增加1042亿元，达到5377亿元，增长了24%。铁路工程、化工石油工程、通信工程和矿山工程施工总承包企业应收工程款增长率最高，分别为61.7%、53.5%和51.8%。2009年各类特级、一级总承包企业应收工程款与建筑业总产值增长率比较，见图7-2-10，2008年各类特级、一级总承包企业应收工程款与建筑业总产值增长率比较，见图7-2-11。应加强市场监管，防止出现新的拖欠。

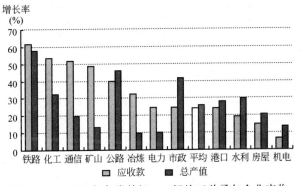

图7-2-10　2009年各类特级、一级施工总承包企业应收工程款与建筑业总产值增长率比较

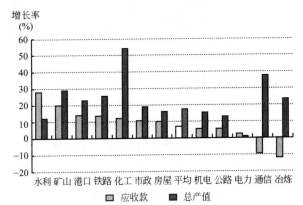

图7-2-11　2008年各类特级、一级施工总承包企业应收工程款与建筑业总产值增长率比较

在专业承包企业中，有31类企业应收工程款增长。其中，增幅最大的是公路路面工程、铁路铺轨架梁工程、建筑防水工程、送变电工程和公路路基工程专业承包企业。有12类专业承包企业的应收工程款下降，其中下降幅度较大的有：隧道工程专业、河湖整治工程和航道工程专业，见表7-2-13。

按专业类别分类的一级专业承包企业应收工程款对比表　表7-2-13

专业分类		应收工程款（亿元）		
		2009年	2008年	同比增长（%）
60个专业类别合计		566.4741	452.8824	25.1
其中：增长较快专业	公路路面工程	19.9784	5.9995	233.0
	铁路铺轨架梁工程	8.6005	2.9740	189.2
	建筑防水工程	2.3343	0.8098	188.3
	送变电工程	5.9139	2.6826	120.5
	公路路基工程	3.9926	1.9085	109.2
其中：下降专业	隧道工程	1.4934	8.7176	-82.9
	河湖整治工程	0.1493	0.3197	-53.3
	航道工程	3.3447	5.0249	-33.4
	桥梁工程	10.5148	15.1577	-30.6

数据来源：住房和城乡建设部《2009年1～12月建筑业特、一级企业快速调查统计快报》。

按企业资质等级分析　2009年施工总承包特级企业建筑业总产值和新签工程承包合同额增长较快，增幅分别为28.4%和28.9%。但是，特级企业应收工程款涨幅也最大，达到32.6%。企业经营风险加大。

施工总承包一级企业连续两年总收入和利润总额增长最快，2009年分别达到25.8%和36.2%，而应收工程款涨幅相对较低，为19.7%。企业发展状况良好。

专业承包一级企业新签工程承包合同额、总产值、总收入和利润总额，均低于施工总承包特级企业和施工总承包一级企业。

2009年按企业资质等级分类的特、一级企业主要指标增长情况和产值、利润情况，见表7-2-14。

2009年按企业资质分类的特级、一级企业主要指标增长率和产值、利润情况（%）　表7-2-14

指标	总承包特级	总承包一级	专业承包一级
总产值增长率	28.4	25.6	19.9
新签合同额增长率	28.9	25.8	13.2
总收入增长率	24.7	25.8	22.6

续表

指标	总承包特级	总承包一级	专业承包一级
利润增长率	29.2	36.2	23.9
应收工程款增长率	32.6	19.7	24.9
施工面积增长率	11.6	12.1	10.9
建筑业总产值比例	34.6	55.9	9.5
利润比例	30.2	50.1	19.8

数据来源：住房和城乡建设部《2009年1～12月建筑业特、一级企业快速调查统计快报》。

【按企业注册地区分析】　西部地区特级、一级企业建筑业总产值、新签工程承包合同额、房屋建筑施工面积同比增长较快，企业总收入、利润总额增幅最大；特级、一级企业尽管数量较少，基础薄弱，但发展速度很快。中部地区特级、一级企业建筑业总收入和利润增长较快，施工面积增长率最低；但中部地区应收工程款增长率高于东、西部地区，需要注意防范经营风险。东部地区特级、一级企业新签合同额和建筑业总产值增长幅度最小，低于中、西部地区涨幅。详见表7-2-15。

2009年按企业注册地分类的特级、一级企业主要指标增长率和产值、利润情况（%）　表7-2-15

指标	东部	中部	西部
总产值增长率	23.4	28.7	36.7
新签合同额增长率	22.7	26.8	40.1
总收入增长率	22.6	27.1	31.1
利润增长率	29.2	34.2	43.6
应收工程款增长率	20.6	34.5	25.9
施工面积增长率	11.2	10.3	20.9
建筑业总产值比例	67.2	20.2	12.6
利润比例	72.7	18.2	9.1

数据来源：住房和城乡建设部《2009年1～12月建筑业特、一级企业快速调查统计快报》。

除山西省外，各地区特级、一级企业新签工程承包合同额均有增长。2009年各地区特级、一级企业新签工程承包合同额比2008年平均增长25.8%。其中，中、西部地区增长率高于平均水平，分别达到26.8%和40.1%。新签工程承包合同额增长率排在前3位的是贵州、广西和黑龙江，分别达到76.5%、71.8%和63.5%。山西省新签工程承包合同额523.56亿元与2008年537.88亿元相比略有下降。

各地区特级、一级企业建筑业总产值和总收入

二、2009年建筑业发展统计分析

普遍增长。2009年各地区特级、一级企业总产值比2008年平均增长26%。中、西部地区总产值增长率高于平均水平，分别达到28.7%和36.7%。总产值增长最快的是云南、四川和辽宁的特级、一级企业，分别增长69.4%、45.2%和45.0%。2009年各地区特级、一级企业总收入比2008年平均增长24.5%。西部地区总收入增长率最高，为31.1%；中部地区增长率为27.1%；东部地区增长率最低，为22.6%。总收入增幅较大的是云南、青海和海南的特级、一级企业，分别达到61.2%、43.3%和43.2%。这与国家西部大开发和海南国际生态旅游岛的建设紧密相关。

各地区特级、一级企业利润差距加大。2009年各地区特级、一级企业利润总额比2008年平均增长31.4%。利润总额增幅较大的地区是山西、宁夏和重庆，分别增长110.5%、71.7%和68.8%。利润总额降低的地区是黑龙江和吉林，分别降低75.4%和24.9%。

【按企业登记注册类型分析】 2009年国有和集体所有制特级、一级企业新签合同额增幅较高，私营和港澳台建筑业特、一级企业新签合同额比2008年减少。国有企业和有限责任公司类企业建筑业总产值增幅最高，私营和港澳台建筑业特级、一级企业与2008年基本持平，略有增长；私营企业总收入和利润增长率最高，但其应收工程款增长率也最高，应加强风险防范。外商投资建筑业特级、一级企业施工面积增长率最高，其业务拓展势头良好。

2009年按登记注册类型分类的特级、一级企业主要指标增长率和产值、利润情况，见表7-2-16。

按登记注册类型统计的特级、一级建筑业企业主要指标增长率和产值、利润情况　　表7-2-16

指标	企业所有制类别						
	国有	集体	私营	有限公司	外商	港澳台	其他
总产值增长率	25.2	17.4	2.0	26.8	19.6	7.3	−0.9
合同额增长率	29.3	32.4	−7.9	25.1	5.9	−6.9	8.4
总收入增长率	23.7	18.3	48.3	25.4	12.2	15.6	−10
利润增长率	43.7	13.7	49.4	27.6	39.9	29.4	−14.9
应收工程款增长率	19.4	11.1	54.7	26.4	28.6	18.0	−4.5
施工面积增长率	14.0	14.5	5.1	10.5	87.6	38.7	5.0
建筑业总产值比例	25.0	1.6	0.0	71.7	1.1	0.6	0.1
利润比例	24.2	1.3	0.0	69.3	3.4	1.6	0.1

数据来源：住房和城乡建设部《2009年1～12月建筑业特、一级企业快速调查统计快报》。

（住房和城乡建设部计划财务与外事司　中国建筑业协会）

2009年建设工程监理行业基本情况

【企业的分布情况】 按照《工程监理企业资质管理规定》（建设部令第158号）的要求，2009年实行了全国工程监理企业资质证书的换发工作。2009年全国共有5475家工程监理企业参加了统计，与上年相比下降9.95%。其中，综合资质企业49个，增长188.24%；甲级资质企业1917个，增长13.1%；乙级资质企业1999个，下降10%；丙级资质企业1496个，下降30.29%；事务所资质14个。由上述数据可以看出，新资质标准实施后，大型工程监理企业数量与换证前相比变化不大，中小型工程监理企业数量有所下降，其中丙级企业大幅减少，整个工程监理行业基本保持稳定。具体分布见表7-2-17～表7-2-19。

全国建设工程监理企业地区分布情况　　表7-2-17

地区名称	北京	天津	河北	山西	内蒙	辽宁	吉林	黑龙江
企业个数	266	63	294	172	99	276	142	121
地区名称	上海	江苏	浙江	安徽	福建	江西	山东	河南
企业个数	199	534	269	196	158	128	438	281
地区名称	湖北	湖南	广东	广西	海南	重庆	四川	贵州
企业个数	212	176	368	131	30	56	192	41
地区名称	云南	西藏	陕西	甘肃	青海	宁夏	新疆	其他
企业个数	155	21	201	104	31	31	59	31

全国建设工程监理企业按工商登记类型分布情况   表 7-2-18

工商登记类型	国有企业	集体企业	股份合作	有限责任	股份有限	私营企业	其他类型
企业个数	543	55	45	3172	489	1121	50

全国建设工程监理企业按专业工程类别分布情况   表 7-2-19

资质类别	企业个数	资质类别	企业个数
综合资质	49	铁路工程	48
房屋建筑工程	4584	公路工程	20
冶炼工程	48	港口与航道工程	11
矿山工程	28	航天航空工程	7
化工石油工程	124	通信工程	12
水利水电工程	59	市政公用工程	295
电力工程	161	机电安装工程	3
农林工程	12	事务所资质	14

注：本统计涉及专业资质工程类别的统计数据，均按主营业务划分。

【从业人员情况】 2009 年年末工程监理企业从业人员 581973 人，与上年相比增长 7.27%。其中，正式聘用人员 452198 人，占年末从业人员总数的 77.7%；临时聘用人员 129775 人，占年末从业人员总数的 22.3%；从事工程监理的生产人员为 436058 人，占年末生产人员总数的 78.97%。

2009 年年末工程监理企业专业技术人员 526018 人，与上年相比增长 6.3%。其中，高级职称 90665 人，中级职称 241553 人，初级职称 133356 人，其他人员 60444 人。专业技术人员占年末从业人员总数的 90.39%。

2009 年年末工程监理企业注册执业人员为 130194 人，与上年相比增长 6.58%。其中，注册监理工程师为 97417 人，与上年相比增长 9.12%，占总注册人数的 74.82%；其他注册执业人员为 32777 人，占总注册人数的 25.18%。

【业务承揽情况】 2009 年工程监理企业承揽合同额 906.74 亿元，其中工程监理合同额 595.53 亿元，项目管理与咨询服务合同额 112.54 亿元，招标代理合同额 43.04 亿元，工程造价咨询合同额 28.8 亿元，其他业务合同额 126.82 亿元，工程监理合同额占总业务量的 65.68%。

【财务收入情况】 2009 年工程监理企业全年营业收入 854.55 亿元，与上年相比增长 29.98%。其中工程监理收入 404.17 亿元，与上年相比增长 21.44%；项目管理与咨询服务收入 166.08 亿元，与上年相比增长 127.43%；工程监理收入占总营业收入的 47.3%。有 3 家企业工程监理收入突破 2 亿元，共有 30 家企业工程监理收入超过 1 亿元，工程监理收入过亿元的企业个数与 2008 年相比，增长 66.67%。从统计报表数据汇总情况看，整个工程监理行业的营业收入增幅连续四年保持在 20% 以上，增长速度较快。

【监理收入前 100 名】 2009 年工程监理企业全年工程监理收入前 100 名如表 7-2-20 所列。

2009 年工程监理企业工程监理收入前 100 名   表 7-2-20

序号	企业名称	工程监理收入（万元）	企业主营业务	资质等级
1	上海建科建设监理咨询有限公司	23007.00	房屋建筑工程	甲级
2	华铁工程咨询有限责任公司	21869.00	铁路工程	综合
3	北京铁城建设监理有限责任公司	21144.00	铁路工程	甲级
4	中咨工程建设监理公司	19892.00	房屋建筑工程	甲级
5	铁科院(北京)工程咨询有限公司	19603.00	铁路工程	甲级
6	浙江江南工程管理股份有限公司	16300.00	房屋建筑工程	综合
7	铁四院(湖北)工程监理咨询有限公司	15827.00	铁路工程	甲级
8	中铁二院(成都)咨询监理有限责任公司	15303.00	铁路工程	甲级
9	北京铁研建设监理有限责任公司	14955.00	铁路工程	甲级
10	上海同济工程项目管理咨询有限公司	13805.46	房屋建筑工程	甲级
11	北京兴油工程建设监理有限公司	13376.00	化工石油工程	综合
12	山东诚信工程建设监理有限公司	13365.62	电力工程	甲级
13	广东达安工程项目管理有限公司	12975.83	房屋建筑工程	甲级

二、2009 年建筑业发展统计分析

续表

序号	企业名称	工程监理收入(万元)	企业主营业务	资质等级
14	英泰克工程顾问(上海)有限公司	12710.14	房屋建筑工程	综合
15	上海市建设工程监理有限公司	12666.45	房屋建筑工程	综合
16	深圳市中海建设监理有限公司	12340.31	房屋建筑工程	甲级
17	长江三峡技术经济发展有限公司	12320.68	水利水电工程	甲级
18	中国水利水电建设工程咨询西北公司	12251.19	水利水电工程	甲级
19	四川二滩国际工程咨询有限责任公司	12082.00	水利水电工程	综合
20	上海宝钢建设监理有限公司	11492.00	冶炼工程	综合
21	山西神剑建设监理有限公司	11381.00	房屋建筑工程	甲级
22	天津新亚太工程建设监理有限公司	11226.97	铁路工程	甲级
23	江苏建科建设监理有限公司	11197.86	房屋建筑工程	甲级
24	浙江电力建设监理有限公司	11152.00	电力工程	甲级
25	上海建通工程建设有限公司	11033.23	房屋建筑工程	甲级
26	江苏邮通建设监理有限公司	11021.71	通信工程	甲级
27	北京赛瑞斯国际工程咨询有限公司	10979.10	房屋建筑工程	综合
28	西安铁一院工程咨询监理有限责任公司	10774.34	铁路工程	甲级
29	廊坊中油朗威监理有限责任公司	10688.10	化工石油工程	甲级
30	北京中铁诚业工程建设监理有限公司	10323.00	铁路工程	甲级
31	北京双圆工程咨询监理有限公司	9971.82	房屋建筑工程	甲级
32	吉林工程建设监理公司	9947.00	化工石油工程	甲级
33	郑州中兴工程监理有限公司	9908.00	房屋建筑工程	综合
34	广州珠江工程建设监理公司	9848.00	房屋建筑工程	甲级
35	北京铁建工程监理有限公司	9803.19	铁路工程	甲级
36	上海天佑工程咨询有限公司	9772.00	房屋建筑工程	综合
37	湖南电力建设监理咨询有限责任公司	9469.00	电力工程	甲级
38	中国水利水电建设工程咨询中南公司	9373.76	水利水电工程	甲级
39	北京市驰跃翔工程监理有限责任公司	9338.14	通信工程	甲级
40	甘肃铁一院工程监理有限责任公司	9197.00	铁路工程	甲级
41	广州建筑工程监理有限公司	9194.40	房屋建筑工程	综合
42	广州电力工程监理有限公司	9178.80	电力工程	甲级
43	浙江华东工程咨询有限公司	9140.51	水利水电工程	综合
44	重庆联盛建设项目管理有限公司	9052.00	房屋建筑工程	综合
45	四川铁科建设监理有限公司	8988.14	铁路工程	甲级
46	东北电力建设监理有限公司	8840.00	电力工程	甲级
47	广东天安工程监理有限公司	8786.49	电力工程	甲级
48	山西省交通建设工程监理总公司	8726.31	公路工程	甲级
49	天津电力工程监理有限公司	8627.00	电力工程	甲级
50	北京建工京精大房工程建设监理公司	8565.00	房屋建筑工程	综合
51	北京华联电力工程监理有限公司	8466.00	电力工程	甲级
52	四川二滩建设咨询有限公司	8353.44	水利水电工程	甲级
53	四川电力工程建设监理有限责任公司	8253.00	电力工程	甲级
54	北京吉北电力工程咨询有限公司	8205.00	电力工程	甲级
55	江苏东南交通工程咨询监理有限公司	7945.20	市政公用工程	甲级

续表

序号	企业名称	工程监理收入（万元）	企业主营业务	资质等级
56	中铁武汉大桥工程咨询监理有限公司	7945.00	市政公用工程	甲级
57	华南铁路建设监理公司	7937.00	铁路工程	甲级
58	建研凯勃建设工程咨询有限公司	7905.00	房屋建筑工程	甲级
59	深圳市都信建设监理有限公司	7851.96	房屋建筑工程	甲级
60	上海三维工程建设咨询有限公司	7810.20	市政公用工程	甲级
61	河南立新监理咨询有限公司	7713.00	电力工程	综合
62	乌鲁木齐铁建监理咨询有限公司	7673.50	铁路工程	甲级
63	上海海龙工程技术发展有限公司	7648.72	房屋建筑工程	甲级
64	重庆赛迪工程咨询有限公司	7523.43	房屋建筑工程	综合
65	北京中景恒基工程管理有限公司	7511.30	房屋建筑工程	甲级
66	河北电力建设监理有限责任公司	7416.00	电力工程	甲级
67	广州市市政工程监理有限公司	7390.92	市政公用工程	综合
68	安徽省建设监理有限公司	7330.00	房屋建筑工程	综合
69	昆明建设咨询监理公司	7310.82	房屋建筑工程	综合
70	大庆石油工程监理有限公司	7195.47	化工石油工程	综合
71	上海斯美科汇建设工程咨询有限公司	7094.00	房屋建筑工程	甲级
72	江苏华宁交通工程咨询监理公司	7039.45	公路工程	甲级
73	江西诚达工程咨询有限公司	7027.00	电力工程	综合
74	湖南省交通建设工程监理有限公司	6971.00	公路工程	甲级
75	安徽省电力工程监理有限责任公司	6970.30	电力工程	甲级
76	厦门市路桥咨询监理有限公司	6940.19	市政公用工程	甲级
77	上海宏波工程咨询管理有限公司	6909.25	水利水电工程	综合
78	上海建浩工程顾问有限公司	6798.60	房屋建筑工程	甲级
79	上海思南电力建设工程监理有限公司	6796.15	电力工程	乙级
80	中外建天利（北京）工程监理咨询有限公司	6786.00	房屋建筑工程	综合
81	上海市电力工程建设监理有限公司	6768.00	电力工程	甲级
82	四川省城市建设工程监理有限公司	6737.69	房屋建筑工程	甲级
83	成都衡泰工程管理有限责任公司	6663.00	房屋建筑工程	甲级
84	西安长庆工程建设监理有限公司	6609.82	化工石油工程	甲级
85	山东恒建工程监理咨询有限公司	6601.62	公路工程	甲级
86	上海富达工程管理咨询有限公司	6600.00	房屋建筑工程	甲级
87	北京帕克国际工程咨询有限公司	6586.00	房屋建筑工程	综合
88	上海市工程建设咨询监理有限公司	6558.85	房屋建筑工程	甲级
89	贵州三维工程建设监理咨询有限公司	6515.00	房屋建筑工程	综合
90	黑龙江中铁建设监理有限责任公司	6479.00	铁路工程	甲级
91	江苏兴源电力建设监理有限公司	6450.00	电力工程	甲级
92	合肥工大建设监理有限责任公司	6382.00	房屋建筑工程	甲级
93	济南市建设监理有限公司	6217.83	房屋建筑工程	综合
94	郑州中原铁道建设工程监理有限公司	6200.00	铁路工程	甲级
95	新疆昆仑工程监理有限责任公司	6169.00	房屋建筑工程	甲级
96	成都大西南铁路监理有限公司	6155.20	铁路工程	甲级
97	深圳市威彦达电力工程监理有限公司	6119.00	电力工程	甲级

续表

序号	企业名称	工程监理收入(万元)	企业主营业务	资质等级
98	达华集团北京中达联咨询有限公司	6036.98	电力工程	甲级
99	黑龙江电力建设监理有限责任公司	6026.90	电力工程	甲级
100	葛洲坝集团项目管理有限公司	6020.00	水利水电工程	综合

(住房和城乡建设部建筑市场监管司 哈尔滨工业大学)

2009年工程建设项目招标代理机构基本情况

【工程招标代理机构的分布情况】 2009年度参加统计的全国工程招标代理机构共4899个，比上年减少1.25%。按照资格等级划分，甲级机构1054个，增加0.67%；乙级机构2261个，减少2.37%；暂定级机构1584个，减少0.88%。按照企业登记注册类型划分，国有企业和国有独资公司共235个，股份有限公司和其他有限责任公司共2641个，私营企业1877个，港澳台投资企业6个，外商投资企业3个，其他企业137个。具体分布见表7-2-21、表7-2-22。

全国工程招标代理机构地区分布情况　　　　表7-2-21

地区名称	北京	天津	河北	山西	内蒙古	辽宁	吉林	黑龙江
企业个数	253	58	210	107	79	222	129	103
地区名称	上海	江苏	浙江	安徽	福建	江西	山东	河南
企业个数	149	394	339	210	122	166	402	206
地区名称	湖北	湖南	广东	广西	海南	重庆	四川	贵州
企业个数	196	143	362	102	22	74	193	63
地区名称	云南	西藏	陕西	甘肃	青海	宁夏	新疆	
企业个数	141	13	189	86	26	30	110	

全国工程招标代理机构拥有资质数量分布情况　　　　表7-2-22

资质数量	具有单一招标代理机构资格的企业	具有两个及两个以上资质的企业
企业个数	1515	3384

【工程招标代理机构的人员情况】 2009年年末工程招标代理机构从业人员合计318093人，比上年增长9.6%。其中，正式聘用人员274553人，占年末从业人员总数的86.3%；临时工作人员43540人，占年末从业人员总数的13.7%。

2009年年末工程招标代理机构正式聘用人员中专业技术人员合计249307人，比上年增长7.98%。其中，高级职称人员48156人，中级职称120740人，初级职称53781人，其他人员26630人。专业技术人员占年末正式聘用人员总数的90.81%。

2009年年末工程招标代理机构正式聘用人员中注册执业人员合计66014人，比上年增长7.36%。其中，注册造价工程师33633人，占总注册人数的50.95%；注册建筑师690人，占总注册人数的1.05%；注册工程师2012人，占总注册人数的3.05%；注册建造师5689人，占总注册人数的8.62%；注册监理工程师23002人，占总注册人数的34.84%；其他注册执业人员987人，占总注册人数的1.50%。从统计报表情况看，85.3%工程招标代理机构的注册造价工程师数量能够满足企业资格标准要求，其中，92.2%甲级工程招标代理机构的注册造价工程师数量能够满足企业资格标准要求。

【工程招标代理机构的业务情况】 2009年度工程招标代理机构工程招标代理中标金额32613.16亿元，与上年减少13.05%。其中，房屋建筑和市政基础设施工程招标代理中标金额25412.52亿元，占工程招标代理中标金额的77.92%；招标人为政府和国有企事业单位工程招标代理中标金额20749.00亿元，占工程招标代理中标金额的63.62%。

2009年度工程招标代理机构承揽合同约定酬金合计593.38亿元，比上年增长15.54%。其中，工程招标代理承揽合同约定酬金为111.92亿元，占总承揽合同预定酬金的18.86%；工程监理承揽合同约定酬金为184.40亿元；工程造价咨询承揽合同约定酬金为60.98亿元；项目管理与咨询服务承揽合同约定酬金为76.04亿元；其他业务承揽合同约定酬金为 160.03 亿元。

【工程招标代理机构的财务情况】 2009 年度工程招标代理机构的营业收入总额为 969.71 亿元，比上年减少 0.77%。其中，工程招标代理收入 104.22 亿元，占营业收入总额的 10.75%；工程监理收入 142.37 亿元，工程造价咨询收入 78.64 亿元，工程项目管理与咨询服务收入 144.65 亿元，其他收入 499.83 亿元。

2009 年度工程招标代理机构的营业成本合计 814.64 亿元，营业税金及附加合计 55.15 亿元，营业利润合计 145.74 亿元，利润总额合计 120.33 亿元，所得税合计 25.57 亿元，负债合计 1938.02 亿元，所得者权益合计 1859.28 亿元。

【工程招标代理机构前 100 名企业】 2009 年度工程招标代理机构工程招标代理收入前 100 名排序如表 7-2-23 所列。

2009 年度工程招标代理机构工程招标代理收入前 100 名排序　　表 7-2-23

序号	企业名称	工程招标代理收入（万元）	资质等级	年末从业人员合计（人）
1	中电技国际招标有限责任公司	43598	甲级	171
2	中国机械设备进出口总公司	11748	甲级	40
3	华电招标有限公司	11554.87	甲级	54
4	江苏省设备成套有限公司	9360	甲级	148
5	重庆招标采购(集团)有限责任公司	7325.22	甲级	200
6	上海上咨建设工程咨询有限公司	6821.88	甲级	73
7	东北电力集团成套设备有限公司	6421.72	乙级	35
8	浙江浙电工程招标咨询有限公司	6344.24	甲级	49
9	广东省机电设备招标中心	6136	甲级	155
10	山西电能工程招标代理有限公司	5579.64	甲级	50
11	北京中交建设工程招标有限公司	5241.94	甲级	53
12	神华国际贸易有限责任公司	5066.5	甲级	120
13	中招国际招标有限公司	5023.12	甲级	122
14	上海百通项目管理咨询有限公司	4882.09	甲级	277
15	西北(陕西)国际招标有限公司	4833.31	甲级	52
16	华杰工程咨询有限公司	4757.55	甲级	147
17	甘肃电力物资公司	4629.09	乙级	108
18	辽宁工程招标公司	4482.7	甲级	42
19	北京国电工程招标有限公司	4096	甲级	63
20	江苏兴源电力建设监理有限公司	4052	甲级	533
21	安徽皖电招标有限公司	3865	乙级	37
22	中能电力科技开发有限公司	3553	乙级	96
23	安徽国汉建设监理咨询有限公司	3428.25	乙级	95
24	陕西银河招标有限责任公司	3375	甲级	68
25	山东省建设工程招标中心有限公司	3360	甲级	40
26	中龙国际招标有限公司	3307	甲级	43
27	国电龙源电力技术工程有限责任公司	3158	甲级	87
28	江西省电力物资公司	3150	乙级	125
29	中国建筑设计咨询公司	3104	甲级	154
30	广东省机电设备招标公司	3086	甲级	76
31	北京求实工程管理有限公司	3004.75	甲级	99
32	四川建科工程建设管理有限公司	2948.21	甲级	208

二、2009年建筑业发展统计分析

续表

序号	企业名称	工程招标代理收入（万元）	资质等级	年末从业人员合计（人）
33	河北安惠招标有限公司	2901.12	甲级	37
34	吉林省吉能招标有限公司	2733	甲级	28
35	北京京供民科技开发有限公司	2715.12	甲级	36
36	福建省机电设备招标公司	2694.62	甲级	109
37	广东顶立工程咨询有限公司	2644	甲级	31
38	天津市泛亚工程机电设备咨询有限公司	2627.52	甲级	74
39	天津市开发区建设工程监理公司	2589	乙级	381
40	天津市正平电力招投标有限公司	2584	甲级	28
41	河南豫信招标有限责任公司	2557	甲级	32
42	四川阳光电力招标有限责任公司	2411.61	乙级	48
43	陕西秦源招标有限责任公司	2386.76	乙级	59
44	北京城市轨道交通咨询有限公司	2345	甲级	75
45	湖北省成套招标有限公司	2339.94	甲级	51
46	北京市京发招标有限公司	2297.94	甲级	75
47	上海市上投招标公司	2275.57	甲级	45
48	广州电力工程监理有限公司	2270.9	甲级	190
49	山东诚信工程建设监理有限公司	2263.56	甲级	1036
50	上海祥浦建设工程监理咨询有限责任公司	2171.96	甲级	190
51	江苏交通工程投资咨询有限公司	2150	甲级	98
52	上海中鑫建设咨询有限公司	2145.97	甲级	41
53	江苏省宏源电力建设监理有限公司	2135.93	乙级	350
54	中国机械进出口(集团)有限公司	2126.76	甲级	408
55	云南招标股份有限公司	2123.79	甲级	63
56	河南省机电设备招标股份有限公司	2089.48	甲级	42
57	济南建招工程咨询有限公司	2054	甲级	60
58	陕西省招标有限责任公司	1972.52	甲级	59
59	中化建国际招标有限责任公司	1970.25	甲级	49
60	上海宝华国际招标有限公司	1943	甲级	60
61	湖南中科项目管理有限公司	1936.56	甲级	55
62	新华国际招标有限公司	1920	甲级	45
63	河北宏信招标有限公司	1918.4	甲级	55
64	青海诚鑫招标有限公司	1904	甲级	28
65	北京国际电气工程有限责任公司	1878.3	甲级	24
66	北京中昌工程咨询有限公司	1874.92	甲级	90
67	河北华能招标有限责任公司	1859	甲级	39
68	广西区建设工程机电设备招标中心	1839.27	甲级	79
69	天津市森宇建筑技术法律咨询有限公司	1831.32	甲级	128
70	中化国际招标有限责任公司	1830.45	甲级	145
71	广西科文招标有限公司	1798.38	甲级	103
72	上海东方投资监理有限公司	1794	甲级	216
73	常州安厦工程项目管理有限公司	1787.33	甲级	205

续表

序号	企业名称	工程招标代理收入（万元）	资质等级	年末从业人员合计（人）
74	上海华瑞建设经济咨询有限公司	1779.68	甲级	66
75	中技国际招标公司	1778.86	甲级	155
76	深圳高速工程顾问有限公司	1752	甲级	420
77	山东水务招标有限公司	1719	甲级	55
78	福建中交工程监理咨询有限公司	1695.35	暂定级	348
79	江苏建威工程咨询有限公司	1676.15	甲级	60
80	天津国际招标有限公司	1650	甲级	60
81	浙江天音管理咨询有限公司	1616.68	甲级	35
82	昆明晨晟招标有限责任公司	1614.06	甲级	50
83	湖北正信电力工程咨询有限公司	1608.73	甲级	95
84	甘肃光明电力工程咨询监理有限责任公司	1605	甲级	373
85	四川华通建设工程造价管理有限责任公司	1603	甲级	182
86	无锡市建汇建设工程咨询事务所有限公司	1585.55	甲级	31
87	北京京城招建设工程咨询有限公司	1581.11	甲级	119
88	上海资文建设工程咨询有限公司	1577.49	甲级	41
89	杭州同欣工程管理有限公司	1575.87	甲级	45
90	四川天力招标有限责任公司	1552	乙级	30
91	中仪国际招标公司	1551.65	甲级	78
92	青海电力招标代理有限责任公司	1545	乙级	43
93	中铁第一勘察设计院集团有限公司	1539	甲级	3879
94	江苏省鸿源招标代理有限公司	1525.73	甲级	25
95	安徽省国际招标有限责任公司	1512.3	甲级	75
96	黑龙江省招标公司	1503.28	甲级	30
97	河南电力物资公司	1500	乙级	164
98	上海宝钢建设监理有限公司	1486	甲级	967
99	新疆经纬招标有限责任公司	1484	甲级	32
100	浙江省成套工程有限公司	1473.44	甲级	80

工程招标代理机构营业收入前100名中，从资质等级来看，甲级机构86个，乙级机构13个，暂定级机构1个。工程招标代理机构工程招标承揽合同约定酬金前100名机构中，从资质等级来看，甲级机构62个，乙级机构15个，暂定级机构23个。

（住房和城乡建设部建筑市场监管司
哈尔滨工业大学）

2009年工程勘察设计企业基本情况

【概况】 根据2009年全国工程勘察设计企业年报数据统计，全国共有勘察设计企业14264个，与上年14667个相比，减少403个。2009年各地工程勘察设计企业数量情况见图7-2-12，最近9年工程勘察设计企业数量发展见图7-2-13。

【企业资质情况】 持有行业资质、专业资质企业

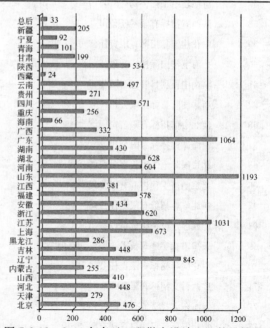

图7-2-12 2009年各地工程勘察设计企业数量情况

二、2009年建筑业发展统计分析

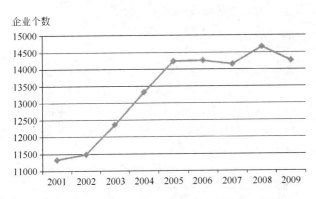

图 7-2-13　最近 9 年工程勘察设计企业数量发展

情况：甲级企业 2986 个，为 2008 年的 102%，比上年增加 59 个；乙级企业 4016 个，为 2008 年的 96%，比上年减少 188 个；丙级企业 3571 个，为上年的 91%，比上年减少 342 个。

持有专项证书的企业 3152 个，为 2008 年的 93%，比上年减少 235 个。

根据调整后的勘察设计统计报表制度，设计施工一体化企业首次纳入统计范围。截至 2009 年年底，持有设计施工一体化资质的企业有 283 个。

2009 年工程勘察设计企业资质等级构成见图 7-2-14，最近 9 年工程勘察设计企业资质等级发展见图 7-2-15。

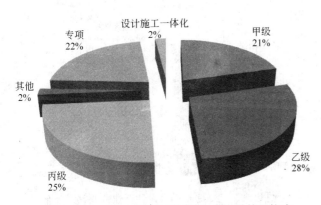

图 7-2-14　2009 年工程勘察设计企业资质等级构成

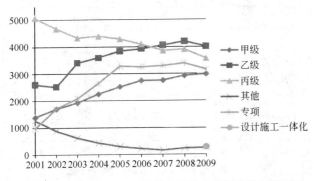

图 7-2-15　最近 9 年工程勘察设计企业资质等级发展

【企业经济类型状况】　内资企业 14028 个，占企业总数 98%，与上年持平。其中：国有企业 4439 个，占内资企业总数的 32%，比上年减少 3%；私营企业 1743 个，占内资企业总数的 12%，比上年增加 2%；集体企业 381 个，占内资企业总数的 3%，与上年持平；有限责任公司 6058 个，占内资企业总数的 43%，比上年增加 1%；股份有限公司 957 个，占内资企业总数的 7%，与上年持平；其他类型企业 450 个，占内资企业总数的 3%，与上年持平。

港、澳台商投资企业 123 个，占企业总数的 1%。外商投资企业 113 个，占企业总数 1%。

【企业人员状况】　2009 年勘察设计行业年末从业人员 127.30 万人，为 2008 年的 102%，与上年 124.91 万人相比，增加 2.39 万人。最近 9 年工程勘察设计行业从业人员数量发展见图 7-2-16。

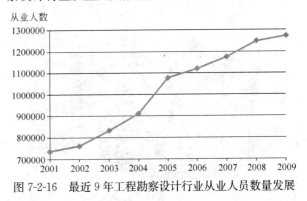

图 7-2-16　最近 9 年工程勘察设计行业从业人员数量发展

2009 年勘察设计行业专业技术人员 83.26 万人，占年末从业人员总数的 65.40%。其中，具有高级职称 24.35 万人，占年末从业人员总数的 19.13%；具有中级职称 33.84 万人，占年末从业人员总数的 26.58%。

2009 年勘察设计行业取得注册执业资格共 151106 人次，占从业人员总数的 11.87%，与上年 152287 人次相比，减少 1181 人次，减小了 0.78%。最近 9 年全国工程勘察设计行业技术人员职称及执业资格情况发展见图 7-2-17。

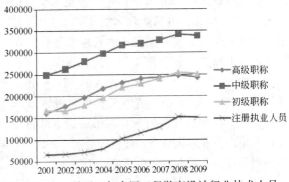

图 7-2-17　最近 9 年全国工程勘察设计行业技术人员职称及执业资格情况发展

【业务完成情况】 工程勘察完成合同额合计 404.08 亿元，比上年增加 69.90 亿元，增长了 20.92%；工程设计完成合同额合计 1881.61 亿元，比上年增加 278.69 亿元，增长了 17.39%；施工图完成投资额为 58832.59 亿元，比上年增加 15073.96 亿元，增长了 34.45%；施工图完成建筑面积 38.14 亿平方米，比上年增加 10.20 亿平方米，增长了 36.51%；工程技术管理服务完成合同额合计 249.97 亿元，比上年减少 69.29 亿元，减小了 21.71%；其中工程咨询完成合同额 105.92 亿元，比上年增加 12.18 亿元，增长了 13.00%；工程承包完成合同额合计 3694.88 亿元，比上年增加 487.14 亿元，增长了 15.19%；境外工程完成合同额合计 520.98 亿元，比上年增加 111.41 亿元，增长了 27.20%。2009 年工程勘察设计行业完成各类合同额构成见图 7-2-18。

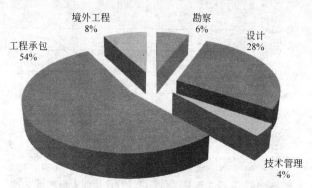

图 7-2-18　2009 年工程勘察设计行业完成各类合同额构成

【财务状况】 2009 年全国勘察设计企业全年营业收入总计 6852.88 亿元，为上年的 114.82%。最近 9 年工程勘察设计行业全年营业收入发展情况见图 7-2-19。其中：工程勘察收入 409.21 亿元，占营业收入的 6%，比上年增长了 21.29%。其中，境外工程勘察收入为 10.23 亿元，占工程勘察收入的 2.50%；工程设计收入 1655.24 亿元，占营业收入的 24%，比上年增长了 18.27%。其中，境外工程设计收入为 42.89 亿元，占工程设计收入的 2.59%；工程技术管理服务收入 186.30 亿元，占营业收入的 3%，比上年增长了 8.64%。其中，境外工程技术管理服务收入 5.21 亿元，占工程技术管理服务收入的 2.80%；工程承包收入 3883.28 亿元，占营业收入的 57%，比上年增长了 20.66%。其中，境外工程承包收入 350.01 亿元，占工程承包收入的 9.01%。最近 9 年勘察设计行业境内营业收入分类发展情况见图 7-2-20，2009 年勘察设计行业营业收入分布见图 7-2-21。

2009 年勘察设计行业人均营业收入 53.84 万元，比上年增长 12.50%。最近 9 年工程勘察设计行业人均营业收入发展情况见图 7-2-22。

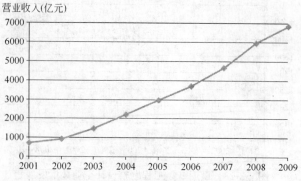

图 7-2-19　最近 9 年工程勘察设计行业全年营业收入发展情况

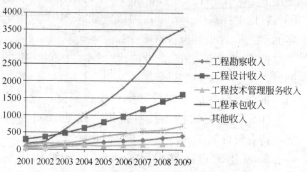

图 7-2-20　最近 9 年勘察设计行业境内营业收入分类发展情况

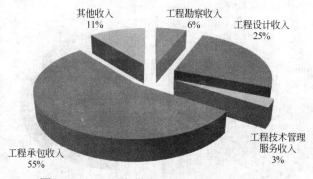

图 7-2-21　2009 年勘察设计行业营业收入分布

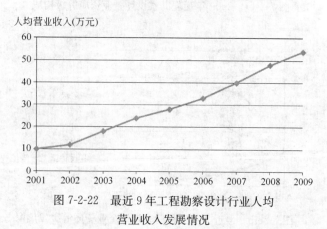

图 7-2-22　最近 9 年工程勘察设计行业人均营业收入发展情况

二、2009年建筑业发展统计分析

勘察设计行业2009年全年利润总额556.80亿元，比上年增长77.93%；其中，应交所得税106.78亿元，比上年增长21.26%。勘察设计行业企业净利润455.22亿元，比上年增长44.79%。

【科技活动状况】 2009年勘察设计行业科技活动费用支出总额为144.52亿元，占营业收入的2.11%；比上年增加11.80亿元，增长了8.89%。

企业累计拥有专利17315项，比上年增加4948项，增长了40.01%；企业累计拥有专有技术10994项，比上年增加1460项，增长了15.31%。

【2009年全国工程勘察设计企业营业收入前100名】 2009年全国工程勘察设计企业营业收入前100名如表7-2-24所列。

2009年全国工程勘察设计企业营业收入前100名　　表7-2-24

排名	企业名称	全年营业收入合计(万元)
1	中国石化工程建设公司	1549788.00
2	中冶京诚工程技术有限公司	1003377.00
3	中国寰球工程公司	994852.00
4	中国水电工程顾问集团公司	902722.36
5	中冶南方工程技术有限公司	624381.75
6	中铝国际工程有限责任公司	606282.26
7	中冶赛迪工程技术股份有限公司	603058.64
8	中国核电工程有限公司	533315.28
9	中国成达工程有限公司	514465.00
10	合肥水泥研究设计院	513841.00
11	中国石化集团洛阳石油化工工程公司	510582.00
12	上海宝钢工程技术有限公司	509956.00
13	泛华建设集团有限公司	467832.68
14	中冶焦耐工程技术有限公司	466707.00
15	中国恩菲工程技术有限公司	451691.17
16	中铁二院工程集团有限责任公司	443005.00
17	天津水泥工业设计研究院有限公司	438659.00
18	中铁第四勘察设计院集团有限公司	384918.00
19	中国联合工程公司	379200.00
20	中国京冶工程技术有限公司	365281.34
21	烟建集团有限公司	359633.00
22	中国石油集团工程设计有限责任公司	350788.00
23	中国电力工程顾问集团西北电力设计院	337365.00
24	中国纺织工业设计院	332858.00
25	中船第九设计研究院工程有限公司	329325.40
26	中国石化集团宁波工程有限公司	327588.70
27	中国中建设计集团有限公司	324759.00

续表

排名	企业名称	全年营业收入合计(万元)
28	铁道第三勘察设计院集团有限公司	313214.00
29	中铁第一勘察设计院集团有限公司	307562.00
30	中油辽河工程有限公司	300160.00
31	中国航天建筑设计研究院(集团)	284032.00
32	中国天辰工程有限公司	283397.00
33	北京国电华北电力工程有限公司	277602.64
34	北京首钢国际工程技术有限公司	265717.00
35	中国石油天然气华东勘察设计研究院	261566.07
36	长江勘测规划设计研究有限责任公司	239295.59
37	中国水电顾问集团成都勘测设计研究院	235340.00
38	上海现代建筑设计(集团)有限公司	226810.29
39	中国石化集团上海工程有限公司	221562.79
40	武汉凯迪电力工程有限公司	216918.76
41	中冶长天国际工程有限责任公司	214097.00
42	中国中元国际工程公司	212092.50
43	中国建筑设计研究院	211794.00
44	中国海诚工程科技股份有限公司	208896.00
45	胜利油田胜利勘察设计研究院有限公司	207343.00
46	五环科技股份有限公司	203970.05
47	上海市政工程设计研究总院	200785.43
48	惠生工程(中国)有限公司	184807.96
49	东华工程科技股份有限公司	177040.00
50	赛鼎工程有限公司	176066.00
51	中冶华天工程技术有限公司	176026.00
52	中国建材国际工程有限公司	171271.00
53	山东电力工程咨询院有限公司	169721.67
54	中国移动通信集团设计院有限公司	168168.00
55	中冶北方工程技术有限公司	166747.00
56	中国水电顾问集团中南勘测设计研究院	164340.47
57	大庆油田工程有限公司	160397.00
58	中国航空规划建设发展有限公司	157194.00
59	深圳中广核工程设计有限公司	156906.00
60	中国核动力研究设计院	156827.00
61	华陆工程科技有限责任公司	156130.00
62	广东省电力设计研究院	148019.00
63	上海市机电设计研究院有限公司	147154.00
64	中国公路工程咨询集团有限公司	145046.96
65	成都建筑材料工业设计研究院有限公司	142779.00
66	中国水电顾问集团西北勘测设计研究院	142194.48

续表

排名	企业名称	全年营业收入合计(万元)
67	北京矿冶研究总院	141783.00
68	中国水电顾问集团华东勘测设计研究院	141256.88
69	中国电力工程顾问集团中南电力设计院	137244.45
70	机械工业第四设计研究院	136107.00
71	中冶东方工程技术有限公司	132947.48
72	同济大学建筑设计研究院(集团)有限公司	129217.00
73	山东省冶金设计院股份有限公司	128668.00
74	中国水电顾问集团昆明勘测设计研究院	128413.15
75	中铁工程设计咨询集团有限公司	124173.00
76	中国电子工程设计院	118354.00
77	中色科技股份有限公司(原洛阳有色院)	118185.00
78	中铁上海设计院集团有限公司	113599.00
79	东风设计研究院有限公司	111812.93
80	招商局重庆交通科研设计院有限公司	110065.00
81	中交第一航务工程勘察设计院有限公司	108744.00
82	中国中材国际工程股份有限公司	106590.00
83	中交第一公路勘察设计研究院有限公司	105281.00
84	中冶连铸技术工程股份有限公司	105265.00
85	北京市市政工程设计研究总院	105112.00
86	信息产业电子第十一设计研究院有限公司	105023.00
87	五洲工程设计研究院(中国兵器工业第五设计研究院)	104939.35
88	中交公路规划设计院有限公司	104463.00
89	中国电力建设工程咨询公司	100645.50
90	中国建筑西南设计研究院	98903.00
91	中铁第五勘察设计院集团有限公司	98610.00

续表

排名	企业名称	全年营业收入合计(万元)
92	中国原子能科学研究院	97642.00
93	大地工程开发有限公司	96844.39
94	河北建设勘察研究院有限公司	93616.10
95	机械工业第六设计研究院	93564.00
96	内蒙古电力勘测设计院	93236.00
97	北方设计研究院(中国兵器工业第六设计研究院)	92026.00
98	中石油东北炼化工程有限公司	89331.00
99	中交第二航务工程勘察设计院有限公司	88780.00
100	机械工业第三设计研究院	88148.83

(住房和城乡建设部建筑市场监管司
哈尔滨工业大学)

入选国际承包商 225 强的中国内地企业

美国《工程新闻记录》(ENR, Engineering News-Record),是全球工程建设领域最权威的学术杂志,隶属于美国麦格劳—希尔公司,提供工程建设业界的新闻、分析、评论以及数据,帮助工程建设专业人士更加有效的工作。ENR 每年对全球范围内的建筑业界权威企业进行排名,其中"国际最大承包商 225 强"和"全球最大承包商 225 强"排名榜单在全球建筑行业内最有影响力。

【入榜中国内地企业概况】 入选 2010 年 ENR 国际承包商前 225 强的中国内地企业共有 54 家,详见表 7-2-25。入榜企业数比上年增加 4 家,新上榜的企业有 7 家。

入选国际承包商 225 强的中国承包企业 表 7-2-25

序号	公司名称	2010 年度排名	2009 年度排名	国际市场营业额
1	中国交通建设股份有限公司	13	17	7477.80
2	中国建筑工程总公司	22	25	4185.00
3	中国铁建股份有限公司	25	51	3542.00
4	中国机械工业集团公司	26	28	3422.30
5	中国冶金科工集团公司	31	61	2965.00
6	中信建设有限责任公司	32	59	2941.50
7	中国水利水电建设集团公司	41	56	2233.20
8	中国石油工程建设(集团)公司	46	100	2092.60
9	中国中铁股份有限公司	53	62	1781.40
10	中国石化工程建设公司	69	94	1279.80
11	中国石油天然气管道局	76	120	1052.80
12	上海电气集团	78	83	1042.00

二、2009年建筑业发展统计分析

续表

序号	公司名称	2010年度排名	2009年度排名	国际市场营业额
13	山东电力建设第三工程公司	79	95	1013.00
14	东方电气股份有限公司	80	80	1011.00
15	中国葛洲坝集团公司	84	99	932.50
16	中国土木工程集团公司	86	72	911.20
17	上海建工(集团)总公司	89	103	840.50
18	山东电力基本建设总公司	101	123	712.70
19	中国地质工程集团公司	106	142	653.60
20	哈尔滨电站工程有限责任公司	108	137	620.90
21	北京建工集团	117	140	563.70
22	中国江苏国际经济技术合作公司	119	147	540.40
23	中原石油勘探局工程建设总公司	123	112	510.50
24	中国化学工程股份有限公司	124	90	504.90
25	中国水利电力对外公司	125	122	504.60
26	中国地质海外建设总公司	128	131	468.80
27	中国海外工程有限责任公司	130	141	456.50
28	青岛建设集团公司	133	143	425.00
29	中国机械进出口(集团)有限公司	135	109	410.10
30	合肥水泥研究设计院	137	145	397.30
31	中国万宝工程公司	140	153	349.30
32	中国大连国际经济技术合作集团有限公司	141	172	348.80
33	上海城建集团	149	202	316.90
34	中国寰球工程公司	151	189	314.50
35	安徽建工集团	157	168	290.00
36	中国河南国际合作集团有限公司	159	165	281.00
37	中国机械设备进出口总公司	160	185	276.60
38	泛华建设集团有限公司	162	**	263.60
39	新疆北新建设工程(集团)有限责任公司	169	191	237.20
40	安徽省外经建设(集团)有限公司	179	212	207.40
41	中国武夷实业股份有限公司	184	222	190.60
42	中国江西国际经济技术合作公司	185	192	187.90
43	中国中原对外工程公司	186	175	183.50
44	中钢设备有限公司	188	193	178.80
45	南通建工集团股份有限公司	197	**	169.10
46	江苏南通三建集团有限公司	200	**	167.40
47	中国有色金属建设股份有限公司	201	194	167.00
48	威海国际经济技术合作股份有限公司	206	199	153.30
49	中鼎国际工程有限责任公司	207	220	152.60
50	云南建工集团有限公司	208	**	151.40
51	上海隧道工程股份有限公司	215	**	138.00
52	浙江省建设投资集团公司	217	**	135.40
53	江苏南通六建集团有限公司	221	**	123.60
54	中国成套设备进出口(集团)总公司	224	224	114.50

**表示本年度未进入225强排行榜。

从表 7-2-25 可以看出，在 54 家中国承包企业中，有 17 家中国企业位于前 100 名，其中，有 16 家的名次比上年上升了，有 6 家的名次上升超过了 20 位；上榜的中国企业之首是中国交通建设股份有限公司，排在排行榜的第 13 位，比上年的第 17 位，上升了 4 个位次。泛华建设集团有限公司是新上榜企业之首，第一次进入排行榜就排在了第 169 位，其他新上榜企业分别为：南通建工集团股份有限公司、江苏南通三建集团有限公司、云南建工集团有限公司、上海隧道工程股份有限公司、浙江省建设投资集团公司和江苏南通六建集团有限公司。位于第 100～225 名的中国企业名次上升的有 22 家，下降的有 7 家，1 家没有变化。这说明大部分中国企业比上年有所上升，在国际市场的竞争过程中，中国企业的实力正在逐渐增强。

2010 年国际承包商 225 强中的 54 家中国企业的国际营业额之和达到了 505.91 亿美元，比上年的 432.03 亿美元，增长了 73.88 亿美元，增幅为 17.1%，占 2010 年国际承包商 225 强国际总营业额的 13.18%，比上年的 11.1%增加了 2 个百分点。由以上数据可知，中国承包企业在国际承包市场上的影响力越来越大，在与发达国家和地区的承包商的竞争中，慢慢获得了进步和发展，主要体现在营业额和市场份额的增加。

【业务领域排名】 2009 年中国企业在各个业务领域的表现十分令人惊喜。在房屋建筑领域，中国建筑工程总公司进入 2010 年最大的国际房屋承包商前 10 行列，排第 7 名，上一年是排在第 9 位，上升了 2 个位次；在能源电力业务领域，中国机械工业集团有限公司已经连续两年排名第 1，再次成为最大的国际能源电力项目承包商，同时，上海电气集团股份有限公司 2010 年第二次进入电力业务领域前 10 名，从第 9 位上升到第 6 位；在水利业务领域，中国地质工程集团排在前十名的第 10 位；另外，中国交通建设股份有限公司和中国机械工业集团分别进入了 2010 年国际交通运输承包商和国际通信承包商的前 10 名，分别排在第 4 位和第 5 位。

【区域市场分布】 中国企业占各主要区域市场份额的情况，如表 7-2-26 所示。

进入国际承包商 225 强的中国企业占各主要区域市场份额情况 单位：%   表 7-2-26

年份	非洲	亚洲	中东	拉丁美洲/加勒比地区	欧洲	美国	加拿大
2009	36.6	24.9	10.8	5.0	1.6	0.5	0.4
2008	42.4	20.0	6.5	4.4	1.3	0.8	0.1
2007	26.9	16.6	5.5	4.2	1.0	1.1	0.5

数据来源：ENR。

国际承包市场主要包括亚洲、欧洲、非洲、拉丁美洲、中东、美国和加拿大等七大市场区域。中国承包商的业务市场区域大多数都集中在亚洲、中东和非洲区域市场。2009 年中国承包企业占这三个区域市场的市场份额分别为 10.8%、24.9% 和 36.6%，与上年的市场份额数值相比，均都有所增加。在亚洲市场份额排名前 10 名的企业中，有 4 家中国企业：中国交通建设股份有限公司，排在第 3 位的；中国冶金集团公司，排在第 7 位；中国建筑工程总公司，排在第 8 位；还有中国机械工业集团有限公司，排在第 10 位。

在非洲市场，中国承包企业占最大的市场份额，达到了 36.6%，比起上一年的 42.4% 下降了 5.8 个百分点。在非洲市场占有市场份额排在前 10 名的国际承包商中有 2 家中国企业，他们分别是排在第 3 位的中国铁建股份有限公司和排在第 5 位的中国交通建设股份有限公司。

（哈尔滨工业大学）

入选全球承包商 225 强的中国内地企业

【入榜中国内地企业概况】 入选 2010 年 ENR 全球最大承包商前 225 强的中国内地企业共有 37 家，详见表 7-2-27。入榜企业数比上年增加 4 家，新上榜的企业有 6 家。从整体上看，这 37 家中国内地企业中有 28 家企业的排列名次均得到保持或上升，约占 75.68% 的比例。其中，上年冲入前 10 强的 5 家中国内地企业仍名列前 10 强。

入选全球承包商 225 强的
中国内地企业   表 7-2-27

序号	公司名称	2010 年度排名	2009 年度排名
1	中国铁建股份有限公司	1	4
2	中国中铁股份有限公司	2	2
3	中国交通建设集团有限公司	5	7
4	中国建筑工程总公司	6	6

二、2009年建筑业发展统计分析

续表

序号	公司名称	2010年度排名	2009年度排名
5	中国冶金科工集团公司	8	9
6	中国水利水电建设集团公司	26	31
7	上海建工(集团)总公司	27	29
8	中国东方电气集团公司	43	48
9	浙江省建设投资集团有限公司	53	57
10	中国机械工业集团公司	54	64
11	中国化学工程集团公司	55	55
12	中国葛洲坝集团有限公司	60	88
13	北京建工集团有限公司	73	91
14	中国石油工程建设(集团)公司	75	143
15	上海城建(集团)公司	81	71
16	中信建设有限责任公司	86	124
17	中国石油天然气管道局	90	108
18	云南建工集团有限公司	93	**
19	山东电力基本建设总公司	98	112
20	青岛建设集团公司	101	109
21	南通三建集团有限公司	105	118
22	中原石油对外经济贸易总公司	106	102
23	中国石化工程公司	109	144
24	大庆油田建设集团	111	119
25	安徽建工集团有限公司	123	140
26	中国寰球工程公司	125	196
27	上海隧道工程股份有限公司	134	**
28	上海电气集团有限公司	136	152
29	山东电力建设第三工程公司	153	194
30	江苏南通六建集团有限公司	158	187
31	中国土木工程集团公司	162	157
32	南通建工集团股份有限公司	165	197
33	中国电力工程顾问集团公司	167	**
34	新疆北新建筑工程(集团)有限公司	171	201
35	中国地质工程集团公司	194	**
36	中国江苏国际经济技术合作公司	203	**
37	泛华建设集团有限公司	220	**

** 表示本年度未进入 225 强排行榜。

【成长性分析】 入榜的 37 家中国内地企业的总营业额合计 2915.50 亿美元（上年为 2231.67 亿美元），占全球承包商前 225 强营业额总和的 27.12%（上年为 21.30%），无论从总量还是相对比重上来看，相对于上年均有较大幅度的提高；其中海外营业额为 450.409 亿美元，比上年增加 17.11%，新签合同额为 4530.369 亿美元，比上年增长 20.54%。因此，虽然中国企业在国际竞争力上与发达国家企业相比还存在一定差距，但是成长性较强，一直都保持着稳健的发展势头。

【业务领域分布】 经统计，37 家中国内地企业的主营业务领域分布情况如下：房屋建筑 12 家，能源电力 8 家、石油化工/工业 8 家、交通运输 8 家、水利 1 家。其中只有中国地质工程集团公司以水利项目为主营业务。而在制造、排水/废弃物、有害废物处理和电信领域，中国企业则涉及较少，与发达国家企业相比缺乏竞争力。

(哈尔滨工业大学)

2009 年我国对外承包工程业务统计分析

【概况】 根据商务部的有关统计分析报告，2009 年我国对外承包工程业务保持两位数增长。2009 年我国对外承包工程业务完成营业额 777 亿美元，同比增长 37.3%；其中 12 月当月完成营业额 129.3 亿美元，同比增长 36.1%。新签合同额 1262 亿美元，同比增长 20.7%，其中当月新签合同额 197 亿美元，同比增长 19.4%。合同金额在 5000 万美元以上项目 440 个(上年同期 347 个)，合计 1017 亿美元，占新签合同总额的 81%，其中上亿美元的项目 240 个，较上年同期增加 45 个。

【2009 年对外承包工程营业额排序(分省市)】 根据商务部的有关统计分析报告，2009 年我国对外承包工程营业额排序(分省市)情况如表 7-2-28 所列。

2009 年我国对外承包工程营业额排序(分省市)情况　表 7-2-28　单位：万美元

序号	省、直辖市、自治区	完成营业额	新签合同额
	合计	4954932	6529070
1	广东省	758799	814859
	其中：深圳市	714828	738884
2	上海市	665664	1193790
3	江苏省	435771	449596
4	山东省	425362	850734
	其中：青岛市	89740	134019
5	四川省	335622	350679
6	河北省	287157	266678
7	湖北省	275913	679481

续表

序号	省、直辖市、自治区	完成营业额	新签合同额
8	浙江省	222269	230557
	其中：宁波市	84925	41426
9	天津市	208566	166199
10	北京市	184997	296851
11	河南省	159823	160070
12	辽宁省	157858	255818
	其中：大连市	90583	146629
13	安徽省	149363	98077
14	山西省	114297	48936
15	黑龙江省	78633	26305
16	云南省	73755	92403
17	江西省	71143	108293
18	陕西省	62543	32661
19	湖南省	54785	63326
20	新疆维吾尔自治区	44621	141835
21	广西壮族自治区	43495	47845
22	甘肃省	28332	28877
23	贵州省	28287	16461
24	新疆兵团	24028	16927
25	吉林省	23469	17078
26	重庆市	17576	54378
27	福建省	17478	14476
	其中：厦门市	345	76
28	海南省	2173	3365
29	内蒙古自治区	1692	734
30	宁夏回族自治区	1461	1781

数据来源：商务部对外投资和经济合作司《2009年我国对外承包工程营业额排序表（分省、市、自治区）》。

从表7-2-28中可以看出，完成营业额排名前5位的是广东、上海、江苏、山东和四川，这5个省市对外承包工程完成营业额占全国各地区对外承包工程全部营业额的52.88%。新签合同额排名前5位的是上海、山东、广东、湖北和江苏，其签订对外承包工程合同额占全国的61.09%。

统计数据显示，对外承包工程业务主要集中在东南沿海省份的建筑业企业，四川、湖北、河北等省对外开拓能力在逐步加强。

【2009年我国对外承包工程业务完成营业额前50名】 根据商务部的有关统计分析报告，2009年我国对外承包工程业务完成营业额前50名如表7-2-29所列。

2009年我国对外承包工程业务完成营业额前50名 单位：万美元　表7-2-29

序号	企业名称	完成营业额
1	华为技术有限公司	654245
2	中国建筑工程总公司	422587
3	中信建设有限责任公司	294158
4	上海振华港口机械股份有限公司	261602
5	中国水利水电建设集团公司	222824
6	中国石油工程建设（集团）公司	207677
7	中国机械设备进出口总公司	205851
8	中国港湾工程有限责任公司	184583
9	中国石化工程建设公司	131879
10	中石油集团长城钻探工程有限公司	108722
11	中国路桥工程有限责任公司	106182
12	上海电气集团股份有限公司	104215
13	山东电力建设第三工程公司	101271
14	中国石油天然气管道局	99541
15	东方电气集团国际合作有限公司	97241
16	中国葛洲坝水利水电工程集团公司	89128
17	东方地球物理勘探有限责任公司	88149
18	中国土木工程集团公司	87462
19	中铁十八局集团有限公司	82848
20	上海建工（集团）总公司	80115
21	中国中材国际工程股份有限公司	72450
22	山东电力基本建设总公司	70790
23	上海贝尔股份有限公司	70764
24	中铁十二局集团有限公司	69376
25	中国冶金科工集团公司	67492
26	中国地质工程集团公司	65358
27	中兴通讯股份有限公司	60000
28	中建材集团进出口总公司	56824
29	中国京冶工程技术有限公司	55720
30	四川石油管理局	52904
31	中国水利电力对外公司	50459
32	中国石化集团中原石油勘探局	49744
33	北京建工集团有限责任公司	47639
34	中地海外建设集团有限公司	46880
35	哈尔滨电站工程有限责任公司	45766
36	中国海外工程有限责任公司	45654
37	中工国际工程股份有限公司	43651
38	青建集团股份公司	42488
39	沈阳远大铝业工程有限公司	41844

续表

序号	企业名称	完成营业额
40	中国技术进出口总公司	41009
41	中国恩菲工程技术有限公司	40424
42	中材建设有限公司	40288
43	中国江苏国际经济技术合作公司	40234
44	合肥水泥研究设计院	39816
45	中国二十冶建设有限公司	38053
46	中铁十四局集团有限公司	34720
47	上海城建(集团)公司	31686
48	中国寰球工程公司	31446
49	广东火电工程总公司	30598
50	上海电气输配电工程成套有限公司	30011

数据来源：商务部对外投资和经济合作司《2009年我国对外承包工程业务完成营业额前50名》。

【2009年我国对外承包工程业务新签合同额前50名】 根据商务部的有关统计分析报告，2009年我国对外承包工程业务新签合同额前50名如表7-2-30所列。

2009年我国对外承包工程业务新签合同额前50名的企业　单位：万美元　表7-2-30

序号	企业名称	新签合同额
1	中国中铁股份有限公司	750000
2	中国石化工程建设公司	731224
3	华为技术有限公司	654245
4	中国建筑工程总公司	602994
5	中国土木工程集团公司	485549
6	中国水利水电建设集团公司	448901
7	中国葛洲坝水利水电工程集团公司	422835
8	上海电气集团股份有限公司	414471
9	上海振华港口机械股份有限公司	355139
10	中国港湾工程有限责任公司	325659
11	山东电力基本建设总公司	298808
12	山东电力建设第三工程公司	275210
13	中国石油工程建设(集团)公司	202502
14	中国路桥工程有限责任公司	197074
15	中国铁道建筑工程总公司	177000
16	中国机械设备进出口总公司	169326
17	中国石化集团国际石油工程有限公司	160656
18	国家电网公司	158000
19	中建材集团进出口公司	148851
20	东方电气股份有限公司	132936

续表

序号	企业名称	新签合同额
21	中石油集团长城钻探工程有限公司	130004
22	中国交通建设集团公司	124948
23	中信建设有限责任公司	121852
24	东方地球物理勘探有限责任公司	110078
25	上海贝尔股份有限公司	106458
26	上海建工(集团)总公司	101527
27	四川石油管理局	101141
28	中地海外建设有限责任公司	99166
29	中国冶金科工集团公司	97888
30	新疆特变电工股份有限公司	95700
31	中国海外工程有限责任公司	88864
32	长江三峡技术经济发展有限公司	85794
33	沈阳远大铝业工程有限公司	83305
34	中国石油天然气管道局	80620
35	中铁国际经济合作公司	78790
36	中国中材国际工程股份有限公司	74722
37	中兴通讯股份有限公司	74019
38	中国机械进出口(集团)有限公司	68768
39	中国重型机械总公司	65188
40	中国恩菲工程技术有限公司	64223
41	中国水利电力对外公司	63900
42	浙江省建设投资集团有限公司	63088
43	中工国际工程股份有限公司	62865
44	中国航空技术国际工程有限公司	61691
45	中国江苏国际经济技术合作公司	60487
46	中国地质工程集团公司	59913
47	东方电气集团国际合作有限公司	58883
48	湖北省工业建筑集团有限公司	53992
49	中国石油天然气集团第七建设公司	53467
50	中铝工程有限责任公司	53000

数据来源：商务部对外投资和经济合作司《2009年我国对外承包工程业务新签合同额前50名的企业》。

(哈尔滨工业大学)

中国500强企业中的建筑业企业

根据中国企业联合会2010年9月4日公布的2010中国企业500强年度排行榜，共有37家建筑业企业入选2010中国企业500强，具体如表7-2-31所列。

入选 2010 中国企业 500 强年度排行榜的建筑业企业　　单位：万元　　表 7-2-31

序号	在 500 强企业中的名次	企 业 名 称	营业收入
1	8	中国铁建股份有限公司	35552077
2	9	中国中铁股份有限公司	34636796
3	14	中国建筑股份有限公司	26037963
4	18	中国交通建设集团有限公司	22860587
5	27	中国冶金科工集团有限公司	17670504
6	78	中国水利水电建设集团公司	7554547
7	80	上海建工(集团)总公司	7536883
8	122	广厦控股创业投资有限公司	5085054
9	176	北京城建集团有限责任公司	3640370
10	208	北京建工集团有限责任公司	3023767
11	230	中国葛洲坝集团公司	2691931
12	234	湖南省建筑工程集团总公司	2613443
13	239	浙江省建设投资集团有限公司	2576015
14	266	重庆建工集团有限责任公司	2223229
15	291	北京市政路桥建设控股(集团)有限公司	2061600
16	298	广州市建筑集团有限公司	1992778
17	302	广东省建筑工程集团有限公司	1928901
18	327	成都建筑工程集团总公司	1812563
19	330	四川华西集团有限公司	1797369
20	333	云南建工集团有限公司	1773102
21	336	广西建工集团有限责任公司	1734998
22	348	江苏南通三建集团有限公司	1685800
23	350	陕西建工集团总公司	1685627
24	355	中南控股集团有限公司	1658566
25	360	江苏省苏中建设集团股份有限公司	1646580
26	362	青建集团股份公司	1620766
27	378	浙江中成控股集团有限公司	1530995
28	383	江苏南通二建集团有限公司	1512550
29	408	浙江宝业建设集团有限公司	1391756
30	411	天津城建集团有限公司	1366000
31	429	浙江昆仑控股集团有限公司	1305463
32	434	安徽建工集团有限公司	1293462
33	443	北京住总集团有限责任公司	1265379
34	466	天津市建工集团(控股)有限公司	1201678
35	475	浙江八达建设集团有限公司	1162267
36	486	山西建筑工程(集团)总公司	1146552
37	497	河北建工集团有限责任公司	1120000

数据来源：2010 年中国企业发展报告。

(哈尔滨工业大学)

三、2009年房地产市场发展统计分析

2009年房地产市场运行情况

根据国家统计局发布的有关统计分析报告,2009年我国房地产市场运行情况如下:

【房地产开发完成情况】 2009年,全国完成房地产开发投资36232亿元,比上年增长16.1%。其中,商品住宅完成投资25619亿元,增长14.2%,占房地产开发投资的比重为70.7%。表7-3-1给出了2009年房地产开发企业完成投资及增速情况。

2009年房地产开发企业完成投资及增速情况 表7-3-1

地区	本年完成投资（亿元）	#住宅	比上年同期增长（%）	#住宅
全国总计	36231.71	25618.74	16.1	14.2
一、东部地区	21101.28	14445.66	12.3	9.1
北京	2337.71	906.62	22.5	-3.6
天津	735.18	494.86	12.5	7.7
河北	1517.20	1218.32	39.9	41.9
辽宁	2640.56	1932.94	28.1	22.4
上海	1464.18	918.68	2.0	4.9
江苏	3338.58	2424.15	1.0	-1.4
浙江	2253.57	1580.76	11.4	10.8
福建	1136.35	743.30	0.6	1.0
山东	2428.73	1860.35	19.1	16.3
广东	2961.32	2103.92	0.4	-1.3
海南	287.90	261.78	44.3	51.9
二、中部地区	7938.46	5986.26	24.6	23.3
山西	477.27	379.46	46.1	66.6
吉林	756.34	604.88	18.0	14.1
黑龙江	563.92	442.48	28.2	44.3
安徽	1667.54	1173.36	22.4	16.0
江西	634.52	509.17	15.9	14.1
河南	1553.76	1235.21	28.8	27.2
湖北	1200.44	804.16	34.5	21.8

续表

地区	本年完成投资（亿元）	#住宅	比上年同期增长（%）	#住宅
湖南	1084.66	837.54	13.5	19.1
三、西部地区	7191.97	5186.81	19.0	19.4
内蒙古	815.46	573.82	9.6	-0.9
广西	813.68	577.17	29.7	39.8
重庆	1238.91	789.02	25.0	27.4
四川	1586.76	1149.17	9.3	10.9
贵州	369.69	248.01	18.8	26.9
云南	737.46	552.96	32.2	30.4
西藏	15.72	11.37	14.4	-4.9
陕西	943.73	782.33	23.8	29.6
甘肃	204.14	137.32	9.9	-0.1
青海	72.85	55.47	42.3	29.3
宁夏	162.74	126.08	38.4	43.5
新疆	230.84	184.09	1.0	-5.0

数据来源：国家统计局网站。

2009年,全国房地产开发企业房屋施工面积31.96亿平方米,比上年增长12.8%；房屋新开工面积11.54亿平方米,增长12.5%；房屋竣工面积7.02亿平方米,增长5.5%。其中,住宅竣工面积5.77亿平方米,增长6.2%。

2009年,全国房地产开发企业完成土地购置面积31906万平方米,比上年下降18.9%；完成土地开发面积23006万平方米,下降19.9%。

【商品房销售情况】 2009年,全国商品房销售面积93713万平方米,比上年增长42.1%。其中,商品住宅销售面积增长43.9%；办公楼销售面积增长30.8%；商业营业用房销售面积增长24.2%。2009年,商品房销售额43995亿元,比上年增长75.5%。其中,商品住宅销售额增长80.0%,办公楼和商业营业用房销售额分别增长66.9%和45.5%。表7-3-2给出了2009年商品房销售面积和销售额增长情况。

2009年商品房销售面积和销售额增长情况　　表 7-3-2

地　区	商品房销售面积（万平方米）	销售面积增速(%)	商品房销售额（亿元）	销售额增速(%)
全国总计	93713.04	42.1	43994.54	75.5
一、东部地区	48248.21	47.6	29904.86	83.8
北京	2362.25	76.9	3259.66	96.6
天津	1590.02	27.0	1094.85	45.4
河北	2849.14	27.7	941.83	51.8
辽宁	5375.07	31.4	2168.29	41.0
上海	3372.45	44.2	4330.22	125.9
江苏	9922.73	62.9	4955.42	100.9
浙江	5525.38	84.7	4302.98	129.7
福建	2723.23	67.5	1478.22	107.4
山东	6931.70	25.9	2436.46	49.0
广东	7035.89	45.0	4585.93	58.8
海南	560.34	50.5	351.00	73.2
二、中部地区	21758.58	32.9	6507.81	55.6
山西	1014.39	2.0	275.77	17.7
吉林	1823.22	15.1	540.26	36.0
黑龙江	2015.53	35.6	652.52	55.0
安徽	4053.92	45.5	1378.39	67.8
江西	2280.91	32.0	602.80	63.4
河南	4338.60	35.9	1156.60	54.9
湖北	2718.30	40.0	959.88	64.8
湖南	3513.72	32.3	941.60	54.0
三、西部地区	23706.24	40.2	7581.88	64.2
内蒙古	2463.01	2.8	733.22	23.2
广西	2383.76	34.8	777.17	55.6
重庆	4002.89	39.4	1377.76	72.2
四川	5888.67	68.2	2074.91	87.7
贵州	1619.25	78.3	467.81	120.2
云南	2229.95	35.7	653.53	48.4
西藏	14.23	-78.6	4.73	-77.8
陕西	2086.97	37.9	672.72	50.6
甘肃	696.26	11.5	174.59	42.8
青海	218.32	47.6	54.90	50.9
宁夏	775.29	50.6	239.53	91.0
新疆	1327.64	39.1	351.01	64.2

数据来源：国家统计局网站。

【房地产开发企业资金来源情况】 2009年，房地产开发企业本年资金来源57128亿元，比上年增长44.2%。其中，国内贷款11293亿元，增长48.5%；利用外资470亿元，下降35.5%；企业自筹资金17906亿元，增长16.9%；其他资金27459亿元，增长71.9%。在其他资金中，定金及预收款15914亿元，增长63.1%；个人按揭贷款8403亿元，增长116.2%。

【全国房地产开发景气指数】 2009年全国房地产开发景气指数如表7-3-3所列。

2009年全国房地产开发景气指数　　表 7-3-3

指数类别	月　份											
	12	11	10	9	8	7	6	5	4	3	2	
全国房地产开发景气指数	103.66	102.78	102.03	101.08	100.08	98.01	96.55	95.94	94.76	94.74	94.86	
房地产开发投资分类指数	100.42	100.60	100.49	100.01	97.75	96.28	93.60	93.13	91.20	92.00	91.88	
本年资金来源分类指数	110.77	109.52	109.07	107.75	105.82	103.31	98.73	96.62	94.30	93.71	92.61	
土地开发面积分类指数	95.69	95.36	94.59	93.93	93.25	92.55	92.39	92.55	92.70	92.20	92.27	
商品房空置面积分类指数	96.87	93.84	91.84	90.32	89.31	88.62	88.59	89.05	91.20	92.03	95.46	
房屋施工面积分类指数	102.51	103.01	100.71	99.06	94.95	93.84	95.17	94.05	93.47	93.50	94.86	

数据来源：国家统计局网站。

(哈尔滨工业大学)

2009年70个大中城市房屋销售价格指数分析

【概述】 根据国家统计局调查结果分析，2009年全国70个大中城市房屋销售价格由年初的微降转为后期的上升。

从环比数据看，承接2008年房价走势，2009年1月和2月全国70个大中城市房价依然为环比下降，3月份开始房价出现环比上涨，且涨幅呈现逐渐增加的态势，如图7-3-1所示。全年房屋销售价格累计涨幅为7.75%，各季度房屋销售价格指数变化依次是一季度环比下降0.20%，二季度环比上涨1.81%，三季度环比上涨2.52%和四季度环比上涨3.44%。

三、2009年房地产市场发展统计分析

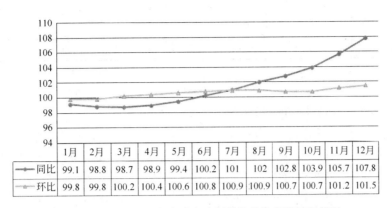

图 7-3-1　全国 70 个大中城市房屋销售价格指数运行情况

从同比数据看，2009 年全国 70 个大中城市房价从 6 月份开始同比上涨，涨幅呈现逐渐增加的态势，全年房价同比上涨 1.51%，各季度房价指数变化依次是一季度同比下降 1.14%，二季度同比下降 0.50%，三季度同比上涨 1.93% 和四季度同比上涨 5.79%，下半年房价出现明显的上涨。

2009 年全国 70 个大中城市二手住宅和新建住宅价格涨幅逐月增大。而且，全年前十个月二手住宅价格同比涨幅高于新建住房，如图 7-3-2 所示。

【分地区房屋销售价格分析】　全国 70 个大中城市中，2009 年全年房屋销售价格累计环比上涨的有 69 个，其中涨幅最大的 10 个城市分别为深圳 18.77%、温州 15.57%、金华 12.53%、杭州 11.29%、湛江 10.84%、南京 10.56%、海口 9.96%、银川 9.77%、北京 8.68%、天津 8.49%。70 个大中城市中只有唐山市房屋价格环比累计下降 1.81%，详见表 7-3-4。

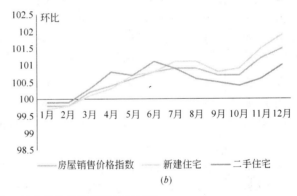

图 7-3-2　全国 70 个大中城市房屋销售价格分类指数运行情况
(a) 同比指数；(b) 环比指数

2009 年 70 个大中城市房屋销售价格环比指数　　表 7-3-4

地区	1月	2月	3月	4月	5月	6月	7月	8月	9月	10月	11月	12月	累计
全　国	99.8	99.8	100.2	100.4	100.6	100.8	100.9	100.9	100.7	100.7	101.2	101.5	107.75
北　京	99.8	99.9	100.1	100.4	100.2	100.4	100.9	100.9	100.3	100.4	102.1	103.1	108.68
天　津	99.9	100.1	100.2	100.3	100.6	100.8	100.7	101.5	100.9	100.6	100.5	102.1	108.49
石家庄	99.4	97.2	99	100.5	100.1	100.1	100.3	100.3	100.8	101.6	101.9	100.4	101.93
太　原	99.3	99.8	99.9	99.9	100.2	100.3	100.4	100.3	100.3	100.2	100.2	101	101.91
呼和浩特	99.6	99.3	100.2	100.1	99.8	100.3	100.3	100.4	100.3	101	100.6	100.7	103.23
沈　阳	99.2	100.4	100.2	100.4	100.3	100.5	100	100.3	100.3	100.4	99.8	100.1	101.81
大　连	99.9	98.8	99.9	99.9	101.2	101.2	100.5	100.5	100.5	100.3	100.3	101.4	105.19
长　春	99.5	99.2	99.8	100.4	100.7	100.7	101.5	100.3	100.3	101	101.4	100.1	104.36
哈尔滨	99.9	99.9	100.4	100.1	100.3	100.7	101	101	100.3	100.3	100.5	100.5	105.53
上　海	99.8	99.9	100.4	100.2	100.6	101	100.6	100.7	100.5	101	101.1	101.3	107.32

续表

地区	1月	2月	3月	4月	5月	6月	7月	8月	9月	10月	11月	12月	累计
南 京	99.9	100	100.4	100.2	100.6	101.3	101.6	101.1	100.7	101.6	101.3	101.4	110.56
杭 州	99.9	99.4	99.8	99.8	100.7	100.7	101.1	101.8	101.8	101.3	102.9	101.6	111.29
宁 波	100	100.1	100.3	100.5	100.8	101.6	101.5	100.4	100.3	100.3	100.4	100.9	107.32
合 肥	100	100	99.9	100.2	100.1	100	100.9	100.4	100.3	100.5	100.1	100.5	102.93
福 州	100.1	100	100.1	100.1	100.3	100.2	100.1	100.1	100	100.1	100.2	100.7	102.02
厦 门	98.6	99.9	100.3	100.5	101.5	101.2	101.5	100.7	100.4	100.8	100.8	101.4	107.83
南 昌	99.1	99.4	100.1	100.3	100.6	100.4	100.8	100.8	101	100.7	100.8	100.9	104.99
济 南	99.6	100.1	100.1	100	100.5	100.2	100.3	101.3	100.4	100	100.5	101.3	104.68
青 岛	99.3	100	99.5	100	100.6	100.7	100.2	100.7	100.5	100.6	100.7	101.2	104.06
郑 州	100	100.1	100.3	100.2	100.2	100.1	100.5	100.7	100.6	100.5	99.6	100.7	103.55
武 汉	99.6	100.1	99.9	99.9	100.2	100.1	100.1	100.2	100.1	100.2	100.7	101.3	102.42
长 沙	100	100	100	100.6	100.6	100.8	101	100.8	100.3	101.3	100.9	100.8	107.32
广 州	100.3	99.4	100.1	100.8	100.3	101.7	101.4	100.9	100.7	101.1	100.7	100.7	108.39
深 圳	99.6	99.8	100.9	102.5	102.8	102.2	103.1	102.4	101.3	100.4	101.1	101.3	118.77
南 宁	99.7	99.5	100	100.3	100.3	100.3	100.3	100.8	100.8	101	100.8	101	104.89
海 口	99.7	100.1	99.5	100.2	100.1	100.1	101.5	100.7	100.8	101.2	102.9	102.8	109.96
重 庆	99.2	99.6	100.2	100.4	100.3	100.6	100.3	101	100.9	101.2	101.3	100.9	106.04
成 都	99.8	100	100.4	100.2	100.6	100.3	100.3	100.4	100.8	100.8	100.4	100.6	104.69
贵 阳	99.1	99.6	100.6	100.5	100.8	100.4	100.6	101	101.5	101	100.7	100.8	106.78
昆 明	98.6	100.1	100.8	101	100.6	101	101.5	101.4	100.3	100.6	101.6	100.4	108.15
西 安	99.3	99.4	100.1	100.6	99.7	100.1	100.2	100.6	100.3	101.6	101.3	101.8	105.71
兰 州	100	100.5	100.1	101.1	100.2	101.5	100	100.4	100.5	100.1	99.9	100.8	105.21
西 宁	100	100	100	100.4	100.2	100.4	100.9	100.4	100.9	101	100.5	100.9	106.26
银 川	100	99.6	99.9	100.6	100.1	101.1	101.2	101.9	101.5	100.7	102.3	100.5	109.77
乌鲁木齐	100	99.9	100	100.5	100.8	100.7	100.3	100.3	100.3	100.3	100.8	100.2	104.90
唐 山	99	99.5	98.3	99.8	100	100	100.2	100.3	100.5	100.2	100.2	100.2	98.19
秦皇岛	100	100.1	100.1	100.5	100.5	100.5	100.5	100.5	100.5	100.5	100.5	100.4	104.48
包 头	100	100	100	100.1	100.3	101.3	100	100	100.1	99.9	100	100.9	102.83
丹 东	98	97.6	99.6	100.7	100.9	100.5	100.6	101.4	101	101.8	101.3	100.8	104.08
锦 州	99.9	100.7	100.5	99.7	100.2	100.3	100.5	101.2	100.9	100.6	99.9	100	104.79
吉 林	97.3	97.3	100.1	100.2	100.4	102.2	101.4	101.7	99.7	99.4	101.1	101.9	102.38
牡丹江	100	100	100.3	100.2	100.5	100.5	100.6	100.4	100.5	101	100.4	100.5	105.22
无 锡	99.8	99.9	100.1	100.4	100.3	100.4	100.7	100.3	100.3	100.7	101	100.8	104.69
扬 州	99.9	99.7	100.1	100.4	100.3	100.4	100.2	101.3	101	100.1	100.8	101	105.00
徐 州	99.8	99	99.3	100	100.2	100.4	100.4	100.6	100.7	100.7	102.2	101	104.14
温 州	99.4	99.6	100.5	100.4	102	102.7	101.1	101.2	103.1	101.3	101.2	102.4	115.88
金 华	100	100.1	100.6	100.4	100.9	100.8	102.2	102.1	100.9	101.8	100.8	101.3	112.54
蚌 埠	99.3	99.8	100.2	100.3	100.6	100.4	100.4	100.8	100.4	100.9	100.4	102.3	106.35
安 庆	99.9	100.1	100	100.1	100.1	100.4	100.1	100.7	100.5	100.2	100.5	100.6	103.24
泉 州	99.9	99.9	99.8	99.4	99.9	100.1	100	100.8	100.7	100.1	100.6	100.8	102.01

三、2009年房地产市场发展统计分析

续表

地区	1月	2月	3月	4月	5月	6月	7月	8月	9月	10月	11月	12月	累计
九江	99.9	99.5	99.7	100	100.1	100.3	100.5	100.7	100.4	100.4	100.4	100.6	102.52
赣州	100	99.7	99.9	100.1	100.2	100.1	100.5	100.1	100.4	100.5	100.8	100.6	102.93
烟台	100.2	100	100.2	100.1	99.9	99.9	100.2	100.6	100.3	100.8	100.4	100.5	103.14
济宁	98.5	99.1	96.9	99.7	101	100.9	101	102.2	101.8	100.5	101.4	100.8	103.74
洛阳	100.3	100.7	100.3	100.6	100.5	100.7	100.5	100.2	100.5	100.6	100.1	100	105.11
平顶山	100	100	100	100	100	100.9	100	100.1	100	100.1	100.1	100	101.20
宜昌	100	99.9	100.2	100.2	100.2	100.2	100.4	100.2	100.6	100.2	100.2	100.7	104.38
襄樊	100.1	100	100	100.4	99.6	100.5	100.1	100.1	100.2	100.2	100.3	100.4	101.91
岳阳	99.6	99.8	100	100.2	100.2	100.2	101.4	101.6	101.1	101	101	101.1	108.38
常德	100	100	99.6	100.2	100.3	100.5	100.7	100.8	100.6	100.8	100.6	101.1	105.32
惠州	99.4	100.1	100.2	100	100.2	100.2	100	100	100.1	100	100.7	100.9	102.01
湛江	99.4	99.2	99.9	99.7	100.7	100.6	101.3	101.8	101.9	101.5	101.9	102.5	110.84
韶关	99.9	99.9	100	99.8	99.9	100.1	100.1	100.1	100	100.1	100.1	100.1	100.10
桂林	99.9	100.2	99.5	100.3	100.7	100.7	100.8	100.6	100.5	100.5	100.5	100.4	104.69
北海	100	100.4	100.1	100.1	100.2	100.9	100.2	100.7	100.3	100.7	101.6	101.2	106.58
三亚	100	100.2	100.2	99.9	100	100.2	100.7	100.4	100	100.2	100.9	104.6	107.67
泸州	99.7	100.1	100.3	100.3	100.2	100.6	100.4	100.2	100.4	100.3	100.4	100.7	103.76
南充	99.7	99.8	99.9	100.2	100.3	100.3	100.6	100.2	100.3	100.8	100.6	100.6	103.96
遵义	99.7	99.4	100.1	100.2	100.2	100.3	100.5	101.1	101.4	101.1	100.8	100.7	106.04
大理	100.1	100.5	99.5	101	100.2	99.1	100.8	102	101.6	100.6	100.9	100.5	107.30

数据来源：国家统计局月度数据。

【新建住宅销售价格分析】 2009年全国70个大中城市新建住宅价格1月和2月承接上年趋势仍为下降，3月出现环比上涨，随后呈现逐渐上涨趋势，全年累计环比上涨9.03%，累计同比上涨1.24%。

分套型看，90平方米以下新建住房销售价格涨幅超过新建住宅价格涨幅平均值，累计环比上涨10.77%，累计同比上涨2.95%。

分地区看，新建住宅销售价格环比上涨的城市有69个，其中涨幅最大的前十个城市依次是广州19.72%、金华14.96%、深圳14.11%、海口13.32%、温州13.09%、湛江13.06%、北京13.01%、南京11.63%、宁波11.43%、杭州11.25%。环比下降的仅有一个城市，唐山1.91%。详见表7-3-5。

2009年70个大中城市新建住宅房屋销售价格环比指数　　表7-3-5

地区	1月	2月	3月	4月	5月	6月	7月	8月	9月	10月	11月	12月	累计
全国	99.7	99.8	100.1	100.3	100.7	100.8	101.1	101.1	100.8	100.9	101.5	101.9	109.03
北京	99.9	99.9	100.2	100.4	100.5	100.3	101.4	101.3	100.4	100.6	103	104.5	113.01
天津	99.7	100.2	100.2	100.3	100.9	100.9	100.9	102	101.3	100.7	100.4	103	110.97
石家庄	99.8	94.8	99.6	100.3	100.4	100.2	101	101.1	101.6	103.1	100.6	100.5	103.23
太原	99.6	99.9	100	99.9	100.1	100.5	100.5	100.7	100.1	100	100	101.2	102.52
呼和浩特	99.5	99.6	100.3	100	100	100.2	100.2	100.3	100.3	101.4	100.6	100.5	104.47
沈阳	99.9	101.3	100.3	99.9	100.1	100.2	99.9	100.2	100.4	100.2	100.4	100	102.83
大连	99.8	98.5	99.6	99.7	100.5	100	101.9	101.4	101	100.5	100.7	101.6	104.85
长春	99.1	99	99.6	101	101.5	101.1	100.8	100.5	100.3	100.6	102.4	100.8	106.22
哈尔滨	98.6	99.8	99.9	100.3	101	100.4	101	100.7	100.5	100.6	100.6	103.74	

续表

地区	1月	2月	3月	4月	5月	6月	7月	8月	9月	10月	11月	12月	累计
上海	99.9	100	100	100.1	100.5	101	101.1	101.2	100.7	101.6	101.2	101.4	109.03
南京	99.9	100	100.7	100.2	100.3	100.3	101.1	101	100.8	102.4	102.1	102.3	111.63
杭州	99.9	98.7	99.9	99.4	100.7	100.6	101.2	101.9	102	101.6	103.1	101.8	111.25
宁波	100.1	100	100.2	100.3	100.9	101.7	102	100.9	101	100.9	101	101.9	111.43
合肥	100	100	99.9	100.3	100.1	100	101.1	100.5	100.4	100.7	100.1	100.7	103.86
福州	100	100.1	100	100.1	100.4	100.4	100.3	100.2	100	100.1	100.4	101.4	103.45
厦门	97.4	99.8	100.1	100.4	102.1	101.4	101.6	101.1	100.4	100.5	100.7	101.8	107.46
南昌	99	99.5	100	99.8	100.7	100.3	100.7	101.2	101.1	100.8	100.8	101.5	105.50
济南	99.5	100.1	100.1	100	100.5	100.2	100.3	101.9	100.5	100.1	100.4	101.2	104.89
青岛	99.1	100	99.1	100	101.2	101	100.3	100.6	100.3	100.6	100.8	101.7	104.77
郑州	100	100.1	100.2	100.1	100.3	100.1	100.5	100.6	100.4	100.2	100.2	100.8	103.55
武汉	99.4	100	100	99.9	100.3	100.2	100.2	100.3	100.1	100.2	100.5	101	102.11
长沙	100.1	100	100	100.7	100.7	101	100.9	100.9	100.4	101.2	101.1	100.7	107.97
广州	100.3	99.8	100.2	102.1	101.4	103.6	102.7	101.5	101.4	102.1	101.5	101.6	119.72
深圳	99.8	99.9	100.5	102	101.7	100.9	102.2	101.6	101.5	101	100.9	101.3	114.11
南宁	99.5	99.5	100	100	100	100.3	100.5	101.1	101.4	101.4	101	101	105.82
海口	99.9	99.9	99.6	100.3	99.9	100.4	101.6	100.3	101	101.8	104.7	103.3	113.32
重庆	98.9	99.8	100.2	100.1	100.1	101.1	100.3	100.3	100.6	101.6	101.7	101.4	107.29
成都	99.6	99.9	100.4	100.1	100.7	100.4	100.4	100.4	101.2	101	100.5	100.6	105.31
贵阳	98.5	100.2	100.6	100.6	100.8	100.4	100.7	101.2	101.6	101.1	100.6	100.8	106.66
昆明	98.1	100.2	101.1	100.9	100.7	102	101.8	101.7	100.5	100.6	102.2	100.7	110.95
西安	99.2	99.2	100.2	100.3	99.6	100	100.2	100.7	100.7	101.9	101.4	102.1	105.59
兰州	100.1	100.5	100.2	101.2	100.2	101.6	99.6	100.4	100.3	99.8	100	100.9	104.89
西宁	100	100	100	100	100	100.5	100.8	100.8	100.8	100.8	100.8	101.1	107.01
银川	100	100	100.2	100.7	100.2	100.4	101.2	102.2	101.7	100.9	102.6	100.1	110.64
乌鲁木齐	100	100	99.8	100.4	100.6	100.6	100.4	100.1	100.1	101	101.4	100.3	104.79
唐山	99.4	99.9	98	99.7	100	100.1	100.2	100.3	100.1	100.2	100.1	100.1	98.09
秦皇岛	100	100	100	100.4	100.2	100.5	100.8	100.7	101	100.8	100.8	100.3	104.69
包头	100	100	100.1	100.1	100.3	102	100	100	100.2	100	100.2	101.1	104.05
丹东	96.8	96.3	99.6	101.3	101.4	100.4	100.6	102	101.6	102.3	101.4	100.8	104.38
锦州	100.1	101	100.9	100.1	99.8	100.5	101.2	101.7	101.2	101.1	99.7	99.9	107.42
吉林	97.6	97.6	100.3	100.3	100.7	103.1	101.8	103.2	98	95	101.7	101.1	100.15
牡丹江	100	100	100.1	100.2	100	100.4	100.9	100	100.8	101.6	100.4	100.6	106.79
无锡	99.6	99.9	100.3	100.4	100.5	100.4	100.7	100.2	100.4	100.9	100.4	100.9	105.73
扬州	99.9	99.9	100	100.1	100.2	100.3	100.2	101.3	101.2	100.2	100.9	100.8	105.10
徐州	99.8	98.5	98.9	100	100.2	100.4	100.2	100.7	101	100.9	102.8	101.2	104.63
温州	98.5	95.9	99.2	98	103.8	102.9	100.9	100.9	105.6	101.7	101.9	104.1	113.09
金华	100	100	100	100.2	101.5	100.2	103.5	102.6	101.1	101.8	100.8	102.4	114.96
蚌埠	99.9	99.8	100.3	100.4	100.8	100.6	100.3	100.4	100.5	101.1	100.8	103.1	108.26
安庆	99.9	100.2	100	100.2	100.1	100.7	100	101	100.8	100.2	100.7	100.7	104.59

续表

地区	1月	2月	3月	4月	5月	6月	7月	8月	9月	10月	11月	12月	累计
泉州	99.9	100	99.7	99.1	99.8	100.3	99.9	101.2	101.1	100.1	100.7	101.1	102.91
九江	100.1	99.6	99.7	100	100.1	100.3	100.3	100.8	100.2	100.6	100.4	100.2	102.32
赣州	100.2	99.5	99.8	100	100.3	100.1	100.6	100	100.6	100.6	101	100.8	103.55
烟台	100.1	100.3	100.4	100.2	100.2	100	100.1	100.6	100.5	100.8	100.5	100.5	104.28
济宁	98.6	98.9	97.4	99.6	100.5	100.9	100.6	101.9	101.9	100.1	100.2	101.2	101.71
洛阳	100	100.5	100.1	100.3	100.4	100.7	100.4	100.2	100.7	100.9	100.1	100	104.38
平顶山	100	100	100	100	100	101.3	100	100	100	100.1	100.1	100	101.50
宜昌	100	99.9	100.2	100.1	100.2	100.3	100.3	100.9	100.7	100.6	100.6	100.7	104.59
襄樊	100	100	100	100.6	99.5	100.7	100.1	100	100.2	100.3	100.4	100.6	102.42
岳阳	99.8	99.8	99.9	100.2	100.5	101.5	101.2	101.6	101.1	100.9	101.1	101.2	109.14
常德	100	100.2	99.3	100.8	100.9	100.9	100.9	101	100.4	100.7	100.7	101.6	107.42
惠州	99.5	99.8	100.1	99.9	100.2	100.7	100	100.1	100.4	100	100.7	100.5	101.91
湛江	99.8	99.6	100.1	99.6	100.6	100.9	101.3	102.1	102.1	101.4	102.1	102.5	113.06
韶关	99.9	99.8	100.1	100	99.8	99.9	100.3	100.1	100.1	100.1	100.2	100.1	100.50
桂林	100.1	100.2	98.6	100.3	101	100.8	100.7	100.7	100.6	100.5	100.6	100.3	104.47
北海	100	100.7	100.3	100	100.1	101.3	100.1	100.7	100.4	101.3	101.6	102	108.81
三亚	99.9	100.3	100.3	99.9	100.2	100	100.7	100	99.6	100.9	105.1	100	107.32
泸州	99.4	100.2	100.3	100.4	100.3	100.5	100.7	100	100.3	100.3	100.4	100.6	104.38
南充	99.5	99.6	99.8	100.3	101.3	100.4	100.5	100	100.3	101	100	100.7	104.78
遵义	99.6	99.5	100.1	100.2	100.2	100.7	100.5	101.2	101.3	101.1	100.8	100.7	106.04
大理	100.4	100.6	99	101.7	100.2	98.4	100.8	102.6	101.6	100.6	101	100.3	107.37

数据来源：国家统计局月度数据。

【二手住宅销售价格分析】 2009年全国70个大中城市二手住宅价格前三个月下降，3月出现环比上涨，随后呈现逐渐上涨趋势，全年累计环比上涨6.90%，累计同比上涨2.42%。

分地区看，二手住宅销售价格环比上涨的城市有69个，其中涨幅最大的前十个城市依次是深圳23.78、温州19.28%、杭州13.98%、厦门12.98%、金华12.88%、银川11.58%、南京10.97%、重庆10.01%、哈尔滨9.26%、大连8.16%，环比下降的城市只有一个，唐山1.85%。详见表7-3-6。

2009年全国70个大中城市二手住宅房屋销售价格环比指数 表7-3-6

地区	1月	2月	3月	4月	5月	6月	7月	8月	9月	10月	11月	12月	累计
全国	99.9	99.9	100.3	100.8	100.7	101.1	100.9	100.6	100.5	100.4	100.6	101	106.90
北京	99.9	99.8	99.9	100.1	99.8	100.2	100.2	100.2	100.1	99.9	101.3	101.5	102.92
天津	100.2	100	100.5	100	100.1	101.1	100.7	100.6	100.6	100.1	100.6	100.5	104.80
石家庄	98.7	99.6	97.9	100.4	99.9	99.9	99.5	100	99.9	100	104.6	100.1	100.36
太原	98.4	99.6	99.8	99.9	100	100.3	100	100	100.3	100.4	100.7	101	101.08
呼和浩特	100	98.2	99.8	100	100	100.2	99.8	100.4	100.5	100.4	100.4	100.5	100.28
沈阳	98.1	99.1	100.3	100.1	100	100.2	101.1	100.6	100.3	100.8	99	100.1	100.56
大连	99.8	98.9	100.4	100.2	100.5	100.8	101.3	100.4	100.8	100.8	101.2	101.6	108.16
长春	100	100.1	100.3	100.2	101.2	100.8	100.5	100.3	100	99.5	100.3	100.2	102.31
哈尔滨	101.5	100.3	100.7	100.2	100	101.5	100.5	100.4	101.3	101.2	100.8	100.3	109.26
上海	99.8	99.8	100.2	100.5	100.8	101.3	100.3	100.3	100.3	100.6	101.1	101.6	107.42

续表

地区	1月	2月	3月	4月	5月	6月	7月	8月	9月	10月	11月	12月	累计
南京	100	100.1	100.2	100.3	101.1	102.9	102.4	101.3	100.4	100.7	100.6	100.5	110.97
杭州	99.9	100.5	100.2	100.4	101.2	101.4	101.2	103.2	101.8	101	101.2	101.2	113.98
宁波	100	100.1	100.4	100.6	101	101.7	101.6	100.1	100	100	100.1	100	105.72
合肥	99.8	99.8	99.9	99.9	100	100.2	100.1	100.3	100.3	100.2	100.1	100	100.60
福州	100.1	100	100.1	100.2	100.2	100.1	100	100.1	100.1	100	100.1	100.1	101.11
厦门	99.6	100	100.3	100.9	101.7	101.5	102.1	100.7	100.5	101.7	101.3	102	112.98
南昌	98.6	99.9	100.3	101.2	100.9	100.9	100.6	100.5	101.1	100.4	100.2	101.1	106.14
济南	100	100	100	100	100.3	100.2	100.1	100.3	100.4	100.8	100.8	101.7	104.68
青岛	99.4	99.9	100	100	100.1	100.4	100	100.8	101	100.6	101	101	104.27
郑州	100.1	100.5	101.4	100.8	100.2	100.4	100.7	100.3	102.1	101.9	95.8	100.6	104.76
武汉	99.7	100.1	99.8	99.7	100	100	100.3	100.1	100.1	100.4	100	101.4	102.41
长沙	99.9	99.8	100	100.1	100.4	100	102	100.8	100.5	101.4	100.6	101.1	106.78
广州	100	99.8	100	100	100.1	100	100.1	100.3	100	100.3	100.2	100.2	101.31
深圳	99.3	99.6	100.9	103.3	104.1	103.9	104.2	103	100.9	100	101.2	101.3	123.78
南宁	100.4	100.1	100.3	100.6	100.6	100	99.2	100.2	100	100.3	100.6	101.1	104.79
海口	99.3	100.4	99.3	100	100.5	99.5	101.4	101.4	100.4	100.5	100.4	102.3	105.49
重庆	100.2	99.4	100.4	101.5	100.9	101	100.6	101.1	101.7	101.4	101.2	100.2	110.01
成都	100.2	100.2	100.4	100.6	100.4	100.4	100.5	100.3	100	100.5	100.5	100.6	104.70
贵阳	99.3	99.2	100.9	100.4	100.8	100.7	100.8	100.7	100.8	100.9	101.1	101.3	107.10
昆明	98.4	98.9	100.8	102.2	101	98	100.7	100.5	100	100.8	99.3	99.9	100.42
西安	98.8	100.2	100.2	101.8	99.9	100.6	100.3	100	101.1	100.8	101	101.4	106.56
兰州	99	100.6	100.4	100.8	100.6	100.8	102	100.3	101.4	101.5	99.5	100.4	107.51
西宁	100	100	100	100	100.7	100	101	100.3	100.7	100.7	100.5	100.9	104.90
银川	99.9	98.9	99.3	100.7	100	103	101.8	101.7	101.5	100.2	102.7	101.4	111.58
乌鲁木齐	100	99.7	100.6	101	101.8	101.1	100.1	100.4	101.5	100.1	98.5	100.4	106.02
唐山	97.9	98.2	98.9	99.8	99.9	99.8	100.3	100.5	101.7	100.2	100.4	100.6	98.15
秦皇岛	100	100.3	100.1	100.1	100	100.1	100.2	101	100.6	100.1	101.2	100.5	104.27
包头	100	99.7	100	100.7	100	100.3	100.4	100	99.7	100	100.5	100	101.30
丹东	99.2	98.7	99.4	100.3	100.5	100.4	100.7	101.3	100.3	102	102	101.3	106.21
锦州	100	100	100	100	100.8	100	100	100	100.9	100	100	100	101.71
吉林	97.1	97.1	100.1	100.1	100.1	101.3	101.3	101.3	101.3	101.6	100.9	102.4	104.54
牡丹江	100	100	100.4	100.2	100	100.3	100.1	100	100	100.2	100.5	100.2	102.43
无锡	100	99.8	99.8	100.2	100.2	100.2	101	100.4	100.2	100.4	100.4	100.6	103.24
扬州	98.7	99.1	100.2	99.9	100	101	100.4	101.1	101	99.6	100.7	100.9	102.60
徐州	99.8	100.2	100.2	100.1	100.1	100.1	100.2	100.5	100.3	100.5	101.2	100.8	103.76
温州	99.7	100.9	101.2	101.8	101.7	103.3	101.3	101.9	101.9	101.4	101	101.5	119.28
金华	100.1	100.3	101.8	100.9	100.5	101.5	101.7	101.6	100.9	101.7	101	100.2	112.88
蚌埠	99.6	99.8	99.9	100.1	100	100.3	100	100.7	100	100.7	100.5	101.3	105.00
安庆	99.9	100	100	99.9	100.1	100.1	100.1	100.3	100.1	100.2	100.1	100.3	101.31
泉州	99.7	99.9	99.9	99.8	100.2	100	100.1	99.9	100.3	100.1	100.1	100.3	100.30

续表

地 区	1月	2月	3月	4月	5月	6月	7月	8月	9月	10月	11月	12月	累计
九 江	99.5	99.7	99.8	100	100	100.3	100.9	100.6	100.5	100.2	100.7	101.3	103.54
赣 州	99.8	99.9	99.9	100	100	100.1	100.4	100.1	100.2	100.4	100.7	100.4	101.91
烟 台	100.4	99.9	100	100.1	98.7	100	100.6	101.1	100.1	100.6	100.8	100.5	102.82
济 宁	99	99.6	94.1	99.7	101.8	101	102.1	104.3	103.4	100.9	100.3	100	105.99
洛 阳	100.9	101.3	100.7	101.3	100.8	100.9	100.7	100	100.1	100.2	100	100.1	107.22
平顶山	100.1	100	100	100	100	100.1	100	100.1	100	100	100.1	100	100.40
宜 昌	100	100	100	100	100	100.1	100.1	100.5	100	100.8	100	100.1	102.73
襄 樊	100.2	100	100.1	99.9	99.8	100.1	100.1	100.2	100.4	100	100.1	100	100.90
岳 阳	99	99.7	100.1	100.2	100.5	100	101.6	101.7	101.3	101.2	101.1	101	108.15
常 德	100.3	99.8	99.6	99.9	99.6	100.2	100.8	101.2	101.4	101	101	100.9	105.93
惠 州	99.3	100.6	100.2	99.7	100	99.4	99.9	100	100.1	100.7	100.5	102.6	103.21
湛 江	98.8	98.5	98.8	99.8	100.9	100	101.4	101.2	101.6	101.6	101.5	100	104.31
韶 关	99.9	100.1	100	100	99.9	100	100	100	100	100	100.2	100.1	100.30
桂 林	99.3	100.3	101.5	100.1	100	100.3	101.5	100.5	100.5	100.1	99.8	100.9	105.93
北 海	100	100	100	100.6	100	101.1	100	100	100	100	100	100	105.63
三 亚	100.4	100	100.1	100.2	100	100.3	100	100.4	100.9	100.7	100.7	103.3	108.15
泸 州	99.3	100	100.3	100	100	100.5	100.2	100	100	100.3	100.4	101.5	103.54
南 充	99.9	100.1	100.1	100	99.9	100	100	100.1	100.2	100.4	100.4	100.2	101.61
遵 义	100.6	97.8	100.9	100.9	101.3	99.7	100	100	102.2	101.5	101.1	100	107.80
大 理	98.6	99.6	101	100	100.2	100.8	101.1	99.6	101.3	101	100.9	101	105.81

数据来源：国家统计局月度数据。

(哈尔滨工业大学)

四、2009年行政应诉和行政复议案件统计分析

2009年行政应诉案件情况

行政应诉是化解行政争议、促进社会和谐稳定的一项重要工作，一直以来，各级住房城乡建设部门对行政应诉案件高度重视，做了很多扎实有效的工作，积累了一定的经验。行政应诉案件数量逐年增加，引发这些诉讼案件的原因是多方面的。加强对行政应诉案件的分析研究，对规范住房城乡建设系统行政应诉工作具有重要意义。

【应诉案件基本情况】 2009年，各省、自治区住房城乡建设厅、直辖市建委等有关部门共办理行政应诉案件1232件(不含前期转结案件177件)。

(1)起诉人情况：在已办理的行政应诉案件中，原告为公民的1139件，约占92%；原告为法人或其他组织的93件，约占8%。

(2)应诉案件类别：在已办理的行政应诉案件中，省级住房城乡建设部门作为复议机关因行政复议行为应诉的35件，约占3%；省级住房城乡建设部门在行政复议后，就被复议的原具体行政行为应诉的227件，约占18%；未经行政复议直接应诉的970件，约占79%。

(3)案件分布情况：在已办理的行政应诉案件中，如图7-4-1所示，华北地区571件，约占46%；华东地区373件，约占30%；中南地区7件，约占0.7%；西南地区279件，约占23%；西北地区2件，约占0.3%；东北地区0件。

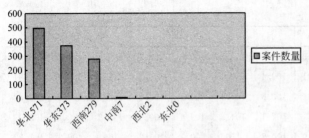

图 7-4-1 案件分布情况

在已办理的行政应诉案件中,直辖市住房城乡建设部门办理案件 1208 件,约占 97%;省、自治区住房城乡建设厅办理案件 24 件,约占 3%。案件数量较多的直辖市主管部门是:上海市住房保障和房屋管理局 269 件、重庆市国土资源和房屋管理局 251 件、北京市住房城乡建设委员会 247 件、天津市规划局 175 件。省、自治区住房城乡建设厅办理行政应诉案件的情况是:江苏 6 件,浙江、广东各 4 件,山东 2 件,山西、安徽、湖南、广西、海南、云南、宁夏、新疆各 1 件,辽宁、福建、甘肃等 15 个省、自治区住房城乡建设厅 2009 年没有行政应诉案件。

(4) 案件审理情况:在已办理的行政应诉案件中,经人民法院审查,驳回申请的 221 件,占 18%;驳回诉讼请求 396 件,占 32%;原告撤诉 197 件,占 16%;维持 86 件,占 7%;责令限期履责 5 件,占 0.4%;确认违法 8 件,占 0.6%;撤销 40 件,占 3%;未审结 279 件,占 23%,如图 7-4-2 所示。

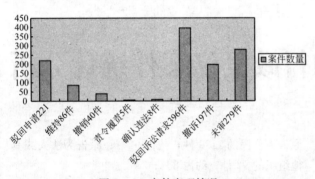

图 7-4-2 案件审理情况

【案件主要特点】(1) 案件数量分布不平衡。各省、自治区住房城乡建设厅 2009 年办理的行政应诉案件数量较少,仅 24 件;直辖市住房城乡建设部门办理的案件占绝大多数,共 1208 件。由于京、津、沪、渝 4 个直辖市分别处在华北、华东、西南的行政区划范围内,因而上述地区案件的数量最多,共占行政应诉案件总数的 99%。其主要原因在于直辖市住房城乡建设部门直接面对行政相对人作出的具体行政行为较多,易产生行政争议。

(2) 案件类型相对集中。各省、自治区住房城乡建设厅办理的行政应诉案件中,引发行政争议的事项主要集中在不服行政许可或行政复议决定、认为行政机关未履行监管职责等方面。其主要原因一是部分行政机关没有严格依法办理行政许可、行政复议事项,行政行为不规范;二是部分起诉人对相关的法律法规不够了解,对有关住房城乡建设部门的法定职责及做出具体行政行为的程序存在误解。

直辖市住房城乡建设部门办理的行政应诉案件中,引发行政争议的事项主要集中在房屋权属登记、房屋拆迁管理、城乡规划管理、政府信息公开等方面。其中,北京市建委 2009 年办理的 247 件行政应诉案件中,涉及房屋登记类 204 件,政府信息公开类 9 件,房地产开发项目立项批复 6 件;重庆市国土资源和房屋管理局 2009 年办理的行政应诉案件中涉及房屋权属登记的案件占 91.14%。其主要原因是房屋权属登记、房屋拆迁管理等行政管理行为直接关系群众切身利益,且此类纠纷往往涉及错综复杂的利益关系,易引发行政争议。

(3) 调解、和解结案率高。各省级住房城乡建设部门重视行政应诉调解和解工作,在案件办理过程中,主动与原告进行沟通,并积极配合人民法院开展调解工作,努力争取原告的理解和支持,从根本上化解矛盾纠纷,促进社会和谐。在已审结的行政应诉案件中,通过调解由原告主动撤回起诉的案件达 197 件,约占 22%。

(4) 案件胜诉率高。在已审结的 953 件行政应诉案件中,除 197 件经调解原告主动撤回起诉的案件外,人民法院通过驳回申请、维持、驳回诉讼请求等形式确认被诉具体行政行为合法有效的 703 件,约占 93%。其中,各省、自治区住房城乡建设厅办理的已审结的行政应诉案件 20 件,只有 1 件被法院判决限期履行法定职责,其余案件全部胜诉,胜诉率达 95%;由直辖市住房城乡建设部门办理的行政应诉案件 736 件,胜诉 682 件,胜诉率为 92%。这表明各省级住房城乡建设部门在实施具体行政行为时基本能够做到依法办事,作出的具体行政行为在合法性、合理性方面能够经受司法机关的检验。

【行政应诉工作的主要经验】(1) 领导重视。各省、自治区、直辖市住房城乡建设部门主要负责同志对行政应诉工作予以充分重视,具体指导并支持法制工作机构依法妥善办理行政应诉案件。河北省厅领导对每件应诉案件均作批示,重大复杂案件提交党组会集体讨论;浙江省厅由分管厅长对应诉答辩意见及证据材料审查把关,厅长对重大、疑难案件亲自过问决策;湖南、湖北等省厅主管领导召集法规处及相关工作部门对应诉案件集体讨论、研究；浙江省厅等单位为法制工作机构充实了人员。

(2) 从源头预防行政争议。各省、自治区、直辖市住房城乡建设部门积极采取措施，从制度建设入手，对作出的行政行为的合法性、合理性严格把关，从源头上预防行政诉讼案件的发生。辽宁、福建等省厅建立行政处罚审核制度，由法规处对业务处室作出的行政处罚进行书面审核；河南、广西壮族自治区等省（区）厅、北京市建委等部门定期开展法律培训，提高机关干部依法行政的能力和水平；福建、江苏等省厅高度重视行政复议工作，使行政争议尽量在行政复议过程中得到化解。相关措施的实施，预防和减少了行政争议的发生，提高了住房城乡建设部门行政行为的权威性和公信力。

(3) 依法参加行政诉讼。行政诉讼案件发生后，各省、自治区、直辖市住房城乡建设部门认真组织研究案情，积极准备证据材料，依法做好行政应诉各项工作。一是依法积极参加案件审理。广西在案件开庭前组织模拟法庭进行演练；重庆市规划局和河北、山西等省厅，聘请律师与业务承办人员共同参加应诉；北京市规委、市政市容委、湖北省厅等单位充分发挥法律专家顾问在行政应诉工作中的作用；上海市住房保障和房屋管理局制定《上海市住房保障和房屋管理局行政诉讼应诉规则》，确定"谁主办、谁应诉"的原则，对应诉工作的分工、程序、要求、责任等作出了详细的规定。二是重视应诉过程中的调解、和解。北京市建委对被诉具体行政行为自行审查，对存在的问题自行纠正；对相对人意图通过行政诉讼解决民事纠纷的案件，指导当事人通过正确途径解决。

(4) 加强与法院的沟通协调。各省、自治区、直辖市住房城乡建设部门在日常工作中，通过建立有效的联系机制，与人民法院保持比较顺畅的沟通和联系，取得了良好的效果。浙江省厅与法院建立定期联系制度，针对行政争议高发领域开展合作调研，就典型、疑难案件的审查尺度、法律适用等关键问题寻求一致，共同研究预防和化解行政争议的思路和做法；天津市国土资源和房屋管理局与市高级人民法院建立行政争议协调解决机制，定期召开联席会议，对重大案件及重要事项进行协调。各地通过积极开展协调工作，既及时改进了本机关依法行政工作中的不足之处，使具体行政行为更加规范，同时，也使各级人民法院深入了解和准确把握住房城乡建设法律法规，为依法审判行政应诉案件创造了有利条件。

(5) 及时总结经验教训。各地根据行政应诉案件暴露出的行政执法中存在的问题以及行政管理方面的薄弱环节，及时采取有效措施，规范行政行为，不断从源头上预防和减少行政争议。北京市建委建立约谈制度，由主管领导约谈应诉案件败诉的责任单位负责人，帮助其查找工作中存在的问题，分析原因，进一步规范行政行为；浙江省厅建立行政败诉案件报告和通报制度，完善行政应诉工作考核评价标准，将行政应诉案件办理情况作为依法行政的重要考核指标。

【行政应诉工作中存在的主要问题】 (1) 案件类型复杂，应诉难度大。住房城乡建设领域行政管理行为涉及范围广，与此相应，行政诉讼案件类型也呈现多样化的趋势。除房屋权属登记、房屋拆迁管理、城乡规划许可等案件高发的传统领域外，因行政不作为、政府信息公开引发的行政诉讼案件数量也呈现上升态势。案件类型复杂，专业化内容日趋深入，行政应诉工作正面临着新的更高的要求。

(2) 行政应诉宣传工作有待加强。主要体现在两个方面，一是部分机关的相关业务处室对行政应诉工作不了解、不重视，不能积极配合法制机构工作人员准备行政应诉证据材料及答辩意见，不愿参与行政诉讼案件的审理。二是部分当事人对行政诉讼的救济途径了解不够，不能依法准确地提起行政诉讼，存在意图通过广泛提起行政诉讼解决自身其他利益诉求的问题。

(3) 应诉工作能力建设仍待加强。随着行政诉讼案件数量的增加和应对难度的加大，人员紧张、办案压力大的矛盾不断凸显，影响了应诉工作的质量。

【意见和建议】 (1) 加强行政应诉专题研究。各地要从实际出发，结合案件类型的发展趋势和具体工作中遇到的新问题，认真组织开展专题研究，加强部门间的交流合作、积极与司法机关进行沟通，不断提高应对疑难复杂案件的能力和水平。

(2) 加强行政应诉宣传工作。各级住房城乡建设部门要组织开展多种形式的普法活动，广泛宣传与住房城乡建设领域相关的法律法规和与行政诉讼相关的法律法规，不断提高公众依法办事和依法维权的法制意识。

(3) 加强行政应诉能力建设。各级住房城乡建设部门应当为法制工作机构充实配备适应需要的专业人员，缓解人员紧张、办案压力大的问题，提高行政应诉案件的办理质量。

(4) 不断提高依法行政水平。各级住房城乡建设部门要严格依法履责，从源头上预防和减少行政争议的发生。同时，要高度重视行政应诉案件暴露出的行政管理工作中存在的问题，加强制度建设，不断提高依法行政水平。

2009年行政复议案件情况

【案件基本情况】 2009年，各省、自治区住房城乡建设厅、直辖市建委等有关部门共办理行政复议案件1931件（不含2008年转结的130件）。

（1）案件受理情况。在已办理的行政复议案件中，依法受理1637件；不符合法定受案条件，决定不予受理的178件；依法告知申请人向其他机关提出行政复议申请的69件；转送案件7件，采用其他方式办理的40件。

（2）申请人情况。在已办理的行政复议案件中，由公民提起行政复议申请的1820件，约占94%；由法人或其他组织提起行政复议申请的111件，约占6%。涉及群体性申请（指3人以上分别对同一具体行政行为提出行政复议申请或同一行政复议案件申请人超过3人的）的案件110件，约占6%。

（3）申请复议事项。在已办理的行政复议案件中，涉及城乡规划的231件，占12%；涉及房地产管理的1198件，占62%；涉及建筑市场管理的12件；涉及工程质量安全的13件；涉及城市建设的11件；其他类别的466件，占24%。

（4）被申请复议的行政行为种类。在已办理的行政复议案件中，行政许可引发的行政复议428件；行政裁决引发的行政复议828件；行政处罚引发的行政复议114件；政府信息公开引发的行政复议225件；行政确认引发的行政复议25件；认为行政机关不作为引发的行政复议50件；其他类型的案件261件。

（5）案件分布情况。在已办理的行政复议案件中，华北地区439件，约占24%；东北地区160件，约占3%；华东地区949件，约占53%；中南地区223件，约占12%；西南地区136件，约占7%；西北地区24件，约占1%，如图7-4-3所示。

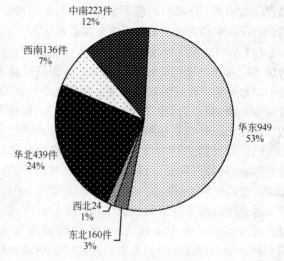

图7-4-3　案件分布情况

在已办理的行政复议案件中，直辖市住房城乡建设主管部门办理案件849件，约占44%，其中，上海办理行政复议案件最多，达327件，如图7-4-4所示。省、自治区住房城乡建设厅办理案件1082件，占56%。案件数量较多的省、自治区住房城乡建设厅有：江苏省厅217件、浙江省厅211件、福建省厅88件、黑龙江省厅86件、广东省厅76件、广西区厅63件、河北省厅49件，以上7省、区办理行政复议案件数量占各省、自治区住房城乡建设厅办理案件总数的73%，如图7-4-5所示。

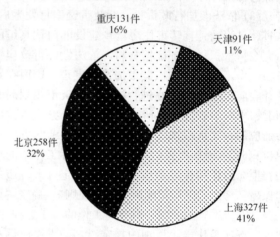

图7-4-4　直辖市住房城乡建设有关部门行政复议案件分布情况

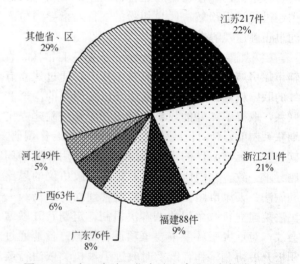

图7-4-5　省、自治区住房城乡建设厅案件分布情况

【案件主要特点】（1）案件数量较往年升幅较大。各地统计分析报告显示，除河南省厅、天津市规划局等少数机关2009年行政复议案件受案数量较

往年基本持平或略有下降外，大多数机关2009年行政复议受案数量较往年有较大幅度提升。其中，黑龙江省厅受理行政复议案件86件，同比增长155.89%；北京市建委受理行政复议案件256件，同比增长89.6%；江苏、广东、湖南、吉林、海南等省住房和城乡建设厅2009年行政复议案件受案数量也均有明显增加。案件数量的大幅上升表明，随着各地城乡建设规模日益扩大，与此相关的行政纠纷相应呈现高发态势，群众对政府依法行政的要求不断提高，依法维权益的意识也在不断增强。

（2）由政府信息公开引起的案件比重上升。2009年，全国省级住房城乡建设部门共办理涉及政府信息公开的行政复议案件225件，占案件总数的11.6%。其中，上海市城乡建设和交通委员会2009年受理的行政复议案件中，涉及政府信息公开的案件34件，达到其受案总数的81%。此类案件比重不断上升表明，《政府信息公开条例》实施以来，申请人通过申请政府信息公开的方式来直接或间接反映其利益诉求的行为大量增加，由于相应的配套措施衔接不够、行政机关的应对能力不足等方面的原因，由此引发的行政争议近年来一直居高不下。

（3）申请事项相对集中。主要集中在城乡规划、房地产市场管理两个方面，约占办理案件总数的72.3%。其中，因房屋拆迁直接或间接引发的行政复议案件数量约占办理案件总数的59.5%。广东省厅2009年受理行政复议案件72件，其中涉及房屋拆迁的案件55起，占76.4%；北京市建委2009年受理拆迁许可证类案件同比增长52.4%，受理拆迁裁决类案件同比增长36.2%。其主要原因在于城乡规划、房屋权属登记、房屋拆迁管理等行政管理行为直接关系群众切身利益，始终是社会关注的焦点。

（4）案件数量分布不平衡。受案数量较多的有上海市住房保障和房屋管理局275件、江苏省厅217件、浙江省厅211件；受案数量较少的有甘肃省厅1件、云南省厅1件、重庆市建委1件。华东地区案件数量最多，占受案总数的53%；西北地区案件数量最少，占受案总数的1%。受经济社会发展水平、城市建设管理水平差异的影响，行政复议案件分布呈现东多西少，南多北少的特点。

（5）一些案件案情复杂，办理难度大。首先，案情复杂主要表现在因房屋拆迁所引起的错综纠结的利益关系。虽然申请人从城乡规划、房地产市场管理、政府信息公开等各种不同角度提出行政复议申请，但申请人的最终目的还是希望通过行政复议来解决对房屋拆迁行为不满引发的矛盾，往往涉及群体利益和多年的遗留问题，申请人的对立情绪严重，复议机关审理、调解困难，无法从根本上解决问题，此类行政争议所占比重较大。其次，群体性复议案件较多，涉及的人数多、范围广、影响大，有的申请人多次、反复复议或制造群体性事件，复议机关在审查、调解、文书送达等各方面都面临困难。

【审结情况】 在受理的1637件行政复议案件中，如图7-4-6所示，通过调解，申请人撤回行政复议申请，复议机关终止案件审理的266件，占16.2%；受理案件后驳回行政复议申请的80件，占4.9%；作出决定维持原具体行政行为的1028件，占62.8%；作出决定撤销原具体行政行为的74件，占4.5%；作出决定确认原具体行政行为违法的13件，占0.79%；作出决定责令被申请人履行法定职责的7件，占0.43%；申请人与被申请人在复议决定做出前达成和解的4件，占0.24%；其他方式结案的115件，占7%。

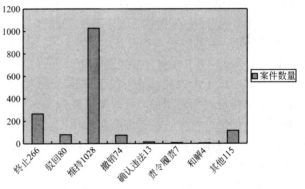

图7-4-6 案件审结情况

（1）案件办理质量明显提高。各省级住房城乡建设主管部门克服人手少、时间紧、任务重等困难，坚持勤恳工作、依法办事，在法定期限内妥善处理了各类行政复议案件，使行政争议能够在行政复议中及时得到化解。在2009年受理的行政复议案件中，复议后复议机关应诉的案件仅35件，约占0.21%，行政复议案件的办理质量明显提高，真正做到了案结事了。

（2）调解结案的案件数量提高。各省级住房城乡建设部门普遍加强了行政复议调解结案的工作力度，调解后申请人自愿撤回行政复议申请的案件达266件，占受理案件总数的16.2%。安徽省厅2009年全年共办理行政复议案件22件，成功调解结案就达20件；山西省厅2009年办理行政复议案件39件，也成功调解结案20件。通过深入细致的调解，复议机关主动听取申请人和被申请人的意见，全面了解案情，化解矛盾纠纷，进一步增强了行政复议案件办理的透明度和公信力。

(3) 依法纠正违法和不当的行政行为。各省级住房城乡建设部门2009年受理的行政复议案件中,通过行政复议撤销、变更原具体行政行为以及确认原具体行政行为违法、责令限期履行法定职责的案件为98件,占受理案件总数的6%。黑龙江省厅2009年受理行政复议案件86件,通过行政复议撤销原具体行政行为的案件18件,占受理案件总数的25.7%;广东省厅2009年受理行政复议案件72件,通过行政复议变更原具体行政行为15件,占受理案件总数的20.8%。行政复议工作在监督行政机关依法行政、维护公众合法权益方面的作用得到了有效发挥。

【主要经验】(1) 行政复议工作得到各级领导的进一步重视。在全国住房城乡建设系统行政复议工作会上,传达了姜伟新部长对行政复议工作的重要指示,陈大卫副部长做了重要讲话。各省、自治区、直辖市住房城乡建设部门领导高度重视,落实会议精神,做出了部署和安排。山西省厅党组专门听取行政复议工作情况报告;安徽省厅领导就行政复议工作专门做出批示;在新一轮机构改革中,内蒙古、江西、西藏、甘肃、宁夏5个省(区)的住房城乡建设厅在内设机构中增设了法规处,一些省厅的行政复议工作人员编制还得到相应增加,行政复议机构和人员得到充实和加强。领导的重视进一步推动了行政复议工作的健康有序开展,有效促进了行政复议工作质量不断提高。

(2) 重视调解和解工作,实现案结事了。各省级住房城乡建设部门始终坚持把有效化解矛盾纠纷,实现案结事了作为行政复议工作的重点,将调解和解工作贯穿于案件办理全过程,使行政复议工作真正做到了定纷止争、案结事了。安徽省厅通过现场调研、实地考察的形式,与申请人面谈,召开协调会,有效地化解了矛盾纠纷;江苏省厅通过召开听证会、质证会的形式对影响重大的案件进行公开审理,通过行政复议工作为公众和行政机关搭建沟通交流的平台,妥善解决行政争议。

(3) 将行政复议案件分析制度化。北京市建委定期印发简报分析行政复议案件情况;重庆规划局将撰写典型案例分析材料的工作纳入对各处室、分局、执法总队的年度目标任务考核,通过扩大典型案件研讨会的参会单位及人员的范围,对基层住房城乡建设主管部门的执法工作进行指导、监督。天津市规划局将典型案例整理汇编,下发全市规划主管部门,指导基层工作。各省级住房城乡建设部门通过不断加强行政复议案件的分析研讨工作,注意总结吸收案件审理过程中的经验教训,及时发现行政管理工作中存在的问题,通过行政复议工作不断提高住房城乡建设系统依法行政的能力和水平。

(4) 建章立制,规范行政行为。各地根据行政复议中发现的行政执法中存在的问题以及行政管理中存在的薄弱环节,及时建立和完善相关制度,规范行政行为,不断从源头上预防和减少行政争议。天津市城乡建设和交通委员会制定了《行政处罚案件法制审核标准》、《行政许可责任追究办法》等规范性文件,形成了事前预防、事中监督、事后总结的一系列工作制度和工作标准,取得了良好的效果。北京市建委建立行政复议约谈制度,约谈复议案件数量多或存在问题较多的区县建设部门的主要领导,帮助分析原因、采取措施,不断提高基层机关依法行政的能力和水平。

【问题和建议】(1) 行政复议能力建设仍待加强。个别省厅仍未专设法制工作机构,多数法制机构仍面临人员偏少的问题。随着案件数量的增加和案件审理难度的加大,人员紧张、经费不足使很多案件难以进行深入调查,影响了案件的办理质量。建议各省级住房城乡建设部门高度重视本机关行政复议能力建设,设置法制工作机构和专职行政复议人员,按照《行政复议法实施条例》的要求,保证行政复议案件审理有2名以上行政复议人员参加,配备必要的专项经费及办案设备,加强对行政复议人员的业务培训,为行政复议工作有效开展提供支持和保障。

(2) 行政复议宣传工作有待加强。主要体现在两个方面,一是部分基层主管部门对复议工作重视不够,对行政复议制度的功能认识不足,不能严格按照法律、法规规定的程序和要求组织答复、举证,不能在规定期限内提交作出被申请复议的具体行政行为的证据、依据,影响了行政复议机关的审理工作。二是部分群众对行政复议的救济途径了解不够,不能够依法提出行政复议申请,存在"不知告、不会告、不敢告"的问题,不利于行政复议制度作用的发挥,也不利于维护群众自身的合法权益。建议各省级住房城乡建设部门积极组织开展法制培训、法制宣传等多种形式的普法活动,宣传普及与行政复议制度相关的法律法规,不断提高基层住房城乡建设主管部门依法行政的能力和水平,不断加强公众依法办事、依法维权的法制意识的培养。

(住房和城乡建设部法规司)

第八篇

行业直属单位、社团与部分央企

一、行业直属单位、社团

住房和城乡建设部科技发展促进中心

【**继续开展可再生能源建筑的应用研究与实践**】2009年，住房和城乡建设部科技发展促进中心组织实施了"住房和城乡建设部、财政部可再生能源建筑应用专项"、"可再生能源建筑应用产业发展及经济激励政策研究"、"可再生能源建筑应用示范评估指标的研究"等课题研究。课题研究中重点加强了对示范项目的管理和技术指导工作，制定了"可再生能源建筑应用专项示范项目评估验收指标方案"和示范项目验收管理办法，编制了《可再生能源建筑应用示范工程监测技术导则》，在华东华南、西南西北、和东北华北等片区进行了可再生能源建筑应用示范项目检测验收和现场核查。

【**太阳能光电建筑应用示范工作得到加强**】2009年，财政部和住房城乡建设部印发了《关于印发太阳能光电建筑应用示范项目申报指南的通知》（财办建［2009］34号）、《关于印发〈太阳能光电建筑应用财政补助资金管理暂行办法〉的通知》（财建［2009］129号）、《关于加快推进太阳能光电建筑应用的实施意见》（财建［2009］128号）。住房和城乡建设部科技发展促进中心组织完成了111项太阳能光电建筑应用示范项目评审，有关项目覆盖了全国23个省（自治区）、3个直辖市和5个计划单列市，总装机容量91兆瓦，投入国家补贴资金约12亿元。通过出台有关文件、示范工程引导，加大国家投入，有力地推动了我国太阳能光电行业建筑应用产业发展。

【**"可再生能源与建筑集成示范工程"取得阶段性成果**】"可再生能源与建筑集成示范工程"是由住房和城乡建设部科技发展促进中心负责组织研究的国家"十一五"科技支撑计划课题，该课题旨在通过研究可再生能源与建筑集成技术并进行示范应用，实现该项技术的产业化、提高可再生能源技术在民用建筑中应用的贡献率。2009年，通过对36个示范工程进行全面的技术监测、经济评价、验收评估，总结交流可再生能源与建筑集成技术、编制相关技术文件，并通过建立基础数据库和在线远程监控平台，将课题成果进行推广扩散。工程监测数据处理平台将提供第一手的基础数据，为我国制定可再生能源与建筑集成技术的应用政策和发展方向提供扎实的依据。

【**推进市、县级可再生能源建筑应用工作**】2009年，由住房和城乡建设部科技发展促进中心参与，财政部和住房城乡建设部印发了《财政部 住房城乡建设部关于印发可再生能源建筑应用城市示范实施方案的通知》（财建［2009］305号）、《财政部 住房城乡建设部关于印发加快推进农村地区可再生能源建筑应用的实施方案的通知》（财建［2009］306号），制定了《可再生能源建筑应用城市级示范和农村示范县评审办法》，并组织开展了可再生能源建筑应用示范城市、示范县申报评审工作。截止到2009年8月31日，共有28个省（自治区、直辖市）、5个计划单列市和新疆生产建设兵团申报了城市级示范104个、县级示范143个，可再生能源建筑应用工作已在全国范围内展开。

【**开展建筑能效标识评审与民用建筑能耗统计工作**】2009年，住房和城乡建设部建筑节能与科技司、科技发展促进中心开展了《建筑能效测评标识管理规定（部令）》等相关法律制度的研究工作。起草完成了《建筑能效测评标识管理规定（部令）》，完成了首批20项建筑能效测评标识项目评审。2009年，该中心对2007～2008年度民用建筑能耗统计工作进行了总结，完成了有关统计数据的分析，完善了《民用建筑能耗统计报表制度》，完成了《建筑节能统计、监测、考核体系实施方案》，为进一步推进建筑能效标识评审和民用建筑能耗统计工作奠定了基础。

【**住房和城乡建设部"绿色建筑评价标识"工作**

【**顺利开展**】 为引导绿色建筑健康发展，受住房和城乡建设部委托，住房和城乡建设部科技发展促进中心于2008年4月开始组织开展绿色建筑评价标识工作，至2009年底共组织3批"绿色建筑设计评价标识"和1批"绿色建筑评价标识"，评出"绿色建筑设计评价标识"项目9个、"绿色建筑评价标识"项目2个；完成了《绿色建筑评价技术细则补充说明（运行使用部分）》；同时完善了申报评价管理系统，实现网上申报、管理、自评估、专业评价、专家评审功能。通过评价活动，规范了绿色建筑的发展，提高了绿色建筑的设计水平，引导我国绿色建筑市场更加健康地发展。

【**地方绿色建筑评价标识培训考核工作逐步开展**】 为贯彻落实住房和城乡建设部《关于推进一二星级绿色建筑评价标识工作的通知》（建科〔2009〕109号）精神，大力推进绿色建筑评价标识工作，加强地方绿色建筑评价工作的技术水平和能力建设，2009年，住房和城乡建设部科技发展促进中心颁布了《关于开展一二星级绿色建筑评价标识培训考核工作的通知》（建科综〔2009〕31号），先后召开了"上海市绿色建筑评价标识推进会"和"山东省一二星级绿色建筑评价标识技术培训会"，完成了针对管理人员、评审专家、专业评价人员等100余人的培训考核工作，同时向当地的房地产商、设计和科研人员宣传了绿色建筑评价标识和评价方法。此外，住房和城乡建设部科技发展促进中心通过介绍评审工作经验、规范评审程序等方式，协助上海市、浙江省和新疆维吾尔自治区等地完成了7项"一二星级绿色建筑评价标识"项目试评。

【**继续深化"绿色建筑评价标准框架体系研究"**】 "绿色建筑评价标准框架体系研究"旨在研究符合我国国情的绿色建筑评价标准体系，建立合理、科学的体系框架用于全国绿色建筑评价标准的发展。2009年住房和城乡建设部科技发展促进中心组织对国内外绿色建筑评价体系情况进行了调研，确定了绿色建筑评价标准框架体系的评价方法与指标体系这些成果对推进绿色建筑评价标识工作、提高绿色建筑评价的合理性、公平性和普适性，为建立符合我国国情的绿色建筑评价标准体系框架结构提供奠定了基础。

【**开展行业科技成果评估推广，促进科技成果转化**】 2009年，住房和城乡建设部科技发展促进中心完成了68项行业科技成果的评估，涉及城乡规划、城市建设、村镇建设、建筑节能与新能源利用、节水与水资源开发、信息化等领域，其中：达到国际领先水平项目1项，达到国际先进水平16项，达到国内领先水平44项，达到国内先进水平6项。同年，住房和城乡建设部科技发展促进中心共受理建设行业科技成果推广申报项目113项，经组织专家评审，最终确定申报项目中87项为2009年度建设行业科技成果推广项目。

根据节能减排等新的行业发展要求，该中心重点开展了以建立建筑节能技术推广应用、限制与禁止使用技术目录为主要内容的评估推广工作长效机制研究，编制了《建筑节能新技术推广及限制禁止使用落后与淘汰技术暂行管理办法》，并配合建筑节能与科技司开展了"墙体材料革新"、"节能省地宜居型住宅技术和既有建筑节能改造技术推广行动"和"建筑节能材料淘汰（限制使用）和推广应用制度研究"等工作。通过开展墙体材料推广应用和限制、禁止技术征集，组织了全国建筑保温与结构一体化技术和新型结构体系技术交流研讨会等方式促进了相关行业科技成果的转化与应用。

【**加强适用技术与发展机制研究，推进农村住房和城镇建设**】 2009年在住房和城乡建设部村镇建设司和建筑节能与科技司指导下，住房和城乡建设部科技发展促进中心开展了"十一五"国家科技支撑计划项目"村镇住宅建筑产品及构配件评选和推广应用研究"、"村镇住区公共服务设施与运营配套政策研究"、"村镇住宅建设技术服务体系与能力建设研究"和"城镇绿地建设后评估技术规范及应用研究"等课题研究工作。同时，该中心发挥行业科技成果评估推广管理工作优势，进行了"新农村建设适用技术和产品收集、评估和推荐"等课题研究，组织编制了《新农村建设适用技术和产品推荐目录》，完成了《新农村建设实用技术》汇编。有关成果为探索城镇建设机制，推进农村住房改造等工作提供了有力支持。

【**华夏建设科学技术奖励评审工作顺利开展**】 "华夏建设科学技术奖"是住房和城乡建设领域重要的科学技术类奖项。2009年度华夏奖奖励办公室接受有效申报项目190项，申报评奖单位包括全国主要省（自治区）住房和城乡建设厅、直辖市建委，住房城乡建设部和国资委直属单位，住房城乡建设行业重点企事业单位和相关大专院校科研机构等。由于近年倡导国民经济的可持续发展，申报项目中建筑节能、城市水资源和环境保护方面项目较往年有所增多。

2009年7月2日至11月4日，经专业组专家和评审委员会评定，评出拟授奖项目84项。2009年12月18日通过公示和公告，最后确定2009年度"华夏建设科学技术奖"获奖项目83项，其中一等奖6项，二等奖22项，三等奖55项。

同年，北京工业大学华夏奖获奖项目——"SBR法污水处理工艺与设备及实时控制技术"经华夏奖励办公室推荐获得国家科技进步奖二等奖。

【加强建筑节能培训，推广建筑节能先进技术】围绕住房和城乡建设部民用建筑节能工作部署，为全面推进新建建筑节能、既有建筑节能和建筑用能系统运行节能法律法规实施，2009年5～12月，由住房和城乡建设部建筑节能与科技司和法规司主办，住房和城乡建设部科技发展促进中心具体承办了东北地区、华北地区、华东地区、西南地区、西北地区5期《民用建筑节能条例》宣贯培训班。全国各省（直辖市）及其所属城市的住房和城乡建设管理部门、节能办（墙改办）、质监站、施工图审查机构、节能检测机构和有关科研机构、高等院校、企事业单位的1010人参加了培训。

围绕建筑节能专项技术，2009年，住房和城乡建设部科技发展促进中心举办了"膨胀聚苯板薄抹灰外墙外保温系统培训"、"既有建筑综合改造有关政策及技术应用"和"公共机构和大型建筑能源审计节能新技术应用"等培训活动，相关行政主管部门和企事业单位1000多人参加了培训。其中与国外机构合作举办的"膨胀聚苯板薄抹灰外墙外保温系统培训班"已形成了固定的培训教材、培训教学单元和培训材料及工具，培训效果显著。

（住房和城乡建设部科技发展促进中心）

住房和城乡建设部住宅产业化中心

【概况】 2009年，住宅产业化中心在部党组的领导下，坚持以邓小平理论、"三个代表"重要思想和科学发展观为指导，深入学习党的十七届四中全会精神，紧密围绕部党组中心的工作，全面推进住宅产业现代化，大力发展省地节能环保型住宅。

【健康发展国家康居住宅示范工程】 2009年，按照科学发展观的要求开展示范工程的建设与管理工作，着力提高示范工程的创新点和示范引导性，以中小户型为重点，强化设计理念创新和实用技术集成，通过样板引路，引领省地节能环保型住宅发展。新立项目20个、验收项目12个，保持了示范工程项目持续健康发展。项目的设计水平、产业化技术水平、管理水平都有大幅度提高，优秀率达到99%，涌现了安庆香樟里那水岸、晋江兰峰城市花园、黄石宏维山水明城等典型代表项目，在当地或全国都产生了较好的反响，对引导住宅消费模式和建设方式转变起到了积极的示范带动作用。同时，通过总结示范工程的经验与成果，修改完成了《国家康居示范工程方案精选》（第三集）、《省地节能环保型住宅国家康居示范工程技术要点》（新版）等文件。

【平稳推进住宅性能认定工作】 2009年共有30个项目通过住宅性能认定预审，列入住宅性能认定工作计划；通过住宅性能认定终审的项目为52个。全国已有406个小区、10000余幢住宅通过了性能认定设计审查；220个小区、5000多幢通过住宅性能认定终审。

为提升住宅性能，联合相关的设计、科研、生产、施工等单位建立各种专业4个住宅性能研发基地，研究提升住宅各项性能指标所需的技术措施和标准构造做法。如住宅全装修、墙体保温、屋面隔热、楼板隔声、住宅外遮阳、南方地区外墙防渗漏作法等。此外，积极同住房和城乡建设部住房保障司协商在保障性住房的建设过程中开展性能认定工作。

【住宅部品认证】 按照认监委和住房和城乡建设部有关司局的要求，继续开展建筑领域的产品认证工作，进行保障性住房的研究与标准的制定；开展农村住房产业化研究和新型能源和环保技术研究等。共颁发认证证书40余张。并先后制定了国家标准《住宅装修用木制品模数尺寸》，行业标准《透水砖应用技术规程》、《SIP板应用技术规程》等，为推行我国的认证制度，保障住房建设质量作出应有贡献。

【推进住宅产业化基地建设】 从2001年建立国家产业化基地试点工作开始，到2006年建设部正式下发《国家住宅产业化基地试行办法》文件，住宅产业化中心不断探索经验，逐步建立了适应住宅产业化进程需要的建立产业化基地工作方式和工作内容。以创新的观念，创新的组织与管理、创新的技术，推进住宅产业的创新与发展。全国先后批准建立了19个国家住宅产业化基地，他们是北新集团、青岛海尔集团、温州正泰集团、天津二建、山东力诺瑞特、长沙远大住工、合肥经济技术开发区、深圳万科集团、南京栖霞集团、深圳市人民政府、绍兴宝业集团、黑龙建省建工集团、烟台万华集团、天津住宅集团、黑龙江宇辉集团、广州松下空调、深圳嘉达高科、浙江杭萧钢构、北京金隅集团。

【举办第八届中国国际住宅产业博览会】 由住房和城乡建设部主办，住宅产业化中心、中国房地产业协会、中国建筑文化中心、北京市住房和城乡建设委员会共同承办的"第八届中国国际住宅产业博览会"（以下简称"住博会"），于2009年11月11～14日在国家会议中心顺利举行。开幕式上，住房和城乡建设部副部长陈大卫，原副部长刘志峰、宋春华亲临剪彩，总经济师李秉仁致辞，各司局和部属单位的负责同志出席开幕式。本届住博会以"节能省地环保，共筑明日之家"为主题，围绕建设节能省地环保型住宅的核心技术，搭建展示、交流、交易的平台，积极推广节能、节地、节水、节材、环保的相关技术和产品，以带动住宅品质和性能的提升，推进住房建设和消费模式的转型。

【注重加强国际交流与合作】 2009年初，联合中国建筑设计研究院和中国建筑科学研究院，共同完成中日JICA四期项目"推动住宅节能技术进步项目"的《中国寒冷地区住宅节能评价指标与方法》和《中国寒冷地区住宅节能设计施工指南》编制工作，顺利通过住房城乡建设部和日本国土交通省的验收。并且将部分研究成果应用在住宅产业化中心和中国建筑设计研究院开展的示范住宅小区项目中，收到很好的效果。

【大力推广住宅产业化技术框架体系】 2009年，围绕"十大重点推广技术"，展开一系列的论坛、巡展、考察、培训等活动，宗旨在推广"四节一环保"建材部品，推进"节能省地型"住宅开发和建设，提升中国住宅品质。

1. 2009年5月20日在深圳市组织召开了"建设省地节能环保型住宅10项成套技术推广交流大会"，来自全国各地的代表近300人参加了会议，会议取得了圆满成功。本次交流推广会的召开，对于住宅成套技术的推广应用，引导企业全面了解和掌握目前住宅建设中的先进、适用、成熟的住宅成套技术，促进省地节能环保型住宅建设起到了积极作用。

2. 在2009年9月合肥住宅产业博览会期间，与安徽省建设厅共同组织召开了省地节能环保型住宅技术推广交流会。选择工业化住宅技术体系、外墙保温隔热技术、住宅节水技术、太阳能与建筑一体化技术等专题，组织有关专家进行演讲，具有积极的技术交流和推广作用。

3. 同黑龙江、广西、安徽等地合作，多次举办有住宅产业化管理机构及骨干开发企业有关领导和工作人员参加的培训班，以建设省地节能环保型住宅和提高住宅品质为目标，宣传贯彻《标准》，取得很好的宣传推进效果。

4. 在第八届中国国际住宅产业博览会期间举办2009中国房地产及住宅产业高峰论坛，并同时召开A级住宅颁证大会。高峰论坛上，原建设部副部长、中国房地产业协会会长宋春华，做了题为《巩固成果、加快推进，开创住宅产业现代化新局面》的主题演讲。北京市住房和城乡建设委员会副主任冯可梁、中国建筑设计研究院顾问总工程师叶耀先、加拿大滑铁卢大学教授徐磊等出席高峰论坛并做了重要演讲。

【广泛开展科研课题研究】 住宅产业化中心非常重视调查研究工作，围绕着发展节能省地环保型住宅与住宅产业现代化的关系、如何通过示范工程引导节能省地环保型住宅发展以及村镇建设等方面，通过实地考察调研、召开部分省市住宅产业化工作座谈会和专题座谈会等多种形式进行深入调研工作，在此基础上开展住房城乡建设部住房改革与发展司委托的"《关于推进住宅产业现代化提高住宅质量若干意见》执行情况评估研究"课题的研究；完成《居住区生活垃圾处理技术与推广机制研究》课题，并组织编写《城市居住小区生活垃圾生化处理技术规范》（初稿）和《城乡居住小区生活有机垃圾生化处理操作规程》（初稿）等；围绕推广"四节一环保"的技术，逐步完善住宅建设的技术体系，承担中国房地产业协会委托的《房地产业产业技术政策的研究》课题；《低温辐射电热膜》、《卫生间洁身器》、《建筑瓷砖模数》等国家标准，经组织专家审查，现均已完成了报批稿，上报有关主管部门批准；国家标准《住宅装修用木制品模数尺寸》、行业标准《透水砖应用技术规程》正在编制中；《冷弯薄壁型钢多层住宅技术规程》经部标定司批准，已经立项；部住房保障司委托的《保障性住房建设管理手册》、《保障性住房户型精细化设计及全装修指南》的编写工作，均取得了阶段性成果；完成《康居示范工程方案精选》（第三集）编辑工作；完成《康居示范工程质量控制要点》（初稿）。

【参与"十一五"国家科技支撑计划课题】 针对《长江流域住宅节能推广机制》、《典型住宅及居住区综合改造技术集成与工程示范》、《可再生能源与建筑集成示范工程》、《既有建筑改造市场化运作与推广机制研究》等项目进行了深入的课题研究。

其中《典型住宅及居住区综合改造技术集成与工程示范》研究实施中,在全国典型气候区域已建立了10个既有居住建筑及居住区改造示范工程,改造的建筑面积约为50万平方米,主要分布在北方寒冷地区及长江流域,在当地起到了很好的示范作用,并且组织部分改造工程后的节能检测,总结经验,组织撰写7份工程案例,部分案例已经编辑出版。"市场监测关键技术研究与示范"五个项目深入开展课题研究。

【圆满完成"广厦奖"评选活动】 "广厦奖"是经住房和城乡建设部批准,由住宅产业化中心、中国房地产业协会、共同设立的我国房地产开发项目的综合性大奖。2009年"广厦奖"的评选活动依据"广厦奖"管理办法和评价标准,经企业申报、地方初审及推荐、评审专家组审查、评审委员会审议和媒体公示等程序,2009年度有62个项目被授予"广厦奖"称号。

【认真开展党风廉政建设】 始终坚持把思想政治建设放在首位,以贯彻科学发展观、构建社会主义和谐社会的战略思想为统领,通过召开班子民主生活会、集中学习、专题研讨等途径,认真学习和领会中国共产党章程、党的十七大、胡锦涛总书记重要讲话等精神,引导党员干部进一步坚定理想信念,激发党员干部的责任感和自豪感。做好经常性的党务工作,保证党建工作的连续性和严肃性。坚持开展批评与自我批评,认真组织开好民主生活会,加强组织建设。支部把党风廉政作为一件大事来抓,落实党风廉政建设责任制,按照上级规定的内容对照检查,强化党内监督。加强教育,全面提高干部队伍整体素质。通过不同形式的教育,党员的思想认识有了明显的提高,政治意识、大局意识、责任意识有了明显增强,党支部的思想作风、学风、工作作风得到进一步提高。

(住房和城乡建设部住宅产业化中心)

住房和城乡建设部执业资格注册中心

1. 执业资格考试工作

【考试组织工作】 ① 2009年5月9~12日,全国一级注册建筑师资格考试。全国共有123539人次报名参加考试,比上年的100314人次增加了23225人次,三科作图题总报考人次为45041,比上年的39033人次增加了6008人次。

② 2009年5月9日、10日,全国二级注册建筑师资格考试。全国共有36565人次报名参加考试,比上年的27407人次减少9158人次,两科作图题总报考人次为16703,比上年的13072人次减少3631人次。

③ 2009年9月20日,全国一、二级注册结构工程师专业考试。全国共有15944人报名参加一级结构专业考试,比上年增加856人;共有5505人报名参加二级结构专业考试,比上年增加996人。

④ 2009年9月19日、20日,全国注册土木工程师(岩土)专业考试。全国共有3857人报名参加考试,比上年增加173人。

⑤ 2009年9月19日、20日,全国勘察设计注册工程师15个专业的基础考试及13个专业的专业考试。具体数据见表1、表2。

基础考试报考情况　　　　表1

专业	报名人数	参考人数
一级注册结构工程师	28311	23361
注册土木工程师(岩土)	9560	7879
注册土木工程师(港口与航道工程)	862	719
注册土木工程师(水利水电工程)(水利水电工程规划)	1440	1087
注册土木工程师(水利水电工程)(水工结构)	3249	2720
注册土木工程师(水利水电工程)(水利水电工程地质)	336	287
注册土木工程师(水利水电工程)(水利水电工程移民)	319	227
注册土木工程师(水利水电工程)(水利水电工程水土保持)	1462	1140
注册公用设备工程师(暖通空调)	6499	5151
注册公用设备工程师(给水排水)	8539	6712
注册公用设备工程师(动力)	2112	1585
注册电气工程师(供配电)	9756	7189
注册电气工程师(发输变电)	3590	2754
注册化工工程师	3382	2671
注册环保工程师	9332	7161

专业考试报考情况　　　　　　　　表 2

专业	科目	报名人数	参考人数
注册土木工程师（港口与航道工程）	专业知识考试	227	198
	专业案例考试	227	193
注册土木工程师（水利水电工程）（水利水电工程规划）	专业知识考试	545	433
	专业案例考试	545	429
注册土木工程师（水利水电工程）（水工结构）	专业知识考试	1116	906
	专业案例考试	1116	894
注册土木工程师（水利水电工程）（水利水电工程地质）	专业知识考试	346	296
	专业案例考试	346	292
注册土木工程师（水利水电工程）（水利水电工程移民）	专业知识考试	257	199
	专业案例考试	257	198
注册土木工程师（水利水电工程）（水利水电工程水土保持）	专业知识考试	771	625
	专业案例考试	771	611
注册公用设备工程师（暖通空调）	专业知识考试	2290	1985
	专业案例考试	2290	1960
注册公用设备工程师（给水排水）	专业知识考试	3760	3226
	专业案例考试	3760	3206
注册公用设备工程师（动力）	专业知识考试	635	544
	专业案例考试	635	530
注册电气工程师（供配电）	专业知识考试	2686	2265
	专业案例考试	2686	2244
注册电气工程师（发输变电）	专业知识考试	929	758
	专业案例考试	929	736
注册化工工程师	专业知识考试	1127	976
	专业案例考试	1127	968
注册环保工程师	专业知识考试	2231	1848
	专业案例考试	2231	1823

⑥ 2009 年 10 月 24 日、25 日，全国注册城市规划师考试。全国共有 55722 人次报考，各科报考人数均超万人，各科参考人员同比上年增加近 20%。

⑦ 2009 年 9 月 5～6 日，全国一级建造师考试。全国共有 401274 人、1474709 人次报名参加本次考试。

⑧ 2009 年 10 月 31 日和 11 月 1 日，全国二级建造师考试。全国共有 559203 人、1516925 人次报名参加考试。

【组织完成全国勘察设计注册工程师基础考试大纲修订】 新的考试大纲于 2009 年 3 月 9 日正式公布。2009 年的公共基础考试采用新的考试大纲。新大纲出台后，根据新的考试大纲组织编写了基础考试公共基础考试辅导丛书，共分四册。

【相关考试教材修编工作】 由于新《中华人民共和国城乡规划法》的颁布实施，考试大纲的修订，2008 年完成了第三版《注册城市规划师执业资格考试参考用书》三个科目的编制修订工作。2009 年初，对《城市规划相关知识》组织专家进行修订，完成了该科考试教材的修编任务，2009 年 7 月第三版《城市规划相关知识》考试参考教材印制发行。

2. 执业资格注册工作

【注册管理】 ① 2009 年共办理一级注册建筑师、一级注册结构工程师和注册土木工程师（岩土）各类注册及证书、印章发放共计 30917 人次。其中一级注册建筑师初始注册 1618 人，延续注册 9022 人，变更注册 2084 人，更改补办证书印章 728 人；一级注册结构工程师初始注册 2248 人，延续注册 4915 人，变更注册 3188 人，更改补办证书印章 1020 人；注册土木工程师（岩土）初始注册 759 人，变更注册 695 人，延续注册 4565 人，更改补办证书印章 75 人。同时，完成全国二级注册建筑师和二级注册结构工程师统计备案工作，全国二级注册建筑师注册人数 20340 人，二级注册结构工程师注册人数 8394 人。

② 2009 年全年共办理审查完成一级建造师注册材料 33997 人次。其中，接收初始注册材料 30247 人，增项注册材料 3689 人，重新注册材料 61 人；转发专业部委初始注册申请 5243 人，增项注册 1126 人，重新注册 11 人；收变更备案 4185 人，注销注册备案 122 人；处理各类申诉、举报材料 524 人。截至 2009 年年末，全国一级建造师考试共通过 245161 人，考核认定共通过 22491 人，已领取资格证书人员共计 239406 人。全国已经取得一级建造师注册证书共 189157 人。从数字表现来看，有近 8 万人还没有申请注册。

【注册管理相关工作】 ① 2009 年 7 月，在贵州省贵阳市召开新版《全国一级注册建筑师、注册工程师注册管理信息系统》软件应用培训工作会议，会议主要研究和讨论新的《一级注册建筑师注册管理工作规程》、《勘察设计注册工程师注册管理工作规程》及注册工作中相关问题，学习掌握新版《全国一级注册建筑师、注册工程师注册管理信息系统》软件的操作和应用并进行上机培训等。培训工作结束后，于 2009 年 9 月 21 日启用了新版系统。

② 2009 年，为落实取得一级注册建筑师资格的台湾地区居民注册的有关问题，根据住房和城乡建

设部要求于2009年6月中旬正式启动取得大陆一级注册建筑师资格的台湾地区居民注册工作。

③ 完成道路工程专业考核认定的各项工作。2009年2月进行了审查合格人员的上网公示，并于4月23日完成公示后的申诉、举报等一系列工作，将合格人员名单上报交通运输部、住房和城乡建设部和人事部。2009年7月2日三部正式发文公布合格人员名单。

3. 继续教育工作

【启动注册土木工程师（岩土）首期继续教育工作】 由于注册土木工程师（岩土）自2006年6月开始注册，到2009年6月底首个注册期满，亟需开展延续注册工作，同时住房和城乡建设部于2009年7月颁布了《注册土木工程师（岩土）执业及管理工作暂行规定》，于2009年9月1日起正式开展执业，为配合部实施岩土工程师执业，短时间筹备了注册岩土工程师执业管理工作会议和全国注册岩土工程师继续教育师资培训，保障各地区继续教育工作的开展和住房和城乡建设部政策文件的贯彻落实。

【进一步加强各类执业资格考试辅导教材的编写规划】 2009年组织出版《注册结构工程师专业考试辅导教材》和《勘察设计注册工程师基础考试辅导丛书》，组织编写岩土工程师继续教育必修课教材《岩土工程设计安全度》。同时按照注册建筑师、注册结构工程师的必修课选题规划，组织编写注册结构工程师第五注册期必修教材《建筑震害与设计对策》，以及注册建筑师第七注册期必修教材《建筑资源的再利用策略》、《职业建筑师业务手册》，为考生提供了权威科学、针对性强的考试辅导材料。

【与河南省注册建筑师管理委员会联合举办了2期注册建筑师必修和选修课培训班】 注重发挥全国管委会在地域、师资、组织管理等方面的优势，积极为地方注册管理机构解决困难，提高继续教育培训质量。2009年，根据地方需求策划选题，组织包括教材原作者在内的权威的师资力量，共培训约1000名一、二级注册建筑师和有关机构的专业技术人员。

4. 综合研究与协调工作

【调研与课题研究】 认真钻研有关法律法规和政策规定，深入各地开展调研工作，悉心听取地方管理机构、勘察设计企业和注册人员的意见及建议，精心组织专家结合行业及执业制度的发展进行课题研究，高质量地完成课题研究任务。配合2009年住房和城乡建设部有关司组织完成多项课题研究工作，包括工程质量安全监管司《建筑安全执业制度课题研究报告》，人事司《关于完善我国建设行业执业资格制度的研究报告》，国家质监总局《注册安全工程师条例（征求意见稿）》的意见反馈。

【协调完成化工、港口与航道工程、水利水电工程等专业考试大纲修订工作】 化工、港口与航道工程和水利水电工程等专业自2005年首次开始资格考试以来，各行业工程建设发展迅速，陆续出台新的政策、法规，在对三个专业广泛调查研究和征求意见的基础上，分别修订专业考试大纲。同时，协调两部机关，完成了3个专业新大纲的批复工作。

【开展桥梁、海洋和材料专业的执业资格启动报批工作】 根据《勘察设计注册工程师总体框架及实施规划》，协调桥梁工程专业管理委员会、海洋专业管理委员会和材料专业管理委员会拟定了各自专业的《暂行规定》、《资格考试实施办法》和《资格考核认定办法》。

【协调部机关尽快开展部分专业注册管理工作】 按照《勘察设计注册工程师总体框架及实施规划》确定的勘察设计注册工程师制度总体框架及实施规划要求，从2003年启动公用设备、化工和电气专业工程师执业资格制度，组织完成执业资格考核认定及四次资格考试工作。公用设备、化工和电气三个专业已经具备启动注册工作的基本条件，注册管理信息系统开发、注册管理办法和执业管理规定拟制等各项准备工作也日趋成熟。全国管理委员会秘书处专门起草了报告，协调有关部门尽快启动注册工作。

5. 国际联络工作

【组织完成内地与香港公用设备工程师、电气工程师两项资格互认研究报告】 按照已签署的CEPA补充协议4和住房和城乡建设部要求，以及2009年中心外事工作计划安排，经与香港工程师学会商定，于3月初组织内地公用设备专业委员会、电气专业委员会与香港工程师学会屋宇装备界别、机电界别工作小组代表在深圳市就双方开展一年多的相关资格互认研究工作成果进行交流、研讨。在此基础上，进一步指导内地公用设备专业委员会与电气专业委员会对研究报告内容进行修改、完善，2009年6月完成研究报告。

【了解台湾建筑师执业制度】 为继续推动对台工作的深入，住房和城乡建设部、人力资源部和国台办授权全国注册建筑师管理委员会在完成台湾部分知名资深建筑师评估认定工作后，组团对台湾建筑界专业教育、职业实践、资格考试、注册管理、执业法规、继续教育与岛外机构开展交流和资格互认等7方面情况进行全面了解，并与大陆注册建筑师制度进行比较，提出下一阶段对台建筑师开展工作的政策建议。为扎实而细致地全面了解台湾建筑师执业制度的实质情况，2009年初在相关管理部门和研究机构的支持下，组建了由委员会主任为团长和覆盖全部考察内容的、多部门管理人员及专家组成的考察团成员。考察结束后，组织完成《考察报告》，报告涵盖了台湾开业建筑师执业制度七方面的基本情况、与大陆注册建筑师制度的基本对比分析、主要结论和建议等内容。

【内地注册城市规划师和香港规划师学会会员资格互认工作全部结束】 按照全国城市规划执业制度管理委员会与香港规划师学会签订的互认协议，2009年内地注册城市规划师和香港规划师学会会员资格的互认工作进入到最后一批（第五批）。6月份，发布了第五批两地互认的通知，并着手进行前期准备工作。2009年12月11～13日，与香港规划师学会在深圳分别组织申报人员进行了第五批互认培训和考试工作，香港22人，内地8人参加了此次培训和考试。至此，历时5年的两地互认工作全部结束。

【筹划第十三届中日韩注册建筑师组织交流会议】 2009年10月初经部外事主管部门批准，全国注册建筑师管理委员会于11月底在江西组织召开三国会议。一方面加紧同日韩方联系沟通，另一方面加紧确定国内相关参会方并召开会议研究部署三国会准备工作，对日韩代表的交通路线和会议日程进行整体考虑并做出统筹安排。组织编写了全部会议资料并编辑成册。会议各项活动实施顺利。

【相关外事会谈】 ①3月27日中心接待英国结构工程师学会会长来访，双方相互交流信息；

②6月22日委员会及中心接待台湾新党主席和台湾建筑师公会代表来访，双方就取得大陆注册建筑师资格的37位台湾地区知名资深建筑师注册执业问题和台湾开业建筑师如何取得大陆注册建筑师资格问题交换意见；

③11月4日中心接待香港建造业工人注册局来访，双方相互交流信息；

④11月9日中心接待英国建造学会会长来访，双方相互交流信息；

⑤11月10日委员会及中心接待台湾新党主席和台湾建筑师公会代表来访，双方继6月份会谈内容继续进行探讨；

⑥12月15日参加住房和城乡建设部及香港发展局组织的第十二次专业资格互认联合工作会，会议分组交流了建筑师、结构工程师的注册问题以及公用设备工程师和电气工程师的资格互认工作进展情况，对下一步开展两地工作提出建议。

（住房和城乡建设部执业资格认证中心）

住房和城乡建设部人力资源开发中心

【承担住房城乡建设系统中英艾滋病策略支持项目工作】 2009年，受住房和城乡建设部人事司委托，依托中英艾滋病策略支持项目，在完成对住房城乡建设系统管理干部、骨干教师的防艾宣教工作的基础上，圆满完成2009年防艾宣教任务。

先后在山西、广西、江西举办住房城乡建设系统防艾管理干部及骨干教师培训班，培训管理干部165人、骨干师资308人。印制下发宣教海报2100多套，制作防艾光盘600多张。为总结交流本系统防艾工作的开展情况和工作经验，部署2010年的防艾工作，10月组织召开了"中英艾滋病策略支持项目住房城乡建设系统防治艾滋病工作会议"。12月1日，在杭州举办了"飘动的红丝带-住房城乡建设系统世界艾滋病日宣教活动"，不仅为住房城乡建设系统培养了一批防艾管理干部和骨干教师，也为促进本系统防艾宣教工作的开展打下较好的基础。

【承担住房城乡建设系统中澳艾滋病防治支持项目】 受住房和城乡建设部人事司委托，依托中澳艾滋病支持项目，组织人民大学、首都经贸大学、北京工商大学等高校专家，编写《建设行业农民工"防艾"宣教体系构建研究》，从我国建筑业农民工现状、特点及防艾宣教工作面临的形势出发，总结建筑业农民工艾滋病防治体系取得的成效及存在的不足。并根据形势，对建筑业农民工完善艾滋病防控，加强宣教体系建设提出对策性建议。

【完成部司局委托的重点项目培训工作】 2009

年，共举办各类管理和专业技术人员培训班20期，培训学员2835名。

① 受部计划财务与外事司的委托，分别在乌鲁木齐、昆明、哈尔滨、北京和杭州举办了5期培训班，来自全国30个省、自治区、直辖市的1109名城乡建设统计工作人员参加了培训。

新疆维吾尔自治区和云南省受自然条件和经济发展水平的制约，城乡建设统计难度较大，从事统计工作的人员外出参加培训的机会较少，在乌鲁木齐和昆明举办培训班期间，应当地住房和城乡建设主管部门的要求，采取送教上门、单独开班的方式，对两地区统计人员进行培训。培训期间，针对部分学员基础差和少数民族学员汉语水平不高的实际情况，要求授课教师放慢讲课速度，并对重点问题进行反复讲解，真正使参加培训的学员学懂弄通。

② 为进一步推动建筑业劳动保险工作的深入开展，提高建筑工程劳动保险费用管理人员的理论水平和实际工作能力，中国建设劳动学会在西宁联合举办了"建筑业劳动保险管理培训班"，培训146人。

③ 围绕行业关注的热点问题，举办了1期"住房和城乡建设系统工会领导干部综合工作能力提升培训班"、2期"污水处理厂建设运行管理实务暨污泥污水处理新技术培训班"、2期"建设工程预拌混凝土和预拌砂浆行政执法培训班"，共培训276人。

④ 根据部建筑市场监管司颁布的《注册监理工程师继续教育暂行办法》相关规定，经中国建设监理协会批准，举办了3期"注册监理工程师继续教育培训班"，培训577人。

⑤ 依据考试大纲和相关要求，共举办"一、二级建造师考前辅导班"和"注册结构、电气、公用设备和环保工程师执业资格考试考前辅导班"5期，培训727人。

⑥ 圆满完成部机关司局委托的相关外事服务工作。2009年受部人事司、住房保障司、住房公积金监管司、村镇建设司等委托，分别承办5个国外培训团的相关服务工作，同时，协助有关单位办理因公出国外事服务36项。

【完成住房和城乡建设部2009年专业技术职务任职资格评审工作】 2009年共受理部属各单位和行业委托评审单位的评审材料1296份，在对申报材料进行审核、分类、装订后，提交评委会进行评审。共召开评审会33个，涉及专家评委285人。

【开展住房城乡建设系统职业技能鉴定相关工作】 配合人事司就《建设行业特有职业（工种）技能鉴定实施办法》和《建设行业首批特有职业（工种）目录》在全行业进行反复征求意见，并经多次修改，6月中旬完稿并上呈部人事司报人力资源和社会保障部审批；参与部"职业技能鉴定指导中心"的组建筹备工作。自2009年3月开始，为该中心的成立做了大量的调研和各项规章制度的起草工作。其中，完成《职业技能鉴定程序规范》、《鉴定站管理办法》及机构设置、编制说明、考试考务费收费标准及支出费用测算等文本的起草工作，相关工作待经人力资源和社会保障部批准后组织实施；参与国家职业标准修订工作。2009年，中心组织行业有关单位和相关专家启动建设行业8个国家职业标准（砌筑工、混凝土工、钢筋工、管工、防水工、架子工、手工木工、精细木工）的修订工作。在组织对行业职业广泛调查分析的基础上，9月完成了标准修订初稿，12月份通过了专家组的评审，待报人力资源和社会保障部批准后组织实施；完成了相关培训教材编写工作的前期准备工作；为配合《国家职业大典》修订，中心会同各行业协会，组织有关专家对行业特有职业（工种）目录进行梳理研究，并就此项工作开展了行业调研，为国家职业分类大典修订做准备工作。

【人事代理工作】 截至2009年底，委托中心人事代理的部属和行业企事业单位已达700多家，人数超过15000人。为进一步加强和改进人事代理工作，中心更新了计算机系统，对人事代理"网上直通车服务系统"进行了修改和完善。同时，建立了客户"一站式"服务制度，即不论客户问到哪位职工，都要一一进行解答，把客户指引到要办事的部门，强调客户服务的质量和效率。

【发挥市场配置作用，积极促进求职者和大学生就业】 2009年，与有关单位合作举办13场现场招聘会，吸引2000多家用人单位参会，到会求职者5.5万多人，提供招聘岗位4.9万余个，较好地满足了用人单位和求职者个人的需求。同时，为配合用人单位和求职者实现双向选择，还将人才测评技术引入对高层次人才的推荐工作，这样，不仅锻炼了专业职工队伍，也促进了用人单位对高层次人才的需求，创造了良好的社会效应。

中心在促进大学生就业方面发挥资讯和培训的优势，打造线上线下多维立体的渠道，为大学生发布就业信息近万条；联合中国人民大学、北京师范大学、北京工业大学、北京地质大学、北京林业大学、北京地质大学、北京城市学院、北京联合大学等十多家院校以"职场新人特训营"的形式为大学生提供就业前基本能力的培训。培训项目设置了《从大学生到职业人的准备》，《不同类型企业的用人特点与要求》、《办公室必备技能》、《职场基本礼仪与素养》、《职业规划与求职技巧》、《有效沟通》、《时间管理》等基本课程。约有600名大学生接受了培训，同时安排69名优秀大学生进入到企业实习。据用人单位反映，参加过培训的大学生在岗位意识、工作积极性及心理素质等方面均有明显的进步和提高。

【参与国家人才服务标准的编写工作】 在承担北京人才服务地方标准《人才服务规范》和《人才服务机构等级划分与评定》两部标准的绝大部分文字起草工作的基础上，2008年以后，又参与人力资源和社会保障部组织的全国人才服务国家标准的编写工作，承担标准文本的起草、带队到相关省市调研等工作，通过参与此项工作，进一步促进了中心软硬件和服务功能的健全，业务规范化和诚信服务建设，也营造了中心积极向上的良好外部环境和氛围。

（住房和城乡建设部人力资源开发中心）

中国建筑工业出版社

2009年，中国建筑工业出版社围绕住房和城乡建设部重点工作，策划和出版行业需要的建设类图书，服务建设事业发展。年度实际完成出书品种3295种，其中新书1064种；图书出版码洋6.22亿元，比上年增长40.38%；图书发货码洋5.07亿元，比上年同期增长20.7%。

【成立55周年】 11月6日，在北京世纪国建宾馆举行庆祝中国建筑工业出版社成立55周年大会。住房和城乡建设部部长姜伟新向建工社表示热烈祝贺，希望建工社"不断开拓创新，多出精品力作，为住房和城乡建设事业的改革与发展，做出新的更大的贡献"。新闻出版总署署长柳斌杰题写贺辞："坚持科学发展，多出精品力作。"全国人大环境与资源保护委员会主任委员汪光焘专程到会祝贺，住房和城乡建设部副部长郭允冲、新闻出版总署出版管理司副司长陈亚明等领导出席会议并讲话。

会议上向131名"中国建筑工业出版社优秀作译者"进行了表彰奖励。主管单位领导，优秀作译者代表，出版界同仁，新闻媒体代表等200多位嘉宾出席庆祝大会。

【获奖情况】 2009年中国建筑工业出版社获得多项行业重要奖项。在全国经营性图书出版单位等级评估中，被评定为科技类一级出版社，获"全国百佳图书出版单位"荣誉称号。在全国新闻出版系统"三个一百"优秀人物表彰中，出版社原社长周谊被评为"新中国60年百名优秀出版人物"；党委书记、社长王珮云被评为"中国百名优秀出版企业家"。在"第八届全国输出版、引进版优秀图书评选"中，建工社共有13种输出、引进版图书获奖。在第二届"中国建筑图书奖"评选活动中，5种图书获奖。

【重点策划、出版节能减排类图书】 随着节能减排工作在全国范围内的逐步展开，节能减排已成为社会热点，针对这一状况，重点策划和出版了针对不同读者的建筑节能减排类的图书。自2005年起陆续出版了《建筑节能技术实践丛书》，本套丛书作为国家"十一五"重点图书出版规划，为从事建筑节能的专业技术人员提供参考依据，重点阐述各种建筑节能技术；针对建筑节能管理制度存在的问题，策划出版了《当代建筑节能理论与政策论丛》系列丛书；为指导可再生能源建筑应用示范工程的申报、设计、施工、测试、验收、评估等工作，出版了国家可再生能源建筑应用示范工程指导用书《可再生能源建筑应用技术指南》；出版了《建筑节能检测技术》介绍节能工程验收规范和现场检测标准，为从事建筑节能工作的专业技术人员提供参考；为推动我国建筑节能事业的发展和人才培养，向高校土建类等专业教学提供教材，出版了《建筑节能技术》、《建筑节能管理》等图书。出版社还将国外的节能、低碳技术相关书引入国内出版，引进的《可持续建筑译丛》的主要议题包括"建筑节能设计—从规划到施工"、"秸秆建筑"。

【连续出版多部建设行业发展报告】 改革开放30年，中国住房和城乡建设系统领域取得了巨大的成就，已完成并正在进行着历史上同时也是世界上最大的投资建设。面对系统内各领域的快速发展，总结建设成果、分析发展现状及规律、展望未来发展趋势、积极应对困难和挑战，就成了行业内各级人员必须掌握的信息，也是社会各界都关心的问题。出版社连续出版了一些建设领域的行业发展报告，包括《中国城市规划发展报告》、《中国建筑节能年度发展研究报告》、《中国低碳生态城市发展报告》、《绿色建筑》、《中国建筑业改革与发展研究报告》、《中国城市交通发展报告》等。

【加大工程质量、安全类图书的出版力度】 2009年是国务院确定的"质量和安全年"，也是全国建设系统大力实施工程质量安全监管的一年。针对这一情况以及市场上对工程质量和安全实践指导类图书的大量需求，策划出版了《建筑施工安全》、《建筑工程施工技术人员必备口袋丛书》、《安全与管理及竣工图技术文件一本通》、《建筑施工管理手册》、《建筑施工安全与事故分析》、《汶川地震震害调查及对建筑结构安全的反思》等工程质量和安全类图书，为工程建设质量管理人员以及相关专业院校师生提供指导。

【积极推出新农村建设类图书】 为深化新农村建设理论研究和建设事业的发展，出版了《社会主义新农村建设丛书》，对新农村建设的研究者和建设者都有较大的借鉴意义和实用价值。农村基础设施建设是新农村发展的物质基础，根据广大农民和农村工作者的迫切需求组织策划了一套面向基层，以各种农村基础设施建设为主、涵盖新农村建设大部分领域的大型综合性、知识性、实用性、科普性读物——《新农村建设丛书》，本丛书为新闻出版总署"十一五"国家重点规划图书。针对农村危房鉴定问题，推出了《农村危险房屋鉴定技术导则培训教材》，用于对农村危险房屋鉴定、普查技术人员的培训和村镇建设技术人员维修加固农村住房时参考。

【拓展城市建设类图书领域】 为应对国际金融危机，中央出台了进一步扩大内需、促进经济增长的措施，也加大了城市建设的力度。适应社会对有关建设资金筹措和复杂工程建设技术的关注，出版了"市政工程新技术及工程实例丛书"，供城市地铁隧道、越江越海隧道、取排水隧道、硬岩隧道和公共事业等隧道设计与施工的工程技术人员、施工人员、科研人员及大专院校有关专业师生作技术参考；出版了《政府投资项目管理模式与总承包管理实践》，作为从事政府投资项目管理或工程总承包管理的实务参考书；出版了《小城镇规划及相关技术标准研究》作为小城镇规划建设管理重要实用工具书。

【推进住宅和房地产相关图书出版】 住房问题是关系到百姓安居乐业的根本问题，被政府和社会广泛关注。为帮助民众系统了解中国住房问题和住房政策，为学生和学者进一步深入研究中国住房问题提供宝贵的基础，也为相关实践者了解政策现状、把握政策发展趋势进而进行科学决策提供帮助，2009年出版社大力推进相关图书的出版，出版了《住房与住房政策》从中国住房政策研究和制定者角度，对住房、住房问题和住房政策进行的多维度思考和系统阐释；为节省住房建设成本，并提供保障性住房建设标准，出版了《住宅标准化产品图库》一书。

（中国建筑工业出版社）

中国建筑学会

【奉献新中国成立60周年华诞，力推优秀建筑】 为迎接中华人民共和国成立60周年，回顾60年来我国广大建筑师在各个时期的创作成果，提升优秀建筑作品在社会上的影响力和学术地位，坚持正确的政策导向，鼓励建筑设计行业多出人才，多出精品，举办"新中国成立60周年建筑创作大奖"的评选活动。共收到全国31个省市申报的802个作品。

评审工作遵循公平、公正、公开的评审原则，对申报项目进行认真的察看和反复讨论，通过评审委员会多轮投票评选出300个大奖获奖项目，经过向社会公示，受到业界的好评，为扩大奖项的影响力，举办颁奖活动。

【围绕行业需求，积极开展学术交流活动】 ①举行第三届全国建筑设计创新高峰论坛。著名专家学者、建筑师代表、获奖人员以及特邀嘉宾等300余人参加了盛会。会议主要围绕：奥运建筑设计创新理念，热点建筑设计评析；绿色、生态建筑设计和创新技术；青年建筑师的创作地位和影响；新型绿色材料和产品在建筑中的应用；如何认识和理解当前我国建筑设计方针等议题展开了深入而热烈的交流，业内知名专家何镜堂等10位专家在会上做了精彩的演讲。此次建筑设计创新论坛达到了鼓励建筑设计创新，大力推进以节能、节地、节水、节材和环保为核心的绿色、生态建筑发展的目的，并起到了动员广大建筑设计工作者认识及深入研究和审视生态环境、城市、可持续发展、品质人居的重要性，提高我国建筑创作和城乡建设总体水平，实现小康社会目标的作用。

②为了进一步提高城市铁路交通水平，更好地贯彻车站和高速铁路建设技术创新、节能减排的设计思想，以促进我国工程项目建设的可持续发展，在住房和城乡建设部的支持下，中国建筑学会和中国中铁股份有限公司在北京举行了"北京南站暨京津城际铁路技术创新研讨会"，17位中国科学院、中国工程院院士和全国工程设计大师出席会议。与会专家围绕上述内容进行座谈和研讨，提出很多中肯的意见和建议。

③为推动商业建筑的规划和设计，搭建商业建筑规划设计工作交流和研究的平台，在南京举办商业建筑规划设计学术研讨会。来自十几个城市的规划局局长和著名建筑师、规划师以及有关方面的管理人员等参加会议。会上，中国建筑学会理事长宋春华作了中国商业地产建筑发展趋势的报告，西安、广州、哈尔滨、苏州等城市规划局局长在会上介绍所在城市商业地产建筑规划设计情况，中国中元国际工程公司在会上交流商业地产的城市观念，苏宁电器集团介绍该集团商业地产投资和开发的项目等，与会专家围绕上述报告和交流的内容进行了广泛的讨论。

④为了有效地降低能耗，促进可持续建筑理念的普及，推动适宜技术在建筑中的广泛应用，与上海万耀企龙展览有限公司在上海共同举办2009中国可持续建筑国际大会。来自各地的建筑师、规划师、投资商和企业管理者共200余人参加了会议。大会围绕"节能、舒适、健康"的可持续建筑理念，新能源的开发和利用，中外生态建筑发展趋势，低碳城市与能源系统等相关议题，中外著名的绿色生态专家在会上进行了精彩的演讲和答疑。会议还就中国可持续建筑的准则、住宅产业化与实践、可持续建筑的科学观、中国绿色建筑设计与应用及中国生态城市建设案例分析等专题进行了大会讨论。在会议期间还举行木结构技术及产业发展、节能住宅与外遮阳应用、现代景观规划与生态工法、木塑复合材料等主题的分会场专题论坛。

⑤与山东省住房与城乡建设厅、威海市人民政府共同举办"蓝星杯"第五届中国威海国际建筑设计大奖赛，本次大奖赛收到参赛方案836项，共评出金、银、铜奖和优秀奖88项。

⑥为展示60年来中国建筑设计创作成果，提升优秀建筑作品在社会上的影响力和学术价值，与山东省建设厅和威海市人民政府在第五届中国威海国际人居节上，举行2009中国威海建筑设计创新高峰论坛。宋春华理事长，华南理工大学建筑设计研究院院长、中国工程院院士何镜堂，中国建筑西北设计研究院总建筑师、中国工程院院士张锦秋，中科院建筑设计研究院副院长崔彤等在会上作了报告和演讲，共400余人参加了论坛活动。

⑦在佛山举办了第二届全国青年建筑师创新设计高峰论坛，来自全国各地的青年建筑师近400人参加了这一盛会。在为期两天的论坛中，有12位专家作了精彩的演讲。本次论坛演讲的主要内容有：中华建筑文化与中国馆的建筑创作—介绍2010年上海世博会中国馆设计；专业化设计实践；广州西塔、东塔建筑设计；上海中心超高层建筑设计；可持续发展的新粤材料和产品；广州亚运城综合体育馆与主媒体中心自主创新设计；珠江城项目设计介绍；可持续的体育建筑设计策略；山水之间—中国科学院研究生院新校园；地域·人文·建筑创作；科学的殿堂—中国科技馆新馆设计；设计理念和建筑技术的融合—广州市新电视塔设计介绍。由于论坛内容新颖，抓住了当前建筑设计的热点、焦点，会场座无虚席，很多建筑师建议：希望学会多举办类似活动。

⑧在厦门市举办"首届中国（海西）生态人居高层论坛"，论坛围绕：生态人居的发展与潜力；生态人居与中国的城乡建设；生态文明社会的生态经济；新世纪中国人居环境的建设与目标；生态人居的探讨与实践——"发现之旅"十年历程为主题，北京新型材料建筑设计研究院院长薛孔宽教授、台湾大学生物环境系统工程系韩选棠教授、清华大学建筑学院栗德祥教授、台湾中原大学建筑系主任仲泽还教授、厦门泛华集团副总裁郑清标进行了专题演讲。

⑨为繁荣建筑创作，提高建筑专业大学生的设计能力和综合素质，促进青年人才的成长，与全国高等学校建筑学学科专业指导委员会、中国联合工程公司共同在全国建筑院系中举办"中联杯"全国大学生建筑设计方案竞赛。共收到参赛设计方案1800个，评选出了77个获奖作品。

⑩11月23～24日，与铁道部鉴定中心共同组织2009年中国铁路站房建设国际交流会，400余位中外专家参加会议。会议对近年来我国铁路客站的规划设计进行了深入探讨，并指出了铁路客站今后

的发展方向。

【接受政府委托，发挥政府助手作用，为国家建设服务】 ①受政府委托，牵头组织北川新县城城市风貌与建筑风格专家研讨会和多次方案评审会。其中包括：在绵阳市举办北川新县城城市风貌与建筑风格专家研讨会，绵阳市、北川羌族自治县主要领导和建筑与城市规划界多位知名专家出席会议并在会上发表了各自意见。会议认为，北川新县城建设规划应定位于现代化的羌族文化城，规划建设必须体现羌族特色和地方特色，经得起历史和世人的检验，要符合时代发展的规律；组织专家对北川抗震纪念园、文化中心、行政中心进行两次评审并确定实施方案；在北京召开北川抗震纪念园方案设计专家咨询会议，会上邀请专家就北川抗震纪念园方案再进行新的一轮概念性方案设计；在北京又召开北川抗震纪念园概念性方案设计专家咨询会议。

根据国务院总理温家宝的指示精神，中国建筑学会又协助住房城乡建设部、四川省在绵阳再次举办更广泛听取专家意见的北川灾后重建工作推进会议。

②受重庆市人民政府的委托，在重庆召开以"山地·生态·地域"为主题的重庆城镇建筑设计高端论坛，宋春华理事长及10多位院士大师等专家学者对重庆的城镇建设提出了独到见解，对于推动重庆的城镇规划和建设具有重要意义。

【举办建筑展览，启发创作理念，推广新技术应用】 主办第四届"中国国际建筑展"，该展览是以交流建筑设计经验，搭建设计与材料、施工等行业沟通平台，提高综合设计水平为目的。2009年是新中国成立60周年，参展各建筑设计院所的展出重点也集中体现了各院60年来的优秀建筑设计成果。同时，展出"中国建筑学会建筑创作大奖"获奖作品，以展示建国60年来不同时期我国现代建筑的优秀代表性作品。此外，国内外数百家建材及建筑施工企业的先进产品与技术也在会上进行了展出。展出规模近20000平方米。

展会期间，还组织了2009中国建筑论坛、现代建筑设计与装饰混凝土主题论坛、现代建筑设计与石材主题论坛、太阳能建筑一体化主题论坛、上海世博立体绿化论坛等。

【充分发挥直属分会作用，促进行业科技发展】 学会所属21个专业分会遵照资源节约型、环境友好型社会，推进节能减排的要求，结合本学科特点，积极探索，开拓创新，广泛开展内容丰富、形式多样的学术年会、技术交流会、专题报告会、科技讲座、人员培训、竞赛活动、专题展览、奖项评定等活动，在学界产生积极影响；分会编辑出版的多种科技刊物，宣传了本专业科技发展成果，刊发了近3千篇学术论文和科技文章。

各个分会活动各具特色，极大地提升了自身的影响力。建筑师分会借换届之机组织"变革中的建筑创作"学术年会，多位专家与会作学术报告，会议还印发了《论文集》；建筑结构分会举办的优秀建筑结构评选活动，获奖项目体现建筑结构设计的创新性、先进性和经济性在业界颇具影响力；建筑经济分会举办的"2009年学术年会暨第四届中国建筑经济高峰论坛"，围绕"金融危机背景下的中国建筑业：感动·预测·共谋"主题，200多位代表进行广泛研讨；建筑电气分会在产生新一届理事会之际，与企业进行产品、技术交流活动，同时举办国际建筑电气节能技术论坛和建筑电气行业成就与发展论坛，并颁发了相关奖项；室内设计分会举办2009年学术年会暨室内设计竞赛和优秀作品展示活动，参与者相当踊跃，得到社会好评；建筑物理分会利用理事长扩大会议，及时总结工作，研究分会加强学术建设和扩大学术领域事宜，布置建会50周年系列活动安排，分会出版的电子会刊《情况通报》很受欢迎；建筑热能动力分会注重学术活动质量，讲究学术活动效果，得到业内人士好评；其他分会均能够利用各自的优势，开展多种形式的学术活动，社会反响强烈，对促进行业科技发展起到积极作用。

【发挥地方学会学术优势，有效促进国家经济建设发展】 全国31个省、自治区、直辖市建筑或土木建筑学会结合本地区的实际和国家经济建设的中心任务，紧密团结广大会员和建设科技工作者，充分发挥了学会桥梁、纽带和政府助手作用，利用学会专家聚集的优势，开展了大量形式各异的学术交流等活动，有效提升了学会的影响力和凝聚力。

各个学会努力发挥其长处开展活动，同时注重加强学会间跨地区的横向协作，通过优劣势互补，极力打造学术活动的优质名牌，使广大会员和建设科技工作者受益匪浅，得到社会的普遍认可。

【开展国际学术交流活动，宣传我国建设成就】 通过接待和派出访问团组，加深与相关国家和地区建筑师的相互了解和友谊，加强国际间的合作和交流，了解国际上最新的行业发展趋势，进一步宣传我国巨大的建设成就，也反映了我国建筑行业的整体发展正在逐步达到国际先进水平。

由中国建筑学会推荐的专家连续进入国际建协和亚洲建协相关机构担任职务，使中国建筑师在国为鼓励和促进了建筑业广大一线职工学技能、练本领，中建协主办全国建筑业职业技能大赛(抹灰工比赛)。9月9~12日，来自全国27个省(自治区、直辖市)和国资委管理的会员企业的148名选手在山东省济南市参加决赛，通过理论知识考试和实际操作考核决出32位获奖选手。来自山东天元建设集团有限公司的李运宝、湖南望新建设集团的李仁东、广西桂林建筑安装工程有限公司的祝平辉获得大赛一等奖。住房城乡建设部为排名靠前的获奖选手授予"全国建筑行业技术能手"称号和技师职业资格。

【全国建筑业先进企业和优秀企业家表彰活动】为树立行业典型和榜样，促进行业整体素质的提高，中建协在会员范围内开展全国建筑业先进企业和优秀企业家的表彰活动。12月25日召开全国建筑业先进企业经验交流暨表彰大会，对233家"全国建筑业先进企业"和323名"全国建筑业优秀企业家"进行表彰。同时还对优秀建造师颁发了获奖证书。

【举办行业篮球比赛】为进一步推动建筑业企业文化建设，增进会员企业之间的团结和友谊，中建协在浙江省建筑业行业协会和广厦建设集团的大力支持下，经过3个多月的筹备工作，于11月9~13日在浙江省杭州市成功举办首届全国建筑业"广厦杯"男子篮球赛。广厦建设集团代表队获得冠军，浙江投资建设集团代表队和越众建设集团代表队分别获得亚军和季军。

【积极承接课题任务】2009年投入大量人力物力，组织开展了《中国建筑业产业政策和建筑业"十二五"发展规划研究》课题研究工作。该课题分为6个专项课题和两个综合课题，计划2010年10月完成，将为国家相关部门制定建筑业产业政策和发展规划提供重要参考资料。

同时，中建协受住房和城乡建设部委托开展了《中国建筑企业"走出去"遇到的问题及对策研究》、《制约建筑劳务企业发展的政策研究》、《建筑业对就业拉动情况分析》、《建筑业(土建施工部分)特有职业(工种)分类》和《建筑工程施工现场专业人员职业标准》等课题调研工作，起草了《关于加强建筑劳务队伍管理 规范建筑业企业用工行为的指导意见》和《建筑业发展战略专家委员会工作办法》。

中建协分支机构也承接了住房和城乡建设部有关司委托的多个课题任务。质量监督分会开展了《乡镇建设工程质量安全管理现状调查》课题调研，项目管理专业委员会开展《建设工程项目管理质量保证责任体系建立》、《工程项目安全生产管理有效性研究》等课题调研，经营管理专业委员会完成《建立和推行工程担保制度的法律基础研究》和《对进入建筑市场的担保机构资信能力评价和市场行为能力监管措施研究》课题。

【反映行业、会员实际情况】中建协根据会员企业对特级企业资质就位等问题的呼吁，及时召开专题座谈会，听取企业对住房和城乡建设部《关于施工总承包企业特级资质有关问题的意见》(征求意见稿)的修改意见，会后整理编写并上报《特级企业资质就位有关问题的调研报告》，向住房和城乡建设部反映有关问题和建议，得到部主要领导和有关部门的高度重视，调整修订了相关文件。

针对建筑业企业和行业发展的难点、热点问题，中建协组织省市、有关行业建筑业(建设)协会和常务理事单位开展调研工作。对于收到的调研报告，有些在中建协会刊《中国建筑业》上刊发，供会员单位交流，有些报送住房和城乡建设部有关部门供研究制订政策时参考。中建协及材料分会、管理现代化专业委员会等分支机构针对国内外经济形势，举办关于建筑业企业应对国际金融危机的多个研讨交流活动，邀请有关专家深入分析国际金融危机对建筑业企业的影响，提出企业应对危机的方法或建议，为企业发展出谋划策。

【荣获5A等级行业协会】中建协在2008年民政部启动的全国性行业协会商会评估中荣获最高级别5A等级，成为全国住房城乡建设系统惟一一家荣获5A等级的行业协会。近年来，中建协在民政部和住房城乡建设部的指导下，认真学习实践科学发展观，积极贯彻国务院办公厅关于规范和培育发展行业协会的指导意见，坚持服务宗旨，为促进行业又好又快发展做了大量工作。

6月23日，首批全国性行业协会商会授牌表彰大会在人民大会堂举行。中建协秘书长吴涛在领取证书后表示，荣获5A等级只是起点，中建协将在住房和城乡建设部、民政部的指导、监督和管理下，在会员单位的大力支持和配合下，进一步履行"提供服务、反映诉求、规范行为"的职能，高质量、高水平地服务于行业、服务于政府、服务于企业，推动各项工作再上新台阶，为我国建筑业可持续发展做出更大的贡献。

【开展向吴大观同志学习活动】中建协按照住房城乡建设部统一部署，继续深入开展学习实践科学发展观活动，组织职工学习吴大观先进事迹并撰写心得体会。8月13日，中建协党总支委员会召开会议，布置在中建协党组织中开展向吴大观同志学习活动。8月18日，召开秘书处向吴大观同志学习际上取得更多的话语权;组织中国建筑师、建筑院校学生参加国际建筑方案竞赛并取得较好的成绩。

全年共接待来自瑞典、蒙古、中国香港、澳大利亚、中国澳门等国家和地区的相关建筑师学会、协会以及阿卡汉基金会等访问团组6个,共52人次。派出出访团组6个共41人次,访问了哥斯达黎加、韩国、巴西、朝鲜、蒙古、中国台湾等6个国家和地区,出席了4次国际会议,进行了2次双边交流。

【抓好刊物出版,促进行业发展,推动学术水平提高】 中国建筑学会直接出版的《建筑学报》、《建筑结构学报》、《建筑热能通风空调》、《建筑知识》4种刊物,按照国家有关部门的要求,顺利完成了转制,为刊物下一步的发展奠定了基础。各个刊物充分利用其宣传优势和导向作用,坚持以高质量、高水平奉献社会,为本行业的发展、学术和科技水平的不断提高,做出了积极贡献。各个编辑部积极优化内部资源环境,不断挖掘现有潜力,坚持开拓进取,在坚持正确办刊方向和保证刊物质量水平的前提下,利用多种形式,积极开展与刊物密切相关的活动,办出了特色,社会效益和经济效益有所提高,赢得了业界的广泛认可。

【坚持民主办会原则,努力抓好自身建设】 充分发挥理事会作用,落实民主办会原则。学会坚持重大事项的决策,经过理事会、常务理事会或理事长办公会议决定,然后由秘书处具体实施。为了充分发挥理事的作用,秘书处加强了与理事的联系和沟通,利用多种方式及时通报学会各项的工作进展,使各位理事做到心中有数,以便对学会的工作进行指导和监督,切实实行民主办会。

认真发挥学会组织工作委员会的作用,多次召开组织工作会议,研究学会的组织工作;在学会各类会员的发展、直属分会的管理与换届、增减组织机构的问题上做到了认真调研、及时调整,推动和完善了学会的组织建设。

积极发展会员,加大服务力度,扩大学会影响力和凝聚力。学会坚持自身影响力不断扩大,凝聚力不断加强的优势,大力发展各类会员,同时,注重宣传、提高作为学会会员的社会荣誉感。结合学会网站的建设,更加疏通了会员与学会的对话道,对会员的服务也进一步加强,使会员直接享到了更多的服务。

完善秘书处管理,提高办事效率,促进学会展。秘书处在不断加强基本建设和完善内部管理同时,对工作人员的综合素质提出了更高要求,得秘书处的办事效率得到明显提高,对学会的起到了积极推动作用。

(中国建筑学

中国建筑业协会

【"新中国成立60周年百项经典暨精品工程"评选活动】 为充分展示新中国成立以来建筑业的丰功伟绩,中建协联合11家行业建设协会共同开展"新中国成立60周年百项经典暨精品工程"评选活动。该活动得到各地区和有关行业建筑业(建设)协会的极大重视,29个省、自治区、直辖市和14个行业共推荐了157项工程。7月7日,通过专家咨询初审会记名投票,共有124项工程通过初审。7月29~8月8日,中国建筑业协会网联合新浪网和筑龙网进行了网上公示、投票。8月25日,中建协会同11家行业建设协会和建筑行业专家召开评审会,经过记名投票,天安门广场建筑群、中国载人航天发射场工程、云南鲁布革水电站、青藏铁路等100项工程入选。中建协编辑出版了《新中国成立六十周年百项经典暨精品工程》大型画册,并于10月29日在人堂隆重召开发布会。

【"建设事业与祖国共繁荣"主题征文活动讴歌新中国成立60年来建筑业的光荣历程,设者参与祖国建设、见证祖国日新月异变化实感,6月25~12月8日,中建协联合龙信团有限公司、建筑时报社共同举办了"龙信设事业与祖国共繁荣主题征文活动。该活动国家建设主管部门、各地建筑业协会的高度广大建筑业企业的积极响应,共收到全国自治区、直辖市的征文325篇。评选出一等二等奖10名、三等奖20名,于12月15日奖会。

【举行全国建筑业职业技能大赛(抹灰

会议。驻会副会长徐义屏、张鲁风同志和秘书处全体职工出席。秘书长吴涛传达了郑一军会长关于结合学习吴大观活动，加强协会规范化建设的指示，中建协党总支书记、副秘书长周福民主持会议。会上，学习了中共中央组织部、中共中央宣传部、中央深入学习实践科学发展观活动领导小组、中共国资委党委关于《开展向吴大观同志学习活动的通知》等材料和吴大观同志的先进事迹。吴涛秘书长要求，各部门和各分支机构全体同志要认真贯彻落实郑一军会长关于学习吴大观同志、加强中建协规范化建设的指示精神，把开展向吴大观同志学习活动作为当前的一项重要任务，作为开展深入学习实践科学发展观活动的一项重要内容。要以荣获5A级全国性社团为契机，对照5A级社团的标准，加强中建协规范化管理。

【开展规范化活动】 中建协按照郑一军会长的要求，并对照5A级社团标准，在秘书处及各分支机构中开展了规范化活动。通过自查自纠、整改完善、总结提高三个阶段，进一步提高了协会规范化运作水平和秘书处以及分支机构全体职工的工作质量与效率。9月7日，中建协召开了"加强秘书处规范化建设，创建名副其实的5A级社团"活动(简称"规范化活动")动员会。吴涛秘书长主持会议，秘书处全体职工和各分支机构负责人出席。会上，徐义屏、张鲁风副会长介绍了开展规范化活动的目的，并提出了具体要求；周福民副秘书长作动员报告，布置了规范化活动各阶段的具体工作。吴涛秘书长在会议总结中强调了开展规范化活动的重要性和紧迫性，要求全体职工将开展规范化活动与做好业务工作紧密结合起来，认真查找不足、整改完善，使中建协的服务质量有大幅度的提高。

【开展2009年度鲁班奖评审工作】 7月中旬，中建协完成各地区(行业)协会推荐申报的127项工程的初审工作，123项工程列入复查。7月21日印发复查工作通知。从8月4日开始，组织12个复查组共44名专家，对通过初审的122项工程(1项因验收手续不齐退出)进行了现场复查，并于8月底完成复查任务。9月20～24日，经21名评委记名投票，在120项工程(2项退出)中评出99项入选工程。上报住房和城乡建设部审定后，在中建协网站和建设报进行公示，印发评选结果通知文件。

11月25～26日，第三届中国建设工程质量论坛暨2009年度中国建设工程鲁班奖(国家优质工程)颁奖大会在深圳隆重举行。住房和城乡建设部副部长郭允冲、中国建筑业协会会长郑一军出席开幕式并讲话。广东省委常委、深圳市人民政府代市长王荣致辞。北京地铁五号线、上海国际航运中心洋山深水港区二期、西北电力设计院C幢高层住宅楼等99项工程荣获2009年度中国建设工程鲁班奖(国家优质工程)。来自全国各地的建设主管部门领导，各行业建设协会负责人，获奖企业代表，大专院校和科研单位的专家学者1000多人出席会议。中建协还承办了第三届工程质量论坛"住宅工程建设与质量过程控制"分论坛，邀请设计、施工、监督、监理、社团等单位的代表和专家，从不同角度就提高住宅工程质量和创优经验进行专题讨论和交流。

【境外建设工程鲁班奖评选活动】 为鼓励我国建筑业企业实施"走出去"战略，树立企业品牌形象，提高企业国际竞争力，中建协在庆祝中华人民共和国成立60周年之际，对我国建筑业企业在境外建设的工程开展中国建设工程鲁班奖试评活动。10月27日，中建协公布了评选结果，中国驻美国大使馆办公楼新建工程、赞比亚谦比希15万吨/年粗铜冶炼厂等13项工程荣获中国建设工程鲁班奖(境外工程)，极大地鼓舞了我国建筑企业创优质境外工程的信心和决心。

【组织编制安全标准】 2009年，中建协完成《建筑施工竹脚手架安全技术规范》、《施工企业安全生产评价标准》等12项标准的编制工作，新批准立项《建筑施工安全检查标准》和《建筑施工安全内业管理标准》2项标准。质量监督分会组织编写《建筑工程质量检测管理规范》和《房屋建筑和市政基础设施工程质量监督管理规定》，协助质量安全监管司进行《建设工程质量管理条例》成效评估工作；质量管理分会编写《工程建设施工企业质量管理规范实施指南》，并组织专家宣讲《建筑工程施工质量评价标准》和《卓越绩效评价标准》。智能建筑分会编制《智能建筑工程施工规范》和《建筑设备监控系统工程技术规范》。建筑节能分会完成了《建筑遮阳工程技术标准》编制工作。

【召开全国建筑业企业创精品工程研讨会】 4月27～28日，中建协在南宁举办"全国建筑业企业创精品工程研讨会"。来自全国各地区和行业的建筑业企业工程技术和质量管理负责人以及部分协会的秘书长、工作人员500多人参加会议。中建协秘书长吴涛、广西建设厅副厅长周卫和广西建筑业联合会会长黄大友出席会议并讲话。会议以提高工程质量和争创精品工程为主题，分别从技术创新、精品工程策划与实施、鲁班奖评选要求等方面进行了研讨，并就工法申报、示范工程验收、鲁班奖评选、企业诚信建设及科技进步等问题组织了专家咨询活动。与会代表普遍反映，研讨会内容充实、针对性强，对当前建筑业企业应对金融危机，贯彻国家关于拉动内需，保经济增长，加强基础设施建设中工程质量管理等工作具有重要现实意义和指导作用。

【召开培训工作座谈会】 3月17日，中建协举办了行业培训工作座谈会，参加会议的有部分省市和部分行业协会的代表。代表们交流了培训工作的经验，对整个行业的培训工作提出了许多很好的意见和建议。

4月1日，中建协召开了协会分支机构培训工作座谈会。代表们建议针对市场需求，积极主动寻找协会培训工作的空白点，利用协会分支机构各自的影响力，以协会号召形成合力，统一教材、师资、证书，推动行业培训，以点带面，稳步开展。另外，建议协会对各分支机构的培训尽可能进行统一管理、归口合并，不要多头对外，齐发通知，做到规范有序，统而不死，减轻企业负担。

【举办工程建设强制性标准与有关规范宣贯培训班】 为了更好地在全行业广泛宣传贯彻有关建筑施工强制性条文，促进建筑企业工程质量管理水平的提高，10月21～23日和11月4～6日，受住房和城乡建设部标准定额司的委托，在山西省太原市组织两期《工程建设标准强制性条文与有关规范宣贯培训班》。来自各省市的施工企业、监理单位、质监部门的一线质量管理人员共计400多人参加了两期宣贯培训班。两期宣贯培训班，围绕国家统一标准、地基基础、钢结构、钢筋混凝土结构、施工质量验收强制性条文、住宅建筑规范等内容进行了认真的学习和宣贯培训。学习班学员还提出许多好的意见和建议，比如希望住房和城乡建设部尽快编写、制定、出台住宅建筑工程评价标准，解决目前住宅工程投诉多，纠纷解决无标准可依的问题。

【召开全国工程建设优秀QC小组活动成果交流会】 为全面总结、交流全国工程建设系统开展QC小组活动的经验，展示一年来涌现出的优秀QC小组成果，工程建设质量管理分会于6月30～7月2日在云南昆明召开"2009年全国工程建设优秀QC小组活动成果交流会"。共有来自各地区、各行业的工程建设优秀QC小组代表、QC小组活动优秀企业代表及各地区、各行业协会的负责同志近600人出席会议。会议表彰430个2009年全国工程建设优秀QC小组、56个2009年全国工程建设QC小组活动优秀企业称号、10个全国工程建设QC小组活动优秀组织协会、6个全国工程建设QC小组优秀成果制片和6个全国工程建设QC小组成果的优秀发布人。会议推选北京城建集团刘春安QC小组、华仁建设集团有限公司华仁·凤凰大厦工程QC小组等30个小组为全国优秀QC小组或全国质量信得过班组称号，并将参加全国第三十一次质量管理小组代表会议。

【举办行业培训交流活动】 2009年，举办"工程造价控制与纠纷处理法务工作研讨会"。质量监督分会举办"全国深基坑工程施工质量监管培训班"和"轨道交通工程安全质量管理及施工技术培训班"。建筑安全分会举办"建筑施工安全法规标准及建筑施工特种作业人员师资培训"。质量管理分会组织专家赴云南、贵州等地，为企业义务开展全面质量管理培训课程。项目管理专业委员会举办以"基础设施建设和项目管理模式创新"为主题的第8届中国国际工程项目管理高峰论坛以及"全国优秀与鲁班奖工程项目经理培训班"、"建筑施工企业安全生产培训教材师资培训班"。开展"第十届全国建筑业企业优秀项目经理"、"中国国际杰出项目经理"的评选表彰活动。建筑节能分会举办建筑节能标准规范宣贯研讨会。园林与古建筑施工分会举办园林企业质量管理研讨会。

【开展建筑业AAA级信用企业评价工作】 2009年，依据《建设部关于加快推进建筑市场信用体系建设工作的意见》和商务部行业信用评价体系要求，制定了建筑企业信用评价办法，组织开展了全国建筑业AAA级信用企业评价工作。这项工作得到了住房和城乡建设部、商务部和国资委的具体指导，也得到了各地区和有关行业建筑业协会以及广大建筑业企业的重视和响应。5月26日召开新闻发布会公布了评出的首批139家AAA级信用企业名单，并通过《反商业欺诈网》及商务部的《信用企业名录》向社会公布信用企业名单。名单发布后，中建协对AAA级信用企业的市场行为进行了跟踪了解，对个别发生质量安全事故的企业进行了调查处理。中建协安全分会完成了首批建设工程项目"AAA级安全文明标准化诚信工地"的评价工作，有441个工程项目获得AAA评价等级。

【跨地区、跨行业经营机械租赁准入资格评审】 2009年，经地方、行业建筑业（建设）协会初审、推荐，组织机械管理与租赁分会复核、评审通过31家施工机械租赁企业开展跨省级地区、跨行业经营机械租赁活动的准入资格。截至2009年底，已向152家符合条件的施工机械租赁企业颁发了跨地区、跨行业经营的行业确认书，该项工作得到了全国机械租赁行业的充分认可。

【2007～2008年度国家级工法评审】 3月23日，在北京召开国家级工法申报及应用研讨会暨中国建筑业协会专家委员会第二次全体会议。住房和城乡建设部工程质量安全监管司副司长吴慧娟，中国建筑业协会专家委员会常务副主任委员、中国建筑科学研究院院长王俊等领导同志出席会议，会议由中国建筑业协会秘书长、专家委员会副主任委员吴涛主持。吴慧娟结合2007～2008年度国家级工法申报工作，提出加强工法建设对增强企业自主创新能力，推动建筑业技术进步，具有重要意义。并强调指出：对工法的申报与评审工作，从严要求，宁缺毋滥。建筑业企业要在科技创新中真正发挥主体作用，通过工法的研发和应用，促进企业的技术升级与技术创新，不应片面追求数量而偏离工法建设的本质。

7月17～24日，2007～2008年度国家级工法评审会在北京召开。会议根据《关于开展2007～2008年度国家级工法申报工作的通知》精神和住房和城乡建设部领导、中建协领导的要求，严格按照《工程建设工法管理办法》的评审程序，对有关地区和部门申报的1694项（其中房屋建筑工程783项，土木工程600项，工业安装工程311项）工法进行综合评审。经过主、副审三位专家审阅、评审小组讨论推荐，各专业评审组全体成员和评审委员会全体成员分别记名投票，417项工法（其中360项为新的国家级工法，57项为升级版）通过国家级工法评审委员会评审。本次评审的新工法中：国家一级工法为108项，国家二级工法为252项。

7月22日，由住房和城乡建设部工程质量安全监管司、中国建筑业协会共同组织在北京召开了国家级工法评审工作座谈会，住房和城乡建设部郭允冲副部长出席座谈会并做重要讲话。

【全国建筑业新技术应用示范工程评审】 受住房和城乡建设部工程质量安全监管司的委托，中建协2009年会同相关省市管理部门，组织专家完成了第五批全国建筑业新技术应用示范工程的评审工作。从申报的110项中评出了84项示范工程。开展了第六批全国建筑业新技术应用示范工程评审工作，初步确定145项列入示范工程，完成评审验收41项。

为了发挥新技术应用示范工程的示范引领作用，在2008年新修订的《中国建设工程鲁班奖（国家优质工程）评选办法》中要求申报"鲁班奖"的工程首先应是在推广应用新技术、节能和环保方面成效突出并有所创新的工程，特别明确规定自2011年起，申报工程原则上应列入省（部）级的建筑业新技术应用示范工程。同时住房和城乡建设部《建筑业企业资质管理规定》中，也对施工总承包企业特级资质新标准增加了科技的含量，这对进一步促进建筑业企业节能减排、绿色施工具有举足轻重的作用，从而使建筑业企业争创示范工程的积极性进一步提高。

【举办研讨交流活动】 为进一步宣传贯彻我国有关建筑节能、绿色施工方面的政策法规及标准规范，倡导绿色施工理念，交流总结建筑企业的实践经验，进一步提高我国节能技术应用的总体水平，努力促进建筑企业的技术进步与管理创新，实现建筑业的持续健康、快速发展。中建协于11月7～8日在陕西省西安市组织举办了"建筑节能与绿色施工技术交流会"。住房和城乡建设部工程质量安全监管司副司长王树平、陕西省建设厅副厅长许龙发、中国建筑业协会秘书长吴涛出席开幕式并讲话。中建协专家委员会成员和来自行业协会、建筑企业的代表共250余人参加了研讨会。研讨会期间，有关专家介绍了《建筑节能工程技术要点》、《建筑节能工程施工质量验收规范》的编制背景、指导思想、实施要点。陕西省建工集团等企业结合重点工程项目交流了建筑节能技术和绿色施工措施的经验。会议还对中国建筑业协会专家委员会一年来工作进行了总结，提出了专家委员会2010年工作要点，同时向第三批专家颁发了聘书。

此外，智能建筑分会举办了"专业视听新技术、新产品在智能建筑中应用研讨会"，完成国家防火防灾教育基地等8个智能建筑工程的评估工作。项目管理专业委员会举办"全国建筑业新技术应用示范工程观摩会"和科技进步与技术创新研修班。园林与古建筑施工分会举办"园林绿化工程施工技术的发展与实施研讨会"。中建协在2009年举办的各项研讨交流活动，对推进绿色施工技术的应用和发展发挥了重要的作用，也为企业间相互学习交流搭建了很好的平台。

【开展专家咨询服务"西部行"活动】 4月、5月组织专家赴广西、陕西等地开展了咨询服务"西部行"活动，针对企业开展和加强技术进步与管理创新中有关示范工程立项和验收、国家级工法的编制、鲁班奖创建及QC小组活动等方面的问题进行答疑。同时还对四川、陕西、甘肃等西部地震灾区建设工程抗震设防标准、维修加固等方面的问题，进行技术质量管理方面的咨询服务。结合行业的实际情况和个人的见解，就争创鲁班奖工程、编制国家级工法、工程总承包及项目法施工、劳务管理及培训、建筑业10项新技术及创新技术的应用、项目经理的管理、建筑市场招标管理和国家建设法规、政策、规范、标准等方面的问题，作了解答和说明，深受参会代表的欢迎。

【协会刊物编辑出版工作】 2009年，编辑出版会刊《中国建筑业》6期，共计52万余字；编辑出版《建筑业动态》22期，共计50多万字；编辑出版《中国建筑业年鉴》2008卷，共计110万字；完成《中国建筑业年鉴》2009卷的组稿和编辑工作，进入校审阶段。中建协主办的《建筑时报》、协会网站以及2009年新开办的《工作简报》紧密配合行业形势，及时为会员单位传递政策法规、行业信息和中建协重要工作动态。

【统计分析工作】 中建协与住房和城乡建设部计划财务与外事司合作开展2009年建筑业数据的统计分析工作，并在部办公厅《工作调研与信息》上发表统计分析报告。其中，对全国特、一级企业经营情况的统计分析比2008年的报告更为充实。

中建协统计专业委员会协助住房和城乡建设部计划财务与外事司完成《快速调查月报》。中建协混凝土分会对2008年我国混凝土行业的设计产能、实际产量、科技水平及生产设备使用情况等进行了全面统计，为行业科学发展和政府决策提供了真实可靠的数据。

【第八届海峡两岸营建业合作交流活动】 4月22~28日，中建协会长郑一军率团赴台与（台湾）中华营建管理协会共同主办"第八届海峡两岸营建业合作交流活动"。两协会达成共识，将协会建设、建筑节能减排、科技创新等问题列为今后双方开展实质性合作的重点。两岸企业代表就工程项目总承包、工程管理方面的议题展开了交流。代表团参观了台湾的大型公共建筑、车站、高铁、学校等工程项目。

【访问捷克建筑企业家协会和匈牙利项目管理协会】 应捷克、匈牙利两国建筑行业协会组织邀请，10月14~23日，以郑一军会长为团长的中建协代表团一行6人赴捷、匈两国访问了捷克建筑企业家协会和匈牙利项目管理协会，对于在建筑领域展开多种形式的合作与交流达成共识，与匈牙利项目管理协会签署合作协议。实地考察了捷、匈两国的城市建设、节能住宅建设、古建筑保护情况及施工现场。

【2009海峡两岸地工技术/岩土工程交流研讨会】 中建协深基础施工分会4月赴台与台湾财团法人地工技术研究发展基金会共同主办"2009海峡两岸地工技术/岩土工程交流研讨会"。会议主题为"地工技术的应用与发展"，近百篇论文在研讨会上发表交流。

【调整秘书处机构设置和人员】 中建协秘书处于3月9日召开全体会议，宣布秘书处部门、职能、人员调整的决定。此次部门、职能、人员调整的情况是：将原行业发展部更名为研究发展部；将原信息交流部更名为信息传媒部；将原联络合作部更名为会员管理部，该部外事工作职能划归办公室；将原培训部更名为行业培训部，增加对分支机构培训工作的管理组织；原质量安全部和科技推广部名称和职能不变。办公室除增加外事工作职能外，原有职能不变。

2009年中建协还面向社会公开招聘，经过笔试、面试，选拔聘用了6名新职工，充实了协会的人才队伍。

【加强协会制度建设】 2009年，印发实施《网络管理办法》，起草了《加强工作纪律与绩效考核试行办法》、《协会秘书处学习制度》、《协会证书管理办法》、《车辆管理办法》，研究修订了《协会财务管理规定》、《协会固定资产管理办法》、《协会文秘管理规定》、《协会会议规则》等九项规章制度，进一步加强了协会制度建设。

【召开四届三次理事会】 依照协会章程，3月18日，在北京召开四届三次理事会。中建协会长、副会长及有关方面领导同志出席了会议。200余名协会理事及来自各省市、各行业建筑（建设）协会、中建协各分支机构代表参加了会议。郑一军会长在会上作了重要讲话，强调要做好5项重点工作。一要把调查研究工作提高到一个新的水平；二要以促进企业建立质量安全保障体系为目标，切实提高质量安全活动的实效；三要把建筑节能工作提高到落实科学发展观的高度，加快开发一批节能技术和技术集成，把节能作为工程评优、审批工法和新技术示范工程的重要条件，当前要特别重视和大力提高各类建筑物在建造过程中的节能；四要继续把反映诉求作为协会工作的主要内容之一，抓住关系全行业的重大问题，及时向政府部门反映；五要加强协会自身建设，努力提高为企业服务的能力和水平。会议表决通过了吴涛秘书长所作的工作报告；同意吸纳保利建设开发总公司等35家单位为单位会员；同意调整第四届理事会理事和常务理事；通过了有关分支机构更名和新设分会的报告；还审议并原则通过《会员管理办法》和《分支机构管理办法》。

（中国建筑业协会信息传媒部　王秀兰　王承玮）

中国房地产业协会

1. 开展产业政策和市场研究，提出政策建议

【跟踪房地产市场发展变化，开展房地产市场研究，及时提出相应的政策建议】 ① 中国房地产协会与中国指数研究院和上海易居研究院合作，定期对房地产市场运行状况、存在问题、发展趋势及政策建议等进行深度分析。2009年先后完成《2008年中国房地产市场运行情况及2009年房地产市场预测分析》和2009年一季度、上半年和前三季度三份中国房地产市场研究报告；并在协会召开的理事会、年会或相应报告会上发布。在3月的诚信大会、11月的理事会和12月的住交会期间举办宏观经济形势与房地产发展态势报告会。

② 2009年一季度，在国际金融危机不断蔓延，宏观经济增速下滑的大环境下，针对全国房地产市场供应和销售指标明显下降、市场低迷、房地产企业资金链紧张等问题，客观地分析房地产市场发展中的不利因素与有利因素，及时提出了处理好当前房地产市场发展中四个关系的建议：既保持合理的房地产投资规模与消化存量房的关系；住房保障与市场协调的关系；满足居民多层次住房需求与调整住房供应结构的关系；短期调整与中长期稳定发展的关系。

③ 2009年二季度，在中央及地方政策利好逐渐释放、信贷支持力度加大等多种因素下，全国房地产市场快速回暖，销售量快速上升，房地产价格也呈上涨趋势。7月9日，温家宝总理主持召开会议，听取行业协会负责人和企业家对上半年经济形势分析和有关建议的汇报。朱中一秘书长应邀参加了会议并汇报了房地产市场发展情况，围绕"维护回暖态势，防止房价蔓延"这一主题，提出了稳定土地供应，完善土地招拍挂制度；稳定信贷政策，保持合理投资规模；强化地方政府因地制宜调整政策，稳定市场的职责；处理好当前保增长、保民生与长期平稳发展关系的四条建议。新华社就此专访朱中一秘书长并发内刊印送省部级以上领导。8月份，一些地方房价继续走高，专家与民众中要求调整政策的呼声增强，在国务院研究室等有关部门与单位召开的座谈会上，中国房地产协会坚持就全国而言，应该稳政策、稳供应、稳房价，少数地方的问题由地方政府去解决的观点，获得了有关部门和人民日报等主流媒体的认可。

【开展我国房地产业中长期发展目标与产业政策的研究】 2009年6月，将我国房地产业中长期发展目标与产业政策研究课题作为科学技术部与住房和城乡建设部合作研究项目，申请了国家软科学研究计划，为政府提出我国房地产业中长期发展目标和产业政策作基础性研究。1月12日和8月18日，先后两次召开了"产业与市场研究专业委员会专家座谈会"，确定了从8个方面提出我国房地产业到2015年和2020年发展目标的研究框架和4个方面产业政策的研究框架。

发展目标研究框架包括：研究与国民经济社会协调发展相适应的房地产业发展规模和增长速度，发挥房地产业在国民经济中的支柱产业作用；研究住房保障与房地产市场协调发展，实现"住有所居"，不断改善城乡居民居住环境和质量，创造条件使更多的居民通过住房拥有财产性收入的目标；研究房地产业结构业态的协调发展，实现房地产市场供需总量的基本平衡，房地产业结构基本合理，价格的基本稳定；研究房地产业发展与资源节约、环境保护相适应，实现房地产项目省地节能环保与住宅产业化的目标；研究房地产业组织结构的协调，提高房地产企业集中度，实现提高市场竞争力和抗风险能力的目标；研究发展和规范房地产业中介服务的目标；研究优化房地产业运行的外部环境，实现房地产业持续、平稳、健康发展的目标及研究完善政府的监管职能，发挥行业协会组织的作用。

产业政策研究主要包括经济政策（含土地供应政策、投资政策、金融政策和税收政策）、技术政策、组织政策和监管政策。

课题集中了产业与市场研究专业委员会的专家资源，组织了各方面的研究力量，按照课题研究进展计划，落实各项研究任务。

【参与修改《城市房地产管理法》和《土地管理法》】 自住房和城乡建设部开始启动修改《城市房地产管理法》以来，中国房地产协会即向各地房地产业协会和该协会的有关专业委员会发出通知，要求大家积极为该法的修改献计献策。之后，不少地方协会和本协会的法律专业委员会、开发专业委员会、中介专业委员会及产业与市场专业委员会的一些专家对该法的修改提出了很多有益的意见和建议。汇总主要修改意见，形成关于修改《城市房地产管理法》的建议，报送住房和城乡建设部有关部门。

8月，国务院法制办征求中国房地产协会对《土地管理法》（修订案送审稿）的修改意见，协会重点从两方面提出了修改意见：一是逐步建立城乡统一的建设用地市场，使土地的供应与城镇化的进程相适应。即将城市建设用地的增加与农村建设用地的减少挂钩，促进农村建设用地和宅基地流转，逐步改变现有的城市土地供应方式；二是建立和完善城镇土地的二级市场，建议对城镇原有建设用地的流转，不必纳入政府的储备范围；对经营性用地，可以由开发建设单位与原用地单位协商后进行开发建设。

【开展房地产百强企业研究】 在以往研究的基础上，对房地产百强企业评价方案又做了进一步的修改和完善。3月，在北京举行了由中国房地产业协会、国务院发展研究中心企业研究所、清华大学房地产研究所和中国指数研究院四家单位联合开展的"2009中国房地产百强企业研究"成果发布会。

【认真组织"广厦奖"评选工作】 2009年3月，中国房地产业协会、住房和城乡建设部住宅产业化促进中心联合印发了《关于开展2009年度"广厦奖"评选活动的通知》，同时印发了《"广厦奖"管理办法和评价标准》（修订稿）等相关文件。

截止到2009年9月底，有25个省（自治区、直辖市）按要求进行了评审与推荐。2009年企业申报项目总数为175个，经地方专家小组评审向"广厦奖"办公室推荐的共有64个项目。在推荐的64个项目资料中，住宅类项目56个，包括经济适用房项目2个，廉租房项目1个；非住宅类项目8个。

9月8日，召开了"广厦奖"专家评审会议。10月10日召开了"广厦奖"评审委员会工作会议，对评审专家组提出的获奖项目建议名单进行了审议，拟定了62个入围项目。后经公示未接到投诉，最终确定了2009年"广厦奖"获奖项目62个。

【开展"2007~2008年度中国房地产诚信企业"推介】 2008年11月起，各省、自治区、直辖市房地产业协会（开发协会）开始推荐"2007~2008年度中国房地产诚信企业"，截至2009年2月底，共收到企业报送材料623份。秘书处在收到各地报送的材料后，经反复协商平衡，会同中国消费者协会、全国人大法工委有关专家评审，并在中国房地产业协会网上公示，最终评出300家房地产开发企业和19家房地产中介企业为"2007~2008年度中国房地产诚信企业"；并与3月25日召开大会公开表彰诚信企业；同时发布《2007~2008年度中国房地产诚信企业分析报告》。

【与中国房地产研究会合作，着手开展房地产企业信用评价工作】 为了进一步深入开展诚信建设工作，2008年底开始着手进行信用体系研究。鉴于中国房地产研究会也在进行行业信用评价的研究和准备工作，经研究协商，两会共同成立中国房地产行业信用评价工作领导小组和中国房地产行业信用评价工作专家组，对现有的信用评价体系资料进行资源整合，征求有关专家和企业意见，制定房地产企业信用评价体系标准、组织实施办法等；并按照商务部信用工作办公室和国务院国有资产监督管理委员会行业协会联系办公室的文件要求，协会与研究会共同起草"开展房地产行业信用评价的申请报告"，上报商务部信用工作办公室，申请成为行业信用评价的试点单位。

2. 广泛合作，多方交流，为行业和企业发展服务

【与地方房协和有关单位共同举办房地产业和产业链相关博览会、论坛】 为加强与地方房协的合作及与房地产业产业链上有关单位的交流与合作，协会2009年牵头组织或与有关单位一起组织了以下活动：4月与中国轻工业联合会、中国商业联合会、上海市金山区人民政府等合作举办"2009首届中国（上海）门业及配件产品交易博览会"。5月底与宁夏回族自治区政府以及区住房和城乡建设厅、银川市政府等合作，在银川市举办了"中国西部（银川）房地产创新与发展高峰论坛"和"2009首届中国西部（银川）房地产博览会"。6月下旬与新浪乐居网合作，在广州举办了"开发商采购团暨中国建材装饰品牌论坛"活动，并组织房地产开发企业代表实地参观考察了柏高地板和尚高卫浴陶瓷企业。10月中旬在佛山举办中国房地产项目采购与供给合作高峰论坛。参与11月中旬在北京由住房和城乡建设部主办，以"省地节能环保，共筑明日之家"为主题的"2009年第八届中国国际住宅产业博览会"。协会主要承办博览会期间的名城名盘展示活动。

【举办房地产业专题论坛活动】 ①召开"全国住房保障及市场调控高峰论坛"。6月中旬，协会与中国建设报社在江苏淮安市联合举办全国"住房保障及市场调控高峰论坛"。此次论坛以住房保障及市场调控为主题，着重探讨各地保障房建设的多种模式。会议特别推介淮安自2007年开始试点的保障房建设新模式——政府以土地出让收益和优惠政策"出资"，低收入家庭以"折扣价"购买，双方共同享有经济适用房产权的"共有产权房"。"共有产权房"购买人随着收入的增加，可以申请购买政府所拥有的部分产权。自房屋交付之日起5年内购买政府产权部分的，按原供应价格结算；5年后购买的，按届时市场评估价结算。这种共有产权房，通过政府资助接轨普通商品住房市场，来缓解城市中低收入家庭住房困难，扩大住房保障的覆盖面，同时化解了传统划拨土地上经济适用房与市场不接轨、"有限产权"界定难等弊端。作为本次论坛的重要组成部分，还组织了历时6个月的征文活动，总结各地保障房建设、包括发展租赁性住房的一些经验和做法，经专家评定后，从中推介了10篇优秀论文。本次活动，部住房保障司、房地产市场监管司等也给了较高评价。淮安"共有产权房"的做法也在不少地方推广。

②召开城中村改造论坛和经验交流会。2009年3月中旬在住房和城乡建设部住房保障司指导下，与郑州市政府以及市建委、市城中村改造办公室等合作，在郑州市举办"中国城中村改造（郑州）高峰论坛暨全国城中村改造经验交流大会"。8月中旬在内蒙古自治区举办区域性的"城中村改造（呼和浩特）经验交流会"。11月下旬，在南京市举办中国（南京）城中村改造暨房地产投融资经验交流大会。

3. 围绕节能减排等与相关单位进行合作

【生态智能建筑导入体系试点】 为建设省地节能环保智能型的建筑及住宅，进一步研究如何利用科技手段达到建筑物的"生态规划、绿色建筑、智能管理"，促进我国建筑在生态与智能方面的科技体系应用，与全国建筑生态智能技术展示推广中心合作，开展了推进住房和城乡建设部科学技术项目（2008～2012年）生态智能建筑导入体系试点工作。

【围绕节能减排与绿色建筑，举办"2009中国城市建设与房地产业发展高峰论坛"】 为使房地产开发与城市建设协调发展，推广绿色建筑，于2009年12月中旬在北京人民大会堂与中国市政工程协会、中国建筑设计研究院、中国建筑节能减排产业联盟共同举办"2009中国城市建设与房地产业发展高峰论坛暨节能减排·绿色建筑年度新闻盘点"。

【发展节能减排建材部品企业会员】 为促进房地产部品创新，提高新产品的科技含量和品质，推动房地产企业应用，2009年协会注重发展从事建筑节能环保及可再生能源建材部品生产企业入会，已吸收23家部品企业为会员单位。这些会员单位可在建筑节能环保、可再生能源利用等诸多方面为房地产企业提供多方面的服务。

【继续做好宣传与培训工作】 更新协会网站内容，努力做好协会网站的运营与管理；9月下旬在吉林召开了第四次房地产期刊大会，交流办刊经验，注重对舆论的引导；为庆祝新中国成立60周年，展现改革开放30年来中国城市化进程的飞速发展，聚焦城市建设发生的日新月异变化，与中国摄影家协会、《中国国家地理》杂志社及新浪网联合主办了公益性的2009"我的城市我的家"全国摄影大赛。本次大赛覆盖了全国60多个主要城市。自4月启动到7月底截稿，共收到近13万张参赛照片，网上投票参与人数突破350万。经过集中上传、海选、初选、复赛、决赛等多个评选阶段，最终产生了360幅获奖作品；与中国商业联合会共同起草了《商业房地产策划师资格标准》。试办第一期商业房地产策划师资质认定培训班；继续办好协会内部刊物《房地文摘》和《中国房协会讯》。

【组织2009中国房地产（澳门）论坛暨国际房地产融投资洽谈会】 经住房和城乡建设部及国务院港澳办、国务院台办核准，经过半年多时间的精心筹备，由中国房地产业协会、广东省房地产行业协会和澳门地产发展商会联合举办的"2009中国房地产（澳门）论坛暨国际房地产融投资洽谈会"于2009年9月中旬在澳门隆重举行。此次论坛及投洽会不仅得到了澳门特别行政区政府的全力支持，得到世界不动产联盟的鼎力合作，更受到两岸四地房地产业内人士的认同。参会代表人数近千人，内地大部分省、自治区和直辖市的房地产业界均有代表出席；香港、澳门和台湾均组成近百人的代表团与会；来自世界五大洲的各不动产业界代表团人数也超过百人。

论坛的主题是在全球金融危机逐步舒缓的情势下，世界房地产和中国房地产的新格局、新机遇、新亮点，论坛从绿色地产和环保建筑、金融创新和房地产协同发展、旅游房地产的发展前景、强化住房保障等几个方面进行了交流和探讨。国际房地产融投资洽谈会还促成了澳门、台湾、内地等房地产企业达成六项合作投资协议，涉及金额30多亿港币。为配合此次论坛和投洽会的举行，还成功举办了"2009年澳门房地产博览会"，港、澳、台和泛珠三角有关省区有关企业参加了博览会。

【召开地方房协负责人会议】 8月16日，中国房协在呼和浩特市召开了有各省、自治区、直辖市房地产业协会(开发协会)50多位负责人参加的工作会议。在会上通报协会秘书处前几个月抓的主要工作和后几个月打算。

与会代表对协会秘书处根据市场变化及时向政府提出建议，并积极参与《城市房地产管理法》、《土地管理法》修改等方面的工作给予了肯定；同时希望秘书处今后就重大问题及时向地方通报，以便上下形成合力，为行业的平稳健康发展共同努力。

【2010年3月召开换届大会】 中国房地产业协会第六届会员代表大会于2010年3月31日在北京召开。根据五届四次常务理事会暨第六届会员代表大会预备会议通过的选举办法，会议以举手表决的方式选举产生第六届理事会常务理事，选举产生中国房协第六届理事会会长、副会长、秘书长。推举了名誉会长等。

刘志峰当选中国房地产业协会会长，丁本锡、孔庆平、边华才、刘希模、孙荫环、朱中一、许家印、宋卫平、张玉良、张建台、李明、李俊、杨铿、陈兴汉、郁亮、胡葆森、皋玉凤、蒙毅(按姓氏笔画为序)当选为中国房地产业协会副会长，苗乐如当选为中国房地产业协会第六届理事会秘书长。

(中国房地产协会)

中国土木工程学会

【年度组织工作】 召开学会八届八次常务理事会议、地方学会工作会议、专业分会工作会议；工程风险与保险分会、防震减灾工程技术推广委员会正式获得批准；指导批准港口工程分会的换届改选工作，审核批复隧道分会、土力学分会关于增补理事的报告；完成燃气分会、公共交通分会负责人的变更事项；学会网站重新改版；完成中国土木工程詹天佑奖的网上申报系统。

【学术交流活动】 2009年共举办学术会议50余次，参会人数达8000余人次，出版论文集20余种，提交论文2000余篇。

① 学术会议：举办"2009中国上海国际建筑科技大会"；围绕优先发展城市公交和推广轨道交通技术召开系列学术交流会议；围绕工程质量安全与防灾开展学术会议；主办"第二届全国建筑结构技术交流会"；继续举办"土木工程院士专家系列讲座"，2009年共举办四期讲座；第七届全国工程结构安全防护学术会议；第14届全国结构风工程学术会议；第八届海峡两岸隧道与地下工程学术及技术研讨会；第三届全国岩土与工程大会；地基基础工程质量研讨会；第十三届建设行业企业信息化发展论坛；第二届工程建设计算机应用创新论坛；第十次全国城市道路与交通工程学术交流会；城市燃气分会成立30周年庆典大会、城市燃气技术论坛；2009盾构施工新技术研讨会；首届中日隧道安全与风险国际研讨会；黄文熙先生百年诞辰纪念会；环境岩土工程国际学术研讨会暨2009年度浙江大学曾国熙讲座；中国"西部特殊土与工程"学术会议；住宅产业化与施工创新技术研讨会；上海世博工程施工创新技术研讨会；港口工程分会第六届换届暨七届一次学术交流会；第六届全国FRP学术交流会；全国混凝土质量控制及标准化新进展学术交流会；2009中国土木工程詹天佑奖优秀住宅小区获奖项目技术交流会；第二届工程质量学术会议等。

② 承担研究课题：承担"十一五"国家科技支撑计划重点项目"新型城市轨道交通技术"的研究任务，并承担建设部"城市轨道交通关键技术"方面的重点研究课题。建设部"奥运工程建设管理与技术创新总结分析研究"课题，建设部"加强工程技术基础性研究的报告"的研究课题，住房和城乡建设部专项课题《城市轨道交通工程抗震设防研究》、《"建设工程抗御地震灾害管理条例"相关问题研究》两个项目。编制《城市轨道交通地下工程建设风险管理规范》、《城市轨道交通建设项目管理规范》，中国科协"学科发展研究报告"项目，此外，2009年还积极申请承担住房城乡建设部科研项目，其中：《软土原位测试与软土处理新技术研究》、《软土地区桩基础新技术研究》、《基坑工程支护新技术研究》、《复杂城市环境条件下岩土工程对环境影响的评价与控制技术研究》等4个项目已列入"住房和城乡建设部2009年科学技术项目计划"。

【国际交流】 ① 国际会议：在上海成功召开国

际桥梁与结构工程协会(IABSE)2009年"当代大桥"研讨会;在上海召开"第四届中国国际隧道工程研讨会";在深圳召开"第十二届国际地下空间联合研究中心年会(ACUUS2009)";在上海举办"2009中国上海国际建筑科技大会";在北京举办"2009中国(国际)轨道交通技术展览会"。

②签订协议:与日本土木工程学会签订抗震减灾技术交流合作备忘录;与加拿大、中国香港签订2011废弃物处理与工程国际会议合作协议;与美国土木工程师学会岩土分会签订合作协议。

③出访工作:组团赴匈牙利参加2009世界隧道大会;组团参加第十七届国际土力学及岩土工程会议;组团参加中美地基处理联合讨论会;参加科协组团赴台交流;举办"2009中国青年土木工程师夏令营"。

④外事接待工作:英国土木工程师学会(ICE)主席、日本土木学会JSCE前理事长滨田政则教授、英国结构工程师学会(ISE)主席分别拜访中国土木工程学会;奥地利施泰而马克州建筑和土木工程咨询协会会长到中国土木工程学会访问。

【出版发行】 完成12期《土木工程学报》编辑出版,被授予"中国科协示范精品科技期刊"名称。编辑出版《防护工程》、《建筑市场与招标投标》、《建筑市场与招投标简报》、《煤气与热力》、《城市公共交通》、《公交信息快递》、《公交文摘报》、《预应力技术与工程应用》、《空间结构简讯》、《土木工程师》《住宅信息》、《住宅建设的创新/发展》图文集等,主编《奥运工程建设创新技术指南》;组织编写《土木工程学科发展报告(2008~2009)》;陆续出版"新型城市轨道交通技术发展丛书";翻译完成《实现2025年土木工程展望行动纲领》,修订《土木工程名词》,完成《20世纪中国知名科学家学术成就概览》;编辑出版第八届中国土木工程詹天佑奖获奖工程集锦大型画册。

【表彰奖励与推荐】 开展第九届中国土木工程詹天佑奖评选,有38项工程经专业组预审推荐为"候选工程";2009年"中国土木工程詹天佑奖优秀住宅小区金奖"评选工作,有22个项目获得金奖;2009年度"中国土木工程学会高校优秀毕业生奖"评选工作,有31名毕业生获得表彰;支持欧维姆预应力专项基金开展"第三届欧维姆优秀预应力论文奖"评选工作;首次组织开展2009年度国家科学技术奖励的推荐申报工作;协助茅以升基金会组织开展2009年度"茅以升桥梁大奖"和"茅以升桥梁青年奖"的评选工作;组织完成"茅以升土力学及岩土工程大奖"和"茅以升土力学及岩土工程青年奖"

评选条例的修订工作;获得向"国家科技奖励评审专家库"推荐学会专家的资格,并组织完成推荐专家工作;建立"土木工程创新人才库"。组织开展了两院院士候选人推评工作;向中国科协推荐"第十一届中国青年科技奖候选人"、"光华工程科技奖(工程奖、青年奖)候选人";向住房和城乡建设部推荐"建设工程企业资质管理专家库成员";组织推荐中国科协"首届全国科学博客大赛",其中1人获奖;推荐申报国际奖项:IABSE杰出结构奖、fib混凝土杰出结构奖、Henry L. Michel奖、世界工程组织联合会奖项候选人、推荐学会专家当选国际组织职务(学会土力学及岩土工程分会理事长陈祖煜院士当选国际土力学及岩土工程学会副主席、学会桥梁工程分会常务理事长、同济大学葛耀君教授当选国际桥协副主席)。

【召开2009中国上海国际建筑科技大会】 2009年10月,由中国土木工程学会、中国工程院土木水利与建筑工程学部、同济大学和中国建筑股份有限公司在上海共同主办了"2009中国上海国际建筑科技大会"。这是继2006西安国际建筑科技大会之后的第二届会议,主题为"大型公共建筑与基础设施建设理论与实践"。来自中国、美国、日本、加拿大、印度等国的土木建筑工程科研人员300余人参加了大会。

【围绕优先发展城市公交和推广轨道交通技术召开系列学术交流会议】 学会"城市轨道交通技术推广委员会"每年召开1次"全国城市轨道交通关键技术论坛"。2009年2月,在北京召开了"2009中国城市轨道交通关键技术论坛"。"城市轨道交通关键技术论坛"成为行业中最有影响力的学术会议之一。

2009年8月,为充分展现中国地铁40年建设中的辉煌成就,学会在北京成功举办了"中国地铁建设40周年成果展示与发展论坛暨2009年中国(国际)轨道交通技术展览会"系列活动,这次展会全面展示了我国地铁建设40年来各方面技术、创新的情况。本次展览活动吸引了国内外参展企业150余家,专业观众近1万余人。

【推进快速巴士交通技术发展】 学会于2003年就率先在国内引入"BRT"概念,并在原建设部城建司的支持下,介绍、推广巴士快速公共交通(BRT)技术和工程应用示范,坚持每年召开学术研讨会,促进巴士快速公共交通在中国许多城市的应用及快速公共交通事业的发展。

2009年4月,在上海召开"客车新能源,新技术"专题论坛。邀请公交运营一线主管、客车厂家技术人员、专家和记者等，就公交行业升级所围绕的政策、市场、技术、竞争等热点话题展开"头脑风暴"，寻求突破难题和创造机遇的可行性解决方案。同期，联合主办"第九届世界客车博览亚洲展览会"。

2009年10月，在无锡召开"中国土木工程学会城市公共交通分会会刊《城市公共交通》创办20周年、公共汽车与出租汽车专业委员会成立30周年庆祝表彰会"，会议回顾和总结《城市公共交通》创刊20周年以及公共汽车出租汽车专业委员会创建30周年工作，交流公交行业新产品、新技术，开展了表彰公交科技进步方面的企业优秀带头人等一系列活动。

【围绕工程防灾与质量安全召开学术会议】 自2004年以来，学会就将提高我国防震减灾工程技术水平作为一项重点学术工作来抓。每1~2年组织召开一次"全国防震减灾工程学术研讨会"。2009年5月12~13日汶川大地震一周年之际，学会与中国工程院土木水利与建筑工程学部、福建省土木建筑学会等单位在福州联合召开了"第四届全国防震减灾工程学术研讨会"。来自中国大陆、台湾地区和日本的专家学者、政府官员以及企业界的代表约200人参会。会上，众多专家就城市建设与多灾害防治、汶川地震的教训和隔震减震控制技术应用、台湾地震经验反思、全球自然灾害和减灾技术国际合作等问题进行了交流研讨。会议出版了论文集，收录论文105篇。

2009年5月，学会与中国工程院土木水利与建筑学部、国家自然科学基金委员会材料与工程学部、东南大学、江苏省土木建筑学会等单位共同在南京举办"土木工程安全与防灾学术论坛"。会议邀请该领域相关的院士、长江学者等21位专家作报告，来自全国各地的200多位代表参加会议。与会代表就土木工程的安全与防灾、土木工程高性能材料及其力学性能与耐久性、土木工程各类灾害的形成机理及防护对策、土木工程灾害评估等方面进行广泛探讨。

为预防和降低当前我国新一轮大规模基础设施建设中的工程风险与安全事故，2009年9月，学会联合中国工程院土木水利与建筑工程学部、重庆市土木建筑学会在重庆举办第十一届中国科协年会第15分会场——"基于全寿命周期的工程质量、安全、风险控制学术交流会"，会议邀请该领域相关的工程院院士和知名学者作报告，交流该领域最新研究成果和经验。来自全国土木工程界知名专家学者及科技工作者约130余人参加了会议。共有30余篇论文被录入《第十一届中国科协年会论文集》。

【在上海成功召开国际桥梁与结构工程协会(IABSE)2009年"当代大桥"研讨会】 5月11~12日，由国际桥梁与结构工程协会中国团组主办，同济大学和中国土木工程学会承办的国际桥梁与结构工程协会2009年"当代大桥"研讨会在上海召开，来自26个国家和地区的230多位代表注册参加了会议，其中国外代表110余位。会议期间，为获得2008年国际桥梁与结构工程协会杰出结构大奖的上海卢浦大桥举行揭牌仪式，并组织技术考察参观活动。

【在上海召开"第四届中国国际隧道工程研讨会"】 10月28~29日，由中国土木工程学会、上海市土木工程学会和上海隧道工程股份有限公司联合举办的第四届中国国际隧道工程研讨会在上海召开。大会以"地下工程建设与环境和谐发展"为主题，下设大型隧道工程安全设计与施工技术、地下工程安全和风险控制技术、城市轨道交通工程与环境保护三大副题，旨在深化以人为本的地下空间开发理念，提升工程技术与管理水平的提升，提高防范和规避工程风险的能力，促进城市和谐发展。会议吸引了来自世界13个国家和地区的520位代表，来自9个国家的46篇高质量学术报告在会上发表。

【召开第八届詹天佑奖颁奖大会】 2009年3月26日在北京国家大剧院举行"中国土木工程詹天佑奖十周年庆典暨第八届颁奖典礼"。262个获奖单位代表和来自全国各省市的土木建筑科技工作者逾1000人参加了此次大会。会上向第八届詹天佑奖31项获奖工程和获奖单位代表颁发詹天佑奖杯、奖牌和证书，会议还对中国土木工程詹天佑奖创新集体获奖人员(26项工程)进行了表彰。

【中国土木工程学会组织机构】
理事长：谭庆琏
副理事长：蔡庆华、胡希捷、徐培福、范立础、袁驷
秘书长：张雁
主要刊物：《土木工程学报》
主编：王俊

英文名称：China Civil Engineering Society (CCES)
地址：北京市海淀区三里河路9号建设部内
邮政编码：100835
主页：www.cces.net.cn
电子信箱：zhb@cces.net.cn
电话：010-58933958
传真：010-58933953

(中国土木工程学会)

中国建筑金属结构协会

【协会授予】 2008年4月22日协会同意景县为中国(广川)铁塔制造基地。2009年1月6日,"中国(广川)铁塔制造基地"授牌仪式暨新闻发布会在人民大会堂隆重举行。协会会长姚兵、顾问杜宗翰授牌,景县县委书记卢援助、县长李建刚接牌。

3月8日,塑料门窗委员会组织了专家召开对西安高科建材科技有限公司申请成为"中国有机锡环保型材创新示范基地"论证会。3月11日,协会授予西安高科建材"中国有机锡环保型材创新示范基地"称号。26日在西安举行揭牌仪式,姚兵揭牌、刘哲秘书长讲话、协会顾问杜宗翰、协会老领导孙靖韬也一同出席。

4月2日协会授予广州珠江新城西塔、中央电视台新址建设工程A标段、杭州国际会议中心等87个钢结构建筑工程"钢结构金奖"。4月10~13日在西安召开钢结构行业大会上授牌。

9月11日协会授予永康市为"中国门都"。9月26日在浙江永康市召开的"第十四届中国五金国际博览会"开幕式上,刘哲宣读授予的决定,姚兵授牌。

11月23日,协会命名北京米兰之窗门窗有限公司为"中国节能木结构门窗科技产业化基地"。11月29日姚兵、刘哲、昌平区人大常委会主任李福臣参加了基地落成仪式,姚兵揭牌。

【展会情况】 由中国建筑金属结构协会、欧洲门窗协会联合主办、北京中德建联国际会展有限公司承办的2009中国(北京)国际门窗幕墙博览会于12月27~29日在北京农展馆隆重举行。此届展会克服了国际金融危机的不利影响,取得新的进展。展出面积约30000平方米,较2008年增加15%;有20个国家的328家企业参展,企业总数增加了17%,其中外参展企业增长51.6%。有35个国家和地区的28000专业观众(其中海外观众近10%)参观博览会,增加12%,现场成交量也有明显增加。

博览会之前25~26日还举办国际化高级研讨会,设四大专场。特邀国内17位知名专家,对当前国际上最新的门窗幕墙技术节能、环保和自主创新为主题进行演讲交流。来自105个单位的220多位观众,涵盖门窗企业、工程公司、建筑设计院、房地产开发商等方面的代表。

2月25~27日"CIHE & HVAC第九届中国国际暖通空调博览会"在中国国际展览中心举行。本届展会"以降低建筑能耗、推进节能减排"为主题。共来自20多个国家和地区的近500家企业同堂展示了国际最新节能技术,展出面积近35000平方米。参观人次35000人。

6月15日,由中国建筑金属结构协会,中国建筑文化中心、广东省空间结构学会共同举办的"2009第九届中国(北京)国际建筑钢结构展览会"在北京国际展览中心举行。展会展示了钢结构及配套体系、焊接技术、新型住宅房屋技术及配套产品、住宅钢结构外围护体系等。会议期间还举办了高级研讨会,内容有国际现代体育场馆建设,抗震成果展示、节能环保技术等多方面内容进行演讲。

【年会情况】 3月18日,2009年全国铝门窗幕墙行业年会暨铝门窗幕墙新产品展示会在广州隆重举行。会议的主题为"建筑节能、节材和自主创新"。姚兵会长作题为"用工程质量的最新理念统筹门窗幕墙的创新和发展"的重要讲话。会议发表技术论文42篇。专题技术讲座10场。出口型企业座谈会有25家企业领导参加。会议还通报了中国幕墙网2008~2009大型读者调查活动评选结果,30家企业获得了"用户选择"和"市场表现"奖。同期举办了新产品展示会,参展商有230多个,展台1000多个,参观人数20000人次。博览会评出展台整体奖、展台节能奖、艺术表现奖、展台科技奖、展示效果奖和杰出贡献奖。

3月25~26日塑料门窗委员会在西安召开"中国建筑金属结构协会塑料门窗委员会成立15周年表彰大会暨2009年全国塑料门窗行业年会"。委员会编印中国塑料门窗行业发展15周年回顾纪念册,姚兵为纪念册题了词。大会表彰了15年来为行业的发展做出贡献的先进单位46家,技术发展突出贡献单位6家,先进个人62人,先进科技工作者17人,为行业的发展做出过重要贡献的个人49人。

4月10~13日在西安召开"2009年全国建筑钢

结构协会行业大会"。姚兵会长出席并讲话，题目为"站在新的历史起点上，全面推进钢结构行业，新型工业化的跨越式发展"。委员会主任向全体会员汇报工作。会议进行"钢结构工程实例专题报告"、论文交流、新产品发布。会议还为钢结构优秀项目经理颁发证书；为在2008年度获得《钢结构金奖》工程的企业颁发奖牌等活动。

6月17～19日在北京召开中国建筑金属结构协会钢结构专家委员会工作会议。姚兵、刘哲出席并讲话，张爱兰汇报工作。会议特邀请清华大学郭彦林教授、北京市建筑设计研究院总工束为农、中国建筑科学研究院钢结构室主任王明贵博士做专题演讲。会议还通过了新增专家10名。6月30日，在京召开第七届第一次钢结构专家委员会主任会议，会议总结上半年的工作，听取专家组下半年的工作计划和建议，会议确定5个议题。其中之一就是从6月30日开始，在全国钢结构行业内开展"钢结构建设十大新技术"、"钢结构金奖十大工程"评选活动。评选活动采取网上评选、专家评定的方式进行。8月24日在京召开专家会议。来自全国有30名行业专家进行了严肃认真的投票、点票、当场宣布结果。

6月24日建筑门窗配套件委员会在青岛开始了第三届一次工作会议。会议确定了第三届委员会主任委员、副主任委员、委员，增补了委员会专家组成员。

7月14～15日塑料门窗委员会在江西召开委员会工作会议。协会刘哲、江西省建设厅总工程师章雪儿出席了会议并讲话。参会代表40多人。会议讨论关于"加强对门窗及型材质量的监督检查的建议"、"型材户外自然曝晒的工作"、"型材传热系数的测定工作"、"门窗专业安装的问题"、"建立行业鼓励机制的办法"以及市场问题等进行了交流。

9月25日模板脚手架委员会在京召开主任委员扩大会议，将委员会原来推行的"定点企业"改为"重点推荐企业"。在原有定点企业基础上共12家企业作为**重点推荐企业**，年会颁发证书和铜牌。

10月27～30日在安徽召开模板脚手架委员会年会。会议围绕"推动模板脚手架行业健康发展"为主题，展开研讨和技术交流。来自国内外和地区代表110人出席。姚兵作了题为"认清地位，奋力创新"的重要讲话。杨亚男主任向会员代表汇报工作。会议向重点推荐企业颁发铜牌和证书。会议收集论文21篇。西班牙模板脚手架协会哈威尔到会交流。安徽省建设厅管理处处长周元楼、黄山市建筑管理处副主任胡国庆到会祝贺和作了讲话。

11月15日塑料门窗委员会在香河召开了专家组会议。会上委员会做了自2008年8月31专家组成立以来的技术工作汇报，听取了专家对委员会技术工作的建议。会后参观了香河贝德建筑装饰制品有限公司的生产车间和样品间。

11月21～22日在深圳召开2009年全国采暖散热器委员会常委会。姚兵、刘哲、副秘书长宋为民以及来自行业内的90多家骨干企业负责人出席会议。会议传达国家有关产业政策；会议向会员汇报2009年工作及2010年的工作要点；宣布中国采暖散热器行业"十二五"发展规划（草案）等内容。

12月8～9日塑料门窗委员会工作会在广西召开。姚兵、刘哲、广西壮族自治区住房和城乡建设厅黄大有处长、北海市建设委员会黄德胜副主任以及会员企业代表共68人出席。闫雷光主任向委员汇报2009年工作和2010年工作安排。会议通过了委员名单86人。通过了塑料门窗委员会工作制度、中国塑料门窗行业自律公约和中国塑料门窗行业名牌门窗评选条件和管理办法等。通报了行业一年来的生产经营情况。经过与会代表的投票，有2家企业申报的塑料窗成为"中国塑料门窗行业名牌窗"。姚兵会长从科技先导战略、市场战略、竞合战略、人力资源开发战略、企业文化战略五个方面做了企业发展战略思考的重要讲话。

12月23～24日在萧山召开建筑钢结构副主任工作会议。会议代表对《钢结构工程专业承包企业资质等级标准》的修订进行了讨论。会议讨论通过了《建筑钢结构行业自律公约》和建筑钢结构委员会管理办法等内容。

【促科技进步】"中国建筑金属结构协会网站"于2009年12月1日重新开通（WWW.ZGJJJ.ORG）。网站的开通充分利用现代化技术与会员企业交换信息、提供服务和办理业务的平台，推动协会活动方式的变革和提高。网站设有会长信箱和免费为会员企业展示产品宣传栏目等，为会员企业服务。

3月17日，由中国建筑金属结构协会和佛山市合和建筑五金制品有限公司共同举办的首届"品牌·经济·合和"高峰论坛暨科技创新论文大赛启动仪式在广东省佛山市举行。姚兵在会议上讲话，指出科学是第一生产力，自主创新是第一竞争力。刘哲宣布科技创新论文大赛从2009年开始，每年一届。活动期间举办了首届"品牌·经济·合和"高峰论坛，特聘请了中国十大策划人物、中央电视台品牌顾问、品牌力学派创始人李光斗讲演品牌经营和营销战略。

4月10日建筑排水地漏应用技术交流研讨会暨

地漏标准讨论会在北京世纪国建宾馆召开。来自中国建筑设计院和沈阳市规划设计院的领导和生产企业发明家等骨干企业共60人出席。

4月15日，铝门窗幕墙委员会发出《在行业中推广使用铝合金门窗优质隔热条的意见》。

4月23日，在北京联合举办了"巴西世界杯、奥运会工程投资和建设情况介绍会"。会议就有关事项等与建筑承包商、工程咨询单位和投资机构进行沟通交流。

4月27～29日，召开中国散热器行业发展高峰论坛暨辽宁省换热产业基地招商说明会。各位嘉宾就紧跟中央产业政策，按照节能减排、节约能源和资源调整产业结构，不断创新技术，在出口受到影响的情况下，积极转向生产农急需的产品，扩展国内市场成为大家共同呼声。

4月28日，协会在安徽召开"开拓国际市场应对金融危机研讨会"，会议邀请商务部、对外承包商会和部分企业座谈调研，通过深入调查研究，了解行业情况，作出了积极筹备成立"**国际合作部**"的决定，推动企业走出去的步伐。

5月4日，协会召开全体人员工作交流研讨会。姚兵、刘哲、杜宗翰、部人事教育司直属处处长杜英才、社团一党委副书记国中河出席并讲话。各专业委员会、分会主要负责人供14人发言，主要介绍本单位基本状况及涉及行业概况；一年来的主要工作内部和活动项目；本单位1～2项效果显著、企业赞成、行业需要的活动项目等内容进行交流。姚兵会长作了题为《提高协会的工作能力》的讲话。

5月15～16日，在山东潍坊召开协会与地方行业协会第三次联谊交流会。姚兵、住房城乡建设部人事司副司长郭鹏伟出席并作重要讲话。来自全国26个地方协会的代表围绕"办好协会，当好桥梁，为政府排扰，替企业解难"展开广泛交流和讨论，在多个方面取得了共识。

5月19～20日，协会与四川省建设厅共同举办的"钢结构在地震地区应用论坛"在四川绵阳举行。姚兵出席并作重要讲话。会议重点关注钢结构建筑在灾后重建中的推广应用和发展前景；钢结构在住宅体系中应用的情况介绍；适合在地震地区推广的钢结构建筑专利、工法；钢结构建筑与普通结构形式抗震性能及经济性比较分析等进行了广泛的探讨与研究。

6月18日至9月22日散热器委员会组织了第三届"铜管对流散热器"设计大赛，6所高校2000多学生参加，征集了400多件作品，不但促进了行业的技术创新，扩大了行业的影响，还培育了行业潜在的技术后备力量。

9月10日，铝门窗幕墙委员会与台湾帷幕墙技术发展协会，在京共同举办建筑幕墙技术访问交流会。出席会议的有中国建筑金属结构协会会长姚兵，台湾帷幕墙技术发展协会理事长许胜容，国内著名建筑结构专家、建筑幕墙企业代表以及台湾20余位建筑幕墙专家和企业家。协会副秘书长兼铝门窗幕墙委员会主任黄圻主持。会议以"发挥各自优势，携手共同发展"为主题进行了交流。

10月20日，由中国建筑金属结构协会主办、江苏江阴—靖江工业园区管理委员会、中建钢构有限公司承办的"江苏江阴—靖江工业园区2009国际钢结构暨工业房地产业论坛"在江苏省江阴市举办。与会专家围绕钢结构的发展历史、现状、问题和未来发展方向进行了充分的研讨。论坛期间，还举行了4个投资合作项目和2个工程项目的签约仪式。

11月1日至12月1日，塑料门窗委员会组织2次企业互访活动，参观了辽宁、河北、安徽等地的7家企业，分别为3家门窗厂、2家型材厂和2家模具厂，参加人数62人次。

11月1日，中国建筑金属结构协会（原会长）杜宗翰顾问出席成都硅宝科技股份有限公司创业板上市答谢暨万吨级基地竣工庆典。

11月25～26日，建筑门窗配套件委员会组织了第八届技术交流会。共100位代表参加了会议。会议公布了2009年度建筑门窗配套件推荐产品名单。会上针对门窗配套件行业发展趋势、五金、胶条、胶、隔热条、玻璃和型材等在生产、设计、应用过程中遇到的问题，新产品介绍等方面进行了研讨。会议收集技术交流论文21篇。

6月23日，采暖委员会组织行业专家和研发基地单位负责人，在京召开专题座谈会，制定出了"十大"重要研究课题，供骨干企业专项研发，并且于11月21～22日在深圳召开采暖散热器委员会常委会上宣布。"十大"重要课题研究："太阳能利用与供暖一体化"、"大力推进供暖水质的规范化管理"、"采暖散热器低温运行的研究"、"钢制散热器的新品开发"、"铜管对流型散热器的创新及功能拓展"、"压铸铝合金散热器市场开发与应用"、"铸铁散热器机械化生产线的推广和应用"、"辅配件的专业化生产和安装挂件部品化"、"塑料合金散热器的探索"和"电采暖散热器的开发应用"。

配套件委员会组织坚朗、合和等四家企业开展对"多点锁闭门窗件"的共同研发，并于9月16日通过了住房和城乡建设部科技成果推广项目的评估鉴定。

扣件委员会2009年组织开发"冲天炉免烧球团化铁"工艺等多项新技术；引进了机械化造型工艺，研发了轻型扣件；组织研发了热处理隧道炉。

9月18日，塑料门窗委员会组织行业内骨干企业开展型材户外暴晒试验和型材传热系数的检测工作。**并将两项工作申请为建设部科研项目。**暴晒地点设在干旱少雨的新疆乌鲁木齐、高海拔、日照时间长和紫外线强烈的青海格尔木和湿热地区福州3地方，试验时间为2年。共有22家型材生产企业送了39种型材。每3个月要对每个暴晒地点的样品检测一次。

采暖散热器委员会联合多家媒体从2007年开始举办"采暖中国·走近名企"系列宣传活动，到2009年底已走访了24家企业，促进了行业技术的提高，宣传企业优秀文化理念和经验成就。

配套件委员会从2003年开始向社会推荐名优产品工作，2009年推出13家企业的43个产品和1个优秀产品。组织编印了《建筑门窗配套件推荐产品选用手册(2010年版)》。

给排水设备分会2009年设立了地暖施工岗位职业资格，开展了施工、设计和项目管理人员的培训，为保证工程质量，促进行业持续发展，提供了强有力的保障。2009年向社会推出31种地暖产品。

1982年协会设立编辑部；2003年成立了《中国建筑金属结构》杂志社；2009年6月10日改为《中国建筑金属结构杂志社》有限责任公司。2009全年完成了12期会刊的编辑出版，刊登文章200多篇，信息100多条。报道消息70多篇。增加"六十周年专题"栏目，回顾、宣传六十年行业的成就和发展；增加了"行业活动"栏目，着力报道行业相关活动及最新信息。从《会刊》创刊至2009年底共出版发行324期杂志。

【自身建设】 给水排水设备分会于2009年7月进行换届。根据民政部的相关规定，本次换届以通讯等方式进行，9月产生了第三届理事会、理事、常务理事、会长。名誉会长：左亚洲，会长：华明九，秘书长：华明九(兼)。

7月15日，将协会钢门窗委员会和自动门车库门标准化委员会合并为协会钢木门窗委员会。8月18日在京召开钢木门窗委员会筹备会，加强了力量，开拓了新的工作内容，推动了委员会工作的开展。

7月21日，开始筹备增设光电建筑构件应用委员会，于2009年10月10～12日在京召开"光电建筑构件应用委员会"成立大会暨首届"中国光电建筑应用交流论坛"。此次会议有200多家光伏组件生产企业、幕墙施工企业、建筑设计单位、房地产开发公司，以及政府机构、社团组织、科研院所、欧洲、香港等地近500名代表出席。

12月1日，参加了民政部举办的"中国社会评估组织"活动，评估等级为AAAAA。2010年1月被民政部授予"全国先进社会组织"称号。2010年2月26日，民政部在人民大会堂举行了授牌仪式。协会秘书长刘哲、副秘书长宋为民前往接牌。

12月26日，光电建筑构件应用委员会2009年副主任单位联系工作会议召开。刘哲出席，梁岳峰主任讲话，三点重要工作一点是开展继续教育。二是成立课题专家组。三是发展会员。

【标准编制】 1月7日铝门窗幕墙委员会完成《建筑用隔热铝合金型材》标准编制工作。

3月12日、13日给水排水设备分会在京启动国标《减压型倒流防止器》、行标《脚踏阀门》的编写工作。4月27日在京召开行标《水景用发光二极管(LED)灯》编制第一次工作会议。

2009年5月建筑扣件委员会完成了国家标准委员会对《钢板冲压扣件》、《碗扣式钢管脚手架构件》这两项国家标准向世界贸易组织TBT措施委员会强制性标准通报表的报送和公示工作。

7月30日，铝门窗幕墙委员会负责起草的《设计施工一体化专业工程总承包招投标管理办法研究》在京启动。

10月21～23日，钢木门窗委员会在京召开《人行自动门安全要求》、《卷帘门窗》、《整板彩钢卷门》三项标准的专家审查会。

11月26日，铝门窗幕墙委员会完成了《铝合金门窗设计安装技术规范》编制。

12月3～5日，钢木窗委员会在景德镇组织召开《电动伸缩围墙大门》、《飞机库门》两项标准的启动会。

由塑料门窗委员会主编的建筑工业行业标准JG/T 256—2009《未增塑聚氯乙烯塑料栅栏》已由住房和城乡建设部发布，自2010年3月1日起实施。

由塑料门窗委员会主编的《未增塑聚氯乙烯(PVC-U)塑料门》和《未增塑聚氯乙烯(PVC-U)塑料窗》国家标准已完成送审稿，12月14～15日在京召开标准审查会。

由塑料门窗委员会和维卡塑料(上海)有限公司担任主编并会同有关单位共同编制的行业标准《塑料门窗设计及组装技术规程》，分别于8月27日、10

月18日、12月23日在上海、北京、海口召开编制工作会议。

建筑门窗配套件委员会完成了行业标准《建筑门用提升推拉五金系统》的编制工作，于2009年10月28日在北京召开审查会，完成报批稿。

建筑门窗配套件委员会11月30日完成《新型乡村门窗五金件应用技术规程》征求意见稿。

建筑门窗配套件委员会10月29日启动《建筑门窗五金件双面执手》；12月10日启动《建筑门窗复合密封条》标准编制工作。

模板脚手架委员会组织编制的《建筑施工碗扣式钢管脚手架安全技术规范》JGJ 166—2008行业标准颁布，从2009年7月1日开始实施。

模板脚手架委员会对北京星河模板脚手架有限公司开发研制的《附着式电动施工平台》项目，推荐申报部级科技成果，于2009年9月15日在京召开"科技成果技术评估会"，通过了审查。

【为企业和政府服务】 5月25～30日在南京组织召开"全国塑料门窗节能设计及相关标准宣贯培训班"。培训班上邀请行业有关门窗性能设计、热工性能计算、标准制定和门窗生产方面的专家授课。

塑料门窗技术工人等级标准和相应培训教材编写组于2009年5月25～27日和10月16～17日分别在沈阳和济南召开两次工作会，该教材定于2010年1月底前定稿。

塑料门窗委员会和上海、辽宁协会及部分门窗企业对"建筑门窗工程专业承包企业资质"分为一级、二级、三级的条件进行了修改，并报住房和城乡建设部。该稿于2009年11月11日开始征求意见，于11月30日定稿，预计2010年实施。

建筑扣件委员会2009年配合脚手架扣件产品生产许可证审查部共21家企业的生产许可证的审查和检验工作。委员会配合审查部对5家审证企业的生产条件进行了审查工作。

2009年模板脚手架委员会组织有关专家编写《建筑施工碗扣式钢管脚手架安全技术规范》宣贯材料，与有关部门合作，先后在重庆、内蒙古、河南、福建举办了5期标准宣贯班。

2009年模板脚手架委员会协助住房和城乡建设部科技发展促进中心，初审模板脚手架科技成果评估申报材料3家，有2家因委员会提出意见延迟评估；推荐和参与科技评估企业1家。并对在编征求意见的3部行业标准提出修改意见。申报部科技计划立项1家。

光电建筑构件应用委员会应欧洲能源论坛邀请，于2009年12月6日至12月19日赴欧洲进行考察。主要目的是为了学习和借鉴世界先进的光电建筑一体化应用管理模式。与欧洲太阳能光伏权威机构和优秀企业，就BIPV的人员培训、产品认证、技术交流、示范项目等合作事项，进行更为深入的讨论，以此形成实质性的合作与交流项目。

11月1日协会与上海协力和上海建纬律师事务所签订合作协议，共同开展法律知识的培训，为协会和会员企业提供咨询和法律事务的代理。

12月17日协会与哈尔滨工业大学签订合作协议，共同组织开办行业内高级管理人才工商管理硕士研究生班，培养行业的高级管理人才。

（中国建筑金属结构协会）

中国城市科学研究会

【课题研究】 ① 完成"2009城市规划年度报告"编辑出版工作。系统梳理回顾2008年城乡规划领域重点话题，并对城镇化、低碳生态城市、大城市连绵区、历史文化名城、交通规划等内容从现状、问题、展望等方面进行了年度盘点，结合"住房新政"、"城乡土地利用统筹"、"社区规划"等重点议题进行评论梳理，反映规划作为社会经济活动的具体反映和对社会经济发展产生重大影响的公共政策，对促进社会经济的协调发展发挥的作用。

② 完成"2009中国绿色建筑年度报告"编撰出版工作。该报告由中国城市科学研究会绿色建筑与节能专业委员会组织编写，系统总结年度我国绿色建筑的研究成果与实践经验，指导我国绿色建筑的建设、评价、使用及维护，推动绿色建筑的发展与实践应用。

③ 组织协调"2009小城镇和村庄建设发展"报告编撰工作。该报告从重要文件汇编、综合述评、统计分析、专题介绍、地方经验等几个方面反映解

读我国小城镇和村庄建设的年度发展状况。

④ 组织完成"2009中国城市公共交通发展报告"编撰工作。该报告在对政府的政策和运营企业调研基础上，以数据指标、发展趋势、政策、经验交流等几个方面反映公共交通行业状况，旨在建立全国性公交行业的信息收集和发布系统，反映年度城市公交发展情况、公交企业经营状况、公交改革发展趋势、政府政策效果。

⑤ 积极组织完成住房城乡建设部城乡规划司"区域空间开发管制模式研究——以珠江三角洲区域绿地规划管制研究为例"的项目的研究工作。与广东省建设厅、广州市城市规划勘测设计研究院共同组织研究团队，以《珠江三角洲城镇协调发展规划（2004～2020）》为案例，结合规划提出的一级空间管制区中区域绿地的划定，研究区域绿地划定的技术方法，建立相应的技术平台，明确地域类型、管制手段、管理措施和分级管理责权，探索可供推广的空间开发管制规划分级管理模式经验。

⑥ 积极组织完成住房城乡建设部城乡规划司"城市总体规划编制细则（市政工程、防灾减灾、生态环境保护规划编制细则；历史文化遗产保护规划编制细则）"的研究工作。旨在进一步改进和规范城市总体规划的编制工作，对现行规划执行情况进行评估及要求，确定要素细则及规划对象。

⑦ 组织完成住房城乡建设部城乡规划司"历史文化名城、名镇、名村保护监管体系"课题研究。旨在为实施《城乡规划法》、《文物保护法》和《历史文化名城名镇名村保护条例》，加强历史文化名城名镇名村保护流程中关键环节的工作，建立比较系统的监管制度、机制、途径和措施的框架。

⑧ 组织开展住房城乡建设部城乡规划司研究项目"《城乡规划法》配套制度研究-城乡一体化规划管理体制研究"，项目拟在总结各地乡统筹规划方面政策经验和典型做法，探索建立城乡规划建设一体化的管理体制，阐释城乡一体化规划管理体制与编制内容，归纳出相关政策建议。

⑨ 组织开展住房城乡建设部城乡规划司研究项目《城乡规划法》实施评估"，项目以我国中部地区（晋、豫、皖、鄂、湘、赣）为研究对象，对《城乡规划法》设计、实施和衔接配套中的问题分别进行客观分析，深入调查法律实施中各项制度设计的合法性、合理性和可操作性，与其他法律法规之间的协调性及立法技术问题，对实施效果进行评估，并提出政策性建议。

⑩ 组织开展住房城乡建设部节能省地型和公共建筑专项研究项目"节能减排与低碳城市研究"。从建筑节能、可再生能源和节能产品制造与应用等领域，寻求城市低碳发展解决方案，总结可行性模式，借鉴发达国家在创建低碳社会过程中的先行经验，从理论思考与政策体系构建方面提出我国应对气候变化、建立低碳型社会，提升国家整体竞争力的启示和建议。

⑪ 组织开展住房城乡建设部节能省地型和公共建筑专项研究项目"夏热冬冷地区绿色建筑技术的集成设计研究与技术规范"项目，根据夏热冬冷气候区的特点、经济条件、建筑设计特点和习惯，开展绿色建筑技术与建筑设计的集成研究与设计，完成相关技术集成示范。拟于近期完成报告撰写与结题验收工作。

⑫ 组织开展住房城乡建设部节能省地型和公共建筑专项研究项目"国外推广绿色建筑政策研究"项目，对澳大利亚、新加坡、英国、美国、中国台湾等国家和地区推行绿色建筑的政策法规进行比较研究，为我国推行制定相关政策法规，促进绿色建筑发展作理论积淀。

⑬ 组织开展住房城乡建设部节能省地型建筑专项研究项目"公共照明应用LED产品技术导则"，拟通过对LED照明产品的性能特点、发展方向和技术水平进行调研，规范和指导半导体照明产品在城市照明中科学正确地应用。

⑭ 组织开展住房城乡建设部村镇司研究项目"城市化过程中城镇新移民住房问题研究"，与深圳市房地产研究中心合作，以先行城市（北京、深圳、重庆、苏州）为案例，全面调研四市对城市新移民住房问题的政策体制，解析其制度性障碍，提出为完善住房制度、解决城市新移民住房问题的政策建议。

⑮ 完成中国科协决策咨询项目"未来中国城市发展模式研究"，力求在总结我国传统城市发展模式经验教训的基础上，探索科学发展观和建设和谐社会理念下中国城市发展的新模式，以及促进城市发展模式转型的规划技术和政策体系。

⑯ 完成中国科协决策咨询项目"灾后重建规划选址相关问题研究"。项目于11月通过中国科协项目结题验收工作，获得好评。并以"地震灾后城乡恢复重建应科学选址"、"国内外地震灾害历史经验对我国城镇建设的启示"、"汶川地震灾后山区乡镇恢复重建的对策建议"为题上报3篇研究专报。

⑰ 完成《中国低碳生态城市发展战略》项目研究。该项目在大卫与露茜尔·派克德基金会、威廉与佛洛拉·休利特基金会和能源基金会的联合资助

下，由研究会牵头，组织了相关单位共同开展研究工作。课题研究从2007年6月至2009年3月，共同形成1个主报告和10个分报告。并于10月召开成果发布会。

⑱与UTC（联合技术公司）合作，开展5年期的"生态城市指标体系构建与生态城市示范评价"项目研究工作。2009年为项目的试点年。旨在倡导建立适合我国国情的生态城市规划、建设和管理模式，通过对各种空间尺度和地域性的生态城市规划建设实例研究，开展不同层次、尺度的生态城市评价，遴选出优秀的城市范例。

⑲与同济大学建筑与城规学院合作完成全国市长培训中心城乡规划建设管理系列教材之《低碳生态城市的理论实践》一书，基本完成纲要编写工作，提交使用。

⑳与复旦大学中国经济中心合作完成中央财经办公室"十二五城镇化"专项研究工作。承担第二子课题"我国经济发展趋势与城镇化发展道路研究"专项。研究金融危机、工业化模式转型、产业结构变化对我国城镇化和城镇发展的影响，在对我国经济发展和结构调整趋势分析的基础上，结合我国资源环境条件和"十二五"经济社会发展目标，提出我国新型城镇化发展道路、发展模式的内涵。

【学术交流】 2009年，研究会围绕"科学发展观"与"节能减排"的主题，开展多渠道、全方位的学术交流活动，通过多层次、多类型的学术会议，积极推进城市科学的普及更好的为会员服务，为城市服务，为建设工作服务。

①3月27～29日第五届国际智能、绿色建筑与建筑节能大会暨新技术与产品博览会在北京国际会议中心举行。研究会作为承办单位参与本次会议。大会以"贯彻落实科学发展观，加快推进建筑节能"为主题，分为研讨和展览两部分。研讨会围绕绿色建筑设计与评价标识、既有建筑节能改造、可再生能源建筑应用、大型公共建筑节能运行监管与节能服务市场、供热体制改革、住宅房地产业健康发展、应对气候变化等重大问题，有10多个国家的160多个国际组织、跨国公司、研究机构、设计院所、生产厂商等展示绿色建筑、建筑节能等方面的最新技术与产品。

②7月12日，与中国城市规划学会、哈尔滨市人民政府共同主办的2009城市发展与规划国际论坛在哈尔滨召开。本次论坛主题为"和谐、生态：可持续的城市"，1000多名国内外知名专家学者，城市规划建设单位、设计研究机构的业内人士参与本次会议交流，与会专家围绕国内外城市规划与可持续发展、中国城市化与城乡转型、城市生态、历史文化遗产保护、城市交通和安全、城市防灾减灾、城市基础设施规划建设、城市突发公共事件应急管理、绿色交通规划建设、低碳生态城市专项技术、城市总体规划先进案例与控制性详规编制办法等方面进行专题学术研讨。

③9月1日，与台湾都市计划学会共同主办的第十六届海峡两岸城市发展研讨会在河南郑州召开。来自海峡两岸的近百名专家学者齐聚郑州，就全球化时代的城市发展、城市生态与可持续发展、防灾减灾与城市规划等议题进行了热烈的讨论和交流，期间，两岸专家围绕两岸城市发展中的热点、焦点和难点问题展开激烈的辩论。会后两岸学者还就两岸城市规划常用名词进行了归类对比。

④9月20日，与河北省住房和城乡建设厅共同承办的2009河北省城博会生态宜居高端论坛在石家庄召开。会议特邀生态城市规划、建设方面知名的国内外专家，围绕生态城市规划实践、生态城市产业发展与整合策略、城市的生态化改造、城市景观与宜居环境创造、生态城市水景观、水环境营造、生态城市土地利用等多方面议题作精彩演讲和深入研讨。共有境内外12位专家作了主题演讲。

⑤10月19日，召开《中国低碳生态城市发展战略》成果新闻发布会。研究会会副理事长、中国社会科学院副院长武寅研究员出席并发表了重要讲话。世界自然基金会全球气候变化应对计划主任杨富强和中国城市科学研究会秘书长李迅分别介绍了《中国低碳生态城市发展战略》研究成果的主要内容。来自新华社、中央电视台、中国国际广播电台、《人民日报》、《经济日报》、《中国青年报》、《中国建设报》、《中国环境报》以及日本共同社等媒体的50余名记者参加发布会，并就有关问题进行了提问，项目研究人员做了详细解答。

⑥研究会和中国城镇供水排水协会于11月29～12月1日在北京举办第四届中国城镇水务发展国际研讨会与技术设备展览会。此次会议主题为"改善水环境，保障水安全"。会议围绕保障城市水安全，改善城市水环境，加强水资源节约和再生利用，促进城市供排水事业改革与发展等议题，在城市水行业改革、水处理技术、水质监测、再生水利用、污泥处理处置、节水管理、给排水系统的运行管理等方面展开专题研讨与广泛交流。

⑦按照中国科协要求，于12月15日开展会员日专题活动。

⑧由研究会、河北省住房和城乡建设厅、唐山

市人民政府主办，唐山市规划局、唐山市建设局、深圳市建筑科学研究院承办的绿色城市中国行系列活动——从绿色建筑到绿色城市论坛在唐山举办。此次论坛为绿色城市中国行系列活动第一站。河北省住房和城乡建设厅、唐山市城乡规划局、深圳市建筑科学研究院的有关人员分别围绕河北省住房和城乡建设厅办公楼建筑节能案例、曹妃甸生态城案例、可再生资源与建筑一体化应用等话题进行了主题演讲。

【宣传出版工作】 ①印刷出版《中国低碳生态城市发展战略》研究主报告、中英文简报告及研究报告。并召开新闻发布会。

②《城市发展研究》杂志 2009 年紧密围绕中华人民共和国成立 60 周年及健康城镇化主题，在城镇化、低碳生态城市、城乡统筹、城市交通、景观设计、区域经济发展、中小城镇发展规划、纪念汶川地震一周年、社会保障方面设置专题栏目，积极邀稿约稿，2009 年是杂志由双月刊改月刊的第一个年度，在保证出版日期、提高印刷装帧质量、扩大发行和杂志容量上下了不少功夫。按时完成出版任务，全年共出版 12 期。共刊发论文 290 余篇，共计 230 万字。共出版发行增刊 2 期，均为相关学术会议论文集。发行量比 2008 年同期增长 8%。在此基础上，利用彩面刊登部分协办单位的优秀稿件，对于扩大杂志宣传面与受众度，拓宽杂志办刊经费渠道进行了尝试。

③完成中国城市科学研究会简介中英文版印刷工作。

④《低碳生态城市》杂志创刊号印刷。

【内部管理】 完善内部组织建设、紧抓专职从业人员的专业建设；确定周二定期例会及专业业务学习制度、组织生活制度；积极配合主管部门，作好有关社会活动；逐步完善内部规章制度；积极做好党员考察培养。认真积极开展"科学发展观"回头看活动。

抓好秘书处党建工作，加强内部管理，坚持经常性的业务学习和工作交流，认真学习十七届四中全会精神，将学习法律、业务作为日常工作中的一部分；按照年度工作计划，作好支部工作，设立组织工作部。

建立、修改、完善相关规章制度；起草讨论修改关于分支机构的管理办法；建立项目经济管理办法；制订网站管理办法；建立秘书处请假制度条例。

完成秘书处新进人员的招聘培训工作；拟定聘用人员管理办法，签订劳动合同；

【机构】

中国城市科学研究会 （Chinese Society For Urban Studies）

地址　北京市三里河路 9 号

邮政编码　100835

电子信箱　csus@263.net

主页网址　http://www.chinasus.org

电话　010-58933149/68317852

传真　010-68313149

理事长　仇保兴

副理事长　王玉庆　王德惠　史善新　江亿
　　　　　李兵　李家洋　陈刚　张鸿铭
　　　　　武寅　赵宝江　谭荣尧　潘云鹤

秘书长　李迅

刊物及主编　《城市发展研究》主编：李迅

单位简介

中国城市科学研究会是由全国城市科学研究方面的专家学者、实际工作者，城市发展和城市规划建设管理相关部门和单位自愿组成，经民政部登记成立的全国性学术团体。挂靠住房和城乡建设部，业务归口中国科学技术协会。

中国城市科学研究会成立于 1984 年 1 月 20 日，1989 年 12 月、1994 年 12 月、1999 年 6 月和 2007 年 7 月分别进行了理事会的换届选举工作，共产生五届理事会。李锡铭、芮杏文、廉仲、周干峙先后任第一、二、三、四届理事会理事长，现任理事长为住房和城乡建设部副部长仇保兴博士。

中国城市科学研究会下设 5 个专业委员会，共有团体会员约 900 个，个人会员约 16000 人，在 22 个省、自治区、直辖市和 20 个省会城市及重庆大学等有地方城市科学研究会组织。

（中国城市科学研究会）

中国建筑装饰协会

【加强协会自身建设，提高协会工作品质】 加强协会秘书处制度建设，规范协会运作。2009 年秘书处完成内部劳动用工制度的规范化管理，建立全员劳动合同制和岗位聘任制，全面达到国家新劳动合同法的要求。同时，加强秘书处学习制度的执行力度，按制度要求组织秘书处内部的定期学习，规范秘书处的学习活动。秘书处还根据国家要求，针对有些专业委员会组织活动不规范的实际情况，重点加强了活动的审批和收费行为的规范化管理，坚决杜绝以协会的名义盲目组织会议、活动和乱收费、高收费现象。并为此成立了纪律检查委员会，建立了举报与投诉制度，接受会员单位的监督，强化了协会工作的组织性、纪律性。

进一步理顺和协会的工作关系和决策程序。2009年秘书处把中国建筑装饰协会与地方建筑装饰协会工作关系做为重点，强调了中国建筑装饰协会开展的各项活动的基础是地方协会，要依靠地方协会的组织来实施。特别是中国建筑装饰协会组织开展的评比、评定活动，必须经过地方协会的初审、初评和推荐，以此保证协会开展各项工作的质量。同时，进一步理顺了决策程序，形成了会长工作会、理事会、秘书长工作会的决策与工作机制。在2009年的12月16日在杭州召开了协会的会长工作会，形成了2010年工作的思路和重点，经理事会通过后，在2010年年初的秘书长工作会上进行传达、贯彻。经过调整，使协会的决策程序更规范，工作机制更完善，办事效率有了很大的提高。

加强调查研究，改进协会的主要工作，提高了工作质量。2009年，针对协会组织的全国建筑工程装饰奖、行业信用评价和行业百强企业推介三项品牌工作，秘书处组织了深入的调查研究，广泛听取了业内的意见和建议，形成了调整的思路和改进的具体内容与方法。

【"全国建筑工程装饰奖"评选工作】 为了进一步发挥"全国建筑工程装饰奖"在推动行业发展、促进技术进步、提高工程质量等方面的作用，协会将按调整名额分配、打破地区封锁与保护、增设特别项目奖、适当增加获奖工程数量等方法进行调整。要通过改革和完善协会的工作，使此项工作更为完善，在数量、质量和工作程序上，更能适应行业的规模和要求。

【行业百强企业评价工作】 为进一步发挥行业百强企业评价在整顿与规范行业市场，贯彻协会扶优、扶大、扶强的工作思路，提高行业组织化程度等方面的作用，协会调整了指标权重，严惩申报造假、提高评价透明度、加强秘书处领导作用等具体方法，使此项工作更公开、公正、公平，更能达到为行业树立样板、促进行业健康有序发展的作用。

【进一步加强队伍建设】 2009年，协会举办行业内的专家研修班，完善、充实了协会的专家库。全年共组织了二期，有300多位企业技术专家参加了培训，形成一支密切联系企业与工程实际、年富力强，具有较完整理论修养和实际工作经验的高级人才队伍，在协会组织的各项专业指导评定工作中，发挥重要的作用。秘书处通过改革用车与交通补贴制度、采暖费与物业费等福利制度、假期工作补贴制度等，调动员工的积极性，保持了秘书处员工队伍的稳定。

【指导企业战胜危机谋发展】 鼓励行业树立战胜危机的信心和决心。自2008年底，全球金融海啸形成经济危机之后，协会把树立信心，贯彻国家战胜危机，振兴经济，率先实现我国经济复苏的措施做为工作的重点。协会主要领导在对国际、国内经济形势进行深入、细致分析的基础上，对行业存在困难和发展前景，利用各种媒体、网站、会议和活动，进行有针对性的剖析和讲解。使业内企业家树立起战胜困难、转危为机、逆势发展的信心和决心，提高了整个行业的"精、气、神"，对全行业积极应对危机，起到了重要的思想基础作用。

及时编制并下发《战胜当前困难，实现行业平稳较快发展的指导意见》。秘书处在对各细分市场进行深入调研、摸清情况、掌握经验的基础上，在年初的会长工作会上，提交《战胜当前困难，实现行业平稳较快发展的指导意见》稿。此稿先后在协会会长工作会、理事会、秘书长工作会上讨论、修改后通过，形成2009年协会下发的一个重要文件。对指导企业制定战胜危机的策略，采取积极、有效措施，提高企业在危机状态下的生存与发展能力，起到了重要的指导与交流作用。

组织行业内的经验交流座谈等活动，推动企业实施积极的应对措施。协会利用常务理事会、理事会等会议，聘请专家解读国家政策，组织企业交流战胜困难的经验，搭建全行业增强修复发展能力的平台。各专业委员会也都根据会员单位特点，组织开展了多种形式的经验交流活动，对会员企业采取积极的应对措施，通过调整企业的经营结构、市场结构、加强资金管理、提高专业化水平和资源整合能力等途径战胜危机，实现发展目标，发挥重要的作用。

加强行业的产业链建设，推动企业间联盟与合作，提高行业抗御风险、战胜危机的能力与实力。加强行业上、下游企业间的沟通与合作；提高业内各专业市场中企业间的交流与合作水平,真正实现"抱团取暖、共渡难关"的目标,是协会今年的工作重点。通过推动企业间的长期战略合作机制的建立和完善,使行业的产业链建设取得新的成果,市场环境得到进一步规范;设计、施工企业的资源整合能力提高;材料企业的经营成本下降,行业的资源配置得到了优化;企业的创新与发展能力增强。

【完善协会的一系列评价工作,提高行业的发展质量】 经过地方协会初审、中装协专家组复查、评委终审等程序,2009年共有207项公共建筑类施工项目、47项设计项目、56项幕墙项目获得"全国建筑工程装饰奖"。获奖项目体现了较高的管理与质量水平,也反映了行业的技术进步。同时,根据9年来"全国建筑工程装饰奖"评奖工作的实际情况,2009年增加了"明星企业"的评定,凡连续5年以上连续获得"全国建筑工程装饰奖"承建工程项目的企业,获得了"明星企业"的光荣称号。

行业百强企业推介活动。经过评审程序,2009年百强企业的总产值达780亿元,百强企业的平均产值比上一年度提高了20%。评比活动的结果,基本反映了行业发展的客观实际,也为业内企业提高管理水平、做大、做强、做专、做精提供了宝贵的经验。

科技示范工程和信息化建设创新成果的评定工作。经过地方协会推荐、中装协审查,2009年科技示范工程评审,全国共有107项技术创新成果的应用,获得了科技示范工程的荣誉;43项信息化创新成果获得了表彰。表现出的申报数量多、创新的技术含量高、推广应用的价值大的特点,反映了行业在战胜危机中,以科技创新、加大技术投入为重点的客观现象,也为行业的可持续发展提供了样板。

行业信用体系评价工作。经过地方协会初审、中装协专家终审,2009年行业信用体系有65家企业获得AAA级认证,11家企业获得AA级认证,使获得认证企业达200家。

进行全国建筑装饰行业杰出女性评价和建国60年、行业发展30年功勋人物评选活动。配合2009年的工作主题,同全总海员建设总工会共同组织2年一次的全国建筑装饰行业优秀企业家的表彰活动,经过认真评选,共有160名从业者获得了杰出女性的光荣称号;100位从业者获得功勋人物的光荣称号;260位企业家获得优秀企业家的光荣称号,涵盖行业的各个方面和各个环节。

进行行业环保绿色设计、室内建筑设计师、住宅室内建筑师、幕墙设计师、景观设计师的个人执业能力和企业环保设计水平的认证。住宅装饰装修委员会进行服务达标、星级服务企业的评定、表彰,为住宅装饰行业发展树立典型样板。通过对从业者及企业的表彰,提高了各专业市场的运作水平,也为凝聚行业人才,提高行业整体运行水平起到了积极的推动作用。

【进行"亚太空间设计师2010年北京大会"的筹备工作】 亚太空间设计师大会,是协会2009、2010年两年的一项重点工作。自2008年亚太设计师协会确定在北京召开并由中国建筑装饰协会承办2010年亚太空间设计师大会之后,协会就积极认真地进行筹备组织工作,组织机构已经建成,由全国人大、住房与城乡建设部、中国建筑装饰协会领导组成的领导班子,由中国建筑装饰协会各级领导组成的工作班子开始工作。

为举办一届成功的亚太空间设计师年会,协会秘书处不断加大筹备的力度,协会内部已经形成了比较成熟的工作机制。定期召开筹备会议,交流情况,部署工作,预计本次会议将有1500人左右,其中国际设计师参会人数也将超过200人。通过此次大会,展示中国建筑装饰设计师的水平;提高国内设计师在国际上的影响力;同亚太设计师建立联系,以便于中国建筑装饰企业开拓国际市,全面提升中国建筑装饰协会在国际空间设计领域的地位和作用。

【启动行业"十二五"发展规划纲要编制】 2005年,协会同国务院发展研究中心合作,编制了行业"十一五"发展规划纲要,对行业发展起到了很好的作用。2010年是"十一五"的收官之年,也是"十二五"发展规划纲要的编制之年,2009年底,协会组成由协会秘书处、地方协会、骨干企业构成的编制组,由秘书处挂帅在会长工作会形成了共识并开始进行行业调研。

推动行业产业化发展。推动行业技术创新,改变传统的现场作业施工方式,是协会一项长期工作任务,2009年,协会根据行业产业化发展状况,成立行业产业化协调小组,命名10个产业化发展实验基地,在推动由工厂化向工业化发展方面起到很好的示范作用。

2009年,经过6年的艰苦奋斗,协会秘书处按合同支付完千余平方米办公场所的全部购房款,已经拿到房产的产权证,形成协会可持续发展的优良资产保证。

2009年的从业者队伍教育与培训,行业各类展览、展示,期刊、报纸及内部交流资料的出版,优

中国勘察设计协会

【召开四届三次常务理事会暨国庆60周年全国工程勘察设计行业表彰颁奖大会】 按照理事长扩大会议的决议，10月28日协会的常务理事会暨国庆60周年行业表彰颁奖大会在京隆重召开。住房和城乡建设部姜伟新部长发来了热情洋溢的贺信，郭允冲副部长到会做了题为"继往开来，创新发展，谱写工程勘察设计事业新篇章"的重要讲话。大会表彰颁发大庆油田开发50年产能建设工程设计等荣获"十佳感动中国工程设计"大奖、中国寰球工程公司等荣获"十佳工程承包企业"大奖、中国中元国际工程公司等荣获"十佳自主技术创新企业"大奖、上海岩土工程勘察设计研究院有限公司等荣获"十佳民营勘察设计企业"大奖、吴凤池同志等荣获"十佳具有行业影响力人物"大奖、汪建平同志等荣获"十佳现代管理企业家"大奖以及"业绩显著协会"大奖、"突出贡献协会工作者"大奖、"作用显著标准设计项目"大奖。大会总结了建国60年来工程勘察设计行业的辉煌成绩。

【举办以"创新发展，走向世界"为主题的《工程总承包和项目管理发展论坛》】 与中国国际工程咨询协会共同举办，4月24日论坛开幕。论坛采用多媒体展示、嘉宾点评、专家提问、听众互动的形式，探讨我国工程勘察设计企业创新发展、走向世界的有效模式和方法，全面展示了企业在境外开展工程承包的业绩。住房和城乡建设部陈大卫副部长向发来贺信，商务部陈健副部长发来书面致辞，住房和城乡建设部、商务部主管司局的领导先后作主题演讲，协会理事长吴奕良作了主旨演讲。中国石化工程建设公司等12家企业的代表，分别"以技术优势开拓国际承包市场"、"以成套装备优势开拓国际承包市场"、"以项目融资带动国际承包市场"和"国际工程承包项目风险管理"为论题，介绍开拓国际工程承包市场的实践经验。

【评选优秀工程勘察设计项目】 按照住房和城乡建设部质量司安排，自5月起开始了全国第十三届优秀工程设计、第十一届优秀工程勘察、第十届优秀工程设计软件、第九届优秀工程标准设计的评选。本次"四优"的评审，协会协助住房和城乡建设部进行项目的初审工作，在1230份申报材料中，初选出322项金、银、铜奖报部终审。2009年协会还进行了"优秀工程勘察设计行业奖"和国家工程建设勘察设计优秀QC小组的评选工作。在11个专业类别申报的1261项目中，评选出701个获奖项目，其中一等奖82项、二等奖217项、三等奖402项；评选出优秀QC小组79个，其中12个推荐为候选全国优秀QC小组。

【开展有实效的活动，贯彻落实节能减排基本国策】 智能分会举办"建筑智能化与节能减排、保护环境的关键点"座谈会；高等院校勘察设计分会举办"教育建筑可持续设计学术研究会"；建筑环境与设备分会举办"欧洲空调水系统节能经验及做法"和"国内外供暖能耗分析"的讲座，召开主题为"节能、创新、适用"的技术交流大会，大会还特设"节能与监控"、《典型工程介绍》等5个论坛，对业内关注的热点问题进行互动式的交流和探讨，收效显著。

【参与课题研究，提供决策咨询服务】 协会在2009年积极承接有关行业发展的课题，组织专家调查研究，提出有针对性的对策措施意见和建议，组织撰写《工程勘察设计行业年度发展研究报告（2008～2009）》、《中国建筑设计年度发展研究报告（2008～2009）》、《中国工程勘察单位体制改革与发展调查研究报告》、《促进我国建筑业经济增长有效措施》、《城乡建设防灾减灾"十二五"规划》等多项课题报告。多个分会参与政府一些重大的决策咨询，如项目管理和工程总承包分会承接《推行工程总承包措施与对策研究》的课题；技术经济工作委员会参与"全国建设工程造价指数和指标"的编制、"关于政府投资项目全过程投资管理流程"的修订；勘察与岩土分会承担《关于我国工程勘察市场现状及对外开放的对策建议》、《注册土木（岩土）工程师执业制度实施》、《工程勘察市场监管》、《工程勘察资质标准（修订）》等课题的调研工作；防震抗灾分会参加《城乡建设防灾减灾"十二五"规划》的编制；高等院校勘察设计分会承接教育部的对54项（其中灾后重建项目21项）工程项目的评估，并提出优化建议；标准设计工作委员会参与《2010～2015年中国建筑技术政策》中"建筑标准设计政策"的编制等。

【项目经理资格认证】 项目管理和工程总承包分会总结首批工程项目经理资格考评工作经验和征求部分行业意见，编写"第二批工程项目经理资格考评工作指南"，指导第二批工程项目经理资格的考评工作。经过初评、核实、汇总、复评和网上公示等规范程序评审出高级项目经理（SPM）401人、项目经理（PM）1611人，壮大了人才队伍。

【参与标准规范编制和修订】 市政工程设计分会组织编制《市政公用工程设计文件编制深度规定》；项目管理和工程总承包分会完成《工程总承包合同示范文本》的报批稿；抗震防灾分会组织《城镇综合防灾规划标准》和《城镇防灾避难场所设计规范》的编制；园林和景观分会组织《市政公用工程设计文件编制深度规定（园林和景观工程部分）》、《动物园设计规范》和《公园设计规范》编制等。

【针对行业的热点问题，组织研讨提出对策】 全球金融危机的强烈冲击使工程勘察设计行业面临巨大困难与严峻挑战，协会积极组织研讨以重点破解。勘察和岩土分会拟订"坚持科学发展观，促进勘察行业和谐发展，聚焦企业创新转型、关注行业发展方式，探索勘察单位发展"的工作目标，开展以"变革、转型、发展"为主题的调查研究工作，有重点地发送问卷167份，在调研基础上编写出《我国工程勘察单位体制改革与发展调查研究报告》，提出对策建议；市政设计分会专门组织体制改革后所遇到的具体问题等实际情况的讨论，取得"规范市场行为、加强监管力度、遏制市场恶性竞争行为、建立设计单位协作发展机制、合理利用各院资源"的共识；智能分会关注企业发展难点组织调查研究，为摸清现状抓准难点，对14种类型、174家会员进行了问卷调查，召开20余次座谈会，分析影响企业的主要因素，并积极推动难点的化解，取得了较好的效果。

搭建沟通平台，推动管理创新。在国际化的形势下，利用现代项目管理与信息化技术，使以项目为基础的工程公司在发展EPC核心业务的同时，建立起与EPC业务特征相融合的企业管理集成信息系统。项目管理和工程总承包分会组织从事工程总承包的企业和相关软件商共同参加的"工程总承包项目管理信息化专题研讨会"，围绕项目管理软件涉及的主要业务范围、项目管理软件集成、企业项目化管理与信息化相互促进关系、EPC项目的材料管理、采购管理与物流的关系等专题展开互动式讨论，赢得业内的赞许。

【信息化建设】 推广国产二维CAD平台软件取得成效。计算机工作委员会围绕着《"十一五"信息化发展纲要》，开展"国产软件应用交流论坛"、"国产二维CAD软件巡展"、支持"国产CAD应用软件联盟"等项活动，取得了显著成绩。中小设计单位的国产CAD平台软件已达到85%以上的使用率，打破CAD平台软件国外垄断的技术壁垒促进了国产软件的发展。

大力推进行业软件正版化。协会坚决贯彻九部委《关于推进企业使用正版软件工作的实施方案》的通知要求，针对勘察设计行业软件正版化工作的特点，加强与主管部门、软件厂商、勘察设计单位的沟通，积极寻求有效的解决方案，协会提出的《2009勘察设计行业推进正版化工作计划》，得到国家版权局的支持和认可，使全行业在推进使用正版软件工作上有了长足的进步。同时，协会大力推进协同设计、优化设计和信息集成，倡导三维设计，实现系统集成与资源共享，引导信息化水平的进一步提高。

提升信息化管理系统平台的水平。计算机工作委员会举办"SOA新技术推动勘察设计企业信息化建设研讨会"和"新一代图形技术推动设计企业信息化建设（第二届）研讨会"，2009年正式开通中国勘察设计行业信息化建设网站（www.cedait.org），搭建了会员之间、会员与厂商之间的桥梁，对提升信息化管理水平，实现资源共享起到了良好的作用。

开展信息化建设情况调查。针对工程勘察设计单位信息化应用、信息化管理部门的设置、信息化资金投入、使用正版软件、白图代替蓝图及2010年单位对信息化等需求情况，计算机工作委员会开展了全行业"十一五"期间信息化建设情况调查。通过问卷摸底调查看到行业信息化已达到比较高的水平：87%的单位已设有信息化管理部门；85%的单位做了信息化投入的预算；软件正版化工作还有待完善；白图代替蓝图有待政策出台支撑。调查的结果为开展行业信息化工作的重要参考依据。计算机工作委员会开展的"人人参与，共促发展——全国勘察设计行业'十二五'信息化规划有奖调查活动"，取得了很好的效果。

【开展诚信评估，加强企业文化建设】 开展诚信评估和复审。为持续地做好全国工程勘察与岩土行业第二批"诚信单位"的评估和第一批"诚信单位"的复审，勘察与岩土分会在总结首批试点经验的基础上，对"评估办法"和"评分细则"做了进一步的修改。增加了"复审与奖惩"章节，适当加大企业文化的分值权重，调整个别评估项目。编印包括诚信总论、领导讲话、政策法规、评估办法、评分细则、实施意见、经验介绍、论文选登等内容的《诚信评估资料汇编》，为地方协会和被评审单位的具体操作提供了指导，增加了第二批诚信评估工作的透明度。

创新企业文化。协会在勘察与岩土分会和团体会员中国机械勘察设计协会近几年对创新企业文化进行大量探索性工作的基础上，2009年开展企业文化现状调查，发布"关于推进工程勘察与岩土行业企业文化建设的指导意见"，开通中国勘察行业企业文化网，召开首次企业文化工作委员会年会。通过推进企业文化建设的实践，协会以"企业文化建设一定要结合单位自身的特点；人本管理是核心，诚信经营是基石，学习创新是动力，经营者是创新企业文化的主导；领导的率先垂范、班子的高度重视是企业文化建设取得成效的前提；'固化于制'是企业文化理念'内化于心'的有力支撑；'外化于行'是抓好实施是企业文化建设取得成效关键"的理念，大力推动营造企业文化的活动，注入企业改革的推动力，增强企业的凝聚力、执行力，促进企业的可持续发展。

【加强协会自身建设】 召开突出行业特点的年会。3月召开了理事长会议及全国勘察设计同业协会秘书长工作会议，审议了行业评优结果，总结了2008年的工作，部署了2009年的工作要点及安排。8月和12月召开的理事长扩大会议，分别审定了国庆60周年"六个十佳"表彰活动的方案和表彰名单，商议了换届筹备等事宜。各个分会也结合各自的特点，召开各自的年会，如：标准设计工作委员会按期召开第五届全体会议；园林和景观设计分会召开了五届三次常务理事会；建筑设计分会召开六届四次会长和六届会员大会、秘书长扩大会议；勘察与岩土分会召开了两次会长暨秘书长工作会议和五届三次理事会；项目管理和工程总承包分会召开会长会议和第二届会员（理事）代表大会；高等院校勘察设计分会召开第二届会员代表大会；建筑环境与设备分会召开第二届理事会；智能分会召开一届五次理事扩大会；市政工程设计分会召开分会会长及秘书长工作会议和四届三次理事大会等。这些突出专业特点的会议，针对性强，求真务实，议题深透，便于贯彻落实。

加强协会的自身建设。为使协会工作适应新时期、新形势行业的发展，协会及其各分支机构十分注重自身建设工作。有的在2009年调整了内设机构及其人员。多数的分会和工作委员会建起各自的网站，信息及时沟通与交流信息。建筑设计分会提出在体制改革、机制转换、企业再造以及国际化发展方面应充分发挥的积极作用；技术经济工作委员会将工作定位于"市场价值的维护者、非营利服务的提供者、公共决策过程的参与者、经济秩序的自律者"；园林设计分会进一步明确定位，更名为"园林和景观设计分会"；民营设计分会提出加强组织机构建设要有利于提高分会在行业中的影响力和号召力、有利于激发企业参加分会工作的热情、有利于分会各项工作的全面展开、有利于提高组织的运行效率的"四个原则"；建筑环境与设备分会总结出搞好技术交流活动是促进行业科技进步的重要途径，是协会工作的重要职能，坚持"产-学-研-设"有机联合的行业发展模式，是协会发挥桥梁纽带作用的重点领域。协会提出要始终坚持把行业骨干企业作为协会开展工作的重要依托与支撑，把探讨行业热点问题作为协会工作的一项重要内容，注重协会各级机构班子的建设，构建团结和谐的环境等是协会做好工作的基础。

组织多层次的培训讲座。围绕年度中心工作有计划、有针对性地举办各种培训交流活动是协会提供服务、增强活力的重要方面。协会培训部组织《建设工程设计企业资质管理》、《建筑抗震加固技术》等7个专题的9个学习研讨班，培训人员864人次；人民防空与地下空间分会举办9期共1900余人参加的人防工程建设监理培训班；勘察与岩土分会举办注册测绘师和注册土木（岩土）工程师考前培训班；建筑设计分会举办《最新规范修订及新版PK-PM结构软件高级应用研讨班》；智能分会举办《节能及保护环境技术》培训班；建筑环境与设备分会结合各地、各系统的特点，组织百余次各具特色的技术交流活动，有力地促进了节能技术与产品的应用，密切了生产企业与设计单位的合作。

积极有序地筹备换届工作。协会在与行政主管部门充分沟通的基础上，严格按照主管部门的要求和协会章程的有关规定，基本做好换届会议文件及有关换届事务的准备工作。

（中国勘察设计协会）

中国建设监理协会

【协助住房城乡建设部完善监理政策法规】 参与起草《建设工程监理条例》；在深入调查监理行业发展状况，认真研究国家有关政策和市场发展趋势的基础上，组织起草我国工程监理行业"十二五"发展规划，明确监理行业的发展目标、发展任务，提出指导行业发展的具体措施，引领监理行业持续健康发展。

【监理人员培训 监理工程师执业资格】 根据监理人才队伍的实际情况，研究制定相应的培训教育规划，组织开展注册监理工程师继续教育工作；根据住房城乡建设部的安排，组织编写地铁工程监理人员培训教材，制定培训大纲，实施培训工作。2009年共举办了7期地铁工程监理培训班，培训监理人员2000余人；认真组织2009年度监理工程师执业资格考试命题和阅卷工作，首次实行主观试题统一阅卷。2009年全国监理工程师执业资格考试报名共48691人，实际参加考试38752人，考试合格14525人，合格率为37.48%。截至2009年，全国取得监理工程师执业资格人员共165214人。

【推进创建学习型监理组织活动】 工程监理行业是智力密集型服务行业，工程监理企业是落实国家强制性监理职责的行为主体，在市场经营活动中要展现诚实守信、公正廉洁、规范有序的职业道德准则，要有良好的行业信誉；在执业工作中既要展现专业技术、工程管理水平和创新发展能力，科学地完成委托服务业务，获得委托方的信任，又要努力协调委托方与承包方，形成一个和谐的整体，营造一个和谐共创的氛围，又好又快地完成工程项目建设任务这一共同目标。

2009年共选择了20家监理企业和15家监理协会秘书处，作为试点单位，先行开展创建活动。在创建活动中总结好的经验进行交流，以带动全行业全面开展创建活动。

【推进工程监理与项目管理一体化服务工作】 2008年，选择澳中财富中心项目和安徽省建设监理公司作为试点，探索实践监理公司创建工程项目管理企业的市场环境、外部条件、行业政策、实现途径和方法步骤等。2009年又选择中国科技馆工程、保定多晶硅工程、武当山太极湖生态文化旅游区工程和青川县灾后恢复重建工程等4项大型工程作为试点项目，并选择京兴国际工程管理公司、广州宏达工程顾问公司、天津辰达监理公司和成都万安项目管理公司等4家监理企业开展试点工作。协会2009年还直接组织开展工程监理与项目管理一体化服务试点实践活动，组织十余家监理企业为天津滨海新区于家堡金融开发区的业主提供项目管理服务活动，提出一套项目管理实施方案，系统编制一套项目管理手册，包括《项目建设组织模式》、《工程建设指导原则及建设大纲》、《工程招标管理细则》、《合同管理细则》、《设计管理细则》、《质量管理细则》、《造价管理细则》、《进度管理细则》、《安全管理细则》、《节能环保管理细则》和《信息文档管理细则》等11个文件，具有较强的针对性。前期咨询服务工作取得较好成效，获得业主好评，将开展实体工程的项目管理工作。通过总结上述各个试点工作的经验和成果，在第三届中国建设监理峰会上进行了广泛交流，引导工程监理企业深入地开展创建项目管理企业和工程监理与项目管理一体化服务活动。

【推进监理行业自律和诚信体系建设】 根据行业发展状况，协会对部分地区和专业领域监理行业诚信体系建设情况进行调查了解，初步掌握行业自律机制建设情况，对建设情况较好的地区，初步总结出一些好的经验和做法，加紧交流推广，如上海市、四川省、深圳市等地区，自律机制比较健全，多数企业能够自觉遵守自律公约等自律性约束办法，监理市场呈现良性发展局面，工程建设各方都从中受益，充分展示了监理行业的良好形象。但自律总体情况并不乐观，一是多数地区和专业行业缺乏自律性管理制度和约束机制，二是已建立自律机制的地区，制度不能有效落实，自律成效比较差。协会将根据监理行业自律特点，有针对性地提出一些具体措施，努力推进行业自律机制建设，不断提高监理行业的社会信誉。

【推进监理行业国际化进程】 为了推进我国工程监理行业国际化进程，加快提高工程监理企业的项目管理水平，尽快投入国际市场，2009年协会组织会员考察学习工程项目管理业务，了解借鉴国外优秀工程咨询服务企业的工程管理实践经验、前沿性工程管理理论、方法、技术以及人才培养体系，取得良好收获，丰富了知识，开阔了思路。

【加强工程管理理论研究和行业调查研究】 10月，协会参与召开《全国中小城市建设工程质量管理创新研讨会》，对江苏省淮安市"精致建设，质量是天"的工程质量管理经验进行了总结，提出了"社会质量观"的新理念，坚持把对国家负责、对人民负责和对历史负责的社会责任作为搞好工程监理制度的灵魂和统帅。明确提出"质量是天，监理有责"的口号，体现"有为才有位"的协会精神。在调查研究的基础上，协会完成住房城乡建设部下达的《工程质量保险实施研究》和《地铁工程监理人员质量安全培训研究》等课题研究报告；协会理论研究委员会有针对性地确定了《工程建设监理招标管理办法研究》、《关于工程建设监理人才的现状及加速培养的对策研究》、《关于工程建设监理对施工安全监管的责任研究》、《关于深化工程建设管理体制改革和推进工程建设监理的研究》、《关于工程建设监理理论体系研究》等几项课题，组织开展课题研究活动，为工程监理行业发展提供理论指导和支持。

【加强建设监理宣传】 以中华人民共和国成立60周年纪念活动为契机，协会充分利用报刊、网站等宣传媒体开展广泛宣传，重点宣传监理业绩、监理成效、监理经验和监理理论研究成果，进一步扩大监理行业的社会影响力，提高行业的社会声誉。

【加强协会自身建设】 2009年协会秘书处进一步充实了工作人员，研究修订秘书处规章制度，充分调动人员工作积极性，加强工作纪律约束力，加强党建学习和业务学习，提高人员素质，努力增强服务能力，促进行业发展。

【全国监理行业共创鲁班奖工程表彰大会暨第三届中国建设监理的峰会在南宁召开】 2009年12月15日，全国监理行业逾400名代表欢聚广西，参加一年一度的盛会。大会对共创2009年度鲁班奖工程的90家监理企业和94名总监理工程师进行了表彰，并对获得3项以上鲁班奖工程的3家监理企业颁发共创鲁班奖工程优秀监理企业证书。鲁班奖是我国建设工程质量的最高荣誉奖。自2007年开始，原建设部决定由中国建设监理协会每年对共创鲁班奖工程的监理企业和个人进行表彰，以提高监理行业综合管理水平和整体素质，树立监理行业的良好形象，鼓励工程监理企业开展共创优质工程活动。本届峰会围绕"社会质量观"这一新理念，交流"创建学习型组织"和"推进一体化服务"两大主题。

【《工程质量保险实施研究》课题】 主持单位：中国建设监理协会。课题参加单位：同济大学、北京交通大学、天津市建设监理协会、天津森宇技术咨询公司、上海市工程咨询行业协会、同济建设工程咨询公司、北京方圆工程监理公司、南开大学。该课题通过考察国外成熟经验、实地调研、问卷调查等方法，将国外的先进做法与我国具体国情相结合，研究在我国现有建设工程管理体制下，实行工程质量保险的法规政策建议、实施细则及相关保险合同示范文本，基本解决我国工程质量保险推广过程中的关键问题，促进工程质量保险在我国工程建设领域的健康发展。

【《地铁工程监理人员质量安全培训研究》】 该研究为适应地铁工程建设快速发展的需求。地铁工程建设历史较长、规模较大的城市结合本地实际情况，均开展了地铁工程监理人员质量安全培训工作，对于提高地铁工程监理人员的质量、安全生产管理水平发挥了重要作用。该研究课题内容主要有：地铁工程监理人员质量安全培训现状及问题；发达国家和地区的经验；地铁工程监理人员质量安全培训的目标规划；地铁工程监理人员质量安全培训内容及要求等。

(中国建设监理协会)

中国安装协会

1. 协会工作

【协会重要会议】 2009年3月，协会在北京召开了五届二次理事会和五届三次常务理事会。住房和城乡建设部建筑市场监管司副司长刘宇昕出席会议并讲话。会长田世宇做总结讲话。副会长杜昌熹、冯义、沈柏青、张义光分别主持会议。杨存成秘书长向理事会报告了2008年的工作，提出2009年的工作安排设想。会上颁发了中国安装协会第九届科技成果奖。会议审议通过《中国安装行业优秀项目经理评选办法》；批准19家企业的入会申请；并对秘书处将上报给科技部的《中国安装协会科技进步奖评选办法》提出一些修改意见。

2009年7月在沈阳召开了协会秘书长座谈会。协会会长田世宇、专职副会长杜昌熹出席会议。会长田世宇在会上讲话。省、市安装协会（分会）、协会各分支机构和有关行业建设协会秘书长、负责人30余人出席会议。会上，杨存成秘书长向与会代表通报了中国安装协会2009年上半年的工作情况、下半年的工作设想，以及机电工程施工总承包企业、相关专业承包企业资质标准修订进展情况。参会代表分别报告了本单位的工作，还就大家共同关注的问题进行了研讨。座谈会达到了沟通情况、加强交流、密切协作、达成共识的预期效果。

2009年10月在上海召开了"中国安装行业创新与发展高层论坛"。论坛得到了全行业的热烈响应和支持。论坛共收到论文30多篇，来自全行业的160位企业主要负责同志和省、市安装协会、有关行业建设协会的负责同志参加会议。住房和城乡建设部总经济师李秉仁出席论坛并讲话。上海市安装工程有限公司董事长倪永明、中国二十冶建设有限公司董事长李勇、中建工业设备安装有限公司总经理相咸高等10多位安装行业的高层领导在论坛上发表演讲。田世宇会长在总结讲话中指出，这次论坛成功有效，对于统一思想、推进安装行业改革与发展有着重要意义。论坛得到了上海安装行业协会、上海市安装工程有限公司、中建工业设备安装有限公司的大力支持。

【开展评优活动】 2009年，协会在总结历届"中国安装之星"认定工作的同时，为促进企业间的技术交流，提高工程质量和企业管理水平，根据行业发展需要和会员单位的要求，将"中国安装之星"更名为"中国安装工程优质奖"（中国安装之星）。

2009年度中国安装工程优质奖（中国安装之星）评选工作，是在新的评选办法发布后的第一次评选活动。新的办法与原办法相比较，奖项在定性和内容上都发生了很大变化，将技术"绝活"调整为工程质量奖，特别是在评选过程中增加了对工程的现场复查和公示程序，这在一定程度上加大了工作难度和工作量。为了保证评选工作的顺利进行，秘书处尽量把工作做细，严格程序、加强沟通，制定了《安装工程优质奖现场复查要点》和《现场复查纪律要求》，确保了评选出的工程在质量上经得起考验。2009年度中国安装工程优质奖（中国安装之星），共收到参评工程资料78份，经过初审、工程复查、评审委员会评审和公示，69项工程荣获了2009年度中国安装工程优质奖。

2009年12月30日，经中共中央、国务院同意，国务院清理规范评比达标表彰工作联席会议发出了"关于公布行政等系统中央单位评比达标表彰活动保留项目的通告"，377项行政等系统中央单位评比达标表彰活动项目予以保留，其中，中国安装协会奖项"中国安装之星"名列其中。

2009年，协会结合行业的发展状况和企业的要求，对原《全国安装行业优秀项目经理评选办法》进行了修订。新的办法对评选活动的程序、评选条件、推荐单位等内容作了明确规定，使办法更具操作性。依据新的评选办法，各地区、有关行业协会和有关企业共申报推荐全国优秀项目经理参评候选人员218名，经过初审、评审委员会审定和公示，共评出2009年度全国安装行业优秀项目经理213名。

【完善评优体系】 为完善协会的评优体系，为企业提供全方位服务，协会起草《全国安装行业先进企业和优秀企业家评选办法》，拟在安装行业内开展全国安装行业先进企业和优秀企业家表彰活动。

根据科技部对国家科学技术进步奖评选的有关要求，协会在原《中国安装协会科技成果评选办法》基础上进行了修改和调整，形成《中国安装协会科技进步奖评选办法》。协会根据多年来开展科技成果评选的经验，经过广泛征求意见，几易其稿，最终形成了报批稿上报给科技部，争取列入科技部社会力量奖项名单。

【开展调查研究】 2009年，协会领导和秘书处同志充分利用出差参加会议、组织活动、专题调研等一切时机开展调研。田世宇会长利用到上海、浙江等地参加会议的机会，深入基层，同企业座谈、交流，共同探讨企业的改革与发展，并听取企业对协会工作的建议。杜昌熹专职副会长和联络部同志利用到青海、西安、青岛等地参加会议之机，认真倾听企业的呼声、了解企业存在的问题和困难，将了解、掌握的情况反映到研究课题和修订资质标准工作中。杨存成秘书长和行业部的同志专程到上海、湖南调研，与安装企业、地方安装协会和建设主管部门的领导交流、沟通。通过调研，对企业如何适时调整产业结构，发挥自身特长和优势，扬长避短，找准定位，延伸产业链，形成特色安装，掌握了第一手材料，收获很大，为协会更好地开展工作奠定了基础。

【做好课题研究】 2009年3月，完成了住房和城乡建设部下达给协会的第一个课题《完善建筑安装工程管理研究课题》，并通过了专家评审论证，上报给住房和城乡建设部。此课题是由中国安装协会和天津大学等单位经过深入调研，论述了我国建筑安装工程合同管理的成就、存在问题、原因分析并提出了完善这项制度的建议，为政府有关部门加强对建筑市场的监管提供了依据。该研究成果得到了评审专家和住房建设部的充分肯定。第二个课题《完善建筑市场准入制度，加强市场监管相关政策研究》，于2009年上半年开始启动。协会将继续和天津大学合作，通过深入调查研究，广泛地听取各方面意见，向政府有关部门提出完善建筑市场准入制度的科学有效的管理建议，推动建筑市场建设，为行业和企业努力营造统一开放、竞争有序的市场环境。

【做好资质标准的起草和修订工作】 2009年4月底，协会完成住房和城乡建设部委托的机电工程总承包企业及相关专业承包企业资质标准的起草和修订工作，上报住房和城乡建设部。经过研究后提出了两条基本要求，一要充分听取并体现安装企业的意见，二要有利于安装行业的科学发展。为此，协会分别在北京、西安、武汉等地召开座谈会，并通过中国安装协会网站广泛征求意见，力争通过这次修订工作，准确地确定安装企业的市场定位，合理界定安装企业的承包工程范围，解决好与房屋建筑企业等相关类别资质标准的交叉覆盖关系，体现机电工程的市场地位和作用。

【协会科技工作】 2009年协会完成建筑业十项新技术2009版修编工作。"建筑业十项新技术"是政府主管部门多年来推进建筑业施工技术进步的一项重要措施，广为关注。现行的2005版"建筑业十项新技术"是2005年编制的。2009版"建筑业十项新技术"的编制工作时间紧、任务重、要求高。协会负责的"机电安装工程技术"是第六章，包括管线布置综合平衡技术、直立单桅杆（塔架）整体提升桥式起重机技术等18项技术，基本囊括了当前我国建筑业比较成熟、先进的施工技术。

【继续做好建造师相关工作】 2009年，协会一如既往密切配合住房和城乡建设部的工作部署。在建造师机电工程专业考试大纲、教材编写、考试命题、阅卷、继续教育等相关工作中自始至终坚持负责任的态度，克服工作上量大、周期长、牵扯人员多、工作繁琐等困难，在协会有关会员单位的大力支持下，选派技术精、业务熟、责任心强的专家承担工作，圆满完成了交办的各项工作。

【协会对外宣传】 协会通过《工作通报》及时向主管部门和有关单位通报协会的工作，受到了好评。中国安装协会网在报道行业信息方面发挥了迅速、便捷的作用，点击率逐步增加，已为业内外所关注。

【积极发展会员】 通过各种活动积极宣传协会，并通过多种渠道，与安装企业建立取得联系，壮大协会会员队伍。注重吸收中小型专业安装企业、大型建设集团企业中安装企业以及从事机电安装活动的机电产品生产企业入会。2009年共发展会员35家。

【协会组织建设】 协会密切协调、配合有关省、自治区、直辖市安装协会的组织建设，比如安徽、北京等地协会换届、调整等。同时，积极推进有条件的地区成立安装协会或安装分会。陕西、河南、湖南、湖北、广东、广州等省市开始计划筹备成立协会。

【密切同主管部门及兄弟协会的联系】 协会进一步加强同主管部门的联系，通过研究课题、参与资质标准修订、十项新技术编制等工作，加强了与住房和城乡建设部的关系，主管部门对协会也有了比较全面的了解。同时，协会还通过开展优质奖评选等工作，加强同电力、冶金、煤炭等行业协会的联系与协作，拉近相互的距离，中国安装协会正逐步得到各系统的关注和支持。

【分支机构活动】 2009年6月，协会机械设备与起重分会在青岛举办海洋石油工程800吨×185米门式起重机整体提升现场观摩研讨会。该工程的整体设备提升重量达到4750吨。来自各地和机械、化工、冶金、石化、核工业的施工企业和行业协会的专家近70人参加会议。与会代表观摩了施工现场并与项目技术人员进行了技术交流，协会专职副会长杜昌熹出席会议并讲话。

2009年9月，协会通风空调专业委员会在青岛召开技术交流暨年会，会议总结分会一年的工作并对下一步工作进行了分析。认为下一步，分会应在进一步做好通风空调新工艺、新技术交流的同时，扩大服务范围，拓宽行业发展的路子，使分会这个平台更好地为会员单位和行业服务。会上介绍了新型支吊架新工艺，对建筑节能和新能源中的地源热泵空调技术等多项新技术进行了探讨和应用分析。会议共收到论文34篇，汇编成《通风与空调工程技术文选》，并评选出一等奖 2 篇，二等奖 5 篇，三奖 10 篇。协会专职副会长杜昌焘出席会议并讲话。

2009 年 12 月，协会通风空调专业委员会在北京召开先进通风空调清洗单位表彰会，分别就通风空调专业委员会的工作思路、下一步设想进行研究、规划，对通风空调清洗业务的市场形势和发展进行分析，形成一些好的思路和意见。

【《安装》杂志社工作】 2009 年，协会对杂志的人员作了调整和充实，重新调整版面，努力提高质量，扩大发行量，比 2008 年发行量增加了 1000 份，进一步发挥核心期刊的作用，提高了协会的影响力。

2. 安装行业形势和生产经营状况

【安装行业形势】 2009 年，安装行业按照科学发展观的要求，结构调整步伐加快，依靠科技、管理、机制等发展的趋势逐渐形成，行业整体竞争力不断提高。大型国有企业通过市场竞争机制和政府宏观调控手段，利用规模优势集约资金的能力、技术开发能力和工程承包能力，努力向有科研、设计、采购、施工等综合能力上发展，向符合国家投资方向和投资重点的专业、领域发展。各专业公司面对市场专业发展不断细化等外部环境更新变化的形势，培植专业优势，提升竞争层面，调整构建具备竞争力的经营格局。企业经济效益呈上升态势，生产经营状况在继续改善，保持了行业平稳较快发展。

【安装行业生产经营状况】 协会继续向安装企业发出了《机电安装企业基本情况调查表》，共收到 94 家企业返回的报表，汇总后的资料基本反映了目前我国安装行业生产经营的总体情况。通过整理分析，可以看出 2008 年安装企业的总体经营状况好于 2007 年。

上报资料的企业来自机械、冶金、电力、石油、化工、中建、电子、轻工、铁路、交通、核工业、一般公用及民用等安装行业。根据资料统计，2007 年职工平均人数 24.18 万人，2008 年的职工平均人数 26.04 万人。2008 年全员劳动生产率为 37.76 万元/人，按同口径比 2007 年的 31.41 万元/人提高 6.35 万元/人。

企业经济效益呈上升态势。2008 年与 2007 年相比，各项经济指标均有较大幅度的增长。全部被调查企业，2008 年利润总额为 18.00 亿元，比上年的 13.69 元增长 31.56%。企业的产值利润率 2008 年为 1.70%，比上年的 1.67% 提高了 0.03 个百分点。全部被调查企业 2008 年建筑业总产值 1059.14 亿元，比上年的 819.63 亿元增长 29.22%；2008 年企业总收入 1021.67 亿元，比上年 837.72 亿元增长 21.96%。通过这些数字，可以看出 2008 年安装企业的总体经营状况好于 2007 年。

生产经营状况在继续改善。表现在两个方面：一是在外省完成的产值 2008 年为 624 亿元，比上年 425 亿元增长 46.9%；在境外完成的营业额 2008 年 34 亿元，比上年 21 亿元增长 59.7%。二是签订的合同额 2008 年为 1967 亿元，比 2007 年 1340 亿元增长 26.62%；说明企业开拓市场的成效显著。

经营管理水平有所提高。从经营指标看，2008 年的企业应收工程款 139 亿元，比上年应收工程款 118 亿元增长 17.2%，但低于企业总收入 21.96% 的增长幅度；2008 年的应付工资总额为 74.7 亿元，比上年的 61.4 亿元增长 21.56%，与企业总收入 21.96% 的增长幅度基本一致；应收款在增加，一方面反映企业的资金回收工作量仍然繁重，但企业应收款的增长幅度低于企业总收入的增长，说明企业经营管理水平有所提高。

【"完善建筑安装工程合同管理研究"课题报告】 由中国安装协会课题组完成。主要内容是：论述建筑安装工程合同管理的产生及发展；阐述建筑安装工程合同管理中的问题与产生原因；提出了完善建筑安装工程合同管理的政策建议。

共提出 13 条政策建议：①大力加强《招标投标法》和《合同法》及其配套法规的宣传贯彻力度；②及时修订统一的工期定额和价格指导文件；③倡导招标工程根据项目的具体情况，采用固定总价合同、单价合同、成本加酬金合同等不同定价方式；④积极推行合理低价中标、两阶段评标等公正合理的评标办法，提高评标活动的科学性；⑤切实加强企业信用体系的建设；⑥扭转对发包方没有信誉记录对发包方违约失信缺失惩戒机制的状况；⑦做好招标阶段对合同的审议，特别是对国家预算资金安排项目的审议工作；⑧加大合同履约前的管理力度和对合同履行过程的监管；⑨尽快完善建筑安装工程合同示范文本体系；⑩进一步加大工程担保的推进力度；⑪严把建筑市场准入关，有效控制建筑业规模；⑫建立合同纠纷调解制度；⑬政府部门监管工作的重点逐步由行政监管向提供服务转变。

(中国安装协会 顾心建)

中国工程建设标准化协会

【协会成立30周年庆典】 2009年适逢中国工程建设标准化协会成立30周年，协会组织举办一系列庆典活动，包括：编写出版《改革　创新　发展》大型纪念史册，全书近50万字。作为协会30年发展的里程碑，该书全面记载了1979年10月中国工程建设标准化协会成立以来，团结和组织广大会员及工程建设标准化工作者积极开展的具有重要影响的各类标准化活动，客观反映了协会及各分支机构、各地方标准化协会在促进工程建设标准化改革与发展中所发挥的重要作用，充分展示了协会会员在我国改革开放和建设事业蓬勃发展进程中的风采风貌。经各分支机构及有关单位推荐，授予中冶京诚工程技术有限公司等179家会员单位为"全国工程建设标准化先进集体"称号，授予陈绍蕃等186名同志为"全国工程建设标准化先进个人"称号。在分支机构达标自查评估基础上，授予砌体结构专业委员会等10个分支机构为中国工程建设标准化协会优秀分支机构。举办"协会30周年庆典"有奖征文活动，共征集论文53篇，其中"工程建设标准化作用再认识"等5篇、"我国工程建设协会标准发展战略思考"等10篇论文分获一、二等奖。组织推选《呋喃树脂防腐蚀工程技术规程》等10项协会标准为优秀工程建设协会标准。

10月30日在北京隆重召开协会成立30周年庆典大会，住房和城乡建设部党组书记、部长姜伟新发来贺信，部标准定额司、人事司等有关司局领导，以及民政部、国标委等有关部委的领导也出席大会。协会第六届理事、常务理事，标准化先进集体、先进个人代表以及其他获奖单位代表近300人出席大会。

【协会组织建设】 继续开展分支机构达标评估工作，结合协会成立30周年庆典活动，评选出10个优秀分支机构并进行表彰。钢结构、结构设计基础、建筑给水排水、城市给水排水4个专业委员会和化工分会完成换届，分支机构的专职化、年轻化步伐不断加快。组织开展会员及理事单位登记工作，吸收发展了一批理事及会员单位。在协会成立30周年庆典活动系列中，充分利用协会网站、期刊的宣传推广平台，为广大会员提供了部分无偿及优惠服务项目，加强与会员的联系与互动，提高会员对协会的认知、认可度，同时促进会费的收缴工作，会员缴纳会费的自觉性有一定提高。

【继续组织制订及发布协会标准】 进一步推进协会标准试点改革，加强标准计划项目管理，2009年共下达计划项目57项，其中第三批计划项目31项，主要是为支持、配合"十一五"科技支撑计划的开展，针对村镇住宅建设、住宅节能关键技术以及建筑材料与设备系统施工安装关键技术等内容下达的计划项目。加强协会标准编制工作管理，召开"2009年工程建设协会标准编制工作会议"。全年批准发布协会标准20项，出版18项，其中《火灾后建筑结构鉴定标准》、《健康住宅建设技术规程》、《空心钢管混凝土结构技术规程》、《钢结构住宅设计规范》、《大空间智能型主动喷水灭火系统技术规程》等标准，由于紧密结合工程实际和生产需要，具有很好的市场前景；《端板式半刚性连接钢结构技术规程》等标准在相关技术内容及应用方面有所突破；《建设工程施工现场安全资料管理规程》的发布，是协会标准由应用技术领域向管理领域渗透的一次有益尝试。

【协会标准发展战略课题研究】 按照住房城乡建设部标准定额司的要求，认真组织开展"工程建设协会标准发展战略课题研究"工作。根据项目要求，先后召开4次课题组工作会议，编写完成10万多字的《中国工程建设协会标准发展战略研究》报告。这项课题的研究，为协会标准近期及中长期的发展确定了目标、方向和具体措施。

2009年批准发布的工程建设协会标准目录

1	钢水罐砌筑工程施工及验收规程	CECS 251：2009
2	火灾后建筑结构鉴定标准	CECS 252：2009
3	基桩孔内摄像检测技术规程	CECS 253：2009
4	空心钢管混凝土结构技术规程	CECS 254：2009
5	建筑室内吊顶工程技术规程	CECS 255：2009
6	蒸压粉煤灰砖建筑技术规范	CECS 256：2009
7	混凝土砖建筑技术规范	CECS 257：2009
8	轻质复合板应用技术规程	CECS 258：2009
9	低阻力倒流防止器应用技术规程	CECS 259：2009
10	端板式半刚性连接钢结构技术规程	CECS 260：2009
11	钢结构住宅设计规范	CECS 261：2009
12	发泡水泥绝热层与水泥砂浆填充层地面辐射供暖工程技术规程	CECS 262：2009

续表

13	大空间智能型主动喷水灭火系统技术规程	CECS 263：2009
14	建筑燃气铝塑复合管管道工程技术规程	CECS 264：2009
15	曝气生物滤池工程技术规程	CECS 265：2009
16	建设工程施工现场安全资料管理规程	CECS 266：2009
17	气水冲洗滤池整体浇筑滤板及可调式滤头技术规程	CECS 178：2009
18	健康住宅建设技术规程	CECS 179：2009

在中国工程建设标准化协会成立30周年庆典大会上被授予优秀工程建设协会标准的项目

1	呋喃树脂防腐蚀工程技术规程	CECS 01：2004
2	蒸压灰砂砖砌体结构设计与施工规程	CECS 20：90
3	混凝土结构耐久性评定标准	CECS 220：2007
4	建筑中水设计规范	CECS 30：91
5	管道工程结构常用术语	CECS 83：96
6	叠层橡胶支座隔震技术规程	CECS 126：2001
7	矩形钢管混凝土结构技术规程	CECS 159：2004
8	工程地质测绘标准	CECS 238：2008
9	门式刚架轻型房屋钢结构技术规程	CECS 102：2002
10	建筑钢结构防火技术规范	CECS 200：2006

【**其他各类工程建设标准的编制**】 2009年，协会钢结构、木结构、砌体结构、工业炉砌筑、城市给水排水、建筑给水排水、结构焊接、勘测、建筑物鉴定与加固、抗震、城市供热等专业委员会以及化工、石油天然气、石化、建材等分会，积极配合政府主管部门，广泛参与工程建设国家标准、行业标准的制、修订工作。据不完全统计，协会成立以来，各分支机构组织和参与编制的国家标准近400项，行业标准1500多项，地方标准100多项。

【**工程建设标准英文版翻译出版**】 根据住房城乡建设部标准定额司下达的翻译计划，自2009年底，累计完成了70余项标准的翻译工作，其中已批准发布56项，出版46项，还有近20项正在组织翻译。加强英文版标准的宣传推广工作，一方面在中国建设报及协会期刊、网站上刊登专栏文章或图片资料，另一方面在充分发挥协会书店发行网络的同时，积极寻求与有关行业协会合作，本着优势互补、互利双赢原则，开展英文版标准的合作推广。

【**工程建设标准的宣贯与培训**】 按照"抓好针对性，突出实效性，走可持续发展道路"的指导思想，积极组织开展各类工程建设标准的宣贯及与标准有关的专项技术培训。全年共举办《城市配电网技术规范》、《建筑施工组织设计规范》、《建设工程工程量清单计价规范》、《钢骨混凝土结构技术规程》等有关国标、行标和协会标准30余个课题60多期培训班，培训各类工程技术人员3000多人次，取得较好的社会效益和经济效益。

【**工程建设产品的评定与推荐**】 2009年，协会共向市场推荐了近90项符合标准要求的建设产品。

【**工程建设标准化图书服务**】 协会书店通过集体订购和门市销售等方式，为广大用户提供了高质量、全方位快捷便利的图书服务，除工程建设国家标准和协会标准外，已涉及建工、城建、建材、机械、化工、电力、冶金、通信、人防等十几个领域的行业标准。2009年，共发售各类标准图书约近40万册。协会书店成立以来，已累计发行各类标准图书近200万册，不仅解决了长期以来存在的基层买标准难的问题，同时也成为协会开展活动的主要经济支撑。

【**编辑出版《工程建设标准化》期刊**】 在坚持宣传工作导向、坚持提高期刊质量的同时，努力强化主动服务意识，一是对栏目设置和报道内容不断改进，二是确保稿件水平、把好编辑质量，三是进一步增强宣传报道工作的时效性和针对性，扩大赠阅范围，加大发行力度。

【**中国工程建设标准化网全面改版**】 为进一步发挥协会网站的作用，经反复论证并广泛征求各部门意见，完成了协会网站全面改版工作，于2008年8月正式开通。改版后的协会网站，进一步突出协会特色，紧紧围绕协会的主要业务和工程建设标准化活动的全过程，努力为协会会员及广大工程标准化工作者提供全方位的信息服务。改版后，网站的点击量及排名有了显著提升，至2009年底，点击量累计已达24万人次，日均2000人次，网站的排名及在百度、谷歌、雅虎中搜索排名都在大幅提升。

【**协会组织机构**】

中国工程建设标准化协会第六届理事会领导成员名单

理事长：王德楼

副理事长：周锡全、袁振隆、袁 纽、徐 建、穆祥纯、俞衍升、岳清瑞、李国强、周泽平

秘书长：王德楼（兼）

副秘书长：国中河

（中国工程建设标准化协会 蔡成军）

中国公园协会

【中国公园协会第三次会员代表大会召开】 2009年5月22~24日在山东省潍坊市召开。协会第二届理事会理事和会员单位代表300人出席会议。住房和城乡建设部副部长仇保兴，中国公园协会名誉会长储传亨分别发来贺信。住房和城乡建设部人事司、城市建设司、山东省建设厅和潍坊市人民政府的领导同志到会并讲话。南京市园林局、深圳市城市管理局、中国人民大学环境学院教授、中国公园协会植物园工作委员会、宁波市风景园林协会、厦门市公园管理协会的代表在大会上进行了经验交流。

会员代表大会期间，与会代表听取并认真审议了协会第二届理事会工作报告、协会2003~2008年财务报告、协会《章程》修改的方案和协会分支机构更名中国公园协会更名为中国公园绿地协会的方案和调整协会会费缴纳标准方案的说明，分别通过了有关决议。在分组讨论中，与会同志对协会今后的工作提出了很多很好的意见与建议。

在本次会员代表大会中，经过全体代表选举，选出201名理事，组成中国公园协会第三届理事会。在第三届理事会第一次理事会议上，选出81名常务理事，组成第三届常务理事会；同时选举产生了第三届理事会的领导成员。郑坤生当选为中国公园协会第三届理事会会长，林芳友等12位同志当选为副会长。第三届理事会第一次理事会议和第三届理事会第一次常务理事会议上，决定聘请储传亨、柳尚华同志为中国公园协会名誉会长，聘请陈俊愉等10位园林专家为协会顾问。聘任于绍华等5位同志为协会秘书处副秘书长。

【召开中国公园协会正、副会长会议】 2009年10月16日在北京召开。北京、上海、天津、重庆、长春、南京、广州、武汉、西安等地的副会长单位参加此次会议。会议通报协会自5月第三次会员代表大会后的工作进展情况并汇报了2010年工作计划。

会议一致认为，在中华人民共和国成立60年大庆之际，国家主席胡锦涛亲自到北京颐和园视察工作并慰问广大园林工作者，说明中央领导同志对公园事业的高度重视，特别是对广大一线职工的关心，对所有园林工作者来说都是一个莫大的鼓舞，同时，也给园林工作者带来更大的期望与责任。公园事业在发展过程中遇到了一些机制体制改革的挑战，应着重把握好两个方面，一是有利于公园事业健康发展、水平的提高；二是维护好干部职工的合法权益。会议强调应更多发挥省、市地方协会作用，根据行业发展中遇到的新情况和新问题，可以通过协会、专家帮助呼吁，在行业内形成一种声音，着力解决好这些问题，公园的建设、改革和发展才能提升到新的水平。

【与北京市公园管理中心、北京公园绿地协会共同举办中国历史名园保护与发展论坛，并通过"中国历史名园保护与发展北京宣言"】 出席此次论坛的领导有原建设部副部长储传亨、副部长周干峙，住房和城乡建设部城建司王香春，同时还邀请孟兆祯、楼庆西、耿刘同等园林专家做了精彩讲座。全国22个城市的110位代表出席了这次论坛，北京北海公园、北京市东城区园林局、南京市瞻园、深圳北林苑景观及建筑规划设计院、深圳园博园、苏州市园林绿化管理局、苏州市狮子林、济南市大明湖景区等单位的代表，就公园中的历史文化名园的规划、建设、管理和保护、生态、景观、文化协调发展等可持续发展等作了发言。经过与会代表的讨论，在历史名园的定义；新的历史时期历史名园的地位、作用；历史名园的规划、维护、建设与利用诸方面取得了共识。会议最终通过了"中国历史名园保护与发展北京宣言"。

【召开2009年度公园信息工作交流会】 8月12日，中国公园协会在宁夏银川市召开了2009年度公园信息工作交流会，参加本次会议的有来自94个会员单位的175位代表。此次公园信息工作交流会是以加强公园绿地行业的交流与合作、互通园林建设和管理先进经验、提高全行业的科学管理水平、促进城市园林绿化事业发展的一年一度的行业盛会，对全国公园绿地行业深入贯彻落实科学发展观起到积极的推动作用。

【召开国家重点公园可持续发展研讨会】 11月1日，由中国公园协会和深圳市城市管理局主办，深圳国际园林花卉博览园承办的"国家重点公园可持续发展研讨会"在深圳市召开。全国 36 个城市的 180 位代表参加了此次研讨会，研讨会上，深圳园博园、北京市公园管理中心、重庆市南山植物园、济南市趵突泉公园、南京市玄武湖公园、合肥市环城公园、深圳莲花山公园等国家重点公园的代表在会上介绍公园规划、建设、管理和保护、生态、景观、文化协调发展等方面的经验；代表们对《国家重点公园管理办法》（修改稿）提出了很好的修改建议。

会议期间，与会代表还出席了深圳市第四届公园文化节开幕式。这次研讨会的召开，将对全国国家重点公园的规划、建设、保护、管理，起到积极的推动和促进作用。

【完成主管部门委托的相关工作】 受住房和城乡建设部城市建设司委托，协会秘书处对 2009 年申报的国家重点公园和国家城市湿地公园材料进行了汇总，并组织相关专家进行了评议，根据专家评议结果，向主管部门提出了初步评审意见。住房城乡建设部分别以《关于公布第三批国家重点公园的通知》（建城〔2009〕276 号）和《关于公布第六批国家城市湿地公园的通知》（建城〔2009〕277 号）予以命名。

为了加强城市公园的建设，提高管理水平和服务质量，促进城市整体生态环境的改善，受城市建设司委托，修改《国家重点公园管理办法》，上报主管部门。参与城市建设司组织的《中国国际园林博览会管理办法》（以下简称管理办法）修订工作，针对《管理办法》中的一些条款，认真地提出了意见。

【参与第七届园博会筹备工作及国家重点公园授牌仪式】 9 月 22 日，在第七届中国（济南）国际园林花卉博览会开幕之际，由住房和城乡建设部主办、中国公园协会和第七届园博会组委会办公室承办的国家重点公园授牌仪式隆重举行。住房和城乡建设部副部长仇保兴同志向命名的第一、二批 46 个国家重点公园单位授牌。

作为第七届中国国际园林花卉博览会承办单位之一，积极协助济南市做好第七届中国国际园林花卉博览会的有关工作；为加强园博会的宣传工作，编辑出版济南园博会《中国公园》杂志专刊。

【协会网站建设】 为更好地利用网络技术大力宣传公园的地位和作用，提高地方政府对公园公益性的认识；宣传科普保护教育，加深人们对公园绿地的重要性的了解，增加公园绿地管理部门、事业企业单位之间的交流与合作，经与北京市公园管理中心协商，决定共同合作建立中国公园绿地网。

网站宗旨是服务于公园绿地行业及会员单位，内容包括协会介绍、协会会员、行业信息、保护教育、政策法规、行业标准、科技信息、各地公园、国家重点公园、国家城市湿地公园、国际交流等栏目。

【组织会员单位国外专业考察】 应南非、肯尼亚相关部门的邀请，经住房和城乡建设部批准，2009 年 11 月，中国公园协会组织北京、重庆、汕头等城市的代表赴南非、肯尼亚进行城市公园绿地、生物多样性专业考察。代表团先后对南非开普敦、约翰内斯堡、比勒陀利亚、肯尼亚内罗毕、马赛马拉等城市的园林绿化建设，生态环境以及生物多样性保护情况进行了考察学习。通过考察，代表团每个团员深深体会到，每个生活在地球上的人们都有责任来保护动物、植物和丰富自然资源；认识到发展经济必须保护环境是可持续发展战略的要求。

【按期编发《中国公园》杂志和编辑出版《第三次会员代表大会文件汇编》】 2009 年共编辑了《中国公园》杂志 4 期，发行 6000 本。《中国公园》杂志及时传达建设部关于城市园林绿化工作的信息，广泛交流行业内各个方面的经验，其中包括公园建设管理、城市湿地公园保护、绿化养护与监理、动物园、植物园专栏以及国际上相关信息。

中国公园协会第三次会员代表大会于 5 月在山东潍坊市顺利召开。根据会议精神和会议相关决议，协会秘书处及时编辑出版《中国公园协会第三次会员代表大会文件汇编》，印发给各会员单位。

【协会秘书处日常工作】 根据中国公园协会第三次会员代表大会关于协会分支机构更名的决议，会后协会秘书处按程序将更名的四个专业委员会报国家住房和城乡建设部、民政部管理和登记部门，已获批准。

加强和各会员单位的工作联系，继续发展新会员单位。加强对协会各专业委员会的管理。

在协会业务工作量增大，经费支出增多的情况下，努力增收节支，保证协会各项活动的经费需要。

为了进一步做好财会工作，协会法人代表和财会人员参加了有关培训班。协会秘书处进一步建立、健全了有关管理制度。

（中国公园协会秘书处）

二、中央企业

中国建筑工程总公司

【主要经济指标】 2009年,"中国建筑"经营生产呈现出市场规模继续扩张,营业收入稳步增长,盈利能力明显提高,管理水平再上台阶的特点。实现合同额4597亿,营业收入2618亿,利润总额127.5亿,资产总额3015亿,毛利率11.7%,各项数据再创新高,百元收入管理费、借贷资本率、资产负债率、成本费用占主营收入比重大幅降低,一举跨入"中央企业利润过百亿俱乐部"。在美国《财富》杂志公布的"2010年度财富全球500强企业"排名中,"中国建筑"以381.17亿美元的销售收入名列187位,比2009年的292位大幅前进105个位次,在54家上榜中国企业中列第15位。在国务院国资委中央企业负责人经营业绩考核中,连续荣获2004~2009年两个任期"双A"荣誉。

【"中国建筑"成功上市,资本经营实现实质性突破】 2008年9月新股暂停发行,A股开始了没有截止期的IPO审核空白期。2009年5月证监会推出《关于进一步改革和完善新股发行体制的指导意见(征求意见稿)》,6月10日正式实施。证监会指出,新股发行的正式意见公布之后,即安排新股发行。7月10日证监会发出证监许可[2009]627号批文,核准中国建筑股份有限公司公开发行不超过120亿股。7月13日刊登首次公开发行A股股票的招股意向书,"中国建筑"本次A股发行采用网下向询价对象询价配售和网上资金申购发行定价相结合的方式,发行数量不超过120亿股。

共有196家询价对象下属的565家配售对象参与对中国建筑的报价。全部配售对象累计申购股数1998亿股,相当于网下初始发行规模的41.6倍;最终确定此次A股发行的价格区间为人民币3.96~4.18元/股,对应2009年预测市盈率为26.4~27.8倍,对应2008年市盈率为48.6~51.3倍。

中国建筑股份有限公司2009年7月29日在上海证券交易所成功上市,股票简称:"中国建筑",证券代码:601668。

"中国建筑"申购阶段,按网下发行40%、网上发行60%的比例公布,共冻结资金18570亿元,认购倍数为37倍。回拨机制启动以后,网下、网上发行各占总发行量的50%,网下配售比例为2.61%、网上中签率为2.83%,最终募集资金总额为501.6亿元。

"中国建筑"成功发行上市创造了多个纪录,其中:IPO规模位列2009年全球之首,列2000年以来全球建筑、地产行业之首,是A股市场第四大IPO,上市后总市值位居全球建筑地产上市公司首位。同时,"中国建筑"网下发行多项指标居首,网上申购户数排名第一。

上市10日后,"中国建筑"被计入包括上证综指、上证50等指数,成为样本股,市值占沪市市值的权重约为1.02%,也就是说每涨跌5%,将带动上证指数波动约1.66点,对资本市场的影响举足轻重。

作为新股发行制度改革后首个大盘蓝筹股,"中国建筑"IPO在国内资本市场获得广泛热烈的关注。发行的成功得益于中国经济早于世界经济回暖,股市稳步回升,发行制度改革,地产和建筑业受追捧,以及"中国建筑"多年来的业绩和成就积累等诸多因素。

同时,"中国建筑"在重组并购领域取得实质性进展。相继通过收购成立了中建财务公司,构筑了集团层面资金集中管理平台;重组收购山东筑港总公司,增资组建中建筑港集团,丰富了公司的产业布局。

【高端营销全面推进,经营质量大幅提升】 ①"中

"国建筑"通过建立"法人抓营销"体系，实施"营销高端化"举措，有效地推动"大市场、大业主、大项目"向深度发展。2009年，"中国建筑"分别与上海、湖北、新疆、广西等省市自治区，与中国兵器、航天科技、东方电气、五矿、保利等中央企业以及招商银行、北京银行等金融机构签订战略合作协议。政企间、央企间、银企间的高层对接，有力夯实了"大业主"的基础。

同时，高端对接机制的建立还使得总部龙头带动和集团整体协同作用明显增强，形成了央企系列、铁路系列，以及万达、恒隆、瑞安、太古、世茂、京东方等大业主系列。

② 大市场、大项目再上新台阶。2009年，"中国建筑"在珠江三角区、长江三角区和京津地区新签合同额1677亿元，占企业境内合同总额的45%。西南市场呈现比较大的突破态势，2009年合同额超过480亿元，增幅超过170%。大项目、特大项目均大幅提高。境内中标合同额1亿元以上项目823个，合同额2971亿元，占境内新签合同的79%；境外新签1000万美元以上大项目62个，中标额52亿美元。"中国建筑"单个项目平均合同额由上年的0.60亿元上升到0.87亿元。设计项目500万合同额以上达137个，占总设计合同额的39%。

③ 转变增长方式有新突破。一是融投资撬动大项目有新发展。2009年，"中国建筑"采用BT等融投资带动总承包模式项目明显增多，继成功组织实施"长沙湘江风光带"等项目后，又实施了唐山滨江大道、重庆汾房湾和湖北武黄、武咸、沙湖等项目。二是探索投资、开发、设计、施工一体化有新成果。2009年"中国建筑"以"城市运营商"的新身份进入西安，获得了400亩土地开发权，启动了中建地产在西安的项目开发，有效实现了投资、开发、设计、施工一体化内部联动。

【抢抓国家"调结构、保增长"机遇，产业结构调整取得新进步】 ① 房地产投资与开发迈上新台阶。2009年，"中国建筑"在国内19个城市购入30幅土地，面积约746万平方米，可开发面积约1771万平方米；房地产业务销售额469亿元，同比增长75%，创造利润71亿元，同比增长45.9%。中海地产面对急剧变化的市场环境，快速果断地调整应对措施，全年销售额414亿人民币，再度蝉联"中国房地产行业领导品牌"第一名，并连续6年位居"中国蓝筹地产"企业榜首。中建地产全年新增土地19幅，新增土地储备面积达559万平方米，显示出强劲的发展势头。

② 基础设施取得大发展。基础设施业务线在"承担指标光荣，中标是硬道理"的引导下，抓住国家"四万亿扩大内需"的机遇，开拓市场取得大发展。2009年，新签合同额811亿元，完成营业收入377亿元，同比分别增长114.7%、113.0%。基础设施部与工程局联动，优势互补，利益共享，直接间接拉动工程局合同额400亿。中海集团抓住香港重启大型基建投资项目的宝贵机会，相继拿下总成交额约56亿港元的工程。这些成果，使得中国建筑基础设施业务占比从上年8.7%上升到14.9%。

③ 专业化发展迈出新步伐。"中建设计"、"中建铁路"、"中建钢构"、"中建商混"、"中建市政"、"中建电力"、"中建安装"七个专业化公司（集团）通过加大整合力度，集中和优化系统内资源，从资源配置和组织机构上为加快专业化发展、提高企业综合竞争力创造了条件。"中建安装"、"中建钢构"利润总额分别达到1.6亿元、1.4亿元；"中建电力"实现了核电站"核岛、常规岛施工一体化"与常规电站"设计、采购、施工一体化"的双突破。

【抢抓各国"刺激"机遇，海外重点市场实现新突破】 2009年，"中国建筑"海外业务面对金融危机严重影响，通过调整经营理念、改善经营模式、拓宽经营渠道、转移地区市场等一系列举措，实现了逆势而上。

① 全年新签合同额、实现营业收入和利润总额同比均有大幅增长。中海集团在香港新签合同额91亿元，完成营业收入64亿元；中建阿尔及利亚分公司不仅继续保持了12亿美元以上的合同总额，公司化运营也取得了新的进展；中建新加坡南洋公司则继续稳步发展，在新加坡建筑市场保持优势地位；中建中东公司通过积极开拓迪拜之外的其他酋长国市场，有效地规避了市场风险，新签合同总额达8.32亿美元，创历史新高；中建美国公司通过向基础设施领域转型、融资带动总承包等举措，新签合同额达5.3亿美元，是2008年的4.6倍，实现了从在当地主流市场站稳脚跟的中型承包商向美国本土大型承包商的跨越。

② 调整业务结构取得历史性突破。通过抢抓相关国家出台"加大基础设施领域投资"政策的"刺激"机遇，有效推进了海外经营结构调整的步伐。先后在美国、阿尔及利亚、刚果（布）中标了一系列道路桥梁工程，海外直营业务中基础设施业务合同额占比历史性地达到了37%。

③ 改变经营思路，转变营销模式有新收获。突出代表就是通过联动进出口银行，拿下了巴哈马

海岛度假村和美国 Revel 大西洋娱乐城两个大型项目。

【基础管理不断提高，管理效益日益显现】 ①绩效管理出效益。按照国资委考核要求和公司"重点倡导什么，就重点考核什么，进而重点兑现什么"的原则，全系统细化了各项考核指标，层层签订了责任书，实现压力传递，较好完成了国资委各项考核任务，推进了企业重点工作再上台阶。

②项目精细化管理出效益。2009年，"中国建筑"在强化"开源拓规模"的同时，还十分注重"管理出效益"，尤其是通过推行项目过程管控精细化、项目管理标准化和手段现代化等方式，有效地提高了项目管理水平和经济效益。总部牵头系统地深入二级单位通过调研、专题座谈等方式，集众家之长、几上几下、反复评审后，首次推出《中国建筑项目管理手册》，为全面推进项目管理标准化奠定了基础。

用现代科学手段提升管理水平，项目信息化建设实现了管理"零距离"。全系统建立了"中国建筑"财务核算两级集中、财务报表一级集中管理信息平台，解决了多年管理链条过长、存在多层级会计主体核算不统一问题，实现了财务管理分散到集中管理模式的转变，为物资管理、劳务管理、成本管理和项目综合管理施工全过程管理提供了支持。统计显示，项目精细化管理大幅提升了企业盈利能力，2009年，"中国建筑"毛利率提高了0.4个百分点。

③资金集中管理出效益。2009年，在二级企业资金集中管理取得较大成绩的基础上，"中国建筑"一级资金集中管理平台初步搭建完毕，迈出了开创性的一步。同时，总部结算中心资金集中管理工作取得突破性进展。结算中心资金上线集中账户共有117个，涉及集团内42家法人单位及所属分公司、办事处、总部资金部、事业部和大型施工项目，全年减少带息负债达到73亿元。

④风险管理堵漏增效。2009年，"中国建筑"进一步完善健全了全系统风险管理体系及工作流程，并针对上市路演过程中投资者关注的海外业务风险管理问题，制定了专项管控措施。在投资风险管理方面，重点完善项目评审、决策机制建设，对投资加强风险管控，未发现一起投资失误事件。催收清欠工作取得较好成绩。在规模扩大的情况下，拖欠工程款稳中有降，其占应收款项、资产总额的比重，分别由年初的5.6%、1.9%，下降到年末的4.4%、1.3%。在项目质量安全运营风险管理上，进一步强化了责任体系建设，全系统安全生产工作实现了死亡事故起数下降12.5%、死亡人数下降3.8%、亿元产值死亡率下降10.7%的"三下降"好记录。

【强化科技攻关工作，品牌创优再创佳绩】 2009年，"中国建筑"技术研发与服务能力得到明显提升，完成一大批国家级的科技研发项目，主持和参与多个国家与行业标准、规范的编制工作，取得了一批有影响的专利成果（获得222项专利授权，396项专利被受理，位居中央建筑企业首位），特别是在绿色建筑、工程仿真计算、工程在线监测、智能化施工等方面形成了新的技术优势和高端服务能力。2009年对内科技资源整合和体系建设加速，完成了6大专业技术中心挂牌，初步构建了股份公司技术中心二级组织机构和三层研发平台的体系格局；在刚刚结束的国家级技术中心评价中，"中国建筑"技术中心名列工程建设类国家级企业技术中心首位，行业影响力显著提升。同时，通过强力推进"科技进项目，项目促科技"工作，创出了一大批以中央电视台新址、上海环球金融中心、广州西塔为代表的更高科技含量的样板工程。全年获得国家级工程质量奖27项，参建奖31项，其中获得13项鲁班奖、14项国家优质工程银质奖；获得6项詹天佑大奖，7项全国优秀工程勘察设计金、银、铜大奖；列入35项国家级工法。至2009年，"中国建筑"共获得国家级科技进步及发明奖52项，先后获得中国建筑业最高奖——鲁班奖125项，成为中国建筑业获此大奖最多的企业。同期，还获得詹天佑大奖46项。

【深入开展学习实践活动，班子和队伍建设进一步加强】 2009年，"中国建筑"党组和各级党组织，认真贯彻中央关于深入学习实践科学发展观活动的部署，扎扎实实开展了学习实践活动，为"中国建筑"又好又快发展打下了良好的基础。一是加深了对科学发展观的认识和理解，形成了"一最两跨、科学发展"的共识。二是找到了影响和制约"中国建筑"科学发展的突出问题及主要原因，汇总和梳理了总公司在思想观念、战略决策、体制机制、结构调整、企业管理、班子建设、和谐企业等七方面的突出问题，制定了39条整改措施。三是理清了"中国建筑"及各企业下一步科学发展的基本思路，强化了主要措施。

（中国建筑工程总公司）

中国铁路工程总公司

【企业基本情况】 中国铁路工程总公司（China Railway Engineering Group Co. Ltd）是集勘察设计、施工安装、房地产开发、工业制造、科研咨询、工程监理、资本经营、金融信托、资源开发和外经外贸于一体的多功能、特大型企业集团，属国务院国资委监管的中央企业，总部位于北京。

中国铁路工程总公司的前身是1950年3月成立的铁道部工程总局和设计总局，后几经变更为铁道部基本建设总局，主要履行全国铁路基本建设的领导、组织、指挥、协调和管理职能。1989年7月1日，经国务院批准，铁道部撤销基本建设总局，组建中国铁路工程总公司。2000年9月28日，公司与铁道部"脱钩"，整体移交中央管理。2003年5月国务院国有资产监督管理委员会成立后，归属国务院国资委监管。2007年9月12日，经国务院同意，国务院国资委批准，中国铁路工程总公司独家发起设立中国中铁股份有限公司，于2007年12月3日、12月7日分别在上海和香港证券所成功上市。

中国铁路工程总公司由中国中铁股份有限公司和中铁港航工程局有限公司、中国航空港建设总公司、中铁宏达资产管理中心等组成。中国中铁股份有限公司是中国铁路工程总公司经营业务的运营主体，分为基建建设、勘察设计与咨询服务、工程设备和零部件制造、海外工程、建筑业上游业务、房地产开发、资源开发和金融投资等八大业务板块，拥有39家下属子公司，主要有中国海外工程有限责任公司，中铁一局、二局、三局、四局、五局、六局、七局、八局、九局、十局、大桥局、电气化局及隧道、建工集团等15家特大型施工企业；中铁二院、中铁工程设计咨询集团、中铁大桥勘测设计院有限公司等3家大型勘察设计企业；中铁西北、西南科学研究院有限公司、华铁工程咨询有限责任公司等3家大型科技研究开发企业，中铁山桥集团、中铁宝桥股份、中铁科工集团、中铁隧道装备制造有限公司等4家大型工业制造企业；还有中铁国际经济技术合作有限公司、中铁置业集团有限公司、中铁资源集团有限公司、中铁信托有限责任公司等十多家经济技术合作、房地产、矿产、公路投资子公司和工程建设、物贸、设计咨询等分公司及各工程指挥部、直属工程项目部等。

全公司系统的施工队伍遍布除台湾省外的全国各省、直辖市和自治区，并在60多个国家和地区设有办事处、代表处、公司和项目部等境外机构72个。中铁宏达资产管理中心负责管理咸阳干部管理学院、总公司党校以及医院、主辅分离资产等未上市的机构资产。

全公司现有员工267188人，各类专业技术人员121050人，其中工程技术人员8万余人，教授级高工694人，高级技术人员11974人。拥有4名中国工程院院士、7名国家勘察设计大师、6名国家级有突出贡献的中青年科技专家、272名享受国务院政府特殊津贴人员、109名省部级、总公司有突出贡献中青年专家。58人荣获詹天佑铁道科学技术奖，34人荣获茅以升铁道工程师奖，360人荣获总公司科技拔尖人才。先后涌现出全国劳模225人，其他各类国家级先进模范人物498人。

公司具有国家住房和城乡建设部批准的铁路工程施工总承包特级资质、公路工程施工总承包一级资质、市政公用工程施工总承包一级资质以及桥梁工程、隧道工程、公路路基工程专业承包一级资质，城市轨道交通工程专业承包资质，拥有中华人民共和国对外经济合作经营资格证书和进出口企业资格证书，具有派遣人员临时出国（境）和邀请外国经贸人员来华事项审批权。2000年通过质量管理体系认证，同时获得英国皇家UKAS证书。2002年被北京市审定为高新技术企业。2003年通过环境管理体系和职业健康安全管理体系认证。2004年通过香港品质保证局质量/环保/安全综合管理体系认证，并获得国际资格证书。

多年来，中国铁路工程总公司秉承"勇于跨越，追求卓越"的企业精神，充分发挥投融资、咨询、设计、施工、科研、工业制造一体化的优势，开拓创新，锐意进取，在祖国建设史上创造了不朽的业绩。50年多来，公司先后参加了成渝、天兰、宝成、成昆、大秦、兰新、京九、南昆、西康、内昆、朔黄、秦沈、青藏、京津城际快速轨道、京沪高速铁路、武广、哈大、郑西、甬台温、温福、福厦、沪宁、京石、石武客运专线等百余条铁路建设，修建了64327公里的铁路，占全国铁路总里程的三分之二以上；建成电气化铁路接触网35844公里，占全国电气化铁路的95%；参与建设的公路超过11065公里，其中高速公路超过5834公里，约占全国高速公路总里程的十分之一；参与建设了全国五分之三的城市轨道工程；修建了武汉长江大桥、南京长江大桥、东海大桥、杭州湾跨海特大桥等9000多座大桥，总长达5675公里；建成秦岭隧道、太行山隧道、厦门翔安海底隧道、武汉长江隧道等长大隧道共计4707公里。并八次远征南极，承担了我国中山站、长城站、昆仑站建设和维护任务。还先后参加了国内3500余项公路、机场、码头、水电、地铁、高层建筑、市政等大型工程的设计与施工，经营范围覆盖到土木建筑的各个领域，创造了诸多国内乃至亚洲和世界桥梁、隧道、电气化铁路等建设史上的"第一"、"之最"，为国家基础设施建设做出了巨大贡献。特别是改革开放以来，公司积极参与国际竞争，先后在北美、东欧、西非、东南非、南太平洋、东南亚等60多个国家和地区开展了工程承包、劳务输出、进出口贸易、对外经济技术援助及实业开发业务，建立了广泛的合作关系和业务渠道。

截至2009年底，公司共获得中国建筑工程鲁班奖91项，国家优质工程奖103项，中国土木工程（詹天佑大奖）46项，铁道部（火车头）优质工程奖554项，其他省部级优质工程奖300余项；获国家级优秀工程勘察设计奖80项，省部级优秀勘察设计奖687项；获全国优秀工程咨询成果奖39项，省部级优秀工程咨询成果奖61项；获国家级科技进步和技术发明奖84项（其中特等奖4项，一等奖10项），省部及行业学会奖791项，拥有有效专利650项，编制国家级工法103项，省部级工法668项。

2001年，公司荣获"全国优秀施工企业"称号。2002年，进入世界建筑业500强。2005年，荣获"全国企业文化建设工作特殊贡献单位"称号。2005年及2006年分别位列全球第四及第三大建筑工程承包商。2006年以第342的排名进入"世界企业500强"，以第476位的排名进入"世界品牌500强"。2007年在"中国企业500强"名单中排名第13位；在国家统计局公布的"中国最大500家企业集团"中排名第10位，营业收入在中央企业排名第九位，在"世界企业500强"名单中位列第342位。"中国中铁"品牌在"世界品牌500强"中排名第417位，在"中国500最具价值品牌"中名列第10位，品牌价值523.12亿元人民币。2008年，荣获"创新型企业"、"农民工工作先进集体"称号，"中国中铁"品牌在中国500最具价值品牌排名第8位，在"世界品牌500强"中排名第332位，品牌价值648.65亿元，在中国企业500强中排名第16位。2009年，"中国中铁"品牌在中国500最具价值品牌排名第8位，在"世界品牌500强"中排名第252位，品牌价值687.36亿元，在中国企业500强中排名第13位。

自1997年以来，公司连续实现跨越式发展，营业额和新签合同额平均每年增幅近20%，2009年分别达到3663亿元和6100亿元。作为建筑行业的龙头企业，公司以"构筑和谐企业、奉献国家和社会"为己任，逐步成为关系国计民生的重要骨干企业，在国民经济发展中发挥着举足轻重的作用。

中国铁路工程总公司作为国有重要骨干企业，得到了毛泽东、邓小平、江泽民、胡锦涛等历届党和国家领导人的亲切关怀。近年来，胡锦涛、吴邦国、温家宝、贾庆林、李长春、习近平、李克强、贺国强、周永康等党和国家主要领导人，先后60余次到公司所承担的重点工程工地视察工作，给全体员工以极大鼓舞。

【资源整合和重组】 经国务院国资委批准，广东中海建设总局整体并入中国铁路工程总公司，完成产权变更、资产清查、审计评估、企业改制的工商变更登记等工作，并于2009年3月28日组建成立中铁港航工程局有限公司。2009年11月完成了总部办公楼消防和竣工验收，办理了相关权证手续。2009年12月1日国资委下发了《关于中国华润总公司所属中国航空港建设总公司资产划转有关问题的批复》（国资评价〔2009〕1300号），决定将中国航空港建设总公司整体划入中国铁路工程总公司。12月中旬在北京举行交接仪式。

2009年5月21日，中铁资源与中海外、中国铁工建设分公司签署了有关协议，廊坊中铁物探勘察有限公司并入中铁资源集团有限公司。中铁资源有限公司于2009年7月17日更名为"中铁资源集团有限公司"，并设立了"中铁资源集团"。

中铁宝桥股份有限公司在其清退其他股东成为股份公司一人公司后，股份公司决定将宝鸡中铁宝桥实业发展有限公司并入中铁宝桥集团有限公司，8月底完成变更登记工作。

公司通过向中铁大桥院注资的方式，由中铁大桥院收购芜湖市建筑设计研究院和芜湖市规划设计研究院，并改制重组成立了中铁芜湖建筑设计研究院有限公司和中铁芜湖规划设计研究院有限公司。

改制重组后的中铁芜湖建筑设计研究院有限公司、中铁芜湖规划设计研究院有限公司由中铁大桥院以70%股权控股并管理,芜湖市建设投资有限公司占30%股份。通过此次改制重组开辟了中国中铁勘察设计与咨询板块的新领域,进一步拓展了勘察设计与咨询市场,为实现企业又好又快发展提供了有力支撑。

公司向西南院注资3000万元,建立中铁西南院研发中心与产业基地,以促进科研成果转化,加快股份公司的科技产品产业化进程。预计2010年年初生产车间可达到投产条件。

2007年中国中铁重组上市,总公司划入宏达中心非上市单位共计101家。对这些单位,宏达中心按照"抓大扶强,有进有退"的方针,通过主辅分离、移交地方、关闭合并等多种改革途径,2008年减少14家;2009年又减少15家,新划入1家,截至2009年年末还剩73家。本公司共分6级,除母公司外,共有二级子公司4家,三级子公司41家,四级子公司328家,五级以下子公司223家;有分公司6家;事业单位2家;各级金融类子公司1家;控股上市公司2家。

【生产经营及完成指标】 中国铁路工程总公司经营范围:土木工程建筑和线路、管道、设备安装的总承包;上述项目勘测、设计、施工、建设监理、技术咨询、技术开发、技术转让、技术服务的分项承包;土木工程专用机械设备、器材、构件、车辆和钢梁、钢结构、建筑材料的研制、生产、维修、销售;在新建铁路正式验收交付运营前的临时客、货运输业务及相关服务;承包本行业的国外工程,境内外资工程;房地产开发、经营;进出口业务;汽车(含小轿车)销售;电子产品及通信信号设备、交电、建筑五金、水暖器材、日用百货的销售。

2009年年末,中国铁路工程总公司资产总额3066.81亿元,较2008年年末2549.73亿元增加517.08亿元,增长20.28%。各类资产项目中,流动资产2274.74亿元,同比1935.26亿元,增长17.54%,占总资产比重为74.17%。

2009年全公司完成新签合同额6018亿元,为股份公司下达年度计划3900亿元的154.3%,比上年同期4284.5亿元增加1733.5亿元,同比增长40.5%。

新签合同额构成按照板块分类:基建板块完成5420亿元,为年度计划3477.52亿元的155.9%;勘测设计咨询板块完成86亿元,为年度计划47.03亿元的182.9%;工业板块完成123亿元,为年度计划102.64亿元的119.8%;房地产板块完成128亿元,为年度计划59.41亿元的215.5%;其他板块完成261亿元,为年度计划213.41亿元的122.3%。

2009年全公司完成企业营业额3611亿元,为股份公司下达年度计划2800亿元的129%,比上年同期2359.6亿元增加1251.4亿元,同比增长53%。其中,国内完成3496.8亿元;海外完成114.2亿元(折合16.3亿美元),为年度计划14.6亿美元的111.7%。

企业营业额构成按照板块分类:基建板块完成3145亿元,为年度计划2475.5亿元的127%;勘测设计咨询板块完成57.7亿元,为年度计划41.6亿元的138.7%;工业板块完成116.1亿元,为年度计划88.82亿元的130.8%;房地产板块完成47.8亿元,为年度计划44.88亿元的106.6%;其他板块完成244.3亿元,为年度计划149.21亿元的163.7%(其中:矿产资源板块完成2.1亿元,建筑业上游完成11.8亿元)。全公司年内完成主要生产的经营指标见表1。

中国铁路工程总公司主要经营指标(2009) (单位:万元)

表1

项目	2009年累计	2008年同期	比上年同期增减(%)
营业收入	34638677	23595218	46.8
营业成本	31523099	21122224	49.2
营业税金及附加	1078646	741375	45.5
销售费用	103948	93287	11.4
管理费用	1107223	929601	19.1
财务费用	80386	517137	-84.5
营业利润	767992	155418	394.1
利润总额	822594	185852	342.6
净利润	667509	134795	395.2

2009年受国家宏观调控影响,国家基础设施建设增势迅猛,尤其是铁路建设规模较上年有较大增幅。供给充足的建筑市场,超前谋划的经营理念,组织有序的生产管理,依法合规的公司治理,使得企业生产经营能力得到充分发挥、市场信誉大幅提升,营业收入继续保持较高增长,超额完成预算。

【铁路工程建设进展迅速】 2009年是中国铁路历史上投资规模最大、投产最多的一年。全年完成基本建设投资6000亿元,比上一年增加2650亿元,增长79%,超过"九五"和"十五"铁路建设投资总和,为拉动内需、促进经济增长发挥了重要作用。中国铁路工程总公司年内铁路市场中标合同额3109亿元,同比增长35%。公司参与修建的铁路,年内共完成新线铺轨5461公里,复线铺轨4063公里;投产新线5557公里,其中客运专线2319公里;投产复线4129公里,电气化铁路8488公里。截至2009年底,中国铁路营业里程达8.6万公里,跃居世界第二位,仅次于美国。

2009年全国铁路在建新线规模达到3.3万公里,投资规模达到2.1万亿元。上海至杭州、南京至杭州、杭州至宁波、南宁至安庆、西安至宝鸡等客运专线,兰新铁路第二双线、山西中南部铁路通道等区际干线以及贵阳市域快速铁路网和中原城市群城际铁路等相继开工建设。在建工程项目进展顺利。京沪高速铁路累计完成投资1224亿元,为总投资的56.2%,哈尔滨至大连、上海至南京客运专线线下工程基本完成;北京至石家庄、石家庄至武汉、天津至秦皇岛、广州至深圳(香港)、上海至杭州等客运专线和上海至武汉至成都、太原至中卫(银川)、兰州至重庆等区际大通道项目加快推进。一批重点项目建成投产,宁波至台州至温州、温州至福州至厦门等客运专线相继建成通车。特别是世界上里程最长、时速350公里的武广高速铁路开通运营,成为中国高速铁路的又一里程碑。

【营销领域拓宽】 全公司积极开拓国内外市场,企业经营规模进一步扩大。以铁路市场为主,走向路外与海外,取得重大突破。全年非铁路市场承揽合同额2200亿元,同比增长68%;公路、市政市场份额较上年分别递增84%、15%,城市轨道市场较上年增长31%,占全国市场份额的51.1%,继续保持国内领先地位。勘察设计业务稳步发展,中铁二院获投资咨询评估机构资格,华铁咨询取得工程监理综合甲级资质。工业企业规模不断扩张,道岔和钢结构产品分别保持了80%和70%以上的国内市场份额,全年完成新签合同额87.2亿元,实现销售收入68.63亿元。物贸分公司取得了120亿元的物资代理标,实现了铁路物资代理服务的新突破。海外市场开发取得重大进展,先后中标波兰A2高速公路、河内城市轻轨、加纳医院工程等一批重大项目,特别是经过艰苦努力,签订了委内瑞拉北部平原铁路施工设计总承包合同,合同额达75亿美元,项目已全面实施。年内,全公司完成海外新签合同额107.4亿美元,同比增长206.9%;完成海外营业额16.3亿美元,同比增长23.5%。

【安全质量迈上新台阶】 全公司认真落实安全生产责任制,狠抓安全基础管理,积极开展安全生产"三项行动"和"三项建设",加大事故责任追究力度,安全生产形势逐步稳定好转。中铁五局积极推行企业标准化建设,进一步提高了安全质量管理水平;中铁四局在铁路信誉评价中连续9次进入A级行列;中铁九局、十局、建工、中海外、中铁国际、中铁山桥、宝桥等多家单位杜绝了伤亡事故发生。2009年,全公司责任事故件数和死亡人数分别下降18.2%和65.9%,每百亿营业额责任事故死亡人数由上年的2人降到0.42人。全年共获国家建筑工程鲁班奖9项,国家优质工程奖11项,土木工程詹天佑奖7项,火车头优质工程48项。

【集中管控取得新成效】 全公司深入实施"两个加强、三个集中",企业集约化经营水平不断提高。全面加强投资预算管理,严格控制投融资规模,暂停新上BOT项目,强化投融资项目的过程控制和监管,有效提高了运作质量。加大组织结构调整力度,全年共清理、注销四级及以下法人企业35家;大力推进项目扁平化、精细化管理,积极推广铁路工程"架子队"管理模式,优化了施工组织方式和劳动用工方式。资金集中管理成效显著,全公司20个单位建立了二级资金中心,合并层面资金归集度达到67.74%,运用沉淀资金开展内部余缺调剂511.1亿元,同比增加223.67亿元,平均减少外部融资约370.5亿元。中铁四局资金集中度达到85%,成为全公司首家"零贷款"单位。物资集中采购范围不断扩大,年内新开工项目全部实施了物资集中采购供应,共在1048个重点项目集中采购物资632亿元,为上年全公司集中采购额144.57亿元的4.35倍。大型设备集中采购与调配力度加大,全年共组织大型施工设备集中采购40批(次)、1557台(套),采购金额24.5亿元,占全年设备采购金额的40.8%。特别是在委内瑞拉铁路项目上,首次成功实施设备和物资的集中采购,同比市场价格降低10%~15%左右,为海外项目的设备物资采购起到了示范作用。

【结构调整步伐加快】 全公司积极推进资源整合重组,稳步推进上游投资业务,先后成功实施蚌埠龙子湖西岸滨湖新区、成都金牛坝片区及郫县北部新城一级土地整理开发项目;积极运作并实施郑州轨道交通2号线施工总承包、郑州轨道交通3号线及深圳地铁11号线BT项目。对全公司高速公路BOT项目实施统一运营管理,顺利完成了对河南平正、云南富砚、重庆渝邻高速公路股权收购。年内,股份公司16个在建BT、BOT及TOT项目完成投资142.7亿元;9条高速公路全年运营收入8.4亿元;深圳地铁5号线、奥运支线、三桥一路和顺德公路项目已计取回购资金76.2亿元,累计实现利润4.7

亿元。中铁置业、中铁二局、建工集团开发的房地产项目不仅取得了较好的经济效益，而且有力提升了中国中铁房地产品牌。有序推进矿产资源业务，2009年新获得采矿权、探矿权7个，实现销售收入2.6亿元；中铁信托全年新增信托规模350亿元，为各成员企业提供资金支持达130亿元。

【风险防范水平提高】 全公司积极加强内控体系建设，总部机关对业务流程进行全面梳理，先后修订和新建规章制度35项，初步建立起公司总体流程管理框架。加强对外投融资集中管控，统一对外担保管理，严格集团授信、大额度资金使用和金融衍生业务监管，健全重大事项报告制度，积极开展财务风险预警管理，定期举行经济活动分析，细化财务基础管理，销售费用率、管理费用率、财务费用率明显好转。经过积极努力，将境外募集的100亿港元调回境内结汇使用，委内瑞拉铁路项目7亿美元及时结汇，先后两次成功发行共17亿元短期融资券，并获批120亿元公司债的发行，有效降低了融资成本。充分发挥法律风险防范作用，强化经济合同、规章制度和重要决策的法律审核把关，加强内部经济纠纷调解工作，维护了企业的整体利益。积极开展工程建设领域专项治理活动，加大效能监察、"双清"工作力度，全公司共收回各类外欠款169.79亿元，占纳入清收总额的88.03％。

【科技创新能力增强】 全公司进一步加大科技创新力度，积极推进技术中心认定工作，加快建设"高速铁路建造技术国家工程实验室"，国家发改委扶持的2000万建设资金已经到位并拨付，有效保证了实验室建设工作的开展；中铁隧道集团研制的国内首台具有自主知识产权的复合盾构样机顺利完成工业性试验，填补了我国在复合盾构领域的"空白"；申报的"盾构及掘进机技术国家重点实验室"已获科技部批准。加强工法和专利成果建设，促进企业特级资质就位工作的开展。科技产品产业化取得新进展，中铁二院勘察设计一体化数字工程开始启动，中铁西南院"研发中心与产业基地"投入建设，信息化建设不断推进，总部机关完成了信息化基础平台改造和系统集成优化，先后开发完成了工程项目综合管理等多项信息系统并上线运行，促进了现代化管理水平的提高。年内，全公司新开科研项目623项，科研投入10.39亿元，共有448项科技成果通过评审鉴定；取得国家级工法39项，省部级工法156项，新增授权专利201项；共获国家科学技术进步二等奖2项，全国优秀工程勘察设计奖7项，全国优秀工程咨询成果奖13项。

【重点科研课题成果】 全公司积极开展高速铁路、客运专线、无砟轨道，跨江跨海大桥、越江越海隧道等一系列重大项目的科技攻关，2009年，共确定"高速铁路工程材料与结构耐久性试验研究"等10项重大课题，"高速铁路道岔位于路基过渡段技术要求及处理措施研究"等42项重点科研课题。

通过开展武广客运专线无砟轨道综合试验段、浏阳河隧道施工技术等铁道部重点课题联合攻关，确保了武广客运专线全线按照设计时速开通运行。结合郑州黄河公铁两用桥施工研发的三主桁空间斜腹杆起吊、安装、精确对位方法、大跨度空间钢桁梁悬臂架设和同步顶推技术达到国际先进水平。结合厦门翔安海底隧道施工攻克了"陆域浅埋全风化层、海域浅滩富水砂层和海底F3、F2风化深槽"三大技术难关，标志着我国全面掌握了海底隧道钻爆法施工的先进技术，跻身世界隧道建设先进国家行列。自主设计研发了我国首台土压平衡复合式盾构机，填补了我国在复合盾构领域的空白。在引进、消化国外道岔技术的基础上开展研发创新，公司全面掌握了高速铁路道岔设计和制造成套技术，高速铁路道岔设计和制造水平达到了国际先进水平。公司在高速和中低速磁浮道岔产品领域形成公司的核心技术成果，是国内磁浮道岔惟一的供货单位。在桥梁修建技术方面，首次在南京大胜关长江大桥施工中采用了钢桁拱与墩旁托架固结，三层水平索辅助双悬臂安装技术，规避了合龙施工风险，提高了合龙精度，解决了支点反力大（24000吨）的三主桁结构采用常规顶落梁方法难以将合龙口多个位移值同时调整到位的技术难题，该项技术处于国际领先水平。公司在大跨、深水基础桥梁建设技术和特殊地质、复杂环境条件下特长隧道修建技术上达到了世界领先水平；在高速铁路修建技术、高速道岔、钢结构制造技术方面达到国际先进水平；在电气化铁路和城市轨道交通等修建技术上达到了国内领先水平。

【企业标准体系建设】 全公司致力于规范建筑业相应工程的施工技术和工艺流程，推广先进、标准、成熟的施工技术，建立企业技术标准体系，提高企业整体技术水平和施工生产效率，组织开展《施工工艺指导手册》编制工作。在第一期工作中，计划编制路基工程、桥梁工程、隧道工程、轨道工程（分双块式和板式无砟轨道两部分）和电气化工程（分变电所和接触网两部分）等五个方面，经过审定的大纲共包括5个部分，共57章，313项工艺，按照审定的大纲和工艺编写格式及编码体系标准进行具体编写工作。同时，及时审查清理保有的外来技术标准,确保完整覆盖公司业务分布,保持有效适用。2009年共新增外来技术标准54册,废止标准9项,受控标准总量达到674册。

【推进勘测设计技术进步】 全公司先后设计了京沪、夏深、大瑞、渝利等高速铁路、客运专线、复杂山区铁路项目,北京、广州、深圳、郑州等城市轨道交通项目,南京大胜关长江大桥、武汉天兴洲公铁两用长江大桥、澜沧江大桥、琼州海峡跨海工程等重大桥梁工程项目,青岛胶州湾海底隧道等越海越江隧道工程项目,珠海市高栏高速工程等,委内瑞拉铁路、刚果(金)公路等国际工程项目。集中开展勘察设计技术攻关,进一步提升了高速铁路设计技术、重载铁路技术、复杂地质山区铁路综合设计技术、海底长大隧道设计、大跨度桥梁设计等核心技术。成员企业中铁工程设计咨询集团获得工程设计综合甲级资质。公司拥有全国工程设计综合甲级资质49家中的3家。中铁二院获国家发改委委托投资咨询评估机构资格,是全国获得该资格的46家单位之一,是除中国国际工程咨询公司外,惟一一家同时承担铁路和城市轨道交通两个行业评估咨询的单位。华铁咨询公司顺利取得了工程监理综合甲级资质,成为铁路监理企业中第一家具有工程监理综合资质的企业。中铁大桥院成功收购了芜湖市建筑设计研究院和芜湖市规划设计研究院,开辟了中国中铁勘察设计与咨询板块的新领域。在中铁西南院建立"研发中心与产业基地",推进中铁二院和美国天宝公司合资成立中铁天宝数字工程有限责任公司,积极推进中铁二院综合交通高科技产业中心项目,不断加快推进公司勘察设计科技成果产业化进程。2009年,中国中铁位列美国《工程新闻记录(ENR)》"全球150家最大设计企业"排名第68位,"国际设计企业200强"第189位;中铁二院位列ENR"中国工程设计企业60强"第5名;在"全国工程勘察设计企业勘察设计收入50强"排名中,中铁二院连续四年位列第1。

【企业文化建设扎实有效】 年内在广深港狮子洋隧道项目部召开了全公司首次项目文化建设现场会,明确了项目文化建设的目标和任务,推广了一批项目文化建设典型,促进了企业文化在工程项目落地生根。全公司以《历史性的跨越》为教材,广泛开展了企业发展史教育。举办了以"与祖国同奋进,与时代共发展"为主题的《历史性的跨越》座谈会,邀请中央和国家有关部委领导、新闻界朋友共同回顾总结了企业10年改革发展的经验,收到了良好效果。加强对外宣传,先后组织中央媒体对学习实践活动和京沪、沪宁、武广等重点工程建设进行了集中报道,全年在各种媒体宣传报道8000多篇。积极推动文化作品的创作,组织拍摄了电视连续剧《铁血》,协助拍摄了《雪域天路》,经国家广电总局批准排播,电视纪录片《长江大桥》在央视播出,进一步提高了企业的社会知名度。

【和谐企业建设全面推进】 全公司认真落实党的依靠方针,积极推进和谐企业建设。先后制定下发了职工代表大会实施细则、厂务公开工作指导意见、项目部厂务公开实施办法,召开中国中铁职代会,促进了职工民主管理。制定了生产一线职工工资正常增长和支付保障机制指导意见,提高了一线员工的收入水平。2009年,全公司职工人均工资同比增长19.1%,其中在岗职工平均工资同比增长15.7%。积极推行"三不让"承诺,全年共筹措"三不让"承诺资金7100万元,救助员工、农民工2万余人次。大力开展"两节"送温暖活动,共筹措资金4260余万元,慰问职工、离退休人员和农民工达28万余人次。认真履行企业社会责任,公司推行农民工"五同"管理的经验,在中央企业社会责任工作会议上作了介绍,并在《国办简报》上转发。广泛开展职工业余文化活动,组织了近年来首次职工文艺演出,并在第十一届全国运动会上,荣获全国群众体育工作先进单位称号。

(中国铁路工程总公司史志办 撰稿人:刘统畏)

中国铁建股份有限公司

【企业基本概况】 中国铁建股份有限公司(以下简称中国铁建或股份公司)的前身为组建于1948年7月的中国人民解放军铁道兵,1984年集体转业并入铁道部,改称铁道部工程指挥部;1989年成立中国铁道建筑总公司,2000年9月28日与铁道部脱钩,先后划归中央企业工作委员会和国务院国有资产管理委员会管理；2007年11月5日，由中国铁道建筑总公司独家发起成立中国铁建股份有限公司，于2008年3月10日、13日分别在上海证券交易所和香港联合证券交易所成功上市。

中国铁建下辖中国土木工程集团有限公司，中铁十一至二十五局集团有限公司，中铁建设集团有限公司，中铁建电气化局集团有限公司，中铁房地产集团有限公司，中铁第一、四、五勘察设计院和上海设计院集团有限公司，中铁物资集团有限公司，昆明中铁大型养路机械集团有限公司，中铁轨道系统集团有限公司，北京铁城建设监理有限责任公司，中铁建（北京）商务管理有限公司，中铁建中非建设有限公司，中国铁道建设（加勒比）有限公司，中国铁道建设（香港）有限公司，诚合保险经纪（北京）有限责任公司和北京培训中心33个二级单位。在岗职工209103人，拥有1名工程院院士、5名国家勘察设计大师、191名享受国务院特殊津贴的专家。资产总额2829.9亿元，较2008年增长28.57%。主要机械动力设备59906台（套），总功率499.03万千瓦，技术装备率7.64万元/人，动力装备率21.41千瓦/人。业务范围涵盖工程承包、勘察设计咨询、工业制造、房地产开发、物流与物资贸易及资本运营，打造了包括科研、规划、勘察、设计、施工、监理、维护、运营、设备制造和投融资等在内的全面完整的建筑业产业链和业内最完善的资质体系，在高原铁路、高速铁路、高速公路、桥梁、隧道和城市轨道交通工程设计及施工领域确立了行业领导地位。兵改工以来，在工程承包、勘察设计等领域获得国家级奖项363项，其中，国家科技进步奖55项，国家勘察设计"四优"奖74项，中国土木工程詹天佑大奖39项，中国建筑工程鲁班奖71项，国家优质工程奖124项。

中国铁建经营范围遍及除台湾以外的31个省、直辖市、自治区，香港、澳门特别行政区和世界60多个国家和地区，是中国乃至全球最具实力、最具规模的特大型综合建设集团之一。连续4年入选"世界企业500强"，2009年排名第252位；连续12年入选"全球225家最大承包商"，2009年排名第4位；连续5年入选"中国企业500强"，2009年排名第14位；连续4年被评为"中国最佳诚信企业"；连续6年工程承包业务收入居全国首位，是中国最大的工程承包商。

公司总部设在北京市复兴路40号中国铁建大厦，邮政编码100855，值班电话010-51888114，网址www.crcc.cn。

【主要指标】 2009年，中国铁建业务增长动力强劲。全年新签合同总额6013亿元，较2008年增长42.1%。主营核心业务大幅增长，全年新签工程承包合同5553亿元，占新签合同总额的92.3%，较2008年增长39.2%。其中，新签铁路工程合同3050.6亿元，占新签合同总额的50.73%，占国内市场份额的56%；新签公路工程合同1279.5亿元，占新签合同总额的21.3%，同比增长107.6%；城市轨道交通、市政、房建工程分别新签工程合同522亿元、287亿元、277亿元。

营业收入大幅攀升。全年实现营业收入3555.2亿元，较2008年增长57.21%，其中工程承包板块实现营业收入3248亿元，比2008年增长56.68%；勘察设计咨询、工业制造、物流与物资贸易等业务板块保持持续快速增长，营业收入较2008年分别增长61.5%、67.94%、62.66%；房地产开发业务虽然起步晚，但发展较快，2009年实现销售收入26亿元，较2008年增长141%。全年实现净利润67.31亿元，同比增长81.63%。

经济运行质量持续改善。与2008年相比，资产总额由2201.02亿元增加到2829.9亿元，增长28.57%；净资产由483.01亿元增加到540.79亿元，增长11.96%；货币资金574.7亿元增加到649.5亿元，增长13.02%；银行借款由218.29亿元下降到158.24亿元，下降27.51%。全年设备购置投入91.4亿元，有效地提升了机械化施工能力和水平。中国铁建股份有限公司主要经济指标见表1。

中国铁建股份有限公司主要经济指标表　　表1

项　　目	2008年	2009年	同比增长（%）
资产总额（亿元）	2201.02	2829.90	28.57
净资产（亿元）	483.01	540.79	11.96
营业收入（亿元）	2261.41	3555.20	57.21
利润总额（亿元）	45.69	83.07	81.81
技术开发投入（亿元）	17.56	51.62	193.96
利润总额（亿元）	45.69	83.07	81.81
上缴税金（亿元）	86.98	124.93	43.63
全员劳动生产率（万元/人·年）	36.77	41.28	12.27
净资产收益率（加权平均）（%）	7.63	13.12	
总资产报酬率（%）	3.10	3.79	
总公司国有资产保值增值率（%）	124	109.88	

【改革发展】 建立规范的公司治理结构，形成科学有效的职责分工和制衡机制。股东大会、董事

会、监事会、经理层各司其职、各负其责、权责明确、相互监督，协调运转。股东大会依法行使对公司经营方针、筹资、投资、利润分配等重大事项的表决权。董事会对股东大会负责，依法行使企业的经营决策权。董事会9名成员中，外部董事5名，其中独立董事4名；董事会下设的审计与风险管理、薪酬与考核、战略与投资、提名委员会中，独立董事担任主席的占2个。涉及专业的事项首先经专门委员会审议通过，再提交董事会审议，提高了董事会的运作效率。监事会对股东大会负责，对公司财务和董事、高管履职情况等进行检查监督。经理层根据职责分工执行和落实董事会的各项决策。在完善的法人治理结构下，公司各部门及子公司组成了一个有机的整体，组织机构健全完整，运作正常有序。年内被评为中国上市公司最佳市值管理董事会和最佳董事会秘书。

坚持利益相关方参与，保证中国铁建可持续发展。严格遵循"真实、准确、完整、及时"的信息披露原则，先后制定《中国铁建股份有限公司信息披露管理办法》、《中国铁建股份有限公司新中标项目信息披露实施细则》《关于建立和完善公司总部信息管理机制的通知》等规章制度，主动、及时对外披露公司相关信息。高度重视与各利益相关方的沟通，设立专门机构负责投资者关系工作，出台《中国铁建股份有限公司投资者关系工作制度》《中国铁建股份有限公司投资者来访接待工作实施办法》，并建立投资者关系管理档案，实现动态管理，及时妥善处理各方面关系。

加强风险管理，提高内部控制水平。根据国资委等部委及上海证券交易所等监管机构的要求，中国铁建建立四位一体的内部控制与风险管理组织体系，即董事会下设审计与风险管理委员会、经理层成立全面风险管理领导小组、发展规划部为内控与风险管理工作的职能部门、各业务部门设立风险内控联络员，从不同角度和层面加强公司的内部控制和风险管理。

加快产业结构调整，促进企业稳步转型。年内，非工程承包板块积极作为，全年新签合同额460亿元，比2008年增长91.1%，实现比工程承包板块更快的发展。勘察设计咨询板块经营持续增长，全年新签合同额62亿元，比2008年增长35.1%；工业制造板块经营快速发展，在加大投资、扩大产能的同时，营销工作快速跟进，全年新签合同额56.8亿元，较2008年增长60.7%；物流与物资贸易板块经营大步跨越，全年新签合同额279亿元，完成营业收入159亿元，占营业收入总额的4.41%。房地产板块成为新的利润增长点，全年销售面积76万平方米，实现营业利润9.3亿元。矿产资源开发业务迈出实质性步伐，12月10日，中国铁建与铜陵有色金属集团控股有限公司共同投资成立中铁建铜冠投资有限公司。生产经营与资本经营逐步实现一体化，项目运营业务稳健发展。

深化社会责任意识，响应联合国全球契约十项原则，加入联合国全球契约行动，以自身行动践行联合国关于人权、劳工、环境和反腐败的各项要求，树立企业公民的良好形象。2009年，中国铁建作为具有优势竞争力、优化结构、优质增长、优先发展、优在责任的"五优"典范，获得第九届"双十具价值管理榜样"称号。

【管理创新】 2009年，中国铁建全面推行精益化管理，一是加大内部审计监督力度，围绕落实公司体制、机制、制度问题，有针对性地开展工作，逐步由发现型、复合型审计向预防型、增值型审计转变，从以监督为主向监督与服务并重转变，在发挥审计保健、防疫作用的同时，为企业创造效益，增加价值。全年完成审计项目3109个，查处违规违纪金额33.17亿元，促进增收节支3891万元。二是规范制度建设，公司建立董事会对经理层、总裁对副总裁、股份公司对集团公司负责人绩效考核体系，先后修订完善经营管理、计划统计、项目管理、风险管理、工程公司建设、工程队建设等管理规定和制度200余项。三是深化工程公司建设，坚持专业化发展方向，大力提升专项施工能力和项目管理能力，进一步加大调整力度，培育发展一大批专业优势明显、管理团队精干、队伍组织高效、市场开发能力和创新能力较强的工程公司，年内评选"中国铁建工程公司20强"。四是加强工程队建设，在架子队基础上组建专业施工队，杜绝大包转包现象。五是着力培养优秀的企业经营管理者团队，年内全面考核和补缺考核25个单位，任免领导人员116人，其中调整正职39人，提拔76人，所属单位领导班子的知识、年龄、专业结构得到进一步改善，能力建设得到加强。六是实施职工素质工程，在全系统广泛开展评选"中国铁建杰出人物"和中国铁建首届"十佳道德模范"活动，促进职工整体素质的提高。

【科技创新】 2009年，中国铁建以高速铁路科研项目为重点，大力开发支撑重难点工程建设的关键技术，努力扶持有产业前景的新产品、新装备，全年科技投入51.6亿元。中铁十七局集团公司开发的"CRTSⅡ型板式无砟轨道施工关键技术及成套装备"成果，达到国际先进水平，其制造技术、安装工艺、配套设备在京沪等高速铁路广泛推广应用，获得2009年度中国铁道学会科学技术一等奖。中铁轨道系统集团公司面向全国招聘科研人员100余名，组建7个专业研究所，已具备生产盾构机等施工机械的能力，开发了高速道岔等核心产品。昆明中铁大型养路机械集团公司不断提高铁路养护设备国产化率，始终占据铁路养护设备的高端领域。中铁建电气化局集团公司承担的"高速电气化铁路新型接触线研制"项目达到世界领先水平。中国土木工程集团公司，中铁二十二局、二十四局、二十五局集团公司，中铁建电气化局集团公司和中铁轨道系统集团公司6家技术中心通过省级认定，全系统通过省级认定的技术中心达到20家。参建的上海铁路南站、北京至天津城际轨道交通工程（北京南站改扩建工程）、合肥至南京铁路、苏州绕城高速公路（西南段）、京杭运河常州市区段改线工程获中国土木工程詹天佑大奖，青藏铁路多年冻土区工程地质勘察、青藏铁路格尔木至拉萨段总体设计、青藏铁路拉萨站站房、包茂高速公路秦岭终南山特长隧道综合工程设计获国家级勘察设计"四优"奖，获省部级科技进步奖59项、国家级勘察设计"四优"奖5项，授权专利140项，28项工法被认定为国家级工法。

【工程创优】 2009年，中国铁建本着"落实过程精品，强化岗位责任，切实提高质量管理水平"的指导思想，坚持源头抓起，加强过程控制，提高项目整体履约能力，总体质量形势稳步提升，工程创优成效显著。年内创火车头优质工程63项、国家级优质工程20项。其中，新建遂宁至重庆铁路工程、新建成都北编组站工程、中国铁建大厦工程、敦煌站综合工程、北京地铁5号线工程、山东泰安抽水蓄能电站工程获中国建设工程鲁班奖；南京长江第三大桥工程获国家优质工程金质奖，浙赣铁路电气化提速改造工程——温厚特大桥、新建井冈山铁路井冈山市站工程、新建青藏铁路格尔木至拉萨段电力工程（格尔木至唐古拉北段）、青藏铁路22标段那曲以桥代路特大桥工程、河南省济（源）焦（作）新（乡）高速公司济源至焦作段工程、国道213线云南思茅至小勐养高速公路工程、苏州工业园区南环路东延工程、合肥市金寨路高架桥工程、济南段店互通立交桥工程、青岛滨海公路仰口隧道工程、宁淮高速公路南京六合南互通立交工程、天津华能杨柳青热电有限责任公司四期工程、华能中电威海风力发电49.5MW风力发电场工程获国家优质工程银质奖。京津城际铁路、大秦铁路、成昆铁路、青藏铁路、引滦入津工程、东深供水改造工程、沈阳至大连高速公路、江苏润扬长江公路大桥、芜湖长江大桥、乌鞘岭特长铁路隧道、北京地铁1号线、南京车站12项工程被评为新中国成立60周年全国百项经典和精品工程。

【工程施工】 2009年，中国铁建完成施工总产值3298亿元，其中境内工程完成施工产值3077亿元，占施工总产值的93.3％。全年完成实物工程量为历年之最。其中，土石方101203万立方米，隧道1126公里，桥梁1992公里，正线铺轨3971公里，公路1797公里，通信线路13108条公里，供电线路8838公里，房屋建筑面积2110万平方米。年内，确定国内重点工程23项，多项重难点工程已完工或取得重大突破。广州新客站提前8天完成任务，确保了武广铁路客运专线开通运营；南京长江隧道双线贯通，水下隧道施工技术日趋成熟；宜万铁路齐岳山隧道顺利贯通，攻克世界罕见高风险隧道施工难题；郑西、石太、合武铁路客运专线，襄渝二线、甬台温、温福和福厦铁路建成通车；京沪高速铁路，京石、石武、宜万、向莆、广深港铁路客运专线，沪宁、广珠、昌九城际铁路，厦深、渝利铁路，厦门翔安隧道等项目，进展顺利；吐库铁路二线中天山隧道、天津西站至天津站地下直径线、锦屏电站引水隧洞等项目稳步推进。

【房地产开发】 根据2007年中国铁道建筑总公司工作会议确定的"积极推进结构调整，整合资源，优化重组，构建创效板块"的发展战略，中国铁建将房地产板块列为公司六大创效板块之一，制定《中国铁建股份有限公司房地产开发经营发展规划》，按照"积极稳妥、重点突破、整体跟进、广泛合作、规模发展"的发展战略，确定由区域性房地产开发商发展成为全国一流的房地产发展商的总体目标。截至2009年底，中国铁建分别在北京、天津、重庆、贵阳、南宁、成都、合肥、长春、济南、厦门、南京、西安等22个城市拥有32个房地产开发项目，建设用地总面积7010亩，规划总建筑面积1392万平方米，先后打造了"中国铁建国际城"、"中国铁建原香小镇"、"中国铁建山语城"等房地产项目品牌。2009年，房地产销售面积76万平方米，实现营业收入26.11亿元，营业利润9.32亿元。

【海外承包】 2009年，中国铁建继续贯彻国家"走出去"战略，在大力发展海外自营能力的同时，紧跟中国铁路"走出去"的步伐，积极开拓海外市场，带动劳务、设备及技术出口，海外市场份额不断扩大。全年承揽海外工程72项，新签合同额597

亿元，占新签合同总额的9.9%，比2008年增长41.7%；完成海外营业收入223亿元，占营业总收入的6.27%，比2008年增长29.65%；完成施工产值221亿元，占施工总产值的6.7%。沙特阿拉伯麦加轻轨项目是中沙两国元首见证签约的标志性项目，工期紧迫、任务繁重、环境复杂，年内土建工程取得重大突破，大部分工期节点按计划要求快速推进。尼日利亚阿布贾城市铁路工程采用中国技术标准，年内工程全面铺开。阿尔及利亚55公里铁路新线项目、175公里电气化铁路新线项目设计和施工工作积极推进。土耳其安卡拉至伊斯坦布尔高速铁路二期工程进展顺利。沙特阿拉伯南北铁路完成合同投资5.24亿美元的62.8%。

【信息化建设】 2009年，中国铁建把信息化建设提升到更加突出的位置全力推行，设立信息中心，发布《中国铁建信息化规划纲要》和《中国铁建信息化项目建设行动指南》，明确信息化蓝图、目标、行动路线和建设模式。按照"高起点、高标准、高效率、低成本"的建设方针，建立覆盖全部二级单位和部分三级单位的全数字高清视频会议系统，引进推广使用工程经营信息管理系统，启动远程视频监控平台、协同办公系统、人力资源管理系统建设。年内有18家集团公司建设协同办公系统，13家集团公司开始建设综合施工项目管理系统。信息化建设带来的综合效益正在逐步显现。

【履行社会责任】 ①诚信纳税。全年缴纳各类税金124.93亿元，同比增长43.63%。②创造社会就业。年内，公司使用外部劳务、解决农村劳动力就业约200万人，为农民致富和新农村建设做出积极贡献；在海外雇佣当地管理人员2158人、劳务23752人，不但改善了当地雇员家庭经济状况，解决了当地政府的就业问题，而且为当地政府培养了一大批技术人才，极大地促进了当地经济的发展。中国铁建"融入当地社会，实现和谐发展"实践经验，被国资委评为"中央企业优秀社会责任实践"。③支持社会公益事业。公司按照国务院扶贫领导小组和国资委的扶贫要求，结合帮扶地区河北省万全县、尚义县，新疆维吾尔自治区阿尔泰市的实际情况，派专职人员挂职扶贫，积极做好招商引资、劳动技能培训及复转军人安置等工作，并投资80余万元用于建设、扶贫和救灾工作。继续开展"金秋助学"活动，资助困难及受灾职工子女2197人，发放助学金507.57万元；资助困难农民工子女87人，发放助学金15.63万元。积极参与"希望工程"等支教助学活动，全年投入资金354万元。年内，中国铁建获"中国优秀企业公民奖"。④参与灾后重建。中国铁建在"有你，更有力量——责任与担当·纪念汶川地震1周年"高层论坛上，因"提前打通灾区生命线都汶公路工程"等22个项目，获得"抗震救灾可持续发展项目"大奖，公司是惟一获奖的建筑类企业。

【应对金融危机】 2009年，中国铁建面对国际金融危机的冲击和严峻复杂的经济形势，敏锐研判，客观分析，确定"抢抓机遇保增长，调整优化上水平，加强管控增效益，深化改革转机制"四大任务。公司在危机中抢抓机遇，在快速发展中调整结构，在学习实践中确定战略，在探索试点中规范运行，在动态调整中优化班子，在主动适应中加强党建。7月25日，中共中央总书记、国家主席胡锦涛在视察中国铁建全资子公司昆明中铁大型养路机械集团公司时充分肯定中国铁建取得的重大成绩，表扬中国铁建在国际金融危机的严峻形势下，企业仍然保持一片生机；在视察中国铁建BT项目昆明二环改扩建工程时，寄语中国铁建："建优质工程，树企业形象。"

（中国铁建股份有限公司　撰稿人：杨启燕）

中国水利水电建设集团公司

【公司概况】 中国水利水电建设集团公司（Sinohydro Corporation）是国务院国有资产管理委员会管理的、跨国经营的综合性大型企业，是中国规模最大、科技水平领先、最具实力、行业品牌影响力最强的水利水电建设企业。具有国家施工总承包特级企业资质、对外工程承包经营权、进出口贸易权、AAA级信用等级，被商务部列为重点支持发展的大型外经企业。2009年，在"中国企业500强"中排名第89位；在全球最大225家国际工程承包商中排名第56位；在中国对外承包工程企业中排名第5位。

中国水电集团始建于20世纪50年代初,时称燃料工业部水力发电建设总局,后在国家部委机构调整中,几经合并、拆分,名称和隶属关系有所变化。2002年12月,在国家电力体制改革中经国务院批准正式改组为中国水利水电建设集团公司,成为由国务院国资委监管的中央企业。

截至2009年底,集团公司总资产达1022亿元,净资产156亿元,在中国各大区域设有18个全资子公司,9个控股公司,2个参股公司,在世界48个国家设有驻外机构。

公司具有世界一流的综合工程建设施工能力:具备年完成土石方开挖60000万立方米、混凝土浇筑3000万立方米、水轮发电机组安装2000万千瓦、水工金属结构制作安装100万吨、地基基础处理灌浆508万米、防渗墙54万立方米的综合施工能力。

公司主要从事国内外水利水电建设工程的总承包和相关的勘测设计、施工、咨询、监理等配套服务,以及机电设备、工程机械的制造、安装、贸易业务,电力、公路、铁路、港口与航道、机场和房屋建筑、市政公用、城市轨道等方面的工程设计、施工、咨询和监理业务;投融资业务;房地产开发经营业务;进出口贸易业务等。

自20世纪50年代以来,集团公司承担了国内65%以上的大中型水利水电工程的建设任务,参建了长江三峡等上百座世界瞩目的巨型水电站,总装机容量突破1.3亿千瓦,占全国水电装机总量1.97亿千瓦的近70%,为中国常规水电装机容量、水电在建规模跃居世界第一做出了突出贡献。公司承建的多项工程获得了国家及地方政府颁发的鲁班奖、国家优质工程金质奖、银质奖、优秀工程奖。在交通、市政、工业与民用建筑等非水电建筑领域也取得了显著业绩,2008年中标京沪高速铁路工程对集团公司全面开拓非水电建筑市场产生了深远影响,在世界建筑市场进一步彰显了"中国水电"的品牌。

丰富的工程实践和勇于创新的科学精神,使集团公司攻克了一系列世界级的技术难题,掌握和创造了具有国际先进水平的水利水电工程及相关建筑领域的施工技术。伴随着中国水利水电建设事业的成长和企业自身的不断发展壮大,集团公司的整体技术实力已经处于世界同行业先进水平。

集团公司积极推进国际化战略,是中国水电产业"走出去"的排头兵和中国企业"走出去"的重要力量,先后在亚、非、欧、美的50多个国家和地区进行了工程承包建设和经济技术合作,拥有全球50%的水利水电建设市场份额。2009年,在中国对外承包工程企业中以营业额排名位列第5位,"中国水电"已成为国际上水利水电建设的第一品牌和行业代表。

集团公司在从事工程建设的同时,积极稳健地开展融投资业务,投资建设了水电、煤电、风电等一批优质能源项目和房地产开发项目、BOT高速公路项目。截至2009年底,集团公司投资规模稳步扩大,控股及参股在建电力项目总装机容量约918万千瓦,其中权益装机659万千瓦。房地产业投资在建项目7个,规划建筑面积近160万平方米,投资总规模80余亿元,"中国水电地产"品牌已经树立。集团建筑总承包业务形成国内水电、国内非水电、国际业务"三足鼎立"的格局,已由过去单一的水利水电施工企业初步发展成为集工程承包,水电、风电能源投资开发,国际经营及房地产开发协调发展的综合型大型跨国企业集团。

以科学发展观为指导,集团公司确立了全面建设"行业领先,管理一流,品牌影响力明显,具有持续成长性和较强国际竞争力的质量效益型跨国企业集团"的发展目标。

集团公司于2009年11月实现了整体改制,与中国水电顾问集团公司共同发起创立了中国水利水电建设股份有限公司。股份公司的治理结构、组织架构和制度体系、运作规则已初步建立。这是集团公司由传统国企向现代企业制度转型的一个重要里程碑。

【2009年改革发展情况】 2009年是进入新世纪以来我国经济发展最为艰难的一年,也是公司发展进程中极为重要的一年。公司上下以深入学习实践科学发展观活动为强大动力,积极应对国际金融危机的严峻挑战和建筑行业发展的新形势,齐心协力,顽强拼搏,各项工作取得了积极进展,保持了持续快速发展势头,取得了显著成绩。

【营业收入持续增长】 2009年,公司实现营业总收入778.61亿元,为年计划的109.93%,比2008年增长28.04%。其中,国内水电建筑业营业收入335.57亿元,比2008年增长2.35%,占总营业收入的43.10%;国内非水电建筑业营业收入208.65亿元,比2008年增长56%,占总营业收入的26.8%;国际业务营业收入193.17亿元,比2008年增长31.8%,占总营业收入的24.81%。营业收入按行业板块划分:建筑业94.41%,其中:水电建筑51.60%,非水电建筑42.81%;设计制造0.73%;发电2.10%;房地产0.96%;租赁0.38%;其他业务1.41%。

【市场开发成效显著】 实现新签合同额929.88亿元,是年计划的131.9%。合同存量为1787.26亿元(其中国内水电688.95亿元,国内非水电358亿元,国际740.05亿元,国内水电仍然保持核心主业位置,国际业务合同存量首次超过国内水电),比2008年年末增长15.5%。新签国内水电工程合同额346.70亿元,同比增长7.13%,占总签约额的38%;新签国际项目合同额375.61亿元,同比增长25.5%,占总签约额的40.49%;新签国内非水电建筑合同额207.57亿元,占总签约额的22%。新签合同额总量比2008年减少4%,主要由于中标国内非水电建筑大项目减少。

【经营效益大幅提升】 实现利润总额30.74亿元,比2008年增长90.23%。其中,国内业务实现利润11.53亿元,占利润总额的37.5%;国际业务实现利润19.21亿元,占利润总额的62.5%。子公司盈利面为82%,较2008年增加6个百分点。利润总额按业务板块细分为:建筑77.38%,其中:水电建筑51.47%,非水电建筑25.91%;电力投资16.03%;房地产2.56%;租赁1.48%;设计制造1.22%;其他业务1.32%。

【经营质量继续提高】 公司总资产突破1000亿元大关,达到1022.63亿元,比2008年增长33.88%。净资产增加到156.05亿元。营业收入利润率3.95%,成本费用利润率4.11%,净资产收益率12.95%,国有资产保值增值率152.96%。资产负债率同比下降1.91%。全员劳动生产率60.55万元/人·年,同比增长19.56%。在岗员工人均工资40081元,同比增长14.98%。公司全年上缴各种税金35.59亿元。

【水利水电建筑业务板块得到巩固发展】 ①公司在国内水利水电建筑市场营销的逆境中奋发有为,继续巩固保持行业主导地位,彰显了"中国水电建设第一品牌"的核心竞争力优势。在水电站招标项目减少,水电市场竞争更为激烈的情况下,公司采取积极有效措施,进一步提高业主对公司统筹协调的理解和信任,实现水电项目新签合同214.7亿元,水利项目新签合同132亿元,中标机组安装98台,占招标机组的75.4%,中标装机容量3664万千瓦,占招标总装机容量的67.6%,确保公司在国内水利水电建筑市场的主导地位。②水电建筑业务经营质量有了很大提高,经营利润水平继续好转。③水电在建项目进展顺利,国内国际大型水电建筑项目履约良好,质量、安全等总体受控,全年完成国内水电机组安装119台,总装机容量1934万千瓦。截至2009年底,公司累计完成水电装机容量1.3亿千瓦,为我国绿色能源开发和低碳经济发展做出了历史性重大贡献。

【国际经营业务板块持续快速健康发展】 面对国际金融危机的严重冲击和国际市场大环境萧条的挑战,公司坚定实施国际业务优先发展战略,推动、引导各子公司继续大力开拓国际市场,国际市场空间不断拓展,市场份额不断扩大,国际业务经营管理水平进一步提升。公司新签约国际项目59个,成功开辟了贝宁、多哥、马里、科特迪瓦、科威特、厄瓜多尔等10国市场,并积极开发南部非洲市场及拉美市场,初步形成了9个以项目群为特点的大型国别市场。成立了卡塔尔、安哥拉、利比亚三个区域业务总部,推动公司国际业务向区域化管理方式的转型。公司在48个国家有在建项目211个,合同总额1029.49亿元。在45个国家设立了57个驻外机构。国际业务涵盖了水利水电、非水利水电和投资项目,形成了业务多元化格局。海外投资业务稳步推进,经营业务升级取得新突破。在海外投资建设的电站装机31万千瓦,已签订电源占有协议的项目计划装机约500万千瓦。公司投资兴建的老挝甘蒙塔克水泥厂运行顺利,2009年销售水泥46万吨,营业收入超2650万美元。老挝万象平原钾盐矿首期年产12万吨钾盐生产项目开始建设。公司参股的刚果(金)铜钴矿项目完成可研编制等待批复。公司在国际经营项目中高度重视合同履约,持续打造"中国水电"国际知名品牌,公司的国际声誉和影响力进一步彰显。

【非水电建筑业务板块持续增长】 按照"大集团、大土木、大市场、大品牌"的战略思路,公司加快推进经营结构的战略性调整和优化转型,确立了基础设施业务在公司持续发展中的重要战略定位。加强了基础设施业务的经营管控,完善了基础设施业务发展战略、具体考核措施及支持政策,从制度和机制上促进各子公司在基础设施业务领域加快发展,使基础设施建筑业务成为公司重要的经济增长源。在铁路市场方面,京沪高铁等铁路项目的带动作用进一步彰显,铁路市场开发取得新的进展,以29.5亿元中标新建南宁至广州铁路5标段,以49.4亿元中标南京至杭州铁路客运专线2标段,实现了公司在铁路建设业务领域的进一步拓展。在公路市场方面,中标了广东惠深高速公路路面工程,实现新的突破。在城市轨道交通市场方面,中标西安地铁一号线10标段工程,进一步巩固了公司在西北区域轨道交通领域的市场地位,也为公司纵深开拓轨道交通市场奠定了基础。京沪高铁项目在各参建子公司的大力支持下，经过全体员工顽强拼搏，质量、安全总体受控，履约良好，得到了业主、监理等相关方的肯定和认同。港口航道疏浚吹填业务在市场开拓、设备配置、资源整合方面取得新进步，发展向好。租赁业务以融资租赁为核心，向经营租赁、贸易租赁业务发展，经营质量效益有新的提升。

【国内投资业务板块稳步发展】 按照经营结构调整战略总体部署，公司审时度势，采取系统性有效措施，调整投资方向，优化投资结构，稳健、审慎、重点推进新能源、房地产、基础设施领域投资发展。投资业务板块已经成为公司经营性资本集中区域和营业收入增长源。截至2009年底，公司控股开发项目共59个，其中电站项目43个、房地产项目10个、路桥项目4个、股权投资水务项目1个、国外水泥项目1个。控股开发电力项目总装机容量约918万千瓦，权益装机约659万千瓦，投产运营电力项目总容量约245万千瓦，项目涉及总投资规模约678亿元。重点投资项目建设取得新突破：沙湾水电站及洪一、色尔古电站共8台机组提前投产发电。长岭风电二期10万千瓦项目全部投产，酒泉瓜州风电20万千瓦项目完成了项目核准和前期工作。华亭火电项目二期扩建前期工作取得新进展，崇信2×60万千瓦火电项目继续推进。路桥项目开发投资总额约166亿元，开发总里程达175公里，武邵高速、邛名高速、成简快速公路项目建设有序推进。房地产开发项目初步形成了全国性的战略布局，2009年实现营业收入9.97亿元，较2008年有较大幅度增长，"中国水电地产"品牌在行业内也有了一定的知名度。

【整体改制上市工作取得重大进展】 2009年，公司把加快公司制股份制改革步伐，推进公司整体改制上市作为拓宽企业发展平台、创新机制体制、提升企业核心竞争力、推进企业科学发展上水平的一项重要工作来抓。2009年11月27日，中国水利水电建设股份有限公司胜利召开创立大会，提前实现了"跨越工程""12.31"节点目标，这是公司整体改制上市工作具有实质意义的重大阶段性成果，为实现"跨越工程"的最终目标奠定了工作基础，为公司科学发展上水平奠定了体制基础，在公司改革发展历史上具有里程碑意义。

【公司发展战略的引领作用明显，控制力、凝聚力不断增强】 围绕建设具有较强国际竞争力的质量效益型跨国企业集团的战略目标，继续加强集团化建设，战略管控坚持一手抓内部经济关系、利益关系的管控调整，另一手抓公司发展战略及管理制度的落实、企业发展方向的把握、出资人意志的实现。坚持科学、规范、有序、高效、受控的管控原则，做到政令畅通，保证战略落地。公司发展战略的引领作用有效发挥，发展方向和重大经营活动受控，使公司资源的利用效率及经营效益大幅提升。

【与相关企业的重组工作继续推进】 于2009年12月10日签署了辽宁省水利水电工程局整体无偿划转集团公司的协议，已经得到国务院国资委批准。与广西水电工程局的重组工作已经取得积极进展。与同类业务企业的重组有利于强化公司的行业地位，有利于区域市场的战略布局。

【财务资金管理不断加强，公司风险管控体系继续完善】 全面执行《企业会计准则》，财务及资产管理制度进一步完善。《建造合同准则》的推行取得积极进展。规范了会计核算，加强了应收账款的催收管理。开展对控股公司的财务监管，促进财务管理在规范、安全等方面上水平。加强产权管理，对资产购置和处置增强审核力度。资金预算管理、资金监管和融资管控进一步强化。加强现金流的集中监控和管理，提高了资金集约化水平。加强对国际经营风险的系统性防范，制订应急预案，对银行和业主支付能力、资金、汇率、保函和担保、安全、履约等方面的风险实行重点防控，对在建国际项目进行系统风险源排查，加强国际业务资金管控力度特别是国外应收款回收。实行更加严格的融资计划审批制度，确保了公司的负债规模整体受控，担保规模得到有效控制。成功发行了五年期企业债券和一年期融资券。深化高端银企关系，拓宽了融资渠道，在各银行的授信额度达到2285亿元，进一步改善了公司外部融资环境。

【管理重心向项目前移，精益化管理取得新进展】 坚定不移地走质量效益型发展之路，不断健全完善经营管理制度并加强落实，推动实施目标成本管理和项目精细化管理。推动子公司从管理构架、管理流程、管控手段、管理方法、资源配置等方面进行变革、调整、优化，消除制约发展方式转变的管理体制、经营机制障碍，把工作重点前移，工作重心下移，着力解决经营管理中的突出问题，提高了项目经营质量和效益，促进了企业经营管理水平的有效提升。在京沪、贵广、南广等铁路项目着力推动架子队管理模式，优化资源配置，促进了项目的精益化管理。公司成立了科学管理委员会，进一步推动公司管理转型升级上水平。

【业绩考核制度不断深化，激励约束机制进一步优化】发挥业绩考核制度的战略导向与杠杆作用，以正确的业绩观落实科学发展观，推行分类考核、分类指导，试行 EVA 考核制度，逐步建立经营业绩考核的长效机制，加快转变粗放的经营模式。完善激励约束机制，强化业绩考核的客观性、严肃性。加强了效能监察工作，强化对各子公司主要负责人的离任和任期经济责任审计、评价，加了对投资项目、非水电项目的监督力度，强化对国际项目的审计监督。

【选人用人新机制不断健全，人事用工向市场化改革方向进一步转变】 继续推进"面向社会，内部优先，公开竞争，优中择优"的人才选聘工作，选拔、引进、调整、交流了一批企业领导人员和专业技术人才，为实现公司战略目标提供优秀的人才支持。进一步健全干部考核机制并加强对企业领导班子和领导人员的考核工作，进一步规范薪酬管理并推动市场化薪酬制度改革。对企业领导人员进行轮训，促进了企业高管人员综合素质的提高。

【依法治企工作不断推进】 法律风险防范工作契合经营管理需要进一步加强，历史遗留法律纠纷处理取得明显成效，为公司在高风险期持续稳步发展发挥了积极作用。

【设备物资集团化采购与管理进一步规范】 按照"围绕集团战略，防范采购风险，建设两个平台，夯实两项基础，实现两个创新"的工作思路，创新管理模式、优化资源配置，工作有序有力，设备物资的规范化管理进一步加强。

【信息化整体水平显著提高】 实现与各子公司的 VPN 广域网连接，为经营管理系统的部署和实施提供基础保证，公司核心业务管理系统在特级资质子公司全面推广，公司信息化整体水平显著提高。2009 年，在国资委组织的中央企业信息化水平评测中达到了 B 级，位列中央企业第 34 名。在中央企业网站绩效评估中，公司网站被评为 A 级，位列中央企业第 3 名。

【积极履行企业社会责任】 公司坚持互利共赢的开放战略，积极构建社会责任体系，关注和谐企业建设。公司"5.12"特大地震灾后恢复重建工作进展顺利，生产经营恢复工作基本完成，灾区办公与生活设施恢复重建工作全部完成。加大节能减排工作力度，完成了国资委的考核目标。2009 年，公司荣获中国对外承包工程企业社会责任奖。

【安全管理不断强化，安全生产形势持续稳定】 以"安全生产年"活动为主线，着力推进安全生产责任制的健全完善和履责落实，深入开展安全生产"三项行动"，全面加强"三项建设"，推进安全生产管理工作标准化。与 2008 年相比，安全生产责任事故伤亡人数下降，未发生较大以上安全生产责任事故。工程质量管理进一步加强，质量标准得到有效执行，工程技术管理和现场控制得到强化。

【保持行业科技领先地位，自主创新能力不断提升】 公司科技创新体系作用有效发挥，科技资源配置得到优化，新材料、新技术、新工艺、新装备的推广应用，促进了质量、安全、环保管理上水平，实现了较好的经济效益和社会效益。科技创新投入加大，自主创新能力不断增强，取得一批先进科技成果。公司承建的山东泰安抽水蓄能电站、西安市黑河金盆水利枢纽工程、海南省大隆水利枢纽工程、伊朗塔里干水利枢纽工程获得鲁班奖；公伯峡水电站工程等 3 项工程荣获国家优质工程金奖和银奖；小浪底斜心墙堆石坝、紫坪铺面板堆石坝获得国际堆石坝工程里程碑工程奖；获得中国电力优质工程奖 7 项、中国水利工程优质（大禹）奖 3 项、"新中国成立 60 周年百项经典暨精品工程" 12 项；获得国家发明专利 9 项、实用新型专利 55 项。

（中国水电建设股份公司史志办公室　撰稿人　冯有维）

中国有色矿业集团有限公司

【企业概况】 中国有色矿业集团有限公司（简称"中国有色集团"，英文缩写"CNMC"）成立于 1983 年，是国务院国资委管理的大型中央企业。主营业务为：有色金属矿产资源开发、建筑工程、相关贸易及技术服务。在国内拥有中色股份（000758）和东方钼业（000962）两家上市公司。

中国有色集团已建成投产的境外有色金属矿业项目有：赞比亚谦比希铜矿、谦比希 15 万吨铜冶炼厂、谦比希湿法炼铜厂、谦比希硫磺制酸厂、蒙古国图木尔廷敖包锌矿、泰国泰中铅锑合金厂等。正在建设和开发的项目有：赞比亚中国经济贸易合作区、赞比亚谦比希铜矿西矿体、赞比亚卢安夏铜矿穆利亚希项目、缅甸达贡山镍矿、老挝铝土矿、吉尔吉斯斯坦金矿等。此外，还在跟踪洽谈一批有色资源风险探矿和开发项目，以多种形式开展铜、铝、铅、锌、镍、钽、铌、铍等境外有色矿业领域的投资合作。

中国有色集团在周边国家、中南部非洲、矿业资本发达国家和地区形成了一定规模的有色金属矿产资源开发布局，拥有境外重有色金属资源量1600万吨，铝土矿资源量逾3亿吨；正在跟踪的重有色金属资源量近8000万吨，铝土矿资源量20亿吨，是开展境外有色矿业领域投资合作最多的中国企业，"十一五"期间对外投资将超过20亿美元，拉动国内设备物资出口超过12亿美元。

中国有色集团在国内的企业稳步发展，实现了国内外业务整体联动，与天津、内蒙古、辽宁、宁夏、江西、广西、山东等地区形成了良好的合作关系。公司所属的中国有色集团抚顺红透山矿业有限公司是东北地区最大的铜矿企业；中色（宁夏）东方集团有限公司是我国最大的钽、铌生产基地和惟一的铍科研生产基地，位居世界钽冶炼加工企业前三位；柳州中色锌品有限责任公司正在努力建设成为大型综合有色金属加工企业，打造国际知名的氧化锌品牌；中国有色（沈阳）冶金机械有限公司是我国有色及钢铁冶金机械装备制造基地，形成了隔膜泵、多功能天车、有色冶金设备等三项主导产品，是我国隔膜泵产量最大、质量最好的企业，产品国内市场占有率超过90%，畅销十余个国家；中色奥博特铜铝业有限公司是国家级高新技术企业和山东省最大的铜材加工企业；中国有色集团以赤峰库博红烨锌冶炼工程和白音诺尔铅锌矿为基础，建设我国北方大型有色金属产业基地。

中国有色集团在国际工程承包领域享有广泛的声誉，先后在亚非等国家和地区承接了伊朗法亚布铁合金厂、亚兹德锌冶炼厂、哈通阿巴德铜冶炼厂、佳加姆氧化铝厂、阿拉克电解铝厂、越南生权铜矿、哈萨克斯坦电解铝厂、赞比亚KCM竖井工程、阿尔及利亚高速公路等重大工程。控股的中色股份连续多年入选美国《工程新闻纪录》(ENR)评选的"全球225家最大国际工程承包商"，并跻身"全球设计公司200强"。中国十五冶在全国30个省（直辖市、自治区）、100多个县、市，建成各类大中型项目400多个，多次荣获鲁班奖、国家优质工程银质奖，创造了多项中国企业新纪录。目前，中国有色集团以旗下中色股份的总承包、中国十五冶的施工、沈阳设计院和中国瑞林的设计研发、鑫诚监理公司的监理、沈冶机械公司的装备制造等优势业务为代表，形成了综合实力强大的工程承包一条龙服务体系，在国际工程承包市场特别是亚洲工程承包市场具有了一定的知名度和影响力，在境内外获得了广泛的认知和信任，拥有了建筑工程业务的独特优势和特色。

中国有色集团相关贸易及服务业务涵盖铜、铝、铅、锌、镍、黄金等20多个有色金属品种，辐射能源、化工原料、钢材、建材、煤炭及旅游、会展、宾馆等多个领域，与南非、美国、土耳其、菲律宾、赞比亚、蒙古等十多个国家的企业建立了良好的合作关系，引领国内重要机电产品及技术走向国际市场，已经实现了重点突出、多元经营的贸易服务业务布局。

截至2009年底，中国有色集团的资产总额、主营业务收入、利润总额分别是2005年的5倍、4.4倍和3倍，荣获国务院国资委颁发的"绩效进步特别奖"、中华全国总工会授予的"全国五一劳动奖状"。中国有色集团正以昂扬的姿态全力打造具有国际竞争力和影响力的有色金属矿业集团。

【2009年建筑工程业务经营发展情况】 2009年，在市场需求一度急剧萎缩、产品销售不畅的情况下，中国有色集团全面贯彻落实科学发展观，及时调整生产经营部署和策略，科学安排生产经营，大力降本增效，较好地适应了市场变化，掌握了工作主动权。建筑工程业呈现稳步发展态势。

在金融危机造成的国际工程承包市场萎缩、风险增大、竞争加剧等不利条件下，建筑工程企业以学习实践科学发展观活动为契机，加快在建项目建设，继续巩固传统市场，积极开拓新兴市场，努力争取新项目，各项工作取得了积极进展。中色股份公司贯彻落实国际工程承包业务开发与执行一体化战略，工程承包业务在逆境中取得突破。在积极执行好哈铝项目二期工程，实现哈铝项目深度开发的基础上，成功签署伊朗佳加姆11万吨电解铝项目及其供电整流合同，合同额超过6000万欧元，合同供货范围内的设备将绝大部分从中国采购。成功签署哈铜黄金公司吉尔吉斯黄金选厂项目，合同额3000万美元，在中亚市场实现了新的突破。

中国十五冶加强国内外市场开拓取得积极成效，继续坚持"大市场、大客户、大项目"营销主方向不动摇，在冶炼、房建等施工领域，承接1亿元以上项目超过17项，合同值达51亿元。紧紧抓住国家加大基础设施建设的重大历史机遇，积极调整经营结构，重点切入新市场，承接了广西六钦、宁德宁武等高速公路和沪宁城际铁路工程项目。同时，国外市场开发也保持了强劲势头，签署了沙特铜锌矿等多个项目，累计合同额达30亿元。中国十五冶承建的江铜30万吨铜冶炼工程荣获新中国成立60周年"百项经典建设工程"，赞比亚谦比希15万吨粗铜冶炼工程荣获中国首批境外建设工程鲁班奖，创国家级优质工程3项，省部级优质工程17项。鑫诚监理公司外抓市场、内抓管理，监理服务质量和项目管理水平进一步提高，各项经营指标再创历史新高。

【年度经济技术指标完成情况】 2009年，中国有色集团营业收入较上年增长56%；累计实现利润总额较上年增长16.67%；实现归属于母公司所有者净利润较上年增长39.78%；全年净资产收益率为12.43%，高于上年1.63个百分点；年末资产总额较上年年末增长55.82%；年末归属于母公司所有者权益较上年年末增长26.60%，实现了国有资产的保值增值。

2009年，中国有色集团有色金属产品产量52.56万吨，比上年增加22.3万吨，同比增长59.40%，其中，海外有色金属产品16.88万吨，比上年增加5.71万吨，同比增长51.12%；全年累计销售有色金属产品50.74万吨，产销率为96.54%，其中，海外有色金属产品销量16.3万吨，产销率为96.56%；年底产成品库存5.56万吨，其中海外产成品库存1.14万吨。

2009年，中国有色集团建筑工程业务实现营业额较上年增长12%，建筑业占全部营业收入的41.47%，较上年提高11.32个百分点。

中国有色集团2009年全年能源消费总量为37.85万吨标煤，综合能源消费量21.51万吨标煤，万元总产值综合能耗0.344吨标煤，比上年同期减少5.24%；万元营业收入综合能耗0.03吨标煤，比上年同期减少8.99%；SO_2排放量2005.83吨，比上年同期减少2.14%；COD排放量282.16吨，比上年同期减少8.51%。其中，中国有色集团建筑业2009年能源消费总量1.25万吨标煤、万元营业收入能耗0.028吨标煤、SO_2排放量0吨、COD排放量20.63吨。

【年度代表性工程】
① 赞比亚15万吨粗铜冶炼项目

该项目由中国有色集团与云南铜业（集团）有限公司（简称"云铜集团"）共同投资，中国有色集团所属的中国十五冶金建设有限公司全面承建。该项目是中国企业在赞比亚投资的最大项目，是我国在非洲设立的第一个境外经贸合作区—赞比亚中国经济贸易合作区内的重大项目，中非合作论坛北京峰会上被确定为重点建设项目，总投资超过3亿美元。项目建成后将使我国在赞比亚的投资形成采矿、选矿到冶炼的完整产业链。2007年2月4日，胡锦涛总书记访问赞比亚期间听取了中国有色集团总经理罗涛关于谦比希15万吨铜冶炼项目的情况汇报，并与赞比亚时任总统姆瓦纳瓦萨共同为项目揭牌。赞比亚总统班达、我国商务部部长陈德铭、我国驻赞比亚大使李强民等也亲临项目施工现场视察指导。

项目于2006年6月获得国家发改委批准立项，中国有色集团持股60%，云铜集团持股40%；设计规模为年产粗铜15万吨（含铜99%），钴金属2800吨，硫酸40万吨。冶炼采用富氧顶吹浸没熔池熔炼、电炉贫化、转炉吹炼工艺，先进可靠、能耗低、环保指标好，在云铜集团有成熟生产经验。项目总投资为3亿美元。

在历时两年多的建设中，中国有色集团领导多次到工地现场检查指导工程建设和生产准备工作，极大地激发了项目建设者们的工作热情，将项目施工不断推向高潮。中国有色集团及其出资企业谦比希铜冶炼有限公司、中色国际贸易有限公司、鑫诚建设监理咨询有限公司、中国恩菲工程技术有限公司等领导定期组织项目协调会，深入现场、车间，为工程设计、设备、钢结构加工、物资运输排忧解难，使项目建设得以顺利推进。

在非洲内陆国家，参建各方克服工期紧、运输路线长、材料匮乏以及文化差异等诸多困难，用两年的时间使一座现代化的铜冶炼厂矗立在非洲大陆，创造了我国有色金属工业"走出去"历史的一个奇迹。一支由只有20%的熟练工人带领的职工队伍，在很短的时间内，实现了生产流程快速打通和产能快速提升，毫不逊色于发达国家同行业的最高水平，创造了世界有色金属工业历史的又一个奇迹。艾萨炉技术专利持有者艾斯塔公司的技术发展经理布鲁斯先生参观后感慨地说："在全世界所有艾萨工厂中，这是建设速度最快、产量负荷提升最快的一个工厂，也是最漂亮的一座工厂！"

② 缅甸达贡山镍矿项目

缅甸达贡山镍矿是中缅两国政府间第一个矿业合作项目，该矿位于缅甸第二大城市曼德勒市以北220公里处，镍金属资源量约70万吨，项目总投资8

亿美元。2008年7月28日，中国有色集团与缅甸矿业部第三矿业公司在缅甸首都内比都签署缅甸达贡山镍矿生产合同，标志着中缅矿业领域合作的第一个也是我国"十一五"期间在东盟最大的矿业投资项目进入实施阶段。

缅甸达贡山镍矿项目是倍受中缅两国领导人关注的重大项目，自2004年签署勘探和可行性研究协议以来，中国有色集团与缅甸第三矿业公司密切配合、共同努力，提前8个月出色地完成了地质勘探和可行性研究的各项工作。

2009年，缅甸达贡山镍矿建设全面展开。在中色镍业公司、中国十五冶、鑫诚监理公司、中色国贸和恩菲公司等参建单位的共同努力下，项目建设完成了2009年主要任务目标，呈现出"现场施工全面展开、管理体系逐步健全、协作关系不断理顺、精神面貌焕然一新"的良好局面。截至2009年底，达贡山项目累计完成投资1.4亿美元，2009年完成投资1.1亿美元，其中建筑安装工程完成投资5000万美元，完成形象进度24％。

③赞比亚经济贸易合作区建设项目

赞比亚中国经济贸易合作区（简称"合作区"）是我国政府宣布在非洲建设的第一个境外经济贸易合作区，也是赞比亚政府宣布设立的第一个多功能经济区（相当于我国的经济技术开发区），其前身为赞比亚中国有色产业园，是中国有色集团依托赞比亚丰富的资源优势，实施中南部非洲发展战略，于2003年在谦比希地区规划建立的我国第一个境外有色工业园区。2007年2月4日，胡锦涛总书记与时任赞比亚总统姆瓦纳瓦萨共同为合作区揭牌；2010年2月25日，胡锦涛总书记与赞比亚总统班达共同出席合作区卢萨卡分区建设协议签字仪式。

自建立以来，合作区品牌效应不断提升，基础设施建设稳步推进，招商引资工作取得了积极进展，截止到2009年底，合作区已有13家入区企业，协议投资总额8.2亿美元，实际完成投资5.8亿美元。

2009年合作区建设进展：第一，完成了地表、路基建设。2009年3月16日，合作区与中国瑞林工程公司正式签署了产业配套中心区1平方公里基础设施建设施工图设计合同，完成了中心区水电道路施工图设计，并且根据赞比亚道路铺设工艺，制订了合作区道路施工工艺标准，此标准已获得赞比亚道路发展署的批准，大大降低道路投资概算。第二，制订了产业配套中心区供水、供电设施首期建设方案。充分利用谦比希铜冶炼有限公司现有的引水、蓄水和水处理系统，深入了解谦比希铜冶炼有限公司总降压变电站负荷能力和运行情况，制订合作区供水供电设施首期三年建设方案。第三，基特韦中赞高级员工住宅区建设取得进展。该项目于2009年9月28日获得土地证，无偿获得30公顷建设土地。完成了土地界标设立和地形图勘测工作，同时对该区周边的水、电、道路和通讯等配套基础设施进行了调研，为住宅区规划建设做好了准备。第四，卢萨卡分区建设取得进展。已经得到了土地证，无偿获得5.7平方公里的土地，按权属范围完成了土地现状实地踏勘和勘界立桩工作，设立了水准、坐标控制点，完成了地形图测量工作；关于总体规划报告、房地产专项规划报告、可行性研究报告和控制性详细规划报告的规划设计合同已经签署，有关工作正在进行中。

（中国有色矿业集团有限公司）

第九篇

2009 年建设纪事

1月

二手房满两年交易免除营业税 财政部、国税总局联合下发通知，1月1日起，二手房营业税从原本5年才可免除下调为2年即可免除。

开展全国特色景观旅游名镇(村)示范工作 1月4日，住房和城乡建设部、国家旅游局下发《关于开展全国特色景观旅游名镇(村)示范工作的通知》，就开展全国特色景观旅游名镇(村)示范工作作出部署，为全国的镇(村)经济规范化发展提供样板。

保障扩大内需投资建设项目质量和效益 1月6日，住房和城乡建设部下发《关于进一步加强建筑市场监管与服务，保障扩大内需投资建设项目质量和效益的通知》，要求对民生工程、基础设施、生态环境建设和灾后重建等建设项目依法监管，保障建设项目质量和效益。

促进房地产市场健康发展 1月7日，住房和城乡建设部副部长齐骥和国家发改委、财政部、中国人民银行有关负责人在国务院新闻办举行的发布会上介绍了关于促进房地产市场健康发展的有关情况。

37位台湾知名建筑师获大陆一级注册建筑师资格 1月7日，国务院台湾事务办公室举办的新闻发布会透露，李祖原等37位岛内知名资深建筑师已通过全国注册建筑师管理委员会的评估认定，获得了大陆一级注册建筑师资格，可以根据大陆有关政策和法规到大陆申请注册、执业。

全国住房和城乡建设工作会议暨党风廉政、精神文明建设工作会议在北京召开 1月9日，全国住房和城乡建设工作会议暨党风廉政、精神文明建设工作会议在北京召开。会议总结了2008年住房和城乡建设系统的工作，提出了2009年住房和城乡建设系统的总体工作思路，并对2009年住房和城乡建设系统要着力做好的8个方面工作及党风廉政、精神文明建设工作进行了部署。

住房和城乡建设部要求做好防范应对雨雪冰冻灾害工作 1月11日，住房和城乡建设部下发《关于进一步做好防范应对雨雪冰冻以及暴风雪等灾害工作的紧急通知》，要求住房和城乡建设系统切实做好防范应对雨雪冰冻以及暴风雪等灾害工作。

内地与香港房地产经纪人资格互认获重大进展 1月16日，中国房地产估价师与房地产经纪人学会与香港地产代理监管局在北京签署《内地房地产经纪人与香港地产代理专业资格互认备忘录》。根据《备忘录》，首批将有300名内地房地产经纪人取得香港地产代理资格，同时有300名香港地产代理取得内地房地产经纪人资格。

新中国城市雕塑建设成就奖评选 1月19日，住房城乡建设部和文化部联合下发《关于组织开展"新中国城市雕塑建设成就奖"评选工作的通知》，在中华人民共和国成立60周年之际，组织开展"新中国城市雕塑建设成就奖"评选活动。通过评选活动推动和扩大优秀城市雕塑在国内乃至国际的影响，促进新时期城市文化的发展，提升城市软实力。

住房城乡建设部通报2008年建设工程企业资质审查情况 1月21日，住房城乡建设部下发《关于2008年建设工程企业资质审查情况的通报》，通报显示，2008年，住房城乡建设部共审查3320家建设工程企业报送的升级、增项、改制、延续等各类申请，其中，工程勘察设计企业1541家，通过1171家，通过率75.99%；施工企业962家，通过737家，通过率76.61%；工程监理企业522家，通过402家，通过率77.01%；工程招标代理机构644家，通过544家，通过率84.47%；设计施工一体化企业163家，通过113家，通过率69.33%。

2月

住房和城乡建设部进一步加强工程造价(定额)管理工作 2月1日，住房和城乡建设部下发《关于进一步加强工程造价(定额)管理工作的意见》，就进一步明确工程造价(定额)管理机构职责，确保工程造价(定额)管理工作的连续性、稳定性，发挥工程造价(定额)工作在工程建设行政管理中的作用提出具体意见。

2009年住房城乡建设系统精神文明建设工作的意见出台 2月3日，住房和城乡建设部党组出台《关于2009年住房城乡建设系统精神文明建设工作的意见》，就2009年住房城乡建设系统精神文明建设工作提出6项任务。

住房城乡建设部召开深入学习实践科学发展观活动总结大会 2月17日，住房和城乡建设部召开深入学习实践科学发展观活动总结大会。会议对住房和城乡建设部深入学习实践科学发展观活动情况进行了回顾，并就下一步工作做出部署。

《城镇污水处理厂污泥处理处置及污染防治技术政策(试行)》下发 2月18日，住房和城乡建设部、环保部、科技部联合下发通知，要求各地认真执行《城镇污水处理厂污泥处理处置及污染防治技术政策(试行)》，加大投入，加强污水处理厂污泥处理处置新技术研究开发和推广转化工作。

开展全国建设系统建筑施工安全生产检查 2月19日，住房和城乡建设部下发《关于开展建筑施工安全生产检查的通知》，决定即日起至3月底在全国建设系统开展一次建筑施工安全生产检查。

《建筑市场管理条例》起草工作启动 2月20日，住房和城乡建设部建筑市场监管司召开《条例》起草启动工作座谈会。通过《条例》的制定，解决目前法律、规范对于市场主体违法行为界定不清、定性不准、执法效力弱的问题。

加强城镇生活垃圾处理设施建设和运行的管理与监督 2月24日，住房和城乡建设部下发《全国城镇生活垃圾处理信息报告、核查和评估办法》，加强城镇生活垃圾处理设施建设和运行的管理与监督，落实节能减排目标要求。

我国城市轨道交通进入快速发展时期 2月27日召开"2009中国城市轨道交通关键技术论坛"。我国城市轨道交通已经进入一个快速发展时期：北京、上海、广州等15个城市已建和在建线路总长达到1100公里。按每年开工建设100公里至120公里线路的发展速度，到2020年我国城市轨道交通线路将达到2000公里至2500公里。

住房城乡建设部要求进一步做好汶川地震灾区受损城市桥梁隐患处置工作 2月25日，住房和城乡建设部就进一步做好汶川地震灾区受损城市桥梁隐患处置工作下发通知，要求进一步增强受损城市桥梁隐患处置工作的紧迫感，切实做好地震灾区受损城市桥梁隐患处置工作。

3月

国家市政公用设施抗震专项论证专家库名单公布 3月3日，住房和城乡建设部公布了国家市政公用设施抗震专项论证专家库名单。专家库分为综合组、城镇桥梁工程组、隧道工程和地下空间工程组、室外给水排水工程组、燃气热力工程组，专家库名单定期更新。

两部门要求切实做好做好城镇生活垃圾处理信息报送工作 3月17日，住房和城乡建设部和国家发改委联合下发通知，要求各地要切实加强对城镇生活垃圾处理设施建设和运营的指导和监督，做好城镇生活垃圾处理信息报送工作。

《汶川地震灾害地图集》首发 3月18日，全景记录汶川特大地震从灾害发生到灾后恢复重建规划整个过程的大型综合地图集《汶川地震灾害地图集》在北京首发。

切实做好城乡建设抗震防灾工作 3月19日，住房城乡建设部下发通知要求，切实做好城乡建设抗震防灾工作。各地要健全和落实城乡建设抗震防灾管理制度；新建、扩建、改建工程必须严格按照工程建设标准进行抗震设防；要做好现有工程的抗震鉴定与抗震加固工作；强化城市抗震防灾规划和镇、乡、村防灾规划的编制与实施工作。

太阳能光电建筑应用财政补助资金管理 3月23日，财政部下发《太阳能光电建筑应用财政补助资金管理暂行办法》，办法对补助资金使用范围、补助资金支持项目应满足以下条件等作出了明确规定。

两部门加快推进太阳能光电建筑应用 3月23日，财政部、住房和城乡建设部联合就加快推进太阳能光电技术在城乡建筑领域的应用提出实施意见。支持开展光电建筑应用示范，实施"太阳能屋顶计划"，并就实施财政扶持政策、加强建设领域政策扶持等作出规定。

命名第四批"节水型城市" 3月23日，住房城乡建设部和国家发改委共同命名厦门等11个城市为第四批"节水型城市"。

第二批全国文明风景旅游区名单公布 3月24日，中央文明办、住房和城乡建设部、国家旅游局3部门联合召开表彰大会，公布第二批全国文明风景旅游区和全国创建文明风景旅游区工作先进单位名单。有15家单位获得"全国文明风景旅游区"称号，55家单位获得"全国创建文明风景旅游区工作先进单位"称号。

第五届国际智能绿色建筑与建筑节能大会召开 3月27~29日，由住房和城乡建设部、科学技术部、国家发展和改革委员会等部委共同主办的第五届国际智能、绿色建筑与建筑节能大会暨新技术与产品博览会在京举办。展会以"贯彻落实科学发展观，加快推进建筑节能"为主题，旨在贯彻落实党中央国务院关于加强节能减排工作的战略部署，推动智能建筑、绿色建筑领先技术在中国的进一步应用和推广。

住房城乡建设部规范培训办班行为 3月30日，住房城乡建设部发出通知要求，要认真执行部培训办班管理有关规定，凡被举报且造成不良影响的，将予以通报批评并取消其后续培训项目。

4月

全国中小学校舍安全工程正式启动 4月1日，国务院总理温家宝主持召开国务院常务会议，决定正式启动全国中小学校舍安全工程。从2009年起，用3年时间，对地震重点监视防御区、7度以上地震高烈度区、洪涝灾害易发地区、山体滑坡和泥石流等地质灾害易发地区的各级各类城乡中小学存在安全隐患的校舍进行抗震加固、迁移避险，提高综合防灾能力，使学校校舍达到重点设防类抗震设防标准，并符合其他防灾避险安全要求；其他地区按抗震加固、综合防灾要求，集中重建整体出现险情的危房、改造加固局部出现险情的校舍，消除安全隐患。

我国对外承包工程和劳务合作业务再创新高 4月1日，中国对外承包工程商会正式发布《中国对外承包工程/劳务合作发展报告2008/2009》。《报告》显示，2008年我国对外承包工程和劳务合作业务完成营业额和新签合同额再创新高，对外承包工程完成营业额566亿美元，同比增长39.4%；新签合同额1046亿美元，同比增长34.8%。对外劳务合作完成营业额80.6亿美元，同比增长19.1%；新签合同额75.6亿美元，同比增长12.8%，年末在外各类劳务人员74万人。

小浪底水利枢纽工程通过国家竣工验收 4月7日，黄河上最大的水利工程、"八五"期间国家重点建设项目——小浪底水利枢纽工程顺利通过国家竣工验收。该工程与三门峡等水库联合运用，将黄河下游防洪标准由60年一遇提高到千年一遇。

在建城市轨道交通工程安全生产监督检查 4月8日，住房和城乡建设部下发通知，就开展在建城市轨道交通工程安全生产监督检查工作作出部署，此次检查在北京、上海等18个城市进行。

在建地铁工程专业人员质量安全培训拉开序幕 4月9日，住房和城乡建设部下发通知要求对在建地铁工程专业人员进行质量安全培训，2009年首先开展在建地铁工程监理人员质量安全培训工作。

工程项目带动村镇规划一体化实施试点工作启动 4月9日，住房和城乡建设部下发《关于开展工程项目带动村镇规划一体化实施试点的工作要求》，要求各地的试点工作在总结基层依靠自身力量、改善农村人居环境经验的基础上，提出创新村镇规划制定和实施的方法和机制。

两部门专项治理违规变更规划、调整容积率问题 4月10日，住房城乡建设部和监察部联合下发通知，对房地产开发领域违规变更规划、调整容积率问题专项治理工作作出部署。通知要求，力争通过1~2年的专项治理，使审批环节的违纪违法行为明显减少。

住房和城乡建设部部署开展建筑安全生产"三项行动" 4月10日，住房和城乡建设部对开展建筑安全生产"三项行动"下发实施意见，要求进一步加强建筑安全生产工作，促进建筑安全生产形势的稳定好转。

住房和城乡建设部要求进一步加强建筑工程质量监督管理 4月13日，住房和城乡建设部下发《关于进一步加强建筑工程质量监督管理的通知》，要求切实加强质量监督管理，落实质量责任，提高建筑工程质量水平。

全国建设工程质量监督执法检查 4月16日，住房和城乡建设部下发通知，决定2009年在全国范围内开展建设工程质量监督执法检查。

太阳能光电建筑应用示范项目申报有指南 4月16日，财政部、住房和城乡建设部联合下发《关于印发太阳能光电建筑应用示范项目申报指南的通知》，就太阳能光电建筑应用示范项目申报做出明确规定。

住房和城乡建设部部署2009年全国城市节水周活动 4月20日，住房和城乡建设部就2009年全国城市节约用水宣传周活动做出部署。节水周活动时间为5月10~16日，主题是"加强节水减排，促进科学发展"。

公布第二批"绿色建筑设计评价标识"项目名单 4月20日，住房和城乡建设部公布2008年度第二批"绿色建筑设计评价标识"项目名单，深圳万科城四期等4个项目获得"绿色建筑设计评价标识"。

治理房地产开发领域违规变更规划、调整容积率问题专项工作电视电话会议召开 4月24日，住房和城乡建设部、监察部联合在北京召开治理房地产开发领域违规变更规划、调整容积率问题专项工作电视电话会议，对专项治理工作作出全面部署，以从根本上解决城乡规划工作关键环节的腐败问题。

5月

《防震减灾法》开始施行 5月1日，新修订的《防震减灾法》开始施行。《防震减灾法》提出，新建、扩建、改建建设工程应当达到抗震设防要求，学校、医院等人员密集场所的建设工程应当按照高于当地房屋建筑的抗震设防要求进行设计和施工。

2009年扩大农村危房改造试点确定 5月8日，住房和城乡建设部、国家发改委、财政部联合下发《关于2009年扩大农村危房改造试点的指导意见》，就做实、做好扩大农村危房改造试点工作提出具体指导意见。《意见》明确了扩大农村危房改造试点工作的目标任务，对规划的编制与资金的筹集、补助标准和补助对象的确定、农村危房改造的改造方式和建设标准等提出了具体要求。

危险性较大的分部分项工程安全管理有了"紧箍咒" 5月13日，住房和城乡建设部下发关于印发《危险性较大的分部分项工程安全管理办法》的通知，要求各地按照《管理办法》的要求，积极防范和遏制建筑施工生产安全事故的发生。

在建城市轨道交通工程安全生产和市场主体行为督察 5月14日，住房和城乡建设部下发通知，决定5月18~26日，对北京等18个城市在建轨道交通工程开展安全生产督察，同时开展市场主体行为督察。

郭允冲担任住房和城乡建设部副部长、龙新南担任中央纪委驻部纪检组组长、部党组成员 5月15日，住房和城乡建设部召开机关干部、部直属单位、社团负责人大会。部党组书记、部长姜伟新宣读中共中央、国务院、中组部对郭允冲、龙新南同志的任免通知，任命郭允冲同志担任住房和城乡建设部副部长，免去郭允冲同志的中共中央纪委驻住房和城乡建设部纪检组组长职务；任命龙新南同志担任中共中央纪委驻住房和城乡建设部纪检组组长、部党组成员。

2009~2011年廉租住房保障规划出炉 5月22日，住房和城乡建设部、国家发改委、财政部联合下发2009~2011年廉租住房保障规划，要求从2009年起到2011年，争取用3年时间，基本解决747万户现有城市低收入住房困难家庭的住房问题。其中，2008年第四季度已开工建设廉租住房38万套，3年内再新增廉租住房518万套、新增发放租赁补贴191万户。

三种无偿受赠房屋情况免征个税 5月25日，财政部、国家税务总局下发《关于个人无偿受赠房屋有关个人所得税问题的通知》，明确规定了免征个人所得税的三种房屋产权无偿赠与情况，并强调除此以外受赠人因无偿受赠房屋取得的受赠所得，要按20%的税率缴纳个人所得税。

全国建筑业首批AAA级信用企业评出 5月26日，首批全国建筑业AAA级信用企业发布会在京隆重举行，北京市政建设集团有限责任公司等139家企业荣获AAA级信用企业证书。

全国住房城乡建设系统深入开展向崔学选同志学习活动 5月31日，住房和城乡建设部下发《关于在全国住房和城乡建设系统开展向崔学选同志学习活动的决定》，号召在全国住房城乡建设系统深入开展向崔学选同志学习活动，并授予崔学选同志"全国住房城乡建设系统抗震救灾先进个人"荣誉称号。

6月

开展城市供水水质专项调查 6月4日，住房和城乡建设部就开展城市供水水质专项调查工作做出部署，根据安排，全国所有设市城市和县城（城关镇）公共供水的水源和出厂水水质情况都将被调查。

住房城乡建设部将对部分地区开展建筑安全生产工作督察 6月10日，针对一些地方接连发生较大及重大建筑安全生产事故的现象，住房和城乡建设部发出紧急通知，要求各地进一步加强建筑安全生产工作，近期将对部分地区开展一次建筑安全生产工作督察。

住房城乡建设部加强房地产开发企业一级资质核定 6月9日，住房和城乡建设部就完善房地产开发企业一级资质核定工作发出通知，要求严格做好一级资质企业初审工作，加强一级资质企业管理。

首批中国历史文化名街出炉 6月10日，首批"中国历史文化名街"授牌仪式在京举行。北京国子监、平遥南大街等10条街区被评为首批"中国历史文化名街"。

注册土木工程师执业有新规 6月10日，住房和城乡建设部印发了《注册土木工程师（岩土）执业及管理工作暂行规定》，《规定》明确了实施注册土木工程师（岩土）执业制度的时间和范围，并对注册土木工程师（岩土）的执业工作内容和执业管理提出具体要求。

2008年度全国施工图设计文件审查情况出炉 6月24日，住房和城乡建设部公布2008年度全国施工图设计文件审查情况。2008年，全国820家各类审查机构对278666个项目进行了审查。与2007年相比，2008年的工程勘察质量状况有一定改善，一次审查合格率提高，平均每百个项目违反强条数下降；建筑设计质量状况相比上一年保持平稳，平均每百个项目违反强条数略有下降，但一次审查合格率下降了2.1个百分点；市政工程设计的质量状况相比上一年有一定程度的改善，平均每百个项目违反强条数下降约32%。

《严寒和寒冷地区农村住房节能技术导则（试行）》出台 6月30日，住房城乡建设部下发《严寒和寒冷地区农村住房节能技术导则(试行)》，以指导我国严寒和寒冷地区农村节能住房的设计、施工及管理，加强农村住房的保温隔热效果，促进节能技术在农村住房建设中的应用。

7月

住房城乡建设部要求对全国在建住宅工程质量进行检查 6月27日，上海市闵行区"莲花河畔景苑"房地产开发项目一幢在建的13层住宅楼房发生楼体倒塌事故。为确保在建住宅工程质量，7月1日，住房和城乡建设部下发紧急通知，要求全国各地立即开展在建住宅工程质量检查，主要检查工程实体质量情况，特别是工程地基基础和主体结构的勘察、设计及施工质量。

住房城乡建设部集中开展建筑安全生产隐患排查治理和督促检查 7月2日，住房城乡建设部下发通知要求，结合住房城乡建设系统实际，集中开展建筑安全生产隐患排查治理和督促检查，进一步强化建筑安全生产工作，有效防范和遏制建筑安全生产事故的发生。

全国建筑工程质量安全电视电话会议召开 7月3日，住房和城乡建设部在京召开全国建筑工程质量安全电视电话会议。会议通报了全国建筑工程质量安全形势，安排部署在建住宅工程质量和建筑安全生产隐患排查治理的相关工作。

国家园林城市遥感调查与测试要求调整 为进一步做好2009年国家园林城市遥感调查和测试工作，住房和城乡建设部对《国家园林城市遥感调查与测试要求(试行)》(建城园函〔2003〕95号)进行了调整。7月6日，住房和城乡建设部下发通知，通报调整的具体内容，并要求各地按调整后的要求上报材料。

可再生能源建筑应用步伐加快推进 7月6日，住房和城乡建设部、财政部联合下发《可再生能源建筑应用城市示范实施方案》和《加快推进农村地区可再生能源建筑应用的实施方案》。方案明确，对纳入示范的城市，中央财政将予以5000万元8000万元的专项补助。同时，我国将以县为单位，实施农村地区可再生能源建筑应用的示范推广，引导农村住宅、农村中小学等公共建筑应用清洁、可再生能源。

《数字化城市管理模式建设导则(试行)》出台 为规范数字城管推广工作，针对试点工作中系统建设兼容性差、运行时效低、盲目超前、资金浪费等问题，7月7日，住房和城乡建设部制定并出台《数字化城市管理模式建设导则(试行)》。

住房城乡建设部进一步加强城镇排水与污水处理设施安全管理 2009年以来，一些地区陆续发生城镇排水管线、污水处理厂和居住小区排水设施下井作业安全事故，造成作业人员和施救人员中毒伤亡，给人民生命和财产造成重大损失。7月10日，住房城乡建设部发出紧急通知，要求各地进一步加强城镇排水与污水处理设施安全管理工作，确保人民生命财产安全。

住房城乡建设部对村镇垃圾治理全覆盖县(市、区)进行统计公布 为把握村镇垃圾治理的进展情况，鼓励村镇垃圾治理先进县(市、区)，改善农村人居生态环境，7月15日，住房城乡建设部下发通知，要求各地建设行政主管部门积极开展村镇垃圾治理全覆盖县(市、区)统计公布工作。

两部门推进建筑业农民工技能培训示范工程工作 7月16日，住房和城乡建设部、人力资源和社会保障部联合下发通知，就做好建筑业农民工技能培训示范工程工作做出部署。《通知》指出，示范工程实施主体以建筑企业为主，培训对象原则上以自愿参加培训的建筑业在岗农民工为主。各地住房城乡建设部门要会同人力资源社会保障部门，按照相关要求确定示范工程实施单位，指导实施单位制定培训计划并按要求开展培训工作，加强对培训全过程的管理和监督。

住房城乡建设部加强对农村建筑节能示范项目指导管理 7月21日，住房城乡建设部下发《关于扩大农村危房改造试点建筑节能示范的实施意见》，《意见》提出，年内要结合农村危房改造试点完成东北、西北和华北地区1.5万户农房建筑节能示范项目。

全国扩大农村危房改造试点农户档案管理信息系统建设启动 7月23日，住房和城乡建设部下发《关于建设全国扩大农村危房改造试点农户档案管理信息系统的通知》，决定组织开展全国扩大农村危房改造试点农户档案管理信息系统建设，旨在通过对危房改造农户相关信息和数据的动态分析，对试点工作的进展和政策执行情况进行有效监督，为完善相关政策提供依据。

全国建设工程质量监督执法检查启动 7月27日，住房和城乡建设部下发通知，就全国建设工程质量监督执法检查工作作出部署。此次检查的省份为全国30个省、自治区、直辖市，西藏自治区除外。

"中国建筑"上市　7月29日，中国建筑股份有限公司(股票简称：中国建筑，股票代码601668)在上海证券交易所上市。中国建筑是全球最大的住宅工程建筑商，也是中国最大的建筑房地产综合企业集团。

施工总承包企业特级资质标准调整　7月30日，住房和城乡建设部就施工总承包企业特级资质有关问题下发通知，决定将《特级标准》的过渡期延长至2012年3月13日，并将根据《建筑业企业资质等级标准》(建建[2001]82号)取得特级资质的企业的资质证书有效期相应延长至2012年3月13日。

全国城镇排水安全生产工作会议召开　7月30日，住房和城乡建设部召开全国城镇排水安全生产工作会议，通报全国城镇排水安全形势，部署城镇排水安全生产隐患排查治理，积极防范和有效遏制城镇排水安全事故发生。

8月

住房和城乡建设部选派干部赴基层挂职锻炼　8月12日，住房和城乡建设部召开2009年赴基层挂职锻炼干部集体谈话座谈会，此次住房和城乡建设部共从部机关、直属单位选派10名干部赴浙江、江苏、安徽、山东、陕西、河北等地挂职锻炼。10名干部全都具有大学本科以上学历，其中硕士3人，博士2人。

20人成为住房和城乡建设部勘察设计行业发展战略专家　8月13日，住房和城乡建设部公布了勘察设计行业发展战略专家委员会名单，20人成为委员会成员。

全国工程建设领域突出问题专项治理工作电视电话会议召开　8月18日，全国工程建设领域突出问题专项治理工作电视电话会议在京召开。中央书记处书记、中央纪委副书记、中央治理工程建设领域突出问题工作领导小组组长何勇，国务委员兼国务院秘书长马凯出席会议并讲话。会议强调，各地区各部门要以高度负责的态度和求真务实的作风，扎实开展工程建设领域突出问题专项治理工作，坚决遏制工程建设领域腐败现象易发多发的势头，维护市场经济秩序，促进经济社会又好又快发展。

首批"全国农村社区建设实验全覆盖示范单位"评出　8月18日，"农村社区建设实验全覆盖"创建活动新闻推介会在京召开。江苏省海门市等7个县(市、区)率先达到了创建标准，荣获首批"全国农村社区建设实验全覆盖示范单位"称号。

中办国办印发《关于开展工程建设领域突出问题专项治理工作的意见》　8月19日，据新华社报道，中共中央办公厅、国务院办公厅印发了《关于开展工程建设领域突出问题专项治理工作的意见》，要求进一步规范招标投标活动，促进招标投标市场健康发展；进一步落实经营性土地使用权和矿业权招标拍卖挂牌出让制度，规范市场交易行为；进一步推进决策和规划管理工作公开透明，确保规划和项目审批依法实施；进一步加强监督管理，确保行政行为、市场行为更加规范；进一步深化有关体制机制制度改革，建立规范的工程建设市场体系；进一步落实工程建设质量和安全责任制，确保建设安全。

全国住房城乡建设系统"窗口行业创建文明单位网上行"活动　8月20日，住房和城乡建设部下发通知要求，在全国住房城乡建设系统开展"窗口行业创建文明单位网上行"活动，活动以城市供水、城市燃气两个窗口行业为主，其他相关窗口行业同步参加。

9月

全国建设类中等职业学校现状调查工作启动　根据《国务院关于大力发展职业教育的决定》，为进一步发挥住房城乡建设主管部门对行业中等职业教育的组织指导作用，促进建设类中等职业教育发展，9月3日，住房和城乡建设部办公厅发出通知，决定开展全国建设类中等职业学校现状调查工作。此次调查对象为各省、自治区、直辖市，新疆生产建设兵团区域内的建设类(包括建筑工程、市政公用、房地产、勘察设计等)中等职业学校(包括中等专业学校、技工学校、职业高级中学、成人中等专业学校)。调查内容为有关中等职业学校的专业设置、学生培养规模、毕业生就业率、师资力量等情况。

2009年度全国优秀村镇规划设计评选活动启动　为贯彻实施《城乡规划法》，充分发挥广大村镇规划设计工作者的积极性和创造性，提高村镇规划编制和建筑设计水平，9月9日，住房和城乡建设部发出通知，要求开展2009年度全国优秀村镇规划设计评选活动。全国优秀村镇规划设计奖分设一等奖、二等奖、三等奖和表扬奖。评选范围包括建制镇、乡集镇、行政村、基层村和建设在乡村地区的农庄、企业等的规划设计和研究项目。

《城镇供水设施改造技术指南(试行)》颁布　9月10日，住房和城乡建设部发出通知，颁布《城镇供水设施改造技术指南(试行)》。这一文件对于指导城镇供水设施建设和水质达标改造具有十分现实的意义。

绿色建筑评价标识专家委员会成立 9月11日，为保证绿色建筑评价标识工作质量，充分发挥专家队伍的作用，加快推进绿色建筑评价标识，引导绿色建筑更好更快发展，"住房和城乡建设部绿色建筑评价标识专家委员会"第一批名单正式公布。

住房和城乡建设部调查全国重点镇建设发展情况 9月18日，住房和城乡建设部发出通知，要求对建村〔2004〕23号文公布的1887个全国重点镇进行一次调查。为提高调查效率，减少各地负担，本次调查以电子通讯方式，由部直接对镇实施调查。调查的内容是：重点镇规划、建设管理工作的编制人数、机构设置、工作经费、编制人数、队伍状况，以及当地有资质的建筑设计单位情况，并调查当地规划、建设、管理工作的存在问题和建议。

中国城市无车日活动举行 9月22日，2009年中国城市无车日活动举行。在无车日活动期间，开展活动的城市将划定不小于5平方公里的区域道路作为无小汽车区，禁止机动车在无小汽车区内行驶，只对行人、自行车、公共汽电车、出租汽车和其他交通开放。这些城市将至少选定1条道路作为自行车和步行交通出行的示范道路，并在增设非机动车道和机非隔离设施，改善自行车存放设施和步行环境等方面做出明显改善。各城市政府还将至少实施两项长效措施，提高步行、自行车出行的便利和安全。

第七届中国（济南）国际园林花卉博览会开幕 9月22日，第七届中国（济南）国际园林花卉博览会在济南开幕。住房和城乡建设部党组书记、部长姜伟新致辞并宣布博览会开幕，山东省委书记、省人大常委会主任姜异康出席，山东省委副书记、省长姜大明出席并致辞。第七届园博会由住房和城乡建设部与济南市人民政府共同主办，中国风景园林学会、中国公园协会、山东省住房和城乡建设厅、济南市园林管理局共同承办，会期为2009年9月至2010年5月。

住房和城乡建设部为国家重点公园授牌 9月22日，国家重点公园授牌仪式及第七届中国（济南）国际园林花卉博览会高层论坛在济南举行。为促进城市公园绿地的科学建设和管理，切实改善人居生态环境，提高城乡人民的生活品质，自2007年以来，原建设部于2007年、住房和城乡建设部于2008年批准和命名了北京颐和园、北京动物园、济南趵突泉等46家国家重点公园。

住房和城乡建设部召开纪念中华人民共和国成立60周年座谈会 以"忆征程、讲传统"为主题的住房和城乡建设部直属机关纪念中华人民共和国成立60周年座谈会召开。住房和城乡建设部党组书记、部长姜伟新指出，60年来，我国城乡建设发生了翻天覆地的变化。城镇化水平飞速提高。城乡住房水平极大提高。建筑业和房地产业为我国的经济发展作出了巨大贡献。

10月

山东省日照市荣获"联合国人居奖" 10月5日，联合国人居署在华盛顿颁发2009年度联合国人居奖，山东省日照市因在"改善居住和基础设施、建设绿色家园"方面成效卓著而被授予这一全球人居领域的最高荣誉，成为本年度受联合国表彰的全球3个城市之一，也是中国惟一的获奖城市。

"阳光工程村镇建筑工匠培训"项目启动 为贯彻《国务院关于做好当前经济形势下就业工作的通知》（国发〔2009〕4号）精神，促进农村劳动力就业和返乡农民工再就业，根据国家阳光工程村镇建筑工匠培训计划，10月9号，住房和城乡建设部就组织实施"阳光工程村镇建筑工匠培训"项目发出通知，国家阳光工程村镇建筑工匠培训启动。

李克强出席第二届中国招标投标高层论坛 10月10日，第二届中国招标投标高层论坛在北京召开。中共中央政治局常委、国务院副总理李克强出席论坛开幕式并致辞。他指出，重点建设和民生工程是推动经济增长和使人民群众共享发展成果的重要方面，为全社会瞩目。要在优化结构的同时完善体制机制，做到安全优质高效廉洁，促进经济平稳较快发展，真正惠及人民群众。

住房和城乡建设部、科技部组织申报村镇宜居型住宅技术和既有建筑节能改造技术 为发挥科技支撑作用促进经济平稳较快发展，推动科技成果的转化应用，发挥科技在村镇住宅建设和既有建筑节能改造中的重要支撑作用，10月14日，住房城乡建设部、科技部联合组织开展"村镇宜居型住宅技术和既有建筑节能改造技术"的申报工作。经专家评审通过的技术，将分别列入《村镇宜居型住宅技术推广目录》和《既有建筑节能改造技术推广目录》，并颁发证书。

七部门联合印发《关于利用住房公积金贷款支持保障性住房建设试点工作的实施意见》。 10月14日，住房城乡建设部、财政部、国家发改委、人民银行、监察部、审计署、银监会7部门联合印发《关于利用住房公积金贷款支持保障性住房建设试点工作的实施意见》，对试点目标原则、职工权益保障、资金使用方向、贷款风险防范、工程建设质量等方面做出明确规定。

山东交通学院图书馆等项目获得"绿色建筑评价标识" 根据《绿色建筑评价标识管理办法》（建科［2007］206号）、《绿色建筑评价标准》和《绿色建筑评价技术细则》，住房和城乡建设部组织开展2009年度第一批绿色建筑评价标识项目评价工作。10月15号，山东交通学院图书馆等两个项目获得"绿色建筑评价标识"。

住房公积金督察员管理暂行办法出台 为加强对住房公积金督察员管理，规范督察工作行为，保障督察工作质量，住房和城乡建设部10月18日出台了《住房公积金督察员管理暂行办法》。督察员遴选采取单位推荐和个人自荐方式，督察员每届聘期3年，督察员开展工作必须同时两人以上，并实行回避制度，督察员有权查阅或复制被督察单位有关财务资料。

北方采暖地区供热计量改革工作会议召开 10月22日，北方采暖地区供热计量改革工作会议在河北省唐山市召开。住房和城乡建设部党组书记、部长姜伟新强调，要把供热计量改革作为今后一个时期促进建筑节能的中心环节，尽快制定推进供热计量改革的方案和措施。

工程建设领域突出问题专项治理工作拉开帷幕 10月26日，住房和城乡建设部制定出台了《住房和城乡建设系统开展工程建设领域突出问题专项治理工作方案》，提出以政府投资和使用国有资金项目特别是扩大内需项目为重点，用两年左右的时间，着力解决城乡规划管理中违反法定权限和程序擅自改变城乡规划、改变土地用途、违规调整容积率的问题；着力解决工程招投标活动中规避招标、虚假招标、围标串标、评标不公等问题；着力解决工程建设实施和质量管理中的标后监管薄弱、转包和违法分包、不认真履行施工监管责任、建设质量低劣、安全生产责任不落实的问题。

建设工程质量监督执法检查情况公布 10月26日，住房和城乡建设部通报了8月和9月对全国30个省、自治区、直辖市（除西藏自治区外）进行建设工程质量监督执法检查检查的情况。在13103项检查内容中，符合、基本符合、不符合项分别为8385、4212、506项，占总检查项的64.0%、32.1%、3.9%。其中，北京、重庆、上海、安徽、辽宁、天津等地检查情况较好，受检工程符合项达到76%以上，不符合项在2.1%以下；贵州、吉林、云南、内蒙古等地检查情况相对较差，受检工程符合项在50%以下，不符合项在4.8%以上。本次检查共对50个违反工程建设强制性标准和存在质量安全隐患的工程项目下发了《建设工程质量监督执法建议书》。

"新中国成立60周年百项经典暨精品工程"发布 10月29日，由中国建筑业协会会同11家行业建设协会联合评选的"新中国成立60周年百项经典暨精品工程"在京正式发布。

287项工程获全国优秀工程勘察设计奖 10月30日，住房和城乡建设部公布了2008年度全国优秀工程勘察设计奖名单。经专家评审，确定东海大桥工程设计、青藏铁路多年冻土区工程地质勘察等287项工程勘察设计获2008年度全国优秀工程勘察设计奖。

11月

我军基建营房建设日趋科学化、法制化、人性化 11月4～6日召开的全军房地产管理工作会议认为，"十五"以来，全军基建营房系统以科学发展观为指导，完善出台了一系列科学管理措施，努力解决了一大批基层部队反映强烈的重点难点问题，基建营房建设日趋科学化、法制化、人性化。1200多个边防海岛连队的水电设施得到整治改造，驻藏部队100余万平方米营房配套建成取暖设施，水质不合格的70多个单位水源点完成专项治理，全军单位建筑面积能耗降低11%等。

五项目获2009年度第一批绿色建筑设计评价标识 根据《绿色建筑评价标识管理办法》、《绿色建筑评价标准》、《绿色建筑评价技术细则》和《绿色建筑评价技术细则补充说明（规划设计部分）》，住房和城乡建设部部组织开展了2009年度第一批绿色建筑设计评价标识项目评价工作，11月5日，住房和城乡建设部发布公告，城市动力联盟（6号商铺办公楼）等5个项目获得"绿色建筑设计评价标识"。

全国建筑施工安全质量标准化现场会召开 11月13日，全国建筑施工安全质量标准化现场会召开在浙江省宁波市召开。会上，61个建筑施工安全质量标准化工作先进集体、93名先进个人和93个示范工地受到了表彰。

农村危房改造农户档案管理信息系统正式运行 11月20日，住房和城乡建设部印发《农村危房改造农户档案管理信息系统运行管理规定》，标志我国农村危房改造农户档案管理迈入信息化，大大提高了管理水平。

住房和城乡建设部开展节能减排专项监督检查 为贯彻落实《民用建筑节能条例》和《国务院办公厅关于印发 2009 年节能减排工作安排的通知》的要求，进一步推进住房城乡建设领域节能减排工作，住房和城乡建设部 11 月 24 日发出通知要求，组织开展建设领域专项监督检查，以督促各地贯彻落实《民用建筑节能条例》及国家建筑节能有关规定；督促各地按要求完成"十一五"住房城乡建设领域节能减排工作任务；总结推广各地推进节能减排工作经验和做法，及时发现问题并提出改进措施。

违规变更规划调整容积率问题开展专项治理深入开展 结合工程建设领域突出问题专项治理工作要求，11 月 30 日，住房和城乡建设部、监察部房地产开发领域违规变更规划调整容积率问题工作领导小组办公室联合发出通知，要求深入推进房地产开发领域违规变更规划调整容积率问题专项治理。

12 月

《业主大会和业主委员会指导规则》出台 为规范业主大会和业主委员会的活动，维护业主的合法权益，根据《物权法》和《物业管理条例》等法律法规的规定，12 月 1 日，住房和城乡建设部颁布《业主大会和业主委员会指导规则》。

国务院常务会议研究房地产市场健康发展 12 月 14 日，国务院总理温家宝主持召开国务院常务会议，研究完善促进房地产市场健康发展的政策措施，全面启动城市和国有工矿棚户区改造工作。

《中国国际园林博览会管理办法》发布 为规范中国国际园林博览会的申报、组织实施与维护管理，促进园博会可持续发展，12 月 15 日，住房和城乡建设部制定下发《中国国际园林博览会管理办法》。

我国对外承包工程逆势走高 12 月 18 日，商务部举行新闻发布会发布：1～11 月，我国对外承包工程业务完成营业额 647.7 亿美元，同比增长 37.5%；新签合同额 1065.1 亿美元，同比增长 20.9%。2009 年我国对外承包工程保持了两位数增长，前 11 个月各项指标均已超过 2008 年全年发展规模。

住宅工程质量分户验收工作有了"新规矩" 12 月 22 日，住房和城乡建设部发出通知，要求做好住宅工程质量分户验收工作，并就分户验收的内容、依据、程序、实施、领导作出明确规定。

贺国强要求深入推进工程建设领域突出问题专项治理工作 12 月 24 日，据新华社报道：中共中央政治局常委、中央纪委书记贺国强在日前召开的工程建设领域突出问题专项治理工作汇报会上强调，要认真学习贯彻党的十七届四中全会和中央经济工作会议精神，深入推进工程建设领域突出问题专项治理工作，为深入贯彻落实科学发展观、维护人民群众根本利益、促进经济平稳较快发展作出应有贡献。

李克强要求加快推进棚户区改造，加大保障性住房建设力度 12 月 28 日，中共中央政治局常委、国务院副总理李克强在山西省大同市召开的全国城市和国有工矿棚户区改造会议上强调，要认真贯彻落实党中央、国务院的决策部署，全面启动并扎实有序推进城市和国有工矿等棚户区改造，加快保障性住房建设，把这一重大民生工程办实办好，促进经济社会又好又快发展。

（郝莹）

商飞总装制造中心（上海浦东）规划设计

深化改革 创新发展

——中国航空规划建设发展有限公司2010年成绩斐然

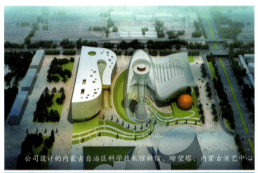

公司设计的内蒙古自治区科学技术馆新馆、瞭望塔、内蒙古演艺中心

公司设计的鲁家山垃圾分类处理焚烧发电项目有望成为全国最大的垃圾焚烧发电中心

公司设计的中关村科技园区展示交易中心和中关村国家创新论坛将成为"中国创造"的展示平台，2011年7月投入使用

2010年，中国航空规划建设发展有限公司深化改革，创新发展，加速融合，在各方面均取得显著成绩。

实体化运营进入新阶段。 已完成成员单位的股权划转工作，"三步走"的第一步——实体化组建、运营的目标已经实现，从资产纽带上实现完全整合。

管理创新工作初见成效。 已完成组织机构调整与流程优化等制度，通过了6S管理达标验收，加强了技术线管理，搭建了3C体系。

全价值链发展模式初步形成。 基本形成了以成员单位和直属实体单位为主体、以市场为导向、垂直一体化的全价值链服务单元，在市场搏击中逐步形成了"狼群效应"。

人力资源管理体系基本建立。 全力构建了以"长、家、将"为特点的"四个序列"员工职业发展体系；建立了员工岗级与薪酬等激励体系，全面实施人才战略规划。

经营生产取得显著成绩。 建立了全面预算管理制度等风险管理体系，实施财务收支等管理审计，提高了经济运行质量。一年来，公司总体经济运行状况良好，各项业务快速增长，全面超过2009年同期水平。

党建工作深入扎实推进。 建立了党委、工会、团委等组织架构，全力打造学习型党组织；全面深入开展创先争优活动；开展企业文化调研分析，加速文化融合与发展。

资质与荣誉硕果累累。 取得了城乡规划编制甲级资质证书、安全生产许可证等，使公司具备勘察设计行业全价值链完整、高水平的从业资质。此外，公司荣获全国勘察设计行业"自主创新企业"等荣誉，2个项目获第九届中国土木工程詹天佑奖，多个项目荣获全国优秀工程勘察设计奖。

合肥水泥研究设计院

合肥水泥研究设计院是中国建材行业重点科研院和甲级设计单位，具有60年光辉历史。全院现有职工2598人，其中教授级高工80人、高级技术人员210人、中级技术人员430人。下设专业公司16个，主要从事水泥生产技术和装备的研发、制造，水泥工厂的工程设计、技术服务、设备成套、工程总承包等工作。合肥水泥院已连续六年在全国工程勘察设计行业企业中位列前茅，位列建材行业设计院首位；连续五年在中国建材机械行业企业中列前三甲；成功入选2009年度全球最大225家国际承包商之一；是全国建材行业首批AAA级信用企业；被列为"中国百家创新示范企业"。

通过走科研、设计、产业、工程总承包四位一体化协调发展的道路，合肥水泥院已从一个科研型事业单位跨越成为年产值达五十亿元的高科技型企业。面对新世纪、新挑战、新机遇，合肥水泥院将继续依靠科技创新，勇于开拓，积极进取，使合肥水泥院成为极具竞争力的大型化、专业化和国际化的工程公司及装备制造商。

院长：徐 宁

电 话：0551-3439457, 3439135
传 真：0551-3439135, 3424995
邮 箱：webmaster@hcrdi.com
地 址：安徽省合肥市望江东路60号 邮编：230051
http://www.hcrdi.com.cn

① 俄罗斯Slantsy公司5000t/d熟料水泥生产线项目开工仪式
② HFCG辊压机——中国名牌产品
③ HRM4800立式磨——目前产能最大的国产生料立式磨之一
④ 越南瑛何水泥公司5000t/d+1500t/d熟料水泥生产线
⑤ 沙特NAJRAN水泥公司6000t/d+3000t/d熟料水泥生产线（荣获建材行业优秀工程设计一等奖及工程总承包一等奖）

内蒙古巨华集团董事长 王国斌 ▲

巨华·桥华世纪村居华园实景照片 ▲

巨华·巨海城叠拼别墅实景照片 ▲

巨华·巨海城精品多层实景照片 ▲

巨华·琦琳北辰写字楼实景照片 ▲

内蒙古巨华集团简介

内蒙古巨华集团是以房地产开发为龙头，以建筑施工为主体，以物业管理、建材贸易为支撑，以农牧林综合开发为基础以及宾馆酒店、合作办学等多种经营的企业联合体。集团公司拥有注册资金2.28亿元，固定资产5000多万元，流动资金1.8亿元，年均职工3000余人，各类专业技术人员330余人，1999年公司成立了党支部和工会组织，加强了私营企业的党建工作和职工劳动保护工作。房地产、建筑施工资质均为一级。

集团公司始终以其特有的做人原则，脚踏实地的为国家、为社会，奉献着自己的全部精力。从事建筑业二十多年来，在集团公司董事会的领导下，带领公司全体职工始终坚持"自我积累、自我完善、加快改造、滚动发展"的路子，把艰苦创业，顽强拼搏、以质求生存、以信誉求发展、以管理求效益作为成功的基础，把用户至上、诚信为本质量第一、一丝不苟作为企业坚定不移的服务宗旨和兴业之本。公司始终以优良的质量和出色的管理面对社会，面对用户。近年来集团公司连续被评为：全国"光彩之星"企业"质量信誉AAA企业"、全国"安康杯竞赛"先进单位，自治区"先进私营企业""用户满意企业""十佳诚信企业"、"光彩之星"企业、"重合同守信誉"、"百佳诚信私营企业"、"劳动关系和谐单位"等称号，并为地震灾区捐款百万余元。

在进行"城中村"改造项目中，公司主动为政府承建失地农民的保障性住宅约37万多平方米，保证了呼和浩特的城市建设顺利进行，其中桥华世纪村是通过国家康居示范工程验收的小区，巨海城为内蒙古首批可再生能源建筑应用示范项目。随着社会文明进步和科技文化的飞速发展，集团公司董事会的全体成员决心带领职工要在白纸上绘新图，要不断提高企业的管理水平，增强企业的实力和活力，全面提高企业职工素质，加快企业现代化建设步伐，以更优异的成绩回报国家和社会。

# 中国建筑第五工程局有限公司
CHINA CONSTRUCTION FIFTH ENGINEERING DIVISION CORP., LTD

中建五局有限公司是世界500强企业、中国最具国际竞争力的建筑地产集团之一———中建总公司的成员企业。具有房屋建筑工程施工总承包特级、公路施工总承包一级、市政公用工程施工总承包一级、机电安装施工总承包一级、地基与基础工程专业承包一级、建筑装修

中建五局工程集锦图

装饰工程专业承包一级、隧道工程专业承包一级、公路路基工程专业承包一级、建筑工程设计乙级、建筑工程监理乙级、房地产开发一级资质年经营规模600亿元以上,位居中国建筑总承包商、湖南省企业前列,获"全国守合同重信用企业"、"全国五一劳动奖状"、"全国优秀施工企业"、"中国建筑业首批AAA企业"、"中国节能减排功勋企业"等荣誉。

自行投资、施工、管理的窗智能型办公大楼长沙中建大厦,全国十一五节能环保示范工程